D1729866

Hier finden Sie die Formulare (ohne Anmerkungen) zum Download:

https://ch.beck.de/beckformb-mietr-a6

Geben Sie bitte in das dafür vorgesehene Eingabefeld diesen persönlichen Freischalt-Code ein:

9D3F-D280-5E83

Bei Fragen stehen wir Ihnen gerne zur Verfügung. Sie erreichen uns per E-Mail unter hotline@beck.de.

Beck'sches Formularbuch
Mietrecht

Beck'sches Formularbuch Mietrecht

Herausgegeben von

Dr. Richard Gies

Richter am Landgericht Köln a.D.

Bearbeitet von:

Hartmut Bister, Rechtsanwalt und Fachanwalt für Miet- und Wohnungseigentumsrecht in Bonn; *Werner Borzutzki-Pasing*, Vorsitzender Richter am Oberlandesgericht Düsseldorf a.D.; *Michael Dahl*, Rechtsanwalt in Köln; *Wolfgang Flintrop*, Rechtsanwalt und Fachanwalt für Miet- und Wohnungseigentumsrecht in Köln; *Dr. Richard Gies*, Richter am Landgericht Köln a.D.; *Thomas Hannemann*, Rechtsanwalt in Karlsruhe; *Petra Hütte*, Richterin am Thüringer Oberlandesgericht in Jena; *Yvonne Lange*, Rechtsanwältin in Köln; *Dr. Günter Mersson*, Richter am Oberlandesgericht Hamm a.D.; *Dr. Henrik Over*, Rechtsanwalt und Fachanwalt für Miet- und Wohnungseigentumsrecht in Köln; *Bernd Paltzer*, Vorsitzender Richter am Landgericht Köln; *Axel Wetekamp*, Richter am Amtsgericht München a.D., Rechtsanwalt in München

6., überarbeitete und erweiterte Auflage

2020

C.H.BECK

Zitiervorschlag:
BeckFormB MietR/*Bearbeiter* Form. A.I.1 (Anm. 1)

www.beck.de

ISBN 978 3 406 73150 1

© 2020 Verlag C. H. Beck oHG
Wilhelmstraße 9, 80801 München
Druck: Beltz Grafische Betriebe GmbH
Am Fliegerhorst 8, 99947 Bad Langensalza

Satz: Reemers Publishing Services GmbH, Krefeld
Umschlaggestaltung: Kunst oder Reklame, München

chbeck.de/nachhaltig

Vorwort zur 6. Auflage

Mit der vorliegenden 6. Auflage wird das Formularbuch „Mietrecht" auf den Stand der Rechtsprechung und Literatur bis Anfang 2020 gebracht. Der Gesetzgeber hat in der Vergangenheit seine Aktivitäten auf dem Gebiet des Mietrechts unentwegt fortgesetzt, wohl auch in der Erkenntnis, dass ihm mit der „Mietpreisbremse" bisher der große Wurf noch nicht gelungen zu sein scheint. Dem entspricht, dass bereits die Regierung eines Bundeslandes beschlossen hat, für ihr eigenes Bundesland einen Mietendeckel zu erlassen, was zu erheblichen verfassungsrechtlichen Bedenken und Auseinandersetzungen geführt hat. Das Mietrechtsanpassungsgesetz zum 1.1.2019 ist in die Neuauflage eingearbeitet worden.

Die Rechtsprechung des VIII. Zivilsenats zur Wohnraummiete und des XII. Zivilsenats zur Gewerberaummiete ist lebhaft fortgeführt worden und hat in der Neuauflage ihren Niederschlag gefunden.

Der Gesetzgeber hat bereits angekündigt, seine Aktivitäten auf dem Gebiet des Mietrechts weiter zu führen. Die Autoren und der Herausgeber werden diese Entwicklung erwartungsfroh begleiten, um ihr Formularbuch mit weiteren Vorschlägen für die Praxis tauglich zu halten.

Allen Autoren sei herzlich für ihren Einsatz gedankt, wobei hervorgehoben werden muss, dass die Schaffung brauchbarer Texte vielfach in der Freizeit vollzogen wird, die eigentlich der Ruhe und Erholung – und der Familie – geschuldet sein sollte. Mein besonderer Dank gilt auch den ausgeschiedenen Autoren und ein Willkommen den neuen Mitstreitern. Herzlichen Dank auch dem Lektorat des C.H. Beck Verlages und namentlich Herrn Dr. Burkhard Schröder für seine fachkundige Begleitung der Autoren und des Herausgebers.

Kritik und Anregungen – gerade aus der Praxis – sind herzlich willkommen und erwünscht.

Köln, im Februar 2020   *Richard Gies*

Vorwort zur 1. Auflage

Fast jeder Einwohner der Bundesrepublik Deutschland ist vom Mietrecht betroffen, sei es als Mieter oder Vermieter. Freiberufler wie Ärzte, Rechtsanwälte, Gewerbetreibende, Händler, Inhaber von Geschäften in Einkaufszentren, mieten ihre Praxen, Lagerhallen, Geschäftsräume und Läden auf Grund von gewerblichen Mietverträgen an. Durch die Bereitstellung von Wohnraum werden elementare Grundbedürfnisse der Bevölkerung gesichert. Wohnungsmietrecht wie auch gewerbliches Mietrecht sind daher für den überwiegenden Teil der Bevölkerung von erheblicher Bedeutung.

Kein Bereich des Bürgerlichen Gesetzbuches ist im Laufe seiner Geschichte so oft geändert worden wie das Mietrecht, meist mit der Begründung, das Mietrecht müsse den – geänderten – sozialen Bedingungen angepasst werden. Zahllose Einzeleingriffe des Gesetzgebers in der Vergangenheit, ferner eine Wohnraum- und Gewerbemietrecht umfassende Gesetzesänderung zum 1. 9. 2001 sowie eine zum 1. 1. 2002 wirksam gewordene Modernisierung des Schuldrechts, darüber hinaus aber auch eine Fülle neuer Literatur und Rechtsprechung haben das Mietrecht zu einer Rechtsmaterie werden lassen, die nur noch von Fachleuten beherrscht wird.

Verlag und Herausgeber sind sich bewusst, dass ein kautelarjuristisches Formularbuch nicht die forensische Praxis und die damit verbundene Erfahrung ersetzen kann. Die Nutzer des Formularbuchs bleiben gefordert, die Rechtsanwendung kreativ zu gestalten. Wesentliches Ziel des Werkes ist, frühzeitige Fehler im außerprozessualen Bereich anzusprechen, die in einem nachfolgenden Rechtsstreit eventuell nicht mehr korrigiert werden können, um dadurch unnötige Prozessverluste oder sonstige Nachteile zu vermeiden. Die Erfahrungen in der Vergangenheit zeigen, dass Unkenntnis in mietrechtlichen Fragen und ungeschicktes taktisches Vorgehen im außerprozessualen Bereich zu Belastungen des Mietverhältnisses selbst wie auch zu zahlreichen Rechtsstreitigkeiten mit ungewissem Ausgang führen können.

Verlag, Herausgeber und Autoren dieses Werkes haben sich daher bemüht, ein Formularbuch vorzulegen, das dem Rechtsanwender (Vermieter, Mieter, Rechtsanwälte, Verbände u.a.) Vorschläge unterbreitet, die für jede erdenkliche Situation geeignet sind, d. h. von der Anbahnung eines Mietverhältnisses über den Abschluss eines Mietvertrages (über frei finanzierte Wohnungen, Sozialwohnungen, gewerbliche Räume, Hallen, noch zu errichtende Gebäude), Gewährleistung (Mängelanzeige des Mieters, Ankündigung einer Mietminderung, Geltendmachung von Schadensersatz), Mieterhöhung (für frei finanzierten Wohnraum oder für eine Sozialwohnung), Kündigung (ordentliche, außerordentliche fristlose, außerordentliche fristgerechte, Sonderkündigung), Schönheitsreparaturen (laufende, Endrenovierung, Abgeltungsklauseln) bis zur Räumung.

Alle Formulare sind mit erläuternden Anmerkungen versehen, so dass auch der Nutzer, der sich nicht jeden Tag mit dem Mietrecht befasst, Hinweise für eine sachgerechte Verwendung der Formulare erhält, insbesondere über die herrschende Meinung in Rechtsprechung und Literatur sowie über abweichende Meinungen informiert wird.

Dem Werk ist eine CD-Rom beigefügt; damit ist eine unproblematische Verwendung der vorgeschlagenen Formulare sichergestellt.

Verlag, Herausgeber und Autoren sind dankbar für kritische Hinweise und Anregungen zur Weiterentwicklung und Verbesserung des Formularbuchs. Herausgeber und Autoren danken abschließend auch den Lektoren, den Herren Rechtsanwälten Dr. Schäfer und Schröder.

Köln, im März 2003   *Günter Nies, Richard Gies*

Inhaltsverzeichnis

A. Begründung des Mietverhältnisses

B. Mietgebrauch

C. Mietpreisrecht

D. Beendigung durch Zeitablauf

E. Insolvenzrechtliche Besonderheiten

F. Abwicklung des Mietverhältnisses

G. Übergangsvorschriften

Verzeichnis der Bearbeiter

Hartmut Bister .... A.II.16; IV.
C.VIII.–X.

Werner Borzutzki-Pasing .... A.V.; VI.1.–7.; VII.
B.IX.

Michael Dahl .... E.

Wolfgang Flintrop .... C.I.–VII.

Dr. Richard Gies .... B.I.
F.VIII.
G.

Thomas Hannemann .... D.V.
F.III.–VII.

Petra Hütte .... D.VI.–IX.

Yvonne Lange .... B.II.; VII.

Dr. Günter Mersson .... A.VI. 8–10
D.X.–XIII.

Dr. Henrik Over .... B.VIII.
F.I.; II.

Bernd Paltzer .... D.I.–IV.

Axel Wetekamp .... A.I.–III.
B.III.–VI.

Abkürzungs- und Literaturverzeichnis

aA	anderer Ansicht
aaO	am angegebenen Ort
AbbauG	Gesetz über den Abbau der Wohnungszwangswirtschaft und über ein soziales Miet- und Wohnrecht
abl.	ablehnend
ABl.	Amtsblatt
Abs.	Absatz
Abschn.	Abschnitt
AcP	Archiv für die civilistische Praxis (Zeitschrift)
aE	am Ende
aF	alte Fassung
AfA	Absetzungen für Abnutzung
AFWoG	Gesetz zum Abbau der Fehlsubventionierung im Wohnungswesen
AG	Aktiengesellschaft, Amtsgericht, Ausführungsgesetz
AGB	Allgemeine Geschäftsbedingungen
AGBG	Gesetz zur Regelung des Rechts der Allgemeinen Geschäftsbedingungen
AIZ	Allgemeine Immobilienzeitung
AktG	Aktiengesetz
allgM	allgemeine Meinung
Alt.	Alternative
aM	anderer Meinung
AMVO	Altbaumietenverordnung
AnfG	Anfechtungsgesetz
Anh.	Anhang
Anl.	Anlage
Anm.	Anmerkung
AnwBl.	Anwaltsblatt (Zeitschrift)
AO	Abgabenordnung
Art.	Artikel
Aufl.	Auflage
AVB	Allgemeine Versicherungsbedingungen
Az.	Aktenzeichen
Bärmann/Pick/Merle	Wohnungseigentumsgesetz, Kommentar, 14, Aufl. 2018
BAG	Bundesarbeitsgericht
BAGE	Amtliche Sammlung von Entscheidungen des Bundesarbeitsgerichtes
BAnz.	Bundesanzeiger
BauGB	Baugesetzbuch
BaukZuschG	Gesetz zur Änderung des 2. Wohnungsbaugesetzes, anderer wohnungsbaurechtlicher Vorschriften und über die Erstattung von Baukostenzuschüssen v 25.7.1961, BGBl. I, 1041
BayGW	Zeitschrift für das gemeinnützige Wohnungswesen in Bayern
BayHZ	Bayerische Hausbesitzerzeitung
BayObLG	Bayerisches Oberstes Landesgericht

BayObLGZ .... Amtliche Sammlung von Entscheidungen des BayObLG in Zivilsachen
BayVBl .... Bayerische Verwaltungsblätter (Zeitschrift)
BB .... Der Betriebs-Berater (Zeitschrift)
BBauBl .... Bundesbaublatt
BBauG .... Bundesbaugesetz
Bd. .... Band
BeckFormB WEG-R .... *Müller*, Beck'sches Formularbuch Wohnungseigentumsrecht, 3. Aufl. 2016
bestr. .... bestritten
betr. .... betrifft
BetrKostUV .... Betriebskosten-Umlageverordnung v. 17.6.1991 (BGBl. I, 1270)
BetrKostÄndV .... Betriebskosten-Änderungsverordnung v. 27.7.1992 (BGBl. I, 1415)
BetrVG .... Betriebsverfassungsgesetz
BeurkG .... Beurkundungsgesetz
BezG .... Bezirksgericht
BFH .... Bundesfinanzhof
BGB .... Bürgerliches Gesetzbuch
BGBl. .... Bundesgesetzblatt Teile I, II, III
BGH .... Bundesgerichtshof
BGHSt .... Amtliche Sammlung von Entscheidungen des Bundesgerichtshofs in Strafsachen
BGHZ .... Amtliche Sammlung von Entscheidungen des Bundesgerichtshofes in Zivilsachen
Bl. .... Blatt
BLHAG .... *Baumbach/Lauterbach/Hartmann/Anders/Gehle*, Kommentar zur Zivilprozessordnung, 78. Aufl. 2020
Blank .... Mietrecht von A–Z, 19. Aufl. 2015
Blank/Börstinghaus
Miete .... Mietrecht Kommentar, 5. Aufl. 2017
BlGBW .... Blätter für Grundstücks-, Bau- und Wohnungsrecht
BMF .... Bundesminister der Finanzen
BMG .... 1.–9. Gesetz über Maßnahmen auf dem Gebiet des Mietpreisrechts (Bundesmietengesetze)
BMJ .... Bundesminister(ium) der Justiz
BMWi .... Bundesminister(ium) für Wirtschaft
BMWo .... Bundesminister(ium) für Raumordnung, Bauwesen und Städtebau
BR .... Bundesrat
BR-Drs. .... Drucksache des Deutschen Bundesrates
BRAGO .... Bundesrechtsanwaltsgebührenordnung
BSG .... Bundessozialgericht
BSHG .... Bundessozialhilfegesetz
BStBl. .... Bundessteuerblatt Teile I, II, III
BT .... Bundestag
BT-Drs. .... Drucksache des Deutschen Bundestages
Bub/Treier .... Handbuch der Geschäfts- und Wohnraummiete, 5. Aufl. 2019
II. BV .... Verordnung über wohnungswirtschaftliche Berechnungen (Zweite Berechnungsverordnung) idF v 12.10.1990, BGBl. I, 2178, zuletzt geändert durch VO v 13.7.1992, BGBl. I, 1250
BVerfG .... Bundesverfassungsgericht
BVerfGE .... Amtliche Sammlung der Entscheidungen des BVerfG

BVerwG	Bundesverwaltungsgericht
BVerwGE	Amtliche Sammlung der Entscheidungen des BVerwG
bzgl.	bezüglich
bzw.	beziehungsweise
cic	culpa in contrahendo
DEMV	Deutscher Einheitsmietvertrag
DGVZ	Deutsche Gerichtsvollzieherzeitung
dh	das heißt
DIN	Deutsche Industrienorm
DNotZ	Deutsche Notarzeitung
DÖV	Die öffentliche Verwaltung (Zeitschrift)
DRiZ	Deutsche Richterzeitung
Drs.	Drucksache
DS-GVO	Datenschutz-Grundverordnung
DStR	Deutsches Steuerrecht (Zeitschrift)
DtZ	Deutsch-Deutsche Rechts-Zeitschrift
DVO	Durchführungsverordnung
DWA	Deutsches Wohnungs-Archiv (Zeitschrift)
DWE	Der Wohnungseigentümer(Zeitschrift)
DWW	Deutsche Wohnungswirtschaft (Zeitschrift)
EG	Europäische Gemeinschaft; Einführungsgesetz
EGBGB	Einführungsgesetz zum BGB
Einf.	Einführung
Einl.	Einleitung
Emmerich/Sonnenschein	Miete, Handkommentar, 11. Aufl. 2014
ErbbRVO	Verordnung über das Erbbaurecht
Erman	BGB, Kommentar, 15. Aufl. 2017
EStG	Einkommensteuergesetz
EnEG	Gesetz zur Einsparung von Energie in Gebäuden (Energieeinsparungsgesetz) v 22.7.1976, BGBl. I, 701
EuGH	Europäischer Gerichtshof
EWiR	Entscheidungen zum Wirtschaftsrecht, Loseblattsammlung
FamFG	Gesetz über das Verfahren in Familiensachen und in den Angelegenheiten der freiwilligen Gerichtsbarkeit (FamFG) v. 17.12.2008, BGBl. I, 2586
FamRZ	Zeitschrift für das gesamte Familienrecht
f./ff.	folgende Seite bzw. Seiten
FG	Finanzgericht
FGG	Gesetz über die Angelegenheiten der freiwilligen Gerichtsbarkeit
Fn.	Fußnote
Fritz	Gewerberaummietrecht, 5. Aufl. 2019
FS	Festschrift
FWW	Die freie Wohnungswirtschaft (Zeitschrift)
GBO	Grundbuchordnung
GE	Das Grundeigentum (Zeitschrift)
gem.	gemäß
GenG	Genossenschaftsgesetz
GewO	Gewerbeordnung
GewStG	Gewerbesteuergesetz

GG	Grundgesetz
ggf.	gegebenenfalls
GKG	Gerichtskostengesetz
GmbH	Gesellschaft mit beschränkter Haftung
GmbHG	Gesetz betreffend die Gesellschaften mit beschränkter Haftung
GNotKG	Gesetz über Kosten der freiwilligen Gerichtsbarkeit für Gerichte und Notare
GrEStG	Grunderwerbsteuergesetz
GRMG	Geschäftsraummietengesetz
GrStG	Grundsteuergesetz
1. GrundMV	Erste Grundmietenverordnung v. 17.6.1991 (BGBl. I, 1269)
2. GrundMV	Zweite Grundmietenverordnung v. 27.7.1992 (BGBl. I, 1416)
GRUR	Zeitschrift für gewerblichen Rechtsschutz und Urheberrecht
Guhling/Günther	Gewerberaummiete, 2. Aufl. 2019
GVBl.	Gesetz- und Verordnungsblatt
GVG	Gerichtsverfassungsgesetz
GVKostG	Gesetz über Kosten der Gerichtsvollzieher
GWB	Gesetz gegen Wettbewerbsbeschränkungen
GWW	Gemeinnütziges Wohnungswesen
HaftpflG	Haftpflichtgesetz
Hannemann/Horst	Das neue Mietrecht, 2013
Hannemann/Wiek/ Emmert	Handbuch des Mietrechts, 6. Aufl. 2015
Hannemann/Wiek/ Bennert	Handbuch des Mietrechts, 3. Aufl. 2006
Hartmann/Toussaint	Kostenrecht, Kommentar, 49. Aufl. 2019
HausratsV	Hausratsverordnung
HausTWG	Gesetz über den Widerruf von Haustürgeschäften und ähnlichen Geschäften
HeimG	Heimgesetz
HeizAnlV	Verordnung über energiesparende Anforderungen an heiztechnische Anlagen und Brauchwasseranlagen (Heizungsanlagen-VO) v. 24.2.1982, BGBl. I, 205
HeizkV	Verordnung über die verbrauchsabhängige Abrechnung der Heiz- und Warmwasserkosten i.d.F. v 26.1.1989, BGBl. I, 115
HGB	Handelsgesetzbuch
hL	herrschende Lehre
hM	herrschende Meinung
HRR	Höchstrichterliche Rechtsprechung
Hrsg.	Herausgeber
Hs.	Halbsatz
Huttner	Die Unterbringung Obdachloser durch die Polizei- und Ordnungsbehörden, 2. Aufl. 2017
HuW	Haus und Wohnung (Zeitschrift)
idF	in der Fassung
idR	in der Regel
IMR	Immobilien- und Mietrecht (Zeitschrift)
insb.	insbesondere
InsO	Insolvenzordnung
iSd	im Sinne des/der

iSv	im Sinne von
iÜ	im Übrigen
iVm	in Verbindung mit
Jauernig	BGB, Kommentar, 17. Aufl. 2018
JMBl.	Justizministerialblatt
JR	Juristische Rundschau (Zeitschrift)
JurBüro	Das juristische Büro (Zeitschrift)
JuS	Juristische Schulung (Zeitschrift)
Justiz	Die Justiz (Zeitschrift)
JW	Juristische Wochenschrift
JZ	Juristen-Zeitung
Kap.	Kapitel
KG	Kammergericht, Kommanditgesellschaft
KG aA	Kommanditgesellschaft auf Aktien
Kinne/Schach/Bieber	Miet- und Mietprozessrecht, 7. Aufl. 2013
Kissel/Mayer	Gerichtsverfassungsgesetz, Kommentar, 9. Aufl. 2018
KM	Kölner Mietrecht – Die Rechtsprechung der Gerichte im LG-Bezirk Köln (Loseblatt)
Komm.	Kommentar
Kossmann/Meyer-Abich ...	Handbuch der Wohnraummiete, 7. Aufl. 2014
KostO	Kostenordnung
KostRModG	Gesetz zur Modernisierung des Kostenrechts (Kostenrechtsmodernisierungsgesetz) v. 5.5.2004, BGBl. I, 718; Zweites Gesetz zur Modernisierung des Kostenrechts, v. 23.7.2013, (BGBl. I 2586)
KostRspr.	Kosten-Rechtsprechung, Entscheidungssammlung
KreisG	Kreisgericht
KTS	Zeitschrift für Konkurs-, Treuhand- und Schiedsgerichtswesen
KWG	Kreditwesengesetz
Lammel	Heizkostenverordnung, Kommentar, 4. Aufl. 2015
ders.	AnwaltKommentar Wohnraummietrecht, 2007
Langenberg/Zehelein	Betriebskosten- und Heizkostenrecht, 9. Aufl. 2019
LG	Landgericht
Lindner-Figura/Oprée/ Stellmann	Geschäftsraummiete, 4. Aufl. 2017
LM	*Lindenmaier/Möhring,* Nachschlagewerk des BGH in Zivilsachen
LPachtG	Landpachtgesetz
LPachtVG	Landpachtverkehrsgesetz
LS	Leitsatz
Lützenkirchen	Anwalts-Handbuch Mietrecht, 6. Aufl. 2018
ders.	Neue Mietrechtspraxis für Wohnraum- und sonstige Mietverhältnisse, 2001
MaBV	Makler- und Bauträgerverordnung
MAH	Münchener Anwaltshandbuch
MAH MietR	*Hannemann/Wiegner,* Münchener Anwaltshandbuch Mietrecht, 5. Aufl. 2019
Martin	Sachversicherungsrecht, 4. Aufl. 2017
MDR	Monatsschrift für Deutsches Recht

MHRG	Gesetz zur Regelung der Miethöhe v 18.12.1974, BGBl. I, 3603 zuletzt geändert durch Gesetz zur Erhöhung des Angebots an Mietwohnungen v 20.12.1982, BGBl. I, 1912
MietNovG	Gesetz zur Dämpfung des Mietanstiegs auf angespannten Wohnungsmärkten und zur Stärkung des Bestellerprinzips bei der Wohnungsvermittlung (Mietrechtsnovellierungsgesetz) v. 21.4.2015, BGBl. I, 610
MietAnpG	Gesetz zur Ergänzung der Regelungen über die zulässige Miethöhe bei Mietbeginn und zur Anpassung der Regelungen über die Modernisierung der Mietsache (Mietrechtsanpassungsgesetz) v. 18.12.2018, BGBl. I, 2648
MietRÄndG	Gesetz zur Änderung mietrechtlicher Vorschriften: Erstes v 29.7.1963, BGBl. I, 505; Zweites v 14.7.1964, BGBl. I, 457; Drittes v 21.12.1967, BGBl. I, 1248
MietRRefG	Gesetz zur Neugliederung, Vereinfachung und Reform des Mietrechts (Mietrechtsreformgesetz) v 19.6.2001, BGBl. I, 1149
MietRVerbG	Gesetz zur Verbesserung des Mietrechts und zur Begrenzung des Mietanstiegs sowie zur Regelung von Ingenieur- und Architektenleistungen v 4.11.1971 BGBl. I, 1745
MM	Mietermagazin
MMV	Mustermietvertrag, herausgegeben vom BMJ 1976, Beilage zum BAnz. Nr. 22/76
ModEnG	Gesetz zur Förderung der Modernisierung von Wohnungen und Maßnahmen zur Einsparung von Heizenergie idF v 12.7.1978, BGBl. I, 993
Mot.	Motive zu dem Entwurf eines Bürgerlichen Gesetzbuches für das Deutsche Reich (Bände I–V)
MPFB MietR	*Börstinghaus*, Münchener Prozessformularbuch Mietrecht, 5. Aufl. 2016
MSchG	Mieterschutzgesetz
MÜG	Mietenüberleitungsgesetz
MüKoBGB	Münchener Kommentar zum BGB, 8. Aufl. 2018
MüKoZPO	Münchener Kommentar zur Zivilprozessordnung, 5. Aufl. 2016
MVHdb	Münchener Vertragshandbuch, 8. Aufl. 2018
mwN	mit weiteren Nachweisen
MWoAEG	Gesetz zur Erhöhung des Angebots an Mietwohnungen v 20.12.1982, BGBl. I, 1912
MWSt	Mehrwertsteuer
mzustAnm.	mit zustimmender Anmerkung
NdsRpfl	Niedersächsische Rechtspflege (Zeitschrift)
nF	neue Fassung oder Folge
NJW	Neue Juristische Wochenschrift
NJW-RR	NJW-Rechtsprechungs-Report Zivilrecht
NMVO	Neubaumieten VO 1970 idF v 12.10.1990, BGBl. I, 2203, zuletzt geändert durch VO v 13.7.1992, BGBl. I, 1250
Nr.	Nummer(n)
NRW	Nordrhein-Westfalen
nv	nicht veröffentlicht
NWB	Neue Wirtschaftsbriefe (Zeitschrift)
NZM	Neue Zeitschrift für Miet- und Wohnungsrecht

og	oben genannte
oHG	Offene Handelsgesellschaft
OLG	Oberlandesgericht
OLGZ	Rechtsprechung der Oberlandesgerichte in Zivilsachen
OVG	Oberverwaltungsgericht
OWi	Ordnungswidrigkeit
OWiG	Gesetz über Ordnungswidrigkeiten
pa	per annum
Palandt	BGB, Kommentar, 79. Aufl. 2020
Prölss/Martin	Versicherungsvertragsgesetz, 30. Aufl. 2018
PuR	Praxis und Recht (Zeitschrift)
pVV	positive Vertragsverletzung
r+s	Recht und Schaden (Zeitschrift)
RdL	Recht der Landwirtschaft (Zeitschrift)
Rn.	Randnummer
RE	Rechtsentscheid
Rechtshandbuch Immobilien	Rechtshandbuch Immobilien, hrsg. von *Koeble/Grziwotz*, Loseblatt, Stand: 10/2018
RG	Reichsgericht
RGBl.	Reichsgesetzblatt
RGZ	Entscheidungen des Reichsgerichts in Zivilsachen
RiM	*Müller/Oske/Becker*, Rechtsentscheide im Mietrecht
Rips/Eisenschmid ...	Neues Mietrecht, 2001
Rodenberg/Sobota ...	Die Nebenkosten im Wohnungsmietrecht, 7. Aufl. 1997
Rpfl.	Der Deutsche Rechtspfleger (Zeitschrift)
RpflegerG	Rechtspflegergesetz
Rspr.	Rechtsprechung
RsprN	Rechtsprechungsnachweis(e)
RVG	Gesetz über die Vergütung der Rechtsanwältinnen und Rechtsanwälte (Rechtsanwaltsvergütungsgesetz) v. 5.5.2004, BGBl. I, 718
RWS	Kommunikationsform Recht – Wirtschaft – Steuern
s.	siehe
S.	Satz, Seite
Schilling/Heerde	Mietrecht in den neuen Bundesländern, 2. Aufl. 1999
Schmidt-Futterer	Mietrecht, Großkommentar des Wohn- und Gewerberaummietrechts, 13. Aufl. 2017
SeuffA	Seufferts Archiv für Entscheidungen der obersten Gerichte
s.o.	siehe oben
Soergel	BGB, Kommentar, 13. Aufl. 2000 ff.
sog.	sogenannte(r)
Staudinger	BGB, Kommentar, 14. Aufl. 2010 ff.
StBauFördG	Städtebauförderungsgesetz
StBerG	Steuerberatungsgesetz
Sternel MietR aktuell ...	Mietrecht aktuell, 4. Aufl. 2009
Sternel MietR	Mietrecht, 3. Aufl. 1998
StGB	Strafgesetzbuch
StPO	Strafprozessordnung
stRspr.	ständige Rechtsprechung
s.u.	siehe unten, siehe unter
TALärm	Technische Anleitung zum Schutz gegen Lärm v 16.7.1986, BAnz., Beilage Nr. 137

Thomas/Putzo	ZPO, Kommentar, 40. Aufl. 2019
TME	Taschenlexikon miet- und wohnungsrechtlicher Entscheidungen
ua	unter anderem; und andere
uÄ	und ähnliche(s)
UmwG	Umwandlungsgesetz
Urt.	Urteil
UWG	Gesetz gegen den unlauteren Wettbewerb
UStG	Umsatzsteuergesetz
usw	und so weiter
uU	unter Umständen
VersR	Versicherungsrecht (Zeitschrift)
VG	Verwaltungsgericht
VGB	Allgemeine Bedingungen für die Neuwertversicherung von Wohngebäuden gegen Feuer-, Leitungswasser- und Sturmschäden
VGH	Verwaltungsgerichtshof
vgl.	vergleiche
VO	Verordnung
VOB	Verdingungsordnung für Bauleistungen, Teile A und B
VOBl.	Verordnungsblatt
Vorb.	Vorbemerkung
VP	Die Versicherungs-Praxis (früher: Feuerversicherung und Feuerschutz, Zeitschrift)
VRS	Verkehrsrechtssammlung
VVG	Gesetz über den Versicherungsvertrag
VW	Versicherungswirtschaft
WährG	Währungsgesetz
Warn Rspr.	Rechtsprechung des Reichsgerichts, hrsg. von *Warneyer*
WB	Wirtschaftlichkeitsberechnung
WE	Wohnungseigentum
WEG	Gesetz über das Wohnungseigentum und das Dauerwohnrecht v 15.3.1951, BGBl. I, 175
Weitnauer	Wohnungseigentumsgesetz, Kommentar, 10. Aufl. 2018
Wetekamp	Mietsachen, Handbuch zur Wohnraummiete, 5. Aufl. 2018
WFB	Wohnungsförderungsbestimmungen
WGG	Gesetz über die Gemeinnützigkeit im Wohnungswesen v 29.2.1940, geändert durch Gesetz v 8.10.1986, BGBl. I, 2191
WGG-DV	VO zur Durchführung des WGG idF v 24.11.1969, BGBl. I, 2141
WiStG	Wirtschaftsstrafgesetz
WKSchG	2. Wohnraumkündigungsschutzgesetz v 18.12.1974, BGBl. I, 3603, zuletzt geändert durch Gesetz v 20.12.1982, BGBl. I, 1912
WLVO	WohnungslenkungsVO
WM	Zeitschrift für Wirtschaft und Bankrecht, Wertpapiermitteilungen
WoBau ÄndG	Gesetz zur Änderung des 2. Wohnungsbaugesetzes, anderer wohnungsbaurechtlicher Vorschriften und über die Erstattung von Baukostenzuschüssen v 21.7.1961, BGBl. I, 1041

WoBauG (I. und II.)	1. Wohnungsbaugesetz i. d. F v 25.8.1953, BGBl. I, 1047, 2. Wohnungsbaugesetz i.d.F. v 14.8.1980, BGBl. I, 1730, geändert durch Anlage I Kapitel XIV Abschnitt II Nr. 5 Einigungsvertrag vom 31.8.1990, BGBl. II 5, 889, 1126
WoBindG	Wohnungsbindungsgesetz i.d.F. v 22.7.1982, BGBl. I, 973, zuletzt geändert durch Gesetz v 27.7.1990, BGBl. I, 1397
WoGeldG	Wohngeldgesetz i.d.F. v 11.7.1985, BGBl. I, 1422
Wolf/Eckert/Günter	Handbuch des gewerblichen Miet-, Pacht- und Leasingrechts, 11. Aufl. 2017
Wolf/Lindacher/Pfeiffer	AGB-Recht, Kommentar, 6. Aufl. 2013
WoVermG	Gesetz zur Regelung der Wohnungsvermittlung
WRP	Wettbewerb in Recht und Praxis
WuH	Wohnung und Haus
WuM	Wohnungswirtschaft und Mietrecht (Zeitschrift)
zB	zum Beispiel
ZB	Zinsberechnung
ZdWBay	Zeitschrift der Wohnungswirtschaft Bayern
ZFG/ZfgG	Zeitschrift für das gesamte Genossenschaftswesen
ZfgWBay	Zeitschrift für gemeinnütziges Wohnungswesen in Bayern
ZfS	Zeitschrift für Schadensrecht
ZGB	Zivilgesetzbuch der ehemaligen DDR
ZIP	Zeitschrift für Wirtschaftsrecht und Insolvenzrecht
ZMR	Zeitschrift für Miet- und Raumrecht
Zöller	ZPO, Kommentar, 32. Aufl. 2018
ZOV	Zeitschrift für offene Vermögensfragen
ZPO	Zivilprozessordnung
ZSEG	Gesetz über die Entschädigung von Zeugen und Sachverständigen
ZSW	Zeitschrift für das gesamte Sachverständigenwesen
zT	zum Teil
ZVG	Zwangsversteigerungsgesetz
ZwVbVO	Zweckentfremdungsverbotsverordnung
ZWE	Zeitschrift für Wohnungseigentum
zzgl.	zuzüglich
zzt.	zurzeit

A. Begründung des Mietverhältnisses

I. Vorvertragliche Regelungen beim Wohnraummietverhältnis

1. Selbstauskunft des Mietbewerbers

Selbstauskunft[1]

Name des Mietbewerbers . . . . .

Derzeitige Anschrift . . . . .

Geburtsdatum und Geburtsort . . . . .

Pass-/Ausweisnummer . . . . .

Arbeitsstelle[2] . . . . .

Monatliches Nettoeinkommen[3] . . . . .

Familienstand[4] . . . . .

Name und Anschrift des bisherigen Vermieters[5] . . . . .

Zwei Referenzen[6] . . . . .

Welche und wie viele Personen wollen die Wohnung beziehen?[7] . . . . .

Ist beabsichtigt, in der Wohnung ein Gewerbe zu betreiben? . . . . .

Werden Haustiere gehalten, wenn ja, welche?[8] . . . . .

. . . . .

(Unterschrift Mietbewerber) . . . . .

Anmerkungen

1. Mieter haben **grundsätzlich keine Offenbarungspflicht** hinsichtlich persönlicher Daten. Insbesondere müssen sie den Vermieter nicht über ihre Einkommensverhältnisse aufklären, es sei denn, es steht bereits bei Vertragsabschluss fest, dass der Mietzins nicht aufgebracht werden kann. Andererseits wird allgemein ein berechtigtes Interesse des Vermieters angenommen, vom Mieter eine so genannte „Selbstauskunft" zu verlangen. Nicht jede in einem Selbstauskunftsformular gestellte Frage ist zulässig. Zu berücksichtigen ist außerdem, dass Selbstauskunftsformulare der Inhaltskontrolle nach § 307 BGB unterliegen (AG Bonn WuM 1987, 142). Nach § 28 Bundesdatenschutzgesetz ist die Erhebung personenbezogener Daten im Rahmen eines Vertragsverhältnisses nur zulässig, soweit dies der Zweckbestimmung des Vertrages dient und zur Wahrung berechtigter Interessen erforderlich ist. Unter Berücksichtigung des Rechts des Mieters auf informationelle Selbstbestimmung nach Art. 2 Abs. 1 iVm Art. 1 Abs. 1 GG hat das BVerfG (NJW 1991, 2411) entschieden, dass ein wegen Geistesschwäche entmündigter Mieter dies bei Abschluss des Mietvertrages nicht offenbaren muss. Werden zulässigerweise gestellte wesentliche Fragen durch den Mieter unrichtig beantwortet, so kommt eine fristlose Kündigung des Mietverhältnisses nach §§ 543 Abs. 1, 569 BGB in Betracht. Stellen sich die wesentlichen Falschaussagen bereits vor Bezug der Wohnung heraus, so kommt zusätzlich die Anfechtung des Vertrages wegen arglistiger Täuschung nach § 123 BGB in Betracht (AG Hamburg NZM 1998, 233).

2. Die Frage nach der **Arbeitsstelle** bzw. dem derzeitigen Arbeitsverhältnis ist zulässig, da der Mieter von hier in der Regel sein zur Bezahlung des Mietzinses erforderliches Einkommen bezieht (LG Landau ZMR 1985, 127). Zulässig dürfte auch sein, bei Selbstständigen genauere Angaben über die berufliche Tätigkeit mit entsprechenden Nachweisen zu verlangen.

Auch die Vorlage eines Ausweispapiers ist schon allein wegen der Identifikation der Person des Mietinteressenten erforderlich. Gegebenenfalls enthält es auch Einträge hinsichtlich der Aufenthaltsdauer und der Aufenthaltsbedingungen in Deutschland.

3. Die Frage nach dem **Einkommen** des Mietinteressenten ist in jedem Fall zulässig, insoweit wird auf → Anm. 2 verwiesen. Es dürften auch dem Verlangen des Vermieters, zur Bestätigung der Angaben des Mieters einen Gehaltsnachweis vorzulegen, Datenschutzgründe nicht entgegenstehen, da die Vorlage im Interesse des Mieters steht und sowieso nicht erzwungen werden kann. Dementsprechend muss bei Selbstständigen, bei denen eine Bestätigung der Angaben über das Einkommen naturgemäß besonders problematisch ist, zumindest auch eine Bankauskunft verlangt werden können. Problematisch erscheint die Schufa-Auskunft, da Auskünfte über Kreditverpflichtungen des Mieters enthalten sein können, die im Rahmen des Mietverhältnisses nicht von Bedeutung sind.

Auch die Angabe von Mietschulden aus früheren Mietverhältnissen in Selbstauskunftformularen soll zulässig sein (LG Itzehoe WuM 2008, 281).

Will jemand eine Wohnung anmieten und verlangt der künftige Vermieter von ihm im Rahmen der Selbstauskunft die Vorlage einer **Mietschuldenfreiheitsbescheinigung**, so gilt, dass der Mieter gegen seinen früheren Vermieter keinen Anspruch auf Ausstellung einer derartigen Bescheinigung hat (BGH NZM 2009, 853).

Die Vorlage einer erfundenen Mietschuldenfreiheitsbescheinigung stellt einen Grund zur fristlosen Kündigung des Mietverhältnisses dar (BGH 9.4.2014 – VIII ZR 107/13, NZM 2014, 430).

Nach LG Bonn (WuM 2006, 24) soll der Mieter sogar verpflichtet sein, vor Abschluss eines Mietvertrages den Vermieter ungefragt darüber aufzuklären, dass über sein Vermögen das Insolvenzverfahren eröffnet worden ist und darüber, dass das Vormietverhältnis wegen Nichtzahlung der Miete gekündigt und er deshalb zur Räumung verurteilt worden ist. Auch die Frage nach einer **Pfändung** des Arbeitseinkommens ist zulässig (OLG Koblenz WuM 2008, 471).

Sowohl bei der Frage nach der Arbeitsstelle als auch bei der Frage nach dem Einkommen des Mietinteressenten ist von Bedeutung, dass der Vermieter nur dann die Konsequenz einer fristlosen Kündigung des Mietverhältnisses ziehen kann, wenn die Fortsetzung des Mietverhältnisses für ihn unzumutbar ist (LG Wuppertal WuM 1999, 39). Besteht ein Mietverhältnis bereits längere Zeit, ohne dass es Probleme mit der Mietzahlung gegeben hat und stellt sich dann erst heraus, dass die Angaben über die Arbeitsstelle oder über das Einkommen nicht zutreffend gewesen sind, dürfte nicht mehr von Unzumutbarkeit der Fortsetzung des Mietverhältnisses gesprochen werden können.

4. Die Frage nach dem **Familienstand** mag für den Vermieter dann von Bedeutung sein, wenn er an ein Ehepaar vermieten will. Andererseits handelt es sich um private Daten des Mieters, wie zum Beispiel auch die Frage, ob bei einem weiblichen Mietinteressenten eine Schwangerschaft besteht oder allgemein ein Kinderwunsch. Wird die Frage nach dem Familienstand falsch beantwortet und zieht nachträglich ein Ehepartner in die

Wohnung ein, ohne dass diese überbelegt wird, so wird der Vermieter hiergegen keine Handhabe haben. Dasselbe gilt für den Nachzug von Kindern des Mieters.

Fraglich ist, ob die Frage nach der **Staatsangehörigkeit** des Mieters zulässig ist (vgl. *Manger* GE 2006, 489). Nachdem es aber durchaus als zulässig anzusehen ist und auch jedem Vermieter anzuraten ist, sich zur Identifikation vom Mieter ein Ausweispapier vorlegen zu lassen, dürfte sich das Problem hierdurch erledigen.

5. Die Frage nach Namen und Anschrift des **bisherigen Vermieters** dürfte unter Abwägung der beiderseitigen Interessen eine zulässige Frage sein, da nur so der potentielle Vermieter feststellen kann, ob das vorausgehende Mietverhältnis mit Unzuträglichkeiten belastet war. Hierbei muss es sich nicht nur um die Frage der Mietzahlung handeln, sondern es kann auch um Fragen wie Einhaltung einer Hausordnung und Einfügung in die Hausgemeinschaft gehen. Derartige Fragen, die die Einschätzung der Person eines Mieters betreffen, kann ein Vermieter bei einem kurzen Vorstellungsgespräch kaum beurteilen.

6. Als **Referenz** kommt zum Beispiel der Arbeitgeber eines Mieters oder der frühere Vermieter in Betracht. Fraglich ist, ob angesichts der Frage nach dem bisherigen Vermieter die Frage nach zusätzlichen Referenzen nicht überobligationsmäßig ist.

7. Es wird auf → Anm. 4 Bezug genommen. Die Frage dürfte zwar zulässig sein, doch aus einer Falschbeantwortung dürften sich außer im Falle der Überbelegung Rechtsfolgen kaum ableiten lassen, wenn nicht in der Person der Zugezogenen Ablehnungsgründe gegeben sind. Dies ist der Fall, wenn zum Beispiel aufgenommene Personen den Hausfrieden stören. Der Mieter muss sich das Verhalten aufgenommener Personen über § 278 BGB jedenfalls bei der Frage einer fristlosen Kündigung zurechnen lassen (KG NZM 2000, 905).

8. Je nach Vertragsgestaltung kann die **Tierhaltung** in Mietwohnungen – bis auf die Haltung von kleinen Haustieren in üblichem Umfang – ausgeschlossen werden. Mit Blank (NZM 1998, 9) wird man davon ausgehen müssen, dass im Falle des Zustimmungserfordernisses wie auch bei Fehlen einer wirksamen Tierhaltungsvereinbarung (BGH 14.11.2007 – VIII ZR 340/06, NZM 2008, 78) eine **Interessenabwägung** zwischen den Interessen von Vermieter und Mieter stattzufinden hat (so auch Wetekamp, Mietsachen, 4. Aufl. 2007, Kap. 1, Rn. 114 und BGH 25.9.2012, aaO). Liegt ein Ausschluss der Tierhaltung vor, dürfte für den Vermieter die Vermietung an einen Mietinteressenten, der wahrheitsgemäß die Haltung eines „großen" Haustieres angibt, nicht in Betracht kommen. Werden in einem Selbstauskunftsformular falsche Angaben über die Tierhaltung gemacht, so kommt die Kündigung des Mietverhältnisses jedoch nur in Ausnahmefällen in Betracht (ordentliche Kündigung nach Abmahnung: LG Berlin ZMR 1999, 28), ansonsten die Klage auf Unterlassung nach § 541 BGB.

2. Vorvertrag über ein Wohnraummietverhältnis

Mietvorvertrag

Zwischen

· · · · · ·

(Vermieter)

und

· · · · · ·

(Mieter)

wird folgender

Mietvorvertrag[1]

geschlossen:

Die Parteien sind sich darüber einig, dass . . . . . . von . . . . . . die Mietwohnung in . . . . . . anmietet.[2]

Das Mietverhältnis beginnt am . . . . . . und wird auf unbestimmte Zeit abgeschlossen.[3]

Als Mietzins wird eine Nettomiete von . . . . . . EUR vereinbart.

Die Festlegung der Nebenkosten und einer entsprechenden Vorauszahlung, die Regelung hinsichtlich der Schönheitsreparaturen und der Leistung einer Kaution wird zwischen den Parteien noch verhandelt und wird in den spätestens bis zum . . . . . . abzuschließenden Hauptvertrag aufgenommen.[4]

. . . .

(Vermieter)   (Mieter)

Anmerkungen

1. Ein Mietvorvertrag stellt einen wirksamen Vertrag dar, aus dem gegebenenfalls auf Abschluss des Miethauptvertrages geklagt werden kann (MPFB MietR/*Börstinghaus* → Form. A.I.1). **Grund** für den Abschluss eines Mietvorvertrages kann sein, dass sich die Parteien nur über die wesentlichen Vertragsbestandteile wie Mietgegenstand, Mietzins und Mietdauer geeinigt haben, über weitere Punkte aber noch verhandelt werden soll. Es muss tatsächlich bereits eine Einigung über alle Punkte, die die Parteien für wesentlich ansehen, getroffen worden sein. Lediglich über Nebenpunkte soll noch verhandelt werden, weil dem Abschluss des Hauptvertrages ein tatsächliches Hindernis, wie zum Beispiel die Einigung über Nebenpunkte oder zB die beabsichtigte maschinenschriftliche Abfassung des Vertrages entgegensteht.

2. Wesentlicher Inhalt eines Mietvertrages ist eine Einigung über das Mietobjekt, die Mietdauer und den Mietzins. Ist hierüber nicht bereits im Vorvertrag eine Einigung erfolgt, ist überhaupt kein Vertrag zustande gekommen.

3. Offen bleiben kann gegebenenfalls eine Vereinbarung über den Beginn des Mietverhältnisses, die der Regelung im Hauptvertrag vorbehalten bleiben kann.

4. Sinnvoll ist die Aufnahme eines **Termins**, bis zu dem spätestens der Hauptmietvertrag geschlossen werden soll. Wird der Hauptmietvertrag tatsächlich nicht geschlossen, ist darüber hinaus eine Einigung über die wesentlichen Vertragsbestandteile wie Mietgegenstand, Mietdauer und Miethöhe getroffen worden und das Mietverhältnis tatsächlich in Gang gesetzt worden, ist von konkludenter Einigung der Vertragsparteien über ein Mietverhältnis auszugehen, das über den Regelungsgegenstand des Vorvertrages hinaus den gesetzlichen Regeln folgt.

II. Allgemeine Regelungsinhalte des Wohnraummietvertrages

1. Allgemeiner Wohnraummietvertrag auf unbestimmte Zeit

Zwischen . . . . . .

vertreten durch

. . . . . .

(Vermieter)

und

. . . . . .

(Mieter)

wird folgender Mietvertrag geschlossen:

§ 1 Mieträume

(1) Vermietet werden in dem Haus (Straße, Hausnummer, Gemeinde, Ortsteil)

folgende abgeschlossene nicht abgeschlossene Wohnung Nr. . . . . . . Eigentumswohnung Nr. . . . . . . im Vordergebäude/Rückgebäude . . . . . . Stock, rechts/links/Mitte

bestehend aus

. . . . . Zimmern(n), ... Küche/Kochnische, ... Bad/Dusche mit WC, ... separates WC, ... Kammer(n), ... Nebenräume, ... Balkon/Loggia, ... Diele/Flur, ... Speicher(anteil), ... Keller(anteil), ... Terrasse zu ausschließlichen Wohnzwecken, soweit nicht andere als zu Wohnzwecken vermietete Räume nachfolgend aufgeführt sind.

Mitvermietet ist weiter

Hausgarten/Gartenanteil

Kfz-Stellplatz Nr. . . . . . . Garage.

Von den vermieteten Räumen werden einvernehmlich zu anderen als Wohnzwecken ganz oder teilweise genutzt (zB Werkstatt, Büro)

(2) Der Mieter ist berechtigt, Gemeinschaftsräume und -einrichtungen, soweit vorhanden, wie Waschküche, Trockenraum, Abstellräume, Kinderspielplatz, Hofplatz, nach Maßgabe der Hausordnung mitzubenutzen.

(3) Mitvermietet sind folgende Ausstattungsgegenstände (zB Einbauküche, Möblierung):

Der Mieter verpflichtet sich, die aufgeführten Gegenstände pfleglich zu behandeln und sie bei Beendigung des Mietverhältnisses vollzählig zurückzugeben.

(4) Dem Mieter werden vom Vermieter für die Mietzeit ausgehändigt:

...... Hausschlüssel, ... Wohnungsschlüssel, ... Zimmerschlüssel,

...... Kellerschlüssel, ... Speicherschlüssel, ... Briefkastenschlüssel,

...... Hoftorschlüssel, ... Zählerschrankschlüssel, ... Garagenschlüssel.

Bei Schlüsselverlust ist der Vermieter berechtigt, auf Kosten des Mieters neue Schlösser mit der erforderlichen Anzahl von Schlüsseln zu beschaffen und anbringen zu lassen, es sei denn, der Mieter kann nachweisen, dass ein verlustbedingter Missbrauch durch Dritte ausgeschlossen ist.

(5) Die Wohnung wurde dem Mieter () renoviert () unrenoviert bzw. renovierungsbedürftig übergeben.

Falls eine unrenovierte oder renovierungsbedürftige Übergabe erfolgt ist: () Der Vermieter hat einen angemessenen Ausgleich geleistet für die nicht durchgeführte Renovierung in Form von

Mietreduzierung in Höhe von ...... EUR

(6) Der Mieter ist damit einverstanden, dass sein Nachname am Klingelschild des Hauseingangs und am Briefkasten angebracht wird.

§ 2 Mietzeit

(1) Der Mietvertrag wird auf unbestimmte Dauer geschlossen.

Das Mietverhältnis beginnt am ......

(2) Der Vertrag kann vom Vermieter gekündigt werden mit einer Frist von

- 3 Monaten, wenn seit der Überlassung des Wohnraums weniger als 5 Jahre,
- 6 Monaten, wenn seit der Überlassung des Wohnraums mindestens 5 Jahre,
- 9 Monaten, wenn seit der Überlassung des Wohnraums mindestens 8 Jahre vergangen sind.

(3) Die Kündigungsfrist für den Mieter beträgt unabhängig von der verstrichenen Zeit seit der Überlassung des Wohnraums immer 3 Monate.

§ 3 Kündigung

(1) Die Kündigung ohne Einhaltung einer Kündigungsfrist (fristlose Kündigung) richtet sich nach den gesetzlichen Vorschriften.

(2) Die Kündigung bedarf der Schriftform. Sie muss dem anderen Vertragsteil spätestens bis zum 3. Werktag des ersten Monats der Kündigungsfrist zugegangen sein.

(3) Abweichend von § 545 BGB verlängert sich das Mietverhältnis nicht auf unbestimmte Zeit, wenn der Mieter nach Ablauf der Mietzeit den Gebrauch der Mietsache fortsetzt.

§ 4 Miete und Betriebskosten 3)

(1) Die Miete beträgt monatlich ...... EUR
Vorauszahlung für die Betriebskosten
für Heizung und Warmwasser ...... EUR
Vorauszahlung für andere Betriebskosten
gemäß § 2 der Betriebskostenverordnung ...... EUR
Garagen- oder Stellplatzmiete ...... EUR

Zuschlag für Untervermietung oder
teilgewerbliche Nutzung
(falls als zulässig vereinbart) ...... EUR
Sonstige Vergütung ...... EUR
monatlich zu zahlender Gesamtbetrag ...... EUR

(2) Art und Umfang der Betriebskosten richten sich nach den Vorschriften der Betriebskostenverordnung.

Folgende sonstige Betriebskosten im Sinne von § 2 Nr. 17 der Betriebskostenverordnung
werden als umlagefähig vereinbart:

Der Vermieter ist berechtigt, neu entstehende Betriebskosten oder neu eingeführte
öffentliche Abgaben auf den Mieter umzulegen.

(3) Der Umlegungsmaßstab für die Heiz- und Warmwasserkosten richtet sich nach den
Vorschriften der Heizkostenverordnung.

Bei den übrigen Betriebskosten wird das Wohnflächenverhältnis nach der Wohnflächenverordnung zugrunde gelegt. Ist eine Eigentumswohnung vermietet, wird als Umlagemaßstab das Verhältnis der Miteigentumsanteile vereinbart. Soweit Betriebskosten verbrauchs-
oder verursachungsbezogen abgerechnet werden können, erfolgt die Betriebskostenabrechnung auf der Grundlage des erfassten Verbrauchs bzw. der erfassten Verursachung.

Sollte im Laufe der Mietzeit durch zusätzliche technische Ausrüstung des Hauses eine
verbrauchs- oder verursachungsbezogene Zurechnung von Betriebskosten auf den Mieter
möglich sein, ist der Vermieter berechtigt, durch eine Erklärung in Textform oder
Schriftform eine Umlage dieser Betriebskosten nach dem verbrauchs- bzw. verursachungsbezogenen neuen Maßstab zu bestimmen. Die Erklärung ist nur vor Beginn eines
Abrechnungszeitraumes für den kommenden Abrechnungszeitraum zulässig. Waren bis
dahin die Betriebskosten, auf die sich der neue Umlegungsmaßstab bezieht, Bestandteil
der Grundmiete, ist diese entsprechend herabzusetzen. Ein Anspruch des Mieters auf
Ausrüstung des Hauses mit Geräten zur Verbrauchserfassung besteht nicht.

(4) Die monatlichen Vorauszahlungen auf die Betriebskosten werden jährlich abgerechnet.
Eine sich aus der Abrechnung ergebende Differenz zugunsten des Mieters oder Vermieters
ist innerhalb eines Monats nach Zugang der Abrechnung beim Mieter zur Zahlung fällig.

(5) Die Abrechnung der Vorauszahlungen erfolgt, sobald die Abrechnungsunterlagen
dem Vermieter vorliegen. Sie hat spätestens 12 Monate nach Beendigung des Abrechnungszeitraumes zu erfolgen. Erfolgt sie später, kann der Vermieter nur dann eine
Nachzahlung verlangen, wenn die verspätete Abrechnung auf Gründen beruht, die der
Vermieter nicht zu vertreten hat.

Einwendungen gegen die Abrechnung hat der Mieter spätestens bis zum Ablauf des
12. Monats nach Zugang der Abrechnung geltend zu machen, soweit er die Abrechnung
nicht bereits vorher durch Ausgleich einer Nachforderung anerkannt hat. Nach Ablauf
der Einwendungsfrist kann der Mieter Einwendungen nur noch dann geltend machen,
wenn er die verspätete Geltendmachung nicht zu vertreten hat.

(6) Sind monatliche Betriebskostenvorauszahlungen vereinbart, können Vermieter und
Mieter in oder nach einer Abrechnung durch eine Erklärung in Textform oder Schriftform eine Anpassung der Monatszahlungen auf eine angemessene Höhe vornehmen

(7) Die Erhöhung der Grundmiete oder der Betriebskosten richtet sich nach den gesetzlichen Vorschriften der §§ 557 bis 560 BGB. Sie ist auch während einer vereinbarten
vertraglichen Festzeit oder der Zeit des wechselseitigen Kündigungsausschlusses zulässig.

(8) Der Mieter bezieht folgende Versorgungsleistungen direkt auf eigene Rechnung: Strom, Gas, Wasser, Fernwärme.

Die weiteren Betriebskosten vom Mieter selbst und auf eigene Kosten betriebener Einrichtungen trägt ebenfalls der Mieter.

§ 5 Zahlung der Miete

(1) Die Miete und die Nebenkosten sind monatlich im Voraus, spätestens am 3. Werktag eines Monats

- an den Vermieter
- an folgende andere Person/Stelle

zu bezahlen

- durch <u>Überweisung</u> auf

Konto Nr./IBAN/BIC . . . . . .

Geldinstitut . . . . . .

BLZ . . . . . .

Gläubiger-Identifikationsnummer des Vermieters . . . . . .

- durch <u>Abbuchung</u> von obigem Konto.

Ermächtigung bzw. SEPA-Lastschrifteinzugsermächtigung wird erteilt.

Die Nebenkosten sind zusammen mit der Miete zu bezahlen.

Für die Rechtzeitigkeit der Zahlung kommt es nicht auf die Absendung, sondern auf den Eingang des Geldes an.

(2) Im Falle des Zahlungsverzugs ist der Vermieter berechtigt, Verzugszinsen in Höhe von 5 % über dem Basiszinssatz nach § 247 BGB zu verlangen. Für jede Mahnung wird eine pauschale Mahngebühr in Höhe von . . . . . . EUR berechnet.

§ 6 Kaution

(1) Der Mieter leistet an den Vermieter eine Barkaution in Höhe von . . . . . . EUR (höchstens 3 Monatsmieten ohne die als Pauschale oder Vorauszahlung ausgewiesenen Beträge an Nebenkosten oder Zuschlägen). Die Anlage der Kaution erfolgt entsprechend § 551 Abs. 3 BGB. Die Zinsen erhöhen die Sicherheit. Die Zahlung kann in 3 Monatsraten erfolgen. In diesem Fall ist die erste Rate mit der 1. Miete, die beiden folgenden Raten mit der 2. und 3. Miete zu leisten.

(2) Der Vermieter ist während der Mietzeit berechtigt, wegen rechtskräftig festgestellter, unstreitiger oder offensichtlich begründeter Forderungen die Kaution ganz oder teilweise in Anspruch zu nehmen. In diesem Fall ist der Mieter verpflichtet, das Kautionskonto unverzüglich um den entsprechenden Betrag aufzufüllen.

(3) Bei Beendigung des Mietverhältnisses kann der Vermieter sich wegen seiner Forderungen aus dem Mietverhältnis aus der Kaution befriedigen. Nach Rückgabe der Mieträume hat der Vermieter die Höhe seiner Forderungen aus dem Mietverhältnis festzustellen und dem Mieter mitzuteilen. Für die Abrechnung der Kaution steht ihm eine Frist von mindestens 6 Monaten zur Prüfung seiner Ansprüche zu.

(4) Sind Forderungen nur im Wege der Erstellung einer Jahresabrechnung eindeutig zu ermitteln, kann der Vermieter einen Betrag in Höhe von bis zu 3 Vorauszahlungsraten bis zur Abrechnung zurückbehalten, falls bei der Abrechnung mit einer Nachzahlung zu rechnen ist.

§ 7 Aufrechnung mit Gegenforderung und Zurückbehaltung der Miete

(1) Der Mieter kann gegen die Mietforderung mit einer Schadensersatzforderung im Sinne von § 536a BGB oder Forderungen aus § 539 BGB oder aus ungerechtfertigter Bereicherung wegen zu viel bezahlter Miete nur aufrechnen oder ein Zurückbehaltungsrecht ausüben, wenn er seine Absicht dem Vermieter mindestens einen Monat vor Fälligkeit der Miete in Textform oder schriftlich angezeigt hat. Mit anderen Forderungen kann der Mieter nur aufrechnen, wenn diese unbestritten, rechtskräftig festgestellt oder entscheidungsreif sind. Mit einer Forderung aus den §§ 536, 812 BGB (Minderung der Miete) kann der Mieter ohne Einschränkung aufrechnen.

(2) Im Übrigen ist die Ausübung eines Zurückbehaltungsrechts nur wegen Forderungen des Mieters aus dem Mietverhältnis zulässig.

§ 8 Verschuldensunabhängige Haftung des Vermieters

Die verschuldensunabhängige Haftung des Vermieters für bei Vertragsabschluss vorhandene Sachmängel (Garantiehaftung) wird ausgeschlossen. § 536a Abs. 1 BGB findet insoweit keine Anwendung.

§ 9 Benutzung der Mieträume

(1) Der Mieter verpflichtet sich, im Haus mit den übrigen Mietern im Sinne einer vertrauensvollen Hausgemeinschaft zusammen zu leben und zu diesem Zweck entsprechende Rücksicht zu üben.

(2) Der Mieter verpflichtet sich, die Mieträume und die gemeinschaftlichen Einrichtungen pfleglich zu behandeln.

(3) Der Mieter darf die Mieträume nur zu dem vertraglich bestimmten Zweck benutzen. Will er sie zu anderen Zwecken ganz oder teilweise benutzen, bedarf er der vorherigen Zustimmung des Vermieters.

(4) Das Halten von Haustieren bedarf der Zustimmung des Vermieters. Die Zustimmung kann versagt oder widerrufen werden, wenn durch die Tiere andere Hausbewohner oder Nachbarn belästigt werden oder eine Beeinträchtigung des Grundstücks oder anderer Mieter zu befürchten ist.

Keiner Zustimmung bedarf die Haltung von Kleintieren (übliche Haustiere wie zB Ziervögel oder Zierfische) in ortsüblichem Umfang.

§ 10 Duldungspflicht des Mieters bei baulichen Maßnahmen

(1) Ausbesserungsmaßnahmen und bauliche Veränderungen, die zur Erhaltung des Hauses, der Mieträume, zur Abwendung drohender Gefahren oder Beseitigung von Schäden notwendig sind, hat der Mieter nach Maßgabe von § 555a BGB zu dulden.

(2) Modernisierungsmaßnahmen zur Einsparung von Endenergie, Primärenergie, zum Klimaschutz, zur nachhaltigen Reduzierung des Wasserverbrauchs, zur nachhaltigen Erhöhung des Gebrauchswerts der Mietsache, Verbesserung der allgemeinen Wohnverhältnisse auf Dauer oder zur Schaffung neuen Wohnraums hat der Mieter nach Maßgabe der §§ 555b ff. BGB zu dulden.

(3) Der Mieter darf bauliche Veränderungen oder Veränderungen mitvermieteter Einrichtungsgegenstände nebst Zubehör nur mit vorheriger Zustimmung des Vermieters vornehmen. Liegt die Zustimmung nicht vor, kann der Vermieter Schadensersatz und die Wiederherstellung des ursprünglichen Zustandes verlangen.

Der Mieter verzichtet auf Ersatz der Kosten für bauliche oder sonstige Veränderungen der Mieträume nebst Zubehör, sofern insoweit nicht eine ausdrückliche Vereinbarung mit dem Vermieter und dessen Zustimmung vorliegt.

Die Vorschriften über Maßnahmen nach § 554a BGB („Barrierefreiheit") bleiben unberührt.

(4) Die Aufstellung eigener Öl-, Gas- und Elektroheizeinrichtungen sowie die Lagerung von gefährlichen Stoffen bedarf der vorherigen Zustimmung des Vermieters.

(5) Der Mieter ist berechtigt, Haushaltsmaschinen (Wasch- und Geschirrspülmaschinen, Trockenautomaten) aufzustellen, sofern die Kapazität der vorhandenen Installationen für den Betrieb ausreicht. Der Mieter hat keinen Anspruch darauf, dass zusätzliche Installationen oder elektrische Kapazitäten durch den Vermieter hergestellt werden.

§ 11 Instandhaltung und Instandsetzung der Mieträume

(1) Schäden in den Mieträumen hat der Mieter unverzüglich dem Vermieter anzuzeigen. Führt der Mieter selbst Instandsetzungen durch, ohne vorher vom Vermieter Abhilfe innerhalb angemessener Frist verlangt zu haben, erhält er keinen Ersatz seiner Aufwendungen. Dies gilt nicht, falls sofortiges Handeln des Mieters erforderlich und der Vermieter nicht erreichbar ist. Für durch eine nicht rechtzeitige Anzeige verursachte weitere Schäden haftet der Mieter.

(2) Der Mieter haftet für Schäden, die durch ihn, seine Familienangehörigen, Besucher, Haushaltsangehörige, Untermieter sowie durch von ihm beauftragte Handwerker und Lieferanten schuldhaft verursacht werden. Dem Mieter obliegt der Beweis dafür, dass ein schuldhaftes Verhalten nicht vorgelegen hat. Die Haftung des Mieters tritt nicht ein, wenn die Schadensursache nicht in seinem Gefahrenbereich gesetzt wurde.

(3) Der Vermieter wird von der Durchführung von Schönheitsreparaturen freigestellt.

Für eine dem Mieter renoviert übergebene Wohnung sowie für eine Wohnung, die nicht renoviert oder renovierungsbedürftig übergeben wurde, bei der der Vermieter jedoch einen angemessenen Ausgleich für die von ihm nicht durchgeführte Renovierung geleistet hat (vgl. § 1 Abs. 5), gilt Folgendes:

Der Mieter ist verpflichtet, die notwendigen Schönheitsreparaturen fachgerecht auszuführen. Die Schönheitsreparaturen umfassen das Streichen der Wände und Decken, wobei dem Streichen der Wände das Anbringen einer überstreichbaren Raufasertapete gleich steht. Weiter sind umfasst das Reinigen von Parkett- und Teppichböden, das Lackieren von Heizkörpern und Heizrohren, der Innentüren sowie der Fenster und Außentüren von innen. Die Schönheitsreparaturen sind im Allgemeinen in folgenden Zeitabständen, gerechnet ab Beginn des Mietverhältnisses, auszuführen:

Wand- und Deckenanstriche in Küchen, Bädern und Duschen alle 5 Jahre, in Wohn- und Schlafräumen, Dielen und Toiletten alle 7 Jahre, in anderen Räumen alle 10 Jahre; Lackieren von Heizkörpern und -rohren, Innentüren, Fenstern und Außentüren von innen alle 10 Jahre.)

(4) Der Mieter ist verpflichtet, die Reparaturkosten für Installationsgegenstände, die seinem direkten und häufigen Zugriff ausgesetzt sind, wie die Installationen für Wasser und Gas, Elektrizität, Heiz- und Kocheinrichtungen, Fenster- und Türverschlüsse sowie

für Rollläden zu tragen, soweit die Kosten der einzelnen Reparatur 100,– EUR nicht übersteigen und der jährliche Reparaturaufwand nicht mehr als eine Monatsmiete (ohne Heizkosten) beträgt.

§ 12 Pfandrecht des Vermieters

(1) Für das Vermieterpfandrecht gelten die gesetzlichen Vorschriften der §§ 562 bis 562d BGB.

(2) Der Mieter erklärt, dass die bei Einzug in die Mieträume eingebrachten Sachen sein freies Eigentum und nicht gepfändet oder verpfändet sind mit Ausnahme folgender Gegenstände:

Zur Sicherung seines Pfandrechts kann der Vermieter nach Maßgabe von § 562b Abs. 1 BGB die Entfernung der dem Pfandrecht unterliegenden Gegenstände auch ohne Anrufung des Gerichts verhindern und diese bei Auszug des Mieters in Besitz nehmen.

§ 13 Betreten der Mieträume durch den Vermieter

(1) Der Vermieter oder ein von ihm Beauftragter oder der Vermieter in Begleitung beauftragter Personen ist berechtigt, die Mieträume zur Feststellung von Schäden und Mängeln oder notwendigen baulichen Arbeiten sowie zum Ablesen von Messeinrichtungen nach vorheriger Ankündigung zu betreten.

Bei Gefahr in Verzug darf der Vermieter oder ein von ihm Beauftragter bei Abwesenheit des Mieters die Mieträume auch ohne vorherige Ankündigung zur Abwehr der Gefahr betreten.

(2) Will der Vermieter das Hausgrundstück verkaufen oder ist das Mietverhältnis gekündigt, so darf der Vermieter oder ein von ihm Beauftragter die Mieträume nach vorheriger Ankündigung zusammen mit Kauf- oder Mietinteressenten betreten. Übliche Besichtigungszeiten sind an Werktagen zwischen 9.00 Uhr und 12.00 Uhr und zwischen 15.00 Uhr und 18.00 Uhr.

Bei längerer Abwesenheit hat der Mieter dafür zu sorgen, dass der Vermieter oder seine Beauftragten in den Fällen der Abs. (1) und (2) die Mieträume betreten können.

§ 14 Beendigung der Mietzeit

(1) Der Mieter hat die Mieträume bei Beendigung der Mietzeit ordnungsgemäß gereinigt und mit sämtlichen mitvermieteten Ausstattungsgegenständen, Geräten, Schlüsseln, auch selbst beschafften, zurückzugeben. § 11 bleibt unberührt.

(2) Auf Verlangen des Vermieters ist der Mieter verpflichtet, bauliche Veränderungen, die er an der Mietsache vorgenommen hat oder Einrichtungen, mit denen er die Mietsache versehen hat, bei Beendigung der Mietzeit auf seine Kosten zu entfernen und den ursprünglichen Zustand wiederherzustellen, sofern nichts anderes vereinbart ist.

(3) Einrichtungen, mit denen der Mieter die Mietsache versehen hat, darf er wegnehmen. Er hat hierbei den ursprünglichen Zustand wiederherzustellen. Der Vermieter kann unbeschadet seiner Rechte nach Abs. (2) die Ausübung des Wegnahmerechts durch Zahlung einer angemessenen Entschädigung abwenden, es sei denn, der Mieter hat ein berechtigtes Interesse an der Wegnahme.

§ 15 Vorzeitige Beendigung des Mietverhältnisses

Endet das Mietverhältnis durch fristlose Kündigung des Vermieters, so haftet der Mieter für den Schaden, der dem Vermieter dadurch entsteht, dass die Räume nach dem Auszug des Mieters aus Gründen, die der Vermieter nicht zu vertreten hat, leer stehen oder zu einer geringeren Miete vermietet werden müssen.

§ 16 Personenmehrheit als Mieter

(1) Mehrere Personen als Mieter haften für alle Verpflichtungen aus dem Mietverhältnis als Gesamtschuldner.

(2) Die Mieter bevollmächtigen sich unter dem Vorbehalt schriftlichen Widerrufs, der gegenüber dem Vermieter zu erklären ist, gegenseitig zur Abgabe und Entgegennahme von Erklärungen, die das Mietverhältnis berühren. Ein Widerruf der Vollmacht wird erst für Erklärungen wirksam, die nach Zugang des Widerrufs abgegeben werden. Eine Erklärung des Vermieters, die alle Mieter berührt, muss zwar an alle Mieter gerichtet sein, für ihre Rechtswirksamkeit genügt es aber, wenn sie gegenüber einem der Mieter abgegeben wird.

Diese Vollmacht gilt auch für die Entgegennahme von Kündigungen des Vermieters und für die Abgabe von Zustimmungserklärungen der Mieter zu einem Mieterhöhungsverlangen; sie gilt nicht für den Ausspruch von Kündigungen durch Mieter und für Mietaufhebungsverträge.

§ 17 Sonstige Vereinbarungen

(1) Die dem Vertrag beiliegende Hausordnung und das beiliegende Übergabeprotokoll gelten als Bestandteile des Mietvertrages. Von der Hausordnung abweichende Vereinbarungen des Mietvertrags gehen der Hausordnung vor.

(2) Der Mieter ist verpflichtet, sich innerhalb einer Woche bei der zuständigen Meldebehörde anzumelden und die Meldebestätigung dem Vermieter unverzüglich vorzulegen.

§ 18 Angaben nach Art. 13 EUDatenschutzgrundverordnung (DSGVO)

Information des Vermieters über die im Rahmen des Mietverhältnisses über den Mieter gespeicherten personenbezogenen Daten und den Umgang damit.

Zweck der Datenerhebung ist der Abschluss eines Mietvertrages. Die Daten werden erfasst und, soweit sie veränderlich sind, fortgeschrieben. Zu diesem Zweck werden auch neu hinzugekommene Daten, zB über geschuldete Zahlungen, gespeichert. Die Datenspeicherung ist begründet durch die ordnungsgemäße Begründung, Weiterführung und gegebenenfalls Beendigung des Mietverhältnisses mit Hilfe moderner Datenerfassung und –Speicherung,

Die Daten werden für die Dauer der Vertragslaufzeit gespeichert.

Der Mieter hat das Recht auf Auskunft, welche personenbezogenen Daten von ihm gespeichert sind. Durch den Abschluss des Vertrages erklärt sich der Mieter mit der Speicherung im angegebenen Umfang einverstanden.

Das Einverständnis ist jederzeit widerruflich, der Widerruf wirkt aber nur für die Zukunft. Sollten Daten unrichtig oder unvollständig gespeichert worden sein, kann der Mieter die Löschung oder Berichtigung verlangen.

......

(Ort, Datum)

......

(Mieter)[1, 2]   (Vermieter)

Anmerkungen

1. Ist eine **Mehrheit von Mietern** oder von Vermietern gegeben, so muss der Vertrag grundsätzlich von allen Beteiligten auf beiden Seiten unterschrieben werden. Eine Mehrheit von Mietern und Vermietern bildet eine BGB-Innengesellschaft (vgl. zu Wohngemeinschaften → Form. A.II.15).

Wer den Vertrag nicht unterschrieben hat, wird, falls nicht ein Fall der Vertretung vorliegt, auch nicht Vertragspartei. Etwas anderes kann in eng begrenzten Fällen dann gelten, wenn Ehepaare eine Wohnung gemeinsam anmieten. Hier soll dann, wenn beide Ehepartner an den Vertragsverhandlungen beteiligt bzw. beim Abschluss des Vertrages anwesend waren, gelten, dass der Anschein für gemeinsame Anmietung spricht und die Unterschrift des einen Partners auch im Namen des anderen – der den Vertrag nicht unterschrieben hat – erfolgt (LG Berlin GE 1995, 1553). Entsprechendes soll auch für die Vermieterseite gelten (LG Heidelberg WuM 1997, 547), insbesondere falls das Vermieterpaar Eigentümer des vermieteten Anwesens ist. Waren auf Mieterseite nicht beide im Kopf des Vertrages aufgeführte Partner bei Vertragsschluss anwesend und unterschreibt auch nur einer von ihnen, kann der nicht unterschreibende Ehepartner später durch konkludenten Vertragsbeitritt Mitmieter werden. Voraussetzung ist, dass aus seinem Verhalten geschlossen werden kann, dass er eigene Rechte und Pflichten begründen will und ihn der Vermieter auch als Vertragspartner akzeptiert (BGH NZM 2005, 659).

2. Ist im Übrigen ein Fall der Stellvertretung gegeben, muss diese offen gelegt werden. Die verdeckte Stellvertretung ist nicht zulässig (LG München I WuM 1989, 282). Schließt zB ein Hausverwalter einen Mietvertrag ohne Hinweis darauf, dass er den Vermieter vertritt, ab, kommt der Mietvertrag mit dem Hausverwalter zustande (KG MDR 1998, 529).

3. Für die Neuvermietung von Bestandswohnraum gelten in bestimmten Gebieten Sonderregelungen. Das BGB wurde durch die Einfügung eines neuen Unterkapitels mit der Überschrift „Vereinbarungen über die Miethöhe bei Mietbeginn in Gebieten mit angespannten Wohnungsmärkten" geändert. Es wurden die **neuen §§ 556d – 556g BGB** in das BGB eingefügt („Mietpreisbremse").

Durch das **Mietrechtsanpassungsgesetz** sind mit Wirkung ab 1.1.2019 einige Änderungen an den Vorschriften der „Mietpreisbremse" in Kraft getreten (vgl. unten).

§ 556d BGB bestimmt die zulässige Miete bei Mietbeginn und die Definition der „angespannten Wohnungsmärkte", weiter die Übertragung der Bestimmung dieser Gebiete auf die Landesregierungen. § 556e BGB regelt die Berücksichtigung der Vormiete oder einer durchgeführten Modernisierung, § 556f BGB beinhaltet Ausnahmen von der Bestimmung über die zulässige Miethöhe. In § 556g BGB ist ein Auskunftsanspruch des Mieters sowie die Voraussetzung eines Rückforderungsanspruchs des Mieters bei überzahlter Miete geregelt, außerdem die Unabdingbarkeit der Vorschriften.

Mietverhältnisse, die auf häufigen Mieterwechsel angelegt sind, sollen nicht in dem Bereich der Neuregelung einbezogen werden. Es handelt sich hier um **Sondermietverhältnisse**, bei denen eine Mietpreisbegrenzung nicht geboten ist. Durch die Änderung des § 549 Abs. 2 BGB wird Wohnraum, der zum vorübergehenden Gebrauch gedacht ist, möblierter Einliegerwohnraum, Wohnraum in Studenten- und Jugendwohnheimen und Mietverhältnisse mit juristischen Personen des öffentlichen Rechts oder mit anerkannten privaten Trägern der Wohlfahrtspflege von der Mietpreisbegrenzung ausgenommen. Bestehende Mietverhältnisse ohne Neuvermietung sind auch nicht betroffen.

Nach der bisherigen Gesetzeslage war es so, dass es bei der Vermietung von Wohnraum grundsätzlich keine Beschränkungen der Miethöhe gegeben hat. § 5 WiStG, der einen Ordnungswidrigkeitstatbestand bei Überschreitung der ortsüblichen Miete um mehr als 20 % annimmt, hat in der Praxis kaum Wirkung, da hier der Nachweis eines knappen Angebots an Wohnraum verlangt wurde.

Die Mietwucherbestimmung des § 291 StGB zeigt ebenfalls kaum Wirkung, da der Straftatbestand erhebliche subjektive Elemente aufweist. Zudem ist der Nachweis, dass die ortsübliche Miete um mehr als 50 % überschritten wird, nur schwer zu führen.

Die Neuregelung durch § 556d BGB beinhaltet, dass in bestimmten Gebieten bei Neuvermietungen unter Berücksichtigung von Ausnahmen nur die ortsübliche Miete vereinbart werden darf, zuzüglich eines Zuschlags von 10 %. Dies stellt die Höchstgrenze da. Wird die Höchstgrenze überschritten, führt dies nicht zur Unwirksamkeit der Mietvereinbarung als solcher, sondern lediglich zur Teilunwirksamkeit, soweit die Höchstgrenze überschritten wird. Eine „Bestrafung" des Vermieters, der sich an die Regelung nicht hält in Form etwa eines Bußgeldtatbestandes, ist nicht vorgesehen.

Im Übrigen gilt die Regelung nicht nur für die Wiedervermietung bereits vermieteter Wohnungen, sondern auch für die Erstvermietung von Bestandswohnungen, zB für den Fall, dass zunächst eine Eigennutzung durch den Vermieter erfolgt und sodann dieselbe Wohnung vermietet wird.

Auch dem Gesetzgeber ist bewusst, dass in Deutschland kein einheitlicher Wohnungsmarkt besteht, sondern dass es Gebiete gibt, die durch stärkeren Bevölkerungszuzug einen angespannteren Wohnungsmarkt haben, als es bei anderen Gebieten der Fall ist. Um dem Rechnung zu tragen, soll hier differenziert werden. Die Differenzierung nimmt allerdings nicht der Bundesgesetzgeber vor, sondern er überlässt die Ausweisung von derartigen **Wohnungsmangelgebieten** den Landesregierungen durch Rechtsverordnung. Die Landesregierungen sind jedoch nicht gezwungen, derartige Gebiete auszuweisen.

Die Ausweisung von Wohnungsmangelgebieten knüpft an schon länger bestehende Regelungen an, insbesondere an § 577a BGB betreffend die Sperrfrist bei Wohnungsumwandlungen und an die Herabsetzung der Kappungsgrenze auf 15 % in bestimmten ausgewiesenen Gebieten nach § 558 Abs. 3 S. 2 BGB.

In § 556d BGB wird den Landesregierungen vorgeschrieben, dass sie die Rechtsverordnung begründen müssen. Das Gesetz zählt quasi als „Anleitung" für die Begründung, warum Gebiete in die Verordnung aufgenommen werden, einzelne Kriterien auf:
1. Die Mieten steigen deutlich stärker als im bundesweiten Durchschnitt.
2. Die durchschnittliche Mietbelastung der Haushalte übersteigt deutlich den bundesweiten Durchschnitt.
3. Die Wohnbevölkerung wächst, ohne dass durch Neubautätigkeit insoweit erforderlicher Wohnraum geschaffen wird.
4. Es besteht geringer Leerstand bei großer Nachfrage.

Weiter muss begründet werden, welche Maßnahmen die Landesregierungen in den ausgewiesenen Gebieten ergreifen, um Abhilfe zu schaffen.

Die Ausweisung derartiger Gebiete erfolgt auf begrenzte Zeit, nämlich auf höchstens fünf Jahre. Die Rechtsverordnung muss spätestens am 31.12.2020 außer Kraft treten.

Das LG Stuttgart hat entschieden, dass die entsprechende Verordnung von Baden-Württemberg unwirksam ist, weil die Begründung nicht veröffentlicht worden ist (LG Stuttgart WuM 2019, 257).

Die Hessische Mietenbegrenzungsverordnung 2015 ist wegen Begründungsmangel unwirksam (BGH 17.7.2019 – VIII ZR 180/18, WuM 2019, 441).

Das AG Mainz 26.7.2019 – 79 C 302/18, BeckRS 2019, 23525 hat entschieden, dass die Mietpreisbremsverordnung von Rheinland-Pfalz mangels ausreichender Begründung unwirksam ist.

Als Bestandsschutz gilt, dass eine im bisherigen Mietverhältnis vereinbarte Miete, die die nach der Neuregelung zu verlangende Miete, also die Vergleichsmiete zuzüglich 10 % übersteigt, in dem neuen Mietverhältnis weiter verlangt werden kann. Allerdings kann zu dieser Miete kein Zuschlag verlangt werden in der Form, dass etwa die Mietvereinbarung freigegeben wäre. Die Begrenzung ist also in diesem Fall die bisher verlangte Miete, die ja bereits über der ortsüblichen Vergleichsmiete plus 10 % gelegen hat.

Zu berücksichtigen ist allerdings, dass dann, wenn die Vormiete, soweit zum Zeitpunkt ihres Zustandekommens bereits die Neuregelung über die Mietpreisbegrenzung bestanden hat, selbst unter Verstoß gegen diese Regelung zustande gekommen ist, sie nicht Ausgangspunkt für die neue Mietvereinbarung sein kann, sie also nicht unter den Bestandsschutz fällt.

Das Gesetz sieht zwei Einschränkungen vor, nämlich zum einen, dass nach § 556e Abs. 1 S. 2 BGB Einzelfallvereinbarungen über eine Mieterhöhung mit dem früheren Mieter unberücksichtigt bleiben, wenn sie innerhalb des letzten Jahres vor der Beendigung dieses Mietverhältnisses getroffen worden sind. Zum anderen sollen bei der Ermittlung der Vormiete Mietminderungen unberücksichtigt bleiben.

Hat der Vermieter in dem bisherigen Mietverhältnis Modernisierungsmaßnahmen nach § 555b BGB durchgeführt, aber eine Modernisierungsmieterhöhung nach § 559 BGB nicht vorgenommen, so soll ihm dies nicht zum Nachteil gereichen. Auf die nach dem Gesetz in den Wohnungsmangelgebieten zulässige Miete, also die ortsübliche Vergleichsmiete zuzüglich 10 %, darf daher zusätzlich der Modernisierungszuschlag, also 8 % der für die Modernisierung aufgewendeten Kosten, nach derzeitiger Rechtslage aufgeschlagen werden. Damit die Modernisierung nicht doppelt berücksichtig wird, soll allerdings bei der Berechnung der ortsüblichen Vergleichsmiete, die hier vorgenommen werden muss, die Modernisierungsmaßnahme unberücksichtigt bleiben.

Dh: Hat der Vermieter in den letzten drei Jahren vor dem Mieterwechsel zB einen Aufzug eingebaut, eine Modernisierungsmieterhöhung jedoch nicht vorgenommen, kann er die Modernisierungskosten in Höhe von 8 % auf die zulässige Miete von 10 % über der ortsüblichen Vergleichsmiete aufschlagen. Bei der Berechnung der ortsüblichen Miete, zB nach einem Mietspiegel, der einen Zuschlag bei Bestehen eines Aufzugs ausweist, darf dieser Zuschlag nicht angesetzt werden.

Ausnahmen von der Regelung über die Begrenzung des Mietanstiegs sieht § 556f BGB vor. Die erste Ausnahme betrifft die Vermietung von Neubauwohnungen. Nach der Begründung zum Gesetzentwurf soll die Vorschrift sicherstellen, „dass der Wohnungsneubau durch die neu geschaffene Dämpfung der Mieten nicht behindert wird". Allgemein soll dies nicht nur für Neubauwohnungen im eigentlichen Sinne gelten, sondern auch für Wohnungen in Gebäuden, die mit wesentlichem Bauaufwand wieder zu Wohnzwecken nutzbar gemacht wurden, § 16 Abs. 1 WoFG, oder die mit wesentlichem Aufwand durch Nutzungsänderung oder die Erweiterung von Gebäuden entstehen.

Nachdem ursprünglich vorgesehen war, dass die Mietpreisbegrenzung nur für die erstmalige Vermietung nach der Erstellung eines Neubaus nicht angewendet werden soll, gilt dies nun auch für alle weiteren Vermietungen derselben Wohnung, also die Nachfolgevermietungen.

Die Anwendung der Mietpreisbegrenzung ist bei Neubauten somit auf Dauer ausgeschlossen, auch wenn sie eigentlich nicht mehr „neu" sind. Eine **Neubauwohnung** liegt dann vor, wenn sie nach dem 1.10.2014 erstmals genutzt und vermietet worden ist. Bereits aus dem Wortlaut des § 556f S. 2 BGB ergibt sich, dass es sich nur um die erste Vermietung nach durchgeführter **umfassender Modernisierung**, was einem Neubau gleichsteht, handeln soll. Um den Begriff der umfassenden Modernisierung, festzulegen wird angenommen, dass diese vorliegt, wenn die aufgewendeten Kosten ein Drittel der Kosten für einen Neubau ausmachen.

Es liegt auf der Hand, dass es für den Mieter nicht ohne weiteres festzustellen ist, ob tatsächlich seitens des Vermieters bei der Vermietung die ortsübliche Miete zuzüglich 10 % überschritten wird, ebenso wenig kann er wissen, welche Miete vom Vormieter verlangt wurde, soweit der Vermieter vorbringt, dass nur diese Miete weiterverlangt wird. § 556g Abs. 3 BGB regelt daher einen **Auskunftsanspruch des Mieters** hinsichtlich der Zulässigkeit der vereinbarten Miete, wobei die Merkmale der ortsüblichen Vergleichsmiete in Betracht kommen. Soweit ein Mietspiegel besteht, kann der Mieter Auskunft darüber verlangen, welche Merkmale aus Sicht des Vermieters zur Bildung der ortsüblichen Vergleichsmiete beitragen. Der Anspruch soll nicht bestehen, soweit diese Umstände allgemein zugänglich sind. Auch soll der Auskunftsanspruch nur bestehen, wenn der Vermieter die Auskunft unschwer erteilen kann.

Hinsichtlich des Auskunftsanspruchs über Modernisierungsmaßnahmen, die in den letzten drei Jahren vor Mietbeginn vorgenommen worden sind, gilt, dass hier die Vorschrift des § 559b Abs. 1 S. 2 und 3 BGB angewendet werden soll. Der Mieter schuldet die durch den Modernisierungszuschlag erhöhte Miete bei Unterlassen der vom Mieter verlangten Auskunft also erst sechs Monate später.

Gemäß der **Rechtslage seit dem 1.1.2019** hat der Vermieter dem Mieter vor Abschluss des Mietvertrages unaufgefordert Auskunft zu erteilen und zwar

- über die Höhe der Vormiete, wenn sich der Vermieter darauf beruft, dass die Vormiete über der nach der Mietpreisbremse zulässigen Miete lag
- über andere Ausnahmen, wie eine vorausgegangene Modernisierung, die erste Vermietung nach umfassender Modernisierung, die erstmalige Nutzung und Vermietung nach dem 1.10.2014

Erteilt der Vermieter die Auskunft nicht, kann er höchstens die nach der Mietpreisbremse zulässige Miete verlangen. Der Vermieter kann allerdings die Auskunft nachholen und sich zwei Jahre nach der Nachholung auf die Ausnahmen berufen, zu denen er zunächst keine Auskunft erteilt hat.

Ein weiteres Recht des Mieters ist sein **Rückforderungsanspruch** auf etwaige im Hinblick auf die Mietpreisbremse überzahlte Miete. Dieser soll allerdings nicht ohne weiteres bei objektiv überzahlte Miete gelten, sondern der Mieter muss zunächst einen Verstoß gegen die Vorschriften der Mietpreisbremse qualifiziert rügen. Dies bedeutet, dass ein derartiger Rückforderungsanspruch nicht „ins Blaue hinein" oder etwa erst nach Beendigung des Mietverhältnisses in allgemeiner Form gestellt werden kann, sondern dass es sich um Miete handelt, die erst nach Zugang der qualifizierten Rüge fällig geworden ist. Dem Vermieter soll klar sein, dass der Mieter von einem Verstoß gegen die Regelung der Mietpreisbremse ausgeht, und er muss auch die Gründe dafür mitgeteilt bekommen. Deshalb muss die Rüge die Tatsachen enthalten, auf denen die Beanstandung der mit dem Mieter vereinbarten Miete beruht. Besteht zB in einer Gemeinde, die sich in einem Gebiet mit angespannter Wohnungsmarktlage befindet, ein Mietspiegel, muss hiernach der Mieter in seiner Rüge die Einstufung in den Mietspiegel darlegen.

Das Material für die qualifizierte Rüge muss sich erforderlichenfalls der Mieter mittels des Auskunftsanspruchs nach § 556g Abs. 3 BGB beschaffen.

Gemäß der **Rechtslage ab dem 1.1.2019** genügt eine nicht begründete Rüge des Mieters, wenn der Vermieter sich auf eine der gesetzlichen Ausnahmen beruft, hierzu aber keine Angaben macht.

Geplant ist, dem Mieter einen in die Vergangenheit, also vor Erhebung der Rüge, reichenden Rückforderungsanspruch zu geben.

Durch eine weitere Regelung soll die Anwendung des § 814 BGB ausgeschlossen sein. § 814 BGB besagt, dass die Rückforderung einer Leistung ausgeschlossen ist, wenn der Leistende gewusst hat, dass er nicht zur Leistung verpflichtet war. Diese Vorschrift soll nicht gelten, weil sonst der Mieter aus dem Kreis der Bewerber ausscheiden würde. Er muss ja bereits vorab seine Rüge anbringen, da diese nur in die Zukunft wirkt.

Der Mieter soll auch nicht aufgrund einer Einwilligung in die überhöhte Mietvereinbarung an der Rückforderung gehindert sein, weil nach § 817 S. 2 BGB dann sowohl der Mieter, als auch der Vermieter gegen ein gesetzliches Verbot verstoßen würden. Dies soll dem Mieter nicht zum Nachteil gereichen.

4. § 11 Abs. 3 wurde an die Rechtsprechung des BGH (18.3.2015 – VIII ZR 185/14 und VIII ZR 242/13, NJW 2015, 1594 und NJW 2015, 1871) angepasst.

2. Wohnraummietvertrag auf unbestimmte Zeit mit Verzicht auf ordentliche Kündigung auf bestimmte Zeit

§ 2 des Wohnraummietvertrages (→ Form. A.II.1) erhält folgende Fassung:

§ 2 Mietzeit

Das Mietverhältnis beginnt am . . . . . .

Es handelt sich um einen allgemeinen Mietvertrag[1] auf unbestimmte Zeit mit Ausschluss des Rechts zur ordentlichen Kündigung. Die Parteien verzichten wechselseitig auf die Dauer von . . . . . . Jahren ab Vertragsschluss auf ihr Recht zur ordentlichen Kündigung des Mietvertrages.[2] Eine ordentliche Kündigung ist erstmals zum Ablauf des bezeichneten Zeitraums mit der gesetzlichen Frist zulässig. Von dem Verzicht bleibt das Recht zur fristlosen Kündigung und zur außerordentlichen Kündigung mit gesetzlicher Frist unberührt.

Anmerkungen

1. Der **einfache Zeitmietvertrag** nach § 564c Abs. 1 BGB aF ist durch die Regelung des Mietrechtsreformgesetzes seit dem 1.9.2001 ersatzlos **entfallen.** Es ist daher nicht mehr möglich, seit dem 1.9.2001 einen einfachen Zeitmietvertrag, der nicht der Regelung des § 575 BGB insbesondere über die Angabe des Befristungsgrundes entspricht, abzuschließen. Die Begründung des Referentenentwurfs zum Mietrechtsreformgesetz führte allerdings aus, dass dann, wenn die Voraussetzungen für den qualifizierten Zeitmietvertrag nach § 575 BGB als allein zulässigem Zeitmietvertrag mangels Befristungsgrund auf Vermieterseite nicht vorliegen, dem Interesse des Mieters an einer langfristigen Bindung vertraglich durch Abschluss eines unbefristeten Mietvertrages unter Ausschluss des Rechts zur ordentlichen Kündigung für einen vertraglich festgelegten Zeitraum Rechnung getragen werden könnte (Referentenentwurf S. 147). Eine derartige Regelung wurde zunächst als problematisch empfunden wegen der ebenfalls durch das Mietrechtsreformgesetz erfolgten, zwingenden Regelung der dreimonatigen Kündigungsfrist für den Mieter nach § 573c BGB. Andererseits regelt § 573c BGB nicht den Ausschluss des Kündigungsrechts, sondern nur die Kündigungsfrist.

2. Nach BGH (WuM 2005, 346; NZM 2005, 419) ist der formularvertragliche beiderseitige Kündigungsausschluss bis zu einer Dauer von **vier Jahren** zulässig. Durch Individualvereinbarung soll auch eine längere Kündigungsausschlussfrist möglich sein (BGH WuM 2006, 445; BGH NZM 2006, 653). Ein **einseitiger** formularmäßiger Kündigungsausschluss zu Lasten des Mieters soll nur dann wirksam sein, wenn er zusammen mit einer wirksamen Staffelmietvereinbarung vereinbart worden ist und nicht länger als vier Jahre seit Abschluss der Staffelmietvereinbarung dauert (BGH WuM 2006, 97; BGH NZM 2006, 256 und NZM 2009, 153). Die Kündigungsausschlussfrist beginnt mit dem Vertragsschluss, nicht mit dem Mietbeginn (BGH NJW 2011, 597), wobei der Mieter den Vertrag zum Ende des Vierjahreszeitraums tatsächlich beenden können muss, nicht also erst nach Ablauf des Zeitraums die Kündigungsfrist sich anschließt. Eine geltungserhaltende Reduktion soll nicht möglich sein.

Im Zweifel beinhaltet die Formularklausel, durch die „das Recht zur Kündigung" ausgeschlossen ist, lediglich den Ausschluss der ordentlichen Kündigung, nicht des Rechts zur außerordentlichen Kündigung (BGH NZM 2012, 112).

Im Falle einer **Individualvereinbarung** soll ein Kündigungsverzicht auch für längere Zeit als vier Jahre möglich sein (BGH WuM 2006, 445 und BGH NZM 2018, 556).

Bei einer unwirksamen Befristung im Mietvertrag, die nicht die Voraussetzungen des gesetzlichen Zeitmietvertrags nach § 575 BGB erfüllt, kann im Wege der ergänzenden Vertragsauslegung ein Kündigungsverzicht angenommen werden (BGH NZM 2013, 646 für den Fall einer Befristung mit zweimaliger Verlängerungsoption; vgl. auch BGH NZM 2014, 235).

3. Zeitmietvertrag nach § 575 BGB mit Verwendungsabsicht Eigennutzung

§ 2 des Wohnraummietvertrages (→ Form. A.II.1) erhält folgende Fassung:

§ 2 Mietzeit

(1) Der Mietvertrag wird als Zeitmietvertrag nach § 575 BGB abgeschlossen.[1] Das Mietverhältnis beginnt am . . . . . . und endet mit Ablauf des . . . . . . (Höchstdauer nicht vorgeschrieben).

(2) Der Vermieter erklärt, dass er nach Ablauf der Mietzeit

• die Räume als Wohnung für sich[2]
• die Räume als Wohnung für folgende zu seinem Haushalt gehörenden Personen:[3]

. . . . . .

• für folgende Familienangehörige:[4]

. . . . . .

nutzen will.

Anmerkungen

1. Nach der Neuregelung durch das Mietrechtsreformgesetz 2001 ist weder der Abschluss eines einfachen Zeitmietvertrages ohne Angabe einer Verwendungsabsicht noch die Vereinbarung eines Zeitmietvertrages mit Verlängerungsklausel mehr möglich, da weder eine § 564c Abs. 1 BGB aF entsprechende Vorschrift noch § 565a BGB aF in der Fassung des BGB nach dem Mietrechtsreformgesetz 2001 enthalten ist. Allein zulässige Form eines Zeitmietvertrages ist der **qualifizierte Zeitmietvertrag** nach § 575 BGB, der im Wesentlichen § 564c Abs. 2 BGB aF entspricht. Im Unterschied zur bisherigen Regelung ist eine zeitliche Begrenzung des Zeitmietvertrages nicht mehr vorgesehen. Dies bedeutet, dass weder eine Mindestzeit noch eine Höchstzeit für die Dauer des Zeitmietvertrages besteht. Die geplante Verwendungsabsicht, hier Eigennutzung, muss nach § 575 Abs. 1 S. 1 BGB dem Mieter schriftlich bei Vertragsschluss mitgeteilt werden. Die Erklärung muss nicht in der Mietvertragsurkunde selbst enthalten sein. Nachdem das Gesetz ausdrücklich Schriftform vorschreibt, genügt Textform nach § 126b BGB für die Erklärung nicht. Andererseits kann, was nach der Neuregelung durch das Gesetz zur Anpassung der Formvorschriften des Privatrechts und anderer Vorschriften an den modernen Rechtsgeschäftsverkehr ab 1.8.2001 gilt, die schriftliche Form des gesamten Vertrages nach § 126 Abs. 3 BGB durch die elektronische Form ersetzt werden, was natürlich dann auch für die Mitteilung über den Grund der Befristung nach § 575 Abs. 1 BGB gilt. Kein

wirksamer Zeitmietvertrag, sondern ein Vertrag, der nach § 575 Abs. 1 S. 2 BGB als auf unbestimmte Zeit abgeschlossen gilt, liegt vor, wenn
- die Mitteilung über die Verwendungsabsicht nicht in schriftlicher Form erfolgt,
- die Mitteilung nach Vertragsschluss zugeht,
- die Mitteilung den zu stellenden inhaltlichen Anforderungen nicht entspricht (vgl. *Wetekamp* Mietsachen Kap. 8 Rn. 413 ff.).

Nach der bisherigen Regelung traf den Vermieter nach § 564c Abs. 2 S. 2 BGB aF eine Endmitteilungspflicht über das Weiterbestehen der Verwendungsabsicht. Diese Endmitteilungspflicht wurde nach § 575 Abs. 2 BGB durch einen Auskunftsanspruch des Mieters ersetzt. Hiernach kann der Mieter vom Vermieter frühestens vier Monate vor Ablauf der Befristung verlangen, dass ihm binnen eines Monats der Vermieter mitteilt, ob der Befristungsgrund noch besteht. Wirkung einer späteren Mitteilung ist, dass der Mieter eine Verlängerung des Mietverhältnisses um den Zeitraum der Verspätung verlangen kann. Dem Mieter sei es zuzumuten, sich im Falle, dass er ein Interesse daran habe, über das vereinbarte Mietende hinaus in der Wohnung zu verbleiben, an den Vermieter zu wenden, um zu erfahren, ob der Vermieter an der Befristung festhalten wolle (Begründung zum Referentenentwurf des Mietrechtsreformgesetzes, S. 149). Auf einen am 1.9.2001 bestehenden Zeitmietvertrag, unabhängig davon, ob es sich um einen einfachen oder qualifizierten Zeitmietvertrag handelt, ist das bisherige Recht des § 564c BGB aF anzuwenden (Art. 229 § 3 Abs. 3 EGBGB).

2. Hinsichtlich der **Verwendungsabsicht „Nutzung für sich"** genügt es, wenn der Vermieter anführt, dass er die Wohnung nach Vertragsende selbst nutzen will. Anders als beim Kündigungsgrund des Eigenbedarfs als berechtigtes Interesse für die ordentliche Kündigung nach § 573 Abs. 2 Nr. 1 BGB muss bei der Verwendungsabsicht nach § 575 BGB eine Bedarfssituation nicht vorliegen. Es genügt, wenn der ernsthafte Nutzungswille vorliegt (LG Wuppertal WuM 1994, 543). Die Nutzungsmöglichkeit muss nicht einmal mit Sicherheit feststehen. Es genügt, wenn beim Vermieter die Erwägung besteht, dass nach Ablauf der Vertragszeit ein Nutzungswille vorliegen könnte (Schmidt-Futterer/*Blank* § 575 Rn. 7).

Handelt es sich um mehrere Vermieter, so genügt es, wenn Eigenbedarf für einen der Vermieter besteht (LG Karlsruhe WuM 1982, 210). Dies gilt auch, wenn Vermieter eine Gesellschaft bürgerlichen Rechts ist hinsichtlich des Eigenbedarfs eines der Gesellschafter oder dessen Angehörigen (BGH NZM 2007, 679). Ebenso jetzt BGH WuM 2017, 94 Ebenso BGH 15.3.2017.

Es genügt, wenn einer der drei Befristungsgründe, die in § 575 Abs. 1 BGB aufgezählt sind, vorliegen. Möglich ist auch, dass eine Kumulation mehrerer Zwecke, zum Beispiel Eigennutzung nach Modernisierung vorliegt oder eine alternative oder hilfsweise Angabe des Verwendungszwecks (Schmidt-Futterer/*Blank* § 575 Rn. 5). Eine Erweiterung oder analoge Anwendung auf andere Befristungsgründe ist nicht möglich. So scheidet zum Beispiel ein sonstiges Nutzungsinteresse im Sinne des § 573 Abs. 1 BGB, so zum Beispiel Bedarf für eine Pflegeperson oder Inanspruchnahme für öffentliche Interessen als Befristungsgrund aus.

3. Ein **weiterer Befristungsgrund ist,** dass der Vermieter die Wohnung nach Ablauf der Befristung für „**Angehörige seines Haushalts**" nutzen will. Hierbei soll es sich um denselben Personenkreis handeln wie bei den nach § 564c Abs. 2 Nr. 2a BGB aF mit dem Begriff „zu seinem Hausstand gehörenden Personen" gemeint war. Der Begriff wird ebenfalls in § 573 Abs. 2 Nr. 2 BGB verwendet. Nach der Begründung zum Referentenentwurf (S. 137) sind damit Personen gemeint, die dauerhaft dem Haushalt des Vermieters angehören, zum Beispiel der Lebenspartner des Vermieters, Pflegekinder oder Kinder des Lebenspartners.

4. Der Begriff der **Familienangehörigen** ist derselbe wie in § 573 Abs. 2 Nr. 2 BGB. Im Gegensatz zu den Angehörigen des Haushalts müssen sich diese zu dem Zeitpunkt, zu dem die Nutzungsabsicht verwirklicht werden soll, nicht im Haushalt des Vermieters befinden. Unter dem Begriff „Familienangehörige" fallen der Ehegatte, die Kinder (LG Stuttgart WuM 1989, 249), auch nichteheliche Kinder und deren Mutter (LG Berlin GE 1992, 101), Enkel (AG Köln WuM 1989, 250), Eltern, Großeltern sowie Geschwister des Vermieters (BayObLG WuM 1984, 14). Auch weiter entfernte Verwandte oder Verschwägerte können unter den Begriff „Familienangehörige" fallen, hier muss jedoch hinzukommen, dass der Vermieter besondere Verantwortung für den Wohnbedarf dieser Personen aus sozialem Kontakt hat (*Sternel* IV Rn. 139). Unter diesen Voraussetzungen kommen in Betracht: Die Schwiegermutter des Vermieters (LG Köln WuM 1994, 541), ein Stiefkind des Vermieters (LG Hamburg WuM 1997, 177), Nichten und Neffen des Vermieters (AG Ludwigsburg WuM 1990, 391). Für letztere hat der BGH (NZM 2010, 271) jedoch nunmehr entschieden, dass es auf eine besondere persönliche Beziehung oder soziale Bindung zum Vermieter nicht ankommt.

4. Zeitmietvertrag nach § 575 BGB mit Verwendungsabsicht Beseitigung oder wesentliche Veränderung der Mieträume

§ 2 des Wohnraummietvertrages (→ Form. A.II.1) erhält folgende Fassung:

§ 2 Mietzeit

(1) Der Mietvertrag wird als Zeitmietvertrag nach § 575 BGB abgeschlossen. Das Mietverhältnis beginnt am . . . . . . und endet mit Ablauf des . . . . . . (Höchstdauer nicht vorgeschrieben).

(2) Der Vermieter erklärt, dass er nach Ablauf der Mietzeit

a) in zulässiger Weise die Räume beseitigen will[1] oder
b) die Räume in folgender Weise so wesentlich verändern oder instand setzen will, dass die Maßnahmen durch eine Fortsetzung des Mietverhältnisses erheblich erschwert würden.[2]

Anmerkungen

1. Nur bei der **Nutzungsabsicht „Beseitigung der Räume"** genügt lediglich die Angabe, dass die Beseitigung der Räume in zulässiger Weise beabsichtigt ist. Soweit es sich um die wesentliche Veränderung oder Instandsetzung als zweite Alternative handelt, sind konkretisierende Angaben erforderlich.

2. Die **geplanten Maßnahmen** müssen hinreichend konkretisiert und eindeutig bestimmt werden (LG Stuttgart WuM 1994, 690). Nur so kann der Mieter beurteilen, ob es sich um wesentliche Maßnahmen im Sinne der Vorschrift handelt mit der Folge, dass eine Fortsetzung des Mietverhältnisses erheblich erschwert würde. Es wird allgemein davon ausgegangen, dass die Information denselben Umfang haben muss, wie im Rahmen der Mitteilung bei einer geplanten Modernisierungsmaßnahme nach § 554 Abs. 3 BGB. Dies bedeutet jedenfalls, dass Art und voraussichtlicher Umfang der Maßnahme mitgeteilt werden muss. Nachdem es sich nur um die Mitteilung einer Nutzungsabsicht handelt, dürfte weder die Angabe des Beginns noch die voraussichtliche Dauer mitgeteilt werden müssen.

5. Zeitmietvertrag nach § 575 BGB mit Verwendungsabsicht Vermietung an Werksangehörige

§ 2 des Wohnraummietvertrages[1] erhält folgende Fassung:

§ 2 Mietzeit

(1) Der Mietvertrag wird als Zeitmietvertrag nach § 575 BGB abgeschlossen. Das Mietverhältnis beginnt am . . . . . . und endet mit Ablauf des . . . . . . (Höchstdauer nicht vorgeschrieben).

(2) Der Vermieter erklärt, dass er nach Ablauf der Mietzeit die Räume an einen zur Dienstleistung Verpflichteten vermieten will.[2]

Anmerkungen

1. → Form. A.II.1.

2. Die Regelung entspricht § 564c Abs. 2 S. 1 Nr. 2c BGB aF mit der Änderung, dass nicht erforderlich ist, dass die Wohnung bereits bei Abschluss des Mietvertrages an einen Werksangehörigen vermietet ist. Es ist also möglich, dass eine gegenwärtige Vermietung an Nicht-Werksangehörige erfolgt, wenn nach Fristablauf des Zeitmietvertrages wieder an einen Werksangehörigen vermietet werden soll. Nach der Begründung zum Referentenentwurf des Mietrechtsreformgesetzes können so Räume, die an sich Werkwohnungen sind, zur Vermeidung von unnötigen Leerständen zwischenzeitlich anderweitig vermietet werden, wenn zurzeit kein Interesse eines zur Dienstleistung Verpflichteten besteht (Referentenentwurf S. 149).

6. Vereinbarung über Vormietrecht

Vormietrecht[1]

Zwischen . . . . . . (Vermieter) und . . . . . . (Berechtigter) wird folgende Vereinbarung getroffen:

. . . . . . (Vermieter) hat mit Mietvertrag vom . . . . . . an . . . . . . (Mieter) eine Mietwohnung in . . . . . . vermietet.

Für den Fall der Beendigung des Mietverhältnisses zwischen . . . . . . (Vermieter) und . . . . . . (Mieter) wird . . . . . . (Berechtigter) das Recht eingeräumt, durch einseitige Erklärung mit . . . . . . (Vermieter) einen Mietvertrag zu denselben Bedingungen zu begründen, die in dem Vertrag zwischen . . . . . . (Vermieter) und . . . . . . (Mieter) vereinbart worden sind.[2]

Anmerkungen

1. Durch das Vormietrecht wird dem hierdurch Berechtigten das Recht eingeräumt, durch Erklärung an den Verpflichteten mit diesem einen Mietvertrag zu den Bedingungen zu begründen, die dieser in einem bereits bestehenden Mietvertrag mit einem Dritten festgelegt hat (Erman/*Jendrek* BGB Vor § 535 Rn. 60). Es handelt sich also nicht um den Eintritt des Berechtigten in den mit dem Dritten abgeschlossenen Mietvertrag, sondern um das Recht, einen Mietvertrag mit dem Verpflichteten zu begründen. Die Bedingungen ergeben sich aus dem Mietvertrag, der mit dem Dritten, hier also M. abgeschlossen worden ist.

2. Auf das Vormietrecht werden die Vorschriften über das Vorkaufsrecht nach §§ 504 ff. BGB entsprechend angewendet. Der durch das Vormietrecht Berechtigte hat Anspruch auf Auskunft über den Inhalt des mit dem Dritten geschlossenen Mietvertrages entsprechend § 510 BGB. Der durch das Vormietrecht Berechtigte kann Klage auf Auskunft über den Eintritt des Vormietfalls und, bei entsprechenden Voraussetzungen, auf Feststellung, dass zwischen den Parteien auf Grund der Ausübung des Vormietrechtes ein Mietvertrag zustande gekommen ist, erheben (MPFB MietR/*Deppen* → Form. A.III.1).

7. Mietoptionsvertrag

Mietoptionsvertrag[1]

Zwischen . . . . . . (Vermieter) und . . . . . . (Berechtigter) wird folgende Vereinbarung getroffen:

. . . . . . (Vermieter) hat mit Wohnraummietvertrag vom . . . . . . an . . . . . . (Mieter) eine Wohnung in . . . . . . vermietet.[2]

. . . . . . (Vermieter) verpflichtet sich, bei Beendigung des Mietverhältnisses mit . . . . . . (Mieter) im Falle der Ausübung des Rechts auf Begründung eines Mietvertrages die Mietwohnung an . . . . . . (Berechtigter) zu überlassen.[3]

. . . . . . (Berechtigter) verpflichtet sich, von dem Recht auf Begründung eines Mietvertrages über die bezeichnete Mietwohnung bis zum . . . . . . spätestens gegenüber . . . . . . (Vermieter) Gebrauch zu machen.[4]

Für den gegebenenfalls zwischen . . . . . . (Vermieter) und . . . . . . (Berechtigter) zustande kommenden Mietvertrag gelten die in dem Vertrag zwischen . . . . . . (Vermieter) und . . . . . . (Mieter) bestehenden Mietvertragsbedingungen entsprechend.[5]

Anmerkungen

1. Der **Mietoptionsvertrag** gibt der einen Vertragspartei das Recht, durch Ausübung der Option einen bereits in allen Einzelheiten feststehenden Mietvertrag zu einem künftigen Zeitpunkt zustande zu bringen (Palandt/*Weidenkaff* BGB Einf. vor § 535 Rn. 5). Als Verpflichtung enthält der Optionsvertrag lediglich die einseitige Verpflichtung einer Partei, hier des Vermieters, den Vertrag mit dem Berechtigten zu schließen. Im Gegensatz zum Anmietrecht stehen die Vertragsbedingungen fest, sie ergeben sich nämlich aus dem zwischen Vermieter und Mieter geschlossenen Vertrag.

2. Voraussetzung des Mietoptionsvertrages ist, dass der Vertrag hinsichtlich dessen die Option ausgeübt werden soll, bereits in allen Einzelheiten feststeht. Es handelt sich hier um den Wohnraummietvertrag, der zwischen Vermieter und Mieter besteht.

3. Satz 2 des Vertrages beinhaltet die einseitige Verpflichtung des Vermieter im Falle der Ausübung der Option die Wohnung an den Berechtigten zu überlassen, und zwar kommt bereits durch die Ausübung der Option der Vertrag zwischen Vermieter und Berechtigtem zustande. Dies beruht darauf, dass der Vertrag bereits in allen Einzelheiten feststeht.

4. Die Ausübung der Option kann **formlos** erfolgen. Schriftform ist jedoch anzuraten. Nachdem der Optionsvertrag lediglich beinhaltet, dass der Berechtigte ein Recht hat, den Vertrag, der zwischen Vermieter und Mieter geschlossen wurde, zu übernehmen, kann im Falle, dass der Berechtigte die Option nicht ausübt, der Vermieter mit einem anderen Mietinteressenten einen neuen Vertrag schließen. Insoweit ist es erforderlich, einen **Zeitpunkt** vertraglich festzulegen, bis zu dem spätestens von der Option Gebrauch gemacht werden muss.

5. Der entscheidende **Unterschied** zwischen einer Mietoption und einem **Anmietrecht** ist, dass bei der Mietoption nichts mehr ausgehandelt werden muss. Die vertraglichen Bedingungen stehen bereits auf Grund des zwischen dem Verpflichteten und einem Dritten abgeschlossenen Mietvertrages fest. Beim Anmietrecht steht dagegen nur das Mietobjekt fest (MPFB MietR/*Jendrek* → Form. A.V.1).

8. Zwischenmiete

Mietvertrag[1]

Zwischen V als Vermieter und der Eigentümergemeinschaft E, vertreten durch . . . . . ., wird folgende Vereinbarung getroffen:

V vermietet mit Wirkung ab . . . . . seine Eigentumswohnung in . . . . . zu einem Mietzins von . . . . . an die Eigentümergemeinschaft E.

1. Der Vertrag läuft auf unbestimmte Zeit. Hinsichtlich der fristlosen und ordentlichen Kündigung gelten die gesetzlichen Vorschriften.
2. E erhält die Genehmigung zur Untervermietung der Eigentumswohnung an einen von E noch zu bestimmenden Hausmeister zur Benutzung als Hausmeisterwohnung.[2]
3. V behält sich das Recht zur Versagung und Widerruf der Untervermietungsgenehmigung für den Fall vor, dass sich die Person des von E ausgewählten Hausmeisters als unzumutbar erweist.[3]
4. Eine Untervermietung zu anderen Zwecken als die in Nr. 3 bezeichnete Nutzung ist nicht gestattet. Insoweit bleibt bei nicht vertragsgemäßer Untervermietung das Recht zur fristlosen Kündigung des Mietverhältnisses wegen unerlaubter Untervermietung vorbehalten.[4]

Anmerkungen

1. Werden Räume zum **Zweck der Weitervermietung** angemietet, handelt es sich bei dem Mietverhältnis zwischen Vermieter und Zwischenvermieter um ein gewerbliches Mietverhältnis. Ein Wohnraummietverhältnis liegt nur dann vor, wenn zum Beispiel Firmen oder Behörden Räume zu Wohnzwecken für ihre Betriebsangehörigen anmieten (LG München I ZMR 1974, 49). Dieser Fall ist hier jedoch nicht gegeben. Eher vergleichbar ist die Situation, in der eine Firma nicht Räume für ihre Betriebsangehörigen anmietet, ohne dass mit diesen eigene Verträge geschlossen werden, sondern die Räume an die Betriebsangehörigen weitervermietet werden. Hier liegt beim Mietverhältnis zwischen Vermieter und Zwischenmieter auch ein gewerbliches Mietverhältnis vor (BayObLG WM 1995, 645). Die Tatsache, dass das Hauptmietverhältnis ein gewerbliches

Mietverhältnis ist, bedeutet jedoch nicht, dass es sich hierbei auch ohne weiteres um gewerbliche Zwischenvermietung handelt. Von gewerblicher Zwischenvermietung wird ausgegangen, wenn „der Eigentümer von ihm zur Nutzung auf dem Wohnungsmarkt errichteten oder erworbenen Wohnraum einem Zwischenvermieter zur Verfügung (stellt), von dem er erwarten kann, dass dieser die Wohnung auf dem allgemeinen Wohnungsmarkt anbieten und zu marktgerechten Bedingungen weitervermieten wird" (BayObLG WM 1995, 683). Dieser Fall ist hier nicht gegeben, da die Wohnung nur zu einem bestimmten Zweck an einen bestimmten Personenkreis ohne die Absicht, sie generell auf dem Wohnungsmarkt anzubieten, weitervermietet werden soll. Nur im Fall der gewerblichen Zwischenvermietung ist die Vorschrift des § 565 BGB anwendbar, nach der der Vermieter bei Beendigung des Mietverhältnisses mit dem Zwischenmieter in das Mietverhältnis mit dem Dritten als Untermieter eintritt. Im gegenständlichen Fall handelt es sich um den Normalfall der Untervermietung, die nach dem Zwischenmietvertrag erlaubt ist. Für diesen Fall gilt im Falle der Beendigung des Zwischenmietverhältnisses § 546 Abs. 2 BGB. Nach Beendigung des Zwischenmietverhältnisses kann der Vermieter V. die Wohnung daher auch von dem Dritten, an den E. weitervermietet hat, herausverlangen, ohne dass sich der Dritte auf das Erfordernis einer Kündigung berufen kann. Zwischen V. und dem Dritten bestehen nämlich keine vertraglichen Beziehungen. Eine Herausgabe kann ebenfalls nach §§ 985 ff. BGB, verlangt werden.

2. Nach § 540 Abs. 1 BGB ist der Mieter ohne die Erlaubnis des Vermieters nicht berechtigt, den Gebrauch der Mietsache einem Dritten zu überlassen, insbesondere sie weiterzuvermieten. Nachdem E. die Wohnung des V. lediglich anmietet, um einen Hausmeister unterzubringen, also Vertragszweck gerade die vollständige Untervermietung der Wohnung ist, ist es unabdingbar, dass bereits im Zwischenmietvertrag die Genehmigung zur Untervermietung erteilt wird. Nachdem allerdings keine generelle Untervermietung beabsichtigt ist, ist die Genehmigung auf den in Nr. 3 aufgeführten Zweck beschränkt.

3. Nach dem Gesetz gilt, dass der Vermieter die Erlaubnis zur Untervermietung der gesamten Wohnung nach seinem Ermessen versagen kann. Aufgrund der hier generell erteilten Genehmigung reduziert sich das Ermessen auf Umstände, die in der Person des Untermieters selbst liegen. Der diesbezügliche Versagungsgrund ergibt sich aus Nr. 4 des Vertrages. Allgemein gilt, dass man bei Unzumutbarkeit in der Person des Dritten den Widerruf einer erteilten Erlaubnis als zulässig ansehen muss. Insbesondere gilt dies, wenn sich aus dem Vertragszweck ergibt, dass die konkret vorgenommene Untervermietung diesem Vertragszweck nicht entspricht oder gar eine Vertragsverletzung darstellt. Unwirksam wäre, dies allerdings bezogen auf Geschäftsräume, eine uneingeschränkte Klausel in einem Formularvertrag, nach der der Vermieter die Erlaubnis zur Untervermietung widerrufen kann (BGH WuM 1987, 256).

4. Die **Möglichkeit der fristlosen Kündigung** des Mietverhältnisses bei vertragswidrigem Gebrauch stellt einen der Unterfälle der fristlosen Kündigung aus wichtigem Grund nach § 543 Abs. 1 BGB dar und ist gesetzlich in § 543 Abs. 2 S. 1 Nr. 2 BGB geregelt. Hiernach stellt die unbefugte Überlassung der Mietsache an einen Dritten einen Kündigungsgrund dar, soweit die Rechte des Vermieters in erheblichem Maße verletzt sind. Nachdem der vorliegende Mietvertrag den Zweck der Untervermietung in Nr. 3 eindeutig beschreibt, dürften bei einer Untervermietung, die diesem Zweck zuwider läuft, die Voraussetzungen der erheblichen Verletzung der Vermieterrechte ohne weiteres gegeben sein.

9. Garagenmietvertrag

Mietvertrag für Garagen- und Stellplätze

Zwischen . . . . . . (Vermieter) und . . . . . . (Mieter)

wird folgender Mietvertrag geschlossen:

1. Mietgegenstand[1]
   Vermietet wird die Garage/der Stellplatz in . . . . . .
   Dem Mieter werden für die Mietzeit folgende Schlüssel ausgehändigt: . . . . . .
   Dem Mieter wird folgendes Funkgerät/Codeschlüssel ausgehändigt: . . . . . .
2. Mietzeit
   Das Mietverhältnis beginnt am . . . . . .
   Es läuft auf unbestimmte Zeit und kann von jedem Teil spätestens am 3. Werktag eines Kalendermonats zum Ablauf des übernächsten Kalendermonats gekündigt werden.
   Die Kündigung bedarf der Schriftform.
   Setzt der Mieter den Gebrauch der Mietsache nach Ablauf der Mietzeit fort, so verlängert sich das Mietverhältnis nicht auf unbestimmte Zeit. § 545 BGB findet insoweit keine Anwendung.
   Die Miete beträgt monatlich . . . . . . EUR
   Daneben ist eine Betriebskostenvorauszahlung für die Betriebskosten im Sinne von § 2 BetrkV zu leisten in Höhe von . . . . . . EUR
   Die Abschlagszahlungen auf Betriebskosten werden nach Ablauf des jährlichen Abrechnungszeitraumes abgerechnet. Für Art und Umfang der Betriebskosten sind die §§ 1 ff. BetrkV in ihrer jeweils geltenden Fassung maßgeblich. Die monatlichen Vorauszahlungen können nach Abrechnung über eine Betriebskostenabrechnungsperiode angemessen erhöht werden. Die Anpassung kann in Textform oder in Schriftform erfolgen.
3. Zahlung der Miete
   Die Miete ist monatlich im Voraus, spätestens am 3. Werktag eines Monats an den Vermieter durch Überweisung auf folgendes Konto: . . . . . . zu bezahlen.
4. Mieterhöhung[2]
   Der Vermieter ist berechtigt, die Miete angemessen entsprechend der für vergleichbare Garagen bzw. Stellplätze vereinbarten Miete zu erhöhen. Ein Verfahren entsprechend §§ 558 ff. BGB muss nicht eingehalten werden.
5. Nutzungszweck
   Die Garage/der Stellplatz darf ausschließlich zum Einstellen von mit Benzin- und Dieselkraftstoff betriebenen Kraftfahrzeugen nach Maßgabe der Garagenbenutzungsordnung genutzt werden. Das Abstellen von Gegenständen, auch Reifen oder Kraftfahrzeugzubehör sowie Fahrrädern ist nur mit Genehmigung des Vermieters zulässig.
6. Instandhaltung
   Der Mieter verpflichtet sich, die Garage/den Stellplatz regelmäßig zu säubern und pfleglich zu behandeln. Für Beschädigungen haftet der Mieter, soweit sie von ihm oder von ihm beauftragten Personen oder Personen, denen er den Gebrauch an der Mietsache überlassen hat, schuldhaft verursacht werden.
7. Untervermietung
   Der Mieter darf die Garage/den Stellplatz nur mit Erlaubnis des Vermieters einem Dritten ganz oder teilweise zum Gebrauch überlassen, insbesondere untervermieten.

Eine erteilte Erlaubnis kann der Vermieter widerrufen, wenn ein wichtiger Grund gegeben ist.

8. Beendigung der Mietzeit
   Bei Beendigung der Mietzeit ist die Garage/der Stellplatz mit sämtlichen Schlüsseln, gegebenenfalls Codeschlüssel und Sender, in ordnungsgemäßem Zustand zurückzugeben.

9. Selbstständigkeit der Garagenvermietung[3]
   Die Vermietung der Garage ist von der Vermietung einer Wohnung im gleichen oder einem anderen Anwesen rechtlich, wirtschaftlich und tatsächlich unabhängig.

10. Personenmehrheit als Mieter
    Mehrere Personen als Mieter haften für die Verpflichtungen aus dem Mietverhältnis als Gesamtschuldner. Willenserklärungen müssen von oder gegenüber allen Mietern abgegeben werden. Die Mieter bevollmächtigen sich aber in stets widerruflicher Weise gegenseitig zur Entgegennahme oder Abgabe von Erklärungen, die das Mietverhältnis betreffen.

11. Änderungen und Ergänzungen des Vertrages
    Nachträgliche Änderungen und Ergänzungen dieses Vertrages müssen schriftlich erfolgen. Nebenabreden, soweit sie nicht in Nr. 12 aufgeführt sind, bestehen nicht.

12. Sonstige Vereinbarungen

. . . .
(Vermieter)   (Mieter)

Anmerkungen

1. Grundsätzlich handelt es sich bei der Vermietung einer Garage nicht um ein Wohnraummietverhältnis, sondern ein Mietverhältnis, das den Regeln über die **Vermietung sonstiger Räume,** die keine Wohnräume sind, nach § 578 BGB unterliegt. Es gilt jedoch, dass dann, wenn zusätzlich zu einer Wohnung eine Garage oder ein Stellplatz gemietet wird, der Schutz des Wohnraummietrechts sich auch auf die Garage erstreckt. Grund ist, dass der Mieter davor geschützt werden soll, durch eine Teilkündigung der Garage veranlasst zu werden, die Wohnung aufzugeben. Dies bedeutet, dass hier sowohl bei der Kündigung gilt, dass die ausschließliche Kündigung der Garage nicht möglich ist, sondern sie nur zusammen mit der Wohnung und als ordentliche Kündigung bei Vorliegen eines berechtigten Interesses nach § 573 BGB gekündigt werden kann, andererseits für die Mieterhöhung gilt, dass das Verfahren nach §§ 558 ff. BGB eingehalten werden muss.

2. Das Vertragsmuster sieht die Einhaltung des Verfahrens nach §§ 558 ff. BGB, das für die Mieterhöhung bei Wohnraum im Zustimmungsverfahren gilt, nicht vor, da Nr. 10 des Vertrages die Selbständigkeit der Garagenvermietung in Form einer zulässigen vertraglichen Klausel beinhaltet. Dies bedeutet, dass auch das Verfahren für Wohnraummietverhältnisse nach §§ 558 ff. BGB nicht eingehalten werden muss.

3. Soll die Garage von der Wohnung rechtlich unabhängig behandelt werden, muss der Garagenmietvertrag die – zulässige – Vertragsklausel enthalten, dass die Garagenvermietung von der Vermietung der Wohnung, rechtlich, wirtschaftlich und tatsächlich unabhängig ist. Teilweise wird auch dann der Abschluss eines gesonderten Garagenmietvertrages verlangt (AG Menden ZMR 1999, 236). Es dürfte aber ausreichen, wenn im Rahmen eines Wohnraummietvertrages eine Garage vermietet ist, die die „Unabhängigkeitsklausel" enthält.
Sind Wohnungsmietvertrag und Garagenmietvertrag separat abgeschlossen, soll allerdings eine tatsächliche Vermutung für die rechtliche Selbständigkeit der beiden Vereinbarungen sprechen (so BGH NZM 2012, 79). Mangels anderer Anhaltspunkte ist der

Garagenmietvertrag dann separat kündbar (BGH NZM 2013, 726). Nicht zutreffend dürfte die Ansicht des AG Neukölln (GE 2000, 131) sein, dass für eine von der Kündigung der Wohnung unabhängige Teilkündigung genügt, wenn im Wohnraummietvertrag eine andere Kündigungsregelung als im Garagenmietvertrag enthalten ist. Besteht eine „Unabhängigkeitsklausel" nicht, so kommt es auch nicht darauf an, ob zwischen der Vermietung der Wohnung und der Garage ein erheblicher zeitlicher Abstand liegt (OLG Karlsruhe NJW 1983, 1499). Besteht eine „Unabhängigkeitsklausel" nicht, tritt sogar bei Veräußerung der Garage der Erwerber der Garage als Mitvermieter und nach den Regeln der Bruchteilsgemeinschaft in den einheitlichen Mietvertrag, bestehend aus einem Wohnraummietvertrag und einem Garagenmietvertrag ein (BGH NZM 2005, 941; BayObLG ZMR 1991, 174).

10. Untermietvertrag

Untermietvertrag[1]

§ 1 Mietobjekt

. . . . . . (Hauptmieter) vermietet an

. . . . . . (Untermieter)

folgende im Hause . . . . . . gelegene Räume/Wohnung: . . . . . .

Die Wohnung ist

- möbliert
- teilmöbliert
- nicht möbliert.

Dem Untermieter ist bekannt, dass sein Vermieter selbst Mieter ist und er gegenüber dem Eigentümer der Wohnung keinen Kündigungsschutz genießt.

Das Mietverhältnis wird auf unbestimmte Zeit abgeschlossen. Für die Kündigung gelten die gesetzlichen Vorschriften. Setzt der Mieter nach Ablauf der Mietzeit den Gebrauch der Mietsache fort, findet eine Verlängerung des Mietverhältnisses nach § 545 BGB nicht statt.

§ 2 Miete

Die Monatsmiete beträgt . . . . . . EUR und ist monatlich im Voraus bis zum 3. Werktag eines Monats an den Vermieter (Hauptmieter) zu bezahlen.

Daneben wird geschuldet eine Vorauszahlung für die Nebenkosten für Heizung und Warmwasser von monatlich . . . . . . EUR.

Die Vorauszahlung für die übrigen Nebenkosten gemäß § 2 BetrkV in seiner jeweiligen Fassung beträgt monatlich . . . . . . EUR.

Die Nebenkosten sind zusammen mit der Miete zu bezahlen.

Der Untermieter leistet eine Kaution in Höhe von . . . . . . EUR. Die Zahlung kann in drei Monatsraten erfolgen. In diesem Fall ist die erste Rate mit der Zahlung der ersten Miete, die beiden folgenden Raten mit der zweiten und dritten Miete zu leisten.

§ 3 Weitere Leistungen[2]

Die Versorgungsleistungen für Strom, Gas, Wasser, Fernwärme

- sind im Mietpreis inbegriffen
- bezieht der Mieter direkt auf eigene Rechnung.

Die Kosten vom Mieter selbst betriebener Einrichtungen trägt dieser. Telekommunikationskosten bezahlt der Mieter gemäß der Vereinbarung in § 6.

§ 4 Einrichtung/Gebrauchsüberlassung

Mitvermietet sind folgende Einrichtungsgegenstände: . . . . . .

Während der Dauer des Untermietverhältnisses dürfen Einrichtungsgegenstände nur mit Genehmigung des Hauptmieters entfernt oder anderweitig aufgestellt werden.

Der Untermieter ist ohne schriftliche Erlaubnis des Hauptmieters (Vermieter) nicht berechtigt, die Mieträume ganz oder teilweise, entgeltlich oder unentgeltlich an Dritte zu überlassen oder andere Personen als die beim Vertragsschluss angegebenen zusätzlich oder ersatzweise in die Mieträume aufzunehmen.

§ 5 Schönheitsreparaturen[3]

Der Hauptmieter wird von der Durchführung von Schönheitsreparaturen freigestellt.

Für eine dem Untermieter renoviert übergebene Wohnung oder eine Wohnung, bei der der Hauptmieter dem Untermieter einen angemessenen Ausgleich für die von ihm nicht durchgeführte Renovierung geleistet hat, gilt Folgendes:

Der Untermieter hat die Schönheitsreparaturen im Allgemeinen nach Maßgabe folgender Fristen auszuführen:

- Wand- und Deckenanstriche in Küche, Bad und Dusche alle fünf Jahre;
- in Wohn-/Schlafräumen, Dielen und Toiletten alle sieben Jahre;
- in anderen Räumen alle zehn Jahre.

Reinigen von Teppichböden, Lackieren von Heizkörpern und Heizrohren, Innentüren, Fenstern und Außentüren von innen alle zehn Jahre.

§ 6 Weitere Vereinbarungen

Der Untermieter ist verpflichtet, sich an der regelmäßigen Reinigung von gemeinschaftlich benutzten Räumen und Einrichtungen (zB Toilette, Bad, Küche, Kühlschrank usw.) nach folgender Maßgabe zu beteiligen:

. . . . . .

Die Haustierhaltung ist mit Ausnahme von Kleintieren in üblichem Umfang (zB Ziervögel und Zierfische) und Hunden und Katzen nach Abwägung der Vermieter – und Mieterinteressen nicht gestattet.

. . . . . .

Sonstige weitere Vereinbarungen:

. . . . . .

. . . .

(Vermieter)   (Mieter)

Anmerkungen

1. Der Untermietvertrag stellt im Verhältnis zwischen Untervermieter und Untermieter ein **normales Wohnraummietverhältnis** dar, soweit es sich um die Vermietung von Wohnraum handelt. Im Unterschied zum üblichen Wohnraummietvertrag kann es sich oft auch um die Untervermietung einzelner Zimmer innerhalb einer Wohnung handeln und es kommt Mitvermietung einer Möblierung oder Teilmöblierung in Betracht. In diesem Fall ist anzuraten, ein separates Verzeichnis mitvermieteter Möbel dem Vertrag beizufügen und mit der Unterschrift von Vermieter und Mieter zu versehen. Soweit einzelne Zimmer einer Wohnung vermietet sind, kommt die anteilmäßige Benutzung von Gemeinschaftsräumen wie Küche und Bad in Betracht. Insoweit ist anzuraten, Sonderregelungen zu treffen, die zB Benutzungszeiten und Reinigung dieser Räumlichkeiten betreffen. Soweit Telekommunikationseinrichtungen gemeinschaftlich benutzt werden, ist zu empfehlen, hierfür ebenfalls bereits vertragliche Regelungen zu treffen. Obwohl sich dies an sich bereits aus dem Wort „Untermiete" ergibt, ist es sinnvoll, im Vertrag gesondert darauf hinzuweisen, dass der Untermieter gegenüber dem Hauptvermieter (Eigentümer) keinen Kündigungsschutz besitzt. Etwas anderes gilt nur nach § 565 BGB für den Fall der gewerblichen Zwischenvermietung.

Die Erlaubnis oder den Abschluss eines Untermietvertrages, der beinhaltet, die **ganze** Wohnung unterzuvermieten, kann der Mieter nicht erzwingen, hierauf gibt es keinen Rechtsanspruch. Erhält jedoch der Mieter durch den Mietvertrag die Erlaubnis die Wohnung unterzuvermieten, ohne dass dies dahin eingeschränkt ist, dass nur ein Teil der Wohnung untervermietet werden darf oder auf § 553 BGB Bezug genommen wird, ist der Mieter berechtigt, die gesamte Wohnung unterzuvermieten (BGH, NZM 2014, 128).

2. Bei Untermietverhältnissen werden gelegentlich **Bruttomieten** in der Form verlangt, dass auch Leistungen, über die üblicherweise Mieter eigene Versorgungsverträge abschließen, wie zB der für die Mieträume bezogene Privatstrom, im Mietpreis enthalten sind. Insoweit ist zweckmäßig, dies vertraglich auszuweisen.

3. Die Schönheitsreparaturklausel in § 5 des Vertrages entspricht der Rechtsprechung des BGH, wonach der Mieter einer nicht renovierten Wohnung nur dann zur Durchführung der laufenden Schönheitsreparaturen verpflichtet werden kann, wenn ihm ein angemessener Ausgleich (zB Mietreduzierung) geleistet wird. Eine zeitanteilige Abgeltungsklausel (Quotenklausel) kann überhaupt nicht mehr wirksam formularmäßig vereinbart werden (BGH NJW 2015, 1594 und NJW 2015, 1871).

11. Werkmietvertrag (gewöhnlich)

Der gewöhnliche Werkmietvertrag stellt einen **normalen Wohnraummietvertrag** dar (→ Form. A.II.1) mit folgenden **Besonderheiten:**

Die Wohnung ist **in Zusammenhang und in Verbindung mit einem mit dem Mieter bestehenden Arbeitsvertrag** vermietet. Abweichend von § 573c Abs. 1 S. 2 BGB gilt hier nach § 576 Abs. 1 BGB folgende, nach § 576 Abs. 2 BGB zwingende, Kündigungsfrist: Bei Wohnraum, der dem Mieter weniger als zehn Jahre überlassen war, kann dieser spätestens am 3. Werktag eines Kalendermonats zum Ablauf des übernächsten Monats gekündigt werden, wenn der Wohnraum für einen anderen zur Dienstleistung Verpflichteten benötigt wird.

Hinsichtlich der Kündigung gilt, dass es nicht ausreicht, wenn in dem Kündigungs-schreiben darauf hingewiesen wird, dass die Wohnung für die Unterbringung eines aktiven Bediensteten benötigt wird. Es müssen jeweils nähere Angaben gemacht werden (OLG Stuttgart WM 1986, 132). Im Übrigen ist die in § 75 Abs. 2 Nr. 2 Bundespersonal-vertretungsgesetz und in § 87 Abs. 1 Nr. 9 Betriebsverfassungsgesetz geforderte Zustim-mung des Personal- oder Betriebsrats zur Kündigung Wirksamkeitsvoraussetzung. Dies gilt allerdings nur bis zur rechtswirksamen Auflösung des Dienst- oder Arbeitsverhält-nisses (OLG Frankfurt a. M. ZMR 1992, 443).

12. Werkmietvertrag (funktionsgebunden)

Im Unterschied zum gewöhnlichen Werkmietvertrag handelt es sich beim funktions-gebundenen Werkmietvertrag zwar ebenfalls zunächst um einen normalen Wohnraum-mietvertrag, die Besonderheit besteht hier jedoch darin, dass das Dienstverhältnis seiner Art nach die Überlassung von Wohnraum erfordert hat, der in unmittelbarer Beziehung oder Nähe zur Arbeitsstätte steht. Die überlassene Wohnung dient zugleich der Ausübung der vom Arbeitnehmer übernommenen Tätigkeit.
Hier gilt folgende Kündigungsregelung nach § 576 Abs. 1 Nr. 2 BGB: Die Kündigung ist spätestens am 3. Werktag eines Kalendermonats zum Ablauf dieses Monats zulässig, wenn das Dienstverhältnis seiner Art nach die Überlassung von Wohnraum erfordert hat, der in unmittelbarer Beziehung oder Nähe zur Arbeitsstätte steht und der Wohnraum aus dem gleichen Grund für einen anderen zur Dienstleistung Verpflichteten benötigt wird.
Die Kündigungsregelung ist in der Weise zwingend, als nach § 576 Abs. 2 BGB eine zum Nachteil des Mieters abweichende Vereinbarung unwirksam ist.
Beispiele für funktionsgebundene Werkwohnungen sind zB Hausmeister- oder Pfört-nerwohnungen, eine Arztwohnung in einer Klinik, eine Wohnung für Angehörige einer Werksfeuerwehr. Das Arbeitsverhältnis erfordert wegen der geschuldeten Leistung die unmittelbare Nähe zum Arbeitsplatz. Auch hier gilt die erforderliche Zustimmung des Personal- oder Betriebsrats.
Beim Widerspruchsrecht nach der Sozialklausel der §§ 574 ff. BGB sind nach § 576a Abs. 1 BGB auch die Belange des Dienstberechtigten zu berücksichtigen. Handelt es sich um eine funktionsgebundene Werkmietwohnung, hat der Mieter kein Widerspruchsrecht nach der Sozialklausel, § 576a Abs. 2 Nr. 1 BGB. Dasselbe gilt, wenn der Mieter das Dienstverhältnis gelöst hat, ohne dass ihm von dem Dienstberechtigten ein gesetzlich begründeter Anlass dazu gegeben war oder der Mieter durch sein Verhalten dem Dienstberechtigten gesetzlich begründeten Anlass zur Auflösung des Dienstverhältnisses gegeben hat.

13. Werkdienstvertrag mit Wohnung

Hier handelt es sich um einen Arbeitsvertrag, in dessen Rahmen eine Wohnung überlassen worden ist. Der Arbeitsvertrag ist die Grundlage für die Wohnraumüberlas-sung, nicht der Mietvertrag. Die Überlassung des Wohnraums ist zugleich Gegenleistung für die zu erbringenden Dienste. Es kann sich hier um Heimpersonalwohnungen oder sonstige Arbeiterwohnungen handeln.
Der zu zahlende Mietzins ist Teil des Arbeitsentgelts. Die Beendigung des Wohn-raummietverhältnisses setzt die rechtskräftige Beendigung des Arbeitsverhältnisses vo-raus. Darüber hinaus gilt, dass nach § 576b Abs. 1 BGB für die Beendigung des Rechts-verhältnisses hinsichtlich des Wohnraums die Vorschriften über Mietverhältnisse

entsprechend dann gelten, wenn der Mieter den Wohnraum überwiegend mit Einrichtungsgegenständen ausgestattet hat oder in dem Wohnraum mit seiner Familie oder Personen lebt, mit denen er einen auf Dauer angelegten gemeinsamen Haushalt führt.

14. Mischmietverhältnis

Ist im Vertrag eine teilweise Nutzung der Wohnung zu anderen als zu Wohnzwecken vorgesehen, so kann von einem gewerblichen Mietverhältnis auszugehen sein. In erster Linie ist die vertragliche Vereinbarung (zB Überschrift: „Wohnraummietvertrag") maßgeblich, doch kann sich ein überwiegender Nutzungszweck und damit die rechtliche Behandlung als gewerbliches Mietverhältnis aus den Umständen ergeben. Bei Mischmietverhältnissen, die teilweise Wohnungsnutzung und teilweise gewerbliche Nutzung beinhalten, kommt es auf die überwiegende Nutzungsart an. Hierbei werden üblicherweise die Flächenverhältnisse herangezogen (OLG Schleswig WM 1982, 266).

Beispiel für ein Mischmietverhältnis ist ein Einzelhandelsgeschäft, bei dem ein Wohn- bzw. Aufenthaltsraum angegliedert ist, der im Verhältnis zu den gewerblich genutzten Flächen zum Beispiel ein Drittel der Gesamtfläche ausmacht. Das Mietverhältnis ist dann als gewerbliches Mietverhältnis zu behandeln. Zur Definition einer Nutzung zu Wohnzwecken geht man davon aus, dass zumindest in einem Raum auch eine Übernachtungsmöglichkeit gegeben ist (KG GE 1995, 421).

Nicht kann allein daraus, dass der Mieter aus der gewerblichen Nutzung seinen Lebensunterhalt bestreitet, geschlossen werden, dass ein gewerbliches Mietverhältnis vorliegt (BGH NJW 2014, 2864). Lässt sich durch Auslegung kein Schwerpunkt feststellen, gilt Wohnraummietrecht (BGH NJW 2014, 2864)

15. Mietvertrag für Wohngemeinschaften

Zwischen . . . . .

vertreten durch

. . . . .

(Vermieter)

und

. . . . .

(Mieter)

wird folgender

Mietvertrag

geschlossen:

§ 1 Mietvertrag mit einer Wohngemeinschaft[1]

Dem Vermieter ist bekannt, dass dieser Vertrag mit einer Wohngemeinschaft abgeschlossen wird.

Dem oben genannten Mieter wird ausdrücklich die Genehmigung zur Untervermietung und gegebenenfalls der Austausch von Untermietern erlaubt.[2]

Der Mieter ist verpflichtet, dem Vermieter einen Wechsel von Untermietern anzuzeigen. Der Vermieter kann den Eintritt eines Untermieters als Mitglied der Wohngemeinschaft ablehnen, wenn in der Person des Untermieters erhebliche Gründe vorliegen.

Für alle Verbindlichkeiten aus dem Mietvertrag haftet ausschließlich der Mieter. Im Übrigen gelten die gesetzlichen Regelungen über Untermietverhältnisse.[3]

§ 2 Mieträume

(1) Vermietet werden in dem Haus (Straße, Hausnummer, Gemeinde, Ortsteil)

folgende abgeschlossene nicht abgeschlossene Wohnung Nr . . . . . Eigentumswohnung Nr . . . . . im Vordergebäude/Rückgebäude . . . . . Stock, rechts/links/Mitte

bestehend aus

. . . . . Zimmern(n), ... Küche/Kochnische, ... Bad/mit WC, ... separates WC, ... Kammer(n), ... Nebenräume, ... Balkon/Loggia, ... Diele/Flur, ... Speicher(anteil), ... Keller(anteil), ... Terrasse zu ausschließlichen Wohnzwecken, soweit nicht andere als zu Wohnzwecken vermietete Räume nachfolgend aufgeführt sind.

Mitvermietet ist weiter

Hausgarten/Gartenanteil

Kfz-Stellplatz Nr . . . . . Garage.

Von den vermieteten Räumen werden einvernehmlich zu anderen als Wohnzwecken ganz oder teilweise genutzt (zB Werkstatt, Büro)

(2) Der Mieter ist berechtigt, Gemeinschaftsräume und -einrichtungen, soweit vorhanden, wie Waschküche, Trockenraum, Abstellräume, Kinderspielplatz, Hofplatz, nach Maßgabe der Hausordnung mitzubenutzen.

(3) Mitvermietet sind folgende Ausstattungsgegenstände (zB Einbauküche, Möblierung):

Der Mieter verpflichtet sich, die aufgeführten Gegenstände pfleglich zu behandeln und sie bei Beendigung des Mietverhältnisses vollzählig zurückzugeben.

(4) Dem Mieter werden vom Vermieter für die Mietzeit ausgehändigt:

. . . . . Hausschlüssel, ... Wohnungsschlüssel, ... Zimmerschlüssel,

. . . . . Kellerschlüssel, ... Speicherschlüssel, ... Briefkastenschlüssel,

. . . . . Hoftorschlüssel, ... Zählerschrankschlüssel, ... Garagenschlüssel.

Bei Schlüsselverlust ist der Vermieter berechtigt, auf Kosten des Mieters neue Schlösser mit der erforderlichen Anzahl von Schlüsseln zu beschaffen und anbringen zu lassen, es sei denn, der Mieter kann nachweisen, dass ein verlustbedingter Missbrauch durch Dritte ausgeschlossen ist.

(5) Die Wohnung wurde dem Mieter () renoviert () unrenoviert bzw. renovierungsbedürftig übergeben.

(Alternative:

Falls eine unrenovierte oder renovierungsbedürftige Übergabe erfolgt ist: () Der Vermieter hat einen angemessenen Ausgleich geleistet für die nicht durchgeführte Renovierung in Form von

Mietreduzierung in Höhe von . . . . . EUR)

(6) Der Mieter ist damit einverstanden, dass sein Nachname am Klingelschild des Hauseingangs und am Briefkasten angebracht wird.

§ 3 Mietzeit

(1) Der Mietvertrag wird auf unbestimmte Dauer geschlossen.

Das Mietverhältnis beginnt am . . . . .

(2) Der Vertrag kann vom Vermieter gekündigt werden mit einer Frist von

- 3 Monaten, wenn seit der Überlassung des Wohnraums weniger als 5 Jahre,
- 6 Monaten, wenn seit der Überlassung des Wohnraums mindestens 5 Jahre,
- 9 Monaten, wenn seit der Überlassung des Wohnraums mindestens 8 Jahre vergangen sind.

(3) Die Kündigungsfrist für den Mieter beträgt unabhängig von der verstrichenen Zeit seit der Überlassung des Wohnraums immer 3 Monate.

§ 4 Kündigung

(1) Die Kündigung ohne Einhaltung einer Kündigungsfrist (fristlose Kündigung) richtet sich nach den gesetzlichen Vorschriften.

(2) Die Kündigung bedarf der Schriftform. Sie muss dem anderen Vertragsteil spätestens bis zum 3. Werktag des ersten Monats der Kündigungsfrist zugegangen sein.

(3) Abweichend von § 545 BGB verlängert sich das Mietverhältnis nicht auf unbestimmte Zeit, wenn der Mieter nach Ablauf der Mietzeit den Gebrauch der Mietsache fortsetzt.

§ 5 Miete und Betriebskosten

(1) Die Miete beträgt monatlich	. . . . . EUR
Vorauszahlung für die Betriebskosten für Heizung und Warmwasser	. . . . . EUR
Vorauszahlung für andere Betriebskosten gemäß § 2 der Betriebskostenverordnung	. . . . . EUR
Garagen- oder Stellplatzmiete	. . . . . EUR
Zuschlag für Untervermietung oder teilgewerbliche Nutzung (falls als zulässig vereinbart)	. . . . . EUR
Sonstige Vergütung	. . . . . EUR
monatlich zu zahlender Gesamtbetrag	. . . . . EUR

(2) Art und Umfang der Betriebskosten richten sich nach den Vorschriften der Betriebskostenverordnung.

Folgende sonstige Betriebskosten im Sinne von § 2 Nr. 17 der Betriebskostenverordnung werden als umlagefähig vereinbart:

Der Vermieter ist berechtigt, neu entstehende Betriebskosten oder neu eingeführte öffentliche Abgaben auf den Mieter umzulegen.

(3) Der Umlegungsmaßstab für die Heiz- und Warmwasserkosten richtet sich nach den Vorschriften der Heizkostenverordnung.

Bei den übrigen Betriebskosten wird das Wohnflächenverhältnis nach der Wohnflächenverordnung zugrunde gelegt. Ist eine Eigentumswohnung vermietet, wird als Umlagemaßstab das Verhältnis der Miteigentumsanteile vereinbart. Soweit Betriebskosten verbrauchs- oder verursachungsbezogen abgerechnet werden können, erfolgt die Betriebskostenabrechnung auf der Grundlage des erfassten Verbrauchs bzw. der erfassten Verursachung.

Sollte im Laufe der Mietzeit durch zusätzliche technische Ausrüstung des Hauses eine verbrauchs- oder verursachungsbezogene Zurechnung von Betriebskosten auf den Mieter möglich sein, ist der Vermieter berechtigt, durch eine Erklärung in Textform oder Schriftform eine Umlage dieser Betriebskosten nach dem verbrauchs- bzw. verursachungsbezogenen neuen Maßstab zu bestimmen. Die Erklärung ist nur vor Beginn eines Abrechnungszeitraumes für den kommenden Abrechnungszeitraum zulässig. Waren bis dahin die Betriebskosten, auf die sich der neue Umlegungsmaßstab bezieht, Bestandteil der Grundmiete, ist diese entsprechend herabzusetzen. Ein Anspruch des Mieters auf Ausrüstung des Hauses mit Geräten zur Verbrauchserfassung besteht nicht.

(4) Die monatlichen Vorauszahlungen auf die Betriebskosten werden jährlich abgerechnet. Eine sich aus der Abrechnung ergebende Differenz zugunsten des Mieters oder Vermieters ist innerhalb eines Monats nach Zugang der Abrechnung beim Mieter zur Zahlung fällig.

(5) Die Abrechnung der Vorauszahlungen erfolgt, sobald die Abrechnungsunterlagen dem Vermieter vorliegen. Sie hat spätestens 12 Monate nach Beendigung des Abrechnungszeitraumes zu erfolgen. Erfolgt sie später, kann der Vermieter nur dann eine Nachzahlung verlangen, wenn die verspätete Abrechnung auf Gründen beruht, die der Vermieter nicht zu vertreten hat.

Einwendungen gegen die Abrechnung hat der Mieter spätestens bis zum Ablauf des 12. Monats nach Zugang der Abrechnung geltend zu machen, soweit er die Abrechnung nicht bereits vorher durch Ausgleich einer Nachforderung anerkannt hat. Nach Ablauf der Einwendungsfrist kann der Mieter Einwendungen nur noch dann geltend machen, wenn er die verspätete Geltendmachung nicht zu vertreten hat.

(6) Sind monatliche Betriebskostenvorauszahlungen vereinbart, können Vermieter und Mieter in oder nach einer Abrechnung durch eine Erklärung in Textform oder Schriftform eine Anpassung der Monatszahlungen auf eine angemessene Höhe vornehmen

(7) Die Erhöhung der Grundmiete oder der Betriebskosten richtet sich nach den gesetzlichen Vorschriften der §§ 557 bis 560 BGB. Sie ist auch während einer vereinbarten vertraglichen Festzeit oder der Zeit des wechselseitigen Kündigungsausschlusses zulässig.

(8) Der Mieter bezieht folgende Versorgungsleistungen direkt auf eigene Rechnung: Strom, Gas, Wasser, Fernwärme.

Die weiteren Betriebskosten vom Mieter selbst und auf eigene Kosten betriebener Einrichtungen trägt ebenfalls der Mieter.

§ 6 Zahlung der Miete

(1) Die Miete und die Nebenkosten sind monatlich im Voraus, spätestens am 3. Werktag eines Monats

• an den Vermieter
• an folgende andere Person/Stelle

zu bezahlen

• durch Überweisung auf

Konto Nr./IBAN/BIC . . . . .

Geldinstitut . . . . .

BLZ . . . . .

Gläubiger-Identifikationsnummer des Vermieters . . . . .

• durch Abbuchung von obigem Konto.

Ermächtigung bzw. SEPA-Lastschrifteinzugsermächtigung wird erteilt.

Die Nebenkosten sind zusammen mit der Miete zu bezahlen.

Für die Rechtzeitigkeit der Zahlung kommt es nicht auf die Absendung, sondern auf den Eingang des Geldes an.

(2) Im Falle des Zahlungsverzugs ist der Vermieter berechtigt, Verzugszinsen in Höhe von 5 % über dem Basiszinssatz nach § 247 BGB zu verlangen. Für jede Mahnung wird eine pauschale Mahngebühr in Höhe von . . . . . EUR berechnet.

§ 7 Kaution

(1) Der Mieter leistet an den Vermieter eine Barkaution in Höhe von . . . . . EUR (höchstens 3 Monatsmieten ohne die als Pauschale oder Vorauszahlung ausgewiesenen Beträge an Nebenkosten oder Zuschlägen). Die Anlage der Kaution erfolgt entsprechend § 551 Abs. 3 BGB. Die Zinsen erhöhen die Sicherheit. Die Zahlung kann in 3 Monatsraten erfolgen. In diesem Fall ist die erste Rate mit der 1. Miete, die beiden folgenden Raten mit der 2. und 3. Miete zu leisten.

(2) Der Vermieter ist während der Mietzeit berechtigt, wegen rechtskräftig festgestellter, unstreitiger oder offensichtlich begründeter Forderungen die Kaution ganz oder teilweise in Anspruch zu nehmen. In diesem Fall ist der Mieter verpflichtet, das Kautionskonto unverzüglich um den entsprechenden Betrag aufzufüllen.

(3) Bei Beendigung des Mietverhältnisses kann der Vermieter sich wegen seiner Forderungen aus dem Mietverhältnis aus der Kaution befriedigen. Nach Rückgabe der Mieträume hat der Vermieter die Höhe seiner Forderungen aus dem Mietverhältnis festzustellen und dem Mieter mitzuteilen. Für die Abrechnung der Kaution steht ihm eine Frist von mindestens 6 Monaten zur Prüfung seiner Ansprüche zu.

(4) Sind Forderungen nur im Wege der Erstellung einer Jahresabrechnung eindeutig zu ermitteln, kann der Vermieter einen Betrag in Höhe von bis zu 3 Vorauszahlungsraten bis zur Abrechnung zurückbehalten, falls bei der Abrechnung mit einer Nachzahlung zu rechnen ist.

§ 8 Aufrechnung mit Gegenforderung und Zurückbehaltung der Miete

(1) Der Mieter kann gegen die Mietforderung mit einer Schadensersatzforderung im Sinne von § 536a BGB oder Forderungen aus § 539 BGB oder aus ungerechtfertigter Bereicherung wegen zu viel bezahlter Miete nur aufrechnen oder ein Zurückbehaltungsrecht ausüben, wenn er seine Absicht dem Vermieter mindestens einen Monat vor Fälligkeit der Miete in Textform oder schriftlich angezeigt hat. Mit anderen Forderungen kann der Mieter nur aufrechnen, wenn diese unbestritten, rechtskräftig festgestellt oder entscheidungsreif sind. Mit einer Forderung aus den §§ 536, 812 BGB (Minderung der Miete) kann der Mieter ohne Einschränkung aufrechnen.

(2) Im Übrigen ist die Ausübung eines Zurückbehaltungsrechts nur wegen Forderungen des Mieters aus dem Mietverhältnis zulässig.

§ 9 Verschuldensunabhängige Haftung des Vermieters

Die verschuldensunabhängige Haftung des Vermieters für bei Vertragsabschluss vorhandene Sachmängel (Garantiehaftung) wird ausgeschlossen. § 536a Abs. 1 BGB findet insoweit keine Anwendung.

§ 10 Benutzung der Mieträume

(1) Der Mieter verpflichtet sich, im Haus mit den übrigen Mietern im Sinne einer vertrauensvollen Hausgemeinschaft zusammen zu leben und zu diesem Zweck entsprechende Rücksicht zu üben.

(2) Der Mieter verpflichtet sich, die Mieträume und die gemeinschaftlichen Einrichtungen pfleglich zu behandeln.

(3) Der Mieter darf die Mieträume nur zu dem vertraglich bestimmten Zweck benutzen. Will er sie zu anderen Zwecken ganz oder teilweise benutzen, bedarf er der vorherigen Zustimmung des Vermieters.

(4) Das Halten von Haustieren bedarf der Zustimmung des Vermieters. Die Zustimmung kann versagt oder widerrufen werden, wenn durch die Tiere andere Hausbewohner oder Nachbarn belästigt werden oder eine Beeinträchtigung des Grundstücks oder anderer Mieter zu befürchten ist.

Keiner Zustimmung bedarf die Haltung von Kleintieren (übliche Haustiere wie zB Ziervögel oder Zierfische) in ortsüblichem Umfang.

§ 11 Duldungspflicht des Mieters bei baulichen Maßnahmen

(1) Ausbesserungsmaßnahmen und bauliche Veränderungen, die zur Erhaltung des Hauses, der Mieträume, zur Abwendung drohender Gefahren oder Beseitigung von Schäden notwendig sind, hat der Mieter nach Maßgabe von § 555a BGB zu dulden.

(2) Modernisierungsmaßnahmen zur Einsparung von Endenergie, Primärenergie, zum Klimaschutz, zur nachhaltigen Reduzierung des Wasserverbrauchs, zur nachhaltigen Erhöhung des Gebrauchswerts der Mietsache, Verbesserung der allgemeinen Wohnverhältnisse auf Dauer oder zur Schaffung neuen Wohnraums hat der Mieter nach Maßgabe der §§ 555b ff. BGB zu dulden.

(3) Der Mieter darf bauliche Veränderungen oder Veränderungen mitvermieteter Einrichtungsgegenstände nebst Zubehör nur mit vorheriger Zustimmung des Vermieters vornehmen. Liegt die Zustimmung nicht vor, kann der Vermieter Schadensersatz und die Wiederherstellung des ursprünglichen Zustandes verlangen.

Der Mieter verzichtet auf Ersatz der Kosten für bauliche oder sonstige Veränderungen der Mieträume nebst Zubehör, sofern insoweit nicht eine ausdrückliche Vereinbarung mit dem Vermieter und dessen Zustimmung vorliegt.

Die Vorschriften über Maßnahmen nach § 554a BGB („Barrierefreiheit") bleiben unberührt.

(4) Die Aufstellung eigener Öl-, Gas- und Elektroheizeinrichtungen sowie die Lagerung von gefährlichen Stoffen bedürfen der vorherigen Zustimmung des Vermieters.

(5) Der Mieter ist berechtigt, Haushaltsmaschinen (Wasch- und Geschirrspülmaschinen, Trockenautomaten) aufzustellen, sofern die Kapazität der vorhandenen Installationen für den Betrieb ausreicht. Der Mieter hat keinen Anspruch darauf, dass zusätzliche Installationen oder elektrische Kapazitäten durch den Vermieter hergestellt werden.

§ 12 Instandhaltung und Instandsetzung der Mieträume

(1) Schäden in den Mieträumen hat der Mieter unverzüglich dem Vermieter anzuzeigen. Führt der Mieter selbst Instandsetzungen durch, ohne vorher vom Vermieter Abhilfe innerhalb angemessener Frist verlangt zu haben, erhält er keinen Ersatz seiner Aufwendungen. Dies gilt nicht, falls sofortiges Handeln des Mieters erforderlich und der Vermieter nicht erreichbar ist. Für durch eine nicht rechtzeitige Anzeige verursachte weitere Schäden haftet der Mieter.

(2) Der Mieter haftet für Schäden, die durch ihn, seine Familienangehörigen, Besucher, Haushaltsangehörige, Untermieter sowie durch von ihm beauftragte Handwerker und Lieferanten schuldhaft verursacht werden. Dem Mieter obliegt der Beweis dafür, dass ein schuldhaftes Verhalten nicht vorgelegen hat. Die Haftung des Mieters tritt nicht ein, wenn die Schadensursache nicht in seinem Gefahrenbereich gesetzt wurde.

(3) Der Vermieter wird von der Durchführung von Schönheitsreparaturen freigestellt.

(Alternative:

Für eine dem Mieter renoviert übergebene Wohnung sowie für eine Wohnung, die nicht renoviert oder renovierungsbedürftig übergeben wurde, bei der der Vermieter jedoch einen angemessenen Ausgleich für die von ihm nicht durchgeführte Renovierung geleistet hat (vgl. § 1 Abs. 5), gilt Folgendes:

Der Mieter ist verpflichtet, die notwendigen Schönheitsreparaturen fachgerecht auszuführen. Die Schönheitsreparaturen umfassen das Streichen der Wände und Decken, wobei dem Streichen der Wände das Anbringen einer überstreichbaren Raufasertapete gleich steht. Weiter sind umfasst das Reinigen von Parkett- und Teppichböden, das Lackieren von Heizkörpern und Heizrohren, der Innentüren sowie der Fenster und Außentüren von innen. Die Schönheitsreparaturen sind im Allgemeinen in folgenden Zeitabständen, gerechnet ab Beginn des Mietverhältnisses, auszuführen:

Wand- und Deckenanstriche in Küchen, Bädern und Duschen alle 5 Jahre, in Wohn- und Schlafräumen, Dielen und Toiletten alle 7 Jahre, in anderen Räumen alle 10 Jahre; Lackieren von Heizkörpern und -rohren, Innentüren, Fenstern und Außentüren von innen alle 10 Jahre.)

(4) Der Mieter ist verpflichtet, die Reparaturkosten für Installationsgegenstände, die seinem direkten und häufigen Zugriff ausgesetzt sind, wie die Installationen für Wasser und Gas, Elektrizität, Heiz- und Kocheinrichtungen, Fenster- und Türverschlüsse sowie für Rollläden zu tragen, soweit die Kosten der einzelnen Reparatur 100,– EUR nicht übersteigen und der jährliche Reparaturaufwand nicht mehr als eine Monatsmiete (ohne Heizkosten) beträgt.

§ 13 Pfandrecht des Vermieters

(1) Für das Vermieterpfandrecht gelten die gesetzlichen Vorschriften der §§ 562 bis 562d BGB.

(2) Der Mieter erklärt, dass die bei Einzug in die Mieträume eingebrachten Sachen sein freies Eigentum und nicht gepfändet oder verpfändet sind mit Ausnahme folgender Gegenstände:

Zur Sicherung seines Pfandrechts kann der Vermieter nach Maßgabe von § 562b Abs. 1 BGB die Entfernung der dem Pfandrecht unterliegenden Gegenstände auch ohne Anrufung des Gerichts verhindern und diese bei Auszug des Mieters in Besitz nehmen.

§ 14 Betreten der Mieträume durch den Vermieter

(1) Der Vermieter oder ein von ihm Beauftragter oder der Vermieter in Begleitung beauftragter Personen ist berechtigt, die Mieträume zur Feststellung von Schäden und Mängeln oder notwendigen baulichen Arbeiten sowie zum Ablesen von Messeinrichtungen nach vorheriger Ankündigung zu betreten.

Bei Gefahr in Verzug darf der Vermieter oder ein von ihm Beauftragter bei Abwesenheit des Mieters die Mieträume auch ohne vorherige Ankündigung zur Abwehr der Gefahr betreten.

(2) Will der Vermieter das Hausgrundstück verkaufen oder ist das Mietverhältnis gekündigt, so darf der Vermieter oder ein von ihm Beauftragter die Mieträume nach vorheriger Ankündigung zusammen mit Kauf- oder Mietinteressenten betreten. Übliche Besichtigungszeiten sind an Werktagen zwischen 9.00 Uhr und 12.00 Uhr und zwischen 15.00 Uhr und 18.00 Uhr.

Bei längerer Abwesenheit hat der Mieter dafür zu sorgen, dass der Vermieter oder seine Beauftragten in den Fällen der Abs. (1) und (2) die Mieträume betreten können.

§ 15 Beendigung der Mietzeit

(1) Der Mieter hat die Mieträume bei Beendigung der Mietzeit ordnungsgemäß gereinigt und mit sämtlichen mitvermieteten Ausstattungsgegenständen, Geräten, Schlüsseln, auch selbst beschafften, zurückzugeben. § 11 bleibt unberührt.

(2) Auf Verlangen des Vermieters ist der Mieter verpflichtet, bauliche Veränderungen, die er an der Mietsache vorgenommen hat oder Einrichtungen, mit denen er die Mietsache versehen hat, bei Beendigung der Mietzeit auf seine Kosten zu entfernen und den ursprünglichen Zustand wiederherzustellen, sofern nichts anderes vereinbart ist.

(3) Einrichtungen, mit denen der Mieter die Mietsache versehen hat, darf er wegnehmen. Er hat hierbei den ursprünglichen Zustand wiederherzustellen. Der Vermieter kann unbeschadet seiner Rechte nach Abs. (2) die Ausübung des Wegnahmerechts durch Zahlung einer angemessenen Entschädigung abwenden, es sei denn, der Mieter hat ein berechtigtes Interesse an der Wegnahme.

§ 16 Vorzeitige Beendigung des Mietverhältnisses

Endet das Mietverhältnis durch fristlose Kündigung des Vermieters, so haftet der Mieter für den Schaden, der dem Vermieter dadurch entsteht, dass die Räume nach dem Auszug des Mieters aus Gründen, die der Vermieter nicht zu vertreten hat, leer stehen oder zu einer geringeren Miete vermietet werden müssen.

§ 17 Personenmehrheit als Mieter

(1) Mehrere Personen als Mieter haften für alle Verpflichtungen aus dem Mietverhältnis als Gesamtschuldner.

(2) Die Mieter bevollmächtigen sich unter dem Vorbehalt schriftlichen Widerrufs, der gegenüber dem Vermieter zu erklären ist, gegenseitig zur Abgabe und Entgegennahme von Erklärungen, die das Mietverhältnis berühren. Ein Widerruf der Vollmacht wird erst für Erklärungen wirksam, die nach Zugang des Widerrufs abgegeben werden. Eine Erklärung des Vermieters, die alle Mieter berührt, muss zwar an alle Mieter gerichtet sein, für ihre Rechtswirksamkeit genügt es aber, wenn sie gegenüber einem der Mieter abgegeben wird.

Diese Vollmacht gilt auch für die Entgegennahme von Kündigungen des Vermieters und für die Abgabe von Zustimmungserklärungen der Mieter zu einem Mieterhöhungsverlangen; sie gilt nicht für den Ausspruch von Kündigungen durch Mieter und für Mietaufhebungsverträge.

§ 18 Sonstige Vereinbarungen

(1) Die dem Vertrag beiliegende Hausordnung und das beiliegende Übergabeprotokoll gelten als Bestandteile des Mietvertrages. Von der Hausordnung abweichende Vereinbarungen des Mietvertrags gehen der Hausordnung vor.

(2) Der Mieter ist verpflichtet, sich innerhalb einer Woche bei der zuständigen Meldebehörde anzumelden und die Meldebestätigung dem Vermieter unverzüglich vorzulegen.

§ 19 Angaben nach Art. 13 EU-Datenschutzgrundverordnung (DS-GVO)

Information des Vermieters über die im Rahmen des Mietverhältnisses über den Mieter gespeicherten personenbezogenen Daten und den Umgang damit.

Zweck der Datenerhebung ist der Abschluss eines Mietvertrages. Die Daten werden erfasst und, soweit sie veränderlich sind, fortgeschrieben. Zu diesem Zweck werden auch neu hinzugekommene Daten, zB über geschuldete Zahlungen, gespeichert. Die Datenspeicherung ist begründet durch die ordnungsgemäße Begründung, Weiterführung und gegebenenfalls Beendigung des Mietverhältnisses mit Hilfe moderner Datenerfassung und -Speicherung.

Die Daten werden für die Dauer der Vertragslaufzeit gespeichert.

Der Mieter hat das Recht auf Auskunft, welche personenbezogenen Daten von ihm gespeichert sind. Durch den Abschluss des Vertrages erklärt sich der Mieter mit der Speicherung im angegebenen Umfang einverstanden.

Das Einverständnis ist jederzeit widerruflich, der Widerruf wirkt aber nur für die Zukunft. Sollten Daten unrichtig oder unvollständig gespeichert worden sein, kann der Mieter die Löschung oder Berichtigung verlangen.

. . . . .

Ort, Datum

. . . .

(Mieter)[1,2]   (Vermieter)

Anmerkungen

1. Leben mehrere unabhängige Personen in einer Wohnung unter gemeinsamer Benutzung von Badezimmer, Küche und gegebenenfalls auch Wohnzimmer zusammen, bezeichnet man das als Wohngemeinschaft.

2. Es ist zu unterscheiden zwischen dem Verhältnis der Mitglieder der Wohngemeinschaft untereinander und ihrem Rechtsverhältnis gegenüber dem Vermieter der Wohnung.

In ihrem Verhältnis untereinander sind die Mitglieder der Wohngemeinschaft, soweit sie nicht nur Untermieter sind, Teil einer BGB-Innengesellschaft nach § 705 BGB. Dies bedeutet, dass dann, wenn ein Mitglied der Gesellschaft ausscheiden will, er von den anderen Mitgliedern die Zustimmung zur Auflösung der Gesellschaft verlangen kann (LG München II WuM 1993, 611).

Sind Mitglieder der Wohngemeinschaft nur Mieter des Hauptmieters, steht ihnen gegenüber dem Hauptmieter das gesetzliche Kündigungsrecht zu. Entfällt das Hauptmietverhältnis, haben die Untermieter gegenüber dem Vermieter keinen Kündigungsschutz.

3. Im **Verhältnis zum Hauptvermieter** sind mehrere Möglichkeiten gegeben:

Ein Mitglied der Gemeinschaft ist **Hauptmieter**, die anderen Mitglieder sind **Untermieter** dieses Hauptmieters. Dies bedeutet, dass lediglich der Hauptmieter dem Vermieter für alle Verbindlichkeiten aus dem Mietverhältnis haftet. Der Vermieter erklärt sich bei ausdrücklicher Vermietung an eine Wohngemeinschaft in diesem Fall mit einem häufigen, ihm anzuzeigenden Wechsel der Untermieter einverstanden (AG Braunschweig WuM 1982,190).

Alle Mitglieder der Wohngemeinschaft sind, in einem Mietvertrag zusammengefasst, **Hauptmieter** der Wohnung. Jeder dieser Hauptmieter haftet dem Vermieter gesamtschuldnerisch auf die volle Mietzahlung. Will einer der Hauptmieter aus der Wohnung ausziehen, kann er von den anderen Hauptmietern die Zustimmung zur Auflösung des Mietvertrags und gemeinsamen Kündigung verlangen.

Das Musterformular stellt die Variante dar, dass ein Mitglied der Wohngemeinschaft Hauptmieter ist und die anderen lediglich Untermieter sind. Im Übrigen bestehen keine rechtlichen Besonderheiten.

16. Datenschutzinformation für Mieter nach der Datenschutz-GrundVO

Im Rahmen des abgeschlossenen Mietvertrages werden folgende Daten von mir gespeichert:

Kontaktdaten (Vornamen und Familiennamen des Mieters, Geburtsdaten, Adresse, Telefon, Fax, Handy, email) sowie Daten, die zur Durchführung des Mietverhältnisses erforderlich sind (Konto- und Zahlungsdaten, Vertrags-, Objekt-, Wohnungsdaten, Wohnfläche, Verbrauchsdaten von Heizung/Warmwasser/Wasser usw, Korrespondenzen, Mieterselbstauskunft).

Diese Daten werden während der Dauer des Mietverhältnisses gespeichert und nach dessen Beendigung solange, bis sämtliche gegenseitigen Ansprüche aus dem Vertragsverhältnis erfüllt/verjährt sind und gesetzliche Aufbewahrungsfristen (insbesondere gegenüber der Finanzbehörde) abgelaufen sind.

Diese Daten werden nur im notwendigen Umfang und im jeweiligen Einzelfall weitergegeben an:

- Ablese- und Abrechnungsunternehmen
- Behörden/Finanzamt
- Hausmeister
- Handwerker
- Immobilienmakler
- Versorgungsunternehmen
- Steuer- und Rechtsberater
- Versicherungen und Banken

Die Weitergabe erfolgt nur, soweit dies zur sachgerechten Erfüllung des Mietvertrages erforderlich ist.

Mitarbeiter und beauftragte Dienstleister sind zur Verschwiegenheit und zur Einhaltung der Datenschutzbestimmungen verpflichtet. Zu Werbezwecken werden Daten nicht weitergegeben.

Ein Datenschutzbeauftragter ist nicht bestellt, da keine gesetzliche Notwendigkeit besteht.

(Oder:

Datenschutzbeauftragter ist . . . . .)

Sie können jederzeit Auskunft darüber verlangen, welche Daten über Sie elektronisch gespeichert sind. Soweit Daten unrichtig sind, können Sie Berichtigung oder Löschung verlangen.

Sie haben ein Beschwerderecht und können dieses ausüben beim zuständigen Landesbeauftragten für Datenschutz.

Hiermit erkläre(n) ich/wir, dass ich/wir die obenstehenden Angaben nach DS-GVO erhalten haben.

Ort + Datum + Unterschrift:

Anmerkungen

1. Siehe hierzu *Eisenschmid* NZM 2019, 313 ff.

2. Die DSg-GVO gilt seit dem 25.5.2018 und hat damals gleich zu einem Paukenschlag geführt: In Wien verloren 220.000 Mieter ihre Namensschilder an den Klingeln. Die Reaktionen hierauf in Deutschland gingen von Zustimmung über „ja, aber" bis zur völligen Ablehnung als „Unsinn". Die Europäische Kommission hat dann im Oktober klargestellt, dass die VO nur für die **elektronische Datenverarbeitung** gilt. Also: Klingelschilder fallen nicht darunter.

3. Und noch etwas ist daraus ersichtlich: Alle Informationen, die auf Papier schriftlich festgehalten werden, fallen nicht unter die VO. Für den Vermieter heißt das: Brisante Fakten über seine Mieter sollte er immer nur schriftlich auf Papier festhalten. Darüber hat er keine Auskunft zu geben und damit besteht auch kein Löschungsanspruch des Mieters (soweit diese Informationen nicht veröffentlicht werden, sonst uU Ansprucha aus § 823 BGB!).

4. Vordringlich war die VO dazu gedacht, die großen Internet-Firmen in ihrem Drang nach Informationen insoweit zu zähmen, dass dem Betroffenen das Recht auf Auskunft und Löschung seiner gespeicherten Daten gegeben wird. Die VO trifft aber nun alle Firmen und Personen, die Daten elektronisch speichern und verarbeiten, und dazu gehören heute auch die meisten Vermieter.

5. Das vorstehende Formular geht davon aus, dass der Vermieter Daten seiner Mieter auf seinem Computer speichert und dort auch verarbeitet, zB bei der Abrechnung von Betriebskosten oder im Rahmen des Schriftwechsels.

6. Das Formular sollte dem schriftlichen Mietvertrag beigeheftet werden und vom Mieter im Exemplar des Vermieters auch unterschrieben werden.

7. Das Recht zur Datenspeicherung ergibt sich aus Art. 5 der VO. Soweit der Mieter Daten im schriftlichen Mietvertrag angegeben hat, dürfte sein Einverständnis zur elektronischen Speicherung zu bejahen sein. Ansonsten ist die Speicherung zulässig, damit der Vermieter seinen Rechten und Pflichten aus dem Mietvertrag nachkommen kann, Art. 6 der VO.

8. Ein interner Datenschutzbeauftragter ist nicht zu bestellen, wenn weniger als 20 Mitarbeiter mit der Datenverarbeitung beschäftigt sind, § 38 BDSG.

9. Unabhängig davon hat der Vermieter die Verpflichtung, dafür zu sorgen, dass die gespeicherten Daten nicht für außenstehende Dritte zugänglich sind, er muss also den Zugang zu seinem Computer schützen (zB durch Passwort), Art. 32 der VO.

III. Besondere Regelungsinhalte des Wohnraummietvertrages

1. Vereinbarung über die Durchführung von Schönheitsreparaturen

Vereinbarung[1]

Zwischen

. . . . . .

(Vermieter)

und

. . . . . .

(Mieter)

wird folgende Vereinbarung getroffen:

Der Vermieter wird von der Durchführung von Schönheitsreparaturen[2] freigestellt.

Für eine dem Mieter renoviert übergebene Wohnung gilt folgendes:

Der Mieter ist verpflichtet, die notwendigen Schönheitsreparaturen fachgerecht[3] auszuführen. Die Schönheitsreparaturen umfassen das Streichen der Wände und Decken,[4]
wobei dem Streichen der Wände das Anbringen einer überstreichbaren Raufasertapete
gleich steht. Weiter das Reinigen von Parkett- und Teppichböden,[5] das Lackieren von
Heizkörpern und Heizrohren, der Innentüren sowie der Fenster- und Außentüren von
innen.[6] Die Schönheitsreparaturen sind im Allgemeinen in folgenden Zeitabständen,[7]
gerechnet ab Beginn des Mietverhältnisses, auszuführen:

Wand- und Deckenanstriche in Küchen, Bädern und Duschen alle 5 Jahre, in Wohn- und
Schlafräumen, Dielen und Toiletten alle 7 Jahre, in anderen Räumen alle 10 Jahre;
Lackieren von Heizkörpern und -rohren, Innentüren, Fenstern und Außentüren von
innen alle 10 Jahre.[8]

Dasselbe gilt für eine dem Mieter nicht renoviert oder renovierungsbedürftig übergebene
Wohnung, bei der der Vermieter einen angemessenen Ausgleich für die vom ihm nicht
durchgeführte Renovierung geleistet hat

. . . .

(Vermieter)   (Mieter)

Anmerkungen

1. Vereinbarungen über die **Abwälzung der Schönheitsreparaturen auf den Mieter**
können grundsätzlich sowohl durch Allgemeine Geschäftsbedingung, also Formularklausel, als auch durch Individualvereinbarung getroffen werden. Der Vorteil der Individualvereinbarung ist, dass sie sich nicht an den Vorschriften der §§ 305 ff. BGB messen lassen
muss. Allgemeine Geschäftsbedingungen liegen nach § 305 BGB vor, wenn Vertrags-

bedingungen für eine Vielzahl von Verträgen vorformuliert sind, die eine Vertragspartei (Verwender) der anderen Vertragspartei bei Abschluss des Vertrages stellt. Keine Allgemeinen Geschäftsbedingungen liegen nach § 305 Abs. 1 S. 3 BGB vor, wenn die Vertragsbedingungen zwischen den Parteien im Einzelnen ausgehandelt sind. Für Verbraucherverträge gilt abweichend hiervon nach § 310 Abs. 3 Nr. 1 BGB, dass Geschäftsbedingungen als vom Unternehmer gestellt gelten. Der Vermieter mehrerer Wohnungen gilt jedenfalls als Unternehmer im Sinne dieser Vorschrift.

Durch Individualvereinbarung können zum Beispiel die Fristen nach einem üblichen Fristenplan verkürzt werden oder es kann bestimmt werden, dass der Mieter die Schönheitsreparaturen durch Fachhandwerker auszuführen hat. Die Grenze dürfte zu sehen sein, wo eine erhebliche Einschränkung des dispositiven Rechts, hier also § 535 Abs. 1 S. 2 BGB, vorliegt, die die Grenze zur Sittenwidrigkeit nach § 138 BGB oder zumindest die Unbilligkeitsgrenze nach § 242 BGB überschreitet. Liegen vertragliche Vereinbarungen vor, deren Charakter als Formularvereinbarung oder Individualvereinbarung fraglich ist, geht die Rechtsprechung im Zweifel allerdings vom Vorliegen einer Formularvereinbarung aus. Im Einzelnen gilt insoweit, dass nach § 305 Abs. 1 S. 2 BGB die Tatsache, dass ein Text handschriftlich oder maschinenschriftlich abgefasst ist und nicht in einem Vordruck enthalten ist, noch keinen Beweis dafür darstellt, dass es sich um eine Individualvereinbarung handelt. Weiter ist im Zweifel der Vermieter dafür darlegungs- und beweispflichtig, dass eine Vereinbarung zwischen den Parteien ausgehandelt worden ist, also zur Disposition des Mieters gestellt wurde und echte Verhandlungsbereitschaft des Vermieters gegeben war. Auch der ausdrückliche Hinweis in einem Formularvertrag oder in einer gesonderten Vereinbarung, dass die vertraglichen Bestimmungen „mit dem Mieter besprochen und von ihm ausdrücklich anerkannt worden sind", macht Vereinbarungen des Vertrages nicht zur Individualvereinbarung (OLG Hamm NJW 1981, 1049). Werden widersprüchliche Vertragsbestimmungen getroffen, zum Beispiel die Bestimmung, dass die laufenden Schönheitsreparaturen nach einem Fristenplan durchzuführen sind und gleichzeitig, dass die Mieträume bei Auszug in renoviertem Zustand zurückzugeben sind (Endrenovierungsklausel), was unabhängig vom Lauf etwaiger Renovierungsfristen gelten soll, so geht die Widersprüchlichkeit zu Lasten des Verwenders (Unklarheitsregel des § 305c Abs. 2 BGB). Hierbei kommt es nicht darauf an, ob eine der beiden widersprüchlichen Vereinbarungen als Individualvereinbarung zu werten ist, da der Vorrang der Individualabrede nach § 305b BGB nicht gilt. Nach § 307 BGB ist der gesamte Vertragsinhalt einschließlich seiner Individualteile zu würdigen. Unbedenkliche Einzelklauseln können einen Summierungseffekt haben, was insbesondere beim Zusammentreffen von Vereinbarungen, die die laufenden Schönheitsreparaturen nach einem Fristenplan und andererseits die Endrenovierung ohne Fristenberücksichtigung betreffen, der Fall ist (BGH WuM 1993, 175; BGH NZM 2003, 594; BGH GE 2006, 706).

Der BGH hat entschieden, dass Schönheitsreparaturen nur dann wirksam durch Formularklausel auf Mieter übertragen werden können, wenn die Mieträume dem Mieter vom Vermieter renoviert übergeben worden sind oder der Mieter einen angemessenen Ausgleich für die vom Vermieter nicht durchgeführten Schönheitsreparaturen erhalten hat (BGH NJW 2015, 1594). Ein angemessener Ausgleich kann zB, in einem Mietnachlass auf bestimmte Zeit bestehen. Eine renovierte Wohnung liegt auch vor, wenn sie nur unerhebliche Gebrauchsspuren aufweist.

Ist die Wohnung unrenoviert oder renovierungsbedürftig dem Mieter überlassen worden, ist die formularvertragliche Übertragung der Schönheitsreparaturen auf den Mieter nach § 307 BGB unwirksam, falls dieser nicht einen angemessenen Ausgleich erhält. Unrenoviert ist eine Wohnung dann, wenn sie erhebliche Gebrauchsspuren aus vorvertraglich der Abnutzung aufweist. Beruft sich der Mieter darauf, dass ihm die Wohnung unrenoviert oder renovierungsbedürftig überlassen worden ist, trifft ihn die Darlegungs- und Beweislast hierfür.

Auch wenn sich der Mieter durch **Vereinbarung mit dem Vormieter** zu Schönheitsreparaturen verpflichtet hat, ändert sich an der obigen Rechtsprechung nichts (BGH 22.8.2018 – VIII ZR 277/16, NJW 2018, 3302).

Vgl. zum Ganzen auch LG Berlin WuM 2017, 189 mit teilweise noch weitergehender Annahme der Unwirksamkeit von Schönheitsreparaturklauseln.

2. Der Begriff **„Schönheitsreparaturen"** ist fest umrissen. Verschlechterungen des Zustands von Mieträumen während der Mietzeit, die nicht unter den Begriff „Schönheitsreparatur" fallen, können nicht Gegenstand von Ansprüchen des Vermieters aus einer vertraglichen Schönheitsreparaturklausel sein. Grundsätzlich unterfallen alle Verschlechterungen der Mietsache der Instandhaltungs- und Instandsetzungsverpflichtung des Vermieters aus § 535 Abs. 1 S. 2 BGB. Hiernach hat der Vermieter die Mieträume während der Mietzeit in einem zum vertragsgemäßen Gebrauch geeigneten Zustand zu erhalten. Schönheitsreparaturen sind Instandsetzungsarbeiten, die zur Beseitigung eines verschlechterten Aussehens der Mieträume erforderlich sind, soweit die Veränderung durch einen normalen vertragsgemäßen Gebrauch eingetreten ist. Eine Begriffsbestimmung ist in § 28 Abs. 4 S. 3 der II. BV enthalten. Sie lautet: „Schönheitsreparaturen umfassen nur das Tapezieren, Anstreichen oder Kalken der Wände und Decken, das Streichen der Fußböden, Heizkörper einschließlich Heizrohre, der Innentüren sowie der Fenster und Außentüren von innen." Hieraus ergibt sich, dass Instandsetzungsarbeiten, also Reparaturen nicht unter den Begriff „Schönheitsreparatur" fallen. Sie sind damit grundsätzlich Aufgabe des Vermieters, soweit sie nicht schuldhaft durch den Mieter im Sinne von § 280 BGB (Pflichtverletzung) verursacht worden sind. Nicht zu den Schönheitsreparaturen gehört das Lackieren von Außenfenstern, Außentüren oder einer Loggia (BGH NJW 2009, 1409) oder das Abschleifen oder die Wiederherstellung einer Parkettversiegelung (BGH NJW 2010, 674). Dasselbe gilt für das Auswechseln von Teppichböden (vgl. LG Berlin GE 1999, 983). Eine entsprechende Schönheitsreparaturklausel ist unwirksam. Ebenfalls kann der Mieter nicht im Rahmen einer Schönheitsreparaturklausel verpflichtet werden, beim Auszug generell alle von ihm angebrachten Tapeten zu beseitigen (BGH NZM 2006, 622).

Im Rahmen der Schönheitsreparaturen sind jedoch, soweit dies üblicherweise bei Malerarbeiten oder Lackierarbeiten durch Fachhandwerker geschieht, Putzlöcher durch angebrachte Dübel oder kleine Holzschäden mit zu beseitigen.

3. **Fachgerechte Ausführung** bedeutet, dass die Arbeit des Mieters fachhandwerkliches Niveau haben muss, nicht nur Hobbyqualität (LG Berlin GE 2000, 676). Nicht kann der Vermieter jedoch durch Vertragsklausel verlangen, dass die Schönheitsreparaturen von vornherein durch Fachhandwerker ausgeführt werden. Eine solche Vertragsklausel ist unwirksam (OLG Stuttgart WuM 1993, 528). Die Unwirksamkeit dieser Fachhandwerkerklausel erfasst die ganze Schönheitsreparaturvereinbarung, nicht nur den Teil, der dem Mieter die Selbstdurchführung untersagt (so jetzt BGH BeckRS 2010, 16878). Liegt fachgerechte Ausführung nicht vor, kann sich der Mieter nicht auf Ausführung durch einen Fachbetrieb berufen (LG Berlin GE 2000, 811).

4. Was das **Streichen der Wände und Decken** betrifft, so ist eine Vertragsklausel unwirksam, die den Mieter verpflichtet, auch die laufenden Schönheitsreparaturen in neutralen, hellen und deckenden Farben auszuführen (BGH NZM 2008, 605). Der BGH geht grundsätzlich davon aus, dass Vertragsklauseln unwirksam sind, die dem Mieter vorschreiben, auch die laufenden Schönheitsreparaturen in einem bestimmten Farbton auszuführen (BGH NZM 2008, 605: „neutrale, helle, deckende Farben"; BGH WuM 2009, 224: „neutrale Farbtöne"). Ebenso ist eine Vertragsklausel unwirksam, die u a lautet: „Die Schönheitsreparaturen umfassen insbesondere . . . . . . das Weißen der Decken und Oberwände" (BGH NZM 2009, 903). Unter dem Begriff „Weißen" könne nicht nur streichen, sondern auch ein Anstrich in weißer Farbe zu verstehen sein.

Andererseits ist eine Vertragsklausel, betreffend die Farbgebung bei Holzteilen in der Mietwohnung **wirksam**, wenn sie sich nur auf die Farbgestaltung **am Ende** des Mietverhältnisses bezieht (BGH WuM 2008, 722: „Rückgabe wie bei Vertragsbeginn oder in Weiß oder hellen Farbtönen"). Auch hier gilt aber, dass die Farbwahlklausel bei Rückgabe dem Mieter einen gewissen Spielraum lassen muss („andere dezente Farbtöne", BGH NJW 2011, 514).

Unter dem Begriff „Tapezieren" wird nur das Tapezieren mit einer überstreichbaren Tapete, nicht also das Anbringen einer Mustertapete nach dem Geschmack des Mieters verstanden. Der BGH (NZM 2008, 605 und WuM 2009, 224) geht allerdings davon aus, dass Vertragsklauseln unwirksam sind, die dem Mieter vorschreiben, auch die **laufenden** Schönheitsreparaturen in einem bestimmten Farbton auszuführen.

5. Die Definition in § 28 Abs. 4 S. 3 der II. BV sieht die antiquierte Formulierung „**Streichen der Fußböden**" vor. Hier gilt, dass allgemein davon ausgegangen wird, dass anstelle des Streichens der Fußböden das Reinigen von Teppichböden oder von Parkettböden getreten ist (Schmidt-Futterer/*Langenberg* § 538 Rn. 71).

6. Schönheitsreparaturen an **Fenstern und Türen** beziehen sich lediglich auf den Innenbereich einer vermieteten Wohnung. Etwas anderes gilt dann, wenn zum Beispiel ein Einfamilienhaus oder Doppelhaus vermietet ist. Hier gehören Schönheitsreparaturen zum Beispiel auch im Treppenhaus zur Verpflichtung des Mieters.

7. Die Vereinbarung der Durchführung der Schönheitsreparaturen durch den Mieter nach Maßgabe eines **Fristenplanes** entspricht der Rechtsprechung des BGH (WuM 2005, 50), wonach es keine Rolle spielt, ob eine Wohnung bei Vertragsbeginn renoviert war oder nicht. Aber → Anm. 1 zur Unwirksamkeit der Schönheitsreparaturklausel bei Übergabe einer nicht renovierten oder renovierungsbedürftigen Wohnung. Entscheidend ist der Ablauf üblicher Renovierungszeiträume, also Fristen, nach denen erfahrungsgemäß Schönheitsreparaturen fällig werden. Diese Fristen müssen mit dem Anfang des Mietverhältnisses zu laufen beginnen. Die Aufnahme eines Fristenplanes in die Vereinbarung ist nicht zwingend erforderlich. Ist dies nicht der Fall, ist der Vertrag nach der Verkehrssitte dahin auszulegen, dass die Fristen nach § 7 des Mustermietvertrages 1976 heranzuziehen sind (BGH NJW 1985, 2575; KG DW 2004, 259). Schönheitsreparaturfristen dürfen nicht absolut gesetzt werden oder starr sein, was durch eine Formulierung wie „üblicherweise" oder „im Allgemeinen" zum Ausdruck kommt. Eine formularvertragliche Klausel, die dem Mieter die Schönheitsreparaturen mit festem Turnus auferlegt, ohne die Erforderlichkeit der Renovierung zu berücksichtigen, ist unwirksam (BGH NZM 2004, 901). Starr sind Fristen auch, die enthalten, dass „spätestens" oder „mindestens" nach bestimmten Fristen zu renovieren ist (BGH NZM 2005, 299). Das Transparenzgebot des § 307 Abs. 1 S. 2 BGB erfordert, dass die Möglichkeit des Einwands der geringeren oder größeren Abnutzung sich aus dem Wortlaut der Klausel selbst ergeben muss (LG Mannheim NZM 2006, 223).

8. Soweit die Renovierungsfristen nicht absolut gesetzt werden, ist es nicht erforderlich, wenn auch sachgerecht, in einer Schönheitsreparaturvereinbarung zwischen Malerarbeiten an Wänden und Decken und Lackierarbeiten an Türen, Heizkörpern, Heizrohren und Fensterrahmen zu unterscheiden, also insoweit **unterschiedliche Fristen** anzusetzen. Wichtig ist, dass die Fristen in einer Schönheitsreparaturvereinbarung nicht zu kurz angesetzt werden dürfen, was zum Beispiel der Fall wäre, wenn die Fristen für Schönheitsreparaturen in Nassräumen alle zwei Jahre und in Wohnräumen alle drei Jahre durchzuführen sind (LG Berlin WuM 1996, 758) oder die Fristen für Schönheitsreparaturen in Küchen und Bädern alle zwei Jahre und in Wohnräumen und Schlafräumen alle drei Jahre betragen (LG Berlin ZMR 1998, 705). Ein unangemessen zu kurz angesetzter Fristenplan macht die gesamte Schönheitsreparaturklausel unwirksam, also nicht nur den Fristenteil (LG Berlin WuM 2000, 183).

Möglich ist jedoch, dass die Fristen im Einzelfall, ohne dass dies bereits in der vertraglichen Vereinbarung bestimmt wäre, auf Grund des Wohnverhaltens des Mieters verkürzt werden können. Dies mag zum Beispiel bei erheblichen Beeinträchtigungen durch Nikotingebrauch der Fall sein. Behauptet der Mieter in diesem Fall, dass die üblichen Fristen nicht abgelaufen sind, hat er nach § 362 BGB die Beweislast (BGH NJW 1998, 3114).

Neuerdings hat sich in Rechtsprechung und Literatur eine Tendenz zur Verlängerung der bisher angenommenen Fristenfolge von drei, fünf und sieben Jahren herausgebildet. Grund ist die Verwendung besserer Dekorationsmaterialien und veränderter Wohngewohnheiten. Insofern könnte sich für künftige Formularverträge zB eine Abfolge von fünf, sieben und zehn Jahren als erforderlich erweisen (vgl. BGH NZM 2007, 879).

2. Vereinbarung über quotenmäßige Kostenbeteiligung

Der BGH hat durch 18.3.2015 (NJW 2015, 1871) entschieden, dass entgegen der bisherigen Rechtsprechung eine Quotenabgeltungsklausel den Mieter nach § 307 Abs. 1 BGB unangemessen benachteiligt und daher unwirksam ist, da sie vom Mieter bei Vertragsschluss verlangt, zur Ermittlung der auf ihn bei Vertragsbeendigung zukommenden Kostenbelastung mehrfach hypothetische Betrachtungen anzustellen, die eine sichere Einschätzung der tatsächlichen Kostenbelastung nicht zulassen.

3. Vereinbarung über Kleinreparaturen

Vereinbarung[1]

Zwischen

. . . . . .

(Vermieter)

und

. . . . . .

(Mieter)

wird folgende Vereinbarung getroffen:

Der Mieter ist verpflichtet, die Reparaturkosten[2] für Installationsgegenstände, die seinem direkten und häufigen Zugriff ausgesetzt sind,[3] wie die Installation für Wasser und Gas, Elektrizität, Heiz- und Kocheinrichtungen, Fenster- und Türverschlüsse sowie Rollläden zu tragen, soweit die Kosten der einzelnen Reparatur 100,– EUR nicht übersteigen[4] und der jährliche Reparaturaufwand nicht mehr als 6 % der Jahresbruttokaltmiete beträgt.[5]

. . . .

(Vermieter)   (Mieter)

Anmerkungen

1. Die Abwälzung der Verpflichtung zur Tragung der Kosten für Kleinreparaturen auf den Mieter stellt ebenso wie eine Schönheitsreparaturklausel eine **Abweichung von der Instandhaltungspflicht des Vermieters** dar. Eine Definition der sogenannten „kleinen Instandhaltungen" findet sich in § 28 Abs. 3 S. 2 der II. BV, wonach „die kleinen Instandhaltungen . . . . . . nur das Beheben kleiner Schäden an den Installationsgegenständen für Elektrizität, Wasser und Gas, den Heiz- und Kocheinrichtungen, den Fenster- und Türverschlüssen sowie den Verschlussvorrichtungen von Fensterläden (umfasst)". Nachdem es sich um Teile der Mieträume handelt, die nicht von den Schönheitsreparaturen tangiert werden, käme nach allgemeinen Grundsätzen des § 280 BGB eine Haftung des Mieters für Verschlechterung bzw. Beschädigung nur bei schuldhaftem Handeln in Betracht. Durch die insoweit verschuldensunabhängige Kleinreparaturklausel soll im Bagatellbereich Streit darüber vermieden werden, wer einen an diesen Gegenständen eingetretenen Schaden zu vertreten hat.

2. Die Kleinreparaturklausel darf nur eine **Kostenerstattungsklausel** sein, nicht eine Vornahmeklausel, wonach der Mieter selbst zur Instandhaltung bzw. Reparatur verpflichtet ist. Eine Vornahmeklausel ist unwirksam (BGH WuM 1992, 355). Grund ist nach den Ausführungen des BGH, dass die Vornahmeklausel zu einem Ausschluss der Rechte des Mieters wegen möglicher Minderung der Miete nach § 536 BGB führen würde. Der Mieter hätte nämlich wegen eines Mangels, verursacht durch eine nicht durchgeführte Kleinreparatur solange keinen Minderungsanspruch, als er der ihm übertragenen Unterhaltspflicht nicht nachgekommen sei. Zudem müsse der Mieter bei nicht ordnungsgemäß ausgeführten Reparaturen Gewährleistungsansprüche gegenüber den beauftragten Handwerkern selbst geltend machen sowie für etwaige durch die Reparaturarbeiten verursachte Schäden an Sachen des Vermieters oder Dritter selbst einstehen.

3. Als Ausnahme zur gesetzlichen Regelung der Instandhaltungsverpflichtung des Vermieters soll die Kleinreparaturklausel in ihrer **Reichweite** beschränkt werden. Sie darf sich daher nur auf Teile der Wohnung beziehen, die dem direkten und häufigen Zugriff des Mieters ausgesetzt sind. In Betracht kommen letztlich nur die in der Vereinbarung aufgeführten Einrichtungen, eine Ergänzung etwa bezogen auf Einrichtungen, auf die der Mieter keinen Zugriff hat, so in der Wand verlaufende Rohre, ist nicht zulässig. Für derartige Bereiche gelten die allgemeinen Vorschriften, das heißt der Mieter haftet nur für schuldhafte Beschädigungen, dies allerdings ohne summenmäßige Begrenzung der Reparaturkosten.

4. Um den Anwendungsbereich der Kleinreparaturvereinbarung zu beschränken, darf sie nur für **Bagatellschäden** angewendet werden. In Betracht kommt ein Betrag zwischen 50,– und 100,– EUR bezogen auf die Einzelreparatur. Angesichts der Kostensteigerungen ist es vertretbar, die Bagatellgrenze gegenüber der Rechtsprechung des BGH (WuM 1989, 324) höher anzusetzen. Ein Betrag von 200,– EUR für die Einzelreparatur soll aber zuviel sein (AG Bremen NZM 2008, 247).
Der Mieter darf nicht an Reparaturen, die diese Beträge überschreiten, mit einem Anteil in Höhe der zulässigen Reparaturkosten beteiligt werden. Ebenfalls dürfen Reparaturen, die teurer sind, nicht in Teilrechnungen in Höhe des Betrages der zulässigen Bagatellschadenshöhe aufgespalten werden. Außerdem muss der Mieter nicht die Kosten für eine erfolglose Reparatur übernehmen (AG Konstanz NZM 1999, 370).

5. Nach der Rechtsprechung des BGH (BGH WuM 1992, 355) muss die Kleinreparaturvereinbarung im Falle, dass sich Kleinreparaturen häufen, einen Höchstbetrag für einen bestimmten Zeitraum enthalten. Üblicherweise wird eine summenmäßige Begrenzung der Reparaturkosten auf ein Jahr angesetzt mit einem Höchstbetrag von etwa einer Monatsmiete ohne Heizkosten oder höher angesetzt, 6 % der Jahresbruttokaltmiete.

4. Staffelmietvereinbarung nach § 557a BGB

Vereinbarung[1]

Zwischen

......

(Vermieter)

und

......

(Mieter)

wird folgende Vereinbarung getroffen:

Für die Erhöhung der Grundmiete gilt die nachfolgende Staffelmietvereinbarung:

Die Grundmiete beträgt in der Zeit[2]

vom ...... bis zum Ablauf des ...... EUR[3]
vom ...... bis zum Ablauf des ...... EUR
vom ...... bis zum Ablauf des ...... EUR
vom ...... bis zum Ablauf des ...... EUR
vom ...... bis zum Ablauf des ...... EUR
vom ...... bis zum Ablauf des ...... EUR

Die Mindestlaufzeit der einzelnen Staffel beträgt jeweils 1 Jahr. Die Laufzeit der Staffeln ist unabhängig von der Dauer des Mietverhältnisses.[4]

Während der Laufzeit der Staffelmietvereinbarung sind Mieterhöhungen nach den §§ 558 bis 559b BGB nicht zulässig.[5] Nach Ablauf der Staffelmietvereinbarung richtet sich die Erhöhung der Grundmiete nach den gesetzlichen Vorschriften.[6]

....
(Vermieter)   (Mieter)

Anmerkungen

1. Staffelmietvereinbarungen können seit dem 1.1.1981 getroffen werden. Sie können sowohl bereits bei Abschluss eines Wohnraummietvertrages als auch zu einem späteren Zeitpunkt mit entsprechend späterem Laufzeitbeginn getroffen werden. Bei preisgebundenem Wohnraum kann Staffelmiete auch bereits für eine Zeit nach Ablauf der Preisbindung vereinbart werden (BGH NZM 2004, 135). Die Staffelmietvereinbarung soll gegenüber dem formalen Mieterhöhungsverfahren nach §§ 558 ff. BGB eine erleichterte Form der Mietanpassung vorsehen. Schriftliche Form ist erforderlich, nach § 126 Abs. 3 BGB in der Fassung des „Gesetzes zur Anpassung der Formvorschriften des Privatrechts und anderer Vorschriften an den modernen Rechtsgeschäftsverkehr" kann die Schriftform durch die elektronische Form ersetzt werden.

2. Die **einzelnen Staffeln** sind in der Vereinbarung in der Form auszuweisen, dass entweder die jeweilige Miete oder der Erhöhungsbetrag in einem Geldbetrag ausgewiesen wird, § 557a Abs. 1 BGB. Hat der Vermieter für 10 Jahre die Staffeln dementsprechend ausgewiesen und erst für den folgenden Zeitraum prozentual, liegt lediglich Teilunwirksamkeit vor (BGH NZM 2012, 416).

Zwischen den einzelnen Staffeln muss die Miete jeweils mindestens ein Jahr unverändert bleiben, § 557a Abs. 2 S. 1 BGB. Diese Regelungen sind nach § 557a Abs. 4 BGB zwingend, das heißt Vereinbarungen zum Nachteil des Mieters sind nicht zulässig. Dies bedeutet, dass der Zeitraum zwischen zwei Staffeln jedenfalls auch länger als ein Jahr sein kann, nicht jedoch kürzer. Unterschreitet auch nur eine einzige Staffel die Laufzeit von einem Jahr, was insbesondere bei der ersten Staffel, die mit Abschluss der Staffelmietvereinbarung beginnt, zu beachten ist, ist die gesamte Staffelmietvereinbarung unwirksam (LG Berlin GE 2002, 54; ebenso bereits LG Nürnberg-Fürth ZMR 1997, 648). Bis zum Mietrechtsreformgesetz bestand nach § 10 Abs. 2 MHG eine Höchstlaufzeit für Staffelmietvereinbarungen von zehn Jahren. Diese zeitliche Beschränkung ist in der Neuregelung des § 557a BGB nicht mehr enthalten. Nach dem Willen des Gesetzgebers soll dies für die Parteien größere Vertragsfreiheit schaffen.

3. Die **Höhe der einzelnen Staffeln** kann unabhängig von der ortsüblichen Vergleichsmiete nach § 558 Abs. 2 BGB und der Kappungsgrenze nach § 558 Abs. 3 BGB festgesetzt werden. Für die Höhe der Staffeln gilt aber die Vorschrift des § 5 WiStrG (Mietpreisüberhöhung) und die Wucherbestimmung des § 291 StGB. Nebenkosten nehmen an der Staffelmieterhöhung dann nicht teil, wenn sie getrennt ausgewiesen sind. In einer Teilinklusivmiete enthaltene Nebenkosten werden mit der Staffelmiete erhöht.

4. Eine Staffelmietvereinbarung ist **keine Mietzeitvereinbarung.** Soweit § 557a Abs. 3 BGB davon spricht, dass das Kündigungsrecht des Mieters für höchstens vier Jahre seit Abschluss der Staffelmietvereinbarung ausgeschlossen werden könne, setzt dies den Abschluss eines Zeitmietvertrages nach § 575 BGB oder den zulässigen Ausschluss des Rechts der ordentlichen Kündigung auf bestimmte Zeit durch wechselseitige Vereinbarung voraus. Die Kündigung kann unter Einhaltung der gesetzlichen Kündigungsfrist nach § 573c BGB zum Ablauf von vier Jahren, bezogen auf die Laufzeit der Staffelmietvereinbarung erfolgen, § 557a Abs. 3 BGB. Der Vierjahreszeitraum rechnet also immer ab Vereinbarung der Staffelmiete, nicht ab einem davon abweichenden Mietvertragsbeginn (BGH WuM 2005, 519). Nachdem der Ablauf von vier Jahren bei einem für längere Zeit als vier Jahre laufenden Zeitmietvertrag den frühestmöglichen Kündigungszeitpunkt bezeichnet, kann die Kündigung natürlich auch zu einem späteren Zeitpunkt ausgesprochen werden, § 557a Abs. 3 S. 2 BGB.

Enthält ein Mietvertrag eine Verlängerungsklausel, nach der die Kündigung erst zu einem Zeitpunkt nach Ablauf der Vierjahresfrist möglich ist, ist die Verlängerungsklausel insoweit unwirksam (BGH NZM 2004, 736).

Ist zwischen den Parteien ein Verzicht auf die ordentliche Kündigung auf bestimmte Zeit im Sinne von § 557a Abs. 3 BGB vereinbart, der vier Jahre übersteigt, ist dieser jedenfalls bei einer individualvertraglichen Vereinbarung insoweit unwirksam, als er über vier Jahre hinausgeht (BGH NZM 2006, 653).

5. Während der Laufzeit einer Staffelmietvereinbarung sind **Mieterhöhungen** bis zur ortsüblichen Vergleichsmiete nach § 558 BGB oder durch einseitige Mieterhöhung in Form der Modernisierungsumlage nach §§ 559 ff. BGB **ausgeschlossen.** Der Vermieter muss also bereits bei Abschluss der Staffelmietvereinbarung bedenken, ob während der Laufzeit der Vereinbarung erhebliche Modernisierungsmaßnahmen mit Umlagemöglichkeit durchgeführt werden und gleichzeitig eine Vorstellung über die Entwicklung der ortsüblichen Vergleichsmiete haben. Eine Abänderung der getroffenen Vereinbarung zu Lasten des Mieters ist nach § 557a Abs. 4 BGB nicht zulässig. Möglich ist auch nicht nach Ablauf der Staffelmietvereinbarung einen Modernisierungszuschlag für Maßnahmen zu verlangen, die bereits während der Dauer der Staffelvereinbarung durchgeführt worden sind (LG Berlin GE 1992, 381).

6. Endet die Staffelmietvereinbarung bei weiterlaufendem Mietvertrag, können die Parteien eine neue Staffelvereinbarung treffen. Ist dies nicht der Fall, ist die letzte Staffel Ausgangspunkt für künftige Mieterhöhungen bis zur ortsüblichen Vergleichsmiete nach §§ 558 ff. BGB. Der Vermieter hat keinen Anspruch auf Abschluss einer neuen Staffelvereinbarung (LG München I WM 1996, 557).

Praktiziert der Vermieter jahrelang die nach einer Staffelmietvereinbarung geltende Mietanpassung nicht, soll eine Verwirkung der Vermieteransprüche nicht eintreten, wenn nicht besondere Umstände hinzutreten (KG WuM 2004, 348).

5. Indexmietvereinbarung nach § 557b BGB

Vereinbarung[1]

Zwischen

. . . . . .

(Vermieter)

und

. . . . . .

(Mieter)

wird folgende Vereinbarung getroffen:

Die Miete wird durch den vom Statistischen Bundesamt ermittelten Verbraucherpreisindex für Deutschland bestimmt (Indexmiete). Die Erklärung der Änderung der Miete muss in Textform oder Schriftform geltend gemacht werden.[2] Sie muss den geänderten Preisindex, auf den sich die Anpassung stützt, sowie die geänderte Miete oder die Erhöhung in einem Geldbetrag angeben.[3] Die geänderte Miete ist mit dem Beginn des übernächsten Monats nach dem Zugang der Erklärung zu bezahlen. Die Anpassung kann wiederholt verlangt werden.

Zum Zeitpunkt des Beginns der Laufzeit der Indexvereinbarung liegt der letzte veröffentlichte Preisindex für . . . . . . (Monat- und Jahreszahl) bei . . . . . . Punkten (bezogen auf das Basisjahr . . . . . . = 100).

Während der Geltung der Indexmiete muss die Miete, von Erhöhungen nach den §§ 559 bis 560 BGB abgesehen, jeweils mindestens ein Jahr unverändert bleiben.[4] Eine Erhöhung nach § 558 BGB ist während der Geltung der Indexmiete ausgeschlossen. Die Indexmietvereinbarung beginnt am . . . . . . und endet mit Ablauf des . . . . . .

. . . .

(Vermieter)   (Mieter)

Anmerkungen

1. Indexvereinbarungen bei Wohnraummietverträgen sind seit dem Jahr 1993 durch das Vierte Mietrechtsänderungsgesetz zugelassen worden. Grund der Regelung war, das Verbot vertraglicher Mieterhöhungsvereinbarungen auf Grund der schwer handhabbaren gesetzlichen Mieterhöhungstatbestände für bestimmte Klauseln zu lockern. § 557b Abs. 1 BGB sieht vor, dass die Indexmiete durch schriftliche Vereinbarung der Vertragsparteien an den vom Statistischen Bundesamt ermittelten Preisindex gekoppelt wird. Nach der Neuregelung durch das Mietrechtsreformgesetz darf die Indexmiete nur noch nach diesem Preisindex, der auch als einziger noch veröffentlicht wird, ermittelt werden. Weiter können Indexmieten zeitlich unbeschränkt vereinbart werden, die frühere Mindestlaufzeit von zehn Jahren ist ebenso weggefallen wie das Erfordernis, dass Indexmieten durch die Bundesbank bzw. Landeszentralbanken genehmigt werden mussten. Letzteres ist bereits durch das EURO-Einführungsgesetz vom 9.6.1998 erfolgt.

Für gewerbliche Mietverhältnisse gilt insoweit eine strengere Regelung, als nach dem Preisklauselgesetz nach wie vor eine Mindestbindungsfrist von zehn Jahren besteht. In Bezug auf Indexmieten fehlt es an einer Übergangsregelung vom alten § 10a MHG zum neuen § 557b BGB. Dies bedeutet, dass vor dem 1.9.2001 vereinbarte Indexmieten, die gegen die Mindestlaufzeit verstießen, unwirksam bleiben, also nicht auf Grund der Neuregelung wieder aufleben. Wird eine Indexvereinbarung im Rahmen eines Zeitmietvertrages nach § 575 BGB getroffen, ist die Kündigungsbeschränkung des § 557a Abs. 3 BGB nicht entsprechend anwendbar, dh dem Mieter steht kein Sonderkündigungsrecht nach vier Jahren Laufzeit der Indexvereinbarung zu (AG Hamburg WuM 2000, 494 zu § 10 Abs. 2 S. 4 MHG aF).

2. § 557 Abs. 3 S. 1 BGB bestimmt, dass die Änderung der Miete auf Grund des geänderten Index durch Erklärung in **Textform** geltend gemacht werden muss. Dies bedeutet, dass die Vermietererklärung automatisch gefertigt sein kann, zB Telefax, Telex oder Fotokopie, der Aussteller genannt sein muss und das Ende der Erklärung erkennbar gemacht sein muss, zB durch Nachbildung der Namensunterschrift mittels Stempel. Entgegen der gesetzlichen Formulierung kann die Erklärung jedoch auch weiterhin in der herkömmlichen Schriftform abgegeben werden, da die Schriftform als weiterreichende Form von der Textform beinhaltet wird (vgl. *Nies* NZM 2001, 1071). Wichtig ist jedoch, dass eine Anpassung auf Grund der Indexklausel nicht automatisch eintritt, sondern dass jeweils die Erklärung in Textform oder Schriftform erforderlich ist.

3. In der **Anpassungserklärung** muss nicht nur die Indexänderung, sondern auch die geänderte Miete oder der Erhöhungsbetrag angegeben werden. Wie bei der Staffelmiete ist es nicht zulässig, die Erhöhung in einem Prozentsatz anzugeben. Soweit das Basisjahr gegenüber dem bei Vertragsschluss geltenden umgestellt wird, ist der Index nach der Tabelle des neuen Basisjahres zu berechnen.

4. Wie bei der allgemeinen Mieterhöhung auf die ortsübliche Vergleichsmiete nach § 558 BGB und der Staffelmieterhöhung nach § 557a BGB gilt nach § 557b Abs. 2 S. 1 BGB auch hier, dass die Miete zwischen den einzelnen Anpassungen jeweils **mindestens ein Jahr unverändert** bleiben muss. Dies bedeutet, dass nachdem die Regelung nach § 557b Abs. 4 BGB zwingend ist, zwar nicht eine Mieterhöhung auf Grund einer Indexvereinbarung in kürzeren Abständen als einem Jahr vorgenommen werden kann, aber der Abstand zwischen zwei Anpassungen länger als ein Jahr betragen kann. Anders als bei der Staffelmiete gilt, dass Mieterhöhungen bei Modernisierungen nach § 559 BGB während der Laufzeit der Indexmietvereinbarung eingeschränkt möglich sind. Dies gilt nach § 557b Abs. 2 S. 2 BGB, wenn der Vermieter bauliche Maßnahmen auf Grund von Umständen durchgeführt hat, die er nicht zu vertreten hat. Hierbei handelt es sich zum Beispiel um von Gesetz oder Behörden vorgeschriebene Maßnahmen zur Energieeinsparung oder zur CO_2-Reduktion (BT-Drs 12/3254, 15). Ausgeschlossen ist während der Indexvereinbarung nur die Mieterhöhung nach § 559 BGB, die Duldungspflicht bleibt unberührt (BGH NZM 2014, 304).

Veränderungen von Betriebskosten in Form der Veränderung einer Betriebskostenpauschale oder einer Betriebskostenvorauszahlung sind ebenso wie bei der Staffelmiete auch während der Laufzeit einer Indexmiete zulässig. Mieterhöhungen bis zur ortsüblichen Vergleichsmiete sind während der Laufzeit einer Indexmiete nach § 557b Abs. 2 S. 3 BGB nicht zulässig.

6. Umlagevereinbarung Betriebs- und Heizkosten mit Abrechnung

Vereinbarung[1]

Zwischen

......

(Vermieter)

und

......

(Mieter)

wird folgende Vereinbarung getroffen:

Vereinbart wird eine Vorauszahlung auf die Betriebskosten für Heizung und Warmwasser[2] in Höhe von ...... EUR. Vereinbart wird eine Vorauszahlung für die anderen Betriebskosten gemäß § 2 Betriebskostenverordnung[3] in Höhe von ...... EUR.

1. Art und Umfang der Betriebskosten richten sich nach den Vorschriften der Betriebskostenverordnung.

   Folgende sonstige Betriebskosten im Sinne von § 2 Nr. 17 Betriebskostenverordnung gelten als umlagefähig vereinbart:[4]

   Der Vermieter ist berechtigt, neu entstehende Betriebskosten auf den Mieter umzulegen.

2. Der Umlegungsmaßstab für die Heiz- und Warmwasserkosten richtet sich nach den Vorschriften der Heizkostenverordnung.[5]

   Bei den übrigen Betriebskosten wird der Anteil der Wohnfläche zugrunde gelegt. Ist eine Eigentumswohnung vermietet, wird der Miteigentumsanteil als Maßstab zugrunde gelegt.[6]

3. Soweit Betriebskosten verbrauchs- oder verursachungsbezogen abgerechnet werden können, erfolgt die Betriebskostenabrechnung auf der Grundlage des erfassten Verbrauchs oder der erfassten Verursachung.[7]

   Sollte im Laufe der Mietzeit durch zusätzliche technische Ausrüstung des Hauses eine verbrauchs- oder verursachungsbezogene Abrechnung von Betriebskosten möglich sein, ist der Vermieter berechtigt, durch Erklärung in Textform oder Schriftform eine Umlage dieser Betriebskosten nach dem neuen verbrauchs- oder verursachungsbezogenen Maßstab durch einseitige Erklärung zu bestimmen. Die Erklärung ist nur vor Beginn eines Abrechnungszeitraums für den darauf folgenden Abrechnungszeitraum zulässig. Waren bis dahin Betriebskosten, auf die sich der neue Umlegungsmaßstab bezieht, Bestandteil der Grundmiete, ist diese entsprechend herabzusetzen.[8] Ein Anspruch des Mieters auf Ausrüstung des Hauses mit Geräten zur Verbrauchserfassung besteht nicht.[9]

4. Die monatlichen Vorauszahlungen auf Betriebskosten werden jährlich abgerechnet.[10] Eine sich aus der Abrechnung ergebende Differenz zugunsten des Mieters oder Vermieters ist innerhalb eines Monats nach Zugang der Abrechnung beim Mieter zur Zahlung fällig.

5. Die Abrechnung der Vorauszahlungen erfolgt, sobald die Abrechnungsunterlagen dem Vermieter vorliegen. Sie hat spätestens 12 Monate nach Beendigung des Abrechnungszeitraumes zu erfolgen. Erfolgt sie später, kann der Vermieter nur dann eine Nachzahlung verlangen, wenn die verspätete Abrechnung auf Gründen beruht, die der Vermieter nicht zu vertreten hat.[11]

Einwendungen gegen die Abrechnung hat der Mieter spätestens bis zum Ablauf des 12. Monats nach Zugang der Abrechnung geltend zu machen, soweit nicht vor Ablauf dieses Zeitraums eine Nachzahlung, die sich aus der Abrechnung ergibt, ausgeglichen worden ist. Nach Ablauf der Einwendungsfrist kann der Mieter Einwendungen nur noch dann geltend machen, wenn er die verspätete Geltendmachung nicht zu vertreten hat.[12]

. . . .
(Vermieter)   (Mieter)

Anmerkungen

1. Wichtig ist, dass die gesetzliche Regelung des **§ 535 Abs. 1 S. 3 BGB**, wonach der Vermieter die Lasten der Mietsache trägt, bedeutet, dass der Vermieter auch die Betriebskosten trägt. Jede Art der Umlage von Betriebskosten auf den Mieter bedarf der ausdrücklichen vertraglichen Vereinbarung. In dieser Vereinbarung kann der Umfang einer Umlage der Betriebskosten auf den Mieter unterschiedlich geregelt sein. Es kann die Umlage sämtlicher Betriebskosten im zulässigen Umfang vereinbart werden, wie auch eine teilweise Umlage, was bedeutet, dass nicht eine Nettomiete, sondern eine Teilinklusivmiete zuzüglich der vereinbarten Betriebskosten vorliegt. Wird die Umlage einzelner Betriebskosten vereinbart, hat der Mieter auch nur diese zu bezahlen.

2. Sinnvoll und üblich ist die **Trennung** zwischen der Vorauszahlung für Heizung und Warmwasser und der Vorauszahlung auf die übrigen Betriebskosten. Zwingend ist dies aber nicht. Es kann also auch ein einheitlicher Vorauszahlungsbetrag angesetzt werden. Nachdem jedoch die Abrechnungszeiträume der Betriebskosten für Heizung und Warmwasser in vielen Fällen von den Abrechnungszeiträumen für die übrigen Betriebskosten differieren, ergeben sich jedenfalls im Falle des Ansatzes getrennter Vorauszahlungsbeträge auch getrennte Abrechnungszeiträume im Sinne des § 556 Abs. 3 S. 1 BGB und unterschiedliche Abrechnungsfristen nach § 556 Abs. 3 S. 2 BGB. Der Abrechnungszeitraum für die Kosten für Heizung und Warmwasser kann zum Beispiel 1.7. eines Jahres bis zum 30.6. des Folgejahres sein, für die übrigen Betriebskosten das Kalenderjahr.

3. Die im **Katalog der Nr. 1 bis 17 des § 2 Betriebskostenverordnung** enthaltenen Betriebskosten sind insoweit zwingend, als nur diese Betriebskosten auf den Wohnraummieter umgelegt werden dürfen. Dies ergibt sich auch aus § 556 Abs. 1 BGB. § 556 Abs. 1 BGB in der Fassung des Schuldrechtsmodernisierungsgesetzes enthält die Regelung, dass die Vertragsparteien vereinbaren können, dass der Mieter Betriebskosten im Sinne des § 19 Abs. 2 des Wohnraumförderungsgesetzes trägt. Nach § 19 Abs. 2 S. 2 des Wohnraumförderungsgesetzes wurde die am 1.1.2004 in Kraft getretene Betriebskostenverordnung erlassen. Eine mietvertragliche Regelung ist zulässig, die hinsichtlich des Umfangs der Betriebskosten lediglich auf die Betriebskostenverordnung verweist, ohne dass eine Erläuterung des Betriebskostenkatalogs bei Vertragsschluss oder die Beifügung eines Abdrucks von § 2 Betriebskostenverordnung erfolgt (BayObLG NJW 1984, 1761 und OLG Hamm WuM 1997, 542). Schon aus Akzeptanzgründen ist es jedoch zu empfehlen, dem Mietvertrag den Betriebskostenkatalog beizulegen.
Nach BGH WuM 2016, 211 soll die Vereinbarung, dass der Mieter „die Betriebskosten" zu tragen hat, für die Umlage der in § 2 BetrKVO aufgeführten Betriebskosten genügen.

4. Bei einzelnen Betriebskostenarten, die in § 2 Betriebskostenverordnung aufgeführt sind, ergeben sich immer wieder gesetzliche Änderungen und Ergänzungen. Es ist daher sinnvoll, in der Vereinbarung darauf hinzuweisen, dass die **jeweils geltende Fassung** maßgeblich ist. Hinsichtlich der Nr. 17 des Betriebskostenkatalogs, den „sonstigen Betriebskosten" gilt, dass diese nur umlegbar sind, wenn die einzelnen bestimmten Kosten mit

Wetekamp   53

dem Mieter vereinbart sind (BGH WuM 2004, 290). Im Übrigen muss das Recht, neu entstandene Betriebskosten umzulegen, im Vertrag enthalten sein (BGH WuM 2006, 612).

5. § 7 Abs. 1 der **Heizkostenverordnung** in der Fassung vom 5.10.2009 bestimmt, dass die Betriebskosten der zentralen Heizungsanlage grundsätzlich mit mindestens 50 % und höchstens 70 % nach dem erfassten Wärmeverbrauch und im Übrigen nach der Wohn- oder Nutzfläche oder nach dem umbauten Raum zu verteilen sind. Es kann auch die Wohn- oder Nutzfläche oder der umbaute Raum der beheizten Räume zugrunde gelegt werden. Entsprechendes gilt für die Verteilung der Kosten der Wärmelieferung und nach § 8 Abs. 1 Heizkostenverordnung der Versorgung mit Warmwasser.

6. Aus § 556a Abs. 1 BGB ergibt sich, dass die Parteien nicht vereinbaren müssen, dass **Verteilungsmaßstab** der Anteil der Wohnfläche ist. Es kann ebenfalls eine vertragliche Regelung der Verteilung nach Personen erfolgen. Nach der gesetzgeberischen Intention soll jedoch die Umlage nach dem Flächenmaßstab bevorzugt werden. Dies ergibt sich auch daraus, dass auch im Falle der vertraglichen anderweitigen Vereinbarung nach der Begründung zum Gesetzentwurf des Mietrechtsreformgesetzes der Mieter zukünftig nach § 242 BGB im Falle einer krassen Unbilligkeit einen Anspruch auf Umstellung des Umlagemaßstabs haben soll. Die Umlage nach dem Flächenmaßstab ist zu bevorzugen, da einmal die Umlage nach Personen in mehr Fällen zur Ungleichbehandlung führen dürfte und die Personenzahl durch den Vermieter oft nicht festzustellen und zu kontrollieren ist. Beim Fehlen einer vertraglichen Vereinbarung gilt auf Grund der gesetzlichen Regelung des § 556a Abs. 1 S. 1 BGB der Anteil der Wohnfläche als Umlegungsmaßstab als vereinbart, eine Festlegung nach billigem Ermessen gemäß §§ 315, 316 BGB durch den Vermieter ist in diesem Fall nicht mehr möglich.

Ist eine Eigentumswohnung vermietet, ist in der Regel nur der Miteigentumsanteil bekannt, so dass es sinnvoll erscheint, diesen als Umlagemaßstab zu vereinbaren.

7. Wird der **Verbrauch** oder die **Verursachung** von Betriebskosten erfasst, so soll auch verbrauchs- und verursachungsabhängig abgerechnet werden. Bei fehlender vertraglicher Vereinbarung eines Umlegungsmaßstabes geht die verbrauchs- und verursachungsabhängige Abrechnung der Abrechnung nach der Wohnfläche nach § 556a Abs. 1 S. 2 BGB vor. Verbrauchserfassung kann zum Beispiel durch Einrichtungen zur Messung des Kaltwasserverbrauchs erfolgen, Verursachungserfassung zum Beispiel durch Erfassung der produzierten Menge an Hausmüll.

8. Damit eine verbrauchs- und verursachungsbezogene Abrechnung auch dann erfolgen kann, wenn eine vertragliche Vereinbarung entgegensteht, die zum Beispiel die Abrechnung nach der Wohnfläche beinhaltet, hat der Vermieter nach § 556a Abs. 2 BGB die Möglichkeit, durch einseitige Erklärung eine **Vertragsänderung** herbeizuführen, dass für die Zukunft die verbrauchs- und verursachungsmäßige Abrechnung stattfindet. Haben die Parteien zum Beispiel eine Teilinklusiv- oder Inklusivmiete vereinbart, so kann ebenfalls eine einseitige Vertragsänderung in dieser Richtung erfolgen. Hierdurch soll der sparsame und kostenbewusste Umgang mit Energie gefördert werden.

9. Nachdem es sich bei den Maßnahmen, die eine Verbrauchserfassung ermöglichen, um **Modernisierungsmaßnahmen** im Sinne von § 555b BGB handelt, auf die grundsätzlich kein mieterseitiger Anspruch besteht, besteht bei fehlender vertraglicher Vereinbarung die Verpflichtung zur Abrechnung nach Verbrauch oder Verursachung oder bei anderweitiger vertraglicher Vereinbarung die Umstellungsmöglichkeit des Vertrages nur dann, wenn der Vermieter das Haus entsprechend ausgerüstet hat.

Es genügt nicht, wenn einzelne Mieter selbst sich Verbrauchserfassungsgeräte installieren, zB Wasseruhren. Die Verbrauchserfassung muss für ein Anwesen einheitlich möglich sein.

10. Die jährliche Abrechnung wird durch § 556 Abs. 3 S. 1 BGB als gesetzliche Regelung festgesetzt. Abweichungen zum Nachteil des Mieters etwa in der Form, dass in einem kürzeren oder längeren Zeitraum abgerechnet wird, sind nach § 556 Abs. 4 BGB unwirksam (LG Gießen NZM 2009, 581). Möglich ist, dass sich unterschiedliche Abrechnungszeiträume für Heizkosten und Warmwasserkosten und die übrigen Betriebskosten ergeben. Bei den Betriebskosten außer Heizung und Warmwasser kommt üblicherweise das Kalenderjahr als Abrechnungszeitraum in Betracht, wenn dies auch nicht zwingend ist, bei den Betriebskosten für Heizung und Warmwasser der Zeitraum vom 1.7. eines Jahres bis zum 30.6. des Folgejahres. Es können sich somit hier zwei unterschiedliche Abrechnungszeiträume mit den entsprechend auch unterschiedlichen Abrechnungsfristen ergeben. Etwas anderes mag dann gelten, wenn ein einheitlicher Vorauszahlungsbetrag für alle Betriebskosten einschließlich der Kosten für Heizung und Warmwasser vereinbart ist. In diesem Fall müsste auch ein einheitlicher Abrechnungszeitraum angesetzt werden, der erst mit dem zuletzt ablaufenden Zeitraum endet.

Vorauszahlungen müssen nicht so angesetzt werden, dass eine Nachzahlung nicht entsteht. Ausnahme ist der Ansatz bewusst zu niedriger Vorauszahlungen in Täuschungsabsicht über die Höhe der tatsächlichen Betriebskosten (BGH NZM 2004, 251). Hier kommt ein Schadensersatzanspruch des Mieters in Höhe der entstehenden Nachzahlung in Betracht (LG Celle DWW 1996, 193).

11. § 556 Abs. 3 S. 3 BGB setzt eine **zwingende Abrechnungsfrist** für den Vermieter fest. Nach Ablauf der Abrechnungsfrist ist die Geltendmachung einer Nachforderung grundsätzlich ausgeschlossen. Nichts ändert dies am Abrechnungsanspruch des Mieters. Dieser wird nach Ablauf der Abrechnungsfrist einklagbar. Zur Wahrung der Jahresfrist genügt nicht die rechtzeitige Absendung der Abrechnung, sondern nach dem Gesetzeswortlaut muss die Abrechnung dem Mieter innerhalb der Jahresfrist zugehen („mitteilen"). Wichtig ist, dass die Abrechnung allen vertraglichen Mietern zugehen muss (LG Berlin GE 2006, 1235) und auch an alle Mieter adressiert werden muss (LG Frankfurt/M. NZM 2009, 481). Nach BGH (NZM 2010, 577) kann der Vermieter die Abrechnung aber auch nur einem von mehreren Mietern zugehen lassen und von diesem eine sich etwa ergebende Nachzahlung verlangen.

Die Abrechnung muss schriftlich erfolgen, um dem Mieter die Möglichkeit der Nachprüfung zu geben (*Geldmacher* NZM 2001, 922). Nicht kommt es darauf an, ob der Mieter tatsächlich innerhalb der Jahresfrist von der Abrechnung Kenntnis nimmt. Der Vermieter hat eine verspätete Abrechnung dann nicht zu vertreten, wenn zB Versorgungsunternehmen ihre Rechnungen erst zu spät stellen, ebenso, falls die Abrechnung computermäßig erfolgt, eine Umstellung der Computeranlage zu Verzögerungen führt oder längerer Ausfall der mit der Abrechnung befassten Personen vorliegt. Beweispflichtig ist insoweit der Vermieter. Das AG Essen (DWW 2008, 65) vertritt die Auffassung, dass ein Verschulden des Abrechnungsunternehmens dem Vermieter nach § 278 BGB zuzurechnen ist.

Allein der Umstand, dass bei **vermieteter Eigentumswohnung** der Beschluss der Wohnungseigentümergemeinschaft über die Abrechnung des Verwalters bei Ablauf der Abrechnungsfrist nicht vorliegt, rechtfertigt keine Überschreitung der Abrechnungsfrist (BGH 25.1.2017 – VIII ZR 249/15, WuM 2017, 138). Anders nach LG München I, wenn die Abrechnungsgrundlagen aufgrund eines mit einem anderen Mitglied einer Eigentümergemeinschaft geführten Rechtsstreits nicht vorliegen (WuM 2018,427).

Wie sich aus § 556 Abs. 3 S. 4 BGB ergibt, ist der Vermieter zu Teilabrechnungen, die etwa noch innerhalb der Jahresfrist liegen können, nicht verpflichtet. Man wird davon ausgehen müssen, dass durch eine Abrechnung, die nicht einmal den Mindestanforderungen der BGH-Rechtsprechung und außerdem den Anforderungen an eine Rechnungslegung nach § 259 BGB entspricht, die Abrechnungsfrist nicht eingehalten werden kann, da die Abrechnung formal unwirksam ist.

Die BGH-Rechtsprechung verlangt:
- Eine Zusammenstellung der Gesamtkosten
- die Mitteilung und Erläuterung der Verteilungsschlüssel
- die Berechnung des jeweiligen Anteils des Mieters
- Abzug der Vorauszahlungen des Mieters (vgl. BGH WuM 1982, 207; ebenso OLG Schleswig WuM 1990, 333).

Zu beachten ist auch, dass Wohngeldabrechnungen im Falle des Vorliegens einer Eigentumswohnung die Nebenkostenabrechnung gegenüber dem Mieter nicht ersetzen (BGH WUM 1982, 207), da sie auch auf den Wohnraummieter nicht umlegbare Positionen enthalten und statt der Nebenkostenvorauszahlung die durch den Vermieter zu leistende Wohngeldvorauszahlung. Eine materiell fehlerhafte Abrechnung, die zB einen falschen Umlageschlüssel aufweist, wahrt die Abrechnungsfrist (BGH NZM 2005, 13).

12. Die **Einwendungsfrist** für den Mieter gegen eine Abrechnung wurde durch das Mietrechtsreformgesetz 2001 eingeführt. Die Fälligkeit einer etwaigen Nachforderung des Vermieters wird hierdurch nicht berührt. Gleicht der Mieter den sich aus der Abrechnung ergebenden Saldo freiwillig aus, so gilt dies angesichts der gesetzlichen Einwendungsfrist nicht als Anerkennung des Saldos und führt nicht zum Ausschluss von Einwendungen. Die vorbehaltlose Zahlung stellt kein deklaratorisches Schuldanerkenntnis dar, ebenso wenig die vorbehaltlose Erstattung eines Guthabens (BGH NZM 2011, 242 und NZM 2013, 648 für den Bereich der Gewerberaummiete).

Zahlt der Mieter nach Ablauf der Abrechnungsfrist ohne Kenntnis von ihrem Ablauf, so soll ihm ein Rückforderungsanspruch hinsichtlich der bezahlten Nachforderung nach § 812 BGB zustehen (BGH WuM 2006, 150).

Gleicht der Mieter den sich aus der Abrechnung ergebenden Saldo freiwillig aus, so gilt dies angesichts der gesetzlichen Einwendungsfrist nicht als Anerkennung des Saldos und führt nicht zum Ausschluss von Einwendungen. Die vorbehaltlose Zahlung stellt kein deklaratorisches Schuldanerkenntnis dar, ebenso wenig die vorbehaltlose Erstattung eines Guthabens (BGH NZM 2011, 242 und NZM 2013,648 für den Bereich der Gewerberaummiete).

Dabei gilt, dass eine **inhaltlich** fehlerhafte Abrechnung die Einwendungsfrist in Gang setzt (*Schmid* ZMR 2002, 727), nicht jedoch eine **formell** falsche Abrechnung (BGH NZM 2011, 402). Dies gilt jedenfalls hinsichtlich der Kostenpositionen, bei denen formelle Mängel vorliegen.

Einwendungen gegen eine inhaltlich falsche Abrechnung sind nach Fristablauf nicht mehr möglich (LG Berlin GE 2006, 651). Der BGH (NZM 2008, 81) hat entschieden, dass Betriebskosten, die zwar grundsätzlich umlagefähig sind, aber vertraglich nicht umgelegt worden sind, bei nicht rechtzeitiger Einwendung des Mieters vom Einwendungsausschluss erfasst werden. Der Einwendungsausschluss gilt auch, wenn der Vermieter Betriebskosten, die er nach der vertraglichen Vereinbarung gar nicht hätte abrechnen dürfen, da sie in einer Teilinklusivmiete enthalten waren, abrechnet (BGH NZM 2008, 361).

Einwendungen durch den Mieter innerhalb der Einwendungsfrist müssen substantiiert vorgebracht werden. Ein bloßes Bestreiten der Richtigkeit einer Abrechnung dürfte nicht ausreichen, den Ausschluss von Einwendungen durch Ablauf der Jahresfrist aufzuhalten. Dies gilt auch dann, wenn alsbald nach Ablauf der Jahresfrist eine substantiierte Begründung nachgeschoben wird.

Abrechnung

......

(Vermieter)

an

......

(Mieter)

Sehr geehrter . . . . . .,
in der Anlage darf ich Ihnen die Betriebskostenabrechnung für das Kalenderjahr . . . . . . und die
Heiz- und Warmwasserkostenabrechnung für den Zeitraum . . . . . . bis . . . . . . überreichen. Das
Ergebnis der Abrechnung ergibt einen Nachzahlungsbetrag von . . . . . . EUR. Auf die
beiliegende Kopie der Heizkosten- und Warmwasserkostenabrechnung nehme ich Bezug.
Ich bitte Sie, den Nachzahlungsbetrag auf mein Konto . . . . . . bis . . . . . . zu überweisen.

Abrechnung Betriebskosten (Beispiel)

	Gesamtkosten	Wohnungsanteil
Grundsteuer		150,– EUR
Müllabfuhr	2.700,– EUR	54,– EUR
Strom und Wasserversorgung	3.700,– EUR	74,– EUR
Hausversicherungen	3.000,– EUR	60,– EUR
Antenne Leasinggebühr	3.500,– EUR	70,– EUR
Aufzugskosten	1.200,– EUR	24,– EUR
Hausmeister	5.800,– EUR	116,– EUR
abzüglich Ihrer Vorauszahlungen (60,– EUR × 12)		720,– EUR
Guthaben		172,– EUR

Der Verteilungsmaßstab der Betriebskosten bestimmt sich nach § . . . . . . des Mietvertrages:

Anteil der Wohnfläche insgesamt: . . . . . .   2000 qm

Anteil Ihrer Wohnung: . . . . . .   40 qm

Heiz- und Warmwasserkosten 1.7. . . . . . . bis 30. 6. . . . .

Gesamtkosten lt. Abrechnung der Firma	400,– EUR
abzüglich Ihrer Vorauszahlungen (30,– EUR × 12)	360,– EUR
Nachzahlung	40,– EUR

7. Umlagevereinbarung Betriebs- und Heizkosten bei vermieteter Eigentumswohnung

Die Umlagevereinbarung bei einer vermieteten Eigentumswohnung entspricht der
Umlagevereinbarung bei einer Mietwohnung (→ Form. A.III.6) mit dem Unterschied,
dass hinsichtlich des Abrechnungsmaßstabs statt des Anteils der Wohnfläche der
1.000stel **Miteigentumsanteil** als Vereinbarung in Betracht kommt.

8. Umlagevereinbarung Betriebs- und Heizkosten bei vermietetem Einfamilienhaus

Die Umlagevereinbarung entspricht der Umlagevereinbarung für Betriebs- und Heizkosten bei einer Mietwohnung (→ Form. A.III.6) mit folgender Ausnahme: Es kann die
Bestimmung erfolgen, dass die Zahlung von Betriebskosten, soweit dies in Betracht

kommt, direkt gegenüber den Rechnungsstellern erfolgt. In diesem Fall findet eine Abrechnung durch den Vermieter nicht statt. Hier kommen insbesondere die verbrauchs- und verursachungsbezogenen Betriebskosten wie Heizung und Warmwasser, Wasserversorgung, Strom und Müllabfuhr in Betracht.

9. Vereinbarung einer Betriebskostenpauschale

Vereinbarung[1]

Zwischen

......

(Vermieter)

und

......

(Mieter)

wird folgende Vereinbarung getroffen:

> Vereinbart wird eine Vorauszahlung auf die Betriebskosten für Heizung und Warmwasser in Höhe von ...... EUR.
> Vereinbart wird ein Pauschalbetrag für die übrigen Betriebskosten gemäß § 2 der Betriebskostenverordnung in Höhe von ...... EUR.[2]

1. Der Vermieter ist berechtigt, durch eine Erklärung in Textform oder Schriftform eine Erhöhung der Betriebskosten anteilig auf den Mieter umzulegen. In der Erklärung muss der Vermieter den Grund für die Umlage bezeichnen und erläutern. Der Mieter schuldet den Erhöhungsbetrag ab dem Beginn des auf die Erklärung folgenden übernächsten Monats. Soweit sich die Erklärung auf rückwirkend erhöhte Betriebskosten bezieht, wirkt sie auf den Zeitpunkt der Erhöhung der Betriebskosten zurück, höchstens jedoch auf den Beginn des der Erklärung vorausgehenden Kalenderjahres. Die Rückwirkung tritt nur ein, wenn der Vermieter das Erhöhungsverlangen innerhalb von drei Monaten, nachdem er Kenntnis von der Erhöhung erlangt hat, dem Mieter mitteilt.
Ermäßigen sich die Betriebskosten, ist die Betriebskostenpauschale vom Zeitpunkt der Ermäßigung an entsprechend herabzusetzen. Die Ermäßigung ist dem Mieter unverzüglich mitzuteilen.[3]

....

(Vermieter)   (Mieter)

Anmerkungen

1. Nach § 556 Abs. 2 S. 1 BGB steht es den Parteien frei, Betriebskosten entweder als **Pauschale** oder als **Vorauszahlung** auszuweisen. Über Vorauszahlungen ist gemäß § 556 Abs. 3 BGB abzurechnen, Pauschalen werden nicht abgerechnet. Nachdem § 7 Abs. 1 HeizkV die Verteilung der Betriebskosten nach Verbrauch und Wohn- oder Nutzfläche bestimmt, findet nach den Vorschriften der Heizkostenverordnung Erfassung und Abrechnung der Kosten statt. Die Vereinbarung einer Pauschale würde insoweit daher den Vorschriften der Heizkostenverordnung widersprechen.

2. Die Vereinbarung einer Betriebskostenpauschale muss angemessen im Sinne von § 556 Abs. 2 S. 2 BGB sein. Die Vorschrift, die nach dem Gesetzeswortlaut nur für Vorauszahlungen gilt, ist entsprechend auch für Betriebskostenpauschalen anzuwenden. Eine unangemessen hohe Pauschale ist hinsichtlich des überhöhten Betrages unwirksam (*Schmid* WuM 2001, 424).

3. Ist eine Betriebskostenpauschale vereinbart, so ist nach § 560 Abs. 1 BGB der Vermieter berechtigt, Betriebskostenerhöhungen anteilig auf den Mieter umzulegen. Dies gilt nicht bei Vereinbarung einer Bruttomiete oder einer Teilinklusivmiete, soweit die in der Inklusivmiete enthaltenen Betriebskosten betroffen sind. Sowohl bei der Bruttomiete, bei der Betriebskosten überhaupt nicht gesondert ausgewiesen sind, als auch bei der Teilinklusivmiete kann der Vermieter eine Mieterhöhung nur nach § 558 BGB im Rahmen der ortsüblichen Vergleichsmiete vornehmen.

Die Erhöhung einer vereinbarten Betriebskostenpauschale ist nur dann zulässig, wenn dies im Mietvertrag vereinbart ist, § 560 Abs. 1 S. 1 BGB. Die Erhöhungserklärung kann in Textform oder in Schriftform erfolgen. Den Zeitpunkt, ab dem der Erhöhungsbetrag geschuldet wird, bestimmt § 560 Abs. 2 BGB. Entgegen der Regelung durch § 4 MHG, die bis zur Neuregelung in § 560 Abs. 2 BGB durch die Mietrechtsreform galt, spielt der Zugang der Erhöhungserklärung innerhalb eines Monats keine Rolle mehr. Unabhängig davon, ob die Erhöhungserklärung vor oder nach dem 15. eines Monats abgegeben wurde, tritt die Erhöhung nun immer einheitlich mit Beginn des auf die Erklärung folgenden übernächsten Monats ein. Im Falle der Ermäßigung der Betriebskosten ist die Betriebskostenpauschale gemäß § 560 Abs. 3 S. 1 BGB entsprechend herabzusetzen.

Die Übergangsregelung bestimmt in Art. 229, § 3 Abs. 4 EGBGB, dass auf ein am 1.9.2001 bestehendes Mietverhältnis, bei dem eine Teilinklusivmiete oder eine Bruttomiete vereinbart ist, § 560 BGB analog anzuwenden ist, soweit die Erhöhung der Betriebskosten im Mietvertrag vereinbart ist. Bei diesen Mietverhältnissen kann also die Erhöhung der pauschal enthaltenen Betriebskosten entsprechend § 560 Abs. 1 bis 2 BGB stattfinden.

10. Änderung der Vorauszahlungen

Vereinbarung

Zwischen

. . . . . .

(Vermieter)

und

. . . . . .

(Mieter)

wird folgende Vereinbarung getroffen:

In oder nach einer Abrechnung[1] können Vermieter und Mieter durch eine Erklärung in Textform oder Schriftform eine Anpassung der monatlichen Vorauszahlungen auf die Betriebskosten auf eine angemessene Höhe[2] vornehmen.

. . . .

(Vermieter)   (Mieter)

Anmerkungen

1. Nach der Rechtslage vor der Regelung durch die Mietrechtsreform 2001 konnte eine Erhöhung von Vorauszahlungen auf Betriebskosten nur im Fall des vertraglich vereinbarten Erhöhungsvorbehalt erfolgen. Seither sieht § 560 Abs. 4 BGB vor, dass auch ohne vertragliche Regelung nach einer Abrechnung eine Anpassung der Betriebskostenvorauszahlungen auf eine angemessene Höhe einseitig durch jede Vertragspartei vorgenommen werden kann. (Zur Anpassung durch den Mieter: BGH WuM 2013, 235). Grundsätzlich ist die letzte Abrechnung der Maßstab für die Neuanpassung. Andere Umstände, z B voraussichtliche Kostensteigerungen können jedoch ebenfalls berücksichtigt werden. Ein pauschaler „Sicherheitszuschlag" auf die letzte Abrechnung ist aber unzulässig (BGH NZM 2011, 880).

Gegebenenfalls hat der Mieter auch einen Anspruch auf Herabsetzung der Pauschale. Zu berücksichtigen ist hier allerdings, dass der Mieter nur bei konkreten Anhaltspunkten für eine Ermäßigung der Betriebskosten einen Auskunftsanspruch zur Höhe der in der Pauschale enthaltenen Betriebskosten hat (BGH, NZM 2012, 20).

Nach dem Gesetzeswortlaut kann zwar die Anpassung nur nach einer Abrechnung vorgenommen werden, jedoch muss dies auch in der Abrechnung selbst möglich sein. Was den Zeitpunkt betrifft, wie lange nach einer Abrechnung die Anpassung vorgenommen werden kann, wurde eine gesetzliche Regelung nicht getroffen. Man wird jedoch davon ausgehen müssen, dass die Anpassung nur in einem engeren zeitlichen Rahmen zu einer erfolgten Abrechnung durchgeführt werden kann. Eine Anpassung der Vorauszahlungen ist nur für die Zukunft möglich (BGH NZM 2011, 544).

Ab wann die angepassten Vorauszahlungen fällig sein sollen, ist ebenfalls gesetzlich nicht geregelt. Es ist daher davon auszugehen, dass dies vorbehaltlich einer anderweitigen vertraglichen Vereinbarung unmittelbar nach der Anpassung der Fall ist. Die gesetzliche Regelung ergibt für die Praxis insofern wenig Sinn, als im Falle der einseitigen Herabsetzung der Vorauszahlung durch den Mieter und Nichtakzeptanz durch den Vermieter sich für den Vermieter bereits einseitig die Klagemöglichkeit auf die von ihm verlangten Vorauszahlungen ergibt. Ebenso gilt dies im Falle der einseitigen Anpassung durch den Vermieter und Nichtzahlung durch den Mieter, wiederum die Klagemöglichkeit für den Vermieter. Eine eigene Klage des Mieters erscheint daneben überflüssig.

Nach Meinung des LG Berlin (NZM 2004, 339) soll dann, wenn der Vermieter die Abrechnungsfrist versäumt hat, so dass keine Nachforderung möglich ist, er eine Erhöhung der Vorauszahlungen nicht mehr durchsetzen können (ablehnende Anm. v. *Derckx* NZM 2004, 325). Der BGH (NZM 2010, 736) hat entschieden, dass die Nichteinhaltung der Abrechnungsfrist einer Erhöhung der Vorauszahlungen nicht entgegensteht.

2. Immer Voraussetzung einer Anpassung der Vorauszahlungen ist nicht nur eine **formell** richtige Abrechnung, sondern nach der Rechtsprechung des BGH auch eine **inhaltlich** richtige Abrechnung (BGH WuM 2012, 321). Inhaltliche Fehler sind zB unzutreffende Ansätze bei einzelnen Betriebskosten oder die Verwendung eines nicht vereinbarten Verteilungsschlüssels.

11. Bestimmung verbrauchsabhängiger Abrechnung

. . . . . .

(Vermieter)

an

. . . . . .

(Mieter)

Sehr geehrte(r) . . . . . .

wie Sie wissen, wurden in alle Wohnungen des Hauses mittlerweile Wasseruhren eingebaut. Es ist daher die verbrauchsabhängige Erfassung des Kaltwasserverbrauchs möglich.[1] Nach § 556a Abs. 2 BGB bin ich berechtigt, durch einseitige Erklärung zu bestimmen, dass abweichend von der in § . . . . . . unseres Mietvertrages getroffenen
Vereinbarung die Betriebskosten für Kaltwasser nach Verbrauch umgelegt werden.[2]
Dies gilt ab dem Zeitpunkt des am . . . . . . beginnenden neuen Abrechnungszeitraumes.

. . . . . .

(Vermieter)

Anmerkungen

1. Voraussetzung für die einseitige Bestimmung der verbrauchsabhängigen Abrechnung,
die eine Durchbrechung der vertraglichen Vereinbarung bedeutet, ist, dass eine Erfassung
des Verbrauchs stattfindet, dass also zum Beispiel Kaltwasserzähleruhren eingebaut sind.
Sind die Betriebskosten in einer Teilinklusivmiete oder in einer Pauschalmiete enthalten, ist
die Miete nach § 556a Abs. 2 S. 3 BGB entsprechend, das heißt um den Betrag, der auf die
betreffenden Betriebskosten entfällt, herabzusetzen. Eine Zustimmung des Mieters zu dieser
Verfahrensweise ist nicht erforderlich. Ist dies erfolgt, kann der Vermieter für die betreffenden Betriebskostenarten auch eine Vorauszahlung erheben. Durch die Regelung soll der
sparsame und kostenbewusste Umgang mit Energie gefördert werden.

2. Findet eine Abrechnung nach Verbrauch statt, spricht eine tatsächliche Vermutung
dafür, dass die Werte, die auf der Ablesung eines geeichten Messgeräts beruhen, den tatsächlichen Verbrauch richtig wiedergeben. Bei einem nicht (mehr) geeichten Messgerät muss der
Vermieter die Richtigkeit der abgelesenen Werte nachweisen (BGH WuM 2011, 21).

12. Echte Mietnachfolgeklausel

Vereinbarung

Zwischen

. . . . . .

(Vermieter)

und

. . . . . .

(Mieter)

wird folgende Vereinbarung getroffen:

Der Mieter ist berechtigt, das Mietverhältnis bei vorzeitigem Ausscheiden aus dem Vertrag auf einen Nachmieter zu übertragen.[1]

(Alternative:

Der Mieter ist berechtigt, vorzeitig aus dem Mietverhältnis auszuscheiden, wenn er einen geeigneten Nachmieter benennt, mit dem in diesem Fall ein neuer Mietvertrag abgeschlossen wird.[2])

. . . .

(Vermieter)   (Mieter)

Anmerkungen

1. Mietnachfolgeklauseln sind sowohl bei der Wohn- als auch bei der Geschäftsraummiete **zulässig**. Bei der Wohnraummiete gilt, dass die Vereinbarung einer Mietnachfolgeklausel eine Regelung zugunsten des Mieters darstellt, so dass aus Mieterschutzgesichtspunkten keine Bedenken gegen eine solche Klausel bestehen. Vertragsformulare enthalten in der Regel keine solchen Klauseln. Bei Mietnachfolgeklauseln wird unterschieden zwischen der echten und der unechten Mietnachfolgeklausel (vgl. OLG Frankfurt/M. WuM 1991, 475).

Eine echte Mietnachfolgeklausel liegt vor, wenn der Mieter nach der vertraglichen Vereinbarung einen Ersatzmieter stellen darf und der Vermieter verpflichtet ist, mit diesem Ersatzmieter, soweit dies zumutbar ist, einen neuen Mietvertrag abzuschließen. Die Regelung kann auch so gestaltet sein, dass der Mieter das Mietverhältnis auf einen geeigneten Nachmieter übertragen kann, falls er vorzeitig aus dem Vertrag ausscheiden will.

Aufgrund der Einführung der asymmetrischen Kündigungsfrist für die ordentliche Kündigung von Wohnraummietverhältnissen durch das Mietrechtsreformgesetz 2001 mit Wirkung seit 1.9.2001 stellt sich das Problem der Mietnachfolgeklausel für den Wohnraummieter beim auf unbestimmte Zeit abgeschlossenen Mietvertrag kaum noch. Nach § 573c Abs. 1 S. 1 BGB ist die Kündigung für den Mieter nämlich immer spätestens am 3. Werktag eines Kalendermonats zum Ablauf des übernächsten Monats zulässig. Die nach der früheren Regelung geltende Verlängerung der Kündigungsfrist bis auf ein Jahr ist entfallen.

Nachdem die Rechtsprechung dem Vermieter auch bei Vorliegen einer vertraglichen Ersatzmieterklausel und ohne dass es einer diesbezüglichen vertraglichen Vereinbarung bedarf, eine Überlegungsfrist zur Prüfung der Zumutbarkeit eines Nachmieters zubilligt, kann der aus dem Vertrag vorzeitig ausscheiden wollende Mieter jedenfalls üblicherweise noch drei Monate am Vertrag festgehalten werden (LG Saarbrücken WuM 1995, 313: Übliche Prüfungsfrist, ob ein Nachmieter objektiv geeignet ist, von drei Monaten). Angesichts der kurzen ordentlichen Kündigungsfrist hat somit daneben eine Mietnachfolgeklausel keine Bedeutung. Eine Ausnahme gilt lediglich für den Fall, dass der Vermieter einen offensichtlich geeigneten Nachmieter ohne Begründung ablehnt (LG Oldenburg WuM 1997, 491). In diesem Fall wird dem Vermieter keine Überlegungsfrist zugestanden.

Ansonsten gilt aber, dass dem Vermieter ausreichend Bedenkzeit einzuräumen ist. Es gilt allerdings, dass es Sache des Mieters ist, einen geeigneten Nachmieter zu suchen und dem Vermieter alle Informationen zu geben, die dieser benötigt, um sich ein Bild über die Person des Nachmieters, ihre Zuverlässigkeit und wirtschaftliche Leistungsfähigkeit zu verschaffen (BGH WuM 2015, 723).

Bedeutung hat eine Mietnachfolgeklausel im Falle der Vereinbarung eines Zeitmietvertrages nach § 575 BGB oder der Vereinbarung des wechselseitigen Ausschluss des ordentlichen Kündigungsrechtes auf bestimmte Zeit.

2. Bei der **echten Mietnachfolgeklausel** besteht in jedem Fall die Verpflichtung des Mieters, einen geeigneten Nachmieter zu benennen. Mit diesem Nachmieter muss der Vermieter einen Mietvertrag zu denselben Bedingungen abschließen, wie sie im bisherigen Vertrag mit dem Mieter vereinbart worden sind. Er hat nicht das Recht, zusätzliche Vertragsbedingungen zu stellen.

13. Unechte Mietnachfolgeklausel

Vereinbarung[1]

Zwischen . . . . . .

(Vermieter)

und

. . . . . .

(Mieter)

wird folgende Vereinbarung getroffen:

Der Mieter ist berechtigt, das Mietverhältnis mit einer Kündigungsfrist von einem Monat vorzeitig zu beenden, wenn er einen geeigneten Nachmieter stellt.[2]

. . . .

(Vermieter)   (Mieter)

Anmerkungen

1. Die **unechte Nachmieterklausel** gibt dem Mieter lediglich das Recht zum vorzeitigen Ausscheiden aus dem Mietverhältnis unter Stellung eines geeigneten Ersatzmieters. Der Vermieter ist nicht verpflichtet, mit diesem Nachmieter einen Mietvertrag abzuschließen, auch wenn der Nachmieter geeignet ist. Seine Verpflichtung erschöpft sich darin, den Mieter gegebenenfalls unter Einhaltung einer in der Ersatzmieterklausel festgelegten Kündigungsfrist aus dem Vertrag zu entlassen (vgl. AG Wetzlar WuM 2006, 374).

2. Voraussetzung für die Entlassung des Mieters aus dem Mietverhältnis ist auch bei der unechten Nachmieterklausel, dass es sich um einen **geeigneten Nachmieter** handelt. Nicht geeignet ist ein Nachmieter, der nicht bereit ist, das Mietverhältnis zu den bisherigen Bedingungen zu übernehmen, der zB nicht bereit ist, die verlangte Miete zu bezahlen oder der wesentliche Veränderungen der Mieträume beabsichtigt. Ablehnungsgrund für einen Nachmieter kann somit zB die beabsichtigte Zweckentfremdung von Wohnraum in Geschäftsraum sein oder bei Geschäftsräumen eine wesentliche Änderung der vereinbarten Nutzung der Räume (OLG Köln DWW 1997, 121 für den Fall der Ungeeignetheit eines Untermieters: Umwandlung einer Zahnarztpraxis in eine Kleintierpraxis).

14. Tierhaltungsklausel (Zustimmungs-/Verbotsklausel)

Zustimmungsklausel
Vereinbarung[1]

Zwischen

. . . . . .

(Vermieter)

und

. . . . . .

(Mieter)

wird folgende Vereinbarung getroffen:

Das Halten von Haustieren bedarf der Zustimmung des Vermieters.[2] Keine Zustimmung bedarf die Haltung von Kleintieren (übliche Haustiere wie zB Ziervögel oder Zierfische) in ortsüblichem Umfang.[3]

Die Zustimmung kann versagt oder widerrufen werden, wenn durch die Tiere andere Hausbewohner oder Nachbarn belästigt werden oder eine Beeinträchtigung des Grundstücks oder anderer Mieter zu befürchten ist.[4]

. . . .

(Vermieter)   (Mieter)

Verbotsklausel
Vereinbarung[5]

Zwischen

. . . . . .

(Vermieter)

und

. . . . . .

(Mieter)

wird folgende Vereinbarung getroffen:

Die Tierhaltung in den Mieträumen ist nach Maßgabe der folgenden Bestimmung ausgeschlossen mit Ausnahme von Kleintieren (übliche Haustiere) im Rahmen des vertragsmäßigen Gebrauchs.[1] Die Tierhaltung kann nicht verboten werden, wenn durch die Tiere andere Hausbewohner oder Nachbarn nicht belästigt werden oder eine Beeinträchtigung des Grundstücks oder anderer Mieter nicht zu befürchten ist.

. . . .

(Vermieter)   (Mieter)

Anmerkungen

1. Tierhaltungsvereinbarungen haben **erhebliche Bedeutung.** Für das Jahr 1996 sollen in Deutschland 6,2 Millionen Katzen, 5,1 Millionen Ziervögel, 5,1 Millionen Hunde sowie 4 Millionen Kleintiere gehalten worden sein (Auskunft des Zentralverbands Zoologischer Fachbetriebe, zitiert bei *Blank* NZM 1998, 5). 2019 waren es insgesamt bereits 34,4 Millionen Heimtiere.

Zwar sollte nach der bisherigen Rechtsprechung des BGH ein formularvertraglicher Ausschluss der Tierhaltung zulässig sein und nicht gegen § 307 BGB verstoßen, soweit Kleintiere aus der Verbotsklausel ausgenommen werden (BGH NJW 1993, 1061), doch setzt eine wirksame Regelung nach aktueller Rechtsprechung die konkrete Abwägung der Interessen in Form eines Zustimmungsvorbehalts voraus (BGH WuM 2013, 220), d h ein formularvertraglicher völliger Ausschluss der Tierhaltung ist auch dann unzulässig, wenn nach der Regelung Kleintiere ausgenommen sind.

2. Die Zustimmungsvereinbarung darf für die Zustimmung des Vermieters nicht die **Schriftform** verlangen. Ist dies der Fall, ist die Vereinbarung als Vertragsklausel **unwirksam** (LG Freiburg WuM 1997, 175). Weiter muss die Vereinbarung Kleintiere wie Ziervögel und Zierfische ausnehmen, deren Haltung grundsätzlich nicht zustimmungsbedürftig ist (→ Form. A.III.14).

Nach OLG Hamm (WuM 1981, 53) sollte die Entscheidung des Vermieters, ob er die Zustimmung zur Haltung eines Haustieres erteilen will, im freien Ermessen des Vermieters liegen. Grenze des Ermessens soll lediglich der Einwand des Rechtsmissbrauchs sein. Dies erscheint durch den Beschluss des BGH vom 25.9.2012 (WuM 2013, 220) überholt. Die Grenzziehung ist bereits vor dem Einwand des Rechtsmissbrauchs anzusetzen, der zB dann gegeben wäre, wenn einem Blinden ein Blindenhund verweigert wird oder für den Mieter die Haltung eines Haustieres aus psychischen oder physischen Gründen unbedingt erforderlich ist. In der Klausel muss die Versagung der Zustimmung von der Beeinträchtigung konkreter Vermieterinteressen abhängig gemacht werden. Mit *Blank* (NZM 1998, 9) wird man davon ausgehen müssen, dass im Falle des Zustimmungserfordernisses eine Interessenabwägung zwischen den Interessen von Vermieter und Mieter stattzufinden hat. Bei dieser Interessenabwägung dürften folgende Umstände zu berücksichtigen sein

- Art des zu haltenden Tieres
- Zahl der Tiere, die gehalten werden sollen
- Größe der Mietwohnung
- Art und Größe des Hauses bzw. der Wohnanlage
- Anzahl und Art der bisher im Haus gehaltenen Tiere
- Altersstruktur der Hausbewohner (ältere Menschen, Familien mit Kindern)
- besondere Bedürfnislage beim Mieter (zB Blindenhund, Schutzhund, Hund als Gefährte alter Menschen)
- Verhalten des Vermieters in anderen Fällen (*Wetekamp* Kap. 1 Rn. 114).

3. Kleintiere müssen in jedem Fall von dem Zustimmungserfordernis ausgenommen werden. Hierbei handelt es sich um übliche Kleintiere, wie Ziervögel, Zierfische, Goldhamster u Ä, wobei zB Ratten, obwohl sie auch „klein" sind, nicht zu den üblichen Haustieren zählen und daher auch nicht unter die Ausnahme fallen, die für Kleintiere gilt (LG Essen WuM 1991, 340). Dasselbe gilt, soweit es sich um die Haltung gefährlicher Tiere handelt, die immer vertragswidrig ist. Bestimmte Tiere wildlebender Art gelten hierbei generell als gefährlich (*Blank* NZM 1998, 6). Hierzu gehören, soweit Kleintiere betroffen sind, zB giftige Spinnen und Skorpione. Hinzu kommt, dass sich die Haltung auch der Kleintiere auf einen zuträglichen Umfang beschränken muss, andernfalls vertragswidriger Gebrauch vorliegen kann.

Nimmt eine Vertragsklausel **nur** Ziervögel und Zierfische vom Zustimmungserfordernis aus, ist die vertragliche Vereinbarung unwirksam (BGH NZM 2008, 78).

4. Es ist davon auszugehen, dass die erteilte Erlaubnis unter dem stillschweigenden Vorbehalt gleich bleibender Verhältnisse steht. Dies bedeutet, dass der Widerruf der Tierhaltungserlaubnis aus wichtigem Grund möglich sein muss. Sinnvoll ist, dies bereits bei der Vertragsgestaltung zu berücksichtigen. Dies gilt insbesondere dann, wenn von einem Haustier, das vertragsgemäß angeschafft wurde, konkrete Gefährdungen, unzumutbare Belästigungen oder Störungen ausgehen (LG München I WuM 1993, 669; LG Berlin GE 1993, 97).

5. Der völlige formularvertragliche Ausschluss der Tierhaltung ist nicht zulässig. Eine wirksame Regelung setzt nach aktueller Rechtsprechung die konkrete Abwägung der Interessen in Form eines Zustimmungsvorbehalts voraus (BGH WuM 2013, 220), dh ein formularvertraglicher völliger Ausschluss der Tierhaltung ist auch dann unzulässig, wenn nach der Regelung Kleintiere ausgenommen sind.

Es wird angenommen, dass durch Individualvereinbarung sogar ein vollständiger Ausschluss der Tierhaltung zulässig sein soll (vgl. *Steinig* ZMR 1991, 285). Mit Recht weist *Blank* (NZM 1998, 8) darauf hin, dass bei jeder Vereinbarung nach die wechselseitigen Interessen berücksichtigt werden müssen. Eine Durchbrechung des sich aus der Vereinbarung ergebenden vollständigen Ausschlusses der Haustierhaltung müsste daher zumindest in Fällen gelten, bei denen sich der Sachverhalt gegenüber der Sachlage bei Vertragsschluss verändert hat (Beispiel bei *Blank* NZM 1998, 8: Ein Mieter benötigt infolge zunehmender Sehschwäche einen Blindenhund).

15. Vereinbarung über Mietgebrauch (Musikausübung/Abstellen von Gegenständen/Verkehrssicherung/Benutzung der Mieträume/Elektrogroßgeräte)

Vereinbarung

Zwischen

......

(Vermieter)

und

......

(Mieter)

wird folgende Vereinbarung getroffen:

1. Rundfunk- und Fernsehgeräte sowie sonstige Tonwiedergabegeräte dürfen nur in Zimmerlautstärke betrieben werden. Dasselbe gilt für die Benutzung von Musikinstrumenten. Zwischen 22.00 Uhr und 7.00 Uhr ist die Nachtruhe einzuhalten.[1]
2. Das Abstellen von Gegenständen, insbesondere Krafträder, Fahrräder und Kinderwagen im Treppenhaus, in Keller- und Speichergängen und auf dem Hof ist unbeschadet behördlicher Vorschriften nur dann zulässig, soweit dadurch andere Mieter nicht behindert werden.[2]

3. Die Mieter haben nach näherer Bestimmung die Treppen, Treppenabsätze, den zum Mietobjekt gehörenden Bürgersteig und die Zuwege zum Hauseingang zu reinigen. Hinsichtlich des Bürgersteigs und der Zuwege gilt, dass sie im Winter von den Mietern von Schnee und Eis zu befreien und zu streuen sind. Besteht in Bezug auf das Mietobjekt eine öffentliche Reinhaltungs-, Räum- und Streupflicht, so haben die Mieter diese Pflichten anstelle des sonst Verpflichteten zu erfüllen.[3]

4. Der Mieter ist verpflichtet, die Wohnung und die gemeinschaftlichen Einrichtungen schonend und pfleglich zu behandeln. Er darf die Mieträume nur zu dem vertraglich bestimmten Zweck benutzen. Will er sie zu anderen Zwecken benutzen, so bedarf er der Zustimmung des Vermieters. Untervermietung ist nur nach vorheriger Zustimmung durch den Vermieter erlaubt.[4]

5. Der Betrieb von Wasch- und Trockengeräten sowie Geschirrspülmaschinen in den Mieträumen ist gestattet, wenn funktionssichere, fach- und standortgerecht angeschlossene Geräte benutzt werden.[5]

. . . .

(Vermieter)   (Mieter)

Anmerkungen

1. Regelungen, die das Musizieren oder den Betrieb von Tonwiedergabegeräten in Zimmerlautstärke vorschreiben, finden sich in der Regel in **Hausordnungen**. Derartige Vereinbarungen können aber auch im Mietvertrag selbst oder als Sondervereinbarung getroffen werden. Liegt eine Hausordnung vor, muss sie wirksam in den Mietvertrag einbezogen sein, was durch eine Vertragsklausel, die etwa lautet: „Die anliegende Hausordnung ist Bestandteil dieses Vertrages" nicht der Fall ist (BGH GE 1991, 619). Hier handelt es sich um eine Beweislastumkehr zum Nachteil des Mieters nach § 309 Nr. 12 BGB. Es ist zu beachten, dass die Beschränkung des Musizierens auf Zimmerlautstärke, also so, dass es in anderen Wohnungen nicht zu hören ist, einem völligen Ausschluss des Musizierens gleichkommen kann (BayObLG WuM 2002, 38). Dies ist zB bei Klavierspielen nicht möglich. Dies bedeutet, dass, soweit sich das Musizieren in engem zeitlichen Rahmen und außerhalb der Nachtruhezeiten bewegt, es auch über den nach der Vereinbarung zulässigen Bereich hinaus als hinnehmbar angesehen werden muss. Man wird davon ausgehen müssen, dass eine Vereinbarung der getroffenen Art, was das Musizieren betrifft, jedenfalls Appellcharakter für den Mieter hat. Das LG Frankfurt/Main (WuM 2006, 142) geht immerhin davon aus, dass ein Mieter nicht nur ein Klavier in eine statisch geeignete Wohnung verbringen, sondern auch **Klavierunterricht** geben darf. Andererseits hat der BGH NZM 2013, 456) entschieden, dass der Vermieter über die übliche Wohnnutzung hinausgehende Aktivitäten nicht dulden muss: hier **Gitarrenunterricht**). Hinsichtlich des Betriebs von Tonwiedergabegeräten hingegen erscheint eine Beschränkung auf Zimmerlautstärke durchaus auch während der Zeiten, zu denen die Nachtruhe nicht gilt, zumutbar.

2. Soweit eine Vereinbarung generell das **Abstellen von Kinderwagen** im Hausflur oder auf sonstigen Gemeinschaftsflächen verbietet, ist diese unwirksam (LG Hamburg WuM 1992, 188). Dies beruht darauf, dass Kinder und die für sie erforderlichen Einrichtungen generell von der Rechtsprechung gegenüber anderen Regelungsgegenständen privilegiert werden. Dabei ist auch zu berücksichtigen, dass es generell als unzumutbar angesehen werden kann, Kinderwagen im Falle, dass ein Aufzug nicht vorhanden ist, in eine Etagenwohnung zu transportieren, ebenso, sie unter freiem Himmel abzustellen. Dies gilt jedoch nicht zB für Motorräder, Mopeds oder Fahrräder, hier erscheint ein

Abstellen im Freien und mit entsprechender Sicherung gegen Diebstahl zumutbar. Andererseits sind zB feuerpolizeiliche Vorschriften zu berücksichtigen, die die Freihaltung von Durchgangswegen beinhalten.

Das Abstellen eines **Rollators** (Gehhilfe für ältere und gehbehinderte Mieter) im Treppenhaus soll nach LG Hannover (WuM 2006, 189) nicht verboten werden können.

3. Die **Abwälzung der Verkehrssicherungspflicht** auf Mieter ist zulässig (OLG Frankfurt/Main WuM 1988, 399) in Bezug auf den Winterdienst. Ist eine wirksame Übertragung auf den Mieter erfolgt, so ist der Vermieter nicht berechtigt, Kosten für ein Reinigungsunternehmen, das er einseitig beauftragt hat, im Rahmen der Nr. 8 von § 2 Betriebskostenverordnung auf den Mieter umzulegen (LG Karlsruhe WuM 1992, 368).

4. **Benutzungsregelungen** in Mietverträgen oder als Sondervereinbarung sind eine Ausprägung der allgemeinen Pflicht zur gegenseitigen Rücksichtnahme und der Obhutspflicht, die sich aus allgemeinen Grundsätzen bei einem Mietverhältnis als Dauerschuldverhältnis ergibt. Auf ihre Verletzung kann gegebenenfalls bei entsprechendem Gewicht und nach vorausgehender Abmahnung die fristlose Kündigung nach § 543 BGB oder die ordentliche Kündigung nach § 573 Abs. 2 Nr. 1 BGB gestützt werden. Eine **teilgewerbliche Nutzung** der Wohnräume muss der Vermieter dulden und die Erlaubnis hierzu erteilen, wenn es sich um eine Tätigkeit ohne Mitarbeiter und ohne ins Gewicht fallenden Kundenverkehr handelt. Hierfür trägt der Mieter die Darlegungs – und Beweislast (BGH NJW 2009, 3157 für den Fall einer teilgewerblichen Nutzung als selbstständiger Immobilienmakler).

5. Die Benutzung moderner **Haushaltsgeräte** gehört üblicherweise zur Gebrauchsüberlassung. Das gilt zB für Waschmaschinen (AG Böblingen WuM 1974, 239) ebenso wie für Geschirrspülmaschinen (AG Hildesheim NJW 1973, 519) und Wäschetrockner. Für den Gebrauch der eigenen Waschmaschine des Mieters gilt dies auch dann, wenn die Pflicht zur Benutzung einer Gemeinschaftswaschmaschine mietvertraglich festgelegt ist (AG Hamburg WuM 1994, 426). Sinnvoll ist jedoch, in die Vereinbarung aufzunehmen, dass derartige Geräte fachgerecht und standortgerecht angeschlossen werden müssen. Darüber hinaus kommt in Betracht, einen Abschluss einer Privathaftpflichtversicherung vorzuschreiben, wenn auch bei Nichtabschluss Rechtsfolgen für den Vermieter nicht ableitbar sind. Fraglich ist, ob es zulässig ist, die Aufstellung von erheblich stromverbrauchenden Geräten davon abhängig zu machen, dass die elektrischen Hausleitungen nicht überlastet werden. Die Verstärkung der Elektroleitungen gehört zu den Modernisierungsmaßnahmen nach § 554 BGB, auf die zwar grundsätzlich kein Mieteranspruch besteht, andererseits kann auch der Mieter einer Altbauwohnung hinsichtlich der Elektroausstattung einen Mindeststandard erwarten (BGH WuM 2004, 527).

16. Vereinbarung über Parabolantenne mit Zusatzkaution

Vereinbarung

Zwischen

......

(Vermieter)

und

......

(Mieter)

wird folgende Vereinbarung getroffen:

1. Herr V als Vermieter ist damit einverstanden, dass Herr M als Mieter auf dem Dachfirst des Anwesens an einer Stelle, die in gerader Linie über der an Herrn M vermieteten Wohnung liegt, eine Parabolantenne anbringt.[1]

2. Die Anbringung der Parabolantenne muss von einem Fachbetrieb ausgeführt werden.[2] Dies gilt auch für die Zuleitung aus der an Herrn M vermieteten Wohnung bis zur Parabolantenne. Anbringung und Zuleitung müssen technisch einwandfrei ausgeführt werden, die Zuleitung darf von außen möglichst wenig zu sehen sein.[3]

3. Für alle anfallenden Kosten und Gebühren einschließlich der Kosten der Anbringung der Parabolantenne und der Kosten der Zuleitung und ihrer Installation hat Herr M aufzukommen.[4]

4. Zur Abdeckung des Haftungsrisikos hat Herr M vor Anbringung der Parabolantenne Herrn V den Abschluss einer Privathaftpflichtversicherung nachzuweisen, die Risiken durch eine Beeinträchtigung anderer durch die Parabolantenne, welcher Art diese auch immer sein mögen, abdeckt.[5]
Herr M hat an Herrn V vor Anbringung der Parabolantenne eine Sicherheitsleistung in Höhe von 500,– EUR zu bezahlen. Die Sicherheitsleistung ist in einer Summe durch Barzahlung auf das Konto Nr. . . . . . . bei der . . . . . . Bank zu bezahlen. Sie dient als Sicherheit für die voraussichtlichen Kosten der Wiederentfernung der Anlage. Die Anlage dieser Kaution erfolgt entsprechend § 551 Abs. 3 BGB. Die Zinsen erhöhen die Sicherheit.[6]

5. Herr M verpflichtet sich, bei Auszug die Parabolantenne einschließlich der Zuleitungen zu entfernen und den Zustand vor Anbringung der Parabolantenne wiederherzustellen.

. . . .

(Vermieter)   (Mieter)

Anmerkungen

1. Bei einem möglichen Anspruch eines Mieters auf Anbringung einer Parabolantenne ist **Art. 5 Abs. 1 S. 1 GG** zu berücksichtigen, wonach jeder das Recht hat, sich aus allgemein zugänglichen Quellen ungehindert zu unterrichten. Unter den Schutz dieses Grundrechts fallen auch Hörfunk- und Fernsehsendungen. Es darf nicht auf bestimmte Arten von Informationen verwiesen werden, da jeder das Recht hat, zu entscheiden, aus welchen allgemein zugänglichen Quellen er sich unterrichten möchte (BVerfG NJW 1994, 1147). Andererseits sind das Grundrecht des Mieters nach Art. 5 GG und des Vermieters nach Art. 14 GG gleichrangig (BGH WuM 2006, 28). Das Interesse des Vermieters nach Art. 14 GG betrifft die Unversehrtheit des Gebäudes. Zudem wird gelegentlich vertreten, dass mit der optischen Erscheinung zahlreicher Parabolantennen mindere Wohnqualität verbunden würde. Ist z B eine Parabolantenne im hinteren sichtgeschützten Bereich eines Balkons mobil aufgestellt, so sind die Vermieterinteressen überhaupt nicht berührt (BGH NZM 2007, 597).

Beim Mieter kommt auch das Grundrecht der **Glaubens** – und Religionsfreiheit nach **Art. 4 GG** in Betracht, soweit über die Antenne spezielle Sender der Glaubensrichtung des Mieters zu empfangen sind (BGH NZM 2008, 37).

Zuletzt kann noch der Grundsatz der **Gleichbehandlung** nach **Art. 3 GG** betroffen sein, soweit mehrere Mieter eines Hauses vergleichbare Antennen sichtbar aufgestellt haben. Hier muss der Vermieter darlegen, dass er auch von diesen Mietern die Beseitigung verlangt, soweit ein Anspruch auf Beseitigung bestünde (BVerfG NZM 2007, 125 und

BGH BeckRS 2007, 09798 sowie KG NZM 2008, 39 für den Fall, dass der Vermieter einem kurdischen Mieter die Antenne auf dem Balkon nicht gestattet, während er sie dem darunter wohnenden vietnamesischen Mieter gestattet hat).

Im Übrigen ist zwischen einem Anbringungsrecht des „deutschsprachigen" Mieters und des „fremdsprachigen" Mieters zu unterscheiden. Beim **deutschsprachigen Mieter** deckt ein vorhandener Breitbandkabelanschluss das verfassungsrechtlich garantierte Informationsbedürfnis in der Regel ab. Der deutschsprachige Mieter kann nämlich nach dem gegenwärtigen technischen Stand durch den Kabelanschluss über eine Vielzahl deutschsprachiger Programme unterschiedlicher Ausrichtung verfügen. Dasselbe gilt bei Vorhandensein einer Gemeinschaftsparabolantenne. Fremdsprachige Programme werden in das Kabel nur wenige eingespeist.

Bei Nichtvorhandensein einer Gemeinschaftsparabolantenne oder eines Breitbandkabelanschlusses kann auch dem **deutschsprachigen Mieter** die Anbringung einer Parabolantenne grundsätzlich nicht verweigert werden (OLG Frankfurt/Main NJW 1992, 2490). Auch hier kann jedoch die Interessenabwägung ergeben, dass trotz Vorhandensein des Kabelanschlusses ein zu berücksichtigendes Bedürfnis für eine Parabolantenne gegeben ist. Es kann zum Beispiel bei einer beruflichen Tätigkeit des deutschsprachigen Mieters als Dolmetscher in Betracht kommen, ebenso, wenn der deutschsprachige Mieter mit einer fremdsprachigen Ehefrau oder Lebensgefährtin zusammenlebt (LG Wuppertal WuM 1997, 324).

Beim „**fremdsprachigen**" Mieter ist zu unterscheiden: Wenn über Kabel Programme in der Heimatsprache des Mieters überhaupt nicht angeboten werden, hat der fremdsprachige Mieter grundsätzlich Anspruch auf Anbringung einer Parabolantenne (OLG Karlsruhe NJW 1993, 2815). Das Bundesverfassungsgericht hat bestätigt, dass in diesem Fall eine zusätzliche Interessenabwägung in Bezug auf die Interessen des Eigentümers nicht erforderlich ist (BVerfG NJW 1994, 1147).

Ist über ein vorhandenes Kabel ein fremdsprachiges Programm in der Heimatsprache des Mieters zu empfangen, geht das Bundesverfassungsgericht davon aus, dass der Mieter ein Recht auf Auswahl zwischen verschiedenen Heimatprogrammen haben muss. Dieses Interesse sei zu berücksichtigen (BVerfG WM 1995, 693). Sind mehrere Programme in der Heimatsprache über Kabel zu empfangen, besteht kein Anspruch auf Installation einer Parabolantenne, mit der noch mehr Programme zu empfangen wären. Aus europäischem Gemeinschaftsrecht ergibt sich nichts anderes (BGH WuM 2006, 28).

Grundsätzlich kann der Mieter auch auf den vorhandenen Kabelanschluss in Verbindung mit einem zusätzlich vom Mieter zu installierenden und zu unterhaltenden Decoder verwiesen werden, wenn er mittels des Decoders mehrere Programme in seiner Heimatsprache empfangen kann (BGH NZM 2005, 335; BVerfG NZM 2005, 252). BGH (NZM 2005, 335) und BVerfG (NZM 2005, 252) haben sich jeweils mit der Frage beschäftigt, inwieweit der Mieter statt einer Parabolantenne auf den Kabelanschluss in Verbindung mit einem zusätzlich zu installierenden Decoder verwiesen werden kann, mit dem er im Falle des BGH fünf russische Fernsehprogramme und im Falle des BVerfG „zahlreiche" türkische Programme empfangen kann. Auf die Anschaffungskosten des Zusatzpakets mit ca. 300,– EUR und die laufenden Kosten mit 6,– EUR monatlich komme es nicht an. Auch die Möglichkeit einer – kostenpflichtigen – Versorgung mit Fernsehsendern über das Internet ist zu berücksichtigen (BGH NZM 2013, 647).

2. Das OLG Frankfurt/Main hat in seinem Rechtsentscheid vom 22.7.1992 (NJW 1992, 2490) verschiedene sachbezogene Voraussetzungen angeführt, bei deren Erfüllung der Vermieter die Installation einer Parabolantenne grundsätzlich nicht verweigern könne. Diese sachlichen Voraussetzungen müssen kumulativ vorliegen, sie können zum Gegenstand einer Vereinbarung gemacht werden. Hierzu zählt, dass die Anbringung der Parabolantenne baurechtlich zulässig sein und von einem Fachmann ausgeführt werden muss. Weiter muss die Antenne selbst technisch geeignet sein und, was das OLG Karlsruhe in seinem Rechtsentscheid vom 24.8.1993 zusätzlich als Anforderung angeführt hat, mit der Anbringung darf kein erheblicher Eingriff in die Bausubstanz verbunden sein (OLG Karlsruhe NJW 1993, 2815). Alle diese Anforderungen können grundsätzlich nur durch einen Fachmann erfüllt werden, so dass es sinnvoll ist, dies in die Vereinbarung in dieser Form aufzunehmen.

3. Nachdem nach den Anforderungen des OLG Frankfurt/Main die Antenne selbst möglichst unauffällig sein muss und nach den Anforderungen des OLG Karlsruhe mit der Anbringung kein erheblicher Eingriff in die Bausubstanz verbunden sein darf, ergibt sich, dass sowohl für die Zuleitung als auch für die Antenne selbst gilt, dass die Vereinbarung dies zu berücksichtigen hat.

4. Das OLG Frankfurt/Main hat die Anforderung für die Installation einer Parabolantenne aufgestellt, dass unter anderem der Vermieter vom Mieter von allen bei der Installation der Antenne anfallenden Kosten und Gebühren freigestellt werden muss. Dies ist in der Vereinbarung festzuhalten.

5. Die Anforderung, dass der Mieter das Haftungsrisiko des Vermieters abzudecken hat, hat das OLG Karlsruhe in seinem Rechtsentscheid vom 24.8.1993 aufgestellt. Aus den Gründen der Entscheidung ergibt sich, dass auf Verlangen des Vermieters dieses Risiko durch Abschluss einer Haftpflichtversicherung durch den Mieter abzudecken ist (vgl. auch LG Düsseldorf ZMR 1997, 423).

6. Das OLG Karlsruhe sieht für den Vermieter zusätzlich die Möglichkeit, neben dem Abschluss einer Haftpflichtversicherung zu verlangen, dass der Mieter eine Sicherheit für die voraussichtlichen Kosten der Wiederentfernung der Anlage leistet. Hierbei handelt es sich um eine Sonderkaution zur Abdeckung eines Sonderrisikos, wobei davon auszugehen ist, dass neben der allgemeinen Kaution nach § 551 BGB Sonderkautionen bis auf den gegenständlichen Fall und die Sonderkaution im Rahmen der Barrierefreiheit nach § 554a BGB nicht zulässig sind. Das LG Hanau (NZM 1999, 367) hat eine Sicherheitsleistung von bis zu 1.000,– DM als angemessen angesehen.

17. Vereinbarung über bauliche Veränderungen durch den Mieter mit „Barrierefreiheit" iSv § 554a BGB

Vereinbarung

Zwischen

· · · · · ·

(Vermieter)

und

· · · · · ·

(Mieter)

wird folgende Vereinbarung getroffen:

Aufgrund der 100%igen Schwerbehinderung seiner Ehefrau beabsichtigt der Mieter in die angemietete Wohnung in · · · · · · den Einbau eines behindertengerechten Bades.[1]

1. Der Vermieter stimmt dieser baulichen Veränderung unter folgenden Bedingungen zu: Der Umbau muss durch einen anerkannten Fachbetrieb unter Berücksichtigung der einschlägigen Vorschriften vorgenommen werden. Der Name des Fachbetriebs ist vor Baubeginn dem Vermieter mitzuteilen.[2]

2. Vor Baubeginn hat der Mieter den Abschluss einer Privathaftpflichtversicherung nachzuweisen, die etwaige Schäden durch einen unsachgemäßen Einbau oder infolge des späteren Betriebs an der Baumaßnahme abdeckt.[3]
Die Zustimmung wird davon abhängig gemacht, dass der Mieter spätestens bis zum ...... eine Sonderkaution als zusätzliche Sicherheitsleistung zu der bereits nach § 551 BGB geleisteten Kaution leistet.[4] Die Kaution ist in jedem Fall spätestens bis zwei Wochen vor Beginn der Baumaßnahme in einer Geldsumme auf das Konto Nr. ...... bei der ...... Bank einzubezahlen.[5] Die Höhe der Kaution bestimmt sich nach den voraussichtlichen Kosten für die Wiederherstellung des ursprünglichen Zustandes.[6] Sie ist durch Schätzung eines Sachverständigen zu bestimmen, der für das die Baumaßnahme betreffende Sachgebiet bestellt ist. Die durch die Einschaltung des Sachverständigen anfallenden Kosten trägt der Mieter.[7] Die Sicherheitsleistung wird entsprechend § 551 Abs. 3 und 4 BGB verzinslich angelegt. Die Zinsen wachsen der Sicherheitsleistung zu.[8]

3. Bei Wegfall des Grundes für die Baumaßnahme verpflichtet sich der Mieter, die Einrichtung auf seine Kosten zu entfernen und den ursprünglichen Zustand wiederherzustellen.[9] Für das Wegnahmerecht des Mieters und einer etwaigen Übernahme der Einrichtung durch den Vermieter gelten die gesetzlichen Vorschriften der §§ 539 Abs. 2 und 552 BGB.

....

(Vermieter)   (Mieter)

Anmerkungen

1. Grundlage der Vereinbarung ist die durch die Mietrechtsreform neu ins BGB eingefügte Vorschrift des § 554a BGB („Barrierefreiheit"). Hiernach kann der Mieter vom Vermieter die Zustimmung zu Baumaßnahmen verlangen, die für eine behindertengerechte Nutzung der Mietwohnung erforderlich sind. Voraussetzung ist ein berechtigtes Interesse des Mieters an der Maßnahme. Wie sich aus der gesetzlichen Formulierung „behindertengerechte Nutzung" ergibt, ist nicht nur auf den Mieter selbst abzustellen, sondern die Behinderung, die die Baumaßnahme erfordert, kann auch bei in der Wohnung lebenden Angehörigen, Ehepartner oder Lebensgefährte des Mieters, vorliegen. Dies gilt auch dann, wenn die behinderte Person selbst nicht Mietvertragspartei ist. Der Vermieter kann verlangen, dass dargelegt wird, dass die Maßnahme für die behindertengerechte Nutzung der Wohnung tatsächlich erforderlich, also nicht nur nützlich ist. Dies bedeutet, dass er vom Mieter gegebenenfalls einen Nachweis über den Grad der Behinderung der betreffenden Person verlangen kann, soweit dies in Frage steht.

2. Nachdem sich hier die grundgesetzlich geschützten Interessen des Mieters nach Art. 2 GG und des Vermieters nach Art. 14 GG gegenüberstehen (Eingriff in das Eigentum durch Veränderung), muss insoweit eine umfassende **Abwägung** zwischen den Interessen vom Vermieter und Mieter stattfinden. Zu berücksichtigen ist hierbei unter anderem auch die bauordnungsrechtliche Genehmigungsfähigkeit der Maßnahme. Nachdem darüber hinaus bei einer solchen Maßnahme Probleme der Statik und der Abdichtung gegen Wasserschäden auftauchen können, muss es zulässig sein, dass der Vermieter die Zustimmung von der Ausführung durch einen anerkannten Fachbetrieb abhängig macht (vgl. die Anforderungen bei der Installation von Parabolantennen oben → Form. A.III.16). Um die

Qualität des Fachbetriebs beurteilen zu können, ist es erforderlich, dass der Name der entsprechenden Firma dem Vermieter vor Beginn der Baumaßnahme mitgeteilt wird.

Nicht kann die Genehmigung wegen Mietrückständen des Mieters verweigert werden (AG Flensburg WuM 2015, 733).

3. Soweit es sich wie hier um den Einbau eines **behindertengerechten Bades** handelt, dürften zusätzliche Gefahrenquellen für andere Personen als die Bewohner der Wohnung nicht geschaffen werden. Grundsätzlich ist jedoch davon auszugehen, dass es jedenfalls nicht unzulässig ist, zur Abdeckung zusätzlicher Haftungsrisiken den Nachweis einer entsprechenden Versicherung zu verlangen (vgl. BVerfG NZM 2000, 539).

4. Die **Leistung einer zusätzlichen Sicherheit** für die Wiederherstellung des ursprünglichen Zustandes sieht das Gesetz ausdrücklich in § 554a Abs. 2 BGB vor. Der Vermieter kann seine Zustimmung von der Leistung dieser Sonderkaution abhängig machen. Diese Kaution ist unabhängig von einer bereits nach § 551 BGB geleisteten Mietkaution.

5. Die Art der Sicherheit unterliegt der vertraglichen Vereinbarung der Parteien, wobei zum Beispiel auch eine andere Anlageform nach § 551 Abs. 3 S. 2 BGB vereinbart werden kann. Nachdem § 554a Abs. 2 S. 2 BGB auf die entsprechende Anwendung von § 551 Abs. 3 und 4 BGB, nicht aber auf § 551 Abs. 2 BGB verweist, kann der Mieter Ratenzahlung dieser Kaution nicht verlangen. Andererseits ist die in einer Geldsumme geleistete Kaution entsprechend § 551 Abs. 3 und 4 BGB anzulegen.

6. Hinsichtlich der Höhe der Kaution gilt, dass sie sich an den voraussichtlichen Kosten für die Wiederherstellung des ursprünglichen Zustandes orientiert, was naturgemäß eine Schätzung darstellt. Zu berücksichtigen dürfte ein Zuschlag in Hinblick auf ein höheres zukünftiges Preisniveau beim Rückbau der Einrichtung sein (vgl. *Mersson* NZM 2002, 317).

7. Die Ermittlung der Rückbaukosten dürfte für den Laien in der Regel nicht möglich sein, zumal zum Zeitpunkt der Leistung der Kaution noch nicht einmal die Kosten der Baumaßnahme selbst feststehen. Insoweit dürften die Parteien auf die Schätzung eines für das entsprechende Fachgebiet zuständigen Sachverständigen angewiesen sein.

Nachdem nach der Ratio des § 554a BGB alle Kosten, die im Zusammenhang mit der Baumaßnahme stehen, zu Lasten des Mieters gehen, muss dies auch für die Kosten eines Sachverständigen gelten (vgl. *Mersson* NZM 2002, 317).

8. Hinsichtlich der Anlage und der Zinsen, die erzielt werden, gilt, soweit die Kaution in einer Geldsumme bezahlt wird, § 551 Abs. 3 und 4 BGB nach § 554a Abs. 2 S. 2 BGB. Das heißt, die Kaution ist grundsätzlich bei einem Kreditinstitut zu dem für Spareinlagen mit dreimonatiger Kündigungsfrist üblichen Zinssatz anzulegen, soweit die Parteien nicht eine andere Anlageform, zum Beispiel in Aktien oder sonstigen Wertpapieren vereinbaren.

9. Das Gesetz geht davon aus, dass der Mieter die Einrichtung bei Wegfall des Grundes ihrer Anbringung, zum Beispiel falls die behinderte Person die Wohnung nicht mehr nutzt, entfernt. Insofern ist der Hinweis auf das Wegnahmerecht nach § 539 Abs. 2 BGB an sich nicht erforderlich. Andererseits kommt die Anwendung von § 552 BGB in Betracht, soweit der Vermieter Wert darauf legt, dass zum Beispiel für einen behinderten Nachfolgemieter die Einrichtung in der Wohnung verbleibt. Dies kann in Einzelfällen aus wirtschaftlichen Gründen sinnvoll sein, wobei der Vermieter hier nach § 552 Abs. 1 BGB die dort vorgesehene angemessene Entschädigung leisten muss.

18. Kautionsvereinbarung Barkaution

Vereinbarung

Zwischen

......

(Vermieter)

und

......

(Mieter)

wird folgende Vereinbarung getroffen:

> Der Mieter leistet an den Vermieter eine Barkaution in Höhe von ...... EUR.[1]
> Die Kaution ist einzubezahlen auf das Konto Nr. ...... bei der ...... Bank.

1. Der Mieter ist berechtigt, die Zahlung in drei Monatsraten zu erbringen. In diesem Fall ist die erste Rate mit der ersten Miete, die beiden folgenden Raten mit der zweiten und dritten Miete zu leisten.[2]
2. Die Anlage der Kaution erfolgt entsprechend § 551 Abs. 3 BGB bei einem Kreditinstitut zu dem für Spareinlagen mit dreimonatiger Kündigungsfrist üblichen Zinssatz.[3]
3. Der Vermieter verpflichtet sich, die erfolgte Anlage innerhalb eines Monats nach Zahlung der vollständigen Kaution Herrn M. gegenüber nachzuweisen.[4, 5]

....

(Vermieter)   (Mieter)

Anmerkungen

1. Die Leistung einer **Sicherheit** im Rahmen eines Wohnraummietverhältnisses muss ausdrücklich vereinbart werden. § 551 BGB regelt nur die näheren Modalitäten, die nach Vereinbarung der Leistung einer Kaution für diese gelten. Nach § 551 Abs. 1 BGB darf die Kaution höchstens das Dreifache der auf einen Monat entfallenden Miete ohne die als Pauschale oder Vorauszahlung ausgewiesenen Betriebskosten betragen. Maßgebend ist hier der Mietpreis zurzeit der Kautionsvereinbarung. Falls dieser im Sinne von § 5 WiStG überhöht ist, ist die höchst zulässige Miete maßgebend (Schmidt-Futterer/*Blank* § 551 Rn. 42). Ist die Miete wegen eines Mangels der Mieträume gemindert, ist nur dann die geminderte Miete für die Höhe der Kaution maßgebend, wenn ein unbehebbarer Mangel vorliegt (BGH WuM 2005, 573).

Dass auch als Pauschale ausgewiesene Betriebskosten bei der Höhe der Kaution nicht zu berücksichtigen sind, entspricht der Neuregelung durch das Mietrechtsreformgesetz in § 551 Abs. 1 BGB. Damit ist die Kaution umso höher, desto mehr Betriebskosten nicht ausgewiesen sind, sondern in einer Brutto- oder Teilinklusivmiete enthalten sind. Dies wurde verschiedentlich beanstandet (*Langenberg* NZM 2001, 69, 214 und *Sprau* NZM 2001, 220). Eine Kaution, die in unzulässiger Höhe vereinbart wird, also über drei Monatsmieten hinausgeht, ist hinsichtlich der Kautionsvereinbarung teilnichtig (OLG Hamburg NZM 2001, 375), die Kaution bleibt also in der zulässigen Höhe bestehen.

2. Für die Kaution, die in einer **Geldsumme** zu leisten ist, bestimmt § 551 Abs. 2 BGB, dass der Mieter berechtigt ist, sie in drei gleichen Raten zu zahlen. Ebenfalls ist der Fälligkeitstermin der ersten Rate zu Beginn des Mietverhältnisses, der beiden folgenden Raten zusammen mit den unmittelbar folgenden Mietzahlungen fällig, § 551 Abs. 2 S. 2 BGB in der Fassung des Mietrechtsänderungsgesetzes 2013. Die Regelung der Fälligkeit der weiteren Kautionsraten war in Hinblick auf den neu geschaffenen fristlosen Kündigungsgrund nach § 569 Abs. 2a BGB erforderlich. Das Mietrechtsreformgesetz 2013 fügte einen neuen § 569 Abs. 2a BGB ein, der dem Vermieter von Wohnraum über die bestehenden Möglichkeiten hinaus das Recht zur fristlosen Kündigung ohne vorherige Abmahnung dann gibt, wenn der Mieter mit einem Kautionsbetrag in Verzug kommt, der zwei Nettomieten erreicht.

Der Zweck der neuen Norm ist nach der Begründung zu dem Gesetzentwurf, Vermieter vor Mietern zu schützen, die sich bereits bei Mietbeginn ihren vertraglichen Zahlungsverpflichtungen entziehen. Um das Sicherungsinteresse des Vermieters zu verstärken, wurde auf eine vorherige Abmahnung verzichtet.

Beginn des Mietverhältnisses muss nicht gleichzusetzen sein mit dem Zeitpunkt des Vertragsabschlusses. Der Mieter kann nicht durch Formularklausel verpflichtet werden, die Kaution in einem Betrag zu bezahlen. Allerdings ist eine derartige Kautionsabrede nur teilunwirksam in dem Sinne, dass nur die Fälligkeitsregelung unwirksam ist, die eine Zahlung der Kaution in Raten ausschließt (BGH WuM 2004, 147; 2004, 269).

3. Die Regelung des **§ 551 Abs. 3 S. 1 BGB** entspricht der Rechtslage vor der Mietrechtsreform. Sinn der Sonderung der Kaution vom Vermögen des Vermieters soll sein, dass diese weder von der Insolvenz des Vermieters noch vom Zugriff seiner Gläubiger in der Einzelzwangsvollstreckung erfasst werden kann. Dies bedeutet, dass bei ordnungsgemäßer Anlage der Kaution der Mieter in der Insolvenz des Vermieters ein Aussonderungsrecht nach § 43 Insolvenzordnung hat und bei Pfändung des Kautionsguthabens im Wege der Einzelzwangsvollstreckung durch Gläubiger des Vermieters der Mieter die Drittwiderspruchsklage nach § 771 ZPO erheben kann. Auch das Pfandrecht des kontoführenden Kreditinstituts nach § 19 der AGB der Banken erstreckt sich nicht auf den Kautionsbetrag.

Nach der Neuregelung durch das Mietrechtsreformgesetz 2001 können die Parteien nach § 551 Abs. 3 S. 2 BGB eine „andere Anlageform" vereinbaren. Siehe hierzu unter Nr. 21.

4. Es ist sinnvoll, die Verpflichtung, die erfolgte **Anlage der Kaution nachzuweisen**, in den Vertrag aufzunehmen. Die Rechtsprechung nimmt an, dass der Mieter jedenfalls einen Auskunftsanspruch darauf hat, ob die Anlage der Kaution in der vorgesehenen Form tatsächlich erfolgt ist, um nicht Nachteile dadurch zu erleiden, dass die Kautionsrückgewähranspruch des Mieters im Falle, dass die Kaution nicht treuhänderisch angelegt worden ist, nur eine einfache Konkursforderung bildet (OLG Hamburg WuM 1990, 5).

5. Zwar hätte der Mieter in einem solchen Fall einen Schadensersatzanspruch wegen Verletzung der gesetzlichen Anlageverpflichtung, doch würde auch dieser Anspruch nur eine einfache Insolvenzforderung darstellen. Sollte eine „andere Anlageform" im Sinne von § 551 Abs. 3 S. 2 BGB erfolgt sein, so wird man einen erweiterten Auskunftsanspruch über die Entwicklung der spekulativen Anlage annehmen müssen (→ Form. A.III.17).

19. Kautionsvereinbarung Sparbuch

Vereinbarung

Zwischen

......

(Vermieter)

und

......

(Mieter)

wird folgende Vereinbarung getroffen:

Der Mieter leistet an den Vermieter eine Mietsicherheit in Höhe von . . . . . . EUR. Die Kautionsleistung erfolgt in Form der Verpfändung eines auf den Namen des Mieters angelegten Kautionssparbuchs an den Vermieter.[1] Das Sparbuch ist dem Vermieter zu übergeben.[2]

......

(Vermieter)

......

(Mieter)

Anmerkungen

1. Die **treuhänderische Anlage** der Kaution erfordert im Falle der Anlage eines Kautionssparbuchs, dass dieses Sparbuch auf den Namen des Mieters lautet. Hinsichtlich der Kautionshöhe ergibt sich keine Abweichung von der Höhe bei der Kautionsleistung in Form der Barkaution.

2. Die **Verpfändung** des Sparbuchs an den Vermieter wird dadurch dokumentiert, dass das Sparbuch dem Vermieter übergeben wird. Der Besitz an dem Sparbuch ermöglicht dem Vermieter, dieses aufzulösen und die Kaution in Anspruch zu nehmen. Der Rückgewähranspruch des Mieters bei Beendigung des Mietverhältnisses geht dahin, dass die Herausgabe des Sparbuchs und die Erklärung des Vermieters verlangt wird, dass auf das Pfandrecht an dem Sparbuch verzichtet wird (LG Berlin NZM 1999, 1095). Der Vermieter kann in diesem Fall die Herausgabe von der Zug-um-Zug-Befriedigung seiner Ansprüche abhängig machen.

20. Kautionsvereinbarung Bürgschaft

Vereinbarung

Zwischen

......

(Vermieter)

und

......

(Mieter)

wird folgende Vereinbarung getroffen:

> Der Mieter leistet zu Beginn des Mietverhältnisses an den Vermieter eine Mietsicherheit in Höhe von ...... EUR.[1]
> Die Kaution wird geleistet durch Stellung einer schriftlichen Bürgschaft des folgenden Kreditinstituts: ......[2]

1. Die Bürgschaft darf nicht die Einrede der Vorausklage und kein Widerrufsrecht des Kreditinstituts enthalten. Das Kreditinstitut muss verpflichtet sein, auf erste Anforderung des Vermieters Zahlung zu leisten. Die Leistung darf an keine Bedingungen geknüpft werden.[3]

....

(Vermieter)   (Mieter)

Anmerkungen

1. Eine **Bürgschaft** als Kaution kann zwischen den Parteien frei vereinbart werden. Die ursprünglich im Gesetzentwurf zur Mietrechtsreform 2001 vorgesehene einseitige Ersetzungsbefugnis des Mieters, statt einer Barkaution eine Bürgschaft zu erbringen, ist nicht Gesetz geworden. Dies deshalb, weil die Bürgschaft, anders als die Barkaution, keine Zinsen erbringt. Auch für die Bürgschaft gilt, dass sie die zulässige Kautionshöhe im Sinne von § 551 Abs. 1 BGB nicht überschreiten darf. Lautet die Bürgschaft über einen höheren Betrag, so darf der Vermieter den Bürgen nur bis zur Höhe des dreifachen der bei Abschluss des Bürgschaftsvertrags maßgeblichen Nettomiete in Anspruch zu nehmen (LG Hamburg WuM 1989, 138). Es wird allerdings angenommen, dass die zulässige Höhe der Kaution in dem Fall überschritten werden darf, in dem zusätzlich zu einer in der zulässigen Höhe vereinbarten Kaution eine freiwillige Bürgschaft erbracht wird, die den Mieter wirtschaftlich nicht belastet (BGH NZM 2013, 756 für den Fall einer zusätzlichen Bürgschaft des Bruders zur Abwehr einer Kündigung).

Beispielsfall ist hier auch die Hingabe einer Bürgschaft durch **Eltern** eines Studenten, die diesem die Anmietung einer Wohnung ermöglichen soll. Dem Vermieter soll hier eine zusätzliche Sicherheit erbracht werden angesichts der fehlenden finanziellen Leistungsfähigkeit seines Vertragspartners. Als Ausnahme ist weiter der Fall zu sehen, dass sonstige Dritte zugunsten des Mieters freiwillig eine Bürgschaft zusätzlich zu der durch den Mieter zu leistenden Kaution in Höhe von drei Nettomieten übernehmen, da hierdurch der Mieter nicht belastet wird (BGH NZM 2013, 756 für den Fall einer zusätzlichen Bürgschaft des **Bruders** zur Abwehr einer Kündigung).

2. Grundsätzlich kommt nur die Bürgschaft eines Kreditinstituts in Betracht, die ursprünglich erwogene Möglichkeit, dass der Mieter einen „tauglichen Bürgen" stellt (Referentenentwurf zum Mietrechtsreformgesetz 2001) wurde wieder verworfen. Die Kosten, die das Kreditinstitut für die Bürgenstellung erhebt, hat der Mieter zu tragen. Wird die Bürgschaft durch den Vermieter in Anspruch genommen, belastet das Kreditinstitut in Höhe der Inanspruchnahme das Konto des Mieters.

3. Die Bürgschaft muss wie die Barkaution jedenfalls bei Beendigung des Mietverhältnisses den uneingeschränkten Zugriff durch den Vermieter zur Befriedigung seiner Forderungen ermöglichen. Dazu ist es erforderlich, dass die Bürgschaftserklärung nicht die Einrede der Vorausklage und auch kein Widerrufsrecht des Kreditinstituts enthalten darf. Ebenfalls gilt, dass die Bürgschaft durch das Kreditinstitut nicht während des Mietverhältnisses ordentlich oder außerordentlich gekündigt werden darf. Dies kommt zum Beispiel bei erheblicher Vermögensverschlechterung des Schuldners (Mieters) in

Betracht (OLG Düsseldorf NZM 1999, 620). Eine Aufnahme in die Vereinbarung erschien insoweit nicht erforderlich, da das OLG Düsseldorf (ZMR 2000, 89) jedenfalls annimmt, dass eine Kündigung der Bürgschaft durch den Bürgen in der Regel nur zu einem Zeitpunkt zulässig ist, zu dem der Vermieter das Mietverhältnis ordentlich kündigen kann, das heißt, der Bürge jedenfalls für die bis dahin angefallenen Verpflichtungen des Mieters haftet.

Alle Nachteile der Bürgschaft können auch durch Vereinbarungen, wie die Zahlung auf erste Anforderung und den Verzicht auf Bedingungen bei der Bürgschaftsstellung – nicht ausgeglichen werden. Dazu gehört, dass eine Aufrechnung des Vermieters gegenüber dem Anspruch des Mieters auf Herausgabe der Bürgschaftsurkunde naturgemäß nicht möglich ist. Ebenfalls greift der Vorteil des Vermieters, gegenüber dem Kautionsrückzahlungsanspruch auch mit einer verjährten Forderung aufrechnen zu können (BGH WuM 1987, 310) bei der Bürgschaft nicht. Die Bürgschaft kann durch den Vermieter höchstens bis zum Ablauf der üblichen Überlegungsfrist von sechs Monaten in Anspruch genommen werden (BGH NZM 1998, 224). Der Bürge hat die Einreden des Mieters gegenüber den geltend gemachten Ansprüchen, so die Verjährungseinrede. Die Anwendung des § 768 BGB wird durch § 215 BGB nicht gehindert, letztere Bestimmung ist nämlich nicht entsprechend anwendbar (OLG Hamm ZMR 1995, 255 noch zu § 390 S. 2 BGB aF).

Hinzuweisen ist ergänzend auf teilweise nicht der mietrechtlichen Rechtsprechung entsprechende Geschäftsbedingungen von Banken bei der Gewährung von Mietbürgschaften, die zum Beispiel die Bürgschaftshaftung auf einen Zeitraum von wenigen Wochen nach der Beendigung des Mietverhältnisses beschränken.

21. Kautionsvereinbarung „Andere Anlageform"

Vereinbarung

Zwischen

. . . . . .

(Vermieter)

und

. . . . . .

(Mieter)

wird folgende Vereinbarung getroffen:

Der Mieter leistet an den Vermieter eine Barkaution in Höhe von . . . . . . EUR. Die Kaution ist einzuzahlen auf das Konto Nr. . . . . . . bei der . . . . . . Bank.

1. Der Mieter ist berechtigt, die Kautionszahlung in drei Monatsraten zu erbringen. In diesem Fall ist die erste Rate mit der ersten Miete, die beiden folgenden Raten mit der zweiten und dritten Miete zu leisten.
   Die Parteien vereinbaren folgende andere Anlageform im Sinne des § 551 Abs. 3 S. 2 BGB:[1] Der Vermieter legt die Kaution in Aktien der Firma . . . . . . an. Die Anlage hat bis spätestens zum . . . . . . zu erfolgen.[2]
2. Der Vermieter verpflichtet sich, die erfolgte Anlage innerhalb eines Monats nach Durchführung der Anlage dem Mieter gegenüber nachzuweisen. Weiter verpflichtet sich der Vermieter, den Mieter über die Entwicklung der Anlage zu informieren und

ihm alle zwei Monate jeweils bis zum 3. Werktag des zweiten Monats über die Entwicklung der Anlage (Aktienentwicklung) schriftlich zu informieren.[3]

Die Parteien vereinbaren weiter, dass dann, wenn der Kurs der Aktie unter einen Stand von . . . . . . fällt, über eine Änderung der Anlage neu zu verhandeln ist.[4]

. . . .

(Vermieter)   (Mieter)

Anmerkungen

1. Die Möglichkeit, eine „**andere Anlageform**" zu wählen, ist eine Neuregelung durch das Mietrechtsreformgesetz 2001, **§ 551 Abs. 3 S. 2 BGB**. Die Wahl einer anderen Anlageform bei der Barkaution kann auch während des laufenden Mietverhältnisses erfolgen. Auch hier muss die Anlage vom Vermögen des Vermieters getrennt erfolgen. Die Erträge stehen dem Mieter zu und erhöhen die Sicherheit.

2. Andere Anlageformen sind nach der Begründung des Rechtsausschusses des Deutschen Bundestages nur solche, die grundsätzlich **Erträge** abwerfen können, wie zum Beispiel Zinsen oder Dividenden. Die bloße Verwahrung der Geldsumme ist daher keine Anlageform. In Betracht kommen Wertpapiere, insbesondere auch Aktien. Hier trägt der Mieter das Risiko, dass Erträge ausbleiben oder sogar ein Verlust des Kapitals eintritt. Der Referentenentwurf spricht davon, dass der Mieter „sein Kapital auf's Spiel setzt." *Drasdo* (NZM 2000, 1112) hat zu Recht darauf hingewiesen, dass eine solche Regelung dem Grundgedanken einer Sicherheitsleistung widerspricht, die kein Spekulationsobjekt sein dürfe. *Langenberg* (NZM 2001, 70) sagt zu Recht, dass es einen Unterschied mache, ob der Vermieter seine Sicherheit verliert, was für ihn ja nicht bedeutet, dass ein etwaiger Anspruch gegen den Mieter, der durch die Kaution abgesichert werden soll, ebenfalls verloren ginge oder ob der Mieter sein Kapital als solches verliere. Erforderlich ist bei der Vereinbarung einer anderen Anlageform, dass diese so hinreichend bestimmt wird, dass der Mieter sich über die Situation des jeweiligen Wertpapieres informieren kann und sich überlegen kann, ob das Risiko dieser Anlageform nicht zu hoch ist. Ebenfalls muss ein Stichtag festgelegt werden, bis zu dem die Anlage zu erfolgen hat, da sich bis zum Zeitpunkt der Anlage bereits Kursschwankungen ergeben können.

3. Zugunsten des Mieters wird man den Auskunftsanspruch über die erfolgte Anlage bei Vereinbarung einer „anderen Anlageform" erweitern müssen auf die Auskunft über die Entwicklung einer spekulativen Anlage. Es ist davon auszugehen, dass der Vermieter, der ja die Anlage vornimmt, über bessere Kenntnisse als der Mieter über den Charakter der Geldanlage und deren spekulativen Gehalt verfügt oder sich zumindest diese Kenntnisse leichter verschaffen kann.

4. Nachdem durch die Vereinbarung einer anderen Anlageform eine beidseitige vertragliche Bindung eingegangen wird, ist der Vermieter nicht berechtigt, einseitig die Anlage aufzulösen. Dies kann aber angesichts einer negativen Kursentwicklung einer Aktie schnell erforderlich sein. Andererseits erscheint es nicht möglich, den Vermieter zu einseitigem Handeln zu ermächtigen. Somit verbleibt die Möglichkeit, eine Verpflichtung vorzusehen, die Anlageform bei entsprechender negativer Entwicklung jedenfalls zu ändern.

22. Hausordnung

Hausordnung[1]

Zwischen . . . . . .

(Vermieter)

und

. . . . . .

(Mieter)

wird folgende

Hausordnung

als Anlage zum Mietvertrag vom . . . . . . vereinbart:

§ 1 Ruhestörung und Abstellen von Gegenständen

(1) Ruhestörender Lärm ist in Haus und Wohnung zu vermeiden. Unbeschadet behörd-licher Vorschriften sind ruhestörende Hausarbeiten und ruhestörende Tätigkeiten von Handwerkern zwischen 12.00 Uhr und 14.00 Uhr und zwischen 18.00 Uhr und 8.00 Uhr zu unterlassen. An Sonn- und Feiertagen sind solche Arbeiten und Tätigkeiten stets unzulässig.

(2) Teppiche, Vorleger, Betten, Polstermöbel und ähnliche Gegenstände dürfen nur an den hierfür bestimmten Stellen und nur während der zulässigen Hausarbeitszeiten gerei-nigt werden.

(3) Rundfunk- und Fernsehgeräte sowie sonstige Tonwiedergabegeräte dürfen nur in Zimmerlautstärke betrieben werden.[2] Musizieren ist nur in Zimmerlautstärke und nur in der Zeit zwischen 8.00 Uhr und 22.00 Uhr zulässig.[3]

(4) Das Abstellen von Gegenständen, insbesondere Krafträdern, Fahrrädern und Kinder-wagen in Gängen, im Treppenhaus und im Hof ist unbeschadet behördlicher Vorschrif-ten nur zulässig, soweit dadurch andere Mieter nicht behindert werden.[4]

§ 2 Abfallentsorgung

Hausmüll darf nur in die hierfür bereit gehaltenen Mülltonnen verbracht werden. Bei der Beseitigung von Sondermüll, insbesondere Sperrmüll, sind die behördlichen Vorschriften zu beachten. Für die Beseitigung derartiger Gegenstände sind in den Betriebskosten keine Beträge enthalten, der Mieter muss sie auf eigene Kosten entsorgen oder entsorgen lassen.[5]

§ 3 Waschen und Trocknen von Wäsche

(1) Grundsätzlich gilt, dass dann, wenn ein gesonderter Wasch- bzw. Trockenraum zur Verfügung steht, in der Wohnung weder gewaschen noch getrocknet werden darf. Die Verwendung von Waschmaschinen und Trocknern in der Wohnung ist jedoch zulässig, wenn funktionssichere und fachgerecht angeschlossene Geräte benutzt werden.

(2) Angesichts der Gefahren, die durch Wassereintritt bei Waschmaschinen und Geschirr-spülmaschinen entstehen können, wird dem Mieter der Abschluss einer Privathaftpflicht-versicherung anheimgestellt.[6]

(3) Wird eine Waschküche bzw. ein Trockenraum von mehreren Personen genutzt, so ist die geltende Benutzungsordnung zu beachten und die reservierten Zeiten einzuhalten.

§ 4 Reinigungs-, Räum- und Streupflichten

(1) Soweit keine anderweitige Vereinbarung getroffen ist, sind die Treppen, Treppen-absätze, Geländer und Treppenhausfenster von den Mietern im Wechsel nach näherer Bestimmung zu reinigen.

(2) Desgleichen haben die Mieter im Wechsel nach näherer Bestimmung den zum Miet-objekt gehörenden Bürgersteig und die Zuwege zum Hauseingang zu reinigen und im Winter für die Beseitigung von Schnee und Glatteis zu sorgen bzw. diese Wege zu streuen. Besteht in Bezug auf das Mietobjekt eine öffentliche Reinhaltungs-, Räum- und Streu-pflicht, so haben die Mieter diese Pflichten anstelle des insoweit Verpflichteten zu erfüllen.[7]

§ 5 Sicherheitsmaßnahmen

(1) Bau- und feuerpolizeiliche Bestimmungen sind zu beachten und einzuhalten.

(2) Feuergefährliche bzw. leicht entzündliche Stoffe dürfen weder im Speicher noch im Keller gelagert oder aufbewahrt werden. Auf dem Speicher dürfen zudem keine Möbel, Matratzen, Textilien oder ähnliche Sachen aufbewahrt werden.

(3) Brennstoffe dürfen nur an den vom Vermieter bezeichneten Stellen gelagert werden. Für die Lagerung von Heizöl gelten darüber hinaus die gesetzlichen und behördlichen Vorschriften.

(4) In der Nacht sowie bei stürmischem und regnerischem Wetter sind die Türen und Fenster sorgfältig zu schließen. Dies gilt auch für Fenster in Keller- und Speicherabteilen sowie für den jeweiligen Benutzer von gemeinschaftlich genutzten Räumen.[8]

§ 6 Halten von Haustieren

Das Halten von Haustieren bedarf der Zustimmung des Vermieters. Keine Zustimmung bedarf die Haltung von Kleintieren (übliche Haustiere wie zB Ziervögel oder Zierfische) in ortsüblichem Umfang.[9]

Die Zustimmung kann versagt oder widerrufen werden, wenn durch die Tiere andere Hausbewohner oder Nachbarn belästigt werden oder eine Beeinträchtigung des Grund-stücks oder anderer Mieter zu befürchten ist

§ 7 Sonstige allgemeine Pflichten

(1) Die Mieträume sind ausreichend zu heizen und zu lüften. Keller und Speicher sind ebenfalls ausreichend zu belüften.

(2) Die Fußböden in der Wohnung sind pfleglich zu behandeln, regelmäßig und sachge-recht zu reinigen.

(3) Balkone sind von Schnee freizuhalten.

. . . .

(Vermieter)   (Mieter)

Anmerkungen

1. Hausordnungen enthalten teilweise **wesentliche Vertragsbestimmungen** wie zum Beispiel Benutzungsregelungen, Regelungen über die Abwälzung der Verkehrssicherungspflicht auf den Mieter und Tierhaltungsklauseln. Sie müssen daher wirksam in den Mietvertrag einbezogen sein. Dies ist durch **feste Verbindung mit den sonstigen Vertragsbestandteilen** möglich oder durch **gesonderte Unterzeichnung** einer Hausordnung. Nicht erfolgt die wirksame Einbeziehung einer Hausordnung durch die Vertragsklausel „die anliegende Hausordnung ist Bestandteil dieses Vertrages", falls die Hausordnung nicht durch Unterschrift beider Vertragsparteien wirksam vereinbart ist (BGH NJW 1991, 1750). Hier handelt es sich um eine Beweislastumkehr zum Nachteil des Mieters nach § 309 Nr. 12 BGB. Will sich der Mieter nämlich auf die nicht erfolgte Vereinbarung einzelner Regelungen der Hausordnung berufen, da er diese nicht erhalten hat, ist er angesichts der vertraglichen Klausel beweispflichtig. Unwirksam sind auch Vereinbarungen eines Mietvertrags, die beinhalten „die bestehende Hausordnung ist Gegenstand des Mietvertrages", jedenfalls falls insoweit auf eine Hausordnung Bezug genommen wird, die in wechselndem Inhalt durch Aushang bekannt gegeben wird (LG München I NZM 1998, 32: Verstoß gegen das Transparenzgebot und unklarer Regelungsgehalt) → Form. A.III.15.

2. Soweit Abmahnungen oder sogar Kündigungen wegen Betreibens von **Tonwiedergabegeräten** in zu erheblicher Lautstärke erfolgen, kann der Bauzustand eines Hauses von Bedeutung sein, insbesondere fehlende Schalldämmung. Durch eine Regelung, die den Betrieb dieser Geräte auf Zimmerlautstärke beschränkt, darf nicht der Betrieb derartiger Geräte überhaupt unmöglich gemacht werden. Im Übrigen gilt, dass lautstarke Tätigkeiten, die üblicherweise auch zur Nachtzeit ausgeübt werden, wie zB Duschen nach 22 Uhr, nicht verboten werden dürfen (LG Köln WuM 1997, 323).

3. Bei **Musizieren** gilt, dass ein Betrieb in Zimmerlautstärke grundsätzlich kaum möglich ist. Die Regelung stellt daher vor allem eine zeitliche Begrenzungsvorschrift dar. Gegebenenfalls kommt in Betracht, dass der Einsatz von naturgemäß besonders lautstarken Instrumenten – wie zB Schlagzeug – überhaupt als nicht vertragsgemäß angesehen werden kann.

4. Bei einer Bestimmung in der Hausordnung, die das **Abstellen von Gegenständen** in allgemein genutzten Durchgängen betrifft, kommt es zum einen darauf an, ob das Haus anderweitige Abstellmöglichkeiten, wie zB einen Fahrradraum vorsieht, ob in dem Haus ein Aufzug vorhanden ist, der es als zumutbar erscheinen lässt, zB Kinderwägen in eine Etagenwohnung mitzunehmen, andererseits auf die feuerpolizeiliche Situation und die Durchgangsmöglichkeiten anderer Benutzer der Durchgangsräume, deren Belange berührt sein könnten. Sicher ist, dass ein völliges Verbot des Abstellens von Kinderwagen im Hausflur oder auf entsprechenden Gemeinschaftsflächen nicht zulässig ist (LG Hamburg WuM 1992, 188). Hierbei geht es natürlich auch um den Schutz der Kinder bzw. der Familien mit Kindern, weshalb das LG Hamburg in der bezeichneten Entscheidung den Fall ausnimmt, bei dem es sich um die Kinderwagen fremder Kinder, die eine Mieterin als Tagesmutter betreut, handelt.
Das Abstellen eines – zusammenlegbaren – Rollators (Gehhilfe für ältere und gehbehinderte Mieter) kann nicht verboten werden (LG Hannover WuM 2006, 189).

5. Möglich ist, dass eine Gemeinde vorschreibt, dass es für **Sondermüll**, insbesondere Giftmüll und Elektromüll, besondere **Sammelstellen** gibt. Diese müssen mieterseits in Anspruch genommen werden. Soweit es sich um Sperrmüll handelt, kommt in Betracht, dass vermieterseits Entrümpelungsaktionen durchgeführt werden. Ist dies regelmäßig der

Fall, kommt eine Umlage auf die Betriebskosten nach § 2 Betriebskostenverordnung Nr. 8 (Kosten der Straßenreinigung und Müllabfuhr) in Betracht. Nicht gilt dies, wenn es sich um einmalige Entrümpelungsaktionen handelt (LG Berlin GE 2000, 126).

6. Die Aufstellung von eigenen Haushaltsmaschinen, wie zB Waschmaschinen und Wäschetrocknern, darf nicht von der schriftlichen Zustimmung des Vermieters abhängig gemacht werden (LG Saarbrücken WuM 1989, 558). Es ist zwar möglich, die Pflicht zur Nutzung einer Gemeinschaftseinrichtung wie zB einer Gemeinschaftswaschmaschine vertraglich zu regeln, der Gebrauch eigener Geräte darf aber dadurch nicht ausgeschlossen werden (AG Hamburg WuM 1994, 426). Soweit in der Hausordnung enthalten ist, dass nur funktionssichere und fachgerecht angeschlossene Geräte benutzt werden dürfen und der Abschluss einer Privathaftpflichtversicherung anheim gestellt wird, handelt es sich hier natürlich lediglich um programmatische Bestimmungen, da sich Rechtsfolgen bei Nichtbeachtung der Bestimmungen letztlich nicht ableiten lassen.

7. Die Übertragung der **Verkehrssicherungspflicht** auf den Mieter ist hinsichtlich des Winterdienstes zulässig (OLG Frankfurt/M. WuM 1988, 399). Überträgt der Vermieter bzw. Grundstückseigentümer die Räum- und Streupflicht auf Mieter, reduziert sich seine Verkehrssicherungspflicht in diesen Fällen auf eine Kontroll- und Überwachungspflicht. Dies bedeutet, dass der Vermieter sich in regelmäßigen Abständen überzeugen muss, ob die vertragliche Verpflichtung durch Mieter eingehalten wird. Der Vermieter kann sich nicht darauf verlassen, dass den vertraglichen Verpflichtungen ohne weiteres nachgekommen wird. Im Falle eines Schadenseintritts muss er substantiiert darlegen und beweisen, wie die Überwachung der Räum- und Streupflicht geregelt ist und wie er die Erfüllung seiner Verpflichtung überwacht hat (OLG Köln WuM 1996, 226).
Gegebenenfalls kommt ein Auswahlverschulden in Betracht, wenn die Räum- und Streupflicht einem von vornherein ungeeigneten Mieter übertragen wird, der zB auf Grund seines Alters oder seines Gesundheitszustandes zur Durchführung der Arbeiten nicht in der Lage ist.

8. Hier haftet der **Verursacher,** soweit er festgestellt werden kann.

9. → Form. A.III.14.

23. Hausordnung bei Eigentumswohnung

Der Inhalt einer Hausordnung, die eine vermietete Eigentumswohnung betrifft, weicht nicht wesentlich von dem der Hausordnung einer Mietwohnung ab. In Betracht kommt allerdings ein Hinweis darauf, dass Gemeinschaftsflächen durch Mieter grundsätzlich nicht in Anspruch genommen werden dürfen, soweit dies nicht zum normalen Mietgebrauch gehört. Die Nutzung der Gemeinschaftsflächen unterliegt nämlich der Beschlusskompetenz der Wohnungseigentümergemeinschaft. Zu denken ist hier an die Installation von Parabolantennen auf Gemeinschaftsflächen oder Balkonverglasungen als Veränderung der Hausfassade.

24. Hausordnung bei Einfamilienhaus

Auch für Einfamilienhäuser gelten grundsätzlich keine anderen Gesichtspunkte für die Gestaltung einer Hausordnung als für Mietwohnungen. Unterschiede ergeben sich, soweit es sich um Doppelhäuser oder Reihenhäuser handelt oder um freistehende Einfamilienhäuser.

Bei Doppelhäusern oder Reihenhäusern kann eine Regelung hinsichtlich ruhestörenden Lärms auch bei vermieteten Häusern eine Rolle spielen. Keine größere Bedeutung haben bei Einfamilienhäusern Benutzungsregelungen hinsichtlich von Gemeinschaftseinrichtungen, da davon auszugehen ist, dass ein Haus über eigene nur von dem jeweiligen Mieter zu nutzende Einrichtungen verfügt. Soweit nicht im Mietvertrag selbst geregelt, kommt aber Regelungen über Gartenpflege und Gartenbenutzung bei vermieteten Häusern große Bedeutung zu. Falls der Vermieter hier genauere Vorstellungen hat, sollten diese in der Regelung zum Ausdruck kommen. Lediglich Vereinbarungen, die lauten: „Der Mieter hat die Gartenpflege zu übernehmen" sind dann nicht ausreichend. Über die Gestaltung von Gärten als Naturgarten oder als Ziergarten können unterschiedliche Vorstellungen bestehen. Befinden sich in einem Garten besondere vermieterseitige Anpflanzungen oder andere Einrichtungen, erscheint es sinnvoll, diesbezügliche Regelungen zu treffen, zum Beispiel:

Dem Mieter ist es untersagt, ohne Zustimmung des Vermieters Bäume oder Sträucher zu entfernen.

Dies besagt jedoch nicht, dass gegebenenfalls je nach Entwicklung von Gewächsen im Rahmen des vertragsmäßigen Gebrauchs ein mieterseitiger Anspruch entstehen kann, vorhandene Bäume oder Sträucher zurückzuschneiden oder zu entfernen. Ebenfalls kommt in Betracht eine Regelung über die Entfernung oder Kompostierung der Gartenabfälle.

25. Vereinbarung über Betretungsrecht

Vereinbarung

Zwischen

. . . . . .

(Vermieter)

und

. . . . . .

(Mieter)

wird folgende Vereinbarung getroffen:

1. Der Vermieter oder ein von ihm Beauftragter oder der Vermieter in Begleitung beauftragter Personen ist berechtigt, die Mieträume zur Feststellung von Schäden oder Mängeln oder notwendigen baulichen Arbeiten sowie zum Ablesen von Messeinrichtungen nach vorheriger Ankündigung zu betreten.[1] Bei Gefahr in Verzug darf der Vermieter oder ein von ihm Beauftragter bei Abwesenheit des Mieters die Mieträume auch ohne vorherige Ankündigung zur Abwehr der Gefahr[2] betreten.
2. Will der Vermieter das Hausgrundstück oder die Wohnung verkaufen oder ist das Mietverhältnis gekündigt, so darf der Vermieter oder ein von ihm Beauftragter die Mieträume nach vorheriger Ankündigung zusammen mit Kauf- oder Mietinteressenten betreten. Übliche Besichtigungszeiten sind an Werktagen zwischen 9.00 Uhr und 12.00 Uhr und zwischen 15.00 Uhr und 18.00 Uhr.[3]
3. Bei längerer Abwesenheit muss der Mieter dafür sorgen, dass der Vermieter oder sein Beauftragter in Fällen des Abs. 1 und Abs. 2 die Mieträume betreten kann.[4]

. . . .

(Vermieter)   (Mieter)

Anmerkungen

1. Bei der Regelung von **Betretungsrechten** ist als Ausgangspunkt zu berücksichtigen, dass der Mieter als Besitzer der angemieteten Wohnung jeden Dritten, auch seinen eigenen Vermieter, vom Besitz, also auch vom Betreten der Wohnung, ausschließen kann (vgl. *Steinig* GE 2000, 1452). Nach § 858 BGB handelt widerrechtlich, wer dem Besitzer den Besitz entzieht oder ihn im Besitz stört. Außerdem schützt Art. 13 GG die Unverletzlichkeit der Wohnung, was auch im Verkehr privater Personen untereinander zu beachten ist. Hieraus, und daraus, dass sich eine Klausel, die in Allgemeinen Geschäftsbedingungen enthalten ist, an § 307 BGB messen lassen muss (was bedeutet, dass sie den Mieter nicht entgegen Treu und Glauben unangemessen benachteiligen darf) ergibt sich, dass ein Betretungsrecht nur in bestimmten Ausnahmefällen zugebilligt werden kann.

Einschränkungen gelten zunächst hinsichtlich der Personen, zugunsten derer ein Betretungsrecht eingeräumt wird. In Betracht kommen in erster Linie der Vermieter und gegebenenfalls Fachleute, die aus fachlichen Gründen zur Besichtigung zugezogen werden müssen. In Betracht kommt auch, dass das Besichtigungsrecht in Vertretung des Vermieters durch einen Bevollmächtigten, zum Beispiel den Rechtsanwalt des Vermieters wahrgenommen wird. Hier können allerdings insoweit Probleme auftauchen, als es nicht selten ist, dass bereits eine streitige Auseinandersetzung zwischen dem Rechtsanwalt des Vermieters und dem Mieter vorausgegangen ist. Sollte diese das übliche Maß überschritten haben, kommt in Betracht, dass der Mieter den Anwalt des Vermieters als mitgebrachte Person oder als alleinige Besichtigungsperson zurückweisen kann, weil er für ihn unzumutbar ist (AG Hamburg WuM 1987, 379). Fraglich ist, inwieweit der Mieter bei der Besichtigung Auflagen machen darf, zB Ausweise der erschienenen Personen verlangen kann oder das Ausziehen der Straßenschuhe (vgl. *Schlüter* NZM 2006, 681).

Zu unterscheiden ist, ob das Besichtigungsrecht aus konkretem Anlass in Hinblick auf einen bekannt gewordenen Schaden oder Mangel oder zur Feststellung des vertragsgemäßen Zustandes der Wohnung allgemein vorgenommen werden soll. Eine Klausel muss vorsehen, dass ein konkreter Anlass für eine Besichtigung bestehen muss, wie die Bewirtschaftung des Mietobjekts (BGH NZM 2014, 635).Dies gilt auch für das nicht vertraglich geregelte Besichtigungsrecht als Nebenpflicht. Eine formularvertraglich vereinbarte anlasslose Besichtigung verstößt gegen § 307 BGB (AG Stuttgart-Bad Cannstatt, WuM 2015, 148).

Weiter besteht natürlich ein Besichtigungsrecht auch außer der Reihe beim konkreten Verdacht vertragswidrigen Gebrauchs oder Vernachlässigung der Obhutspflicht.

Sonderregelungen über die Duldung des Betretens von Wohnungen sind enthalten in **§ 555a ff. BGB**, soweit der Mieter Erhaltungs- und Modernisierungsmaßnahmen zu dulden hat.

2. Liegen **Notfälle** vor, zB bei Sturm-, Wasser- oder Feuerschäden, die sofortiges Handeln erfordern, liegt es im eigenen Interesse des Mieters, dass im Falle seiner Nichterreichbarkeit die Besichtigung auch ohne vorherige Ankündigung, ohne ausdrückliche Einwilligung und sogar bei Abwesenheit des Mieters möglich sein muss. Fraglich ist hier allerdings das Selbsthilferecht, soweit die Voraussetzungen der §§ 228 BGB (Notstand), 229 BGB (Selbsthilfe) nicht vorliegen (vgl. *Kniep/Gerlach* DWW 1995, 276).

Verweigert der Mieter in Eilfällen die Besichtigung, kommt der Erlass einer einstweiligen Verfügung in Betracht. Eine fristlose Kündigung wegen Verweigerung des Besichtigungsrechts nach § 543 Abs. 1 BGB oder ordentliche Kündigung nach § 573 Abs. 1 BGB dürfte jedoch nicht in Betracht kommen (LG Berlin ZMR 2000, 535). Gerichtsentscheidungen, die das Besichtigungsrecht zusprechen, können durch Zwangsgeld nach § 858 ZPO vollstreckt werden.

3. Auch die Tatsache, dass der Vermieter das Anwesen verkaufen oder neu vermieten will und die Beendigung des Mietverhältnisses bevorsteht, gibt dem Vermieter kein unbegrenztes Besichtigungsrecht. Hier gilt, dass es dem Mieter zumutbar ist, die Besichtigungen in angemessenen Abständen, das heißt etwa zweimal wöchentlich, hinzunehmen (AG Wedding GE 1985, 155). Bei einer Besichtigung durch Mietinteressenten soll eine Voranmeldung 24 Stunden vor dem Besichtigungstermin ausreichend sein (AG Neustadt/ Rübenberge WuM 1975, 143). Fraglich ist, inwieweit der Mieter Anforderungen an die mitgebrachten Personen, zB Kauf- oder Mietinteressenten stellen darf. Kaum dürfte verlangt werden, dass die Personen, die die Mieträume besichtigen, die Schuhe ausziehen müssen. Andererseits dürfte es zulässig sein, dass der Mieter Ausweispapiere zur Identifikation der Personen verlangen kann (AG München BeckRS 1993, 30940104).

4. Nachdem den Mieter grundsätzlich keine Anwesenheitspflicht trifft, kann es durchaus vorkommen, dass ein Besichtigungsrecht, auch das regelmäßige turnusmäßige Besichtigungsrecht, daran scheitert, dass der Mieter „nie Zeit hat". Es kann aber in diesem Fall von ihm verlangt werden, dass er gegebenenfalls eine andere Person beauftragt, die die Besichtigung gestattet.

26. Vereinbarung gegenseitiger Bevollmächtigung

Vereinbarung

Zwischen

. . . . . .

(Vermieter)

und

. . . . . .

(Mieter)

wird folgende Vereinbarung getroffen:

1. Die Mieter bevollmächtigen sich unter dem Vorbehalt schriftlichen Widerrufs, der gegenüber dem Vermieter zu erklären ist, gegenseitig zur Abgabe und Entgegennahme von Erklärungen, die das Mietverhältnis berühren.[1]
2. Ein Widerruf der Vollmacht wird erst für Erklärungen wirksam, die nach Zugang des Widerrufs abgegeben werden.[2]
3. Eine Erklärung des Vermieters, die alle Mieter betrifft, muss zwar an alle Mieter gerichtet sein, für ihre Rechtswirksamkeit genügt es aber, wenn sie gegenüber einem Mieter abgegeben wird.[3]
4. Diese Vollmacht gilt auch für die Entgegennahme von Kündigungen des Vermieters und für die Abgabe von Zustimmungserklärungen der Mieter zu einem Mieterhöhungsverlangen. Sie gilt nicht für den Ausspruch von Kündigungen durch die Mieter und für Mietaufhebungsverträge.[4]

. . . .

(Vermieter)   (Mieter)

Anmerkungen

1. Vertragsklauseln, durch die sich die Mieter gegenseitig bevollmächtigen, sind zulässig. Erforderlich ist jedoch, dass für den Mieter bereits vertraglich die **Widerrufsmöglichkeit** für derartige Bevollmächtigungsklauseln vorgesehen wird. Wäre dies nicht der Fall, könnte ein Mieter in Abwesenheit seines oder seiner Mitmieter auch dann, wenn das Verhältnis zwischen den Mietern gestört ist, weitreichende Erklärungen abgeben oder entgegen nehmen. Davor soll den Abwesenden die Widerrufsmöglichkeit schützen.

2. Hinsichtlich der **Wirksamkeit des Widerrufs** muss auf den **Empfängerhorizont** abgestellt werden. Für den Vermieter muss die Vollmacht weiter bestehen, bis ihm der Widerruf zugegangen ist. Erklärungen, die vor Zugang abgegeben werden, sind vom Widerruf nicht berührt.

3. Folge der **gegenseitigen Bevollmächtigung** der Mieter ist, dass es genügt, wenn Erklärungen gegenüber einem Mieter abgegeben werden. Dies wurde in Hinblick auf ein Mieterhöhungsverlangen nach § 558a BGB durch das OLG Schleswig (WuM 1983, 130) entschieden. Die Bevollmächtigungsklausel kann auch in einem Formularmietvertrag enthalten sein. Die jeweilige Erklärung muss aber an alle Mieter gerichtet sein, ist sie nur an einen Mieter gerichtet, ist die Erklärung unwirksam (OLG Koblenz NJW 1984, 244).

4. Der Bundesgerichtshof (BGH GE 1997, 1458) hat entschieden, dass eine Vollmachtsklausel auch für die **Entgegennahme von Kündigungen** durch Mieter zulässig ist, nicht jedoch für Kündigungen der Mieter selbst und für Mietaufhebungsverträge. Zur Begründung wird unter anderem ausgeführt, dass ein Mieter, der – ohne aus dem Vertrag entlassen worden zu sein – auszieht, sich durch den Widerruf der formularmäßigen Vollmacht vor Nachteilen schützen könne. Solange der Mieter die gemeinsam angemietete Wohnung noch bewohne, seien seine Mitmieter Personen, die als Empfangsboten eine Kündigungserklärung mit Wirkung für ihn entgegen nehmen könnten.

27. Übergabeprotokolle

Übergabeprotokoll mit Zusatzverpflichtung des Mieters

Übergabeprotokoll[1]

Mietobjekt: . . . . . .

Anwesende Parteien:

Für den Vermieter . . . . . .

Für den Mieter . . . . . .

Die Anwesenden haben das Mietobjekt besichtigt und dabei folgenden Zustand festgestellt:

Wohnzimmer:[2] . . . . . .

Schlafzimmer: . . . . . .

Küche: . . . . . .

Bad: . . . . . .

WC: . . . . . .

Folgende Schlüssel wurden von Mieterseite übergeben:

. . . . . .

Zählerstände:

Strom: Zählernummer: . . . . . .   Zählerstand: . . . . . .

Gas: Zählernummer: . . . . . .   Zählerstand: . . . . . .

Wasser: Zählernummer: . . . . . .   Zählerstand: . . . . . .

In Hinblick auf den festgestellten Zustand der Mieträume verpflichtet sich der Mieter folgende Arbeiten bis zum . . . . . . vorzunehmen:[3]

Hinsichtlich des Zustandes der Mieträume bleibt es dem Vermieter vorbehalten, verborgene Mängel auch noch zu einem späteren Zeitpunkt, sobald sie erkannt werden, geltend zu machen.[4]

. . . .

(Vermieter)   (Mieter)

Anmerkungen

1. Es gibt **zwei Arten von Protokollen:** Übergabeprotokolle bei Beginn des Mietverhältnisses, um die erforderlichen Feststellungen hinsichtlich von Mängeln und Zählerständen bei Beginn des Mietverhältnisses festzuhalten, und Übergabeprotokolle bzw. Abnahmeprotokolle bei Beendigung des Mietverhältnisses, um den Zustand der Mieträume und die Zählerstände bei Beendigung des Mietverhältnisses festzustellen. Weiter kommt in Betracht, dass in Übergabeprotokolle zusätzliche Verpflichtungen des Mieters aufgenommen werden. Übergabeprotokolle dienen daher in erster Linie Beweiszwecken. Sie sollen sowohl für Mieter als auch für Vermieter die Beweisführung dahin erleichtern, dass Mängel bei Beginn bzw. Beendigung des Mietverhältnisses vorgelegen haben oder nicht vorgelegen haben. Zu berücksichtigen ist hierbei die Rechtsprechung hinsichtlich der Beweislastverteilung nach Risikosphären (OLG Karlsruhe WuM 1984, 267 sowie BGH WuM 1994, 466), wonach dann, wenn eine Herkunft der Schadensursache nur aus dem der unmittelbaren Einflussnahme, Herrschaft und Obhut unterliegenden Bereich des Mieters in Betracht kommt, der Mieter beweisen muss, dass der Fehler oder Schaden nicht von ihm verursacht und verschuldet worden ist. Dies bedeutet, dass hinsichtlich feststehender Mängel oder Schäden, die während der Mietzeit aufgetreten sind, der Mieter sich entlasten muss, da für den Vermieter insoweit so gut wie keine Beweismöglichkeiten bestehen. Hinsichtlich des Entstehens eines Mangels oder Schadens während der Mietzeit ist der Vermieter beweispflichtig. Umgekehrt kann der Mieter sich darauf berufen, dass im Übergabeprotokoll bei Beendigung des Mietverhältnisses nicht enthaltene Mängel oder Schäden tatsächlich nicht vorliegen. Enthält ein Übergabeprotokoll bei Beendigung des Mietverhältnisses hinsichtlich einzelner Mängel in den Mieträumen keine Beanstandungen, kann hierin ein **negatives Schuldanerkenntnis** des Vermieters gesehen werden, dass der Mangel tatsächlich nicht vorhanden ist, dies schließt einen Schadensersatzanspruch aus (vgl. Schmidt-Futterer/*Langenberg* BGB § 538 Rn. 391). Dies gilt umso mehr, wenn im Rahmen der Übergabe die Erklärung schriftlich in dem Protokoll festgehalten wird, dass sich die Mieträume in ordnungsgemäßem Zustand befinden. Voraussetzung ist allerdings, dass das Protokoll von beiden Parteien oder durch von ihnen bevollmächtigte Personen unterschrieben ist. In diesem Fall kann keine der Parteien sich darauf berufen, dass die Mängel etwa wegen ungenügender Sichtverhältnisse oder anderer äußerlicher Umstände nicht festgestellt werden konnten, es sei denn, es handelt sich um verborgene Mängel. Hier kommen zB nicht sichtbare Tierverunreinigungen eines Teppichbodens in Betracht, die nach erfolgter Teppichreinigung erst Tage nach Räumung der Wohnung wieder in Erscheinung treten.

2. Sinnvoll sind Übergabeprotokolle nur dann, wenn sie den **Zustand möglichst genau beschreiben**, also nicht nur Formulierungen enthalten, wie zB „in Ordnung". Dies gilt nicht nur hinsichtlich des Vorhandenseins zB von Flecken auf Teppichböden oder Kratzern in Parkettböden, sondern auch hinsichtlich der Größe, des Umfangs und der Farbe bei Flecken, der Länge und Tiefe bei Kratzern.

3. Unabhängig von einer wirksamen oder unwirksamen Schönheitsreparaturklausel im Mietvertrag können in einem Übergabeprotokoll bei Beendigung des Mietverhältnisses durch den Mieter **Verpflichtungen hinsichtlich von Reparaturarbeiten oder der Durchführung von Schönheitsreparaturen** eingegangen werden. Hierin kann ein Schuldanerkenntnis nach § 781 BGB liegen (LG Berlin ZMR 2000, 535). Zu berücksichtigen ist allerdings, dass Übergabeprotokolle, soweit sie formularvertraglich abgefasst sind, an § 307 BGB zu messen sind, da es sich dann um Allgemeine Geschäftsbedingungen handelt (vgl. *Emmerich* NZM 2000, 1162). Soweit Übergabeprotokolle eine vorgedruckte Erklärung des Mieters enthalten, dass er sich zB verpflichtet, die Mieträume zu renovieren, bestehen insoweit Bedenken, als der Mieter grundsätzlich nicht damit rechnen muss, dass in einem Übergabeprotokoll eine formularmäßige umfangreiche Renovierungsverpflichtung enthalten ist. Dies gilt umso mehr, wenn diese nicht deutlich hervor gehoben ist. Soweit dieses Anerkenntnis im Rahmen einer Übergabeverhandlung bzw. eines Übergabeprotokolls abgegeben wird, ist jedoch insoweit Vorsicht geboten, als auch formularvertragliche Übergabeprotokolle an § 307 BGB zu messen sind (vgl. *Emmerich* NZM 2000, 1162). Etwas anderes gilt dann, wenn die Übernahme der Renovierungspflicht im Übergabeprotokoll individuell vereinbart worden ist. Diese wird dann auch nicht von einer Unwirksamkeit der vertraglichen Schönheitsreparaturklausel erfasst (BGH NZM 2009, 233).

In Betracht kommt auch, dass ein deklaratorisches Schuldanerkenntnis vorliegt, zB durch die Formulierung „der Mieter verpflichtet sich, die Mieträume entsprechend der vertraglichen Vereinbarung zu renovieren". Hier wird lediglich auf den Inhalt des Mietvertrages Bezug genommen. Es kommt darauf an, ob die im Mietvertrag enthaltene Schönheitsreparaturklausel wirksam vereinbart ist.

Ein konstitutives Schuldanerkenntnis, das also einen selbstständigen Schuldgrund enthält, ist an den Regeln über die Allgemeinen Geschäftsbedingungen, insbesondere § 307 BGB zu messen. Es ist zu prüfen, ob eine unbillige Benachteiligung des Mieters vorliegt.

Nicht als Allgemeine Geschäftsbedingung ist jedenfalls eine Vereinbarung anzusehen, die in der Weise zustande kommt, dass angesichts der Besichtigung der Mieträume zwischen den Parteien vereinbart wird, dass der Mieter sich zur Durchführung einzelner Arbeiten, wie zB des Streichens der Wände, verpflichtet. Für diese Verpflichtung gilt dann auch nicht das Erfordernis der Nachfristsetzung, wie dies bei einer vertraglichen Schönheitsreparaturklausel der Fall wäre.

4. Alternative: Übergabeprotokoll ohne Zusatzverpflichtung des Mieters. Das Übergabeprotokoll ohne Zusatzverpflichtung des Mieters dient lediglich dazu, den Zustand der Mieträume bei Beendigung des Mietverhältnisses wie oben festzuhalten und zu Beweiszwecken ebenfalls Zählerstände festzuhalten, soweit dies bei der jeweiligen Wohnung in Betracht kommt. Hierbei ist zu berücksichtigen, dass – soweit Heizung und Warmwasser betroffen sind – dies in der Regel durch Abrechnungsfirmen vorgenommen wird, so dass das Übergabeprotokoll hierzu nichts enthalten muss.

28. Vereinbarung Ausschluss des Wegnahmerechts des Mieters, §§ 539 Abs. 2, 552 BGB

Vereinbarung

Zwischen

......

(Vermieter)

und

......

(Mieter)

wird folgende Vereinbarung getroffen:

...... ist Mieter der Wohnung in ......
Der Mieter hat in der vermieteten Wohnung eine Kücheneinrichtung, bestehend aus ...... angebracht.[1]

1. Die Parteien schließen das Wegnahmerecht des Mieters nach § 539 Abs. 2 BGB sowohl für den Fall des Auszugs des Mieters als auch zu einem früheren Zeitpunkt hiermit aus.[2] Dies gilt auch für den Fall, dass der Mieter ein berechtigtes Interesse an der Wegnahme geltend macht.[3]
Zum Ausgleich zahlt der Vermieter an den Mieter einen Betrag im Sinne von § 552 Abs. 2 BGB in Höhe des Zeitwerts der Kücheneinrichtung. Ausgehend von einem Anschaffungspreis von ...... EUR setzen die Parteien einen Abschlag von 5 % für jedes angefangene Jahr der Nutzung der Kücheneinrichtung fest. Ausgehend vom Anschaffungspreis abzüglich des bis zum Zeitpunkt der Ausgleichszahlung anzusetzenden Abschlags errechnet sich der Zeitwert. Abzuziehen ist weiter ein Betrag von EUR ...... als Ansatz für die von dem Mieter ersparten Kosten des Ausbaus der Kücheneinrichtung.[4]

....

(Vermieter)   (Mieter)

Anmerkungen

1. Nach dem Grundsatz des § 539 Abs. 2 BGB gilt, dass der Mieter berechtigt ist, eine Einrichtung wegzunehmen, mit der er die Mietsache versehen hat. Unter Einrichtung im gesetzlichen Sinne sind nicht Möbel oder Elektrogroßgeräte oder ähnliches zu verstehen. Diese Gegenstände kann der Mieter auch ohne gesetzliche Regelung entfernen. Einrichtungen sind vielmehr Sachen, die in trennbarer Weise mit der Mietsache verbunden sind und ihrem wirtschaftlichen Zweck zu dienen bestimmt sind (OLG Düsseldorf ZMR 1999, 386). Hierzu gehört zB eine Kücheneinrichtung, eine Duschkabine, ein Teppichboden, Rollläden oder Ähnliches. Es ist unerheblich, ob die Einrichtung wegen der Art der Verbindung wesentlicher Bestandteil der Mietsache gemäß § 93 BGB geworden ist. Die

Einrichtungen müssen sich aber ohne Zerstörung entfernen lassen, was zum Beispiel für Parkettböden oder Fliesen nicht gilt. Dasselbe gilt für Großgewächse in einem Garten (OLG Düsseldorf NZM 1998, 1020).

2. Nach § 552 Abs. 1 BGB gilt, dass der Vermieter die Ausübung des Wegnahmerechts nach § 539 Abs. 2 BGB durch Zahlung einer angemessenen Entschädigung abwenden kann. Dies bedeutet, dass eine angemessene Entschädigung angeboten werden muss. Die Wegnahme kann jedoch nach § 552 Abs. 1 BGB nicht verhindert werden, wenn der Mieter ein berechtigtes Interesse an der Wegnahme hat. § 552 Abs. 2 BGB sieht die Möglichkeit vor, dass das Wegnahmerecht generell durch Vereinbarung ausgeschlossen werden kann. Diese Vereinbarung ist jedoch nur dann wirksam, wenn ein angemessener Ausgleich im Sinne einer Entschädigung für den Wert der Einrichtung vorgesehen ist.

3. Der Ausschluss des Wegnahmerechts durch Vereinbarung gegen Zahlung einer angemessenen Entschädigung ist auch dann möglich, wenn der Mieter ein berechtigtes Interesse an der Wegnahme hat. Ein Ausschluss der Anwendung des § 552 Abs. 2 BGB für diesen Fall ist im Gesetz nicht vorgesehen. Unter einem berechtigten Interesse an der Wegnahme versteht man ein Interesse, das darin besteht, dass besondere Aufwendungen für spezielle Interessen des Mieters getätigt worden sind, die bedeuten, dass die Einrichtung für ihn einen speziellen Affektionswert hat.

4. Hinsichtlich der angemessenen Entschädigung oder des angemessenen Ausgleichs, was dasselbe bedeutet, ist zunächst vom Zeitwert der Einrichtung auszugehen. Insoweit können die Parteien zur Vermeidung eines Sachverständigengutachtens eine Vereinbarung treffen. Es ist ein angemessener Betrag für die Abnutzung abzuziehen (AG Köln WuM 1998, 345). Anrechnen lassen muss sich der Mieter einen Ansatz für die ersparten Kosten des Ausbaus der Einrichtung. Gegebenenfalls kommen weitere Abzüge für Mängel oder Beschädigungen der Einrichtung zum Zeitpunkt des Auszugs oder der Entfernung der Einrichtung in Betracht.

29. Vereinbarung einer Instandsetzungsverpflichtung des Mieters gegen Mietnachlass

Vereinbarung

Zwischen

. . . . . .

(Vermieter)

und

. . . . . .

(Mieter)

wird folgende Vereinbarung getroffen:

Der Mieter verpflichtet sich, bis zum . . . . . . in den von ihm angemieteten Räumen in . . . . . . folgende Arbeiten durchzuführen:[1]
Die durchzuführenden Arbeiten sind in fachhandwerklicher Qualität unter Beachtung der geltenden Vorschriften durchzuführen. Bestehen insoweit nach Durchführung der

Arbeiten zwischen den Parteien unterschiedliche Auffassungen, so sind sich die Parteien darüber einig, dass über die fachhandwerkliche Qualität der Arbeiten und über die Einhaltung der geltenden Vorschriften eine gutachtliche Stellungnahme des nachfolgenden Fachbetriebs entscheidet: ......[2]

Zum Ausgleich für die von dem Mieter durchzuführenden Arbeiten wird vereinbart, dass der Mieter entgegen der vertraglich vereinbarten Nettomiete für das erste Jahr der Mietzeit lediglich einen monatlichen Nettomietbetrag von EUR ...... zu bezahlen hat.[3]

Zieht der Mieter vor Ablauf des ersten Jahres der Mietzeit aus, so wird ihm für jeden Monat des vorzeitigen Auszugs im Hinblick auf die von ihm durchgeführten Arbeiten, soweit Ziffer 1 der Vereinbarung vertragsgemäß erfüllt ist, ein Betrag von EUR ...... erstattet.[4]

....

(Vermieter)   (Mieter)

Anmerkungen

1. Die **Instandsetzungspflicht** ist gesetzliche **Vermieterpflicht** nach § 535 Abs. 1 S. 2 BGB. Eine einseitige Abwälzung der Instandsetzungspflicht auf den Mieter ist grundsätzlich nur im Rahmen einer Schönheitsreparaturklausel oder einer Kleinreparaturklausel zulässig. Andererseits ist es im Rahmen der Billigkeitsvorschriften, die nach § 307 BGB gelten, soweit nicht eine Individualvereinbarung vorliegt, möglich, einzelne Instandsetzungs- oder Instandhaltungsverpflichtungen auf den Mieter zu übertragen. Auch wenn es sich um eine Individualvereinbarung handelt, dürfte es jedoch erforderlich sein, nach § 242 BGB das Verhältnis zwischen Leistung und Gegenleistung zu berücksichtigen. Sind im Rahmen der Instandhaltungsverpflichtung Arbeiten, die der Mieter durchzuführen hat, vereinbart, müssen diese in der Vereinbarung möglichst genau umschrieben werden, um insoweit nicht späteren Konfliktstoff zu schaffen.

2. Streitigkeiten entstehen oft dadurch, dass vom Mieter durchgeführte Arbeiten nicht den **Qualitätsvorstellungen des Vermieters** entsprechen. Grundsätzlich gilt für Mieterarbeiten dasselbe wie bei der Durchführung von Schönheitsreparaturen, dass nämlich fachhandwerkliche Qualität erforderlich ist. Insoweit erscheint es sinnvoll, einen Fachbetrieb gutachterlich darüber entscheiden zu lassen, ob mieterseitige Arbeiten diesen Anforderungen entsprechen. Um auch insoweit Einseitigkeit zu vermeiden, sollte der Fachbetrieb bereits in der Vereinbarung selbst festgelegt werden. Möglich ist es, in der Vereinbarung selbst zu regeln, wer die Kosten für die bezeichnete gutachterliche Stellungnahme trägt. Sollte es sich um größere Arbeiten handeln, kommt auch eine Stellungnahme eines Sachverständigen für das die Arbeiten jeweils betreffende Fachhandwerk in Betracht, wobei die Kosten der gutachterlichen Stellungnahme in diesem Fall naturgemäß höher liegen.

3. Wird als **Gegenleistung** für die durchgeführten Arbeiten ein Mietnachlass vereinbart, muss der für den entsprechenden Zeitraum zu zahlende Mietzins eindeutig festgelegt werden. Je nach Umfang und Wert der Arbeiten müssen Leistung und Gegenleistung sich entsprechen, das heißt der Mietnachlass kann entsprechend monatlich höher sein oder einen längeren Zeitraum umfassen.

4. Zu berücksichtigen ist in der Vereinbarung die Möglichkeit, dass der Mieter zwar die ihm obliegenden Arbeiten durchgeführt hat, er sie aber nicht mehr „abwohnen" kann. In diesem Fall muss vorgesehen sein, dass bei vertragsgemäß durchgeführten Arbeiten eine **zeitanteilige Erstattung** der aufgewendeten Kosten stattfindet.

30. Gartenpflegeverpflichtung

Vereinbarung

Zwischen

. . . . . .

(Vermieter)

und

. . . . . .

(Mieter)

wird folgende Vereinbarung getroffen:

. . . . . . ist Mieter der Räume . . . . . . in . . . . . .
. . . . . . ist Vermieter.

1. Zu dem Anwesen, in dem sich die an den Mieter vermietete Wohnung befindet, gehört eine Gartenanlage, die folgendermaßen begrenzt wird:[1]

. . . . . .

Die Gartenanlage ist derzeit folgendermaßen bepflanzt:[2]

. . . . . .

Der Mieter verpflichtet sich, folgende Arbeiten, jeweils bezogen auf die einzelnen Monate des Jahres durchzuführen: . . . . . .[3]

Zum Ausgleich für die von dem Mieter durchgeführten Arbeiten reduziert sich die vertragliche Nettomiete von . . . . . . EUR auf monatlich . . . . . . EUR netto.[4]

Führt der Mieter die ihm übertragenen Arbeiten nicht in einer Weise durch, die den üblichen Anforderungen an die bezeichneten Arbeiten entspricht, was gegebenenfalls durch einen Gartenbaubetrieb festgestellt wird, entfällt die Mietreduzierung.[5]

. . . .

(Vermieter)   (Mieter)

Anmerkungen

1. **Erste Voraussetzung** der Gartenpflegeverpflichtung des Mieters ist, den Bereich genau abzugrenzen, auf den sich die Verpflichtung bezieht. Dies kann zB in der Weise geschehen, dass die gärtnerische Anlage bezeichnet wird als „zwischen der A-Straße und dem Zugangsweg zu Eingang 1 des Hauses gelegene Fläche".

2. Der **Ist-Zustand der Bepflanzung** ist vor allem deshalb von Bedeutung, weil dem Vermieter in der Regel daran gelegen ist, dass das äußere Erscheinungsbild der gärtnerischen Bepflanzung nicht verändert wird, das heißt vorhandene Bäume und Büsche nicht entfernt werden. Dasselbe gilt für Anpflanzungen in Beeten und Rasenflächen.

3. Der Kernpunkt der Vereinbarung ist die Bezeichnung der durch den Mieter **durch-zuführenden Arbeiten**. Diese Bezeichnung sollte möglichst genau geschehen, da über Gartenpflegearbeiten durchaus unterschiedliche Vorstellungen bestehen („Naturgarten" – „Ziergarten"). Soweit in Betracht kommt, dass auch hinsichtlich der Entfernung von Gewächsen zum Beispiel im Falle, dass diese eingehen, etwas geregelt wird, sollten die Fälle im Einzelnen beschrieben werden. Gleichzeitig sollte hinzugefügt werden, inwieweit eine Zustimmung des Vermieters im Einzelfall eingeholt werden muss.

Im Falle der zwei rechts vom Hauseingang befindlichen Fichten gilt, dass jede Veränderung von der Zustimmung des Vermieters abhängig ist.

4. Ebenso wie bei der Instandsetzungsverpflichtung (→ Form. A.III.29) gilt auch hier, dass die **Mietreduzierung** wertmäßig den Leistungen des Mieters entsprechen muss.

5. Im Einzelfall ist es jeweils möglich, dass die vom Mieter durchgeführten Arbeiten trotz genauerer Umschreibung, die auch gegebenenfalls die Entfernung bzw. Lagerung von Gartenabfällen umfassen muss, nicht den Anforderungen, die üblicherweise an solche Arbeiten gestellt werden müssen, entsprechen. Hierbei wird man allerdings im Gegensatz zur Instandsetzungsverpflichtung des Mieters davon ausgehen müssen, dass nicht die Anforderungen gestellt werden dürfen, die an einen Gartenbaufachbetrieb gestellt werden. Diese Anforderungen würden nämlich den Einsatz von Geräten und Fachkräften erfordern, die selbst einem handwerklich geschickten Mieter nicht zur Verfügung stehen.

31. Hausmeistertätigkeit gegen Mietnachlass

Vereinbarung

Zwischen

......

(Vermieter)

und

......

(Mieter)

wird folgende Vereinbarung getroffen:

...... ist Mieter der Wohnung ......, ... ist Vermieter.
Der Mieter übernimmt mit Wirkung ab ...... im Anwesen ...... folgende Hausmeistertätigkeiten:[1] ......
Als Entgelt für die von dem Mieter durchzuführenden Arbeiten reduziert sich die vertraglich vereinbarte Nettomiete in Höhe von EUR ......, für die Zeit, in der der Mieter die bezeichneten Arbeiten ausführt, auf EUR ......[2]

....

(Vermieter)   (Mieter)

Anmerkungen

1. Bei der vorliegenden Vereinbarung handelt es sich nicht um die Begründung eines Mietverhältnisses über eine Werkdienstwohnung nach § 576b BGB, ebenso wenig über eine Werkmietwohnung nach § 576 BGB. Die Vereinbarung stellt lediglich die **Übertragung einzelner Instandhaltungsaufgaben** auf den Mieter dar, wie dies zB auch bei der Übertragung von Aufgaben aus dem Bereich der Verkehrssicherungspflicht (Räum- und Streupflicht) oder Treppenhausreinigung der Fall ist. Unter Hausmeistertätigkeiten fallen Arbeiten wie zB kleinere Reparaturen, Reinigung, Schneeräumen und Streuen, Pflege einer Gartenanlage.

2. Auch hier muss sich das Entgelt in Form der **Mietreduzierung** in einem Verhältnis zu den übernommenen Tätigkeiten bewegen. Wird Hausmeistertätigkeit in Form eines Hausmeisterdienstvertrages übertragen, ist damit in der Regel die Vermietung einer Hausmeisterdienstwohnung zu einem entsprechend niedrigen Mietzins verbunden.

32. Auskunftsersuchen des Mieters bei Verstoß gegen Mietpreisbremse

. . . . . .

(Mieter)

an

. . . . . .

(Vermieter)

Sehr geehrter . . . . .

Wie Sie wissen, habe ich von Ihnen am . . . . . zu einem Mietpreis von 1.000,– EUR netto eine Wohnung angemietet. Bekanntlich findet im Bereich der Landeshauptstadt München die sogenannte Mietpreisbremse Anwendung. Daher darf meine Miete nicht höher sein als die ortsübliche Vergleichsmiete zzgl. 10 %.

Nachdem mir nicht bekannt ist, wie Sie die ortsübliche Vergleichsmiete in meinem Fall bei der Neuvermietung berechnet haben, bitte ich hierüber um Auskunft.

Gleichzeitig gebe ich Ihnen die durch mich nach dem qualifizierten Mietspiegel für München vorgenommene Berechnung bekannt. Wie Sie feststellen können, beträgt nach meiner Berechnung die ortsübliche Vergleichsmiete nur 750,– EUR. Dies ergibt eine höchstzulässige Nettomiete von 825,– EUR.

Ich bitte um Ihre Stellungnahme bis zum . . . . .

Mit freundlichen Grüßen . . . . .

. . . . . .

(Mieter)

Anmerkungen

→ Form. A.II.1 Anm. 3; **zur anwaltlichen Korrespondenz** → Form. C.VII.2

33. Antwort des Vermieters auf Auskunftsersuchen des Mieters wegen Mietpreisbremse (Vormieter – Miete)

. . . . . .

(Vermieter)

an

. . . . . .

(Mieter)

Sehr geehrter . . . . . .

Ihr Schreiben vom . . . . . . beantworte ich wie folgt:

Es ist richtig, dass in München die Mietpreisbremse (Gesetz zur Dämpfung des Mietanstiegs) zur Anwendung kommt. In Ihrem Fall gilt allerdings die Ausnahme, dass Sie nur die Miete bezahlen, die Ihr Vormieter bezahlt hat, § 556e BGB. Diese kann weiter verlangt werden. Zum Beweis dafür lege ich den letzten Kontoauszug vor, aus dem sich die von dem Vormieter bezahlte Miete ergibt. Ein Betrag von 100,– EUR stellt die Nebenkostenvorauszahlung dar.

Ich hoffe, Ihnen mit dieser Auskunft gedient zu haben.

Mit freundlichen Grüßen

. . . . . .

(Vermieter)

Anmerkungen

→ Form. A.II.1 Anm. 3; zur anwaltlichen Korrespondenz → Form. C.VII.

34. Antwort des Vermieters auf Auskunftsersuchen des Mieters wegen Mietpreisbremse (Berechnung der ortsüblichen Vergleichsmiete)

. . . . . .

(Vermieter)

an

. . . . . .

(Mieter)

Sehr geehrte . . . . .

Ihr Schreiben vom . . . . . beantworte ich wie folgt:

Es ist richtig, dass im Bereich der Stadt München die Mietpreisbremse Anwendung findet. Es darf insoweit tatsächlich bei einer Neuvermietung nur die ortsübliche Vergleichsmiete zzgl. 10 % verlangt werden.

Die durch Sie vorgenommene Berechnung der ortsüblichen Vergleichsmiete ist jedoch aus folgenden Gründen unrichtig:

. . . . .

Sie sehen also, dass Sie tatsächlich nicht mehr als die ortsübliche Vergleichsmiete zzgl. 10 % bezahlen.

Ich hoffe, Ihnen mit dieser Auskunft gedient zu haben.

Mit freundlichen Grüßen

. . . . . .

(Vermieter)

Anmerkungen

→ Form. A.II.1 Anm. 3; zur anwaltlichen Korrespondenz → Form. C.VII.

35. Antwort des Vermieters auf Auskunft Ersuchen des Mieters wegen Mietpreisbremse (umfassende Modernisierung)

. . . . . .

(Vermieter)

an

. . . . . .

(Mieter)

Sehr geehrter . . . . .

Ihr Schreiben vom . . . . . beantworte ich wie folgt:

Es ist richtig, dass im Gebiet der Stadt München die Miete bei einer Neuvermietung grundsätzlich nicht höher sein darf als die ortsübliche Vergleichsmiete zzgl. 10 %.

In Ihrem Fall verhält es sich allerdings so, dass die an Sie vermietete Wohnung, wie Sie selbst schon feststellen konnten, umfassend modernisiert worden ist. In diesem Fall gilt die Mietpreisbremse nicht, die Miete kann bei der Neuvermietung frei vereinbart werden, § 556f Nr. 2 BGB. Die Kosten der umfassenden Modernisierung haben, wie sie aus der beiliegenden Aufstellung entnehmen können, mehr als ein Drittel der Kosten, die für einen Neubau angefallen wären, ausgemacht.

Ich hoffe, Ihnen mit dieser Auskunft gedient zu haben.

Mit freundlichen Grüßen

. . . . . .

(Vermieter)

Anmerkungen

→ Form. A.II.1 Anm. 3; zur anwaltlichen Korrespondenz → Form. C.VII.

36. Antwort des Vermieters auf Auskunftsersuchen des Mieters wegen Mietpreisbremse (Neubau)

. . . . . .

(Vermieter)

an

. . . . . .

(Mieter)

Sehr geehrter . . . . .

Ihr Schreiben vom beantworte ich wie folgt:

Es ist richtig, dass im Bereich der Stadt München die Nettomiete bei Neuvermietung nicht mehr als 10 % über der ortsüblichen Vergleichsmiete betragen darf. Dies gilt aber dann nicht, wenn es sich bei der vermieteten Wohnung um eine Neubauwohnung handelt, § 556f BGB. Das Gebäude, in dem sich die an Sie vermietete Wohnung befindet, ist am 1.12.2014 fertig gestellt worden. Nachdem der Stichtag für die Beurteilung als Neubau der 1.10.2014 ist, fällt das Gebäude unter die Neubauregelung.

Ich hoffe, Ihnen mit dieser Auskunft gedient zu haben.

Mit freundlichen Grüßen

. . . . . .

(Vermieter)

Anmerkungen

→ Form. A.II.1 Anm. 3; zur anwaltlichen Korrespondenz → Form. C.VII.

37. Rückforderung des Mieters bei überzahlter Miete

. . . . . .

(Mieter)

An

. . . . . .

(Vermieter)

Sehr geehrter . . . . .

unter dem 1.7.2019 habe ich Sie hinsichtlich der zwischen uns vereinbarten Miete angeschrieben. Ich habe Ihnen mitgeteilt, dass die zwischen uns vereinbarte Nettomiete von 1.000,– EUR überhöht ist. Die Mietvereinbarung ist unwirksam, soweit die von Ihnen verlangte Miete um mehr als 10 % über der ortsüblichen Vergleichsmiete liegt. Ich habe Ihnen eine ausführliche Berechnung der zutreffenden Vergleichsmiete anhand des aktuellen Mietspiegels beigefügt. Hiernach beträgt die ortsübliche Miete 750,– EUR, die höchstzulässige Miete demnach 825,– EUR.

Ich fordere Sie auf, einen Betrag in Höhe von . . . . . an mich unverzüglich zurückzuzahlen. Der Betrag entspricht dem, was ich in der Zeit vom 1.8.2019 bis zum 1.10.2019 über die von mir berechnete ortsübliche Miete zzgl. 10 % hinaus an Sie bezahlt habe.

Mit freundlichen Grüßen

. . . . . .

(Mieter)

Anmerkungen

→ Form. A.II.1 Anm. 3; zur anwaltlichen Korrespondenz → Form. C.VII.3

38. Entgegnung des Vermieters auf Rückforderungsschreiben des Mieters

. . . . . .

(Vermieter)

An

. . . . . .

(Mieter)

Sehr geehrter . . . . .

Ihr Schreiben habe ich erhalten.

Aus meiner Sicht steht Ihnen ein Rückforderungsanspruch wegen überzahlter Miete schon deshalb nicht zu, weil Ihnen zum einen – vorausgesetzt, dass ihre Mietspiegelberechnung zutrifft – bekannt war, dass die von mir verlangte Miete über der zulässigen Grenze lag, § 814 BGB. Zum anderen ergibt sich aus dem zwischen uns geschlossenen Mietvertrag, dass Sie mit der Mietvereinbarung einverstanden waren, § 817 S. 2 BGB, weshalb ein Rückforderungsanspruch ebenfalls ausgeschlossen ist.

Ich sehe daher Ihr Schreiben als gegenstandslos an.

Mit freundlichen Grüßen

. . . . . .

(Vermieter)

Anmerkungen

Die Ansicht des Vermieters ist unzutreffend, eine entsprechende Erwiderung dürfte daher allenfalls der Verzögerung dienen. → Form. A.II.1 Anm. 3

39. Entgegnung des Mieters auf Zurückweisung des Rückforderungsschreibens durch den Vermieter

. . . . . .

(Mieter)

An

. . . . . .

(Vermieter)

Sehr geehrter . . . . .

Ihr Schreiben vom . . . . . muss ich zurückweisen.

Wie Sie wissen müssten, sind durch das Gesetz zur Begrenzung des Mietanstiegs die Bereicherungsvorschriften des BGB abgeändert worden. Dies gilt insbesondere für die §§ 814 und 817 BGB. Aus der Vorschrift des § 556g BGB ergibt sich, dass Sie sich als Vermieter nicht darauf berufen können, dass mir die von Ihnen verlangte überhöhte Miete bei Vertragsabschluss bekannt war. Genauso wenig können Sie sich darauf berufen, dass ich mit der von Ihnen verlangten Miete durch den Vertragsschluss einverstanden war.

Ich fordere Sie daher nochmals auf, die von mir im Schreiben vom . . . . . bezeichneten Beträge unverzüglich an mich zurückzuzahlen. Sollte dies bis zum . . . . . nicht erfolgt sein, wäre ich gezwungen, insoweit Klage zu erheben.

Mit freundlichen Grüßen

. . . . . .

(Mieter)

Anmerkungen

→ Form. A.II.1 Anm. 3

IV. Sonderklauseln für den öffentlich geförderten Wohnungsbau alter Prägung (II. WohnBauG)

1. Vereinbarung der Kostenmiete

§ . . . . . Kostenmiete

Die Kostenkaltmiete darf nach Genehmigung der Schlussabrechnung unter den Voraussetzungen des § 8a Abs. 4 WohnBindG bis zum Beginn des Mietverhältnisses rückwirkend erhöht werden.[1, 2]

Es ist die jeweils zulässige Kostenmiete gemäß § 4 Abs. 8 NMVO vereinbart.[3]

Anmerkungen

1. Die vorgenannten beiden Klauseln gelten ausschließlich für **öffentlich geförderten Wohnraum**, der nach den Bestimmungen des **II. Wohnungsbaugesetzes** errichtet worden ist. Für die ab dem 1.1.2002 unter der Geltung des WoFG des Bundes oder später unter der Geltung der Länder-WoFG errichteten Wohnungen bestimmt § 28 WoFG, dass die zulässige Miete zwischen Bauherr und öffentlichem Darlehensgeber zu vereinbaren ist. Mieterhöhungen richten sich ausschließlich nach den Vorgaben dieser Vereinbarung unter Anwendung der Vorschriften der §§ 557 ff. BGB.

2. § 8a Abs. 4 WohnBindG lässt eine rückwirkende Mieterhöhung zu, wenn die vom Amt genehmigte Schlussabrechnung eine höhere Kostenkaltmiete ausweist als die mit dem Mieter vereinbarte vorläufige Kostenkaltmiete. Die besonderen Voraussetzungen des § 8a müssen erfüllt sein, außerdem muss das Recht zur rückwirkenden Mieterhöhung im Mietvertrag zugunsten des Vermieters vorbehalten sein. Wegen Zeitablaufs (die alte Förderung endete zum 31.12.2001, die Schlussabrechnung ist innerhalb von 2 Jahren ab Bezugsfertigkeit des Hauses zu beantragen) dürfte dieser Teil der mietvertraglichen Regelung inzwischen überflüssig geworden sein.

3. Eine weitere Spezialität des öffentlich geförderten Wohnungsbaus alter Prägung ist das Recht, die sich nach der Schlussabrechnung ändernde Kostenmiete auch rückwirkend erhöhen zu dürfen. Dieses Recht gibt § 4 Abs. 8 NMVO, verlangt aber eine entsprechende Vereinbarung der Mietvertragspartner im Mietvertrag. Die obige Klausel reicht für die Einhaltung des Transparenzgebotes aus (BGH WuM 2004, 25 = NZM 2004, 93; BGH NZM 2004, 379).

2. Vereinbarung einer Betriebskostenumlage und Umlagemaßstab

§ . . . . . Betriebskostenumlage

Es werden neben der Kaltmiete folgende Betriebskosten gemäß der Betrk-VO umgelegt[1]

- Die Grundbesitzabgaben: Grundsteuer, Abfallbeseitigung, Abwasser und Straßenreinigung
- Die Hausversicherungen: Wohngebäudeversicherung, Haushaftpflichtversicherung, Glasversicherung, Öltankhaftpflichtversicherung

- Frischwasser
- Allgemeinhausstrom
- Schornsteinreinigung
- Aufzug
- Pflege der Außenanlage
- Hauswart
- Hausreinigung und laufende Ungezieferbekämpfung
- Schnee- und Eisbeseitigung einschließlich Streumaterial
- Hausantenne und Kabelanschluss
- Wartung und Prüfung von Feuerlöschern, Blitzschutzanlagen, Durchlauferhitzern und Warmwassererzeugern
- regelmäßige Reinigung von Dachrinnen
- soweit gesetzlich zulässig: das Umlagenausfallwagnis[2]
- weitere speziell für dieses Haus anfallende laufende Betriebskosten:[3]

. . . . .

Der Vermieter ist gemäß § 1 Abs. 2 Betrk-VO berechtigt, einzelne Betriebskosten-Arbeiten selbst durchzuführen. Er kann dafür die Kosten einer gleichwertigen Leistung eines Dritten, insbesondere eines Unternehmers, aber ohne MWSt, ansetzen.[4]

Für die Betriebskosten wird eine monatliche Vorauszahlung in Höhe von 70,00 EUR vereinbart.[5]

Die Umlage der Betriebskosten erfolgt im Verhältnis der Wohn- und Nutzfläche, soweit kein anderer Umlagemaßstab zwingend vorgeschrieben ist.[6] Bei Wohnungseigentum ist der in der Teilungserklärung oder Regelung der Wohnungseigentümer festgelegte Umlageschlüssel maßgebend.[7] Bei Wohnungseigentum wird die Grundsteuer umgelegt, welche für die vermietete Wohnung angefallen ist. Auf Grund der Besonderheiten des Hauses werden für folgende Betriebskosten folgende besondere Umlageschlüssel vereinbart:[8]

1. . . . . .
2. . . . . .

Der Vermieter ist berechtigt, für verbrauchsabhängige Kosten einen verbrauchsbezogenen Umlagemaßstab zu bestimmen. Die entsprechende Erklärung muss dem Mieter in der laufenden Abrechnungsperiode zugehen und gilt dann ab Beginn der folgenden Abrechnungsperiode.[9]

Soweit Grundbesitzabgaben um zusätzliche Belastungen erweitert werden, dürfen auch diese weiteren Kosten umgelegt werden.

Wird das Haus teilweise auch gewerblich genutzt, so sind Betriebskosten, die ausschließlich für den Gewerbebereich anfallen, nur diesem zu belasten. Ab sofort ist nicht mehr zu vereinbaren (!): Die Grundsteuer wird in diesem Fall nach dem Verhältnis der vom Finanzamt festgesetzten Teileinheitswerte verteilt.[10]

Über die Betriebskosten wird jährlich abgerechnet, der Vermieter bestimmt den Abrechnungszeitraum. Die Abrechnung muss enthalten: eine geordnete Aufstellung der Gesamtkosten, die Berechnung des Anteils des Mieters unter Angabe und – falls erforderlich – Erläuterung des Umlageschlüssels, die Angabe der Höhe der tatsächlich geleisteten Vorauszahlung und die Höhe der Nachforderung oder des Guthabens.[11]

Zu Teilabrechnungen ist der Vermieter nicht verpflichtet.

Nach Maßgabe der gesetzlichen Vorschriften und unter Einhaltung der dabei notwendigen Form und Frist kann der Vermieter für die Zukunft eine Erhöhung der Vorauszahlung verlangen. Bei einem erheblichen Guthaben kann der Mieter die angemessene Herabsetzung der Vorauszahlung verlangen.[12]

Anmerkungen

1. Das vorstehende Beispiel ist sowohl für den freien wie den geförderten Wohnungsbau verwendbar (§ 20 NMVO und § 556 BGB). Der Eingangssatz der Klausel verweist auf die BetrkV und deren Definition, was als Betriebskosten anzusehen ist: Betriebskosten sind die Kosten, die dem Eigentümer durch das Eigentum am Grundstück oder durch den bestimmungsgemäßen Gebrauch des Gebäudes oder der Wirtschaftseinheit, der Nebengebäude, Anlagen, Einrichtungen und des Grundstückes **laufend** entstehen." § 1 Abs. 2 BetrkV erleichtert (wie schon § 27 Abs. 2 II. BVO) die Umlage von Eigenleistungen des Vermieters nach Grund und Höhe: „Sach- und Arbeitsleistungen des Eigentümers, durch die Betriebskosten erspart werden, dürfen mit dem Betrage angesetzt werden, der für eine gleichwertige Leistung eines Dritten, insbesondere eines Unternehmers, angesetzt werden könnte. Die Umsatzsteuer des Dritten darf nicht angesetzt werden." Die Angabe der einzelnen Betriebskostenarten hat für den freien Wohnungsbau die Wirkung, dass im Katalog nicht genannte Betriebskosten auch nicht umgelegt werden dürfen. Im Sozialen Wohnungsbau sind Betriebskosten, die geltend gemacht werden sollen, nach Art und Höhe dem Mieter bei Überlassung der Wohnung bekannt zu geben (§ 20 Abs. 1 NMV). Die umzulegenden Betriebskosten sind also anzugeben und sperren – aber nur zunächst – die Umlage nicht vereinbarter Betriebskosten. Da aber gemäß § 20 NMVO alle Betriebskosten gemäß BetrkV umgelegt werden dürfen, kann der Katalog umlagefähiger Betriebskosten später erweitert werden. Der Vermieter muss hierbei das Verfahren der Mieterhöhung gemäß § 10 WoBindG einhalten.
Verwendet der Vermieter ein altes Exemplar eines Mietvertragsformulars und ist dort noch der Hinweis auf die Anlage 3 zur II. BVO vorhanden, so soll nach Meinung *Blum* (WuM 2010, 13) die gesamte Klausel über die Umlage von Betriebskosten unwirksam sein. Das dürfte aber nicht zutreffend sein. Entscheidend ist die Aufzählung der einzelnen Betriebskosten im Mietvertrag. Der Hinweis auf die Anlage 3 (oder die Betrk-VO) dient nur der Auslegung, was zu den einzelnen Betriebskosten gehört und mit umgelegt werden kann. Von daher führt der Hinweis auf die Anlage 3, weil die Betrk-VO weitere Nebenkosten zusätzlich als umlegbar zulässt, zu einer Einschränkung der Umlegbarkeit, nicht aber zum Ausschluss.

2. Das **Umlagenausfallwagnis** ist in § 25a NMVO geregelt. Auf die Betriebskosten darf im geförderten Wohnungsbau 2 % aufgeschlagen werden. Berechnungsbeispiele finden sich in diesem Buch unter → Form. C.X.9, → Form. C.X.10.

3. Diese Klausel öffnet den Katalog der Betriebskosten für solche Betriebskosten, die üblicherweise nicht in allen Häusern anfallen, sondern nur in diesem Haus. Zu denken ist hier an eine Deichabgabe, eine besondere Versicherung für ein Reetdach, Kosten für einen von allen Mietern nutzbaren reinen Lastenaufzug, Kosten für ein gemeinschaftliches Schwimmbad oder eine Sauna etc

4. Diese Klausel entspricht **§ 1 Abs. 2 BetrkV**. Betriebskosten-Arbeiten, die der Vermieter selbst durchführen kann, sind: Treppenhausreinigung, Pflege der Außenanlagen, Reinigung der Dachrinnen, Schnee- und Eisbeseitigung, Herausstellen der Mülltonnen am Tage der Müllabfuhr, Überwachung, Pflege und Nachfüllung einer Wasserbehandlungsanlage, Reinigung des Aufzuges, Ungezieferbekämpfung, Wartung und Prüfung von Feuerlöschern, Blitzschutzanlagen, Durchlauf- und Warmwassergeräten. Für Reparatur- und Verwaltungsarbeiten sowie Schönheitsreparaturen darf der Vermieter keine Kosten ansetzen, weder für beauftragte Drittunternehmen noch für sich selbst (s. BetrkV Ziffer 14 „Die Kosten für den Hauswart").

5. Diese Klausel entspricht § 20 Abs. 3 NMVO und § 556 Abs. 2 BGB. Im Gegensatz zum freien Wohnungsbau darf beim geförderten Wohnungsbau, soweit die NMVO anzuwenden ist, keine Pauschale für die Betriebskosten vereinbart werden, sondern es darf nur eine Vorauszahlung verlangt werden (s. *Fischer-Dieskau* NMVO § 20 Anm. 4).

6. Diese Klausel entspricht § 20 Abs. 2 NMVO und § 556a BGB. Zwingende andere Maßstäbe sind zB im geförderten Wohnungsbau: § 21 Abs. 2 S. 3 NMVO (Wasserverbrauch bei installierten Wasserverbrauchszählern), § 21 Abs. 3 NMVO (Abwasser entsprechend), § 22 NMVO Kosten der Versorgung mit Wärme und Warmwasser = Abrechnung nach HeizkV, § 23 NMVO Umlage der Kosten des Betriebs der zentralen Brennstoffversorgungsanlage, § 24a NMVO Breitbandkabelnetz, § 25 NMVO Betriebs- und Instandhaltungskosten für maschinelle Wascheinrichtungen. Für den freien Wohnungsbau gilt § 556 Abs. 1 S. 2 BGB.

7. Diese Regelung bestimmt die **Aufteilung der Betriebskosten bei Wohnungseigentum**. Die Betriebskosten fallen zwar (bis auf die Grundsteuer, hier erhält der Wohnungseigentümer einen eigenen Bescheid) für das gesamte Haus an, sind aber vom Verwalter des Objekts nach den Bestimmungen der Teilungserklärung oder der Regelung der Wohnungseigentümer zu verteilen, das ist zumeist eine Umlage nach MEA (Miteigentumsanteilen). Der vom Verwalter gemäß Teilungserklärung oder Beschluss der WEG anzuwendende Umlagemaßstab wird für die Abrechnung des Vermieters gegenüber dem Mieter übernommen. Das ist auch im geförderten Wohnungsbau zulässig, denn die Kostenmiete (die aus Kostenkaltmiete und Betriebskosten besteht) wird bei Wohnungseigentum nicht für das gesamte Haus ermittelt, sondern für jede Eigentumswohnung einzeln (Wirtschaftseinheit § 3 Abs. 2 NMVO, bei Umwandlung § 5a Abs. 1 S. 2 NMVO). Da es nach wie vor Probleme bei der Umlage von Grundsteuer für die einzelne Eigentumswohnung gibt, wird hier ausdrücklich angeordnet, dass die für die Wohnung angefallene Grundsteuer umgelegt wird.

8. Als **Beispiele für einen anderweitigen Umlagemaßstab** können genannt werden: Mieter der Erdgeschosswohnungen sind von Kosten des Aufzuges befreit (so ausdrücklich zulässig gemäß § 24 Abs. 2 S. 2 NMVO); die Kosten der Treppenhausreinigung werden nach der Anzahl der Wohneinheiten verteilt, nur der EG-Mieter darf den Garten nutzen (Umlage der Gartenpflegekosten nur auf diesen).

9. Diese Klausel ist ausdrücklich in § 556a BGB geregelt (früher § 4 Abs. 5 S. 2 MHG). Die Vorschriften des BGB gelten im geförderten Wohnungsbau ergänzend, soweit nicht spezielle Vorschriften vorhanden sind.

10. Eine grundsätzliche Regelung enthält § 20 Abs. 2 NMVO. Die nähere Ausgestaltung ist oft schwierig und macht teilweise erhebliche Probleme bei der BK-Abrechnung (→ Form. C.X.4). Ausschließlich für Gewerberaum können an Betriebskosten anfallen: ein Prämienzuschlag bei Wohngebäude- und Haftpflichtversicherung (zB bei Gaststätten). Glasversicherung nur für den Gewerbebereich, ausschließlich von Gewerbemieter genutzte Mülltonnen. Die BGH-Entscheidung vom 8.3.2006 (WuM 2006, 200) ist nur auf den freien Wohnungsbau anzuwenden, da § 20 Abs. 2 NMV als zwingende Gesetzesvorschrift eine anderweitige Regelung trifft.

Für die Verteilung der Grundsteuer hatte sich die Umlage nach Teileinheitswerten angeboten(→ Form. C.X.4 Anm. 4). Das wird sich aber ab dem 1.1.2025 radikal ändern, denn dann soll die neue Gesetzesregelung über die Bestimmung der Grundsteuer in Kraft treten. Überwiegend soll sich die Grundsteuer dann nach Fläche und Wert des Grundstückes richten, in Bayern nur nach der Fläche. Damit aber sind Teileinheitswerte nicht mehr vorhanden, sodass eine Umlage nur noch nach Flächenanteil möglich ist.

11. Zur Klarstellung und – für den Vermieter – zur Warnung sind hier die tragenden Entscheidungsgründe der **BGH-Entscheidung vom 23.11.1981** (NJW 1982, 573, bestätigt durch BGH WuM 2005, 61 und BGH WuM 2005, 200) wiedergegeben.

12. Im geförderten Wohnungsbau ist dies in **§ 20 Abs. 4 NMVO** geregelt (Schriftform einzuhalten), im freien Wohnungsbau in **§ 560 BGB** (Textform ausreichend).

3. Kaution

§ . . . . . Kaution

Der Mieter zahlt gemäß § 551 BGB eine Barkaution in Höhe der dreifachen Kaltmiete von . . . . . EUR. Die Kaution wird vom Vermieter verzinslich und mündelsicher angelegt.[1]

Die Kaution dient der Absicherung aller Ansprüche des Vermieters gegen den Mieter aus dem Mietverhältnis; soweit § 9 Abs. 5 WohnBindG Anwendung findet, dient die Kaution nur der Absicherung von Ansprüchen wegen Schäden und unterlassenen Schönheitsreparaturen.[3]

(Alternative:

Der Mieter zahlt gemäß § 551 BGB eine Barkaution in Höhe der dreifachen Kaltmiete, das sind . . . . . EUR. Die Parteien vereinbaren hiermit, dass diese Kaution auf ein Festgeldkonto mit dreimonatiger Kündigungsfrist angelegt wird.[2])

Die Kaution dient der Absicherung aller Ansprüche des Vermieters gegen den Mieter aus dem Mietverhältnis; soweit § 9 Abs. 5 WohnBindG Anwendung findet, dient die Kaution nur der Absicherung von Ansprüchen wegen Schäden und unterlassenen Schönheitsreparaturen.[3]

Anmerkungen

1. Die Klausel ist sowohl **für den freien wie den geförderten Wohnungsbau anwendbar.** Auch im geförderten Wohnungsbau ist grundsätzlich die Vereinbarung einer Kaution zulässig. Für den 1. Förderweg (= Sozialwohnungen, s. MAH MietR/*Bister* § 25 Rn. 10) und bei der Zahlung von Aufwendungszuschüssen ergibt sich dies aus § 9 WohnBindG (iVm §§ 10, 17 NMVO). Im 2. Förderweg (s. MAH MietR/*Bister* § 25 Rn. 11) bestimmt der Darlehensgeber der nichtöffentlichen Mittel, ob der Vermieter eine Kaution nehmen darf. Im 3. Förderweg (MAH MietR/*Bister* § 25 Rn. 12) bestimmt die Vereinbarung zwischen Darlehensgeber und Vermieter, ob Letzterer eine Kaution nehmen darf. Die Beschränkung in der Höhe der Kaution ergibt sich aus § 551 BGB, diese Vorschrift findet in allen Förderwegen Anwendung, § 9 WohnBindG verweist hierauf. Durch den Hinweis auf § 551 BGB kann der Klausel nicht entgegengehalten werden, sie täusche den Mieter über den Zeitpunkt, wann er die Kaution zahlen müsse (s. MAH MietR/*Hannemann* § 10 Rn. 220 ff.).

2. Durfte eine Kaution bisher nur mündelsicher (und damit in Form eines Sparvertrages mit einer Bank) angelegt werden, so lässt das neue Mietrecht in § 551 Abs. 3 BGB neben dieser Anlageform auch **andere Anlagemöglichkeiten** zu. Bei entsprechender Vereinbarung, die im Mietvertrag ausdrücklich angegeben sein muss, kann also die Kaution auch in Bundesschatzbriefen, in Aktien, in Fonds oder dergleichen mehr angelegt werden. Im Beispiel ist die Anlage auf einem Festgeldkonto vereinbart worden. Diskutiert wird derzeit weniger über die verschiedenen Anlagemöglichkeiten, als vielmehr über die Frage, ob die Kaution wieder aufzufüllen ist, wenn durch die gewählte Anlage der Betrag wertlos wird (zB bei der Anlage in Aktien), und wer aufzufüllen hat, der Mieter oder der Vermieter (s. *Derleder* WM 2002, 239).

3. Im 1. Förderweg dient die Kaution nur der Sicherung von Ansprüchen aus Schäden und unterlassenen Schönheitsreparaturen. Darauf sollte in der Vertragsbestimmung hingewiesen werden, da sonst Streit entstehen könnte darüber, ob die Klausel wegen Nichtbeachtung des Verbots des § 9 WohnBindG insgesamt unwirksam ist (Stichwort: Verbot der geltungserhaltenden Reduktion, s. LG Aachen WuM 2006, 101). Aber auch hier dürfte wohl die Rspr. des BGH anzuwenden sein, welche die Vereinbarung einer Sicherheitsleistung grundsätzlich als wirksam ansieht, und nur vom Gesetz verbotene Abweichungen für unwirksam erklärt (BGH NJW 2004, 1240; BGH NJW 2003, 2899).

In den weiteren Förderwegen bestimmt der Darlehensvertrag oder die Vereinbarung, für welche Ansprüche die Kaution als Sicherheit dienen soll.

4. Garagenmietvertrag

Garagenmietvertrag[1]

§ 1 Mietgegenstand

. . . . . .

vermietet hiermit . . . . . .

die Garage Nr. 9 auf dem Grundstück . . . . . .

an Herrn . . . . . . zum monatlichen Mietpreis von . . . . . . EUR[2]

§ 2 Mietzahlung

Die Miete ist zu zahlen auf das Konto . . . . . . bei der . . . . . . (BLZ), jeweils monatlich im Voraus bis zum 3. Werktag.[3]

§ 3 Vertragsdauer

Mietbeginn ist der . . . . . . Der Mieter erhält 2 Schlüssel für das Garagentor. Der Mietvertrag läuft auf unbestimmte Zeit und kann mit einer Frist von 3 Monaten gekündigt werden.[4]

§ 4 Untervermietung

Untervermietung und Gebrauchsüberlassung an Dritte ist nicht erlaubt.[5]

§ 5 Mietgebrauch

Reparaturen, Ölwechsel und Autowäsche dürfen weder in der Garage noch auf dem Garagenhof durchgeführt werden.[6]

§ 6 Haftung des Vermieters

Der Vermieter haftet nicht für von dritten Personen oder anderen Mietern verursachte Personen- oder Sachschäden. Er übernimmt keine Verwahrungspflicht. Die Versicherung des Garageninhaltes ist Sache des Mieters. Die Haftung des Vermieters ist bei leichter Fahrlässigkeit ausgeschlossen, es sei denn, er kann sich gegen das Schadensrisiko in üblicher Weise versichern. Die Haftungsbeschränkung gilt nicht für vom Vermieter verschuldete Schäden an Leben, Körper und Gesundheit des Mieters.[7]

§ 7 Kaution

Der Mieter zahlt bei Übergabe der Schlüssel eine Kaution von . . . . . . EUR. Die Kaution wird verzinslich angelegt.[8]

§ 8 Mängel des Mietobjekts

Mängel an der Garage sind unverzüglich zu melden.[9]

§ 9 Eigenständigkeit des Mietverhältnisses

Dieser Vertrag ist unabhängig von einem etwa bestehenden Wohnungsmietvertrag.[10]

den . . . . . .

. . . .

(Vermieter)[11]   (Mieter)[11]

Anmerkungen

1. Es ist rechtlich ohne Auswirkung, ob **Baukosten** für die Erstellung von Garagen in die Berechnung der Kostenmiete für den geförderten Wohnraum eingeflossen sind (s. dazu MAH MietR/*Bister* § 25 Rn. 38), die erstellten Garagen sind nie „Sozialgaragen", sondern immer freie Garagen. Es gibt also keine Garagen mit öffentlicher Bindung. Deshalb richten sich die Rechte und Pflichten der Vertragspartner eines Garagenmietvertrages immer nach den abgeschlossenen Vereinbarungen und ergänzend nach den §§ 535 ff. BGB. → Form. A.II.9.

2. Die **Vertragspartner** sind mit Namen und Anschrift vollständig anzugeben. Wichtig ist das vor allem, wenn Vertragspartner aus mehreren Personen bestehen.

3. Die Pflicht zur **Zahlung des Mietzinses** am Monatsbeginn war schon bisher ohne rechtliche Beschränkung möglich, muss aber nach dem neuen Mietrecht weiterhin ausdrücklich vereinbart werden, da § 579 BGB die Fälligkeit auf das Monatsende bestimmt. § 556b BGB gilt nur für Wohnraum. Die Rechtzeitigkeitsklausel war schon nach bisherigem Recht zulässig (OLG Koblenz NJW-RR 1993, 583); sie ist nun aber unwirksam gemäß BGH 5.10.2016, VIII ZR 22 2115, NZM 2017, 120.

4. Die Klausel entspricht § 580a BGB.

5. Die Klausel entspricht § 540 BGB.

6. Bei der Überlassung von Wohnraum ergibt sich hieraus bereits der vertragsgemäße Gebrauch im Sinne des § 535 BGB. Anders ist dies aber bei der Überlassung von Räumen, die nicht zum Wohnen gedacht oder bestimmt sind. Hier ist im Mietvertrag näher darzulegen, was der vertragsgemäße Gebrauch ist. Beim Garagenmietvertrag ergibt sich aus der Natur der Sache, dass dort ein Auto untergestellt werden darf. Allerdings kann man mit einem Kfz auch noch viel mehr machen, als es in der Garage nur unterzustellen. Es empfiehlt sich deshalb, eine Nutzungsregelung zu vereinbaren, die bestimmte Tätigkeiten ausdrücklich ausschließt. Bei den hier ausgeschlossenen Arbeiten kommt hinzu, dass bei der Duldung solcher Arbeiten ein Benzin- und Ölabscheider in der Entwässerung der Garage oder des Garagenvorplatzes einzubauen wäre mit der Pflicht, diesen Sonderabfall regelmäßig beseitigen zu lassen. Eine Genehmigung ist erforderlich gemäß den §§ 2, 4 und a WHG, § 59 LWG NW in Verbindung mit der Ordnungsbehördlichen Verordnung über die Genehmigungspflicht für die Einleitung von Abwasser mit gefährlichen Stoffen in öffentlichen Abwasseranlagen – VGS NW. Die Abfallbeseitigung von Ölprodukten ist darüber hinaus zwingend geregelt in § 64 KrW-/AbfG iVm der AltölV (Sartorius Ergänzungsband 298c). Das verursacht für den Vermieter zusätzliche erhebliche Kosten und würde nicht davor schützen, dass auch einmal Benzin oder Öl in größeren Mengen in das Erdreich einsickern könnte, was zu immensen Beseitigungskosten führen würde. Deshalb sollten solche Arbeiten grundsätzlich verboten werden, damit die Haftung zumindest im Innenverhältnis eindeutig geregelt ist (im Außenverhältnis kann die Ordnungsbehörde auch den Vermieter als Zustandsstörer in Anspruch nehmen, siehe § 18 OBG NW). Zu berücksichtigen ist auch, dass der Vermieter eine Bodenverunreinigung zu beseitigen und bei einem Verkauf des Garagengrundstückes zu offenbaren hätte und er (wie auch beim Verschweigen) die erheblichen Kosten der Beseitigung der Bodenverunreinigung zu tragen hätte (s. § 4 Abs. 2 bis 4 BBodSchG, Sartorius 299, s. hierzu auch BGH NZM 2010, 442; BGH NZM 2012, 862, BGH 8.7.2016 – V ZR 35/15 bei Verkauf Beschaffenheitsmangel nach § 434 Abs. 1 S. 2 Nr. 2 BGB).

7. Anders als für grobe Fahrlässigkeit und Vorsatz kann der Vermieter seine **Haftung für leichte Fahrlässigkeit ausschließen.** Seit der Entscheidung des BGH vom 24.10.2001 (NJW 2002, 673) ist dies aber nicht mehr generell zulässig. Der BGH hat hier über eine Haftungsausschlussklausel in einem Wohnungsmietvertrag entschieden und dabei Folgendes ausgeführt: „Ein Haftungsausschluss für Schäden des Mieters bei einfacher Fahrlässigkeit ist dann unangemessen und unwirksam, wenn von dem Ausschluss Schäden an eingebrachten Sachen des Mieters umfasst sind, gegen die sich der Mieter üblicherweise nicht versichern kann, der Vermieter aber sein eigenes leichtes Verschulden an der Herbeiführung eines solchen Schadens zu üblichen Bedingungen versichern kann." Die Grundsätze dieser Entscheidung sind aber auf Gewerbe- und damit auch auf Garagenmietverträge anwendbar, denn die Existenz der Mieter solcher Räume kann durch einen Schadensfall wegen der in den Räumen gelagerten Waren, die oft einen erhebliche Wert haben, sehr viel eher vernichtet sein.

Vorstehende Ausführungen gelten für Sachschäden (§ 309 Ziff. 7b BGB). Eine Haftungseinschränkung für Schäden an Leben, Körper und Gesundheit ist dagegen in Form einer AGB unzulässig (§ 309 Ziff. 7a BGB).

8. § 551 BGB gilt nur für den Wohnungsmietvertrag und ist damit nicht einschlägig. Selbstverständlich kann eine **Kautionsregelung** entsprechend dieser Vorschrift getroffen werden, der Vermieter kann aber auch eine Kaution von mehr als drei „Kaltmieten" (eine solche gibt es bei Garagen in der Regel nicht) verlangen.

9. Die Klausel entspricht § 536c BGB.

10. Die frühere Rechtsprechung (OLG Karlsruhe NJW 1983, 1499; LG Köln ZMR 1992, 251) ging grundsätzlich davon aus, dass bei Anmietung einer Garage zusätzlich zu einer Wohnung (vom selben Vermieter) ein **einheitlicher Mietvertrag** vorliegt. Die Folge davon war, dass die Garage nicht ohne Kündigung der Wohnung separat gekündigt werden kann. Diese rechtliche Einheit kann vermieden werden, wenn eine entgegenstehende ausdrückliche Regelung im Garagenmietvertrag aufgenommen wird (OLG Karlsruhe NJW 1983, 1499; vgl. MAH MietR/*Hannemann* § 10 Rn. 142; *Sternel* Rn. 162 ff.). Der BGH hat inzwischen (NZM 2013, 726) eine abwägende Rspr entwickelt. Danach kann ein separater Garagenmietvertrag vorliegen, auch wenn die Garage auf demselben Grundstück liegt. Zu berücksichtigen ist aber auch, ob eigenständige

Kündigungsregelungen vorliegen und keinerlei Regelungen vereinbart sind, die auf eine Rechtseinheit hinweisen.

Zu beachten ist, dass die separate Vermietung einer Garage oder eines Stellplatzes der USt unterfällt, der Vermieter also von der Mieteinnahme MWSt an das Finanzamt abzuführen hat (Ausnahme von der Ausnahme § 4 Ziff. 12 UStG) s. dazu auch *Herrlein* NZM 2013, 409 ff.

11. Die Vereinbarung ist von allen Vertragsparteien zu unterschreiben, **Bevollmächtigung** ist zulässig.

V. Vorvertragliche Regelungen beim Gewerberaummietverhältnis

1. Vereinbarung über ein Vormietrecht

Vertrag über die Begründung eines Vormietrechts[1, 2, 3]

zwischen

. . . . .

(Vermieter)[4]

und

. . . . .

(Vormietberechtigter):

§ 1 Grundlagen des Vormietrechts (Beschreibung der dem Vertragsschluss zugrunde liegenden Erwägungen)[5]

(Variante 1:

Der Vermieter ist Eigentümer des Büro- und Geschäftshauses . . . . . in . . . . .

In der . . . . . Etage befinden sich Mieträume, die zur Zeit von einem Mieter . . . . . für den Betrieb einer Arztpraxis angemietet sind. Das zugrunde liegende Mietverhältnis ist bis zum . . . . . befristet. Der Mietvertrag enthält eine Verlängerungsklausel, aufgrund derer sich die Mietzeit um . . . . . Jahre verlängert, falls nicht eine Vertragspartei spätestens 6 Monate vor Ablauf der Mietzeit einer Vertragsverlängerung widerspricht.

Der Vermieter beabsichtigt nicht, einer Vertragsverlängerung zu widersprechen. Die Parteien dieses Vormietvertrags sind sich darüber einig, dass gegenüber dem Vormietberechtigten keine vertragliche Pflicht des Vermieters besteht, auf die Beendigung des laufenden Mietverhältnisses hinzuwirken.[6]Der derzeitige Mieter erwägt seinerseits, von einer Vertragsfortsetzung Abstand zu nehmen. Für den Fall, dass eine Verlängerung des laufenden Mietvertrags nicht zustande kommt, vereinbaren die Parteien ein Vormietrecht.)

(Variante 2:

Der Vermieter ist Eigentümer des Hausgrundstücks . . . . . in . . . . .

Er beabsichtigt, das bezeichnete Objekt zu einem Wohn- und Geschäftshaus mit einer Gemeinschaftspraxis für Ärzte unterschiedlicher Fachrichtung umzubauen. Der Umbau soll voraussichtlich bis . . . . . abgeschlossen sein.

Der Vormietberechtigte ist von Beruf Masseur und Bewegungstherapeut. Er ist zurzeit als Angestellter tätig. Der Vormietberechtigte bemüht sich um die Finanzierung einer eigenen Praxis, verhandelt aber auch über den Abschluss eines Gesellschaftsvertrags mit seinem derzeitigen Arbeitgeber. Für den Fall, dass es zur Durchführung des geplanten Umbauvorhabens kommt, wofür der Vermieter keine Gewähr übernimmt, und dass der Vormietberechtigte nach seiner freien Entscheidung eine eigene Praxis gründen will, vereinbaren die Parteien ein Vormietrecht in Bezug auf folgende Räume: . . . . .)

§ 2 Inhalt und Ausübung des Vormietrechts, Erlöschen des Vormietrechts

(1) Der Vermieter räumt dem Vormietberechtigten ein nicht übertragbares und nicht vererbbares Vormietrecht[7] mit der Maßgabe ein, dass der Vormietberechtigte durch eine gegenüber dem Vermieter abzugebende Erklärung die Begründung eines neuen Mietverhältnisses bewirken kann. Dieses Mietverhältnis kommt mit demselben Vertragsinhalt zustande, wie er zuvor vom Vermieter mit einem Dritten mietvertraglich vereinbart wurde.[8] Das Vormietrecht gilt nur für die Begründung des ersten im Anschluss an diese Vormietvereinbarung abzuschließenden Mietvertrags.[9] Die etwaige Fortsetzung des derzeit noch bestehenden Mietverhältnisses löst das Vormietrecht jedoch nicht aus. Der Vermieter verpflichtet sich, das Zustandekommen des mit dem neuen Vertrag bezweckten Mietverhältnisses unter die Bedingung zu stellen, dass das Vormietrecht nicht wirksam ausgeübt wird.

(2) Der Vermieter hat dem Vormietberechtigten unverzüglich folgende Umstände mitzuteilen:[10]

- den Abschluss des mit einem Dritten verabredeten Mietvertrags nebst dem genauen Vertragsinhalt,[11]

(zu Variante 1:

- *die Fortsetzung des derzeit noch laufenden Mietverhältnisses über die vertragliche Befristung hinaus.)*

(zu Variante 2:

- *jede erhebliche Verzögerung des geplanten Umbaus oder dessen Verhinderung.)*

(3) Der Vormietberechtigte hat dem Vermieter unverzüglich sämtliche Umstände mitzuteilen, die einer Ausübung des Vormietrechts dauerhaft entgegenstehen. Der Vormietberechtigte kann nach seiner freien Entscheidung auch aus anderen Gründen auf das Vormietrecht verzichten. Er verpflichtet sich, dem Vermieter von einem solchen Entschluss umgehend Mitteilung zu machen.[12]

(4) Mit dem Zugang einer Mitteilung im Sinne von Ziff. (3), mit welcher der Vormietberechtigte den Vermieter von Hinderungsgründen oder von seinem Verzicht auf das Vormietrecht in Kenntnis setzt, erlischt das Vormietrecht, ohne dass es hierzu weiterer Willenserklärungen auch nur einer Vertragspartei bedarf.[13]

(5) Nach Zugang der Mitteilung des Vermieters, dass und mit welchem Inhalt ein Mietvertrag mit einem Dritten verabredet worden sei, kann der Vormietberechtigte innerhalb einer Frist von . . . . . Wochen gegenüber dem Vermieter schriftlich[14] erklären, ob er von dem Vormietrecht Gebrauch machen will. Mit dem Zugang dieser Erklärung und der Unterzeichnung des Mietvertrags kommt der Mietvertrag zwischen dem Vermieter und dem Vormietberechtigten zustande.[15] Gibt der Vormietberechtigte eine solche Erklärung nicht ab, erlischt das Vormietrecht mit Ablauf der bezeichneten Frist, ohne dass es hierzu weiterer Willenserklärungen auch nur einer Vertragspartei bedarf. Die Abgabe einer Erklärung, dass von dem Vormietrecht unter zusätzlichen Bedingungen

oder nur nach Maßgabe bestimmter Änderungen des mitgeteilten Mietvertrags Gebrauch gemacht werde, wahrt die bezeichnete Erklärungsfrist nicht.[16]

. . . .

(Vermieter)   (Vormietberechtigter)

Anmerkungen

1. Die **Verwendung formularmäßig niedergelegter Vertragsbestimmungen** erfolgt nach Maßgabe der gesetzlichen Regelungen über die Verwendung Allgemeiner Geschäftsbedingungen. Im Bereich von Miete und Pacht finden gemäß Art. 229 § 5 S. 2 EGBGB auch auf Altverträge nur noch die Vorschriften der §§ 305 ff. BGB und nicht mehr die Bestimmungen des AGBG Anwendung, da es sich bei Miete und Pacht um Dauerschuldverhältnisse handelt.

Formularverträge der hier behandelten Art umschreiben typische Fälle Allgemeiner Geschäftsbedingungen im Sinne von § 305 BGB. In der Mietpraxis sind Verträge, die im Sinne von § 305 S. 3 BGB komplett individuell ausgehandelt werden, die Ausnahme. Wegen der sich hieraus ergebenden hohen Praxisrelevanz soll daher den Formularen zur Gewerberaummiete eine Darstellung der insoweit einschlägigen AGB-Probleme vorangestellt werden.

Der Zweck der **Inhaltskontrolle Allgemeiner Geschäftsbedingungen nach §§ 305 ff. BGB** besteht darin, zum Ausgleich ungleicher Verhandlungspositionen und damit zur Sicherung der Vertragsfreiheit Schutz und Abwehr gegen die Inanspruchnahme einseitiger Gestaltungsmacht durch den Verwender zu gewährleisten (BGH 10.10.2013 – VII ZR 19/12, NZBau 2014, 47; MüKoBGB/*Basedow* Vor §§ 305 ff. Rn. 4 ff.). Von der Inhaltskontrolle sind grundsätzlich solche Bestimmungen ausgenommen, die sich als **individualvertragliche Abreden** im Sinne von § 305b BGB darstellen. Wenn bereits der Formulartext eine zu beanstandende Regelung enthält, wird durch unselbständige Ergänzungen, die nur den Vertragsgegenstand im Einzelfall konkretisieren, der Charakter einer Klausel als Allgemeine Geschäftsbedingung nicht in Frage gestellt (BGH 7.2.1996 – IV ZR 16/95, NJW 1996, 1676). Notwendige, aber gleichwohl unselbständige Ergänzungen von Klauseln berühren auch im Übrigen nicht den Charakter als Allgemeine Geschäftsbedingung (BGH 28.5.2014 – VIII ZR 179/13, BGHZ 201, 271 = NJW 2014, 2940). Wenn sich dagegen die Unangemessenheit einer Regelung gerade aus den Ergänzungen (beim Ausfüllen der im Vertragstext frei gelassenen Stellen) ergibt, bedarf es besonderer Prüfung, ob die Voraussetzungen des § 305 Abs. 1 BGB gegeben sind. Im Einzelfall kann es sich um eine ausgehandelte Individualerklärung handeln, die der AGB-Kontrolle entzogen ist. Eine AGB-Klausel liegt jedoch dann vor, wenn der Kunde nur die Wahl zwischen bestimmten, vom Verwender vorgegebenen Alternativen hat (BGH 7.2.1996 – IV ZR 16/95, NJW 1996, 1676). Ein Stellen von Vertragsbedingungen liegt nicht vor, wenn die Einbeziehung vorformulierter Vertragsbedingungen in einen Vertrag auf der freien Entscheidung desjenigen beruht, der vom anderen Vertragsteil mit dem Verwendungsvorschlag konfrontiert wird. Dazu ist es erforderlich, dass er in der Auswahl der in Betracht kommenden Vertragstexte frei ist und insb. Gelegenheit erhält, alternativ eigene Textvorschläge mit der effektiven Möglichkeit ihrer Durchsetzung in die Verhandlungen einzubringen (BGH 20.1.2016 – VIII ZR 26/15, NZM 2016, 214, unter Bestätigung von BGH 17.2.2010 – VIII ZR 67/09, BGHZ 184, 259 = NJW 2010, 1131; vgl. auch BGH 15.2.2017 – IV ZR 91/16, NJW 2017, 2346).

Im Übrigen kann die Anwendung der gesetzlichen Vorschriften zu AGB nur mit dem Nachweis eines frei ausgehandelten Vertragsinhalts ausgeräumt werden (§ 305 S. 3 BGB). An das **Aushandeln sind nach ständiger Rechtsprechung strenge Anforderungen** zu stellen. Nach der Rechtsprechung des Bundesgerichtshofs erfordert Aushandeln mehr als

Verhandeln. Von einem Aushandeln kann nur dann gesprochen werden, wenn der Verwender zunächst den in seinen Allgemeinen Geschäftsbedingungen enthaltenen gesetzesfremden Kerngehalt, also die den wesentlichen Inhalt der gesetzlichen Regelung ändernden oder ergänzenden Bestimmungen, inhaltlich ernsthaft zur Disposition stellt und dem Verhandlungspartner Gestaltungsfreiheit zur Wahrung eigener Interessen einräumt mit zumindest der realen Möglichkeit, die inhaltliche Ausgestaltung der Vertragsbedingungen zu beeinflussen. Er muss sich also deutlich und ernsthaft zur gewünschten Änderung einzelner Klauseln bereit erklären (BGH 26.3.2015 – VII ZR 92/14, BeckRS 2015, 07406). Die für eine Aushandlung sprechenden Umstände hat der Verwender im Streitfall darzulegen (BGH 3.4.1998 – V ZR 6/97, NJW 1998, 2600). Unter besonderen Umständen können – selbst unverändert – übernommene Klauseln dadurch zur Aushandlung gestellt worden sein, dass andere Vertragsbestandteile, die mit der fraglichen Klausel rechtlich oder wirtschaftlich eng verknüpft sind, gestrichen, hinzugefügt oder verändert wurden. Solche Kompensationsabreden oder vertragliche Zugeständnisse an anderer Vertragsstelle sind jedoch, was die Aushandlung des stehenbleibenden Teils angeht, schwer zu beweisen. Bloße Streichungen in einem vorformulierten Gewerbemietvertrag führen jedenfalls nicht per se dazu, dass die verbliebenen Vertragsbestimmungen individuell ausgehandelte Regelungen sind (vgl. KG 29.8.2002 – 8 U 128/01, KGR 2004, 354).

Besonderheiten ergeben sich aus § 310 BGB für den **persönlichen Anwendungsbereich** des AGB-Rechts. Nach § 310 Abs. 1 BGB finden die §§ 305 Abs. 2 und 3; 308, 309 BGB ua dann keine Anwendung, wenn AGB gegenüber einem **Unternehmer** verwendet werden. Unternehmer ist nach § 14 BGB eine natürliche oder juristische Person oder eine rechtsfähige Personengesellschaft, die bei Abschluss eines Rechtsgeschäfts in Ausübung ihrer gewerblichen oder selbstständigen beruflichen Tätigkeit handelt. Die durch §§ 13, 14 BGB geregelte Unterscheidung des „Unternehmers" vom „Verbraucher", der Rechtsgeschäfte nicht in Ausübung eines Gewerbes oder einer selbstständigen beruflichen Tätigkeit abschließt, macht die früher erforderliche Abgrenzung, ob AGB gegenüber Kaufleuten im Sinne der §§ 2, 3 Abs. 2, 5, 6 HGB verwendet werden. Auch die Angehörigen freier Berufe (zB Ärzte, Rechtsanwälte, Steuerberater und Handwerker) fallen unter den Begriff des Unternehmers. Da auch vorbereitende Geschäfte grundsätzlich gewerbebezogen sind (vgl. MüKoBGB/*Basedow* § 310 Rn. 46 mwN), wird letztlich der Rechtsauffassung zu folgen sein, wonach schon der Abschluss des Gewerberaummietvertrags, der eine gewerbliche Tätigkeit erst ermöglichen soll, zur Ausübung des Gewerbes gehört (vgl. OLG Oldenburg 27.4.1989 – 1 U 256/88, NJW-RR 1989, 1081; *Sonnenschein* NJW 1980, 1493, mwN).

Die zentrale Vorschrift zur Inhaltskontrolle, die nach den Bestimmungen zur Verwendung von AGB gegenüber Unternehmern verbleibt, ergibt sich aus **§ 310 Abs. 1 S. 2 BGB**. Danach findet § 307 Abs. 1 und 2 BGB auch dann Anwendung, wenn dies unter Berücksichtigung der Handelsgewohnheiten und -bräuche zur Unwirksamkeit der in §§ 308, 309 BGB genannten Vertragsbestimmungen führt. Die Klauselverbote aus §§ 308, 309 BGB gelten also nicht unmittelbar; **die Inhaltskontrolle erfolgt allein nach § 307 BGB.** Im Rahmen dieser Kontrolle bewahren aber die zu den Klauselverboten entwickelten Grundsätze und Zielvorgaben grundsätzlich ihre Gültigkeit, so dass die thematische Einschlägigkeit der §§ 308, 309 BGB die Unwirksamkeit einer Klausel indizieren kann (vgl. BGH 21.7.2010 – XII ZR 189/08, NZM 2010, 668, Anm. *Fischer* jurisPR-MietR 1/2011 Anm. 1). Formularmäßige Abreden, die Art und Umfang der vertraglichen Hauptleistung und der hierfür zu zahlenden Vergütung unmittelbar bestimmen, sind gemäß § 307 Abs. 3 S. 1 BGB von der gesetzlichen Inhaltskontrolle nach § 307 Abs. 1 S. 1 BGB ausgenommen (vgl. BGH 17.9.2014 – VIII ZR 258/13, NZM 2014, 867; BGH 25.9.2013 – VIII ZR 206/12, NJW 2014, 209).

Bestimmungen in Allgemeinen Geschäftsbedingungen sind unwirksam, wenn sie den Vertragspartner des Verwenders entgegen den Geboten von Treu und Glauben **unange-**

messen benachteiligen (§ 307 Abs. 1 S. 1 BGB). Eine rechtssichere Vertragsgestaltung wird sich daher möglichst innerhalb des nach §§ 308, 309 BGB zulässigen Regelungsbereichs bewegen. Die gesetzliche Regelung des § 310 Abs. 1 BGB hält an der wenig konkreten Einschränkung für die Inhaltskontrolle nach § 307 BGB fest, wonach auf die Handelsusancen angemessen Rücksicht genommen werden soll (vgl. OLG Hamm 10.3.2011 – 21 U 123/10, BeckRS 2011, 22783; *Fischer* jurisPR-MietR 1/2011 Anm. 1). Von diesem Postulat sind aber nur Kaufleute im Sinne des HGB betroffen (vgl. Palandt/ *Grüneberg* BGB § 310 Rn. 5). Es erscheint als wenig konsequent, dass die Vorschrift des § 310 Abs. 1 BGB einerseits auf den Unternehmer als Adressaten abstellt, andererseits (in S. 2 Hs. 2) jedoch wieder auf den Kaufmannsbegriff zurückgreift.

Die Rechtsprechung ist zu einer weitgehenden Gleichbehandlung von AGB in Verbraucherverträgen und Verträgen zwischen Unternehmen gelangt. Eine dem unternehmerischen Rechts- und Wirtschaftsbereich gerecht werdende Auslegung der §§ 305 ff. BGB, die den persönlichen Anwendungsbereich im Sinne von § 310 Abs. 1 BGB (auch im Hinblick auf internationale Geschäftsusancen) praxisnah ausfüllt, ist auch nach diesseitiger Auffassung ferner denn je. Kritische Stimmen, die eine grundlegende Revision des gesamten AGB-Rechts einfordern, weil die auf der Grundlage des geltenden Rechts gefundenen Rechtspositionen sich als starr und unflexibel erwiesen hätten (zum Meinungsstand vgl. etwa die Darstellungen und die Nachweise bei *Berger* NJW 2010, 465; *Dauner-Lieb* NJW 2004, 1431; *Kessel/Stomps* BB 2009, 2666; *Koch* BB 2010, 1810; *Kondring* BB 2013, 73; *Lenkaitis/Löwisch* ZIP 2009, 441; *Müller* BB 2013, 1355; *v. Westfalen* BB 2011, 195; *ders.* NJW 2009, 2977), haben beim Gesetzgeber und in der Rechtsprechung wenig Gehör gefunden. Aus unternehmerischer Sicht wird dabei beklagt, dass im Rahmen der Vertragsgestaltung keine verlässlichen Kalkulationsgrundlagen gegeben seien und die unternehmerischen Bedürfnisse insbesondere im internationalen Rechtsverkehr durch die gesetzlichen Vorgaben und die hierzu ergangene Rechtsprechung vernachlässigt würden.

Es bestehen in der Tat erhebliche Wertungsunsicherheiten, wann und wie sich die auch vom BGH geteilte Annahme, dass der gewerbliche Mieter idR in höherem Maße geschäftserfahren und deshalb weniger schutzbedürftig ist, im unternehmerischen Bereich und im Rahmen einer Inhaltskontrolle nach §§ 310 Abs. 1 iVm 307 BGB rechtspraktisch (und rechtssicher) auswirken soll. Die Rechtsprechung zu starren Fristen (vgl. BGH 8.10.2008 – XII ZR 84/06, NZM 2008, 890), Abgeltungsklauseln (vgl. BGH 18.10.2006 – VIII ZR 52/ 06, WuM 2006, 677 (680)) und Fachhandwerkerklauseln setzt den gewerblichen Mieter praktisch mit dem Verbrauchermieter gleich. *Hans-Jürgen Bieber* (vgl. jurisPR-MietR 22/ 2010 Anm. 1 zu BGH 9.6.2010 – XII ZR 171/08, NZM 2010, 705) hat zutreffend darauf hingewiesen, dass der BGH (aaO) mit zweierlei Maß misst, wenn er etwa eine versteckte Klausel, wonach dem Vermieter das Recht zustehen sollte, den Vertrag jederzeit auf eine andere Gesellschaft zu übertragen, bei einem geschäftserfahrenen Unternehmer als Mieter großzügig billigt, während er im Falle „starrer Renovierungsfristen" trotz der ausdrücklichen vertraglichen Regelung, dass die Kosten für Schönheitsreparaturen nicht in die Miete einkalkuliert worden seien, von der Schutzbedürftigkeit des unternehmerisch tätigen Mieters ausgeht.

Die **Kriterien der** in vorstehendem Rahmen auszuführenden **Inhaltskontrolle** haben in Rechtsprechung und Literatur eine auch für die Gewerberaummiete verbindliche Ausgestaltung erfahren. Sie lassen sich in folgenden Fragestellungen zusammenfassen:

a) **Liegt eine wesentliche oder kardinale Pflicht zugrunde, deren Einschränkung die Erreichung des Vertragszwecks gefährden kann?** (BGH 24.10.2001 – VIII ARZ 1/01, BGHZ 149, 89 = NZM 2002, 116; BGH 12.3.2008 – XII ZR 147/05, NJW 2008, 2254; BGH 7.6.1989 – VIII ZR 91/88, BGHZ 108, 1 = NJW 1989, 2247).

Die Beeinträchtigung wesentlicher Pflichten führt zu der – widerlegbaren – Vermutung, dass die zugrunde liegende Klausel gegen § 307 Abs. 2 Nr. 1 BGB verstößt.

Als wesentliche Vertragspflicht des Vermieters ist stets die vertragliche Hauptpflicht angesehen worden, die Mietsache in einem zum vertragsgemäßen Gebrauch geeigneten Zustand zu erhalten (BGH 7.6.1989 – VIII ZR 91/88, BGHZ 108, 1 = NJW 1989, 2247).

b) **Kann der Mieter das ihm vertraglich überbürdete Risiko beherrschen?** (BGH 6.4.2005 – XII ZR 158/01, NZM 2005, 863; BGH 24.10.2001 – VIII ARZ 1/01, BGHZ 149, 89 = NZM 2002, 116; BGH 3.3.1988 – X ZR 54/86, BGHZ 103, 316 = NJW 1988, 1785).

Gemeint ist die tatsächliche Möglichkeit, auf den Risikobereich schadensvermeidend Einfluss zu nehmen, was auch die rechtliche Befugnis einschließt, etwa auf bestimmte Baulichkeiten oder Gerätschaften unmittelbar physisch einzuwirken. Gemeint ist aber auch die der tatsächlichen Einflussnahme vorgelagerte Möglichkeit, potentielle Risiken hinreichend zu überschauen (vgl. BGH 24.10.2001 – VIII ARZ 1/01 –, BGHZ 149, 89 = NZM 2002, 116; *Schmitz/Reischauer* NZM 2002, 1019).

c) **Kann sich der Mieter vor dem betreffenden Schadensrisiko durch eine allgemein zugängliche Versicherung schützen?** (BGH 24.10.2001 – VIII ARZ 1/01, BGHZ 149, 89 = NZM 2002, 116; *Schmitz/Reischauer* NZM 2002, 1019).

Die Frage zielt auf die Beherrschbarkeit des Risikos in Bezug auf die Schadensfolgen ab. Der BGH (BGH 24.10.2001 – VIII ARZ 1/01, BGHZ 149, 89 = NZM 2002, 116) hat das Merkmal der Versicherungsfähigkeit (im Anschluss an *Wolf* NJW 1980, 2433) dahin weiter entwickelt, dass es für die Unangemessenheit eines Haftungsausschlusses sprechen kann, wenn dem Vermieter anders als dem Mieter unschwer die Möglichkeit offen gestanden hätte, das sich verwirklichende Risiko seinerseits mit einer verkehrsüblichen Versicherung abzudecken. Außerhalb der durch übliche Versicherungen abgedeckten Risiken wird ein Mieter im Zweifel nicht die Möglichkeit haben, im Wege individueller Vereinbarungen einen speziellen Versicherungsschutz zu erlangen.

d) **Ist die zu untersuchende Klausel klar und verständlich?** (BGH 25.10.2017 – XII ZR 1/17 –, NZM 2018, 125; BGH 13.4.2016 – XII ZR 146/14, NZM 2016, 520; BGH 26.9.2012 – XII ZR 112/10, NZM 2013, 85; BGH 6.4.2005 – XII ZR 158/01, NZM 2005, 863).

§ 307 Abs. 1 S. 2 BGB führt das sog. **Transparenzgebot** ausdrücklich als eigenständiges Benachteiligungskriterium auf (vgl. hierzu in größerem Zusammenhang: *Borzutzki-Pasing* NZM 2004, 161). Insbesondere bei Vereinbarungen zur Übertragung von Mietnebenkosten kommt dem Transparenzgebot eine besondere Bedeutung zu (BGH 26.9.2012 – XII ZR 112/10, NZM 2013, 85).

Klauselwerke müssen die wechselseitigen Rechte und Pflichten auch sonst möglichst klar und übersichtlich regeln. Dabei ist auf die Erkenntnismöglichkeiten und Erwartungen eines durchschnittlichen Vertragspartners abzustellen ist (BGH 9.12.2009 – XII ZR 109/08, NJW 2010, 671). **Verstöße gegen das Transparenzgebot lassen sich im unternehmerischen Verkehr auch nicht den Gebräuchen und Gepflogenheiten des Handelsverkehrs unterstellen** (§ 310 Abs. 1 S. 2 BGB) und führen daher auch gegenüber einem Unternehmer zur Unwirksamkeit formularmäßiger Geschäftsbedingungen. Das gilt auch dann, wenn der mit den Geschäftsbedingungen konfrontierte Unternehmer eine bedeutende Marktstellung innehat, aufgrund derer er von vornherein hätte versuchen können, andere Vertragsbedingungen auszuhandeln (BGH 25.10.2017 – XII ZR 1/17, NZM 2018, 125; 3.8.2011 – XII ZR 205/09, NJW 2012, 54; 26.9.2012 – XII ZR 112/10, NJW 2013, 41).

2. Das **Vormietrecht** (Vorpachtrecht) ist ein dem Mietvertrag (Pachtvertrag) vorgeschaltetes Vertragsverhältnis. Es ermöglicht es dem Berechtigten, dem potentiellen Mieter, durch Erklärung gegenüber dem Verpflichteten (Vermieter) ein Mietverhältnis zu begründen, und zwar mit dem Inhalt eines anderen Vertrags, den der Vermieter mit einem Dritten geschlossen hat (zur rechtlichen Einordnung und zur Abgrenzung vgl. BGH 3.7.2002 – XII ZR 39/00, NZM 2002, 910; BGH 25.11.1987 – VIII ZR 283/86, BGHZ 102, 237 = NJW 1988, 703; BGH 28.11.1962 – VIII ZR 236/61, MDR 1963, 303; LG Karlsruhe 7.5.2013 – 11 O 53/11, NZM 2013, 861; Bub/Treier/*Drettmann* II Rn. 295 ff. mwN; MAH MietR/*Borzutzki-Pasing* § 44 Rn. 74 ff.).

Im Unterschied zur Begründungsoption (→ Form. A.V.3), mit welcher der Optionsbegünstigte einen Mietvertrag konstituieren kann, verschafft die Vormiete dem Vermieter mehr Freiheiten, denn es unterliegt seiner Entscheidung, ob und zu welchen Bedingungen er einen Mietvertrag abschließen will. Das Wesen eines Vormietrechts besteht darin, dass der Mieter lediglich die Möglichkeit erhält, im Falle einer anderweitigen Vermietung, zu welcher der Vermieter (ohne besondere Abreden) nicht verpflichtet ist, anstelle des Dritten einen neuen Mietvertrag abschließen zu können. Gegenüber dem sog. Anmietrecht (auch Vorhand genannt, → Form. A.V.3 Anm. 1) verschafft das Vormietrecht dem Begünstigten erhöhte Rechtssicherheit. Wenn fest steht, dass vermietet werden soll, kann der Berechtigte zu seinen Gunsten den Vertragsschluss erzwingen. Bei Verabredung eines bloßen Anmietrechts bleibt dagegen offen, ob und mit welchem Inhalt es zu einem Mietvertrag kommt.

Meistens wird das Vormietrecht nur als einmaliges Ausübungsrecht für eine bestimmte – ggf. noch ungewisse – Erst- oder Neuvermietung vereinbart. Es kann aber auch (etwa bei Großobjekten) vereinbart werden, dass ein zeitlich unbeschränktes und damit bei jeder künftigen Neuvermietung erneut auflebendes Vormietrecht bestehen soll (OLG Hamm 24.5.1991 – 30 U 246/90, ZMR 1992, 148 zu einer entsprechenden Individualvereinbarung; KG 23.9.2010 – 8 W 46/10, MDR 2011, 218).

Abzugrenzen ist das Vormietrecht, wenn der Begriff – untechnisch verwendet – eine **Verlängerungsoption** meint (vgl. dazu KG Beschl. vom 20.3.2017 – 8 U 152/16, juris).

Die Bestimmungen über den Vorkauf (§§ 463 – 473 BGB) sind auf die Vormiete (und die Vorpacht) grundsätzlich **entsprechend anwendbar** (BGH 25.11.1987 – VIII ZR 283/86, BGHZ 102, 237 = NJW 1988, 703). Mangels ausdrücklicher vertraglicher Regelungen können insbesondere die Mitteilungs- und Ausübungspflichten aus § 469 BGB relevant werden. Das Formular enthält hierzu besondere Bestimmungen.

3. Bei der Frage, in welchem Verhältnis das Vormietrecht zum **Schriftformerfordernis** (§ 550 BGB) steht, **ist zwischen der Vereinbarung des Vormietrechts und dem durch seine Ausübung zu begründenden Mietvertrag zu unterscheiden.** Selbst wenn die Vormietvereinbarung schriftlich abgeschlossen wurde, wahrt dies nicht die Schriftform des durch seine Ausübung begründeten Mietvertrags mit dem Vormietberechtigten, auch wenn der zwischen dem Vermieter und dem Dritten abgeschlossene Mietvertrag der Schriftform genügt. Der Vormietberechtigte tritt durch die Ausübung seines Rechts nicht in dieses Mietverhältnis ein, sondern es kommt ein neues, inhaltsgleiches Mietverhältnis zustande, das für sich nicht der Schriftform genügt (vgl. Bub/Treier/*Drettmann* II Rn. 333 ff. mwN; *Timme/Hülk* NJW 2007, 3313; aA *Michalsky* ZMR 1999, 1; eingehender zur Schriftform: → Form. A.VI.1 Anm. 2).

Ob die Vereinbarung zum Vormietrecht der Schriftform bedarf (vgl. §§ 550, 578 BGB), wird teilweise unter Hinweis auf die nicht einschlägige Entscheidung des BGH (BGHZ 55, 71 = NJW 1971, 422) verneint. Auch die Annahme, dass das Vormietrecht keinen Mietvertrag iSv § 550 BGB beinhalte und deshalb keine Formbedürftigkeit gegeben sei (vgl. etwa Palandt/*Weidenkaff* BGB Vor § 535 Rn. 5, § 550 Rn. 4), lässt sich hinterfragen. Diese Annahme erscheint dann als fraglich, wenn der Vermieter sich mit der Vereinbarung des Vormietrechts verpflichtet, eine eventuelle Veräußerung der Mietsache nur unter Wahrung des Vormietrechts vorzunehmen. Der allgemein angeführte Schutzzweck des § 550 BGB ist dann unmittelbar tangiert, weil maßgeblich darauf abzustellen ist, dass der Erwerber einer Mietsache Gelegenheit erhalten soll, sich vollständig über solche Rechte zu unterrichten, die auf ihn übergehen sollen (BGH 5.2.2014 – XII ZR 65/13, NJW-RR 1987, 1127; Palandt/

Weidenkaff BGB § 550 Rn. 1). Das Informationsinteresse des Erwerbers besteht unabhängig von der Frage, ob mit dem Erwerb nach dem Grundsatz „Kauf bricht nicht Miete" gemäß § 566 BGB ein unmittelbarer Eintritt in die vom Veräußerer/Vermieter eingegangenen Vertragsverhältnisse erfolgt, was in Bezug auf das Vormietrecht allerdings zu verneinen ist. Der Erwerber hat aber ein naheliegendes Interesse daran nachzuvollziehen, ob etwa von einem – ggf. kurze Zeit – vor dem Erwerb ausgeübten Vormietrecht wirksam Gebrauch gemacht wurde. Das kann er nur bei konkreter Kenntnis der zum Vormietrecht getroffenen Vereinbarungen nachvollziehen. Die Schriftform bezweckt außerdem nicht nur den Schutz des Erwerbers, sondern soll auch Unklarheiten und Beweisschwierigkeiten auf Seiten der Vertragsparteien vorbeugen (vgl. Palandt/*Weidenkaff* BGB § 550 Rn. 1; *Francke* ZMR 1998, 529). Jedenfalls dann, wenn ein Vormietrecht auf die Begründung eines Mietvertrags mit einer Dauer von mehr als einem Jahr abzielt, erscheint es eher als konsequent, vom Schriftformerfordernis auszugehen (einschränkend: *Blank/Börstinghaus* BGB § 550 Rn. 9). Die Interessenlage wird insoweit kaum anders zu beurteilen sein als bei der schriftformbedürftigen Verlängerungsoption (vgl. hierzu im Einzelnen die Anm. zu → Form. A.VII.5), denn jede die Vertragslaufzeit beeinflussende Abrede ist ein wesentlicher Bestandteil von Abreden mit mietvertragsrechtlicher Relevanz (zur Verlängerungsoption vgl. BGH NJW-RR 1987, 1227; Schmidt-Futterer/*Lammel* BGB § 566 Rn. 9). Zur Schriftformproblematik bei vertragsanbahnenden Vereinbarungen und zum Schutzzweck des Schriftformerfordernisses vgl. ferner die Anm. zu → Form. A.V.3 zu Ziff. I (1).

Die Nichtbeachtung der Schriftform beim Vormietrecht wird aber wohl nur dazu führen können, dass der Vormietvertrag entsprechend § 550 BGB (vom Erwerber) aufkündbar ist. Wenn der durch Ausübung begründete Hauptvertrag die Schriftform wahrt, dürften etwaige Schriftformmängel bei der Vormietabrede gegenstandslos sein, denn das vorvertragliche Stadium ist dann überholt.

4. Die Bezeichnung „Vermieter" ist bei einer isolierten Vormietvereinbarung, wenn zwischen den Parteien der Vormietvereinbarung noch kein Mietverhältnis besteht, an sich begrifflich unsauber. Gleichwohl wird an dieser Terminologie (anstelle der unhandlichen Bezeichnung „Vormietverpflichteter") festgehalten, weil sie die Rollenverteilung zwischen den Vertragsparteien am besten verdeutlicht und der Vertrag ohnehin auf die Begründung eines Mietverhältnisses abzielt.

5. Zur Vereinbarung eines Vormietrechts kommt es im Wesentlichen aus **zwei Grundkonstellationen** heraus:

Variante 1: Das Vormietrecht kann im Rahmen eines laufenden Mietverhältnisses für den Fall der Vertragsbeendigung verabredet werden. Dabei wird es sich meist um befristete Mietverhältnisse handeln, bei denen noch offen ist, ob eine weitere Anmietung durch den Mieter überhaupt in Betracht kommt. Zeichnet sich ein weitergehender Nutzungswille konkret ab, bietet sich eher die Vereinbarung einer Verlängerungsklausel oder -option an, denn bei einem Vormietrecht hat der Mieter mit völlig neuen Vertragsbedingungen zu rechnen. Bei grundsätzlich zur Vertragsfortsetzung bereiten Parteien erscheint es auch als entbehrlich, dass der Vermieter sich zunächst um eine Neuvermietung bemüht. Gleichwohl finden sich in der Praxis nicht selten rudimentäre und nach ihrem Regelungsinhalt unklare Vormietklauseln („Mieter hat Vormietrecht"), die wohl meist auf einer laienhaften Gleichsetzung von Vormiete und Verlängerungsoption beruhen (vgl. auch BGH 3.7.2002 – XII ZR 39/00, NZM 2002, 910, worin zwischen Vormietrecht und Vorvertrag – dazu im Einzelnen: → Form. A.V.2 – nicht klar unterschieden wird).

Wird das Vormietrecht im Rahmen eines vorgeschalteten Mietvertrags zwischen den identischen Vertragsparteien verabredet, kann der Wegfall des Vormietrechts bei berechtigter Aufkündigung des vorhergehenden Mietverhältnisses durch den Vermieter klarstellend in den Vertrag aufgenommen werden. Mit dem OLG Hamm (11.1.1979 – 4 U 250/78, BeckRS 1979, 01463) ist aber grundsätzlich davon auszugehen, dass ein Vormietrecht ohnehin nur für den Fall einer regulären Beendigung bzw. einer ordentlichen Kündigung des Ursprungsvertrags eingeräumt ist und bei einer aus wichtigem Grund erfolgten Kündigung nicht mehr ausgeübt werden kann.

Variante 2: Praktischer Regelungsbedarf für die Vereinbarung eines Vormietrechts wird am ehesten dann bestehen, wenn zwischen den Parteien des Vormietvertrags zuvor noch kein Mietverhältnis bestand. Die zweite Variante regelt ein solches Vormietrecht. Die Ausübung des Vormietrechts führt dann für die Vertragsparteien zur erstmaligen Begründung eines Mietvertrags in Bezug auf den Mietgegenstand. Für diese Konstellation empfiehlt es sich, die der Einräumung des Vormietrechts zugrunde liegenden Erwägungen – als Beschreibung der Vertragsgrundlagen – niederzulegen und dadurch den Umfang des eingeräumten Rechts näher zu umreißen. Bei vertragsvorbereitenden Vereinbarungen ist die Ausformulierung der wechselseitig verfolgten Vertragsziele und -zwecke generell ratsam, weil dies beim Streit über das Zustandekommen und den Inhalt des Vertrags Auslegungshilfen vermittelt und die Geschäftsgrundlage konkretisiert, vor deren Hintergrund sich die Stichhaltigkeit etwaiger Einreden und Einwendungen besser überprüfen lässt. Außerdem können (Neben-)Pflichten oder Haftungsausschlüsse konkretisiert werden. Das Formular führt Regelungsbeispiele auf.

Die Vereinbarungen zum Vormietrecht müssen bei allen Varianten hinreichend bestimmt und transparent sein. Die in einem Vertrag von dem Mieter/Pächter als Allgemeine Geschäftsbedingung gestellte Klausel, wonach ihm „ein Vormiet-/pachtrecht eingeräumt" wird, ohne dass der Inhalt dieses Rechts näher ausgestaltet wird, ist wegen Verstoßes gegen das Transparenzgebot gemäß § 307 Abs. 1 Satz 2 BGB unwirksam (BGH 24.11.2017 – LwZR 5/16, NZM 2018, 126)

6. Wenn das Vormietrecht nur unter dem **Vorbehalt** von Einschränkungen oder Bedingungen zustande kommen soll, ist dies ebenso ausdrücklich niederzulegen wie der Ausschluss von Garantien für den Eintritt bestimmter Vorbedingungen oder einen bestimmten Enderfolg.

7. Aus der **analogen Anwendung von § 473 BGB** (→ Anm. 2) folgt das Fehlen der Übertragbarkeit und Vererbbarkeit des Vormietrechts (vgl. hierzu *Michalski* ZMR 1999, 1). Ein auf bestimmte Zeit beschränktes Recht ist jedoch gemäß § 473 S. 2 BGB „im Zweifel" vererblich. Das Formular stellt die Unvererblichkeit klar, da abweichende Vereinbarungen zur Abtretbarkeit und Vererbbarkeit möglich sind. Der Vermieter wird im Zweifel ein betontes Interesse daran haben, den Kreis der Berechtigten klein zu halten.

8. § 465 BGB (→ Anm. 2) ist **bei Vereinbarungen des Vermieters mit Dritten** zu beachten. Klauseln, die das Vormietrecht umgehen oder vereiteln sollen (zu solchen Fallgestaltungen vgl. BGH 6.2.1974 – VIII ZR 239/72, WM 1974, 345; KG 28.10.2002 – 8 U 213/01, BeckRS 2002, 30289998), sind danach im Verhältnis zum Vormietberechtigten unwirksam (vgl. Palandt/*Weidenkaff* BGB § 465 Rn. 3 ff. mwN). Soweit dem Vermieter Rechtsgeschäfte gestattet sein sollen, die mit dem Vormietrecht kollidieren, ist dies als vertragliche Beschränkung des Rechts unbedingt ausdrücklich zu regeln (zB die Befugnis zur anderweitigen Bestellung eines Nießbrauchs oder Wohnrechts an den Mieträumen, vgl. BGH 25.1.1961 – V ZR 80/59, BGHZ 34, 200 = NJW 1961, 775). Für die Annahme unwirksamer Vereitelungsgeschäfte verlangt die Rechtsprechung das Vorliegen verwerflicher Motive (vgl. BGH 25.1.1961 – V ZR 80/59, BGHZ 34, 200 = NJW 1964, 540; Palandt/*Weidenkaff* BGB § 465 Rn. 3 ff.), die jedoch zumeist indiziert sein dürften.

Aus Vermietersicht ist es im Sinne (vor-) vertraglicher Schutz- und Hinweispflichten unumgänglich, beim Vertragsschluss mit einem Dritten auf das bestehende Vormietrecht hinzuweisen. Bei Eingehung eines unbedingten Drittmietvertrags, mit dem das Vormietrecht unterlaufen werden soll, drohen Schadensersatzansprüche aus §§ 280 f. BGB. Das Zustandekommen des mit dem Dritten vereinbarten Mietvertrags ist daher unter die auflösende Bedingung der Ausübung des Vormietrechts zu stellen. Ggf. kann auch ein **vertragliches Rücktrittsrecht** des Vermieters vereinbart werden. Ansonsten bleibt der Mietvertrag des Vermieters mit dem Dritten rechtswirksam und der Vermieter hat nach Ausübung des Vormietrechtes zwei Mieter.

9. Es wird in der Praxis eher selten vorkommen, dass ein Vormietrecht nicht nur für den nächstfolgenden Mietvertragsabschluss, sondern – bei zunächst ausbleibender Ausübung des Rechts – auch für **einen oder mehrere Nachfolgeverträge** vereinbart wird. Das Vormietrecht kann aber sogar zeitlich unbegrenzt verabredet werden (vgl. OLG Hamm 24.5.1991 – 30 U 246/90, ZMR 1992, 148; KG 23.9.2010 – 8 W 46/10, MDR 2011, 218). Entsprechende Abreden kommen dann in Betracht, wenn der Vormietberechtigte eine ganz bestimmte Nutzung der Mieträume gewährleistet oder ausgeschlossen sehen will und vom Vormietrecht so lange keinen Gebrauch macht, als andere Mieter sich zu einem ihm genehmen Mietgebrauch bereitfinden (zB wenn ein Apotheker als Vormietberechtigter die Überlassung an Ärzte sichern will). Bei dergestalt langfristigen Planungen kann auch die Vereinbarung einer Pflicht des Vermieters in Betracht kommen, das Mietobjekt nur unter Wahrung des Vormietrechts zu veräußern und einen Erwerber zur Erfüllung des Vormietrechts zu verpflichten (vgl. hierzu die entsprechenden Regelungen in → Form. A.V.2 zu Ziff. 5).

10. „Unverzüglich" heißt: ohne schuldhaftes Zögern (vgl. § 121 Abs. 1 S. 1 BGB, vgl. dazu Palandt/*Heinrichs* BGB § 121 Rn. 3 mwN).

11. Es sind alle Modalitäten aufzuführen, deren Kenntnis für den Vertragspartner in Bezug auf die Ausübung des Vormietrechts, dessen Abwicklung oder Wegfall erheblich sind (vgl. OLG Brandenburg 16.7.2015 – 5 U (LW) 85/14 – BeckRS 2015, 13730).

12. Im Regelfall begünstigt das Vormietrecht allein den Vormietberechtigten, weshalb der Vermieter keine wesentlichen wirtschaftlichen oder rechtlichen Positionen preisgibt, wenn er dem Berechtigten eine weitgehend freie Abstandnahme vom Vertrag zubilligt. Da das Vormietrecht ohnehin einen Vertragsschluss mit einem Dritten voraussetzt, führt der Wegfall des Vormietrechts lediglich dazu, dass der Mietvertrag mit dem Dritten und nicht mit dem Vormietberechtigten abzuwickeln ist. Danach wird dem Vermieter allenfalls aus Gründen, die gerade in der Person des Vormietberechtigten und seiner Leistungsfähigkeit und Zuverlässigkeit begründet liegen, an einer Ausübung des Vormietrechts gelegen sein können, ohne dass aber ein Kontrahierungszwang für den Berechtigten bestünde. Die im Formular geregelten Mitteilungspflichten zielen darauf ab, möglichst zeitnah Klarheit darüber zu schaffen, ob sich das Vormietrecht erledigt hat.

13. Der im Formular niedergelegte **Erlöschenstatbestand** behandelt eine auflösende Bedingung. Für bestimmte Sachverhaltsalternativen, bei denen es nicht schlechthin zum Wegfall des Rechts kommen soll, sondern nur dann, wenn eine Partei sich dies vorbehält, können sich modifizierte Regelungen empfehlen.

Das Vormietrecht erlischt auch, wenn der Erwerber einer vermieteten Immobilie das **Sonderkündigungsrecht** nach § 111 InsO ausübt (vgl. KG 23.9.2010 – 8 W 46/10, MDR 2011, 218 nebst Anm. *Cranshaw* jurisPR-InsR 3/2011 Anm. 3). Dies hat das Kammergericht damit begründet, dass § 111 InsO dem Erwerber im Interesse einer bestmöglichen Verwertung des Grundeigentums die freie Disposition über das Objekt ermöglichen solle. Dies umfasse auch das Recht des Erwerbers, eine Neuvermietung an einen Mieter seiner Wahl vorzunehmen.

14. Nach § 464 Abs. 1 S. 2 BGB bedarf die Erklärung, mit der das Recht ausgeübt wird, an sich nicht der für den Hauptvertrag bestimmten Form (zur Schriftform im Übrigen → Anm. 3). Das Formular regelt aus Gründen der Vertragssicherheit ausdrücklich die – gewillkürte – **Schriftform** (§ 127 BGB). Selbst ohne ausdrückliche Vereinbarungen können die Parteien eines auf die Begründung eines langfristigen Mietvertrags abzielenden Vertrags zum Abschluss eines schriftlichen Vertrags iSv § 550 BGB verpflichtet sein (BGH 22.1.2014 – XII ZR 68/10, BGHZ 200, 98; 7.3.2007 – XII ZR 40/05, NJW 2007, 1817).

15. Hinsichtlich der Konstituierung des Mietverhältnisses folgt das Formular der Regelung aus § 464 Abs. 2 BGB. Der Inhalt des zustande gekommenen Mietvertrags entspricht dem Drittmietvertrag, den der Vermieter dem Vormietberechtigten nach § 2 (2) mitzuteilen hat.

16. Ohne besondere Vereinbarungen, die ein modifiziertes Eintrittsrecht des Vormietberechtigten regeln, kann dieser ein Mietverhältnis nur zu den **Bedingungen des Drittvertrags** begründen. Das Formular regelt klarstellend, dass zur Wahrung der Eintrittsfrist nur eine Erklärung ausreicht, die ohne neue (Änderungs-)Anträge (vgl. § 150 Abs. 2 BGB) den Drittvertrag zugrunde legt. Die Ausübung eines Vormietrechts unter Zugrundelegung neuer Vertragsbedingungen entbehrt einer vertraglichen Grundlage. Sie beinhaltet allenfalls ein neues Vertragsangebot, das der Vermieter annehmen muss, damit ein Mietvertrag zustande kommt (§ 150 Abs. 2 BGB).

Bei Ausübung des Vormietrechtes tritt der Berechtigte auch in alle vertraglichen Abreden mit ein, die mit dem Dritten im Zusammenhang im Mietvertrag abgeschlossen worden sind (vgl. OLG Frankfurt 27.10.1987 – 14 U 129/86, NJW-RR 1988, 178). Dies gilt jedoch nicht für solche (Neben-) Abreden, die außerhalb des mietvertraglichen Äquivalenzverhältnisses angesiedelt sind, ggf. nur anlässlich des Mietvertrags vereinbart wurden und sich im mietvertraglichen Rahmen als Fremdkörper ausnehmen (vgl. BGH NJW 1988, 703).

Eine **rechtsmissbräuchliche Ausübung des Vormietrechts** kann vorliegen, wenn die Erklärung des Vormietberechtigten von vornherein nicht den Umfang besitzen soll, mit dem die Erklärung formal ausgestaltet ist. Das kann der Fall sein, wenn der Berechtigte zwar das Vormietrecht ausübt, es zugleich aber definitiv ablehnt, die mit seiner Erklärung verbundenen Pflichten zu tragen (BGH 25.11.1987 – VIII ZR 283/86, BGHZ 102, 237 = NJW 1988, 703 mwN). Erforderlich ist daher eine zweifelsfrei widersprüchliche Erklärung des Vormietberechtigten, um – ausnahmsweise – eine treuwidrige Ausübung des Vormietrechts anzunehmen. Hierfür genügt es noch nicht, wenn der Berechtigte hinsichtlich des Umfangs seiner eigenen Pflichten Bedenken äußert (OLG Hamm 14.9.2016 – I-30 U 9/16, ZMR 2016, 868).

2. Mietvorvertrag

Mietvorvertrag

Zwischen

. . . . .

(Vermieter)

und

. . . . .

(Mieter)

wird folgende Vereinbarung getroffen:[1]

§ 1 Grundlagen des Vorvertrags (Beschreibung der dem Vertragsschluss zugrunde liegenden Erwägungen),[2] bereits feststehende Vertragsvereinbarungen

(1) Die Vertragsparteien verpflichten sich nach Maßgabe dieses Vorvertrags zum Abschluss eines Mietvertrags. Dem liegen folgende Erwägungen der Vertragsparteien zugrunde:

– **Beispiel** –

Der Vermieter ist Eigentümer des Hausgrundstücks . . . . .

Der Vermieter beabsichtigt, das Objekt zu einem Wohn- und Geschäftshaus umzubauen. Der Mieter will in dem noch herzustellenden Objekt gewerbliche Mieträume für den Betrieb eines Versicherungsbüros anmieten. Diesem Vorvertrag ist ein Architektenplan beigeheftet, der die vorgesehenen Mieträume als rot schraffierte Teilfläche ausweist.

(2) Diesem Vertrag ist ferner ein teilweise ausgefülltes Mietvertragsformular als Bestandteil des Vorvertrags beigeheftet, das die bereits feststehenden mietvertraglichen Regelungen wiedergibt.[3]

§ 2 Regelungsvorbehalte für den Hauptvertrag

Dem Abschluss des Hauptvertrags stehen zurzeit folgende Hindernisse entgegen:[4]

– **Beispiele** –

1. Der Mieter benötigt die Mieträume spätestens ab dem . . . . . Derzeit steht aber noch nicht fest, ob der vom Vermieter geplante Umbau bis dahin abgeschlossen werden kann. Eine Zusicherung oder eine Garantie für einen bestimmten Fertigstellungszeitpunkt wird vom Vermieter nicht übernommen.
2. Mit der Baubehörde wird zurzeit über die Erteilung von Auflagen verhandelt, deren Erfüllung zu einer Reduzierung der in Aussicht genommenen Mietfläche führen kann.
3. Der Vermieter benötigt für das bislang zu Wohnzwecken vermietete Objekt eine öffentlich-rechtliche Genehmigung, dass hinsichtlich der zusätzlich zu schaffenden Nutzfläche und für die vom Mieter in Aussicht genommenen Mieträume eine gewerbliche Vermietung erfolgen kann.
4. Der Vermieter hat die Erteilung eines zinsgünstigen Förderdarlehens in Höhe von . . . . . EUR mit einem auf . . . . . Jahre festgeschriebenen Zinssatz von . . . . . % beantragt, das für die geplanten Umbauten verwendet werden soll. Darauf beruht die Ermittlung des im Vorvertrag zugrunde gelegten Mietpreises pro Quadratmeter. Für den Fall, dass dieses Darlehen nicht bewilligt wird, soll sich der Mieter teilweise an den dadurch entstehenden Finanzierungsmehrkosten beteiligen. Dies soll in der Weise geschehen, dass der Mieter für die Dauer von . . . . . Jahren, für diese Zeit unter Ausschluss weiterer Mieterhöhungen, einen gegenüber dem Vorvertrag erhöhten Netto-Grundmietzins zu leisten hat, wobei sich der Erhöhungsbetrag auf ¼ des im bezeichneten Zeitraum anfallenden monatlichen Zinsmehraufwands belaufen soll.

§ 3 Abschluss des Mietvertrags, Veräußerung des Mietobjekts, Rücktritt vom Vorvertrag

(1) Der Vermieter hat dem Mieter den Abschluss des Hauptvertrags unverzüglich anzutragen, wenn die in § 2 aufgeführten Regelungsvorbehalte einer abschließenden vertraglichen Festlegung zugeführt werden können. Dazu gehört insbesondere, dass

– Beispiele (vgl. § 2) –

zu 1 und 2: das Objekt bezugsfertig ist,

zu 3: die behördliche Genehmigung für die gewerbliche Nutzung vorliegt,

zu 4: alle für die abschließende Mietpreisberechnung maßgeblichen Umstände (Bewilligung eines Förderdarlehens) bekannt sind.[5]

Das Vertragsangebot hat schriftlich unter Angabe derjenigen vertraglichen Regelungen und der diesen zugrunde liegenden Bemessungsgrundlagen zu erfolgen, die zur Zeit noch keiner abschließenden Regelung zugeführt werden können.[6]

(2) Dem Mieter steht zur Prüfung und Annahme des Hauptvertrags eine Frist von . . . . . Wochen ab Zugang des Vertragsangebots zu.[7]

(3) Der Mieter kann innerhalb der Frist aus § 3 (2) unter Ausschluss jeglichen wechselseitigen Aufwendungs- und Schadensersatzes von diesem Vorvertrag zurücktreten und den Abschluss des Hauptvertrags ablehnen, wenn[8]

– Beispiele –

zu 1: der Vermieter seinen Antrag zum Abschluss des Hauptvertrags erst nach Ablauf des . . . . . abgibt.

zu 2: die realisierbare Nutzfläche der Mieträume weniger als . . . . . qm betragen sollte.

zu 4: die endgültige monatliche Gesamtnettomiete ohne Nebenkosten den Betrag von . . . . . EUR übersteigen sollte.

(5) Für den Fall der Veräußerung des Mietobjekts hat der Vermieter den Erwerber vertraglich zugunsten des Mieters zur Übernahme der sich aus diesem Mietvorvertrag ergebenden Vermieterpflichten zu verpflichten.[9]

(6) Der Vermieter kann unter Ausschluss jeglichen wechselseitigen Aufwendungs- und Schadensersatzes von diesem Vorvertrag zurücktreten und den Abschluss des Hauptvertrags ablehnen, wenn

– Beispiel –

zu 3: die öffentlich-rechtliche Genehmigung zur gewerblichen Vermietung bestandskräftig versagt wird.

. . . .

(Vermieter)   (Mieter)

Anmerkungen

1. Beim **Mietvorvertrag** (Pachtvorvertrag) handelt es sich um einen schuldrechtlichen Vertrag, der die Parteien zum Abschluss eines anderen schuldrechtlichen Vertrags, des Haupt(miet)vertrags, verpflichtet. Ein Vorvertrag bindet die Parteien, ein Angebot auf Abschluss des Hauptvertrages abzugeben bzw. das dem Vorvertrag entsprechende Angebot des anderen Teiles anzunehmen. Diese Pflicht trifft in der Regel beide Vertragsparteien, kann aber auch nur zu Lasten einer Partei vereinbart werden.

Der Vorvertrag muss nach der Rechtsprechung des Bundesgerichtshofs ein solches Maß an **Bestimmtheit** oder **Bestimmbarkeit** und Vollständigkeit enthalten, dass der Inhalt des Hauptvertrages im Streitfall vom Gericht festgestellt werden kann, notfalls durch eine richterliche Vertragsergänzung (vgl. BGH 3.7.2002 – XII ZR 39/00, NZM 2002, 910; BGH 21.10.1992 – XII ZR 173/90, NJW-RR 1993, 139; → Anm. 3).

Da der Wille der Vertragsparteien im Zweifel darauf gerichtet ist, von Vornherein einen verbindlichen Hauptvertrag zu vereinbaren, **kann ein Vorvertrag grundsätzlich nur ausnahmsweise angenommen werden.** Deshalb ist sorgfältig zu prüfen, ob die Vertragsparteien wirklich nur vorvertragliche Bindungen eingehen oder ob sie nicht vielmehr unmittelbar die sich aus dem Hauptvertrag ergebenden Rechte und Pflichten begründen wollen (vgl. BGH 20.12.1995 – XII ZR 244/94, NJWE-MietR 1996, 54; BGH 8.6.1962 – I ZR 6/61, NJW 1962, 1812; BGH 16.4.1969 – VIII ZR 64/66, WM 1969, 919). Von einem Vorvertrag ist nur dann auszugehen, wenn besondere Umstände darauf schließen lassen, dass sich die Parteien ausnahmsweise schon binden wollten, ohne alle Vertragspunkte (des Hauptvertrags) abschließend geregelt zu haben, und sie deswegen vom Abschluss des eigentlichen Hauptvertrages abgesehen haben (vgl. BGH 20.12.1995 – XII ZR 244/94, NJWE-MietR 1996, 54; OLG München 5.5.1995 – 21 U 4747/94, OLGR 1995, 195). Wenn die wesentlichen Eckpunkte für einen Hauptvertrag bereits feststehen, liegt im Zweifel ein Hauptvertrag vor (vgl. BGH 27.1.2010 – XII ZR 148/07, BeckRS 2010, 05792). Selbst wenn auf der Grundlage eines („Vor-") Vertrags erst zu einem späteren Zeitpunkt ein gewerblicher Mietvertrag über eine bestimmte Mietsache zustande kommen soll, liegt bereits ein (Haupt-) Mietvertrag und kein Vorvertrag im Rechtssinne vor, wenn in dem vorangehenden Vertrag der Vertragsbeginn, die Mietdauer und das Vertragsende (ggf. einschließlich einer Verlängerungsoption) festgelegt worden sind und wenn auch die Entgeltlichkeit der Gebrauchsüberlassung feststeht (vgl. BGH 3.7.2002 – XII ZR 39/00, NJW 2002, 3016).

Für den Inhalt eines Vertrages ist der übereinstimmende Wille der Beteiligten maßgebend, selbst wenn die Erklärungen objektiv eine andere Bedeutung haben sollten, so dass ein unbefangener Dritter ihnen einen anderen Sinn beilegen würde (vgl. BGH 29.1.2015 – IX ZR 279/13, NZG 2015, 1109; BGH 26.4.1978 – VIII ZR 236/76, BGHZ 71, 243). Haben alle Beteiligten eine Erklärung übereinstimmend in demselben Sinn verstanden, so geht der wirkliche Wille dem Wortlaut vor (BGH 7.12.2001 – V ZR 65/01, NJW 2002, 1038). Besteht kein übereinstimmender Erklärungsinhalt, so kommt es in einem weiteren Schritt der Auslegung gemäß § 133, 157 BGB darauf an, wie der Empfänger der Willenserklärung diese bei objektiver Würdigung aller Umstände und mit Rücksicht auf Treu und Glauben zu verstehen hatte (vgl. BGH 26.10.1983 – IVa ZR 80/82, NJW 1984, 721). Die dabei neben der Auslegung des Wortlauts heranzuziehenden auslegungsrelevanten Begleitumstände sind insbesondere die Entstehungsgeschichte des Vertrages, die Äußerungen der Parteien bei Vertragsschluss sowie eine an § 242 BGB orientierte Würdigung des Vertragszwecks und der Interessenlage der Parteien. Das Formular zielt darauf ab, durch eine konkrete Beschreibung aller wesentlichen Regelungsgrundlagen dem Streit über Auslegungsfragen vorzubeugen (→ Anm. 2, 4).

Abzugrenzen ist der Vorvertrag vom „letter of intent", der im Zweifel bloße Absichtserklärungen enthält, ohne einen Anspruch auf Abschluss des beabsichtigten Vertrages zu begründen (vgl. OLG Köln 6.11.2007 – 9 U 144/06, VersR 2008, 680; zur Abgrenzung zwischen Vorvertrag und Absichtserklärung vgl. auch BGH 20.9.1989 – VIII ZR 143/88, NJW 1990, 1234; OLG Bamberg 3.2.2016 – 3 U 188/15, IBR 2018, 270). Vielmehr soll ein jederzeitiger Abbruch der Verhandlungen ohne Angabe von Gründen möglich bleiben.

Abzugrenzen ist der Vorvertrag ferner vom **Optionsrecht,** dh dem Recht, durch einseitige Erklärung des Optionsberechtigten einen Mietvertrag zustande zu bringen (→ Form. A.V.3; zur Abgrenzung vgl. OLG Hamm 24.5.2013 – 30 U 4/11, Gemeindehaushalt 2013, 235; OLG Köln 15.9.1997 – 19 U 210/96, NJW-RR 1998, 809 = NZM 1998, 439), und vom sog. **Grund- oder Rahmenvertrag,** der eine dauerhafte Geschäftsbeziehung anbahnen soll, aber noch keine für einen Vorvertrag hinreichend bestimmten Vereinbarungen enthält (vgl. BGH 18.12.2008 – VII ZR 189/06, NJW-RR 2009, 598; OLG Jena 6.6.2000 – 5 U 765/99, OLGR 2001, 241). Vereinbaren Käufer und Verkäufer eines Mietobjektes, dass jede Partei ab einem bestimmten Zeitpunkt zu einem vorbestimmten Preis eine Anmietung desselben durch den Verkäufer verlangen kann, so handelt es sich rechtlich um einen Vorvertrag und nicht um ein Optionsrecht (vgl. OLG Köln 15.9.1997 – 19 U 210/96, NZM 1998, 439).

Ein **Ankaufsrecht** hat keinen mietvertraglichen Charakter. Es stellt ein Aliud zur Miete dar, und zwar unabhängig davon, ob es als aufschiebend bedingter Vorvertrag oder als bindendes Angebot vereinbart wurde (BGH 12.10.2016 – XII ZR 9/15, NZM 2017, 35; 12.5.2006 – V ZR 97/05, NJW 2006, 2843)

Ein Vorvertrag unterliegt nach der Rechtsprechung nicht der **Schriftform** aus § 550 BGB (vgl. BGH 7.3.2007 – XII ZR 40/05, NZM 2007, 445; 7.10.1953 – VI ZR 20/53, BB 1953, 958; 4.6.1961 – VIII ZR 132/60, BB 1961, 1027; zum Meinungsstand vgl. ferner *Derleder/Pellegrino* NZM 1998, 550; *Klimke* WuM 2010, 8; *Michalski* ZMR 1999, 141). Das wird vornehmlich damit begründet, dass durch § 550 BGB in erster Linie der Erwerber geschützt werden soll und vorvertragliche Rechte und Pflichten nicht nach § 566 BGB auf einen Erwerber übergehen. Wenn sich der Vermieter aber – wie im Beispielsfall – vertraglich verpflichtet, seinerseits etwaige Erwerber vertraglich zur Erfüllung des Vorvertrags zu verpflichten, spricht einiges dafür, in solchen Fällen vom Schriftformerfordernis auszugehen, wenn der abzuschließende Mietvertrag auf eine längere Mietdauer als 1 Jahr angelegt ist. Außerdem legen die wechselseitigen Interessen der Vertragsparteien an einer gesicherten Vertrags- und Beweissituation die Annahme eines Schriftformerfordernisses nahe (im Ergebnis ebenso: *Michalski* ZMR 1999, 141; *Derleder/Pellegrino* NZM 1998, 550; vgl. zur Problematik der Schriftform bei vorbereitenden Verträgen auch → Form. A.V.1 Anm. 3 sowie → Form. A.V.3 Anm. 2 mwN).

Im Vorfeld des (Haupt-)Vertragsschlusses bestehen wechselseitige **Mitwirkungspflichten**, den Hauptvertrag zur Abschlussreife zu bringen (BGH 7.3.2007 – XII ZR 40/05, NZM 2007, 445). Dies gilt auch für die Wahrung der Schriftform (BGH 27.9.2017 – XII ZR 114/16, BGHZ 216, 68 = NZM 2018, 38; 22.1.2014 – XII ZR 68/10, BGHZ 200, 98 = NZM 2014, 239). Die Parteien müssen daher auch zu Verhandlungen über noch offene Fragen bereit sein. Daneben besteht die vertragliche Nebenpflicht, alles zu unterlassen, was dem Abschluss des Hauptvertrages entgegenstehen könnte. Werden diese Verpflichtungen verletzt, so kann der jeweils andere Vertragsteil Schadensersatz verlangen (BGH 7.3.2007 – XII ZR 40/05, NZM 2007, 445).

Auch bei und nach Abschluss des Hauptvertrags kann nach ständiger Rechtsprechung des BGH eine Mitwirkungspflicht der Vertragsparteien am Zustandekommen eines der Schriftform entsprechenden Mietvertrages bestehen. Das wird insbesondere der Fall sein, wenn in einem Vorvertrag vereinbart worden ist, ein langfristiges Mietverhältnis zu begründen (BGH 22.1.2014 – XII ZR 68/10, BGHZ 200, 98; BGH 7.3.2007 – XII ZR 40/05, NJW 2007, 1817). Möglich ist es auch, dass sich die Vertragsparteien im Hinblick auf nachträglich zustande gekommene Vereinbarungen verpflichten, dafür zu sorgen, dass die Schriftform gewahrt und damit die langfristige Bindung an den Mietvertrag sichergestellt wird (BGH 6.4.2005 – XII ZR 132/03, NJW 2005, 2225). In solchen Fällen geht es entweder darum, den Vorgaben des Vorvertrags zu entsprechen und in Anknüpfung an die darin getroffenen Abreden einen formwirksamen Mietvertrag zu vereinbaren oder einem konkret befürchteten Formmangel entgegenzuwirken (BGH 22.1.2014 – XII ZR 68/10, BGHZ 200, 98).

Wahrt der Hauptvertrag die Schriftform, sind selbst etwa anzunehmende Schriftformmängel des Vorvertrags ohne Weiteres geheilt, denn das vorvertragliche Stadium ist dann überholt.

2. Um Auseinandersetzungen über die (Geschäfts-)Grundlagen des Vorvertrags vorzubeugen und um eine etwaige richterliche Auslegung zu kanalisieren, sollte bei allen Verträgen, welche die Rechtsbeziehungen nicht abschließend regeln und ausgestalten, eine **positive Beschreibung der Vertragszwecke und -ziele** niedergelegt werden. Andernfalls laufen die Parteien das Risiko, dass das Gericht im Streitfall in Abweichung von den ursprünglichen Vorstellungen der Vertragsparteien zu einer Auslegung des Vorvertrags und zu einer sachwidrigen Festlegung des abzuschließenden Hauptvertrags gelangt. Das Formular regelt beispielhaft entsprechende Konkretisierungen für die Anmietung von Büroräumen.

3. Um die Unwägbarkeiten für den beabsichtigten Mietvertrag möglichst gering zu halten, geht das Formular davon aus, dass der Vorvertrag mit einem Mietvertragsformular verbunden wird, das die bereits bei Abschluss des Vorvertrags festlegbaren Mietabreden positiv regelt. Sämtliche offenen Fragen sollten vermerkt und in § 2 des Vorvertrags ausdrücklich angesprochen und vorbereitend geregelt werden. Vorvertrag und Mietvertragsformular sind zur einheitlichen Wahrung der Schriftform aus § 550 BGB grundsätzlich fest miteinander zu verbinden, um allen Zweifeln in Bezug auf die Einheitlichkeit der Vertragsurkunde und die Wahrung der Schriftform vorzubeugen (vgl. hierzu BGH 22.12.1999 – XII ZR 339/97, NJW 2000, 1105; → Anm. 1).

Zum **wesentlichen Inhalt** eines gewerblichen Mietvertrages gehört die Einigung über das Mietobjekt, die Mietdauer und den Mietzins (BGH 27.1.2010 – XII ZR 148/07 NJW-RR 2010, 1580; BGH 3.7.2002 – XII ZR 39/00, NJW 2002, 3016). Für den Inhalt eines Vorvertrages reicht demgemäß die Einigung über diese Punkte aus, während die Ausgestaltung anderer Vertragsbedingungen den weiteren Verhandlungen vorbehalten bleiben kann, die zum Abschluss des Hauptvertrages führen sollen (zum Bestimmtheitserfordernis → Anm. 1). Ein Vorvertrag ist grundsätzlich nicht hinreichend bestimmt und damit unwirksam, wenn er keine zumindest bestimmbare Preisabrede enthält oder diese mangels Eintritts einer aufschiebenden Bedingung entfällt. Die Einigung über den genau bezifferten Betrag des Mietzinses ist dann entbehrlich, wenn der Mietpreis nach den getroffenen Abreden – ggf. im Wege der ergänzenden Vertragsauslegung – hinreichend bestimmbar ist (vgl. BGH 3.7.2002 – XII ZR 39/00, NJW 2002, 3016).

4. Für die ausdrückliche Beschreibung der **Umstände, die dem endgültigen Abschluss eines Mietvertrags bei Niederlegung des Vorvertrags entgegen stehen,** gelten die Erwägungen in → Anm. 2 entsprechend. Auch insoweit können durch eine möglichst konkrete Schilderung der Vertragssituation spätere Auslegungsschwierigkeiten vermieden werden. Hindernisse für die abschließende Ausgestaltung des Hauptmietvertrags können sich in tatsächlicher und rechtlicher Hinsicht ergeben. Unklarheiten und Vorbehalte, die vor Abschluss des Hauptvertrags ausgeräumt werden sollen, werden insbesondere im Zusammenhang mit der Erteilung von Konzessionen, der beruflichen Qualifikation des Mieters (Handwerkszulassung, Zulassung als Arzt oder Rechtsanwalt usw), mit der Vertragslaufzeit oder den Kalkulationsgrundlagen für die Bestimmung der endgültigen Miete in Rede stehen können.

Generell sollte aber davon ausgegangen werden, dass der **Abschluss eines Hauptvertrags Vorrang gegenüber einem Vorvertrag** hat (→ Anm. 1). Diesseits wird davon ausgegangen, dass Konstellationen, in denen der Abschluss des Hauptvertrags unmöglich und der eines Vorvertrags gleichsam unumgänglich ist, praktisch kaum denkbar sind. Regelmäßig wird der im Vorvertrag offen bleibende Inhalt des Hauptvertrags auch in – konstituierende oder auflösende – Vertragsbedingungen gekleidet werden können. Noch unbekannte Kalkulations- und Gestaltungskriterien können zum Gegenstand von – in der Zukunft – bestimmbaren Vertragsmodalitäten oder von einseitigen vertraglichen Bestimmungsrechten nach §§ 315 f. BGB gemacht werden. Die Grenzen für die Verbindlichkeit noch nicht bestimmbarer Vertragskriterien können dabei durch die Vereinbarung von (Preis-)Spannen, durch Höchst- oder Mindestansätze oder durch Rücktrittsbefugnisse gezogen werden. Soweit solche Ausgestaltungen sich anbieten, sollte ihnen wegen der damit erzielbaren höheren Vertragssicherheit eines Hauptvertrags der Vorzug gegeben werden.

Das Formular enthält beispielhaft mehrere Vertragspositionen, die sich bei Abschluss des Vorvertrags einer abschließenden Festlegung entziehen können und deren Bestimmung daher dem Hauptvertrag vorbehalten bleiben soll.

5. Das **Zustandekommen des Hauptvertrags** erfordert einen gesonderten Vertragsschluss, mit dem insbesondere die nach dem Vorvertrag noch offenen Vertragspunkte einer abschließenden Regelung im Sinne eines vollständigen Mietvertrags zuzuführen sind. Es bedarf mithin eines auf Abschluss eines ganz bestimmten Vertrags gerichteten Antrags im Sinne von § 145 BGB und seiner Annahme. Erst ein entsprechendes Vertragsangebot eröffnet dem Berechtigten die Klage auf Zustimmung zum Vertrag (BGH 3.7.2002 – XII ZR 39/00, NJW 2002, 3016). Auch der Klageantrag auf Abschluss des nach einem Vorvertrag geschuldeten Hauptvertrages muss grundsätzlich den gesamten Vertragsinhalt umfassen (BGH 18.11.1993 – IX ZR 256/92, ZMR 1994, 106).

Wenn der Vermieter unter Verstoß gegen den Vorvertrag an einen Dritten vermietet, hat der Vorvertragsberechtigte nach herrschender Auffassung keinen unmittelbaren Besitzüberlassungsanspruch, den er gegenüber dem Vermieter etwa durch eine einstweilige Verfügung sichern lassen könnte (vgl. OLG Celle 29.9.2008 – 2 W 199/08, OLGR 2008, 888; KG 25.1.2007 – 8 W 7/07, ZMR 2007, 614; aA OLG Düsseldorf 4.10.1990 – 10 U 93/90, NJW-RR 1991, 137). Der Vermieter darf vielmehr selbst entscheiden, welchen Vertrag er erfüllt und an welchen Mieter er ggf. Schadensersatz leistet. Gemäß § 275 Abs. 1 BGB ist der Anspruch auf Leistung, dh auf Annahme seines auf Abschluss des Hauptvertrags gerichteten Angebots, ausgeschlossen, soweit diese Leistung dem Schuldner unmöglich ist. Dies kann dann der Fall sein, wenn der Schuldner die Verfügungsmacht über den geschuldeten Gegenstand verloren hat (vgl. OLG Frankfurt 10.9.2014 – 14 U 103/12, NJOZ 2015, 916). Hierfür genügt es aber noch nicht, dass der Schuldner derzeit nicht allein über den Leistungsgegenstand disponieren kann. Bei einer Doppelvermietung ist die Unmöglichkeit der Besitzüberlassung erst dann anzunehmen, wenn feststeht, dass der Vermieter den Mietvertrag mit dem Dritten nicht kündigen oder durch Vereinbarung einer Abstandszahlung beenden kann (vgl. BGH 12.3.2003, NJW 2003, 2158; 20.6.1986, NJW 1986, 2822; OLG Frankfurt 10.9.2014 – 14 U 103/12, NJOZ 2015, 916).

Der Vertrag kann vorsehen, dass der Antrag auf Abschluss des Hauptvertrags von beiden Vertragsparteien oder nur von einer Partei erklärt werden kann. Eine Pflicht zur Übermittlung eines Angebots für den Hauptvertrag (im Formular zu Lasten des Vermieters vorgesehen) wird regelmäßig für diejenige Vertragspartei in Betracht kommen, welche die wesentlichen Voraussetzungen für den Hauptvertrag zu schaffen hat oder als erste Kenntnis über die für den Hauptvertrag wesentlichen Umstände erlangt. Die Pflicht zur Abgabe des Angebots kann an das Vorliegen aller noch offenen Vertragsmodalitäten geknüpft werden oder nur an den Eintritt derjenigen Umstände, die für die Festlegung bestimmter wesentlicher Vertragsmodalitäten erforderlich sind. Zur Vermeidung eines Einigungsmangels im Sinne von §§ 154 f. BGB muss aber der (haupt-)vertragliche Erklärungs- und Bindungswille trotz offen gebliebener Punkte hinreichend erkennbar werden (→ Anm. 1).

6. Wenn der bei Abschluss des Vorvertrags noch bestehende Regelungsbedarf nicht durch eine bloße rechnerische Umsetzung der zu klärenden Vorbehaltspunkte behoben werden kann, ist der **endgültige Inhalt des Hauptvertrags** anderweitig zu bestimmen. Der im Formular zugrunde gelegte Beispielsfall wäre ohne weiteres einem Hauptvertrag zuzuführen, wenn der Mietpreis/qm im Vorvertrag bereits geregelt ist. Dann wäre der effektive vertragliche Mietzins nach der endgültigen Mietfläche und den in Beispiel 4) angesprochenen endgültigen Finanzierungsmodalitäten zu bestimmen. Ansonsten kann die abschließende Festlegung der Hauptvertragsmodalitäten insbesondere dadurch geschehen, dass eine Vertragspartei sich ein Bestimmungsrecht nach §§ 315 f. BGB ausbedingt oder die Einholung eines Sachverständigengutachtens (Schiedsgutachten zur Festlegung der Miethöhe) vorgesehen wird (→ Form. A.VII.1 sowie → Anm. 4).

Die durch einen Vorvertrag begründete Verpflichtung zum Abschluss eines Mietvertrags führt beim **Streit über den Inhalt des abzuschließenden Vertrags** nach allgemeinen Grundsätzen dazu, dass jede Partei des Vorvertrags berechtigt ist, die Erfüllung der übernommenen Verpflichtung durch Klage auf Abgabe einer von ihr formulierten Vertragserklärung zu verlangen. Sache der beklagten Partei ist es sodann, einen möglichen Gestaltungsspielraum einwendungsweise durch konkrete Alternativvorschläge geltend zu machen. Unterlässt sie dies, ist die Klage begründet, wenn die von dem Kläger formulierten Regelungen des abzuschließenden Vertrages den Vorgaben des Vorvertrages, dessen Auslegung sowie Treu und Glauben entsprechen (vgl. BGH 12.5.2006 – V ZR 97/05, NZM 2006, 674).

7. Das Formular regelt eine **Annahmefrist,** nach deren Ablauf der Vermieter von der Ablehnung des Antrags auszugehen hat (§§ 146, 148 BGB). Für die verspätete Annahme gilt § 150 Abs. 1 BGB. Es wäre auch eine Regelung denkbar, wonach der Vorvertrag insgesamt hinfällig wird, wenn nicht eine Partei innerhalb einer bestimmten Frist nach Eintritt eines bestimmten (für den Hauptvertragsabschluss wesentlichen) Ereignisses ein Vertragsangebot übermittelt.

Alternativ wird die Regelung einer **befristeten Klagebefugnis** einer Vertragspartei oder beider Parteien zur Durchsetzung des Anspruchs auf Abschluss des Hauptvertrags in Betracht kommen, denn damit lässt sich ein länger andauernder Schwebezustand vermeiden. Der Formulartext könnte zB wie folgt fortgesetzt werden:

> Wird der Hauptvertrag innerhalb der bezeichneten Annahmefrist vom Mieter nicht oder nur mit vom Vermieter nicht akzeptierten Änderungen angenommen, kann der Vermieter den Anspruch auf Annahme seines Antrags innerhalb von zwei weiteren Monaten gerichtlich geltend machen. Wird der Anspruch vom Vermieter nicht innerhalb der bezeichneten Frist rechtshängig gemacht, verliert der Vermieter seinen Anspruch auf Abschluss des Hauptvertrags.

Der vorvertragliche Anspruch auf Abschluss des Hauptvertrags kann auch ohne besondere vorvertragliche Bestimmungen gerichtlich durchgesetzt werden. Dies hat regelmäßig durch eine Klage auf Abgabe derjenigen Willenserklärungen zu geschehen, durch die der Hauptvertrag zustande kommt (vgl. BGH 18.11.1993 – IX ZR 256/92, NJW-RR 1994, 317; BGH 7.10.1983 – V ZR 261/81, NJW 1984, 479 → Anm. 6). **Der Gläubiger kann zugleich aus dem Vorvertrag auf Abschluss des Hauptvertrags und auf dessen Erfüllung klagen.** Zwar entsteht in diesen Fällen der Anspruch auf die Leistung aus dem Hauptvertrag erst nach dessen Abschluss durch eine rechtskräftige Verurteilung des Schuldners zum Vertragsabschluss. Wenn der Beklagte aber seine Verpflichtung aus dem Vorvertrag bestreitet, ist dem Kläger nach dem Rechtsgedanken des § 259 ZPO aus prozessökonomischen Gründen eine solche Klageverbindung gestattet (vgl. BGH 25.4.2014 – LwZR 2/13, AUR 2014, 263). Wird die in einem Vorvertrag übernommene Verpflichtung zum Abschluss eines Mietvertrags vom Mieter nicht erfüllt, kann der Vermieter aber mangels Vertrags keinen isolierten Anspruch auf Zahlung des (entgangenen oder vertraglichen) Mietzinses oder auf Gebrauchsüberlassung geltend machen (vgl. OLG Koblenz 18.7.1997 – 10 U 1238/96, NJW-RR 1998, 808; OLG Düsseldorf 22.6.2009 – I-24 U 178/08, 24 U 178/08, DWW 2010, 57). Besteht an dem Abschluss des Hauptvertrags kein Interesse mehr, kann der Vermieter von der anderen Partei stattdessen Schadensersatz wegen Nichterfüllung beanspruchen (zum Anspruch aus positiver Vertragsverletzung vgl. OLG Koblenz 18.7.1997 – 10 U 1238/96, NJW-RR 1998, 808). Verhindert der durch einen Vorvertrag gebundene Vermieter zurechenbar den Abschluss des Hauptvertrags, so kann er dem Mieter auch wegen der in Erwartung des künftigen Mietverhältnisses getätigten Aufwendungen schadensersatzpflichtig sein (vgl. LG Hamburg 11.8.1988 – 71 O 230/88, WuM 1989, 492).

8. Mit der – fakultativen – **Rücktrittsregelung** soll Härten vorgebeugt werden, die in Bezug auf die Hauptvertragsvorbehalte auftreten können. Damit kann dem Streit darüber vorgebeugt werden, wie weit die Pflichten aus dem Vorvertrag reichen und unter welchen Voraussetzungen ein Schadensersatzanspruch (§ 280 BGB) in Betracht kommt. Veranlassung zu solchen Abreden kann insbesondere dann bestehen, wenn sich nach Abschluss des Vorvertrags nicht absehbare nachteilige Entwicklungen (in zeitlicher Hinsicht oder in Bezug auf einzelne Vertragsaspekte) für eine oder beide Vertragsparteien ergeben können. Solche Aspekte führt das Formular beispielhaft auf.

Der Mietinteressent, zu dessen Gunsten in einem Vorvertrag über den Abschluss eines Mietvertrags ein Rücktrittsrecht vorbehalten worden ist, muss sich auf Verlangen des Vermieters innerhalb einer angemessenen Frist entscheiden, ob er den Rücktritt ausübt, andernfalls er zur Anmietung verpflichtet ist und mit der Erfüllung des Vorvertrags in Verzug gerät (vgl. OLG Düsseldorf 18.2.1988 – 10 U 209/87, DB 1989, 1463). Hier regelt das Formular eine bestimmte Erklärungsfrist.

9. Mietvorvertragliche Regelungen sind für den Erwerber eines Grundstücks nicht verbindlich, da § 566 BGB insoweit nicht gilt (vgl. BGH 7.10.1983 – V ZR 261/81, NJW 1984, 479). Wegen der Nähe des Vorvertrags zum Hauptvertrag können sich insoweit Abgrenzungsschwierigkeiten ergeben. Wenn der Mietvertrag unter einer zur Zeit des Eigentumserwerbs noch nicht eingetretenen aufschiebenden Bedingung geschlossen wurde, tritt der Erwerber in das unter der aufschiebenden Bedingung abgeschlossene Rechtsgeschäft ein, weil die daraus resultierenden Rechte und Pflichten beim Eigentumsübergang schon begründet waren (BGH 4.10.1995 – XII ZR 41/94, WM 1995, 2115). Mietvorverträge, die ggf. vergleichbare Bedingungen und Rechtsvorbehalte regeln, binden den Erwerber dagegen nicht, weil ein Mietvorvertrag noch kein wirksamer Mietvertrag ist (OLG Saarbrücken 27.1.2016 – 2 U 71/14, ZMR 2016, 371)

Die Regelung einer vertraglichen Übernahme durch den Erwerber kann sich als entbehrlich erweisen, wenn der Mietvorvertrag nur eine kurze Zeit des Schwebezustands bis zum Abschluss des Mietvertrags vorsieht, innerhalb derer eine Veräußerung nicht zu erwarten ist. Entbehrlich ist die Klausel auch, wenn der Mieter nur mit dem im Vertrag aufgeführten Vermieter ein Mietverhältnis begründen will.

Wenn ein Erwerber die Erfüllung der vorvertraglichen Pflichten übernehmen soll, so ergibt sich hieraus ein zusätzliches Argument dafür, auch beim Mietvorvertrag vom Schriftformerfordernis auszugehen, denn § 550 BGB soll anerkanntermaßen auch den Erwerber einer vermieteten Sache schützen (→ Anm. 1).

3. Vereinbarung über eine Option zur Begründung eines Mietverhältnisses

Zwischen

. . . . .

(Vermieter)

und

. . . . .

(Optionsberechtigter)

wird folgende Vereinbarung getroffen:[1]

§ 1 Grundlagen der Optionsvereinbarung

(1) Die Vertragsparteien haben einen schriftlichen Mietvertragsentwurf niedergelegt, der dieser Vereinbarung als Bestandteil des Optionsvertrags beigeheftet ist.[2]

(2) Der Optionsberechtigte kann diesen Mietvertrag dadurch in Kraft setzen, dass er die ihm eingeräumte Option gegenüber dem Vermieter ausübt.

(3) Das Optionsrecht ist weder übertragbar noch vererblich.[3]

§ 2 Ausübung der Option, Optionsfrist, Erlöschen der Option, Rücktritt, Optionsentgelt

(1) Der Optionsberechtigte kann die Option gegenüber dem Vermieter nur durch eine schriftliche Erklärung und ausschließlich zur Begründung des unter § 1 (1) bezeichneten Vertrags ausüben.[4]

(2) Die schriftliche Erklärung des Optionsberechtigten zur Ausübung der Option hat spätestens bis zum . . . . . beim Vermieter einzugehen. Mit Ablauf dieser Frist erlischt das Optionsrecht, ohne dass es hierzu einer Kündigung, einer Rücktrittserklärung oder einer sonstigen Willenserklärung auch nur einer der Vertragsparteien bedarf.[5] Eine Optionsausübung, die auf Änderungen des schriftlichen Mietvertragsentwurfs abzielt (§ 150 Abs. 2 BGB), begründet das Mietverhältnis nicht und wahrt auch nicht die Frist zur Ausübung der Option.[6]

(3) Der Vermieter/Optionsberechtigte kann von diesem Vertrag unter Ausschluss wechselseitiger Ersatzansprüche – insbesondere von Ansprüchen auf Leistung von Schadens- und Aufwendungsersatz – zurücktreten, wenn[7]

– Beispiele –

1. dem Optionsberechtigten die zur Führung des beabsichtigten Gewerbebetriebs . . . . . erforderliche behördliche Genehmigung bestandskräftig versagt wird.
2. dem Vermieter die für den beabsichtigten Umbau des Mietobjekts erforderliche Baugenehmigung bestandskräftig versagt wird.

(4) Übt der Optionsberechtigte die Option nicht oder nicht fristgerecht aus, hat der Optionsberechtigte dem Vermieter außer in den durch Ziff. (3) geregelten Fällen ein Optionsentgelt (Bindungsentgelt) in Höhe von . . . . . EUR zu zahlen. Das Entgelt ist mit Ablauf der in § 2 (2) bezeichneten Frist zahlbar und fällig. Kommt es aufgrund nach-

träglicher Vereinbarungen zum Abschluss eines Mietvertrags über die Mietsache, ist das Entgelt zugunsten des Optionsberechtigten mit den ersten monatlichen Mietzinsraten zu verrechnen.[8]

. . . .

(Vermieter)   (Optionsberechtigter)

Anmerkungen

1. Die **Begründungsoption** (Option zur Begründung eines Miet- oder Pachtverhältnisses, auch **Abschlussoption** genannt) berechtigt die begünstigte Vertragspartei, durch Ausübung des Optionsrechts einen inhaltlich feststehenden oder zumindest nach vereinbarten Bedingungen inhaltlich festzulegenden Mietvertrag in Kraft zu setzen (vgl. KG 22.1.2004 – 8 U 193/03, BeckRS 2014 08257; *Derleder/Pellegrino* NZM 1998, 550). Zu unterscheiden ist die Begründungsoption von der rechtspraktisch bedeutsameren **Option zur Verlängerung eines Mietverhältnisses** (→ Form. VII.5). Verlängerungsklauseln regeln die Fortsetzung eines bestehenden Mietverhältnisses, weshalb die Ausübung einer Verlängerungsoption durch den Mieter keinen (neuen) Vertragsschluss bewirkt (vgl. BGH 5.11.2014 – XII ZR 15/12, NZM 2015, 84).

Anders als beim **Mietvorvertrag** (→ Form. A.V.2) muss der Inhalt des durch Option zu begründenden Mietvertrags grundsätzlich schon feststehen. Es ist allerdings denkbar, dass die Vertragsparteien sich für den Fall der Optionsausübung wechselseitige Gestaltungs- und Bestimmungsrechte (vgl. §§ 315 f. BGB) vorbehalten.

Ein aufschiebend bedingter Mietvorvertrag kann selbst bei der Verwendung des Begriffs „Optionsrecht" vorliegen, wenn die Parteien vor Abschluss des Mietvertrages sich schon über den Umfang des gesamten Mietobjekts, über die Mietdauer und über den Mietzins einig geworden sind (vgl. OLG Hamburg 6.6.2001 – 4 U 163/98, ZMR 2001, 889).

Ein **Anmietrecht (Vorhand)** unterscheidet sich von der Begründungsoption dadurch, dass hierunter nur die Pflicht des Vermieters zu verstehen ist, dem Berechtigten die Mietsache zu noch zu vereinbarenden Vertragsbedingungen anzubieten (vgl. dazu und zur „starken Vorhand" OLG Hamm 24.5.2013 – 30 U 4/11, Gemeindehaushalt 2013, 235). Das Anmietrecht begründet mangels bindender Vereinbarungen keine gesicherte mietvertragliche Rechtsposition und hat nur wenig praktische Bedeutung. Wenn der Vermieter die Mietsache unter Verstoß gegen das Anmietrecht einem Dritten überlässt, kann er dem Anmietberechtigten ggf. zum Schadensersatz verpflichtet sein.

Wenngleich die Option zumeist als **Mieterrecht** ausgestaltet ist, ist dies begrifflich und rechtstechnisch nicht zwingend, denn es ist ohne weiteres denkbar, dass auch dem Vermieter das Recht eingeräumt wird, ein Mietverhältnis durch Optionsausübung zu konstituieren.

In der Praxis hat die Begründungsoption gegenüber der Verlängerungsoption (→ Form. A.VII.5) eher geringe Bedeutung. Die Vereinbarung einer Begründungsoption wird am ehesten dann in Betracht kommen, wenn die Begründung eines Mietverhältnisses zwischen den Vertragsparteien feststeht und einer Partei lediglich vorbehalten bleiben soll, durch die Ausübung der Option festzulegen, wann der Mietvertrag in Kraft gesetzt werden soll. Sie kann sich ferner anbieten, wenn der Optionsberechtigte sich noch im Unklaren über den Eintritt bestimmter Voraussetzungen ist, von denen seine Entscheidung abhängt, ob es zu einem Mietvertrag kommen soll (zB Berufsexamen, behördliche Genehmigungen usw). Ein Optionsrecht kann auch zugunsten eines Untermieters vereinbart werden (OLG Saarbrücken 27.1.2016 – 2 U 71/14, ZMR 2016, 371).

2. Grundsätzlich ist ein **vollständiger Mietvertragsentwurf** auszufertigen, denn die Optionsausübung soll den Vertrag konstituieren und muss daher grundsätzlich alle wesentlichen Bestandteile eines Mietvertrags erfassen (Mietparteien, Mietgegenstand, Mietzins, Mietdauer, vgl. OLG Düsseldorf 8.11.2011 – I-10 U 130/11, 10 U 130/11, DWW 2014, 78).

Ob die Vereinbarung einer Begründungsoption für einen Mietvertrag von mehr als einem Jahr Mietdauer der **Schriftform** bedarf, ist streitig (zum Meinungstand vgl. MüKoBGB/*Häublein* § 535 Rn. 26 mit weiteren Nachweisen), wird aber weitgehend – und auch diesseits – bejaht (vgl. Erman/*Lützenkirchen* BGB Vorb § 535 Rn. 64; Palandt/ *Weidenkaff* BGB Einf. § 535 Rn. 8 macht das Schriftformerfordernis von der Dauer der Optionsfrist abhängig; zur Abgrenzung gegenüber der Verlängerungsoption → Form. VII.5 Anm. 1). Nach ständiger Rechtsprechung des BGH (11.12.2013 – XII ZR 137/12, ZMR 2014, 439; 30.1.2013 – XII ZR 38/12, NJW 2013, 1083) ist die Schriftform des § 550 BGB nur gewahrt, wenn sich die für den Abschluss des Vertrags notwendige Einigung über alle wesentlichen Vertragsbedingungen aus einer von beiden Parteien unterzeichneten Urkunde ergibt. Die Optionsvereinbarung verkörpert aber grds alle vertragskonstituierenden Elemente und steht lediglich unter dem Vorbehalt der Optionsausübung. Zwar besteht keine Bindung eines Erwerbers an alle Optionsklauseln, denn § 566 BGB setzt ausdrücklich das Bestehen eines Mietverhältnisses voraus. Ein solches wird aber allein durch die Vereinbarung einer Begründungsoption noch nicht begründet. Allerdings ist der Erwerber an einen Vertrag gebunden, der auf einer Begründungsoption beruht, soweit diese vor Eintragung in das Grundbuch ausgeübt wird, das Mietverhältnis aber erst nach Erwerbsübergang beginnt. Das spricht dafür, eine Anwendung des § 566 BGB auf die Begründungsoption zu bejahen (vgl. *Derleder/ Pellegrino* NZM 1998, 550). Der das Schriftformerfordernis aus § 550 BGB tragende Schutzzweck betrifft außerdem nicht nur die Belange eines potentiellen Erwerbers, sondern – praktisch oft noch bedeutsamer – auch die Beweisinteressen der Vertragsparteien (→ Form. A.V.1 Anm. 3 mwN). Anders als beim Vormietrecht und beim Vorvertrag wird die Nichtbeachtung der Schriftform nicht nur zur Aufkündbarkeit der dem Hauptvertrag vorgelagerten Verträge (→ Form. A.V.1 Anm. 3, → Form. A.V.2 Anm. 1) sondern auch des durch Optionsausübung in Kraft gesetzten Mietverhältnisses führen. Dies gilt jedenfalls dann, wenn schon vor Optionsausübung abschließende Vereinbarungen zur Mietdauer von mehr als einem Jahr vereinbart waren und es anlässlich der Optionsausübung nicht nochmals zu einer die Schriftformmängel heilenden Vertragsbestätigung kommt.

Der **Mietbeginn** wird bei dem Entwurf des Mietvertrags idR offen bleiben, da nicht feststeht, ob bzw. wann die Option ausgeübt wird. Der Mietbeginn kann aber schon bestimmt sein, wenn eine Option nur für einen konkreten Vertragsbeginn vereinbart wird. Dann wird die Optionsausübung – bis längstens zum vertraglichen Mietbeginn – zu befristen sein. Der Entwurf des Mietvertrags ist sicherheitshalber fest mit der Optionsvereinbarung zu verbinden, um eine einheitliche Vertragsurkunde zu schaffen (zum Merkmal der Urkundeneinheit im Rahmen der Schriftform → Form. A.VI.1 Anm. 2).

3. Abweichende Regelungen zur Übertragbarkeit und Vererblichkeit der Optionsberechtigung sind möglich. Wenngleich eine Begründungsoption wegen der durch sie bewirkten Bindung des Vermieters selten für längere Dauer verabredet werden dürfte, kann es sich anbieten, den Vermieter entsprechend den Regelungen gemäß → Form. A. V.2 zu Ziff. III 5 zu verpflichten, im Falle einer Veräußerung des Mietobjekts den Erwerber zur Erfüllung der Pflichten aus der Optionsvereinbarung heranzuziehen.

4. Die **Optionsausübung** hat unmittelbar rechtsgestaltende Wirkung. Das Formular sieht – schon aus Gründen der Rechtssicherheit – für die Optionsausübung die **Schrift-**

form vor (zur Schriftform bei der Optionsvereinbarung → Anm. 2). Im Übrigen wird das Schriftformerfordernis im Rahmen von § 550 BGB für die Erklärung der Optionsausübung überwiegend verneint (zum Meinungstand vgl. MüKoBGB/*Häublein* § 535 Rn. 26; Schmidt-Futterer/*Blank* BGB Vor § 535 Rn. 123; *Michalski* ZMR 1999, 141 mwN). Es erscheint indessen als erwägenswert, auch die Ausübung der Begründungsoption aus den Gründen von → Anm. 2 jedenfalls dann als formbedürftig zu behandeln, wenn das zu begründende Mietverhältnis länger als ein Jahr dauern soll (so auch – bei der Verlängerungsoption – OLG Köln 29.11.2005 – 22 U 105/05, NZM 2006, 464). Andernfalls droht eine systemwidrige Formlücke.

5. Eine Begründungsoption wird regelmäßig nur unter Verabredung einer **Optionsfrist** in Betracht kommen. Andernfalls wäre der Vermieter in der wirtschaftlichen Verwertung der Mietsache blockiert. Namentlich für den Fall, dass die Option infolge Fristablaufs erlischt, kann sich der Vermieter ein Entgelt ausbedingen.

6. Wenn der Vermieter gleichwohl auf Änderungswünsche eingeht, dh den geänderten Antrag des Optionsberechtigten annimmt, kann unabhängig von der Optionsausübung ein Mietvertrag zu den veränderten Vertragsbedingungen zustande kommen. Dann ist die Optionsausübung als neuer Antrag im Sinne von § 150 Abs. 2 BGB auszulegen. Wenn der Vermieter diesen annimmt oder die Parteien auf der Grundlage des neuen Angebots einen Mietvertrag mit abweichendem Inhalt aushandeln, kann das Optionsrecht insgesamt gegenstandslos werden. In einem solchen Fall sollten die Parteien alle nach der Optionsvereinbarung noch offenen Fragen (etwa des Aufwendungsersatzes oder eines Bindungsentgelts) ausdrücklich regeln.

7. Das Formular regelt ein fakultatives Rücktrittsrecht, denn bei der Begründung eines Optionsrechts sind bestimmte Voraussetzungen für das Zustandekommen des Mietvertrags typischerweise noch ungeklärt (→ Anm. 1). Für den Eintritt oder Nichteintritt bestimmter Bedingungen kann es sich anbieten, dass die Parteien sich die Loslösung von der Optionsbindung mittels Rücktritts (§§ 346 ff. BGB) vorbehalten. Das Formular führt dazu Regelungsbeispiele auf. In Abweichung vom Formular, das für den Fall der Ausübung des vertraglichen Rücktrittsrechts einen wechselseitigen Anspruchsverzicht vorsieht, kann die Festlegung eines Aufwendungsersatzes oder eines pauschalen Abfindungsbetrags zugunsten der nicht zurücktretenden Vertragspartei in Betracht kommen, zumal wenn im Vertrauen auf den Vertragsschluss besonderer Vorbereitungs-, Verwaltungs- oder Herstellungsaufwand entfaltet wurde. Um den Vermieter nicht ohne triftigen Grund – ggf. bis zum Fristablauf – an die Optionsvereinbarung zu binden, können etwa entsprechend den Regelungen in Ziff. II (2) auflösende Bedingungen für das Optionsrecht vereinbart werden. Ferner kommt die Niederlegung eines befristeten Rücktrittsrechts in Frage.

Ein Recht zum Rücktritt vom Vertrag kann auch ohne ausdrückliche vertragliche Bestimmung entstehen, wenn Umstände eintreten, deren Vorliegen nach mietrechtlichen oder allgemeinen Grundsätzen (§ 242 BGB) ein Recht zur außerordentlichen Kündigung vermitteln würde.

8. Die im Formular geregelte – fakultative – Entgeltzahlung zeigt beispielhaft Möglichkeiten auf, welche Regelungen zur Vergütung der Optionsbindung in Betracht kommen. Die Vereinbarung eines Bindungsentgelts kann dann nahe liegen, wenn der Vermieter durch die Option (zeitweilig) an einer anderweitigen wirtschaftlichen Nutzung (Vermietung) des Objekts gehindert wird. Für die Dauer der dem Berechtigten eingeräumten Frist zur Ausübung der Option kann eine dem Mietzins entsprechende wirtschaftliche Einbuße zugunsten des Vermieters zu kompensieren sein.

VI. Allgemeine Regelungsinhalte des Gewerberaummietvertrags

1. Mietvertrag über Gewerberaum – Grundmuster

Mietvertrag[1, 2]

Zwischen

. . . . .

(Vermieter)

und

. . . . .

(Mieter)

§ 1 Mietobjekt

(1) Vermietet werden im Haus

. . . . .

in . . . . .

folgende Räume:[3]

Geschoss: . . . . .

Anzahl, Bezeichnung und Lage der Räume: . . . . .

Nebenräume (Keller/Dachboden/Lager):   . . . . .

(2) Die Mietfläche beträgt . . . . . qm (Nettogrundrissfläche nach DIN 277).[4] Abweichungen der tatsächlichen Mietfläche von der vereinbarten Fläche sind für die gesamte Vertragsabwicklung unerheblich, wenn die Abweichung nicht mehr als 10 % beträgt.[5]

§ 2 Mietzweck[6]

(1) Die Vermietung erfolgt zum Betrieb eines/einer . . . . .

(2) Eine von Ziff. (1) abweichende Nutzung der Mieträume ist dem Mieter nur mit der zuvor einzuholenden Zustimmung des Vermieters gestattet.

§ 3 Übergabe und Ausstattung der Mieträume

(1) Die Mieträume sind vom Vermieter in einem für den Mietzweck geeigneten Zustand zu übergeben.[7] Für den bei Übergabe zu gewährleistenden Zustand sind zwischen den Vertragsparteien außerhalb dieses Mietvertrags keine weitergehenden Herstellungs- und Renovierungspflichten des Vermieters vereinbart worden.[8]

(2) Zu den Mieträumen gehören folgende Einrichtungen und Anlagen:[9]

– Beispiele –

- eine Klimaanlage im Bereich . . . . .,
- ein Lastenaufzug,

- ein Kühlraum nebst Aggregat,
  . . . . .

(3) Die unter Ziff. 2 bezeichneten Sachen stehen und verbleiben im Eigentum des Vermieters. Dem Mieter ist deren Nutzung im Rahmen des in § 2 (1) bezeichneten Mietzwecks für die Dauer der Mietzeit ohne die Verpflichtung zur Leistung eines zusätzlichen Entgelts gestattet.

§ 4 Mietbeginn, Mietdauer[10]

(1) Das Mietverhältnis beginnt am . . . . . und endet am . . . . .

(2) Das Mietverhältnis verlängert sich um jeweils . . . . . Jahre, wenn es nicht von einer Vertragspartei aufgekündigt wird. Eine solche Kündigung ist zum Ablauf der in Ziffer (1) festgelegten Mietzeit oder des jeweiligen Verlängerungszeitraums möglich. Die Kündigungserklärung muss mindestens . . . . . Monate vor Ablauf der Mietzeit bzw. des jeweiligen Verlängerungszeitraums schriftlich gegenüber dem anderen Vertragsteil erklärt werden.

§ 5 Miete,[11] Nebenkosten

(1) Die monatliche Grundmiete[12] beträgt   . . . . . EUR

zuzüglich der jeweils geltenden gesetzlichen MwSt.[13]

von zurzeit . . . . . %, das sind   . . . . . EUR

Bei Mietbeginn beträgt die monatliche Grundmiete somit   . . . . . EUR

(2) Neben der Grundmiete hat der Mieter sämtliche für das Mietobjekt anfallenden Betriebskosten im Sinne von § 2 BetrKV[14] zuzüglich der jeweils geltenden gesetzlichen MWSt.[15] zu tragen.

(3) Auf die Betriebskosten hat der Mieter zusammen mit den Mietzahlungen monatliche

Vorauszahlungen in Höhe von   . . . . . EUR

zzgl. der jeweils geltenden gesetzlichen MwSt. von zurzeit . . . . . %,

also insgesamt   . . . . . EUR

zu leisten.

Die monatliche Gesamtleistung des Mieters beträgt somit bei

Mietbeginn   . . . . . EUR

§ 6 Wertsicherungsklausel, Erhöhung der Betriebskostenvorauszahlungen

(1) Ändert sich der vom Statistischen Bundesamt ermittelte Preisindex für die Lebenshaltung aller privaten Haushalte (Basis . . . . . = 100) gegenüber dem Indexstand bei Vertragsbeginn oder bei der letzten Mietpreisanpassung um mehr als 10 Punkte nach oben oder unten, ändert sich auch die Miete in entsprechendem Verhältnis mit Wirkung ab dem auf die Änderung folgenden Monat, ohne dass es hierzu besonderer Erklärungen auch nur einer Vertragspartei oder sonst einer Vertragsabänderung bedarf. Der prozentuale Umfang der Mietanpassung ist nach der Formel

$$\frac{\text{Indexstand neu}}{\text{Indexstand alt}} \times 100 - 100 = \text{Mietänderung in Prozentwert}$$

umzurechnen.[16]

(2) An die Stelle des bezeichneten Lebenshaltungskostenindex tritt die ihm am Nächsten kommende Erhebung, falls der Index in seiner bisherigen Form nicht fortgeführt werden sollte.

(3) Bei Vorliegen einer fälschlich für genehmigungsfrei gehaltenen Klausel oder bei nachträglichem Auftreten von Hindernisse für die weitere Anwendung der Wertsicherungsklausel kann der Vermieter vom Mieter die Zustimmung zu einer Regelung verlangen, die möglichst als genehmigungsfreie Regelung den durch diesen Vertrag festgelegten Bestimmungen am Nächsten kommt.[17]

(4) Wenn sich die laufenden Betriebskosten in einem Umfang erhöhen, dass die vom Mieter zu erbringenden Vorauszahlungen für das gesamte Abrechnungsjahr eine nicht unerhebliche Unterdeckung erwarten lassen, kann der Vermieter nach billigem Ermessen (§ 315 BGB) vom Mieter für die Zukunft ab dem jeweils nächsten Mietzahlungstermin die Zahlung eines erhöhten, voraussichtlich kostendeckenden Vorauszahlungsbetrags verlangen. Zur Zahlung der erhöhten Vorauszahlungen hat der Vermieter den Mieter schriftlich unter Beachtung der Fristanforderungen aus § 19 sowie unter Angabe des Erhöhungsgrundes aufzufordern. Für die Begründung der Erhöhung bedarf es keiner Zwischenabrechnung über die Betriebskosten, sondern nur einer summarischen Erläuterung derjenigen Umstände, die eine nicht unerhebliche Unterdeckung erwarten lassen.[18]

§ 7 Zahlung von Miete und Nebenkostenvorauszahlung, Verrechnung von Zahlungen

(1) Miete und Vorauszahlungen im Sinne von §§ 5 und 6 sind monatlich im Voraus kostenfrei auf das Konto des Vermieters

Bank: . . . . .

Konto-Nr.: . . . . .

IBAN: . . . . .

zu entrichten. Die Zahlungen müssen jeweils bis zum 3. Werktag des betreffenden Monats auf dem Konto des Vermieters eingegangen sein.[19]

(2) Der Vermieter kann Zahlungen des Mieters nach seiner Wahl auf offene Forderungen verrechnen, soweit nicht der Mieter bei Zahlung den Verwendungszweck anderweitig bestimmt hat.[20]

§ 8 Aufrechnung, Zurückbehaltungsrecht, Mietminderung

(1) Gegen Forderungen aus diesem Vertrag kann der Mieter auch für die Zeit nach Beendigung des Mietverhältnisses und auch nach Rückgabe der Mietsache nur mit unstreitigen oder rechtskräftig festgestellten Ansprüchen aufrechnen.[21]

(2) Gegenüber den Forderungen des Vermieters aus diesem Vertrag steht dem Mieter ein Zurückbehaltungsrecht oder Leistungsverweigerungsrecht nur in Bezug auf Forderungen aus diesem Vertrag zu, und zwar nur dann, wenn der Anspruch, auf den das Recht gestützt wird, unbestritten oder rechtkräftig bzw. entscheidungsreif festgestellt ist.[22]

(3) Die Geltendmachung eines Mietminderungsrechts mittels Abzugs vom vertraglich geschuldeten Mietzins ist dem Mieter nicht gestattet, und zwar auch nicht für die Zeit nach Beendigung des Mietverhältnisses und nach Rückgabe der Mietsache. Der Mieter wird insoweit auf die Geltendmachung etwaiger Bereicherungsansprüche verwiesen.[23]

§ 9 Betriebskostenabrechnung

(1) Der Mieter hat in eigenem Namen und für eigene Rechnung Versorgungsverträge für folgende Betriebskosten abzuschließen:

– Beispiele –

Gas,

Wasser,

elektrische Energie

. . . . .

Die Verbrauchserfassung erfolgt für die Mieträume über gesonderte Messgeräte. Den Ausgleich der vorstehend aufgelisteten Kosten übernimmt der Mieter unmittelbar gegenüber den betreffenden Versorgungsunternehmen als deren Kunde. Er stellt den Vermieter insoweit von sämtlichen Forderungen der Versorgungsunternehmen frei.[24]

(2) Über die übrigen Betriebskosten im Sinne von § 5 (2) und die vom Mieter nach § 5 (3) geleisteten Betriebskostenvorauszahlungen hat der Vermieter jährlich abzurechnen.[25] Die Betriebskostenabrechnung erfolgt jeweils per . . . . . (Beispiel: 31.5,) des betreffenden Jahres. Die Abrechnung ist dem Mieter spätestens bis zum Ablauf des zwölften Monats nach Ablauf des jeweiligen Abrechnungszeitraums mitzuteilen.[26]

(3) Die Umlage der Betriebskosten erfolgt, soweit diese nicht gemäß Ziff. (1) unmittelbar vom Mieter auszugleichen sind, wie folgt:

a) Heizungs- und Warmwasserkosten werden zu 60 % nach dem gemessenen Verbrauch und zu 40 % nach dem Verhältnis der Nutzflächen im Gesamtobjekt verteilt.
b) Die übrigen Betriebs- und Nebenkosten werden nach dem Verhältnis der Nutzflächen im Gesamtobjekt umgelegt.[27]

(4) Einwendungen gegen die nach Ziff. (2) und (3) zu erstellenden Abrechnungen hat der Mieter dem Vermieter spätestens bis zum Ablauf des sechsten Monats nach Zugang der Abrechnung mitzuteilen. Nach Ablauf dieser Frist ist der Mieter mit Einwendungen gegen die Abrechnung ausgeschlossen.[28]

(5) Der Vermieter ist zu Teilabrechnungen über die Betriebskosten weder während des laufenden Mietverhältnisses noch anlässlich seiner Beendigung verpflichtet.[29]

§ 10 Mietkaution[30]

(1) Zur Absicherung aller Ansprüche des Vermieters aus dem Mietverhältnis und seiner Beendigung hat der Mieter bis spätestens zwei Wochen vor dem in § 2 festgelegten Mietbeginn eine Mietkaution in Höhe von . . . . . EUR auf das Konto des Vermieters einzuzahlen.[31]

(2) Der Vermieter hat die Mietkaution bei einem Kreditinstitut seiner Wahl auf einem gesondert geführten Konto anzulegen, das auf seinen Namen eingerichtet wird. Der Kautionsbetrag ist mit einem Zinssatz anzulegen, der mindestens dem für Spareinlagen mit dreimonatiger Kündigungsfrist entsprechenden Zinssatz entspricht.[32]

(3) Unterschreitet der angelegte Kautionsbetrag infolge einer berechtigten Befriedigung den in Ziff. (1) bezeichneten Betrag, hat der Mieter den Kautionsbetrag nach Bekanntgabe des Kontostands durch den Vermieter umgehend und spätestens bis zum nächstfolgenden vertraglichen Mietzahlungstermin wieder auf die vereinbarte Höhe aufzustocken.[34] Soweit vom Kreditinstitut für die Auszahlung der Mietkaution Vorfälligkeitszinsen berechnet werden, gehen auch diese zu Lasten des Mieters und des Kautionskontos.[33]

(5) Vor Einzahlung des vollen Kautionsbetrags hat der Mieter keinen Anspruch auf Übergabe und Nutzung der Mieträume. Macht der Vermieter wegen rückständiger Mietkaution in Bezug auf die Übergabe der Mieträume ein Zurückbehaltungsrecht geltend, berechtigt dies den Mieter nicht zum Einbehalt der vertraglich geschuldeten Miete.

(6) Befindet sich der Mieter mehr als zwei Wochen mit der nach Ziff. (1) geschuldeten Zahlung des Kautionsbetrags in Rückstand, berechtigt dies den Vermieter zur fristlosen Kündigung des Mietverhältnisses.[35]

(7) Nach Beendigung des Mietverhältnisses hat der Vermieter über die Mietkaution abzurechnen. Hierfür steht ihm ab Beendigung des Mietverhältnisses eine Überlegungs- und Abrechnungsfrist von sechs Monaten zur Verfügung.[36] Ist bei Mietende noch über die Betriebskosten abzurechnen, kann der Vermieter zur Abdeckung des zu seinen Gunsten zu erwartenden Abrechnungssaldos für die Dauer des in § 9 (2) S. 3 bezeichneten Zeitraums einen nach eigenem Ermessen zu bestimmenden Schätzbetrag auch länger einbehalten. Für die Dauer der vorstehend bezeichneten Fristen kann der Mieter wegen seines Anspruchs auf Kautionsrückgewähr weder ein Zurückbehaltungsrecht geltend machen noch die Aufrechnung gegenüber Forderungen des Vermieters erklären.[37]

(8) Im Falle der Veräußerung der Mietsache durch den Vermieter (§ 566 BGB) hat der ausscheidende Vermieter den zum Zeitpunkt des Eigentumsübergangs valutierenden Kautionsbetrag (Kautionssumme zuzüglich Zinsen abzüglich zugunsten des Vermieters erfolgter Verrechnungen) auf den Erwerber zu übertragen. Die Übertragung kann nach Wahl des ausscheidenden Vermieters durch die Umschreibung des Kautionskontos auf den Namen des Erwerbers oder durch Auszahlung des Kautionsguthabens an den Erwerber erfolgen. Mit erfolgter Übertragung wird der ausscheidende Vermieter von der Pflicht zur Rückerstattung der Kaution befreit. Hiervon unberührt bleibt das Recht des Mieters, gegenüber dem ausscheidenden Vermieter die Rückerstattung unberechtigt vereinnahmter Kautionsbeträge zu verlangen.[38]

§ 11 Erhaltung und Instandsetzung der Mieträume,[39] Anzeige von Mängeln und Gefahren

(1) Der Vermieter hat die Mieträume hinsichtlich der grundlegenden konstruktiven Bauteile (Arbeiten an Dach und Fach) instand zu halten und zu reparieren. Dem Vermieter obliegt außerdem die Erhaltung und Instandsetzung:

- der zentralen Heizungs- und Warmwasseranlage,
- der Fenster und Türen, soweit es deren Substanzerhaltung und Funktionalität angeht und der Vertrag hierzu keine abweichenden Regelungen enthält (vgl. Ziff. 2),
- der Anschlüsse, derer es für die Grundversorgung mit Wasser, Gas und elektrischer Energie und für die Entwässerung in dem bei Mietbeginn vorhandenen Standard bedarf,

. . . . .

(2) Im Übrigen obliegt die fachgerechte Durchführung sämtlicher Erhaltungs- und Instandsetzungsmaßnahmen dem Mieter. Der Mieter hat regelmäßig alle Schönheitsreparaturen einschließlich des Außen- und Innenanstrichs von Türen und Fenstern und des Heizkörperanstrichs durchzuführen. Er hat die ihm zur Nutzung überlassenen Inventar-

teile und alle in den Mieträumen befindlichen technischen Anlagen einschließlich der Endinstallationen für Gas, Strom, Wasser, Abwasser und Beleuchtung auf seine Kosten zu pflegen, zu warten und instand zu halten. Die Mietsache ist stets in gebrauchsfähigem und gepflegtem Zustand zu halten. Die Abnutzung der Mieträume ist auf das bei vertragsgemäßem Mietgebrauch erforderliche Ausmaß zu beschränken.[40]

Der Mieter übernimmt außerdem folgende Erhaltungs- und Instandsetzungsmaßnahmen:

. . . . .

(3) Etwaige Mängel der Mietsache, drohende Gefahren für die Mietsache und die Anmaßung von Rechten Dritter an der Mietsache hat der Mieter dem Vermieter unverzüglich anzuzeigen (§ 536c BGB). Die Pflicht des Mieters zur unverzüglichen Anzeige erstreckt sich auch auf Gefahren für das Eigentum, das Leben, den Körper, die Gesundheit und sonstige Rechte Dritter, soweit deren Interessen durch die Mietsache und den von ihr gemachten Gebrauch in nicht nur unerheblichem oder verkehrsüblichem Umfang betroffen sind.[41]

§ 12 Betreten der Mieträume[42]

(1) Der Vermieter ist bei Vorliegen berechtigter Interessen befugt, die Mieträume nach vorheriger Ankündigung zu betreten und zu besichtigen oder hiermit andere Personen zu beauftragen.

(2) Ein berechtigtes Interesse besteht insbesondere dann, wenn an den Mieträumen oder angrenzenden Bauteilen Umbauten, Modernisierungsarbeiten oder Erhaltungs- und Instandhaltungsmaßnahmen durchgeführt werden sollen oder wenn Anlagen, die für die Mieträume und ihre zeitgemäße Ausstattung zweckdienlich sind (zB für die Versorgung mit Wärme, Wasser, Gas und Strom), zu installieren, zu warten oder zu kontrollieren sind. Ein berechtigtes Interesse ist außerdem dann gegeben, wenn eine vorangegangene Besichtigung Anlass zu Beanstandungen gegenüber dem Mieter gegeben hatte.

(3) Beabsichtigt der Vermieter die Veräußerung oder Weitervermietung der Mieträume, hat der Mieter nach vorheriger Ankündigung durch den Vermieter die Besichtigung durch Kauf- und Mietinteressenten sowie durch Architekten, Handwerker oder Makler zu dulden.

§ 13 Bauliche Eingriffe und Veränderungen

(1) Der Vermieter ist nach vorheriger Ankündigung berechtigt, Umbauten, Modernisierungsarbeiten und Reparaturen in den Mieträumen und angrenzenden Bauteilen durchzuführen, wenn dies zur Erhaltung oder Verbesserung der Mieträume oder angrenzender Bauteile, zur Einsparung von Energiekosten oder zur Abwehr und Beseitigung von Schäden und Gefahren für die Mieträume oder angrenzende Bauteile zweckdienlich ist. Eine Verbesserung der Mieträume im Sinne dieses Vertrags kann insbesondere auch darin begründet liegen, dass die Maßnahme der wirtschaftlichen Nutzung und Verwertung der Mieträume bzw. des Gesamtobjekts förderlich ist.[43]

(2) Die in Ziff. (1) bezeichneten Maßnahmen hat der Mieter grundsätzlich entschädigungslos zu dulden. Der Mieter kann ausnahmsweise eine angemessene Herabsetzung der Miete geltend machen, wenn die vom Vermieter veranlassten Arbeiten eine so erhebliche Beeinträchtigung im Mietgebrauch bewirken, dass die Fortentrichtung der vollen Miete für den Mieter unbillig wäre. Mit weitergehenden Ansprüchen ist der Mieter insoweit ausgeschlossen. Die Regelungen in § 8 (3) zur Durchsetzung einer Mietminderung bleiben von diesen Regelungen unberührt.[44]

(3) Der Mieter darf bauliche Veränderungen an den Mieträumen oder an den technischen Einrichtungen und Versorgungsanlagen nur dann vornehmen, wenn der Vermieter dem zuvor schriftlich zugestimmt hat. Die Zustimmung des Vermieters kann der Mieter unter Berücksichtigung der schutzwürdigen Belange des Vermieters nur für solche Maßnahmen verlangen, deren Unterbleiben den vertraglichen Mietzweck wesentlich beeinträchtigen oder für den Mieter eine unbillige Härte bewirken würde.[45]

§ 14 Wegnahme von Einrichtungen, Rückbau, Aufwendungsersatz

(1) Bei Beendigung des Mietverhältnisses hat der Mieter die von ihm eingebrachten Einrichtungen auf seine Kosten aus den Mieträumen zu entfernen, Ein- und Umbauten zurückzubauen und den ursprünglichen Zustand der Mieträume wieder bezugsfertig herzustellen.[46]

(2) Der Vermieter kann verlangen, dass vom Mieter eingebrachte Einrichtungen entschädigungslos in den Mieträumen verbleiben. Eine angemessene Entschädigung steht dem Mieter nur dann zu, wenn der entschädigungslose Verbleib der Einrichtungen für den Mieter eine unbillige Härte bewirken würde.[47]

§ 15 Kündigung

Für die Kündigung des Mietverhältnisses gelten die gesetzlichen Bestimmungen, soweit die Parteien nicht mit diesem Vertrag besondere Regelungen getroffen haben.[48]

§ 16 Rückgabe der Mietsache, Nutzungsentschädigung

(1) Bei Beendigung des Mietverhältnisses hat der Mieter die Mieträume und die Nebenräume in vertragsgemäßen Zustand zu versetzen, vollständig zu räumen und mit sämtlichen Schlüsseln bezugsfertig an den Vermieter herauszugeben.[49]

(2) Setzt der Mieter den Mietgebrauch nach Beendigung des Mietverhältnisses fort, ist als Nutzungsentschädigung mindestens der zuletzt geschuldete vertragliche Mietzins zuzüglich der zuletzt geschuldeten Betriebskostenvorauszahlungen fortzuentrichten.[50] Dem Vermieter bleibt die Geltendmachung weiterer Schäden vorbehalten.[51]

(3) Für die Abrechnung der vom Mieter nach Beendigung des Mietverhältnisses entrichteten Betriebskostenvorauszahlungen gelten die vertraglichen Regelungen weiter. Aus Anlass der Beendigung schuldet der Vermieter keine Zwischenabrechnung über die Betriebskosten.

§ 17 Ausschluss von § 545 BGB

Setzt der Mieter nach Ablauf der Mietzeit den Mietgebrauch fort, führt dies nicht zur stillschweigenden Verlängerung des Mietverhältnisses. § 545 BGB findet keine Anwendung.[52]

§ 18 Untervermietung

(1) Die Untervermietung der Mieträume oder von Teilen hiervon ist dem Mieter nur mit ausdrücklicher Zustimmung des Vermieters gestattet.[53]

(2) Die Zustimmung des Vermieters zur Untervermietung kann der Mieter nur ausnahmsweise und nur bei Vorliegen so schwer wiegender Gründe verlangen, dass die Versagung der Zustimmung für den Mieter eine besondere Härte bewirken würde. Bei der Anführung von Härtegründen ist der Mieter insbesondere mit solchen Umständen ausgeschlossen, deren Eintritt bereits bei Begründung des Mietverhältnisses feststand oder bei sorgfältiger Geschäftsführung und -planung absehbar oder vermeidbar war.[54]

(3) Um die Erteilung der Zustimmung zur Untervermietung hat der Mieter den Vermieter mindestens . . . . . Wochen vor Beginn des Untermietverhältnisses schriftlich zu ersuchen. Mit diesem Ersuchen ist der in Aussicht genommene Untermieter mit Namen (ggf. dem Namen der ihn vertretenden Personen), Anschrift, Gewerbe und dem beabsichtigten Nutzungszweck zu benennen. Außerdem sind im Einzelnen diejenigen Gründe anzuführen, die ein Recht auf Zustimmungserteilung im Sinne von Ziff. (2) begründen sollen.

(4) Der Vermieter kann die Zustimmung zur Untervermietung auch bei Vorliegen hinreichender Gründe im Sinne von Ziff. (2) aus wichtigem Grunde versagen. Versagungsgründe können sowohl in der Person oder dem Gewerbe des Untermieters als auch in seinen persönlichen und wirtschaftlichen Verhältnissen oder in den persönlichen und wirtschaftlichen Belangen des Vermieters begründet liegen.[55] Selbst eine unberechtigte Versagung der Zustimmung zur Untervermietung berechtigt den Mieter nicht zur eigenmächtigen Gebrauchsüberlassung an Dritte. Zur Durchsetzung eines etwa bestehenden Rechts auf Zustimmung wird der Mieter auf den Klageweg verwiesen.[56]

(5) Verweigert der Vermieter die Zustimmung zur Untervermietung, obwohl die Voraussetzungen gemäß Ziff. (2) und (3) erfüllt sind und ein Versagungsgrund im Sinne von Ziff. (4) nicht gegeben ist, kann der Mieter das Mietverhältnis außerordentlich mit der gesetzlichen Frist aufkündigen.[57]

§ 19 Ankündigungsfrist

Ankündigungen und Aufforderungen der Vertragsparteien, die auf eine Duldung, Handlung oder Unterlassung des jeweiligen Vertragspartners abzielen, sollen den zeitlichen Rahmen verkehrsüblicher Geschäftsabläufe wahren und dem Vertragspartner mindestens drei Werktage vor dem angestrebten Termin zugegangen sein, soweit nicht besondere Gründe eine Verkürzung dieser Frist erfordern.[58] Umbauten, Modernisierungsmaßnahmen und nicht eilbedürftige Erhaltungs- und Instandsetzungsmaßnahmen, die mit erheblichen baulichen Substanzeingriffen in den Mieträumen einhergehen oder den Mietgebrauch in erheblicher Weise beeinträchtigen können, sind dem Mieter mindestens 4 Wochen im Voraus anzukündigen.

§ 20 Vertragsänderung, Nebenabreden

(1) Änderungen und Ergänzungen dieses Mietvertrags bedürfen der Schriftform.[59]

(2) Mündliche Nebenabreden haben die Vertragsparteien nicht getroffen.[60]

. . . .

(Vermieter)   (Mieter)

Anmerkungen

1. Der Begriff der in diesem Kapitel behandelten **Gewerberaummiete** definiert sich nach dem vertraglichen Zweck der Vermietung. Mietrechtlich zu unterscheiden sind die Wohnraummiete, die Gewerberaummiete (Geschäftsraummiete), die Pacht (→ Form. A. VI.6) und Mischmietverhältnisse (→ Form. A.VI.7). Für die Einordnung des Vertrags ist der nach den übereinstimmenden Vorstellungen der Vertragsparteien verfolgte Vertragszweck maßgeblich, also nicht der tatsächliche – ggf. vertragswidrige – Mietgebrauch (BGH 9.7.2014 – VIII ZR 376/13, BGHZ 202, 39 = NZM 2014, 626; OLG Düsseldorf 16.4.2002 – 24 U 199/01, ZMR 2002, 589).

Gewerberaummietverträge sind zumeist als **Formularverträge** konzipiert, die den gesetzlichen Bestimmungen zum AGB-Recht unterliegen. Zur Anwendbarkeit der §§ 305 ff. BGB wird zunächst auf die ausführlichere Darstellung in → Form. A.V.1 Anm. 1 verwiesen. Im Übrigen wird im Zusammenhang mit den einzelnen Formularklauseln auf spezielle Probleme aus dem AGB-Recht eingegangen werden.

2. Dem Kapitel wird ein **Standardformular** mit typischen mietvertraglichen Regelungsinhalten vorangestellt. Die vielfältigen Anforderungen des Rechts- und Geschäftsverkehrs an die Ausgestaltung von Gewerbemietverträgen stehen einer Generalisierung der Regelungsinhalte allerdings weitgehend entgegen. Von daher haben die im Formular vorgestellten Regelungsinhalte nur beispielhaften Charakter.

Das Gewerberaummietrecht eröffnet gegenüber der Wohnraummiete eine größere Gestaltungsfreiheit, wenngleich der für die Wohnraummiete zuständige VIII. Zivilsenat des BGH und der für die Gewerberaummiete zuständige XII. Zivilsenat in vielen formularvertraglichen Aspekten zu einer bemerkenswerten Gleichbehandlung gelangt sind (→ Form. A.V.1 Anm. 1).

Die Verwendung eines Formularvertrags dient auch dazu, der Schriftform im Sinne von § 550 S. 1 BGB zu genügen. Das allgemeine **Schriftformerfordernis für die Begründung langfristiger Mietverhältnisse regelt § 550 BGB**, der gemäß § 578 Abs. 2 S. 1 BGB auch für gewerbliche Mietverhältnisse zwingend ist (für die Landpacht vgl. aber die Sondervorschrift des § 585a BGB). Aus § 550 BGB darf aber nicht der Schluss gezogen werden, dass Mietverträge generell schriftformbedürftig wären. Die Nichtbeachtung der Form führt bei Verträgen mit einer Mietzeit von mehr als einem Jahr nur dazu, dass der Vertrag „für unbestimmte Zeit" gilt und aufgekündigt werden kann.

Nach der Rechtsprechung des BGH reicht die Einhaltung der bloßen Schriftlichkeit der Erklärungen (sog. äußere Form) zur Wahrung der Schriftform des § 550 BGB aus. Ein Mietvertrag genügt danach auch dann der Schriftform des § 550 BGB, wenn er inhaltsgleich mit den in der äußeren Form des § 126 BGB niedergelegten Vertragsbedingungen nur mündlich oder konkludent abgeschlossen worden ist. § 550 BGB dient in erster Linie dem Informationsbedürfnis eines potentiellen Erwerbers, dem durch die Schriftform die Möglichkeit eingeräumt werden soll, sich von Umfang und Inhalt der auf ihn übergehenden Rechte und Pflichten zuverlässig zu unterrichten. Diesen Schutzzweck erfüllt selbst eine nur der äußeren Form genügende Mietvertragsurkunde, in der die von beiden Parteien unterzeichneten Bedingungen des erst später konkludent abgeschlossenen Vertrags enthalten sind. Eine solche Urkunde informiert den Erwerber über die Bedingungen des Mietvertrags, in die er, wenn der Mietvertrag mit diesem Inhalt zustande gekommen ist und noch besteht, eintritt. Auch die zusätzlich mit der Schriftform des § 550 BGB verfolgten Zwecke, die Beweisbarkeit langfristiger Abreden sicherzustellen und die Vertragsparteien vor der unbedachten Eingehung langfristiger Bindungen zu warnen, werden durch die bloße Einhaltung der äußeren Form erfüllt (BGH 7.3.2018 – XII ZR 129/16, BGHZ 218, 70 = NZM 2018, 394; 17.6.2015 – XII ZR 98/13, NJW 2015, 2648; 24.2.2010 – XII ZR 120/06, NJW 2010, 1518).

Die Schriftform kann nicht nur dadurch eingehalten werden, dass die Vertragsparteien dieselbe Urkunde unterzeichnen (§ 126 Abs. 2 S. 1 BGB). Vielmehr besteht auch die Möglichkeit des § 126 Abs. 2 S. 2 BGB, wonach es genügt, wenn über den Vertrag mehrere gleichlautende Urkunden aufgenommen werden und jede Partei die für die andere Partei bestimmte Urkunde unterzeichnet (BGH 7.3.2018 – XII ZR 129/16, BGHZ 218, 70 = NZM 2018, 394 mwN).

Ursprünglich galt das Postulat, dass die Einheit der Vertragsurkunde gewahrt und äußerlich durch Beifügung von in Bezug genommenen Urkunden zur Haupturkunde in Erscheinung treten müsse. Die bloße gedankliche Verbindung, die in einer Bezugnahme liegt, reiche danach nicht aus. Notwendig sei in jedem Fall eine Verbindung, deren

Auflösung nur durch teilweise Substanzverletzung oder Gewaltanwendung möglich ist (BGH 13.11.1963 – V ZR 8/62, BGHZ 40, 255). Die sog **Auflockerungs-Rspr des BGH** hat diese Grundsätze im Laufe der Zeit ständig fortentwickelt.

Der BGH (24.9.1997 – XII ZR 234/95, BGHZ 136, 357 = NJW 1998, 58) hat zunächst die feste **körperliche Verbindung** einzelner Blätter eines Vertragskonvoluts **nicht** für **erforderlich** gehalten, wenn sich die Einheit der Urkunde aus anderen eindeutigen Merkmalen ergibt, zu denen insbesondere fortlaufende Paginierung, fortlaufende Nummerierung der einzelnen Textabschnitte sowie ein über das jeweilige Seitenende hinaus fortlaufender Text gehören. Die **„gedankliche" Verbindung mehrerer Vertragsbestandteile zu einer einheitlichen Urkunde** kann auch dann gewahrt sein, wenn sich die Einheit von Urkunde und Anlagen aus einer Verweisung sowie der Unterschrift der Vertragsparteien auf jedem Blatt der Anlage ergebe (BGH 21.1.1999 – VII ZR 93/97, NJW 1999, 1104; 29.9.1999 – XII ZR 313/98, NJW 2000, 354).

Darüber hinaus hat der BGH die Einhaltung der Schriftform für einen Nachtragsvertrag bejaht, wenn die Nachtragsurkunde auf den ursprünglichen Vertrag Bezug nimmt und zum Ausdruck kommt, es solle unter Einbeziehung der Nachträge bei dem verbleiben, was früher formgültig niedergelegt war (BGH 23.2.2000 – XII ZR 251/97, NJW-RR 2000, 744 = NZM 2000, 381).

Im Weiteren hat der BGH (10.10.2001 – XII ZR 307/98, NZM 2002, 20) die Kriterien der Einheitlichkeit und der körperlichen Verbindung mehrerer Vertragsbestandteile praktisch aufgegeben und angenommen, dass die Verwendung eines aus losen Blättern bestehenden Vordrucks, bei dem die auf den Rückseiten stehenden Bestimmungen durch Bezugnahme im unterschriebenen Vertragstext einbezogen wurden, der Wahrung der Schriftform nicht entgegensteht und dass auch Zusatzvereinbarungen ohne Anheftung einbezogen sind, wenn der **gedankliche Zusammenhang** mit dem Mietvertrag durch wechselseitige Bezugnahme gewahrt ist.

Die Schriftform eines langfristigen Mietvertrags soll sogar dann gewahrt sein, wenn der Vermieter mit dem Altmieter schriftlich vereinbart, dass der **Neumieter in den Vertrag eintritt** und dieser der Vertragsübernahme formlos zustimmt (BGH 20.4.2005 – XII ZR 29/02, NZM 2005, 584). Ähnlich liegt die Entscheidung des BGH (30.1.2013 – XII ZR 38/12, NJW 2013, 1083, Anm. *Lammel* jurisPR-MietR 7/2013 Anm. 4), wonach bei einem **Mieterwechsel** die schriftliche Vereinbarung zwischen dem früheren und dem neuen Mieter zur Wahrung der Schriftform eine hinreichend deutliche Bezugnahme auf den Mietvertrag enthalten muss, wenn die Schriftform gewahrt bleiben soll. Dagegen kann die erforderliche Zustimmung des Vermieters formlos erfolgen.

Der Grundsatz, wonach die **in Anlagen ausgelagerten Essentialia** jedenfalls zweifelsfrei zuzuordnen sein müssen, hat in der Rspr des BGH (29.9.1999 – XII ZR 313/98, NJW 2000, 354) eine zusätzliche Auflockerung erfahren. Der BGH hatte über einen Fall zu entscheiden, bei dem der schriftliche Pachtvertrag auf eine Anlage (Inventarverzeichnis) verwies, deren nachträgliche Erstellung beabsichtigt war, letztlich aber unterblieb. Der Wahrung der Schriftform hat der BGH dies nicht entgegenstehen lassen. Der Umstand, dass die im Pachtvertrag erwähnte Anlage nicht existierte, lasse nicht den Schluss zu, dass der Pachtvertrag mangels Erstellung des Inventarverzeichnisses nicht zustande gekommen sei. Die Vertragsparteien hätten den Vertrag als abgeschlossen angesehen und ihn in Vollzug gesetzt. Mit dieser Argumentation setzt sich der BGH dem Verdacht aus, nicht hinreichend zwischen dem (mündlichen oder konkludenten) Vertragsschluss als solchem (der zumeist unschwer zu bejahen ist) und der Wahrung der Schriftform unterschieden zu haben. Ein mündlich abgeschlossener Mietvertrag ist nicht per se unwirksam. Mit ihm kann nur keine längere Mietzeit als ein Jahr verbindlich festgelegt werden. Der häufig ausgetragene Streit um die Kündbarkeit eines langfristigen Mietverhältnisses hat zumeist einen bereits seit langem wirksam in Vollzug gesetzten Vertrag zum Gegenstand, denn ansonsten (bei nicht zustande gekommenen Mietverhältnis) käme es auf die Frage nach einer Kündigungsbefugnis überhaupt nicht an.

Gleich gelagerten Bedenken begegnet eine weitere Entscheidung des BGH (15.6.2005 – XII ZR 82/02, NZM 2005, 704), soweit sie für den Fall einer nicht existierenden Bau- und Ausstattungsbeschreibung, auf die der Mietvertrag Bezug nimmt, von der Wahrung der Schriftform ausgegangen ist. Zwar sei es denkbar (so der BGH aaO), dass die Parteien mit der Bezeichnung einer Anlage als „wesentlicher Bestandteil" deren Beifügung zum Vertrag als gewillkürte Form im Sinne des § 127 BGB aF vereinbaren und die Wirksamkeit des Vertrages von deren Einhaltung abhängig machen wollten. Das Gegenteil eines Dissenses folge aber daraus, dass die Parteien den Vertrag tatsächlich durchgeführt hätten und dass nach der salvatorischen Klausel im Mietvertrag die vertragliche Bindung durch die Unwirksamkeit einzelner Vertragsbestimmungen nicht beeinträchtigt werden sollte. Auch diese Argumentation dürfte die Frage nach dem vertraglichen Bindungswillen mit der Frage nach der Wahrung der Schriftform bei der Einbeziehung wesentlicher Vertragsbestandteile vermengt haben.

Schriftformprobleme können sich auch ergeben, wenn der Mietvertrag wesentliche Punkte noch nicht abschließend festlegt. Es genügt grundsätzlich, wenn solche Regelungen bereits hinreichend bestimmt niedergelegt sind. So ist der **Mietbeginn hinreichend bestimmt,** wenn er nach dem Mietvertrag mit Übergabe der Mietsache einsetzen soll (BGH 2.11.2005 – XII ZR 212/03, NZM 2006, 54). Das OLG Dresden (31.8.2004 – 5 U 946/04, NZM 2004, 826) hat die Wahrung der Schriftform bejaht, wenn der Mietbeginn in einem formwirksamen Nachtrag (Übergabeprotokoll) niedergelegt werden soll.

Sog **Schriftformheilungsklauseln sind** mit der nicht abdingbaren Vorschrift des § 550 BGB unvereinbar und daher **unwirksam.** Sie können deshalb für sich genommen eine Vertragspartei nicht daran hindern, einen Mietvertrag unter Berufung auf einen Schriftformmangel ordentlich zu kündigen (BGH 27.9.2017 – XII ZR 114/16, BGHZ 216, 68 = NZM 2018, 38, in Fortführung des 22.1.2014 – XII ZR 68/10, BGHZ 200, 98 = NJW 2014, 1087; 30.4.2014 – XII ZR 146/12, NJW 2014, 2102).

Ein gewisses Korrektiv hat die Rspr dadurch geschaffen, dass Kündigungen, die aufgrund fehlender Schriftform eröffnet waren, wiederholt als rechtsmissbräuchlich (§ 242 BGB) angesehen worden sind. So verstößt es gegen Treu und Glauben, wenn eine Mietvertragspartei eine nachträglich getroffene Abrede, die lediglich ihr vorteilhaft ist, allein deshalb, weil sie nicht die schriftliche Form wahrt, zum Anlass nimmt, sich von einem ihr inzwischen lästig gewordenen langfristigen Mietvertrag zu lösen (BGH 27.9.2017 – XII ZR 114/16, BGHZ 216, 68 = NZM 2018, 38; 25.11.2015, XII ZR 114/14, NJW 2016, 311 und 19.9.2007, XII ZR 198/05, NJW 2008, 365; OLG Frankfurt 3.4.2018 – 2 U 7/18, IMR 2018, 247).

Nachträgliche mündliche Änderungen und Ergänzungen zum Mietvertrag können zur (ggf. konkludenten) Abbedingung der Schriftform (KG 14.12.2009 – 12 U 13/09, ZMR 2010, 359) und zum Wegfall der Schriftform führen, wenn es sich um einen **wesentlichen Regelungspunkt** handelt (BGH 11.12.2013 – XII ZR 137/12, ZMR 2014, 439; zu dieser Problematik eingehender: *Lindner-Figura* NJW 2009, 1861; *Horst* MDR 2008, 365; zur Änderung des Vertragszwecks vgl. OLG Rostock 2.7.2009 – 3 U 146/08, OLGR 2009, 890). § 550 BGB erfordert, dass sich die notwendige Einigung über alle wesentlichen Vertragsbedingungen – insbesondere den **Mietgegenstand,** die **Miethöhe** sowie die **Dauer** und die **Parteien des Mietverhältnisses** – aus einer formwahrenden Urkunde ergibt (BGH 27.9.2017 – XII ZR 114/16, BGHZ 216, 68 = NZM 2018, 38). Die vertragliche **Änderung der Miete** stellt stets eine wesentliche und dem Formzwang des § 550 Satz 1 BGB unterfallende Vertragsänderung dar, wenn sie für mehr als ein Jahr erfolgt und nicht jederzeit vom Vermieter widerrufen werden kann (BGH 11.4.2018 – XII

ZR 43/17, NZM 2018, 515; 25.1.2015 – XII ZR 114/14, NJW 2016, 311; 27.9.2017 – XII ZR 114/16, BGHZ 216, 68 = NJW 2017, 3772).

Nachträgliche Vereinbarungen können aber auch zur **Heilung eines Schriftformmangels** führen. Ist ein formgerechter Mietvertrag mangels rechtzeitiger Annahme zunächst nicht abgeschlossen worden, so kommt durch eine insoweit formgerechte Nachtragsvereinbarung, die auf die ursprüngliche Urkunde Bezug nimmt, ein insgesamt formwirksamer Mietvertrag zustande (BGH 29.4.2009 – XII ZR 142/07, NZM 2009, 515).

3. Die Regelung legt den **Vertragsgegenstand,** die „Mietsache" im Sinne von § 535 Abs. 1 BGB, fest. Eine genaue Spezifizierung der Mieträume und ggf. eine Festlegung aller zugehörigen Flächenanteile nach Quadratmetern empfiehlt sich insbesondere dann, wenn unterschiedliche Miet- und Nutzungsflächen räumlich nicht klar voneinander abgegrenzt sind und wenn unterschiedliche Mietpreise (pro qm) für verschiedene Mietflächen gelten. Die Form des § 550 BGB ist nicht gewahrt, wenn der Mietgegenstand im Vertrag nicht hinreichend bestimmbar bezeichnet ist (BGH 27.9.2017 – XII ZR 114/16 , BGHZ 216, 68 = NZM 2018, 38; 30.4.2014 – XII ZR 146/12, NZM 2014, 471).

4. Die **Ermittlung der Mietfläche nach Quadratmetern** ist erforderlich, wenn sich der Mietzins nach einem Quadratmeterpreis bestimmt (→ Form. A.VI.5 § 5) oder wenn die Umlage der Betriebskosten – ggf. teilweise – flächenanteilig erfolgen soll. Dies wird namentlich bei einer Mehrzahl von Mietern im selben Objekt zumeist unumgänglich sein.

Zur Mietfläche gehört jedenfalls die sog. **Netto-Grundfläche** (zu deren Einschlägigkeit im Rahmen der DIN 277 vgl. BGH 27.10.2004 – XII ZR 175/02, NZM 2005, 63), worunter die nutzbare, zwischen den aufgehenden Bauteilen (zB Wände, Stützen, Pfeiler) befindliche Grundfläche aller Grundrissebenen eines Bauwerkes verstanden wird (OLG Hamm 9.5.2014 – 30 U 58/12, NZM 2014, 585, zugleich zu abweichenden Vereinbarungen über die Flächenermittlung). Nach der ständigen Rechtsprechung des Bundesgerichtshofs stellt bei der Miete von Räumen die **Unterschreitung der vertraglich vereinbarten** durch die dem Mieter vom Vermieter tatsächlich überlassene **Fläche** einen Mangel der Mietsache dar. In diesem Sinne hat der Bundesgerichtshof zunächst zur Wohnraummiete entschieden (BGH 24.3.2004 – VIII ZR 295/03, NJW 2004, 1947; 10.3.2010 – VIII ZR 144/09, NJW 2010, 1745; 10.11.2010 – VIII ZR 306/09, NJW 2011, 22). Einer zusätzlichen Darlegung des Mieters, dass infolge der Flächendifferenz die Tauglichkeit der Wohnung zum vertragsgemäßen Gebrauch gemindert ist, bedarf es hierfür nicht (BGH 24.3.2004 – VIII ZR 295/ 03, NJW 2004, 1947). Der XII. Zivilsenat des BGH hat sich dieser Rechtsprechung für die Miete von Geschäftsräumen angeschlossen (18.7.2012 – XII ZR 97/09, NZM 2012, 726; 4.5.2005 – XII ZR 254/01, NJW 2005, 2152).

Vereinbarungen über die Mietfläche, deren genaue Ermittlung oft nicht unerheblichen Aufwand erfordert, sind bei der Gewerbemiete aber nicht zwingend, wenn der Vertragsgegenstand anderweitig hinreichend bestimmt ist (→ Anm. 3). Es muss fest stehen, worauf sich die Gebrauchsberechtigung des Mieters flächenmäßig erstreckt und für welche Flächen der Vermieter die Zahlung von Mietzins verlangt. Im Zweifel sollten die Parteien daher die Fläche, die den mietvertraglichen Gebrauchsbefugnissen unterfällt, möglichst genau beschreiben oder anhand von Planskizzen konkretisieren. Es ist dann grds möglich, von der vertraglichen Festlegung einer bestimmten Flächenangabe ganz abzusehen und sich auf die bloße Konkretisierung bestimmter Räume zu beschränken, die zumeist auch anhand von Skizzen oder Plänen spezifiziert werden können. Ein Quadratmeterpreis, dessen Angabe ohnehin entbehrlich ist, kann dann aber nicht ausgewiesen werden. Der Mietgegenstand ist schon hinreichend bestimmt bezeichnet, wenn die Anschrift der vermieteten Gewerbeeinheit genannt und die vermieteten Flächen mit ergänzenden Angaben (zB „im Erdgeschoss" . . . . . „links" . . . . . gelegenes „Ladenlokal vorne, 2 Räume hinten und Souterrain") beschrieben sind (OLG Düsseldorf 30.8.2010 – 24 U 5/10, ZMR 2011, 119). Allerdings kann es ohne Festlegung der Mietfläche schwierig bis unmöglich sein, bei mehreren Mieteinheiten über die anteiligen Betriebskosten abzurechnen (vgl. *Börstinghaus* jurisPR-BGHZivilR 19/2012 Anm. 4). Wenn es auf die Quadratmeterzahl – etwa als Bezugspunkt für die Mietpreisbestimmung oder die Betriebskostenumlage – ankommt, dürften vertragliche Flächenangaben nicht zu umgehen sein.

5. Fehler bei der **Mietflächenberechnung** können sich in mehrfacher Hinsicht auswirken. An die bloße Angabe der Mietfläche im Mietvertrag sind bei fehlerhafter Flächenermittlung früher keine Mieteransprüche geknüpft worden, weil ohne Vorliegen konkreter Hinweise auf einen vertraglichen Bindungswillen überwiegend nur von einer unverbindlichen Objektbeschreibung ausgegangen wurde. Im Zweifel wurde daher kein Zusicherungswille angenommen. Die Rechtsprechung des BGH hat jedoch inzwischen einen deutlich restriktiveren Weg eingeschlagen, indem sie bei einer vertraglichen Flächenangabe grundsätzlich von einer Flächenvereinbarung ausgeht und eine **Flächenabweichung von mehr als 10 %** auch im gewerblichen Mietrecht als Mangel iSd § 536 Abs. 1 S. 1 BGB behandelt (→ Anm. 4). Selbst wenn die als Beschaffenheit vereinbarte Wohnfläche mit einer „ca."-Angabe versehen ist, liegt ein zur Mietminderung berechtigender Sachmangel vor, wenn die tatsächliche Fläche mehr als 10 % unter der ausgewiesenen Quadratmeterzahl liegt. Eine zusätzliche Toleranzspanne ist nicht anzusetzen (BGH 10.3.2010 – VIII ZR 144/09, NJW 2010, 1745, im Anschluss an BGH 24.3.2004 – VIII ZR 295/03, NZM 2004). Das Formular legt mit Rücksicht auf die Rechtsprechung des BGH ebenfalls klarstellend eine Toleranzschwelle von 10 % zugrunde. Mit dem hier vorgeschlagenen Regelungsinhalt soll auch dem Arglisteinwand aus § 536d BGB vorgebeugt werden, denn im Rahmen der ausdrücklich geregelten Erheblichkeitsspanne werden Abweichungen zur tatsächlichen Fläche vom Vertragspartner ausdrücklich gebilligt.

Wenn die Unterschreitung der vertraglich vereinbarten Fläche bei der Geschäftsraummiete eindeutig nur **Nebenräume** (zB Kellerräume) betrifft, so darf die Minderung nicht pauschal nach dem prozentualen Anteil der fehlenden Fläche an der vertraglich vereinbarten Gesamtfläche berechnet werden. Vielmehr muss eine angemessene Herabsetzung des Mietzinses den geringeren Gebrauchswert dieser Räume in Rechnung stellen (BGH 18.7.2012 – XII ZR 97/09, NZM 2012, 726, in Abgrenzung zu BGH 24.3.2004 – VIII ZR 295/03, NJW 2004, 1947, und zu BGH 10.3.2010 – VIII ZR 144/09, NJW 2010, 1745, Anm. *Börstinghaus* jurisPR-BGHZivilR 19/2012 Anm. 4). Es findet also eine funktional ausgerichtete Gewichtung statt.

6. Aus dem vertraglichen **Nutzungszweck** können sich im Rahmen von §§ 535 Abs. 1 S. 2, 536 Abs. 1 BGB wesentliche Vorgaben für den Vermieter ergeben, in welchem **Zustand** er die Mieträume zu überlassen und zu erhalten hat. Für den Mieter ergibt sich hieraus der **Umfang seiner Gebrauchsberechtigung** (§§ 538, 541, 543 Abs. 2 Nr. 2 BGB).

Eine möglichst **klare Festlegung des Mietzwecks** ist für den Vermieter wichtig, wenn er ein Interesse daran hat, dem Mietgebrauch bestimmte Grenzen zu setzen. Die vertragliche Festlegung führt grds dazu, dass ein davon abweichender Mietgebrauch eine vertragswidrige Nutzung umschreibt (KG 6.6.2011, 8 U 9/11 – GE 2011, 1083; zur vertragswidrigen Nutzung, wenn sich eine Arztpraxis auf Drogenersatztherapien verlegt, vgl. LG Bonn 12.4.2010 – 9 O 440/09, ZMR 2010, 689). Die Zustimmung zu einem anderen Gebrauchszweck kann sich der Vermieter vorbehalten.

Zur restriktiven Handhabung einer vom Vertrag abweichenden Nutzung kann Veranlassung bestehen, wenn der Vermieter Wert auf eine bestimmte Nutzung legt (zB Vermietung durch einen Apotheker an einen Arzt), wenn er Ansprüche und schutzwürdige Interessen Dritter zu beachten hat, etwa aufgrund der Zusage von Konkurrenzschutz zugunsten anderer Mieter (→ Form. A.VI.3 § 3) oder wenn Störungen (für Nachbarn, andere Mieter oder für den Vermieter) zu besorgen sind. Für den Mieter empfiehlt sich eine zusätzliche Konkretisierung des zulässigen Mietgebrauchs, wenn er von der

Mietsache in spezieller oder nicht verkehrsüblicher Weise Gebrauch machen will (zur Auslegung eines Vertrags auf zulässige Gebrauchsbefugnisse vgl. KG 5.7.2010 – 12 U 172/09, BeckRS 2010, 18952). Bei besonderem Regelungsbedarf sollten wechselseitige Duldungs- und Unterlassungspflichten ausdrücklich geregelt werden.

7. Die Fertigung eines **Übergabeprotokolls** wird sich häufig empfehlen (→ Form. A. VII.8). Das gilt namentlich dann, wenn über den Zustand der Mieträume Unklarheit oder Streit besteht, wenn umfangreiches Inventar übergeben und erfasst werden soll, wenn die Mieträume noch nicht fertiggestellt sind oder noch in bestimmter Weise ausgestattet werden sollen. Auf das Übergabeprotokoll sollte der Vertrag dann unter entsprechender Abänderung von Ziff. (1) verweisen.

8. **Bestätigungsklauseln,** mit denen der Zustand der Mieträume („**wie besichtigt**") vom Mieter als vertragsgemäß anerkannt werden soll, werden auch im kaufmännischen/ unternehmerischen Verkehr als **unwirksam** behandelt (§§ 307, 309 Nr. 12 BGB), weil sie auf eine unzulässige Beweislastumkehr zum Nachteil des Mieters abzielen (BGH 26.5.1986 – VIII ZR 229/85, ZIP 1986, 982; zum Anwendungsbereich im unternehmerischen Bereich vgl. Ulmer/Brandner/Hensen/*Habersack* BGB § 309 Nr. 12 Rn. 27; Wolf/ Lindacher/Pfeiffer/*Damann* BGB § 309 Nr. 12 Rn. 92). Das ist teilweise mit beachtlichen Gründen anders gesehen worden, soweit ein zulässiger Minderungsausschluss angenommen wurde (OLG Düsseldorf 20.2.1992 – 10 U 107/91, DWW 1992, 241; OLG Köln 28.10.1991 – 2 U 185/90, NJW-RR 1993, 466). Zur Kenntnis des Mieters von Mängeln bei Vertragsschluss oder bei Annahme der Mietsache und zum Rechtsverlust gemäß §§ 536, 536a, 536b BGB → Form. A.VI.2 § 7 (1).

9. Die **Mitvermietung von Sachen** neben den Mieträumen im engeren Sinne kann zu der Frage führen, ob es sich dabei um **Inventarteile** handelt und ob nicht anstelle eines Mietvertrags ein Pachtvertrag im Sinne von §§ 581 ff. BGB zur Regelung ansteht (zur Abgrenzung beider Vertragstypen → Form. A.VI.6 Anm. 1). Mit den hier vorgestellten Formularen soll möglichst vermieden werden, sich bei jeder Gebrauchsüberlassung, bei der dem Mieter neben den bloßen Räumlichkeiten auch zusätzliche Einrichtungen oder Anlagen zur Nutzung übergeben werden, in rechtlich und praktisch wenig ergiebige Abgrenzungsfragen zu ergehen. Die Formulare gehen grundsätzlich dann von einem Mietvertrag aus, wenn lediglich solche Sachen mit überlassen werden, die nicht speziell dem konkret beabsichtigten und vertraglich verabredeten Nutzungszwecks bzw. nicht der betriebsspezifischen Fruchtziehung durch den Mieter dienen. Die Überlassung von zweckneutralen, dh praktisch jedem beliebigen Mietgebrauch dienenden Sachen – etwa im Zusammenhang mit der Energie- und Heizwärmeversorgung oder mit der Anbindung an bestimmte Kommunikationsmittel – zwingt nach der hier vertretenen Auffassung nicht dazu, von einem Pachtvertrag auszugehen, selbst wenn im Vertrag von „Inventar" die Rede ist. Anders liegt es dagegen, wenn solche Sachen unmittelbar der **Fruchtziehung** im Sinne von § 581 Abs. 1 BGB dienen (→ Form. A.VI.6 Anm. 1).

10. Das Formular regelt die Vereinbarung einer festen Mietzeit mit **Verlängerungsklausel** (vgl. hierzu *Horst*, Vertragslaufzeiten und Kündigungsfristen im Wohn- und Gewerbemietrecht, DWW 2007, 326). In der Praxis ist dies neben der Vereinbarung von Optionen zur Verlängerung der vertraglich festgelegten Mietzeit (→ Form. A.VII.5) der häufigste Regelungsfall. Verlängerungsoption und Verlängerungsklausel können auch miteinander kombiniert werden (OLG Hamm 21. 12. 010 – 7 U 33/10, Info M 2011, 170).

Mietverträge auf bestimmte Zeit mit Verlängerungsklausel verlängern sich automatisch auf bestimmte oder unbestimmte Zeit, wenn sie nicht zum vereinbarten Vertragsende gekündigt werden. Unterbleibt die Kündigung, so wird das Mietverhältnis mit demselben Vertragsinhalt fortgesetzt. Oft wird eine Verlängerung nicht vom Ausbleiben einer

Kündigung sondern vom Ausbleiben eines Widerspruchs gegen die Verlängerung abhängig gemacht (BGH 29.4.2002 – II ZR 330/00, NZM 2002, 604). Bei einer so bewirkten Verlängerung wird der ursprüngliche Mietvertrag fortgesetzt, wenn ein Widerspruch oder eine Kündigung nicht erfolgt. Ein neuer Vertrag kommt dadurch nicht zustande (BGH 29.4.2002 – II ZR 330/00, NZM 2002, 604). Das Mietverhältnis wird also mit demselben Vertragsinhalt, aber auf längere Dauer fortgesetzt, falls nicht für den Fall der Vertragsfortsetzung bestimmte Vertragsänderungen verabredet sind. Demgegenüber setzt ein (Verlängerungs-) **Optionsrecht** ein aktives Handeln des Mieters, die Ausübung der Option, voraus (vgl. *Fritz* jurisPR-MietR 6/2010 Anm. 5). In der Praxis wird die Terminologie aber oft nicht eingehalten, indem zwischen Verlängerungsklauseln und Optionen nicht klar unterschieden wird.

Die **Vereinbarung eines Mietvertrags auf unbestimmte Dauer** wird bei der Gewerberaummiete wegen des für den Mieter kaum überschaubaren Risikos von (Änderungs-) Kündigungen nur ausnahmsweise in Betracht kommen. Der Mieter von Geschäftsraum genießt keinen Kündigungsschutz, dh der Vermieter kann jederzeit im Rahmen der gesetzlichen Kündigungsfristen kündigen (§ 580a BGB). Auch ein auf bestimmte Mietzeit geschlossener Zeitmietvertrag wird sich nur dann anbieten, wenn eine Fortsetzung des Vertrags über die vertraglich festgelegte Mietzeit hinaus von vornherein nicht beabsichtigt ist. Beim Zeitmietvertrag steht nach Ablauf der Mietzeit das gesamte vertragliche Regelungswerk wieder zur Disposition. Ein Anspruch auf Abschluss eines neuen Vertrags besteht dann grds nicht.

11. In den Grenzen der Sittenwidrigkeit kann die **Miethöhe** bei der Geschäftsraummiete frei vereinbart werden. Ein gegenseitiger Vertrag ist als wucherähnliches Rechtsgeschäft nach § 138 Abs. 1 BGB sittenwidrig, wenn zwischen Leistung und Gegenleistung ein auffälliges Missverhältnis besteht und außerdem mindestens ein weiterer Umstand hinzukommt, der den Vertrag bei Zusammenfassung der subjektiven und der objektiven Merkmale als sittenwidrig erscheinen lässt. Dies ist insbesondere der Fall, wenn eine verwerfliche Gesinnung des Begünstigten hervorgetreten ist. Ist das Missverhältnis zwischen den Leistungen besonders grob, lässt dies den Schluss auf eine verwerfliche Gesinnung des Begünstigten zu (BGH 13.11.2014 – IX ZR 267/13, NZM 2015, 453; 24.1.2014 – V ZR 249/12, WM 2014, 1440).

Bei der Ermittlung des Leistungsmissverhältnisses ist grundsätzlich der objektive Wert (Verkehrswert) der verglichenen Leistungen maßgeblich (BGH 20.4.1990 – V ZR 256/88, NJW-RR 1990, 950. Bei Mietverhältnissen ist als **Verkehrswert** die **ortsübliche Marktmiete** festzustellen. Wird der marktübliche Miet- oder Pachtzins um 100 % überschritten und ist dies dem Vermieter erkennbar, so kommt der Schluss auf eine verwerfliche Gesinnung in Betracht (BGH 31.10.2001 – XII ZR 159/99, NZM 2002, 69). Nur wenn ausnahmsweise vergleichbare Objekte nicht zur Verfügung stehen sollten, sind gegebenenfalls andere Erfahrungswerte heranzuziehen (zur Anwendbarkeit anderer Bemessungsmethoden bei der Gaststättenpacht → Form. A.VI.6 § 5 Ziff. 1 und § 6).

Subjektive Sittenwidrigkeitsmerkmale liegen grundsätzlich nur dann vor, wenn sich der Begünstigte nach der allgemeinen Lebenserfahrung zumindest leichtfertig der Erkenntnis verschlossen hat, es liege ein auffälliges Missverhältnis vor (BGH 19.1.2001 – V ZR 437/99, BGHZ 146, 298 = NJW 2001, 1127). Kann die ortsübliche Miete/Pacht bereits durch mehrere Sachverständige nicht oder nur mit großen Schwierigkeiten ermittelt werden, so ist nicht feststellbar, wie der Verpächter ein solches Missverhältnis – falls es überhaupt vorlag – hätte erkennen können (BGH 9.4.2003 – XII ZR 216/01, BeckRS 2003, 04293). Wenn ein Mieter in einer Marktsituation, in der der Mietzins starken Schwankungen unterworfen ist und die Marktüblichkeit des Mietzinses nur schwierig zu beurteilen ist, einen Mietvertrag zu einem objektiv überhöhten Mietzins abschließt, kann man allein daraus nicht herleiten, dass eine verwerfliche Gesinnung vorgelegen hat (BGH 10.10.2001 – XII ZR 93/99, NZM 2001, 1077).

In den Fällen des Wuchers oder der sittenwidrigen wucherähnlichen Mietpreisüberhöhung nach § 138 Abs. 1 oder Abs. 2 BGB findet in der Geschäftsraummiete eine Aufrechthaltung des Vertrages mit einer (noch) zulässigen Miete regelmäßig nicht statt (BGH 21.9.2005 – XII ZR 256/03, NZM 2005, 944). Vielmehr gilt für alle unwirksamen Entgeltvereinbarungen der Grundsatz, dass sich diese nicht in einen sittenwidrig überhöhten und einen hinnehmbaren Teil aufspalten lassen. Das Verdikt der Sittenwidrigkeit erfasst die gesamte Entgeltvereinbarung (BGH 21.9.2005 – XII ZR 256/03, NZM 2005, 944 mwN).

Wenn die ortsübliche Miete nach Vertragsschluss erheblich sinkt, tangiert dies nicht die Geschäftsgrundlage des Mietvertrags. Gemäß § 537 Abs. 1 BGB trägt bei der Gewerberaummiete grundsätzlich der Mieter das Verwendungsrisiko bezüglich der Mietsache. Dazu gehört vor allem das Risiko, mit dem Mietobjekt Gewinne erzielen zu können (st. Rspr. vgl. BGH 17.3.2010 – XII ZR 108/08, NZM 2010, 364). Erfüllt sich die Gewinnerwartung des Mieters nicht, so verwirklicht sich damit ein typisches Risiko des gewerblichen Mieters. Danach fällt es in den Verantwortungsbereich des Mieters, wenn nach Vertragsschluss auf der Grundlage struktureller Marktveränderungen eine Mietpreisentwicklung einsetzt, die sich negativ auf seine Konkurrenzfähigkeit auswirkt. Nur in ganz eng begrenzten Ausnahmefällen kann eine Anpassung der Miete verlangt werden (zur Staffelmietvereinbarung bei Gewerberaummietverhältnissen vgl. BGH 27.10.2004 – XII ZR 175/02, NZM 2005, 63, im Anschluss an BGH 8.5.2002 – XII ZR 8/00, NJW 2002, 2384; vgl. auch OLG Düsseldorf 17.12.2010 – I-24 U 66/10, Grundeigentum 2011, 1369).

12. Die **Grundmiete** umschreibt das Nutzungsentgelt für die Gebrauchsüberlassung ohne die (zumeist auf Betriebskosten bezogenen) Umlagen und Zuschläge (BGH 21.1.2009 – XII ZR 79/07, NJW-RR 2009, 593). Wenn die Betriebskosten nicht gesondert ausgewiesen und abgerechnet werden, sondern vom Vermieter getragen werden oder mit der Zahlung des Mietzinses abgegolten sein sollen, umschreibt die vertragliche Miete eine sog. Brutto- oder Inklusivmiete. Die Grundmiete ist also nicht zwingend so zu verstehen, als beinhalte sie das von den Betriebskosten gleichsam bereinigte Entgelt.

13. Die Vertragsformulare im Kapitel A. VI gehen grundsätzlich von der **Umsatzsteuerpflichtigkeit** der vom Mieter zu leistenden Zahlungen aus. Dies versteht sich aber zunächst nur als Hinweis darauf, die vertraglichen Regelungen auf ihre Richtigkeit und Vollständigkeit in Bezug auf die Umsatzsteuerfrage zu überprüfen. **Bei der Gewerberaummiete ist die Umsatzsteuerpflicht aber keineswegs indiziert.** Ihre vertragliche Berücksichtigung kann aber beiden Vertragsparteien wirtschaftliche Vorteile bringen (vgl. hierzu im Einzelnen die Anm. zur Vereinbarung über eine USt–Option → Form. A.VII.4).

14. Die in § 2 BetrKV oder in Anlage 3 zu § 27 II. BV aufgeführten Betriebskosten umschreiben den praktisch bedeutsamsten Teil der Nebenkosten. Seit dem 1.4.2004 gilt anstelle der Berechnungsverordnung nunmehr die Betriebskostenverordnung (BetrKV). In vielen Altverträgen findet sich aber noch die Bezugnahme auf den Kostenkatalog der II. BV, weshalb die Bestimmung auch weiterhin Relevanz behalten wird.

Mangels Verweisung in § 578 BGB gilt § 556 Abs. 1 BGB, der den Umfang der umlegbaren Betriebskosten auf den Kostenkatalog des § 2 BetrkV begrenzt, bei Gewerberaummietverhältnissen nicht. Die Umlage weiterer Betriebskosten und sonstiger Nebenkosten ist daher möglich, wenn sich das vom Mieter zu leistende Gesamtentgelt innerhalb der Grenzen aus § 138 BGB bewegt.

Betriebskosten können im Bereich der Gewerberaummiete nur dann umgelegt werden, wenn und soweit dies vertraglich wirksam und mit hinreichender Bestimmtheit vereinbart ist. Das gesetzliche Leitbild geht im Rahmen von § 535 BGB von einer Inklusivmiete aus. Daher muss der Mietvertrag regelmäßig konkrete Aussagen darüber enthalten, welche Nebenkosten umlagefähig sind. Es genügt nicht, nur allgemein eine Betriebskostenumlage zu verabreden (BGH 3.8.2011 – XII ZR 205/09, NZM 2012, 24 mwN; *Schmidt* MDR 1999, 1293 mit Beispielen für unzureichende Betriebskostenklauseln). Der zur Wohnraummiete entwickelte Grundsatz, wonach es zur Übertragung der Betriebskosten auf den Mieter genügt, dass dieser „die Betriebskosten" zu tragen habe (BGH 10.2.2016 – VIII ZR 137/15, NZM 2016, 235), lässt sich auf die Gewerberaummiete nicht übertragen, weil insoweit kein seit langer Zeit feststehender Kanon umlegbarer Kosten besteht. Der formularmäßige Hinweis auf die BetrKV bzw. die BerechnungsVO reicht aber für eine Konkretisierung der vertraglichen Vereinbarung nach ganz hM aus (vgl. *Blank* ZMR 74, 355 mwN; → Form. A.V.1 Anm. 1). Dem Bestimmtheitserfordernis einer Umlagevereinbarung für die Betriebskosten ist nicht genügt, wenn der Vertrag mehrere Varianten von umzulegenden Betriebskosten ausweist, hiervon aber keine ausgewählt (angekreuzt) wird (OLG Rostock 14.1.2010 – 3 U 50/09, BeckRS 2010, 17374). Auch Vereinbarungen wie:

„*der Mieter hat einen Betriebskostenvorschuss in Höhe von. . . . .zu zahlen*" (vgl. bei BGH 2.5.2012 – XII ZR 88/10, NZM 2012, 608, nebst Anm. *Eisenschmidt* jurisPR-MietR 12/2012 Anm. 1)

oder

„*der Mieter übernimmt alle Nebenkosten*" (vgl. LG Limburg 6.6.2003 – 3 S 55/03, WuM 2003, 565)

oder

„*der Mieter übernimmt alle mit dem Mietobjekt verbundenen Betriebskosten*" (vgl. bei OLG Jena 16.10.2001 – 8 U 392/01, NZM 2002, 70)

erfüllen ohne zusätzliche Konkretisierung umlegbarer Kostenarten das Bestimmtheitserfordernis nicht.

Die **konkludente Vereinbarung** einer Betriebskostenumlage kommt nur ausnahmsweise in Betracht (zu stillschweigenden Änderungsvereinbarungen vgl. BGH 13.2.2008 – VIII ZR 14/06, NZM 2008, 276; zur Abwälzung weiterer Nebenkosten → Form. A.VI.2 § 8, → Form. A.VI.3 Anm. 15 ff.; → Form. A.VII.10).

Besondere Betriebskostenarten haben sich insbesondere bei der Vermietung in Großobjekten (Einkaufszentren, Bürohäusern) etabliert (→ Form. A.VII.10). In diesem Bereich werden diverse Zusatzdienste und -leistungen angeboten. Besonderheiten haben sich namentlich bei der Versorgung mit Energie, technischen Serviceleistungen, Verwaltungs- und Hausdiensten, bei der Abfallbeseitigung, der Bewachung sowie des sog. **Center-Managements** herausgebildet (vgl. dazu BGH 3.8.2011 – XII ZR 205/09, NZM 2012, 24, zugleich zur Wirksamkeit der Umlage von „Verwaltungskosten", vgl. dazu auch BGH 3.8.2011 – XII ZR 205/09, NJW 2012, 54; vgl. ferner *Lindner-Figura* NZM 2000, 785). In Büroobjekten oder Arztzentren kommen zusätzlich zentrale Leistungskomplexe (Pools) in Betracht, die für alle Mieter zentrale (Dienst-) Leistungen bereit halten.

Bei allen Kostenarten ist vom Vermieter das **Gebot der Wirtschaftlichkeit aus § 556 Abs. 1 S. 1 Hs. 2 BGB** zu beachten (vgl. dazu näher → Form. A.VII.10 Anm. 2).

Begrenzungen bei der Betriebskostenumlage ergeben sich bei den Kosten für **gemeinschaftlich genutzte Flächen in Großobjekten** (Einkaufszentrum). Der BGH sieht in der Abwälzung von der Höhe nach unbegrenzten Kosten für Gemeinschaftsflächen eine unangemessene Benachteiligung des Mieters (BGH 10.9.2014 – XII ZR 56/11, NZM 2014, 830; 6.4.2005 – XII ZR 158/01, NZM 2005, 863; auf der gleichen Linie auch: BGH 26.9.2012 – XII ZR 112/10, NZM 2013, 85). Mit solchen Klauseln würden dem Mieter auch Kosten übertragen, die nicht durch seinen Mietgebrauch veranlasst sind und die nicht in seinen Risikobereich fallen. Ihm würden dadurch, dass er die gemeinschaftlich genutzten Flächen und Anlagen in dem bei Mietbeginn bestehenden, in der Regel gebrauchten

Zustand vorfindet, die Kosten für die Behebung anfänglicher Mängel bzw. bereits vorhandener Abnutzungen durch Reparatur oder Erneuerung überbürdet, deren Höhe für ihn nicht überschaubar sei. Darüber hinaus würden ihm Kosten für Schäden auferlegt, die von Dritten verursacht worden sind, für deren Handeln er keine Verantwortung trägt, so dass auch insoweit ihm nicht zurechenbare und der Höhe nach nicht vorhersehbare Kosten übertragen würden. Die Übertragung der Erhaltungslast gemeinschaftlich genutzter Flächen und Anlagen sei allenfalls wirksam, wenn sie in einem bestimmten, zumutbaren Rahmen erfolgt. In der Literatur und Rechtsprechung wird hierzu beispielsweise eine Kostenbegrenzung auf einen festen Prozentsatz der Jahresmiete vorgeschlagen (vgl. KG 23.5.2002 – 20 U 233/01, NJW-RR 2003, 586; *Bub* NZM 1998, 789; *Wodicka* NZM 1999, 1081). Es wäre auch daran zu denken, einen neuen Mieter nur sukzessive ansteigend zu solchen Kosten heranzuziehen.

Bei sog. **Mehrbelastungsklauseln,** mit denen die Geltendmachung neu entstehender Betriebskosten ermöglicht werden soll, ist zu differenzieren. Klauseln, wonach der Mieter neue Betriebskosten ab deren Entstehung zu tragen hat, ohne dass näher bestimmt oder eingegrenzt wird, welche Kosten darunter fallen können, verstoßen gegen das Transparenzgebot und sind nach § 307 Abs. 1 S. 2 BGB unwirksam (BGH 20.1.1993 – VIII ZR 10/92, NJW 1993, 1061 für Wohnraum; OLG Düsseldorf 25.7.1991 – 10 U 1/91, MDR 1991, 964). Wirksam soll dagegen eine Umlageklausel sein, wenn die Kostenart im Mietvertrag als umlagefähig bezeichnet ist und dem Vermieter (ggf. nach § 315 BGB) das Recht eingeräumt ist, auch solche neu entstehenden Betriebskosten auf den Mieter umzulegen (BGH 27.9.2006 – VIII ZR 80/06; BGH 13.10.2010 – XII ZR 129/09, Anm. *Börstinghaus* jurisPR-BGHZivilR 24/2010 Anm. 4).

Anstelle der Umlage abzurechnender Betriebskostenvorauszahlungen oder vom Mieter unmittelbar zu tragender Kosten werden sich andere Vertragsgestaltungen nur ausnahmsweise anbieten. Sowohl die **Nebenkostenpauschale** (zur Abgrenzung gegenüber der Betriebskostenvorauszahlung vgl. *Geldmacher* DWW 1994, 333) als auch die (Teil-) Inklusivmiete bergen erhebliche Risiken für den Vermieter, wenn es zu unvorhergesehenen Kostensteigerungen kommt (zur konkludenten Vereinbarung einer Betriebskostenpauschale aufgrund jahrelanger unwidersprochener Handhabung vgl. OLG Koblenz 8.8.2012 – 5 U 116/12, MDR 2013, 269; zur Geltung einer Pauschale mangels vorhandener Messvorrichtungen und unergiebiger Vertragsbestimmungen vgl. OLG Düsseldorf 7.6.2011 – 24 U 149/10, MDR 2012, 20). ZT wird auf die Vorteile einer Pauschale abgestellt, weil etwa das Abrechnungsverfahren entbehrlich wird (vgl. *Schmid* GuT 2010, 324). **Kalkulationsrisiken gehen aber insoweit grundsätzlich zu Lasten des Vermieters.** Sichert sich der Vermieter bei solchen Vertragskonstruktionen von vornherein ab und verlangt schon anfänglich Zahlungen in jedenfalls ausreichender Höhe, kann ein Verstoß gegen das Wirtschaftlichkeitsgebot vorliegen. Außerdem kann sich die Miete der Wuchergrenze annähern. Zudem wird der Vermieter auf dem Markt eher Schwierigkeiten bei der Durchsetzung seiner Preisvorstellungen haben.

Zwar kann der Vermieter sich ein vertragliches Bestimmungs- und Erhöhungsrecht für eine Pauschale ausbedingen (zur Verteilung von Mietnebenkosten im Rahmen von §§ 315 f. BGB vgl. MAH MietR/*Gies* § 62 Rn. 57). Ein Erhöhungsverlangen indiziert aber den Streit darüber, ob es vor dem Hintergrund der zunächst geltenden Pauschale und der von ihr abgedeckten Kostenspanne überhaupt zu Veränderungen gekommen ist, die eine Erhöhung rechtfertigen. Die Ermessensgrenzen für den Vermieter sind nur schwer objektivierbar. Weitere Gestaltungsformen für die Betriebskostenumlage behandelt *Schmidt* (MDR 1999, 1293).

Die **Höhe der vereinbarten Vorauszahlungen schafft** auch bei der Gewerberaummiete grundsätzlich **keinen Vertrauenstatbestand für die Gesamthöhe der anfallenden Betriebskosten,** denn der Vermieter ist nicht verpflichtet, überhaupt oder in einer gewissen Mindesthöhe Vorauszahlungen auf die Betriebskosten zu erheben (vgl. zur Wohnraummiete: BGH 11.2.2004 – VIII ZR 195/03, NJW 2004, 1102; zur Gewerberaummiete: OLG Rostock 23.10.2008 – 3 U 123/07, ZMR 2009, 527). Wenn ein Vermieter Vorauszahlungen verlangt, die in ihrer Höhe die tatsächlichen Kosten deutlich unterschreiten, ohne den Mieter vor oder während des Mietvertragsabschlusses hierauf hinzuweisen, so liegt auch keine Aufklärungspflichtverletzung vor (OLG Düsseldorf 8.3.2012 – 24 U 162/11, MDR 2012, 834). Der Mieter darf daher nicht ohne weiteres davon ausgehen, der Vermieter habe sich bei Vereinbarung der Betriebskostenvorauszahlungen ungefähr am zu erwartenden Abrechnungsergebnis orientiert. Diese Rechtsprechung kann man kritisch sehen, denn die Ausbedingung eines bestimmten Vorauszahlungsbetrags hat nach der Verkehrsanschauung auch den Erklärungsgehalt, dass dem eine entsprechende Kalkulation zugrunde liegt und eine zumindest annähernde Kostendeckung erstrebt wird (vgl. Erman/ *Lützenkirchen* BGB § 556 Rn. 111). Schuldhaft vertragswidrig handelt der Vermieter jedenfalls dann, wenn er gegenüber dem Mieter gegen besseres Wissen **falsche oder irreführende Angaben zu den tatsächlich zu erwartenden Kosten** macht. Bei der Erstvermietung durch einen Vermieter, der sich nach den gesamten Umständen keine abschließenden Vorstellungen von der Gesamtkostenlast macht bzw. machen kann, wird den vom BGH entwickelten Grundsätzen beizutreten sein.

15. Das Formular stellt den zusätzlichen Steueranfall auf die Betriebskosten und die hierfür geregelten Vorauszahlungen ausdrücklich klar. Macht der Vermieter von der USt.– Option Gebrauch (→ Form. A.VII.4 Anm. 13) und vereinbaren die Parteien ausdrücklich, dass der Mieter neben der USt. auf die Nettomiete auch USt. auf die Betriebskosten zu zahlen hat, ist die vertragliche Grundlage eindeutig. Ob der Mieter auch ohne ausdrückliche vertragliche Festlegung zur Zahlung von **USt. auf die Betriebskosten** heranzuziehen ist, wird unterschiedlich beurteilt (→ Form. A.VII.4 Anm. 3), ist aber iE zu bejahen.

16. Das Formular enthält eine **Preisindexklausel** als Wertsicherungsklausel. Der **Preisindex für die Lebenshaltung** bezieht sich in der weitesten Ausgestaltung auf alle privaten Haushalte der Bundesrepublik Deutschland. Daneben wurden bis zum 1.1.2003 getrennte Preisindizes für das frühere Bundesgebiet und die neuen Bundesländer einschließlich Berlin-Ost sowie für spezielle Haushaltstypen ausgewiesen. Da diese speziellen Haushaltstypen die Zusammensetzung der privaten Haushalte in der Bundesrepublik Deutschland hinsichtlich ihrer sozialen und ökonomischen Merkmale nicht mehr repräsentativ abbildeten, hat das Statistische Bundesamt deren Veröffentlichung ab dem bezeichneten Zeitpunkt eingestellt. Im September 2007 haben sich die rechtlichen Rahmenbedingungen für die Vereinbarkeit von Wertsicherungsklauseln durch Aufhebung der Preisklauselverordnung und Neueinführung des **Preisklauselgesetzes** erneut geändert (→ Anm. 17).
Haben die Parteien eines Gewerberaummietvertrags vereinbart, dass bei einer bestimmten Veränderung eines nicht mehr fortgeführten alten Index auch die Miete zu ändern ist, entsteht durch den Wegfall dieses Index eine Regelungslücke, die im Wege der ergänzenden Vertragsauslegung geschlossen werden muss (BGH 4.3.2009 – XII ZR 141/07, NZM 2009, 398). Es entspricht dann dem Interesse der Vertragsparteien, für die automatische Anpassung der Miethöhe ab der Einstellung der Fortschreibung des Altindex auf den allgemeinen **Verbraucherpreisindex** abzustellen (BGH 4.3.2009 – XII ZR 141/07, NZM 2009, 398; zur Umrechnung und zur Durchsetzung der Vertragsänderung vgl. *Lützenkirchen* OLGR Köln 2001, K 41 ff.). Im Folgenden ist der BGH zu einer recht komplizierten Handhabung der zeitlichen Anpassungsmodalitäten gelangt. Er hat aufgrund sehr spezieller Differenzberechnungen angenommen, dass jedenfalls dann, wenn der der Anpassung zugrunde liegende Zeitraum ab dem 1.1.2000 beginnt, es dem Interesse der Vertragsparteien entspreche, für die automatische Anpassung der Miethöhe auf den allgemeinen Verbraucherpreisindex bereits ab dem Basisjahr 2000 abzustellen (7.11.2012 – XII ZR 41/11, NZM 2013, 148 – nebst krit. Anm. *Borzutzki-Pasing* jurisPR-MietR 4/2013 → Anm. 3).

Grundsätzlich ändert sich der Mietzins automatisch mit den Indexänderungen, wenn die Parteien nichts anderes vereinbaren. Die Parteien können aber auch eine Mietzinsanpassung regeln, die nur in bestimmten zeitlichen Abständen (etwa alle 12 Monate) wirksam wird (zur Berechnung und Bekanntgabe einer solchen Mieterhöhung → Form. A.VII.9; zur Verwirkung von Mietzinsnachforderungen bei Wertsicherungsklauseln vgl. OLG Düsseldorf 25.8.1994 – 10 U 216/93, WuM 1995, 580).

17. Das **Preisklauselgesetz** (PrKG) in der Fassung von Art. 2 des Zweiten Gesetzes zum Abbau bürokratischer Hemmnisse, das zum 13.9.2007 in Kraft getreten ist, hat den **Genehmigungszwang** für Indexklauseln **aufgehoben.** Nach § 4 Abs. 1 der bis dahin geltenden Preisklauselverordnung (PrKV) bestand gegenüber § 3 WährG ohnehin nur noch ein beschränkter Genehmigungszwang. Nunmehr gilt nur noch ein allgemeines Klauselverbot für eine Preisbestimmung durch den Wert solcher Güter oder Leistungen, die mit den vereinbarten Leistungen nicht vergleichbar sind. Ausnahmen von diesem Verbot gelten nach §§ 2 bis 4 PrKG, wobei es für Mietverträge maßgeblich auf folgende Kriterien ankommt:

Es muss sich um einen **langfristigen Vertrag** im Sinne von § 3 PrKG handeln, und zwar entweder mit einer von vorneherein vereinbarten Vertragsdauer von mindestens 10 Jahren (§ 3 Abs. 1 Nr. 1d PrKG) oder mit einem für die Dauer von mindestens 10 Jahren vereinbarten Kündigungsverzicht des Gläubigers/Vermieters bzw. mit dem zugunsten des Schuldners/Mieters vereinbarten Recht, die Vertragsdauer (namentlich durch Optionsausübung) auf mindestens 10 Jahre zu verlängern (§ 3 Abs. 1 Nr. 1e PrKG). Mit vorstehender Maßgabe sind Preisklauseln gemäß § 3 Abs. 1 PrKG zulässig, wenn die Preisanpassung aufgrund der Änderung des Preisindexes des Statistischen Bundesamt für die Gesamtlebenshaltung oder eines von der Europäischen Gemeinschaft ermittelten Verbraucherpreisindexes erfolgt.

Die **Unwirksamkeit einer Preisklausel** tritt nach § 8 PrKG mit dem Zeitpunkt des rechtskräftig festgestellten Verstoßes gegen das PrKG ein, wenn nicht eine frühere Unwirksamkeit (vertraglich) vereinbart ist. Dabei handelt es sich um eine dogmatisch kaum einzuordnende und eher systemwidrige gesetzliche Regelung, soweit in § 8 S. 2 PrKG ausdrücklich festgelegt ist, dass die Rechtswirkungen einer Klausel bis zum Zeitpunkt der Unwirksamkeit unberührt bleiben. Durch das Inkrafttreten des Preisklauselgesetzes wurden Wertsicherungsklauseln, die bis dahin weder genehmigungsfrei noch genehmigt waren und für die bis dahin keine Genehmigung beantragt war, mit Wirkung für die Zukunft auflösend bedingt wirksam (BGH 13.11.2013 – XII ZR 142/12, NZM 2014, 34). Ein Gesetzesverstoß bewirkt nicht per se die Unwirksamkeit, sondern erst das rechtskräftige gerichtliche Erkenntnis über die Unwirksamkeit. Bereicherungsrechtliche Rückforderungsansprüche für einen Zeitraum vor Eintritt der Unwirksamkeit nach § 8 PrKG können deshalb nicht aus einem Verstoß gegen das Preisklauselgesetz hergeleitet werden (BGH 14.5.2014 – VIII ZR 114/13, BGHZ 201, 230 = NZM 2014, 876; jurisPK-BGB/*Toussaint* PrKG § 8 Rn. 13; *Reul* MittBayNot 2007, 445).

Eine unwirksame – weil nicht genehmigte bzw. nicht genehmigungsfähige – Klausel führt im Regelfall zur Anpassung des Vertrags im Wege der ergänzenden Vertragsauslegung (BGH 4.3.2009 – XII ZR 141/07, NZM 2009, 398 mwN). Ist eine solche Anpassung nicht möglich, kommt ein Anspruch des Vermieters auf Zustimmung zu einer nicht genehmigungsbedürftigen Wertsicherungsklausel in Betracht. Ein Anspruch auf Zustimmung zu einer Ersetzungsbestimmung darf aber nicht das Äquivalenzverhältnis erschüttern. Das OLG München (19.11.2010 – 27 U 624/10, GuT 2011, 46) hat daher angenommen, dass bei einer rechtskräftig für unwirksam erklärten Klausel („Mieterhöhung alle vier Jahre, wenn Index 4 % übersteigt") kein Anspruch darauf besteht, dass der Mieter folgender Klausel zustimmt: „Erhöht oder ermäßigt sich der Verbraucherindex um 4 %, so erhöht oder ermäßigt sich der Mietzins entsprechend und ab dem Monat, in dem die Veränderung des Verbraucherindexes 4 % erreicht, frühestens aber nach jeweils vier Jahren".

18. Durch § 560 Abs. 4 BGB ist für die Wohnraummiete geklärt, dass Vermieter und Mieter nach einer Betriebskostenabrechnung eine **Anpassung der Vorauszahlungen** entsprechend dem Abrechnungsergebnis verlangen können. Diese Vorschrift gilt für die Geschäftsraummiete allerdings nicht (§ 578 BGB). Es begegnet aber keinen rechtlichen Bedenken, wenn die Vertragsparteien bei der Gewerberaummiete durch AGB vereinbaren, dass der Vermieter im Anschluss an Nebenkostenabrechnungen die Höhe der Nebenkostenvorauszahlungen durch einseitige Erklärung anpassen darf (BGH 5.2.2014 – XII ZR 65/13, NZM 2014, 308, im Anschluss an BGH 26.9.2012 – XII ZR 112/10, NJW 2013, 41; OLG Hamm 8.6.2017 – 18 U 9/17, NZM 2018, 337). Das Formular enthält eine entsprechende Vereinbarung.

Zahlt der Mieter auf ein Anpassungsverlangen des Vermieters, kann eine **stillschweigende Vereinbarung zur Änderung der Betriebskostenumlage** vorliegen (vgl. BGH 9.7.2014 – VIII ZR 36/14, NZM 2014, 748). Sind bestimmte Vorauszahlungen geregelt, es fehlt aber eine Anpassungsklausel oder es liegt nur eine solche Klausel vor, in der die näheren Modalitäten nicht geregelt sind, ist eine Erhöhungserklärung grundsätzlich nur wirksam, wenn Grund und Höhe der Anhebung nachvollziehbar erläutert sind. Das wird der Fall sein, wenn die Erklärung sich auf eine ordnungsgemäße Betriebskostenabrechnung stützt, aus der sich der Erhöhungsbedarf ergibt. Die in einem gewerblichen Mietvertrag enthaltene Klausel, wonach der Vermieter die laufenden Betriebskostenvorauszahlungen nach „Kostenanfall des Vorjahres" anpassen darf, ist daher wirksam. Das OLG Dresden (12.3.2002 – 5/23 U 2557/01, ZMR 2002, 416) verlangt dann ebenfalls eine prüffähige Abrechnung, mangels derer der Mieter die Leistung erhöhter Vorauszahlungen verweigern kann.

Das Formular regelt zugunsten des Vermieters ein **Bestimmungsrecht** (§§ 315 f. BGB), das ihm eine Anpassung der laufenden Betriebskostenvorauszahlungen auch im Verlaufe einer Abrechnungsperiode ermöglicht. Für die Gewerberaummiete sind solche Klauseln möglich (BGH 26.9.2012 – XII ZR 112/10, WuM 2012, 662).

Eine Anpassung des **Umlagemaßstabs**, dh der Kriterien zur Kostenverteilung (ggf. auf mehrere Mieter), ist nur im Ausnahmefall möglich (vgl. *Blank* DWW 1992, 65). Das kann der Fall sein, wenn sich das Verhältnis der abzurechnenden Nutzflächen – etwa durch Umbauten – verändert.

19. Die Regelung entspricht § 556b Abs. 1 BGB. Die Fälligkeitsregelung in § 556 Abs. 1 BGB gilt für Wohnraummietverhältnisse und gemäß § 579 Abs. 2 BGB für Mietverhältnisse über andere Räume, also auch für Geschäftsräume.

Nach der Rspr des BGH (10.3.1999 – XII ZR 321/97, NJW 1999, 1408) können Mietforderungen aus einem gewerblichen Mietverhältnis im **Urkundenprozess** nach §§ 592 ff. ZPO eingeklagt werden, wenn die Leistungspflicht – wie im Formular – urkundlich belegbar ist. Für die Wohnraummiete ist dies (seit BGH 1.6.2005 – VIII ZR 216/04, NZM 2005, 661) ebenfalls anerkannt. Voraussetzung für die Statthaftigkeit des Urkundenprozesses nach § 592 S. 1 ZPO ist, dass sämtliche zur Begründung des Anspruchs erforderlichen Tatsachen durch Urkunden bewiesen werden können. Der Statthaftigkeit des Urkundenprozesses steht nicht entgegen, dass der Mieter als beklagte Partei Mängel der Mietsache behauptet hat und – diesen Vortrag als richtig unterstellt – der Anspruch auf die Miete daher gemäß § 536 Abs. 1 BGB von Gesetzes wegen ganz oder teilweise erloschen ist. Das behauptete Vorliegen eines Sachmangels hat nicht zur Folge, dass deshalb die Höhe der Miete vom Vermieter nicht mehr im Sinne von § 592 S. 1 ZPO durch Urkunden bewiesen werden könnte. Die Mangelfreiheit der Mietsache gehört nicht zu den zur Begründung des Anspruchs auf Miete erforderlichen Tatsachen (BGH 1.6.2005 – VIII ZR 216/04, NZM 2005, 661). Vielmehr begründet die infolge der Mangelhaftigkeit eintretende Mietminderung eine materiell-rechtliche Einwendung des Mieters gegen die Forderung auf Mietzahlung, die im Prozess von dem Mieter darzulegen und gegebenenfalls zu beweisen ist (vgl. dazu eingehend: KG 5.4.2012 – 12 U 49/11, DWW 2012, 174; zT aA: OLG Düsseldorf NZM 2009, 435; vgl. auch OLG Köln 30.3.2012 – I-1 U 77/11, ZMR 2012, 701). Ein Mietrückstand wegen – behauptet – unberechtigter Mietminderung kann nicht im Urkundenprozess geltend gemacht werden, wenn der Mieter die anhand eines Übergabeprotokolls aufgelisteten Mängel bei Wohnungsübergabe und die Zusage einer Mängelbeseitigungen nachweisen kann und der Vermieter eine erfolgte Mängelbeseitigung nicht durch Urkunden belegen kann (BGH 20.10.2010 – VIII ZR 111/09, ZMR 2011, 204; zum Mietereinwand der Anfechtbarkeit des Vertrags vgl. OLG Brandenburg 14.5.2013 – 3 U 112/10, ZMR 2013, 879).

Auch die Geltendmachung von **Nebenkostennachforderungen im Urkundenprozess** ist statthaft (KG 28.6.2010 – 8 U 167/09, ZMR 2011, 116).

20. Grundsätzlich steht dem Schuldner zur **Anrechnung von Leistungen** das **Bestimmungsrecht** aus § 366 Abs. 1 BGB zu. Fehlt eine Bestimmung des Schuldners, folgt die Reihenfolge für die Tilgung aus § 366 Abs. 2 BGB. **Teilzahlungen** sind dann gemäß § 366 Abs. 2 BGB **vorrangig auf die Nebenkostenvorauszahlungen** zu verrechnen, denn der Vorschussanspruch ist weniger gesichert als der Anspruch auf die Grundmiete, weil der Vermieter ihn nach Abrechnungsreife nicht mehr geltend machen kann (OLG Brandenburg 3.3.2010 – 3 U 108/08, ZMR 2010, 753).

Formularmäßige Klauseln, die dem Gläubiger ein abweichendes Bestimmungsrecht einräumen, müssen die Schuldnerinteressen angemessen berücksichtigen (BGH 27.4.1993 – XI ZR 120/92, NJW 1993, 2043). Das Formular sieht hier eine freie Verrechnungsbefugnis des Vermieters nur dann vor, wenn der Mieter keine Bestimmung trifft.

Die Zuordnung von geleisteten Zahlungen und erteilten Gutschriften kann auch stillschweigend erfolgen, etwa durch Rückgriff auf die Anrechnungsbestimmungen der § 366 Abs. 2, § 367 Abs. 1 BGB. Dass die Anrechnungsreihenfolge des § 366 Abs. 2 BGB nach ihrem Wortlaut nur bei Forderungen aus mehreren Schuldverhältnissen gilt, hindert ihre Anwendung im Falle der Verrechnung von Zahlungen oder Gutschriften auf Nettomieten und Nebenkostenvorauszahlungen nicht. Die Anwendbarkeit des § 366 BGB einerseits auf Mietrückstände aus verschiedenen Zeiträumen und andererseits auf die Einzelbestandteile offener Bruttomietrückstände hat zur Konsequenz, dass beim Fehlen einer Tilgungsbestimmung des Mieters Zahlungen, die zur Deckung der Gesamtforderungen nicht ausreichen, unter Heranziehung der abgestuften Anrechnungsreihenfolge des § 366 Abs. 2 BGB zu verrechnen sind (BGH 21.3.2018 – VIII ZR 84/17, NZM 2018, 454).

21. Ein unbeschränktes **Aufrechnungsverbot** kann selbst im kaufmännisch unternehmerischen Rechtsverkehr mit Rücksicht auf §§ 307, 309 Nr. 3 BGB formularmäßig nicht wirksam vereinbart werden (BGH 20.6.1984 – VIII ZR 337/82, BGHZ 91, 375 = NJW 1984, 2405). Anerkannt ist aber die Zulässigkeit von Klauseln, welche die Aufrechnung davon abhängig machen, dass die zur Aufrechnung gestellte Gegenforderung **unstreitig, rechtskräftig feststehend oder entscheidungsreif** ist (BGH 26.10.1994 – VIII ARZ 3/94, BGHZ 127, 245 = NJW 1995, 255; *Törnig* NZM 2009, 847). „Unstreitig" muss eine zur Aufrechnung gestellte Gegenforderung nicht in der rechtlichen Beurteilung beider Vertragsparteien sein, sondern nur in Bezug auf den anspruchsbegründenden Sachverhalt. Der Bundesgerichtshof hat Klauseln, nach denen die Aufrechnung nur mit solchen Forderungen zulässig sein sollte, die von dem Verwender anerkannt oder rechtskräftig festgestellt worden sind, wiederholt für unwirksam erklärt, weil sie dahin auszulegen sind, dass sie die Zulässigkeit der Aufrechnung mit unbestrittenen Gegenforderungen von deren Anerkennung durch den Verwender abhängig machen (BGH 27.6.2007 – XII ZR 54/05, NZM 2007, 684; BGH 1.12.1993 – VIII ZR 41/93, NJW 1994, 657; BGH 16.3.2006 – I ZR 65/03, NJW-RR 2006, 1350).

Eine an § 309 Nr. 3 BGB auszurichtende Inhaltskontrolle führt bei einem Gewerberaummietvertrag auch dann zur Annahme eines unwirksamen Aufrechnungsverbots, wenn es die Zulässigkeit der Aufrechnung unbestrittener oder rechtskräftig festgestellter Forderungen auf solche aus dem Mietverhältnis beschränkt. Eine derartige Verkürzung der Gegenrechte des Mieters benachteiligt diesen unangemessen und ist daher gemäß § 307 BGB unwirksam. Der Verstoß hat zur Folge, dass die Klausel insgesamt unwirksam ist (BGH 6.4.2016 – XII ZR 30/15, NZM 2016, 585).

Ein wirksam begründetes Aufrechnungsverbot gilt auch ohne besondere Vereinbarung über die Beendigung des Mietverhältnisses hinaus fort (BGH 12.1.2000 – XII ZA 21/99, NJW-RR 2000, 530; OLG Düsseldorf 12.4.2016 – 24 U 143/15, Grundeigentum 2016, 857).

Das Formular sieht davon ab, für die Aufrechnung zusätzlich eine **Ankündigungsfrist** zu regeln, nach deren Ablauf eine Aufrechnungserklärung erst zulässig sein soll. Solche Klauseln werden zwar im Allgemeinen für zulässig gehalten (BGH 26.10.1994 – VIII ARZ 3/94, BGHZ 127, 245 = NJW 1995, 255). Bei der hier zugrunde liegenden Regelung dürfte ein praktisches Bedürfnis, auch für unstreitige und rechtskräftig festgestellte Forderungen zusätzlich eine Ankündigungsfrist niederzulegen, kaum bestehen, denn der Vermieter hat bei schon rechtskräftig ausgeurteilten Gegenforderungen ohnehin Kenntnis von der Rechtsverfolgung des Mieters und wird sich auch bei unstrittigen Sachverhalten in der Regel über das Bestehen etwaiger Gegenrechte im Klaren sein. Eine Ankündigungsklausel verliert ihren Sinn ohnehin mit der Beendigung des Mietverhältnisses und der Rückgabe des Mietobjektes (BGH 12.1.2000 – XII ZA 21/99, NZM 2000, 336 = NJW-RR 2000, 530).

22. Die formularmäßige Beschränkbarkeit von **Leistungsverweigerungs- und Zurückbehaltungsrechten** in dem hier vorgeschlagenen Sinne ist für den kaufmännischen Verkehr nach altem Recht anerkannt (BGH 16.10.1984 – X ZR 97/83, BGHZ 92, 312 = NJW 1985, 319 mwN). Die Vorschrift des § 556b Abs. 2 BGB reglementiert das Zurückbehaltungsrecht nur für die Wohnraummiete in verbindlicher Weise, da § 579 Abs. 2 BGB nur auf die Geltung von § 556b Abs. 1 BGB verweist. Das Zurückbehaltungsrecht ist daher auch nach neuem Recht abdingbar (vgl. *Hein* MietR, 45).

Ein **völliger Ausschluss von Leistungsverweigerungsrechten** wird jedenfalls dann scheitern, wenn der Gegenanspruch, auf den das Zurückbehaltungsrecht gestützt ist, unbestritten, rechtskräftig festgestellt oder entscheidungsreif ist (BGH 16.10.1984 – X ZR 97/83, BGHZ 92, 312 = NJW 1985, 319; BGH 27.1.1993 – XII ZR 141/91, NJW-RR 1993, 519). Daher sieht das Formular wegen der weitreichenden Unwägbarkeiten von einem weitergehenden Verbot von Aufrechnung und Zurückbehaltungsrecht ab. Auch die zusätzliche Regelung einer Ankündigungsfrist für die Ausübung von Leistungsverweigerungsrechten erscheint aus den Gründen von → Anm. 21 als entbehrlich.

Wenn der Mieter ein **Zurückbehaltungsrecht** geltend machen kann, erstreckt es sich im Rahmen von § 320 BGB grundsätzlich auf den gesamten Mietzinsanspruch (BGH 26.3.2003 – XII ZR 167/01, NZM 2003, 437 mwN). Dieser Grundsatz wird in der Praxis oft dadurch vernachlässigt, dass in der Berechnung des gerechtfertigten Einbehalts eine kleinliche Pseudogenauigkeit verfolgt wird. Allerdings kann der Mieter gegen Treu und Glauben (§ 242 BGB) verstoßen, wenn er ein Zurückbehaltungsrecht an der vollem Miete geltend macht. Was als angemessen zu gelten hat, ist in erster Linie eine Frage des tatrichterlichen Ermessens und hängt von den Umständen des Einzelfalles ab. Von den Instanzgerichten wird üblicherweise auf das Drei- bis Fünffache eines zu veranschlagenden Minderungsbetrages oder des zur Reparatur erforderlichen Betrages abgestellt. **Verbindliche Bemessungskriterien fehlen** dazu (vgl. *Eisenschmid* jurisPR-MietR 6/2011 Anm. 1 mwN). Die Annahme eines Zurückbehaltungsrechts in dreifacher Höhe der Herstellungskosten ist aber nach der Rspr des BGH im Zweifel nicht übersetzt (BGH 26.3.2003 – XII ZR 167/01, NZM 2003, 437 mwN).

Wenn der Mieter irrig vom Bestehen eines Zurückbehaltungsrechts ausgeht, legt der VIII. Senat des BGH für das Verschulden im Rahmen von § 543 Abs. 2 S. 1 Nr. 3 BGB wenig überzeugend einen großzügigen Maßstab zugunsten des Mieters zugrunde (25.10.2006 – VIII ZR 102/06, WuM 2007, 24 – mkritAnm *Blank* WuM 2007, 655; 11.7.2012 – VIII ZR 138/11, NZM 2012, 637 mkritAnm *Blank* WuM 2012, 499).

23. Ein kompletter Ausschluss der Mietminderung inklusive etwaiger Rückerstattungsansprüche benachteiligt den Mieter unangemessen (§ 307 BGB) und **ist unwirksam.** Nach allgemeiner Meinung mindert sich die Miete bei Vorliegen der Voraussetzungen in § 536 BGB von Gesetzes wegen, ohne dass der Mieter sich hierauf berufen muss (BGH 19.12.2012 – VIII ZR 152/12, NZM 2013, 184). Vor diesem Hintergrund unterliegt die Mietminderung nur eingeschränkt den Dispositionen der Vertragsparteien.

Auf dem Gebiet der Gewerberaummiete hält jedoch eine Formularklausel, mit der die Verwirklichung des **Minderungsrechts** mittels Abzugs vom geschuldeten Mietzins ausgeschlossen und der Mieter insoweit auf eine Bereicherungsklage verwiesen wird, einer Inhaltskontrolle nach den AGB-Vorschriften stand (BGH 27.1.1993 – XII ZR 141/91, NJW-RR 1993, 519 mwN; OLG Düsseldorf 31.5.2005 – I-24 U 12/05, 24 U 12/05, OLGR 2005, 591). Nach der recht großzügigen Rechtsprechung ist sogar eine Klausel, wonach der Mieter „kein Minderungsrecht geltend machen darf", dahin auszulegen, dass nicht das Minderungsrecht schlechthin, sondern nur dessen Verwirklichung durch Abzug vom geschuldeten Mietzins ausgeschlossen ist. Der Mieter muss also zunächst die volle Miete zahlen und kann in Höhe des Minderungsbetrags die zu viel gezahlte Miete vom Vermieter zurückverlangen (BGH 27.1.1993 – XII ZR 141/91, NJW-RR 1993, 519). Eine vom Vermieter verwendete Klausel, wonach der Mieter von Gewerberaum gegenüber den Ansprüchen des Vermieters auf Zahlung des Mietzinses ein Minderungsrecht wegen Mängeln der Mietsache nur dann geltend machen kann, wenn der Vermieter die Mängel vorsätzlich oder grob fahrlässig zu vertreten hat, ist im Zweifel dahin auszulegen, dass sie die Minderung wegen sonstiger Mängel vollständig ausschließt und dem Mieter insoweit auch nicht die Möglichkeit der Rückforderung der Miete nach § 812 BGB verbleibt. Eine solche Klausel benachteiligt den Mieter dann aber unangemessen (§ 307 BGB) und ist deswegen unwirksam (BGH 23.4.2008 – XII ZR 62/06, NZM 2008, 609).

Nunmehr herrscht im Grundsatz Klarheit darüber, ob die **Minderung nach der Bruttomiete oder nach der Nettomiete** zu berechnen ist. Bemessungsgrundlage ist die Bruttomiete. Der BGH (6.4.2005 – XII ZR 225/03, BGHZ 163, 1 = NJW 2005, 1713) legt die Bruttomiete als Minderungsmaßstab zugrunde, weil die vom Mieter zu erbringenden Leistungsentgelte (Grundmiete und Nebenkosten) die Gegenleistung für die vom Vermieter geschuldete Gesamtleistung seien. Auch der Mieter zahlt danach ein Gesamtentgelt, unabhängig davon, wie die Nebenkosten im Einzelnen gemäß der vertraglichen Vereinbarung zu bezahlen sind. Daraus ergibt sich nach der Einschätzung des BGH, dass ein Mangel der Haupt- oder einer Nebenleistung stets ein Mangel der geschuldeten Gesamtleistung ist mit der Folge, dass die dafür geschuldete gesamte Gegenleistung gemindert werden muss, um die Äquivalenz wieder herzustellen. Die Minderung nach der Bruttomiete schafft indessen ihrerseits erhebliche **Probleme bei den zu berücksichtigenden Betriebskosten.**

Dazu hat der BGH (13.4.2011 – VIII ZR 223/10, NZM 2011, 453) klarzustellen versucht, seinem 20.7.2005 (XII ZR 225/03, BGHZ 163, 1 = NJW 2005, 2773) sei nicht zu entnehmen, dass ein Betrag, den der Mieter wegen einer von ihm beanspruchten Minderung von der monatlichen Miete einbehält, anteilig sowohl auf die Nettomiete als auch auf die geschuldete Betriebskostenvorauszahlung angerechnet werden müsse. Der Anschluss an die Rechtsprechung des XII. Zivilsenats besage, dass die Bruttomiete Bemessungsgrundlage der Minderung nach § 536 BGB sei und dass dies unabhängig davon gelte, ob die Nebenkosten als Pauschale oder als Vorauszahlung geschuldet werden. Daraus sei aber nichts herzuleiten für die Frage, ob ein monatlicher Minderungsbetrag anteilig auf die Nettomiete und die monatliche Betriebskostenvorauszahlung anzurechnen sei. Einer solchen Aufteilung des Minderungsbetrages bedürfe es auch nicht, um im Falle vereinbarter Betriebskostenvorauszahlungen etwaige Nachforderungen des Vermieters oder Guthaben des Mieters in der Jahresabrechnung der Betriebskosten unter Berücksichtigung der Minderung korrekt zu berechnen. Da sich eine berechtigte Minderung auf die Gesamtmiete einschließlich aller Nebenkosten beziehe, könne erst aufgrund der Jahresabrechnung der Betriebskosten abschließend ermittelt werden, ob hinsichtlich der Gesamtmiete unter Berücksichtigung der gerechtfertigten Minderung noch eine Nachforderung des Vermieters oder ein Guthaben des Mieters besteht. Mit dieser Handhabung dürfte der BGH mehr Probleme geschaffen als ausgeräumt haben.

Wenn ein Mangel nur einen abgrenzbaren Teil der Mietfläche betrifft, der eine andere „Qualität" als die übrige Fläche hat (zB Verkaufsraum/Kellerraum), soll die Minderung nur auf den Bruttomietanteil dieser Fläche zu berechnen sein (BGH 18.7.2012 – XII ZR 97/09, NZM 2012, 726).

Das Postulat, dass die Minderung von der Bruttomiete aus zu berechnen ist, betrifft lediglich die Ermittlung der Minderungshöhe durch das Gericht. Wie der Mieter die angemessene Miete für die gebrauchsgeminderte Mietsache rechnerisch ermittelt hat, ist unbeachtlich. Er ist nicht verpflichtet, die Berechnung im Streitfall vorzutragen (OLG Rostock 17.5.2018 – 3 U 78/16, ZMR 2018, 749).

Nach früherem Recht stellte sich bei **vorbehaltloser Fortentrichtung der Miete trotz Kenntnis von Mängeln** der Mietsache die Frage, ob ein Mieter hierdurch seiner Minderungsbefugnis verlustig ging (**§ 539 BGB aF analog**). Der VIII. Zivilsenat des BGH (BGH 16.7.2003 – VIII ZR 274/02, BGHZ 155, 380 = NJW 2003, 2601) hat zunächst für die Wohnraummiete zu §§ 536b und c) BGB entschieden, dass die Minderungsbefugnis sich nunmehr ausschließlich nach § 536c BGB richtet. Für nach dem Inkrafttreten des Mietrechtsreformgesetzes fällig gewordene Mieten scheidet danach eine analoge Anwendung des § 536b BGB, der an die Stelle des § 539 BGB aF getreten ist, aus. Insoweit beurteilt sich die Frage, ob und in welchem Umfang ein Mieter wegen eines Mangels der Wohnung die Miete mindern kann, ausschließlich nach § 536c BGB. Dies gilt auch für Mietverträge, die vor dem 1.9.2001 abgeschlossen worden sind. Soweit das Minderungsrecht des Mieters nach dem 1.9.2001 nicht entsprechend der bisherigen Rechtsprechung zur analogen Anwendung des § 539 BGB aF erloschen ist, bleibt jedoch zu prüfen, ob der Mieter dieses Recht unter den strengeren Voraussetzungen der **Verwirkung** (§ 242 BGB) oder des stillschweigenden **Verzichts** verloren hat.

Der XII. Zivilsenat hat sich der Rechtsprechung des VIII. Zivilsenats angeschlossen (16.2.2005 – XII ZR 24/02, NZM 2005, 303). Inzwischen steht wohl fest, dass die frühere analoge Anwendung des § 539 BGB keine nahtlose Fortsetzung in der Anwendung des § 242 BGB findet (vgl. etwa KG 23.1.2012 – 8 U 83/11, ZMR 2012, 770). Eine Verwirkung scheitert zumeist am sog **Umstandsmoment.** Das Umstandsmoment ist gegeben, wenn neben dem Zeitmoment besondere, auf dem Verhalten des Berechtigten beruhende Umstände hinzutreten, die das Vertrauen des Verpflichteten rechtfertigen, der Berechtigte werde seinen Anspruch nicht mehr geltend machen (st. Rspr. vgl. etwa BGH 4.2.2004 – VIII ZR 171/03, WuM 2004, 198). Ein Verzicht auf Mietforderungen wird erst recht nur im Ausnahmefall vorliegen. Die Annahme eines konkludenten Verzichts dürfte rechtspraktisch nahezu ausscheiden.

Selbst wenn die Mietminderung ausnahmsweise ausgeschlossen sein sollte, bleiben dem Mieter die Herstellungsansprüche zur Bereitstellung einer mangelfreien Mietsache erhalten (OLG Hamm 28.2.2007 – 30 U 131/06, OLGR 2007, 541).

Der BGH hat (mit 19.10.2005 – XII ZR 224/03, NJW 2006, 219) klargestellt, dass die Grundsätze zum Minderungsverlust des Mieters durch vorbehaltlose Fortentrichtung der

Miete nicht auf die Fälle zu übertragen sind, in denen der **Vermieter Mietminderungen über längere Zeit hinweg widerspruchslos hinnimmt.** Ein Anspruchsverlust auf Zahlung der vollen Miete kommt danach nur unter den engen Voraussetzungen der Verwirkung (§ 242 BGB) in Betracht (BGH 19.10.2005 – XII ZR 224/03, NJW 2006, 219, nebst Anm. von *Zühlke* InfoM 1/06, 22).

Von weitergehenden **Haftungseinschränkungen zugunsten des Vermieters** sieht das Formular ab. Haftungsfreizeichnungen zugunsten des gewerblichen Vermieters sind nach hiesiger Auffassung praktisch nur in dem Umfang möglich und sinnvoll, als die vertraglichen Erhaltungs- und Instandhaltungspflichten, aus denen sich Haftungsrisiken ergeben können, wirksam auf den Mieter abgewälzt worden sind. Im Umfang wirksamer Pflichtenabwälzung auf den Mieter sind ausdrückliche Freizeichnungsklauseln dann aber auch entbehrlich, weil sich der Haftungsausschluss für den Vermieter bereits aus Tatsache ergibt, dass der Mieter die Erfüllung von Erhaltungspflichten vertraglich übernommen hat. Ist diese Übernahme wirksam, scheiden sowohl vertragliche (Erfüllungs-) Ansprüche des Mieters als auch deliktische oder solche nach den Grundsätzen zu § 280 BGB (früher: pVV) grundsätzlich aus (vgl. *Borzutzki-Pasing* NZM 2004, 161).

In der Praxis sind dennoch häufig solche Klauseln anzutreffen, mit denen der Vermieter seine Haftung für Schäden, die auf Mängeln der Mietsache beruhen, auf Vorsatz und grobe Fahrlässigkeit beschränkt. Die Wirksamkeit solcher formularmäßigen Bestimmungen steht nach der Rechtsprechung des BGH (24.10.2001 – VIII ARZ 1/01, BGHZ 149, 89 = NZM 2002, 116 = MDR 2002, 330, Anm. *Lützenkirchen*) durchgreifend in Frage. Der BGH hat eine Klausel, nach der die Haftung für leichte Fahrlässigkeit ausgeschlossen sein sollte, wenn ein „Mangel des Mietobjekts zu Sach- oder Vermögensschäden" führt, wegen Verstoßes gegen § 9 AGBG (jetzt: § 307 BGB) für unwirksam gehalten. Zwar verhält sich die angeführte Entscheidung zum Wohnraummietrecht, weshalb vertreten wird, für die Gewerberaummiete verbleibe es bei der Möglichkeit der Haftungsbeschränkung (so: *Lützenkirchen* aaO).

§ 536a Abs. 1 BGB ist allerdings dispositiv, so dass individualvertraglich abweichende Abreden in den Grenzen der §§ 536d, 138, 242 BGB zulässig sind. Die **verschuldensunabhängige Garantiehaftung** des § 536a Abs. 1 Alt. 1 BGB kann nach der Rechtsprechung des Bundesgerichtshofs auch durch Formularverträge wirksam abbedungen werden (BGH 21.7.2010 – XII ZR 189/08, NZM 2010, 668; BGH 3.7.2002 – XII ZR 327/00, NJW 2002, 3232; BGH 27.1.1993 – XI ZR 141/91, NJW-RR 1993, 519; BGH 4.10.1990 – XII ZR 46/90, NJW-RR 1991, 74).

Ob im Gewerberaummietrecht die **verschuldensabhängige Haftung nach § 536a Abs. 1 2. Alt. BGB** ebenfalls durch Formularverträge ausgeschlossen werden kann, dürfte zunächst davon abhängen, wie weit der Ausschluss reichen soll. Ein Haftungsausschluss durch Formularvertrag ist unwirksam, wenn er auch grobe Fahrlässigkeit des Vermieters bzw. Vorsatz und grobe Fahrlässigkeit eines gesetzlichen Vertreters oder Erfüllungsgehilfen umfasst (§§ 307, 310 BGB bzw. § 309 Nr. 7 BGB; vgl. dazu *Börstinghaus* jurisPR-BGHZivilR 18/2010 Anm. 2; ferner *Fischer* jurisPR-MietR 1/2011 Anm. 1; Schmidt-Futterer/*Eisenschmid* BGB § 536a Rn. 180 ff.). Ob sich der Vermieter generell von der Haftung für **einfache Fahrlässigkeit** formularmäßig freizeichnen, kann, ist letztlich nicht geklärt (befürwortend: OLG Stuttgart 11.4.1984 – 8 REMiet 1/84, NJW 1984, 2226; OLG Hamburg 13.3.1985 – 4 U 184/84, ZMR 1985, 236; differenzierend: OLG Naumburg 12.8.1999 – 2 U (Hs) 34/98, NZM 2000, 1183; vgl. ferner *Leo/Ghassemi-Tabar*, Haftungs- und Minderungsausschluss im Gewerberaummietrecht – Zulässigkeit der Klauseln und alternative Vertragsgestaltung, NZM 2010, 568; *Joachim* WuM 2003, 183). Im Zweifel dürfte es iRv § 307 BGB unangemessen benachteiligend sein, wenn sich der Vermieter für die leichte Fahrlässigkeit auch für solche Fälle freizeichnet, die durch die Versicherungen abgedeckt sind, deren Kosten der Mieter im Rahmen der Betriebskostenabwälzung zu tragen hat (vgl. *Leo/Ghassemi-Tabar* NZM 2010, 568). Da der

BGH ohnehin dazu neigt, Freizeichnungsklauseln strenger Überprüfung zu unterziehen (namentlich was die Transparenz von Klauseln angeht, § 307 BGB), ist in diesem Rahmen größte Zurückhaltung zu empfehlen.

24. Eine **gesonderte Verbrauchs- und Kostenerfassung** für das jeweilige Mietobjekt, bei welcher der Mieter unmittelbar als Vertragspartner von Versorgungsunternehmen fungiert, empfiehlt sich immer dann, wenn eine isolierte Kostenerfassung mit vertretbarem Aufwand möglich ist und der Vermieter nicht aus anderen Gründen den Abschluss von Versorgungsverträgen in eigener Person übernehmen muss. Zumal bei gewerblichen Mietobjekten, die eine eigenständige räumliche und wirtschaftliche Einheit bilden, wird es weder organisatorisch noch ökonomisch sinnvoll sein, die Abrechnung über den Vermieter abzuwickeln. Wenn die Mieträume über gesonderte – ggf. erst vom Mieter herzustellende – Versorgungseinrichtungen verfügen, empfiehlt sich eine komplette Abwälzung der insoweit anfallenden Kosten einschließlich des Abschlusses der Bezugsverträge auf den Mieter.

25. Zum **Abrechnungsverfahren** → Form. C.X.

26. Die Regelungen orientieren sich an der – für die Geschäftsraummiete allerdings nicht zwingenden – Vorschrift des § 556 Abs. 3 BGB. Der Stichtag für die Abrechnung (hier zum Abschluss der Heizperiode) und die Abrechnungsfrist können den jeweiligen Bedürfnissen des Einzelfalls angepasst werden. Die Auffassung, dass bei Gewerberäumen überhaupt keine Abrechnungsfrist gelte, ist überholt. Auch der Vermieter von Geschäftsräumen ist nach der Rspr des BGH innerhalb einer **angemessenen Frist** zur Abrechnung über die Nebenkosten verpflichtet (BGH 5.12.2012 – XII ZR 44/11, BGHZ 196, 1 = NZM 2013, 188). Diese Frist endet regelmäßig zum Ablauf eines Jahres nach Ende des Abrechnungszeitraums (BGH 27.1.2010 – XII ZR 22/07, BGHZ 184, 117 = NJW 2010, 1065).

Im Falle einer **verspäteten Abrechnung** kann der Mieter die Zahlung weiterer Betriebskostenvorauszahlungen bis zur Erstellung der Betriebskostenabrechnung gemäß § 273 Abs. 1 BGB verweigern (BGH 27.1.2010 – XII ZR 22/07, NJW 2010, 1065; 29.3.2006 – VIII ZR 191/05, NJW 2006, 2552). Der Mieter kann für die Abrechnungszeiträume, in denen er während des noch laufenden Mietverhältnisses die Möglichkeit gehabt hätte, von seinem Zurückbehaltungsrecht Gebrauch zu machen, auch nach Beendigung des Mietverhältnisses nicht unmittelbar die Rückzahlung der geleisteten Vorauszahlungen verlangen (BGH 26.9.2012 – VIII ZR 315/11, NJW 2012, 3508).

27. Auch im Bereich der Gewerberaummiete gilt die **Heizkostenverordnung (HeizkV)**, mit der die Verteilung von Heiz- und Warmwasserkosten geregelt wird. Die HeizkV findet Anwendung, wenn eine Mehrheit von Nutzern durch dieselbe Anlage mit Heizenergie oder Warmwasser versorgt wird (§ 1 HeizkV). Die HeizkV verpflichtet zur **Verbrauchserfassung** (§ 4 Abs. 1 und 2 HeizkV) und zur **verbrauchsgerechten Kostenverteilung** (§ 6 Abs. 1 HeizkV). Die Verteilung hat nach einem Umlageschlüssel zu erfolgen, bei dem die nach Verbrauch abzurechnenden Kosten mindestens 50 % und höchstens 70 % der Gesamtkosten ausmachen müssen, während die übrigen Kosten nach der Wohn- oder Nutzfläche zu verteilen sind (§§ 7 Abs. 1, 8 Abs. 1 HeizkV).

Bei Mietobjekten, in denen sowohl Wohnungen als auch gewerbliche Mieträume vorhanden sind, ist es ratsam, hinsichtlich der abzurechnenden Kosten einen einheitlichen, dem Wohnraumrecht genügenden Umlagemaßstab zu vereinbaren (BGH 13.10.2010 – VIII ZR 46/10, NZM 2011, 118) und dabei auch dem Gebot aus § 556a Abs. 1 S. 2 BGB Rechnung zu tragen, dass verbrauchsgerecht abzurechnen ist. Formell ordnungsgemäß ist eine **Betriebskostenabrechnung für gemischt genutzte Objekte** nach der Rechtsprechung des BGH, wenn sie den allgemeinen Anforderungen des § 259 BGB entspricht, also eine geordnete Zusammenstellung der Einnahmen und Ausgaben enthält.

Soweit keine besonderen Abreden getroffen sind, sind in die Abrechnung bei Gebäuden mit mehreren Wohneinheiten regelmäßig folgende Mindestangaben aufzunehmen: eine Zusammenstellung der Gesamtkosten, die Angabe und – soweit zum Verständnis erforderlich – die Erläuterung der zugrunde gelegten Verteilerschlüssel, die Berechnung des Anteils des Mieters und der Abzug der Vorauszahlungen des Mieters (vgl. BGH 13.10.2010 – VIII ZR 46/10, NZM 2011, 118; zum sog Vorwegabzug für die gewerbliche Nutzung vgl. BGH 13.10.2010 – VIII ZR 46/10, NZM 2011, 118).

28. Die **Verkürzung der Einwendungsfrist** auf sechs Monate zielt auf eine Beschleunigung des Abrechnungsverfahrens ab. Die im Gesetz vorgesehene Fristverlängerung für den Fall einer vom Mieter nicht zu vertretenden Verspätung erscheint für die Geschäftsraummiete ohne weiteres als entbehrlich, da eine unverschuldete Fristversäumung selbst bei der Beachtung einer Einwendungsfrist von sechs Monaten schwerlich in Betracht kommen dürfte.

29. Die Regelung knüpft an § 556 Abs. 3 S. 4 BGB an.

30. Das Formular regelt die klassische **Barkaution.** Andere Arten der Mietsicherheit sind zB die Bürgschaft (→ Form. A.VII.7) oder die Mietausfallbürgschaft, die Verpfändung von Spar- und Bankguthaben (OLG Karlsruhe 13.10.2009 – 19 U 88/09, BeckRS 2010, 48517), der Schuldbeitritt, die Abtretung von Forderungen oder die Leistung von Wertpapieren im Rahmen von §§ 234 – 236, 1807 Abs. 1 Nr. 4 BGB. Für die Praxis bietet sich anstelle der Barkaution in erster Linie die (Bank-)Bürgschaft an, wenn (etwa bei besonders hohem Mietzins) die dauerhafte Blockierung liquider Geldmittel vermieden werden soll → Form. A.VII.7. Neben der Barkaution, der Verpfändung von Spar- und Bankguthaben und der Bankbürgschaft dürften sich andere Arten der Absicherung eher selten empfehlen, da sie dem Vermieter entweder keinen unmittelbaren Zugriff auf die Sicherheit ermöglichen oder Unsicherheiten in Bezug auf die Werthaltigkeit der Sicherheit in sich bergen.

31. Die **Höhe der Barkaution** unterliegt bei der Geschäftsraummiete in den Grenzen einer sittenwidrigen Übersicherung (§ 138 BGB) keinen gesetzlichen Beschränkungen (OLG Brandenburg 4.9.2006 – 3 U 78/06, NZM 2007, 402, Anm. *Intveen*; für die Wohnraummiete vgl. § 551 BGB). Bei der Geschäftsraummiete kann und sollte die Pflicht des Mieters zur Zahlung der Kaution vor Übergabe der Mieträume vereinbart werden, um sich noch vor der Besitzerlangung durch Kündigung vor einem von Vorneherein zahlungsunwilligen Mieter schützen zu können.

32. Die Frage, ob der Vermieter von Geschäftsraum generell verpflichtet ist, die Kaution hinsichtlich etwaiger Erträge (Zinsen) für den Mieter zu verwalten, ist vom VI. Zivilsenat des BGH verneint worden (25.5.2010 – VI ZR 205/09, VersR 2010, 1083). Anders als bei der Vermietung von Wohnraum, bei der wegen § 551 Abs. 3 BGB eine Vermögensbetreuungspflicht iSd § 266 Abs. 1 Alt. 2 StGB bestehe, scheide eine solche Pflicht in Bezug bei der Gewerberaummiete aus. Allerdings komme grundsätzlich auch die rechtsgeschäftliche Begründung einer Vermögensbetreuungspflicht iSd § 266 Abs. 1 StGB in Betracht.

Eine Pflicht zu **getrennter Verwahrung der Kaution** wird aber mit dem OLG Nürnberg (23.2.2006 – 13 U 2489/05, MDR 2006, 1100; LG Berlin 23.2.2011 – 29 S 8/10, GE 2011, 819) anzunehmen sein. Das Formular regelt die Pflicht zur getrennten Verwahrung, weil dies jedenfalls einer rechtssicheren Vertragsabwicklung dient. Wenn eine Verzinsungspflicht besteht, korrespondiert damit im Zweifel ohnehin die Pflicht des Vermieters zur getrennten Verwahrung der Kautionssumme (ebenso: KG 1.10.1998 – 20 W 6592/98, NZM 1999, 376).

Das Formular sieht die **verzinsliche Anlage** der Kaution vor. Nach der Rechtsprechung bedarf es beim Fehlen von vertraglichen Vereinbarungen zur Verzinsung wegen der dann bestehenden Regelungslücke einer **ergänzenden Vertragsauslegung** (BGH 21.9.1994 – XII ZR 77/93, BGHZ 127, 138). Eine Verzinsung der Kaution liegt wegen der dadurch bewirkten Erhöhung der Mietsicherheit grundsätzlich im Interesse beider Vertragsteile, auch wenn Kapitalerträge in Zeiten des Niedrig-Zinses schwerlich zu erzielen sind. Sie verschafft dem Mieter einen Kapitalertrag und erhöht für den Vermieter die verfügbare Sicherheit. Darin liegt ein wesentlicher Unterschied zu der ihrer Höhe nach statischen Bürgschaft, die laufend Kosten verursacht.

Andere **Anlageformen** für den der Sicherheit dienenden Betrag können sich anbieten und sind nach § 551 Abs. 3 S. 2 BGB nunmehr sogar für die Wohnraummiete zulässig, aber wenig praxisrelevant. Die dadurch ggf. mögliche Erwirtschaftung höherer Zinserträge geht regelmäßig mit einer längeren Bindungszeit für die Geldmittel einher und engt die Zugriffsmöglichkeiten für den Vermieter ein. Bei besonders hohen Kautionsbeträgen wird bei der Gewerberaummiete immerhin zu erwägen sein, ob die Kaution ertragsträchtiger angelegt werden kann. Höhere Ertragserwartungen bewirken aber typischerweise auch Risikoerhöhungen bis hin zu rein spekulativen Anlageformen. Formularmäßig kann sich der Vermieter ohne einen Verstoß gegen § 307 BGB keine hoch riskante Anlage ausbedingen (vgl. *Kraemer* NZM 2001, 737). Wegen der rechtlichen und wirtschaftlichen Unwägbarkeiten etwa bei der Frage, ob eine in (Kurs-)Verfall geratene Kapitalanlage wieder als Mietsicherheit aufzufüllen ist, sollte von exotischen Anlageformen mit hohem Risikogehalt abgesehen werden. Rechtspraktisch spielen solche Anlagen keine erhebliche Rolle.

33. Der Vermieter kann auf die Kaution zu seiner Befriedigung durch **Aufrechnung** gegenüber dem Rückforderungsanspruch des Mieters Zugriff nehmen (OLG Düsseldorf 15.12.2011 – 10 U 118/11, ZMR 2012, 186 mwN). Darin ist er aber keineswegs gänzlich frei. Soweit sich der Mieter in Verzug befindet, kann der Vermieter die Kaution im erforderlichen Umfang während des laufenden Mietverhältnisses und nach Beendigung desselben verwerten (OLG Düsseldorf 15.12.2011 – 10 U 118/11, ZMR 2012, 186). Problematisch ist die Frage, ob auch bei **streitigen Forderungen** eine Verwertungsbefugnis besteht. Schon früher war diese Frage streitig. Eine Verwertung ist zT auch für den Fall des Streits über die Forderungsberechtigung des Vermieters bejaht worden, weil die Kaution, wenn sie ihren Zweck erfüllen solle, dem Vermieter die Möglichkeit zu geben, sich wegen noch bestehender Ansprüche auf einfache Weise befriedigen zu können, ihm als Instrument zur schnellen Durchsetzung seiner Ansprüche zur Verfügung stehen müsse (OLG Karlsruhe 13.10.2009 – 19 U 88/09, BeckRS 2010, 48517; aA LG Wuppertal 27.11.2003 – 9 S 194/03, NJW-RR 2004, 1309; LG Halle (Saale) 25.9.2007 – 2 S 121/07, NZM 2008, 685). Der BGH geht aber inzwischen davon aus, die Mietkaution diene nicht dazu, dem Vermieter eine Verwertungsmöglichkeit zum Zwecke schneller Befriedigung behaupteter Ansprüche gegen den Mieter während des laufenden Mietverhältnisses zu eröffnen (vgl. BGH 7.5.2014 – VIII ZR 234/13, NZM 2014, 551; 20.12.2007 – IX ZR 132/06, WM 2008, 367; 13.10.2011 – VIII ZR 98/10, NJW 2010; jeweils unter Hinweis auf BT-Drs. 9/2079, 10 f.). Allerdings gilt die vom BGH (7.5.2014 – VIII ZR 234/13, NZM 2014, 551) als maßgeblich herangezogene Vorschrift des § 551 BGB nicht für **Mietverhältnisse über Geschäftsraum**, worauf der BGH auch ausdrücklich hinweist. Deshalb wird diesseits bei der Geschäftsraummiete die im Formular enthaltene Regelung weiterhin für wirksam gehalten.

Eine **unberechtigte Verwertung** führt im Wege des Schadensersatzes zur Auffüllungspflicht des Vermieters (BGH 7.5.2014 – VIII ZR 234/13, NZM 2014, 551; OLG München 16.9.1994 – 21 U 2269/94, NJW-RR 1995, 461).

Zur Kautionsverwertung ist der Vermieter aber nicht verpflichtet. Er kann auf der Leistung durch den Mieter bestehen, diesen in Verzug setzen und deswegen ggf kündigen.

34. Wenn die Kautionssumme durch Aufrechnung und Vereinnahmung seitens des Vermieters verbraucht ist, kann der Vermieter während des laufenden Mietverhältnisses grundsätzlich wieder die **Auffüllung der Mietsicherheit** verlangen (OLG Karlsruhe 2.7.2004 – 1 U 12/04, NZM 2004, 742). Das Formular regelt diese Pflicht ausdrücklich.

35. Bei der Gewerberaummiete können abweichend vom Gesetz zusätzlich **Kündigungsrechte** formularmäßig niedergelegt werden, wenn die Kündigungsregelung nicht von wesentlichen Grundgedanken der gesetzlichen Vorgaben abweicht und deshalb gegen § 307 BGB verstößt (BGH 15.4.1987 – VIII ZR 126/86, NJW-RR 1987, 903; BGH 8.7.1998 – XII ZR 64/96, NZM 1998, 718). Auch der Verzug des Mieters mit der Kautionsleistung kann nach diesseitiger Auffassung als Anknüpfungstatbestand für eine fristlose Kündigung festgelegt werden, und zwar selbst ohne eine besondere vertragliche Kündigungsregelung (BGH 21.3.2007 – XII ZR 255/04, NJW-RR 2007, 886; OLG Koblenz 3.6.2011 – 2 U 793/10, MDR 2011, 1162). Die Kaution befriedigt regelmäßig ein legitimes Sicherungsbedürfnis des Vermieters. Die Nichtzahlung der Kaution stellt damit grundsätzlich eine erhebliche Vertragsverletzung dar, die zur Kündigung berechtigt (OLG Düsseldorf 21.2.2017 – 10 U 87/16, ZMR 2017, 726). Der Vermieter kann jedenfalls im Bereich der Gewerberaummiete vor der Kündigung idR nicht auf die Einklagung der Kaution verwiesen werden (BGH 21.3.2007 – XII ZR 255/04, NJW-RR 2007, 886). Der Mieter von Geschäftsräumen hat in der Regel auch **kein Zurückbehaltungsrecht an der Kaution** (BGH 21.3.2007 – XII ZR 255/04, NJW-RR 2007, 886).

Wegen der kalendermäßigen Leistungsbestimmung im Formular tritt gemäß § 284 Abs. 2 BGB der Verzug des Mieters auch ohne Mahnung ein. Mit dem Zusammenspiel von Zurückbehaltungsrecht (des Vermieters, vgl. dazu OLG Brandenburg 16.2.2011 – 3 U 84/10, Info M 2011, 174) und Kündigungsrecht verfolgt das Formular das Ziel, den Vermieter vor betrügerischen und schon anfänglich leistungsunfähigen bzw. -unwilligen Mietern (sog Mietnomaden) zu schützen (zu einem formularmäßig ausbedungenem „Rechteverlust" des Mieters bei Nichtzahlung der Kaution vgl. aber KG Berlin 26.1.2006 – 8 U 128/05, NZM 2007, 41). Mieter, die sich den Mietvertrag gleichsam erschlichen haben, sollen auf diesem Weg an der – nach Besitzeinweisung nur auf prozessualem Wege zu unterbindenden – Besitzausübung gehindert werden.

36. Der **Rückgewähranspruch** des Mieters wird grundsätzlich nicht schon mit Beendigung des Mietverhältnisses oder mit der Herausgabe der Mietsache an den Vermieter fällig. Der Anspruch des Mieters auf Rückzahlung der Mietsicherheit entsteht zwar bereits mit Vertragsabschluss, ist aber aufschiebend bedingt durch die Beendigung des Vertrages sowie durch den Ablauf der dem Vermieter zusätzlich zuzubilligenden Abrechnungsfrist (OLG Düsseldorf 1.6.2006 – I-10 U 171/05, ZMR 2012, 186). Bis zum Ablauf dieser Frist ist jeglicher Zugriff des Mieters auf die Kaution, insbesondere durch Aufrechnung gegen die Forderungen des Vermieters, ausgeschlossen (BGH 8.3.1972 – VIII ZR 183/70, NJW 1972, 721).

Der Vermieter darf die Kaution auch über einen längeren Zeitraum zurückbehalten, wenn zu seinen Gunsten ein Nachzahlungsanspruch für noch nicht fällige Betriebskosten zu erwarten ist. Das vertragliche Sicherungsbedürfnis des Vermieters erstreckt sich, wie der BGH (18.1.2006 – VIII ZR 71/05, NZM 2006, 343, Anm. von *Wüstefeld* jurisPR 8/2006 Anm. 4) klargestellt hat, auch auf noch nicht fällige Ansprüche des Vermieters, die sich aus dem Mietverhältnis und seiner Abwicklung ergeben. Dies gilt insbesondere für noch zu erstellende Nebenkostenabrechnungen (BGH 18.1.2006 – VIII ZR 71/05,

NZM 2006, 343). Der Vermieter darf dann zumindest einen angemessenen Teil der Kaution einbehalten.

37. Das bis zur **Fälligkeit des Rückgewähranspruchs** ohnehin bestehende **Zurückbehaltungs- und Aufrechnungsverbot** (→ Anm. 36) wird im Formular ausdrücklich klargestellt.

38. Die gesetzlichen Regelungen aus §§ 566a, 578 S. 1 BGB erfahren im Vertrag eine modifizierte Ausgestaltung. Auch für die Geschäftsraummiete gilt, dass der **Erwerber einer Mietsache** nicht nur in die Rechte eintritt, die in Bezug auf eine geleistete Mietsicherheit begründet worden sind (so aber die Vorschrift des § 572 S. 1 BGB aF), sondern auch in die Pflichten, namentlich der Pflicht zur Rückerstattung der Mietsicherheit bei Beendigung des Mietverhältnisses (hierzu eingehender: *Streyl* NZM 2010, 343).

Der **veräußernde Vermieter kann** die Kaution auch dann noch zur Deckung von rechtskräftig festgestellten Forderungen **verwerten**, wenn er das Mietobjekt bereits veräußert und übereignet hat, sofern sich die Kaution noch in seinem Vermögen befindet und er mit dem Erwerber keine entgegenstehenden Absprachen über die Auskehrung der Kaution getroffen hat. Sinn und Zweck des gesetzlich in § 566a BGB bestimmten Eintritts des Erwerbers in die Pflichten gegenüber dem Mieter, welche durch die Leistung der Sicherheit begründet wurden, ist der Schutz des Mieters, der durch die Veräußerung des Mietobjekts nicht schlechter gestellt werden soll, als er vor der Veräußerung stand (BGH 28.4.1999 – VIII ARZ 1/98, BGHZ 141, 239 = NJW 99, 2177; OLG Frankfurt 15.4.2011 – 2 U 192/10, ZMR 2011, 870).

§ 566a S. 2 BGB regelt weiter, **dass auch der Veräußerer für die Rückgewähr einer geleisteten Sicherheit einzustehen hat,** wenn der Mieter vom Erwerber bei Beendigung des Mietverhältnisses die Sicherheit nicht erlangen kann. Damit stellt sich die Frage, ob die gesetzliche Neuregelung des § 566a BGB aus verfassungsrechtlichen Gründen nur für Veräußerungen gilt, die nach dem Inkrafttreten der Mietrechtsnovelle (1.9.2001) erfolgen. Der BGH hat entschieden, dass § 566a S. 1 BGB auf Veräußerungsgeschäfte, die vor dem 1.9.2001 abgeschlossen wurden, keine Anwendung findet. Dies gilt auch für einen Erwerb in der Zwangsversteigerung (BGH 28.9.2005 – VIII ZR 372/04, NZM 2005, 907; 9.3.2005 – VIII ZR 381/03, WuM 2005, 404). Diese Rspr basiert auf dem Grundsatz, dass belastende Gesetze, die in der Vergangenheit abgeschlossene Sachverhalte betreffen, wegen Verstoßes gegen das im Rechtsstaatsprinzip enthaltene Gebot der Rechtssicherheit und des Vertrauensschutzes regelmäßig verfassungswidrig sind. Mit einer Zustimmung des Mieters zur Übertragung der Kaution auf den Erwerber bestätigt der Mieter nur das, was gemäß § 566a S. 1 BGB ohnehin kraft Gesetzes gilt. Daraus ist kein Verzicht des Mieters auf seine Rechte aus § 566a S. 2 BGB gegen den ursprünglichen Eigentümer/Vermieter herzuleiten (BGH 7.12.2011 – VIII ZR 206/10, NZM 2012, 303).

Da § 566a BGB im Rahmen der Gewerberaummiete dispositives Recht beinhaltet, regelt das Formular die **Befreiung des Altvermieters aus der Rückerstattungspflicht,** wenn eine **Kautionsübertragung** auf den neuen Vermieter stattgefunden hat. Soweit der ausscheidende Vermieter jedoch schon auf die Mietsicherheit Zugriff genommen hat, muss es zur Vermeidung einer unangemessenen Benachteiligung des Mieters im Sinne von § 307 BGB dabei verbleiben, dass der Streit über die Berechtigung eines vom (Alt-) Vermieter getätigten Zugriffs mit diesem auszutragen ist. Außerhalb der mietvertraglichen Sicherungsfunktion unterliegt die Mietkaution aber nicht der Disposition der Vertragsparteien des Veräußerungsvertrags, denn sie ist zweckgebunden und wirtschaftlich dem Mieter zuzuordnen (OLG Frankfurt 29.5.1991 – 17 U 110/90, NJW-RR 1991, 1416). Der Veräußerer kann deshalb gegenüber dem Anspruch des Erwerbers auf Aushändigung der Kaution nicht mit solchen Ansprüchen aufrechnen, die ihm gegenüber dem Erwerber zustehen (zB mit dem Anspruch auf Zahlung des Kaufpreises für das veräußerte Objekt, vgl. OLG Frankfurt 29.5.1991 – 17 U 110/90, NJW-RR 1991, 1416).

39. In der Mietpraxis herrscht die Tendenz zur Verwendung von Klauseln, mit denen die **Erhaltungs- und Instandsetzungspflichten** möglichst weitreichend auf den Mieter abgewälzt werden sollen. Die Möglichkeit einer vollständigen formularmäßigen Abwälzung der Pflichten aus § 535 Abs. 1 BGB auf den Mieter steht aber auch bei der Gewerberaummiete in Frage. Weitgehende Einigkeit besteht darüber, dass die Abweichung vom gesetzlichen Leitbild dort ihre Grenze findet, wo dem Mieter die Erhaltungslast von gemeinsam mit anderen Mietern genutzten Flächen und Anlagen ohne Beschränkung der Höhe nach auferlegt wird. Dadurch werden dem Mieter auch Kosten auferlegt, die nicht durch seinen Mietgebrauch veranlasst sind und nicht in seinen Risikobereich fallen. Gleiches gilt für die Kosten der Behebung anfänglicher Mängel. Insbesondere verstößt eine Formularklausel gegen § 307 BGB, die dem Mieter die Instandhaltung an Dach und Fach aufbürdet (OLG Rostock 10.9.2009 – 3 U 287/08, NZM 2010, 42; OLG Dresden 17.6.1996 – 2 U 655/95, NJW-RR 1997, 395; *Dose* NZM 2009, 381; *Stopenhorst* NZM 2007, 17). Einzelvertragliche Vereinbarungen können aber auch insoweit wirksam sein (BGH 8.1.2014 – XII ZR 12/13, NZM 2014, 242; OLG Rostock 10.9.2009 – 3 U 287/08, NZM 2010, 42; OLG Brandenburg 13.1.2002 – 3 U 166/98, ZMR 2003, 909).

Eine wirksame Pflichtenabwälzung auf den Mieter kommt formularvertraglich dann in Betracht, wenn die betreffenden Teile der Mietsache örtlich und funktional dem Mietgebrauch unmittelbar unterfallen und hierdurch der Abnutzung, dem Verschleiß oder einer durch den Mietgebrauch beschleunigten Alterung unterliegen.

Formularmäßige Vertragsentwürfe zum Umfang der wechselseitigen Erhaltungspflichten entziehen sich mit diesen Vorgaben weitgehend einer Typisierung, weil die Mieträumlichkeiten in ganz unterschiedliche bauliche Konzepte mit unterschiedlichen technischen und organisatorischen Vorkehrungen eingegliedert sein können. Auch der Mietgebrauch kann sich ganz unterschiedlich auswirken. Da die Grenzen für eine formularmäßige Abwälzung von Instandhaltungspflichten auf den Mieter im Einzelnen als unsicher gelten müssen, ist generell eine zurückhaltende Praxis zu empfehlen. Standardisierte Abgrenzungskriterien, wonach vertragliche Erhaltungs- und Instandhaltungspflichten des Mieters etwa bis zu einem bestimmten prozentualen Kostenanteil der Jahresmiete zulässig sein sollen, können ebenfalls auf Bedenken aus §§ 242, 307 BGB stoßen. Wenn zB eine technische Einrichtung, die einer Vielzahl von Mieteinheiten dient (Heiz- oder Kühlaggregate usw), räumlich einem bestimmten Mietobjekt zugeordnet ist und der Mieter dieser Einheit zur Instandhaltung und -setzung der Anlage herangezogen wird, kann die Abwälzung – unabhängig von prozentualen Anteilen – unangemessen sein, soweit der Mieter mit einem höheren Anteil herangezogen wird, als das von ihm angemietete Objekt kostenanteilig am Betrieb der Anlage teilhat. Der BGH geht ohnehin davon aus, dass eine **verdeckte Abwälzung der Instandhaltungslast mittels Betriebskostenklauseln** (zB Hausmeisterkosten) zur unangemessenen Benachteiligung des Mieters führt (BGH 26.9.2012 – XII ZR 112/10, NZM 2013, 85).

Das Formular belässt es bei der Einstandspflicht des Vermieters bei Arbeiten an Dach und Fach sowie in Bezug auf die Substanz wesentlicher Einrichtungen sowie der Installationen, die der allgemeinen Grundversorgung dienen. Für die weitere vertragliche Ausgestaltung ist im Einzelfall zu prüfen, ob nach vorstehender Maßgabe weitergehende Regelungen möglich und sachlich veranlasst sind. Das hängt davon ab, ob auch die Erhaltung und Instandsetzung etwa von Gemeinschaftsflächen und -einrichtungen (zB Flure, Treppenhäuser, Zuwege, Grünflächen) oder von technischen Anlagen oder sonstigen funktionalen Einheiten zur Regelung ansteht (zu der nur beschränkt möglichen Abwälzung entsprechender Betriebskosten vgl. BGH 26.9.2012 – XII ZR 112/10, NZM 2013, 85; BGH 6.4.2005 – XII ZR 158/01, NZM 2005, 863; → Form. A.VII.10 Anm. 3). Der Mietvertrag sollte jedenfalls ganz konkret festlegen, welche Leistungspflichten der jeweilige Vertragsteil zu erfüllen hat.

40. Besondere Leistungspflichten betreffend die **Ausführungsart** und den **Zeitraum**, in dem bestimmte (Schönheits-)Reparaturen durchzuführen sind, regelt das Formular nicht, da sich dies bei Gewerberäumen weitgehend einer Generalisierung entzieht und bei formularvertraglicher Regelung im Zweifel auf durchgreifende Wirksamkeitsbedenken stößt.

Nach der Rechtsprechung beider Mietrechtssenate des Bundesgerichtshofs bestehen allerdings grds keine Bedenken, in einem Formularmietvertrag die Verpflichtung zur Durchführung von Schönheitsreparaturen auf den Mieter zu übertragen. Die **Hürden für wirksame Vertragsgestaltungen**, mit denen Renovierungspflichten des Mieters zeitlich und dem Umfang nach ausgestaltet werden sollen, sind allerdings fast unüberwindbar. Im rechtlichen Ansatz obliegt dem Vermieter nach § 535 Abs. 1 S. 2 BGB die Verpflichtung, das Mietobjekt während der gesamten Vertragszeit in einem vertragsgemäßen Zustand zu erhalten. Weil die mietvertragliche Praxis, insbesondere in Formularverträgen, seit langem von diesem gesetzlichen Leitbild abweicht und bereits allgemeine Verkehrssitte geworden ist, hat es der BGH im Ansatz stets gebilligt, dass in Formularverträgen Schönheitsreparaturen regelmäßig auf den Mieter verlagert werden, obwohl nach § 307 BGB Bestimmungen, die vom wesentlichen Grundgedanken der gesetzlichen Regelung abweichen, idR als unangemessen und damit unwirksam anzusehen sind (vgl. etwa BGH 12.3.2014 – XII ZR 108/13, NZM 2014, 306; BGH 6.4.2005 – XII ZR 308/02, NJW 2005, 2006).

Mit Blick auf § 307 BGB hat der VIII. Zivilsenat des Bundesgerichtshofs aber AGB, mit denen Schönheitsreparaturen nach einem „starren" Fristenplan auf den Mieter übertragen werden, für unwirksam erachtet, weil sie den Mieter mit Renovierungspflichten belasten, die über den tatsächlichen Renovierungsbedarf hinausgehen können und dem Mieter eine höhere Instandhaltungsverpflichtung auferlegen, als sie den Vermieter ohne eine solche vertragliche Klausel treffen würde (BGH 23.6.2004 – VIII ZR 361/03, NJW 2004, 2586). Ausnahmen lässt der VIII. Zivilsenat nur für solche AGB zu, die eine Renovierung innerhalb bestimmter Fristen zwar für den Regelfall vorsehen, diese aber vom tatsächlichen Erhaltungszustand der Mieträume abhängig machen (BGH 13.7.2005 – VIII ZR 351/04, NJW 2005, 3416; BGH 18.10.2006 – VIII ZR 52/06, NJW 2006, 3778; BGH 26.9.2007 – VIII ZR 143/06, NJW 2007, 3632). Knüpft die Vertragsklausel die Renovierungspflicht des Mieters dagegen allein an feste zeitliche Grenzen und führt die Auslegung der AGB dazu, dass der Erhaltungszustand für die Verpflichtung keine Rolle spielt, führt dies regelmäßig zur Unwirksamkeit einer Klausel (BGH 5.4.2006 – VIII ZR 178/05, NJW 2006, 1728; BGH 7.3.2007 – VIII ZR 247/05, WuM 2007, 260). **Dieser Rechtsprechung hat sich der XII. Senat des BGH für den Bereich der Gewerberaummiete angeschlossen** (BGH 8.10.2008 – XII ZR 84/06, BGHZ 178, 158 = NJW 2008, 3772; BGH 12.3.2014 – XII ZR 108/13, NZM 2014, 306).

Nach der Rechtsprechung beider Mietrechtssenate des Bundesgerichtshofs ist eine Regelung in einem Formularvertrag, die den Mieter verpflichtet, die Mieträume unabhängig vom Zeitpunkt der Vornahme der letzten **Schönheitsreparaturen bei Vertragsende** (Endrenovierung) renoviert zu übergeben, wegen unangemessener Benachteiligung des Mieters nach § 307 Abs. 1 BGB unwirksam (BGH 12.3.2014 – XII ZR 108/13, NZM 2014, 306; BGH 3.6.1998 – VIII ZR 317/97, NJW 1998, 3114; BGH 6.4.2005 – XII ZR 308/02, NJW 2005, 2006). Die Verpflichtung des Mieters, neben der Durchführung der Schönheitsreparaturen die Mietsache bei Beendigung des Mietverhältnisses renoviert zurückzugeben, entfernt sich noch weiter vom gesetzlichen Leitbild und führt zu einer zusätzlichen Verschärfung zu Lasten des Mieters. Er muss in diesen Fällen eine Endrenovierung vornehmen unabhängig davon, wann die letzte Schönheitsreparatur erfolgt ist und ob ein Bedarf hierfür besteht. Dies hat zur Folge, dass sowohl die Endrenovierungsklausel als auch die Klausel, die die Übertragung der Schönheitsreparaturen auf den Mieter regelt, unwirksam sind (vgl. BGH 12.3.2014 – XII ZR 108/13, NZM 2014, 306; BGH 14.5.2003 – VIII ZR 308/02, NJW 2003, 2234; BGH 25.6.2003 – VIII ZR 335/02, NZM 2003, 755; BGH 6.4.2005 – XII ZR 308/02, NJW 2005, 2006).

Wenn der Mieter die **Rückgabe der Mieträume in bezugsfertigem Zustand** schuldet, nimmt der BGH allerdings keinen Verstoß gegen § 307 BGB an (vgl. BGH 12.3.2014 – XII ZR 108/13, NZM 2014, 306). Um diese Verpflichtung zu erfüllen, muss der Mieter die Mieträume nicht umfassend renovieren. Ausreichend ist vielmehr, wenn er die Mieträume in einem Erhaltungszustand zurückgibt, die es dem Vermieter ermöglichen, einem neuen Mieter die Räume in einem bezugsgeeigneten und vertragsgemäßen Zustand zu überlassen (vgl. BGH 12.3.2014 – XII ZR 108/13, NZM 2014, 306; BGH 14.7.1971 – VIII ZR 28/70, NJW 1971, 1839; BGH 13.1.1982 – VIII ZR 186/80, ZMR 1982, 180). Nur wenn die Räume diesen Anforderungen nicht genügen, etwa weil der Mieter während der Mietzeit keine Schönheitsreparaturen durchgeführt hat, die letzten Schönheitsreparaturen lange zurückliegen oder sich die Mieträume aufgrund übermäßig starker Abnutzung trotz durchgeführter Schönheitsreparaturen nicht in einem zur Weitervermietung geeigneten Zustand befinden, hat der Mieter bei seinem Auszug Renovierungsarbeiten zu erbringen. Dies folgt jedoch bereits aus der Verpflichtung des Mieters, Schönheitsreparaturen durchzuführen, wenn es der Erhaltungszustand der Mieträume erfordert (BGH 12.3.2014 – XII ZR 108/13, NZM 2014, 306; 10.7.1991 – XII ZR 105/90, NJW 1991, 2416; aA *Langenberg* Schönheitsreparaturen I. Rn. 229).

Die Rspr des BGH (18.3.2015 – VIII ZR 185/14, NJW 2015, 1594) zur Unwirksamkeit der formularmäßigen Überwälzung von laufenden Schönheitsreparaturen einer dem Mieter **unrenoviert übergebenen Mietsache** ohne die Gewährung eines angemessenen Ausgleichs ist ebenfalls auf die Vermietung unrenoviert übergebener Geschäftsräume zu übertragen (OLG Celle 13.7.2016 – 2 U 45/16, NZM 2016, 644; OLG Dresden 6.3.2019 – 5 U 1613/18, NZM 2019, 412).

Die ganz weitgehende **Gleichschaltung des Wohnraum- und Gewerberaummietrechts** lässt sich kritisch betrachten, denn „Schönheitsreparaturen" sind im Rahmen der Gewerberaummiete oft schon terminologisch (zB bei der Vermietung von Lager- und Produktionsräumen) schwer mit dem zu vergleichen, was bei der Wohnraummiete gilt. Die Rspr dürfte mit der weitreichenden Einschränkung der vertraglichen Gestaltungsfreiheit im unternehmerischen Bereich nicht angemessen berücksichtigen, dass es gerade im Bereich der Gewerberaummiete häufig zu einem sehr intensiven Mietgebrauch kommt und dass die Mieträume zur Förderung des Geschäftszwecks oft eine nachhaltige Veränderung und Umgestaltung erfahren. Teilweise werden an die Ausstattung und Dekoration besonders hohe Anforderungen gestellt, die mit einer Wohnungsrenovierung nichts zu tun haben (zB hochpreisige Designergeschäfte und Boutiquen in exklusiven Ladenpassagen). Dies alles lässt es als problematisch erscheinen, die zur Wohnraummiete geltenden Grundsätze deckungsgleich zu übernehmen (zum Meinungsstand vgl. etwa *Flatow,* Vom – schwierigen – Umgang mit Renovierungsklauseln bei der Vertragsabwicklung, NZM 2010, 641; *Leo/Ghassemi-Tabar* NZM 2008, 105; zu Wertungswidersprüchen in der BGH-Rspr. vgl. *Bieber* jurisPR-MietR 22/2010 Anm. 1).

41. Die **gesetzliche Anzeigepflicht des Mieters** aus § 536c Abs. 1 BGB (dazu näher → Form. B.IX.4) wird aufgegriffen und dahin erweitert, dass auch Gefahren für Dritte anzuzeigen sind. Die Vermietung von Gewerberaum kann dazu führen, dass der Mietgebrauch erhebliche Auswirkungen auf einen für den Vermieter nicht absehbaren Personenkreis (von Kunden, Arbeitnehmern, Lieferanten, Nachbarn usw) mit sich bringt. Daraus können sich im Rahmen allgemeiner (Verkehrs-)Sicherungspflichten und nachbarrechtlicher Haftungstatbestände Risiken für den Vermieter ergeben, zumal wenn er – wie zumeist – Eigentümer der Mietsache ist (§§ 906, 907, 1004 BGB). Wenn sich spezielle Gefahren von vornherein abzeichnen, sollten Schutz- und Sicherungspflichten des Mieters ausdrücklich niedergelegt werden, ggf. unter Freistellung des Vermieters von einer entsprechenden Inanspruchnahme. Zu solchen – ggf. betriebsspezifischen – Regelungen verhalten sich im Einzelnen auch die Formulare (→ Form. A.VI.2 §§ 8, 10, → Form. A. VI.3 § 10, → Form. A.VI.4 §§ 9, 14, → Form. A.VI.5 § 10).

42. Das allgemein anerkannte Recht des Vermieters, die Mieträume aus begründetem Anlass zu **betreten** und zu **besichtigen** wird durch das Formular ausgestaltet.

Während der Dauer des Mietvertrags ist das alleinige und **uneingeschränkte Gebrauchsrecht** an der Wohnung dem Mieter zugewiesen (BGH 4.6.2014 – VIII ZR 289/13, NZM 2014, 635). Jedenfalls dem Vermieter von Wohnraum kann danach nicht das Recht zugebilligt werden, die Mietsache auch ohne besonderen Anlass etwa in einem regelmäßigen zeitlichen Abstand von ein bis zwei Jahren zu besichtigen. Vielmehr besteht eine vertragliche, aus § 242 BGB herzuleitende Nebenpflicht des Mieters, dem Vermieter – nach entsprechender Vorankündigung – den Zutritt zu seiner Wohnung zu gewähren, nur dann, wenn es hierfür einen konkreten sachlichen Grund gibt, der sich zum Beispiel aus der ordnungsgemäßen Bewirtschaftung des Objektes ergeben kann (BGH 4.6.2014 – VIII ZR 289/13, NZM 2014, 635).

Ob und in welchem Umfang diese Grundsätze auf die Gewerberaummiete zu übertragen sind, ist fraglich. Eine Generalisierung dürfte sich insoweit verbieten. Der vom BGH hervorgehobene Umstand, dass die Wohnung eines Mieters die räumliche Sphäre umschreibt, in der sich unter dem Schutz des Art. 13 Abs. 1 GG das Privatleben entfaltet (BVerfG 26.5.1993 – 1 BvR 208/93, BVerfGE 89, 1; 16.1.2004 – 1 BvR 2285/03, NZM 2004, 186; BGH 4.6.2014 – VIII ZR 289/13, NZM 2014, 635), kann für die Gewerberaummiete schwerlich eine entsprechende Relevanz entfalten. Die faktische Möglichkeit, die Mietsache zu betreten, ist für den Vermieter zB bei Geschäftsräumen mit allgemein zugänglichem Kundenbereich ohnehin gegeben. Wenn der Vermieter – etwa in einem Großobjekt – auch bestimmte Serviceleistungen übernimmt, die den uneingeschränkten Zugang für seine Mitarbeiter voraussetzen, wird dies auch erweiterte mietvertragliche Pflichten zur Zugangsgewährung rechtfertigen.

Klauseln, mit denen sich der Vermieter ein uneingeschränktes Recht zum Betreten und zur Besichtigung der Mieträume ausbedingt, sind aber im Zweifel unangemessen und unwirksam (BVerfG 26.5.1993 – 1 BvR 208/93, NJW 1993, 2035). Von daher verbietet sich grds auch eine formularmäßig begründete eigene Schlüsselgewalt des Vermieters. Ein Grund zur fristlosen Kündigung des Mietvertrags kann dem Mieter gegeben sein, wenn der Vermieter ohne Zustimmung des Mieters dessen Räume betreten hat, nachdem er einen Schlüssel unberechtigt einbehalten hatte (OLG Celle 5.10.2006 – 13 U 182/06, WNM 2007, 201). Einvernehmliche Regelungen hierzu sind in der Praxis aber keineswegs selten und können – zumal bei bestehender Hausgemeinschaft – erhebliche Vorteile für beide Vertragsteile bewirken. Wenn die Mietsache baulich und wirtschaftlich eine in sich abgeschlossene Einheit bildet, innerhalb derer sich uU besonders gesicherte Warenbestände und Produktionsmittel befinden, wird aber schon aus haftungsrechtlichen Gründen nur ausnahmsweise eine Schlüsselbefugnis des Vermieters in Betracht kommen.

Bei **Gefahr im Verzuge** (zB bei Brand oder Überschwemmung) kann der Vermieter unter den Voraussetzungen der §§ 227 ff. BGB berechtigt sein, sich auch ohne vertragliche Regelungen Zutritt zu den Mieträumen zu verschaffen. Eine verbotene Eigenmacht liegt dann wegen gesetzlicher Gestattung im Sinne von § 858 Abs. 1 BGB nicht vor.

Die Pflicht zur Ankündigung einer beabsichtigten Besichtigung ergibt sich aus dem Verbot der Eigenmacht (§ 858 BGB). Zu den Modalitäten einer solchen Ankündigung verhält sich § 19 des Formulars.

43. Hinsichtlich der **Duldungspflichten des Mieters in Bezug auf Erhaltungs- und Modernisierungsmaßnahmen** gilt (seit dem 1.5.2013) das **Mietrechtsänderungsgesetz 2013**. Für die Dauer von drei Monaten bleibt gemäß § 536 Abs. 1a BGB eine Minderung außer Betracht, soweit diese auf Grund einer Maßnahme eintritt, die einer energetischen Modernisierung nach § 555b Nr. 1 BGB dient. Energetische Modernisierungen sollen dadurch erleichtert werden. Mit dem zeitweisen **Minderungsausschluss** hat der Gesetzgeber allerdings Neuland beschritten, was ua verfassungsrechtliche Probleme aufwirft (vgl. zur Mietrechtsänderung im größeren Zusammenhang: *Hinz* NZM 2013, 209; *Horst* MDR 2013, 189). Die Vorschrift des § 556c Abs. 1 und 2 BGB und die Wärmelieferverordnung werden in § 578 Abs. 2 BGB genannt und sind daher grundsätzlich auch auf Mietverhältnisse über Gewerberaum anzuwenden. Nach § 578 Abs. 2 BGB sind allerdings **abweichende Vereinbarungen zulässig** (vgl. *Klemm* CuR 2013, 152; *Fritz* NJW 2013, 1138, auch zu vertragspraktischen Auswirkungen bei der Gewerberaummiete).

Unwirksam iSv § 307 BGB sind jedenfalls Klauseln, die den Bestand der Mietsache oder wesentlicher Teile davon zur freien Disposition des Vermieters stellen, eine Pflicht zu jederzeitigen Duldung von Maßnahmen begründen oder die Geltendmachung einer unzumutbaren Härte im Sinne von § 554 Abs. 2 S. 2 BGB schlechthin ausschließen sollen (BGH 31.10.2012 – XII ZR 126/11, NZM 2013, 122). Modernisierungsmaßnahmen und Maßnahmen zur Schaffung von Wohnraum im Sinne von § 554 Abs. 2 BGB muss der Mieter zwar grundsätzlich dulden. Dies gilt jedoch gemäß § 554 Abs. 2 S. 2 BGB nicht, wenn die Maßnahmen insbesondere unter Berücksichtigung der vorzunehmenden Arbeiten für ihn eine nicht zu rechtfertigende Härte bedeuten würden. Eine solche Härte kann zB bei auf die Dauer von neun Monaten angesetzten Baumaßnahmen bei Nichtbenutzbarkeit der Mieträume vorliegen (BGH aaO).

Das Formular regelt gegenüber den gesetzlichen Vorgaben insoweit eine erweiterte Duldungspflicht, als für Erhaltungsmaßnahmen nicht auf deren objektive Erforderlichkeit im Sinne von § 554 Abs. 1 BGB abgestellt wird, sondern – insgesamt – nur auf die **Zweckdienlichkeit** der Maßnahmen. Damit eröffnet die Regelung dem Vermieter ein größeres Ermessen für die Entscheidung, ob und in welcher Weise er zu Maßnahmen greifen will. Außerdem enthält das Formular die Klarstellung, dass eine Verbesserung sich nicht notwendig zugunsten des Mieters auswirken und nicht unmittelbar in den – baulichen – Gebrauchsgegebenheiten niederschlagen muss, sondern auch darin bestehen kann, dass sich die Wirtschaftlichkeit des Objekts aus Vermietersicht erhöht. Es ist dem Grunde nach anerkannt, dass eine Verbesserung nicht notwendig dem Mieter und seinem Mietgebrauch zugutekommen muss (KG 27.6.1985 – 8 RE-Miet 874/85, NJW 1985, 2031). Dennoch finden in Rechtsprechung und Literatur vornehmlich solche Maßnahmen Billigung, die den Gebrauchswert bzw. die Funktionabilität für den Mieter erhöhen (vgl. *Scholz* WuM 1995, 13).

44. Die Möglichkeit eines vollständigen formularvertraglichen **Ausschlusses des Rechts zur Mietminderung** (§ 536 BGB) bei Beeinträchtigungen im Mietgebrauch steht durchgreifend in Frage (→ Anm. 23 und Nachweise zu § 8 Ziff. 3). Das Formular sieht für die nicht seltenen Fälle der in Ziff. (1) aufgeführten Maßnahmen, bei denen auch der Vermieter ein schutzwürdiges Interesse an einer **Einschränkung der Mietminderung** haben kann, eine Billigkeitsregelung vor. Eine solche Klausel erscheint auch vor dem Hintergrund der gesetzlichen Neuregelung in § 536 Abs. 1a BGB (Mietrechtsänderung 2013 → Anm. 43) im Gewerberaummietrecht als zulässig.

Zugleich stellt das Formular klar, dass der Mieter auch im hier gegebenen Zusammenhang keinen direkten Abzug von der Miete tätigen darf (→ Anm. 23 zu § 8 Ziff. 3). Er bleibt auf die Geltendmachung von Bereicherungsansprüchen verwiesen, falls er sich mit dem Vermieter nicht auf eine bestimmte Mietreduzierung einigt.

45. Abgesehen von der durch vertragsgemäßen Gebrauch bewirkten Abnutzung der Mietsache (§ 538 BGB) ist der Mieter grundsätzlich nicht zu **Veränderungen und baulichen Eingriffen** berechtigt (BGH 3.7.1974 – VIII ZR 43/73, NJW 1974, 1463). Er hat nur ein Gebrauchsrecht und nicht die Befugnis, nach eigenem Belieben mit dem Mietobjekt zu verfahren. Der wechselseitig vorausgesetzte Mietgebrauch (Vertragszweck) wird jedoch bei der Gewerberaummiete nicht selten selbst umfängliche bauliche Veränderungen seitens des Mieters erforderlich machen. Das Formular sieht hierfür als Grundvoraussetzung die Einholung einer **Zustimmung des Vermieters** vor.

In den Fällen, in denen die Durchführung bestimmter Maßnahmen von vorneherein absehbar und wechselseitig gewollt ist, sollte dies im Mietvertrag ausdrücklich geregelt werden, um dem Streit darüber vorzubeugen, ob bestimmte Veränderungen zulässig sind und wer für die Herstellung und Erhaltung des – dann vertragsgemäßen – Zustands einstandspflichtig ist (vgl. insoweit die Regelungen und Anmerkungen zu speziellen betriebsbezogenen Befugnissen des Mieters in den → Form. A.VI.2 § 9, → Form. A.VI.3 § 9, → Form. A.VI.4 § 8, → Form. A.VI.5 § 9).

Die Durchführung von baulichen Veränderungen kann nicht von vorneherein und generell versagt werden, wenn der Vertragszweck sie erforderlich macht. Dies würde eine unangemessene Benachteiligung im Sinne von § 307 BGB bewirken. Das Formular trägt dem Rechnung, indem es für ein Zustimmungsverlangen des Mieters voraussetzt, dass ohne die beabsichtigten Maßnahmen eine durchgreifende Gefährdung des Vertragszwecks oder eine Härte im Sinne von § 242 BGB eintreten würde.

46. Die **Herstellung des ursprünglichen Zustands der Mietsache** gehört selbst bei Fehlen ausdrücklicher vertraglicher Vorgaben zu den Mieterpflichten und kann bei ausdrücklicher vertraglicher Pflichtübernahme eine Hauptleistungspflicht aus dem Mietvertrag begründen (Palandt/*Weidenkaff* BGB § 546 Rn. 6 mwN). In welchem Zustand sich die Mietsache bei der Rückgabe befindet, kann insbesondere für die Frage vollständiger Räumung und Herausgabe von Bedeutung sein (§§ 546, 546a BGB), wenngleich es für die Rückgabe grundsätzlich nicht auf den Zustand der Mietsache ankommt (BGH 11.5.1988 – VIII ZR 96/87, BGHZ 104, 285 = NJW 1988, 2665). Der Mieter vorenthält dem Vermieter das Mietobjekt, wenn er es nicht nur in verwahrlostem oder verschlechtertem Zustand zurückgibt, sondern nach dem Auszug Einbauten oder Einrichtungen trotz entsprechender Verpflichtung nicht beseitigt (OLG Düsseldorf 14.10.2008 – I-24 U 7/08, 24 U 7/08, ZMR 2009, 843, das ohne weiteres auch eine Beseitigungspflicht bei vom Vermieter übernommenen Einrichtungen annimmt). Die Klausel in einem Mietvertrag, *„Ein- und Ausbauten. . . . .(sind). . . . .zu entfernen", wenn durch sie „eine weitere Vermietung erschwert sein (sollte)"*, begünstigt den Mieter gegenüber der gesetzlichen Räumungspflicht. Der Rückbauanspruch entsteht dann nur, wenn der Nachfolgemieter die Beseitigung der Einbauten verlangt (OLG Düsseldorf 14.10.2008 – I-24 U 7/08, 24 U 7/08, ZMR 2009, 843).

Das Formular regelt die Pflicht des Mieters zur Wegnahme von Einrichtungen und zum Rückbau und legt ausdrücklich fest, dass zur vollständigen Räumung auch der Rückbau und die Wegnahme von Einrichtungen gehören. Zum Umfang der Räumungspflicht vgl. ferner → Anm. 49.

Nach § 548 Abs. 1 BGB **verjähren die Ersatzansprüche** des Vermieters wegen Veränderungen und Verschlechterungen der vermieteten Sache in sechs Monaten. Diese kurze Verjährung soll zwischen den Parteien des Mietvertrages eine rasche Auseinandersetzung gewährleisten und eine beschleunigte Klärung der Ansprüche wegen des Zustandes der überlassenen Sache bei Rückgabe erreichen (BGH 23.6.2010 – XII ZR 52/08, NZM 2010, 621). Die Rechtsprechung hat den Anwendungsbereich des § 548 BGB weit ausgedehnt. Ansprüche auf Wiederherstellung des ursprünglichen Zustandes der Mietsache unterfallen der kurzen Verjährung des § 548 BGB auch dann, wenn sie darauf beruhen, dass der Mieter die Mietsache aufgrund des Vertrages umgestalten durfte und bei Vertragsende zur Herstellung des vereinbarten Zustands verpflichtet ist (BGH 23.6.2010 – XII ZR 52/08, NZM 2010, 621; 10.4.2002 – XII ZR 217/98, NZM 2002, 605). Ferner erfasst § 548 Abs. 1 BGB sämtliche Schadensersatzansprüche des Vermieters, die ihren Grund darin haben, dass der Mieter die Mietsache als solche zwar zurückgeben kann, diese sich jedoch aufgrund einer Beschädigung oder Veränderung nicht in dem bei der Rückgabe vertraglich geschuldeten Zustand befindet (BGH 23.6.2010 – XII ZR 52/08, NZM 2010, 621; 7.11.1979 – VIII ZR 291/78, NJW 1980, 389).

47. Die Pflicht zum Rückbau und zur Wegnahme von Einrichtung korrespondiert gemäß § 539 Abs. 2 BGB grds mit dem **Recht des Mieters zur Wegnahme.** Es besteht unabhängig davon, wer eine Kündigung ausgesprochen hat und aus welchem Grunde gekündigt wird. Es besteht auch dann, wenn kein Sondereigentum (mehr) besteht und die Materialien wesentliche Bestandteile des Grundstücks geworden sind, denn das **Wegnahmerecht ist ein Aneignungsrecht** (BGH 12.3.2008 – XII ZR 156/05, NJW-RR 2008, 1047).

Ein **vertraglicher Ausschluss des Wegnahmerechts** ist für den kaufmännisch unternehmerischen Bereich selbst dann grds als möglich angesehen worden, wenn der Mieter ohne Entschädigung bleiben soll (BGH 11.10.1989 – VIII ZR 285/88, ZIP 1989, 1611; 21.5.1957 – VIII ZR 226/56, NJW 1957, 1274; BGH 3.2.1967 – V ZR 59/64, WM 1967, 745; OLG Brandenburg 25.3.2009 – 3 U 172/07, ZMR 2010, 23). Der im Formular vorgesehene entschädigungslose Ausschluss des Wegnahmerechts sollte mit Rücksicht auf §§ 138, 242, 307 BGB nur dann unverändert übernommen werden, wenn Unbilligkeiten zum Nachteil des Mieters sicher auszuschließen sind. Das wird am ehesten dann der Fall sein, wenn die betreffenden Einrichtungen in erster Linie oder allein dem Mietgebrauch des herstellenden Mieters dienen und keine wesentliche Wertsteigerung oder eine sonstige wirtschaftliche Besserstellung des Vermieters bewirken. Die Herstellungskosten sollten (gleichsam unter dem Gesichtspunkt einer Abschreibung) in einer vernünftigen Relation zur (Mindest-) Mietzeit und zur Miethöhe stehen.

Am ehesten lässt sich ein zusätzlicher **Entschädigungsausschluss** vereinbaren, wenn dies ausdrücklich in Bezug auf ganz bestimmte Einrichtungen geschieht und der Mieter die vertragliche Pflicht zu deren Herstellung übernommen hat. Wenn sich der Mieter von Geschäftsräumen vertraglich zu bestimmten Ausbaumaßnahmen verpflichtet hat, besteht nach Beendigung des Mietverhältnisses hinsichtlich der geschaffenen Einrichtungen kein Wegnahmerecht (BGH 8.11.1995 – XII ZR 202/94, NJWE-MietR 1996, 33; OLG Brandenburg 25.3.2009 – 3 U 172/07, ZMR 2010, 23). Ihm steht ferner kein Anspruch auf Ersatz von Verwendungen gemäß § 539 BGB zu, unabhängig davon, ob es sich um notwendige oder nützliche Verwendungen handelt. In diesen Fällen sind die Leistungen des Mieters im Zweifel Teil des Überlassungsentgelts.

Dem Mieter kann aber ein Bereicherungsanspruch § 812 Abs. 1 S. 1 BGB (Bereicherung in sonstiger Weise) zustehen, wenn der Vermieter vorzeitig in den Genuss von **wertsteigernden Investitionen** gekommen ist (BGH 16.9.2009 – XII ZR 73/07, BeckRS 2009, 26988 mwN). Dieser Anspruch bemisst sich weder nach den vom Mieter aufgewendeten Kosten, noch nach einer etwaigen Wertsteigerung des Mietobjekts, sondern gemäß § 818 Abs. 2 BGB danach, inwieweit der Vermieter durch die Investitionen in die Lage versetzt wird, bei einer anderweitigen Vermietung eine höhere Miete zu erzielen oder die fraglichen Leistungen sonst gewinnbringend zu nutzen (BGH 16.9.2009 – XII ZR 73/07, BeckRS 2009, 26988 mwN). Bei Mieterinvestitionen, deren Durchführung bei Abschluss des Mietvertrags bereits feststeht, empfiehlt sich daher die ausdrückliche Niederlegung einer entschädigungslosen Herstellungspflicht des Mieters.

48. Das Formular bezweckt mit der Verweisung auf die gesetzlichen Vorschriften zur **Kündigung** die Klarstellung, dass die im Formular enthaltenen Kündigungsregelungen – vgl. §§ 4 (2), 10 (6), 18 (5) – sich nicht als abschließender Katalog verstehen, durch den etwa die Kündigungsbefugnisse aus §§ 543, 569, 578 Abs. 2 BGB zugunsten einer Vertragspartei abbedungen werden sollen.

Bei der Gewerberaummiete können (in den Grenzen des § 307 BGB) zusätzliche Kündigungsgründe oder solche Gründe formularmäßig niedergelegt werden, die von den gesetzlichen Vorgaben abweichen (vgl. Schmidt-Futterer/*Blank* BGB § 543 Rn. 214 ff.; zur Kündigung des gewerblichen Mietverhältnisses vgl. im größeren Zusammenhang *Holtfester* MDR 2000, 421). Das gilt im Zweifel aber nur insoweit, als dadurch die gesetzlichen Kündigungsgründe weiter ausgestaltet und konkretisiert werden (BGH

15.4.1987 – VIII ZR 126/86, NJW-RR 1987, 903). Das schließt im Regelungsbereich des § 543 Abs. 1 BGB auch die Berücksichtigung solcher Umstände ein, die sich speziell aus dem Regelungszusammenhang und Mietzweck des jeweiligen Vertrags und den spezifischen Pflichten ergeben. Eine formularmäßige Kündigungsregelung, wonach Umbauten im oder am Mietobjekt durch den Mieter ohne vorherige schriftliche Zustimmung des Vermieters eine erhebliche Pflichtverletzung darstellen und dem Vermieter das Recht zur fristlosen Kündigung des Mietvertrages gewähren, benachteiligt den Mieter jedenfalls bei erheblichen baulichen Eingriffen nicht unangemessen (OLG Brandenburg 21.1.2014 – 6 U 116/12, NJOZ 2015, 445).

Die **zentralen gesetzlichen Regelungen** zur außerordentlichen fristlosen Kündigung ergeben sich für die Gewerberaummiete aus §§ 543, 569 Abs. 2, 578 BGB. Die Kündigung setzt grundsätzlich eine Abhilfefrist oder eine Abmahnung voraus (§ 543 Abs. 3 BGB, → Form. A.IX.1, → Form. A.IX.3), wobei das Gesetz drei Ausnahmekomplexe vorsieht. Das bislang obligatorische Verschulden bei der Verwirklichung des Kündigungsgrundes ist gemäß §§ 543 Abs. 1 S. 2, 569 Abs. 2, 578 Abs. 2 BGB nicht unabdingbare Kündigungsvoraussetzung, sondern (wegen der Verwendung der Formulierung „insbesondere eines Verschuldens") lediglich ein Abwägungskriterium für das Vorliegen eines Kündigungsgrundes. Die Rechtspraxis nimmt aber nur **ausnahmsweise schuldlos verwirklichte Kündigungsgründe** an (BGH 11.4.2012 – XII ZR 48/10, GuT 2012, 238). Die zur Wohnraummiete entwickelten Grundsätze, wonach § 543 Abs. 1 S. 2 BGB eine Abwägung der beiderseitigen Interessen der Mietvertragsparteien und eine Berücksichtigung aller Umstände des Einzelfalles verlangt, zu denen auch etwaige Härtegründe auf Seiten des Mieters gehören (BGH 9.11.2016 – VIII ZR 73/16, NZM 2017, 26; 8.12.2004, VIII ZR 218/03, NZM 2005, 300), wird dabei nicht deckungsgleich auf die Gewerberaummiete zu übertragen sein.

Die Vorschrift aus § 569 Abs. 4 BGB, wonach der Kündigungsgrund im Kündigungsschreiben angegeben werden muss, gilt nach § 578 BGB – inkonsequenterweise – nicht für die Gewerberaummiete. Entsprechende Angaben verstehen sich aber bei konsequenter Rechtsverfolgung von selbst.

49. Zum Umfang der **Räumungs- bzw. Wegnahmepflicht** des Mieters vgl. zunächst die Anmerkungen zu § 14 (1). Grundsätzlich muss der Mieter bei Vertragsende auch ohne besondere Vereinbarungen schon aufgrund seiner Pflicht zur Herausgabe der Mietsache (§ 546 Abs. 1 BGB) die von ihm eingebrachten Sachen entfernen, alle baulichen Maßnahmen beseitigen und den ursprünglichen Zustand wiederherstellen (BGH 16.3.1988 – VIII ZR 184/87, BGHZ 104, 6 = NJW 1988, 1778). Der mietvertragliche Rückgabeanspruch reicht weiter als der Herausgabeanspruch des Eigentümers. Nach § 985 BGB hat der Besitzer dem Eigentümer den Besitz an der Sache zu verschaffen, insbesondere den Zugang zu ermöglichen und die Wegnahme zu dulden. Davon ist die mietvertragliche Räumungspflicht zu unterscheiden. Sie hat grundsätzlich zum Inhalt, dass der Mieter bei Vertragsende den Mietgegenstand auch im vertragsgemäß geschuldeten Zustand zurückzugeben, diesen Zustand also notfalls herzustellen hat (BGH 10.12.2014 – XII ZR 136/12, NZM 2015, 254; BGH 7.7.2010 – XII ZR 158/09, NZM 2011, 75). Rückgabe der Mietsache bedeutet **Verschaffung des unmittelbaren Besitzes**.

An der geschuldeten Räumung kann es dann fehlen, wenn dem Vermieter Zubehörteile oder Schlüssel vorenthalten werden. Nimmt der Mieter nur eine teilweise Räumung des Mietobjekts vor, so hat dies, da Teilleistungen des Mieters bei Erfüllung der Rückgabepflicht unzulässig sind, zur Folge, dass dem Vermieter grds die gesamte Mietsache vorenthalten wird. Bleiben nur einzelne Gegenstände zurück, kann im Einzelfall dennoch anzunehmen sein, dass der Mieter seine Räumungspflicht erfüllt hat (BGH 21.1.2014 – VIII ZR 48/13, Grundeigentum 2014, 661; BGH 11.5.1988 – VIII ZR 96/87, BGHZ 104, 285).

Die im Formular vorgesehene Herausgabe in **bezugsfertigem Zustand** knüpft an die Regelung in § 11 (2) an, wonach ein bestimmter Turnus für die Durchführung von Reparaturen nicht vorgesehen ist. Die Regelung einer Pflicht zur Endrenovierung bietet sich bei der Vermietung gewerblicher Mieträume nicht schlechthin an, denn die Weitervermietung geht sehr häufig mit erheblichen Ein- und Umbauten sowie der Herstellung von firmentypischen Einrichtungen, Ausstattungen und Dekorationen einher. Um die Pflicht zur Herausgabe in bezugsfertigem Zustand zu erfüllen, muss der Mieter die Mieträume grds nicht umfassend renovieren. Ausreichend ist vielmehr, wenn er die Mieträume in einem Erhaltungszustand zurückgibt, die es dem Vermieter ermöglichen, einem neuen Mieter die Räume in einem bezugsgeeigneten und vertragsgemäßen Zustand zu überlassen (BGH 12.3.2014 – XII ZR 108/13, NZM 2014, 306 mwN). Nur wenn die Räume diesen Anforderungen nicht genügen, etwa weil der Mieter während der Mietzeit keine Schönheitsreparaturen durchgeführt hat, die letzten Schönheitsreparaturen lange zurückliegen oder sich die Mieträume aufgrund übermäßig starker Abnutzung trotz durchgeführter Schönheitsreparaturen nicht in einem zur Weitervermietung geeigneten Zustand befinden, hat der Mieter bei seinem Auszug Renovierungsarbeiten zu erbringen. Dies folgt jedoch bereits aus der vertraglich zulässigen Verpflichtung des Mieters, Schönheitsreparaturen durchzuführen, wenn es der Erhaltungszustand der Mieträume erfordert (BGH 12.3.2014 – XII ZR 108/13, NZM 2014, 306; 10.7.1991 – XII ZR 105/90, NJW 1991, 2416).

Mit der Beendigung des Mietverhältnisses endet nicht nur das Besitzrecht des Mieters, sondern auch das hiervon abgeleitete Besitzrecht etwaiger Untermieter/-pächter. Wenn der Vermieter Eigentümer der Mietsache ist, folgt sein Herausgabeanspruch unmittelbar aus §§ 985 f. BGB. Nach dem Ende des Besitzrechts des mittelbaren Besitzers ist der unmittelbare Besitzer zur Herausgabe an den Eigentümer verpflichtet (OLG Hamburg 19.8.1998 – 4 U 28/97, OLGR 1999, 291). Wenn der Vermieter nicht zugleich Eigentümer ist, greift zugunsten des Vermieters § 546 Abs. 2 BGB ein. Zur Beendigung der Besitzberechtigung des Untermieters wird dann eine zusätzliche Aufforderung des Vermieters für erforderlich gehalten. Eine solche Aufforderung ist auch in der Herausgabeklage zu erblicken (OLG Hamburg 19.8.1998 – 4 U 28/97, OLGR 1999, 291).

50. Das Formular greift die gesetzlichen Regelungen aus § 546a BGB auf, jedoch erweitert um die ausdrücklich festgelegte Pflicht des Mieters, bei **verspäteter Rückgabe** auch die **Vorauszahlungen auf die Betriebskosten** fortzuentrichten. Aus der Rechtsprechung des BGH zur Berechnung der Mietminderung → Anm. 23 ergibt sich aber ohnehin, welches Verständnis des Mietbegriffs verbindlich ist (BGH 6.4.2005 – XII ZR 225/03, BGHZ 163, 1 = NZM 2005, 455). Das vom Mieter (als Miete) insgesamt zu erbringende Leistungsentgelt (dh Grundmiete und Nebenkosten) ist danach die Gegenleistung für die vom Vermieter geschuldete Gesamtleistung. Mit diesem Verständnis hat der Mieter auch nach Beendigung des Mietverhältnisses Betriebskostenvorauszahlungen weiterzuentrichten.

51. Ob für den Fall der verspäteten Rückgabe der Mietsache bei Gewerberaummietverträgen Formularklauseln über einen **pauschalierten Schadensersatz** möglich sind, wird diesseits für fraglich gehalten, denn sichere Klauseln zur Höhe eines solchen Ersatzanspruchs hätten die Beschränkungen aus § 309 Nr. 5 BGB zu überwinden, die über §§ 307, 310 Abs. 1 BGB auch in den kaufmännisch/unternehmerischen Bereich hineinwirken. Dem Vermieter steht als Nutzungsentschädigung bei einer Vorenthaltung der vermieteten Gewerberäume kein wahlweiser Anspruch auf Zahlung einer höheren angemessenen Miete zu. Vielmehr kann eine **höhere Nutzungsentschädigung** nur verlangt werden, wenn sie sich aus dem Vergleich mit derjenigen Miete ergibt, die in der Gemeinde für tatsächlich vorhandene Räume vergleichbarer Art, Größe, Ausstattung, Beschaffenheit und Lage üblicherweise gezahlt wird (OLG Celle 10.3.2016 – 2 U 128/15,

ZMR 2016, 535). Da die Höhe der vertraglichen Miete (als Nutzungsentschädigung) eine Vorenthaltung idR wertmäßig abdecken dürfte, läuft jede weitergehende dem Umfang nach erhebliche Schadenspauschalierung Gefahr, als unwirksam bzw. unangemessen behandelt zu werden. Das Formular belässt es daher bei der gesetzlichen Vorgabe aus § 546a Abs. 2 BGB, wonach dem Vermieter ohnehin das Recht zusteht, weitergehende Schäden geltend zu machen.

52. Die auch formularmäßige **Abdingbarkeit der stillschweigenden Vertragsverlängerung** (§ 545 BGB) war schon im Geltungsbereich des § 568 BGB aF anerkannt (BGH 15.5.1991 – VIII ZR 38/90, NJW 1991, 1750). Bereits die Vorschrift des § 568 BGB wurde allerdings als nicht interessengerecht kritisiert (vgl. *Gather* DWW 1980, 293). Das Spannungsverhältnis zwischen Beendigungstatbestand und gesetzlicher Verlängerungsfiktion tritt in vielen Rechtsstreitigkeiten offen zutage. Die Verlängerungswirkung wird oft als Falle empfunden, wenn der Widerspruch gegen eine Vertragsverlängerung schlicht vergessen wurde, was auch bei anwaltlich vertretenen Vermietern nicht selten der Fall ist. Auf die vertragliche Abbedingung des § 545 BGB sollte daher ein besonderes Augenmerk gerichtet sein. Die Abbedingung des § 545 BGB nur dem Paragraphen nach, dh ohne nähere Angabe, was damit inhaltlich gemeint ist, erscheint als problematisch (vgl. OLG Schleswig 27.3.1995 – 4 RE-Miet 1/93, WuM 1996, 85; aA *Voelskow* ZMR 1996, 431).

Ein die stillschweigende Verlängerung des Mietverhältnisses hindernder Widerspruch kann iÜ auch konkludent und schon vor Beendigung des Mietverhältnisses und damit jedenfalls auch mit der Kündigung erklärt werden. Eine konkludente Widerspruchserklärung muss den Willen, die Fortsetzung des Vertrags abzulehnen, eindeutig zum Ausdruck bringen (BGH 24.1.2018 – XII ZR 120/16, NZM 2018, 333; 12.7.2006 – XII ZR 178/03, NJW-RR 2006, 1385; 16.9.1987 – VIII ZR 156/86, NJW-RR 1988, 76). In einem Räumungsverlangen kann eine konkludente Widerspruchserklärung liegen (BGH 24.1.2018 – XII ZR 120/16, NZM 2018, 333; 12.7.2006 – XII ZR 178/03, NJW-RR 2006, 1385). Die Frist für die Erklärung des Widerspruchs gegen die stillschweigende Verlängerung des Mietverhältnisses (§ 545 Abs. 1 BGB) wird auch durch eine vor Fristablauf eingereichte und gemäß § 167 ZPO „demnächst" zugestellte Räumungsklage gewahrt (BGH 25.6.2014 – VIII ZR 10/14, NZM 2014, 580).

53. Das Formular lässt eine **Untervermietung** nur unter besonders eingeschränkten Voraussetzungen zu. Bei der Gewerberaummiete ist die Gestattung der (Teil-)Untervermietung allerdings nicht selten (→ Form. A.VI.2 Anm. 21, 22 zu § 21, → Form. A. VII.15). Die Untervermietung kann sogar den wesentlichen Vertragszweck umschreiben (zB Anmietung von Gaststätten durch Brauereibetriebe oder Automatenaufsteller zur Weitervermietung an Wirte). In solchen Fällen empfehlen sich konkrete Vereinbarungen zum Umfang vertraglich gestatteter Untervermietung (→ Form. A.VI.2 Anm. 21, 22 zu § 21; → Form. A.VI.3 § 22; → Form. A.VI.4 § 21; → Form. A.VII.15 nebst Anmerkungen; zum Ersatzmieter → Form. A.VI.4 Anm. 16).

Die formularmäßigen Gestaltungsmöglichkeiten für einen **Ausschluss der Untervermietung** werden im Schrifttum unterschiedlich behandelt. Die Annahme, dass der Vermieter von Gewerberaum gänzlich frei darin sei, die Untervermietung zu gestatten oder nicht (vgl. *Gather* MietR, 55), wird nicht zu teilen sein, denn sie geht an Rechtsprechung und Rechtspraxis vorbei. Ausgangspunkt bei der Beurteilung der wechselseitigen Interessenlage ist zunächst der Umstand, dass bei der Geschäftsraummiete langfristige Verträge üblich sind. Das Risiko für den geschäftlichen Erfolg trägt in der Regel allein der Mieter (vgl. etwa BGH 1.7.1981 – VIII ZR 192/80, NJW 1981, 2405 mwN). Die Gefahr ausbleibenden geschäftlichen Erfolgs oder sogar der Insolvenz begründet für den Mieter ein naheliegendes Interesse daran, ihm drohende Nachteile durch eine Untervermietung abzuwenden oder zu mindern. Das Interesse des Vermieters soll grundsätzlich dadurch hinreichend gewahrt sein, dass er die Erlaubnis zur Untervermietung bei Vorliegen eines wichtigen Grundes versagen und seinen Mieter am Vertrage festhalten kann (BGH 24.5.1995 – XII ZR 172/94, BGHZ 130, 50 = NJW 1995, 2034). Der Vermieter kann allerdings von Vorneherein triftige Gründe dafür haben, das Mietverhältnis nur mit einem von ihm ausgesuchten Mieter, den er nach den ihm wichtig erscheinenden Kriterien hat auswählen können, fortzusetzen und sich nicht auf die mit einer Untervermietung einhergehenden Unwägbarkeiten einzulassen.

Die Frage nach der Wirksamkeit eines **formularmäßigen Verbots der Untervermietung** steht vor diesem Hintergrund in engem Zusammenhang mit der Frage, ob auch das **Sonderkündigungsrecht** des Mieters bei Versagung einer Untervermietung formularmäßig ausgeschlossen werden kann, denn nur mit diesem doppelten Ausschluss kann der Vermieter den Mieter effektiv binden. Überwiegend wird die Meinung vertreten, dass eine Klausel, die das außerordentliche Kündigungsrecht des Mieters gemäß § 540 Abs. 1 S. 2 BGB für den Fall der Verweigerung der Untervermietungserlaubnis ohne Vorliegen eines wichtigen Grundes in der Person des Untermieters ausschließt, gegen wesentliche Grundgedanken der gesetzlichen Regelungen verstößt und deshalb gemäß § 307 Abs. 2 Nr. 1 BGB unwirksam ist (OLG Düsseldorf 2.8.2007 – I-10 U 148/06, 10 U 148/06, ZMR 2008). Ein unzulässiger Ausschluss des außerordentlichen Kündigungsrechts des Mieters wird dabei – für sich konsequent – schon im bloßen Verbot der Untervermietung erblickt, weil dies im Zweifel als Ausschluss des Kündigungsrechts auszulegen sei. Der BGH hat sich zur Frage nach einem wirksamen formularmäßigen Ausschluss der Untervermietung bislang nicht abschließend festgelegt (vgl. BGH 11.2.1987 – VIII ZR 56/86, NJW 1987, 1692). Den **formularmäßigen Ausschluss des Sonderkündigungsrechts** des Mieters von Geschäftsräumen bei der Verweigerung der Erlaubnis zur Untervermietung hat der BGH allerdings gemäß § 9 AGBG (jetzt: § 307 BGB) für unwirksam gehalten, wenn eine Untervermietung nach der Vertragsgestaltung zwar nicht ausgeschlossen ist, der Vermieter die erforderliche Erlaubnis aber nach Belieben verweigern kann (BGH 24.5.1995 – XII ZR 172/94, BGHZ 130, 50 = NJW 1995, 2034). Ein Sonderkündigungsrecht des Mieters aus § 540 Abs. 1 S. 2 BGB soll ohnehin nicht bestehen, wenn der Vermieter die Erlaubnis zu einer Untervermietung auf eine Anfrage des Mieters versagt hat, in welcher der Mieter ohne Benennung einer konkreten Person erklärt hat, einen Untermieter suchen zu wollen, der in den gemieteten Räumen irgendein zulässiges Gewerbe betreiben solle (OLG Celle 5.3.2003 – 2 W 16/03, ZMR 2003, 344; zu den notwendigen Angaben beim Untervermietungsverlangen vgl. auch OLG Naumburg 15.11.2012 – 9 U 98/12 – nebst Anm. *Hartmann* jurisPR-MietR 8/2013 Anm. 3). Der gewerbliche Mieter in einem auch zu Wohnzwecken genutzten Gebäude hat kein Sonderkündigungsrecht, wenn ihm die Erlaubnis zur Untervermietung an den Betreiber eines häuslichen Pflegedienstes verweigert wird, der 25 bis 30 Außendienstmitarbeiter beschäftigt, die auch am Wochenende von früh bis spät tätig sind (OLG Düsseldorf 16.2.2016 – I-24 U 63/15, ZMR 2016, 440).

Die Regelung eines kompletten Untermietverbots ohne Kündigungsrecht kann kaum als rechtssicher angesehen werden. Das Formular beinhaltet daher eine Regelung, die im Anschluss an § 540 Abs. 1 S. 1 BGB die Zustimmung des Vermieters voraussetzt.

Formularklauseln, mit denen sich der Vermieter den **Widerruf einer erteilten Erlaubnis** vorbehält, sind nach § 307 BGB unwirksam (vgl. zum früheren § 9 AGBG [§ 307 BGB]: BGH 11.2.1987 – VIII ZR 56/86, NJW 1987, 1692).

54. Die Voraussetzungen, unter denen der Mieter die Zustimmung zur Untervermietung verlangen kann, schränkt das Formular dahin ein, dass vom Mieter nur **besonders schwerwiegende Gründe** angeführt werden können, denen der Vermieter wichtige Versagungsgründe entgegenhalten kann (vgl. Ziff. 3). Bei einem Mietverhältnis über gewerbliche Räume steht dem Mieter kein Anspruch auf Erteilung der Zustimmung zur Untervermietung zu, sofern sich nicht im Einzelfall aus dem Mietvertrag, ggf. im Wege ergänzender Vertragsauslegung, etwas anderes ergibt (OLG Hamm 18.4.2008 – 30 U

120/07, BeckRS 2008, 2279; KG 8.9.2003, KGR 2004, 23). Ein Schadensersatzanspruch folgt aus der unberechtigten Verweigerung der Erlaubnis grundsätzlich nicht (OLG Hamm 18.4.2008 – 30 U 120/07, BeckRS 2008, 2279).

Der Vermieter kann ein besonderes Interesse daran haben, bei einem Untervermietungswunsch detaillierte Auskünfte betreffend die beabsichtigte Überlassung zu erlangen (BGH 15.11.2006 – XII ZR 92/04, NZM 2007, 127; OLG Naumburg 15.11.2012 – 9 U 98/12, nebst Anm. *Hartmann* jurisPR-MietR 8/2013 Anm. 3). Diesseits erscheint es – mit der hier verfolgten Zielrichtung eines möglichst weitgehenden Untervermietungsausschlusses – noch als möglich, dem Gewerberaummieter nicht schon bei Bestehen jedweden berechtigten Interesses, sondern nur in Härtefällen einen Anspruch auf Zustimmung zur Untervermietung zuzubilligen. Eine noch weitergehende Einengung der Dispositionsbefugnisse des Mieters dürfte (im Anschluss an die Argumentation bei BGH 4.7.1990 – VIII ZR 288/89, BGHZ 112, 65 = NJW 1990, 3016) nicht sachgerecht und vertragssicher sein.

Wenn der Vermieter dem Mieter die Untervermietung nicht gestattet, muss er die Versagungsgründe jedenfalls auf Anforderung mitteilen (vgl. *Gather* MietR, 56 mwN).

Zur rechtlichen Ausgestaltung einer gestatteten Untervermietung/-verpachtung → Form. A.VI.6 Anm. 4.

55. Neben den in der gesetzlichen Regelung des § 540 Abs. 1 BGB vorgesehenen Versagungsgründen betreffend die Person des Untermieters berücksichtigt das Formular auch solche Gründe, die in den **Belangen des Vermieters** begründet liegen. Berechtigte Interessen an einem Vertragsschluss mit einem bestimmten Mieter oder mit einem Mieter aus einer bestimmten Geschäftssparte sollten bei Vertragsschluss durch eine entsprechende vertragliche Klausel abgesichert werden (vgl. OLG Frankfurt 8.12.2005 – 2 U 128/05, BeckRS 2011, 19398).

56. Das Formular zielt auf die Klarstellung ab, dass selbst der – im Ausnahmefall – begründete Anspruch des Mieters auf Erlaubniserteilung ihm nicht die Befugnis zur eigenmächtigen Gebrauchsüberlassung, sondern nur ein **klagbares Recht auf Erteilung der Zustimmung** gibt (zur eigenmächtigen Überlassung der Mietsache durch einen Insolvenzverwalter an einen Untermieter vgl. BGH 25.1.2007 – IX ZR 216/05, NJW 2007, 1596).

57. Das Formular greift die gesetzliche Kündigungsregelung aus § 540 Abs. 1 S. 2 BGB nach Maßgabe der vertraglichen Bestimmungen auf.

58. Die **wechselseitigen Duldungs-, Handlungs- und Mitwirkungspflichten** der Vertragsparteien können nur in den Grenzen des § 242 BGB eingefordert werden. Das Formular regelt keinen zeitlichen Katalog für bestimmte Pflichten, da sich dies einer Generalisierung weitgehend entzieht.

59. Die **Schriftform** (→ Anm. 2) sollte ausnahmslos bei der Konstituierung, Ergänzung und Abänderung von Mietverträgen jeglicher Art schon aus Gründen der Beweissicherung und der Vertragssicherheit eingehalten werden. Wesentliche Vertragsänderungen, die ohne Wahrung der Schriftform zustande kommen, infizieren ggf. die Formgebundenheit des gesamten Vertrags und führen gemäß § 550 BGB dazu, dass langfristige Mietverhältnisse aufgekündigt werden können (→ Anm. 2).

Schriftformklauseln für Vertragsänderungen und -ergänzungen in Gewerberaummietverträgen sind nicht generell unangemessen im Sinne von § 307 BGB (vgl. OLG Rostock 2.12.2002 – 3 U 162/01, OLGR 2003, 78). Unangemessen kann eine Klausel namentlich dann sein, wenn sie dazu dienen soll, nach Vertragsschluss getroffene individualvertragliche Vereinbarungen zu unterlaufen, indem etwa beim Vertragspartner der Eindruck erweckt wird, mündlich getroffene Abreden seien schlechthin unwirksam. Auch wenn

Abreden der Vertragsparteien den Formerfordernissen der §§ 126 Abs. 2, 127 Abs. 2 BGB nicht genügen, führt der Mangel der vertraglich vereinbarten Schriftform nicht zwingend zum Scheitern einer Vereinbarung. Ihr Nichtzustandekommen ist nach der Auslegungsregel des § 154 Abs. 2 BGB nur im Zweifel Rechtsfolge einer vereinbarten, aber nicht eingehaltenen Form. Die Regel des § 154 Abs. 2 BGB greift nicht ein, wenn die Schriftform für die Parteien keine konstitutive Bedeutung hat, die Vereinbarung also nicht mit der Beurkundung steht und fällt (BGH 8.10.2008 – XII ZR 66/06, NZM 2008, 931; OLG Rostock 2.12.2002 – 3U 162/01, OLGR 2003, 78).

In der Praxis kommt es häufig vor, dass die Vertragsparteien formfrei Änderungs- und Zusatzvereinbarungen treffen, obwohl der Mietvertrag hierfür die Schriftform vorsieht (vgl. §§ 125 S. 2, 127 BGB). Wenn die Parteien sich über die Verbindlichkeit der mündlichen Abreden einig waren, wird in der Regel davon auszugehen sein, dass sie die Schriftform zumindest insoweit – konkludent – abbedingen wollten. Dies ist auch formlos möglich (BGH 15.5.1991 – VIII ZR 38/90, NJW 1991, 1751). Auch wenn die Parteien einen noch nicht beurkundeten Vertrag einvernehmlich in Vollzug setzen, können sie damit zu erkennen geben, dass der Vertrag ohne Rücksicht auf die nicht eingehaltene Schriftform wirksam werden soll (BGH 8.10.2008 – XII ZR 66/06, NZM 2008, 931).

60. **Mündliche Nachtragsvereinbarungen und Nebenabreden** bergen bei gesetzlichem und rechtsgeschäftlichem Formzwang erhebliche Risiken in sich (→ Anm. 2). Bei rechts- geschäftlich vereinbarter Schriftform hat der schriftliche Vertrag zumal dann, wenn er auch Nebenabreden als schriftformbedürftig behandelt, die Vermutung der Vollständig- keit für sich. Deshalb hat derjenige, der sich auf Abreden außerhalb des schriftlichen Vertrags beruft, diese Vermutung zu widerlegen (BGH 19.6.1985 – VIII ZR 238/84, NJW 1985, 2329). Treffen die Mietvertragsparteien nachträglich Vereinbarungen, mit der wesentliche Vertragsbestandteile geändert werden sollen, müssen sie zur Erhaltung der Schriftform des § 550 S. 1 BGB hinreichend deutlich auf den ursprünglichen Vertrag Bezug nehmen, die geänderten Regelungen aufführen und erkennen lassen, dass es im Übrigen bei den Bestimmungen des ursprünglichen Vertrages verbleiben soll (BGH 30.1.2013 – XII ZR 38/12, NZM 2013, 269).

Jede Partei darf sich grundsätzlich – auch nach jahrelanger Durchführung des Mietvertrages – darauf berufen, dass die für den langfristigen Mietvertrag vorgesehene Form nicht eingehalten ist. Es gibt grds keinen Vertrauensschutz, der Vertragspartner werde von der Kündigungsmöglichkeit wegen nicht eingehaltener Schriftform keinen Gebrauch machen (BGH 30.1.2013 – XII ZR 38/12, NZM 2013, 269; BGH 12.7.2006 – XII ZR 178/03, NJW-RR 2006, 1385; BGH 5.11.2003 – XII ZR 134/02, NJW 2004, 1103). Nur ausnahmsweise, wenn die Unwirksamkeit der vereinbarten langfristigen Vertragsdauer zu einem schlechthin untragbaren Ergebnis führen würde, kann es gemäß § 242 BGB rechtsmissbräuchlich sein, sich auf den Formmangel zu berufen. Das kann insbesondere dann der Fall sein, wenn der eine Vertragspartner den anderen schuldhaft von der Einhaltung der Schriftform abgehalten oder sich sonst einer beson- ders schweren Treuepflichtverletzung schuldig gemacht hat (BGH 30.1.2013 – XII ZR 38/12, NZM 2013, 269).

2. Mietvertrag über ein Ladenlokal

Mietvertrag über die Anmietung eines Ladenlokals[1]

zwischen

. . . . .

(Vermieter)

und

. . . . .

(Mieter)

§ 1 Mietobjekt

Vermietet werden im Haus

. . . . .

(Straße, Hausnummer)

in . . . . .

(PLZ, Ort)

folgende Räume und Nutzflächen:[2]

Bezeichnung	Anzahl und Lage (Geschoss)
Verkaufsraum	. . . . .
Büro	. . . . .
Personalraum	. . . . .
Toiletten/Waschräume	. . . . .
Lagerraum	. . . . .
Kühlraum	. . . . .
Nebenräume (zB Keller/Dachboden):	. . . . .
PKW-Stellplätze/Parkplatz	. . . . .
weitere Räume	. . . . .

§ 2 Mietzweck[3]

(1) Die Vermietung erfolgt zum Betrieb eines Ladenlokals für den Verkauf von . . . . .

(2) Eine von Ziff. (1) abweichende Nutzung der Mieträume ist dem Mieter nur mit der zuvor einzuholenden Zustimmung des Vermieters gestattet.[4]

(3) Wird der Mieter an dem Betrieb des Ladenlokals im Sinne des vertraglich festgelegten Mietzwecks aus Gründen beeinträchtigt oder gehindert, die in seiner Person, seinen betrieblichen Verhältnissen oder sonst in seiner Risikosphäre begründet liegen, bleibt er zur Fortentrichtung des Mietzinses und aller Nebenkosten verpflichtet.[5]

§ 3 Mietbeginn, Mietdauer[6] (→ Form. A.VI.1)

§ 4 Miete, Nebenkosten (→ Form. A.VI.1)

§ 5 Wertsicherungsklausel, Erhöhung der Betriebskostenvorauszahlungen
(→ Form. A.VI.1)

§ 6 Zahlung von Miete und Nebenkostenvorauszahlung, Verrechnung von Zahlungen
(→ Form. A.VI.1)

§ 7 Übergabe und Ausstattung der Mieträume[7]

(1) Die Mieträume sind vom Vermieter in einem für den Mietzweck geeigneten Zustand
zu übergeben. Für den bei Übergabe zu gewährleistenden Zustand sind zwischen den
Vertragsparteien außerhalb dieses Vertrags keine weitergehenden Herstellungs- und
Renovierungspflichten des Vermieters vereinbart worden.

(2) Zu den Mieträumen gehören folgende Einrichtungen und Anlagen:
. . . . .

(3) Die unter Ziff. (2) bezeichneten Sachen stehen und verbleiben im Eigentum des
Vermieters. Dem Mieter ist deren Nutzung im Rahmen des in § 2 (1) bezeichneten
Mietzwecks für die Dauer der Mietzeit gestattet.

§ 8 Besondere Herstellungs- und Erhaltungspflichten des Mieters (Müllentsorgung,
Vermeidung von Umweltbelastungen)

(1) Der Mieter hat auf seine Kosten und für eigene Rechnung folgende Einrichtungen zu
installieren, zu warten und zu unterhalten:[8]

– Beispiele –

(a) eine elektronische Alarmanlage, die den gesamten baulich umschlossenen Miet-
bereich absichert,[9]
(b) eine automatisch geschaltete Nachtdauerbeleuchtung, die den Eingangsbereich für
das Ladenlokal und den Schaufensterbereich ausleuchtet,[10]
(c) eine Abluftreinigung für den zum Ladenlokal gehörenden Backstand.[11]

(2) Dem Mieter obliegt es in eigener Zuständigkeit, in Abstimmung mit den hierfür
zuständigen Behörden und/oder Entsorgungsunternehmen für die Bereitstellung von Müll-
containern und für deren regelmäßige Leerung zu sorgen. In gleicher Weise obliegt dem
Mieter die komplette Entsorgung von Gefahrstoffen, Sondermüll und wiederverwertbaren
Stoffen. Sämtliche mit der Entsorgung einhergehenden Kosten trägt der Mieter unmittelbar
als Auftraggeber/Kunde der damit befassten Firmen oder Behörden. Der Mieter hat auf
jederzeitige Anforderung des Vermieters auch diejenigen durch die Entsorgung bedingten
Kosten und Abgaben auszugleichen, die dem Vermieter – ggf. in seiner Eigenschaft als
Grundstückseigentümer – unmittelbar in Rechnung gestellt werden. Werden solche Kosten
in einem Umfang erhoben, der nicht allein die mit diesem Vertrag angemietete Mietsache
betrifft, trägt der Mieter denjenigen Anteil, der anteilig auf die von ihm innegehaltene
Nutzfläche im Verhältnis zur gesamten Nutzfläche des Objekts entfällt.[12]

(3) Jedwede Belastung der Umwelt durch Lärm, Geruch, Abfälle und sonstige Stoffe ist
unter Beachtung der Rechte Dritter und der einschlägigen Gesetze und Verordnungen
auf das bei vertragsgemäßem Mietgebrauch unbedingt erforderliche Ausmaß zu beschränken.[13]

(4) Der Mieter hat auf eigene Kosten dafür Sorge zu tragen, dass die Mieträume und Nutzflächen von Ungeziefer jeglicher Art freigehalten werden. Hierzu gehören auch regelmäßige Vorbeugungsmaßnahmen, die mindestens einmal jährlich fachgerecht durchzuführen sind.

§ 9 Besondere Gebrauchsbefugnisse des Mieters[14] (Werbemaßnehmen, Ausstattung des Ladenlokals)

(1) Der Mieter ist Rahmen des vertraglichen Mietzwecks zu folgenden Maßnahmen berechtigt:

– Beispiele –

Dem Mieter ist es gestattet, an der straßenseitig gelegenen Gebäudefront . . . . . Werbeschilder mit einer Größe von maximal . . . . . installieren.
Der Mieter darf im Bereich . . . . . ein Firmenschild mit einer maximalen Gesamtfläche von . . . . . anbringen. Firmenbezeichnung und Firmenlogo können auf diesem Schild als Neonbeleuchtung ausgestaltet sein. Optische Zusatzeffekte – zB als grafische Lichtgestaltung oder als Neonwechselbeleuchtung mit unterschiedlichen Farben und Schriften – sind nicht gestattet.[15]

(a) Die straßenseitig gelegenen Schaufenster dürfen vom Mieter mit Textilmarkisen mit dem aufgedruckten Firmennamen des Mieters versehen werden.
Im Bereich . . . . . darf der Mieter eine Werbetafel mit einer maximalen Größe von . . . . . für die Produkt- und Aktionswerbung anbringen.

(2) Sämtliche nach Ziff. (1) gestatteten Einrichtungen sind vom Mieter auf eigene Kosten und für eigene Rechnung fachgerecht herzustellen, zu warten, zu sichern und in einwandfreiem optischen und technischen Zustand zu erhalten.[16] Der Mieter stellt den Vermieter von jeglicher Inanspruchnahme frei, die im Zusammenhang mit den bezeichneten Einrichtungen und den vorstehend aufgeführten Mieterpflichten steht.[17]

(3) Die Gestattung der in Ziff. (1) bewilligten Maßnahmen ergeht unter Ausschluss jeglicher Zusicherung und Gewähr für ihre Realisierbarkeit sowie vorbehaltlich der Rechte Dritter, öffentlich rechtlicher Verbote, Auflagen, Beschränkungen und Genehmigungen. Die fehlende Durchführbarkeit der Maßnahmen begründet für den Mieter kein wie auch immer geartetes Gegenrecht.

(4) Etwa erforderliche Zustimmungen oder Genehmigungen hat der Mieter auf eigene Kosten einzuholen. Der Vermieter sagt seine Mitwirkung zu, soweit es ihrer für die Einholung von Zustimmungen oder Genehmigungen oder für die in Ziff. (2) bezeichneten Vorkehrungen bedarf.

§ 10 Vom Mieter besonders zu beachtende Verhaltenspflichten[18]

– Beispiele –

(1) Warenanlieferungen haben ausschließlich in der Zeit von . . . . . Uhr bis . . . . . Uhr zu erfolgen.[19]

(2) Der Betrieb von Außenlautsprechern ist weder für Musikdarbietungen noch für Durchsagen gestattet. Innerhalb des Ladenlokals ist der Musik- und Lautsprecherbetrieb so zu gestalten, dass die Störung von Nachbarn und anderen Mietern ausgeschlossen ist.

(3) Der Mieter hat durch regelmäßige Kontrollen sicherzustellen, dass der vor dem Ladenlokal befindliche Bürgersteig von Essensresten und Verpackungsmaterial freigehal-

ten wird. Abfallbehältnisse sind vom Mieter in ausreichender Anzahl bereitzustellen und regelmäßig zu leeren.[20]

§ 11 Aufrechnung, Zurückbehaltungsrecht (→ Form. A.VI.1)

§ 12 Betriebskostenabrechnung (→ Form. A.VI.1)

§ 13 Mietkaution (→ Form. A.VI.1)

§ 14 Erhaltung und Instandsetzung der Mieträume, Anzeige von Mängeln und Gefahren (→ Form. A.VI.1)

§ 15 Betreten der Mieträume (→ Form. A.VI.1)

§ 16 Bauliche Eingriffe und Veränderungen (→ Form. A.VI.1)

§ 17 Wegnahme von Einrichtungen, Rückbau, Aufwendungsersatz (→ Form. A.VI.1)

§ 18 Kündigung (→ Form. A.VI.1)

§ 19 Rückgabe der Mietsache, Nutzungsentschädigung (→ Form. A.VI.1)

§ 20 Ausschluss von § 545 BGB (→ Form. A.VI.1)

§ 21 Untervermietung, Ausschluss von § 540 Abs. 1 S. 2 BGB

(1) Dem Mieter ist die Untervermietung von Teilen der Mietfläche mit folgender Maßgabe gestattet:[21]

– Beispiele –

Eine Teilfläche von bis zu . . . . . qm kann an einen Backbetrieb für den Vertrieb von Back- und Konditoreiwaren untervermietet werden.
Eine Teilfläche von bis zu . . . . . qm kann an einen Schnellservice für Schuhreparaturen und Schlüsseldienst untervermietet werden.
Eine Teilfläche von bis zu . . . . . qm kann für den Betrieb eines Blumenstands untervermietet werden.
Auf dem Parkplatz darf ein Stellplatz von bis zu maximal . . . . . qm als Verkaufsstand für . . . . . untervermietet werden.

(2) Jede Untervermietung hat unter Wahrung der mit diesem Vertrag festgelegten Verhaltensmaßregeln, Duldungs- und Unterlassungspflichten zu erfolgen, deren Beachtung der Mieter jedem Untermieter vertraglich aufzugeben und ihm gegenüber durchzusetzen hat.[22] Die Gestattung der Untervermietung nach Ziff. (1) erfolgt unter Ausschluss jeglicher Zusicherung und Gewähr für die Realisierbarkeit des damit vom Mieter oder Untermieter bezweckten Erfolgs sowie vorbehaltlich der Rechte Dritte, öffentlich rechtlicher Verbote, Auflagen, Beschränkungen und Genehmigungen. Die fehlende Durchführbarkeit der Untervermietung nach Ziff. (1) begründet für den Mieter kein wie auch immer geartetes Gegenrecht.

(3) Soweit die Untervermietung nicht nach Ziff. (1) ausdrücklich vorgesehen ist, ist dem Mieter die Untervermietung der Mieträume oder von Teilen hiervon nur mit der ausdrücklichen Zustimmung des Vermieters gestattet.

(4) Die weitergehende Zustimmung des Vermieters zur Untervermietung kann der Mieter nur ausnahmsweise und nur bei Vorliegen von Gründen verlangen, die ein besonders schwer wiegendes berechtigtes Interesse an der Untervermietung begründen. Zur Begründung eines solches Interesses ist der Mieter insbesondere mit solchen Umständen ausgeschlossen, deren Eintritt bereits bei Begründung des Mietverhältnisses feststand oder bei sorgfältiger Geschäftsführung und -planung konkret absehbar war.

(5) Um die Erteilung der Zustimmung zur Untervermietung hat der Mieter den Vermieter mindestens drei Monate vor Beginn des Untermietverhältnisses schriftlich zu ersuchen. Mit diesem Ersuchen ist der in Aussicht genommene Untermieter mit seinem Namen (ggf. dem der ihn vertretenden Personen), Anschrift und Gewerbe zu benennen. Außerdem sind im Einzelnen diejenigen Gründe anzuführen, die ein berechtigtes Interesse im Sinne von Ziff. (4) begründen sollen.

(6) Der Vermieter kann die Zustimmung zur Untervermietung auch bei Vorliegen eines berechtigten Interesses auf Seiten des Mieters im Sinne von Ziff. (2) aus wichtigem Grunde versagen. Versagungsgründe können sowohl in der Person oder dem Gewerbe des Untermieters als auch in seinen persönlichen und wirtschaftlichen Verhältnissen oder in den persönlichen und wirtschaftlichen Belangen des Vermieters begründet liegen. Selbst eine unberechtigte Versagung der Zustimmung zur Untervermietung berechtigt den Mieter nicht zur eigenmächtigen Gebrauchsüberlassung an Dritte. Zur Durchsetzung einer Zustimmung wird der Mieter auf den Klageweg verwiesen.

(7) Verweigert der Vermieter die Zustimmung zur Untervermietung, obwohl die Voraussetzungen gemäß diesem Vertrag erfüllt sind und ein Versagungsgrund nicht gegeben ist, kann der Mieter das Mietverhältnis außerordentlich mit der gesetzlichen Frist kündigen.

§ 22 Ankündigungsfrist (→ Form. A.VI.1)

§ 23 Vertragsänderung, Nebenabreden (→ Form. A.VI.1)

. . . .

(Vermieter)   (Mieter)

Anmerkungen

1. Die Anmerkungen zu den Formularen, die gegenüber dem Standardvertrag (→ Form. A.VI.1) spezielle Regelungsinhalte vermitteln sollen, behandeln jeweils nur die Besonderheiten des jeweiligen Vertragstyps. Soweit die vertraglichen Regelungen im Wesentlichen allgemeinen mietrechtlichen Grundsätzen folgen oder gegenüber den Vorschlägen zur Ausgestaltung des Standardvertrags keine wesentlichen Abweichungen aufweisen, wird auf die Ausführungen zu → Form. A.VI.1 verwiesen.

Das vorliegende Formular greift allgemeine Fragen zur Vermietung eines einzelnen Ladenlokals auf. Spezieller Regelungsbedarf kann sich ergeben, wenn das Mietobjekt Bestandteil eines größeren baulichen und organisatorischen Zusammenschlusses von Geschäften und anderen Gewerbeobjekten (zB in einem Einkaufszentrum) ist → Form. A.VI.3.

2. Die Bezeichnung der Mieträume sollte insbesondere bei Vorhandensein mehrerer Ladenlokale oder anderer Mieter, bei der Anmietung von Teilflächen in unterschiedlichen Gebäuden oder Gebäudeteilen und bei nicht eindeutig voneinander abgegrenzten Mietflächen und Funktionsbereichen möglichst detailliert sein, um dem Streit über den Mietgegenstand und den Umfang des Mietgebrauchs vorzubeugen. Daneben wird meist die Angabe der **Mietfläche** zu regeln sein (zur Aufkündbarkeit eines gewerblichen Mietverhältnisses mangels Wahrung der Schriftform infolge eines unzureichenden Mietflächen-plans vgl. BGH 30.4.2014 – XII ZR 146/12, NZM 2014, 47).

Da Ladenlokale häufig nicht das einzige Mietobjekt in einem Gebäude sind, können besondere Einzelregelungen erforderlich werden, um eine Abgrenzung zum Mietgebrauch anderer Gewerberaum- und/oder Wohnungsmieter zu erzielen und die Nutzungsbefug-nisse in Bezug auf Neben- und Gemeinschaftsflächen festzulegen. Die Parteien sollten aus Gründen der Vertragssicherheit ausdrücklich regeln, ob sich die vertraglichen Nutzungs-befugnisse auch auf **Nebenräume** (Speicher, Keller, Hof, Garten usw) oder auf **Gemein-schaftsflächen** (Flure, Passagen, Treppenhäuser, Parkplätze usw) erstrecken.

Bei der Vermietung von Geschäftsräumen erstreckt sich das Recht des Mieters zur Nutzung der gemieteten Räume aber auch ohne besondere vertragliche Regelungen auf das Recht zur **Mitbenutzung der Grundstücksgemeinschaftsflächen**, die nicht unmittel-barer Bestandteil der jeweiligen Mietfläche sind (BGH 10.11.2006 – V ZR 46/06, NJW 2007, 146; OLG Düsseldorf 23.11.2010 – 24 U 67/10, ZMR 2011, 867). Bei Raummiet-verhältnissen umfasst die Leistungspflicht des Vermieters die Mitüberlassung derjenigen Teile des Gebäudes und des Grundstücks, die zum ungestörten Mietgebrauch erforderlich sind. Auf ausdrückliche vertragliche Vereinbarungen kommt es insoweit grds nicht an (BGH 10.11.2006 – V ZR 46/06, NJW 2007, 146; KG 20.8.2012 – 8 U 168/12, ZMR 2013, 181; OLG Düsseldorf 5.5.2009 – 24 U 153/08, Grundeigentum 2009, 1187). Erfasst sind Zugangswege, Eingangstüren, Aufzüge, das Treppenhaus und Flure, ggf. auch Parkplätze und Ruhezonen (KG 20.8.2012 – 8 U 168/12, ZMR 2013, 181; Palandt/*Weidenkaff* BGB § 535 Rn. 16; Schmidt-Futterer/*Eisenschmidt* BGB § 535 BGB Rn. 25). Diese Flächen und Räume, die der Mieter nur mitbenutzen darf, sind jedoch nicht mitvermietet (KG 20.8.2012 – 8 U 168/12, ZMR 2013, 181; KG 3.12.1998 – 8 U 3716/98, Grundeigentum 1999, 252). Die Nutzung dieser Flächen ist grds mit dem vereinbarten Mietzins abgegolten.

Umstritten ist, ob der Mieter durch den Gebrauch an solchen Flächen (Mit-)Besitz erlangt und damit **Besitzschutzansprüche** gegenüber dem Vermieter geltend machen kann. Ohne besondere vertragliche Absprachen dürfte ein Recht zum Mitbesitz zu verneinen sein (KG 20.8.2012 – 8 U 168/12, ZMR 2013, 181; MüKoBGB/*Joost* § 866 Rn. 3, der sich aber wohl zu Unrecht auf BGHZ 62, 243 stützt, weil dort vertragliche Abreden zugrunde lagen). Andernfalls würde die Reichweite der mietvertraglichen Besitzrechte in ganz unbestimmter Weise erweitert, und zwar auf einen ggf. großen Personenkreis. Außerdem ist anerkannt, dass nicht jedes Nutzungsrecht vertraglichen oder besitzrechtlichen Bestandsschutz genießt. Die bloße Erlaubnis einer bestimmten Nutzung kann ggf. auf Gefälligkeit beruhen und aus sachlichen Gründen widerrufen werden (LG Berlin 26.5.2011 – 67 S 70/11, nebst Anm. *Pfeilschifter* WuM 2012, 13).

Es ist aber nicht ausgeschlossen, dass die Mietvertragsparteien auch **besondere Regelun-gen für die (Sonder-)Nutzung von Gemeinschafts- bzw. Nebenflächen** treffen, etwa der-gestalt, dass diese anteilig als Mietgegenstand definiert werden. In diesem Rahmen wird es für möglich gehalten, für solche Flächen einen gesonderten Mietzins auszuweisen (KG ZMR 2004, 752; vgl. auch OLG München 19.5.1998 – 5 U 5828/97, nv; OLG Düsseldorf NJW-RR 2000, 1681). Das kann insbesondere dann naheliegen und auch wirtschaftlich gerechtfertigt sein, wenn (Teil-)Flächen mietgerecht – etwa als Verkaufs- und Werbeflä-che, Warteräume oder sonstige dem Mietgebrauch dienliche Funktionsflächen – ausgestal-tet sind oder so vom Mieter hergerichtet und genutzt werden dürfen.

Ob die Vermietung von Geschäftsräumen auch die **Nutzung der Außenwände zu Werbezwecken** umfasst, ist im Wege der Auslegung (§§ 133, 157, 242 BGB) nach Treu und Glauben mit Rücksicht auf die örtliche Verkehrssitte festzustellen, wenn der Miet-vertrag hierzu keine ausdrückliche Vereinbarung enthält (OLG Zweibrücken 27.5.2010 – 8 U 448/09, BeckRS 2010, 15573; OLG Saarbrücken 31.3.2005 – 8 U 581/04, MDR 2005, 1283). § 535 Abs. 1 BGB gewährleistet nur den vertragsgemäßen Gebrauch. Es unterliegt grundsätzlich der Dispositionsfreiheit des Vermieters, welche Gebrauchsrechte er für welche Bereiche vertraglich gewähren will. Die aus reichsgerichtlichen Zeiten (RGZ 80, 281) überkommene Regel, dass ein gewerblicher Mieter berechtigt sei, die Außenfläche der Mieträume bis zur unteren Fensterkante des darüber liegenden Stockwerks zu nutzen, dürfte eher gegriffen und derzeit überholt sein. Ein dem Vertrag innewohnendes Gebrauchsrecht zur Gestaltung der Außenfassade und anderer Außenbereiche wird umso eher zu verneinen sein, je mehr das Gesamtobjekt – oft mit großem baulichem und gestalterischem Aufwand – ein **individuell einheitliches Erscheinungsbild** aufweist, das etwa durch die willkürliche Installation von Werbetafeln, Markisen oder Neonbeleuchtungen unterschiedlicher Mieter nachhaltig gestört würde. Ortsübliche Gepflogenheiten, zB bei der Ausstattung von Ladenlokalen in einem Altstadtbereich, mögen gelegentlich auszumachen sein.

Wenn der Mieter Nutzflächen, die nicht zweifelsfrei zu den ihm zugewiesenen Mieträumen gehören, eigenen Gebrauchszwecken zuführen will, sollte das im Zweifel ausdrücklich vereinbart werden. Solche Nutzungsbefugnisse regeln § 9 und noch spezieller → Form. A.VII.11 zu Vereinbarungen über die Gestaltung von Außenwerbung.

3. Beeinträchtigungen des Mietzwecks können vielfältige Probleme aufwerfen. Erforderliche Genehmigungen und Konzessionen, die für den konkreten Mietgebrauch erforderlich sind, sollten möglichst vor Vertragsschluss erteilt oder gesichert sein.

Öffentlich-rechtliche Gebrauchshindernisse können den Mietgebrauch beeinträchtigen oder gänzlich vereiteln. Solche Gebrauchshindernisse stellen den Bestand und die wirtschaftlich tragfähige Abwicklung eines Mietverhältnisses von vornherein in Frage und sollten vor Vertragsschluss jedenfalls geklärt sein.

Öffentlich-rechtliche Gebrauchshindernisse und Gebrauchsbeschränkungen, die dem vertragsgemäßen Gebrauch eines Mietobjekts entgegenstehen, begründen nach der Rechtsprechung des Bundesgerichtshofs dann einen **Sachmangel** im Sinne der §§ 536 ff. BGB, wenn sie auf der konkreten Beschaffenheit der Miet- oder Pachtsache beruhen und nicht in persönlichen oder betrieblichen Umständen des Mieters/Pächters ihre Ursache haben (st. Rspr. vgl. BGH 2.11.2016 – XII ZR 153/15, NZM 2017, 73; BGH 13.7.2011 – XII ZR 189/09, NZM 2011, 727; BGH 15.10.2008 – XII ZR 1/07, NJW 2009, 124; BGH 24.10.2007 – XII ZR 24/06, ZMR 2008, 274; BGH 2.3.1994 – XII ZR 175/92, ZMR 1994, 253; BGH 23.9.1992 – XII ZR 44/91, NJW 1992, 3226; KG Berlin 23.6.2016 – 8 U 62/15, Grundeigentum 2016, 1504; OLG Celle OLGR 1999, 283; OLG München OLGR 1995, 205).

Bei öffentlich-rechtlichen Beschränkungen kann die **Abgrenzung zwischen Sach- und Rechtsmängeln** schwierig sein. Öffentlich rechtliche Gebrauchsbeschränkungen oder Verbote werden aber grundsätzlich – in dieser Allgemeinheit rechtsdogmatisch fraglich – nicht dem Begriff des Rechtsmangels unterstellt (vgl. Palandt/*Weidenkaff* BGB § 536 Rn. 27). Rechtspraktisch wirkt sich diese Frage im mietrechtlichen Bereich aber nicht aus, weil sich die Rechtsfolgen aus beiden Mangelarten entsprechen (§ 536 Abs. 3 BGB).

Das Risiko von Nutzungsbeschränkungen, welche die Mietsache als solche betreffen, trägt der Vermieter. Dies gilt grundsätzlich auch dann, wenn eine Klausel bestimmt, dass der Mieter auf seine Kosten sämtliche Genehmigungen für seinen Betrieb einzuholen hat (OLG München OLGR 1995, 205; *Burbulla*, Aktuelles Gewerberaummietrecht, I. Gewährleistung des Vermieters, Rn 64 ff.). Ergeben sich aufgrund von gesetzgeberischen Maßnahmen **während eines laufenden Mietverhältnisses** Beeinträchtigungen im vertragsmäßigen Gebrauch eines gewerblichen Objekts, kann dies nachträglich einen Mangel iSv §§ 536 Abs. 1 S. 1, 581 Abs. 2 BGB begründen. Voraussetzung hierfür ist jedoch wiederum, dass die durch die gesetzgeberische Maßnahme bewirkte Gebrauchsbeschränkung unmittelbar mit der konkreten Beschaffenheit, dem Zustand oder der Lage des Mietobjekts in Zusammenhang steht.

Fehlt eine erforderliche behördliche Genehmigung zur vertraglich vorgesehenen Nutzung des Mietobjekts, so liegt ein Sachmangel (ein die Gebrauchsfähigkeit der Mietsache beeinträchtigender Umstand im Sinne von § 542 BGB) aber noch nicht vor, wenn **die Behörde die tatsächliche Nutzung unbeanstandet** lässt (BGH 20.1.2013 – XII ZR 77/12, NZM 2014, 165; 2.11.2016, XII ZR 153/15, NJW 2017, 1104; OLG Dresden 1.6.2017 – 5 U 477/17, ZMR 2017, 880; OLG Düsseldorf DWW 2005, 235; OLG Düsseldorf DWW 2006, 240; OLG Düsseldorf OLGR 2006, 716; OLG Düsseldorf 28.10.2010 – I-24 U 28/10, ZMR 2011, 795; OLG Düsseldorf 4.5.2010 – I-24 U 195/09, juris; *Günter* NZM 2016, 569). Öffentlich-rechtliche Beschränkungen müssen sich also faktisch auswirken und nicht nur rechtlich auf das Mietverhältnis ausstrahlen. Die zuständige Behörde muss daher die Nutzung des Mietobjektes in der erforderlichen Form untersagt haben oder es muss ein behördliches Einschreiten sicher zu erwarten sein.

Allerdings kann ein möglicher Sachmangel im Einzelfall auch darin gesehen werden, dass eine **lang währende Unsicherheit** über die Zulässigkeit der behördlichen Nutzungsuntersagung die begründete Besorgnis bewirkt, das Grundstück nicht zum vertragsgemäßen Gebrauch nutzen zu können (BGH 20.1.2013 – XII ZR 77/12, NZM 2014, 165; 2.11.2016, XII ZR 153/15, NJW 2017, 1104; OLG Dresden 1.6.2017 – 5 U 477/17, ZMR 2017, 880; OLG Düsseldorf 30.12.2011 – I-24 U 76/11, MDR 2012, 705). Zur Kündigung ohne vorheriges Abhilfeverlangen gegenüber dem Vermieter kann der Mieter daher berechtigt sein, wenn ihm durch eine Ordnungsverfügung – ggf. mit Zwangsmittelandrohung – die bisherige Nutzung untersagt wird (BGH 2.11.2016 – XII ZR 153/15, NZM 2017, 73).

Das Risiko der Genehmigungsfähigkeit des Mietgebrauchs kann in Formularverträgen nicht schlechthin auf den Mieter abgewälzt werden (BGH 22.6.1988 – VIII ZR 232/87, NJW 1988, 2664). Soweit sich die Beibringung einer Genehmigung als anfänglich unmöglich darstellt, bleibt der Mietvertrag grundsätzlich wirksam. Auf eine unmögliche Leistung abzielende Verträge sind nicht per se nichtig. Die Rechtsfolgen bei anfänglicher Unmöglichkeit ergeben sich nunmehr aus dem allgemeinen Recht der Leistungsstörungen. Schadensersatz ist dabei nach Maßgabe der §§ 280 ff. BGB zu leisten. Es kann ggf. ein wichtiger Grund zur außerordentlichen fristlosen Kündigung im Sinne von § 543 Abs. 1, Abs. 2 Nr. 2 BGB vorliegen. Kein Fall der Unmöglichkeit ist die Verhinderung des Mieters im Sinne von § 537 Abs. 1 S. 1 BGB, wenn ein in seiner Person oder Risikosphäre liegender Verhinderungsgrund gegeben ist (zum Gebrauchshindernis vor Mietbeginn vgl. BGH 14.1.1990 – VIII ZR 13/90, NJW-RR 1991, 267 sowie zu → Anm. 5).

4. Die **Festlegung des vertraglichen Mietzwecks** kann besondere Bedeutung im Rahmen der **Konkurrenzschutzproblematik** gewinnen. Wenn der Ladenmieter seine betriebliche Praxis in Abweichung vom vertraglich zugrunde gelegten Geschäftsbereich abändert und andere Waren vertreibt, indiziert dies die Gefahr von Kollisionen mit den Geschäftsinteressen anderer Mieter im selben Objekt, denen der Vermieter möglicherweise ausdrücklichen oder immanenten Konkurrenzschutz zu gewähren hat. Zu dieser Problematik → Form. A.VI.3 Anm. 6–9.

5. Die Regelung entspricht im wesentlichen § 537 Abs. 1 BGB und hat klarstellenden Charakter mit der Zielrichtung, dass der Mieter sich nicht auf Abreden berufen kann, der Vertragszweck erfasse – ggf. im Sinne der Geschäftsgrundlage – auch einen anderen Mietgebrauch. Ohne besondere Vereinbarungen befreit den Mieter auch eine unverschuldete persönliche Verhinderung nicht von der Pflicht zur Entrichtung des Mietzinses (BGH 14.1.1990 – VIII ZR 13/90, NJW-RR 1991, 267).

Der Vermieter einer Gewerbefläche kann von dem Mieter das **Unterlassen eines vertragswidrigen Gebrauches** verlangen, und zwar auch im Wege der einstweiligen Verfügung, wenn dies unter Abwägung der gegenseitigen Interessen zur Vermeidung größerer Schäden für den Vermieter geboten ist (OLG Schleswig 15.11.2013 – 1 U 128/13 mwN).

6. Sämtliche Vertragsbestimmungen, die nur mit der Überschrift wiedergegeben werden, können mit den Vorschlägen zum **Standardvertrag** ergänzt werden (→ Form. A.VI.1).

7. Der Vermieter hat auch für die **Mängelfreiheit** im Übrigen einzustehen. Die Mietsache muss frei von Sachmängeln (§ 536 Abs. 1 BGB) und Rechtsmängeln (§ 536 Abs. 3 BGB) sein und die zugesicherten Eigenschaften aufweisen (§ 536 Abs. 2 BGB). Ein **Sachmangel** als ein der Mietsache körperlich anhaftender Fehler liegt nach dem Gesetz vor, wenn die Tauglichkeit zum vertragsgemäßen Gebrauch aufgehoben oder gemindert ist. Klassische Beispiele für **Rechtsmängel** sind die Vermietung eines bereits vermieteten Objekts, die unerlaubte Untervermietung und die gegen die Teilungserklärung einer Eigentümergemeinschaft verstoßende (Unter-)Vermietung (vgl. MAH MietR/*Inzinger* § 18 Rn. 20 ff.).

Ein (Sach-)Mangel der Mietsache ist nur dann anzunehmen, **wenn die Ist-Beschaffenheit des Mietobjekts von der Soll-Beschaffenheit abweicht.** Es sind allein die Vertragsparteien, die durch die Festlegung des dem Mieter jeweils geschuldeten vertragsgemäßen Gebrauchs bestimmen, welchen Soll-Zustand die vermietete Sache spätestens bei Überlassung an den Mieter aufweisen muss (BGH 5.11.2014 – XII ZR 15/12, NZM 2015, 84; 18.12.2013 – XII ZR 80/12, NJW 2014, 685). Wenn es an konkreten vertraglichen Absprachen fehlt, ist die nach dem Vertrag geschuldete Beschaffenheit der Mietsache im Wege der Auslegung zu ermitteln. Dabei ist regelmäßig auf den Standard bei Vertragsschluss abzustellen (BGH 19.12.2012 – VIII ZR 152/12, NZM 2013, 184; 10.2.2010 – VIII ZR 343/08, NZM 2010, 356; 10.5.2006 – XII ZR 23/04, NZM 2006, 582; 7.6.2006 – XII ZR 34/04, NZM 2006, 626).

Was zur standardgerechten Ausstattung der Mietsache gehört, muss nicht notwendig vertraglich geregelt sein, sondern kann sich aus den objektiven Gegebenheiten und aus der Verkehrsanschauung ergeben. Es gehört zu dem vom Vermieter zu gewährleistenden **Mindeststandard,** dass bei gewerblichen Mieträumen (wie auch bei Wohnräumen) die Versorgung mit Wärme, Energie und Wasser gesichert ist. Ein unter diesem Mindeststandard liegender Zustand ist nur dann vertragsgemäß, wenn er eindeutig vereinbart ist. Dafür, dass eine derartige vom Mindeststandard abweichende Vereinbarung getroffen wurde, trägt der Vermieter die Darlegungs- und Beweislast (BGH 10.2.2010 – VIII ZR 343/08, NZM 2010, 356; 20.1.1993 – VIII ZR 22/92, NJW-RR 1993, 522).

Neben Mängeln, die der Mietsache als solcher anhaften, können sich auch **Störungen und Gefahrenquellen außerhalb der Mieträume** negativ auf den Mietgebrauch auswirken. Einwirkungen, welche die Mietsache oder den Mietgebrauch von außen beeinträchtigen, können als **Umweltfehler** einen Mangel begründen (BGH 19.12.2012 – VIII ZR 152/12, NZM 2013, 184).

Wenn der Mietvertrag – wie im Beispielsfall – ein vom Kundenverkehr abhängiges Mietobjekt zum Gegenstand hat, kann der **ungehinderte und bequeme Zugang** des Publikums für die Gebrauchstauglichkeit unmittelbar bestimmend sein (BGH 16.2.2000 – XII ZR 279/97, NZM 2000, 492; BGH 1.7.1981 – VIII ZR 192/80, WM 1981, 1113), desgleichen die **Erreichbarkeit des Mietobjekts für Lieferanten** (OLG Köln 11.6.2010 – 1 U 66/09, ZMR 2010, 850). Für die Annahme einer Beschaffenheitsvereinbarung bezüglich eines sogenannten Umweltfehlers reicht es jedoch nicht aus, dass der Mieter bei Vertragsschluss einen von außen auf die Mietsache einwirkenden Umstand in einer für ihn vorteilhaften Weise wahrnimmt und er sich (möglicherweise auch) wegen dieses Umstands dafür entscheidet, das Objekt anzumieten. Zur konkludent geschlossenen Beschaffenheitsvereinbarung wird ein solcher Umstand nur, wenn der Vermieter aus dem Verhalten des Mieters nach dem objektiv zu bestimmenden Empfängerhorizont (§§ 133, 157 BGB) erkennen musste, dass der Mieter die Fortdauer des bei Vertragsschluss bestehenden Umstands über die unbestimmte Dauer des Mietverhältnisses hinweg als maßgebliches Kriterium für den vertragsgemäßen Gebrauch ansieht, und der Vermieter dem zustimmt. Eine einseitig gebliebene Vorstellung des Mieters genügt nicht (BGH 19.12.2012 – VIII ZR 152/12, NZM 2013, 184).

Der Geschäftsraummieter kann allerdings nicht jeden ihm nachteilig erscheinenden Aspekt, der sich aus der Einbettung seines Betriebs in ein bestimmtes räumliches und rechtliches Umfeld ergibt, als Fehler der Mietsache behandeln. Das Verwendungsrisiko (Unternehmerrisiko) trägt er grundsätzlich selbst. Der **Mangel muss der Mietsache unmittelbar anhaften** und darf nicht allein in den persönlichen oder betrieblichen Verhältnissen des Mieters oder seiner subjektiven Einstellung zu bestimmten Umständen begründet liegen (vgl. Palandt/*Weidenkaff* BGB § 536 Rn. 16 mwN). Welche Beeinträchtigungen als „unmittelbar" zu behandeln sind, ist nicht einfach zu bestimmen. Die zeigt sich an der Rechtsprechung zu solchen Fallgestaltungen, bei denen sich **Bauarbeiten** nachteilig auf den Betrieb eines Ladenlokals auswirken. Es herrscht eine kaum überschaubare und uneinheitliche Kasuistik:

- KG 15.5.2014 – 8 U 12/13, Grundeigentum 2014, 934 (auf derselben Linie: OLG München 15.3.2018 – 32 U 872/17, BeckRS 2018, 30329): Für eine unmittelbaren Beeinträchtigung der Mietsache genügt eine Zugangsbehinderung etwa durch in der näheren Umgebung des Ladenlokals ausgeführte Bauarbeiten.
- OLG Dresden 18.12.1998 – 5 U 1774/98, NZM 1999, 317: Wird ein Geschäftslokal an einem zentralen innerstädtischen Platz vermietet und ist dieser Platz faktisch in eine Baugrube verwandelt und liegt über Monate und Jahre brach, stellt dies einen die Gebrauchstauglichkeit der Mietsache unmittelbar beeinträchtigenden Umstand dar, und zwar auch dann, wenn das Geschäft noch über Holzstege für Fußgänger erreichbar ist.
- OLG Düsseldorf 18.11.1997 – 24 U 261/96, NZM 1998, 481: Der Mieter eines Geschäftslokals ist nicht deshalb zur Kündigung des Mietvertrages berechtigt, weil die Zugänglichkeit seines Geschäfts durch Straßenbauarbeiten beeinträchtigt wird. Diese Beeinträchtigung stellt keinen Mangel der Mietsache im Sinne der §§ 537, 542 BGB dar, denn das Risiko, dass sich auf Grund welcher Umstände auch immer (allgemeiner Attraktivitätsverlust des Gebietes, Ansiedlung marktstarker Konkurrenten, Verkehrsmaßnahmen) die Kunden verlaufen, trägt allein der Mieter.
- LG Hamburg 16.6.2004 – 311 O 291/03, NZM 2004, 948: Eine Formularklausel, nach der keine Mietminderung eintreten soll, wenn die gewerbliche Nutzung von Räumen durch vom Vermieter nicht zu vertretende Umstände (zB Verkehrsumleitung, Straßensperrungen, Bauarbeiten in der Nachbarschaft usw) beeinträchtigt wird, schließt die Rückforderung der wegen eines solchen Mangels überzahlten Miete nicht aus.
- OLG Hamburg 2.4.2003 – 4 U 57/01, ZMR 2004, 432): Ein Haftungsausschluss für vom Vermieter nicht zu vertretende Umweltfehler ist zulässig.
- OLG München 26.3.1993 – 21 U 6002/92, NJW-RR 1994, 654: Vor der Anmietung (eines Geschäftsraumes) in ihrem Ausmaß erkennbare, in die Mietzeit fallende Baumaßnahmen auf einem Nachbargrundstück, die den Gebrauchswert der Mietsache nachhaltig beeinträchtigen, rechtfertigen mangels entgegenstehender Vereinbarung keine Mietminderung.

Ein **formularmäßiger Ausschluss der Gewährleistungsrechte aus §§ 536 ff. BGB** ist nur in den Grenzen aus § 307 BGB möglich. Wichtig ist dabei die Unterscheidung zwischen **anfänglichen und nachträglich auftretenden bzw. verdeckten Mängeln** der Mietsache. Ein umfassender Gewährleistungsausschluss ist nach § 307 BGB unwirksam, wenn damit die Gewährleistung sowohl für anfängliche wie auch für nachträglich auftretende Mängel ausgeschlossen werden soll (BGH 24.10.2001 – VIII ARZ 1/01, NZM 2002, 116 mwN).

Bei **anfänglichen Mängeln** kann eine Beschränkung der Gewährleistung in erweitertem Umfang geschehen, denn der Mieter kennt den Mangel bei Vertragsschluss oder kann sich im Regelfall hinreichende Kenntnisse verschaffen. Entscheidend für die Einstufung als anfänglicher Mangel ist nicht, wann durch den vorhandenen Mangel ein Schaden entstanden ist, sondern dass der Mangel bereits bei Vertragsschluss vorhanden war. Das ist auch dann der Fall, wenn der Mangel und die daraus folgende Gefahr dem Mieter bei Vertragsschluss noch nicht bekannt waren. Die Abgrenzung zwischen der auf einem anfänglichen Mangel beruhenden Garantiehaftung und der verschuldensabhängigen Haftung aufgrund eines nachträglich entstandenen Mangels kann allerdings schwierig sein, wenn ein Bauteil der Mieträume erst später funktionsuntüchtig geworden ist. Beruht dies allein auf Alterungs- oder Verschleißprozessen, entsteht der Mangel erst später mit dem Verschleiß (BGH 21.7.2010 – XII ZR 189/08, NZM 2010, 668).

§ 536a Abs. 1 BGB ist dispositiv, so dass individualvertraglich abweichende Abreden in den Grenzen der §§ 536d, 138, 242 BGB zulässig sind. Die **verschuldensunabhängige Garantiehaftung** des § 536a Abs. 1 1. Alt. BGB kann nach der Rechtsprechung des Bundesgerichtshofs auch durch Formularverträge wirksam abbedungen werden (BGH 21.7.2010 – XII ZR 189/08, NZM 2010, 668; BGH 3.7.2002 – XII ZR 327/00, NJW 2002, 3232; BGH 27.1.1993 – XI ZR 141/91, NJW-RR 1993, 519; BGH 4.10.1990 – XII ZR 46/90, NJW-RR 1991, 74).

Wenn der Vermieter sich von einer Inanspruchnahme wegen anfänglicher Mängel entlasten will, wird diesseits empfohlen, bekannte Mängel im Vertrag ausdrücklich anzuführen und Ansprüche des Mieters ausdrücklich auszuschließen. Dadurch wird der vertraglich geschuldete Sollzustand festgeschrieben. Dies empfiehlt sich namentlich bei solchen Gegebenheiten, bei denen die Fehlereigenschaft und damit der Umfang der Bereitstellungspflicht des Vermieters nicht auf der Hand liegen. Solche Regelungen sieht → Form. A.VI.5 in § 3 (2) vor. Entsprechend verhält es sich mit Klauseln, hinsichtlich derer eine ausdrückliche Herstellungspflicht des Mieters geregelt wird. Solche Regelungen finden sich in § 8 des Form. → Anm. 8. Beide Regelungsalternativen bezwecken die Vermeidung nachträglichen Streits über die Frage, ob der Mieter im Sinne von § 536b BGB Kenntnis vom Bestehen eines Mangels hatte. Wegen der Mängel, die der Vermieter beseitigen soll, kann im Vertrag (→ Form. A.VI.4 § 7 Ziff. 2) oder im Übergabeprotokoll (→ Form. A.VII.8 zu Ziff. IV) eine ausdrückliche Leistungspflicht vereinbart und schriftlich niedergelegt werden.

Ob im Gewerberaummietrecht die **verschuldensabhängige Haftung** nach § 536a Abs. 1 2. Alt. BGB ebenfalls durch Formularverträge ausgeschlossen werden kann oder dies besonderen Schranken unterliegt, hat der BGH (21.7.2010 – XII ZR 189/08, NZM 2010, 668) offen gelassen. Die grundsätzlich zulässige Abänderung dispositiver gesetzlicher Regelungen durch allgemeine Geschäftsbedingungen findet ihre Grenzen jedenfalls in den Vorschriften der §§ 305 ff. BGB (BGH 21.7.2010 – XII ZR 189/08, NZM 2010, 668).

Hinsichtlich der verdeckten und der nachträglich entstehenden Mängel ist ein kompletter Gewährleistungsausschluss nicht möglich, denn die Bereitstellungs- und Erhaltungspflichten des Vermieters aus § 535 Abs. 1 BGB umschreiben vertragliche Kernpflichten (BGH 24.10.2001 – VIII ARZ 1/01, BGHZ 149, 89 = NZM 2002, 116), hinsichtlich derer gemäß § 307 BGB weder eine formularmäßige Freizeichnung noch ein genereller Ausschluss der Haftung selbst für durch leichte Fahrlässigkeit verursachte Mängel möglich ist. Eine Beschränkung der Erhaltungspflichten des Vermieters ist allerdings über die Abwälzung einzelner Erhaltungs- und Instandsetzungspflichten auf den Mieter möglich.

Wenn der Vermieter sich vertraglich zur Durchführung bestimmter Arbeiten verpflichtet, ist das im Zweifel ausdrücklich schriftlich niederzulegen, um dem Streit über Art, Umfang und Zeitpunkt zu erbringender (Vor-)Leistungen vorzubeugen. Für den Mieter ist eine Dokumentation der vom Vermieter durchzuführenden Leistungen von besonderem Interesse, um Einwendungen des Vermieters aus § 536b BGB vorzubeugen, er habe Kenntnis von bestimmten Mängeln gehabt oder die Sache vorbehaltlos angenommen. Dem dann drohenden Verlust der Mietminderung gemäß § 536 BGB, des Schadensersatzes aus § 536a Abs. 1 BGB und des Aufwendungsersatzes nach § 536a Abs. 2 BGB kann der Mieter vorbeugen, wenn er sich seine Rechte bei Annahme der Mietsache vorbehält (§ 536b S. 3 BGB).

Auch nach neuem Recht verbleibt es dabei, dass neben den Rechten aus §§ 536, 536a BGB und der Kündigungsbefugnis wegen bekannter oder vorbehaltlos hingenommener Mängel die vertraglichen **Herstellungsansprüche** bestehen bleiben und dass ein Verlust dieser Rechte praktisch kaum in Betracht kommt (vgl. *Ghassemi-Tabar* NZM 2013, 129 mwN). Der Herstellungsanspruch besteht grds unabhängig davon, ob der Mieter Minderung geltend machen oder Schadensersatz verlangen kann (BGH 28.5.2008 – VIII ZR 271/07, NJW 2008, 2432). Ist der Vermieter mit der Beseitigung eines Mangels in Verzug, kann der Mieter den Mangel selbst beseitigen (lassen) und zu diesem Zweck vom Vermieter einen Vorschuss in Höhe der voraussichtlich erforderlichen Beseitigungskosten verlangen (BGH 28.5.2008 – VIII ZR 271/07, NJW 2008, 2432).

8. Der Betrieb eines Ladengeschäfts kann die Regelung unterschiedlicher (Verkehrssicherungs-)Pflichten, zusätzlicher Nebenkostenumlagen und bestimmter – baulicher – Vorkehrungen nahe legen. Dies gilt sowohl mit Rücksicht auf die Einlagerung und den Vertrieb besonders wertvoller oder gefährlicher Stoffe als auch hinsichtlich der schutzwürdigen Belange von Passanten, Kunden, Nachbarn und anderen Mietern. Das Formular regelt beispielhaft die Übernahme entsprechender Pflichten durch den Mieter.

Da es nach § 535 Abs. 1 BGB grundsätzlich dem Vermieter obliegt, die Mietsache in vertragsgemäßen Zustand zu versetzen und zu erhalten, bedarf es grds ausdrücklicher Vereinbarungen über vom Mieter zu übernehmende Herstellungspflichten, die den gesetzlichen Pflichtenkreis des Vermieters einschränken. Wenngleich die Überlassung und Erhaltung der Mietsache vertragliche Kernpflichten des Vermieters umschreiben, die zur Vermeidung wesentlicher Abweichungen vom gesetzlichen Leitbild im Sinne von § 307 Abs. 2 Nr. 1 BGB nicht formularmäßig ausgehöhlt werden dürfen → Anm. 7, erscheint es als unbedenklich, bestimmte Leistungspflichten der Unklarheit zu entziehen und solche Leistungen auf den Mieter abzuwälzen, welche die nähere Ausgestaltung des vom Mieter speziell beabsichtigten Mietgebrauchs betreffen oder besondere Gestaltungs- und Ausstattungswünsche des Mieters zum Gegenstand haben. Nach der Rechtsprechung kann der Mieter neben dem Vermieter verkehrssicherungspflichtig für solche Bereiche sein, die er voll beherrscht (OLG Köln NJW-RR 1990, 224 mwN; zur Berechtigung, die Haustür zu einer Arztpraxis offen zu lassen, vgl. LG Itzehoe 9.7.2009 – 7 O 191/08). Verkehrssicherungspflichten kann der Vermieter mit der Folge eigener Entlastung auf den Mieter delegieren (zur Abwälzung des sog. Winterdienstes vgl. OLG Hamm 22.12.2016 – 6 U 107/15, BeckRS 2016, 118478). Auf die Erfüllung solcher Pflichten kann sich der Vermieter dann auch grds verlassen (BGH 22.1.2008 – VI ZR 126/07, NJW 2008, 1440).

9. Bei besonders großen Mietobjekten oder bei Einbringung besonders werthaltiger oder gefährlicher Stoffe können sich Vereinbarungen empfehlen, mit denen der Mieter die von seinem Mietgebrauch ausgehenden Risiken und Gefahren durch Übernahme bestimmter **Sicherungspflichten** vermindern muss. Dazu kann ua gehören, dass der Mieter sich vertraglich zur Beauftragung einer Wach- und Schließgesellschaft oder zur Installation einer Sicherungsanlage verpflichtet, die zentral von einer Polizeidienststelle oder einem privaten Sicherungsdienst überwacht wird. Wenn solche Vorkehrungen schon bei Begründung des Mietverhältnisses vorhanden sind (etwa im Rahmen von Großobjekten), werden die hierfür anfallenden Kosten idR als Betriebskosten umgelegt werden können. Das erfordert jedoch ausdrückliche vertragliche Vereinbarungen (zur Umlage besonderer Betriebskostenarten → Form. A.VII.10).

10. Die Übernahme weiterer Pflichten durch den Mieter kann sich im Zusammenhang mit allgemeinen **Verkehrssicherungspflichten** empfehlen, zB im Zusammenhang mit dem Winterdienst oder mit der Überwachung von Parkplätzen und Parkhäusern. Um erheblichen Haftungsrisiken vorzubeugen, sollte der wechselseitige Verantwortungsbereich in Bezug auf Sicherungspflichten ausdrücklich und klar geregelt sein. Die Abgrenzung, wer verkehrssicherungspflichtig ist, kann schwierig sein. Die Verkehrssicherungspflicht für den Zustand des Zugangs zu einem Ladenlokal trifft dann den Grundstückseigentümer/Vermieter und nicht den Mieter, wenn der Zugang nicht mit vermietet wurde und nicht nur von Kunden des Ladenlokals, sondern auch von anderen Passanten benutzt werden kann (OLG Köln 6.12.1989 – 13 U 200/89, NJW-RR 1990, 224). Entsprechendes kann beim Winterdienst auf Parkplätzen oder Zuwegen gelten. Die allgemeine Verkehrssicherungspflicht für den Zustand des Zugangs zu einem Gebäude verbleibt grundsätzlich beim Vermieter.

11. **Geruchs- und Lärmemissionen** bergen sowohl im Verhältnis zu Nachbarn als auch zu anderen Mietern Konfliktpotential. Der Betrieb von Metzgereien, Wurstständen, Küchen, Musikanlagen oder von großen Maschinenanlagen gibt regelmäßig Veranlassung, Pflichten und Rechte des Mieters festzulegen. Dies gilt namentlich dann, wenn Beeinträchtigungen, die bei vertragsgemäßem Mietgebrauch entstehen, für den Vermieter die Gefahr begründen, von Nachbarn auf Beseitigung von Störungen in Anspruch genommen zu werden (§ 1004 BGB) oder sich mit einer Mietminderung seitens anderer Mieter konfrontiert zu sehen. Andernfalls läuft der Vermieter Gefahr, solche Nachteile dauerhaft selbst tragen zu müssen, ohne gegen den „störenden" Mieter effektiv vorgehen zu können. Soweit der Mieter sich im Rahmen des Vertragszwecks betätigt, werden ihn im Zweifel auch keine Obhutspflichten (OLG Frankfurt 11.6.1997 – 21 U 154/96, OLGR 1997, 181) im Hinblick auf Nachbarn oder Mitmieter treffen. Den Vermieter von Gewerberäumen trifft auch ohne besondere Vereinbarung die vertragliche Verpflichtung, die Mieter vor Störungen des vertragsgemäßen Gebrauchs (durch andere Mieter) zu schützen (BGH 26.9.2012 – XII ZR 122/11, NZM 2013, 27).

12. Aus dem Betriebszweck, der Nutzung als Ladengeschäft, ergibt sich als typische Konfliktquelle der Anfall großer Mengen von **Abfall** und **Müll**. Das Formular erstrebt eine Handhabung, die den Vermieter weitgehend entlasten und insbesondere auch der Pflicht entheben soll, mit den Müllbeseitigungskosten als Betriebskosten in Vorlage zu treten.

Soweit spezielle Stellplätze oder -räume für Müllbehälter vorhanden sind, sollten sie in § 1 aufgeführt und ihre Benutzung hier festgelegt werden.

13. Zusätzliche Verhaltensmaßregeln und Kostenregelungen können dann empfehlenswert sein, wenn selbst bei vertragsgemäßem Mietgebrauch besondere (**Umwelt-**) **Risiken** zu gegenwärtigen sind (zu Vereinbarungen über die Vermeidung baulicher Schäden und von Umweltrisiken → Form. A.VII.13). Dies gilt namentlich, wenn die erhöhte Gefahr einer Luft- und Bodenkontamination durch Öle, Kraftstoffe, Gase oder andere Chemikalien besteht. Aus der **Obhutspflicht des Mieters** folgt, dass sich der Mieter eines Hausgrundstücks hinsichtlich seiner Verantwortlichkeit entlasten muss (BGH 18.5.1994 – XII ZR 188/92, BGHZ 126, 124 = NJW 1994, 2019), etwa wenn ein von ihm genutzter Parkplatz ölkontaminiert ist (OLG Frankfurt 11.6.1997 – 21 U 154/96, OLGR 1997, 181).

14. Der Mieter eines Ladenlokals hat oft ein naheliegendes Interesse daran, die als Ladenlokal angemieteten Räume in bestimmter Weise **optisch zu gestalten oder technisch auszurüsten,** Werbeflächen anzubringen und vom Vermieter die Erlaubnis zu bestimmten (Sonder-)Nutzungen zu erlangen, die nicht ohne weiteres dem vertragsgemäßen Mietgebrauch zu unterstellen sind (vgl. hierzu bereits die Anmerkungen zu § 1; zu Vereinbarungen über die Gestattung von Außenwerbung → Form. A.VII.11). Um solche Nutzungsaspekte dem Streit zu entziehen, sollte ihre Gestattung ausdrücklich vertraglich festgelegt werden. Das Formular regelt beispielhaft solche Bestimmungen.

Als weitere Nutzungsaspekte kommen bei Ladenlokalen in Betracht: Das Aufstellen von Fahrradständern oder rollenden Verkaufs- und Werbeständen im Außenbereich, die gastronomische Nutzung von Außen- und Passagenflächen, das Anbringen von Werbeplakaten und -bannern, das Ausstellen von Waren oder Zelten im Außenbereich.

15. Wenn mehreren Mietern entsprechende Anlagen bewilligt werden, kann sich die Vorgabe einheitlicher Farb-, Form- und Größengestaltung anbieten.

16. Das Formular regelt in Bezug auf diejenigen Maßnahmen, deren Durchführung der Vermieter gestattet, die Pflicht des Mieters zur Übernahme sowohl der **Herstellungskosten** als auch der **Erhaltungs- und Betriebskosten.** Einer ausdrücklichen Regelung hierzu bedarf es immer dann, wenn sich Überschneidungen oder Abgrenzungsschwierigkeiten mit den originären Vermieterpflichten aus § 535 Abs. 1 BGB ergeben. Da Neben- und Betriebskosten mangels anderweitiger Vereinbarungen grundsätzlich zu Lasten des Vermieters gehen (vgl. *Geldmacher* DWW 1994, 333), können sich Regelungsdefizite für den Vermieter höchst nachteilig auswirken (ergänzende Regelungen zur Betriebskostenumlage finden sich in → Form. A.VII.10).

17. Bei **vom Mietgebrauch ausgehenden Störungen** können sich sowohl gegen den Mieter als auch gegen den Vermieter Unterlassungs-, Beseitigungs- und Schadensersatzansprüche aus §§ 823, 1004 BGB ergeben (→ Anm. 11, zum Anspruch einer WEG aus § 1004 vgl. OLG Oldenburg 7.2.1990, MDR 1990, 552). Das Formular regelt im Anschluss an die zuvor geregelte Abwälzung der Herstellungs-, Erhaltungs- und Betriebskosten die **Freistellung des Vermieters von Ansprüchen Dritter.**

18. Wenngleich es weder ratsam noch möglich ist, sämtliche Aspekte des Mietgebrauchs und der Vertragsabwicklung zu reglementieren, kann absehbaren Konflikten durch ausdrückliche Vertragsbestimmungen über bestimmte Verhaltenspflichten vorgebeugt werden. Solche Regelungen beinhalten dann eine grundsätzlich zulässige Ausgestaltung des vertragsgemäßen Mietgebrauchs (zu Vereinbarungen über die Vermeidung baulicher Schäden und von Umweltrisiken → Form. A.VII.13). Das Formular enthält beispielhafte Regelungen. Weitere Regelungsbereiche können sich insbesondere hinsichtlich der Ladenöffnungszeiten und im Zusammenhang mit der Nutzung von Parkplätzen, Spielplätzen und Gemeinschaftsanlagen ergeben.

19. Zur Einhaltung des vertragsgemäßen Gebrauchs einer Mietsache gehört es grundsätzlich, dass der Mieter vermeidbare **Lärm- und Geruchsbelästigungen** unterlässt. Was zum vertragsgemäßen Gebrauch gehört, kann schwierig abzugrenzen sein (→ Anm. 11). Eigenmächtige Änderungen des Verwendungszwecks der gemieteten Sache braucht der Vermieter grundsätzlich nicht hinzunehmen. Ob und inwieweit der Mieter mit seinem Mietgebrauch gegen den Vertrag verstößt, ist im Einzelfall nach Abwägung der beiderseitigen Belange zu beurteilen (OLG München 9.2.1996 – 21 U 4494/94, NJWE-MietR 1996, 270). Zweifeln darüber, wie weit der vertragsgemäße Mietgebrauch reicht, sollte durch ausdrückliche Vereinbarungen vorgebeugt werden (zu Vereinbarungen über die Vermeidung baulicher Schäden und von Umweltrisiken → Form. A.VII.13). Von einem Lebensmittelmarkt ausgehende Lärmbelästigungen können eine benachbarte Eigentumswohnung als mangelhaft darstellen (OLG Frankfurt 17.12.1993 – 24 U 319/92, OLGR 1994, 61).

20. Solche Regelungen kommen bei namentlich Back- und Imbissständen sowie Eis- und Stehcafés oÄ in Betracht.

21. Bei der Anmietung von Ladengeschäften, insbesondere von größeren Objekten (Supermärkten, Möbelhäusern, Baumärkten usw), muss die **Angliederung von Nebenbetrieben als Untermietern** bereits als verkehrsüblich angesehen werden. Eine generelle Gestattung der Untervermietung von Teilflächen kann daher für bestimmte Zwecke naheliegen. Die Untervermietung kann sogar das Gesamtkonzept der Anmietung prägen und Geschäftsgrundlage sein (sog. Shop-In-Shop-Untervermietung, vgl. OLG Karlsruhe 22.6.1999 – 3 U 4/99, OLGR 1999, 316). Das Formular berücksichtigt Beispiele, die etwa bei einem Supermarkt denkbar wären (zur Untervermietung an einen Ein-Euro-Shop vgl. OLG Düsseldorf 1.6.2010 – 24 U 32/10, GuT 2011, 281).

Bei einem Mietverhältnis über gewerbliche Räume steht dem Mieter aber **kein genereller Anspruch auf Erteilung der Erlaubnis zur Untervermietung** zu, sofern sich nicht im Einzelfall, ggf. im Wege ergänzender Vertragsauslegung, aus dem Mietvertrag etwas anderes ergibt (OLG Hamm 18.4.2008 – 30 U 120/07, BeckRS 2008, 12 185; zur Untermiete im Gewerberaummietrecht → Form. A.VI.1 Anm. 53). Nimmt der Mieter eine Untervermietung vor, ohne die erforderliche Erlaubnis seines Vermieters einzuholen, verletzt er seine vertraglichen Pflichten auch dann, wenn er einen Anspruch auf Erteilung der Erlaubnis hat (BGH 2.2.2011 – VIII ZR 74/10, WuM 2011, 169). Ein Schadensersatzanspruch folgt aus der unberechtigten Verweigerung der Erlaubnis grundsätzlich nicht (OLG Hamm 18.4.2008 – 30 U 120/07, BeckRS 2008, 12185).

Formularklauseln, mit denen sich der Vermieter den **Widerruf einer erteilten Untermiet-Erlaubnis** vorbehält, sind ebenfalls nach § 307 BGB unwirksam (vgl. zum früheren § 9 AGBG, jetzt: § 307 BGB: BGH 11.2.1987 – VIII ZR 56/86, NJW 1987, 1692). Die dem Mieter erteilte Erlaubnis zur Untervermietung kann der Vermieter jedoch widerrufen, wenn der beabsichtigte Mietgebrauch durch den Untermieter dem (Haupt-)Mieter einen Kündigungsgrund liefern würde (vgl. *Gather* MietR, 55).

22. Da der (Haupt-)Vermieter nicht in (miet-)vertraglichen Beziehungen zum Untermieter steht, hat er dem Untermieter gegenüber auch keine unmittelbare Berechtigung zur Durchsetzung der sich aus dem Hauptmietvertrag ergebenden Pflichten. Wenngleich der Hauptmieter dafür zu sorgen hat, dass ein Untermieter die Mietsache vertragsgemäß (im Sinne des Hauptvertrags) gebraucht (BGH 11.1.1984 – VIII ZR 237/82, BGHZ 89, 308 = NJW 1984, 1031), wird jeder Streit zwischen Haupt- und Untermieter über die in diesem Verhältnis zu beachtenden Pflichten im Zweifel auf dem Rücken des Hauptvermieters ausgetragen. Das Formular will dem mit der ausdrücklichen Maßgabe vorbeugen, dass der Mieter den Untermieter zur Beachtung der (Verhaltens-)Pflichten aus dem Hauptvertrag heranzuziehen hat.

3. Mietvertrag über ein Ladenlokal in einem Einkaufszentrum

Mietvertrag[1]

zwischen

. . . . .

(Vermieter)

und

. . . . .

(Mieter)

§ 1 Mietobjekt

Vermietet werden im Einkaufszentrum

. . . . .

(Straße, Hausnummer)

in . . . . .

(PLZ, Ort)

folgende Räume und Nutzflächen:

Bezeichnung	Anzahl und Lage (Gebäude/Geschoss)
Verkaufsraum	. . . . .
Büro	. . . . .
Personalraum	. . . . .
Toiletten/Waschraum	. . . . .
Lagerraum	. . . . .
Kühlraum	. . . . .
Nebenräume (z B Keller/Dachboden):	. . . . .
weitere Räume:	. . . . .
	. . . . .

Die Lage der Mieträume ergibt sich aus dem Lageplan, der diesem Mietvertrag beigeheftet ist, und zwar aus den rot schraffierten Teilflächen.[2]

§ 2 Mietzweck, Änderung und Vereitelung des Mietzwecks

(1) Die Vermietung erfolgt zum Betrieb eines Ladenlokals für den Verkauf von . . . . .[3]

(2) Änderungen und Erweiterungen des in Ziff. (1) bezeichneten Warenvertriebs sowie eine sonst von Ziff. (1) abweichende Nutzung der Mieträume sind dem Mieter nur nach vorheriger Zustimmung durch den Vermieter gestattet. Zwischen den Parteien besteht Einigkeit darüber, dass der Vermieter anderen Mietern im Einkaufszentrum vertraglichen Konkurrenzschutz zu gewähren hat und auch in Zukunft gewähren darf. Eine Änderung oder Erweiterung des Nutzungszwecks durch den Mieter kann daher nur in den Grenzen der zugunsten Dritter eingegangenen Konkurrenzschutzpflichten und der berechtigten Interessen des Vermieters im Rahmen seiner freien unternehmerischen Betätigung verlangt werden. Der Vermieter ist in den Grenzen des dem Mieter mit diesem Vertrag ausdrücklich zugesagten Konkurrenzschutzes (vgl. § 3) keinerlei Beschränkungen in dem anderen Mietern zuzusichernden Konkurrenzschutz unterworfen.[4]

(3) Der Mieter hat dem Vermieter jeglichen auch mittelbaren Schaden zu ersetzen, der diesem dadurch entsteht, dass der Mieter den Mietzweck ohne die Erlaubnis des Vermieters ändert oder erweitert.[5]

(4) Wird der Mieter an dem Betrieb des Ladenlokals im Sinne des vertraglich festgelegten Mietzwecks aus Gründen gehindert, die in seiner Person, seinen betrieblichen Verhältnissen oder sonst in seiner Risikosphäre begründet liegen, bleibt er zur Fortentrichtung des Mietzinses und aller Nebenkosten verpflichtet.

§ 3 Konkurrenzschutz zugunsten des Mieters, Ausschluss von Bestandsschutz

(1) Der Vermieter gewährt dem Mieter Konkurrenzschutz. Der Konkurrenzschutz betrifft ausschließlich den Verkauf von . . . . . als Hauptartikel.[6]

(2) Der Mieter genießt keinen Konkurrenzschutz hinsichtlich der Waren und Leistungen anderer Anbieter, die den in Ziff. (1) bezeichneten Hauptartikel als Nebenartikel führen. Konkurrenzschutz besteht danach insbesondere nicht, soweit im Einkaufszentrum zB [ein] Geschäft/e für . . . . . vorhanden ist/sind.[7]

(3) Soweit nach Ziff. (2) Konkurrenzschutz nicht gewährt wird, genießt der Mieter auch keinen Bestandsschutz dahingehend, dass der Vermieter verpflichtet wäre, die bei Vertragsbeginn bestehende oder sich später herausbildende Branchenmischung auch für die weitere Vertragsdauer zu garantieren und insbesondere von Neuvermietungen an solche Betriebe abzusehen, die in Ziff. (2) angesprochen sind.[8]

(4) Der Mieter genießt auch keinen Bestandsschutz dahingehend, dass der Vermieter verpflichtet wäre, die bei Vertragsbeginn bestehende oder sich später herausbildende räumliche Anordnung und Verteilung der Geschäfte auch für die weitere Vertragsdauer zu gewährleisten. Der Mieter hat danach insbesondere keinen Anspruch darauf, dass die ihm benachbarten Geschäfte eine bestimmte Ausrichtung aufzuweisen haben.[9]

§ 4 Garantieausschluss für Vermietungsstand und Geschäftsentwicklung

(1) Der Vermieter übernimmt keine Garantie für das Vorliegen eines bestimmten Vermietungsstands im Einkaufszentrum und insbesondere nicht für eine Vollvermietung.[10]

(2) Der Vermieter übernimmt weder in Bezug auf den vom Mieter erstrebten wirtschaftlichen Erfolg noch in Bezug auf die allgemeine Entwicklung des Kundeninteresses im Einkaufszentrum die Garantie für eine bestimmte Geschäftsentwicklung.[11]

§ 5 Betriebspflicht

(1) Der Mieter ist zum Betrieb des Ladenlokals verpflichtet. Hierzu gehört nach Maßgabe des vertraglichen Mietzwecks insbesondere die Pflicht, das Ladengeschäft während der gesetzlich zulässigen [oder: der mit diesem Vertrag festgelegten] Öffnungszeiten geöffnet zu halten und durch ausreichende personelle Ausstattung, durch die ständige Bereitstellung eines zeitgemäßen, laufend ergänzten Warenangebots, durch eine dem aktuellen Kundengeschmack und dem Wechsel der Jahreszeiten und -feste angepasste Schaufenster- und Verkaufsraumgestaltung einen Verkaufsbetrieb zu unterhalten, der geeignet ist, die Attraktivität des gesamten Einkaufszentrums zu fördern.[12]

(2) Die nach Ziff. (1) zu beachtende Betriebspflicht gilt für die gesamte Mietzeit und nur mit Ausnahme derjenigen Zeiträume, in denen das Ladenlokal zwecks Durchführung der vertragsgemäß durchzuführenden Schönheitsreparaturen, vertraglich zulässiger oder vom Vermieter genehmigter baulicher Maßnahmen oder zur Vorbereitung fristgerechter und ordnungsgemäßer Räumung geschlossen werden muss. Die Vorkehrungen, die eine zeitweise Schließung erforderlich machen, sind so zu beschleunigen, dass sich die Schließung auf den unbedingt erforderlichen Zeitraum reduziert.[13]

(3) Der Mieter hat dafür Sorge zu tragen, dass der Betrieb des Ladenlokals in Urlaubs-, Krankheits- und Kündigungsfällen uneingeschränkt gewährleistet bleibt. Die zeitweise Schließung zur Durchführung von Betriebsferien beinhaltet einen Verstoß gegen die vertragliche Betriebspflicht.[14]

§ 6 Mietbeginn, Mietdauer

(1) Das Mietverhältnis beginnt am . . . . . und endet am . . . . .

(2) Das Mietverhältnis verlängert sich um jeweils . . . . . Jahre, wenn es nicht von einer Vertragspartei aufgekündigt wird. Eine Kündigung ist nur zum Ablauf der in Ziff. (1) festgelegten Mietzeit bzw. des jeweiligen Verlängerungszeitraums möglich. Die Kündigungserklärung muss mindestens sechs Monate vor Ablauf der Mietzeit bzw. des jeweiligen Verlängerungszeitraums schriftlich gegenüber dem anderen Vertragsteil erklärt werden.

§ 7 Miete, Nebenkosten,

(1) Die monatliche Grundmiete beträgt ..... EUR

zuzüglich der jeweils geltenden gesetzlichen MWSt

von zurzeit ..... %, das sind ..... EUR

Bei Mietbeginn beträgt die monatliche Grundmiete somit ..... EUR

(2) Neben der Grundmiete hat der Mieter sämtliche für das gesamte Einkaufszentrum anfallenden Betriebskosten im Sinne von § 2 BetrKV (Betriebskostenverordnung) zuzüglich der jeweils geltenden gesetzlichen MwSt. anteilig zu tragen.

(3) Neben den in Ziff. (2) bezeichneten Kosten hat sich der Mieter an folgenden weiteren Betriebskosten zzgl. MwSt. anteilig zu beteiligen:

– Beispiele –

- an den Grundkosten der dem Einkaufszentrum angegliederten Werbe- und Aktionsgemeinschaft.[15]
- an den Kosten des Sicherheits- und Bewachungsdienstes.[16]
- an den Kosten des zentralen Kinderhorts.[17]

(4) Auf die Betriebskosten hat der Mieter zusammen mit den Mietzahlungen monatliche Vorauszahlungen in Höhe von ..... EUR

zu leisten. Die monatliche Gesamtleistung des Mieters beträgt somit bei Mietbeginn ..... EUR.

§ 8 Wertsicherungsklausel, Erhöhung der Betriebskostenvorauszahlungen (→ Form. A.VI.1)

§ 9 Zahlung von Miete und Nebenkostenvorauszahlung, Verrechnung von Zahlungen (→ Form. A.VI.1)

§ 10 Übergabe und Ausstattung der Mieträume durch den Vermieter, Nutzung von Gemeinschaftsflächen und Gemeinschaftseinrichtungen (→ Form. A.VI.1)

(1) Die Mieträume sind vom Vermieter in einem für den Mietzweck geeigneten Zustand zu übergeben. Für den bei Übergabe zu gewährleistenden Zustand sind weitergehende Herstellungs- und Renovierungspflichten des Vermieters zwischen den Vertragsparteien nicht vereinbart worden.

(2) Zu den Mieträumen gehören folgende Einrichtungen und Anlagen:
.....

(3) Die in Ziff. (2) bezeichneten Sachen stehen und verbleiben im Eigentum des Vermieters. Dem Mieter ist die Nutzung der Inventargegenstände im Rahmen des in § 2 (1) bezeichneten Mietzwecks für die Dauer der Mietzeit gestattet.

(4) Neben der Benutzung der Mieträume ist der Mieter im Rahmen des vertraglichen Mietzwecks auch zur Mitbenutzung folgender Anlagen und Gemeinschaftsflächen berechtigt:[18]

– Beispiele –

In der zentralen Anlieferungs- und Lagerhalle steht dem Mieter die Lagerbox Nr. ..... zu Verfügung.

Die Altpapierpresse im Bereich . . . . . kann der Mieter mitbenutzen. Er ist berechtigt, Papier und Kartonagen aus seinem Geschäftsbetrieb auf dem dafür vorgesehenen Lagerplatz gebündelt abzustellen. Sämtliches Material hat frei von Schmutz, Unrat und Fremdmaterialien zu sein. Die Bedienung der Presse erfolgt allein durch das dafür vom Vermieter abgestellte Personal.

Auf dem für das Personal abgetrennten und gekennzeichneten Parkplatz können der Vermieter und sein Personal bis zu . . . . . PKW abstellen. Eine Zuweisung bestimmter Stellplätze erfolgt nicht. Eine Reservierung oder Abtrennung von Teilflächen ist dem Mieter nicht gestattet. Der Mieter hat keinen Anspruch auf die Bereitstellung freier Stellplätze.

(a) . . . . .

§ 11 Besondere Gebrauchsbefugnisse des Mieters (Werbemaßnahmen, Ausstattung des Ladenlokals)

(1) Der Mieter ist Rahmen des vertragsgemäßen Mietgebrauchs zu folgenden Maßnahmen berechtigt:[19]

– Beispiele –

Dem Mieter ist es gestattet, an der zentralen Werbetafel im Einfahrtsbereich einen Betriebshinweis mit einer Größe von maximal . . . . . aufzubringen.

Der Mieter darf im Bereich . . . . . ein Firmenschild mit einer maximalen Größe von . . . . . anbringen. Weitergehende Firmenhinweise sind mit Rücksicht auf die einheitliche Gestaltung des Einkaufszentrums nicht gestattet. Markisen, Laufschriften und Neonbeleuchtungen sowie Werbeschilder und -banner sind im Außenbereich des Ladenlokals nicht gestattet.

In der Fußgängerpassage vor dem Ladenlokal darf der Mieter jeweils in unmittelbarem Anschluss an beide Seiten der Eingangstür Verkaufs- oder Werbestände mit einer Länge von nicht mehr als . . . . . cm und einer Breite von nicht mehr als . . . . . cm aufstellen. Jede weitergehende Nutzung der Passagenfläche, sei es zu Verkaufs- oder Werbezwecken oder zu sonstigen betrieblichen Zwecken des Mieters, ist untersagt. Die Passagenfläche gehört nicht zu der nach diesem Vertrag bereit zu stellenden Mietfläche. Der Mieter verpflichtet sich, keine Verkaufs- und Werbeaktionen in der Passagenfläche durchzuführen, die nach Art und Umfang geeignet sind, größere Menschenansammlungen zu verursachen und den freien Durchgang durch die Passage zu behindern. Der Vermieter behält sich vor, die Gebrauchsgestattung hinsichtlich der Passagenfläche jederzeit aus wichtigem Grunde – insbesondere aus Sicherheitsgründen, wegen behördlicher Verbote und Auflagen oder wegen übermäßigen Gebrauchs durch den Mieter – zu widerrufen.

Auf dem zentralen Parkplatz darf der Mieter jährlich . . . . . mal und jeweils für einen Zeitraum von nicht mehr als . . . . . Tagen auf einer ihm gesondert zuzuweisenden Fläche von nicht mehr als . . . . . qm einen Verkaufs- und Werbestand für Sonderaktionen betreiben.

(2) Sämtliche nach Ziff. (1) gestatteten Maßnahmen sind vom Mieter auf eigene Kosten und für eigene Rechnung fachgerecht durchzuführen. Die hierfür verwendeten Gerätschaften sind vom Mieter zu warten, zu sichern und in einwandfreiem optischen und technischen Zustand zu erhalten. Der Mieter stellt den Vermieter von jeglicher Inanspruchnahme frei, die im Zusammenhang mit den bezeichneten Maßnahmen und den vorstehend aufgeführten Mieterpflichten steht.

(3) Die Gestattung der in Ziff. (1) bewilligten Maßnahmen ergeht unter Ausschluss jeglicher Zusicherung und Gewähr für ihre Realisierbarkeit sowie vorbehaltlich der Rechte Dritte, öffentlich rechtlicher Verbote, Auflagen, Beschränkungen und Genehmigungen. Die fehlende Durchführbarkeit der Maßnahmen begründet für den Mieter kein wie auch immer geartetes Gegenrecht.

(4) Etwa erforderliche Zustimmungen oder Genehmigungen hat der Mieter auf eigene Kosten einzuholen. Der Vermieter sagt seine Mitwirkung zu, soweit es ihrer für die Einholung von Zustimmungen oder Genehmigungen oder für die in Ziff. (2) bezeichneten Vorkehrungen bedarf.

§ 12 Vom Mieter besonders zu beachtende Verhaltenspflichten[20]

– Beispiele –

(1) Warenanlieferungen zum Ladenlokal haben grundsätzlich außerhalb der allgemeinen Öffnungszeiten zu erfolgen. Die Passagenflächen dürfen nur in besonderen Ausnahmefällen während der Geschäftszeiten für Warentransporte benutzt werden.

(2) Die Parkplätze, Zuwege und Passagenflächen dürfen nicht für die Lagerung von Waren oder Abfällen genutzt werden.

(3) Der Betrieb von Außenlautsprechern ist weder für Musikdarbietungen noch für Durchsagen gestattet. Innerhalb des Ladenlokals ist der Musik- und Lautsprecherbetrieb so zu gestalten, dass die Störung von Passanten, Anliegern und anderen Mietern ausgeschlossen ist.

(4) . . . . .

§ 13 Aufrechnung, Zurückbehaltungsrecht (→ Form. A.VI.1)

§ 14 Betriebskostenabrechnung (→ Form. A.VI.1)

§ 15 Mietkaution (→ Form. A.VI.1)

§ 16 Erhaltung und Instandsetzung der Mieträume, Anzeige von Mängeln und Gefahren

(1) Der Vermieter hat die Mieträume hinsichtlich der grundlegenden konstruktiven Bauteile (Arbeiten an Dach und Fach) instand zu halten und zu reparieren. Dem Vermieter obliegt außerdem die Erhaltung und Instandhaltung der zentralen Einrichtungen und Anlagen für das Mietobjekt und die Gemeinschaftsflächen und Gemeinschaftseinrichtungen, einschließlich der Versorgungsanlagen für Heizung/Klimatechnik, Wasser, Gas, Kabelanschluss und elektrische Energie.[21]

(2) Im Übrigen obliegt die fachgerechte Durchführung sämtlicher Erhaltungs- und Instandsetzungsmaßnahmen dem Mieter. Der Mieter hat alle Schönheitsreparaturen einschließlich des Außenanstrichs von Türen und Fenstern durchzuführen. Er hat die ihm zur Nutzung überlassenen Inventarteile und die in den Mieträumen befindlichen technischen Anlagen auf seine Kosten zu pflegen, zu warten und instand zu halten. Die Mietsache ist stets in gebrauchsfähigem und gepflegtem Zustand zu halten. Die Abnutzung der Mieträume ist auf das bei vertragsgemäßem Mietgebrauch unbedingt erforderliche Ausmaß zu beschränken.[22] Die Nutzung des Kabelanschlusses für Telefon, elektronischen Datenverkehr und TV erfolgt auf Kosten des Mieters, der etwaige vertragliche Vereinbarungen mit entsprechenden Netzanbietern selbst für eigene Rechnung zu veranlassen hat. Der Mieter stellt den Vermieter insoweit von jeglicher Inanspruchnahme frei.

Der Mieter übernimmt außerdem folgende Erhaltungs- und Instandsetzungsmaßnahmen:

. . . . .

(3) Etwaige Mängel der Mietsache, drohende Gefahren für die Mietsache und die Anmaßung von Rechten Dritter an der Mietsache hat der Mieter dem Vermieter unverzüglich anzuzeigen (§ 536c BGB). Die Pflicht des Mieters zur unverzüglichen Anzeige erstreckt sich auch auf Gefahren für das Eigentum, das Leben, den Körper, die Gesundheit und sonstige Rechte Dritter, soweit deren Interessen durch die Mietsache und den von ihr gemachten Gebrauch in nicht nur unerheblichem oder verkehrsüblichem Umfang betroffen sind.

§ 17 Betreten der Mieträume (→ Form. A.VI.1)

§ 18 Bauliche Eingriffe und Veränderungen (→ Form. A.VI.1)

§ 19 Wegnahme von Einrichtungen, Rückbau, Aufwendungsersatz (→ Form. A.VI.1)

§ 20 Kündigung (→ Form. A.VI.1)

§ 21 Rückgabe der Mietsache, Nutzungsentschädigung (→ Form. A.VI.1)

§ 22 Ausschluss von § 545 BGB (→ Form. A.VI.1)

§ 23 Untervermietung[23] (→ Form. A.VI.1)

§ 24 Ankündigungsfrist (→ Form. A.VI.1)

§ 25 Vertragsänderung, Nebenabreden (→ Form. A.VI.1)

. . . .

(Vermieter)   (Mieter)

Anmerkungen

1. Das Formular behandelt Regelungsinhalte, die speziell bei der Vermietung von Ladengeschäften in größeren gewerblichen Einheiten mit einer Mehrzahl von Mietern einschlägig sein können. Die räumlichen und organisatorischen Besonderheiten können in unterschiedlicher Hinsicht besondere vertragliche Bestimmungen erforderlich machen. Die Anmerkungen behandeln in erster Linie solche Themen, die speziell das vorliegende Formular betreffen. Im Übrigen wird auf die **Anmerkungen zum Standardvertrag** (→ Form. A.VI.1) und zum **Mietvertrag über ein Ladenlokal** (→ Form. A.VI.2) verwiesen.

2. Bei **Großobjekten** können die vertraglichen Nutzflächen in unterschiedlichen Teilbereichen komplexer Baulichkeiten liegen. Außerdem kann ein vertragliches Recht zur Mitbenutzung von Gemeinschaftsflächen (etwa für die Lagerhaltung oder Müllentsorgung) in Betracht kommen (vgl. *Drasdo* NJW-Spezial 2010, 161). Wenn die dem jeweiligen Mieter für seinen Mietgebrauch zugewiesene Fläche nicht eindeutig und augenfällig von anderen Nutzflächen abgegrenzt werden kann, empfiehlt sich die Kennzeichnung der Mietfläche anhand eines Lageplans, der mit dem Mietvertrag fest verbunden sein sollte, um mit Rücksicht auf § 550 BGB die Einheitlichkeit der schriftlichen Vertragsurkunde zu wahren. Die Berechtigung zur Mitbenutzung von Flächen oder

Einrichtungen, die auch anderen Mietern offen stehen, ist dem Gebrauchsumfang nach möglichst positiv zu beschreiben (vgl. *Drasdo* NJW-Spezial 2010, 161). Solche Regelungen enthält § 7. Vereinbarungen zur Mietfläche finden sich in → Form. A.VI.1 Anm. 4, 5. Eine fehlende oder unvollständige Beschreibung der Mietfläche stellt auch die Wahrung der Schriftform iSv § 550 BGB → Form. A.VI.1 Anm. 2 in Frage. Der Mietgegenstand muss zur Wahrung der Schriftform so hinreichend bestimmbar bezeichnet sein, dass es einem Erwerber, dessen Schutz die Schriftform in erster Linie bezweckt, im maßgeblichen Zeitpunkt des Vertragsschlusses möglich ist, den Mietgegenstand zu identifizieren und seinen Umfang festzustellen (BGH 30.4.2014 – XII ZR 146/12, NZM 2014, 471; 29.9.1999 – XII ZR 313/98, NJW 2000, 354, 358).

Bei der Vermietung von Geschäftsräumen erstreckt sich das Recht des Mieters zur Nutzung der gemieteten Räume im Umfang des Vertragszwecks auch auf das Recht zur Mitbenutzung der Grundstücksgemeinschaftsflächen → Form. A.VI.2 Anm. 2). Dies betrifft aber nur die Nutzung im Rahmen des jeweiligen Widmungszwecks (als Fußgängerbereich, Parkplatz usw). Die ständige vertragswidrige Nutzung von Gemeinschaftsflächen ("Sondernutzung") ist dagegen grundsätzlich vertragswidrig und geeignet, Nutzungsentgeltansprüche des Vermieters nach Bereicherungsrecht auszulösen (OLG Düsseldorf 5.5.2009 – I-24 U 153/08, OLGR 2009, 722).

Eine klare **Differenzierung zwischen der vertraglichen Mietfläche und mitbenutzten Gemeinschaftsflächen** ist auch wegen der **Betriebskosten** wichtig. Nach der Rechtsprechung des BGH ist es nicht uneingeschränkt möglich, auch die Kosten für die Instandsetzung und Instandhaltung von Gemeinschaftsflächen auf die Mieter abzuwälzen. Eine solche Regelung ist nur dann wirksam, wenn der Mieter insgesamt durch eine **Kostenobergrenze** gegen die uferlose Übertragung der Erhaltungslast für Allgemeinbereiche geschützt ist (BGH 26.9.2012 – XII ZR 112/10, NZM 2013, 85). Der Vermieter, der sich zusätzlich zum vereinbarten Mietzins in Allgemeinen Geschäftsbedingungen noch ein pauschales Entgelt für einen Passagenanteil ausbedingt, handelt nach dem OLG Celle (6.9.1995 – 2 U 127/94, ZMR 1996, 209) widersprüchlich. Solche Klauseln sind gemäß § 307 BGB unwirksam.

3. Vertragliche **Konkurrenzschutzklauseln** sind bei Einkaufszentren und anderen Großobjekten weit verbreitet. Schon bei der Festlegung des **Vertragszwecks** kann bei der Vermietung an Ladenbetreiber und ähnliche Betriebe die Frage nach zu gewährendem Konkurrenzschutz virulent werden. Die dem Mietzweck entsprechende Nutzung der Mietsache sollte mit Rücksicht auf die zum Konkurrenzschutz und zum Schadensersatz bei Konkurrenzschutzverletzungen entwickelten Grundsätze möglichst konkret und unmissverständlich festgelegt werden, um dem Streit über die Reichweite von Konkurrenzschutzklauseln vorzubeugen (zu den Hinweispflichten des Vermieters bei mehreren Mietern zugesagtem Konkurrenzschutz vgl. BGH 16.9.1981 – VIII ZR 161/80, NJW 1982, 376). Art und Umfang des jeweiligen Mietgebrauchs definieren das Spannungsfeld, in dem sich die unterschiedlichen Mieter jeweils im mietvertraglichen Verhältnis zum Vermieter bewegen.

Selbst dann, wenn dem Mieter Konkurrenzschutz nicht ausdrücklich zugesichert wurde, kann sich innerhalb desselben Gebäudes oder Grundstücks bzw. bei Vermietungen auf unmittelbar benachbarten Grundstücken, die demselben Vermieter gehören, aus vertraglicher Nebenpflicht ein sog. **immanenter Konkurrenzschutz** ergeben. Bei der Vermietung von Räumen zum Betrieb eines bestimmten Geschäfts gehört es auch ohne ausdrückliche vertragliche Vereinbarung zur Gewährung des vertragsgemäßen Gebrauchs gemäß § 535 BGB, in anderen Räumen des Hauses oder auf unmittelbar angrenzenden Grundstücken des Vermieters kein Konkurrenzunternehmen zuzulassen (BGH 10.10.2012 – XII ZR 117/10, BGHZ 195, 50 = NZM 2013, 52 mwN). Die Verpflichtung des Vermieters zum Schutz des Mieters vor Konkurrenz auch bei Fehlen einer vertraglichen Regelung beruht auf der

Erwägung, dass es zur Gewährung des vertragsgemäßen Gebrauchs gehört, dass der Vermieter den Mieter in vom vertraglich vereinbarten Mietgebrauch, dem Betrieb des vereinbarten Geschäfts bzw. Gewerbes, nicht behindert. Dabei ist der Vermieter allerdings nicht gehalten, vom Mieter jeden fühlbaren oder unliebsamen Wettbewerb fernzuhalten. Vielmehr ist nach den Umständen des einzelnen Falles abzuwägen, inwieweit nach Treu undGlauben unter Berücksichtigung der Belange der Parteien die Fernhaltung von Konkurrenz geboten ist (BGH 10.10.2012 – XII ZR 117/10, BGHZ 195, 50 mwN; OLG Brandenburg 10.6.2009 – 3 U 169/08; *Gather* DWW 2007, 94; *Bittner* MDR 2008, 1201). Keinen Konkurrenzschutz kann in der Regel derjenige Mieter beanspruchen, der Geschäftsräume in Kenntnis einer dadurch entstehenden und von den Vertragsparteien vorausgesetzten Wettbewerbssituation anmietet (OLG Köln 27.5.2005 – 1 U 72/04, NZM 2005, 866). Die Reichweite des Konkurrenzschutzes richtet sich wesentlich danach, welchen Besitzstand der Mieter nach den bei Vertragsschluss ersichtlichen Umständen erwarten konnte bzw. erhalten sollte. Maßgebend sind insoweit **Prioritätsgesichtspunkte**, so dass Konkurrenzschutz regelmäßig nur der zuerst vorhandene Betreiber im Verhältnis zu einem hinzukommenden Mieter beanspruchen kann (OLG Köln aaO; *Bittner* MDR 2008, 1201).

Bei Einkaufszentren wird ein immanenter Konkurrenzschutz nach dem Grundsatz „Konkurrenz belebt das Geschäft" teilweise nur eingeschränkt angenommen oder sogar ausgeschlossen (BGH 24.1.1979 – VIII ZR 56/78 –, NJW 1979, 1404; OLG Köln 16.12.1997 – 24 U 100/97, NJW-RR 1998, 1017; vgl. auch *Jendrek* NZM 2000, 1116; *Gather* DWW 1998, 302). Gerade bei einer Mehrzahl von gewerblichen Mietern, die in enger Nachbarschaft agieren, kann sich jedoch die Problematik des Konkurrenzschutzes zuspitzen. Je spezieller die Sortimentsausrichtung gestaltet ist, desto eher kann sich Konkurrenz bei gleichbleibenden Marktgegebenheiten (Kundeninteresse) als ruinös auswirken. Es wird nach diesseitiger Auffassung entscheidend darauf ankommen, welchen speziellen Stil und welches Gepräge ein Ladengeschäft hat. Soweit erkennbar schließt der BGH einen vertragsimmanenten Konkurrenzschutz bei Einkaufszentren nicht generell aus (BGH 10.10.2012 – XII ZR 117/10, NZM 2013, 52).

Wenn die Mietparteien ausdrückliche vertragliche Vereinbarungen zum Konkurrenzschutz treffen, wird hierdurch der vertragsgemäße Gebrauch dahin konkretisiert, dass dem Mieter der von bestimmter Konkurrenz ungestörte Gebrauch der Mieträume eingeräumt wird (BGH aaO). Ausdrückliche Vereinbarungen über den Konkurrenzschutz gehen dem vertragsimmanenten Konkurrenzschutz vor, denn der vertragsimmanente Konkurrenzschutz kann hierdurch auch eingeschränkt werden (KG 18.5.2007 – 12 U 99/07, NZM 2008, 248). Beim ausdrücklichen Ausschluss von Konkurrenzschutz findet auch kein immanenter Schutz statt (KG 11.4.2019 – 8 U 147/17, BeckRS 2019, 10123). Wenn ausdrückliche Vereinbarungen etwa durch Zeitablauf hinfällig werden, soll dem Mieter nach Auffassung des KG (17.1.2005 – 8 U 212/04, KGR 2005, 573) der immanente Schutz erhalten bleiben, weil durch die Vereinbarung vertraglichen Konkurrenzschutzes und dessen späterer Aufhebung der Mieter nicht schlechter gestellt werden soll, als wenn eine Vereinbarung von vornherein nicht getroffen wurde. Dem wird in dieser Allgemeinheit schwerlich beizutreten zu sein. Wenn der Mieter eine zu seinen Gunsten abgeschlossene Konkurrenzschutzvereinbarung zur Disposition stellt, indem er etwa von vornerehein nur einen befristeten Schutz verabredet oder eine Aufhebungsvereinbarung abschließt, begibt er sich wissentlich und willentlich einer Rechtsposition. Dieser Umstand schafft gegenüber dem vertraglich ungeregelten Zustand, innerhalb dessen der immanente Schutz zu prüfen ist, eine qualitativ andere Vertragssituation, innerhalb derer der Mieter in den Grenzen von Treu und Glauben keinen Konkurrenzschutz mehr genießen dürfte. Desgleichen erscheint die Annahme eines vertragsimmanenten Konkurrenzschutzes als fraglich, wenn der Mietvertrag den Ausschluss von Konkurrenzschutz regelt, sich diese Klausel aber als unwirksam erweist. Das OLG Brandenburg

(25.11.2014 – 6 U 117/13, ZMR 2015, 225) hat dagegen einen immanenten Schutz bejaht, als es den formularmäßigen Ausschluss von Konkurrenzschutz in einem Supermarkt gemäß § 307 Abs. 1 BGB für unwirksam gehalten hat, wenn dem Mieter zugleich eine Betriebspflicht, eine Sortimentsbindung und eine Preisgestaltung entsprechend dem Preisniveau des Supermarktes auferlegt wurden (vgl. zu dieser Entscheidung auch Anm *Hübner* ZfIR 2015, 257; Anm. *Sommer* IMR 2015, 62). Selbst die Unwirksamkeit einer Klausel zum Ausschluss von Konkurrenzschutz lässt sich nach diesseitiger Auffassung schwerlich dahin ins Gegenteil wenden, dass dem Mietvertrag gleichwohl Schutzpflichten immanent innewohnen sollen.

Für den Umfang des immanenten Konkurrenzschutzes kommt es wesentlich auf die **Abgrenzung zwischen Haupt- und Nebenartikeln** an. Danach gilt der Grundsatz, dass der vertragsimmanente Schutz sich nur auf die Abwehr von Konkurrenten für den vom Mieter vertriebenen Hauptartikel bezieht und nicht auf die Nebenartikel, bei denen der Mieter den Wettbewerb hinzunehmen hat (BGH 23.7.2008 – XII ZR 134/06, NZM 2008, 770; 3.7.1985 – VIII ZR 128/84, NJW-RR 1986, 9 mwN). In einem Einkaufszentrum sind Überschneidungen in der jeweils vertriebenen Produktpalette vielfältig indiziert. Die Produktlinien und Verkaufsstrategien sind einem ständigen Wandel unterzogen. Kleinere Geschäfte nutzen die Anziehungskraft der Großanbieter, sind aber auch Verdrängungs- und Marktbeherrschungstendenzen ausgesetzt. Der Vermieter schwankt zwischen der Rücksichtnahme auf Großmieter und der Befürchtung des Leerstands, wenn kleinere Betriebe nicht ausreichend zum Zuge kommen. In dieser Gemengelage wird insbesondere die Konkurrenzschutzbedürftigkeit von **Spezial- und Fachgeschäften** virulent:

Beispiel 1): Der Betreiber eines **Drogeriemarkts** hat damit zu rechnen, dass Artikel für die Haar- und Körperpflege sowie kosmetische Artikel verkehrsüblich auch zum Warensortiment von Supermärkten, Discountgeschäften, Friseursalons, Parfümerien und Kosmetiksalons gehören. Die Unterscheidung zwischen Haupt- und Nebenartikeln ist bei Supermärkten oder SB-Warenhäusern nur schwer möglich, da die Vielfalt des Sortiments gerade den Charakter solcher Geschäfte ausmacht. Als dem Konkurrenzschutz unterliegende Hauptartikel können grundsätzlich nur solche Warengruppen angesehen werden, die hinsichtlich Vielfalt, Auswahlmöglichkeit, Geschlossenheit und Übersichtlichkeit dem Angebot eines Fachgeschäfts entsprechen (BGH 3.7.1985 – VIII ZR 128/84, NJW-RR 1986, 9).

Die Frage, ob der Betreiber eines Drogeriemarktes in einem Einkaufszentrum **Überschneidungen im Warensortiment** zu dulden hat, ist vor diesem Hintergrund von der Frage zu unterscheiden, ob er auch den Betrieb mehrerer Drogeriemärkte zu dulden hat. Das dürfte – abgesehen von eher seltenen Ausnahmefällen in besonders großen Zentren, bei denen sich die Konkurrenz durch die Vielfalt der Anbieter und die Größe der Verkaufsfläche neutralisiert – zu verneinen sein. „Hauptartikel" ist für den Drogeriemarkt die für diesen Geschäftstyp eigentümliche Mischung angebotener Waren, die von anderen Geschäften entweder als Haupt- oder als bloße Nebenartikel geführt werden. Wenn Wettbewerber sich auf dasselbe Verkaufskonzept verlegen (zB eine Parfümerie verlegt sich in breiterem Umfang auch auf den Vertrieb von Hygiene- und Gesundheitsartikeln), kann dies nach der hier vertretenen Auffassung den immanenten Konkurrenzschutz zugunsten eines Drogeriemarkts durchaus tangieren. Entsprechende Konstellationen sind bei Bau- und Gartenmärkten wie überhaupt bei solchen Ladengeschäften denkbar, die zwar keinen speziellen Hauptartikel vertreiben, aber nach der Verkehrsanschauung über eine charakteristische Warenpalette verfügen und mit dieser Geschäftsausrichtung ihrerseits als Fachgeschäft gelten können (OLG Hamm 16.12.1997 – 7 U 64/97, NZM 1998, 511; OLG Köln 16.12.1997 – 24 U 100/97, NZM 1998, 512).

Beispiel 2): Ein immanenter Konkurrenzschutz für den **Vertrieb von Bekleidungsartikeln** wird bei Einkaufszentren angesichts einer Vielzahl von Anbietern mit Bekleidungssortimenten im Allgemeinen auszuscheiden haben. Beim exklusiven Vertrieb bestimmter Hersteller oder Produktlinien durch Fach- und Spezialgeschäfte kann es aber nach der hier vertretenen Auffassung anders liegen, denn auch in solchen Fällen konzentriert sich das Warenangebot im Sinne eines Fachgeschäfts. Wenn der Schwerpunkt des Geschäfts darin besteht, die Produktpalette nur eines oder weniger Designer oder nur ganz spezielle Segmente aus einer größeren Produktpalette (zB Hüte, Regenschirme, Damenstrümpfe, Designerhemden, Krawatten) anzubieten, kann sich die Konkurrenz durch einen Wettbewerber mit derselben Produktkonzentration auch im Rahmen immanenten Konkurrenzschutzes als erheblich auswirken. Die Berücksichtigung von Umständen, die den Stil und das eigentliche Gepräge eines Geschäfts bestimmen, ist im Rahmen der Auslegung von Konkurrenzschutzklauseln ohnehin anerkannt (BGH 3.7.1985 – VIII ZR 128/84, NJW-RR 1986, 9).

Zur Vermeidung allfälliger Unwägbarkeiten in Bezug auf den Umfang immanenter Konkurrenzschutzpflichten sollte auch bei der Vermietung von Objekten in Einkaufszentren zu ausdrücklichen vertraglichen Regelungen – sei es zum Ausschluss, sei es zur Gewährung von Konkurrenzschutz – gegriffen werden.

4. Da der Vermieter befürchten muss, dass bei Sortimentsüberschneidungen Konkurrenzschutzverletzungen geltend gemacht werden, zielt das Formular in Verbindung mit den Regelungen in § 3 (→ Anm. 6–9) auf die Klarstellung ab, dass außerhalb des dem Mieter ausdrücklich zugesagten Konkurrenzschutzes keine weitergehenden Schutzpflichten bestehen. Der Vermieter eines Ladenlokals ist in der Regel nicht verpflichtet, einer **Sortimentsänderung** zuzustimmen, auch wenn sich die Zusammensetzung der Kundschaft eines Einkaufszentrums verändert hat (OLG Hamburg 6.2.2002 – 4 U 145/99, ZMR 2003, 180).

5. Wenn der Mieter die betriebliche Tätigkeit entgegen dem vertraglichen Mietzweck ändert oder erweitert, hat der Vermieter mit einer Inanspruchnahme durch andere Mieter zu rechnen, die sich ihrerseits auf bestehenden Konkurrenzschutz berufen (zur Vereinbarung eines Konkurrenzverbots → Form. A.VII.14; zur Abmahnung des Vermieters wegen Verstoßes gegen zugesicherten Konkurrenzschutz → Form. A.VIII.2; zur Abmahnung des Mieters wegen einer Konkurrenzschutzverletzung → Form. A.IX.3). Eine **Konkurrenzschutzverletzung** zum Nachteil eines Mieters rechtfertigt nunmehr auch nach Auffassung des BGH die Annahme eines zur Minderung berechtigenden **Sachmangels** (BGH 10.10.2012 – XII ZR 117/10, BGHZ 195, 50 = NZM 2013, 52). Eine Minderungsbefugnis soll nach Auffassung des OLG Düsseldorf (15.5.1997 – 10 U 4/96, NJW-RR 1998, 514) gegeben sein, ohne dass es der Feststellung bedarf, dass und in welchem Umfang es gerade wegen der Schutzverletzung zu Umsatzeinbußen innerhalb des Gewerbebetriebs des Mieters gekommen ist. Für den Umfang einer Mietminderung gemäß § 536 BGB wird es aber auf den Umfang etwaiger Geschäftseinbußen ankommen können. Außerdem kommt ein außerordentliches **Kündigungsrecht** des beeinträchtigten Mieters in Betracht, ferner Ansprüche auf Unterlassung oder Beseitigung der Schutzverletzung und auf Leistung von Schadensersatz (BGH 17.6.1998 – XII ZR 206/96, NZM 1998, 666; Palandt/*Weidenkaff* BGB § 536a Rn. 14; *Glaser* NJW 1953, 330). Beruht eine Konkurrenzschutzverletzung zu Lasten von Mitmietern auf einer eigenmächtigen Änderung oder Erweiterung des Mietzwecks durch den Mieter, soll sich der Vermieter nach dem Formular beim Mieter schadlos halten können.

6. Die Konkurrenzschutzpflicht ist möglichst konkret und aus Vermietersicht eng zu fassen. Je weiter und allgemeiner der Schutzbereich definiert ist, desto umfangreicher können sich die Haftungsrisiken auf Vermieterseite gestalten. Allgemein gehaltene Vereinbarungen etwa des Inhalts, dass dem Mieter Konkurrenzschutz gewährt werde, sind auslegungsbedürftig (BGH 3.7.1985 – VIII ZR 128/84, NJW-RR 1986, 9). Die Auslegung kann aber wiederum ergeben, dass sich der Konkurrenzschutz nur auf Hauptartikel und nicht auch auf Nebenartikel erstreckt oder dass sowohl Haupt- als auch Nebenartikel Konkurrenzschutz genießen sollen (→ Anm. 3). Die Vertragsparteien können einen völligen Konkurrenzschutz vereinbaren, der sich auch auf Nebenartikel anderer Geschäfte erstreckt.

Vertraglich zugesagter **Konkurrenzschutz gilt** regelmäßig nur **für künftig abzuschließende Mietverträge** in den Objekten, die vom Schutz erfasst sind (OLG Köln 27.5.2005 – 1 U 72/04, NZM 2005, 866). Die bei Anmietung bestehende Konkurrenzsituation muss der Mieter also hinnehmen.

Der vertragliche Konkurrenzschutz kann in **kartellrechtlichen Beschränkungen** seine Grenzen finden. Insbesondere kommen Verstöße gegen § 20 Abs. 1 GWB in Betracht. Grundlegende Ausführungen hierzu hat der BGH in den sog. Schilderpräger-Entscheidungen gemacht (BGH 8.4.2003 – KZR 39/99, NJW 2003, 2684 = NZM 2003, 597 mit weiteren Nachweisen; zum – verneinten – Kartellverbot bei der Erbringung von Busverkehrsleistungen vgl. BGH 12.6.2018 – KZR 4/16, NZKart 2018, 372). Er hat klargestellt, dass Normadressat des aus § 20 Abs. 1 GWB folgenden Verbots, andere Unternehmen i S v § 20 Abs. 1 GWB unbillig zu behindern, nicht allein die öffentliche Verwaltung sei (welche den Bedarf an der Herstellung und dem Verkauf von amtlichen Kfz-Schildern hervorgerufen hat). Vielmehr richtet sich das Verbot auch an andere Unternehmen, welche die alleinige Verfügungsgewalt über die Überlassung von Gewerbeflächen auf dem jeweils relevanten Markt besitzen (BGH 8.4.2003 – KZR 39/99, NJW 2003, 2684 = NZM 2003, 597 mwN; vgl. auch BGH 31.1.2012 – KZR 65/10, NJW 2012, 2110). Danach liegt ein Verstoß gegen das Verbot unbilliger Behinderung vor, wenn bei der Vermietung von geeigneten, nur in begrenzter Zahl bereitstehenden Räumen die Auswahl unter den in Frage kommenden Interessenten nicht unter angemessenen und fairen Bedingungen vorgenommen wird. Der marktbeherrschende Vermieter ist nicht nur verpflichtet, den aktuellen Bedarf auf dem Wege der Ausschreibung zu ermitteln, er darf, wenn er entsprechende Gewerbeflächen vermietet, den Marktzutritt für aktuelle und potentielle Wettbewerber des Mieters nicht für einen längeren Zeitraum als fünf Jahre blockieren, sondern muss die Räumlichkeiten in entsprechenden Abständen neu ausschreiben.

Die Rechtsprechung des BGH hat in der mietrechtlichen Rechtsprechung bislang nur wenig Niederschlag gefunden; sie birgt jedoch für marktbeherrschende Vermieter in Einkaufszentren und für andere Monopolisten auf dem gewerblichen Mietmarkt erhebliche Probleme und Risiken in sich. Das **Diskriminierungsverbot** soll ausschließen, dass marktmächtige Unternehmen ihre vom Wettbewerb nicht hinreichend kontrollierten Handlungsspielräume zum Nachteil Dritter ausnutzen und dadurch das Marktgeschehen stören; es soll die Unternehmen aber nicht vor den Folgen geschäftlicher Fehlentscheidungen schützen (BGH 19.1.1993 – KZR 1/92, NJW 1993, 1653). Nach welchen Kriterien sich jedoch eine Ausschreibung im Mietmarkt letztlich richten soll, erscheint als fraglich. Das Verhältnis zwischen dem Diskriminierungsverbot und einem ausdrücklich zugesagtem Konkurrenzschutz muss als offen gelten. Die Eingrenzung der Bindungszeit – also auch der Mietzeit – auf nur 5 Jahre bewirkt für die Geschäftsraummiete ganz ungewöhnliche und untypische Beschränkungen. Ein marktbeherrschendes Unternehmen darf ein Vertrags- bzw. Mietverhältnis mit einem anderen Unternehmen auch nicht aus Gründen beenden, aus denen es den Abschluss des Vertrages nicht hätte ablehnen dürfen, ohne damit gegen das Diskriminierungsverbot zu verstoßen (BGH 8.4.2003 – KZR 39/99 NJW 2003, 2684 = NZM 2003, 597).

Anders als beim immanenten Konkurrenzschutz (→ Anm. 3 zu § 2 Ziff. 1) ist der **vertraglich vereinbarte Konkurrenzschutz** nicht von vornherein auf die Haupttätigkeit (bzw. die vertriebenen Hauptartikel) des geschützten Mieters beschränkt. Ob eine Konkurrenzklausel auch **Nebenartikel** erfasst, muss einzelfallbezogen ermittelt werden (BGH 9.10.1974 – VIII ZR 113/72, NJW 1974, 2317). Ergibt die Auslegung einer Konkurrenzschutzklausel, dass Nebenartikel nicht geschützt sind, genießt der Mieter Konkurrenzschutz nur in Bezug auf die von ihm als Hauptartikel vertriebenen Waren oder Leistungen, während er den Wettbewerb in Bezug auf bloße Nebenartikel grundsätzlich zu dulden hat (BGH 3.7.1985 – VIII ZR 128/84, NJW-RR 1986, 9).

Eine Klausel, der zufolge ein Mieter bereits vorhandenen Mietern keine Konkurrenz machen darf, ist idR dahingehend auszulegen, dass von dieser Klausel nur die jeweiligen Hauptartikel erfasst werden, während eine Klausel, nach welcher der Mieter keine Waren führen darf, die bereits in einem anderen Geschäftslokal des Hauses geführt werden, in einem umfassenden Sinn zu verstehen sein und sich auch auf Nebenartikel erstrecken soll

(OLG Celle 13.5.1992 – 2 U 99/91, ZMR 1992, 448; zu den Grenzen wirksamer Formular-klauseln bei Versagung von Konkurrenzschutz unter gleichzeitiger Festlegung einer Betriebs-pflicht mit strenger Sortimentsbindung vgl. OLG Schleswig 2.8.1999 – 4 W 24/99, NZM 2000, 1008; OLG Naumburg 15.7.2008 – 9 U 18/08, NZM 2008, 772). Das Formular regelt den Konkurrenzschutz nur für Hauptartikel.

Eine Konkretisierung des Gegenstands vertraglichen Konkurrenzschutzes könnte im Vertragstext beispielsweise wie folgt geschehen:

Der Konkurrenzschutz betrifft ausschließlich den Verkauf von
- Back- und Konditoreiwaren im Rahmen eines Einzelhandelfachgeschäfts mit Thekenverkauf und Stehcafé.
- Fleisch- und Wurstwaren im Rahmen eines Metzgereifachgeschäfts.
- Schnittblumen, Topfpflanzen und Trauerschmuck im Rahmen eines Blumenfachgeschäfts.
- Damenunterwäsche, Dessous und Nachtwäsche im Rahmen eines Spezialgeschäfts.
- Wein, Bier, Spirituosen und nichtalkoholischen Getränken im Rahmen eines Getränkeabhol-markts.

Bei Spezialgeschäften ohne speziellen Hauptartikel, aber mit einer spezifischen Sorti-mentsgestaltung, wäre eine Konkretisierung des Konkurrenzschutzes wie folgt denkbar:

Der Konkurrenzschutz betrifft ausschließlich den Betrieb
- eines Bau- und Heimwerkermarkts als Selbstbedienungsgeschäft.
- eines Radio-, TV- und Elektrofachgeschäfts mit angeschlossener Reparaturwerkstatt.
- eines Möbelfachgeschäfts mit angeschlossenem Abholmarkt.
- eines Salons für kosmetische Behandlungen.

7. Da allein die positive Benennung des geschützten Bereichs es möglicherweise noch nicht ermöglicht, die Grenzen des gewährten Schutzes und den Umfang zulässigen Wett-bewerbs abschließend zu bestimmen, sieht das Formular auch eine negative Abgrenzung vor, dh die Bezeichnung derjenigen Wettbewerber, deren Angebot sich mit dem des betreffenden Mieters überschneidet, den vertraglich gewährten Konkurrenzschutz aber nicht tangieren soll. Die in den Anmerkungen zu Ziff. (1) aufgeführten Beispiele können bei der Ausfüllung des Formulars dann wie folgt wieder aufgegriffen werden:

Danach genießt der Mieter keinen Konkurrenzschutz, soweit im Einkaufzentrum
- Beispiel: Bäckereifachgeschäft – zwei Supermärkte mit angegliedertem Backstand und ein Eiscafé mit Kuchentheke . . . . .
- Beispiel: Metzgereifachgeschäft – zwei Supermärkte mit Metzgereiabteilung, mehrere Discount-geschäfte mit Wurstwaren sowie Imbiss- und Restaurantbetriebe in wechselnder Anzahl . . . .
usw
vorhanden sind.

Bei Spezialgeschäften oder Mischanbietern ohne speziellen Hauptartikel wäre eine negative Abgrenzung wie folgt denkbar:

Der Mieter genießt keinen Konkurrenzschutz in Bezug auf solche Anbieter, die Waren und Leistungen anbieten, die auch zum Angebot des Mieters gehören, solange das konkurrierende Leistungsangebot nicht auf Dauer in einer Weise angeboten wird, die dem Stil und Gepräge des vom Mieter geführten Betriebs entspricht. Danach genießt der Mieter insbesondere keinen Konkurrenzschutz, soweit im Einkaufzentrum
- Beispiel: Bau- und Heimwerkermarkt: – auch ein Gartenmarkt und ein Bastelgeschäft vorhan-den sind.
- Beispiel: Drogeriemarkt – auch ein Kosmetikfachgeschäft, ein Friseursalon, eine Apotheke, mehrere Supermärkte und Discountgeschäfte vorhanden sind (OLG Frankfurt 27.8.1981 – 6 U 75/81, NJW 1982, 707).

8. Das Formular bezweckt in zweierlei Hinsicht eine Klarstellung: Der Mieter soll sich zum einen nicht darauf berufen können, dass im Einkaufszentrum ein ganz bestimmter Branchenmix zu gewährleisten sei. Ihm soll zum anderen versagt sein, den Umfang nicht gewährten Konkurrenzschutzes auf den Kreis von Wettbewerbern zu beschränken, der bei Vertragsbeginn vorhanden ist. Der Mieter kann also nicht schlechthin geltend machen, dass die Vermietung an neue Geschäfte zusätzliche Konkurrenz bewirkt.

9. Das Formular beugt dem Einwand des Mieters vor, die Struktur des Einkaufszentrums habe sich zu seinen Ungunsten verändert (zum Betrieb eines Nachbargeschäfts als Geschäftsgrundlage des Mietvertrags vgl. OLG München 23.6.1999 – 3 U 6412/98, NJW-RR 1999, 1532).

10. Zwischen den Vertragsparteien kann Streit über die Frage entstehen, für welche **Auslastung eines Einkaufszentrums** der Vermieter einzustehen hat und ob er eine **Vollvermietung** zu gewährleisten hat (zum Umfang der Einstandspflicht des Vermieters bei einem noch zu errichtenden Objekt → Form. A.VI.5 Anm. 2). Dann können ggf. die zum **Wegfall der Geschäftsgrundlage** entwickelten Grundsätze Geltung finden. Geschäftsgrundlage sind nach der Rechtsprechung des BGH die beim Vertragsschluss zutage getretenen, dem Geschäftsgegner erkennbaren und von ihm nicht beanstandeten Vorstellungen des einen Vertragsteils oder die gemeinsamen Vorstellungen beider Teile vom Vorhandensein oder künftigen Eintritt gewisser Umstände, sofern der Geschäftswille auf diesen Vorstellungen aufbaut (vgl. etwa BGH 4.7.1996 – I ZR 101/94, BGHZ 133, 281 = NJW 1997, 320). Beim gewerblichen Mietvertrag besteht die Geschäftsgrundlage im Allgemeinen in der übereinstimmenden Annahme der Vertragsparteien, dass der verabredete Mietzins gegenüber dem Nutzwert der Mietsache in etwa gleichwertig sei. Die zumal bei langfristigen Mietverhältnissen auftretenden Schwankungen zwischen Mietpreis und Nutzwert tangieren die Geschäftsgrundlage grundsätzlich nicht. Wie der BGH wiederholt dargelegt hat, fällt es in den Verantwortungsbereich des Mieters von Gewerberaum, als Unternehmer die Erfolgsaussichten eines Geschäfts in der von ihm gewählten Lage abzuschätzen. Das umfasst bei der Anmietung eines Ladenlokals in einem erst noch zu errichtenden Einkaufszentrum neben der Chance, in einem später florierenden Zentrum erhöhte Gewinne zu erzielen, auch das Risiko eines Scheiterns des Gesamtobjekts mit entsprechenden negativen Folgen für das gemietete Einzelgeschäft. Die **enttäuschte Erwartung** des Mieters, Gewinn zu erzielen, berührt die Geschäftsgrundlage nach der Rechtsprechung grundsätzlich auch dann nicht, wenn die Gewinnerwartungen vom Vermieter bei Vertragsabschluss geteilt wurden (BGH 3.3.2010 – XII ZR 131/08, NZM 2010, 361; 16.2.2000 – XII ZR 279/97, NJW 2000, 1714 mwN). Der Mieter hat das **Ertragsrisiko** grundsätzlich auch dann zu tragen, wenn an die Mietsache mittelbar geknüpfte Erwartungen enttäuscht werden, zB bei fehlender Akzeptanz durch das Käuferpublikum. Ohne besonderen Grund geht ein Vermieter auch nicht das Risiko ein, den Bestand oder Inhalt des Mietvertrages vom wirtschaftlichen Erfolg des Mieters abhängig zu machen (BGH 3.3.2010 – XII ZR 131/08, NZM 2010, 361).

Ausdrücklich vereinbart werden kann eine bestimmte (Mindest-) Auslastung aber gleichwohl, etwa im Rahmen einer Umsatzmiete oder durch sonstige Abreden, durch die sich der Vermieter – ggf. im Rahmen von werbenden Zusicherungen – am unternehmerischen Risiko des Mieters ausdrücklich beteiligt und die Funktionsfähigkeit eines Einkaufszentrums zu seinem Risiko macht oder garantiert. Dies setzt aber voraus, dass der Vermieter **zusicherungsfähige Eigenschaften des Mietobjekts** verspricht (BGH 16.2.2000 – XII ZR 279/97, NJW 2000, 1714; *Ostermann* GuT 2003, 39 mwN). Hierzu bedarf es konkreter Abreden, wonach der Vermieter das Geschäftsrisiko des Mieters – ganz oder zum Teil – übernimmt. Ob das der Fall ist, ist durch Auslegung der getroffenen Vereinbarungen zu ermitteln (BGH 3.3.2010 – XII ZR 131/08, NZM 2010, 361; 16.2.2000 – XII ZR 279/97, NJW 2000, 1714).

Wenn der Vermieter dem Mieter **falsche Angaben zu den Ertragsmodalitäten** macht, kommen Schadensersatzansprüche des Mieters und eine Vertragsanfechtung wegen arglistiger Täuschung oder wegen Irrtums (§§ 119, 123 BGB) in Betracht. Hierzu muss der Mieter aber darlegen und ggf. nachweisen, dass der Vermieter die vertragliche Gewähr für das Vorhandensein bestimmter Eigenschaften übernehmen wollte (vgl. *Günter* WuM 2012, 587). Das OLG Düsseldorf (17.9.2002 – 24 U 1/02, WuM 2003, 138) hat allerdings – nach diesseitiger Auffassung zu Unrecht – angenommen, dass die dem Mieter eines Fitness-Studios mitgeteilte Anzahl der Kunden per se keine verkehrswesentliche Eigenschaft der Mietsache darstelle. Der vorhandene Kundenstamm umschreibt jedoch im Zweifel ein ganz zentrales Merkmal mit konkretem tatsächlichen Gehalt, das für den Vertragsschluss von wesentlicher Bedeutung sein kann.

Dem Mieter kann auch dann, wenn der Anwendungsbereich der mietrechtlichen Gewährleistungsvorschriften nicht betroffen ist und auch die Grundsätze über den Wegfall der Geschäftsgrundlage aus Rechtsgründen nicht zum Zuge kommen, ein Anspruch wegen **Verschuldens bei Vertragsschluss** zustehen (BGH 26.5.2004 – XII ZR 149/02, NZM 2004, 618). Ein solcher Anspruch setzt voraus, dass der Vermieter dem Mieter unter Verletzung einer vorvertraglichen Aufklärungspflicht schuldhaft unzutreffende Informationen in Bezug auf das Mietobjekt erteilt oder wichtige Umstände verschwiegen hat. Ausnahmsweise kann dabei über den sog. Vertrauensschaden hinaus auch das Interesse des Geschädigten an der Erfüllung eines nicht zustande gekommenen Vertrages zu ersetzen sein, wenn im Einzelfall feststeht, dass die Vertragspartner ohne das schuldhafte Verhalten statt des abgeschlossenen Vertrages einen anderen, für den Geschädigten günstigeren Vertrag abgeschlossen hätten (BGH 24.6.1998 – XII ZR 126/96, NJW 1998, 2900, in Fortführung von BGH 2.3.1988 – VIII ZR 380/96, NJW 1988, 2234; 4.7.1989 – VI ZR 217/88, BGHZ 108, 200).

Eine Einstandspflicht des Vermieters für solche Modalitäten, die – auch – das Ertragsrisiko des Mieters erfassen, ist gelegentlich angenommen worden, wenn der Vermieter den Mieter so stark reglementiert und in dem Gesamtbetrieb eines Einkaufszentrums einbezieht, dass von einer **faktischen Risikoübernahme durch den Vermieter** auszugehen sein soll. Die bei der Vermietung in Einkaufszentren vielfach üblichen Regelungen betreffend die Einbindung des Mieters in das Zentrum – wie beispielsweise bestimmte Ausrichtungen des Sortiments, Betriebspflicht während der gesetzlichen Ladenöffnungszeiten, Pflichtmitgliedschaft in einer Werbegemeinschaft und Verpflichtung zur Zahlung von Nebenkosten für die Gesamtanlage – führen aber grundsätzlich noch nicht zu einer Verlagerung des unternehmerischen Mieterrisikos auf den Vermieter (BGH 19.7.2000 – XII ZR 176/98, NJW-RR 2000, 1535). Auch der Umstand, dass der Vermieter von einem wirtschaftlichen Erfolg des Projekts ausgeht, verlagert das Verwendungs- und Gewinnerzielungsrisiko nicht vom Mieter auf den Vermieter (BGH 19.7.2000 – XII ZR 176/98, NJW-RR 2000, 1535; OLG Düsseldorf 19.2.2009 – 10 U 142/08, NZM 2010, 477; *Günter* WuM 2012, 587). Für die Annahme eines Wegfalls der Geschäftsgrundlage werden besondere Vereinbarungen im Sinne einer Risiko- oder Garantieübernahme oder einer besonders strengen Einbindung in den gesamten Betrieb des Einkaufszentrums zu verlangen sein (BGH 19.7.2000 – XII ZR 176/98, NJW-RR 2000, 1535; 16.2.2000 – XII ZR 279/97, NZM 2000, 492). Unter besonderen Voraussetzungen kann aber schon der Betrieb eines Nachbargeschäfts als ein für die Anmietung wesentlicher Umstand die Geschäftsgrundlage für einen Mietvertrag sein (OLG München 23.6.1999 – 3 U 6412/98, NZM 2000, 89).

Das Formular soll der Annahme vorbeugen, dass auf Seiten des Vermieters der erkennbare Vertragswille vorliege, auf jeden Fall die Gewähr für das Vorhandensein einer bestimmten Vermietungssituation einstehen zu wollen.

11. Zu den Gewinnerwartungen des Mieters und zur Geschäftsentwicklung im Einkaufszentrum → Anm. 10 (zur Mietminderung und Kündigung bei enttäuschter Gewinnerwartung vgl. auch die Darstellung von *Keckemeti* NZM 1999, 115 mwN).

12. Nach ganz herrschender Meinung in Rechtsprechung und Schrifttum kann bei der Geschäftsraummiete eine Gebrauchs- bzw. **Betriebspflicht** des Mieters auch formularmäßig wirksam vereinbart werden (BGH 3.3.2010 – XII ZR 131/08, NZM 2010, 361; KG 18.10.2004 – 8 U 92/04, NZM 2005, 620; zum Zusammentreffen von Betriebspflicht und dem Ausschluss von Konkurrenzschutz vgl. OLG Hamburg 3.4.2002 – 4 U 236/01, ZMR 2003, 254; OLG Rostock 8.3.2004 – 3 U 118/03, NZM 2004, 460, Anm *Eisenschmid* jurisPR-MietR 13/2004 Anm. 5; vgl. auch *Borzutzki-Pasing* jurisPR-MietR 20/2008 Anm. 1; *Peters/Welkerling* ZMR 1999, 369). Der Vermieter kann zur Wahrung der Attraktivität des Gesamtobjekts ein dringendes Interesse daran haben, dass Leerstand vermieden wird und ein aktiver Geschäftsbetrieb stattfindet. Im Zweifel hat er sich solche Mieter ausgesucht, die in das Gesamtkonzept der wirtschaftlichen Nutzung passen.

Zweifelhaft ist die Wirksamkeit einer formularmäßig auferlegten Betriebspflicht, wenn zugleich weitere Schutzinteressen des Mieters eingeschränkt werden. Der zusätzliche Ausschluss von Konkurrenz- und Sortimentsschutz wird noch für wirksam gehalten (BGH 3.3.2010 – XII ZR 131/08, GuT 2010, 97; 16.2.2000 – XII ZR 279/97, NJW 2000, 1714). Unterschiedlich beantwortet wird die Frage, ob in einem Formularvertrag die Vereinbarung einer Betriebspflicht des Mieters mit einer Sortimentsbindung kombiniert und zusätzlich mit einem Ausschluss von Konkurrenz- und Sortimentsschutz wirksam verbunden werden kann (gegen eine Kumulierungsmöglichkeit: OLG Schleswig 2.8.1999 – 4 W 24/99, NZM 2000, 1008; offen gelassen von: BGH 3.3.2010 – XII ZR 131/08, NZM 2010, 361, Anm. *Emmert* jurisPR-MietR 15/2010 Anm. 1).

Bei der Bejahung einer **immanenten Betriebspflicht** ist die Rechtsprechung dagegen sehr zurückhaltend. Zwar gilt allgemein der Grundsatz, dass der Mieter ein Gebrauchsrecht, aber keine vertragliche Gebrauchspflicht hat. Selbst die Vereinbarung einer Umsatzmiete (zur Umsatzmiete → Form. A.VII.2), bei der sich der Mietzins – zumindest teilweise – nach den vom Mieter getätigten Umsätzen bemisst, soll deshalb für sich keine Betriebspflicht begründen (BGH 4.4.1979 – VIII ZR 118/78, NJW 1979, 2351). Dem ist aber entgegen zu halten, dass der Vertragszweck eine konkludent vereinbarte Betriebspflicht indizieren kann (OLG Köln 28.7.2000 – 19 U 184/99, NZM 2002, 345). Dies wird auch in der Literatur zunehmend angenommen (vgl. *Ingendoh* jurisPR-MietR 3/2010 Anm. 4; *Jendrek* NZM 2000, 526; *Günter* WuM 2012, 587; *Emmert* jurisPR-MietR 15/2010 Anm. 1; *Späth* ZMR 2012, 917; nur ausnahmsweise lässt dies gelten Staudinger/*Emmerich* BGB § 535 Rn. 92).

13. Kommt der Mieter bestehenden Betriebspflichten nicht nach, kann dies für den Vermieter wegen vertragswidrigen Gebrauchs gemäß § 543 Abs. 2 Nr. 2 BGB ein Recht zur fristlosen Kündigung begründen. Dies erfordert gemäß § 543 Abs. 3 BGB grds eine Abmahnung (→ Form. A.IX.1).

Der Vermieter kann den Mieter entsprechend § 541 BGB auf **Erfüllung der Betriebspflicht** gerichtlich in Anspruch nehmen (vgl. *Drasdo* NJW-Spezial 2009, 193; *Gather* DWW 2007, 94). Ein auf Erfüllung gerichteter Titel ist idR nur mit erheblichem Zeitaufwand zu erlangen. Nach hM kann die Beachtung der Betriebspflicht des Mieters aber auch durch **einstweilige Verfügung** durchgesetzt werden (OLG Rostock 22.8.2016 – 3 W 53/16, NJW 2016, 3539; KG Berlin 28.1.2013 – 8 W 5/13; OLG Frankfurt 10.12.2008 – 2 U 250/08, nebst Anm. *Ingendoh* juris PR-MietR 7/2009 Anm. 5; OLG Düsseldorf NJW 1997, 648; OLG Frankfurt NJW-RR 1992, 171; OLG Köln NJW-RR 1992, 633; OLG Celle NJW-RR 1996, 585; *Hinz,* Einstweiliger Rechtsschutz im Mietprozess, www.mietgerichtstag.de; nur im Ausnahmefall einstweiligen Rechtsschutz bejahend: KG

18.10.2004 – 8 U 92/04, NZM 2005, 620). Zwar nimmt die einstweilige Verfügung die Hauptsache – bis zu einer Hauptsacheentscheidung – vorweg. Eine solche Vorwegnahme ist jedoch zulässig, wenn der Gläubiger darlegt und glaubhaft macht, dass er auf die Erfüllung dringend angewiesen ist (vgl. Zöller/*Vollkommer* ZPO § 940, Rn. 6 mwN). Dies bejaht die Rechtsprechung, weil ein Einkaufszentrum darauf angewiesen ist, sich durch ein möglichst großes und vielfältiges Angebot an Geschäften für Kunden attraktiv zu halten. Die Erwirkung einer einstweiligen Verfügung wegen Verstoßes gegen die Betriebspflicht setzt zumindest bei einer klaren Vertragssituation keine besondere In-Verzug-Setzung des Mieters durch Setzung einer Erfüllungsfrist voraus. Führt der Mieter von Gewerberäumen nach Erlass einer gegen ihn ergangenen einstweiligen Verfügung – entgegen seiner zuvor erfolgten Ankündigung – den Betrieb fort und erklärt er darüber hinaus, den Betrieb bis zur rechtskräftigen Entscheidung über die Betriebspflicht und über die Wirksamkeit der Kündigung fortsetzen zu wollen, entfällt der Verfügungsgrund mangels Dringlichkeit (KG 17.11.2014 – 8 U 114/14, ZMR 2015, 117).

Nimmt der Vermieter den Mieter entsprechend § 541 BGB auf Erfüllung der Betriebspflicht in Anspruch, stellt sich die Frage, wie aus einem erwirkten Titel zu **vollstrecken** ist. Das ist wegen der oft schwierigen Abgrenzung zwischen Unterlassung (des vertragswidrigen Gebrauchs) im Sinne von § 890 ZPO und der Vornahme einer Handlung (Beachtung der Betriebspflicht) umstritten. Dabei ist zusätzlich abzugrenzen, ob die Vollstreckung auf eine vertretbare Handlung im Sinne von §§ 887 ZPO gerichtet ist oder auf eine unvertretbare Handlung gemäß § 888 ZPO (vgl. *Drasdo* NJW-Spezial 2009, 193). Die Rechtsprechung geht teilweise davon aus, dass die Vollstreckung nach § 888 ZPO stattzufinden hat (OLG Rostock 22.8.2016 – 3 W 53/16, NJW 2016, 3539; OLG Hamburg 21.8.2013 – 8 W 72/13, NJW-RR 2014, 133; OLG Hamm NJW 1973, 1135; OLG Celle NJW-RR 1996, 585; OLG Frankfurt/M. ZMR 2009, 446, jeweils mwN; vgl. auch *Peters/Welker-ling* ZMR 1999, 369; das OLG Frankfurt hat mit 10.12.2008 – 2 U 250/08 eine Vollstreckung nach § 888 ZPO zumindest nicht ausgeschlossen). Dem ist beizutreten, denn der Anspruch des Vermieters zielt in erster Linie auf den **Betrieb des Ladengeschäfts als einer unvertretbaren Handlung** im Sinne von § 888 Abs. 1 ZPO ab, deren Vornahme ausschließlich vom Willen des Mieters abhängt. Das Willenskriterium des § 888 Abs. 1 ZPO wird nach hM restriktiv dahin ausgelegt, dass eine Vollstreckung nicht in Betracht komme, wenn der Schuldner die erforderliche Mitwirkung Dritter (zB von Lieferanten oder Arbeitnehmern) trotz zumutbarer Anstrengungen nicht erreichen kann (OLG Rostock 22.8.2016 – 3 W 53/16, NJW 2016, 3539, Anm. *Borzutzki-Pasing* jurisPR-MietR 3/2017 Anm. 5; OLG Hamburg 21.8.2013 – 8 W 72/13 , NZM 2014, 273; OLG Frankfurt 10.12.2008 – 2 U 250/08 , ZMR 2009, 446; OLG Celle 2.1.1996 – 2 W 80/95, NJW-RR 1996, 585; OLG Düsseldorf 21.10.2003 – 10 W 64/03, GuT 2004, 17; Zöller/*Stöber* ZPO § 888 Rn. 3; aA OLG Naumburg 21.11.1997 – 2 W 14/97, NZM 1998, 575; OLG Hamm 10.10.1973 – 14 W 72/72, NJW 1973, 1135; *Hinz*, Einstweiliger Rechtsschutz im Mietprozess, www.mietgerichtstag.de). Eine Vollstreckung nach § 888 Abs. 1 ZPO scheidet aber erst dann aus, wenn dem Vollstreckungsschuldner die Erlangung der Mitwirkungshandlung von Dritten objektiv oder subjektiv eindeutig unmöglich ist. Es muss feststehen, dass der Schuldner erfolglos alle ihm zumutbaren Maßnahmen einschließlich eines gerichtlichen Vorgehens unternommen hat, um den Dritten zu seiner Mitwirkung zu veranlassen, wofür den Vollstreckungsschuldner die Vortrags- und Beweislast trifft (BGH 27.11.2008 – I ZB 46/08, NJW-RR 2009, 443; OLG Rostock 22.8.2016 – 3 W 53/16, NJW 2016, 3539). Wie weit diese Pflichten im Einzelnen reichen, kann namentlich dadurch in Frage stehen, wenn der Mieter bereits vollendete Tatsachen geschaffen hat, die eine Betriebsfortsetzung faktisch ausschließt (zur Vollstreckung als „Folterinstrument" vgl. *Borzutzki-Pasing* jurisPR-MietR 3/2017 Anm. 5 zu OLG Rostock 22.8.2016 – 3 W 53/16, NJW 2016, 3539).

Demgegenüber hält das OLG Düsseldorf (9.1.1997 – 24 U 94/96, NJW-RR 1997, 648) § 890 ZPO für anwendbar, weil nur so auch die nachträgliche Sanktionierung eines Betriebspflichtverstoßes für die letzte Mietzeit vor Mietende zu erzielen sei. Bei dem Zwangsgeld nach § 888 ZPO handele es sich um ein reines Beugemittel, mit dem der Vermieter nach dem durch Vertragsbeendigung bedingten Wegfall der durchzusetzenden Pflicht ausgeschlossen sei. Ob eine Vollstreckung nach bereits eingetretenem Pflichtenwegfall überhaupt noch möglich bleibt, ist allerdings auch im Rahmen des § 890 ZPO umstritten (vgl. nur Thomas/Putzo/*Hüßtege* ZPO § 890 Rn. 10 mwN). Der auch diesseits befürwortete Weg über § 888 ZPO begründet für den Vermieter keine Nachteile, da ihm nach Mietende regelmäßig noch Schadensersatzansprüche zustehen. Deren Durchsetzung wird den Vermieter nach Mietende eher interessieren als die Vollstreckung von Ordnungsmitteln.

An **Verstöße gegen die Betriebspflicht** kann eine **Vertragsstrafe** geknüpft werden (vgl. *Späth* ZMR 2012, 917). Gegenüber Unternehmern sind Vertragsstrafenklauseln generell zulässig, da insoweit das Klauselverbot aus § 309 Nr. 6 BGB wegen der Regelung des § 310 Abs. 1 S. 1 BGB (zum persönlichen Anwendungsbereich des AGB-Rechts → Form. A.V.1 Anm. 1) nicht unmittelbar Geltung findet. Über § 310 Abs. 1 S. 2 BGB verbleibt es aber bei der Klauselkontrolle, mit der unangemessen benachteiligende Regelungen gemäß § 307 BGB als unwirksam auszusondern sind. Eine Vertragsstrafe, die der Mieter für jeden Tag des Verstoßes gegen die Betriebspflicht verwirkt, ist nicht nach oben in der Weise beschränkt, dass er sie nur für einen begrenzten Zeitraum schuldet. Unverhältnismäßig hohe Sanktionen sind aber unwirksam (OLG Celle 25.9.1987 – 2 U 267/86, NJW-RR 1988, 946). Das OLG Rostock (8.3.2004 – 3 U 118/0, NZM 2004, 460) hält eine Vertragsstrafe in Höhe von etwa 125 % der auf den Tag entfallenden Miete nicht für schlechthin unangemessen. Da Verstöße gegen die Betriebspflicht meist im Zusammenhang mit der – drohenden – Illiquidität des Mieters stehen, bieten Vertragsstrafenklauseln eher wenig Gewähr für eine durchsetzbare Abhilfe. Schadensersatzansprüche sind dem Vermieter wegen eines Vertragsverstoßes ohnehin eröffnet (§ 280 BGB). Leitbild für die Bestimmung, ob eine Vertragsstrafenklausel sich als unwirksam erweist, ist nach der hier vertretenen Auffassung das mietvertragliche Äquivalenzverhältnis. Je weniger das vertragliche Gleichgewicht von Leistung und Gegenleistung durch einen Verstoß gestört wird, desto eher erweisen sich Vertragsstrafenregelungen als problematisch. Leitschnur für die Bestimmung, ob von der Unverhältnismäßigkeit einer Vertragsstrafe auszugehen ist, kann die Orientierung an denjenigen Nachteilen sein, die für den geschützten Vertragsteil aufgrund eines Vertragsverstoßes entstehen können (vgl. §§ 280 ff. BGB). Zusätzlich wird eine gewisse Druckmittelfunktion Berücksichtigung finden können. Das OLG Naumburg (18.9.2017 – 1 U 82/17, BeckRS 2017, 150121) hat das Festhalten an einer strafbewehrten Betriebspflicht für treuwidrig gehalten und ein Kündigungsrecht des Mieters angenommen, wenn Räume für eine Prägestelle für Kfz-Kennzeichen vermietet wurde und die zunächst in der Nähe gelegene Kfz-Zulassungsstelle ihren Standort verlagert.

Das Formular lässt in engen Grenzen **Ausnahmen von der Betriebspflicht** zu. Dem Mieter ist für den Fall der Beendigung des Mietverhältnisses hinreichend Zeit einzuräumen, die für Räumung, Rückbau und Reparaturen erforderlichen Vorkehrungen zu treffen (zur entsprechenden Auslegung von Betriebspflichtklauseln vgl. BGH 3.3.2010 – XII ZR 131/08, NZM 2010, 361). Die im Formular geregelte Pflicht des Mieters, etwaige Betriebspausen möglichst kurz zu gestalten, kanalisiert die Vertragsauslegung im Sinne einer möglichst restriktiven Handhabung.

14. Das Formular regelt in S. 1 klarstellend, dass die angeführten betriebsorganisatorischen Umstände die Beachtung der Betriebspflicht nicht tangieren. S. 2 verdeutlicht weiter, dass eine Schließung zu Urlaubszwecken ausgeschlossen ist. Andernfalls bestünde in einem Einkaufszentrum in Ferienzeiten die nahe liegende Gefahr einer Verödung.

15. Die vertragliche Einbindung eines Mieters in gemeinschaftliche Werbemaßnahmen für ein Einkaufszentrum ist weithin verbreitet (vgl. hierzu die Darstellung und die Nachweise bei *Joachim* GuT 2007, 3; vgl. ferner *Lindner-Figura* NZM 1999, 738). Gemeinsame Werbeaktivitäten sind wirtschaftlich durchaus sinnvoll, denn sie können ungleich größere Werbewirkung entfalten als die Werbemaßnahmen eines einzelnen Mieters. Die Durchführung von Werbemaßnahmen kann unterschiedlich organisiert sein. Sie kann dem Center-Management unterstellt sein oder im Rahmen von vertraglichen Beziehungen der Mieter (etwa im Rahmen eines Werbevereins) oder des Vermieters mit einem Dritten (Werbe-/Verlagsanstalt) ausgestaltet sein. Bei gewerblichen Mietverträgen über Mietobjekte in Einkaufszentren werden Abreden über die Umlage von Kosten für die gemeinsame Werbung meist nicht als solche beanstandet. Die Rechtsprechung fordert aber, dass die umzulegenden Kosten hinreichend bestimmt sein müssen und nur im Rahmen angemessener Begrenzung erhoben werden können (BGH 12.7.2006 – XII ZR 39/04, NZM 2006, 775). Dies kann bei der Werbegemeinschaft durch die Vereinbarung eines festen (monatlichen) Zahlungsbetrags oder eines prozentualen Anteils von der Grundmiete geschehen, wobei auch die Modalitäten von Beitragserhöhungen (ggf. auch deren Höchstgrenze) festgelegt sein sollen.

Eine unangemessene Benachteiligung des Vertragspartners im Sinne von § 307 Abs. 1 S. 1 BGB ist jedoch zT in der vertraglichen **Beitrittspflicht** zu einer Werbegemeinschaft gesehen worden. Dem Argument, zur Durchführung und Finanzierung der für ein Einkaufszentrum angemessenen Werbung bedürfe es überhaupt keiner solchen Beitrittspflicht (so das OLG Hamburg 21.1.2004 – 4 U 100/03, OLGR 2004, 496 mit seiner dem BGH 12.7.2006 – XII ZR 39/04, NZM 2006, 775 vorgeschalteten Entscheidung), wird man kritisch begegnen können. Soweit das OLG Hamburg (aaO) angenommen hat, eine auf freiwilliger Grundlage gebotene Werbegemeinschaft könne ihren Zweck auch ohne den Beitritt aller Mieter erfüllen, wenn nur die Umlage der zweckentsprechenden Kosten auf alle Mieter durch vertragliche Regelungen sichergestellt sei, umgeht es wohl letztlich die Problematik der Beitrittspflicht. Die wirtschaftlichen Folgen bleiben für den lediglich kostenpflichtigen Mieter gleich belastend, ohne dass er als Außenstehender die Möglichkeit hätte, auf die Werbegemeinschaft Einfluss zu nehmen.

Der BGH (12.7.2006 – XII ZR 39/04, NZM 2006, 775) hat allerdings die formularmäßige Verpflichtung des Mieters, einer **Werbegemeinschaft in der Form einer GbR** beizutreten, als unangemessen benachteiligend eingeschätzt, weil dies für den Mieter zu gravierenden Haftungsrisiken führe. Außerdem hat der BGH (aaO) gefordert, dass die Höhe der vom Mieter zu leistenden Beiträge zumindest im Sinne einer Höchstgrenze bestimmbar sein müsse. Die verlässliche Bestimmung einer Höchstgrenze dürfte bei einem Dauerschuldverhältnis allerdings schwierig sein. **Wenn der Beitritt des Mieters zu einer GbR-Werbegemeinschaft unwirksam ist,** beurteilt sich die Pflicht zur Zahlung von Werbebeiträgen **nach den Grundsätzen zur fehlerhaften Gesellschaft.** Der fehlerhaft vollzogene Beitritt ist damit regelmäßig nicht von Anfang an unwirksam, sondern kann nur mit Wirkung für die Zukunft durch eine von dem Mieter als Gesellschafter erklärte Kündigung geltend gemacht werden. Der Gesellschafter, der sich auf den Mangel berufen will, hat das Recht, sich jederzeit im Wege der außerordentlichen Kündigung von seiner Beteiligung für die Zukunft zu lösen (BGH 11.5.2016 – XII ZR 147/14, NZM 2016, 683; 18.7.2013 – IX ZR 198/10, NJW 2014, 305).

Der BGH hat dagegen inzwischen die formularmäßige Verpflichtung des Mieters in einem Einkaufszentrum, einer bestehenden **Werbegemeinschaft in Form eines einge-**

tragenen Vereins beizutreten, gebilligt, weil dies weder gegen § 305c Abs. 1 BGB noch gegen § 307 Abs. 1 Satz 1 BGB verstößt (BGH 13.4.2016 – XII ZR 146/14, NZM 2016, 520). Wenn in der Vereinssatzung der Werbegemeinschaft die Höhe der monatlich vom Mieter zu zahlenden Beiträge konkret beziffert wird, bedarf es im Hinblick auf das Transparenzgebot des § 307 Abs. 1 Satz 2 BGB im Mietvertrag und in der Satzung keiner weiteren Festsetzung einer Höchstgrenze der Beiträge (BGH 13.4.2016 – XII ZR 146/14, NZM 2016, 520, in Abgrenzung zu BGH 12.7.2006 – XII ZR 39/04, NJW 2006, 3057).

Der Vertrag sollte daher klarstellend auf die Trägerschaft (zB des Vermieters bzw. eines Mieterbeirats oder Werbevereins) und auf die zugrunde liegenden vertraglichen Vereinbarungen oder Satzungen hinweisen.

16. Die Anmerkungen zur Werbegemeinschaft (Anm. 15) gelten entsprechend.

17. Weitere Nebenkosten, die speziell in Einkaufszentren anfallen können, sind denkbar (zB Spielplatz, Informationsstand, Hostessendienst, Beteiligung an kulturellen Veranstaltungen, Preisverleihungen oder Festen; → Form. A.VII.10).

Die formularmäßig vereinbarte Klausel eines Mietvertrages über Geschäftsräume, die dem Mieter eines in einem Einkaufszentrum belegenen Ladenlokals als Nebenkosten nicht näher aufgeschlüsselte Kosten des „Centermanagers" auferlegt, ist intransparent und daher unwirksam (BGH 26.9.2012 – XII ZR 112/10, NZM 2013, 85, in Fortführung v. BGH 3.8.2011, XII ZR 205/09, NJW 2012, 54; vgl. auch LG Hamburg 8.9.2017 – 316 O 83/16, BeckRS 2017, 149758).

Die Umlage von „Verwaltungskosten" in Allgemeinen Geschäftsbedingungen eines Mietvertrages über Geschäftsräume ist nach der Rechtsprechung des BGH weder überraschend im Sinne von § 305c BGB, noch verstößt sie gegen das Transparenzgebot aus § 307 Abs. 1 S. 2 BGB, auch wenn die Klausel keine Bezifferung oder höhenmäßige Begrenzung der Verwaltungskosten enthält (BGH 10.9.2014 – XII ZR 56/11, NZM 2014, 830; im Anschluss an BGH 9.12.2009 – XII ZR 109/08, BGHZ 183, 299 = NJW 2010, 671; 26.9.2012 – XII ZR 112/10, NJW 2013, 41).

Die formularmäßige Auferlegung der **Instandhaltung und Instandsetzung gemeinschaftlich genutzter Flächen und Anlagen** auf den Mieter ohne höhenmäßige Beschränkung verstößt gegen § 307 Abs. 1, 2 BGB (BGH 10.9.2014 – XII ZR 56/11, NZM 2014, 830, im Anschluss an BGH 6.4.2005 – XII ZR 158/01, NJW-RR 2006, 84). Damit werden dem Mieter auch Kosten übertragen, die nicht durch seinen Mietgebrauch veranlasst sind und die nicht in seinen Risikobereich fallen. Ihm werden dadurch, dass er die gemeinschaftlich genutzten Flächen und Anlagen in dem bei Mietbeginn bestehenden, in der Regel gebrauchten Zustand vorfindet, die Kosten für die Behebung anfänglicher Mängel bzw. bereits vorhandener Abnutzungen durch Reparatur oder Erneuerung überbürdet, deren Höhe für ihn nicht überschaubar ist. Darüber hinaus werden ihm Kosten für Schäden auferlegt, die von Dritten verursacht worden sind, für deren Handeln er keine Verantwortung trägt, so dass auch insoweit ihm nicht zurechenbare und der Höhe nach nicht vorhersehbare Kosten auf ihn übertragen werden. Diese Abweichungen vom gesetzlichen Leitbild des Mietvertrages benachteiligten den Mieter unangemessen (BGH 10.9.2014 – XII ZR 56/11, NZM 2014, 830).

Unter welchen Voraussetzungen der gewerbliche Mieter sich bei vermeintlich überhöhten Betriebskosten erfolgreich auf das **Wirtschaftlichkeitsgebot** berufen und eine Freistellung verlangen kann, ist nach der vorliegenden Rechtsprechung schwer auszumachen. Für die **Wohnraummiete** ist diese Verpflichtung in § 556 Abs. 3 S. 1 Hs. 2 BGB niedergelegt. Einigkeit herrscht darüber, dass das Wirtschaftlichkeitsgebot gemäß § 242 BGB auch für die Geschäftsraummiete gilt (vgl. nur BGH 13.10.2010 - XII ZR 129/09 , NZM 2010, 864).

Hat der Mieter nach einem Verstoß gegen das Wirtschaftlichkeitsgebot überhöhte Betriebskosten bereits gezahlt, steht ihm ein **Schadensersatzanspruch** nach § 280 Abs. 1 iVm § 241 Abs. 2 BGB zu (BGH 17.12.2014 – XII ZR 170/13, NZM 2015, 132; zu anderen Lösungswegen vgl. *Blank/Börstinghaus* BGB § 556 Rn. 151). Der Mieter kann sich dabei nicht darauf beschränken, den Rahmen der (orts-)üblichen Kosten nur im Groben abzuschätzen (vgl. aber BGH 3.8.2011 – XII ZR 205/09, mwN – mAnm *Emmert* jurisPR-MietR 3/2012 Anm. 4). Um einen Verstoß gegen das Wirtschaftlichkeitsgebot schlüssig darzulegen, reicht allein eine ungefähre Veranschlagung keinesfalls aus. Der Mieter muss konkrete Umstände vortragen und unter Beweis stellen, die den vielfältigen, je nach Region beziehungsweise Kommune unterschiedlichen Bedingungen des Vermietungsmarkts sowie den unterschiedlichen tatsächlichen Gegebenheiten des jeweils in Rede stehenden Anwesens hinreichend Rechnung tragen (BGH 17.12.2014 – XII ZR 170/13, NZM 2015, 132, Anm *Borzutzki-Pasing* jurisPR-MietR 4/2015 Anm. 3; BGH 11.8.2010 – VIII ZR 45/10, NJW 2010, 3363, Anm. *Börstinghaus* jurisPR-BGHZivilR 22/2010 Anm. 3; BGH 6.7.2011 – VIII ZR 340/10, NJW 2011, 3028, Anm. *Blank* IMR 2011, 404, Anm. *Schach* jurisPR-MietR 19/2011 Anm. 1). Diese sehr hohen Anforderungen, die praktisch nur durch Vorlage von professionellen Auswertungen und Gutachten zu erfüllen sind, nähren den Verdacht, dass es sich beim Wirtschaftlichkeitsgebot eher um ein stumpfes Schwert handelt (vgl. dazu näher *Borzutzki-Pasing* jurisPR-MietR 8/2011 Anm. 1 zu KG 7.2.2011 – 8 U 147/10, NZM 2011, 487; *Borzutzki-Pasing* jurisPR-MietR 4/2015 Anm. 3 zu BGH 17.12.2014 – XII ZR 170/13, NZM 2015, 132).

An fehlenden Angaben zur regionalen Bezogenheit hat das OLG Rostock (27.9.2012 – 3 U 65/11, WUM 2013, 375) die Darlegung einer Verletzung des Wirtschaftlichkeitsgebots scheitern lassen. Dem Mieter sei es auch verwehrt, sich zur Darlegung der Unwirtschaftlichkeit abgerechneter Verwaltungskosten auf Angebote für die Verwaltung von Wohn- und Teileigentum zu berufen. Es sei auch nicht angängig, die Plausibilität berechneter Verwaltungskosten etwa durch einen Vergleich mit anderen Kostenarten (Heizkosten) zu veranschlagen.

Das OLG Düsseldorf (27.3.2012 – 24 U 123/11, IMR 2012, 370) hat Angaben dazu verlangt, dass ein anderer Anbieter die entsprechenden Leistungen im maßgeblichen Zeitraum preiswerter angeboten hätte. Mangels Vergleichbarkeit der zu verwaltenden Mietobjekte und der auszuübenden Tätigkeiten wird es aber – zumal in dem von der Rechtsprechung verlangten regionalen oder kommunalen Zusammenhang – schwer bis unmöglich sein, aussagekräftige Vergleichsangebote zu finden. Das OLG Düsseldorf (aaO) hat weiter angenommen, ein Verstoß lasse sich auch nicht allein daraus herleiten, dass ein Vermieter auf kostenungünstige Weise mehrere Unternehmen mit Verwaltungsaufgaben betraut habe.

18. Zur vertraglichen Festlegung von **Gebrauchsbefugnissen**, die nicht in unmittelbarem Zusammenhang mit der Nutzung der eigentlichen Mieträume stehen, → Anm. 2 zu den insoweit anfallenden Betriebskosten → Anm. 17. Der Umfang vertragsgemäßen (Mit-) Gebrauchs bei zentralen Einrichtungen eines Einkaufszentrums bedarf jedenfalls dann der vertraglichen Festlegung, wenn zu besorgen ist, dass es zu Abgrenzungsschwierigkeiten bezüglich des zulässigen Mietgebrauchs, dh des Mitgebrauchs durch mehrere oder alle andere Mieter, kommen kann. Bei der Vermietung von Geschäftsräumen erstreckt sich das Recht des Mieters zur Nutzung der gemieteten Räume im Umfang des Vertragszwecks auf das Recht zur Mitbenutzung der Grundstücksgemeinschaftsflächen (OLG Düsseldorf 5.5.2009 – 14 U 153/08, OLGR 2009, 722). Deshalb können ausdrückliche Vereinbarungen entbehrlich sein, wenn das Mitbenutzungsrecht (zB bei einem Parkplatz oder den allgemein zugänglichen Zuwegungen) ohne weiteres aus den funktionalen oder organisatorischen Gegebenheiten hervor geht und die Parteien besondere Regelungen für entbehrlich halten. Die ständige vertragswidrige Nutzung von Gemeinschaftsflächen („Sondernutzung") ist dagegen grundsätzlich vertragswidrig und geeignet, Nutzungsentgeltansprüche des Vermieters nach Bereicherungsrecht auszulösen (OLG Düsseldorf 5.5.2009 – 14 U 153/ 08, OLGR 2009, 722). In einer komplexen wirtschaftlichen und organisatorischen Einheit wie einem Einkaufszentrum wird sich das Gebrauchsrecht in Bezug auf bestimmte Gemeinschaftsanlagen und -flächen schwerlich konkludent ergeben, zumindest wenn es um geschäftliche Aktivitäten einzelner Mieter außerhalb seiner Geschäftsräume geht. Insbesondere das eigenmächtige Errichten und Nutzen von Verkaufsständen und Werbeanlagen auf Gemeinschaftsflächen stellt im Zweifel eine Sondernutzung dar, die ohne besondere Vereinbarungen nicht vom Vertragszweck getragen ist. Es bedarf daher im Zweifel ausdrücklicher vertraglicher Festlegung, ggf. auch hinsichtlich der Umlage der Betriebskosten (→ Anm. 17). Das Formular regelt beispielhaft erweiterte Gebrauchsbefugnisse, wie sie beim Betrieb eines Einkaufszentrums in Betracht kommen.

19. Zu besonderen Gebrauchs- und Herstellungsrechten des Mieters vgl. zunächst die Beispiele und die Anmerkungen zu → Form. A.VI.2 Anm. 14, 15. In einem Einkaufszentrum kann der Vermieter ein naheliegendes Interesse daran haben, dass sich in Bezug auf Werbe- und Verkaufsaktivitäten kein Wildwuchs ergibt. Insbesondere die Ausdehnung der betrieblichen Aktivitäten auf Passagenteile und Außenflächen kann Reglementierungen erfordern. Auch insoweit regelt der Mietvertrag dann in zulässiger Weise den Umfang des vertragsgemäßen Gebrauchs (→ Form. A.VI.2 Anm. 2). Wenn eine bestimmte Nutzung sich nicht auf den typischen Mietgebrauch erstreckt, sondern auf eine Sondernutzung abzielt, kann der Vermieter grundsätzlich nach freiem Ermessen entscheiden, ob er seine Einwilligung erteilt (KG 6.6.2011 – 8 U 9/11, GuT 2011, 145). Beispielhafte Bestimmungen finden sich im Formular.

20. Der organisatorische Ablauf in einem Einkaufszentrum kann besondere Vorgaben für einzelne betriebliche Abläufe nahelegen. Zu entsprechenden Verhaltensmaßregeln → Form. A.VI.2 § 10.

21. In einem Einkaufszentrum wird im Regelfall eine komplette Abwälzung der **Erhaltungs- und Instandsetzungspflichten** schon aus praktischen Gründen der Betriebsorganisation nicht in Betracht kommen. Den komplexen baulichen, technischen und organisatorischen Erfordernissen in einem Einkaufszentrum dürfte in der Regel nur durch zentrale Erhaltungsmaßnahmen sinnvoll Rechnung zu tragen sein. Eine Abwälzung bestimmter Kosten für Erhaltungs- und Instandsetzungsmaßnahmen ist möglich, soweit der Vertrag hinreichend bestimmt ist und keine unangemessene Benachteiligung des Mieters (durch einen besonders hohen oder nicht transparenten Kostenaufwand) bewirkt. So erlauben etwa die Begriffe des „Ortsüblichen" oder „Notwendigen" keine hinreichend klare Eingrenzung und sind deshalb intransparent (BGH 10.9.2014 – XII ZR 56/11, NZM 2014, 830 mwN).

22. Besondere Leistungspflichten betreffend die Ausführungsart und den Turnus, in dem bestimmte (Schönheits-) Reparaturen durchzuführen sind, regelt das Formular nicht, da sich dies bei Gewerberäumen weitgehend einer Generalisierung entzieht und mannigfache Wirksamkeitsbedenken provoziert. Die Durchführung von Schönheitsreparaturen und die Anforderungen an den vertragsgemäßen Zustand hängen von vielfältigen Kriterien (Lage, Kundenausrichtung, Kundenfrequenz) ab. Die ausdrückliche Festlegung bestimmter Leistungspflichten kann sich aber namentlich dann empfehlen, wenn besonders aufwändige Maßnahmen – etwa an sehr pflegeintensiven, empfindlichen, stark beanspruchten oder wertvollen – Bauteilen oder Einrichtungen zu veranlassen sind.

Zur formularmäßigen Festlegung von Renovierungspflichten → Form. A.VI.1 Anm. 40.

23. Zur **Untervermietung** kann auf die Regelungen zu → Form. A.VI.2 § 21 nebst den dortigen Beispielen und Anmerkungen verwiesen werden. Eine weitgehend restriktive

Handhabung der Untervermietung liegt bei einem Einkaufszentrum nahe, denn der Vermieter hat in Großobjekten grundsätzlich kein Interesse daran, dass die einzelnen Mietflächen außerhalb seiner Kontrolle in die Hände von Untermietern gelangen, mit denen er nicht in mietvertraglichen Beziehungen steht. Ausnahmen kommen bei Großmietern in Betracht, die ihrerseits Teilflächen an Backshops, Blumenstände oÄ untervermieten (→ Form. A.VI.2 Anm. 21).

4. Mietvertrag über eine Arztpraxis

Mietvertrag[1]

zwischen

. . . . .

(Vermieter)

und

. . . . .

(Mieter)

§ 1 Mietobjekt

(1) Vermietet werden im Haus

. . . . .

(Straße, Hausnummer)

in . . . . .

(PLZ, Ort)

folgende Räume:

Geschoss: . . . . .

Anzahl, Bezeichnung und Lage der Räume: . . . . .

Nebenräume (Keller/Dachboden):   . . . . .

(2) Die Mietfläche beträgt . . . . . qm (Nettogrundrissfläche nach DIN 277).[4] Abweichungen der tatsächlichen Mietfläche von der vereinbarten Fläche sind für die gesamte Vertragsabwicklung unerheblich, wenn die Abweichung nicht mehr als 10 % beträgt.

§ 2 Mietzweck

(1) Die Vermietung erfolgt zum Betrieb einer Arztpraxis mit der Fachrichtung . . . . .[2]

(2) Eine von Ziff. (1) abweichende Nutzung der Mieträume ist dem Mieter nur nach vorheriger schriftlicher Zustimmung durch den Vermieter gestattet. Die Nutzung der Mieträume zu Wohnzwecken ist nicht gestattet.[3]

§ 3 Mietbeginn, Mietdauer (→ Form. A.VI.1)

§ 4 Mietzins, Nebenkosten (→ Form. A.VI.1)

§ 5 Wertsicherungsklausel, Erhöhung der Betriebskostenvorauszahlungen (→ Form. A.VI.1)

§ 6 Zahlung von Miete und Nebenkostenvorauszahlung, Verrechnung von Zahlungen (→ Form. A.VI.1)

§ 7 Übergabe und Ausstattung der Mieträume, Herstellungspflichten des Vermieters[4]

(1) Die Mieträume sind vom Vermieter in einem für den Mietzweck geeigneten Zustand zu übergeben. Die Parteien sind sich darüber einig, dass die Mieträume für die Benutzung als Arztpraxis allein nach Maßgabe dieses Vertrags herzurichten sind. Weitergehende Herstellungs-, Erhaltungs- und Renovierungspflichten sind zwischen den Vertragsparteien nicht vereinbart worden. Soweit mit dem beabsichtigten Praxisbetrieb künftig erhöhte Anforderungen insbesondere in Bezug auf die Beschaffenheit der baulichen Anlagen, der technischen Anschlüsse und der Versorgung mit Wasser und Energie einhergehen sollten, übernimmt der Vermieter keine Gewähr für die Erfüllung solcher Anforderungen. Der Mieter wird insoweit darauf verwiesen, die Mieträume vorbehaltlich der nach diesem Vertrag erforderlichen Zustimmung seinerseits entsprechend auszustatten.[5] Hierzu enthalten §§ 8 und 9 nähere Einzelheiten.

(2) Der Vermieter hat auf seine Kosten folgende Arbeiten durchzuführen:[6]

– Beispiele –

1. die Herstellung einer Ruf- und Türöffnungsanlage, die ein Öffnen der Haustür von der Praxis aus ermöglicht.
2. die Herstellung eines schmiedeeisernen Fenstergitters am straßenwärts gelegenen Fenster.[7]
3. die Herstellung eines Abstellplatzes für Fahrräder und Kinderwagen im Bereich.
4. . . . . .

(3) Zu den Mieträumen gehören folgende Einrichtungen und Anlagen:[8]

. . . . .

(4) Die unter Ziff. (3) bezeichneten Sachen stehen und verbleiben im Eigentum des Vermieters. Dem Mieter ist deren Nutzung im Rahmen des in § 2 (1) bezeichneten Mietzwecks für die Dauer der Mietzeit ohne die Verpflichtung zur Leistung eines zusätzlichen Entgelts gestattet.

§ 8 Besondere Herstellungs- und Nutzungsbefugnisse des Mieters

(1) Der Mieter ist auf eigene Kosten und für eigene Rechnung zur Durchführung folgender Maßnahmen berechtigt:[9]

– Beispiele –

Der Mieter darf in den Räumen . . . . . Trockenbauzwischenwände zwecks Schaffung mehrerer Untersuchungs- und Behandlungseinheiten ziehen.
Der Mieter darf in den Räumen . . . . . zusätzliche Warm- und Kaltwasseranschlüsse installieren.
Der Mieter darf den Fußbodenbereich im Raum . . . . . nach Maßgabe einer geprüften und dem Vermieter vor Beginn der Arbeiten vorzulegenden Statik so verstärken, dass die Aufstellung eines Röntgengeräts . . . . . möglich ist.

Der Mieter darf in den Räumen . . . . . im Bereich . . . . . eine Luftaustausch- und Klimaanlage installieren.

Der Mieter darf an der straßenwärts gelegenen Hauswand im Bereich der Eingangstür ein auf seine Praxis verweisendes Hinweisschild aus Messing/Emaille/Edelstahl mit einer Höhe von maximal . . . . . cm und einer Breite von maximal . . . . . cm installieren.

(2) Soweit der Mieter im Rahmen des vertraglichen Mietgebrauchs die Installation weiterer Anschlüsse und technischer Einrichtungen, insbesondere für Apparaturen der medizinischen Diagnostik und Therapie, für Telekommunikation, Energieversorgung, Datenverarbeitung sowie für Luft- und Klimatechnik wünscht, hat er auch die dafür erforderlichen Vorkehrungen in eigenem Namen und für eigene Rechnung zu treffen. Soweit solche Installationen und Einrichtungen bauliche Eingriffe und Veränderungen erforderlich machen, ist der Mieter hierzu nur mit Zustimmung des Vermieters berechtigt.

(3) Die nach Ziff. (1) gestatteten und ggf. nachträglich genehmigten Einrichtungen sind vom Mieter auf eigene Kosten und für eigene Rechnung fachgerecht herzustellen, zu erhalten, zu sichern, zu warten und instand zu halten. Der Mieter stellt den Vermieter von jeglicher Inanspruchnahme frei, die im Zusammenhang mit den bezeichneten Einrichtungen und den vorstehend aufgeführten Mieterpflichten steht.

(4) Die Gestattung der in Ziff. (1) bezeichneten sowie von nachträglich bewilligten Maßnahmen ergeht unter Ausschluss jeglicher Zusicherung und Gewähr für ihre Realisierbarkeit sowie vorbehaltlich der Rechte Dritte, öffentlich rechtlicher Verbote, Auflagen, Beschränkungen und Genehmigungspflichten.

(5) Etwa erforderliche Zustimmungen oder Genehmigungen Dritter hat der Mieter auf eigene Kosten selbst einzuholen. Der Vermieter sagt dem Mieter im Rahmen des vereinbarten Vertragszwecks seine Mitwirkung zu, soweit es ihrer für die Einholung solcher Zustimmungen oder Genehmigungen bedarf.

§ 9 Besondere Pflichten des Mieters, Öffnungszeiten, Sondermüll

(1) Mit Rücksicht auf den beabsichtigten Mietgebrauch und die damit verbundenen Risiken und Gefahren verpflichtet sich der Mieter zu folgenden Maßnahmen:[10]

– Beispiele –

1. Der Mieter hat zur Verhinderung von Einbruchsdelikten am Praxiseingang eine mindestens 3-fach verriegelbare Doppelfalz-Eingangstür aus Metall zu installieren.
2. Der Mieter hat die Praxisräume an sämtlichen Fenstern und an der Eingangstür mit einer elektronischen Alarmanlage zu sichern.
3. Der Mieter hat dafür Sorge zu tragen, dass der Fußboden im Hausflur, im Treppenhaus und in der Aufzugsanlage in dem von Patienten genutzten Bereich zwischen dem Erdgeschoss und der Praxisetage an jedem Tag, an dem die Praxis geöffnet ist, gereinigt wird.

(2) Ärztliche Sprechstunden dürfen mit Rücksicht auf die übrigen Hausbewohner nur zu folgenden Zeiten abgehalten werden:

an Werktagen in der Zeit zwischen . . . . . Uhr und . . . . . Uhr,

an Samstagen, Sonntagen und gesetzlichen Feiertagen darf Publikumsverkehr nur im Rahmen des ärztlichen Not- und Bereitschaftsdienstes stattfinden.[11]

(3) Die bereits vorhandenen Müllcontainer stehen ausschließlich für die Entsorgung von Haushaltsabfällen zur Verfügung. Dem Mieter obliegt es in eigener Zuständigkeit, in

Abstimmung mit den hierfür zuständigen Behörden und Entsorgungsunternehmen für die Entsorgung von Chemikalien, Gefahrstoffen und sonstigem Sondermüll zu sorgen. Sämtliche Kosten, die mit der Entsorgung solcher Stoffe in Zusammenhang stehen, trägt der Mieter unmittelbar im Benehmen mit den hierfür zuständigen Unternehmen und Behörden. Der Mieter stellt den Vermieter von jeder Inanspruchnahme frei, die im Zusammenhang mit der Entsorgung der bezeichneten Stoffe steht.

§ 10 Konkurrenzschutz[12]

(1) Der Vermieter gewährt dem Mieter Konkurrenzschutz, soweit es den Betrieb einer Arztpraxis für

– Beispiel –

Hals-, Nasen- und Ohrenheilkunde

anbetrifft.

(2) Der dem Mieter gewährte Konkurrenzschutz erstreckt sich nicht auf den Betrieb von Arztpraxen mit anderer fachärztlicher Ausrichtung bzw. von Praxen mit allgemeinmedizinischer, heilpraktischer oder homöopathischer Ausrichtung.[13]

(3) Der Mieter hat im Übrigen keinen Anspruch auf die Erhaltung oder Erreichung eines bestimmten Mieterbestands.

§ 11 Aufrechnung, Zurückbehaltungsrecht (→ Form. A.VI.1)

§ 12 Betriebskostenabrechnung (→ Form. A.VI.1)

§ 13 Mietkaution (→ Form. A.VI.1)

§ 14 Erhaltung und Instandsetzung der Mieträume, Anzeige von Mängeln und Gefahren (→ Form. A.VI.1)

§ 15 Betreten der Mieträume (→ Form. A.VI.1)

§ 16 Bauliche Eingriffe und Veränderungen (→ Form. A.VI.1)

§ 17 Wegnahme von Einrichtungen, Rückbau, Aufwendungsersatz

(1) Der Mieter ist bei Beendigung des Mietverhältnisses verpflichtet, auf seine Kosten die von ihm eingebrachten Einrichtungen aus den Mieträumen zu entfernen, alle Ein- und Umbauten zurückzubauen und den ursprünglichen Zustand der Mieträume wieder bezugsfertig herzustellen.

(2) Die Regelungen in Ziff. (1) gelten nicht in Bezug auf folgende Einrichtungen, die entschädigungslos in den Mieträumen zu verbleiben haben:

– Beispiele hierfür wären etwa die in § 8 (1) bezeichneten Maßnahmen –[14]

(3) Die Regelungen in Ziff. (1) gelten nicht für den Fall der Weitervermietung an einen Ersatzmieter im Sinne von § 21. Die Pflicht des Ersatzmieters zur Erfüllung der in Ziffer (1) und (2) bezeichneten Pflichten bleibt hiervon unberührt.[15]

§ 18 Kündigung (→ Form. A.VI.1)

§ 19 Rückgabe der Mietsache, Endrenovierung, Nutzungsentschädigung (→ Form. A.VI.1)

§ 20 Ausschluss von § 545 BGB (→ Form. A.VI.1)

§ 21 Untervermietung, Ersatzmieter, Praxisverkauf[16]

(1) Eine Untervermietung der Mieträume oder von Teilen hiervon ist dem Mieter nicht gestattet.[17]

(2) Für den Fall, dass der Mieter krankheitsbedingt an der weiteren Berufsausübung verhindert sein sollte, kann der Mieter dem Vermieter einen Ersatzmieter stellen. Dasselbe gilt für den Fall, dass der Mieter sich aufgrund beruflicher Fortbildung umorientiert oder sich im Bereich von Forschung, Wissenschaft und Lehre ein neues berufliches Betätigungsfeld erschließt oder die weitere Führung der Arztpraxis für ihn aus sonstigen Gründen nicht mehr möglich oder zumutbar ist.[18]

(3) Die Gestellung eines Ersatzmieters hat der Mieter dem Vermieter mindestens . . . . . Monate vor dem in Aussicht genommenen Mieterwechsel schriftlich unter genauer Angabe der Gründe anzubieten, aus denen er das Recht zur Ersatzmietergestellung ableitet.

(4) Die Annahme eines Angebots des Mieters zur Ersatzmietergestellung und die Entlassung des Mieters aus dem Mietverhältnis erfolgen durch den Abschluss eines schriftlichen Mietvertrags mit einem vom Mieter vorgeschlagenen Ersatzmieter und mit Wirkung ab dem mit dem Ersatzmieter vereinbarten Mietbeginn. Von dem Vertragsschluss hat der Vermieter dem Mieter unverzüglich Mitteilung zu machen.[19]

(5) Der Vermieter kann den Abschluss eines Mietvertrags mit dem Ersatzmieter aus wichtigem Grunde ablehnen. Ein zur Ablehnung berechtigender Grund ist insbesondere dann gegeben, wenn

– Beispiele –[20]

• der Ersatzmieter nicht bereit ist, in das Mietverhältnis zu allen mit diesem Vertrag festgelegten Bedingungen und zusätzlich mit einer Mietdauer von mindestens . . . . . weiteren Jahren einzutreten, selbst soweit nach diesem Vertrag nur noch eine kürzere Restlaufzeit vorgesehen ist.[21]
• erhebliche Bedenken gegen die persönliche und fachliche Eignung des Ersatzmieters oder gegen seine Befähigung bestehen, eine Arztpraxis mit wirtschaftlichem Erfolg zu führen.[22]
• der Ersatzmieter einen von diesem Vertrag abweichenden Mietzweck verfolgt, der nach der freien unternehmerischen Entscheidung des Vermieters nicht seinen Vorstellungen von der Gesamtnutzung des Objekts entspricht oder im Widerspruch zu den mit anderen Mietern bestehenden Konkurrenzschutzbestimmungen steht.

(6) Für den Fall, dass der Mieter mit dem Ersatzmieter die entgeltliche oder unentgeltliche Übernahme von Einrichtungen oder der Praxis als solcher vereinbart, berührt dies die mit diesem Vertrag zugunsten des Vermieters eingegangenen Verpflichtungen betreffend die Abwicklung des Mietverhältnisses und seine Beendigung nicht. Der Mieter hat dem Vermieter jeglichen Schaden zu ersetzen, der diesem durch anderweitige Rechtsgeschäfte und Verfügungen entsteht.[23]

(7) Die für die Beendigung des Mietverhältnisses geregelten Mieterpflichten sind – soweit dieser Vertrag hierzu nicht ausdrückliche Regelungen enthält[24] – im Falle des vertragsgerechten Ausscheidens des Mieters aufgrund einer Ersatzmietergestellung nicht einschlägig. Die entsprechenden vertraglichen Pflichten des Ersatzmieters bleiben hiervon unberührt.[25]

(8) Die Mietkaution verbleibt im Falle der Ersatzvermietung beim Vermieter. Es bleibt dem Mieter vorbehalten, sich vom Ersatzmieter unmittelbar einen entsprechenden Ausgleich zu verschaffen. Ab dem Beginn der Ersatzvermietung (vgl. Ziff. 4) gelten die zur Mietkaution niedergelegten vertraglichen Bestimmungen unmittelbar im Verhältnis zwischen Vermieter und Ersatzmieter.

§ 22 Ankündigungsfrist (→ Form. A.VI.1)

§ 23 Vertragsänderung, Nebenabreden (→ Form. A.VI.1)

· · · · ·   · · · · ·

(Vermieter)   (Mieter)

Anmerkungen

1. Das Formular greift lediglich diejenigen Klauseln im Volltext auf, die gegenüber den Gestaltungsvorschlägen zum Standardvertrag (→ Form. A.VI.1) Änderungen aufweisen oder im gegebenen Zusammenhang Anlass für besondere Hinweise und Anmerkungen geben.

2. Die **fachliche Ausrichtung einer Arztpraxis** ist jedenfalls dann zwecks Festlegung etwaiger Konkurrenzschutzpflichten zu konkretisieren, wenn im selben Objekt mehrere Ärzte tätig sind oder dies für die Zukunft nicht auszuschließen ist. Zu den allgemeinen vertraglichen Gestaltungsmöglichkeiten betreffend den Konkurrenzschutz → Form. A.VI.3 Anm. 3–9; zu Fallgestaltungen betreffend die Anmietung von Arztpraxen → Anm. 12.

3. Arztpraxen und Büroräume befinden sich oft in gemischt genutzten Objekten, bei denen Klarheit darüber bestehen muss, ob eine Zweckentfremdung vorliegt. Zur **Zweckentfremdung von Wohnraum** bestehen in Umsetzung der Ermächtigungsnorm aus Art. 6 § 1 MietRVerbG diverse landesrechtliche Vorschriften. In jüngerer Vergangenheit erfährt die Thematik wieder zunehmend Bedeutung. Grund hierfür sind die Entwicklung der Mietpreise und die Knappheit bezahlbaren Wohnraums in Ballungsräumen, außerdem die stark zunehmende (Kurz-)Vermietung von Wohnraum an Touristen und Geschäftsreisende (etwa über Airbnb). Die einzelnen landesrechtlichen Vorschriften und die hierzu ergangene verwaltungsgerichtliche Rechtsprechung entziehen sich im gegebenen Zusammenhang einer eingehenden Darstellung (Schrifttum mit mietrechtlichem Hintergrund aus jüngerer Zeit: *Bueb* WuM 2019, 136; *Discher* ZfIR 2017, 469; *Discher/Fleischer* ZfIR 2016, 602; *Hofele* NWB 2018, 2048; *Putzer* NVwZ 2019, 283 *Weber* NVwZ 2019, 761). Zweckentfremdungsverbote werden im öffentlichen Interesse erlassen und richten sich nur gegen die faktische Beseitigung von Wohnraum, schränken aber nicht die privatrechtliche Vertragsfreiheit ein (OLG Köln 18.11.1991 – 13 U 132/91, ZMR 1992, 56).

Klärungsbedürftig sind bei der Vertragsgestaltung etwaige **Nutzungsbeschränkungen im Rahmen von Teileigentum**. Jeder Wohnungs- und Teileigentümer ist zwar berechtigt, mit den in seinem Sondereigentum stehenden Gebäudeteilen nach Belieben zu verfahren, soweit nicht das Gesetz oder Rechte Dritter entgegenstehen. Derartige Rechte können sich namentlich aus Gebrauchsregelungen der Eigentümer ergeben. Insoweit kommen Vereinbarungen in der Teilungserklärung in Betracht. Dies gilt für **Nutzungsbeschränkungen in der Teilungserklärung**, denen der Charakter einer Vereinbarung zukommt (BGH 4.12.2014 – V ZB 7/13, Grundeigentum 2015, 523; OLG Frankfurt 27.7.2011 – 20 W 319/08, NZM 2012, 425). Ob eine Grundbucheintragung Nutzungsbeschränkungen enthält, ist durch Auslegung zu ermitteln. Dabei ist – wie stets bei Auslegung einer Grundbucheintragung – auf den

Wortlaut und Sinn der Teilungserklärung abzustellen, wie er sich aus unbefangener Sicht als nächstliegende Bedeutung des Eingetragenen ergibt. Umstände außerhalb der Eintragung und der dort zulässig in Bezug genommenen Unterlagen, insbesondere also der Teilungserklärung und der Gemeinschaftsordnung, dürfen nur herangezogen werden, wenn sie nach den besonderen Verhältnissen des Einzelfalles für jedermann ohne weiteres erkennbar sind (BGH 4.12.2014 – V ZB 7/13, Grundeigentum 2015, 523; 7.10.2004 – V ZB 22/04, BGHZ 160, 354 mwN). Angaben in dem Aufteilungsplan kommt allenfalls nachrangige Bedeutung zu (BGH 4.12.2014 – V ZB 7/13, GE 2015, 523; BGH 15.1.2010 – V ZR 40/09, NJW-RR 2010, 667; BGH 16.11.2012 – V ZR 246/11, ZWE 2013, 20).

Aus der Zweckbestimmung für Teileigentum kann sich uU die **Unzulässigkeit des Betriebs einer Arztpraxis** oder anderer gewerblicher Betätigungen ergeben. Die obergerichtliche Rechtsprechung ist zu dieser Frage nicht einheitlich. Das OLG Stuttgart (4.11.1986 – 8 W 357/86, NJW 1987, 385) und das OLG Düsseldorf (8.7.1998 – 10 U 159/97, ZMR 1999, 24) halten den Betrieb einer Arztpraxis in einer als „Büro" bezeichneten Teileigentumseinheit für nicht zulässig. Demgegenüber geht das OLG Hamm (23.10.2003 – 15 W 372/02, ZMR 2005, 219) davon aus, dass die Zweckbestimmung als „Büro" einer Nutzung als Zahnarztpraxis nicht entgegensteht, wenn nach dem Zuschnitt der Arzttätigkeit als Einzel- und Bestellpraxis keine größeren Beeinträchtigungen durch Publikumsverkehr zu erwarten sind, als sie auch von einem Bürobetrieb ausgehen können. Das OLG Köln (15.2.2002 – 16 Wx 232/01, NZM 2002, 258) hält bei Vorliegen einer Teilungserklärung, die nur eine Benutzung zu Wohnzwecken vorsieht und eine abweichende Nutzung von der Zustimmung der anderen Eigentümer abhängig macht, eine Verweigerung der Zustimmung nur dann für möglich, wenn die beabsichtigte Nutzung die anderen Eigentümer mehr beeinträchtigt als die Nutzung zu Wohnzwecken. Bei der Nutzung als Patentanwaltsbüro mit geringem Publikumsverkehr hat das OLG Köln (15.2.2002 – 16 Wx 232/01, NZM 2002, 258) eine solche Mehrbelastung verneint.

Der jüngeren BGH-Rspr lässt sich eine eher großzügige Tendenz entnehmen, bei der sich die Bedeutung der Teilungserklärung rechtsdogmatisch nur schwer einordnen lässt. Der BGH hält daran fest, dass der Aufteilungsplan grds nur im Rahmen seiner sachenrechtlichen Abgrenzungsfunktion verbindlich sei und nur die räumlichen Grenzen und nicht die Nutzung der Räumlichkeiten regle. Die Bezeichnung einer Teileigentumseinheit im Aufteilungsplan als „Laden" stehe einer Nutzung des Teileigentums als Speisegaststätte nicht entgegen (BGH 16.11.2012 – V ZR 246/11, NZM 2013, 15 mwN). Dabei handele es sich in aller Regel um einen bloßen Nutzungsvorschlag, mit dem keine bindende Nutzungsbeschränkung einhergehe (BGH 8.5.2015 – V ZR 163/14, NZM 2015, 59). Im gegebenen Zusammenhang wirft dies die Frage auf, ob zB ein als Zahnarztpraxis ausgewiesenes Objekt auch die Vermietung an einen Allgemeinmediziner zulassen würde. Einerseits entwertet der BGH die Bedeutung des Aufteilungsplans in Bezug auf die Nutzung eines Objekts, was aber rechtspraktisch darauf hinausläuft, dass die Teilungserklärung in dieser Hinsicht großzügiger ausgelegt werden kann. Dass die Teilungserklärung andererseits durchaus herangezogen werden soll, hat der BGH für solche Fälle bestätigt, in denen die Teilungserklärung nach den besonderen Verhältnissen des Einzelfalles für jedermann ohne weiteres erkennbar ist (BGH 23.6.2017 – V ZR 102/16, NZM 2017, 677). Dieses Erkennbarkeitskriterium lässt sich schwer einordnen, denn wenn im Aufteilungsplan bestimmte Klassifizierungen aufgeführt sind, wird eine hieran anknüpfende Festlegung der vorgesehenen Nutzungsart (zB „Zahnarztpraxis") schwerlich an der Deutlichkeit des Aufteilungsplans scheitern.

4. Das Formular konkretisiert die wechselseitigen Pflichten im Zusammenhang mit der Frage, wie die Mieträume auszustatten sind. Die **technische Ausrüstung von Arztpraxen**, Büroräumen und anderen gewerblich genutzten Mietobjekten ist kostenintensiv und einem raschen Wandel unterworfen. Der Mieter hat ein naheliegendes Interesse, dass die Mietsache nach dem aktuellen Stand der Technik genutzt werden kann. Die Bereitstellungspflicht des Vermieters ist im Rahmen des § 535 Abs. 1 BGB auf Gewährleistung des „vertragsgemäßen Gebrauchs" gerichtet. Bei der Abwälzung bestimmter Herstellungspflichten auf den Mieter geht es also darum, den Umfang der vom Vermieter vertraglich geschuldeten Gebrauchsgewährung zu begrenzen.

Ist ein bestimmter Gebrauchszweck vorgegeben, definiert dieser im Zweifel auch den Umfang der vom Vermieter zu beachtenden Herstellungs- und Erhaltungspflichten. Da eine Pflichtenabwälzung auf den Mieter restriktiv auszulegen ist, sollten diejenigen Herstellungs- und Erhaltungspflichten, die der Vermieter auf den Mieter abwälzen will, ausdrücklich und eindeutig festgelegt sein → Anm. 5 . Soweit durch den Mietgebrauch veranlasste oder im Risikobereich des Mieters liegende Maßnahmen in Rede stehen, bestehen keine Bedenken gegen eine formularmäßige Pflichtenabwälzung auf den Mieter.

Bei Anmietung einer Arztpraxis kann für den Mieter ein **Recht zur fristlosen Kündigung** aus wichtigem Grund nach § 543 Abs. 2 Nr. 1 BGB bestehen, wenn das Gebäude etwa im Rahmen einer Sanierung grundlegend umgestaltet wird und dabei so tiefgreifende Eingriffe in die Gebäudesubstanz vorgenommen werden, dass der Betrieb der Arztpraxis nicht mehr zumutbar möglich ist. Dies gilt selbst dann, wenn es sich dabei überwiegend um Modernisierungsmaßnahmen und um Maßnahmen zur Schaffung von Wohnraum im Sinne von § 554 Abs. 2 BGB handelt, die der Mieter grundsätzlich dulden muss, die Maßnahmen aber für den Mieter eine Härte bedeuten, die auch unter Würdigung der berechtigten Interessen des Vermieters nicht zu rechtfertigen sind (BGH 31.10.2012 – XII ZR 126/11, NZM 2013, 122)

5. Bei der Anmietung einer Arztpraxis kann es **je nach medizinisch fachlicher Ausrichtung** zu ganz unterschiedlichen Wünschen des Mieters betreffend die technische Ausstattung der Mieträume kommen. Die Praxis eines Heilpraktikers, Allgemeinmediziners oder Hautarztes wird ggf. noch ohne umfängliche technische Apparaturen auskommen. Die fachgerechte Einrichtung ist dann meist ohne erhebliche Substanzeingriffe möglich. Bei anderen Fachärzten (zB Radiologen, Chirurgen oder Praxen mit angegliederten Behandlungseinrichtungen) kann ein ganz erheblicher Installationsaufwand mit weitreichenden baulichen Eingriffen erforderlich werden. Um die wechselseitigen Herstellungs- und Erhaltungspflichten voneinander abzugrenzen, empfiehlt sich eine möglichst dezidierte Beschreibung, welche Vertragspartei welche Leistungen zu erbringen hat (→ Anm. 9, 10). Wenn der Mieter empfindliche Spezialgeräte einsetzt, können etwaige Beschädigungen (durch Strom- und Temperaturschwankungen, Luftverunreinigung, Wasserverschmutzung) umfängliche Ersatzansprüche auslösen (zur Beschädigung von Behandlungsgeräten einer Zahnarztpraxis durch rostverschmutztes Wasser vgl. OLG Karlsruhe 27.4.1990 – 10 U 187/89, ZMR 1991, 378). Etwaige Risiken sind daher möglichst im Vorhinein auszuschließen.

Wenn der Mietgegenstand im Vertrag zum Betrieb einer Zahnarztpraxis vorgesehen ist, so soll dies so auszulegen sein, dass mit vermietete Kellerräume nicht nur zur Lagerung von Gegenständen vermietet sind, sondern dass eine Nutzung als Lager, Werkstatt, Aufenthaltsraum, Büro und WC vertragsgemäß ist, wenn die Kellerräume zuvor durch den Vermieter entsprechend ausgebaut worden waren und bereits vom Vormieter im Rahmen des Betriebes einer Zahnarztpraxis in ähnlicher Weise genutzt worden sind (KG 5.7.2010 – 12 U 172/09, GuT 2010, 218). Eine so weitgehende, auch an vorvertragliche Umstände (frühere Vermietung) anknüpfende Auslegung erscheint als bedenklich.

6. Das Formular führt beispielhaft solche – baulichen – Maßnahmen an, zu deren Durchführung idR nur der Vermieter in der Lage ist. Solche und weitere Vermieterleistungen sind insbesondere bei Maßnahmen denkbar, die außerhalb des Bereichs der anzumietenden Räumlichkeiten anfallen und ggf. die Duldung oder Mitwirkung anderer Mieter erforderlich machen. Der Mieter hätte keine rechtliche Handhabe, sich gegenüber anderen Mietern auf vertragliche Duldungs- und Mitwirkungspflichten zu berufen. Der Vermieter hat aber bei der Übernahme besonderer Bereitstellungs- und Herstellungspflichten zu beachten, dass er für den damit zugesagten Zustand auch vertraglich einzustehen hat (§ 535 Abs. 1 BGB). Verpflichtet er sich zur Schaffung eines tatsächlich nicht herstellbaren Zustands, kann er sich schadensersatzpflichtig machen (zu Umbauten für eine Arztpraxis, die an denkmalschutzrechtlichen Auflagen scheiterten, vgl. BGH 25.11.1998 – XII ZR 12/97, NJW 1999, 635).

7. Arztpraxen sind wegen vorhandener Drogen und Medikamente **bevorzugte Einbruchsziele.** Die wechselseitigen Pflichten zur einschlägigen Vorsorge sollten geklärt sein (vgl. hierzu auch die Beispiele in § 8).

8. Die Anmietung einer Arztpraxis kann mit dem Erwerb von Gegenständen der Praxiseinrichtung einhergehen, etwa wenn der Vermieter die Räume zuvor seinerseits entsprechend genutzt hatte oder der Vormieter Arzt war → Anm. 16

9. Mieträume, die zuvor nicht als Arztpraxis genutzt wurden, werden nahezu regelmäßig **umfängliche Umbauten** erforderlich machen. Größere Räume werden in kleinere Umkleidekabinen und Behandlungsräume zu unterteilen sein. Der Betrieb hochtechnischer Apparaten kann diverse bauliche Vorkehrungen sowie Änderungen bei Versorgungseinrichtungen (Strom, Kabelanschluss usw.) erforderlich machen.

Wenn ein geplanter Umbau etwa wegen entgegenstehender öffentlich-rechtlicher Bestimmungen oder einem Eingreifen der Denkmalschutzbehörde nicht möglich ist, ergibt sich daraus selbst nach altem Schuldrecht nicht, dass der Mietvertrag nach § 306 BGB aF wegen anfänglicher objektiver **Unmöglichkeit** nichtig wäre (BGH 25.11.1998 – XII ZR 12/97, NZM 1999, 124). Der Vermieter bleibt im Grundsatz zur Leistung (dh zur Bereitstellung von zur Nutzung als Arztpraxis geeigneten Räumen) verpflichtet. Nach neuem Recht und nach Wegfall des § 306 BGB aF ist **Schadensersatz** nach den Bestimmungen der §§ 536 Abs. 3, 536a Abs. 1 BGB zu leisten (BGH 10.5.2006 – XII ZR 124/02, BGHZ 167, 312 = NZM 2006, 538). Selbst wenn der Vermieter keine besondere Einstandspflicht dafür übernommen hat, dass die Räume in der vereinbarten Weise umgebaut werden können, soll er die Unmöglichkeit des Mietgebrauchs zu vertreten haben, wenn er sich uneingeschränkt zur Leistung verpflichtet hat, obwohl er das Leistungshindernis schon bei Vertragsschluss bei Anwendung der erforderlichen Sorgfalt hätte erkennen können und müssen (BGH 25.11.1998 – XII ZR 12/97, NZM 1999, 124).

Beim beabsichtigten Betrieb einer Spezialpraxis mit besonders aufwändigen, schweren oder gefährlichen Gerätschaften (vgl. etwa Beispiel 3 im Formulartext) sollten die baulichen und technischen Möglichkeiten für die Herrichtung des Objekts unbedingt vorab geklärt sein, um den sonst drohenden Auseinandersetzungen über die Unmöglichkeit der Überlassung in dem als vertragsgemäß vorausgesetzten Zustand vorzubeugen (BGH 25.11.1998 – XII ZR 12/97, NZM 1999, 124). Ggf. ist das Erfordernis einer Baugenehmigung, einer strahlenschutzrechtlichen Genehmigung oder einer Einschaltung von Sonderfachleuten (Architekten, Ingenieuren) für bestimmte bauliche Eingriffe zu klären.

Fehlende Vereinbarungen über die wechselseitigen Herstellungspflichten bergen Konfliktstoff in Bezug auf den vom Vermieter zu gewährleistenden vertragsgemäßen Zustand. Haben Mietvertragsparteien die Beschaffenheit der Mieträume für eine physiotherapeutische Praxis gesondert vereinbart, ohne die Herstellung barrierefreier oder stufenloser Räume vorzusehen, kann der Mieter eine außerordentliche Kündigung des Vertrages nicht auf eine fehlende Barrierefreiheit stützen (OLG Brandenburg 6.1.2015 – 6 U 134/13, Grundeigentum 2015, 590).

10. Zu vergleichbaren Regelungen → Form. A.VI.2 Anm. 8–13. Eine Arztpraxis kann die Herstellung besonderer **Sicherungsmaßnahmen** erforderlich machen, um allfälligen **Einbruchsgefahren** vorzubeugen. Grundsätzlich kann eine vom Vermieter zu verantwortende und ggf. zur Kündigung berechtigende Beeinträchtigung des Mietgebrauchs dadurch begründet sein, dass es mehrfach zu Einbruchsdiebstählen kommt (OLG Naumburg 16.12.1996 – 1 U 175/96, NZM 1998, 438; aA bei vorbehaltloser Fortentrichtung der Miete KG 29.9.1997 – 20 U 4599/97, NZM 1998, 437).

Da von einer Arztpraxis mit ggf. regem Publikumsverkehr eine erhebliche **Verschmutzung der Gemeinschaftsflächen** ausgehen kann, kommt schon aus Gründen der Verkehrssicherung die Regelung einer erhöhten Reinigungspflicht des Mieters in Betracht. Die allgemeine Verkehrssicherungspflicht für den Zustand des Zugangs zu einem Gebäude verbleibt aber grundsätzlich beim Vermieter. Nach der Rechtsprechung kann der Mieter neben dem Vermieter verkehrssicherungspflichtig für solche Bereiche sein, die er voll beherrscht (OLG Köln 6.12.1989 – 13 U 200/89, NJW-RR 1990, 224 mwN).

11. Der Betrieb einer Arztpraxis kann insbesondere bei gemischt genutzten Objekten, die auch zu Wohnzwecken genutzt werden, **Störungen für andere Mieter und für Nachbarn** verursachen. Findet Publikumsverkehr auch zu den üblichen Ruhezeiten statt, hat der Vermieter mit dem Minderungsbegehren anderer Mieter (§ 536 BGB) oder mit Abwehransprüchen von Nachbarn (§ 1004 BGB) zu rechnen. Die – fakultative – Formularbestimmung soll die Nutzungszeiten in solchen Fällen einschränken.

12. Auch bei Ärzten wie insgesamt bei Freiberuflern hat nunmehr als anerkannt zu gelten, dass der Vermieter unter dem Gesichtspunkt **vertragsimmanenten Konkurrenzschutzes** grundsätzlich verpflichtet ist, den Mieter selbst ohne ausdrückliche vertragliche Vereinbarungen vor Konkurrenz im selben Objekt zu schützen (BGH 10.10.2012 – XII ZR 117/10, NZM 2013, 52; zur Abgrenzung gegenüber anderen Mietobjekten als einer Arztpraxis vgl. OLG Brandenburg 14.4.2015 – 6 U 77/12, BeckRS 2015, 08567; *Joachim* BB Beilage 6 zu Heft 19/1986, 9). Zur Begründung des vertragsimmanenten Konkurrenzschutzes für eine Arztpraxis hat der BGH auf die Bedeutung des Umfelds für den Ertrag einer Arztpraxis abgestellt und ausgeführt, dass insbesondere dann, wenn eine Konkurrenz im Zeitpunkt des Abschlusses des Mietvertrages im Haus oder in der Nachbarschaft noch nicht bestanden hat, die Annahme nahe liege, dass der bereits niedergelassene Arzt durch die Eröffnung einer Praxis im selben Hause erheblich beeinträchtigt werde. Deshalb gehöre es zum vertragsgemäßen Gebrauch der Mietsache, dass dem ersten Mieter auch ohne ausdrückliche vertragliche Regelung der Schutz vor Konkurrenz gewährt werde (BGH 10.10.2012 – XII ZR 117/10, NZM 2013, 52). Teil- bzw. Sondereigentümer sind dagegen grundsätzlich nicht verpflichtet, den Mietern der Miteigentümer oder diesen selbst Konkurrenzschutz zu gewähren; vielmehr haben sie entsprechende Wettbewerbstätigkeiten, da diese außerhalb des Regelungsbereiches des § 14 Nr. 1 WEG liegen, hinzunehmen (BGH 20.6.1986 – V ZR 47/85, NJW-RR 1986, 1335; OLG Brandenburg 10.6.2009 – 3 U 169/08, NZM 2010, 43).

Für die Fälle **vertraglich übernommener Konkurrenzschutzpflichten** ergeben sich gegenüber dem Konkurrenzschutz zugunsten anderer gewerblicher Mieter keine grundsätzlichen Besonderheiten (→ Form. A.VI.3 Anm. 3–9; vgl. ferner BGH 10.10.2012 – XII ZR 117/10, NZM 2013, 52; zum Konkurrenzschutz bei einer Physiotherapiepraxis vgl. OLG Brandenburg 10.8.2007 – 3 U 133/06, GesR 2007, 540, Anm. *Fritz* jurisPR-MietR 24/2007 Anm. 5; vgl. auch *Eisenschmid* jurisPR-MietR 8/2012 Anm. 3).

Die Verletzung der in einem Gewerberaummietvertrag vereinbarten Konkurrenzschutzklausel durch den Vermieter stellt nunmehr auch nach der Rechtsprechung des BGH einen **Sachmangel** der Mietsache gemäß § 536 Abs. 1 S. 1 BGB dar, der zur Minderung der Miete führen kann (BGH 10.10.2012 – XII ZR 117/10, NZM 2013, 52; *Bieber* jurisPR-MietR 1/2013 Anm. 3).

Im Einzelfall können sich aber wegen der Überschneidungen medizinisch ärztlicher Fachbereiche **Abgrenzungsprobleme** ergeben. Zwar verbietet es der immanente Konkurrenzschutz dem Vermieter grundsätzlich nur, an einen Konkurrenten des Mieters zu vermieten, wenn sich die Hauptleistungen der beiden überschneiden. Ein ausdrücklich vereinbarter Konkurrenzschutz erstreckt das Konkurrenzverbot auch auf die Überschneidung von Nebenleistungen, die bei Ärzten vielfältig gegeben sein können (OLG Brandenburg 10.8.2007 – 3 U 133/06, GesR 2007, 540). Andererseits ist eine gewisse **Konkurrenznähe** durchaus **verkehrsüblich**, denn Ärzte suchen durchaus Anschluss an Kollegen anderer Fachbereiche, weil sich gerade aus den unterschiedlichen fachlichen Zuständigkeiten Chancen für eine Erweiterung des eigenen Betätigungsfelds aufgrund höherer Patientenfrequenz und der Möglichkeit von Patientenüberweisungen durch benachbarte Ärzte ergeben können. **Praxisgemeinschaften und Arztzentren** legen es gezielt auf die Abdeckung eines möglichst breiten Fachspektrums an. Beim mietvertraglichen Konkurrenzschutz wird es vor diesem Hintergrund wesentlich darum gehen, den geschützten Kernbereich der fachlichen Ausrichtung des jeweiligen Mieters festzulegen:

Das OLG Hamm (19.4.1991 – 30 U 56/91, NJW-RR 1991, 1483) hat eine Konkurrenzsituation sogar zwischen einer Facharztpraxis für Chirurgie und Orthopädie und einer Praxis für Mund-, Kiefer- und Gesichtschirurgie angenommen.

Das OLG Frankfurt (12.4.2018 – 2 U 111/17, NZM 2018, 567, Anm. *Schneidenbach* jurisPR-MietR 2/2019 Anm. 2) hat bei der Vermietung einer Zahnarztpraxis mit der Zusicherung, dass ohne schriftliche Zustimmung des Mieters keine Praxisflächen an einen weiteren Zahnarzt oder einen Kieferchirurgen vermietet werden sollte, auch bei der nachfolgenden Vermietung an einen Kieferorthopäden einen Verstoß gegen das vertragliche Konkurrenzverbot angenommen.

Das OLG Koblenz (24.5.1995 – 5 U 1394/94 – unveröffentlicht, vgl. aber bei BGH 13.12.1995 – XII ZR 161/95, NJW-RR 1996, 460) hat zugunsten des Betreibers einer Arztpraxis einen Unterlassungsanspruch angenommen, soweit andere Räume an den Betreiber einer Dialysepraxis vermietet wurden und ärztliche Tätigkeiten in Rede stehen, die über die Dialysetätigkeit und Notfallhilfe hinausgehen.

Eine Konkurrenzschutzklausel zugunsten eines urologischen **Belegarztes in einem Krankenhaus**, wonach während der Laufzeit des Vertrages Verträge mit anderen Urologen nur mit vorheriger Zustimmung des Belegarztes geschlossen werden dürfen, gewährt diesem umfassenden Konkurrenzschutz gegenüber der Einstellung weiterer Urologen, wenn der Nutzungsvertrag in der Gesamtschau zu dem Zweck geschlossen wurde, den Arzt zur Optimierung der Patientenversorgung in der Urologie auch räumlich (durch Überlassung von Praxisräumen) und kooperativ (durch Übertragung der Leitung der urologischen Abteilung) in die Klinik zu integrieren (OLG München 10.11.2010 – 20 U 2514/10, GesR 2011, 44; 5.8.2009 – 20 U 5805/08).

Für die Vertragskonzeption wird es wesentlich auf folgende Weichenstellung ankommen: Wenn der Mieter einer Arztpraxis in erster Linie möglichst ungestört von Wettbewerbern agieren will, sollte er sich dies ausdrücklich ausbedingen. Namentlich Allgemeinmediziner (praktische Ärzte, Internisten, aber auch Heilpraktiker uÄ) werden sich untereinander als Konkurrenten ansehen, nicht dagegen ausgemachte Spezialisten, wie etwa Zahnärzte oder Augenärzte im Verhältnis zu den Generalisten.

Das KG (6.6.2005 – 8 U 25/05, BeckRS 2005, 06789) hat die Gewährung von Konkurrenzschutz für den Bereich „Praktischer Arzt speziell hausärztlicher Internist" dahingehend ausgelegt, dass sich der Konkurrenzschutz sowohl auf die Tätigkeit „praktischer Arzt" als auch „hausärztlicher Internist" beziehen soll und dass in diesem Rahmen die Vermietung an einen anderen Arzt mit der Ausrichtung Chinesische Heilkunde konkurrenzschutzverletzend sei, und zwar auch in Ansehung des Umstands, dass die Vermietungen in einem sog. Gesundheitszentrum erfolgten. Es handele sich bei dem praktischen Arzt und dem hausärztlichen Internisten um verschiedene Fachärzte mit identischem Tätigkeitsbereich.

Der Vermieter kann ein betontes Interesses an einer möglichst breitgefächerten Ansiedlung unterschiedlicher Arztpraxen haben, etwa wenn ein Apotheker als Vermieter Ärzte und Patienten räumlich an seinen Betrieb binden will. Soweit Ärzte untereinander als Mieter auf eine Kompetenzverteilung hinwirken (zB im Rahmen von Gemeinschaftspraxen oder Ärztezentren) werden die hierüber mit dem Vermieter zu treffenden Regelungen eher Ausfluss interner und ggf. gesellschaftsrechtlicher Vereinbarungen als Gegenstand mietvertraglicher Verhandlungen sein. Das Formular regelt beispielhaft einen auf die Fachrichtung des Mieters beschränkten Konkurrenzschutz.

13. Bei einer von vornherein vorhandenen oder beabsichtigten Ansiedlung weiterer Arztpraxen (zB bei Vermietung durch Apotheker, Masseure oder medizinische Therapeuten) wäre folgende Alternativregelung denkbar:

> (1) Die Parteien sind sich darüber einig, dass im Gesamtobjekt weitere Nutzeinheiten an andere Betreiber von Arztpraxen vermietet werden können. Eine möglichst breit gefächerte Ansiedlung von Arztpraxen unterschiedlicher fachärztlicher Ausrichtung ist das erklärte Ziel des Vermieters [ggf. beider Parteien].
> (2) Im Rahmen der nach Ziff. (1) geltenden Zielvorstellungen gewährt der Vermieter dem Mieter Konkurrenzschutz nur insoweit, als es den Betrieb einer Praxis für Allgemeinmedizin (Tätigkeit als praktischer Arzt) anbetrifft.
> (3) Der dem Mieter gewährte Konkurrenzschutz erstreckt sich nicht auf fachärztliche Praxen jedweder Ausrichtung. Konkurrenzschutz wird auch nicht gewährt, soweit es im Rahmen internistisch fachärztlicher Tätigkeit sowie heilpraktischer und homöopathischer Betätigung zu Überschneidungen mit dem Tätigkeitsbereich des Mieters kommen kann.
> (4) Der Mieter hat im Übrigen keinen Anspruch auf die Erhaltung oder Erreichung eines bestimmten Mieterbestands.

14. Ein entschädigungsloser Verbleib kann in Bezug auf einzelne ausdrücklich benannte Einrichtungen vertraglich geregelt werden. Er wird als unangemessen im Sinne von § 307 BGB auszuscheiden haben, soweit der Arzt hochtechnische Diagnose- und Behandlungsgeräte einbaut, die von besonders hohem Wert sind. Von daher sieht das Formular – anders als im Standardvertrag – von der generellen Regelung eines entschädigungslosen Verbleibs ab.

Für ein etwaiges Wegnahmerecht ist teilweise darauf abgestellt worden, ob eingebrachte (eingebaute) Sachen zu den **wesentlichen Bestandteilen eines Grundstücks** iSd § 94 BGB zählen. Das OLG Brandenburg (8.12.2010 – 3 U 145/09, BeckRS 2010, 31098) hat angenommen, dass typische Einrichtungsgegenstände einer Arztpraxis, wie etwa die OP-Beleuchtung, sonstige OP-Ausstattung und Teile der Sanitärinstallationen, nicht bloße Scheinbestandteile iSd § 95 Abs. 2 BGB sind, wenn der Einbau in ein Ärztehaus erfolgte, das von einer Vielzahl von Arztpraxen genutzt wurde und auch auf Dauer genutzt werden sollte. Der unberechtigte Ausbau soll dann gegenüber dem Eigentümer/Vermieter zum Schadensersatz führen. Diese Auffassung dürfte verkennen, dass im Wegnahmerecht ein Aneignungsrecht des Mieters liegt (vgl. Palandt/*Weidenkaff* BGB § 539 Rn. 10).

15. Zur **Ersatzmietergestellung** → Anm. 16–22. Da die Ersatzmieterstellung hier grundsätzlich nur unter Aufrechterhaltung des vertraglichen Mietzwecks vorgesehen ist, wäre eine Räumung nebst Rückbau der Mietsache sinnwidrig, zumal der Mieter in solchen Fällen regelmäßig an einem Verkauf der gesamten Praxis interessiert sein dürfte.

16. Die vertragliche Ausgestaltung der dem Mieter einzuräumenden Möglichkeit, die Praxis anderen (Ärzten) zu überlassen, hängt davon ab, ob der Vermieter gerade den Mieter an sich binden und einen Mieterwechsel verhindern will oder ob er vorrangig an einer möglichst lückenlosen und ggf. gleichgelagerten Auslastung der Mietsache als Arztpraxis interessiert ist. Außerdem kann dem Vermieter für den Fall eines Mieterwechsels daran gelegen sein, den Vertragszweck anderweitig festzulegen.

Ohne besondere Absprachen ist der Vermieter nicht verpflichtet, sich im Falle eines vorzeitigen Auszugs des Mieters wegen Betriebsaufgabe um einen **Ersatz-** oder **Nachmieter** zu bemühen. Er braucht auch einen vom Mieter vorgeschlagenen Ersatzmieter nicht zu akzeptieren, wenn nicht ausnahmsweise besondere Umstände des Einzelfalls nach Treu und Glauben (§ 242 BGB) etwas anderes gebieten. Ein solcher Ausnahmefall wird nicht schon dadurch begründet, dass eine Geschäftsaufgabe aus wirtschaftlichen Gründen notwendig wird (OLG Düsseldorf 21.1.1992 – 24 U 46/91, OLGR 1992, 100 mwN). Der vorzeitig ausziehende Mieter wird selbst dann nicht automatisch aus der Haftung entlassen, wenn der Vermieter eine Neuvermietung vornimmt (OLG Düsseldorf 23.10.1997 – 10 U 39/97, OLGR 1998, 46). Die Auslegung des Parteiverhaltens kann aber ergeben, dass sich der Vermieter trotz Fehlens einer diesbezüglichen Verpflichtung damit einverstanden erklärt hat, dass der neue Mietvertrag an die Stelle des alten tritt und der ursprüngliche Mieter somit aus der Haftung entlassen wird (OLG Düsseldorf 23.10.1997 – 10 U 39/97, OLGR 1998, 46). Allein die gegenüber dem auszugswilligen Mieter geäußerte Bereitschaft des Vermieters, vom Mieter vorgeschlagene Mietinteressenten als Mietnachfolger in Betracht zu ziehen, hat in der Regel nicht die Bindungswirkung einer mietvertraglich vereinbarten Ersatzmietervereinbarung (OLG Hamburg 4.12.1996 – 4 U 97/96, NJWE-MietR 1997, 201).

Der BGH (29.4.1992 – XII ZR 221/90, NJW-RR 1992, 1032) hat aber den vollständigen vertraglichen **Ausschluss einer Ersatzmietergestellung** auch im Bereich der Geschäftsraummiete für nicht wirksam gehalten. Reglementierungen, welche die Gestellung eines Ersatzmieters von bestimmten Voraussetzungen in der Person des Mieters oder des Ersatzmieters abhängig machen, sind dagegen möglich.

Aus Mietersicht kann ein besonderes Interesse daran bestehen, Nach- oder Ersatzmieter stellen zu dürfen, denn der für die Einrichtung von Arztpraxen erforderliche Investitionsaufwand ist oft sehr hoch. Im Falle einer persönlichen Verhinderung an der Führung der angemieteten Praxis (etwa infolge von Krankheit, beruflicher Umorientierung oder Umzug) drohen zumal für den Berufsanfänger existenzgefährdende Vermögenseinbußen, wenn die Investitionen nicht einer werterhaltenden Weiternutzung zugeführt werden können. Durch eine Vertragsübernahme wird nach ganz hM eine vertragliche Gesamtnachfolge bewirkt. Sie setzt voraus, dass der Vertrag in seiner Identität erhalten bleibt und lediglich ein Wechsel in der Person der Vertragsparteien eintritt (BGH 20.6.1985 – IX ZR 173/84, BGHZ 95, 88 = NJW 1985, 2528). Eine Vertragsübernahme kommt entweder durch einen dreiseitigen Vertrag oder durch eine Vereinbarung zwischen zwei Beteiligten und die Zustimmung des Dritten zustande.

Beim Eintritt eines Ersatzmieters in ein bestehendes Mietverhältnis ist auf die **Schriftform** zu achten (§ 550 BGB). Die Schriftform eines langfristigen Mietvertrages ist bei einem rechtsgeschäftlichen Mieterwechsel durch zweiseitigen Vertrag zwischen Alt- und Neumieter – ungeachtet der formfrei möglichen Zustimmung des Vermieters – nur eingehalten, wenn diese Mieteintrittsvereinbarung dem Schriftformerfordernis des § 550 BGB genügt. Das erfordert, dass der Mieter oder der Mietnachfolger dessen Eintritt in die Mieterstellung durch eine Urkunde belegen kann, die ausdrücklich auf den Ursprungsmietvertrag Bezug nimmt. Die vertragliche Auswechselung des Mieters muss darin so beurkundet sein, dass sich die vertragliche Stellung des Mietnachfolgers im Zusammenhang mit dem zwischen dem bisherigen Mieter und dem Vermieter geschlossenen Mietvertrag ergibt (BGH 16.2.2005 – XII ZR 162/01, MDR 205,618; OLG Düsseldorf 20.10.2011 – 10 U 66/11, IBRRS 2012, 0552).

Am Weitesten reichen zugunsten des Mieters solche Vereinbarungen, die ihm einen **Praxisverkauf** mit der Maßgabe ermöglichen, dass der Vermieter den Praxiserwerber zu denselben oder in bestimmter Weise anders festzulegenden Konditionen als Nachmieter akzeptieren muss. In solchen Fällen ist der Vermieter zum Abschluss eines Mietvertrags mit dem Nachfolger verpflichtet und kann sich schadensersatzpflichtig machen, wenn er sich weigert, den Mietvertrag mit dem Erwerber zu schließen (LG Berlin 14.11.1991 – 12 O 337/91, Grundeigentum 1992, 1099). Der Mieter kann sich mit einer solchen Vertragsgestaltung gegenüber dem Praxiskäufer nicht nur einen Ausgleich für die von ihm getätigten Investitionen, sondern auch für den von ihm erwirtschafteten „good will" sichern. Auf einen strikten **Kontrahierungszwang** zum Abschluss eines Mietvertrags mit dem Praxiserwerber wird sich ein Vermieter aber nur in Ausnahmefällen einlassen wollen.

Häufiger sind Ersatzmieterklauseln, die dem Mieter unter bestimmten Voraussetzungen eine Loslösung vom Mietvertrag unter **Gestellung eines Ersatzmieters** gestatten, hinsichtlich derer der Vermieter jedoch ein Prüfungs- und Ablehnungsrecht hat. Das Altmietverhältnis wird dann beendet und durch ein neues Mietverhältnis ersetzt. Reglementierungen, welche die Gestellung eines Ersatzmieters von bestimmten Voraussetzungen in der Person des Mieters (etwa der Berufsunfähigkeit, vgl. BGH 2.11.1983 – VIII ZR 135/82, WuM 1984, 54) oder des Ersatzmieters abhängig machen (zB Bonität, fachliche Eignung, vgl. hierzu *Heile* ZMR 1990, 249 mwN), sind möglich. Das Formular regelt ein dergestalt beschränktes Recht des Mieters zur Ersatzmietergestellung. Insbesondere derjenige Vermieter, der an der Vermietung an einen Arzt interessiert ist, kann sich mit einer solchen Vertragsgestaltung eine kontinuierliche wirtschaftliche Verwertung der Mietsache unter Aufrechterhaltung des Mietzwecks sichern. Der Mieter kann durch die Möglichkeit der Einflussnahme auf die Auswahl des nachfolgenden Mieters seine Interessen wahren und auf eine Inventarübernahme hinwirken.

Der Mieter kann sich nach Treu und Glauben nicht auf eine vertragliche Regelung berufen, dass er bei Stellen eines Ersatzmieters aus dem Mietverhältnis zu entlassen ist, wenn er sich in einem Mietrückstand befindet, der den Vermieter zur fristlosen Kündigung berechtigt (KG 18.7.2016 – 8 U 234/14, ZMR 2016, 939). Das KG (aaO) hat dies maßgeblich damit begründet, dass es dem Mieter unter solchen Umständen verwehrt sei, den Vermieter durch den Eintritt des Ersatzmieters an der Fortführung des Mietvertrages festzuhalten, obwohl dieser fristlos kündbar gewesen sei.

17. Zur Untervermietung und zur Problematik ihres vertraglichen Ausschlusses → Form. A.VI.1 Anm. 53 ff. Der formularmäßige Ausschluss der Untervermietung erscheint bei der vorgeschlagenen Ersatzmieterklausel, die dem Mieter die gänzliche Entlassung aus dem Vertragsverhältnis ermöglicht, als unbedenklich.

18. Das Formular führt – beispielhaft – Gründe auf, unter denen eine Ersatzmietergestellung in Betracht kommen kann. Weitere Gründe – bis hin zur Gestattung einer uneingeschränkten Ersatzmietergestellung – sind denkbar.

19. Das Formular regelt in Ziff. (3) das vom Mieter ausgehende Angebot zur Ersatzmietergestellung und geht von dessen Annahme mit dem Abschluss des Folgemietvertrags aus. Die Mitteilungspflicht des Vermieters folgt aus § 130 Abs. 1 BGB, denn gegenüber dem ursprünglichen Mieter beinhaltet der Vertragsschluss als Annahmeerklärung des Vermieters eine Willenserklärung gegenüber einem Abwesenden.

20. Weitere Regelungen sind denkbar. Dabei ist immer zu bedenken, welche Auswirkungen Absprachen mit dem Alt- und dem Neumieter in Bezug auf etwaige (Ersatz-) Ansprüche aus dem Altmietverhältnis haben.

21. Das Formular sieht vor, dass der Vermieter sich auf eine Ersatzmietergestellung nur dann einlassen muss, wenn der **Ersatzmieter** für eine bestimmte Mindestvertragsdauer abschlussbereit ist. Dadurch soll vermieden werden, dass der Vermieter sich auf kurzfristige Übergangslösungen einlassen muss. Bei nur kurzer Restlaufzeit ist dem Mieter ein Festhalten am Vertrag zumutbar.

Anstelle der Festschreibung der alten Vertragsbedingungen können die Parteien auch bestimmte Modifizierungen für den Nachfolgevertrag vereinbaren. Das wird insbesondere dann in Betracht kommen, wenn der Altvertrag Regelungen enthält, die sich speziell aus der Vertragsbeteiligung des Altmieters erklären und mit dessen Ausscheiden obsolet werden.

22. Zur Ablehnung berechtigende Bedenken können sich etwa ergeben, wenn der Ersatzmieter erst in fortgeschrittenem Alter erstmals eine eigene Arztpraxis führen will, wenn von ihm früher eingegangene Mietverhältnisse wegen Zahlungsverzugs oder sonstiger erheblicher Vertragsverstöße vorzeitig aufgekündigt wurden oder wenn er berechtigtem Auskunftsverlangen nach seiner Bonität nicht nachkommt.

Der Anspruch des Vermieters gegen den Altmieter auf Zahlung des Mietzinses kann entfallen (§ 242 BGB), wenn ein Vermieter einen Ersatzmieter ohne triftigen Grund ablehnt (zB nur aufgrund seiner Ausländereigenschaft, vgl. OLG Frankfurt 31.5.2000 – 9 U 71/99, MDR 2000,1005; LG Saarbrücken 17.2.1995 – 13 B S 218/94, WuM 1995, 313; MüKoBGB/*Bieber* § 537 Rn. 14).

23. Durch einen Praxisverkauf, mit dem sich der Mieter auch den sog. „good will" sichern kann, soll nach dem Formular keine Schlechterstellung des Vermieters bewirkt werden. Soweit etwa Einrichtungen an den Ersatzmieter veräußert werden, die nach § 17 (2) entschädigungslos in der Mietsache verbleiben sollen, macht sich der Mieter jedenfalls ersatzpflichtig.

24. Vgl. § 17 (3).

25. Das Formular regelt lediglich die Klarstellung, dass das Ausscheiden des ursprünglichen Mieters nicht diejenigen Pflichten aufleben lässt, die für den Fall der Beendigung des Mietverhältnisses allgemein niedergelegt sind (vgl. §§ 17, 19). Der Mieter muss also in diesem Übergangsstadium nicht zurückbauen oder eine Endrenovierung durchführen.

5. Mietvertrag über eine Lagerhalle mit Anmietung eines noch zu errichtenden Objekts

Mietvertrag

zwischen

· · · · ·

(Vermieter)

und

· · · · ·

(Mieter)

§ 1 Mietobjekt[1, 2]

(1) Vermietet wird auf dem Grundstück

· · · · ·

(Straße, Hausnummer)

in · · · · ·

(PLZ, Ort)

eine Lagerhalle[3] von   . . . . . qm

nebst

– Beispiele –

Büroraum   . . . . . qm
Personalraum   . . . . . qm
Heiz- und Versorgungsraum   . . . . . qm
Duschraum/WC   . . . . . qm
Freifläche als Lagerplatz gemäß beigehefteter Planskizze   . . . . . qm
Kfz-Stellplätzen gemäß beigehefteter Planskizze   . . . . . qm

(2) Der Vermieter hat für die Mietflächen ein Aufmaß erstellt. Die innerhalb von Gebäuden befindlichen Flächen sind dabei so ermittelt worden, dass Innenwände, Stützpfeiler, Mauervorsprünge und -vertiefungen übermessen wurden. Die Mietfläche berechnet sich somit nach dem Maß von Innenseite zu Innenseite der Umfassungswände. Die so ermittelten Mietflächen beinhalten die vertraglich vereinbarte Flächengröße.[4]

§ 2 Mietzweck

(1) Die Vermietung erfolgt zum Betrieb einer/eines[5]

– Beispiele –

1. Lagers für pharmazeutische Produkte,
2. Auslieferungslagers für Lebensmittel,
3. Lagers für Farben und Lacke.

(2) Eine von Ziff. (1) abweichende Nutzung ist dem Mieter nur nach vorheriger schriftlicher Erlaubnis durch den Vermieter gestattet.

§ 3 Übergabe und Ausstattung der Mieträume, Zufahrt

(1) Die Lagerhalle ist vom Vermieter in einem mangelfreien baulichen Zustand zu übergeben.

(2) Mit Rücksicht auf die beabsichtigte Nutzung wird der Mieter ausdrücklich auf folgende Umstände hingewiesen:[6]

– Beispiele –

1. Die vermieteten Außenflächen sind nicht zu angrenzenden, anderweitig genutzten Nutzflächen hin umfriedet oder sonst abgeschlossen.

2. – Beispiel: Lager für pharmazeutische Produkte –

   Die Lagerhalle verfügt nicht über elektronische Diebstahls- und Einbruchssicherungsanlagen und weist lediglich ein einfach verschließbares Hallentor aus Holz auf.

3. – Beispiel: Auslieferungslager für Lebensmittel –

   Die Lagerhalle verfügt über keine Dachisolierung und keine Klimaanlage.

4. – Beispiel: Möbellager –

   Die Lagerhalle verfügt über keine Brandschutzanlage.

(3) Der Vermieter verpflichtet sich, in der Mietsache vor dem mit diesem Vertrag festgelegten Mietbeginn auf seine Kosten folgende Arbeiten durchzuführen:[7]

. . . . .

Zwischen den Vertragsparteien besteht Einigkeit darüber, dass für die Übergabe der Mietsache keine weiter gehenden Renovierungs- und Herstellungspflichten des Vermieters bestehen und dass für die Erreichung des Mietzwecks etwa zusätzlich erforderlich werdende Vorkehrungen vom Mieter auf eigene Kosten und für eigene Rechnung zu veranlassen sind. Die in Ziff. (2) bezeichneten Umstände stellen den vertragsgemäßen Zustand der Mietsache im Übrigen nicht in Frage und begründen insbesondere keinen Sachmangel im Sinne von § 536 BGB.

(4) Zugang und Zufahrt zu den vermieteten Nutzflächen erfolgen über . . . . .[8]

§ 4 Mietbeginn, Mietdauer (→ Form. A.VI.1)

§ 5 Mietzins, Nebenkosten,

(1) Die monatliche Grundmiete beträgt[9]

– Beispiele –

1. Innenräume	. . . . qm zu je . . . . . EUR, also	. . . . . EUR,
2. Lagerplatz/Freifläche	. . . . qm zu je . . . . . EUR, also	. . . . . EUR,
3. Kfz-Stellplätze	. . . . qm zu je . . . . . EUR, also	. . . . . EUR,

zuzüglich der jeweils geltenden gesetzlichen MWSt.

von zur Zeit . . . . . %, das sind	. . . . . EUR.
Bei Mietbeginn beträgt die monatliche Grundmiete somit	. . . . . EUR.

(2) Neben der Grundmiete hat der Mieter sämtliche für das Mietobjekt anfallenden Betriebskosten im Sinne von § 2 BetrKV zu tragen.

(3) Auf die Betriebskosten hat der Mieter zusammen mit den

Mietzahlungen monatliche Vorauszahlungen in Höhe von	. . . . . EUR.
zu leisten. Die monatliche Gesamtleistung des Mieters beträgt somit bei Mietbeginn	. . . . . EUR.

§ 6 Wertsicherungsklausel, Erhöhung der Betriebskostenvorauszahlungen (→ Form. A.VI.1)

§ 7 Zahlung von Miete und Nebenkostenvorauszahlung, Verrechnung von Zahlungen (→ Form. A.VI.1)

§ 8 Aufrechnung, Zurückbehaltungsrecht (→ Form. A.VI.1)

§ 9 Herstellungs- und Nutzungsbefugnisse des Mieters:

(1) Der Mieter ist auf eigene Kosten und für eigene Rechnung zur Durchführung folgender Maßnahmen in der Lagerhalle berechtigt:[10]

– Beispiele –

Der Mieter darf

- in der Lagerhalle Trockenbauzwischenwände zwecks Unterteilung mehrerer Lagerräume, eines Ausstellungsraums und eines Verpackungsraums ziehen.
- im Bereich . . . . . einen Kühlraum installieren.

- im Deckenbereich . . . . . einen Laufkran anbringen.
- eine Luftaustausch- und Klimaanlage installieren.
- auf dem straßenwärts gelegenen Grundstücksbereich ein auf seinen Betrieb verweisendes Hinweis- und Werbeschild aus emailliertem Metall mit einer Höhe von maximal . . . . . cm und einer Breite von maximal . . . . . cm installieren.

(2) Soweit der Mieter im Rahmen des vertraglichen Mietgebrauchs die Installation weiterer Anschlüsse und technischer Einrichtungen, insbesondere für Apparaturen der Lagerhaltung und -sicherung, für Telekommunikation, Energieversorgung, Datenverarbeitung sowie für Luft- und Klimatechnik wünscht, hat er auch die dafür erforderlichen Vorkehrungen in eigenem Namen und für eigene Rechnung zu treffen. Soweit solche Installationen und Einrichtungen bauliche Eingriffe und Veränderungen erforderlich machen, ist der Mieter hierzu nur mit der ausdrücklichen Zustimmung des Vermieters berechtigt.

(3) Sämtliche nach Ziff. (1) gestatteten und ggf. nachträglich genehmigten Einrichtungen sind vom Mieter auf eigene Kosten und für eigene Rechnung fachgerecht herzustellen, zu erhalten, zu sichern und ggf. instand zu setzen. Der Mieter stellt den Vermieter von jeglicher Inanspruchnahme frei, die im Zusammenhang mit den bezeichneten Einrichtungen und den vorstehend aufgeführten Mieterpflichten steht.

(4) Die Gestattung der in Ziff. (1) sowie nachträglich bewilligter Maßnahmen erfolgt unter Ausschluss jeglicher Zusicherung und Gewähr für ihre Realisierbarkeit sowie vorbehaltlich der Rechte Dritte, öffentlich rechtlicher Verbote, Auflagen, Beschränkungen und Genehmigungspflichten. Die fehlende Durchführbarkeit der betreffenden Maßnahmen begründet für den Mieter kein wie auch immer geartetes Gegenrecht.

(5) Etwa erforderliche Zustimmungen oder Erlaubniserteilungen Dritter hat der Mieter auf eigene Kosten selbst einzuholen. Der Vermieter sagt dem Mieter seine Mitwirkung zu, soweit es ihrer für die Einholung solcher Erklärungen bedarf.

§ 10 Besondere Pflichten des Mieters

Mit Rücksicht auf den beabsichtigten Gebrauch der Lagerhalle verpflichtet sich der Mieter zu folgenden Maßnahmen:[11]

– Beispiele –

- Der Mieter hat auf eigenen Namen und für eigene Rechnung für die gesamte Dauer der Mietzeit eine Gebäudefeuerversicherung als zusätzliche Sachversicherung sowie eine Gebäudesachversicherung und -haftpflichtversicherung abzuschließen, die sich auch auf die Haftungsbereiche Glasschäden, Gas- bzw. Öltank erstreckt.[12]
- Der Mieter übernimmt sämtliche Verkehrssicherungspflichten und die uneingeschränkte Haftung für einzulagernde Gefahrstoffe jeglicher Art. Er hat auf eigene Kosten und für eigene Rechnung für die Herstellung von Aufbewahrungs- und Schutzvorkehrungen zu sorgen, die eine sichere Lagerung gewährleisten.[13]
- An- und Auslieferungen von Waren dürfen an Werktagen nicht vor . . . . . Uhr beginnen und nicht länger als . . . . . Uhr andauern. An Samstagen, Sonntagen und an gesetzlichen Feiertagen ist ein Lieferverkehr mit LKW nicht gestattet.[14]
- Dem Mieter obliegt es in eigener Zuständigkeit, in Abstimmung mit den hierfür zuständigen Behörden und Entsorgungsunternehmen für die Entsorgung von Müll jeglicher Art und insbesondere von Chemikalien, Gefahrstoffen und sonstigem Sondermüll zu sorgen. Sämtliche Kosten, die mit der Entsorgung solcher Stoffe in Zusammenhang stehen, trägt der Mieter unmittelbar im Benehmen mit den hierfür zuständigen Unternehmen und Behörden. Der Mieter stellt den Mieter von jeder Inanspruchnahme frei, die im Zusammenhang mit der Entsorgung der bezeichneten Stoffe steht.

§ 11 Konkurrenzschutz

Konkurrenzschutz wird dem Mieter nicht gewährt.[15]

§ 12 Betriebskostenabrechnung[16] (→ Form. A.VI.1)

§ 13 Mietkaution (→ Form. A.VI.1)

§ 14 Erhaltung und Instandsetzung der Mieträume, Haftungsausschluss, Anzeige von Mängeln und Gefahren

(1) Der Vermieter hat die Mieträume hinsichtlich der grundlegenden konstruktiven Bauteile (Arbeiten an Dach und Fach) instand zu halten und zu reparieren. Dem Vermieter obliegt außerdem die Erhaltung und Instandhaltung der zentralen Heizungs- und Warmwasseranlage. Er hat ferner zu gewährleisten, dass die baulichen Voraussetzungen für diejenigen Anschlüsse gegeben sind, derer es für die Grundversorgung mit Wasser, Gas und elektrischer Energie und für die Entwässerung in dem bei Mietbeginn vorhandenen Standard bedarf.

(2) Im Übrigen obliegt die fachgerechte Durchführung sämtlicher Erhaltungs- und Instandsetzungsmaßnahmen dem Mieter. Der Mieter hat alle Schönheitsreparaturen einschließlich des Außenanstrichs von Türen und Fenstern und des Heizkörperanstrichs durchzuführen, wenn die Erhaltung eines vertragsgemäßen Zustands dies erfordert. Er hat die ihm zur Nutzung überlassenen Inventarteile und alle in den Mieträumen befindlichen technischen Anlagen einschließlich der Installationen für Gas, Strom, Wasser, Abwasser und Beleuchtung auf seine Kosten zu pflegen, zu warten und instand zu halten. Die Mietsache ist stets in gebrauchsfähigem und gepflegtem Zustand zu halten. Die Abnutzung der Mieträume ist auf das bei vertragsgemäßem Mietgebrauch unbedingt erforderliche Ausmaß zu beschränken.

(3) Etwaige Mängel der Mietsache, drohende Gefahren für die Mieträume und die Anmaßung von Rechten Dritter an der Mietsache hat der Mieter dem Vermieter unverzüglich anzuzeigen (§ 536c BGB). Die Pflicht zur unverzüglichen Anzeige erstreckt sich auch auf Gefahren für das Eigentum, das Leben, den Körper, die Gesundheit und sonstige Rechte Dritter, soweit deren Interessen durch die Mietsache und den von ihr gemachten Gebrauch in nicht nur unerheblichem oder verkehrsüblichem Umfang betroffen sind.

§ 15 Betreten der Mieträume (→ Form. A.VI.1)

§ 16 Bauliche Eingriffe und Veränderungen

(1) Der Vermieter ist nach vorheriger Ankündigung berechtigt, Umbauten, Modernisierungsarbeiten und Reparaturen in den Mieträumen und angrenzenden Bauteilen durchzuführen, wenn dies zur Erhaltung oder Verbesserung der Mieträume oder angrenzender Bauteile, zur Einsparung von Energiekosten oder zur Abwehr und Beseitigung von Schäden und Gefahren für die Mieträume oder angrenzende Bauteile zweckdienlich ist.

(2) Die in Ziff. (1) bezeichneten Maßnahmen hat der Mieter grundsätzlich entschädigungslos zu dulden. Der Mieter kann vom Vermieter ausnahmsweise eine angemessene Herabsetzung der Miete verlangen, wenn die vom Vermieter veranlassten Arbeiten eine so erhebliche Beeinträchtigung im Mietgebrauch bewirken, dass die Fortentrichtung der vollen Miete für den Mieter unbillig wäre. Mit weitergehenden Ansprüchen ist der Mieter wegen der in Ziff. (1) bezeichneten Maßnahmen ausgeschlossen.

(3) Soweit dieser Vertrag nicht bereits ausdrückliche Regelungen zur Vornahme von Umbauten und anderen baulichen Maßnahmen enthält,[17] darf der Mieter bauliche

Veränderungen an den Mieträumen und an den technischen Einrichtungen und Versorgungsanlagen nur dann vornehmen, wenn der Vermieter dem zuvor zugestimmt hat. Die Zustimmung des Vermieters kann der Mieter nur für solche Maßnahmen verlangen, die dem in § 2 festgelegten Mietzweck dienen. Der Vermieter kann die Zustimmung bei Vorliegen eines wichtigen Grundes verweigern.

§ 17 Wegnahme von Einrichtungen, Rückbau, Aufwendungsersatz (→ Form. A.VI.1)

§ 18 Kündigung (→ Form. A.VI.1)

§ 19 Rückgabe der Mietsache, Nutzungsentschädigung (→ Form. A.VI.1)

§ 20 Ausschluss von § 545 BGB (→ Form. A.VI.1)

§ 21 Untervermietung (→ Form. A.VI.1)

§ 22 Ankündigungsfrist (→ Form. A.VI.1)

§ 23 Vertragsänderung, Nebenabreden (→ Form. A.VI.1)

. . . .

(Vermieter)   (Mieter)

Anmerkungen

1. Gewerblich angemietete Lagerräume werden in vielen wirtschaftlichen Bereichen genutzt. Abläufe der Transport- und Verkehrsführung, der Lagerhaltung und -verwaltung sowie von Vertriebs- und Kommissioniervorgängen werden im Zuge komplexer Dienstleistungen miteinander verknüpft, um Ressourcen einzusparen und Kosten zu optimieren. Die vertragliche Umsetzung logistischer (Komplett-) Systeme verlässt jedoch die mietrechtliche Thematik, denn in diesem Rahmen stehen mischvertragliche Konstruktionen in Rede, bei denen dienstleistungsrechtliche und werkvertragsrechtliche Komponenten die mietrechtlichen Aspekte in den Hintergrund drängen. Das Formular orientiert sich daher an einer Gebrauchsüberlassung, innerhalb derer der Mieter den Mietgebrauch weitgehend selbst und ohne Einbindung in übergreifende logistische Konzepte ausübt.

2. Die Vermietung von Lager- und Werkhallen dient häufig ganz speziellen Gebrauchszwecken, die **besondere technische und bauliche Vorkehrungen** erfordern. Nicht selten werden entsprechende Räumlichkeiten bedarfsgerecht für ganz bestimmte Mieter hergestellt. Auch ansonsten (namentlich bei der Errichtung von Einkaufs-, Büro und Industriezentren) kann noch vor der Errichtung der Mieträume ein naheliegendes Interesse daran bestehen, zwecks Förderung alsbaldiger Vollauslastung frühzeitig abzuklären, ob und welche Mietinteressenten vorhanden sind. Sowohl die Investitionsentscheidung des Eigentümers/Vermieters als auch die Ausgestaltung der Bauplanung können wesentlich vom Ergebnis frühzeitiger Akquisition abhängen. In diesem Rahmen eröffnet sich der Regelungsbereich von **Mietverträgen über noch zu errichtende Räumlichkeiten:**

Eine erste Weichenstellung liegt bei der Vertragsanbahnung in der Entscheidung, ob über das zu errichtende Objekt ein **Vorvertrag** geschlossen werden soll (→ Form. A.V.2) oder ob sogleich ein Mietvertrag niedergelegt werden kann.

Im Zweifel sollten die Parteien den Weg mietvertraglicher Abreden beschreiten. Der Abschluss eines Mietvertrags zwingt die Parteien, alle mit einem Bauvorhaben typischerweise einhergehenden Unwägbarkeiten und Risiken (zB in Bezug auf die Realisierbarkeit, die Art der Bauausführung und deren Genehmigungsfähigkeit, die Mietfläche und die endgültige Höhe des Mietzinses) zu bedenken und entsprechende Vertragsbedingungen und ggf. Leistungsvorbehalte festzulegen. Demgegenüber besteht beim Vorvertrag die Gefahr, dass vermeintlich periphere Vertragspunkte offen gelassen werden, die später zu Auseinandersetzungen führen und es letztlich erforderlich machen, den abschließenden Vertragsinhalt richterlich bestimmen zu lassen (zu den Voraussetzungen für einen Vorvertrag über die Anmietung eines zu errichtenden Lebensmittelmarkts vgl. OLG Frankfurt 10.9.2014 – 14 U 103/12, NJOZ 2015, 916). Dies birgt wiederum das Risiko, dass die ursprünglichen Vorstellungen der Vertragsparteien im endgültigen Vertrag nur teilweise eine Entsprechung finden. Demgemäß ist beim Mietvertrag über noch zu errichtende Mieträume das besondere Augenmerk auf solche Vertragsaspekte zu richten, die sich speziell daraus ergeben, dass nicht sämtliche Vertragsbestandteile abschließend überblickt werden können.

Eine erste Hürde ist bei der **hinreichend bestimmten Beschreibung der Mieträume** und ihrer räumlichen Zuordnung zu nehmen (zu den Folgen fehlender Konkretisierung vgl. BGH 22.12.1999 – XII ZR 339/97, NZM 2000, 184). Dabei wird maßgeblich auf Bauplanungsunterlagen zurückzugreifen sein, etwa wie folgt:

(1) Vermietet werden ca. . . . . . qm Lagerhallenfläche nebst . . . . . Büroräumen von jeweils ca. . . . . . qm und einem Personalraum von ca. . . . . . qm.

(2) Die Lage der Räumlichkeiten ergibt sich aus dem beigehefteten Lageplan, der die Mietfläche in roter Schraffierung ausweist.

(3) Die Parteien sind sich darüber einig, dass die Größe der in Ziff. (1) bezeichneten Nutzflächen bauplanerischen und baugestalterischen Vorbehalten unterliegt und dass sich insoweit noch Änderungen ergeben können. Abweichungen der tatsächlichen Mietfläche von der in Ziff. (1) angegebenen Fläche sind für die gesamte Vertragsabwicklung unerheblich, wenn die Abweichung nicht mehr als . . . . . % beträgt.

Wenn sich bei Vertragsschluss bereits eine bestimmte Entwicklung des Bauvorhabens oder bestimmte Alternativen abzeichnen, sind diese – ggf. unter Regelung von Rücktrittsrechten – ausdrücklich anzuführen, um dem späteren Streit über das Vorliegen eines Sachmangels vorzubeugen (→ Form. A.VI.2 Anm. 6 zu §§ 3 und 6). Dies könnte in Fortführung obigen Beispiels wie folgt geschehen:

(3) . . . . . Wegen eines eingelegten Nachbarwiderspruchs kann nicht ausgeschlossen werden, dass die Lagerhalle mit größerem Grenzabstand zum Nachbargrundstück . . . . . errichtet werden muss und dass sich die effektive Lagerfläche dadurch um bis zu . . . . . qm verringert. Wirksamkeit und Regelungszusammenhang dieses Mietvertrags werden durch eine solche Flächenreduzierung insgesamt nicht tangiert [alternativ: vorbehaltlich einer Anpassung der Miethöhe an die veränderte Flächengröße nach näherer Maßgabe von § . . . . .]. Die Flächenreduzierung begründet insbesondere keinen Mangel der Mietsache im Sinne von § 536 BGB.

Die Neuerrichtung eines Mietobjekts ermöglicht die **Berücksichtigung von Planungs- und Ausstattungswünschen des Mieters**. Dies kann jedenfalls dann, wenn damit Mehrkosten einhergehen, die Vereinbarung einer Kostenbeteiligung des Mieters nahelegen. Ein – ggf. verlorener – **Baukostenzuschuss** kann auch ansonsten ausgehandelt werden. Die Kostenbeteiligung des Mieters kann in die Kalkulation des Mietpreises eingestellt werden. Bei baulichen Maßnahmen und Einrichtungen, die speziell dem Mietgebrauch dienen und den Wert der Mietsache als solcher nicht erhöhen, wird aber ggf. ein unmittelbares Herstellungsrecht des Mieters oder eine Baukostenbeteiligung des Mieters in Betracht kommen.

Bereicherungsansprüche können sich ergeben, wenn ein Baukostenzuschuss **beim Scheitern eines Bauvorhabens oder des Mietvertrags** (etwa bei vorzeitiger Beendigung) nutzlos erbracht wurde. Der **Bereicherungsausgleich** nach § 812 Abs. 1 S. 2 Alt. 1 BGB richtet sich gegen den Vermieter. Nach erfolgter Veräußerung oder Zwangsversteigerung ist nach der neueren Rechtsprechung des BGH der Erwerber bzw. Ersteigerer anspruchsverpflichtet, weil er in den Genuss der Bereicherung gekommen ist (BGH 16.9.2009 – XII ZR 73/07, BeckRS 2009, 26988, in Fortführung von BGH 5.10.2005 – XII ZR 43/02, NJW-RR 2006, 294; vgl. auch BGH 20.5.2009 – XII ZR 66/07, NJW 2009, 2374).

Ein Bereicherungsausgleich kann vertraglich ausgeschlossen werden. Ein vertraglicher Ausschluss kann aufgrund ergänzender Vertragsauslegung anzunehmen sein, wenn der Mieter auf eigene Kosten tätig werden sollte (BGH 13.6.2007 – VIII ZR 387/04, NJW-RR 2007, 1309; OLG Düsseldorf 19.10.2009 – 24 U 58/09, ZMR 2010, 679). Auf einen solchen Ausschluss kann sich der Vermieter gemäß § 242 BGB jedoch dann nicht berufen, wenn er zurechenbare Gründe für eine außerordentliche fristlose Kündigung des Mieters zu vertreten hat (BGH 12.2.1959 – VIII ZR 54/58, BGHZ 29, 289).

Vereinbarungen über Baukostenzuschüsse des Mieters entziehen sich weitgehend einer Generalisierung. Wichtig ist im Rahmen des Vertragsschlusses, möglichst alle Kosten zu erfassen und abschließend zu regeln, die mit den baulichen Maßnahmen (und ggf. auch mit dem Rückbau bei Beendigung des Mietverhältnisses) einhergehen können.

(1) Der Mieter wünscht den Einbau von zwei Hebebühnen, die besondere Gründungs- und Verankerungsmaßnahmen erforderlich machen. Die Herstellung ist dem Mieter nach Maßgabe dieses Vertrags gestattet.
(2) Art und Umfang der dem Mieter gestatteten Arbeiten ergeben sich aus den beigehefteten Planungsunterlagen des Sonderfachmanns. . . . . .
(3) Für alle zur Herstellung der Hebebühnen erforderlichen Genehmigungen, Materialanschaffungen und Arbeitsaufträge hat allein der Mieter Sorge zu tragen.
(4) Da die Herstellung der Hebebühnen mit der allgemeinen Bauplanung und -ausführung zu koordinieren ist, unterwirft sich der Mieter insoweit der Bauaufsicht des vom Vermieter beauftragten Architekten . . . . . Der Mieter hat die von ihm zu beauftragenden Lieferanten, Werkunternehmer und Sonderfachleute vertraglich zu verpflichten, den im Rahmen der Bauaufsicht erfolgenden Anordnungen des Architekten Folge zu leisten.
(5) Für die Planungs- und Aufsichtstätigkeit des Architekten hat der Mieter einen pauschales Entgelt in Höhe von . . . . . EUR an den Vermieter zu zahlen, das mit . . . . . fällig wird.
[alternativ: einen Anteil von . . . . . % der Schlussrechnungssumme des Architekten zu zahlen]
(6) Für die an den Hebebühnen durchzuführenden Arbeiten gilt folgender Zeitplan:
. . . . .
Der Mieter hat sämtliche von ihm zu beauftragenden Lieferanten, Werkunternehmer und Sonderfachleute vertraglich zur Einhaltung des Zeitplans zu verpflichten. Sämtliche Behinderungen und Verzögerungen in der Bauplanung und -ausführung, die durch vom Mieter beauftragte Personen und Firmen verursacht werden, hat der Mieter gegenüber dem Vermieter auch in eigener Person zu verantworten.
(7) Die Hebebühnen sind vom Mieter auf eigene Kosten und für eigene Rechnung fachgerecht herzustellen, zu warten, zu sichern und in einwandfreiem Zustand zu erhalten. Der Mieter hat auch für etwaige behördliche Genehmigungen und Abnahmen sowie für die Durchführung von TÜV-Prüfungen auf eigene Kosten Sorge zu tragen. Der Mieter stellt den Vermieter von jeglicher Inanspruchnahme frei, die im Zusammenhang mit der Herstellung, der Genehmigung und dem Betrieb dieser Einrichtungen stehen. . . . . .

Von besonderer Virulenz kann die Problematik sein, für welche Verhältnisse der Vermieter einzustehen hat, wenn ein noch zu errichtendes Objekt vermietet wird. Das gilt insbesondere für die Vermietung in größeren (Geschäfts-/Einkaufs-)Zentren, bei denen es den Mietern maßgeblich auf die erfolgreiche Verwirklichung eines florierenden Gesamtkonzepts ankommt, die (Kunden-)Akzeptanz vor Fertigstellung aber zwangsläufig noch weitgehend offen ist. Die Verwirklichung der Erwartung, in gemieteten Räumen als Unternehmer Gewinne zu erzielen und keine Verluste zu machen, gehört auch bei noch herzustellenden Mietobjekten grundsätzlich zum Risiko des Mieters und ist deshalb nicht Geschäftsgrundlage des Vertrags (→ Form. A.VI.3 Anm. 10, 11 zu § 4).

Geplante Bauvorhaben bergen außerdem evidente Risiken in Bezug auf die Rechtzeitigkeit ihrer Verwirklichung. Bei Vertragsschluss bekannte Verzögerungsgefahren können dringenden Anlass für ausdrückliche Haftungsausschlüsse oder Garantiezusagen geben. Ein **behördliches Nutzungsverbot**, eine wesentliche **Nutzungsbeschränkung** oder eine **Genehmigungsversagung** können einen Sachmangel im Sinne von § 536 BGB begründen (→ Form. A.VI.2 Anm. 7). Selbst die baubehördlich genehmigte Nutzung als „Lagerhalle" für einen landwirtschaftlichen Betrieb umfasst nicht zugleich die Nutzung als Lagerhalle für einen Malerbetrieb (VGH München 18.9.2017 – 15 CS 171675, BeckRS 2017, 126544).

Öffentlich-rechtliche Gebrauchsbeschränkungen oder -hindernisse führen aber nur dann zu einem Mangel der Mietsache iSv § 536 Abs. 1 BGB führen, wenn sie die Tauglichkeit der Mietsache zum vertragsgemäßen Gebrauch aufheben oder mindern und wenn sie auf der konkreten Beschaffenheit der Mietsache beruhen und nicht in den persönlichen oder betrieblichen Umständen des Mieters ihre Ursache haben. Außerdem muss der Mieter durch die öffentlich-rechtlichen Beschränkungen und Gebrauchshindernisse in seinem vertragsgemäßen Gebrauch auch tatsächlich eingeschränkt werden. Diese Voraussetzung ist regelmäßig nur dann erfüllt, wenn die zuständige Behörde die Nutzung des Mietobjektes durch ein rechtswirksames und unanfechtbares Verbot bereits untersagt hat. Allerdings kann ein Sachmangel im Einzelfall auch darin gesehen werden, dass eine langwährende Unsicherheit über die Zulässigkeit der behördlichen Nutzungsuntersagung die begründete Besorgnis bewirkt, das Grundstück nicht zum vertragsgemäßen Gebrauch nutzen zu können (BGH 20.11.2013 – XII ZR 77/12, NZM 2014, 165; 2.11.2016 – XII ZR 153/15, NJW 2017, 1104; OLG Dresden 1.6.2017 – 5 U 477/17, ZMR 2017, 880; *Günter* NZM 2016, 569).

Eine kündigungsrelevante Ungewissheit entsteht für den Mieter aber nicht schon dann, wenn die Behörde ihn vom Verfahren unterrichtet und ihm Gelegenheit zur Stellungnahme gibt. Erforderlich ist zumindest, dass der Mieter davon ausgehen muss, dass mit ungewissem Ausgang auf Jahre hinaus über die Möglichkeit einer seinen Betrieb stilllegenden Untersagungsverfügung oder – im Falle ihres Erlasses – über deren Wirksamkeit gestritten wird (OLG Düsseldorf 22.12.2005 – I-10 U 100/05, OLGR 2007, 508).

Wenn einem Gewerberaummieter durch **Ordnungsverfügung** die vertragsgemäße Nutzung des Mietobjekts (zB Büro/Lager) untersagt wird, ist er zur fristlosen Vertragskündigung berechtigt (BGH 24.102.007 – XII ZR 24/06, ZMR 2008, 274). Weigert sich der Vermieter, an der Herbeiführung einer Genehmigung einer Nutzungsänderung (für eine ehemalige Kfz-Werkstatt mit Lagerhalle für einen Cateringbetrieb) mitzuwirken, stellt dies nur dann einen Grund für die fristlose Kündigung des Mieters dar, wenn eine Erfüllung der behördlichen Auflagen für ihn mit erheblichem Aufwand verbunden wäre (BGH 24.10.2007 – XII ZR 24/06, ZMR 2008, 274).

3. Das Formular geht von der Anmietung separater Mietflächen/-räume aus. Bei Lagerhallen kann aber die Anmietung räumlich und organisatorisch unselbständiger Hallenbereiche in Betracht kommen, etwa nach Maßgabe folgender beispielhafter Alternativregelungen:

§ 1 Mietobjekt
(1) Vermietet werden auf dem Grundstück . . . . .
folgende Teilflächen einer Lagerhalle: – einfügen Lagebeschreibung –
(2) Die vermietete Lagerfläche ist in dem diesem Mietvertrag beigehefteten Lageplan rot umrandet [oder schraffiert] dargestellt.
(3) Vermietet werden außerdem folgende Räumlichkeiten:
1 Bürocontainer im hinteren Bereich der Lagerhalle . . . . .
1 Kundenbesuchsraum im Bereich . . . . .
(4) Dem Mieter und seinem Personal ist im Rahmen des vertraglichen Mietzwecks außerdem die Mitbenutzung folgender Räumlichkeiten und Nutzflächen gestattet:

des Personalraums im Bereich . . . . . nebst Umkleide- und Duschraum,
des WC im Bereich . . . . .,
der Parkbuchten im Bereich . . . . .
(5) Zur Nutzung der in Ziff. (4) bezeichneten Räume und Flächen sind neben dem Mieter und seinen Mitarbeitern die Mieter der weiteren Lagerflächen sowie deren Mitarbeiten und die Mitarbeiter des Vermieters berechtigt. Hinsichtlich der Benutzung der Parkbuchten besteht kein Anspruch des Mieters auf Zuteilung und Reservierung bestimmter Stellplätze. . . . . .

Die vermieteten Bereiche und die Nutzungsbefugnisse in Bezug auf gemeinsam mit anderen Mietern benutzte Flächen sind möglichst eindeutig zu kennzeichnen und zu beschreiben.

Bei der Vermietung von Geschäftsräumen erstreckt sich das Recht des Mieters zur Nutzung der gemieteten Räume auf das Recht zur **Mitbenutzung der Grundstücksgemeinschaftsflächen** (vgl. BGH 10.11.2006 – V ZR 46/06, NJW 2007, 146). Was hierzu gehört, kann bei Industrie- und Gewerbeobjekten aber sehr zweifelhaft sein, weshalb sich eine Konkretisierung der Gebrauchsrechte anhand eines Plans empfiehlt.

Wenn nur ein **Teilbereich einer größeren baulichen Einheit** vermietet wird und eine Mitbenutzung bestimmter Funktionsbereiche geregelt werden soll, bedarf es der Konkretisierung, welche (Besitz-)Überlassungspflichten der Vermieter zu erfüllen hat, denn eine räumlich und zeitlich uneingeschränkte Gebrauchsüberlassung des Objekts wird dann nicht in Betracht kommen. Mehrere Mieter teilen sich dann den Besitz als Mitbesitzer iSv § 866 BGB und üben den Besitz in den Grenzen der vertraglichen Gebrauchsrechte gemeinschaftlich aus (in der Form des schlichten Mitbesitzes, vgl. Palandt/*Bassenge* BGB § 866 Rn. 2 ff.). Der BGH (1.2.1989 – VIII ZR 126/88, NJW-RR 1989, 589) hat zu der Frage, was der Vermieter im Einzelfall tun muss, um seiner Pflicht zu genügen, dem Mieter die Mietsache zum Gebrauch zu überlassen, maßgeblich auf Art und Umfang des vertragsgemäßen Gebrauchs abgestellt. Zu diesem Gebrauch gehört nur dann der Besitz der Mietsache als solcher, soweit er für die Gebrauchsausübung notwendig ist. Richtet sich der vertragsgemäße Gebrauch einer Lagerhalle nur auf zeitlich beschränkte oder nur eine gelegentliche, dem jeweiligen Bedarf angepasste Nutzung (zB An- und Auslieferungen von Waren in einem bestimmten Turnus) und ist daher eine vollständige Überlassung des Besitzes zur Ausübung des Gebrauchs nicht erforderlich, so stellt deren Fehlen die vertragliche Gebrauchsgewährung nicht in Frage (vgl. BGH 1.2.1989 – VIII ZR 126/88, NJW-RR 1989, 589). Zugangs- und Benutzungsrechte sollten in solchen Fällen aber in ihrer zeitlichen und räumlichen Geltung ausdrücklich festgelegt werden.

4. Bei großen Flächen kann die **Erstellung eines genauen Aufmaßes** der Nettomietfläche aufwändig und kostenträchtig sein. Die DIN 277 kennt drei verschiedene Grundflächen, nämlich die **Bruttogrundfläche**, die **Konstruktionsgrundfläche** und die **Nettogrundfläche**. Für die Flächenberechnung kommt es lediglich auf die Bruttogrundfläche und die Nettogrundfläche an. Bei Ermittlung der Bruttogrundfläche werden sämtliche aufgehenden Bauteile, also Wände, Stützen, Pfeiler, Schornsteine, Schächte übermessen (dh nicht herausgerechnet), obwohl diese nicht als Raum nutzbar sind. Diese Methode vereinfacht die Ermittlung der Mietfläche. Das Formular enthält einen Vorschlag für die Vereinbarung eines solchen Aufmaßes, das sodann ggf. in unterschiedliche Mietpreise – je nach Teilfläche und Nutzungsart – umgesetzt werden kann. Die Nettogrundfläche erfasst demgegenüber nur die Grundflächen zwischen den aufgehenden Bauteilen, deren Grundfläche die Konstruktionsgrundfläche ausmacht. Die Nettogrundfläche umschreibt die tatsächlich nutzbare Fläche (vgl. *Schießer* MDR 2003, 1401). Zur vertraglichen Verbindlichkeit von Flächenangaben → Form. A.VI.1 Anm. 5.

Bei noch zu errichtenden Gewerberäumen, bei denen der Mieter die Lage der Innenwände bestimmen kann, verstößt es grds nicht gegen das Überraschungsverbot aus § 305c BGB, wenn für die Berechnung des Mietzinses die **Bruttomietfläche** zugrunde gelegt wird (BGH 4.10.2000 – XII ZR 44/98, NJW-RR 2001, 439; KG 3.6.2004 – 8 U 8/04, ZMR 2004, 752;

enger: OLG Düsseldorf 17.2.2000 – 10 U 100/98, NJW-RR 2000, 1681, wenn bei Vertrags-abschluss die architektonische Innenaufteilung bereits feststeht).

5. Die **Bezeichnung des Verwendungszwecks** dient der Festschreibung des Vertrags- und Mietzwecks und kann insbesondere im Zusammenhang mit wechselseitigen Haftungsrisiken eine Rolle spielen (→ Anm. 11–14 zu § 10). Eine ungenaue Umschreibung des Mietzwecks kann zu Auslegungsschwierigkeiten führen. Bei großräumigen Lagerhallen wäre ggf. konkret einzugrenzen, ob und in welchem Umfang bestimmte Teilflächen etwa auch als Werkstatt, Verkaufsraum oder Ausstellungsflächen genutzt werden können. Andernfalls kann es über den Mietgebrauch und über die Auswirkungen zusätzlicher Nutzungen (auf benachbarte Ansiedlungen oder behördliche Genehmigungen und Auflagen) zu Auseinandersetzungen kommen (→ Anm. 3).

6. Bei baulichen Objekten, wie etwa Werk- und Lagerhallen, die nicht von vorneherein für eine bestimmte gewerbliche Nutzung vorgesehen und ausgestattet sind, wird in Bezug auf die vom Mieter beabsichtigte Nutzung die Frage relevant, für welchen **Zustand** der Vermieter einzustehen hat (→ Form. A.VI.2 Anm. 7 zu § 7) und ob auch ganz spezifische Aspekte des beabsichtigten Mietgebrauchs Bereitstellungspflichten des Vermieters auslösen. Der Vermieter sollte diejenigen Ausstattungsmerkmale, für die er nicht einstehen will, möglichst objekt- und nutzungsbezogen im Vertrag aufführen, um die Grenzen seiner Überlassungs- und Erhaltungspflichten im Sinne von § 535 Abs. 1 BGB festzulegen.
Das Formular regelt in Ziff. (2) und (3) beispielhaft die Vereinbarung und den **Ausschluss von Herstellungs- und Überlassungspflichten** in Bezug auf solche Vorkehrungen, die im Rahmen des Mietzwecks relevant werden können. Der Vermieter einer Lagerhalle sollte vor Abschluss des Mietvertrags eruieren, welchen konkreten Gebrauch der Mieter beabsichtigt und ob sich etwa aus der geplanten Einlagerung besonders wertvoller, verderblicher oder gefahrträchtiger Sachen ein Regelungsbedarf ergeben kann. Der Mieter sollte seinerseits darauf achten, ob der vorgegebene Standard seinen Gebrauchszwecken genügt. Wenn sich ein bestimmter Herstellungs- oder Veränderungs-bedarf ergibt, sollte dieser ausdrücklichen Regelungen zugeführt werden (→ Anm. 2 und die dort angeführten Beispiele). Fehlen entsprechende Regelungen, hat der Vermieter zu befürchten, dass im Zweifel von einem Mangel ausgegangen wird, denn die Bereitstellung und Instandhaltung der Mietsache für den gewöhnlichen bzw. vertraglich vorausgesetzten Gebrauch ist grundsätzlich Aufgabe des Vermieters. Pauschale Anerkenntnis- und Besichtigungsklauseln, mit denen der Mieter den vorgegebenen Zustand als vertragsgerecht akzeptieren soll, stoßen auf Wirksamkeitsbedenken (→ Form. A.VI.1 Anm. 8).

7. Aufzuführen wären die konkreten Renovierungs- und Herstellungspflichten, mit denen der Vermieter in Vorleistung treten soll. Für den Fall, dass der Mieter sich – teilweise – an den Kosten der durchzuführenden Arbeiten beteiligen soll, und zu der Frage, ob es sich bei dem vom Mieter zu leistenden Beitrag um Mietzins handelt, vgl. OLG Frankfurt (24.4.1997 – 1 U 19/96, OLGR 1998, 73). Diejenigen Maßnahmen, die nicht vom Vermieter sondern vom Mieter auf eigene Kosten durchgeführt werden sollen (bzw. dürfen), sind ausdrücklich zu regeln. Entsprechende Regelungen ergeben sich aus § 9.
Die Rechtsprechung erachtet es für zulässig, in Gewerberaummietverhältnissen die **Instandhaltungspflicht formularmäßig auf den Mieter zu übertragen,** soweit sich diese auf Schäden erstreckt, die dem Mietgebrauch oder der Risikosphäre des Mieters zuzuordnen sind (→ Form. A.VI.1 Anm. 39).

8. Die **Zufahrtswege** wären – insbesondere bei größeren Anlagen mit ggf. mehreren Mietern – zu beschreiben. Auf die Mitbenutzung durch den Vermieter oder Dritte wäre hinzuweisen, denn auch Beeinträchtigungen beim Zugang zur Mietsache können als äußere Einflüsse einen Fehler des Mietobjekts begründen (vgl. BGH 1.2.1989 – VIII ZR 126/88, NJW-RR 1989, 589). Die Lagerung von Baumaterialien und der dadurch bedingte Baustellenverkehr berechtigen gemäß § 536 BGB zu einer Minderung, wenn dadurch der Lieferverkehr für den Mieter einer Lagerhalle erheblich beeinträchtigt wird (vgl. OLG Köln 11.6.2010 – 1 U 66/09, ZMR 2010, 850).

9. Die **Regelungen zum Mietpreis** (Quadratmeterpreis) greifen die in § 1 angegebenen Flächen und die hierzu getroffenen Abreden der Parteien auf und ermöglichen so eine Mietpreisberechnung, die unterschiedlichen Funktionsbereichen Rechnung tragen kann. Auf diese Weise kann die Kalkulation des Mietpreises bei gemischten Funktionsbereichen (Innen- und Außenflächen, Hallen- und Büroräume) transparenter werden (zur Mietflächenbestimmung → Anm. 4). Eine solche Unterscheidung ist aber mitnichten zwingend und oft auch nicht ratsam. Es kann ohne Weiteres eine Gesamtmiete zugrunde gelegt werden.

10. Aufzuführen sind solche **baulichen Maßnahmen,** zu denen der Vermieter von vornherein seine Erlaubnis erteilt. Insbesondere kommt die Durchführung von Arbeiten in Betracht, welche etwaige Defizite der Mietsache im Sinne von § 3 (2) beheben sollen. Das Formular führt beispielhaft einige Maßnahmen auf.

Wenn der Mieter auf eigene Kosten bauliche Maßnahmen durchführen darf, kann bei Beendigung des Mietverhältnisses die Frage virulent werden, ob der Mieter **Ausgleichsansprüche wegen** einer von ihm herbeigeführten **Wertsteigerung des Grundstücks** haben kann (vgl. dazu eingehend OLG Hamm 5.10.2017 – I-18 U 23/15, ZMR 2018, 413). Ein **Aufwendungsersatzanspruch** des Mieters aus §§ 539 Abs. 1, 677, 683 S. 1 BGB setzt jedenfalls einen **Fremdgeschäftsführungswillen** auf Seiten des Mieters voraus. Ein solcher wird nur bei einem objektiv fremden Geschäft vermutet. Nimmt der Mieter die Maßnahmen nach eigenen Bedürfnissen und Vorstellungen im Interesse seines Geschäftsbetriebs vor, ist im Zweifel von einem neutralen Geschäft auszugehen (OLG Hamm aaO; KG 13.7.2015 – 8 W 45/15, ZMR 2016, 862). Auch ein Anspruch aus §§ 684 S. 1, 818 Abs. 2 BGB setzt Fremdgeschäftsführungswillen voraus (OLG Düsseldorf 19.10.2009, 24 U 58/09, ZMR 2010, 679; OLG Hamm aaO).

Ein Anspruch des Mieters auf Wertausgleich ergibt sich nicht, wenn er die von ihm getroffenen baulichen Maßnahmen einfach auf dem Grundstück belässt. § 539 Abs. 2 BGB regelt insoweit die wechselseitigen Ansprüche in der Weise, dass der eine Vertragspartner sein Eigentum an der Einrichtung nur durch rechtzeitige Wegnahme erhalten bzw. wiedererlangen kann und die andere die Wegnahme zu dulden hat (OLG Hamm aaO im Anschluss an BGH 8.7.1981 – VIII ZR 326/80, BGHZ 81, 146 = NJW 1981, 2564).

Wenn der Vermieter ein besonderes Interesse daran hat, dass bestimmte Einrichtungen auch nach Beendigung der Mietsache verbleiben sollen, kann eine Beschränkung oder ein Ausschluss des Wegnahmerechts vereinbart werden. In vielen Fällen sind vertragliche Regelungen veranlasst, die den Verbleib von Einrichtungen und baulichen Veränderungen regeln. Wenn sie gewerbespezifischen Belangen dienen und eine funktionale oder wertmäßige Verbesserung der Mietsache bewirken, wird der Vermieter ein naheliegendes Interesse daran haben können, dass das Objekt – zumal im Falle einer gleichartigen Weitervermietung – in dem geschaffenen Zustand verbleibt.

Das Wegnahmerecht erfasst auch Veränderungen an der baulichen Substanz ohne Rücksicht auf das Eigentum an den Einbauten (OLG Düsseldorf 4.8.2011 – 24 U 48/11, Grundeigentum 2012, 129). Die Befugnis des Vermieters, gemäß § 547a Abs. 2 BGB die Wegnahme durch Zahlung einer angemessenen Entschädigung abzuwenden, bezieht sich nur auf Einrichtungen in Räumen (OLG Köln 8.7.1994 – 11 U 242/93, WuM 1995, 268). Einrichtungen, zu deren Herstellung sich der Mieter dem Vermieter gegenüber vertraglich verpflichtet hat, fallen aber idR nicht unter das Wegnahmerecht, wenn Treu und Glauben keine andere Auslegung gebieten (BGH 8.1.1995 – XII ZR 202/94, NJWE-MietR 1996, 33; 14.10.1958 – VIII ZR 155/57, NJW 1958, 2109; OLG Karlsruhe 31.10.1985 – 15 U 129/84, NJW-RR 1986, 1394.).

Wenn dem Mieter durch weitere Ersetzungs-, Herstellungs- und Anschaffungsklauseln erhebliche Investitionen überbürdet werden, kann ein zugleich vereinbarter **Ausschluss jeglicher Wegnahme ohne Entschädigung** zu Wirksamkeitsbedenken aus §§ 138, 307 BGB führen. So wird denn auch ein Ausschluss der Wegnahme nur gegen obligatorische Entschädigung befürwortet (vgl. Staudinger/*von Jeinsen* BGB § 591a Rn. 17; vgl. ferner *Ghassemi-Tabar/Leo* S. 199 mwN; großzügiger: von Westphalen/*Drettmann* Vertragsrecht, Geschäftsraummiete Rn. 155). Der entschädigungslose Ausschluss der Wegnahme kann aber unbedenklich sein, wenn der Mieter für den daraus resultierenden Nachteil bereits eine Kompensation erhalten hat, etwa durch einen niedrigen Mietzins (OLG Oldenburg 6.12.1995 – 2 U 162/95, OLGR Oldenburg 1996, 113).

11. Schon zu Beginn des Mietverhältnisses sollten beide Parteien und insbesondere der Vermieter bedenken, ob der beabsichtigte Mietgebrauch besondere Gefahren und Haftungsrisiken in sich birgt. Dabei kann es sich sowohl um **Haftungsfragen** im Verhältnis der Vertragsparteien als auch um die Haftung gegenüber Dritten bzw. um öffentlich rechtliche Einstandspflichten handeln. Auch bei Ungewissheit darüber, ob künftig ein Regelungsbedarf entstehen kann, sollten die Parteien im Zweifel schon bei Vertragsschluss ihre wechselseitigen Einstandspflichten festlegen. Wenn eine Lagerhalle zB zum Betrieb einer Kfz-Instandsetzung vermietet wird, sind hierdurch verursachte Verschmutzungen und mechanische Beschädigungen des vorhandenen Bodenbelags Folgen des vertragsgemäßen Gebrauchs, so dass der Mieter dem Vermieter bei fehlender Vereinbarung nicht gemäß § 280 Abs. 1 BGB auf Schadensersatz haftet (OLG Düsseldorf 8.5.2008 – 10 U 8/08, ZMR 2008, 890).

Ggf. kann es sich erst bei Beendigung des Mietverhältnisses auswirken, dass vorhersehbare Probleme vertraglich nicht geregelt sind. Wenn der Mieter zB **Gefahrstoffe** lagert, herstellt oder verwendet, steht deren Entsorgung spätestens bei Mietende in Rede, wobei sich ein höchst aufwändiger Dekontaminierungsaufwand in Bezug auf die Mieträume oder das Gelände ergeben kann. Das OLG Köln (24.1.2001 – 11 U 59/00, OLGR 2001, 321) ist bei geringeren Verunreinigungen eines angemieteten Werkstattgeländes im Rahmen vertragsgemäßen Gebrauchs nicht von einer Dekontaminierungspflicht des Mieters ausgegangen, soweit hierzu keine vertraglichen Absprachen vorliegen. Lediglich bei übermäßigen vermeidbaren Verunreinigungen hat es eine Haftung des Mieters nach den Grundsätzen zur positiven Vertragsverletzung (jetzt § 280 BGB) angenommen. Die Abgrenzung zwischen geringeren vertragsgemäßen und übermäßigen schuldhaften Beeinträchtigungen kann sich aber als höchst schwierig darstellen. Außerdem kann der Dekontaminierungsaufwand sich selbst bei geringerem Verschmutzungsgrad als eminent hoch erweisen, zumal bei Verunreinigungen durch Öl oder andere giftige Chemikalien. In solchen Fällen sind Auflagen der Ordnungsbehörden indiziert.

Eine dem konkreten Regelungsbedarf entsprechende vertragliche Pflichtenverteilung beugt auch dem Streit über pauschale **Freizeichnungsklauseln** zugunsten des Vermieters vor (→ Form. A.VI.1 Anm. 23).

12. Unter den Kosten einer **Sach- und Haftpflichtversicherung**, die der Mieter aufgrund vertraglicher Absprachen als Nebenkosten zu tragen hat, sind auch im Bereich der Gewerberaummiete regelmäßig die Aufwendungen für die Versicherung des Gebäudes gegen Feuer-, Sturm- und Wasserschäden, für die Glasversicherung sowie für die Haftpflichtversicherung hinsichtlich des Gebäudes und – soweit vorhanden – des Öltanks und des Aufzugs zu verstehen (OLG Brandenburg 28.4.1999 – 3 U 232/98, NZM 2000, 572; OLG Düsseldorf 20.3.1997 – 24 U 102/94, NZM 1998, 728).

13. Nach der Rechtsprechung kann der Mieter neben dem Vermieter **verkehrssicherungspflichtig** für solche Bereiche sein, die er voll beherrscht (OLG Köln 6.12.1989 –

13 U 200/89, NJW-RR 1990, 224 mwN). Das Formular regelt ausdrücklich die Sicherungspflichten des Mieters in Bezug auf gefährliche Stoffe.

14. In reinen Gewerbegebieten können Einschränkungen der im Formular beispielhaft aufgeführten Art ggf. ganz entfallen.

15. Die Gewährung immanenten oder ausdrücklichen **Konkurrenzschutzes** (→ Form. A.VI.3 Anm. 3–9 zu §§ 2, 3) wird bei reinen Lagerhallen kaum in Betracht kommen. Dem Vermieter ist es grundsätzlich nicht verwehrt, andere Hallen auf seinem Grundstück an Firmen gleicher Fachrichtung zu vermieten, soweit dadurch keine Konkurrenz im geschäftlichen Wettbewerb entsteht (OLG Karlsruhe 2.4.1987 – 12 U 206/86, NJW-RR 1987, 848). Anders kann es liegen, wenn neben den Lagerräumen auch Ausstellungs- und Verkaufsräume vorhanden sind, die nicht ausschließlich dem Zweck der Einlagerung dienen, sondern Kunden anziehen sollen.

16. Wenn die Mieträume baulich und wirtschaftlich eigenständig sind und keine (Mit-)Nutzung durch andere Mieter erfolgt, wird es nahe liegen, die Regulierung nahezu sämtlicher Nebenkosten unmittelbar über den Mieter erfolgen zu lassen (→ Form. A.VI.1 Anm. 24). Dann verbleiben als vom Vermieter umzulegende Kosten ggf. nur noch die an sein Eigentum am Grundstück anknüpfenden Kosten (zB Grundsteuer, Versicherungen).

17. Vgl. § 9.

6. Pachtvertrag über eine Gaststätte ohne Bezugsverpflichtungen

Pachtvertrag[1]

zwischen

. . . . .

(Verpächter)

und

. . . . .

(Pächter)

§ 1 Pachtobjekt[2, 3]

Verpachtet wird im Haus

. . . . .

(Straße, Hausnummer)

in . . . . .

(PLZ, Ort)

eine Gaststätte,[4] zu der folgende Räume und Nutzflächen gehören:

Bezeichnung	Anzahl und Lage (Geschoss)
Gastraum	. . . . .
Küche	. . . . .
Toiletten	. . . . .
Kegelbahn	. . . . .
Kühlraum	. . . . .
Bierkeller	. . . . .

Bezeichnung | Anzahl und Lage (Geschoss)
weitere Räume | . . . . .

§ 2 Inventar

(1) Zur Pachtsache gehört dasjenige Inventar, das auf der diesem Vertrag beigehefteten Inventarliste im Einzelnen aufgeführt ist.[5]

(2) Der Pächter ist berechtigt, das Inventar im Rahmen des vertraglichen Pachtzwecks zu nutzen.

(3) Die Erhaltung und Instandsetzung sämtlichen Inventars obliegt dem Pächter, der auch die Gefahr des zufälligen Untergangs und der zufälligen Verschlechterung des Inventars trägt. Der Pächter hat das Inventar laufend in dem Zustand zu erhalten und in dem Umfang laufend zu ersetzen, der den Regeln einer ordnungsgemäßen Bewirtschaftung entspricht. Die vom Pächter als Ersatz für abgenutztes, beschädigtes oder untergegangenes Inventar angeschafften Stücke werden mit der Einverleibung in das Inventar Eigentum des Verpächters.[6]

(4) Bei Beendigung des Pachtverhältnisses hat der Pächter das Inventar in vertragsgemäßem Zustand herauszugeben. Für fehlende, beschädigte und solche Inventarteile, deren Gebrauchstauglichkeit durch Abnutzung oder Überalterung für eine ordnungsgemäße Bewirtschaftung nach der Verkehrsanschauung als aufgehoben zu gelten hat, ist vom Pächter Wertersatz zu leisten.[7]

(5) Ein Wertausgleich wegen der vom Pächter getätigten Aufwendungen zur Erhaltung, Instandsetzung und Ergänzung des Inventars findet zugunsten des Pächters nicht statt.[8]

§ 3 Pachtzweck,[9] Konzession

(1) Die Verpachtung erfolgt zum Betrieb

– Beispiele –

einer Speisegaststätte mit Imbissstand und Außerhausverkauf,

einer italienischen Speisgaststätte (Pizzeria),

einer Gaststätte (Bierschänke) nebst Biergarten ohne Bewirtung mit warmen Speisen,

eines Spezialitätenrestaurants mit französischer Küche . . . . .

(2) Eine von Ziff. (1) abweichende Nutzung der Pachträume ist dem Pächter nur nach vorheriger schriftlicher Zustimmung durch den Verpächter gestattet.

(3) Das vertragliche Gebrauchsrecht des Pächters erstreckt sich nur auf den durch ihn selbst als Konzessionsinhaber geführten Geschäftsbetrieb.[10]

§ 4 Übergabe und Ausstattung der Pachtsache, Konzession

(1) Die Gaststätte ist vom Verpächter in mangelfreiem baulichem Zustand zu übergeben. Für die Erteilung behördlicher Genehmigungen oder Verbote hat der Verpächter nur insoweit einzustehen, als diese unmittelbar mit der Beschaffenheit der Pachtsache zusammenhängen und nicht durch persönliche oder betriebliche Umstände des Pächters veranlasst sind.[11]

(2) Außerhalb dieses Vertrags haben die Vertragsparteien keine Vereinbarungen und Zusicherungen über die Gewährleistung eines bestimmten Zustands der Pachtsache, über deren künftige Ausstattung oder über den zu erwartenden Geschäftserfolg getroffen.[12]

(3) Die Einholung der für den Betrieb der Gaststätte erforderlichen Konzession obliegt dem Pächter. Der Verpächter sagt dem Pächter seine Mitwirkung bei der Beantragung der Konzession zu, soweit es ihrer insbesondere hinsichtlich des Nachweises der baulichen Voraussetzungen bedarf. Für Umstände, die in der Person, in den wirtschaftlichen Verhältnissen oder sonst in der Risikosphäre des Pächters begründet liegen und der Verfolgung des Pachtzwecks oder der Erteilung behördlicher Genehmigungen entgegen stehen, hat allein der Pächter einzustehen.[13]

§ 5 Bezugsverpflichtungen (Brauereibindung)

(1) Die Gaststätte ist brauereifrei und unterliegt keinen Bindungen hinsichtlich des Bezugs von Getränken und Speisen sowie hinsichtlich der Aufstellung von Automaten.[14]

(2) Der Pächter ist nicht berechtigt, vertragliche Bindungen und Verpflichtungen jedweder Art einzugehen, die über seine persönliche Einstandspflicht und über die Dauer seiner Pachtzeit hinaus eine Bindung des Verpächters herbeizuführen geeignet sind. Der Pächter ist gegenüber dem Verpächter mit allen Ansprüchen ausgeschlossen, mit denen eine solche Bindung des Verpächters bezweckt wird oder einhergeht.

§ 6 Pachtbeginn, Pachtdauer[15]

§ 7 Pachtzins,[16] Nebenkosten

(1) Der monatliche Netto-Pachtzins beträgt ..... EUR.

zuzüglich der jeweils geltenden gesetzlichen MwSt.

von zur Zeit ..... %, das sind ..... EUR.

Bei Pachtbeginn beträgt die monatliche Pachtzinsrate somit ..... EUR.

(2) Neben dem nach Ziff. (1) zu entrichtenden Pachtzins hat der Pächter sämtliche für das Pachtobjekt anfallenden Betriebskosten im Sinne von §§ 1, 2 BetrKV zuzüglich MwSt. zu tragen.

(3) Auf die Betriebskosten hat der Pächter zusammen mit den Pachtzahlungen monatliche Vorauszahlungen in Höhe von ..... EUR.

zuzüglich der jeweils geltenden gesetzlichen MwSt.

von zur Zeit ..... %, das sind ..... EUR.
zu leisten.

(4) Die monatliche Gesamtleistung des Pächters beträgt somit

bei Pachtbeginn ..... EUR.

– vgl. im Übrigen die Regelungen zum Standardvertrag (→ Form. A.VI.1) –

....

(Vermieter)   (Mieter)

Anmerkungen

1. Die **Abgrenzung zwischen Miete und Pacht** hat eher selten praktische Bedeutung. Gegenstand von Mietverträgen können nur „Sachen" im Sinne von §§ 90, 535 BGB sein. Die Verpachtung bezieht sich auf einen „Gegenstand" im Sinne von § 581 BGB; das können Sachen und Rechte sowie der Inbegriff von beidem – insbesondere gewerbliche Unternehmungen – sein. Der Mietvertrag zielt grundsätzlich nur auf die Gebrauchsgewährung im Sinne von § 535 Abs. 1 S. 1 BGB ab, der Pachtvertrag zusätzlich auf den Genuss der Früchte im Sinne von §§ 99, 581 Abs. 1 S. 1 BGB (BGH 27.3.1991 – XII ZR 136/90, WuM 1991, 335).

Die Abgrenzung von Miete und Pacht richtet sich nach dem **objektiven Inhalt** des jeweiligen Vertragsverhältnisses und nicht nach der Bezeichnung durch die Vertragsparteien (vgl. BGH 27.3.1991 – XII ZR 136/90, WuM 1991, 335). Die landläufige Gleichsetzung von Gewerberaummiete und Pacht tangiert daher im Zweifel nicht die Rechtsnatur des jeweiligen Vertrags (OLG Karlsruhe 21.5.2012 – 9 U 18/12, MDR 2012, 1401).

Das Vertragselement der zu gewährleistenden **Fruchtziehung** wird beim Pachtvertrag zuweilen sehr weit verstanden. Danach wird teilweise schon die Überlassung leerer Räume zum Betriebe eines gewerblichen Unternehmens als Pacht und nicht als Miete behandelt (vgl. *Voelskow* NJW 1983, 910). Die daraus folgende Konsequenz, dass es letztlich keine Geschäftsraummiete, sondern nur Geschäftsraumpacht gebe, findet in der hM von Rechtsprechung und Literatur aber mit Recht keine Zustimmung, denn sie ist mit dem Wortlaut des § 581 BGB nicht vereinbar. Die bezeichnete Vorschrift lässt die Überlassung des Gebrauchs eines Gegenstandes gerade nicht genügen, sondern fordert zusätzlich die Gewährung des Fruchtgenusses im Sinne von § 99 BGB. Dementsprechend besteht der BGH darauf, dass allein die Überlassung leerer Räume kein Pachtverhältnis begründen kann (vgl. BGH 27.3.1991 – XII ZR 136/90, WuM 1991, 335 mwN; OLG Frankfurt 17.10.2014 – 2 U 43/14, ZMR 2015, 18).

Die Ausfüllung, welche Verpächterleistungen die Gewährung des Fruchtgenusses erfordert, unterliegt einer eher fallbezogenen und wenig griffigen Bestimmung. Allgemein lässt sich daran anknüpfen, dass die Entscheidung, ob ein Vertrag als Miet- oder Pachtvertrag anzusehen ist, davon abhängt, ob die überlassenen (Haupt-)Räume durch ihre bauliche Eigenart und durch ihre innere Einrichtung im Wesentlichen dazu geeignet sind, als die unmittelbare Quelle von wirtschaftlichen Erträgen zu dienen (OLG Düsseldorf 27.5.2010 – I-10 U 147/09, ZMR 2011, 544, in Anknüpfung an RG 10.11.1914, WarnRspr. 1915 Nr. 47 – VII 217/14).

Im Einzelnen herrscht eine schwer überschaubare Kasuistik. Einigkeit herrscht darüber, dass die **Überlassung von Inventar,** welches die Fruchtziehung ermöglicht, den typischen Fall der Gewährung eines Pachtgebrauchs umschreibt (BGH 27.3.1991 – XII ZR 136/90, WuM 1991, 335; OLG Karlsruhe 21.5.2012 – 9 U 18/12, MDR 2012, 1401). Inventar ist die Gesamtheit der Sachen, die in einem entsprechenden räumlichen Verhältnis zum Pachtgegenstand stehen und dazu bestimmt sind, den Pachtgegenstand entsprechend seinem wirtschaftlichen Zweck zu nutzen.

Für die Abgrenzung zwischen Miete und Pacht sollen im Übrigen vor allem wirtschaftliche Gesichtspunkte zu berücksichtigen sein. Danach soll für die Bejahung von Pacht maßgeblich sein, ob zusätzlich zu den Räumlichkeiten andere „Geschäftswerte" überlassen wurden. Dafür soll schon ausreichen, dass für den Geschäftsbetrieb geeignetes Inventar tatsächlich in den Räumen vorhanden ist und der Vertragspartner zu diesem Vorhandensein wesentlich beigetragen hat. Ein solcher Beitrag soll schon darin zu erblicken sein, dass dem Nutzer lediglich eine günstige Bezugsquelle für das Inventar nachgewiesen oder ein günstiger Anschaffungskredit bereitgestellt wurde (BGH 27.3.1991 –

XII ZR 136/90, WuM 1991, 335; OLG München 17.1.1997 – 21 U 5288/93, OLGR 1997, 62). Dem ist entgegen zu halten, dass dem Überlasser von Räumen bei solchen Konstellationen die Ausstattung zur Fruchtziehung schwerlich als Leistung aus dem die Gebrauchsüberlassung regelnden Vertrag zuzurechnen ist. Der Nachweis einer bloßen Bezugsquelle dürfte sich oft überhaupt nicht als vertragliche Leistung darstellen und entstammt selbst als vertraglich geschuldete Leistung nicht dem typischen nutzungsvertraglichen Leistungsgefüge. Auch die Gewährung eines Anschaffungskredits hat rechtssystematisch weder Nähe zum Mietvertrag noch zum Pachtvertrag. Es erscheint daher eher als gegriffen, wenn die Abgrenzung zwischen beiden Vertragstypen an solchen Umständen festgemacht wird.

Das **Risiko der Fruchtziehung trägt** (wie auch der „Mieter" sein Ertragsrisiko) **grundsätzlich der Pächter.** Mangels besonderer Vereinbarungen hat der Verpächter nicht dafür einzustehen, dass der Pachtgegenstand in ausreichendem Maße Früchte abwirft (BGH 19.4.1978 – VIII ZR 182/76, NJW 1978, 2390; BGH 17.3.1982 – VIII ZR 281/81, NJW 1982, 2062).

Als pachtvertraglich zu erbringende **Verpächterleistungen** sind iÜ ganz unterschiedliche Arten der Gewährung von Gebrauchsvorteilen möglich. Wenn ein gewerbliches Unternehmen als Gesamtheit – dh inklusive Know-How, Good-Will, Kunden, Lizenzen usw. – überlassen wird (zu einzelnen Typen des Pachtvertrags und zur Abgrenzung zu anderen Vertragsverhältnissen vgl. Palandt/*Weidenkaff* BGB Einf. vor § 581 Rn. 3 ff.), kommt es für die Annahme eines Pachtvertrags nicht mehr entscheidend darauf an, ob zugleich überlassene Räumlichkeiten auch noch eine dem Unternehmenszweck dienliche Ausstattung (Inventar) aufweisen (BGH 27.3.1991 – XII ZR 136/90, NJW-RR 1991, 906 mwN).

Eine **Feinabgrenzung von Miete und Pacht ist in der Praxis weitgehend entbehrlich,** weil auf den Pachtvertrag mit Ausnahme der hier nicht behandelten Landpacht gemäß § 581 Abs. 2 BGB die Vorschriften über den Mietvertrag entsprechend anzuwenden sind, soweit §§ 582 ff. BGB keine anderweitigen Regelungen treffen. Das Gesetz regelt nur in beschränktem Umfang abweichende Bestimmungen gegenüber dem Mietvertragsrecht:

- §§ 582–583a BGB enthalten Regelungen zum Inventar.
- § 584 BGB bestimmt, dass die Kündigung mangels anderweitiger Festlegung der Pachtzeit nur zum Schluss des Pachtjahres zulässig ist.
- § 584a BGB regelt den Ausschluss der Kündigungsrechte aus § 540 Abs. 1 BGB (für den Pächter) und aus § 580 BGB (für den Verpächter).
- § 584b BGB verhält sich zu den Rechtsfolgen bei verspäteter Rückgabe des Pachtgegenstands und trägt dem pachttypischen Umstand Rechnung, dass die Nutzungen im Verlauf eines Pachtjahres unterschiedlich zu bewerten sein können.

Die Bestimmungen der §§ 584–584b BGB sind mit Ausnahme von § 583a BGB abdingbar (vgl. Palandt/*Weidenkaff* BGB § 583a Rn. 3).

2. Zur Problematik von (Getränke-)**Bezugsbindungen** → Anm. 14.

3. Zur **Schriftform beim Pachtvertrag** sind zunächst die zum Mietvertrag geltenden Grundsätze entsprechend anzuwenden (§§ 581 Abs. 2, 550, 578 BGB).

Der Pachtgegenstand muss zur Wahrung der gesetzlichen Schriftform aus § 550 BGB so hinreichend bestimmt sein, dass es einem Grundstückserwerber möglich ist, seinen Umfang festzustellen. Dafür genügt es, wenn sich etwaige Zweifel an der exakten Lage des Pachtgegenstandes auch ohne Zuhilfenahme von Anlagen zum Pachtvertrage, insbesondere anhand des Umfanges der tatsächlichen, bis zum Zeitpunkt des Vertragsschlusses währenden Nutzung durch die Parteien im Rahmen des vorausgegangenen Pachtverhältnisses, auf das der Hauptvertrag hinweist, beseitigen lassen (BGH 7.7.1999 – XII ZR 15/97, NZM 1999, 962; OLG Dresden 26.2.2019 – 5 U 1894/18, BeckRS 2019, 4672, Anm. *Neumann* IMR 2019, 238).

4. Für den Pächter einer Gaststätte ist von besonderer Bedeutung, wer ihm gegenüber als Verpächter auftritt. Eine ganz wesentliche Weichenstellung ergibt sich, wenn eine **Brauerei, ein Automatenaufsteller oder eine Getränkehandlung** das Objekt verpachtet oder unterverpachtet. Der Pächter muss bei einer **Unterverpachtung** zunächst berücksichtigen, dass diejenigen Rechte, die er vom Zwischen- bzw Hauptpächter ableitet, grundsätzlich nicht weiter reichen können als die dem Zwischenpächter aus dem Hauptpachtvertrag zustehenden Rechte. Der Pächter darf auch bei gestatteter Unterverpachtung nur zu solchen Zwecken unterverpachten, die er selbst in dem Pachtobjekt verfolgen dürfte. Nur ein Gebrauch durch den Untermieter, der dem Hauptmieter gestattet wäre, entspricht dem Hauptmietvertrag und ist daher vertragsgemäß (BGH 11.1.1984 – VIII ZR 237/82, BGHZ 89, 308 = NJW 1984, 1031). Mit der Beendigung des (Haupt-) Pachtverhältnisses endet mit dem Gebrauchsrecht des Hauptpächters auch das von diesem abgeleitete Gebrauchsrecht des Unterpächters (vgl. nur OLG Hamburg 19.8.1998 – 4 U 28/97, NZM 1999, 1052).

Der Unterpächter steht mit dem Hauptverpächter nicht in vertraglichen Beziehungen. Die Wirksamkeit und die Reichweite von Haupt- und Unterpachtvertrag sind isoliert zu beurteilen. Der Abschluss eines Unterpachtvertrags, der – etwa mangels Zustimmung des Hauptverpächters – gegen den Hauptpachtvertrag verstößt, ist im Verhältnis zwischen Haupt- und Unterpächter ohne Weiteres wirksam, kann aber Kündigungsrechte und Schadensersatzansprüche des Hauptverpächters auslösen (vgl. Staudinger/*Schaub* BGB § 581 Rn. 345). Eine Kündigung des Hauptpachtvertrags schlägt zwangsläufig auf das Unterpachtverhältnis durch. Bestand und Dauer des Unterpachtverhältnisses stehen daher letztlich unter den Vorbehalten des Hauptvertrags. Der Unterpächter hat deshalb Veranlassung, die für seinen Rechte- und Pflichtenkreis maßgeblichen Vorgaben aus dem Hauptpachtverhältnis aufzuklären.

In wirtschaftlicher Hinsicht kommt es wesentlich auf die Gewichtung der Einzelkonditionen an, zu denen die (Unter-)Verpachtung erfolgt. Der Unterpächter einer Brauerei muss damit rechnen, dass der Verpächter in erster Linie seine Gewinn- und Absatzinteressen verfolgt. Das Unterpachtverhältnis schafft dann ggf. nur den Rahmen für die Verfolgung der Absatzinteressen des Verpächters. Aus dem gesamten Zusammenhang der vertraglichen Regelungen, insbesondere zur Vertragsdauer, zur Pachthöhe und zu den Bedingungen der typischerweise mit der Unterverpachtung einhergehenden Bezugsabreden muss der Unterpächter einen Überblick gewinnen, ob sich das Pachtverhältnis wirtschaftlich trägt (zu Fragen der Bezugsbindung und zu sittenwidrigen Vertragsgestaltungen → Anm. 14, 15).

5. Zur Bedeutung des **Inventars** als wesentlichem **Abgrenzungskriterium** zwischen Miete und Pacht → Anm. 1. Eine detaillierte **Auflistung sämtlicher Inventargegenstände** im Vertrag ist dringend zu empfehlen. Naheliegend ist dem Mietvertrag eine besondere Inventarliste beizuheften. Die Dokumentation des Inventarbestands ist wichtig, weil dem Pächter gemäß § 582 Abs. 1 BGB die Erhaltung des mitverpachteten Inventars obliegt. Fehlende Gegenstände hat der Pächter daher bei Vertragsbeendigung grundsätzlich zu ersetzen. Nach § 582 Abs. 2 BGB hat allerdings der Verpächter Inventarstücke zu ersetzen, wenn sich das Inventar durch vom Pächter nicht zu vertretende Umstände verringert hat. Diese gesetzliche Ausgestaltung der Erhaltungs- und Ersetzungspflicht ist allerdings abdingbar (vgl. Palandt/*Weidenkaff* BGB § 582 Rn. 4). Schon aus praktischen Gründen empfiehlt sich eine Abwälzung der Erhaltungspflicht auf den Pächter, um den nach den gesetzlichen Vorgaben bestehenden unterschiedlichen Zuständigkeiten zu entgehen.

In der Praxis wird das Inventar nicht selten an den Pächter verkauft. Dadurch werden besondere Regelungen zur Erhaltung des Inventars grundsätzlich entbehrlich, denn die Überlassung des Inventars ist dann nicht mehr Gegenstand des pachtvertraglichen Leistungsaustauschs. Der **Inventarkauf** kann eine sog selbständige Nebenabrede beinhalten, die nicht dem Formzwang aus §§ 550, 578 BGB unterliegt. Dabei ist zu prüfen, ob die Verträge (Pacht- und Kaufvertrag) rechtlich selbständig sind, weil kein einheitliches Schuldverhältnis gewollt ist. In diesem Fall ist der Inventarkauf nicht schriftformbedürftig. Wenn jedoch ein einheitliches Schuldverhältnis gewollt ist, unterliegt das einheitliche Geschäft insgesamt der Schriftform (vgl. zu gleichgelagerten Problematik des Grundstückkaufs jurisPK-BGB/*Ludwig* § 311b Rn. 226). Wegen dieser schwer vorzunehmenden Abgrenzung empfiehlt es sich, ausnahmslos die Schriftform zu wahren und jedenfalls im Pachtvertrag klarzustellen, dass das Inventar nicht – mehr – Gegenstand des Pachtvertrags ist.

Der **Inventarkauf** kann auch als **Wiederkauf** im Sinne von §§ 456 ff. BGB ausgestaltet sein, bei dem sich der Verkäufer – regelmäßig für den Fall der Beendigung des Dauerschuldverhältnisses – das Recht vorbehält, das Wiederkaufsrecht auszuüben. Dies wird sich in Fällen anbieten, wenn das Inventar auf den betreffenden Pachtgegenstand speziell zugeschnitten ist. Die gesetzliche Ausschlussfrist für das Wiederkaufsrecht gemäß § 462 BGB, die bei anderen Gegenständen als Grundstücken nur drei Jahre beträgt und damit nicht zu auf längere Dauer angelegten Miet- und Pachtverhältnissen passt, ist grds abdingbar (vgl. 462 S. 2 BGB). Je länger der Vorbehalt wirksam sein soll, desto schwieriger wird es jedoch, den Wiederkaufswert im Vorhinein vertraglich festzulegen. Die Auslegungsregel aus § 456 Abs. 2 BGB, wonach der Verkaufspreis im Zweifel auch für den Wiederkaufsfall gilt, verliert mit fortschreitender Vertragsdauer an wirtschaftlicher Bedeutung. Bei langfristiger Benutzung des Inventars treten zunehmend Abnutzung und Alterung ein, was sich in ganz erheblichem Umfang als wertmindernd auswirken kann. Der Wiederkaufpreis wird dann am ehesten dadurch festgelegt werden können, dass sich die Parteien im Rahmen von § 460 BGB vertraglich einer schiedsgutachterlichen Schätzung unterwerfen.

Möglich ist auch das **Inventarleasing** (zu einer Vertragsgestaltung über Leihinventar mit Inventarerhaltungspflicht des Mieters, einer Vollamortisation des Mietgegenstandes zu einem bestimmten Anschaffungspreis und bei einer Mindestabnahmemenge von Bier vgl. OLG Celle 15.6.1994 – 6 U 214/93, OLGR 1994, 289). Leasingverträge gewinnen in der Praxis jedoch nur insoweit praktische Bedeutung, als der Mieter/Pächter Leasingverträge über Inventar eingeht. Solche Verträge betreffen aber keine Inventarüberlassung durch den Verpächter im Rahmen der pachtvertraglichen Nutzung. Anders kann es liegen, wenn der Verpächter Leasingnehmer ist und den Leasinggegenstand als Inventarteil mit verpachtet. Im letzteren Fall wird es naheliegen, dass der Pächter durch den Pachtvertrag verpflichtet wird, die Pflichten aus dem Leasingvertrag zu übernehmen und den Pächter im Rahmen des Leasingvertrags freizustellen.

6. Zu vertraglichen **Renovierungspflichten und -fristen und zur Endrenovierungspflicht** → Form. A.VI.I Anm. 40. Insoweit gelten die mietrechtlichen Grundsätze (vgl. Staudinger/*Schaub* BGB § 581 Rn. 328).

Wenn der Aufwand für die vom Pächter geschuldete Herstellung des Pachtgegenstands in einem krassen Missverhältnis zum Wert der Pachtsache steht, kann dem Pächter wegen unzumutbarer Leistungspflicht das Recht zustehen, den Verpächter gem. § 251 Abs. 2 BGB in Geld zu entschädigen (BGH 26.11.1975 – VIII ZR 31/74, NJW 1976, 235). Ein solches Ablöserecht kann bei unverhältnismäßigem Aufwand auch dann bestehen, wenn der Pächter den Pachtgegenstand nicht in einem ordnungsgemäßer Bewirtschaftung entsprechenden Zustand zurückgeben kann (BGH 21.5.2010 – V ZR 244/09, NZM 2010, 580).

7. Ob das Inventar in ordnungsgemäßem Zustand und vollständig zurückgegeben wurde, kann in einem bei Rückgabe der Pachtsache zu erstellenden Übergabeprotokoll erfasst werden (→ Form. A.VII.8). Das Formular knüpft an die vertragsgemäße Abnutzung des Inventars, durch welche dessen Gebrauchstauglichkeit nicht aufgehoben ist, keine (Ersatz-)Ansprüche des Verpächters. Die formularmäßige Regelung von Schadensersatz- und Wertausgleichsansprüchen des Vermieters selbst für vertragsgemäße Abnutzungserscheinungen stieße auf Angemessenheitsbedenken im Rahmen des § 307 BGB. Insoweit deckt sich die Problematik zulässiger Pflichtenabwälzung mit der Abwälzung von Erhaltungs- und Instandsetzungspflichten des Vermieters aus § 535 Abs. 1 BGB (→ Form. A.VI.1 Anm. 39).

8. Ein **Wertausgleich** wird formularmäßig nicht für alle Fallgestaltungen ausgeschlossen werden können. Im Allgemeinen werden Abwälzungsklauseln im unternehmerischen Bereich als wirksam behandelt. So hat das OLG Celle (22.3.2012 – 2 U 127/11, BeckRS 2012, 7603) eine Klausel gebilligt, wonach der Pächter das Inventar uneingeschränkt zu erhalten und entsprechend den Regeln einer ordnungsgemäßen Wirtschaft zu ersetzen hat, auch die Gefahr des zufälligen Untergangs trägt und ersatzweise angeschaffte Inventarstücke Eigentum des Pächters werden sollen. Eine formularmäßige Übertragung von Instandsetzungs- und Ersetzungspflichten auf den Mieter/Pächter ist umso eher bedenkenfrei, je mehr sich solche Pflichten auf Schäden erstrecken, die dem Mietgebrauch und der Risikosphäre des Mieters zuzuordnen sind (BGH 6.4.2005 – XII ZR 158/01, NZM 2005, 863; OLG Celle aaO)

Wenn dem Pächter die Erhaltung, Instandsetzung und Ersetzung von solchen Inventarteilen überantwortet wird, die besonders wertvoll sind, kann sich der Ausschluss jeglichen Ausgleichs jedoch als unangemessen im Sinne von § 307 BGB darstellen, denn § 582 Abs. 2 S. 1 BGB geht bei vom Pächter nicht zu vertretenden Inventarverlusten von der Ersetzungspflicht des Verpächters aus. Die Vorschrift ist zwar abdingbar, hat aber Leitbildfunktion. Wenn Inventarteile bei Pachtbeginn bereits in altem oder erheblich abgenutztem Zustand übergeben worden waren oder wenn nach erfolgter Anschaffung (Austausch) einer neuen Anlage nur noch eine kurze Restpachtzeit verbleibt, kann der Ausschluss jeglichen Ausgleichs unbillig sein. Die Grundsätze, die zum entschädigungslosen Ausschluss eines Wegnahmerechts des Mieters/Pächters bei Beendigung des Vertragsverhältnisses gelten (→ Form. A.VI.4 Anm. 14), werden insoweit entsprechend heranzuziehen sein. Aus Gründen der Vertragssicherheit wird empfohlen, den Vertrag bei besonders werthaltigen und nur kostenintensiv zu ersetzenden Inventarteilen um Regelungen etwa entsprechend dem nachfolgenden Beispiel zu ergänzen:

Ein Wertausgleich zugunsten des Pächters findet nur hinsichtlich
der Klimaanlage für den Gastraum,
der Bierkühlungsanlage
· · · · ·
statt, und zwar nur dann, wenn der Pächter diese Anlage(n) in den letzten · · · · · Jahren vor Beendigung des Pachtverhältnisses durch eine neue oder neuwertige Anlage ersetzt hat, und nur in dem Umfang, in dem sich gegenüber der bei Pachtbeginn gemäß dem Übergabeprotokoll vorhandenen und bei Pachtbeginn · · · · · Jahre alten Anlage in merkantiler oder technischer Hinsicht eine Wertsteigerung von mehr als 20 % ergibt.

9. Die **Festlegung und Konkretisierung des Vertragszwecks** kann bei der Verpachtung einer Gaststätte von besonderer Bedeutung sein, da ganz unterschiedliche Nutzungsarten in Betracht kommen. Wenn der Verpächter bestimmte Nutzungsaspekte ausschließen will, muss dies im Vertrag eindeutig klargestellt werden. Je allgemeiner der Vertragszweck im Vertrag umschrieben ist, desto freier ist der Pächter im Rahmen der zulässigen Nutzung (OLG München 26.1.2001 – 21 U 3595/94, OLGR 2001, 63).

Der Verpächter einer Gaststätte, deren Betrieb das Gepräge eines bestimmten – gewerblichen oder wohnmäßigen – Umfelds nicht stören soll, hat Veranlassung, den zulässigen Pachtgebrauch vertraglich festzuschreiben. Wenn **Teileigentum** verpachtet wird, hat der Verpächter uU auch Nutzungsbeschränkungen zu beachten, die sich aus der **Teilungserklärung** (→ Form. A.VI.4 Anm. 3) ergeben können (vgl. *Blank* WuM 2000, 523). Gegenüber einer vom ursprünglich vereinbarten Vertragszweck abweichenden Nutzung kann der Verpächter einen Unterlassungsanspruch gemäß §§ 581 Abs. 2, 541 BGB geltend machen. Etwas anderes kann grundsätzlich nur dann gelten, wenn der Pächter nach § 242 BGB einen Anspruch auf Zustimmung zu einer geänderten Nutzung hat. Ein Anspruch auf einen vom Vertrag abweichenden Pachtgebrauch kommt aber nur dann in Betracht, wenn der Pächter daran ein besonderes gravierendes Interesse hat und dem Verpächter unter Berücksichtigung seiner legitimen Interessen aufgrund besonderer Umstände nach Treu und Glauben eine Veränderung zuzumuten ist (BGH 28.11.1984 – VIII ZR 186/83, WM 1985, 233).

Die vertragliche Festlegung des Nutzungszwecks umschreibt zugunsten des Pächters die vom Verpächter zu gewährleistenden **Gebrauchsbefugnisse** und auch den Rahmen, innerhalb dessen Änderungen im Mietgebrauch vom Vermieter hinzunehmen sind. Das gilt grundsätzlich auch dann, wenn der vertragsgemäße Mietgebrauch Störungen bewirkt, die Nachbarn oder andere Mieter zu rechtlichen Interventionen gegenüber dem Vermieter veranlassen können. Der Verpächter, der die Sache zu einem bestimmten Gebrauchszweck verpachtet, muss daher ohne Rücksicht auf sein Verschulden dafür einstehen, dass sie zu diesem Zweck auch brauchbar ist. Ihn trifft deshalb in aller Regel eine **Garantiehaftung** (BGH 2.2.1972 – VIII ZR 160/70, MDR 1972, 411). Vom zulässigen Pachtzweck hängt auch die Frage ab, welcher Pachtzins für das betreffende Objekt angemessen ist (vgl. OLG München 27.4.1999 – 25 U 1817/98, OLGR 1999, 186; zur Angemessenheit des Pachtzinses → Anm. 14, 16).

Wie weit die Gebrauchsbefugnisse nach dem Vertragszweck im Einzelnen reichen, unterliegt allerdings einer schwer zu überblickenden Kasuistik: Der allgemein als Vertragszweck genannte Betrieb einer „Gaststätte" umfasst mangels anderweitiger Vereinbarungen auch das Angebot üblicher Speisen zu den üblichen Essenszeiten in einem der Kapazität des Lokals entsprechendem Umfang. Das schließt für den Pächter die Möglichkeit ein, sich bei der Zubereitung der Speisen durch Hilfskräfte und Personal unterstützen zu lassen (OLG Köln 25.2.1994 – 20 U 87/93, OLGR 1994, 241; zur Abgrenzung zwischen einer „Pizzeria" und einem „Pizza-Taxi-Betrieb" vgl. OLG Düsseldorf 29.5.2006 – 24 U 179/05, GuT 2007, 18).

Eine vertragliche Zweckbestimmung, die den Betrieb eines „Ladens" zum Gegenstand hat, steht einer Nutzung als Restaurantbetrieb entgegen (vgl. OLG Celle 24.9.2003 – 4 W 138/03, ZMR 2004, 689).

Wenn der Vermieter einen Mietvertrag über Gewerberäume zum Betrieb eines „Swinger-Clubs" verlängert, obwohl er von Wohnungsmietern wegen Belästigungen durch den Gewerbebetrieb gerichtlich erfolgreich in Anspruch genommen worden war, hat er sich dadurch jedenfalls stillschweigend mit typischen „Emissionen" (Geräusche und Lärm aus den Clubräumen sowie von der Straße durch Gespräche von Kunden, Interessenten und An- und Abfahrt von Fahrzeugen) einverstanden erklärt; die tatsächliche Verfolgung des vereinbarten Betriebszwecks durch den Gewerbemieter ist dann im Verhältnis zum Vermieter nicht als nachhaltige Störung des Hausfriedens iSd § 568 Abs. 2 BGB anzusehen (KG 1.9.2003 – 12 U 20/03, ZMR 2004, 261).

Wenn der Mietvertrag dem Vermieter ein Recht zur Verweigerung der Zustimmung zu einer Nutzungsänderung und zur Untervermietung jeweils „aus wichtigem Grund" zubilligt, ist beim Streit über eine verweigerte Zustimmung maßgeblich darauf abzustellen, ob der eine Änderung der Nutzung erstrebende Mieter sich innerhalb des vertraglich vorgegebenen Gestaltungsspielraums bewegt und ob die begehrte Änderung demgegenüber von besonderem Gewicht ist (zur Umwandlung einer Buchhandlung in einen Ein-Euro-Shop vgl. OLG Düsseldorf 1.6.2010 – 24 U 32/10, GuT 2011, 281).

Nach der Rechtsprechung bestehen Rechtspflichten zur **Aufklärung bei Vertragsverhandlungen** auch ohne Nachfrage dann, wenn der andere Teil nach Treu und Glauben unter Berücksichtigung der Verkehrsanschauung redlicherweise die Mitteilung von Tatsachen erwarten durfte, die für die Willensbildung des anderen Teils offensichtlich von ausschlaggebender Bedeutung sind (vgl. zur **Aufklärungspflicht des Vermieters:** BGH 11.8.2010 – XII ZR 123/09, GuT 2010, 336; 16.2.2000 – XII ZR 279/97 – NJW 2000, 1714; BGH 28.4.2004 – XII ZR 21/02, NJW 2004, 2674; BGH 28.6.2006 – XII ZR 50/04, NJW 2006, 2618). Davon wird insbesondere bei solchen Tatsachen ausgegangen, die den Vertragszweck vereiteln oder erheblich gefährden können (BGH 11.8.2010 – XII ZR 123/09, GuT 2010, 336; BGH 13.12.1990 – III ZR 333/89, NJW-RR 1991, 439).

Der Rechtsanwalt, der den Verpächter bei Abschluss eines Pachtvertrages berät bzw. vertritt, muss zur Vermeidung von Regressforderungen prüfen, ob der vereinbarte Vertragszweck erreichbar ist (BGH 20.6.1996 – IX ZR 106/95, NJW 1996, 2929).

10. Pachtinteressenten, die aus Gründen, die in ihrer Person liegen, keine Konzession erlangen können, verlegen sich in der Praxis oft darauf, für die **Konzessionserlangung** und ggf. auch für den Abschluss des Pachtvertrags einen **Strohmann** vorzuschieben.

Zur **Abgrenzung zwischen einem Strohmanngeschäft und einem - nichtigen – Scheingeschäft** kommt es maßgeblich darauf an, wer aus dem abgeschlossenen Geschäft berechtigt und verpflichtet werden soll. Ein bloßes Scheingeschäft liegt vor, wenn die Parteien einvernehmlich nur den äußeren Schein eines Rechtsgeschäfts hervorrufen, aber die mit dem Geschäft verbundenen Rechtsfolgen nicht eintreten lassen wollen (BGH 4.4.2007 – III ZR 197/06, NJW-RR 2007, 1209). Ein Strohmanngeschäft und kein Scheingeschäft ist dagegen bei einem Pachtvertrag über eine Gaststätte anzunehmen, wenn die im Pachtvertrag als Pächter bezeichnete Person, nicht aber der tatsächliche Betreiber, eine Schankerlaubnis erhalten kann (OLG Naumburg 19.10.2004 – 9 U 62/04, OLGR 2005, 85). Eine Gaststättenverpachtung kann bei Auseinanderfallen von Betreiber und Konzessionsinhaber nach § 134 BGB dann zur Unwirksamkeit des Vertrags führen, wenn unter Verstoß gegen die Konzessionsvorschriften an einen nicht konzessionsberechtigten Betreiber vermietet oder verpachtet wird. Wenn der Verpächter weiß, dass der anpachtende Konzessionsinhaber nicht Betreiber der Gaststätte ist, soll dies nicht gelten, weil die Verpachtung dann an jemanden erfolgt, der konzessionsberechtigt ist und dies nach dem GastG nicht verboten sei (OLG Hamm 14.6.1994 – 7 U 29/94, OLGR 1994, 170).

Strohmanngeschäfte bergen generell die Gefahr für den Vermieter, sich in unabsehbaren Aspekten des Mietgebrauchs mit vertragsfremden Personen konfrontiert zu sehen. Das Formular will dem vorbeugen, indem es den tatsächlichen Gaststättenbetrieb mit der Person des Pächters verknüpft.

11. Nach § 535 BGB hat der Pächter Anspruch darauf, dass ihm das Objekt vom Verpächter in einem **zum vertragsgemäßen Gebrauch geeigneten Zustand** überlassen wird. Die vertraglich geschuldete Sollbeschaffenheit der Pachtsache entspricht ihrer Tauglichkeit zum vertragsgemäßen Gebrauch und ihrer Eignung zu dem vertraglich vereinbarten Verwendungszweck (→ Form. A.VI.2 Anm. 7).

Grundsätzlich liegt aber auch dann ein Mangel vor, wenn die Nutzung der Gaststätte nach öffentlich-rechtlichen Vorschriften für den vorgesehenen Vertragszweck nicht möglich ist. **Öffentlich-rechtliche Gebrauchshindernisse** und -beschränkungen, die dem vertragsgemäßen Gebrauch entgegenstehen, stellen grundsätzlich einen Fehler – einen Sachmangel – der Mietsache dar, wenn sie mit der Beschaffenheit der Pachtsache zusammenhängen und nicht in persönlichen oder betrieblichen Umständen des Pächters ihre Ursache haben (→ Form. A.VI.2 Anm. 7). Auf ein Verschulden des Verpächters kommt es dabei nicht an. Es reicht aus, wenn das Hindernis aus seiner Risikosphäre stammt.

Haben die Verwaltungsbehörden die nach einem Brand erforderlich werdende Neuerteilung einer **Nutzungsgenehmigung** für eine Gaststätte - noch – nicht erteilt, bleibt der vertragsgemäße Gebrauch insgesamt aufgehoben (BGH 25.2.1987 – VIII ZR 88/86, NJW-RR 1987, 906; zu einem anfänglichen Mangel infolge brandschutzmäßiger Beanstandungen der Behörden vgl. OLG Düsseldorf 21.1.1993 – 10 U 90/92, ZMR 1993, 275).

Eine Klausel, die dem Mieter/Pächter generell das Risiko für behördliche Auflagen überbürdet, verstößt nach der Rechtsprechung gegen § 307 Abs. 2 BGB (BGH 22.6.1988 – VIII ZR 232/87, NJW 1988, 2664; OLG Celle 1.6.1999 – 2 U 228/98, NJW-RR 2000, 873 = NZM 2000, 621).

Ein öffentlich-rechtliches **Rauchverbot** stellt **keinen Mangel** einer verpachteten Gaststätte dar (BGH 13.7.2011 – XII ZR 189/09, NZM 2011, 727). Der Verpächter ist auch nicht verpflichtet, auf Verlangen des Pächters durch bauliche Maßnahmen die Voraussetzungen zu schaffen, dass dieser einen gesetzlich vorgesehenen Raucherbereich einrichten kann (BGH 13.7.2011 – XII ZR 189/09, WZM 2011, 727).

Wenn die Geschäfte des Pächters hinter seinen Erwartungen zurückbleiben, betrifft dies grundsätzlich nur das von ihm selbst zu tragende **Verwendungsrisiko**. Die Grundsätze zum **Wegfall der Geschäftsgrundlage** greifen dann nicht oder nur ausnahmsweise ein (→ Form. A.VI.3 Anm. 10, 11 zu § 4 und → Form. A.VI.5 Anm. 1). Nach dem OLG Celle (13.3.1996 – 2 U 53/95, NJW-RR 1996, 1099) soll eine Umsatzminderung, die auf die Schaffung einer verkehrsberuhigten Zone zurückzuführen ist, nicht zur Mietzinsminderung berechtigen und auch nicht zur Vertragskorrektur unter dem Gesichtspunkt des Wegfalls der Geschäftsgrundlage führen. Bei langfristigen Verträgen soll aber eine außerordentliche Kündigung in Betracht kommen.

12. Falls für den Gaststättenbetrieb wesentliche Umstände zu offenbaren sind, sollte dies im Vertrag durch eine zusätzliche Klarstellung dokumentiert werden (→ Anm. 9 vgl. ferner → Form. A.VI.5 Anm. 6–8). Dadurch wird auch dem Streit darüber vorgebeugt, wie weit die Bereitstellungspflichten des Verpächters aus § 535 BGB reichen. Werden bei Abschluss des Vertrags **falsche Umsatzangaben** gemacht, kann dies Ersatzansprüche nach §§ 311 Abs. 2, 241 Abs. 2, 280 BGB (entsprechend den Grundsätzen zur culpa in contrahendo) auslösen (BGH 18.6.1996 – VI ZR 121/95, NJW 1996, 2503, auch zur prozessualen Beweislast für die Behauptung, bei zutreffenden Angaben wäre der Vertrag nicht geschlossen worden).

13. Der Pächter muss sich bei Vertragsschluss darüber im Klaren sein, dass er vor der Betriebsaufnahme einer Gaststätte diverse Hürden überwinden muss. Ein verbindlicher Vertragsschluss sollte erst nach Abklärung der wesentlichen Voraussetzungen erfolgen.

Die Erteilung einer **Erlaubnis nach dem Gaststättengesetz** wird regelmäßig von der Vorlage folgender Nachweise abhängen:

- Grundrisszeichnung
- Schnittzeichnung
- Amtlicher Lageplan
- Baubeschreibung
- Sachkunde- und Reinigungsnachweis für die Schankanlage
- Pacht- bzw. Mietvertrag
- Auskunft in Steuersachen des Wohnsitz-Finanzamtes
- Unbedenklichkeitsbescheinigung des Steueramtes bzw. der Stadtkasse des Wohnsitzes
- Auszug aus der Schuldnerkartei des für den Wohnort zuständigen Amtsgerichtes
- Führungszeugnis der für den Wohnort zuständigen Meldebehörde
- Auskunft aus dem Gewerbezentralregister der für den Wohnort zuständigen Ordnungsbehörde
- Unterrichtsnachweis der für den Wohnort zuständigen Industrie- und Handelskammer
- Gesundheitszeugnis von dem für den Wohnsitz zuständigen Gesundheitsamt
- Personalausweis oder Reisepass bzw. Pass, Meldebescheinigung sowie bei ausländischen Antragstellern der Nachweis der Aufenthaltsgenehmigung
- bei juristischen Personen: aktueller Auszug aus dem Handels- bzw. Vereinsregister

14. Bezugsbindungen und Bezugsverpflichtungen umschreiben ein sensibles Kapitel formularvertraglicher Inhaltskontrolle. Es liegt im naheliegenden Interesse von Brauereien, Getränkegroßhändlern und Automatenaufstellern, sich dauerhaft einen gesicherten Absatzmarkt zu ihnen günstigen Bedingungen zu sichern. Dies hat in der Praxis vielfach zu Vertragskonstruktionen geführt, die durchgreifenden rechtlichen Bedenken begegnen (Beispiele aus der Rechtsprechung finden sich bei *Paulusch*, Höchstrichterliche Rechtsprechung zum Brauerei- und Gaststättenrecht, 9. Aufl., vgl. insbesondere zu Rn. 115 ff.).

Da die formularmäßige Ausgestaltung von Bezugsbindungsvereinbarungen den hier behandelten miet- und pachtvertraglichen Rahmen sprengen würde, können nur einige wesentliche Grundsätze zu dieser Problematik aufgegriffen werden:

Vom materiell-rechtlichen Gehalt steht oft die Wirksamkeit von Klauseln in Frage, welche die **Laufzeit bzw. Laufzeitverlängerungen** von Bezugsverpflichtungen betreffen. Der BGH stellt bei Dauerschuldverhältnissen für die höchstzulässige Vertragslaufzeit maßgeblich darauf ab, welcher Kapitalaufwand dem die Laufzeit durch AGB vorgebenden Vertragsteil für die Erfüllung des Vertrages entsteht. Sind für die Herstellung oder Errichtung der zur Durchführung des Vertrages erforderlichen technischen Gegebenheiten hohe Entwicklungs- und Investitionskosten erforderlich, deren Vorfinanzierung sich nur bei längerer Vertragsdauer amortisiert, kann eine lange Laufzeit dem anzuerkennenden Interesse des Klauselverwenders Rechnung tragen. Dasselbe gilt, wenn der eine laufende Leistung erbringende Vertragsteil hohe Vorhaltekosten aufzuwenden hat (BGH 19.12.2007 – XII ZR 61/05, NZM 2008, 243; BGH 25.4.2001 – VIII ZR 135/00, BGHZ 147, 279 = NJW 2001, 2331; BGH 3.11.1999 – VIII ZR 269/98, BGHZ 143, 104 = NJW 2000, 1110).

Bei Bezugs- und Bindungsklauseln, die außerdem eine **automatische oder optionsabhängige Verlängerung der Bindung** vorsehen, kann eine zweistufige Prüfungsabfolge geboten sein. Wenn schon die Mindestlaufzeit unangemessen lang ist, kann bereits dies zur Anwendung des § 307 Abs. 1 BGB führen. Wenn die Erstlaufzeit – für sich genommen – nicht unangemessen lang ist, muss für die Abwägung auf die Gesamtdauer des Vertrages abgestellt werden (BGH 3.11.1999 – VIII ZR 269/98, BGHZ 143, 104 = NJW 2000, 1110). Ob eine Klausel die wirtschaftliche Bewegungsfreiheit und Selbständigkeit des Vertragspartners zugunsten des Klauselverwenders in unvertretbarer Weise einengt, ist mit Hilfe einer umfassenden Abwägung der schutzwürdigen Interessen beider Parteien im Einzelfall festzustellen (BGH 3.11.1999 – VIII ZR 269/98, BGHZ 143, 104 = NJW 2000, 1110).

Da es gesetzliche Bestimmungen, welche die Länge der Bindungsdauer beschränken, nicht gibt, ist erörtert worden, ob nicht vertragliche Bindungszeiten von jedenfalls mehr als zehn Jahren Dauer die Unwirksamkeit entsprechender Klauseln indizieren und nur beim Vorliegen besonderer Umstände als noch angemessen zu beurteilen sind (vgl. dazu BGH 8.4.1997 – X ZR 62/95, NJW-RR 1997, 942) oder ob sich eine Festlegung auf eine zulässige Höchstlaufzeit verbietet (so für den Bierbezug BGH 23.11.1983 – VIII ZR 333/82, ZIP 1984, 335). Außerdem ist erwogen worden, ob sich aus der Gruppenfreistellungsverordnung (Art. 12 Abs. 1 Buchst. c der Verordnung [EWG] Nr. 1984/83 der Kommission vom 22.6.1983 über die Anwendung von Art. 85 Abs. 3 des Vertrages auf Gruppen von Alleinbezugsvereinbarungen, ABl. 1983 L 173/5) eine Leitbildfunktion für die Angemessenheitsprüfung von Vertragsbindungsfristen im Sinne einer zehnjährigen Höchstlaufzeit zukommt (vgl. dazu BGH 3.11.1999 – VIII ZR 269/98, BGHZ 143, 104 = NJW 2000, 1110). Eine gesicherte Grundlage für eine generalisierende Betrachtungsweise kann letztlich nicht ausgemacht werden. Klauseln über eine Bezugsverpflichtung sind von der Rechtsprechung noch gebilligt worden, wenn die sonstige Vertragsgestaltung dem Pächter unter Würdigung des Einzelfalls, insbesondere der beiderseitigen Vertragspflichten, einen ausreichenden Raum wirtschaftlicher Betätigungsfreiheit beläßt, insbesondere eine Kündigungsbefugnis aus wichtigem Grund nicht abgeschnitten ist

(BGH 27.2.1985 – VIII ZR 85/84, NJW 1985, 2693; OLG Celle 10.6.1998 – 13 U 158/97, OLGR 1999, 33).

In Umsetzung dieser Grundsätze ist die Rechtsprechung zT bedenklich großzügig und lässt für Bierbezugsverträge Laufzeiten von bis zu 20 Jahren und mehr ohne Annahme eines Verstoßes gegen §§ 138 Abs. 1, 307 BGB zu. Für Bierlieferungsverträge mit individuell ausgehandelten Laufzeiten hat der BGH eine Festlegung auf höchstzulässige Bezugsbindungen stets vermieden und darauf hingewiesen, dass es einer unter Berücksichtigung von Inhalt, Motiv und Zweck des jeweiligen Vertrages vorzunehmenden Abwägung der schutzwürdigen Interessen beider Parteien im Einzelfall bedürfe. Die Dauer der zulässigen Bezugsbindung hängt daher wesentlich von Art und Umfang der von der Brauerei erbrachten Gegenleistung sowie von dem sachlichen Umfang der Bindung ab (BGH 23.11.1983 – VIII ZR 333/82, WM 1984, 88). In einigen Entscheidungen des Bundesgerichtshofs ist für den „Normalfall" eine Bindungsdauer von 15 Jahren als zulässig angesehen worden (BGH 24.3.1981 – KZR 18/80, WM 1981, 687).

Bierbezugsbindungen, die nur wegen übermäßig langer Laufzeit gegen die guten Sitten verstoßen, können allerdings in entsprechender Anwendung von § 139 BGB mit einer angemessenen Laufzeit aufrechterhalten werden (BGH 21.3.1990 – VIII ZR 49/89, NJW-RR 1990, 816 mwN).

Wirksamkeitsbedenken können sich auch aus Vertragsbestimmungen ergeben, welche die weiteren **Bezugsmodalitäten** regeln. Der BGH (6.12.1989 – VIII ZR 310/88, BGHZ 109, 314 = NJW 1990, 567) hat die vom Mieter/Pächter eingegangene Verpflichtung, **Mindestmengen** an Getränken abzunehmen und bei Unterschreitung der Mindestmenge Schadensersatz in anteiliger Höhe des Listenpreises zu leisten, nicht als unangemessen im Sinne von § 307 BGB angesehen, soweit dem Abnehmer die Möglichkeit des Nachweises eines geringeren Schadens erhalten bleibt.

Eine Klausel, die den Verpächter zur **Kündigung** berechtigt, wenn der Pächter nicht eine vereinbarte jährliche Mindestmenge an Getränken absetzt, stellt nach dem OLG Frankfurt (19.10.2016 – 2 U 89/16, NJOZ 2018, 180) keine unangemessene Benachteiligung des Pächters dar, wenn das Interesse des Verpächters, durch die Verpachtung der Gaststätte seinen Getränkeabsatz zu fördern, deutlich erkennbar war. Eine unangemessene Benachteiligung des Pächters soll dann auch nicht dadurch begründet werden, dass dem Verpächter im Falle der Unterschreitung der Mindestbezugsmenge eine Ausgleichszahlung oder Schadensersatz zusteht (OLG Frankfurt aaO).

Die Regelung in einem Bierlieferungsvertrag, wonach der Kunde und die Brauerei „einvernehmlich davon ausgehen", dass der Kunde bei einer Vertragslaufzeit von fünf Jahren eine bestimmte **Mindestabsatzmenge** pro Jahr erreichen werde, soll nach einer Entscheidung des OLG Karlsruhe (27.9.2012 – 9 U 188/10, MDR 2013, 80) nur eine unverbindliche Erwartung der Vertragspartner zum Ausdruck bringen. Eine Verpflichtung des Kunden, die angegebene Mindestmenge tatsächlich abzunehmen, lasse sich einer solchen Formulierung nicht ohne Weiteres entnehmen.

Bei der bereits behandelten amortisationsmäßigen Gewichtung der Gegenleistungen, die der bindende Vertragspartner/Verpächter zu erbringen hat, dürften neben der Vertragslaufzeit auch alle Klauseln mit heranzuziehen sein, welche die Bezugsbindung im Einzelnen ausgestalten. Regelungen zum Mindestbezug können das vertragliche Regelwerk maßgeblich prägen, etwa wenn die Verpflichtung zur Abnahme von unrealistischen Mindestmengen das vertragliche Äquivalenzverhältnis erschüttert.

Einer Gesamtwürdigung des vertraglichen Regelungszusammenhangs bedarf es jeweils auch bei der Prüfung von **Sittenwidrigkeitsmerkmalen** im Sinne von § 138 Abs. 1 BGB. Nach der ständigen Rechtsprechung des BGH ist ein Vertrag als wucherähnliches Geschäft nach § 138 Abs. 1 BGB nichtig, wenn Leistung und Gegenleistung in einem auffälligen Missverhältnis zueinander stehen und weitere Umstände hinzutreten, die – insbesondere als Ausdruck verwerflicher Gesinnung – Sittenwidrigkeitsmerkmale beinhalten (vgl. die Nachweise bei BGH 28.4.1999 – XII ZR 150/97, BGHZ 141, 257 = NZM 1999, 664). Dabei kommt den **Abnahmepreisen** besondere Bedeutung zu, auch wenn diese als solche unterhalb der objektiven Wuchergrenze angesiedelt sind. Die Sittenwidrigkeit kann sich also aus dem Gesamtcharakter eines Rechtsgeschäfts ergeben.

Knebelverträge können sich auch im Bereich der sog **Franchiseverträge** finden, die oft den Betrieb von Gaststätten (Fast-Food-Restaurants) zum Gegenstand haben. Die Rechtsprechung ist insoweit nicht einheitlich. Selbst die Kombination einer hundertprozentigen Bezugsbindung mit einer nicht vollständigen Weitergabe von Einkaufsvorteilen ist nach dem BGH (11.11.2008 – KVR 17/08, NJW 2009, 1753) grundsätzlich keine unbillige Behinderung. Eine sittenwidrige Knebelung ist bei Franchiseverträgen aber dann bejaht worden, wenn der Franchisenehmer praktisch vollkommen dem Willen des Franchisegebers unterworfen und faktisch zum Angestellten im eigenen Betrieb wird; außerdem wird auf einseitige Risikoverteilungen abgestellt (vgl. etwa OLG Hamm 13.3.2000 – 8 U 113/99, NZG 2000, 1169; OLG München 26.6.2002 – 7 U 5730/01, BB 2002, 2521). Indiz dafür können Weisungs- und Zustimmungsrechte des Franchisegebers sowie deren Umfang sein. Ferner kann die **Kombination einseitig belastender Klauseln** im Vertragswerk, die dem Franchisenehmer die wirtschaftliche Bewegungsfreiheit rauben, den Franchisevertrag bei der gebotenen Gesamtschau als sittenwidrig darstellen (BGH 11.10.2018 – VII ZR 298/17, WM 2019, 419; OLG Düsseldorf 7.9.2009 – 16 U 62/08, GWR 2010, 57).

Anreize zur Eingehung von Bezugsbindungen werden typischerweise durch – oft nur vermeintliche – wirtschaftliche Zugeständnisse des Lieferanten geschaffen. Meist handelt es sich um die Gewährung von (Brauerei-)**Darlehen** (vgl. OLG Köln 17.1.2011 – 5 U 138/10, BeckRS 2011, 18445; OLG Düsseldorf 26.11.2010 – 22 U 97/10, BeckRS 2011, 07134). Hierdurch erhält die Bezugsbindung ggf. erst den Amortisationscharakter, dessen es aus den bereits behandelten Gründen bedarf, um langfristige Bezugsverpflichtungen überhaupt wirksam begründen zu können. Das Darlehen schafft neben der eigentlichen Bezugsverpflichtung eine zusätzliche Bindung des Pächters an den Lieferanten, zumal wenn das Darlehen gerade durch den Bezug von Waren, hinsichtlich derer eine Bezugsbindung besteht, zurückerbracht werden soll. Die Darlehensverbindlichkeit kann eine wirtschaftliche Knebelung des – im Gaststättengewerbe oft leistungsschwachen – Pächters bewirken, zumal wenn die Bezugsverpflichtung zu Konditionen erfolgt, die dem Pächter bereits für sich nachteilig sind. Wenn das Darlehen nur dazu dient, den Kauf des Gaststätteninventars durch den Pächter zu finanzieren, besteht die besonders große Gefahr, dass das Darlehen wirtschaftlich leer läuft, denn der Verpächter vereinnahmt die Darlehenssumme sogleich als Kaufpreis für ein Inventar, dessen Überlassung unschwer auch ohne Kauf (als pachtvertragliche Inventarüberlassung) zu bewerkstelligen wäre.

Schadensersatzpauschalierungen und **Vertragsstrafeklauseln** sind grundsätzlich möglich, um Bezugsverpflichtungen durchzusetzen (BGH 30.9.1992 – VIII ZR 196/91, BGHZ 119, 283 = NJW 1993, 64; OLG Frankfurt 19.10.2016 – 2 U 89/16, NJOZ 2018, 180; zum Franchisevertrag vgl. OLG Düsseldorf 7.9.2009 – 16 U 621/08). Die Klausel in einem Gaststätten-Pachtvertrag, nach der bei jeder Zuwiderhandlung gegen eine Getränkebezugsverpflichtung eine Vertragsstrafe iHv 2.500,– EUR verwirkt sei, ist jedoch mit Recht als unwirksam angesehen worden (OLG Düsseldorf 8.6.2007 – 24 U 207/06, NZM 2008, 611).

Die **außerordentliche Kündigung** des Liefervertrags kommt sowohl seitens des Lieferanten als auch seitens des Pächters in Betracht. Der Lieferant kann sich eine Kündigung wegen Verstoßes gegen die Bezugspflichten ausbedingen (OLG Frankfurt 19.10.2016 – 2 U 89/16, NJOZ 2018, 180; OLG München 30.9.1994 – 21 U 1742/94, OLGR 1996, 164). Denkbar wäre hierzu folgende Klausel:

„Verletzt der Pächter die Bezugsverpflichtung, so kann der Verpächter nach schriftlicher Mahnung und nach Ablauf einer darin gesetzten Frist von mindestens zwei Wochen das Pachtverhältnis fristlos kündigen.

Eine den Verpächter zur Kündigung berechtigende Vertragsverletzung liegt insbesondere dann vor, wenn gegen die Bierbezugspflicht verstoßen wird, der Bierbezug ganz oder teilweise eingestellt oder vorstehende Verletzungen bei einem Unterpächter geduldet werden.

Mit der Kündigung werden sämtliche dann bestehenden Forderungen der Brauerei und des Bierlieferanten aus dieser Vereinbarung und aus der sonstigen Geschäftsbeziehung sofort zur Aus- und Rückzahlung fällig. Nach Tilgung aller Forderungen endet die Bierbezugsverpflichtung. Die Kündigung tangiert etwaige Schadensersatzansprüche des Verpächters nicht."

Die außerordentliche Kündigung seitens des Pächters als Bezugsverpflichteten ist auch ohne ausdrückliche Vereinbarung aus wichtigem Grund eröffnet, wenn die weitere Durchführung des Vertrages für ihn nicht mehr zumutbar ist, etwa weil ein Vertrieb von Getränken nicht mehr in wirtschaftlich sinnvoller Weise möglich ist (BGH 21.1.1987 – VIII ZR 169/86, NJW-RR 1987, 628).

15. Bei den Vertragsteilen, bei denen sich gegenüber der Gewerberaummiete keine grundlegenden Unterschiede ergeben, kann auf die entsprechenden Regelungen des Standardmietvertrags zurückgegriffen werden.

16. Zur Sittenwidrigkeit eines überhöhten Pachtzinses → Anm. 14, soweit es das Verhältnis zu Bezugsverpflichtungen angeht. Die Sittenwidrigkeit eines überhöhten Gebrauchsentgelts kann sich danach aus dem Zusammenspiel unterschiedlicher vertraglicher Vereinbarungen der Vertragsparteien ergeben.

Ob ein Pachtvertrag über eine Gaststätte ein **auffälliges Missverhältnis** zwischen Leistung und Gegenleistung aufweist und sich im Sinne von § 138 Abs. 1 BGB als Wucher darstellt, ist durch einen Vergleich mit der **ortsüblichen Marktmiete/-pacht** festzustellen. Nur wenn ausnahmsweise vergleichbare Objekte nicht zur Verfügung stehen sollten, sind gegebenenfalls andere Erfahrungswerte heranzuziehen (BGH 28.4.1999 – XII ZR 150/97, BGHZ 141, 257 = NZM 1999, 664). Dies kann weder nach der sog. EOP-Methode (vgl. dazu BGH 28.4.1999 – XII ZR 150/97, BGHZ 141, 257 = NZM 1999, 664; zu praktischen Hinweisen und Konsequenzen vgl. *Keckemeti* NZM 2000, 598) noch nach der davon abgeleiteten indirekten Vergleichswertmethode (zu dieser Methode vgl. *Walterspiel* NZM 2000, 70 ff.) ermittelt werden (BGH 13.6.2001 – XII ZR 49/99, NZM 2001, 810).

Im Allgemeinen wird eine etwa **100 %ige Überschreitung von vergleichbaren Mieten/ Pachten als Sittenwidrigkeitsschwelle** angenommen (BGH 30.6.2004 – XII ZR 11/ 01, NJW-RR 2004, 1454, im Anschluss an BGH 28.4.1999, XII ZR 150/97, BGHZ 141, 257; BGH 13.6.2001 – XII ZR 49/99, NJW 2002, 55; BGH 10.7.2002 – XII ZR 314/00, NZM 2002, 8). Eine solchermaßen quantitativ ermittelte Äquivalenzstörung macht aber nicht die Prüfung entbehrlich, ob neben diesem Missverhältnis zwischen Leistung und Gegenleistung noch besondere **subjektive Umstände** iSv § 138 Abs. 2 BGB vorliegen, welche die Sittenwidrigkeit ausmachen (BGH 30.6.2004 – XII ZR 11/ 01, NJW-RR 2004, 1454). Bei deutlicher Übersteigung von Vergleichsmieten/-pachten um mehr als 100 % kann ein so krasses Missverhältnis vorliegen, dass eine verwerfliche Gesinnung indiziert ist.

7. Mischmietvertrag (Anpachtung einer Gaststätte nebst Pächterwohnung)

Pachtvertrag[1]

zwischen

. . . . .

(Verpächter)

und

. . . . .

(Pächter)

§ 1 Pachtobjekt

Verpachtet wird im Haus

. . . . .

(Straße, Hausnummer)

in . . . . .

(PLZ, Ort)

eine Gaststätte, zu der folgende Räume und Nutzflächen gehören:

Bezeichnung	Anzahl und Lage (Geschoss)
Gastraum	. . . . .
Küche	. . . . .
Toiletten	. . . . .
Kegelbahn	. . . . .
Kühlraum	. . . . .
Bierkeller	. . . . .
weitere Räume	. . . . .
und eine Pächterwohnung bestehend aus:	
Wohnraum	. . . . .
Schlafraum	. . . . .
Kinderzimmer	. . . . .
Küche/Diele/Bad	. . . . .

§ 2 Inventar[2] (→ Form. A.VI.6)

§ 3 Pachtzweck, gewerbliche Einheit, Wohnraumnutzung, Konzession

(1) Die Verpachtung sämtlicher Räume[3] erfolgt zum Betrieb

– vgl. hierzu die Beispiele in → Form. A.VI.6 § 3 –

(2) Gaststättenräume und Wohnräume beinhalten einschließlich aller Nebenräume eine gewerbliche Einheit, die den zur Gewerberaummiete und Pacht geltenden Rechtsgrundsätzen unterstehen soll.[4]

(3) Die Nutzung der Wohnräume (Pächterwohnung) ist ausschließlich dem Pächter in den zeitlichen und inhaltlichen Grenzen dieses Vertrags gestattet. Eine gesonderte Unterver-

mietung oder Zwischenvermietung der Pächterwohnung an Dritte ist dem Pächter ebenso wenig gestattet wie jede anderweitige Überlassung an vertragsfremde Personen. Eine Unterverpachtung der gesamten Pachtsache ist im Übrigen nur unter den in diesem Vertrag geregelten Voraussetzungen und nur unter Wahrung des gewerblichen Charakters des Pachtvertrags gestattet.[5]

(4) Das vertragliche Gebrauchsrecht des Pächters erstreckt sich nur auf den durch ihn selbst als Konzessionsinhaber geführten Geschäftsbetrieb.

§ 4 Übergabe und Ausstattung der Pachtsache, Konzession (→ Form. A.VI.6)

§ 5 Bezugsverpflichtungen (Brauereibindung) (→ Form. A.VI.6)

§ 6 Pachtbeginn, Pachtdauer (→ Form. A.VI.6)

§ 7 Pachtzins,[6] Umsatzsteuer, Nebenkosten

(1) Der monatliche Netto-Pachtzins beträgt für die
gesamte Pachtsache   . . . . . EUR.

Für die vom Pächter zusätzlich zu entrichtende gesetzliche Umsatzsteuer legen die Vertragsparteien nur den Pachtzinsanteil zugrunde, der auf den Gaststättenbereich unter Ausschluss der Wohnräume entfällt.[7]

Dieser Anteil beläuft sich auf . . . . . % des gesamten Pachtzinses. Für die Ermittlung dieses Anteils ist zunächst das Verhältnis der Nutzflächen herangezogen worden:

Gesamtfläche = ... qm
Gaststättenräume = ... qm = ... %
Wohnräume = ... qm = ... %.

Auf dieser Basis wird zusätzlich berücksichtigt, dass die bauliche und technische Ausstattung des Gaststättenbereichs im Vergleich zur Wohnfläche einen um . . . . . % höheren Mehraufwand erfordert hat. Gegenüber dem Verhältnis der Nutzflächen wird daher für die gewerblich genutzten Gaststättenräumen gegenüber der anteiligen Nutzfläche ein entsprechend erhöhter Pachtanteil berechnet, welcher der Umsatzsteuer unterliegt.

Die jeweils geltende gesetzliche Umsatzsteuer von zur Zeit . . . . .
% ist daher auf einen Anteil der Nettopacht in Höhe von   . . . . . EUR.

zu entrichten; das sind   . . . . . EUR.

Bei Pachtbeginn beträgt die monatliche Gesamtpacht somit   . . . . . EUR.

(2) Neben dem nach Ziff. (1) zu entrichtenden Pachtzins hat der Pächter sämtliche für das Pachtobjekt anfallenden Betriebskosten im Sinne von § 2 BetrKV zuzüglich der jeweils geltenden gesetzlichen MwSt zu tragen.

(3) Auf die Betriebskosten hat der Pächter zusammen mit den
Pachtzahlungen monatliche Vorauszahlungen in Höhe von
zuzüglich der jeweils geltenden gesetzlichen MwSt   . . . . . EUR.

von zur Zeit . . . . . %, das sind   . . . . . EUR.

zu leisten.

(4) Die monatliche Gesamtleistung des Pächters beträgt somit
bei Pachtbeginn . . . . . EUR.

– im Übrigen vgl. die Regelungen zum Standardvertrag in → Form. A.VI.6 –

. . . .

(Verpächter)   (Pächter)

Anmerkungen

1. Misch(miet)verträge liegen vor, wenn die Gebrauchsüberlassung im Rahmen von Miete oder Pacht (→ Form. A.VI.6 Anm. 1) geregelt wird und kein einheitlicher Gebrauchszweck gegeben ist, weil die Nutzung vertragsgemäß teilweise zu Wohnzwecken und teilweise zu gewerblichen Zwecken erfolgen soll.

Sie sind zu unterscheiden von Mischverträgen, bei denen eine **Kombination zwischen Mietvertrag und anderen schuldrechtlichen Vertragstypen** vorliegt (zB Mietkauf), und von gemischten Verträgen im Sinne von sog. **Typenverschmelzungsverträgen** (zB Beherbergungsvertrag, vgl. im Einzelnen Palandt/*Weidenkaff* BGB Vor. § 535 Rn. 29 ff.).

Die Vermietung oder Verpachtung einer Gaststätte mit zugehöriger Wirtewohnung umschreibt einen typischen und in der Praxis immer noch häufigen Fall eines Mischmietvertrags. Seine spezielle Eigenart gewinnt dieser Vertragstyp durch die räumliche und funktionale Unterscheidbarkeit von Wohn- und Gaststättenräumen. Bei anderen Mischvertragskonstellationen fehlt es uU an solchen augenfälligen Unterscheidungsmöglichkeiten, etwa wenn eine vermietete Wohnung von einem Freiberufler (zB Rechtsanwalt, Architekt, Psychologe) teilweise zu gewerblichen Zwecken genutzt wird.

Ein Mischmietverhältnis ist begrifflich nur dann gegeben, wenn verschiedene Nutzungsarten in einem **einheitlichen Vertragsverhältnis** verabredet worden sind (BayObLG 12.12.1990 – RE-Miet 2/90, NJW-RR 1991, 651). Dazu muss **nicht notwendig eine einheitliche Vertragsurkunde** niedergelegt worden sein. Die Niederlegung mehrerer selbstständiger Verträge in verschiedenen Urkunden begründet zwar eine Vermutung dafür, dass die Verträge nicht in rechtlichem Zusammenhang stehen sollen. Wenn die Vertragsparteien jedoch einen Verknüpfungswillen haben, der auf den Abschluss eines einheitlichen Vertragsverhältnisses gerichtet ist, dann ist dieser maßgeblich. Auch wenn nur einer der Vertragspartner einen solchen Willen zeigt und der andere ihn anerkennt oder zumindest hinnimmt, kann ein einheitliches Vertragswerk vorliegen (BGH 24.9.1987 – VII ZR 306/86, BGHZ 101, 393 = NJW 1988, 132 mwN). Ein Mischvertrag steht aber in Frage, wenn sukzessive Abreden zur Begründung rechtlich selbstständiger Verträge über abgrenzbare Gegenstände der Gebrauchsüberlassung sowohl zu Wohn- als auch zu Gewerbezwecken getroffen wurden (zB gesonderte Anmietung separater Wohn- und Geschäftsräume im selben Haus). So hat der BGH (12.10.2011 – VIII ZR 251/10, NJW 2012, 224 zur Anmietung einer Wohnung und einer Garage) angenommen, dass der Abschluss zweier separater Verträge dafür spreche, dass die Verträge getrennt voneinander abgeschlossen wurden und kein Mischvertrag vorliege. Auch der Umstand, dass eine gemietete Wohnung und eine Garage sich nicht auf demselben Grundstück befinden, spreche gegen einen einheitlichen Vertrag (vgl. dazu auch: *Hubatsch* Grundeigentum 2012, 247). Wenn in einem Mietvertrag über eine Gewerbefläche und eine Dienstwohnung die Gesamtmiete angegeben wird, ohne dass eine Aufschlüsselung auf die einzelnen Positionen erfolgt, ist hierin ein wesentlicher Anhaltspunkt für ein einheitliches Vertragsverhältnis zu sehen (OLG Brandenburg 13.1.2010 – 3 U 12/09).

Das **Mischmietverhältnis ist in rechtlicher Hinsicht einheitlich zu beurteilen** und zwingend entweder als „Wohnraummietverhältnis" oder als „Mietverhältnis über sonstige Räume" einzustufen, weil gesetzliche Sondervorschriften für Mischmietverhältnisse fehlen und für Mietverträge über Wohnräume teilweise andere gesetzliche Regeln gelten als für die Anmietung von Geschäftsräumen oder von sonstigen Räumen. Dies gilt nicht nur für die materielle Rechtslage (vgl. § 549 BGB einerseits und § 578 Abs. 2 BGB andererseits), sondern auch für das Prozessrecht, denn die sachliche Zuständigkeit der Gerichte hängt davon ab, ob es sich um einen Rechtsstreit aus einem Wohnraummietverhältnis handelt oder nicht (§ 23 Nr. 2a GVG einerseits und § 23 Nr. 1, § 71 Abs. 1 GVG andererseits, vgl. BGH 9.7.2014 – VIII ZR 376/13, BGHZ 202, 39 = NZM 2014, 626). Wenn ein Mischvertrag vorliegt, erfordert die Einheitlichkeit des Vertragsverhältnisses daher generell die Festlegung, welchen rechtlichen Vorgaben es zu folgen hat, dh ob Geschäftsraum- oder Wohnraummietrecht gilt:

Nach der herrschenden **Übergewichtstheorie** kommt es für die Frage, ob ein Vertrag als Wohnraummietverhältnis oder als gewerbliches Vertragsverhältnis einzuordnen ist, maßgeblich darauf an, **welcher Gebrauchs- und Vertragszweck überwiegt** (vgl. BGH 9.7.2014 – VIII ZR 376/13, BGHZ 202, 39 = NZM 2014, 626; BGH 16.4.1986 – VIII ZR 60/85, NJW-RR 1986, 877; BGH 16.4.1986 – VIII ZR 60/85, NJW-RR 1986, 877; 12.7.1979 – VII ZR 159/78, NJW 1979, 2193; BGH 30.3.1977 – VIII ZR 153/75, NJW 1977, 1394; BGH 16.4.1986 – VIII ZR 60/85, NJW-RR 1986, 877; vgl. dazu auch *Hubatsch* Grundeigentum 2012, 247; *Rinke* ZMR 2003, 13).

Die Einheitlichkeit des Vertragsverhältnisses führt zu der Konsequenz, dass die Vertragsparteien grundsätzlich gehindert sind, sich für einzelne Vertragsaspekte die ihnen jeweils günstigsten Vorschriften und Rechtsgrundsätze herauszusuchen. Dies dürfte allerdings nicht schlechthin die entsprechende Anwendung von Gesetzen und sonstigen Regeln hindern, die sich aus dem im Einzelfall nicht geltenden Rechtsbereich ergeben. So erscheint es auch im Rahmen eines nach Geschäftsraummietrecht zu behandelnden Vertrags als angängig, bestimmte Nutzungsaspekte, die zB den Gebrauch zu Wohnzwecken – etwa im Zusammenhang mit Fragen vertragswidrigen Gebrauchs – betreffen, auch unter Berücksichtigung derjenigen Kriterien zu beurteilen, welche im Wohnraummietrecht gelten (zur Aufnahme von Familienangehörigen in die Pächterwohnung → Anm. 5). Aus der Einheitlichkeit des Vertrags folgt weiter, dass Teilkündigungen in Bezug auf bestimmte Nutzungsbereiche nicht zulässig sind (OLG Karlsruhe 30.3.1983 – 3 REMiet 1/83, NJW 1983, 1499; *Hubatsch* Grundeigentum 2012, 247).

Welche Kriterien für die Feststellung des Überwiegens einer Nutzungsart maßgeblich sind, ist im Schrifttum und in der Rechtsprechung unterschiedlich behandelt worden (vgl. *Weimar* NJW 1965, 622, *ders.* DB 1972, 80 und MDR 1972, 242; *Haase* JR 1979, 242). Hierzu hat sich der BGH (9.7.2014 – VIII ZR 376/13, BGHZ 202, 39 = NZM 2014, 626) inzwischen festgelegt. Maßgebend ist der **überwiegende Nutzungszweck**. Ein diesem entgegenstehender, im Vertrag **vorgetäuschter Zweck ist unbeachtlich** (BGH 16.4.1986 – VIII ZR 60/85, NJW-RR 1986, 877).

Bei der Bestimmung des überwiegenden Nutzungszwecks ist maßgebend auf die Umstände des Einzelfalls abzustellen, wobei der Tatrichter beim Fehlen ausdrücklicher Abreden auf **Indizien** zurückgreifen kann (BGH 9.7.2014 – VIII ZR 376/13, BGHZ 202, 39 = NZM 2014, 626). Die Vertragsparteien sind danach in der Wahl des zugrunde zu legenden Rechts nicht frei. Als unbedenklich ist teilweise die Vereinbarung von Wohnraummietrecht angesehen, das – soweit eine Wohnraumnutzung auch erfolgt – den am weitesten reichenden Rechtsschutz für den Mieter/Pächter garantiert (BVerfG 28.9.1985 – 1 BvR 1410/84, WuM 1985, 335). Die im Übrigen bestehenden gesetzlichen Schranken, zum Nachteil von Wohnraummietern abweichende Vereinbarungen zu treffen (vgl. §§ 551 Abs. 4, 553 Abs. 3, 554 Abs. 5, 554a Abs. 3 BGB usw), stehen grundsätzlich nicht dadurch zur Disposition, dass ein in Wahrheit gewolltes Wohnraummietverhältnis formal als gewerblicher Mietvertrag ausgewiesen wird. Wenn die **Aspekte der Wohnraumnutzung und der gewerblichen Nutzung gleichwertig** sind, hat der BGH (9.7.2014 – VIII ZR 376/13, BGHZ 202, 39 = NZM 2014, 626) sich nunmehr dahin festgelegt, dass insoweit **Wohnraummietrecht** gilt, weil ansonsten die zum Schutz des Wohnraummieters bestehenden zwingenden Sonderregelungen, insbesondere die eingeschränkten Kündigungsmöglichkeiten des Vermieters (§§ 573, 543, 569 BGB) und die ausschließliche sachliche Zuständigkeit des Amtsgerichts (§ 23 Nr. 2a GVG), unterlaufen würden.

Eine durchaus praxistaugliche Abgrenzung wurde demgegenüber früher so vorgenommen, dass den **beruflichen bzw. gewerblichen Aspekte** der Gebrauchsüberlassung ein gewisser Vorrang eingeräumt wurde (BGH 16.4.1986 – VIII ZR 60/85, NJW-RR 1986, 877). Wenn der Mieter durch die teilgewerbliche Nutzung seinen Lebensunterhalt bestritt, prägte dieser Aspekt im Zweifel das gesamte Vertragsverhältnis. Diese Rechtsprechung hat der BGH aufgegeben (9.7.2014 – VIII ZR 376/13, BGHZ 202, 39 = NZM 2014, 626). Der Umstand, dass die Vermietung nicht nur zu Wohnzwecken, sondern auch zur Ausübung einer gewerblichen/freiberuflichen Tätigkeit vorgenommen wird, durch die der Mieter seinen Lebensunterhalt bestreitet, lasse keine tragfähigen Rückschlüsse auf einen im Bereich der Geschäftsraummiete liegenden Vertragsschwerpunkt zu (BGH 9.7.2014 – VIII ZR 376/13, BGHZ 202, 39 = NZM 2014, 626, insoweit unter Aufgabe von BGH 16.4.1986 – VIII ZR 60/85, NJW-RR 1986, 877). Das vermag nur wenig zu überzeugen, weil der Umstand, dass der Mieter/Pächter aus der gewerblichen Nutzung seinen Lebensunterhalt bestreitet und damit auch die Mittel erwirtschaftet, um die Mietkosten begleichen zu können, nach diesseitiger Auffassung durchaus ein gewichtiges Indiz für das Schwergewicht der Nutzung liefern kann.

Miet- und Flächenanteile können nach vorstehender Maßgabe nur Anhaltspunkte (Indizien) sein, die für die Ermittlung des Parteiwillens von Bedeutung sein können. Zur weiteren Orientierung können nach der neuen Rechtsprechung des BGH (BGH 9.7.2014 – VIII ZR 376/13, BGHZ 202, 39 = NZM 2014, 626 jeweils mit Einzelnachweisen) folgende Umstände (Indizien) dienen:

- Auf welche Nutzungsarten (Geschäftsraum- oder Wohnraummiete) ist das Vertragsformular zugeschnitten?
- Wie ist das Mietverhältnis (in der Überschrift) bezeichnet?
- Wie ist der Vertrag aufgebaut und inhaltlich gewichtet (Wohnraumnutzung oder Gewerberaumnutzung ggf. nur als Zusatz oder Anhang zu den übrigen Vertragsregelungen)?

2. Das Formular entspricht, soweit sich aus der Rechtsnatur als Mischvertrag nicht Besonderheiten ergeben, den Regelungen in → Form. A.VI.6.

3. Das Formular definiert den **Vertragszweck** einheitlich im Sinne einer gewerblichen Nutzung (→ Anm. 1). Der Hinweis darauf, dass sämtliche Räume diesem Gebrauchszweck unterstehen sollen, soll einer Auslegung vorbeugen, wonach die teilweise Wohnraumnutzung der Pächterwohnung dem Vertrag das Gepräge eines Wohnraummietvertrags verleiht. Zu Vereinbarungen über die Pachtfläche → Form. A.VI.1 Anm. 1, 2.

4. Das Formular kennzeichnet den rechtlichen Charakter eines gewerblichen Vertragsverhältnisses durch die Bezeichnung als „Pachtvertrag" und durch die Regelungen in § 3, die das Vorliegen einer gewerblichen Einheit und die Geltung gewerblichen Miet- und Pachtrechts ausdrücklich klarstellen. Außerdem weist die Terminologie, soweit es um die Wohnraumnutzung geht, durch die Verwendung des Begriffs „Pächterwohnung" auf den gewerblichen Gesamtcharakter hin. Das Formular bringt daher das Vorliegen einer zu wahrenden gewerblichen Einheit zum Ausdruck.

5. Der Vermieter hat Veranlassung, einem von den vertraglichen Vorgaben abweichenden Wohngebrauch vorzubeugen. Wenn der Mieter die Wirtewohnung ohne Erlaubnis des Vermieters anderen Personen zu Wohnzwecken überlässt, beinhaltet dies grundsätzlich einen vertragswidrigen Gebrauch im Sinne von § 543 Abs. 2 Nr. 2 BGB. Eigenmächtige Änderungen des vertraglich festgelegten Verwendungszwecks braucht der Verpächter nicht hinzunehmen (vgl. Palandt/*Weidenkaff* BGB § 540 Rn. 4 ff. und zu § 541 Rn. 6). Der Anspruch auf Unterlassung einer mietvertragswidrigen Nutzung von Gewerberaum zu Wohnzwecken unterliegt während der Mietzeit nicht der Verjährung (OLG Celle 5.1.2018 – 2 U 94/17, ZMR 2018, 499)

Der bloße **Mitgebrauch der Miet- oder Pachtsache** durch Dritte beinhaltet dann keine Vertragswidrigkeit, wenn er sich im Rahmen des Vertragszwecks bewegt. Innerhalb vertraglicher Zweckbestimmung liegt eine gewerbliche Nutzung, wenn die Miet- oder Pachträume von Geschäftspartnern und Personal bzw. von Kunden und Lieferanten mitbenutzt werden. Auch wird es dem Mieter oder Pächter nach allgemeinen Grundsätzen (zur Wohnraummiete) nicht zu versagen sein, seinen Ehegatten und die gemeinsamen Kinder in die Wirtewohnung aufzunehmen, denn dies gehört grundsätzlich zum vertragsgemäßen Gebrauch. Abweichende vertragliche Regelungen würden Bedenken aus § 138 BGB begegnen (vgl. BayObLG 14.9.1983 – ReMiet 8/82, NJW 1984, 60), falls die Aufnahme von Familienmitgliedern nicht von vorneherein auf eine die Interessen des Verpächters erheblich tangierende Überbelegung hinauslaufen würde.

Duldet es der Vermieter hingegen, dass der Mieter/Pächter die Wohnräume der Wirtewohnung dauerhaft vertragsfremden Personen überlässt oder sie an diese weiter vermietet, läuft er Gefahr, dass ihm eine konkludente Vertragsänderung entgegengehalten wird. Die einheitliche Disposition über die Miet-/Pachtsache als gewerblicher Einheit stünde dann ggf. in Frage. Der Vermieter/Verpächter sähe sich im Ergebnis mit einem partiellen Wohnraum-Mietvertrag konfrontiert, der von dem Gaststätten-Nutzungsverhältnis unabhängig ist und den Mieterschutzbedingungen für die Wohnraummiete unterliegt.

Eine andere Vertragskonstellation kann sich daraus ergeben, wenn es im Zuge zeitgenössischer **Wohnraumüberlassung an Touristen und Geschäftsleute** (zB über airbnb) einvernehmlich dazu kommt, dass Wohnraum wechselnden Nutzern überlassen wird. Es liegt dann ein gewerblicher Mietvertrag und kein Wohnungsmietvertrag vor, wenn die Nutzung als Ferienwohnung überwiegt (LG Berlin 6.6.2018 – 65 S 255/17, ZMR 2019, 277).

Der Hinweis auf die Unterverpachtung der Pachträume unter Wahrung ihrer gewerblichen Einheit versteht sich als Bekräftigung des gewerblichen Gesamtcharakters. Zu den die Untervermietung/-verpachtung betreffenden Gestaltungsmöglichkeiten → Form. A.VI.1 Anm. 53–57; → Form. A.VI.2 Anm. 21.

6. Bei einem Mischvertrag, der sich nach der Übergewichtstheorie als gewerblicher Vertrag darstellt, sind die für die Wohnraummiete geltenden Miethöhebestimmungen nach §§ 557 ff. BGB nicht maßgeblich, und zwar auch nicht teilweise, soweit es die Pächterwohnung bzw die hierauf entfallende Nutzfläche anbetrifft. Die Vertragsparteien unterliegen weder in Bezug auf die anfängliche Miet-/Pachthöhe noch in Bezug auf die Vereinbarungen zur Erhöhung oder Anpassung des Entgelts während der Vertragszeit den einschlägigen Vorschriften zur Wohnraummiete. Es ist daher (entgegen dem Ansatz von OLG Brandenburg 13.1.2010 – 3 U 12/09, BeckRS 2010, 03474, Anm. *Borzutzki-Pasing* jurisPR-MietR 7/2010 Anm. 5) nicht angezeigt, bei einem Mischmietverhältnis etwa auf die ortsübliche Vergleichsmiete abzustellen, um den Mietanteil für eine mit vermietete Wohnung zu ermitteln.

Es besteht grundsätzlich auch keine Notwendigkeit für vertragliche Regelungen, die zwischen den unterschiedlichen Nutzungsflächen differenzieren (vgl. aber zur USt. → Anm. 7). Die Kriterien, nach denen sich die eventuelle Sittenwidrigkeit der Miet-/Pachthöhe bestimmt (→ Form. A.VI.6 Anm. 15), sind nach den für gewerbliche Objekte geltenden Grundsätzen zu bestimmen. Für den Wohnbereich wird in diesem Rahmen allenfalls eine gewisse Orientierung an der ortsüblichen Miete – bezogen auf die Wohnzwecken dienende Fläche – in Betracht kommen, wenn vergleichbare Gesamtobjekte (dh Gaststätten mit Wirtewohnung) nicht oder in nicht aussagekräftiger Anzahl vorhanden sind.

Auch die Frage, wie sich eine **Mietminderung bei einem Mischmietverhältnis** bestimmt, rechtfertigt keine Aufspaltung zwischen Wohn- und Gewerberaumbereichen. Es ist daher in einer Gesamtschau zu ermitteln, welche Minderung sich für die gewerbliche Miete etwa aus der Vorenthaltung der Wirtewohnung ergibt (vgl. *Borzutzki-Pasing* Anm. zu OLG Brandenburg 13.1.2010 – 3 U 12/09, jurisPR-MietR 7/2010 Anm. 5; aA OLG Brandenburg aaO, das eine gesonderte Mietwertveranschlagung für den vorenthaltenen Wohnbereich befürwortet hat). Da eine Aufspaltung zwischen Wohn- und Geschäftsraumaspekten bei einem einheitlich gewerblichen Vertrag nicht möglich ist, ist insgesamt eine gewerberaummietrechtliche Betrachtungsweise geboten, bei der die Minderung des gewerblichen Gesamtmietzinses maßgeblich ist. Die anteilige Wohnraumfläche stellt dabei nur einen Aspekt der Mietpreisveranschlagung dar, der zB gegenüber den ggf. unbeeinträchtigten gewerblichen Nutzungsaspekten ganz nachrangig sein kann.

7. Zur vertraglichen Behandlung der Umsatzsteuer bzw. des **Vorsteuerabzugs** bei gewerblichen Miet- und Pachtverhältnissen → Form. A.VII.4. **Für Mischmietverhältnisse ergeben sich Besonderheiten.** Verzichtet der Verpächter eines vom Pächter teilweise unternehmerisch, teilweise zu Wohnzwecken genutzten Gaststättengebäudes auf die Steuerbefreiung der Pachtumsätze, so bezieht sich die Option von vornherein nur auf die unternehmerisch genutzten Gebäudeteile (vgl. *Herrlein* NZM 2005, 648). Daher ist im Fall der gemischten Nutzung eines Gebäudes eine Aufteilung der Leistung vorzunehmen. Die Vermietungsleistung bezieht sich nur insoweit auf das Unternehmen des Pächters, als dieser die empfangene Leistung für sein Unternehmen nutzt. Diese Beurteilung leitet sich aus dem Merkmal des § 9 UStG „für dessen Unternehmen" ab. In gleicher Weise zu differenzieren ist daher auch in Bezug auf die vom Verpächter im Wege des Vorsteuerabzugs geltend gemachten USt.–Anteile aus denjenigen Kosten, die für die Errichtung bzw. Instandhaltung und Instandsetzung des Objekts anfallen. Die zivilrechtliche Qualifizierung eines zum Betrieb einer Rechtsanwaltskanzlei abgeschlossenen Mietvertrages über gewerblich genutzte Räume und Wohnräume als einheitliches gewerbliches Mietverhältnis berechtigt den Vermieter daher nicht, auch für die zu Wohnzwecken genutzten Räume zur Umsatzsteuer zu optieren, weil es insoweit an einer Leistung des Vermieters für das Unternehmen des Mieters fehlt (OLG Celle 7.7.2016 – 2 U 37/16, IMR 2016, 413)

Die erforderliche **Differenzierung zwischen unternehmerischen und wohnungsbezogenen Anteilen** kann Schwierigkeiten bereiten. Nach der Rechtsprechung des BFH (11.7.2012 – XI R 17/09, BFH/NV 2013, 266) ist dann, wenn ein Gebäude teilweise zur Ausführung steuerpflichtiger Vermietungsumsätze (Gewerbeflächen) und teilweise zur Ausführung steuerfreier Vermietungsumsätze (Wohnungen) verwendet wird, gemäß § 15 Abs. 4 UStG der Teil der Vorsteuerbeträge nicht abziehbar, der den zum Ausschluss vom Vorsteuerabzug führenden Wohnungsvermietungsumsätzen wirtschaftlich zuzurechnen ist → Form. A.VII.4 Anm. 5. Die Zuordnung eines gemischt genutzten Gebäudes zu einem Unternehmen erfordert eine durch objektive Beweisanzeichen gestützte Zuordnungsentscheidung, die bei der Anschaffung oder Herstellung zu treffen und zeitnah zu dokumentieren ist (BFH 11.7.2012 – XI R 17/09, BFH/NV 2013, 266).

Selbst bei unternehmerischer Betätigung des Mieters können Differenzierungen erforderliche werden. Ein wirksamer Verzicht auf die Steuerbefreiung scheidet aus, wenn die vermieteten Räume etwa an Ärzte (§ 4 Nr. 14 UStG) oder Banken (§ 4 Nr. 8 UStG) zur Erzielung steuerfreier und damit vorsteuerabzugsschädlicher Umsätze verwendet werden (vgl. dazu etwa FG Nürnberg 31.7.2012 – 2 K 539/2009, BeckRS 2012, 96121).

Außerdem kommt es darauf an, **welche Umsätze der Mieter tätigt** und ob diese umsatzsteuerpflichtig oder steuerbefreit sind → Form. A.VII.4 Anm. 5. Die **Vorsteuer-**

aufteilungsvorschrift des § 15 Abs. 4 UStG ist daher auch bei unterschiedlicher Verwendung einzelner Gebäudeteile anwendbar. Nach § 15 Abs. 4 S. 1 UStG ist, wenn der Unternehmer einen für sein Unternehmen gelieferten Gegenstand nur zum Teil zur Ausführung von Umsätzen verwendet, die den Vorsteuerabzug ausschließen, derjenige Teil der jeweiligen Vorsteuerbeträge nicht abziehbar, der den zum Ausschluss vom Vorsteuerabzug führenden Umsätzen wirtschaftlich zuzurechnen ist. Der Unternehmer kann die nicht abziehbaren Teilbeträge grds im Wege einer sachgerechten Schätzung ermitteln. Es ist Sache des Unternehmers, welche Schätzungsmethode er wählt (BFH 11.7.2012 – XI R 17/09, BFH/NV 2013, 266). Kriterien für eine „sachgerechte Schätzung" umschreibt das Umsatzsteuergesetz nicht ausdrücklich. § 15 Abs. 4 S. 1 UStG 1993 stellt lediglich das Erfordernis einer „wirtschaftlichen Zurechnung" von Vorsteuerbeträgen zu den mit der bezogenen Leistung ausgeführten Umsätzen auf.

Die Methode „wirtschaftlicher Zurechnung" ist seit 1990 die im Umsatzsteuergesetz allein vorgesehene Zurechnungsmethode (BFH 11.7.2012 – XI R 17/09, BFH/NV 2013, 266). Diese Grundsätze hat der BFH (7.5.2014 – V R 1/10, BFHE 245, 416) dahin weiter spezifiziert, dass der sog **Umsatzschlüssel** gilt, wenn keine präzisere wirtschaftliche Zurechnung durch den Flächenschlüssel möglich ist. § 15 Abs. 4 S. 3 UStG regele nicht ausdrücklich, ob sich das dort bestimmte Verhältnis an dem Gesamtbetrag der Umsätze des Unternehmens oder an den Umsätzen des einzelnen Objekts orientiert. Um den Vorsteuerabzug „möglichst präzise" zu berechnen (EuGH-Urteil BLC Baumarkt in UR 2012, 968, Rn. 23), **gilt die Methode, die eine genauere Aufteilung ermöglicht.** Die Vorsteuerbeträge sind dann anhand des objektbezogenen Umsatzschlüssels aufzuteilen, wenn sie den Gegenstand selbst – wie ein Gebäude – betreffen und die objektbezogene gegenüber einer gesamtumsatzbezogenen Aufteilung genauer ist.

Der BFH hat es (nach altem Recht) außerdem als angängig angesehen, entsprechend dem **Verhältnis der Nutzflächen** zwischen Gewerbe- und Wohnanteilen zu differenzieren (vgl. BFHE 154, 255 = BStBl II 1988, 1012). Das kann aber ggf. gegen den Grundsatz der wirtschaftlichen Zurechnung verstoßen, wenn die baulichen Aufwendungen für den gewerblichen Teil ungleich höher waren als für den Wohnbereich. Für solche Fälle hat es der BFH (BFHE 154, 255) aber schon nach altem Recht zugelassen, nach dem **unterschiedlichen baulichen Aufwand** zu unterscheiden.

Da der Mieter verständlicherweise den vertraglich geregelten USt-Anteil möglichst uneingeschränkt dem Vorsteuerabzug zuführen will, sieht das Formular vor, dass die wesentlichen Grundlagen für die Bestimmung des umsatzsteuerpflichtigen Zinsanteils offengelegt werden.

Tatsächlich vereinnahmte Umsatzsteuer muss der Vermieter in jedem Fall an das Finanzamt abführen, auch wenn kein wirksamer Verzicht auf die Steuerbefreiung möglich ist. Er macht sich dem Mieter gegenüber schadensersatzpflichtig, wenn er die Mehrwertsteuer nicht an das Finanzamt abführt und der Mieter dadurch seinerseits den Vorsteuerabzug verliert (OLG Hamm 3.9.2003 – 30 U 80/03, NZM 2003, 945).

8. Giebelmietvertrag

Vertrag über die Vermietung einer Außenwandfläche zur Anbringung einer Werbebemalung

Zwischen . . . . .

(Vermieter)

und . . . . .

(Mieter)

§ 1 Mietobjekt

Der Vermieter ist Eigentümer des Hauses . . . . . in . . . . .

Er vermietet an dem Haus/an der Giebelwand/die südliche/. . . . ./Giebelwand/den aus beigefügter Bauzeichnung durch Rotumrandung kenntlich gemachten Teil der Fassade[1] an den Mieter zur Anbringung einer Werbebemalung.

Die Werbebemalung hat zum Inhalt . . . . ./wird anliegender Skizze entsprechen. Eine Änderung der Werbebemalung ist nur mit Zustimmung des Vermieters gestattet.[2]

§ 2 Miete

Die Miete beträgt . . . . . (in Worten: . . . . .) EUR zzgl. MwSt in Höhe von – derzeit – . . . . . (in Worten: . . . . .) EUR, insgesamt also . . . . . (in Worten: . . . . .) EUR pro Monat/ pro Jahr.[3] Bei einer Änderung der gesetzlichen Mehrwertsteuer ändert sich der auf die Miete zu zahlende Mehrwertsteuerbetrag und die Insgesamtmiete entsprechend. Die Miete ist im Voraus und kostenfrei bis zum 3. Werktag[4] eines jeden Monats/eines jeden Jahres zu zahlen auf das Konto des Vermieters . . . . .

§ 3 Behördliche Genehmigung

Die Einholung einer eventuell erforderlichen behördlichen Genehmigung nebst der damit verbundenen Kosten übernimmt der Vermieter/Mieter.

§ 4 Vorbereitungen

Die Vorbereitungsarbeiten zur Anbringung der Werbebemalung, und zwar: . . . . .[5]

wird der Vermieter bis zum . . . . .[6] auf seine Kosten ausführen.

(Alternative:

übernimmt der Mieter auf seine Kosten.)

§ 5 Bemalung

Die Bemalung der Werbefläche mit der Werbung erfolgt auf Kosten des Mieters.

§ 6 Beginn und Dauer des Mietverhältnisses, Erstfälligkeit der Miete

(1) Das Mietverhältnis beginnt am . . . . . Die Pflicht zur Zahlung der Miete beginnt jedoch erst mit dem 1. des Monats, der auf den Abschluss der Bemalung gem. § 5 folgt.

(Alternative:

beginnt mit dem Tag nach dem Abschluss der Bemalung gem. § 5.)

(Alternative:

beginnt mit dem 1. des auf den Vertragsschluss folgenden Monats.)

(Alternative:

beginnt am . . . . .)

(2) Ab Beginn des Mietverhältnisses/Beginnend mit dem in Abs. 1 S. 2 genannten Tag läuft der Mietvertrag zunächst . . . . . Jahre.[7] Während dieser Zeit ist eine Kündigung – mit Ausnahme einer außerordentlichen Kündigung – ausgeschlossen.[8]

Das Mietverhältnis verlängert sich automatisch um jeweils ein weiteres Jahr/weitere . . . . . Jahre, wenn es nicht durch eine der Parteien schriftlich vor Ablauf mit einer Frist von . . . . . Monaten zum Ablauf gekündigt wird.

(3) Das Mietverhältnis endet automatisch, also ohne dass es einer Kündigung bedarf,[9] mit dem Ablauf des Monats, in dessen Verlauf der mit der Werbung verfolgte Zweck nicht mehr erreicht werden kann; hierzu zählen insbesondere: Zubau der Werbebemalung oder andere erhebliche Sichtbehinderungen auf die Werbung, behördliches Verbot, Einsturz oder Abriss des Gebäudes usw. Der Vermieter hat in einem solchen Fall evtl. überzahlte Miete zurückzuerstatten.[10]

(4) Die Anwendung des § 545 BGB – stillschweigende Verlängerung des Mietverhältnisses durch Gebrauchsfortsetzung nach Ablauf der Mietzeit – wird ausgeschlossen.[11]

§ 7 Entfernung der Bemalung und Rückbau

Der Mieter ist verpflichtet, vor Ablauf des Mietverhältnisses/binnen 1 Monat nach Beendigung des Mietverhältnisses auf seine Kosten die Werbebemalung zu entfernen und die betreffende Stelle farblich der übrigen Fassade des Hauses anzupassen.

Dies gilt nicht, wenn der Vertrag auf Grund eines in § 6 Abs. 3 genannten Grundes beendet wurde und dies auf einem Verschulden des Vermieters beruhte.

§ 8 Konkurrenzschutz

Der Vermieter darf an dem in § 1 genannten Gebäude keine andere Werbung anbringen bzw. keine weiteren Flächen an Dritte zu Werbezwecken vermieten.[12]

(Alternative:

Der Vermieter darf an dem in § 1 genannten Gebäude keine andere Werbung anbringen bzw. keine weiteren Flächen an Dritte zu Werbezwecken vermieten, die zu der mit der Werbung des Mieters getroffenen Aussage in Konkurrenz steht.)

§ 9 Wirksamkeit des Vertrages und Rechtsverfolgung

Sollte die in § 3 genannte behördliche Genehmigung verweigert werden, so ist dieser Vertrag gegenstandslos. Keine Vertragspartei hat dann irgendwelche Ansprüche gegenüber der anderen.[13] Jede Vertragspartei hat jedoch das Recht, nicht aber die Pflicht, sich um die Erteilung der Genehmigung durch eine – falls möglich – neue Antragstellung oder im Widerspruchs- oder Klagewege zu bemühen.[14] Die damit verbundenen Kosten gehen zu Lasten derjenigen Partei, die den neuen Antrag gestellt bzw. den Rechtsweg beschritten hat/werden zwischen den Vertragsparteien geteilt.[15]

§ 10 Untervermietung

Eine Untervermietung ist ausgeschlossen.[16]

§ 11 Kaution

Der Mieter leistet bei Vertragsschluss eine Kaution in Höhe von . . . . . (i. W. . . . . .) EUR.[17] Die Kaution wird nicht verzinst.[18]

. . . .

(Vermieter)   (Mieter)

Anmerkungen

1. Die vermietete Fläche sollte so genau wie möglich bezeichnet werden.

2. Die Parteien werden bei den Vertragsverhandlungen die Art der Werbebemalung erörtert haben. Vielfach wird der Inhalt der Werbung ein Firmenemblem oder Ähnliches sein. Die Bestimmung dient daher in erster Linie späterer Streitvermeidung, wenn der Mieter die Bemalung auswechseln möchte. Man könnte darüber hinaus daran denken, dass dem Mieter ein außerordentliches Kündigungsrecht für den Fall eingeräumt wird, dass der Vermieter einer geänderten Werbebemalung nicht zustimmt; allerdings erhält der Mieter dann de facto eine Möglichkeit, sich durch entsprechend inakzeptable Änderungswünsche vorzeitig aus dem Vertrag zu lösen.

3. Bei langen Vertragslaufzeiten kann hier ergänzend auch eine Staffelmietvereinbarung oder eine Indexmietvereinbarung erfolgen.

4. Ohne eine solche Regelung würde gem. § 579 BGB nachschüssige Fälligkeit gelten.

5. ZB: Ausbesserung des Putzes, Anstrich der Fläche mit weißem Untergrund usw.

6. Beachte jedoch § 9. Bestehen Zweifel an der öffentlich-rechtlichen Genehmigungsfähigkeit der Werbemaßnahme, sollte sich der Vermieter hier nicht zu einem festen Datum zu Vorleistungen verpflichten.

7. Mietverträge auf unbestimmte Zeit (wie sie bei der Wohnraummiete die Regel sind) empfehlen sich für eine Werbebemalung nicht. Beide Vertragsparteien brauchen hier langfristige Kalkulationssicherheit. Daher sind hier feste Laufzeiten mit Verlängerungsoption oder – wie im Beispielsfall – automatischer Verlängerungsklausel die Regel (zum Zusammentreffen beider Klauseln vgl. BGH ZMR 2006, 266).

8. Dieser Passus dient nur der Klarstellung, da das Recht zur außerordentlichen Kündigung ohnehin nicht wirksam ausgeschlossen werden kann.

9. Alternativ könnte hier auch für den Fall, dass die Werbung aus den genannten Gründen ihren Zweck nicht mehr erreichen kann, ein außerordentliches fristloses oder außerordentliches fristgemäßes Kündigungsrecht vereinbart werden, zu vereinbarten Kündigungsrechten im gewerblichen Mietvertrag → Form. D.XIII.8 Anm. 3.

10. Hier könnte zB auch die Regelung getroffen werden, dass der Vermieter die Hälfte der überzahlten Miete zurückerstattet, wenn die Vereitelung des Vertragszwecks, zB durch Zubau der Sicht, nicht auf seinem Verschulden beruht.

11. → Form. D.X.1, → Form. D.X.2.

12. Ggf. kann hier auch noch eine Vertragsstrafe vereinbart werden; dem Vermieter ist dies jedoch nicht anzuraten.

13. Wird dies so vereinbart, sollten beide Seiten mit den in § 4 bezeichneten Vorbereitungsarbeiten bis zur Erteilung der Genehmigung warten.

14. § 68 VwGO sieht als Voraussetzung einer Anfechtungs- oder Verpflichtungsklage im Regelfall die Durchführung eines Vorverfahrens (Widerspruchsverfahrens) vor. Eine Ausnahme besteht nach § 68 Abs. 1 S. 2 VwGO ua, wenn ein Gesetz – das kann auch ein Landesgesetz sein – dies bestimmt. So wurde zB in NRW das Widerspruchsverfahren im Baurecht im Jahr 2007 abgeschafft.

15. Es muss jedenfalls klargestellt werden, ob der Vertrag schon bei Ablehnung durch die Baugenehmigungsbehörde, oder erst nach durchgeführtem Widerspruchsverfahren, oder erst nach durchgeführtem Klageverfahren gegenstandslos sein soll, ob der Mieter verpflichtet ist, die Frage der Genehmigung „bis zur letzten Instanz" klären zu lassen, und wer ggf. die Kosten zu tragen hat. Je länger der Schwebezustand dauert, desto größer ist der Mietausfall des Vermieters, da während dieser Zeit eine Mietforderung nach § 242 BGB wegen der von beiden Seiten nicht erwarteten Genehmigungsverweigerung selbst dann nicht durchsetzbar erscheint, wenn oben in § 6 Abs. 1 der Beginn der Mietzahlungspflicht nicht vom Anbringen der Werbebemalung abhängig gemacht, sondern datumsmäßig bestimmt worden ist. Zur Klarstellung könnte man deshalb auch noch in den Vertragstext einfügen: „Im Falle der Durchführung eines Widerspruchs- oder Klageverfahrens besteht für die Verfahrensdauer keine Pflicht zur Entrichtung der Miete." Zu bedenken – im Sinne einer ausgewogenen Regelung – ist bei der in § 9 für den Fall der Verweigerung der Genehmigung zu treffenden Bestimmung auch, dass hier eine sehr umfassende Risikoüberwälzung auf den Mieter stattfindet, denn grundsätzlich ist es Sache des Vermieters, dem Mieter die Mietsache für den Mietgebrauch geeignet zur Verfügung zu stellen (§ 535 Abs. 1 BGB). Bezogen auf die Vermietung einer Giebelwand heißt dass, dass der Vermieter nur eine solche Giebelwand vermieten sollte, auf der eine werbliche Bemalung grundsätzlich genehmigungsfähig ist. Dass um die konkrete Genehmigung sich dann der Mieter bemühen soll, rechtfertigt sich daraus, dass er – ggf. durch Anpassung der Größe der Bemalung usw. – am ehesten auf behördliche Bedenken reagieren kann.

16. Zur Frage des formularmäßigen Ausschlusses der Untervermietung bei gewerblichen Mietverhältnissen → Form. D.XII.2 Anm. 7.

Welche konkreten Vereinbarungen bzgl. der Untermiete zu treffen sind, hängt in erster Linie davon ab, wer Mieter ist. Ist Mieter zB eine Werbeagentur, muss eine Untervermietung erlaubt werden, sonst macht der Vertrag für die Werbeagentur keinen Sinn.

17. Bei der Höhe der Kaution sollte auch daran gedacht werden, dass mögliche Kosten für die Beseitigung der Werbebemalung und Angleichung der Flächen kalkulatorisch enthalten sind.

18. Zur Verzinsung(-spflicht) einer Kaution bei gewerblichen Mietverhältnissen → Form. A.VI.1 Anm. 32.

9. Mietvertrag Werbetafel auf Grundstück

Mietvertrag über die Anbringung oder Aufstellung einer Werbetafel[1]

Zwischen . . . . .

(Vermieter)

und . . . . .

(Mieter)

§ 1 Mietobjekt

Der Vermieter ist Eigentümer des Hauses/des Grundstücks . . . . . in . . . . .

Er vermietet an dem Haus/an der Giebelwand/die südliche/. . . . ./Giebelwand/den aus beigefügter Bauzeichnung durch Rotumrandung kenntlich gemachten Teil der Fassade/ auf dem Grundstück an der in anliegendem Lageplan rot gekennzeichneten Stelle[2] eine Fläche zur Anbringung/Aufstellung einer Werbetafel.

§ 2 Werbetafel

Die Werbetafel hat die Abmessungen von ca. . . . . . m x . . . . . m.

Der Mieter ist berechtigt, die Werbetafel nach seiner Wahl[3] zu nutzen, insbesondere mit wechselnden Plakatwerbungen, die er in seinem laufenden Geschäftsbetrieb im Auftrag anderer Firmen anbringt, zu bekleben.

§ 3 Miete

Die Miete beträgt . . . . . (in Worten: . . . . .) EUR zzgl. MwSt in Höhe von – derzeit – . . . . . (in Worten: . . . . .) EUR, insgesamt also . . . . . (in Worten: . . . . .) EUR pro Monat/ pro Jahr.[4] Bei einer Änderung der gesetzlichen Mehrwertsteuer ändert sich der auf die Miete zu zahlende Mehrwertsteuerbetrag und die Insgesamtmiete entsprechend. Die Miete ist im Voraus und kostenfrei bis zum 3. Werktag[5] eines jeden Monats/eines jeden Jahres zu zahlen auf das Konto des Vermieters . . . . .

§ 4 Behördliche Genehmigung

Die Einholung einer eventuell erforderlichen behördlichen Genehmigung nebst den damit verbundenen Kosten übernimmt der Vermieter/Mieter.

§ 5 Elektrische Einrichtungen

(1) Die Anbringung einer Beleuchtung oder sonstiger elektrischer Einrichtungen an, über, neben der Werbetafel oder sonstwo am Haus/auf dem Grundstück ist dem Mieter nicht gestattet.

(Alternative:

. . . . . gestattet. Es handelt sich um folgende elektrische Einrichtung, die wie folgt angebracht werden soll:

. . . . .[6])

Die Leitungsführung innerhalb und außerhalb des Hauses/auf dem Grundstück für die Stromversorgung der elektrischen Anlage ist mit dem Vermieter abzustimmen.

Der Mieter wird die entsprechenden Installations- und Unterhaltungskosten der elektrischen Anlage übernehmen. Er wird dazu auch einen eigenen Zähler an einer ihm vom Vermieter im Haus zugewiesenen Stelle anbringen und den Stromverbrauch direkt mit dem Stromversorgungsunternehmen abrechnen.

(2) Unabhängig von Abs. 1 wird vereinbart: Die weiteren Vorbereitungsarbeiten zur Anbringung/Aufstellung der Werbetafel, und zwar: . . . . .[7] wird der Vermieter bis zum . . . . .[8] auf seine Kosten ausführen.

(Alternative:

. . . . . übernimmt der Mieter auf seine Kosten.)

§ 6 Kosten der Anbringung/Aufstellung der Werbetafel

Die Anbringung/Aufstellung der Werbetafel erfolgt auf Kosten des Mieters.

§ 7 Beginn und Dauer des Mietverhältnisses, Erstfälligkeit der Miete

(1) Das Mietverhältnis beginnt am . . . . . Die Pflicht zur Zahlung der Miete beginnt jedoch erst mit dem 1. des Monats, der auf die Anbringung/Aufstellung der Werbetafel folgt.

(Alternative:

beginnt mit dem Tag nach der Anbringung/Aufstellung der Werbetafel.)

(Alternative:

beginnt mit dem 1. des auf den Vertragsschluss folgenden Monats.)

(Alternative:

beginnt am . . . . .)

(2) Ab Beginn des Mietverhältnisses/Beginnend mit dem in Abs. 1 S. 2 genannten Tag läuft der Mietvertrag zunächst . . . . . Jahre.[9] Während dieser Zeit ist eine Kündigung – mit Ausnahme einer außerordentlichen Kündigung – ausgeschlossen.[10]

Das Mietverhältnis verlängert sich automatisch um jeweils ein weiteres Jahr/weitere . . . . . Jahre, wenn es nicht durch eine der Parteien vor Ablauf mit einer Frist von . . . . . Monaten zum Ablauf gekündigt wird.

(3) Das Mietverhältnis endet automatisch, also ohne dass es einer Kündigung bedarf,[11] mit dem Ablauf des Monats, in dessen Verlauf der mit der Werbung verfolgte Zweck nicht mehr erreicht werden kann; hierzu zählen insbesondere: Zubau der Werbetafel oder andere erhebliche Sichtbehinderungen auf die Werbung, behördliches Verbot, Einsturz oder Abriss des Gebäudes usw.

Der Vermieter hat in einem solchen Fall evtl. überzahlte Miete zurückzuerstatten.[12]

(4) Die Anwendung des § 545 BGB – stillschweigende Verlängerung des Mietverhältnisses durch Gebrauchsfortsetzung nach Ablauf der Mietzeit – wird ausgeschlossen.[13]

§ 8 Entfernung der Werbetafel und Rückbau

Der Mieter ist verpflichtet, vor Ablauf des Mietverhältnisses/binnen 1 Monat nach Beendigung des Mietverhältnisses auf seine Kosten die Werbetafel zu demontieren und das Grundstück in den vor Anbringung der Werbetafel bestehenden Zustand zurückzuversetzen, insbesondere ggf. auf seine Kosten die betreffende Stelle farblich der übrigen Fassade des Hauses anzupassen, sowie des Weiteren auf seine Kosten eine ggf. zur Stromversorgung der Werbung angebrachte elektrische Anlage einschließlich Zähler, Kabeln usw. zu demontieren und das Haus auch insoweit wieder in den ursprünglichen Zustand zurückzuversetzen.

Dies gilt nicht, wenn der Vertrag auf Grund eines in § 6 Abs. 3 genannten Grundes beendet wurde und dies auf einem Verschulden des Vermieters beruhte.

§ 9 Konkurrenzschutz

Der Vermieter darf an dem in § 1 genannten Gebäude/auf dem in § 1 genannten Grundstück keine andere Werbung/keine anderen Werbetafeln anbringen/aufstellen bzw. keine weiteren Flächen an Dritte zu Werbezwecken vermieten.[14]

(Alternative:

Der Vermieter darf an dem in § 1 genannten Gebäude/auf dem in § 1 genannten Grundstück keine anderen Werbetafeln anbringen/aufstellen bzw. keine weiteren Gebäude- oder Grundstücksflächen zu diesem Zweck an Dritte vermieten. Andere Werbung als durch Werbetafeln, zB eine gewerbliche Giebelbemalung, darf der Vermieter nur dann anbringen oder aufstellen, bzw. eine andere Fläche zu solchen Werbezwecken darf er nur dann vermieten, wenn diese andere Werbung zu der mit der Werbung des Mieters getroffenen Aussage nicht in Konkurrenz steht.[15])

§ 10 Wirksamkeit des Vertrages und Rechtsverfolgung

Sollte die in § 4 genannte behördliche Genehmigung verweigert werden, so ist dieser Vertrag gegenstandslos. Keine Vertragspartei hat dann irgendwelche Ansprüche gegenüber der anderen.[16]

Jede Vertragspartei hat jedoch das Recht, nicht aber die Pflicht, sich um die Erteilung der Genehmigung durch eine – falls möglich – neue Antragsstellung oder im Widerspruchs- oder Klagewege zu bemühen.[17] Die damit verbundenen Kosten gehen zu Lasten derjenigen Partei, die den neuen Antrag gestellt bzw. den Rechtsweg gegen die Behörde beschritten hat/werden zwischen den Vertragsparteien geteilt.[18]

§ 11 Verkehrssicherungspflicht

Der Mieter übernimmt bzgl. der von ihm angebrachten Werbetafel die Verkehrssicherungspflicht. Er hat dem Vermieter den Abschluss einer entsprechenden Haftpflichtversicherung nachzuweisen. Er hat den Vermieter im Innenverhältnis von einer Inanspruchnahme auf Grund Verletzung der Verkehrssicherungspflicht freizustellen.

§ 12 Kaution

Der Mieter leistet bei Vertragsschluss eine Kaution in Höhe von . . . . . (i. W. . . . . .) EUR.[19] Die Kaution wird nicht verzinst.[20]

. . . .

(Vermieter)   (Mieter)

Anmerkungen

1. Vertrag über die Vermietung einer Außenwandfläche oder eines Grundstücksteils zur Anbringung oder Aufstellung einer Werbetafel, die dann mit **wechselnder Werbung** beklebt werden kann.

2. Die vermietete Fläche sollte so genau wie möglich bezeichnet werden.

3. Werbetafeln werden vom Mieter üblicherweise mit wechselnder Plakatwerbung beklebt. Möchte der Vermieter bestimmte Werbinhalte ausschließen, sollte hier eine entsprechende Regelung aufgenommen werden.

4. Bei langen Vertragslaufzeiten kann hier ergänzend auch eine Staffelmietvereinbarung oder eine Indexmietvereinbarung erfolgen.

5. Ohne eine solche Regelung würde gem. § 579 BGB nachschüssige Fälligkeit gelten.

6. ZB: Neonbeleuchtung als Umrandung der Werbetafel, Vorrichtung zum automatischen Wechsel des Werbemotivs usw.

7. ZB: Ausbesserung des Putzes, Entbuschung der betreffenden Grundstücksstelle.

8. → Form. A.VI.8 Anm. 6.

9. → Form. A.VI.8 Anm. 7.

10. → Form. A.VI.8 Anm. 8.

11. Alternativ könnte hier auch für den Fall, dass die Werbung aus den genannten Gründen ihren Zweck nicht mehr erreichen kann, ein außerordentliches fristloses oder außerordentliches fristgemäßes Kündigungsrecht vereinbart werden, zu vereinbarten Kündigungsrechten im gewerblichen Mietvertrag → Form. D.XIII.8 Anm. 3.

12. → Form. A.VI.8 Anm. 10.

13. → Form. D.X.1, → Form. D.X.2.

14. → Form. A.VI.8 Anm. 12.

15. Bei der Vermietung einer Fläche zur Aufstellung oder Anbringung einer Werbetafel, die mit wechselnder Werbung beklebt werden soll, sollte allerdings zur Vermeidung späteren Streits über konkurrierende Werbeinhalte überlegt werden, ob dem Vermieter die Vermietung von Flächen zu anderweitiger Werbung, insbesondere zur anderweitigen Aufstellung von Werbetafeln, entweder ausnahmslos erlaubt oder ausnahmslos verboten sein soll.

16. → Form. A.VI.8 Anm. 13.

17. → Form. A.VI.8 Anm. 14.

18. → Form. A.VI.8 Anm. 15.

19. Bei der Höhe der Kaution sollte auch daran gedacht werden, dass mögliche Kosten für die Beseitigung der Werbetafel, ggf. der elektrischen Anlage und der Wiederherstellung des vorherigen Zustands kalkulatorisch enthalten sind.

20. Zur Verzinsung(-spflicht) einer Kaution bei gewerblichen Mietverhältnissen → Form. A.VI.1 Anm. 32.

10. Stellplatzmietvertrag Außenstellplatz

Stellplatzmietvertrag über einen Außenstellplatz[1]

Zwischen . . . . .

(Vermieter)

und . . . . .

(Mieter)

§ 1 Mietobjekt

Vermietet wird der[2] Außenstellplatz . . . . .

in . . . . .

§ 2 Dauer des Mietverhältnisses

Das Mietverhältnis beginnt am . . . . .

Der Mietvertrag wird auf unbestimmte Zeit geschlossen.[3] Er ist schriftlich mit einer Frist von 2 Monaten zum Monatsletzten kündbar.[4] Im Falle einer Kündigung vor Beginn des Mietverhältnisses beginnt der Lauf der Kündigungsfrist erst mit dem Beginn des Mietverhältnisses.[5]

Die Anwendung des § 545 BGB – stillschweigende Verlängerung des Mietverhältnisses durch Gebrauchsfortsetzung nach Ablauf der Mietzeit – wird ausgeschlossen.[6]

§ 3 Miete

Die Miete beträgt monatlich . . . . . (in Worten . . . . .) EUR.

Die erste Miete (= für den Monat . . . . .) ist unmittelbar bei Vertragsschluss vom Mieter an den Vermieter zu zahlen.[7] Die weiteren Mieten sind im Voraus und kostenfrei bis zum 3. Werktag eines jeden Monats zu zahlen[8] auf das Konto IBAN . . . . . bei der . . . . . § 4 Kaution

Der Mieter zahlt bei Vertragsschluss eine Kaution in Höhe von . . . . . (in Worten . . . . .) EUR. Die Kaution wird nicht verzinst.[9]

§ 5 Mietgebrauch

Der Stellplatz ist zum Abstellen eines Pkw vermietet. Andere Nutzungen oder eine Untervermietung bedürfen der schriftlichen Genehmigung des Vermieters. Gewerbliche Nutzung oder größere[10] Reparaturarbeiten sind nicht erlaubt.

Der Mieter verpflichtet sich, die polizeilichen, insbesondere feuerpolizeilichen Vorschriften zu beachten. Falls das Fahrzeug des Mieters einen „tropfenden Motor" hat, muss der Mieter geeignete Vorkehrungen treffen, damit keine Ölflecken auf dem Boden entstehen. Die Sauberkeit des Stellplatzes sowie der Zufahrt einschließlich Schneeräumung obliegt dem Mieter.

Der Mieter haftet für alle Schäden, die aus einer Vertragsverletzung und/oder aus einer nicht ordnungsgemäßen Benutzung des Stellplatzes und der Zufahrt durch ihn oder die von ihm ermächtigten Personen entstehen.

§ 6 Haftung

Das Fahren auf dem Grundstück und Abstellen des Fahrzeugs auf dem Stellplatz erfolgt auf eigenes Risiko des Mieters. Der Vermieter haftet nicht für Beschädigungen oder Verlust (Feuer, Diebstahl oder Ähnliches); es sei denn, dem Vermieter fällt bei der Schadensentstehung grobe Fahrlässigkeit oder Vorsatz zur Last.[11]

Der Vermieter haftet auch nicht für die rechtzeitige Freimachung des Stellplatzes durch den Vormieter.

§ 7 Minderung

Sollte der Stellplatz aus wichtigem Grund, z B wegen Ausbesserungsarbeiten am Gebäude oder im Hof zeitweilig nicht benutzbar sein, wird der Mieter die Miete deswegen nicht mindern. Der Mieter kann die Miete jedoch zeitanteilig mindern, wenn die Verhinderung der Benutzung länger als 7 Tage andauert.[12]

§ 8 Eigenständigkeit der Mietverhältnisse

Die Vermietung des Stellplatzes erfolgt unabhängig von der Vermietung einer Wohnung an den Mieter. Dies gilt insb. auch für den Fall, dass Wohnungs- und Garagenmietvertrag am selben Tag und am selben Ort abgeschlossen worden sind. Die Vertragsparteien sind sich darüber einig, dass insbesondere für Mieterhöhungen und Kündigung bzgl. der Wohnung und des Stellplatzes eigenständige Vertragsverhältnisse vorliegen.[13]

. . . .

(Vermieter)   (Mieter)

Anmerkungen

1. Das vorliegende Vertragsmuster ist – dem Umfang des Mietverhältnisses angemessen – bewusst knapp gehalten.

2. Bei mehreren Stellplätzen ist nicht „ein" Außenstellplatz zu vermieten, sondern ein bestimmter, der so genau wie möglich bezeichnet werden sollte, will sich der Vermieter nicht täglich mit dem Streit der Stellplatzmieter auseinandersetzen, wer auf wessen „angestammtem" Platz steht.

3. Hier könnte auch eine feste Vertragslaufzeit mit Verlängerungsoption oder automatischer Verlängerungsklausel vereinbart werden, → Form. A.VI.8, § 6 Abs. 2.

4. Die Kündigungsfrist ist beim Stellplatzmietvertrag frei vereinbar. Erfolgt keine Vereinbarung, richtet sich die Kündigungsfrist nach § 580a BGB.

5. Diese Regelung ist vor allem sinnvoll bei großem zeitlichem Abstand zwischen Vertragsschluss und Beginn des Mietverhältnisses.

6. → Form. D.X.1, → Form. D.X.2.

7. Dadurch wird eine Zahlung vor Gebrauchsüberlassung festgelegt. Bei einem Stellplatzmietvertrag dürfte das zulässig sein.

8. Damit ist § 579 BGB – nachschüssige Zahlungsweise – abbedungen.

9. Die zwingende Verzinsungspflicht des § 551 BGB gilt – entsprechend der Stellung des § 551 BGB im Abschnitt II. Mietverhältnisse über Wohnraum – nur für Wohnraum. Zur Verzinsung(spflicht) einer Kaution bei gewerblichen Mietverhältnissen → Form. A. VI.1 Anm. 32.

10. Abhängig von der Toleranz der Umgebung kann hier auch ein völliger Ausschluss von Reparaturarbeiten erfolgen. Insbesondere an Orten, an denen sich Außenstellplätze wegen ausreichendem Parkraum auf öffentlichen Straßen nur schwer vermieten lassen, ist es den Vermietungschancen aber nicht förderlich, wenn der Mieter an seinem Fahrzeug gar nichts; ggf. noch nicht einmal einen Reifenwechsel, vornehmen darf. Auf der anderen Seite setzt sich der Vermieter bei der Gestattung bestimmter Arbeiten (zB Ölwechsel) ggf. der Gefahr eines Verstoßes gegen öffentlich-rechtliche Vorschriften und als Grundstückeigentümer sodann der Inanspruchnahme als Störer aus, → Form. A.IV.4 Anm. 6.

11. § 309 Nr. 7 a) und b) BGB.

12. Im Umkehrschluss aus § 536 Abs. 4 BGB sind dem Mieter nachteilige Einschränkungen des Mietminderungsrechts aus § 536 BGB bei einem Stellplatzmietvertrag zuläs-

sig. Auf der anderen Seite dürfte ein formularmäßiger Ausschluss jeglichen Minderungsrechts unzulässig sein, da der Mieter selbst dann die Miete weiterzahlen müsste, wenn der
Vermieter seine Hauptleistung – Überlassung der Mietsache zum Gebrauch durch den
Mieter- überhaupt nicht mehr erfüllt. Ein so weiter Ausschluss jeden Minderungsrechts
wäre mit dem Grundgedanken der gesetzlichen Regelung nicht mehr vereinbar und daher
auch bei Nicht-Wohnraummietverträgen gem. § 307 Abs. 2 BGB unwirksam. Die oben
vorgeschlagene Klausel versucht, hier einen Interessenausgleich herbeizuführen und
definiert letztlich, was die Vertragsparteien nach § 536 Abs. 1 S. 3 BGB als – noch –
unerhebliche Minderung der Tauglichkeit ansehen wollen. Die weitere Beschränkung,
dass die Mietminderung für die ersten sieben Tage nur dann ausgeschlossen ist, wenn es
für die Nichtbenutzbarkeit einen objektiv wichtigen Grund gibt (wie zB Ausbesserungsarbeiten) stellt klar, dass ansonsten das volle Mietminderungsrecht besteht. Insgesamt ist
daher eine solche Klausel bei einem Stellplatzmietvertrag als zulässig anzusehen.

13. Diese Klarstellung empfiehlt sich, wenn der Mieter im gleichen Haus auch eine
Wohnung gemietet hat; und zwar auch dann, wenn der Stellplatz zu einem späteren
Zeitpunkt vermietet wird, da sonst nach OLG Karlsruhe NJW 1983, 1499 nur von einer
Ergänzung des Wohnraummietvertrages auszugehen ist. Daher besteht eine Möglichkeit
der separaten Mieterhöhung oder Kündigung bei einem Außenstellplatz überhaupt nur
dann, wenn er in einem eigenen Vertrag vermietet worden ist (vgl. hierzu – unter dem
Gesichtspunkt separater Kündigung – LG Stuttgart DWW 2001, 136). Und selbst dann ist
auch die Meinung vertretbar, dass eine separate Mieterhöhung oder Kündigung nicht
möglich ist, wenn trotz formeller Aufspaltung in zwei Verträge die Wohnung und der
Stellplatz praktisch als Einheit vermietet worden sind (zB wenn beide Verträge nach
einheitlichen Vertragsverhandlungen zur selben Zeit unterzeichnet worden sind). Auf jeden
Fall empfiehlt es sich dann, eine dem § 8 entsprechende Klausel parallel auch in den
Wohnungsmietvertrag aufzunehmen). Allerdings spricht bei zwei getrennten Verträgen
eine Vermutung für die rechtliche Selbstständigkeit der jeweiligen Vereinbarung (BGH
NZM 2012, 78); vor allem, wenn der Stellplatzmietvertrag zu einem späteren Zeitpunkt
abgeschlossen und darin eine vom Wohnraummietvertrag abweichende Kündigungsfrist
vereinbart wurde (BGH NZM 2013, 726). Auch die Lage von Wohnung und Stellplatz auf
verschiedenen, ggf. räumlich deutlich voneinander entfernten Grundstücken (BGH NZM
2012, 78: gegenüberliegende Straßenseite) spricht für zwei separate Vereinbarungen.

VII. Besondere Regelungsinhalte des Gewerberaummietverhältnisses

1. Leistungsvorbehalt als Wertsicherungsklausel

§ . . . . . Mietzins, Leistungsvorbehalt[1]

(1) Die monatliche Grundmiete[2] beträgt bei Mietbeginn   . . . . . EUR
zuzüglich der jeweils geltenden gesetzlichen MwSt

von zur Zeit . . . . . %   . . . . . EUR,

also insgesamt   . . . . . EUR.

(2) Der nach Ziff. (1) festgelegte Mietzins bleibt bis zum . . . . . unverändert.[3] Für die Folgezeit bestimmt sich die Höhe der vom Mieter geschuldeten Miete wie folgt:

(Variante 1: Anpassung der anfänglich vereinbarten Miete in einem noch nicht vollständig fertiggestellten oder nur teilweise ausgelasteten Einkaufszentrum

(3) Der nach Ziff. (1) bestimmte Mietzins regelt eine ermäßigte Anfangsmiete, weil sich das Einkaufszentrum noch in der Bau- und Anlaufphase befindet. Die Vertragsparteien sind sich darüber einig, dass die angemessene Miethöhe bei im Wesentlichen vollständiger Auslastung des Einkaufszentrums die anfängliche Miete um . . . . . % übersteigen würde.

Der Vermieter ist nach vorstehender Maßgabe berechtigt, die Miethöhe zum Ablauf des Festschreibungszeitraums und sodann noch . . . . .-mal im Abstand von mindestens . . . . . Jahren/Monaten, aber letztmalig bei Vollvermietung, jedoch spätestens bis zum . . . . . neu festzusetzen.[4] Die Neufestsetzung hat nach billigem Ermessen zu erfolgen und kann nur darauf gestützt werden, dass es in Bezug auf die Auslastung des Einkaufszentrums (den Vermietungsstand) zu nicht unerheblichen Veränderungen gekommen ist, die den Mietpreis im Umfang der Neufestsetzung beeinflussen.[5] Die Festsetzung des Mietzinses hat schriftlich unter Angabe der Umstände zu erfolgen, die für die Mietanpassung maßgeblich sein sollen. Diese Erklärung muss dem Mieter mindestens 1 Monat vor dem vertraglichen Zahlungstermin zugegangen sein, zu dem die Neufestsetzung wirksam werden soll.

Mit Ablauf des Termins, zu dem letztmalig eine Neufestsetzung durch den hier geregelten Leistungsvorbehalt möglich ist, bestimmt sich die Anpassung der vom Mieter zu zahlenden Miete allein nach § . . . . .[6])

(Variante 2 Leistungsbestimmung durch Gutachter[7]

(3) Die nach diesem Vertrag zu zahlenden Miete kann nach Ablauf der Mietfestschreibung im Abstand von jeweils . . . . . Jahren auf ihre Angemessenheit hin überprüft und neu festgesetzt werden. Die Parteien sind sich darüber einig, dass für die Bestimmung des Mietpreises, insbesondere die orts- und marktüblichen Preisgegebenheiten für vergleichbare Gewerbemietobjekte, die allgemeinen wirtschaftlichen Rahmenbedingungen, die Geldwert- und Zinsentwicklung, und die spezifischen Lage- und Ausstattungsmerkmale der mit diesem Vertrag angemieteten Mieträume,

namentlich auch folgende Gegebenheiten . . . . .,

maßgeblich sein sollen.[8]

(4) Die Neufestsetzung der Netto-Miete mit Stichtag zum Ablauf der Mietfestschreibung erfolgt durch einen öffentlich bestellten und vereidigten Sachverständigen für Bau- und Mietbewertungen als Schiedsgutachter, der vom ortsansässigen Haus- und Grundbesitzerverein zu benennen ist.[9]

(5) Ob zu den jeweiligen Festsetzungsterminen ein Schiedsgutachter tätig werden soll, unterliegt der Entscheidung des Vermieters. Die Beauftragung hat spätestens . . . . . Monate nach Ablauf des jeweils vorangegangenen Festschreibungszeitraums zu erfolgen.[10] *Der Schiedsgutachter ist unter Vorlage des Mietvertrags sowie unter Hinweis auf die nach diesem Vertrag maßgeblichen Mietpreiskriterien zur Erstellung eines schriftlichen Schiedsgutachtens aufzufordern, mit dem die Miethöhe für die Zeit nach Ablauf des letzten Festschreibungszeitraums neu festzusetzen ist.*[11]

(6) Der neu festgesetzte Mietzins ist vom Mieter ab Vorlage des Schiedsgutachtens zu den vertraglichen Zahlungsterminen zu entrichten und gilt auch rückwirkend – und insoweit mit sofortiger Fälligkeit – für die bereits verstrichene Zeit des Festschreibungszeitraums, für den die Neufestsetzung erfolgt.

(7) Unterbleibt eine fristgerechte Beauftragung des Schiedsgutachters aus vom Vermieter zu vertretenden Gründen, so hat dies für den nachfolgenden Festschreibungszeitraum zur Folge, dass die bis dahin geschuldete vertragliche Miete weiter gilt. Das auch mehrmalige Unterbleiben einer Neufestsetzung lässt das Recht des Vermieters, von dem vertraglichen Leistungsvorbehalt zu späterer Zeit nach Maßgabe dieses Vertrags wieder Gebrauch zu machen, unberührt.

(8) Die Kosten des Schiedsgutachtens tragen die Vertragsparteien je zur Hälfte.[12])

Anmerkungen

1. Neben den Preisindexklauseln (vgl. hierzu im Einzelnen die Regelungen zu → Form. A.VI.1 Anm. 16–18) sind vertragliche Leistungsvorbehalte von praktischer Bedeutung. Auch hierbei handelt es sich um der **Wertsicherung** und -anpassung dienende Klauseln (zur Wertsicherung bei gewerblichen Mietverträgen vgl. die Darstellung von *Schultz* NZM 2000, 1135).

Mietanpassungsklauseln können grundsätzlich formularvertraglich vereinbart werden, unterliegen aber im unternehmerischen Bereich gemäß § 310 Abs. 1 BGB der Inhaltskontrolle nach § 307 BGB. Preisänderungsklauseln stellten bei langfristigen Vertragsverhältnissen, insbesondere solchen, die auf einen Leistungsaustausch gerichtet sind, ein geeignetes und anerkanntes Instrument zur Bewahrung des Gleichgewichts von Preis und Leistung dar (BGH 27.6.2012 – XII ZR 93/10, MietPrax-AK BGB § 307 Nr. 5).

Der Leistungsvorbehalt versteht sich als eine Vereinbarung, nach der Veränderungen einer bestimmten Bezugsgröße Voraussetzung für eine Änderung des vom Mieter zu leistenden Mietzinses sein sollen. Die Änderung der Miethöhe tritt beim Leistungsvorbehalt nicht automatisch ein, sondern erfordert einen konstitutiven Akt der Leistungsbestimmung. Leistungsvorbehaltsklauseln können gemäß § 1 Abs. 2 Nr. 1 Preisklauselgesetz/PrKG genehmigungsfrei wirksam vereinbart werden.

Die beim Leistungsvorbehalt zu treffende Leistungsbestimmung kann durch eine Vertragspartei oder durch beide Parteien gemeinsam erfolgen oder einem Dritten vorbehalten bleiben (BGH 12.1.1968 – V ZR 187/64, NJW 1969, 91). Da es über die Verbindlichkeit nachträglicher Leistungsbestimmungen eher zum Streit kommen kann als bei einer festgeschriebenen Miethöhe oder bei automatisch eintretenden Mietpreisänderungen, bergen Vorbehaltsklauseln ein erhöhtes Maß an Vertragsunsicherheit in sich.

Durch die Einräumung und nähere Ausgestaltung eines einseitigen Leistungsbestimmungsrechts, das eine Vertragspartei zu einer Preisanpassung berechtigt, wird von dem Grundsatz abgewichen, dass Leistung und Gegenleistung im Vertrag festzulegen sind (BGH 27.6.2012 – XII ZR 93/10, GuT 2012, 390; BGH 24.3.2010 – VIII ZR 178/08, NJW 2010, 2793).

Eine weitere Art von Wertsicherungsklauseln sind **Spannungsklauseln,** bei denen eine gleichartige oder vergleichbare Leistung (beim Mietvertrag typischerweise der Mietzins für Vergleichsobjekte) als Maßstab für die Anpassung des vertraglichen Mietzinses dient (vgl. BGH 2.2.1983 – VIII ZR 13/82, NJW 1983, 1909). Spannungsklauseln sind grundsätzlich genehmigungsfrei § 1 Abs. 2 Nr. 2 PrkG).

Weitere der Wertsicherung und -anpassung dienende Klauseln sind die nach § 1 Abs. 2 Nr. 3 PrKG genehmigungsfreien **Preis- und Kostenelementklauseln,** bei denen sich der Mietzins nach dem Preis für bestimmte andere Kostenelemente des Mietobjekts bestimmt (vgl. *Schultz* NZM 2000, 1135).

2. Regelungen betreffend die **Betriebkosten** und hierauf zu leistende Vorauszahlungen bleiben hier zwecks besserer Übersichtlichkeit unberücksichtigt. Sie wären etwa entsprechend dem Standardvertrag – → Form. A.VI.1 Anm. 15 – einzufügen oder gesondert niederzulegen.

3. Aus Gründen der Praktikabilität sollten die Vertragsparteien bei der Verabredung eines Leistungsvorbehalts keine kurzzeitig aufeinander folgenden Mietzinsänderungen vorsehen, denn ständige Anpassungen oder Neufestsetzungen erhöhen die Gefahr, dass es hierüber zum Streit kommt.

4. Die Änderung bzw. Anpassung der Miete erfolgt beim Leistungsvorbehalt grundsätzlich durch die **Ausübung eines Bestimmungsrechts** (§ 315 BGB), sei es durch eine Vertragspartei (meist durch den Vermieter), sei es durch einen Dritten (§ 317 BGB), typischerweise durch einen Schiedsgutachter.

Vertragsgestaltungen, bei denen die Miethöhe der den Verhandlungen bzw. der Disposition beider Vertragsparteien unterliegen soll,

Nach Ablauf von. . . . .Jahren kann jede Partei die Aufnahme von Verhandlungen über die Höhe des Mietzinses verlangen.

sollten vermieden werden. Eine klare Zuweisung, ob und wem ein Anspruch auf Mietanpassung zustehen soll, geht mit solchen Bestimmungen nicht einher. Einigen die Parteien sich nicht alsbald über eine Mietanpassung, geraten sie leicht in ausufernde und ergebnislose Verhandlungen und so in eine unübersichtliche Vertragssituation, der mit vertraglichen Vorgaben nur schwer vorgebeugt werden kann. Unter welchen Voraussetzungen und nach welcher Maßgabe dann eine gerichtliche Entscheidung ergehen kann, ist nicht vertragssicher zu überblicken.

Wenn die Preisanpassung sich erst aus dem Ergebnis von Verhandlungen, dh aus vertraglichen Vereinbarungen zur nachträglichen Mietpreisänderung ergeben soll, sind außerdem Schwierigkeiten bei der **Wahrung der Schriftform iSv § 550 BGB** indiziert. Die vertragliche Änderung der Miete stellt stets eine wesentliche und – jedenfalls soweit sie (potentiell) für mehr als ein Jahr erfolgt und nicht jederzeit vom Vermieter widerrufen werden kann – dem Formzwang des § 550 Satz 1 BGB unterfallende Vertragsänderung dar (BGH 11.4.2018 – XII ZR 43/17, NZM 2018, 515). Da **Schriftformheilungsklauseln** nach der Rspr. des BGH **unwirksam sind** (27.9.2017 – XII ZR 114/16, NJW 2017, 3772; 11.4.2018 – XII ZR 43/17, NZM 2018, 515), lässt sich die Wahrung der Schriftform bei späteren Vertragsänderungen nur schwer gewährleisten.

§ 550 BGB ist allerdings nicht einschlägig, wenn einer Partei bereits im Mietvertrag die Möglichkeit eingeräumt wird, **durch einseitige Willenserklärung eine Vertragsänderung zur Mietanpassung herbeizuführen**, und sie dann von dieser Möglichkeit Gebrauch macht. In diesem Fall, der hier der Variante 1 im Formular entspricht, muss sich nur die ursprüngliche vertragliche Bestimmung dem Schriftformerfordernis genügen, während die Ausübung des Anpassungsrechts nicht laufzeitschädlich im Sinne des § 550 BGB ist (BGH 5.2.2014 – XII ZR 65/13, NJW 2014, 1300; 11.4.2018 – XII ZR 43/17, NZM 2018, 515).

Ob auch die Leistungsbestimmung durch einen Schiedsgutachter im Rahmen von § 550 BGB unschädlich ist, hat der BGH (aaO) nicht ausdrücklich behandelt. Ein einseitiges Bestimmungsrecht einer Vertragspartei hat der BGH aber deshalb als formunschädlich gebilligt, weil ein Erwerber des Grundstücks bereits durch das aus dem Ursprungsvertrag hervorgehende Leistungsbestimmungsrecht Kenntnis davon habe, dass es möglicherweise auch zu entsprechenden Bestimmungen gekommen ist. Es sei ihm dann zuzumuten, sich ggf. bei dem Verkäufer oder bei dem Mieter zu erkundigen (BGH 24.7.2013 – XII ZR 104/12, NJW 2013, 3361; 2.5.2007 – XII ZR 178/04, NJW 2007, 3273; 5.2.2014 – XII ZR 65/13, NZM 2018, 515). Diese Beurteilung lässt sich ohne Weiteres auf die Leistungsbestimmung durch einen Gutachter übertragen, weshalb diesseits auch in Bezug auf die Leistungsbestimmung durch den Schiedsgutachter kein Formzwang angenommen wird.

Mit den Formularbeispielen werden also Ausgestaltungen befürwortet, bei denen ein Bestimmungsrecht auszuüben ist. Ist es zur Ausübung dieses Rechts gekommen, kann die (Un-)Rechtmäßigkeit der Bestimmung direkt gerichtlich festgestellt werden, § 315 Abs. 3 BGB. Das geschieht regelmäßig im Wege der Leistungsklage des Vermieters, der den von ihm oder einem Dritten festgesetzten Mietzins einklagt. Wenn der Mieter die Unbilligkeit der Leistungsbestimmung einwendet, erfolgt die Bestätigung oder Ersetzung der Bestimmung durch das in diesem Rechtsstreit ergehende Urteil. Das kann auch mit den Urteilsgründen geschehen, also ohne besondere Tenorierung einer neuen Bestimmung, und erfordert keine Widerklage des Schuldners/Mieters (vgl. Palandt/*Grüneberg* BGB § 315 Rn. 17 mwN).

Das erste Beispiel im Formular behandelt einen Leistungsvorbehalt, der nur einen Teilaspekt der Mietpreisgestaltung zum Gegenstand hat und dem Vermieter auch nur für die anfängliche Mietzeit ein Bestimmungsrecht zuweist. Bei dieser Vertragsgestaltung ist für die nachfolgende Zeit eine Kombination mit anderweitigen Mietanpassungsregelungen – etwa im Sinne einer Staffelmiete (→ Form. A.VII.3) oder Indexklausel (→ Form. A.VI.1 Anm. 16–18) – möglich, um die durch den Vorbehalt modifizierte Miethöhe an die übrigen Marktgegebenheiten anzupassen, wenn sich der Leistungsvorbehalt durch Zeitablauf erledigt hat.

Der Vertrag sollte stets ausdrücklich festlegen, wann, in welchen Abständen und wie oft eine Preisanpassung möglich sein soll. Das OLG Hamburg (5.6.1980 – 4 U 185/79, MDR 1980, 848) hat die mehrfache Anwendbarkeit einer Wertsicherungsklausel auch ohne ausdrückliche Gestattung angenommen, wenn die dafür vorgesehenen Voraussetzungen während der Vertragszeit wiederholt eintreten. Es kann aber eine Verwirkung des Bestimmungsrechts eintreten, wenn der Vermieter längere Zeit keinen Gebrauch von den ihm eingeräumten Festsetzungsbefugnissen macht (OLG Schleswig 13.5.1998 – 4 U 3/97, OLGR 1998, 273; zur Verwirkung vgl. auch OLG Düsseldorf 23.10.1997 – 10 U 47/97, NZM 1998, 480; *Aufderhaar/Jaeger* NZM 2009, 564).

5. Dem Leistungsvorbehalt ist zu Eigen, dass die Leistungsbestimmung innerhalb eines bestimmten **Spielraums** zu erfolgen hat, und zwar auch dann, wenn der Maßstab (die preisbildenden Kriterien) für die Preisanpassung – in zulässiger und zu empfehlender Weise – von vornherein näher umschrieben wird. Dagegen ist nicht zu fordern, dass der Ermessensspielraum etwa aus Gründen der Vertragstransparenz konkret im Sinne bindender Bestimmungskriterien ausgestaltet sein muss (BGH 27.6.2012 – XII ZR 93/10, GuT 2012, 390). Das Postulat vertraglicher Klarheit würde die Gefahr begründen, das notwendige Ermessen praktisch so weit einzuengen, dass letztlich kein Bestimmungsspielraum mehr verbliebe. Der Vertrag kann daher nur die Rahmenbedingungen für die Ermessensausübung bei der Leistungsbestimmung näher umreißen, indem etwa festgehalten wird, dass bei Mietbeginn eine bestimmte Preisreduzierung veranschlagt wurde, die später wegfallen soll, oder dass bestimmte Preismerkmale (Lage, Zuschnitt, Ausstattung) in die Leistungsbestimmung mit einfließen sollen. Die Angabe solcher Umstände ermöglicht es, das bei einer Mietanpassung ausgeübte Ermessen auf seine Billigkeit hin zu überprüfen (§ 315 Abs. 1 BGB). Von Vorneherein berechenbare Bemessungskriterien iSv automatischen Preisfaktoren sind dagegen ermessenschädlich und können auch nicht unter Transparenzgesichtspunkten eingefordert werden. Ein nach dem Vertrag erst künftig auszuübendes Ermessen kann im Vertrag nicht gleichsam vorweggenommen werden (vgl. *Borzutzki-Pasing* jurisPR-MietR 21/2012 Anm. 2).

Eine Klausel, wonach der Vermieter zur Vornahme einer Anpassung der Miete berechtigt ist, wenn zu dem in der Klausel festgelegten Prüfungszeitpunkt die vereinbarte Miete nicht mehr ortsüblich oder sonst angemessen ist, hat der BGH gebilligt (27.6.2012 – XII ZR 93/10, GuT 2012, 390). Das Leistungsbestimmungsrecht sei damit an Voraussetzungen gebunden, die für einen Vertragspartner der Klägerin verständlich und nachprüfbar sind. Der Begriff der angemessenen Miete sei hinreichend bestimmt im Sinne des § 307 Abs. 1 S. 2 BGB. Angemessen sei der orts- und marktübliche Mietzins, der für vergleichbare Objekte bei einem Neuabschluss üblicherweise gefordert und gezahlt wird (BGH 27.6.2012 – XII ZR 93/10, GuT 2012, 390; 2.10.1991 – XII ZR 88/90, NJW-RR 1992, 517).

Verfehlt wäre es, einen Leistungsvorbehalt fest an Veränderungen einer bestimmten Bezugsgröße (zB eines Indexwerts) zu binden, die den Mietpreis automatisch in entsprechendem Umfang regulieren sollen. Dann liegt überhaupt kein Leistungsvorbehalt vor, sondern eine Wertgleitklausel, die besonderen Wirksamkeitsvoraussetzungen nach dem PrKG unterliegt (→ Form. A.VI.1 Anm. 16–18).

Das Bestimmungsrecht zugunsten einer Vertragspartei ist innerhalb des vorgegebenen Spielraums regelmäßig nach **billigem Ermessen** im Sinne von §§ 315 f. BGB auszuüben (BGH 9.5.2012 – XII ZR 79/10, NJW 2012, 2178). Eine Preisanpassung kann im Rahmen der Ermessensausübung nur mit und nicht entgegen der Bewegungsrichtung einer insoweit zu berücksichtigenden Bezugsgröße bestimmt werden (OLG Celle 5.4.2001 – 2 U 196/00, NJW-RR 2001, 1017 in Abgrenzung zu OLG Frankfurt 3.12.1998 – 3 U 257/97, NJW-RR 1999, 379).

Der Vertrag sollte die Rahmenbedingungen für die **Ermessensausübung** bei der Leistungsbestimmung möglichst konkretisieren. Im Beispielsfall vermittelt die Angabe, in welchem Umfang bei Mietbeginn eine Preisreduzierung veranschlagt wurde, auch den Maßstab dafür, in welchem Umfang bei einer Vollauslastung des Einkaufszentrums eine Mietanhebung in Betracht kommt. Außerdem ermöglicht es die – in jedem Fall empfehlenswerte – Beschreibung derjenigen Gründe, aus denen es zur Reduzierung der Anfangsmiete und zur Vereinbarung eines Leistungsvorbehalts gekommen ist, das bei einer Mietanpassung ausgeübte Ermessen zu überprüfen.

6. Hat sich der Leistungsvorbehalt durch **Zeitablauf** oder durch eine erfolgte **Leistungsbestimmung** erledigt (verbraucht), bedeutet dies nicht zwingend, dass der Mietzins von da an unverändert bleiben muss. Dann können Regelungen (weiter) gelten, die den Mietzins unabhängig von der durch Leistungsvorbehalt gesteuerten Anfangsmiete festlegen. Das könnte grundsätzlich auch wieder ein Leistungsvorbehalt (etwa im Sinne von Variante 2) oder etwa eine Indexklausel sein → Form. A.VI.1 Anm. 16–18.

7. Die Vereinbarung, dass ein **Schiedsgutachter** bestimmte Tatsachen untersuchen und eine Leistungsbestimmung treffen soll, ist vom Schiedsvertrag zu unterscheiden, der eine prozesshindernde Einrede begründen kann (§ 1032 Abs. 1 ZPO). Mit einem Schiedsvertrag wird an die Stelle des staatlichen Gerichts ein Schiedsgericht zur endgültigen

Entscheidung über zivilrechtliche Ansprüche gesetzt (§ 1029 Abs. 1 ZPO). Demgegenüber liegt ein Schiedsgutachtenvertrag vor, wenn ein Dritter, namentlich ein Sachverständiger, zur Festlegung bestimmter und sachlich begrenzter Tatsachen oder Leistungspflichten berufen sein soll. Entscheidend ist also, ob die Parteien mit der Klausel den Weg zu den ordentlichen Gerichten ausschließen wollen oder nicht (OLG Brandenburg 28.11.2013 – 12 U 42/13, NJW-RR 2014, 405; OLG Frankfurt 14.6.2011 – 11 U 36/10 (Kart), ZNER 2012, 188; Palandt/*Grüneberg* BGB § 319 Rn. 8). Soll eine Überprüfung durch das staatliche Gericht möglich sein, handelt es sich um eine Schiedsgutachtenklausel; soll eine derartige Überprüfung ausgeschlossen sein, handelt es sich um einen Schiedsgutachtenvertrag mit schiedsgerichtlichen Elementen. Im Zweifel ist ein Schiedsgutachten als weniger weitgehende Regelung anzunehmen, weil es der gerichtlichen Überprüfung zugänglich ist (BGH 4.6.1981 – III ZR 4/80, BB 1982, 1077).

Aus einem Schiedsgutachtervertrag folgt mithin kein Prozesshindernis im Sinne von § 1032 Abs. 1 ZPO. Er hindert das Prozessgericht lediglich, die vom Schiedsgutachter zu treffenden Feststellungen (ggf. nochmals) selbst vorzunehmen. Das Gericht ist daher beweismäßig – wie auch die Vertragsparteien – grundsätzlich an ein Schiedsgutachten gebunden. Wird eine Klage erhoben, ohne zuvor das vorgesehene Schiedsgutachten eingeholt zu haben, so ist die Klage bei beweiserheblichen Tatsachen als zur Zeit unbegründet abzuweisen, weil das Prozessgericht keinen Beweis über Tatsachen erheben darf, deren Feststellung dem Schiedsgutachter übertragen ist (BGH 30.10.1970 – V ZR 4/68, WM 1971, 39; OLG Düsseldorf 9.6.1986 – 5 U 203/85, NJW-RR 86, 1061).

Schiedsgutachten dienen dazu, den zwar objektiv bestimmbaren, aber nur mit einer gewissen Sachkunde feststellbaren Vertragsinhalt zu ermitteln. Es handelt sich um privatrechtlich vereinbarte Sachverständigengutachten außerhalb eines gerichtlichen Verfahrens, die der Klärung oder Feststellung von Tatsachen dienen. Dabei erkennen die Parteien die durch das Gutachten zu treffende Bestimmung bis zur Grenze offenbarer Unrichtigkeit als verbindlich an (BGH 17.1.2013 – III ZR 10/12, NJW 2013, 1296).

Von einem **Schiedsgutachten im engeren Sinne** wird gesprochen, wenn der Schiedsgutachter nur Tatsachen oder Tatbestandsmerkmale verbindlich feststellen soll, die für die Leistungspflicht relevant sind (OLG Stuttgart 20.12.2011 – 6 U 107/11, BeckRS 2012, 0014; Palandt/*Grüneberg* BGB § 317 Rn. 6). Die §§ 317 ff. BGB finden hierauf entsprechende Anwendung. Da dem Gutachter insoweit aber kein Ermessensspielraum zusteht, passen auf seine kognitive Entscheidung nicht die Kategorien „billig" oder „unbillig", sondern „richtig" oder „falsch" (BGH 18.5.1983 – VIII ZR 83/82, NJW 1983, 1854; OLG Frankfurt 13.4.2017 – 13 U 192/11, IBR 2019, 292; OLG Stuttgart 20.12.2011 – 6 U 107/11, BeckRS 2012, 0014). Dagegen sind die schiedsgutachterlichen Erklärungen und Feststellungen bei einem **Schiedsgutachten im weiteren Sinne**, das heißt einer zugleich erfolgenden Leistungsbestimmung nach billigem Ermessen des Schiedsgutachters, bei offenbarer Unbilligkeit unverbindlich (BGH 17.1.2013 – III ZR 10/12, NJW 2013, 1296).

Im Mietrecht wird eine Schiedsgutachtenabrede im engeren Sinne selten in Betracht kommen, weil sie weiteren Streit über die an das Gutachten anknüpfenden Rechtsfolgen, die konkret geschuldete Miethöhe, indiziert.

8. Alle für die Mietpreisbestimmung relevanten **Besonderheiten** sollten möglichst ausdrücklich aufgeführt werden, etwa wenn der Mieter einen besonders intensiven Mietgebrauch mit hohem Abnutzungsgrad ausübt oder wenn sich ganz spezielle Lage- und Ausstattungsbedingungen auf die Mietpreisbildung auswirken. Die Benennung entsprechender Tatsachen bewirkt die Klarstellung, dass diese Umstände nach dem Willen der Vertragsparteien in die Mietkalkulation einfließen sollen. Daraus folgt eine Bindung des Schiedsgutachters (und ggf. des anschließend angerufenen Gerichts), solche Umstände kalkulatorisch zu berücksichtigen.

9. Es kann auch eine gemeinsame Benennung durch die Vertragsparteien und nur hilfsweise – bei fehlender Einigung – eine Benennung durch Dritte (zB auch der IHK oder eines Fachverbands) geregelt werden.

10. Das Formular will mit der **Befristung** für die Einholung eines Schiedsgutachtens zweierlei bewirken. Zum einen sollen die Vertragsparteien alsbald Rechtssicherheit über die Mietpreisentwicklung erhalten. Zum anderen regelt die Klausel für den Vermieter eine Steuerungsmöglichkeit zur Vermeidung unergiebiger und unnötig kostenträchtiger Begutachtungen (zB bei ersichtlich stagnierenden Marktgegebenheiten) oder dem Vermieter nachteiliger gutachterlicher Erkenntnisse. Abweichende Regelungen sind möglich.

11. Die vertragliche Bindung an das Ergebnis eines Schiedsgutachtens entfällt auch ohne besondere vertragliche Regelungen dann, wenn das **Gutachten offenbar unrichtig oder unbillig** ist (§ 319 Abs. 1 BGB). **Verzichten die Vertragsparteien jedoch auf eine Begründung** der schiedsgutachterlichen Beurteilung, soll dies dahin auszulegbar sein, dass deren Nachvollziehbarkeit selbst dann nicht hinterfragt werden soll, wenn das Testat in der Sache offenbar unrichtig ist (OLG Köln 29.10.2013 – 18 U 1/13, BeckRS 2013, 22587).

Offenbar unrichtig ist ein Schiedsgutachten, wenn sich die Unrichtigkeit einem sachkundigen Betrachter unmittelbar aufdrängt. Ob eine offenbare Unrichtigkeit vorliegt, ist nach dem Sachverhalt und der Fragestellung zu beurteilen, welche die Parteien dem Schiedsgutachter unterbreitet haben (BGH 21.4.1993 – XII ZR 126/91, NJW-RR 1993, 1034).

Ein Gutachten kann in vorstehendem Sinne aus mehreren – sich meist überschneidenden – Gründen unbrauchbar werden:
- grob lückenhafte Erfassung und Darstellung der zu verwertenden Anknüpfungstatsachen und Erkenntnisquellen (BGH 16.11.1987 – II ZR 111/87, NJW-RR 1988, 506),
- sich aufdrängende Fehlerhaftigkeit oder Einseitigkeit (BGH 2.2.1977 – VIII ZR 155/75, NJW 1977, 801),
- fehlende Nachvollziehbarkeit und Nachprüfbarkeit (BGH 5.12.1979 – VIII ZR 155/78, WM 1980, 108),
- fachliche Unergiebigkeit
- Einbeziehung von Bewertungskriterien, die für den Mietzins nicht vertraglich relevant sind (zu falschen Flächengrößen vgl. LG Bremen 16.10.2018 – 1 O 26/18, BeckRS 2018, 26855, Anm. *Klose* IMR 2019, 24).

Maßstab für die Anfechtbarkeit eines Schiedsgutachtens ist aber der solchen Klauseln immanente Zweck, eine verbindliche Bestimmung herbeizuführen und gerichtliche Schritte möglichst zu vermeiden. Deshalb reichen nicht jede Lücke in der Darstellung oder anderweitige beliebige Ansätze für eine Gutachtenskritik aus, um die Verbindlichkeit des Gutachtens in Frage zu stellen. Kritikpunkte wird es bei jedem Gutachten zumindest aus der Sicht einer Vertragspartei geben. Soweit der Gutachter die Aufgabenstellung richtig erfasst, die maßgeblichen Bewertungsfaktoren herangezogen und in einer akzeptablen Toleranzgrenze gewichtet und das Untersuchungsergebnis nachvollziehbar dargestellt und begründet hat, entfaltet die hiermit erfolgte Leistungsbestimmung vertragliche Geltung (BGH 26.4.1991 – V ZR 61/90, NJW 1991, 2761; OLG Frankfurt 14.6.2011 – 11 U 36/10 (Kart) ZNER 2012, 188).

Schwierigkeiten können sich bei der Überprüfung von Gutachten ergeben, wenn Sachverständige **Vergleichsdaten** nicht offen legen, weil sie sich zur Geheimhaltung von Informationen über fremde Vertragsverhältnisse gehalten sehen (vgl. *Isenmann* DWW 1995, 68). Es wird jedenfalls eine so weit gehende Konkretisierung zu fordern sein, dass vergleichsweise verwertete Beschaffenheitsmerkmale überprüft werden können.

12. Andere **Kostenverteilungen** sind denkbar. Die im Baurecht übliche Regelung, den Sachverständigen auch über die Kosten der Begutachtung befinden zu lassen, passt zumeist nicht für die Mietpreisanpassung, wenn noch kein Streit besteht, innerhalb dessen über die Kostenlast zu befinden wäre. Etwas anderes könnte dann vereinbart werden, wenn dem Schiedsgutachten ein Vorschlagsrecht einer Vertragspartei oder Verhandlungen über eine bestimmte Preisanpassung vorgeschaltet ist und der Gutachter nur im Streitfall entscheiden soll.

Wenn es im Mietvertrag an besonderen Abreden zu den Kosten der Begutachtung fehlt, kann über eine ergänzende Vertragsauslegung anzunehmen sein, dass Vermieter und Mieter die Kosten des Schiedsgutachters je zur Hälfte zu tragen haben (LG Hamburg 27.9.1974 – 11 S 69/74, MDR 1975, 143; AG Köln 2.3.2018 – 213 C 136/17, ZMR 2018, 512).

2. Umsatzmiete

§ . . . . . Vereinbarungen zur Miethöhe, Umsatzmiete, Fälligkeit[1]

(1) Der Mieter hat folgende Mietzahlungen zu leisten:

eine monatliche Basisgrundmiete in Höhe von . . . . . EUR,[2]
ferner einen monatlichen umsatzabhängigen Grundmietzuschlag, nach Maßgabe der nachfolgenden Bestimmungen
die für Basismiete und Mietzuschlag zu ermittelnde gesetzliche Umsatzsteuer in der jeweils geltenden Höhe, zurzeit in Höhe von . . . . . %.

(2) Der zusätzlich zur Basismiete zu entrichtende Mietzuschlag beträgt . . . . . % des zu ermittelnden Netto-Umsatzes aus dem Verkauf von . . . . ., den der Mieter in dem betreffenden Monat mit dem im Mietobjekt geführten Betrieb erzielt hat, und zwar ungeachtet aller Fälligkeits-, Stundungs-, Erfüllungs- oder Verrechnungsabreden, die mit dem jeweiligen Geschäftspartner getroffen werden.[3] Die getätigten Umsätze hat der Mieter im Rahmen einer sorgfältigen, prüffähigen kaufmännischen Buchführung zu erfassen.[4]

(3) Die nach Ziff. (1) zu entrichtende Basismiete zzgl. der jeweils geltenden USt ist vom Mieter monatlich im Voraus zu zahlen.

(4) Der vom Mieter zu zahlende Umsatzzuschlag zzgl. der jeweils geltenden USt ist im Rahmen der nach näherer Maßgabe von § . . . . . bestehenden Betriebspflicht[5] monatlich nachträglich zu ermitteln, und zwar anhand einer vom Mieter zum jeweiligen Monatsende zu erstellenden und dem Vermieter bis zum . . . . . Werktag des Folgemonats zu übermittelnden Auflistung über die für die Umsatzbeteiligung maßgeblichen Umsätze.[6] Der Mieter hat dem insoweit zur Verschwiegenheit verpflichteten Vermieter auf Verlangen Auskunft über alle Geschäftsmodalitäten zu erteilen, die für die Bestimmung des Umsatzzuschlags erheblich sein können. Der Vermieter ist berechtigt, bei konkreten, dem Mieter mitzuteilenden Bedenken gegen die Richtigkeit der ihm erteilten Auskünfte Einsicht in die betreffenden Buchhaltungs- und Geschäftsunterlagen zu nehmen bzw. die Richtigkeit der erteilten Auskünfte durch eine von ihm beauftragte, fachlich qualifizierte Person überprüfen zu lassen.[7]

(5) Die Basismiete für den laufenden Monat und der für den Vormonat ermittelte Umsatzzuschlag sind monatlich bis zum . . . . . eines jeden Monats kostenfrei auf das Konto des Vermieters

Bank: . . . . .

IBAN: . . . . .

zu entrichten. Die Zahlungen müssen jeweils bis zum . . . . . des betreffenden Monats auf dem Konto des Vermieters eingegangen sein.

(6) Der Vermieter kann Zahlungen des Mieters nach seiner Wahl auf offene Forderungen verrechnen, soweit nicht der Mieter bei Zahlung den Verwendungszweck anderweitig bestimmt hat.

Anmerkungen

1. In bestimmten Bereichen der Gewerberaummiete hat die **Umsatzmiete** erhebliche praktische Bedeutung. Insbesondere in Großobjekten (Einkaufscentern, Ladenpassagen, Malls) ist die Vereinbarung einer Umsatzmiete marktüblich. Bei ihr partizipiert der Vermieter in bestimmtem Umfang an den vom Mieter erzielten Geschäftsumsätzen. Demgegenüber ist die auf den Mietzins zu entrichtende Umsatzsteuer, soweit der Vermieter hierauf optiert hat, kein Nutzungsentgelt zugunsten des Vermieters sondern eine steuerrechtliche Abgabe, die für die Vertragsparteien unter dem Gesichtspunkt des Vorsteuerabzugs relevant ist (→ Form. A.VII.4; *Herrlein*, Umsatzsteuer und Miete, Vortrag auf dem Deutschen Mietgerichtstag 2013, www.mietgerichtstag.de).

Die Umsatzmiete kann nach herrschender Meinung auch **formularmäßig vereinbart werden**, soweit sie sich im Rahmen des Branchenüblichen hält und nicht schlechthin überraschend ist (OLG Brandenburg 7.2.2011 – 3 U 171/10, BeckRS 2011, 16476 und 7.2.2011 – 3 U 171/10, BeckRS 2011.16476; *Neuhaus* GuT 2005, 200). Ein unangemessener Überraschungseffekt ist nach diesseitiger Auffassung bei der Anmietung von gewerblichen Räumen in Großobjekten (zB in einem Einkaufscenter) nicht gegeben, da insoweit bereits von einer verkehrsüblichen Vertragsgestaltung auszugehen sein dürfte. Formularmäßig niedergelegte Bestimmungen zur Umsatzmiete unterliegen jedenfalls im Rahmen von §§ 307, 310 Abs. 1 BGB der Inhaltskontrolle, weshalb unangemessen benachteiligende Regelungen unwirksam sind (→ Form. A.V.1 Anm. 1).

Vereinbaren die Vertragsparteien allein eine Umsatzmiete ohne einen vom Umsatz unabhängigen Basis- oder Mindestmietzins, bestimmt sich die Miethöhe ausschließlich nach dem vertraglich festzulegenden Anteil, in dessen Umfang der Vermieter umsatzbezogen am Geschäftserfolg des Mieters partizipieren soll. In eine so direkte Abhängigkeit von den Geschäftsrisiken und Erfolgsaussichten des Mieters wird sich der Vermieter aber allenfalls im Rahmen geschäftlicher Beziehungen begeben, die eher als Gesellschaftsverhältnis auszugestalten wären. Die Begründung einer Gesellschaft bürgerlichen Rechts (§§ 705 ff. BGB) mag dann in Betracht kommen, wenn der Vermieter speziell für den Betrieb des Mieters bauliche oder technische Investitionen tätigt, deren Kosten aus Gründen mangelnder – anfänglicher – Leistungsfähigkeit des Mieters nicht unmittelbar in die Mietkalkulation einfließen sollen. Ohne besondere gesellschaftsvertragliche Vereinbarungen begründet aber allein die Verabredung einer Umsatzmiete trotz ihrer partiarischen Eigenheiten noch keine Gesellschaft bürgerlichen Rechts (BGH 28.10.1987 – VIII ZR 383/86, NJW-RR 1988, 417, zugleich zur sog. negativen Umsatzmiete als partiarischem Rechtsverhältnis).

Das Formular regelt eine Umsatzmiete unter Vereinbarung eines Mindestmietzinses bzw. einer **Basismiete** (vgl. hierzu auch das Beispiel einer Umsatzmietklausel bei *Lindner-Figura* NZM 1999, 492).

Rechtliche Hindernisse für die Vereinbarung einer Umsatzmiete bestehen bei der Anmietung von **Apotheken.** Die Regelung des § 8 Abs. 2 ApothG dient (mit den Nichtigkeitsfolgen aus § 12 ApothG) der grundsätzlichen Vermeidung von partiarischen oder vergleichbaren Rechtsverhältnissen, innerhalb derer der Betreiber einer Apotheke in seiner Entscheidungsfreiheit beeinträchtigt werden könnte (BGH 22.10.1997 – XII ZR

142/95, NZM 1998, 192). Das Verbot der Umsatzmiete gilt nicht nur für die Anmietung der Apothekenräume, sondern für sämtliche dem Betrieb der Apotheke dienenden Mietverträge, etwa über Einrichtungen oder technische Anlagen (BGH 22.10.1997 – XII ZR 142/95, NZM 1998, 192; zur Anwaltshaftung bei der Vertragsgestaltung vgl. BGH 27.11.2003 – IX ZR 76/00, NZM 2004, 190).

2. Bei der Bestimmung des jedenfalls zu entrichtenden **Basismietzinses** sollten die Parteien sich über die realistisch zu erzielenden Umsätze als Maßstab für den umsatzabhängigen Mietanteil sorgfältig abstimmen. Wenn die fortlaufende Mindestmiete zu gering kalkuliert wird, läuft der Vermieter Gefahr, auf Dauer einen zu niedrigen Mietzins zu erhalten. Wird die Basismiete zu hoch angesetzt, muss der Mieter eine Gesamtmiete entrichten, die ggf. weit über dem orts- und marktüblichen Mietpreis liegt. Soweit vertreten wird, bei der Umsatzmiete sei die Problematik einer **sittenwidrigen und wucherischen Miethöhe** eher zu vernachlässigen (vgl. *Lindner-Figura* NZM 1999, 493), so vermag dies nicht zu überzeugen. Wenn bereits die Basismiete den Nutzwert der Mietsache weitgehend ausgleicht und auch die Gewinninteressen des Vermieters abdeckt, wird das Hinzutreten eines hohen Umsatzzuschlags ohne weiteres ein krasses Missverhältnis zwischen Mietzins und Nutzwert im Sinne von § 138 Abs. 2 BGB bewirken können. Besitzt der Vermieter bei einer solchen Konstellation ein starkes wirtschaftliches Übergewicht oder hat er in Bezug auf geeignete Mietflächen eine Monopolstellung inne und kommt der Mietvertrag unter bewusster Ausnutzung solcher Gegebenheiten zustande, kann dies dem Schutzzweck des § 138 BGB zuwiderlaufen. Schon das Bestehen eines auffälligen Missverhältnisses zwischen Leistung und Gegenleistung kann eine verwerfliche Gesinnung im Sinne von § 138 BGB indizieren (→ Form. A.VI.7 Anm. 16). Besonders hohe Umsatzerlöse sind dem Vermieter im Rahmen des mietvertraglichen Äquivalenzverhältnisses auch nicht unmittelbar als eigene Leistung zuzurechnen. Zwar kann der Vermieter in Großobjekten ein attraktives geschäftliches Umfeld schaffen. Ein besonders großer geschäftlicher Erfolg des Mieters beruht aber idR maßgeblich auf dessen Geschäftsidee und seinem Fleiß und findet in den vom Vermieter erbrachten Leistungen möglicherweise kein Äquivalent. Um eine unverhältnismäßige Abschöpfung durch den Vermieter zu verhindern, wäre auch die mietvertragliche Festlegung einer Höchstgrenze für den Umsatzzuschlag denkbar.

Der vom Mieter durchgängig zu zahlende **Mindestbetrag** (Basismiete) wird im Regelfall zugunsten des Vermieters bereits eine vollständige Deckung der laufenden Kosten für die Finanzierung, den Unterhalt und die Instandhaltung und Verwaltung des Mietobjekts zu sichern haben. Inwieweit der Basisbetrag dann noch eine Gewinnerzielung auf Vermieterseite gewährleisten kann und soll, hängt davon ab, in welchem Umfang der Vermieter sich vom Geschäftsverlauf auf Seiten des Mieters abhängig machen will bzw. in welchem Umfang der Mieter überhaupt – umsatzunabhängig – leistungsfähig ist. Wenn schon bei Begründung des Mietverhältnisses absehbar ist, dass sich die Umsatzentwicklung nach Größe, Art und Ausstattung des Betriebs nur in einer eng umgrenzten Spannbreite bewegen wird, kann die Umsatzmiete für den Mieter wirtschaftlich sehr belastend sein, denn hierdurch wird ein wesentlicher Teil des Geschäftsertrags abgeschöpft.

Anstelle einer umsatzbezogenen Beteiligung ist auch eine **Gewinnbeteiligung des Vermieters** denkbar. Dies setzt aber umfassende und besonders sorgfältige Absprachen darüber voraus, welche Rechenschaftspflichten des Mieters bestehen sollen (vgl. dazu *Ratjen* Info M 2012, 16; *ders.* Info M 2012, 17) und wie sich der als Bemessungsgrundlage dienende Gewinn zusammensetzen soll. Die dazu erforderlichen Abgrenzungen werfen ua in steuerlicher und bilanzrechtlicher Hinsicht komplexe Regelungsprobleme auf, denen kaum im Rahmen eines Mietvertrags, sondern eher im Rahmen eines Gesellschaftsverhältnisses Rechnung getragen werden kann → Anm. 1. Eine sich am Umsatz orientierende Beteiligung des Vermieters bietet demgegenüber klarere Bemessungsgrundlagen.

Das Formular enthält keine Regelungen zu den Betriebskostenvorauszahlungen. Diese wären zu ergänzen oder gesondert zu regeln (→ Form. A.VI.1 zu § 5).

3. Im Vertrag ist klar festzulegen, **welche Umsätze als Maßstab für den Umsatzzuschlag** dienen sollen, denn je nach Umsatzart (Netto- oder Bruttoumsatz, Gesamtumsatz oder Umsätze aus bestimmten Geschäftsbereichen) können sich ganz unterschiedliche wirtschaftliche Auswirkungen ergeben. Zur Vermeidung eines nachteiligen (weil den Geschäftserfolg nicht wiederspiegelnden) Bezugsrahmens und ausufernder Mitteilungspflichten des Mieters sowie übermäßiger Kontrollen seitens des Vermieters wird für die Vertragsgestaltung empfohlen, im Zweifel nur ein besonders signifikantes Umsatzsegment als Bezugsgröße heranzuziehen. ZB könnten Umsätze aus Warenverkäufen nach dem Verkauf eines oder mehrerer **Leitprodukte** veranschlagt werden, wenn die dafür maßgeblichen Daten ohne weiteres verfügbar sind (zu einer vom Bierabsatz abhängigen Pachtentschädigung vgl. BGH 6.12.1989 – VIII ZR 310/88, BGHZ 109, 314 = NJW 1990, 567; zur Heranziehung sämtlicher Umsätze aus Warenverkäufen, Werk- und Dienstleistungen und sonstiger Einnahmen vgl. *Lindner-Figura* NZM 1999, 493). Die Umsätze von Dienstleistern können nach der am ehesten geschäftstypischen Dienstleistung ermittelt werden. Die Umsätze für andere Leistungen und Warengruppen können ggf. ein schiefes Bild von der Geschäftslage vermitteln, insbesondere wenn sie mehr oder weniger gewinnneutral oder sogar verlustträchtig sind.

Ob der Umsatzzuschlag sich nach den **Nettoumsätzen** bestimmt oder nach den **Bruttoumsätzen** einschließlich aller Steuern richtet, hängt in erster Linie von den vertraglichen Vorgaben ab. Ein rechtliches Hindernis, eine der beiden Alternativen oder Zwischenformen davon zugrunde zu legen, wird diesseits nicht gesehen. Allerdings ist zu berücksichtigen, dass eine Bemessung nach dem Bruttoumsatz gegenüber einer solchen nach dem Nettoumsatz (bei gleichbleibendem Anrechnungssatz) eine zusätzliche Belastung des Mieters bewirkt, bei welcher der einzurechnende Umsatzsteueranteil keinen unmittelbaren Bezug zum Geschäftserfolg des Mieters aufweist.

Anstelle der im Formular geregelten Beteiligung des Vermieters an sämtlichen einschlägigen Umsätzen käme alternativ eine Klausel in Betracht, bei welcher der Vermieter erst ab einer bestimmten Umsatzgröße zu beteiligen ist.

4. Wenn die Vertragsparteien sich auf die Heranziehung eines bestimmten **Umsatz-Kernbereichs**, dh auf Leitprodukte beschränken, können die Möglichkeiten moderner Datenerfassung- und Bearbeitung unschwer dazu genutzt werden, spezielle Auflistungen über die vertragsrelevanten Umsätze zu erstellen, die der Mieter dem Vermieter zu übermitteln hat.

5. Die Rechtsprechung ist mit der Annahme einer – immanenten – **Betriebspflicht** für den zur Umsatzmiete herangezogenen Mieter sehr zurückhaltend. Das selbst offenkundige Interesse des Vermieters an einer durch die nachhaltige Nutzung der Mietsache gewährleisteten Umsatzerzielung soll nach ganz hM in Rechtsprechung und Literatur nicht ausreichen, um eine Betriebspflicht, und sei es auch nur im Wege der – ergänzenden – Vertragsauslegung, zugrunde zu legen (→ Form. A.VI.3 Anm. 12–14; vgl. ferner *Stobbe/Tachetzy* NZM 2002, 557; *Jendrek* NZM 2000, 526; *Michalski* ZMR 1996, 527). Diese restriktive Behandlung erscheint nach diesseitiger Auffassung dann als fraglich, wenn der Zusammenhang des Mietvertrags die Annahme einer **konkludenten Vereinbarung der Betriebspflicht** nahelegt (vgl. OLG Köln 28.7.2000, NZM 2002, 345, mablAnm von *Wiek* NZM 2002, 327; zum Meinungsstand vgl. auch *Engel* MDR 2012, 1268). Der eine Umsatzmiete regelnde Vertrag sollte daher ausdrückliche Regelungen zur Betriebspflicht des Mieters enthalten (→ Form. A.VI.3 Anm. 12–14). Das Formular sieht eine Verweisung auf die insoweit zu ergänzenden vertraglichen Regelungen vor.

Soweit eine Betriebspflicht besteht, kann für den Fall des Verstoßes gegen die Betriebspflicht ein **fiktiver Mietbetrag** (als pauschales Mindestentgelt) vereinbart werden.

6. Das Formular regelt eine **zeitnahe Festlegung der laufenden Umsatzbeteiligung.** Mit den modernen Mitteln der Datenerfassung und -verarbeitung erscheint es für die meisten Geschäftsarten als praktikabel, die relevanten Umsätze monatlich nachträglich zu erfassen und die vertraglich geschuldeten Zahlungen alsbald vorzunehmen. Wenn dies nicht zeitnah möglich ist, kann eine turnusmäßige Festlegung von Vorauszahlungen auf den umsatzabhängigen Mietanteil unter Vereinbarung bestimmter Abrechnungszeiträume erfolgen (vgl. dazu *Lindner-Figura* NZM 1999, 493).

7. Vertragliche **Kontrollbefugnisse des Vermieters** sind wichtig für die Abwicklung einer Umsatzmiete. Auskunft- und Rechenschaftspflichten des Mieters ergeben sich aus § 259 BGB (OLG Düsseldorf 8.2.1990 – 10 U 112/89, NJW-RR 1990, 1098; zum Inhalt des Auskunftsanspruchs und zum Kündigungsrecht des Vermieters bei Verstößen vgl. KG 21.11.2011 – 8 U 77/11, BeckRS 2011, 27308). Ob der Vermieter bei der Umsatzmiete auch ohne ausdrückliche vertragliche Grundlage das Recht zur Einsicht in die Bücher des Mieters hat, ist streitig. Wohl überwiegend wird angenommen, dass der Mieter auch ohne konkrete vertragliche Vereinbarung verpflichtet ist, dem Vermieter die zur Feststellung notwendigen Auskünfte zu erteilen und ihm Einsicht in die Geschäftsbücher zu gewähren. Dem Vermieter steht danach ein immanentes, konkludent vereinbartes Recht zur Kontrolle der von dem Mieter angegebenen Umsatzzahlen zu (KG 21.11.2011 – 8 U 77/11, BeckRS 2011, 27308; OLG Brandenburg 13.6.2007 – 3 U 181/06, ZMR 2007, 778; *Neuhaus* GuT 2005, 2005; zum Umfang von Rechenschaftspflichten vgl. OLG Düsseldorf 8.2.1990 – 10 U 112/89, NJW-RR 1990, 1098). Ohne ein Kontrollrecht des Vermieters stünde es dem Schuldner in der Tat weitgehend offen, den Gläubiger mit falschen Angaben über die getätigten Umsätze zu täuschen. Ein uneingeschränktes Einsichtsrecht ist aber nicht unproblematisch. Eine Verpflichtung zur **Vorlage von Belegen** sieht das Gesetz in den Vorschriften über Auskunft und Rechnungslegung (§§ 259, 260 BGB) für die Rechnungslegung (§ 259 Abs. 1 BGB: „soweit Belege erteilt zu werden pflegen") zwar vor; dies dürfte ohne ausdrückliche Vereinbarungen aber schwerlich den Anspruch rechtfertigen, die (ggf. kompletten) Geschäftsbücher zu sichten. Ein Vertrag mit unbedingten und unbeschränkten Einsichtsrechten kann eine unangemessene Benachteiligung iSv § 307 BGB bewirken. Ein Einsichtsrecht besteht grundsätzlich nicht voraussetzungslos, sondern nur dann, wenn ein begründeter Verdacht auf die Unrichtigkeit der vom Mieter vorgelegten Umsatzzahlen hinweist (KG 21.11.2011 – 8 U 77/11, MDR 2012, 516; *Emde* WuM 1996, 740).

Kontrollrechte sollten daher vertraglich so ausgestaltet werden, dass der Vermieter in der Lage ist, Zuverlässigkeitsbedenken gezielt nachzugehen. Die Durchsetzung der vertraglich geschuldeten Umsatzmiete kann prozessual im Wege der **Stufenklage** (§ 254 ZPO) erfolgen.

Ein Verstoß des Mieters gegen ihm obliegende Auskunfts- und Rechnungslegungspflichten kann auch die Frage aufwerfen, ob dem Vermieter deswegen ein **Kündigungsrecht** zusteht (KG 21.11.2011 – 8 U 77/11, BeckRS 2011, 27308; *Ratjen* Info M 2012, 16).

3. Staffelmiete

§ . . . . . Vereinbarungen zur Miethöhe, Staffelmiete, Wertsicherungsklausel, Fälligkeit[1]

(1) Der Mieter hat folgende monatlichen Zahlungen auf die Netto-Grundmiete[2] zu erbringen:

ab Mietbeginn einen Betrag in Höhe von jeweils	. . . . EUR,[3]
ab dem . . . . . einen Betrag in Höhe von	. . . . EUR,
ab dem . . . . . einen Betrag in Höhe von	. . . . EUR,
ab dem . . . . . bis zum . . . . . einen Betrag in Höhe von	. . . . EUR.

(2) Die in Ziff. (1) geregelten Änderungen der Miethöhe treten zu den bezeichneten Zeitpunkten ein, ohne dass es hierzu weiterer Zahlungsaufforderungen oder sonstiger Willenserklärungen und Rechtshandlungen der Vertragsparteien bedarf.[4]

(3) Sämtliche nach diesem Vertrag zu leistenden Mietzahlungen sind vom Mieter zuzüglich der gesetzlichen Umsatzsteuer in der jeweils geltenden Höhe zu erbringen, zurzeit in Höhe von 19 %.

(4) Nach dem in Ziff. (1) bestimmten Endzeitpunkt für die staffelmäßig geregelte Miete gilt die letzte Staffelmiete nach Maßgabe folgender Wertsicherungsklausel weiter:[5]

Ändert sich der vom Statistischen Bundesamt ermittelte Preisindex für die Lebenshaltung aller privaten Haushalte (Basisjahr . . . . . = 100) um mehr als 10 Punkte nach oben oder unten, ändert sich auch die Miete in entsprechendem Verhältnis mit Wirkung ab dem auf die Änderung folgenden Monat, ohne dass es hierzu besonderer Erklärungen seitens einer Vertragspartei oder einer Vertragsänderung bedarf. Der prozentuale Umfang der Mietanpassung ist nach der Formel

$$\frac{\text{Indexstand neu}}{\text{Indexstand alt}} \times 100 - 100 = \text{Mietänderung in Prozentwert}$$

umzurechnen.

An die Stelle des bezeichneten Lebenshaltungskostenindex tritt die ihm am nächsten kommende Erhebung, falls der Index in seiner bisherigen Form nicht fortgeführt werden sollte.

Bei Vorliegen von Hindernissen für die Anwendung der Wertsicherungsklausel kann der Vermieter vom Mieter die Zustimmung zu einer Regelung verlangen, die als möglichst genehmigungsfreie Regelung den durch diesen Vertrag festgelegten Bestimmungen am nächsten kommt.

Anmerkungen

1. Neben den **Wertsicherungsklauseln** (vgl. die Indexklausel nebst Anmerkungen im Standardvertrag zu → Form. A.VI.1 § 6 sowie die unter → Form. A.VII.1 behandelten weiteren Beispiele) soll auch die Staffelmiete in erster Linie dem Interesse des Vermieters dienen, den vertraglichen Mietzins an die Entwicklung der Wirtschaft und des Geldwerts anzupassen. Dies geschieht durch die Festlegung bestimmter Zeitpunkte, zu denen sich die Höhe des Mietzinses in bestimmtem Umfang ändert.

Daneben können auch andere kalkulatorische Überlegungen eine Rolle spielen, zB die Vereinbarung einer besonders niedrigen Eingangsmiete als „Starthilfe" für den Mieter (vgl. hierzu auch Beispiel 1 in → Form. A.VII.1; vgl. ferner OLG Brandenburg 19.8.2009 – 3 U 135/08, NZM 2009, 860). Der Vorteil einer Staffelmiete liegt darin, dass die Vertragsparteien die Mietentwicklung für die Laufzeit des Vertrags verlässlich ausgestalten können. Schwierig ist dagegen zumindest auf längere Frist die Festlegung der Staffelung, denn Preisentwicklungen entziehen sich weitgehend einer vorausschauenden Kalkulation.

Die **Kombination einer automatischen Wertsicherungsklausel mit einer** nur nach oben ausgerichteten **Staffelmiete** kann unzulässig sein, wenn der Mietzins während der Laufzeit des Vertrags aufgrund der Staffelvereinbarung nur steigen kann und dadurch die automatische Preisklausel (zB Indexklausel) leer läuft (vgl. *Schultz* NZM 2000, 1135).

Eine sukzessive **Kombination von Staffelmiete und Indexklausel** ist aber dann wirksam, wenn der Mietzins während der Laufzeit des Vertrages auch zugunsten des Mieters sinken kann und die Mietzinsstaffeln z B erst nach mehreren Jahren zur Geltung kommen sollen (OLG Brandenburg 19.8.2009 – 3 U 135/08, NZM 2009, 860). Intransparent iSv § 307 BGB kann dagegen das Aufeinandertreffen von Staffelmiete und Indexklausel sein, wenn sie sich widersprechende Regelungen enthalten (AG Lichtenberg 5.4.2017 – 8 C 379/16, Grundeigentum 2018, 263).

Wenngleich dies von eher geringer praktischer Bedeutung ist, sind bei der Staffelmiete auch Regelungen denkbar, wonach sich die Miete in bestimmten Schritten ermäßigt. Entsprechende Vereinbarungen könnten etwa dazu dienen, vom Vermieter zu Beginn des Mietverhältnisses getätigte Investitionen zu Beginn der Mietzeit auszugleichen und für die weitere Mietdauer einen niedrigeren Folgemietzins festzuschreiben.

In der Festlegung der Staffelung sind die Vertragsparteien bei der Gewerberaummiete grundsätzlich frei. Die formularvertragliche Vereinbarung einer Staffelmiete unterliegt gemäß § 307 Abs. 3 BGB grds nicht der Inhaltskontrolle, soweit sie die Höhe der zu zahlenden Miete unmittelbar festlegt (BGH 15.2.2012 – VIII ZR 197/11, NZM 2012, 41). Die weitere formularmäßige Ausgestaltung von Bestimmungen zur Staffelmiete kann aber iRv §§ 307, 310 BGB der Inhaltskontrolle unterliegen (→ Form. A.V.1 Anm. 1). Außerdem sind die Wucher- und **Sittenwidrigkeitsgrenzen** (§ 138 BGB) zu beachten (→ Form. A.VI.7 Anm. 16; zur sittenwidrigen Staffelmiete vgl. OLG Frankfurt 27.5.2014 – 2 U 41/13, MDR 2014, 1192).

Die Vereinbarung einer Staffelmiete erfolgt meist bei Abschluss des Mietvertrags, kann aber auch während des laufenden Mietverhältnisses verabredet werden. Hierzu bedarf es ausdrücklicher vertraglicher Vereinbarungen, bei denen wegen § 550 BGB auf die Wahrung der Schriftform zu achten ist (→ Form. A.VI.1 Anm. 2). Setzt der Vermieter eine in der Mietvertragsurkunde formwirksam getroffene Staffelmietvereinbarung im Verlaufe des Mietverhältnisses wegen wirtschaftlicher Schwierigkeiten des Mieters auf dessen Bitten hin zeitweilig formlos aus, kann sich der Mieter gegenüber dem Vermieter nach § 242 BGB im Nachhinein nicht mit Erfolg darauf berufen, dass die Schriftform der Staffelmietvereinbarung durch die formlos getroffene Vereinbarung unheilbar verletzt worden sei (LG Berlin 16.8.2016 – 67 S 209/16, ZMR 2016, 949, Anm. *Börstinghaus* jurisPR-MietR 21/2016 Anm. 3).

Da die Höhe des Mietzinses bei der Staffelmiete für die Zukunft festgeschrieben wird, eignet sie sich weniger für langfristige oder auf unbestimmte Zeit eingegangene Mietverhältnisse. Für kürzere und mittelfristige Mietzeiten können die Vertragsparteien die künftige Preisentwicklung auf der Grundlage früherer Preissteigerungsraten noch eher zuverlässig einschätzen. Bei langfristiger Staffelung besteht dagegen die Gefahr, dass der Mietzins aus der allgemeinen Geldwert- und Preisentwicklung ausschert. Dies birgt für beide Vertragsparteien erhebliche Risiken. Da die Parteien ein starkes Interesse an der

Festlegung einer Mietstaffelung haben können, ohne von vorneherein eine befristete Mietdauer vereinbaren zu wollen, regelt das Formular eine Vertragsgestaltung, bei der ein – potenziell – langfristiges Mietverhältnis (ggf. mit Verlängerungsklauseln oder -optionen) befristete Staffelmietregelungen enthält, an die sodann eine preisindexabhängige Wertsicherungsklausel anknüpft (→ Form. A.VII.9, → Form. A.VI.1 Anm. 16, 17). Die Regelungen zur indexabhängigen Wertsicherung können ersatzlos wegfallen, wenn die Mietdauer entsprechend dem Staffelungszeitraum befristet werden soll.

Voraussetzung für eine wirksame Staffelmietvereinbarung ist gemäß § 557a Abs. 1 BGB die Festlegung, dass die jeweils zu zahlende Miete entweder zu bestimmten Terminen betragsmäßig angegeben wird oder die ab einem bestimmten Termin zu zahlende betragsmäßige Erhöhung bezeichnet ist. Dies gilt unmittelbar zwar nur für die Wohnraummiete. Die bloße **Angabe einer prozentualen Steigerung reicht nach diesseitiger Auffassung jedoch auch bei der Gewerberaummiete nicht aus** (vgl. zur Wohnraummiete: BGH 15.2.2012 – VIII ZR 197/11, NJW 2012, 1502, nebst Anm. *Theesfeld* jurisPR-MietR 8/2012 Anm. 2, 3; großzügiger wohl vgl. Bub/Treier/*v. Brunn/ Paschke* III.A Rz. 52), denn es droht die Annahme eines Verstoßes gegen das **Transparenzgebot** (§ 307 BGB). So führt zB eine Staffelung mit einer jährlichen Erhöhung von 10 % der jeweils zuletzt geltenden Miete schon nach 7 Jahren annähernd zu einer Verdoppelung des Mietzinses. Dieser **Summierungseffekt** ist wegen des Verschleierungsmoments (dh der Gefahr einer Gleichsetzung von 10 % der Ursprungsmiete mit den tatsächlich dynamisch ansteigenden Erhöhungsschritten) im Zweifel auch überraschend (§ 305c BGB).

2. Regelungen betreffend die Betriebskosten und hierauf zu leistende Vorauszahlungen bleiben hier zwecks besserer Übersichtlichkeit unberücksichtigt. Sie wären etwa entsprechend dem Standardvertrag – → Form. A.VI.1 § 5 (2) und (3) – einzufügen oder gesondert niederzulegen.

3. Anders als bei der Wohnraummiete (vgl. § 557a BGB) unterliegen die Vertragsparteien bei der Geschäftsraummiete hinsichtlich der Ausgestaltung der Staffelung, dh des Umfangs der Erhöhungs- oder Ermäßigungsschritte und der zeitlichen Abstände für die Änderungen der Miethöhe, in den Grenzen von Sittenwidrigkeit und Wucher (§ 138 BGB → Form. A.VI.7 Anm. 16) keinen gesetzlichen Beschränkungen (vgl. *Börstinghaus* WuM 2011, 338).

Wenn sich eine vereinbarte Staffelmiete während der Mietzeit nach unten oder oben von der marktüblichen Miete entfernt, können sich die Vertragsparteien nur ganz ausnahmsweise auf einen **Wegfall der Geschäftsgrundlage** berufen (BGH 8.5.2002 – XII ZR 8/00, NZM 2002, 659; BGH 27.10.2004 – XII ZR 175/02, NZM 2005, 63; *Assmann*, Die Geschäftsgrundlage im Mietrecht, www.mietgerichtstag.de/Archiv; *Kluth/ Freigang* NZM 2006, 41). Bei Vereinbarung einer Staffelmiete besteht regelmäßig die Möglichkeit, dass der vereinbarte Mietzins im Laufe der Zeit erheblich von der Entwicklung des marktüblichen Mietzinses abweicht. Dieses typische Vertragsrisiko trägt grundsätzlich die jeweils benachteiligte Vertragspartei. Der Mieter bleibt daher in der Regel auch bei einem gravierenden Absinken des allgemeinen Mietniveaus an die vertraglich vereinbarten Staffelerhöhungen gebunden, es sei denn, die Parteien haben gerade für diesen Fall eine abweichende Regelung getroffen (BGH 27.10.2004 – XII ZR 175/02, NZM 2005, 63). Nur bei einer unzumutbaren Störung des Äquivalenzverhältnisses kann wegen Wegfalls der Geschäftsgrundlage eine Preisanpassung verlangt werden (BGH 8.5.2002 – XII ZR 8/00, NZM 2002, 659).

Wenn sich im Ausnahmefall **Sittenwidrigkeitsbedenken** wegen Mietüberhöhung ergeben (→ Form. A.VI.7 Anm. 16), stellt sich die Frage, ob die Staffelmietabreden als solche unwirksam sind oder nur die Abreden zu dem Staffelbetrag, der die Sittenwidrigkeitsschwelle überschreitet. Grundsätzlich ist von selbstständigen Staffelvereinbarungen auszugehen, bei denen die Unwirksamkeit einer Staffelung nichts für oder gegen die Wirksamkeit der anderen Staffelungen besagt (BGH 15.2.2012 – VIII ZR 197/11, NJW 2012, 1502, nebst Anm. *Theesfeld* jurisPR-MietR 8/2012 Anm. 2; BGH 17.12.2008 – VIII ZR 23/08, WuM 2009, 117; zu einer individualvertraglichen Vereinbarung; BGH 7.7.2009 – VIII ZR 140/08, WuM 2009, 587).

Bei der Gewerberaummiete ist die Sittenwidrigkeitsschwelle für Staffelmieten oft schwieriger zu bestimmen, denn insoweit kommt es auf die ortsübliche Marktmiete an. Gleichwohl wird die Wuchergrenze auch bei der Gewerberaummiete nur bezogen auf den jeweils geschuldeten Mietzins, dh die einzelnen Schritte der Staffelung, ermittelt werden können (zur Methodik im Rahmen des § 138 BGB → Form. A.VI.1 Anm. 10, → Form. A. VI.7 Anm. 16).

4. Das Formular enthält insoweit eine bloße Klarstellung. Auch ohne besondere vertragliche Regelungen ist anerkannt, dass staffelmäßig festgelegte Erhöhungen oder Ermäßigungen zu den im Vertrag geregelten Zeitpunkten ohne weiteres wirksam werden und insbesondere keiner nochmaligen Zustimmung einer Vertragspartei bedürfen (KG 2.6.2003 – 12 U 320/01, ZMR 2004, 577; OLG Karlsruhe 14.11.2017 – 8 U 87/15, ZMR 2019, 19).

5. Zur Indexklausel → Form. A.VII.9, → Form. A.VI.1 Anm. 16–17

4. Vereinbarungen zur Umsatzsteueroption des Vermieters

§ . . . . . Mietzins, Umsatzsteueroption, Schadensersatz[1]

(1) Die monatliche Nettogrundmiete beträgt . . . . . EUR.[2]

(2) Der Vermieter erwägt, zur Umsatzsteuer zu optieren.[3] Die Parteien sind darüber einig, dass eine vertragliche Pflicht des Vermieters, auf die Umsatzsteuerbefreiung zu verzichten, nicht besteht.[4]

(3) Die Option zur Umsatzsteuer wird dem Mieter vom Vermieter durch Ausstellung einer Rechnung für die nächstfällige Monatsmiete angezeigt, mit der die Umsatzsteuer gesondert ausgewiesen wird. Von da an hat der Mieter die nach diesem Vertrag geschuldeten Zahlungen auf Miete und Nebenleistungen jeweils zuzüglich der jeweiligen gesetzlichen Mehrwertsteuer (Umsatzsteuer) zu leisten.[5]

– fakultative Regelungen für Objekte, mit deren Errichtung

nach dem 10.11.1993 begonnen wurde (vgl. § 27 Abs. 2 UStG) –

(4) Der Mieter verpflichtet sich, das Mietobjekt ausschließlich als Unternehmer und nur für Umsätze zu nutzen, die der Ausübung der Umsatzsteueroption durch den Vermieter nicht entgegenstehen. Dem Mieter ist bekannt, dass grundsätzlich nur umsatzsteuerpflichtige Umsätze die Option zu Umsatzsteuer ermöglichen und dass die Finanzbehörden und -gerichte anderweitige Umsätze, die den Vorsteuerabzug ausschließen, nur innerhalb enger Bagatellegrenzen unbeanstandet lassen. Der Mieter hat dem Vermieter alle Auskünfte zu erteilen, die der Vermieter zur Durchsetzung und Aufrechterhaltung der Umsatzsteueroption benötigt.[6]

(5) Der Mieter hat dem Vermieter alle Schäden zu ersetzen, die dem Vermieter dadurch entstehen, dass der Mieter entgegen der vertraglichen Zusicherung in Ziff. (4) in einem so großen Umfang umsatzsteuerfreie Umsätze tätigt, dass dies zur Aberkennung der Umsatzsteueroption zugunsten des Vermieters führt.[7]

Anmerkungen

1. Die Vertragsformulare zur Gewerberaummiete (zum Standardvertrag → Form. A. VI.1) sehen grundsätzlich die Umsatzsteuerpflicht für die vom Mieter zu leistenden Zahlungen vor. Dies versteht sich aber zunächst nur als Hinweis darauf, die vertraglichen Regelungen auf ihre Vollständigkeit und Richtigkeit in Bezug auf die Umsatzsteuerfrage hin zu prüfen. In der Sache ist es keineswegs so, dass bei der Gewerberaummiete die Umsatzsteuerpflicht gesetzlich vorgegeben oder gleichsam indiziert wäre.

Die Option des Vermieters zur Umsatzsteuer gewinnt ihre wirtschaftliche Bedeutung dadurch, dass sie ihm den Vorsteuerabzug insbesondere auch für die Kosten der Bauerrichtung eines zu vermietenden Objekts und für seine Instandhaltung eröffnet. Vom Vorsteuerabzug ist jedoch gemäß § 15 Abs. 2 Nr. 1 UStG die Steuer für Lieferungen und für die sonstigen Leistungen ausgeschlossen, die der Unternehmer zur Ausführung steuerfreier Umsätze verwendet. **Von der Steuer befreit ist nach § 4 Nr. 12 S. 1a UStG ua die Vermietung von Grundstücken.** Die Steuerfreiheit erstreckt sich dabei auch auf die Vermietung einzelner Räume (BFH 17.12.2014 – XI R 16/11, BFH/NV 2015, 636; 8.10.1991 V R 95/89, BFHE 166, 191 = BStBl II 1992, 209; 21.4.1993 XI R 55/90, BFHE 172, 141). Deshalb bedarf es der sog. Option zur Umsatzsteuer, dh des **Verzichts auf die Steuerbefreiung** (§ 9 Abs. 2 UStG, → Anm. 3).

Ob eine **Vermietungstätigkeit** vorliegt, richtet sich umsatzsteuerrechtlich aufgrund richtlinienkonformer Auslegung nicht nach den Vorschriften des nationalen Zivilrechts, sondern nach **Unionsrecht** (EuGH 16.1.2003 C-315/00, Slg. 2003, I-563 – Maierhofer, BFH/NV Beilage 2003, 104; BFH 17.12.2014 – XI R 16/11, BFH/NV 2015, 636). Das grundlegende Merkmal des unionsrechtlichen Begriffs der „Vermietung von Grundstücken" besteht darin, dass dem Vertragspartner auf bestimmte Zeit gegen eine Vergütung das Recht eingeräumt wird, ein Grundstück so in Besitz zu nehmen, als wäre er dessen Eigentümer, und jede andere Person von diesem Recht auszuschließen (BFH 17.12.2014 – XI R 16/11, BFH/NV 2015, 636 mwN). Wenn **mehrere Leistungen** derart untrennbar miteinander verbunden sind, dass sie eine einheitliche (komplexe) Leistung bilden, kann dies dazu führen, dass sie nicht als Vermietung von Grundstücken umsatzsteuerfrei, sondern umsatzsteuerpflichtig sind (vgl. zB BFH 31.5.2001 V R 97/98, BFHE 194, 555; BFH 17.12.2014 – XI R 16/11, BFH/NV 2015, 636, zur Überlassung möblierter Zimmer an Prostituierte).

Die gesonderte Berechnung und Einforderung von Umsatzsteuer als mietvertraglich geschuldete Leistung ist selbst unter Kaufleuten nur dann gerechtfertigt, wenn der Vertrag die Entrichtung der Umsatzsteuer ausdrücklich regelt. Die Umsatzsteuer ist, wenn sich aus den vertraglichen Abreden nichts anderes ergibt und keine Befreiung besteht, bei sämtlichen Vertragstypen grundsätzlich im vertraglich ausgewiesenen (Miet-)Preis enthalten (BGH 24.2.1988 – VIII ZR 64/87, BGHZ 103, 284 = NJW 1988, 2042). Daher muss der Vermieter, der zur Umsatzsteuer optiert, aber mit dem Mieter keinen Ust-Zuschlag auf die Nettomiete vereinbart hat, die anteilige Umsatzsteuer von der vertraglichen („Netto"-) Miete abführen (vgl. *Herrlein,* Umsatzsteuer und Miete, Vortrag auf dem Deutschen Mietgerichtstag 2013, www.mietgerichtstag.de).

Ein Anspruch auf **Nachforderung von Umsatzsteuer** besteht nicht, wenn der Rechnungsaussteller (Vermieter) irrig angenommen hatte, nicht umsatzsteuerpflichtig zu sein (BGH 11.5.2001 – V ZR 492/99, NJW 2001, 2464). Anders soll es aber liegen, wenn beide Parteien irrtümlich von nicht anfallender Umsatzsteuer ausgegangen sind, weil dann eine Regelungslücke vorliege, die im Wege der ergänzenden Auslegung zu schließen sei (BGH 14.1.2000 – V ZR 416/97, NJW-RR 2000, 1652).

Wenn der Vermieter berechtigterweise Zahlung von Ust verlangt, kann der Mieter **Rechnungen** (über die ursprüngliche Miete) **mit gesondertem Umsatzsteuerausweis** verlangen und seinerseits den Vorsteuerabzug geltend machen. Die in einer Rechnung ausgewiesene Umsatzsteuer ist untrennbarer Bestandteil der zivilrechtlich geschuldeten Leistung (BGH 27.1.2015 – KZR 90/13, DB 2015, 972; zum Rechnungsnachweis mittels Vorlage des Mietvertrags vgl. *Herrlein*, Umsatzsteuer und Miete, Vortrag auf dem Deutschen Mietgerichtstag 2013, www.mietgerichtstag.de). Besteht ein Anspruch auf Erteilung einer Rechnung nach § 14 UStG, kann der Leistungsempfänger das von ihm geschuldete Entgelt grundsätzlich nach § 273 Abs. 1 BGB zurückhalten, bis der Leistende ihm die Rechnung erteilt (BGH 26.6.2014 – VII ZR 247/13, NJW-RR 2014, 1520; BGH 27.10.2011 – I ZR 125/10, GRUR 2012, 711). **Ist ernstlich zweifelhaft, ob die Leistung der Umsatzsteuer unterliegt**, kann der Leistungsempfänger die Erteilung einer Rechnung nach § 14 UStG mit gesondert ausgewiesener Steuer nur verlangen, wenn die zuständige Finanzbehörde den Vorgang bestandskräftig der Umsatzsteuer unterworfen hat (BGH 26.6.2014 – VII ZR 247/13, NJW-RR 2014, 1520).

§ 14 Abs. 4 Nr. 2 UStG verlangt als Angabe auch die dem leistenden Unternehmer vom Finanzamt erteilte Steuernummer oder die ihm vom Bundeszentralamt für Steuern erteilte **Umsatzsteuer-Identifikationsnummer**. Ist diese Nummer im Mietvertrag nicht enthalten und hat der Vermieter dem Mieter auch kein zur Vorlage beim Finanzamt geeignetes Dokument zur Verfügung gestellt, welches die Umsatzsteuer-Identifikationsnummer ausweist und gleichzeitig auf den Mietvertrag Bezug nimmt, besteht ein **Zurückbehaltungsrecht** des Mieters (OLG Köln 17.7.2017 – 22 U 60/16, ZMR 2018, 215)

Vereinnahmte Umsatzsteuer muss der Vermieter in jedem Fall an das Finanzamt abführen. Er macht sich dem Mieter gegenüber schadensersatzpflichtig, wenn er die Steuer nicht an das Finanzamt abführt und der Mieter dadurch den Vorsteuerabzug verliert (OLG Hamm 3.9.2003 – 30 U 80/03, NZM 2003, 945).

2. Regelungen betreffend die Betriebskosten und hierauf zu leistende Vorauszahlungen bleiben an dieser Stelle zwecks besserer Übersichtlichkeit unberücksichtigt. Sie wären etwa entsprechend dem Standardvertrag – → Form. A.VI.1 Anm. 14–15 zu § 5 (2) und (3) – einzufügen oder gesondert niederzulegen (zur USt auf die Betriebskosten → Anm. 3).

3. Wenn der Vermieter auf die Befreiung von der Umsatzsteuerpflicht unter den Voraussetzungen des § 4 Nr. 12a UStG (→ Anm. 1) verzichtet und gemäß § 9 Abs. 2 UStG zur Umsatzsteuer optiert, unterliegen die Mietforderungen der Umsatzsteuer (vgl. *Schmid* NZM 1999, 292; *Herrlein*, Umsatzsteuer und Miete, Vortrag auf dem Deutschen Mietgerichtstag 2013, www.mietgerichtstag.de; *Herrlein* ZMR 1996, 306; *Herrlein* NZM 2005, 648). Nach der neuen finanzgerichtlichen Rechtsprechung sind die **Option und deren Rücknahme nur noch so lange möglich**, wie für die entsprechende Umsatzsteuerjahresfestsetzung noch keine **formelle Bestandskraft** eingetreten ist, während zuvor auf die materielle Bestandskraft abgestellt worden war (vgl. BFH 19.12.2013 – V R 6/12, BFHE 245, 71, nebst Anm. *Prätzler* jurisPR-SteuerR 37/2014 Anm. 1).

Die Option zur Umsatzsteuer setzt voraus, dass an einen anderen Unternehmer für dessen Unternehmen vermietet wird. Es ist daher schädlich, wenn auch an eine Privatperson (mit-)vermietet wird, um etwa eine Haftungserweiterung zu erzielen (BFH 7.11.2000 – V R 49/99, BFHE 194, 270 = BStBl II 2008, 493; *Herrlein*, Umsatzsteuer und Miete, Vortrag auf dem Deutschen Mietgerichtstag 2013, www.mietgerichtstag.de).

Ob zur Umsatzsteuer optiert wird, sollte möglichst vor Abschluss des Mietvertrags feststehen. Dann kann sich der Vertrag – wie in den in → Form. A.VI vorgestellten Formularen vorgesehen – darauf beschränken, die Pflicht zur Zahlung der Umsatzsteuer zu regeln. Wenn der Vermieter zur Umsatzsteuer optiert, ohne mit dem Mieter die Pflicht zur zusätzlichen Entrichtung der anteiligen Steuer verabredet zu haben, gilt die – alte – Miete als Bruttomiete, aus der die anteilige Steuer herauszurechnen und abzuführen ist (vgl. *Herrlein* NZM 2005, 648 mwN). Ohne vertragliche Vereinbarung ist der Mieter nicht zur zusätzlichen Entrichtung von Umsatzsteuer auf die bisherige Miete verpflichtet.

Wenn die **Umsatzsteueroption des Vermieters scheitert**, weil der Vermieter nicht wirksam zur Steuerpflicht optieren kann, und der Mietvertrag die Vereinbarung einer Grundmiete zuzüglich der jeweils gültigen Mehrwertsteuer enthält, geht diese vertragliche Regelung ins Leere, da es keine gültige Umsatzsteuer für nicht steuerpflichtige Vermietungsumsätze gibt und es auch nicht zur Disposition der Parteien steht, nach dem Gesetz steuerfreie Umsätze durch Vereinbarung steuerpflichtig zu machen (BGH 21.1.2009 – XII ZR 79/07, NJW-RR 2009, 593).

Im Fall der Umsatzsteueroption gilt die Umsatzsteuerpflicht zunächst für die Grundmiete als Nutzungsentgelt im engeren Sinne, aber **auch für die Betriebskosten**, und zwar – im Wege der ergänzenden Vertragsauslegung – selbst dann, wenn der Mietvertrag die Umsatzsteuerpflicht in Bezug auf die Betriebskosten nicht nochmals ausdrücklich aufgreift. Betriebskosten unterliegen umsatzsteuerlich den Grundsätzen zur Hauptleistung (BFH 9.12.1993 – V R 38/91, BFHE 173, 454 = BStBl II 1994, 585; *Herrlein*, Umsatzsteuer und Miete, Vortrag auf dem Deutschen Mietgerichtstag 2013, www.mietgerichtstag.de). Soweit die Annahme einer Pflicht zur Entrichtung von Umsatzsteuer auf die Betriebskosten teilweise von ausdrücklichen Absprachen hierüber abhängig gemacht worden ist (OLG Düsseldorf 22.4.1993 – 10 U 193/92, WuM 1993, 411), trägt dies nicht dem Gleichbehandlungsprinzip bei Neben- und Hauptleistung Rechnung. Dieser Grundsatz rechtfertigt im Zweifel eine Vertragsauslegung dahin, dass die Vertragsparteien Haupt- und Nebenleistung auch zivilrechtlich als steuerpflichtig behandeln wollten, selbst wenn dies nur für die Hauptleistung ausdrücklich niedergelegt ist. Ferner erstreckt sich die Umsatzsteuerpflicht auch auf eine vom Mieter nach §§ 546a, 987 BGB zu leistende Nutzungsentschädigung, denn es handelt sich um ein steuerpflichtiges Entgelt im Rahmen eines Leistungsaustauschs (BGH 22.10.1.997 – XII ZR 142/95, NJW-RR 1998, 803).

Das OLG Hamm (27.5.1997 – 29 U 222/96, NZM 1998, 575) ist von einem Recht des Vermieters zum **Widerruf der Umsatzsteueroption** ausgegangen, wenn der Mieter die Umsatzsteuer nicht zahlt. Hieraus können sich aber Komplikationen ergeben, wenn der Vermieter bereits eine Vorsteuererstattung in Anspruch genommen hat. Außerdem dürfte gegenüber den Finanzbehörden ein nachträglicher Widerruf nicht wirksam sein, insbesondere wenn hinsichtlich der Steuerfestsetzung schon formelle Bestandskraft eingetreten ist (BFH 19.12.2013 – V R 6/12, BFHE 245, 71, nebst Anm. *Prätzler* jurisPR-SteuerR 37/2014 Anm. 1). Als Reaktion auf einen Zahlungsverzug des Mieters läge eher eine Kündigung gemäß § 543 Abs. 1 oder Abs. 2 Nr. 3 BGB nahe, denn der Umsatzsteueranteil ist ein rechtlich unselbständiger Bestandteil der Mietforderung.

Bei der Vermietung von Teileigentum ist die Ausübung der Umsatzsteueroption nach dem BayObLG (13.6.1996 – 2Z BR 28/96, NJW-RR 1997, 79) nur dann möglich, wenn die Gemeinschaft als solche zur USt optiert hat.

4. Das Formular greift – klarstellend – den Grundsatz auf, dass es ohne besondere Vereinbarungen im freien Ermessen des Vermieters liegt, ob er nach § 9 UStG zur Mehrwertsteuer optiert oder nicht (BGH 30.1.1991 – VIII ZR 361/89, NJW-RR 1991, 647). Die Klarstellung ist dann veranlasst, wenn der Verzicht auf die Befreiung noch nicht feststeht und dem Mieter gegenüber kein Vertrauenstatbestand geschaffen werden soll, der Vermieter werde im Rahmen der rechtlichen Möglichkeiten alles tun, um zur USt zu optieren.

5. Die Anwendung dieser Klausel ist gegenüber solchen Mietern unproblematisch, die ihrerseits vorsteuerabzugsberechtigt sind. Wenn sich ein Vermieter die Umsatzsteueroption vorbehält, regelt der Vertrag eine Bedingung, deren Eintritt zwar im Belieben des Vermieters steht, deren Auswirkungen aber von vorneherein feststehen. Die Frage nach den Billigkeitsgrenzen im Rahmen des § 315 BGB stellt sich nicht, denn der Vermieter übt in Bezug auf die Miethöhe (als die vom Mieter zu erbringende Leistung) keinen besonderen Ermessensspielraum aus.

Borzutzki-Pasing

Bei der Vermietung an nicht zum Vorsteuerabzug berechtigte Mieter oder an solche Mieter, die nur zum Teil umsatzsteuerpflichtige Umsätze tätigen, steht die Umsatzsteueroption aber aus umsatzsteuerrechtlichen Gründen in Frage. Im Rahmen der Übergangsregelungen aus § 27 UStG ist die Möglichkeit zur Umsatzsteueroption stark eingeschränkt. In Grenzfällen ist eine **steuerrechtliche Beratung unumgänglich**. Im rechtlichen Ansatz sind folgende Grundsätze zu beachten:

Bei neu errichteten Objekten (Beginn der Errichtung nach dem 10.11.1993, vgl. § 27 Abs. 2 UStG) darf der Mieter bzw. sein Untermieter gemäß § 9 Abs. 2 UstG auf dem Grundstück ausschließlich umsatzsteuerpflichtige Umsätze tätigen (vgl. *Herrlein*, Umsatzsteuer und Miete, Vortrag auf dem Deutschen Mietgerichtstag 2013, www.mietgerichtstag.de; *Herrlein* NZM 2005, 648). Der Verzicht ist also gemäß § 9 Abs. 2 S. 1 UStG „nur zulässig, soweit der Leistungsempfänger das Grundstück ausschließlich für Umsätze verwendet oder zu verwenden beabsichtigt, die den Vorsteuerabzug nicht ausschließen". Für den Vermieter besteht die Möglichkeit einer sog. **Teiloption**, nach der sich der Verzicht auf einen „abgrenzbaren Teil" beschränkt, wobei der BFH von einer „Aufteilung nach räumlichen Gesichtspunkten (nicht dagegen eine bloße quotale Aufteilung) für möglich" hält (BFH 25.1.2013 – V B 95/12, BeckRS 2013, 94810; BFH 26.6.1996 – XI R 43/90, BFHE 181, 191 = BStBl II 1997, 98).

Die **Finanzbehörden dulden umsatzsteuerfreie Umsätze** nur **bis zu einer Bagatellgrenze** (vgl. *Herrlein*, Umsatzsteuer und Miete, Vortrag auf dem Deutschen Mietgerichtstag 2013, www.mietgerichtstag.de; *ders.* NZM 2005, 648). Hierzu hat das Finanzministerium des Bundes vorgegeben (vgl. Abschn. 9.2 Abs. 3 UStAE), dass eine geringfügige Verwendung angenommen werden kann, „wenn im Falle der steuerpflichtigen Vermietung die auf den Mietzins für das Grundstück bzw. für den Grundstücksteil entfallende Umsatzsteuer im Besteuerungszeitraum (Kalenderjahr, § 16 Abs. 1 S. 2 UStG) **höchstens zu 5 %** vom Vorsteuerabzug ausgeschlossen wäre (Bagatellgrenze)".

Die Vertragsparteien sollten daher vor Vertragsschluss jedenfalls den Katalog der in § 4 UStG aufgeführten Geschäfte durchgehen, die nicht umsatzsteuerpflichtig sind, vgl. hierzu auch die Regelungen und Anmerkungen zu Ziff. (4). Besonderheiten ergeben sich auch für Mischverträge mit teilweise gewerblicher Nutzung und teilweiser Wohnraumnutzung, bei denen der auf die Wohnung entfallende Anteil aus den umsatzsteuerpflichtigen Umsätzen auszusondern ist (→ Form. A.VI.7 Anm. 7). Die zivilrechtliche Qualifizierung eines zum Betrieb einer Rechtsanwaltskanzlei abgeschlossenen Mietvertrages über gewerblich genutzte Räume und Wohnräume als einheitliches Mietverhältnis über Geschäftsräume berechtigt den Vermieter nicht, auch für die zu Wohnzwecken genutzten Räume zur Umsatzsteuer zu optieren, weil es insoweit an einer Leistung des Vermieters für das Unternehmen des Mieters fehlt (OLG Celle 7.7.2016 – 2 U 37/16, IMR 2016, 413).

Die im Formular vorgesehene Ausstellung einer Rechnung zur Anzeige der Umsatzsteueroption dient den vertraglichen Mitteilungspflichten und soll dem Mieter den Umsatzsteuernachweis erleichtern (→ Anm. 1; zur sog. Dauermietrechnung vgl. LG Aachen 9.3.2016 – 8 O 355/15, ZMR 2016, 779).

6. Das Formular knüpft an die Anmerkungen zu Ziff. (3) an und regelt für die von § 27 Abs. 2 UStG betroffenen Objekte die Erfüllung und Beachtung der für die Umsatzsteueroption maßgeblichen Voraussetzungen. Da ein Mieter oft nicht zusichern kann, ausschließlich umsatzsteuerpflichtige Umsätze zu tätigen, sieht das Formular keine so weitreichende vertragliche Zusicherung vor und orientiert sich an der Praxis der Finanzbehörden, schädliche Umsätze im Rahmen der Bagatellgrenze zu dulden (→ Anm. 5).

7. Wenn sich für den Mieter nachträglich ein Interesse daran ergibt, über die Bagatellgrenzen hinaus umsatzsteuerfreie Umsätze zu tätigen, bedarf dies wegen der mit Ziff. (5) vorgeschlagenen Zusicherung einer Abstimmung mit dem Vermieter. Der Vermieter wäre ggf. – gegen entsprechende Entschädigung – bereit, ab einem bestimmten Zeitpunkt wieder auf die Umsatzsteueroption zu verzichten (dies jedoch nicht unbeschränkt rückwirkend → Anm. 3).

5. Vereinbarung einer Verlängerungsoption

§ . . . . . Mietzeit, Verlängerungsoption, Ausübung der Option[1]

(1) Das Mietverhältnis beginnt am . . . . . und endet am . . . . .[2]

(2) Der Mieter ist zur . . . . . -maligen Ausübung[3] einer Verlängerungsoption berechtigt, durch die sich das Mietverhältnis um jeweils . . . . . Jahre verlängert.

(3) Die Ausübung des Optionsrechts ist dem Vermieter schriftlich[4] mindestens . . . . . Monate vor Ablauf der Mietzeit bzw. der durch Optionsausübung verlängerten Mietzeit mitzuteilen.[5]

(4) Durch die rechtzeitige Ausübung der Option verlängert sich das Mietverhältnis zu den jeweils zuletzt geltenden Vertragsbedingungen. Die Ausübung der Option lässt jedoch alle anderen Bestimmungen unberührt, welche die Änderung oder Anpassung bestimmter Vertragsmodalitäten, insbesondere zur Miethöhe und zu den Betriebskosten, regeln.[6]

Anmerkungen

1. Die **Verlängerungsoption** (zur Begründungsoption → Form. A.V.3) räumt einer oder beiden Parteien das Recht ein, das bestehende Mietverhältnis durch einseitige Erklärung um eine bestimmte Zeit zu verlängern. Es handelt sich idR um ein schon im Ausgangsvertrag eingeräumtes Gestaltungsrecht (BGH 5.11.2014 – XII ZR 15/12, NZM 2015, 84). Durch ihre Ausübung kommt kein neuer Vertrag zustande. Vielmehr hat sie die Gestaltungswirkung, dass sich die ursprünglich vereinbarte Vertragslaufzeit ändert und ihr einen neuen Zeitabschnitt hinzufügt (BGH 5.11.2014 – XII ZR 15/12, NZM 2015, 84; 20.12.1967 – VIII ZR 119/65, NJW 1968, 551; 10.9.1997 – XII ZR 222/95, NJW 1998, 374).

Im Übrigen wird der Mietvertrag – ebenso wie bei der Fortsetzung eines Mietverhältnisses aufgrund eines Verlängerungsmechanismus – mit demselben Vertragsinhalt fortgesetzt und die Identität des Vertrags bleibt erhalten. Mithin **bewirkt die Ausübung einer Verlängerungsoption grds keine zusätzliche Änderung der vertraglichen Beziehungen** (BGH 5.11.2014 – XII ZR 15/12, NZM 2015, 84).

Das gilt aber nicht uneingeschränkt. So kann der (Miet-)Bürge von seiner Haftung für Verbindlichkeiten frei werden, die aus der optionsbedingten Verlängerung der Mietzeit resultieren, weil der Rechtsgedanke aus § 767 Abs. 1 S. 3 BGB der Bürgschaftsschuld für künftige Verbindlichkeiten Grenzen zieht (OLG Düsseldorf 14.4.2016 – 24 W 12/16, ZMR 2016, 615; vgl. dort aber auch zur Auseinandersetzung mit OLG Düsseldorf 19.1.2005 – 15 U 35/04, ZMR 2005, 784).

In der Praxis finden sich häufig **Varianten und Mischformen:**

Enthält ein Mietvertrag die Bestimmung, das Mietverhältnis, das zu einem festgelegten Zeitpunkt enden soll, verlängere sich jeweils um ein Jahr, falls eine der Parteien dem nicht (ggf in bestimmter Frist) widerspreche, so wird der ursprüngliche Mietvertrag fortgesetzt, wenn ein solcher Widerspruch nicht erfolgt, dh es kommt auch dann kein neuer Vertrag zustande (BGH 29.4.2002 – II ZR 330/00, BGHZ 150, 373 = NZM 2002, 604).

Wieder anders liegt es bei der Klausel (nach OLG Düsseldorf 18.11.2010 – 24 U 120/10, GuT 2011, 283), bei der dem Mieter die zweimalige Option von jeweils 5 Jahren eingeräumt wird, die dann wirksam werden soll, wenn das Vertragsverhältnis nicht 12 Monate vor Ablauf der Vertragszeit gekündigt wird. Das OLG Düsseldorf (18.11.2010 – I-24 U 120/10, GuT 2011, 283) hat dies als **fingierte Ausübung eines Optionsrechts** des Pächters ausgelegt. Dagegen ist es für eine **Verlängerungsklausel** typisch, dass der Vertrag ohne weiteres Zutun auch nur einer Vertragspartei verlängert wird und eine Vertragspartei kündigen muss, um die Verlängerung zu verhindern (OLG Düsseldorf 18.11.2010 – 24 U 120/10, GuT 2011, 283 mwN).

Oft werden solche Klauseln nicht klar voneinander getrennt (vgl. dazu BGH 14.7.1982 – VIII ZR 196/81, NJW 1982, 2770; zu AGB-rechtlichen Fragestellungen bei einer Optionsautomatik vgl. *Schneehain/Stütze* NZM 2010, 881). Dabei kann der optionsbegünstigte Mieter sogar bei einer **Kombination von einer Verlängerungsklausel mit einem Optionsrecht** noch die Option ausüben und die Beendigung des Mietverhältnisses verhindern, wenn der Vermieter zuvor gekündigt hat (BGH 20.3.1985 – VIII ZR 64/84, NJW 1985, 2581), weil während des Optionszeitraumes das ordentliche Kündigungsrecht des Vermieters ausgeschlossen ist. Diese Variante wird dann so verstanden, dass die Optionsausübung bereits im Vertrag unter bestimmten Voraussetzungen fingiert wird (zur Optionsausübung im Falle einer Kündigung der anderen Vertragspartei beim Zusammentreffen von Verlängerungsklausel und Option vgl. BGH 20.3.1985 – VIII ZR 64/84, NJW 1985, 2581). Treffen in einem Gewerberaummietvertrag eine Verlängerungsklausel und eine Verlängerungsoption für den Mieter aufeinander und hat der Vermieter der Verlängerung widersprochen, kann der Mieter regelmäßig durch Erklären der Option das Auslaufen des Mietvertrages verhindern (OLG Dresden 15.8.2018 – 5 U 539/18, ZMR 2018, 997)

Dass die **Optionsabrede** iRv § 550 BGB der **Schriftform** bedarf, wird ganz überwiegend bejaht (auch der BGH setzt dies ersichtlich voraus, vgl. BGH 5.2.2014 – XII ZR 65/13, NZM 2014, 308; 24.7.2013 – XII ZR 104/12, NJW 2013, 3361; vgl. hierzu ferner *Lindner-Figura* NZM 2007, 705; *Timme/Hülk* NJW 2007, 3313). Für das Optionsrecht als solches dürfte sich dies schon daraus ergeben, dass es sich bei den vertraglichen Bestimmungen über die Mietdauer um wesentliche Vertragsbedingungen handelt (BGH 11.12.2013 – XII ZR 137/12, ZMR 2014, 439).

Die **Ausübung einer Verlängerungsoption ist** nach der jüngeren BGH-Rspr nicht **schriftformbedürftig** iSv § 550 S. 1 BGB (BGH 21.11.2018 – XII ZR 78/17, NZM 2019, 172, im Anschluss an BGH 11.4.2018 – XII ZR 43/17, NZM 2018, 515; 5.2.2014 – II ZR 65/13, NJW 2014, 1300; vgl. auch OLG Dresden 22.2.2017 – 5 U 961/16, NZM 2017, 442; KG 23.10.2017 – 8 U 91/17, Grundeigentum 2017, 1468). Der frühere Meinungsstreit dürfte sich daher erledigt haben (Schriftform bejahend: KG 2.5.2013 – 8 U 130/12, ZMR 2013, 702; OLG Köln 29.1.2005 – 22 U 105/05, NZM 2006, 464; OLG Frankfurt 20.5.1998 – 23 U 121/97, NZM 1998, 1006; Palandt/*Weidenkaff* BGB Vorb. § 535 Rn. 8; zur Annahme einer formfrei möglichen Ausübung einer Verlängerungsoption vgl. aber schon OLG Rostock 8.10.2009 – 3 U 137/08, BeckRS 2010, 05351, Anm. *Fritz* jurisPR-MietR 6/2010 Anm. 5). Der Erwerber des Grundstücks ist durch die aus der Vertragsurkunde ersichtliche Verlängerungsoption hinreichend gewarnt, so dass es ihm zuzumuten ist, sich gegebenenfalls bei dem Verkäufer oder bei dem Mieter zu erkundigen (vgl. BGH 22.1.2014 – XII ZR 68/10, BGHZ 200, 98 = NZM 2014, 239; BGH 5.2.2014 – XII ZR 65/13, NZM 2014, 308; BGH 24.7.2013 – XII ZR 104/12, NJW 2013, 3361). Insoweit bietet sich also eine andere Vertragssituation dar als bei der **Option zur Begründung eines Mietverhältnisses**, bei der – bis zur Ausübung – noch kein Mietverhältnis besteht (→ Form. V.3 Anm. 2, 4).

In der Praxis herrschen Optionsvereinbarungen vor, die den Mieter begünstigen. Möglich ist aber auch ein Optionsrecht zugunsten des Vermieters. Das Formular regelt ein Optionsrecht zugunsten des Mieters.

Die Verlängerungsoption entfaltet für den Optionsverpflichteten eine besondere **Bindungswirkung**, denn der Optionsberechtigte hat es in der Hand, die Vertragsdauer mit rechtlicher Gestaltungswirkung zu bestimmen. Die hieran anknüpfende Annahme des OLG Hamburg (11.9.1991 – 4 U 89/91, NJW-RR 1992, 74), dass bei einer langen Bindung des Vermieters (bis zu 30 Jahren) und einer Kündigungsbefugnis des Mieters schon nach Ablauf der ersten fest verabredeten Mietzeit von einer **unangemessenen Benachteiligung** des Vermieters im Sinne des früheren § 9 AGBG (jetzt: § 307 BGB) auszugehen sei, ist kritisch zu sehen. Der BGH (30.5.2001 – XII ZR 273/98, NZM 2001, 854) hat darauf abgestellt, dass es zu den wesentlichen Grundgedanken des gesetzlichen Mietrechts gehört, langfristige vertragliche Bindungen zu bewirken. Nicht abdingbare Grenzen für solche Bindungen sind durch die Kündigungsvorschriften vorgegeben, insbesondere durch das grundsätzliche Recht zur fristlosen (außerordentlichen) Kündigung bei Vorliegen besonders schwerwiegender Gründe (BGH 30.5.2001 – XII ZR 273/98, NZM 2001, 854; *Bub* NZM 1998, 789, 795). Ein erhöhtes Benachteiligungspotential im Sinne von § 307 BGB kann sich aber aus der Kombination von Bindungsklauseln und anderen (Bezugs-)Verpflichtungen (zB Bierbezug bei der Vermietung/Verpachtung einer Gaststätte → Form. A.VI.6 Anm. 14) ergeben, wenn die Kombination solcher die wirtschaftliche Bewegungsfreiheit des Mieters unangemessen einschränkt.

Nach dem OLG Düsseldorf (3.5.2005 – I-24 U 223/04, OLGR 2006, 103) soll es sich bei der Verlängerungsoption um eine **Individualvereinbarung** handeln, wenn die Verlängerungsdauer bei einer vorformulierten Klausel in eine Textlücke eingetragen wird. Das wird jedenfalls dann kritisch zu sehen sein, wenn die Klausel sich in der bloßen Angabe der Verlängerungsdauer erschöpft. Formularverträge, bei denen lediglich die variablen Vertragsteile, dh die im Vertragstext frei gelassenen Stellen ausgefüllt werden müssen, werden hierdurch nicht insgesamt zu Individualverträgen. Wenn bereits der Formulartext eine zu beanstandende Regelung enthält, wird durch unselbständige Ergänzungen, die nur den Vertragsgegenstand im Einzelfall konkretisieren, der Charakter einer Klausel als Allgemeine Geschäftsbedingung nicht in Frage gestellt (BGH 7.2.1996 – IV ZR 16/95, NJW 1996, 1676). Notwendige, aber gleichwohl unselbständige Ergänzungen von Klauseln berühren auch im Übrigen nicht den Charakter als Allgemeine Geschäftsbedingung (BGH 28.5.2014 – VIII ZR 179/13, BGHZ 201, 271 = NJW 2014, 2940). Wenn sich dagegen die Unangemessenheit einer Regelung gerade aus den Ergänzungen (beim Ausfüllen der im Vertragstext frei gelassenen Stellen) ergibt, bedarf es besonderer Prüfung, ob die Voraussetzungen des § 305 Abs. 1 BGB gegeben sind. Im Einzelfall kann es sich um eine ausgehandelte Individualerklärung handeln, die der AGB-Kontrolle entzogen ist. Eine Formularklausel liegt jedoch dann vor, wenn der Kunde nur die Wahl zwischen bestimmten, vom Verwender vorgegebenen Alternativen hat (BGH 7.2.1996 – IV ZR 16/95, NJW 1996, 1676).

2. Das Formular legt eine befristete Mietdauer zugrunde, die durch Optionsausübung verlängert werden kann. Zu Kombinationen von Verlängerungsklauseln mit Optionsvereinbarungen → Anm. 1, 3).

3. Es bedarf im Zweifel der Klarstellung, ob das Optionsrecht mit der einmaligen Ausübung erlöschen soll oder ob es mehrfach ausgeübt werden kann. Grundsätzlich **erlischt das Optionsrecht mit seiner Ausübung**. Soll es erneut aufleben, bedarf es hierzu unmissverständlicher Parteiabreden (BGH 8.2.1995 – XII ZR 42/93, NJW-RR 1995, 714 mwN).

Wenn eine **Verlängerungsoption mit einer bloßen Verlängerungsklausel kombiniert** wird und der Mieter von der Option keinen Gebrauch macht, also stattdessen die

Verlängerungsklausel greift, kann der Mieter sein Recht (zur ggf. wiederholten) Optionsausübung verlieren. Ein Wiederaufleben der Optionsrechte ist mangels ausdrücklicher Vereinbarungen ausgeschlossen, weil die Ausübung der Optionsrechte von einer vorhergehenden wirksamen und fortlaufenden Optionsrechtsausübung abhängt. Der zwischenzeitliche Nichtgebrauch einer Option bringt die Optionsrechte insgesamt zum Erlöschen (OLG Düsseldorf 6.9.2007 – 10 U 25/07, ZMR 2008, 785; OLG Hamburg 23.6.1997 – 4 U 82/96, NZM 1998, 333.).

Für dieselbe Kombination von Verlängerungsoption und Verlängerungsklausel hat der BGH angenommen, dass der Mieter, dem eine Verlängerungsoption ohne ausdrückliche Bestimmung einer Optionsfrist eingeräumt ist, dieses Recht, wenn der Vermieter kündigt, unverzüglich ausüben muss, jedoch nicht vor Ablauf der Kündigungsfrist (BGH 20.3.1985 – VIII ZR 64/84, NJW 1985, 2581). **Während des Optionszeitraumes ist das ordentliche Kündigungsrecht des Vermieters ausgeschlossen.** Gerade deswegen macht ein Nebeneinander von Verlängerungsoption und Verlängerungsklausel im Mietvertrag selbst dann noch Sinn, wenn die jeweiligen Fristen gleich lang bemessen sind (BGH 14.7.1982 – VIII ZR 196/81, WM 1982, 1084; OLG Düsseldorf 11.7.2013 – 24 U 136/12, BeckRS 2013, 16681)

Wenn der Mietvertrag eine Frist für die Optionsausübung nicht vorsieht, ist zu prüfen, ob sie bis zum **Ablauf der festen Vertragsdauer als spätestem Zeitpunkt der Ausübung** (vgl. BGH 14.7.1982 – VIII ZR 196/81, NJW 1982, 2770; 17.5.1967 – V ZR 96/64, WM 1967, 935 (936)) erfolgen konnte oder ob der Mietvertrag im Wege der **ergänzenden Auslegung** dahin zu verstehen ist, dass für die Ausübung der Option eine entsprechende Frist wie für die Kündigung gilt (BGH 20.3.1985 – VIII ZR 64/84, NJW 1985, 2581).

4. Das Formular sieht vorsorglich auch für die Optionsausübung die **Schriftform** vor (vgl. zur Schriftform im Einzelnen → Anm. 1). Bei der Vertragsgestaltung sollte zur Förderung der Vertragssicherheit jedenfalls Wert auf die Regelung einer ausdrücklichen und schriftlichen Optionsausübung gelegt werden.

5. Die Ausübung einer Verlängerungsoption kommt grundsätzlich nur bis zum Ablauf der im Mietvertrag festgelegten Mietzeit in Betracht, da sie andernfalls systemwidrig auf die Neubegründung eines bereits beendeten Mietverhältnisses hinausliefe (BGH 14.7.1982 – VIII ZR 196/81, NJW 1982, 2770; 17.5.1967 – V ZR 96/64, WM 1967, 935 (936); → Anm. 3). Je früher der Mieter sich entscheiden muss, ob er von der Option Gebrauch macht, desto eher besteht für den Vermieter Klarheit über die Dauer des Vertragsverhältnisses. Der Vertrag sollte daher eine Mindestfrist für die Ausübung von mehreren Monaten vorsehen.

6. Es kann zu weitreichenden Unklarheiten kommen, wenn die Parteien die Konditionen, zu denen das Mietverhältnis fortgesetzt werden soll, nicht mit hinreichender Klarheit regeln. Zwar gilt im ersten Ansatz, dass das Mietverhältnis durch die Optionsausübung nur in zeitlicher Hinsicht verlängert wird, also iÜ unverändert fortbesteht (→ Anm. 1).

Dies hindert die Parteien allerdings nicht, **für den Fall der Ausübung bestimmte Vertragsänderungen und –anpassungen zu verabreden.** Dies kann sich auf ganz unterschiedliche Vertragskomponenten beziehen, insbesondere auf eine **Anpassung des Mietzinses.** Solche Fallgestaltungen entziehen sich einer generalisierenden Darstellung (zu Auslegungsfragen vgl. OLG Saarbrücken 31.10.1996 – 8 U 904/95, NJWE-MietR 1997, 104; *Haase* WiB 1997, 1141). Wenn die Parteien für den Fall der Optionsausübung besondere Vereinbarungen zur **Miethöhe** oder zu anderen Vertragsbedingungen regeln wollen, sind diese ausdrücklich und schriftlich (§ 550 BGB) niederzulegen. In Betracht kommen Vereinbarungen über **Sonderentgelte** oder über ein für die Dauer der Verlängerung erschwertes oder erleichtertes **Kündigungsrecht** einer oder beider Parteien (zur

Vereinbarung einer Kündigungsfrist vgl. OLG Schleswig 17.5.2000 – 4 U 123/99, ZMR 2000, 614). Auch kann die Festlegung bestimmter **Herstellungs- oder Instandhaltungspflichten** für den Fall naheliegen, dass erst infolge der Optionsausübung von einem längerfristigen Vertragsverhältnis auszugehen ist, zB wenn nach Festschreibung einer nur kurzen Anfangsmietzeit der Verlängerungszeitraum zu einem längerfristigen Vertragsverhältnis führen soll.

Bei der Frage, welcher **Mietzins für den Verlängerungszeitraum** zu zahlen ist, wenn hierüber keine besonderen Absprachen getroffen wurden, ist aber im Grundsatz von der **Fortgeltung der zuletzt zu zahlenden Miete** und etwaiger Wertsicherungs- oder Anpassungsklauseln auszugehen (BGH 5.11.2014 – XII ZR 15/12, NZM 2015, 84; 20.12.1967 – VIII ZR 119/65, NJW 1968, 551; 10.9.1997 – XII ZR 222/95, NJW 1998, 374; OLG Düsseldorf 23.2.1995 – 10 U 77/94, ZMR 1995, 347). Nur dann, wenn sich aus dem Vertrag ergibt, dass die Optionsausübung die vertragliche Miete tangieren soll, kann etwas anderes gelten. Teilweise wird von der Verpflichtung des Mieters zur Zahlung der marktüblich angemessenen Miete ausgegangen (vgl. BGH 2.101.991 – XII ZR 88/90, NJW-RR 1992, 517, für den Fall, dass sich die Parteien für eine weitere Mietzeit vom ursprünglichen Vertrags lösen wollten; vgl. auch OLG Saarbrücken 31.10.1996 – 8 U 904/95, NJWE-MietR 1997, 104).

Einer optionsbedingten **Neufestsetzung der Miete** bedarf es also nicht, wenn der ursprüngliche Mietvertrag bereits Regelungen zur Wertsicherung bzw. zur Anpassung der Miete – etwa durch eine Indexklausel oder Schiedsgutachterklausel – enthält. Diese gelten grundsätzlich fort, da die Ausübung der Option die Identität und den Inhalt des Ursprungsvertrags grds nicht verändert. Das Formular geht vom Vorhandensein solcher Regelungen aus (vgl. die Regelungen im Standardvertrag → Form. A.VI.1 § 6, → Form. A.VII.1, → Form. A.VII.2, → Form. A.VII.3) und stellt mit S. 2 klar, dass die Optionsausübung zwischenzeitlich erfolgte Anpassungen ebenso wenig berührt wie die Befugnis, solche Anpassungen auch künftig vorzunehmen.

Die Optionsausübung hat ohne besondere vertragliche Regelungen auch sonst keine Auswirkungen auf den hierdurch zeitlich verlängerten Vertrag. Die **vorbehaltlose Ausübung einer Verlängerungsoption** durch den Mieter führt auch nicht gemäß § 536b BGB dazu, dass der Mieter für die Zukunft mit seinen Rechten aus §§ 536, 536a BGB ausgeschlossen wäre (BGH 14.10.2015 – XII ZR 84/14, NZM 2015, 861; BGH 5.11.2014 – XII ZR 15/12, NZM 2015, 84, in Abgrenzung zu BGH 13.7.1970 – VIII ZR 230/68, NJW 1970, 1740). Zwar entsprach es zur früheren Rechtslage höchstrichterlicher Rechtsprechung, dass die Ausübung einer Verlängerungsoption die entsprechende Anwendung von § 539 BGB aF rechtfertigte. Nachdem diese Norm entsprechend auch in den Fällen angewendet wurde, in denen der Mieter erst während des Mietverhältnisses Mängel entdeckte, den Vertrag aber gleichwohl, ohne Beanstandungen zu erheben, fortsetzte und erfüllte, musste das erst recht für die vorbehaltlose Ausübung einer Verlängerungsoption gelten (BGH 13.7.1970 – VIII ZR 230/68, NJW 1970, 1740). Seit dem Inkrafttreten der §§ 536b, 536c BGB ist diesem Erst-Recht-Schluss aber die Grundlage entzogen. Es fehlt nämlich seit der Neuregelung an der für eine Analogie erforderlichen planwidrigen Regelungslücke. Im Zuge der Einführung des Mietrechtsreformgesetzes hat der Gesetzgeber bewusst davon abgesehen, eine Regelung für den Fall zu treffen, dass der Mieter den Mangel erst nach Vertragsschluss erkennt und trotz Kenntnis des Mangels die Miete über einen längeren Zeitraum hinweg vorbehaltlos in voller Höhe weiterzahlt, sondern mit § 536c BGB eine abschließende Regelung für nachträglich sich zeigende Mängel getroffen (BGH 14.10.2015 – XII ZR 84/14, NZM 2015, 861 mwN).

Die vorbehaltlose Ausübung der Verlängerungsoption kann jedoch geeignet sein, die angebliche Unzumutbarkeit der Fortsetzung eines Mietverhältnisses in Zweifel zu ziehen, wenn aufgrund von Rattenbefall fristlos gekündigt worden ist (OLG Düsseldorf 12.4.2016 – 24 U 143/15, Grundeigentum 2016, 857).

6. Vereinbarungen zur Vertretung der Vertragsparteien

§ . . . . . Empfang und Abgabe von Willenserklärungen, Bevollmächtigung[1]

– Beispiel 1 (Willenserklärungen gegenüber einer Mehrheit von Mietern) –

Der Vermieter hat empfangsbedürftige Willenserklärungen, die das Mietverhältnis betreffen, gegenüber allen Mietern abzugeben. Die Mieter bevollmächtigen sich gegenseitig zur Entgegennahme solcher Willenserklärungen, einschließlich des Empfangs von Kündigungserklärungen.[2] Die Bevollmächtigung erstreckt sich auch auf die Abgabe von Willenserklärungen, aber unter Ausschluss der Abgabe solcher Erklärungen, die den Bestand des Mietverhältnisses unmittelbar betreffen oder Änderungen der vertraglichen Hauptleistungspflichten zum Gegenstand haben.[3]

– Beispiel 2 (Bevollmächtigung eines am Betriebsort tätigen Vertreters)[4] –

(1) Der Mieter bevollmächtigt den/die in den Mieträumen tätigen . . . . . [Betriebsleiter, Verkaufsleiter, Vertriebsdirektor usw.], unter der Anschrift der Mieträume Willenserklärungen zu empfangen und abzugeben sowie Rechtshandlungen[5] vorzunehmen, welche die laufende Abwicklung des Mietverhältnisses betreffen. Der/die Bevollmächtigte ist insbesondere berechtigt,

- für den Mieter Zahlungen mit Erfüllungswirkung zu leisten und entgegenzunehmen,
- Leistungsaufforderungen in Bezug auf die nach diesem Vertrag oder gesetzlich geschuldeten Mieterleistungen, einschließlich Mahnungen und Fristsetzungserklärungen entgegenzunehmen,
- Mängel der Mietsache anzuzeigen und Mängelbeseitigungsleistungen des Vermieters abzunehmen,
- das Hausrecht in Bezug auf die Mieträume auszuüben und dem Vermieter Zutritt zu den Mieträumen zu gewähren,
- Betriebskostenabrechnungen entgegenzunehmen, zu prüfen und anzuerkennen.[6]

(2) Die nach Ziff. (1) erteilte Vollmacht erstreckt sich nicht auf den Empfang und die Abgabe von Willenserklärungen, die den Bestand des Mietverhältnisses unmittelbar betreffen oder Änderungen der vertraglichen Hauptleistungspflichten zum Gegenstand haben. Dies betrifft insbesondere den Empfang oder die Abgabe von Kündigungserklärungen, den Abschluss von Mietaufhebungs- und Räumungsvereinbarungen sowie Rechtsgeschäfte zur Änderung der Miethöhe.[7]

Anmerkungen

1. Regelungen zur Vertretung der Vertragsparteien können sowohl auf Mieterseite als auch auf Vermieterseite veranlasst sein.

Namentlich bei der **Vermietung an eine Mehrheit von Personen**, an **nicht am Mietort (Betriebsort) ansässige Vertragsparteien** und an **Handelsgesellschaften**, deren Verwaltung nicht ortsnah erreichbar ist, kann der Vermieter ein dringendes Interesse daran haben, dass ihm für die Vertragsabwicklung ein unschwer greifbarer Vertreter des Mieters als Kontaktperson zur Verfügung steht.

Auch der Mieter kann mit einer **Personenmehrheit auf Vermieterseite** konfrontiert sein, wenn etwa eine Erbengemeinschaft die Vermieterstellung innehat.

Die Formulare regeln eine Bevollmächtigung auf Mieterseite.

Ohne besondere Vereinbarungen zur Bevollmächtigung **gilt** für die Abgabe oder den Empfang von Willenserklärungen **folgendes:**

Wenn auf Mieter- oder Vermieterseite eine **Personenmehrheit** vorliegt, müssen Willenserklärungen grundsätzlich von allen auf der Erklärerseite beteiligten Personen abgegeben werden. Empfangsbedürftige Willenserklärungen (§ 130 BGB) müssen grundsätzlich allen auf der Empfängerseite beteiligten Personen zugehen (BGH 16.7.2003 – XII ZR 65/02, NJW 2003, 3053; BGH 10.9.1997 – VIII ARZ 1/97, BGHZ 136, 314 = NJW 1997, 3437; im Ausnahmefall differenzierend: BGH 10.12.2014 – VIII ZR 25/14, NZM 2015, 207, Anm. *Börstinghaus*, jurisPR-BGHZivilR 3/2015 Anm. 2; Anm. *Theesfeld*, jurisPR-MietR 5/2015 Anm. 3; OLG Düsseldorf 30.11.1995 – 10 W 233/ 95, NJWE-MietR 1996, 172).

In den Fällen, in denen **die Vertretung kraft Gesetzes** für Handelsgesellschaften, juristische Personen, Partnerschaften und nicht rechtsfähige Vereine vorgesehen ist, reicht es für die Abgabe und den Empfang von Willenserklärungen aus, wenn sie einem solchen Vertretungsberechtigten zugehen bzw. von ihm empfangen werden (vgl. § 125 Abs. 2 S. 3 HGB, § 35 Abs. 2 S. 3 GmbHG, § 78 Abs. 2 S. 2 AktG, § 7 Abs. 3 PartG, § 28 Abs. 2 BGB). Aus § 125 Abs. 2 S. 3 HGB, § 78 Abs. 2 S. 2 AktG, § 35 Abs. 2 S. 3 GmbHG, § 25 Abs. 1 S. 3 GenG und §§ 26 Abs. 2, 1629 Abs. 1 S. 2 BGB wird der allgemeine Rechtsgrundsatz abgeleitet, dass einer Personenmehrheit eine Willenserklärung durch Abgabe gegenüber einem der **Gesamtvertreter** zugeht (vgl. BGH 23.11.2011 – XII ZR 210/09, ZMR 2012, 261; BGH 17.9.2001 – II ZR 378/99, ZIP 2001, 2227).

Auch allein- oder gesamtvertretungsberechtigte Gesellschafter einer **Gesellschaft bürgerlichen Rechts** (GbR) sind für den Empfang von Willenserklärungen zuständig. Willenserklärungen im Rahmen eines mit einer Außen-GbR abgeschlossenen Mietvertrags müssen nicht allen Gesellschaftern zugehen. Lässt sich zB aus einer Kündigung entnehmen, dass das Mietverhältnis mit der Gesellschaft gekündigt werden soll, genügt es, wenn die Kündigung einem vertretungsberechtigten Gesellschafter zugeht (§ 164 Abs. 3 BGB; vgl. BGH 23.11.2011 – XII ZR 210/09, ZMR 2012, 261). Das gilt auch dann, wenn den Gesellschaftern gemäß §§ 709 Abs. 1, 714 BGB die Vertretungsbefugnis gemeinschaftlich zusteht. Die namens einer GbR von einem alleinvertretungsberechtigten Gesellschafter abgegebene einseitige und empfangsbedürftige Willenserklärung kann vom Empfänger gemäß § 174 S. 1 BGB zurückgewiesen werden, wenn ihr weder eine Vollmacht der anderen Gesellschafter noch eine Erklärung dieser beigefügt ist, aus der sich die Befugnis des handelnden Gesellschafters zur alleinigen Vertretung der Gesellschaft bürgerlichen Rechts ergibt (BGH 9.11.2001 – LwZR 4/01, NZM 2002, 163). Einer Zurückweisung nach § 174 S. 1 BGB kann vorgebeugt werden, wenn schon der Vertrag die Vertretungsbefugnisse eindeutig regelt.

Partei eines Vertrags kann die **GbR als eigenständiges Rechtssubjekt** sein (vgl. grundlegend BGH 29.1.2001 – II ZR 331/00, BGHZ 146, 341 = NJW 2001, 1056). Das Gesellschaftsvermögen ist konsequent vom Privatvermögen der Gesellschafter getrennt. Ein Wechsel im Bestand der Gesellschafter hat keine Auswirkungen auf den Bestand der Gesellschaft und die von ihr eingegangenen Rechtsverhältnisse. Auch insolvenzrechtlich ist die Gesellschaft als solche das betroffene Rechtssubjekt, wobei sich die Insolvenzfähigkeit der Gesellschaft bürgerlichen Rechts bereits aus § 11 Abs. 2 Nr. 1 InsO (vgl. auch § 1 Abs. 1 GesO) ergibt.

Beim **Vertragsschluss mit einer bloßen Innengesellschaft** verbleibt es – auf Vermieter- und Mieterseite – bei einer **Personenmehrheit.** Soweit aber bei Vertragsschluss seitens der Gesellschaft durch beliebigen Widmungsakt nach außen hin erkennbar wird, dass die Gesellschaft als solche kontrahieren will, wird sie zur Außengesellschaft und damit als GbR Vertragspartnerin (BGH 29.1.2001 – II ZR 331/00, BGHZ 146, 341 = NJW 2001, 1056). Das einmal mit mehreren Gesellschaftern einer Innengesellschaft begründete Mietverhältnis wird nicht dadurch zu einem mit der Gesellschaft bestehenden Vertragsverhältnis, dass die

Gesellschaft später zur Außengesellschaft wird. Vertragspartei wird die Gesellschaft dann grundsätzlich nur durch den Austausch der betreffenden Vertragspartei im Rahmen eines dreiseitigen Abänderungsvertrags. Wenn mehrere Innengesellschafter als Eigentümer auf Vermieterseite auftreten, die das vermietete Grundstück auf die Gesellschaft bürgerlichen Rechts übertragen, wird die Gesellschaft allerdings gemäß § 566 BGB Vertragspartei (BGH 29.1.2001 – II ZR 331/00, BGHZ 146, 341 = NJW 2001, 1056).

Die ordnungsgemäße **Vertretung beim Vertragsschluss** tangiert bei Gesellschaften auch die **Wahrung der Schriftform (§ 550 BGB)** (zur Schriftform → Form. A.VI.1 Anm. 2). Grundsätzlich ist anerkannt, dass eine in Vertretung abgegebene Erklärung die gesetzlich vorgeschriebene Schriftform nur dann wahrt, wenn der Vertreter seine Unterschrift erkennbar nicht für sich, sondern für den Vertretenen leistet (vgl. Palandt/*Ellenberger* BGB § 126 Rn. 9). In diesem Bereich ist der BGH jedoch zu einigen **Differenzierungen** gelangt:

Bei der Unterzeichnung einer Urkunde durch ein einzelnes Mitglied einer Gesellschaft ist die Schriftform nur dann gewahrt, wenn dies in der Urkunde durch einen das Vertretungsverhältnis anzeigenden Zusatz hinreichend deutlich zum Ausdruck kommt. Wird die Urkunde im Falle einer Personenmehrheit nicht von allen Vermietern oder Mietern unterzeichnet, müssen die vorhandenen Unterschriften zum Ausdruck bringen, dass sie auch in Vertretung der nicht unterzeichnenden Vertragsparteien geleistet worden sind. Andernfalls lässt sich der Urkunde nicht eindeutig entnehmen, ob der Vertrag mit den vorhandenen Unterschriften auch für die und in Vertretung der anderen Vertragsparteien zustande gekommen ist oder ob die Wirksamkeit des Vertrags so lange hinausgeschoben sein soll, bis auch die weiteren Vertragsparteien diesen unterschrieben haben (BGH 23.1.2013 – XII ZR 35/11, NZM 2013, 271, in Abgrenzung zu BGH 4.11.2009 – XII ZR 86/07, BGHZ 183, 67 = NJW 2010, 1453; OLG Hamburg 20.12.2018 – 4 U 60/18, ZMR 2019, 264).

Besondere Anforderungen ergeben sich, wenn der Vertreter den Eindruck erweckt, lediglich gesamtvertretungsberechtigt zu sein; dann bedarf es neben seiner Unterschrift noch der Unterschrift der weiteren **Gesamtvertreter** (BGH 16.7.2003 – XII ZR 65/02, NJW 2003, 3053).

Dasselbe gilt in den Fällen, in denen der Vertreter selbst einer von mehreren nebeneinander stehenden Vertragsschließenden sein soll. Dann sind ebenfalls die Unterschriften aller Beteiligten beizubringen, solange der Vertreter nicht mit einem **Vertretungszusatz** auch für sie unterschreibt (BGH 7.5.2008 – XII ZR 69/06, BGHZ 176, 301 = NJW 2008, 2178).

Der BGH hat seine Rechtsprechung dahin fortgeführt, dass bei Abschluss eines Mietvertrages durch eine AG die Schriftform des § 550 BGB nur gewahrt ist, wenn alle Vorstandsmitglieder unterzeichnen oder eine Unterschrift den Hinweis enthält, dass das unterzeichnende Vorstandsmitglied auch die Vorstandsmitglieder vertreten will, die nicht unterzeichnet haben (BGH 4.11.2009 – XII ZR 86/07, BGHZ 183, 67 = NZM 2010, 82, Anm. *Theesfeld* jurisPR-MietR 4/2010 Anm. 3, Anm. *Schott* jurisPR-BGHZivilR 3/2010 Anm. 1).

Wenn dagegen klar ist, dass eine Unterschrift von einer Person geleistet wird, die selbst nicht unmittelbar zum Kreis der Vertragsbeteiligten gehört, und wenn diese Person auch im Übrigen allein für eine Vertragspartei handelt, bedarf es keiner besonderen Kennzeichnung des dann **evidenten Vertretungsverhältnisses** (BGH 7.5.2008 – XII ZR 69/06, BGHZ 176, 301 = NJW 2008, 2178; OLG Koblenz 11.8.2012 – 5 U 439/11, BeckRS 2012, 20802; zu weiteren Konstellationen vgl. auch *Günter* WuM 2012, 587).

Von der Frage der Schriftform iSv § 550 BGB ist die Frage nach dem wirksamen Zustandekommen des Vertrags zu trennen, etwa wegen des Erfordernisses einer Genehmigung seitens vertretener Personen (BGH 19.9.2007 – XII ZR 121/05, NZM 2007, 837; vgl. auch *Kuckein* NZM 2010, 148; *Gassert* MDR 2010, 727; *Kreikenbohm/Niederstetter* NJW 2009, 406).

Beispiel (nach BGH 19.9.2007 – XII ZR 121/05, NZM 2007, 837): Eine GmbH wird satzungsgemäß von zwei Geschäftsführern gemeinsam vertreten, die Unterschrift in der für die GmbH vorgesehenen Unterschriftszeile stammt aber (mit dem Zusatz „i.V.") von einem Dritten. Ob dieser hierzu bevollmächtigt war oder als vollmachtloser Vertreter unterzeichnet hat, ist eine Frage des Zustandekommens des Vertrages, nicht der Wahrung seiner Form.

2. Anstelle einer wechselseitigen Bevollmächtigung aller Mieter kann ein bestimmter Mitmieter als Bevollmächtigter bezeichnet werden, wenn dieser die Abwicklung des Mietverhältnisses an Ort und Stelle übernehmen soll.

3. Ob und mit welchem Inhalt **Bevollmächtigungsklauseln formularmäßig** niedergelegt werden können, ist im Einzelnen streitig. Der BGH (10.9.1997 – VIII ARZ 1/97, NJW 1997, 3437 = BGHZ 136, 314; differenzierend: BGH 10.12.2014 – VIII ZR 25/14, NZM 2015, 207, nebst Anm. Börstinghaus, jurisPR-BGHZivilR 3/2015 Anm. 2; ferner Anm. von Theesfeld, jurisPR-MietR 5/2015 Anm. 3) hält wechselseitige **Empfangs**vollmachten selbst bei der Wohnraummiete für wirksam, auch wenn sie formularmäßig erteilt wurden. Das Formular knüpft daran an.

Die beiden Wirkungsbereiche der Vollmachtserteilung, die **Empfangs- und die Abgabevollmacht** (Erklärungsvollmacht), sind allerdings **unterschiedlich zu beurteilen:**

Die zum Empfang von Willenserklärungen berechtigende Vollmacht findet im Kernbereich des Vertretungsrechts ihre Grundlage (vgl. § 164 Abs. 3 BGB und dazu BGH 10.9.1997 – VIII ARZ 1/97, NJW 1997, 3437 = BGHZ 136, 314). Eine Selbstentrechtung der Mieter ist bei der Empfangsvollmacht nicht zu befürchten. Der bloße Empfang selbst von Kündigungserklärungen des Vermieters schmälert die materielle Rechtsposition von Mietern nicht. Mit dem BGH (10.9.1997 – VIII ARZ 1/97, NJW 1997, 3437 = BGHZ 136, 314) sind daher auch keine durchgreifenden Bedenken aus § 308 Nr. 6 BGB bzw. aus § 307 Abs. 1 BGB anzumelden.

Eine formularmäßige uneingeschränkte gegenseitige Bevollmächtigung der Mieter zur Abgabe und zum Empfang von Willenserklärungen ist gemäß § 307 BGB unwirksam (KG 15.1.2018 – 8 U 169/16, NJOZ 2018, 1450). Die formularmäßige Vollmacht zur Abgabe von **Willenserklärungen** findet im Rahmen einschränkender Auslegung ihre Grenzen in Bezug auf solche Willenserklärungen, welche die **Grundlagen des Mietverhältnisses** betreffen. Wenn der Bestand oder die Hauptleistungspflichten des Vertragsverhältnisses zur Disposition gestellt werden, kann nicht davon ausgegangen werden, dass dies von einer erteilten Vollmacht abgedeckt ist. Dies ist auch zur Wahrung anerkennenswerter Interessen des Vermieters nicht gerechtfertigt (BGH 10.9.1997 – VIII ARZ 1/97, NJW 1997, 3437 = BGHZ 136, 314; OLG Celle 29.12.1989 – 2 U 200/88, WuM 1990, 103; vgl. auch *Schwab* JuS 2001, 951). So hat die bloße Entgegennahme einer Kündigung noch keine rechtsgestaltende Wirkung. Sie beschneidet auch nicht die Rechtswahrung des Empfängers. Die **Abgabe einer Kündigungserklärung** kann dagegen unmittelbar **rechtsgestaltende Wirkung** entfalten und idR nicht schlicht rückgängig gemacht werden, wenn man eine wirksame Bevollmächtigung des Erklärenden annimmt. Abgabevollmachtsklauseln mit solcher Reichweite sind deshalb nach ganz hM als unwirksam zusehen, und zwar auch im Bereich der Gewerberaummiete (OLG Düsseldorf 17.10.2006 – I-24 U 7/06, ZMR 2008, 44; KG 5.1.2004 – 12 U 122/02, Grundeigentum 2004, 753 mwN). Empfohlen wird daher im Formular eine differenzierende Vertragsgestaltung, bei der die Erklärungsvollmacht einzuschränken ist.

Erteilte **Vollmachten sind** gemäß § 168 S. 2 BGB **widerruflich**, ohne dass es hierzu ausdrücklicher vertraglicher Regelungen bedarf (BGH 10.9.1997 – VIII ARZ 1/97, NJW 1997, 3437). Formularmäßige Beschränkungen des Widerrufsrechts werden nicht empfohlen, denn selbst die unwiderrufliche Vollmacht kann aus wichtigem Grunde widerrufen werden (BGH 8.2.1985 – V ZR 32/84, WM 1985, 646).

Zwischen der Reichweite einer ausdrücklich erteilten Vollmacht und der sog. **Duldungsvollmacht** ist zu unterscheiden. Eine Duldungsvollmacht liegt vor, wenn der Vertretene es willentlich geschehen lässt, dass ein anderer für ihn wie ein Vertreter auftritt, und der Geschäftspartner dieses Dulden nach Treu und Glauben dahin versteht und auch verstehen darf, dass der als Vertreter Handelnde zu den vorgenommenen Erklärungen bevollmächtigt ist (BGH 22.7.2014 – VIII ZR 313/13, BGHZ 202, 158 = NZM 2014, 702; 14.5.2002 – XI ZR 155/01, NJW 2002, 2325; 10.3.2004 – IV ZR 143/03, NJW-RR 2004, 1275; 10.1.2007 – VIII ZR 380/04, NJW 2007, 987).

Eine Haftung des Vertretenen aufgrund sog. **Anscheinsvollmacht,** die oft in einem Atemzug mit der Duldungsvollmacht genannt wird, kommt in Betracht, wenn der Geschäftsgegner die den **Rechtsschein einer Vollmacht** begründenden und dem Vertretenen zurechenbaren Umstände im Zeitpunkt des Geschäftsabschlusses gekannt, auf den Rechtsschein vertraut hat und dieses Vertrauen für seine geschäftliche Entschließung ursächlich geworden ist (BGH 14.3.2000 – XI ZR 55/99, BeckRS 2000, 3998; 23.6.1960 – II ZR 172/59, WM 1960, 863).

Die **gesetzlichen Regelungen zur Rechtsscheinvollmacht gemäß §§ 170–172 BGB,** aus denen die Grundsätze zur Duldungs- und Anscheinsvollmacht abgeleitet worden sind, lassen die Haftung des Vertretenen grundsätzlich so lange bestehen, bis der die Vertretungsbefugnis dokumentierende Akt durch eine nach außen in Erscheinung tretende Handlung beseitigt ist. Der Geschäftsherr genügt seinen Obliegenheiten dabei nicht schon dadurch, dass er dem Vertreter dessen Handlungen intern ernstlich untersagt. Er muss im Rahmen des ihm Zumutbaren selbst die Handlungen vornehmen, die geeignet sind, den aus der früheren Bevollmächtigung erwachsenen Rechtsschein zu zerstören (BGH 24.1.1991 – IX ZR 121/90, NJW 1991, 1225).

4. Der Wohnsitz des Mieters oder der Sitz einer Handelsgesellschaft ist oft nicht mit demjenigen (Betriebs-)Ort identisch, der Gegenstand mietvertraglicher Vereinbarungen ist. Wenn der Mieter (als natürliche Person) bzw. die Vertreter/Organe einer anmietenden GbR bzw juristischen Person nicht am Mietstandort tätig und erreichbar sind sondern ggf weit entfernt oder im Ausland residieren, kann sich praktischer Bedarf für die Installierung eines am Mietort tätigen und erreichbaren Vertreters des Mieters (Statthalters) ergeben, der ohne besondere Abreden nicht vertretungsberechtigt wäre.

5. Zum Begriff der Rechtshandlungen vgl. Palandt/*Ellenberger* BGB Überbl. vor § 104 Rn. 4 ff.

6. Die im Formular enthaltene Liste wäre ggf. entsprechend den Bedürfnissen des Einzelfalls zu erweitern. Dabei bleibt zu beachten, dass der Rahmen zulässiger Empfangsvollmacht weiter gesteckt werden kann als die Reichweite von Vollmachten zur Abgabe von Willenserklärungen (→ Anm. 3). Ein alle Eventualitäten abdeckender Katalog von Tätigkeiten, die durch die Vollmacht abgedeckt sind, ist weder praktikabel noch (vor dem Hintergrund von Ziff. 2) nötig. Im Zweifel ist dem Vermieter zu raten, Willenserklärungen auch dem Mieter unmittelbar zukommen zu lassen.

7. Gegenüber Beispiel 1) regelt das Formular eine eingeschränkte Vollmachtserteilung, denn anders als beim bevollmächtigten (Mit-)Mieter kann der die Vollmacht erteilende Alleinmieter ein gesteigertes Interesse daran haben, die Grundlagen des Vertrags unter seiner Kontrolle zu behalten. Erweiterungen der Vollmacht – etwa im Sinne von Beispiel 1) – sind denkbar.

7. Vereinbarung einer Mietbürgschaft

§ . . . . . Mietbürgschaft[1]

(1) Der Mieter hat bis spätestens zwei Wochen vor dem vertraglich festgelegten Mietbeginn die schriftliche[2] Mietbürgschaft einer deutschen Bank, Volksbank oder öffentlichen Sparkasse bis zum Höchstbetrag von . . . . . EUR[3] zu stellen.

(2) Die Mietbürgschaft ist selbstschuldnerisch,[4] unbedingt[5] und unbefristet[6] zur Zahlung auf erste Anforderung[7] sowie unter Verzicht auf das Recht zur Hinterlegung und zur Anfechtung[8] für sämtliche Ansprüche des Vermieters aus dem zugrundeliegenden Mietverhältnis und seiner Beendigung zu übernehmen und dem Vermieter im Original auszuhändigen.[9]

(3) Der Vermieter ist berechtigt, sich durch Inanspruchnahme des Bürgen wegen aller Ansprüche aus dem Mietverhältnis und dessen Beendigung zu befriedigen. Sämtliche Kosten, die mit der Gestellung der Bürgschaft und von Folgebürgschaften im Sinne von Ziff. (4) sowie mit einer Inanspruchnahme des Bürgen einhergehen, gehen zu Lasten des Mieters.

(4) Nach einer Inanspruchnahme des Bürgen durch den Vermieter hat der Mieter unverzüglich die Gestellung einer vertragsgemäßen Bürgschaft über die volle Haftungssumme gemäß Ziff. (1) zu bewirken.

(5) Vor vertragsgemäßer Gestellung der Bürgschaft hat der Mieter keinen Anspruch auf Übergabe und Nutzung der Mieträume. Macht der Vermieter wegen nicht gestellter Bürgschaft in Bezug auf die Übergabe der Mieträume ein Zurückbehaltungsrecht geltend, berechtigt dies den Mieter nicht zum Einbehalt der vertraglich geschuldeten Miete.

(6) Befindet sich der Mieter mehr als zwei Wochen mit der nach Ziff. (1) geschuldeten Gestellung der Bürgschaft in Rückstand, berechtigt dies den Vermieter zur fristlosen Kündigung des Mietverhältnisses.

(7) Nach Beendigung des Mietverhältnisses hat der Vermieter über die durch Bürgschaft abgesicherten Ansprüche abzurechnen. Hierfür steht ihm ab Beendigung des Mietverhältnisses eine Überlegungsfrist von sechs Monaten zur Verfügung. Ist bei Mietende noch über Betriebskosten abzurechnen und steht dem Vermieter hierfür nach dem Vertrag oder aus besonderen Gründen eine längere Frist zur Verfügung, verlängert sich die Abrechnungsfrist auf die Dauer dieses Zeitraums. Für die Dauer der vorstehend bezeichneten Fristen kann der Mieter wegen seines Anspruchs auf Herausgabe der Bürgschaft weder ein Zurückbehaltungsrecht geltend machen noch die Aufrechnung gegenüber Forderungen des Vermieters erklären.[10]

(8) Im Falle der Veräußerung der Mietsache durch den Vermieter (vgl. §§ 566, 566a BGB) und bei einer sonstigen Rechtsnachfolge in der Person des Vermieters tritt der Rechtsnachfolger in Bezug auf die Mietbürgschaft in alle vertraglichen Rechte und Pflichten ein. Der Mieter hat auf Verlangen eine neue Bürgschaftsurkunde vorzulegen, die auf den Namen des Rechtsnachfolgers lautet.[11]

Anmerkungen

1. Die Mietbürgschaft stellt neben der Barkaution eine praktisch bedeutsame Mietsicherheit dar. Zum Vergleich unterschiedlicher Arten der Mietsicherheit und zu allgemeinen Grundsätzen der Mietbürgschaft → Form. A.VI.1 Anm. 30–34 (vgl. dazu ferner die Darstellungen bei *Mohr* ZMR 2010, 413; *Fischer* NZM 2003, 497; *Börstinghaus* MDR

1999, 965; *Börstinghaus* NZM 2008, 558; *Schmid* WM 2011, 2345; *Wilms* DWW 1998, 304; zur „Mietevorauszahlung" als Mietsicherheit vgl. AG Hamburg 24.8.2012 – 41 C 51/ 12, WuM 2013, 189). Das Formular übernimmt teilweise – ggf. nur mit sinnwahrenden Abänderungen – die Regelungen aus dem Standardvertrag (→ Form. A.VI.1 Anm. 30–34). Auf die dortigen Anmerkungen kann daher zunächst verwiesen werden.

Die Bürgschaft begründet eine von der Verbindlichkeit des Hauptschuldners verschiedene **eigene Verbindlichkeit des Bürgen**, für die Erfüllung durch den Hauptschuldner einzustehen. Sie ist keine bloße Haftungsübernahme. Ihr Rechtscharakter bestimmt sich nicht aus der Art der Hauptschuld. Sie trägt ihren Rechtsgrund vielmehr in sich (BGH 16.2.1984 – IX ZR 45/83, BGHZ 90, 187 = NJW 1984, 1622).

Wenn ein Jobcenter eine Mietbürgschaft für einen Leistungsempfänger übernimmt, dann ist das Rechtsverhältnis zwischen Vermieter und Behörde nicht von einer sozialrechtlichen Leistungsbeziehung geprägt, sondern allein von der zivilrechtlichen Bürgschaftserklärung, die dann auch bestimmend für den zulässigen Rechtsweg zu den Zivilgerichten ist (BSG 12.4.2018 – B 14 SF 1/18 R, BeckRS 2018, 10130).

Die Bürgenschuld ist aber nach Bestand und Umfang grundsätzlich von der Hauptschuld abhängig, wodurch sichergestellt werden soll, dass der Gläubiger vom Bürgen (nur) das bekommt, was er vom Hauptschuldner nach dem jeweiligen Bestand der Hauptschuld zu bekommen hat (sog. Akzessorietät, vgl. BGH 16.2.1984 – IX ZR 45/ 83, BGHZ 90, 187 = NJW 1984, 1622). Hauptschuld sind im Rahmen der Mietbürgschaft die im vereinbarten Umfang gesicherten Ansprüche des Vermieters aus dem Mietverhältnis (→ Anm. 3).

Die Höhe der vom Mieter zu stellenden Mietsicherheit und damit auch der Bürgschaft unterliegt bei der Gewerberaummiete nicht den Beschränkungen aus § 551 BGB zur Wohnraummiete (vgl. Palandt/*Weidenkaff* BGB § 551 Rn. 2). Die **Höhe der zulässigen Sicherheitsleistung** beurteilt sich nach den **§§ 138, 226, 242, 307, 310 BGB** (vgl. *Schmid* WM 2011, 2345; zur Übersicherung vgl. *Wiek* WuM 2014, 119–128). Formularmäßige Bürgschaftsklauseln unterfallen darüber hinaus auch bei der Gewerberaummiete der **Inhaltskontrolle nach §§ 307, 310 BGB** (→ Form. A.V.1 Anm. 1).

Ob ein Bürgschaftsvertrag **sittenwidrig** und damit nichtig iSv § 138 Abs. 1 BGB sein kann, wenn der Vermieter den Bürgen wirtschaftlich überfordert, ist fraglich. Das LG Hamburg (13.5.2003 – 307 O 175/02, ZMR 2003, 841) ist der Auffassung gewesen, die höchstrichterliche Rechtsprechung zur Sittenwidrigkeit von Bürgschaftsverpflichtungen gelte nur für Haftungsübernahmen gegenüber Kreditinstituten, da in diesen Fällen prima facie von einer strukturellen Unterlegenheit des Bürgen gegenüber dem Kreditinstitut auszugehen sei. Die Haftungsübernahme gegenüber einem Privatvermieter sei damit nicht vergleichbar. Dem ist sicherlich darin zu folgen, dass im Bereich des Mietrechts kein Prima-Facie-Beweis für die Unterlegenheit eines Bürgen spricht. Denkbar ist jedoch durchaus, dass der Vermieter mit unzulässigem Druck auf die Stellung eines Bürgen (etwa aus dem verwandtschaftlichen Umfeld des Mieters) hinwirkt, der in jeder Hinsicht überfordert ist. Die Sittenwidrigkeitsschwelle wird im Regelfall jedoch hoch anzusiedeln sein. Das dürfte sich ua daraus ergeben, dass auch außerhalb der Bürgschaft sehr weit reichende Haftungsübernahmen rechtlich gebilligt werden.

In enger Verwandtschaft mit der Bürgschaft steht die sog. **Patronatserklärung.** Der Begriff der Patronatserklärung wird als Sammelbezeichnung für verschiedene Formen von Unterstützungserklärungen zumeist seitens einer Konzernobergesellschaft (Patronin) für operative Konzerngesellschaften (Tochtergesellschaften) verwendet. Unterschieden wird dabei zwischen sog. „weichen" und „harten" Patronatserklärungen (vgl. BAG 21.10.2014 – 3 AZR 1027/12, NZA-RR 2015, 90). Hieraus hat sich ein **eigenständiges Sicherungsmittel** herausgebildet, das mit der Bürgschaft eng verwandt ist.

Bei der sog. **„harten" Patronatserklärung** handelt es sich um einen einseitig verpflichtenden (Sicherungs-) Vertrag (vgl. *Michalski* WM 1994, 1229), welcher **Elemente der**

Bürgschaft und der Garantie in sich birgt (BGH 30.1.1992 – IX ZR 112/91, BGHZ 117, 127 = NJW 1992, 2093; BGH 8.5.2003 – IX ZR 334/01, NJW-RR 2003, 1042; *Borzutzki-Pasing* jurisPR-MietR 24/2005 Anm. 4).

Eine „weiche Patronatserklärung" liegt dann vor, wenn der Patron keine eigene rechtsverbindliche Einstandspflicht eingeht und sich etwa nur auf allgemeine Absichtserklärungen in Bezug auf die Unterstützung eines Schuldners beschränkt (BAG 21.10.2014 – 3 AZR 1027/12, NZA-RR 2015, 90; von *Rosenberg/Kruse* BB 2003, 641).

Ob eine verbindliche Zusicherung vorliegt, ist im Wege der Auslegung (§§ 133, 157 BGB) zu ermitteln. Die gegenüber einem Schuldner intern abgegebene Ausstattungszusicherung beinhaltet einen Sonder- bzw. Unterfall der Patronatserklärung, bei dem nach diesseitiger Auffassung durch Auslegung zu ermitteln ist, ob der Patron (gegenüber dem Schuldner) eine rechtsverbindliche Einstandspflicht eingegangen ist.

Die Haftung des (harten) Patrons reicht sehr weit. Zur Inanspruchnahme des Patrons reicht jeder Nachweis der Zahlungsunfähigkeit des Schuldners aus. Schuldner und Patron haften dann nebeneinander, und zwar gesamtschuldnerisch auf das Ganze (BGH 8.5.2003 – IX ZR 334/01, NJW-RR 2003, 1042; BGH 30.1.1992 – IX ZR 112/91, BGHZ 117, 127 = NJW 1992, 2093; *Bomhard/Haase* BB 2010, 2651; *Michalski* WM 1994, 1229; *Schneider* ZIP 1989, 619; *Obermüller* ZIP 1982, 915). Der Patron haftet also nicht nur in den Grenzen einer Ausfallbürgschaft; es bedarf weder einer erfolglosen Zwangsvollstreckung gegen den Schuldner noch der Einleitung eines Insolvenzverfahrens gegen den Schuldner. Auf das Verschulden des Patrons kommt es nicht an (BGH 8.5.2003 – IX ZR 334/01, NJW-RR 2003, 1042; BGH 30.1.1992 – IX ZR 112/91, BGHZ 117, 127 = NJW 1992, 2093). Aus einem Verstoß gegen die Patronatspflichten kann sich daneben ein unmittelbarer Schadensersatzanspruch wegen Nichterfüllung der Ausstattungspflicht gegen den Patron ergeben.

Wenngleich das Institut der Patronatserklärung aus dem Konzernzusammenhang herrührt und dort auch seine wesentliche Bedeutung findet, kann sie auch in anderen Bereichen als Sicherungsmittel vereinbart werden (OLG Rostock 16.12.2004 – 1 U 28/04, OLGR 2005, 529; *Obermüller* ZIP 1982, 915 mit Gestaltungsbeispielen). Eine Beschränkung im persönlichen Anwendungsbereich besteht grundsätzlich nicht, wenngleich es sich um ein sehr weitreichendes und damit im Mietmarkt schwer durchsetzbares Sicherungsmittel handelt, das außerhalb des Konzernumfelds keine gewichtige Rolle spielt.

2. Vgl. § 766 BGB.

3. Da die bei Mietbeginn zu stellende Bürgschaft zukünftige Forderungen zum Gegenstand hat, wird durch den Höchstbetrag die Grenze festgelegt, bis zu welcher der Bürge haften soll (vgl. Palandt/*Sprau* BGB Einf. vor § 765 Rn. 7 mwN). Dieser Betrag entspricht der Kautionssumme bei der Barkaution. Formularmäßige Vereinbarungen, welche unter Verletzung des Akzessorietätsgrundsatzes eine Bürgschaftsverpflichtung unabhängig von Bestand und Höhe der Hauptschuld regeln sollen, sind grundsätzlich unwirksam, denn sie verändern die Rechtsnatur des Vertragsverhältnisses (BGH 19.9.1985 – III ZR 214/83, BGHZ 95, 350 = NJW 1986, 43).

An den Verzug mit der Beibringung der Bürgschaft kann ein Kündigungsrecht des Vermieters geknüpft werden (vgl. die Regelung in Ziff. 6). Für die Gewerberaummiete hat der XII. Zivilsenat des BGH (21.3.2007 – XII ZR 36/05, MietPrax-AK BGB § 543 Nr. 7) eine solche Kündigung als wirksam behandelt.

4. Die selbstschuldnerisch übernommene Bürgschaft entzieht dem Bürgen gemäß §§ 771, 773 Abs. 1 Nr. 1 BGB die Einrede der Vorausklage. Der Bürge kann gemäß § 771 BGB an sich die Befriedigung des Gläubigers verweigern, solange nicht der Gläubiger erfolglos die Zwangsvollstreckung gegen den Hauptschuldner versucht hat. Für einen Vermieter würde dies bedeuten, dass er zunächst den Mieter verklagen und im Wege der Vollstreckung in Anspruch nehmen muss, bevor er auf den Bürgen zurückgreifen kann (Palandt/*Sprau* BGB § 771 Rn. 1; *Mohr* ZMR 2010, 413). Hat der Bürge auf die Einrede der Vorausklage verzichtet (§ 773 Abs. 1 Nr. 1 BGB), kann der Gläubiger den Bürgen ohne Weiteres und sogleich in Anspruch nehmen.

Hiervon zu unterscheiden ist die **Mietausfallbürgschaft**, die eine Inanspruchnahme des Bürgen erst dann gestattet, wenn die Zwangsvollstreckung gegen den Mieter erfolglos blieb und auch andere Sicherungsmittel fehlen oder versagen (vgl. *Schmid* WM 2011, 2345). Sie gibt dem Vermieter nur eine subsidiäre Sicherheit und enthebt ihn nicht der Pflicht, sich zunächst um eine anderweitige Befriedigung beim Schuldner oder anderen Sicherungsgebern zu bemühen.

5. Dem Bürgen ist es bei Zusage einer **unbedingten Bürgschaft** untersagt, seine Haftung von Bedingungen – insbesondere aus dem Verhältnis zum Schuldner/Mieter – abhängig zu machen. § 108 ZPO sieht ebenfalls die Gestellung einer „unbedingten" Bürgschaft vor.

6. Die **formularmäßige Vereinbarung** einer **unwiderruflichen und unbefristeten Bürgschaft** ist möglich (BGH 13.1.2003 – VII ZR 57/02, BGHZ 157, 29 = NJW 2004, 443). Wenn die Mietzeit feststeht, kann unter Berücksichtigung der dem Vermieter zustehenden Abrechnungsfrist auch eine **zeitliche Befristung der Bürgschaft** in Betracht kommen.

7. Die Bürgschaft zur **Zahlung auf erstes Anfordern** ist formularmäßig nur bei der **Bürgschaftsübernahme durch Kreditinstitute und Versicherungen** bzw. durch solche Personen möglich, die mit den besonderen Risiken solcher Bürgschaften vertraut sind, weil die ungehinderte Zugriffsmöglichkeit des Vermieters den legitimen Interessen des Mieters widerspricht (vgl. zu dem insoweit mit Leitbildcharakter ausgestatteten Werkvertragsrecht: BGH 5.6.1997 – VII ZR 324/95, BGHZ 136, 27 = NJW 1997, 2598; BGH 13.11.2003 – VII ZR 371/01, NZBau 2004, 212; zum Mietrecht: *Leo/Ghassemi-Tabar* NZM 2012, 97; *Fischer* NZM 2003, 497(498); Palandt/*Sprau* BGB Einf. vor § 765 Rn. 14; *Derleder* NZM 2006, 601). Der Bürge muss bei dieser Bürgschaft sofort zahlen und kann dies auch ohne vorherige Benachrichtigung des Mieters tun. Bürge und Mieter können aber Mitteilungs- und Mitwirkungspflichten verabreden, insbesondere um dem Mieter durch sofortige Zahlung die Vermeidung von Kosten infolge Ziehung der Bürgschaft zu ermöglichen. Bei einer Mietkautionsbürgschaft handelt es sich keineswegs automatisch um eine Bürgschaft auf erstes Anfordern. Ihre Gestellung muss ausdrücklich vereinbart werden (OLG Köln 5.6.2002 – 13 U 162/01, ZMR 2003, 258).

Bei der Ausbedingung einer Bürgschaft auf erstes Anfordern ist besondere **Vorsicht geboten, wenn es sich nicht um eine Bankbürgschaft handelt.** Dies sollte nur vereinbart werden, wenn die Gewähr besteht, dass der Bürge mit den besonderen Risiken solcher Bürgschaften sicher vertraut ist (zur Unwirksamkeit nach § 307 BGB vgl. *Leo/Ghassemi-Tabar* NZM 2012, 97 mwN). Daher sieht das Formular eine Bankbürgschaft vor. Es stellt im Rahmen eines Mietvertrags über Gewerberäume nicht schlechthin eine unangemessene Benachteiligung des Mieters dar, wenn der Vermieter als Kaution anstatt der Zahlung eines als Barkaution gedachten Geldbetrags die Stellung einer Bürgschaft auf erstes Anfordern fordern darf (OLG Karlsruhe 2.7.2004 – 1 U 12/04, NZM 2004, 742). Eine solche Ersetzungsbefugnis schafft eine andere Situation als die von Vorneherein ausbedungene Bürgschaft auf erstes Anfordern, denn es findet keine Überbürdung des Bonitätsrisikos statt. Die Beibringung der Bürgschaft ersetzt dann lediglich die Auszahlung einer Barkaution an den Vermieter. Im Falle einer Barkaution trägt der Mieter aber bereits von Anfang an das Risiko einer später eintretenden Zahlungsunfähigkeit des Vermieters (OLG Karlsruhe 2.7.2004 – 1 U 12/04, NZM 2004, 742; zur – verneinten – Übersicherung bei gleichzeitiger Barkaution und einer freiwilligen Bürgschaftsübernahme durch einen Dritten vgl. LG Berlin, 1.9.2016 – 6 O 70/16, ZMR 2017, 562).

8. Zur Einrede der Anfechtbarkeit vgl. § 770 BGB (zum Verzicht auf diese Einrede vgl. BGH 19.9.1985 – III ZR 214/83, BGHZ 95, 350 = NJW 1986, 43).

Bei der Inanspruchnahme aus der Bürgschaft ist der Vermieter keineswegs frei (zur Barkaution → Form. A.VI.1 Anm. 33–34). Wenn der Vermieter die Bürgschaft unberechtigt zieht, kann er sich gegenüber dem Mieter und dem Bürgen schadensersatzpflichtig machen (zu den haftungsrechtlichen und prozessualen Folgen vgl. Staudinger/ *Horn* BGB Vor §§ 765–778 Rn. 163 ff.).

Die Voraussetzungen, unter denen der Vermieter Zugriff auf die Mietsicherheit nehmen und sich hieraus befriedigen kann, unterliegen einer schwer überschaubaren Kasuistik. Dabei wird – nach diesseitiger Auffassung wenig überzeugend – zwischen dem laufenden und dem beendeten Mietverhältnis unterschieden.

Im laufenden Mietverhältnis soll sich der Vermieter nur wegen solcher unstrittigen Forderungen aus der Sicherheit befriedigen können, wegen derer der Mieter sich bereits in Verzug befindet. Außerdem soll ein Zugriff auf die Sicherheit bei bestrittenen Forderungen nicht möglich sein (BGH 7.5.2014 – VIII ZR 234/13, NZM 2014, 551; OLG Hamm 11.2.2016 – I-18 U 42/15, ZMR 2016, 619; Bub/Treier III. A 2036). Ob dies auch uneingeschränkt für die Inanspruchnahme einer Bürgschaft im Rahmen eines Geschäftsraummietverhältnisses gilt, ließe sich zumal für eine Bürgschaft der hier in Rede stehenden Art trefflich hinterfragen.

Nach Beendigung des Mietverhältnisses soll der Kaution nicht nur eine Sicherungs- sondern auch eine Verwertungsfunktion innewohnen, die es rechtfertigen soll, dass der Vermieter nunmehr auch mit streitigen Ansprüchen aufrechnen können soll (zum uneinheitlichen Meinungsstand vgl. etwa die Nachweise bei Palandt/*Weidenkaff* BGB vor § 535 Rn. 123; Schmidt-Futterer/*Blank* BGB § 551 Rn. 100).

Das Formular enthält keine Regelung zum Verzicht auf die **Einrede der Aufrechenbarkeit** im Sinne von § 770 Abs. 2 BGB, denn die vom Bürgen erklärte Aufrechnung betrifft die Rechtsbeziehungen zwischen Bürgen und Vermieter, also nicht unmittelbar die der Sicherung unterliegenden Ansprüche aus dem Mietverhältnis. Wenn zwischen Vermieter und Bürgen keine weitergehenden Rechtsbeziehungen bestehen, besteht idR kein Bedarf nach der Ausgestaltung von Aufrechnungsbefugnissen. Bei anderen Konstellationen kann aber auch auf diese Einrede verzichtet werden. Den ausnahmslosen Verzicht auf die Einrede der Aufrechenbarkeit – auch für rechtskräftig festgestellte oder anerkannte Forderungen – dürfte aber Wirksamkeitsbedenken aus § 307 Abs. 2 Nr. 1 und 2 BGB begegnen (LG Wiesbaden 14.3.2016 – 9 O 276/15, BeckRS 2016, 123286).

Beim Formularvertrag bleibt dem Bürgen aber selbst dann der **Einwand unzulässiger Rechtsausübung** (§ 242 BGB) erhalten (vgl. BGH 28.5.1991 – XI ZR 214/90, NJW 1991, 2908). Zur **Hinterlegung** vgl. die Vorschriften der §§ 372 ff. BGB.

Der **formularmäßige Verzicht auf die Einrede der Verjährung** stößt auf Bedenken aus §§ 202, 242, 307 BGB, obwohl die gesetzliche Neuregelung gegenüber § 225 BGB aF weniger restriktiv ist (zur Verjährungseinrede von Bürge und Mieter bei der Mietbürgschaft nach altem Recht vgl. BGH 28.1.1998 – XII ZR 63/96, BGHZ 138, 49 = NZM 1998, 224). Ein so umfassender klauselmäßiger Ausschluss des § 768 BGB durchbricht aber den Grundsatz, dass die Bürgschaft vom jeweiligen Bestand der Hauptschuld abhängig ist, und den damit verbundenen Bürgenschutz so nachhaltig tangiert, dass solche AGB gemäß § 307 BGB unwirksam sind (vgl. schon zum alten Recht (§ 9 AGBG) BGH 5.4.2001 – IX ZR 276/98, NJW 2001, 2327). Aus Gründen der Vertragssicherheit wird daher von einer entsprechenden Verzichtsklausel abgesehen.

Zur Einrede der Verjährung gilt im Übrigen, dass das zur Befriedigung eines verjährten Anspruchs Geleistete gemäß § 214 Abs. 2 S. 1 BGB nicht zurückgefordert werden kann, auch wenn in Unkenntnis der Verjährung geleistet wurde. Dies gilt nach § 214 Abs. 2 Satz 2 BGB gleichermaßen von einem vertragsmäßigen Anerkenntnis sowie einer Sicherheitsleistung des Schuldners. § 214 Abs. 2 BGB ist aber bei Rückforderungen von im Wege der Bürgschaft auf erstes Anfordern in Anspruch genommener Leistungen nicht anwendbar, weil dem der Grundsatz entgegensteht, dass bei Bürgschaften auf erstes Anfordern Einwendungen gegen die materielle Berechtigung der Ansprüche des Begünstigten grundsätzlich erst nach erfolgter Zahlung durch Rückforderungsklage gegen den Begünstigten geltend gemacht werden können (OLG Oldenburg 9.3.2018 – 11 U 104/17, IMR 2018, 291; aA LG Neuruppin 5.3.1999 - 4 S 237/98, NZM 2000, 29).

9. Der Sicherungszweck sollte möglichst konkret angegeben werden. Die Formulierung „für alle Ansprüche des Vermieters" ist wohl dahin auszulegen, dass damit nur die Ansprüche aus dem zugrundeliegenden Mietverhältnis gemeint sind (BGH 6.12.1984 – IX ZR 115/83, NJW 1985, 849; aA OLG Celle 8.12.1993 – 2 U 26/93, OLGR 1994, 66). Die Auslegung, dass eine Mietbürgschaft nicht den Zeitraum **stillschweigender Verlängerung eines** zunächst **aufgekündigten Mietverhältnisses** umfasst (vgl. LG Gießen 19.10.1994 – 1 S 376/94, NJW-RR 1995, 586), erscheint jedenfalls dann als bedenklich, wenn die ursprüngliche verabredete Mietdauer über diesen Zeitraum hinausgereicht hätte, denn dann hatte der Bürge jedenfalls mit einer fortbestehenden Einstandspflicht zu rechnen. Bezieht sich eine Bürgschaftserklärung auf einen bestimmten Mietvertrag mit **Verlängerungsoption** und verlängern die Mietvertragsparteien den Mietvertrag ohne Mitwirkung des Bürgen über den Optionszeitraum hinaus, so soll der Bürge ebenfalls nicht mehr für Ansprüche aus dem Mietverhältnis gegenüber dem Vermieter haften (vgl. OLG Düsseldorf 19.1.2005 – 15 U 35/04, ZMR 2005, 784).

Die **Bürgschaft ist grundsätzlich nicht kündbar.** In engen Grenzen hat aber auch der Bürge ein **außerordentliches Kündigungsrecht,** das sich etwa aus § 314 BGB ergeben kann (vgl. die Fallbeispiele bei: Staudinger/*Horn* BGB § 765 Rn. 264 ff.; *Mohr* ZMR 2010, 413).

Wenn der Bürge sich auch für der Höhe nach unbestimmte Forderungen (ggf. für weitere Ansprüche außerhalb des Mietverhältnisses) verbürgt und/oder eine bestandsunabhängige Einstandspflicht für Verbindlichkeiten übernimmt, kann das nur individuell verabredet werden und ist dann als Garantieübernahme, Schuldbeitritt oder als Patronatserklärung (→ Anm. 1) auszulegen (vgl. Palandt/*Sprau* BGB Einf. vor § 765 Rn. 15 ff. mwN).

10. Dem Mieter steht nach Beendigung des Mietverhältnisses und nach Wegfall des Sicherungszwecks ein Anspruch gegen den Vermieter auf **Herausgabe der Bürgschaft** an den Bürgen zu, sofern sich nicht aus den vertraglichen Beziehungen und der Interessenlage der Beteiligten etwas anderes ergibt (OLG Frankfurt 15.6.2012 – 2 U 252/11, ZMR 2012, 863). Grundsätzlich steht dem Vermieter auch ohne besondere Abreden eine **Abrechnungsfrist** zu, innerhalb derer er prüfen und entscheiden kann, ob und in welchem Umfang er den Bürgen in Anspruch nehmen will. Der Anspruch des Vermieters auf Leistung einer Mietsicherheit erlischt also nicht mit der Beendigung des Mietverhältnisses, sondern kann bei fortbestehendem Sicherungsbedürfnis auch danach noch geltend gemacht werden (BGH 22.11.2011 – VIII ZR 65/11, NZM 2012, 156, in Ergänzung zu BGH 12.1.1981 – VIII ZR 332/79, NJW 1981, 976). Der Mieter kann nach Ablauf der Abrechnungsfrist **Herausgabe der Bürgschaftsurkunde grds nur an den Bürgen** und nicht an sich selbst verlangen (BGH 14.7.2004 – XII ZR 352/00, NJW 2004, 3553). Für den Fall einer vertraglichen Verpflichtung zur Rückgewähr hat der BGH allerdings entschieden, dass der Hauptschuldner die Aufgabe der durch den Besitz der Bürgschaftsurkunde erlangten günstigen Beweisposition auch in der Weise verlangen könne, dass er die Herausgabe der Bürgschaftsurkunde an sich selbst fordert. Es bestehe keine Veranlassung, diesen Anspruch dahin zu beschränken, dass er nur Herausgabe an den Bürgen verlangen könne (BGH 9.10.2008 – VII ZR 227/07, NJW 2009, 218; zu einer unwirksamen Sicherungsabrede und einem Herausgabeverlangen des Mieters vgl. auch OLG München 29.11.2018 – 32 U 4346/16, ZMR 2019, 269).

11. Sicherungsrechte gehen nach §§ 566a S. 1, 578 BGB auf den **Erwerber** über, also auch Bürgschaften (für den Fall des Versterbens ergibt sich dies aus § 1922 BGB). Mieter und Erwerber haben einen Anspruch gegen den ursprünglichen Vermieter auf Herausgabe der Sicherheiten an den Erwerber. Da es gleichwohl zu Legitimationsproblemen kommen kann, regelt das Formular die Pflicht zur Beibringung einer auf den Rechtsnachfolger umgeschriebenen Bürgschaftsurkunde, damit der neue Vermieter sich im Verhältnis zum Bürgen ohne weiteres legitimieren kann.

8. Übergabeprotokoll

☐ Übergabe der Mieträume an den Mieter bei Beginn des Mietverhältnisses:[1]
☐ Rückgabe der Mieträume an den Vermieter bei Beendigung des Mietverhältnisses[2]

– Zutreffendes ankreuzen –

I. Der Mieter/Vermieter[3] erklärt

Nach Begehung und Besichtigung der Mieträume habe ich keine sichtbaren Mängel und Schäden festgestellt. Die Mietsache wird übernommen. Ich behalte mir die weitere Überprüfung und die Geltendmachung von Rechten vor, insbesondere wegen versteckter Mängel und Schäden.[4]

. . . .

Ort, Datum   Vermieter   Mieter

II. Der Mieter/Vermieter beanstandet nach Begehung und Besichtigung der Mieträume folgende Punkte:[5]

– Beispiele (Übergabe bei Beginn des Mietverhältnisses) –

1. Die Tapete im Flur weist an 3 Stellen schwarze Verfleckungen auf und ist im Bereich neben der Eingangstür auf einer Länge von ca. 35 cm eingerissen.
2. Der Türbeschlag an der WC-Tür ist locker.
3. Das Fensterglas im Büroraum I weist einen Kratzer von ca. 50 cm auf.
4. Die Garage steht voller Baumaterial und Müll.
5. Der Holzboden im Verkaufsraum zeigt einen abgetrockneten Feuchtigkeitskranz von ca. 4m Durchmesser, der möglicherweise auf einer Undichtigkeit im Decken-/Dachbereich beruht.
. . . . .

Die Mietsache wird übernommen. Soweit nicht ausdrückliche Vereinbarungen zur Übernahme getroffen werden (vgl. unten zu IV), bleiben alle Rechte vorbehalten, die sich aus vorstehenden und aus versteckten Mängeln und Schäden ergeben können.[6]

. . . .

Ort, Datum   Vermieter   Mieter

III. Der Mieter/Vermieter erklärt zu den aufgeführten Beanstandungen:

1. Folgende Mängel/Schäden werden bestätigt und möglichst umgehend/bis zum . . . . . behoben:[7]

– Beispiel –

Mängel zu Ziff. 1) und 2)
Weitere Erklärungen gebe ich jetzt nicht ab. Eine abschließende Stellungnahme bleibt vorbehalten.

310   *Borzutzki-Pasing*

2. Die Beanstandung/en zu folgenden Punkten habe ich zur Kenntnis genommen und nehme dazu vorläufig wie folgt Stellung:[8]

– Beispiel –

Zu Ziff. 5): Mir ist von einer Undichtigkeit oder einer sonstigen Ursache für den Wasserfleck nichts bekannt. Die kaum sichtbare Verfleckung des Holzbodens beinhaltet keinen Mangel.

. . . . .

Ort, Datum

. . . . .

Vermieter/Mieter

IV. Anlässlich der Übergabe wird von den Parteien Folgendes vereinbart:[9]

– Beispiele –

* zu Ziff. 3): Die Parteien sind darüber einig, dass der Fehler die Gebrauchstauglichkeit des Fensters und den optischen Zustand der Mieträume zur Zeit nicht erheblich beeinträchtigt. Ein Recht zur Mietminderung wird deshalb ebenso wenig geltend gemacht wie die Pflicht des Vermieters zur Mangelbeseitigung.
* zu Ziff. 4): Wegen andauernder Bauarbeiten in einer benachbarten Mieteinheit kann die Garage vom Vermieter bzw. der von ihm beauftragten Baufirma noch für längstens 2 Monate ab dem heutigen Tag als Aufbewahrungsraum für Baumaterial genutzt werden und ist dem Mieter sodann vollständig geräumt und mangelfrei zur Verfügung zu stellen. Für die Dauer der Vorenthaltung ermäßigt sich die monatliche Nettomiete um 100,– EUR. Wird die Garage dem Mieter auch über den Zeitraum von zwei Monaten hinaus vorenthalten, bleibt dem Mieter die Geltendmachung weitergehender Rechte vorbehalten.

. . . . .

Ort, Datum

. . . . .

Vermieter

. . . . .

Mieter

Anmerkungen

1. Sowohl bei Beginn des Mietverhältnisses als auch bei dessen Beendigung bedarf es grds einer **Besitzübertragung**. Dem Mieter ist bei Mietbeginn gemäß § 535 Abs. 1 BGB im Sinne einer vertraglichen Hauptpflicht der Gebrauch der Mietsache zu gewähren. Das geschieht im Rahmen der üblichen und vertraglich ausgestalteten Gebrauchsrechte typischerweise durch die **Gewährung unmittelbaren Besitzes**, § 854 BGB.

Der Eigentümer, der die **Fremdvermietung** seines Grundstücks gestattet, räumt demjenigen, der als Vermieter auftritt, regelmäßig ein Besitzrecht und die Berechtigung zur Gebrauchsüberlassung an Mieter ein. Diese bis zum Eigentümer reichende Besitzkette genügt, um dem Mieter ein abgeleitetes Besitzrecht iSv § 986 Abs. 1 S. 1 Alt. 2 BGB zu verschaffen (BGH 12.7.2017 – XII ZR 26/16, BGHZ 215, 236 = NZM 2017, 847).

Bei Beendigung des Mietverhältnisses hat der Mieter die Mietsache gemäß § 546 Abs. 1 BGB an den Vermieter zurückzugeben. Rückgabe der Mietsache bedeutet grds ebenfalls Verschaffung des unmittelbaren Besitzes. Zur Rückgabe von Mieträumen gehört außer der Verschaffung der tatsächlichen Gewalt auch die Räumung (BGH 21.1.2014 – VIII ZR 48/13, GE 2014, 661; 11.5.1988 – VIII ZR 96/87, BGHZ 104, 285; 5.10.1994 – XII ZR 53/93, BGHZ 127, 156). Nach der Rechtsprechung des Bundesgerichtshofs setzt der Rückerhalt der Mietsache grds eine Änderung der Besitzverhältnisse zugunsten des Vermieters voraus, weil er erst durch die unmittelbare Sachherrschaft in die Lage versetzt wird, sich ungestört ein umfassendes Bild von etwaigen Veränderungen oder Verschlechterungen der Sache zu machen (BGH 27.2.2019 – XII ZR 63/18, NZM 2019, 408).

Allerdings kommt eine Erfüllung der Rückgabepflicht auch durch **Aufgabe des Besitzes** in Betracht, weil der Schuldner mit der Aufgabe des Besitzes gemäß § 275 I BGB von der Rückgabepflicht frei wird (OLG Naumburg 10.12.2018 – 1 U 25/18 (Hs), NZM 2019, 409; OLG Düsseldorf 27.4.2006 – I-24 U 152/05, GuT 2006, 243).

Die Besitzverschaffung begründet eine grundlegende Zäsur sowohl bei Beginn als auch bei Beendigung des Mietverhältnisses, denn **an den dann gegebenen Zustand der Mietsache knüpfen wechselseitige Ansprüche der Vertragsparteien an.**

Der Zeitpunkt der Überlassung bei Mietbeginn ist im Rahmen von § 536 Abs. 1 BGB maßgeblich für eine etwaige **Mietminderung.** Die vorbehaltlose Annahme einer mangelhaften Mietsache in Kenntnis des Mangels kann gemäß § 536b BGB zum **Verlust der Rechte aus §§ 536, 536a BGB** führen (KG 17.6.2010 – 12 U 51/09, ZMR 2010, 956). An der Dokumentation des Zustands bei Mietbeginn kann nicht nur der Vermieter sondern auch der Mieter ein naheliegendes Interesse haben. Dies gilt etwa für Beanstandungen, die der Mieter erst später – ggf. erst bei Rückgabe der Mietsache – geltend machen will. Das Unterlassen einer gebotenen Sicherung von Befunden kann sich – wenn nicht sogar im Sinne einer Umkehr der Beweislast – im Rahmen der Beweiswürdigung zu Lasten des Anspruchsgegners auswirken. Der BGH lässt in solchen Fällen Beweiserleichterungen, die unter Umständen bis zur Umkehr der Beweislast gehen können, so weit zu, als dem eigentlich Beweispflichtigen die volle Beweislast billigerweise nicht (mehr) zugemutet werden kann (BGH 9.11.1995 – III ZR 226/94, VersR 1996, 326 mwN).

Bei Beendigung des Mietverhältnisses kann es vom Zustand der Mietsache abhängen, ob überhaupt von einer erfolgten Räumung auszugehen ist oder ob nicht eine verspätete Rückgabe (Vorenthaltung) vorliegt, die Ansprüche auf Zahlung einer **Entschädigung nach § 546a BGB** auslösen kann (zur Rückgabe der Mietsache → Form. A.VI.1 Anm. 46, → Form. A.VI.1 Anm. 49–51). Auch dann soll die vorbehaltlose Rücknahme zum Verlust von Ersatzansprüchen führen können (AG Potsdam 28.1.2010 – 26 C 315/09, GE 2010, 627). Jedenfalls hängt der Beginn der **Verjährung von Ersatzansprüchen** des Vermieters wegen Veränderungen oder Verschlechterungen der Mietsache gemäß § 548 Abs. 1 S. 2 BGB vom Zeitpunkt der Rückgabe der Mietsache ab.

Das Vorliegen des jeweiligen Besitzbegründungswillens ist überdies maßgeblich dafür, ob die betreffende Partei mit der Übernahme der Mietsache in **Annahmeverzug** gerät (§§ 293 ff. BGB). Aus den an die Übergabe und Rückgabe anknüpfenden Rechtsfolgen ergibt sich mithin ein naheliegendes Interesse beider Vertragsparteien, die Besitzübertragungsmodalitäten durch ein Übergabeprotokoll zu dokumentieren.

Das Übergabeprotokoll sollte bei Mietbeginn grundsätzlich zum körperlichen Bestandteil der Mietvertragsurkunde gemacht werden. Insbesondere dann, wenn die Vertragsparteien den Übergabetermin zum Anlass für **Vertragsergänzungen oder -anpassungen** nehmen, kann dadurch dem Streit darüber, was wechselseitig vertraglich geschuldet ist, vorgebeugt werden. Bei Zweifeln über das wirksame Zustandekommen eines Mietvertrags kann das Übergabeprotokoll sogar für sich den – zumindest konkludenten – Vertragsschluss beinhalten, und zwar sogar unter Wahrung der Schriftform, wenn eine klare Bezugnahme auf schriftliche Vertragsunterlagen erfolgt (zur Einhaltung der äußeren Form bei der Wahrung der Schriftform des § 550 BGB vgl. BGH 24.2.2010 – XII ZR 120/06, NZM 2010, 319, nebst Anm. *Fritz* jurisPR-MietR 12/2010 Anm. 4). Von besonderer Bedeutung ist die Dokumentation des Übergabestatus, wenn umfangreiches **Inventar** zu übergeben ist.

Wenngleich die Rechtsprechung die Anforderungen an die Einheitlichkeit von Vertragsurkunden deutlich gelockert hat (→ Form. A.VI.1 Anm. 2), sollte zur Wahrung der Schriftform iRv § 550 BGB sowie aus Gründen der Rechtssicherheit und der Beweiserleichterung Wert darauf gelegt werden, sämtliche den Mietvertrag ausgestaltenden und modifizierenden Vereinbarungen in einer Vertragsurkunde zusammenzufassen, d. h.

nachträgliche Abreden in den Ursprungsvertrag aufzunehmen oder diesem beizuheften. Das Protokoll kann dann sogar – unter Wahrung der Schriftform aus § 550 BGB – den Vertragsschluss (die Annahme des Vertragsangebots) konstituieren (BGH 24.2.2010 – XII ZR 120/06, NZM 2010, 319).

2. Das Formular regelt sowohl die Übernahme der Miеträume durch den Mieter als auch die Rücknahme durch den Vermieter. Es besteht aus vier Teilen. Die erste Rubrik dokumentiert die beanstandungsfreie Übergabe. Die zweite Rubrik enthält eine Zustands- bzw. Mängelbeschreibung seitens des übernehmenden Vertragsteils. Der dritte Teil erfasst die hierzu abgegebenen Erklärungen des jeweiligen Vertragspartners. Im letzten Teil können Vereinbarungen der Parteien über festgestellte Mängel und etwaige Abhilfemaß- nahmen oder Ausgleichsvereinbarungen niedergelegt werden.

Ohne besondere mietvertragliche Vereinbarungen besteht für die Vertragsparteien aller- dings keine Pflicht, in bestimmter Weise an der Fertigung eines Übergabeprotokolls mitzuwirken oder sogar bestimmte Vereinbarungen zutreffen. Für den Mieter besteht ohne besondere vertragliche Verpflichtung (zB aus Vereinbarungen über die Besitzverschaf- fung oder über eine Betriebspflicht) ohnehin keine Pflicht zur Abnahme und Übernahme der Mietsache (BGH 4.4.1979 – VIII ZR 118/78, NJW 1979, 2351; → Anm. 6). Der Vermieter hat zwar eine Übergabepflicht aus § 535 S. 2 BGB, die indessen nicht die Pflicht einschließt, diesen Vorgang urkundlich zu belegen. Vertraglich vereinbart werden kann die Niederlegung eines Übergabeprotokolls jedoch durchaus (vgl. etwa OLG Düsseldorf 27.5.2010 – I-10 U 147/09, ZMR 2011, 544). Wenngleich die Abgabe von Willenser- klärungen an Ort und Stelle der Übergabe gewisse Risiken in sich bergen kann, dürfte das wechselseitige Interesse an einer – möglichst einvernehmlichen – Dokumentation der Gegebenheiten zumeist überwiegen.

3. Die Erklärung gibt jeweils die Vertragspartei ab, welche die Mietsache entgegen- nimmt und Veranlassung hat, die Mietsache auf etwa bestehende Mängel und Schäden hin zu untersuchen. Das ist bei Mietbeginn der Mieter und der Vermieter bei Mietende. Nicht Zutreffendes ist zu streichen.

4. Das Formular regelt in dieser Rubrik die beanstandungsfreie Übernahme, ohne ausdrücklich einen Einwendungsausschluss bzw. ein Anerkenntnis völliger Mangelfrei- heit zum Ausdruck zu bringen. Grundsätzlich hat die Unterzeichnung eines Übergabe- protokolls – ohne weitergehende rechtsgeschäftliche Erklärungen – nur die **Funktion einer Beweiserleichterung** für die zur Übergabe verpflichtete Partei. Auch im Bereich der Gewerberaummiete stoßen formularmäßige Erklärungen, mit denen die mangelfreie Übernahme der Mietsache schlechthin bestätigt (anerkannt) wird oder eine Mietsache „wie besichtigt" vertragsgerecht sein soll, auf Bedenken aus § 307 BGB. Bestätigt der Mieter jedoch durch seine Unterschrift, dass die tatsächlichen Feststellungen in dem Übergabeprotokoll zutreffend sind, so kann er hierdurch mit späteren Einwendungen ausgeschlossen sein. Im Zweifel wird es sich aber nur um ein widerlegbares Beweis- anzeichen handeln (vgl. *Emmerich* NZM 2000, 1155).

Das Übergabeprotokoll kann aber auch dazu dienen, eine **Mietzinsklage im Wege des Urkundenprozesses** zu ermöglichen (§§ 592 ff. ZPO). Aus dem Protokoll kann urkund- lich belegt hervorgehen, dass der Mieter die Mietsache zwecks Erfüllung angenommen hat (BGH 20.10.2010 – VIII ZR 111/09, ZMR 2011, 204; BGH 8.7.2009 – VIII ZR 200/ 08, NJW 2009, 3099; KG 5.4.2012 – 12 U 49/11, MDR 2012, 901). Andererseits kann ein Mietrückstand wegen behaupteter unberechtigter Mietminderung nicht im Urkunden- prozess geltend gemacht werden, wenn der Mieter die etwa anhand des Übergabepro- tokolls aufgelisteten Mängel bei der Übergabe belegen kann und der Vermieter eine erfolgte Mängelbeseitigung nicht durch Urkunden nachweist (vgl. BGH 20.10.2010 – VIII ZR 111/09, ZMR 2011, 204).

Anhand eines Übergabeprotokolls ist zunächst zu ermitteln, ob bloße **Tatsachenfeststellungen** getroffen wurden oder ob **rechtsgeschäftliche Willenserklärungen** vorliegen. Wenn die Parteien ersichtlich nur einen bestimmten Zustand dokumentieren wollen und sich ggf. sogar ausdrücklich weigern, sich zur Vertragsgemäßheit dieses Zustands zu erklären, liegen bloße Tatsachenfeststellungen vor, die – zumindest bei einvernehmlich erfolgter Niederlegung – nur Beweiserleichterungen bewirken. Der dokumentierte Zustand kann dann nicht mehr schlicht bestritten werden, ohne dass sich hieraus zugleich ein zwingendes Präjudiz für die rechtliche Beurteilung ergäbe, welche Rechtsfolgen sich aus dem betreffenden Zustand ergeben (vgl. Schmidt/Futterer/*Gather* BGB § 546 Rn. 86 f. mwN).

Wenn die Auslegung ergibt, dass eine oder beide Vertragsparteien sich auch dazu erklären wollten, ob der dokumentierte Zustand vertragsgemäß ist, können **individualvertragliche Abreden oder einseitig bindende Erklärungen** über die Übergabe vorliegen. Unmittelbare Auswirkungen auf die wechselseitigen Ansprüche der Vertragsparteien können sich unter verschiedenen rechtlichen Aspekten ergeben. Sie können als **Erlassvertrag** (in Bezug auf Gewährleistungsrechte, Schadensersatz usw.), als **Verzichtserklärung** bzw. **negatives Schuldanerkenntnis** im Sinne von § 397 Abs. 2 BGB zu würdigen sein, auch als **deklaratorisches Schuldanerkenntnis** oder als **Verstoß gegen das Verbot widersprüchlichen Verhaltens** („venire contra factum proprium") gemäß § 242 BGB (OLG Hamm 10.5.2012 – 28 U 166/11, ZMR 2012, 864).

Die Abgabe eines **deklaratorischen Anerkenntnisses** im Rahmen von § 781 BGB birgt **erhebliche Risiken**, da dies zu einem weitreichenden Einwendungsausschluss und zum Verlust von Rechten aus §§ 536, 536a BGB führen kann (vgl. *Emmert* IMR 2013, 499). Einschränkungen bei der Reichweite von Anerkenntniserklärungen werden allerdings bei versteckten Mängeln gemacht, soweit diese aus fachkundiger Sicht nicht erkennbar waren (BGH 10.11.1982 – VIII ZR 252/81, BGHZ 85, 267 = NJW 1983, 446; BGH 12.6.2013 – XII ZR 50/12, NZM 2013, 614, Anm. *Flatow* jurisPR-MietR 21/2013 Anm. 2; OLG Köln 28.10.1991 – 2 U 185/90, NJW-RR 1993, 466).

Regeln die Mietparteien, welche konkreten Leistungspflichten an festgestellte Gegebenheiten oder an eine anerkannte (Gewährleistungs-)Pflicht geknüpft ein sollen, liegt grundsätzlich eine **verbindliche vertragliche Vereinbarung über die Rechtsfolgen** vor.

Mit der Annahme rechtsgestaltender Anerkenntnis- oder Verzichtserklärungen ist für beide Parteien Vorsicht geboten. Allerdings führt etwa die Formulierung „Der Mieter übernimmt den Mietgegenstand im Zustand wie er steht und liegt gemäß Übergabeprotokoll" für sich nicht zum Ausschluss von Gewährleistungsrechten, namentlich dann nicht, wenn sich das Protokoll überhaupt nicht zu einem später streitig werdenden Mangel verhält (KG 22.2.2010 – 20 U 80/08, ZMR 2011, 279).

Das Formular dokumentiert den Tatbestand erfolgter Besitzerlangung unter dem **Vorbehalt von Rechten**. Die Unterschrift des jeweiligen Vertragspartners soll insoweit den entsprechenden Besitzverschaffungswillen belegen. Voreilige Erklärungen rechtlicher Natur bergen für die Vertragsparteien große Risiken in sich.

Wenn Teil I des Übergabeprotokolls vollzogen wird, erledigen sich dadurch die im Protokoll nachfolgend aufgeführten weiteren Rubriken zu II) bis IV).

5. Dieser Teil des Protokolls regelt die mit Beanstandungen durchgeführte Übergabe. Das Formular enthält zunächst eine Auflistung derjenigen Mängel und Schäden, welche die übernehmende Partei geltend macht. Im Formular sind Beispiele für solche Mängel aufgeführt. Mängel und Schäden sind nach Ort, Art und Ausmaß möglichst konkret zu beschreiben. Bei besonders komplexen Schadensbildern oder bei schwer zu beschreibenden – technischen – Zusammenhängen kann es sich empfehlen, die beanstandeten Teile fotografisch zu dokumentieren oder sogar einen **Privatgutachter** hinzuzuziehen. Eine ausführlichere Dokumentation wird immer dann in Betracht kommen, wenn bereits Streit über erhebliche Mängel besteht und der Vertragspartner – wie dies in der Praxis häufig geschieht – sich weigert, an einem Protokoll für den Übergabetermin mitzuwirken. In solchen Fällen sollte außerdem eine möglichst neutrale und sachkundige Person als Zeuge herangezogen werden, der die Zustandserfassung ggf. auch übertragen werden kann (zB einem Architekten oder einem anderen Sachverständigen).

Ferner kann gemäß §§ 485 ff. ZPO ein **selbständiges Beweisverfahren** eingeleitet werden, um Beweise betreffend den Zustand der Mietsache zu sichern (vgl. etwa BGH 12.6.2013 – XII ZR 50/12, NZM 2013). Der damit einhergehende Zeitablauf kann sich für den Vermieter allerdings als in hohem Maße nachteilig auswirken, denn bis zum Abschluss der Untersuchung durch einen Sachverständigen muss notfalls mit der Instandsetzung und Neuvermietung der Mietsache zugewartet werden. Das kann den Schaden, der bei insolvent gewordenen Mietern oft uneinbringlich ist, ganz erheblich vergrößern. Ein in unverjährter Zeit eingeleitetes selbständiges Beweisverfahren bewirkt die **Hemmung der Verjährung** (§ 204 Abs. 1 Nr. 7 BGB). Ohne die Durchführung eines Beweisverfahrens droht also **Verjährungseintritt**. Haben die Vertragsparteien nach Ende des Vertragsverhältnisses keinen gemeinsamen Besichtigungs- und Rückgabetermin vereinbart, ist bei einem ohne weiteres zugänglichen Grundstück davon auszugehen, dass der Verpächter die Pachtsache mit Ablauf des Pachtvertrages zurückerhalten hat. Mit der Möglichkeit des ungehinderten Zutritts beginnt die 6-monatige Verjährungsfrist der §§ 581 Abs. 2, 548 Abs. 1 BGB (OLG Koblenz 21.10.2013 – 5 U 507/13, IBRRS 2014, 1362).

Es sollten auch solche Beeinträchtigungen im Protokoll festgehalten werden, aus denen der Mieter keine besonderen Rechte herleiten will. Wenn der im Formular zu Nr. 3) aufgeführte Mangel keine nennenswerte Einbuße in der Gebrauchstauglichkeit bewirkt, kann seine bei Mietbeginn erfolgende Erfassung gleichwohl dem Streit darüber vorbeugen, ob der Mieter bei Rückgabe der Mietsache insoweit einstandspflichtig ist. Etwaige Absprachen über den Verzicht auf Gegenrechte nach §§ 536 ff. BGB können im Komplex IV des Protokolls niedergelegt werden.

6. Die **Verweigerung der Rücknahme durch den Vermieter** bei Beendigung des Mietverhältnisses kommt nur bei Vorliegen gravierender Unzulänglichkeiten in Betracht. Eine Ablehnung der Übernahme kann dann berechtigt sein, wenn mangels hinreichender Räumung von einer Vorenthaltung im Sinne von § 546a BGB auszugehen ist (→ Form. A.VI Anm. 46, 49).

Bei der Übernahme durch den Mieter gilt zunächst der Grundsatz, dass eine **Abnahme- und Gebrauchspflicht nach dem Gesetz nicht besteht** (BGH 4.4.1979 – VIII ZR 118/78, NJW 1979, 2351). Die Pflicht zur Inbesitznahme kann sich aber aus vertraglichen Regelungen ergeben, die den tatsächlichen Mietgebrauch im Sinne einer Besitzausübung zwingend voraussetzen. Dazu gehören insbesondere Vertragsbestimmungen zur Betriebspflicht (→ Form. A.VI.3 Anm. 12). Auch ansonsten kann einem gewerblichen Mietvertrag die Pflicht zur Übernahme der Mietsache konkludent zu entnehmen sein. Sie kann sich etwa aus den vertraglichen Bestimmungen zur Gestaltung der Mieträume sowie zu ihrer Erhaltung und Instandsetzung oder ihrer Bewachung ergeben.

7. Das Formular regelt die positive Bestätigung vorliegender Mängel nebst der Zusage ihrer Beseitigung. Hierin liegt regelmäßig ein deklaratorisches Anerkenntnis in Bezug auf die mietvertragliche Gewährleistung (→ Anm. 4). Eine Annahme der Mietsache als Erfüllung liegt vor, wenn der Mieter durch sein Verhalten bei und nach Entgegennahme der Leistung zum Ausdruck bringt, dass er die Mietsache als im Wesentlichen vertragsgemäß ansieht (BGH 12.6.2013 – XII ZR 50/12, NZM 2013, 614). Der Mieter ist nach Übernahme der Mietsache für das Vorliegen von Mängeln beweispflichtig (BGH 12.6.2013 – XII ZR 50/12, NZM 2013, 614). Insoweit erleichtert ihm das vom Vermieter erteilte (tatsächliche) Attest bestehender Mängel und das Anerkenntnis der Gewährleistungspflicht die Geltendmachung von Rechten aus §§ 536 ff. BGB.

8. Der Abschnitt verhält sich zu den Punkten, zu denen die jeweils übergebende Partei noch nicht abschließend Stellung nehmen kann oder will. Es muss davor gewarnt werden, anlässlich des Übergabetermins vorschnell ungesicherte Standpunkte zu beziehen, sei es durch die Bestätigung von Mängeln, sei es durch deren Bestreiten oder durch das Leugnen eigener Verantwortlichkeit. Ein vorschnelles Bestreiten kann als **ernsthafte und endgültige Erfüllungsverweigerung** angesehen werden, die auch eine weitere Mahnung entbehrlich macht (BGH 23.4.2008 – XII ZR 136/05, ZMR 2008, 867; BGH 10.1.1990 – VIII ZR 337/88, NJW-RR 1990, 442). In den Fällen, in denen die Ursachen für Mängel oder sonstige Substanzbeeinträchtigungen und der Umfang etwaiger Leistungspflichten nicht sofort überblickt werden können, sollten hierzu nur diejenigen Erklärungen abgegeben werden, die sicher getroffen werden können. Im Beispielsfall wird der Vermieter Veranlassung haben, nach dem Grund für den Wasserschaden zu forschen und ggf. zu überprüfen, ob Mängelbeseitigungsmaßnahmen zu ergreifen sind.

9. Wenn der Übergabetermin zur Feststellung von Mängeln geführt hat, sollten die Parteien bei unstrittigen und einfach gelagerten Punkten auch Regelungen zur Erledigung der Beanstandungen treffen. Vereinbarungen können über die – ggf. teilweise – Beseitigung von Mängeln, über die Art und Weise der Mängelbeseitigung und die dafür zur Verfügung stehende Frist getroffen werden. Es können **Kompensationsabsprachen** über die – zeitweise – Hinnahme von Beeinträchtigungen in Betracht kommen. Bei nicht oder nur mit unzumutbarem Aufwand behebbaren Beeinträchtigungen kann (bei Mietbeginn) eine Vertragsanpassung naheliegen. Außerdem können Ersatzvornahmerechte und Ersatzansprüche geregelt werden. Da sich entsprechende Vereinbarungen jeglicher Generalisierung entziehen, enthält das Formular lediglich Beispiele für denkbare Abreden.

9. Mitteilung einer Mieterhöhung bei Wertsicherungsklausel (Preisindexklausel)

. . . . .

(Vermieter)

an

. . . . .

(Mieter)

Sehr geehrte(r) . . . . .

der Mietvertrag vom . . . . . enthält zur Mietpreisanpassung[1] folgende Regelungen:[2]

– Beispiele –

1. „Ändert sich der vom Statistischen Bundesamt ermittelte Preisindex für die Lebenshaltung aller privaten Haushalte (Basisjahr . . . . . = 100) gegenüber dem Indexstand bei Vertragsbeginn oder bei der letzten Mietpreisanpassung um mehr als 10 Punkte nach oben oder unten, ändert sich auch die Miete in entsprechendem Verhältnis mit Wirkung ab dem auf die Änderung folgenden Monat, ohne dass es hierzu besonderer Erklärungen auch nur einer Vertragspartei oder sonst einer Vertragsabänderung bedarf. Der prozentuale Umfang der Mietanpassung ist nach der Formel

$$\frac{\text{Indexstand neu}}{\text{Indexstand alt}} \times 100 - 100 = \text{Mietänderung in Prozentwert}$$

umzurechnen."

2. „Ändert sich der vom Statistischen Bundesamt ermittelte Preisindex für die Lebenshaltung aller privaten Haushalte (Basis . . . . . = 100) gegenüber dem Indexstand bei Vertragsbeginn nach oben oder unten, ändert sich auch die Miete in entsprechendem Verhältnis. Die Bestimmung der geänderten Miete erfolgt jährlich zum 31. Dezember und zwar nach Maßgabe der Indexänderung, die im Vergleich zum 31. Dezember des jeweiligen Vorjahres eingetreten ist. Der prozentuale Umfang der Mietanpassung ist nach der Formel

$$\frac{\text{Indexstand neu}}{\text{Indexstand alt}} \times 100 - 100 = \text{Mietänderung in Prozentwert}$$

umzurechnen.
Die geänderte Miete ist jeweils ab Januar des auf den jeweiligen Stichtag (31. Dezember) folgenden Jahres zu entrichten. Die Fälligkeit einer nach vorstehender Maßgabe erhöhten Monatsmiete tritt mit Wirkung von dem nächsten vertraglichen Zahlungstermin ein, der auf den Zugang einer gegenüber dem Mieter schriftlich abzugebenden Mitteilung der geänderten Miete folgt. Zu diesem Zahlungstermin wird auch diejenige Mietdifferenz rückwirkend fällig, die für bereits abgelaufene Monate nach zu entrichten ist."

Bei Vertragsbeginn am . . . . .

Bei der letzten Mietpreisanpassung zum . . . . .   – nicht Zutreffendes streichen –

belief sich der maßgebliche Preisindex auf . . . . . Punkte.

Der Indexstand beläuft sich zum . . . . . auf nunmehr . . . . . Punkte.

Daraus ergibt sich nach der Formel[3]

$$\frac{\text{Indexstand neu}}{\text{Indexstand alt}} \times 100 - 100 = \text{Erhöhung in Prozent}$$

folgende Berechnung der geänderten Miete:

– Beispiel –

$$\frac{119 \ (\text{Punkte neu})}{115 \ (\text{Punkte alt})} \times 100 - 100 = \text{Erhöhung um 3,48 \%}$$

Damit erhöht sich die bisherige Grundmiete von ..... EUR

um 3,48 %, das sind ..... EUR

auf insgesamt netto ..... EUR

Zzgl. . . . . . % MwSt ..... EUR

ergibt sich eine neue Bruttomiete von ..... EUR.

Ich bitte um Zahlung der nach vorstehender Maßgabe geänderten Miete zzgl. aller Nebenkosten und Betriebskostenvorauszahlungen

– Beispiel 1) –

ab dem nächstfolgenden Monat . . . . . zum vertraglichen Zahlungstermin.

– Beispiel 2) –

rückwirkend zum . . . . .

Die geänderte Miete nebst der Differenz in Höhe von . . . . . EUR für . . . . . bereits
abgelaufene Monate ist zahlbar und fällig zum vertraglichen Zahlungstermin für den
nächstfolgenden Monat . . . . . und für die Folgemonate zu den jeweiligen vertraglichen
Zahlungsterminen.

. . . . .

(Vermieter)

Anmerkungen

1. Eine Indexklausel ist eine Preisklausel zur Anpassung des Nutzungsentgelts in Miet-
und Pachtverträgen. Sie ist gemäß § 3 **Preisklauselgesetz** (PrKG) zulässig, wenn die
Entwicklung des Miet- und Pachtzinses durch die Änderung eines von dem Statistischen
Bundesamt oder einem Statistischen Landesamt ermittelten Preisindexes für die Gesamtlebenshaltung oder eines vom Statistischen Amt der Europäischen Gemeinschaft ermittelten Verbraucherpreisindexes bestimmt werden soll und der Vermieter oder Verpächter
für die Dauer von mindestens zehn Jahren auf das Recht zur ordentlichen Kündigung
verzichtet oder der Mieter oder Pächter das Recht hat, die Vertragsdauer auf mindestens
zehn Jahre zu verlängern.

Zu den allgemeinen Grundsätzen betreffend die Vereinbarung von Preisindexklauseln
→ Form. A.VI.1 Anm. 16, 17.

In den Fällen, in denen es eine Vertragspartei – regelmäßig der Vermieter – übernommen hat, dem jeweiligen Vertragspartner den geänderten Mietzins nach Ablauf einer
vertraglich festgelegten Frist oder zu bestimmten Stichtagen mitzuteilen, bedarf es der
rechnerischen Ermittlung des neuen Mietzinses und seiner Bekanntgabe gegenüber dem
anderen Vertragsteil. Soweit die Klausel eine **schriftliche Mitteilung der angepassten
Miete durch den Vermieter** vorsieht, hat diese Mitteilung je nach Inhalt und tatrichterli-
cher Auslegung entweder **rein deklaratorischen Charakter** oder **rechtsgestaltende Wirkung** (vgl. BGH 5.2.2014 – XII ZR 65/13, NZM 2014, 308). Es kommt maßgeblich
darauf an, ob der Vertrag eine automatische Preisanpassung vorsieht, bei der die Mitteilung der erhöhten Miete ggf. nur eine Fälligkeitsvoraussetzung umschreibt, oder ob er
einen konstitutiven Festsetzungsakt des Vermieters voraussetzt. Haben die Parteien eines
Gewerberaummietvertrages eine Wertsicherungsklausel vereinbart, in der eine „automatische" Anpassung der Miete bei Änderung des Verbraucherpreisindex vorgesehen ist
und heißt es im Vertrag weiter, dass der Vermieter die Änderung dem Mieter mitteilen
„wird", so begründet dies keinen konstitutiven Charakter dieser Mitteilung. Die Mitteilung betrifft lediglich die Frage der Fälligkeit bzw. der Erfüllbarkeit der Mieterhöhungen
(OLG Hamm 11.2.2016 – 18 U 42/15, ZMR 2016, 619).

Soweit teilweise vertreten worden ist, eine automatische **Preisanpassung ohne Ände-
rungserklärung** sei unwirksam (vgl. Bub/Treier/*Schultz*, III A Rn. 927), findet dies in der
Rechtsprechung keine Stütze (vgl. etwa die kommentarlose Billigung bei: BGH 5.2.2014
– XII ZR 65/13, NZM 2014, 308). Bei automatischer Anpassung des Mietzinses konnte
eine Klausel zwar ursprünglich genehmigungsbedürftig sein. Die Genehmigung gilt
jedoch gemäß § 2 Abs. 2 PrKG iVm § 4 PrKVO als erteilt, wenn die Mindestlaufzeit des
Mietvertrages für die Dauer von mindestens zehn Jahren gewährleistet ist (OLG Düsseldorf 27.10.2011 – I-10 U 68/11, MDR 2012, 456).

Die Änderung der Miete aufgrund einer Vertragsklausel, derzufolge eine Vertragspartei
bei Vorliegen einer bestimmten Indexänderung eine **Neufestsetzung** verlangen kann,

unterfällt anders als bei einer Anpassungsautomatik oder einem einseitigen Änderungs-recht dem Schriftformerfordernis des § 550 Satz 1 BGB (BGH 11.4.2018 – XII ZR 43/17, NZM 2018, 515). Das beruht auf dem Umstand, dass die vertragliche Änderung der Miete stets eine wesentliche und dem Formzwang des § 550 Satz 1 BGB unterfallende Vertragsänderung darstellt (BGH 11.4.2018 – XII ZR 43/17, NZM 2018, 515, im Anschluss an BGH 25.11.2015 – XII ZR 114/14, NJW 2016, 311; 27.9.2017 – XII ZR 114/16, NJW 2017, 3772).

Konstitutive Wirkungen entfaltet auch die Bestimmung einer geänderten Miete im Rahmen eines **Leistungsvorbehalts** (→ Form. A.VII.1), denn ein Leistungsbestimmungs-recht kann auch an Preisindexbewegungen – aber nur neben anderen Kriterien der Leistungsbestimmung – geknüpft werden.

Das Formular regelt den wesentlichen Inhalt einer Mitteilung, mit welcher der andere Vertragsteil von einer indexabhängigen Mietanpassung lediglich in Kenntnis gesetzt wird.

2. Die Mitteilung der vertraglichen Grundlagen erleichtert dem Adressaten die Über-prüfung der Angaben, ist aber nicht zwingend.

3. Über die Umrechnung einer Indexänderung in eine Mietanpassung herrscht in der Praxis oft Unklarheit. Ein grundlegender Irrtum besteht darin, die Differenz der Index-punkte zwischen zwei Stichtagen mit dem Prozentsatz gleichzusetzen, um den sich der Mietpreis verändern soll. Klauseln, die bei einer Änderung von zB 5 Indexpunkten eine Mietänderung um 5 % bewirken sollen, sind schlechthin unwirksam, weil sie die Relation der zu vergleichenden Indexstände zum Basisjahr nicht beachten und damit den sich aus dem Index ergebenden Bezugsrahmen nicht wahren. Um die Anpassung prozentual auszuweisen, bedarf es nach der im Formular angegebenen Methode der Berechnung, welcher prozentualen Veränderung die Punktedifferenz entspricht.

Allerdings erfordert ein wirksames Mieterhöhungsbegehren bei der Indexmiete nicht, dass der Vermieter über den eindeutigen und abschließenden Wortlaut des § 557b Abs. 3 BGB hinaus zusätzlich angibt, welche prozentuale Veränderung sich aus den im Erhö-hungsschreiben mitgeteilten Indexdaten ergibt (BGH 22.11.2017 – VIII ZR 291/16, NZM 2018, 82).

10. Vereinbarung über die umlagefähigen Betriebskosten
(Auflistung besonderer Betriebskostenarten)

§ . . . . . Betriebskosten[1]

(1) Neben der in § . . . . . geregelten Grundmiete hat der Mieter sämtliche der in § 2 BetrKV (Betriebskostenverordnung) genannten Betriebskosten (ggf.: zuzüglich der jeweils geltenden gesetzlichen MwSt) zu tragen.

(2) Zusätzlich zu den in Abs. 1 bezeichneten Betriebskosten trägt der Mieter noch folgende Betriebskosten (ggf.: zuzüglich der jeweils geltenden gesetzlichen MwSt):[2]

- die Kosten für die Bedienung, Überwachung, Pflege und Wartung der zentralen Klimaanlage,
- die Kosten für die Pflege und Wartung der Notstromanlage,
- die Kosten für den Betrieb, die Pflege, und Wartung der Rauchmelder und der Sprink-leranlage,
- die Kosten für den Betrieb, die Überwachung, Pflege und Wartung der Alarmanlage,
- die Kosten für die Fassadenreinigung,

- die Kosten für den Betrieb, die Überwachung, Pflege und Wartung bei folgenden haustechnischen Sonderausstattungen (Beispiele: der zentralen Datenkommunikation, der Telefonzentrale, des zentralen Schreibpools),
- des Sicherheitsdienstes,
- die Kosten für die Pflege und Reinigung des Fahrradabstellplatzes/des Parkplatzes/der Kfz-Stellplätze/der Tiefgarage,
- die Kosten des Betriebs, der Wartung und Überprüfung der zentralen Müllsammel-, Müllpress- und Müllsortieranlage,
- die Kosten für die Abwasserreinigung,
- folgende Kosten der Objektverwaltung:[3]
  - Kosten der Mietverwaltung (ggf.: die derzeit durch . . . . . erfolgt),
  - Kosten der WEG-Verwaltung (ggf.: die derzeit durch . . . . . erfolgt),
  - Kosten für das Center Management durch . . . . . (Aufwendungen für das gemeinsame Marketing und den einheitlichen Auftritt des Einkaufcenters [ggf.: einschließlich der Kosten für die Führung der Werbegemeinschaft]),
  - die Kosten für den Betrieb des Kinderhorts für die Kunden des Einkaufszentrums,
- die Kosten für folgende Versicherungen:[4]
  - die Sachversicherungen für das Gebäude und seine Einrichtungen, und zwar
  - der allgemeinen Wohngebäudeversicherung,
  - der Schwamm- und Hausbockversicherung,
  - der Versicherung für Schäden durch Rückstau von Abwasser,
  - der Versicherung für Vandalismus-Schäden,
  - der Glasversicherung,
  - der Versicherung für Schäden an elektrischen und elektronischen Anlagen (zB Fernmeldeanlagen, Alarmanlagen, Brandschutzvorrichtungen usw),
  - der Versicherung gegen Mietausfall,
  - der Versicherung gegen Schlüsselverlust,
  - der Haftpflichtversicherung (für das Gebäude, den Öltank, den Aufzug).

(3) Auf die Betriebskosten hat der Mieter zusammen mit den
Mietzahlungen monatliche Vorauszahlungen in Höhe von   . . . . . EUR

zuzüglich der jeweils geltenden gesetzlichen MwSt von zur Zeit . . . . . %,

das sind   . . . . . EUR
zu leisten.

Anmerkungen

1. Nach hM können auch im Bereich der Gewerberaummiete Betriebskosten nur dann umgelegt werden, wenn und soweit dies vertraglich vereinbart ist, denn das Gesetz geht in § 535 BGB von einer Inklusivmiete aus (vgl. Palandt/*Weidenkaff* BGB § 535 Rn. 72, 87 ff.). Daher muss der Mietvertrag regelmäßig konkrete Aussagen darüber enthalten, welche Nebenkosten umlagefähig sind (→ Form. A.VI.1 Anm. 14).

Allein durch den vorbehaltlosen Ausgleich einer Nebenkostenabrechnung kann bei **fehlender Umlagevereinbarung** noch nicht auf ein **deklaratorisches Schuldanerkenntnis** des Mieters geschlossen werden. Es bleibt den Mietvertragsparteien jedoch unbenommen, im Einzelfall hinsichtlich des Saldos aus der Betriebskostenabrechnung ein deklaratorisches Schuldanerkenntnis abzuschließen und damit den Saldo für beide Seiten für verbindlich zu erklären (BGH 28.5.2014 – XII ZR 6/13, NZM 2014, 64). Die Vereinbarung eines deklaratorischen Schuldverhältnisses kann in Betracht kommen, wenn die Parteien zunächst über einzelne Positionen der Betriebskostenabrechnung gestritten haben und dann der Saldo von einer der beiden Vertragsparteien ausgeglichen wurde oder wenn die Parteien hierüber eine Ratenzahlungs- bzw. Stundungsvereinbarung getroffen haben (BGH 28.5.2014 – XII ZR 6/13, NZM 2014, 64; BGH 10.7.2013 – XII ZR 62/12, NJW 2013, 2885).

Aus Sicht des Mieters ist der Übersendung einer Betriebskostenabrechnung, die vom Mietvertrag abweicht, auch nicht ohne Weiteres, sondern nur bei Vorliegen besonderer Umstände ein Angebot des Vermieters zu entnehmen, eine **Änderung des Mietvertrags** herbeiführen zu wollen (BGH 9.7.2014 – VIII ZR 36/14, NZM 2014, 748; BGH 10.10.2007 – VIII ZR 279/06, NJW 2008, 283; BGH 13.2.2008 – VIII ZR 14/06, NJW 2008, 1302). Eine **konkludente Begründung oder Änderung einer Umlagevereinbarung** kommt allenfalls dann in Betracht, wenn der Mieter abgerechnete Kosten über längere Zeit hinweg vorbehaltlos begleicht (OLG Celle 16.10.2006 – 4 U 157/06 – BeckRS 2007, 02606 = MietRB 2007, 63, mAnm *Intveen*).

Es genügt auch nicht, nur die Betriebskostenumlage als solche (abstrakt) zu verabreden. Auch bei der Geschäftsraummiete ist die formularmäßig vereinbarte Übertragung nicht näher aufgeschlüsselter Kosten auf den Mieter unwirksam (vgl. BGH 26.9.2012 – XII ZR 112/10, NZM 2013, 85; BGH 3.8.2011 – XII ZR 205/09, NJW 2012, 54; *Schmidt* MDR 1999, 1293 mit Beispielen für unzureichende Betriebskostenklauseln). Auch der Hinweis auf „sonstige" oder „sämtliche" Betriebskosten reicht nicht aus, wenn diese nicht im Einzelnen spezifiziert sind (OLG Celle 9.11.2018 – 2 U 81/18, ZMR 2019, 263; OLG Düsseldorf 15.12.2011 – 10 U 96/11, ZMR 2012, 184). Die Formulierung „sonstige Kosten im Zusammenhang mit Betrieb und Unterhaltung des Gebäudes" ist selbst gegenüber dem Alleinmieter eines Grundstücks intransparent (OLG Düsseldorf 15.12.2011 – 10 U 96/11, ZMR 2012, 184).

Der **formularmäßige Hinweis auf die BetrKV** (früher: II. BerechnungsVO) reicht für die Konkretisierung der vertraglichen Vereinbarung nach hM aus, auch wenn die Verordnung an sich nur für die Wohnraummiete gilt (→ Form. A.V.1 Anm. 14; BGH 24.2.2010 – XII ZR 69/08, NZM 2010, 279; *Günter* WuM 2012, 587). Dann gelten aber zunächst auch nur die in der BetrKV aufgelisteten Kostenarten als umlagefähig.

Eine im Vertrag enthaltene Aufzählung von Kostenarten hat grundsätzlich abschließenden Charakter (OLG Düsseldorf 15.12.2011 – 10 U 96/11, ZMR 2012, 184). Dem Bestimmtheitserfordernis einer Betriebskostenumlagevereinbarung ist daher noch nicht genügt, wenn der Vertrag mehrere Varianten von umzulegenden Betriebskosten ausweist, hiervon aber keine angekreuzt wird (OLG Rostock 14.1.2010 – 3 U 50/09, FD-MietR 2010, 306654).

Im Bereich der Gewerberaummiete ist die Kostenumlage nicht durch den Katalog der BetrKV bzw. durch § 556 Abs. 1 BGB beschränkt. Die Umlage anderer Kostenarten ist also möglich (Palandt/*Weidenkaff* BGB § 535 Rn. 90).

2. Die Umlage zusätzlicher Betriebskosten, die in § 2 BetrKV nicht aufgeführt sind, sowie sonstiger Nebenkosten ist insoweit begrenzt, als sich das vom Mieter zu leistende Gesamtentgelt innerhalb der Grenzen aus § 138 BGB bewegen muss und die vollständige Sachgefahr nicht mit unabsehbaren Kostenrisiken auf den Mieter abgewälzt werden darf (BGH 6.4.2005 – XII ZR 158/01, NZM 2005, 863). Effektiv anfallende Betriebskosten, die im Rahmen ordnungsgemäßer und wirtschaftlicher (vgl. § 556 Abs. 3 S. 1 Hs. 2 BGB) Verwaltung entstehen und umgelegt werden, können jedoch schwerlich zu einer sittenwidrig überhöhten Miete führen, denn der Mieter erhält für die Kostenumlage idR ein Leistungsäquivalent.

Das Formular enthält Beispiele für zusätzlich umzulegende Betriebskostenarten. Die Auflistung erhebt keinen Anspruch auf Vollständigkeit. Namentlich in Abhängigkeit vom konkreten Gebrauchszweck können ganz spezielle Betriebskosten zusätzlich anfallen (zB beim Betrieb bestimmter Produktionsanlagen). Die näheren **Umlagemodalitäten** sind gesondert zu regeln → Form. A.VI.1 Anm. 14–15.

Unter welchen Voraussetzungen der gewerbliche Mieter sich bei vermeintlich überhöhten Betriebskosten erfolgreich auf das **Wirtschaftlichkeitsgebot** berufen und eine Freistellung verlangen kann, ist nach der vorliegenden Rechtsprechung schwer auszumachen. Für die **Wohnraummiete** ist diese Verpflichtung in § 556 Abs. 3 S. 1 Hs. 2 BGB niedergelegt. Einigkeit herrscht darüber, dass das Wirtschaftlichkeitsgebot gemäß § 242 BGB auch für die Geschäftsraummiete gilt (vgl. nur BGH 13.10.2010 – XII ZR 129/09, NZM 2010, 864).

Hat der Mieter nach einem Verstoß gegen das Wirtschaftlichkeitsgebot überhöhte Betriebskosten bereits gezahlt, steht ihm ein **Schadensersatzanspruch** nach § 280 Abs. 1 iVm § 241 Abs. 2 BGB zu (BGH 17.12.2014 – XII ZR 170/13, NZM 2015, 132; zu anderen Lösungswegen vgl. Blank/Börstinghaus/*Blank* BGB § 556 Rn. 151). Der Mieter kann sich dabei nicht darauf beschränken, den Rahmen der (orts-)üblichen Kosten nur im Groben abzuschätzen (vgl. aber BGH 3.8.2011 – XII ZR 205/09, mwN – mAnm *Emmert* jurisPR-MietR 3/2012 Anm. 4). Um einen Verstoß gegen das Wirtschaftlichkeitsgebot schlüssig darzulegen, reicht allein eine ungefähre Veranschlagung keinesfalls aus. Der Mieter muss konkrete Umstände vortragen und unter Beweis stellen, die den vielfältigen, je nach Region beziehungsweise Kommune unterschiedlichen Bedingungen des Vermietungsmarkts sowie den unterschiedlichen tatsächlichen Gegebenheiten des jeweils in Rede stehenden Anwesens hinreichend Rechnung tragen (BGH 17.12.2014 – XII ZR 170/13, NZM 2015, 132, Anm. *Borzutzki-Pasing* jurisPR-MietR 4/2015 Anm. 3; BGH 11.8.2010 – VIII ZR 45/10, NJW 2010, 3363, Anm. *Börstinghaus* jurisPR-BGHZivilR 22/2010 Anm. 3; BGH 6.7.2011 – VIII ZR 340/10, NJW 2011, 3028, Anm. *Blank* IMR 2011, 404, Anm. *Schach* jurisPR-MietR 19/2011 Anm. 1). Die sehr hohen Anforderungen, die praktisch nur durch Vorlage von professionellen Auswertungen und Gutachten zu erfüllen sind, nähren den Verdacht, dass es sich beim Wirtschaftlichkeitsgebot eher um ein stumpfes Schwert handelt (vgl. dazu näher *Borzutzki-Pasing* jurisPR-MietR 8/2011 Anm. 1 zu KG 7.2.2011 – 8 U 147/10, NZM 2011, 487; *Borzutzki-Pasing* jurisPR-MietR 4/2015 Anm. 3 zu BGH 17.12.2014 – XII ZR 170/13, NZM 2015, 132).

3. In Großobjekten können sich Unklarheiten darüber ergeben, in welchem Umfang der Mieter zur Umlage der **Verwaltungskosten** herangezogen werden kann. Grundsätzlich ist durch § 26 II. BV und § 1 Abs. 2 Nr. 1 BetrKV festgelegt, was unter den Verwaltungskosten zu verstehen ist. Gleichwohl erschien als zweifelhaft, ob der Begriff der Verwaltungskosten in großen gewerblichen Mietobjekten eine in der Rechtspraxis hinreichend konkrete Umschreibung der umzulegenden Kosten beinhaltet. Der BGH nimmt jedoch an, dass die Umlage von „Kosten der kaufmännischen und technischen Hausverwaltung" in allgemeinen Geschäftsbedingungen eines Mietvertrages über Geschäftsräume weder überraschend im Sinne von § 305c BGB ist, noch gegen das Transparenzgebot gemäß § 307 Abs. 1 S. 2 BGB verstößt (BGH 26.9.2012 – XII ZR 112/10, NZM 2013, 85, in Bestätigung von BGH 9.12.2009 – XII ZR 109/08, BGHZ 183, 299 = NZM 2010, 123; kritisch dazu: *Eisenschmid* jurisPR-MietR 9/2010 Anm. 3; zum Wirtschaftlichkeitsgebot bei den Verwaltungskosten vgl. BGH 17.12.2014 – XII ZR 170/13, NZM 2015, 132, nebst Anm. *Borzutzki-Pasing* jurisPR-MietR 4/2015 Anm. 3). Verwaltungskosten können danach im Rahmen des Ortsüblichen und Notwendigen umgelegt werden. Dies führt für den Mieter nicht zu einem unangemessenen Überraschungseffekt, denn wenn sich solche Kosten im Rahmen des Ortsüblichen halten, können sie wenigstens im Groben abgeschätzt werden.

Trotz der vom BGH gebilligten Terminologie gibt es immer wieder **Abgrenzungsschwierigkeiten**, was im Einzelnen unter den Begriff der Verwaltungskosten fällt, etwa wenn in der Rubrik „Verwaltungskosten" auch die nicht weiter definierten Kosten des „Objektmanagements" und des „Centermanagements" sowie die Kosten einer Miet-ausfallversicherung aufgeführt werden (vgl. dazu LG Hamburg 8.9.2017 – 316 O 83/16, BeckRS 2017, 149758; zum Begriff der Verwaltungskosten im Zusammenhang mit der Bestimmtheit einer Umlage einzelner Betriebskostenarten vgl. OLG Celle 9.11.2018 – 2 U 81/18, ZMR 2019, 263). Das sog. **Center-Management** sorgt für den einheitlichen Auftritt eines (Einkaufs-) Centers, für gemeinsame Marketingmaßnahmen und regelt zumeist auch die Geschäftsführung der Werbegemeinschaft (zu den Kosten für das „Center-Management" und zu „Raumkosten" vgl. auch KG 8.10.2001 – 8 U 6267/00, NZM 2002, 954). Die formularmäßig vereinbarte Klausel eines Mietvertrages über Geschäftsräume, die dem Mieter eines in einem Einkaufszentrum belegenen Ladenlokals als Nebenkosten nicht näher aufgeschlüsselte Kosten des „Centermanagers" auferlegt, ist auch nach der Rechtsprechung des BGH intransparent und daher unwirksam, während die Wirksamkeit einer daneben ausdrücklich vereinbarten Übertragung von Kosten der „Verwaltung" davon nicht berührt sein soll (BGH 10.9.2014 – XII ZR 56/11, NZM 2014, 830, im Anschluss an BGH 26.9.2012 – XII ZR 112/10, NZM 2013, 85; in Fortführung des 3.8.2011 – XII ZR 205/09, NJW 2012, 54). Unwirksam ist auch eine doppelte Veranschlagung von Verwaltungskosten, wenn abzurechnende Kosten des Hausmeisters mit einer weiteren Verwaltungskostenpauschale einhergehen (OLG Hamm 8.6.2017 – I-18 U 9/17, NZM 2018, 337).

In Büroobjekten oder Arztzentren kommen zusätzlich zentrale Leistungskomplexe (Pools) in Betracht, die für alle Mieter zentrale Dienst- oder Werkleistungen bereit halten. Ohne konkrete Festlegung und Beschreibung besteht die Gefahr, dass die Gerichte von unklaren Bestimmungen ausgehen. Es empfiehlt sich daher nach wie vor, möglichst zwischen den umzulegenden Kosten zu differenzieren und diese jeweils konkret zu beschreiben. Wenn bestimmte (Verwaltungs-) Aufgaben von Drittfirmen wahrgenommen werden, sollte dies – wie im Formular zT vorgesehen – im Vertrag ausgewiesen werden, möglichst auch unter Angabe, auf welcher Grundlage mit der jeweiligen Drittfirma abgerechnet wird. Dadurch werden die umzulegenden Kosten zusätzlich nach Gegenstand und Höhe festgeschrieben.

Die **Werbegemeinschaft** kann ganz unterschiedlich organisiert sein (vgl. dazu im Einzelnen → Form. A.VI.3 Anm. 15). Sie kann dem Center-Management unterstellt sein oder im Rahmen von vertraglichen Beziehungen der Mieter mit einem Dritten (Werbe-Verlagsanstalt) ausgestaltet sein. Denkbar ist auch, dass die Mieter sich intern zu einer Werbegemeinschaft zusammenschließen.

Begrenzungen bei der Betriebskostenumlage ergeben sich bei den Kosten für **gemein-schaftlich genutzte Flächen in Großobjekten** (Einkaufscenter → Form. A.VI.1 Anm. 14). Der BGH (vgl. 10.9.2014 – XII ZR 56/11, NZM 2014, 830; 6.4.2005 – XII ZR 158/01, NZM 2005, 863; auf der gleichen Linie auch: BGH 26.9.2012 – XII ZR 112/10, NZM 2013, 85) sieht in der Abwälzung von der Höhe nach unbegrenzten Kosten für Gemeinschaftsflächen eine unangemessene Benachteiligung des Mieters. Mit solchen Klauseln werden dem Mieter auch Kosten übertragen, die nicht durch seinen Miet-gebrauch veranlasst sind und die nicht in seinen Risikobereich fallen.

Bei den Gemeinschaftsflächen ist außerdem eine klare **Differenzierung zwischen der vertraglichen Mietfläche und den lediglich mitbenutzten Gemeinschaftsflächen**, an denen kein unmittelbares Besitzrecht des Mieter besteht, vorzunehmen, denn soweit der Mieter ein vertragliches Nutzungs- und Besitzrecht an (Teilen von) Gemeinschaftsflächen hat, ist in diesem Umfang grds auch die Umlage von **Betriebskosten** möglich. Anders als bei der Rspr des BGH zu unangemessenen Umlageklauseln (10.9.2014 – XII ZR 56/11, NZM 2014, 830; 6.4.2005 – XII ZR 158/01, NZM 2005, 863), ist in solchen Fällen eine klare Zuordnung zum Mietgebrauch und zu dessen Umfang möglich. Soweit das OLG Celle (6.9.1995 – 2 U 127/94, ZMR 1996, 209) demgegenüber angenommen hat, dass ein Vermieter, der sich zusätzlich zum vereinbarten Mietzins in Allgemeinen Geschäftsbedingungen noch ein pauschales Entgelt für einen Passagenanteil ausbedingt, widersprüchlich handele, wird man das nicht verallgemeinern und auf vertraglich vereinbarte Sondernutzungen von Gemeinschaftsflächen erstrecken dürfen. Aus einem bloßen (Mit-)Benutzungsrecht folgt allerdings kein (Mit-)Besitz des Mieters an den Gemeinschaftsflächen (KG 20.08.2012 – 8 U 168/12, NZM 2013, 579; Staudinger/*Emmerich* BGB § 535 Rn. 7).

4. Die Umlage von **Versicherungskosten** (zum Abschluss von Versicherungen durch den Mieter → Form. A.VII.12) ist auch im Rahmen von § 2 Abs. 1 Nr. 13 BetrKV vorgesehen, wobei die Kosten „der Versicherung des Gebäudes gegen Feuer-, Sturm-, Wasser sowie sonstige Elementarschäden, der Glasversicherung, der Haftpflichtversicherung für das Gebäude, den Öltank und den Aufzug" angesprochen sind. Darunter fallen grundsätzlich alle Sach- (und Haftpflicht-) Versicherungen, die dem Schutz des Gebäudes, seiner Bewohner und Besucher dienen (BGH 6.6.2018 – VIII ZR 38/17, NZM 2018, 714; 13.10.2010 – XII ZR 129/09, NJW 2010, 3647).

Diese Kosten sind auch bei der Gewerberaummiete umlagefähig. Schon die in der Verordnung enthaltene Formulierung „namentlich" verdeutlicht, dass auch Unterarten der benannten Sachversicherung umlagefähig sein können. Es empfiehlt sich aber, Sonder- und Spezialversicherungen aus diesem Bereich, die nicht Gegenstand der verkehrsüblichen Versicherungsverträge sind, ausdrücklich im Vertrag auszuweisen.

Die formularmäßige Übertragung von „**Kosten für Versicherungen**" ist in dieser Allgemeinheit jedenfalls unwirksam, weil die Klausel inhaltlich unklar ist und dem Mieter keine Anhaltspunkte dafür bietet, im Rahmen seiner wirtschaftlichen Kalkulation Art und Höhe der möglicherweise auf ihn zukommenden Versicherungskosten abschätzen zu können (BGH 26.9.2012 – XII ZR 112/10, NZM 2013, 85). Der BGH hat aus diesem Grunde auch andere Klauseln, die bei der Geschäftsraummiete eine Übertragung der Kosten für „**übliche Versicherungen**" zum Gegenstand hatten, im Hinblick auf einen Verstoß gegen das Transparenzgebot für unwirksam erachtet (BGH 6.4.2005 – XII ZR 158/01, NZM 2005, 863; zur – im Zweifel nicht anzunehmenden – konkludenten Vertragsänderung in Bezug auf Kosten der Leitungswasserversicherung aufgrund geänderter Abrechnung vgl. BGH 9.7.2014 – VIII ZR 36/14, NZM 2014, 748).

Der BGH hat früher für den vom Vermieter abgeschlossenen **Gebäudeversicherungsvertrag** bei Beteiligung des Mieters an den Kosten aus der Interessenlage der Mietvertragsparteien eine stillschweigende Haftungsbeschränkung auf Vorsatz und grobe Fahrlässigkeit hergeleitet (sog. haftungsrechtliche Lösung, vgl. 26.1.2000 – XII ZR 204/97, NJW-RR 2000, 1110). Daran hält er in seiner neueren Rechtsprechung nicht mehr fest (BGH 26.10.2016 – IV ZR 52/14, NZM 2017, 29; 3.11.2004 – VIII ZR 28/04, NZM 2005, 100). Er geht nunmehr davon aus, dass sich aus einer ergänzenden Auslegung des von dem Vermieter abgeschlossenen Gebäudeversicherungsvertrages ein **konkludenter Regressverzicht des Versicherers** für die Fälle ergibt, in denen der Mieter einen Brandschaden durch nur einfache Fahrlässigkeit verursacht hat (sog. versicherungsrechtliche Lösung). Der bei Abschluss eines Gebäudeversicherungsvertrages stillschweigend erklärte Regressverzicht des Gebäudeversicherers zugunsten von Mietern des versicherten Gebäudes ist aber auf Fälle der Schadensverursachung durch einfache Fahrlässigkeit beschränkt (BGH 26.10.2016 – IV ZR 52/14, NZM 2017, 29). Haben die Mietvertragsparteien die Umlage der Kosten der Gebäudeversicherung (§ 2 Nr. 13 BetrKV) auf den Mieter vereinbart, sind auch die **Kosten eines in der Gebäudeversicherung mitversicherten Mietausfalls** infolge eines Gebäudeschadens umlagefähig (BGH 6.6.2018 – VIII ZR 38/17, NZM 2018, 714).

Die Kosten einer **Versicherung gegen Terrorschäden** gehören im Rahmen des Wirtschaftlichkeitsgebots zu den umlagefähigen Versicherungskosten für ein Mietgebäude (vgl. BGH 13.10.2010 – XII ZR 129/09, NZM 2010, 864, nebst Anm. *Wall* jurisPR-MietR 25/2010 Anm. 3).

Ist in einem Gewerberaummietvertrag im Zusammenhang mit der Haftung des Mieter für Schäden an der Mietsache, insbesondere an Fenster- und Türscheiben die Beteiligung an Kosten für die **Glasversicherung** geregelt, so ist diese Regelung nach Auffassung des KG (17.4.2014 – 8 U 197/13, Grundeigentum 2014, 1584) wirksam, auch wenn an dieser Stelle die Umlage von Betriebskosten im Übrigen nicht geregelt ist. Es handelt sich dann wegen des verständlichen Zusammenhangs der vertraglichen Bestimmungen nicht um eine überraschende Klausel iSd § 305c BGB.

11. Vereinbarungen über die Gestaltung von Außenwerbung

§ . . . . . Außenwerbung[1]

(1) Soweit dieser Vertrag nicht bereits ausdrückliche Regelungen enthält, bedürfen sämtliche Maßnahmen der Außenwerbung der vorherigen schriftlichen Zustimmung des Vermieters. Dies gilt insbesondere auch für das Anbringen von Leuchtreklamen, Plakaten, Plakatwänden, Schildern, Markisen, Fahnen und Wimpeln am Mietobjekt, auf dem dazu gehörenden Grundstück und den darauf befindlichen Begrenzungs- und Außenanlagen.[2]

Regelungsbeispiel 1 (Denkmalschutz)

(2) Der Mieter wird darauf hingewiesen, dass das Mietobjekt unter Denkmalschutz steht. Dem Vermieter ist von der Denkmalbehörde aufgegeben worden, dass Anlagen zur Außenwerbung nur mit behördlicher Genehmigung angebracht werden dürfen. Es ist festgelegt worden, dass sich die gesamte Außengestaltung dem bauhistorischen Charakter des Gebäudes unterzuordnen hat. Hinsichtlich der vorhandenen Baulichkeiten gilt eine generelle Veränderungssperre. Wegen aller Beschränkungen, die sich für den Mieter und seinen Mietgebrauch unter dem Gesichtspunkt des Denkmalschutzes ergeben, werden Gewährleistungspflichten des Vermieters ausgeschlossen.[3]

Die Einholung erforderlicher Genehmigungen durch die Denkmalbehörde obliegt dem Mieter. Der Vermieter wird hieran – soweit erforderlich – unter dem Vorbehalt seiner Rechte und der nach Abs. 1 vorgesehenen Zustimmung mitwirken.

Regelungsbeispiel 2 (Sondernutzungsverträge mit Städten oder Gemeinden)

(2) Auf dem zum Mietobjekt gehörenden Grundstück befindet sich zur Straßenfront hin eine Plakatwand. Die Plakatwand darf der Mieter zu Zwecken der Außenwerbung nutzen.

Mit der Stadt . . . . . ist ein Sondernutzungsvertrag geschlossen worden, der diesem Mietvertrag in Kopie beigeheftet ist. Danach erhebt die Stadt . . . . . zum Ausgleich für die Erteilung einer Ausnahmegenehmigung, der zufolge die Plakatwand entgegen den satzungsmäßigen Vorgaben in einem geringerem Abstand zum Fahrbahnrand hin errichtet werden durfte, eine jährliche Sondernutzungsgebühr in Höhe von . . . . . EUR. Diese Sondernutzungsgebühr trägt der Mieter in der jeweils geltenden Höhe. Der Mieter hat die Sondernutzungsgebühr jeweils zum . . . . . bzw. auf anderweitige Anforderung der Stadt unmittelbar an die Stadtkasse zu entrichten. Für das laufende Jahr ist diese Gebühr bereits vom Vermieter gezahlt worden. Für die zeitanteilige Restlaufzeit dieses Jahres zahlt der Mieter an den Vermieter einen Betrag in Höhe von . . . . . EUR, fällig am Tage des Mietbeginns. Bei Beendigung des Mietverhältnisses während des laufenden Jahres hat der Mieter die Gebühr zeitanteilig für die Dauer des Mietverhältnisses, bei längerer Benutzung der Mietsache anteilig für die gesamte Dauer der tatsächlichen Nutzung, zu tragen.[4]

Regelungsbeispiel 3 (Teileigentum)

(2) Dem Mieter ist bekannt, dass die Teilungserklärung für das Objekt, in dem sich die Mieträume befinden, verbindliche Bestimmungen zur Außengestaltung und zur Außenwerbung enthält. Für die im Erdgeschoss gelegenen Ladenlokale ist danach vorgesehen, dass eine Außenwerbung nur auf der jeweiligen Außenmarkise erfolgen darf, und zwar nur durch Anbringung eines auf den Inhaber oder die Firma lautenden Schriftzuges, ggf. nebst einem auf den Geschäftszweck (zB Friseur, Apotheke usw.) verweisenden Zusatz. Hierzu ist weiter vorgeschrieben, dass der Schriftzug in weißer Farbe aufzubringen ist und eine Höhe von . . . . . cm und eine Breite von . . . . . cm nicht überschreiten darf. Die Gestaltung der Markisen ist nach Größe, Farbe und Form vorgeschrieben und in dem derzeit bestehenden Zustand beizubehalten.

Vorstehende Bestimmungen gelten uneingeschränkt auch im Rahmen dieses Mietvertrags. Wegen aller Beschränkungen, die hieraus für den Mieter und seinen Mietgebrauch ergeben, werden Gewährleistungspflichten des Vermieters ausgeschlossen.[5]

Der Mieter verpflichtet sich, auf eigene Rechnung und Kosten einen der Teilungserklärung entsprechenden Schriftzug anbringen zu lassen, und zwar . . . . .

Anmerkungen

1. Der Mieter von Gewerberäumen wird in den meisten Fällen Interesse daran haben, durch stationäre Werbemaßnahmen auf seinen Betrieb aufmerksam zu machen. Die nicht näher ausgestaltete Anbringung von Hinweisen und Außenwerbung kann allerdings in mehrfacher Hinsicht konfliktträchtig sein und vertraglichen Regelungsbedarf schaffen:

- Der Vermieter hat schädigenden **Eingriffen in die bauliche Substanz** und in die **optische Gestaltung** des Mietobjekts zu besorgen.
- Zudem können in mehrfacher Hinsicht **öffentlich-rechtliche Beschränkungen** bestehen. Ordnungs- und baubehördliche Verbote und Auflagen und Beschränkungen unter dem Gesichtspunkt des Denkmalschutzes sind ebenso zu beachten wie die landesrechtlichen Bestimmungen der Straßen- und Wegegesetze sowie die – städtebaulichen – Vorgaben des Baugesetzbuches (vgl. etwa OLG Brandenburg 18.6.2019 – 11 U 2/16 Bauland, BeckRS 2019, 12674).
- Konfliktträchtig sind auch Nutzungsbeschränkungen im Rahmen von **Teileigentum** (→ Form. A.VI.4 Anm. 3). Hier kommt es maßgeblich auf die Teilungserklärung an, aus der sich der bindende Inhalt von Gebrauchsregelungen ergeben kann.
- In **Großobjekten (Einkaufszentren, Ladenpassagen)** kann der Vermieter ein besonderes Interesse daran haben, dass durch einen bestimmten Gestaltungsstil eine einheitliche Außenwirkung erzielt wird. Das kann etwa durch eine signifikante Farbgebung oder durch die Verwendung von Namens- bzw. Firmenbezeichnungen oder durch besondere Firmenlogos geschehen. Im Mietvertrag kann darauf hingewirkt werden, dass die Mieter solche Merkmale zur Gewährleistung eines einheitlichen Auftretens verwenden.

2. Der Vermieter kann die Herstellung von Anlagen der Außenwerbung von seiner Zustimmung abhängig machen. Dadurch wird der vertragliche Nutzungszweck näher ausgestaltet (→ Form. A.VI.2 Anm. 2). Ohne ausdrückliche vertragliche Vereinbarungen wird grds keine Verkehrssitte anzunehmen sein, derzufolge die Anmietung von Geschäftsräumen auch die Gestaltung der Außenfassade umfasst. Zu **Werbezwecken geeignete Außenfassaden** in Stadtzentren stellen einen Wert dar, der einem anderen nicht ohne besondere Vereinbarung unentgeltlich überlassen wird (OLG Saarbrücken 27.5.2010 – 8 U 448/09–116, MDR 2010, 1180).

Im Allgemeinen gilt daher, dass die Nutzung der Fassade und der Außenwände vom Vermieter auch formularvertraglich ausgeschlossen oder von seiner Zustimmung abhängig gemacht werden kann. Mit der Montage von Hinweisschildern ist regelmäßig ein Eingriff in die Gebäudesubstanz verbunden, weshalb sich bereits daraus ein schützenswertes Interesse des Vermieters ergibt, einen Zustimmungsvorbehalt festzulegen. Dies soll jedoch nicht für „übliche" Praxis- und Hinweisschilder gelten, weil diese zum Mietgebrauch gehören (OLG Düsseldorf 16.8.2016 – 24 U 25/16, NZM 2016, 821; Schmidt-Futterer/ *Eisenschmid* BGB § 535 Rn. 521). Für eine abziehbare Folie auf den Fenstern der Mietsache soll dasselbe gelten (vgl. OLG Düsseldorf aaO).

3. Das Formular regelt ein Beispiel **denkmalbehördlicher Beschränkungen** (zum Verbot von Werbung bei zulässiger Wohn- und gewerblicher Nutzung vgl. VG Gelsenkirchen 1.12.2014 – 5 K 2169/14, BeckRS 2014, 59217; zur Anbringung einer beleuchteten Werbetafel in der Umgebung eines Denkmals vgl. VG Gelsenkirchen 7.8.2014 – 5 K 2092/14, BeckRS 2014, 59217; zur Baugenehmigung als denkmalschutzrechtlicher Genehmigung vgl. VG Magdeburg 27.3.2014 – 4 A 262/13, BeckRS 2014, 52766; zur Beeinträchtigung des Ortsbildes nach Belangen des Denkmalschutzes vgl. VG Würzburg 30.10.2013 – W 4 S 13.990, BeckRS 2014, 46324).

Durch die dem Mieter erteilten Hinweise und den insoweit zugrunde gelegten Gewährleistungsausschluss kann der Vermieter einer Inanspruchnahme durch den Mieter wegen Vorliegen eines Mangels vorbeugen. Wenn ein Vermieter einem Mieter Zusagen hinsichtlich baulicher Veränderungen oder Nutzungsmöglichkeiten macht, deren Durchführung gegen öffentlich rechtliche Gebote oder Verbote verstoßen würde, kann er dem Mieter zum Schadensersatz verpflichtet sein (zur Ersatzverpflichtung bei denkmalbehördlichen Baubeschränkungen vgl. BGH 25.11.1998 – XII ZR 12/97, NJW 1999, 635). Eine Unterschutzstellungsverfügung kann für den Vermieter enteignende Wirkung haben, wenn mit ihr eine weitere Anordnung der Denkmalschutzbehörde verbunden ist, durch die ihm eine bestimmte beabsichtigte Änderung untersagt oder ihm aufgegeben wird, mit seiner Sache in einer bestimmten Weise zu verfahren (BGH 9.10.1986 – III ZR 2/85, BGHZ 99, 24 = NJW 1987, 2068).

4. Die Ausgestaltung zulässiger Außenwerbung erfordert oft die Einholung von **behördlichen Genehmigungen.** Anlagen der Außenwerbung besitzen städtebauliche (bauplanungsrechtliche) Relevanz. **Städtebauliche Relevanz** besteht dann, wenn eine Anlage Belange erfasst oder berührt, welche im Hinblick auf das grundsätzliche Gebot des § 1 Abs. 3 BauGB in Verbindung mit § 1 Abs. 5 BauGB städtebauliche Betrachtung und Ordnung verlangen. Für das Ortsbild ist in aller Regel auch eine Außenwerbung relevant. Ihr eigentliches Ziel ist es gerade, Aufmerksamkeit auf sich zu lenken und im vorhandenen Ortsbild „auffallend" zu wirken (BVerwG 3.12.1992 – 4 C 27.91, BVerwGE 91, 234 = BauR 1993, 315; VGH BW 16.4.2008 – 3 S 3005/06, NVwZ – RR 2009, 15).

Nach der Rechtsprechung des Bundesverwaltungsgerichts (3.12.1992 – 4 C 27.91, BVerwGE 91, 234 = BauR 1993, 315) stellt eine Werbeanlage der Außenwerbung, die eine bauliche Anlage im Sinne des § 29 Satz 1 BauGB ist und **Fremdwerbung** zum Gegenstand hat, bauplanungsrechtlich eine eigenständige Hauptnutzung gemäß §§ 2 ff. BauNVO dar. Davon zu unterscheiden sind **Werbeanlagen an der Stätte der Leistung (am Geschäftssitz)**, die dem jeweiligen Nutzungszweck des im Baugebiet liegenden Grundstücks dienen und idR als **Nebenanlagen** iSd § 14 BauNVO anzusehen sind. Im mietvertraglichen Zusammenhang geht es vornehmlich um Werbeanlagen am Geschäftssitz des Mieters.

Ein **Sondernutzungsvertrag** über eine werbemäßige Nutzung öffentlicher Straßen, Wege und Plätze und über Ausnahmebewilligungen bei gesetzlichen oder satzungsgemäßen Beschränkungen ist ein **öffentlich-rechtlicher Vertrag** (VGH Mannheim 14.8.1992 – 10 S 816/91, NVwZ 1993, 903). Streitigkeiten aus einem Vertrag, durch den eine Gemeinde ihre **auf öffentlichem Grund** zur Verfügung stehenden Werbeflächen vermarktet, können aber auch nach dem **Zivilrecht** zu beurteilen sein und unterliegen gemäß § 13 GVG der Zuständigkeit der ordentlichen Gerichte, wenn in dem Vertrag nicht pauschal ohne Prüfung des Einzelfalls für eine unbestimmte Anzahl von Sondernutzungstatbeständen die entsprechenden Erlaubnisse nach öffentlichem Recht gewährt werden (OLG Bremen 4.11.2014 – 5 W 53/14, MDR 2015, 197). Wenn insoweit **Sondernutzungsgebühren** erhoben werden, bedarf es zur Kostenabwälzung auf die Mieter ausdrücklicher Vereinbarungen. Andernfalls sind solche Kosten im Rahmen von § 535 Abs. 1 BGB vom Vermieter zu tragen. Das Formular enthält eine entsprechende Klausel.

Gleichgelagerte Probleme können sich bei **bauordnungsrechtlichen Bestimmungen** ergeben. Aus dem Regelungszusammenhang des BauGB können sich Nutzungsbeschränkungen ergeben, namentlich gemäß § 34 BauGB im Zusammenhang mit der **Wahrung eines bestimmten Ortsbilds**, das durch Anlagen der Außenwerbung gestört werden kann. Das Verbot der störenden **Häufung von Werbeanlagen** stellt dabei einen Sonderfall des **Verunstaltungsverbots** dar, so dass das Straßen- und Ortsbild bei der Beurteilung zu berücksichtigen ist (OVG Sachsen 28.1.2015 – 1 A 448/11). In der Rechtsprechung des BVerwG ist der Begriff der Verunstaltung definiert als ein hässlicher, das ästhetische Empfinden des Beschauers nicht bloß beeinträchtigender, sondern verletzender Zustand. Eine bauliche Anlage stört das Gesamtbild der Umgebung, wenn der Gegensatz zwischen ihr und der Umgebung von dem Betrachter als belastend oder unlusterregend empfunden wird (BVerwG 28.6.1955 – I C 146/53, NJW 1955, 1647). Es kommt nicht darauf an, ob es sich um Fremd- oder Eigenwerbung, genehmigungsfreie, genehmigungspflichtige oder nur geduldete Einrichtungen handelt (OVG Sachsen 28.1.2015 – 1 A 448/11).

(**Ausnahme-**) **Genehmigungszwang** kann sich auch nach **Straßenverkehrsrecht** (ggf. im Zusammenhang mit anderen bauordnungsrechtlichen Vorschriften) ergeben (zu Werbeanlagen in der Nähe einer Autobahn vgl. VGH Bayern 30.4.2015 – 11 ZB 14.2563, BeckRS 2015, 45838; OVG Sachsen 8.1.2015 – 1 A 744/12, NVwZ – RR 2015, 563; zum Aufstellen eines Oldtimer-Busses zu Werbezwecken: VG Augsburg 21.10.2014 – Au 3 K 14886, BeckRS 2014, 58855; zum Aufstellen eines mobilen Anhängers mit einer LED-Wand für Werbebotschaften vgl. OVG NW 8.7.2014 – 10 B 448/14, BauR 2014, 1928; zu Anlagen der Außenwerbung vgl. beispielhaft § 28 StrWG NRW; zur Nichterteilung einer Baugenehmigung für eine Mega-Light-Werbeanlage vgl. OVG NW 28.8.2013 – 10 A 1150/12, BauR 2014, 537; zur Zulässigkeit eines Riesenposters mit wechselnden Motiven als Werbeanlage vgl. OVG NW 8.7.2013 – 10 A 662/12, BeckRS 2014, 53471).

5. Beschränkungen für die Herstellung oder Benutzung von Anlagen der Außenwerbung können sich bei **Teileigentum** (ggf. in Verbindung mit Wohnungseigentum) auch aus dem Inhalt der Teilungserklärung und aus Vereinbarungen der Mitglieder ergeben (→ Form. A.VI.4 Anm. 3). Im Aufteilungsplan, der als Anlage zur Teilungserklärung Inhalt der Grundbucheintragung ist, werden die im Teileigentum stehenden Räume regelmäßig einer bestimmten Nutzung zugewiesen. Daraus kann sich eine die Nutzung einschränkende Zweckbestimmung mit Vereinbarungscharakter im Sinne der §§ 15 Abs. 1, 10 Abs. 2 WEG ergeben. Der Inhalt des Grundbuches ist auszulegen, wobei auf den Wortlaut und den Sinn der Eintragung sowie der darin zulässiger Weise in Bezug genommenen Eintragungsbewilligung nebst Anlagen abzustellen ist, wie sie sich für einen unbefangenen Betrachter als nächstliegende Bedeutung der Eintragung ergeben (vgl. BGH 21.2.1991 – V ZB 13/90, BGHZ 113, 374 = NJW 1991, 1613).

Das Formular berücksichtigt beispielhaft entsprechende Vorgaben. Sondernutzungsrechte, die nicht schon in der Teilungserklärung eine Grundlage finden, können nur durch Vereinbarung, nicht auch durch bloßen Mehrheitsbeschluss begründet werden, auch nicht im Falle seiner Bestandskraft. Der Wohnungseigentümerversammlung fehlt hierzu die absolute Beschlusskompetenz (vgl. BGH 20.9.2000 – V ZB 58/99, BGHZ 145, 158 = NJW 2000, 3500).

Wird Wohnungs- oder Teileigentum in zulässiger Weise gewerblich genutzt, dann muss von den übrigen Wohnungseigentümern nicht nur diese Nutzung, sondern auch die **Anbringung von angemessenen und ortsüblichen Werbeanlagen** für das Gewerbe oder Ladengeschäft unter Inanspruchnahme von gemeinschaftlichem Eigentum geduldet werden (BayObLG 6.10.2000 – 2Z BR 74/00, NZM 2000, 1236; OLG München 13.12.2006 – 34 Wx 109/06, ZMR 2007, 391).

Das **Anbringen eines Werbeschildes** an der Außenwand eines Gebäudes stellt aber grds. eine **bauliche Veränderung** dar (KG 8.6.1994 – 24 W 5760/93, NJW-RR 1995, 333, 334). Deren Versagung kann einen Treueverstoß begründen, wenn entweder sämtliche Wohnungseigentümer verpflichtet sind, ihre Zustimmung zur Installation bzw. zum Verbleib einer bereits vorhandenen Außenwerbeanlage zu erteilen oder die Wohnungseigentümer die Außenwerbeanlage mangels einer von dieser ausgehenden wesentlichen Beeinträchtigung der Rechte derjenigen Miteigentümer, die ihre Zustimmung zu der baulichen Veränderung verweigerten, mehrheitlich genehmigen können (OLG Köln 31.3.2004 – 16 Wx 12/04, OLGR Köln 2004, 322).

Stört ein Mieter durch eine von seinem Ladenlokal aus betriebene an der Außenfassade angebrachte **Leuchtreklame** rechtswidrig das gemeinschaftliche Eigentum der Wohnungseigentümer, so löst das für die Wohnungseigentümer **Beseitigungsansprüche gegen den Mieter als unmittelbaren Störer und gegen den Vermieter als mittelbaren Störer** aus (OLG Oldenburg 7.2.1990 – 5 W 3/90, MDR 1990, 552).

12. Vereinbarungen über vom Mieter abzuschließende Versicherungen

§ . . . . . Vereinbarungen über vom Mieter abzuschließende Versicherungen[1]

(1) Der Mieter hat auf eigenen Namen und für eigene Rechnung folgende Versicherungen für das Mietobjekt abzuschließen:[2]

- eine Glasversicherung für die Schaufenster,
- eine Brandversicherung für die Mieträume,
- eine Versicherung gegen Schlüsselverlust,
- eine Versicherung für Schäden an elektrischen und elektronischen Anlagen (Fernmeldeanlagen, Alarmanlagen, Brandschutzvorrichtungen),
- eine Betriebs-/Haftpflichtversicherung mit einer Haftungssumme von mindestens . . . . . EUR,
- eine Versicherung für die vom Mieter eingebrachten Produktionsgeräte, sein gesamtes Inventar und seinen Hausrat,
- eine Betriebsunterbrechungsversicherung.

(2) Der Mieter hat die in Abs. (1) bezeichneten Versicherungen so frühzeitig abzuschließen, dass diese jedenfalls mit Beginn des Mietverhältnisses (vgl. § . . . . .) in Kraft getreten

sind und hinsichtlich der jeweils zugrunde liegenden Risiken vollen Versicherungsschutz entfalten. Für sämtliche Risiken, die sich aus der Unwirksamkeit oder dem Notleiden eines Versicherungsvertrags oder aus einer Unterversicherung ergeben, haftet der Mieter im Verhältnis zum Vermieter.[3]

Anmerkungen

1. Üblicherweise enthalten Mietverträge über Gewerberaum Bestimmungen, denen zufolge der Mieter im Rahmen der Betriebskostenumlage zu den Kosten für vom Vermieter abgeschlossene Versicherungen herangezogen wird (→ Form. A.VII.10). Der Gewerberaummieter kann aber auch vertraglich verpflichtet werden, bestimmte Versicherungsverträge in eigenem Namen und für eigene Rechnung abzuschließen, wenn dies im schutzwürdigen Interesse des Vermieters liegt. Dies ist auch formularmäßig möglich (vgl. *Sieg* BB 1993, 149).

Die im Formular aufgeführten Versicherungsarten haben nur exemplarischen Charakter. Sie spiegeln weder den vertraglichen Mindeststandard wieder noch erheben sie Anspruch auf Vollständigkeit. Für die Frage, ob und von wem bestimmte Versicherungen abzuschließen sind, wird es stets auf die Bedürfnisse des Einzelfalls ankommen.

Eine unangemessene Benachteiligung iSv § 307 BGB des Mieters wird idR nicht vorliegen, wenn der Mieter zum Abschluss von Versicherungen herangezogen wird, mit denen Risiken aus dem Mietgebrauch, also aus dem Risiko- und Verantwortungsbereich des Mieters, abgedeckt werden. Wenn die Pflichtabwälzung dagegen (auch in Kumulation mit der Abwälzung von Erhaltungs- und Instandhaltungspflichten → Anm. 2) insgesamt zum **Übergang der Sachgefahr** auf den Mieter führt und diesen mit einem nicht mehr absehbaren Kostenrisiko belastet, können unwirksame Klauseln vorliegen (zu den Grenzen der Pflichtabwälzung vgl. etwa BGH 10.9.2014 – XII ZR 56/11, NZM 2014, 830; *Stapenhorst* NZM 2007, 17; *Borzutzki-Pasing* jurisPR-MietR 23/2009 Anm. 5 zu OLG Rostock 10.9.2009 – 3 U 287/08, NZM 2010, 42 mwN).

Bei wertender Betrachtung iRv § 307 BGB kann die Wirksamkeit der Verpflichtung des Mieters zum Abschluss von Versicherungen daran gemessen werden, ob die Versicherungsart in Zusammenhang mit dem Katalog der umlegbaren Kosten gemäß der BetrKV steht, denn die Übernahme von ohnehin umlegbaren Kosten durch den Mieter wird im Zweifel nicht unangemessen sein. Im gewerblichen Bereich haben sich allerdings ganz unterschiedliche Versicherungsarten herausgebildet. Insoweit können sich Abgrenzungsprobleme ergeben, ob diese dem **Regelungsbereich der BetrKV** zu unterstellen sind.

Kosten der **Elektronikversicherung** der Brandmeldeanlage sind zB Kosten der Gebäude- und Haftpflichtversicherung iSv § 2 Nr. 13 BetrkV, wonach die Kosten der Sach- und Haftpflichtversicherung zu den umlegbaren Betriebskosten zählen. Hierzu gehören namentlich die Kosten der **Versicherung des Gebäudes gegen Feuer-, Sturm-, Wasser sowie sonstige Elementarschäden, der Glasversicherung, der Haftpflichtversicherung für das Gebäude, den Öltank und den Aufzug.** Diese Aufzählung ist nur beispielhaft („namentlich") und damit nicht abschließend (BGH 13.10.2010, XII ZR 129/09, NZM 2010, 864). Als Sachschadenversicherung zählt daher auch die Elektronikversicherung der Brandmeldeanlage zum Kreis der in § 2 Nr. 13 BetrkV geregelten Kosten der Sach- und Haftpflichtversicherung. Die Kosten der Sach- und Haftpflichtversicherung gemäß § 2 Nr. 13 BetrKV schließen sämtliche umlagefähigen Sach- und Haftpflichtversicherungen ein (OLG Düsseldorf 15.12.2011 – 10 U 96/11, ZMR 2012, 184).

Die vertraglichen Bestimmungen zum Abschluss von Versicherungsverträgen durch den Mieter müssen hinreichend klar und bestimmt sein, um vertraglichen Bestimmtheitsanforderungen und dem **Transparenzgebot** aus § 307 Abs. 1 S. 2 BGB zu genügen. Insoweit gilt nichts anderes wie auch sonst bei der Abwälzung von Betriebs- und Nebenkosten auf den

Mieter (→ Form. A.VI.1 Anm. 14 ferner → Form. A.VII.10). Es reicht daher nach diesseitiger Auffassung nicht aus, dem Mieter die Versicherung gegen „übliche Wagnisse" aufzugeben. Soweit der BGH (22.12.1976 – VIII ZR 213/75, WM 1977, 291) erörtert hat, was im Wege der Vertragsauslegung unter üblichen Wagnissen zu verstehen ist, enthält die Entscheidung keinen Hinweis darauf, dass dem dort behandelten Vertrag AGB zugrunde lagen.

Die Übernahme von Versicherungen durch den Mieter und die Verabredung, dass der Mieter bestimmte Versicherungen abzuschließen habe, wirken sich in Anlehnung an § 61 VVG zugunsten des Mieters dahingehend aus, dass der Mieter grundsätzlich nur für nicht versicherte Risiken einzustehen hat und dass er im Übrigen nur für grob fahrlässig oder vorsätzlich verursachte Schäden haftet. Nach der Rechtsprechung des BGH (8.11.2000 – IV ZR 298/99, BGHZ 145, 393 = NZM 2001, 108) ergibt eine ergänzende Auslegung des Vertrags im Allgemeinen einen **konkludenten Regressverzicht des Versicherers** für die Fälle, in denen der Mieter einen Schaden durch einfache Fahrlässigkeit verursacht hat.

Von den Versicherungen, zu deren Abschluss der Mieter vertraglich verpflichtet wird, sind solche zu unterscheiden, die der Mieter in eigener Initiative abschließt. Diese tangieren den mietvertraglichen Leistungsaustausch grundsätzlich nicht. Ein **Geschäftsversicherungsvertrag des Mieters**, durch den er seine Geschäftseinrichtung und seinen Betriebsunterbrechungsschaden u. a. gegen Feuer versichert, kann nicht zugunsten des Vermieters, der einen Schaden an den versicherten Gegenständen durch leichte Fahrlässigkeit verursacht hat, ergänzend dahin ausgelegt werden, dass der Versicherer auf einen Regress gegen den Vermieter verzichtet hätte (BGH 12.12.2012 – XII ZR 6/12, NZM 2013, 191).

2. Unter die vom Mieter abzuschließenden Versicherungen können zum einen bestimmte Arten der **Sachversicherung** fallen (zB Brand- oder Glasversicherung). Die Kosten der Sachversicherung gehören nach § 2 Abs. 1 Nr. 13 BetrKV grundsätzlich zu den – auch bei der Wohnraummiete – umlagefähigen **Betriebskosten, die typischerweise auf Vermieterseite anfallen.** Die Verpflichtung des Mieters zum Abschluss entsprechender Versicherungen setzt in rechtspraktischer Hinsicht voraus, dass der Mietvertrag und der Mietgebrauch sich überhaupt auf ein abgrenzbares und **versicherbares Objekt und Risiko** beziehen. Das wird namentlich bei der Vermietung und Verpachtung von **kompletten Gebäudeeinheiten** der Fall sein (Lagerhalle → Form. A.VI.5 Anm. 12, Supermarkt, gewerblich genutzte Grundstücksflächen usw). Wenn das Mietobjekt dagegen Bestandteil einer größeren Gebäudeeinheit ist, in der auch andere Nutzer (Mieter, Eigentümer) vorhanden sind, wird es sich (auch iRv § 307 BGB) verbieten, etwa die gesamte Gebäudeversicherung auf einen Mieter abzuwälzen. Für solche Fälle hat es grundsätzlich bei der Versicherungsnehmerschaft des Vermieters und der anteiligen Betriebskostenumlage auf die Mieter zu verbleiben.

Aber auch in Mietobjekten in größeren Mietkomplexen mit unterschiedlichen Nutzern können sich abgrenzbare (Betriebs-)**Risiken** ergeben, die speziell **der Verantwortungssphäre des Mieters** und des von ihm betriebenen Gewerbes zuzuordnen sind. Solche Risiken können ebenfalls Gegenstand von Versicherungen sein, die der Mieter abzuschließen hat. Dazu gehören in erster Linie die (Betriebs-)**Haftpflichtrisiken** (zur Reichweite einer **Umwelthaftpflichtversicherung** vgl. OLG Hamm 5.10.2012 – 20 U 55/10, RuS 2013, 65).

Bei der Umlage der Kosten einer **Sonderrisikoversicherung** hat das KG Berlin (7.2.2011 – 8 U 147/10, NZM 2011, 487) einen Verstoß gegen das Wirtschaftlichkeitsgebot angenommen. Ob dies generell auf Fälle mit tatsächlich bestehenden Sonderrisiken und bei obligatorischem Versicherungsabschluss durch den Mieter zu übertragen ist, erscheint als fraglich.

Weniger (miet-)praktische Bedeutung dürfte die sog. **Betriebsunterbrechungsversicherung** haben, denn sie sichert in erster Linie den Mieter ab (vgl. *Jendrek* NZM 2003, 697).

3. Das Formular legt fest, ab wann und in welchem Umfang der Mieter für den Bestand abzuschließender Versicherungen einzustehen hat. Wenn der Mieter schon vor dem eigentlichen Mietbeginn Zugang zum Mietobjekt hat (etwa zum Zwecke des Umbaus oder der Renovierung), kann es nahe liegen, auch den zu gewährleistenden Versicherungsschutz bereits früher einsetzen zu lassen.

Soweit es um die Gewährleistung hinreichenden Versicherungsschutzes geht, kann sich die vertragliche Festlegung von bestimmten (Mindest-)Versicherungssummen empfehlen.

Die Haftungsregelung für die Fälle unzureichenden Versicherungsschutzes hat eher klarstellenden Charakter. Wenn der Mieter zum Abschluss einer Versicherung verpflichtet ist, folgt daraus grundsätzlich auch die Übernahme der entsprechenden Haftungsrisiken (→ Anm. 2).

Wenn der Mieter pflichtwidrig den Abschluss einer Versicherung unterlässt, berechtigt dies den Vermieter nicht zur Unterbindung der Tätigkeit, deren Risiken versicherungsmäßig abgedeckt sein sollen. Der Vermieter kann also die Mietsache nicht teilweise vorenthalten oder den Betrieb von Anlagen unterbinden (LG Potsdam 2.11.2018 – 6 O 132/18, BeckRS 2018, 29780). Auch die Nichtzahlung der Miete berechtigt den Vermieter nicht zur Zurückhaltung der Gebrauchsgewährung (arg. ex § 543 Abs. 2 S. 1 Nr. 3 BGB; vgl. Staudinger/*Emmerich* BGB § 556b Rn. 15). Der Vermieter kann aber vom Mieter Ersatz der Kosten verlangen, die er für die Reparatur eines pflichtwidrig nicht versicherten Schadens aufgewendet hat (LG Wuppertal 24.5.2016 – 16 S 104/15, ZMR 2016, 879).

13. Vereinbarungen über die Vermeidung baulicher Schäden und von Umweltbeeinträchtigungen

§ . . . . . Vermeidung von Schäden und Umweltbeeinträchtigungen[1]

(1) Der Mieter verpflichtet sich zur Rücksichtnahme auf die Mitmieter und Nachbarn. Der Mieter ist insbesondere verpflichtet, die nach den gesetzlichen Bestimmungen (hierzu gehören auch Verordnungen und Gemeindesatzungen), nach den Regeln der Technik sowie nach dem Verkehrsgebrauch geltenden Anforderungen an den Nachbar- und Umweltschutz zu beachten. Der Mieter hat dabei die Richt- und Grenzwerte für Immissionen und Umweltbeeinträchtigungen (Gase, Dämpfe, Rauch, Gerüche, Luftverunreinigungen, Wärme, Lärm, Erschütterungen) in eigener Verantwortlichkeit einzuhalten. Der Mieter hat dafür Sorge zu tragen, dass Dritte nicht in ihren schutzwürdigen Belangen beeinträchtigt werden und dass der Vermieter wegen solcher Beeinträchtigungen nicht von Dritten in Anspruch genommen wird. Der Mieter stellt den Vermieter von allen Ansprüchen Dritter frei, die auf einen vertragswidrigen oder störenden Mietgebrauch seitens des Mieters zurückzuführen sind. Hierzu gehört auch die Pflicht des Mieters, dem Vermieter diejenigen Nachteile zu ersetzen, die ihm durch die berechtigte Minderung des Mietzinses seitens anderer Mieter entstehen.[2]

(2) Zusätzlich zu den in Abs. (1) aufgeführten Pflichten hat der Mieter im Rahmen des Mietgebrauchs folgende Auflagen zu erfüllen:[3]

Regelungsbeispiel 1 (höchstzulässige Deckentraglast)[4]

Der Mieter hat dafür Sorge zu tragen, dass die von ihm in die Mieträume eingebrachten Gerätschaften die höchstzulässige Deckenlast von . . . . . kg/qm nicht überschreiten.

Regelungsbeispiel 2 (Lärm)[5]

Dem Mieter ist bekannt, dass die Mieträume sich in unmittelbarer Nachbarschaft von Wohnräumen befinden. Der Mieter ist daher verpflichtet, seinen Mietgebrauch so einzurichten, dass von seinem Betrieb keine unzulässigen Geräuschimmissionen ausgehen. Die in den Mieträumen zu installierenden Produktionsanlagen hat der Mieter daher besonders geräuscharm zu betreiben. Zur Vermeidung von Lärmbeeinträchtigungen und Erschütterungen ist er verpflichtet, geräuschintensive Maschinen mit dämpfenden Unterlagen und – soweit erforderlich – mit zusätzlichen Lärmschutzverkleidungen zu versehen.

Die vom Betrieb des Mieters ausgehenden Geräuschbelastungen dürfen in der Zeit von . . . . . Uhr bis . . . . . Uhr . . . . . Dezibel nicht überschreiten; ab . . . . . Uhr dürfen sie nicht über . . . . . Dezibel liegen. Als Referenzmaßstab dient insoweit die den Mieträumen nächstgelegene Wohnung . . . . .

Regelungsbeispiel 3 (Gerüche)[6]

Dem Mieter ist bekannt, dass sich die zum Betrieb seines Restaurants angemieteten Räumlichkeiten in einem Objekt mit Wohnungseigentum befinden. Hinsichtlich der zum Hof gelegenen Küchenräume bedarf es besonderer technischer Vorkehrungen, um Geruchsbeeinträchtigungen der Wohnungseigentümer und deren Mieter zu vermeiden.

Der Mieter verpflichtet sich daher, die gesamte Abluft aus der Restaurantküche durch eine Luftfilteranlage aufarbeiten zu lassen, die mindestens folgenden technischen Anforderungen zu genügen hat: . . . . .

Anmerkungen

1. Die **räumliche Nähe zu anderen Mietern** innerhalb eines Objekts **und zu benachbarten Anwohnern und Gewerbetreibenden** kann in ganz unterschiedlicher Hinsicht konfliktträchtig sein. Die gewerbliche Nutzung von Objekten bringt es nicht selten mit sich, dass sich aus dem Mietgebrauch Umweltbeeinträchtigungen ergeben (vgl. *Flatow* WuM 2014, 307 mwN). Die Einbringung und der Betrieb von Einrichtungen und Anlagen seitens des Mieters können dazu führen, dass die Mieträume in Mitleidenschaft gezogen werden und dass beeinträchtigende Auswirkungen von der Mietsache ausgehen (zB Gase, Gerüche, Staub, Lärm). Der Vermieter hat dann zu besorgen, dass der Mietgebrauch zu Substanzschäden am Gebäude führt und dass er von anderen Mietern (als Vermieter) oder von Nachbarn (als Eigentümer des Mietobjekts) auf Beseitigung von Störungen in Anspruch genommen wird (§§ 823, 1004 BGB).

Praktisch **alle Einwirkungen, die Gegenstand eigentumsrechtlicher Störungsabwehr sein können, können auch im miet- und pachtrechtlichen Zusammenhang relevant werden.** Grundsätzlich ist jeder Eigentümer (sei er Vermieter oder Nachbar) gegen Eigentumsbeeinträchtigungen durch die **Zuführung wägbarer oder unwägbarer Stoffe** im Sinne von § 906 BGB geschützt (OLG München 27.3.2012 – 32 U 4434/11, ZMR 2012, 702). **Abwehrfähig ist jeder dem Inhalt des Eigentums (§ 903 BGB) widersprechende Zustand** (vgl. BGH 4.2.2005 – V ZR 142/04, NZM 2005, 315; BGH 22.9.2000 – V ZR 443/99, NJW-RR 2001, 232; 24.1.2003 – V ZR 175/02, NJW-RR 2003, 953). Gelangen ohne den Willen des Eigentümers fremde Gegenstände oder Stoffe auf sein Grundstück oder in dessen Erdreich, beeinträchtigen sie die dem Eigentümer durch § 903 BGB garantierte umfassende Sachherrschaft, zu der es auch gehört, fremde Gegenstände, Einwirkungen oder Stoffe von dem eigenen Grundstück fernzuhalten (BGH 1.12.1995 – V ZR 9/94, NJW 1996, 845, 846; *Mertens* NJW 1972, 1783; *Lohse* AcP 201 (2001), 902).

Dementsprechend hat der Bundesgerichtshof etwa in der **Verunreinigung des Erdreichs**
* mit **Milchpulverrückständen** (BGH 8.3.1990 – III ZR 81/88, BGHZ 110, 313 = NJW 1990, 2058),
* mit **Chemikalien** (BGH 22.3.1966 – V ZR 126/63, WM 1966, 643; 1.12.1995 – V ZR 9/94, NJW 1996, 845),
* mit **Öl** (BGH 22.7.1999 – III ZR 198/98, BGHZ 142, 227 = NZM 1999, 925; vgl. auch BGH 18.9.1986 – III ZR 227/84, BGHZ 98, 235 = NJW 1987, 187),
* oder mit **Kohlenwasserstoffen** (BGH 4.2.2005 – V ZR 142/04, NZM 2005, 315)

jeweils **Beeinträchtigungen des Grundstückseigentums** gesehen.

Nach § 1004 Abs. 1 S. 1 BGB muss der Störer die fortdauernde **Eigentumsbeeinträchtigung beseitigen** (BGH 4.2.2005 – V ZR 142/04, NZM 2005, 315 mwN). Dies bedeutet, dass er den **störungsfreien Zustand wiederherzustellen** hat. Geschuldet ist daher die **Beseitigung der Störungsquelle** (*Mertens* NJW 1972, 1783; *Stickelbrock* AcP 197 [1997], 456). Im Fall einer Bodenverunreinigung sind die Schadstoffe zu entfernen. Wenn diese Stoffe aufgrund ihrer engen Verbindung mit dem Erdreich nicht isoliert entfernt werden können, erfordert die Beseitigung uU auch den Aushub des Bodens und dessen anschließende Entsorgung erfordert (BGH 4.2.2005 – V ZR 142/04, NZM 2005, 315; 1.12.1995 – V ZR 9/94, NJW 1996, 845).

Nach der Rechtsprechung des BGH ist der Störer auch zur Beseitigung solcher Eigentumsbeeinträchtigungen verpflichtet, die durch die Beseitigung der primären Störung entstehen (BGH 4.2.2005 – V ZR 142/04, NZM 2005, 315, mit Beispielen aus der Rechtsprechung). **Beeinträchtigungen, die aus der Störungsbeseitigung selbst resultieren,** sind also nach dem Zweck des § 1004 Abs. 1 S. 1 BGB ohne weiteres von der Beseitigungspflicht umfasst (vgl. *Herrmann* JR 1998, 242; *Roth* JZ 1998, 94; *Stickelbrock* AcP 197(1997), 456 (466)).

Mitmieter und benachbarte Eigentümer können ihrerseits nach vorstehenden Grundsätzen einen Anspruch auf Beseitigung von Störungen haben. Der Vermieter, von dessen Grundstück Störungen durch seine Mieter ausgehen, ist **Zustandsstörer.** Dies erfordert zwar zusätzlich, dass die Eigentumsbeeinträchtigung wenigstens mittelbar auf seinen Willen zurückzuführen ist (BGH 4.2.2005 – V ZR 142/04, NZM 2005, 315; 16.2.2001 – V ZR 422/99, NJW-RR 2001, 1208 mwN). Hierfür reicht es jedoch aus, wenn der Vermieter die eine Eigentumsbeeinträchtigung begründende Gefahr hätte beherrschen können. Wenn er die Gefahrenlage selbst geschaffen hat, liegt dies auf der Hand (BGH 4.2.2005 – V ZR 142/04, NZM 2005, 315; 7.7.1995 – V ZR 213/94, NJW 1995, 2633; 17.9.2004 – V ZR 230/03, NJW 2004, 3701; *Armbrüster* NJW 2003, 3087). Ein vermietender Wohnungseigentümer kann als mittelbarer Störer, sein Mieter als unmittelbarer Störer bei zweckwidriger Nutzung durch den Mieter zur Unterlassung verpflichtet sein (LG Hamburg 6.1.2016 – 318 S 40/15, ZMR 2016, 308).

Im Falle der Vermietung kommt es wesentlich darauf an, ob der Vermieter die von einem Dritten (Mieter) geschaffene Gefahrenlage aufrechterhalten bzw. nicht abgewendet (wissentlich in Kauf genommen) hat (BGH 12.2.1985 – VI ZR 193/83, NJW 1985, 1773; 19.1.1996 – V ZR 298/94, NJW-RR 1996, 65; 22.9.2000 – V ZR 443/99, NJW-RR 2001, 232). Wenn also eine Störung durch den Mieter mit Wissen und Wollen seines Vermieters erfolgt, macht sich der Vermieter selbst beseitigungspflichtig, was auch **Schadensersatz- und Aufwendungsersatzansprüche** einschließt (BGH 4.2.2005 – V ZR 142/04, NZM 2005, 315).

Der V. Zivilsenat des BGH geht dabei aber nur von einer **eingeschränkten Verantwortlichkeit des Eigentümers für Handlungen seines Mieters** aus (27.1.2006 – V ZR 26/05, NJW 2006, 992). Danach kann der Eigentümer für Störungshandlungen seines Mieters nur verantwortlich gemacht werden, wenn er dem Mieter den Gebrauch seiner Sache mit der **Erlaubnis zu störenden Handlungen** überlassen hat oder es **unterlässt, ihn von einem fremdes Eigentum beeinträchtigenden Gebrauch abzuhalten.** Maßgeblich hierfür soll die

Überlegung sein, dass ausgleichspflichtig derjenige ist, der die Nutzungsart des Grundstücks bestimmt und dass dies bei einem vermieteten Grundstück grundsätzlich der Mieter ist (BGH 1.4.2011 – V ZR 193/10, NJW-RR 2011).

Diese Grundsätze überträgt der BGH aber nicht auf den von einem Grundstückseigentümer beauftragten **Handwerker**. Anders als ein Mieter ist der Handwerker nicht Nutzer des Grundstücks, da er nicht dessen Nutzungsart bestimmt, sondern nach den Weisungen des Grundstückseigentümers lediglich bestimmte Tätigkeiten vornimmt (BGH 9.2.2018 – V ZR 311/16 Rn. 13, NZM 2018, 224; BGH 16.7.2010 – V ZR 217/09, NJW 2010, 3158 Rn. 12, 16).

Anderen Mietern (im selben Mietobjekt) gegenüber ist der Vermieter vertraglich verpflichtet, diesen die unbeeinträchtigte Nutzung ihrer Mieträume zu ermöglichen. Er hat im Rahmen seiner Gebrauchsgewährungspflicht Störungen Dritter jedenfalls dann zu beseitigen, wenn er vom Dritten die Unterlassung der Störung aufgrund gesetzlicher Vorschriften (§§ 862, 906, 1004 BGB) oder aufgrund (miet-)vertraglicher Vereinbarungen verlangen kann. Immissionen durch Lärm oder Gerüche von Mitmietern begründen, wenn sie über das vertraglich zulässige Maß hinausgehen, eine negative Abweichung der Ist- von der Sollbeschaffenheit. Sie beeinträchtigen den geschuldeten Mietgebrauch (*Flatow* WuM 2014, 307; *Börstinghaus* NZM 2004, 48 mwN).

Auch die vom Mietgebrauch ausgehende **Störung von Mietern in benachbarten Objekten** kann sich für den Vermieter nachteilig auswirken. Zwar besteht diesen gegenüber keine vertragliche Gewährleistungspflicht. Über die bereits behandelte Störerhaftung gegenüber dem Eigentümer/Vermieter des Nachbargrundstücks kann sich der Vermieter jedoch ersatzpflichtig machen, wenn die Mieter des Nachbargrundstücks ihrerseits die Miete im Rahmen des Mietverhältnisses mit dem Nachbarn mindern. Für deren Minderungsbefugnis ist unerheblich, ob die Störungen von Mitmietern auf dem Grundstück, auf dem sich die Mietsache befindet, oder von Dritten, die sich auf einem Nachbargrundstück befinden, ausgehen (LG Berlin 2.2.2006 – 67 S 235/04, MM 2006, 147; *Bertkau* ZfSch 2012, 484; *Sonnenschein* NJW 1990, 17).

Der Vermieter hat also dringende Veranlassung, drohenden Störungen seitens seiner Mieter vorzubeugen. Wenn sich der Mieter, von dessen Mietgebrauch störende Auswirkungen ausgehen, im **Rahmen des Vertragszwecks** bewegt, kann es für den Vermieter mangels ausdrücklicher Abreden schwierig bis unmöglich sein, vom Mieter im Nachhinein Abhilfe zu verlangen. Dies gilt namentlich dann, wenn schon bei Vertragsschluss abzusehen war, dass der Mietgebrauch sich für andere störend auswirken kann. Der Vermieter kann dann im schlimmsten Falle gehindert sein, überhaupt gegen den störenden Mieter vorzugehen, während er Dritten gegenüber einstandspflichtig ist, ohne selbst unmittelbar Störer zu sein (vgl. *Sonnenschein* NJW 1990, 17).

Vor dem aufgezeigten Hintergrund besteht dringender Regelungsbedarf, den **Mietzweck** möglichst genau festzulegen und solchen Beeinträchtigungen, die mit der Ausübung des vertraglichen Mietgebrauchs einhergehen können, von vornherein vorzubeugen. Das Formular enthält beispielhafte Vorschläge für entsprechende Vertragsbestimmungen. Eine generalisierende Darstellung für Gewerberaummietverträge verbietet sich weitgehend, weshalb bei der Vertragsgestaltung darauf zu achten ist, bei sensiblen Nutzungszwecken auf individualvertragliche Sonderabreden hinzuwirken. Insbesondere in einem **gemischt genutzten Mietobjekt** mit gewerblichen Mieträumen und Mietwohnungen können besondere Regelungen erforderlich sein, denn die Nutzung zu Wohnzwecken wird in der Regel einen erhöhten (Mit-)Mieterschutz nach sich ziehen.

2. Das Formular verfolgt die Klarstellung, dass der Mieter sich im Rahmen des vertraglichen Mietzwecks an die geltenden Vorschriften zum Nachbar- und Umweltschutz zu halten hat. Ausdrückliche mietvertragliche Hinweise sind an sich entbehrlich, sollten indessen bei einem Nutzungszweck, der Umwelt- oder Drittbelastungen wahrscheinlich macht, aufgenommen werden, um die Grenzen des vertraglichen Mietgebrauchs festzulegen. Es soll also bezweckt werden, dass sich der Mieter bei Verstößen gegen die insoweit geltenden Anforderungen nicht darauf berufen kann, sein Mietgebrauch bewege sich im Rahmen des vertraglichen Mietzwecks und im Verhältnis zu Dritten bestünden keine von ihm zu beachtenden (vertraglichen) Schutzpflichten.

Der Mieter kann dem Vermieter zum Schadensersatz gemäß §§ 280 Abs. 1, 241 Abs. 2 BGB iVm dem Mietvertrag verpflichtet sein, wenn er die ihm aus dem Mietverhältnis obliegenden Nebenpflichten, insbesondere die Pflicht, den Hausfrieden nicht zu stören, schuldhaft verletzt und deshalb andere Mieter mindern. Zur Darlegung wiederkehrender Beeinträchtigungen des Mietgebrauchs genügt eine Beschreibung, aus der sich ergibt, um welche Art von Beeinträchtigungen (Partygeräusche, Musik, Lärm durch Putzkolonnen auf dem Flur oÄ) es geht, zu welchen Tageszeiten, über welche Zeitdauer und in welcher Frequenz diese ungefähr auftreten. Der Vorlage eines „Protokolls" bedarf es nicht (BGH 29.2.2012 – VIII ZR 155/11, NZM 2012, 381). Diese Grundsätze dürften sowohl für den mindernden Mieter (vgl. dazu BGH 29.2.2012 – VII ZR 155/11, NZM 2012, 381) als auch für den auf Schadensersatz klagenden Vermieter gelten.

In diesem Rahmen ist für den Vermieter besondere Vorsicht erforderlich, soweit es um seine eigene Einstandspflicht im Rahmen der Gebrauchsüberlassung geht. Die **Rechte von Mitmietern** bestimmen sich nicht in erster Linie nach dem Inhalt allgemein gültiger Normen oder technischer Werte (DIN-Vorschriften). Ein Mangel der Mietsache ist nur dann anzunehmen, wenn die „Ist-Beschaffenheit" des Mietobjekts von der „Soll-Beschaffenheit" der Mietsache abweicht. Es sind allein die Vertragsparteien, die durch die Festlegung des dem Mieter jeweils geschuldeten vertragsgemäßen Gebrauchs bestimmen, welchen Soll-Zustand die vermietete Sache spätestens bei Überlassung an den Mieter aufweisen muss.

Ist keine ausdrückliche Regelung zum Soll-Zustand getroffen, muss anhand von Auslegungsregeln (§§ 133, 157, 242 BGB) geprüft werden, was der Vermieter schuldet bzw. welchen Standard der Mieter aufgrund des Vertrages vom Vermieter verlangen kann (BGH 18.12.2013 – XII ZR 80/12, NZM 2014, 163; BGH 10.5.2006 – XII ZR 23/04, NZM 2006, 582; BGH 7.6.2006 – XII ZR 34/04, NZM 2006, 626). Dabei ist nach der Verkehrsanschauung **der bei der Errichtung des Gebäudes geltende Maßstab** anzulegen (BGH 5.6.2013 – VIII ZR 287/12, NZM 2013, 575; BGH 6.10.2004 – VIII ZR 355/03, WuM 2004, 716; zum schwer überschaubaren Bereich, in dem technische Regelwerke Einfluss auf die Vermieterpflichten nehmen können vgl. *Gsell* WuM 2011, 491).

Das Formular regelt die Pflicht des Mieters zum Schadensersatz und zur Freistellung des Vermieters für den Fall, dass der Mieter gegen die ihm obliegenden Schutzpflichten verstößt.

3. Es wird im Einzelfall darauf abzustellen sein, welche Anforderungen im Mietobjekt und in Beziehung zur Umwelt zu beachten sind und welchen Mietgebrauch der Mieter ausüben will. Die ausdrückliche vertragliche Reglementierung bestimmter Nutzungsaspekte enthebt den Vermieter des späteren Nachweises, dass dem Mieter bestimmte Gefahren bzw. Pflichten schon bei Vertragsschluss bekannt waren. Wenn der Mieter von vorneherein um bestehende Beschränkungen in seinem Mietgebrauch weiß, ist es ihm versagt, hieraus im Zuge der Vertragsabwicklung einen Mangel der Mietsache herzuleiten. Außerdem genügt der Vermieter seinen allgemein gegenüber dem Mieter bestehenden Hinweispflichten.

Nach § 541 BGB kann der Vermieter gegen den störenden Mieter auf Unterlassung klagen, wenn dieser trotz Abmahnung einen vertragswidrigen Gebrauch der Mietsache fortsetzt. Die **Grenzen des vertraglichen Mietgebrauchs** sind aber oft nicht ohne Weiteres festzulegen (vgl. hierzu näher: *Pauly* WuM 2011, 447). Gegenüber dem störenden Mieter bestehen deshalb oft erhebliche Schwierigkeiten bei der Rechtswahrung, denn etwaige Beeinträchtigungen lassen sich oft nicht quantitativ und qualitativ konkretisieren. Dies schlägt auf die prozessuale Rechtsverfolgung (seitens des Vermieters oder anderer Mieter) durch. Das LG Berlin (19.1.2012 – 67 T 227/11, GE 2012, 341) ist wohl mit Recht von einem nicht vollstreckungsfähigen, weil zu unbestimmten Titel ausgegangen, soweit es darin heißt, dass „die Beklagte verurteilt wird, durch geeignete Maßnahmen die Ruhestörungen aus der Wohnung unter der Wohnung des Klägers abzustellen, insbesondere dahingehend, dass Musik nur in Zimmerlautstärke gespielt wird und laute Unterhaltungen, die über die Zimmerlautstärke hinausgehen, unterbleiben". Es bedürfe der Angabe konkreter Grenzwerte, die nicht überschritten werden sollen. Solche Anforderungen sind rechtspraktisch schwer umsetzbar.

4. Drohende **Schäden am Mietobjekt** und am Gebäude können besondere Hinweise und Auflagen an die Adresse des Mieters veranlassen, wenn der Vermieter zu besorgen hat, dass sich der beabsichtigte Mietgebrauch als schadensträchtig erweisen könnte. Dadurch kann der Vermieter seine Beweisposition entscheidend verbessern.

Für die Frage, ob der Vermieter gegenüber seinem Mieter für **Störungen einzustehen hat, die vom Mietgebrauch eines anderen Mieters ausgehen,** kommt es jeweils darauf an, für welche Beschaffenheit der Vermieter gegenüber dem gestörten Mieter einzustehen hat. Der **Mieter trägt** gegenüber dem Vermieteranspruch auf Zahlung des (ungeminderten) Mietzinses nur dann die **Darlegungs- und Beweislast** dafür, dass er Mängel der Mietsache nicht zu vertreten hat, wenn die vermieteten Räume unstreitig infolge seines eigenen Mietgebrauchs beeinträchtigt worden sind. Ist aber streitig, ob vermietete Räume infolge des Mietgebrauchs oder durch Einwirkungen von dritter Seite beeinträchtigt worden sind, trägt der Vermieter die Beweislast dafür, dass die Schadensursache dem Obhutsbereich des Mieters entstammt. Eine in seinen eigenen Verantwortungsbereich fallende Schadensursache muss der Vermieter ausräumen (BGH 10.11.2004 – XII ZR 71/01, NZM 2005, 17). Der Verantwortungsbereich des Vermieters ist auch tangiert, wenn er andere Miträume zurechenbar an störende Mitmieter vergeben hat. Erst dann, wenn dem Vermieter der Beweis fehlender eigener Verantwortlichkeit gelungen ist, muss der Mieter beweisen, dass Schäden nicht aus seinem Verantwortungsbereich stammen (BGH 10.11.2004 – XII ZR 71/01, NZM 2005, 17; 26.11.1997 – XII ZR 28/96, NJW 1998, 595).

Das Formular setzt bei der Problematik an, dass der Mieter von Gewerberaum nicht selten umfängliche Gerätschaften installieren will. Das kann insbesondere beim Betrieb von Produktionsanlagen mit schweren Maschinen dazu führen, dass die Statik eines Gebäudes beeinträchtigt wird.

5. **Lärmbeeinträchtigungen** sind ein besonders sensibles mietrechtliches Kapitel, denn sie können sowohl zu Konflikten innerhalb der Mieter eines Objekts als auch im Verhältnis zur Nachbarschaft führen. Konfliktträchtig ist insbesondere die Nachbarschaft von Wohnräumen und gewerblich genutzten Objekten (*Flatow* WuM 2014, 307 mwN).

Auch in diesem Zusammenhang kommt es darauf an, welchen Gebrauchstandard der Vermieter in eigener Person zu gewährleisten hat und wo eine dem (Mit-)Mieter anzulastende Störung beginnt. Maßgeblich für den **vom Vermieter zu gewährleistenden Schallschutz** sind, soweit es um die Erfüllung der primären Gebrauchsgewährung geht, in erster Linie die Vereinbarungen der Parteien und nicht die Einhaltung bestimmter technischer Normen (BGH 6.10.2004 – VIII ZR 355/03, NJW 2005, 218; zur Einschlägigkeit verschiedener Lärmschutzvorschriften bei Beeinträchtigungen, die von einem Vereinshaus ausgehen vgl. LG Hamburg 13.12.2017 – 321 S 65/16, ZMR 2018, 391). Fehlen jedoch ausdrückliche Parteiabreden zur Beschaffenheit der Mietsache, so ist jedenfalls die Einhaltung der maßgeblichen technischen Normen geschuldet (→ Anm. 2).

Auch für den immissionsrechtlichen Unterlassungsanspruch spielen die Messbarkeit von Lärm und die bestehenden Richtwerte daher nicht die allein entscheidende Rolle. Eine Überschreitung der Richtwerte indiziert zwar eine wesentliche Beeinträchtigung nach § 906 Abs. 1 BGB, ihre Unterschreitung zwingt aber im Einzelfall nicht zur Annahme, die Lärmimmission sei unwesentlich. Maßgebend sind alle Umstände des Einzelfalles, die den Tatrichter in den meisten Fällen auch dazu zwingen, sich durch einen Ortstermin einen persönlichen Eindruck zu verschaffen (BGH 5.2.1993 – V ZR 62/91, BGHZ 121, 248 = NJW 1993, 1656).

Zur Einhaltung des vertragsgemäßen Gebrauchs gehört es, dass der Mieter Lärmstörungen unterlässt, die sich vermeiden lassen. Der Mieter ist grundsätzlich auch für Störungen durch von ihm aufgenommene Personen, Beschäftigte oder Besucher verantwortlich (OLG München 9.2.1996 – 21 U 4494/94, NJWE-MietR 1996, 270).

Eine gewerbliche Nutzung kann insbesondere dann erhöhte **Schallschutzvorkehrungen** veranlassen, wenn der Mieter **geräuschintensive Maschinen** betreiben will oder wenn in den Mieträumen **laute Musik** abgespielt werden soll (zB in einer Diskothek). Die Vermeidung von Umweltbeeinträchtigungen kann dann ganz erheblichen Aufwand verursachen, was ausdrückliche vertragliche Regelungen notwendig macht.

Das Formular hat die Vereinbarung bestimmter Auflagen für den Betrieb von Maschinen zum Gegenstand.

6. **Geruchsbeeinträchtigungen** sind vorprogrammiert, wenn Mieträume zum Betrieb eines **chemischen Betriebs**, eines **Restaurants**, einer **Gaststätte** oder eines **Imbissbetriebs** vermietet werden (*Flatow* WuM 2014, 307 mwN).

Hierbei handelt es ebenfalls um einen schwer zu beherrschenden Bereich wechselseitiger Rechtssphären, weil selbst das Vorhandensein technischer (Abluft-)Anlagen oft keine Gewähr für eine vollständige Störungsvermeidung schafft. So kann in einem Gebiet mit Wohn- und Erholungscharakter ein Grundstücksnachbar gemäß §§ 1004, 906 BGB von dem Betreiber/Pächter einer (südländischen) Gaststätte, durch deren **Abluftanlage** der Küche Geruchsbelästigung hervorgerufen werden, Beseitigung dieser Immissionen unter Beachtung der Geruchsimmissionsrichtlinie des Landes verlangen (AG Brandenburg 20.10.2003 – 32 C 538/01, WuM 2004, 34).

Ist zwischen den Parteien eines Mietverhältnisses unstreitig, dass die **Lüftungsanlage in einem gemieteten Restaurant** für einen bestimmten Zeitraum außer Betrieb war, so braucht der Mieter nur darzulegen, dass die Tauglichkeit der Mieträume zu dem vertragsgemäßen Gebrauch als Restaurant durch den Mangel der Belüftungsanlage in nicht nur unerheblicher Weise beeinträchtigt wurde. Hingegen obliegt es ihm nicht, das Maß der Gebrauchsbeeinträchtigung durch den Mangel darzutun; dies zu ermitteln, ist Aufgabe des Gerichts (BGH 27.2.1991 – XII ZR 47/90, NJW-RR 1991, 779).

Geruchsbelästigungen in gemieteten Geschäftsräumen, die durch **unzureichende Abluftanlagen in benachbarten Betrieben**, in denen Lebensmittel hergestellt bzw. verarbeitet werden (zB **Pizzarestaurant** und **Bäckerei**), eintreten, können eine **fristlose Kündigung** wegen Nichtgewährung bzw. Entziehung des vertragsgemäßen Gebrauchs begründen (OLG Brandenburg 4.11.1998 – 3 U 46/98, OLGR 2000, 150, zugleich zu der Frage, wann die Kündigungsbefugnis ausgeschlossen sein kann).

Entsprechende Konflikte drohen in Objekten mit **Wohnungs- und Teileigentum. Es gehört zum Risikobereich des Vermieters, dass die Vermietung von Teileigentum mit der Gemeinschaftsordnung vereinbar ist.** Wurde ihm gemäß § 15 Abs. 3 WEG die Vermietung untersagt, kann er sich in der Regel nicht deswegen durch Kündigung aus wichtigem Grund von dem Mietverhältnis lösen (BGH 29.11.1995 – XII ZR 230/94, NJW 1996, 714).

Eine Wohnungseigentümergemeinschaft muss den auch nachts stattfindenden **Bäckereibetrieb**, der mit einer regen Liefertätigkeit verbunden ist, nicht dulden, wenn die Lärmstörungen und Gerüche das hinzunehmende Maß erheblich übersteigen. Die für die Gewerbeausübung erforderliche Zustimmung der Verwaltung kann im Falle einer unzumutbaren Beeinträchtigung widerrufen werden (LG Berlin 18.8.2000 – 85 T 159/99 WEG, ZMR 2003, 58; zur Bezeichnung „**Café mit Schnellimbiss**" in der Teilungserklärung als Zweckbestimmung mit Vereinbarungscharakter und zum Anspruch auf Änderung der Teilungserklärung vgl. AG Nürnberg 14.2.2014 – 16 C 4425/13 WEG, ZWE 2015, 35).

Bei einer Gaststätte kommen auch kumulative Regelungen zur Vermeidung von Lärm und Gerüchen in Betracht.

Gleichgelagerte Probleme können bei Geruchsbelästigungen durch chemische Ausdünstungen (chemische Reinigung) oder bei Betrieben mit Rauch- und Gasausstoß auftreten.

Wenn die Teilungserklärung nichts anderes bestimmt und die Wohnungseigentümer nichts anderen vereinbart haben, ist die kurzfristige Vermietung einer Eigentumswohnung an wechselnde Mieter, zB an sog. **Medizintouristen**, Teil der zulässigen Wohnnutzung und selbst bei Verstoß gegen die Zweckentfremdungsverordnung wohnungseigentumsrechtlich zulässig (BGH 15.1.2010 – V ZR 72/09, ZMR 2010, 378; LG München 8.2.2017 – 1 S 5582/16 WEG, ZMR 2017, 325; zum Unterlassungsanspruch bei konkreten Beeinträchtigungen durch eine solche Vermietung vgl. aber AG Bonn 30.11.2016 – 27 C 13/16, BeckRS 2016, 116820).

14. Vereinbarung eines Konkurrenzverbots

§ . . . . . Konkurrenzverbot (Wettbewerbsverbot)[1]

(1) Vermieter und Mieter sind verpflichtet, für die gesamte Dauer dieses Mietvertrags keinen weiteren . . . . . [zB Back-Shop, Friseursalon, Baumarkt] in . . . . . [alternativ: im Umkreis von . . . . . km das Einkaufszentrum des Vermieters] zu betreiben, Geschäftsräume an einen solchen Betrieb zu vermieten oder sich an einem solchen Betrieb direkt oder mittelbar (zB als stiller Gesellschafter) zu beteiligen.[2]

(2) Der Mieter darf auch nach Beendigung des Mietverhältnisses für die Dauer von . . . . . Jahren keinen . . . . . [zB Back-Shop, Friseursalon, Baumarkt] in . . . . . [alternativ: im Umkreis von . . . . . km um das Einkaufszentrum des Vermieters] betreiben.[3]

Anmerkungen

1. Das hier behandelte Konkurrenzverbot hat wie der Konkurrenzschutz die vertragliche Gewährung von **Wettbewerbsschutz** zum Gegenstand. Beim Konkurrenzschutz verpflichtet sich der Vermieter gegenüber dem Mieter, innerhalb eines Mietobjekts (Einkaufscenter) oder auf benachbarten Grundstücken nicht an Konkurrenzunternehmen zu vermieten. Der Mieter ist in diesem Rahmen nur insoweit Pflichtadressat, als er seine Gewerbetätigkeit entgegen dem Vertragszweck nicht dergestalt ändern darf, dass er hierdurch die vom Vermieter gegenüber anderen Mietern zu beachtenden Konkurrenzschutzpflichten tangiert (zum Konkurrenzschutz → Form. A.VI.3 Anm. 6–9).

Es ist zwischen **unterschiedlichen Konstellationen des Wettbewerbsschutzes** zu differenzieren:
- Der Verpächter oder Vermieter eines Ladenlokals kann ein wirtschaftliches Interesse daran haben, die **konkurrierende Geschäftstätigkeit eines ausscheidenden Mieters oder Pächters** vor Ort bis zur Einführung und Konsolidierung eines Nachfolgers am Markt zu verhindern. Er hat ein Interesse am Erhalt des am Markt bekannten und eingeführten Standorts. Dieser sich im Laufe der Zeit einstellende Faktor ist Teil des mit einem Gewerbebetrieb verbundenen **Goodwill** (OLG Karlsruhe 7.2.2005 – 1 U 211/04,

OLGR 2005, 146; OLG Stuttgart 23.9.1977 – 2 U 63/77, WRP 1978, 476 f.; OLG Celle 6.4.2000 – 2 U 52/00, NZM 2000, 550).

- Ein solches Vermieterinteresse liegt aber nicht nur im Fall des ausscheidenden Mieters vor. Bei der Vermietung in größeren Objekten, in denen besonderer Wert auf die Zusammensetzung der Mieterschaft und auf die Attraktivität des Gesamtobjekts gelegt wird, kann der Vermieter veranlasst sein zu verhindern, dass ein Mieter in der Nähe des Mietobjekts in konkurrenzbegründender Weise ein weiteres Geschäft eröffnet. Gerade bei Groß- und Spezialanbietern kann eine solche Ausweitung der Geschäftstätigkeit dazu führen, dass der Kundenstrom aufgespalten und in erheblichem Umfang vom Mietobjekt abgelenkt wird.
- Der Mieter kann seinerseits daran interessiert sein, dass der Vermieter ihm – auch über den Konkurrenzschutz im eigentlichen Mietobjekt hinaus – keine Konkurrenz im örtlichen oder regionalen Bereich macht. Die Verletzung immanenten Konkurrenzschutzes oder einer im Mietvertrag niedergelegten Konkurrenzschutzklausel durch den Vermieter stellt einen Mangel der Mietsache gemäß § 536 Abs. 1 S. 1 BGB dar, der zur Minderung der Miete führen kann (vgl. BGH 10.10.2012 – XII ZR 117/10, BGHZ 195, 50 = NZM 2013, 52; OLG Brandenburg 10.6.2009 – 3 U 169/08, NZM 2010, 43). Wenn der Mieter einen über das Mietobjekt hinausreichenden Wettbewerbsschutz erlangen will, bedarf es hierzu ausdrücklicher Vereinbarungen.

Die Wirksamkeit wettbewerbsbeschränkender Klauseln ist im vorstehend umrissenen Regelungsbereich nicht nur im Rahmen zivilrechtlicher Inhaltskontrolle (§§ 138, 305 ff. BGB) zu beurteilen, sondern auch nach den **Vorschriften des GWB** iVm § 134 BGB. Nach § 1 GWB sind Vereinbarungen zwischen Unternehmen, Beschlüsse von Unternehmensvereinigungen und aufeinander abgestimmte Verhaltensweisen, die eine Verhinderung, Einschränkung oder Verfälschung des Wettbewerbs bezwecken oder bewirken, grundsätzlich verboten.

Eine Konkurrenzschutzklausel ist als wettbewerbsbeschränkende Vereinbarung iSd § 1 GWB unter dem Gesichtspunkt **vertragsimmanenter Wettbewerbsbeschränkung** zulässig, wenn für die vereinbarte Beschränkung bei wertender Betrachtung im Hinblick auf die Freiheit des Wettbewerbs ein anzuerkennendes Interesse besteht, dh wenn der Konkurrenzschutz im Rahmen des Vertrages zur Erzielung eines gerechten Interessenausgleichs gerechtfertigt ist (OLG München 10.11.2010 – 20 U 2514/10, GesR 2011, 44; → Form. A.VI.3 Anm. 6–9).

Der **Wettbewerbsschutz zugunsten des Mieters** nimmt insoweit eine **Sonderrolle** ein, weil es bei der Vermietung von Räumen zum Betriebe eines bestimmten Geschäfts zur Gewährung des vertragsgemäßen Gebrauchs gehört, in anderen Räumen des Hauses oder auch unmittelbar angrenzenden Grundstücken des Vermieters kein Konkurrenzunternehmen zuzulassen. Wettbewerbsverbote sind daher auch **kartellrechtlich** hinzunehmen, soweit sie dem Vermieter/Verpächter einer Gewerbeimmobilie auferlegt werden. Bereits die aus dem Miet- oder Pachtvertrag resultierende Pflicht, seinem Mieter/Pächter nicht in demselben Gebäude oder in unmittelbarer Nähe zum Miet- oder Pachtobjekt Konkurrenz zu machen, führt zu der Annahme, dass Vertragsklauseln, die dieses miet- und pachtvertragliche Wettbewerbsverbot aufgreifen und weiter ausgestalten, nicht unter das Kartellverbot fallen (BGH 10.10.2012 – XII ZR 117/10, NJW 2013, 44; OLG Düsseldorf 4.6.2019 – Kart 2/16 (V), NZKart 2019, 379).

Nachvertragliche Wettbewerbseinschränkungen zugunsten des Vermieters sind nach der Rechtsprechung des Bundesgerichtshofs nur dann gerechtfertigt, wenn sie notwendig sind, um den Vertragspartner zu schützen. Sie dürfen nicht dazu eingesetzt werden, andere schlechthin als Wettbewerber auszuschalten. Ihre Wirksamkeit hängt davon ab, dass sie das notwendige Maß nicht überschreiten. Nur wenn eine solche Wettbewerbsklausel ausschließlich die zeitlichen Grenzen überschreitet, im übrigen aber unbedenklich ist, kommt eine geltungserhaltende Reduktion in Betracht. Die Missachtung der gegenständlichen und räumlichen Grenzen hat dagegen die Nichtigkeit des Verbots zur Folge (BGH 10.12.2008 – KZR 54/08, NJW 2009, 1751; BGH 18.7.2005 – II ZR 159/03, NJW 2005, 3061; BGH 8.5.2000 – II ZR 308/98, NJW 2000, 2584; im mietrechtlichen Zusammenhang: *Jendrek* NZM 2000, 1116).

Das Formular enthält Vorschläge zur Ausgestaltung von Schutzabreden zu allen drei aufgezeigten Regelungsbereichen. Nur wenig praktische Bedeutung dürfte dagegen die Vereinbarung eines **Konkurrenzverbots zwischen mehreren Mietern oder Teileigentümern** haben (zu einer Vereinbarung zwischen Teileigentümern vgl. BGH 20.6.1986 – V ZR 47/85, NJW-RR 1986, 1335).

Wettbewerbsverbote können auch iRv **Franchisegeschäften** relevant werden (BGH 13.7.2004 – KZR 5/03, BeckRS 2004, 08860; vgl. auch BGH 1.8.2013 – VII ZR 268/11, NJW 2014, 155). Wenn eine Gruppe ehemaliger Franchisenehmer einer Sandwich-Restaurant-Kette („Subway") ihre Restaurants mit einer im Wesentlichen identischen Produktpalette an den bisherigen Standorten unter Weiterverwendung der von ihnen angeschafften Einrichtungen mit gleichem Verkaufskonzept („Baukastenprinzip" mit „Bestellstraße") im Verbund (unter der Marke „fresh!") fortsetzt, so soll dies keine unlautere Behinderung des Franchisegebers im Sinne des UWG darstellen, solange die Restaurants durch ihre äußere Gestalt und eine andersartige Marke als eine Alternative zu dem bisherigen Franchisesystem erscheinen (OLG Schleswig 26.9.2013 – 16 U (Kart) 49/13, SchlHA 2014, 241). Ein Franchisegeber (aus der Fitnessstudio-Branche) soll nach ordentlicher Beendigung eines Franchisevertrages höchstens für einen Zeitraum von zwei Jahren von seinem vormaligen Franchisenehmer Unterlassung von Wettbewerb im ehemaligen Vertragsgebiet nebst Zahlung einer Vertragsstrafe bei Zuwiderhandlung verlangen können, wenn im Vertrag ein entsprechendes nachvertragliches Wettbewerbsverbot nebst Vertragsstrafenregelung wirksam vereinbart wurde (LG München 24.3.2016 – 5 O 16652/15, BeckRS 2016, 126650).

Nach hM findet § 90a Abs. 1 S. 3 HGB auf Franchiseverträge Anwendung, so dass **nachvertragliche Wettbewerbsverbote** nur dann wirksam sind, wenn eine **Karenzentschädigung** vorsehen ist (OLG Düsseldorf 12.7.2013 – VI-U (Kart) 1/13, BeckRS 2014, 12436; vgl. auch LG Kiel 18.1.2013 – 14 O 63/11, BeckRS 2014, 13988).

2. In Abs. 1 ist ein Konkurrenzverbot zugunsten des Mieters und des Vermieters geregelt, und zwar für die Dauer des Mietverhältnisses. Denkbar ist auch, dass sich nur eine Vertragspartei ein solches Konkurrenzverbot ausbedingt.

Das in einem Mietvertrag über Gewerberäume enthaltene Konkurrenzverbot kann gemäß § 138 BGB und mit Rücksicht auf die nach Art. 12 GG (Berufsfreiheit) zu beachtende Wertentscheidung der Verfassung **sittenwidrig** sein, wenn der Mieter mit der Übernahme des Geschäftes an den bisherigen Betreiber und Eigentümer eine **Ablöse für den Goodwill** bezahlt hat. In diesem Fall soll auch eine geltungserhaltende Reduktion nach § 139 BGB ausscheiden (OLG Karlsruhe 7.2.2005 – 1 U 211/04, OLGR 2005, 146).

Ein Konkurrenzverbot kann bereits einschlägig sein, wenn ein Konkurrenzbetrieb erst gegründet wird. Bei der Feststellung, ob die Konkurrenzschutzklausel verletzt ist, soll dann auf den Inhalt der Werbung des Konkurrenten abzustellen sein und nicht auf dessen tatsächlich ausgeübte Tätigkeit (OLG Brandenburg 10.8.2007 – 3 U 134/06, BeckRS 2008, 09587 mAnm v. *Pfeilschifter* jurisPR-MietR 25/2007 Anm. 3).

Problematisch kann sich eine **Veräußerung des Mietobjekts** auswirken, wenn es um die Frage geht, ob ein Erwerber gemäß §§ 566, 578 Abs. 1 und 2 S. 1 BGB auch in die sich aus einem Konkurrenzverbot ergebenden (nachvertraglichen) Pflichten eintritt. Wenn es sich beim Erwerber zB selbst um einen Konkurrenten des Mieters handelt, kann sich hieraus geradezu ein Dilemma ergeben. Nach hiesiger Auffassung besteht keine Veranlassung, von dem Grundsatz abzuweichen, dass der Erwerber in alle Rechte und

Pflichten aus dem bestehenden Mietverhältnis eintritt, und zwar auch im Rahmen des sog. **Abwicklungsverhältnisses** etwa nach einer Kündigung des Mietvertrags.

Die Frage des **Rechts- und Pflichtenübergangs auf den Erwerber** ist aber **nicht abschließend geklärt**. In Bezug auf nachvertragliche Wettbewerbsregelungen wird zT angenommen, dass das Mietverhältnis dann insoweit noch fortbesteht und den Erwerber einbezieht (OLG Brandenburg 13.12.2006 – 3 U 87/06, BeckRS 2007, 00037; OLG Celle 26.4.1989 – 2 U 74/88, NJW-RR 1990, 974; eine zeitlich zu beschränkende Fortgeltung nimmt an: LG Konstanz 9.7.2004 – 4 O 529/03 H, BeckRS 2004, 18007, nebst Anm. *Fritz* jurisPR-MietR 14/2004 Anm. 4; eher einschränkend für die Zeit bis zur Räumung, ohne indessen die hier anstehende Problematik des Wettbewerbsschutzes zu behandeln: BGH 4.4.2007 – VIII ZR 219/06, NZM 2007, 441). Es ist danach Sache des Veräußerers und des Erwerbers, sich vor Vertragsschluss klar darüber zu werden, ob es in der Person des Erwerbers zur Kollision mit vertraglichen Wettbewerbsabreden kommen kann.

Demgegenüber wird vertreten, dass beim Erwerb eines zuvor vermieteten Grundstücks nach Beendigung des Mietverhältnisses und nach dem Auszug des Mieters, kein Eintritt des Dritten in die nachvertraglichen Pflichten des Vermieters stattfindet, wenn diese ein Konkurrenzverbot zum Gegenstand haben (OLG Hamm 20.4.1982 – 4 U 294/81, BlGBW 1982, 235). Dabei soll es nicht darauf ankommen, ob das Mietverhältnis schon längere oder erst kurze Zeit vor dem Rechtserwerb des Dritten beendet wurde und ob der Dritte von dem früheren Mietvertrag wusste oder wissen konnte. Außerdem wird vertreten, dass bei Konkurrenzverboten zu Lasten des Mieters für die Zeit nach Vertragsbeendigung der Übergang der Rechte aus dem Konkurrenzverbot auf den Erwerber davon abhängt, ob die betreffende Abrede einen Bestandteil des Mietvertrages bildet oder selbständig neben dem Mietvertrag steht (vgl. Staudinger/*Emmerich* BGB § 566 Rn. 40 mwN).

Ein vertragliches Konkurrenzverbot erstreckt sich nicht auf die Ehepartner der Vertragsparteien (vgl. BGH 26.11.1986 – VIII ZR 260/85, NJW 1987, 909). Bei reinen Umgehungstatbeständen (Ehepartner als Strohmann) wird dies anders zu beurteilen sein.

3. **Wettbewerbsbeschränkungen** sind auch für die Zeit **nach Beendigung des Mietverhältnisses** möglich (vgl. *Bub* NZM 1998, 789 mwN). Sie werden typischerweise zu Lasten des Mieters vereinbart. Der Vermieter hat oft ein Interesse daran, dass der frühere Mieter keinen Konkurrenzbetrieb in der Nähe eröffnet. Von einem derartigen Betrieb können erhebliche Beeinträchtigungen für die Weitervermietung des Mietgegenstandes und für den neuen Mieter ausgehen. Konkurrenzverbote sind mit Rücksicht auf die gesetzlichen Wertentscheidungen, insbesondere des Art. 12 Abs. 1 GG und § 1 GWB, dann zulässig, wenn sie örtlich, zeitlich und gegenständlich das notwendige Maß unter Berücksichtigung des schützenswerten Interesses des Vermieters nicht überschreiten (vgl. die Nachweise in → Anm. 1).

Die nachvertragliche Konkurrenzschutzabrede wird auch nicht schon mit der tatsächlichen Weitervermietung durch den Altvermieter gegenstandslos. Schützenswert ist nämlich auch das Interesse des Vermieters, einen Konkurrenzbetrieb des ausscheidenden Mieters vor Ort bis zur Einführung und Konsolidierung des Nachmieters am Markt zu verhindern (OLG Celle 6.4.2000 – 2 U 52/00, NZM 2000, 550). Das OLG Celle (aaO) ist allerdings in sehr restriktiver Weise von einem sittenwidrigen und unzumutbaren Konkurrenzverbot ausgegangen. Zumutbarkeit soll danach nur gegeben sein, wenn sich das Verbot als Gegenleistung für die Nutzung des Mietobjekts während der Vertragszeit darstellt und zugleich der wirtschaftlich sinnvollen Weiternutzung des Mietobjekts dient. Das Interesse des Vermieters an der Vermeidung erheblicher Beeinträchtigungen für die Weiternutzung des Mietobjekts durch einen Konkurrenzbetrieb des ausscheidenden Mieters erfordere es jedoch nicht, dass der Mieter auch darüber hinaus nicht zum

Vermieter in Wettbewerb trete. Diese sehr enge Sicht dürfte dem Goodwill-Aspekt schwerlich ausreichend Rechnung tragen (→ Anm. 1).

Eine Konkurrenzschutzregelung ist nicht von der Vereinbarung einer Entschädigung abhängig, weil der von dem Mieter während der Mietzeit erwirtschaftete „Goodwill", soweit er an das Mietobjekt anknüpft, als Teil der Rückgabeverpflichtung aus § 556 Abs. 1 BGB dem Vermieter zusteht (zur Karenzentschädigung beim Franchisevertrag vgl. aber OLG Düsseldorf 12.7.2013 – VI-U (Kart) 1/13, BeckRS 2014, 12436).

Nach der Art des jeweils betriebenen Gewerbes, der örtlichen Verhältnisse (Ortsgröße, Konkurrenzsituation) sowie der vereinbarten Vertragsdauer ist zu beurteilen, ob die vereinbarte Dauer eines nachvertraglichen Konkurrenzverbots noch verhältnismäßig ist (OLG Celle 6.4.2000 – 2 U 52/00, NZM 2000, 550). Es kommt maßgeblich darauf an, in welchem Umkreis sich das Konkurrenzverbot auswirken soll (vgl. OLG Celle 6.4.2000 – 2 U 52/00, NZM 2000, 550).

Nur in kleineren Orten wird danach ein komplettes Konkurrenzverbot für den gesamten Ort in Betracht kommen. Ansonsten wäre das Schutzgebiet etwa nach Kilometern im Umkreis des Mietobjekts oder nach Stadtteilen festzulegen.

15. Vereinbarungen über die dem Mieter gestattete Untervermietung

§ . . . . . Untervermietung[1] zu einem bestimmten Gebrauchszweck[2]

(1) Der Mieter ist berechtigt, die Mieträume nach näherer Maßgabe dieses Vertrags mit Zustimmung des Vermieters unterzuvermieten.

(2) Die Untervermietung darf ausschließlich zum Betrieb . . . . . (Beispiel: einer Arztpraxis) erfolgen. Ein Recht auf Zustimmung zur Untervermietung zu einem anderen Nutzungszweck ist ausgeschlossen, weil . . . . . (Beispiel: der Vermieter im Objekt eine Apotheke betreibt und die Vermietung von Praxisräumen den gewerblichen Interessen des Vermieters dienen soll).[3]

(3) Eine Untervermietung durch einen Untermieter ist untersagt. Der Mieter ist verpflichtet, Untermietverhältnisse nur unter ausdrücklichem vertraglichem Ausschluss einer weiteren Untervermietung einzugehen.[4]

(4) Der Vermieter ist berechtigt, die Zustimmung zur Untervermietung aus wichtigem Grund zu versagen. Ein wichtiger Grund kann insbesondere darin begründet liegen, dass Bedenken gegen die wirtschaftliche Leistungsfähigkeit, die berufliche Qualifikation oder die persönliche Zuverlässigkeit des Untermieters bestehen oder dass erhebliche wirtschaftliche Belange des Vermieters einer Untervermietung an den vorgesehenen Untermieter entgegenstehen.

Auch eine unberechtigte Versagung der Zustimmung zur Untervermietung berechtigt den Mieter nicht zur eigenmächtigen Gebrauchsüberlassung an Dritte. Zur Durchsetzung eines etwa bestehenden Rechts auf Zustimmung wird der Mieter auf den Klageweg verwiesen.[5]

(5) Der Mieter hat dem Vermieter eine beabsichtigte Untervermietung schriftlich unter Angabe der vollständigen Personalien des vorgesehenen Untermieters und seines Gewerbes mitzuteilen. Dies hat mindestens zwei Wochen vor Abschluss des Untermietvertrags zu geschehen, damit der Vermieter Gelegenheit hat, das Vorliegen etwaiger Untersagungsgründe zu prüfen.

(6) Jede Untervermietung hat unter Wahrung der mit diesem Vertrag festgelegten Verhaltensmaßregeln, Duldungs- und Unterlassungspflichten zu erfolgen, deren Beachtung der Mieter

jedem Untermieter vertraglich aufzugeben und durchzusetzen hat. Die Gestattung der Untervermietung erfolgt unter Aufrechterhaltung der aus dem Hauptvertrag hervorgehenden Vertragspflichten sowie unter Ausschluss jeglicher Zusicherung und Gewähr für die Realisierbarkeit eines durch die Untervermietung bezweckten anderweitigen Erfolgs. Die fehlende Durchführbarkeit der Untervermietung etwa wegen entgegenstehender Rechte Dritter oder wegen öffentlich rechtlicher Verbote, Beschränkungen und Genehmigungen begründet für den Mieter kein wie auch immer geartetes Gegenrecht.[6]

Anmerkungen

1. Der Vermieter hat idR ein starkes Interesse daran, maßgeblichen Einfluss auf die tatsächliche Nutzung der Mietsache zu nehmen und eine Untervermietung nach dem Belieben des Mieters zu unterbinden (→ Form. A.VI.1 Anm. 53–57; zur Untervermietung von Teilflächen → Form. A.VI.2 Anm. 21, 22).

Ohne Gestattung der Untervermietung durch den Vermieter entfaltet der Abschluss eines Untermietvertrages durch den Mieter durchaus Wirksamkeit (BGH 10.10.2007 – XII ZR 12/07, Grundeigentum 2007, 1627). Kritisch ist demgegenüber die Auffassung zu sehen, der zufolge keine Untervermietung, sondern lediglich eine – im Verhältnis zum Vermieter des Klägers unbefugte – faktische Gebrauchsüberlassung oder anderweitige Gebrauchsüberlassung durch den Hauptmieter vorliegen soll, wenn der Hauptvermieter die vorgesehene Zustimmung zur Untervermietung nicht erteilt hat (so aber OLG Düsseldorf 26.4.2016 – 10 U 3/16, BeckRS 2016, 12907). Die Rechtsbeziehungen zwischen Haupt- und Untermieter sind gegenüber dem Hauptvertrag gesondert und selbständig zu beurteilen. So könnte ein Unterpachtvertrag selbst ohne die Zustimmung des Hauptverpächters auch unter der aufschiebenden Bedingung abgeschlossen werden, dass die noch ausstehende Erlaubnis zur Unterverpachtung erteilt wird (OLG München 29.11.2018 – 32 U 4346/16, ZMR 2019, 269). Desgleichen kommt ein konkludenter Untermietvertrag in Betracht (OLG München 29.11.2018 – 324 U 4346/18, ZMR 2019, 269), dessen Zustandekommen nicht von der Zustimmung des Hauptvermieters abhängig ist.

Die Überlassung der Mietsache an den Untermieter ist aber im Rahmen des Hauptvertrags pflichtwidrig, wenn der Hauptvertrag die Untervermietung verbindlich versagt oder die Zustimmung des Vermieters voraussetzt. Nimmt der Mieter eine Untervermietung ohne die erforderliche Zustimmung vor, verletzt er seine vertraglichen Pflichten auch dann, wenn er einen Anspruch auf Erteilung der Erlaubnis hat. Nach den Umständen des Einzelfalls kann sich daraus auch ein Kündigungsrecht des Vermieters ergeben. Hat der Mieter eine Erlaubnis zur Untervermietung vom Vermieter rechtzeitig erbeten, so ist eine auf die fehlende Erlaubnis gestützte Kündigung des Vermieters rechtsmissbräuchlich, wenn der Vermieter seinerseits zur Erteilung der Erlaubnis verpflichtet war und ihm somit selbst eine Vertragsverletzung zur Last fällt (zu Vorstehendem vgl. BGH 2.2.2011 – VIII ZR 74/10, NJW 2011, 1065, nebst Anm. *Bieber* jurisPR-MietR 8/2011 Anm. 4).

Bei einem Mietverhältnis über Gewerberäume steht dem Mieter grds kein Anspruch auf Erteilung der Erlaubnis zur Untervermietung zu, sofern sich nicht im Einzelfall aus dem Mietvertrag, gegebenenfalls im Wege ergänzender Vertragsauslegung, etwas anderes ergibt (BGH 15.11.2006 – XII ZR 92/04, NZM 2007, 127; OLG Hamm 18.4.2008 – 30 U 120/07, BeckRS 2008, 12185; KG 8.9.2003 – 8 U 181/02, KGR Berlin 2004, 23). Ein Schadensersatzanspruch folgt selbst aus der unberechtigten Verweigerung der Erlaubnis grundsätzlich nicht (OLG Düsseldorf 29.4.1993 – 10 U 179/92, WuM 1993, 399). Geschützt ist also das Interesse des Vermieters daran, die Herrschaft über die Mietsache allein demjenigen zu überlassen, den er für vertrauenswürdig und geeignet hält.

Mit diesem Herrschaftsanspruch des Vermieters geht allerdings das **Sonderkündigungsrecht** des Mieters für den Fall versagter Untervermietung einher, wenn nicht in der Person des Dritten ein wichtiger Grund vorliegt (§ 540 Abs. 1 S. 2 BGB; vgl. OLG Düsseldorf 29.4.1993 – 10 U 179/92, WuM 1993, 399). Die herrschende Meinung lässt einen **formularmäßigen Ausschluss des Kündigungsrechts** sowohl beim Wohnraummietrecht als auch bei Gewerberaum wegen § 307 BGB nicht zu (BGH 24.5.1995 – XII ZR 172/94, BGHZ 130, 50 = NJW 1995, 2034 mwN; vgl. hierzu auch *Kandelhard* BB 1995, 2596).

Das Sonderkündigungsrecht greift aber nur durch, wenn die vom Mieter verlangte Untermiete dem vertragsmäßig zulässigen Gebrauch der Mietsache entspricht (OLG Düsseldorf 16.2.2016 – 24 U 63/15, ZMR 2016, 440). Der Mieter, dem in einem auch zu Wohnzwecken genutzten Gebäude Räume zur ausschließlichen Nutzung als Büroräume vermietet worden sind, kann nicht nach § 540 Abs. 1 Satz 2 BGB außerordentlich kündigen, wenn ihm die Erlaubnis zur Untervermietung an den Betreiber eines häuslichen Pflegedienstes verweigert wird, der 25 bis 30 Außendienstmitarbeiter beschäftigt (OLG Düsseldorf aaO).

Wenn das **Hauptmietverhältnis bereits beendet** ist und ggf. schon ein Räumungstitel gegen den früheren Hauptmieter vorliegt, besteht grds das Rechtsschutzbedürfnis für eine **einstweilige Verfügung auf Unterlassung der Untervermietung**, weil das Verfahren der Klauselumschreibung nach § 727 Abs. 1 ZPO die Zwangsvollstreckung erschweren würde. Der Unterlassungsanspruch ergibt sich in diesem Fall aus § 1004 Abs. 1 BGB, da nach Beendigung des Mietverhältnisses § 541 BGB nicht mehr anwendbar ist (OLG München 4.9.2017 – 7 W 1375/17, NZM 2017, 813). Außerdem ist für dieses Stadium bei bereits erfolgter Überlassung an Untermieter auch die Möglichkeit einer **Räumungsverfügung gegen die Untermieter** bejaht worden (KG 9.5.2019 – 8 W 28/19, Grundeigentum 2019, 797; OLG München 12.12.2017 – 32 W 1939/17, WuM 2018, 225).

Mietverträge mit erlaubter Untervermietung sind aber keineswegs selten. Die Untervermietung kann sogar wesentlicher Vertragszweck eines Mietvertrags sein. Das ist dann der Fall, wenn der Mieter kein eigenes Nutzungsinteresse hat und die Mietsache gerade zum Zwecke der Weitervermietung anmietet. Solche Intentionen verfolgen insbesondere Gewerbeunternehmen, die den (Unter-)Mieter als Kunden dauerhaft an sich binden wollen. Das sind zB **Brauereien** und **Automatenaufsteller**, die mit dem jeweiligen Untermieter regelmäßig parallele Abreden über (Bier-)Bezugsverpflichtungen oder über die Aufstellung von Automaten treffen (zum Bierlieferungsvertrag → Form. A.VI.6 Anm. 14). Das Formular behandelt außerhalb dieses Regelungsbereichs, der zumeist Gegenstand spezieller Vertragskonstruktionen ist, Vereinbarungen im Rahmen des Hauptmietverhältnisses, mit denen ein Recht zur Untervermietung ausgestaltet wird.

Mit solchen Vereinbarungen eröffnet sich für den Mieter ein größerer Handlungsspielraum, als dies bei einem zusätzlich geregelten Zustimmungsvorbehalt zugunsten des Vermieters der Fall ist. Untermietklauseln sollten daher keinen Zweifel daran lassen, ob Untervermietung gestattet ist oder nicht. Das Recht des Mieters zur freien Untervermietung birgt für den Vermieter erhebliche Risiken, weshalb im Zweifel ein Zustimmungsvorbehalt ausbedungen werden sollte. Das Formular regelt einen solchen Vorbehalt. Der Zustimmungsvorbehalt hat nach Rspr und Lit den Charakter eines Verbotes mit Erlaubnisvorbehalt (KG 8.9.2003 – 8 U 181/02, KGR Berlin 2004, 23). Allerdings ist auch eine Verknüpfung der erlaubten Untervermietung mit Kontroll- und Zustimmungsbefugnissen des Vermieters denkbar.

Von den Fällen grundsätzlicher erlaubter Untervermietung sind die Fallgestaltungen zu unterscheiden, bei denen der Mieter vom Vermieter die **nachträgliche Zustimmung zur Untervermietung** verlangt. Die Untervermietung dient häufig der Minimierung wirtschaftlicher Verluste, insbesondere wenn der am Mietgebrauch verhinderte Mieter versucht, die von ihm zu zahlende Miete durch Untervermietung zu kompensieren (BGH 10.10.2007 – XII ZR 12/07, Grundeigentum 2007, 1627).

Enthält ein gewerblicher Mietvertrag eine Klausel, wonach der Mieter nicht ohne Zustimmung des Vermieters untervermieten darf, kann der Vermieter die Untervermietungserlaubnis aus Gründen, die in der Person des Untermieters oder seines Gewerbes liegen, verweigern. Das kann zB der Fall sein, wenn die Untervermietung dazu führen würde, dass der Vermieter einen seiner Mieter als Untermieter an die Hauptmieterin verliert (OLG Düsseldorf 17.2.2005 – 10 U 144/04, OLGR 2005, 664), wenn eine Zweckentfremdung bewirkt würde (BGH 16.9.1981 – VIII ZR 161/80, NJW 1982, 376) oder eine wesentliche Änderung des Nutzungszwecks eintreten würde (OLG Köln 12.4.1996 – 20 U 166/95, NJW-RR 1997, 204).

Auch bei vertraglich gestatteter Untervermietung ist der Mieter nicht frei in der Entscheidung darüber, wem und zu welchem Gebrauchszweck er die Mieträume überlässt. Der Vermieter von Gewerberaum kann eine allgemein erteilte **Zustimmung** zur Untervermietung im Einzelfall **aus wichtigem Grund widerrufen** (BGH 11.1.1984 – VIII ZR 237/82, BGHZ 89, 308 = NJW 1984, 1031). Selbst wenn in einem Mietvertrag über Gewerberaum dem Mieter allgemein die Erlaubnis zur Untervermietung zum Betrieb eines Gewerbes erteilt ist, so ist er gleichwohl nicht berechtigt, die Mietsache zur Ausübung eines Gewerbes unterzuvermieten, das ihm selbst nach dem Mietvertrag nicht gestattet wäre (zur Untervermietung zum Betrieb eines Sex-Shops vgl. BGH 11.1.1984 – VIII ZR 237/82, BGHZ 89, 308 = NJW 1984, 1031).

Nach dem Grundsatz der Vertragsfreiheit können die Parteien des (Haupt-)Mietvertrags das Mietverhältnis jederzeit durch einen **Aufhebungsvertrag** (§ 311 Abs. 1 BGB) vorzeitig beenden. Dies gilt sogar dann, wenn der Mieter einen Untermietvertrag geschlossen oder einem Dritten auf anderer rechtlicher Grundlage die Mietsache zur Nutzung überlassen hat. In diesen Fällen kann ein Mietaufhebungsvertrag jedoch dann sittenwidrig sein, wenn für den Vermieter und den Mieter kein vernünftiger Grund für die Beendigung des Mietverhältnisses besteht und der Zweck des Mietaufhebungsvertrags etwa allein darin liegt, dass der Eigentümer wieder Alleinbesitz an dem Mietobjekt erlangt. Erforderlich ist aber außerdem, dass der Vertrag die Rechtsstellung des Untermieters tatsächlich verschlechtert (BGH 28.10.2011 – V ZR 212/10, NJW-RR 2012, 18). Deshalb ist der Abschluss eines Mietaufhebungsvertrags dann nicht sittenwidrig, wenn dem Hauptmieter gegen den Dritten ein Kündigungsrecht zusteht, mit dem er dessen Gebrauchsmöglichkeit zeitnah beenden kann (BGH 18.4.2018 – XII ZR 76/17, NZM 2018, 601).

2. Der Vermieter kann ein berechtigtes Interesse daran haben, dass eine Untervermietung nur zu bestimmten **Nutzungszwecken** erfolgt. Selbst wenn der Vertragszweck im Mietvertrag nicht ausdrücklich oder nur in allgemeinerer Form bezeichnet ist, darf der Mieter das gemietete Objekt nicht zu jedem beliebigen gewerblichen Zweck nutzen, sofern sich durch Auslegung des Vertrags **Nutzungsbeschränkungen** ergeben (OLG Düsseldorf 20.9.2010 – 24 U 202/09, ZMR 2011, 865).

In größeren Mietobjekten wird oft besonderer Wert auf einen ganz speziellen Branchenmix gelegt. Außerdem sind Konkurrenzschutzpflichten und Konkurrenzverbote zu beachten (→ Form. A.VI.3 Anm. 6–9; → Form. A.VII.14). Der Vermieter kann auch darauf bedacht sein, ein ganz bestimmtes Gewerbe in den Mieträumen anzusiedeln, etwa weil der zu erwartende Kundenstrom zu dem vom Vermieter ausgeübten Gewerbe passt und er deshalb eine Erweiterung seines eigenen Kundenstammes erwartet (zB Vermietung durch einen Apotheker an eine Arztpraxis). Das Formular hat die Festlegung eines solchermaßen bestimmten Gebrauchszwecks zum Gegenstand.

Sind einem Mieter Gewerberäume zur Weitervermietung für einen bestimmten Gebrauchszweck überlassen, so ist der Mieter im Rahmen beabsichtigter Untervermietung an diesen Vertragszweck gebunden. So hat das OLG Düsseldorf (5.9.2002 – 24 U 207/ 01, NZM 2003, 945) entschieden, dass die erlaubte Untervermietung an ein „Technologiezentrum" nicht zur Untervermietung zum Betrieb eines „Call-Centers" berechtigt.

Ein Gewerberaummietvertrag kann das Recht zur Untervermietung auch dahin beschränken, dass die Mietsache nur einem bestimmten Untermieter überlassen werden darf. In einem solchen Fall soll dem Hauptmieter aber ein Anspruch darauf zustehen können, die Untervermietung an eine andere Person vornehmen zu dürfen, wenn dem Vermieter bekannt ist, dass der an sich vorgesehene Untermieter nicht solvent ist (vgl. OLG Hamburg 29.10.1993 – 4 U 167/93, WuM 1993, 737).

3. Der Mietvertrag, der die Untervermietung nur zu einem bestimmten **Gebrauchszweck** gestattet, sollte die Gründe für diese Beschränkung (→ Anm. 2) möglichst angeben. Dadurch lässt sich die Gefahr reduzieren, dass der Mieter im Streitfall die Zustimmung zu einem anderen Nutzungszweck gerichtlich durchsetzt. Insbesondere wird die Annahme von Härtegründen im Sinne von § 242 BGB zugunsten des Mieters um so weniger in Betracht kommen, als der Vermieter ein schutzwürdiges, gegenüber dem Mieter vertraglich dokumentiertes Interesse daran hat, einen bestimmten Gebrauchszweck verwirklicht zu sehen.

4. Die Klausel hat klarstellenden Charakter. Ohne ausdrückliche Gestattung ist ein Untermieter nicht zur weiteren Untervermietung berechtigt, denn mit der Gestattung der Untervermietung verliert der Vermieter nicht seinen Anspruch darauf, dass die Mietsache nur in die Obhut derjenigen gelangt, die ihm durch vertragliche Beziehungen verbunden sind (→ Anm. 1 und OLG Hamm 17.1.1992 – 30 U 36/91, NJW-RR 1992, 783). Wenn der Mieter von der Untervermietungserlaubnis Gebrauch macht, stehen Besitz und Nutzung der Mietsache allerdings einem Dritten zu, der dem Vermieter vertraglich nicht verpflichtet ist. Damit erweitert sich zwar der Personenkreis, der auf das Mietobjekt einwirken kann; aber der dem Vermieter vertraglich verpflichtete Hauptmieter hat unmittelbaren Einfluss auf den Untermieter. Kontrolle und Sicherheit verliert der Vermieter jedoch weitgehend, wenn der Untermieter seinerseits untervermietet. Sein Vertragspartner (der Hauptmieter) hat grundsätzlich keine Möglichkeit, unmittelbar auf den letzten Unter-Untermieter einzuwirken, weil dieser nur dem vorgeschalteten Untermieter vertraglich verbunden ist. Der Vermieter von Gewerberäumen, der die Untervermietung gestattet hat, ist daher berechtigt, das Mietverhältnis zu kündigen, wenn der Mieter nicht verhindert, dass der Untermieter nochmals untervermietet. Der Vermieter hat gegen sämtliche Mieter und Untermieter einen Anspruch auf Herausgabe der Räume (OLG Hamm 17.1.1992 – 30 U 36/91, NJW-RR 1992, 783).

5. Neben den in § 540 Abs. 1 BGB vorgesehenen Versagungsgründen betreffend die Person des Untermieters berücksichtigt das Formular auch solche Gründe, die in den Belangen des Vermieters begründet liegen. Ein wichtiger Grund für die Versagung der Zustimmung ist grds immer gegeben, wenn der Mieter dem Untermieter einen weitergehenden Gebrauch einräumen will, als ihm selbst nach dem Mietvertrag gestattet ist (OLG Düsseldorf 2.8.2007 – 10 U 148/06, ZMR 2008, 783). Das Formular enthält ferner die Klarstellung, dass selbst der begründete Anspruch des Mieters auf Zustimmung zur Untervermietung ihm nicht die Befugnis zur eigenmächtigen Gebrauchsüberlassung, sondern nur ein klagbares Recht auf Erteilung der Zustimmung gibt (zur prozessualen Durchsetzung eines Untervermietungsverlangens – auch im Wege des einstweiligen Rechtsschutzes – vgl. *Harsch* MDR 2013, 754).

Um dem Vermieter die Entscheidung zu ermöglichen, ob er die Erlaubnis zur Untervermietung wegen in der Person des Dritten liegender Gründe verweigern kann, ohne dadurch das Recht zur außerordentlichen Kündigung auszulösen, muss der Mieter dem Vermieter den Dritten namentlich benennen und – jedenfalls auf Nachfrage – nähere Angaben zur Person machen. Maßgebend sind in erster Linie die persönlichen und wirtschaftlichen Verhältnisse des Dritten. So ist es von Bedeutung, ob er eine Störung des Hausfriedens befürchten lässt, etwa weil er mit einem anderen Mieter verfeindet oder als streitsüchtig und unverträglich bekannt ist. Daneben ist das Gewerbe des Dritten wegen etwaiger Konkurrenz für den Vermieter oder andere Mieter von Wichtigkeit (vgl. BGH 15.11.2006 – XII ZR 92/04, NZM 2007, 127).

Bei der Vertragsgestaltung sollte darauf geachtet werden, dass das Untermietverlangen des Mieters Angaben zu Name, Gewerbe, Geburtsdatum und Adresse des Untermieters enthalten muss, um etwa Kreditauskünfte einholen zu können. Dem Vermieter müssen jedenfalls auf Anfrage auch die Bedingungen des Untermietvertrags mitgeteilt werden, insbesondere Nutzungsart, Miethöhe, Laufzeit des Vertrages, etwaige Kündigungsmöglichkeiten und die Übernahme einer Betriebspflicht (OLG Naumburg 15.11.2012 – 9 U 98/12, Info M 2012, 538; OLG Dresden 29.4.2004 – 16 U 237/04, NZM 2004, 462). Der BGH (15.11.2006 – XII ZR 92/04, NZM 2007, 127) hat das schutzwürdige Interesse des Vermieters an der Erlangung spezifizierter Auskünfte bekräftigt. Es ist Sache des Mieters, durch ein **eindeutiges Zustimmungsverlangen d**en Vermieter zur Gestattung der Untervermietung zu veranlassen (OLG Koblenz 27.12.2011 – 5 U 839/11, WuM 2012, 613). Das Formular regelt entsprechende Pflichten in Ziff. (5).

6. Da der (Haupt-)Vermieter nicht in (miet-)vertraglichen Beziehungen zum Untermieter steht, hat er dem Untermieter gegenüber auch keine unmittelbare Berechtigung zur Durchsetzung der sich aus dem Hauptmietvertrag ergebenden Pflichten. Wenngleich der Hauptmieter dafür zu sorgen hat, dass ein Untermieter die Mietsache vertragsgemäß (im Sinne des Hauptvertrags) gebraucht (BGH 11.1.1984 – VIII ZR 237/82, BGHZ 89, 308 = NJW 1984, 1031), wird jeder Streit zwischen Haupt- und Untermieter über die in diesem Verhältnis zu beachtenden Pflichten im Zweifel auch auf dem Rücken des Hauptvermieters ausgetragen. Das Formular will dem mit der ausdrücklichen Maßgabe vorbeugen, dass der Mieter den Untermieter zur Beachtung der (Verhaltens-)Pflichten aus dem Hauptvertrag heranzuziehen hat.

16. Unterwerfung unter die Zwangsvollstreckung (§ 794 Abs. 1 Nr. 5 ZPO) wegen Zahlungsansprüchen gegen den Mieter

Bestimmungen im Mietvertrag

§ . . . . . Unterwerfung unter die Zwangsvollstreckung[1]

(1) Der Mieter ist verpflichtet, für die sich aus §§ . . . . . dieses Mietvertrags[2] ergebenden Ansprüche des Vermieters auf Zahlung von Miete und Betriebskostenvorauszahlungen vor dem Notar . . . . . in . . . . . die Erklärung abzugeben und notariell beurkunden zu lassen, dass er sich wegen dieser Ansprüche der sofortigen Zwangsvollstreckung unterwirft (§ 794 Abs. 1 Nr. 5 ZPO). Die Unterwerfungserklärung hat mit der Maßgabe zu erfolgen, dass der Vermieter auch ohne Nachweis des Entstehens und der Fälligkeit der Zahlungsverpflichtungen eine vollstreckbare Ausfertigung der notariellen Urkunde beantragen kann.[3]

(2) Vor Errichtung der in Abs. (1) bezeichneten Notarurkunde hat der Mieter keinen Anspruch auf Übergabe und Nutzung der Mieträume. Macht der Vermieter wegen unterbliebener Urkundserrichtung in Bezug auf die Übergabe der Mieträume ein Zurückbehaltungsrecht geltend, berechtigt dies den Mieter nicht zum Einbehalt der vertraglich geschuldeten Miete.

(3) Die Errichtung der in Abs. (1) bezeichneten Notarurkunde hat spätestens bis zum . . . . . zu erfolgen. Befindet sich der Mieter mehr als zwei Wochen mit der Abgabe der Unterwerfungserklärung in Rückstand, berechtigt dies den Vermieter zur fristlosen Kündigung des Mietverhältnisses.[4]

(4) Die Kosten für die Errichtung der notariellen Urkunde und für die Erteilung vollstreckbarer Ausfertigungen trägt der Mieter.

Inhalt der zu errichtenden notariellen Urkunde

Ich, [Personalien des Mieters], habe am . . . . . mit [Personalien des Vermieters] einen schriftlichen Mietvertrag über die Anmietung von Gewerberäumen . . . . . [Bezeichnung der Gewerberäume] geschlossen. Der vollständige Mietvertrag ist dieser Urkunde[5] in Kopie beigeheftet. Das Mietverhältnis beginnt gemäß § . . . . . des Mietvertrags am . . . . .[6]

In § . . . . . des Mietvertrags ist festgelegt, dass der monatliche Mietzins sich auf . . . . . EUR [ggf.: zzgl. der jeweils geltenden gesetzlichen Mehrwertsteuer] beläuft. Gemäß § . . . . . des Mietvertrags sind monatlich . . . . . EUR [ggf.: zzgl. der jeweils geltenden gesetzlichen Mehrwertsteuer] als Vorauszahlung auf die Betriebskosten zu entrichten. Die vorstehend bezeichneten Zahlungen sind jeweils bis . . . . . [zB: dritten Werktag eines jeden Monats] an den Vermieter zu leisten.

In § . . . . . des Mietvertrags ist geregelt, dass sich der Mietzins zum . . . . . [zB bei einer Staffelmiete] um . . . . . EUR auf insgesamt . . . . . EUR [ggf.: zzgl. der jeweils geltenden gesetzlichen Mehrwertsteuer] erhöht.[7]

Gemäß § . . . . . des Mietvertrags kann der Mieter gegenüber den Forderungen des Vermieters aus dem Mietvertrag ein Zurückbehaltungsrecht oder Leistungsverweigerungsrecht nur dann geltend machen, wenn der Anspruch, auf den das Recht gestützt wird, unbestritten oder rechtkräftig festgestellt ist.

Nach § . . . . . des Mietvertrags ist dem Mieter die Geltendmachung eines Mietminderungsrechts mittels Abzugs vom vertraglich geregelten Mietzins nicht gestattet, und zwar auch nicht für die Zeit nach Beendigung des Mietverhältnisses und nach Rückgabe der Mietsache. Der Mieter ist insoweit auf die Geltendmachung etwaiger Bereicherungsansprüche verwiesen worden.[8]

Ich unterwerfe mich hiermit als Mieter wegen aller vorstehend bezeichneten mietvertraglichen Ansprüche auf Zahlung des Mietzinses und der Betriebskostenvorauszahlungen [ggf.: bis zur Höhe von insgesamt . . . . . EUR] gegenüber . . . . . [Vermieter] der sofortigen Zwangsvollstreckung aus dieser Urkunde in mein gesamtes Vermögen.

Der Notar wird hiermit unwiderruflich angewiesen und bevollmächtigt, Herrn/Frau . . . . . [Vermieter] jederzeit und ohne Nachweis des Entstehens und der Fälligkeit der Zahlungsverpflichtungen eine vollstreckbare Ausfertigung der notariellen Urkunde zu erteilen.

Ich trage die Kosten für die Errichtung dieser Urkunde und für die Erteilung vollstreckbarer Ausfertigungen.

Anmerkungen

1. Ein immer noch weniger praktisch relevantes, aber diskutiertes Thema betrifft die Frage, ob und unter welchen Voraussetzungen sich der Vermieter wegen der Zahlungsansprüche aus dem Mietvertrag und auch wegen des Räumungsanspruchs bei Beendigung des Mietverhältnisses (zur Räumung → Form. A.VII.17) **prozessunabhängige Vollstreckungsmöglichkeiten** gegen den Mieter verschaffen kann. In Anbetracht der Verfahrensdauer, die selbst ein zügig betriebener Mietprozess in Anspruch nimmt, und wegen der oft beträchtlichen wirtschaftlichen Risiken, die ein Mietrechtsstreit mit sich bringen kann, kann es für einen Vermieter als sehr erstrebenswert erscheinen, sich schon mit dem Vertragsschluss Vollstreckungsmöglichkeiten zu eröffnen.

Nach § 794 Abs. 1 Nr. 5 ZPO kann auch aus **notariellen Urkunden** vollstreckt werden, sofern die Urkunde über einen Anspruch errichtet ist, der einer vergleichsweisen Regelung zugänglich, nicht auf Abgabe einer Willenserklärung gerichtet ist und nicht den Bestand eines Mietverhältnisses über Wohnraum betrifft, und der Schuldner sich in der Urkunde wegen des zu bezeichnenden Anspruchs der sofortigen Zwangsvollstreckung unterworfen hat (zur wenig geglückten Begriffswahl des Gesetzes vgl. *Wolfsteiner* DNotZ 1999, 306). Versteht man die Formulierung „**Bestand eines Mietverhältnisses über Wohnraum**" richtigerweise so, dass damit Ansprüche auf den Ausschluss des Mietbesitzes (Herausgabe der Mietsache) und auf Einschränkung des Mietbesitzes (Teilräumung, Gebrauchsbeschränkungen) gemeint sind (vgl. *Wolfsteiner* DNotZ 1999, 306 mwN), lässt die gesetzliche Vorschrift auf den ersten Blick die Verwendung von vollstreckbaren Urkunden im Bereich der Gewerberaummiete ohne Weiteres zu. Der Teufel liegt – wie so oft – im Detail.

Ein erstes und wesentliches – rechtspraktisches – Problem liegt bereits darin, dass ein Vermieter, der auf eine Vollstreckungsunterwerfung hinwirkt, eher Argwohn und Misstrauen auf Seiten des Mieters auslösen dürfte. Der Mieter kann den Eindruck erlangen, der Vermieter rechne schon zu Beginn des auf Dauer angelegten Schuldverhältnisses nicht mit einer gedeihlichen Vertragsabwicklung und wolle seine Forderungen auf Biegen und Brechen durchsetzen (vgl. hierzu *Kluth/Grün* NZM 2001, 1013).

Überdies stehen die Vertrags- und Rechtssicherheit bei mietrechtlichen Vollstreckungsklauseln in Frage. Die Literatur orientiert sich mangels repräsentativer Entscheidungen oft an der Rechtsprechung zum Bauträgervertrag, die einige Distanz zu Unterwerfungsvereinbarungen erkennen lässt. So hat der BGH (27.9.2001 – VII ZR 388/00, NJW 2002, 1387) einen Verstoß gegen § 9 AGBG (jetzt: § 307 BGB) angenommen, wenn in einem notariellen Vertrag AGB enthalten sind, mit denen sich der Erwerber eines noch zu errichtenden Hauses der sofortigen Zwangsvollstreckung in sein gesamtes Vermögen unterwirft, und der Unternehmer berechtigt ist, sich ohne weitere Nachweise eine vollstreckbare Ausfertigung der Urkunde erteilen zu lassen. Beanstandet hat der BGH zwar in erster Linie den **Nachweisverzicht**, weil er dem Unternehmer den Zugriff auf das Vermögen des Auftraggebers eröffne, ohne nachweisen zu müssen, dass er seine Bauleistungen in einem dem Zahlungsanspruch entsprechenden Umfang erbracht hat. Dies setze den Auftraggeber der Gefahr einer systemfremden Vorleistung aus. Selbst soweit sich die Problematik eines werkvertraglichen Nachweisverzichts im Mietrecht nicht deckungsgleich stellt, verbleibt doch das vom BGH geäußerte Bedenken, dass der Schuldner vollstreckbarer Ansprüche in die Rolle der Verteidigung seiner Rechte gedrängt wird und der Anspruchsberechtigte sich die Ermächtigung verschafft, auf fremdes Vermögen zuzugreifen (BGH 27.9.2001 – VII ZR 388/00, NJW 2002, 1387). Es wird sich noch zeigen müssen, in welchem Umfang die mietvertraglichen Gestaltungsmöglichkeiten aus der am 1.1.1999 in Kraft getretenen Neufassung des § 794 Abs. 1 Nr. 5 ZPO einer richterlichen Kontrolle standhalten oder ob sich die erkennbaren Vorbehalte (vgl. dazu: *Moeser* NZM 2004, 769) durchsetzen. Die ausdrückliche gesetzliche Aussonderung von Ansprüchen, die den Mietbesitz bei Wohnraum betreffen, spricht jedenfalls nachdrücklich dafür, dass der Gesetzgeber Vollstreckungsvereinbarungen im Übrigen hat zulassen wollen (zu den Gesetzesmaterialien vgl. *Wolfsteiner* DNotZ 1999, 306). Der VIII. Zivilsenat des BGH (14.6.2017 – VIII ZR 76/16, NZM 2018, 32) hat die Frage, ob eine formularmäßige Verpflichtung des Mieters zur Abgabe einer notariellen Unterwerfungserklärung nach § 307 Abs. 1, Abs. 2 BGB unwirksam ist und eine daraufhin abgegebene Unterwerfungserklärung zurückgefordert werden kann, wegen Vorliegens einer Individualvereinbarung offen lassen können und diese Frage auch nicht problematisiert.

Eine **Kollision von Kautionsvereinbarungen mit einer Vollstreckungsunterwerfung** ist grds nicht zu befürchten, denn bei einer notariell beurkundeten Unterwerfung des Mieters unter die sofortige Zwangsvollstreckung wegen der laufenden Mieten (§ 794 Abs. 1 Nr. 5 ZPO) handelt es sich nicht um eine Sicherheit im Sinne von § 551 Abs. 1, 4, § 232 BGB.

Der Umstand, dass der Mieter bereits eine Kaution geleistet hat, führt daher nicht zur Unwirksamkeit der Unterwerfungserklärung (BGH 14.6.2017 – VIII ZR 76/16, NZM 2018, 32).

Die Unterwerfung erfordert einen nicht unerheblichen Kosten- und Abwicklungsaufwand, denn die Errichtung einer notariellen Urkunde macht den Gang zum Notar erforderlich (zum Umfang der erforderlichen Beurkundung → Anm. 2).

Eine Unterwerfung unter die Zwangsvollstreckung vermittelt dem Vermieter natürlich auch keine durchschlagende Hilfe für den klassischen Fall, dass der Mieter nicht zahlt, weil er nichts hat. Dann hilft im Zweifel nur noch die Kündigung.

Gleichwohl kann die Unterwerfung unter die Zwangsvollstreckung nach diesseitiger Auffassung in Teilbereichen der Gewerberaummiete ein taugliches Steuerungsmittel beinhalten. In den Fällen, in denen der Mieter sich dem Verdacht stellen muss, er sei möglicherweise nicht liquide, verfüge aber über verwertbares sonstiges Vermögen, wird er sich ggf. auf entsprechende Vereinbarungen einlassen (müssen). Auch die Attraktivität eines Mietobjekts und die Verhandlungsposition des Vermieters können von besonderer Bedeutung dafür sein, ob eine Unterwerfung ernsthaft in Betracht kommt. Zum alltäglichen Vertragsinstrument wird die Vollstreckungsunterwerfung wohl nicht werden. Einer teilweise erkennbaren Gestaltungseuphorie (vgl. etwa *Moeser* NZM 2004, 769; *Eupen* MietRB 2006, 85) ist daher vorzubeugen. Allenfalls in einem kleinen Teilbereich wird die **Mietrechtsnovelle 2013** von Gesetzes wegen eine Erleichterung bei der Durchsetzung von Mietforderungen bringen, soweit durch die Hinterlegungsanordnung der §§ 258, 259 BGB bis zum Räumungsurteil auflaufende Forderungen gesichert werden sollen. Das Formular enthält bei aller gebotenen Skepsis den Versuch einer möglichst vertragssicheren Umsetzung.

Unter welchen Voraussetzungen der § 794 Abs. 1 Nr. 5 ZPO auf ein sog. **Mischmietverhältnis** über (nicht trennbare) Wohn- und Geschäftsräume Anwendung findet, ist umstritten. Nach der Rechtsprechung zur Anwendung von Wohn- oder Gewerberaummietrecht in Mischmietverhältnissen (→ Form. A.VI.7 Anm. 1) ist entsprechend der sog. Schwergewichtstheorie zu differenzieren und eine Titulierung nach § 794 Abs. 1 Nr. 5 ZPO (nur) dann ausgeschlossen, wenn nach den vertraglichen Grundlagen des betroffenen Mietverhältnisses die Nutzung des Objekts zu Wohnzwecken den Schwerpunkt bildet (OLG Oldenburg 22.7.2014 – 12 U 46/14, NZM 2015, 215; zu den Besonderheiten der Räumungsvollstreckung bei Mischmietverhältnissen → Form. A.VII.17). Handelt es sich um einen Gewerberaummietvertrag, ist die Unterwerfung wegen Zahlungsansprüchen grds. eröffnet.

2. Das Formular ist zweigliedrig gestaltet. Es regelt zunächst die Vereinbarungen, die den Mieter dazu verpflichten, an der Errichtung einer notariellen Urkunde mitzuwirken. Es ist zwar ohne weiteres möglich, den gesamten Mietvertrag einschließlich der Unterwerfungserklärung notariell zu beurkunden. Das ist jedoch weder zwingend noch ratsam.

§ 794 Abs. 1 Nr. 5 ZPO erfordert die Errichtung einer notariellen Urkunde „über einen Anspruch". Die den Anspruch begründenden und ausgestaltenden Vertragserklärungen müssen jedoch als solche nicht notariell beurkundet werden (vgl. *Groh* NZM 1999, 698; *Moeser* NZM 2004, 769; *Wolfsteiner* DNotZ 1999, 306). § 794 Abs. 1 Nr. 5 ZPO erfordert nur die einseitige Unterwerfungserklärung des Schuldners (vgl. Zöller/*Stöber* ZPO § 794 Rn. 29 mwN). Schon daraus folgt, dass Ansprüche aus Vertrag (dh aus wechselseitigen Abreden) materiell außerhalb der Notarurkunde geregelt werden können (zur Bestimmtheit der Anspruchsbezeichnung → Anm. 6).

Nach der Rechtsprechung des BGH (16.4.1997 – VIII ZR 239/96, NJW 1997, 2887) stellt die Berücksichtigung von außerhalb der Urkunde liegenden Umständen die Bestimmtheit der Anspruchsbezeichnung nicht generell in Frage. Es entspricht einem praktischen Bedürfnis, den in der Unterwerfungserklärung vollstreckbar gestellten Anspruch von vornherein weiter zu fassen als die zugrunde gelegte materielle Forderung, deren endgültige

Höhe ohnehin oft erst nach Vertragsabschluss unter Einbeziehung künftig eintretender Umstände ermittelt werden muss (BGH 11.2.2010 – VII ZB 102/08, NJW-RR 2010, 1365; BGH 16.4.1997 – VIII ZR 239/96, NJW 1997, 2887).

Die **Unterwerfung setzt das aktuelle Bestehen des materiell-rechtlichen Anspruchs nicht voraus** (vgl. BGH 1.2.1985 – V ZR 244/83, NJW 1985, 2423). Schon aus praktischen Gründen wird allerdings die notarielle Beurkundung regelmäßig einen bereits abgeschlossenen Mietvertrag zum Gegenstand haben, um eine klare Bezugnahme auf den Vertrag zu ermöglichen. Aber selbst dann liegen der Unterwerfung hinsichtlich der laufenden Zahlungsverbindlichkeiten aus dem Vertrag Ansprüche zugrunde, die erst künftig und sukzessive (üblicherweise monatlich) zur Entstehung gelangen.

Aus Vorstehendem folgt, dass sämtliche Vereinbarungen zum eigentlichen Mietvertrag außerhalb der notariellen Beurkundung niedergelegt sein können. Sie sind dann um die Verpflichtung des Mieters zu ergänzen, eine Unterwerfungserklärung vor dem Notar abzugeben. Die Unterwerfungserklärung könnte zwar auch ohne solche Vereinbarungen abgegeben werden. Wenn der Vermieter jedoch an das Ausbleiben der Unterwerfungserklärung Gegenrechte knüpfen will (vgl. das im Formular geregelte Zurückbehaltungs- und Kündigungsrecht), braucht er dafür eine rechtliche Grundlage. Außerdem erfordert das Schriftformerfordernis iRv § 550 BGB eine vollständige Vertragsniederlegung.

3. Das Formular regelt die Pflicht des Mieters, eine **Unterwerfungserklärung** abzugeben, und zwar unter der Voraussetzung, dass der Vermieter die Entstehung des Anspruchs und die Fälligkeitsvoraussetzungen nicht nachweisen muss. Da die Vollstreckungsunterwerfung bei einem Mietverhältnis zwangsläufig Ansprüche zum Gegenstand hat, die erst im Laufe des Mietverhältnisse zur Entstehung gelangen, müsste der Vermieter im Klauselerteilungsverfahren grundsätzlich das Entstehen der Forderung nachweisen (BGH 25.6.1981 – III ZR 179/79, NJW 1981, 2756). Es kann jedoch vereinbart werden, dass dem Gläubiger auch ohne Nachweis des Entstehens und der Fälligkeit der Zahlungsverpflichtungen eine vollstreckbare Ausfertigung der Urkunde erteilt werden kann (BGH 25.6.1981 – III ZR 179/79, NJW 1981, 2756; BGH 27.9.2001 – VII ZR 388/00, NJW 2002, 138; *Kniffka* ZfBR 1992, 195).

Im Formular ist davon abgesehen worden, die Unterwerfungserklärung auch auf die Pflicht zur **Zahlung der (Bar-)Kaution** zu erstrecken. Hinsichtlich dieses Anspruchs wird empfohlen, eine Zahlungspflicht vor Beginn des Mietverhältnisses und jedenfalls vor Überlassung der Mietsache zu vereinbaren. Dies sollte entsprechend den Regelungen in Abs. (2) und (3) mit einem Zurückbehaltungs- und Kündigungsrecht des Vermieters verknüpft werden (solche Regelungen finden sich im → Form. A.VII.1 Anm. 35). Wenn der Mieter noch vor Beginn des Mietverhältnisses mit der Kautionszahlung säumig bleibt, wird der Vermieter im Zweifel eher auf die schnellstmögliche Beendigung des Vertragsverhältnisses hinwirken wollen als auf Vollstreckungsmöglichkeiten.

Eine Unterwerfung wegen des Kautionszahlungsanspruchs ist aber grds möglich (zu den Voraussetzungen, unter denen eine solche Regelung sittenwidrig ist, vgl. OLG Frankfurt 27.5.2014 – 2 U 41/13, MDR 2014, 1192).

Um die Bestimmtheit und Durchsetzbarkeit des Anspruchs auf Zahlung der laufenden Miete zu erhalten, wird es diesseits für unumgänglich gehalten, jedenfalls die **Minderungsbefugnisse** des Mieters und möglichst auch etwaige **Zurückbehaltungsrechte einzuschränken**, um die **Einredefreiheit** des zu vollstreckenden Anspruchs zu gewährleisten. Andernfalls drohen Kollisionen mit den Gewährleistungsrechten, die sowohl die Anspruchshöhe tangieren als auch den Weg für eine Vollstreckungsgegenklage des Mieters (§ 767 ZPO) eröffnen können.

Ein absoluter Ausschluss der Mietminderung inklusive etwaiger Rückerstattungsansprüche ist allerdings auch bei der Geschäftsraummiete nach ganz hM unwirksam. Auf dem Gebiet der Gewerberaummiete hält jedoch eine Formularklausel, mit der die Verwirklichung des Minderungsrechts mittels Abzugs vom geschuldeten Mietzins ausgeschlossen und der Mieter insoweit auf eine Bereicherungsklage verwiesen wird, einer Inhaltskontrolle stand (→ Form. A.VI.1 Anm. 21–23). Nur beim Ausschluss der Minderungsbefugnis mittels sofortigen Abzugs von der laufenden Mietrate bleibt der zu vollstreckende Zahlungsanspruch des Vermieters beim Vorliegen von Mängeln unberührt. Die Gefahr einer Intervention des Mieters im Wege der **Vollstreckungsabwehrklage** (§ 767 ZPO) reduziert sich, wenn die Gegenrechte des Mieters wirksam eingeschränkt worden sind.

4. Bei der Gewerberaummiete können abweichend vom Gesetz **Kündigungsrechte** formularmäßig niedergelegt werden (BGH 15.4.1987 – VIII ZR 126/8, NJW-RR 1987, 903). Diesseits wird davon ausgegangen, dass der Verzug des Mieters bei der Vollstreckungsunterwerfung einen Kündigungsgrund umschreiben kann, denn es handelt sich um eine Pflicht, die zumindest mittelbar auf zentrale Leistungspflichten aus dem Mietvertrag durchschlägt. Rechtsprechung hierzu gibt es allerdings – soweit ersichtlich – noch nicht. Das Formular regelt eine kalendermäßige Leistungsbestimmung im Sinne von § 284 Abs. 2 BGB, weshalb der Verzug bei der Zahlungspflicht des Mieters auch ohne Mahnung eintritt. Mit dem Zusammenspiel von Zurückbehaltungsrecht in Abs. (2) und dem Kündigungsrecht in Abs. (3) verfolgt das Formular das Ziel, den Vermieter vor Mietern zu schützen, die von vornherein leistungsunfähig bzw. unwillig sind. Mieter, die sich den Mietvertrag gleichsam erschlichen haben, sollen auf diesem Weg an der – nach Besitzeinweisung grundsätzlich nur auf prozessualem Wege zu unterbindenden – Besitzausübung gehindert werden. Praktisch verbietet sich daher eine Überlassung der Mietsache, bevor der Mieter sich der Vollstreckung unterworfen hat.

5. Unter den Regelungsbereich von § 794 Abs. 1 Nr. 5 ZPO fallen Urkunden, die von einem deutschen Notar im Rahmen seiner Befugnisse formgerecht aufgenommen werden (vgl. § 20 BNotO, §§ 1, 62 BeurkG).

Die Erteilung der **Vollstreckungsklausel** (dh der vollstreckbaren Ausfertigung) ist in § 797 ZPO geregelt. Danach wird die vollstreckbare Ausfertigung der notariellen Urkunde grundsätzlich von dem Notar erteilt, der die Urkunde verwahrt (§ 797 Abs. 2 ZPO). Anspruch auf Erteilung der Klausel hat der Gläubiger (Vermieter), zu dessen Gunsten die Urkunde errichtet worden ist. Der Notar prüft dann, ob ein formell wirksamer Titel mit vollstreckungsfähigem Inhalt vorliegt. Hat ein Vertreter für den Schuldner die Unterwerfungserklärung abgegeben, müssen Erteilung und Umfang der Vollmacht in öffentlicher oder öffentlich beglaubigter Urkunde zu Protokoll des Notars erklärt werden. Eine weitere Prüfungsbefugnis steht dem Notar nicht zu (BGH 5.7.2005 – VII ZB 27/05, NZBau 2005, 517).

Die Unterwerfungserklärung des Schuldners (Mieters) ist eine einseitige Willenserklärung mit prozessrechtlichem Charakter (BGH 1.2.1985 – V ZR 244/83, NJW 1985, 2423). Sie lässt die Beweislastverteilung unberührt (BGH 27.9.2001 – VII ZR 388/00, NJW 2002, 1387; *Moeser* NZM 2004, 769). Sie bedarf keiner Annahme seitens des Gläubigers (vgl. Zöller/*Stöber* ZPO § 794 Rn. 29).

Die Unterwerfungserklärung hat hinsichtlich des zugrundeliegenden Anspruchs keinen konstituierenden Charakter, sondern eröffnet lediglich die Vollstreckung. Zur (miet-)vertraglichen Begründung von Ansprüchen, wegen derer vollstreckt werden soll, bedarf es daher stets eines wirksamen Vertragsschlusses.

Einwendungen gegen die Wirksamkeit der notariellen Urkunde sind vom Schuldner gemäß §§ 797 Abs. 3, 732 ZPO im Wege der **Erinnerung** geltend zu machen. **Materiellrechtliche Einwendungen** können mit der **Vollstreckungsgegenklage aus § 767 ZPO** geltend gemacht werden. Der Schuldner kann in diesem Rahmen alle Einwendungen vorbringen, aus denen sich ergibt, dass der Anspruch nicht entstanden, erloschen oder zur Zeit nicht durchsetzbar ist (vgl. *Eupen* MietRB 2006, 85).

Der Umstand, dass eine Unterwerfungserklärung oder ein Vertrag notariell beurkundet wird, besagt nichts darüber, ob es sich um AGB handelt. Diese Frage beurteilt sich allein nach §§ 305 ff. BGB (zur entsprechenden Inhaltskontrolle beim Bauträgervertrag vgl. 27.9.2001 – VII ZR 388/00, NJW 2002, 1387).

6. Die Bezugnahme auf den der Urkunde beizufügenden Mietvertrag erfolgt zur **notwendigen Konkretisierung des zugrundeliegenden Anspruchs.** Eine notarielle Urkunde ist grundsätzlich nur dann ein zur Vollstreckung geeigneter Titel, wenn sie auf Zahlung einer bestimmten Geldsumme gerichtet ist und der Schuldner sich in der Urkunde der sofortigen Zwangsvollstreckung unterworfen hat. Ein Zahlungsanspruch ist aber schon dann hinreichend bestimmt, wenn er betragsmäßig festgelegt ist oder sich aus der Urkunde ohne weiteres errechnen lässt (BGH 5.7.2005 – VII ZB 27/05, NZBau 2005, 517 mwN). Dazu genügt es nach ständiger Rechtsprechung des Bundesgerichtshofs, wenn die Berechnung mit Hilfe offenkundiger Umstände möglich ist. Dazu zählt auch, wenn auf eine andere Urkunde, die der Niederschrift als Anlage beigefügt ist, Bezug genommen wird (BGH 5.7.2005 – VII ZB 27/05, NZBau 2005, 517).

7. Schwierigkeiten bei der bestimmten Bezeichnung des Anspruchs auf Zahlung des Mietzinses und der Betriebskostenvorauszahlungen können sich nach diesseitiger Auffassung ergeben, wenn sich der Anspruch während der Mietdauer nach Kriterien erhöhen soll, deren betragsmäßige Auswirkungen bei Vertragsschluss bzw. bei Urkundserrichtung nicht überblickt werden können. Das kann etwa bei einem **Leistungsvorbehalt** (zB Bestimmung der neuen Miete durch einen Sachverständigen, → Form. A.VII.1) der Fall sein. Es erscheint in hohem Maße als fraglich, ob die Rechtsprechung dann noch allein die Bezugnahme auf diejenigen Vertragsbestimmungen, welche das Erhöhungsverfahren ausgestalten, als ausreichende Festlegung der zu vollstreckenden Geldsumme ausreichen lässt. Diesseits wird davon ausgegangen, dass nur ein im Mietvertrag ausgewiesener Erhöhungsbetrag (etwa im Sinne einer Staffelmiete) den Bestimmtheitserfordernissen genügt. Daraus folgt ferner, dass eine Unterwerfungserklärung hinsichtlich einer **Umsatzmiete** (→ Form. A.VII.2) schwerlich möglich sein dürfte, jedenfalls was den umsatzbezogenen Mietanteil angeht.

8. Die ausdrückliche Bezugnahme auf die mietvertraglichen Bestimmungen, welche die Ausübung von Minderungs- und Zurückbehaltungsrechten einschränken (→ Anm. 3), stellt im Hinblick auf die Klauselerteilung und eine etwaige Gegenklage klar, dass die Gegenrechte des Mieters eingeschränkt sind.

17. Unterwerfung unter die Zwangsvollstreckung (§ 794 Abs. 1 Nr. 5 ZPO) wegen eines Räumungsanspruchs

Bestimmungen im Mietvertrag

§ . . . . . Unterwerfung unter die Zwangsvollstreckung[1]

(1) Gemäß § . . . . . dieses Mietvertrags haben die Parteien ein bis zum . . . . . befristetes Mietverhältnis begründet. Der Mieter ist verpflichtet, für die Ansprüche des Vermieters auf Räumung und Herausgabe der Mietsache[2] bei Beendigung des Mietverhältnisses (§ 546 BGB) vor dem Notar . . . . . in . . . . . die Erklärung abzugeben und notariell beurkunden zu lassen, dass er sich wegen dieser Ansprüche der sofortigen Zwangsvollstreckung unterwirft (§ 794 Abs. 1 Nr. 5 ZPO). Die Unterwerfungserklärung hat mit der Maßgabe zu erfolgen, dass der Vermieter nach Ablauf des Mietverhältnisses jederzeit auch ohne weitere Nachweise des Entstehens und der Fälligkeit dieser Ansprüche eine vollstreckbare Ausfertigung der notariellen Urkunde beantragen kann.

(2) Vor Errichtung der in Abs. (1) bezeichneten notariellen Urkunde hat der Mieter keinen Anspruch auf Übergabe und Nutzung der Mieträume. Macht der Vermieter wegen unterbliebener Urkundserrichtung in Bezug auf die Übergabe der Mieträume ein Zurückbehaltungsrecht geltend, berechtigt dies den Mieter nicht zum Einbehalt der vertraglich geschuldeten Miete.

(3) Die Errichtung der in Abs. (1) bezeichneten Notarurkunde hat spätestens bis zum ..... zu erfolgen. Befindet sich der Mieter mehr als zwei Wochen mit der Abgabe der Unterwerfungserklärung in Rückstand, berechtigt dies den Vermieter zur fristlosen Kündigung des Mietverhältnisses.

(4) Die Kosten für die Errichtung der notariellen Urkunde und für die Erteilung vollstreckbarer Ausfertigungen trägt der Mieter.

Inhalt der zu errichtenden notariellen Urkunde

Ich, [Personalien des Mieters], habe am ..... mit [Personalien des Vermieters] einen schriftlichen Mietvertrag über die Anmietung von Gewerberäumen ..... [Bezeichnung der Gewerberäume] geschlossen. Der vollständige Mietvertrag ist dieser Urkunde in Kopie beigeheftet.

Das Mietverhältnis beginnt gemäß § ..... des Mietvertrags am ..... und endet am ..... Die Möglichkeit stillschweigender Vertragsverlängerung (§ 545 BGB) ist gemäß § ..... des Mietvertrags ausgeschlossen. Eine Option auf Verlängerung des Mietverhältnisses besteht nicht.

Nach Beendigung des Mietverhältnisses sind die Mieträume zu räumen und an den Vermieter zurückzugeben (§ 546 BGB). Ich unterwerfe mich hiermit als Mieter wegen dieser Ansprüche gegenüber ..... [Vermieter] der sofortigen Zwangsvollstreckung aus dieser Urkunde in mein gesamtes Vermögen.

Der Notar wird hiermit unwiderruflich angewiesen und bevollmächtigt, Herrn/Frau ..... [Vermieter] nach Ablauf des ..... [letzter Tag des Mietverhältnisses] jederzeit und ohne jeden weiteren Nachweis eine vollstreckbare Ausfertigung der notariellen Urkunde zu erteilen.[3]

Ich trage die Kosten für die Errichtung dieser Urkunde und für die Erteilung vollstreckbarer Ausfertigungen.

Anmerkungen

1. Zu den allgemeinen Voraussetzungen, unter denen die Unterwerfung unter die sofortige Zwangsvollstreckung in Betracht kommt, wird zunächst auf die Anmerkungen zu → Form. A.VII.16 verwiesen.

Die **Unterwerfung wegen eines Räumungsanspruchs** weist zusätzliche Besonderheiten und Schwierigkeiten auf. Zunächst können die **Bestimmtheitsanforderungen** es als schwierig gestalten, die Voraussetzungen für die Entstehung des Räumungsanspruchs im Vorhinein klar zu umschreiben (zum Bestimmtheitserfordernis vgl. BGH 11.2.2010 – VII ZB 102/08, NJW-RR 2010, 1365):

Die **Beendigung eines auf unbestimmte Zeit geschlossenen Mietverhältnisses** setzt grundsätzlich eine **Kündigungserklärung** des Mieters oder des Vermieters voraus. Dabei kann es sich um eine ordentliche Kündigung (vgl. §§ 542 Abs. 1, 580a Abs. 2 BGB) oder um eine außerordentliche Kündigung handeln. Die außerordentliche Kündigung kann mit sofortiger Wirkung zur Beendigung des Mietverhältnisses führen (vgl. §§ 543, 569 iVm 578 Abs. 2 BGB). Sie kann bei vertraglich geregelten Kündigungsrechten auch an Fristen und andere Bedingungen geknüpft sein. Das Recht zur außerordentlichen fristlosen Kündigung kann zudem von Fristsetzungen und Abmahnungen abhängig sein (vgl. § 543 Abs. 3 BGB und dazu → Form. A.VIII.1, → Form. A.VIII.2, → Form. A.VIII.3).

Auch bei **befristeten Mietverhältnissen** hängen der Zeitpunkt der Beendigung und damit die Entstehung des Herausgabeanspruchs des Vermieters im Sinne von § 546 BGB oft davon ab, dass von eingeräumten Optionsrechten (zur Verlängerungsoption → Form. A.VII.5) kein Gebrauch gemacht wird. Die Beendigung des Mieteverhältnisses steht außerdem unter dem Vorbehalt, dass **keine stillschweigende Verlängerung** im Sinne von § 545 BGB eintritt. Ob und unter welchen Voraussetzungen die Beendigung des Mietverhältnisses eintreten wird, entzieht sich daher oft näherer Festlegung. Es ist dementsprechend schwierig, bei Beginn des Mietverhältnisses und bei Niederlegung der notariellen Vollstreckungsunterwerfung hinreichend zu bestimmen, für welche Fälle die Vollstreckung eröffnet sein soll.

Die zT komplexen Vorgänge, die sich um die Entstehung des Räumungsanspruchs ranken, machen es im Regelfall praktisch unmöglich, die Voraussetzungen einer (zumal außerordentlichen) Kündigung in der Form des § 726 Abs. 1 ZPO nachzuweisen (vgl. *Groh* NZM 1999, 698). Zwar kann der Vermieter vom Nachweis einzelner Vollstreckungsvoraussetzungen durch öffentliche oder öffentlich beglaubigte Urkunden befreit werden (→ Form. A.VII.16 Anm. 3). In dem Umfang, in dem sich die Voraussetzungen des Räumungsanspruchs bei Abgabe der Unterwerfungserklärung einer Feststellung entziehen, wächst indessen die Gefahr, dass formularvertragliche Regelungen sich als unangemessen benachteiligend im Sinne von §§ 307, 310 Abs. 1 BGB erweisen. Die notarielle Beurkundung des Mietvertrags und/oder der Unterwerfungserklärung beseitigt dabei unter keinem Gesichtspunkt den rechtlichen Charakter von Allgemeinen Geschäftsbedingungen, wenn die Mehrfachverwendung im Sinne von § 305 Abs. 1 BGB feststeht (zur Vollstreckungsunterwerfung vgl. BGH 27.9.2001 – VII ZR 388/00, NZM 2002, 35). Eine generelle Verwendung wird auch nicht dadurch ausgeschlossen, dass der Kreis der in Betracht kommenden Vertragspartner (Mieter) und deren Anzahl (in einem Mietobjekt mit begrenzten Mieteinheiten) von vornherein feststehen. Für die einseitige Gestaltungsmacht des Verwenders ist es im Rahmen von § 305 BGB schon ein hinreichendes Indiz, wenn er nur drei von ihm in Aussicht genommenen Verträgen seine vorformulierten Bedingungen zugrunde legen will (BGH 27.9.2001 – VII ZR 388/00, NZM 2002, 35).

Eine gleichsam auf Vorrat konstituierte **Vollstreckungsbefugnis** des Vermieters **für letztlich nicht voraussehbare Beendigungstatbestände** verstößt nach diesseitiger Auffassung im Zweifel sowohl gegen das Bestimmtheitsgebot (→ Form. A.VII.16 Anm. 2, 6) als auch gegen das Transparenzgebot aus § 307 Abs. 1 S. 2 BGB. Die Unterwerfung unter die Räumungsvollstreckung ist überdies von ganz besonderem wirtschaftlichen und rechtlichen Gewicht und kann auch im Übrigen gravierende Härten im Sinne von § 307 Abs. 1 und 2 BGB bewirken. Der Mieter ist durch die Vollstreckungsunterwerfung zwar nicht rechtlos gestellt (vgl. *Moeser* NZM 2004, 769*).* Es unterliegt jedoch seiner Initiative, ob er sich im Rahmen einer Vollstreckungsgegenklage nach § 767 ZPO gegen die Vollstreckung zur Wehr setzt. Demgegenüber erspart sich der Vermieter den gesamten Räumungsrechtsstreit mitsamt dem hierfür erforderlichen Zeit-, Arbeits- und Kostenaufwand.

Bedenken gegen die Praktikabilität der Vollstreckungsunterwerfung beim Räumungsanspruch ergeben sich zudem aus der im Bereich der Gewerberaummiete nicht seltenen **Untervermietung.** Um vollstrecken zu können, benötigt der Vermieter auch einen Titel gegen den Untermieter, der sich also seinerseits gegenüber dem (Haupt-)Vermieter, mit dem er ansonsten nicht in vertraglichen Beziehungen steht, unter die Zwangsvollstreckung unterwerfen müsste (vgl. *Kluth/Grün* NZM 2001, 1013). Das ist umständlich, teuer und abschreckend.

Vor diesem Hintergrund wird diesseits die Befürwortung von Vollstreckungsunterwerfungen bei Räumungsansprüchen (vgl. *Groh* NZM 1999, 698; *Moeser* NZM 2004, 769; *Wolfsteiner* DNotZ 1999, 306; zurückhaltend: *Kluth/Grün* NZM 2001, 1013) eher zurückhaltend bis kritisch gesehen. Formularrechtlich bedenklich erscheint insbesondere die Vereinbarung eines abstrakten Räumungstitels, von dem der Vermieter nach Maßgabe bestimmter Sicherungsabreden Gebrauch machen darf (vgl. *Groh* NZM 1999, 698), denn dies würde eine ganz gravierende Erweiterung der Vollstreckungsbefugnisse des Vermieters für ganz ungewisse Tatbestände bewirken. Inwieweit Vollstreckungsvereinbarungen auf Räumung individuell wirksam vereinbart werden können, entzieht sich in dem hier gegebenen Rahmen näherer Darstellung. Es ist zumindest nicht fernliegend, dass die Vollstreckungsunterwerfung für unterschiedliche und ungewisse Beendigungstatbestände den Anwendungsbereich des § 138 BGB eröffnet, jedenfalls dann, wenn der Vermieter etwa unter Ausnutzung einer Monopolstellung oder sonstiger Druckmöglichkeiten auf eine Vollstreckungsunterwerfung hinwirkt (§ 138 Abs. 2 BGB).

Räumungs- und Herausgabeansprüche, die den **Bestand eines Wohnraummietverhältnisses** tangieren, können nicht wirksam in einer notariellen Urkunde tituliert werden (vgl. BT-Drs. 13/341, 20).

Die **Unterwerfung unter die Räumungsvollstreckung ist bei Wohnungen aber nicht schlechthin unmöglich.** Das AG Rheda-Wiedenbrück (15.2.2016 – 6 M 77/16, RNotZ 2016, 342) hat aus überzeugenden Gründen angenommen, dass eine Vollstreckungsunterwerfung hinsichtlich eines Räumungs- und Herausgabeanspruchs, die darauf abzielt, die widerrechtliche vertragslose Nutzung einer Wohnung durch den Schuldner zu beenden, wirksam ist, wenn eindeutig feststeht, dass der Gläubiger kein wie auch immer geartetes Nutzungsverhältnis begründet hat und eingehen wollte. Der Schutzzweck des § 794 Abs. 1 Nr. 5 ZPO greift dann nicht ein, da nicht über den **Bestand eines Miet- oder Nutzungsverhältnisses** disponiert wird.

Auch eine **notarielle Scheidungsfolgenvereinbarung** kann daher einen Räumungstitel iSd § 794 Abs. 1 Nr. 5 ZPO für die eheliche Eigentumswohnung der geschiedenen Eheleute darstellen (AG Schöneberg 11.3.2016 – 33 M 8177/15, DGVZ 2016, 207).

Unter welchen Voraussetzungen der § 794 Abs. 1 Nr. 5 ZPO auf ein **Mischmietverhältnis** über (nicht trennbare) Wohn- und Geschäftsräume Anwendung findet, bedarf wohl differenzierter Betrachtung:

Ausgangspunkt ist die Bestimmung, welchem (einheitlichen) Recht (Wohnraummiete oder Gewerberaummiete/Pacht) ein solcher Mietvertrag untersteht (→ Form. A.VI.7 Anm. 1). Insoweit gilt die sog **Übergewichts- oder Schwerpunkttheorie.** Die Titulierung eines Räumungsanspruchs nach § 794 Abs. 1 Nr. 5 ZPO ist danach dann ausgeschlossen, wenn nach den vertraglichen Grundlagen des betroffenen Mietverhältnisses die Nutzung des Objekts zu Wohnzwecken den Schwerpunkt bildet. Auf ein vorrangig auf gewerbliche Zwecke ausgerichtetes Mietverhältnis der Parteien wäre danach insgesamt Gewerberaummietrecht anzuwenden mit der Folge, dass ein Räumungsanspruch im Rahmen des § 794 Abs. 1 Nr. 5 ZPO auf den ersten Blick zu bejahen sein könnte (vgl. dazu OLG Oldenburg 22.7.2014 – 12 U 46/14, NZM 2015, 215).

Vorstehende Schlussfolgerung steht jedoch in Frage. Nach hM ist zwar immer (mit vorstehend aufgezeigter Abgrenzung) eine einheitliche Bestimmung zu treffen, welchem Recht ein Mietvertrag untersteht (BGH 9.7.2014 – VIII ZR 376/13, NJW 2014, 2864; OLG Köln 12.6.2001 – 3 U 172/00, ZMR 2001, 963; OLG München 2.7.1993 – 21 U 6514/90, ZMR 1995, 295; OLG Karlsruhe 17.12.1987 – 12 U 168/87, MDR 1988, 414). Eine andere Frage ist jedoch, ob der einem Mischmietvertrag innewohnende Aspekt der (teilweisen) Wohnraumnutzung die Vollstreckungsunterwerfung bei einem Räumungsanspruch zulässt.

Das OLG Oldenburg (22.7.2014 – 12 U 46/14, NZM 2015, 215 mwN) hat dies mit gewichtigen Gründen verneint. **Im Rahmen des Vollstreckungsrechts findet die Überge-**

wichtstheorie danach keine Anwendung, weil der Schutz des Mieters vor einem kurzfristigen Verlust seines Wohnraums und der damit verbundenen Gefahr der Obdachlosigkeit eine generelle Absicherung in allen, also auch in nur anteiligen Wohnraummietverhältnissen erfordert. Die Bestimmungen der §§ 794 Abs. 1 Nr. 5, 721 Abs. 1 ZPO sind daher bei Mischmietverhältnissen über Wohn- und Geschäftsräume auch dann anzuwenden, wenn das Mietobjekt vertragsgemäß nur teilweise bzw. untergeordnet zu Wohnzwecken genutzt wird. Rechtspraktisch würde die Anwendung der sog Schwerpunkttheorie zu dem sinnwidrigen Ergebnis führen, dass es dem mit der Vollstreckung beauftragten Gerichtsvollzieher obläge, im Vorfeld einer Räumung zu klären, ob das betroffene Objekt nach dem Vertragszweck überwiegend zu Wohn- oder zu gewerblichen Zwecken genutzt wird (OLG Oldenburg 22.7.2014 – 12 U 46/14, NZM 2015, 215).

2. Die in → Anm. 1 aufgezeigten rechtlichen und praktischen Probleme und das Fehlen einschlägiger Rechtsprechung lassen es als geboten erscheinen, die Unterwerfung unter die Räumungsvollstreckung auf die Fälle zu beschränken, in denen die Voraussetzungen für die Entstehung des Räumungsanspruchs schon bei Vertragsschluss hinreichend feststehen. Insoweit bietet sich praktisch nur das von Vorneherein **befristete Gewerberaummietverhältnis als Regelungstatbestand** an. Der Zeitpunkt der Vertragsbeendigung steht fest, wenn dem Mieter keine Verlängerungsoption eingeräumt und die Möglichkeit stillschweigender Vertragsverlängerung (§ 545 BGB) vertraglich abbedungen wurde (zu Formulierungsvorschlägen vgl. *Groh* NZM 1999, 698; *Moeser* NZM 2004, 769).

Die im Formular enthaltenen Regelungen entsprechen nach Aufbau und Regelungsinhalt weitgehend den Bestimmungen in → Form. A.VII.16. Es kann daher auf die dortigen Anm. verwiesen werden.

3. Beim unbedingt befristeten Mietverhältnis stellt sich die Problematik des Nachweises durch öffentliche oder öffentlich beglaubigte Urkunden (§ 726 Abs. 1 ZPO) grundsätzlich nicht, denn der Eintritt der Vertragsbeendigung steht schon aufgrund des Mietvertrags datumsmäßig fest. Die Vollstreckung hängt dann vom Ablauf einer feststehenden Frist im Sinne von § 751 Abs. 1 ZPO ab (vgl. Zöller/*Stöber* ZPO § 726 Rn. 3), der keinen besonderen zusätzlichen Nachweis erfordert. Der im Formular enthaltene Hinweis auf die Entbehrlichkeit weiteren Nachweises hat von daher nur klarstellende und bekräftigende Bedeutung.

B. Mietgebrauch

I. Rechte des Mieters

1. Anspruchsschreiben auf Gebrauchsüberlassung (erstmalige Einräumung des Besitzes)

......

(Rechtsanwalt)

an

......

(Vermieter)

per Boten[1]

Sehr geehrte(r)

hiermit zeige ich an, dass ich die Interessen der/des anwaltlich vertrete. Vollmacht auf mich ist beigefügt.

Sie haben meinem Mandanten durch Mietvertrag vom ...... die in Ihrem Hause ...... befindliche 3-Zimmerwohnung im 3. OG rechts ab vermietet. Nach den getroffenen Vereinbarungen sollten Sie meinem Mandanten am ...... um ...... Uhr morgens die Schlüssel übergeben, damit dieser am ...... mit Familie ...... in die gemietete Wohnung einziehen konnte.

Sie waren jedoch entgegen der getroffenen Absprache nicht am Objekt, erschienen auch später nicht. Telefonisch konnte mein Mandant Sie nicht erreichen, so dass ich mich im Auftrage des Mandanten schriftlich an Sie wenden muss.

Der von meinem Mandanten angesprochene Hausmeister deutete an, dass Sie die Wohnung an eine andere Person, die einen höheren Mietzins zu zahlen bereit sei, vermieten wollten bzw. vermietet hätten. Ich fordere Sie im Auftrage meines Mandanten auf, es zu unterlassen, die Wohnung an einen Dritten zu vermieten und ihm Besitz einzuräumen. Ich verlange weiterhin, dass Sie meinem Mandanten bis morgens ...... Uhr die Schlüssel zur Wohnung zustellen.[2]

Geschieht dies nicht, werde ich:[3]

1. Beim zuständigen Amtsgericht den Erlass einer einstweiligen Verfügung gegen Sie erwirken, es zu unterlassen, die Wohnung an einen Dritten zu vermieten und sie zu übergeben.[4]
2. Klage gegen Sie auf Besitzeinräumung der Wohnung an meinen Mandanten erheben.[5]

Ich verweise weiter darauf hin, dass ich im Auftrage meiner Partei Schadensersatzansprüche gegen Sie geltend machen werde, wenn Sie entgegen der Verpflichtung aus dem Mietvertrag die Wohnung an einen Dritten vermieten und übergeben.[6]

Sie schulden weiterhin unter dem Gesichtspunkt der Vertragsverletzung gem. § 280 Abs. 1 BGB die Kosten meiner Inanspruchnahme.[7]

(Rechtsanwalt)

Anmerkungen

1. Zur **Sicherstellung des Zugangs** des Schreibens bieten sich an: Zustellung durch den Gerichtsvollzieher, §§ 166 ff., 182 ZPO, Einwurf-Einschreiben, Einschreiben/Rückschein oder Zustellung durch Boten. Ist die derzeitige Anschrift des Empfängers dem Absender unbekannt und über Einwohnermeldeamt, Post, frühere Nachbarn, Arbeitgeber nicht zu ermitteln, kann die Zustellung gemäß § 132 Abs. 2 BGB nach den für die öffentliche Zustellung einer Ladung geltenden Vorschriften der ZPO (§§ 185 ff.) durch das Amtsgericht bewirkt werden. Die Zustellung durch Einwurf-Einschreiben ist im konkreten Fall nicht geeignet, da der Nachweis der Zustellung im Falle des Bestreitens des Empfängers nicht erbracht werden kann (LG Potsdam NJW 2000, 3722). Zur Problematik sei verwiesen auf *Hosenfeld* NZM 2002, 93 ff. Da hier Eile geboten ist, ist die Zustellung durch den GV, wenngleich sicher – auch bei Abwesenheit des Empfängers und Zustellung durch Niederlegung der Sendung in Verbindung mit Benachrichtigung des Empfängers gem. § 132 BGB erfolgt, selbst wenn der Empfänger das Schreiben nicht abholt – nicht praktikabel, da der Absender unter Umständen erst nach einer Woche, jedenfalls nicht am gleichen Tag den Nachweis der Zustellung erlangen kann. Die Übersendung per Einschreiben/Rückschein ist einmal nicht sicher – der Empfänger kann die Zustellung vereiteln, indem er das bei der Post hinterlegte Schriftstück trotz Benachrichtigung nicht abholt –, sie dauert überdies zu lange. Bei der Zustellung per Boten hat der Absender am selben Tag den Nachweis der Zustellung durch den Boten. Bei dieser Art der Zustellung sollte allerdings sichergestellt werden, dass der Bote im Falle des Bestreitens des Zugangs des Schreibens durch den Empfänger im Rechtsstreit den Zustellvorgang nachvollziehbar schildern kann. Er sollte sich bei großen Wohnblocks, Hochhäusern notfalls auf der Kopie des Schreibens, das der Absender erhält, Notizen machen über Anzahl der Briefkastenfächer und vermerken, in welchen Briefkasten (zB dritte Reihe von oben, zweiter Briefkasten von rechts usw) der Brief gesteckt wurde. Weiterhin sollte er beim Eincouvertieren des Briefes in den Umschlag zugegen sein, sich überzeugen, dass der Brief unterzeichnet und mit Originalvollmacht versehen ist, und sich hierüber Notizen machen.

2. Die **Hauptpflichten des Vermieters** gem. § 535 BGB sind die zur Gebrauchsüberlassung und Gebrauchsgewährung. Die Gebrauchsüberlassung erfolgt in der Regel durch die Einräumung des unmittelbaren Besitzes (BGHZ 65, 13 = NJW 1976, 105; NJW 2002, 3322 (3323); NJW 2007, 2394 (2395). Bei Doppelvermietung der Wohnung sind beide Verträge gemäß § 311a BGB wirksam, beide Mieter können Vertragserfüllung verlangen, ohne dass es auf die Priorität des Vertragsabschlusses ankommt (BGH WuM 1962, 272; OLG Köln ZMR 1998, 696; *Blank/Börstinghaus* BGB § 536 Rn. 22; *Sternel* VIII Rn. 260; Schmidt-Futterer/*Eisenschmid* BGB § 536 Rn. 260; Bub/Treier/*Emmerich* II 494; aA *Lammel* BGB § 536 Rn. 86). Beide können Besitzeinräumung verlangen (AG Freiburg WuM 1993, 117; Staudinger/*Emmerich* BGB § 536 Rn. 47). Der Vermieter hat die Wahl, wem er Besitz übertragen will (OLG Frankfurt NJW-RR 1997, 77). Wenn allerdings das zivilrechtliche Benachteiligungsverbot der §§ 19, 2 und 1 AGG einschlägig ist, soll eventuell der diskriminierte Interessent den Vorrang haben (PWW/*Elzer* BGB § 535 Rn. 50). Hat der Vermieter einem der beiden Mieter rechtmäßigen Besitz eingeräumt, hat der andere Mieter nach einer weit verbreiteten Meinung in Literatur und Rechtsprechung (LG Köln WuM 1990, 65; LG Berlin WuM 1995, 123; *Blank/Börstinghaus* BGB § 536 Rn. 22 ff.; Schmidt-Futterer/*Eisenschmid* BGB § 536 Rn. 260 ff.;

Staudinger/*Emmerich* BGB § 536 Rn. 48; *Emmerich* NZM 2002, 362 ff.; *Kinne/Schach/ Bieber* BGB § 536 Rn. 21; Palandt/*Weidenkaff* BGB § 536 Rn. 30) ein Wahlrecht zwischen Erfüllungs- und Schadensersatzanspruch, da ja der Dritte den Besitz aufgeben oder vom Vermieter gegen Zahlung zur Besitzaufgabe veranlasst werden könne; nach einer anderen Meinung hat er im Regelfall nur noch einen Schadensersatzanspruch (BGH NJW 1961, 917; BGH ZMR 1962, 175; OLG Köln OLGR 1998, 212 = WuM 1998, 602; OLG Düsseldorf NZM 1999, 24; *Sternel* VIII Rn. 6; MAH MietR/*Groll* § 18 Rn. 128). Der Erfüllungsanspruch resultiert aus § 535 BGB (vgl. dazu BGH NJW 2003, 2158 (2161)), der Schadensersatzanspruch (nach Besitzeinräumung an einen Dritten) nach der Neufassung des Mietrechts durch die Mietrechtsreform aus §§ 536a Abs. 1, 536 Abs. 3 BGB.

3. Zu überlegen ist, ob es sinnvoll ist, den Antrag auf Erlass einer einstweiligen Verfügung anzudrohen, da hierdurch der Vermieter gewarnt wird und in den Stand versetzt wird, bei Gericht eine **Schutzschrift** einzureichen (LG München WuM 1991, 577).

4. Streitig ist, ob im Fall einer **Doppelvermietung** (jedoch vor Besitzeinräumung an einen der beiden Mieter) dem Vermieter im Wege der einstweiligen Verfügung überhaupt vorgeschrieben werden kann, wem er den Besitz einzuräumen hat (hM verneinend KG NZM 2007, 518; NZM 2008, 889; OLG Koblenz NZM 2008, 248; OLG Celle MDR 2009, 135; OLG Hamm NZM 2004, 192; OLG Frankfurt NJW-RR 1997, 77; OLG Schleswig MDR 2000, 1428; LG München WuM 1991, 577; Palandt/*Weidenkaff* BGB § 536 Rn. 30; *Lammel* BGB § 536 Rn. 75; bejahend OLG Hamm NJW-RR 1990, 1236; OLG Düsseldorf NJW-RR 1991, 137; *Derleder/Pellegrino* NZM 1998, 550 (557); Kinne/Schach/Bieber/*Kinne* II Rn. 188; Bub/Treier/*Straßberger* II Rn. 226). **In jedem Fall sollte man versuchen, den Vermieter im Wege der einstweiligen Verfügung daran zu hindern, den Besitz dem Dritten einzuräumen.** Es handelt sich um eine Sicherungsverfügung auf Unterlassung (vgl. Zöller/*Vollkommer* ZPO § 935 Rn. 2).

5. Dem Mieter steht grundsätzlich der aus § 535 BGB resultierende Erfüllungsanspruch (→ Form. B.I.1 Anm. 2). In jüngster Zeit (vgl. nur *Schmid* ZMR 2009, 585 ff.; *Lehmann-Richter* NJW 2008, 1196; *Feuerlein* WuM 2008, 385) wurde die Frage der Verjährung des mieterseitigen Erfüllungsanspruchs problematisiert. Durch die Entscheidung des BGH (NZM 2010, 235; NJW 2010, 1292) steht nunmehr fest, dass der **Erfüllungsanspruch** während der Mietzeit **nicht verjährt**. Es besteht jedoch die **Gefahr**, dass bei jahrelanger rügeloser Hinnahme eines Mangels ein Gericht den mangelhaften Zustand entweder als **vertragsgemäßen Zustand** betrachtet oder den Erfüllungsanspruch als **verwirkt** ansehen könnte. Verwirkung eines Rechts setzt nach der Rechtsprechung des BGH (NJW 1989, 836; 2010, 1292 (1293)) voraus, dass zu dem Zeitablauf besondere auf das Verhalten des Berechtigten beruhende Umstände hinzutreten, die das Vertrauen des Verpflichteten rechtfertigen, der Berechtigte werde seinen Anspruch nicht mehr geltend machen.

6. Stattdessen oder zusätzlich (→ Anm. 2) hat er den Schadensersatzanspruch aus §§ 536a Abs. 1, 536 Abs. 3 BGB.

7. Der **Gebührenstreitwert** ergibt sich aus § 16 GKG (OLG Celle MDR 1989, 272 Jahresmietzins, da das Bestehen eines Mietverhältnisses im Streit ist). Es fällt eine Gebühr im Rahmen des § 14 RVG an. Bei der einstweiligen Verfügung kommt ein Bruchteil (in der Regel $^1/_3$) des Streitwerts der Hauptsache zum Ansatz (vgl. Zöller/*Herget* ZPO § 3 „einstweilige Verfügung").

2. Anspruchsschreiben zur Wiedereinräumung des entzogenen Besitzes

......

(Rechtsanwalt)

an

......

(Vermieter)

per Boten[1]

Sehr geehrte(r) ,

hierdurch zeige ich an, dass mich Ihr Mieter mit der Wahrnehmung seiner Interessen beauftragt hat. Vollmacht meines Mandanten auf mich ist beigefügt.

Mein Mandant hat von Ihnen durch Vertrag vom ...... die in Ihrem Hause liegende Wohnung im 3. OG links samt Keller und Garage 1 angemietet. Nach im Jahr 2001 erfolgter Umwandlung des Hauses in Wohnungseigentum und Veräußerung der Wohnung 3. OG rechts haben Sie, nachdem mein Mandant mit dem in der Garage abgestellten PKW zur Arbeit gefahren war, die Garage 1 gewaltsam geöffnet und daran Besitz ergriffen,[2] mit der Begründung, die Garage 1 sei nunmehr der verkauften Wohnung im 3. OG rechts zugeordnet und mitverkauft worden.[3]

Ich untersage Ihnen im Auftrag meiner Partei, dem Käufer Besitz an der Garage einzuräumen und habe Sie aufzufordern, die Garage bis ......, den ...... abends 18.00 Uhr meinem Mandanten wieder zur Verfügung zu stellen.

Die Veräußerung der Wohnung 3. OG rechts mit Garage 1 beeinträchtigt den Mietvertrag und den an der Garage eingeräumten Alleinbesitz nicht. Sollten Sie der Aufforderung in der gesetzten Frist nicht nachkommen, müsste ich für meinen Mandanten den Erlass einer einstweiligen Verfügung[4] gegen Sie beantragen, Sie auf Wiedereinräumung des Besitzes an der Garage im Klagewege in Anspruch nehmen[5] und Schadensersatz für den Zeitraum des Entzugs der Garage geltend machen.[6,7]

......

(Rechtsanwalt)

Anmerkungen

1. → Form. B.I.1 Anm. 1.

2. Während des Bestehens des Mietverhältnisses über Wohnung, Keller und Garage hat der Mieter zum einen Besitzschutz gem. §§ 858 ff. BGB, zum anderen gem. § 535 BGB einen vertraglichen Anspruch gegen den Vermieter, dass er im Besitz und vereinbarten Gebrauch nicht gestört wird (Palandt/*Weidenkaff* BGB § 535 Rn. 35; *Blank/Börstinghaus* BGB § 535 Rn. 293; Schmidt/Futterer/*Eisenschmid* BGB § 535 Rn. 247). Die Besitzergreifung durch den Vermieter gegen den Willen des Mieters stellt sich als verbotene Eigenmacht gem. § 858 BGB sowie als Vertragsverletzung des Mietvertrages dar (*Blank/Börstinghaus* BGB § 535 Rn. 293; *Hinz* WuM 2005, 615 ff.)

3. Die bei Aufteilung des Hauses in Wohnungseigentum erfolgte Zuordnung der an den Mieter mit der Wohnung 3. OG links mitvermieteten Garage 1 zur Wohnung 3. OG rechts und die anschließende Veräußerung dieser Wohnung und Garage – wenn an Letzterer Teileigentum begründet sein sollte – an einen dritten Käufer bewirkte, dass der Veräußerer als Vermieter der Wohnung 3. OG links gemeinsam mit dem Erwerber der Wohnung 3. OG rechts mit Garage 1, da Teileigentum, nunmehr gemäß § 566 BGB Vermieter des Mieters hinsichtlich der Garage geworden ist. Der Mieter hat daher auch gegenüber dem Erwerber aufgrund des Mietverhältnisses ein Recht zum Besitz.

Befindet sich demgegenüber die Garage in Gemeinschaftseigentum, bleibt der Veräußerer alleine Vermieter der Wohnung 3. OG links nebst Garage 1 (BGH WuM 1999, 390, für den umgekehrten Fall der Veräußerung der Wohnung mit in Gemeinschaftseigentum befindlicher Garage).

4. Da verbotene Eigenmacht vorliegt (§ 858 Abs. 1 BGB), hat der Mieter gegen den Vermieter einen Anspruch auf Räumung und Herausgabe der im Wege der verbotenen Eigenmacht in Besitz genommenen Miet- und Nebenräume. Zu denken ist an eine einstweilige Verfügung auf Räumung und Herausgabe gem. § 940a ZPO (*Blank/Börstinghaus* BGB § 535 Rn. 293; MAH Mietrecht/*Altner* § 38 Rn. 55 ff.; *Hinz* WuM 2005, 615), da es sich bei der Garage nicht um ein eigenständiges Mietverhältnis handelt, sondern um Nebenräume des gemieteten Wohnraums.

5. Der Mieter kann weiterhin seinen Anspruch auf Räumung und Herausgabe im Wege der Hauptsacheklage geltend machen, § 535 Abs. 1 S. 1 BGB.

6. Ihm steht weiter ein Schadensersatzanspruch wegen teilweiser Entziehung des Besitzes an der Wohnung (Garage) zu. Der Schaden kann bestehen in den Kosten der Zwischenanmietung einer Garage bis zur Verfügungsstellung der gemieteten Garage 1, kann jedoch, wenn die Anmietung einer Ersatzgarage nicht gelingt, auch darin liegen, dass das nunmehr auf der Straße stehende Auto vermehrter Pflege am Lack sowie vermehrter Reinigung mit dadurch entstehenden Kosten bedarf, §§ 536 Abs. 3, 536a BGB.

7. Der Gebührenstreitwert ist gem. § 3 ZPO zu schätzen. Hierbei ist die Bewertungsvorschrift des § 16 Abs. 1 GKG zu berücksichtigen, sodass der einjährige Mietzins nicht überschritten werden darf (*Schneider/Herget* Rn. 3014).

3. Anspruchsschreiben zur Geltendmachung von Schadensersatz wegen Nichtgewährung des Gebrauchs (Doppelvermietung)

. . . . . .

(Rechtsanwalt)

an

. . . . . .

(Vermieter)

Einschreiben/Rückschein

Sehr geehrte(r) . . . . . .,

wie Ihnen bekannt ist, vertrete ich die Interessen Ihres Mieters, ..., anwaltlich, ich nehme insoweit Bezug auf mein Schreiben[1] vom . . . . . . (→ Form. B.I.1)

Sie hatten meinem Mandanten durch Mietvertrag vom . . . . . . in Ihrem Hause die Dreizimmerwohnung im 3. OG rechts ab . . . . . . zu einer Miete von 500,– EUR zuzüglich Betriebs- und Heizkostenvorauszahlung in Höhe von 125,– EUR auf unbestimmte Zeit vermietet. Die Wohnung sollte meinem Mandanten nach den getroffenen Vereinbarungen am . . . . . . um 8.00 Uhr morgens übergeben werden. Entgegen den getroffenen Vereinbarungen erschienen Sie jedoch nicht. Trotz meines Schreibens vom Ihnen zugestellt per Boten am gleichen Tag, räumten Sie meinem Mandanten den Besitz nicht ein, vielmehr vermieteten Sie die Wohnung an einen Dritten, der Ihnen mehr zahlte.[2]

Mein Mandant hat seine Möbel für zwei Monate lagern müssen, eine Woche im Hotel verbringen müssen, um dann bei einem Freund bis zum . . . . . . vorübergehend zu wohnen. Die zuvor von meinem Mandanten bewohnte Wohnung war nämlich bereits wieder neu vermietet, sodass er dort nicht bleiben konnte. Zum gelang es meinem Mandanten dann, eine gleich große Wohnung in einem Haus gleichen Alters und vergleichbarer Ausstattung in einem benachbarten Häuserblock zu einem Mietzins von 600,– EUR kalt anzumieten. Mein Mandant musste 781,– EUR an Prozesskosten für das einstweilige Verfügungsverfahren aufwenden.

Er macht, wie bereits im Schreiben vom angekündigt, Schadensersatz[3] geltend.

1.	Umzugskosten alte Wohnung zu Lager	1.656,– EUR[4]
2.	Lagerkosten von bis 31.10.2001	450,– EUR[4]
3.	Umzugskosten zu neuer Wohnung	2.182,80 EUR[4]
4.	Hotelaufenthalt von bis 8 × 150,– EUR =	1.200,– EUR[4]
5.	Mehraufwand für Verpflegung pro Tag 8 × 25,– EUR =	200,– EUR[5]
6.	Mehrkosten Miete 12 × 3 × 100,– EUR =	3.600,– EUR[4]
7.	Kosten des einstweiligen Verfügungsverfahrens	781,– EUR[6]
	insgesamt	10.069,80 EUR[7]

Zur Zahlung setze ich eine Frist bis nach deren fruchtlosem Ablauf ich im Auftrage meines Mandanten Klage auf Zahlung erheben werde.

. . . . . .

(Rechtsanwalt)

Anmerkungen

1. Diesem Schreiben geht ein Anspruchsschreiben mit Fristsetzung (→ Form. B.I.1) voraus.

2. → Form. B.I.1 Anm. 2.

3. Da bei der Doppelvermietung die Mietsache nach Besitzübertragung an den Dritten dem (benachteiligten Anspruchsstellenden) Mieter nicht übergeben ist, dürfte dogmatisch Anspruchsgrundlage für Schadensersatzansprüche des Mieters seit dem 1.1.2003 (vgl. Art. 229 § 5 Abs. 1 S. 2 EGBGB: Dauerschuldverhältnisse) §§ 280, Abs. 1, 3 iVm §§ 281, 311a Abs. 2 BGB sein. Rechtsprechung (BGH NJW 1996, 714; BGH NJW 1991, 3277; BGH NJW-RR 1989, 77; BGH WuM 1987, 116; OLG Hamm WuM 1987, 346; OLG Köln WuM 1981, 103; LG Ulm WuM 1989, 285; LG Köln NJW-RR 1992, 77) und

Literatur (Palandt/*Weidenkaff* BGB § 536 Rn. 30; *Kinne/Schach/Bieber* BGB § 536 Rn. 21; *Blank/Börstinghaus* BGB § 536a Rn. 11; Schmidt-Futterer/*Eisenschmid* BGB § 536 Rn. 276; Staudinger/*Emmerich* BGB § 536 Rn. 48; *Emmerich* NZM 2002, 362), wenden jedoch unabhängig davon, ob der Besitz bereits übertragen ist oder nicht, bei der Doppelvermietung die Rechtsmängelhaftung an. Der Vermieter schuldet danach Schadensersatz gem. §§ 536a, 536 Abs. 3 BGB wegen eines anfänglichen Mangels (vgl. dazu BGH NJW 2006, 2323).

4. Der Mieter kann verlangen, so gestellt zu werden, wie er bei ordnungsgemäßer Erfüllung des Vertrages, Besitzeinräumung an der Wohnung und Fortführung des Mietverhältnisses stehen würde (BGH NJW 2003, 2158; NZM 2008, 889; Palandt/*Weidenkaff* BGB § 536a Rn. 14). Der Schaden umfasst die Kosten des Umzuges, die Lagerungskosten, Hotelaufenthalt sowie die Differenz zwischen der Miete der ursprünglich angemieteten Wohnung und der Ersatzwohnung (*Emmerich/Sonnenschein* BGB § 536a Rn. 12; Staudinger/*Emmerich* BGB § 536a Rn. 21; Palandt/*Weidenkaff* BGB § 536a Rn. 14). Der Schadensersatzanspruch wegen der höheren Miete ist begrenzt auf die vereinbarte Mietzeit bzw. den Zeitpunkt, da der Vermieter erstmals hätte ordentlich kündigen können (BGH DWW 1995, 279 ff.; *Emmerich/Sonnenschein* BGB § 536a Rn. 12; Staudinger/*Emmerich* BGB § 536a Rn. 21). Es ist daran zu denken, die Grundsätze der Schadensrechnung bei Schadensersatz wegen vorgeschobenen Eigenbedarfs anzuwenden. Danach wäre die Differenz zu zahlen für einen Zeitraum von drei (LG Köln WuM 1992, 14; LG Berlin MM 1994, 176), oder vier Jahren (LG Darmstadt WuM 1995, 165; Schmidt-Futterer/*Eisenschmid* BGB § 536a Rn. 88).

Ein eventueller Schaden aus der Differenz zwischen der Miete für die ursprünglich angemietete Wohnung und der Miete für die Ersatzwohnung ist seiner Natur nach auf die Zeit der vertraglichen Bindung der Parteien begrenzt. Schadensersatz kann allein für den Zeitraum verlangt werden, in dem der Vermieter zur Leistung verpflichtet ist und am Vertrag gegen seinen Willen festgehalten werden kann (vgl. Schmidt-Futterer/*Eisenschmid* BGB § 536a Rn. 88). Im Falle eines Zeitmietvertrages ist dies der Ablauf der Vertragszeit, während bei einem Mietvertrag auf unbestimmte Zeit dies der Zeitpunkt ist, zu dem der Vermieter berechtigterweise kündigen kann (BGH NJW 1972, 625; MDR 1972, 411; Schmidt-Futterer/*Eisenschmid* BGB § 536a Rn. 88). Angesichts des Grundsatzes der Naturalrestitution kann der Mieter den Schadensersatz nur in der Weise verlangen, dass der Vermieter den der Vertragsleistung entsprechenden Betrag zu dem Zeitpunkt zahlt, der dem Fälligkeitstermin entspricht; der Vermieter muss demgemäß nur sukzessiv in monatlichen Teilbeträgen Schadensersatz leisten (BGH MDR 1979, 1016; Schmidt-Futterer/*Eisenschmid* BGB § 536a Rn. 88).

5. Der Schadensersatzberechtigte hat während des achttägigen Hotelaufenthaltes in der Regel keine Möglichkeit, sich selbst zu verpflegen und muss auswärts essen. Hierdurch entstehen Mehrkosten gegenüber dem, was er im Rahmen der Lebensführung sonst hätte aufwenden müssen. Die Schadensposition ist der Höhe nach allein auf die **Mehrkosten** beschränkt.

6. Streitig ist, ob die Kosten des einstweiligen Verfügungsverfahrens als Schaden erstattungsfähig sind. Die aufgewendeten Prozesskosten liegen innerhalb des Schutzzwecks, dem die verletzten Pflichten dienen (BGHZ 30, 154). Namhafte Gerichte (OLG Hamm NJW-RR 1990, 1236; OLG Düsseldorf NJW-RR 1991, 138) bejahen die Zulässigkeit der einstweiligen Verfügung; der Antrag auf Erlass einer eV erscheint daher vertretbar. Für die Erstattungsfähigkeit der Kosten *Derleder/Pellegrino* NZM 1998, 550 (556); verneinend LG Köln WuM 1995, 155 (157).

7. Streitwert: 10.069,80 EUR; Kosten: RA-Gebühr § 14 RVG.

4. Anspruchsschreiben zur Ermöglichung vertragsgemäßen Gebrauchs

......

(Mieter)

an

......

(Vermieter)

Einschreiben/Rückschein[1]

Sehr geehrte(r)

Sie haben uns durch Mietvertrag vom ...... die in Ihrem Hause liegende EG-Wohnung sowie den über Terrasse und Keller zu erreichenden Garten vermietet.[2]

Nunmehr im Frühjahr müssen wir feststellen, dass sich die Mieter der Wohnung im 1. OG des gleichen Hauses, die Eheleute ......, im Garten zu schaffen machen, Bäume beschneiden, Unkraut rupfen, den Rasen schneiden und sich an einem warmen Sonntag mit Liegestühlen in den von uns gemieteten Garten legen.

Da wir den Garten zur alleinigen Nutzung gemietet haben, müssen wir Sie auffordern, die Mieter des 1. OGs des Gartens zu verweisen, ihnen zu untersagen, den Garten zu betreten, zu pflegen und zu nutzen.[3]

Sollte der vertragswidrige Gebrauch über den hinaus fortgesetzt werden, werden wir den Mietzins mindern,[4] ferner behalten wir uns weiterhin die fristlose Kündigung des Mietverhältnisses vor.[5, 6]

......

(Mieter)

Anmerkungen

1. → Form. B.I.1 Anm. 1.

2. Dem schriftlichen Mietvertrag ist zu entnehmen, ob der Mieter den Garten mitgemietet hat. Enthält der Mietvertrag die Regelung, dass der Garten dem Mieter vermietet worden ist, darf ihm dieser nicht entzogen werden (KrsG Greifswald WuM 1992, 356; *Sonnenschein* NJW 1997, 1270 (1279); Schmidt-Futterer/*Eisenschmid* BGB § 535 Rn. 344 ff.; *Lammel* BGB § 535 Rn. 103; *Kinne/Schach/Bieber* BGB § 535 Rn. 25). Ein Gewohnheitsrecht, dass der EG-Mieter eines Mehrfamilienhauses ohne weiteres den Garten benutzen dürfe, gibt es nicht (Schmidt-Futterer/*Eisenschmid* BGB § 535 Rn. 344). Bei Vermietung eines **Einfamilienhauses** zur ausschließlichen Nutzung durch den Mieter ist im Zweifel anzunehmen, dass der Garten mit vermietet ist (OLG Köln WuM 1994, 272; *Kinne/Schach/Bieber* BGB § 535 Rn. 26). Ist über die Gartenpflege keine Vereinbarung getroffen, obliegt diese bei einem **Mehrfamilienhaus** dem Vermieter (LG Kassel WuM 1988, 155; AG Bocholt WuM 1987, 270), bei einem Einfamilienhaus dem Mieter, soweit es um einfache Pflegearbeiten (Rasen mähen, Unkraut rupfen usw) geht (LG Siegen WuM 1991, 85; LG Hamburg ZMR 2003, 265; Schmidt-Futterer/*Eisenschmid* BGB § 535 Rn. 302 mwN).

Wird der Garten von außen zerstört oder beschädigt, etwa durch Wildschweine, handelt es sich bei den erforderlichen Maßnahmen um Instandsetzungsarbeiten, die allein dem Vermieter obliegen (Schmidt-Futterer/*Eisenschmid* BGB § 535 Rn. 345; *Gies* WuM 2013, 284).

3. Der Mieter hat einen Anspruch auf Erfüllung, § 535 Abs. 1 S. 2 BGB. Er kann den Vermieter im Klagewege auf Vertragserfüllung in Anspruch nehmen, den Mieter der Wohnung im 1. OG auf Unterlassung der Besitzstörung, wegen der Pflege des Gartens sowie wegen des Aufenthalts im Garten (→ Form. B.I.4 Anm. 2). Zur Frage der Verjährung des Erfüllungsanspruchs → Form. B.I.1 Anm. 5.

4. Da der Mieter der Erdgeschosswohnung in seinen Mieterrechten beeinträchtigt ist, kann er die Miete gem. § 536 Abs. 3, 1 BGB mindern.

5. Der Mieter kann weiterhin nach erfolgloser Fristsetzung fristlos außerordentlich kündigen, §§ 543 Abs. 2 Nr. 1, Abs. 3, 579 BGB.

6. Wird das Schreiben durch einen Rechtsanwalt abgefasst und abgesandt, fallen die **Gebühren** gem. § 14 RVG an.

5. Anspruchsschreiben zur Beseitigung von Mängeln

· · · · · ·

(Rechtsanwalt)

an

· · · · · ·

(Vermieter)[1]

Sehr geehrte(r) ,

hierdurch zeige ich an, dass ich die Interessen Ihres Mieters, des Herrn · · · · · · anwaltlich vertrete.

Mein Mandant bewohnt in Ihrem Hause im 3. OG links eine Wohnung. In der Nacht vom · · · · · · ist es bei starkem Regen zu einem Wassereintritt an der Außenwand des Schlafzimmers sowie links neben dem Fenster derselben Wand gekommen.

Im Auftrage meiner Partei melde ich den Schaden[2] und fordere Sie zur Schadensbeseitigung[3] bis auf. Das Recht zur Minderung[4] sowie Zurückbehaltung behält sich mein Mandant vor. Er zahlt ab jetzt die Miete vorsorglich unter Vorbehalt.[5,6]

· · · · · ·

(Rechtsanwalt)

Anmerkungen

1. → Form. B.I.1 Anm. 1.

2. Der Mieter ist bei Auftreten eines Mangels der Mietsache dazu verpflichtet, diesen dem Vermieter **unverzüglich iSd § 121 BGB** anzuzeigen, § 536c Abs. 1 S. 1 BGB; andernfalls ist er dem Vermieter zum Ersatz des durch die verzögerte Meldung entstehenden (weitergehenden) Schadens verpflichtet. Weiterhin ist er bei unterlassener Meldung des Mangels gemäß § 536c Abs. 2 Ziff. 1 BGB nicht zur Minderung gem. § 536 BGB berechtigt und verliert überdies das Recht, Schadensersatz gem. § 536a Abs. 1 BGB zu verlangen (§ 536 Abs. 2 Ziff. 2) sowie gem. § 543 Abs. 3 S. 1 BGB zu kündigen (§ 536c Abs. 2 Ziff. 3 BGB). Da dem

Mieter im Falle des Bestreitens der Meldung des Mangels durch den Vermieter die Darle-
gungs- und Beweislast obliegt (BGH NZM 2002, 217; Baumgärtel/Laumen/Prütting/*Nies*
Beweislast-HdB BGB § 536c Rn. 1 mwN), empfiehlt es sich, die mündlich erfolgte Meldung
schriftlich dergestalt zu bestätigen, dass der Nachweis des Zugangs möglich ist (→ Form. B.
I.1 Anm. 1). Die Anzeigepflicht entfällt, wenn der Mangel oder die konkrete Gefahr dem
Vermieter bereits bekannt ist (BGHZ 68, 281 = NJW 1977, 1236; Baumgärtel/Laumen/
Prütting/*Nies* Beweislast HdB BGB § 536c Rn. 1 mwN). Sie entfällt weiterhin, wenn der
Vermieter ohnehin keine Abhilfe schaffen kann (BGH NJW-RR 99, 845; MDR 1976, 753;
Lammel BGB § 536c Rn. 16; Palandt/*Weidenkaff* BGB § 536c Rn. 8).

Der Schaden sollte möglichst bereits in dem vorgerichtlichen Schreiben konkret beschrieben werden, um eine Verwendbarkeit dieses Schreibens in einem eventuell nachfolgenden Rechtsstreit sicher zu stellen.

3. Der **Anspruch auf Beseitigung des gemeldeten Mangels** resultiert aus § 535 Abs. 1
S. 2 2. Alt. BGB, der den Vermieter dazu verpflichtet, die Mietsache während der Mietzeit
in vertragsgemäßem Zustand zu erhalten. Er bleibt auch erhalten, wenn das Recht auf
Gewährleistung (§§ 536, 536a BGB) wegen Kenntnis des Mangels oder grob fahrlässiger
Unkenntnis gem. § 536b BGB ausgeschlossen ist (BGH NJW 1980, 777; *Wolf/Eckert/
Günter* Gewerbl. Miet-/Pacht- LeasingR-HdB Rn. 355; *Sternel* MietR – II Rn. 657;
Emmerich/Sonnenschein BGB § 536b Rn. 2; Herrlein/*Kandelhard* Vermieten BGB § 536b
Rn. 10; *Blank/Börstinghaus* BGB § 536b Rn. 10; Schmidt-Futterer/*Eisenschmid* BGB
§ 536 Rn. 543, § 536b Rn. 53 ff.; *Kinne/Schach/Biebe*r BGB § 536b Rn. 1; Staudinger/
Emmerich BGB § 536 Rn. 60, § 536b Rn. 3; aA *Lammel* BGB § 536b Rn. 2), es sei denn,
in der Annahme einer reparaturbedürftigen Sache liege zugleich deren Übernahme Sache
als vertragsgemäß (BGH NZM 2007, 484; OLG Hamm ZMR 2000, 93; *Blank/Börsting-
haus* BGB § 536b Rn. 10; Schmidt-Futterer/*Eisenschmid* BGB § 536b Rn. 57; *Wolf/Eckert/
Günter* Gewerbl. Miet-/Pacht-LeasingR-HdB Rn. 385; *Sternel* MietR VIII Rn. 278). Zur
Verjährung des Anspruchs → Form. B.I.1 Anm. 5.

Der Bundesgerichtshof (BGH NJW 2017, 1877) hat erklärt, welche Anforderungen an
die Darlegungslast des Mieters im Mangelfall gestellt werden müssen. Demnach genügt
es, wenn der Mieter den Mangel an sich beschreibt. Zur Mangelursache muss er nichts
vortragen. Benennt etwa der Mieter unzumutbare Lärmbelästigungen als Mangel der
Mietsache und trägt er dazu vor, durch Klopfgeräusche, Getrampel und Möbelrücken
aus einer anderen Wohnung beeinträchtigt zu sein, darf das Instanzgericht eine eventuelle
Beweisaufnahme nicht darauf beschränken, ob ein Nachbar mit seinem Wohnverhalten
stört. Vielmehr muss das Gericht auch feststellen, ob nicht bei ordnungsgemäßem Wohnverhalten des Nachbarn mangelhafter Schallschutz mangelursächlich sein kann (vgl.
Herrlein NJW 2017, 2801 (2804)).

4. Ein Schreiben → Form. B.I.7 wird erforderlich, wenn der Mangel vom Vermieter
nicht fristgerecht beseitigt wird. Zur Minderung → Form. B.I.7 Anm. 6, zum Zurückbehaltungsrecht → Form. B.I.7 Anm. 7.

5. Vorbehaltszahlung. Zahlung der Miete mit dem Vermerk „unter Vorbehalt" oder
„unter Vorbehalt der Zurückforderung" bewirkt die Erfüllung der Zahlungsverpflichtung
des Mieters gemäß § 535 Abs. 2 BGB (Kinne/Schach/Bieber/*Schach* BGB § 535 Rn. 65; *Nies*
NZM 1998, 398 (399)), der Mieter vermeidet das Risiko der Kündigung wegen Rückstands der Miete. Andererseits erreicht der Mieter durch den „einfachen Vorbehalt", dass
kein Anerkenntnis im Sinne des (einheitlich) § 812 BGB vorliegt, welches wegen § 814 BGB
den Rückzahlungsanspruch des Mieters aus § 812 BGB scheitern lassen würde (Kinne/
Schach/Bieber/*Schach* BGB § 535 Rn. 65; *Nies* NZM 1998, 398). Der Mieter kann dann
anschließend, ohne den Bestand des Mietverhältnisses zu gefährden, die unter Vorbehalt
gezahlte Miete ganz oder zum Teil zurückfordern, wobei ihm für den behaupteten Mangel

allerdings die Darlegungs- und Beweislast obliegt (Palandt/*Sprau* BGB § 812 Rn. 76). Von der Zahlung unter einfachem Vorbehalt zu unterscheiden ist die Zahlung unter „qualifiziertem Vorbehalt", beispielsweise: Zahlung unter dem Vorbehalt, dass die Forderung besteht. Ein solcher liegt vor, wenn der Mieter ohne Anerkennung seiner Schuld unter Vorbehalt der Rückforderung und ohne Veränderung der den Vermieter treffenden Beweislast seine Leistung erbringt, dem Vermieter daher im Rückforderungsrechtsstreit die Beweislast für das Bestehen seiner Forderung auferlegt werden soll (BGH NJW 1984, 2826; BGH NJW-RR 1989, 27; Kinne/Schach/Bieber/*Schach* BGB § 535 Rn. 65, Rn. 66; *Nies* NZM 1998, 398). Ein derartiger Vorbehalt verhindert den Eintritt der Erfüllung, der Vermieter kann wegen Rückstands der Miete fristlos kündigen. Das „Unter-Vorbehalt-Stellen" der zukünftigen Zahlungen ist wichtig für den Fall, dass der Mangel sowie die den Wohnwert beeinträchtigenden Folgen nicht unverzüglich beseitigt werden. Hat nämlich ein neuer Monat mit einer neuen Fälligkeit der Miete angefangen, wirkt ein erstmaliges Schreiben mit der Ankündigung der Vorbehaltszahlung nach am dritten Werktag des Monats erfolgter Zahlung (→ Form. B.I.7) nur für die Zukunft. War die Zahlung jedoch gleichzeitig mit der Anzeige des Mangels unter Vorbehalt gestellt, kann die Zahlung später noch unter Berücksichtigung der berechtigten Höhe der Minderung verrechnet werden, da § 814 BGB wegen des Vorbehalts nicht entgegensteht. Das Gleiche gilt, wenn sich in einem Zahlungsrechtsstreit herausstellt, dass die Minderungsquote höher als die vom Mieter vorgenommene Kürzung (Minderung) ausfällt. Auch hier kann der Mieter, wenn er unter Vorbehalt gezahlt hat, das „zu viel Gezahlte" später verrechnen.

6. Es fällt eine **Gebühr** gem. § 14 RVG an. Streitig ist die Ermittlung des Gegenstandswerts: Überwiegend (BGH NJW 2000, 3142 = NZM 2000, 713; LG Berlin NJW-RR 1997, 652; OLG Hamburg WuM 1994, 624; BGH NZM 1998, 305) wird gemäß §§ 3, 9 ZPO der dreieinhalbfache Jahresbetrag (42 Monate) der Minderung genommen, teils (LG Hamburg WuM 1992, 447; LG Stendal WuM 1994, 70) der 36fache Monatsbetrag, teils (LG Kiel WuM 1995, 320) die voraussichtlichen Kosten der Mängelbeseitigung.

6. Anspruchsschreiben zur Durchführung von Instandsetzungsarbeiten

......

(Rechtsanwalt)

an

......

(Vermieter)[1]

Sehr geehrte(r)

hierdurch zeige ich an, dass ich die Interessen Ihrer Mieter, der Eheleute ......, anwaltlich vertrete.

Meine Mandanten bewohnen in Ihrem sechsstöckigen Mehrfamilienhaus eine Wohnung im 6. OG. Mein Mandant, Herr ......, ist beinamputiert und daher ständig auf den Aufzug des Hauses angewiesen.

In den letzten Wochen ist der Aufzug mehrfach ausgefallen, dann wieder notdürftig in Stand gesetzt worden, um dann wieder auszufallen. Da mein Mandant infolge einer akuten Erkrankung täglich den Arzt aufsuchen muss, ist er auf den Betrieb des Aufzuges angewiesen, um täglich zur Behandlung/Kontrolle das Krankenhaus zu erreichen. Der

Aufzug funktionierte heute morgen gegen 8.00 Uhr, als mein Mandant das Haus verlassen wollte, nicht.

Im Auftrage meiner Partei habe ich Sie aufzufordern, den Aufzug unverzüglich in Stand zu setzen,[2] da meine Partei anderenfalls den Erlass einer einstweiligen Verfügung[3] beantragen sowie eine Klage[4] auf Instandsetzung einreichen wird.[5]

......

(Rechtsanwalt)

Anmerkungen

1. → Form. B.I.1 Anm. 1.

2. Die Verpflichtung des Vermieters zur **Instandsetzung** ergibt sich aus § 535 Abs. 1 S. 2 BGB. Die Überbürdung der Verpflichtung zur Tragung der Kosten für die Instandsetzung auf den Wohnraummieter ist nur zulässig, soweit es sich um Gegenstände der Wohnung handelt, die dem häufigen alleinigen Zugriff des Mieters unterliegen. Jede Erweiterung ist unzulässig (BGH NJW 1989, 2247).

Instandhaltungsreparaturen sind Maßnahmen zur Beseitigung der durch Abnutzung, Alterung und Witterungseinwirkung entstehenden Mängel (vgl. § 1 Abs. 2 Nr. 2 BetrKV). Der Ausfall des Aufzugs mag auf Abnutzung von Teilen beruhen. Angesichts erfolgloser Reparaturversuche ist nunmehr eine dringende Leistungsaufforderung zur Beseitigung des Mangels erforderlich. Hat der Vermieter mit der Fahrstuhlfirma einen Wartungsvertrag geschlossen, der ua auch die Bereitstellung und Lieferung von Ersatzteilen vorsieht, Reparatur und Ersatz von durch Verschleiß unbrauchbaren Teilen und Erneuerung von Tragseilen, handelt es sich der Sache nach um typische Instandhaltungs- und Instandsetzungsarbeiten, die nach dem Grundgedanken des § 535 Abs. 1 S. 2 BGB allein dem Vermieter auf seine Kosten obliegen (MAH MietR/*Gies* § 24 Rn. 101).

3. Der Mieter kann den Erlass einer **einstweiligen Verfügung** (Leistungsverfügung) erwirken (OLG Düsseldorf NJW-RR 1996, 123), vgl. insoweit MPFB MietR/*Richter* D. V.18. Durch eine Leistungsverfügung soll dem berechtigten Interesse des Mieters an einer zügigen Sicherung seiner Mieterrechte Rechnung getragen werden.

4. Dem Mieter steht darüber hinaus selbstverständlich der **Erfüllungsanspruch** gem. § 535 Abs. 1 S. 2 BGB zu, den er mit der Leistungsklage geltend machen kann, dies allerdings möglicherweise durch zwei Instanzen. Zur Verjährung des Anspruchs → Form. B.I.1 Anm. 5.

5. Gebühren des Rechtsanwalts § 14 RVG. Geschäftswert: → Form. B.I.5 Anm. 6.

7. Minderung, Vorbehaltszahlung, Zurückbehaltungsrecht und Androhung einer Klage auf Erfüllung oder (alternativ) Ersatzvornahme

......

(Rechtsanwalt)

an

......

(Vermieter)[1]

Sehr geehrte(r) . . . . . .

wie Ihnen durch mein Schreiben vom[2] bekannt ist, vertrete ich die Interessen Ihres Mieters im Hause 3. OG links.

Mit diesem Schreiben hatte ich Ihnen vor drei Wochen Mängel in der Wohnung meines Mandanten angezeigt,[3] Ihnen mitgeteilt, dass in der Nacht vom . . . . . . bei starkem Regenfall Wasser an der Außenwand des Schlafzimmers sowie links vom Fenster derselben Wand eingedrungen war, und Sie unter Fristsetzung zur Beseitigung aufgefordert. Mietminderung, Geltendmachung des Zurückbehaltungsrechts sowie Vorbehaltszahlung hatte sich mein Mandant ausdrücklich vorbehalten.

Die Ihnen gesetzte Frist zur Beseitigung des Mangels ist abgelaufen. Sie haben einige Zeit nach der Schadensmeldung die Wohnung und die Mängel mit verschiedenen Handwerkern besichtigt, jedoch keinerlei Arbeiten durchgeführt. Zwischenzeitlich hat sich an der Außenwand links neben dem großen Fenster ein großer Feuchtigkeitsfleck von einer Größe von 2 × 1m und einer Höhe von 0,80m über dem Boden gebildet. Der Fleck vergrößert sich, es hat sich bereits Schimmel gebildet. Im Fensterbereich war an der linken Seite Wasser eingedrungen und an der Wand heruntergelaufen. Auch hier ist Schimmel entstanden. Das Schlafzimmer ist unbewohnbar.

Im Auftrage meines Mandanten fordere ich Sie auf, unter Fristsetzung bis . . . . . . die Schadensursache zu beseitigen, den Schimmel nachhaltig zu entfernen, die Wände instand zu setzen sowie wieder zu tapezieren. Geschieht dies nicht fristgerecht, wird meine Partei Sie im Klagewege auf Mängelbeseitigung in Anspruch nehmen[4]

(Alternative:

die Mängel auf Ihre Kosten beseitigen lassen und die anfallenden Kosten mit den zukünftigen Mieten verrechnen.[5]*)*

Bis zur Beseitigung der Mängel wird meine Partei den Mietzins um . . . . . . % mindern.[6]

Darüber hinaus wird sie über die berechtigte Minderung hinaus vom Zurückbehaltungsrecht gem. § 320 BGB[7] Gebrauch machen und, soweit Zahlung erfolgt, den Mietzins weiterhin nur unter Vorbehalt zahlen.[8, 9]

. . . . . .

(Rechtsanwalt)

Anmerkungen

1. → Form. B.I.1 Anm. 1.

2. → Form. B.I.5 Schreiben: Mängelmeldung und Aufforderung zur Beseitigung von Mängeln.

3. → Form. B.I.5 Anm. 2: Voraussetzung für den Eintritt der Minderung.

4. Der Anspruch auf Beseitigung von Mängeln resultiert aus § 535 Abs. 1 S. 2 Alt. 2 BGB, der den Vermieter dazu verpflichtet, die Mietsache während der Mietzeit in vertragsgemäßem Zustand zu erhalten. Da § 536b Abs. 1 S. 1 BGB die Vorschrift des § 535 Abs. 1 S. 2 BGB nicht einbezieht, hat der Mieter den Erfüllungsanspruch auch, wenn er den Mangel der Mietsache bei Abschluss des Mietvertrags kennt und keinen Vorbehalt geltend macht (OLG Köln MDR 1993, 973; *Emmerich/Sonnenschein* BGB § 536b Rn. 2; *Kinne/Schach/Bieber*

BGB § 535 Rn. 76; Herrlein/Kandelhard/*Kandelhard* BGB § 536b Rn. 10; Palandt/*Weidenkaff* BGB § 536b Rn. 2); etwas anderes kann jedoch gelten, wenn der Mieter bei Vertragsabschluss mit Besitzeinräumung den Mangel erkennt und über längere Zeit nicht rügt. Dann kann im Einzelfall die Mietsache mit Mangel als vertragsgemäß angenommen worden sein (OLG Hamm ZMR 2000, 93). Kenntnis des Mangels ist auch dann gegeben, wenn der Mieter die tatsächlichen Umstände kennt, aus denen sich eine künftige Beeinträchtigung ergibt, zB im Falle von vorhersehbaren Baumaßnahmen (KG NZM 2003, 718; Palandt/*Weidenkaff* BGB § 536b Rn. 5). Fehlt es an einer Beschaffenheitsvereinbarung – auch auf konkludente Art und Weise – bestimmt sich der zum vertragsgemäßen Gebrauch geeignete Zustand der Mietsache nach der Verkehrsanschauung unter Berücksichtigung des vereinbarten Nutzungszwecks und des Grundsatzes von Treu und Glauben; Beispiel: eine vorübergehende erhöhte Verkehrslärmbelästigung auf Grund von Straßenbauarbeiten stellt unabhängig von ihrer zeitlichen Dauer jedenfalls dann, wenn sie sich innerhalb der in Innenstadtlagen üblichen Grenzen hält, keinen zur Minderung berechtigenden Mangel einer vermieteten Wohnung dar (BGH NJW 2013, 680).

Zur **Verjährung** des Erfüllungsanspruchs → Form. B.I.1 Anm. 5.

Eine Überwälzung von Instandhaltungs- und Instandsetzungspflichten, Hauptpflichten des Vermieters auf den Mieter von Wohnraum ist formularmäßig nach höchstrichterlicher Rechtsprechung grundsätzlich nicht mehr möglich, da ein Verstoß gegen § 307 BGB, Abweichung vom gesetzlichen Leitbild des § 535 BGB angenommen wird (BGHZ 108, 1, 8 ff.; BGHZ 118, 194 ff.; BGH NZM 2005, 863; Staudinger/*Emmerich* BGB § 535 Rn. 131; *Blank/Börstinghaus* BGB § 535 Rn. 345; *Kinne/Schach/Bieber* BGB § 535 Rn. 81). Eine Ausnahme gilt lediglich für sogenannte Bagatellschäden. Jedoch auch hier sind **Vornahmeklauseln**, Klauseln, die den Mieter verpflichten, etwaige Schäden selbst zu beseitigen, generell unwirksam (BGH NJW 1992, 1759 = WuM 1992, 355 = ZMR 1992, 332); **Kostenbeteiligungsklauseln** sind demgegenüber zulässig, soweit sie sich zum einen nur auf solche Teile beziehen, die dem direkten und häufigen Zugriff des Mieters ausgesetzt sind, zum anderen einen Höchstbetrag für den Fall enthalten, dass innerhalb eines bestimmten Zeitraums mehrere Kleinreparaturen anfielen (BGH NJW 1992, 1959: Betrag bis 150,– DM = 75,– EUR; OLG Hamburg WuM 1991, 385: bis 150,– DM = 75,– EUR). Heute dürfte ein Betrag von 100,– EUR angemessen sein (Kinne/Schach/Bieber/*Bieber* BGB § 535 Rn. 81c; Schmidt-Futterer/*Langenberg* BGB § 538 Rn. 58). Zu beachten ist die Entscheidung des BGH 7.11.2012 – VIII ZR 119/12, NJW 2013, 597: Eine Klausel in einem vom Vermieter gestellten Formularmietvertrag, die dem Mieter die anteiligen Kosten der jährlichen Wartung einer Gastherme auferlegt, benachteiligt den Mieter auch dann nicht unangemessen, wenn die Klausel eine Obergrenze für den Umlagebetrag nicht vorsieht.

Auch bei **Gewerberaummietverträgen** ist es nicht zulässig, durch **Formularverträge** eine Endrenovierung auf den Mieter abzuwälzen, wenn auch eine turnusmäßige Schönheitsreparatur dem Mieter angelastet wird. Ein derartiger Summierungseffekt führt zur Unwirksamkeit beider Klauseln und benachteiligt den Gewerbemieter unangemessen (BGH NJW 2005, 2006; OLG Düsseldorf NJW 2006, 2047). Die Überbürdung der Erhaltungslast in vollem Umfang, sowie die Verpflichtung zur Behebung anfänglicher Mängel (OLG Köln NJW-RR 1994, 524) sind ebenso unzulässig wie die Verpflichtung zur Beseitigung von Dritten verursachter Schäden, die nicht dem Risikobereich des Mieters zuzurechnen sind (BGH NJW-RR 1991, 1750; *Wolf/Eckert/Günter* Gewerbl. Miet-/Pacht-/LeasingR-HdB Rn. 409).

Durch **Individualvereinbarungen** ist eine weitergehende Verpflichtung des gewerblichen Mieters zur Durchführung von Reparaturen und Instandsetzungsarbeiten zulässig, insbesondere, wenn dies bei der Mietpreiskalkulation berücksichtigt wird (BGH NJW-RR 1990, 142; Staudinger/*Emmerich* BGB § 535 Rn. 128; *Wolf/Eckert/Günter* Gewerbl.

Miet-/Pacht-/LeasingR-HdB Rn. 408). Die Grenzen liegen bei der Übertragung der gesamten Verantwortung für das Objekt, Großschäden oder Schäden, die keinesfalls auf den Mietgebrauch zurückzuführen sind (*Wolf/Eckert/Günter* Gewerbl. Miet-/Pacht-/LeasingR-HdB Rn. 408).

5. Statt den Vermieter im Wege der Leistungsklage auf Schadensbeseitigung in Anspruch zu nehmen, kann der Mieter nach Fristablauf (Verzug mit der Schadensbeseitigung gem. § 286 BGB) den Mangel selbst beseitigen und vom Vermieter Ersatz für Aufwendungen gem. § 536a Abs. 2 Nr. 1 BGB verlangen. Wenngleich nach allgemeiner Meinung (Palandt/*Grüneberg* BGB § 286 Rn. 17; *Kinne/Schach/Bieber* BGB § 536a Rn. 9) eine Fristsetzung nicht erforderlich ist, ist diese zu empfehlen mit der Ankündigung, dass nach Ablauf der Frist die Arbeiten auf Kosten des Vermieters beseitigt werden, wenn dieser sie nicht selbst innerhalb der gesetzten Frist erledigt (*Kinne/Schach/Bieber* BGB § 536a Rn. 9). Der Mieter kann in diesem Fall nach Einholung eines Kostenvoranschlages über die Höhe der Kosten vom Vermieter Zahlung eines Vorschusses verlangen (BGHZ 56, 136; KG NJW-RR 1988, 1039), diesen einklagen, dann die Arbeiten durchführen und über den Vorschuss Abrechnung erteilen (*Kinne/Schach/Bieber* BGB § 536a Rn. 11). Stattdessen kann er auch die Arbeiten durchführen, dann entweder gem. § 257 BGB vom Vermieter Befreiung von der Verbindlichkeit gegenüber dem Handwerker verlangen oder nach Bezahlung des Betrages nach vorheriger Ankündigung von einem Monat mit dem Erstattungsanspruch gegen die zukünftigen Mieten aufrechnen, §§ 556b Abs. 2, 536a Abs. 2 BGB (vgl. Schmidt-Futterer/*Langenberg* BGB § 556b Rn. 39). Das Aufrechnungsrecht ist gemäß § 556b Abs. 2 S. 2 BGB nicht abdingbar.

6. Zeigt der Mieter einen während der Mietzeit eingetretenen Mangel der Mietsache an (§ 536c BGB), der
- die Tauglichkeit zum vertragsgemäßen Gebrauch **nicht nur unerheblich** aufhebt,
- **vom Mieter nicht selbst schuldhaft verursacht** ist und
- vom Vermieter **nicht beseitigt** wird,

hat der Mieter nur eine angemessene herabgesetzte Miete zu zahlen, denn die Miete ist kraft Gesetzes gemindert. Ein Mangel liegt vor bei nachteiliger Abweichung des tatsächlichen Zustandes der Mietsache vom vertraglich geschuldeten (BGH NJW 2000, 1714; 2012, 1647 (1648)). Während § 537 BGB aF zur Berechnung der Höhe der Minderung auf die kaufrechtlichen Vorschriften der §§ 472, 473 BGB verwies, spricht § 536 BGB in der Fassung der Mietrechtsreform von einer angemessen herabgesetzten Miete. Da die alte Regelung unpraktikabel war und die Rechtsprechung ohnehin mit geschätzten Prozentsätzen arbeitete (*Kinne/Schach/Bieber* BGB § 536 Rn. 10; Herrlein/Kandelhard/*Kandelhard* BGB § 536 Rn. 38), ist eine Änderung der Rechtsprechung nicht zu erwarten (*Kinne/Schach/Bieber* BGB § 536 Rn. 10; Herrlein/Kandelhard/*Kandelhard* BGB § 536 Rn. 38). Abzustellen sein dürfte auf das Ausmaß der Beeinträchtigung (BGH NJW 2012, 1647 (1648)). Es liegt auf der Hand, dass ein Wassereintritt in einem Zimmer einer Dreizimmerwohnung mit der Folge der Unbewohnbarkeit dieses Zimmers (wie hier) in der Minderungsquote anders zu bewerten ist als ein Wassereintritt in einem Zimmer einer Zehnzimmerwohnung.

Der Streit, ob die Minderung von der Bruttomiete (so OLG Hamm NJWE-MietR 1996, 80 ua), von der Bruttokaltmiete (so LG Berlin GE 1998, 681 ua), von der Miete zuzüglich Nebenkosten – dann, wenn die jeweiligen Nebenkosten mitbetroffen sind – (OLG Düsseldorf NJW-RR 1994, 399 ua), oder von der Nettokaltmiete (LG Berlin WuM 1998, 28; AG Köln WuM 1978, 126) zu berechnen ist, ist zunächst durch die Entscheidungen des BGH (NZM 2005, 455 sowie NZM 2005, 699: Minderfläche von mehr als 10 % der im Mietvertrag angegebenen Fläche stellt Mangel dar, Minderung von Bruttomiete) dahingehend entschieden, dass von der **Bruttomiete** als **Gesamtentgelt** auszugehen ist. Streitig ist, wie die Minderung errechnet wird, ob von der monatlichen Bruttomiete oder von der Bruttomiete einschließlich Nachzahlungen oder Erstattungen nach erteilter Jahresabrechnung (vgl. *Eisenschmid* WuM 2005, 491 ff.; *Leo/Schmitz* NZM 2005, 858; *Becker* GE 2005, 1335; *Schach* GE 2005, 645 sowie GE 2005, 1462; *Bieber* NZM 2006, 683). Da der in dem Gesamtentgelt enthaltene Betriebskostenanteil lediglich eine Vorauszahlung darstellt, kann konsequenterweise die Minderung erst nach erfolgter Abrechnung über die Vorauszahlungen des Abrechnungsjahres unter Berücksichtigung eventueller Nachzahlungen oder Guthabenbeträge endgültig berechnet werden (KG GE 2006, 1235: für Betriebskostenabrechnungen; *Bieber* NZM 2006, 683; *Eisenschmid* WuM 2005, 491).

Streitig war zunächst weiterhin, ob nach dem 1.9.2001 **§ 536b BGB analog** anzuwenden ist, wenn dem Mieter während der Mietzeit ein Mangel bekannt wurde und er den Mietzins dennoch über fünf bis sechs Monate vorbehaltlos zahlte, wie dies bei der Vorgängernorm § 539 BGB aF von der höchstrichterlichen Rechtsprechung (BGH NJW 1997, 2474; BGH NJW-RR 1992, 267) angenommen wurde. Die neuere Rechtsprechung (BGH NZM 2003, 679: für Wohnraum; BGH NZM 2005, 303: für Gewerbe) hat die Auffassung des Reformgesetzgebers (BT-Drs. 14/4553, NZM 2000, 812) bestätigt, wonach nach dem ab 1.9.2001 geltenden Recht die Regelung

- **Verlust der Minderung für die Zukunft** bei Unterbleiben der Anzeige des Mangels, § 536c Abs. 2 Ziff. 1 BGB sowie
- **Verlust des Rückzahlungsanspruchs** aus § 812 BGB bei Zahlung der vollen Miete in Kenntnis der Nichtschuld, § 814 BGB und
- § 242 BGB (**Verwirkung**) bei Zahlung der vollen Miete über einen längeren Zeitpunkt hinweg und Erwecken eines Vertrauenstatbestandes beim Vertragspartner mit der Folge des Verlusts der Minderung zu einem sachgerechten Ergebnis führe. Daher gilt:
- Der Mieter, der einen Mangel angezeigt hat – meldet er den Mangel nicht, darf er wegen § 536c Abs. 2 BGB nicht mindern –, jedoch die Miete vorbehaltslos zahlt, verliert das Minderungsrecht für die Zukunft nur unter den Voraussetzungen der Verwirkung, § 242 BGB: langer Zeitablauf sowie Vertrauenstatbestand auf Vermieterseite.
- Dem Rückzahlungsanspruch des Mieters gemäß §§ 812, 536 BGB, der die Miete trotz Vorliegens eines Mangels und Anzeige dem Vermieter gegenüber vorbehaltlos gezahlt hat, steht § 814 BGB entgegen.

Empfehlung: Da dem im Rechtsstreit auf Zahlung der Miete in Anspruch genommenen mindernden Mieter im Falle des Bestreitens des Mangels durch den Vermieter die Darlegungs- und Beweislast für die Tatsachen, aus denen sich der Mangel ergibt, obliegt (BGH WuM 1986, 58; BGH NJW 1989, 3222 ff.; BGH WuM 1999, 345; BGH NJW 2000, 2344; Baumgärtel/Laumen/Prütting/*Nies* Beweislast-HdB BGB § 536 Rn. 3), er zudem bei Bestreiten der Anzeige des Mangels bzw. deren Zugang beweisen muss, dass er den Mangel angezeigt hat und die Anzeige zugegangen ist (BGH NZM 2002, 217; Baumgärtel/Laumen/Prütting/*Nies* Beweislast-HdB BGB § 536c Rn. 2), ist ihm dringend zu empfehlen, bereits vorprozessual **Beweise für das Vorliegen** des **Mangels** sowie für **die unverzügliche Anzeige des Mangels** gegenüber dem Vermieter zu sichern.

Im Rahmen eines Schadensersatzanspruchs nach § 536c Abs. 2 S. 1 BGB trägt der Vermieter die Darlegungs- und Beweislast für die Verletzung der den Mieter treffenden Anzeigepflicht (BGH MDR 2013, 327).

7. Zurückbehaltungsrecht: Kontrovers diskutiert wird weiterhin, ob dem Mieter bei Mängeln der Mietsache neben der Minderung nach der Regelung des § 556b Abs. 1 BGB, wonach die Miete im Wohnraummietrecht ebenso wie im gewerblichen Mietrecht über Räume (hier allerdings abdingbar) im Voraus bis zum dritten Werktag eines Monats zu zahlen ist, das Zurückbehaltungsrecht des § 320 BGB (es sei denn, dass er vorzuleisten verpflichtet ist) zusteht. Dies wird überwiegend, jedoch mit unterschiedlichen Begründungen, bejaht (*Blank/Börstinghaus* BGB § 536 Rn. 96; *Gellwitzki* WuM 2001, 381; *Eisenschmid* WuM 2000, 215 (218); Staudinger/*Emmerich* BGB § 536 Rn. 59; *Kinne/Schach/Bieber* BGB § 536 Rn. 13; Schmidt-Futterer/*Eisenschmid* BGB § 536 Rn. 379 ff.; *Herrlein/*

Kandelhard BGB § 536 Rn. 43; *Sternel* MietR aktuell III Rn. 118 ff.), von einer anderen Meinung verneint (*Langenberg* WuM 2001, 523 (525); *Lammel* BGB § 536 Rn. 5; zweifelnd noch *Sternel* ZMR 2001, 937 (938)). Die durch § 556b Abs. 1 BGB begründete Vorleistungspflicht des Mieters reicht nur so weit wie der Zeitraum, für sie bestimmt ist, somit bis zum nächsten Monat. Der Vermieter muss, wenn im Laufe des vorangegangenen Monats ein Mangel der Mietsache eingetreten ist, ab Kenntnis durch die Mängelanzeige des Mieters den Mangel beseitigen und dem Mieter zu Beginn des nächsten Monats (der nächsten Zeitperiode im Rahmen des Dauerschuldverhältnisses) eine reparierte mangelfreie Mietsache anbieten. Anderenfalls steht dem Mieter das Zurückbehaltungsrecht des § 320 BGB zu. Er ist nur Zug um Zug gegen Erbringung einer mangelfreien Leistung zur Zahlung verpflichtet (OLG Düsseldorf ZMR 1989, 300; *Herrlein/ Kandelhard* BGB § 536 Rn. 43, 44).

Das Zurückbehaltungsrecht kann im Wohnraummietrecht wegen Verstoßes gegen § 309 Nr. 2 BGB formularmäßig nicht abbedungen werden (Staudinger/*Emmerich* BGB § 536 Rn. 59; *Kinne/Schach/Bieber* BGB § 536b Rn. 19; Schmidt-Futterer/*Langenberg* BGB § 556b Rn. 37).

Auch im Gewerberaummietrecht kann der formularmäßige Ausschluss des Zurückbehaltungsrechts gegenüber einem Nichtunternehmer wegen Verstoßes gegen § 309 Nr. 2 BGB unwirksam sein (*Kinne/Schach/Bieber* BGB § 556b Rn. 11 BGB; *Wolf/Eckert/Günter* Gewerbl. Miet-/Pacht-/LeasingR-HdB Rn. 347). Liegt kein Verstoß vor, ist eine Einschränkung des Zurückbehaltungsrechts zulässig (OLG Hamm MDR 1997, 927; OLG Düsseldorf NZM 1998, 267; OLG Celle NZM 1998, 265), wobei das OLG Düsseldorf die Auffassung vertritt, dass der Ausschluss des Zurückbehaltungsrechts nur § 273 BGB, nicht jedoch das Leistungsverweigerungsrecht des § 320 BGB erfasst.

Das Zurückbehaltungsrecht berechtigt zur Zurückbehaltung des drei- bis fünffachen der berechtigten Minderung (LG Hamburg WuM 1991, 262; LG Berlin GE 1995, 821) bis zur Beseitigung des Mangels. Es verhindert den Eintritt des Verzugs des Mieters mit der Miete, ohne dass dieser das Recht vorher geltend machen müsste (BGHZ 84, 42 ff.; zweifelnd *Wolf/Eckert/Günter* Gewerbl. Miet-/Pacht-/LeasingR-HdB Rn. 271: Ohne ausdrückliche Geltendmachung könne die Einrede nach § 320 BGB allenfalls für die Zeit nach Anzeige des Mangels greifen).

8. Zu empfehlen ist, **gleichzeitig** mit der **Anzeige des Mangels** die **Mietzahlung unter Vorbehalt zu stellen** sowie sich das Recht der Minderung und der Geltendmachung des Zurückbehaltungsrecht vorzubehalten, → Form. B.I.5 Anm. 5. Stellt sich nämlich in einem Zahlungsstreit heraus, dass die vom Mieter vorgenommene Mietminderung zu gering war, kann dieser, vom Vermieter auf Zahlung in Anspruch genommen, wegen § 814 BGB die „überzahlte Miete" nur dann im Wege der Widerklage zurückverlangen bzw. verrechnen, wenn er unter Vorbehalt gezahlt hat.

Kündigt der Vermieter wegen (nach seiner Auffassung) unberechtigter Minderung durch den Mieter fristlos und erhebt Räumungs- und Zahlungsklage, hat der Mieter die Möglichkeit, binnen zweier Monate ab Zustellung der Räumungsklage (§§ 543 Abs. 2 Nr. 2, 569 Abs. 3 Nr. 3 BGB) den gesamten Rückstand einschließlich der laufenden Miete unter Vorbehalt zu zahlen und dann im Wege der Widerklage Rückzahlung zu verlangen (vgl. *Nies* NZM 2000, 1113). Auf diese Weise verhindert der Mieter, seine Wohnung zu verlieren. **Dies gilt jedoch nur,** wenn dem Mieter nicht vor nicht mehr als zwei Jahren bereits einmal wegen Rückstands fristlos gekündigt worden ist und die Kündigung durch Zahlung oder Übernahme durch eine öffentliche Stelle gemäß § 569 Abs. 3 S. 1 BGB unwirksam geworden ist.

9. **Erfüllungsanspruch. Streitwert:** Interesse des Mieters an der Wiederherstellung des vertragsgemäßen Zustandes (LG Hamburg Jur. Büro 1985, 1701), dreifacher Jahresbetrag der monatlichen Minderungsquote. **Gebühren** des RA: § 14 RVG.

8. Minderung, Vorbehaltszahlung, Zurückbehaltungsrecht und Ankündigung einer fristlosen Kündigung wegen Lärmbelästigung

......

(Rechtsanwalt)

an

......

(Vermieter)

per Boten[1]

Sehr geehrte(r) ,

hiermit zeige ich an, dass ich die Interessen der/des anwaltlich vertrete. Vollmacht auf mich ist beigefügt.

Meine Mandanten bewohnen aufgrund Mietvertrags vom ...... die in Ihrem Mehrfamilienhaus befindliche Wohnung im 3. OG bestehend aus Zimmern zu einer monatlichen Miete von ...... EUR.

Die über der Wohnung meiner Mandanten liegende Wohnung wird seit kurzer Zeit von einem jungen Pärchen bewohnt, welches nahezu jeden Abend bis nach Mitternacht, manchmal bis 2 oder 3 Uhr morgens unerträglichen Lärm durch überlaut betriebene Musikwiedergabegeräte bzw. Fernsehgeräte erzeugt, sich dann zu fortgeschrittener Stunde nach Mitternacht, offenbar in alkoholisiertem Zustand, lautstark streitet, brüllt, mit Gegenständen wirft, sodass weder meine Mandanten noch deren Kinder, von denen eines schulpflichtig ist, zum Schlafen kommen.

Meine Mandanten haben es zunächst im Guten versucht, sie haben mit den Mietern gesprochen, sie um Einstellen des Lärms sowie Betreiben der Geräte in Zimmerlautstärke gebeten, die Polizei alarmiert, Ihnen als Vermieter den Mangel mit der Bitte um Abhilfe angezeigt,[2] jedoch ohne nachhaltigen Erfolg. Die Mieter versprachen, Rücksicht zu nehmen, hielten sich auch ein paar Tage daran. Dann begann die abendliche/nächtliche Lärmbelästigung erneut.

Meine Mandanten sind es nun leid. Da der Gebrauchswert der Wohnung durch die nahezu jeden Abend stattfindende Lärmbelästigung erheblich eingeschränkt wird, werden meine Mandanten ab heute die Miete gemäß § 536 BGB mindern,[3] darüber hinaus vom Zurückbehaltungsrecht[4] Gebrauch machen und den zwei- bis fünffachen Betrag der berechtigten Minderung einbehalten, um Sie zur Beseitigung der Lärmbelästigung zu veranlassen. Ferner zahlen meine Mandanten die Miete,[5] soweit sie gezahlt wird, ab heute unter Vorbehalt,[6] sodass sie, wenn das Gericht zu einer höheren Minderung kommt, als von meinen Mandanten realisiert, den Rückzahlungsanspruch gemäß §§ 812, 536 BGB geltend machen können.

Schließlich setzt meine Partei Ihnen zur Abstellung der Lärmbelästigung eine Frist bis zum ......, nach deren Ablauf sie das Mietverhältnis gemäß §§ 543, 569 BGB fristlos kündigen[7] und sodann Schadensersatz verlangen wird.

Meine Mandanten haben bereits vor einem Monat damit begonnen, ein Lärmprotokoll[8] zu erstellen, damit sie im Fall eines Rechtsstreits dem Gericht den Lärm, die Art des Lärms mit Datum und Uhrzeit vortragen und beweisen können.

Sie schulden[9] unter dem Gesichtspunkt der Pflichtverletzung des Mietvertrages gemäß § 280 BGB – meine Partei hatte Sie um Abstellen des Lärms gebeten, Sie kamen der Aufforderung nicht nach – die bei mir entstandenen Gebühren, wie nachstehend errechnet:

Streitwert:

Der Betrag ist zu zahlen bis

. . . . . .

(Rechtsanwalt)

Anmerkungen

1. → Form. B.I.1 Anm. 1.

2. → Form. B.I.5.
Anzeige des Mangels ist zum einen erforderlich, um die Verpflichtung gemäß § 536c BGB zu erfüllen, zum anderen, um die Rechte auf Minderung, Schadensersatz, fristlose Kündigung nicht zu verlieren.
Im Rahmen eines Schadensersatzanspruchs nach § 536c Abs. 2 S. 1 BGB trägt der Vermieter die Darlegungs- und Beweislast für die Verletzung der den Mieter treffenden Anzeigepflicht (BGH MDR 2013, 327).

3. Vermeidbarer **Lärm aus der Nachbarwohnung** (LG Mannheim DWW 1991, 311; *Blank/Börstinghaus* BGB § 536 Rn. 36; Schmidt-Futterer/*Eisenschmid* BGB § 536 Rn. 95 ff. mwN; Horst MDR 2012, 70, 73) kann ebenso wie **Baulärm** durch Arbeiten am gleichen Haus oder auf einem Nachbargrundstück (*Blank/Börstinghaus* BGB § 536 Rn. 14; Schmidt-Futterer/*Eisenschmid* Rn. § 536 Rn. 112 ff.; *Wolf/Eckert/Günter* Gewerbl. Miet-/Pacht-/LeasingR-HdB Rn. 279; Palandt/*Weidenkaff* BGB § 535 Rn. 28) einen erheblichen Mangel darstellen, der zur Minderung berechtigt.

4. → Form. B.I.7 Anm. 7: Zurückbehaltungsrecht.

5. Die **Minderung** der Miete wird von der **Bruttomiete einschließlich Nachzahlungen oder Erstattungen aus den Betriebskostenabrechnungen** berechnet (str.), → Form. B.I.7 Anm. 6.

6. Zahlung unter Vorbehalt: → Form. B.I.5 Anm. 5, → Form. B.I.7 Anm. 8.

7. Tritt an der vermieteten Sache ein **erheblicher nachträglicher Mangel** auf (hier: Lärm durch anderen Mieter), wird dadurch dem Mieter der vertragsgemäße Gebrauch der Mietsache ganz oder zum Teil nachträglich entzogen. Dies berechtigt den Mieter zur **fristlosen Kündigung** gemäß § 543 Abs. 2 Nr. 1 BGB, sofern er den Mangel angezeigt hat, § 536c Abs. 2 Ziff. 3 BGB, der Vermieter keine Abhilfe geschaffen hat und der Mieter daraufhin dem Vermieter erfolglos eine angemessene Frist zur Beseitigung des Mangels gesetzt oder ihn abgemahnt hat, § 543 Abs. 3 S. 1 BGB.

8. **Lärmprotokoll.** Mindert der Mieter wegen Lärms aus der Wohnung eines anderen Mieters im selben Haus, muss er, wenn er im Klagewege auf Zahlung in Anspruch genommen wird, Art, Umfang, Datum sowie Uhrzeit, zu der der Lärm aufgetreten ist, in Form eines **Lärmprotokolls** vortragen (LG Berlin WuM 1999, 329: tagebuchartiges Protokoll; KG GE 2001, 620; AG Emmerich NJW-RR 2000, 1250; *Blank/Börstinghaus* BGB § 536 Rn. 43: Aufzeichnungen), um seiner Darlegungslast zu genügen (OLG München WuM 1991, 681 ff.; OLG Celle ZMR 1985, 10 ff.). Dies ist nur möglich, wenn er im Vorfeld tagebuchartige Aufzeichnungen macht und Beweise gesichert hat (vgl. zur Darlegungs- und Beweislast Baumgärtel/Laumen/Prütting/*Nies* BGB § 536 Rn. 9).

Mindert der Mieter wegen **Lärms durch Bauarbeiten** im selben Haus mit Pressluft-hämmern und schweren Geräten, verbunden mit Einkleidung und Verhüllung der Fassade durch Abdeckplane, können ihm im späteren Rechtsstreit Erleichterungen der Darlegungs- und Beweislast zugute kommen; „von ihm **könne** nicht verlangt werden, dass er Aufzeichnungen darüber mache, dass, an welchem Tag, zu welcher Uhrzeit welches Geräusch durch welche Maschine aus welcher Richtung komme" (KG GE 2001, 620; *Kinne/Schach/Bieber* II Rn. 53; AG, LG Köln WuM 2001, 78: für Baulärm bei Ausbau der Bahnstrecke). Das Gleiche gilt für Bauarbeiten auf einem Nachbargrundstück (AG Hamburg-Blankenese ZMR 2003, 746 ff. mit Rechtsprechungsübersicht). **Ursache des Mangels, Umfang und Ausmaß der Beeinträchtigung** muss der Mieter weder in der Vorkorrespondenz noch im späteren Rechtsstreit darlegen und beweisen (BGH NJW-RR 1991, 779; BGH NJW-RR 2004, 1450 ff.; **aA** OLG Düsseldorf DWW 2000, 122: Vortrag zur Ursache erf.; KG GE 2006, 1097: konkreter Vortrag des Mieters). Allerdings muss er diejenigen **Anknüpfungstatsachen** (Mangel nach Art, Ort, Lage, Zeitpunkt und Ausmaß), aus denen sich der Mangel ergeben soll, beschreiben, im späteren Rechtsstreit darlegen, so dass das Gericht den Mangel beurteilen, die Minderung (notfalls unter Zuhilfenahme eines Gutachters) schätzen kann (LG Berlin NZM 1999, 1137; *Sternel* WuM 2002, 244; *Baumgärtel/Laumen/Prütting/Nies* BGB § 536 Rn. 4).

Bei wiederkehrenden Beeinträchtigungen verlangt der BGH (NJW 2012, 1647) keine „Protokollpflicht" sondern eine konkretisierende Beschreibeng des Mangels. Da die Minderung nach § 536 Abs. 1 BGB kraft Gesetzes eintrete, genüge der Mieter seiner Darlegungslast schon mit der Darlegung eines konkreten Sachmangels, der die Tauglichkeit der Mietsache zum vertragsgemäßen Gebrauch beeinträchtige; das Maß der Gebrauchsbeeinträchtigung brauche er nicht vorzutragen. Bei wiederkehrenden Beeinträchtigungen durch Lärm oder Schmutz sei daher die Vorlage eines Protokolls nicht erforderlich. Vielmehr genüge grundsätzlich eine Beschreibung, aus der sich ergebe, um welche Art der Beeinträchtigungen (Partygeräusche, Musik, Lärm durch Putzkolonnen auf dem Flur pp.) es gehe, zu welchen Tageszeiten, über welche Zeitdauer und in welcher Frequenz diese ungefähr auftreten. Um den Instanzgerichten allerdings die Möglichkeit zu nehmen, den Sachvortrag im Hinblick auf die Art und Dauer der Beeinträchtigungen als unsubstantiiert und damit als unerheblich zu bewerten, empfiehlt sich die Vorlage der Störungen in tabellarischer Form.

Aus Mietersicht erfreulich hat der BGH (NJW 2017, 1877) den Instanzgerichten erklärt, welche Anforderungen sie an die Darlegungslast des Mieters im Mangelfall – hier Wohnlärm im hellhörigen Mietshaus – stellen dürfen. Demnach genügt es, wenn der Mieter den Mangel an sich beschreibt; zur Mängelursache muss er nichts vortragen. Der BGH geht soweit, dass er das Tatsachengericht verpflichtet, aus dem Mietervortrag die im Rahmen eines beantragten Sachverständigengutachtens zu beantwortenden Fragen zu destilieren. Benennt der Mieter demgemäß unzumutbare Lärmbelästigungen als Mangel der Mietsache und trägt er dazu vor, durch Klopfgeräusche, Getrampel und Möbelrücken aus einer anderen Wohnung beeinträchtigt zu sein, darf das Gericht die Beweisaufnahme nicht darauf beschränken, ob ein Nachbar mit seinem Wohnverhalten stört. Vielmehr muss das Gericht auch feststellen, ob nicht bei ordnungsgemäßem Wohnverhalten des Nachbarn mangelhafter Schallschutz mangelursächlich sein kann (vgl. *Herrlein* NJW 2017, 2801 (2804)).

§ 3 LimSchG NW: Von Kindern ausgehende Geräusche sind notwendige Ausdrucksform kindlicher Entfaltung, die in der Regel als sozialadäquat zumutbar sind. Bei der Beurteilung der Geräuscheinwirkungen dürfen Immissionsgrenz- und -richtwerte nicht herangezogen werden, vgl. auch § 22 Abs. 1a BimSchG.

Nachträglich erhöhte Geräuschimmissionen, die von einem Nachbargrundstück ausgehen, begründen bei Fehlen anderslautender Beschaffenheitsvereinbarungen grundsätzlich keinen gemäß § 536 Abs. 1 S. 1 BGB zur Mietminderung berechtigenden Mangel der

Mietwohnung, wenn auch der Vermieter die Immissionen ohne eigene Abwehr- oder Entschädigungsmöglichkeit nach § 906 BGB als unwesentlich oder als ortsüblich hinnehmen muss (BGH NJW 2015, 2177). Insoweit hat der Wohnungsmieter an der jeweiligen Situationsgebundenheit des Mietgrundstücks teil.

9. Gebühren, Streitwert → Form. B.I.1 Anm. 7.

9. Minderung wegen Mangels: Unterschreitung der vertraglichen Wohnfläche um mehr als 10 %, Rückforderung überzahlter Miete gemäß §§ 812, 536 BGB

. . . . . .

(Rechtsanwalt)

an

. . . . . .

(Vermieter)

Einschreiben/Rückschein[1]

Sehr geehrte(r) . . . . . .,

hierdurch zeige ich an, dass mich Herr mit der Wahrnehmung seiner Interessen beauftragt hat, Vollmacht auf mich ist beigefügt.

Sie haben meinem Mandanten durch Mietvertrag vom . . . . . . die in Ihrem Haus befindliche Vierzimmerwohnung mit Küche, Diele, Bad sowie Toilette im 1. OG. rechts zu einer monatlichen Miete von 800,– EUR kalt zuzüglich Betriebskostenvorauszahlungen von 200,– EUR, somit 1.000,– EUR Bruttomiete vermietet. Der Vertrag enthält in § 2 eine Flächenangabe von ca. 100 qm.[2]

Mein Mandant hat vor einigen Wochen, als die Wohnung von Handwerkern wegen geplanter Verlegung eines Laminatbodens in einigen Räumen, Teppichbodens in den anderen Räumen, vermessen wurde, erfahren, dass die Wohnfläche nur 85 qm beträgt. Die Minderfläche der Wohnung beträgt somit 15 qm, was 15 % der im Mietvertrag vereinbarten Wohnfläche entspricht. Bei einer Unterschreitung der tatsächlichen Fläche gegenüber der vereinbarten um mehr als 10 % liegt nach der Rechtsprechung des BGH (NZM 2004, 453; NZM 2004, 454; NZM 2004, 456) ein Mangel der Mietsache vor, ohne dass es der Darlegung der Tauglichkeit zum vertragsgemäßen Gebrauch bedarf. Die Miete[3] ist daher kraft Gesetzes[4] um 15 % gemindert. Mein Mandant wird daher ab 1.11.2006 nur noch eine um 15 % geminderte Miete von 850,– EUR:

Kaltmiete 800 EUR – 120,– EUR (15 %)	= 680,– EUR
Betriebskosten v. 200,– EUR – 30,– EUR (15 %)	= 170,– EUR
	850,– EUR

zahlen.

Überdies verlangt mein Mandant gemäß §§ 812, 536 BGB Rückzahlung der seit Beginn des Mietverhältnisses (2016, 2017, 2018, 2019, 1–10/2020) überzahlten Mieten. Hierzu ist festzustellen, dass in den Jahren 2016, 2017, 2018 die Betriebskostenabrechnungen weder Nachzahlungen noch Rückerstattungen ergaben und die vor einigen Wochen zugegangene Abrechnung für 2019 mit insgesamt 3.000,– EUR zu Lasten meiner Partei endete.

Meine Partei hat daher Rückzahlungsansprüche wie folgt:

Jahr	Zahlung	Minderung	Rückforderung
2016[5]	12 × 1.000 = 12.000,– EUR	15 % = 1.800,– EUR	1.800,– EUR
2017	12 × 1.000 = 12.000,– EUR	1.800,– EUR	1.800,– EUR
2018	12 × 1.000 = 12.000,– EUR	1.800,– EUR	1.800,– EUR
2019			

Kaltmiete: 800,– × 12 = 9.600,– EUR minus (9.600,– × 15 % =

1.440,– EUR) = 8.166,– EUR : 12 Monate = 680,– EUR/Monat

Betriebskosten: 3.000,– minus (3.000,– × 15 % = 450,– EUR) =

2.550,– EUR : 12 Monate = 212,50 EUR/Monat

Summe aus	Kaltmiete/M und	Betriebsk./M	Jahr	
geschuldet	680,– +	212,50 = 892,50 × 12 =	10.710,–	
gezahlt	800,– +	200,– = 1.000,– × 12 =	12.000,–	
überzahlt			1.290,–	1.290,– EUR
Rückforderungsanspruch §§ 812, 536 BGB				6.690,– EUR

Der Rückforderungsanspruch für den Zeitraum 1–12/2020 kann, wenngleich in den ersten zehn Monaten des Jahres 1.000,– EUR pro Monat gezahlt wurden, ab 1.1.2020, 850,– EUR gezahlt werden, erst nach Zugang der Betriebskostenabrechnung 2020 bei meiner Partei errechnet und realisiert werden.

Zur Zahlung des Betrages in Höhe von 6.690,– EUR nebst Zinsen in Höhe von setze ich eine Frist bis 31.10.2019, nach deren fruchtlosem Ablauf ich Klage auf Zahlung erheben werde. Insoweit bleiben Rückzahlungsansprüche ausdrücklich vorbehalten.

. . . . . .

(Rechtsanwalt)

Anmerkungen

1. → Form. B.I.1 Anm. 1. Das Unterschreiten der tatsächlichen Fläche einer Wohnung gegenüber der im **Mietvertrag angegebenen Flächen** um mehr als 10 % stellt einen Mangel der Mietsache dar, der zur Minderung der Miete im selben prozentualen Verhältnis für die Zukunft und zu einem Rückzahlungsanspruch gemäß den §§ 812, 536 BGB führt, ohne dass es der Darlegung einer Beeinträchtigung des Gebrauchs durch die Unterschreitung bedarf (BGH NZM 2004, 453; BGH NZM 2004, 454; BGH NZM 2004, 456; NJW 2012, 3173 (3174)). Hierbei ist es gleichgültig, ob die Formulierung im Mietvertrag lautet: Die Wohnfläche beträgt qm oder ca. qm (BGH NZM 2004, 456). Dies gilt auch bei einem Einfamilienhaus mit Garten (BGH NZM 2010, 36 ff.). Für den Urkundsprozess etwa über Betriebskosten hat der BGH (NJW 2015, 475 = NZM 2015, 44) entschieden, dass der Mieter Angaben des Vermieters zur Wohnfläche nicht nur einfach bestreiten darf, sondern dazu substantiiert vorzutragen hat. Allgemein ist dies auf Mietprozesse ausgedehnt worden (vgl. BGH NZM 2017, 435); dies hat zur Folge, dass der Mieter seine Wohnung selbst ausmessen und das so ermittelte Ergebnis seiner laienhaften Bemühungen in den Rechtsstreit einführen muss (vgl. *Herrlein* NJW 2018, 1293 (1296)).

Bei der Annahme eines Mangels bei gegenüber der tatsächlichen Flächenangabe um 10 % überschreitender Flächenangabe **ist jedoch Vorsicht** geboten. Da der Gesetzgeber in den §§ 535 ff. BGB keine gesetzliche Regelung zur Wohnflächenberechnung getroffen hat, sich ein allgemeiner, völlig eindeutiger Sprachgebrauch für den Begriff der Wohnfläche nicht gebildet hat (BGHZ 146, 250 ff.; BGH NZM 2004, 454), ist zunächst zu prüfen, was die Parteien bei Angabe der Fläche im Mietvertrag unter dem Begriff der Wohnfläche verstanden haben, ob sie etwa der Wohnfläche eine von den Grundsätzen der §§ 42 bis 44 ff. II BV, seit 1.1.2004 ersetzt durch die WoFlVO, beide für mit öffentlichen Mitteln errichtete Wohnungen bestimmt, abweichende Bedeutung beigemessen haben, ob sie etwa die DIN 277, Geltung der Bodenfläche auch für Dachgeschosswohnungen mit Schrägen, vereinbart haben. Lässt sich eine Vereinbarung nicht feststellen, ist zu untersuchen, ob sich eine Verkehrssitte für die Bemessung der Wohnfläche gebildet hat (BGH NZM 2004, 454: etwa Grundfläche der Wohnung nach DIN 277 für Dachgeschosswohnungen mit Schrägen). Der BGH (NJW 1997, 2874) hat zu einem Werkvertrag über die Errichtung einer Dachgeschosswohnung ausgeführt, dass das Berufungsgericht mangels anderer Vereinbarungen über die Ermittlung der Wohnfläche nach Feststellung einer entsprechenden Verkehrssitte zutreffend angenommen habe, dass Flächen unter Schrägen, soweit der Raum über ihnen eine lichte Höhe von weniger als einem m habe, bei der Flächenermittlung unberücksichtigt blieben, bei einer lichten Höhe zwischen einem und zwei Metern zur Hälfte zu berücksichtigen seien (ebenso OLG Celle NJW-RR 1999, 816 = NZM 1999, 879: Zur Errechnung der Wohnfläche besteht hinsichtlich Dachgeschosswohnungen eine Verkehrsauffassung, dass DIN 283 bzw. § 22 ff. II BV Anwendung finden; aA jedoch OLG Koblenz IBR 1995, 191; LG Osnabrück WuM 1988, 262, die eine entsprechende Verkehrsauffassung verneinen). Ist jedoch eine Verkehrssitte nicht zu ermitteln, ist auch für frei finanzierten Wohnraum die Wohnfläche nach den zum Zeitpunkt des Mietvertragsabschlusses geltenden Vorschriften für preisgebundenen Wohnraum zu ermitteln (BGH NZM 2009, 477; *Börstinghaus* NZM 2010, 18 (22)).

Die Parteien können auch **Vereinbarungen über die Größe** treffen, die von der tatsächlichen Größe abweicht, etwa bei einer auf Wunsch des Vermieters durchgeführten Wohnungsvergrößerung, ohne dass die Wohnung erneut vermessen wurde (BGH NZM 2005, 861: Auslegung ergibt, dass die Parteien eine bestimmte Größe verbindlich festlegen wollten) oder bei einverständlicher Einbeziehung einer Dachterrasse in die Wohnfläche, die erkennbar nicht nur die Fläche der Zimmer beinhaltet (BGH NZM 2006, 375: Die Wohnfläche beträgt ca. 149 qm wie besehen). Sie können auch bei Wohnungen mit Dachschrägen die Bodenfläche als Wohnfläche (DIN 277) vereinbaren (BGH NZM 2004, 454).

2. Nach der Rechtsprechung des BGH (NZM 2005, 455 = NJW 2005, 1713; NZM 2005, 699 = NJW 2005, 2773) ist Bemessungsgrundlage für die **Minderung die Bruttomiete einschließlich der Betriebskostenvorauszahlung oder einer Betriebskostenpauschale, d.h. die Gesamtleistung sämtlicher vom Mieter zu erbringender Leistungsentgelte. Streitig** ist jedoch, wie die Minderung der Bruttomiete zu errechnen ist, insbesondere ob **Nachzahlungen oder Erstattungen aufgrund der Jahresabrechnung zu berücksichtigen sind oder nicht** (vgl. dazu *Eisenschmid* WuM 2005, 491; *Bieber* NZM 2006, 683; *Schach* GE 2006, 1198. → Form. B.I.7 Anm. 6).

Im Wohnraummietrecht legt der BGH in ständiger Rechtsprechung die prozentuale Flächenunterschreitung als Maßstab der Minderung zugrunde (NJW 2004, 1947; 2010, 1745 Rn. 12). Diese Berechnungsmethode verlangt keine Aufteilung nach der Art der von der Flächenunterschreitung betroffenen Räume. Dies entspricht der Ermittlung der Wohnfläche nach den besonderen Vorschriften des **Wohnraummietrechts**, etwa § 2 Abs. 3 Nr. 1a WoFlV, § 42 Abs. 4 Nr. 1 der II. Berechnungsverordnung. Die Gleichwertigkeit der Flächen ergibt sich hierbei schon aus der unterschiedslosen Einbeziehung der Räume in die Wohnflächenberechnung. Sie kommt in der Mietzinsermittlung bei preisgebundenen Wohnungen auch bei der Ermittlung des Mietpreises zum Ausdruck, § 8a Abs. 1 S. 1 WoBindG, § 3 Abs. 2 S. 1 NMV 1970 (BGH NJW 2012, 3173 (3174)).

Lässt sich allerdings im Falle einer Unterschreitung der vertraglich vereinbarten Fläche bei der **Geschäftsraummiete** die Minderfläche eindeutig Nebenräumen wie etwa Kellerräumen zuordnen, darf die Minderung nicht pauschal nach dem prozentualen Anteil der fehlenden Fläche an der vertraglich vereinbarten Gesamtfläche berechnet werden. Vielmehr muss eine angemessene Herabsetzung der Miete den geringeren Gebrauchswert dieser Räume in Rechnung stellen (BGH NJW 2012, 3173).

3. Die Minderung tritt im Mietrecht kraft Gesetzes ein (BGH NJW 1987, 432; BGH NJW-RR 1991, 779; BGH ZMR 1997, 567; *Kinne/Schach/Bieber* BGB § 536 Rn. 1; Palandt/Weidenkaff BGB § 536 Rn. 1). Sie stellt keinen Anspruch gemäß § 194 BGB dar, kann daher nicht verjähren (OLG Düsseldorf NJW-RR 1994, 399). Der Einwand kann jedoch unter den Voraussetzungen des § 242 BGB verwirken. Verwirkung wird angenommen, wenn der Vermieter die Mängelbeseitigung endgültig verweigert, der Mieter über längere Zeit hinweg nichts unternimmt (AG Köln WuM 1997, 553).

4. **Weicht die tatsächliche Fläche um weniger als 10 % von der im Mietvertrag angegebenen** Fläche ab, soll bei Darlegung und Beweis einer erheblichen Gebrauchsbeeinträchtigung ebenfalls ein zur Minderung berechtigender Mangel vorliegen (KG ZMR 2005, 950; NZM 2005, 865). In diesem Fall sind demgemäß die Anforderungen im Hinblick auf die Darlegung eines **erheblichen** Mangels seitens des Mieters gesteigert. Angesichts dieser Bewertungsweise kann bei entsprechendem Sachvortrag sich auch eine Minderquote von 6,2 % als erheblicher Mangel darstellen (vgl. KG NZM 2005, 865 (866)).

5. Rückzahlungsansprüche gemäß §§ 812, 536 BGB verjähren in der regelmäßigen Verjährungsfrist des § 195 BGB von drei Jahren (Palandt/*Ellenberger* BGB § 195 Rn. 5). Die Frist beginnt gemäß § 199 Abs. 1 BGB mit Ende des Jahres, in dem der Anspruch entstanden ist **und** der Gläubiger von denjenigen den Anspruch begründenden Tatsachen sowie der Person des Schuldners Kenntnis erlangt oder ohne grobe Fahrlässigkeit hätte erlangen müssen. Der Mieter hat im konkreten Fall erst einige Wochen zuvor, als die Wohnung wegen der geplanten Verlegung neuen Bodens vermessen wurde, Kenntnis von der Minderfläche erlangt, sodass **Verjährung** hinsichtlich der Rückzahlungsansprüche noch nicht eingetreten sein dürfte.

10. Geltendmachung des Anspruchs auf Schadensersatz gem. § 536a BGB

. . . . . .

(Rechtsanwalt)

an

. . . . . .

(Vermieter)

Einschreiben/Rückschein[1]

Sehr geehrte(r) . . . . . .,

Wie Ihnen bekannt ist, vertrete ich die Interessen Ihres Mieters, ich verweise insoweit auf mein Schreiben vom,[2] in welchem ich im Auftrage meines Mandanten bei starkem Regen Wassereintritt durch die Außenwand des Schlafzimmers meldete, § 536c BGB, und Beseitigung verlangte. Da Sie nichts unternahmen, hat mein Mandant die Miete gemindert, vom Zurückbehaltungsrecht Gebrauch gemacht und die Zahlung, soweit sie erfolgte, unter Vorbehalt geleistet.[3]

Durch das durch die Schlafzimmerwand eindringende Wasser wurde eine Couch, die mein Mandant zwei Jahre zuvor zum Preis von 6.000,– EUR gekauft hatte, irreparabel beschädigt.

Von anderen Mietern des Hauses erfuhr mein Mandant, dass sechs Monate vor seinem Einzug, somit vor acht Monaten, bei starkem Regen ebenfalls Wasser durch die Schlafzimmerwand der Wohnung eingedrungen war und der Vormieter aus diesem Grunde das Mietverhältnis beendet hat. Danach haben Sie nach Trocknen der Wände, der heiße Sommer kam Ihnen entgegen, die Wände neu tapezieren und streichen lassen, um den Schaden zu kaschieren.

Sie haben für den meinem Mandanten entstandenen Schaden gemäß § 536a BGB einzustehen, da die Wand bereits bei Abschluss des Mietvertrages wasserdurchlässig, weil nicht isoliert, und die Mietsache daher mangelhaft (§ 536 BGB) war.[4]

Unter Berücksichtigung der Lebensdauer der Couch von zehn Jahren und des Kaufpreises von 6.000,– EUR ist ein jährlicher Abzug von 600,– EUR, dh 1.200.– EUR für zwei Jahre unter dem Gesichtspunkt „neu für alt" abzuziehen, sodass mein Mandant einen Schadensersatzanspruch in Höhe von 4.800,– EUR hat, den ich Sie zur Vermeidung einer gerichtlichen Geltendmachung bis zu zahlen aufzufordern habe.[5, 6]

. . . . . .

(Rechtsanwalt)

Anmerkungen

1. → Form. B.I.1 Anm. 1.

2. Schreiben → Form. B.I.5. Die Anzeige des Mangels gemäß § 536c BGB ist auch Voraussetzung für die Geltendmachung des Schadensersatzes gemäß § 536a BGB. Soweit der Vermieter infolge der Unterlassung der Mangelanzeige nicht Abhilfe schaffen konnte, ist der Mieter nicht berechtigt, nach § 536a Abs. 1 BGB Schadensersatz zu verlangen, § 536c Abs. 2 S. 2 Nr. 2 BGB.

3. Schreiben → Form. B.I.7. Schadensersatz gemäß § 536a BGB kann neben der Minderung, Geltendmachung des Zurückbehaltungsrechts sowie Vorbehaltszahlung geltend gemacht werden (vgl. MAH MietR/*Groll* § 57 Rn. 152 ff.).

4. Lag der **Mangel** bereits bei Mietvertragsabschluss vor, haftet der Vermieter unabhängig davon, ob ihm der Mangel bekannt war oder ob er schuldhaft gehandelt hat, Garantiehaftung (BGH NJW 1963, 805; Palandt/*Weidenkaff* BGB § 536a Rn. 9; MAH MietR/*Groll* § 57 Rn. 153). Es reicht aus, wenn nur die Gefahrenquelle vorhanden war oder die Ursache vorlag, der Mangel latent vorhanden war (BGH ZMR 1994, 420; OLG München, NJW-RR 1990, 1098; *Kinne/Schach/Bieber* BGB § 536a Rn. 4; Schmidt-Futterer/*Eisenschmid* BGB § 536a Rn. 7). Die verschuldensunabhängige Haftung des Vermieters für anfängliche Mängel kann formularmäßig abbedungen werden (BGH DWW 1992, 14; LG Köln WuM 1996, 334; Schmidt-Futterer/*Eisenschmid* BGB § 536a Rn. 34 mwN), wenn sich aus der Klausel die Reichweite des Haftungsausschlusses mit der gebotenen Klarheit ergibt (OLG Hamburg WuM 1990, 71; OLG Düsseldorf WuM 1999, 279). Liegt kein anfänglicher Mangel vor, kommt ein Schadensersatzanspruch des Mieters nur in Betracht, wenn den Vermieter an dem Wassereintritt ein Verschulden trifft oder er mit der Mängelbeseitigung in Verzug war, etwa weil der Mieter einige Tage vorher bei Regen bereits auf Undichtigkeit hingewiesen hatte. Die ältere Rechtsprechung (OLG Stuttgart NJW 1984, 2226) hielt den formularmäßigen Haftungsausschluss für Vorsatz und grobe Fahrleistung für unwirksam, ließ ihn jedoch für leichte Fahrlässigkeit zu. Der BGH (ZMR 2002, 184 ff.) hat den formularmäßigen Haftungsausschluss für leichte Fahrlässigkeit ebenfalls wegen Verstoßes gegen § 307 Abs. 2 Nr. 2 BGB, unter dem Gesichtspunkt der unangemessenen Benachteiligung des Vertragspartners für unwirksam erklärt. Der Mieter habe nicht die Möglichkeit, sich gegen das Risiko von Schäden an Einrichtungsgegenständen zu versichern, während der Vermieter das Risiko durch den Abschluss einer Haus- und Grundbesitzerhaftpflichtversicherung abdecken könne. Die Höhe des Schadensersatzes wird nach der Differenzhypothese ermittelt (MAH MietR/ *Groll* § 57 Rn. 153). Erfasst werden neben Mangelschäden auch Mangelfolgeschäden, etwa an der Wohnungseinrichtung, da eine stärkere Gefährdung der Rechtsgüter des Mieters durch ein Einbringen in die Mietsache bestehe und damit ein größerer Schutz gerechtfertigt sei (MAH MietR/*Groll* § 57 Rn. 153).

5. Bei **Veräußerung des Grundstücks** nach Schadenseintritt kann der Schadensersatzanspruch nicht gegen den Erwerber geltend gemacht werden, wenn die Ersatzpflicht bereits beim Veräußerer entstanden ist (vgl. Palandt/*Weidenkaff* BGB § 566 Rn. 17; *Blank/Börstinghaus* BGB § 566 Rn. 58).

6. Es fällt die **Gebühr** des § 14 RVG an; die Höhe des **Streitwerts** richtet sich nach der Höhe der Zahlungsforderung.

II. Rechte des Vermieters bei Vertragsverletzungen des Mieters

1. Anwaltliche Abmahnung wegen unbefugter Gebrauchsüberlassung an Dritte

. . . . . .

(Rechtsanwalt)[2]

an

. . . . . .

(Mieter)[3]

per Boten[1]

Betr.: Vermieter ./. Mieter[1]

Mietverhältnis vom . . . . . ., Objekt . . . . . .

Sehr geehrte/r Frau/Herr . . . . . .

Unter Beifügung einer auf mich ausgestellten Originalvollmacht[2] zeige ich an, dass ich die rechtlichen Interessen Ihres/r Vermieter/s, das obige Mietverhältnis betreffend, anwaltlich vertrete. Wie mein/e Mandant/en in Erfahrung bringen musste/n, haben Sie in die von Ihnen mit Mietvertrag vom . . . . . . gemietete 3-Zimmer-Wohnung (ca. 55 m² groß), in der . . . . . . Etage (Lage der Wohnung) im Haus . . . . . . straße seit dem . . . . . . mindestens zwei weitere Erwachsene und drei weitere Kinder aufgenommen. Sie selbst bewohnen diese Wohnung bereits mit zwei Erwachsenen und zwei Kindern.

Die aufgenommenen Personen werden wie folgt beschrieben:

Person: Männlich, ca. . . . . . . Jahre alt, dunkle kurze Haare, Bart
Person: . . . . . .
Person: . . . . . .
Person: . . . . . .
Person: . . . . . .

Von verschiedenen Mietern desselben Hauses sind die von Ihnen aufgenommenen Personen sowohl im Hausflur als auch in Ihrer Wohnung beobachtet worden: . . . . . .[4]

Hiermit mahne ich Sie namens und im Auftrag meines/r Mandanten ab und fordere Sie auf, diese unerlaubte Gebrauchsüberlassung an vorgenannte Personen unverzüglich, spätestens binnen 10 Tagen, zu unterlassen.[5] Ich weise Sie ebenfalls darauf hin, dass durch die große Personenzahl, die die Wohnung derzeit nutzt, eine Überbelegung und folglich eine unerlaubte Untervermietung vorliegt.[6] Rein vorsorglich muss ich Sie darauf hinweisen, dass mein/e Mandant/en gezwungen wäre/n, das bestehende Mietverhältnis fristlos zu kündigen, falls Sie ungeachtet dieser Abmahnung die unerlaubte Gebrauchsüberlassung fortsetzen.[7, 8]

. . . . . .

(Rechtsanwalt)

Anmerkungen

1. Eine **Abmahnung** ist eine **rechtsgeschäftsähnliche, einseitige empfangsbedürftige Willenserklärung** (Schmidt-Futterer/*Blank* BGB § 541 Rn. 4; BGH NJW 1995, 396). Die Abmahnung bedarf keiner bestimmten **Form**, könnte also auch mündlich ausgesprochen werden, wovon jedoch dringend abzuraten ist. Der Vermieter hat nämlich im Rechtsstreit darzulegen und zu beweisen, dass er eine Abmahnung ausgesprochen hat, weshalb dringend die schriftliche Abfassung empfohlen wird. Auch muss der Vermieter im Rechtsstreit den **Zugang** (→ Form. B.I.1 Anm. 1) beweisen. Deshalb sollte eine Zustellart ausgewählt werden, durch die der tatsächliche Zugang sicher nachgewiesen werden kann. In der Praxis empfiehlt sich daher die **Zustellung** durch Gerichtsvollzieher oder durch Boten, was oftmals schneller geht und den Vorteil hat, dass der Zustellungszeitpunkt vom Zusteller bestimmt werden kann. Ein Gerichtsvollzieherauftrag hingegen kann sich bis zu 14 Tagen hinziehen. Bei Zustellung durch Boten empfiehlt es sich, den Boten das zuzustellende Schreiben lesen und selber einkuvertieren zu lassen, damit im Rechtsstreit nachgewiesen werden kann, dass der Briefumschlag nicht leer war, sondern das zuzustellende Schreiben enthielt. Der Bote sollte dann auf einer Kopie des zuzustellenden Schreibens nach erfolgter Zustellung entsprechende Notizen über Datum und Uhrzeit des Einwurfs in den Briefkasten oder die persönliche Übergabe machen. Bei größeren Wohnanlagen mit großen Briefkastenanlagen empfiehlt es sich darüber hinaus, Notizen auf der Kopie darüber zu machen, in welchen Briefkasten das Schreiben eingeworfen wurde. Werden alle diese Anregungen berücksichtigt, wird dem Vermieter der Beweis des Zugangs leicht fallen.

2. Absender und damit **Abmahnberechtigter** ist nur der Vermieter oder – wie hier – ein vom Vermieter **Bevollmächtigter**. Dies kann der Verwalter oder ein Dritter, zB ein/e RA/ RAin, sein. Nimmt ein Dritter für den Vermieter die Abmahnung vor, so muss dieser dem Abmahnschreiben, da dieses eine einseitige empfangsbedürftige Willenserklärung darstellt, eine auf ihn lautende **Originalvollmacht** beifügen. Aus der Vollmacht muss klar ersichtlich sein, dass sie auch zur Abmahnung berechtigt. Eine Kopie der Vollmacht reicht nicht aus! Fehlt die Originalvollmacht, kann der Empfänger die Abmahnung gem. § 174 BGB unverzüglich zurückweisen. Diese Zurückweisung, die selber eine einseitige empfangsbedürftige Willenserklärung ist, kann ebenfalls von einem Bevollmächtigten ausgesprochen werden, der dann ebenfalls eine **Originalvollmacht** beifügen muss. Bei einer Mehrheit von Vermietern müssen alle Vermieter die Abmahnung, bzw. bei Bevollmächtigung eines Dritten, die Vollmacht unterschreiben. Personen, die anstelle des Vermieters deren Befugnisse ausüben, wie zB Zwangsverwalter, Insolvenzverwalter, Nachlassverwalter, Betreuer ua, stehen dem Vermieter gleich. Eine durch einen nicht Bevollmächtigten ausgesprochene Abmahnung ist unwirksam.

3. Empfänger der Abmahnung muss stets der Mieter/die Mieter (alle) sein. Das gilt auch dann, wenn der Vermieter den Gebrauch der Mietsache – wie hier – einem Dritten überlassen hat (Schmidt-Futterer/*Blank* BGB § 541 Rn. 7). Bei mehreren Mietern muss jedem Mieter eine Abmahnung, d. h. ein separates Schreiben, zugehen. Dies muss im Rechtsstreit ggfs. bewiesen werden. Es sollte dringend davon abgesehen werden, einem Mieter eine Abmahnung „für alle Mieter" zuzustellen. Praktische Probleme ergeben sich bei „**verschwundenen Mietern**". Hier sind durch den Vermieter frühzeitig Anfragen bei den verbliebenen Mietern und weiteren Hausbewohnern über den Aufenthalt vorzunehmen. Ebenso ist eine Anfrage bei dem zuständigen Einwohnermeldeamt vorzunehmen. Bei ergebnislosem Verlauf kann dann eine Abmahnung gem. § 132 Abs. 2 BGB wirksam zugestellt werden. Wirksam ist auch eine Zustellung der Abmahnung an die verbliebenen Mitmieter, wenn sich die Mieter im Mietvertrag gegenseitig Empfangsvollmacht, auch formularmäßig, erteilt haben (BGH NJW 1997, 3437).

4. Die Abmahnung muss inhaltlich eine derart präzise Bezeichnung des **vertragswidrigen Gebrauchs,** dh des Sachverhaltes enthalten, so dass der Mieter klar erkennen kann, welches Fehlverhalten der Vermieter beanstandet und er, der Mieter, aufgeben hat (Schmidt-Futterer/*Blank* BGB § 541 Rn. 5; MüKoBGB/*Bieber* BGB § 541 Rn. 12). In der Regel dient die Abmahnung auch zur Vorbereitung einer Kündigung, so dass durch die konkrete Darstellung bereits in der Abmahnung verhindert wird, dass der Sachverhalt aufgrund Zeitablaufs und damit einhergehenden Erinnerungslücken nicht mehr genau präsent ist. Nur ausnahmsweise kann eine **Abmahnung entbehrlich** sein, nämlich dann, wenn sicher ist, dass der Mieter sein Fehlverhalten nicht abstellen will/kann oder der Mieter bereits vollendete Tatsachen geschaffen hat (Schmidt-Futterer/*Blank* BGB § 541 Rn. 8; BGH MDR 1975, 572) oder auch bei Wiederholung bei früher beanstandeter Untervermietung (Palandt/*Weidenkaff* BGB § 541 Rn. 8).

5. Eine **Fristsetzung** zur Abstellung eines Fehlverhaltens ist grundsätzlich nicht erforderlich (Schmidt-Futterer/*Blank* BGB § 541 Rn. 5; LG Mannheim WuM 1985, 262).

6. Das BGB regelt die Untermiete als einen Unterfall der Gebrauchsüberlassung an Dritte in §§ 540, 553 BGB. Zugunsten des Vermieters steht die Untervermietung gesetzlich gemäß § 540 BGB unter dem Vorbehalt seiner Erlaubnis. Dies gilt auch, wenn der Mieter nur Teile der Wohnung untervermieten und selber in der Wohnung verbleiben will. Eine Gebrauchsüberlassung an Dritte iSd § 540 Abs. 1 S. 1 BGB liegt nur dann vor, wenn sie auf Dauer erfolgt. Familienangehörige (zB Eltern, Schwiegereltern, Enkel, Stiefkinder, Lebenspartner) werden nicht als Dritte angesehen, jedoch der Lebensgefährte des Kindes, Bruder/Schwester des Mieters, Schwager. Grundsätzlich hat der Mieter das Recht **Besuch** aufzunehmen. Dieses Recht gilt in der Regel für vier bis sechs Wochen (Schmidt-Futterer/*Blank* BGB § 540 Rn. 35). Nach Ablauf von ca. drei Monaten ist hingegen von einer dauerhaften Aufnahme auszugehen (Bub/Treier/*Kraemer/v. der Osten* III Rn. 2498). Vermietet der Mieter ohne die erforderliche Erlaubnis des Vermieters unter, ist der Vermieter grundsätzlich wegen schuldhafter Pflichtverletzung zur Kündigung des Mietverhältnisses berechtigt. Erforderlich ist in jedem Fall eine Einzelfallabwägung. Dabei kann zu berücksichtigen sein, dass der Mieter rechtzeitig um Untervermieterlaubnis gebeten hat und der Vermieter darauf nicht reagierte oder auch, dass in der Vergangenheit bereits mehrfach genehmigte Untervermietungen stattgefunden haben (BGH NZM 2011, 275; dazu *Siegmund* MietRB 2011, 102). Aus § 553 BGB kann sich nur ein Anspruch auf Erteilung einer Untervermieterlaubnis für einen konkret namentlich bezeichneten Dritten ergeben. Selbst eine „kategorische" Erlaubnisverweigerung durch den Vermieter hat nicht zur Folge, dass dem Mieter dann nach dem Grundsatz von Treu und Glauben (§ 242 BGB) ein Anspruch auf Erteilung einer Erlaubnis zur Untervermietung „unter dem Vorbehalt der Person des Untermieters" zusteht (BGH BeckRS 2012, 06807). Der Anspruch des Wohnraummieters gem. § 553 Abs. 1 BGB auf Gestattung der Gebrauchsüberlassung an Dritte ist begrenzt durch einen wichtigen Grund in der Person des Untermieters, in sonstigen Unzumutbarkeitskriterien und in der Überbelegung der Wohnung – wie hier –. Streitig ist, wann **Überbelegung** gem. § 553 Abs. 1 BGB vorliegt. Die hierzu ergangene Rechtsprechung ist uneinheitlich (Schmidt-Futterer/*Blank* BGB § 540 Rn. 28 mwN; § 553 Rn. 13 „Überbelegung"). Ansatzpunkt ist das Verhältnis der Anzahl der Personen zur Zahl der Räume und Wohnungsgröße. Als Richtschnur können die Wohnungsaufsichtsgesetze der Länder dienen, wonach für Kinder bis zu 6 Jahren 6 qm Nutzfläche und Erwachsene 9 qm Nutzfläche zur Verfügung stehen sollen. Im Streitfall kommt es auf die Umstände des Einzelfalls an (OLG Karlsruhe, NJW 1987, 1952). Bei vorliegendem Sachverhalt wurde **Überbelegung** bejaht (OLG Hamm NJW 1983, 48; LG Mönchengladbach NJW-RR 1991, 1113; OLG Frankfurt NZM 2004, 231, bei Nutzung 3-Zi-Whg. von mind. 9 Personen). Ein berechtigtes Interesse des Mieters an einer Untervermietung liegt zB dann vor, wenn er berufsbedingt an einem anderen Ort eine Zweitwohnung unterhält und die dafür anfallenden Kosten durch die Untervermietung teilweise kompensieren möchte (AG Stuttgart ZMR 2012, 366). Ebenso kann ein mehrjähriger (berufsbedingter) Auslandsaufenthalt des Mieters ein berechtigtes Interesse an der Überlassung eines Teils des Wohnraums an einen Dritten begründen (BGH NJW 2014, 2717). Und selbst wenn der Vermieter dem Mieter eine Erlaubnis zur Untervermietung erteilt, so kann der Mieter ohne besondere Anhaltspunkte nicht davon ausgehen, dass die Erlaubnis eine tageweise Vermietung an Touristen umfasst (BGH NJW 2014, 622).

7. Ob die Abmahnung eine **Kündigungsandrohung** enthalten muss, ist streitig. Daher sollte die Abmahnung vorsichtshalber eine Kündigungsandrohung enthalten (Kündigungsandrohung erforderlich: BGH NZM 2006, 338; LG Hamburg WuM 1986, 338; nicht erforderlich: LG Kleve WuM 1995, 537; MüKoBGB/*Bieber* BGB § 541 Rn. 13). Bei unberechtigter Untervermietung steht dem Vermieter auch das Recht auf Unterlassung gemäß § 541 BGB zu, welches er mit einer Unterlassungsklage geltend machen kann. Der Unterlassungsanspruch richtet sich nicht gegen den Untermieter, sondern den Mieter; auf dessen Verschulden kommt es nicht an.

8. Der/Die RA/RAin kann für das Abmahnschreiben eine **Geschäftsgebühr** gemäß VV 2300 RVG in Höhe von 0,5 bis 2,5 der vollen Gebühr, in der Regel 1,3 zzgl. Postgebühren gemäß VV 7001, 7002 RVG und MwSt. verlangen. Der **Streitwert** richtet sich nach § 3 ZPO, wobei das Ermessen an dem Interesse des Vermieters an der Beseitigung/ Unterlassung auszurichten ist. Da die Abmahnung eine Vorstufe zur (fristlosen) Kündigung darstellt, kann nach diesseitiger Rechtsauffassung die halbe Jahresmiete zugrunde gelegt werden. Die Rechtsprechung setzt bei streitigen Untermietverhältnissen als Streitwert im gerichtlichen Verfahren den Jahresbetrag gemäß § 41 Abs. 2 GKG an (OLG Frankfurt a. M. ZMR 2012, 204; KG Berlin, NJW-RR 2013, 1035). Dabei ist grundsätzlich nicht auf das von dem Untermieter an den Untervermieter zu zahlende Entgelt abzustellen, sondern auf den vom Mieter an den Vermieter zu zahlenden Hauptmietzins. Stützt der Vermieter seinen Herausgabeanspruch gegen den Untermieter auch auf Eigentum, ist für den Streitwert der Jahresnutzungswert auch dann maßgeblich, wenn die streitige Zeit weniger als ein Jahr beträgt (KG Berlin NJW-RR 2013, 1035).

2. Anwaltliche Abmahnung wegen vertragswidrigen Verhaltens des Untermieters

. . . . .

(Rechtsanwalt)[2]

an

. . . . .

(Mieter)[3]

per Boten[1]

Betr.: Vermieter ./. Mieter[1]

Mietvertrag vom . . . . ., Objekt . . . . .

hier: Untervermietungserlaubnis

Sehr geehrte/r Frau/Herr . . . . .

Unter Beifügung einer auf mich ausgestellten Originalvollmacht[2] zeige ich an, dass ich die rechtlichen Interessen Ihres/r Vermieter/s, das obige Mietverhältnis betreffend, anwaltlich vertrete. Mit Schreiben vom . . . . . hatten Sie um Erlaubnis[5] gebeten, ein Zimmer der angemieteten 3-Zimmer-Wohnung in der . . . . . Etage des Hauses . . . . . straße, in . . . . . an Ihren Bruder, Herrn . . . . ., unterzuvermieten,[6] der nunmehr in unserer Stadt das Studium aufgenommen hat. Mit Schreiben vom . . . . . erklärte sich mein Mandant unter ausdrücklichem Vorbehalt[7] mit der beabsichtigten Untervermietung unter der Voraussetzung einverstanden, dass ein monatlicher Untermietzuschlag von . . . . . EUR zu zahlen ist.

Nunmehr wurde meinem Mandanten durch Beschwerden von Nachbarn zugetragen, dass Ihr Bruder, Herr . . . . ., jeden Sonntag im Kirchenchor in der 8.00 Messe singt und zuvor, das heißt jeden Sonntag, ab 5.30 Uhr bis 7.30 Uhr sich einsingt und dadurch sämtliche Nachbarn aufweckt.[8]

Hiermit mahne[4] ich Sie namens und in Vollmacht Ihres Vermieters ab und fordere Sie auf, die oben genannten Lärmbelästigungen unverzüglich abzustellen. Rein vorsorglich weise ich Sie darauf hin, dass mein Mandant gezwungen wäre, das bestehende Mietverhältnis zu kündigen, sollten Sie das vertragswidrige Verhalten fortsetzen.[9, 10]

. . . . .

(Rechtsanwalt)

Anmerkungen

1. → Form. B.II.1 Anm. 1.

2. → Form. B.II.1 Anm. 2.

3. → Form. B.II.1 Anm. 3.

4. → Form. B.II.1 Anm. 1.

5. Die **Erlaubnis** ist eine einseitige empfangsbedingte Willenserklärung. Sie ist insbesondere formlos wirksam, bedarf also nicht der Schriftform. Sie kann daher auch stillschweigend erteilt werden. Eine in einem Formularvertrag vereinbarte Schriftform für die Erteilung der Untervermietungserlaubnis verstößt gegen § 307 BGB. Die Folge ist, dass die gesamte Klausel über die Notwendigkeit der schriftlichen Untervermietungserlaubnis unwirksam ist (BGH NJW 1991, 1750 (1751)) und eine nur mündlich erteilte Erlaubnis ausreicht. Der Mieter hat keinen gesetzlichen **Anspruch** auf Erteilung der **Erlaubnis**. Bei einer vertragswidrigen Versagung der Erlaubnis kann der Mieter aber Schadensersatz gemäß § 280 BGB geltend machen (Schmidt-Futterer/*Blank* BGB § 540 Rn. 74). Der Mieter kann in einem derartigen Fall nur kündigen, falls nicht der Ausnahmetatbestand des § 540 Abs. 1 S. 2 Hs. 2 BGB vorliegt. Nur in Ausnahmefällen ist ein Anspruch auf Erlaubnis gem. § 242 BGB denkbar. Sinn und Zweck der Erlauberteilung ist, dass dem Vermieter der Untermieter genehm ist und der Wert des Objektes durch Untervermietung nicht verringert wird. Verweigert der Vermieter nach diesen Kriterien die Erlaubnis aus sachfremden Gründen, kommt Rechtsmissbrauch in Betracht (OLG Hamm NJWE-MietR 1996, 107). Zu beachten ist jedoch, dass ein etwaiger Anspruch auf Erteilung der Untervermietungserlaubnis nicht die Erlaubnis selbst ersetzt. Das heißt, selbst bei einem bestehenden Anspruch auf Untervermietungserlaubnis muss vor Überlassung des Mietraumes eine Erlaubnis eingeholt werden. Verstößt der Mieter hiergegen, so verstößt er damit gegen seine mietvertraglichen Pflichten (*Kinne/Schach/Bieber* BGB § 553 Rn. 21 mwN).

6. Der Mieter darf nur mit **Erlaubnis** des Vermieters den Mietgebrauch Dritten überlassen, insbesondere **untervermieten**. Auch die dauerhafte und nicht nur besuchsweise Aufnahme des Bruders des Mieters bedarf der Erlaubnis des Vermieters (BayObLG GE 1984, 429 (431)). Eine Gebrauchsüberlassung an Dritte iSd § 540 Abs. 1 S. 1 BGB liegt nur dann vor, wenn sie auf Dauer erfolgt. Familienangehörige (zB Eltern, Schwiegereltern, Enkel, Stiefkinder, Lebenspartner) werden nicht als Dritte angesehen, jedoch der Lebensgefährte des Kindes, Bruder/Schwester des Mieters, Schwager. Grundsätzlich hat der Mieter das Recht **Besuch** aufzunehmen. Dieses Recht gilt in der Regel für vier bis sechs Wochen. Nach Ablauf von ca. drei Monaten ist hingegen von einer dauerhaften Aufnahme auszugehen (Bub/Treier/*Kraemer/v. der Osten* III Rn. 2498).

7. Eine erteilte Erlaubnis kann grundsätzlich nur dann **widerrufen** werden, wenn ein Widerrufsvorbehalt erklärt wurde (*Sternel* II Rn. 248). Nach herrschender Meinung ist jedoch auch dann ein Widerruf möglich, wenn ein wichtiger Grund besteht (Schmidt-Futterer/*Blank* BGB § 540 BGB Rn. 52 mwN). Dies gilt auch dann, wenn ein Widerrufsvorbehalt nicht erklärt wurde (AG Tiergarten GE 1992, 391). Hier kommen ähnliche Sachverhalte in Betracht, wie bei Kündigung aus wichtigem Grund gem. §§ 543 Abs. 1, 569 Abs. 2, 4 BGB (BGH NJW 1984, 1031). Baut der Untermieter umfangreich unerlaubt Cannabis an, kann der Vermieter, auch ohne vorherige Abmahnung, das Hauptmietverhältnis fristlos kündigen (AG Hamburg-Altona BeckRS 2012, 15113). Hingegen verstößt eine Formularklausel, wonach die Erlaubnis jederzeit widerrufen werden kann, gegen § 307 Abs. 2 Nr. 1 BGB und ist unwirksam (BGH NJW 1987, 1692).

8. → Form. B.II.1 Anm. 4.

9. → Form. B.II.1 Anm. 5, 6.

10. Zur Kostennote → Form. B.II.1 Anm. 8.

3. Abmahnung des Verwalters/Vertreters wegen Störung des Hausfriedens

. . . . .

(Verwalter/Vertreter)[2]

an

. . . . .

(Mieter)[3]

Betr.: Mietverhältnis vom . . . . ., Objekt . . . . .

hier: Störung des Hausfriedens[1]

Sehr geehrte/r Frau/Herr . . . . .

wie Ihnen bekannt ist, verwalte ich die von Ihnen angemietete Wohnung für den Eigentümer Herrn . . . . . Als Anlage überreiche ich Ihnen gleichwohl eine auf mich lautende Originalvollmacht, die mich unter anderem zur Abmahnung wegen vertragswidrigen Verhaltens berechtigt.[4]

Sie haben im Objekt . . . . . straße, Ort, die Wohnung im 2. OG rechts angemietet. Sowohl sämtliche Nachbarn derselben Etage als auch die Nachbarn aus der 1. und

3. Etage haben sich sowohl bei Ihnen, als auch bei Ihrem Vermieter und mir über anhaltende Lärmbelästigung aus Ihrer Wohnung kommend, insbesondere in den späten Abend- und Nachtstunden, beklagt. So wurde mir zugetragen, dass Sie sich mit . . . . . lautstark streiten, in der Wohnung poltern, Türen schlagen, Musik über Zimmerlautstärke hören und offenbar mit schweren Gegenständen werfen.

Im Einzelnen sind folgende Vorfälle bekannt geworden:[5]

Am . . . . .

. . . . .

Durch dieses Verhalten haben Sie den Hausfrieden[6] gestört. Hierdurch konnten die anderen Hausbewohner nicht schlafen. Dieses Verhalten ist nicht hinnehmbar.

Ich mahne Sie daher unter Bezugnahme auf beiliegende Originalvollmacht ab und fordere Sie auf, derartige Vorfälle zu unterlassen. Im Wiederholungsfall müsste das Mietverhältnis wegen schuldhafter Vertragsverletzung gekündigt werden.[7, 8, 9]

. . . . .

(Verwalter/Vertreter)

Anmerkungen

1. → Form. B.II.1 Anm. 1.

2. → Form. B.II.1 Anm. 2.

3. → Form. B.II.1 Anm. 3.

4. → Anm. 2.

5. → Form. B.II.1 Anm. 4; im Rechtsstreit ist der Vermieter **darlegungs- und beweispflichtig** für eine vertragswidrige Lärmstörung des Mieters. Die Gerichte stellen sehr hohe Anforderungen an die Darlegung der Lärmstörungen. Unzureichend wäre, wenn der Vermieter nur pauschal behauptet, der Mieter habe „dauernd unerträglich gelärmt". Vielmehr verlangen die Gerichte, dass die Lärmstörungen sowohl nach konkretem Zeitpunkt, der Dauer sowie Art und Intensität exakt dargelegt werden. Vor diesem Hintergrund war bislang dringend zu empfehlen, dass so genannte **Lärmprotokolle** gefertigt werden. Aus dem Lärmprotokoll sollen sich die Störungen nach Art, Intensität, Datum, Uhrzeit und Dauer ergeben. Der BGH hat zwischenzeitlich die Substantiierungsanforderungen an den Mietmängel vortragenden Mieter reduziert und hält das Vorlegen eines Mängel- bzw. Lärmprotokolls nicht mehr für erforderlich (BGH NJW 2012, 382; BGH NZM 2012, 381). Nichts anderes kann aber für den Vermieter gelten, wenn er den Mieter auf Unterlassung von Hausfriedensstörungen, hier: Lärmbelästigungen, in Anspruch nimmt. Nach Auffassung des BGH reicht nunmehr eine Beschreibung zu
• Art der Beeinträchtigung (zB Musik, Partygeräusche, Verschmutzung von Allgemeinflächen),
• Tageszeiten, Wiederholungsfrequenz und Dauer der Beeinträchtigungen aus, wobei „ungefähre" Angaben genügen (BGH NZM 2012, 381).

6. Bis zum 1.9.2001 war gem. § 554a BGB aF Voraussetzung für eine fristlose Kündigung wegen Pflichtverletzung unter anderem eine „nachhaltige" **Störung des Hausfriedens**. Darunter wurde allgemein verstanden, dass die Störung zu einem Dauerzustand wurde. In der ab dem 1.9.2001 geltenden Regelung des § 543 BGB ist das Tatbestandsmerkmal der Nachhaltigkeit weggefallen. Ausdrücklich ist jetzt in § 543 Abs. 3 BGB aufgenommen, dass eine Kündigung bei Pflichtverletzung erst nach erfolglosem Ablauf einer Frist oder nach erfolgloser Abmahnung zulässig ist. Letztlich läuft dies auf das Gleiche hinaus, da zum einen unter § 569 Abs. 2 BGB der Kündigungstatbestand nun ausschließlich bei Hausfriedensbruch gegeben ist und zum anderen nach wie vor eine zur Kündigung berechtigende Pflichtverletzung erheblich sein muss und einmalige Verstöße ohne **Wiederholungsgefahr** gerade nicht als erhebliche Pflichtverletzung anzusehen sind (LG Berlin GE 2005, 675; AG Bremen BeckRS 2004, 08315).

7. → Form. B.II.1 Anm. 6.

8. Sollte die Abmahnung durch eine/n RA/RAin erfolgen, bemisst sich der Streitwert für die Kostennote nach § 3 ZPO, dh dem Interesse des Vermieters an der begehrten Unterlassung. Vorliegend scheint es angemessen, den Jahresbetrag einer zulässigen Mietminderung anderer Mitmieter zugrunde zu legen. → Form. B.II.1 Anm. 8.

9. → Anm. 2.

4. Abmahnung des Vermieters wegen Verletzung von Sorgfaltspflichten

. . . . .

(Vermieter)[2]

an

. . . . .

(Mieter)[3]

per Boten[4]

Betr.: Mietverhältnis vom . . . . ., Objekt . . . . .

hier: Sorgfaltspflichtverletzung, vertragswidriger Gebrauch[1]

Sehr geehrte/Frau/Herr . . . . .

wie ich nach meiner angekündigten Besichtigung Ihrer Wohnung am . . . . . feststellen musste, machen Sie von der mit Mietvertrag vom . . . . . angemieteten 3-Zimmer-Wohnung im EG im Objekt . . . . . straße, Ort, einen vertragswidrigen Gebrauch. Dadurch verletzten Sie Ihre Obhuts- und Sorgfaltspflichten in erheblichem Maße.[5]

Sie nutzen die Wohnung praktisch zur Lagerung von Müll und Gerümpel. Wie ich mich selbst überzeugen konnte, herrscht in der Wohnung ein heilloses Durcheinander. In sämtlichen Zimmern liegen und stehen Kleidungsstücke, mehrere TV-Geräte, diverse Elektrogeräte und diverse mit Müll gefüllte Säcke, von denen bereits eine erhebliche Geruchsbelästigung ausgeht.[6] Wie Sie in der Wohnung mit Ihren zwei kleinen Kindern noch wohnen können, muss man sich ernsthaft fragen. Da Sie die Wohnung derart vernachlässigen, ist auch mit Schäden an der Bausubstanz zu rechnen.

Wegen vorbezeichneten Vertragsverstößen mahne ich Sie ab[7] und fordere Sie auf, unverzüglich sämtliche nicht zum gewöhnlichen Wohnbedarf gehörenden Gegenstände sowie die Müllsäcke zu entfernen. Sollten Sie dieser Aufforderung nicht bis spätestens . . . . . nachkommen, sähe ich mich gezwungen, das Mietverhältnis mit Ihnen aufzukündigen.[8]

. . . . .

(Vermieter)

Anmerkungen

1. → Form. B.II.1 Anm. 1.

2. → Form. B.II.1 Anm. 2.

3. → Form. B.II.1 Anm. 3.

4. → Form. B.II.1 Anm. 1.

5. Der Mieter ist aufgrund seiner **Obhuts-/Sorgfaltspflichten** gehalten, Schäden von der Mietsache abzuwenden. Dabei korrespondieren die Befugnis des Mieters zum vertragsgemäßen Gebrauch und seine Sorgfaltspflichten. Unter anderem darf der Mieter die Mietsache nicht in einer Art und Weise vernachlässigen, dass – wie hier – von der Mietsache Geruchsbelästigungen ausgehen und/oder eine Beschädigung der Bausubstanz zu befürchten ist, wobei eine Gefahr der Beeinträchtigung der Bausubstanz als ausreichend angesehen wird (AG Hannover WuM 2005, 767; ebenso Schmidt-Futterer/*Blank* BGB § 543 Rn. 57). Die Obhutspflicht entsteht nicht bereits bei Abschluss des Mietvertrages, sondern erst mit Übergabe der Mietsache.

6. Der **Sachverhalt** wurde der Entscheidung des AG Rheine WuM 1987, 153, entnommen.

7. Auch in Fällen der Sorgfaltspflichtverletzung muss grundsätzlich einer eventuellen Kündigung gem. § 543 Abs. 3 BGB eine Abmahnung vorausgehen.

8. Sollte die Abmahnung durch eine/n RA/RAin erfolgen, vgl. zum Gebührentatbestand → Form. B.II.1 Anm. 8. Als Gebührenstreitwert kann nach diesseitiger Rechtsauffassung die halbe Jahresmiete zugrunde gelegt werden, da die Abmahnung Vorstufe zur (fristlosen) Kündigung ist.

5. Abmahnung des Vermieters wegen unerlaubter Tierhaltung

. . . . .

(Vermieter)[2]

an

. . . . .

(Mieter)[3]

per Boten[4]

Betr.: Mietverhältnis vom . . . . ., Objekt . . . . .

hier: Unerlaubte Haltung eines Kampfhundes[1]

Sehr geehrte/r Frau/Herr . . . . .

gemäß Mietvertrag vom . . . . . haben Sie die oben näher bezeichnete 2-Zimmer-Wohnung von mir angemietet. In § . . . . . dieses Mietvertrages ist geregelt, dass das Halten von Tieren, insbesondere von Hunden und Katzen, mit Ausnahme von Kleintieren, wie Ziervögel und Zierfischen, ohne ausdrückliche Zustimmung des Vermieters nicht erlaubt ist.[5, 6]

(Alternativ:

Der Mietvertrag enthält keine Regelung in Bezug auf Tierhaltung.[7]

Ihre Nachbarn, Mieter der Wohnung auf gleicher Etage, haben festgestellt, dass Sie seit dem . . . . . einen Hund der Rasse Rottweiler,[8] *Farbe braun, Schulterhöhe ca. . . . . ., Gewicht ca. . . . . ., in Ihrer Wohnung halten. Sie haben mich hiervon zu keiner Zeit in Kenntnis gesetzt. Des Weiteren fühlen sich Ihre Nachbarn sowie insbesondere die Kinder der Nachbarn durch Ihren Hund verunsichert.*[9]

Wie Ihnen sicherlich bekannt ist, handelt es sich bei Ihrem Rottweiler um einen Kampfhund, das heißt einer als gefährlich einzustufenden Rasse.

Hiermit mahne[10] *ich Sie wegen unerlaubter Tierhaltung ab und fordere Sie auf, den oben näher bezeichneten Hund bis zum . . . . . abzuschaffen und auch zukünftig keinen anderen Hund einer als gefährlich einzustufenden Rasse zu halten.*

Rein vorsorglich weise ich Sie darauf hin, dass ich gezwungen bin, Sie gerichtlich auf Unterlassung der Tierhaltung in Anspruch zu nehmen oder das Mietverhältnis fristlos zu kündigen, sollten Sie Ihren Hund nicht abschaffen.[11, 12]*)*

. . . . .

(Vermieter)

Anmerkungen

1. → Form. B.II.1 Anm. 1.

2. → Form. B.II.1 Anm. 2.

3. → Form. B.II.1 Anm. 3.

4. → Form. B.II.1 Anm. 1.

5. Diese Regelung, sogar ein generelles Verbot jeglicher **Tierhaltung**, wäre in einem **individuell ausgehandelten Mietvertrag** zulässig (LG Lüneburg WuM 1995, 704; Schmidt-Futterer/*Eisenschmid* BGB § 535 Rn. 559). In einem **Formularmietvertrag** ist ein genereller Ausschluss jeglicher Tierhaltung unzulässig (BGH NJW 2013, 1526; BGH NZM 2008, 78). Die hier verwandte Klausel ist in einem Formularmietvertrag nach Auffassung des BGH gem. § 307 Abs. 1 BGB unwirksam, da sie den Mieter entgegen Treu und Glauben unangemessen benachteilige, weil eine Ausnahme von dem Zustimmungserfordernis nur für die genannten (Klein-)tiere besteht, nicht aber auch für andere kleine Haustiere. Nach hM gehört aber die Haltung ungefährlicher Kleintiere wie Kanarienvögel, Hamstern, Schildkröten oder auch kleinerer Echsen (AG Essen NJW-RR 1996, 138) zum vertragsgemäßen Gebrauch der Mietsache. Denn von ihnen sind idR keine Störungen für andere Hausbewohner oder Gefahren für die Mietsache zu befürchten (Schmidt-Futterer/*Eisenschmidt* BGB § 535 Rn. 552). Unzulässig ist nur eine Tierhaltung, die starken Belastungen der Mietsache (AG Frankfurt WuM 2000, 569) oder zu unzumutbaren Belästigungen anderer Bewohner führt. Das Halten exotischer und/oder gefährlicher Tiere, wie Wildhunden, Hyänen, Bären, Riesenschlangen, Krokodilen, Giftspinnen oder Skorpionen, gehört nicht zum vertragsgemäßen Wohngebrauch (OLG Karlsruhe NZM 2004, 551). Fehlt es an einer rechtswirksamen Regelung im Mietvertrag, hängt die Zulässigkeit der Tierhaltung demnach davon ab, ob sie zum vertragsgemäßen Gebrauch gehört. Die Beantwortung dieser Frage erfordert nach Meinung des BGH (BGH NJW 2013, 1526; BGH NZM 2008, 78) bei anderen Haustieren als Kleintieren, eine umfassende **Interessenabwägung** der Interessen des Vermieters, Mieters und weiterer Beteiligter (zB Blindenführhund, Erforderlichkeit des Hundes aus psychischen oder physischen Gründen, *Blank* NZM 1998, 5 (8); LG Hamburg WM 1997, 674; Tierhaarallergiker im Haus). Abzustellen ist stets auf den Einzelfall, wobei zur Interessenabwägung insbesondere folgende Gesichtspunkte herangezogen werden können: Art, Größe u Anzahl der Tiere; Art, Größe, Zustand und Lage des Wohnung und des Hauses, in dem sich die Wohnung befindet, Anzahl, persönliche Verhältnisse, namentlich Alter, und berechtigte Interessen der Mitbewohner und Nachbarn (zB Allergien), Anzahl und Art der Tiere im Haus, bisherige Handhabung durch den Vermieter sowie besondere Bedürfnisse des Mieters (BGH NJW 2013, 1526).

6. Die Entscheidung über die Erlaubnis unterliegt grds. dem freien Ermessen des Vermieters, wenn sich keine Anhaltspunkte für einen anderen Vertragswillen ergeben (OLG Hamm NJW 1981 (1626)). Das Ermessen muss aber nach BGH interessengerecht ausgeübt werden, → Anm. 5.

7. Enthält der Mietvertrag keine Regelung zur Tierhaltung, hängt die Zulässigkeit der Tierhaltung davon ab, ob dies vom vertragsgemäßen (Wohn-)Gebrauch iSv § 535 Abs. 1 BGB gedeckt ist, so dass im Ergebnis auch in diesem Fall eine umfassende Interessenabwägung stattfinden muss. (Schmidt-Futterer/*Eisenschmid* BGB § 535 Rn. 551; MAH MietR/*Schendel* § 17 Rn. 29 ff.) → Anm. 5.

Im Ergebnis dürfte in jedem Fall das Halten einer angemessenen Zahl so genannter Kleintiere, die nach außen nicht oder nicht wesentlich in Erscheinung treten (Ziervögel, Hamster, Meerschweinchen, Fische, Zwergkaninchen, Chinchillas uÄ) zum vertragsgemäßen Gebrauch gehören (Schmidt-Futterer/*Eisenschmid* BGB § 535 Rn. 553). Werden zahlreiche Kleintiere gehalten, ist eine Einzelfallprüfung vorzunehmen. Werden zB zahlreiche Terrarien und Aquarien mit Fröschen, Kröten, Kaulquappen, Mäusen und Spinnen in einer kleinen Studentenunterkunft gehalten, ist der Vermieter nach vorangegangener Abmahnung zur fristlosen Kündigung berechtigt, was auch für die Rattenhaltung im Terrarium gelten soll. Hier dürfte entscheidend sein, dass es sich um Ungeziefer mit der immanenten Gefahr der Übertragung von Krankheiten handeln dürfte (*Horst* Rn. 986). Hinsichtlich der Haltung von Katzen und Hunden war bisher umstritten, ob dies grundsätzlich zum vertragsgemäßen Gebrauch gehört. Unter Berücksichtigung der Entscheidung des BGH (NJW 2013, 1526) hängt die Zulässigkeit der Hunde-/Katzenhaltung stets von einer umfassende Abwägung der Einzelfallumstände ab, Anm. 5.

8. Nach bisheriger Rechtsprechung soll der Mieter unter keinem rechtlichen Gesichtspunkt einen Anspruch auf Erlaubnis haben, einen **Kampfhund** zu halten (LG München WuM 1993, 699; LG Gießen NJW-RR 1995, 12; LG Krefeld NJW-RR 1997, 332). Demgegenüber hat das LG Berlin entschieden, dass das Interesse an einer (fristlosen) Kündigung des Mietverhältnisses nicht vorrangig gegenüber dem Interesse des Mieters an der mietvertraglich nicht verbotenen Tierhaltung ist, solange ein Kampfhund den Hausfrieden nicht stört (LG Berlin GE 2005, 871).

9. Die Versagung der Erlaubnis ist auch dann berechtigt, wenn keine konkrete **Störung** von dem Tier ausgeht (LG Bonn ZMR 1989, 179; LG Köln DWW 1994, 185). Erst recht kann die Tierhaltung aufgrund der abstrakten Gefahr untersagt werden, die sich aus den Eigenschaften der Gattung oder Rasse ergeben (LG Nürnberg-Fürth ZMR 1991, 29 für Bullterrier; LG München I WuM 1993, 669 für Kampfhund; anders: LG Berlin GE 2005, 871, das eine konkrete Störung verlangt, wenn ansonsten Tierhaltung mietvertraglich nicht verboten). Soweit Tierhaltung im Mietvertrag nicht wirksam ausgeschlossen ist, kann der Mieter auch ein Minischwein im Rahmen eines vertragsgemäßen Gebrauchs der Wohnung halten (LG München WuM 2005, 649).

10. Eine rechtswirksame vergebliche **Abmahnung mit Fristsetzung** ist Tatbestandsvoraussetzung sowohl für einen vom Vermieter geltend gemachten Unterlassungsanspruch gem. § 541 BGB als auch einer außerordentlichen fristlosen Kündigung gem. §§ 543, 569 Abs. 3 BGB.

11. → Form. B.II.1 Anm. 6.

12. Sollte die Abmahnung durch eine/n RA/RAin erfolgen, vgl. zum Gebührentatbestand → Form B.II.1 Anm. 8. Die Gebührenstreitwerte gemäß § 3 ZPO schwanken je nach Tier zwischen ca. 300,– EUR und 1.000,– EUR.

Beseitigung einer Katze 700,– DM (AG Bonn WuM 1990, 197), pauschal 1.000,– DM (LG Hamburg WuM 1993, 477) bzw. 1.500,– DM (LG Hamburg 27.7.1992 – 316 T 116/91 – nv).

Beseitigung eines Hundes: 2.000,– DM (LG Düsseldorf WuM 1993, 604; LG Braunschweig WuM 1996, 291; Vgl. im Einzelnen die Übersicht von MAH MietR/*Schendel* § 17.

6. Abmahnung wegen fortgesetzter unpünktlicher Mietzahlung

. . . . .

(Vermieter)[2]

an

. . . . .

(Mieter)[3]

per Boten[4]

Betr.: Mietvertrag vom . . . . ., Objekt . . . . .

hier: Unpünktliche Mietzahlung[1]

Sehr geehrte/r Frau/Herr . . . . .

bei der Prüfung der Zahlungseingänge für die von Ihnen gemietete Wohnung habe ich festgestellt, dass Sie die Miete bereits ab dem Monat März 2019 ständig verspätet zahlen:

Die Miete für den Monat 03/19 ist erst am 18.3.2019,

die Miete für den Monat 04/19 ist erst am 29.4.2019,

die Miete für den Monat 05/19 ist erst am 19.5.2019,

die Miete für den Monat 06/19 ist erst am 16.6.2019,

die Miete für den Monat 07/19 ist erst am 22.7.2019

auf dem Mietkonto eingegangen.[5]

Die Miete ist nach § 4 des Mietvertrages jeweils monatlich im Voraus, spätestens am 3. Werktag des jeweiligen Monats zu zahlen,[6] dies entspricht der gesetzlichen Regelung des § 556b Abs. 1 BGB.[7, 8]

Leider haben Sie die Mieten zu diesen Fälligkeitszeitpunkten nicht gezahlt und damit gegen ihre mietvertraglichen Verpflichtungen verstoßen. Hierdurch ist mir ein Zinsschaden entstanden, da ich meine laufenden Kredite nicht bedienen konnte.

Hiermit mahne ich diesen Vertragsverstoß ab und fordere Sie auf, die Miete in Zukunft pünktlich zu dem vereinbarten Zahlungstermin zu zahlen. Falls Sie in Zukunft die Mieten nicht pünktlich zahlen, sähe ich mich gezwungen, das Mietverhältnis fristlos wegen der von Ihnen begangenen Vertragsverstöße zu kündigen.[9], [10]

. . . . .

(Vermieter)

Anmerkungen

1. → Form. B.II.1 Anm. 1.

2. → Form. B.II.1 Anm. 2.

3. → Form. B.II.1 Anm. 3.

4. → Form. B.II.1 Anm. 4.

5. → Form. B.II.1 Anm. 1.

6. Durch die Neuregelung des § 556b BGB wurde die bis zum 31.8.2001 gem. § 551 BGB aF bestehende grundsätzliche Vorleistungspflicht des Vermieters aufgehoben. Durch § 556b BGB wurde die Fälligkeit der Miete für Wohnraum auf den Zeitpunkt des Mietbeginns bzw. der vereinbarten Zeitabschnitte gelegt. Zudem wurde die vertragliche Praxis, wonach zulässig vereinbart wurde, dass die Miete regelmäßig bis zum 3. Werktag des Monats zu zahlen war, in Gesetzesrecht normiert. Dies hat zur Konsequenz, dass nunmehr der Mieter und nicht mehr der Vermieter vorleistungspflichtig ist. Im Hinblick auf §§ 273, 320 BGB könnte dem Mieter ein Zurückbehaltungsrecht an der Miete aufgrund seiner Vorleistungspflicht nicht mehr zustehen. Durch die Neuregelung des § 556b Abs. 2 BGB bleibt dem Mieter aber ein Zurückbehaltungsrecht ausdrücklich erhalten. Dies gilt gem. § 556b Abs. 2 S. 2 BGB selbst dann, wenn der Mietvertrag etwas anderes enthält. Diese Regelung, § 556b Abs. 2 BGB gilt auch für sogenannte „Altverträge", die vor dem 1.9.2001 abgeschlossen wurden, da es für § 556 Abs. 2 BGB keine Übergangsregelungen gibt. Das heißt, der Mieter kann nunmehr, entgegen einer vertraglichen Regelung, auch mit Aufwendungsersatzansprüchen gem. § 536a Abs. 2 Nr. 2 BGB (§ 547 Abs. 1 Nr. 1 BGB aF) sowie gem. § 539 BGB (§ 547 Abs. 2 BGB aF) aufrechnen oder ein Zurückbehaltungsrecht geltend machen, wenn er dies dem Vermieter mindestens 1 Monat vor Fälligkeit in Textform anzeigt.

7. Gemäß § 556b Abs. 1 BGB, der bestimmt, dass die Miete zu Beginn, spätestens bis zum dritten Werktag der vereinbarten Zeitabschnitte zu entrichten ist, kommt es für die Rechtzeitigkeit der Mietzahlung im Überweisungsverkehr nicht darauf an, dass die Miete bis zum dritten Werktag des vereinbarten Zeitabschnitts auf dem Konto des Vermieters eingegangen ist. Es genügt, dass der Mieter – bei ausreichend gedecktem Konto – seinem Zahlungsdienstleister den Zahlungsauftrag bis zum dritten Werktag des vereinbarten Zeitabschnitts erteilt (BGH NJW 2017, 1596). Samstag (BGH NJW 2010, 2879) und Sonntag sind hierbei nicht mit einzubeziehen, so dass je nach dem Wochentag, auf den der Monatsbeginn fällt, sich unterschiedliche Fälligkeitstage ergeben können. Der Mieter hat auf das vom Vermieter angegebene Konto zu zahlen, Überweisungen auf andere Konten des Vermieters sind keine Erfüllung (BGH NJW 1995, 520). Auch muss der Mieter bei entsprechender Vereinbarung eine Wohnungsorganisations-Nummer angeben (LG Berlin GE 1989, 151).

Altmietverträge vor Mietrechtsreform 1.9.2001: Die neue Regelung des § 556b BGB wirft die Frage auf, ob eine im Mietvertrag bestehende **Klauselkombination aus Vorfälligkeitsklausel und Aufrechnungsverbotsklausel** anders als bisher zu bewerten ist. Nach der

Grundsatzentscheidung des BGH (NJW 1995, 254) war bei vorgenannter Kombination die Vorfälligkeitsklausel unwirksam, da nach Auffassung des BGH ansonsten das Minderungsrecht unzulässig eingeschränkt wurde. Durch den neuen § 556b Abs. 1 BGB wurde die Vorfälligkeit gesetzlich normiert und nicht „nur" vertraglich geregelt. Gleichzeitig hat der Gesetzgeber gem. § 556b Abs. 2 BGB die Möglichkeit des Mieters zur Aufrechnung und Zurückbehaltung erweitert. Aufgrund der **Übergangsregelung** des Art. 229 § 3 Abs. 1 Nr. 7 EGBGB richtet sich die Fälligkeit der Mietzahlung für Mietverträge, die zum Zeitpunkt des Inkrafttretens des Mietrechtsreformgesetzes (1.9.2001) bestanden, so genannten **Altverträgen,** nach altem Recht. Das heißt, § 556b Abs. 1 BGB ist auf Altverträge nicht anwendbar. Da jedoch aufgrund fehlender Übergangsregelung § 556b Abs. 2 BGB dieser auch für „Altverträge" gilt, ist zu prüfen, ob sich durch die Neuregelung des § 556b Abs. 2 BGB eine von der BGH-Grundsatzentscheidung (NJW 1995, 254) abweichende Beurteilung der vereinbarten Kombinationsklauseln ergibt. Dies ist im Ergebnis zu verneinen, da sich die Frage der Unwirksamkeit der Vorfälligkeitsklausel ausschließlich nach dem materiellen Vertragsrecht richtet (Schmidt-Futterer/*Eisenschmid* BGB § 535 Rn. 639 ff.). Die Unwirksamkeit der Vorfälligkeitsklausel ist nicht davon abhängig, ob sich die nicht mehr hinzunehmende Benachteiligung des Mieters erst aus der Gesamtwirkung beider Klauseln, die jeweils für sich genommen beanstandungsfrei sind, ergibt (BGH NJW 1995, 254). Gleiches gilt bei Kombination einer Vorfälligkeitsklausel und einer Klausel, die das Zurückbehaltungsrecht einschränkt (Schmidt-Futterer/*Eisenschmid* BGB § 535 Rn. 639 ff.; Schmidt-Futterer/*Lehmann-Richter* BGB § 556b Rn. 18 ff.). Im Ergebnis führen daher bei Altverträgen die Kombination von Vorfälligkeits- und Aufrechnungsklausel nach wie vor zur Unwirksamkeit der Vorfälligkeitsklausel mit der Konsequenz, dass die Miete bei monatlicher Zahlungsweise am Letzten des Monats fällig ist und am Ersten der Folgemonate Verzug eingetreten ist.

8. Bis zur Vorauflage (5. Auflage, 2015) wurde im Beispielsfall ein Mietvertrag unterstellt, in welchem eine so genannte **Rechtzeitigkeitsklausel** vereinbart wurde, die besagt, dass es für die Rechtzeitigkeit nicht auf die Absendung, sondern auf den Zahlungseingang beim Vermieter ankommt. Diese Klauseln sind in der Praxis weit verbreitet. Hierzu hat der BGH entschieden, dass eine solch formularmietvertraglich vereinbarte Klausel gem. § 307 Abs. 1 S. 1 BGB unwirksam ist, weil sie das Risiko einer durch den Zahlungsdienstleister verursachten Verzögerung des Zahlungseingangs entgegen der gesetzlichen Regelung dem Mieter auferlegt (BGH NJW 2017, 1596). → Anm. 7.

9. Auch fortgesetzte unpünktliche Mietzahlung kann eine fristlose Kündigung des Mietvertrages rechtfertigen. Grundsätzlich ist eine einzige weitere unpünktliche Mietzahlung nach Abmahnung für eine fristlose Kündigung ausreichend (BGH NJW 2011, 2201). Dies soll selbst dann gelten, wenn der Mieter nur jeweils wenige Tage zu spät zahlt (OLG Düsseldorf ZMR 1992, 192). Eine Kündigung ist auch dann möglich, wenn die jeweiligen Verspätungen nicht den Umfang des Zahlungsrückstandes des § 543 Abs. 2 Nr. 3 BGB erreichen. Die ordentliche Kündigung eines Wohnraummietvertrages wegen fortgesetztem Zahlungsverzug setzt hingegen grundsätzlich keine Abmahnung voraus (BGH NJW-Spezial 2008, 130). Die Aufnahme der **Kündigungsandrohung** ist dringend zu empfehlen, wenn der Vermieter die verspäteten Mietzahlungen längere Zeit geduldet hat, er aber nun rechtliche Konsequenzen ziehen will (BGH NZM 2009, 315; s. aber auch BGH NJW 2011, 2201: Ausschluss des Kündigungsrechts).

Zu beachten ist, dass verspätete Zahlungen durch zB das Jobcenter/Agentur für Arbeit, allein nicht zur außerordentlichen Kündigung des Mietverhältnisses berechtigen. Eine Behörde, die im Rahmen der Daseinsvorsorge staatliche Transferleistungen erbringt, wird nicht als Erfüllungsgehilfe des Mieters tätig, wenn sie für ihn die Miete an den Vermieter zahlt. Allerdings kann ein wichtiger Grund für die fristlose Kündigung gem. § 543 Abs. 1 S. 2 BGB auch – unabhängig von einem etwaigen Verschulden des Mieters – allein in der objektiven Pflichtverletzung unpünktlicher Mietzahlungen und den für den Vermieter daraus folgenden negativen Auswirkungen liegen, wenn die **Gesamtabwägung** ergibt, dass eine Fortsetzung des Mietverhältnisses für den Vermieter unzumutbar ist. (BGH NJW 2009, 3781 = NJW-Spezial 2010, 99; BGH NZM 2015, 196; BGH NZM 2016, 635).

10. Sollte die Abmahnung durch eine/n RA/RAin erfolgen, bemisst sich der Gebührenstreitwert gemäß § 41 GKG nach der Jahresmiete. In den Fällen, in denen es dem Vermieter allein um den Zahlungszeitpunkt geht, dürften aber $^1/_5$ der Jahresmiete ausreichend sein (so AG Kerpen WuM 1991, 439 mit zustimmender Anmerkung von *Schneider*). Zum Gebührentatbestand → Form. B.II.1 Anm. 8.

7. Abmahnung des Vermieters wegen vertragswidriger Nutzung (gewerblicher Mietvertrag)

. . . . .

(Vermieter)[2]

an

. . . . .

(Mieter)[3]

per Boten[4]

Betr.: Gewerblicher Mietvertrag vom . . . . ., Objekt . . . . . zum Betrieb einer Änderungsschneiderei[1]

Sehr geehrte/r Frau/Herr . . . . .

mit gewerblichem Mietvertrag vom . . . . . haben Sie von mir in der . . . . . (Mietobjekt) 2 Räume nebst WC zum Betrieb eines Ladenlokals gemietet.

Gem. § 4 des Mietvertrages ist als Nutzungszweck ausschließlich vereinbart:[5] „Ladenlokal zum Betrieb einer Änderungsschneiderei". Wie ich jetzt festgestellt habe, haben Sie den Betrieb der Änderungsschneiderei nunmehr aufgegeben. Sie haben die angemieteten Räume umgebaut bzw. umbauen lassen zu einem Imbiss für „griechische Spezialitäten". Dazu haben Sie vom WC aus Wasserleitungen in den hinteren Raum verlegt oder verlegen lassen und dort eine typische Imbissküche nebst Dampfabzugsanlage eingebaut und hierzu für die Ableitung der Dämpfe einen Mauerdurchbruch vorgenommen. Des Weiteren betreiben Sie den Imbiss nicht wie bisher die Änderungsschneiderei bis lediglich 18.30, sondern sogar bis 00.30 Uhr und je nach Kundschaft auch darüber hinaus.

Aufgrund dieser neuen nicht vom Vertrag gedeckten Nutzung mahne ich Sie ab[6] und fordere Sie auf, unverzüglich, jedoch spätestens bis . . . . . (10 Tage) den Imbissbetrieb einzustellen und die vorgenommenen Ein- und Umbaumaßnahmen rückgängig zu machen. Sollten Sie dieser Aufforderung nicht nachkommen, werde ich Sie auf Unterlassung gem. § 541 BGB in Anspruch nehmen oder das Mietverhältnis gem. § 543 Abs. 2 Nr. 3 BGB fristlos kündigen.[7, 8]

. . . . .

(Vermieter)

Anmerkungen

1. → Form. B.II.1 Anm. 1.

2. → Form. B.II.1 Anm. 2.

3. → Form. B.II.1 Anm. 3.

4. → Form. B.II.1 Anm. 1.

5. Besonders wichtig bei Abschluss eines Gewerberaummietvertrages ist die Bestimmung des Vertragszweckes, damit geprüft werden kann, ob ein vertragswidriger Gebrauch vorliegt. Jede erhebliche Nutzungsänderung, nicht die bloße Nutzungserweiterung, bedarf als Vertragsänderung der Vermieterzustimmung. Anerkannt ist, dass – wie im Beispielsfall – eine vollkommene Veränderung des vereinbarten Nutzungszwecks unzulässig und damit vertragswidrig ist. Es kommt dabei darauf an, ob – wie hier – die Mietsache verändert wird und so eine andere Außenwirkung vorhanden ist (Gaststätte/ Café in Bar, BGH NJW 1957, 1833; Eisdiele in Bierlokal, OLG München WuM 1992, 326; Büro in Asylbewerberheim, OLG Düsseldorf ZMR 1991, 176; Abendlokal/Gaststätte, BayObLGR 2005, 407; Café/Konditorei in griechisches Spezialitätenrestaurant, BayOLG ZMR 2005, 215; „Tele-Café mit Internetangebot" in „Spätkauf", KG ZMR 2015, 119; Metzgerei in Geschäft für Damenoberbekleidung, LG Nürnberg-Fürth WM 1991, 344; Zahnarztpraxis in Tierarztpraxis OLG Köln DWW 1997, 121).

6. Gem. §§ 541, 543 Abs. 3 BGB ist eine vergebliche Abmahnung vor Geltendmachung eines Unterlassungsanspruchs sowie vor Ausspruch einer fristlosen Kündigung erforderlich. Die Abmahnung selbst ist an keine bestimmte Form geknüpft. Sie sollte aber aus Beweisgründen schriftlich erfolgen und dem Mieter nachweisbar zugegangen sein, → Form. B.II.1 Anm. 1.

7. Im Falle einer vergeblichen Abmahnung, das heißt Fortsetzung des vertragswidrigen Verhaltens durch den Mieter, kann der Vermieter entweder den Mieter gem. § 541 BGB auf Unterlassung in Anspruch nehmen oder gem. § 543 Abs. 2 Nr. 2, 3 BGB fristlos kündigen. Der Unterlassungsanspruch gem. § 541 BGB **verjährt** während des laufenden Mietverhältnisses **nicht**, solange die vertragswidrige Nutzung andauert (BGH NJW 2019, 1062).

8. Sollte die Abmahnung durch eine/n RA/RAin erfolgen, richtet sich der Gebührenstreitwert für die Kostennote gemäß § 3 ZPO nach dem Ausmaß der Beeinträchtigungen des Vermieters durch die Nutzungsänderung, deren Unterlassung begehrt wird. Denkbar wäre der Jahresbetrag der zulässigen Mietminderung anderer Mitmieter und/oder die Kosten für die Wiederherstellung des ursprünglichen Zustands der Mietsache. Zum Gebührentatbestand → Form. B.II.1 Anm. 8.

8. Abmahnung des Vermieters wegen Nichtleistung der Kaution (Wohnraummiete)

· · · · ·

(Vermieter)[2]

an

· · · · ·

(Mieter)[3]

per Boten[4]

Betr.: Mietvertrag über Wohnung . . . . . Etage vom 15.7.2013, Objekt . . . . .[1]

hier: Kaution

Sehr geehrte/r Frau/Herr . . . . .

Mit oben genanntem Mietvertrag haben Sie oben genannte Wohnung zum 1.8.2013 gemietet. Gem. § 11 des og Mietvertrages ist vereinbart, dass Sie in 3 Raten von jeweils 500,– EUR eine Kaution zahlen in Höhe von 3 Monatskaltmieten,[5] mithin 1.500,– EUR. Die erste und zweite Kautionsrate in Höhe von je 500,– EUR haben Sie trotz mehrfacher Aufforderung nicht gezahlt. Nun erreicht mich Ihr Schreiben vom 7.8.2013, mit dem Sie mitteilen, die Kautionszahlung zu verweigern. In der Zwischenzeit konnte ich auch in Erfahrung bringen, dass Sie bereits unter dem 15.7.2012 die eidesstattliche Versicherung abgegeben haben.

Wegen Nichtzahlung der Kaution mahne ich Sie ab[6] und fordere Sie letztmalig auf, die vereinbarte Kaution, dh die 1. und 2. Rate, nunmehr bis zum 15.9.2013 zu zahlen. Sollten bis dahin die fälligen Kautionsraten nicht eingehen, sähe ich mich dann gezwungen, das Mietverhältnis gem. §§ 543, 569 IIa BGB fristlos zu kündigen.[7]

. . . . .

(Vermieter)

Anmerkungen

1. → Form. B.II.1 Anm. 1. Aufgrund der Mietrechtsreform 2013 wird dem Wohnraumvermieter ein weiteres Recht zur fristlosen Kündigung **ohne vorherige Abmahnung** gem. § 569 Abs. 2a BGB eingeräumt, wenn der Mieter mit einem Betrag der Sicherheitsleistung in Verzug gerät, der zwei Kaltmieten erreicht. Es ist ausdrücklich darauf hinzuweisen, dass eine auf § 569 Abs. 2a BGB gestützte Kündigung keiner vorherigen Abmahnung bedarf, gleichwohl dürfte eine solche zu empfehlen sein.

2. → Form. B.II.1 Anm. 2.

3. → Form. B.II.1 Anm. 3.

4. → Form. B.II.1 Anm. 1.

5. Gem. § 551 BGB darf die verlangte Kaution maximal drei Monatskaltmieten betragen. Betriebskostenvorauszahlungen und Betriebskostenpauschalen sind nicht zu berücksichtigen.

6. Vor Ausspruch der Kündigung wegen **Zahlungsverweigerung** der Kaution ist gem. § 569 IIa BGB keine Abmahnung mehr erforderlich. Ausreichend für eine fristlose Kündigung nach § 569 Abs. 2a BGB ist, dass der Mieter mit einem Betrag der Kaution in Verzug ist, der zwei Kaltmieten erreicht. Damit korrespondiert eine jetzt ausdrückliche gesetzliche Fälligkeitsregelung bezogen auf die zweite und dritte Kautionsrate, § 551 Abs. 2, S. 3 BGB. Die weiteren Teilzahlungen sollen zusammen mit den unmittelbar folgenden Mietzahlungen fällig werden. Die Kündigungsmöglichkeit besteht dann nicht, wenn keine **Barkaution**, sondern als Sicherheitsleistung eine Bürgschaft oder die Verpfändung eines Sparbuches geschuldet ist. Auch besteht die Kündigungsmöglichkeit nicht, wenn der Mieter die Kaution mangels Fälligkeit nicht zu entrichten hat, etwa weil ihm ein Zurückbehaltungsrecht wegen nicht nachgewiesener gesetzeskonformer Anlage durch den Vermieter, § 551 Abs. 3 S. 1 BGB, oder weil die Kautionsabrede die Fälligkeit in drei Raten nicht berücksichtigt, § 551 Abs. 2 BGB. Die neue Vorschrift ist durch den Mieter dadurch zu umgehen, dass er geringfügig unter dem erforderlichen Rückstand von zwei Kaltmieten bleibt. Ob der Vermieter dann gleichwohl gem. § 543 Abs. 1 BGB, Unzumutbarkeit der Vertragsfortsetzung nach erheblichem Pflichtverstoß, wie bisher, nach erfolgter Abmahnung kündigen kann, ist umstritten; die zukünftige Rechtsprechung dazu bleibt abzuwarten (bejahend: *Horst* § 16 Rn. 26 ff.). Jedenfalls dürfte eine fristlose Kündigung begründet sein, wenn der Mieter nicht nur mit der Kaution in Verzug ist, sondern eine weitere Pflichtverletzung hinzukommt, wie beispielsweise keine Mietzahlung, so dass eine Fortsetzung des Mietvertrages für den Vermieter unzumutbar iSd § 543 Abs. 1 BGB sein dürfte.

7. Sollte die Abmahnung durch eine/n RA/RAin erfolgen, bemisst sich der Gebührenstreitwert nach der Höhe der rückständigen Kautionsrate/n. Zum Gebührenstreitwert → Form. B.II.1 Anm. 8.

9. Abmahnung des Vermieters wegen teilweise gewerblicher Nutzung von Wohnraum

. . . . .

(Vermieter)[2]

an

. . . . .

(Mieter)[3]

per Boten[4]

Betr.: Mietvertrag über Objekt . . . . .[1]

Sehr geehrte/r Frau/Herr . . . . .

gemäß § 4 des oben genannten Mietvertrages haben Sie die von Ihnen genutzten Räume ausdrücklich zu Wohnzwecken angemietet.[5] Mir ist zugetragen worden, dass Sie die Mieträume vertragswidrig zum Betrieb einer bewegungstherapeutischen Praxis nutzen. Sie empfangen regelmäßig Patienten in Ihrer Wohnung, die dann von Ihnen behandelt werden.[6] Zwar ist der Zulauf von Patienten noch relativ gering. Hierauf kommt es jedoch nicht entscheidend an, da Sie mir persönlich erklärten, ohne die Einkünfte aus dem Betrieb der bewegungstherapeutischen Praxis kaum in der Lage zu sein, die Miete zu zahlen.[7]

Des Weiteren haben Sie am Hauseingang ein ca. 50 cm × 30 cm großes Messingschild aufgehängt,[8] welches auf den Betrieb der Praxis nebst Öffnungszeiten und Telefon-, Telefaxnummer hinweist.

Ich mahne Sie hiermit ab[9] und fordere Sie auf, unverzüglich, jedoch spätestens bis zum . . . . . den Betrieb der bewegungstherapeutischen Praxis einzustellen sowie das Messingschild am Hauseingang zu entfernen.

Vorsorglich weise ich Sie darauf hin, dass ich Sie für den Fall, das Sie meiner Aufforderung nicht nachkommen werden, gerichtlich auf Unterlassung in Anspruch nehmen kann und mir darüber hinaus vorbehalte, das Mietverhältnis auch fristlos zu kündigen.[10, 11]

. . . . .

(Vermieter)

Anmerkungen

1. → Form. B.II.1 Anm. 1.

2. → Form. B.II.1 Anm. 2.

3. → Form. B.II.1 Anm. 3.

4. → Form. B.II.1 Anm. 1.

5. Räume, die vertraglich zu Wohnzwecken vermietet sind, dürfen grundsätzlich nicht in einer Weise genutzt werden, die dem Wohnraumcharakter widerspricht. Die teilweise Ausübung eines Gewerbes in der Wohnung gilt unter folgenden Voraussetzungen als **vertragswidrig**:
- unzumutbare Störungen für den Vermieter oder Mitmieter, etwa durch Publikums-verkehr/Laufkundschaft (LG Schwerin WuM 1996, 214), wobei lebhafter Kunden-verkehr bei einem Besuch von 10–12 Kunden täglich angenommen wird (LG München II ZMR 2007, 278),
- Veränderung des Charakters der Mieträume als Wohnraum,
- Gefährdung der Wohnung, insbesondere durch übermäßige Beanspruchung und Ab-nutzung (*Sternel* MietR Rn. 232).

Die Interessen von Vermieter und weiteren Mitmietern nicht weiter berührenden Nut-zungen fallen daher auch nicht unter die in Wohnungsmietverträgen häufig zu findenden Klauseln – wie hier –, nach denen eine Benutzung zu außervertraglichen Zwecken untersagt oder erlaubnispflichtig ist (*Sternel* II Rn. 137, 156). Hingegen gilt als zulässig, eine teilweise gewerbliche Nutzung der Wohnung, die nach ihrer Art nicht ins Gewicht fällt und nur gelegentlich ausgeübt wird, sowie insbesondere keine **Außenwirkung** entfaltet (*Sternel* II Rn. 137, 156). Die Wohnung verliert ihren Charakter als solche nicht, wenn sie nach wie vor als Lebensmittelpunkt des Mieters dient (*Sternel* II Rn. 157). Im Einzelnen wurden zB folgende vertragswidrige bzw. vertragsgemäße Nutzungen angenommen:

Vertragswidrig:
- Gewerbliche Erteilung von Musikunterricht in der Mietwohnung, Gitarrenunterricht an drei Werktagen für ca. 12 Schüler (BGH NZM 2013, 456);
- Gewerbliche Nutzung der gesamten zu Wohnzwecken angemieteten Wohnung als Lager- und Verkaufsraum (LG München I BeckRS 2011, 00901;
- Betreiben einer bewegungstherapeutischen Praxis in Teilen der Wohnung, auch dann, wenn Patienten bislang nur in geringem Umfang behandelt werden (LG Stuttgart WuM 1997, 215; aA AG Berlin-Spandau MM 1997, 242 und OLG Düsseldorf ZMR 1998, 247: gesamte Wohnung wurde als Praxis genutzt!);
- Eröffnung eines Schreibbüros in der Wohnung (LG Lüneburg WuM 1995, 706);
- Heimarbeit mit lärmenden Maschinen, hier: Kompressor (AG Steinfurt WuM 1996, 405);
- Nutzung eines Zimmers hauptberuflich als Ingenieurbüro zusammen mit weiterem Ingenieur, der nicht Mieter ist; Anbringung eines Schildes neben Hauseingang; Büro soll auch Laufkundschaft anziehen (LG Schwerin NJW-RR 1996, 1223);
- teilgewerbliche Nutzung, die mit erhöhter Abnutzung des Mietobjektes und mit unzumutbaren Störungen verbunden ist (LG Osnabrück WuM 1986, 94; LG Hamburg WuM 1993, 188);
- Großpflegestelle, in der werktäglich fünf Kinder in zwei von fünf Zimmern entgeltlich betreut werden (LG Berlin MDR 1993, 236); hingegen zulässig entgeltliche Betreuung bis zu vier fremder Kinder (AG Hamburg WuM 1989, 625);
- Betreiben einer Taxizentrale (AG Hannover, WuM 1991, 577);

- Betreiben einer Anwaltskanzlei mit Publikumsverkehr (BayObLG RE NJW-RR, 1986, 892);
- Betrieb eines bordellartigen Etablissements (AG Mönchengladbach-Rheydt ZMR 1993, 171; LG Lübeck NJW-RR 1993, 525);
- Anbringung von sieben weiteren Namensschildern an Briefkasten, die teilweise auf Vorhandensein weiterer Bewohner und teilweise auf eine gewerbliche Nutzung der Wohnung schließen lassen (AG Frankfurt DWW 1989, 231);
- teilgewerbliche Nutzung der Wohnung mit Kundenbesuch für Durchführung von Kosmetikbehandlungen und Verkauf von Kosmetikartikeln (LG Berlin GE 1988, 947);
- Betrieb eines Elektrogewerbes, Nutzung von Keller und Garage zum Zweck der Lagerung von Materialien und Ware, Werbung für Gewerbe im Branchenverzeichnis sowie regionalen Zeitungen (AG Lüdinghausen WuM 1983, 327).

Vertragsgemäß:

- Lagerung von Hausrat, der nach Besichtigung durch Interessenten entgeltlich abgegeben wird (BGH NZM 2011, 151);
- Gelegentliche büromäßige Nutzung der Wohnung oder die Erledigung von Büroarbeiten abends oder an Wochenenden, schriftstellerische oder wissenschaftliche Tätigkeiten (LG Hamburg WuM 1992, 241; LG Stuttgart WuM 1992, 250; LG Frankfurt a.M. WuM 1996, 532); Betrieb einer Tele-/Online-Anwaltskanzlei ohne Kundenverkehr; denn hiergegen ist bei ausschließlicher Nutzung eines Wohnungsteils als Büro mit Telefon, Fax und Computer ohne Mandanten nichts einzuwenden (*Horst*, Praxis des Mietrechts, 2. Aufl., Rn. 1001);
- Betrieb eines Immobilienmaklerbüros ohne Mitarbeiter in Teilen der Wohnung (BGH NJW-Spezial 2009, 658);
- nicht störende Arbeiten als Näherin oder Sekretärin (LG Berlin WuM 1974, 258);
- gelegentliche Betätigung als Hellseherin (LG Hamburg WuM 1985, 263);
- Ausstattung der Wohnung mit PC und Faxgerät zwecks gewerblich angemeldeter Informationsverarbeitung (AG Köln WuM 1991, 577);
- nebenberufliche Tätigkeit als Vertreter einer Krankenversicherung, wenn sich Nebentätigkeit auf Führung von Telefonaten zwecks Terminvereinbarung für Hausbesuche bei Kunden beschränkt (AG Charlottenburg MM 1992, 357);
- Lagerung von Fensterbildern durch hauptberuflichen Handelsvertreter, der nebenbei Fensterbilder verkauft, im Keller und Aufstellen von zwei beleuchteten Stellwänden zwecks Ausstellung von Glasbildern (AG Gronau WuM 1991, 339).

6. Der Empfang von Patienten oder sonstigen Kunden bewirkt, dass die teilweise gewerbliche Nutzung nach **außen wirkt** und somit die teilweise gewerbliche Nutzung in der Regel unzulässig macht.

7. Wie in dem hier zugrunde liegenden Fall entschieden, reicht die Aufnahme des Betriebs der Praxis, das heißt der teilweisen gewerblichen Nutzung und die tatsächliche Absicht der Expansion aus, um eine vertragswidrige Nutzung anzunehmen (LG Stuttgart WuM 1997, 215).

8. In einem derartigen Fall mit Außenwirkung darf der Mieter auch kein großes **Schild** am Hauseingang anbringen. Dies geht über den vertragsgemäßen Gebrauch der Wohnung hinaus (LG Schwerin NJW-RR 1996, 1223). Ist hingegen die teilgewerbliche Nutzung von Wohnraum nach obigen Grundsätzen (Anm. 4) zulässig, darf der Mieter auch einen entsprechenden Hinweis an seiner Klingel und/oder dem Hausbriefkasten anbringen (LG Stuttgart WuM 1992, 250); teilweise wird sogar vertreten, dass der Mieter berechtigt ist, ein Schild neben dem Hauseingang anzubringen, zumindest dann, wenn der Vermieter die teilgewerbliche Nutzung genehmigt hat (AG Tiergarten Grundeigentum Berlin 1991, 577).

9. Eine beweisbare rechtswirksame vergebliche Abmahnung ist Tatbestandsvoraussetzung gemäß § 541 BGB für eine Unterlassungsklage. Gleiches gilt im Falle des Ausspruchs einer fristlosen Kündigung gem. § 543 BGB; vgl. § 543 Abs. 3 BGB.

10. Diese Hinweise sind grundsätzlich nicht erforderlich aber sinnvoll, um dem Mieter die Konsequenzen seines Verhaltens vor Augen zu führen.

11. Für den Fall, dass die Abmahnung durch eine/n RA/RAin erfolgt, vgl. bzgl. der Kostennote → Form. B.II.7 Anm. 8.

III. Verpflichtung des Mieters zur Duldung von Erhaltungsmaßnahmen nach § 555a BGB

1. Duldungsaufforderung durch den Vermieter

. . . . . .

(Vermieter)

an

. . . . . .

(Mieter)

Sehr geehrte(r) . . . . . .,

wie Sie wissen, sind durch Ausbesserungsarbeiten am Dach Feuchtigkeitsschäden in Wohnzimmer und Schlafzimmer ihrer Wohnung entstanden. Nachdem die Durchfeuchtung dazu geführt hat, dass die Wandfarbe an einigen Stellen abgeblättert ist und sich bereits Teile des Putzes abgelöst haben, ist die Beseitigung der Schäden dringend erforderlich.[1] Nachdem es sich hier um eine Erhaltungsmaßnahme nach § 555a BGB handelt, können Härtegründe auf Ihrer Seite nach § 555d Abs. 2 BGB, die einer Durchführung der erforderlichen Arbeiten entgegenstehen könnten, nicht berücksichtigt werden.[2]

Sie werden gebeten, spätestens bis zum . . . . . . mitzuteilen, ob Sie die Durchführung der zur Beseitigung der Schäden erforderlichen Arbeiten, das heißt Ausbesserung der Feuchtigkeitsschäden im Schlafzimmer und Wohnzimmer und Beseitigung des beschädigten Putzes und Wandanstrichs, Ausbesserung und Neuanbringung des Putzes und Neuanstrich der bezeichneten Wände, dulden.[3]

Ich weise bereits jetzt darauf hin, dass die Duldungpflicht hinsichtlich von Erhaltungsmaßnahmen gesetzlich nicht begrenzt ist. Sollten Sie die Duldungserklärung innerhalb der gesetzten Frist nicht abgeben, bin ich gezwungen, Klage auf Duldung der bezeichneten Erhaltungsmaßnahmen zu erheben.[4]

Ich nehme jedoch an, dass die möglichst umgehende Durchführung der Erhaltungsmaßnahmen in unserem beiderseitigen Interesse an der Erhaltung der Mieträume und des Wohnwerts liegt. Sollten Ihnen infolge der Maßnahme Aufwendungen entstehen, würde ich Ihnen diese angemessen ersetzen.[5]

Ich weise ergänzend darauf hin, dass Schweigen auf dieses Schreiben als Ablehnung der Duldung mit den bezeichneten Folgen gilt.

. . . . . .

(Vermieter)

Anmerkungen

1. **Erhaltungsmaßnahmen** sind Maßnahmen, die erforderlich sind, den ursprünglichen Zustand der Mieträume zu erhalten, die also der Instandhaltung oder Instandsetzung dienen. In Betracht kommt hier zB die Beseitigung von Brandschäden, die Reparatur von

Feuchtigkeitsschäden oder Schönheitsreparaturen, soweit sie der Vermieter vornimmt (vgl. MPFB MietR/*Börstinghaus* Form. II. 23). Keine Erhaltungsmaßnahmen liegen vor, wenn eine Umgestaltung der Mieträume geplant ist (LG Berlin GE 1988, 145). Es muss nicht akuter Handlungsbedarf bestehen, es genügt, wenn die Entstehung von Schäden zumindest unmittelbar absehbar ist (LG Berlin GE 1988, 145).

2. Handelt es sich nicht um Erhaltungsmaßnahmen, sondern um **Modernisierungs-maßnahmen** im Sinne von § 555b BGB, kann der Mieter sich nach § 555d Abs. 2 BGB im Rahmen einer Abwägung der beiderseitigen Interessen auf Härtegründe berufen, die eine Durchführung der geplanten Arbeiten ausschließen können. Eine mögliche Mieterhöhung nach § 559 BGB spielt hier aber keine Rolle, da die Frage, ob die vom Vermieter beabsichtigte Mieterhöhung einen Härtegrund darstellt, nicht im Duldungsverfahren, sondern erst im Verfahren über einen Mietzuschlag zu prüfen ist, § 559 Abs. 4 BGB.

Treffen Erhaltungs- und Modernisierungsmaßnahmen zusammen, kommt es auf das Schwergewicht der Maßnahme an. Im Zweifel gilt die eingeschränkte Duldungspflicht nach § 555d Abs. 2 BGB in Verbindung mit der formell und materiell gesetzlich bestimm-ten Ankündigungspflicht nach § 555c BGB und der Kündigungsmöglichkeit für den Mieter nach § 555e BGB. Dies dient dem bei Modernisierungsmaßnahmen im Vorder-grund stehenden Mieterschutz.

3. Wenn es um die Durchführung von Erhaltungsmaßnahmen geht, muss eine An-kündigung der Maßnahme nach § 555a Abs. 2 BGB erfolgen. Die Duldungserklärung des Mieters ist als Willenserklärung abzugeben. Voraussetzung hierfür ist, dass den Mieter die Aufforderung erreicht. Die gesetzte Frist muss ausreichend sein, um dem Mieter zu ermöglichen zu prüfen, ob eine Duldungspflicht angesichts der Art der Maßnahme gegeben ist. Weiter muss ihm Zeit gegeben werden, Rechtsrat einzuholen. Wird dies nicht beachtet, kann der Mieter den Zutritt zu den Mieträumen verweigern.

4. Die **Duldungspflicht** des Mieters bei der Durchführung von Erhaltungsmaßnahmen ist im Gegensatz zur Duldungspflicht bei Modernisierungsmaßnahmen nicht begrenzt. Auf das Ausmaß der durch die Maßnahme bedingten Beeinträchtigung kommt es grund-sätzlich nicht an (LG Mannheim WuM 1987, 273). Grenze ist die Zumutbarkeit, was allerdings lediglich bedeutet, dass Arbeiten zur Unzeit in einer Mietwohnung nicht zulässig sind. Es ist im Übrigen ein weiter Maßstab anzulegen, was bedeutet, dass der Mieter auch zur vorübergehenden Räumung seiner Wohnung verpflichtet werden kann (vgl. BVerfG NJW 1992, 1378). Gibt der Mieter die Willenserklärung auf Duldung der Erhaltungsmaßnahme nicht ab, muss der Vermieter seinen Anspruch durch Klage durch-setzen (vgl. MPFB MietR/*Börstinghaus* Form. II. 23). In Betracht kommt auch der Antrag auf Erlass einer einstweiligen Verfügung (*Zöller* ZPO § 940 Rn. 8). Dies gilt allerdings nur für unaufschiebbare Maßnahmen, wobei hier die Frage eine Rolle spielen dürfte, ob der Vermieter die Notwendigkeit der Erhaltungsmaßnahme zu vertreten hat.

5. Der **Aufwendungsersatzanspruch** des Mieters ergibt sich aus § 555a Abs. 3 BGB. Zu den Aufwendungen, die hier in Betracht kommen, zählen zB
- Kosten für die vorübergehende Auslagerung von Möbeln des Mieters,
- Entfernung von Einrichtungen, mit denen der Mieter die Mieträume versehen hat (LG Hamburg WuM 1993, 399),
- Erneuerung von Schönheitsreparaturen,
- Reinigung der Räume,
- Hotelkosten (vgl. *Wetekamp* Mietsachen Kap. 7 Rn. 9).

Ein Ersatz erfolgt nur in angemessenem Umfang, das heißt Sach- und Arbeitsleistungen des Mieters müssen angemessen sein (LG Hamburg WuM 1987, 386). Maßstab ist hier nicht die sonstige Lebensführung des Mieters, sondern ein angemessenes Verhältnis zu der Erhaltungsmaßnahme und den durch sie bedingten Beeinträchtigungen. Bei geringfügigen

Störungen kann der Mieter zB nicht Aufwendungsersatz für einen Hotelaufenthalt verlangen. Ist die Wohnung während der Dauer der Durchführung der Erhaltungsmaßnahmen unbewohnbar, muss der Mieter Kosten einer Hotel-Restaurant-Verpflegung dann nicht ersetzen, wenn der Mieter ein Hotelappartement mit Küche bezieht (LG Hamburg WuM 1987, 387). § 555a Abs. 3 S. 2 BGB sieht vor, dass der Vermieter dem Mieter auf Verlangen Vorschuss für die Aufwendungen des Mieters zu leisten hat. Dies bedeutet, dass es Sache des Mieters ist, etwaige Aufwendungen nach Art, Umfang und Höhe aufzuschlüsseln. Ist dies geschehen, kann der Mieter die Duldung der Maßnahme verweigern, solange der Vorschuss nicht geleistet ist (AG Aachen WuM 2015,734).

2. Ablehnungsschreiben des Mieters

. . . . . .

(Mieter)

an

. . . . . .

(Vermieter)

Sehr geehrte(r) . . . . . .,

zu Ihrem Schreiben vom . . . . . . nehme ich wie folgt Stellung:

Sie schreiben, dass die verrotteten Fenster meiner Wohnung durch moderne Kunststofffenster mit Schallschutz- und Wärmeschutzeigenschaften ersetzt werden sollen. Hier handelt es sich aber entgegen Ihrer Ansicht nicht um eine Erhaltungsmaßnahme, sondern um eine Modernisierungsmaßnahme nach § 555b Nr. 1 BGB (energetische Modernisierung).[1] Selbst wenn man hier einen gewissen Erhaltungsaufwand auf Grund der Undichtheit der gegenwärtigen Fenster annehmen würde, liegt das Schwergewicht eindeutig auf dem Modernisierungsvorhaben. Nachdem Ihr Anschreiben die Voraussetzungen des § 555c BGB sowohl hinsichtlich des Zeitpunkts der Mitteilung der Maßnahme als auch hinsichtlich des Umfangs, Beginns, der voraussichtlichen Dauer und der zu erwartenden Mieterhöhung nicht einhält, bin ich nicht verpflichtet, die Maßnahme zu dulden.[2]

. . . . . .

(Mieter)

Anmerkungen

1. Grundsätzlich handelt es sich bei dem Austausch von einfachen Kastenfenstern gegen Kunststoffrahmenfenster mit Isolierglas, die besondere Schallschutzanforderungen und Wärmeschutzanforderungen erfüllen, um eine **Modernisierungsmaßnahme** nach § 555b Nr. 1 BGB (vgl. bereits BGH GE 2004, 231). Hinsichtlich der Verbesserung des Schallschutzes kommt eine nachhaltige Erhöhung des Gebrauchswerts der Mietsache nach § 555b Nr. 4 BGB, hinsichtlich der Verbesserung des Wärmeschutzes nachhaltige Einsparung von Endenergie nach § 555b Nr. 1 BGB in Betracht. In der Regel ist dann, wenn die vorhandenen Fenster sich in schlechtem Zustand befinden, ein gewisser Instandhaltungs- bzw. Erhaltungsaufwand vorhanden. Dieser ist gegebenenfalls im Falle einer Mieterhöhung nach § 559 Abs. 2 BGB zu berücksichtigen.

2. § 555c BGB legt dem Vermieter eine formal und inhaltlich umfangreiche **Ankündigungspflicht** auf. Er hat dem Mieter spätestens drei Monate vor Beginn der Maßnahme deren Art, voraussichtlichen Umfang und voraussichtlichen Beginn sowie die voraussichtliche Dauer und die zu erwartende Mieterhöhung mitzuteilen. Diese Mitteilungspflicht besteht nach § 555c Abs. 4 BGB lediglich dann nicht, wenn die Maßnahme nur zu einer unerheblichen Einwirkung auf die vermieteten Räume und zu einer unerheblichen Mieterhöhung führt. Dies ist jedoch beim Fensteraustausch der bezeichneten Art eindeutig nicht der Fall. Folge der Nichteinhaltung der Mitteilungspflicht ist, dass eine Duldungspflicht nicht besteht. Lediglich soweit es sich nur darum handelt, dass die zu erwartende Erhöhung der Miete nicht nach § 555c Abs. 1 Nr. 3 BGB angekündigt worden ist oder die tatsächliche Mieterhöhung mehr als 10 % höher ist als die angekündigte, sieht § 559b Abs. 2 BGB eine Fristverlängerung für die Fälligkeit der erhöhten Miete um sechs Monate vor.

IV. Verpflichtung des Mieters zur Duldung von Modernisierungsmaßnahmen gemäß § 555d BGB

1. Aufforderungsschreiben zur Duldung von Verbesserungsmaßnahmen

. . . . . .

(Vermieter)

an

. . . . . .

(Mieter)

Sehr geehrte(r) . . . . . .,

gemäß § 555c BGB bin ich verpflichtet, Ihnen geplante Maßnahmen zur Verbesserung der Mietsache nach Art, voraussichtlichem Umfang und Beginn, voraussichtlicher Dauer sowie die zu erwartende Erhöhung des Mietzinses anzukündigen. Weiter weise ich Sie auf Form und Frist des Härteeinwands nach § 555d Abs. 3 BGB hin.[1]

Diesen Verpflichtungen komme ich hiermit nach und teile Ihnen nachfolgend die geplanten Maßnahmen im Einzelnen mit:

1. Art, voraussichtlicher Umfang, Beginn und voraussichtliche Dauer der Maßnahme:
   Die vorhandenen Einzelöfen des Hauses sollen entfernt werden, es soll eine Zentralheizungsanlage im gesamten Anwesen eingebaut werden. Hierzu ist erforderlich, im Keller des Anwesens einen Heizkessel und Brenner mit den erforderlichen Anschlüssen und Zusatzaggregaten zu installieren. Weiter müssen Steigleitungen sowie Zu- und Ableitungen für die in sämtlichen Räumen Ihrer Wohnung anzubringenden Heizkörper installiert werden. Die Arbeiten sollen voraussichtlich am . . . . . . beginnen und voraussichtlich bis zum . . . . . . dauern.
   Die Installation des Heizkessels mit Zusatzaggregaten sowie die Wand- und Deckendurchbrüche sollen gleichzeitig vorgenommen werden. Anschließend werden die Zu- und Ableitungen verlegt und die Heizkörper angebracht. Sodann erfolgt die Befüllung, Entlüftung und Prüfung des Systems.
   Alle mit dieser Modernisierungsmaßnahme zusammenhängenden Arbeiten werden von mir an Fachfirmen vergeben.
   Ich werde mich bemühen, die Beeinträchtigungen für Sie möglichst gering zu halten, muss jedoch darauf hinweisen, dass Sie Ihre Wohnung für die Durchführung der Arbeiten zugänglich halten müssen. Die genauen Termine werde ich bzw. die beauftragten Handwerksfirmen Ihnen, sobald sie bekannt sind, mitteilen.[2]
2. Die zu erwartende Erhöhung des Mietzinses:
   Die für Ihre Wohnung aufzubringenden Kosten können nach § 559 BGB in der Weise auf die Miete umgelegt werden, dass eine Erhöhung der jährlichen Miete um 8 % der für die Wohnung aufgewendeten Kosten möglich ist.
   Hier ergibt sich folgende Berechnung:
   Die Gesamtkosten belaufen sich nach den Angeboten der ausführenden Firmen für das Anwesen auf ca. 100.000,– EUR.

Auf Ihre Wohnung entfallen Kosten in Höhe von 10.000,– EUR. Dies ergibt bei einer Mieterhöhung von 8 % einem Jahresbetrag von 800,– EUR. Die monatliche Mieterhöhung beträgt damit voraussichtlich 66,667 EUR.

Nach Fertigstellung der Maßnahme erhalten Sie nach § 559b Abs. 1 BGB eine gesonderte Mitteilung über die Mietanpassung, aus der Sie die Mieterhöhung auf Grund der tatsächlich entstandenen Kosten und den auf Ihre Wohnung entfallenden Betrag ersehen können.

Nach § 555d Abs. 1 BGB sind Sie verpflichtet, die geplante Modernisierungsmaßnahme zu dulden. Ich bitte Sie, die anliegende Duldungserklärung unterschrieben innerhalb von 2 Wochen an mich zurückzusenden. Sollten einzelne Punkte unklar sein, bitte ich um Rückmeldung. Ich bin gerne bereit, Ihnen weitere Erläuterungen zu geben.

3. Härteeinwand

Sie können Umstände, die eine Härte in Hinblick auf die Duldung oder die Mieterhöhung begründen, bis zum Ablauf des Monats, der auf den Zugang der Modernisierungsankündigung folgt, in Textform oder Schriftform mitteilen.

. . . . . .

(Vermieter)

Anmerkungen

1. Der Einbau einer Zentralheizung anstelle von Einzelöfen stellt den typischen Fall einer **Modernisierungsmaßnahme** nach § 555b Nr. 1 BGB (Einsparung von Endenergie) dar (vgl. bereits LG Fulda WuM 1992, 243). Derartige Maßnahmen hat nach § 555d Abs. 1 BGB der Mieter zu dulden. Eine Ablehnung der Duldung ist insbesondere auf Grund des Härteeinwands nach § 555d Abs. 2 BGB möglich (→ Form. B.IV.5). Die Ankündigung der geplanten Maßnahme nach § 555c BGB ist formelle Voraussetzung des Duldungsanspruchs des Vermieters. Diese Mitteilungspflicht ist durch das Mietrechtsreformgesetz 2001 von zwei auf drei Monate vor dem Beginn der Maßnahme vorverlegt worden. Nachdem die Mitteilung „spätestens" drei Monate vor Beginn der Maßnahme mitgeteilt werden muss, kommen auch frühere Mitteilungen, soweit sie den inhaltlichen Anforderungen genügen, in Betracht. Hierbei ist allerdings zu berücksichtigen, dass je früher die Mitteilung erfolgt, desto ungenauer die in ihr enthaltene Information sein dürfte. Gelockert wurden durch das Mietrechtsreformgesetz 2001 die Anforderungen an den Inhalt der Mitteilung dahin, dass lediglich die „voraussichtliche" Dauer der Maßnahme und der „voraussichtliche" Umfang und Beginn mitgeteilt werden muss. Die Art der Maßnahme muss dagegen eindeutig mitgeteilt werden. Dies bedeutet, dass der Vermieter präzise Angaben machen muss, soweit ihm dies möglich ist. Das Wort „voraussichtlich" heißt nämlich lediglich, soweit dies dem Vermieter möglich ist, nicht jedoch ungefähr (*Sternel* NZM 2001, 1063). Es sind kaum geringere Anforderungen an die Darlegungen in der Modernisierungsmitteilung zu stellen, als dies nach der früheren Rechtslage der Fall war.

2. Die zu erwartende **Mieterhöhung** ist mitzuteilen, soweit dies zum Zeitpunkt der Abgabe der Modernisierungsankündigung möglich ist. Auch hier gilt, dass möglichst genaue Angaben erforderlich sind. Bereits hier ist die Aufteilung nach § 559 BGB zu berücksichtigen, das heißt, es ist die Berechnung der Gesamtkosten, der auf die einzelne Wohnung entfallenden Kosten, des gesetzlichen Prozentsatzes von 8 % der für die Wohnung aufgewendeten Kosten und die monatliche Mieterhöhung anzugeben.

Falls feststeht, dass keine Mieterhöhung erfolgt, muss der Vermieter keine Angaben über eine theoretisch mögliche Mieterhöhung machen, § 555c Abs. 1 Nr. 3 BGB (BayObLG GE 2001, 55).

Nicht bezieht sich die Ankündigungspflicht auf eine aufgrund der Modernisierungsmaßnahme mögliche Erhöhung der Vergleichsmiete nach § 558 BGB (BGH NZM 2008, 883).

Ebenfalls nicht bezieht sich die Ankündigungspflicht auf bauliche Maßnahmen, die der Vermieter auf Grund **behördlicher Anordnung** durchzuführen hat. Die Duldungspflicht stützt sich hier auf § 242 BGB. Eine Ankündigung ist nur nach Treu und Glauben erforderlich (BGH NZM 2009, 394).

2. Aufforderungsschreiben zur Duldung von Energie/ Wassereinsparungsmaßnahmen

. . . . . .

(Vermieter)

an

. . . . . .

(Mieter)

Sehr geehrte(r) . . . . . .,

gemäß § 555c BGB bin ich verpflichtet, Ihnen geplante Maßnahmen zur Einsparung von Endenergie oder Wasser nach Art, voraussichtlichem Umfang, Beginn und Dauer sowie die zu erwartende Erhöhung des Mietzinses mitzuteilen. Nach § 555d Abs. 1 BGB sind Sie verpflichtet, die nachfolgenden geplanten Maßnahmen zu dulden. Ich bitte Sie, die anliegende Duldungserklärung unterschrieben innerhalb von 2 Wochen an mich zurückzusenden.

Geplant sind im Einzelnen folgende Maßnahmen:

1. Art, voraussichtlicher Umfang, Beginn und Dauer der Maßnahmen:
   Die zur Umwälzung des erwärmten Wassers im Zentralheizungssystem installierten Umwälzpumpen sollen durch Drehzahl geregelte Umwälzpumpen ausgetauscht werden.[1] Hierbei handelt es sich um eine Maßnahme die der Energieeinsparung dient. Weiter sollen in allen Wohnungen Kaltwasserzähler und Durchlaufbegrenzer angebracht werden. Dies dient der Einsparung von Wasser.[2] Die Anbringung der neuen Umwälzpumpen erfolgt im Keller des Anwesens, so dass Ihre Wohnung hierdurch nicht berührt wird. Es ist allerdings mit einer Stilllegung der Heizungsanlage für einen Zeitraum von etwa zwei Tagen zu rechnen. Dies ist die Dauer, die für die Installation der Drehzahl geregelten Umwälzpumpen erforderlich ist. Gleichzeitig soll in jeder Wohnung ein Kaltwasserzähler sowie Durchlaufbegrenzer an der Dusche der einzelnen Wohnungen angebracht werden. Diese Maßnahme erfordert lediglich einen Tag. Beginn der Maßnahmen soll voraussichtlich der . . . . . . sein. Ich muss Sie bitten, Ihre Wohnung für die Durchführung der Arbeiten zur Wassereinsparung zugänglich zu halten. Den genauen Termin werde ich bzw. die beauftragten Handwerksfirmen Ihnen rechtzeitig mitteilen.
2. Die zu erwartende Erhöhung des Mietzinses:[2]
   Die für Ihre Wohnung aufzubringenden Kosten können nach § 559 BGB auf Ihre Miete in der Weise umgelegt werden, dass eine Erhöhung der jährlichen Miete um 8 % der Kosten zulässig ist.

Es ergibt sich folgende Berechnung:
Gesamtkosten für die Drehzahl geregelten Umwälzpumpen einschließlich Installationskosten nach den Angeboten der ausführenden Firmen 20.000,– EUR. Die Gesamtwohnfläche beträgt 600 qm.
Berechnung:
Die Fläche Ihrer Wohnung beträgt 60 qm, so dass auf Ihre Wohnung $1/10$ des Gesamtbetrages, also 2.000,– EUR entfallen. Jährliche Umlage beträgt damit 160,– EUR. Auf den Monat entfällt eine voraussichtliche Mieterhöhung von 13,33 EUR.
Was den Kaltwasserzähler und Durchlaufbegrenzer betrifft, sind die Kosten, die insoweit auf Ihre Wohnung insgesamt entfallen nach dem Angebot der ausführenden Firma 1.000,– EUR. Dies ergibt eine jährliche Umlagemöglichkeit von 80,– EUR (8 % von 1.000,– EUR), auf den Monat entfällt eine voraussichtliche Mieterhöhung von 9,17 EUR.
Nach Fertigstellung der Maßnahme erhalten Sie nach § 559b Abs. 1 BGB eine gesonderte Mitteilung über die Mietanpassung, aus der Sie die Mieterhöhung auf Grund der tatsächlich entstandenen Kosten und den auf Ihre Wohnung entfallenden Betrag ersehen können.
Nach § 555d Abs. 1 BGB sind Sie verpflichtet, die geplante Modernisierungsmaßnahme zu dulden. Ich bitte Sie, die anliegende Duldungserklärung unterschrieben innerhalb von zwei Wochen an mich zurückzusenden. Sollten einzelne Punkte unklar sein, bitte ich um Rückmeldung. Ich bin gerne bereit, Ihnen weitere Erläuterungen zu geben.
3. Härteeinwand
Sie können Umstände, die eine Härte in Hinblick auf die Duldung oder die Mieterhöhung begründen, bis zum Ablauf des Monats, der auf den Zugang der Modernisierungsankündigung folgt, in Textform oder Schriftform mitteilen.

. . . . . .

(Vermieter)

Anmerkungen

1. Nach der Regelung in § 555b Nr. 1 BGB liegt eine Maßnahme zur nachhaltigen Einsparung von Endenergie vor. Die Installation drehzahlgeregelter Umwälzpumpen ist neben der Installation von Ventilatoren und Aufzugsmotoren sowie Energiesparlampen ausdrücklich in der Begründung zum Referentenentwurf des Mietrechtsreformgesetzes 2001, S. 93, als Beispielsfall aufgeführt. Auch rein ökologische Maßnahmen, die nicht mit einer Energieeinsparung verbunden sind, sondern bei denen die Energie nur auf umweltfreundliche Weise erzeugt wird, fallen unter den Modernisierungsbegriff, nämlich nach § 555b Nr. 2 BGB die nachhaltige Einsparung von Primärenergie. Zu denken wäre an die Installation einer Windturbine oder einer Photovoltaikanlage zur Energieerzeugung, insbesondere auch dann, wenn der Vermieter den erzeugten Strom verkauft.
Maßnahmen zur **Reduzierung des Wasserverbrauchs** als zu duldende Maßnahmen wurden bereits durch das Vierte Mietrechtsänderungsgesetz vom 21.7.1993 eingeführt und beziehen sich vor allem auf die Erfassung des Wasserverbrauchs, also Einbau von Wasserzählern und Durchlaufbegrenzern (vgl. *Franke/Geldmacher* ZMR 1993, 550). In Betracht kommt auch Regenwassergewinnung. Eine Erhöhung des Gebrauchswerts ist nicht erforderlich.

2. Auch hier gilt wie oben → Form. B.IV.1, dass die **Mieterhöhung** mitzuteilen ist, soweit dies zum Zeitpunkt der Abgabe der Modernisierungsmitteilung möglich ist. Nachdem die drehzahlgeregelten Umwälzpumpen für das ganze Haus installiert werden, muss eine

Umlage nach dem Maßstab der Wohnfläche erfolgen. Etwas anderes gilt für die Wasserzähler und Durchlaufbegrenzer, da hier ohne weiteres die Kosten, die auf die einzelne Wohnung, in der jeweils beides installiert wird, entfallen, festgestellt werden können.

3. Aufforderungsschreiben zur Duldung von Maßnahmen zur Schaffung neuen Wohnraums

. . . . . .

(Vermieter)

an

. . . . . .

(Mieter)

Sehr geehrte(r) . . . . . .,

gemäß § 555c BGB bin ich verpflichtet, Ihnen eine geplante Maßnahme zur Schaffung neuen Wohnraums mitzuteilen.[1] Nach § 555d Abs. 1 BGB sind Sie verpflichtet, die nachfolgend beschriebene Maßnahme zu dulden. Ich bitte Sie, die anliegende Duldungserklärung unterschrieben innerhalb von zwei Wochen an mich zurückzusenden. Ich weise darauf hin, dass im Falle der Nichtabgabe einer Duldungserklärung oder der Ablehnung für mich die Notwendigkeit besteht, die Duldung rechtlich durchzusetzen. Ich hoffe jedoch, dass dies nicht erforderlich ist.

1. Art, voraussichtlicher Umfang, Beginn und voraussichtliche Dauer der Maßnahme:[2]
   Geplant ist der Ausbau des über Ihrer Wohnung befindlichen Speichers zu zwei Wohnungen. Hierzu ist erforderlich, dass nach statischer Prüfung die in dem Speicher befindlichen Zwischenwände und Holzverschläge entfernt werden und nach entsprechender Abstützung Wohnungstrennwände eingebaut werden. Weiter ist die Fortführung der Elektroleitungen, der Heizungszu- und -ableitungen der Zentralheizungsanlage und die Installation von Zentralheizungskörpern in den vorgesehenen neuen Wohnräumen durchzuführen. In das Dach werden insgesamt sechs Dachgauben eingebaut, um für eine Belichtung der neu geschaffenen Wohnräume zu sorgen. Das Dach wird entsprechend den geltenden Wärmeschutzvorschriften isoliert, die Dachschrägen werden mit Rigipsplatten verkleidet. Fußbodenbeläge werden verlegt. Nach Weiterführung der Kalt- und Warmwasserleitungen sowie der Fallrohre wird in jede der Wohnungen ein Bad mit WC und in dem jeweils als Küche vorgesehenen Raum ein Kalt- und Warmwasserzulauf installiert. Voraussichtlicher Beginn der Maßnahme ist der . . . . . .
   Die voraussichtliche Dauer der Gesamtmaßnahme beträgt ab Baubeginn drei Monate.
   Die Reihenfolge der Maßnahme ist folgende:
   Zunächst werden die vorhandenen Zwischenwände und Verschläge entfernt und entsprechend dem architektonischen Grundriss der beiden Wohnungen Wände eingezogen. Als nächstes werden die Dachgauben eingebaut. Gleichzeitig werden die bezeichneten Leitungen und Rohre nach oben weitergeführt. Hierzu sind Durchbrüche durch die Decke erforderlich, wozu Ihre Wohnung voraussichtlich am . . . . . . in Anspruch genommen werden muss. Die Durchbrüche können voraussichtlich an einem Tag erfolgen. Anschließend finden die restlichen Arbeiten statt.
   Ich muss Sie bitten, Ihre Wohnung für die Durchführung der Arbeiten betreffend Deckendurchbrüche zugänglich zu halten. Den genauen Termin werde ich bzw. die beauftragten Handwerksfirmen Ihnen rechtzeitig mitteilen.

2. Eine Mietzinserhöhung ist mit dieser Maßnahme für Sie nicht verbunden.[3]
Ich bitte um Verständnis für die mit der Maßnahme verbundenen Unannehmlichkeiten. Für Rückfragen und soweit einzelne Punkte unklar sein sollten, stehe ich Ihnen gerne zur Verfügung und kann Ihnen weitere Erläuterungen geben.
3. Härteeinwand
Sie können Umstände, die eine Härte in Hinblick auf die Duldung oder die Mieterhöhung begründen, bis zum Ablauf des Monats, der auf den Zugang der Modernisierungsankündigung folgt, in Textform oder Schriftform mitteilen.

. . . . . .

(Vermieter)

Anmerkungen

1. Auch die **Duldungspflicht betreffend Maßnahmen zur Schaffung neuen Wohnraums** wurde durch das Vierte Mietrechtsänderungsgesetz vom 21.7.1993 (BGBl. I 1257) eingeführt. Maßnahmen zur Schaffung neuen Wohnraums dienen nicht ohne weiteres der Verbesserung der gemieteten Räumen, sie können sich nämlich auch auf nicht vorhandene Gebäudeteile beziehen, so dass die gesonderte Erwähnung im Gesetz erforderlich war. Es kann sich hier um den Ausbau von Nebenräumen zum Beispiel durch Anbau, Aufstockung und Schließung von Baulücken handeln.

2. Je umfangreicher die geplanten Maßnahmen sind, desto schwieriger wird es sein, genaue **Termine** und die **Dauer** von Arbeiten dem Mieter vorab mitzuteilen. Das Gesetz verlangt vom Vermieter insoweit allerdings nichts Unmögliches. Die Mitteilung ist nur erforderlich, soweit sich die Einzelheiten voraussehen lassen. Was sich voraussehen lässt, muss allerdings im Einzelnen mitgeteilt werden.

3. Ebenso wie ein Verzicht auf die Modernisierungsankündigung nicht möglich ist (vgl. LG Berlin GE 1986, 609), entfallen Ankündigung und Duldungspflicht nicht dadurch, dass eine Mieterhöhung nicht verlangt wird oder nicht in Betracht kommt. Wenn eine Mieterhöhung nicht geplant ist, muss der Vermieter aber auch keine Angaben über eine theoretisch mögliche Mieterhöhung machen (BayObLG GE 2001, 55).

4. Allgemeines Ablehnungsschreiben des Mieters

. . . . . .

(Mieter)

an

. . . . . .

(Vermieter)

Sehr geehrte(r) . . . . . .,

Zu Ihrem Schreiben vom . . . . . . teile ich Ihnen Folgendes mit:

Sie teilen mit, dass die Kücheneinrichtung der von mir angemieteten Wohnung einschließlich der vorhandenen Elektrogeräte, nämlich Waschmaschine und Geschirrspüler, ersetzt werden soll und bezeichnen dies als Modernisierungsmaßnahme, die eine Verbesserung des Gebrauchswerts der Küche darstellt bzw., was die Elektrogeräte betrifft, der Energieeinsparung.

Ich weise darauf hin, dass die Erneuerung der vorhandenen funktionsfähigen Ausstattung der Wohnung keine Verbesserungsmaßnahme im Sinne des Gesetzes ist, die von mir nicht zu dulden ist und Ihnen auch nicht eine Sonderumlagemöglichkeit gibt.[1] Es trifft zwar zu, dass die Kücheneinrichtung 15 Jahre alt ist, doch ist sie voll funktionsfähig. Dies gilt auch für die vorhandenen Elektrogeräte. Ihrem Schreiben ist nicht zu entnehmen, inwieweit die Funktionsfähigkeit oder der Gebrauchswert durch die neue Einrichtung verbessert werden soll.[2] Auch ist nicht erkennbar, inwieweit die Erneuerung der Elektrogeräte zu einer Energieeinsparung führen sollte. Ich bin daher nicht bereit, eine Duldungserklärung abzugeben.

. . . . . .

(Mieter)

Anmerkungen

1. **Keine Verbesserungsmaßnahme** stellt die Erneuerung der vorhandenen funktionsfähigen Ausstattung einer Wohnung dar, ohne dass dadurch der Gebrauchswert nachweislich verbessert wird (LG Hamburg WuM 1984, 217). Solche Maßnahmen hat der Mieter auch nicht zu dulden (LG Karlsruhe WuM 1992, 121). Will der Vermieter sich in Zweifelsfällen auf eine nachhaltige Erhöhung des Gebrauchswertes berufen, muss er dies im Einzelnen darlegen. Soweit es sich um die Erneuerung von Elektrogeräten handelt, kommt die Einsparung von Energie in Betracht. Falls es sich um die nachhaltige Einsparung von Energie handeln muss, muss diese in einer Vergleichsberechnung dargestellt werden, was gegebenenfalls anhand der Verbrauchswerte von neuen Elektrogeräten erfolgen kann. Der Vermieter kann hier gegebenenfalls auf anerkannte Pauschalwerte nach § 555c Abs. 3 BGB Bezug nehmen.

2. Anerkannte Pauschalwerte sollen der „Bekanntmachung der Regeln zur Datenaufnahme und Datenverwendung im Wohngebäudebestand" des Bundesministeriums für Verkehr, Bau und Stadtentwicklung vom 26.7.2001 entnommen werden können. Hier sind Wärmedurchgangskoeffizienten für bestimmte Bauteile enthalten. Ob damit die Frage der voraussichtlichen Energieeinsparung für den Mieter transparent wird, ist zweifelhaft. Hier hat der BGH (NZM 2002, 519) die Vorgabe gemacht, dass ein Vortrag von Tatsachen genüge, aus denen sich überschläglich die nachhaltige Energieeinsparung ergibt. Dies dürfte durch den Vermieter ohne weiteres zu leisten sein (vgl. auch WuM 2006, 157) wo bei einer Maßnahme der Energieeinsparung, die im Austausch von Isolierglasfenstern besteht, der k-Wert der neuen Fenster dem der alten Fenster gegenüber gestellt werden muss.

Wem die Energieeinsparung zugutekommt, ist dabei unerheblich, dies kann auch der Vermieter sein, wenn zum Beispiel hinsichtlich des Stromverbrauchs ein Pauschalbetrag vereinbart ist.

5. Ablehnungsschreiben mit Härteeinwand, § 555d Abs. 2 BGB

. . . . . .

(Mieter)

an

. . . . . .

(Vermieter)

Sehr geehrte(r) . . . . . .,

Ihr Schreiben hinsichtlich des Ausbaus des Dachgeschosses als Maßnahme zur Schaffung neuen Wohnraums habe ich erhalten. Ich bin zu einer Duldung dieser Maßnahme nicht bereit, da Sie für das behinderte Kind meines Lebenspartners eine Härte bedeuten würde, die auch unter Berücksichtigung Ihrer Interessen nicht zu rechtfertigen ist.[1] Das Kind meines Lebenspartners im Alter von acht Jahren leidet an einer geistigen Behinderung. Gemäß Schwerbehindertenausweis liegt eine MdE von 80 % vor. Bei Durchführung der Maßnahme, insbesondere Lärm- und Staubentwicklung sowie insbesondere der erforderlichen Durchbrüche innerhalb unserer Wohnung, die im Zimmer des behinderten Kindes stattfinden sollen, ist mit einer erheblichen Verschlechterung des Zustandes zu rechnen. Dies wird durch beiliegendes ärztliches Attest bestätigt.[2]

Ich bitte daher um Verständnis, dass ich nicht bereit bin, die Maßnahme zu dulden, obwohl Sie mit einer Mieterhöhung nicht verbunden ist.

. . . . . .

(Mieter)

Anmerkungen

1. Nach § 555d Abs. 2 BGB kann sich der Mieter auf eine **Härte** für ihn, seine Familie oder einen anderen Angehörigen seines Haushalts berufen. Der Personenkreis, dessen Belange bei der Härteregelung zu berücksichtigen ist, ist durch das Mietrechtsreformgesetz 2001 gegenüber der früheren Regelung vom Mieter und seiner Familie auf „andere Angehörige seines Haushalts" erweitert worden. Kinder des Lebenspartners sind neben sonstigen dauerhaft im Haushalt des Mieters lebenden Personen, zum Beispiel Pflegekindern, ausdrücklich in der Begründung des Referentenentwurfs zum Mietrechtsreformgesetz aufgeführt.

Das Gesetz weist als Abwägungsgesichtspunkte neben den Interessen des Vermieters und anderer Mieter in dem Gebäude auch die Belange der Energieeffizienz und des Klimaschutzes aus. Die bisher im Gesetz ausdrücklich aufgeführten Abwägungskriterien wie die vorzunehmenden Arbeiten, die baulichen Folgen, vorausgegangene Aufwendungen des Mieters sind nicht mehr erwähnt.

Diese sind jedoch nicht entfallen, sondern um die Norm sprachlich zu straffen, nicht aufgeführt. Sie sind aber wie bisher bei der Abwägung zu berücksichtigen.

Dies scheint in Hinblick auf die Transparenz der gesetzlichen Regelung als problematisch. Immerhin hat sich zur einzelnen Abwägungskriterien in der Vergangenheit Rechtsprechung entwickelt, so zu „den vorzunehmenden Arbeiten."

2. Hinsichtlich des Härteeinwands ist der Mieter **darlegungspflichtig**. Es findet eine Interessenabwägung zwischen den Interessen des Vermieters, betreffend die Nutzung, Pflege und Werterhöhung seines Wohneigentums, den Interessen anderer Mieter, die zum Beispiel Interesse an der Installation eines Aufzugs zur Erhöhung des Wohnkomforts haben können, des betroffenen Mieters und der Belange der Energieeffizienz und des Klimaschutzes statt. Hierbei sind insbesondere die vorzunehmenden Arbeiten, die baulichen Folgen, vorausgegangene Aufwendungen des Mieters zu berücksichtigen. Bei den vorzunehmenden Arbeiten geht es darum, inwieweit durch die Arbeiten die Nutzung der Wohnung beeinträchtigt wird, hier kommt es auf Besonderheiten in der Person des Mieters an (zB LG Mannheim WuM 1987, 273: Ältere Person als Mieter). Die Beeinträchtigung des Gesundheitszustandes eines behinderten Kindes dürfte ein gewichtiges Abwägungskriterium in diesem Zusammenhang sein. Bei den baulichen Folgen kann es sich zB um eine Verkleinerung der Nutzfläche handeln. Vorausgegangene Verwendungen des Mieters können eine Rolle spielen, wenn der Mieter bereits auf eigene Kosten modernisiert hat und die geplanten Arbeiten sich auf dieselben Gebäudeteile beziehen.

Die zu erwartende Mieterhöhung ist bei der Duldungspflicht nicht als Härte zu berücksichtigen, sondern erst im Rahmen einer nachfolgenden Mieterhöhung. Dies bedeutet aber nicht, dass der Mieter sich nicht bei der Geltendmachung der Härtegründe gegebenenfalls auch auf die zu erwartende Mieterhöhung als Härte berufen müsste.

6. Geltendmachung des Vermieters „Allgemein üblicher Zustand"

. . . . . .

(Vermieter)

an

. . . . . .

(Mieter)

Sehr geehrte(r) . . . . . .,

mit Ihrem Ablehnungsschreiben wenden Sie sich gegen die mit der Installation eines eigenen WC in Ihrer Wohnung verbundene Mieterhöhung. In meinem Schreiben habe ich Ihnen die voraussichtliche Mieterhöhung mit monatlich 100,– EUR dargestellt. Ich weise darauf hin, dass die zu erwartende Mieterhöhung in diesem Fall nicht als zu berücksichtigende Härte angesehen werden kann, da Ihre Wohnung durch die Verbesserungsmaßnahme lediglich in einen Zustand versetzt wird, wie er allgemein üblich ist.[1]

Ich bitte daher nochmals darum, die beigefügte Duldungserklärung innerhalb von zwei Wochen unterschriftlich an mich zurückzuleiten. Sollte dies nicht geschehen und ich auch sonst keine Äußerung von Ihnen erhalten, sehe ich mich gezwungen, Klage auf Duldung zu erheben.[2]

. . . . . .

(Vermieter)

Anmerkungen

1. **Wohnungswirtschaftlich sinnvolle Maßnahmen** sollen nicht daran scheitern, dass die Miete für den einzelnen zahlungsschwachen Mieter zu hoch wird. Der Härtegrund einer erheblichen Mietzinssteigerung kann daher in dem Fall außer Kraft gesetzt werden, in dem der „allgemein übliche Zustand" hergestellt wird. Zum Begriff des allgemein üblichen Zustandes hat sich das KG (WuM 1985, 335) dahin geäußert, dass „nach dem Zustand der weit überwiegenden Mehrheit aller im Geltungsbereich des Gesetzes gelegenen Mietwohnungen unter Einbeziehung der Altbauwohnungen dieser Zustand zu ermitteln sei". Der BGH (WuM 1992, 181) hat den Begriff dahin konkretisiert, dass ein Zustand, um als „allgemein üblich" zu gelten, bei mindestens zwei Drittel der Mieträume in Gebäuden gleichen Alters innerhalb eines Bundeslandes anzutreffen sein muss. Abzustellen ist dabei auf den tatsächlich vorhandenen Zustand, wobei nach den Gründen der Entscheidung des BGH für die neuen Bundesländer auf Grund der unterschiedlichen wirtschaftlichen Entwicklung andere Maßstäbe gelten können. Als Mindeststandard kann für alle Bundesländer nach der hier vertretenen Auffassung zumindest Folgendes gelten:

- Beheizbarkeit der Wohnung,
- eigener Wohnungswasseranschluss- und -abfluss,
- eigenes WC,
- Stromversorgung
- Beleuchtungsmöglichkeit und Kochgelegenheit,
- Einfachverglasung.

Man wird grundsätzlich annehmen können, dass das Vorhandensein eines eigenen WC den in jedem Bundesland vorhandenen allgemein üblichen Zustand darstellt. Die Tatsache, dass in Altbauwohnungen auch in den alten Bundesländern es ab und zu anzutreffen ist, dass sich Toiletten noch „jenseits des Ganges" befinden, ändert daran nichts.

Nach BGH 10.10.2012 (NZM 2013, 151) ist bei der Prüfung der Frage, ob ein allgemein üblicher Zustand vorliegt, auch ein vom Mieter selbst rechtmäßig geschaffener Zustand zu berücksichtigen. Hier: Gasetagenheizung des Mieters)

Das LG Berlin (GE 2003, 1615) hat als **nicht** allgemein üblichen Zustand für Ostberlin angenommen:

Zentralheizung mit Warmwasser, Wand-WC, Spülkasten mit Leitung unter Putz, Badewanne und Duschkabine, Wand- und Bodenfliesen in Bad und Küche, Herd mit vier Kochplatten, moderne Elektroanlage.

2. Akzeptiert der Mieter die Argumentation des Vermieters hinsichtlich der Herstellung des allgemein üblichen Zustandes nicht, muss der Vermieter auch in einem Fall wie dem gegenständlichen **Klage auf Duldung** erheben, zumal die Inanspruchnahme der Wohnung in nicht unerheblichem Maße erforderlich ist.

7. Sonderkündigung des Mieters nach § 555e BGB

. . . . . .

(Mieter)

an

. . . . . .

(Vermieter)

Sehr geehrte(r) . . . . . .,

Ihre Mitteilung über die geplante Modernisierungsmaßnahme ist mir am 15. dieses Monats zugegangen. Ich kündige[1] das Mietverhältnis gemäß § 555e BGB außerordentlich zum Ablauf des übernächsten Monats.[2] Ich bitte um Bestätigung der Kündigung.

. . . . . .

(Mieter)

Anmerkungen

1. Durch die Möglichkeit des Mieters, sich kurzfristig aus dem Mietverhältnis zu lösen, soll ein Äquivalent für die Möglichkeit des Vermieters geschaffen werden, durch Verbesserungsmaßnahmen in das Mietverhältnis einzugreifen. Die **Kündigung** muss nach

§ 555e Abs. 1 BGB bis zum Ablauf des übernächsten Monats nach Zugang der Ankündigung erfolgen. Das Kündigungsrecht entfällt bei Maßnahmen, die nur mit einer unerheblichen Einwirkung auf die vermieteten Räume verbunden sind und nur zu einer unerheblichen Mieterhöhung (etwa 5 % der Nettomiete) führen.

2. Es handelt sich um ein Sonderkündigungsrecht mit verkürzter Frist. Eine weitere Begründung der Kündigung ist nicht erforderlich. Die Kündigung muss nach § 568 Abs. 1 BGB in schriftlicher Form erfolgen. Im Fall der Geltendmachung einer Mieterhöhung wegen einer Modernisierungsmaßnahme nach § 569 BGB hat der Mieter nach § 561 BGB ein weiteres außerordentliches nicht abdingbares Kündigungsrecht.

V. Rechte des Vermieters zur Besichtigung der Mietsache

1. Aufforderung zur Gestattung turnusmäßiger Besichtigung

. . . . . .

(Vermieter)

an

. . . . . .

(Mieter)

Sehr geehrte(r) . . . . . .,

unser Mietverhältnis dauert nunmehr bereits zwei Jahre an. Ich sehe es als an der Zeit an, eine Besichtigung der Wohnung vorzunehmen, um festzustellen, ob mittlerweile von mir zu behebende Mängel aufgetreten sind. Weiter möchte ich mich über den allgemeinen Zustand der Wohnung informieren, wozu ich nach § 13 Abs. 1 des zwischen uns geschlossenen Mietvertrages berechtigt bin. Dies gilt umso mehr, als mehrere Mieter des Hauses sich über unangenehmen starken Geruch, der von Ihrer Wohnung ausgeht, beschwert haben.[1] Nachfolgend stelle ich Ihnen drei Termine zur Auswahl und bitte mir bis spätestens zum . . . . . . mitzuteilen, welcher dieser Termine Ihnen passt.[2]

. . . . . .

Soweit Sie persönlich verhindert sind, ist ihre Anwesenheit nicht erforderlich. Es ist lediglich notwendig, dass mir der Zugang zur Wohnung mit Ihrem Einverständnis gewährt wird.[3]

. . . . . .

(Vermieter)

Anmerkungen

1. Auch ohne vertragliche Vereinbarung ist der Vermieter berechtigt, eine vermietete Wohnung zur Feststellung des Zustands der Räume **alle ein bis zwei Jahre** zu besichtigen (→ Form. A.III.25 „Vereinbarung über Betretungsrecht"). Es gilt aber, dass eine vertragliche Klausel vorsehen muss, dass ein konkreter Anlass für eine Besichtigung bestehen muss, wie die Bewirtschaftung des Mietobjekts (BGH NZM 2014, 635). Dies gilt auch für das nicht vertraglich geregelte Besichtigungsrecht als Nebenpflicht.

2. Sinnvoll ist es, dass der Vermieter dem Mieter **mehrere Besichtigungstermine zur Auswahl** stellt. Kann der Mieter einen dieser Termine nicht wahrnehmen, dürfte er aus allgemeinen Grundsätzen der gegenseitigen vertraglichen Rücksichtnahme verpflichtet sein, selbst einen Termin zu benennen.

3. Den Mieter trifft grundsätzlich **keine Anwesenheitspflicht** bei Besichtigungsterminen. Er kann sich allerdings nicht darauf berufen, dass er „nie Zeit hat". Es kann von ihm verlangt werden, dass er gegebenenfalls eine Person beauftragt, die mit seinem Einverständnis die Besichtigung gestattet.

2. Aufforderung zur Gestattung der Besichtigung wegen Mängeln/ mit Handwerkern

. . . . . .

(Vermieter)

an

. . . . . .

(Mieter)

Sehr geehrte(r) . . . . . .,

wie mir durch die unter Ihnen wohnende Familie K. mitgeteilt worden ist, hat sich an der Decke des Badezimmers der Familie K., welches direkt unterhalb Ihres Badezimmers liegt, ein feuchter Fleck gebildet. Es besteht daher der Verdacht, dass eine Undichtheit der Dusche oder der Badewanne oder ein Schaden an einer wasserführenden Leitung oder der Fußbodenheizung Ihres Badezimmers besteht.[1] Eine Anzeige eines Mangels durch Sie ist nicht erfolgt. Ich bitte daher unter Bezugnahme auf § 13 des zwischen uns geschlossenen Mietvertrages mir an einem der folgenden Tage die Besichtigung der Wohnung zu gestatten und mir mitzuteilen, zu welcher Uhrzeit zwischen 9.00 Uhr und 16.00 Uhr dies erfolgen kann.[2]

Die Besichtigung muss innerhalb dieses Zeitrahmens erfolgen, da ich als Fachmann den für mich ständig tätigen Installateur A. mitbringen will. Ich gehe davon aus, dass eine Teilnahme des Herrn A. möglich ist und Einwände Ihrerseits insoweit nicht bestehen. Die Teilnahme des Herrn A. ist auch notwendig, da ich selbst das Vorliegen eines Schadens fachlich nicht beurteilen kann.[3] Sollten Sie an einem dieser Termine verhindert sein, bitte ich um einen eigenen zeitnahen Terminvorschlag. Sollte Ihre persönliche Anwesenheit nicht möglich sein, bitte ich die Wohnung durch eine geeignete Person zugänglich zu machen.

. . . . . .

(Vermieter)

Anmerkungen

1. Der Vermieter kann ein Besichtigungsrecht hinsichtlich einer vermieteten Wohnung dann ausüben, wenn ein **besonderer Anlass** gegeben ist. Dies ist der Fall, wenn Anzeichen dafür bestehen, dass ein Schaden in einer Wohnung aufgetreten ist, dessen Behebung erforderlich ist. Ein Besichtigungsrecht ist hier ohne weiteres auf Grund der Wahrscheinlichkeit eines Wasserschadens angezeigt.

2. Nachdem bei einem **Wasserschaden** in der Regel Gefahr in Verzug vorliegt, kann der Vermieter auf einem kurzfristigen Besichtigungsterminen bestehen. Ebenso ist der Mieter verpflichtet, einen zeitnahen Besichtigungstermin zu benennen, falls er einen der vom Vermieter benannten Termine nicht wahrnehmen kann.

3. Eine Besichtigung wegen **Mängeln der Mieträume** ist nur dann sinnvoll, wenn der Vermieter, soweit er nicht selbst über die erforderliche Fachkunde verfügt, geeignete Personen zur Besichtigung mitbringen kann, insbesondere wenn es auf deren fachliche Kompetenz ankommt (LG Hamburg WuM 1994, 425). Im gegenständlichen Fall handelt es sich um den Installateur als Fachmann, dessen Anwesenheit der Mieter grundsätzlich nicht ablehnen kann, da seine Anwesenheit für ihn zumutbar ist (vgl. AG Hamburg WuM 1987, 379).

Verweigert der Mieter die rechtmäßig verlangte Besichtigung, kann der Vermieter auf Duldung klagen. In hartnäckigen Fällen der Verweigerung kommt auch die fristlose Kündigung nach § 543 Abs. 1 BGB oder die ordentliche Kündigung nach § 573 Abs. 2 Nr. 1 BGB in Betracht (anders LG Berlin ZMR 2000, 535).

3. Aufforderung zur Gestattung der Besichtigung wegen Besorgnis der Verwahrlosung

. . . . . .

(Vermieter)

an

. . . . . .

(Mieter)

Sehr geehrte(r) . . . . . .,

auf Grund der Beschwerden mehrerer Mieter des Hauses muss ich Sie bitten, zu einem der nachfolgend zur Auswahl gestellten Termine die Besichtigung der von Ihnen angemieteten Wohnung zu gestatten:[1]

. . . . . .

Mir wurde mitgeteilt, dass sich beim Öffnen Ihrer Wohnungstüre im Treppenhaus des Anwesens starker Modergeruch verbreitet. Ich konnte mich hiervon bei einem Aufenthalt im Treppenhaus selbst überzeugen. Weiter hat mir ein Mieter mitgeteilt, dass er beim Vorbeigehen an Ihrer geöffneten Wohnungstüre bemerkt hat, dass der Boden der Wohnung mit Unrat bedeckt ist und an den Wänden bis zur Decke gestapelte Zeitungsabfälle aufgeschichtet sind. Offensichtlich lässt die Anhäufung von Abfällen lediglich einen schmalen Durchgang offen. Es ist davon auszugehen, dass die Geruchsbelästigung, der die anderen Mieter ausgesetzt sind, von dieser Abfallanhäufung stammt.[2]

Sollten Sie an einem dieser Termine verhindert sein, bitte ich mir einen Ersatztermin zeitnah zu benennen. Ich weise darauf hin, dass ein Besichtigungsrecht nach § 13 des Mietvertrages besteht, aus besonderem Anlass kann auch über die Besichtigung in Abständen von ein bis zwei Jahren hinaus das Betreten der Wohnung verlangt werden. Sollten Sie an einem der besagten Termine verhindert sein oder einen Ersatztermin nicht benennen können, an dem Sie persönlich anwesend sind, genügt es, wenn eine von Ihnen beauftragte Person die Wohnung öffnet. Ich weise bereits jetzt darauf hin, dass ich im Weigerungsfalle gezwungen bin, Klage auf Besichtigung der Wohnung erheben.

. . . . . .

(Vermieter)

Anmerkungen

1. Auch hier handelt es sich um ein **Sonderbesichtigungsrecht aus besonderem Anlass.** Es liegen konkrete Umstände vor, die den Vermieter berechtigen, sich über den Zustand der Mieträume zu vergewissern.

2. Gegebenenfalls kann eine solche Besichtigung auch zur Vorbereitung eines Beseitigungs- bzw. Unterlassungsanspruchs oder sogar der Kündigung des Mietverhältnisses dienen. Dies gibt dem Mieter jedoch nicht das Recht, die Besichtigung zu verweigern.

4. Aufforderung zur Gestattung der Besichtigung mit Kaufinteressenten

. . . . . .

(Vermieter)

an

. . . . . .

(Mieter)[1]

Sehr geehrte(r) . . . . . .,

wie ich Ihnen bereits mündlich mitgeteilt habe, beabsichtige ich die an Sie vermietete Eigentumswohnung zu verkaufen. In den letzten Wochen sind mehrere Inserate in den Tageszeitungen durch mich aufgegeben worden. Es stehen nunmehr fünf Kaufinteressenten zur Verfügung. Ich bitte Sie daher, die Besichtigung der Wohnung durch die Kaufinteressenten nächste Woche, wobei ich auf § 13 des Mietvertrages Bezug nehme, zu gestatten. Die Besichtigungen sollen am Montag, Mittwoch und Freitag jeweils in der Zeit zwischen 18.00 Uhr und 20.00 Uhr stattfinden. Ich bitte zu diesen Zeitpunkten den Zugang zu der Wohnung zu gewähren. Soweit Sie selbst an einer persönlichen Anwesenheit verhindert sind, bitte ich dafür zu sorgen, dass eine beauftragte Person die Wohnung zu diesen Zeiten öffnet.[2]

. . . . . .

(Vermieter)

Anmerkungen

1. Im Falle des **Verkaufs der Wohnung oder des Anwesens** hat der Vermieter kein unbegrenztes Besichtigungsrecht mit Kaufinteressenten. Das Besichtigungsrecht kann hier jedoch anders als bei einer turnusmäßigen Besichtigung ohne besonderen Grund in kurzen Abständen und an mehreren in Zusammenhang stehenden Tagen ausgeübt werden. Auch eine Voranmeldung kann kurzfristig erfolgen (vgl. AG Neustadt/Rübenberge WuM 1975, 143: Voranmeldung 24 Stunden vor dem Besichtigungstermin ausreichend).

2. Besondere Anforderungen an die Personen, die die Mieträume besichtigen, kann der Mieter höchstens insoweit stellen, als er nach einer nicht veröffentlichten Entscheidung des AG München (17.6.1993 – 461 C 2972/93, nv) Ausweispapiere zur Identifikation der Personen verlangen kann.

5. Aufforderung zur Gestattung der Besichtigung mit Mietinteressenten

. . . . . .

(Vermieter)

an

. . . . . .

(Mieter)

Sehr geehrte(r) . . . . . .,

das zwischen uns bestehende Mietverhältnis wurde zum . . . . . . gekündigt. Es stehen nun mehrere Nachfolgemieter zur Verfügung. Ich bitte Sie daher die Besichtigung der Wohnung unter Begleitung der Nachfolgemieter durch mich zu gestatten. Auf § 13 des zwischen uns geschlossenen Mietvertrages weise ich hin. Ich stelle Ihnen hiermit drei Termine der nächsten Woche zur Auswahl:

Sollten Sie einen dieser Termine nicht einhalten können, bitte ich um umgehende Mitteilung und gegebenenfalls Benennung eines Ersatztermins. Ich weise darauf hin, dass die Besichtigung durch die Mietinteressenten auch in Ihrem Interesse ist, da gegebenenfalls, wie ich von Ihnen gehört habe, eine Ablösung von Einrichtungsgegenständen in Betracht kommt.[1, 2]

. . . . . .

(Vermieter)

Anmerkungen

1. Für eine **Besichtigung mit Mietinteressenten** gelten dieselben Grundsätze wie für eine Besichtigung mit Kaufinteressenten. Auch hier muss der Mieter mit einem erweiterten Besichtigungsrecht einverstanden sein. Dies ergibt sich aus einer Interessenabwägung zwischen den Interessen des Mieters an einer ungestörten Ausübung des Mietgebrauchs und des Vermieters an der Nutzung seines Eigentums.

2. Falls die Besichtigung mit Mietinteressenten nach Kündigung des Mietverhältnisses vom Mieter nicht ermöglicht wird, kommen Schadensersatzansprüche zB wegen Mietentgang in Betracht (AG Wedding GE 1997, 749).

6. Aufforderung zur Gestattung der Besichtigung mit Sachverständigen

. . . . . .

(Vermieter)

an

. . . . . .

(Mieter)

Sehr geehrte(r) . . . . . .,

im Rahmen des zwischen uns geführten Prozesses über die von mir mit Schreiben vom . . . . . . verlangte Zustimmung zur Mieterhöhung hat das Gericht, wie Sie wissen, die Beweiserhebung über die ortsübliche Miete Ihrer Wohnung gemäß § 558 BGB durch Erholung eines schriftlichen Sachverständigengutachtens des Sachverständigen D. angeordnet.[1]

Wie mir der Sachverständige mitgeteilt hat, beabsichtigt er am . . . . . . zur Vorbereitung seines Gutachtens die Wohnung zu besichtigen. Ich bitte die Wohnung an diesem Tag in der Zeit zwischen 9.00 Uhr und 12.00 Uhr zugänglich zu halten. Sollten Sie persönlich verhindert sein, genügt es, wenn eine beauftragte Person die Wohnung zugänglich macht.

Ich bitte weiter, dem Sachverständigen D. in meiner Begleitung die Besichtigung der Wohnung in allen Einzelheiten zu gestatten. Der Sachverständige wird Sie deshalb noch gesondert anschreiben. Ich weise darauf hin, dass bei Verweigerung der Besichtigung Sie davon ausgehen müssen, dass das Gericht von Beweisvereitelung ausgeht mit den entsprechenden für Sie negativen Folgen.[1, 2]

. . . . . .

(Vermieter)

Anmerkungen

1. Erhebt das Gericht im Verfahren betreffend Zustimmung zur Mieterhöhung **Beweis** über die Ortsüblichkeit der vom Vermieter verlangten Miete durch Erholung eines Sachverständigengutachtens, so ist die Besichtigung der Mieträume durch den Sachverständigen erforderlich. Grundsätzlich ist in diesem Fall die Anwesenheit des Vermieters nicht unbedingt erforderlich, doch ist er bzw. sein Prozessbevollmächtigter in der Regel mitanwesend. Der Termin ist parteiöffentlich.

2. Zu Recht weist der Vermieter auf die Möglichkeit hin, dass im Falle der Verweigerung der Besichtigung der Tatbestand der Beweisvereitelung gemäß § 286 ZPO in Betracht kommt (vgl. Thomas/Putzo ZPO § 286 Rn. 17 bis 19). Erzwungen werden kann die Besichtigung der Wohnung durch den Sachverständigen allerdings nicht, nachdem es sich um eine Besichtigung im Rahmen eines gerichtlichen Verfahrens handelt, gehen die prozessualen Regelungen für den Fall der Verweigerung der Besichtigung vor.

7. Ablehnungsschreiben des Mieters allgemein

. . . . . .

(Mieter)

an

. . . . . .

(Vermieter)

Sehr geehrte(r) . . . . . . ,

Ihr Schreiben vom . . . . . . habe ich erhalten. Die von Ihnen vorgesehene Besichtigung meiner Wohnung bin ich nicht bereit zu gestatten. Sie kündigen an, dass, nachdem meine Wohnung zum Verkauf ansteht, diese Kaufanwärtern nächste Woche jeden Tag zwischen 8.00 Uhr und 22.00 Uhr zur Besichtigung offen stehen muss. Eine derart zeitlich ausgedehnte und teilweise zur Unzeit erfolgende Besichtigung kann ich nicht ermöglichen.

Es ist mir auch nicht zuzumuten, angesichts meiner arbeitsbedingten Abwesenheit den Wohnungsschlüssel zu hinterlegen. Ich schlage Ihnen vor, die Wohnung am Montag und Mittwoch zwischen 10.00 Uhr und 12.00 Uhr und zwischen 15.00 Uhr und 18.00 Uhr zur Besichtigung zur Verfügung zu stellen. Zu einer anderen Regelung bin ich nicht bereit und werde, falls zu anderen Zeiten Besichtigungsversuche unternommen werden, von meinem Hausrecht Gebrauch machen.[1, 2]

. . . . . .

(Mieter)

Anmerkungen

1. Der Mieter muss eine Besichtigung zur Unzeit oder in einer exzessiv ausgedehnten Form nicht gestatten. Dies gilt auch für eine Besichtigung mit Kauf- oder Mietinteressenten. Zur Unzeit erfolgen insbesondere Besichtigungen, die zur Nachtzeit, also nach etwa 18.00 Uhr erfolgen oder am Wochenende.

2. Etwas anderes gilt, falls der Mieter selbst derartige Termine vorschlägt. Als Inhaber des Hausrechts und Besitzer der Wohnung kann der Mieter unangemeldete Besichtigungsversuche ohne weiteres abwehren.

8. Ablehnungsschreiben des Mieters wegen Begleitung bestimmter Personen

. . . . . .

(Mieter)

an

. . . . . .

(Vermieter)

Sehr geehrte(r) . . . . . .,

grundsätzlich bin ich bereit, die von Ihnen vorgeschlagene Besichtigung auch hinsichtlich Tag und Uhrzeit zu gestatten.[1] Nicht jedoch sehe ich mich in der Lage, die Anwesenheit des Rechtsanwalts R., der Sie mir gegenüber vertritt, zu gestatten. Aus der zwischen mir und Rechtsanwalt R. geführten Korrespondenz entnehme ich eine mir gegenüber feindliche Einstellung. Ich verweise nur auf die Schreiben vom . . . . . . des Herrn R. an mich. Eine Besichtigung durch Herrn R. ist für mich daher unzumutbar. Ich weise ihn als Besichtigungsperson zurück.[2]

. . . . . .

(Mieter)

Anmerkungen

1. Der Mieter kann mitgebrachte Personen oder eine alleinige Besichtigungsperson **zurückweisen,** die für ihn unzumutbar sind (AG Hamburg WuM 1987, 379).

2. In Betracht kommt hier insbesondere Unzumutbarkeit auf Grund streitiger Auseinandersetzungen zwischen dem Rechtsanwalt des Vermieters und dem Mieter, die das übliche Maß überschritten haben.

VI. Duldungspflicht des Vermieters

1. Aufforderung des Mieters zur Duldung Wegnahme einer Einrichtung, § 539 Abs. 2 BGB

. . . . . .

(Mieter)

an

. . . . . .

(Vermieter)

Sehr geehrte(r) . . . . . .,

wie Sie wissen, habe ich als Mieter der Wohnung in . . . . . . eine Kücheneinrichtung im Jahre . . . . . . installiert. Es handelt sich um eine Einbauküche mit Ober- und Unterschränken, Nirosta-Spüle, Kühlschrank mit Gefrierteil und Geschirrspülmaschine.[1]

Unser Mietverhältnis hat am . . . . . . geendet. Auch nach Beendigung des Mietverhältnisses bin ich berechtigt, die Kücheneinrichtung nach § 539 Abs. 2 BGB wegzunehmen.[2]

Ich fordere Sie daher auf, den Ausbau der Kücheneinrichtung, den ich für den . . . . . . geplant habe, zu dulden.[3] Für den Ausbau und den Transport entstehende Kosten übernehme ich.[4]

. . . . . .

(Mieter)

Anmerkungen

1. Nach § 539 Abs. 2 BGB ist der Mieter berechtigt, eine **Einrichtung wegzunehmen**, mit der er die Mietsache versehen hat. Im Sinne der Vorschrift geht es nicht um Gegenstände, die mit der Mietsache nicht verbunden sind, wie zum Beispiel bewegliche Möbelstücke oder ebensolche Elektrogeräte. Diese Gegenstände kann der Mieter ohne weiteres entfernen (→ Form. A.III.28). Grundsätzlich kann eine Einrichtung auch entfernt werden, wenn das Eigentum gemäß § 946 BGB auf den Vermieter übergegangen ist. Erforderlich ist allerdings, dass die Einfügung vom Mieter nicht auf Dauer erfolgen soll.

2. § 539 Abs. 2 BGB gibt dem Mieter ein **Wegnahmerecht**. Dieses Wegnahmerecht besteht während des bestehenden Mietverhältnisses ohne weiteres, die Vorschrift des § 539 Abs. 2 BGB hat daher Bedeutung für die Abwicklung des Vertrages (vgl. MPFormB MietR/*Börstinghaus* Form. C.III.16 Anm. 2). Neben dem Wegnahmerecht besteht gleichzeitig die Wegnahmepflicht nach § 546 Abs. 1 BGB, die, auch ohne dass dies ausdrücklich in der Vorschrift des § 546 Abs. 1 BGB angesprochen ist, bedeutet, dass der Mieter die Mietsache von Einrichtungen, mit der er sie versehen hat, zu räumen hat.

3. Gegen den Vermieter besteht kein Herausgabeanspruch, sondern lediglich ein **Duldungsanspruch**. Der Duldungsanspruch bedeutet, dass der Vermieter dem Mieter, soweit dieser nicht mehr im Besitz der Mieträume ist, den Zutritt zur Entfernung der

Einrichtung gestatten muss. Weiter hat er Störungen und Behinderungen der Entfernung der Einrichtung zu unterlassen. Der Anspruch auf Duldung ist damit auch gegenüber einem Nachmieter, der mittlerweile in die Wohnräume eingezogen ist, gegeben.

4. Kosten, die dem Mieter im Rahmen seiner Rechtsausübung entstehen, hat er zu tragen. Dies bezieht sich auf Abbaukosten und Transportkosten in Bezug auf die angebrachte Einrichtung. Dasselbe gilt, soweit Kosten für die Wiederherstellung des ursprünglichen Zustandes, zum Beispiel Ersatz von durch die Einbringung einer Einbauküche zerbrochenen Fliesen entstehen.

2. Abwendung Wegnahme durch Vermieter gegen Entschädigung, § 552 Abs. 1 BGB

. . . . . .

(Vermieter)

an

. . . . . .

(Mieter)

Sehr geehrte(r) . . . . . .,

hinsichtlich Ihrer Einbauküche habe ich ein Interesse, diese Küche zu übernehmen. Gemäß § 552 Abs. 1 BGB kann ich die von Ihnen angekündigte Wegnahme durch Zahlung einer angemessenen Entschädigung abwenden. Als angemessene Entschädigung sehe ich einen Betrag in Höhe des Zeitwerts der Kücheneinrichtung, abzüglich von 5 % dieses Betrages für jedes angefangene Jahr der Nutzung der Kücheneinrichtung an. Nachdem, wie Sie mir mitteilen, die Kücheneinrichtung im Jahre . . . . . . angeschafft worden ist und der Anschaffungspreis . . . . . . EUR betragen hat, ergibt sich somit eine angemessene Entschädigung von . . . . . . EUR. Ich fordere Sie hiermit auf, bis zum . . . . . . mir mitzuteilen, ob Sie mit dieser Regelung einverstanden sind und auf welches Konto ich die Entschädigung zu bezahlen habe.[1, 2]

. . . . . .

(Vermieter)

Anmerkungen

1. § 552 Abs. 1 BGB beinhaltet die Möglichkeit des Vermieters, die Ausübung des Wegnahmerechts nach § 539 Abs. 2 BGB durch **Zahlung einer angemessenen Entschädigung** abzuwenden. Es ist die Zahlung erforderlich, ein Angebot allein genügt nicht. Nachdem es sich um ein Wegnahmerecht des Mieters handelt, besteht keine Verpflichtung des Vermieters, Einrichtungen zu übernehmen. Demgemäß kann auch der Mieter nicht bei Zurücklassung von Einrichtungen vom Vermieter ohne Vereinbarung zwischen den Parteien eine Entschädigung verlangen.

2. Eine angemessene Entschädigung liegt dann vor, wenn unter Ansatz der Anschaffungskosten ein Abschlag für die bisherige Nutzung erfolgt, was prozentual entsprechend der Lebensdauer der Einrichtung erfolgen kann. Gegebenenfalls kommen weitere Abzüge für Mängel oder Beschädigungen oder für die Entfernung der Einrichtung in Betracht.

VII. Anzeigepflicht des Vermieters

1. Anzeige des Vermieterwechsels

. . . . .

(Bisheriger Vermieter)²

. . . . .

(Neuer Vermieter)²

an

. . . . .

(Mieter)

Betr.: Mietverhältnis über Ihre Wohnung, ...

hier: Vermieterwechsel¹

Sehr geehrte/r Frau/Herr . . . . .

wir teilen Ihnen mit, dass das Mehrfamilienhaus in der . . . . . straße, Postleitzahl, Ort, in dem sich die von Ihnen angemietete Wohnung befindet, an den oben genannten neuen Eigentümer verkauft worden ist.³ Der Eigentumswechsel ist bereits am . . . . . im Grundbuch eingetragen worden. Eine Kopie des unbeglaubigten Grundbuchauszugs erhalten Sie anbei.⁴ Aufgrund des Eigentümerwechsels ist nunmehr der oben aufgeführte Käufer als neuer Vermieter in das bestehende Mietverhältnis eingetreten.

Wir, das heißt der bisherige Eigentümer und Vermieter sowie der neue Eigentümer und jetzt Ihr nunmehriger Vermieter, teilen Ihnen mit, dass Sie die Miete ab dem . . . . . nach den bisherigen Bedingungen zu zahlen haben und zwar auf das Konto des neuen Eigentümers/Vermieters . . . . . bei . . . . . Bank, IBAN Nr. . . . . . .

Wir bitten Sie, den Erhalt dieser Mitteilung auf der anliegenden Zweitschrift zu bestätigen und an den neuen Eigentümer/Vermieter im beiliegenden Freiumschlag zurückzusenden.⁵, ⁶

. . . . .

(Vermieter)

Anmerkungen

1. Die Anzeige unterliegt **keinem besonderen Formerfordernis**, da es sich dabei nicht um eine Willenserklärung handelt, sondern um eine Rechtshandlung. Diese ist aber wie eine empfangsbedürftige formlose Willenserklärung zu behandeln. Das heißt, die Beweislast für die Kenntnis des Mieters trifft denjenigen, der sich darauf beruft und beispielsweise eine erfolgte Zahlung des Mieters an den „falschen" Vermieter nicht gelten lassen will und Zahlung verlangt (Palandt/*Weidenkaff* BGB § 566c Rn. 6).

2. Für die Anzeige reicht es grundsätzlich nicht aus, dass lediglich der Erwerber den **Eigentumswechsel** anzeigt. Etwas anderes soll dann gelten, wenn der Erwerber zusätzlich

Schriftstücke übersendet (zB Grundbuchauszug), aus denen sich die geänderte Rechtsposition ergibt (OLG Hamm VersR 1985, 582).

3. Die **Anzeige** des Vermieterwechsels hat mehrere **Funktionen.** Zum einen dient sie der Mitteilung der Bankverbindung des Vermieters; zum anderen dem Schutz des Mieters in beschränktem Umfang vor einer weiteren Inanspruchnahme durch den neuen Vermieter auf Zahlung der bereits an den ursprünglichen Vermieter gezahlten Miete, § 566c BGB. § 566c BGB setzt voraus, dass die Miete periodisch gezahlt wird. § 566c BGB ist demnach nicht anwendbar, wenn die Miete in einem Einmalbetrag gezahlt wird (Schmidt-Futterer/*Streyl* BGB § 566c Rn. 21). § 566c BGB gilt unmittelbar nur für Wohnraummietverträge. Über die Verweisungen in § 578 Abs. 1 BGB, § 578 Abs. 2 BGB und § 581 Abs. 2 BGB gilt die Vorschrift auch für Vermietung von Grundstücken, Gewerberaum- und Pachtverträge.

4. Wird – wie hier – der Eigentumswechsel sowohl vom bisherigen als auch vom neuen Vermieter gemeinsam angezeigt, so bedarf es keiner Beifügung des **Grundbuchauszuges** bzw. einer Kopie hiervon. Gleichwohl ist eine Beifügung zu empfehlen, um dem Mieter direkt einen Nachweis des Eigentumswechsels zu geben, um so ggfs. weitere Korrespondenz zu ersparen.

5. Die **Quittierung** dient der Beweiserleichterung des Erwerbers für den Fall, dass der Mieter trotz entsprechender Anzeige an den ursprünglichen Vermieter zahlt. Bei Vorlage der Empfangsquittung wird es dem Erwerber gelingen, den Anspruch auf Zahlung der Miete durchzusetzen.

6. Eine Anzeige des Vermieterwechsels für den bisherigen als auch den neuen Vermieter durch eine/n Rechtsanwalt/Rechtsanwältin dürfte wegen eventueller Interessenkollision ausscheiden.

2. Anzeige der Beendigung des gewerblichen Zwischenmietverhältnisses

. . . . .

(Bisheriger Vermieter)[1]

an

. . . . .

(Mieter)[2]

Betr.: Mietvertrag über die Wohnung,[3] . . . .

Sehr geehrte/r Frau/Herr . . . . .

zwischen Ihnen und mir besteht ein Mietvertrag über die oben näher bezeichnete Wohnung. Wie Ihnen bei Vertragsschluss mitgeteilt wurde, bin ich nicht Eigentümer der oben genannten Wohnung. Vielmehr besteht zwischen mir und dem Eigentümer der Wohnung ein sogenannter Generalmietvertrag, aufgrund dessen ich als gewerblicher Zwischenmieter berechtigt bin, die oben genannte Wohnung weiterzuvermieten.[4] Dieses gewerbliche Zwischenmietverhältnis wird zum . . . . . beendet.[5] Aufgrund § 565 BGB tritt demnach ab dem . . . . . der tatsächliche Eigentümer in die Rechte und Pflichten aus dem Mietvertrag ein.[6] Ich möchte Sie daher bitten, ab dem . . . . . die bislang vereinbarte Miete in Höhe von . . . . . EUR auf das Konto des neuen Vermieters . . . . ., IBAN Nr. . . . . ., bei der Bank . . . . ., zu zahlen.[7] Die mir übergebene Kaution[8] nebst zwischenzeitlich erwirtschafteter Zinsen werde ich an den neuen Vermieter übergeben. Ab dem . . . . . ist der neue Vermieter in allen Angelegenheiten das Mietverhältnis betreffend, Ihr alleiniger Ansprechpartner.[9]

. . . . .

(Vermieter)

Anmerkungen

1. → Form. B.II.1 Anm. 2.

2. → Form. B.II.1 Anm. 3.

3. § 565 BGB, der den Endmieter, der von einem **gewerblichen Zwischenvermieter** gemietet hat, schützen soll, gilt aufgrund seiner Stellung im Unterkapitel „II. Mietverhältnisse über Wohnraum" nur für Wohnraummietverträge.

4. § 565 BGB ist nur dann anwendbar, wenn Wohnraum gewerblich vermietet wird, um ihn zu Wohnzwecken mit Gewinnerzielungsabsicht oder im eigenen wirtschaftlichen Interesse weiterzuvermieten (BGH NJW 1996, 2862; *Sternel* A Rn. 8; BGH NJW 2016, 1086). Daraus folgt, dass ein Eintritt in das Mietverhältnis zwischen Zwischenvermieter und Endmieter nicht erfolgt, wenn zB die Weitervermietung an eigene Arbeitnehmer, aus karitativen Zwecken zur Aufnahme hilfebedürftiger Menschen erfolgt (BayObLG WuM 1995, 638; BayObLG WuM 1995, 642), bei Vermietung an einen nicht erwerbswirtschaftlich tätigen Verein, der seinerseits die Wohnungen untervermietet (BVerfG NJW 1994, 848) oder bei Weitervermietung durch einen eingetragenen Verein an dessen Mitglieder (LG Berlin GE 1994, 705). Eine gewerbliche Weitervermietung liegt auch dann vor, wenn der Zwischenvermieter die von ihm angemieteten Wohnungen an die Arbeitnehmer seines Gewerbebetriebs weitervermieten will, um diese an sich zu binden und sich Wettbewerbsvorteile gegenüber anderen Unternehmen zu verschaffen, die ihren Arbeitnehmern keine Werkswohnungen anbieten können; **eine Gewinnerzielungsabsicht aus der Vermietung selbst ist nicht erforderlich** (BGH NZM 2018, 281).

5. Voraussetzung für den Eintritt des Vermieters in die Rechte und Pflichten aus dem Mietvertrag zwischen Zwischen(ver)mieter und Endmieter gem. § 565 BGB ist die Beendigung des gewerblichen Zwischenmietverhältnisses. Hierfür kommt jeder Beendigungsgrund in Betracht.

6. Nach dem Wortlaut des § 565 BGB und bereits aus der Vorgängervorschrift des § 549a BGB aF, die sich nach der Gesetzesbegründung an § 571 BGB aF (Veräußerung bricht nicht Miete) orientiert, tritt der Vermieter nicht in den Mietvertrag, sondern lediglich in die Rechte und Pflichten ein, die sich während der Dauer seines Eigentums aus dem Mietverhältnis ergeben. Das heißt, zwischen Vermieter und Endmieter kommt ein neues Mietverhältnis mit demselben Inhalt des bisherigen Mietverhältnisses zustande (Schmidt-Futterer/*Blank* BGB § 565 Rn. 18). Alle Ansprüche des gewerblichen Zwischenmieters gegen den Endmieter, die zur Zeit der Beendigung des gewerblichen Zwischenmietverhältnisses fällig sind, verbleiben beim gewerblichen Zwischenmieter. Alle nicht fälligen Ansprüche gehen auf den Vermieter über (Schmidt-Futterer/*Blank* BGB § 565 Rn. 25; aA *Sternel* A Rn. 15). Etwas anderes gilt nur bei Abtretung der Ansprüche an den neuen Vermieter.

7. Der **Vermieterwechsel** erfolgt zwar kraft Gesetzes. Es ist jedoch mehr als nur zweckmäßig, den Endmieter über den Vermieterwechsel zu informieren. Hat der Endmieter nämlich keine Kenntnis vom Vermieterwechsel, so kann er nach wie vor mit befreiender Wirkung die Miete an den ihm bisher bekannten Vermieter zahlen. Besteht andererseits zwischen Vermieter und gewerblichem Zwischenmieter Streit über den Zeitpunkt der

Beendigung des gewerblichen Zwischenmietverhältnisses und wird der Mieter vom Vermieter und gewerblichen Zwischenmieter über den Beendigungszeitpunkt unterschiedlich unterrichtet, so ist dem Endmieter dringend die Hinterlegung der Mieten beim Amtsgericht mit Rücknahmeverzicht anzuraten. Bei Zahlung an einen Nichtberechtigten läuft der Mieter nämlich Gefahr, vom Berechtigten ein zweites Mal in Anspruch genommen zu werden.

8. Bislang war streitig, ob der neue Vermieter dem Endmieter in jedem Fall auf Rückzahlung einer geleisteten Kaution bei Beendigung des Mietverhältnisses mit dem Endmieter haftet (Kinne/Schach/Bieber BGB § 549a Rn. 13; *Sternel* Rn. A 16) oder dies nur dann gelten sollte, wenn der Vermieter die Kaution tatsächlich vom gewerblichen Zwischenmieter erhielt, weil eine andere Sichtweise für den Vermieter unbillig sei (LG München NZM 1998, 329). Letzteres gilt auch bei Vermieterwechsel durch Verkauf gem. §§ 566, 566a BGB. § 565 Abs. 2 BGB verweist auf §§ 566a bis 566e BGB. Festzuhalten ist, dass bei Beendigung des ursprünglichen gewerblichen Zwischenmietverhältnisses entweder der Hauptvermieter (in der Regel der Eigentümer) oder ein neuer Zwischenvermieter in die Rechte und Pflichten aus dem ursprünglichen Zwischenmietvertrag eintritt. Daraus folgt für den Fall, dass der Mieter die Kaution bereits geleistet hat, der neue Vertragspartner, dh Vermieter, in die sich daraus ergebenden Rechte und Pflichten eintritt. Der neue Vertragspartner haftet dem Mieter auf Rückzahlung der bereits geleisteten Kaution, ohne dass er einwenden kann, die Kaution sei ihm nicht vom früheren Zwischenvermieter oder danach vom Hauptvermieter ausgehändigt worden (Kinne/Schach/Bieber BGB § 565 Rn. 10). Der Gesetzgeber hat dieses Ergebnis durch die Schaffung des § 566a BGB durch das Mietrechtsreformgesetz vom 19.6.2001 (Inkrafttreten 1.9.2001), auf den § 565 Abs. 2 BGB verweist, bereits bestätigt. § 566a BGB macht die Verpflichtung des Erwerbers zur Rückgewähr der Kaution nicht mehr davon abhängig, ob sie ihm auch ausgehändigt wurde oder er, der Erwerber, dem Vermieter gegenüber die Verpflichtung zur Rückgewähr übernommen hat. Konsequent hat daher das OLG Hamburg, nach Inkrafttreten des Mietrechtsreformgesetzes entschieden, dass der Zwangsverwalter dem Mieter auch dann die Kaution zurückgewähren muss, wenn der Vermieter die vom Mieter an ihn geleistete Kaution nicht an den Zwangsverwalter abgeführt hat (OLG Hamburg ZMR 2002, 194).

9. Sollte die **Anzeige durch eine/n Rechtsanwalt/Rechtsanwältin** erfolgen, vgl. zum Gebührentatbestand → Form. B.II.1 Anm. 8. Der Gegenstandswert richtet sich nach § 3 ZPO unter Berücksichtigung des § 41 GKG. Bei Mietverhältnissen auf bestimmte Zeit ist die restliche Laufzeit maßgeblich. Bei Mietverhältnissen auf unbestimmte Zeit wird vom dreifachen Jahresmietzins ausgegangen werden können (*Sternel* V Rn. 85; LG Hamburg MDR 1975, 1023).

3. Anzeige des Wegfalls von Eigenbedarf nach ausgesprochener Eigenbedarfskündigung

. . . . .

(Vermieter)[1]

an

. . . . .

(Mieter)[2]

Postleitzahl, Ort

Betr.: Eigenbedarfskündigung[3] Objekt . . . . .

Sehr geehrte/r Frau/Herr . . . . .

ich nehme Bezug auf oben genannte Kündigung wegen Eigenbedarfs zum . . . . . In vorbezeichnetem Kündigungsschreiben hatte ich Ihnen die Eigenbedarfsgründe im Einzelnen dargelegt. Diese Kündigungsgründe sind zwischenzeitlich weggefallen, da . . . . .

Ich biete Ihnen hiermit an, das oben genannte Mietverhältnis als ungekündigtes Mietverhältnis zu behandeln und dieses zu unveränderten Konditionen fortzusetzen.[5] Ich möchte Sie bitten, mir auf der beigefügten Zweitschrift dieses Schreibens zum einen den Empfang dieses Schreibens zu bescheinigen und mir bis zum . . . . . mitzuteilen, ob Sie das Mietverhältnis zu den bisherigen Konditionen fortsetzen wollen oder dieses ablehnen.[6]

. . . . .

(Vermieter)

Anmerkungen

1. → Form. B.II.1 Anm. 2.

2. → Form. B.II.1 Anm. 3.

3. Zu den **Voraussetzungen einer Kündigung wegen Eigenbedarfs** → Form. D.III.4, → Form. D.III.5, → Form. D.III.6.

4. Die **Kündigungsgründe**, hier **Eigenbedarf**, müssen grundsätzlich nur zum Zeitpunkt der Kündigungserklärung vorliegen. Nach Auffassung des BGH ist ein Wegfall des Eigenbedarfs nur dann zu berücksichtigen und dem Mieter mitzuteilen, wenn der Eigenbedarf innerhalb der Kündigungsfrist wegfällt (BGH NJW 2006, 220). Nach anderer Auffassung müssen bei einer Kündigung wegen Eigenbedarfs die Kündigungsgründe noch zum Zeitpunkt der letzten mündlichen Verhandlung einer eventuellen Räumungsklage vorliegen, das heißt, auch noch nach Ablauf der Kündigungsfrist. Fallen sie vorher weg, hat der Vermieter dies dem Mieter anzuzeigen (OLG Karlsruhe NJW 1982, 54). Dies wird aus § 241 Abs. 2 BGB gefolgert. Will der Mieter die Wohnung freiwillig räumen, besteht die Anzeigepflicht bis zum Zeitpunkt der tatsächlichen Räumung (Kinne/Schach/Bieber BGB § 573 Rn. 28). Die Anzeigepflicht besteht sogar nach Rechtskraft eines eventuell erstrittenen Räumungsurteils weiter. Betreibt der Vermieter das Räumungsverfahren ohne dem Mieter bei Wegfall der Eigenbedarfsgründe die Wohnung anzubieten, kann der Mieter – Kenntnis des Wegfalls der Eigenbedarfsgründe vorausgesetzt, Vollstreckungsgegenklage gemäß § 767 ZPO erheben, da die Zwangsräumung rechtsmissbräuchlich wäre (Schmidt-Futterer/*Blank* BGB § 573 Rn. 73 ff.). Der **Wegfall der Eigenbedarfsgründe** nach Kündigungsausspruch berührt zwar nicht die Wirksamkeit der bereits ausgesprochenen Kündigung. Eine Weiterverfolgung des Räumungsanspruchs wäre jedoch rechtsmissbräuchlich (OLG Karlsruhe NJW 1982, 54; LG Hamburg WuM 2005, 127; anders BGH NJW 2006, 220).

5. Bei Wegfall des Eigenbedarfs ist der Vermieter gem. § 242 BGB (Treu und Glauben) verpflichtet, dem Mieter einen Aufhebungsvertrag über die Kündigungswirkungen, das heißt die Fortsetzung des Mietvertrages zu den bisherigen Konditionen, anzubieten. Nimmt der Mieter dieses Angebot an, so ist das Mietverhältnis wie ein ungekündigtes Mietverhältnis zu behandeln. Hat der Mieter aber in der Zwischenzeit andere Dispositionen getroffen, kann er dieses Angebot annehmen oder auch ablehnen. Keinesfalls entfällt jedoch die **Anzeigepflicht** des Vermieters vom Wegfall der Eigenbedarfsgründe, da nicht auszuschließen ist, dass der Mieter es vorzieht, in der bisherigen Wohnung weiter zu wohnen (LG Stuttgart WuM 1991, 41). Die Erklärung des weiteren Nutzungswillens muss nicht ausdrücklich geschehen, sondern kann konkludent, etwa durch tatsächliche Fortsetzung des Mietverhältnisses geschehen (Schmidt-Futterer/*Blank* BGB § 573 Rn. 73 ff.).

6. Sollte das Schreiben durch eine/n Rechtsanwalt/Rechtsanwältin erfolgen, vgl. zum Gebührentatbestand → Form. B.II.1 Anm. 8. Der Gegenstandswert richtet sich nach § 41 GKG, vgl. hierzu → Form. B.VII.2 Anm. 9.

4. Anzeige des Vorkaufsrechts des Mieters bei Verkauf einer Wohnung nach Umwandlung in Wohnungseigentum

. . . . .

(Vermieter)[1]

an

. . . . .

(Mieter)[2]

Betr.: Mietverhältnis . . . . .

hier: Unterrichtung über Vorkaufsrecht[3]

Sehr geehrte/r Frau/Herr . . . . .

wie bereits vorab persönlich besprochen, teile ich Ihnen nunmehr offiziell mit, dass ich das Objekt . . . . . straße, Ort, in dem auch die von Ihnen angemietete Wohnung[4] liegt, in Wohnungseigentum aufgeteilt habe.

Die einzelnen Wohnungen sind zwischenzeitlich verkauft worden. Als Anlage übersende ich Ihnen die Kopie des vollständigen Kaufvertrages Ihre Wohnung betreffend, vom . . . . ., Urk.Nr.: . . . . ., des Notars . . . . ., mit der Bitte um Kenntnisnahme.[5] Gleichzeitig unterrichte ich Sie hiermit über das Ihnen zustehende gesetzliche Vorkaufsrecht.[6] Sie können Ihr Vorkaufsrecht gegenüber mir schriftlich[7] binnen zwei Monaten[8] nach Erhalt dieses Schreibens ausüben. Eine Veräußerungsbeschränkung ist im Grundbuch nicht einge-tragen, das heißt eine Zustimmung des Verwalters oder eines sonstigen Dritten zum Kaufvertrag ist nicht erforderlich.[9] Sollten Sie das Vorkaufsrecht ausüben, so kommt zwischen Ihnen und mir ein Kaufvertrag nach den Konditionen des zur Kenntnis übersand-ten Kaufvertrages über die im Betreff näher bezeichnete Wohnung zustande.[10, 11]

. . . . .

(Vermieter)

Anmerkungen

1. → Form. B.II.1 Anm. 2.

2. → Form. B.II.1 Anm. 3. Das **Vorkaufsrecht** entsteht für denjenigen Mieter, während dessen Mietzeit die Voraussetzungen hierfür eingetreten sind. Bei mehreren Mietern steht das Recht allen gemeinschaftlich zu. Das in der Person des Mieters entstandene Vorkaufs-recht geht nach dessen Tod gemäß § 577 Abs. 4 BGB auf denjenigen über, der in das Mietverhältnis nach § 563 Abs. 1 oder Abs. 2 BGB eintritt. Bei mehreren **Vorkaufs-berechtigten** ist darauf zu achten, dass die Mitteilung – am besten separat – an alle Berechtigten erfolgt und zugeht (→ Form. B.II.1 Anm. 1).

3. Das **Vorkaufsrecht** setzt voraus, dass in nachstehender chronologischer Reihenfolge
- ein wirksamer Mietvertrag besteht und die Wohnung dem Mieter überlassen wurde,
- nach Überlassung an der Wohnung Wohnungseigentum begründet wurde (1. Alternative) *oder* werden soll (2. Alternative) und
- die Wohnung an einen Dritten verkauft ist.

Nur bei dieser chronologischen Reihenfolge hat der Mieter ein Vorkaufsrecht. Liegen diese Voraussetzungen vor, besteht gem. § 577 BGB die Mitteilungspflicht des Verkäufers.

Problematisch ist die Frage der Entstehung des Vorkaufsrechts, wenn der Mietvertragsabschluss, die Gebrauchsüberlassung, die Begründung des Wohnungseigentums und der Abschluss des Kaufvertrages zeitlich eng beieinander liegen. **Unschädlich** für das Entstehen des Vorkaufsrechts gem. § 577 Abs. 1 Alt. 1 BGB ist es, wenn **vor der Überlassung der Mietsache** an den Mieter die für die Aufteilung in Wohnungseigentum erforderliche Teilungserklärung (§ 8 WEG) bereits notariell beurkundet worden ist, weil die Teilung erst mit der Anlegung der Grundbücher wirksam wird (BGH NJW 2017, 156). Ein Vorkaufsrecht nach § 577 Abs. 1 Alt. 2 BGB besteht jedenfalls dann, wenn die Absicht, Wohnungseigentum zu begründen, erst **nach der Überlassung der vermieteten Wohnräume** an den Mieter gefasst worden und sich nach außen hinreichend manifestiert hat, etwa durch die notarielle Beurkundung einer Teilungserklärung (§ 8 WEG). Wird die Absicht, Wohnungseigentum zu begründen, **vor Überlassung der Mietsache an den Mieter gefasst und nach außen dokumentiert** (Beurkundung Teilungserklärung), entsteht kein Vorkaufsrecht. (BGH NJW 2017, 156; BGH DNotZ 2017, 182).

4. Das Vorkaufsrecht gilt nur für Wohnungen. Bei Mischmietverhältnissen kommt es für die Frage, ob ein Wohnraummietverhältnis vorliegt, auf den Schwerpunkt des Vertragsverhältnisses an. § 577 BGB gilt **analog** auch bei einer **Realteilung** eines mit einem Einfamilienhaus bebauten Grundstückes zugunsten der Mieter (BGH NJW 2008, 2257); bei einer **Realteilung** eines Gesamtgrundstückes, wenn der Verkäufer als Vorkaufsverpflichteter in dem mit dem Erwerber abgeschlossenen Kaufvertrag die Verpflichtung zur Aufteilung übernommen hat und die vom Vorkaufsrecht erfasste zukünftige Einzelfläche in dem Kaufvertrag bereits hinreichend bestimmt oder zumindest bestimmbar ist (BGH NJW-RR 2016, 910; BGH NJW 2014, 850).

5. Gemäß § 577 Abs. 2 BGB hat der Verkäufer oder ein Dritter den Vorkaufsberechtigten über den **Inhalt des Kaufvertrages** und über das **Vorkaufsrecht** zu unterrichten. Hierfür genügt es nicht, wenn dem Mieter lediglich die Tatsache des Verkaufs und der Kaufpreis mitgeteilt werden. Erforderlich ist, dass der Mieter über den kompletten Kaufvertragsinhalt informiert wird. Dies erfordert in der Regel die Übersendung einer vollständigen Kopie des Kaufvertrages. Diese Mitteilung ist zwar als so genannte Willenserklärung formlos möglich (BGH LM § 510 Nr. 3) und auch an keine Frist gebunden. Aus Beweisgründen sollte jedoch eine schriftliche Information nebst Zugangsnachweis an alle Vorkaufsberechtigten erfolgen. Der Mieter ist so umfassend zu informieren, dass die Entscheidung, ob er sein Vorkaufsrecht ausüben will, innerhalb der Frist von zwei Monaten möglich ist (BGH NZM 2006, 796).

6. Gemäß § 577 Abs. 2 BGB ist die Mitteilung über den Kaufvertrag „mit einer Unterrichtung des Mieters über sein Vorkaufsrecht zu verbinden". Aus der Formulierung „zu verbinden" ist nicht zu schließen, dass die Mitteilung über den Kaufvertragsinhalt und die Unterrichtung über das Vorkaufsrecht zwingend in einem Schreiben enthalten sein müssen. Ausreichend ist hingegen, wenn ein gewisser zeitlicher Zusammenhang besteht (Staudinger/*Rolfs* BGB § 577 Rn. 59 ff.). Die Frist, innerhalb derer sich der Mieter erklären muss, läuft jedoch erst, wenn beide Informationsbestandteile vorliegen.

7. Gemäß § 577 Abs. 3 BGB erfolgt die **Ausübung des Vorkaufsrechts** nunmehr durch **schriftliche Erklärung** des Mieters gegenüber dem Verkäufer. Die notarielle Beurkundung hat der Gesetzgeber nicht für erforderlich gehalten, obwohl sie vom Bundesrat, von Sachverständigen und auch vom Deutschen Mieterbund gefordert wurde. Die Entscheidung des BGH (NZM 2000, 858), wonach die Ausübung des gesetzlichen Vorkaufsrechts nach § 570b BGB aF nicht der notariellen Beurkundung bedurfte, hat der Gesetzgeber in § 577 Abs. 3 BGB eingearbeitet.

8. Nach § 469 Abs. 2 BGB kann das Vorkaufsrecht nur bis zum Ablauf von zwei Monaten nach Erhalt der Mitteilung ausgeübt werden. Genügt die Mitteilung nicht den Voraussetzungen des § 577 BGB, beginnt die Zweimonatsfrist nicht zu laufen (*Sternel* Rn. A 63). Der Mieter ist also so umfassend zu informieren, dass die Entscheidung, ob er sein Vorkaufsrecht ausüben will, innerhalb der Frist von zwei Monaten möglich ist (BGH NZM 2006, 796).

9. Für den Fall, dass im Grundbuch eine **Veräußerungsbeschränkung** eingetragen ist, ist § 12 WEG zu beachten. Danach kann vereinbart werden, dass ein Wohnungseigentümer zur Veräußerung seines Wohnungseigentums der Zustimmung anderer Wohnungseigentümer oder eines Dritten, zB des WEG-Verwalters, bedarf. Besteht eine derartige Vereinbarung, so ist der Kaufvertrag solange unwirksam, bis die erforderliche Zustimmung erteilt ist. Ist im Grundbuch eine Veräußerungsbeschränkung eingetragen, soll der Mieter auf diesen Gesichtspunkt ausdrücklich hingewiesen werden (Schmidt-Futterer/ *Blank* BGB § 577 Rn. 39 ff.).

10. Da teilweise die Auffassung vertreten wird, dass der Mieter auch über die **Rechtsfolgen der Ausübung des Vorkaufsrechts belehrt** werden muss (*Schilling*, Neues Mietrecht, S. 94), sollte die Anzeige auch diese **Belehrung** enthalten.

11. Sollte das Schreiben durch eine/n Rechtsanwalt/Rechtsanwältin erfolgen, vgl. zum Gebührentatbestand → Form. B.II.1 Anm. 8. Der Gegenstandswert dürfte nach § 3 ZPO zu bestimmen sein; der Wert kann unter oder über der Hälfte des Verkehrswertes des Vorkaufsobjektes liegen.

5. Anzeige des Vermieters, dass von erteilter Einzugsermächtigung kein Gebrauch mehr gemacht wird

. . . . .

(Vermieter)

an

. . . . .

(Mieter)[2]

Betr.: Mietverhältnis . . . . .

hier: Einzugsermächtigung[1, 3]

Sehr geehrte/r Frau/Herr . . . . .

Gemäß § . . . . . des zwischen uns bestehenden Mietvertrages[4] vom 1.6.2013 bin ich befugt, die monatliche Miete – zur Zeit 860,– EUR monatlich – bis auf Widerruf[5] per Lastschrift von Ihrem Konto einzuziehen. Bislang wurde auch so verfahren. Nunmehr sind die letzten drei Lastschriften für die Miete der Monate . . . . . aufgrund mangelnder Deckung auf Ihrem Konto zurückgekommen. Ich teile Ihnen hiermit ausdrücklich mit, dass ich per sofort von der erteilten Einzugsermächtigung keinen Gebrauch mehr machen werde.[6] Ich fordere Sie auf, für den rechtzeitigen Zahlungseingang der Miete nunmehr selber Sorge zu tragen.

Ich bitte Sie, den Erhalt dieser Mitteilung auf der anliegenden Zweitschrift zu bestätigen und an mich zurückzusenden.[7]

. . . . .

(Vermieter)

Anmerkungen

1. → Form. B.VII.1 Anm. 1.

2. → Form. B.II.1 Anm. 3.

3. Oft verlangen Vermieter im Wege des bargeldlosen Zahlungsverkehrs von den Mietern, dass diese für die Mieten und Vorauszahlungen auf Heiz- und Betriebskosten eine Einzugsermächtigung erteilen. Grundsätzlich kann der Vermieter dies nur verlangen, wenn dies mietvertraglich geregelt ist (LG Braunschweig WuM 1979, 118; LG München I WuM 1979, 143; aA LG Siegen WuM 1976, 73).

4. Es ist zulässig, die Verpflichtung zur Erteilung einer Einzugsermächtigung formularmäßig zu vereinbaren, soweit es sich um regelmäßige und der Höhe nach vorhersehbare Beträge handelt (BGH NJW 1996, 988; LG Köln NZM 2002, 780). Hierdurch wird der Mieter auch nicht unangemessen benachteiligt.

5. Nach der hier gewählten Vertragsformulierung kann der Mieter die Einzugsermächtigung jederzeit widerrufen. Ist ein Widerrufsrecht vertraglich nicht vereinbart, ist gleichwohl ein Widerruf aus wichtigem Grund möglich. So liegt ein Widerrufsgrund vor, wenn der Mieter eine Mietminderung geltend macht, und der Vermieter trotzdem die volle Miete einzieht (LG Köln WuM 1990, 389; AG Wedding GE 1995, 1139). Eine formularmietvertragliche, unwiderrufliche Ermächtigung des Vermieters zum Lastschrifteneinzug soll wirksam sein (LG Köln WuM 1990, 380), da dem Mieter im Hinblick auf seinen Girovertrag mit der Bank gleichwohl eine Widerrufsmöglichkeit bezüglich der einzelnen Buchung zusteht. Das AG Hamburg hält eine formularmietvertragliche unwiderrufliche Ermächtigung zum Lastschrifteinzug für unwirksam (WuM 1996, 400).

6. Eine derartige Anzeige, dass von der erteilten Einzugsermächtigung kein Gebrauch mehr gemacht wird, ist dem Vermieter sehr zu empfehlen; insbesondere dann, wenn das Konto des Mieters keine Deckung mehr aufweist und zu befürchten ist, dass das Mietverhältnis ggfs. wegen Zahlungsverzugs gekündigt werden muss. In der Rechtsprechung wird teilweise die Auffassung vertreten, dass der Mieter bei Unterlassen der Anzeige, dass von der Einzugsermächtigung kein Gebrauch mehr gemacht wird, mit der Mietzahlung nicht schuldhaft in Verzug geraten ist, mit der Folge, dass die auf Kündigung wegen schuldhaftem Zahlungsverzug gestützte Zahlungs- und Räumungsklage abgewiesen wird (AG Gelsenkirchen ZMR 2011, 801; AG Bonn WuM 1995, 484; AG Bergheim WuM 1992, 478; OLG Stuttgart BeckRS 2008, 14159; KG BeckRS 2008, 12459; AG Fulda WuM 2010, 242; aA AG Hamburg 19.5.2006, 49 C 37/06 – nv).

7. → Form. B.VII.1 Anm. 5.

VIII. Aufforderung des Vermieters zur Durchführung von Schönheitsreparaturen im laufenden Mietverhältnis

. . . . .

(Rechtsanwalt)

an

. . . . .

(Mieter)

Betr.: Mietverhältnis über die Wohnung . . . . .

Sehr geehrte(r) . . . . .

unter Überreichung auf uns ausgestellter Vollmacht zeigen wir an, dass wir die Interessen Ihrer Vermieter vertreten. Das vorliegende Schreiben geht Ihnen per Boten zu.[1, 2]

Nach der Ankündigung unserer Mandanten vom . . . . . erfolgte am . . . . . die Besichtigung der von Ihnen gemieteten Räumlichkeiten. An dem Termin haben Sie selbst teilgenommen. Hierbei konnte festgestellt werden, dass Sie während der Dauer der bisherigen knapp sechsjährigen Mietzeit keine Schönheitsreparaturen durchgeführt haben.[3] Die gemäß § 9 des Mietvertrages vereinbarten Fristen sind zwischenzeitlich – mit Ausnahme der Nebenräume – abgelaufen.[4] Hinzukommt, dass Ihnen die Wohnung seinerzeit vollständig renoviert vermietet worden ist[5] und die Schönheitsreparaturen unter Berücksichtigung des Wohnungszustandes nunmehr fällig sind.[6] Sie sind daher verpflichtet in der Küche, im Wohn- und Schlafzimmer und im Kinderzimmer die Raufasertapete an den Wänden sowie die Decken zu streichen.[7] Eine Renovierung der Nebenräume wird nicht verlangt.[8] Die Wände und Decken sind – im Wohnbereich – von Nikotin verfärbt. Im Übrigen sind sämtliche Wände stark verschmutzt und insbesondere im Kinderzimmer abgenutzt. Im Kinderzimmer löst sich in dem Bereich unterhalb der Fensterbank die Tapete. Die Fußleisten in sämtlichen Räumen weisen Stoßstellen auf und sind – im Kinderzimmer – an einigen Stellen verfärbt. Die Fußleisten sind daher neu zu lackieren. Der Lack auf den Heizkörpern im Kinder- und Wohnzimmer ist abgeplatzt und auszubessern.

In den übrigen Räumen hat sich auf den Heizungsrohren starker Schmutz abgelagert, der möglicherweise mit Putzmitteln nicht mehr zu beseitigen ist. Sie sind daher auch verpflichtet, die Heizungsrohre zu reinigen und ggf. wenn erforderlich zu lackieren.[9]

Namens unserer Mandanten haben wir Sie aufzufordern, die vorstehend aufgeführten Arbeiten bis zum . . . . . auszuführen bzw. durch geeignete Fachkräfte ausführen zu lassen.[10]

Wir weisen darauf hin, dass unsere Mandanten nach Ablauf der Frist gerichtliche Hilfe in Anspruch nehmen werden.[11]

. . . . .

(Rechtsanwalt)

Anmerkungen

1. Gemäß § 538 BGB hat der Mieter Veränderungen oder Verschlechterungen der Mietsache, die durch den vertragsgemäßen Gebrauch herbeigeführt werden, nicht zu vertreten. Schönheitsreparaturen sind daher grundsätzlich Sache des Vermieters. Die

Kosten, die auf die Schönheitsreparaturen entfallen, sind nach der gesetzlichen Definition in der Miete enthalten. In der Regel wird die Verpflichtung zur Durchführung der Schönheitsreparaturen jedoch auf den Mieter übertragen, wobei hierfür stets eine klare und eindeutige Vereinbarung notwendig ist. Die Abwälzung der Schönheitsreparaturen auf den Mieter entspricht heute einer Verkehrssitte (BGH NJW 1985, 480). Dies gilt auch, sofern die Pflicht auf den Mieter formularmäßig übertragen wird (BGH NZM 2004, 903). Der BGH lässt bereits die Klausel „die Kosten der Schönheitsreparaturen trägt der Mieter" als wirksame Übertragung der Schönheitsreparaturpflicht auf den Mieter genügen (BGH NZM 2004, 734 mAnm *Langenberg* NZM 2005, 51 (55)), wobei Inhalt und Umfang der Renovierungsverpflichtung durch Auslegung des Mietvertrages bestimmt werden muss.

Dagegen hält das Landgericht Berlin eine Formularklausel, die die Pflicht zur Durchführung von Schönheitsreparaturen uneingeschränkt auf den Wohnraummieter abwälzt, für unwirksam gemäß §§ 536 Abs. 4 BGB, 307 Abs. 1, 2 Nr. 1 BGB (LG Berlin 9.3.2017 – 67 S 7/17, NZM 2017, 258 mAnm *Kappus*).

Die Vereinbarung ist zunächst sorgfältig dahingehend zu prüfen, ob eine Regelung hinsichtlich der Anfangsrenovierung (dh Renovierung zu Beginn des Mietverhältnisses), der laufenden Schönheitsreparaturen und/oder der Endrenovierung getroffen (Renovierung bei Mietende) worden ist. Weiter ist zu unterschieden, ob eine individuelle Vereinbarung oder eine formularmäßige Abwälzung auf den Mieter erfolgt ist und ob die getroffene Regelung Gewerberaum oder Wohnraum betrifft. Je nach Fallkonstellation ist die getroffene Vereinbarung auf ihre Wirksamkeit hin zu überprüfen.

Zur Definition des **Umfangs der Schönheitsreparaturen** wird weiter § 28 Abs. 4 S. 4 II. BV herangezogen. Auch die Reform des Mietrechts hat keine gesetzliche Regelung bezüglich der Schönheitsreparaturen gebracht (vgl. zu den Überlegungen und Definitionsversuchen NZM 2001, 21 ff.). Unter den Begriff der Schönheitsreparaturen fällt somit das Tapezieren, Anstreichen oder Kalken der Wände und Decken, das Streichen der Fußböden, der Heizkörper einschließlich der Heizrohre, der Innentüren sowie der Fenster und Außentüren von innen. Die dortige Aufzählung dient als Auslegungsrichtlinie. Da die Fußböden zwischenzeitlich in der Regel mit Teppichboden ausgelegt sind, ist nach allgemeiner Ansicht an die Stelle des Streichens die Reinigung des vermieterseits eingebrachten Teppichbodens getreten. Individualvertraglich können bei preisfreiem Wohnraum

- dem Mieter über die in § 28 Abs. 4 S. 4 II. Berechnungsverordnung aufgeführten Arbeiten weitere Leistungen nicht auferlegt werden
- der Renovierungsumfang auf bestimmte Räumlichkeiten erweitert oder beschränkt werden; auch die Art der Renovierung kann individuell geregelt werden (zB Farbe oder Tapetenart). Während des Mietverhältnisses ist der Vermieter dagegen nicht berechtigt, dem Mieter Vorgaben hinsichtlich der Farbauswahl zu machen. Derartige Formularklauseln sind unwirksam (BGH NZM 2008, 605; NZM 2010, 236: unzulässige Farbvorgabe „weiß" für Fenster und Türen).

Umfang und **Qualität** der Schönheitsreparaturen können formularvertraglich erweitert oder eingeschränkt werden, wobei jeweils die **Inhaltskontrolle nach § 307 BGB** zu beachten ist. Wird daher dem Mieter ein Übermaß an Renovierungsleistungen auferlegt, das über die gesetzliche Regelung des § 535 Abs. 1 S. 2 BGB hinausgeht, so kann eine unangemessene Benachteiligung gegeben sein. Unwirksam sind bspw. Formularklauseln, die den Außenanstrich von Fenstern, Balkontür und Loggia (BGH NZM 2009, 353; NZM 2010, 157) sowie Terrassen (LG Berlin GE 2001, 1674) vorsehen.

Auch für **Gewerberaum** ergibt sich der Umfang der Schönheitsreparaturen grundsätzlich aus § 28 Abs. 4 S. 4 II. BV, wobei zusätzliche Arbeiten vereinbart werden können (zB Ersatz eines abgenutzten Teppichbodens, Abschleifen eines Parkettbodens). Allerdings bestehen beim **Umfang** der Schönheitsreparaturen unterschiedliche Auffassungen darüber, ob die Erneuerung von Bodenbelägen, insbesondere von Teppichböden, noch zu den Schönheitsreparaturen gezählt werden kann. Nach einer Entscheidung des OLG Düsseldorf soll der Mieter im Rahmen der Übernahme der Schönheitsreparaturen verpflichtet sein, den Teppichboden zu erneuern (OLG Düsseldorf WuM 1989, 508). Insoweit gehöre die Erneuerung des durch Abnutzung unbrauchbar gewordenen Teppichbodens zu den Schönheitsreparaturen. Mit der überwiegenden Auffassung in Rechtsprechung und Schrifttum ist diese Ausweitung des Schönheitsreparaturbegriffes abzulehnen (OLG Stuttgart NJW-RR 1995, 1101; LG Kiel WuM 1998, 215; *Fritz* Rn. 22). Bei der Erneuerung des Bodenbelags handelt es sich nicht um die malermäßige Bearbeitung von Dekorationsmängeln. Vielmehr zählen derartige Arbeiten regelmäßig zu den Instandsetzungsmaßnahmen. Anders als in der Wohnraummiete können die Vertragsparteien von Gewerberaum die Erneuerung von verschlissenen Bodenbelägen aber explizit durch Formularklausel auf den Mieter übertragen, soweit der Mieter nicht für solche Schäden haften muss, die von Dritten verursacht worden sind. Insoweit beruht die Abnutzung von Bodenbelägen im Inneren des Mietobjektes regelmäßig auf dem üblichen Gebrauch der Mietsache (MAH MietR/*Over* § 58 Rn. 10).

2. Der **Zugang** des Aufforderungsschreibens sollte sichergestellt werden, um diesen in einem separaten Prozess gegebenenfalls beweisen zu können (→ Form. B.I.1 Anm. 1).

3. Dem Vermieter steht ein **Besichtigungsrecht** auch ohne mietvertragliche Regelung jedenfalls dann zu, wenn dieses zur Wahrung seiner Rechte oder zur Erfüllung seiner Pflichten als Vermieter benötigt wird (Schmidt-Futterer/*Eisenschmid* BGB § 535 Rn. 206; aA OLG München NJW-RR 1989, 1499). Der Vermieter muss die Räume u. a. besichtigen können, wenn er sich nach Ablauf der vereinbarten Renovierungsfristen von dem Zustand der Wohnung ein Bild machen will. Ohne ein Besichtigungsrecht könnte der Vermieter sich ansonsten von dem vertragsgemäßen Zustand des Mietobjekts nicht überzeugen. Der Vermieter muss seine Absicht unter Benennung der Gründe rechtzeitig – mindestens eine Woche vorher (MüKoBGB/*Häublein* § 535 Rn. 137) – dem Mieter ankündigen. Grundsätzlich ist das Besichtigungsrecht werktags zur angemessenen Tageszeit (zwischen 10.00 bis 13.00 Uhr und 15.00 bis 18.00 Uhr) auszuüben.

Oftmals sind in den Mietverträgen **Besichtigungsklauseln** enthalten, die zwar grundsätzlich zulässig sind (aA LG München II NZM 2009, 277; hierzu auch *Kappus* NZM 2010, 529 (534)). Eine **Formularvereinbarung**, die dem Vermieter jederzeit Zutritt zur Wohnung gewährt, ist wegen Verstoßes gegen Art. 13 GG iVm § 307 BGB unwirksam (Schmidt-Futterer/*Eisenschmid* BGB § 535 Rn. 218). Höchstens alle zwei Jahre oder bei begründeten Anlässen wird im Allgemeinen ein Besichtigungsrecht des Vermieters bejaht. Es empfiehlt sich unbedingt Absprachen mit dem Mieter zu treffen (und aus Sicht des Vermieters wenn eben möglich eine Konfrontation zu vermeiden), da ansonsten das Besichtigungsrecht zeit- und kostenaufwendig vor dem Zivilgericht durchgesetzt werden muss. Der Anspruch des Vermieters auf Besichtigung der vermieteten Wohnung kann nur ausnahmsweise im Wege einer einstweiligen Verfügung geregelt werden, wenn der Vermieter so dringend auf die Besichtigung angewiesen ist, dass die Erwirkung eines Titels im ordentlichen Verfahren nicht möglich ist (LG Duisburg NJW-RR 2007, 85).

Der Vermieter darf zu dem Besichtigungstermin sachkundige Personen mitbringen, die ggf. verlässlich für den Vermieter beurteilen können, ob eine Verpflichtung des Mieters anzunehmen ist oder ob der Vermieter zur Durchführung von Maßnahmen aufgrund der ihn treffenden Instandhaltungspflicht verpflichtet ist.

4. Nach dem vom BGH (WM 1987, 300 ff.) aufgestellten Grundsatz stellt die vom Mieter übernommene Renovierungsverpflichtung rechtlich und wirtschaftlich einen Teil des von ihm für die Gebrauchsüberlassung der Räume zu leistenden Entgelts dar. Der Mieter zahlt somit mit der Miete die Schönheitsreparaturen nicht abschlagsweise im Voraus, vielmehr zahlt der Mieter durch die vertragliche Übernahme der Schönheitsreparaturen eine verminderte Miete.

Die **Fälligkeit** der Schönheitsreparaturen richtet sich nach den vertraglichen Vereinbarungen. Es ist daher zunächst zu prüfen, ob eine wirksame Renovierungsverpflichtung vereinbart worden ist. Ohne vertragliche Vereinbarung gehört die Durchführung der Schönheitsreparaturen zur Erhaltungspflicht des Vermieters, so dass der Mieter die Renovierung nicht ausführen muss. Dies gilt auch im gewerblichen Mietverhältnis. Wenn eine individuelle Vereinbarung getroffen wurde (zB soll der Mieter bei Mietende nur die Tapete abreißen), ist diese maßgeblich.

Die formularmäßige Abwälzung der laufenden Schönheitsreparaturen auf den Mieter ist grundsätzlich zulässig (BGH NZM 2006, 15). Allerdings ist bei der Verwendung der Formulare stets sorgfältig zu verfahren. Sehr häufig ist anzukreuzen, ob die Durchführung der Renovierungsarbeiten Sache des Mieters oder des Vermieters sein soll. Wird dieser Punkt offen gelassen, wird eine Verpflichtung des Mieters nicht begründet (LG Koblenz ZMR 2001, 622 mAnm *Windisch*).

Oftmals ist ein Fristenplan zwischen den Mietparteien vereinbart, der folgende Renovierungsfristen vorsieht: Alle 3 Jahre für Küche, Bad und Dusche; alle 5 Jahre für Wohnzimmer, Schlafzimmer, Flur, Diele und Toilette; alle 7 Jahre für sonstige Nebenräume. Es ist besonderes Augenmerk auf die Prüfung zu legen, ob ein „starrer" oder ein „weicher" Fristenplan vereinbart worden ist. Ein starrer Fristenplan führt zur Unwirksamkeit der Renovierungsklausel (BGH NJW 2004, 2586), sodass eine Renovierungsverpflichtung des Mieters nicht besteht (→ Form. F.II.2.) Wenn der Mietvertrag keine Renovierungsfristen enthält, müssen Inhalt und Umfang der Schönheitsreparaturverpflichtung durch Auslegung des Vertrages bestimmt werden. Diese Auslegung kann ergeben, dass die gängigen Regelfristen von 3, 5 und 7 Jahren maßgeblich sind.

Die Fristen basieren allerdings immer noch auf dem **Mustervertrag aus dem Jahr 1976**, und werden daher nicht mehr als angemessene Erfahrungswerte herangezogen. Vielmehr sollen diese bisherigen Fristen zu kurz bemessen sein mit der Folge, dass sie den Mieter unangemessen belasten (Schmidt-Futterer/*Lehmann-Richter* BGB § 538 Rn. 86 mit weiteren Nachweisen). Auch der BGH hat diese Fristen ausdrücklich nur für die in der Vergangenheit abgeschlossenen Mietverträge als wirksam angesehen, also für Mietverträge vor dem Urteil vom 26.9.2007 (BGH NZM 2007, 879). Für „Neuverträge" wird daher die Auffassung vertreten, dass die bisherigen Regelfristen gemäß dem Mustermietvertrag aus dem Jahre 1976 unwirksam sind (Langenberg Schönheitsreparaturen/*Zehelein* Teil 1 Abschn. C Rn. 181; *Eisenschmid* WuM 2010, 459; aA Schmidt-Futterer/*Lehmann-Richter* BGB § 538 Rn. 120). Empfohlen werden daher Fristen von **5 Jahren** für Küchen, Bädern, WC und Duschen, **8 Jahren** für Wohn- und Schlafräume sowie Fluren und Dielen und **10 Jahren** für alle Nebenräume.

Zu kurze Renovierungsfristen begründen die Gesamtunwirksamkeit der Renovierungsklausel (Schmidt-Futterer/*Lehmann-Richter* BGB § 538 Rn. 120). Dies gilt auch, wenn die Klausel als beweglich ausgestaltet ist (LG Hamburg WuM 1992, 476; *Heinrichs* NZM 2005, 207). Die geltungserhaltende Reduktion oder ergänzende Vertragsauslegung ist nicht zulässig. Ein formularmäßiges Renovierungsintervall von 4 Jahren für das Streichen der Fenster, Türen, Heizkörper, Versorgungs- und Abflussleitungen sowie der Einbaumöbel in Küche und Bädern benachteiligt den Mieter nicht unangemessen (BGH NZM 2005, 299).

Sind die Fristen bei einem vereinbarten Fristenplan noch nicht abgelaufen, besteht für die entsprechenden Räumlichkeiten keine Renovierungsverpflichtung (OLG Karlsruhe NJW 1982, 2829 (2830)).

Bei dem Fristenplan darf es sich nicht um starre Fristen handeln, dh durch den Ablauf der Frist darf nicht automatisch eine Renovierungspflicht begründet werden (*Langenberg/Zehelein* Schönheitsreparaturen 1 C Rn. 189 ff. mwN). Die Fristen dürfen vielmehr nur als **Richtlinien oder Erfahrungswerte** dienen. Auch nach Ablauf der Regelfrist ist somit im Einzelnen zu der Renovierungsbedürftigkeit vorzutragen, wobei jedoch nach Ablauf der Frist nach allgemeiner Lebenserfahrung von einem Renovierungsbedarf ausgegangen werden kann (LG Berlin ZMR 2001, 891). Der Fristablauf hat mithin eine Indizfunktion für die Renovierungsbedürftigkeit. Allein aus diesem Grund ist mE ein Besichtigungsrecht des Vermieters zwingend zu bejahen, da andernfalls der Mieter kaum wirksam zu der Durchführung der Renovierungsarbeiten aufgefordert werden kann. **Wirksam** sind Formulierungen, in denen Fristen als Richtlinien („üblicherweise werden Schönheitsreparaturen in folgenden Zeitabständen erforderlich:") formuliert sind (ansonsten zu der BGH Rechtsprechung zu den starren Fristen → Form. F.II.2).

Auf **Gewerbemietverhältnisse** sind diese Grundsätze entsprechend anzuwenden. Der XII. Senat hat mit seinem Urteil vom 8.10.2008 entschieden, dass starre Fristenpläne auch im Gewerberaum eine unangemessene Benachteiligung des Mieters darstellen und damit unwirksam sind (BGH NZM 2008, 890). Damit sind entgegen der überwiegenden Auffassung in der Literatur starre Fristenpläne regelmäßig unwirksam (Langenberg Schönheitsreparaturen/*Zehelein* Teil 1 Abschn. C Rn. 148; MüKoBGB/*Häublein* § 535 Rn. 120) und zwar aus den gleichen Gründen wie in der Wohnraummiete. Gleiches gilt für Klauseln, die zu kurze Fristen vorsehen.

Formularklauseln, die neben der Durchführung der laufenden Schönheitsreparaturen dem Mieter auch eine Anfangsrenovierung oder Endrenovierung auferlegen, sind wegen unangemessener Benachteiligung unwirksam (BGH NZM 2003, 594; NZM 2003, 755). Derartige Klauselkombinationen beinhalten einen unzulässigen **Summierungseffekt**. Dieser unzulässige Summierungseffekt hat zur Folge, dass nach hM beide Klauseln unwirksam sind, wobei diese Rechtsfolge sowohl bei jeweils für sich genommen unbedenklichen Klauseln wie auch beim Zusammentreffen einer wirksamen und einer unwirksamen Klausel eintritt (BGH NZM 2003, 594; NZM 2003, 755; Schmidt-Futterer/*Lehmann-Richter* BGB § 538 Rn. 101).

Kein Summierungseffekt soll im Gewerbemietrecht nach der Rechtsprechung des BGH dagegen vorliegen, soweit den Mieter aufgrund eines Formularmietvertrages die laufende Renovierung trifft und er zusätzlich die Räume bei Beendigung des Mietverhältnisses in einem „bezugsfertigen Zustand" zurückgeben muss (BGH NZM 2014, 306). Insofern folge aus der Formulierung „bezugsfertiger Zustand" keine umfassende Renovierung der Räume bei Rückgabe der Mietsache (kritisch hierzu *Kappus* NJW 2014,1446).

Soweit die Formularklausel zu kurze Fristen vorsieht, gelten nach allgemeiner Ansicht auch nicht die üblichen Regelfristen, vielmehr ist die Abwälzung der Schönheitsreparaturen insgesamt unwirksam, so dass eine Renovierungspflicht des Mieters nicht besteht (LG Hamburg WuM 1992, 476 für Fristenpläne von 3 Jahren; LG Köln WuM 1989, 70 für Fristenpläne von 2 und 4 Jahren; LG Berlin NZM 1999, 954 für Fristenplan: Nassräume 2 Jahre, Wohnräume, Diele und Toiletten 3 Jahren und Nebenräume 5 Jahre; LG Berlin WuM 2002, 668 für Fristenpläne von 2 und 3 Jahren).

Ist die Renovierungsklausel dagegen unwirksam, ist der Vermieter nicht berechtigt, den Mieter zur Renovierung aufzufordern. Anderenfalls macht er sich schadensersatzpflichtig (BGH NZM 2009, 541; *Blank* NZM 2010, 97). Der Vermieter ist vielmehr verpflichtet, den Mieter spätestens bei Beendigung des Mietverhältnisses **auf die Unwirksamkeit der Klausel hinzuweisen** bzw. **aufzuklären** (*Paschke* GE 2010, 30 (33)). Im Übrigen schuldet der Vermieter dem Mieter Wertersatz nach § 818 Abs. 2 BGB, wenn der Mieter aufgrund einer unerkannt unwirksamen Endrenovierungsklausel Schönheitsreparaturen in der Wohnung durchführt (BGH NZM 2009, 541; *Paschke* GE 2010, 30 (32)). Dieser Wertersatz bemisst sich üblicherweise nur nach dem, was der Mieter billigerweise neben einem Einsatz an freier Zeit als Kosten für das notwendige Material sowie als Vergütung für die Arbeitsleistung seiner Helfer aus dem Verwandten- und Bekanntenkreis aufgewendet hat oder hätte aufwenden müssen.

Dieser Ersatzanspruch des Mieters unterliegt der kurzen Verjährung gemäß § 548 Abs. 2 BGB, da es sich bei Schönheitsreparaturen um „Aufwendungen" im Sinne des § 548 Abs. 2 BGB handelt (BGH NZM 2011, 452; *Roth* NZM 2011, 62). Der

Ersatzanspruch verjährt mithin binnen sechs Monaten ab Beendigung des Mietverhältnisses (BGH NZM 2012, 557).

5. Unproblematisch ist die Rechtslage, wenn der Mieter eine renovierte Wohnung zu Mietbeginn erhalten hat.

Problematisch sind die Fälle, wenn der Vermieter dem Mieter bei Mietbeginn eine unrenovierte Wohnung überlassen hat. Die Vereinbarung von Fristen wurde bisher immer dann für wirksam gehalten und zwar unabhängig davon, ob die Wohnung bei Mietbeginn renoviert oder unrenoviert überlassen wurde, wenn die Renovierungsfristen mit dem Beginn des Mietverhältnisses zu laufen beginnen (BGH NJW 1987, 2575; LG Berlin GE 1988, 199). Die Wirksamkeit wurde damit begründet, dass die Pflichten des Mieters in diesem Fall dem „Normalfall" entsprechen, in dem eine frisch renovierte Wohnung übernommen worden ist. Hieran sollte sich auch dann nichts ändern, wenn der Mieter freiwillig eine Anfangsrenovierung vornimmt. Die Problematik, dass sich nach Ablauf der Fristen der Renovierungsaufwand wegen des Zustandes der Mietsache für den Mieter dann erhöht, wenn er die Wohnung bei Mietbeginn unrenoviert übernommen hatte, wurde nicht problematisiert. Diese Rechtsprechung hat der BGH mit seinem Urteil vom 18.3.2015 (BGH NZM 2015, 374; hierzu bereits der Hinweisbeschluss BGH WuM 2014, 135; *Langenberg* NZM 2014, 299 (301); *Lehmann-Richter* NZM 2014, 818 (820)) nunmehr ausdrücklich aufgehoben. Insofern hält die formularvertragliche Überwälzung der Verpflichtung zur Vornahme laufender Schönheitsreparaturen einer dem Mieter unrenoviert oder renovierungsbedürftig überlassenen Wohnung einer Inhaltskontrolle am Maßstab des § 307 Abs. 1 S. 1, Abs. 2 Nr. 1 BGB nicht stand, sofern der Vermieter dem Mieter keinen angemessenen Ausgleich gewährt hat. Im konkreten Fall hatte der Vermieter dem Mieter bei Mietbeginn einen Nachlass einer halben Monatsmiete gewährt. Dies stellt nach Ansicht des BGH keinen angemessenen Ausgleich dar. Beruft sich der Mieter in diesem Fall auf die Unwirksamkeit der Renovierungsklausel, hat er darzulegen und zu beweisen, dass die Wohnung bei Mietbeginn unrenoviert oder renovierungsbedürftig gewesen ist.

6. Fehlt ein Fristenplan für die Durchführung von Renovierungsarbeiten, wird der entsprechende Anspruch des Vermieters fällig, wenn objektiv ein Renovierungsbedarf besteht, und zwar unabhängig davon, ob die Mietwohnung bereits in ihrer Substanz gefährdet ist (BGH NZM 2005, 450; Schmidt-Futterer/*Lehmann-Richter* BGB § 538 Rn. 85). Dieser ist gegeben, wenn das Aussehen der Wände, Decken, Fußböden, Fenster und Türen durch den normalen Wohnungsgebrauch erheblich beeinträchtigt worden ist. Nicht erforderlich ist das Vorliegen einer Substanzgefährdung der Mietsache. In der Regel werden ein **Fristenplan** bzw. bestimmte Renovierungsfristen vertraglich vereinbart, die sich an den Renovierungsfristen des § 7 Abs. 3 des Mustermietvertrages 1976 orientieren, wobei diese auch gelten, sofern der Mietvertrag einen solchen Fristenplan nicht enthält (BGH WuM 1985; 46; BGH WuM 1987, 306). Zu beachten ist jedoch, dass ein solcher Fristenplan in der Regel eine **bloße Richtlinie** für einen voraussichtlichen Renovierungsbedarf darstellt und deshalb eine Verkürzung oder Verlängerung der Renovierungsfristen je nach dem Zustand der Räume nicht ausschließt (Langenberg Schönheitsreparaturen/*Zehelein* Teil 1 Abschn. E Rn. 289).

Zu kurze Renovierungsfristen im Formularvertrag führen jedoch insgesamt zur Unwirksamkeit der Renovierungsverpflichtung.

Mit dem Ablauf der vereinbarten Fristen sprechen sowohl die allgemeine Lebenserfahrung (LG Berlin GE 1993, 1099) wie auch eine Vermutung (LG Berlin GE 1996, 473) für den Renovierungsbedarf (LG Berlin NJW 2016, 579; LG Dresden ZMR 2014, 641; *Blank* in Blank/Börstinghaus BGB § 535 Rn. 465). Der **Fristablauf** hat mithin eine **Indizfunktion** für die Renovierungsbedürftigkeit (aA Schmidt-Futterer/*Lehmann-Richter* BGB § 538 Rn. 86). Beruft sich der Mieter darauf, dass trotz Fristablauf auf Grund pfleglicher Behandlung oder nur gelegentlicher Nutzung der Mietsache eine Renovierungsbedürftigkeit nicht vorliegt, so trägt er hierfür die Beweislast. Andererseits ist der

Vermieter dafür beweispflichtig, dass bereits vor Ablauf der Fristen auf Grund übermäßiger Abnutzung die Durchführung von Schönheitsreparaturen erforderlich ist (Langenberg Schönheitsreparaturen/*Zehelein* Teil 1 Abschn. B Rn. 46).

Die **Beweislast** für die Erfüllung seiner Renovierungsverpflichtung hat der Mieter, und zwar im Streitfall auch für den Zeitpunkt ihrer letztmaligen Durchführung (BGH NZM 1998, 710).

Zu dem **Zustand der Wohnung** empfiehlt es sich, substantiiert vorzutragen. Man sollte sich daher zuvor ein Bild von dem Wohnungszustand machen. Dies kann durch einen **Ortstermin** geschehen oder durch Überlassung von **Fotos.** Dem Einwand mangelnder Substantiierung kann beispielsweise auch durch die Überlassung zusätzlicher Fotos entgegnet werden (vgl. zB KG GE 1995, 1011, wo die Formulierung „Die Renovierung der Räume einschließlich Fenster, Türen und Boden und Anstrich der Heizkörper und Rohre" als ausreichend angesehen worden war, da der Vermieter 25 Fotografien mit übersandt hatte).

7. Der Vermieter ist auch nicht berechtigt, dem Mieter während des Mietverhältnisses vorzuschreiben, in welchen Farben die Decken und Wände zu streichen sind. Grundsätzlich hat der Mieter während des Mietverhältnisses die Wahl, in welchen Farbtönen er streicht. Eine formularvertragliche Klausel, die den Mieter dazu verpflichtet, die auf ihn abgewälzten Schönheitsreparaturen in „neutralen, hellen, deckenden Farben und Tapeten auszuführen", ist wegen unangemessener Benachteiligung des Mieters unwirksam, wenn sie nicht auf den Zustand der Wohnung im Zeitpunkt der Rückgabe der Mietsache beschränkt ist, sondern auch für Schönheitsreparaturen gilt, die der Mieter im Laufe des Mietverhältnisses vorzunehmen hat (BGH NZM 2008, 605; bestätigt durch BGH NZM 2012, 338).

Unzulässig sind auch Formularklauseln, die dem Mieter eine Farbvorgabe machen, wonach Fenster und Türen „nur weiß" zu streichen sind (BGH NZM 2010, 236; 2009, 903). Die Klausel „Bei Auszug müssen Decken, Fenster, Türen weiß gestrichen sein" ist ebenfalls unwirksam, weil sie den Mieter in unangemessener Weise in seiner malerischen Gestaltungsweise auch schon während des Mietverhältnisses einschränkt (BGH NZM 2011, 150).

8. Im **Beispielsfall** ist eine Renovierung der **Nebenräume** nicht geschuldet, da das Mietverhältnis 6 Jahre besteht.

9. Unter Schönheitsreparaturen fallen insbesondere **nicht:**
- Abschleifen und Versiegeln der Parkettböden, weil dies nicht mehr von der Formulierung „Streichen der Fußböden" umfasst ist (BGH NZM 2010, 157).
- Erneuerung eines verschlissenen Teppichboden (OLG Hamm NJW-RR 1991, 844).
- Erneuerung eines PVC-Belages, Wandfliesen, Badewannenbeschichtung und Fugen (AG Köln WuM 1984, 197).
- Typische Instandsetzungsarbeiten wie zB Ausbesserung von Schäden am Wandputz, Decken und/oder Bodenbelag (LG Köln WuM 1991, 341).
- Anstrich Garagentür und Haustür (AG Köln WuM 1976, 160) → Anm. 1).

Die Problematik der Beseitigung kleinerer Schäden stellt sich in der Regel erst bei Vertragsende.

10. Der Mieter muss die Möglichkeit haben, die Arbeiten **selbst** – fachgerecht – auszuführen. Eine Formularklausel, wonach der Mieter verpflichtet ist, die Schönheitsreparaturen „*vornehmen zu lassen*", ist nach der Rechtsprechung des BGH unwirksam (BGH NZM 2010, 615). Wird dem Mieter die Möglichkeit einer Vornahme der Schönheitsreparaturen in Eigenleistung – gegebenenfalls durch Hinzuziehung von Verwandten und Bekannten – genommen, stellt die Überwälzung dieser Arbeiten eine unangemessene Benachteiligung des Mieters dar. Denn Schönheitsreparaturen sind – gleich ob sie der Mieter oder der Vermieter durchführen muss – lediglich fachgerecht in mittlerer Art und Güte auszuführen. Das setzt aber nicht zwingend die Beauftragung einer Fachfirma voraus.

11. Schadensersatz gemäß § 280 Abs. 1, 3 iVm § 281 BGB kann der Vermieter nach Ablauf der Frist nicht verlangen. § 281 BGB ist auf den Anspruch auf Durchführung von Schönheitsreparaturen im **laufenden Mietverhältnis** nicht anwendbar (BGH NJW 1990, 2376 für § 326 BGB). Da dem Mieter der Gebrauch der Mietsache weiter zusteht und diesem somit im Ergebnis die Arbeiten zugutekommen, ist die Umwandlung des Erfüllungs- in einen Schadensersatzanspruch nicht berechtigt. Hieran hat sich auch nach neuem Recht nichts geändert. Statt des Erfüllungsanspruchs kann der Vermieter jedoch einen **Kostenvorschuss** verlangen. Gerät der Mieter während eines bestehenden Mietverhältnisses mit der Durchführung der Schönheitsreparaturen in Verzug, kann der Vermieter von ihm einen Vorschuss in Höhe der voraussichtlichen Renovierungskosten verlangen (BGH NZM 2005, 450). Hierüber ist nach Durchführung der Arbeiten gegenüber dem Mieter abzurechnen. Der Mieter hat somit auch einen Anspruch darauf, dass der Betrag in die Wohnung investiert wird.

Da in einem späteren Prozess für den Fall, dass der Erfüllungsanspruch geltend gemacht wird, die geschuldeten Arbeiten im Einzelnen angegeben werden müssen, empfiehlt es sich bereits in dem Aufforderungsschreiben substantiiert vorzutragen.

Kosten und Gebühren: 0,5 bis 2,5 Geschäftsgebühr gemäß VV 2400 RVG, §§ 13, 14 RVG nach dem Wert der Arbeiten.

IX. Außergerichtliche Korrespondenz bei Vertragsstörungen im Gewerberaummietrecht

1. Abmahnungsschreiben des Vermieters (§§ 541, 543 Abs. 3 BGB) wegen Verstoßes gegen die vertragliche Betriebspflicht des Mieters

. . . . .

(Vermieter)

an

. . . . .

(Mieter)

Sehr geehrte(r) . . . . .,

aufgrund des Mietvertrags vom . . . . . sind Sie verpflichtet, das von Ihnen angemietete Ladenlokal zu den vertraglich festgelegten Zeiten zu betreiben.[1] Dieser Pflicht sind Sie seit dem . . . . . nicht mehr nachgekommen. Das Geschäft ist seit diesem Tag geschlossen.[2]

Sie verstoßen damit gegen wesentliche Pflichten aus dem Mietvertrag. Ich bestehe jedoch ohne Einschränkung auf der Erfüllung des Vertrags und fordere Sie zur Vermeidung einer gerichtlichen Inanspruchnahme auf, den Betrieb des Ladenlokals entsprechend den vertraglichen Vereinbarungen umgehend wieder aufzunehmen.[3]

Ich behalte mir die Geltendmachung von Schadenersatzansprüchen vor und weise darauf hin, dass ein Verstoß gegen die Betriebspflicht ein Recht zur außerordentlichen fristlosen Kündigung des Mietverhältnisses begründen kann.[4]

. . . . .

(Vermieter)

Anmerkungen

1. Die vertragliche Vereinbarung einer Betriebspflicht des Mieters ist insbesondere in Großobjekten mit einer Vielzahl von Mietern üblich. In **Einkaufszentren oder Ladenpassagen** hat der Betreiber/Vermieter ein besonderes Interesse daran, dass zu festen Geschäftszeiten ein einheitlich reger Geschäftsbetrieb herrscht. Ohne ausdrückliche Vereinbarungen zur Betriebspflicht besteht die Gefahr, dass erhebliche Teile der Gesamtfläche wegen Krankheit oder Urlaub der Mieter, wegen unterschiedlicher Geschäftszeiten oder freier Wochentage unbewirtschaftet bleiben. Das kann die Attraktivität eines solchen Objekts nachhaltig beeinträchtigen, denn ein Großobjekt lebt von der Vielfalt und der Lebendigkeit des Angebots. Wenn nicht alle Geschäfte gleichzeitig betrieben werden, vermittelt dies einen öden und leeren Eindruck. Die Kundschaft wird in ihren Erwartungen in die Angebotsbreite enttäuscht.

Zur vertraglichen Ausgestaltung der Betriebspflicht → Form. A.VI.3 Anm. 12–14. Der Vermieter kann einen Mieter grundsätzlich nur dann mit hinreichender Erfolgsaussicht auf Erfüllung von Betriebspflichten in Anspruch nehmen, wenn der Mietvertrag solche Pflichten ausdrücklich regelt.

Bei der Bejahung einer **immanenten Betriebspflicht** ist die Rechtsprechung sehr zurückhaltend (→ Form. A.VI.3 Anm. 12). Bei der Vermietung in Großobjekten wird aber zu prüfen sein, ob nicht der Vertragszweck eine immanente Betriebspflicht indiziert oder ob sich aus anderen vertraglichen Regelungen eine **konkludent vereinbarte Betriebspflicht** ergibt (vgl. *Günter* WuM 2012, 587 mwN).

2. Ein **Verstoß gegen die vertragliche Betriebspflicht** liegt nicht nur dann vor, wenn der Mieter den Geschäftsbetrieb ganz einstellt. Ein Verstoß kann auch darin begründet liegen, dass der Mieter bestimmte Vorgaben nicht beachtet, die der Vertrag zur näheren Ausgestaltung der vom Mieter geschuldeten Geschäftätigkeit regelt. Das kann etwa der Fall sein, wenn der Mieter die **vertraglichen Öffnungszeiten** nicht einhält oder seinen Betrieb zeitweise wegen Urlaubs, Umbaus oder Krankheit geschlossen hält. Der (auch formularvertragliche) Ausschluss zeitweiliger Schließungen für Mittagspausen, Ruhetage und Betriebsferien ist nach der Rechtsprechung durch ein berechtigtes Interesse des Vermieters an einer dauerhaften und vollen Funktionsfähigkeit von Einkaufszentren und anderen Großobjekten gerechtfertigt (OLG Naumburg 15.7.2008 – 9 U 18/08, NZM 2008, 772). Dies gilt auch dann, wenn dem Mieter zugleich eine Sortimentsbindung auferlegt wird und Konkurrenzschutz ausgeschlossen ist (KG 11.4.2019 – 8 U 147/17, IMR 2019, 2838; OLG Naumburg 15.7.2008 – 9 U 18/08, NZM 2008, 772, im Anschluss an OLG Hamburg 3.4.2002 – 4 U 236/01, ZMR 2003, 254; KG 18.10.2004 – 8 U 92/04, BeckRS 2004, 10 399; *Späth* ZMR 2012, 917).

In Einzelfällen ist dies auch anders gesehen worden, etwa wenn dem Mieter in dem Formularmietvertrag neben der Betriebspflicht und einer Sortimentsbindung auch eine Preisgestaltung entsprechend dem Preisniveau eines Supermarktes auferlegt wird (OLG Brandenburg 25.11.2014 – 6 U 117/13, ZMR 2015, 225; vgl. auch OLG Schleswig 2.8.1999 – 4 W 24/99, NZM 2000, 1008; offen gelassen von BGH 3.3.2010 – XII ZR 131/08, nebst Anm. *Emmert* jurisPR-MietR 15/2010 Anm. 1). Allein das Vorhandensein mehrerer Formularklauseln zu unterschiedlichen Aspekten des Mietgebrauchs bewirkt aber nicht zwingend einen Summierungseffekt, der sich im Rahmen von § 307 BGB als schädlich auswirken muss, da Betriebspflicht, Konkurrenzschutzausschluss und Sortimentsbindung nicht so eng verzahnt sind, dass stets von einer unangemessenen Knebelung des Mieters auszugehen wäre.

Der BGH (7.5.2008 – XII ZR 5/06, GuT 2008, 339 in Fortführung von BGH 16.5.2007 – XII ZR 13/05, NJW 2007, 2176) hat eine intransparente Klausel angenommen, wenn es nach dem Wortlaut einer Mietvertragsklausel über den Umfang der Betriebspflicht des Mieters eines Ladenlokals in einem Einkaufszentrum darauf ankommen soll, wie lange „die überwiegende Mehrzahl aller Mieter ihre Geschäfte offen hält". Durch eine solche Regelung werde der Anschein erweckt, eine Ausweitung der Betriebspflicht hänge nicht vom Willen des Vermieters, sondern allein von der Mehrheit der übrigen Mieter des Einkaufszentrums ab.

3. Der Vermieter kann den Mieter entsprechend § 541 BGB auf **Erfüllung der Betriebspflicht** gerichtlich in Anspruch nehmen (→ Form. A.VI.3 Anm. 13). Ein auf Erfüllung gerichteter Titel ist idR nur mit erheblichem Zeitaufwand zu erlangen.

Nach hM kann die Betriebspflicht des Mieters aber auch durch **einstweilige Verfügung** durchgesetzt werden (vgl. dazu sowie zur Vollstreckung aus einem Titel → Form. A.VI.3 Anm. 13).

Die **Erwirkung eines Urteil und einer einstweiligen Verfügung** wegen Verstoßes gegen die Betriebspflicht setzt zumindest bei einer klaren Vertragssituation keine besondere In-Verzug-Setzung des Mieters durch Setzung einer Erfüllungsfrist voraus.

§ 541 BGB eröffnet grds die **Unterlassungsklage** für den Vermieters. Sie erfordert grds eine **Abmahnung** des Mieters, es sei denn, auf Seiten des Mieters liegen besondere

Arglistmomente oder eine endgültige und bestimmte Erfüllungsverweigerung vor (vgl. Palandt/*Weidenkaff* BGB § 541 Rn. 8 mit weiteren Nachweisen; *Burbulla* MietRB 2016, 110). Fraglich kann aber sein, ob ein Anspruch auf Unterlassung eines gegen die Betriebspflicht verstoßenden Mietgebrauchs überhaupt im Rahmen von § 541 BGB einschlägig ist. Die Abgrenzung zwischen der Unterlassung eines vertragswidrigen Mietgebrauchs, dh ohne vertragsgemäße Betriebsführung, und der Pflicht zur Vornahme einer Handlung, der Erfüllung der Gebrauchspflicht durch Aufrechterhaltung eines bestimmten Geschäftsbetriebs, ist uU schwierig (zur vollstreckungsrechtlichen Abgrenzung bei einer einstweiligen Verfügung auf Beachtung der Betriebspflicht vgl. *Borzutzki-Pasing* jurisPR-MietR 3/2017 Anm. 5). Das OLG Köln (28.7.2000 – 19 U 184/99, NZM 2002, 345) hat aber im vertragswidrigen <u>Nicht</u>gebrauch der Mietsache auch einen vertragswidrigen Gebrauch iSv § 541 BGB gesehen.

Ein Abmahnungs- und Aufforderungsschreiben, wie es hier vorgeschlagen wird, setzt den Mieter jedenfalls in einen gewissen Zugzwang, besondere Entschuldigungs- oder Härtegründe (§ 242 BGB) mitzuteilen. Der Vermieter wird so eher erfahren, warum der Mieter seinen Betrieb eingestellt hat. Danach kann der Vermieter seine Rechtsverfolgung ausrichten. So wird es im Regelfall wenig sinnvoll sein, auf die gerichtliche Durchsetzung von Erfüllungsansprüchen hinzuwirken, wenn der Mieter etwa in völligen **Vermögensverfall** geraten ist.

Dagegen sollte der Vermieter davon absehen, dem Mieter – zumal längere – Fristen zu setzen, denn dies birgt die Gefahr, dass der bereits objektiv vorliegende Vertragsverstoß für die Dauer der Frist in ein rechtliches Graufeld gerät. Auch längeres Zuwarten mit dem Verlangen, die Betriebspflicht zu erfüllen, kann einen Treuwidrigkeitseinwand begründen. Ein Vermieter verhält sich nach dem LG Baden-Baden (29.12.2010 – 1 O 85/10, Info M 2011, 224) treuwidrig, wenn er eine Betriebspflicht erst längere Zeit (ca. 6 Monate) nach Betriebsschließung einfordert, obwohl er bereits selbst Vorkehrungen für eine anderweitige Vermietung getroffen hat.

4. Ob ein Verstoß gegen die vertragliche Betriebspflicht vorliegt, hängt nicht nur von dem Umstand ab, ob der **Betrieb gänzlich geschlossen** ist. Ein **Vertragsverstoß** kann auch vorliegen, **wenn der Betrieb zeitweise oder auf Dauer nur in Teilbereichen des Mietobjekts aufrecht erhalten wird.** Welche Betriebspflichten im Rahmen der Betriebsführung im Einzelnen bestehen und ob der Mieter etwa sämtliche bei Vertragsbeginn vorhandenen Mietflächen sowie Ein- und Ausgänge einer Gewerbefläche offen halten muss, ist im Wege der Vertragsauslegung zu ermitteln (KG 30.3.2015 – 8 U 43/14, NJOZ 2015, 1114; KG 24.7.2007 – 5 U 489/07, NZM 2008, 131).

An Verstöße gegen die Betriebspflicht kann eine **Vertragsstrafe** geknüpft werden. Gegenüber Unternehmern sind Vertragsstrafenklauseln generell zulässig, da insoweit das Klauselverbot aus § 309 Nr. 6 BGB wegen der Regelung des § 310 Abs. 1 S. 1 BGB nicht unmittelbar Geltung findet. Über § 310 Abs. 1 S. 2 BGB verbleibt es aber bei der Klauselkontrolle nach § 307 BGB, mit der unangemessen benachteiligende Regelungen als unwirksam auszusondern sind. Das OLG Naumburg (26.7.2012 – 9 U 38/12, NZM 2012, 808) hält eine Klausel, derzufolge für jeden Tag des Verstoßes eine Vertragsstrafe in Höhe von 10 % der Monatsmiete zu zahlen ist, wegen unangemessen hoher Strafandrohung für unwirksam.

Da Verstöße gegen die Betriebspflicht oft im Zusammenhang mit der – drohenden – Illiquidität des Mieters stehen, bieten Vertragsstrafeklauseln eher wenig Gewähr für eine durchsetzbare Abhilfe. **Schadensersatzansprüche** wegen eines Vertragsverstoßes sind dem Vermieter ohnehin eröffnet (BGH 29.4.1992 – XII ZR 221/90, NJW-RR 1992, 1032; OLG Rostock 2.7.2009 – 3 U 146/08, OLGR 2009, 890; zu deren Verjährung nach § 548 Abs. 1 Satz 1 BGB vgl. OLG Frankfurt 17.10.2014 – 2 U 43/14, ZMR 2015, 18). Es wird überdies angenommen, dass der Mieter von seiner Betriebspflicht nach § 275

Abs. 1 BGB frei werde, wenn bei ihm Zahlungsunfähigkeit im Sinne des Insolvenzrechts eintrete (OLG Karlsruhe 8.11.2006 – 9 U 58/06, MDR 2007, 577; *Späth* ZMR 2012, 917).

Zur Beendigung des nachteiligen Schwebezustands wird daher oft die außerordentliche **fristlose Kündigung gemäß § 543 Abs. 1 BGB** in Betracht kommen (BGH 29.4.1992 – XII ZR 221/90, NJW-RR 1992, 1032; OLG Rostock 2.7.2009 – 3 U 146/08, OLGR 2009, 890; OLG Köln 28.7.2000 – 19 U 184/99, NZM 2002, 345). **Auch die fristlose Kündigung erfordert aber gemäß § 543 Abs. 3 BGB grds eine Abmahnung**, falls nicht einer der gesetzlichen Ausnahmetatbestände vorliegt (*Burbulla* MietRB 2016, 110). Das Formular versteht sich daher in erster Linie als Abmahnung iSv § 543 Abs. 3 BGB.

Wird ein Mietverhältnis aufgrund einer Betriebspflichtverletzung des Mieters durch eine Kündigung des Vermieters vorzeitig beendet, kann der Vermieter vom Mieter den ihm hierdurch entstandenen **Mietausfall** versetzt verlangen (OLG Rostock 2.7.2009 – 3 U 146/08, OLGR 2009, 890). Bei einem befristeten Mietvertrag erfasst der Mietausfall-schaden grundsätzlich die gesamte restliche Vertragslaufzeit, wenn der Vermieter die Mietsache nicht oder nicht zu der zwischen den Parteien vereinbarten Miete vermieten kann. Hätte der Mieter seinerseits das Mietverhältnis mangels einer wirksamen Befristung des Vertrages oder eines wirksam vereinbarten Kündigungsausschlusses gem. § 542 BGB durch eine ordentliche Kündigung beenden können, kann der Vermieter den Nutzungsausfallschaden nur bis zum Ablauf der nächstmöglichen Kündigungsfrist ab Zugang seiner eigenen Kündigung verlangen (OLG Rostock 2.7.2009 – 3 U 146/08, OLGR 2009, 890 mwN).

2. Abmahnungsschreiben des Mieters (§ 543 Abs. 3 BGB) wegen Verstoßes gegen vertraglich zugesicherten Konkurrenzschutz

. . . . .

(Mieter)

an

. . . . .

(Vermieter)

Sehr geehrte(r) . . . . .,

aufgrund des Mietvertrags vom . . . . . haben Sie mir für den Betrieb des im Einkaufs-zentrum . . . . . angemieteten Ladenlokals die Gewährung von Konkurrenzschutz zugesichert, und zwar für den Vertrieb von . . . . . (Beispiel: Damenoberbekleidung des Modedesigners „Flucci").[1] Am . . . . . hat im Einkaufszentrum in geringer Entfernung zu dem von mir geführten Ladenlokal ein weiteres Ladengeschäft geöffnet, dessen Betrieb eine vertragswidrige Konkurrenzsituation geschaffen hat. Es handelt sich um . . . . . (Beispiel: die Boutique „Madame", die ebenfalls Damenoberbekleidung der Marke „Flucci" verkauft und mit dem Vertrieb dieser Produkte wirbt).[2]

Ich bestehe uneingeschränkt auf der Einhaltung des mir vertraglich zugesicherten Konkurrenzschutzes und fordere Sie zur Vermeidung einer alsbaldigen gerichtlichen Inanspruchnahme auf, den Vertrieb von . . . . . (Beispiel: Damenoberbekleidung des Modede-signers „Flucci") sofort zu unterbinden.[3]

Bis zur Wiederherstellung des vertragsgerechten Zustands werde ich die laufende Miete um monatlich . . . . . EUR mindern. Außerdem behalte ich mir die Geltendmachung von Schadensersatzansprüchen vor und weise darauf hin, dass der Verstoß gegen den vertraglich zugesagten Konkurrenzschutz ein Recht zur außerordentlichen fristlosen Kündigung des Mietverhältnisses begründen kann.[4]

. . . . .

(Mieter)

Anmerkungen

1. In Großobjekten (Einkaufszentren, Ladenpassagen usw) herrscht im Allgemeinen der Grundsatz „Konkurrenz belebt das Geschäft". Gleichwohl kann es für einen gewerblichen Mieter von existentieller Bedeutung sein, dass er nicht in eine Konkurrenzsituation gerät, die ihn in seinen geschäftlichen Aktivitäten und wirtschaftlichen Erwartungen einengt oder sogar lähmt. Grundsätzlich ist der Vermieter in der Entscheidung darüber frei, ob er einem gewerblichen Mieter einen ausdrücklichen vertraglichen Konkurrenzschutz einräumt. Der Mieter, der Geschäftsräume in Kenntnis einer dadurch entstehenden Wettbewerbssituation mietet, kann in der Regel keinen Konkurrenzschutz beanspruchen (vgl. KG 6.5.2010 – 12 U 150/09, ZMR 2011, 30).

Auch dann, wenn dem Mieter Konkurrenzschutz nicht ausdrücklich zugesichert wurde, kann sich innerhalb desselben Gebäudes oder Grundstücks bzw. bei Vermietungen auf unmittelbar benachbarten Grundstücken, die demselben Vermieter gehören, aus vertraglicher Nebenpflicht ein sog. **immanenter Konkurrenzschutz** ergeben (→ Form. A.VI.3 Anm. 3–9).

Ein Regelungsbeispiel für die ausdrückliche **vertragliche Gewährung von Konkurrenzschutz** findet sich im → Form. A.VI.3 Anm. 6–9 zu § 3.

Der vertraglich vereinbarte Konkurrenzschutz geht einem möglicherweise weitergehenden vertragsimmanenten Konkurrenzschutz vor, da er den Schutzbereich auch einschränken kann (KG 6.5.2010 – 12 U 150/09, ZMR 2011, 30).

In engem Zusammenhang mit Fragen des Konkurrenzschutzes stehen Klauseln, die das Konkurrenzverhältnis zwischen mehreren Mietern und zwischen dem Vermieter und seinen Mietern in Gestalt von **Konkurrenzverboten** regeln. Hierzu wird verwiesen auf → Form. A.VII.14 .

2. Von besonderer Bedeutung für die Reichweite ausdrücklich vereinbarten oder immanenten Konkurrenzschutzes ist die Festlegung derjenigen Geschäftstätigkeit, auf die sich der Konkurrenzschutz erstreckt. Beim Warenverkauf in Ladengeschäften stellt sich damit die Frage, ob der geschützte (Kern-)Bereich nur den vom Mieter vertriebenen **Hauptartikel** betrifft oder ob auch eine Überschneidung im Warensortiment bei bloßen **Nebenartikeln** eine Konkurrenzschutzverletzung begründen kann (→ Form. A.VI.3 Anm. 3). Wenn der Vermieter Konkurrenzschutz ausdrücklich vertraglich zugesichert hat, kommt es für die Auslegung, wie weit dieser Konkurrenzschutz reicht, nicht zwingend darauf an, ob sich das Warenangebot von Konkurrenten in Haupt- oder Nebenartikeln überschneidet. Ob eine Konkurrenzklausel auch Nebenartikel erfasst, muss jeweils für den Einzelfall ermittelt werden. Ergibt die Auslegung einer Konkurrenzschutzklausel, dass Nebenartikel nicht geschützt sind, genießt der Mieter Konkurrenzschutz nur in Bezug auf die von ihm als Hauptartikel vertriebenen Waren oder Leistungen, während er den Wettbewerb in Bezug auf bloße Nebenartikel grundsätzlich zu dulden hat (→ Form. A.VI.3 Anm. 6).

Das im Formular angeführte Beispiel legt den **Hauptartikel** in spezieller Weise fest (Damenoberbekleidung eines bestimmten Modelabels). Der geschützte Vertrieb von Produkten einer ganz bestimmten Modemarke oder eines speziellen Designers wird sich daher im Zweifel als ein **Recht zum exklusiven Verkauf** solcher Waren innerhalb des geschützten Umfelds verstehen. Eine Konkurrenzschutzverletzung ist in diesem Rahmen nach diesseitiger Auffassung schon dann anzunehmen, wenn das Konkurrenzgeschäft dieselbe Produktpalette nicht ausschließlich, sondern in erheblichem Umfang neben den Produkten anderer Designer/Hersteller vertreibt. Konkurrenzschutz setzt entgegen einer Entscheidung des KG (26.11.2018 – 8 W 58/18, MDR 2019, 510) nicht grds voraus, dass sich die Leistungen des Mieters und des Konkurrenten im Hauptsortiment überschneiden. Die vom KG (aaO) zitierte Entscheidung des BGH (3.7.1985 – VIII ZR 128/84, NJW-RR 1986, 9) hebt vielmehr ausdrücklich hervor, dass nicht generell darauf abgestellt werden, ob sich das Warenangebot in Hauptartikeln oder Nebenartikeln überschneidet. Vielmehr ist diese Frage nach den Umständen des Einzelfalles zu beantworten.

3. Bei einem **Verstoß gegen Konkurrenzschutzpflichten** liegt sowohl bei einer vertragsimmanenten als auch einer ausdrücklich vereinbarten Konkurrenzschutzpflicht ein **Mangel der Mietsache** (Sachmangel) vor. Es handelt sich um Störungen, die außerhalb der Mietsache liegen und die Tauglichkeit der Mietsache zum vertragsgemäßen Gebrauch unmittelbar beeinträchtigen können (grundlegend: BGH 10.10.2012 – XII ZR 117/10, BGHZ 195, 50 = NJW 2013, 44; OLG Brandenburg 14.4.2015 – 6 U 77/12, BeckRS 2015, 08567).

Der Mieter kann den Vermieter auf **Erfüllung des vertraglichen Konkurrenzschutzes** in Anspruch nehmen und **wegen des Verstoßes die Miete mindern** (BGH 10.10.2012 – XII ZR 117/10, BGHZ 195, 50 = NJW 2013, 44). Die Inanspruchnahme des Vermieters auf dem Klagewege ist zumeist zeitaufwendig, weshalb dies idR keine sofortige Abhilfe verspricht. Schnelleren (Zwischen-)Erfolg kann der Mieter im Wege des **einstweiligen Rechtsschutzes** erwarten (§§ 935 ff. ZPO):

Wenn der Vermieter Räume an einen Konkurrenten vermieten will, kann der geschützte Mieter dem Vermieter nach hM im Wege der **einstweiligen Verfügung** den Abschluss eines entsprechenden Mietvertrags untersagen lassen (§§ 935, 938 Abs. 2 ZPO, vgl. dazu OLG Hamm 19.4.1991 – 30 U 56/91, NJW-RR 1991, 1483), wobei die Vollstreckung nach § 890 ZPO erfolgt (vgl. *Hinz* NZM 2005, 841).

Einstweiliger Rechtsschutz zielt auf die Erwirkung einer **Untersagungs- bzw. Unterlassungsverfügung** ab. Deren Erlass setzt **Dringlichkeit** iSv § 935 ZPO voraus. Wer in Kenntnis der maßgeblichen Umstände mit der Rechtsverfolgung zu lange wartet oder das Verfahren nicht hinreichend zügig betreibt und dadurch die Durchsetzung des Unterlassungsanspruchs verzögert, gibt damit zu erkennen, dass die Sache für ihn nicht so eilig ist (OLG Frankfurt 25.3.2010 – 6 U 219/09, BeckRS 2010, 16885; zum Wegfall des Verfügungsgrundes mangels Dringlichkeit vgl. KG 17.11.2014 – 8 U 114/14, ZMR 2015, 117).

Das Formular hat eine bereits erfolgte Vermietung an einen Konkurrenten zum Gegenstand. Nach Abschluss eines Mietvertrags mit einem Konkurrenten kann der Mieter verlangen, dass der Vermieter auf den Konkurrenten einwirkt, damit dieser den störenden Wettbewerb unterbindet. Dieser Anspruch ist nach § 888 ZPO zu vollstrecken (vgl. *Hinz* NZM 2005, 841). Falls der konkurrierende Mieter die Konkurrenzsituation entgegen dem mit ihm vereinbarten Vertragszweck geschaffen hat (durch eigenmächtige Aufnahme des Vertriebs eines geschützten Hauptartikels) kann der Vermieter den Konkurrenten auf Unterlassung in Anspruch nehmen (→ Form. A.VI.3 Anm. 5).

4. Aus der Verletzung einer Konkurrenzschutzklausel durch Abschluss eines Mietvertrages resultiert die Pflicht des Vermieters, im Rahmen des ihm rechtlich und tatsächlich Möglichen auf den Mieter einzuwirken, in den Mieträumen den Betrieb des konkurrierenden Gewerbes zu unterlassen (OLG Frankfurt 27.1.2012 – 2 U 299/11, MDR 2012, 515).

Da ein Verstoß gegen die Pflicht, Konkurrenzschutz zu gewähren, einen Sachmangel begründet (BGH 10.10.2012 – XII ZR 117/10, BGHZ 195, 50 = NJW 2013, 44; → Form. A.VI.3 Anm. 5), kann der Mieter den **Mietzins mindern** (§ 536 Abs. 1 BGB). Für die Minderung soll es nach üM nicht der Feststellung bedürfen, ob und in welchem Umfang es gerade im Hinblick durch die Konkurrenzschutzverletzung zu Umsatzeinbußen innerhalb des Gewerbebetriebs des Mieters gekommen ist (OLG Dresden 4.5.2016 – 5 U 1286/09, BeckRS 2016, 19566; OLG Hamm 17.9.2015 – I-18 U 19/15, NZM 2016, 202; OLG Düsseldorf 15.5.1997 – 10 U 4/96, NJW-RR 1998, 514; von einer jährlich prozentual ansteigenden Mietminderung geht aus: OLG Karlsruhe 7.4.1989 – 14 U 16/86, NJW-RR 1990, 1234). Die Annahme, dass die Umsatzentwicklung des beeinträchtigten Mieters überhaupt keine Rolle spiele, dürfte daraus aber nicht herzuleiten sein. Die Rspr greift praktisch in allen Fällen argumentativ auf die wirtschaftlichen Folgen der Konkurrenzschutzverletzung zurück, also auf die damit einhergehenden Umsatzeinbußen. Für den Umfang einer Mietminderung wird es daher nach hiesiger Auffassung durchaus auf den Umfang etwaiger Geschäftseinbußen ankommen können. Eine schlagkräftige Rechtsverfolgung seitens des Mieters sollte daher feststehende Umsatzrückgänge, die mit dem Verletzungstatbestand korrelieren, prozessual ins Feld führen. Es erscheint als fraglich, der Minderung nur eine Quasi-Druckmittelfunktion beizumessen, weil § 536 Abs. 1 BGB auf den Umfang von Tauglichkeitseinschränkungen abstellt.

Außerdem kommt bei einer Schutzverletzung ein außerordentliches Recht des beeinträchtigten Mieters zur **fristlosen Kündigung gemäß § 543 Abs. 1 und Abs. 2 Nr. 1 BGB** in Betracht, denn eine **Vorenthaltung des vertragsgemäßen Mietgebrauchs** kann auch in einer erheblichen Gebrauchsbeeinträchtigung begründet liegen (OLG Koblenz 25.4.2018 – 5 U 1161/17, NZM 2018, 564; OLG Brandenburg 10.8.2007 – 3 U 134/06, BeckRS 2008, 09587; Palandt/*Weidenkaff* BGB § 543 Rn. 18 f.).

Die Kündigung setzt aber gemäß § 543 Abs. 3 BGB grundsätzlich eine **Abmahnung** der vertragswidrigen Partei oder die **Setzung einer Abhilfefrist** voraus, falls dies nicht gemäß § 543 Abs. 3 Nr. 1 bis 3 BGB ausnahmsweise entbehrlich ist. Das Formular beinhaltet eine solche Abmahnung.

Bei einer Schutzverletzung kommen ferner Ansprüche auf **Schadensersatz** in Betracht (§ 280 Abs. 1 S. 1 BGB), die gemäß § 252 S. 1 BGB auch den entgangenen Gewinn umfassen (OLG Dresden 4.5.2016 – 5 U 1286/09, BeckRS 2016, 19566). Dabei ist allerdings das **Konkurrenzverhältnis zwischen Minderung und Schadensersatz** tangiert. Schadensersatz kann auch neben der Minderung verlangt werden, soweit der Schadensersatz über den für die Minderung maßgeblichen und von ihr abgedeckten Gebrauchswert der Mietsache hinausgeht (OLG Dresden 4.5.2016 – 5 U 1286/09, BeckRS 2016, 19566; Palandt/*Weidenkaff* BGB § 536 Rn. 35).

Die Voraussetzungen für einen Schadensersatz bestimmen sich nach § 536a Abs. 1 BGB. Soweit § 536a Abs. 1 BGB den Verzug des Vermieters voraussetzt, enthält das Formular auch eine Inverzugsetzung, dh eine **Mahnung** iSv § 286 BGB. Anders als bei der Mietminderung, die nicht ausschließlich anhand bestimmter Umsatz- und Gewinneinbußen zu bemessen ist, muss entgangener Gewinn als Schaden konkret im Sinne der sog Differenzhypothese dargetan und ggf. bewiesen werden (OLG Dresden 4.5.2016 – 5 U 1286/09, BeckRS 2016, 19566).

An Verstöße gegen zugesagten Konkurrenzschutz kann auch eine **Vertragsstrafe** geknüpft werden (zur Zulässigkeit von Vertragsstrafenvereinbarungen im unternehmerischen Bereich → Form. A.VIII.1 Anm. 5).

3. Abmahnungsschreiben des Vermieters (§§ 541, 543 Abs. 3 BGB) wegen Konkurrenzschutzverletzung durch den Mieter

. . . . .

(Vermieter)

an

. . . . .

(Mieter)

Sehr geehrte(r) . . . . .,

aufgrund Mietvertrags vom . . . . . haben Sie im Einkaufszentrum . . . . . Gewerbemieträume angemietet. Nach dem Vertrag sind Sie berechtigt, in den Mieträumen . . . . . (Beispiel: einen Kosmetiksalon mit dem exklusiven Vertrieb von Pflegeprodukten der Firma Vital) zu betreiben.[1]

Ihnen ist bekannt, dass sich im Einkaufszentrum . . . . . (Beispiel: eine Parfumerie) befindet, die sich (Beispiel: mit dem branchentypischen Verkauf von unterschiedlichen Produkten der Kosmetik und Körperpflege) betätigt.[2] Dem Mieter dieses Ladengeschäfts habe ich – wie auch Ihnen – vertraglichen Konkurrenzschutz zu gewähren. Der Mieter beanstandet, dass Sie die von Ihnen angemieteten Räumlichkeiten ebenfalls als (Beispiel: Parfumerie) eingerichtet haben. Er hat mich wegen Konkurrenzschutzverletzung abgemahnt und sich die außerordentliche Kündigung seines Mietvertrags sowie die Geltendmachung von Schadensersatzansprüchen und Mietminderungsrechten vorbehalten. Ich habe zwischenzeitlich festgestellt, dass Sie die Mieträume tatsächlich nicht mehr zu dem vertraglich vorgesehenen Gebrauchszweck nutzen und . . . . . (Beispiel: keine kosmetischen Behandlungen mehr durchführen, sondern sich auf den Vertrieb von diversen Produkten für Kosmetik und Körperpflege verlegt haben). Ich gehe daher davon aus, dass die mir gegenüber vorgebrachten Beanstandungen berechtigt sind.

Die eigenmächtige Änderung des Vertragszwecks verstößt gegen die mietvertraglichen Bestimmungen, denn danach sind Ihnen Änderungen und Erweiterungen des vertraglich vorgesehenen Gewerbebetriebs nur nach vorheriger Zustimmung durch den Vermieter gestattet. Dasselbe gilt auch für jede sonstige vom Vertrag abweichende Nutzung der Mieträume.[3]

Ich bestehe uneingeschränkt auf der Einhaltung des mit Ihnen vereinbarten Nutzungszwecks und fordere Sie auf, den . . . . . (Beispiel: Betrieb der Parfümerie) sofort einzustellen.[4] Außerdem werde ich Sie wegen aller Nachteile, die mir aufgrund Ihres vertragswidrigen Verhaltens entstehen, auf Schadensersatz in Anspruch nehmen. Dies gilt insbesondere auch für die seitens Ihres Konkurrenten angekündigte Mietminderung. Ich weise ferner darauf hin, dass der vertragswidrige Mietgebrauch ein Recht zur außerordentlichen fristlosen Kündigung des Mietverhältnisses begründen kann.[5]

. . . . .

(Vermieter)

Anmerkungen

1. Die Konkurrenzsituation in Großobjekten kann sich nicht nur dadurch zuspitzen, dass der Vermieter Gewerberäume an konkurrierende Wettbewerber vergibt, die neu eintreten. Auch die Mieter können Konkurrenzschutzverletzungen verursachen, wenn sie ihre gewerbliche Betätigung entgegen dem vereinbarten Vertragszweck eigenmächtig ändern und sich in einem Geschäftsbereich betätigen, für den der Vermieter einem anderen Mieter vertraglich Konkurrenzschutz zugesichert oder immanenten Konkurrenzschutz zu gewähren hat (zum immanenten Konkurrenzschutz → Form. A.VI.3 Anm. 3–9). Der Vermieter hat dann zu gegenwärtigen, dass der Konkurrenzschutz genießende Mieter gegen ihn vorgeht → Form. B.IX.2). Dies kann den Vermieter seinerseits dazu veranlassen, wegen der vertragswidrigen Änderung des Mietgebrauchs zu intervenieren.

Wenn der Betrieb eines im Objekt ansässigen Mieters vertragswidrig wesentlich verändert wird und der Mieter hierdurch zum Konkurrenten anderer Mieters wird, kann der Vermieter dies unterbinden, wenn der vertragliche Mietzweck mit dem Mieter, der sein „Sortiment" verändert, vertraglich geregelt ist oder wenn dieser Mieter sich verpflichtet hat, den anderen Mietern zu gewährenden Konkurrenzschutz zu beachten. Bei solchen Veränderungen muss es sich aber um eine echte Sortimentsveränderung (→ Anm. 3) bezüglich der Hauptartikel oder Hauptleistungen handeln, die dem Geschäft ein anderes Gepräge geben (vgl. OLG Hamm 28.6.2011 – I-7 U 54/10, DStR 2011, 2314). Nicht ausreichend ist eine bloße Sortimentserweiterung um Nebenartikel oder Nebenleistungen.

Vereinbarungen über **Wettbewerbsbeschränkungen zugunsten des Vermieters (Konkurrenzverbote)** sind möglich, wenn diese nach dem auferlegten Pflichtenkreis nicht unverhältnismäßig belastend sind (→ Form. A.VII.14).

2. Eine hinreichend bestimmte **Konkretisierung des Vertragszwecks** ist Voraussetzung dafür, dass der Vermieter zugunsten eines anderen Mieters Konkurrenzschutz geltend machen kann. Je allgemeiner der Mietvertrag gehalten ist und den Vertragszweck etwa nur mit „Betrieb eines Ladenlokals" umschreibt, desto weiter gehen auch die Befugnisse des Mieters, seine gewerbliche Betätigung im Rahmen dieses sehr weit gefassten Vertragszwecks zu ändern (→ Form. A.VI.3 Anm. 6–9).

Der Annahme des OLG Brandenburg (26.5.2010 – 3 U 101/09, BeckRS 2010, 15180), dass sich derjenige nicht auf Konkurrenzschutz berufen kann, der einen Mietvertrag abschließt, obwohl er das **Risiko künftiger Konkurrenz** durch eine nachträgliche Erweiterung des Angebots eines älteren Mieters entweder schon in Betracht ziehen muss oder doch zumindest erkennen kann, wird diesseits nicht in dieser Allgemeinheit beigetreten. Wenn der Mietzweck des älteren Mieters in ganz bestimmter Weise festgelegt war und so auch zunächst praktiziert wurde, kann sich für den neuen Mieter bei Sortimentsveränderungen des Altmieters durchaus eine konkurrenzschutzrelevante Situation ergeben. **Prioritätsschutz** (vgl. dazu etwa OLG Köln 27.5.2005 – 1 U 72/04, NZM 2005, 866) genießt der frühere Mieter nur im Rahmen des mit ihm verabredeten Nutzungszwecks (vgl. *Eisenschmid* jurisPR-MietR 8/2012 Anm. 3). Wenn die Auslegung des mit dem Neumieter geschlossenen Vertrags (vgl. dazu BGH 14.2.2007 – IV ZR 150/05, NJW-RR 2007, 976; 11.9.2000 – II ZR 34/99, NJW 2001, 144) ergibt, dass diesem uneingeschränkter Konkurrenzschutz zu gewähren ist, kann auch eine Sortimentsänderung bei einem Altmieter abgewehrt werden (BGH 11.1.2012 – XII ZR 40/10, Anm. *Eisenschmid* jurisPR-MietR 8/2012 Anm. 3).

3. Die Frage, ob ein Mieter eine Konkurrenzschutzverletzung zum Nachteil eines anderen Mieters zu verantworten hat, hängt zunächst davon ab, in welchem Umfang der andere Mieter Konkurrenzschutz genießt (zur Reichweite vertraglich zugesicherten und immanenten Konkurrenzschutzes sowie zur Abgrenzung zwischen Haupt- und Nebenartikeln → Form. A.VI.3 Anm. 6–9, → Form. B.IX.2).

Die Beispiele im Formular weisen dem Adressaten des Schreibens eine genaue Festlegung im Warensortiment zu („Kosmetiksalon mit dem exklusiven Vertrieb von Pflegeprodukten der Firma Vital"). Auch der Konkurrent (Parfümerie) ist durch eine entsprechende Festlegung gekennzeichnet. In solchen Fällen dürfte es nicht zweifelhaft sein, dass eine konkurrierende Betätigung (unter Aufgabe oder wesentlicher Veränderung des vertraglichen Mietzwecks) konkurrenzschutzrechtlich relevant sein kann (zum prägenden Charakter bestimmter Warensortimente – wie etwa bei Baumärkten und Drogeriemärkten – → Form. A.VI.3 Anm. 3).

Wenn in einem Mietvertrag **eine ausdrückliche Regelung zum Konkurrenzschutz** enthalten ist, ist in der Regel anzunehmen, dass die Parteien mit einer solchen ausdrücklichen Vereinbarung den Konkurrenzschutz abschließend regeln wollten. Der Rückgriff auf den vertragsimmanenten Konkurrenzschutz mit der Begründung, dass lediglich eine Erweiterung der Mieterrechte beabsichtigt gewesen sei, ist dann grundsätzlich nicht möglich; diese Möglichkeit muss sich vielmehr aus den getroffenen vertraglichen Vereinbarungen ausdrücklich ergeben. Für den Fall ausdrücklicher Konkurrenzschutzabreden gelten die Grundsätze zum vertragsimmanenten Konkurrenzschutzes nicht, denn den aus dem Gebot von Treu und Glauben (§ 242 BGB) entwickelten Grundsätzen eines vertragsimmanenten Konkurrenzschutzes gehen ausdrückliche vertragliche Regelungen über die Ausgestaltung und den Umfang eines Wettbewerbsverbotes vor (BGH 10.2.1988 – VIII ZR 33/87, NJW-RR 1988, 717; OLG Naumburg 22.9.2009 – 9 U 129/09, Grundeigentum 2009, 1621; zum Vorrang des vertraglich vereinbarten Schutzes vgl. auch KG 2.9.2013 – 12 U 101/12, Grundeigentum 2013, 1513; KG 6.5.2010 – 12 U 150/09, ZMR 2011, 30). Dem ist zu folgen, denn es ist auch möglich und üblich, dass Parteien mit den vertraglichen Abreden eine Verringerung oder sogar einen Ausschluss des vertragsimmanenten Konkurrenzschutzes vereinbart haben, was den Rückgriff auf den immanenten Konkurrenzschutz verbietet (KG 18.5.2007 – 12 U 99/07, NZM 2008, 248; *Jendrek* NZM 2000, 1116).

Ein Mieter, der ein bestimmtes Sortiment vertreibt und insoweit ggf. selbst Konkurrenzschutz genießt, kann gegen den anderen Mietern zu gewährenden Konkurrenzschutz verstoßen, wenn er sein **Sortiment** in einer Weise **ändert oder erweitert**, dass der zugunsten anderer Mieter bestehende Konkurrenzschutz tangiert wird. Handelt es sich um eine nachträgliche Sortiments- bzw. Angebotserweiterung eines Anbieters, der bereits bei Beginn des Mietvertrages mit einem anderen Mieter vorhanden war und deshalb grundsätzlich im Sinne des Prioritätsgedankens den Vorrang vor dem neuen Mieter hatte, ist auch für den Altmieter nicht jegliche nachträgliche Veränderung im Leistungsspektrum konkurrenzschutzrechtlich unbeachtlich. Vielmehr ist in einem solchen Fall nachträglicher Angebotserweiterung darauf abzustellen, ob und inwieweit der neue Mieter bei Abschluss seines Mietvertrages mit Veränderungen und Erweiterungen des Angebots bereits vorhandener Mieter rechnen konnte und musste (OLG Brandenburg 26.5.2010 – 3 U 101/09, BeckRS 2010, 15180; OLG Köln 16.12.1997 – 24 U 100/97, NJW-RR 1998, 1017; OLG Köln 27.5.2005 – 1 U 72/04, NZM 2005, 866).

Dies alles steht jedoch unter dem Vorbehalt, dass der Mieter, der sein Sortiment ändert oder erweitert, seinerseits mietvertraglich gehalten ist, den ihm eingeräumten Gebrauchszweck nicht zu ändern und die Wettbewerbsinteressen anderer Mieter zu respektieren. Wenn der Mieter nach dem von ihm abgeschlossenen Vertrag keinen Einschränkungen im Mietgebrauch unterworfen ist, muss er sich auch nicht fremde Konkurrenzschutzinteressen entgegenhalten lassen. Dann ist es allein Sache des Vermieters, wie er die Interventionen anderer Mieter abwehrt. Ein vertragsimmanentes Konkurrenzverbot zu Lasten eines Mieters, dessen Vertrag keine Einschränkung des Nutzungszwecks regelt, gibt es nicht.

4. Der Vermieter kann den Mieter gemäß § 541 BGB auf **Unterlassung** des vertragswidrigen Mietgebrauchs in Anspruch nehmen. Das Formular beinhaltet die gegenüber dem Vermieter nach § 541 BGB auszusprechende **Abmahnung** (zu deren grundsätzlicher Erforderlichkeit → Form. A.IX.1 Anm. 3).

Entsprechend den Grundsätzen, die für andere Vertragsverstöße des Mieters (zum Verstoß gegen die Betriebspflicht → Form. B.IX.1 Anm. 3) und für eine Konkurrenzschutzverletzung seitens des Vermieters → Form. B.IX.2 Anm. 3) gelten, kann der Vermieter dem Mieter im Wege **der einstweiligen Verfügung** den vertragswidrigen Mietgebrauch untersagen lassen.

5. Der vertragswidrige Mietgebrauch kann zur Verwirkung einer vereinbarten **Vertragsstrafe** und zur **Schadensersatzpflicht** des Mieters führen. Auch insoweit gelten die Anmerkungen zu den → Form. B.IX.1, → Form. B.IX.2 entsprechend.

Der Vorbehalt solcher Rechte unterstreicht zum einen den Abmahnungscharakter im Rahmen von § 541 BGB; zum anderen dient das Formular als Abmahnung zur Vorbereitung einer außerordentlichen **fristlosen Kündigung** (§ 543 Abs. 3 BGB).

4. Mängelanzeige des Mieters, zugleich Mahnschreiben zur Mängelbeseitigung (§§ 536a Abs. 1 3. Alt., 536c BGB)

. . . . .

(Mieter)

an

. . . . .

(Vermieter)

Mängelanzeige[1]

Sehr geehrte(r) . . . . .,

am Mietobjekt . . . . . sind, wie ich Ihnen bereits telefonisch mitgeteilt habe, Mängel aufgetreten:[2]

– Beispiel 1 –

Die elektronisch gesteuerte Automatik-Tür am Haupteingang des Ladenlokals ist seit gestern (15:00 Uhr) defekt. Sie lässt sich nur mit speziellen Gerätschaften und nur mit erheblichem Kraft- und Zeitaufwand manuell öffnen und schließen. Während der Ladenöffnungszeiten muss die Tür daher durchgehend offenstehen, um den Kunden Zutritt zu gewähren. Die zur Zeit herrschende kalte Witterung führt dazu, dass im Ladenlokal keine ausreichende Beheizung mehr gewährleistet ist.[3]

– Beispiel 2 –

Ein fachkundiger Besucher hat mich darauf aufmerksam gemacht, dass die Stuckverzierungen im Frontgiebelbereich des Gebäudes erhebliche Rissbildungen aufweisen und dass sich eine große Stuckrosette vom Untergrund ablöst. Ich habe selbst feststellen können, dass bereits diverse Stuckteilchen aus dem Fassadenbereich herausgefallen sind und sich zum Teil auf Fensterbrettern und Gebäudeabsätzen angesammelt haben.[4]

Ich weise Sie darauf hin, dass sich aus der vorstehend geschilderten Situation . . . . .

– zu Beispiel 1–

. . . . . ganz gravierende Beeinträchtigungen für den Betrieb des Ladenlokals ergeben, die eine sofortige Abhilfe erfordern. Die gegenwärtigen Verkaufsbedingungen sind weder für meine Kunden noch für das Personal zumutbar. Ich fordere Sie daher auf, die Eingangstür umgehend reparieren zu lassen.[5]

– zu Beispiel 2 –

. . . . . ganz erhebliche Gefahren für das Gebäude und wesentliche Beeinträchtigungen für den Mietgebrauch ergeben können. Wenn sich größere Stuckteile aus der Fassade lösen, sind die Kunden und mein Personal an Leib und Leben gefährdet. Ich fordere Sie daher auf, die vorhandenen Schadensstellen umgehend abzusichern und zu beseitigen.

Hierfür setze ich Ihnen wegen der großen Dringlichkeit eine

Frist bis zum . . . . .[6]

Ich behalte mir die Geltendmachung aller gesetzlichen und vertraglichen (Gewährleistungs-)Ansprüche einschließlich des Rechts auf Schadensersatz vor und weise darauf hin, dass die Nichtbeachtung der hiermit nochmals ausdrücklich ausgesprochenen Abmahnung einen wichtigen Grund zur außerordentlichen fristlosen Kündigung des Mietverhältnisses beinhalten kann.

. . . . .

(Mieter)

Anmerkungen

1. Der Mieter von Gewerberaum kann in mehrfacher Hinsicht gehalten sein, mit dem Vermieter wegen bestehender Mängel in Korrespondenz zu treten:

Nach § 536c BGB ist der Mieter verpflichtet, dem Vermieter während der Mietzeit auftretende Mängel und die Erforderlichkeit von Maßnahmen zur Gefahrenabwehr anzuzeigen. Die dem Mieter durch § 536c BGB auferlegte Mängelanzeigepflicht ist eine konkrete Ausgestaltung der **Obhutspflichten** des Mieters (BGH 5.12.2012 – VIII ZR 74/ 12, NZM 2013, 309; BGH 4.4.1977 – VIII ZR 143/75, NJW 1977, 1236). Die Vorschrift gilt über § 581 Abs. 2 BGB auch für Pachtverträge.

Das **Unterbleiben gebotener Anzeige** erschwert dem Vermieter die Abhilfe und führt gemäß § 536c Abs. 2 BGB zu Rechtsverlusten bzw. Rechtsbeschränkungen auf Seiten des Mieters (vgl. Palandt/*Weidenkaff* BGB § 536c Rn. 10). Gemäß § 536c Abs. 2 Nr. 1 – 3 BGB **kann der Mieter seine Minderungsbefugnis verlieren** (LG Berlin 4.4.2016 – 65 S 45/ 16, WuM 2016, 348), ferner das **Recht auf Schadensersatz** wegen des betreffenden Mangels (§ 536a Abs. 1 BGB) und auch sein hierauf gestütztes **Kündigungsrecht** aus § 543 Abs. 3 S. 1 BGB. Mit Recht weist allerdings *Emmerich* (*Emmerich/Sonnenschein* BGB § 536c Rn. 10) darauf hin, dass die Vorschrift zur Kündigungsbefugnis in § 536c Abs. 2 Nr. 3 BGB gesetzgeberisch misslungen ist, soweit sie einen Rechtsverlust auf Seiten des Mieters nur insoweit vorsieht, als es um eine Kündigung ohne angemessene Fristsetzung geht. Die insoweit in Bezug genommene Vorschrift des § 543 Abs. 3 S. 1 BGB setzt allerdings eine solche Abmahnung ausdrücklich voraus.

Bei einem schuldhaften Verstoß gegen die Anzeigepflicht macht sich der Mieter gegenüber dem Vermieter schadensersatzpflichtig (vgl. BGH 5.12.2012 – VIII ZR 74/12, NZM 2013, 309, auch zur Darlegungs- und Beweislast für Schadensersatzansprüche).

Der Mieter muss die Mietsache nicht auf **verborgene Mängel** untersuchen und dem Vermieter nur offensichtliche Mängel anzeigen (OLG Düsseldorf 2.6.2008 – I-24 U 193/ 07, NZM 2009, 280). Die Anzeigepflicht soll entfallen für Mängel, die sich aus einer dem Vermieter bekannten Gefahrenlage entwickelt haben (so sehr weitgehend: OLG Düsseldorf 24.7.2009 – I-24 U 6/09, GuT 2010, 355).

§ 536a Abs. 1 Alt. 3 BGB sieht die Geltendmachung von **Schadensersatzansprüchen gegen den Vermieter** für den Fall vor, dass der Vermieter mit der Beseitigung von Mängeln in **Verzug** gerät. Es bedarf also grundsätzlich einer Mahnung im Sinne von § 286 Abs. 1 BGB, die jedoch mit einer Mängelanzeige, derer es zur Erhaltung von Ersatzansprüchen bedarf, einhergehen kann. Wenn die Vertragsparteien Vereinbarungen zu einer kalendermäßig bestimmten Mängelbeseitigung getroffen haben, kann Verzug gemäß § 286 Abs. 2 Nr. 1 BGB auch ohne besondere Mahnung eintreten.

2. Die **Anzeigepflicht** des Mieters **beginnt** unabhängig von der vertraglichen Mietzeit bereits **mit der Überlassung der Mietsache**, dh mit der Gewährung unmittelbaren Besitzes (§ 854 BGB) zugunsten des Mieters. **Sie endet erst mit der tatsächlichen Rückgabe** der Mietsache (BGH 14.6.1967 – VIII ZR 268/64, NJW 1967, 1803), die ebenfalls durch Verschaffung unmittelbaren Besitzes zugunsten des Vermieters zu erfolgen hat (→ Form. A.VII.8 Anm. 1).

Die Anzeigepflicht erstreckt sich auf **alle Sach- und Rechtsmängel**, und zwar auch hinsichtlich solcher (Gemeinschafts-)Flächen, die nicht unmittelbar zur Mietsache gehören, sondern vom Mieter nur mitbenutzt werden dürfen (vgl. MüKoBGB/*Häublein* § 536c Rn. 4 ff.). Anzeigepflichtig sind auch alle Gefahren, die – für den Mieter erkennbar – Schutzmaßnahmen veranlassen. Anzuzeigen ist außerdem, wenn ein Dritter Rechte an der Mietsache geltend macht. Rechtsanmaßungen im Sinne von § 536c Abs. 1 BGB sind weit zu verstehen, wobei vertreten wird, dass auch behördliche Eingriffe eine Anzeigepflicht begründen können (vgl. MüKoBGB/*Häublein* § 536c Rn. 7 f.).

Wenngleich das Formular eine Verknüpfung der Mängelanzeige mit der Verfolgung von Gewährleistungsansprüchen des Mieters zum Gegenstand hat, steht die Anzeige an sich nur in lockerem Zusammenhang mit den Gewährleistungsrechten. Sie bezweckt in erster Linie eine aus den Obhutspflichten des Mieters mündende Unterrichtung des Vermieters. Hierzu ist der Mieter auch dann verpflichtet, wenn ein Mangel ihn nicht zur Mietminderung berechtigt. Die Pflicht des Mieters zur Mängelanzeige beschränkt sich nicht auf die Fälle, in denen er von einem aufgetretenen Mangel der Mietsache positiv Kenntnis erlangt. Auch ein grob fahrlässiges Übersehen eines erkennbaren Mangels begründet einen Verstoß gegen die Obhutspflicht (BGH 4.4.1977 – VIII ZR 143/75, BGHZ 68, 281 = NJW 1977, 1236).

Die **Anzeigepflicht entfällt**, wenn der Mangel dem Vermieter oder seinen Sachwaltern bereits bekannt ist (BGH. 14.11.2001 – XII ZR 142/99, NZM 2002, 217). Sie entfällt (als Kündigungsvoraussetzung) auch, wenn eine Mängelbeseitigung innerhalb einer dem Mieter zumutbaren Zeit schlechthin unmöglich ist. Dann kann der Mieter uU auch ohne Abmahnung fristlos kündigen (§ 543 Abs. 3 Nr. 1 BGB).

Unberechtigte Mängelanzeigen und Mietminderungen können eine schuldhafte Vertragsverletzung des Mieters darstellen. Daraus kann sich für den Vermieter die begründete Besorgnis ergeben, dass der Mieter nicht gewillt ist, seinen vertraglichen Pflichten zur Obhut der Wohnung und hinsichtlich der vollständigen Mietzahlung nachzukommen (BGH 13.4.2016 – VIII ZR 39/15, NZM 2016, 550).

3. Das Formular hat im Beispiel 1) die Anzeige eines Sachmangels zum Gegenstand. Eine **schriftliche Anzeige** ist **nicht zwingend erforderlich,** aber aus beweisrechtlichen Gründen zu empfehlen. Bei besonders eilbedürftigen oder gefahrenträchtigen Vorkommnissen werden oft auch telefonische Benachrichtigungen oder solche per Fax veranlasst sein. Für eine (ggf. zusätzliche) schriftliche Dokumentation sollte der Mieter sorgen.

Der Vermieter trägt die **Darlegungs- und Beweislast für die Verletzung der den Mieter treffenden Anzeigepflicht,** wenn er hieran (Schadensersatz-)Ansprüche knüpfen will (BGH 5.12.2012 – VIII ZR 74/12, WuM 2013, 160, im Anschluss an BGH 17.12.1986 – VIII ZR 279/85, NJW 1987, 1072, und in Abgrenzung zu BGH 14.11.2001 – XII ZR 142/99, NJW-RR 2002, 515).

Ob im Falle des Misslingens von Mangelbeseitigungsversuchen des Vermieters eine **erneute Anzeigepflicht** des Mieters besteht (so OLG Düsseldorf 18.12.1986 – 10 U 139/ 86, NJW-RR 1987, 1232 für den Fall einer vom Mieter im Auftrag des Vermieters übernommenen Reparatur; vgl. auch OLG Düsseldorf 27.3.2012 – I-24 U 83/11, MDR 2012, 1086; Palandt/*Weidenkaff* BGB § 536c Rn. 6), dürfte vom Einzelfall abhängen. Wenn der Vermieter (und ggf. auch der Mieter) erkennbar von einer erfolgreichen Abhilfe ausgegangen ist, sich jedoch nachfolgend der Mangel erneut zeigt, ist der Mieter gut beraten, dies nochmals anzuzeigen (zur fortbestehenden Anzeigepflicht bei wiederholter Ablagerung von Schutt auf dem Mietgelände vgl. OLG Düsseldorf 1.3.2016 – I-24 U 152/15, Grundeigentum 2016, 856; zur Entbehrlichkeit nochmaliger Anzeige bei fehlgeschlagener Schimmelbeseitigung vgl. LG Lübeck 17.11.2017 – 14 S 107/17, BeckRS 2017, 134525, Anm. *Börstinghaus* IMR 2018, 95).

4. Beispiel 2) hat sowohl das Vorliegen eines – noch kleineren – Mangels als auch die Anzeige drohender Gefahren im Sinne von § 536c Abs. 1 S. 1 BGB zum Gegenstand. Auch insoweit ist die Anzeigepflicht nicht davon abhängig, ob sich aus einer drohenden Gefahr Gewährleistungsansprüche des Mieters ergeben können (→ Anm. 2), die im Beispielsfall wegen Unerheblichkeit – noch – zu verneinen wären. Auch ohne konkreten Gewährleistungsbezug hat der Mieter den Vermieter auf Gefahren aufmerksam zu machen, die aus seiner Sicht Interventionen zur Gefahrenabwehr veranlassen.

Im Beispielsfall hat aber auch der Mieter zu besorgen, dass sich künftig Beeinträchtigungen für den Mietgebrauch ergeben. Die Gefahr, dass sich aus einer Gebäudefassade größere Stuckteile lösen, kann sich für eine gewerbliche Nutzung nachteilig auswirken, wenn hierdurch etwa Kunden gefährdet werden oder unschöne und hinderliche Absperrungen erforderlich werden.

5. Das Formular behandelt im Weiteren die an den Vermieter gerichtete **Aufforderung zur Mängelbeseitigung.** Eine solche Aufforderung und eine Inverzugsetzung des Vermieters setzen allerdings voraus, dass der Vermieter dem Mieter gegenüber eine entsprechende Leistungspflicht hat. Solche Pflichten ergeben sich regelmäßig aus den Erhaltungs- und Instandsetzungspflichten im Rahmen von § 535 Abs. 1 BGB und den entsprechenden Gewährleistungspflichten. Diese Pflichten können entfallen, wenn der Vermieter die Erhaltungs- und Instandsetzungspflichten wirksam auf den Mieter abgewälzt hat. Dann ist der Mieter seinerseits zur Abhilfe verpflichtet (→ Form. A.VI.1 Anm. 39).

Dem Mieter ist zu empfehlen, mit der Mängelanzeige die konkrete Mitteilung zu verbinden, ob und in welcher Hinsicht er hieraus Beeinträchtigungen im Mietgebrauch herleitet. Dies vermittelt dem Vermieter die Erheblichkeit des Mangels sowie die Dringlichkeit erforderlicher Mängelbeseitigung und lässt am Rechtsfolgewillen des Mieters keinen Zweifel.

6. Die **Fristsetzung zur Mängelbeseitigung** schafft die Verzugsvoraussetzungen im Sinne von § 536a Abs. 1 Alt. 3 BGB. Sie dient aber auch als **Abmahnung** im Sinne von § 543 Abs. 3 S. 1 BGB. wenn der Mieter nach unterbliebener Abhilfe kündigen will (zum Abmahnungserfordernis vgl. BGH 18.4.2007 – VIII ZR 182/06, NZM 2007, 439; zur Entbehrlichkeit einer Abmahnung → Anm. 2).

Im Verzugsfall kann der Mieter gemäß § 536a Abs. 1 BGB unbeschadet der Rechte aus § 536 BGB vom Vermieter Schadensersatz verlangen. Zum erstattungsfähigen Schaden gehört auch der entgangene Gewinn (vgl. MüKoBGB/*Häublein* § 536a Rn. 17 mwN).

Eine Mahnung im Sinne von § 286 BGB setzt nicht zwingend eine Fristsetzung voraus (BGH 10.3.1998 – X ZR 70/96, NJW 1998, 2132). Eine Fristsetzung schafft indessen am ehesten Klarheit hinsichtlich der Leistungsbereitschaft des Vermieters.

5. Abmahnungsschreiben des Vermieters (§ 543 Abs. 3 BGB) wegen nicht gezahlter Kaution, Ausübung eines Zurückbehaltungsrechts an der Mietsache

. . . . .

(Vermieter)

an

. . . . .

(Mieter)

Sehr geehrte(r) . . . . .,

gemäß dem Mietvertrag vom . . . . . sind Sie verpflichtet, eine Mietsicherheit (Kaution) in Höhe von . . . . . EUR zu leisten.[1] Die Einzahlung des vollen Kautionsbetrags hat nach dem Vertrag vor Mietbeginn und vor Übergabe der Mietsache zu erfolgen, und zwar bis zum . . . . .

Andernfalls steht mir wegen der Übergabe der Mieträume ein Zurückbehaltungsrecht zu.[2]

Außerdem sieht der Vertrag vor, dass ich zur fristlosen Kündigung des Mietverhältnisses berechtigt bin, wenn Sie sich länger als zwei Wochen mit der Zahlung des Kautionsbetrags in Rückstand befinden.[3]

Nachdem Sie die vertragliche Frist zur Zahlung der Mietkaution haben verstreichen lassen, befinden Sie sich mit der Kautionsleistung in Verzug. Sie haben hierdurch in gravierender Weise gegen die Pflichten aus dem Mietvertrag verstoßen.

Ich mache daher von dem mir zustehenden Zurückbehaltungsrecht an den Mieträumen Gebrauch und untersage Ihnen bis zu vollständigen Zahlung der Kaution, die Mieträume zu betreten oder in sonstiger Weise in Besitz und in Gebrauch zu nehmen.

Außerdem werde ich die außerordentliche fristlose Kündigung des Mietverhältnisses erklären, falls der Verzug mit der Zahlung des Kautionsbetrags länger als zwei Wochen andauern sollte.[4]

Die Geltendmachung von Schadenersatzansprüchen behalte ich mir ausdrücklich vor.[5]

. . . . .

(Vermieter)

Anmerkungen

1. Das Formular behandelt die Rechtsfolgen bei nicht vollständiger oder nicht fristgerechter Kautionsleistung. Die Kaution befriedigt ein legitimes **Sicherungsbedürfnis des Vermieters.** Die Nichtzahlung der Kaution stellt daher grundsätzlich eine erhebliche Vertragsverletzung dar.

Besonderes Augenmerk sollte dabei dem Erfordernis sorgfältiger Vertragsgestaltung gewidmet werden, denn wenn ein Mieter bereits bei bzw. vor Vertragsbeginn die Mietsicherheit schuldig bleibt, kann für die weitere Vertragsabwicklung nur eine ungünstige Prognose gestellt werden. Der Vermieter hat ein dringendes Interesse daran, sich vor unseriösen Vertragspartnern zu schützen.

2. Ob ein Verstoß des Mieters gegen die Pflicht zur Kautionszahlung für den Vermieter das Recht begründet, ein **Zurückbehaltungsrecht an der Mietsache** geltend zu machen (§ 273 BGB) und die Übergabe der Mietsache zu verweigern, hängt zunächst von den Regelungen im Mietvertrag ab. Wenn die Mietsicherheit nach den vertraglichen Bestimmungen auch noch nach Mietbeginn, dh nach Übergabe der Mietsache, fristgerecht erbracht werden kann (ggf. in mehreren Teilleistungen), kann die Übergabe nicht von der Kautionsleistung abhängig gemacht werden.

Wenn die Mietsicherheit noch vor Mietbeginn fällig ist und der Mieter mit der Sicherheitsleistung in Verzug gerät, bietet sich eine andere Situation dar. Ganz überwiegend wird dann ein Zurückbehaltungsrecht in Bezug auf die Mietsache angenommen (OLG Düsseldorf 14.11.2005 – I-24 U 74/05, DWW 2006, 425; OLG Celle 20.2.2002 – 2 U 183/01, NZM 2003, 64). Vom Vermieter geschuldete Vorleistungen, wie zB der Ausbau des Mietobjekts, können dann ebenfalls gemäß § 273 BGB zurückgehalten werden (BGH 8.7.1998 – XII ZR 32/97, NZM 1998, 766; OLG Düsseldorf 14.11.2005 – I-24 U 74/05, DWW 2006, 425).

Der Vermieter muss sein Zurückbehaltungsrecht aber auch geltend machen. Es reicht nicht aus, dass der Mieter hinsichtlich der Kautionszahlung vorleistungspflichtig ist (OLG Brandenburg 16.2.2011 – 3 U 84/10, BeckRS 2011, 05567), da – anders als bei einem Leistungsverweigerungsrecht nach § 320 BGB – nicht bereits das Bestehen eines Zurückbehaltungsrechts nach § 273 BGB den Verzug ausschließt (vgl. Palandt/*Grüneberg* BGB § 273 Rn. 19).

Der Vermieter, der die Kautionsleistung noch vor Übergabe der Mietsache geregelt wissen will, sollte daher besonderen Wert darauf legen, dass die Fälligkeits- und Verzugsvoraussetzungen im Mietvertrag so geregelt sind, dass er seine Rechte noch vor der Gebrauchsüberlassung zugunsten des Mieters wahren kann. Andernfalls droht bei unzuverlässigen Mietern ein langwieriges und kostenträchtiges Räumungsverfahren. Die **Fälligkeit der Kautionszahlung** sollte daher **kalendarisch festgelegt** sein, um auch ohne Mahnung den Zahlungsverzug zu begründen (§ 286 Abs. 2 Nr. 1 BGB). Der Verzugsbeginn sollte auch so frühzeitig feststellbar sein, dass noch vor Mietbeginn eine fristlose Kündigung ausgesprochen werden kann (→ Anm. 3). Aus Gründen der Rechtssicherheit sollte das Zurückbehaltungsrecht im Vertrag ausdrücklich angesprochen werden (→ Form. A.VI.1 Anm. 30–38).

Gegenüber dem Kautionsleistungsanspruch des Vermieters besteht grundsätzlich **kein eigenes Zurückbehaltungsrecht des Mieters** (etwa wegen Mängeln der Mietsache). Die Sicherheitsleistung soll den Vermieter ohne Rücksicht auf einen Streit der Parteien über die Berechtigung von Gegenrechten des Mieters in Bezug auf dessen Vertragspflicht zur Zahlung der vereinbarten Miete schützen und ihm während und nach Beendigung des Mietverhältnisses eine erleichterte Durchsetzung seiner berechtigten Ansprüche aus dem konkreten Mietverhältnis gegen den Mieter ermöglichen (BGH 21.3.2007 – XII ZR 36/05, NZM 2007, 401; OLG Karlsruhe 11.5.2006 – 9 U 204/05, Justiz 2007, 139). Da die Sicherheitsleistung der Absicherung des Anspruchs des Vermieters auf künftige Leistungen dient, kann das Sicherungsinteresse auch schon vor Übergabe der Mietsache vorliegen. Mit dem Sicherungszweck der Kaution ist daher ein Zurückbehaltungsrecht des Mieters an der Kaution nach § 273 BGB in der Regel nicht zu vereinbaren (BGH 21.3.2007 – XII ZR 36/05, NZM 2007, 401). Der Anspruch des Vermieters auf Leistung der Mietkaution entfällt also auch dann nicht, wenn sich das Mietobjekt entgegen der vertraglichen Vereinbarung zum vereinbarten Zeitpunkt nicht in einem vertragsgemäßen Zustand befindet (OLG Düsseldorf 21.2.2017 – I-10 U 87/16, ZMR 2017, 726).

Wenn der Vermieter die bereits geleistete Kaution nicht vertragsgemäß anlegt, kommt allerdings ein Zurückbehaltungsrecht des Mieters an der laufenden Miete bzw. an der Restkaution in Betracht (BGH 13.12.2012 – IX ZR 9/12, NJW 2013, 1243; OLG Nürnberg 23.2.2006 – 13 U 2489/05, MDR 2006, 1100; LG Berlin 23.2.2011 – 29 S 8/10, GE 2011, 819; zum Einbehalt der Kaution bei der Wohnraummiete vgl. BGH 13.10.2010 – VIII ZR 98/10, Anm. *Börstinghaus* jurisPR-BGHZivilR 1/2011 Anm. 4).

3. **Der Vermieter von Gewerberaum kann nach § 543 Abs. 1 BGB kündigen,** wenn der Mieter die Kaution nicht zahlt und die Nichtzahlung auf Unvermögen beruht oder willkürlich erfolgt (BGH 21.3.2007 – XII ZR 36/05, NZM 2007, 401; OLG München 17.4.2000 – 3 W 1332/00, NZM 2000, 908; OLG Düsseldorf 12.1.1995 – 10 U 36/94, NJW-RR 1995, 1100; im Einzelfall ein Kündigungsrecht verneinend: OLG Frankfurt 11.9.2017 – 2 U 102/16, ZMR 2018, 33; zur Angemessenheit der bis zur Kündigung verstrichenen Frist iSv § 314 Abs. 3 BGB vgl. KG 19.4.2018 – 8 U 169/15, BeckRS 2018, 39700). Dabei dürfte es für die Annahme des Kündigungsverschuldens grds erforderlich sein, dass im rechtlichen Sinne ein **Verzug des Mieters mit der Kautionsleistung** vorliegt (§ 286 BGB).

Erklärt der Vermieter von Gewerberaum vor Ablauf einer vertraglich vereinbarten zweiwöchigen Nachfrist die fristlose Kündigung des Mietverhältnisses wegen Nichtzahlung der Kaution verfrüht, dh innerhalb einer gesetzten Nachfrist von weniger als zwei Wochen, so ist die Kündigung unwirksam (OLG Nürnberg 10.2.2010 – 12 U 1306/09, ZMR 2010, 524; → Anm. 4).

Die Kündigung setzt nicht voraus, dass die Mietsache bereits übergeben ist. Vielmehr **kann der Vermieter auch schon vor der Übergabe kündigen,** wenn ihm der Vollzug des Mietverhältnisses mit Rücksicht auf das Verhalten des Mieters nicht zugemutet werden kann, etwa weil das Sicherungsbedürfnis des Vermieters durch das Verhalten des Mieters in erheblicher Weise tangiert wird (OLG Celle 20.2.2002 – 2 U 183/01, NZM 2003, 64; OLG Düsseldorf 12.1.1995 – 10 U 36/94, NJW-RR 1995, 1100). Nach Auffassung des KG (19.4.1999 – 8 U 4279/97, GE 1999, 715) soll es genügen, wenn einer von mehreren Mietern erklärt, dass er zur Zahlung der Kaution außerstande sei, was angesichts der möglichen Leistungsfähigkeit und Leistungsbereitschaft anderer Mitmieter (als Gesamtschuldnern der Mietverbindlichkeit) zweifelhaft sein dürfte.

4. Die fristlose Kündigung erfordert gemäß § 543 Abs. 3 BGB grundsätzlich eine **Abmahnung,** falls nicht einer der gesetzlichen Ausnahmetatbestände vorliegt (zum Erfordernis der Abmahnung beim Verzug mit der Kautionszahlung vgl. OLG München 17.4.2000 – 3 W 1332/00, NJW-RR 2000, 1251). Der bloße Verzug mit der Kautionszahlung reicht hierfür grds nicht aus, falls nicht die Voraussetzungen des § 543 Abs. 3 S. 2 BGB vorliegen. Ziel der Abmahnung ist es, den anderen Teil zur Unterlassung seines vertragswidrigen Verhaltens zu veranlassen, bevor vom Kündigungsrecht Gebrauch gemacht werden kann (Staudinger/*Emmerich* BGB § 543 Rn. 71).

Das Formular versteht sich daher auch als Abmahnung im Sinne von § 543 Abs. 3 BGB.

5. Eine Vertragspartei, die die andere Partei durch eine Vertragsverletzung veranlasst, das Mietverhältnis fristlos zu kündigen, ist dem Kündigenden zum **Ersatz des durch die Kündigung entstandenen Schadens** verpflichtet (BGH 6.2.1974 – VIII ZR 239/72, WM 1974, 345; 15.3.2000 – XII ZR 81/97, NZM 2000, 496). Die Pflicht zum Schadensersatz erstreckt sich auch darauf, dem Vermieter etwaigen **Mietausfall** zu ersetzen. Der Vermieter kann in diesem Rahmen unter Abzug ersparter Aufwendungen – namentlich in Gestalt verbrauchsabhängiger Betriebskosten und unter Anrechnung anderweitiger Vorteile – die vertragliche Miete verlangen, und zwar bis zum Ende der vertraglichen Mietzeit (vgl. hierzu im Einzelnen MPFB MietR/*Borzutzki-Pasing* Anm. 5 ff. zu → Form. C.II.11).

Dem Vermieter kann auch ein Ersatzanspruch in Bezug auf **nutzlos gewordene Aufwendungen** zustehen. Eine schadensrechtliche Sonderproblematik wird zT im Rahmen der sog Differenzhypothese bei solchen Aufwendungen gesehen, die der Vermieter im Hinblick auf einen abgeschlossenen Vertrag gemacht hat und die durch dessen Nichterfüllung nutzlos werden. Da solche Aufwendungen auch bei vertragstreuem Verhalten des Mieters entstanden wären, lässt sich fragen, ob der nicht erfüllte Vertrag insoweit einen Schaden im Rechtssinne bewirkt (vgl. dazu BGH 15.3.2000 – XII ZR 81/97, NZM 2000, 496; BGH 21.4.1978 – V ZR 235/77, BGHZ 71, 234 = NJW 1978, 1805). Der BGH sieht solche nutzlos gewordenen Aufwendungen aber als erstattungsfähig an, weil im Allgemeinen eine (widerlegbare) **Rentabilitätsvermutung** dahingehend besteht, dass der enttäuschte Vertragspartner seine Aufwendungen durch Vorteile aus der vereinbarten Gegenleistung wieder erwirtschaftet hätte (BGH 15.3.2000 – XII ZR 81/97, NZM 2000, 496; BGH 28.5.1975 – VIII ZR 70/74, WM 1975, 897; BGH 22.6.1977 – VIII ZR 240/75, WM 1977, 1089).

6. Abmahnungsschreiben des Vermieters (§ 543 Abs. 3 BGB) wegen Nutzung von Gewerberäumen zu Wohnzwecken

. . . . .

(Vermieter)

an

. . . . .

(Mieter)

Sehr geehrte(r) . . . . .,

aufgrund des Mietvertrags vom . . . . . haben Sie im Objekt . . . . . Gewerberäume zum gewerblichen Betrieb eines/r . . . . . angemietet. Dieser Vertragszweck ist in § . . . . . des Mietvertrags ausdrücklich [ggf.: als allein gestattete Nutzung] vorgesehen.[1, 2]

Nunmehr habe ich festgestellt, dass Sie die Mieträume [ggf.: mit Familienangehörigen/anderen Personen] ohne mein Einverständnis [ggf.: auch] zu Wohnzwecken nutzen. Dies steht aufgrund folgender Gegebenheiten fest:

. . . . .

Die [ggf.: teilweise] Nutzung des Mietobjekts zu Wohnzwecken erfolgt in vertragswidriger Weise und beinhaltet eine gravierende Vertragsverletzung.[3] Ich bestehe auch weiterhin uneingeschränkt auf der Einhaltung des vertraglichen Nutzungszwecks.

Ich fordere Sie daher auf, den Wohngebrauch umgehend einzustellen und sich allein auf den vertraglichen Mietgebrauch zu Gewerbzwecken zu beschränken.

Sollten Sie dieser Aufforderung nicht Folge leisten, werde ich das Mietverhältnis außerordentlich fristlos kündigen.[4]

Außerdem behalte ich mir die Geltendmachung von Schadensersatzansprüchen vor.[5]

. . . . .

(Vermieter)

Anmerkungen

1. Wenn einem Mieter ein Objekt ausschließlich zu bestimmten gewerblichen Zwecken überlassen wird, so umschreibt dies im Zweifel den alleinigen **vertraglichen Nutzungszweck.** Dieser Zweck wird um so eher anderen Gebrauchszwecken entgegen stehen, je eindeutiger der gewerbliche Charakter durch den Mietvertrag sowie durch Art und Umfeld des Mietobjekts (Lage, Ausstattung, vertragliche Gebrauchsregeln usw) vorgegeben ist. In der Rechtspraxis finden sich jedoch nicht selten Fallgestaltungen, in denen der Mieter gleichwohl eine (teilweise) Umwidmung des Mietgebrauchs zu Wohnzwecken vornimmt.

Bei **Mischmietverträgen** (zB Gaststätte mit Wirtewohnung) kommt es nach der Übergewichtstheorie darauf an, welche Nutzung dem Vertrag das eigentliche Gepräge gibt → Form. A.VI.7 Anm. 1–6). Nach der Rspr des BGH (9.7.2014 – VIII ZR 376/13, BGHZ 202, 39 = NZM 2014, 626) lässt allein der Umstand, dass die Vermietung nicht nur zu Wohnzwecken, sondern auch zur Ausübung einer gewerblichen/freiberuflichen Tätigkeit vorgenommen wird, durch die der Mieter seinen Lebensunterhalt bestreitet, keine tragfähigen Rückschlüsse auf einen im Bereich der Geschäftsraummiete liegenden Vertragsschwerpunkt zu (insoweit unter Aufgabe von BGH 16.4.1986 – VIII ZR 60/85, NJW-RR 1986, 877).

Das Formular behandelt die Rechtsfolgen, die sich aus einer vertragswidrigen Nutzung zu Wohnzwecken ergeben können.

2. Schon bei der Vertragsgestaltung sollte der Festlegung des vertraglichen Nutzungszwecks besonderes Augenmerk gewidmet werden. Je weiter und allgemeiner der Vertragszweck vertraglich umschrieben wird, umso freier ist der Mieter in seinem Entschluss, welchen Mietgebrauch er von den Mieträumen machen will (zur vertraglichen Festlegung des Nutzungszwecks → Form. A.VI.1 Anm. 6). Im Vertrag sollte aus Gründen der Vertrags- und Rechtssicherheit festgelegt sein, dass dem Mieter ohne die ausdrückliche Zustimmung des Vermieters keine andere Nutzung als die im Vertrag festgelegte gestattet ist. Dies gilt insbesondere dann, wenn der Vermieter (in Großobjekten) daran interessiert ist, ein ganz bestimmtes gewerbliches Umfeld zu schaffen und zu wahren (zB bei der Vermietung in Ärztezentren, Ladenpassagen, Bürohäusern usw).

Wenn der Vertrag keine ausdrücklichen oder nur allgemein gefasste Vorgaben enthält, kann zweifelhaft sein, ob der Mieter, der ein Gewerbeobjekt (auch) zu Wohnzwecken nützt, vertragswidrig handelt und ob ihm wegen vertragswidrigen Gebrauchs gemäß § 543 BGB fristlos gekündigt werden kann. Es ist im Wege der **Vertragsauslegung** zu ermitteln, ob eine Anmietung etwa zum Zwecke einer gemischten Nutzung als Büro und Wohnraum erfolgte (OLG Hamburg 13.7.1994 – 4 U 11/94, ZMR 1995, 120).

Wie der BGH (schon seit 15.11.1978 – VIII ZR 14/78, WM 1979, 148) in ständiger Rechtsprechung annimmt, ist bei der Frage, ob ein Mietverhältnis über Wohn- oder Gewerberaum vorliegt, auf den Zweck abzustellen, den der Mieter mit der Anmietung des Mietobjektes vertragsgemäß verfolgt. Welcher Vertragszweck gilt und bei Mischmietverhältnissen im Vordergrund steht, ist durch Auslegung (§§ 133, 157 BGB) der getroffenen Vereinbarungen zu ermitteln. Entscheidend ist der wahre, das Rechtsverhältnis prägende Vertragszweck, also die gemeinsamen und übereinstimmenden Vorstellungen der Vertragsparteien darüber, wie das Mietobjekt genutzt werden soll (BGH 9.7.2014 – VIII ZR 376/13, BGHZ 202, 39 = NZM 2014, 626). Ein hiervon abweichender, im Vertrag nur vorgetäuschter Vertragszweck ist unbeachtlich.

In den Fällen der **Weitervermietung** kommt es nicht maßgeblich auf die tatsächliche Nutzung der Mieträume an, sondern auf den vom Mieter verfolgten Vertragszweck. Der BGH hat es deshalb abgelehnt, einen Vertrag, mit dem Räume zum Betrieb einer **Pension** vermietet worden waren, als Wohnungsmietvertrag einzuordnen, obwohl die Räume zum

Wohnen geeignet und zur Benutzung hierzu durch die Untermieter des Mieters auch bestimmt waren. Der BGH hat (mit 11.2.1981 – VIII ZR 323/79, NJW 1981, 1377) ferner angenommen, ein im Rahmen eines Werkförderungsvertrages geschlossener Mietvertrag zwischen einem Darlehensgeber und dem Bauherrn über von diesem zu errichtende Wohnungen, die bestimmungsgemäß an die Bediensteten des Darlehensgebers **untervermietet** werden sollten, sei ebenfalls nicht als Mietvertrag über Wohnraum einzuordnen, weil der vertragsgemäße Gebrauch durch den Mieter gerade nicht im Wohnen sondern im Weitervermieten liege. Aus derselben Erwägung hat der BGH es mit Rechtsentscheid vom 21.4.1982 (VIII ARZ 16/81, BGHZ 84, 90 = WM 1982, 770) abgelehnt, einen im Rahmen des sogenannten Bauherrenmodells zwischen dem Wohnungseigentümer und einem Vermietungsunternehmen zur Weitervermietung der Wohnung abgeschlossenen Mietvertrag als Mietverhältnis über Wohnraum anzusehen. Auf derselben Linie liegt das Urteil des BGH vom 20.10.1982 (VIII ZR 235/81, WM 1982, 1390), das einen Mietvertrag über Räume zum Betrieb eines **Studentenwohnheimes** zum Gegenstand hatte. Diese Rechtsprechung gilt weiterhin (BGH 13.2.1985 – VIII ZR 36/84, BGHZ 94, 11; OLG Frankfurt 16.6.2010 – 2 U 220/09, ZMR 2011, 119, Anm. *Theesfeld* jurisPR-MietR 2/2011 Anm. 1).

Der Vermieter hat zumeist ein dringendes Interesse daran, bei Gewerbeobjekten eine gemischte Nutzung und insbesondere eine alleinige Wohnraumnutzung auszuschließen, und zwar in erster Linie deshalb, um der Annahme einer **stillschweigenden Vertragsänderung auf Fortsetzung des Mietverhältnisses als Wohnraummiete** und der hieraus folgenden Anwendbarkeit der Mieterschutzvorschriften zur Wohnraummiete vorzubeugen. Duldet der Vermieter den Wohngebrauch, kann dies im Streitfall zu der Annahme führen, dass sich der gewerbliche Mietvertrag im Wege konkludenter Vertragsänderung in einen Wohnraummietvertrag umgewandelt habe. Der Vermieter hätte dementsprechend zu gegenwärtigen, dass ihm die – weitgehend zwingenden – Mietpreisregelungen und Kündigungsschutzvorschriften nach Wohnraummietrecht entgegen gehalten würden.

So hat das LG Hamburg (12.2.1999 – 311 S 160/98, NZM 1999, 464) einen Mietvertrag über Gewerberäume ohne Weiteres dem Recht zur Wohnraummiete unterstellt, wenn die Räume in tatsächlicher Hinsicht über lange Zeit als Wohnräume genutzt wurden und der Vermieter davon wusste. Das für Wohnraummietverhältnisse geltende Kündigungsrecht findet dann Anwendung. Der Vermieter kann geradezu in ein Dilemma geraten, wenn gewerbliche Mieträume mit seinem Einverständnis baurechtswidrig zu Wohnzwecken genutzt werden. In einem solchen Fall hat das LG Koblenz (8.3.1983 – 6 S 259/82, WuM 1984, 132) eine Kündigungsbefugnis des Vermieters aus § 564b BGB aF (§ 573 BGB nF) verneint, weil es seine Sache sei, öffentlich-rechtliche (Bau-) Genehmigungen beizubringen.

Kritisch zu sehen ist daher die Entscheidung des OLG Köln (12.7.1995 – 2 U 45/95, NJWE-MietR 1996, 80 = ZMR 1996, 24), wonach ein gewerblicher Mieter, der Räume als Büro angemietet hat, in der Regel keinen zur Kündigung berechtigenden vertragswidrigen Gebrauch von der Mietsache macht (§ 543 Abs. 2 Nr. 2 BGB), wenn er die Mieträume auch zu Wohnzwecken nutzt. Das OLG Köln hat dabei zwar angenommen, dass die private Nutzung einen vertragswidrigen Gebrauch darstelle, der jedoch allein nicht für eine Kündigung ausreiche, weil diese zusätzlich eine gravierende Rechtsbeeinträchtigung auf Vermieterseite erfordere. Es fragt sich aber, ob eine solche Beeinträchtigung nicht wegen der ganz gravierenden Auswirkungen einer Umwidmung einen Kündigungsgrund indiziert.

Eine Wohnraumnutzung kann auch deshalb fatale Folgen für den Vermieter haben, weil deren Duldung unabsehbare wirtschaftliche Nachteile bei den vertraglichen Gebrauchsgewährungspflichten bewirken kann. In einem ansonsten gewerblich genutzten Objekt (zB einem Bürohaus), das etwa nur zu bestimmten Zeiten geöffnet, beleuchtet und beheizt wird, würde schon die Anwesenheit eines einzigen Wohnraummieters einen hohen Organisations- und Kostenaufwand indizieren.

3. Da die Rechtsprechung eine erhebliche Vertragsverletzung fordert, die sich im vertragswidrigen Mietgebrauch verwirklicht (OLG Köln 12.7.1995 – 2 U 45/95, NJWE-MietR 1996, 80 = ZMR 1996, 24), sollte schon im Mietvertrag unmissverständlich geregelt sein, dass allein der gewerbliche Nutzungszweck den Mietgebrauch definiert. Die Vertragsverletzung kann sich auch durch andere Beeinträchtigungen manifestieren, indem etwa ein bestimmtes gewerbliches Umfeld gravierende Störungen erfährt oder sich aus dem Wohngebrauch spezielle Risiken und Nachteile ergeben. Solche Nachteile sollten im Abmahnschreiben aufgeführt werden.

4. Wenn der Mieter angemietete Gewerberäume vertragswidrig zu Wohnzwecken nutzt, kommt eine **fristlose Kündigung gemäß § 543 Abs. 1 BGB** in Betracht (KG 9.10.2014 – 8 U 131/14, ZMR 2015, 119). Vertragliche Änderungen und Ergänzungen zu den Kündigungsvoraussetzungen im Sinne von § 543 Abs. 2 bis 4 BGB sind in den Grenzen der §§ 138, 242 und 307 BGB zulässig. Der Vermieter, der auf die Wahrung des gewerblichen Nutzungszwecks besonderen Wert legt, kann sich daher im Bereich der Gewerberaummiete ein gesondertes vertragliches Kündigungsrecht ausbedingen.

Die fristlose Kündigung erfordert aber gemäß § 543 Abs. 3 BGB grundsätzlich eine **Abmahnung**, falls nicht einer der gesetzlichen Ausnahmetatbestände vorliegt (vgl. BGH NJW 2007, 2177). Das Formular versteht sich daher auch als Abmahnung im Sinne von § 543 Abs. 3 BGB.

Der Vermieter von Gewerberäumen kann von dem Mieter nach § 541 BGB das **Unterlassen eines vertragswidrigen Gebrauches** im Wege der **einstweiligen Verfügung** verlangen, wenn dies zur Vermeidung größerer Schäden für den Vermieter geboten ist (OLG Schleswig 15.11.2013 – 1 U 128/13, IBRRS 2014, 0147; OLG Düsseldorf 13.12.2007 – 24 U 185/07, FD-MietR 2008, 262773; KG 21.1.2008 – 8 W 85/07, NZM 2009, 621; zum einstweiligen Rechtsschutz bei Umwidmung eines Hotels in ein Asylbewerberheim vgl. OLG Brandenburg 20.6.2013 – 6 U 19/13, Grundeigentum 2014, 251).

Der aus § 541 BGB folgende **Anspruch** des Vermieters **auf Unterlassung eines vertragswidrigen Gebrauchs** der Mietsache **verjährt** während des laufenden Mietverhältnisses **nicht, solange die zweckwidrige Nutzung andauert** (BGH 19.12.2018 – XII ZR 5/18, NZM 2019, 143; OLG Celle 5.1.2018 – 2 U 94/17, ZMR 2018, 499).

5. Wenn ein Mieter zur fristlosen Kündigung Veranlassung gibt, führt das die Kündigung tragende Verschulden des Mieters gemäß § 280 BGB zum **Schadensersatz** (→ Form. B.IX.5). Zu ersetzen ist der durch die Kündigung entstandene Schaden, und zwar bis zum Ende der vertraglichen Bindungsdauer, dh bis zum Ende der ordentlichen Kündigungsfrist. In diesem Rahmen können nutzlose Aufwendungen (→ Form. B.IX.5 Anm. 5); Mietausfall, die Kosten der notwendigen Rechtswahrung (Anwaltskosten) und der Neuvermietung (inkl. der Nachmietersuche) zur Erstattung gestellt werden.

Schadensersatz kann der Mieter auch dann schulden, wenn die vertragswidrige Nutzung als solche wirtschaftliche Nachteile für den Vermieter bewirkt. Das kann etwa der Fall sein, wenn der vertragswidrige Gebrauch die Mietsache selbst nicht verändert hat, aber deren **Verkehrswert negativ beeinflusst**. Wertungsmäßig macht es keinen Unterschied, ob eine Verkehrswertbeeinflussung auf einem substanzverändernden oder einem sonstigen vertragswidrigen Gebrauch beruht. So kann ein Anspruch auf Schadensersatz wegen **Schädigung des Geschäftswertes** (good will) eines verpachteten Unternehmens durch pflichtwidrige oder vertragswidrige Einstellung des Geschäftsbetriebs in Betracht kommen (OLG Frankfurt 17.10.2014 – 2 U 43/14, ZMR 2015, 18).

7. Abmahnungsschreiben des Vermieters (§ 543 Abs. 3 BGB) wegen unerlaubter Untervermietung

. . . . .

(Vermieter)

an

. . . . .

(Mieter)

Sehr geehrte(r) . . . . .,

aufgrund des Mietvertrags vom . . . . . sind Sie Mieter eines Ladenlokals im Objekt . . . . .[1]

Der Vertrag sieht in § . . . . . vor, dass eine Untervermietung der Mieträume oder von Teilen hiervon nur mit meiner ausdrücklichen Zustimmung gestattet ist. Die Zustimmung zur Untervermietung kann danach nur ausnahmsweise und nur bei Vorliegen so schwerwiegender Gründe verlangt werden, dass die Versagung der Erlaubnis zur Untervermietung eine besondere Härte bewirken würde.[2]

Nunmehr habe ich feststellen müssen, dass Sie das Ladenlokal nicht mehr selbst gewerblich nutzen, sondern dass Sie die Mieträume ohne meine Zustimmung Herrn/Frau/der Firma . . . . . überlassen haben, der/die in den Mieträumen ein . . . . . betreibt. Dies steht aufgrund folgender Umstände fest:

. . . . .

Danach haben Sie das Ladenlokal unerlaubt untervermietet. Hierin liegt eine gravierende Vertragsverletzung.[3]

Ich bestehe auf der im Vertrag vorgesehenen Nutzung und fordere Sie auf, die vertragswidrige Nutzung umgehend zu beenden und jede Überlassung der Mieträume an Dritte zu unterlassen.

Ich weise Sie darauf hin, dass ich im Falle einer Fortsetzung der unerlaubten Untervermietung von dem Recht zur außerordentlichen fristlosen Kündigung des Mietverhältnisses Gebrauch machen werde.[4] Die Geltendmachung von Schadenersatzansprüchen behalte ich mir vor.[5]

. . . . .

(Vermieter)

Anmerkungen

1. Aus dem vertraglichen **Nutzungszweck** (Mietzweck) ergibt sich für den Mieter der Umfang seiner Gebrauchsberechtigung (§§ 538, 541, 543 Abs. 2 Nr. 2 BGB). Eine möglichst klare Festlegung des Mietzwecks ist für den Vermieter immer dann wichtig, wenn er ein besonderes Interesse daran hat, dem Mietgebrauch bestimmte Grenzen zu setzen, etwa weil er ein ganz bestimmtes geschäftliches Umfeld schaffen und erhalten will. Zu den wesentlichen Grundsätzen der **Privatautonomie** gehört die Freiheit im Willensentschluss, mit wem ein Vertragsverhältnis und eine Nutzungsberechtigung begründet werden soll. Es bedeutet daher einen gravierenden Eingriff in ein Mietverhältnis, wenn der Mieter die Mietsache im Wege der Untervermietung einem vertragsfremden Dritten überlässt. Das Formular behandelt die Rechtsfolgen einer unerlaubten Untervermietung.

2. Ob und unter welchen Voraussetzungen der Mieter an Dritte untervermieten darf, richtet sich nach den mietvertraglichen Vorgaben. Bei der Gewerberaummiete ist die Gestattung der (Teil-)Untervermietung nicht selten (→ Form. A.VI.2 Anm. 21, 22, → Form. A.VII.15). Die Untervermietung kann sogar den wesentlichen Vertragszweck umschreiben (zB Anmietung von Gaststätten durch Brauereibetriebe oder Automatenaufsteller zur Weitervermietung an Wirte). In solchen Fällen empfehlen sich konkrete Vereinbarungen zum Umfang gestatteter Untervermietung → Form. A.VI.2 Anm. 21; → Form. A.VI.4 Anm. 17–14; → Form. A.VII.15; zum Ersatzmieter → Form. A.VI.4 Anm. 16).

Der Vermieter, der eine Untervermietung generell unterbinden will, kann auf erhebliche Schwierigkeiten bei der Vertragsgestaltung und bei der Durchsetzung von vertraglichen Regelungen stoßen, die eine Untervermietung verhindern sollen (vgl. dazu näher → Form. A.VI.1 Anm. 53–57).

3. Auch wenn die formularvertraglichen Gestaltungsmöglichkeiten für einen kompletten Ausschluss der Untervermietung unter gleichzeitigem Ausschluss einer Kündigungsbefugnis des Mieters beschränkt sind, so folgt hieraus nicht, dass der Mieter auch ohne die Zustimmung des Vermieters untervermieten dürfte. Wenn der Mieter die Mietsache ohne Erlaubnis des Vermieters anderen Personen überlässt, beinhaltet dies grundsätzlich einen **vertragswidrigen Gebrauch** im Sinne von § 543 Abs. 2 Nr. 2 BGB. Eigenmächtige Änderungen des vertraglich festgelegten Verwendungszwecks braucht der Vermieter nicht hinzunehmen (vgl. Palandt/*Weidenkaff* BGB § 540 Rn. 4 ff. und zu § 541 Rn. 6).

Der **bloße Mitgebrauch der Miet- oder Pachtsache durch Dritte** beinhaltet dann keine Vertragswidrigkeit, wenn er sich im Rahmen des Vertragszwecks und des entsprechenden Mietgebrauchs bewegt. Innerhalb vertraglicher Zweckbestimmung liegt eine gewerbliche Nutzung, wenn die Miet- oder Pachträume von Geschäftspartnern und Personal bzw. von Kunden und Lieferanten mitbenutzt werden. Wenn Personen aus diesem Kreis die Mietsache vertragswidrig gebrauchen, hat der Mieter dafür zu sorgen, dass dies unterbleibt.

Bei **vertraglich untersagter Untervermietung** oder einer **Untervermietung ohne Zustimmung** des Vermieters hat der Vermieter einen **Unterlassungsanspruch** gegen den Mieter. In diesen Fällen kann der Vermieter – nach Abmahnung – auf Unterlassung klagen oder das Mietverhältnis fristlos kündigen (BGH 13.12.1995 – XII ZR 194/93, BGHZ 131, 297 = NJW 1996, 838). Eine vertragswidrige Überlassung der Mietsache an Dritte muss der Vermieter grds nicht hinnehmen.

Kritisch zu sehen ist daher die Entscheidung des OLG Hamm (4.11.1994 – 30 U 185/94, NJW-RR 1995, 750), wonach die unerlaubte Untervermietung allein des Wohnraums einer verpachteten Gaststätte nebst Wirtewohnung kein Grund zur fristlosen Kündigung sein soll (zu den möglichen vertragsrechtlichen Auswirkungen einer Duldung solcher Drittüberlassung zu Wohnzwecken beim Mischvertrag → Form. A.VI.7 Anm. 5).

Es besteht auch grds das Rechtsschutzbedürfnis für eine **einstweilige Verfügung auf Unterlassung der Untervermietung**. Das gilt auch nach nach Erlass eines gegen den Hauptmieter erwirkten Räumungsurteils, wenn dieser die Räumungsvollstreckung unterlaufen will, weil das Verfahren der Klauselumschreibung nach § 727 Abs. 1 ZPO die Zwangsvollstreckung erschweren würde. Der Unterlassungsanspruch ergibt sich in diesem Fall aus § 1004 Abs. 1 BGB, da nach Beendigung des Mietverhältnisses § 541 BGB nicht mehr anwendbar ist (OLG München 4.9.2017 – 7 W 1375/17, NZM 2017, 813).

Reagiert der Vermieter über längere Zeit hinweg nicht auf die unerlaubte Untervermietung, kann er sein **Kündigungsrecht verwirken** (§ 242 BGB) oder er gibt ggf. zu erkennen, dass dieser Vertragsverstoß aus seiner Sicht **keine erhebliche Rechtsverletzung** iSv § 543 BGB bewirkt hat (LG Berlin 4.6.1993 – 65 S 253/92, MM 1993, 287).

Bei unberechtigter Untervermietung hat der Vermieter keinen gesetzlichen Anspruch auf Zahlung eines **Untermietzuschlages** oder Herausgabe des von dem Mieter durch die Untervermietung erzielten **Mehrerlöses** (BGH 13.12.1995 – XII ZR 194/93, BGHZ 131, 297 = NJW 1996, 838, im Anschluss an BGH 20.5.1964 – VIII ZR 235/63, NJW 1964, 1853; BGH 8.1.1969 – VIII ZR 184/66, WM 1969, 298).

Wird vermieteter Gewerberaum unerlaubt zu Wohnzwecken untervermietet, ohne dass der Endmieter seine Rechtsstellung gegenüber dem Eigentümer kennt, kann der Vermieter als Eigentümer nach Beendigung des Hauptmietvertrages vom Untermieter die Räumung und Herausgabe verlangen, ohne ein berechtigtes Interesse hieran geltend machen zu müssen (LG Kiel 24.8.1992 – 1 S 256/91, NJW-RR 1993, 1162). Gegen den mit Beendigung des (ggf. gekündigten) Hauptmietvertrages nicht mehr zum Besitz berechtigten Untermieter stehen dem Hauptvermieter nämlich grds Ansprüche nach den Vorschriften der §§ 987 ff. BGB aus dem **Eigentümer-Besitzer-Verhältnis** zu, denn diese Vorschriften sind auf den Besitzer einer Sache anwendbar, wenn dessen ursprüngliches Besitzrecht entfallen ist (BGH 3.6.2005 – V ZR 106/04, NZM 2005, 830). Infolge des Wegfalls des Hauptmietvertrages ist der Untermieter nicht mehr zum Besitz berechtigt (OLG Düsseldorf 26.11.2009 – I-24 U 91/09, 24 U 91/09, ZMR 2010, 755). Diesem Stadium ist der im Formular behandelte Fall jedoch noch vorgelagert, denn hier geht es zunächst um die Einwirkung auf den Mieter, die unerlaubte Untervermietung zu unterlassen.

Nach Abmahnung wegen unerlaubter Untervermietung hat der Mieter alles Zumutbare zu tun, um den alsbaldigen Auszug des Untermieters herbeizuführen. Dazu gehört auch eine Räumungsklage oder das Bemühen, den Untermieter durch finanzielle Zuwendungen zu bewegen, die Mietsache zurückzugeben (LG Berlin 15.2.1999 – 62 S 306/98, NZM 1999, 407).

Bei **grds erlaubter Untervermietung** kann ebenfalls eine vertragswidrige Drittüberlassung vorliegen, wenn die Untervermietung nur unter bestimmten Einschränkungen oder Auflagen bzw. nur für bestimmte Zeiten gestattet ist (LG München 27.1.2016 – 14 S 11701/15, ZMR 2016, 451). Wenn die Untervermietung einen bestimmten Nutzungszweck voraussetzt (zB Modegeschäft in einer anspruchsvollen Ladenpassage), kann eine Untervermietung, die sich von diesem Vertragszweck löst (etwa wenn gegenüber dem vorstehend aufgeführten Beispiel nunmehr an einen Billiganbieter untervermietet wird), vertragswidrig sein.

Der Vermieter von Gewerberäumen, der seinem Mieter die Untervermietung gestattet hat, kann das Mietverhältnis ebenfalls kündigen, wenn der Mieter nicht verhindert, dass der **Untermieter nochmals untervermietet** (Unter-Unter-Vermietung). Er kann von sämtlichen Mietern und Untermietern Herausgabe der Räume verlangen (OLG Hamm 17.1.1992 – 30 U 36/91, NJW-RR 1992, 783).

4. Die fristlose Kündigung erfordert gemäß § 543 Abs. 3 BGB grundsätzlich eine **Abmahnung,** falls nicht einer der gesetzlichen Ausnahmetatbestände vorliegt. Das Formular versteht sich daher auch als Abmahnung im Sinne von § 543 Abs. 3 BGB.

5. Wenn ein Mieter zur fristlosen Kündigung Veranlassung gibt, verpflichtet ihn das die Kündigung tragende Verschulden gemäß § 280 BGB zum **Schadensersatz.**

Zu ersetzen ist der durch die Kündigung entstandene Schaden, und zwar bis zum Ende der vertraglichen Bindungsdauer, dh bis zum Ablauf eines befristeten Mietverhältnisses bzw. bis zum Ende der vom Mieter zu beachtenden ordentlichen Kündigungsfrist. In diesem Rahmen können nutzlose Aufwendungen, Mietausfall, die Kosten der notwendigen Rechtsverfolgung (Anwaltskosten) und der Neuvermietung (inkl. der Nachmietersuche) zur Erstattung gestellt werden → Form. B.IX.5 Anm. 5.

8. Abmahnungsschreiben des Vermieters (§§ 543, 569 BGB) wegen Störung des Hausfriedens (Betrieb eines störenden Unternehmens)

. . . . .

(Vermieter)

an

. . . . .

(Mieter)

Sehr geehrte(r) . . . . .,

aufgrund des Mietvertrags vom . . . . . haben Sie im Objekt . . . . . Räumlichkeiten zum Betrieb einer Gaststätte angemietet.[1] Diese Gaststätte ist von Ihnen zunächst als „Bistro B&W, Bier- und Weinbar" geführt worden.[2] Mit Ausnahme gelegentlicher Ruhestörungen durch Gäste sind von diesem Gewerbebetrieb zunächst keine erheblichen Beeinträchtigungen ausgegangen.

Mir sind jedoch in jüngster Vergangenheit von unterschiedlichen Personen Beschwerden zugetragen worden, dass Sie die Nutzung der Gaststätte grundlegend geändert und einem bordellartigen Geschäftsbetrieb zugeführt haben. Dies ergibt sich aus folgenden Umständen:[3]

Das Lokal heißt nunmehr „Sexy".
Sie unterhalten eine Internet-Website (www.sexy.de), die für das Lokal ua mit dem Slogan wirbt: „Bei uns werden alle Männerwünsche wahr. Wir kennen keine Tabus."
Die Nebenräume des Lokals sind als Séparées hergerichtet worden, die der Ausübung der Prostitution dienen.
Auch der Bereich vor dem Lokal dient als Anlauf- und Kontaktstelle für Prostituierte, die auf dem Gehsteig in auffälliger Weise promenieren und Männer ansprechen.
. . . . .

Die geänderte Nutzung beinhaltet einen gravierenden Verstoß gegen wesentliche Pflichten aus dem Mietvertrag, denn sie bewirkt eine nachhaltige Störung des Hausfriedens. Dies gilt auch in Ansehung des Umstands, dass der Mietvertrag keine expliziten Maßregeln zur Ausgestaltung der Nutzung als Gaststätte enthält. Für diese Einschätzung sind folgende Gesichtspunkte maßgeblich:[4]

Das Mietobjekt befindet sich seit jeher in einem bürgerlich geprägten Umfeld mit Wohn- und Geschäftshäusern. Ein dem Prostitutionsmilieu verhafteter Betrieb stellt sich daher als sehr störender Fremdkörper dar.
Die Gaststätte wurde bislang und zunächst auch von Ihnen ausnahmslos als ein Lokal betrieben, das keine Nähe zum Prostitutionsmilieu hatte und von einem bürgerlichen Publikum frequentiert wurde.
Wie Sie wissen, befinden sich im Objekt zwei weitere Ladenlokale, deren Betreiber sich bei mir über unmittelbar geschäftsschädigende Auswirkungen beschwert haben, weil Kunden sich weigern, sich dem nunmehr darbietenden belästigenden Umfeld auszusetzen. Die unmittelbare Nähe zur Prostitution wird von den Mietern als abstoßend beanstandet.
Die im Objekt wohnenden Privatmieter, die zum Teil minderjährige Kinder haben, haben sich bei mir nachdrücklich darüber beklagt, ihre Wohnungen nur nach einem Spießrutenlauf zwischen Prostituierten und Zuhältern erreichen zu können und mit

einem Bordellbetrieb unter einem Dach leben zu müssen. Der zurzeit herrschende Zustand wird von ihnen als unsittlich, jugendgefährdend und entwürdigend empfunden. Wegen der gravierenden Belästigungen haben mir Mieter bereits mit Minderungen des Mietzinses und mit Kündigungen gedroht, falls sich die Verhältnisse nicht umgehend ändern.

. . . . .

Ich fordere Sie auf, den vertragswidrigen und störenden Geschäftsbetrieb sofort einzustellen und eine dem Hausfrieden und den Vertragszwecken entsprechende Nutzung der Mieträume auszuüben.

Sollten Sie dieser Aufforderung nicht Folge leisten, werde ich von dem Recht zur außerordentlichen fristlosen Kündigung des Mietverhältnisses Gebrauch machen. Ich behalte mir außerdem die Geltendmachung von Schadenersatzansprüchen vor.[5]

. . . . .

(Vermieter)

Anmerkungen

1. Das allgemeine Gebot, den **Hausfrieden** im Sinne von §§ 569 Abs. 2 BGB zu wahren, gilt über § 578 Abs. 2 S. 1 BGB auch für Gewerberäume. Dieses Gebot umschreibt das Erfordernis gegenseitiger Rücksichtnahme, durch welches das Zusammenleben mehrerer Mieter in einem Objekt ermöglicht und erleichtert wird (KG 1.9.2003 – 12 U 20/03, BeckRS 2003, 30326902; Palandt/*Weidenkaff* BGB § 569 Rn. 12). Die Wahrung des Hausfriedens setzt keineswegs das Vorhandensein einer förmlich niedergelegten **Hausordnung** voraus, die bestimmte Verhaltensmaßregeln enthält. Der Verstoß gegen eine solche Hausordnung kann aber durchaus eine Verletzung des Hausfriedens bewirken.

Das Formular behandelt die Möglichkeiten der Rechtswahrung auf Seiten des Vermieters, wenn es zu Störungen des Hausfriedens durch den Mieter kommt. Solche Störungen können aber auch dem Vermieter anzulasten sein, wenn dieser gegen das Gebot der Rücksichtnahme verstößt.

2. Ob das Verhalten des Vermieters oder eines Mieters eine Störung des Hausfriedens bewirkt, hängt maßgeblich vom **vertraglichen Nutzungszweck** ab. Der dem Formular zugrunde gelegte Beispielsfall (Aufnahme eines bordellartigen Geschäftsbetriebs durch den Mieter einer Gaststätte) zeichnet sich dadurch aus, dass der Vertragszweck – wie häufig anzutreffen – im Mietvertrag nicht klar definiert ist, sondern nur in allgemeiner Weise beschrieben wird („Betrieb einer Gaststätte"). Je allgemeiner der Nutzungszweck im Vertrag festgelegt ist, desto freier ist der Mieter grds in seiner Entscheidung, wie er den Mietgebrauch im Einzelnen ausgestaltet. Von daher hat ein Vermieter, der in solchen Fällen eine bestimmte Nutzung beanstanden will, in verstärktem Maße wirtschaftliche und prozessuale Risiken zu befürchten. Der Rückgriff auf die allgemeine Pflicht zur wechselseitigen Rücksichtnahme und auf Verletzungen des Hausfriedens birgt nicht unerhebliche Auslegungs-, Wertungs- und Abgrenzungsschwierigkeiten in sich. Von daher sollte bei der Vertragsgestaltung besonders darauf geachtet werden, den jeweiligen Mietgebrauch (Nutzungszweck) unmissverständlich festzulegen.

3. Das Vorliegen einer Störung des Hausfriedens erfordert die Darlegung eines Verstoßes gegen das (zumeist ungeschriebene) Gebot wechselseitiger Rücksichtnahme. Pflichten zur Rücksichtnahme auf den Vermieter und andere Mieter im Mietobjekt können sich unter mehreren rechtlichen Aspekten ergeben:

Geschützt sind sowohl die **Rechtsbeziehungen zwischen dem Mieter und dem Ver-mieter** als auch das idR nicht vertraglich ausgestaltete **Verhältnis zwischen einem Mieter zu anderen Mietern** und ggf. auch zu Nachbarn. Im Verhältnis zum Vermieter bestimmt sich der Umfang erlaubten Mietgebrauchs nach dem Mietvertrag und dem darin verein-barten Mietzweck und den vertraglichen Verhaltensmaßregeln (→ Anm. 2). Für deren Auslegung gelten die allgemeinen Regeln der §§ 133, 157 BGB. Außerdem sind die gesetzlichen Vorgaben zum Mietgebrauch heranzuziehen, insbesondere auch die aus den Kündigungsvorschriften ableitbaren Verhaltenspflichten (§§ 543, 569 Abs. 2 BGB).

Im Verhältnis zwischen den Mietern gelten mangels unmittelbarer vertraglicher Ab-reden die Grenzen, die sich aus Besitzschutzrechten (§§ 862, 906 BGB analog, vgl. dazu: OLG Düsseldorf 29.1.1997 – 9 U 218/96, NJWE-MietR 1997, 198) oder aus Delikts-recht (§§ 823 ff. BGB) ergeben können (KG 1.9.2003 – 12 U 20/03, BeckRS 2003, 30326902). Ob sich Mieter untereinander auf eine im Mietvertrag des jeweils anderen enthaltene Hausordnung berufen können, ist umstritten (befürwortend: OLG München 21.1.1992 – 13 U 2289/91, NJW-RR 1992, 1097; Palandt/*Weidenkaff* BGB § 535 Rn. 20 und 28; dagegen: *Horst* MietR Rn. 959).

Eine Hausfriedensstörung iSd § 569 Abs. 2 BGB kann sowohl in einem Verstoß des Mieters gegen Pflichten aus den vorgenannten Verhältnissen als auch in einer vom Ver-mieter zu verantwortenden Störung von Mietern bestehen (KG 1.9.2003 – 12 U 20/03, BeckRS 2003, 30326902). Der Vermieter kann etwa dadurch den Hausfrieden verletzen, dass er an einen neuen Mieter vermietet, der ein störendes oder milieuschädigendes Gewerbe ausübt. Wenn dem gewerblichen Mieter der vertragsgemäße Gebrauch der Mietsache ganz oder zum Teil durch Störungen eines Dritten, zu denen auch andere Mieter zu rechnen sind, entzogen wird, trifft den Vermieter im Rahmen seiner Verpflichtung zur Gebrauchsgewährung die Pflicht, den Mieter gegen von Dritten ausgehende Störungen des vertragsgemäßen Gebrauchs zu schützen (Düsseldorf 29.11.2012 – I-10 U 44/12, ZMR 2013, 706; OLG Düsseldorf 29.11.2007 – I-10 U 86/07, GuT 2007, 438).

Der Mieter eines Ladenlokals kann danach grundsätzlich verlangen, dass der Vermieter ihm einen ungestörten Geschäftsbetrieb ermöglicht. Hierzu gehört zB der freie Zugang ebenso wie die Möglichkeit einer ungestörten Schaufensterwerbung. Der Vermieter ist daher gemäß § 535 Abs. 1 BGB zum Einschreiten verpflichtet, wenn Kunden oder Passanten dadurch von dem Betreten eines Ladengeschäfts oder von dem Betrachten der zugehörigen Schaufenster abgehalten werden, dass ein anderer in unmittelbarer Nähe dieses Ladengeschäfts durch abgestellte Fahrzeuge oder herumliegende Gegenstände den Zugang zu dem Ladengeschäft unmöglich macht oder erschwert (OLG Düsseldorf 30.6.1961, NJW 1961, 1925).

Sind andere Abhilfeversuche erfolglos geblieben, muss der Vermieter das Mietverhält-nis mit dem störenden Mieter beenden. Hierauf hat der in seinem vertragsgemäßen Gebrauch gestörte Mieter ggf. einen nach § 535 Abs. 1 BGB durchsetzbaren Anspruch (OLG Düsseldorf 29.11.2007 – I-10 U 86/07, GuT 2007, 438; LG Berlin 11.1.1999, GE 1999, 380).

Die Frage, ob eine Störung des Hausfriedens durch den Vermieter oder einen Mieter zugleich (für einen anderen Mieter) einen **Mangel der Mietsache im Sinne von § 536 Abs. 1 BGB** beinhaltet, ist keiner generellen Festlegung zugänglich und im Einzelnen nur schwierig abzugrenzen. Eine genaue Festlegung, ob ein Mangel der Mietsache vorliegt, ist aber dann erforderlich, wenn der (andere) Mieter hieran eine Mietminderung im Sinne von § 536 Abs. 1 BGB knüpfen will.

Das Vorliegen eines Mangels beurteilt sich danach, ob der Mangel der Mietsache als solcher anhaftet und ob dadurch die Tauglichkeit der Mieträume der Kläger zum vertragsgemäßen Gebrauch mehr als nur unerheblich gemindert ist. Unter einem Mangel im Sinne von § 536 Abs. 1 BGB ist eine für den Mieter nachteilige Abweichung des tatsächlichen Zustandes der Mietsache von dem vertraglich geschuldeten zu verstehen, wobei sowohl tatsächliche Umstände als auch rechtliche Verhältnisse in Bezug auf die

Mietsache als Fehler in Betracht kommen können. So können bestimmte äußere Einflüsse oder Umstände einen Fehler des Mietobjekts begründen. Erforderlich ist allerdings stets eine **unmittelbare Beeinträchtigung** der Tauglichkeit bzw. eine unmittelbare Einwirkung auf die Gebrauchstauglichkeit der Mietsache, wohingegen Umstände, die die Eignung der Mietsache zum vertragsgemäßen Gebrauch nur mittelbar berühren, nicht als Mängel zu qualifizieren sind (vgl. BGH 21.9.2005 – XII ZR 66/03, NJW 2006, 899).

Für die Frage, **ob eine Hausfriedensstörung einen Sachmangel bewirkt,** wird es maßgeblich auf eine **quantitative und qualitative Bewertung** der Beeinträchtigung ankommen, welche die Störung für den Mietgebrauch bewirkt. Kleinere temporäre Störungen im Mietgebrauch sind allgegenwärtig und praktisch nicht vermeidbar (BGH 18.2.2015 – VIII ZR 186/14, NZM 2015, 302; OLG Düsseldorf 29.11.2012 – I-10 U 44/12, ZMR 2013, 706). Diesseits wird daher davon ausgegangen, dass manifeste Störungen des Hausfriedens zu einem der Mietsache anhaftenden Sachmangel erstarken können, wenn hiervon dauerhafte Gebrauchsbeeinträchtigungen ausgehen. Erforderlich für die Annahme eines Sachmangels ist daher eine sich über einen längeren Zeitraum hinziehende **erhebliche Beeinträchtigung** des Mieters durch Verstöße gegen das Gebot gegenseitiger Rücksichtnahme. Die Störung des Hausfriedens muss in ihrem Ausmaß und ihrer Dauer die **Toleranzschwelle** deutlich überschritten haben. Einmalige oder vereinzelte Vorfälle genügen dagegen ebenso wenig wie Störungen, die dem Bagatellbereich zuzuordnen sind (OLG Düsseldorf 29.11.2012 – I-10 U 44/12, ZMR 2013, 706; OLG Düsseldorf 29.11.2007 – I-10 U 86/07, GuT 2007, 438; zu mehreren Störungen mit Wiederholungsgefahr vgl. *Kraemer* NZM 2001, 553).

Als Eigenschaften der Mietsache iSv § 536 Abs. 2 BGB, die sich auch im Rahmen einer Mängelhaftung auswirken können, kommen neben der physischen Beschaffenheit auch die **tatsächlichen und rechtlichen Beziehungen des Mietgegenstands zu seiner Umwelt** in Betracht, die für die Brauchbarkeit und den Wert des Mietobjekts von Bedeutung sind (vgl. etwa BGH 21.9.2005 – XII ZR 66/03, NZM 2006, 54). Damit werden grundsätzlich auch negative Einwirkungen erfasst, die sich in Gestalt von störenden Einflüssen auswirken, die nicht unmittelbar dem Leistungsaustausch zwischen den Mietparteien entstammen.

Für die Frage, ob ein Recht zur fristlosen Kündigung (→ Anm. 5) besteht, bedarf es wegen des weitreichenden Gleichklangs von §§ 543 Abs. 2 Nr. 1, 569 Abs. 2 BGB im Zweifel keiner exakten Abgrenzung. Die Annahme einer Hausfriedensstörung bedarf aber in jedem Falle konkreter **Feststellungen zu bestimmten störenden Verhaltensweisen** und zu den hiervon ausgehenden tatsächlichen Auswirkungen auf den Mietgebrauch (BGH 15.10.2008 – XII ZR 1/07, NZM 2009, 124). Das Formular sieht daher zunächst eine Auflistung derjenigen Tatsachen vor, an welche die Annahme einer Störung anknüpfen soll (→ Anm. 4).

4. Das Formular sieht in einem weiteren Schritt vor, von einem bestimmten tatsächlichen Verhalten das Vorliegen konkreter Beeinträchtigungen abzuleiten, aus denen sich eine rechtlich relevante Störung ergibt. Die aufgelisteten nachteiligen Auswirkungen dokumentieren dabei, dass sich aus einem störenden Mieterverhalten Nachteile für andere Mieter ergeben können (hier in Gestalt von Geschäftseinbußen bei gewerblichen Mietern und Belästigungen von Wohnungsmietern durch den bordellartigen Betrieb) und zugleich Nachteile für den Vermieter. Der Vermieter kann seinerseits, wenn er das Objekt selbst nutzt, im eigenen Wohn- oder Geschäftsgebrauch unmittelbar beeinträchtigt sein. Ihm drohen aber auch Nachteile dadurch, dass andere Mieter den Mietzins mindern oder das Mietverhältnis aufkündigen.

Im Beispielsfall liegt es eher auf der Hand, dass die Führung eines bordellartigen Betriebs in einem nicht milieugeprägten Umfeld gravierende Beeinträchtigungen mit sich bringen kann (zu einem sog. Swingerclub vgl. KG 1.9.2003 – 12 U 20/03, BeckRS 2003, 30326902).

Ob auch andere Änderungen im Mietgebrauch bzw. in der Vermietungspraxis rechtliche Konsequenzen zu tragen vermögen, bedarf sorgfältiger Gewichtung. Ohne besondere Absprachen kann aus der bloßen Vereinbarung einer deutlich über den örtlichen Spitzenpreisen liegenden Miete selbst vor dem Hintergrund eines das „einmalige Ambiente" und die „angenehme Atmosphäre" hervorhebenden Vermietungs-Exposés noch keine Verpflichtung des Vermieters abgeleitet werden, einen bestimmten „Mietermix" oder ein bestimmtes Niveau zu bewahren (BGH 15.10.2008 – XII ZR 1/07, NZM 2009, 124). Dies gilt auch, soweit aus der Miethöhe hergeleitet werden soll, dass das Miet-Umfeld über dem Durchschnitt liegenden Anforderungen gerecht werden müsse, weil derartige Begriffe zu unbestimmt und einer Subsumtion nicht zugänglich sind (BGH 15.10.2008 – XII ZR 1/07, NZM 2009, 124). Ein Mieter hat grundsätzlich keinen Anspruch darauf, dass sich im Umfeld seiner Mieträume nur Kunden oder Besucher anderer Mieter einfinden, die einer „gehobenen" Bevölkerungsschicht angehören oder sich durch ein angenehmes Erscheinungsbild und Verhalten auszeichnen. Ein wesentlich beeinträchtigender Mangel liegt vielmehr erst dann vor, wenn sich daraus Unzuträglichkeiten oder Belästigungen ergeben, die sich konkret auf den Mieter bzw. seinen Betrieb auswirken (BGH 15.10.2008 – XII ZR 1/07, NZM 2009, 124). Solche Auswirkungen werden im Formular beispielhaft aufgelistet.

5. Nach §§ 543, 569 Abs. 2, 578 BGB kann der Vermieter den Vertrag außerordentlich fristlos aus wichtigem Grund kündigen, wenn ein Mieter den Hausfrieden so nachhaltig stört, dass dem Vermieter unter Berücksichtigung aller Umstände des Einzelfalls, insbesondere eines Verschuldens der Vertragsparteien, und unter Abwägung der beiderseitigen Interessen die **Fortsetzung des Mietverhältnisses bis zum Ablauf der Kündigungsfrist oder bis zur sonstigen Beendigung des Mietverhältnisses nicht zugemutet werden kann** (§§ 578 Abs. 2, 569 Abs. 2 BGB). Die Kündigung ist auch im Rahmen dieses Kündigungtatbestandes erst nach erfolglosem Ablauf einer zur Abhilfe bestimmten Frist oder nach erfolgloser **Abmahnung** zulässig. Das gilt – wie auch im Rahmen von § 543 Abs. 3 BGB – nicht, wenn eine Frist oder Abmahnung offensichtlich keinen Erfolg verspricht oder die sofortige Kündigung aus besonderen Gründen unter Abwägung der beiderseitigen Interessen gerechtfertigt ist. Das Formular versteht sich auch als **Abmahnung** im vorstehenden Sinne.

Nur ein **schwerwiegender Verstoß des Mieters gegen die Hausfriedenspflichten** kann eine fristlose Kündigung rechtfertigen. Dies ergibt sich nicht nur aus der Formulierung „nachhaltig" (vgl. dazu BGH 18.2.2015 – VIII ZR 186/14, NZM 2015, 302; OLG Düsseldorf 29.11.2012 – I-10 U 44/12, ZMR 2013, 706), sondern auch aus dem Zusammenspiel mit § 573 Abs. 2 Nr. 1 BGB, der schon für eine ordentliche Kündigung einen nicht unerheblichen Pflichtverstoß verlangt. Dies folgt weiter aus dem Erfordernis der Unzumutbarkeit weiteren Zuwartens bis zum Ablauf der Kündigungsfrist oder bis zur sonstigen Beendigung des Mietverhältnisses. Es genügt daher weder eine bloß geringfügige noch eine kurze oder einmalige Störung. Vielmehr muss in der Regel **Wiederholungs- oder Fortsetzungsgefahr** bestehen. Diese kann sich ebenso aus einem früheren gleichartigen Verhalten des Mieters ergeben wie aus seinem Verhalten nach Ausspruch der Kündigung (KG 1.8.2003 – 12 U 20/03, BeckRS 2003, 30326902 mwN).

Anders als bei § 554a BGB aF **kommt es auf ein Verschulden des Mieters bei der Hausfriedensstörung grds nicht an**; dieses ist aber bei den Zumutbarkeitserwägungen zu berücksichtigen (KG 1.9.2003 – 12 U 20/03, BeckRS 2003, 30326902). Damit muss sich der Mieter die Störungen des Hausfriedens zurechnen lassen, die durch sein Verhalten verursacht worden sind und die adäquat darauf zurückgehen.

Eine **zur Kündigung berechtigende Hausfriedensstörung liegt dann nicht vor, wenn der Vermieter** – ggf. stillschweigend – **sein Einverständnis mit den typischen Folgen** erklärt, die mit dem Betrieb eines bestimmten Gewerbes verbunden sind (zu einem sog. Swingerclub vgl. KG 1.9.2003 – 12 U 20/03, BeckRS 2003, 30326902).

9. Aufforderung des Mieters zur Bereitstellung hinreichend klimatisierter Mieträume (zugleich Mängelanzeige, Abmahnung)

. . . . .

(Mieter)

an

. . . . .

(Vermieter)

Sehr geehrte(r) . . . . .,

aufgrund Mietvertrags vom . . . . . bin ich Mieter von Büroräumen[1] im Objekt . . . . . Die Mieträume sind, wie sich schon seit den ersten Sommertagen dieses Jahres gezeigt hat, nicht für den vertraglich vorausgesetzten Mietgebrauch geeignet. Dies ergibt sich aus folgenden Umständen:[2]

> Die Räumlichkeiten sind an der Süd-/Westseite des Gebäudes gelegen und von daher in besonderem Maße der Sonneneinstrahlung ausgesetzt.
> Sämtliche Räume verfügen über großflächige Fensterfronten, die überwiegend die gesamte Raumhöhe einnehmen. Die Fenster können – technisch bedingt – nicht geöffnet werden.
> An sonnigen Tagen heizen sich die Mieträume übermäßig auf. Schon bei Außentemperaturen von wenig mehr als 20 °C erreichen die Innentemperaturen 30 °C und mehr. An Sommertagen mit einer Außentemperatur um 25 °C steigt die Innentemperatur auf 35 °C und mehr an. Bereits an . . . . . Tagen war in den Räumen in diesem Kalenderjahr eine Innentemperatur von 30 °C und mehr zu verzeichnen.
> Eine Klimatisierung der Räume ist mit zumutbarem Eigenaufwand nicht möglich. Ich habe sämtliche Fenster innen mit Sonnenschutzrollos ausstatten lassen. Damit lässt sich jedoch allenfalls eine geringe Verzögerung der Aufheizung bewirken. Da dies auf baulichen Gegebenheiten beruht (Gewächshauseffekt), erweisen sich bloße Sonnenschutzvorkehrungen im Innenbereich als schlechthin untauglich.
> Die vertragsgemäße Nutzung der Büroräume ist durch die beschriebene Situation wesentlich beeinträchtigt. Bei den genannten Innentemperaturen ist in den Mieträumen ein Arbeiten nicht mehr zumutbar möglich. Die arbeitsschutzrechtlichen Vorgaben der Arbeitsstättenverordnung sind nicht im Ansatz einzuhalten. Der Aufenthalt in den überhitzten Räumen ist in hohem Maße belastend und gesundheitsgefährdend. Ich habe meine Mitarbeiter schon an . . . . . Tagen vorzeitig nach Hause schicken müssen. Ein geordneter Arbeitsbetrieb ist dadurch ausgeschlossen.

Als Vermieter sind Sie gemäß § 535 Abs. 1 BGB verpflichtet, die Mieträume in einem zum vertragsgemäßen Gebrauch geeigneten Zustand zu überlassen und zu erhalten. Da der vertragsgemäße Gebrauch über ganz erhebliche Zeiträume hinweg stark beeinträchtigt bzw. unmöglich ist, weist die Mietsache einen gravierenden Mangel auf.[3] Außerdem bewirkt die Benutzung der extrem überhitzten Räumlichkeiten eine gravierende Gesundheitsgefährdung im Sinne von § 569 Abs. 1 S. 1 BGB.

Ich fordere Sie daher auf, umgehend für eine ausreichende Klimatisierung der Mieträume Sorge zu tragen.[4]

Bis zur Herstellung eines vertragsgerechten Zustands werde ich die laufende Miete mindern, und zwar für jeden Tag, an dem Innentemperaturen . . . . . °C übersteigen, um anteilige 75 % und für jeden Tag, an dem Innentemperaturen . . . . . °C übersteigen, zeitanteilig um 100 %.[5]

Außerdem weise ich darauf hin, dass erhebliche Beeinträchtigungen im vertragsgemäßen Gebrauch gemäß § 543 Abs. 2 Nr. 1 BGB ein Recht zur außerordentlichen fristlosen Kündigung des Mietverhältnisses begründen können. Von diesem Recht werde ich Gebrauch machen, wenn die vertragsgemäße Nutzung der Mieträume nicht innerhalb einer Frist von . . . . . Wochen gewährleistet ist. Die Geltendmachung von Schadensersatzansprüchen behalte ich mir vor.[6]

. . . . .

(Mieter)

Anmerkungen

1. Büroräume sind oft in neuzeitlich gestalteten Hochhäusern angesiedelt, deren Fassaden zT komplett mit Glas verkleidet sind oder große Fensterflächen aufweisen. Dies kann dazu führen, dass sich das Gebäudeinnere bei Sommertemperaturen so stark aufheizt, dass der Mietgebrauch massiv beeinträchtigt ist. Das Formular behandelt einen solchen Fall, bei dem der Mieter sich insoweit auf einen Mangel der Mietsache sowie auf bestehende Gesundheitsrisiken beruft.

Ob eine Mietsache ein vertragsgerechtes Raumklima gewährleistet und welche Mieterrechte insoweit in Betracht kommen, hängt im Ausgangspunkt maßgeblich von der **Beschaffenheit der Mietsache bei Überlassung, dh bei Mietbeginn**, ab. Es macht nach diesseitiger Auffassung einen entscheidenden Unterschied, ob das Mietobjekt schon anfänglich mit einer Klimaanlage ausgestattet war oder nicht. Bei einer bereits vorhandenen Klimaanlage geht es um deren Funktionsfähigkeit und um die Frage, ob die Klimaanlage iSv §§ 536 ff. BGB mangelhaft ist und welche Kriterien hierfür gelten. Bei einer anfänglich nicht entsprechend ausgestatteten Mietsache stellt sich die Frage, ob die Mietsache selbst ohne vertragliche Absprachen zur Klimatisierung nachträglich mit einer solchen Anlage ausgestattet werden muss, dh ob der Vermieter eine nachträgliche Herstellungspflicht zur Herbeiführung des vertragsgemäßen Zustands iSv § 535 Abs. 1 S. 2 BGB hat. Das wird gelegentlich nicht unterschieden.

2. Wenn es sowohl an konkreten vertraglichen Vorgaben als auch an einer Klimaanlage fehlt, wird überwiegend angenommen, dass zur Ausübung eines Gewerbes vermietete Räume, in denen insbesondere auch Arbeitnehmer beschäftigt werden sollen, gleichwohl so beschaffen sein müssen, dass bei hohen Außentemperaturen die Innentemperatur nicht übermäßig ansteigt. Andernfalls liege ein Mangel der Mietsache vor (OLG Rostock NZM 2001, 425; OLG Hamm NJW-RR 1995; OLG Naumburg NJW-RR 2004, 299; LG Bielefeld AiB 2003, 752). Welcher Standard dabei zu gewährleisten ist, unterliegt aber einer schwer zu überblickenden Kasuistik (vgl. dazu die Darstellung bei *Gsell* WuM 2011, 491; vgl. ferner BGH 15.12.2010 – XII ZR 132/09, NZM 2011, 153 – unter Annahme eines Mangels, aber ohne nähere Festlegung zum einzuhaltenden Standard; OLG Rostock NZM 2001, 425: bis zu 32 Grad Außentemperatur dürfe die Innentemperatur nicht mehr als 26 Grad betragen, bei höheren Außentemperaturen müsse die Innentemperatur um 6 Grad geringer sein als die Außentemperatur; vgl. auch die Nachweise bei *Lucenti/Westfeld* NZM 2009, 422 und NZM 2009, 291).

Wenn die Mietsache bereits anfänglich mit einer Klimaanlage ausgestattet ist, stellt sich die Mangelsituation anders dar. Der vertragsgemäße Zustand ist dann dadurch gekennzeichnet, dass eine vorhandene Klimatisierung auch vertraglich geschuldet ist. Insoweit liegt die Vertragssituation nicht anders als bei sonstigen Ausstattungsmerkmalen (Stromversorgung, Heizung usw), die auch ohne besondere vertragliche Zusatzvereinbarungen den vertraglichen Soll-Zustand umschreiben. Der mietvertraglich geschuldete Zustand definiert sich also iSv "Gewerberäumen mit Klimaanlage". Das Vorliegen eines Mangels hängt dann davon ab, ob die vorhandene Klimaanlage ordnungsgemäß funktioniert.

Was den **vom Vermieter zu gewährleistenden technischen Standard** angeht, kommt es grds darauf an, was eine vorhandene Belüftungs- und Klimaanlage nach dem für sie geltenden technischen Standard zu leisten hat (BGH 18.12.2013 – XII ZR 80/12, NZM 2014, 163; 29.4.2015 – VIII ZR 197/14, BGHZ 205, 177–195 = NZM 2015, 481).

Das führt zu der weiteren Problematik, **welcher Zeitpunkt für diesen technischen Standard maßgeblich ist,** der Zeitpunkt der Herstellung, der lange Zeit zurückliegen kann, oder der aktuell zeitgemäße technische Standard (dazu eingehend *Gsell* WuM 2011, 491). Der BGH (18.12.2013 – XII ZR 80/12, NZM 2014, 163, im Anschluss an BGH 31.10.2007 – VIII ZR 261/06 , NJW 2008, 142) hat in Fällen, bei denen die Funktionsfähigkeit einer vorhandenen Be- und Entlüftungsanlage streitig war, darauf abgestellt, ob eine solche Anlage dem **bei der Errichtung des Gebäudes maßgeblichen technischen Standard** entspricht und fehlerfrei arbeitet. An diesem Grundsatz dürfte auch die – allerdings zur Wohnraummiete ergangene – Entscheidung des BGH (26.7.2004 – VIII ZR 281/03, NZM 2004, 736) nichts Grundlegendes ändern, mit welcher der BGH von der Pflicht des Vermieters ausgegangen ist, dass der vertragsgemäße Gebrauch einer Wohnung die Bereitstellung einer solchen Stromversorgung voraussetzt, wie sie seit Jahrzehnten üblich ist und dem allgemeinen Lebensstandard entspricht. Eine fortlaufende Pflicht zur ständigen Aktualisierung von technischen Ausstattungen gemäß dem jeweils aktuell geltenden technischen Standard hat der BGH indes auch in diesem Fall ausdrücklich verneint. Ein Vermieter ist also nicht verpflichtet, eine vorhandene (Alt-) Anlage ständig in einem bestimmten Sinne zu erneuern oder sogar durch eine neue Anlage zu ersetzen (BGH 18.12.2013 – XII ZR 80/12, NZM 2014, 163; im Anschluss an BGH 31.10.2007 – VIII ZR 261/06, NJW 2008, 142).

3. Wann eine Mietsache wegen unzureichender Klimatisierung mangelhaft im Sinne von § 536 Abs. 1 BGB ist, wird unterschiedlich beurteilt:

Zum Teil ist die Anwendbarkeit von Ziffer 3.3 Arbeitsstättenrichtlinie zu **§ 6 Arbeitsstättenverordnung** bejaht worden, um den vertragsgemäßen Sollzustand zu umschreiben (OLG Hamm 18.10.1994 – 7 U 132/93, NJW-RR 1995, 143; OLG Düsseldorf 4.6.1998 – 24 U 194/96, NJW-RR 1998, 1307; OLG Köln 28.10.1991 – 2 U 185/90, NJW-RR 1993, 466; OLG Rostock 29.12.2000 – 3 U 83/98, NJW-RR 2001, 802; OLG Naumburg 17.6.2003 – 9 U 82/01, NJW-RR 2004, 299; OLG Naumburg 13.10.2009 – 9 U 45/09, NZM 2011, 35; OLG Hamm 28.2.2007 – 30 U 131/06, OLGR 2007, 541; kritisch dazu: *Herrlein* NZM 2007, 719).

Teilweise ist auch die **DIN 1946-2 zur Klimatechnik** herangezogen worden (OLG Hamm 18.10.1994 – 7 U 132/93, NJW-RR 1995, 143; OLG Hamm 28.2.2007 – 30 U 131/06, OLGR 2007, 541).

Demgegenüber ist auch auf die **DIN EN 13779 für Gebäude, die dem Verkauf von Waren dienen,** abgestellt worden (OLG Rostock 17.5.2018 – 3 U 78/16, Grundeigentum 2018, 876, Anm. *Borzutzki-Pasing* jurisPR-MietR 13/2018 Anm. 3).

Die von den Befürwortern einer nachträglichen Herstellungspflicht angeführten arbeitsschutzrechtlichen und bautechnischen Vorgaben entbehren allerdings eines direkten mietrechtlichen Bezugs. Selbst deren Geltung für die konkrete Nutzung des Mietobjekts (etwa durch die Beschäftigung von Arbeitnehmern) besagt im Grunde nichts darüber, wer für den normgerechten Zustand einzustehen hat. Wenn der Mieter gehalten ist, arbeitsschutzrechtlich gebotene Vorkehrungen zu treffen, wird der Vermieter in aller Regel verpflichtet sein, die erforderlichen (baulichen) Maßnahmen zuzustimmen. Kritisch dürfte daher auch die Entscheidung des OLG Rostock (17.5.2018 – 3 U 78/16, Grundeigentum 2018, 876, Anm. *Borzutzki-Pasing* jurisPR-MietR 13/2018 Anm. 3) zu sehen sein, die bei vorhandener (Alt-)Anlage einen vom Vermieter zu gewährleistenden Zustand angenommen hat, wie er von den Befürwortern einer nachträglichen Herstellungspflicht angenommen wird. Die Neuherstellung einer Klimatisierung indiziert einen immensen Kostenaufwand, der das vertragliche Äquivalenzverhältnis auf den Kopf stellen kann.

Der Annahme eines Sachmangels sind das OLG Frankfurt (19.1.2007 – 2 U 106/06, NZM 2007, 330) **und das OLG Karlsruhe** (17.12.2009 – 9 U 42/09, MDR 2010, 564, Anm. *Pfeifer* juris-PR-MietR 18/2010 Anm. 3) mit beachtlichen Gründen **kritisch begegnet.** Mangels besonderer Zusicherungen des Vermieters ist danach kein Mangel gegeben. Die Tauglichkeit von nicht klimatisiert vermieteten und den baurechtlichen Bestimmungen entsprechenden Büroräumen zum vertragsgemäßen Gebrauch soll danach durch sommerliche Hitze nicht eingeschränkt sein, so wie die Tauglichkeit von ohne Heizung vermieteten Räumen im Winter ebenfalls nicht durch Kälte eingeschränkt wird. Die Regelung der Innentemperatur ist danach vertraglich dem Mieter überlassen. Wenn der Vermieter eine Klimatisierung oder besondere Dämmung oder Klimatisierung des Gebäudes nicht vertraglich zugesagt hat, besteht nach Auffassung des OLG Frankfurt (19.1.2007 – 2 U 106/06, NZM 2007, 330) auch keine Pflicht, das Überschreiten bestimmter Temperaturen in einem Objekt, dessen Zuschnitt dem Mieter von Anfang an bekannt war, zu verhindern.

In dieselbe Richtung weist nunmehr wohl auch die Rechtsprechung des BGH (5.11.2014 – XII ZR 15/12, NZM 2015, 84), der einen Sachmangel (ohne nähere Begründung) verneint hat, wenn es sich um einen **von Anfang an bestehenden Zustand** handelt, den der Mieter als vertragsgemäß akzeptiert hat.

Die in Rechtsprechung und Literatur teilweise befürwortete Pflicht des Vermieters, auch eine nicht mit einer Klimatisierung ausgestattete Mietsache so zu überlassen, dass bestimmte Temperaturrichtwerte eingehalten werden, lässt sich praktisch nur in der Weise erfüllen, dass der Vermieter nachträglich eine solche Klimaanlage installiert. Die Annahme einer solchen Pflicht begegnet erheblichen rechtsdogmatischen Bedenken. Wenn die dem Mieter bekannte anfängliche Beschaffenheit sich als „Gewerberaum ohne Klimaanlage" darstellt, erscheint eine gleichwohl anzunehmende Herstellungspflicht, die Mietsache nachträglich mit einer Klimaanlage auszustatten, als systemfremd. Ein gravierender Wertungswiderspruch ergibt sich namentlich daraus, dass der Mieter eines Objekts, das mit einer ggf. älteren Klimaanlage versehen ist, nach den aufgezeigten Grundsätzen nur die Gewährleistung des bei Errichtung der Anlage geltenden technischen Standards verlangen kann, während der Mieter ohne vorhandene Anlage und ohne vertragliche Zusage praktisch in den Genuss einer neu herzustellenden Anlage kommen soll. Der insoweit vertragslose Mieter wäre also besser gestellt als ein Mieter, der sich nach dem Vertrag auf eine vorhandene, zu erhaltende und funktionierende Anlage berufen kann.

Das Formular steht von daher unter kritischen Vorbehalten des Verfassers, die sich hinsichtlich der Herstellungspflichten des Vermieters ergeben.

Die Kasuistik in der Rechtsprechung zu der Frage, ob und ab welchem Zustand ein Mangel vorliegt, zeigt auf, dass vertragliche Regelungen zur vertragsgemäßen Nutzung der Mietsache von besonderer Bedeutung sein können, denn je konkreter der vom Vermieter zu gewährleistende Mietgebrauch spezifiziert wird, desto eher wird – anders als vom OLG Frankfurt (19.1.2007 – 2 U 106/06, NZM 2007, 330) und vom OLG Karlsruhe (17.12.2009 – 9 U 42/09, MDR 2010, 564) angenommen – von der vertraglichen Pflicht des Vermieters auszugehen sein, diesen Gebrauch im Rahmen seiner Überlassungs- und Erhaltungspflichten zu ermöglichen.

Vor dem aufgezeigten Hintergrund setzt die Verfolgung von Gewährleistungsansprüchen eine sorgfältige Prüfung voraus, ob überhaupt eine vertragliche Einstandspflicht des Vermieters besteht. Dabei kann es sich als erheblich erweisen, ob der Vermieter sich aufdrängenden **Hinweis- und Aufklärungspflichten** (etwa bzgl. früher aufgetretener Unzulänglichkeiten und Beeinträchtigungen) genügt oder Zusicherungen in Bezug auf den vertragsgemäßen Zustand abgegeben hat, die sich auch aus dem Zusammenhang anderer mietvertraglicher Abreden ergeben können.

4. Das Vorliegen eines Sachmangels berechtigt den Mieter zunächst, vom Vermieter gemäß § 535 Abs. 1 BGB die **Herstellung eines mangelfreien Zustands** zu verlangen. Ob der Vermieter sich demgegenüber auf einen unzumutbaren Mängelbeseitigungsaufwand berufen kann, wird allenfalls dem Anwendungsbereich von § 242 BGB zu unterstellen sein, denn die Erhaltungspflicht des Vermieters ist eine zentrale Leistungspflicht, die auch zu **Modernisierungsmaßnahmen** verpflichten kann (BGH 17.5.2001 – VIII ZR 283/00, NZM 2001, 686; BGH 6.10.2004 – VIII ZR 3551/03, NJW 2005, 218).

5. Das Vorliegen eines Sachmangels berechtigt den Mieter ferner zur **Mietminderung** (§ 536 Abs. 1 BGB; *Gsell* WuM 2011, 491). Wie diese Minderung zu bemessen ist, lässt sich nicht generell festlegen, denn die Beeinträchtigungen durch Überhitzung unterliegen typischerweise wetterbedingten Schwankungen. Am ehesten kann man sich an den Grundsätzen zur Mietminderung beim Heizungsausfall orientieren, denn dieser Mangel stellt sich quasi als Gegenstück zur unzulänglichen Klimatisierung im Sommer dar.

Das Formular versteht sich auch als **Mängelanzeige** im Sinne von § 536c Abs. 1 BGB, denn deren Unterbleiben stellt gemäß § 536c Abs. 2 Nr. 1 BGB die Minderungsbefugnis des Mieters in Frage.

6. Nach **§ 569 Abs. 1 S. 1 BGB** kann der Mieter kündigen, wenn ein zum Aufenthalt von Menschen bestimmter Raum so beschaffen ist, dass die Benutzung mit einer erheblichen **Gefährdung der Gesundheit** verbunden ist. Ein die Kündigung wegen Gesundheitsgefährdung rechtfertigender Mangel der Mietsache kann in einer lang andauernden Überhitzung von Räumen liegen (OLG Rostock 29.12.2000 – 3 U 83/98, NZM 2001, 425, ferner die weiteren Nachweise in → Anm. 3; *Gsell* WuM 2011, 491). Der vorgenannte Kündigungstatbestand überschneidet sich sachlich mit dem aus **§ 543 Abs. 2 Nr. 1 BGB**, denn das **Vorliegen von Sachmängeln** kann den vertragsgemäßen Gebrauch vertragswidrig einschränken.

Der Wirksamkeit einer Kündigung steht nicht entgegen, dass sich der Mangel der **Überhitzung nur auf einen Teil der Gesamtmietfläche** bezieht (OLG Naumburg 17.6.2003 – 9 U 82/01, NJW-RR 2004, 299). Erstreckt sich die Gesundheitsgefährdung nur auf einen Teil des Mietgegenstandes, greift das Kündigungsrecht aber nur dann ein, wenn dadurch die Nutzbarkeit des Mietobjekts im Ganzen erheblich beeinträchtigt ist.

Die Kündigung ist sowohl im Rahmen des Kündigungstatbestandes aus § 569 Abs. 1 BGB als auch dem aus § 543 Abs. 2 Nr. 1 BGB erst nach erfolglosem Ablauf einer zur Abhilfe bestimmten Frist bzw. nach erfolgloser **Abmahnung** zulässig. Das gilt – wie auch im Rahmen von § 543 Abs. 3 BGB – nicht, wenn eine Frist oder Abmahnung offensichtlich keinen Erfolg verspricht oder die sofortige Kündigung aus besonderen Gründen unter Abwägung der beiderseitigen Interessen gerechtfertigt ist. Das Formular versteht sich auch als Abmahnung im vorstehenden Sinne.

Wenn der Vermieter die klimatisch bedingten Beeinträchtigungen praktisch nur durch den Einbau einer ggf. aufwendigen Klimaanlage bewerkstelligen kann, wird die Setzung einer hierfür auskömmlichen Frist erforderlich sein. Eine solche Frist kann ggf. ganz entbehrlich werden, wenn der Vermieter bereits jegliche Gewährleistungspflicht mit Bestimmtheit von sich gewiesen hat.

Im Falle berechtigter Kündigung und beim Verzug des Vermieters mit der Mangelbeseitigung (§ 536a Abs. 1 BGB) kommen auch **Schadensersatzansprüche** des Mieters in Betracht (→ Form. B.IX.5 Anm. 5).

10. Mitteilung des Vermieters, dass keine Pflicht zur Durchführung von Schönheitsreparaturen nach Fristenplan besteht

. . . . .

(Vermieter)

an

. . . . .

(Mieter)

Sehr geehrte(r) . . . . .,

der Mietvertrag vom . . . . . über die von Ihnen genutzten Gewerberäume sieht in § . . . . . vor, dass Sie im Mietobjekt innerhalb folgender Fristen bestimmte Schönheitsreparaturen[1] durchzuführen haben:

. . . . .

Nachdem das Mietverhältnis am . . . . . begonnen hat, würde zum . . . . . die erste im Mietvertrag geregelte Frist zur Durchführung von Schönheitsreparaturen [Variante: würde zum . . . . . erneut die Frist zur turnusmäßigen Durchführung von Schönheitsreparaturen] ablaufen.

Nach der Rechtsprechung des Bundesgerichtshofs begegnen jedoch formularvertragliche Klauseln, die eine Renovierungspflicht innerhalb starrer Fristen vorsehen, auch im Bereich der Gewerberaummiete durchgreifenden Wirksamkeitsbedenken.[2]

Ich gehe daher davon aus, dass für Sie in dem vertraglich vorgesehenen Turnus keine verbindliche vertragliche Pflicht besteht, die vorgesehenen Schönheitsreparaturen durchzuführen. Mit Rücksicht hierauf mache ich Ihnen gegenüber keinen Anspruch auf Durchführung der fristgebundenen Renovierungsarbeiten geltend.[3]

Soweit Sie aus eigenem Entschluss [ggf.: entsprechend den Ihnen vertraglich eingeräumten Befugnissen] davon Gebrauch machen wollen, das Mietobjekt zu renovieren und für Ihre betrieblichen Bedürfnisse herzurichten, weise ich vorsorglich darauf hin, dass dies nur auf Ihr eigenes Risiko und auf eigene Rechnung geschehen kann. Erstattungs- und Schadensersatzansprüche, die im Zusammenhang mit solchen Arbeiten stehen, werde ich daher nicht gegen mich gelten lassen.[4] Eine Befugnis, die Mieträume dem vertragsgemäßen Zustand und dem Vertragszweck zuwider nachteilig zu verändern, besteht nicht.

Falls Sie daran interessiert sein sollten, die vertraglichen Renovierungsklauseln neu zu regeln bzw. anzupassen, teilen Sie mir dies bitte mit.[5]

. . . . .

(Vermieter)

Anmerkungen

1. Dieses und die → Form. B.IX.11, → Form. B.IX.12 befassen sich mit den Rechtsfolgen von Formularklauseln, die einer Inhaltskontrolle im Rahmen von § 307 BGB nicht standhalten. In der Praxis sind **Renovierungsklauseln mit starrem Fristenplan** (noch) häufig anzutreffen. Formularvertragliche Bestimmungen mit diesem Inhalt sind nach der jüngeren Rechtsprechung des BGH (→ Anm. 2) im Zweifel unwirksam. Dies gilt auch für die Gewerberaummiete. Fordert ein Vermieter den Mieter gleichwohl zur turnusmäßigen Durchführung von Schönheitsreparaturen auf oder lässt er vermeintlich geschuldete Renovierungsleistungen auch nur zu, kann dies gravierende Nachteile für den Vermieter bewirken. Von daher erscheint es als ratsam, wenn der Vermieter von sich aus Einfluss darauf nimmt, dass aufgrund einer unwirksamen Renovierungsklausel keine Schönheitsreparaturen durchgeführt werden.

Von der vertraglichen Pflicht zur Durchführung von Schönheitsreparaturen zu unterscheiden ist die Pflicht des Mieters, schuldhaft herbeigeführte **Substanzbeeinträchtigungen** zu beseitigen. Schäden an der Sachsubstanz der Mietsache, die durch eine Verletzung von Obhutspflichten des Mieters entstanden sind, hat dieser auch nach Beendigung des Mietverhältnisses gemäß §§ 280 Abs. 1, 241 Abs. 2 BGB als Schadensersatz neben der Leistung nach Wahl des Vermieters durch Wiederherstellung (§ 249 Abs. 1 BGB) oder durch Geldzahlung (§ 249 Abs. 2 BGB) zu ersetzen, ohne dass es einer vorherigen Fristsetzung des Vermieters bedarf (BGH 27.6.2018 – XII ZR 79/17, NZM 2018, 717, im Anschluss an BGH 28.2.2018 – VIII ZR 157/17, NZM 2018, 320).

2. Im Anschluss an die Rechtsprechung des für die Wohnraummiete zuständigen VIII. Zivilsenats des Bundesgerichtshofs hat auch der XII. Zivilsenat für die Gewerberaummiete solche AGB, mit denen Schönheitsreparaturen nach einem „starren" Fristenplan auf den Mieter übertragen werden, für unwirksam erachtet, weil sie den Mieter mit Renovierungspflichten belasten, die über den tatsächlichen Renovierungsbedarf hinausgehen und dem Mieter eine höhere Instandhaltungsverpflichtung auferlegen, als sie den Vermieter ohne eine solche vertragliche Klausel treffen würde (vgl. grundlegend BGH 23.6.2004 – VIII ZR 361/03, NJW 2004, 2586; 8.10.2008 – XII ZR 84/06, BGHZ 178, 158 = NZM 2008, 890).

Ausnahmen hat der VIII. Zivilsenat nur für solche AGB zugelassen, die eine Renovierung innerhalb bestimmter Fristen nur für den Regelfall vorsehen, diese aber vom tatsächlichen Erhaltungszustand abhängig machen (BGH 26.9.2007 – VIII ZR 143/06, NJW 2007, 3632). Wird die Renovierungspflicht des Mieters dagegen an feste zeitliche Grenzen geknüpft und spielt der Erhaltungszustand für die Verpflichtung keine Rolle, führt dies regelmäßig zur Unwirksamkeit der betreffenden Klausel (BGH 5.4.2006 – VIII ZR 178/05, NJW 2006, 1728; BGH 28.3.2007 – VIII ZR 199/06, NZM 2007, 398).

Der XII. Zivilsenat hat die Rechtsprechung zur Wohnraummiete – trotz kritischer Stimmen in Rechtsprechung und Literatur (zum Meinungsstand vgl. etwa die Darstellungen und die Nachweise bei *Lenkaitis/Löwisch* ZIP 2009, 441; *v. Westphalen* NJW 2009, 2977) – **auch für die Gewerberaummiete übernommen**, weil die Unwirksamkeit nicht auf besonderen sozialen Aspekten der Wohnraummiete beruhe, sondern auf den allgemeinen Pflichten eines Vermieters und den Grenzen einer formularmäßigen Abänderung (8.10.2008 – XII ZR 84/06, BGHZ 178, 158 = NZM 2008, 890; vgl. ferner die Darstellung bei *Eisenschmid* WuM 2010, 459). Die im Allgemeinen geringere Schutzbedürftigkeit eines Geschäftsraummieters soll danach starre Fristen für die Durchführung der Schönheitsreparaturen nicht rechtfertigen können. Ein geschäftserfahrener Unternehmer sei zwar als gewerblicher Mieter nicht in gleichem Maße schutzbedürftig wie ein Verbraucher als Wohnungsmieter. Diese Überlegung könne aber für die Befürwortung starrer Fristen zur Übertragung von Schönheitsreparaturen nicht greifen. Auch ein erfahrener gewerblicher Mieter gehe regelmäßig nicht davon aus, dass er die übernommenen Schönheitsreparaturen allein nach dem starren Zeitplan und völlig unabhängig vom Erhaltungszustand der Räume schulde. Selbst wenn der gewerbliche Mieter die zugrundeliegende Problematik erkenne, könne nicht ohne Weiteres unterstellt werden, dass ihm die örtliche Marktsituation die Abwehr einer solchen Klausel ermögliche (BGH 8.10.2008 – XII ZR 84/06, BGHZ 178, 158 = NZM 2008, 890).

Die in Formularmietverträgen enthaltene Verpflichtung des Mieters, neben der Durchführung der Schönheitsreparaturen die Mietsache bei **Beendigung des Mietverhältnisses** renoviert zurückzugeben, entfernt sich noch weiter vom gesetzlichen Leitbild und führt zu einer zusätzlichen Verschärfung zu Lasten des Mieters. Er muss in diesen Fällen eine **Endrenovierung** vornehmen unabhängig davon, wann die letzte Schönheitsreparatur erfolgt ist und ob ein Bedarf hierfür besteht. Eine so weitgehende Abweichung vom gesetzlichen Leitbild ist mit § 307 BGB nicht mehr vereinbar. Dies hat zur Folge, dass sowohl die Endrenovierungsklausel als auch die Klausel, die die Übertragung der laufenden Schönheitsreparaturen auf den Mieter regelt, unwirksam sind (BGH 12.3.2014 – XII ZR 108/13, NZM 2014, 306; BGH 14.5.2003 – VIII ZR 308/02, NJW 2003, 2234; BGH 25.6.2003 – VIII ZR 335/02, NZM 2003, 755; BGH 6.4.2005 – XII ZR 308/02, NJW 2005, 2006).

Der XII. Zivilsenat des BGH hat seine Rechtsprechung dahin differenziert, dass eine Klausel, wonach der Mieter der Mieter die Rückgabe der Mieträume in **bezugsfertigem Zustand** schuldet, nicht zu beanstanden sei (BGH 12.3.2014 – XII ZR 108/13, NZM 2014, 306, Anm. *Theesfeld* jurisPR-MietR 9/2014 Anm. 1). Um diese Verpflichtung zu erfüllen, muss der Mieter die Mieträume grds nicht umfassend renovieren. Ausreichend ist vielmehr, wenn er die Mieträume in einem Erhaltungszustand zurückgibt, der es dem Vermieter ermöglicht, einem neuen Mieter die Räume in einem bezugsgeeigneten und vertragsgemäßen Zustand zu überlassen (BGH 13.1.1982 – VIII ZR 186/80, ZMR 1982, 180). Nur wenn die Räume diesen Anforderungen nicht genügen, etwa weil der Mieter während der Mietzeit keine Schönheitsreparaturen durchgeführt hat, die letzten Schönheitsreparaturen lange zurückliegen oder sich die Mieträume aufgrund übermäßig starker Abnutzung trotz durchgeführter Schönheitsreparaturen nicht in einem zur Weitervermietung geeigneten Zustand befinden, hat der Mieter bei seinem Auszug Renovierungsarbeiten zu erbringen. Dies folgt jedoch bereits aus der Verpflichtung des Mieters, Schönheitsreparaturen durchzuführen, wenn es der Erhaltungszustand der Mieträume erfordert (BGH 12.3.2014 – XII ZR 108/13, NZM 2014, 306; 10.7.1991 – XII ZR 105/90, NJW 1991, 2416).

Die Absicht des Vermieters, nach Beendigung des Mietverhältnisses **Umbaumaßnahmen** in den Mieträumen durchzuführen, genügt nicht, um im Wege der ergänzenden Vertragsauslegung an die Stelle der vertraglichen Verpflichtung des Mieters nach Beendigung des Mietverhältnisses Schönheitsreparaturen und Instandsetzungs- bzw. Instandhaltungsmaßnahmen durchzuführen, einen **Ausgleichsanspruch in Geld** treten zu lassen. Ein solcher Ausgleichsanspruch setzt voraus, dass die Mieträume tatsächlich umgebaut werden (BGH 12.2.2014 – XII ZR 76/13, BGHZ 200, 133 = NZM 2014, 270, im Anschluss an 5.6.2002, XII ZR 220/99, BGHZ 151, 53 = NJW 2002, 2383).

3. Im Formular ist lediglich der Verzicht auf die turnusmäßigen Schönheitsreparaturen nach Fristenplan vorgesehen. Es muss indessen davon ausgegangen werden, **dass ein unwirksamer Fristenplan im Zweifel das gesamte Klauselwerk zu Schönheitsreparaturen infiziert**, auch soweit es die Pflicht zur Endrenovierung betrifft (BGH 8.10.2008 – XII ZR 84/06, BGHZ 178, 158 = NZM 2008, 890). Wenn im konkreten Einzelfall von der kompletten Unwirksamkeit der Renovierungs- und Abgeltungsklauseln auszugehen ist, wäre also zu prüfen, ob dies dem Mieter gegenüber nicht umfassend zu offenbaren wäre.

Außerdem hat der VIII. Zivilsenat des BGH (9.6.2010 – VIII ZR 294/09, NZM 2010, 615) angenommen, dass Allgemeine Geschäftsbedingungen in einem Wohnraummietvertrag, wonach es dem Mieter obliegt, die **Schönheitsreparaturen „ausführen zu lassen"** als **Fachhandwerkerklausel** verstanden werden kann und dem Mieter bei kundenfeindlichster Auslegung die Möglichkeit der kostensparenden Eigenleistung nimmt. Diese Auslegung strapaziert den Grundsatz kundenfeindlicher Auslegung in recht hohem Maße. An den BGH (9.6.2010 – VIII ZR 294/09, NZM 2010, 615) anknüpfend hat

das OLG Düsseldorf (mit 9.12.2010 – I-10 U 66/10, Anm. *U. Bieber* jurisPR-MietR 7/
2011 Anm. 3) eine Klausel für unwirksam gehalten, nach welcher der Mieter verpflichtet
ist, „Schönheitsreparaturen laufend auf eigene Kosten fachgerecht durchführen zu lassen,
sobald der Grad der Abnutzung dies nach der Art des Gewerbebetriebes bzw. der
vertraglichen Nutzung erfordert".

Eine in AGB eines Mietvertrages über Geschäftsräume enthaltene Regelung, die dem
Mieter die Verpflichtung zur Ausführung der Schönheitsreparaturen auferlegt und bestimmt, dass der Mieter nur mit Zustimmung des Wohnungsunternehmens von der
bisherigen **Ausführungsart** abweichen darf, ist ebenfalls gemäß §§ 305c Abs. 2, 307 Abs. 1
S. 1 BGB unwirksam (KG 17.5.2010 – 8 U 17/10, BeckRS 2011, 04066).

Auch **Quotenabgeltungsklauseln** stehen durchgreifend in Frage. Sie benachteiligen den
Mieter nach § 307 Abs. 1 BGB unangemessen und sind daher unwirksam, weil sie von
dem Mieter bei Vertragsschluss verlangen, zur Ermittlung der auf ihn bei Vertragsbeendigung zukommenden Kostenbelastung mehrfach hypothetische Betrachtungen anzustellen, die eine sichere Einschätzung der tatsächlichen Kostenbelastung nicht zulassen
(BGH 18.3.2015 – VIII ZR 242/13, NJW 2015, 1871, unter teilweiser Aufgabe von BGH
26.9.2007 – VIII ZR 143/06, NJW 2007, 3632; vgl. auch *Schmidt* NZM 2011, 561 mit
Beispielen).

Auch die zur Wohnraummiete ergangene höchstrichterliche Rechtsprechung zur Unwirksamkeit der formularmäßigen Überwälzung der Verpflichtung zur Vornahme laufender Schönheitsreparaturen einer dem Mieter unrenoviert übergebenen Mietsache ohne
die Gewährung eines angemessenen Ausgleichs (BGH 18.3.2015 – VIII ZR 185/14, NJW
2015, 1594) ist auf die Vermietung unrenoviert übergebener Geschäftsräume zu übertragen (OLG Celle 13.7.2016 – 2 U 45/16, NZM 2016, 644; OLG Dresden 6.3.2019 – 5 U
1613/18, NZM 2019, 412).

4. Wenn der Vermieter den Mieter aufgrund einer unwirksamen Renovierungsklausel
in Anspruch nimmt, drohen nach erfolgter Renovierung **Regressansprüche** des Mieters
(zu den in Betracht kommenden Anspruchsgrundlagen vgl. *Kinne* GE 2009, 358; *Schmidt*
WuM 2010, 191). Das kann zu **Schadensersatzansprüchen aus § 280 Abs. 1 BGB** führen
(→ Form. B.IX.12), wenn der Mieter vom Vermieter auf Renovierungsleistungen in
Anspruch genommen wird, obwohl der Vermieter um die Unwirksamkeit der Klauseln
weiß (was inzwischen schon als allgemein bekannt gelten dürfte). Erleidet der Mieter
dadurch Gewinneinbußen oder andere Schäden (zB durch einen Sturz von der Leiter),
können sich entsprechende Schadensersatzpflichten des Vermieters ergeben.

Der Vermieter wird aber jedenfalls damit zu rechnen haben, dass er auf **Erstattung des
Renovierungsaufwands** in Anspruch genommen wird. Ein solcher Anspruch ergibt sich
allerdings nicht aus den Grundsätzen zur Geschäftsführung ohne Auftrag (§§ 677 ff.
BGB). Der BGH hat (für die Wohnraummiete, aber auch für die Gewerberaummiete
verbindlich) klargestellt, dass ein Mieter, der aufgrund vermeintlicher vertraglicher Verpflichtung Schönheitsreparaturen vornimmt, damit kein Geschäft des Vermieters führt.
Der Mieter wird in diesem Rahmen nur im eigenen Rechts- und Interessenkreis tätig. Der
für eine Fremdgeschäftsführung erforderliche unmittelbare Bezug zum Rechts- und
Interessenkreis des Vermieters fehlt auch dann, wenn die Renovierungsmaßnahmen zu
einer Verbesserung der Mietsache führt und damit dem Vermögen des Vermieters zugutekommt (BGH 27.5.2009 – VIII ZR 302/07, BGHZ 181, 188 = NJW 2009, 2590 = NZM
2009, 541 mwN).

Der Mieter kann aber gegen den Vermieter auch einen **Bereicherungsanspruch** im
Sinne von § 812 Abs. 1 S. 1 BGB haben. Da eine vom Mieter rechtsgrundlos erbrachte
(Renovierungs-) Leistung nicht in Natur herausgegeben werden kann, hat der Vermieter
nach § 818 Abs. 2 BGB **Wertersatz** zu leisten (zur Höhe des Wertersatzes → Form. B.
IX.11 Anm. 6).

Ersatzansprüche des Mieters wegen Schönheitsreparaturen, die er während des Mietverhältnisses in der irrigen Annahme einer entsprechenden Verpflichtung ausgeführt hat, **verjähren** nach § 548 Abs. 2 BGB **binnen sechs Monaten ab Beendigung des Mietverhältnisses** (BGH 4.5.2011 – VIII ZR 195/10, NJW 2011, 1866). Maßgeblich ist dabei der Zeitpunkt, wann der Vermieter die Mietsache zurückerhält. Das setzt zum einen eine Änderung der Besitzverhältnisse zugunsten des Vermieters voraus. Zum anderen ist eine vollständige und unzweideutige Besitzaufgabe des Mieters erforderlich (BGH 27.2.2019 – XII ZR 63/18, NZM 2019, 408, im Anschluss an 19.11.2003 – XII ZR 68/00, NZM 2004, 98). Gerät der Vermieter in Annahmeverzug mit der Rücknahme der Mietsache, löst dies den Beginn der kurzen Verjährungsfrist gemäß § 548 Abs. 1 BGB aus (OLG Brandenburg 19.6.2018 – 3 U 72/17, ZMR 2019, 18; KG 21.5.2004, 12 U 9284/99, ZMR 2005, 455).

Zahlt der Mieter auf Grund einer unwirksamen Reparaturklausel an den Vermieter einen **Abgeltungsbetrag** für nicht durchgeführte Schönheitsreparaturen, unterliegt sich hieraus ergebende **Bereicherungsanspruch des Mieters ebenfalls der kurzen Verjährung des § 548 Abs. 2 BGB** (BGH 20.6.2012 – VIII ZR 12/12, NZM 2012, 557).

5. Wenn Renovierungsklauseln insgesamt unwirksam sind, kann im Zweifel nur zu einer offenen Behandlung dieser Problematik geraten werden. Gerade im Bereich der Gewerberaummiete wird es nicht selten möglich sein, mit dem Mieter nachträglich zu vertraglichen Änderungsvereinbarungen zu gelangen, die – als Individualvereinbarungen – nicht der Inhaltskontrolle im Rahmen von § 307 BGB unterliegen (zu Heilungsvereinbarungen vgl. *Klimke* WuM 2010, 8). Anders als bei der Wohnraummiete führt allein die Unwirksamkeit von Renovierungsklauseln noch nicht zwingend dazu, dass nunmehr der Vermieter deckungsgleich zu denselben Leistungen herangezogen werden könnte, die der Mieter im Rahmen seines Gewerbebetriebs für sinnvoll oder sogar für notwendig hält. Die mit der Unwirksamkeit aufgelebten **gesetzlichen Erhaltungspflichten** aus § 535 Abs. 1 S. 2 BGB beziehen sich grundsätzlich nur auf die Ermöglichung des vertragsgemäßen Gebrauchs (BGH 15.11.2006 – XII ZR 120/04, NJW 2007, 2394), der vom jeweiligen Vertragszweck abhängig ist (zB Betrieb eines Ladenlokals, einer Gaststätte usw). Die insoweit erforderlichen (Grund-) Renovierungspflichten decken jedoch nicht zugleich (zumindest nicht zwangsläufig) die dekorativen Zusatzaufwendungen ab, die der Mieter aus eigenem unternehmerischen Entschluss heraus für wirtschaftlich sinnvoll hält, um seine gewerbliche Betätigung attraktiv und konkurrenzfähig zu gestalten. Hieraus werden sich nicht selten wirtschaftlich tragfähige Absprachemöglichkeiten ergeben können, die nachträglich (wegen § 550 BGB unter Wahrung der Schriftform!) ergriffen werden sollten.

11. Bereicherungsanspruch des Mieters nach Durchführung nicht geschuldeter Schönheitsreparaturen

. . . . .

(Mieter)

an

. . . . .

(Vermieter)

Sehr geehrte(r) . . . . . ,

der Mietvertrag vom . . . . . über die von mir genutzten Gewerberäume sieht in § . . . . . vor, dass im Mietobjekt innerhalb eines bestimmten Turnus Schönheitsreparaturen durchzuführen und dass bei Rückgabe der Mietsache zusätzlich und unabhängig von den turnusmäßig zu erbringenden Renovierungsleistungen eine Endrenovierung zu erfolgen hat.[1]

Nachdem das Mietverhältnis vertragsgemäß [ggf. durch Ihre/meine Kündigung vom . . . . .] zum . . . . . geendet hat, bin ich im Vertrauen auf die Gültigkeit der vertraglichen Regelungen in dem von Ihnen verwendeten Vertragsformular[2] von der Verpflichtung ausgegangen, zum Vertragsende die im Vertragsformular vorgesehene Endrenovierung durchführen zu müssen. Ich habe daher durch den Malerfachbetrieb . . . . . folgende Arbeiten ausführen lassen:

. . . . .

Hierfür habe ich insgesamt . . . . . EUR bezahlt, wie anliegender Kopie der Rechnung vom . . . . . zu entnehmen ist.

Ich habe nachträglich erfahren, dass nach der Rechtsprechung des Bundesgerichtshofs formularvertragliche Klauseln, die eine Renovierungspflicht innerhalb starrer Fristen vorsehen, auch im Bereich der Gewerberaummiete unwirksam sind.[3] Die Unwirksamkeit solcher Renovierungsklauseln führt zur Gesamtunwirksamkeit der formularvertraglichen Bestimmungen über die Abwälzung von Schönheitsreparaturen auf den Mieter.[4] Für mich hat daher auch keine Verpflichtung bestanden, die vertraglich vorgesehene Endrenovierung durchzuführen. Zu deren Ausführung bestand auch ansonsten keine Veranlassung, insbesondere nicht wegen eines übermäßigen oder vertragswidrigen Mietgebrauchs.

In vermeintlicher Erfüllung des Mietvertrags habe ich daher ohne rechtlichen Grund Leistungen erbracht, auf die Sie als Vermieter keinen Anspruch hatten.[5] Zu meinen Gunsten besteht daher nach der Rechtsprechung des Bundesgerichtshofs ein Bereicherungsanspruch in Höhe der üblichen Vergütung für die ausgeführten Renovierungsleistungen.[6]

Der mir in Rechnung gestellte Betrag entspricht der üblichen Vergütung. Bei der von mir beauftragten Firma . . . . . handelt es sich um einen eingeführten Fachbetrieb. Die Beauftragung erfolgte auf der Grundlage von . . . . . Kostenvoranschlägen, deren Einholung ich vor Auftragserteilung veranlasst habe. Die von mir beauftragte Firma . . . . . hat das günstigste Angebot erteilt. Hierzu verweise ich auf die beiliegenden Angebotskopien.

Ich bitte um Erstattung des Rechnungsbetrags von . . . . . EUR bis zum . . . . . auf mein Konto . . . . .

. . . . .

(Mieter)

Anmerkungen

1. Das Formular knüpft thematisch an → Form. B.IX.10 an und behandelt die Rechtsfolgen bei formularvertraglichen Renovierungsklauseln mit starrem Fristenplan, die einer Inhaltskontrolle nach § 307 BGB nicht standhalten. Während → Form. B.IX.10 die Mitteilung des Vermieters an den Mieter beinhaltet, dass die im Vertrag vorgesehenen Schönheitsreparaturen nicht geschuldet seien, und damit Ersatzansprüchen des Mieters vorbeugen soll, geht es hier um die **Geltendmachung von bereicherungsrechtlichen Erstattungsansprüchen des Mieters nach Durchführung von nicht geschuldeten Renovierungsarbeiten** (zur Geltendmachung von weitergehenden Schadensersatzansprüchen → Form. B.IX.12).

2. Bereicherungsansprüche gegen den Vermieter aufgrund unwirksamer AGB kommen nur dann in Betracht, wenn der Vermieter auch **Verwender** im Sinne von § 305 Abs. 1 BGB ist. Wenn dagegen – ausnahmsweise – der Mieter den Formularvertrag gestellt haben sollte, scheiden solche Ansprüche aus, denn nach dem Schutzzweck der §§ 305 ff. BGB kann sich der Verwender nicht zu seinen Gunsten auf die Unwirksamkeit von AGB berufen (BGH 30.6.1994 – VII ZR 116/93, BGHZ 126, 332 = NJW 1994, 2825).

3. Zur Inhaltskontrolle iRv §§ 307, 310 BGB und zu unwirksamen Renovierungsklauseln → Form. B.IX.10 Anm. 1–3.

4. Die Unwirksamkeit einer Klausel über starre Renovierungsfristen führt praktisch stets zur **Gesamtunwirksamkeit der formularvertraglichen Regelungen über Schönheitsreparaturen**, weil die Übertragung der Schönheitsreparaturen auf den Mieter nach der Rechtsprechung des BGH nicht vom Umfang der durchzuführenden Schönheitsreparaturen zu trennen ist (BGH 8.10.2008 – XII ZR 84/06, BGHZ 178, 158 = NZM 2008, 890 mwN). Eine **geltungserhaltende Reduktion** findet nicht statt. Die Übertragung der Schönheitsreparaturen vom Vermieter auf den Mieter kann nach Auffassung des BGH nicht isoliert vom Umfang der durchzuführenden Arbeiten beurteilt werden. Wegen des inneren Zusammenhangs von Renovierungsklauseln sei eine Gesamtregelung sogar dann unwirksam, wenn die Regelung zur Abwälzung der Schönheitsreparaturen auf den Mieter und die für ihre Erfüllung maßgebenden starren Fristen in zwei verschiedenen Klauseln enthalten sind (BGH 8.10.2008 – XII ZR 84/06, BGHZ 178, 158 = NZM 2008, 890; BGH 22.9.2004 – VIII ZR 360/03, NJW 2004, 3775). Auch aus einer zulässigen Freizeichnung des Vermieters von den ihn treffenden gesetzlichen Renovierungspflichten ergibt sich noch keine Verpflichtung des Mieters zur Durchführung der Schönheitsreparaturen.

Nur dann, wenn sich eine Formularklausel nach ihrem Wortlaut verständlich und sinnvoll in einen inhaltlich zulässigen und in einen unzulässigen Regelungsteil trennen lässt (sog. „blue-pencil-test"), ist die Aufrechterhaltung des zulässigen Teils rechtlich unbedenklich (BGH 8.10.2008 – XII ZR 84/06, BGHZ 178, 158 = NZM 2008, 890). In der Anwendung des blue-pencil-tests ist der BGH aber äußerst zurückhaltend, weil er regelmäßig davon ausgeht, dass sich die Abwälzung von Schönheitsreparaturen nicht isoliert vom Umfang der durchzuführenden Arbeiten beurteilen lasse.

5. Wenn der Mieter in Erfüllung einer unwirksamen Renovierungsklausel Schönheitsreparaturen durchführt, kann er gegen den Vermieter einen **Bereicherungsanspruch** im Sinne von § 812 Abs. 1 S. 1 BGB haben (vgl. *Blank* NZM 2010, 97). Dagegen ist kein Anspruch nach den Grundsätzen zur Geschäftsführung ohne Auftrag (§§ 677 ff. BGB) gegeben, weil ein Mieter, der aufgrund vermeintlicher vertraglicher Verpflichtung Schönheitsreparaturen vornimmt, damit kein Geschäft des Vermieters wahr nimmt (BGH 27.5.2009 – VIII ZR 302/07, BGHZ 181, 188 = NJW 2009, 2590 = NZM 2009, 541).

Da eine vom Mieter rechtsgrundlos erbrachte (Renovierungs-) Leistung nicht in Natur herausgegeben werden kann, hat der Vermieter nach § 818 Abs. 2 BGB **Wertersatz** zu leisten. Der Wertersatz ist nicht nach den Grundsätzen zum Ausgleich von Grundstücksverwendungen (vgl. dazu BGH 5.10.2005 – XII ZR 43/02, NZM 2006, 15) zu ermitteln. Es kommt also nicht darauf an, ob der Vermieter aus einem erhöhten Ertragswert der Mietsache Mehrerlöse erzielen kann oder hätte erzielen können. Ein Ausgleich des ggf. gesteigerten Ertragswerts als solchem soll nach der Rechtsprechung des BGH in diesem Rahmen nicht einschlägig sein, weil die Leistung des Mieters darin bestanden hat, durch eine Werkleistung (Schönheitsreparaturen) ein für die Gebrauchsüberlassung vermeintlich geschuldetes Entgelt zu erbringen (BGH 27.5.2009 – VIII ZR 302/07, BGHZ 181, 188 = NJW 2009, 2590 = NZM 2009, 541, unter ausdrücklicher Ablehnung einer verbreiteten Gegenmeinung).

Ob der Mieter den Bereicherungsanspruch nach § 814 Var. 1 BGB verlieren kann, hängt von seiner **Kenntnis der Nichtschuld** ab. Erforderlich ist jedoch die **positive Kenntnis der Rechtslage** im Zeitpunkt der Leistung (BGH 13.5.2014 – XI ZR 170/13, NJW-RR 2014, 1133; BGH 28.11.1990 – XII ZR 130/89, BGHZ 113, 62, 70; BGH 7.5.1997 – IV ZR 35/96, NJW 1997, 2381, 2382; BGH 16.7.2003 – VIII ZR 274/02, BGHZ 155, 380). Zur Kenntnis der Nichtschuld genügt es nicht, dass dem Mieter die Tatsachen bekannt sind, aus denen sich das Fehlen einer rechtlichen Verpflichtung ergibt; der Mieter muss vielmehr aus diesen Tatsachen nach der maßgeblichen **Parallelwertung in der Laiensphäre** auch eine im Ergebnis zutreffende rechtliche Schlussfolgerung gezogen haben (BGH 13.5.2014 – XI ZR 170/13, NJW-RR 2014, 1133; BGH 26.6.1986 – III ZR 232/85, NJW 1986, 2948).

6. Bei rechtsgrundlos erbrachten Dienst- oder Werkleistungen bemisst sich der Wert der herauszugebenden **Bereicherung grundsätzlich nach dem Wert der üblichen, hilfsweise der angemessenen Vergütung** (BGH 27.5.2009 – VIII ZR 302/07, BGHZ 181, 188 = NJW 2009, 2590 = NZM 2009, 541). Das gilt insbesondere dann, wenn der vom Mieter herbeigeführte Dekorationserfolg dem entspricht, was der Vermieter sich vertraglich (durch eine Endrenovierungsklausel) ausbedungen hatte und im Zuge einer Weitervermietung nutzen kann. Dabei kommt es nicht entscheidend darauf an, ob und in welcher Höhe die Renovierungsleistung zu einer Wertsteigerung bei der Mietsache geführt hat. Wenn der Mieter zu marktgerechten Preisen einen Handwerker beauftragt hat, umschreibt dessen Vergütung den Bereicherungsanspruch (kritisch zu der These „Aufwand = Bereicherung": *Flatow* NZM 2010, 641). Das Formular enthält deshalb Ausführungen zur Ortsüblichkeit der Vergütung, die für die Renovierungsarbeiten zu entrichten war.

Es muss allerdings auch bei der Gewerberaummiete berücksichtigt werden, dass ein Mieter bei der Ausführung von Schönheitsreparaturen nicht selten von der Möglichkeit Gebrauch macht, Arbeiten in **Eigenleistung** zu erledigen oder sie durch Verwandte und Bekannte erledigen zu lassen. Für die Wohnraummiete bemisst sich der Wert der Dekorationsleistungen dann üblicherweise nur nach dem, was der Mieter billigerweise neben einem Einsatz an freier Zeit als Kosten für das notwendige Material sowie als Vergütung für die Arbeitsleistung seiner Helfer aus dem Verwandten- und Bekanntenkreis aufgewendet hat oder hätte aufwenden müssen (BGH 27.5.2009 – VIII ZR 302/07, BGHZ 181, 188 = NJW 2009, 2590 = NZM 2009, 541; kritisch: *Flatow* NZM 2010, 641). Ob der Wert von erbrachten Eigenleistungen im Bereich der Gewerberaummiete höher liegen und den Wert erreichen kann, den der Mieter bei Beauftragung eines Handwerkers hätte aufbringen müssen, entzieht sich genereller Festlegung. Ein bis zur Höhe üblicher Handwerkerkosten reichender Ausgleich wird jedenfalls dann eröffnet sein, wenn die Ausführung der Schönheitsreparaturen zum selbständigen beruflichen Gewerbe des Mieters gehörte (was der BGH sogar bei der Wohnraummiete für möglich gehalten hat, vgl. BGH 27.5.2009 – VIII ZR 302/07, BGHZ 181, 188 = NJW 2009, 2590 = NZM 2009, 541).

Das Formular verhält sich zur Erstattung der Kosten für eine nicht geschuldete Endrenovierung. Die von der Rechtsprechung entwickelten Grundsätze sind jedoch nach diesseitiger Auffassung auch auf einen **Bereicherungsanspruch wegen nicht geschuldeter turnusmäßiger (Zwischen-) Renovierung** zu übertragen. Zwar ist in solchen Fällen keine Konstellation gegeben, bei welcher der Vermieter die Renovierungsleistungen im Zuge der Weitervermietung (sofort) selbst nutzen kann. Der Vermieter ist jedoch auch bei turnusmäßigen Renovierungsarbeiten während der laufenden Mietzeit zumindest dann ungerechtfertigt bereichert, wenn konkreter Renovierungsbedarf bestand. Bei einer unwirksamen Renovierungsklausel lebt nämlich die gesetzliche Erhaltungs- und Instandhaltungspflicht des Vermieters aus § 535 Abs. 1 S. 2 BGB auf mit der Folge, dass die vom Mieter ohne vertragliche Verbindlichkeit erbrachten Renovierungsleistungen eine entsprechende Entlastung des Vermieters bewirkt haben. Bei länger zurückliegenden Erstattungsansprüchen wegen turnusmäßiger Renovierungsleistungen gewinnt allerdings die **Verjährungsfrage** besondere Bedeutung (zur Verjährung bereicherungsrechtlicher Ansprüche im Mietverhältnis vgl. Palandt/*Sprau* BGB Vor § 812 Rn. 24; Palandt/*Weidenkaff* BGB § 548 Rn. 10).

Ein Bereicherungsanspruch kommt auch dann in Betracht, wenn ein Mieter im Vertrauen auf eine bestimmte Vertragsdauer **wertsteigernde Investitionen** vornimmt. Dies gilt etwa für den Fall, dass ein Vermieter (infolge fristloser Kündigung) vorzeitig und nicht erst mit Ablauf der vertraglich vorgesehenen Mietzeit in den Genuss von wertsteigernden Aufwendungen des Mieters kommt (BGH 5.10.2005 – XII ZR 43/02, NJW-RR 2006, 294 = NZM 2006, 15 mwN). Der Umfang der Bereicherung richtet sich dann nicht nach der Höhe der Aufwendungen des Mieters und besteht auch nicht im Zeitwert der Investitionen oder der Verkehrswertsteigerung des Mietobjekts bei Rückgabe und erst recht nicht zu einem früheren Zeitpunkt, sondern allein in der **Erhöhung des Ertragswerts**, soweit der Vermieter diesen früher als vertraglich vorgesehen durch anderweitige Vermietung zu einem höheren Mietzins realisieren kann (BGH 5.10.2005 – XII ZR 43/02, NJW-RR 2006, 294 = NZM 2006, 15). Diese Sicht knüpft maßgeblich an den Umstand an, dass der Vermieter ohne vorzeitige Beendigung des Mietverhältnisses nicht rechtsgrundlos bereichert wäre, weil der Mieter seine Investitionen dann – wie vorgesehen – hätte amortisieren können.

12. Schadensersatzanspruch des Mieters nach Durchführung nicht geschuldeter Schönheitsreparaturen

. . . . .

(Mieter)

an

. . . . .

(Vermieter)

Sehr geehrte(r) . . . . .,

der Mietvertrag vom . . . . . über die von mir genutzten Gewerberäume hat in § . . . . . vorgesehen, dass im Mietobjekt innerhalb bestimmter fester Fristen Schönheitsreparaturen durchzuführen waren und dass bei Rückgabe der Mietsache zusätzlich und unabhängig von den turnusmäßig zu erbringenden Renovierungsleistungen eine Endrenovierung zu erfolgen hatte.[1]

Nachdem das Mietverhältnis vertragsgemäß [ggf. durch Ihre/meine Kündigung vom . . . . .] zum . . . . . geendet hat, bin ich im Vertrauen auf die Gültigkeit der vertraglichen Regelungen in dem von Ihnen verwendeten Vertragsformular von der Verpflichtung ausgegangen, zum Vertragsende die im Vertragsformular vorgesehene Endrenovierung durchführen zu müssen. Auf Ihre Aufforderung vom . . . . ., die Mieträume in renoviertem Zustand zurückzugeben, habe ich daher durch den Malerfachbetrieb . . . . . eine Endrenovierung ausführen lassen:

Zwecks Durchführung der Renovierungsarbeiten habe ich meinen in den Mieträumen geführten Geschäftsbetrieb, den ich ansonsten durchgängig aufrecht erhalten habe, für . . . . . Tage vorzeitig schließen müssen. Eine Fortführung meines Gewerbebetriebs während der Durchführung der Schönheitsreparaturen war auch nicht teilweise möglich, da sämtliche Räumlichkeiten wegen der Renovierungsarbeiten nicht nutzbar waren.

Wie ich nachträglich erfahren musste, sind nach der Rechtsprechung des Bundesgerichtshofs formularvertragliche Klauseln, die eine Renovierungspflicht innerhalb starrer Fristen vorsehen, auch im Bereich der Gewerberaummiete unwirksam. Die Unwirksamkeit solcher Renovierungsklauseln führt zur Gesamtunwirksamkeit der formularvertraglichen Bestimmungen über die Abwälzung von Schönheitsreparaturen auf den Mieter. Für mich hat daher auch keine Verpflichtung bestanden, die vertraglich vorgesehene Endrenovierung durchzuführen. Zu deren Ausführung bestand auch ansonsten keine Veranlassung, insbesondere nicht wegen eines übermäßigen oder vertragswidrigen Mietgebrauchs.

Durch die vorzeitige Schließung des Geschäftsbetriebs habe ich einen Schaden erlitten, und zwar in Gestalt eines zeitanteiligen Gewinnausfalls[2] in Höhe von . . . . . EUR, der sich für die . . . . . Tage vorzeitiger Geschäftsaufgabe wie folgt berechnet:

. . . . .

Zur Ermittlung des mir entgangenen Gewinns verweise ich auf folgende Unterlagen, denen Sie auch entnehmen können, dass ich meinen Betrieb auch im letzten Monat mit durchschnittlichen Umsätzen und Gewinnerwartungen fortgeführt habe:[3]

. . . . . [Vorlage von Steuerunterlagen, bilanzmäßigen Auswertungen oÄ]

Den mir entstandenen Schaden haben Sie zu vertreten, denn Sie sind als gewerbsmäßiger Vermieter von diversen Gewerbemietobjekten mit der einschlägigen Rechtsprechung vertraut.[4] [Ggf.: Außerdem ist Ihnen die Unwirksamkeit die zugrunde liegende rechtliche Problematik aus früheren Prozessen/rechtlichen Auseinandersetzungen/Mieterschreiben usw. bekannt.] Durch die Anforderung und Entgegennahme der nicht geschuldeten Renovierungsleistungen haben Sie den mir entstandenen Gewinnausfall zurechenbar verursacht.

Ich bitte um Erstattung des mir entstandenen Schadens in Höhe von . . . . . EUR bis zum . . . . . auf mein Konto . . . . .

. . . . .

(Mieter)

Anmerkungen

1. Das Formular versteht sich als Variante von → Form. B. IX. 10 und → Form. B. IX. 11. Es behandelt die **Voraussetzungen von Schadensersatzansprüchen**, wenn vom Mieter nicht geschuldete Renovierungsleistungen erbracht wurden. Wegen der allgemeinen rechtlichen Vorgaben zu formularvertraglichen Renovierungsklauseln mit starrem Fristenplan, die einer Inhaltskontrolle nach §§ 307, 310 BGB nicht standhalten (→ Form. A. V. 1 Anm. 1), kann daher auf die Anm. zu diesen Formularen verwiesen werden. Die Anm. zu Form. B. IX. 10 sind im hier gegebenen Zusammenhang auch insoweit einschlägig, als es um die vertraglichen Regelungszusammenhänge geht → Form. B. IX. 10 Anm. 2, 3). Soweit neben dem hier behandelten Schadensersatz auch Bereicherungsansprüche in Bezug auf die Renovierungskosten geltend gemacht werden sollen, wäre dies nach näherer Maßgabe von → Form. B. IX. 11 einzufügen.

2. Der Vermieter begeht eine zum Schadensersatz verpflichtende **Vertragsverletzung,** im Sinne von § 280 Abs. 1 BGB, wenn er es zu vertreten hat, dass dem Mieter durch die Aufforderung zur Durchführung nicht geschuldeter Schönheitsreparaturen oder auch nur die stillschweigende Entgegennahme solcher Renovierungsarbeiten ein Schaden entsteht (*Jahreis* jurisPR-MietR 16/2011 Anm. 4 zu BGH 4.5.2011 – VIII ZR 195/10, NZM 2011, 452).

Die im Sinne eines angemessenen Interessenausgleichs gebotene Haftungsbegrenzung wird dabei durch das **Erfordernis des Vertretenmüssens (§ 280 Abs. 1 S. 2 BGB)** sichergestellt (BGH 19.6.2009 – V ZR 93/08, BGHZ 181, 317 = NZM 2009, 619). Zum Vertretenmüssen gehören sowohl Vorsatz als auch Fahrlässigkeit (§ 276 BGB). Nach § 280 Abs. 1 S. 2 BGB muss der Schuldner beweisen, dass er eine Pflichtverletzung nicht zu vertreten hat. Grundsätzlich hat der Mieter zwar als Schadensersatzgläubiger darzulegen und zu beweisen, dass den Vermieter eine Pflichtverletzung trifft und diese für den entstandenen Schaden ursächlich war. Jedoch bestimmt § 280 Abs. 1 S. 2 BGB (wie in ähnlicher Weise auch § 282 BGB aF) eine **Beweislastumkehr**, soweit es um das Vertretenmüssen der Pflichtverletzung geht. Die Grenze dieser Beweislastumkehr, die nicht nur das Verschulden im engeren Sinne, sondern auch die (objektive) Pflichtverletzung ergreift (BGH 16.2.2005 – XII ZR 216/02, ZMR 2005, 520), ist nach der Rechtsprechung des BGH danach zu bestimmen, in wessen **Obhuts- und Gefahrenbereich** die Schadensursache lag. Allerdings entspricht es ständiger Rechtsprechung, dass die **Verwendung unwirksamer Klauseln in Allgemeinen Geschäftsbedingungen** per se **zu einer Haftung nach § 280 BGB führen kann** (BGH 11.6.2010 – V ZR 85/09, NZM 2010, 587 mwN). Zu ersetzen sind Schäden, die gerade durch die Unwirksamkeit der Klausel verursacht worden sind (BGH 11.6.2010 – V ZR 85/09, NZM 2010, 587). Die Schäden müssen innerhalb des Schutzzwecks der Norm liegen.

3. Wirtschaftliche Schäden in Gestalt **entgangenen Gewinns** kommen insbesondere dann in Betracht, wenn der Mieter seinen Gewerbebetrieb zwecks Durchführung von Schönheitsreparaturen ganz oder teilweise schließen musste. Eine eher kurzfristige (ggf vorzeitige) Schließung indiziert häufig die Schwierigkeit, den entgangenen Gewinn dem Umfang nach zu konkretisieren.

Nach der ständigen Rechtsprechung des Bundesgerichtshofs erleichtert indessen § 287 ZPO dem Geschädigten nicht nur die Beweisführung, sondern auch die Darlegungslast. Steht der geltend gemachte Ersatzanspruch dem Grunde nach fest und bedarf es lediglich der Ausfüllung zur Höhe, darf die Klage grundsätzlich nicht vollständig abgewiesen werden, sondern **der Tatrichter muss den Schaden im Rahmen des Möglichen nach § 287 ZPO schätzen.** Zwar ist es Sache des Anspruchstellers, diejenigen Umstände vorzutragen und gegebenenfalls zu beweisen, die seine Vorstellungen zur Schadenshöhe rechtfertigen sollen. Enthält der diesbezügliche Vortrag Lücken oder Unklarheiten, so ist es in der Regel jedoch nicht gerechtfertigt, dem jedenfalls Geschädigten den Ersatz zu versagen. Der Tatrichter muss dann nach pflichtgemäßem Ermessen beurteilen, ob nach § 287 ZPO nicht wenigstens die Schätzung eines Mindestschadens möglich ist. Eine Schätzung darf erst dann gänzlich unterlassen werden, wenn sie mangels jeglicher konkreter Anhaltspunkte völlig in der Luft hinge und daher willkürlich wäre (BGH 24.6.2009 – VIII ZR 332/07, NJW-RR 2009, 1404).

Ein Mieter, der nicht geschuldete Renovierungsleistungen erbracht hat, wird sich nach vorstehenden Grundsätzen im Zweifel damit begnügen können, den zur fraglichen Zeit durchschnittlich erwirtschafteten Gewinn darzulegen und dies durch aussagekräftige Unterlagen zu untermauern. Auf dieser Grundlage kann dann der Gewinnausfall für eine zeitweilige Betriebsschließung schätzweise hochgerechnet werden.

Anderweitige Schäden sind denkbar. So kann es zu weiteren **Betriebsausfallschäden** kommen oder zu Schäden durch eine vorübergehende **Ersatzanmietung** von Räumen.

Wenn es anlässlich der Renovierungsarbeiten etwa zu **Unfällen** kommt, zB durch einen Sturz von der Leiter kann das bereits behandelte Haftungselement des Vertretenmüssens in Frage stehen (→ Anm. 2). Es ist jedenfalls dann erfüllt, wenn die durchzuführenden

Arbeiten von vorneherein objektiv gefahrgeneigt waren, etwa weil besonders große, schwer erreichbare oder technisch schwierig zu handhabende Anlagen zur Renovierung anstanden.

Ob auch in weiteren Fällen vom Vertretenmüssen auszugehen ist, entzieht sich einer generalisierenden Festlegung. Bei Schäden, die nicht in engerem Zusammenhang mit der Unwirksamkeit einer Renovierungsklausel stehen (zB ein Unfall, der nur anlässlich der Schönheitsreparaturen stattfand) können Schäden außerhalb des gesetzlichen Schutzzweckes angesiedelt sein (BGH 11.6.2010 – V ZR 85/09, NZM 2010, 587).

4. Trotz der Beweislastverteilung zugunsten des Mieters (→ Anm. 2) kann es zumindest prozessual ratsam sein, dass der Mieter, der seinen Vermieter auf Schadensersatz in Anspruch nimmt, Umstände darlegt, aus denen sich das Vertretenmüssen im Sinne von § 280 Abs. 1 S. 2 BGB ergibt.

C. Mietpreisrecht

I. Mieterhöhung im Einzelfall nach Vereinbarung gemäß § 557 BGB

1. Vereinbarung über die Erhöhung der Grundmiete

Zwischen den Eheleuten . . . . . als Vermieter[2] und den Eheleuten . . . . . als Mieter, besteht seit dem . . . . . ein Mietvertrag[3] über eine Wohnung im 2. Obergeschoss links des Hauses . . . . . , bestehend aus 3 Zimmern, Küche, Diele, Bad/WC und dazugehörigem Kellerraum.[1] Die Miete beläuft sich derzeit auf 600,– EUR zuzüglich 150,– EUR Betriebskostenvorauszahlung. Die Parteien vereinbaren,[4] dass die Miete ab dem . . . . .[5] 730,– EUR beträgt, hinzu kommen die Betriebskostenvorauszahlungen in bisheriger bzw. künftig neu festzusetzender Höhe.

Miete und Betriebskostenvorauszahlungen sind durch den Mieter spätestens bis zum . . . . . 3. Werktage des Monats im Voraus auf das bisherige Mietkonto zu entrichten.

Die Parteien vereinbaren des Weiteren, dass die neu vereinbarte Miete bis zum unverändert bleiben soll.[7]

. . . . . den . . . . den . . . . .

Unterschrift Vermieter[6]   Unterschrift Mieter

Anmerkungen

1. Während des Mietverhältnisses können die Parteien eine Erhöhung der Miete vereinbaren. § 557 Abs. 1 BGB dokumentiert den auch im Wohnraummietrecht, trotz zahlreicher Einschränkungen, vorhandenen Grundgedanken der Vertragsfreiheit (wegen Ausnahmen siehe → Anm. 7). Die Regelungen über die Mieterhöhung, §§ 557–561 BGB, gelten für alle Wohnraummietverhältnisse mit Ausnahme der in § 549 Abs. 2 BGB beschriebenen Mietverhältnisse und Mietverhältnisse des öffentlich geförderten Wohnungsbaus. Für die Wirksamkeit der Vereinbarung sind die allgemeinen Regelungen über Willenserklärungen §§ 136–144 BGB und Verträge §§ 145–157 BGB zu beachten, die allgemein bei der Wirksamkeit von Verträgen eine Rolle spielen wie beispielsweise Geschäftsfähigkeit, Vertretungsbefugnis etc. Die Vereinbarung muss von allen Vertragsbeteiligten gewollt und vollzogen werden, bei Personenmehrheiten also auch von diesen. Gibt einer der Beteiligten die Erklärung nicht nur in eigenem Namen, sondern auch als Vertreter für einen anderen ab, so ist dies ausdrücklich klarzustellen. Gegebenenfalls soll der andere Vertragspartner die Vorlage einer Vollmacht verlangen bzw. den zu Vertretenden gemäß § 177 Abs. 2 BGB zur Genehmigung auffordern. Grundsätzlich ist eine besondere Form für die Mieterhöhungsvereinbarung nicht vorgeschrieben. Schrift- oder Textformerfordernisse können sich jedoch aus den zwischen den Parteien ursprünglich im

Vertrag getroffenen Vereinbarungen ergeben. Allerdings können derartige Vereinbarungen über eine Form oft durch mündliche Vereinbarungen aufgehoben werden, wobei in der mündlichen Vereinbarung über eine Mieterhöhung oft zugleich auch die Vereinbarung über die Aufhebung einer bestimmten Form gesehen werden kann. Verträge, die für eine längere Zeit als für 1 Jahr gelten sollen, bedürfen der Schriftform, § 550 BGB. Bei solchen Verträgen muss auch die Mieterhöhungsvereinbarung in Schriftform getroffen werden, da ansonsten der Vertrag als auf unbestimmte Zeit abgeschlossen gilt und entsprechend den gesetzlichen Vorschriften gekündigt werden kann, § 550 BGB. Als Verträge, die für mehr als 1 Jahr abgeschlossen sind, gelten auch solche Verträge, bei denen die Parteien für die Dauer von mehr als 1 Jahr auf Kündigungsrechte verzichtet haben oder Zeitmietverträge, § 575 BGB, die für die Dauer von mehr als 1 Jahr abgeschlossen worden sind. Dies gilt unabhängig davon, dass bei derartigen Zeitmietverträgen, die Befristungsgründe in jedem Falle schriftlich benannt sein müssen.

2. Handelt es sich bei der Mieterhöhungsvereinbarung um einen Verbrauchervertrag gem. § 310 Abs. 3 BGB, ist gleichzeitig zu prüfen, ob dem Mieter in diesem Fall ein Widerrufsrecht nach § 355 BGB zusteht, über das er gemäß Art. 246a § 1 Abs. 2 S. 1 EGBGB zu unterrichten ist. Unterbleibt eine solche Widerrufsbelehrung, trotz bestehenden Widerrufsrecht, kann der Mieter bis zu 12 Monaten und 14 Tagen nach Abschluss der Mietänderungsvereinbarung diese widerrufen, mit der weiteren Folge, dass gem. § 357 Abs. 1 BGB der Vermieter die bis dahin erhaltenen Beträge (Mieterhöhungsbeträge) dem Mieter zu erstatten hat.

Nach § 312 Abs. 4 BGB gelten Widerrufsrechte grundsätzlich auch bei Verträgen über die Vermietung von Wohnraum. Voraussetzungen sind:

Vorliegen eines Verbrauchervertrages, § 310 Abs. 3 BGB. Dies ist ein Vertrag zwischen einem Unternehmer und einem Verbraucher. Mieter von Wohnraum sind in der Regel „Verbraucher" gem. § 13 BGB. Unternehmer, § 14 BGB, ist der Vermieter, der durch die Vermietung von Wohnungen einen kaufmännischen und rechtlichen Informationsvorsprung vor dem in der Regel unerfahrenen Mieter hat. Im Zweifel ist bereits bei der Vermietung von mehr als zwei Wohnungen von der Unternehmereigenschaft auszugehen. Bedient sich der Vermieter eines Mietverwalters, ist dessen Unternehmereigenschaft dem Vermieter zuzurechnen.

Die Mietänderungsvereinbarung muss außerhalb von Geschäftsräumen des Vermieters abgeschlossen worden sein, § 312b BGB. Dies bedeutet, dass alle Räumlichkeiten, die nicht Geschäftsräume des Unternehmers oder seines Vertreters sind, die Tatbestandsvoraussetzungen des § 312 Abs. 1 BGB erfüllen.

Bei Vertragsabschluss ist gleichzeitige die körperliche Anwesenheit des Mieters und des Vermieters erforderlich, § 312b Abs. 1 Nr. 2 BGB. Nach § 312b Abs. 1 BGB stehen dem Unternehmer Personen gleich, die in seinem Namen oder Auftrag handeln, sodass in diesem Falle die körperliche Anwesenheit des Unternehmers nicht erforderlich ist. Somit kann ein Widerrufsrecht auch dann begründet sein, wenn der Unternehmer/Vermieter, ohne persönlich anwesend zu sein, von einem Dritten, etwa Hausverwalter oder Rechtsanwalt, vertreten wird.

Liegen die vorbezeichneten Voraussetzungen vor, ist der Mieter bei Abschluss der Mieterhöhungsvereinbarung nach § 557 Abs. 1 BGB über sein Widerrufsrecht in der bereits beschriebenen Form zu belehren. (vgl. zu weiteren Einzelheiten zum Widerrufsrecht bei Wohnraummietverträgen *Mediger* NZM 2015, 185).

3. Aus dem Gesetz ergibt sich, dass eine Mieterhöhungsvereinbarung nur während des Bestehens eines Mietverhältnisses zulässig ist. Bei Abschluss eines Mietvertrages können künftige Mietänderungen lediglich als Staffelmiete, § 557a BGB, oder Indexmiete, § 557b BGB, vereinbart werden.

4. Die **Vereinbarung** darf sich **nur mit der Mieterhöhung** befassen. Andere Vereinbarungen, etwa über die Erleichterungen von Mieterhöhungsmöglichkeiten und damit Abweichungen von gesetzlichen Bestimmungen nach §§ 557a, 557b, 558 und 559 BGB sind dagegen wegen § 557 Abs. 4 BGB nicht wirksam. Die Vereinbarung über die Miethöhe unterliegt hingegen keinen Einschränkungen, sodass die Vereinbarung auch unabhängig von der Jahressperrfrist und der Kappungsgrenze zulässig und möglich ist (Schmidt-Futterer/*Börstinghaus* BGB § 557 Rn. 38). Die Grenze der Mieterhöhungsvereinbarung ist erreicht, wenn die Voraussetzungen des § 134 BGB iVm § 5 WiStG oder § 291 StGB vorliegen. Somit ist die Mieterhöhungsvereinbarung jedenfalls insoweit unwirksam, als die vereinbarte Miete 20 % über der ortsüblichen Vergleichsmiete liegt, wenn zugleich die Vereinbarung unter Ausnutzen eines geringen Angebots an Wohnraum zu Stande gekommen ist. Ein Überschreiten dieser Grenze ist nur zulässig, wenn der Vermieter die höhere Miete wegen laufender Aufwendungen rechtfertigen kann. Ansonsten vergleiche → Form. C.VII.6. Die Bestimmungen der §§ 556d ff. BGB spielen bei Mietänderungsvereinbarungen keine Rolle, da die so genannte „Mietpreisbremse", § 556d BGB, nur bei Abschluss des Wohnraummietvertrages zum Tragen kommen kann, wo hingegen Mietänderungsvereinbarungen nur **während** des Bestehens eines Wohnraummietvertrages wirksam geschlossen werden können.

5. Die höhere Miete ist von dem Tage an, ab dem sie vereinbart wurde, zu zahlen.

6. Wirken bei dem Abschluss einer Mieterhöhungsvereinbarung **Rechtsanwälte** mit, dann sollten diese unter Beachtung der Formalien eine Vergütungsvereinbarung gemäß § 4 RVG mit ihrem Mandanten abschließen. Ansonsten entsteht eine Geschäftsgebühr, 2300 VV, und, bei Zustandekommen der Vereinbarung, eine Einigungsgebühr gemäß 1000 VV. Der Gegenstandswert kann aus § 25 KostO entnommen werden. Liegt keine Befristung der Mieterhöhung vor, ist maßgebend der 3-jährige Betrag der Mieterhöhung. Ist die Miete für einen längeren Zeitraum als für 3 Jahre festgeschrieben, gilt dieser Zeitraum bei der Bemessung des Gegenstandswertes.

7. Die vorstehenden Ausführungen sowie die in den folgenden Formularen gemachten Ausführungen gelten nicht für Wohnraummietverhältnisse, die im Land Berlin begründet werden bzw. bestehen während der Geltungsdauer des Gesetzes zur Neuregelung gesetzlicher Vorschriften zur Mietenbegrenzung (MietenWoG Bln). Das Gesetz ist am 23.2.2020 in Kraft getreten, § 5 des Gesetzes betreffend überhöhte Mieten in Bestandsmietverhältnissen tritt im November 2020 in Kraft. Folgendes gilt:
a) Für alle Mietverhältnisse über Wohnraum mit Ausnahme von Mietverhältnissen über Wohnraum des öffentlich geförderten Wohnungsbaus, über Wohnraum, der ab dem 1.1.2014 erstmalig bezugsfertig wurde sowie Wohnheime und Wohnraum, der durch Träger der Wohlfahrtspflege oder durch eine juristische Person des öffentlichen Rechts an Personen mit dringendem Wohnbedarf gemietet oder vermietet wird, gelten für die Dauer von 5 Jahren verbindliche Mietobergrenzen. Unabhängig davon, ob es sich um Bestandsmietverhältnisse oder neu abgeschlossene Mietverhältnisse handelt, darf zunächst die Nettokaltmiete, einschließlich etwaiger Zuschläge für Mobiliar und Ausstattungsgegenstände, innerhalb eines Zeitraums von 5 Jahren nicht erhöht werden. Das gilt auch für vereinbarte Staffel- und Indexmieten. Für Bestandsmietverhältnisse, die bis zum 18.6.2019 zustande gekommen waren, gilt die am 18.6.2019 vereinbarte Miete, für Mietverhältnisse, die nach dem 18.6.2019 bis zum 22.2.2020 zustande gekommen sind, gilt die zulässig vereinbarte Miete, § 3 Abs. 2 MietenWoG Bln. Für Mietverhältnisse, die ab dem 23.2.2020 zustande gekommen sind, gelten die Mietobergrenzen nach § 6 und 7 MietenWoG Bln. Die Mietobergrenze wird durch insgesamt 12 Gruppen gebildet, die eine zulässige Miete von 3,92 EUR/Monat/m² (Baujahr bis 1918 ohne Sammelheizung

und ohne Bad), bis 9,80 EUR/Monat/m² (Gruppe 12, erstmalige Bezugsfertigstellung 2003 – 2013 mit Sammelheizung und Bad) vorsehen. Diese Mietobergrenze erhöht sich um einen Zuschlag von 10 Prozent bei Wohnraum in Gebäuden mit nicht mehr als zwei Wohnungen, § 6 Abs. 2 MietenWoG Bln. Eine Erhöhung um 1,00 EUR/Monat/m² ist zulässig, wenn die Wohnung eine moderne Ausstattung aufweist, § 6 Abs. 3 MietenWoG Bln. Eine moderne Ausstattung liegt vor, wenn drei der folgenden fünf Merkmale gegeben sind:
– schwellenlos von der Wohnung und vom Hauseingang erreichbarer Personenaufzug
– Einbauküche
– hochwertige Sanitärausstattung
– hochwertiger Bodenbelag in der überwiegenden Zahl der Wohnräume
– Energieverbrauchskennwert von weniger als 120 kWh/m² (a)
    b) Modernisierungen der Wohnung führen nur noch in eingeschränktem Umfang zu einer Mieterhöhung, § 7 MietenWoG Bln. Modernisierungen führen nur in den folgenden Fällen zu einer Mieterhöhung:
Modernisierung
– aufgrund einer gesetzlichen Verpflichtung
– zur Wärmedämmung der Gebäudehülle, der Kellerdecke, der obersten Geschossdecke und des Daches
– zur Nutzung erneuerbaren Energien
– zur energetischen Fenstererneuerung
– zum Heizanlagenaustausch
– zum Auszugsanbau oder
– zum Abbau von Barrieren zur Schwellenbeseitigung, Türverbreiterung oder Badumbau.
Modernisierungskosten wegen der vorbezeichneten Modernisierungsmaßnahmen können zu einer Mieterhöhung auf maximal 1,00 EUR/Monat/m² führen, wenn dadurch die Mietobergrenze nach § 6 MietenWoG Bln um nicht mehr als 1,00 EUR/Monat/m² überschritten wird, § 7 Abs. 1 MietenWoG Bln. Die Mieterhöhungsobergrenze von 1,00 EUR/m² gilt für alle im Geltungszeitpunkt des Gesetzes durchgeführten Modernisierungen. Diese Modernisierungen sind der Investitionsbank Berlin anzuzeigen.
    c) Die am 23.2.2020 bestehenden Bestandsmieten werden daraufhin überprüft, ob sie als überhöhte Mieten gemäß § 5 MietenWoG Bln zu werten sind. Überhöhte Mieten liegen vor, wenn die vereinbarte Miete mehr als 20 Prozent über der nach § 6 MietenWoG Bln festgelegten Mietobergrenzen liegt, wobei von den Mietobergrenzen in den einfachen und mittleren Wohnlagen Abzüge von 0,28 EUR bzw. 0,009 EUR vorzunehmen sind. Bei guten Wohnlagen sind 0,74 EUR auf die Mietobergrenzen aufzuschlagen. Ob die vereinbarte Miete überhöht iSv § 5 MietenWoG Bln ist, hängt ab von dem Vergleich zwischen der vereinbarten Miete und der gemäß § 5, § 6 MietenWoG Bln errechneten höchstzulässigen Miete bei Bestandsmietverhältnissen.
    Die hier beschriebene Regelung tritt erst im November 2020 in Kraft, sodass Mieter von diesem Zeitpunkt an eine Absenkung der Miete verlangen könnten. Etwaige Ansprüche der Mieter sind auf dem Zivilrechtswege geltend zu machen und durchzusetzen.
    d) Bei Härtefällen kann die Investitionsbank Berlin auf Antrag des Vermieters eine höhere als die nach den §§ 3–6 MietenWoG Bln zulässige Miete genehmigen, soweit die Beibehaltung der zulässigen Miete auf Dauer zu Verlusten der Vermieter oder zur Substanzgefährdung des Gebäudes führen würde. Ein Verlust liegt vor, wenn die laufenden Aufwendungen die Erträge für die maßgebliche Wirtschaftseinheit übersteigen, § 8 Abs. 2 MietenWoG Bln.
    e) Nach § 6 Abs. 4 MietenWoG Bln haben Vermieter dem Mieter unaufgefordert innerhalb von zwei Monaten nach Inkrafttreten des Gesetzes, also bis zum 23.4.2020,

Auskunft über die zur Berechnung der Mietobergrenze maßgeblichen Umstände zu erteilen. Dies gilt für alle dann bestehenden Mietverhältnisse, mit Ausnahme der Mietverhältnisse, die von dem Geltungsbereich des Gesetzes ausgeschlossen sind.

Die Auskunftspflicht besteht auch bei Neuabschlüssen. In diesem Falle ist die Auskunft vor Vertragsabschluss dem Mieter zu erteilen.

f) Das Gesetz gilt für die Dauer von fünf Jahren. In dieser Zeit sind Mieterhöhungen mit Ausnahme von Härtefällen, § 8 MietenWoG Bln, und Modernisierung, § 7 MietenWoG Bln, nur in Höhe eines Inflationsausgleiches ab dem 1.1.2022, höchstens um 1,83 % zulässig, jedoch nur dann, wenn dadurch die Obergrenzen nach § 6 MietenWoG Bln nicht überschritten werden.

g) Verstöße gegen das Gesetz, insbesondere die Verletzung der Auskunftspflicht nach § 6 Abs. 4 MietenWoG Bln, sowie die Forderung oder die Entgegennahme einer nicht zulässigen Miete stellen neben anderen Sachverhalten gemäß § 11 MietenWoG Bln Ordnungswidrigkeiten dar, die mit einer Geldbuße bis zu 500.000 EUR geahndet werden, § 11 Abs. 2 MietenWoG Bln.

2. Mieterhöhungsvereinbarung aus Anlass der Modernisierung

Zwischen den Eheleuten . . . . . als Vermieter und den Eheleuten . . . . . als Mieter, besteht seit dem . . . . . ein Mietvertrag über eine Wohnung im 2. Obergeschoss links des Hauses . . . . ., bestehend aus 3 Zimmern, Küche, Diele, Bad/WC und dazugehörigem Kellerraum. Die Miete beläuft sich derzeit auf 600,– EUR zuzüglich 150,– EUR Betriebskostenvorauszahlung.[1]

Die Vermieter beabsichtigen,[2] in der Wohnung verschiedene Modernisierungsmaßnahmen[3] durchführen zu lassen:

- Ausbau sämtlicher vorhandener Fenster (Einfachverglasung in Holzrahmen) und Einbau neuer Fenster (Dreifach-Wärmedämmglas in Kunststoffrahmen, Farbe weiß)
- Neueinrichtung des Badezimmers (Anbringung von Fliesen, Farbe weiß auf Boden und Wänden bis zu einer Höhe von 1,80 Meter, Erneuerung des WC, Einbau eines Waschbeckens mit Standsäule, Einbau einer Duschtasse mit fester Duschabtrennung anstelle bisher vorhandener Badewanne, Erneuerung der Armaturen durch Einhebelmischarmaturen)
- Einbau einer Türfreisprecheinrichtung

Die Vermieter werden diese Arbeiten in den Monaten . . . . . bis . . . . . durchführen lassen.

Die Mieter erklären sich mit der Durchführung dieser Arbeiten ausdrücklich einverstanden und erlauben den Vermietern sowie den in deren Auftrag handelnden Personen (Architekten, Handwerkern) den Zutritt zur Wohnung zwecks Vorbereitung, Durchführung und Nachbesichtigung dieser Arbeiten. Die Mieter wissen, dass anlässlich der Arbeiten Beeinträchtigungen durch Lärm und Schmutz und wegen eingeschränkter Benutzung des Badezimmers möglich sind.

Die Mieter dulden die Durchführung der Arbeiten auch dann, wenn sich die hier dargestellten Ausführungsfristen, maximal jedoch um . . . . . . Monate, verzögern sollten.

Die Mieter verzichten für die Dauer von 3 Monaten seit Beginn der Baumaßnahme darauf, die Miete zu mindern und/oder Zurückbehaltungsrechte auszuüben. Die Mieter werden auch keine Aufwendungsersatzansprüche stellen.

Die Vertragsparteien sind sich darüber einig, dass die hier beschriebenen Modernisierungsarbeiten fertiggestellt sind, wenn die Fenster eingebaut sowie Badezimmer und Türsprecheinrichtung benutzt werden können, unbeschadet von noch etwaigen Restarbeiten oder Nacharbeiten wegen Mängelbeseitigung.

Mit Beginn[4] des Monats, der auf den Monat der Fertigstellung folgt, zahlen die Mieter eine Miete[5] von 750,– EUR zuzüglich Betriebskostenvorauszahlungen in bisheriger oder künftig festzulegender Höhe. Miete und Betriebskostenvorauszahlungen sind weiterhin monatlich im Voraus, spätestens am 3. Werktage eines jeden Monats auf das Konto des Vermieters einzuzahlen.

Die Parteien vereinbaren folgende Rücktrittsrechte:[6]

• Die Vermieter können von dieser Vereinbarung zurücktreten, wenn die Mieter, nachdem ihnen der Beginn der Modernisierungsmaßnahmen genannt wurde, sich weigern, die Arbeiten ausführen zu lassen bzw. dem berechtigten Personenkreis Zutritt zur Wohnung zu gewähren.

• Der Mieter kann von dieser Vereinbarung zurücktreten, wenn mit den Arbeiten nicht binnen einer Frist von 6 Monaten, gerechnet ab heute, begonnen wurde.

Das Rücktrittsrecht kann allerdings erst dann ausgeübt werden, wenn dem jeweils anderen Vertragspartner zuvor eine Frist von mindestens 10 Tagen gesetzt wird unter Hinweis, dass nach Ablauf der Frist das Rücktrittsrecht ausgeübt wird. Sowohl die Fristsetzung wie auch der Rücktritt müssen in Textform erfolgen und dem Vertragspartner zugehen. Die Geltendmachung sämtlicher sonstiger Rechte,[7] mit Ausnahme des hier zeitlich befristeten Verzichtes des Mieters auf Minderung, Zurückbehaltung und Aufwendungsersatz, bleiben vorbehalten.

. . . . . den . . . . den . . . . .

                Unterschrift Vermieter   Unterschrift Mieter

Anmerkungen

1. Wegen der **grundsätzlichen Voraussetzungen** für die Gültigkeit einer Mieterhöhungsvereinbarung, wegen Formvorschriften und Widerrufsmöglichkeiten → Form. C. I.1.

2. Anlass für eine Mieterhöhungsvereinbarung gem. § 555f BGB ist der oft **gemeinsame Wunsch der Vertragsparteien**, durch Erhaltungs- und/oder Modernisierungsmaßnahme den Gebrauchswert der Wohnung zu erhöhen. Zugleich stellt eine derartige Vereinbarung für den Vermieter sicher, dass er nach Beendigung von Modernisierungsarbeiten eine höhere Miete erhält. Durch eine Mieterhöhungsvereinbarung können die Parteien den oft in formeller Hinsicht schwierigen Weg der Ankündigung derartiger Modernisierungsmaßnahmen nach § 555b und § 555c BGB bzw., was die Mieterhöhung angeht, nach §§ 559, 559a, 559b BGB ersparen. Der Gesetzgeber lässt zu, dass die Mietvertragsparteien Vereinbarungen treffen, die sich auf Erhaltungs- und Modernisierungsmaßnahmen beziehen. Insofern sind die Parteien berechtigt, Vereinbarungen zu treffen bezüglich der zeitlichen und technischen Durchführung der Maßnahme, § 555f Nr. 1 BGB, über Gewährleistungsrechte und Aufwendungsersatzansprüche des Mieters, § 555f Nr. 2 BGB, und die künftige Höhe der Miete, § 555f Nr. 3 BGB.

Eine Vereinbarung nach § 555f BGB darf nur Anlass bezogen, das heißt, aus Anlass einer Erhaltungs- und/oder Modernisierungsmaßnahme, getroffen werden. Vereinbarungen, die auf künftige Modernisierungsmaßnahmen, also auf Maßnahmen, die noch gar nicht feststehen, gerichtet sind, werden nicht durch § 555f BGB gedeckt. Die Vereinbarung kann nur nach Abschluss des Wohnraummietvertrages wirksam getroffen werden. Modernisierungs-vereinbarungen, die vor oder gleichzeitig mit dem Abschluss des Wohnraummietvertrages getroffen werden, sind unwirksam, selbst wenn zu diesem Zeitpunkt bereits Modernisie-rungsmaßnahmen in der konkreten Wohnung durchgeführt werden.

3. Die Vertragsparteien sollten bei der Erstellung der Vereinbarung **sehr genau beschreiben**, welche Modernisierungsmaßnahmen durch den Vermieter im Einverständ-nis mit dem Mieter durchgeführt werden. Art und Umfang der Arbeiten sollten so genau wie möglich beschrieben werden, damit es während der Arbeitsdurchführung nicht zu Verzögerungen wegen Missverständnissen kommt. Soweit dies möglich ist, sollten die Vertragsparteien auch im Vorfeld festlegen, wann welche Arbeiten ausgeführt werden, damit sich insbesondere die Mieter darauf einrichten können. Grundsätzlich sind im Falle energetischer Modernisierungsmaßnahmen nach § 555b Nr. 1 BGB Minderungsrechte nach § 536 Abs. 1a BGB für die Dauer von 3 Monaten ausgeschlossen. Nach § 555f Nr. 3 BGB ist es allerdings auch zulässig, Vereinbarungen über den Verzicht auf weitere Minderungsansprüche aus Anlass anderer Modernisierungsmaßnahmen zu treffen, das heißt, hier vorliegend einen vollständigen Minderungsausschluss für die Dauer von 3 Monaten zu vereinbaren. Es muss allerdings darauf hingewiesen werden, dass ein vertraglicher Verzicht des Mieters auf die Minderung bei der Wohnraummiete an sich grundsätzlich unwirksam ist, § 536 Abs. 4 BGB. Eine Ausnahme gilt für Vereinbarungen, die einen konkreten Mangel betreffen. Deshalb kann durch Individualvereinbarung vereinbart werden, dass der Mieter auf eine Minderung wegen einer konkret bezeichneten Gebrauchsbeschränkung verzichtet (Blank/Börstinghaus/*Blank* BGB § 555f Rn 12). Ein formularvertraglicher Minderungsverzicht dürfte gegen § 307 Abs. 2 Nr. 1 verstoßen (Blank/Börstinghaus/*Blank* BGB § 555f Rn 12). Hiervon ausgenommen ist der gesetzliche Minderungsausschluss nach § 536 Abs. 1a BGB.

4. Die **Vereinbarung** regelt, ab wann die höhere Miete zu zahlen ist. Wichtig ist, dass dieser Zeitpunkt klar und eindeutig definiert ist. Es wird immer im Interesse des Ver-mieters sein, die höhere Miete spätestens dann zu erhalten, wenn die Arbeiten fertig-gestellt sind, wobei sinnvollerweise der Termin der Fertigstellung nicht von etwaigen kleineren Restarbeiten abhängig gemacht werden sollte.

5. Ebenso ist die **Höhe der nach Fertigstellung zuzahlenden Miete** eine Frage der Vereinbarung. Die Miethöhe wird oft davon abhängen, in welchem Umfange der Ver-mieter in die Wohnung investiert. Dies kann, muss aber in der Vereinbarung nicht transparent gemacht werden.

6. Bei Abschluss einer Vereinbarung sollen die Parteien auch daran denken, dass es zu **Zeitverzögerungen** kommen kann, etwa weil der Mieter es sich anders überlegt und die Handwerker dann doch nicht in die Wohnung lässt, oder, weil es in der Sphäre des Vermieters zu Verzögerungen kommt. Die hier vorgeschlagenen Rücktrittsrechte für beide Parteien stellen dieses Recht jeweils unter die Voraussetzung, dass ein konkreter Sachverhalt gegeben ist und setzen darüber hinaus auch noch eine vorherige Abmahnung voraus. Möglich ist auch, statt eines beiderseitigen Rücktrittsrechtes den Vertrag unter eine auflösende Bedingung zu stellen, etwa für den Fall, dass mit den Arbeiten bis zu einem bestimmten Termin nicht begonnen wurde. Aus Sicht des Vermieters ist auch daran zu denken, bei einer Vereinbarung die Möglichkeiten starker Preiserhöhungen in Betracht zu ziehen, wenn die Modernisierungsarbeiten nicht nahe liegend, sondern erst zu einem späteren Zeitpunkt ausgeführt werden sollen.

7. Obwohl § 555f BGB Vereinbarungen über Gewährleistungsrechte und Aufwen-dungsersatzansprüche des Mieters zulässt, sollte, insbesondere dann, wenn die Verein-barung formularvertraglich getroffen wird, überprüft werden, ob nicht ein Verstoß gegen

§ 307 BGB vorliegt. So kann rechtswirksam sich der Vermieter nicht von Schadensersatzansprüchen freistellen lassen, selbst dann nicht, wenn aufseiten des Vermieters bzw. seiner Erfüllungsgehilfen nur leichte Fahrlässigkeit vorliegt. Somit sind Regelungen, die Schadensersatzansprüche des Mieters vollständig ausschließen, unwirksam.

3. Mieterhöhungsvereinbarung wegen Einbaus isolierverglaster Fenster in Altbauwohnungen und zusätzlicher Verpflichtung des Mieters zu verändertem Heizungs- und Lüftungsverhalten

Zwischen den Eheleuten . . . . . als Vermieter und den Eheleuten . . . . . als Mieter besteht seit dem . . . . . ein Mietvertrag über eine Wohnung im 2. Obergeschoss links des Hauses . . . . ., bestehend aus 3 Zimmern, Küche, Diele, Bad/WC und dazugehörigem Kellerraum. Die Miete beträgt derzeit 600,– EUR zuzüglich 150,– EUR Betriebskostenvorauszahlung.[1, 2]

Die Vermieter beabsichtigen, in der Wohnung sämtliche Fenster sowie die Balkontür zu erneuern. Statt der vorhandenen Einfachverglasung mit Holzrahmen werden die Vermieter Fenster und Balkontür mit Dreifach-Wärmedämmglas in Kunststoffrahmen weiß einbauen.

Die Vermieter werden diese Arbeiten voraussichtlich im Zeitraum . . . . . durchführen lassen.

Die Mieter erklären sich mit der Durchführung dieser Arbeiten ausdrücklich einverstanden und erlauben dem Vermieter sowie den in deren Auftrag handelnden Personen (Architekten, Handwerkern) den Zutritt zur Wohnung zwecks Vorbereitung, Durchführung und Nachbesichtigung dieser Arbeiten. Die Mieter wissen, dass anlässlich der Arbeiten Beeinträchtigungen wegen Baulärms und des Baudrecks möglich sind. Da es sich bei der Erneuerung der Fenster um eine Maßnahme zur Einsparung von Endenergie in Bezug auf die Mietsache handelt, ist eine Mietminderung wegen dieser Baumaßnahme für die Dauer von 3 Monaten seit Beginn der Maßnahme ausgeschlossen.

Die Mieter dulden die Durchführung der Arbeiten auch dann, wenn die Ausführungsfristen sich um höchstens . . . . . . Monate verzögern. Die Parteien werden den Arbeitsbeginn dann möglichst einvernehmlich festlegen.

Mit Beginn des Monats, der auf den Monat der Fertigstellung der Arbeiten folgt, zahlen die Mieter eine Miete von 665,–EUR zuzüglich Betriebskostenvorauszahlungen in bisheriger oder künftig festzulegender Höhe. Miete und Betriebskostenvorauszahlungen sind weiterhin monatlich im Voraus, spätestens am 3. Werktage eines jeden Monats auf das Konto des Vermieters zu entrichten.

Die Mieter wissen, dass nach Einbau der Fenster eine zusätzliche Wärmedämmung geschaffen wurde. Um zu verhindern, dass sich danach Feuchtigkeitsschäden durch Kondensat in der Wohnung bilden, verpflichten sich die Mieter, die Wohnung in ausreichendem Maße zu heizen und zu lüften. Die Mieter werden daher

• die Wohnung mindestens zwei mal täglich für 10 Minuten durchlüften,
• alle Räume, auch die Schlafräume, ausreichend beheizen,
• ihre Möbel so weit von der Wand stellen, dass zwischen Wand und Möbelstück eine Durchlüftung stattfinden kann.

. . . . . den . . . . den . . . . .

Unterschrift Vermieter   Unterschrift Mieter

Anmerkungen

1. Das vorstehende Formular basiert auf dem → Form. C.I.2, so dass im Wesentlichen darauf verwiesen werden kann. Insbesondere besteht auch vorliegend die Möglichkeit, sich wechselseitige Rücktrittsrechte einzuräumen, falls Ausführungsfristen überschritten werden oder die Mieter ihrer Duldungsverpflichtung nicht nachkommen.

2. Das Formular berücksichtigt, dass nach dem Einbau von Wärmedämmfenster gerade in Altbauwohnungen, die bisher mit einfachverglasten Fenstern ausgestattet waren, veränderte wärmephysikalische Bedingungen entstehen. Hieraus können Feuchtigkeitsschäden resultieren, verursacht durch Kondensat. Die in der Raumluft enthaltene Feuchtigkeit kondensiert bei einfachverglasten Fenstern regelmäßig auf den Fensterscheiben, diese Fenster „beschlagen". Diese Feuchtigkeit kann dann relativ problemlos über Wasserschenkel beseitigt werden. Außerdem sind einfachverglaste Holzfenster in der Regel nicht so dicht, dass nicht eine gewisse automatische Durchlüftung vorhanden ist. Bei neuen, modernen Fenstern wird sich hingegen die Feuchtigkeit in der Raumluft nicht mehr auf den Fensterscheiben absetzen, sondern auf den dann kälteren Wandteilen, insbesondere an den Raumecken, den Fensterwangen oder an Wandstellen, die durch Möbel oder Vorhänge zugestellt sind. Diese Feuchtigkeit kann zu Schimmelpilzbildungen führen. Derartige Feuchtigkeitsschäden werden verhindert durch ein ausreichendes Beheizen und Lüften der Wohnung, insbesondere auch der Schlafräume, wobei auch darauf zu achten ist, dass alle Wandteile belüftet werden können; Gleiches gilt bei der Anbringung von Vorhängen oder sonstigen Wandverkleidungen. Derartiges setzt ein bestimmtes Wohnverhalten der Mieter voraus, auf welches diese tunlichst hinzuweisen sind.

II. Mieterhöhung bei Vereinbarung einer Staffelmiete, § 557a BGB

. . . . .

(Vermieter)

an

. . . . .

(Mieter)

Sehr geehrte(r) . . . . .,

wie ich anhand meiner Bankauszüge feststelle, haben Sie sowohl im letzten Monat wie auch jetzt im . . . . . eine Grundmiete in Höhe von . . . . . EUR zuzüglich Betriebskosten-vorauszahlungen in Höhe von . . . . EUR auf das Mietkonto überwiesen.[1] Ich erlaube mir, Sie darauf aufmerksam zu machen, dass aufgrund unserer Vereinbarungen im Mietvertrag die Grundmiete sich seit dem . . . . .[2] um . . . . . EUR[3] auf . . . . . EUR erhöht hat. Ich möchte Sie also bitten, die höhere Miete ab sofort auf das Mietkonto zu überweisen und den bis jetzt entstandenen Rückstand von je . . . . . EUR für die Monate . . . . ., insgesamt also . . . . . EUR, ebenfalls zu überweisen.

Schließlich möchte ich Sie schon jetzt darauf hinweisen, dass sich entsprechend unserer Vereinbarung im Mietvertrag die Miete am . . . . . des kommenden Jahres erneut um . . . . . EUR von . . . . . EUR auf . . . . . EUR erhöht.

. . . . .

(Vermieter)

Anmerkungen

1. Die Verwendung des vorliegenden Formulars setzt die Vereinbarung einer Staffel-miete gemäß § 557a BGB voraus (→ Form. A.III.4)

2. Da die Mieterhöhung immer zu den vereinbarten Terminen stattfindet, kann der Vermieter den Erhöhungsbetrag auch nachträglich fordern, dies natürlich nur in den Grenzen von Verwirkung und Verjährung. Der Mieter gerät jedenfalls ohne weitere Mahnung mit dem Erhöhungsbetrag ab dem vereinbarten Termin in Verzug.

3. Aus Gründen der Transparenz sollten im Aufforderungsschreiben die Vereinbarun-gen des Mietvertrages auch ziffernmäßig genau dargelegt werden. Ebenso ist es anzura-ten, den Mieter, vorausgesetzt die vertraglichen Bestimmungen und Vereinbarungen sind so ausgestaltet, schon auf das nächste Datum hinzuweisen, an dem sich die Miete erhöht. Dies ist allerdings für die Fälligkeit der jeweiligen Mietstaffel nicht erforderlich.

III. Mietänderung bei Vereinbarung einer Indexmiete, § 557b BGB

1. Schreiben des Vermieters bei Steigerung des Index

. . . . .

(Vermieter)

an

. . . . .

(Mieter)

Sehr geehrte(r) . . . . .,[2]

für die von Ihnen bewohnte Wohnung . . . . . zahlen Sie seit[3] dem . . . . . eine unveränderte Miete von . . . . . EUR zuzüglich . . . . . EUR Betriebskostenvorauszahlungen. In dem zwischen uns geltenden Mietvertrag haben wir vereinbart, dass die Grundmiete durch den vom Statistischen Bundesamt ermittelten Verbraucherpreisindex bestimmt wird.[1] Nach den mir vorliegenden Veröffentlichungen des Statistischen Bundesamtes betrug der Verbraucherpreisindex im . . . . ., also in dem Monat, in dem die jetzige Miete festgelegt wurde, 115,3 Punkte. Seitdem, also in den folgenden 2 Jahren, hat sich der Index auf 119,5 Punkte erhöht.

Damit erhöht sich die Miete gemäß nachstehender Berechnung[4] wie folgt:

$([119{,}5 : 115{,}3] \times 100) - 100 = 3{,}64\,\%$

Ihre Miete erhöht sich also von . . . . . EUR um 3,64 % = ... EUR auf . . . . . EUR. Ich darf Sie bitten, diese geänderte Miete ab[5] . . . . . zuzüglich Betriebskostenvorauszahlungen auf das Ihnen bekannte Mietkonto zu überweisen.

. . . . .

(Vermieter)

Anmerkungen

1. Wegen der Vereinbarung einer Indexmiete vergleiche das → Form. A.III.5. Die Parteien können jederzeit auch während des Bestehens eines Mietverhältnisses die Geltung einer Indexmiete gemäß § 557b BGB schriftlich vereinbaren. Besteht eine Indexvereinbarung ist während deren Dauer eine Mieterhöhung gemäß § 558 BGB nicht erlaubt. Mieterhöhungen nach § 559 BGB wegen baulicher Veränderungen gelten nur dann, wenn der Vermieter sie nicht zu vertreten hat, also bei Anordnungen durch Gesetz oder Verordnung.

2. Nach § 557b Abs. 3 BGB bedarf die Mietänderung einer Erklärung, die mindestens in Textform abgefasst sein muss. In der Erklärung muss die eingetretene Änderung des Preisindexes sowie die jeweilige Miete oder die Erhöhung in einem Geldbetrag angegeben werden.

3. Nach § 557b Abs. 2 S. 1 BGB ist Voraussetzung für eine Mietänderung, dass die bisherige Miete 1 Jahr lang unverändert war. Die Frist berechnet sich mit dem Mietbeginn oder mit dem Zeitpunkt, zu dem die letzte Mieterhöhung eingetreten ist. Die Mietänderung tritt ein mit Beginn des übernächsten Monats, der auf den Zugang der Mietänderungserklärung des Vermieters folgt, § 557b Abs. 3 S. 3 BGB. Aus der Gesetzesformulierung folgt eindeutig, dass somit die Mietänderungserklärung dem Mieter schon vor Ablauf der Jahresfrist des § 557 Abs. 2 S. 1 BGB zugehen kann. Die Jahresfrist des § 557b Abs. 2 BGB ist, anders als die Frist des § 558 Abs. 1 S. 2 BGB, keine Sperrfrist, nach deren Ablauf überhaupt erst das Mieterhöhungsverlangen zulässig ist, sondern die Bestimmung des Termins, an dem die Mieterhöhung frühestens fällig werden kann.

4. Da der Verbraucherpreisindex in Punkten wiedergegeben wird, muss jedenfalls anhand der folgenden Berechnung die Steigerung der Punkte in eine prozentuale Steigerung umgerechnet werden. Die Formel lautet: ([Neuer Index : Alter Index] × 100) – 100 = Änderungen in Prozent.

5. Nach § 557b Abs. 3 S. 3 BGB ist die geänderte Miete mit Beginn des übernächsten Monats nach Zugang der Erklärung zu entrichten. Eine rückwirkende Mietänderung ist damit ausgeschlossen.

2. Schreiben des Mieters bei Absenken des Index

. . . . .

(Mieter)

an

. . . . .

(Vermieter)

Sehr geehrte(r) . . . . .,

in dem Mietvertrag über die von mir bewohnte Wohnung haben wir uns darauf verständigt, dass die Höhe der Miete durch den Verbraucherpreisindex,[2] so wie er vom Statistischen Bundesamt ermittelt wird, bestimmt wird. Unter Hinweis auf eingetretene Indexerhöhungen haben Sie vor 2 Jahren, also im . . . . . die Miete von . . . . . EUR auf . . . . . EUR erhöht. Dieser Erhöhung lag eine Indexsteigerung auf 125 Punkte im . . . . . zu Grunde.[1]

Aus den aktuellen Veröffentlichungen des Statistischen Bundesamtes entnehme ich nun, dass der Verbraucherpreisindex nunmehr auf 119,6 Punkte gesunken ist. Nach der nachfolgenden Formel ([125/119,6] × 100) – 100 ist dies eine Absenkung des Index um 4,52 %. Um diesen Prozentsatz verändert sich somit auch die Miete, dh von . . . . . EUR um . . . . . EUR auf . . . . . EUR. Diese veränderte Miete werde ich ab dem Beginn des übernächsten Monats zuzüglich Betriebskostenvorauszahlungen an Sie überweisen.

. . . . .

(Mieter)

Anmerkungen

1. Die Anmerkungen zu dem → Form. C.III.1 gelten gleichermaßen auch bei einem Absenken des Lebenshaltungskostenindex. Dies gilt insbesondere auch für die Form, den Inhalt und den Termin, ab dem sich die Miete ändert.

2. Bei einer deflationären Entwicklung des Lebenshaltungskostenindex kann sich die Miete senken, allerdings nicht automatisch. Der Mieter muss dies gegenüber dem Vermieter geltend machen, wobei die gleichen Grundsätze gelten, die auch bei einer Erhöhung der Miete anzuwenden sind. Es besteht keine Verpflichtung des Vermieters, den Mieter darauf hinzuweisen (Schmidt-Futterer/*Börstinghaus* BGB § 557b Rn. 49).

Sinkt die Miete durch Indexveränderungen unter die Ausgangsmiete bei Mietvertragsabschluss, führt dies nicht zu einer Herabsetzung der dem Vermieter übergebenen Mietsicherheit. Maßstab für die höchstzulässige Sicherheit ist die Mietvereinbarung im Zeitpunkt der Kautionsvereinbarung. Hiervon ausgenommen sind die Fälle des § 5 WiStG.

IV. Mieterhöhung bis zur ortsüblichen Vergleichsmiete, § 558 BGB

1. Mieterhöhungsverlangen unter Verwendung eines einfachen Mietspiegels, § 558c BGB

. . . . .

(Rechtsanwalt)

an

. . . . .

(Mieter)

Sehr geehrte(r) . . . . .,[3]

ich zeige Ihnen hiermit an, dass ich die Interessen Ihres Vermieters,[4] . . . . ., vertrete. Das Original der auf mich lautenden Vollmacht, wodurch ich berechtigt bin, die nachfolgenden Erklärungen abzugeben, füge ich diesem Schreiben bei.

Sie bewohnen im Hause meines Mandanten . . . . . seit nunmehr 10 Jahren die im 2. Obergeschoss rechts gelegene Wohnung, bestehend aus 3 Zimmern, Küche, Diele, Bad/WC, Loggia und dazugehörigem Kellerraum. Mitvermietet ist auch ein Stellplatz vor dem Haus. Für diese Wohnung, die insgesamt 82 Quadratmeter groß ist, zahlen Sie seit mehr als 1 Jahr[5] eine unveränderte Miete von 600,– EUR und 140,– EUR. Betriebskostenvorauszahlungen.

Mein Mandant hat mich gebeten zu überprüfen, ob die Möglichkeit besteht, die von Ihnen derzeit gezahlte Miete zu erhöhen. Dies ist nach Prüfung der Sach- und Rechtslage der Fall.[1, 2]

Gemäß[6] § 558 BGB kann der Vermieter vom Mieter die Zustimmung zu einer Erhöhung der Miete bis zur ortsüblichen Vergleichsmiete verlangen. Von diesem Recht mache ich hiermit namens und im Auftrage meines Mandanten und unter nochmaliger Bezugnahme auf die beiliegende Vollmacht Gebrauch. Ich bitte Sie um Zustimmung zu einer Mieterhöhung auf 685,– EUR zuzüglich Betriebskostenvorauszahlung. Ich darf Sie bitten, diese Miete ab . . . . . [Beginn des 3. Monats, der auf den Zugang des Erhöhungsverlangens folgt] zu zahlen. Die von mir verlangte Miete in Höhe von 685,– EUR übersteigt die ortsübliche Vergleichsmiete nicht.

Ich beziehe mich deshalb auf den Mietspiegel[7] für nicht öffentlich geförderten Wohnraum im Stadtgebiet von . . . . . vom . . . . . Eine Abschrift des Mietspiegels füge ich in der Anlage bei. Aufgrund der im Mietspiegel enthaltenen Angaben ordne ich die von Ihnen bewohnte Wohnung wie folgt ein:

1. Das Haus, in dem sich Ihre Wohnung befindet, wurde im Jahre 1985 bezugsfertig. Es gilt die Baualtersklasse 3.
2. Ihre Wohnung ist 82 Quadratmeter groß, sodass die Gruppe der Wohnungen um 80 Quadratmeter Größe Anwendung findet.
3. Ihre Wohnung ist mit Bad, Heizung und WC ausgestattet. Es gilt die Ausstattungsklasse 2.

4. Die von Ihnen bewohnte Wohnung liegt in einer mittleren Wohnlage. Hervorzuheben ist die gute Verkehrsanbindung mit öffentlichen Personennahverkehrsmitteln zur Innenstadt, insbesondere durch die nahe liegende Straßenbahnhaltestelle. Alle Geschäfte des täglichen Bedarfs, aber auch Ärzte, Schulen etc sind fußläufig zu erreichen. Besondere, insbesondere ständige Beeinträchtigungen durch Lärm und Schmutz sind nicht vorhanden.

In dem von mir zugrunde gelegten Feld, dieses habe ich in dem beiliegenden[8] Mietspiegel noch einmal farblich gekennzeichnet, beträgt der Vergleichsmiete zwischen 6,80 EUR – 9,30 EUR pro Monat und Quadratmeter. Die Miete, um deren Zustimmung ich Sie bitte, errechnet sich wie folgt: 82 Quadratmeter × 8,35 EUR = 684,70 EUR, aufgerundet 685,– EUR. Diese Miete übersteigt die ortsübliche Vergleichsmiete aus den vorgenannten Gründen nicht.

Auch die Kappungsgrenze[9] ist eingehalten. Im Vergleich zu der Miete, die Sie vor 3 Jahren gezahlt haben, beträgt die Erhöhung weniger als 20 %.

Auch das Überschreiten[10] des Mittelwertes ist berechtigt, weil in der von Ihnen gezahlten Miete auch das Recht enthalten ist, den Stellplatz benutzen zu können.

Namens und im Auftrage meines Mandanten darf ich Sie bitten, bis zum Ablauf des übernächsten Monats dieser Mieterhöhung zustimmen[11] und die von mir ermittelte Miete von 685,– EUR zuzüglich Betriebskostenvorauszahlung zu dem oben erwähnten Zeitpunkt, also Beginn des dritten Monats, der auf den Zugang dieses Erhöhungsverlangens folgt, zu zahlen.[12] Stimmen Sie der Mieterhöhung nicht oder nicht in vollem Umfange[13] zu, dann kann mein Mandant Sie binnen der vom Gesetzgeber genannten Frist auf Zustimmung gerichtlich in Anspruch nehmen.[14]

. . . . .

(Rechtsanwalt)[15]

Anmerkungen

1. Die → Form. C.IV. befassen sich mit dem **einseitigen Mieterhöhungsverlangen des Vermieters bis zur ortsüblichen Vergleichsmiete**. Diese beruhen alle, was Form und Frist angeht, auf den nachstehenden Anmerkungen. Der Unterschied liegt in der Begründung der ortsüblichen Vergleichsmiete und in der Beschränkung oder Erweiterung der Erhöhungsmöglichkeit bei veränderter Mietstruktur (Inklusiv-/Teilinklusivmiete) oder Anwendung der Kappungsgrenze. Der Begriff der ortsüblichen Vergleichsmiete ist in § 558 Abs. 2 BGB definiert. Diese Miete wird gebildet aus den üblichen Entgelten, die in der Gemeinde oder in einer vergleichbaren Gemeinde für Wohnraum vergleichbarer Art, Größe, Ausstattung, Beschaffenheit und Lage einschließlich der energetischen Ausstattung und Beschaffenheit in den letzten sechs Jahren vereinbart oder, von Erhöhungen nach § 560 BGB abgesehen, geändert worden sind (Gesetz zur Verlängerung des Betrachtungszeitraumes für die ortsüblichen Vergleichsmieten, in Kraft seit dem 1.1.2020). Für einen Übergangszeitraum gilt Art. 229 § 50 EGBGB. Für die Dauer von einem Jahr dürfen Mietspiegel noch nach dem vierjährigen Betrachtungszeitraum erstellt werden, wenn der Stichtag vor dem 1.3.2020 liegt. Ebenso dürfen laufende Mietspiegel weiter angewandt werden. Die ortsübliche Vergleichsmiete ist unbedingt zu unterscheiden von der „Marktmiete", also jener Miete, die bei einer Neuvermietung auf Grund der herrschenden Angebots- und Nachfragesituation erzielt werden kann. Die Anpassung der Miete an die ortsübliche Vergleichsmiete kann nicht verlangt werden, wenn die Miethöhe durch Gesetz festgelegt ist, (Kostenmiete). Allerdings kann der Vermieter einer preisgebundenen Wohnung schon vor dem Ablauf der Bindung vom Mieter Zustimmung zu einer Mieterhöhung verlangen, die nach Ablauf der Bindung wirksam wird (OLG Hamm NJW 1981, 234; MAH MietR/*Flintrop* § 23 Rn. 25).

2. Das Recht des Vermieters, einseitig eine Mieterhöhung zu verlangen, ergibt sich aus § 557 Abs. 3 BGB. Durch die Stellung in Abs. 3 hinter den verschiedenen Möglichkeiten der einvernehmlichen Mietabänderung hat der Gesetzgeber zum Ausdruck bringen wollen, dass solche einvernehmlichen Regelungen zu bevorzugen sind und nur, wenn diese nicht zu Stande kommen, dem Vermieter gegebenenfalls durchsetzbare Ansprüche auf Mietanpassung zustehen (Schmidt-Futterer/*Börstinghaus* BGB § 557 Rn. 43). Eine einseitige Mieterhöhung des Vermieters kommt also nicht in Betracht, wenn diese durch Vereinbarung ausgeschlossen ist oder sich dieser Ausschluss aus den Umständen ergibt. Grundsätzlich kann allein auf Grund der Vereinbarung einer festen Mietzeit (Zeitmietvertrag) noch kein Ausschluss einer Mieterhöhung verbunden sein (OLG Stuttgart NJW-RR 1994, 401). Allerdings können weitere Umstände hinzutreten. So ist beispielsweise in der Vereinbarung einer relativ kurzen Mietzeit wohl die Abrede zu sehen, dass während dieser kurzen Mietzeit keine Mieterhöhung erfolgen soll. Dies soll etwa gelten bei einem Zeitmietvertrag bis zu einer Laufzeit von 3 Jahren (*Weitemeyer* NZM 2001, 563 (565); *Derleder* NZM 2001, 170 (172)). Wird ein Zeitmietvertrag für längere Zeit geschlossen, wird man darin jedoch nicht einen Vertragswillen des Vermieters sehen, auf Mieterhöhungsverlangen zu verzichten. Auch bei einem befristeten Kündigungsausschluss ist ohne Hinzutreten weiterer Umstände nicht von einem Ausschluss der Mieterhöhung auszugehen. Ansonsten kann es eine Vielzahl von Gründen und Umstände geben, die auf einen Mieterhöhungsverzicht oder eine Beschränkung der Mieterhöhung schließen lassen. Dies können familiäre Gründe sein, Gründe, die aus einer Gefälligkeit folgen, soziale Gründe etc Jedenfalls bedarf es einer sorgfältigen Prüfung im Einzelfall. Während der Laufzeit einer Staffelmietvereinbarung und während der Laufzeit einer Indexmietvereinbarung ist eine Mieterhöhung nach § 558 BGB ausgeschlossen, § 557 Abs. 2 BGB, § 557b Abs. 2 S. 3 BGB.

3. Das Mieterhöhungsverlangen ist eine **einseitig empfangsbedürftige Willenserklärung** des Vermieters, die **an sämtliche Mieter** zu richten ist (Schmidt-Futterer/*Börstinghaus* BGB Vor § 558 Rn. 48 ff., § 558a Rn. 8). Ein nicht an alle Mieter gerichtetes Mieterhöhungsverlangen ist unwirksam. Dies gilt auch dann, wenn einer der Mieter, etwa nach Trennung, nicht mehr in der Wohnung wohnt. Ein nur an den in der Wohnung verbliebenen Mieter gerichtetes Mieterhöhungsverlangen ist unwirksam (Schmidt-Futterer/*Börstinghaus* BGB Vor § 558 Rn. 49). Allerdings gibt es auch Ausnahmen. So bleibt ein Mieterhöhungsverlangen wirksam, welches sich nach dem Auszug eines Mitmieters allein an den in der Wohnung zurück gebliebenen Mieter richtet, wenn dieser jahrelang die Miete zahlt und sogar gegenüber der Nebenkostenabrechnung im Jahr des Auszuges eine Berücksichtigung der geänderten Personenzahl reklamiert (BGH NZM 2004, 419). Mehrere Mieter können sich wechselseitig zur Entgegennahme von Willenserklärungen bevollmächtigen. Dies gilt auch dann, wenn diese Bevollmächtigung formularmäßig getroffen wurde (BGH NZM 1998, 22). Diese wechselseitige Empfangsvollmacht bleibt auch bei dem Auszug eines Mieters bestehen, allerdings nur so lange, bis er sie widerruft. Liegt eine Empfangsvollmacht vor, ist die Mieterhöhung zwar an alle Mieter zu richten, jedoch braucht diese Erklärung nur dem zum Empfang bevollmächtigten Mieter zuzugehen. Grundsätzlich wird die Erhöhungserklärung nur dann wirksam, wenn sie dem Mieter zugeht. Den Zugang hat der Vermieter zu beweisen.

4. Auf Vermieterseite muss die Erklärung bei einer Personenmehrheit von allen Vermietern abgegeben werden (Schmidt-Futterer/*Börstinghaus* BGB Vor § 558 Rn. 17 ff.). Die Vermieter können sich wechselseitig oder auch einen Dritten, etwa den Wohnungsverwalter, im Mietvertrag selber zur Abgabe solcher Willenserklärungen bevollmächtigen. Ergibt sich die Vollmacht nicht aus dem Vertrag selber, dann muss die Bevollmächtigung durch Vorlage der Vollmachtsurkunde im Original oder in notariell beglaubigter Form nachgewiesen werden. Handelt für den Vermieter eine Hausverwaltung, dann kann sich die Vertretung des Vermieters durch den Hausverwalter auch aus den Umständen ergeben. In diesen Fällen bedarf es einer ausdrücklichen Offenlegung der Vertretung und namentlichen Benennung des Vermieters nicht (BGH NZM 2014, 431). Bei einer Vertretung durch einen Rechtsanwalt ist bereits die Vorlage einer Prozessvollmacht nicht unbedingt ausreichend. Aus ihr muss zumindest hervorgehen, dass die Bevollmächtigung die Vornahme einseitig empfangsbedürftiger Willenserklärungen umfasst. Vorsicht ist geboten, wenn eine vorgedruckte Vollmacht verwendet wird, in der alle Anwälte einer Anwaltskanzlei aufgeführt sind. In diesem Falle könnte die Unterschrift des einzelnen Anwalts unter das Mieterhöhungsverlangen als nicht ausreichend angesehen werden und stattdessen die Unterschrift aller in der Vollmacht erwähnten Anwälte verlangt werden (MAH MietR/*Flintrop* § 23 Rn. 35). Ist der Mieter durch frühere Schreiben des Vermieters über die Bevollmächtigung eines Dritten (Verwalter, Rechtsanwalt) informiert, dann erübrigt sich die Beifügung einer Vollmacht (MAH MietR/*Flintrop* § 23 Rn. 33). Bei fehlender oder unzureichender Vollmachtsurkunde kann der Mieter die Erhöhungserklärung gemäß § 174 BGB zurückweisen, sofern dies unverzüglich erfolgt. Hat der vermietende Eigentümer das Hausgrundstück verkauft, ist er bis zur Umschreibung des Grundstückes im Grundbuch auf den Erwerber noch zur Abgabe der Mieterhöhungserklärung berechtigt. Allerdings kann der Erwerber bereits vor der Umschreibung des Grundstückes auf sich in offener Stellvertretung für den Veräußerer die Mieterhöhungserklärung abgeben (Schmidt-Futterer/*Börstinghaus* BGB Vor § 558 Rn. 47). Auch kann sich der Erwerber von dem Veräußerer gemäß § 185 Abs. 1 BGB ermächtigen lassen, das Mieterhöhungsverlangen im eigenen Namen geltend zu machen (BGH NZM 2008, 283). Ist eine juristische Person der Vermieter, muss ihr vertretungsberechtigtes Organ (Geschäftsführer, Vorstand) die Mieterhöhungserklärung abgeben. In dem Mieterhöhungsverlangen muss die konkrete natürliche Person, die die Erklärung für die juristische Person abgibt, benannt werden, sonst ist das Mieterhöhungsverlangen unwirksam (LG Hamburg NZM 2005, 255).

5. Nach § 558 Abs. 1 BGB kann das Erhöhungsverlangen frühestens gestellt werden, wenn die Miete zu dem Erhöhungszeitpunkt **15 Monate unverändert** geblieben ist. Das Mieterhöhungsverlangen kann daher frühestens ein Jahr nach Wirksamwerden der letzten Mieterhöhung geltend gemacht werden. Allerdings werden Mieterhöhungen nach § 559 BGB (Modernisierungserhöhung) und/oder § 560 BGB (Erhöhung der Betriebskostenpauschale) nicht berücksichtigt. Nach § 558a Abs. 1 BGB ist für das Erhöhungsverlangen Textform ausreichend (wegen der Besonderheiten bei Mietverträgen mit einer Laufzeit von mehr als 1 Jahr, gleichbedeutend bei Kündigungsverzicht von mehr als 1 Jahr, → Anm. 11).

6. Gemäß § 558a Abs. 1 BGB hat der Vermieter sein Mieterhöhungsverlangen zu **begründen**. Geschieht dies nicht, ist die Mieterhöhung unwirksam. Dieser Mangel kann in einem anschließenden Zustimmungsprozess, § 558b Abs. 2 BGB, nur gemäß § 558b Abs. 3 S. 1 BGB durch Nachholung der Begründung geheilt werden, was jedoch eine neue Zustimmungsfrist in Lauf setzt.

Bei der Begründung kann sich der Vermieter auf die gesetzlich vorgesehenen Begründungsmittel stützen. Diese gesetzlichen Begründungsmittel sind gemäß § 558 Abs. 2 Nr. 1 BGB: ein einfacher oder qualifizierter Mietspiegel, §§ 558c, 558d BGB; Auskunft aus einer Mietdatenbank, §§ 558a Abs. 2 Nr. 2, 558e BGB; Gutachten eines öffentlich bestellten und vereidigten Sachverständigen, § 558a Abs. 2 Nr. 3 BGB; Benennung von mindestens drei vergleichbaren Wohnungen, § 558a Abs. 2 Nr. 4 BGB.

Unabhängig davon, auf welches Begründungsmittel sich der Vermieter stützt, muss das Erhöhungsverlangen jedenfalls so begründet sein, dass ein verständiger Mieter dies ohne weiteres verstehen und nachvollziehen kann. Hierzu zählt, dass unmissverständlich zum Ausdruck kommt, dass keine einseitige Erhöhung der Miete, sondern die Zustimmung des Mieters zur begehrten Mieterhöhung verlangt wird (LG Gießen WuM 1996, 557; MAH MietR/*Flintrop* § 23 Rn. 45). Erweckt das Schreiben den Anschein, die Mieterhöhung trete bereits ein auf Grund der einseitigen Erklärung des Vermieters, ist das Mieterhöhungsbegehren unwirksam. Außerdem muss vor allem die erhöhte Miete betragsmäßig ausgewiesen sein, denn die vom Mieter geschuldete Zustimmung muss sich auf den Endbetrag und nicht auf den Betrag, um den sich die Miete erhöhen soll, beziehen (KG NZM 1998, 68). Nicht unbedingt erforderlich ist die Angabe, ab wann die neue Miete gezahlt werden soll, da sich dies aus dem Gesetz ergibt, jedoch ist der Hinweis schon deshalb hilfreich, um Missverständnisse zu vermeiden.

7. Im vorliegenden Formular wird als Begründungsmittel auf einen **Mietspiegel gemäß §§ 558a Abs. 2 Nr. 1, 558c BGB** Bezug genommen. Gemäß § 558c Abs. 1 BGB ist ein derartiger Mietspiegel eine Übersicht über die ortsübliche Vergleichsmiete, soweit die Übersicht von der Gemeinde oder von Interessenvertretern der Vermieter und der Mieter gemeinsam erstellt oder anerkannt worden ist. Verbindliche Regeln für die Aufstellung von Mietspiegeln gibt es nicht, es gibt allerdings Anweisungen, in dem vom Bundesinstitut für Bau-, Stadt und Raumforschung erstellten „Hinweisen zur Aufstellung von Mietspiegeln". Der Mietspiegelersteller muss sich an die Legaldefinition des § 558 Abs. 2 BGB halten, wonach die ortsübliche Vergleichsmiete gebildet wird aus den üblichen Entgelten für Wohnraum vergleichbarer Art, Größe, Ausstattung, Beschaffenheit und Lage einschließlich der energetischen Ausstattung und Beschaffenheit, soweit sie in den letzten sechs Jahren vereinbart oder verändert worden sind (Ausnahmen → Anm. 1). Üblicherweise werden Mietspiegel daher gegliedert in

* die Baualtersklasse, das ist das Jahr der Bezugsfertigstellung des Gebäudes in dem sich die Wohnung befindet
* die Größe der Wohnung
* die Ausstattung der Wohnung
* die Lage der Wohnung
* die energetische Ausstattung und Beschaffenheit.

Im Mieterhöhungsverlangen muss der Vermieter somit Tatsachen benennen und vortragen, die eine unmissverständliche Einordnung der Wohnung und der später verlangte Miete in das maßgebliche Feld des Mietspiegels nachvollziehbar erscheinen lässt. Die Tatsachen müssen so aufgeführt werden, dass der Mieter zumindest in der Lage ist, die Berechtigung des Zustimmungsverlangens wenigstens summarisch prüfen zu können (BGH NZM 2004, 219). **Es sollten folgende Angaben gemacht werden:**

* Angabe des Jahres, in dem das Haus bezugsfertig geworden ist. Bei Altbauten, die später modernisiert wurden, ist durch Angabe von Art und Umfang der Modernisierung darzulegen, dass, sofern der Mietspiegel dies vorsieht, eine Einordnung in eine andere Baualtersklasse gerechtfertigt ist.
* Angabe der Wohnungsgröße: Bei der Berechnung der Wohnungsgröße sollte die Wohnflächenverordnung angewandt werden auch für Wohnraum, der vor dem 1.1.2004 entstanden ist. Oft wird auch im Mietspiegel angegeben, auf welcher Grundlage die Wohnflächenberechnung durchgeführt wird. Bei der Anwendung der Wohnflächenverordnung wird die Wohnfläche wie folgt berechnet: Die gesamte Grundfläche von Räumen und Raumteilen mit einer lichten Höhe von mindestens 2 m; die Hälfte der Grundfläche von Räumen und Raumteilen mit einer lichten Höhe von mindestens 1 m und weniger als 2 m; die Hälfte der Grundfläche von nicht beheizbaren Wintergärten, Schwimmbädern oder vergleichbarer nach allen Seiten geschlossener Räume; die Grundfläche von Balkonen, Loggien, Dachgärten und Terrassen in der Regel zu $^1/_4$, höchstens jedoch, bei besonders hohem Nutzungswert für den Mieter, bis zur Hälfte.
* Ein Mieterhöhungsverlangen kann nur auf Basis der tatsächlichen Wohnfläche erfolgen. Dies gilt auch dann, wenn die Parteien eine abweichende Wohnfläche vereinbart haben
* (BGH NZM 2016, 42).
* In den Mietspiegeln wird üblicherweise die Ausstattung danach differenziert, ob die Wohnung über Bad/WC und/oder Heizung verfügt. Häufig werden auch Kategorien für Wohnungen mit besonderer Ausstattung gebildet, das sind Wohnungen, die über beson-

dere Ausstattungsmerkmale verfügen, die nicht baualtersklassentypisch sind. Hierbei kommt in Frage separates WC, zweites Badezimmer, hochwertiger Fußboden, Einbaumöbel, Einbauküche, besonders großer Balkon/Loggia etc Ob allerdings ein Ausstattungsmerkmal eine besondere Ausstattung begründet, hängt immer vom Baujahr und der Größe der Wohnung ab. So zählt ein Gäste-WC in einer 100 Quadratmeter großen Wohnung, welche im Jahre 1990 gebaut wurde, eher als eine normale Ausstattung.

- Die Lage der Wohnung bestimmt ebenfalls die ortsübliche Vergleichsmiete. Bei der Lage wird üblicherweise differenziert zwischen einer normalen Wohnlage, mittleren Wohnlage und einer guten bzw. sehr guten Wohnlage. Die Lage einer Wohnung wird bestimmt durch Kriterien wie Art der Bebauung, Verkehrsbelastung, Verkehrsanbindung insbesondere mit öffentlichen Verkehrsmitteln, Einkaufsmöglichkeiten, Infrastruktur, besondere Beeinträchtigungen durch andauernden Lärm oder Geruch.

Einzelne Mietspiegel definieren die Lage anhand eines beiliegenden Straßenverzeichnisses, andere Mietspiegel definieren die Lage anhand einer der in Frage kommen den Kriterien.

Grundsätzlich kann der Vermieter, ohne dies noch einmal besonders zu begründen, die volle Bandbreite der in Frage kommenden Mietspanne ausschöpfen. Der Vermieter kann also ohne Weiteres den obersten Betrag der Mietspanne seinem Mieterhöhungsverlangen zu Grunde legen. Selbst wenn die ortsübliche Vergleichsmiete unterhalb des obersten Spannenbetrages liegt, bleibt das Mieterhöhungsverlangen zulässig, da das insofern maßgebliche Kriterium, Verständlichkeit des Mieterhöhungsverlangens für den Mieter, gegeben ist. Selbst ein Mieterhöhungsverlangen in dem der Vermieter ohne Begründung die Obergrenze der Spanne überschreitet, ist nur unwirksam, als die verlangte Zustimmung oberhalb der Obergrenze der Spanne liegt. Im Übrigen bleibt das Mieterhöhungsverlangen aber zulässig und wirksam (BGH NJW 2004, 1379).

Der Vermieter soll seiner Begründungspflicht auch dann nachkommen, wenn er ohne weitere sonstigen Angaben nur mitteilt, in welches Feld des Mietspiegels er die Wohnung einordnet (BGH NZM 2008, 164). Gleichwohl wird empfohlen, das Mieterhöhungsverlangen im vorstehenden Sinne ausführlich zu begründen. Das Ziel des Mieterhöhungsverlangens ist die Zustimmung des Mieters hierzu. Je detaillierter der Vermieter sein Mieterhöhungsverlangen begründet, umso eher ist erfahrungsgemäß mit der Zustimmung zu rechnen.

Wegen etwaig in der Miete enthaltener Betriebskosten wird auf → Form. C.IV.6 und die dortigen Anmerkungen verwiesen.

Nach § 558c Abs. 3 BGB sollen Mietspiegel im Abstand von 2 Jahren angepasst werden. Ist eine derartige Anpassung unterblieben oder existiert für die in Frage kommende Gemeinde überhaupt kein Mietspiegel, dann kann sich der Vermieter gemäß § 558a Abs. 4 Nr. 2 BGB auch auf einen veralteten oder den Mietspiegel einer vergleichbaren Gemeinde berufen. Seit dem 01.01.2020 ist das Gesetz zur Verlängerung des Betrachtungszeitraumes für die ortsübliche Vergleichsmiete in Kraft. Danach beträgt der Betrachtungszeitraum nach § 558 Abs. 2 Satz 1 BGB statt 4 Jahre nunmehr 6 Jahre. Zur Ermittlung der ortsüblichen Miete werden also Mieten berücksichtigt, die in den letzten 6 Jahren vereinbart oder geändert worden sind. Für einen Übergangszeitraum gilt Art. 229 § 50 EGBGB. Für die Dauer von 1 Jahr dürfen Mietspiegel noch nach dem 4-jährigen Betrachtungszeitraum erstellt werden, wenn der Stichtag vor dem 01.03.2020 liegt. Ebenso dürfen laufende Mietspiegel weiter angewandt werden.

8. Die **Beifügung des in Bezug genommenen Mietspiegels** ist nur dann entbehrlich, wenn er allgemein zugänglich ist. Dies ist der Fall, wenn der Mietspiegel im Amtsblatt der Gemeinde veröffentlicht wird (BGH NZM 2008, 164). Ein Mietspiegel ist auch dann allgemein zugänglich, wenn er im Internet veröffentlicht ist oder wenn die Möglichkeit besteht, den Mietspiegel käuflich zu einem geringen Betrag zu erwerben. Ein Betrag von ca. 4,– EUR ist ein geringer Betrag (BGH NJW 2010, 225). Des Weiteren ist die

Beifügung eines Mietspiegels entbehrlich, wenn entweder der Vermieter dem Mieter anbietet, ihm auf Wunsch ein Exemplar des Mietspiegels auszuhändigen oder, wenn der Vermieter dem Mieter die Möglichkeit gibt, am Wohnort des Mieters den Mietspiegel einsehen zu können, etwa beim Vermieter selbst oder in einem Kundenzentrum des Vermieters (BGH NJW 2009, 1667).

9. Der Hinweis, dass die Kappungsgrenze eingehalten ist, empfiehlt sich. Die Kappungsgrenze beträgt nach § 558 Abs. 3 BGB 20 % bezogen auf die Miete, die vor 3 Jahren, gerechnet von dem Termin, an dem das Mieterhöhungsverlangen wirksam werden soll, gezahlt wurde. Nicht in die Kappungsgrenze eingerechnet werden Mieterhöhungen nach §§ 559 ff. BGB, wobei Mieterhöhungsvereinbarungen nach §§ 557, 555 f. BGB dem gleichgestellt werden. Ebenso wird bei der Berechnung der Kappungsgrenze keine Erhöhung von Betriebskostenpauschalen nach § 560 BGB berücksichtigt.

Der Prozentsatz der Kappungsgrenze sinkt auf 15 % in den Gebieten, in denen eine ausreichende Versorgung der Bevölkerung mit Mietwohnungen zu angemessenen Bedingungen besonders gefährdet ist. Insofern sind die Landesregierungen ermächtigt, diese Gebiete durch Rechtsverordnung für die Dauer von jeweils höchstens 5 Jahren zu bestimmen, § 558 Abs. 8 S. 2 BGB.

Die Kappungsgrenze gilt nicht bzw. ist modifiziert bei vorherigem Wegfall einer Fehlbelegungsabgabe, § 558 Abs. 4 BGB (→ Form. C.IV.9).

10. Die in dem Mietspiegel enthaltenen Mieten basieren oft auf der Annahme, dass der Mieter neben der Miete die Betriebskosten trägt und die Schönheitsreparaturen durchführt. Haben die Parteien allerdings ausdrücklich vereinbart, dass die Betriebskosten in der Miete enthalten sind, können diese Kosten im Rahmen der Inklusivmiete eingerechnet werden.

Keinen Einfluss auf die ortsübliche Vergleichsmiete hat es, wenn der Vermieter die Schönheitsreparaturen durchführt, oder wenn die Vereinbarung zwischen den Parteien betreffend die Übernahme der Schönheitsreparaturen durch den Mieter unwirksam ist. Dies kann dann der Fall sein, wenn in einem Formularmietvertrag dem Mieter vorgeschrieben wird, dass er nach Ablauf ganz bestimmter Fristen renovieren muss oder, dass ihm Ausführungsarten vorgegeben werden. Unwirksam ist ebenfalls eine Formularklausel, die dem Mieter die Durchführung von Schönheitsreparaturen auferlegt, wenn dem Mieter die Wohnung in unrenoviertem Zustand übergeben wurde (BGH NJW 2015, 1594). In diesen Fällen gilt dann wieder das gesetzliche Leitbild des § 535 BGB, ohne dass der Vermieter berechtigt wäre, Zuschläge zu der ortsüblichen Vergleichsmiete vorzunehmen (BGH NZM 2008, 641; BGH NZM 2009, 313). Wird die Wohnung ganz oder teilweise möbliert vermietet, kann ein Möblierungszuschlag vereinbart werden. Für die Berechnung dieses Zuschlages ist nach überwiegender Meinung der Zeitwert der überlassenen Möbel zugrunde zu legen, dies ist der Nutzungswert für den Mieter. Auch muss berücksichtigt werden, dass die Möbel bei ständiger Benutzung regelmäßig wertloser werden. Allgemein vertreten wird, dass bei der Berechnung des Möblierungszuschlages neben der marktüblichen Verzinsung eine an der linearen Restnutzungsdauer orientierte, lineare Abschreibung in Betracht kommt (MAH MietR/*Flintrop* § 23 Rn. 115).

11. Gemäß § 558b Abs. 2 S. 1 BGB steht dem Mieter eine **Überlegungs-/Zustimmungsfrist von zwei Monaten** nach dem Zugang des Mieterhöhungsverlangens zu, wobei die Frist beginnt mit dem Beginn des Monats, der auf den Zugang des Erhöhungsverlangens folgt. Liegt die Zustimmung des Mieters bis dahin nicht vor, dann kann der Vermieter gemäß § 558b Abs. 2 S. 2 BGB binnen weiterer drei Monate auf Zustimmung klagen. Ansonsten kann der Mieter jederzeit ab Zugang des Mieterhöhungsverlangens seine Zustimmung erteilen, jedenfalls noch bis zum Ablauf der dem Vermieter zustehenden Klagefrist (Schmidt-Futterer/*Börstinghaus* BGB § 558b Rn. 16) und während dem Zustimmungsprozess.

12. Die Mieterhöhung und die damit verbundene Vertragsänderung werden nur wirksam, wenn der **Mieter** ihr **zustimmt** oder die **Zustimmung durch Urteil ersetzt** wird. Die Zustimmung bezieht sich auf die Gesamtmiete, nicht dagegen auf die Quadratmetermiete und schon gar nicht auf die Begründung des Mieterhöhungsverlangens. Die Zustimmung des Mieters gemäß § 558b Abs. 1 BGB ist eine einseitig empfangsbedürftige Willenserklärung, die zu ihrer Wirksamkeit dem Vermieter zugehen muss. Bezüglich der Vertretung des Mieters gelten die in → Anm. 4 dargelegten Grundsätze. Die Zustimmung des Mieters ist an keine besondere Form gebunden. Sie kann grundsätzlich formfrei erfolgen, also sowohl schriftlich, mündlich, telefonisch, per Telefax, auf den Anrufbeantworter gesprochen, per E-Mail oder in jeder sonst denkbaren Form (Schmidt-Futterer/*Börstinghaus* BGB § 558b Rn. 18). Problematisch ist die Form der Zustimmung bei Mietverträgen mit einer Laufzeit von mehr als 1 Jahr bzw. bei Mietverträgen, in denen die Parteien auf die Ausübung von Kündigungsrechten für die Dauer von mehr als 1 Jahr verzichtet haben. In diesen Fällen bestimmt § 550 BGB ein Schriftformerfordernis, ansonsten gilt der Vertrag als auf unbestimmte Zeit abgeschlossen mit entsprechender Kündigungsmöglichkeit. Der Schriftform bedürfen auch alle Vertragsänderungen, also auch Änderungen, welche die Miethöhe betreffen. Nach § 126 BGB ist der Schriftform bei einem Vertrag aber nur Genüge getan, wenn die Parteien auf derselben Urkunde unterzeichnen. Um also zu verhindern, dass – ungewollt – aus einem Mietvertrag mit einer Laufzeit von mehr als 1 Jahr bzw., bei einem entsprechend vereinbarten Kündigungsverzicht, ein Vertrag auf unbestimmte Zeit wird, sollte der Vermieter bzw. der ihn vertretenden Rechtsanwalt oder Verwalter unbedingt darauf achten, dass das Mieterhöhungsverlangen in Schriftform erstellt und die Zustimmungserklärung des Mieters sich auf dem Erhöhungsverlangen des Vermieters befindet. Dies geschieht am besten dadurch, dass man dem Mieter zwei unterschriebene Exemplare des Mieterhöhungsverlangens übersendet mit der Bitte, ein Exemplar unterschrieben zurückzusenden. Wird dieser Weg nicht eingehalten, dann ist die Mieterhöhung zwar wirksam vereinbart, jedoch mit der unerwünschten Rechtsfolge, dass aus dem Zeitmietvertrag ein Mietvertrag auf unbestimmte Zeit geworden ist (Schmidt-Futterer/*Börstinghaus* BGB § 558b Rn. 21). Allerdings dürfte es regelmäßig gegen Treu und Glauben verstoßen, wenn der Mieter unter Berufung auf einen von ihm veranlassten Formmangel das Mietverhältnis nun kündigt (OLG München NJW-RR 1996, 654; *Sternel* MietR aktuell IV Rn. 260).

13. Möglich ist auch eine **Zustimmung des Mieters durch schlüssiges Verhalten** etwa dadurch, dass dieser vorbehaltlos die erhöhte Miete zahlt. Regelmäßig wird dieses Verhalten als Zustimmung zu verstehen sein. Hat der Vermieter den Mieter ausdrücklich aufgefordert, einer Mieterhöhung zuzustimmen und zahlt der Mieter dann, ohne zuvor sein Einverständnis ausdrücklich erklärt zu haben, die erhöhte Miete, dann weiß er, dass er rechtsgeschäftlich tätig wird, da er ja zur Zustimmung aufgefordert wurde. Der Vermieter darf aus der Sicht eines objektiven Empfängers bereits eine einzige Zahlung als Zustimmung verstehen (LG Essen WuM 1994, 217; LG Kiel WuM 1993, 198; Schmidt-Futterer/*Börstinghaus* BGB § 558b Rn. 28 mit weiteren Rechtsprechungsnachweisen). Eine Zustimmung des Mieters unter **Bedingungen oder Auflagen** oder eine Zustimmung versehen mit einem **Vorbehalt** gilt als Ablehnung des Mieterhöhungsverlangens, denn der Mieter bringt dadurch zum Ausdruck, dass er sich nicht uneingeschränkt zur Zahlung verpflichtet fühlt und er sich eben für bestimmte Fälle einen Rückforderungsanspruch vorbehält.

Die Zustimmung zum Mieterhöhungsverlangen ist **nicht** nach den für Verbraucherverträgen geltenden Regeln widerruflich (BGH NZM 2018, 1011).

14. Stimmt der Mieter der Mieterhöhung nicht in voller Höhe oder zu einem späteren Zeitpunkt zu, so gilt dies als **teilweise Zustimmung**. Diese bewirkt zunächst eine Vertragsänderung über den Teilbetrag bzw. den Termin der Mietänderung. Besteht der Vermieter auf der kompletten Zustimmung zu seinem Mieterhöhungsverlangen, dann muss er innerhalb der Frist des § 558b Abs. 2 BGB klagen (→ Anm. 10). Die Klage auf Zustimmung gemäß § 558b Abs. 2 S. 2 BGB ist bei dem Amtsgericht zu erheben, in dessen Bezirk die Wohnung liegt. Die Klagefrist ist eine Ausschlussfrist, eine Wiedereinsetzung nach Versäumung der Klagefrist ist nicht möglich (MAH MietR/*Flintrop* § 23 Rn. 167).

15. Ist der Anwalt mit der Erstellung eines Mieterhöhungsverlangens beauftragt, richtet sich der Streitwert zumindest nach dem dreifachen Jahresbetrag gemäß § 25 KostO. Es gilt insofern nicht der niedrigere Streitwert gemäß § 41 Abs. 4 GKG, der allerdings für die Mieterhöhungsklage maßgebend ist. Es fällt eine Geschäftsgebühr an nach Ziffer 2300 des Vergütungsverzeichnisses, diese ist auf das spätere Mieterhöhungsverfahren nicht anzurechnen.

2. Mieterhöhungsverlangen unter Verwendung eines qualifizierten Mietspiegels, § 558d BGB

. . . . .

(Rechtsanwalt)

an

. . . . .

(Mieter)

Sehr geehrte(r) . . . . . ,

ich zeige Ihnen hiermit an, dass ich die Interessen Ihres Vermieters, ..., vertrete. Das Original der auf mich lautenden Vollmacht, wodurch ich berechtigt bin, die nachfolgenden Erklärungen abzugeben, füge ich diesem Schreiben bei.

Sie bewohnen im Hause meines Mandanten . . . . . seit nunmehr 10 Jahren die im 2. Obergeschoss rechts gelegene Wohnung, bestehend aus 3 Zimmern, Küche, Diele, Bad/WC, Loggia und dazugehörigem Kellerraum. Mitvermietet ist auch ein Stellplatz vor dem Haus. Für diese Wohnung, die insgesamt 82 Quadratmeter groß ist, zahlen Sie seit mehr als 1 Jahr eine unveränderte Miete von 600,– EUR zuzüglich Betriebskostenvorauszahlungen. Mein Mandant hat mich gebeten zu überprüfen, ob die Möglichkeit besteht, die von Ihnen derzeit gezahlte Miete zu erhöhen. Dies ist nach Prüfung der Sach- und Rechtslage der Fall.

Nach § 558 BGB kann der Vermieter vom Mieter die Zustimmung zu einer Erhöhung der Miete bis zur ortsüblichen Vergleichsmiete verlangen. Von diesem Recht mache ich hiermit namens und im Auftrage meines Mandanten und unter nochmaliger Bezugnahme auf die beiliegende Vollmacht Gebrauch. Ich bitte Sie um Zustimmung zu einer Mieterhöhung auf 685,– EUR. Ich darf Sie bitten, diese Miete ab . . . . . (Beginn des 3. Monats, der auf den Zugang des Erhöhungsverlangens folgt) zu zahlen. Hinzu kommen die Betriebskostenvorauszahlungen in gleicher Höhe. Die von mir verlangte Miete in Höhe von 685,– EUR übersteigt die ortsübliche Vergleichsmiete nicht.

Ich beziehe mich deshalb auf den Mietspiegel für nicht öffentlich geförderten Wohnraum im Stadtgebiet von . . . . . vom . . . . . Eine Abschrift des Mietspiegels füge ich in der Anlage bei.[1]

Ich weise Sie ausdrücklich darauf hin, dass der hier verwandte Mietspiegel ein qualifizierter Mietspiegel[2] gemäß § 558d BGB ist. Dieser Mietspiegel ist nach anerkannten wissenschaftlichen Grundsätzen[3, 4] erstellt und sowohl von der Gemeinde wie auch von den Interessenvertretern der Vermieter und Mieter anerkannt worden. Auf Grund der im Mietspiegel enthaltenen Angaben bewerte ich die von Ihnen bewohnte Wohnung wie folgt:

1. Das Haus, in dem sich Ihre Wohnung befindet, wurde im Jahre 1985 bezugsfertig. Es gilt die Baualtersklasse 3.
2. Ihre Wohnung ist 82 Quadratmeter groß, sodass die Gruppe der Wohnungen um 80 Quadratmeter Größe Anwendung findet.
3. Ihre Wohnung ist mit Bad, Heizung und WC ausgestattet. Es gilt die Ausstattungsklasse 2.
4. Die von Ihnen bewohnte Wohnung liegt in einer mittleren Wohnlage. Hervorzuheben ist die gute Verkehrsanbindung mit öffentlichen Personennahverkehrsmitteln zur Innenstadt, insbesondere durch die nahe liegende Straßenbahnhaltestelle. Alle Geschäfte des täglichen Bedarfs, aber auch Ärzte, Schulen etc sind fußläufig zu erreichen. Besondere, insbesondere ständige Beeinträchtigungen durch Lärm und Schmutz sind nicht vorhanden.

In dem von mir zu Grunde gelegten Feld, dieses habe ich in dem beiliegenden Mietspiegel noch einmal farblich gekennzeichnet, beträgt die Vergleichsmiete 6,80 EUR – 9,30 EUR pro Monat und Quadratmeter. Die von mir geforderte Mieterhöhung berechnet sich wie folgt: 82 Quadratmeter × 8,35 EUR = 685,– EUR.

Auch die Kappungsgrenze ist eingehalten. Im Vergleich zu der Miete, die Sie vor 3 Jahren gezahlt haben, beträgt die Erhöhung weniger als 20 %.

Namens und im Auftrage meines Mandanten darf ich Sie bitten, die von mir ermittelte Miete von 685,– EUR zuzüglich Betriebskostenvorauszahlung zu dem oben erwähnten Zeitpunkt zu zahlen und bis zum Ablauf des übernächsten Monats mir anzuzeigen, dass Sie dieser Mieterhöhung zustimmen. Stimmen Sie der Mieterhöhung nicht oder nicht in vollem Umfange zu, dann kann mein Mandant Sie binnen der vom Gesetzgeber genannten Frist auf Zustimmung gerichtlich in Anspruch nehmen.

. . . . .

(Rechtsanwalt)

Anmerkungen

1. Bei einer Mieterhöhung unter Verwendung eines **qualifizierten Mietspiegels** gemäß § 558d BGB sind die gleichen Grundsätze zu beachten wie bei einem Mieterhöhungsverlangen unter Verwendung eines einfachen Mietspiegels gemäß § 558c BGB. Insofern kann vollinhaltlich auf das → Form. C.IV.1 und die dortigen Anmerkungen verwiesen werden.

2. Der qualifizierte Mietspiegel ist eine **besondere Form des Mietspiegels.** Qualifizierte Mietspiegel müssen gemäß § 558d Abs. 1 BGB nach anerkannten wissenschaftlichen Methoden erstellt und von den Interessenvertretern der Mieter und Vermieter gemeinschaftlich anerkannt worden sein.

3. Wann ein Mietspiegel nach anerkannten wissenschaftlichen Grundsätzen erstellt ist, ist problematisch (*Börstinghaus* NZM 2002, 273 ff.). Gesetzliche Regelungen über die anzuwendenden Grundsätze gibt es nicht, allerdings sind gewisse **Mindestvoraussetzungen** erforderlich wie beispielsweise, dass der Mietspiegel auf einer Primärdatenerhebung beruht der eine den Grundsätzen der Repräsentativität genügenden Zufallsstichprobe zu Grunde liegt (wegen der Anforderung an qualifizierte Mietspiegel BGH NJW 2013, 775; BGH NJW 2014, 292). Wegen der an den qualifizierten Mietspiegel geknüpften Rechtsfolgen muss die Anwendung anerkannter wissenschaftlicher Methoden dokumentiert und damit nachvollziehbar und überprüfbar sein (Schmidt-Futterer/*Börstinghaus* BGB §§ 558c, 558d

Rn. 74). Zu beachten ist, dass gemäß § 558d Abs. 2 BGB der qualifizierte Mietspiegel im Abstand von 2 Jahren der Marktentwicklung anzupassen ist. Geschieht dies nicht, dann wird aus dem qualifizierten Mietspiegel ein einfacher Mietspiegel. Der Mietspiegel wird also nicht ungültig, es geht nur die Zusatzqualifikation verloren (Schmidt-Futterer/*Börstinghaus* BGB §§ 558c, 558d Rn. 90).

4. Die größte Bedeutung des qualifizierten Mietspiegels liegt in der **Richtigkeitsvermutung des § 558d Abs. 3 BGB.** Danach begründet der qualifizierte Mietspiegel eine gesetzliche Vermutung gemäß § 282 ZPO. Dies hat für die Darlegungs- und Beweislast folgende Auswirkungen: Bestreitet der Mieter, dass der Mietspiegel nach anerkannten qualifizierten Grundsätzen erstellt und/oder von den im Gesetz genannten Institutionen anerkannt ist, so muss der Vermieter darlegen und beweisen, dass die Voraussetzungen des qualifizierten Mietspiegels vorliegen (BGH NJW 2013, 775). Will der Mieter der Mieterhöhung nicht zustimmen oder will er weniger zahlen als im qualifizierten Mietspiegel ausgewiesen, dann muss der Mieter die Vermutungswirkung widerlegen, dh er muss dartun und beweisen, dass in seinem konkreten Fall die vermuteten Tatsachen unwirksam sind. Will der Vermieter eine höhere Miete als im qualifizierten Mietspiegel ausgewiesen geltend machen, muss der Vermieter die Vermutungsregelung widerlegen (vgl. zu den verschiedenen Fällen: *Börstinghaus* NZM 2002, 273 (278)). Die Richtigkeitsvermutung des qualifizierten Mietspiegels geht so weit, dass im Prozessfall das Gericht gemäß § 278 ZPO die ortsübliche Vergleichsmiete schätzen darf, wenn sich die Mieterhöhung innerhalb der Spannen bewegt und die Kosten eines Sachverständigengutachtens außer Verhältnis zu der begehrten Mieterhöhung stehen (BGH NZM 2005, 495; LG Dortmund NZM 2006, 134).

3. Mieterhöhungsverlangen unter Verwendung einer Mietdatenbank, § 558e BGB

. . . . .

(Vermieter)

an

. . . . .

(Mieter)

Sehr geehrte(r) . . . . .,

Sie bewohnen in meinem Hause . . . . . die im 2. Obergeschoss rechts gelegene Wohnung, bestehend aus 3 Zimmern, Küche, Diele, Bad/WC und dazugehörigem Kellerraum. Für diese Wohnung zahlen Sie seit nunmehr 2 Jahren eine unveränderte Miete von 640,– EUR. Die Betriebskostenvorauszahlung beträgt 160,– EUR. Nach § 558 BGB bin ich berechtigt, von Ihnen die Zustimmung zu einer höheren Miete zu verlangen, wenn die ortsübliche Vergleichsmiete für Ihre Wohnung über der derzeit von Ihnen gezahlte Miete liegt. Ich habe festgestellt, dass dies der Fall ist, denn die ortsübliche Vergleichsmiete beträgt 680,– EUR.[1]

Ich begründe dies mit einer Auskunft aus der für unsere Stadt geltenden Mietdatenbank.[2] Sowohl der Haus- und Grundbesitzerverein als auch der Mieterverein erkennen diese Mietdatenbank[3] an, sodass gemäß § 558e BGB die Auskunft aus dieser Mietdatenbank einen Schluss auf die ortsübliche Vergleichsmiete zulässt. Die Auskunft aus der Mietdatenbank, die ich Ihnen beifüge, basiert auf folgenden Angaben:

Die von Ihnen bewohnte Wohnung wurde im Jahre 1973 bezugsfertig. Die Wohnung ist 80 m² groß. Sie verfügt über 3 Zimmer, Küche, Diele, Bad/WC und dazugehörigem Kellerraum. Die Wohnung verfügt über eine Zentralheizung, die auch die Warmwasserversorgung regelt. Anzumerken ist auch, dass Ihre Wohnung über Wärmeschutzverglasung mit Kunststoffrahmen verfügt. Die Mietdatenbank hat für den Stadtteil, in dem Ihre Wohnung liegt, also in vergleichbarer Wohnlage, folgende drei Vergleichswohnungen aus dem Datenbestand ermittelt:

1. . . . . .
2. . . . . .
3. . . . . .

Gemäß der Auskunft aus der Mietdatenbank[4] beträgt die ortsübliche Vergleichsmiete für Ihre Wohnung 7,25 EUR pro m² und Monat. Da die Wohnung 80 m² groß ist, beläuft sich die Miete auf 680,– EUR im Monat zuzüglich Betriebskostenvorauszahlungen wie bisher. Die hier ermittelte Miete liegt auch innerhalb der nach § 558 Abs. 3 BGB festgelegten Kappungsgrenze.[5] Vor 3 Jahren betrug Ihre Miete 610,– EUR zuzüglich Betriebskosten, sodass die geltend gemachte Mietsteigerung weniger als 20 % des Ausgangsbetrages ausmacht.

Ich weise schließlich darauf hin, dass für unsere Stadt kein qualifizierter Mietspiegel[6] besteht.

Ich darf Sie bitten, bis zum Ablauf des übernächsten Monats, also bis zum . . . . ., mir Ihre Zustimmung zu dieser Mieterhöhung zu erklären. Die höhere Miete ist sodann ab dem . . . . . zu zahlen. Mit der neuen Miete zahlen Sie dann bitte Ihre Betriebskostenvorauszahlungen in bisheriger Höhe weiter. Darauf hinweisen möchte ich Sie, dass ich berechtigt bin, Sie auf Zustimmung zu diesem Mieterhöhungsverlangen gerichtlich in Anspruch zu nehmen, wenn Sie dieser Mieterhöhung nicht oder nicht in vollem Umfange zustimmen.

. . . . .

(Vermieter)

Anmerkungen

1. Wegen der einzuhaltenden formalen Voraussetzungen bei der Mieterhöhung auf die ortsübliche Vergleichsmiete, die Form und die Fristen wird auf → Form. C.IV.1 verwiesen.

2. Eine **Mietdatenbank** kann als Begründungsmittel in einem Mieterhöhungsverlangen verwandt werden, wenn sie entweder von der Stadt oder von den Interessenvertretern der Vermieter und der Mieter gemeinsam geführt oder anerkannt wird. Dass diese Voraussetzungen vorliegen, hat im Zweifel der Vermieter zu beweisen.

3. Die Mietdatenbank gemäß § 558e BGB ist eine Datensammlung, in der Mieten, die in der besagten Stadt innerhalb der letzten 4 Jahre vereinbart wurden, aufgenommen werden. Die Daten müssen entsprechend den Bestimmungen des § 558 Abs. 2 BGB Angaben über Art, Größe, Ausstattung, Beschaffenheit und Lage der jeweiligen Wohnung beinhalten. Über die Frage, welche sonstigen Daten, insbesondere wegen Zu- und Abschlägen, über eine Mietdatenbank erhoben werden können, macht der Gesetzgeber keine Angaben, ebenso nicht, wie die einzelnen Daten gewichtet werden sollen. Die Vorzüge einer Mietdatendank können insbesondere darin bestehen, dass durch die fortlaufende Fortschreibung der Daten eine Anfrage zur ortsüblichen Vergleichsmiete immer aktuell beantwortet werden kann (*Stöver* NZM 2002, 279). Außerdem soll der Aufbau und die Führung einer Mietdatenbank preiswerter sein als die Erstellung eines Mietspiegels.

4. Im Sinne der Transparenz und der Nachvollziehbarkeit sollte dem Mieter erläutert werden, dass mit der verlangten höheren Miete die **Kappungsgrenze** nicht überschritten wird.

5. Die von ihm eingeholte Auskunft aus der Mietdatenbank sollte der Vermieter dem Mieterhöhungsverlangen beilegen. Die dem Formular zu Grunde gelegte Auskunft basiert auf der Praxis der bisher in Deutschland einzig existierenden Mietdatenbank in Hannover (*Stöver* NZM 2002, 279). Hier wird die ortsübliche Vergleichsmiete benannt in Zusammenhang mit der Benennung von 3 Vergleichswohnungen aus dem Datenbestand. Dies mag die Transparenz der Auskunft erhöhen, ist aber nicht zwingend. Die Auskunft aus der Mietdatenbank dürfte als Begründung des Mieterhöhungsverlangens ausreichend sein, wenn sich aus der Auskunft ohne Erläuterung die Höhe der ortsüblichen Miete ergibt und klar ist, dass die Auskunft sich auf die angefragte Wohnung des Mieters bezieht.

6. Obwohl das Nebeneinander von Mietdatenbank und Mietspiegel, ja sogar qualifizierten Mietspiegel, zumindest nach heutiger Erkenntnis keinen Sinn macht, wäre gleichwohl der Hinweis auf das Vorhandensein eines qualifizierten Mietspiegel zwingend erforderlich, wenn ein solcher für die besagte Stadt oder Gemeinde existiert (*Stöver* WuM 2002, 67).

4. Mieterhöhungsverlangen unter Berufung auf ein Sachverständigengutachten, § 558a Abs. 2 Nr. 3 BGB

. . . . .

(Vermieter)

an

. . . . .

(Mieter)

Sehr geehrte(r) . . . . .,

zwischen uns besteht ein Mietvertrag über das Objekt . . . . . Hierbei handelt es sich um ein Reihenendhaus mit Garten und Garage. Auf insgesamt 3 Etagen verfügt das Haus über 5 Zimmer, Küche, Diele, 2 Badezimmer und Gäste-WC. Das Haus ist vollkommen unterkellert. Im Keller befinden sich Waschküche, Heizraum, Vorrats- und Hobbyraum. Zum Haus gehören ebenfalls Garage und Garten. Sie zahlen seit dem . . . . . für das Mietobjekt eine unveränderte Miete von 990,– EUR zuzüglich Betriebskosten.

Nach § 558 BGB bin ich berechtigt, von Ihnen die Zustimmung zu einer höheren Miete zu verlangen, wenn die ortsübliche Vergleichsmiete für die Mietsache über der derzeit von Ihnen gezahlten Miete liegt. Ich habe festgestellt, dass dies der Fall ist, denn eine Miete von 1.070,– EUR übersteigt die ortsübliche Vergleichsmiete nicht.[1]

Ich verweise auf das Gutachten des öffentlich bestellten und vereidigten Sachverständigen[2] für die Bewertung von Mieten und Pachten der Industrie- und Handelskammer . . . . .[3] Der Sachverständige hat nach Besichtigung des von Ihnen gemieteten Hauses[4] am . . . . .

festgestellt, dass die ortsübliche Miete für die Mietsache 1.070,– EUR zuzüglich Betriebskosten beträgt. Das Gutachten füge ich bei.[5]

Auch die Kappungsgrenze ist eingehalten. Im Vergleich zu der Miete, die Sie vor 3 Jahren gezahlt haben, beträgt die Erhöhung weniger als 20 %.

Ich darf Sie bitten, bis zum Ablauf des übernächsten Monats, also bis zum . . . . ., mir Ihre Zustimmung zu dieser Mieterhöhung zu erklären. Die höhere Miete ist sodann ab dem . . . . . zu zahlen. Mit der neuen Miete zahlen Sie dann bitte auch Ihre Betriebskosten in der bisherigen Höhe weiter.

Ich möchte Sie darauf hinweisen, dass ich berechtigt bin, Sie auf Zustimmung zu dieser Mieterhöhung gerichtlich in Anspruch zu nehmen, wenn Sie der Erhöhung nicht oder nicht in vollem Umfange zustimmen.

. . . . .

(Vermieter)

Anmerkungen

1. Wegen der einzuhaltenden formalen Voraussetzungen bei der Mieterhöhung auf die ortsübliche Vergleichsmiete, die Form und die Fristen wird auf das → Form. C.IV.1 verwiesen.

2. Zur Begründung kann sich der Vermieter nur auf das Gutachten eines **von der Industrie- und Handelskammer öffentlich bestellten und vereidigten Sachverständigen** berufen. Eine Ausnahme ist nur dort zulässig, wo die Industrie- und Handelskammer keine derartigen Vereidigungen und Bestellungen vornimmt und stattdessen bei Anfrage Gutachter für den Einzelfall bestellt (BGH WuM 1994, 4; Schmidt-Futterer/*Börstinghaus* BGB § 558a Rn. 77). Nicht notwendig ist die Bestellung durch die Industrie- und Handelskammer in deren Bezirk die Wohnung liegt. Allerdings kommt nur das Gutachten eines Sachverständigen in Betracht, dessen Tätigkeit sich auf Mietpreisbewertungen bezieht. Dies kann ein Sachverständiger für Grundstücks- und Gebäudeschätzungen sein (BGH WuM 1982, 177). Nicht ausreichend ist jedoch das Gutachten eines Sachverständigen für das Bauhandwerk, da insofern ein nicht mit dem Mietpreisrecht in direktem Zusammenhang stehendes Gebiet betroffen ist (OLG Oldenburg WuM 1981, 55).

3. Da das Gutachten im Auftrage des Vermieters erstellt ist, handelt es sich zwangsläufig um ein **Parteigutachten**. An ein derartiges Gutachten können daher nicht die gleichen Maßstäbe angelegt werden wie an ein gerichtliches Sachverständigengutachten (Schmidt-Futterer/*Börstinghaus* BGB § 558a Rn. 85). In formeller Hinsicht dürfen deshalb auch nicht zu strenge Anforderungen an das Sachverständigengutachten gestellt werden (BVerfG NJW 1987, 313; Schmidt-Futterer/*Börstinghaus* BGB § 558a Rn. 85). Das Gutachten des Sachverständigen muss dem Mieter nachvollziehbar sein, insbesondere hat der Sachverständige die der Bewertung zu Grunde liegenden Befundtatsachen darzulegen. Hierbei kann der Sachverständige sowohl auf selbst ermittelte Daten wie auch auf Fremddaten zurückgreifen (Schmidt-Futterer/*Börstinghaus* BGB § 558a Rn. 86). Bezieht sich der Gutachter auf Vergleichswohnungen, so muss er diese Wohnungen, anders als im gerichtlichen Gutachten, nicht konkret und identifizierbar mitteilen (OLG Frankfurt WuM 1981, 273; OLG Karlsruhe WuM 1982, 269). Wenn allerdings der Sachverständige vergleichbare Wohnungen benennt, dann muss er allerdings auch dartun, warum er diese Wohnung für vergleichbar hält. Ist für die Gemeinde für den maßgeblichen Zeitpunkt ein Mietspiegel veröffentlicht, dann muss der Sachverständige sich in seinem Gutachten mit dessen Werten beschäftigen, zumindest wenn er davon abweichen will (Schmidt-Futterer/*Börstinghaus* BGB § 558a Rn. 86). Der Vermieter kann sich auch auf ein älteres Gutachten des Sachverständigen beziehen, jedoch dürfte ein Gutachten als untauglich anzusehen sein welches vor mehr als 2 Jahren erstellt wurde (Schmidt-Futterer/*Börstinghaus* BGB § 558a Rn. 90).

Die formellen Anforderungen zur Begründung eines Mieterhöhungsverlangens werden auch durch ein Sachverständigengutachten erfüllt, das sich nicht unmittelbar auf die Wohnung des Mieters, sondern auf andere, nach Größe und Ausstattung vergleichbare, Wohnungen bezieht (BGH BeckRS 2010, 16361).

Die Kosten des Sachverständigengutachtens sind auf keinen Fall vom Mieter zu tragen, auch nicht als Rechtsverfolgungskosten im späteren Mieterhöhungsprozess (Schmidt-Futterer/*Börstinghaus* BGB § 558a Rn. 96).

4. Um das Gutachten zu erstellen, muss der Sachverständige auch nicht zwingend das **Mietobjekt besichtigt** haben, insbesondere dann, wenn ihm die wesentlichen Wohnmerkmale auf andere Art und Weise, etwa durch Innformation des Vermieters, Pläne, Fotos etc, bekannt gemacht werden (BGH NZM 2018, 742). Allerdings hat der Vermieter gegen den Mieter einen klagbaren Anspruch darauf, dass dieser dem Sachverständigen Zutritt zur Wohnung bewilligt (Schmidt-Futterer/*Börstinghaus* BGB § 558a Rn. 89). Verweigert der Mieter den Zutritt, so hat der Vermieter gegen den Mieter einen Ersatzanspruch in der Höhe, in der dem Vermieter ein Schaden wegen der späteren Erstellung des Mieterhöhungsgutachtens entsteht (Schmidt-Futterer/*Börstinghaus* BGB § 558a Rn. 89).

5. Das Gutachten ist dem Mieterhöhungsverlangen **vollständig beizufügen**, da ansonsten das Mieterhöhungsverlangen für den Mieter nicht nachvollziehbar und überprüfbar ist. Nicht ausreichend ist mithin der Hinweis an den Mieter zur Einsichtnahme in das Gutachten oder die auszugsweise Beifügung des Gutachtens. Dieser Mangel kann allerdings dadurch geheilt werden, dass das Gutachten im Prozess nachgereicht wird, was dann allerdings wieder eine neue Zustimmungsfrist auslöst.

5. Mieterhöhungsverlangen unter Berufung auf Vergleichsmieten, § 558a Abs. 2 Nr. 4 BGB

. . . . .

(Rechtsanwalt)

an

. . . . .

(Mieter)

Sehr geehrte(r) . . . . .,

ich zeige Ihnen hiermit an, dass ich die Interessen Ihres Vermieters, ..., vertrete. Das Original der auf mich lautenden Vollmacht, wodurch ich berechtigt bin, die nachfolgenden Erklärungen abzugeben, füge ich diesem Schreiben bei.

Sie bewohnen im Hause meines Mandanten seit nunmehr 10 Jahren die im 2. Obergeschoss rechts gelegene, 82 Quadratmeter große, Wohnung, bestehend aus 3 Zimmern, Küche, Diele, Bad/WC, Loggia und dazugehörigem Kellerraum. Mitvermietet ist auch ein Stellplatz vor dem Haus. Für diese Wohnung zahlen Sie seit mehr als 3 Jahren eine unveränderte Miete von 540,– EUR zuzüglich 25,– EUR für die Stellplatzbenutzung und

140,– EUR an Betriebskostenvorauszahlungen. Mein Mandant hat mich gebeten zu überprüfen, ob die Möglichkeit besteht, diese von Ihnen derzeit gezahlte Miete zu erhöhen.[1] Dies ist der Fall.

Nach § 558 BGB kann der Vermieter vom Mieter die Zustimmung zu einer Erhöhung der Miete bis zur ortsüblichen Vergleichsmiete verlangen. Von diesem Recht mache ich hiermit namens und im Auftrage meines Mandanten und unter nochmaliger Bezugnahme auf die beiliegende Vollmacht Gebrauch.

Ich bitte Sie um Zustimmung zu einer Mieterhöhung auf 620,– EUR zuzüglich Stellplatzmiete und Betriebskostenvorauszahlungen in bisheriger Höhe ab . . . . . (Beginn des dritten Monats, der auf den Zugang des Erhöhungsverlangens folgt). Eine Miete von 620,– EUR übersteigt die ortsübliche Vergleichsmiete nicht. Auch die Kappungsgrenze ist eingehalten. Im Vergleich zu der Miete, die Sie vor 3 Jahren gezahlt haben, beträgt die Erhöhung weniger als 20 Prozent. Zur Begründung benenne ich Ihnen drei Vergleichswohnungen:[2]

> Wohnung . . . . .: Diese Wohnung liegt im gleichen Hause, in dem sich auch Ihre Wohnung befindet, allerdings im 1. Obergeschoss. Die Wohnung ist bis auf die Geschosslage mit Ihrer Wohnung identisch. Dieser Mieter zahlt eine Miete von 690,– EUR zuzüglich Nebenkostenvorauszahlungen.
> Wohnung . . . . .: Diese Wohnung befindet sich im 3. Obergeschoss des Nachbargebäudes, welches allerdings nicht im Eigentum des Mandanten[3] steht. Das Haus unseres Mandanten wie auch das Nachbargebäude sind jedoch zum gleichen Zeitpunkt im Rahmen einer gemeinsamen Baumaßnahme errichtet worden. Die hier benannte Vergleichswohnung verfügt daher über die gleiche Größe, Ausstattung und Lage wie Ihre Wohnung. Der Mieter zahlt eine Miete von 660,– EUR wobei hierin allerdings die Betriebskosten[4] für Grundsteuer und Versicherungen enthalten sind. Ansonsten werden, wie in Ihrem Fall, alle Betriebskosten umgelegt. Laut Aussage des Eigentümers des Nachbargebäudes betragen die Betriebskosten für Grundsteuer und Versicherungen bezüglich der benannten Wohnung auf 25,– EUR pro Monat.
> Wohnung . . . . .: Diese Wohnung befindet sich im gleichen Stadtteil wie Ihre Wohnung. Die . . . . . Straße ist ebenfalls eine ruhige Anliegerstraße. Die Bezugsfertigstellung des dortigen Hauses erfolgte 2 Jahre nachdem das Haus des Mandanten bezugsfertig wurde. Das Baualter ist also vergleichbar. Die Wohnung ist 78 Quadratmeter groß, sie besteht ebenfalls aus 3 Zimmern, Küche, Diele, Bad/WC und Balkon. Die Ausstattung ist ebenfalls vergleichbar, da die Wohnung über Zentralheizung sowie Wärmeschutzverglasung verfügt. Die Miete beläuft sich auf 680,– EUR zuzüglich Betriebskostenvorauszahlung.

Durch die Benennung der vorstehend benannten Vergleichswohnungen[5] können Sie ersehen, dass die von mir verlangte Miete[6] die in den jeweiligen Fällen vereinbarte Miete nicht überschreitet. Sie übersteigt somit nicht die ortsübliche Vergleichsmiete.

Es ist meine Pflicht, Sie noch auf Folgendes hinzuweisen: Für unsere Gemeinde besteht ein qualifizierter Mietspiegel[7] iSd § 558d BGB. Die von Ihnen bewohnte Wohnung ist entsprechend der Wohnmerkmale wie folgt in diesen Mietspiegel einzuordnen:

- Baualtersklasse 3, da das Haus in dem Sie wohnen im Jahre 1982 bezugsfertig wurde;
- Wohnungen um 80 Quadratmeter Größe;
- ausgestattet mit Bad, Heizung und WC sowie Wärmeschutzverglasung;
- mittlere Wohnlage.

Der von mir erwähnte Mietspiegel gibt eine Spanne von 6,50 EUR bis 8,50 EUR pro Monat und pro m² wieder.

Ich darf Sie namens und im Auftrage meines Mandanten bitten, die von mir ermittelte Miete in Höhe von 580,– EUR zuzüglich Stellplatzmiete und Nebenkostenvorauszahlung zu dem oben erwähnten Zeitpunkt zu zahlen und bis Ablauf des übernächsten Monats mir anzuzeigen, dass Sie dieser Mieterhöhung zustimmen. Stimmen Sie der Mieterhöhung nicht oder nicht in vollem Umfange zu, dann kann mein Mandant Sie binnen der vom Gesetzgeber genannten Frist auf Zustimmung gerichtlich in Anspruch nehmen.[8]

. . . . .

(Rechtsanwalt)

Anmerkungen

1. Wegen der ansonsten einzuhaltenden formalen Voraussetzung bei einer Mieterhöhung auf die ortsübliche Vergleichsmiete, die Form und die Fristen wird auf das → Form. C.IV.1 nebst Anm. verwiesen.

2. Der Vermieter kann das Mieterhöhungsverlangen durch die **Benennung von drei Vergleichswohnungen** begründen. Dies ist an sich die einfachste und kostengünstigste Begründungsmöglichkeit für den Vermieter, jedoch andererseits auch die am wenigsten Zuverlässige. Immerhin ist die Auswahl der drei Vergleichswohnungen mehr oder weniger zufällig und es ist eher unwahrscheinlich, dass die drei Vergleichsmieten auch die ortsübliche Vergleichsmiete wiedergeben. Der Erkenntniswert einer auf Vergleichswohnungen gestützten Begründung eines Mieterhöhungsverlangens ist deshalb nur sehr gering (OLG Karlsruhe NJW 1984, 2167). Es müssen in jedem Falle drei Vergleichsobjekte benannt werden, die zum Zeitpunkt des Mieterhöhungsverlangens vermietet sind. Steht also eine Wohnung zum Zeitpunkt des Mieterhöhungsverlangens leer, dann kann nicht etwa die früher dafür gezahlte Miete zugrunde gelegt werden. Bei der Angabe der drei Vergleichswohnungen handelt es sich um eine absolute Mindestzahl, die niemals unterschritten werden darf, auch nicht in Ausnahmefällen. Lassen sich also keine drei Vergleichswohnungen aufführen, dann muss der Vermieter auf die anderen Begründungsmittel zurückgreifen. Dagegen steht es dem Vermieter natürlich frei, mehr als drei Vergleichswohnungen zu benennen (BGH NZM 2012, 415). Die benannten Vergleichswohnungen sollen auf dem Gebiet der politischen Gemeinde liegen, in der auch die maßgebliche Wohnung liegt. Ausnahmsweise kann der Vermieter, wenn es für die besagte Gemeinde keine oder keine ausreichende Zahl von Vergleichswohnungen gibt, Vergleichswohnungen einer Nachbargemeinde anführen. Dann muss der Vermieter allerdings im Mieterhöhungsverlangen selber begründen, dass und warum er keine Vergleichswohnungen in der Gemeinde gefunden hat (BVerfG NJW 1984, 717; LG München WuM 1982, 131). Von der Frage, ob die benannten Wohnungen tatsächlich Vergleichswohnungen im Sinne des Gesetzes sind, ist abzugrenzen, welche Angaben denn im Mieterhöhungsverlangen gemacht werden müssen. Grundsätzlich müssen die Angaben des Vermieters so detailliert sein, dass der Mieter sich bereits anhand des Mieterhöhungsverlangens darüber im Klaren werden kann, ob die benannten Wohnungen mit seiner vergleichbar sind und er deshalb dem Mieterhöhungsverlangen zustimmen kann. Außerdem müssen die vom Vermieter gemachten Angaben so konkret sei, dass der Mieter diese Angaben überprüfen und die notwendigen Informationen einholen kann. Hierzu zählt: Angabe der postalischen Anschrift, also Ort, Straße und Hausnummer. Befinden sich mehrere Wohnungen in dem Haus, so ist die genaue Lage der Wohnung innerhalb des Hauses zu bezeichnen. Der Name des Wohnungsmieters muss dagegen nicht benannt werden (BGH WuM 1982, 324).

Sofern die Vergleichswohnungen nicht über die gleiche Wohnungsgröße verfügen wie die maßgebliche Wohnung, sollte grundsätzlich die Quadratmetermiete genannt werden. Hierauf kann allerdings verzichtet werden, wenn diese Quadratmetermiete für den Mieter leicht errechenbar ist, nämlich wenn der Vermieter die Grundmiete und die Wohnfläche angegeben hat (Schmidt-Futterer/*Börstinghaus* BGB § 558a Rn. 119). Die unterschiedliche Mietstruktur (Inklusiv-/Teilinklusivmiete) hindert nicht die Vergleichbarkeit von Wohnungen. Der Mieter sollte jedoch über die unterschiedliche Mietstruktur einer oder aller Vergleichswohnungen informiert werden, damit die Angaben im Mieterhöhungsverlangen für ihn nachvollziehbar werden. Ansonsten könnte der Mieter, der eine Nettomiete zahlt, glauben, die Bruttomiete einer Vergleichswohnung sei die ortsübliche Nettovergleichsmiete. Zumindest auf wesentliche Unterschiede in der Mietstruktur sollte hingewiesen werden.

Die Angabe der Wohnungsgröße ist nur dann notwendig, wenn der Vermieter nicht die Quadratmetermiete angibt, sodass die Kenntnis von der Größe der Wohnung erforderlich ist, um die Quadratmetermiete zu errechnen. Auch kann die Angabe der Größe dann notwendig sein, wenn die Wohnung völlig unterschiedlichen Wohnungsteilmärkten angehört. Im Grunde genommen sollte daher, um unnötige Probleme zu vermeiden, die Wohnungsgröße der Vergleichswohnung immer angegeben werden.

3. Wegen der **Person des Vermieters** gibt es keine Beschränkungen. Mithin kann der Vermieter einzelne oder auch alle Vergleichswohnungen aus dem eigenen Bestand angeben, es ist daher auch zulässig, dass sich alle Vergleichswohnungen im gleichen Hause befinden (OLG Karlsruhe NJW 1984, 2167; OLG Frankfurt WuM 1984, 123; Schmidt-Futterer/*Börstinghaus* BGB § 558a Rn. 108).

4. **Vergleichswohnungen** sind solche Wohnungen, die im Wesentlichen wegen der nachstehenden Merkmale mit der maßgeblichen Wohnung vergleichbar sind: Art, Größe, Ausstattung, Beschaffenheit und Lage. Es ist nicht erforderlich, dass die Vergleichswohnungen bezüglich aller Wohnwertmerkmale mit der Wohnung des Mieters übereinstimmen (BVerfG 53, 352 (359)). Schon gar nicht ist es notwendig, dass die Wohnungen hinsichtlich der Mietstruktur vergleichbar sind. Es spielt also keine Rolle, ob neben der vereinbarten Miete noch Vorauszahlungen oder Pauschalen auf bestimmte Betriebskostenarten zu zahlen sind oder ob die Betriebskosten bereits in der Miete enthalten sind (Schmidt-Futterer/*Börstinghaus* BGB § 558a Rn. 126).

5. Üblicherweise sind **sonstige Angaben** zu den Vergleichswohnungen nicht erforderlich, es sei denn entweder die Wohnung des Mieters oder die Vergleichswohnung besitzen eine dem Vermieter bekannte Besonderheit, die einen maßgeblichen wertbildenden Faktor darstellt und letztendlich Zweifel darüber rechtfertigen, ob die Vergleichswohnung und die maßgebliche Wohnung tatsächlich vergleichbar sind.

Grundsätzlich reicht es aber aus, wenn der Vermieter die Adresse, die genaue Lage der Vergleichswohnung im Haus und die Quadratmetermiete angibt. Mit dieser Angabe erklärt er gleichzeitig, dass die übrigen Wohnwertmerkmale im Wesentlichen mit der maßgeblichen Wohnung vergleichbar sind.

Andererseits gibt es für den Vermieter, der ja an einer zügigen und problemlosen Durchsetzung seiner Mieterhöhung interessiert ist, keinen Grund, ihm bekannte Informationen zu den Vergleichswohnungen zumindest stichpunktartig dem Mieter nicht mitzuteilen.

Stellt sich heraus, dass auch nur eine der benannten Wohnungen nicht mit der maßgeblichen Wohnung vergleichbar ist, dann ist das Mieterhöhungsverlangen unzulässig, es sei denn, der Vermieter hat mehr als drei Vergleichswohnungen benannt.

Ob der Vermieter die Mieter der Vergleichswohnungen davon informieren muss, dass er deren Wohnungen als Vergleichswohnungen benannt hat, richtet sich nach Art. 13 oder 14 DS-GVO. Hat er die Daten beim Mieter selbst erhoben, könne diese ohne weiteres benutzt werden. Stammen die Daten aus einer Datensammlung, muss der Vermieter informieren, wenn er die Daten speichert (Schmidt-Futterer/*Börstinghaus* BGB § 558a Rn. 145).

6. Die Zustimmung zur Mieterhöhung kann verlangt werden bis auf die niedrigste der angegebenen Vergleichsmieten; es ist also auf keinen Fall ein Durchschnitt der angegebenen Vergleichsmieten zu bilden (OLG Karlsruhe WuM 1984, 21; BayObLG WuM 1984, 275).

Verlangt der Vermieter eine höhere über der niedrigsten Vergleichsmiete liegende Miete, dann ist das Mieterhöhungsverlangen nicht insgesamt unwirksam, wenn der Vermieter mehr als drei Vergleichswohnungen benennt und zumindest drei der benannten Wohnungen Mieten aufweisen, die der verlangten Miete entsprechen (BGH NZM 2012, 415).

Unwirksam, weil unzulässig, ist dagegen ein Mieterhöhungsverlangen, welches sich auf drei oder mehr Vergleichswohnungen stützt, wenn eine oder mehrere Vergleichsmieten unter Verstoß gegen ein gesetzliches Verbot zustande gekommen ist, etwa unter Verstoß gegen § 5 WiStG. Das Gleiche gilt, wenn die Miete der Vergleichswohnung unter Verstoß gegen § 556d BGB mit mehr als 10 Prozent oberhalb der ortsüblichen Vergleichsmiete vereinbart wurde und es sich um eine Wohnung handelt, die in einem Gebiet liegt, welches durch die zuständige Landesregierung als Gebiet mit angespanntem Wohnungsmarkt ausgewiesen ist. In diesem Fall kann nur die zulässige Miete, das heißt, die bei Vertragsabschluss geltende ortsübliche Miete zuzüglich 10 %, als Maßstab dienen.

Gleiches gilt, wenn der Vermieter als Vergleichsmiete einen Betrag angibt, der zwischen den Parteien der Vergleichswohnung streitig ist, etwa weil ein Mieterhöhungsprozess schwebt (MAH MietR/*Flintrop* § 23 Rn 97).

7. Gemäß § 558a Abs. 3 BGB ist der Vermieter verpflichtet, den Mieter auf die Existenz eines qualifizierten Mietspiegels gemäß § 558d Abs. 1 BGB, falls ein solcher existiert, hinzuweisen. Enthält dieser qualifizierte Mietspiegel Angaben über die maßgebliche Wohnung, dann muss der Vermieter diese Angaben ebenfalls in das Mieterhöhungsverlangen mit aufnehmen. Unterlässt der Vermieter diese Angaben, so ist das Mieterhöhungsverlangen unwirksam.

8. Gebühren → Form. C.IV.1 Anm. 15.

6. Mieterhöhungsverlangen bei Inklusiv-/Teilinklusivmiete

. . . . .

(Rechtsanwalt)

an

. . . . .

(Mieter)

Sehr geehrte(r) . . . . .,

ich zeige Ihnen hiermit an, dass ich die Interessen Ihres Vermieters, ..., vertrete. Das Original der auf mich lautenden Vollmacht, wodurch ich berechtigt bin, die nachfolgenden Erklärungen abzugeben, füge ich diesem Schreiben bei.

Sie bewohnen im Hause meines Mandanten . . . . . seit nunmehr 10 Jahren die im 2. Obergeschoss rechts gelegene Wohnung, bestehend aus 3 Zimmern, Küche, Diele, Bad/WC, Loggia und dazugehörigem Kellerraum. Mitvermietet ist auch ein Stellplatz vor dem Haus. Für diese Wohnung, die insgesamt 82 Quadratmeter groß ist, zahlen Sie seit mehr als 3 Jahren eine unveränderte Miete von 640,– EUR zuzüglich Betriebskostenvorauszahlungen. Mein Mandant hat mich gebeten zu überprüfen, ob die Möglichkeit besteht, diese von Ihnen derzeit gezahlte Miete zu erhöhen.[1] Dies ist nach Überprüfung der Sach- und Rechtslage der Fall.

Nach § 558 BGB[2] kann der Vermieter vom Mieter die Zustimmung zu einer Erhöhung der Miete bis zur ortsüblichen Vergleichsmiete verlangen. Von diesem Recht mache ich hiermit namens und im Auftrage meines Mandanten und unter nochmaliger Bezugnahme auf die beiliegende Vollmacht Gebrauch. Ich bitte Sie um Zustimmung zu einer Mieterhöhung auf 708,– EUR zuzüglich Betriebskostenvorauszahlungen. Ich darf Sie bitten, diese Miete ab . . . . . (Beginn des 3. Monats, der auf den Zugang des Erhöhungsverlangens folgt) zu zahlen. Die von mir verlangte Miete in Höhe von 708,– EUR übersteigt die ortsübliche Vergleichsmiete nicht.

Ich beziehe mich deshalb auf den Mietspiegel für nicht öffentlich geförderten Wohnraum im Stadtgebiet von . . . . . vom . . . . . Eine Abschrift des Mietspiegels füge ich in der Anlage bei. Aufgrund der im Mietspiegel enthaltenen Angaben bewerte ich die von Ihnen bewohnte Wohnung wie folgt:

1. Das Haus, in dem sich Ihre Wohnung befindet, wurde im Jahre 1985 bezugsfertig. Es gilt die Baualtersklasse 3.
2. Ihre Wohnung ist 82 Quadratmeter groß, sodass die Gruppe der Wohnungen um 80 Quadratmeter Größe Anwendung findet.
3. Ihre Wohnung ist mit Bad, Heizung und WC ausgestattet. Es gilt die Ausstattungsklasse 2.
4. Die von Ihnen bewohnte Wohnung liegt in einer mittleren Wohnlage. Hervorzuheben ist die gute Verkehrsanbindung mit öffentlichen Personennahverkehrsmitteln zur Innenstadt, insbesondere durch die nahe liegende Straßenbahnhaltestelle. Alle Geschäfte des täglichen Bedarfs, aber auch Ärzte, Schulen etc sind fußläufig zu erreichen. Besondere, insbesondere ständige Beeinträchtigungen durch Lärm und Schmutz sind nicht vorhanden.

In dem von mir zu Grunde gelegten Feld, dieses habe ich in dem beiliegenden Mietspiegel[3] noch einmal farblich gekennzeichnet, beträgt die Vergleichsmiete 6,50 EUR – 8,50 EUR pro Monat und Quadratmeter. Ich halte grundsätzlich eine Miete von 8,10 EUR pro Quadratmeter und Monat für angemessen und ortsüblich. Die von mir für meine Mandanten verlangte Miete berücksichtigt darüber hinaus noch Folgendes:

Der Mietspiegel, auf den ich mich stütze, gibt ausschließlich so genannte Nettomieten wieder. Dies sind Mieten, die unter der Voraussetzung ermittelt werden, dass alle Betriebskosten gemäß § 2 der Betriebskostenverordnung auf den Mieter umgelegt werden. In Ihrem Falle trifft dies nicht zu, da nach den mietvertraglichen Vereinbarungen die Betriebskosten Grundsteuer, Versicherungen, Straßenreinigung und Feuerlöscherwartung nicht umgelegt werden. Diese Betriebskosten sind somit Bestandteile der Grundmiete.

Gemäß der letzten Betriebskostenabrechnung sind für die vorgenannten Betriebskostenpositionen[4] folgende Kosten entstanden:

Grundsteuer	1560,– EUR
Sach- und Haftpflichtversicherung	930,– EUR
Straßenreinigungsgebühren	240,– EUR
Feuerlöscherwartung	180,– EUR
insgesamt	2.960,– EUR

Das gesamte Haus hat eine Wohnfläche von 468 Quadratmeter, so dass pro Monat und Quadratmeter auf die besagten Betriebskosten ein Anteil von 0,52 EUR entfällt.

Dieser Betrag ist der von mir ermittelten Quadratmetermiete von 8,10 EUR hinzuzurechnen, so dass ich die verlangte Miete wie folgt berechnet habe: 82 Quadratmeter × 8,62 EUR ergibt 706,84 EUR, abgerundet 706,– EUR.

Auch die Kappungsgrenze ist eingehalten. Im Vergleich zu der Miete, die Sie vor 3 Jahren gezahlt haben, beträgt die Erhöhung weniger als 20 %.

Namens und im Auftrage meines Mandanten darf ich Sie bitten, die von mir ermittelte Miete von 706,– EUR zuzüglich Betriebskostenvorauszahlung zu dem oben erwähnten Zeitpunkt zu zahlen und bis zum Ablauf des übernächsten Monats mir anzuzeigen, dass Sie dieser Mieterhöhung zustimmen. Stimmen Sie der Mieterhöhung nicht oder nicht in vollem Umfange zu, dann kann mein Mandant Sie binnen der vom Gesetzgeber genannten Frist auf Zustimmung gerichtlich in Anspruch nehmen.[5]

. . . . .

(Rechtsanwalt)

Anmerkungen

1. Das vorliegende Mieterhöhungsmuster basiert auf dem → Form. C.IV.1, wegen Form, Frist und Inhalt wird auf die dortigen Anmerkungen verwiesen werden. Die Besonderheit des vorliegenden Falls besteht darin, dass neben der Grundmiete nicht alle Betriebskosten gemäß der Betriebskostenverordnung umgelegt werden, sondern einige Betriebskosten in der Miete enthalten sind. Bei derartigen Fällen spricht man von einer Teilinklusivmiete bzw., wenn mit Ausnahme der Heizkosten alle Betriebskosten in der Miete enthalten sind, von einer Inklusivmiete.

2. Stützt sich der Vermieter zur Begründung seines Mieterhöhungsverlangens auf einen Mietspiegel, der nur Mieten ohne jegliche Betriebskostenanteile enthält (Nettokaltmiete), muss zunächst die **Vergleichbarkeit** hergestellt werden, die Nettokaltmiete des Mietspiegels muss in eine Inklusivmiete/Teilinklusivmiete für die konkrete Wohnung transformiert werden (MAH MietR/*Flintrop* § 23 Rn. 111). Dies geschieht wie folgt: Zunächst ist anhand des Mietspiegels die ortsübliche Vergleichsnettomiete zu ermitteln. Danach wird der Betriebskostenanteil, der in der Miete enthalten ist, anhand der aktuellen Kosten ermittelt und auf Quadratmeter/Monat umgerechnet. Maßgebend sind die Betriebskosten, wie sie im Zeitpunkt des Mieterhöhungsverlangens anfallen (BGH NZM 2006, 101; BGH NZM 2004, 253). Dieser Betrag ist sodann der ermittelten Vergleichs-Nettomiete hinzuzurechnen (OLG Stuttgart NJW 1983, 2329; OLG Hamm NJW-RR 1993, 389).

3. Die hier besprochenen Grundsätze bei der Erhöhung einer Inklusiv-/Teilinklusivmiete sind auch dann anzuwenden, wenn der Vermieter sich bei der Begründung auf **Vergleichsobjekte gemäß § 558a Abs. 1 Nr. 4 BGB** beruft. Werden bei den Vergleichsobjekten Nettomieten gezahlt, so kann der Vermieter sich hierauf berufen und sodann den Betriebskostenanteil dazurechnen.

4. Die **aktuellen Werte** der in der Grundmiete enthaltenen Betriebskosten sind anhand der Betriebskostenabrechnung für den dem Mieterhöhungsverlangen voran gegangenen Abrechnungszeitraum, soweit dieser bereits vorliegt, ansonsten aus der letzten Betriebskostenabrechnung, zu errechnen (BGH ZMR 2009, 102). Die Betriebskostenarten und einzelnen Kostenpositionen sind nachvollziehbar darzulegen. Die vorstehenden Ausführungen gelten nur, wenn die Betriebskosten ganz oder teilweise in der Grundmiete enthalten sind. Werden Betriebskosten als Pauschalen ausgewiesen, richtet sich die Veränderung der Pauschale ausschließlich nach § 560 BGB.

5. Wegen der **Rechtsanwaltskosten** → Form. C.IV.1.

7. Mieterhöhungsverlangen unter Berücksichtigung einer Kappungsgrenze, § 558 Abs. 3 BGB

. . . . .

(Rechtsanwalt)

an

. . . . .

(Mieter)

Sehr geehrte(r) . . . . .,

ich zeige Ihnen hiermit an, dass ich die Interessen Ihres Vermieters, ..., vertrete. Das Original der auf mich lautenden Vollmacht, wodurch ich berechtigt bin, die nachfolgenden Erklärungen abzugeben, füge ich diesem Schreiben bei.

Sie bewohnen im Hause meines Mandanten . . . . . seit nunmehr 10 Jahren die im 2. Obergeschoss rechts gelegene Wohnung, bestehend aus 3 Zimmern, Küche, Diele, Bad/WC, Loggia und dazugehörigem Kellerraum. Mitvermietet ist auch ein Stellplatz vor dem Haus. Für diese Wohnung, die insgesamt 82 Quadratmeter groß ist, zahlen Sie seit mehr als 1 Jahr eine unveränderte Miete von 540,– EUR zuzüglich Betriebskostenvorauszahlungen. Mein Mandant hat mich gebeten zu überprüfen, ob die Möglichkeit besteht, diese von Ihnen derzeit gezahlte Miete zu erhöhen.[1] Dies ist nach Prüfung der Sach- und Rechtslage der Fall.

Nach § 558 BGB kann der Vermieter vom Mieter die Zustimmung zu einer Erhöhung der Miete bis zur ortsüblichen Vergleichsmiete verlangen. Von diesem Recht mache ich hiermit namens und im Auftrage meines Mandanten und unter nochmaliger Bezugnahme auf die beiliegende Vollmacht Gebrauch. Ich bitte Sie um Zustimmung zu einer Mieterhöhung auf 594,– EUR zuzüglich Betriebskostenvorauszahlungen. Ich darf Sie bitten, diese Miete ab . . . . . (Beginn des 3. Monats, der auf den Zugang des Erhöhungsverlangens folgt) zu zahlen. Die von mir verlangte Miete in Höhe von 594,– EUR übersteigt die ortsübliche Vergleichsmiete[2] nicht.

Ich beziehe mich deshalb auf den Mietspiegel für nicht öffentlich geförderten Wohnraum im Stadtgebiet von . . . . . vom . . . . . Eine Abschrift des Mietspiegels füge ich in der Anlage bei. Aufgrund der im Mietspiegel enthaltenen Angaben bewerte ich die von Ihnen bewohnte Wohnung wie folgt:

1. Das Haus, in dem sich Ihre Wohnung befindet, wurde im Jahre 1985 bezugsfertig. Es gilt die Baualtersklasse 3.
2. Ihre Wohnung ist 82 Quadratmeter groß, so dass die Gruppe der Wohnungen um 80 Quadratmeter Größe Anwendung findet.
3. Ihre Wohnung ist mit Bad, Heizung und WC ausgestattet. Es gilt die Ausstattungsklasse 2.
4. Die von Ihnen bewohnte Wohnung liegt in einer mittleren Wohnlage. Hervorzuheben ist die gute Verkehrsanbindung mit öffentlichen Personennahverkehrsmitteln zur

Innenstadt, insbesondere durch die nahe liegende Straßenbahnhaltestelle. Alle Geschäfte des täglichen Bedarfs, aber auch Ärzte, Schulen etc sind fußläufig zu erreichen. Besondere, insbesondere ständige Beeinträchtigungen durch Lärm und Schmutz sind nicht vorhanden.

In dem von mir zu Grunde gelegten Feld, dieses habe ich in dem beiliegenden Mietspiegel noch einmal farblich gekennzeichnet, beträgt die Vergleichsmiete 6,50 EUR – 8,50 EUR pro Monat und Quadratmeter. Ich halte grundsätzlich eine Miete von 8,10 EUR pro Quadratmeter und Monat für angemessen und ortsüblich. Die von mir für meine Mandanten verlangte Miete berücksichtigt darüber hinaus noch Folgendes: Der Mietspiegel, auf den ich mich stütze, gibt ausschließlich so genannte Nettomieten wieder, dies sind Mieten, die unter der Voraussetzung ermittelt werden, dass alle Betriebskosten gemäß § 2 der Betriebskostenverordnung auf den Mieter umgelegt werden. In Ihrem Falle trifft dies nicht zu, da nach den mietvertraglichen Vereinbarungen die Betriebskosten Grundsteuer, Versicherungen, Straßenreinigung und Feuerlöscherwartung nicht umgelegt werden. Diese Betriebskosten sind somit Bestandteile der Grundmiete.

Aufgrund der letzten Betriebskostenabrechnung sind für die vorgenannten Betriebskostenpositionen folgende Kosten entstanden:

Grundsteuer	1560,– EUR
Sach- und Haftpflichtversicherung	930,– EUR
Straßenreinigungsgebühren	240,– EUR
Feuerlöscherwartung	180,– EUR
insgesamt	2.960,– EUR

Das gesamte Haus hat eine Wohnfläche von 468 Quadratmeter, so dass pro Monat und Quadratmeter auf die besagten Betriebskosten ein Anteil von 0,52 EUR entfällt.

Dieser Betrag ist der von mir ermittelten Quadratmetermiete von 8,10 EUR hinzuzurechnen, so dass ich die verlangte Miete wie folgt berechnet habe: 82 Quadratmeter × 8,62 EUR ergibt 706,84 EUR, aufgerundet 706,– EUR.

Die so von mir ermittelte ortsübliche Vergleichsmiete von 706,– EUR übersteigt allerdings die Kappungsgrenze[3] gemäß § 558 Abs. 3 BGB, sodass ich mein Mieterhöhungsverlangen auf 594,– EUR beschränke. Ihre Miete betrug am . . . . . (Datum) 495,– EUR zuzüglich Betriebskostenvorauszahlungen. Nach § 558 Abs. 3 BGB darf diese Miete sich, trotz höherer ortsüblicher Vergleichsmiete um nicht mehr als 20 % erhöhen.[4] Trotz Vergleichsmiete von 706,– EUR beschränke ich das vorliegende Mieterhöhungsverlangen auf 594,– EUR (495,– EUR zuzüglich 20 %).

Namens und im Auftrage meines Mandanten darf ich Sie bitten, die so von mir ermittelte Miete von 594,– EUR zuzüglich Betriebskostenvorauszahlungen zu dem oben erwähnten Zeitpunkt zu zahlen und bis zum Ablauf des übernächsten Monats anzuzeigen, dass Sie dieser Mieterhöhung[5] zustimmen. Stimmen Sie der Mieterhöhung nicht oder nicht in vollem Umfange zu, dann kann mein Mandant Sie binnen der vom Gesetzgeber genannten Frist auf Zustimmung gerichtlich in Anspruch nehmen.[6]

. . . . .

(Rechtsanwalt)

Anmerkungen

1. Das Formularschreiben basiert auf der → Form. C.IV.5 besprochenen Mieterhöhungserklärung bei einer Teilinklusivmiete. Wegen der maßgeblichen Fragen zum Inhalt einer derartigen Mieterhöhungserklärung wird auf das Formular und die Anmerkungen verwiesen.

2. Die **Obergrenze** für eine Mieterhöhung nach § 558 BGB ist immer die ortsübliche Vergleichsmiete. Diese bleibt bestehen, kann aber vom Vermieter nicht verlangt werden, wenn sich hierdurch die Miete um einen Prozentsatz oberhalb von 20 % erhöht. Umgekehrt kann also ein Vermieter nicht etwa bis zur Kappungsgrenze erhöhen, wenn die Vergleichsmiete niedriger ist.

3. Die **Kappungsgrenze** gemäß § 558 Abs. 3 BGB ist erreicht, wenn die ortsübliche Vergleichsmiete über der Ausgangsmiete zuzüglich 20 % liegt. Mieterhöhungen gemäß §§ 559, 560 BGB werden allerdings nicht berücksichtigt (→ Form. C.IV.8 und Anm.). Die Kappungsgrenze kann sich ebenfalls verschieben oder ganz wegfallen bei vorheriger Zahlung einer Fehlbelegungsabgabe durch den Mieter (→ Form. C.IV.9 und Anm.). Ansonsten gilt die Kappungsgrenze bei allen Mieterhöhungen nach § 558 BGB, insbesondere auch beim erstmaligen Übergang von der Kostenmiete zur Vergleichsmiete (BayObLG NJW 1994, 742; Schmidt-Futterer/*Börstinghaus* BGB § 558 Rn. 150). Zu beachten ist, dass die Kappungsgrenze nach § 558 Abs. 3 S. 2 BGB 15 % beträgt, wenn in einer Gemeinde oder einem Teil einer Gemeinde die ausreichende Versorgung der Bevölkerung mit Mietwohnungen zu angemessenen Bedingungen gefährdet ist und dieses Gebiet durch die zuständige Landesregierung entsprechend ausgewiesen ist.

4. Für die Berechnung der Kappungsgrenze ist die 3 Jahre vor dem Wirksamwerden der Mieterhöhung geltende Ausgangsmiete maßgebend. Ausgangsmiete ist immer die zum damaligen Zeitpunkt geschuldete Miete in der vereinbarten Mietstruktur. Haben die Parteien eine Inklusiv-/Teilinklusivmiete vereinbart, dann ist zur Berechnung der Kappungsgrenze die damalige Inklusiv-/Teilinklusivmiete mit der ortsüblichen Inklusiv-/Teilinklusivmiete zu vergleichen (BGH NZM 2004, 218). Die Ausgangsmiete darf nur dann fiktiv um die darin enthaltenen Betriebskostenanteile reduziert werden, wenn die Parteien innerhalb der letzten 3 Jahre die Mietstruktur geändert haben, etwa in der Weise, dass nunmehr neben der Miete alle Betriebskosten gemäß § 2 Betriebskostenverordnung umgelegt werden (Schmidt-Futterer/*Börstinghaus* BGB § 558 Rn. 172). Besteht das Mietverhältnis noch keine 3 Jahre, dann gilt als Ausgangsmiete die während der Mietdauer geschuldete niedrigste Miete, regelmäßig die Miete, die bei Vertragsbeginn gezahlt wurde. Somit ist es theoretisch denkbar, dass bei Vereinbarung einer erheblich unter der ortsüblichen Vergleichsmiete liegenden Miete bei Vertragsbeginn nach 1 Jahr eine Mieterhöhung um 20 % möglich ist (Schmidt-Futterer/*Börstinghaus* BGB § 558 Rn. 172). Nicht unumstritten ist die Auffassung, dass als Ausgangsmiete die vor 3 Jahren gezahlte Miete gilt, wenn die Parteien wegen des gleichen Mietobjektes innerhalb der 3-Jahres-Frist einen neuen Mietvertrag geschlossen haben und die Mieterhöhung nun auf dem neuen Vertrag basiert. Da das Gesetz auf die Miete, die vor 3 Jahren gezahlt wurde, abstellt, dürfte nicht die anlässlich des Neuabschlusses des Vertrages vereinbarte Miete sondern die vor 3 Jahren geleistete Miete maßgeblich sein. Ist die Miete im Laufe der 3-Jahres-Frist mindestens ein Mal unter die Miete 3 Jahre vor Wirksamwerden der neuerlichen Mieterhöhung gesunken, dann ist nicht die Miete 3 Jahr vor Wirksamwerden der Mieterhöhung maßgeblich, sondern die niedrigste Miete innerhalb des 3-Jahres-Zeitraums (Schmidt-Futterer/*Börstinghaus* BGB § 558 Rn. 168). Hierbei bleiben allerdings Mietminderung und auch Mietherabsetzungsvereinbarungen, die aus Anlass einer Gebrauchsbeeinträchtigung geschlossen wurden, außer Betracht (Schmidt-Futterer/*Börstinghaus* BGB § 558 Rn. 169).

Tritt ein weiterer Mieter auf Grund vertraglicher Vereinbarung in den Vertrag ein, so löst dies auf der einen Seite die Jahressperrfrist aus und lässt zugleich eine neue 3-Jahres-Frist wegen der Ermittlung der Kappungsgrenze entstehen. Nicht angerechnet werden alle Mieterhöhungen wegen Modernisierung oder Erhöhung von Betriebskosten gemäß §§ 559, 560 BGB. Soweit es um Modernisierungen geht, wird eine Mieterhöhung nach § 559 BGB einer Mieterhöhungsvereinbarung, die auf einer Modernisierung beruht, gleichgesetzt (BGH NJW 2004, 2088).

5. Beachtet der Vermieter im Mieterhöhungsverlangen die Kappungsgrenze nicht, das heißt wird diese überschritten, so wird hierdurch das Mieterhöhungsverlangen nicht insgesamt unwirksam, sondern nur der Teil, der oberhalb der Kappungsgrenze liegt (OLG Celle NJW-RR 1996, 331).

6. Wegen Rechtsanwaltsgebühren → Form. C.IV.1.

8. Mieterhöhungsverlangen unter Berücksichtigung einer Kappungsgrenze bei vorheriger Modernisierungsmieterhöhung nach § 559 BGB

. . . . .

(Rechtsanwalt)

an

. . . . .

(Mieter)

Sehr geehrte(r) . . . . .,

ich zeige Ihnen hiermit an, dass ich die Interessen Ihres Vermieters, ..., vertrete. Das Original der auf mich lautenden Vollmacht, wodurch ich berechtigt bin, die nachfolgenden Erklärungen abzugeben, füge ich diesem Schreiben bei.

Sie bewohnen im Hause meines Mandanten . . . . . seit nunmehr 10 Jahren die im 2. Obergeschoss rechts gelegene Wohnung, bestehend aus 3 Zimmern, Küche, Diele, Bad/WC, Loggia und dazugehörigem Kellerraum. Mitvermietet ist auch ein Stellplatz vor dem Haus. Für diese Wohnung, die insgesamt 82 Quadratmeter groß ist, zahlen Sie seit mehr als 1 Jahr eine unveränderte Miete von 598,– EUR zuzüglich Betriebskostenvorauszahlungen. Mein Mandant hat mich gebeten zu überprüfen, ob die Möglichkeit besteht, diese von Ihnen derzeit gezahlte Miete zu erhöhen.[1] Dies ist nach Prüfung der Sach- und Rechtslage der Fall.

Nach § 558 BGB kann der Vermieter vom Mieter die Zustimmung zu einer Erhöhung der Miete bis zur ortsüblichen Vergleichsmiete verlangen. Von diesem Recht mache ich hiermit namens und im Auftrage meines Mandanten und unter nochmaliger Bezugnahme auf die beiliegende Vollmacht Gebrauch. Ich bitte Sie um Zustimmung zu einer Mieterhöhung auf 706,– EUR zuzüglich Betriebskostenvorauszahlungen. Ich darf Sie bitten, diese Miete ab . . . . . (Beginn des 3. Monats, der auf den Zugang des Erhöhungsverlangens folgt) zu zahlen. Die von mir verlangte Miete in Höhe von 706,– EUR übersteigt die ortsübliche Vergleichsmiete nicht.

Ich beziehe mich deshalb auf den Mietspiegel für nicht öffentlich geförderten Wohnraum im Stadtgebiet von . . . . . vom . . . . . Eine Abschrift des Mietspiegels füge ich in der Anlage bei. Aufgrund der im Mietspiegel enthaltenen Angaben bewerte ich die von Ihnen bewohnte Wohnung wie folgt:

1. Das Haus, in dem sich Ihre Wohnung befindet, wurde im Jahre 1985 bezugsfertig. Es gilt die Baualtersklasse 3.
2. Ihre Wohnung ist 82 Quadratmeter groß, sodass die Gruppe der Wohnungen um 80 Quadratmeter Größe Anwendung findet.
3. Ihre Wohnung ist mit Bad, Heizung und WC ausgestattet. Es gilt die Ausstattungsklasse 2.
4. Die von Ihnen bewohnte Wohnung liegt in einer mittleren Wohnlage. Hervorzuheben ist die gute Verkehrsanbindung mit öffentlichen Personennahverkehrsmitteln zur Innenstadt, insbesondere durch die nahe liegende Straßenbahnhaltestelle. Alle Geschäfte des täglichen Bedarfs, aber auch Ärzte, Schulen etc sind fußläufig zu erreichen. Besondere, insbesondere ständige Beeinträchtigungen durch Lärm und Schmutz sind nicht vorhanden.

In dem von mir zu Grunde gelegten Feld, dieses habe ich in dem beiliegenden Mietspiegel noch einmal farblich gekennzeichnet, beträgt die Vergleichsmiete 6,50 EUR – 8,50 EUR pro Monat und Quadratmeter. Ich halte grundsätzlich eine Miete von 8,10 EUR pro Quadratmeter und Monat für angemessen und ortsüblich. Die von mir für meine Mandanten verlangte Miete berücksichtigt darüber hinaus noch Folgendes: Der Mietspiegel, auf den ich mich stütze, gibt ausschließlich so genannte Nettomieten wieder, dies sind Mieten, die unter der Voraussetzung ermittelt werden, dass alle Betriebskosten gemäß § 2 Betriebskostenverordnung auf den Mieter umgelegt werden. In Ihrem Falle trifft dies nicht zu, da nach den mietvertraglichen Vereinbarungen die Betriebskosten Grundsteuer, Versicherungen, Straßenreinigung und Feuerlöscherwartung nicht umgelegt werden. Diese Betriebskosten sind somit Bestandteile der Grundmiete.

Gemäß der letzten Betriebskostenabrechnung sind für die vorgenannten Betriebskostenpositionen folgende Kosten entstanden:

Grundsteuer	1560,– EUR
Sach- und Haftpflichtversicherung	930,– EUR
Straßenreinigungsgebühren	240,– EUR
Feuerlöscherwartung	180,– EUR
insgesamt	2.960,– EUR

Das gesamte Haus hat eine Wohnfläche von 468 Quadratmeter, sodass pro Monat und Quadratmeter auf die besagten Betriebskosten ein Anteil von 0,52 EUR entfällt.

Dieser Betrag ist der von mir ermittelten Quadratmetermiete von 8,10 EUR hinzuzurechnen, so dass ich die verlangte Miete wie folgt berechnet habe: 82 Quadratmeter × 8,62 EUR ergibt 706,84 EUR, abgerundet 706,– EUR.

Die Kappungsgrenze[2] gemäß § 558 Abs. 3 BGB, wonach die Miete trotz höherer ortsüblicher Vergleichsmiete sich innerhalb von 3 Jahren um nicht mehr als 20 % erhöhen darf, ist eingehalten. Zwar betrug die Ausgangsmiete vor 3 Jahren am . . . . . 580,– EUR. Dass die von mir verlangte Miete[3] von 706,– EUR diese Ausgangsmiete um mehr als 20 % überschreitet ist deshalb unschädlich, weil bei der Berechnung der Kappungsgrenze nach § 558 Abs. 3 BGB Erhöhungen wegen Modernisierung nach

§ 559 BGB nicht berücksichtigt werden. In Ihrem Fall hatte ich die Miete zum . . . . . um 18,– EUR gemäß § 559 BGB erhöht, da ich das Haus, in dem sich Ihre Wohnung befindet, mit einem Wärmedämmputz versehen hatte. Wenn Sie diesen Betrag von der verlangten Miete abziehen, ergibt dies einen Wert, der unterhalb der Kappungsgrenze, die bei 696,– EUR einsetzt, liegt.

Namens und im Auftrage meines Mandanten darf ich Sie bitten, die von mir ermittelte Miete von 706,– EUR zuzüglich Betriebskostenvorauszahlung zu dem oben erwähnten Zeitpunkt zu zahlen und bis zum Ablauf des übernächsten Monats mir anzuzeigen, dass Sie dieser Mieterhöhung zustimmen. Stimmen Sie der Mieterhöhung nicht oder nicht in vollem Umfange zu, dann kann mein Mandant Sie binnen der vom Gesetzgeber genannten Frist auf Zustimmung gerichtlich in Anspruch nehmen.[4]

. . . . .

(Rechtsanwalt)

Anmerkungen

1. Wegen der Mieterhöhung einer Inklusiv-/Teilinklusivmiete auf die ortsübliche Vergleichsmiete unter Verwendung eines einfachen Mietspiegels und unter Beachtung der Kappungsgrenze → Form. C.IV.1, → Form. C.IV.6, → Form. C.IV.7.

2. Nach § 558 Abs. 3 BGB wird bei der Berechnung der Kappungsgrenze eine Mieterhöhung nach § 559 BGB und § 560 BGB nicht berücksichtigt. Dies betrifft allerdings nur solche Mieterhöhungen, die innerhalb der letzten 3 Jahren vollzogen und geschuldet wurden. Wurde die Miete bereits vor mehr als 3 Jahren gemäß §§ 559, 560 BGB erhöht, dann ist diese Mieterhöhung bereits in der Ausgangsmiete, die für die Berechnung der Kappungsgrenze maßgeblich ist, enthalten.

3. Berechnungsbeispiel für die höchstzulässige Miete:
706,– EUR (ortsübliche Vergleichsmiete) – 18,– EUR (Modernisierungsmieterhöhung) = 688,– EUR, Kappungsgrenze (580,– EUR + 20 % 116,– EUR) 696,– EUR. Die Kappungsgrenze ist nicht überschritten.

Die vorstehende Berechnung gilt in erster Linie, wenn sich die Miete innerhalb der letzten 3 Jahre gemäß § 559 BGB oder § 560 BGB erhöht hat. Daneben bleiben bei der Berechnung der Kappungsgrenze aber auch solche Mieterhöhungen unberücksichtigt, die auf den in § 559 BGB genannten Gründen beruhen, jedoch nicht in dem dort vorgesehenen Verfahren geltend gemacht wurden, sondern einvernehmlich im Sinne einer Mietänderungsvereinbarung § 557 Abs. 1 BGB vereinbart wurden (BGH NZM 2004, 456). Haben also die Parteien eine Modernisierungsvereinbarung mit gleichzeitiger Mieterhöhung (→ Form. C.I.2) getroffen, wird die insofern vereinbarte Mieterhöhung bei der Berechnung der Kappungsgrenze nicht berücksichtigt.

4. Wegen der **Rechtsanwaltsgebühren** → Form. C.IV.1.

9. Mieterhöhungsverlangen unter Berücksichtigung einer Kappungsgrenze bei vorherigem Wegfall der Fehlbelegungsabgabe, § 558 Abs. 4 BGB

. . . . .

(Vermieter)

an

. . . . .

(Mieter)

Sehr geehrte(r) . . . . .,

zwischen Ihnen und mir besteht seit mehr als 5 Jahren ein Mietvertrag über die Wohnung im 2. Obergeschoss links des Hauses . . . . ., bestehend aus 3 Zimmern, Küche, Diele, Bad/WC, Loggia und dazugehörigem Kellerraum. Die Wohnung war mit öffentlichen Mitteln gefördert. Die Eigenschaft „öffentlich geförderter Wohnraum" endet jedoch am . . . . . Eine entsprechende Bescheinigung der zuständigen Stelle füge ich bei.

Für die Wohnung haben Sie bisher eine Kostenmiete von 328,– EUR zuzüglich Vorauszahlungen auf Betriebskosten gezahlt. Wie Sie mir auf Grund meines Schreibens vom . . . . . mitgeteilt[2] haben, haben Sie darüber hinaus an die Stadt eine Fehlbelegungsabgabe von 120,– EUR entrichtet.[1]

Ich will Sie hiermit bitten, ab dem ersten Monat, ab dem die Wohnung nicht mehr öffentlich gefördert ist, also ab dem . . . . . (Datum), einer Mieterhöhung auf 448,– EUR zuzüglich Vorauszahlungen auf die Betriebskosten in bisheriger Höhe zuzustimmen.

Nach § 558 BGB kann der Vermieter vom Mieter die Zustimmung zu einer Erhöhung der Miete bis zur ortsüblichen Vergleichsmiete verlangen. Die von mir verlangte Miete von 448,– EUR übersteigt die ortsübliche Vergleichsmiete nicht, tatsächlich liegt sie noch unterhalb der ortsüblichen Vergleichsmiete. Wegen des Nachweises der ortsüblichen Vergleichsmiete beziehe ich mich auf den Mietspiegel für nicht öffentlich geförderten Wohnraum im Stadtgebiet von . . . . . vom . . . . . Eine Abschrift des Mietspiegels füge ich in der Anlage bei. Auf Grund der im Mietspiegel enthaltenen Angaben bewerte ich die von Ihnen bewohnte Wohnung wie folgt:

1. Das Haus, in dem sich Ihre Wohnung befindet, wurde im Jahre 1985 bezugsfertig. Es gilt die Baualtersklasse 3.
2. Ihre Wohnung ist 82 Quadratmeter groß, sodass die Gruppe der Wohnungen um 80 Quadratmeter Größe Anwendung findet.
3. Ihre Wohnung ist mit Bad, Heizung und WC ausgestattet. Es gilt die Ausstattungsklasse 2.
4. Die von Ihnen bewohnte Wohnung liegt in einer mittleren Wohnlage. Hervorzuheben ist die gute Verkehrsanbindung mit öffentlichen Personennahverkehrsmitteln zur Innenstadt, insbesondere durch die nahe liegende Straßenbahnhaltestelle. Alle Geschäfte des täglichen Bedarfs, aber auch Ärzte, Schulen etc sind fußläufig zu erreichen. Besondere, insbesondere ständige Beeinträchtigungen durch Lärm und Schmutz sind nicht vorhanden.

In dem von mir zu Grunde gelegten Feld, dieses habe ich in dem beiliegenden Mietspiegel noch einmal farblich gekennzeichnet, beträgt die Vergleichsmiete 5,50 EUR – 7,50 EUR pro Monat und Quadratmeter. Im Hinblick auf die doch sehr ruhige aber gleichwohl doch sehr verkehrsgünstige Lage habe ich die von Ihnen verlangte Miete wie folgt berechnet: 7,07 EUR pro Quadratmeter × 82 Quadratmeter = 579,74 EUR, aufgerundet 580,– EUR.

Ich verlange von Ihnen jedoch die Zustimmung zu einer Mieterhöhung von nur 448,– EUR. Nach § 558 Abs. 3 BGB darf die Miete sich grundsätzlich in den letzten 3 Jahren gerechnet vom Beginn der Mieterhöhung an um nicht mehr als 20 % steigen (Kappungsgrenze[3]). Diese Regelung gilt jedoch gemäß § 558 Abs. 4 BGB nicht,[4] wenn infolge des Wegfalls der öffentlichen Bindung[5] die Verpflichtung des Mieters zur Zahlung einer Fehlbelegungsabgabe wegfällt und soweit die Erhöhung den Betrag der zuletzt zu entrichtenden Ausgleichszahlung nicht übersteigt.

Im vorliegenden Fall[6] kann ich von Ihnen nicht die Zustimmung zur gesamten ortsüblichen Vergleichsmiete verlangen, jedoch insoweit, als der Betrag Ihre bisherige Miete und Fehlbelegungsabgabe nicht übersteigt. Ihre bisherige Miete betrug 328,– EUR, die Fehlbelegungsabgabe beläuft sich auf 120,– EUR, insgesamt also 448,– EUR. Ich bitte Sie daher um Zustimmung zu einer Mieterhöhung auf 448,– EUR zuzüglich Betriebskostenvorauszahlungen wie bisher.[7]

Ich darf Sie bitten, diese Miete zu dem oben erwähnten Zeitpunkt zu zahlen und mir bis zum Ablauf des übernächsten Monats anzuzeigen, dass Sie dieser Mieterhöhung zustimmen. Stimmen Sie der Mieterhöhung nicht oder nicht in vollem Umfange zu, so bin ich berechtigt, binnen der vom Gesetzgeber genannten Frist Sie auf Zustimmung gerichtlich in Anspruch zu nehmen.

. . . . .

(Vermieter)

Anmerkungen

1. Wegen der grundsätzlichen Voraussetzungen, die an ein Mieterhöhungsverlangen gemäß § 558 BGB zu stellen sind → Form. C.IV.1.

2. Grundsätzlich kann der Vermieter schon **zwei Monate vor Ablauf der Mietpreisbindung** dem Mieter ein Mieterhöhungsverlangen zukommen lassen, welches ab dem 1. des Monats wirkt, an dem die Wohnung nicht mehr als öffentlich gefördert gilt (OLG Hamm NJW 1981, 234; KG NJW 1982, 2077).

3. Auch bei einer Mieterhöhung auf die ortsübliche Vergleichsmiete nach Auslaufen der Preisbindung gilt die Kappungsgrenze (BVerfG NJW 1986, 1669; BVerfG WuM 1991, 575). Beim Übergang von der Kostenmiete zur frei finanzierten Miete ist bei der Errechnung der Kappungsgrenze auszugehen von der 3 Jahre vor Wirksamwerden der aktuellen Mieterhöhung geschuldeten Kostenmiete (LG Hamburg WuM 1996, 277; LG Köln WuM 1996, 276). Etwas anderes gilt nur, wenn danach die Kostenmiete, beispielsweise wegen geringerer Zinsaufwendungen, gesunken ist. Dann berechnet sich die Kappungsgrenze von der geringsten Miete. Es ist von der Kostenmiete mit der Mietstruktur zum Zeitpunkt des Übergangs von der Mietpreisbindung zur Miete im preisfreien Wohnraum auszugehen. Außer Betracht bleiben lediglich die während der Mietpreisbindung durchgeführten Mieterhöhungen, die den Mieterhöhungen der §§ 559, 560 BGB entsprechen (OLG Hamm NJW-RR 1995, 1293; LG Wuppertal WuM 1999, 44). Mieterhöhungen wegen gestiegener Kapitalkosten sind dagegen mit einzurechnen (BGH NZM 2004, 545).

4. Nach § 558 Abs. 4 BGB gilt die Kappungsgrenze nicht, wenn durch das Ende der Preisbindung die Verpflichtung zur Zahlung der Fehlbelegungsabgabe entfällt und die Erhöhung den Betrag der zuletzt geleisteten Fehlbelegungsabgabe nicht übersteigt.

5. Da die Kostenmiete regelmäßig deutlich unter der ortsüblichen Vergleichsmiete liegt, soll die Kappungsgrenze den Mieter nach Wegfall der Preisbindung vor übermäßigen Mieterhöhungen schützen. Allerdings soll der Mieter sich durch den Wegfall der Mietpreisbindung auch nicht besser stehen. Dies ist dann der Fall, wenn der Mieter nach Ende der Preisbindung nicht mehr zur Zahlung einer Fehlbelegungsabgabe verpflichtet ist und er sich „unterm Strich" bei Zahlung der kappungsbegrenzten Miete finanziell besser stehen würde. Die Belastung des Mieters mit Wohnkosten nach Ende der Mietpreisbindung soll nicht sinken, wenn wegen der Kappungsgrenze die ortsübliche Vergleichsmiete nicht in vollem Umfange verlangt werden kann.

6. Es sind daher nach Ende der Mietpreisbindung folgende **Fälle** denkbar:
a) Mieter zahlt keine Fehlbelegungsabgabe
- Liegt die ortsübliche Vergleichsmiete 20 % oder weniger über der Ausgangsmiete, dann kann die ortsübliche Vergleichsmiete verlangt werden
- Liegt die ortsübliche Vergleichsmiete mehr als 20 % über der Ausgangsmiete, dann tritt die Kappungsgrenze von 20 % gemäß § 558 Abs. 3 BGB in Kraft.
b) Mieter zahlt Fehlbelegungsabgabe
- Liegt die ortsübliche Vergleichsmiete 20 % oder weniger über der Ausgangsmiete, kann die ortsübliche Vergleichsmiete verlangt werden.
- Beträgt die ortsübliche Vergleichsmiete mehr als 20 % der Ausgangsmiete und ergeben die Ausgangsmiete und Fehlbelegungsabgabe einen höheren Betrag als die ortsübliche Vergleichsmiete, dann kann die ortsübliche Vergleichsmiete verlangt werden.
- Beträgt die ortsübliche Vergleichsmiete mehr als 20 % der Ausgangsmiete und liegen Ausgangsmiete und Fehlbelegungsabgabe unter der ortsüblichen Vergleichsmiete, kann eine Miete in Höhe der Ausgangsmiete und der Fehlbelegungsabgabe verlangt werden, sofern dieser Betrag über 20 % der Ausgangsmiete liegt.
- Betragen Ausgangsmiete und Fehlbelegungsabgabe weniger als 20 % der Ausgangsmiete und liegt die ortsübliche Vergleichsmiete über 20 % der Ausgangsmiete, dann kann eine Mieterhöhung in Höhe von 20 % der Ausgangsmiete verlangt werden.

7. Um die Höhe der Mieterhöhungsmöglichkeiten abschätzen zu können, hat der Vermieter gegenüber dem Mieter gemäß § 558 Abs. 4 BGB einen **Auskunftsanspruch über die Höhe der vom Mieter zu zahlenden Fehlbelegungsabgabe**. Der Auskunftsanspruch kann allerdings frühestens 4 Monate vor Ende der Preisbindung geltend gemacht werden. Der Mieter ist verpflichtet, innerhalb eines Monats die Auskunft zu erteilen. Sowohl das Auskunftsverlangen wie auch die Auskunft sind empfangsbedürftige Willenserklärungen. Weder das Auskunftsersuchen noch die Auskunft sind an eine bestimmte Form gebunden. Erteilt der Mieter die Auskunft nicht, dann kann der Vermieter unmittelbar nach Ablauf der Monatsfrist auf Auskunft klagen. Des Weiteren kann der Vermieter verlangen, dass der Mieter die Richtigkeit der Auskunft an Eides Statt versichert (Schmidt-Futterer/*Börstinghaus* BGB § 558 Rn. 190). Der Vermieter hat dagegen keinen Anspruch auf Vorlage von Belegen, insbesondere Kopie des Bescheides über die Fehlbelegungsabgabe (Schmidt-Futterer/*Börstinghaus* BGB § 558 Rn. 191). Umstritten ist, ob der Vermieter bei verweigerter Auskunft in seinem Mieterhöhungsverlangen die höchstmögliche Fehlbelegungsabgabe, die das Gesetz vorsieht, unterstellen kann, sodass er die Kappungsgrenze nicht einzuhalten braucht (so LG Köln MDR 1998, 1282), oder ob das Mieterhöhungsverlangen ohne Berechnung einer etwaigen Fehlbelegungsabgabe und damit unter Beachtung der Kappungsgrenze erstellt werden kann (Schmidt-Futterer/*Börstinghaus* BGB § 558 Rn. 193). Letztgenannter Meinung ist zu folgen, da der

Vermieter in seinem Mieterhöhungsverlangen nur ihm bekannte Tatsachen vortragen darf und es grundsätzlich nicht zulässig ist, sein Mieterhöhungsverlangen auf Unterstellungen oder Vermutungen zu stützen. Der Vermieter ist in solchen Fällen auch nicht schutzlos. Er kann den Mieter auf Auskunft verklagen. Erteilt der Mieter später die Auskunft, dann hat der Vermieter einen Schadensersatzanspruch wegen Pflichtverletzung gemäß § 280 Abs. 1 BGB. Der Mieter hat dann den Schaden zu ersetzen, der dem Vermieter entstanden ist, weil er wegen fehlender Auskunft eine an sich mögliche Mieterhöhung nicht realisieren konnte. Letztlich muss der Mieter dann die Mieterhöhung rückwirkend zahlen (Schmidt-Futterer/*Börstinghaus* BGB § 558 Rn. 195). Das Gleiche gilt, wenn der Mieter eine falsche Auskunft erteilt. Problematisch wird die Auskunft für den Mieter, wenn gegen den Fehlbelegungsbescheid Rechtsbehelf eingelegt wurde. Der Mieter ist verpflichtet, die tatsächlich geleistete Fehlbelegungsabgabe mitzuteilen. In einem späteren Mieterhöhungsverfahren kann er jedoch, sofern es hierauf ankommt, der Mieterhöhung unter Hinweis auf das laufende Rechtsbehelfsverfahren zustimmen. Stellt sich dann später rechtskräftig heraus, dass die tatsächlich geschuldete Fehlbelegungsabgabe geringer war als die gezahlte, und hatte dies Einfluss auf die Mieterhöhung, dann kann der Mieter vom Vermieter Rückforderung der entsprechend überzahlten Miete nach den Grundsätzen der ungerechtfertigten Bereicherung verlangen.

10. Mieterhöhungsverlangen unter Berücksichtigung von Drittmitteln iSd §§ 559a, 558 Abs. 5 BGB

. . . . .

(Vermieter)

an

. . . . .

(Mieter)

Sehr geehrte(r) . . . . .,

Sie bewohnen in meinem Haus . . . . . die im 2. Obergeschoss rechts gelegene Wohnung, bestehend aus 3 Zimmern, Küche, Diele, Bad/WC und dazugehörigem Kellerraum. Für diese Wohnung zahlen Sie seit nunmehr mehr als 3 Jahren eine unveränderte Miete von 600,– EUR zuzüglich Betriebskostenvorauszahlungen. Ich möchte mit diesem Schreiben von meinem Recht Gebrauch machen um von Ihnen eine Anpassung[2] der Miete an die ortsübliche Vergleichsmiete zu verlangen, § 558 BGB. Hierbei mache ich insbesondere geltend, dass ich das Haus, in dem sich Ihre Wohnung befindet, sowie Ihre Wohnung umfassend modernisiert habe, sodass die von Ihnen bewohnte Wohnung neuzeitlichen Wohnansprüchen genügt. Soweit ich für diese Maßnahmen einen Zuschuss erhalten habe, berücksichtige ich dies.[1]

Zunächst nehme ich hinsichtlich der ortsüblichen Miete Bezug auf den Mietspiegel für nicht öffentlich geförderten Wohnraum im Stadtgebiet von . . . . . vom . . . . . Eine Abschrift des Mietspiegels füge ich in der Anlage bei.

Auf Grund der im Mietspiegel enthaltenen Angaben bewerte ich die von Ihnen bewohnte Wohnung wie folgt:

1. Das Haus, in dem sich Ihre Wohnung befindet, wurde 1910 bezugsfertig. Ich habe jedoch folgende Modernisierungsmaßnahmen durchführen lassen:
   • Einbau von wärme- und schallisolierenden Fenstern mit Kunststoffrahmen;

- komplette Erneuerung der Elektro- und Sanitärinstallation nach modernstem Standard;
- Einbau neuer Sanitärgegenstände;
- Einbau einer Türsprechanlage

Aufgrund dieser Modernisierungsmaßnahmen entspricht Ihre Wohnung neuzeitlichen Wohnansprüchen. Nach den Erläuterungen des Mietspiegels können derartige Wohnungen in die Baualtersklasse 3 eingeordnet werden.

2. Ihre Wohnung ist 82 Quadratmeter groß, sodass die Gruppe der Wohnungen um 80 Quadratmeter Größe Anwendung findet.
3. Ihre Wohnung ist mit Bad, Heizung und WC ausgestattet, es gilt die Ausstattungsgruppe 2.
4. Die von Ihnen bewohnte Wohnung liegt in einer mittleren Wohnlage. Hervorzuheben ist die gute Verkehrsanbindung mit öffentlichen Personennahverkehrsmitteln zur Innenstadt, insbesondere durch die nahe liegende Straßenbahnhaltestelle. Alle Geschäfte des täglichen Bedarfs, aber auch Ärzte, Schulen etc sind fußläufig zu erreichen. Besondere, insbesondere ständige, Beeinträchtigungen durch Lärm und Schmutz, sind nicht vorhanden.

In dem von mir zu Grunde gelegten Feld, dieses habe ich in dem beiliegenden Mietspiegel noch einmal farblich gekennzeichnet, beträgt die Vergleichsmiete 6,80 EUR – 9,30 EUR pro Monat und Quadratmeter. Hieraus ergäbe sich für mich eine Mieterhöhungsmöglichkeit auf 660,10 EUR und zwar 8,05 EUR pro Monat und Quadratmeter × 82 Quadratmeter. Wegen des Einbaues der wärme- und schallisolierenden Fenster habe ich von der Stadt einen Zuschuss von insgesamt 5.000,– EUR erhalten. Da alle Fenster im Hause erneuert wurden, ergibt sich für Ihre Wohnung folgender Anteil: 5.000,– EUR : 468 Quadratmeter (Gesamtwohnfläche) × 82 Quadratmeter, somit in Ihrem Fall 876,07 EUR. Nach § 558 Abs. 5 BGB sind 8 % dieses Betrages von der jährlichen Mieterhöhung abzuziehen. Somit ergibt sich folgende Berechnung:[3]

Öffentlicher Zuschuss	876,07 EUR
hiervon 8 %	70,08 EUR
: 12 Monate =	5,84 EUR

Um diesen Betrag vermindert sich mein Anspruch auf Zustimmung zur ortsüblichen Vergleichsmiete. Ich bitte Sie daher, einer Mieterhöhung auf 654,24 EUR ab dem . . . . . zuzustimmen.

Auch die Kappungsgrenze ist eingehalten. Im Vergleich zu der Miete, die Sie vor 3 Jahren gezahlt haben, beträgt die Erhöhung weniger als 20 %.

Ich darf Sie daher bitten, der Mieterhöhung auf 652,24 EUR zuzüglich Betriebskostenvorauszahlungen in bisheriger Höhe ab dem oben erwähnten Zeitpunkt zu zahlen und bis zum Ablauf des übernächsten Monats mir anzuzeigen, dass Sie dieser Mieterhöhung zustimmen. Stimmen Sie der Mieterhöhung nicht oder nicht in vollem Umfange zu, dann bin ich berechtigt, innerhalb der vom Gesetzgeber gesetzten Frist auf Zustimmung zu klagen.

. . . . .

(Vermieter)

Anmerkungen

1. Bezüglich der Voraussetzungen der Anpassung der Miete an die ortsübliche Vergleichsmiete, die Berechnung der Kappungsgrenze → Form. C.IV.1 → Form. C.IV.7.

2. Nach durchgeführter Modernisierung hat der Vermieter grundsätzlich die **Wahl**, ob er eine Modernisierungsmieterhöhung nach § 559 BGB geltend macht oder ob er die Tatsache der Modernisierung zum Anlass nimmt, die Miete an die ortsübliche Vergleichsmiete anzupassen. Wegen der durchgeführten Modernisierung wird eine höhere Vergleichsmiete festzustellen sein. Hat der Vermieter bei der Modernisierung Zuschüsse der öffentlichen Hand, des Mieters oder eines Dritten erhalten, dann ist dieser Betrag mit 8 % auf den Jahreserhöhungsbetrag anzurechnen. Werden zinsverbilligte oder zinslose Darlehen aus öffentlichen Mitteln gewährt, dann ist der Zinsvorteil gemäß § 559a Abs. 2 BGB in Verbindung mit § 558 Abs. 4 BGB von dem Mieterhöhungsbetrag abzuziehen (→ Form. C.V.4).

3. Grundsätzlich ist der Zuschussbetrag oder das zinsverbilligte Darlehen für die einzelne Wohnung festzustellen, § 559a Abs. 4 BGB. Ist dies nicht möglich, so ist eine Aufteilung nach dem Verhältnis für die einzelnen Wohnungen vorzunehmen, § 559a Abs. 4 BGB.

11. Anwaltliche Geltendmachung der Erhöhungsbeträge und Verzugszinsen

. . . . .

(Rechtsanwalt)

an

. . . . .

(Mieter)

Sehr geehrte(r) . . . . .,

Ihre Vermieter, ... werden von mir anwaltlich vertreten. Sie sind durch rechtskräftiges Urteil des Amtsgerichtes . . . . . vom . . . . . verurteilt worden, einer Erhöhung der Miete für die von Ihnen bewohnte Wohnung von bisher . . . . . EUR . . . . . EUR seit dem . . . . .[1] zuzustimmen.

Namens und im Auftrage meiner Mandanten fordere ich Sie auf, die erhöhte Miete zuzüglich Betriebskostenvorauszahlungen wie bisher mit Beginn des kommenden Monats zu zahlen.[2] Außerdem fordere ich Sie auf, die nunmehr seit dem . . . . . rückständige Miete von . . . . . EUR pro Monat, insgesamt also . . . . . EUR, zu zahlen. Hierzu setze ich eine Frist von 14 Tagen von heute an. Sollten Sie binnen dieser Frist den Rückstand nicht bezahlen, werde ich danach Verzugszinsen[3] gemäß § 288 Abs. 1 BGB geltend machen.

. . . . .

(Rechtsanwalt)

Anmerkungen

1. Gemäß § 558b BGB schuldet der Mieter die erhöhte Miete mit Beginn des **dritten Kalendermonats nach Zugang des Erhöhungsverlangens.** Voraussetzung ist aber stets die wirksame Zustimmung des Mieters, gleich ob sie erteilt oder nach Urteil gemäß § 894 ZPO fingiert ist.

2. Wird der Mieter verurteilt, einem Mieterhöhungsverlangen des Vermieters zuzustimmen, wird seine Verpflichtung zur Zahlung der erhöhten Miete für die Zeit ab dem Beginn des 3. Kalendermonats nach dem Zugang des Erhöhungsverlangens erst mit Rechtskraft des Zustimmungsurteils fällig.

3. Da die Fälligkeit erst mit Rechtskraft des Zustimmungsurteils eintritt, kann der Verzug mit den Erhöhungsbeträgen nicht rückwirkend eintreten, sondern erst nach Rechtskraft des Zustimmungsurteils begründet werden (BGH NZM 2005, 496). Um Verzugszinsen nach § 288 BGB geltend machen zu können, bedarf es also in jedem Falle noch einer separaten Mahnung im Hinblick auf die nach Rechtskraft der Entscheidung fällig gewordenen Erhöhungsbeträge.

Ein Verzugsschaden kann allerdings eintreten und geltend gemacht werden, wenn sich der Mieter mit der Abgabe der Zustimmungserklärung nach § 558b Abs. 2 BGB in Verzug befunden und dies auch zu vertreten hat. Nach Ablauf der dem Mieter zustehenden Zustimmungsfrist tritt der Verzug ohne Mahnung gemäß § 286 Abs. 2 Nr. 2 BGB ein (*Lehmann-Richter* NZM 2006, 849 ff.). Grundsätzlich hat der Mieter auch diesen Verzug zu vertreten, selbst wenn er Fachleute einschaltet, die die Mieterhöhung schuldhaft als unbegründet betrachten und dem Mieter von der Zustimmung abraten. Deren Verschulden muss der Mieter sich nach § 278 BGB anrechnen lassen. Etwas anderes gilt nur dann, wenn er ihm zumutbare Überprüfungsmöglichkeiten in Anspruch genommen hat, er jedoch die Überprüfung nicht abschließen konnte, etwa weil ihm ein anderer Mieter Auskünfte wegen einer Vergleichswohnung verweigert hatte. Liegt insofern ein Verzug des Mieters mit der Zustimmung zur Mieterhöhung vor, kann der Vermieter den ihm hieraus entstandenen Schaden geltend machen, sofern er diesen Schaden **konkret** berechnet und substantiiert darlegt. Dies gilt auch für den Zinsschaden, der konkret entstanden sein muss, also nicht aus § 288 BGB verlangt werden kann.

V. Mieterhöhung bei Modernisierung, § 559 BGB

1. Mieterhöhungsverlangen nach erfolgter Modernisierung, §§ 559, 559b BGB

. . . . .

(Rechtsanwalt)

an

. . . . .

(Mieter)

Sehr geehrte(r) . . . . .,

hiermit zeige ich Ihnen an, dass ich die Interessen Ihres Vermieters, ..., vertrete. Das Original der auf mich lautenden Vollmacht, wodurch ich berechtigt bin, die nachfolgenden Erklärungen abzugeben, füge ich diesem Schreiben bei.

Zwischen meinem Mandanten als Vermieter und Ihnen als Mieter besteht seit dem . . . . . ein Mietvertrag über die Wohnung im 2. Obergeschoss links des Hauses . . . . ., bestehend aus 3 Zimmern, Küche, Diele, Bad/WC und dazugehörigem Kellerraum. Die Miete beläuft sich derzeit auf 750,– EUR zuzüglich 150,– EUR Betriebskostenvorauszahlung.

Nach § 559b BGB[1] kann der Vermieter vom Mieter nach erfolgter Modernisierung die Zahlung einer erhöhten Miete verlangen. Nachdem die Modernisierungsmaßnahmen abgeschlossen sind darf ich Sie bitten, ab dem . . . . . 804,12 EUR zuzüglich Betriebskostenvorauszahlungen in bisheriger Höhe zu bezahlen. Das Mieterhöhungsverlangen meines Mandanten begründe ich wie folgt.[2]

Mit Schreiben vom . . . . . hat Sie mein Mandant zur Duldung der nachfolgend aufgeführten Modernisierungsmaßnahmen fristgerecht aufgefordert und eine zu erwartende Mieterhöhung von 750,– EUR auf 800,– EUR zum . . . . . angekündigt. Nachfolgend genannte bauliche Maßnahmen wurden durch meinen Mandant durchgeführt und am . . . . . abgeschlossen:[3]

- Neueinrichtung des Badezimmers (erstmalige Anbringung von Fliesen, Farbe Weiß, auf Boden und Wände bis zu einer Höhe von 1,80 Meter, Erneuerung des WC-Topfes, Einbau eines Waschbeckens mit Standsäule, Erneuerung der vorhandenen Badewanne, Einbau einer Duschtasse mit fester Duschabtrennung, Erneuerung der Armaturen durch Einhebelmischarmaturen).
- Einbau einer Türfreisprecheinrichtung
- Errichtung einer Grünanlage auf der asphaltierten Innenhoffläche, Anlegen von 200 Quadratmeter Rasenfläche, Bepflanzung der Rasenfläche mit 12 Kirschbäumen, Aufstellen zweier Parkbänke und die Umfriedung des Grundstücks durch eine ca. 1m hohe Hecke.

Durch die Neueinrichtung Ihres Badezimmers und dem Einbau der Türfreisprecheinrichtung wird der Gebrauchswert Ihrer Wohnung[4] nachhaltig erhöht. Die Türfreisprecheinrichtung ermöglicht Ihnen die Abfrage des Besuchers, ohne die Haus- bzw. Wohnungstüre öffnen zu müssen und erhöht so Ihre persönliche Sicherheit. Die Neueinrichtung des nunmehr sehr modern und luxuriös gestalteten Badezimmers erhöht die formale Anmutung

Ihrer Wohnung dauerhaft. Das nunmehrige Vorhandensein einer Dusche und die einge-bauten Armaturen erhöhen ebenfalls den Gebrauchswert. Die Errichtung der Grünfläche, die allen Mietern zur Verfügung steht, führt zu einer Verbesserung der allgemeinen Wohn-verhältnisse, insbesondere auch zu einer Klimaverbesserung. Ebenfalls von Vorteil ist die deutliche Abgrenzung zu den jeweiligen Nachbargrundstücken.

Der errechneten Mieterhöhung gemäß § 559 Abs. 1 BGB liegen folgende aufgeführte Kostenpositionen der baulichen Maßnahme zu Grunde,[5] die Kosten für Instandhaltung sind kenntlich von der Gesamtsumme abgezogen:

Kosten:

1. Neueinrichtung des Badezimmers:

Anbringung von Fliesen am Boden und an den Wänden bis zu einer Höhe von 1,80 Meter gemäß Rechnung des Fliesenlegers . . . . . vom	1950,– EUR,
Erneuerung des WC-Topfes, Einbau eines Waschbeckens mit Standsäule, Einbau einer Duschtasse mit fester Duschabtrennung, Erneuerung der Armaturen durch Einhebelmischarmaturen gemäß Rechnung der Firma . . . . . vom	4.856,– EUR,
Gesamtkosten für das Badezimmer	6.806,– EUR.
Abzüglich ersparter Aufwendungen[6] für Instandhaltung wegen Er-neuerung des WCs, der Badewanne und der vorhandenen Armatu-ren gemäß Schreiben der Firma . . . . . vom	1400,– EUR.
Zu berücksichtigende Kosten	5406,– EUR.
8 % vom vorstehenden Betrag	432,48 EUR.
Ihre Wohnung ist 82 Quadratmeter groß, so dass sich pro Monat und pro Quadratmeter eine Mieterhöhung von ergibt.[7]	0,44 EUR

2. Neubau einer Türfreisprecheinrichtung:

Gemäß Rechnung der Firma . . . . . vom	731,50- EUR.
Hiervon 8 %	58,52 EUR.
Ihre Wohnung ist 82 Quadratmeter groß, sodass sich für die Türfreisprecheinrichtung eine Mieterhöhung von ergibt.	0,06 EUR

3. Errichtung einer Grünanlage auf der ehemaligen

Innenhoffläche:

Entfernung der vorhandenen Asphaltfläche einschließlich Abfuhr gemäß Rechnung der Firma . . . . . vom	3.482,– EUR.
Aufbringen von Mutterboden	2.380,– EUR,
Anpflanzung der Rasenfläche mit 12 Kirschbäumen sowie	
Aussähen von 200 Quadratmeter Rasenfläche	2.850,– EUR,
Anbringung einer Umfriedungshecke	1.080,– EUR,
Aufstellen von 2 Parkbänken	1.850,– EUR,
gemäß Rechnung des Gärtnerbetriebes . . . . . (Name) vom . . . . . (Datum)	6.360,– EUR.

Zu berücksichtigende Gesamtkosten	10.842,– EUR.
8 % hiervon ergibt	867,36 EUR.
Die Gesamtwohnfläche des Hauses beträgt 450 Quadratmeter, so dass sich pro Monat und pro Quadratmeter ein Erhöhungsbetrag von ergibt.	0,16 EUR
Aus dem Vorstehenden ergibt sich somit folgendes: Badezimmer	0,44 EUR
Freisprecheinrichtung	0,06 EUR
Innenhoffläche	0,16 EUR
gesamt	0,66 EUR
× 82 Quadratmeter	54,12 EUR.
Namens und im Auftrage meines Mandanten darf ich Sie bitten, zu Ihrer bisherigen Miete von	750,– EUR
den Erhöhungsbetrag von	54,12 EUR
insgesamt also	804,12 EUR

zuzüglich Betriebskostenvorauszahlung zu dem oben erwähnten Zeitpunkt zu zahlen.

Rein informatorisch teile ich mit, dass die Kappungsgrenze,[8] § 559 Abs. 3a BGB eingehalten ist. Die bisherigen Mieterhöhungen beruhten auf der Anpassung an die ortsübliche Vergleichsmiete, § 558 BGB. Die vor 3 Jahren wegen des Einbaus der Dreifach-Wärmeschutzverglasung gem. § 559 BGB erfolgte Mieterhöhung betrug 1,50 EUR qm/Monat. Die Kappungsgrenze von 3,– EUR qm/Monat ist durch die jetzige und frühere Modernisierungsmieterhöhung nicht überschritten.

Sie können bis zum Ablauf des zweiten Monats nach Zugang dieser Mieterhöhungserklärung zum Ablauf des übernächsten Monats kündigen.[9, 10]

. . . . .

(Rechtsanwalt)

Anmerkungen

1. Das beschriebene Mieterhöhungsverlangen beruht auf der Rechtslage seit dem 1.1.2019. Mieterhöhungen wegen Modernisierung, die auf Modernisierungsankündigungen, § 555c Abs. 1 S. 1 BGB gestützt werden, welche dem Mieter bis zum 31.12.2018 zugegangen sind, richten sich nach der bis dahin geltenden Rechtslage. Ist die Ankündigung nicht ordnungsgemäß, ist sie also fehlerhaft oder unterblieben, so ist nicht der Zugang der Ankündigung, sondern der Zugang der Mieterhöhungserklärung nach § 559b Abs. 1 S. 1 BGB maßgebend, Art. 229 § 49 Abs. 1 EGBGB.

Für das Mieterhöhungsverlangen genügt die **Textform**, § 559b Abs. 1 BGB. Die Erläuterung und Berechnung der Mieterhöhung sollte der Transparenz wegen in einem Schriftstück enthalten sein. Die Mieterhöhungserklärung ist nur wirksam, wenn hier die Erhöhung aufgrund der entstandenen Kosten berechnet und entsprechend den Voraussetzungen der §§ 559, 559a BGB erläutert wird, § 559b Abs. 1 BGB. Auf Grund des berechtigten Mieterhöhungsverlangens schuldet der Mieter die erhöhte Miete mit Beginn des dritten Monats seit dem Zugang der Erklärung. Dieser Termin verlängert sich um weitere sechs Monate, wenn dem Mieter die Modernisierungsmaßnahme nicht oder nicht ordnungsgemäß nach § 555c BGB angekündigt war.

2. Nach Abschluss der Modernisierungsmaßnahmen kann der Vermieter 8 % der ihm entstandenen Kosten als Mieterhöhung zur Jahresmiete verlangen. Allerdings ist der Katalog der Modernisierungsmaßnahmen, die nach § 559 BGB zu einer Mieterhöhung berechtigen, deutlich kleiner als der Katalog der Modernisierungsmaßnahmen, die nach § 555b BGB zu einer Duldungspflicht des Mieters führen. Insbesondere die Modernisierung wegen der Einsparung von nicht erneuerbarer Primärenergie oder Maßnahmen zum Klimaschutz, die sich nicht auf die Mietsache auswirken, § 555b Nr. 2 BGB, und Maßnahmen zur Schaffung neuen Wohnraums, § 555b Nr. 7 BGB, berechtigen nicht zu einer Mieterhöhung nach § 559 BGB. Modernisierungsmaßnahmen, die zu einer Mieterhöhung nach § 559 BGB berechtigen, sind:
- Energetische Modernisierung zur Einsparung von Endenergie in Bezug auf die Mietsache, § 555b Nr. 1 BGB
- Maßnahmen zur Reduzierung des Wasserverbrauchs, § 555b Nr. 3 BGB
- Maßnahmen zur Erhöhung des Gebrauchswertes der Wohnung, § 555b Nr. 4 BGB
- Maßnahmen zur Verbesserung der allgemeinen Wohnverhältnisse, § 555b Nr. 5 BGB
- Maßnahmen, mit Ausnahme von Erhaltungsmaßnahmen, die vom Vermieter nicht zu vertreten sind, § 555b Nr. 6 BGB

3. Die Erhöhungserklärung kann nach § 559 Abs. 1 BGB erst abgegeben werden, wenn die baulichen Maßnahmen fertiggestellt sind, dh, die Baumaßnahme muss soweit abgeschlossen sein, dass der Mieter das Neugeschaffene auch nutzen könnte, unabhängig davon, ob er dies auch tatsächlich tut. Die Erhöhungserklärung wirkt zum 1. des dritten Monats nach Zugang der Erklärung. Für die Abgabe der Mieterhöhungserklärung nach Fertigstellung der Baumaßnahme gibt es grundsätzlich keine zeitliche Begrenzung, jedoch kann der Anspruch durch zu langes Warten nach den allgemeinen Grundsätzen des § 242 BGB verwirken. Eine Verwirkung liegt vor, wenn seit der Möglichkeit der Mieterhöhung längere Zeit verstrichen ist (Zeitmoment) und der Mieter auf ein Unterbleiben einer Mieterhöhung vertrauen durfte und dies auch tatsächlich getan hat (Umstandsmoment – objektiv/subjektiv). Der Zeitmoment ist sicherlich erfüllt, wenn der Vermieter länger als ein Jahr gewartet hat. Der objektive Umstandsmoment ist beispielsweise dann erfüllt, wenn der Vermieter in der Zwischenzeit die Zustimmung zu einer Mieterhöhung auf die ortsübliche Vergleichsmiete verlangt.

Allerdings könnte ein Vermieter, bei entsprechendem Hinweis im der Mieterhöhungserklärung, den, wegen Erreichen der Kappungsgrenze, § 559 Abs. 3a BGB, nicht „verbrauchten" Teil der Modernisierungskosten, zum Anlass einer neuen Mieterhöhung nach Ablauf der sechs Jahre nehmen (*Gsell/Siegmund* NZM 2019, 489)

4. In dem verwendeten Formular wird die Mieterhöhung gestützt auf bauliche Maßnahmen, die zu einer nachhaltigen **Erhöhung des Gebrauchswertes** der Wohnung führen bzw. **Maßnahmen zur Verbesserung der allgemeinen Wohnverhältnisse.**
- Eine **Gebrauchswerterhöhung** liegt dann vor, wenn die Nutzung des Mietobjektes angenehmer und weniger arbeitsaufwändig, bequemer, gesünder und sicherer wird, wobei ein rein objektiver Maßstab anzulegen ist. Die Verbesserung muss sich immer aus einem Vergleich des ursprünglich geschuldeten, vertraglichen Zustand mit dem nach der baulichen Maßnahme vorhandenen Zustand ergeben, wobei die Verbesserung dem Mieter objektiv zugute kommen muss. Daher spielt es keine Rolle, ob die Maßnahme für den Mieter von Interesse ist, oder ob er subjektiv diesen Vorteil nicht hat (MAH MietR/*Lutz* § 23 Rn. 227). Die Gebrauchswertverbesserung muss nachhaltig sein, das heißt, von Dauer und vom Gewicht her ein gewisses Ausmaß erreicht.
- **Maßnahmen zur Verbesserung der Wohnverhältnisse** erfassen Verbesserungen außerhalb der eigentlichen Wohnräume, so zum Beispiel die Errichtung von Grünanlagen oder Kinderspielplätzen. Verlangt wird, wie bei der Gebrauchswerterhöhung, eine Maßnahme von einer gewissen Dauer, die also nicht nur kurzfristig wirkt.

5. Neben der verständlichen Erläuterung der Anspruchsvoraussetzungen muss der Erhöhungsbetrag aufgrund der entstandenen Kosten für den Mieter so erläutert werden, dass er nachvollziehen kann, welche tatsächlichen Aufwendungen für die baulichen Maßnahmen entstanden sind .

• **Berechnung:** Der Vermieter kann die jährliche Miete gemäß § 559 Abs. 2 BGB um 8 % der für die Wohnung aufgewendeten Kosten erhöhen.

• **Kosten:** Alle tatsächlich entstandenen Kosten, d.h. die reinen Baukosten einschließlich der sogenannten Baunebenkosten, sind umlagefähig. Für die in fachmännischer Eigenarbeit durchgeführten Baumaßnahmen kann der Vermieter ebenfalls die Kosten in Ansatz bringen, die durch die Beauftragung eines Handwerkers entstanden wären, allerdings ohne Umsatzsteuer (Bub/Treier MietR-HdB/*Schultz* III Rn. 1576). Rabatte, Skonti oder sonstige Nachlässe müssen von den anrechenbaren Kosten abgezogen werden. Baunebenkosten sind beispielsweise Reinigungskosten, Kosten für Gerüstaufstellung oder auch Kosten für Genehmigungsbescheide. Honorare für Ingenieure oder Architekten sind dann anrechnungsfähige Baunebenkosten, wenn Sie in Bezug auf die Maßnahme notwendig waren und es sich nicht lediglich um Koordinierungs- oder Kontrollaufgaben gehandelt hat (Schmidt-Futterer/*Börstinghaus* BGB § 559 Rn. 60). Etwaiger Mietausfall wegen Minderung von Mietern ist dagegen nie umlagefähig, da Ursache hierfür die Beeinträchtigung der vertraglich geschuldeten Nutzung der Mietsache ist. Rechnungen, Zahlungsbelege und sonstige Unterlagen brauchen nicht beigefügt werden, müssen jedoch nach dem jeweiligen Datum und den bauausführenden Unternehmen aufgeführt sein, wobei der Mieter ein Einsichtsrecht hat.

6. Werden durch die Modernisierungsmaßnahmen gleichzeitig Instandsetzungsarbeiten erspart, muss der Vermieter diese Kosten abziehen, § 559 Abs. 2 BGB. Die Kosten können anhand eines Kostenvoranschlages ermittelt werden, es ist aber auch möglich, diese Kosten durch Schätzung zu ermitteln. Durch die Schätzmöglichkeit sollen überzogene Anforderungen an die Berechnung des Abzuges vermieden werden, so dass an die Erläuterungen des Abzuges keine allzu strengen Anforderungen zu stellen sind. Unabhängig davon, wie der Vermieter vorgeht, muss jedoch der Abzugsbetrag für den Mieter nachvollziehbar sein. Erforderlich aber auch ausreichend kann es sein, wenn der ersparte Instandsetzungsaufwand zumindest durch Angabe einer Quote von den aufgewendeten Gesamtkosten nachvollziehbar dargelegt wird (BGH NZM 2015, 198).

7. Soweit sich die Kosten für die einzelnen Wohnungen ermitteln lassen, sind diese Kosten anzugeben und auf die einzelnen Wohnungen umzulegen, wobei der Quadratmeterbetrag zu errechnen und anzugeben ist. Sind für mehrere Wohnungen Kosten für eine bauliche Maßnahme aufgewendet worden, so sind diese gemäß § 559 Abs. 3 BGB angemessen auf die Wohnungen aufzuteilen. Beim Einbau einer Zentralheizung wäre die Umlage auf die beheizte Fläche der Wohnungen zulässig, beim Einbau einer neuen Klingelanlage oder von Kabelanschlüssen wäre eine Umlage nach der Anzahl der Wohnungseinheiten zulässig. Beim Einbau eines Aufzuges könnte der Mieter der oberen Etage aufgrund der intensiveren Benutzung stärker belastet werden.

8. Der Gesetzgeber hat eine absolute Kappungsgrenze für Modernisierungsmieterhöhungen eingeführt. Bei Erhöhungen der jährlichen Miete nach § 559 Abs. 1 BGB darf sich die monatliche Miete innerhalb von sechs Jahren, von Erhöhungen auf die ortsübliche Vergleichsmiete nach § 558 BGB oder Betriebskostenerhöhungen gem. § 560 BGB abgesehen, nicht um mehr als 3 EUR/qm Wohnfläche erhöhen. Beträgt die monatliche Miete vor der Mieterhöhung weniger als 7 EUR/qm Wohnfläche, verläuft die Modernisierungskappungsgrenze bei 2 EUR/qm, da eine darüber hinausgehende Mieterhöhung für Mieter mit einer solchen Ausgangsmiete besonders belastend ist (*Artz/Börstinghaus* NZM 2019, 12). Sowohl für die Ermittlung der maßgeblichen Kappungsgrenze von 2,– oder 3,– EUR/

qm oder für die Ermittlung der anzurechnenden Erhöhungen auf die Kappungsgrenze ist vom Wirkungszeitpunkt der Mieterhöhung gem. § 559b BGB auszugehen und hiervon sechs Jahre zurückzurechnen. Auf die jeweilige Kappungsgrenze werden auch Modernisierungsmieterhöhungen im maßgeblichen 6 Jahren vor dem 1.1.2019 angerechnet (Schmidt-Futterer/*Börstinghaus* BGB § 559 Rn. 87a).

9. Der Mieter hat gemäß § 561 BGB ein **Sonderkündigungsrecht**, gemäß dem er berechtigt ist, das Mietverhältnis außerordentlich bis zum Ablauf des 2. Monats nach dem Zugang der Erklärung zu kündigen. Dieses Sonderkündigungsrecht steht auch nicht in Abhängigkeit zum Wirksamwerden der Mieterhöhung, sodass der Mieter auch bei einer nicht ordnungsgemäßen Mieterhöhungserklärung des Vermieters ein Sonderkündigungsrecht hat.

10. Wird das Mieterhöhungsverlangen von einem **Rechtsanwalt** gefertigt, dann gilt wegen der Gebührenberechnung Folgendes: Streitwert ist der Jahresbetrag der Erhöhung, § 41 Abs. 5 GKG. Die Geschäftsgebühr richtet sich nach VV 2300 RVG.

2. Mieterhöhungsverlangen nach energetischer Modernisierung, §§ 555b Nr. 1, 555b Nr. 3 BGB, § 559 BGB

. . . . .

(Rechtsanwalt)

an

. . . . .

(Mieter)

Sehr geehrte(r) . . . . .,

hiermit zeige ich Ihnen an, dass ich die Interessen Ihres Vermieters, ..., vertrete. Das Original der auf mich lautenden Vollmacht, wodurch ich berechtigt bin, die nachfolgenden Erklärungen abzugeben, füge ich diesem Schreiben bei.

Zwischen meinem Mandanten als Vermieter und Ihnen als Mieter besteht seit dem . . . . . ein Mietvertrag über die Wohnung im 2. Obergeschoss links des Hauses . . . . ., bestehend aus 3 Zimmern, Küche, Diele, Bad/WC und dazugehörigem Kellerraum. Die Miete beläuft sich derzeit auf 750,– EUR zuzüglich 150,– EUR Betriebskostenvorauszahlung.

Nach § 559b BGB kann der Vermieter vom Mieter nach erfolgter Modernisierung die Zahlung einer erhöhten Miete verlangen. Nachdem die Modernisierungsmaßnahmen abgeschlossen sind darf ich Sie bitten, ab dem . . . . . 794,80 EUR zuzüglich Betriebskostenvorauszahlungen in bisheriger Höhe zu bezahlen.[1] Das Mieterhöhungsverlangen meines Mandanten wird im vereinfachten Verfahren gemäß § 559c BGB geltend gemacht und wie folgt begründet:

Mit Schreiben vom . . . . . hat Sie mein Mandant zur Duldung der nachfolgend aufgeführten Modernisierungsmaßnahmen fristgerecht aufgefordert und eine zu erwartende Mieterhöhung von 750,– EUR auf 780,– EUR zum . . . . . angekündigt. Mein Mandant hat Sie auch darauf hingewiesen, dass er wegen der Mieterhöhung von dem vereinfachten Verfahren Gebrauch machen wird. Nachfolgend genannte bauliche Maßnahmen wurden durch meinen Mandant durchgeführt und am . . . . . abgeschlossen:[2]

- Austausch der 6 Wohnungsfenster (Holzrahmen, Einfachverglasung) durch dreifach Wärmeschutzverglasung in Holzrahmen
- Einbau einer wasserreduzierenden WC-Spülung

Die nunmehr in der Wohnung eingebauten Fenster mit dreifach Wärmeschutzverglasung führen zu einer Einsparung von Heizenergie in Bezug auf die Mietsache. Bei den bisher vorhandenen einfachverglasten Fenstern kühlte sich die Innenluft im Bereich der Fenster wesentlich stärker ab als bei den nunmehr vorhandenen Fenstern.

Nach Angabe des Herstellers haben die neuen Fenster einen k-Wert von . . . . ., sie entsprechen daher der Energieeinsparverordnung 2014.[3] Die Wärmedurchgangskoeffizienten der früher vorhandenen Fenster betrugen lediglich . . . . .

Der Einbau der wasserreduzierenden WC-Spülung führt zu einer Einsparung von Wasser. Die bei der Benutzung der WC-Spülung benötigte Wassermenge wird um ein Drittel reduziert.

Der errechneten Mieterhöhung gemäß §§ 559 Abs. 1, 559 BGB liegen folgende aufgeführten Kostenpositionen der baulichen Maßnahme zu Grunde:

1. Kosten für Erhaltungsmaßnahmen sind gemäß § 559c Abs. 1 pauschal mit 30 Prozent der Kosten der Modernisierungsmaßnahme abgezogen.
   Einbau der 6 neuen Fenster in der Wohnung gemäß Rechnung der
   Firma . . . . . vom . . . . .   9.000,– EUR,

   Einbau der wasserreduzierenden WC-Spülung gemäß Rechnung der
2. Firma . . . . . vom . . . . .   600,– EUR,

                                                                            9.600,– EUR
   abzüglich 30 % Erhaltungsmaßnahmen   2.880,– EUR
   zu berücksichtigende Kosten   6.720,– EUR

   8 % hiervon ergibt   537,60 EUR

   Somit ergibt sich für Sie pro Monat eine Mieterhöhung von   44,80 EUR

   das heißt, von bisher 750,– EUR auf   794,80 EUR

Betriebskostenvorauszahlungen sind im bisherigen Umfang zu entrichten.

In meinem Ankündigungsschreiben vom . . . . . hatte ich den Betrag der Mieterhöhung mit 38,– EUR pro Monat angegeben, tatsächlich sind die Maßnahmen aber doch teurer geworden, sodass sich der Erhöhungsbetrag nunmehr auf 44,80 EUR gestiegen ist. Aufgrund dessen verlange ich die Zahlung der Mieterhöhung von Ihnen erst ab dem Beginn des 9. Monats, der auf den Zugang dieses Mieterhöhungsverlangens folgt, vorliegend also ab dem . . . . .[4]

Sie können bis zum Ablauf des zweiten Monats nach Zugang dieser Mieterhöhungserklärung zum Ablauf des übernächsten Monats kündigen.

. . . . .

(Rechtsanwalt)

Anmerkungen

1. Das vereinfachte Verfahren soll Vermietern bei der Begründung der Modernisierungsmieterhöhung formale Erleichterungen bieten.

Grundvoraussetzung bleibt, dass es sich bei den durchgeführten baulichen Maßnahmen um Modernisierungsmaßnahmen handelt. Werden solche Maßnahmen durchgeführt, kann das vereinfachte Verfahren angewandt werden, wenn

– die Modernisierungskosten 10.000,00 EUR je Wohnung nicht überschreiten,
– Erhaltungsmaßnahmen, unabhängig davon, ob sie tatsächlich durch die Modernisierung entfallen sind, mit 30 Prozent der Modernisierungskosten pauschal abgezogen werden.

Um das vereinfachte Verfahren anzuwenden, muss der Vermieter dies bereits in der Modernisierungsankündigung gemäß § 555c BGB und schließlich auch in der Modernisierungsmieterhöhung, § 559c Abs. 3 BGB, kundtun.

Für den Vermieter ergeben sich folgende Vorteile:

– In der Modernisierungsankündigung bedarf es keiner Angabe über voraussichtlich künftige Betriebskosten nach § 555c Abs. 1 S. 2 Nr. 3 BGB.
– Der Härteeinwand des Mieters in Bezug auf Mieterhöhung (einschließlich künftiger Betriebskosten), § 559 Abs. 4 BGB, ist ausgeschlossen.
– Eine Minderung des Mieterhöhungsbetrages wegen zinsverbilligter oder zinsloser Darlehen aus öffentlichen Haushalten wird nicht berücksichtigt, §§ 559a, 559c Abs. 1 S. 3 BGB.

Mit der Wahl des vereinfachten Verfahrens sind verbunden Anrechnungsbestimmungen bezüglich früherer Modernisierungsmaßnahmen und Sperrfristen wegen künftiger Modernisierungen. Gehen der Mieterhöhung im vereinfachten Verfahren in einem Zeitrahmen von 5 Jahren reguläre oder vereinfachte Modernisierungsmieterhöhungen voraus, so sind die betreffenden geltend gemachten Kosten auf den Höchstbetrag von 10.000,00 EUR anzurechnen, § 559c Abs. 2 BGB. Des Weiteren tritt eine Sperrfrist von 5 Jahren nach Zugang der Mieterhöhungserklärung in Kraft. Innerhalb dieser Frist können keine regulären Modernisierungsmieterhöhungen mehr geltend gemacht werden (*Gsell/Siegmund* NZM 2019, 489 (502)).

Von dem Grundsatz der Sperrfrist nach § 559c Abs. 4 BGB gibt es zwei Ausnahmen:

– Muss der Vermieter aufgrund einer gesetzlichen Verpflichtung Modernisierungsmaßnahmen durchführen, darf er abweichend von § 559c Abs. 4 S. 1 BGB innerhalb der Sperrfrist die Modernisierungsmaßnahme durchführen und die hierfür zulässig Mieterhöhung fordern, § 559c Abs. 4 S. 2 Nr. 1 BGB. Gesetzlich verpflichtende Modernisierungen können beispielsweise Maßnahmen nach der Energieeinsparverordnung sein. Das Recht, in diesen Fällen Modernisierungsmieterhöhungen geltend zu machen, ist allerdings daran geknüpft, dass der Vermieter zum Zeitpunkt der Geltendmachung der Mieterhöhung im vereinfachten Verfahren die auf ihn zukommende gesetzliche Verpflichtung nicht kannte oder kennen musste.
– Eine weitere Ausnahme für Mieterhöhungen aufgrund von Modernisierungen im Zeitraum der Sperrfrist gilt gemäß § 559c Abs. 4 S. 2 Nr. 1 BGB dann, wenn die Maßnahmen auf einem Beschluss der Wohnungseigentümer beruhen, der frühestens 2 Jahre nach Zugang der Mieterhöhungserklärung im vereinfachten Verfahren getroffen wurde. In diesen Fällen geht der Gesetzgeber davon aus, dass der Vermieter den Beschluss der Wohnungseigentümer noch nicht konkret absehen konnte, also die Mieterhöhung für die vorangegangene Modernisierung im vereinfachten Verfahren geltend gemacht hat. Deshalb kommt es auf die Merkmale „Kenntnis" oder „Kennen müssen" nicht an (*Eisenschmid* WuM 2019, 225 (239)).

2. Das beschriebene Mieterhöhungsverlangen entspricht ansonsten in Form und Darstellung im Wesentlichen dem → Form. C.V.1, auf das hiermit verwiesen wird. Die Besonderheit liegt vorliegend darin, dass die Mieterhöhung gestützt wird auf eine energetische Modernisierung gem. § 555b Nr. 1 BGB und eine Modernisierungsmaßnahme, durch die der Wasserverbrauch nachhaltig reduziert wird, § 555b Nr. 3 BGB. Durch den Einbau von dreifach Wärmeschutzverglasung wird in Bezug auf die Mietsache Endenergie eingespart, da die Wohnung nun wesentlich besser vor Wärmeverlusten geschützt ist als vor der Modernisierungsmaßnahme. Durch den Einbau einer neuen Toilettenspülung wird Wasser eingespart. Die Berechtigung dieser Mieterhöhung ist nicht davon abhängig, ob die durchgeführten Maßnahmen tatsächlich beim Mieter zu Kosteneinsparungen führen. Dies ist auch abhängig vom Verhalten des Mieters und der Entwicklung der Heizenergie- und Wasserkosten. Es kommt nur darauf an, ob die Modernisierungsmaßnahme objektiv geeignet ist, Endenergie und Wasser einzusparen.

3. So wie bei der Modernisierungsankündigung, § 555c BGB, sollen auch in dem Mieterhöhungsschreiben Angaben gemacht werden zu den verwendeten energetischen Qualitäten der Bauteile, wobei auch hier auf allgemein anerkannte Pauschalwerte Bezug genommen werden kann, § 555c Abs. 3 BGB, § 559b Abs. 1 BGB.

4. Nach § 559b Abs. 2 BGB schuldet der Mieter die erhöhte Miete mit Beginn des 3. Monats nach dem Zugang der Erklärung. Diese Frist verlängert sich allerdings um 6 Monate, wenn die tatsächliche Mieterhöhung die angekündigte um mehr als 10 % übersteigt, § 559b Abs. 2 Nr. 2 BGB. Dies ist vorliegend der Fall, da statt der angekündigten Mieterhöhung von 38,– EUR eine solche um 44,80 EUR verlangt wird.

3. Schreiben des Mieters wegen Ausschluss bzw. Begrenzung der Mieterhöhung wegen Härtegründen

. . . . .

(Mieter)

an

. . . . .

(Vermieter)

Sehr geehrte(r) . . . . .,

Ihre Mieterhöhung vom . . . . . zum . . . . . habe ich erhalten. Darin verlangen Sie die Erhöhung der Miete von bisher 600,– EUR auf 660,– EUR zuzüglich Betriebskostenvorauszahlungen.

Eine Mieterhöhung in diesem Umfange stellt für mich und meine Familie eine nicht zu rechtfertigende Härte dar.[1]

In Ihrer Modernisierungsankündigung vom . . . . . hatten Sie mir mitgeteilt, dass nach Abschluss der Modernisierungsarbeiten die Miete um voraussichtlich 30,– EUR auf 630,– EUR steigen wird. Ich habe mich seinerzeit nicht auf einen Härtegrund berufen, weil ich eine um 30,– EUR höhere Miete aufgrund meines mir zur Verfügung stehenden Einkommens noch gerade hätte zahlen können. Die nunmehrige Mieterhöhung um 60,– EUR übersteigt allerdings diese Grenze. Hätte ich also von vornherein von der

3. Schreiben des Mieters wegen Ausschluss bzw. Begrenzung

C. V. 3

tatsächlichen Mieterhöhung Kenntnis erhalten, hätte ich sofort innerhalb der mir gesetzten Fristen mich auf diesen Härtegrund berufen.

Dass die um 60,– EUR erhöhte Miete für mich eine finanzielle Härte darstellt, kann ich Ihnen wie folgt belegen:

Mir steht ein Nettoeinkommen von monatlich 1.800,– EUR zur Verfügung. Von diesem Einkommen muss ich meine nicht berufstätige Ehefrau, das minderjährige Kind und auch mich selber unterhalten.

Die bisher von mir gezahlte Miete entspricht genau einem Drittel meines Einkommens. Die in dem Modernisierungsankündigungsschreiben angekündigte Mieterhöhung hätte bereits den Anteil der Miete an meinem Einkommen erhöht. Durch die nunmehr verlangte Miete steigt der Anteil der Miete an meinem Einkommen um einen weiteren Betrag von 30,– EUR pro Monat. Dies kann ich mir aufgrund meines Einkommens nicht leisten, damit ist meine individuelle Belastbarkeitsgrenze überschritten. Einsparungen in der Haushaltsführung sind nicht mehr möglich.

Ich habe mich auch darum bemüht, staatliche Zuschüsse in Form von Wohngeld zu erhalten, was jedoch durch die zuständige Behörde abgelehnt wurde.

Ich erkläre mich natürlich bereit, zu dem von Ihnen gewünschten Termin eine Mieterhöhung, so, wie sie ursprünglich angekündigt war, von 30,– EUR zu zahlen.[2]

Mit freundlichem Gruß

. . . . .

(Mieter)

Anmerkungen

1. Das vorstehende Formular setzt eine „normale" Mieterhöhung nach §§ 559, 559b BGB voraus. Im vereinfachten Verfahren, § 559c BGB, ist der Mieter mit finanziellen Härtegründen ausgeschlossen. Finanzielle Härtegründe werden nach § 559 Abs. 4 BGB zugunsten des Mieters nur noch im Zusammenhang mit der Mieterhöhung berücksichtigt, und auch nur dann, wenn der Mieter diese Härtegründe innerhalb der Frist der §§ 555d Abs. 3 – 5 BGB rechtzeitig mitgeteilt hat. Die Bestimmungen über den Fristablauf sind allerdings nicht anzuwenden, wenn die tatsächliche Mieterhöhung die angekündigte um mehr als 10 Prozent übersteigt, § 559 Abs. 5 S. 2 BGB. Hat der Mieter nunmehr anlässlich der Modernisierungsankündigung oder, wie vorliegend, im Rahmen der Mieterhöhung einen finanziellen Härteeinwand vorgebracht, ist zu prüfen, ob dieser Härteeinwand berechtigt ist und ob dieser Einwand auch nach Würdigung der berechtigten Interessen des Vermieters weiter besteht. Ob aufseiten des Mieters berechtigterweise ein finanzieller Härteeinwand vorgebracht wird, kann nach folgenden Leitlinien beurteilt werden:

- Die wirtschaftliche Situation des Mieters ist Einzelfallbezogen zu betrachten. Maßgeblich ist nicht allein sein Nettoeinkommen, vielmehr sind seine wirtschaftlichen Verhältnisse insgesamt zu sehen.
- Die Grenze einer unzumutbaren Mietbelastung darf nicht das Existenzminimum sein.
- Dem Mieter obliegt es nicht, Teile seiner Wohnung unter zu vermieten, um die finanzielle Mehrbelastung infolge der Mieterhöhung auffangen zu können.
- Andererseits ist er gehalten, öffentliche Hilfen wie Wohngeld oder ähnliche Leistungen in Anspruch zu nehmen.

Die Gesamtmietbelastung von mehr als einem Drittel des verfügbaren Nettoeinkommens erscheint regelmäßig problematisch.

Eine Abwägung zwischen den Härtegründen des Mieters und berechtigten Interessen des Vermieters braucht dagegen nicht vorgenommen zu werden, wenn
- die Mietsache in einen Zustand versetzt wurde, der allgemein üblich ist, § 559 Abs. 4 Nr. 1 BGB, oder
- wenn es sich um eine Maßnahme nach § 555b Nr. 7 BGB, § 559 Abs. 4 Nr. 2 BGB handelt, die der Vermieter nicht zu vertreten hat.

Wann eine Mietsache in einen Zustand versetzt wurde, der allgemein üblich ist, entscheidet sich danach, ob der Modernisierungszustand des Mietobjektes bei der überwiegenden Mehrzahl von Mieträumen in Gebäuden vergleichbaren Alters und innerhalb derselben Region vorhanden ist. Eine überwiegende Mehrzahl soll bereits dann bestehen, wenn mindestens zwei Drittel der maßgeblichen Wohneinheiten entsprechende Ausstattungsmerkmale aufweisen.

2. Obwohl § 559 Abs. 4 BGB davon spricht, dass die Mieterhöhung bei Vorliegen finanzieller Härtegründe „ausgeschlossen" ist, dürfte sich dies in der vorliegenden Konstellation nur auf den Betrag beziehen, der den Betrag der angekündigten Mieterhöhung übersteigt (streitig). Sollte der Mieter gegen die ursprünglich angekündigte Mieterhöhung Härtegründe geltend machen, hätte er dies innerhalb der Fristen des § 555d Abs. 3 – 5 BGB vorbringen müssen.

VI. Kündigungserklärung des Mieters nach Mieterhöhung, § 561 BGB

. . . . .

(Mieter)

an

. . . . .

(Vermieter)

Sehr geehrte(r) . . . . .,

mit Schreiben vom . . . . ., welches mir am . . . . . zugegangen ist, verlangen Sie von mir die Zahlung einer höheren[2] Miete wegen durchgeführter Modernisierungsarbeiten. Ich kündige[3] deshalb das Mietverhältnis zum[4] . . . . . (Ablauf des übernächsten Monats).[1]

. . . . .

(Mieter)

Anmerkungen

1. § 561 BGB begründet für den Mieter ein **Sonderkündigungsrecht** als Reaktion auf ein Mieterhöhungsverlangen des Vermieters wegen Anpassung an die ortsübliche Vergleichsmiete, § 558 BGB oder, Modernisierung § 559 BGB. Allerdings kann dieses Kündigungsrecht nur vom Wohnungsmieter ausgeübt werden, deren Mietverhältnisse nicht in § 549 Abs. 2 BGB ausgenommen sind. Da der Mieter grundsätzlich jederzeit mit der kurzen Kündigungsfrist von drei Monaten das Mietverhältnis beenden kann, beschränkt sich die Bedeutung des Sonderkündigungsrechtes zunächst auf die Kündigung von Zeitmietverträgen oder von Mietverträgen, bei denen die Vertragsparteien befristet auf die Ausübung eines Kündigungsrechtes verzichtet haben. Nach § 561 Abs. 2 BGB ist der Ausschluss des Sonderkündigungsrechtes nicht zulässig. Außerdem braucht bei der Ausübung des Sonderkündigungsrechtes in keinem Fall die höhere Miete gezahlt zu werden.

2. Die Ausübung des Sonderkündigungsrechtes setzt **kein wirksames Mieterhöhungsverlangen voraus**, da es für den Mieter nicht zumutbar ist, vor Ausübung des Sonderkündigungsrechtes erst noch überprüfen zu müssen, ob denn das Mieterhöhungsverlangen wirksam ist oder nicht (MAH MietR/*Schönleber/Vielitz* § 28 Rn. 741). Ein anderes Ergebnis stünde gegen Sinn und Zweck der Vorschrift, wonach schnelle Klarheit über den Fortbestand des Mietverhältnisses geschaffen werden soll (Schmidt-Futterer/*Börstinghaus* BGB § 561 Rn. 14).

3. Die Kündigung kann nur bis zum Ablauf des zweiten Monats nach Zugang des Erhöhungsverlangens, erklärt werden. Die Frist ist nur wirksam eingehalten, wenn bis zu diesem Termin die Kündigung dem Vermieter zugegangen ist.

4. Die Kündigung wirkt immer und unabhängig davon, wann sie innerhalb der vorbezeichneten Frist ausgesprochen wurde zum Ablauf des übernächsten Monats, gerechnet vom spätesten Zeitpunkt, an dem die Kündigung erklärt und zugehen konnte. Nur dieser Termin ist maßgebend und nicht, wann die Kündigung zugegangen ist. **Beispiel:** Zugang Mieterhöhungsverlangen 15.1. letztmöglicher Zugang des Kündigungsschreibens beim Vermieter 31.3. Ende des Mietverhältnisses 31.5. Dieses Mietende gilt unabhängig davon, ob der Mieter im Januar, Februar oder März kündigt.

VII. Herabsetzen der Miete und Zurückverlangen überzahlter Miete bei Verstoß gegen die Vorschriften über die Mietpreisbremse, §§ 812, 134, 565d ff. BGB und bei Mietpreisüberhöhung, §§ 812, 134 BGB, 5 WiStG

1. Anwaltliche Rüge eines Verstoßes gegen die zulässige Miethöhe bei Mietbeginn vor dem 1.1.2019 gem. § 556g Abs. 2 BGB

. . . . .

(Rechtsanwalt)[8]

an

. . . . .

(Vermieter)

Sehr geehrte(r) . . . . .,

unter Bezugnahme auf die beiliegende Vollmacht zeige ich Ihnen an, dass ich die Interessen Ihrer Mieter, Eheleute . . . . . vertrete. Am . . . . . .haben meine Mandanten mir Ihnen einen Mietvertrag über die Wohnung im Hause . . . . ., gelegen im 2. Obergeschoss rechts, bestehend aus 3 Zimmern, Küche, Diele, Bad/WC, Loggia und dazugehörigem Kellerraum, abgeschlossen. Für die Wohnung, die laut Angabe im Mietvertrag 100 Quadratmeter groß ist, haben Sie mit meinen Mandanten eine Monatsmiete, jeweils zahlbar im Voraus, von 1.100,– EUR zuzüglich Betriebskostenvorauszahlungen von 250,– EUR vereinbart.

Seit Übergabe der Wohnung haben die Mandanten an Sie die im Mietvertrag vereinbarte Miete gezahlt.

Es besteht Grund zu der Annahme, dass die zwischen Ihnen und meinen Mandanten getroffene Mietvereinbarung unter Verstoß gegen § 556d Abs. 1 BGB zustande gekommen ist, sodass seitens meiner Mandanten lediglich eine Miete in Höhe von 990,– EUR zuzüglich Betriebskostenvorauszahlungen geschuldet ist.

Dies begründe ich wie folgt:[1]

Nach § 556d Abs. 1 BGB darf eine zu Beginn des Mietverhältnisses geschlossene Mietvereinbarung die ortsübliche Vergleichsmiete gemäß § 558 Abs. 2 BGB höchstens um 10 % übersteigen, wenn der Mietvertrag über Wohnraum abgeschlossen wurde, der in einem durch Rechtsverordnung nach § 556d Abs. 2 BGB bestimmten Gebiet mit einem angespannten Wohnungsmarkt liegt.[2]

Zur Festlegung der Gebiete, in denen ein angespannter Wohnungsmarkt herrscht, sind die Landesregierungen nach § 556d Abs. 2 BGB ermächtigt. In Ausübung dieser Ermächtigung hat die Landesregierung von . . . . . am . . . . . (vgl. Gesetz- und Ordnungsblatt . . . . .) verordnet, dass das Gebiet der Stadt . . . . . zu den Gebieten mit angespannten Wohnungsmärkten zählt. Auf den Inhalt dieser Verordnung nehme ich Bezug. Somit ist § 556d BGB grundsätzlich anzuwenden.[3]

Die ortsübliche Vergleichsmiete bestimmt sich nach der gesetzlichen Definition in § 558 Abs. 2 BGB. Hierauf verweise ich ausdrücklich. Die darin beschriebene ortsübliche Vergleichsmiete entnehme ich im vorliegenden Fall aus dem Mietspiegel für nicht öffentlich gefördertem Wohnraum im Stadtgebiet von . . . . ., Stand . . . . .. Unter Zugrundelegung dieses Mietspiegels, der bei Abschluss des Mietvertrages galt, ist die vermietete Wohnung, bezogen auf den Mietvertragsabschluss, wie folgt einzuordnen:

Baualtersklasse 4 (Wohnungen, die von 1990 – 2004 bezugsfertig wurden)

Ich gehe davon aus, dass das Haus, in dem sich die Wohnung befindet, im Jahre 2002 bezugsfertig wurde. Jedenfalls habe ich dieses Datum als Herstellerdatum in dem zum Hause gehörenden Aufzug entnommen. Die Wohnung ist für die Zeit ihrer Bezugsfertigstellung normal ausgestattet, das heißt, insbesondere sind Bad/WC und Heizung vorhanden. Somit gilt die Ausstattungsgruppe 2. Bei der angegebenen Wohnungsgröße sind die Wohnungen um 100 Quadratmeter Größe, Gruppe D, anzuwenden. Die Wohnlage ist nach meiner Einschätzung eine mittlere. Hier liegt die im Mietspiegel vorgegebene Spanne zwischen 7,60 EUR und 9,70 EUR pro Quadratmeter und Monat.

Nach meiner Beurteilung beläuft sich die Einzelvergleichsmiete auf 9,– EUR pro Monat und pro m². Dieser Betrag liegt über dem Mittelwert der angegebenen Spanne. Diese Einzelvergleichsmiete begründet sich durch die sehr zentrale, innenstadtnahe Wohnlage, die insbesondere gekennzeichnet ist durch günstige Einkaufsmöglichkeiten und durch gute Verkehrsanbindungen und die Tatsache, dass alle Geschäfte des täglichen Bedarfs auch fußläufig zu erreichen sind.[4]

Nach § 556d Abs. 1 BGB ist eine Mietvereinbarung, durch die die vereinbarte Miete mehr als 10 % oberhalb der ortsüblichen Vergleichsmiete liegt, teilnichtig. Dies ist vorliegend der Fall. Nach dem Vorhergesagten beträgt die ortsübliche Vergleichsmiete für die von meinen Mandanten bewohnte Wohnung 900,– EUR (9,– EUR x 100 Quadratmeter). Zulässig ist eine Mietvereinbarung bis zu 10 % oberhalb der ortsüblichen Vergleichsmiete, somit bis zu 990,– EUR. Vereinbart sind 1.100,– EUR monatlich, sodass in der Vereinbarung dieser Miete ein Verstoß gegen § 556d Abs. 1 BGB zu sehen ist.[5]

Aufgrund der vorherigen Feststellungen rüge ich namens und im Auftrage meiner Mandanten gemäß § 556g Abs. 2 BGB den Verstoß gegen die Vorschriften über die zulässige Miethöhe bei Mietbeginn, § 556d Abs. 1 BGB.

Ich möchte Sie im Auftrage meiner Mandanten auffordern, mir bis zum . . . . . durch Unterzeichnung und Rücksendung der beiliegenden Durchschrift dieses Schreibens zu bestätigen, dass die Miete auf den von mir genannten Betrag von 990,– EUR zuzüglich Betriebskostenvorauszahlungen abgesenkt und somit die im Mietvertrag geschlossene Mietvereinbarung in dem dort genannten Umfange nicht mehr gilt.[6]

Sollten Sie sich allerdings mit einer Herabsetzung der Miete nicht einverstanden erklären, behalten sich meine Mandanten vor, entweder in der Zukunft nur noch die tatsächlich an Sie geschuldete Miete von 990,– EUR zuzüglich Betriebskostenvorauszahlungen zu leisten oder, sollte die Miete noch in der bisherigen Höhe weiter gezahlt werden, den überzahlten Teil, gerechnet vom Zugang dieses Schreibens bei Ihnen, zurückzufordern. Ich werde, sollte die Rückzahlung nicht erfolgen, sodann in einem notwendigen Gerichtsverfahren neben dem überzahlten Betrag auch die Feststellung geltend machen, dass die Miete nur in dem Rahmen, wie ich sie hier errechnet habe, geschuldet ist.[7]

Die Teilunwirksamkeit der Mietvereinbarung führt auch zu einem teilweisen Rückforderungsanspruch meiner Mandanten der an Sie geleisteten Mietsicherheit. Meine Mandanten haben Ihnen zur Sicherheit das auf dem Konto . . . . . befindliche Guthaben in Höhe von 3.300,– EUR verpfändet. Da gemäß § 551 Abs. 1 BGB die Kaution höchstens das

Dreifache einer Monatsmiete ohne Nebenkostenvorauszahlungen betragen darf, steht Ihnen somit höchstens ein Betrag von 3 x 990,– EUR, somit 2.970,– EUR zu. Zeigen Sie bitte gegenüber der Bank wie auch gegenüber meinen Mandanten umgehend an, dass in Höhe von 330,– EUR das Pfandrecht nicht besteht.

. . . . .

(Rechtsanwalt)[8]

Anmerkungen

1. Am 5.3.2015 hat der Bundestag das Gesetz zur Dämpfung des Mietanstiegs auf angespannten Wohnungsmärkten und zur Stärkung des Besteller Prinzips bei Wohnungsvermittlung (Mietrechtsnovellierungsgesetz – MietNovG) verabschiedet. Das Gesetz wurde am 27.4.2015 im Bundesgesetzblatt (BGBl. 2015 I 16, 610) verkündet und gilt seit dem 1.6.2015. Veränderungen der Gesetzeslage sind erfolgt durch das Mietrechtsanpassungsgesetz vom 18.12.2018, welches, was die Begrenzung der Miete bei Vertragsbeginn angeht, für alle Mietverträge gilt, die ab dem 1.1.2019 geschlossen wurden.

Weitere Gesetzesänderungen zur Mietpreisbremse sind geplant durch das Gesetz zur Verlängerung und Verbesserung der Regelung über die zulässige Miethöhe bei Mietbeginn. Dieses Gesetz bestimmt, dass überhöhte Mieten auch vor Erklärung der Rüge durch den Vermieter zurückgezahlt werden müssen, wenn der Verstoß gegen die Mietpreisbremse spätestens 30 Monate nach Beginn des Mietverhältnisses erklärt wurde. Ebenso scheidet eine Rückforderung überzahlter Miete aus, wenn das Mietverhältnis bei Zugang der Rüge bereits beendet war, § 556g Abs. 2 S. 1 BGB. Diese Regelung gilt allerdings nur für solche Mietverträge, die nach dem Inkrafttreten des Gesetzes abgeschlossen worden sind. Nach den Gesetzesbegründungen soll damit drängenden Problemen auf dem Mietwohnungsmarkt begegnet werden. Dies erfolgt durch eine so genannte gesetzliche „Mietpreisbremse". Vor allem in prosperierenden Ballungszentren, aber auch in Mittelstädten und Hochschulstandorten steigen die Mieten bei der Wiedervermietung von Bestandswohnungen überdurchschnittlich stark und liegen teilweise in erheblichem Maße über der ortsüblichen Vergleichsmiete. Dieser Entwicklung sollen die Regelungen begegnen, indem sie die zulässige Miete bei der Wiedervermietung von Wohnraum in den betroffenen Gebieten auf die ortsübliche Miete zuzüglich 10 % begrenzt werden (BT-Drs. 18/3121, 11). Der Gesetzesaufbau gliedert sich wie folgt: Nach § 556d Abs. 1 BGB darf die Miete in den durch die jeweiligen Landesregierungen bestimmten Gebieten zu Beginn eines Mietverhältnisses die ortsübliche Vergleichsmiete höchstens um 10 % übersteigen. § 556e und § 556f BGB beschreiben Sondertatbestände, die eine Überschreitung der ortsüblichen Miete um mehr als 10 % erlaubt. § 556e BGB erlaubt die Berechnung der zulässigen Miete unter Einbezug früher durchgeführter Modernisierungsmaßnahmen. In § 556f BGB werden Neubauten von der Mietpreisbremse ausgenommen. Dies gilt auch für Neuverträge nach einer umfassenden Modernisierung. Einzelheiten zu den Ausnahmetatbeständen → Form. C.VII.2 Anm. 2–4.

§ 556g BGB beschreibt die Rechtsfolgen eines Verstoßes die eintreten, wenn die zulässige Miethöhe bei Mietbeginn gem. § 556d BGB überschritten wird. Wird diese durch die Vereinbarung der Miethöhe bei Mietbeginn überschritten, so ist die Mietvereinbarung, soweit sie über den zulässigen Betrag hinausgeht, unwirksam. Der Mieter schuldet dann nur noch die zulässige Miete nach § 556d Abs. 1 BGB. Bereits zu viel gezahlte Miete kann der Mieter aber nur dann zurückfordern, wenn er die vereinbarte Miete gemäß § 556g Abs. 2 BGB qualifiziert gerügt hat, soweit der Mietvertrag vor dem Stichtag 1.1.2019 geschlossen wurde. Der Rückzahlungsanspruch erstreckt sich nur auf Mietzahlungen, die nach der Rüge fällig werden. Nach § 556g Abs. 3 BGB hat der Mieter darüber hinaus gegenüber dem Vermieter einen gesetzlichen Auskunftsanspruch zu den preisbildenden Tatsachen, soweit der Mieter diese nicht selbst ermitteln kann. Gemäß Art. 229 § 49 Abs. 2 S. 2 EGBGB findet auf Mietverhältnisse, die bis einschließlich zum 31.12.2018 abgeschlossen wurden, § 556g Abs. 2 BGB in der bis zum 31.12.2018 geltenden Form Anwendung. Das heißt, dass bei in diesem Zeitrahmen abgeschlossenen Mietverhältnissen, die Rüge nur in qualifizierter Form zu erklären ist. Eine einfache Rüge ist nur bei Mietverhältnissen, die ab dem 1.1.2019 gegründet wurden, zulässig.

2. Allgemein ist darauf zu verweisen, dass das Gesetz, soweit es die Mietpreisbremse angeht, nur in den Gebieten gilt, die aufgrund einer gesetzlichen Ermächtigung von den Landesregierungen als Gebiete mit angespannten Wohnungsmärkten ausgewiesen worden sind. Das sind Gebiete, in denen die ausreichende Versorgung der Bevölkerung mit Mietwohnungen zu angemessenen Bedingungen besonders gefährdet ist. § 556d Abs. 2 BGB beschreibt eine derartige Gefährdung in Fällen, wenn
- die Mieten deutlich stärker steigen als im bundesweiten Durchschnitt
- die durchschnittliche Mietbelastung der Haushalte im bundesweiten Durchschnitt deutlich übersteigt
- die Wohnbevölkerung wächst, ohne dass durch Neubautätigkeit insoweit erforderlicher Wohnraum geschaffen wird oder
- geringer Leerstand bei großer Nachfrage besteht.

Die Ermächtigungsgrundlage unterliegt einer zeitlichen Begrenzung, die zu erlassene Rechtsverordnung darf ein Gebiet als angespannten Wohnungsmarkt nur für die Dauer von 5 Jahren ausweisen. Die Rechtsverordnung muss bis spätestens zum 31.12.2020 in Kraft getreten sein.

3. Um festzustellen, ob ein Verstoß gegen § 556d Abs. 1 BGB vorliegt, müssen folgende Prüfungsschritte vorgenommen werden:
1. Wurde die bei Abschluss des Mietvertrages getroffene Mietvereinbarung nach Inkrafttreten des Gesetzes 1.6.2015 geschlossen.
2. War das Gebiet, in dem die Wohnung liegt, als Gebiet mit angespannten Wohnungsmärkten durch Rechtsverordnung der jeweiligen Landesregierung ausgewiesen.
3. Wie hoch war die ortsübliche Vergleichsmiete im Zeitpunkt der erstmaligen Mietvereinbarung.
4. Liegt die vereinbarte Miete mehr als 10 % oberhalb der ortsüblichen Vergleichsmiete.
5. Soweit bekannt: Rechtfertigen Sondertatbestände gemäß § 556e bzw. § 556f BGB die Überschreitung der höchstzulässigen Grenze gemäß § 556d Abs. 1 BGB.

Wegen der Bestimmung der ortsüblichen Vergleichsmiete gilt § 558 Abs. 2 und § 558a BGB. Entsprechend der Definition des § 558 Abs. 2 BGB ist die ortsübliche Vergleichsmiete zu ermitteln, wobei man sich hierbei auf die Begründungsmittel des § 558a BGB beziehen kann. Das sind:
- Mietspiegel, §§ 558c, 558d BGB
- Auskunft aus einer Mietdatenbank, § 558e BGB
- ein mit Gründen versehenes Gutachten eines öffentlich bestellten und vereidigten Sachverständigen
- entsprechende Entgelte für einzelne vergleichbare Wohnungen, wobei die Benennung von drei Wohnungen genügt.

Die so ermittelte ortsübliche Vergleichsmiete kann auch noch durch Zuschläge beeinflusst werden, etwa bei der Einbeziehung von Betriebskosten in die Miete (Inklusivmieten oder Teilinklusivmieten), Zuschläge wegen mitvermieteter Garagen, Stellplätzen oder Zuschläge für besondere Nutzungen, etwa die Erlaubnis, einen Teil der Wohnung unterzuvermieten oder einen Teil der Wohnung teilgewerblich zu nutzen. Wir die Wohnung sowohl zu Wohnzwecken als auch zu gewerblichen Zwecken genutzt, ist zu prüfen, ob für dieses Mischmietverhältnis Wohnraummietrecht gilt, was im Zweifel immer dann der Fall ist, wenn ein besonderer gewerblicher Schwerpunkt nicht festzustellen ist (BGH

NZM 2014, 626). Im vorliegenden Fall wird die Vergleichsmiete begründet unter Zuhilfenahme eines einfachen Mietspiegels, § 558c BGB. Soweit in dem ausgewiesenen Gebiet ein Mietspiegel nicht existiert und auch kein Mietspiegel einer Nachbargemeinde, § 558a Abs. 4. S. 2 BGB, vorliegt, muss versucht werden, die Vergleichsmiete anhand der verbleibenden Begründungsmittel des § 558a BGB zu ermitteln. Da grundsätzlich immer der Anspruchsteller die Darlegungs- und Beweislast für die rechtsbegründenden Tatsachen trägt, ist somit der Mieter darlegungs- und Gegenseite auch beweisbelastet im Hinblick auf seine Angaben zur Ermittlung und zur Höhe der ortsüblichen Vergleichsmiete. Die Darlegungs- und Beweislast entspricht als Gegenstück der Darlegungs- und Beweislast, die der Vermieter bei einem Zustimmungsverlangen nach § 558a BGB zu erfüllen hat (*Fleindl* WuM 2015, 212 (216)).

Im vorliegenden Fall wurde aufgrund der bekannten Tatsachen eine Einordnung der Wohnung in das nach Auffassung des Mieters zutreffende Mietspiegelfeld vorgenommen, um hieraus dann unter Berücksichtigung von Zu- und Abschlagskriterien eine Einzelvergleichsmiete darzustellen.

4. Die vorliegend festgestellte Überschreitung der zulässigen Miete des § 556d Abs. 1 BGB führt zu den im Formularschreiben festgestellten Rechtsfolgen.

1. Dadurch, dass durch die Vereinbarung über die Miethöhe bei Mietbeginn die zulässige Miete überschritten wurde, führt dies sozusagen „automatisch" dazu, dass die geschuldete Miete auf den nach § 556d BGB gesetzten Maximalrahmen herabgesetzt wird. Hierzu bedarf es keiner weiteren Erklärung des Mieters. Diese Rechtsfolge tritt ein durch die festgestellte Teilnichtigkeit der Mietpreisvereinbarung.
2. Bereits unter Verstoß gegen § 556d Abs. 1 BGB vereinbarte und gezahlte Mieten können allerdings nicht zurückgefordert werden, solange der Mieter den Verstoß gegen § 556d Abs. 1 BGB nicht gemäß § 556g Abs. 2 BGB mindestens in Textform, qualifiziert, rügt.

5. Die Rüge ist eine empfangsbedürftige Willenserklärung des Mieters. Es ist noch ungeklärt, ob es ausreichend ist, wenn einer von mehreren Mietern die Mietpreisvereinbarung rügt oder ob zur Wirksamkeit alle Mieter gegenüber allen Vermietern die Rüge erklären müssen (vgl. hierzu: *Fleindl* WuM 2015, 212).

Die qualifizierte Rüge nach § 556g Abs. 2 BGB ist ein anspruchsbegründendes Tatbestandsmerkmal für den vom Mieter geltend gemachten Rückforderungsanspruch, der wiederum, wegen der überzahlten Mieten, aus § 812 BGB folgt.

Dieser Rückforderungsanspruch besteht wegen der Mieten, die nach Zugang der Rüge beim Vermieter gezahlt wurden. Vor Zugang der Rüge gezahlte Mieten können jedenfalls nicht aus Gründen des § 556d Abs. 1, § 556g Abs. 1 BGB zurückgefordert werden.

Verlangt der Mieter von dem Vermieter die Rückzahlung der Mieten, die nach Zugang der Rüge unter Verstoß gegen § 556d Abs. 1 BGB gezahlt wurden, können diesem Rückforderungsverlangen die ansonsten bestehenden, den Bereicherungsanspruch ausschließenden Vorschriften der § 814 BGB (Kenntnis der Nichtschuld) bzw. § 817 BGB (Verstoß gegen Gesetz oder guten Sitten), nicht entgegen gehalten werden, § 556g Abs. 1 S. 4 BGB.

Damit ist gewährleistet, dass auch der Mieter, den die höchstzulässige Miete übersteigenden Betrag auch dann zurückfordern kann, wenn er gewusst hat, dass er zur Leistung nicht verpflichtet ist oder gar von sich aus dem Vermieter die Zahlung der überhöhten Miete angeboten hat, um die Wohnung zu bekommen. Nach der Intention des Gesetzgebers soll mit dieser Regelung verhindert werden, dass ein Mietinteressent aufgrund der angespannten Lage auf dem Wohnungsmarkt deshalb faktisch aus dem Kreis der Bewerber ausscheidet, weil er die verlangte Miete in Frage stellt und man ihm deshalb Kenntnis von der Unwirksamkeit nachweisen könnte (BT-Drs 18/3127, 37; *Fleindl* WuM 2015, 212 (221)).

Anders ist die Rechtslage, wenn der Mieter von sich aus, letztendlich nur, um die Wohnung zu bekommen, freiwillige Zahlungen (Schmiergeld) anbietet. Soweit derartige Zahlungen nicht als „Miete", sondern als Zahlung eigener Art gelten, ist § 556g Abs. 2 BGB unanwendbar. Ob derartige Zahlungen als sittenwidrige Leistungen zu werten wären, müsste im Einzelfall geprüft werden. Letztendlich wäre aber dann darauf abzustellen, dass der Mieter diese Zahlungen in Kenntnis der Nichtschuld geleistet hat und somit nach § 814 BGB von der Rückforderung ausgeschlossen ist. In diesem Falle könnte der Vermieter die Schmiergeldzahlung behalten (*Blank* WuM 2014, 641 (657)). Soweit es dem Mieter darum geht, für die Zukunft nur die Miete in zulässiger Höhe zahlen zu müssen, bedarf es einer besonderen Erklärung oder gar einer Rüge gem. § 556g Abs. 2 BGB nicht. Da die Mietvereinbarung teilweise unwirksam ist, schuldet der Mieter nur den wirksamen Teil der Mietvereinbarung, also bis zu einer Grenze von 10 % oberhalb der ortsüblichen Vergleichsmiete. Diese Miete kann er zahlen, ohne dies gegenüber dem Vermieter vorher anzuzeigen oder es zu begründen.

Erhebt der Vermieter gegen den Mieter wegen der teilweise nicht gezahlten Miete eine Zahlungsklage, ist es dem Mieter durchaus erlaubt, sich im Prozess damit zu verteidigen, dass die vom Vermieter verlangte Miete gemäß § 556d Abs. 1 BGB teilweise unwirksam vereinbart wurde. Der Vermieter kann sich in diesen Fällen nicht darauf berufen, dass der Mieter den Verstoß nicht nach § 556g Abs. 2 BGB gerügt hat (*Fleindl* WuM 2015, 212 (227)). Diese Auffassung ist allerdings nicht unbestritten, denn eigentlich ist es der Wille des Gesetzgebers, im Interesse von Rechtssicherheit und Rechtsfrieden, Verstöße gegen die höchstzulässige Miete erst dann geltend machen und zu können, wenn der Verstoß tatsächlich gerügt wurde (*Fleindl* WuM 2015, 212 (227)).

6. In den Fällen, in denen sich die ortsübliche Miete nicht eindeutig etwa bei Vorliegen eines qualifizierten Mietspiegels, § 558d BGB, ermitteln lässt, oder in denen der Vermieter sich nicht mit der Herabsetzung der Miete auf den zulässigen Betrag einverstanden erklärt und auch sicher ist, dass keine Ausnahmetatbestände nach § 556e, § 556f BGB bestehen, ist eher davon abzuraten, die Miete vor endgültiger Klärung der Rechtslage einseitig auf das vermeintlich zulässige Maß abzusenken. Der Vermieter könnte den nach seiner Auffassung entstehenden Mietrückstand nutzen, um Zahlungsklage zu erheben bzw., um bei Erreichen eines kündigungsrelevanten Rückstandes das Mietverhältnis zu kündigen. Sollten dann insbesondere die Angaben des Mieters zur ortsüblichen Vergleichsmiete sich nicht bestätigen, dann besteht tatsächlich das Risiko des Verlustes der Wohnung. Rechtsirrtümer des Mieters sind – gerade bei der Einordnung der streitgegenständlichen Wohnung in einen Mietspiegel – denkbar. Hierbei muss der Mieter sich rechtsfehlerhafte Auskünfte eines Rechtsanwaltes oder seines Mietervereins über § 278 BGB zurechnen lassen (BGH NJW 2007, 428; BGH NZM 2014, 631 (634); *Fleindl* WuM 2015, 212 (229)).

Will der Mieter diese mögliche Konsequenz vermeiden, reicht es aus, den nach Rüge überzahlten Mietanteil – gerichtlich – geltend zu machen, um auch sodann im Wege einer gerichtlichen Feststellungsklage sich die Höhe der höchstzulässigen Miete bestätigen zu lassen.

7. Der Verstoß gegen § 556d Abs. 1 BGB wirkt sich auch unmittelbar auf die Kautionsabrede aus. Nach § 551 Abs. 1 BGB darf die Kaution höchstens die dreifache Monatsmiete betragen. Ist die Mietvereinbarung – teilweise – unwirksam, hat dies auch unmittelbare Auswirkungen auf die Höhe der geschuldeten Mietsicherheit.

8. Zur unmittelbaren Korrespondenz zwischen Vermieter und Mieter → Form. A.III.32 ff.

2. Vorvertragliche Auskunft des Vermieters, § 556g Abs. 1a BGB

(Vermieter)

. . . . .

An

. . . . .

(Mietinteressent)

Sehr geehrte(r) . . . . .,

Sie sind an der Anmietung der Wohnung im . . . . . des Hauses . . . . . Straße, ..., ab dem . . . . . interessiert. Ich mache Sie vor Abschluss des Mietvertrages auf Folgendes aufmerksam:[1]

Die von mir verlangte Miete in Höhe von . . . . . . EUR ist begründet durch die Vorschrift des § 556f S. 2 BGB. Die für die Stadt, in der die Wohnung liegt, an sich gültige Mietpreisbremse, § 556d BGB, ist vorliegend nicht anzuwenden. Bei der Vermietung an Sie handelt es sich um die erste Vermietung der Wohnung nach deren umfassender Modernisierung.[2] Es wurden grundlegende Verbesserungen und Modernisierungen der Sanitär- und Heizungsanlagen bei gleichzeitiger energetischer Erneuerung der Fenster und durchgeführter Dämmmaßnahmen sowie die Erneuerung der Elektroinstallationen durchgeführt. Sämtliche technischen Vorgaben sind beachtet worden. Die von mir durchgeführte Modernisierung hat einen Aufwand erfordert, der etwa ein Drittel der Investitionen in eine vergleichbare Neubauwohnung erfordert hätte.

Bei Zustandekommen des Mietvertrages würde es sich um den erstmaligen Bezug nach der beschriebenen umfassenden Modernisierungsmaßnahme handeln.

Ich darf Sie bitten, zum Nachweis, dass Sie diese Information erhalten haben, die beiliegende Durchschrift mit Ihrer Unterschrift versehen an mich zurückzugeben.

. . . . .

(Vermieter)

Anmerkungen

1. Das Gesetz beschreibt in § 556e und § 556f BGB Ausnahmetatbestände, in denen die Begrenzung der Miete bei Abschluss des Mietvertrages nicht gilt. Es handelt sich um den Ausnahmetatbestand
– höhere Vormiete, § 556e Abs. 1 S. 2 BGB
– in den letzten 3 Jahren vor Beginn des Mietverhältnisses durchgeführte Modernisierungsmaßnahmen (nicht in der Vormiete enthalten), § 556e Abs. 2 BGB
– Vermietung einer nach dem 1.10.2014 erstmals genutzten und vermieteten Neubauwohnung, § 556f S. 1 BGB
– erste Vermietung nach umfassender Modernisierung, § 556f S. 2 BGB
Um dem Mieter die Wahrnehmung und Durchsetzung des Rechts, nur die nach dem Gesetz zulässige Miete zu zahlen, zu erleichtern, soll bei Vertragsabschlüssen ab 1.1.2019 wegen der Ausnahmetatbestände Transparenz geschaffen werden. Dies gilt insbesondere hinsichtlich einer höheren Vormiete. Ein Vermieter, der eine aufgrund einer der Aus-

nahme von den Regelungen der so genannten Mietpreisbremse zulässige höhere Miete fordert, muss dem Mieter bereits vor Abgabe von dessen Vertragserklärung, also vor Abschluss des Mietvertrages, Auskunft darüber zu erteilen, dass eine solche Ausnahme vorliegt. Hierzu wird eine vorvertragliche Auskunftspflicht des Vermieters in das BGB aufgenommen, § 556g Abs. 1a S. 1 BGB. Die Auskunft muss der Vermieter dem Mieter unaufgefordert geben. Eine gesonderte Erklärung bzw. ein gesondertes Schriftstück ist nicht erforderlich; es ist vielmehr ausreichend, wenn die Auskunft in das vom Mieter zu unterzeichnende Exemplar des Mietvertrages aufgenommen wird. Die Beweislast für die rechtzeitige Auskunftserteilung liegt beim Vermieter, der sich auf die Regelungen berufen will (BT-Drs. 19/4672, 27). Erteilt der Vermieter die Auskunft nicht, gibt er damit zu erkennen, dass die von ihm verlangte Miete jedenfalls nicht mehr als 10 Prozent über der ortsüblichen Vergleichsmiete liegt, jedenfalls keine Ausnahmetatbestände vorliegen, die ein Überschreiten dieser absoluten Grenze rechtfertigen würde.

Soweit der Vermieter dem Mieter diese Auskunft nicht erteilt hat, kann er sich also nicht auf eine nach § 556d Abs. 1 BGB abweichende und nach § 556e BGB oder § 556f BGB zulässige Miete berufen. Erteilt er die Auskunft nicht oder erst nach Abgabe der Vertragserklärungen des Mieters, soll es – unabhängig davon, ob die Voraussetzungen eines Ausnahmetatbestandes vorliegen – hinsichtlich der Zulässigkeit der Miethöhe alleine auf die ortsübliche Vergleichsmiete plus 10 Prozent ankommen. § 556g Abs. 1a S. 2 BGB sieht zwei Ausnahmen vor: Wenn die Auskunft zwar vor Abgabe der Vertragserklärung des Mieters erteilt, die Textform gemäß § 556g Abs. 4 BGB aber nicht eingehalten wurde, lässt die Nachholung der Auskunft in der gebotenen Form ex nunc die Rechtsfolge des § 556g Abs. 1a S. 2 BGB entfallen. Hat der Vermieter die Auskunft zunächst nicht erteilt, aber später in der vorgeschriebenen Form nachgeholt, kann er sich 2 Jahre nach Auskunftserteilung auf die Ausnahmetatbestände berufen. Die Regelung ist so ausgestaltet, dass der Mieter nicht darauf angewiesen ist, den Auskunftsanspruch, gegebenenfalls bereits vor Vertragsschluss, gerichtlich durchzusetzen. Da die Verstöße gegen die Auskunftspflicht zum Rechtsverlust des Vermieters führen, durften auch weitergehende Ansprüche auf Schadensersatz mangels Vorliegens eines Schadens regelmäßig ausgeschlossen sein (MAH MietR/*Flintrop* § 21 Rn. 27). Wie sich aus den Formularen C.VII.1., C.VII.3. und C.VII.4. ergibt, setzt der Rückforderungsanspruch des Mieters wegen zu viel gezahlter Miete voraus, dass durch den Mieter in Textform die Höhe der Miete gerügt wird, wobei je nach Zustandekommen des Mietvertrages die Rüge in qualifizierter Form § 556g Abs. 2 BGB (in der Fassung bis zum 31.12.2018), als einfache Rüge § 556g Abs. 1 S. 1 BGB oder als so genannte Auskunftsrüge § 556g Abs. 2 S. 2 BGB erhoben werden muss. Die Mieten, die ab dem Zugang der Rüge gezahlt werden, können, können gemäß § 556g Abs. 1 S. 3 BGB zurückgefordert werden.

Sollte allerdings der Vermieter, vorsätzlich oder fahrlässig, vorvertraglich eine falsche Auskunft erteilt haben, besteht der Anspruch des Mieters auf Rückzahlung der zu viel gezahlten Miete nicht erst seit Zugang der Rüge. Im Fall der fahrlässigen oder vorsätzlich fehlerhaften Auskunft liegt eine Verletzung einer vertraglichen Nebenpflicht vor, die den Vermieter gemäß §§ 280 Abs. 1, 241 Abs. 2 (§ 311 Abs. 2) BGB zum Ersatz des entstandenen Schadens verpflichtet, der in der Differenz zwischen zulässiger und gezahlter Miete besteht (*Artz/Börstinghaus* NZM 2019, 12 (18)). In diesen Fällen ergibt sich somit ab dem Zugang der Rüge ein bereicherungsrechtlicher Anspruch des Mieters, während die bis zum Zugang der Rüge zu viel gezahlten Mieten als Schadensersatz wegen Verletzung vertraglicher Nebenpflichten verlangt werden kann.

2. Die im Formular beschriebene vorvertragliche Auskunft des Vermieters betrifft den Ausnahmetatbestand des § 556f S. 2 BGB. Der Mieter wird darüber informiert, dass es sich um die erste Vermietung nach umfassender Modernisierung der Wohnung handelt, sodass die Bestimmungen der §§ 556d ff. BGB nicht zur Anwendung kommen. Der

Vermieter ist nicht verpflichtet, über Umfang und Detail der Modernisierung Auskunft zu erteilen. Es genügt zunächst die Information über die Tatsache, dass überhaupt eine solche Modernisierung stattgefunden hat. Will der Mieter weitere Einzelheiten wissen, muss er dies, nach Abschluss des Mietvertrages, im Rahmen seines Auskunftsanspruches nach § 556g Abs. 3 BGB geltend machen.

3. Einfache Rüge des Mieters wegen überhöhter Miete gem. § 556g Abs. 2 BGB, Vertragsabschluss ab 1.1.2018

. . . . .

An

. . . . .

(Vermieter)

Sehr geehrte(r) . . . . .,

ich beziehe mich auf die zwischen uns anlässlich des Abschlusses des Mietvertrages über die von mir bewohnte Wohnung getroffene Mietvereinbarung.[1] Ich bin der Meinung, dass diese Miete über der bei Abschluss eines Mietvertrages zulässigen Miete liegt. Hiermit rüge ich die überhöhte Miete.[2]

. . . . .

(Mieter)

Anmerkungen

1. Aufgrund der für alle Mietverträge, die ab dem 1.1.2019 abgeschlossen wurden, abgeänderte Bestimmung des § 556g Abs. 2 BGB bedarf es keiner qualifizierten Rüge des Mieters mehr.

2. Mit der nunmehr ausreichenden einfachen Rüge genügt es, dass der Mieter den Vermieter lediglich – in Textform gemäß § 556g Abs. 4 BGB – darauf hinweist, dass er sich auf einen Verstoß gegen die Mietpreisbremse beruft.

4. Rüge des Mieters bei vorvertraglich erteilter Auskunft des Vermieters gem. § 556g Abs. 2 BGB

. . . . .

(Mieter)

an

. . . . .

(Vermieter)

Sehr geehrte(r) . . . . .,

hiermit rüge ich die zwischen uns anlässlich des Abschlusses des Mietvertrages vereinbarte Miete wegen Verstoßes gegen die Mietpreisbremse.[1]

Meine Rüge bezieht sich insbesondere auf die von Ihnen vorvertraglich erteilte Auskunft, wonach es sich um die erstmalige Vermietung der Wohnung nach umfassender Modernisierung handelt. Nachdem ich in der Wohnung wohne, stelle ich fest, dass von einer umfassenden Modernisierung nicht die Rede sein kann. Insbesondere der Zustand der Schalter und Steckdosen lassen mich an der Richtigkeit der Auskunft, wonach die Elektroinstallation erneuert worden sei, zweifeln.[2]

. . . . .

(Mieter)

Anmerkungen

1. Hat sich der Vermieter darauf berufen, von den Bestimmungen der Mietpreisbremse wegen Vorliegens einer der Ausnahmetatbestände befreit zu sein, muss sich die Rüge des Mieters selbstverständlich auf die Richtigkeit der Auskunft beziehen, § 556g Abs. 2 S. 2 BGB.

2. Will der Mieter weitere Informationen vom Vermieter zur Begründung seiner Rüge erhalten, kann er selbstverständlich den sowohl nach altem wie nach neuem Recht bestehenden Auskunftsanspruch nach § 556g Abs. 3 BGB → Form. C.VII.5.

5. Anwaltliche Aufforderung zur Auskunftserteilung gem. § 556g Abs. 3 BGB bei Mietvertragsabschluss vor dem 1.1.2019

. . . . .

(Rechtsanwalt)

an

. . . . .

(Vermieter)

Sehr geehrte(r) . . . . .,

hiermit nehme ich Bezug auf mein Schreiben vom . . . . ., in dem ich namens und im Auftrage der von mir vertretenen Eheleute . . . . . die zwischen Ihnen und meinen Mandanten geschlossene Mietvereinbarung anlässlich des Abschlusses des Mietvertrages über die Wohnung . . . . . gemäß § 556g Abs. 2 BGB wegen Verstoßes gegen die zulässige Miethöhe bei Mietbeginn, § 556d Abs. 1 BGB gerügt habe. Auf das seinerzeitige Schreiben vom . . . . . nehme ich Bezug.

Auf dieses Schreiben haben Sie nach Zugang erwidert. Sie haben erklärt, keinesfalls mit einer Herabsetzung der Miete einverstanden zu sein. Die vereinbarte Miete läge nicht mehr als 10 % über der bei Mietvertragsabschluss geltenden ortsüblichen Vergleichsmiete. Außerdem seien, wie Sie es formuliert haben, „Besonderheiten" zu berücksichtigen.[1]

Im Hinblick auf Ihre Stellungnahme möchte ich Sie auffordern, Auskunft über diejenigen Tatsachen zu erteilen, die für die Zulässigkeit der vereinbarten Miete von 1.100,– EUR maßgeblich sind. Ihre Auskunftspflicht bezieht sich somit auf Folgendes:

Wie hoch war die Miete, die der vorherige Mieter zuletzt schuldete? Hierbei wollen Sie unberücksichtigt lassen Mietminderungen bzw. solche Mieterhöhungen, die mit dem vorherigen Mieter innerhalb des letzten Jahres vor Beendigung dessen Mietverhältnisses vereinbart worden sind.[2]

Erteilen Sie bitte darüber Auskunft, ob Sie in den letzten 3 Jahren vor Beginn des Mietverhältnisses mit meinen Mandanten Modernisierungsmaßnahmen im Sinne des § 555b BGB durchgeführt haben. Dies sind grundsätzlich solche Modernisierungsmaßnahmen, die den Vermieter berechtigen, eine Mieterhöhung wegen der Modernisierungskosten geltend zu machen.[3] Dies sind somit bauliche Veränderungen, durch die

in Bezug auf die Mietsache Endenergie nachhaltig eingespart wurde,

durch die der Wasserverbrauch nachhaltig reduziert wurde,

durch die der Gebrauchswert der Mietsache nachhaltig erhöht wurde,

durch die die allgemeinen Wohnverhältnisse auf Dauer verbessert wurden

oder die aufgrund von Umständen durchgeführt wurden, die Sie nicht zu vertreten haben, allerdings keine Erhaltungsmaßnahmen sind.

Soweit Sie bauliche Veränderungen im Sinne einer energetischen Modernisierung, § 555b Nr. 1 BGB, durchgeführt haben sollten, darf ich Sie in diesem Zusammenhang auch bitten, Auskunft zu erteilen hinsichtlich der energetischen Qualität der verwandten Bauteile. Hierbei können Sie auf allgemein anerkannte Pauschalwerte Bezug nehmen.

Sollten Sie diese Maßnahmen innerhalb des erwähnten Zeitraumes durchgeführt haben, erteilen Sie bitte Auskunft darüber, welche Mieterhöhung sich nach § 559 BGB ergeben hätte oder ergeben hat. In dem Zusammenhang wollen Sie auch Auskunft darüber erteilen, ob Kosten, die für Erhaltungsmaßnahmen erforderlich gewesen waren, abgezogen wurden.

Ebenso wollen Sie Auskunft darüber erteilen, sofern sich dies nicht schon durch die Beantwortung der obigen Fragen erledigt, ob die Wohnung meiner Mandanten nach dem 1. Oktober 2014 erstmals genutzt und vermietet wurde oder, sollte dies nicht der Fall sein, ob die Wohnung vor Vermietung an meine Mandanten umfassend modernisiert und sodann erstmals an meine Mandanten vermietet wurde.[4]

Ich möchte Sie hiermit bitten, die vorstehend erbetenen Auskünfte bis zum . . . . . mindestens in Textform zu erteilen. Zu dieser Auskunftserteilung sind Sie nach § 556g Abs. 3 BGB verpflichtet, da die wahrheitsgemäße Beantwortung dieser Auskünfte Aufschluss über die Zulässigkeit der vereinbarten Miete geben kann und die Tatsachen, die dieser Auskunft zugrunde liegen, nicht allgemein zugänglich sind. Sie selber können über diese Tatsachen unschwer Auskunft erteilen.[5]

Sollten Sie die Auskunft nicht erteilen, werde ich meinen Mandanten empfehlen, die seit Zugang der Rüge überzahlte Miete zurückzufordern und die Miete ab sofort nur noch in der von mir errechneten Höhe von 990,– EUR monatlich zuzüglich Betriebskostenvorauszahlungen zu leisten. Vorsorglich berufe ich mich für meine Mandanten insofern auch auf ein Zurückbehaltungsrecht. Sollte also zu einem späteren Zeitpunkt aufgrund einer von Ihnen erteilten Auskunft die Zulässigkeit der Mietvereinbarung sich bestätigen, werden die Mandanten den zurückbehaltenen Mietanteil an Sie überweisen.

Ich weise Sie auch darauf hin, dass Sie sich schadensersatzpflichtig machen, wenn Sie eine falsche Auskunft erteilen sollten.

. . . . .

(Rechtsanwalt)[6]

Anmerkungen

1. Die hier beschriebene qualifizierte Rüge gilt für alle Mietverhältnisse, die bis zum 31.12.2018 abgeschlossen wurden, da hierfür noch maßgebend ist der § 556g Abs. 2 BGB in der bis zum 31.12.2018 geltenden Fassung, Art. 229, § 49 Abs. 2 S. 2 EGBGB. Um seine eigenen Berechnungen zu stützen, billigt der Gesetzgeber dem Mieter einen Auskunftsanspruch gegen den Vermieter zu und zwar im Hinblick auf Umstände, die dem Mieter nicht zugänglich sind, die aber für die Frage, ob die Mietvereinbarung wirksam abgeschlossen wurde, von Bedeutung sein können. Es handelt sich hierbei um solche Umstände, die in der Sphäre des Vermieters liegen, die der Vermieter bereits kennt bzw. ohne weiteres ermitteln kann. Dies können Angaben sein zu dem Jahr der Bezugsfertigkeit des Gebäudes, früher durchgeführte Modernisierungen, die gegebenenfalls eine andere Einordnung in den Mietspiegel zulassen, Beschaffenheitsmerkmale oder sonstige Punkte, die für die Bildung der ortsüblichen Miete eine Rolle spielen können. Von besonderer Bedeutung für den Mieter ist es auch, zu wissen, ob aufseiten des Vermieters die in §§ 556e und 555f BGB normierten Ausnahmetatbestände gegeben sind, die somit eine Ausnahme von § 555d Abs. 1 BGB bedeuten und letztendlich zur Wirksamkeit der getroffenen Mietpreisvereinbarung führen. Hierüber muss der Vermieter Auskunft erteilen. Zur unmittelbaren Korrespondenz zwischen Mieter und Vermieter → Form. A.III.32. Diese Ausnahmetatbestände sind folgende:

2. Berücksichtigung der Vormiete, § 556e Abs. 1 BGB. § 556e Abs. 1 S. 1 BGB enthält eine Bestandsschutzregelung für den Fall, dass im vorherigen Mietverhältnis geschuldete Miete (Vormiete) die nach § 556d BGB zulässige Miete übersteigt. In diesem Fall soll der Vermieter nicht gezwungen sein, die Miete im nachfolgenden Mietverhältnis zu senken, denn Zweck der Vorschriften ist nicht die Absenkung bereits vereinbarter Mietentgelte, sondern die Unterbindung unangemessener Preisspannen bei Wiedervermietung. Rechtsfolge der Regelung in § 556e Abs. 1 BGB ist, dass die Vertragsparteien eine Miete in Höhe der Vormiete als Obergrenze wirksam vereinbaren können, selbst wenn diese Miete mehr als 10 % oberhalb der ortsüblichen Vergleichsmiete liegt. Aus dem Wortlaut der Vorschrift ergibt sich, dass nur eine Vormiete beachtlich ist, die zuletzt geschuldet war. Die Formulierung verdeutlicht, dass die Vormiete ihrerseits wirksam vereinbart worden sein muss. Ist die Vormiete daher bereits unter Gesetzesverstoß zustande gekommen, gilt der Bestandsschutz nicht. Dies gilt insbesondere für den Fall, dass die Vormietvereinbarung gegen § 5 WiStG (Mietpreisüberhöhung) oder in wucherischer Weise vereinbart war. Auch wird zu prüfen sein, ob eine Vormiete, die unter Geltung des § 556d BGB vereinbart war, herangezogen werden kann, falls diese Mietvereinbarung ihrerseits gegen § 556d BGB verstieß, ohne dass Ausnahmetatbestände gegeben waren.

Um weitere Umgehungstatbestände von vornherein zu unterbinden, sollen Mieterhöhungen, die aufgrund einer Vereinbarung zwischen den Vertragsparteien innerhalb des letzten Jahres vor Ende des Vormietverhältnisses zustande gekommen sind, außer Betracht bleiben. Darunter sollten auch solche Vereinbarungen fallen, die die Parteien in einem gerichtlichen Verfahren zur Miethöhe im Vergleichswege treffen.

3. Berücksichtigung früherer Modernisierungen, § 556 Abs. 2 BGB. Hat der Vermieter in den letzten 3 Jahren vor Mietbeginn Modernisierungen vorgenommen, die sich nicht oder nicht in vollem Umfange durch bereits durchgeführte Modernisierungsmieterhöhungen in der Vormiete niedergeschlagen haben, wird dies auch bei der Berechnung der zulässigen Höchstmiete berücksichtigt.

Die Vertragsparteien können in diesem Falle eine höhere Miete wirksam vereinbaren, also eine Miete, die mehr als 10 % über der ortsüblichen Vergleichsmiete liegt. Zwar wird eine vor Vertragsschluss erfolgte Modernisierung unter Umständen bereits dadurch berücksichtigt, dass sich die ortsübliche Vergleichsmiete nach § 558 Abs. 2 BGB für das modernisierte

Objekt erhöht. Dieser Vorteil fällt jedoch meist geringer aus, als eine Mieterhöhung nach §§ 559 ff. BGB. Zudem gibt es auch Verbesserungen der Mietsache, die sich in der ortsüblichen Vergleichsmiete nicht unmittelbar niederschlagen. Mit der Vorschrift soll solchen Fällen Rechnung getragen werden, in denen der Vermieter die Zeit zwischen der Beendigung des Vormietverhältnisses und dem Beginn des Nachfolgemietverhältnisses dazu nutzt, um Modernisierungsmaßnahmen durchzuführen. In diesen Fällen hat der Vermieter ein Wahlrecht. Er kann die ortsübliche Miete der modernisierten Wohnung ermitteln und hierauf einen Zuschlag von 10 % berechnen. Der Vermieter kann aber auch die zulässige Miethöhe bei Mietbeginn unter Zugrundelegung des nicht modernisierten Zustandes errechnen (ortsübliche Miete der nicht modernisierten Wohnung zuzüglich 10 %) und dann hierzu die – hypothetische – Mieterhöhung nach § 559 BGB wegen der zuvor durchgeführten Modernisierungsmaßnahme hinzuaddieren (Berechnungsbeispiele: *Flatow* WuM 2015, 191 (200)).

4. Neubauwohnungen, § 556f Nr. 1 BGB. Die Anwendung der Vorschriften des § 556d ff. BGB ist ausgeschlossen auf die Wohnungen, die nach dem 1.10.2014 erstmals genutzt und vermietet wurden. Voraussetzung ist also, dass es sich bezogen auf den Stichtag 1.10.2014 um die erste Vermietung nach der Errichtung der Wohnung handelt und dass die Wohnung bis zum Stichtag nicht anderweitig genutzt wurde. Somit sind solche Wohnungen erfasst, die entweder erstmals nach dem 1.10.2014 vermietet oder ebenfalls nach dem 1.10.2014 erstmals durch den Eigentümer selbst genutzt und sodann zu einem späteren Zeitpunkt vermietet wurden. Wurde die Wohnung dagegen erstmals nach dem 1.10.2014 vermietet, jedoch vor dem Stichtag vom Eigentümer selbst genutzt, findet die Ausnahmeregelung keine Anwendung, für die Vermietung gilt dann die Bestimmung des § 556d Abs. 1 BGB in vollem Umfange.

Von der Regelung des § 556d BGB sind ausgenommen auch solche Mietvereinbarungen, die anlässlich der ersten Vermietung der Wohnung nach deren umfassender Modernisierung getroffen wurden. Umfassend im Sinne des § 556f S. 2 BGB ist eine Modernisierung dann, wenn sie einen solchen Umfang aufweist, dass eine Gleichstellung mit Neubauten gerechtfertigt erscheint. Es muss also ein wesentlicher Bauaufwand stattgefunden haben, was in der Regel der Fall ist, wenn die Investition etwa ein Drittel des für eine vergleichbare Neubauwohnung erforderlichen Aufwandes erreicht. Hierbei wird allerdings ergänzend zu berücksichtigen sein, ob eine Wohnung auch in mehreren wesentlichen Bereichen, insbesondere Sanitär, Heizung, Fenster, Fußboden, Elektroinstallation bzw. wesentliche Eigenschaften verbessert wurden.

Da es Sache des Mieters ist, im Rahmen seiner Rüge Ausführungen zur Höhe der ortsüblichen Vergleichsmiete zu machen, ist es nicht Sache des Vermieters, dem Mieter darüber Auskunft zu erteilen, welche Überlegungen er zur Höhe der vereinbarten Miete angestellt hatte. Was die ortsübliche Vergleichsmiete angeht, kann sich die Auskunftspflicht des Vermieters allenfalls auf solche Merkmale erstrecken, die dem Mieter nicht zugänglich sind, etwa Baujahr oder bestimmte Merkmale der energetischen Beschaffenheit (*Fleindl* WuM 2015, 212 (216)).

Somit beschränkt sich die Auskunftspflicht des Vermieters im Wesentlichen auf Angaben zu etwaigen Ausnahmetatbeständen, §§ 556e, 556f BGB. Die Auskunftspflicht des Vermieters richtet sich nach den Bedürfnissen des Gläubigers, also des Mieters, unter Rücksichtnahme auf seine eigenen Belange. Somit kann zur Auskunft auch gehören die Vorlage von Belegen zum Baujahr, erstmalige Nutzung bzw. Art der vorgenommenen Modernisierung (*Fleindl* WuM 2015, 212 (216)). Dagegen ist der Vermieter nicht verpflichtet, im Rahmen seiner Auskunft den Namen des Vormieters zu nennen, wenn der Vermieter die Höhe der Mietvereinbarung mit der Vormiete rechtfertigen will.

5. Weigert sich der Vermieter, Auskunft zu erteilen, kann der Mieter, wenn nicht bereits schon geschehen, spätestens mit der verweigerten Auskunft eine Rüge erklären, in der er davon ausgehen kann, dass Ausnahmetatbestände nicht bestehen. Sollte der

Vermieter dann in einem späteren Rechtsstreit, in dem es um die Höhe der zulässigen Miete nach § 556d BGB geht, Ausnahmetatbestände darlegen und belegen, wird er sodann die Kosten des in der Hauptsache erledigten Rechtsstreites zu tragen haben.

Denkbar ist auch, dass der Mieter bis zur Erteilung der Auskunft an der laufenden Miete oder einem Teil davon ein Zurückbehaltungsrecht ausübt oder auch eine Auskunftsklage erhebt.

Erteilt der Vermieter schuldhaft eine falsche Auskunft, führt dies zu einer Schadensersatzverpflichtung, insbesondere für den Fall, dass der Mieter wegen der falschen Auskunft es unterlässt, eine Rüge zu erklären. Der Mieter ist dann in jedem Fall so zu stellen, als habe der Vermieter die Auskunft rechtzeitig und richtig erteilt.

Das Auskunftsverlangen und die Auskunft des Vermieters bedürfen zu ihrer Wirksamkeit der Textform, § 556g Abs. 4 BGB.

6. Zur unmittelbaren Korrespondenz zwischen Vermieter und Mieter → Form. A.III.32

6. Aufforderung des Mieters zur Auskunftserteilung gem. § 556g Abs. 3 BGB bei Mietvertragsabschluss ab dem 1.1.2019

. . . . .

(Mieter)

an

. . . . .

(Vermieter)

Sehr geehrte(r) . . . . .,[1]

in Ihrer vorvertraglich erteilten Auskunft haben Sie mir mitgeteilt, dass es sich bei der Wohnung, die Sie vermietet haben, um eine solche handelt, die erstmals nach umfassender Modernisierung vermietet worden ist. In meiner Rüge gemäß Schreiben vom . . . . . . habe ich an der Richtigkeit dieser Auskunft Zweifel geäußert.

Ich fordere Sie nun dazu auf, mir ganz konkret Auskunft darüber zu erteilen, anhand welcher Tatsachen und Umstände Sie das Tatbestandsmerkmal „umfassende Modernisierung" begründen. Teilen Sie mir ganz konkret mit, welche Arbeiten Sie an und in der Wohnung haben durchführen lassen, durch Beschreibung der einzelnen Gewerke, Angabe der Daten, an denen die Arbeiten begonnen und abgeschlossen wurden. Geben Sie mir auch Auskunft darüber, welche Kosten Sie für die Modernisierung der Wohnung aufgewandt haben und welche Kosten Sie aufgewandt haben, um die Wohnung zu erhalten. Erteilen Sie mir bitte auch Auskunft darüber, woher Sie der Ansicht sind, dass die von Ihnen aufgewandten Kosten mindestens ein Drittel der Kosten für die Anschaffung einer Neubauwohnung ausmachen.

. . . . .

(Mieter)

Anmerkungen

1. Soweit der Vermieter das Überschreiten der zulässigen Miete in der vorvertraglichen Auskunft mit dem Vorliegen eines Ausnahmetatbestandes begründet, muss sich die Rüge des Mieters auf diese Auskunft beziehen.

7. Anwaltliche Aufforderung zur Rückzahlung überzahlter Miete und Kaution wegen Verstoß gegen § 5 WiStG

. . . . .

(Rechtsanwalt)

an

. . . . .

(Vermieter)

Sehr geehrte(r) . . . . .,

die Eheleute . . . . . haben mich mit der Wahrnehmung ihrer Interessen beauftragt. Eine auf mich lautende Vollmacht füge ich in der Anlage bei.

Seit dem . . . . . sind meine Mandanten Mieter der Wohnung[1] im Hause . . . . ., gelegen im zweiten Obergeschoss rechts, bestehend aus 3 Zimmern, Küche, Diele, Bad/WC, Loggia und dazugehörigem Kellerraum. Mitvermietet ist auch der Stellplatz vor dem Haus. Die Wohnung ist insgesamt 75 Quadratmeter groß. Sie haben bei Abschluss des Mietvertrages von unseren Mandanten eine Miete von 750,– EUR zuzüglich Betriebskostenvorauszahlungen verlangt.[2] Ebenso haben Sie den Abschluss des Mietvertrages davon abhängig gemacht, dass unsere Mandanten eine Kaution in Höhe von drei Monatsgrundmieten, also in Höhe von 2.250,– EUR, an Sie zahlen. Unsere Mandanten haben seinerzeit diese Vertragsbedingungen akzeptiert, damit es zum Abschluss des Mietvertrages kam.

Ich habe festgestellt, dass Sie dadurch, dass Sie diese Miete verlangt haben und auch heute noch entgegennehmen, gegen § 5 WiStG[3] verstoßen. Ich muss Sie daher namens meiner Mandanten auffordern, die nachstehend berechnete, überzahlte Miete, sowie einen Teil der Kaution zurückzuzahlen.[4] Außerdem werden unsere Mandanten ab sofort nur noch die nachstehend berechnete, zulässige Miete an Sie zahlen. Die Rechtsgrundlage des hier geltend gemachten Anspruches ergibt sich aus §§ 134, 812 Abs. 1 BGB in Verbindung mit § 5 Abs. 1 WiStG. Danach ist eine Mietvereinbarung zumindest insofern unwirksam, als sie sich auf eine Miete bezieht, die mehr als 20 % über dem ortsüblichen Vergleichsmiete[5] liegt und unter Ausnutzung eines geringen Angebotes an vergleichbaren Räumen vereinbart und/oder gezahlt wird. Unter Zugrundelegung des Mietspiegels, der bei Abschluss des Mietvertrages galt, war die vermietete Wohnung wie folgt einzuordnen:

- Baualtersklasse 2, da das Haus, in dem sich die Wohnung befindet, im Jahre 1972 bezugsfertig wurde;
- Wohnungen um 80 Quadratmeter Größe;
- ausgestattet mit Bad, Heizung und WC;
- mittlere Wohnlage.

Für derartige Wohnungen wies der Mietspiegel eine Mietspanne von 5,– EUR – 7,– EUR aus. Ich möchte wegen der Wohnung als positive Merkmale hervorheben, dass die Wohnung eine zentrale Innenstadtlage aufweist und des Weiteren der Stellplatz mit in der Miete enthalten ist. Aus diesem Grunde gehe ich davon aus, dass die ortsübliche Vergleichsmiete bei Abschluss des Mietvertrages 7,– EUR pro Quadratmeter und Monat, also 525,– EUR pro Monat betrug. Die tatsächlich verlangte und vereinbarte Miete von 750,– EUR überstieg somit die ortsübliche Vergleichsmiete um 42,85 %.

Seit Anfang dieses Jahres ist die ortsübliche Vergleichsmiete gestiegen, was durch den neuesten Mietspiegel, der seit Beginn dieses Jahres gilt, dokumentiert ist. Bei gleicher Einordnung der Wohnung beträgt die maßgebliche Mietspanne 5,50 EUR bis 7,50 EUR. Ich unterstelle, dass seit Anfang des Jahres die ortsübliche Miete 7,50 EUR beträgt, dies sind monatlich 562,50 EUR.

Die bis dahin gezahlte Miete von 750,– EUR übersteigt diese ortsübliche Miete immer noch um 35,71 %.

Die bei Vertragsbeginn vereinbarte Miete ist infolge der Ausnutzung eines geringen Angebots[6] an vergleichbaren Räumen zu Stande gekommen.

Meine Mandanten[7] mussten seinerzeit aus ihrer 2-Zimmer-Wohnung ausziehen, weil ein Jahr vor Vertragsabschluss der Sohn der Mandanten auf die Welt gekommen war und deshalb ein weiteres Zimmer unbedingt erforderlich wurde. Meine Mandanten haben über einen Zeitraum von mindestens 6 Monaten eine Wohnung gesucht, die über eine entsprechende Zimmerzahl verfügte. Sie haben sich bei dieser Wohnungssuche an die Maklerbüros ..... gewandt sowie wöchentlich die Wohnungsanzeigen in der Tageszeitung überprüft. Vonseiten der Makler wurden unseren Mandanten zwei Wohnungen benannt und zwar jeweils im Vorort ..... Diese Wohnungen waren jeweils 100 Quadratmeter groß und erforderten eine Miete von 900,– EUR bzw. 1.000,– EUR. Dies überstieg und übersteigt die finanziellen Möglichkeiten der Mandanten. Des Weiteren haben sich meine Mandanten auf alle in Betracht kommenden Zeitungsanzeigen gemeldet, soweit auf telefonische Nachfrage die Wohnungen überhaupt noch zur Vermietung frei standen, wurden in drei Fällen andere Mieter vorgezogen. In einem Fall, der Wohnung ..... mit einer Miete von 680,– EUR, haben unsere Mandanten von der Anmietung Abstand genommen, weil diese Wohnung an einer 4-spurigen, stark befahrenen Durchgangsstraße liegt. Ich habe des Weiteren erfahren, dass zum Zeitpunkt des Abschlusses des Mietvertrages in unserer Stadt ein Zweckentfremdungsverbot bestand und darüber hinaus unsere Stadt auch als Gebiet mit erhöhtem Wohnbedarf ausgewiesen ist.

Meine Nachfrage beim Wohnungsamt hat ergeben, dass damals eine unverändert hohe Zahl von Wohnungssuchenden registriert waren, wobei insbesondere das Interesse an bezahlbaren Dreizimmerwohnungen vorherrschte.

Schließlich haben meine Mandanten mich auch darauf hingewiesen, dass Sie als Vermieter seinerzeit nicht bereit waren, über den Inhalt des Mietvertrages zu diskutieren, sondern meinen Mandanten lediglich anheim stellten, den bereits ausgefüllten Vertrag zu unterzeichnen oder ganz auf die Anmietung der Wohnung zu verzichten.

Diese von mir hier aufgeführten Punkte sprechen eindeutig dafür, dass bei Anmietung ein geringes Angebot an vergleichbaren Wohnungen bestanden hatte.

Die Voraussetzungen der von mir benannten Vorschriften sind somit erfüllt, sodass meine Mandanten berechtigt sind, den überzahlten Teil der Miete und der Kaution zurückzufordern sowie ab sofort nur noch die zulässige Miete zu zahlen.

Es gilt nachfolgende Berechnung:[8]

Ortsübliche Miete bei Vertragsschluss	525,– EUR
zuzüglich 20 %	103,– EUR
äußerst zulässige Miete	628,– EUR
gezahlte Miete	750,– EUR
Überzahlung somit pro Monat	122,– EUR

Ab dem 1. 1. . . . . . :

Ortsübliche Vergleichsmiete	562,50 EUR
zuzüglich 20 %	112,50 EUR
äußerst zulässige Miete	675,– EUR
gezahlte Miete	750,– EUR
Überzahlung pro Monat	75,– EUR

Ich fordere Sie daher auf, an meine Mandantschaft binnen einer Frist von 3 Wochen ab heute zurückzuzahlen:

122,– EUR × (Monate) = (Summe).

75,– EUR × (Monate) = (Summe).

Gemäß § 551 BGB darf der Vermieter eine Kaution in Höhe des Dreifachen der Miete verlangen. Da die zulässige Miete bei Vertragsbeginn 628,– EUR betrug, durften Sie höchstens eine Kaution in Höhe von 1.884,– EUR verlangen. Sie haben erhalten eine Kaution von 2.250,– EUR. Somit haben Sie zurückzuzahlen 366,– EUR und zwar binnen der genannten Frist.

Erneut weise ich darauf hin, dass meine Mandanten ab sofort an Sie eine Miete von 675,– EUR zuzüglich Betriebskostenvorauszahlungen überweisen werden.

Da meine Mandanten grundsätzlich an einem guten und vertrauensvollen Mietverhältnis interessiert sind, bin ich aber auch beauftragt, vor Einreichung einer Klage gegebenenfalls mit Ihnen Vergleichsgespräche[9] zu führen, falls Sie an solchen interessiert sind.[10]

. . . . .

(Rechtsanwalt)

Anmerkungen

1. § 5 WiStG ist auf alle Wohnraummietverhältnisse anzuwenden, also auch auf diejenigen, die nach § 549 Abs. 2 BGB ansonsten vom Mieterschutz ausgenommen sind. Ausgenommen ist lediglich die „gewerbliche" Vermietung, wenn die Wohnräume an die Mieter nicht zur Eigennutzung als Wohnraum vermietet werden, sondern andere Zwecke im Vordergrund stehen (OLG Frankfurt NJW-RR 1996, 1211; BGH NJW 1985, 1772).

2. § 5 WiStG setzt für seine drei Begehungsformen (Fordern, Versprechen lassen, Annehmen) voraus, dass die maßgebliche Miete die ortsübliche Miete um mindestens 20 % übersteigt Zur **Darlegung der ortsüblichen Miete** kann der Mieter sich daher aller Begründungsmittel des § 558a BGB bedienen.

3. Der Tatbestand des § 5 WiStG ist erfüllt, wenn der Vermieter unter Ausnutzung eines geringen Angebots an vergleichbaren Räumen (oft begrifflich falsch auch als „Mangellage" bezeichnet) unangemessen hohe Entgelte verlangt, wobei unangemessene Entgelte dann vorliegen, wenn die vereinbarte Miete die ortsübliche Vergleichsmiete um mehr als 20 % überschreitet. Die Vorschrift ist eine Mieterschutzvorschrift, sie soll die Vereinbarung überhöhter Mieten unterbinden und auch den Missbräuchen wirtschaftlicher Macht entgegen wirken.

4. Liegen die Voraussetzungen des § 5 WiStG vor, führt dies zu einer **Teilnichtigkeit der Mietvereinbarung.** Soweit teilnichtig, kann die überzahlte Miete gemäß §§ 134, 812 Abs. 1

BGB zurückgefordert werden. Der Vermieter kann den Rückforderungsanspruch nur unter der Voraussetzung des § 5 Abs. 2 S. 2 WiStG abwenden, dh Nachweis, dass die Miete zur Deckung der laufenden Aufwendungen erforderlich ist (→ Form. C.VII.4 mAnm).

5. Da Ausgangspunkt für die zur Teilnichtigkeit führende Mietpreisüberhöhung immer die **ortsübliche Vergleichsmiete** ist, verändert sich der Umfang der Teilnichtigkeit auch mit der Änderung dieser ortsüblichen Vergleichsmiete (OLG Frankfurt WuM 1985, 139; KG Berlin GE 1995, 686). Liegt also im Zeitpunkt des Abschlusses des Mietvertrages ein Verstoß gegen § 5 WiStG vor, so kann die ursprüngliche Mietvereinbarung bei steigender ortsüblicher Vergleichsmiete wieder wirksam werden und zwar dann, wenn durch die steigende ortsübliche Vergleichsmiete die Wesentlichkeitsgrenze nicht überschritten wird. Es kann dann immer nur der Teil der Miete zurückverlangt werden, welcher zum Zeitpunkt der Fälligkeit der Miete die aktuelle Wesentlichkeitsgrenze übersteigt (MAH MietR/*Flintrop* § 21 Rn. 55). Liegt hingegen zum Zeitpunkt des Vertragsschlusses kein Verstoß gegen § 5 WiStG vor und sinkt die ortsübliche Miete nachträglich so weit, dass die Mietvereinbarung die Wesentlichkeitsgrenze überschreitet, so ist der Vermieter weder verpflichtet die Miete bis zur Wesentlichkeitsgrenze zu senken, noch, die bereits vereinnahmte Miete zurückzuzahlen (LG Berlin NZM 1999, 999; LG Berlin NZM 2000, 530). Dies gilt ebenso für den Fall, soweit eine teilnichtige Mietvereinbarung durch das Ansteigen der ortsüblichen Vergleichsmiete teilweise geheilt ist und danach die ortsübliche Miete sinkt und dadurch erneut in einem höheren Umfange über der Wesentlichkeitsgrenze liegt (LG Berlin NZM 1999, 704; zur Rechtslage bei Staffelmietverträgen → Form. C.VII.2mAnm).

6. Das Tatbestandsmerkmal „**Geringes Angebot an vergleichbaren Räumen**" muss, damit § 5 WiStG überhaupt zur Anwendung kommt, bei Vertragsbeginn bestanden haben. Es ist ausschließlich auf die Verhältnisse bei Zustandekommen der Mietvereinbarung abzustellen (OLG Hamburg NZM 1999, 363; OLG Frankfurt WuM 2000, 535). Entspannt sich der Wohnungsmarkt während der Dauer des Mietverhältnisses, wird die einmal eingetretene Teilnichtigkeit hierdurch nicht berührt, lediglich das Ausmaß der Teilnichtigkeit kann sich wegen Veränderung der ortsüblichen Vergleichsmiete zu Gunsten des Vermieters abmildern. Ein geringes Angebot an vergleichbaren Räumen im Sinne von § 5 WiStG ist dann zu bejahen, wenn der Vermieter in der Lage ist, bei einem sehr engen, durch Nachfrage bestimmten Wohnungsmarkt die Mieten und die Mietbedingungen zu diktieren. Somit liegt in jedem Fall ein geringes Angebot vor, wenn die Nachfrage nach Wohnraum das Angebot übersteigt. Dagegen liegt ein geringes Angebot nicht vor, wenn Angebot und Nachfrage ausgeglichen sind (BGH NZM 2005, 534). Das geringe Angebot braucht sich nicht auf den gesamten Wohnungsmarkt zu beziehen. Die konkrete Wohnung kann vielmehr mit regionalen Teilmärkten innerhalb einer Gemeinde verglichen werden (OLG Hamm ZMR 1995, 212 (213); LG Hamburg NZM 2000, 180). Teilmärkte ergeben sich durch die Wohnungsgröße, die Ausstattung der Wohnung, das Jahr der Bezugsfertigstellung und die Wohnlage. Das Tatbestandsmerkmal des geringen Angebots ist deshalb nicht erfüllt, wenn der Wohnungsmarkt für vergleichbare Wohnungen nur in dem betreffenden Stadtteil angespannt, im übrigen Stadtgebiet aber entspannt ist (BGH NZM 2005, 534). Dagegen soll ein Vergleich mit personenbezogenen Teilmärkten, also das Abstellen auf bestimmte Gruppen von Wohnungssuchenden (wie Studenten oder Sozialhilfeempfänger) nicht zulässig sein (OLG Hamm NJW-RR 1986, 812; *H. Kinne* ZMR 1998, 475). § 5 WiStG umfasst allerdings nur Wohnungen, für die es einen Markt gibt. Die Vorschrift ist somit nicht auf Wohnungen anzuwenden, deren Anzahl durch Lage und Art begrenzt ist. Hiermit sind gemeint Wohnungen, die wegen ihrer außergewöhnlich luxuriösen Ausstattung, ihrer Größe und/oder der Einmaligkeit der Lage keinen nennenswert vergleichbaren Bezug haben.

7. Die Schwierigkeit für den Mieter oder den ihn vertretenden Anwalt besteht in der Praxis darin, gerade die Voraussetzung des geringen Angebots an vergleichbaren Räumen darzulegen und im Prozessfall zu beweisen. Es wird somit verlangt, dass der Mieter zunächst alle Tatbestandsmerkmale darlegt und insbesondere Tatsachen vorbringt, welche die Störung des marktwirtschaftlichen Preismechanismus ausmachen. Die alleinige Behauptung, die Miete sei unter Ausnutzen eines geringen Angebots an vergleichbaren Räumen vereinbart worden, ist eine Rechtsbehauptung. Würde das Gericht einem allein auf dieses Vorbringen gestütztes Beweisangebot nachgehen, so würde es sich hierbei um einen unzulässigen Ausforschungsbeweis handeln (LG Köln NZM 1999, 404). Kriterien für das Vorhandensein der Tatbestandsvoraussetzung sind, jedoch nur in der Kombination mehrerer Kriterien

a) zum Zeitpunkt des Abschlusses des Mietvertrages bestand in der Gemeinde ein Zweckentfremdungsverbot

b) die Gemeinde war als Gebiet mit erhöhtem Wohnbedarf ausgewiesen

c) Auskunft des Wohnungsamtes, wonach für den besagten Wohnungstyp eine hohe Nachfrage bestand

d) Darstellung der Schwierigkeiten und Bemühungen des Mieters, überhaupt die nachgefragte Wohnung zu bekommen

e) fehlende Bereitschaft des Vermieters, überhaupt über die Miete oder den Inhalt des Mietvertrages zu verhandeln.

Liegt eine Mangellage vor, muss darüber hinaus zwischen der Vereinbarung der überhöhten Miete und der Mangellage ein Kausalzusammenhang bestehen. Daran fehlt es, wenn der Mieter unabhängig von der Lage auf dem Wohnungsmarkt bereit ist, eine verhältnismäßig hohe Miete zu zahlen, etwa deshalb, weil er aus persönlichen Gründen eine bestimmte Wohnung anmieten möchte, ohne sich zuvor über ähnliche Objekte und die Höhe der üblichen Miete erkundigt zu haben. In diesen Fällen bedarf der Mieter nicht des Schutzes, den das Gesetz denjenigen gewähren will, die sich auf eine unangemessen hohe Miete nur deshalb einlassen, weil sie ansonsten auf dem Wohnungsmarkt keine entsprechende Wohnung finden können. Bei der Beurteilung, ob das Tatbestandsmerkmal des Ausnutzens gegeben ist, sind daher nicht nur alleine das Verhalten des Vermieters und die objektive Lage auf dem Wohnungsmarkt zu untersuchen, sondern auch die Motive des Mieters für den Vertragsschluss. Wer bereit ist, eine geforderte Miete ohne weiteres aus persönlichen Gründen zu zahlen, wird nicht ausgenutzt (BGH NZM 2004, 381). Das Tatbestandsmerkmal des Ausnutzens liegt also nur dann vor, wenn der Mieter die wegen der Wohnungsmarktlage geforderte Miete akzeptiert, weil ihm keine andere vernünftige Alternative bleibt. Somit muss der Mieter nicht nur Tatbestandsmerkmale darlegen, die seine Behauptungen zur ortsüblichen Vergleichsmiete stützen. Des Weiteren müssen auch Tatsachen vorgebracht und unter Beweis gestellt werden, die das geringe Angebot, also die Störung des marktwirtschaftlichen Preismechanismus, ausmachen. Der Mieter hat darzutun, dass sich diese Störung auf den Teilmarkt, zu dem die von ihm angemietete Wohnung gehört, ausgewirkt hat. Des Weiteren hat der Mieter darzulegen, welche Bemühungen bei der Wohnungssuche er unternommen hatte, weshalb diese erfolglos geblieben sind und dass er mangels einer Ausweichmöglichkeit nunmehr auf den Abschluss des für ihn ungünstigen Mietvertrages angewiesen war (BGH NZM 2004, 381). Der Mieter muss dann in jedem Fall weiter vortragen und beweisen, welchen Inhalt die Vertragsverhandlungen mit dem Vermieter hatten (LG Frankfurt NZM 1998, 73; LG Köln NZM 1999, 404).

8. **Rechtsfolge der Mietpreisüberhöhung** ist, dass der Vermieter den Teil der Miete zurückzahlen muss, der die Wesentlichkeitsgrenze übersteigt. Es gilt also die Formel „Vereinbarte Miete/Zulässige Miete (Vergleichsmiete zuzüglich 20 %) = zurückzuzahlende Miete". Etwas Anderes gilt, wenn der Vermieter die Höhe der vereinbarten Miete durch eine Wirtschaftlichkeitsberechnung rechtfertigen kann, hierzu wird verwiesen auf → Form. C.VII.4. Der Rückforderungsanspruch ergibt sich aus §§ 134, 812 Abs. 1 BGB. Zugleich ist der Mieter berechtigt, künftig nur die zulässige Miete zu zahlen statt der vereinbarten Miete. An diesen Rechtsfolgen ändert sich auch nichts, wenn im Laufe des Mietverhältnisses durch eine Entspannung am Wohnungsmarkt das Tatbestandsmerkmal des geringen Angebots an vergleichbaren Räumen für die besagte Wohnung nicht mehr gilt. Es kommt nämlich ausschließlich auf die Verhältnisse beim Zustandekommen der teilweise nichtigen Mietvereinbarung an (OLG Hamburg NZM 1999, 363; OLG Frankfurt WuM 2000, 535; LG Berlin NZM 1999, 959; LG Berlin NZM 2000, 520; Schmidt-Futterer/*Blank* WiStG § 5 Rn. 69). Der Rückforderungsanspruch bezieht sich ebenso auf den Teil, der bei Vertragsschluss gezahlten oder übergebenen Mietsicherheit, soweit hierdurch die Obergrenze von 3 Monatskaltmieten (§ 551 Abs. 1 BGB) überschritten wird. Weitere Rechtsfolge der Mietpreisüberhöhung kann auch ein außerordentliches Kündigungsrecht gemäß § 543 BGB sein (MAH MietR/*Flintrop* § 21 Rn. 60). Der Anspruch des Mieters auf Rückforderung überzahlter Miete verjährt gemäß § 199 BGB binnen 3 Jahren.

9. Im Hinblick auf die Schwierigkeiten des Mieters, die Tatbestandsvoraussetzungen des geringen Angebots an vergleichbaren Räumen vorzutragen und zu beweisen, im Hinblick auf die Kosten einer Beweisaufnahme über die Mangellage und die ortsübliche Miete sowie natürlich auch im Hinblick auf die beabsichtigte Fortsetzung des Mietverhältnisses sollten die Parteien möglichst eine gütliche Regelung anstreben.

10. Gebühren: Der Streitwert ergibt sich aus der Höhe des Rückforderungsbetrages. Erfolgt das Aufforderungsschreiben noch während des bestehenden Mietverhältnisses und soll die Miete auch künftig herabgesetzt werden, dann ist Streitwert mindestens der Jahresbetrag des herabzusetzenden Mietanteils. Die Geschäftsgebühr richtet sich nach der Nummer 2300 des Vergütungsverzeichnisses.

8. Anwaltliche Zurückweisung überhöhter Miete bei Staffelmietvereinbarung

. . . . .

(Rechtsanwalt)

an

. . . . .

(Vermieter)

Sehr geehrte(r) . . . . .,

die Eheleute . . . . . haben mich mit der Wahrnehmung ihrer Interessen beauftragt. Eine auf mich lautende Vollmacht füge ich in der Anlage bei.

Seit dem . . . . . sind meine Mandanten Mieter der Wohnung im Hause . . . . ., gelegen im 2. Obergeschoss rechts, bestehend aus 3 Zimmern, Küche, Diele, Bad/WC, Loggia und dazugehörigem Kellerraum. Die Wohnung ist insgesamt 75 Quadratmeter groß. Sie haben bei Abschluss des Mietvertrages mit meinen Mandanten eine Miete von 580,– EUR zuzüglich Betriebskostenvorauszahlungen vereinbart. Des Weiteren haben Sie mit meinen Mandanten eine Staffelmietvereinbarung geschlossen, wonach die Miete sich am 1. Januar . . . . . um 50,– EUR und sodann jeweils am 1. Januar des Folgejahres für die Dauer von 5 Jahren um weitere 50,– EUR erhöhen soll. Nunmehr zu Beginn der 2. Mietpreisstaffel soll die Miete 680,– EUR zuzüglich Betriebskostenvorauszahlungen betragen.

Meine Mandanten haben mich gebeten zu überprüfen, ob eine derartige Miete nicht gegen zwingende gesetzliche Vorschriften verstößt. Dies ist nach Prüfung der Sach- und Rechtslage der Fall.

Nach § 5 WiStG[2] in Verbindung mit § 134 BGB ist eine Mietvereinbarung unwirksam, wenn diese sich auf eine Miete bezieht, die mehr als 20 % über der ortsüblichen Vergleichsmiete liegt und unter Ausnutzen eines geringen Angebots an vergleichbaren Räumen vereinbart und/oder gezahlt wird.[1]

Meine Überprüfungen haben ergeben, dass die bei Vertragsabschluss vereinbarte Miete von 580,– EUR die damals geltende Vergleichsmiete nicht um 20 % überschritten hat. Dies galt auch für die nach der Staffelmietvereinbarung vollzogene Mieterhöhung auf 630,– EUR. Mit der nunmehr aufgrund Staffelmietvereinbarung geltenden Miete von 680,– EUR wird jedoch die Vergleichsmiete um mehr als 20 % überschritten. Unter Zugrundelegung des augenblicklich geltenden Mietspiegels ist die Wohnung wie folgt einzuordnen:

- Baualtersklasse 2, da das Haus in dem sich die Wohnung befindet, im Jahre 1972 bezugsfertig wurde;
- Wohnungen um 80 Quadratmeter Größe,
- ausgestattet mit Bad, Heizung und WC;
- mittlere Wohnlage;

Für derartige Wohnungen weist der Mietspiegel eine Mietspanne von 5,– EUR bis 7,– EUR aus. Ich möchte wegen der Wohnung als positive Merkmale hervorheben, dass die Wohnung eine zentrale Innenstadtlage aufweist und des Weiteren der Stellplatz mit in der Miete enthalten ist. Aus diesem Grunde gehe ich davon aus, dass die ortsübliche Vergleichsmiete derzeit bei 7,– EUR pro Quadratmeter und Monat, also bei 525,– EUR pro Monat liegt. Würde die Mietpreisstaffel in Kraft treten, dann würde damit die ortsübliche Vergleichsmiete um 29,6 % überschritten. Dieser Prozentsatz liegt über der Wesentlichkeitsgrenze des § 5 WiStG, diese Grenze endet bei 20 % über der ortsüblichen Vergleichsmiete.

Die Mietvereinbarung, also insbesondere die Staffelmietvereinbarung, ist auch infolge des Ausnutzens eines geringen Angebots[3] an vergleichbaren Räumen zu Stande gekommen: Meine Mandanten mussten seinerzeit aus ihrer 2-Zimmer-Wohnung ausziehen, weil ein Jahr vor Vertragsabschluss der Sohn der Mandanten auf die Welt gekommen ist und deshalb ein weiteres Zimmer unbedingt erforderlich wurde. Meine Mandanten haben über einen Zeitraum von mindestens 6 Monaten eine Wohnung gesucht, die über eine entsprechende Zimmerzahl verfügte. Sie haben sich bei dieser Wohnungssuche an die Maklerbüros . . . . . gewandt sowie wöchentlich die Wohnungsanzeigen in der Tageszeitung überprüft. Vonseiten der Makler wurden unseren Mandanten zwei Wohnungen benannt und zwar jeweils im Vorort . . . . . Diese Wohnungen waren jeweils 100 Quadratmeter groß und erforderten eine Miete von 900,– EUR bzw. 1.000,– EUR. Dies überstieg und übersteigt die finanziellen Möglichkeiten der Mandanten. Des Weiteren haben sich meine Mandanten auf alle in Betracht kommenden Zeitungsanzeigen gemeldet, soweit auf telefonische Nachfrage die Wohnungen überhaupt noch zur Vermietung frei standen, wurden in drei Fällen andere Mieter vorgezogen. In einem Fall, der Wohnung . . . . . mit einer Miete 680,– EUR, haben unsere Mandanten von der Anmietung Abstand genommen, weil diese Wohnung an einer 4-spurigen, stark befahrenen Durchgangsstraße liegt. Ich habe des Weiteren erfahren, dass zum Zeitpunkt des Abschlusses des Mietvertrages in unserer Stadt ein Zweckentfremdungsverbot bestand und darüber hinaus unsere Stadt auch als Gebiet mit erhöhtem Wohnbedarf ausgewiesen ist.

Meine Nachfrage beim Wohnungsamt hat ergeben, dass damals eine unverändert hohe Zahl von Wohnungssuchenden registriert waren, wobei insbesondere das Interesse an bezahlbaren Dreizimmerwohnungen vorherrschte.

Schließlich haben meine Mandanten mich auch darauf hingewiesen, dass Sie als Vermieter seinerzeit nicht bereit waren, über den Inhalt des Mietvertrages zu diskutieren, sondern meinen Mandanten lediglich anheim stellten, den bereits ausgefüllten Vertrag zu unterzeichnen oder ganz auf die Anmietung der Wohnung zu verzichten.

Diese von mir hier aufgeführten Punkte sprechen eindeutig dafür, dass bei Anmietung ein geringes Angebot an vergleichbaren Wohnungen bestanden hatte.

Meine Mandanten werden daher die nach dem Mietvertrag zum 1. 1. . . . . . festgelegte Mieterhöhung um 50,– EUR auf 680,– EUR aus den vorbezeichneten Gründen nicht zahlen,[4] sondern es bei der bisherigen Miete von 630,– EUR zuzüglich Betriebskostenvorauszahlungen belassen.[5]

. . . . .

(Rechtsanwalt)

Anmerkungen

1. Zu den allgemeinen Voraussetzungen des § 5 WiStG (→ Form. C.VII.1).

2. Die **Staffelmietvereinbarung** unterliegt ebenfalls den Schranken des § 5 WiStG. Eine im Zeitpunkt des Abschlusses der Staffelmiete zulässige Miete kann daher durch die vereinbarten Steigerungen oder wegen zwischenzeitlicher Absenkung der ortsüblichen Vergleichsmiete im Zeitpunkt des Wirksamwerdens der Staffel unzulässig werden. Maßgeblich ist immer ein Vergleich der jeweils gültigen Staffelmiete mit der dazu gültigen ortsüblichen Vergleichsmiete (LG Berlin ZMR 1995, 77; LG Frankfurt ZMR 1996, 425; Bub/Treier MietR-HdB/*Bub* Rn. 684 c). Ist die jeweilige Mietstaffel teilnichtig, dann führt dies nicht automatisch zur Teilnichtigkeit vorheriger oder künftiger Mietstaffeln, wenn diese Mieten jeweils innerhalb der Wesentlichkeitsgrenze des § 5 WiStG lagen (OLG Hamburg NZM 2000, 232). Das gleiche gilt, wenn während der Geltungsdauer einer Mietstaffel die ortsübliche Vergleichsmiete sinkt und somit die vereinbarte Miete oberhalb der Wesentlichkeitsgrenze liegt. War die Mietstaffel bei ihrer ersten Fälligkeit wirksam, dann bleibt sie es auch (KG NZM 2001, 283).

3. Voraussetzung für die Anwendung des § 5 WiStG ist immer, dass bei Abschluss der Mietvereinbarung, also auch der Staffelmietvereinbarung, diese unter Ausnutzen eines geringen Angebots an vergleichbaren Räumen zu Stande gekommen ist. Ein späterer Wegfall dieses Tatbestandsmerkmals wegen Entspannung des Wohnungsmarktes ist unerheblich (→ Form. C.VII.1 Anm. 6).

4. Rechtsfolge ist, dass die jeweilige Mietstaffel gemäß § 134 BGB iVm § 5 WiStG teilnichtig ist und der Mieter somit nur die zulässige Miete schuldet (Vergleichsmiete zuzüglich 20 %). Etwaig bereits überzahlte Mieten kann er bis zu dieser Grenze gemäß §§ 134, 812 Abs. 1 S. 1 BGB zurückfordern, es sei denn, es liegt der Ausnahmefall vor, dass der Vermieter die Miethöhe mit eigenen Aufwendungen rechtfertigen kann (→ Form. C.VII.4).

5. Gebühren. Der Streitwert ergibt sich aus der Höhe des Rückforderungsbetrages. Erfolgt das Aufforderungsschreiben noch während des bestehenden Mietverhältnisses und soll die Miete auch künftig herabgesetzt werden, dann ist Streitwert mindestens der Jahresbetrag des herabzusetzenden Mietanteils. Die Geschäftsgebühr richtet sich nach der Nummer 2300 des Vergütungsverzeichnisses.

9. Anwaltliches Ablehnungsschreiben des Vermieters nach Aufforderung zur Rückzahlung überzahlter Miete

Sehr geehrte Frau Kollegin,

sehr geehrter Herr Kollege,

hiermit zeige ich Ihnen an, dass ich die Interessen des . . . . . vertrete.

Ich beziehe mich auf Ihr Schreiben vom . . . . . in dem Sie für die von Ihnen vertretene Partei einen Rückzahlungsanspruch wegen angeblich überzahlter Miete geltend machen. Sie stützen den Anspruch auf die §§ 134, 812 BGB, da nach Ihrer Behauptung die Mietvereinbarung zwischen den uns vertretenen Parteien gegen § 5 WiStG verstoßen soll. Diese Behauptung bestreite ich namens und im Auftrage meines Mandanten.[1]

(1. Alternative:

Sie tragen vor, die zwischen den von uns vertretenen Parteien vereinbarte Miete über-steige den ortsüblichen Vergleichsmiete um mehr als 20 %. Wegen der ortsüblichen Vergleichsmiete beziehen Sie sich auf den Mietspiegel. Hierbei ordnen Sie die Wohnung ein in die Gruppe der Wohnungen, die vor 1948 bezugsfertig wurden (Baualtersklasse 1).[2] Dem widerspreche ich namens meines Mandanten.

Zwar ist es zutreffend, dass das Gebäude, in dem sich die Wohnung befindet, im Jahre 1910 bezugsfertig wurde. Allerdings wurde das Haus durch Kriegseinwirkungen zu 80 % zerstört, diese Zerstörungen betrafen auch die Wohnung Ihrer Mandanten. Das Haus wurde dann 1955 wiederaufgebaut. Danach wurden in der Wohnung umfassende Modernisierungsarbeiten durchgeführt. So erhielt die Wohnung wärme- und schall-isolierende Fenster mit Kunststoffrahmen, eine verschiedene Stromkreise absichernde neue Elektroinstallation, ein neues Badezimmer mit modernen Sanitärgegenständen, eine Türsprechfreieinrichtung und Kabelfernsehen. Mein Mandant und ich sind der Auffassung, dass wegen des Wiederaufbaues und der durchgeführten Modernisierungs-maßnahmen nicht das Baujahr der erstmaligen Bezugsfertigstellung maßgebend ist, sondern ein späteres Baujahr. Nach den Erläuterungen des Mietspiegels unterfallen Wohnungen, die durch umfassende Modernisierung in einen neuzeitlichen Wohnstan-dard versetzt wurden, in die Baualtersklasse 2, dies sind Wohnungen, die zwischen 1961–1975 bezugsfertig wurden. Bei ansonsten gleicher Beurteilung der Wohnlage, der Ausstattung und der Größe beträgt die Vergleichsmiete in der von mir zu Grunde gelegten Gruppe 5,– EUR – 7,– EUR. In Ihrer Berechnung gehen Sie von einer Miet-spanne von 3,50 EUR bis 4,50 EUR aus. Die Vergleichsmiete für die Wohnung beläuft sich auf 6,50 EUR. Die Parteien haben eine Miete von 7,70 EUR vereinbart. Diese Miete übersteigt die Vergleichsmiete um nicht mehr als 20 %.)

(2. Alternative:

Den von Ihnen geltend gemachten Anspruch weise ich als unbegründet zurück. Ich lasse dahinstehen, ob Ihre Behauptungen zur ortsüblichen Vergleichsmiete und deren Über-schreiten durch die Mietvereinbarung der Parteien richtig sind. Jedenfalls wurde diese Mietpreisvereinbarung nicht unter Ausnutzens eines geringen Angebots[3] an vergleich-baren Räumen getroffen. Die in Ihrem Schreiben aufgestellte Behauptung, bei Abschluss des Mietvertrages im Jahre 1998 habe in unserer Stadt eine Wohnungsknappheit geherrscht, ist unsubstantiiert und nach meiner Auffassung auch falsch. Die Wohnung stand insgesamt zwei Monate leer, bevor es meinem Mandanten gelungen ist, diese weiterzuvermieten, dies obwohl der Mandant die Wohnung als freistehend bei drei

Maklern gemeldet und selber auch noch insgesamt dreimal inseriert hatte. Während dieser Zeit haben sich insgesamt auch nur 5 Interessenten gemeldet, von denen dann letztendlich Ihr Mandant die Wohnung angemietet hat. Dies allein beweist, dass Ihre Behauptung unzutreffend ist.[4])

. . . . .

(Rechtsanwalt)

Anmerkungen

1. Die Möglichkeit, den **Anspruch zurückzuweisen**, ergibt sich aus den Tatbestands-voraussetzungen des § 5 WiStG. Zwar ist es nicht zwingend notwendig, auf eine als unberechtigt angesehene Forderung zu reagieren, jedoch empfiehlt es sich für den Ver-mieter, seine Argumente darzulegen, damit der Mieter sich damit sachlich auseinander setzen kann. Ziel sollte es ja sein, einen unnötigen Prozess, der das Mietverhältnis belastet, zu vermeiden.

2. Ablehnungsgrund kann sein, dass es eine **unterschiedliche Bewertung der ortsüblichen Vergleichsmiete** gibt. Hier sollte der Vermieter die nach seiner Meinung maßgeblichen Kriterien, die für die Bestimmung der ortsüblichen Vergleichsmiete wichtig sind, dartun.

3. Will der Vermieter sich darauf berufen, dass kein geringes Angebot an vergleich-baren Räumen bei dem Mietverhältnis vorlag, dann sollte er auch hier die nach seiner Meinung maßgeblichen Tatsachen darlegen. Ein wichtiges Indiz für die Argumentation des Vermieters ist, wie im Beispielsfall, dass die Wohnung relativ lange leer stand und auch nur wenig Interessenten fand.

4. Gebühren: Der Streitwert ergibt sich aus der Höhe des Rückforderungsbetrages. Erfolgt das Aufforderungsschreiben noch während des bestehenden Mietverhältnisses und soll die Miete auch künftig herabgesetzt werden, dann ist Streitwert mindestens der Jahresbetrag des herabzusetzenden Mietanteils. Die Geschäftsgebühr richtet sich nach der Nummer 2300 des Vergütungsverzeichnisses.

10. Ablehnungsschreiben des Vermieters unter Berufung auf laufende Aufwendungen gem. § 5 Abs. 2 WiStG

. . . . .

(Vermieter)

an

. . . . .

(Rechtsanwalt)

Sehr geehrte(r) . . . . .,

Ihr Schreiben vom . . . . . habe ich erhalten. Sie fordern mich für Ihren Mandanten auf, einen Teil der von ihm für die Wohnung . . . . . gezahlten Miete zurückzuzahlen. Sie behaupten, die mit dem Mieter getroffene Mietvereinbarung sei teilweise nichtig, weil diese Vereinbarung unter Ausnutzen eines geringen Angebots an vergleichbaren Räumen zu Stande gekommen ist und die vereinbarte Miete von 750,– EUR für die 75 Quadratmeter große Wohnung insgesamt 42,85 % über der ortsüblichen Miete liegt. Die ortsübliche Miete geben Sie mit 525,– EUR an.

Grundsätzlich möchte ich Ihre Behauptungen zur Höhe der ortsüblichen Miete und zur so genannten Mangellage bestreiten. Hierauf kommt es aber gar nicht an, da die vereinbarte Miete von mir benötigt wird zur Deckung meiner laufenden Aufwendungen für die Wohnung. Nach § 5 Abs. 2 WiStG gilt die vereinbarte Miete in diesen Fällen nicht als unangemessen hoch.[1]

Meine laufenden Aufwendungen errechne ich nachstehend nach den Grundsätzen zur Ermittlung der Kostenmiete in § 18 II. BV.[2]

Die von Ihrem Mandanten bewohnte Wohnung habe ich 2 Jahre vor Beginn des Mietvertrages zum Preise von 175.000,– EUR erworben. Außerdem entstanden mir Kosten für den Notar, Grundbuchkosten sowie Grunderwerbsteuern anlässlich des Erwerbs in Höhe von weiteren 5.000,– EUR, sodass ich insgesamt 180.000,– EUR aufwenden musste.

Ich stelle nunmehr folgende Berechnung an:

A. Finanzierungskosten[3]

Kosten der Fremdfinanzierung	144.000,– EUR	
Zinssatz 7,5 %		10.800,– EUR
Eigenkapitalkosten	36.000,– EUR	
4 % Zinsen		1.440,– EUR

B. Abschreibung[4]

Herstellkosten 144.000,– EUR (Erwerbskosten abzüglich 20 % für Grundstücksanteil)

hiervon 1 %   1.440,– EUR

C. Verwaltungskosten[5]

Wohnung	340,31 EUR
Garagenplatz	37,12 EUR

D. Instandhaltungskosten[6]

Instandhaltungskosten Wohnung 75 qm × 8,78 EUR	658,50 EUR
Instandhaltungskosten Garage jährlich	84,16 EUR
	15.458,59 EUR
2 % Mietausfallwagnis[7]	309,17 EUR
insgesamt	15.767,76 EUR
: 12 Monate : 75 qm =	17,52 EUR/qm/Monat

Sie können aus der vorstehenden Berechnung ersehen, dass meine Aufwendungen für die Wohnung monatlich 1.313,98 EUR betragen. Mit der vereinbarten Miete von 750,– EUR werden diese Aufwendungen bei weitem nicht abgedeckt.

Schon aus den vorstehenden Gründen muss ich den Rückforderungsanspruch Ihres Mandanten zurückweisen.

. . . . .

(Vermieter)

Anmerkungen

1. Liegen die Tatbestandsvoraussetzungen einer Mietpreisüberhöhung nach § 5 WiStG vor, dann kann die Überschreitung der Wesentlichkeitsgrenze gerechtfertigt werden, wenn die Miete zur Deckung der laufenden Aufwendungen des Vermieters erforderlich ist (§ 5 Abs. 2 WiStG). Durch diesen Zusatz wird die Geltung des § 5 Abs. 1 S. 1 und 2 WiStG für diejenigen Fälle ausgeschlossen, in denen die monatliche Miete zwar die Wesentlichkeitsgrenze übersteigt, der **Vermieter** aber unter Berücksichtigung seiner laufenden Aufwendungen **keinen Gewinn erzielt** (Schmidt-Futterer/*Blank* WiStG § 5 Rn. 15). Trotz Einbeziehung der Aufwendungen in die Berechnung der zulässigen Miethöhe darf diese allerdings nicht in einem auffälligen Missverhältnis zu den Leistungen des Vermieters stehen. Mit diesem Kriterium wird auf den Wuchertatbestand des § 291 StGB verwiesen. Dort bedeutet das auffällige Missverhältnis jedenfalls eine Miethöhe, die mehr als 50 % über der ortsüblichen Miete liegt (MAH MietR/*Flintrop* § 33 Rn. 21). Dies bedeutet: Durch den Nachweis seiner Aufwendungen kann der Vermieter eine Miete von höchstens 150 % der ortsüblichen Miete rechtfertigen.

2. Nach herrschender Meinung ist die Höhe der laufenden Aufwendungen nach den **Grundsätzen zur Ermittlung der Kostenmiete** in § 18 II. BV zu errechnen (LG Berlin GE 1994, 345; WiStG § 5 Rn. 40; Schmidt-Futterer/*Blank* WiStG § 5 Rn. 38).

3. Die **Kapitalkosten** unterteilen sich in die Fremdkapitalkosten § 21 II. BV und die Eigenkapitalkosten § 20 II. BV. Die Fremdkapitalkosten sind die Kapitalkosten, die sich aus der Inanspruchnahme von Fremdmitteln zur Finanzierung des Kaufpreises oder der Herstellungskosten erforderlich sind. Die Eigenkapitalkosten werden in jedem Falle bei Herstellung des Wohnraums durch den Vermieter nach den Herstellungskosten und im Falle des entgeltlichen Erwerbs durch den Vermieter nach den Erwerbskosten berechnet, keinesfalls also nach dem Verkehrswert von Grundstück und Gebäude zum Zeitpunkt des Abschlusses des Mietvertrages (Schmidt-Futterer/*Blank* WiStG § 5 Rn. 43).

4. Abschreibung. § 25 II. BV – Die Abschreibung berechnet sich nach dem Gebäudewert, sodass Grundstückskosten außer Betracht bleiben. Werden Erwerbskosten zu Grunde gelegt, dann muss hieraus ein fiktiver Grundstückswert herausgerechnet werden. Die Abschreibung beträgt 1 % der vorstehenden Kosten. Für einzelne Anlagen und Einrichtungen können höhere Abschreibungssätze in Betracht kommen, § 25 Abs. 3 II. BV.

5. Verwaltungskosten. § 26 II. BV – Die Verwaltungskosten werden pauschal mit 230,– EUR je Wohnung und 30,– EUR je Garage oder Einstellplatz eingerechnet. Diese Beträge veränderten sich am 1.1.2005 und am 1.1.2008 um den Prozentsatz, um den sich der vom Statistischen Bundesamt festgestellte Verbraucherpreisindex für Deutschland für den der Veränderung vorausgehenden Monat Oktober gegenüber dem Verbraucherpreisindex für Deutschland für den der letzten Veränderung vorausgehenden Monat Oktober erhöht oder verringert hat. Die Veränderung findet dann wieder statt in einem jeden darauf folgenden dritten Jahr, also konkret vorliegend zum 1.1.2014. Aktuell belaufen sich die Verwaltungskosten seit dem 1.1.2017 auf 340,31 EUR je Eigentumswohnung und 37,12 EUR je Garage bzw. Einstellplatz.

6. Instandhaltungskosten. § 28 II. BV – Hierzu sind die in der Verordnung festgelegten Pauschalbeträge einzusetzen, die ursprünglich zwischen 7,10 EUR und 11,50 EUR je Jahr und Quadratmeter betrugen. Auch diese Beträge verändern sich entsprechend der Veränderung des Verbraucherpreisindex im Abstand von 3 Jahren. Sie betragen seit 1.1.2017

- bis 8,78 EUR/m²/Wohnfläche je Jahr für Wohnungen, deren Bezugsfertigkeit am Ende des Kalenderjahres weniger als 22 Jahre zurückliegt;
- bis 11,14 EUR/m²/Wohnfläche je Jahr für Wohnungen, deren Bezugsfertigkeit mindestens 22 Jahre zurückliegen;
- bis 14,23 EUR/m²/Wohnfläche je Jahr für Wohnungen, deren Bezugsfertigkeit mindestens 33 Jahre zurückliegen.
- Für Garagen oder Einstellplätze betragen die Instandhaltungskostenpauschalen einschließlich der Kosten für Schönheitsreparaturen 84,16 EUR jährlich.

Abzüge und Zuschläge sind je nach Ausstattung und unter Übernahme der Kleinreparaturen durch die Mieter möglich.

7. Mietausfallwagnis: § 29 II. BV – Das Mietausfallwagnis beträgt 2 % der sich aus der vorstehenden Berechnung ergebenden Kostenmiete (Schmidt-Futterer/*Blank* WiStG § 5 Rn. 58).

VIII. Mieterhöhung und -herabsetzung bei preisgebundenem Wohnraum gemäß § 10 WoBindG

1. Vorbemerkung

Zum 1.1.2002 war das **Wohnraumförderungsgesetz des Bundes (WoFG)** in Kraft getreten. Gemäß § 28 WoFG ist nicht mehr eine Kostenmiete maßgebend, die nach den Vorschriften der II. BVO zu berechnen wäre, sondern es wird zwischen öffentlichem Darlehensgeber und Bauherrn eine höchstzulässige Kaltmiete vereinbart. Erhöhungen sind unter Berücksichtigung der Vereinbarungen im Darlehensvertrag nach den Regeln des freien Wohnungsbaus, also §§ 557 ff. BGB, insbesondere § 558 BGB, vorzunehmen.

Durch das Föderalismusreformgesetz 2005 wurde die Gesetzgebungszuständigkeit in Wohnraumsachen den Ländern übertragen. Die noch vom Bund gefassten Gesetze und Rechtsvorschriften galten und gelten aber gemäß Art. 125a GG solange fort, bis sie von landesgesetzlichen Regelungen abgelöst werden. Alle Länder haben in Bezug auf das WoFG hiervon Gebrauch gemacht und landesgesetzliche Regelungen getroffen. Nicht abgelöst wurde bisher die vom Bund erlassene Wohnflächen-VO, sie gilt also weiterhin in allen Bundesländern. Nach diesen gesetzlichen Regelungen gelten für Mieterhöhungen die Vorschriften des freien Wohnungsbaus, also die §§ 557 ff. BGB, unter Berücksichtigung der konkreten Beschränkungen, die der Bauherr mit dem öffentlichen Darlehensgeber abgeschlossen hat (zB Beschränkung jeweils auf den Mittelwert des aktuellen Mietspiegels, Beschränkung auf einen konkreten Mieterhöhungsbetrag innerhalb von drei Jahren).

Die Bestimmungen über die Kostenmiete (§ 10 WoBindG iVm NMVO und II.BVO) sind nicht mehr anwendbar, soweit Wohnungen ab dem 1.1.2002 unter der Geltung des WoFG oder des späteren Landesgesetzes errichtet worden sind oder noch errichtet werden. Die Mietvertragspartner sowie ihre Rechtsberater müssen also grundsätzlich prüfen, nach welchem Recht das Objekt gefördert worden ist (zB: in NRW gab es bis zum 31.3.2002 noch das Wahlrecht, ob Fördermittel nach dem II. WohnBauG oder nach dem neuen WoFG beantragt wurden).

Die nun folgenden Formulare für Mieterhöhungserklärungen wie auch die Mieterabsetzungserklärung gelten ausschließlich für geförderten Wohnraum, der noch unter der Geltung und den Fördervorschriften des II. WohnBauG errichtet worden ist. Zu beachten ist auch hier, dass die Länder diesen Sozialen Wohnungsbau (alte Förderung) in eigene Landesgesetze überführt haben. Während die meisten – nur westlichen – Bundesländer (in den neuen Bundesländern wurden nie Wohnungen im 1. oder 2. Förderweg errichtet, es gab dort Regelungen zur vereinbarten Förderung) die Vorschriften übernommen haben, also am Prinzip der Kostenmiete festgehalten haben, sind die Länder Baden-Württemberg und Schleswig-Holstein eigene Wege gegangen. In Baden-Württemberg gilt die Kostenmiete seit dem 1.1.2009 nicht mehr, in Schleswig-Holstein mit Übergangsfrist zum 1.7.2014 nicht mehr (s. MAH MietR/*Bister* § 25 Rn. 7 ff.). In NRW wurden durch das „Gesetz zur Förderung und Nutzung von Wohnraum für das Land NRW (WFNG NRW)" vom 8.12.2009 sämtliche Vorschriften der alten Förderung aufgehoben, also II. WohnBauG, WohnBindG, NMVO und II.BVO, § 44 Abs. 1 S. 1 WFNG), **aber:** Die Kostenmiete für die Wohnungen der alten Förderung wurde nicht abgeschafft, stattdessen bestimmt § 44 Abs. 1 S. 2 Nr. 3 dieses Gesetzes, dass für die Bestimmung der Kostenmiete die Vorschriften der §§ 8 bis 11 WohnBindG sowie die dazu erforderlichen VO (also NMVO und II.BVO) weiterhin anzuwenden sind.

2. Mieterhöhung wegen Erhöhung der Pauschalen

. . . . .

(Vermieter)

an

. . . . .

(Mieter)

Sehr geehrte(r) . . . . .,

gemäß den §§ 26 Abs. 4 und § 28 Abs. 5a II. BVO dürfen die Pauschalen für Verwaltung und Instandhaltung zum 1.1.2017 erhöht werden. Die Pauschalen verändern sich um den Prozentsatz, um den sich der Index für die Lebenshaltungskosten zwischen dem 1.10.2013 und 1.10.2016 verändert hat. Zum 1.10.2013 betrug der Index 98,7 Punkte, zum 1.10.2016 betrug der Index 101,2 Punkte (jeweils Index 2015 = 100). Daraus ergibt sich eine Änderung wie folgt:

101,2 Punkte : 98,7 Punkte = × % : 100 %; × = 101,2 × 100 : 98,7; × = 102,53 %, das ergibt also eine Steigerung um 2,53 %. Demgemäß dürfen die Pauschalen für Verwaltung und Instandhaltung zum 1.1.2017 um 2,53 % erhöht werden. Die Verwaltungskostenpauschale erhöht sich damit für den Wohnraum von 279,33 EUR auf 286,40 EUR, für Garagen von 36,43 EUR auf 37,35 EUR. Die Instandhaltungspauschale erhöht sich für Wohnraum von hier 13,97 EUR auf 14,32 EUR, für Garagen von 82,59 EUR auf 84,68 EUR. Das ergibt dann folgende Mieterhöhung:[1,2]

Verwaltungskostenpauschale	Einheitspreis	Einheiten		EUR gesamt
Bisher	279,33 EUR	6 Wohnungen		1.675,98 EUR
Jetzt	286,40 EUR	6 Wohnungen		1.718,40 EUR
Garagen[3]				
Bisher	36,43 EUR	3 Garagen		109,29 EUR
Jetzt	37,35 EUR	3 Garagen		112,05 EUR
Erhöhung				45,18 EUR
Instandhaltungskosten-pauschale	Baujahr 1966			
Bisher	13,97 EUR	408 qm		5.699,76 EUR
Jetzt	14,32 EUR	408 qm		5.842,56 EUR
Garagen[3]				
Bisher	82,59 EUR	3 Garagen		247,77 EUR
Jetzt	84,68 EUR	3 Garagen		254,04 EUR
Erhöhung				149,07 EUR
Summe Erhöhungsbeträge				194,25 EUR
2,04 % MAW				3,96 EUR

Verwaltungskostenpauschale	Einheitspreis	Einheiten		EUR gesamt
Mieterhöhung im Jahr				198,21 EUR
Mieterhöhung/Monat/qm	408 qm			0,04 EUR

Das führt zu folgender Mieterhöhung ab dem 1.1.2011:[4, 5]

Kostenkaltmiete bisher			450,00 EUR
Mieterhöhung	0,04 EUR	× 75 qm	3,00 EUR
Vorauszahlung BK			92,29 EUR
Garage			46,02 EUR
insgesamt			591,31 EUR

Bitte ändern Sie einen etwa bestehenden Dauerauftrag. Für Rückfragen stehe ich zur Verfügung.[1]

. . . . .

(Vermieter)

Anmerkungen

1. Dieses Beispiel kann für alle Mieterhöhungen in der Zukunft verwendet werden. Die Veränderung der Pauschalen ist, gerechnet ab dem 1.1.2002, jeweils alle drei Jahre zulässig, das nächste Mal also zum 1.1.2020. Seit 2015 gilt der Index 2015 = 100, danach ist die Mieterhöhung zum 1.1.2020 zu berechnen. Die Indexwerte sind in dieser Tabelle rückwirkend bis Januar 1991 auf dieser Basis angegeben, siehe **www.destatis.de**, Preise, Verbraucherpreise, Tabellen, Monatswerte.

2. Die Mieterhöhungserklärung des § 10 WohnBindG ist eine **einseitige empfangsbedürftige Willenserklärung.** Sie ist nicht auf die Zustimmung des Mieters gerichtet, sondern auf die Erhöhung der Kostenmiete. Der Vermieter muss also bei Weigerung des Mieters (= dieser zahlt die Mieterhöhung nicht) auf Zahlung klagen, nicht auf Zustimmung. Das Schreiben muss von allen Vermietern stammen und unterschrieben sein und an alle Mieter der Wohnung gerichtet sein. Es ist die Schriftform einzuhalten.

Beispiel 1: Erbengemeinschaft oder Eigentümergemeinschaft auf Vermieterseite: Es sind alle Mitglieder der Gemeinschaft mit Vor- und Familienname anzugeben, allerdings reicht die Adresse des verwaltenden Mitglieds. Alle müssen unterschreiben. Soll nur der verwaltende Miteigentümer unterschreiben, muss er Vollmachten aller anderen Eigentümer im Original beifügen.

Beispiel 2: Eheleute als Mieter: Das Mieterhöhungsschreiben ist an beide zu richten, die Empfangnahme durch einen Ehegatten reicht, wenn der Mietvertrag eine Vertretungsklausel enthält. Ansonsten müssen beide Ehegatten getrennt angeschrieben werden.

Der Zugang des/der Schreiben/s muss für Streitfälle nachgewiesen werden können. Es empfiehlt sich die Versendung als Einschreiben/Rückschein (bei Einwurfeinschreiben ist kein direkter Nachweis vorhanden und die Unterschrift des Postbediensteten birgt auch Probleme; s. LG Potsdam NJW 2000, 3722; *Hosenfeld* NZM 2002, 93 ff.). Bei zerrüttetem Mietverhältnis empfiehlt sich die Zustellung über den Gerichtsvollzieher. Hier ist zu beachten, dass jedem Ehegatten ein eigenes Mieterhöhungsschreiben zuzustellen ist.

3. Die Mieterhöhung muss **berechnet und erläutert** werden (BVerfG WuM 1998, 463 Regelung unbedenklich; BGHZ 89, 284 keine verschärfende Auslegung zulässig), außerdem ist ihr eine WB, ein Auszug daraus, eine ZB oder eine Genehmigung des zuständigen Amtes beizufügen. Erläuterung und Berechnung sind so ausführlich vorzunehmen, dass der Mieter nicht nur den Inhalt des Gesetzestextes mitgeteilt bekommt, sondern die Veränderung der Miete auch nachvollziehen (nachrechnen) kann (BGH NZM 2011, 545). Wenn der BGH (NZM 2011, 545) allerdings der Auffassung ist, dass eine **Berechnung** nur in der Anlage (zB ZB) ausreichend sei und im Erhöhungsschreiben nicht wiederholt werden müsse, so ist das entgegen dem zwingenden Wortlaut des § 10 WohnBindG und deshalb „mit aller Vorsicht" zu behandeln. Anders wäre es allerdings, wenn die ZB in das Erhöhungsschreiben integriert würde. Das ist zulässig sowohl für Berechnung wie Anlage (siehe OLG Hamm ZMR 1983, 335).

Ein **Erläutern** ist nicht vorhanden, wenn auf die beigefügte WB verwiesen wird (BGH NJW 1970, 1078; LG Berlin WuM 1985, 391 und WuM 1988, 214; LG Münster WuM 1988, 214; LG Köln WuM 1987, 187).

Im konkreten Beispiel sind im Erhöhungsschreiben die **Indexwerte** angegeben und deren prozentuale Veränderung nachvollziehbar berechnet worden. Damit kann der Mieter an Hand der Indexveränderung alle Berechnungsschritte nachprüfen. Notwendig ist dies aber unter Berücksichtigung des BGH 22.11.2017 – VIII ZR 291/16, nicht (Indexmieterhöhung im freien Wohnungsbau). Die zuständigen Landesämter berechnen die neuen Pauschalbeträge nämlich selbst. Die Veröffentlichung erfolgt im Internet (durch Vermieterverbände oder Land selbst).

Der Erhöhungsbetrag wird hier in der Form einer Zusatzberechnung berechnet, welche in die Mieterhöhung integriert ist. Nach dem RE des OLG Hamm (siehe oben) ist dies zulässig, ja es kann sogar eine WB in dieser Weise in die Mieterhöhung integriert werden, was das Formerfordernis „eine WB beigefügt" erfüllen soll. Im vorliegenden Fall haben die Mieter bereits eine WB, so dass eine solche nicht erneut beizufügen war. Allerdings haben die Mieter Recht auf Einsichtnahme in die neue WB.

4. Es handelt sich im Beispielsfall um ein Haus mit 6 Wohnungen und 3 Garagen, Baujahr 1966. Die Garagenbaukosten sind in der Berechnung der Kostenmiete enthalten, die Erträge sind vom Kostenaufwand abgezogen. Die Pauschalen für Garagen sind daher Bestandteil der Kostenmiete.

5. Die **Mieterhöhung tritt ein** zum 1. des Folgemonates, wenn sie dem Mieter bis zum 15. des laufenden Monates zugeht. Geht sie später ein, so wird die Mieterhöhung wirksam zum 1. des übernächsten Monates. Eine rückwirkende Mieterhöhung ist zulässig, wenn im Mietvertrag die jeweils zulässige Kostenmiete vereinbart ist (§ 4 Abs. 8 NMVO), allerdings nicht vor dem 1.1.2011.

3. Mieterhöhung wegen Modernisierung (hier: Wärmedämmung und Einbau isolierverglaster Fenster)

Ankündigungsschreiben

....

(Vermieter)[1]

an

....

(Mieter)[1]

Sehr geehrte(r) ....

ich teile Ihnen mit, dass Modernisierungsarbeiten am Hause und an Ihrer Wohnung durchgeführt werden sollen. Im Einzelnen handelt es sich um folgende Arbeiten:[2] In allen Wohnungen werden alle Fenster durch isolierverglaste Fenster ersetzt. Die Außenwände werden mit einer Wärmedämmung versehen. Im Zuge der Wärmedämmung werden die Balkongeländer abgenommen und neue Balkongeländer montiert.

Das Dach wird vergrößert, damit die Wärmedämmung ebenfalls überdacht ist.

Die Arbeiten werden ab der 36. Kalenderwoche beginnen, das ist also ab dem 3.9.2019. Die Arbeiten werden hausweise durchgeführt, das heißt ab der 36. Kalenderwoche wird zunächst das Haus 2 modernisiert. Die Arbeiten dauern etwa 4 Wochen, die Arbeiten werden in folgender Reihenfolge durchgeführt:

Zunächst wird das Haus eingerüstet. Dann werden alle Fenster ausgetauscht und es wird das Dach angepasst. Diese Arbeiten werden gut eine Woche in Anspruch nehmen. Von den Dachausbauarbeiten werden Sie direkt nicht betroffen sein. Fensterausbau und Fenstereinbau erfolgen jedoch von den jeweiligen Wohnungen aus, so dass eine konkrete Terminabsprache mit Ihnen noch notwendig ist. Im Anschluss an diese Arbeiten werden dann für einen Zeitraum von gut 2 Wochen die Wärmedämmungsarbeiten durchgeführt. Die gesamte Fassade einschließlich der etwa vorhandenen Giebelwände werden wärmegedämmt. Es werden Styroporplatten geklebt, anschließend erfolgt ein Farbaufstrich.

Im Zuge dieser Wärmedämmungsarbeiten müssen die Geländer der Balkone entfernt werden. Da die Demontage und Remontage der jetzigen Geländer nur unwesentlich billiger ist, wird meine Auftraggeberin stattdessen die alten Geländer demontieren und neue Geländer montieren lassen. Diese Arbeiten können vom Gerüst aus durchgeführt werden.

Die Arbeiten an dem Haus 4 beginnen dann ab der 38. Kalenderwoche, die Arbeiten an den weiteren Häusern jeweils 2 Wochen danach. Die Gesamtmaßnahme wird gut 12 Wochen dauern, bis dann auch das Haus 10 vollständig wärmegedämmt ist.

Vor dem Einbau der neuen Fenster ist eine Ausmessung der Fenster notwendig. Laut Mitteilung des bauleitenden Architekten P. kann die Ausmessung von außen erfolgen, ein Betreten der Wohnungen ist nicht erforderlich. Diese Ausmessung wird jetzt bereits Anfang Juli stattfinden, weil zwischen Ausmessung und Lieferung der neuen Fenster 8 Wochen Anfertigungszeit liegen.

Die Modernisierungsmaßnahme ist vom Amt für Wohnungswesen überprüft und genehmigt worden. Die Modernisierungsmaßnahme würde normalerweise zu einer Mieterhöhung von über 2,– EUR pro Quadratmeter führen, nach den Verwaltungsvorschriften des Landes NRW ist jedoch die Erhöhung begrenzt auf 1,46 EUR pro Quadratmeter im Monat. Mit einer höheren Mieterhöhung als diesem Betrag brauchen Sie also nicht zu rechnen.

Für Rückfragen stehe ich zur Verfügung, bei technischen Fragen bitte ich, den Architekten P. zu kontaktieren.[1]

....

(Vermieter)

Mieterhöhungsschreiben

....

(Vermieter)[1]

an

....

(Mieter)[1]

Sehr geehrte(r) . . . .,

ich mache nun folgende Mieterhöhung[3] geltend:

Die Modernisierungsarbeiten am Hause und an Ihrer Wohnung sind durchgeführt worden. Als einzige Firma hat die Fa. B. nicht fristgerecht gearbeitet, so dass es zu einer für alle Beteiligten unerfreulichen erheblichen Verzögerung kam.

In allen Wohnungen wurden alle einfachverglasten Fenster durch isolierverglaste Fenster ersetzt.

Die Außenwände wurden mit einer Wärmedämmung versehen. Es wurden Styroporplatten verklebt, anschließend erfolgte ein Farbanstrich. Im Zuge dieser Wärmedämmung wurden die Balkongeländer abgenommen und neue Balkongeländer montiert. Das Dach wurde vergrößert, damit die Wärmedämmung ebenfalls überdacht ist. Die Häuser mussten zur Durchführung dieser Arbeiten eingerüstet werden. Elektroleitungen mussten verlegt werden, ebenso waren Arbeiten an den Dachentwässerungsrohren notwendig.

Es waren folgende Firmen an dieser Maßnahme beteiligt:

Der Architekt P. hatte die Bauleitung.

Die Fa. B. baute das Gerüst auf, führte die Wärmedämmungsarbeiten durch und auch die anschließenden Malerarbeiten.

Die neuen Fenster wurden von der Fa. H. geliefert und montiert.

Die alten Geländer wurden von der Fa. C. abgebaut und neue von ihr montiert.

Die Arbeiten zur Verlängerung des Dachstuhls führte die Fa. V. durch.

Die dazugehörigen Dachdeckerarbeiten erfolgten durch die Fa. Hu.

Die Fa. S. & R. änderte die Dachentwässerung, die Fa. P. verlegte Elektroleitungen.

Die Stadt Köln hat die Maßnahme als Modernisierung genehmigt, bei den Kosten allerdings Abschläge gemacht, weil Instandsetzung vorlag. Außerdem hat sie die Mieterhöhung auf 1,46 EUR/qm begrenzt. Es sind folgende Kosten entstanden:

Architekt P.		22.620,– EUR
Gerüstbau und Wärmedämmung Fa. B.	→ Anm. 1	260.672,38 EUR
Fenster Fa. H.		147.901,17 EUR
Geländer Fa. C.	→ Anm. 2	5.510,– EUR
Dacharbeiten Fa. V.		7.608,60 EUR
Dachdeckerarbeiten Fa. Hu.		24.280,06 EUR
Elektroarbeiten Fa. P.		1.697,33 EUR
Entwässerung Fa. S. & R.		5.687,98 EUR
Baustrom und Bauwasser		400,– EUR
Genehmigungskosten Stadt Köln		200,– EUR
Kosten gesamt		476.577,52 EUR

- Rechnung Fa. B.: Rechnungsbetrag 276.595,– EUR, als Instandhaltung wurden nicht genehmigt 15.922,62 EUR für Sockelanstrich, Traufgesimsanstrich, Ortgesimsanstrich, Spindtürenanstrich, Kellertüren, Kellerfenster, Geländer und Handläufe Kellerabgänge, Stemmarbeiten
- Rechnung Fa. C.: Rechnungsbetrag 38.281,31 EUR, davon sind nur 5.510,– EUR als Modernisierung anerkannt worden.

Zur Finanzierung der Maßnahme wurde ein Darlehen mit einer Verzinsung von 6 % aufgenommen. Es ergibt sich folgende Mieterhöhung:

Darlehen	476.577,52	6 %	Verzin-sung	28.594,65 EUR
Abschreibung	476.577,52	1 %		4.765,78 EUR
Zwischensumme				33.360,43 EUR
2,04 % MAW				680,55 EUR
Mieterhöhung im Jahr				34.040,98 EUR
Mieterhöhung pro qm im Monat	1564 qm: 12 Monate			1,81 EUR
Durch Begrenzung seitens der Stadt Köln Mieterhöhung damit:				1,46 EUR
Mieterhöhung für:	69 qm			100.74 EUR
	46 qm			67,16 EUR

Die Wärmeschutzberechnungen vor und nach Durchführung der Wärmedämmungsarbeiten sind beigefügt und waren Bestandteil der Genehmigung seitens der Stadt Köln.[4]

Der Wärmedurchgangskoeffizient betrug beim Altzustand k = 0,94 W/(m2K), nach Durchführung der Modernisierung beträgt er nun k = 0,33 W/(m2K). Es ergibt sich also eine Verbesserung der Wärmedämmung um 300 % mit entsprechender Verringerung des Heizverbrauchs.[4]

Wichtig: Sie müssen Ihr Heiz- und Lüftungsverhalten umstellen.[5] Die neuen Fenster sind winddicht und lassen keine Außenluft eindringen. Dadurch reichert sich die Innenluft erheblich mehr als bisher mit Feuchtigkeit an. Feuchtigkeit entsteht durch Kochen, Duschen, Baden, Waschen, Wäsche trocknen in der Wohnung, ja auch durch Schlafen. Es ist nicht ausreichend, die Fenster auf Kipp zu stellen, ja das ist sogar schädlich, da sich Schimmelpilz bilden kann. Die Räume bedürfen einer täglichen Stoßlüftung = möglichst alle Fenster sind gleichzeitig weit zu öffnen mit Durchzug durch die gesamte Wohnung. Erfahrungswerte für solches Lüften: mindestens 3 × je 5 Minuten am Tag, mindesten 15 Minuten bei einmaliger Lüftung. Die Heizkörper sollen dabei ausgestellt werden. Dieses Lüftungsverhalten erspart überdies Heizenergie, denn feuchte Innenluft benötigt erheblich mehr Energie zur Erwärmung bzw. Halten der Temperatur als einströmende trockene Kaltluft.

Für Sie ergibt sich damit ab dem 1.1.2020 folgende neue Miete:

Kostenkaltmiete bisher			397,42 EUR
Mieterhöhung Modernisierung			100,74 EUR
Vorauszahlung auf BK			92,03 EUR
Vorauszahlung auf Wasser			17,90 EUR
Garage			25,56 EUR
Neue Miete			633,65 EUR

Bitte ändern Sie rechtzeitig einen etwa bestehenden Dauerauftrag.

Die Mieterhöhung gilt ab dem 1.1.2020, die Arbeiten wurden Anfang Dezember 2019 beendet. Die neue WB mit Stand 1.1.2020 ist als Anlage ebenfalls beigefügt. Für Rückfragen stehe ich zur Verfügung. Die Rechnungen sind bei mir nach vorheriger Terminabsprache einsehbar.[1]

. . . .

(Vermieter)

Anmerkungen

1. Form des Ankündigungsschreibens wie des Mieterhöhungsschreibens: → Form. B.I.1 Anm. 1.

2. Die Mieterhöhung richtet sich nach § 10 WohnBindG. Vorher muss der Vermieter aber das **Verfahren der Ankündigung gemäß § 555c BGB** (früher § 544 BGB) einhalten. Dem Mieter muss eine umfassende Information an die Hand gegeben werden, damit er entscheiden kann, ob es sich bei den geplanten Maßnahmen auch um duldungspflichtige Modernisierungen handelt: was wird gemacht, wer macht es, wie wird es gemacht (mit den möglichen Belästigungen des Mieters und einer Beeinträchtigung seines Mietgebrauchs), wann wird es gemacht, worin liegt die Modernisierung, welche Mieterhöhung ist zu erwarten. § 555c BGB ist gegenüber § 544 BGB alt insofern entschärft, als in der Ankündigung nun nicht mehr verbindliche Termine zu nennen sind, sondern der voraussichtliche Beginn und die voraussichtliche Dauer der Maßnahme genügen.

3. Das Mieterhöhungsschreiben muss die Formalien des § 10 WoBindG einhalten, die Modernisierungsmieterhöhung ist also zu berechnen und zu erläutern.
Berechnen: Dazu sind die **aufgewandten Kosten unter Nennung der einzelnen Gewerke** anzugeben. Instandhaltungsaufwand ist abzuziehen, seine Höhe ist anzugeben und zu erläutern (KG 17.1.2002, NZM 2002, 211 = WuM 2002, 144). Im öffentlich geförderten Wohnungsbau hat es der Vermieter hier etwas leichter, denn diese Überprüfung erfolgt schon durch die technische Abteilung des zuständigen Wohnungsamtes. Dieses, zuständig für die Genehmigung der Maßnahme gemäß § 11 Abs. 7 II. BVO, bestimmt durch Verwaltungsakt, welche Arbeiten und Kosten als Modernisierung anerkannt werden und welche Arbeiten und Kosten als Instandsetzung nicht berücksichtigt werden dürfen.

In NRW hat der Landesminister grundsätzlich bei Modernisierungsmaßnahmen eine Beschränkung in doppelter Weise angeordnet, nämlich eine Begrenzung der Mieterhöhung auf den doppelten Betrag der Energieeinsparung und zusätzlich eine Endmiete, die einen Höchstbetrag nicht überschreiten darf. Die Begrenzung auf den doppelten Betrag der Energieeinsparung widerspricht allerdings den Entscheidungen des BGH WuM 2004, 285 und BGH WuM 2004, 288 = NZM 2004, 336.

Während im freien Wohnungsbau der Modernisierungsaufwand, soweit dies möglich ist (hier bei Fenstern und Balkongittern), pro Wohnung zu ermitteln und der Mieterhöhung zugrunde zu legen ist, entscheidet im öffentlich geförderten Wohnungsbau die erstmalige Festsetzung der Kostenmiete in der Schlussabrechnung darüber, nach welcher Einheit umzulegen ist. Im vorliegenden Fall handelt es sich um 5 Häuser, die als Wirtschaftseinheit zusammengefasst sind, so dass alle Wohnungen dieselbe Kostenmiete pro Quadratmeter haben. Folglich sind die Kosten der Modernisierungsarbeiten, die für alle 5 Häuser gleich ausgeführt wurden, ebenfalls auf die Wirtschaftseinheit 5 Häuser zu verteilen, bei allen Wohnungen tritt also eine einheitliche Mieterhöhung pro qm ein. Die Berechnung der Mieterhöhung folgt den Vorschriften der II. BVO, es dürfen also angesetzt werden die Nominalverzinsung des aufgenommenen Kredits, die Abschreibung und das Mietausfallwagnis.

4. Erläutern. Der Vermieter muss in der Erklärung darlegen, inwiefern die von ihm durchgeführten Maßnahmen solche sind, die eine Modernisierung, insbesondere eine Energieeinsparung, bewirken. Dabei genügt es, wenn der Mieter den Grund der Mieterhöhung anhand der Erläuterung als plausibel nachvollziehen kann. Für bauliche Maßnahmen zur Einsparung von Heizenergie ergibt sich daraus, dass der Vermieter in der Mieterhöhungserklärung neben einer schlagwortartigen Bezeichnung der Maßnahme und einer Zuordnung zu den Positionen der Berechnung die Tatsachen darlegen muss, anhand derer überschlägig beurteilt werden kann, ob die bauliche Anlage eine nachhaltige Einsparung von Heizenergie bewirkt (BGH NZM 2004, 252; BGH WuM 2006, 157). Werden dem Mieter schon im Ankündigungsschreiben die baulichen Maßnahmen beschrieben, so genügt eine stichwortartige Beschreibung der Arbeiten und die Erklärung, dass die Arbeiten wie angekündigt durchgeführt wurden (BGH NZM 2004, 252).

Wärmedämmung. Nach der Rechtslage bis zum 10.4.2002 musste der Vermieter der Mieterhöhungserklärung eine **Wärmebedarfsberechnung** beifügen, aus der sich die Heizkostenersparnis zu ergeben hatte (KG NZM 2000, 1049; sehr streitig: s. Vorlagebeschlüsse LG Neubrandenburg WM 2002, 27 und OLG Naumburg WM 2002, 146). Immerhin wurde zugestanden, dass diesbezüglich keine festen Vorgaben eingehalten werden müssen (VerfGH Bln WM 2001, 432). Solche Berechnungen können vom bauleitenden Architekten erstellt werden (was hier geschehen ist) oder von Bausachverständigen, was allerdings zu erheblichen Mehrkosten führt.

Der BGH hat jedoch mit **RE vom 10.4.2002,** NJW 2002, 2036 entschieden, dass bei Wärmedämmarbeiten der Mieterhöhung eine **Wärmebedarfsrechnung nicht beigefügt** werden muss. Zu beachten ist aber, dass der Vermieter nach wie vor bei Modernisierungen, die eine Einsparung von Heizenergie bewirken sollen, eine solche Wärmebedarfsberechnung anfertigen lassen muss, denn der Mieter hat Recht auf Einsichtnahme in diese Berechnung. Außerdem lässt sich nur mit dieser Berechnung nachvollziehbar erläutern, dass eine erhebliche Einsparung von Heizenergie durch die Modernisierung eintritt. Diese Ausführungen gehören zu den notwendigen Erläuterungen der Mieterhöhungserklärung (BGH NZM 2004, 252: Ausreichend, aber auch erforderlich für eine plausible Darlegung eines Energieeinspareffektes der durchgeführten Maßnahme ist die Angabe der alten und neuen Wärmedurchgangskoeffizienten (k- bzw. u-Wert) der renovierten Teile oder die gegenständliche Beschreibung der durchgeführten Baumaßnahme).

Werden isolierverglaste Fenster durch ebensolche ausgetauscht, so ist eine Modernisierung ohne weiteres nicht ersichtlich. In diesem speziellen Fall hat der BGH (WuM 2006, 157) verlangt, dass die k-Werte der alten wie der neuen Fenster anzugeben sind, damit der Mieter überhaupt in die Lage versetzt wird, Alt- und Neuzustand zu vergleichen und den Energieeinspareffekt nachzuvollziehen.

5. **Einbau isolierverglaster Fenster** Der erstmalige Einbau isolierverglaster Fenster hat immer wieder dazu geführt, dass sich in den Wohnungen Schimmelpilz bildete. Grund hierfür ist oft ein mangelhaftes Heiz- und Lüftungsverhalten des Mieters (s. *Casties* WM 2001, 589). Die Rspr. verlangt eine Aufklärung des Mieters über die Notwendigkeit, sein Heiz- und Lüftungsverhalten nunmehr erheblich ändern zu müssen (LG Gießen ZMR 2000, 537; LG Berlin 2000, 124). Also ist hierauf vorsorglich in der Mieterhöhung hinzuweisen, um Minderungs- oder sogar Schadensersatzansprüche des Mieters zu vermeiden (seit 1.1.2002 kann der Vermieter, neben materiellem Schadensersatz, wegen Schimmelpilzallergie des Mieters auch zu einem Schmerzensgeld verurteilt werden, §§ 536, 536a BGB (Verzug nach Aufforderung zur Beseitigung des Mangels, 253 BGB!). Der Mieterhöhung kann auch ein Informationsblatt beigefügt werden, dieses wird zB von den Haus- und Grundbesitzer-Vereinen angeboten. Insoweit anderer Auffassung ist aber das LG Neubrandenburg (WM 2002, 309), es verlangt eine Belehrung des Mieters unter Darlegung der konkreten Raumverhältnisse und hält eine allgemeine Information in Form einer Broschüre für nicht ausreichend.

4. Mieterhöhung wegen Zinserhöhung öffentlicher Darlehen

. . . . .

(Vermieter)[1]

an

. . . . .

(Mieter)[1]

Sehr geehrte(r) . . . . .,

das Land NRW hat zum 1.7.2019 den Zinssatz der öffentlichen Darlehen von bisher 2,5 % auf jetzt 4,5 % erhöht. Gleichzeitig hat auch die Stadt Köln zum selben Zeitpunkt den Zinssatz für ihr Darlehen von bisher 3 % auf 5 % erhöht. In beiden Fällen handelt es sich um Zinserhöhungen im Rahmen der vertraglichen Darlehensbedingungen.[2]

Es ergibt sich dadurch nun folgende Mieterhöhung:

Land NRW	155.900,– EUR	Bisher	3 % inkl. VKB[3]	4.677,– EUR[4]
		Jetzt	5 % inkl. VKB	7.795,– EUR
Land NRW	35.000,– EUR	Bisher	2.5 %	875,– EUR
		Jetzt	4,5 %	1.575,– EUR
Stadt Köln	109.000,– EUR	Bisher	3 %	3.270,– EUR
		Jetzt	5 %	5.450,– EUR
Erhöhung				5.998,– EUR

2,04 % MAW			122,36 EUR
Mieterhöhung	Im Jahr		6120,36 EUR
Mieterhöhung	Pro qm im Monat	bei 1.448 qm	0,35 EUR

Das führt für Ihre 75 Quadratmeter große Wohnung zu einer Mieterhöhung von 26,25 EUR. Diese Mieterhöhung wird geltend gemacht ab dem 1.8.2019. Bitte ändern Sie einen etwa bestehenden Dauerauftrag rechtzeitig.[5, 1]

. . . . .

(Vermieter)

Anmerkungen

1. → Form. B.I.1 Anm. 1.

2. Vorab: Seit 2008 herrscht eine Niedrigzinsphase mit ortsüblichen Baukreditzinsen oft unter 5 %. Das obige Beispiel ist deshalb für 2019 rein fiktiv.

Es handelt sich im Beispielsfall um ein Mehrfamilienwohnhaus Baujahr 1967, Förderung mit Krediten des Landes NRW (WfA) und der Stadt Köln. Eine **Zinserhöhung öffentlicher Darlehen** ist in den jeweiligen Darlehensverträgen wie auch den Bewilligungsbescheiden (zweistufiges Verwaltungshandeln) nur dem Grunde nach vereinbart. Die Erhöhung selbst wird bei Landesdarlehen vom zuständigen Bauminister durch VO festgelegt (s. §§ 18a ff. WohnBindG), bei der Stadt Köln durch Ratsbeschluss. Es ist in der Mieterhöhung anzugeben, dass es sich um eine planmäßige Zinserhöhung handelt. Eine Zinserhöhung ist nämlich auch als Strafe gemäß § 25 WohnBindG wegen Verstoßes gegen die Bestimmungen des WohnBindG zulässig, bei Wohnungsfürsorgemittel auf Grund der vertraglichen Regelungen in den Darlehensverträgen. Diese Zinserhöhung hätte der Vermieter aber zu vertreten, eine Mieterhöhung ist dann ausgeschlossen (§ 23 Abs. 1 II. BVO).

3. Auffallen wird sicher, dass beim erstgenannten Landesdarlehen um 0,5 % höhere Zinssätze mit dem Zusatz VKB angegeben sind. Die Abkürzung VKB heißt: **Verwaltungskostenbeitrag**. Er darf wie Zinsen berücksichtigt werden (§ 21 Abs. 1 S. 2 II. BVO). Der VBK beträgt üblicherweise 0,5 %, wird aber weder vom Land noch von der Stadt Köln ausnahmslos für alle Darlehen verlangt. Im konkreten Fall verlangt das Land nur für das erstgenannte Darlehen einen VBK von 0,5 %, die Stadt Köln verlangt keinen VBK.

4. Die Zinsen sind immer vom **Nominalbetrag des Darlehens** zu berechnen (§ 4a II. BVO).

5. Da das Haus 1967 bezugsfertig war und die öffentlichen Mittel somit vor dem 31.12.1969 bewilligt wurden, greifen die **§§ 18a ff. WohnBindG** ein. Gemäß § 18f WohnBindG braucht der Mieterhöhung damit keine WB, ein Auszug daraus oder eine ZB beigefügt zu sein. Da der Mieter aber ein Recht auf Einsicht in die aktuelle WB hat (§ 18 f. Abs. 1), muss der Vermieter die WB auf jeden Fall auf den aktuellen Stand bringen.

Eine **rückwirkende Mieterhöhung** ist in diesem Fall hier gemäß § 18f WohnBindG nicht zulässig. Wären die öffentlichen Mittel erst ab 1970 bewilligt worden, so greifen die

§§ 18a ff. nicht mehr ein. Dann darf rückwirkend erhöht werden, allerdings muss dann auch eine WB pp beigefügt werden (s. MAH MietR/*Bister* § 37 Rn. 50 u. 55).

5. Mieterhöhungserklärung bei Übergang von der vorläufigen Miete auf endgültige Kostenmiete

. . . . .

(Vermieter)[1]

an

. . . . .

(Mieter)[1]

Sehr geehrte(r) . . . . .,

Vor eineinhalb Jahren sind Sie in die bezugsfertige Sozialwohnung eingezogen. Sie bezahlen seitdem die vom Wohnungsamt bewilligte vorläufige Kostenmiete. Das Wohnungsamt hat inzwischen meine Endabrechnung über die tatsächlichen Baukosten überprüft und genehmigt. Da sich die Baukosten erhöht haben, ergibt sich nun eine etwas höhere endgültige Kostenmiete.[3] Ich füge Ihnen bei die vorläufige Wirtschaftlichkeitsberechnung,[2] daraus ergibt sich die mit Ihnen vereinbarte vorläufige Kostenmiete. Beigefügt ist ferner die Schlussabrechnung[2] (endgültige WB), die auf den tatsächlichen und genehmigten Baukosten beruht. Es haben sich im Einzelnen folgende Verteuerungen ergeben:

Die Gründungskosten waren für normale Bodenverhältnisse veranschlagt. Beim Aushub der Baugrube stieß man jedoch auf Reste eines verschollenen Bunkers, die zunächst beseitigt werden mussten. Die Gründungskosten erhöhten sich dadurch von veranschlagten 24.000,– EUR auf 36.000,– EUR.

Wegen starker Tariflohnerhöhungen von 8 % konnten die veranschlagten Baupreise nicht mehr gehalten werden. Es fand eine Teuerung der Baukosten von 352.347,78 EUR auf 380.535,60 EUR statt.[3]

Die damit zusätzlich angefallenen Kosten wurden durch Eigenmittel in Höhe von 40.187,82 EUR aufgefangen,[3] es ergab sich dadurch folgende Erhöhung der Kostenmiete:

Kostenerhöhung	40.187,82 EUR	4 % Verzinsung	1.607,51 EUR
Abschreibung	40.187,82 EUR	1 %	401,88 EUR
Zwischensumme			2.009,39 EUR
2,04 % MAW			40,99 EUR
Mieterhöhung			2.050,38 EUR
Pro qm im Monat		bei 567 qm	0,30 EUR

Gemäß § 23 des mit Ihnen abgeschlossenen Mietvertrages in Verbindung mit § 8a Abs. 4 WohnBindG darf ich diese Mieterhöhung rückwirkend[4] vornehmen zum Beginn des Mietverhältnisses. Die Aufstellung der endgültigen Baukosten habe ich zwei Monate nach Beginn Ihres Mietverhältnisses bei der Bewilligungsbehörde eingereicht.

Es ergibt sich damit für Sie folgende neue Kostenkaltmiete ab dem 1.8.2002:

Bisherige Kostenkaltmiete				475,66 EUR
Mieterhöhung	72 qm	× 0,30 EUR		21,60 EUR
Vorauszahlung BK				56,– EUR
Vorauszahlung HK				61,– EUR
gesamt				614,26 EUR

Für den Zeitraum 1.7.2001 bis 31.7.2002 sind nachzuzahlen 21,60 EUR × 13 Monate = 280,80 EUR. Diesen Betrag zahlen Sie bitte bis zum 31.7.2002 auf das Mietkonto. Für die neue Miete ab 1.8.2002 ändern Sie bitte einen etwa bestehenden Dauerauftrag.[1]

. . . . .

(Vermieter)

Anmerkungen

1. → Form. B.I.1 Anm. 1.

2. Vorab: Die Zeiten einer rückwirkenden Mieterhöhung nach § 8a WohnBindG dürften wegen Zeitablaufs endgültig vorbei sein. Da seit dem 1.1.2002 nur noch nach WoFG gefördert wird, und hier nicht das Prinzip der Kostenmiete gilt, ist eine Mieterhöhung nach alter Förderung heute nur denkbar, wenn das Haus wirklich vor 2002 gefördert wurde und erst 2009 fertiggestellt wurde. Davon kann grundsätzlich nicht mehr ausgegangen werden.

Es sind die **Vorläufige WB** und die **Schlussabrechnung** (Endgültige WB) beigefügt. Dies erfolgt hier aber nicht nur, um den Formalien des § 10 WohnBindG zu genügen (dafür würde die Schlussabrechnung reichen), sondern die beiden WB werden in die Begründung der Mieterhöhung miteinbezogen. Der Mieter kann durch einen Vergleich der angesprochenen Kostenänderungen die Mieterhöhung besser nachvollziehen, der Vermieter spart Zeit, weil der Mieter von seinem Einsichtsrecht keinen Gebrauch mehr machen muss (ihm liegen die beiden WB ja schon vor).

3. Bevor ein Bauherr überhaupt ein Haus mit öffentlichen Mitteln erbauen darf, hat er in Form einer genauen Kostenaufstellung die **ermittelten Baukosten** aufzulisten sowie die **angestrebte Finanzierung nachzuweisen**. Mit der Bewilligung der öffentlichen Mittel durch das zuständige Wohnungsamt wird auch eine Vorläufige WB erstellt, die auf den geschätzten oder konkret vereinbarten Baukosten beruht. Die so ermittelte Miete ist die vorläufige Kostenmiete (§ 4 II. BVO). Diese ist auch nach Bezugsfertigstellung weiterhin maßgebend und verbindlich für den mit dem Mieter zu vereinbarenden Mietpreis. Der Bauherr hat nach Bezugsfertigkeit der Bewilligungsbehörde die endgültige Baukosten-Abrechnung vorzulegen. Im Rahmen dieser Überprüfung darf die Behörde auch Kostensteigerungen genehmigen, wenn sie für den Bauherrn unausweichlich waren. Diese tatsächlichen Baukosten bilden dann die Grundlage der Genehmigung der endgültigen Kostenkaltmiete (Schlussabrechnung).

4. Mieterhöhungen darf der Vermieter grundsätzlich für die Zukunft immer umlegen. Unter den besonderen Voraussetzungen des § 8a WohnBindG ist jedoch auch eine rückwirkende Mieterhöhung bis zum Beginn des Mietverhältnisses zulässig. Die Wohnung in diesem Wohnhaus ist zum 1.7.2001 bezugsfertig gewesen und ab diesem Zeitpunkt vom Mieter auch bewohnt worden. Der Vermieter hat die vollständige Abrechnung der Gesamtkosten im August 2001 mit dem Antrag auf Genehmigung der endgültigen Kostenmiete abgegeben (die Voraussetzungen sind im Erhöhungsschreiben angegeben).

6. Rückwirkende Mieterhöhung unter Neuberechnung der Kostenkaltmiete

Hinweis: Bevor Sie sich der Mühe unterziehen, die nachfolgende Mieterhöhungserklärung zu lesen, studieren Sie zunächst die Kommentierung hinter dem Formular.

Mieterhöhung rückwirkend zum 1.1.2004

Sehr geehrte Familie M.,[1]

Sie bezahlen derzeit eine Kostenkaltmiete von 205,34 EUR, das sind bei 80 Quadratmeter 2,57 EUR/qm. Wie dieser Betrag zustande gekommen ist, oder auf welcher Mietänderungserklärung er beruht, ist mir als Ihrem neuen Vermieter unbekannt. Mir liegen keine entsprechenden Unterlagen vor. Es ist deshalb ausgehend von der Kostenmiete der Schlussabrechnung eine Neubestimmung der jetzt zulässigen Kostenkaltmiete erforderlich. Zu diesem Zweck überreiche ich Ihnen jeweils in Kopie: die Blätter 2 bis 6 der Schlussabrechnung vom 11.10.1978, Beträge in DM meinen Auszug aus der WB mit Stand 31.12.2001, Beträge in DM meinen Auszug aus der WB mit Stand 1.1.2002, Beträge in EUR meinen Auszug aus der WB mit Stand 1.1.2005, Beträge in EUR Für meine weiteren Ausführungen legen Sie bitte die Schlussabrechnung neben die WB Stand 31.12.2001, da zunächst wegen der Währungsumstellung die Veränderungen bis zum 31.12.2001 darzustellen sind. In den Jahren 2002 und 2005 haben sich nur geringe Veränderungen ergeben.

Blatt 2 der Schlussabrechnung listet die Baukosten des Hauses auf, aufgeteilt in Gesamtkosten, Kosten für den öffentlich geförderten Teil und Kosten für Tiefgarage (TG) und Parkhaus (PH). Für die Ermittlung der Kostenkaltmiete für Ihre Wohnung sind nur die Kostenansätze wichtig, die auf den öffentlich geförderten Teil entfallen. Das sind auf den Blättern 2 bis 4 jeweils die Kosten in Spalte 3. In Spalte 2 sind die genehmigten Gesamtkosten angegeben, in Spalte 4 die Kosten für TG + PH. Diese Schlussabrechnung ermittelt die 1978 zulässige Kostenkaltmiete mit 4,51 DM/qm (Blatt 5).

Diese WB enthält drei Besonderheiten, die für die spätere Veränderung der Kostenkaltmiete wichtig sind:

1. Das erststellige Darlehen der Zentralboden über 1.588.700,00 DM mit einem Zinssatz von 7,5 % (Spalte 3 auf Blatt 3) ist auf Blatt 4 aufgeteilt in zwei Beträge, nämlich 1.290.700,00 DM und 298.000,00 DM. Für den größeren Betrag sind 7,5 % Zinsen angesetzt = 96.803,00 DM, für den kleineren Betrag dagegen nur 2,5 % Zinsen (298.000,00 DM/100 x 2,5 = 7.450,00 DM). Das hatte seinen Grund darin, dass das Land NRW einen auf 10 Jahre befristeten Zuschuss in Höhe von 5 % dieses Darlehenteilbetrages gab, also in Höhe von (298.000,00 DM/100 x 5 =) 14.900,00 DM. Dieser Zuschuss lief über 10 Jahre und war nicht zurückzuzahlen. Mit dem Wegfall dieses Zuschusses musste dann aber das Zentralboden-Darlehen mit dem vollen Betrag von 1.588.700,00 DM und dem vollen Zinssatz von 7,5 % angesetzt werden. Das führte also schon zu einer Erhöhung der Kostenkaltmiete um 14.900,00 DM, bei 2.199 qm pro Monat also 0,56 DM/qm.

2. Das Land NRW hat darüber hinaus ein Aufwendungsdarlehen gewährt, wodurch die Miete von eigentlich 7,51 DM/qm auf damals erträgliche 4,51 DM/qm gesenkt wurde. Das können Sie Blatt 5 oben der Schlussabrechnung entnehmen. Dieses Darlehen wurde in Raten ausgezahlt, in den ersten 4 Jahren so viel, wie zur Verringerung der Miete von 7,51 DM auf 4,51 DM erforderlich war. Diese Raten wurden nach 4 Jahren auf 2/3 reduziert, nach weiteren 4 Jahren auf 1/3 und fielen damit nach 12 Jahren ersatzlos fort. Dadurch erhöhte sich alle 4 Jahre die Miete, bis nach 12 Jahren die Differenz zwischen 4,51 DM und 7,51 DM wegfiel. Das allein führte somit zu einer Mieterhöhung von 3,00 DM/qm. Nach Ablauf der Leistungszeit war der Gesamtbetrag dieses Aufwendungsdarlehens vom Eigentümer zurückzuzahlen. Dieses Aufwendungsdarlehen betrug 633.312,00 DM. Es ist mit 1 % Zinsen, 1 % Tilgung und 0,25 % Verwaltungskostenbeitrag (VBK) jährlich zurückzuzahlen. Dieses Darlehen darf in die WB eingestellt werden, und zwar mit Verzinsung, VBK und Tilgung. Das ergibt sich aus § 18 II.BVO. Damit führt der Wegfall des Aufwendungsdarlehens zu einer zweifachen Mieterhöhung. Einmal fällt der subventionierte Teil von 3,00 DM/qm weg, sodann erhöht sich die Kostenkaltmiete zusätzlich um den jährlichen Rückzahlungsbetrag für dieses Aufwendungsdarlehen. Das macht weitere (633.312,00 DM/100 x 2,25 =) 14.249,52 DM = 0,54 DM/qm aus. Dieses Aufwendungsdarlehen war in der Schlussabrechnung als Kostenposition natürlich nicht aufgeführt, sodass Sie diesen Darlehensbetrag jetzt nur in meiner WB 2001 vorfinden.

3. In der Schlussabrechnung sind noch die Betriebskosten mit einem Betrag von damals 10.995,00 DM enthalten. Seit 1984 sind die Betriebskosten jedoch aus der Kostenmiete herauszunehmen, was eine Verringerung von (10.995,00 DM/2.199 qm/12 Monate =) 0,416 DM/qm bedeutete.

Bei einem Vergleich der Schlussabrechnung mit der WB 2001 werden Sie weitere Unterschiede feststellen:

Das Darlehen der Centralboden war die ersten 10 Jahre mit 7,5 % zu verzinsen, ab dem 11. Jahr mit 7,45 %. Hier hat sich nun ergeben, dass dieser Zinssatz nur bis zum 30.6.1996 vereinbart war und ab 1.7.1996 von der Centralboden auf 6 % verringert wurde. Dieser Zinssatz galt noch, als im selben Jahr die FaA GmbH das Haus übernahm und dieses Darlehen abgelöst wurde. Die Eurohypo, Nachfolger der Centralboden, hat mir den offenen Darlehensbetrag zum Zeitpunkt der Ablösung mit 1.028.689,57 DM angegeben. Das Ursprungsdarlehen betrug 1.644.700,00 DM, wovon 1.588.000,00 DM für die geförderten Wohnungen in der 1. gen. WB angesetzt sind, das sind 96,55 % des Gesamtdarlehens. Folglich ist der Darlehensstand Ende 1996 ebenso aufzuteilen, also 96,55 % von 1.028.689,57 DM = 993.199,78 DM. Getilgt wurden damit für den öffentlich geförderten Wohnraum 1.588.000,00 DM ./. 993.199,78 DM = 594.800,22 DM. In der neuen WB Stand 2001 ist deshalb an 1. Stelle dieser tatsächlich getilgte Anteil des Centralboden-Darlehens mit dem letzten gültigen Zinssatz von 6 % angegeben.

Die FaA GmbH finanzierte über die Sparkasse Hilden zu einem Zinssatz von 5,4 %. Dieses Darlehen lief unverändert bis zur Übernahme des Hauses durch mich. Das Darlehen wurde durch ein eigenes Darlehen bei derselben Bank umfinanziert, allerdings zu einem weitaus höheren Zinssatz von 7,45 %. Zu diesem Zeitpunkt war das Darlehen der FaA GmbH in Höhe von 11.818,84 DM gemäß beigefügter Berechnung planmäßig getilgt. Dieser Betrag ist in der WB Stand 2001 mit dem Zinssatz von 5,4 % angesetzt. Der Restbetrag des Centralboden-Darlehens von ursprünglich 1.588.000,00 DM (./. 594.800,22 DM ./. 11.818,84 DM) = 981.380,94 DM ist als mein eigenes Darlehen bei der Sparkasse Hilden angesetzt. Der Zinssatz ist mit im April 2002 banküblichen 6,3 % angegeben. Zu diesem Zeitpunkt wurde das Darlehen umfinanziert. Dadurch ergab sich rechnerisch folgende Veränderung: zunächst 1.588.700,00 DM zu 7,5 % (die Erhöhung wegen des Wegfalls des Zuschusses ist oben berücksichtigt) = 119.152,50 DM dann 1.588.700,00 DM zu 7,45 % = 118.358,15 DM dann 594.800,22 DM planmäßig mit 6 % = 35.688,01 DM sowie 11.818,84 DM mit 5,4 % planmäßig = 638,22 DM. Mein Umfinanzierungsdarlehen darf allerdings nicht mit 7,45 % angesetzt werden, weil § 23 II.BV eine Begrenzung dahin vorschreibt, dass nicht mehr als der banküblichе Zinssatz für erststellige Darlehen angesetzt werden darf. Im April 2002 war das nach Mitteilung der Deutschen Bundesbank ein Zinssatz von 6,3 %. Dieser ist angesetzt für 981.380,94 DM mit 6,3 % = 61.827,00 DM, zusammen also 98.153,23 DM. Das führte zu einer Ermäßigung der Kostenmiete um (von 118.358,15 DM auf 98.153,23 DM =) 20.204,92 DM = 0,77 DM/qm.

Die Zinssätze des öffentlichen Darlehens von 1.103.200,00 DM und der Eigenleistung von 475.232,00 DM haben sich nicht verändert. Unverändert gegenüber der Schlussabrechnung angesetzt wurden die Abschreibungsbeträge. In der Schlussabrechnung ist die Verwaltungskostenpauschale mit dem damals zulässigen Betrag von 180,00 DM pro Wohnung = 5.040,00 DM bei 28 Wohnungen angesetzt. Ende 2001 belief sich die Verwaltungskostenpauschale auf 420,00 DM pro Wohnung = 11.760,00 DM. Das führt zu einer Kostensteigerung von 6.720,00 DM = 0,25 DM/qm. Die Instandhaltungsrücklage ist in der Schlussabrechnung mit 8,00 DM/qm angesetzt, also bei 2.199 qm = 17.592,00 DM. Es handelt sich dabei um den damals zulässigen Pauschbetrag einschließlich eines Zuschlages für den Aufzug. Dieser Pauschbetrag hat sich mit Stand Ende 2001 auf 18,35 DM (16,50 DM + 1,85 DM für Aufzug) erhöht = 40.351,65 DM. Dies hat zu einer Erhöhung der Kostenmiete um 22.759,65 DM = 0,86 DM/qm geführt.

Es wird ausdrücklich darauf hingewiesen, dass eine etwa im Mietvertrag vereinbarte Kleinreparaturklausel unwirksam ist, da keine doppelte Beschränkung des Anteils zu Lasten des Mieters vereinbart ist. Ein Abzug, weil der Mieter Kleinreparaturen zu bezahlen hat, wird also nicht gemacht. Ich bin für alle Reparaturen zuständig.

Verändert hat sich auch das Mietausfallwagnis. Es wurde in der Schlussabrechnung mit 2.381,00 DM angesetzt, wobei hierfür nicht der Gesamtaufwand von 198.252,00 DM zugrunde gelegt wurde, sondern jener Betrag um die Höhe des jährlichen Auszahlungsbetrages des Aufwendungsdarlehens = 79.164,00 DM auf 119.088,00 DM reduziert wurde (siehe Blatt 4 unten in Verbindung mit Blatt 5 oben).

Laut WB 2001 beträgt der Gesamtaufwand nun 227.044,73 DM und das Mietausfallwagnis hieraus 4.539,11 DM. Damit ergibt sich hier eine Mieterhöhung von 2.158,11 DM = 0,08 DM/qm Während also die Kostenmiete zur Zeit der Schlussabrechnung 4,51 DM/qm betrug, erhöhte sie sich aus den oben genannten Gründen um 0,56 DM für Wegfall des Aufwendungszuschusses 3,00 DM für Wegfall des Aufwendungsdarlehens 0,54 DM für die Rückzahlung des Aufwendungsdarlehens – 0,42 DM für die Herausnahme der Betriebskosten – 0,77 DM für die Ermäßigung der Verzinsung Centralbodendarlehen 0,25 DM für die Erhöhung der Verwaltungskostenpauschale 0,86 DM für die Erhöhung der Instandhaltungspauschale 0,08 DM für die Erhöhung des Mietausfallwagnisses 8,61 DM neue Kostenkaltmiete, bedingt durch Rundungsdifferenzen. Die tasächlich zulässige Kostenkaltmiete beträgt 8,6041 DM/qm. Diese Kostenkaltmiete war bis zum 31.12.2001 zu zahlen.

Zum 1.1.2002 wurden die Pauschalen für Verwaltung und Instandhaltung erhöht, die Beträge aber gleich in EURO festgesetzt. Die WB mit Stand 1.1.2002 ist eine Umrechnung aller DM-Beträge aus der WB 2001 in EUR, bei den beiden Pauschalbeträgen sind aber die neuen Pauschalen angegeben (umgerechnet 449,84 DM statt 420,00 DM und 19,56 DM statt 18,35 DM). Damit erhöhte sich die Miete von bisher 8,6041 DM = 4,40 EUR um 0,07 EUR auf 4,47 EUR nach folgender Berechnung:

Verwaltungskostenpauschale von bisher 11.760,00 DM = 6.012,79 EUR auf 6.440,00 EUR, das sind 427,21 EUR mehr.

Instandhaltungskostenpauschale von bisher 40.351,65 DM = 20.631,47 EUR auf 21.990.00 EUR, das sind 1.358,53 EUR mehr.

427,21 EUR + 1.358,53 EUR = 1.785,74 EUR, hinzu 2,04 % Mietausfallwagnis = 36,43 EUR ergibt eine Mieterhöhung von 1.822,17 EUR, pro Monat und 2.199 qm Gesamtwohnfläche, damit 0,069 EUR/qm im Monat.

Die Kostenkaltmiete betrug also ab dem 1.1.2002 4,47 EUR/qm im Monat.

Zum 1.1.2005 haben sich die Pauschalen für Verwaltung und Instandhaltung erneut verändert. Gemäß den §§ 26 Abs. 4 und 28 Abs. 5a II.BV änderten sich die Pauschalen zum 1.1.2005 in demselben prozentualen Verhältnis wie die Veränderung des Lebenshaltungskostenindex zwischen Oktober 2001 und Oktober 2004. Der Index 10/01 betrug 102,00 Punkte, der Index 10/04 betrug 106,60 Punkte. Die Veränderung betrug also 4,60 Punkte, die prozentuale Veränderung 106,60 * 100 ./. 102,00 = 104,5098 % = 4,51 % Erhöhung.

Die Verwaltungskostenpauschale erhöhte sich damit von 230,00 EUR auf 240,37 EUR pro Wohnung, die Instandhaltungskostenpauschale von 10,00 EUR auf 10,46 EUR pro qm. Das führte zu folgender Erhöhung der Kostenkaltmiete: Verwaltungskostenpauschale von 28 Wohnungen x 230,00 EUR = 6.440,00 EUR auf 28 Wohnungen x 240,37 EUR = 6.730,36 EUR, das sind 290,36 EUR mehr. Instandhaltungspauschale von bisher 2.199 qm x 10,00 EUR = 21.990,00 EUR auf 2.199 qm x 10,46 EUR = 23.001,54 EUR, das sind 1.011,54 EUR mehr. Hinzu kommt das Mietausfallwagnis von 2,04 % auf (290,36 EUR + 1.011,54 EUR) 1.301,90 EUR = 26,56 EUR, sodass sich eine Mieterhöhung von 1.328,46 EUR ergibt, bei 2.199 qm und 12 Monaten = 0,05 EUR auf 4,52 EUR.

Ihre Kaltmiete für die 80 qm große Wohnung wird deshalb ab dem 1.7.2005 von bisher 205,34 EUR auf dann (80 qm x 4,52 EUR =) 361,60 EUR erhöht, das sind pro Monat 156,26 EUR mehr.

Da mit Ihnen laut Mietvertrag die jeweils zulässige Kostenmiete vereinbart ist, darf ich die Mieterhöhung gemäß § 4 Abs. 8 NMVO rückwirkend bis zum 1.1.2004 geltend machen. Damit ergibt sich für Sie, dass Sie für den Zeitraum 1.1.2005 bis 30.6.2005 und damit für 6 Monate x 156,26 EUR = 937,56 EUR nachzuzahlen haben.

Für den Zeitraum 1.1. bis 31.12.2004 haben Sie nachzuzahlen, da die Miete in jenem Jahr 4,47 EUR x 80 qm = 357,60 EUR betrug, 12 x 152,26 EUR = 1.827,12 EUR.

Zur Zahlung setze ich Frist bis zum 31.7.2005. Sie haben bis dahin ausreichend Zeit, dieses Schreiben überprüfen zu lassen.

Daneben ist in diesem Mietverhältnis auch noch in Streit, ob einer der Voreigentümer durch wirksame Mietumstellungserklärung die Betriebskosten aus der mit Ihnen zu Mietbeginn vereinbarten Kostenmiete herausgenommen hat. Weiter oben habe ich die BK bereits aus der Kostenmiete herausgerechnet. Es wird hiermit ausdrücklich erklärt, dass ab dem 1.7.2005 die Betriebskosten nicht mehr in der Kostenmiete enthalten sind, sondern durch Umlage mit voller Abrechnung neben der Kostenkaltmiete verlangt werden.

Als weitere Anlage füge ich Ihnen die bereits zugesandte BK-Abrechnung 2003 noch einmal bei. Alle dort genannten BK werden in Zukunft abgerechnet und hierfür eine Vorauszahlung verlangt. In der BK-Abrechnung 2003 sind alle BK nach dem Katalog der BK-Verordnung angegeben. Umgelegt werden demnach: Grundsteuer, Abfallbeseitigung einschließlich Mülltrennung, Straßenreinigung, Abwasser bebaute Fläche und Schmutzabwasser, Wohngebäudeversicherung, Haushaftpflichtversicherung, Wasser, Strom, Kosten des Aufzuges, Schornsteinfeger-Kehrgebühr, Hausmeister Treppenhausreinigung, Hausmeister Rasenpflege, Aufzugreinigung, Reinigung Mülltonnenplatz und Vordachreinigung (derzeitiger Arbeitsumfang, dieser kann sich verändern), Kabelanschluss, Heizkosten, Umlagenausfallwagnis. Für den Spielplatz oberhalb der Tiefgarage fallen ebenfalls Kosten für den Hausmeister an, nämlich für die Reinigung und Pflege der Außenfläche wie des Spielplatzes sowie für den Strom der Außenanlage sowie Umlagenausfallwagnis. Die Umlage erfolgt bei den BK für Haus und Gemeinschaftsfläche nach Wohnfläche, bei den HK nach Heizk-VO und beim Kabelanschluss nach Wohneinheiten, soweit nicht ein anderer Umlageschlüssel vorgeschrieben ist. Da die Abrechnung für das Jahr 2004 noch nicht erstellt werden konnte, wird die Vorauszahlung auf die BK und HK nach der Abrechnung 2003 bemessen. Sie hatten einen Anteil an BK in Höhe von 1.616,14 EUR, das sind also 134,00 EUR im Monat. Sie hatten HK in Höhe von 316,88 EUR, das sind im Monat 26,40 EUR.

Insgesamt ergibt sich damit ab 1.7.2005 folgende neue Mietzahlung für Sie: Kaltmiete 361,60 EUR + 134,00 EUR BK-Vorauszahlung + 26,40 EUR HK-Vorauszahlung = 522,00 EUR Gesamtmiete im Monat. Soweit Sie eine Garage angemietet haben, ist die hierfür vereinbarte Miete zusätzlich zu zahlen.

Für Rückfragen stehe ich zur Verfügung.

Mit freundlichem Gruß

. . . . . .

(Vermieter)[2, 3, 4]

Anmerkungen

1. Das Schreiben ist von allen Vermietern gegen alle Mieter der betroffenen Wohnung zu richten. Es ist gemäß § 10 WohnBindG Schriftlichkeit notwendig. In NRW sind durch das Gesetz zur Förderung und Nutzung von Wohnraum für das Land NRW vom 1.7.2014 alle Bestimmungen des WohnBindG und seiner beiden VO (NMVO und II.BVO) aufgehoben worden, aber mit folgender Ausnahme nach § 44 Abs. 1 S. 2 Nr. 3: Für die alte Förderung gelten für eine Veränderung der Kostenmiete nach wie vor die §§ 8 bis 11 WohnBindG und die dazu erforderlichen Vorschriften der beiden VO.

2. Das Schreiben offenbart eine große Schwäche der Kostenmiete. Im freien Wohnungsbau wird die Miete zwischen Vermieter und Mieter vereinbart, sei es bei Abschluss des Mietvertrages oder durch Zustimmung zu einer Mieterhöhung. Damit steht die Miete fest und dient immer als Ausgangsbasis für weitere Mietveränderungen. Anders ist das aber bei der Kostenmiete. Diese ist vom Vermieter eigenverantwortlich zu ermitteln und wird dem Mieter durch eine einseitige empfangsbedürftige Mietänderungserklärung mitgeteilt, eine Zustimmung des Mieters ist nicht erforderlich. Auch die bei Abschluss des Mietvertrages vereinbarte Miete steht unter dem Vorbehalt, dass es sich um die zulässige Kostenmiete handelt.

3. Der Vermieter ist deshalb gehalten, die Kostenmiete seines Hauses „zu pflegen", dh er hat jede Veränderung (ob Erhöhung oder Verringerung) zu berechnen und dem Mieter mitzuteilen. Und genau das ist bei diesem Haus über viele Jahre nicht getan worden. Die Ersteigentümer (Bauherren) hatten das Haus einer Hausverwaltung anvertraut, welche nicht in der Lage war, eine formell und materiell zulässige Mieterhöhung nach § 10 WohnBindG zu erstellen. Das führte dann dazu, dass einige Mieter sich gegen Mieterhöhungen wehrten und weiterhin die alte Miete bezahlten. Als das Haus dann an eine Fa. A. GmbH verkauft wurde, war die zulässige Kostenmiete schon unbekannt und wurde vom neuen Eigentümer auch nicht neu berechnet. Als dann der dritte Eigentümer nach Insolvenz des 2. Eigentümers feststellte, dass im Haus unterschiedlich hohe Mieten bezahlt wurden, führte das erstmals seit Jahren zu einer Neuberechnung der Kostenmiete mit Mieterhöhung. Diesem Eigentümer stand dabei nur ein „Rettungsanker" zur Verfügung, auf dessen Grundlage er die jetzt zulässige Kostenmiete berechnen konnte: die Schlussabrechnung, auch erste genehmigte Wirtschaftlichkeitsberechnung genannt. Eine solche Schlussabrechnung ist vom Bauherrn innerhalb von zwei Jahren nach Bezugsfertigkeit des Hauses zu erstellen und dem zuständigen Wohnungsamt zur Genehmigung vorzulegen. Das Wohnungsamt überprüft diese an Hand der vorgelegten Unterlagen über die entstandenen Baukosten (siehe Anlage 1 zur II.BVO) und genehmigt dann die erstmals gültige endgültige Kostenmiete durch Verwaltungsakt (siehe dazu auch MAH MietR/*Bister* § 25). Die Schlussabrechnung ist damit die einzige tragfähige Ausgangsbasis zur Berechnung weiterer Kostenänderungen.

4. Folglich mussten alle Veränderungen in den Kostenansätzen der 1.gen.WB berechnet und erläutert werden (wobei die Reihenfolge zwischen Berechnen und Erläutern nicht zwingend vorgeschrieben ist, ausschlaggebend ist immer, dass der Mieter die Erklärung nachvollziehen kann). Auch bei Eigentümerwechsel unproblematisch sind Änderungen bei den Pauschalen (§§ 26 und 28 II.BV) und bei den öffentlichen Darlehen. Deren Schicksal (Zinssatz, vorzeitige Rückzahlung) kann durch Rückfrage bei dem öffentlichen Darlehensgeber geklärt werden. Anders ist dies aber bei dem idR erststelligen Baudarlehen einer Privatbank. Diese ist nur ihrem Vertragspartner gegenüber auskunftspflichtig, also nicht gegenüber einem Erwerber. Hier hilft nur, entsprechende Auskunft vom verkaufenden Eigentümer zu verlangen. Im vorliegenden Fall hatte die Bank jedoch die erbetene Auskunft erteilt (Verkauf Bauherr an FaAGnbH). Beim Weiterverkauf waren Auskünfte nicht zu erhalten, da der Zweiteigentümer insolvent geworden war. Es musste deshalb eine eigene Tilgungsberechnung erstellt werden.

Eine der dem vorstehenden Mieterhöhungsschreiben beigefügten Berechnung „Auszug aus der WB" ist nachfolgend als Formular ebenfalls in das Formularbuch aufgenommen worden.

7. Auszug aus der Wirtschaftlichkeitsberechnung

1. Allgemeine Angaben[1, 2]			
Objekt			A-Straße 1, Köln
Bezugsfertigkeit			1977
Grundstückskosten			133.927,39 EUR
Baukosten			1.485.401,54 EUR
Spätere Baukosten			
Gesamtkosten			1.619.328,93 EUR
2. Kosten Finanzierung			
Kapitalgeber	Betrag in EUR	Zinssatz	

Centralboden (planm.get.)	304.116,52	6	18.246,99 EUR
SpK Hilden (planm.get.)	6.042,88	5,4	326,32 EUR
WFA	564.057,20	0,5	2.820,29 EUR
WFA Aufw.darl.	323.807,28	2,25	7.285,66 EUR
SPK Hilden (umfinanz. Teil)	501.772,11	6,3	31.811,64 EUR
Verzinsliche Eigenleistung	242.982,26	4	9.719,29 EUR
Zinsersatz			
Summe der Kapitalkosten			70.010,19 EUR

3. Bewirtschaftungskosten

Abschreibung	Betrag in EUR	Zinssatz	
Gebäude	1.485.401,64	1	14.854,02 EUR
Heizung	71.580,86	2	1.431,62 EUR
Antenne	2.556,46	9	230,08 EUR
Warmwasserboiler	3.936,95	4	157,48 EUR
Waschmaschine		9	
Aufzug	21.883,29	2	437,67 EUR
Verwaltungskosten	230	28 Wohnungen	6.440,00 EUR
		Garagen	
Instandhaltungspauschale	10	2199 qm	21.990,00 EUR
Summe der Bewirtschaftung			45.540,86 EUR

4. Gesamtaufwand · 115.551,05 EUR

Abzüglich Aufwendungs-darlehen Land			
Abzüglich Aufwendungs-darlehen Stadt			
Zwischensumme			115.551,05 EUR

5. Mietausfallwagnis 2,04 %			2.357,24 EUR
6. Aufwand insgesamt			117.908,29 EUR
Abzüglich Erträge aus			
7. verbleibender Gesamt-aufwand			117.908,29 EUR
8. Kostenkaltmiete			
117.908,29 EUR	2199 qm	12 Monate =	4,47 EUR
Stand 1.1.2002 ohne BK			

Anmerkungen

1. Bei einer Mieterhöhung nach § 10 WohnBindG muss eine vollständige WB oder ein Auszug daraus beigefügt werden. Eine Zusatzberechnung ist nur möglich, wenn dem Mieter eine WB oder ein Auszug daraus bereits vorliegt.

Eine vollständige WB (siehe die abgedruckte WB in MAH MietR/*Bister* § 25) übergibt in der Regel kein Vermieter. Das muss auch nicht sein, der Mieter hat stattdessen das Recht, in diese vollständige WB Einsicht zu nehmen. Es wird zwar immer wieder empfohlen, einen Auszug aus der WB bei Abschluss des Mietvertrages diesem beizufügen, doch geschieht das selbst bei Wohnungsbauunternehmen zumeist nicht.

2. Was in eine WB gehört, ist in der Anlage 1 zur II.BVO angegeben. Während eine vollständige WB auf bis zu 6 Seiten zunächst auf den Seiten 1 bis 3 Angaben enthält über das Objekt, den Namen des Bauherrn und seines Baubetreuers, die Bezugsfertigkeit des Hauses (Seite 1), einzelnen Baukosten (Seite 2), die Finanzierung, folgt auf der Seite 4 dann unter Zugrundelegung dieser Zahlen die eigentliche Berechnung der Kostenmiete. Auf Seite 5 wird dann noch angegeben, in welcher Höhe sich diese Kostenmiete durch Subventionen (Aufwendungszuschuss oder Aufwendungsdarlehen) ermäßigt.

Der Auszug aus der WB umfasst nur die Seite 4, also die Berechnung der Kostenmiete, und falls vorhanden, auch die Angaben auf Seite 5. Danach ist auch das vorstehende Formular aufgebaut, wobei Ziffer 1 „Allgemeine Angaben" zusätzlich aufgenommen ist. Dabei sind – sowohl zur Kontrolle für Vermieter wie Mieter – die Grundstückskosten angegeben, hierfür darf keine Abschreibung angesetzt werden.

Es ist immer darauf zu achten, dass in dem Auszug alle Darlehen der öffentlichen Hand angegeben werden. Diese bleiben nämlich auch dann für die Berechnung der Kostenmiete verbindlich, wenn diese Mittel vorzeitig zurückgezahlt werden (siehe § 21 II.BVO). Sollte der Vermieter in einem Auszug aus der WB daher nur private Darlehen ansetzen(zB die Darlehen zur Ablösung der öffentlichen Mittel), so hat die WB einen eklatanten Fehler, damit kann keine Mieterhöhung begründet werden. Ein solcher Auszug aus der WB kann per excel-Blatt erstellt werden.

8. Mietherabsetzungserklärung

. . . . .

(Vermieter)[1]

an

. . . . .

(Mieter)[1]

Sehr geehrte(r) . . . . .,

die Stadtsparkasse hat zum 1.7.2019 den Zinssatz für das Baudarlehen von bisher 6,5 % auf 1,9 % bei wieder 10-jähriger Festschreibung herabgesetzt. Dadurch verringert sich Ihre Miete ab dem 1.7.2019 rückwirkend wie folgt:[2]

Bisher	295.000,– EUR	6,5 %	19.175,00 EUR
Jetzt	295.000,– EUR	1,9 %	5.605,00 EUR
weniger			13.570,00 EUR
2,04 % MAW			276,83 EUR
Mietherabsetzung			15376,11 EUR
Pro qm im Monat		560 qm	2,29 EUR

Für Ihre 80 qm große Wohnung verringert sich damit die Kostenkaltmiete um 183,20 EUR ab dem 1.7.2019.

Bitte ändern Sie Ihre Mietzahlung ab 1.9.2019.[2]

Für die Monate Juli und August 2019 haben Sie 2 × 183,20 EUR = 366,40 EUR zu viel gezahlt, hierüber ist ein Verrechnungsscheck beigefügt.[1]

. . . . .

(Vermieter)

Anmerkungen

1. → Form. B.I.1 Anm. 1. Es gibt hier jedoch erhebliche formale **Erleichterungen:** Die **Zustellung** muss nicht nachgewiesen werden, denn die **Mietermäßigung tritt kraft Gesetzes ein.** Die Mitteilung ist notwendig, um den Mieter zu informieren, dass er ab dem Stichtag eine geringere Kostenkaltmiete schuldet. Da § 10 WohnBindG ausschließlich für Mieterhöhungen gilt, sind keine besonderen formalen Anforderungen zu beachten. Es gelten die §§ 8, 8a WohnBindG. Eine WB oder dergleichen muss ebenfalls nicht beigefügt werden. Wohl muss der Vermieter seine WB anpassen, da der Mieter ein Einsichtsrecht sowohl in die Mitteilung der Stadtsparkasse wie der aktuellen WB hat.

2. Die Verringerung der Kostenkaltmiete ist eine Besonderheit des öffentlich geförderten Wohnungsbaus. Da nur die „jeweils zulässige" Kostenmiete verlangt werden darf, sind Ermäßigungen der Belastungen an den Mieter durch Reduzierung der Kostenmiete weiter zu geben. Der Vermieter darf also keinen „Gewinn" machen. Eine etwa vergleichbare Vorschrift gab es früher in § 5 MHG (Umlage erhöhter Kapitalkosten).

Da die obige Erklärung im August 2019 den Mietern zuging, hatte der Vermieter für zwei Monate die **Überzahlung zu erstatten** (§ 8 WohnBindG in Verbindung mit § 812 BGB). Dieser **Erstattungsanspruch** verjährt nach den Regeln des BGB. Die besondere Verjährungsregel des § 8 Abs. 2 WohnBindG greift nur ein, wenn eine überhöhte Kostenmiete **vereinbart** ist. Das kann aber nur bei Abschluss des Mietvertrages geschehen, da alle weiteren Mietänderungen durch einseitige Willenserklärung des Vermieters herbeigeführt werden.

Das vorstehende Beispiel zeigt, in welchem Umfang die Kostenkaltmiete durch die anhaltende Niedrigzinsphase verringert wird. Mancher Vermieter „vergisst" allerdings, dass er zur Senkung der Kostenmiete in einem solchen Fall verpflichtet ist.

IX. Kündigung des Mieters aufgrund des Sonderkündigungsrechts des § 11 Abs. 1 WoBindG

. . . . .

(Mieter)[1]

an

. . . . .

(Vermieter)[1]

Sehr geehrte(r) . . . . .,

Ihre Mieterhöhungserklärung habe ich am[2]. . . . . erhalten. Hiermit kündige[3] ich das Mietverhältnis gemäß § 11 WohnBindG fristgerecht zum . . . . .[4]

. . . . .

(Mieter)

Anmerkungen

1. Die Kündigung des Mietverhältnisses ist eine **einseitige empfangsbedürftige Willenserklärung.** Sie muss von allen Mitgliedern der Mietergemeinschaft schriftlich abgegeben und unterschrieben werden und an alle Mitglieder der Vermietergemeinschaft gerichtet sein. Es kann auch ein Mieter in Vollmacht der anderen Mieter unterschreiben, dann ist aber eine schriftliche Vollmacht aller anderen vertretenen Mieter beizufügen, sonst kann der Vermieter die Rechte aus § 174 BGB geltend machen. Ausreichend ist der Zugang bei dem Mitglied der Vermietergemeinschaft, der bisher als Ansprechpartner zur Verfügung stand (als Verwalter oder Bevollmächtigter bei Mieterhöhungen usw). Der Nachweis des Zugangs sollte sichergestellt werden, also mindestens durch Einschreiben/Rückschein. Möglich ist auch persönliche Übergabe gegen Quittung oder Beiziehung eines Zeugen, möglich ist auch persönlicher Einwurf in den Vermieterbriefkasten bei Anwesenheit eines Zeugen.

2. Es ist die in § 11 WohnBindG gesetzte **Frist** zu beachten: die Kündigung muss dem Vermieter spätestens am 3. Werktag des Folgemonates nach Zugang der Mieterhöhungserklärung zugehen. Es ist darauf hinzuweisen, dass das Sonderkündigungsrecht ausgeübt wird. Wird diese Sonderkündigung ausgesprochen, wird die Mieterhöhung nicht wirksam.

3. Die Kündigung soll auch zulässig sein, wenn die **Mieterhöhungserklärung** aus formalen oder materiellen Gründen **unwirksam** ist (AG Brakel WM 1983, 349; *Fischer-Dieskau/Pergande/Schwender* WohnBindG § 11 Anm. 2)

4. Der Mieter hat allerdings auch **Nachteile,** denn die Kündigungsfrist ist bei Ausnutzung der vollen Überlegungsfrist mit 1 Monat 27 Tage sehr kurz. Die Vorschrift hat bisher keine besondere Bedeutung gehabt und war nur unter Geltung des alten Mietrechts für solche Mieter interessant, welche eine längere Kündigungsfrist einzuhalten hatten. Da Mieter aber seit dem 1.9.2001 gemäß § 573c Abs. 1 BGB ohne Rücksicht auf die bisherige Mietdauer mit einer Frist von drei Monaten kündigen können, wird das Sonderkündigungsrecht noch weniger Bedeutung haben. Allerdings wird in diesem Fall die Mieterhöhung wirksam.

Von Vermieterseite wurde versucht, durch AGB eine Kündigung nach § 11 WohnBindG auszuschließen. Eine solche Bestimmung ist jedoch unwirksam, weil wie alle Vorschriften für den öffentlich geförderten Wohnungsbau ist auch § 11 WohnBindG eine zwingende Vorschrift. Sie kann nicht abbedungen werden.

X. Abrechnung von Betriebs- und Heizkosten

1. Betriebskosten nach Quadratmetern im freien Wohnungsbau

Beispiel 1 a):

Ursel Dahlen

Mommsenstr. 49
50935 Köln,
den 7.9.2019

Familie

Müller Vietorstr. 32

51103 Köln

Sehr geehrte Familie Müller,

Sie erhalten hiermit die Abrechnung der Betriebskosten für das Jahr 2018

Grundsteuer		2.504.40 EUR
Abfall		4.779,10 EUR
Straßenreinigung		706,44 EUR
Abwasser bebaute Fläche		1.101,10 EUR
Wohngebäudeversicherung		2.470.41 EUR
Haftpflichtversicherung		240,43 EUR
Glasversicherung		524,78 EUR
Strom		105,89 EUR
Gartenpflege		357,– EUR
Summe		12.789,55 EUR
	795 qm	16,09 EUR
Wasser		2.451,93 EUR
Abwasser		2.128,40 EUR
Summe		4.580,33 EUR
	795 qm	5,76 EUR
Ihre Einzelabrechnung:		
Anteil an Grundsteuer und folgende	75 qm	1.206,56 EUR

Anteil an Wasser und folgende	75 qm	432,11 EUR
CO-Messung		38,31 EUR
Gesamt		1.676,98 EUR
davon ab Vorauszahlung		1.536,– EUR
Nachzahlung		140,98 EUR

Ich bitte um Nachzahlung auf das Mietkonto bis zum 15.10.2019

Mit freundlichen Grüßen

. . . . .

(Vermieter)

Beispiel 1 b):

. . . . .

(Vermieter)[1]

an

. . . . .

(Mieter)[1]

Sehr geehrte(r) . . . . .,

Als Anlage überreiche ich Ihnen die Abrechnung der Betriebskosten für das Jahr 2018.[2, 3, 4, 5, 6, 7, 8] Es ergibt sich für Sie eine Nachzahlung in Höhe von 140,98 EUR. Diesen Betrag überweisen Sie bitte bis zum auf das Mietkonto. Die der Abrechnung zugrunde liegenden Rechnungen sind bei mir nach vorheriger Terminsabsprache einsehbar.[1]

BK-Abrechnung

2018

Vietorstr. 32, 51103 Köln

		Gesamt-wohnflä-che	Ihre Wohn-fläche	
Grundsteuer	2.504,40 EUR	795 qm	75 qm	236,26 EUR
Abfall	4.779,10 EUR	795 qm	75 qm	450,86 EUR
Straßenreinigung	706,44 EUR	795 qm	75 qm	66,65 EUR
Abwasser bebaute Fläche	1.101,10 EUR	795 qm	75 qm	103,88 EUR
Wohngebäudeversicherung	2.470,41 EUR	795 qm	75 qm	233,06 EUR
Haftpflichtversicherung	240,43 EUR	795 qm	75 qm	22,68 EUR
Glasversicherung	524,78 EUR	795 qm	75 qm	49,51 EUR
Strom	105,89 EUR	795 qm	75 qm	9,99 EUR

		Gesamt-wohnflä-che	Ihre Wohn-fläche	
Gartenpflege	357,– EUR	795 qm	75 qm	33,68 EUR
Wasser	2.451,93 EUR	795 qm	75 qm	231,31 EUR
Abwasser	2.128,40 EUR	795 qm	75 qm	200,79 EUR
Ihr Anteil				1.638,67 EUR
CO-Messung				38,31 EUR
Gesamt				1.676,98 EUR
davon ab Vorauszahlung				1.536,– EUR
Nachzahlung				140,98 EUR[9]

Anmerkungen

1. Formalien des Anschreibens. Es ist keine besondere Schriftform einzuhalten, also weder Schriftform noch Textform notwendig (Schriftform jedoch beim öffentlich geförderten Wohnraum alter Prägung, für den die NMV gilt). Wegen dieser geringen formalen Anforderungen reicht es aus, den Vermieter schlagwortartig zu bezeichnen (zB Meier & König GbR, oder Fa. Müller GmbH). Die Unterschrift ist zwar notwendig, aber dazu reicht die Unterschrift eines Vermieters bei einer Vermietermehrheit aus. Wird das Schreiben von einem Dritten der nicht Vermieter ist, angefertigt, reicht dessen Unterschrift, wobei eine schriftliche Vollmacht nicht beigefügt werden muss. Der BGH (NZM 2010, 783) hat hierzu nun klargestellt: Der Abrechnung von Betriebskosten kommt kein rechtsgeschäftlicher Erklärungswert zu. Die Abrechnung ist lediglich ein Rechenvorgang gemäß § 259 BGB (Wissenserklärung).

Das Abrechnungsschreiben sollte sich an alle Mieter der jeweiligen Wohnung richten, bei Eheleuten genügt allerdings regelmäßig als Adresse zB „Familie Georg Meyer", alle Vornamen der Mieter müssen nicht angegeben werden. Aber auch eine Abrechnung nur gegenüber einem von mehreren Mietern ist jedenfalls diesem gegenüber wirksam und macht eine Nachforderung aus der Abrechnung diesem gegenüber fällig (BGH NZM 2010, 577) und kann allerdings dann auch nur diesem gegenüber eingeklagt werden.

Wird neben der Abrechnung jedoch gleichzeitig auch eine Erhöhung der Vorauszahlung verlangt, handelt es sich dagegen um eine Willenserklärung (→ Form. X.14), in diesem Fall sind die gesetzlichen Formvorschriften einzuhalten (§ 560 BGB = Textform, beim öffentlich geförderten Wohnraum alter Prägung aber Schriftform = § 20 Abs. 4 NMV iVm § 4 Abs. 7 und 8 NMV iVm § 10 WohnBindG).

Das Anschreiben soll angeben, wann die Nachforderung des Vermieters spätestens zu zahlen ist und wo Abrechnungsunterlagen eingesehen werden können. Das Einsichtsrecht des Mieters ist nicht abhängig von einem besonderen Interesse (BGH 7.2.2018 – VIII ZR 189/17) Der Mieter kann **Kopien der Rechnungen** gegen Erstattung der Kopierkosten grundsätzlich **nicht** mehr verlangen (BGH NZM 2006, 340), er ist stattdessen auf sein Recht auf Einsichtnahme der Originalrechnungen angewiesen BGH NZM 2010, 576). Das gilt nicht, wenn der Vermieter weit weg vom Mietobjekt wohnt (LG Freiburg NZM 2012, 23) oder wenn das Mietverhältnis so belastet ist, dass eine Einsichtnahme unzumutbar ist (LG Berlin NZM 2014, 514). Der Mieter kann auch nicht auf den Mieterverein verwiesen werden, der die Einsicht organisatorisch nicht vornehmen kann, und auch nicht auf Anwälte verwiesen werden, die ein Honorar für diese Einsicht verlangen. In diesem Fall besteht Anspruch auf Übersendung von Kopien gegen Erstattung der Kopierkosten (BGH NZM 2010, 783). Der Mieter darf die Belege beim Vermieter auch abfotografieren (AG München NJW 2010, 78).

Wenn der Vermieter die Einsicht in die Rechnungsbelege **nicht gewährt oder verweigert**, darf der Mieter an den laufenden Vorauszahlungen für die Betriebskosten ein Zurückbehaltungsrecht ausüben (NZM 2010, 857). Scannt der Vermieter alle Rechnungen ein und vernichtet dann die Originale (**papierloses Büro**), so ist eine Einsichtnahme nicht möglich. In diesem Fall hat der Vermieter aber dem Mieter Kopien der gespeicherten Rechnungen vorzulegen (Lützenkirchen NZM 2018, 266).

Gerade bei HK-Abrechnungen ist es wegen der Verteilung des tatsächlichen Wärmeverbrauchs bisweilen notwendig, dass der Mieter die Plausibilität seines Verbrauchsanteils an Hand des **Verbrauchs der anderen Mieter** überprüfen muss. Dieses Recht steht ihm zu. Verweigert der Vermieter die Einsicht in die Abrechnungen für die anderen Mieter, so ist eine Nachforderung aus der Abrechnung derzeit nicht fällig, eine Zahlungsklage des Vermieters ist als derzeit nicht begründet abzuweisen (BGH 7.2.2018 – VIII ZR 189/17, NZM 2018, 458).

Soweit die Abrechnung selbst keine **Erläuterungen** aufweist, sollen im Anschreiben Erläuterungen zum Abrechnungsmaßstab, zu einzelnen Betriebskosten und zu Besonderheiten der Abrechnung erfolgen, soweit dies zum Verständnis der Abrechnung notwendig ist Diese Erläuterungen zum Verständnis des Mieters können auch gegeben werden bereits im Mietvertrag, anlässlich einer früheren NK-Abrechnung oder auf Nachfrage des Mieters zur aktuellen Abrechnung. Allerdings muss im letzten Fall diese Erläuterung vor Ablauf der Abrechnungsfrist gegeben werden (BGH NJW 2009, 283 = NZM 2009, 78; *Börstinghaus* NZM 2011, 106). Die Erläuterung des Umlagemaßstabs **Personenmonate** ist nicht erforderlich, und auch nicht, wie viele Personen für welche Monate berücksichtigt wurden (BGH NJW 2015, 51).

Abrechnungsschreiben und Abrechnung sind im Beispiel 1 a) auf einer Seite zusammengefasst, im Beispiel 1 b) sind sie getrennt.

Besteht die Abrechnung aus mehreren Seiten, so sollten sie miteinander zu einer Urkunde verklammert werden, auch wenn das nicht notwendig ist, einmal weil eine bestimmte Form nicht notwendig ist, zum anderen wegen der „Auflockerungsrechtsprechung" des BGH (NZM 2004, 253). Eine Verbindung sollte als Vorsichtsmaßnahme jedoch erfolgen, da sonst der Empfänger behaupten könnte, er habe nur das Anschreiben erhalten, aber keine Abrechnung.

2. **Abrechnungsfrist und Zugang der Abrechnung.** Gemäß § 556 Abs. 3 BGB hat der Vermieter für einen jährlichen Zeitraum abzurechnen (das muss nicht das Kalenderjahr sein). Ein längerer Abrechnungszeitraum als 1 Jahr führt grundsätzlich zur Unwirksamkeit der Abrechnung (LG Gießen NZM 2009, 581), es sei denn, die Parteien haben sich wegen sachlicher Gründe darauf verständigt, einmalig für einen längeren Zeitraum abzurechnen (BGH NZM 2011, 624). Die Abrechnung ist dem Mieter spätestens bis zum Ablauf des zwölften Monats nach Ende des Abrechnungszeitraums zu übergeben (die Post ist Erfüllungsgehilfe des Vermieters BGH NZM 2009, 274). Rechtzeitig ist auch ein Einwurf der Abrechnung in den Briefkasten des Mieters an Silvester um 17.14 Uhr (LG Hamburg 2.5.2017 – 316 S 77/16, NZM 2017, 397).

Die Abrechnungsfrist gilt auch bei einer **vermieteten Eigentumswohnung** und selbst dann, wenn der WEGVerwalter keine Abrechnung vorgelegt hat oder die Eigentümergemeinschaft die Abrechnung noch nicht genehmigt hat (BGH 25.1.2017 – VIII ZR 249/15, NZM 2017, 216)

Werden **Betriebskosten und Heizkosten** für unterschiedliche Abrechnungsjahre abgerechnet (zB Betriebskosten Kalenderjahr 2018, Heizkosten jedoch 1.7.2017 bis 30.6.2018), so ist zu differenzieren: Enthält der Mietvertrag für BK und für HK eigene Vorauszahlungen, so kann getrennt abgerechnet werden. In diesem Fall ist für jede Abrechnung die Jahresabrechnungsfrist zu beachten. Ist im Mietvertrag jedoch nur eine Vorauszahlung für BK und HK vereinbart, so kann auch einheitlich abgerechnet werden, hier wird die Abrechnungsfrist nach dem späteren Abrechnungsjahr bestimmt, also hier Abrechnungsjahr der BK (BGH NZM 2008, 522).

Fällig wird die Nachforderung aus der Abrechnung mit dem Zugang beim Mieter (BGH WuM 2003, 216), ab dann läuft auch die (dreijährige gemäß § 195 BGB) Verjährungsfrist. Nachforderung wie Guthaben sind mit dem Zugang sofort fällig (BGH NJW 2006, 1421), eine Überlegungsfrist – die die Fälligkeit hemmen würde – greift nicht ein.

Eine Verwirkung kann nur eintreten, wenn ein Vertragspartner erst so spät Ansprüche geltend macht, dass der andere darauf vertrauen durfte, es würden keine Forderungen mehr erhoben, und wenn er sich entsprechend eingerichtet hat (Zeit- und Umstandsmoment). Je kürzer die Verjährungsfrist ist, umso weniger kommt eine Verwirkung in Betracht (BGHZ 84, 280; BGH NJW-RR 1989, 818; BGH NJW 1992, 1755). Wegen der Jahresabrechnungsfrist kommt bei der Abrechnung von BK eine Verwirkung in der Regel nicht mehr zum Zuge, da eine Nachforderung nach fruchtlosem Ablauf des Abrechnungsjahres dann bereits ausgeschlossen ist. Verwirkung ist aber zB dann angenommen worden, wenn nach Ende des Mietverhältnisses die Kaution ohne jede Abrechnung oder Vorbehalt an den Mieter ausgezahlt wird (LG Köln NZM 2001, 617; AG Köln WuM 2000, 152). Einen besonderen Fall behandelt das Urteil des BGH NZM 2012, 677 (Hinweis des Vermieters, dass die BK-Abrechnung noch folgt).

Der **Zugangsnachweis** ist wichtig, um die Einhaltung der Jahresfrist belegen zu können. Es empfiehlt sich deshalb, Beweise für den Zugang der Abrechnung zu schaffen, zB: der Hausmeister des Objekts überzeugt sich vom Inhalt der ihm übergebenen Briefe, wirft dann die Abrechnungen für die Mieter in deren Briefkasten und kreuzt auf einer mitgeführten Mieterliste jeden Mieternamen an, dem er gerade die Abrechnung in den Briefkasten geworfen hat. Diesen Nachweis erhält dann der Vermieter. In kleinen, vom Vermieter selbstverwalteten Häusern geht dies in gleicher Weise, indem der Vermieter einen Zeugen mitnimmt, der sich vor dem Einwurf der Briefe von deren Inhalt überzeugt. In belasteten Mietverhältnissen könnte sich die Zustellung durch den zuständigen Gerichtsvollzieher empfehlen, über den auch eine Ersatzzustellung durch Einwurf in den Briefkasten des Mieters möglich ist (was beim Einschreiben oder Einschreiben/Rückschein nicht möglich ist). Auch dadurch erhält der Vermieter den Nachweis, welchen Inhalt der zugestellte Brief hatte.

3. Ausschlussfristen. Versäumt der Vermieter die Abrechnungsfrist, ist er mit Nachforderungen aus der Abrechnung ausgeschlossen. Dasselbe gilt, wenn der Vermieter innerhalb der Jahresfrist eine Abrechnung erteilt, die wegen Nichteinhaltung der formellen Anforderungen (s. BGH NJW 1982, 573; bestätigt von BGH NJW 2005, 219 = WuM 2005, 61) vollkommen (!) unwirksam ist (BGH NZM 2011, 401 ff.). Auch im Rahmen eines vereinbarten dinglichen Wohnungsrechts mit Recht zur Umlage von Betriebskosten gilt die Ausschlussfrist (BGH NZM 2009, 904). Auch für den „last minute" eingesetzten Zwangsverwalter gilt diese Ausschlussfrist (BGH NZM 2012, 400) Keine Ausschlussfrist soll gelten, wenn der Mieter keine Vorauszahlung laut Mietvertrag schuldet (LG München NZM 2012, 342; aA *Schmid* NZM 2012, 855 ff.). Bei für den Mieter ohne Weiteres erkennbaren offenkundigen Fehlern kann dieser nach Treu und Glauben gehindert sein, sich auf den Ablauf der Abrechnungsfrist zu berufen (BGH NZM 2011, 478). Der Vermieter darf auch einen Vorbehalt späterer Abrechnung machen für Kosten, die mit Sicherheit zu erwarten sind, aber noch nicht angefallen sind. Hier gilt dann nicht die Ausschlussfrist (BGH NZM 2013, 84), wohl aber muss der Vermieter dann nach

Behebung des Hindernisses innerhalb von drei Monaten die Nachberechnung durchführen (zur Nachbelastung von Grundsteuer entschieden von BGH NZM 2006, 740).

Der Vermieter hat aber auch nach Versäumung der Abrechnungsfrist Anspruch auf Zahlung der vereinbarten Vorauszahlungen, soweit der Mieter diese in der Abrechnungsperiode nicht gezahlt hat (BGH NZM 2008, 35).

Der Mieter seinerseits kann aber auch nach Ablauf der Abrechnungsfrist die Abrechnung vom Vermieter immer noch verlangen, um feststellen zu können, ob ihm ein Guthaben zusteht. Die Auszahlung eines solchen Guthabens kann er dann verlangen.

Auch den Mieter trifft eine Ausschlussfrist: er hat innerhalb eines Jahres ab Empfang der Abrechnung alle ihm möglichen Einwendungen gegen die formelle und materielle Richtigkeit der Abrechnung vorzubringen. Läuft diese Frist ab, ist der Mieter mit Einwendungen, die er innerhalb der Jahresfrist nicht vorgebracht hat, ausgeschlossen. Diese Einwendungsfrist beginnt aber nur dann, wenn dem Mieter eine formell ordnungsgemäße Abrechnung zugeht (BGH NZM 2011, 401; so auch schon *Milger* NZM 2009, 500). Auch wenn die Abrechnung des Vermieters jedes Jahr zu denselben Beanstandungen Anlass gibt, muss der Mieter diese bei jeder Abrechnung erneut vorbringen, ansonsten die Ausschlussfrist zu seinen Lasten eingreift (BGH NZM 2010, 470; dazu *Heinz* NZM 2010, 770; BGH NZM 2011, 240 Pauschale vereinbart; BGH NZM 2008, 81; Teilinklusivmiete; hierzu auch *Wolbers* NZM 2010, 841).

4. Formelle Anforderungen an die Abrechnung. Es gelten nach wie vor die Ausführungen des BGH in seinem Urteil vom 23.11.1981 (NJW 1982, 573 ff. für Gewerbemietverhältnis), für die Wohnraummiete bestätigt von BGH NZM 2005, 13 = NJW 2005, 219 = WuM 2005, 61; und BGH WuM 2005, 200; BGH 19.7.2017 – VIII ZR 3/17):

> „Die Abrechnung muss eine geordnete Zusammenstellung der Einnahmen und Ausgaben enthalten. Unter geordneter Zusammenstellung ist dabei eine zweckmäßige und übersichtliche Aufgliederung in Abrechnungsposten zu verstehen.
> Die Abrechnung soll den Mieter in die Lage versetzen, den Anspruch des Vermieters nachzuprüfen. Dazu muss er die Abrechnung gedanklich und rechnerisch nachvollziehen können. Diese Funktion erfüllt die Abrechnung nur, wenn sowohl die Einzelangaben als auch die Abrechnung insgesamt klar, übersichtlich und aus sich heraus verständlich sind. Folgende Mindestangaben sind erforderlich: eine Zusammenfassung der Gesamtkosten, die Angabe und notfalls Erläuterung der zugrunde gelegten Verteilerschlüssel, die Berechnung des Anteils des Mieters und der Abzug der Vorauszahlungen des Mieters.
> Die Pflichten zur Spezifizierung der abgerechneten Kosten dürfen nicht überspannt werden. Notwendig, aber auch ausreichend ist es, dass der Mieter die ihm angelasteten Kosten bereits aus der Abrechnung klar ersehen und überprüfen kann, so dass die Einsichtnahme in dafür vorliegende Belege nur noch zur Kontrolle und zur Behebung von Zweifeln erforderlich ist."

Erläuterung des Umlageschlüssels: Verwendet der Vermieter einen der allgemein bekannten Verteilerschlüssel wie Fläche oder Wohnfläche, Personenzahl, MEA, Wohneinheit, so bedarf diese Angabe keiner weiteren Erläuterung (BGH NZM 2009, 78 und NZM 2009, 628). Nur ungewöhnliche Umlageschlüssel müssen erläutert werden (BGH NZM 2009, 78; NZM 2008, 477).

Abgrenzung zwischen formellem und materiellem Fehler der Abrechnung: Der BGH verlangt eine formell ordnungsgemäße Abrechnung innerhalb der Jahresfrist des § 556 Abs. 3 BGB. Liegt eine solche nicht vor, kann der Vermieter zwar auch nach Ablauf dieser Frist eine neue den formellen Anforderungen entsprechende Abrechnung erstellen und dem Mieter übergeben, diese Abrechnung begründet aber nicht mehr einen Anspruch auf Nachzahlung. Was als formeller Fehler anzusehen war, war anfangs streitig. Die Tendenz, jedenfalls schwere Fehler der Abrechnung auf die formelle Seite durchschlagen zu lassen, war in der Rspr. der unteren Gerichte und im Schrifttum vorhanden (s. zB *Langenberg* WuM 2003, 670). Diese Auffassung hat der BGH jedoch verworfen (BGH NZM 2005, 13 und BGH WuM 2005, 200). Wenn die Abrechnung die Anforderungen erfüllt, die die BGH-Entscheidung aus 1981 aufstellt, so ist sie formell ordnungsgemäß. Der BGH hat zur Abgrenzung folgende Entscheidungen erlassen (s. dazu auch *Langenberg* NZM 2011, 677 ff.):

Formeller Fehler wurde bejaht:

1. wenn ein Vorwegabzug vorgenommen wurde und in der Abrechnung nur die so bereinigten Kosten ausgewiesen werden (BGH NZM 2007, 244; NZM 2007, 770; NZM 2008, 35; NZM 2012, 155; BGH NZM 2014, 26: in der Literatur streitig). Seit BGH NZM 2016, 192 ist diese Rspr. aufgehoben, also ein versteckter Vorwegabzug kein formeller Mangel mehr
2. wenn mehrere Kostenpositionen zusammengefasst werden, obwohl kein sachlicher Grund dafür vorhanden ist, so bei Strom/Wasser, oder Straßenreinigung, Müll, Schornsteinreinigung (BGH NZM 2010, 858), ebenso bei Hausmeister/Gebäudereinigung oder Hausmeister/Gebäudereinigung/Gartenpflege (BGH NZM 2010, 858; BK verschiedener Ziffern der BK-VO BGH 24.1.2017 – VIII ZR 285/15).

Formeller Fehler wurde verneint:

1. wenn kein Vorwegabzug für die gewerbliche Nutzung von Räumen des Objekts vorgenommen wird, selbst wenn dies durch erheblichen Mehrverbrauch des gewerblichen Mieters geboten ist (BGH NZM 2010, 784; NZM 2011, 118; BGH 10.5.2017 – VIII ZR 79/16). Das gilt auch bei öffentlich gefördertem Wohnraum (BGH NZM 2012, 155). Siehe hierzu auch Schmid NZM 2014, 572 ff.
2. wenn keine Vorauszahlung des Mieters angegeben ist, weil das bedeutet, dass der Mieter solche nicht geleistet hat. Der Angabe der Zahl „0" bedarf es nicht (BGH NZM 2012, 416).
3. Soll- statt ist-Vorauszahlung (BGH NZM 2011, 627).
4. Bildung einer Abrechnungseinheit mit Zusammenfassung der Kosten für mehrere Gebäude bei identischem Eigentümer und gleicher Bauweise (BGH NZM 2005, 737 zur gemeinsamen Heizanlage; BGH NZM 2010, 781 – zwei Entscheidungen –; BGH NZM 2010, 895; BGH NZM 2012, 96; als RE schon OLG Koblenz NJW-RR 1990, 1038).
5. wenn bei der Verwendung eines Personenschlüssels nur der jeweilige auf den Mieter entfallende Bruchteil angegeben wird (zB 2/13). Das gilt auch, wenn der Wert vom Vorjahreswert abweicht (BGH NZM 2008, 567; BGH NZM 2010, 784; BGH NZM 2011, 546).
6. wenn unterschiedliche Wohnflächen bei verschiedenen BK-Positionen angegeben sind (BGH NZM 2010, 781; BGH NZM 2011, 546).
7. wenn über Betriebskosten abgerechnet wird, deren Umlage nicht oder als Pauschale vereinbart ist (BGH NZM 2011, 627)
8. wenn der Verteilungsmaßstab dem Mietvertrag widerspricht oder er falsch angewendet wird (BGH NZM 2009, 78).
9. wenn die Angabe der Einzelfläche fehlt, diese aber aus früheren Abrechnungen bekannt ist (*Milger* NJW 2007, 628; *Hinz* GE 2010, 453)
10. wenn Wasser und Schmutzabwasser nicht in der BK-Abrechnung aufgeführt sind, sondern gesondert abgerechnet werden (BGH NZM 2008, 442; BGH NZM 2011, 627 in ista-Abrechnung)
11. wenn gleichartige BK-Positionen zusammengefasst und nach demselben Umlageschlüssel umgelegt werden (BGH NZM 2010, 315), wie Wasser und Schmutzabwasser nach Verbrauch (BGH NZM 2009, 698), Sach- und Haftpflichtversicherung (BGH NZM 2009, 906)
12. wenn über die BK in zwei Teilabrechnungen abgerechnet wird, die über zwei sich ergänzende Zeitabschnitte den Kostenanteil des Mieters berechnen (BGH NZM 2010, 782).

13. wenn die **vereinbarte Wohnfläche** von der tatsächlichen Wohnfläche abweicht. Die 10 % – Rspr. des BGH (BGH NZM 2008, 35; s. hierzu auch BGH NJW 2010, 293, BGH NZM 2010, 36, zu den Problemen bei der BK-Abrechnung siehe auch *Beyer* NZM 2010, 417) gilt bei der Abrechnung von Betriebskosten nach Rspr.-Änderung des BGH nicht mehr (BGH 18.11.2015, NZM 2016, 42, siehe auch Heix WuM 2016, 263). Es ist die tatsächliche Wohnfläche zugrunde zu legen, allerdings handelt es sich weiterhin nicht um einen formellen Fehler (BGH 30.5.2018 – VIII ZR 220/17, ua NJW 2018, 2317). Das gilt auch im öffentlich geförderten Wohnraum (BGH 16.1.2019 – VIII ZR 173/17, NZM 2019, 288).

14. wenn Betriebskosten in voller Höhe umgelegt werden, die immer nur **nach mehreren Jahren** anfallen (hier Heizöltankreinigung BGH NZM 2010, 226 = NJW 2010, 226).

15. wenn bei Mischnutzung der Verbrauch den verschiedenen Nutzergruppen nicht über gesonderte Zähler berechnet wird (wenn nicht der Mietvertrag anderes vorschreibt). Es reicht aus, dass der Verbrauch einer Nutzergruppe über Zähler ermittelt wird, und dann der Restverbrauch (Gesamtverbrauch abzüglich gemessenem Verbrauch) der anderen Nutzergruppe zugeordnet wird (BGH NZM 2010, 195). Das ist aber bei der Heizkostenabrechnung nicht zulässig (BGH NZM 2008, 767).

16. wenn bei einer Doppelhaushälfte Grundsteuer, Wasser und Entwässerung nur für die vermietete Hälfte in Rechnung gestellt werden, dürfen diese Kosten auch so abgerechnet werden (BGH NZM 2011, 581)

17. wenn in der Abrechnung eine Umstellung des Umlagemaßstabs vorgenommen wird auf Verbrauch oder Verursachung (BGH NZM 2012, 152); § 556a BGB gilt dabei auch für Altverträge

18. wenn aus einer jahresübergreifenden Rechnung nur der für das Abrechnungsjahr angefallene Anteil berechnet wird, ohne dass der Rechenschritt dargelegt wird (gilt wohl vor allem für Rechnungen über den Verbrauch von Wasser und Strom, BGH NZM 2014, 385)

19. wenn eine BK-Abrechnung auf insgesamt 7 Seiten erfolgt, sie aber vom Mieter gedanklich und rechnerisch nachvollzogen werden kann (BGH 19.7.2017 – VIII ZR 3/17, NZM 2017, 732)

20. wenn die BK-Abrechnung zu einem Zeitpunkt erfolgt, wo die WEG-Abrechnung noch nicht beschlossen ist (BGH 14.3.2017 – VIII ZR 50/16

21. für Wasser → Form. C.X.3, für Heizkosten → Form. C.X.12

Liegt ein materieller Fehler vor, kann eine Korrektur auch nach Ablauf der Abrechnungsfrist erfolgen, also auch noch im Zahlungsprozess gegen den Mieter. Führt die Korrektur des materiellen Fehlers allerdings zu einer höheren Nachforderung zugunsten des Vermieters, ist der Mehrbetrag gegenüber der alten korrekturbedürftigen Abrechnung aber von der Ausschlussfrist erfasst, hierauf besteht also kein Anspruch (BGH NZM 2005, 13; OLG Düsseldorf WuM 2006, 381).

Liegt ein formeller Mangel vor, so ist zu überprüfen, ob dieser die gesamte Abrechnung oder nur einzelne Abrechnungspositionen erfasst. Im ersteren Fall ist die gesamte Abrechnung formell unwirksam. Im letztere Fall erfasst der formelle Mangel aber nur die betroffene NK-Position, die dann zu streichen ist, die übrigen Kostenpositionen bleiben bestehen (BGH NZM 2007, 244; BGH NZM 2008, 35; BGH NZM 2011, 118).

Wenn auch die Angabe der **Soll-Vorauszahlung** zulässig ist (BGH NZM 2009, 906), so ergibt sich doch das Problem, dass letztlich nicht klar ist, ob der Saldo aus der Abrechnung (Anteil an BK abzüglich Soll-Vorauszahlung) nun der wirkliche oder nur ein rechnerischer Nachzahlungsbetrag ist. Nach *Schmid* (NZM 2010, 266) muss der Vermieter spätestens im Prozess die tatsächlichen Zahlungen nachweisen und seine Klageforderung entsprechend ausrichten. Ob die Rspr. des BGH (nicht gezahlte Vorschüsse können auch nach Ablauf der Abrechnungsfrist noch verlangt werden, s. NZM 2008, 35) hier hilft, ist noch nicht entschieden. Es spricht nach diesseitiger Auffassung aber nichts dagegen, diese Entscheidung anzuwenden und dem Vermieter die Möglichkeit zu belassen, die als Soll berücksichtigten Vorauszahlungen noch einklagen zu dürfen, wenn sie tatsächlich nicht gezahlt worden sind keine Sperre der Geltendmachung von Vorauszahlungen nach Abrechnung). Warum soll der Vermieter, der nicht abrechnet, besser dastehen als der Vermieter, der fristgerecht abrechnet?

5. Materielle Seite der Abrechnung.

Beispiel a) nennt alle Betriebskosten, die angefallen und auf den Mieter umlegbar sind, und weist auch die jeweiligen Beträge aus. Die Summe aller Beträge wird dann durch die Wohnfläche des Hauses geteilt. Der Quotient sollte auf vier oder mehr Stellen hinter dem Komma ausgerechnet werden, um Rundungsdifferenzen bei der Berechnung des Mieteranteils zu vermeiden. Bis hierhin handelt es sich um die **Gesamtabrechnung**. Diese Art der Abrechnung war üblich, als die Abrechnung noch „mit der Hand" gemacht wurde, also handschriftlich oder mit Schreibmaschine, aber ohne Einsatz eines Computerprogramms.

Es folgt sodann die **Einzelabrechnung** für den konkreten Mieter. Der Quotient wird multipliziert mit der Wohnungsgröße der Mieterwohnung. Vom Produkt wird die Vorauszahlung abgezogen, es verbleibt ein positiver (dann Nachforderung) oder negativer (dann Guthaben) Betrag. Diese Abrechnung ist einfach aufgebaut und einfach nachzurechnen.

Im Beispiel b) wird bei jeder Betriebskostenart der Einzelanteil des Mieters berechnet, die Einzelanteile werden dann addiert und die Vorauszahlung von der Summe abgezogen. Der Berechnungsaufwand ist hier für beide Vertragspartner größer, die Ergebnisse sind aber bei beiden Beispielen identisch. Diese Art der Abrechnung ist die heute gebräuchlich wegen des Einsatzes eines Computerprogramms, zB Excel.

Beide BK-Abrechnungen legen zugrunde, dass der Mietvertrag die Umlage aller genannten Betriebskosten in vollem Umfange zulässt. Rechnet der Vermieter jahrelang über BK ab, deren Umlage im Mietvertrag nicht vereinbart ist, so war es früher Auffassung des BGH, dass in dieser jahrelangen Übung und der entsprechenden Akzeptanz des Mieters eine **stillschweigende Änderung des Mietvertrages** vorliegt dahin, dass diese BK nun auch umgelegt werden dürfen (BGH NJW-RR 2000, 1463 für Gewerbe; BGH NZM 2004, 418 für Wohnraum). Diese Rspr. ist inzwischen vom BGH relativiert worden, er verlangt jetzt zusätzlich auch Umstände, aus denen ein Erklärungsbewusstsein abgeleitet werden kann (was mit einer Zahlung durch den Mieter nicht ausreichend ist, BGH NZM 2008, 81; BGH NZM 2014, 748). Diese Grundsätze gelten auch bei der Verwendung eines vom Mietvertrag abweichenden Umlageschlüssels (BGH WuM 2005, 774). Inzwischen hat der BGH auch entschieden, dass die jahrelange Nichtabrechnung von nach Mietvertrag umlagefähigen Kosten ebenso nur dann eine Umlage für die Zukunft verhindert, wenn ein entsprechendes Erklärungsbewusstsein vorliegt (BGH; siehe zum Meinungsstand davor auch *Lützenkirchen* WuM 2006, 72 unter VII 2 mit Rspr.–Nachweisen).

Nach BGH (NZM 201, 856) gibt es keine absolute **Verteilungsgerechtigkeit** bei der Umlage von Betriebskosten, und eine solche werde vom Gesetz auch nicht gefordert. Die Abrechnung soll für den Vermieter auch einfach zu erstellen und für den Mieter übersichtlich und leicht nachvollziehbar sein. Deshalb seien gewisse Ungenauigkeiten und damit auch Ungerechtigkeiten hinzunehmen (auch BGH NZM 2006, 895; BGH NZM 2010, 195). Es kann auch im Mietvertrag zulässig vereinbart werden, dass der Verteilermaßstab im Ermessen des Vermieters liegen soll (BGH NZM 2015, 129; dazu auch *Langenberg* NZM 2015, 152)

6. Abflussprinzip oder Leistungsprinzip?
Nach wie vor können beide Abrechnungsarten gewählt werden, der BGH hat hierzu keine Festlegung in seinem 5.7.2006 (WuM 2006, 516) getroffen. Allerdings bei der Heizkostenabrechnung darf nur nach dem Leistungsprinzip abgerechnet werden (BGH NZM 2012, 230). Das Abflussprinzip ist dem Steuerrecht (auch der WEG-Abrechnung bis auf die HK-Abrechnung) immanent: Für den Veranlagungszeitraum werden alle Ausgaben berücksichtigt, die in diesem Zeitabschnitt vorgenommen worden sind (gleich, ob sie für diesen oder einen anderen Veranlagungszeitraum bestimmt waren).

Beispiel: Der Vermieter erhält am 4.12.2010 die Rechnung des Wohngebäudeversicherers für das Kalenderjahr 2011. Bezahlt er diese Rechnung noch in 2010, ist der Betrag beim Abflussprinzip in der BK-Abrechnung 2010 zu berücksichtigen. Ganz anders dagegen beim Leistungsprinzip, welches vorherrschend für die Abrechnung von BK angewandt wird: Hier entscheidet, für welchen Zeitraum die Zahlung erfolgte. Da die Prämienberechnung für das Abrechnungsjahr 2011 erfolgt, ist die Zahlung, auch wenn sie noch im Dezember 2010 erfolgt, in der BK-Abrechnung 2011 zu berücksichtigen.

Keine Probleme bereitet das Abflussprinzip, wenn aus bereits abgerechneten Jahren noch Nachforderungen kommen (zB die Kommune berechnet für 2008 Grundsteuer nach, der Bescheid kommt im Jahr 2011). Die Nachbelastung fließt in die Jahresabrechnung für 2011 ein. Ganz anders jedoch beim Leistungsprinzip: In die Abrechnung 2011 kann der Betrag nicht aufgenommen werden, da er nicht für dieses Jahr berechnet ist. Die Jahresabrechnung für 2008 ist andererseits bereits erledigt (Ausschlussfrist 31.12.2009). Dieses Problem beim Leistungsprinzip ist aber vom BGH inzwischen gelöst worden: Der Vermieter kann die Nachbelastung außerhalb der NK-Abrechnung geltend machen, sobald ihm die Nachbelastung vorliegt, er muss dies allerdings innerhalb von drei Monaten tun (BGH NZM 2006, 740), anderenfalls die Jahresabrechnungsfrist des § 556 Abs. 3 S. 2 BGB schuldhaft versäumt ist. Bei inzwischen beendetem Mietverhältnis soll sich der Nachzahlungsanspruch gegen den ausgezogenen Mieter richten.

7. Gebot der Wirtschaftlichkeit. Dieser Einwand bezieht sich nicht auf die formelle Seite der Abrechnung, sondern ist ein materieller Einwand. Die Einwendungsfrist für den Mieter gilt hier nicht, da ein Schadensersatzanspruch zugrunde liegt (*Zehelein* NZM 2014, 369; *Derckx* NZM 2014, 372, vom BGH bisher nicht geklärt!) Dass dieser Einwand begründet ist, ist vom Mieter darzulegen und zu beweisen (BGH NZM 2008, 35; BGH NZM 2011, 705; KG NZM 2011, 487; s. hierzu auch *Heinz* NZM 2012, 137; *Peters* NZM 2012, 145; *Neuhaus* NZM 2011, 65 ff; *Milger* NZM 2012, 657; *Zehelein* NZM 2014, 11 ff).).

Die Betriebskostenspiegel des Deutschen Mieterbundes (oder eines örtlichen Mietervereins, zB Köln) entlasten den Mieter nicht von seiner Beweislast (BGH NZM 2011, 705; siehe auch *Ludley* NZM 2011, 705). Zum Sprengwasserabzug s. AG Brandenburg NZM 2011, 361; zur Terrorversicherung BGH NZM 2010, 864.

Erfolgversprechend für den Einwand sind hier vor allem a) Versicherungskosten und b) Abfallgebühren.

a) Treten im Objekt in kurzer Zeit mehrere Leitungswasserschäden auf, kündigt der Versicherer, oder aber er erhöht die Versicherungsprämie. Auch ein neuer Versicherer erhebt wegen der Schadensfälle eine höhere Versicherungsprämie. In beiden Fällen ist das Gebot der Wirtschaftlichkeit verletzt, denn die Prämienerhöhung beruht darauf, dass der Vermieter seiner notwendigen Instandhaltungspflicht nicht Genüge getan hat.

b) Es ist an Hand der örtlichen Abfallsatzung zu überprüfen, nach welchem Maßstab Abfallgebühren erhoben werden. In Köln werden für die Restmülltonne 35l pro Hausbewohner angesetzt und berechnet. Ordert der Vermieter zusätzlich eine gelbe und/oder blaue Tonne, so reduziert sich die Restmüllmenge auf 20l pro Hausbewohner. Das führt zu einer Kostenreduzierung beim Restmüll, die bunten Tonnen sind dagegen gebührenfrei.

Eigenleistungen des Vermieters dürfen nur in Höhe realistischer Fremdkosten angesetzt werden (BGH NZM 2013, 120). Eine starke Erhöhung einzelner Betriebskosten kann als Indiz für mangelnde Wirtschaftlichkeit angesehen werden, in diesem Fall hat der Vermieter darzulegen, worauf die Kostensteigerung beruht, ein pauschales Bestreiten des Mieters darauf reicht dann aber nicht (LG Berlin NZM 2013, 121).

8. Rückforderung von Vorauszahlungen bei Versäumung der Abrechnungsfrist. Im **bestehenden** Mietverhältnis besteht kein Bedürfnis, dem Mieter einen Rückforderungsanspruch auf Erstattung der Vorauszahlungen zu geben, wenn der Vermieter nicht innerhalb der Abrechnungsfrist abgerechnet hat (BGH NZM 2006, 533). Hier hat der Mieter zwei Rechtsbehelfe: Er kann den Vermieter zur Abrechnung auffordern und entsprechend verklagen. Die Vollstreckung geschieht nach § 888 ZPO, da eine nicht vertretbare Handlung vorliegt (BGH NZM 2006, 639 = NJW 2006, 2706). Außerdem kann der Mieter die Vorauszahlung auf die BK einstellen, bis der Vermieter abgerechnet hat (BGH NZM 2006, 533 = NJW 2006, 2552).

Im **beendeten** Mietverhältnis hat der ehemalige Mieter nach Ablauf der Abrechnungsfrist einen Anspruch auf Rückzahlung aller in dem Abrechnungsjahr geleisteten Vorschüsse. Das gilt auch im beendeten Gewerbemietverhältnis (OLG Düsseldorf NZM 2011, 884). Dieses Recht besteht aber nur für die Abrechnungsperioden, in denen der Mieter von seinem Zurückbehaltungsrecht an den laufenden Vorschüssen nicht (mehr) Gebrauch machen konnte (BGH NZM 2012, 832).

Nach AG Bonn (31.3.2017 – 204 C 118/16, BeckRS 2017, 125583) besteht das Rückforderungsrecht auch, wenn der Vermieter trotz rechtzeitig erteilter Abrechnung dem Mieter die Einsichtnahme in die Rechnungsbelege verweigert oder nicht gewährt.

Der Vermieter kann sich nur dadurch wehren, dass er unverzüglich die Abrechnung noch erstellt und dem ehemaligen Mieter zukommen lässt. Nachforderungen aus der Abrechnung sind ausgeschlossen, ein Guthaben ist jedoch auszuzahlen.

Erfolgt die Abrechnung des Vermieters im Rahmen des Prozesses auf Rückzahlung der geleisteten Vorschüsse, so hat der Mieter nach Vorlage der Abrechnung den Rechtsstreit in der Hauptsache für erledigt zu erklären, der Vermieter hat die Verfahrenskosten voll zu tragen (BGH NZM 2005, 373; BGH WuM 2004, 201). Ist dieser Rückzahlungsprozess schon rechtskräftig beendet, so kann der Vermieter, der dann erst die Abrechnung erteilt, Vollstreckungsgegenklage gemäß § 767 ZPO erheben (BGH NZM 2010, 736).

9. Zahlung auf eine verspätet überreichte BK-Abrechnung. Wenn der Vermieter die BK-Abrechnung nach Ablauf der Abrechnungsfrist des § 556 Abs. 3 BGB vorlegt und der Mieter die darin berechnete Nachforderung begleicht, so leistet der Mieter auf eine nicht bestehende Schuld im Sinne des § 812 Abs. 1 S. 1 Alt. 1 BGB, woraus sich sein Rückforderungsanspruch ergibt, der auch nicht durch entsprechende Anwendung des § 214 Abs. 2 S. 1 BGB ausgeschlossen ist, weil die Ausschlussfrist nicht mit der Verjährung zu vergleichen ist (BGH NZM 2006, 222). Für diesen Fall ist auch nicht von einem deklaratorischen Schuldanerkenntnis durch Zahlung auszugehen (BGH NZM 2011, 242).

2. Betriebskosten nach Quadratmetern bei Teilinklusivmiete

. . . . .

(Vermieter)[1]

an

. . . . .

(Mieter)[1]

Sehr geehrte(r) . . . . .,

als Anlage überreiche ich Ihnen die Abrechnung der Betriebskosten für das Jahr 2018.[2] Es ergibt sich für Sie ein Guthaben in Höhe von 170,23 EUR.[3] Über diesen Betrag ist ein Verrechnungsscheck beigefügt. Die der Abrechnung zugrunde liegenden Rechnungen sind bei mir nach vorheriger Terminabsprache einsehbar.[5]

. . . . .

(Vermieter)

BK-Abrechnung 2018

	2018	Basisjahr 2013	umlegbar[4]
Grundsteuer	2.696,75 EUR	1.591,– EUR	1.105,75 EUR
Abwasser	2.953,17 EUR		2.953,17 EUR
Wasser	2.839,71 EUR		2.839,71 EUR
Wohngebäudeversicherung	1.720,50 EUR	1.505,70 EUR	214,80 EUR
Haushaftpflichtversicherung	406,90 EUR	336,20 EUR	70,70 EUR
Gartenpflege	520,– EUR		520,– EUR
Kehrgebühr	133,41 EUR	108,92 EUR	24,49 EUR
Straßenreinigung	374,68 EUR	374,68 EUR	0,– EUR
Müllabfuhr	1.643,25 EUR		1.643,25 EUR
Hausstrom	129,45 EUR		129,45 EUR
			9.501,32 EUR
Gesamtwohnfläche		692 qm	13,730.231 EUR
Einzelabrechnung:			
Anteil an Betriebskosten		75 qm	1.029,77 EUR
Vorauszahlung			1.200,– EUR
Guthaben			170,23 EUR

Anmerkungen

1. → Form. C.X.1 Anm. 1

2. → Form. C.X.1 Anm. 2

3. Der hier zugrunde gelegte Mietvertrag bestimmt in § 4 Betriebskosten, Ziffer 1:
Folgende Betriebskosten sind umlegbar: . . . . . (Es folgt eine Aufzählung der oben angegebenen Betriebskosten, die voll umgelegt werden). Grundsteuer und Versicherungen fehlen in dieser Auflistung. In Ziffer 2 heißt es dann: Soweit sich die obigen Kosten sowie die Versicherungskosten und die öffentlichen Abgaben, insbesondere die Grundsteuer, erhöhen, dürfen die Mehrkosten ebenfalls umgelegt werden.

Im Mietvertrag ist damit eine **Teilinklusivmiete** vereinbart, denn Grundsteuer und Versicherungskosten sind anteilig in der Miete enthalten, nur die Erhöhungen dürfen umgelegt werden.

4. Das obige Beispiel ist nur anwendbar auf Teilinklusivmieten, die **unter Geltung des alten Mietrechts vor dem 1.9.2001** vereinbart wurden. Zwar kennt auch das neue

Mietrecht die Teilinklusivmiete, verbietet aber die Umlage von Erhöhungsbeträgen von Betriebskosten, die in der Miete enthalten sind (Art. 229 § 3 Abs. 4 EGBGB).

5. Basisjahr und Mieterhöhungen: Da lediglich Erhöhungsbeträge umlegbar sind, muss ein Basisjahr bestimmt werden, von dem aus Erhöhungen zulässig sind. Dieses Basisjahr kann zu Beginn des Mietverhältnisses einfach bestimmt werden, denn Basis ist in diesem Fall der Tag des Beginns des Mietverhältnisses.

Beispiel: Mietvertrag beginnt am 1.3. Die Grundsteuer wird zum 1.7. desselben Jahres erhöht. Basis ist hier der Grundsteuerbetrag, der zum 1.3. festgesetzt war. Der Erhöhungsbetrag ist deshalb umlegbar.

Bei Mieterhöhungen nach § 558 BGB (Vergleichsmiete) verschiebt sich auch das Basisjahr. Bei der Erhöhung einer Teilinklusivmiete darf die bisherige Miete um maximal 20 % (Kappungsgrenze) erhöht werden, und zwar einschließlich der in der Miete enthaltenen Betriebskosten (sog. Münchener Rechtsprechung s. *Sternel* MietR aktuell Rn. 579 ff.). Lediglich zum Zwecke der Vergleichbarkeit der so gefundenen neuen Teilinklusivmiete mit Nettomieten des Mietspiegels werden dann die anteiligen Betriebskosten herausgerechnet, und zwar mit den Beträgen, die zum Zeitpunkt der Abgabe der Mieterhöhungserklärung gelten (BGH NZM 2006, 101 mit Kritik von *Thomma* WuM 2006, 237). Zulässig ist auch, eine Kaltmiete aus dem Mietspiegel als ortsüblich anzunehmen und hierauf den Anteil an den BK aufzuschlagen (s. Beispiel oben *Flintrop* unter → Form. C.IV.6 → Form. C.IV.7). Hier muss aber zusätzlich auf die Kappungsgrenze geachtet werden, die bei dieser Berechnungsweise nicht automatisch mitberücksichtigt wird (die Überschreitung der Kappungsgrenze ist allerdings nur ein materieller Fehler der Erklärung, sie bleibt formal wirksam, BayObLG NJW-RR 1988, 721; OLG Celle NJW 1996, 331).

Beispiel 1: Mieterhöhung wird verlangt zum 1.11.2016. Herauszurechnen aus der um maximal 20 % erhöhten neuen Teilinklusivmiete sind Grundsteuer und Versicherungsbeiträge, die im August 2016 bei Abgabe der Mieterhöhungserklärung gelten. Diese Beträge sind dann auch die Basis für die Umlegung von Erhöhungsbeträgen.

Beispiel 2: Mieterhöhung wird verlangt zum 1.1.2017 mit Erklärung vom Oktober 2016. Herauszurechnen sind auch hier die Beträge, die im Oktober 2016 galten. Die Erhöhungen ab 2017 sind umlegbar, Basisjahr ist also auch hier das Jahr 2016.

Im obigen Abrechnungs-Beispiel war die letzte Mieterhöhung zum Anfang 2014.

3. Betriebskosten nach Quadratmetern und Personeneinheiten für Wasser, Abwasser und Müllabfuhr

. . . . .

(Vermieter)[1]

an

. . . . .

(Mieter)[1]

Sehr geehrte(r) . . . . .,

Als Anlage überreiche ich Ihnen die Abrechnung der Betriebskosten für das Jahr 2018.[2, 3] Es ergibt sich für Sie eine Nachzahlung in Höhe von 370,71 EUR. Diesen

Betrag überweisen Sie bitte bis zum auf das Mietkonto. Die der Abrechnung zugrunde liegenden Rechnungen sind bei mir nach vorheriger Terminsabsprache einsehbar.[1]

. . . . .

(Vermieter)

BK-Abrechnung 2018[2, 4]

Umlage nach Wohnfläche:		
Grundsteuer		2.744,– EUR
Straßenreinigung		267,54 EUR
Abwasser bebaute Fläche		970,10 EUR
Wohngebäudeversicherung		2.581,60 EUR
Haushaftpflichtversicherung		577,60 EUR
Glasversicherung		629,10 EUR
Hausstrom		392,83 EUR
Gartenpflege		181,25 EUR
Wartung Feuerlöscher		125,– EUR
Gesamt		8.469,02 EUR
bei einer Wohnfläche von insgesamt	612 qm	13,838268 EUR
Umlage nach Personeneinheiten (PE):		
Wasser		2.269,62 EUR
Abwasser		1.749,30 EUR
Müllabfuhr		1.780,80 EUR
Gesamt		5.799,72 EUR
bei einer PE von insgesamt	194 PE	29,895464 EUR
Einzelabrechnung:		
BK Umlage nach Wohnfläche	79 qm	1.093,22 EUR
BK Umlage nach PE	24 PE	717,49 EUR

Ihr Anteil		1.810,71 EUR
Ihre Vorauszahlung		1.440,– EUR
Nachzahlung		370,71 EUR

Erläuterung der Personeneinheiten:[5]

Abel	2 Personen	12 Monate	24 PE	
Bartsch	2 Personen	6 Monate	12 PE	bis 30.6,
	3 Personen	6 Monate	18 PE	ab 1.7.
Cäsar	1 Person	12 Monate	12 PE	
Dücker	3 Personen	12 Monate	36 PE	
Eder	1 Person	12 Monate	12 PE	
Find	1 Person	6 Monate	6 PE	bis 30.6
Gother	2 Personen	1 Monat	2 PE	ab 1.12.
Hartmann	2 Personen	12 Monate	24 PE	
Kerl	2 Personen	12 Monate	24 PE	
Meyer	2 Personen	12 Monate	24 PE	
			194 PE	

Anmerkungen

1. → Form. C.X.1 Anm. 1

2. → Form. C.X.1 Anm. 2.

3. In diesem Mietverhältnis sind **alle angegebenen Betriebskosten laut Mietvertrag umlagefähig.** Der Vermieter hat von der im Mietvertrag zugelassenen Möglichkeit Gebrauch gemacht, Wasser, Schmutzabwasser und Müllabfuhr nach einem verbrauchsbezogenen Maßstab umzulegen. Er hat hierfür die Umlage nach **PE = Personeneinheit** gewählt. Dieser Maßstab sollte schon im Mietvertrag angegeben werden, ansonsten aber zumindest in der ersten Abrechnung für den Mieter erläutert werden, damit die formelle Seite der Abrechnung eingehalten ist. Für den Umlagemaßstab **Personenmonate** hat der BGH eine Pflicht zur Erläuterung dagegen verneint (BGH NJW 2015,51)

Es ist von vorne herein klarzustellen, dass auch dieser Maßstab keine vollständige Gerechtigkeit bei der Umlage herbeiführen kann. Er beruht nämlich auf der Annahme, dass jede Person im Haus gleich viel Wasser verbraucht und Abwasser produziert und gleich viel Müll verursacht. Das ist eine Fiktion, weil in Wirklichkeit jeder Mensch mit Wasser höchst unterschiedlich umgeht. So kann eine vierköpfige Familie mit zwei kleinen Kindern durchaus weniger Wasser verbrauchen als ein Ehepaar ohne Kinder, das aber jeden Tag zu baden pflegt.

4. Definition der PE: 1 PE = 1 Person pro Monat. Im obigen Beispiel sind in der Abrechnung die PE für jeden Mieter angegeben. Damit kann der Mieter die Abrechnung an Hand des klar angegebenen und erläuterten Umlagemaßstabes überprüfen.Notwendig ist das aber nicht. Wie der Vermieter auf die Gesamtpersonenzahl gekommen ist, muss in der Abrechnung nicht angegeben werden und berührt auch nicht die formelle Seite der Abrechnung und deren Nachvollziehbarkeit (BGH NZM 2014, 902; BGH NZM 2010, 860; BGH NZM 2009, 78). Die Abrechnung ist auch nicht unwirksam, wenn die Gesamtpersonenzahl mit einem Bruchteil angegeben wird (BGH NZM 2010, 784; NZM 2010, 859). Wenn der Mieter z B wegen einer geänderten Art der konkreten Berechnung des Personenanteils Zweifel an der inhaltlichen Richtigkeit hat, so bleibt es ihm unbenommen, diese einer Überprüfung auf ihre sachliche Berechtigung zu unterziehen (BGH NZM 2011, 546). Der Mieter hat also das Recht, die Auflistung einzusehen, wenn er die Gesamt- und Einzel-PE nicht nachvollziehen kann. Dies kann der Vermieter von vorne herein vermeiden, indem er die Auflistung gleich der Abrechnung beifügt oder in die Abrechnung selbst aufnimmt.

5. Die Liste zeigt **drei Besonderheiten:**
1. Der Mieter Bartsch hat Ende Juni Nachwuchs bekommen, ab Juli sind daher 3 Personen zu berücksichtigen.
2. Der Mieter Find ist am 30.6. ausgezogen und wird deshalb auch nur für den Zeitraum Januar bis Juni berücksichtigt. Der Mieter Gother hat die freie Wohnung am 1.12. bezogen und wird damit auch zeitanteilig berücksichtigt.
3. Die vom 1.7. bis 30.11. freie Wohnung wurde für diesen Zeitraum nicht mit einem Verbrauch berücksichtigt. Der Grund hierfür ist, dass eine Abrechnung nach Verbrauch erstellt wurde und in der freien Wohnung während dieses Leerstandes kein Verbrauch stattgefunden hat. Damit wird der Vermieter für den Zeitraum des Leerstandes nicht mit verbrauchsbezogen abgerechneten Kosten belastet. Das AG Köln (WuM 1998, 290) hatte bei dieser Sachlage aber zu Lasten des Vermieters 1 PE pro Monat des Leerstandes angesetzt. Der BGH hatte bisher (WuM 2006, 440; NJW 2006, 2771) lediglich ausgeführt, dass dann, wenn verbrauchsbezogene Kosten nach Wohnfläche und damit nicht verbrauchsbezogen abgerechnet werden, der Leerstand immer zu Lasten des Vermieters zu berücksichtigen ist. Dasselbe gilt, wenn verbrauchsbezogene Betriebskosten wegen mangelhafter oder unterlassener Ablesung nicht verbrauchsbezogen abgerechnet werden können.
Nun hat der BGH in einem Beschluss (NZM 2013, 264) die Auffassung des AG Köln im Ergebnis gebilligt. Das Leerstandsrisiko liegt auch bei der Umlage von Betriebskosten grundsätzlich beim Vermieter (BGH NZM 2010, 855 für Wohnung; KG 6.6.2016 – 8 U 40/15, NZM 2017, 368 für Gewerbe). Daraus folgt:
Bei Leerstand einer Wohnung darf das Gericht nach den Umständen des Einzelfalls entscheiden, inwieweit der Leerstand einer Wohnung aus Gründen der Billigkeit berücksichtigt werden muss. Ein geringfügiger Leerstand kann unberücksichtigt bleiben, ebenso ist der Ansatz einer fiktiven Person zulässig, oder es findet eine Aufteilung nach Grund- und Verbrauchskosten (zB beim Wasser) statt. Entscheidend ist, zu einer ausgewogene Beteiligung des Vermieters an den Leerstandskosten zu gelangen (s. dazu auch *Schmid* NZM 2011, 235, zur Umlage von Wasserkosten bei erheblichem Leerstand, Anmerkung zum Sonderfall BGH NZM 2010, 855).
Wenn aber der Vermieter nach Wohnfläche umlegt, so ist die freistehende Wohnung anteilig auch bei Wasser, Abwasser und Müllabfuhr zu berücksichtigten, der Vermieter trägt dann anteilig die umgelegten Betriebskosten (BGH NJW 2006, 2771).
Zur Beweislast: Wird verbrauchsabhängig über z B Wasserzähler abgerechnet, kommt es für die inhaltliche Richtigkeit allein darauf an, ob der tatsächliche Verbrauch zutreffend ermittelt worden ist. Wurden hierfür geeichte Messgeräte verwendet, so spricht eine tatsächliche Vermutung dafür, dass die abgelesenen Werte den tatsächlichen Verbrauch

richtig wiedergeben. Ist jedoch die Messeinrichtung nicht (mehr) geeicht, kommt dem abgelesenen Wert diese Vermutung nicht zu. In diesem Fall muss der Vermieter im Prozess die Richtigkeit der abgelesenen Werte zur Überzeugung des Richters nachweisen (BGH NZM 2011, 117) Damit ist die frühere Entscheidung des BayObLG NZM 2005, 509 überholt (keine Berücksichtigung des abgelesenen Verbrauchs wegen Verstoßes gegen das Eichgesetz).

4. Abrechnung für einen Zeitraum außerhalb des Kalenderjahres

Nebenkostenabrechnung[1]

Tempelstr. 103, Köln

1.8.2017–31.7.2018[2]

EG hinten

Wohlfarth

		Gesamtkosten	Umlage-maßstab	Einzel-maßstab	Ihr Anteil
Grundsteuer	2017	131,23 EUR	297 qm	31 qm	13,70 EUR
	2018	183,72 EUR	297 qm	31 qm	19,18 EUR
Straßenreinigung	2017	60,90 EUR	297 qm	31 qm	6,36 EUR
	2018	85,26 EUR	297 qm	31 qm	8,90 EUR
Abwasser bebaute Fläche	2017	87,73 EUR	297 qm	31 qm	9,16 EUR
	2018	125,86 EUR	297 qm	31 qm	13,14 EUR
Wohngebäude-versicherung	2017	239,03 EUR	297 qm	31 qm	24,95 EUR
	2018	346,19 EUR	297 qm	31 qm	36,13 EUR
Haushaftpflicht-versicherung	2017	170,12 EUR	297 qm	31 qm	17,76 EUR
	2018	250,08 EUR	297 qm	31 qm	26,10 EUR
Hauswart		714,– EUR	297 qm	31 qm	74,53 EUR
Strom		413,80 EUR	119 PE	12 PE	41,73 EUR
Müllabfuhr	2017	373,46 EUR	119 PE	12 PE	37,66 EUR
	2018	533,42 EUR	119 PE	12 PE	53,79 EUR
Wasser		755,49 EUR	119 PE	12 PE	76,18 EUR
Schmutzabwasser	2017	376,83 EUR	119 PE	12 PE	38,– EUR
	2018	457,96 EUR	119 PE	12 PE	46,18 EUR
Heizkosten	laut Abrechnung ista				846,48 EUR
Gesamt					1.341,78 EUR

	Gesamtkosten	Umlage-maßstab	Einzel-maßstab	Ihr Anteil
geleistete Voraus-zahlung				– 852,– EUR
Nachzahlung				489,78 EUR

Personen im Haus:

Person	Wohnung	Personen	Monate	PE^3	Zeitraum
a	1	1 Person	12 Monate	12 PE	
b	2	1 Person	12 Monate	12 PE	
c	3,1	1 Person	2 Monate	2 PE	bis 30.9.11
d	3,2	1 Person	10 Monate	10 PE	ab 1.10.11
	4,1	0 Person	0 Monate	0 PE	
e	4,2	1 Person	12 Monate	12 PE	
f	5	1 Person	12 Monate	12 PE	
g	6	2 Personen	12 Monate	24 PE	
h	7,1	1 Person	10 Monate	10 PE	bis 31.5.12
i	7,2	1 Person	2 Monate	2PE	ab 1.6.12
j	8	1 Person	11 Monate	11 PE	ab 1.9.11
	9,1	1 Person	0 Monate	0 PE	
k	9,2	1 Person	12 Monate	12 PE	
				119 PE	

	2017	2018
Grundsteuer	314,95 EUR	314,95 EUR
Straßenreinigung	146,16 EUR	146,16 EUR
	2017	2018
Abwasser beb. Fläche	210,54 EUR	215,76 EUR
Wohngebäudeversicherung	573,68 EUR	593,46 EUR
Haushaftpflichtversicherung	408,29 EUR	428,70 EUR
Müllabfuhr	896,30 EUR	914,43 EUR
Schmutzabwasser	904,40 EUR	785,07 EUR
	je 5/12	je 7/12

Anmerkungen

1. Das Anschreiben wurde hier nicht wiedergegeben, es wird auf die Abrechnung unter Nr. 3 verwiesen.

2. Im vorliegenden Fall wurde als Abrechnungsjahr der Zeitraum 1.8. bis 31.7. des Folgejahres gewählt, Grund hierfür war der Zeitraum der Jahresabrechnung Gas für die Heizkostenabrechnung. Für die umzulegenden Betriebskosten ergibt sich unter Zugrundelegung des Leistungsprinzips die Notwendigkeit, alle Betriebskostenarten aufzuteilen, die für das Kalenderjahr in Rechnung gestellt werden. Das sind hier die meisten Betriebskosten.

3. Die Abrechnung erfasst den Zeitraum 1.8.2017 bis 31.7.2018. Die Betriebskosten sind also, soweit nicht mit diesem Abrechnungszeitraum identisch, aus zwei Jahren anteilig in die Abrechnung aufzunehmen. Seit BGH NZM 2016, 192 ist es zulässig, Teilbeträge oder Gesamtbeträge anzusetzen, ohne dass darunter die formelle Seite leiden würde. Was der Vermieter aber vor der Erstellung seiner Abrechnung selber berechnet, muss er dem Mieter auf Nachfrage dann auch erläutern und seine Berechnung offenlegen. Das ist in dieser Abrechnung offen für den Mieter erfolgt. Im vorliegenden Fall wurden die vollen Beträge für 2017 und 2018 am Ende der Abrechnung angegeben, darunter steht dann, in welcher Höhe hiervon der Anteil für 2017 (je 5/12) und 2018 (je 7/12) in der Abrechnung angesetzt worden ist. Die Abrechnung wird durch das vom Kalenderjahr abweichende Abrechnungsjahr allerdings sehr umfangreich.

Bei der Ermittlung der PE wurde für dieses Formular auf die Angabe der Mieternamen verzichtet, im Original sind alle Mieternamen angegeben. Die Ordnungsziffern 1, 2, 3, 3.1 und weitere rechts neben den Mieternamen verweisen lediglich auf die vom Vermieter vorgenommene Durchnummerierung der Wohnungen.

Auch in dieser Aufstellung ist z B unter dem Mieternamen j = Wohnung 8 ein Leerstand von einem Monat zu erkennen (August 2017), der nicht zu Lasten des Vermieters berücksichtigt wurde. Wer hier ganz sicher gehen will, berechnet zu Lasten des Vermieters für diesen 1 Monat 1 PE.

5. Teilgewerbliche Betriebskosten

. . . . .

(Vermieter)[1]

an

. . . . .

(Mieter)[1]

Sehr geehrte(r) . . . . .,

als Anlage überreiche ich Ihnen die Abrechnung der Betriebskosten Heizkosten für das Jahr 2018[2] . . . . .

Zum Umlagemaßstab gebe ich folgende Erläuterungen:[3]

Die Grundsteuer[4] wird nach dem Verhältnis der Teileinheitswerte für Wohnungen und Gewerberäume umgelegt, innerhalb der jeweiligen Gruppe dann nach Wohnfläche bzw. Nutzfläche.

Für die Hallen hinter dem Wohnhaus ist ein eigener Grundsteuerbescheid vorhanden.

Der Wasserverbrauch[5] wird hausbezogen umgelegt. Sowohl Haus A wie Haus B haben eine eigene Wasseruhr.

Beim Haus A wird vorab der über den Wasserzwischenzähler für die Gaststätte ermittelte tatsächliche Verbrauch an Wasser abgezogen, der Restbetrag wird auf die Mieter des Hauses A nach Personeneinheit umgelegt.

Der Wasserverbrauch für Haus B wird unter Einschluss der beiden Hallen nach Personeneinheiten umgelegt. Für die beiden Hallen sind pro Monat jeweils eine Person angesetzt.

Die Abwassergebühr wird für beide Häuser und Hallen einheitlich nach dem Gesamtwasserverbrauch festgesetzt. Die Aufteilung erfolgt nach dem jeweiligen Verhältnis des Wasserverbrauchs der Häuser A und B, der Wasserverbrauch der Gaststätte wird besonders angegeben.

Die Wohngebäudeversicherung[6] für die Häuser A und B enthält einen besonderen Prämienanteil für die Gaststätte. Dieser Anteil wird nur der Gaststätte belastet, der Rest wird auf Wohn- und Nutzfläche umgelegt. Die Glasversicherung erfasst nur die Schaufenster der Gewerbebetriebe.

Für die Hallen gibt es eine eigenständige Wohngebäudeversicherung.

Die aus der Abrechnung ersichtliche Nachforderung überweisen Sie bitte bis zum . . . . . auf das Mietkonto. Die der Abrechnung zugrunde liegenden Rechnungen sind bei mir nach vorheriger telefonischer Terminsabsprache einsehbar.

. . . . .

(Vermieter)

Abrechnung der Betriebskosten 2018
Bergisch-Gladbacher-Str. 31–33

Zimmermann	Betrag	Basisjahr 2016	umlegbar	Fläche gesamt qm	Wohnfläche qm	Anteil
Grundsteuer	4.857,21 EUR	4.857,21 EUR	0,– EUR	701,57	67,81	0,– EUR
Müllabfuhr	3.608,40 EUR	0,– EUR	3.608,40 EUR	898,04	67,81	272,47 EUR
Straßenreinigung	817,68 EUR	0,– EUR	817,68 EUR	1821,95	67,81	30,43 EUR
Allgemeinstrom	118,21 EUR	0,– EUR	118,21 EUR	1121,95	67,81	7,14 EUR
Glasversicherung	849,60 EUR		849,60 EUR	420,38	0	0,– EUR
Wohngebäude	3.491,78 EUR	3.491,78 EUR	0,– EUR	898,04	67,81	0,– EUR
Haushaftpflicht	793,45 EUR	793,45 EUR	0,– EUR	1821,95	67,81	0,– EUR
Schornsteinfeger	227,52 EUR	131,91 EUR	95,61 EUR	1121,95	67,81	5,78 EUR
Abwasser beb. Fläche	3.583,92 EUR	0,– EUR	3.583,92 EUR	1821,95	67,81	133,39 EUR

Zimmermann	Betrag	Basisjahr 2016	umlegbar	Fläche gesamt qm	Wohn-fläche qm	Anteil
Immissions-messung						41,10 EUR
Frischwasser	2.720,66 EUR	0,– EUR	2.720,66 EUR	228	12	143,19 EUR
Abwasser	2.402,81 EUR	0,– EUR	2.402,81 EUR	228	12	126,46 EUR
Treppenhaus-reinigung	2.088,– EUR	0,– EUR	2.088,– EUR	446,24	0	0,– EUR
Hausmeister	720,– EUR	0,– EUR	720,– EUR	1121,95	67,81	43,52 EUR
Fläche Wohnraum	701,57 qm		bei Wasser und Abwasser			
Gewerbehaus	196,47 qm		Umlageschlüssel PE (siehe Anlage)			
Gaststätte	223,91 qm					
insgesamt	1121,95 qm					
			Zwischensumme			803,48 EUR
Hallen	700,00 qm		Heizkosten laut Abrechnung			568,20 EUR
			Gesamtbelastung			1.371,68 EUR
			Vorauszahlung			–1.920,– EUR
			Guthaben			– 548,32 EUR

Aufteilung   Grundsteuer nach Teileinheitswerten auf Wohnraum/Gewerbe wie folgt:

Einheitswert Gewerbe	19.575	38,34852 %		3.021,29 EUR
dito für Wohnraum	31.470	61,65147 %		4.857,21 EUR
Einheitswert gesamt	51.045	100 %	Grundsteuer:	7.878,50 EUR
Hallen: eigener Grundsteuerbescheid				

Aufteilung   Wasser wie folgt:

31–33: Gaststätte nach tatsächlichem Verbrauch (Ablesung Wasserzwischenzähler)

Wohnraum Restbetrag nach Personenzahl

31–33 und Hallen: Umlage nach Personenzahl

Wasser 31–33	226 cbm	610,76 EUR
davon:		
Verbrauch Gaststätte	88 cbm	237,82 EUR
Verbrauch Wohnraum	138 cbm	372,94 EUR

Aufteilung Abwasser nach Wasserverbrauch der Häuser 31–33, Umlage nach Personenzahl

Abwasser gesamt			3.024,30 EUR
Gaststätte 31	88 cbm	8 %	241,94 EUR
31–33	138 cbm	12,55 %	379,55 EUR
31–33 und Hallen	874 cbm	79,45 %	2.402,81 EUR

Aufteilung Versicherungen wie folgt:[7,8]

Haftpflichtversicherung:	ohne Besonderheit einschließlich Hallen	
Wohngebäudeversicherung:	für die Häuser ohne Hallen	5.453,35 EUR
	./. Prämienzuschlag Gaststätte 35,97 %	
		– 1.961,57 EUR
	verbleiben für die Häuser	3.491,78 EUR

Anmerkungen

1. → Form. C.X.1 Anm. 1

2. → Form. C.X.1 Anm. 2.

3. Die **örtliche Situation** dieses Grundstückes ist komplex. An der Straße stehen zwei aneinander gebaute Häuser. Im Haus A befindet sich im EG eine Gaststätte, im Haus B befinden sich im EG drei Läden. In den Obergeschossen beider Häuser befinden sich Mietwohnungen. Hinter dem Haus auf einem großen Hof stehen zwei Hallen, die als Verkaufslager bzw. als Produktionsstätte für einen Handwerksbetrieb genutzt werden. Es ergeben sich daraus erhebliche Schwierigkeiten für die Abrechnung.

4. Umlagemaßstab. Im vorliegenden Fall wurde eine Aufteilung der angefallenen Kosten nach Verursachung durch Wohnraum und Gewerberaum vorgenommen. die Aufteilung wurde nicht nur rechnerisch dargestellt, sondern im Anschreiben auch begründet. Damit ist der notwendigen Erläuterung des Umlagemaßstabes Genüge getan worden.

Ein solcher formeller Aufwand ist aber nicht notwendig. Nach BGH ist die formelle Seite nicht berührt, wenn für das Gewerbe kein Vorwegabzug vorgenommen wird (BGH NZM 2007, 83; BGH NZM 2010, 784). Darüber hinaus hat dann der Mieter die Darlegungs- und Beweislast dafür, dass durch die teilgewerbliche Nutzung erhebliche Mehrkosten pro qm entstehen. Dabei ist hinsichtlich der einzelnen Betriebskosten zu differenzieren und auf die konkreten Gegebenheiten des Gebäudekomplexes einerseits und die Art der gewerblichen Nutzung andererseits abzustellen (BGH NZM 2007, 83 und NZM 2010, 784). Damit ist die materielle Seite der Abrechnung angesprochen. Den Vermieter trifft dann eine sekundäre Behauptungslast (BGH NZM 2007, 83). Ein solcher Vorwegabzug ist geboten, wenn bei Umlage nach Wohnfläche eine erhebliche Mehrbelastung für die Wohnungsmieter entstünde (BGH NZM 2006, 340; BGH NZM 2007, 83). Fehlt es an der Erheblichkeit, ist der Vorwegabzug nicht notwendig (BGH NZM 2006, 340 unter Hinweis auf LG Düsseldorf DWW 1990, 240; LG Frankfurt am Main NZM 1998, 434; LG Braunschweig ZMR 2003, 114 f.).

Damit ist die frühere Rechtsprechung gerade der Untergerichte überholt. In Anlehnung an die Vorgaben des sozialen Wohnungsbaus (s. § 20 NMVO) wurde verlangt, dass die Kosten, die für die gewerblich genutzten Flächen anfallen, vorab auszusondern sind. Wurde das nicht getan, wurde die Abrechnung als formell nicht ordnungsgemäß verworfen (AG Aachen WuM 2005, 720; LG Hamburg ZMR 2001, 970; LG Berlin WuM 2001, 412; AG Rathenow WuM 2006, 149; AG Leipzig WuM 2006, 96). Der BGH hat diese Entscheidungspraxis durch obige Urteile verworfen. Für den freien Wohnungsbau verneint er eine entsprechende Anwendung des § 20 NMVO.

Bei dem vorliegenden Abrechnungsbeispiel wurde entsprechend § 20 NMVO abgerechnet. Bei den nachfolgend erläuterten BK-Arten wird überprüft, ob auch eine Abrechnung nach den Grundsätzen dieses BGH-Urteils möglich wäre.

5. Grundsteuer. Bei Wohnhäusern mit teilgewerblicher Nutzung kann die Grundsteuer nicht nur nach Wohnfläche, sondern auch nach Teileinheitswerten umgelegt werden (LG Frankfurt ZMR 1997, 642) Diese Aufteilung beruht auf folgender Grundlage:

Die Grundsteuer ist das Produkt von Steuermessbetrag und Hebesatz. Der Hebesatz wird vom Rat der jeweiligen Kommune durch Satzung festgesetzt. Der Steuermessbetrag wird dagegen vom Finanzamt des belegenen Grundbesitzes gemäß den Vorschriften des Bewertungsgesetzes (Beck-Verlag Textsammlung Steuergesetze Nr. 200) ermittelt und festgesetzt. Maßgebend hierfür ist der Einheitswert. Dieser wiederum beruht auf den Mieteinnahmen des Objekts. Die Grundlage zur Festsetzung der Grundsteuer ist also letztlich die Mieteinnahme des Objekts. Und hierbei werden, da verschiedene Bewertungszahlen für Wohnraum und gewerbliche Nutzung vorhanden sind, entsprechende Teileinheitswerte vom Finanzamt festgesetzt. Nach dem Verhältnis dieser Teileinheitswerte zum Gesamteinheitswert kann dann die Grundsteuer auf Wohnraum und Gewerbe aufgeteilt werden. Im obigen konkreten Fall ergibt sich aus dem Einheitswertbescheid des Finanzamtes ein Gesamteinheitswert von 51.045,– EUR, unterteilt in 19.575,– EUR für den Wohnraum und 31.470,– EUR für den Gewerberaum. Entsprechend dem prozentualen Verhältnis dieser Teileinheitswerte ist dann auch die Grundsteuer aufgeteilt worden.

Abrechnung nach BGH-Urteil: Grundsteuer gesamt 7.878,50 EUR; Gesamtfläche des Hauses ohne Hallen (hier eigener Grundsteuerbescheid) 1.122,95 qm, davon gewerblich genutzt 420,38 qm, ergibt einen Anteil von 2.949,34 EUR (gegenüber 3.021,29 EUR bei Abrechnung nach Teileinheitswerten). Der Unterschied ist minimal, es kann also auch nach Fläche abgerechnet werden.

Da der BGH eine Verteilung nach Teileinheitswerten nicht für notwendig erachtet, ist grundsätzlich heute die Umlage nach dem gesetzlichen Umlageschlüssel „Fläche" zulässig. Das wird erst recht für den Abrechnungszeitraum ab 2025 gelten. Ab dann wird nämlich die Grundsteuer nicht mehr nach Mieteinnahmen ermittelt, sondern nach Grundstücksfläche und -wert, in Bayern nur nach Fläche. Damit ist eine Verteilung nach Einheitswert nicht mehr möglich, es ist einheitlich nach Fläche umzulegen.

6. Wasser und Abwasser. Die Gaststätte verbraucht im Gegensatz zu den Wohnungen sehr viel mehr Wasser. Ihr Wasserverbrauch wird über einen Zwischenzähler gesondert ermittelt. Dessen Verbrauchsmessung darf dem betroffenen Gewerbe als Vorwegabzug zugewiesen werden (BGH NZM 2010, 195 = NJW-RR 2010, 515: zweifelnd *Langenberg* NZM 2010, 186). Das gilt auch für andere wasserintensive Gewerbe, zB Wäschereien, Restaurants oder Hotels. Wenn die gesonderte Ermittlung durch einen geeichten Wasserzwischenzähler erfolgt, kann damit der exakte Verbrauch des Gewerbes bestimmt werden. Für nicht wasserintensive Gewerbe (zB Büroraum, Ladengeschäfte) darf dagegen der Umlagemaßstab angewandt werden, der auch für Wohnraum gilt, also Fläche oder PE. Im konkreten Beispiel liegt ansonsten kein wasserintensives Gewerbe vor. Deshalb erfolgt die Umlage für Wohnungen und sonstige Gewerbe einheitlich nach PE. Die Liste, aus der sich die einzelnen PE pro Mieter ergeben, ist der Abrechnung nicht beigefügt (→ Form. C.X.3).

Die Abwassergebühr wird für das gesamte Grundstück einheitlich durch einen Bescheid festgesetzt. Daher muss Abwasser – Schmutzwasser – nach dem Verhältnis des Frischwasserverbrauchs der beiden Häuser zueinander aufgeteilt werden, wobei die Gaststätte direkt gesondert berücksichtigt wurde. Abwasser bebaute Fläche wird dagegen, da nicht verbrauchsbezogen, nach Gesamtnutzfläche umgelegt.

Abrechnung nach BGH-Urteil: Da für die Gaststätte ein Wasserzwischenzähler vorhanden ist, hat hierfür eine konkrete verbrauchsbezogene Abrechnung zu erfolgen (BGH WuM 2006, 440). Eine andere Abrechnung für die Gaststätte ist damit nicht zulässig. Für den restlichen Gewerberaum kann der Vermieter dagegen zwischen dem Umlagemaßstab Fläche oder einem verbrauchsbezogenen Maßstab (hier PE) wählen.

7. Versicherungsbeiträge. Bei gemischt genutzten Gebäuden ergeben sich oft Prämienzuschläge für bestimmte gewerbliche Nutzungen. Bei der vorhandenen Gaststätten-Nutzung der EG-Räume im Haus A ist das der Fall, die Versicherungsgesellschaft hat bei der Wohngebäudeversicherung für die Gaststätte einen Prämienanteil von 35,97 % der Gesamtprämie berechnet, das sind bei einem Versicherungsbeitrag von 5.453,35 DM immerhin 1.961,57 DM nur für die Gaststätte (prozentualer Anteil der Gaststätte an der Gesamtmietfläche: 19,94 %). Dieser Anteil darf nur dem Gaststättenpächter in Rechnung gestellt werden (s. LG Berlin GE 1991, 935; AG Köln WM 1997, 648). Der restliche Prämienanteil wird nach Fläche auf die Wohnungen und die anderen Gewerbe im Haus B umgelegt. Für die Hallen gibt es eine eigene Versicherung.

Abrechnung nach BGH-Urteil: Der Prämienanteil der Gaststätte (35,97 %) ist im Vergleich zum prozentualen Verhältnis ihrer Fläche zur Gesamtfläche (223,91 qm zu 1.122,95 qm = 19,94 %) wesentlich höher, daher kann sich der Mieter auf Unbilligkeit einer Umlage nach Fläche berufen.

Glasversicherung: Diese fällt nur für die Schaufenster der Gewerbe an, darf deshalb nicht auf Wohnungsmieter umgelegt werden.

8. Der Mieter bezahlt eine Teilinklusivmiete aus einem vor dem 1. Oktober 2001 abgeschlossenen Mietvertrag, so dass bei einigen Betriebskosten auch die Basiswerte anzugeben waren und die Erhöhungsbeträge umgelegt werden dürfen.

6. Betriebskosten nach Quadratmetern unter Berücksichtigung von Garagen, Hausmeister und Aufzug

. . . . .

(Vermieter)[1]

an

. . . . .

(Mieter)[1]

Sehr geehrte(r) . . . . .,

als Anlage überreiche ich Ihnen die Abrechnung[2] der Betriebskosten für das Jahr 2018.[2] Auf dem Hof des Hauses befinden sich 6 Garagen. Diese haben weder Strom- noch Wasseranschluss. Das Haus hat einen Aufzug, es ist ein Hausmeister vorhanden.

Es ergibt sich für Sie eine Nachzahlung in Höhe von 776,56 EUR. Diesen Betrag überweisen Sie bitte bis zum . . . . . auf das Mietkonto. Die der Abrechnung zugrunde liegenden Rechnungen sind bei mir nach vorheriger Terminabsprache einsehbar.

. . . . .

(Vermieter)

BK-Abrechnung 2018

Pommernstr. 220

	Kosten in EUR	Verteiler-schlüssel ge-samt	Verteiler-schlüssel Wohnung	Ihr Anteil
Strom	1.222,23	978,75 qm	87,28 qm	108,99 EUR
Frischwasser	6.451,41	978,75 qm	87,28 qm	679,10 EUR
Gebäudeversicherung[4]	5.045,20	456 PE	48 PE	449,91 EUR
Haftpflichtversicherung	640,80	978,75 qm	87,28 qm	57,14 EUR
Abfall	7.046,40	978,75 qm	87,28 qm	628,36 EUR
Schmutzabwasser	6.018,03	456 PE	48 PE	633,48 EUR
Abwasser bebaute Fläche	2.298,30	978,75 qm	87,28 qm	204,95 EUR
Straßenreinigung	0,–	978,75 qm	87,28 qm	0,– EUR
Hauswart	4.015,80	978,75 qm	87,28 qm	358,11 EUR
Gartenpflege[7]	2.810,40	978,75 qm	87,28 qm	250,62 EUR
Hausreinigung[6]	3.393,16	978,75 qm	87,28 qm	302,58 EUR
Wartung Aufzug[5]	4.477,01	978,75 qm	87,28 qm	399,24 EUR
Wartung Feuerschutz	304,17	978,75 qm	87,28 qm	27,12 EUR
Grundsteuer[3]	1.087,35	978,75 qm	87,28 qm	96,96 EUR
Ihr Anteil				4.196,56 EUR
Ihre Vorauszahlung				3.420,– EUR
Nachzahlung				776,56 EUR

Grundsteuer: Aufteilung auf Wohnraum und Garagen nach Teileinheitswerten

Wohnungen	2480	91,99 %	1.087,35 EUR
Garagen	216	8,01 %	94,68 EUR
Einheitswert gesamt	2696	100 %	1.182,03 EUR

Wohngebäudeversicherung: Aufteilung auf Wohnraum und Garagen

Prämienanteil

Wohnungen		94 %	5.045,20 EUR
Garagen		6 %	322,03 EUR
Gesamt		100 %	5.367,23 EUR
Aufzugskosten:		insgesamt	5.739,76 EUR
	Abzug Instandhaltungspauschale	22 %	– 1.262,75 EUR
	reine Wartungskosten		4.477,01 EUR
Hauswart:[6]		insgesamt	7.301,45 EUR
	Abzug für Verwaltung+Reparaturen		– 3.285,65 EUR
	umlegbare Kosten		4.015,80 EUR

als Anlage Aufstellung der Mieter mit Berechnung der PE

Anmerkungen

1. → Form. C.X.1 Anm. 1

2. → Form. C.X.1 Anm. 2.

3. Grundsteuer. Auch hier gelten zunächst die grundlegenden Ausführungen wie im → Form. C.X.5 beschrieben zur formellen und materiellen Seite einer solchen Abrechnung. Vorliegend wurde eine Aufteilung vorgenommen, weil die Garagen teilweise nicht an Wohnungsmieter vermietet sind. Die Mieteinnahmen der Garagen sind bei der Festsetzung des Einheitswertes vom Finanzamt berücksichtigt worden, es liegen Teileinheitswerte vor, sodass die Grundsteuer nach Teileinheitswerten verteilt werden kann. Liegen dagegen keine Teileinheitswerte vor, oder sind alle Garagen an Wohnungsmieter vermietet, kann der Vermieter nach Wohnfläche umlegen und die Garagen damit überhaupt nicht berücksichtigen.

4. Versicherungsbeiträge. Im obigen Beispiel erfolgt die Aufteilung entsprechend der von der Versicherungsgesellschaft festgelegten Prämienanteile. Es gibt allerdings auch Wohngebäudeversicherungen, bei denen die Garagen prämienfrei mitversichert sind. In diesem Fall brauchen die Garagen nicht anteilig berücksichtigt zu werden.

5. Aufzug. Weit verbreitet ist der Abschluss eines Vollwartungsvertrages mit der Firma, die den Aufzug geliefert und eingebaut hat. Solche Verträge umfassen folgende Arbeiten: regelmäßige Wartung der Anlage, Vorbereitung der jährlich notwendigen TÜV-Überprüfung, Durchführung von Kleinreparaturen anlässlich der Wartung, Notdienst bei plötzlichem Ausfall des Aufzuges. Dieser Arbeitsumfang enthält nicht allein Betriebskosten-Arbeiten (= Wartung und Vorbereitung TÜV), sondern auch Reparaturarbeiten. Die Kosten des Vollwartungsvertrages dürfen deshalb grundsätzlich nicht in voller Höhe als Betriebskosten umgelegt werden. Es handelt sich hier nicht um ein Problem der Verteilung Wohnung/Gewerbe (die Garagen haben keinen Aufzug), sondern darum, dass in der Rechnung der Aufzugfirma Kosten enthalten sind, die keine Betriebskosten sind. Hier muss also eine Aufteilung erfolgen. Die meisten Aufzugfirmen geben den Instandhaltungsanteil ihrer Vollwartungsverträge mit 22 % oder mehr an. Im konkreten Fall hat die Aufzugfirma einen Anteil von 22 % angegeben. Kann der Dienstleister keinen prozentualen Anteil angeben, muss der Vermieter den umlegbaren Anteil selbst schätzen (siehe *Heilmann* NZM 2018, 698; *Streyl* WuM 2017, 560).

6. Hausmeister. Man sollte sich zunächst Ziffer 14 der BetrK-VO ansehen. Geregelt ist dort zunächst, was alles zu den Kosten des Hausmeisters gehört (Lohn, Lohnnebenkosten etc). In einer Negativabgrenzung wird sodann der abrechnungsfähige Arbeitsumfang beschrieben, der Hausmeister darf danach keine Arbeiten für Instandhaltung, Instandsetzung, Erneuerung, Schönheitsreparaturen oder Hausverwaltung ausführen. Eine positive Abgrenzung fehlt. Welche Arbeiten des Hausmeisters als umlagefähige Betriebskosten-Arbeiten anzusehen sind, wird also nicht angegeben. Die Verweisung auf die Ziffern 2 bis 16 der BetrK-VO gibt jedoch den notwendigen Hinweis. Umlagefähig als Betriebskosten sind solche Arbeiten des Hausmeisters, die mit den Betriebskosten nach den Ziffern 2 bis 16 der BetrK-VO zu tun haben. Daran ist der Hausmeistervertrag zu überprüfen. Dieser regelt, was der Hausmeister für den Vermieter zu tun hat und welche Vergütung er hierfür bekommt. Viele solcher Verträge enthalten eine Vielzahl von Aufgaben, ohne dass bei der Vergütung zwischen Betriebskosten-Arbeiten, Reparaturarbeiten oder Verwaltungsarbeiten unterschieden wird (Gesamtlohn). Jede Unklarheit über den Anteil von Betriebskosten-Arbeiten an den insgesamt übertragenen Arbeiten geht zu Lasten des Vermieters. Dieser wird den Umfang der Arbeiten und die Einordnung unter die verschiedenen Bereiche darzulegen haben und nachweisen müssen. Das ist allerdings nicht im Rahmen der BK-Abrechnung notwendig. Wohl aber muss angegeben werden, ob die Vergütung des Hausmeisters voll oder zu welchem prozentualen Anteil umgelegt wird. Es bleibt dann notfalls dem Gericht überlassen, ob die vom Vermieter vorgenommene Aufteilung billig ist (§ 315 BGB). Vermieter sollten verstärkt darauf achten, dass in einem Hausmeister-Vertrag streng unterschieden wird zwischen Betriebskostenarbeiten (die im Einzelnen aufzuführen sind) und den anderen Tätigkeiten, und es sollte für die BK-Arbeiten ein eigener Lohn oder Lohnanteil vereinbart werden. Anderenfalls können Abschläge von 50 % und mehr durch das Gericht drohen. Kann überhaupt keine Schätzung vorgenommen werden, wird diese Kostenposition vom Gericht sogar ganz gestrichen.

7. Im vorliegenden Fall sind neben Hausmeister-Kosten außerdem **Kosten für Hausreinigung und Gartenpflege** angesetzt. Führt der Hausmeister diese Arbeiten durch, ist eine Trennung nicht zulässig (entsprechend Ziffer 14). Vorliegend erfolgt die Treppenhausreinigung durch eine Putzfrau, die Gartenpflege durch ein Gartenbauunternehmen. Deshalb sind die Kosten getrennt von der Hausmeister-Vergütung abzurechnen.

7. Betriebskosten einer Eigentumswohnung (Abrechnung des Verwalters gegenüber Wohnungseigentümer)

. . . . .

(Verwalter)[1]

an

. . . . .

(Eigentümer)[1]

Sehr geehrte(r) . . . . .,

als Anlage überreiche ich Ihnen die Wohngeldabrechnung für das Jahr 2018,[2] die Abrechnung der Instandhaltungsrücklage sowie den Wirtschaftsplan für das Jahr 2019. Zur Eigentümerversammlung lade ich Sie ein auf Freitag, den 28.6.2019, 19.00 Uhr im Hobbyraum der Wohnanlage mit folgender Tagesordnung: (es folgen die TOP)

. . . . .

(Verwalter)

Wohngeldabrechnung

2018

WEG Markstraße 2

Kostenart	Gesamtkosten	VTS	Abr.Tage 365	Kostenanteil 365/365
Straßenreinigung	469,88 EUR	942,76 MEA(1)	44,30 EUR	44,30 EUR
Abfall	2.410,73 EUR	942,76 MEAoG (9)	234,30 EUR	234,30 EUR
Abwasser bebaute Fläche	213,28 EUR	942,76 MEAoG(9)	20,73 EUR	20,73 EUR
Allgemeinstrom	177,22 EUR	942,76 MEAoG (9)	17,22 EUR	17,22 EUR
Treppenhausreinigung	1.665,60 EUR	942,76 MEAoG(9)	161,88 EUR	161,88 EUR
Gartenpflege	1.782,51 EUR	942,76 MEAoG(9)	173,25 EUR	173,25 EUR
Schädlingsbekämpfung	115,23 EUR	942,76 MEAoG(9)	11,20 EUR	11,20 EUR
Hausmeister	1.570,80 EUR	942,76 MEA(1)	148,09 EUR	148,09 EUR
Versicherung	904,51 EUR	942,76 MEA(1)	85,27 EUR	85,27 EUR
Kabelgebühren	1.217,80 EUR	1 EIN(2)	93,68 EUR	93,68 EUR
Wartung Sprinkleranlage	341,87 EUR	942,76 MEAoG(9)	42,97 EUR	42,97 EUR
Heizkosten, Wasser, sowie	6.978,09 EUR	Sonderabrechnung Minol		384,36 EUR
Abwasser Schmutzwasser				
Beiratsversicherung	115,61 EUR	942,76 MEA(1)	10,90 EUR	10,90 EUR
Beiratsvergütung	225,– EUR	942,76 MEA(1)	21,21 EUR	21,21 EUR

Kostenart	Gesamtkosten	VTS	Abr.Tage 365	Kostenanteil 365/365
Reparaturen	1.566,95 EUR	942,76 MEAoG(9)	152,29 EUR	152,29 EUR
Rechts- und Bera-tungskosten	681,27 EUR	942,76 MEA(1)	64,23 EUR	64,23 EUR
Verwaltervergütung³	3.178,02 EUR	1 EIN(2)	244,46 EUR	244,46 EUR
Sonstige Kosten	435,87 EUR	942,76 MEA(1)	41,09 EUR	41,09 EUR
Bankgebühren	148,49 EUR	942,76 MEA(1)	14,00 EUR	14,– EUR
Instandhaltungsrück-lage	2.045,17 EUR	942,76 MEA(1)	192,81 EUR	192,81 EUR
Anteil 2018				2.124,38 EUR
gezahltes Wohngeld 2018				2.072,42 EUR
Nachzahlung⁴				51,96 EUR

Erläuterungen zu den Bemessungsgrundlagen:

(1) Miteigentumsanteil (MEA) 10.000 Gesamteinheiten
(2) Einheiten (EIN) 13 Gesamteinheiten
(9) MEA ohne Garagen (MEAoG) 9.700 Gesamteinheiten

Anmerkungen

1. → Form. C.X.1 Anm. 1

2. → Form. C.X.1 Anm. 2 mit folgendem **Zusatz:** In der Regel bestimmt der Vertrag mit dem Verwalter, innerhalb welchen Zeitraums nach Abschluss des Wirtschaftsjahres er über die Kosten und Einnahmen der WEG abzurechnen hat. Eine gesetzliche Vorgabe gibt es aber nicht. Wenn allerdings Wohnungen vermietet sind, muss sich der Verwalter an der Abrechnungsfrist des § 556 Abs. 3 BGB orientieren und die Abrechnung so frühzeitig geben, dass der vermietende Eigentümer seinerseits innerhalb der Jahresfrist die Abrechnung gegenüber seinem Mieter fertig stellen kann. Berücksichtigt der Verwalter diese Abrechnungsfrist des vermietenden Eigentümers nicht, können Schadensersatzansprüche auf ihn zukommen, denn der Wohnungseigentümer ist gegenüber seinem Mieter verpflichtet, die Jahresabrechnungsfrist einzuhalten (BGH 25.1.2017 – VIII ZR 249/15, NZM 2017, 216).

3. Der **WEG-Verwalter** hat sämtliche Kosten des Objekts nach den Vorgaben der Teilungserklärung auf die Wohnungseigentümer umzulegen. In seiner Abrechnung befinden sich also auch Kosten, die keine Betriebskosten gemäß Betrk-VO sind. Der Umlagemaßstab wird dabei ebenfalls von der Teilungserklärung bestimmt. Falls dort keine anderweitige Regelung vorhanden ist, ist nach MEA = Miteigentumsanteilen umzulegen.

Bister   631

Die Wohnungseigentümer können aber durch Mehrheitsbeschluss von einem in der Teilungserklärung vereinbarten Kostenverteilerschlüssel auch ohne Öffnungsklausel abweichen. Hierbei steht den Wohnungseigentümern ein Ermessensspielraum zu. Die Änderung bedarf eines sachlichen Grundes. Es darf jeder Umlageschlüssel gewählt werden, der den Interessen der Gemeinschaft und des einzelnen Wohnungseigentümers angemessen ist und insbesondere nicht zu einer ungerechtfertigten Benachteiligung Einzelner führt (BGH NZM 2012, 28; NZM 2011, 514; so auch AG Dortmund NZM 2011, 127; LG München NZM 2006, 413; s. a. *Jennißen* Verwalterabrechnung S. 21). In der Gesamtjahresabrechnung aufzuführen sind alle Kosten, die im Abrechnungsjahr bezahlt worden sind (Abflussprinzip, BGH NZM 2012, 344; NZM 2012, 812; NZM 2010, 243; NZM 2011, 366), in der Einzelabrechnung ist jedoch für die Umlage der Heizkosten der tatsächliche Verbrauch im Abrechnungsjahr abzurechnen (und damit das Leistungsprinzip).Das ist nach den Vorgaben der HK-VO zwingend vorgeschrieben, BGH NZM 2012, 230; NZM 2012, 344).

4. Die vorliegende Abrechnung ist für einen Außenstehenden so nicht nachvollziehbar. Maßgebend ist aber das Verständnis der Wohnungseigentümer, und diese kennen die Örtlichkeit mit den Besonderheiten des Objekts. Das betroffene Haus verfügt über 13 Wohnungen und 15 PKW-Plätzen in einer Tiefgarage. Die Kosten fallen teilweise nur für die Wohneinheiten an, teilweise aber auch für Wohnungen und Parkplätze. Der Verwalter hat hierzu unterschiedliche VTS (Verteilungsmaßstäbe) angegeben, die aus sich heraus nicht nachvollziehbar sind. Die VTS wurden deshalb in der Abrechnung mit Ziffern angegeben und unterhalb der Abrechnung in knappster Form erläutert. Um seinen Anteil nachzurechnen, muss der Wohnungseigentümer die Gesamtkosten zunächst durch die Gesamteinheit (unterhalb der Abrechnung angegeben, in der Abrechnung nur mit Ziffer bezeichnet) teilen und dann mit den in der Abrechnung angegebenen MEA multiplizieren. Das Ergebnis steht dann in der vorletzten Spalte, bezogen auf ein Jahr. In der letzten Spalte steht dann der Anteil für den Zeitraum, in dem der Wohnungseigentümer die Wohneinheit zu Eigentum hatte. Nach Möglichkeit sollte eine Abrechnung unter Verwendung von Schlüsselzahlen für die Angabe des Verteilerschlüssels vermieden werden. Das gilt erst recht für die Abrechnung des Wohnungseigentümers gegenüber seinem Mieter (→ Form. C.X.8).

8. Betriebskosten einer Eigentumswohnung (Abrechnung des Wohnungseigentümers gegenüber dem Mieter)

(Vermieter)[1]

an

(Mieter)[1]

Sehr geehrte(r) . . . . .,

als Anlage überreiche ich Ihnen die Abrechnung[3] der Betriebskosten für das Jahr 2018.[2] Es ergibt sich für Sie ein Guthaben in Höhe von 469,07 EUR. Diesen Betrag überweise ich Ihnen auf Ihr Konto. Die der Abrechnung zugrunde liegenden Rechnungen sind nach vorheriger Terminabsprache beim Verwalter einsehbar.

(Vermieter)

BK-Abrechnung 2018 WEG Marktstraße 2 Wohnung 2. OG links[5]

Kostenart	Gesamtkosten	Mieteigentums-anteile gesamt	Miteigentumsan-teile Wohnung	Kostenanteil
Straßenreinigung	469,88 EUR	10.000 MEA	942,76 MEA	44,30 EUR
Abfall	2.410,73 EUR	7.500 MEA	942,76 MEA	234,30 EUR
Abwasser bebaute Fläche	213,28 EUR	7.500 MEA	942,76 MEA	20,73 EUR
Allgemeinstrom	177,22 EUR	7.500 MEA	942,76 MEA	17,22 EUR
Treppenhausreinigung	1.665,60 EUR	7.500 MEA	942,76 MEA	161,88 EUR
Gartenpflege	1.782,51 EUR	7.500 MEA	942,76 MEA	173,25 EUR
Schädlingsbekämpfung	115,23 EUR	7.500 MEA	942,76 MEA	11,20 EUR
Hausmeister	1.570,80 EUR	10.000 MEA	942,76 MEA	148,09 EUR
Versicherung	904,51 EUR	10.000 MEA	942,76 MEA	85,27 EUR
Kabelgebühren	1.217,80 EUR	13 Whg	1 Whg	93,68 EUR
Wartung Sprinkleranlage	341,87 EUR	7.500 MEA	942,76 MEA	42,97 EUR
Heizkosten, Wasser, sowie	6.978,09 EUR	Sonderabrechnung Minol		384,36 EUR
Abwasser Schmutzwasser				
Grundsteuer[4]	215,40 EUR	942,77 MEA	942,76 MEA	215,40 EUR
Anteil 2018				1.603,35 EUR
Nebenkostenvorauszahlung 2018				2.072,42 EUR
Guthaben				– 469,07 EUR

Umlageschlüssel: 10.000 ME sind 13 Wohnungen und 15 Garageneinstellplätze

7.500 MEA sind nur die 13 Wohnungen

Anmerkungen

1. → Form. C.X.1 Anm. 1.

2. → Form. C.X.1 Anm. 2.

3. Im Gegensatz zum Verwalter darf der **Wohnungseigentümer** gegenüber dem in seiner Wohnung lebenden Mieter nur Betriebskosten im Sinne der BetrK-VO umlegen, soweit deren Umlage im Mietvertrag vereinbart ist. Auf den Mieter nicht umlegbar sind die Kosten für Verwaltung, Kontoführung, Reparaturen, Instandhaltungsrücklage. Umlagemaßstab sind auch hier die MEA der Wohnung. Wenn dieser im Mietvertrag vereinbart ist, gibt es keine Probleme. Wenn der Mietvertrag aber die Umlage nach Wohnfläche vorsieht, so ist nach wie vor ungeklärt, ob der Vermieter dann nach Wohnfläche oder wie der WEG-Verwalter nach MEA abzurechnen hat. Diesseits wird die Auffassung vertreten, dass der Vermieter nicht nach Wohnfläche abrechnen kann, weil ihm nur 1 Wohnung im Haus gehört und die Gesamtwohnfläche (im Gegensatz zur Gesamt-MEA) möglicherweise gar nicht bekannt ist. Leider gibt es nach wie vor Objekte, deren angegebene MEA prozentual nicht mit der jeweiligen Einzelwohnfläche übereinstimmen. Hinzu kommt, dass das Objekt der Abrechnung des Vermieters nur seine Wohnung ist, nicht jedoch das Haus. So kann man sagen, dass der Vermieter über die Betriebskosten abzurechnen hat, die für sein

Eigentum anfallen. Das sind aber nur die Beträge, die die Abrechnung des Verwalters ausweist. Im Übrigen ist dies eine Frage der materiellen Seite der Abrechnung, die Wahl eines falschen oder nicht vereinbarten Umlagemaßstabes wirkt sich nicht auf die formelle Seite der Abrechnung aus (→ Form. C. X. 1 Anm. 4).

4. Die **Grundsteuer** fehlt in der Abrechnung des Verwalters. Bei Wohnungseigentum wird die Grundsteuer für jede Wohnung gesondert festgesetzt, der Grundsteuerbescheid geht dem Wohnungseigentümer selbst zu, er ist Kostenschuldner (s. § 93 BewG). Wenn im Mietvertrag vereinbart ist, dass der Vermieter die für diese Wohnung anfallende Grundsteuer abrechnen darf, so kann er seinen Grundsteuerbescheid der Abrechnung mit dem Mieter zugrunde legen. Ist dies aber nicht vereinbart, so verlangte der BGH bisher, dass die Grundsteuer für das gesamte Haus der Abrechnung zugrunde zu legen war (BGH WuM 2004, 403. Eine Ausnahme machte der BGH zunächst nur bei der Abrechnung von Betriebskosten bei einer Doppelhaushälfte. Wurden hier Grundsteuer, Wasser und Abwasser vom Versorgungsträger nur für die Haushälfte ermittelt und berechnet, durfte der Vermieter diese Kosten so auch umlegen (BGH NZM 2011, 581). An dieser restriktiven Auffassung hält der BGH aber inzwischen nicht mehr fest, die Grundsteuer kann also direkt mit dem Betrag umgelegt werden, der nur für diese Wohnung festgesetzt worden ist (BGH NZM 2013, 457; BGH NZM 2011, 581; BGH NZM 2012, 96).

5. Laut **Mietvertrag** sind alle Betriebskosten in voller Höhe umlegbar. Da über BK auch nach dem Abflussprinzip abgerechnet werden darf, begegnet es keinen Bedenken, wenn der Vermieter seinem Mieter gegenüber die Zahlen aus der Abrechnung des Verwalters übernimmt.

9. Betriebskosten Gewerbe unter Berücksichtigung des ausgewiesenen MwSt-Anteils an den Betriebskosten

Notar Dr. Schüttler   Hauptstr. 30

                                                51399 Burscheid, den 16.4.2019

                                                USt.Nr. 215/3343/0478

Herrn Rechtsanwalt

Alfons Maier

Hauptstr. 30

51399 Burscheid

Sehr geehrter Herr RA Maier,

hiermit rechne ich über die Nebenkosten des Jahres 2018 wie folgt ab:[1, 2, 3, 4]

	Kosten	Gesamt-Wohn-fläche	Ihre Nutz-fläche	Anteil im Jahr	
Grundsteuer 2018	2.360,35 EUR	550,2 qm	82,8 qm	12/12	355,21 EUR
Abfall	400,98 EUR	550,2 qm	82,8 qm	12/12	60,34 EUR
Straßenreinigung	317,86 EUR	550,2 qm	82,8 qm	12/12	47,83 EUR
Abwasser bebaute Fläche	758,88 EUR	550,2 qm	82,8 qm	12/12	114,20 EUR

	Kosten	Gesamt-Wohn-fläche	Ihre Nutz-fläche	Anteil im Jahr	
Wohngebäudever-sicherung	1.875,49 EUR	550,2 qm	82,8 qm	12/12	282,24 EUR
Haftpflicht-versicherung	229,06 EUR	550,2 qm	82,8 qm	12/12	34,47 EUR
Wasserenthärtung*	94,25 EUR	550,2 qm	82,8 qm	12/12	14,18 EUR
Strom*	542,55 EUR	282,1 qm	82,8 qm	12/12	159,25 EUR
Treppenreinigung*	493,52 EUR	282,1 qm	82,8 qm	12/12	144,85 EUR
Heizkosten*	laut Abrech-nung Brunata				
Wasser/Abwasser*	laut Abrech-nung Brunata				
Brandschutzwar-tung*	196,40 EUR	282,1 qm	82,8 qm	12/12	57,65 EUR
Verwaltervergü-tung*	1.200,– EUR	282,1 qm	82,8 qm	12/12	352,22 EUR
Werbegemein-schaft*[5]	600,– EUR	282,1 qm	82,8 qm	12/12	176,11 EUR
* = Beträge netto ohne MwSt					
Ihr Anteil netto[6]					2.566,56 EUR
zuzüglich 19 % MwSt					487,65 EUR
Ihre Kosten					3.054,21 EUR
Ihre Voraus-zahlung					–2.370,48 EUR
Nachzahlung	574,56 EUR netto +		111,99 EUR = 19 % MwSt		683,73 EUR

Erläuterungen:

Wohnfläche des Hauses gesamt		550,2 qm
davon Notariat (KG + EG, aber ohne Treppenhaus)		– 268,1 qm

Wohnfläche ohne Notariat		282,1 qm
Aufteilung Stromkosten:		
Strom für Treppenhaus und Kellerräume ohne Notariat	brutto	771,77 EUR
abzüglich Strom für Heizanlage	brutto	– 126,14 EUR
	brutto	645,63 EUR
	netto bei 19 % MwSt	542,55 EUR

Eine Nachforderung überweisen Sie bitte bis zum 15.5.2019 auf mein Mietkonto. Guthaben werden von mir erstattet.

Die Belege sind in meinem Notariat einsehbar.

Mit freundlichen Grüßen

. . . . .

(Notar)

Anmerkungen

1. → Form. C.X.1 Anm. 1

2. Grundsätzlich muss auch bei der Gewerberaumabrechnung keine besondere Form eingehalten werden, Textform würde also reichen. Hat der Vermieter aber wie hier für die MWSt optiert, stellt die Finanzverwaltung besondere Anforderungen an eine solche Abrechnung. Sie verlangt die Einhaltung der Formalien wie bei einer Rechnung unter Ausweis der MwSt. Damit muss – damit der Mieter die ausgewiesene MwSt absetzen kann – die Abrechnung schriftlich erfolgen, sie muss den Mieter und seine Adresse genau bezeichnen, sie muss angeben, für welches Kalenderjahr und für welches Objekt die Abrechnung erfolgt, sie muss die Steuer-Nummer des Vermieters (oder seine ID-Nr.) angeben (s. hierzu auch *Herrlein* NZM 2013, 409 ff; *Schütz* NZM 2014, 417 ff).

3. Im Gegensatz zum Wohnraum (→ Form. C.X.1 Anm. 2) gilt die **Abrechnungsfrist** des § 556 Abs. 3 BGB **nicht für Gewerberaum** (BGH NZM 2010, 240; damit ist LG Darmstadt NZM 2009, 546 aufgehoben). Allerdings besteht für den Vermieter die Verpflichtung, innerhalb angemessener Frist abzurechnen, das ist in der Regel spätestens nach einem Jahr (BGH NZM 2011, 121).

4. Eine **Umlage** von Betriebskosten ist auch bei Gewerbemietverträgen nur möglich, wenn dies im Mietvertrag vereinbart ist. Ausreichend ist der Verweis auf die Betrk-VO (s. zur Anlage 3 zur II. BVO BayObLG WM 1984, 104 zum Wohnungsmietvertrag). Sonstige Betriebskosten können aber auch hier nur umgelegt werden, wenn sie im Mietvertrag benannt sind (OLG Düsseldorf ZMR 2012, 184).

5. Aus der Abrechnung sind aber auch **weitere Kosten** ersichtlich, die keine Betriebskosten sind. Im Bereich des Gewerbemietverhältnisses können auch solche Kosten durch Vereinbarung umgelegt werden. Allerdings muss die Vereinbarung klar und eindeutig sein und darf zu keiner unbilligen Belastung des Gewerbemieters führen. Dazu hat der BGH (NZM 2012, 24; NZM 2012, 83; NJW 2006, 3057 mAnm *Joachim*) Folgendes ausgeführt:

Ein im Mietvertrag formularmäßig vereinbarter Beitritt zu einer **Werbegemeinschaft** in GbR-Form ist unwirksam, da wegen des unbeschränkten Haftungsrisikos die Höhe des Beitrags nicht transparent ist und damit gegen § 307 Abs. 1 und 2 BGB verstößt. Zumindest muss in diesem Falle eine Haftungsbegrenzung durch einen Höchstbeitrag erfolgen, damit der Mieter die auf ihn zukommenden Kosten kalkulieren kann (s. a. OLG Celle ZMR 1999, 238; OLG Düsseldorf ZMR 1993, 469).

Die Begründung dieses Urteils ist jedoch nicht anwendbar auf die Vereinbarung von **Verwaltungskosten (kaufmännische und technische Hausverwaltung)**. Hier genügt die bloße Angabe im Mietvertrag, es liegt weder ein Verstoß gegen das Transparenzgebot vor (§ 307 Abs. 1 Nr. 2 BGB) noch ist die Klausel überraschend (§ 307 Abs. 1 Nr. 1 BGB) (BGH NZM 2015, 132; BGH NZM 2010, 123; BGH NZM 2010, 279; BGH NZM 2012, 83). Es ist auch nicht erforderlich, dass insoweit im Mietvertrag eine Bezifferung oder eine höhenmäßige Begrenzung der Kosten erfolgt (BGH NZM 2010, 123).

Kosten des „**Centermanagement**" sind nicht umlegbar, wenn nicht eine nähere Erläuterung im Mietvertrag erfolgt, was für Kosten darunter zu verstehen sind (insbesondere Abrechnung neben den Kosten der Verwaltung und des Hausmeisters) (BGH NZM 2013, 85; BGH NZM 2012, 24; s. a. *Schmid* NZM 2011, 495; OLG Düsseldorf ZMR 2012, 184).

Terrorversicherung ist unter der BK-Art Haus- und Haftpflichtversicherung umlegbar. Es besteht aber das Problem der Wirtschaftlichkeit. Es muss eine konkrete Gefährdungslage vorhanden und keine günstigere Lösung vorhanden sein (BGH NZM 2010, 846).

Elektronikversicherung der Brandmeldeanlage ist ebenfalls unter der BK-Art Haus- und Haftpflichtversicherung umlegbar (OLG Düsseldorf ZMR 2012, 184; aA KG NZM 2011, 487)

Die Kosten des **Aufzugnotrufs** sind Aufzugkosten (OLG Düsseldorf ZMR 2012, 184).

6. Der Vermieter hat im vorliegenden Fall zur **MwSt optiert**. Alle Betriebskosten und alle anderen Kosten dürfen nur in Höhe ihrer Netto-Beträge angegeben werden. Die Grundbesitzabgaben enthalten keine MwSt, ebenfalls nicht die Versicherungsbeiträge (nur Versicherungssteuer). Diese Kosten sind also in voller Höhe anzusetzen.

Dem berechneten Anteil des Mieters ist dann die gesetzliche MwSt hinzuzurechnen, das sind derzeit 19 % (s. LG Hamburg ZMR 1998, 294). Es ist also MwSt auch auf Kosten zu berechnen, für die selbst keine MwSt anfällt (s. hierzu *Schütz* NZM 2014, 417 ff).

Seit dem 1.1.2002 muss die Abrechnung überdies den Endbetrag in Nettobetrag, MwSt-Anteil und Bruttobetrag angeben. Das ist vorliegend berücksichtigt worden.

Weitere Voraussetzung für den gesonderten Ansatz von MwSt ist eine entsprechende Vereinbarung im Mietvertrag. Ist dort nichts geregelt, so kann der Vermieter, der zur MwSt optiert hat, dem Mieter keine MwSt gesondert in Rechnung stellen. In diesem Fall hat der Vermieter in der Abrechnung die Bruttobeträge anzusetzen (und muss intern gegenüber dem Finanzamt MwSt in Höhe von 19 % von den Einnahmen aus der NK-Vorauszahlung und der NK-Nachzahlung des Mieters abführen = Verlust).

Zur USt siehe auch die Kommentierungen zu den → Form. A.IV.4 (Garage) und → Form. A.VII.4 (Umsatzsteueroption im Gewerbemietvertrag)

10. Betriebskosten bei gefördertem Wohnraum alter Prägung (II. WohnBauG) (Abrechnung nach Quadratmetern)

. . . . .

(Vermieter)[1]

an

. . . . .

(Mieter)[1]

Sehr geehrte(r) . . . . .,

als Anlage überreiche ich Ihnen die Abrechnung[4] der Betriebskosten für das Jahr 2018.[2,3] Es ergibt sich für Sie eine Nachzahlung in Höhe von 174,52 EUR. Diesen Betrag überweisen Sie bitte bis zum . . . . . auf das Mietkonto. Die der Abrechnung zugrunde liegenden Rechnungen sind bei mir nach vorheriger Terminabsprache einsehbar.[5]

. . . . .

(Vermieter)

BK-Abrechnung

2018

Vietorstr. 32, 51103 Köln

	Gesamtwohnfläche		Ihre Wohnfläche		
Grundsteuer	2.504,40 EUR	795 qm	75 qm		236,26 EUR
Abfall	4.779,10 EUR	795 qm	75 qm		450,86 EUR
Straßenreinigung	706,44 EUR	795 qm	75 qm		66,65 EUR
Abwasser bebaute Fläche	1.101,10 EUR	795 qm	75 qm		103,88 EUR
Wohngebäudeversicherung	2.470,41 EUR	795 qm	75 qm		233,06 EUR
Haftpflichtversicherung	240,43 EUR	795 qm	75 qm		22,68 EUR
Glasversicherung	524,78 EUR	795 qm	75 qm		49,51 EUR
Strom	105,89 EUR	795 qm	75 qm		9,99 EUR
Gartenpflege	357,– EUR	795 qm	75 qm		33,68 EUR
Wasser	2.451,93 EUR	795 qm	75 qm		231,31 EUR
Abwasser	2.128,40 EUR	795 qm	75 qm		200,79 EUR
Ihr Anteil					1.638,67 EUR
CO-Messung nur für Ihre Wohnung					38,31 EUR

	Gesamtwohnfläche		Ihre Wohn- fläche	
Gesamt				1.676,98 EUR
zuzüglich 2 % Umlagenausfallwagnis				33,54 EUR
Gesamtbelastung				1.710,52 EUR
davon ab Vorauszahlung				– 1.536,– EUR
Nachzahlung				174,52 EUR

Anmerkungen

1. Im Gegensatz zur BK-Abrechnung im freien Wohnungsbau ist hier zwingend die **Schriftform** einzuhalten(§ 20 Abs. 4 NMV, § 4 Abs. 7 NMV, § 10 WohnBindG). Es sind also alle Vermieter genau anzugeben, und alle Vermieter haben auch zu unterschreiben. Es sind alle Mieter mit Namen anzugeben, wobei hier allerdings ausreichen dürfte, wenn die Mietermehrheit zB mit „Familie . . . . ." angeschrieben und angesprochen wird.

2. → Form. C.X.1 Anm. 2. Für Abrechnungen nach **§ 20 NMVO** gilt schon seit 1984 die Jahresfrist zur Abrechnung. Aber eine § 556 Abs. 3 BGB entsprechende Ausschlussfrist für Einwendungen des Mieters gibt es im geförderten Wohnungsbau nicht! Der Mieter hat Anspruch auf Aushändigung von Kopien der Rechnungen, die der BK-Abrechnung zugrunde liegen, gegen Erstattung notwendiger Kosten, § 29 Abs. 2 NMVO.

3. Es handelt sich um ein **reines Wohnhaus mit öffentlich geförderten Wohnungen nach altem Recht (II. WohnBauG)**. Die Umstellung der Kostenmiete nach § 25b NMVO ist erfolgt. Bis 1984 waren bis auf Wasser, Strom, Waschmaschine und Heizkosten alle Betriebskosten in der Kostenmiete enthalten, die Kostenmiete war damit eine Teilinklusivmiete. Ab 1.8.1984 waren alle Betriebskosten aus dieser Kostenmiete herauszunehmen, in einer Übergangsfrist bis zum 31.12.1986. Es ist aber anerkannt, dass die Umstellung (in der Form des § 10 WohnBindG) auch heute noch nachgeholt werden kann, allerdings muss das Haus nach wie vor in der öffentlichen Bindung sein. Ist die Bindung bereits ausgelaufen, ist eine Umstellung nicht mehr – einseitig – möglich, sondern nur noch durch Vereinbarung mit dem Mieter oder in den engen Grenzen des § 556a Abs. 2 BGB.

Für geförderten Wohnraum ab 2002 im Rahmen des **WoFG** (und der heutigen Landes-WoFG) gelten gemäß § 28 Abs. 4 WoFG die Vorschriften der §§ 556, 556a und 560 BGB unmittelbar. Für diese Wohnobjekte ist also abzurechnen wie im freien Wohnungsbau und also auch ohne Umlagenausfallwagnis.

4. Es handelt sich um dieselbe Abrechnung wie oben unter 1b, allerdings ergänzt um das **Umlagenausfallwagnis**. Gemäß § 25a NMVO darf auf die Betriebskosten 2 % Umlagenausfallwagnis aufgeschlagen werden.

5. Umlagemaßstab ist zwingend die Wohnfläche, soweit nicht ein anderer Umlagemaßstab zugelassen oder zwingend vorgeschrieben ist (§ 20 NMVO sowie §§ 21 ff. NMVO). Außerdem ist ein Vorwegabzug vorzunehmen für alle Betriebskosten, die nicht auf den geförderten Teil des Hauses fallen (BGH WuM 2004, 666). Darunter fällt nicht nur Gewerberaum, sondern auch freifinanzierter Wohnraum!

Bister

11. Teilgewerbliche Betriebskosten bei gefördertem Wohnraum

. . . . .

(Vermieter)[1]

an

. . . . .

(Mieter)[1]

Sehr geehrte(r) . . . . .,

als Anlage überreiche ich Ihnen die Abrechnung der Betriebskosten und Heizkosten für das Jahr 2018[2]. . . . .

Zum Umlagemaßstab gebe ich folgende Erläuterungen:[3]

Die Grundsteuer[4] wird nach dem Verhältnis der Teileinheitswerte für Wohnungen und Gewerberäume umgelegt, innerhalb der jeweiligen Gruppe dann nach Wohnfläche bzw. Nutzfläche.

Für die Hallen hinter dem Wohnhaus ist ein eigener Grundsteuerbescheid vorhanden.

Der Wasserverbrauch[5] wird hausbezogen umgelegt. Sowohl Haus A wie Haus B haben eine eigene Wasseruhr.

Beim Haus A wird vorab der über den Wasserzwischenzähler für die Gaststätte ermittelte tatsächliche Verbrauch an Wasser abgezogen, der Restbetrag wird auf die Mieter des Hauses A nach Personeneinheit umgelegt.

Der Wasserverbrauch für Haus B wird unter Einschluss der beiden Hallen nach Personeneinheiten umgelegt. Für die beiden Hallen sind pro Monat jeweils § Person angesetzt.

Die Abwassergebühr wird für beide Häuser und Hallen einheitlich nach dem Gesamtwasserverbrauch festgesetzt. Die Aufteilung erfolgt nach dem jeweiligen Verhältnis des Wasserverbrauchs der Häuser A und B, der Wasserverbrauch der Gaststätte wird besonders angegeben.

Die Wohngebäudeversicherung[6] für die Häuser A und B enthält einen besonderen Prämienanteil für die Gaststätte. Dieser Anteil wird nur der Gaststätte belastet, der Rest wird auf Wohn- und Nutzfläche umgelegt. Die Glasversicherung erfasst nur die Schaufenster der Gewerbebetriebe.

Für die Hallen gibt es eine eigenständige Wohngebäudeversicherung.

Die aus der Abrechnung ersichtliche Nachforderung überweisen Sie bitte bis zum . . . . . auf das Mietkonto. Die der Abrechnung zugrunde liegenden Rechnungen sind bei mir nach vorheriger telefonischer Terminabsprache einsehbar.

. . . . .

(Vermieter)

Abrechnung[8] der Betriebskosten 2018 Bergisch-Gladbacher-Str. 31–33

Zimmermann	Betrag	Basisjahr 2016	umlegbar	Fläche gesamt qm	Wohn- fläche qm	Anteil
Grundsteuer[7]	4.857,21 EUR	4.857,21 EUR	0,– EUR	701,57	67,81	0,– EUR
Müllabfuhr	3.608,40 EUR	0,– EUR	3.608,40 EUR	898,04	67,81	272,47 EUR
Straßenreini- gung	817,68 EUR	0,– EUR	817,68 EUR	1821,95	67,81	30,43 EUR
Allgemeinstrom	118,21 EUR	0,– EUR	118,21 EUR	1121,95	67,81	7,14 EUR
Glasversiche- rung	849,60 EUR		849,60 EUR	420,38	0	0,– EUR
Wohngebäude	3.491,78 EUR	3.491,78 EUR	0,– EUR	898,04	67,81	0,– EUR
Haushaftpflicht	793,45 EUR	793,45 EUR	0,– EUR	1821,95	67,81	0,– EUR
Schornsteinfeger	227,52 EUR	131,91 EUR	95,61 EUR	1121,95	67,81	5,78 EUR
Abwasser beb. Fläche	3.583,92 EUR	0,– EUR	3.583,92 EUR	1821,95	67,81	133,39 EUR
Immissions- messung						41,10 EUR
Frischwasser	2.720,66 EUR	0,– EUR	2.720,66 EUR	228	12	143,19 EUR
Abwasser	2.402,81 EUR	0,– EUR	2.402,81 EUR	228	12	126,46 EUR
Treppenhaus- reinigung	2.088,00 EUR	0,– EUR	2.088,– EUR	446,24	0	0,– EUR
Hausmeister	720,– EUR	0,– EUR	720,– EUR	1121,95	67,81	43,52 EUR

Fläche Wohn- raum	701,57 qm		Zwischensumme	803,48 EUR
Gewerbehaus	196,47 qm		Heizkosten laut Abrechnung	568,20 EUR
Gaststätte	223,91 qm			
insgesamt	1.121,95 qm		Zwischensumme	1.371,68 EUR
			2 % Umlagenausfallwagnis	27,43 EUR
Hallen	700,00 qm			
			Gesamtbelastung	1.399,12 EUR
			Vorauszahlung	-1.200,– EUR
bei Wasser und Abwasser				
Umlageschlüssel PE (Siehe Anlage)			Nachzahlung	171,68 EUR

Aufteilung Grundsteuer nach Teileinheitswerten auf Wohnraum/Gewerbe wie folgt:[9]

Einheitswert Gewerbe	19575	38,34852 %		61,65148 %
dito für Wohnraum	31470			
Einheitswert gesamt	51.045	100 %	Grundsteuer:	7.878,50 EUR
Hallen: eigener Grundsteuerbescheid				

Aufteilung Wasser wie folgt:

31–33: Gaststätte nach tatsächlichem Verbrauch (Ablesung Wasserzwischenzähler)

Wohnraum Restbetrag nach Personenzahl

31–33 und Hallen: Umlage nach Personenzahl[10]

Wasser 31–33		226 cbm	610,76 EUR
davon:			
Verbrauch Gaststätte		88 cbm	237,82 EUR
Verbrauch Wohnraum		138 cbm	372,94 EUR

Aufteilung Abwasser nach Wasserverbrauch der Häuser 31–33, Umlage nach Personenzahl[10]

Abwasser gesamt			3.024,30 EUR
Gaststätte 31	88 cbm	8 %	241,94 EUR
31–33	138 cbm	12,55 %	379,55 EUR
31–33 und Hallen	874 cbm	79,45 %	2.402,81 EUR

Aufteilung Versicherungen wie folgt:

Haftpflichtversicherung:	ohne Besonderheit einschließlich Hallen	
Wohngebäudeversicherung:	für die Häuser ohne Hallen	
	./. Prämienzuschlag Gaststätte 35,97	5.453,35 EUR
	verbleiben für die Häuser	– 1.961,57 EUR
		3.491,78 EUR

Anmerkungen

1. → Form. C.X.11 Anm. 1.

2. → Form. C.X.1 Anm. 2

3. → Form. C.X.4 Anm. 3

4. → Form. C.X.4 Anm. 4

5. → Form. C.X.4 Anm. 5

6. → Form. C.X.4 Anm. 6.

7. → Form. C.X.4 Anm. 7.

8. Es handelt sich um dieselbe Abrechnung → Form. C.X.4, allerdings jetzt für den **öffentlich geförderten Wohnungsbau alter Prägung** und damit unter Berücksichtigung des Umlagenausfallwagnisses.

9. § 20 Abs. 2 NMVO verlangt, dass Betriebskosten, die nicht für den öffentlich geförderten Wohnraum angefallen sind, vorweg abzuziehen sind (siehe BGH WuM 2004, 666). Darunter fällt aber nicht nur Gewerberaum, sondern auch freifinanzierter Wohnraum. Der BGH verlangt allerdings für die Einhaltung der formellen Seite dieser Abrechnung keinen Vorwegabzug, er sieht § 20 NMVO als rein materielle Regelung (BGH NZM 2012, 155 im Anschluss an BGH NZM 2010, 784 und BGH NZM 2011, 118). Wird **in der Abrechnung** der Vorwegabzug vorgenommen, so gelten die üblichen Anforderungen, die der BGH aufgestellt hat. Es ist also der jeweilige Gesamtbetrag anzugeben und zu berechnen und zu erläutern, warum und in welcher Höhe hiervon nur ein Teilbetrag in die Abrechnung eingesetzt ist (BGH NZM 2012, 155 im Anschluss an BGH NZM 2007, 244). Wenn der Vermieter – ohne das in der Abrechnung auszuweisen – nur den Teilbetrag ansetzt, so ist die formelle Seite auch eingehalten (BGH NZM 2016, 192).

Ein Vorwegabzug ist vorliegend erfolgt für die **Grundsteuer**, sie wurde nach Teileinheitswerten verteilt. Das wird ab der Abrechnung 2020 nicht mehr möglich sein, weil die Grundsteuerreform die Ermittlung nach Fläche und Wert des Grundstückes für maßgebend anordnet, in Bayern soll nur die Fläche maßgebend sein. Ob andere Bundesländer von der Bundesregelung ebenfalls abweichen, ist noch nicht bekannt.

Dies ist bei der **Wohngebäudeversicherung** insoweit geschehen, als darin ein unterscheidbarer Prämienanteil allein für die Gaststätte enthalten ist.

Bei **Wasser und Abwasser** wurde der Verbrauch der Gaststätte ausgesondert, weil ein Wasserzwischenzähler eingebaut ist und der Wasserverbrauch der Gaststätte damit verbrauchsbezogen festgestellt werden kann (Hinweis: In Köln wurde der Einbau eines Zwischenzählers bei gemischt gefördertem Wohnraum immer angeordnet).

Bei den **übrigen Betriebskosten** ist dagegen keine vorherige Aussonderung erfolgt. Dies liegt daran, dass für Gewerbe und Wohnraum keine unterscheidbaren Anteile an diesen Betriebskosten ermittelbar sind. Insoweit bestimmt § 20 Abs. 2 S. 2 ergänzend: „kann hierbei nicht festgestellt werden, ob die Betriebskosten auf Wohnraum oder auf Geschäftsraum entfallen, sind sie für den Wohnteil und den anderen Teil des Gebäudes oder der Wirtschaftseinheit im Verhältnis des umbauten Raumes oder der Wohn- und Nutzflächen aufzuteilen" (s. LG Dortmund NZM 1998, 573 mit der Berücksichtigung von Garagen). Problematisch ist das Verhältnis Vorwegabzug – anderweitige Verteilung in der Regel nicht. Es kann hier grundsätzlich auf die Ausführungen unter Beispiel 4 (BK teilgewerblich) verwiesen werden.

10. Bei dieser Abrechnung ist für die **Berechnung des Umlagenausfallwagnisses** darauf zu achten, dass dieses nicht von den Gesamtkosten berechnet wird, sondern nur von dem Einzelanteil des Mieters. Für die Anteile des Gewerbes darf nämlich kein Umlagenausfallwagnis zu Lasten des Wohnungsmieters angesetzt werden (und die Gewerbemieter schulden kein Umlagenausfallwagnis).

12. Heizkostenabrechnung inklusive Warmwasserverbrauch

. . . . .

(Vermieter)[1]

an . . . . .

(Mieter)[1]

Sehr geehrte(r) . . . . .,

als Anlage überreiche ich die Heizkosten-Abrechnung[3] für das Kalenderjahr 2018.[2] Für Sie ergibt sich ein Guthaben von 245,65 EUR. Der Betrag wird auf Ihr Konto erstattet. Die Rechnungen sind bei mir einsehbar.

			Immissionsmessung	3.6.	48,72
			Verbrauchsabrech-nung		805,62
Restbestand 31. 12.	11.659	6.854,48	Summe		1.982,86
Kosten	15.009	8.824,–	Summe Brennstoff-kosten		8.824,–
			Gesamtkosten		10.806,86

Ermittlung der Warmwasserkosten:		
Wärmemengenzähler Heizung : 12015; Wärmemengenzähler Warmwasser: 2637; Gesamt 14.652, im Verhältnis 82 % zu 18 %		
Gesamtkosten der Liegenschaft = 10.806,86 EUR		
Hiervon 18 % Warmwasserkosten = 1.945,23 EUR (Heizkosten : 8.861,63 EUR)		

Gesamtkosten	10.806,86		
Heizkosten:	8.861,63		
50 % Grundkosten	4.430,82	845,40 qm Wohnfläche	5,24109
50 % Verbrauchskosten	4.430,81	682,20 Striche	6,49488
Warmwasserkosten:	1.945,23	Davon	
100 % Grundkosten	1.945,23	127,74 Zapfstellen+Pers.	15,22804

Mieter Meyer			
1.1.2018–31.7.2018			
Grundkosten Heizung	28,04 (= $^7/_{12}$ von 47 qm)	× 5,24109	146,96
Verbrauchskosten Hei-zung	20,00 Striche	× 6,49488	129,90
Warmwasser	6,97	× 15,22804	106,14
Summe			383,–
Zwischenablesegebühr[6]			44,49

Bister

Kostenaufteilung, Nutzer-wechsel			26,85
Kosten gesamt			454,34
Vorauszahlung			700,–
Guthaben			245,66

(Vermieter)[7, 8]

Anmerkungen

1. → Form. C.X.1 Anm. 1.

2. → Form. C.X.1 Anm. 2

3. Heizkosten sind – im freien wie im geförderten Wohnungsbau, und auch in der WEG – zwingend nach HeizkV abzurechnen. Zu den Änderungen ab 2009s. *Schmid* NZM 2009, 104 und *Paschke* WuM 2010, 14.

Im vorliegenden Fall ist das Abrechnungsjahr das Kalenderjahr. Das ist ohne weiteres zulässig, wenn mit Heizöl geheizt wird. Bei Beheizung mit Gas muss das Abrechnungsjahr jedoch identisch sein mit dem Abrechnungsjahr des Gaslieferanten, da sonst eine verbrauchsabhängige Abrechnung nicht erfolgen kann (BGH NZM 2012, 230). Zulässig ist es aber, dass die Kosten aus zwei Jahresabrechnungen übernommen werden, da auch dann eine verbrauchsabhängige Abrechnung vorliegt (Beispiel: Abrechnungsjahr ist Kalenderjahr, Gasversorger rechnet immer vom 15.5. bis 14.5. des Folgejahres ab. Für die Abrechnung 2018 müssen die anteiligen Verbrauchskosten aus der Jahresabrechnung 2018 – 1.1. bis 14.5.2018 – und aus der Jahresabrechnung 2019 – 15.5. bis 31.12.2018 – ermittelt werden). Nimmt der Gaslieferant allerdings keine Trennung zum Jahreswechsel vor, ist diese Abrechnungsmöglichkeit versperrt. Dann hilft allerdings noch, den Gasverbrauch zum 31.12. persönlich abzulesen und vom Gaslieferanten eine Simulationsabrechnung für den Zeitraum 15.5. bis 31.12.18 erstellen zu lassen. Verbrauchswarmwasser wird im vorliegenden Fall zentral über die Heizanlage zur Verfügung gestellt. Seit 2014 ist der Wärmeverbrauch der zentralen Warmwasseranlage mittels eines Wärmezählers zu messen (§ 9 Abs. 2 HeizkV). Dabei ist zu beachten: Bei Heizöl müssen zwei Wärmezähler eingebaut werden, einer in den Heizstrang und einer in den Warmwasserstrang. Bei Gas muss nur der Warmwasserstrang mit einem Wärmezähler ausgestattet werden, da in kWh sowohl beim Wärmezähler wie bei der Abrechnung des Gasverbrauchs gerechnet wird.

4. Die Abrechnung ist wie allgemein üblich in einen **allgemeinen und einen besonderen Teil** aufgeteilt. Im allgemeinen Teil werden die in der Abrechnungsperiode angefallenen Kosten aufgeführt. Bei der Befeuerung mit Heizöl müssen neben den Neulieferungen auch der Anfangsbestand und der Endbestand angegeben werden, alle mit Literangaben und gezahltem Preis. Bei Gas sind dagegen nur die Angaben aus der Gasjahresabrechnung (heute üblich in kWh, Preis und Datum der Rechnung) notwendig. Die Abrechnung erfolgt notwendigerweise nach dem Leistungsprinzip, da der in der Abrechnungsperiode angefallene Heizwärmeverbrauch (und die dafür aufgewandten Kosten) zugrunde zu legen ist.

5. Im **besonderen Teil** erfolgt dann die Aufteilung der angefallenen Kosten auf Heizung und Warmwasser (gemäß § 9 Abs. 2 HeizkV), sodann die Verteilung der Heizkosten anteilig nach abgelesenem Verbrauch und Wohnfläche. Der Verbrauchsanteil darf zwischen 50 % und 70 % angesetzt werden (§ 7 HeizkV), bei älteren Häusern ist aber die Änderung in § 7 Abs. 1 HeizkV ab 2009 zu beachten: 70 % zu 30 %, wenn die Voraussetzungen gegeben sind. Bei den Warmwasserkosten wird hier verbrauchsabhängig abgerechnet nach der Summe aus Personen und Zapfstellen für Warmwasser.

6. Die Kosten einer **Zwischenablesung** sind zwar notwendige Kosten, da die HeizkV eine verbrauchsbezogene Abrechnung (§ 9b HeizkV) verlangt. Entsprechend BGH NZM 2008, 123 ist eine Umlage auf den weichenden und den einziehenden Mieter aber nur zulässig, wenn dies mietvertraglich vereinbart ist.

7. Kürzungsrecht. Rechnet der Vermieter nicht verbrauchsbezogen ab, so kann der Mieter vom Rechnungsbetrag 15 % abziehen (§ 12 Abs. 1 HeizkV). Die Vorschrift gilt jedoch nicht für Wohnungseigentümer im Verhältnis zu den anderen Wohnungseigentümern. Eine verbrauchsabhängige Abrechnung liegt auch vor, wenn für einen Mieter keine Ablesung erfolgt (zB weil der Wärmemesszähler ausgefallen ist oder weil der Mieter nicht erreichbar ist und der Wärmemesszähler deshalb nicht abgelesen werden kann), sein Verbrauch aber gemäß § 9a HeizkV an Hand der Verbräuche in früheren Jahren geschätzt wird (BGH WuM 2005, 776). Liegen solche Werte für vergangene Jahre nicht vor (weil zB erste Abrechnung für den Mieter), so darf der Vermieter auch nach Gradtagzahlen abrechnen (BGH WuM 2005, 776). Kann der Verbrauch allerdings für mehr als 25 % der betroffenen Gesamtfläche des Hauses nicht ermittelt werden, ist eine verbrauchsbezogene Abrechnung nicht mehr zulässig, hier muss dann nach Wohnfläche abgerechnet werden mit der Folge des Kürzungsrechts für alle Mieter (§ 9a Abs. 2 HeizkV). Das Kürzungsrecht ist im Übrigen nur für den Teil der Heizkostenabrechnung erlaubt, der entgegen den Vorgaben der HeizkV nicht verbrauchsabhängig (zB Warmwasser nach Wohnfläche, BGH WuM 2005, 657) abgerechnet wird.

8. Eine **formelle Unwirksamkeit** liegt nicht vor,
- Wenn nicht mitgeteilt und erläutert wird, nach welchen Vorschriften die Abrechnung erfolgt (BGH NZM 2012, 153).
- Wenn die HK-Abrechnung keine Angaben über die Kosten des Betriebsstromes enthält (BGH NZM 2012, 96; BGH BeckRS 2011, 26276 = WuM 2011, 684); allerdings gilt das nicht bei der WEG. Wenn hier Stromkosten nicht angesetzt werden, ist die HK-Abrechnung fehlerhaft und kann mit Erfolg angefochten werden (BGH 3.6.2016 – V ZR 166/15). Besteht kein Stromzwischenzähler, darf der Stromverbrauch der Heizanlage auch geschätzt werden (BGH 3.6.2016 – V ZR 166/15, ZMR 2017, 77).
- Wenn in die Abrechnung auch die umlagefähigen Kaltwasser- und Schmutzabwasserkosten mit abgerechnet werden (BGH NZM 2012, 153; LG Itzehoe NZM 2011, 360).
- Wenn die Ablesegeräte nicht (mehr) geeicht sind, hier liegt die Darlegungs- und Beweislast des zutreffend ermittelten Verbrauchs beim Vermieter.
- Wenn eine Abrechnung nach § 9a HK-VO (Verbrauch der letzten drei Jahre) erfolgt, weil der abgelesene Verbrauch aus zwingenden physikalischen Gründen nicht dem tatsächlichen Verbrauch entsprechen kann (BGH NZM 2013, 726).
- Wenn eine Verbrauchsschätzung erfolgt, diese ist auch nicht zu erläutern (BGH NZM 2015, 129).

13. Heizkostenabrechnung nach Gradtagzahlen

(Auszug aus obiger Heizkosten-Abrechnung)

50 % Grundkosten	4.430,82	845,40 qm Wohnfläche	5,24109
50 % Verbrauchskosten	4.430,81	682,20 Striche	6,49488
Warmwasserkosten:	1.945,23	Davon	
100 % Grundkosten	1.945,23	127,74 Zapfstellen + Pers.	15,22804
Grundkosten Heizung	28,04 (= $^7/_{12}$ von 47 qm)	× 5,24109	146,96
Verbrauchskosten Heizung	75,00	× 6,49488	
Anteilig nach Gradtagen[1]		× 597/1000[1]	290,81
Grundkosten Warmwasser	6,97	× 15,22804	106,14
Summe[2]			543,91
Zwischenablesegebühr			0,–
Kostenaufteilung, Nutzerwechsel			26,85
Kosten gesamt			570,76
Vorauszahlung			700,–
Guthaben			129,24
Mieter			
1.1.2001–31.7.2011			

Anmerkungen

1. Diese Abrechnung unterscheidet sich von der vorhergehenden nur bezüglich der **Umlage der verbrauchsabhängigen Kosten.** Hier war bei Auszug des Mieters keine Zwischenablesung erfolgt, sodass der tatsächliche Verbrauch dieses Mieters unbekannt ist und nachträglich auch nicht mehr bestimmt werden kann. Die HeizkV lässt für diesen Fall eine Verteilung nach Gradtagzahlen zu (§ 9b Abs. 3 mit Abs. 2 HeizkV).

Gradtagzahlen sind statistische Werte für einen durchschnittlichen Wärmeverbrauch in den 12 Monaten des Jahres. Der durchschnittliche Wärmeverbrauch ist in den Wintermonaten höher als in den Sommer- und Übergangsmonaten. Darauf baut die Liste der Gradtagzahlen auf und bestimmt:

Januar		170
Februar		150
März		130

April		80
Mai		40
Juni, Juli + August	zusammen	40
September		30
Oktober		80
November		120
Dezember		160
Gesamt:		1.000

2. Der Ansatz von Gradtagzahlen und seine Ermittlung müssen in der Abrechnung dargestellt sein, es handelt sich um einen Umlagemaßstab. Da diese Art der Abrechnung nach der HeizkV zulässig ist, kann der Mieter sich hiergegen nicht wehren, auch keinen Abzug von 15 % machen und auch keine Schadensersatzansprüche stellen, wenn er meint, er habe weniger verbraucht. Es bleibt ihm unbenommen, selbst für eine Zwischenablesung zu sorgen oder den Vermieter rechtzeitig hierzu aufzufordern. Teilweise erfolgt die Zwischenablesung auch direkt durch Mieter und Vermieter bei der Wohnungsrückgabe. Wird hierüber ein Protokoll erstellt, haben die Zahlen darauf Beweiswert.

14. Schreiben zur Erhöhung der Vorauszahlung auf die Betriebskosten (freifinanziert und gefördert)

. . . . .

(Vermieter)[1]

an

. . . . .

(Mieter)[1]

Sehr geehrte(r) . . . . .,

aus der beigefügten BK-Abrechnung ergibt sich zu Ihren Lasten eine erhebliche Nachzahlung. Grund hierfür ist einerseits der erhebliche Anstieg der Betriebskosten seit Ihrem Einzug vor 6 Jahren, verursacht durch die allgemeine Preissteigerung wie Anhebung der öffentlichen Abgaben,[2] andererseits Ihr seit Mietbeginn unveränderter Vorauszahlungsbetrag, der nun nicht mehr zum Ausgleich der auf Ihre Wohnung anfallenden Betriebskosten ausreicht. Ich bin deshalb gezwungen, Ihre Vorauszahlung wie folgt zu erhöhen:

Ihr Anteil an den BK laut Abrechnung 2018 betrug   835,98 EUR

bisher bezahlten Sie   660,00 EUR

wodurch sich ein Nachzahlungsbetrag von 175,98 EUR ergab. 1/12 hiervon sind 14,67 EUR, aufgerundet 15,00 EUR.

Ich erhöhe deshalb die Vorauszahlung auf die BK von bisher 55,– EUR auf dann 70,– EUR. Die neue Vorauszahlung wird fällig ab dem . . . . . Ihre Gesamtmiete erhöht sich damit um 15,– EUR pro Monat.[3]

. . . . .

(Vermieter)

Anmerkungen

1. Im Gegensatz zur BK-Abrechnung ist das vorliegende Schreiben **eine einseitige empfangsbedürftige Willenserklärung** des Vermieters. Es sind also alle Mitglieder der Vermietergemeinschaft anzugeben, alle Mitglieder haben zu unterschreiben. Unterschreibt nur 1 Mitglied der Vermietergemeinschaft, so muss er auf seine Bevollmächtigung durch die anderen Mitglieder hinweisen und schriftliche Vollmachten dem Schreiben beifügen, da sonst dem Mieter der Einwand des § 174 BGB zur Verfügung steht (→ Form. B.I.1 Anm. 1). Das Schreiben ist unter namentlicher Nennung an alle Mitglieder der Mietergemeinschaft zu richten (→ Form. C.X.1 Anm. 2). Die Mieter sind untereinander zur Empfangnahme bevollmächtigt, wenn der Mietvertrag eine entsprechende Klausel enthält (BGH NJW 1997, 3437).

Im freien Wohnungsbau kann die Erklärung in Textform abgegeben werden (§ 560 BGB), im sozialen Wohnungsbau alter Prägung ist die Schriftform einzuhalten (§ 20 Abs. 4 NMVO iVm § 4 Abs. 7 und 8 NMVO, die wiederum auf § 10 WohnBindG verweisen).

2. Es ist der **Grund** für die Notwendigkeit der Erhöhung der BK-Vorauszahlung anzugeben. Dieser darf durch Verhalten des Vermieters nicht verursacht sein.

Es muss Bezug genommen werden auf eine **BK-Abrechnung,** das muss nicht die aktuelle Abrechnung sein, selbst eine verspätete Abrechnung reicht aus (BGH NZM 2010, 736; BGH NZM 2011, 544; *Bub* NZM 2011, 644). Die Abrechnung muss formell in Ordnung und auch sachlich begründet sein (BGH NZM 2012, 455; dazu *Schmid* NZM 2012, 674). Der Erhöhungsbetrag beträgt grundsätzlich 1/12 des Nachforderungsbetrages aus der Abrechnung. Ein abstrakter Sicherheitszuschlag ist nicht zulässig, die konkrete Entwicklung der Kosten darf aber berücksichtigt werden (BGH NZM 2011, 880).

Beim öffentlich geförderten Wohnungsbau ist die NK-Abrechnung entsprechend § 10 WohnBindG als Anlage beizufügen (§ 20 Abs. 4 NMVO). Es empfiehlt sich deshalb hier generell, die Erhöhung der Vorauszahlung mit der Abrechnung zu verbinden.

3. Die Erklärung gilt im **freien Wohnungsbau** mit **dem Beginn des übernächsten Monates** (§ 560 Abs. 2 BGB), im **geförderten Wohnungsbau** gemäß § 10 WohnBindG in den dort gesetzten **Fristen** (Zugang bis 15. = Beginn Folgemonat; Zugang nach dem 15. = Beginn übernächster Monat).

15. Erklärung des Vermieters zur Umstellung auf Wärmecontracting nach § 556c Abs. 2 BGB

. . . . .

Vermieter

. . . . . den . . . . .

an

. . . . .

Mieter

Umstellung der Wärmelieferung auf Wärme-Contracting[1, 2]

Sehr geehrte Familie, ...

im Haus befindet sich derzeit eine schon 20 Jahre alte Gaszentralheizung. Ich habe nun mit der Fa. . . . . .einen Vertrag abgeschlossen, wonach diese die Wärmeversorgung für das Haus übernehmen wird. Diese Übernahme erfolgt zum 1.11.2018.[3]

Die Fa. . . . . .wird hierfür eine hochmoderne Gas- Brennwertheizanlage einbauen, wodurch sich eine erhebliche Einsparung von Heizenergie gegenüber der derzeitigen Anlage ergeben wird.

Der nach § 11 der Wärmelieferverordnung notwendige Kostenvergleich ist erstellt und dieser Erklärung als Anlage[4] beigefügt.

Der zwischen mir und der Fa. . . . . .abgeschlossene Wärmeliefervertrag enthält folgende Preisregelung:

0,05 EUR/kWh + jeweilige MwSt sowie 25,00 EUR/Monat feste Gebühr + jeweilige MwSt. Es ist eine Preisanpassungsklausel vereinbart, deren Wortlaut ebenfalls beigefügt ist.[5]

Die Abrechnung der Heizkosten erfolgt nach wie vor durch mich.[6]

Mit freundlichem Gruß

. . . . .

(Vermieter)

Anmerkungen

1. Das neue Mietrecht gibt dem Vermieter das **einseitige Recht zur Umstellung der Beheizung des Hauses auf Wärmecontracting** nach §§ 556c Abs. 2 BGB. Ergänzend bestimmt § 11 der Wärmelieferverordnung (WärmeLV), welchen Inhalt die Umstellungserklärung des Vermieters haben muss. § 556c BGB trat zum 1.7.2013 in Kraft, die WärmeLV datiert vom 7.6.2013 (BGBl. I, 1509) (s. a. Hinz WuM 20114,55 ff).

Die neue Vorschrift ist zwingend, sowohl für den freien Wohnungsbau wie auch für den nach dem 1.1.2002 geförderten Wohnungsbau. Für den nach altem Recht geförderten Wohnungsbau gibt es eine spezielle, seit langem vorhandene Regelung in § 5 Abs. 3 NMV. Zwingend bedeutet:

Konnte der Vermieter nach bisherigem Recht – weil er die BK nach Anlage 3 der II. BV Stand nach 1989 oder nach BK-VO im Mietvertrag vereinbart hatte – auf Wärmecontracting ohne jede weitere Einschränkung umstellen (s. BGH NZM 2005, 450; NZM 2007, 769), so ist das jetzt nicht mehr zulässig.

Gab es für den Vermieter diese freie Umstellungsmöglichkeit nicht, so kann er das jetzt nach neuem Recht einseitig tun, bisher war er auf eine Vereinbarung mit dem Mieter angewiesen.

2. Für die einseitige empfangsbedürftige Willenserklärung gilt Textform, in der alten Förderung jedoch Schriftform.

3. § 11 der VO bestimmt, welche Angaben zwingend sind, ein Verstoß hiergegen würde also zu einem formellen Mangel der Erklärung führen und sie dadurch unwirksam machen.

Die **Art der zukünftigen Wärmelieferung** ist anzugeben. Im vorliegenden Fall soll eine bestehende Gaszentralheizung durch eine energiesparende Gas-Brennwertheizanlage ersetzt werden. Natürlich gibt es auch die Möglichkeit, statt einer bisherigen Ölheizung auf Gas umzustellen, oder aber die Heizanlage im Haus völlig zu demontieren und einen Anschluss an Fernwärme oder Nahwärme (Anlage steht in der Nähe des betroffenen Hauses) vorzunehmen.

Der **Beginn der Umstellung** ist anzugeben. Zwischen der Mitteilung und der Umstellung müssen mindestens drei volle Monate liegen. Wenn keine oder eine verspätete Mitteilung erfolgt, darf der Mieter einen Abzug von 15 % der Wärmekosten, die auf seine Wohnung entfallen, vornehmen (§ 12 WärmeLV). Dieses Recht beginnt nach der amtlichen Erläuterung zur WärmeLV bereits ab dem Zeitpunkt, zu dem die Umstellungserklärung spätestens hätte erfolgen müssen, und damit schon für einen Zeitraum vor der Umstellung (was der Gesetzgeber in der Begründung zur WärmeLV allerdings nicht näher erläutert hat).

Es sind Angaben erforderlich zur voraussichtlichen **Effizienzverbesserung** oder zur verbesserten **Betriebsführung**.

4. Der Kostenvergleich dürfte der schwierigste Teil der Umstellung sein, geregelt in den §§ 9 und 10 der VO. Dabei sind die Vorgaben des § 9 (Ermittlung der Betriebskosten der bisherigen Versorgung) noch einfach an Hand der letzten drei Heizkosten-Abrechnungen zu erfüllen. Schwierig wird es jedoch bei § 10 (Ermittlung der Kosten der zukünftigen Wärmelieferung). Hier ist der Jahresnutzungsgrad die maßgebliche Grundlage der Berechnung. Dieser kann bestimmt werden:

- an Hand der im letzten Abrechnungszeitraum fortlaufend gemessenen Wärmemenge. Darunter versteht der Entwurf nach der amtlichen Begründung eingebaute Wärmemengenzähler direkt an der Heizanlage. Solche sind aber nicht Pflicht (wohl aber zur Bestimmung der anteiligen Heizkosten für Warmwasseraufbereitung) und zumeist also nicht vorhanden. Ausnahmen: Bei mischgenutzten Objekten sind oft Wärmemengenzähler für die getrennten Heizstränge Gewerbe – Wohnraum vorhanden.
- an Hand einer Kurzzeitmessung. Wie lange und zu welcher Jahreszeit diese Messung durchzuführen ist, ist nicht geregelt (auch nicht in der amtlichen Begründung). Hier dürfte das Einfalltor für falsche Berechnungen liegen, sowohl zum Nachteil des Hauseigentümers wie seiner Mieter. Erfolgt die Messung nur einige Stunden oder mehrere Tage oder einen Monat? Erfolgt die Messung zu kalten Wintertagen, wo die Heizung am effizientesten arbeitet, oder im Frühjahr oder Herbst bei täglich wechselnden Außentemperaturen, wo durch eine Teilauslastung keine effiziente Wärmeerzeugung möglich ist? Es ist zu befürchten, dass hier Manipulationen möglich sind und ausgenutzt werden, um eine schlechte Effizienz der alten Anlage zu beweisen.
- an Hand anerkannter Pauschalwerte. Nach den Erläuterungen zur WärmeLV ist dabei gemeint „die Bekanntmachung der Regeln zur Datenaufnahme und Datenanwendung im Wohngebäudebestand des BMV vom 30.7.2009" (Grundlage ist § 9 Abs. 2 der EE-VO). Der Rückgriff hierauf darf nur erfolgen, wenn keine Messung durchgeführt wird. Auch diese Regelung mutet seltsam an, denn eine vorrangige Verpflichtung zur Durchführung einer Kurzzeitmessung besteht nicht.

5. Es sind Angaben zu machen zu den im Wärmeliefervertrag vereinbarten Preisen und der gegebenenfalls vereinbarten Preisänderungsklausel. Dies geschieht dadurch, dass entsprechende Auszüge aus dem geschlossenen Wärmeliefervertrag in Kopie mit überreicht werden.

6. Rechte des Mieters. Sind die formellen Voraussetzungen der Umstellungserklärung nicht erfüllt, entsteht keine Pflicht zur Kostenübernahme der Wärmelieferung. Dasselbe gilt, wenn keine Kostenneutralität durch die Umstellung erreicht wird. Diese ist zwingende Voraussetzung für das Recht der Umstellung. Der Mieter sollte deshalb sein besonderes Augenmerk auch auf die Berechnungen des Vermieters und des zukünftigen Wärmelieferanten nach den §§ 9 und 10 der VO legen. Hier drohen Manipulationsmöglichkeiten, vor allem von Seiten des Wärmelieferanten. Im Zweifelsfall sollte zur Überprüfung der Berechnungen ein unabhängiger Sachverständiger eingeschaltet werden.

Dasselbe sollte der Vermieter tun. Die Kosten eines Sachverständigen dürften erheblich niedriger liegen, als dass wegen fehlender Kostenneutralität die Kosten des Wärmelieferanten auf längere Zeit nicht an die Mieter weitergegeben werden dürfen.

In der Praxis ist das Konzept des Gesetzgebers hinsichtlich der Kosten für die Wärmelieferung kritisiert worden, zunächst wegen der engen Grenzen der Bestimmung, wonach dem Mieter durch Wärmecontracting gegenüber dem durchschnittlichen Energieverbrauch der vorangegangenen drei Abrechnungszeiträume keine Mehrkosten entstehen dürfen, sodann aber auch, dass diese Feststellungen bereits vor Beginn der Planungen getroffen werden müssen (vgl. dazu *Fritz* NJW 2013, 1138 (1142)). Der Vermieter trägt das Risiko, nach Abschluss eines Contractingvertrages die Kosten dem Mieter nicht überbürden zu können, wenn das Konzept fehlschlägt.

Vergleichsrechnungen (s. *Wall* WuM 2014, 68 ff.; *Heix* Vortrag Deutscher Mietgerichtstag 2015 und NZM 2015, 565 ff.) haben ergeben, dass die vom Gesetz geforderte Kostenneutralität fast nie zu erreichen ist. Selbst der Interessenverband der Wärmecontractor (Der Energieeffizienzverband für Wärme, Kälte und KWK) hat in seinem" Rechtlichen Leitfaden zur Umrüstung von Mietshäusern auf Fernwärme" bedauernd feststellen müssen, dass die Kostenneutralität besonders bei der Umrüstung von Gaszentralheizungen nicht zu erreichen ist. Die gesetzliche Regelung führt damit im Ergebnis zu einer Verweigerung der Umstellung auf Wärmecontracting statt zu besseren Rahmenbedingungen. Und dementsprechend ist es sehr ruhig geworden in diesem Bereich. Wärmecontracting wird fast ausschließlich noch bei der Errichtung von Gebäuden vereinbart. Eine spezielle Form gibt es seitens der Energieunternehmen für Einfamilienhäuser: Einbau der neuen Heizanlage durch den Energieunternehmer, der Kunde braucht sich um nichts zu kümmern, er muss nur zahlen.

D. Beendigung durch Zeitablauf

I. Anfechtung und Rücktritt vom Mietvertrag

1. Anfechtung des Vermieters wegen arglistiger Täuschung gemäß § 123 BGB

. . . . .

(Vermieter)

an

. . . . .

(Mieter)[1]

Zustellvermerk[2]

Sehr geehrte(r) . . . . .

Am . . . . . haben wir einen schriftlichen Mietvertrag abgeschlossen. Ich erkläre hiermit die Anfechtung meiner vertraglichen Willenserklärung wegen arglistiger Täuschung gemäß § 123 BGB.[3]

Wie Ihnen noch gut in Erinnerung ist, hatte ich Bedenken im Hinblick auf Ihre finanzielle Leistungsfähigkeit.[4] Nur weil Sie mir in einer Selbstauskunft bestätigt haben, über ein geregeltes Erwerbseinkommen von 2.000,– EUR netto zu verfügen und keinerlei Verbindlichkeiten zu haben, war ich zum Abschluss des Mietvertrages bereit.[5] Das habe ich Ihnen auch ausdrücklich mitgeteilt. Nunmehr habe ich erfahren, dass Sie nicht nur erwerbslos sind, sondern auch erhebliche Schulden haben. Sie verschulden aus dem früheren Mietverhältnis noch einen Betrag in Höhe von 5 Monatsmieten, was Anlass war, dass das Mietverhältnis fristlos gekündigt worden ist. Ferner haben Sie mir verschwiegen, dass Sie im letzten Jahr die eidesstattliche Versicherung abgeleistet haben.

Die geplante Übergabe der Wohnung zum . . . . . wird nicht erfolgen.[6] Sollte es im Zuge der Weitervermietung zu einem Mietausfall kommen, behalte ich mir einen Anspruch auf Schadensersatz vor.[7, 8]

. . . . .

(Vermieter)

Anmerkungen

1. Die **Anfechtung** führt zur rückwirkenden Unwirksamkeit der angefochtenen Willenserklärung. Aus der unwirksamen Erklärung können keine Rechte oder Pflichten hergeleitet werden. Für die Anfechtung einer vertraglichen Erklärung des Vermieters oder Mieters bedeutet das, dass nach einer wirksamen Anfechtung ein Vertrag als nicht zustande gekommen gilt. Damit kann sich auch der Anfechtende nicht auf vertragliche

Vorteile berufen. Ihm steht allerdings in den Fällen der arglistigen Täuschung oder der widerrechtlichen Drohung häufig ein Schadensersatzanspruch aus unerlaubter Handlung zu (→ Form. D.I.1 Anm. 7). Zur Anfechtung ist berechtigt, wer durch einen Irrtum (→ Form. D.I.2 Anm. 4), durch arglistige Täuschung (→ Form. D.I.1 Anm. 5) oder durch widerrechtliche Drohung (→ Form. D.I.1 Anm. 5) zur Abgabe seiner Willenserklärung bestimmt worden ist.

Die Anfechtung des Mietvertrages entfaltet in der Praxis keine hohe praktische Bedeutung. Bestehen aus Sicht des Anfechtenden sowohl ein Anfechtungs- als auch ein Kündigungstatbestand, kommt eine Anfechtung gemeinsam mit einer hilfsweise ausgesprochenen Kündigung in Betracht (→ Form. D.I.3). Eine Irrtumsanfechtung gemäß § 119 BGB kommt praktisch selten vor, weil sich die Parteien regelmäßig eingehend um den für sie wesentlichen Inhalt des Mietvertrages kümmern.

2. Die Anfechtung entfaltet Wirkung erst mit dem **Zugang** beim Anfechtungsgegner. Praktisch von erheblicher Bedeutung ist daher der beweiskräftige Zugang eines jeden Schreibens, das Rechtsfolgen auslöst. In gerichtlichen Auseinandersetzungen wird der Zugang rechtserheblicher Schreiben häufig bestritten. Ist der Absender nicht in der Lage den Zugangsnachweis zu führen, kann er in der gerichtlichen Auseinandersetzung allein schon aus diesem Grunde unterliegen. Es ist zu empfehlen, die Art des Zugangs (zB „Einschreiben/Rückschein" oder „per Bote") in das Schreiben aufzunehmen, um die Gegenseite von einem unberechtigten Leugnen des Zugangs abzuhalten. → Form. B.I.1 Anm. 1.

3. Wesentlich für die Anfechtung der vertraglichen Willenserklärung – nicht „des Vertrages" – ist die deutliche Formulierung der **Erklärung der Anfechtung**. Die Anfechtungserklärung ist ein Gestaltungsrecht. Es handelt sich um eine einseitige empfangsbedürftige Willenserklärung des Anfechtungsberechtigten. Als Gestaltungsrecht ist die Anfechtung unwiderruflich und bedingungsfeindlich (aber zur Eventualanfechtung → Form. D.I.2 Anm. 4). Die Erklärung ist formfrei, wenngleich aus Gründen der Nachweisbarkeit eine schriftliche Erklärung abgegeben werden sollte. Der Anfechtungsgrund muss zwar nicht angegeben werden. Allerdings muss für den Anfechtungsgegner erkennbar sein, auf welchen Sachverhalt sich die Anfechtung stützt (Palandt/*Ellenberger* BGB § 143 Rn. 3).

Anfechtungsberechtigt ist derjenige, dem die Willenserklärung zugerechnet wird (bei Stellvertretung der Vertretene und nicht der Vertreter), also der Mieter oder der Vermieter. Die Anfechtung ist gegenüber dem Vertragspartner zu erklären (bei Stellvertretung also nicht gegenüber dem Stellvertreter). Mehrere Vermieter oder Mieter können das Anfechtungsrecht nur gemeinsam ausüben (LG Berlin ZMR 1992, 450; aA Palandt/*Ellenberger* BGB § 143 Rn. 4).

Die Anfechtung wegen arglistiger Täuschung oder Drohung gemäß § 123 BGB ist gemäß § 124 Abs. 1 BGB binnen einer **Frist** von einem Jahr möglich. Im Falle der Täuschung beginnt die Frist nach Erlangung der Kenntnis von der Täuschung und im Falle der Drohung nach Beendigung der Zwangslage. Gemäß § 124 Abs. 2 S. 2 BGB kann sich die Jahresfrist unter den Voraussetzungen der §§ 206 BGB (Hemmung der Verjährung bei höherer Gewalt), 210 BGB (Ablaufhemmung bei nicht voll Geschäftsfähigen) und 211 BGB (Ablaufhemmung in Nachlassfällen) verlängern. Nach Ablauf dieser Frist kann der Anfechtungsberechtigte nach erfolgter Anfechtung keine neuen Anfechtungsgründe mehr „nachschieben" (BGH NJW-RR 2004, 628). Gemäß § 124 Abs. 3 BGB ist die Anfechtung endgültig ausgeschlossen, wenn seit der Abgabe der Willenserklärung 10 Jahre vergangen sind.

4. Für die Anfechtung ist es notwendig, dass die Abgabe der Vertragserklärung auf dem Anfechtungstatbestand hier Täuschung oder Drohung – beruht (**Kausalität**). Kein Anfechtungsrecht ist also gegeben, wenn Täuschung, Drohung oder Irrtum keinen Einfluss auf die Abgabe der Vertragserklärung hatte.

Eine Anfechtung ist gemäß § 144 Abs. 1 BGB ausgeschlossen, wenn der Mietvertrag **bestätigt** wird. Ein Bestätigungswille soll nicht vorliegen, wenn der anfechtungsberechtigte Mieter zwar einen Geschäftsbetrieb in den Mieträumen aufgenommen und die Nebenkostenbeträge, nicht aber den Mietzins gezahlt hat (BGH NJW-RR 1992, 779).

5. Die **arglistige Täuschung** gemäß § 123 BGB stellt einen praktisch erheblichen Anfechtungstatbestand dar. Arglistig handelt nicht nur derjenige, der absichtlich täuscht, sondern auch derjenige, der es bewusst in Kauf nimmt, dass eine ins Blaue hinein aufgestellte Behauptung falsch ist (BGH WPM 1992, 997). Darauf, ob der Erklärungsempfänger bei gehöriger Sorgfalt die Täuschung hätte erkennen können, kommt es nicht an (BGH NJW 1997, 1845 ff.). Hat der Erklärungsempfänger indes die Täuschung erkannt, fehlt es an der Ursächlichkeit der Täuschung für die Abgabe der Willenserklärung (→ Form. D.I.1 Anm. 4). Vereinbaren der alte und der neue Mieter eine Vertragsübernahme, der der Vermieter zustimmt, so kann der Vermieter bei einer Täuschung durch den neuen Mieter die Zustimmung im Hinblick auf § 123 Abs. 2 BGB nur anfechten, wenn der alte Mieter die Täuschung kannte oder kennen musste (BGH NJW 1998, 531 ff.).

Eine arglistige Täuschung kommt insbesondere in Betracht, wenn der Mieter in einer **Selbstauskunft** falsche Angaben macht. Aber auch dann, wenn der Mieter keine falschen Angaben macht, kommt eine **arglistige Täuschung durch Unterlassen** in Betracht, wenn er Umstände verschweigt, über die er den Vermieter auch ungefragt aufklären muss. Aufklärungspflichten bestehen über Umstände, die den Vertragszweck gefährden oder gar vereiteln können und daher für eine Partei von offensichtlicher Bedeutung sind (BGH WPM 1988, 1449 für Kaufvertrag). Ferner bestehen Aufklärungspflichten über Umstände, auf die der Vertragspartner erkennbar Wert legt (BGH NJW 1971, 1795 für Kaufvertrag) und über die redlicherweise nach Treu und Glauben unter Berücksichtigung der Verkehrsauffassung Aufklärung verlangt werden kann (BGH NJW-RR 1991, 439 für Namensvermarktung; BGH NJW 1989, 763 für Praxisübernahmevertrag). Das Fragerecht des Vermieters gilt wiederum nicht uneingeschränkt (Bub/Treier/*Bub* MietR-HdB II 2163). Es geht zwar weiter als die den Mieter treffenden Offenbarungspflichten, ist jedoch zwischen dem Interesse des Vermieters an einem solventen und angemessenen Vertragspartner einerseits und dem informationellen Selbstbestimmungsrecht des Mieters andererseits auszugleichen. Umgekehrt besteht keine allgemeine Pflicht des Vermieters, ungefragt ihm bekannte Mängel zu offenbaren (Ausnahme nach Treu und Glauben so). Kann der Vermieter berechtigterweise davon ausgehen, dass der Mangel offensichtlich oder für den vertraglichen Zweck unwesentlich ist, besteht keine Aufklärungspflicht.

Unstatthafte Fragen muss der Mieter nicht beantworten. Nach AG Hamburg WuM 1992, 598 besteht keine Verpflichtung zur wahrheitsgetreuen Angabe auf unstatthafte Fragen.

- Beispiele für Aufklärungspflichten des Vermieters:
  Anordnung der Zwangsverwaltung oder Zwangsversteigerung (OLG Hamm NJW-RR 1988, 784; *Emmerich* NZM 1998, 692 (696)), konkrete Veräußerungsabsicht (OLG Hamm WuM 1981, 102: Verkauf 7 Wochen nach Mietvertragsabschluss im Hinblick auf die Gefahr einer Eigenbedarfskündigung des Erwerbers), Angabe zur Höhe der Betriebskosten (Problematik der „Lockvogelangebote" bei untersetzten mtl. Vorauszahlungen, OLG Düsseldorf WuM 2000, 591; LG Frankfurt/M. NJW-RR 1987, 659 und WuM 1979, 24: Nebenkosten iHv 120,– DM mtl. vereinbart, obwohl diese 1 Jahr zuvor schon durchschnittlich 278,– DM mtl. betrugen), Eigenschaft des Vermieters als Untermieter in Wohnraummietverhältnissen (gewerbliche Zwischenvermietung: LG Kiel WuM 1987, 319).
  Nicht aber: Ausübung der Prostitution in Nachbarwohnung in einem Hochhaus (LG Kassel WuM 1989, 620) frühere Nutzung als Bordell (OLG Düsseldorf MDR 2017, 450), Konkurrenzlage bei Gewerbemietverhältnis (BGH ZMR 1979, 171: keine allgemeine Auskunftspflicht zur Konkurrenzlage, bei Vermietung in einem Einkaufszentrum, aber

Aufklärungspflicht, wenn sich die Branchenzusammensetzung ändern wird und hiervon das Gewerbe des Mieters betroffen ist) – anders bei ausdrücklicher Nachfrage des Mieters.
- Beispiele für erhebliche **unrichtige Angaben** des Vermieters:
Unrichtige Angabe über die Ausübung der Prostitution in Nachbarwohnung in einem Hochhaus auf ausdrückliche Frage (LG Kassel WuM 1989, 620), unrichtige Angabe zur Flächengröße (LG Mannheim MDR 1974, 672; AG Frankfurt/M. WuM 2007, 315: Keine Auswirkung, wenn unrichtige Flächenangabe in Zeitungsanzeige berichtigt wird), unrichtige Angabe zur Kinderfreundlichkeit (LG Essen WuM 2005, 47).
- Beispiele für Aufklärungspflichten des Mieters:
Zahlungsunfähigkeit (AG Stuttgart WuM 1986, 331), Sozialhilfebezug (AG Leverkusen ZMR 2009, 768; AG Frankfurt/M. WuM 1989, 620), Abgabe der eidesstattlichen Versicherung (AG Hamburg ZMR 2011, 303; AG Leverkusen ZMR 2009, 768), Eröffnung des Insolvenzverfahrens über das eigene Vermögen, Kündigung des Vormietverhältnisses wegen Nichtzahlung des Mietzinses (LG Bonn WuM 2006, 24), unzureichende Vermögensverhältnisse (AG Frankfurt/M. NJW-RR 1988, 784: Nettoeinkommen beläuft sich auf 75 % der Miete), Schulden, wenn sie die Zahlungsfähigkeit beeinträchtigen (BGH NZM 2010, 786).
Nicht aber: Aufenthaltsberechtigung (AG Wiesbaden WuM 1992, 597), staatsanwaltschaftliches Ermittlungsverfahren (AG Hamburg WuM 1992, 598), allgemein Einkommens- und Vermögensverhältnisse (LG Ravensburg WuM 1984, 297; AG Stuttgart WuM 1986, 331).
- Beispiele für statthafte Fragen des Vermieters:
Die Wertungen des Allgemeinen Gleichbehandlungsgesetzes (BGBl. 2006 I 1897) sind zu beachten, sodann Erwerbslosigkeit bzw. Bestehen eines Arbeitsverhältnisses (AG Bonn WuM 1992, 597; LG Köln WuM 1984, 297; aA AG Rendsburg WuM 1990, 507), Familienstand (LG Landau ZMR 1985, 127; aA AG Lüdinghausen WuM 2019, 31), Einkommens- und Vermögensverhältnisse (LG München I NZM 2009, 782; LG Wuppertal WuM 1999, 39; LG Mannheim ZMR 1990, 303; str., abl. LG Ravensburg WuM 1984, 297), Anschrift des letzten Vermieters (Bub/Treier/*Bub* MietR-HdB II 2164 – str.), Rauchereigenschaft (LG Stuttgart NJW-RR 1992, 1360), Abgabe der eidesstattlichen Versicherung (AG Hagen WuM 1984, 296). Bei Gewerberaum sind Fragen zur Branche des Mieters, Beeinträchtigungen des Mietobjekts durch die Nutzung, Zahl der Mitarbeiter, Umfang von Kundenverkehr statthaft (Schmidt-Futterer/*Blank* BGB Vor § 535 Rn. 8).
- Beispiele für unstatthafte Fragen des Vermieters:
Aufenthaltsberechtigung (AG Wiesbaden WuM 1992, 597), staatsanwaltschaftliches Ermittlungsverfahren (AG Hamburg WuM 1992, 598), Vorstrafen (AG Rendsburg WuM 1990, 507), Art der Beendigung des früheren Mietverhältnisses (AG Rendsburg WuM 1990, 507; aA AG Kaufbeuren NZM 2013, 577), Heiratsabsicht (Bub/Treier/*Bub* MietR-HdB II 2164), Kinderwunsch (Bub/Treier/*Bub* MietR-HdB II 2164), Parteizugehörigkeit (Bub/Treier/*Bub* MietR-HdB II 2164), Mitgliedschaft im Mieterverein (Bub/Treier/*Bub* MietR-HdB II 2164), Glaubenszugehörigkeit (LG Köln WuM 1986, 81), Betreuung des Mieters, soweit hiervon der Mietvertrag nicht berührt wird (BVerfG WuM 1991, 463).
Beruht die vertragliche Willenserklärung auf einer **widerrechtlichen Drohung** mit einem empfindlichen Übel, besteht gemäß § 123 Abs. 1 BGB ebenfalls ein Recht zur Anfechtung. Dieser Anfechtungstatbestand ist für Willenserklärungen, die auf Dauerschuldverhältnisse, wie dem Mietvertrag, gerichtet sind, praktisch nicht relevant. Eine Drohung mit einer rechtlich zulässigen ordentlichen Kündigung, um den Abschluss einer Vertragsänderung zu erreichen, stellt regelmäßig keine widerrechtliche Drohung dar (LG Bochum WuM 1987, 210).

6. Die Anfechtung eines Mietvertrages ist auch nach Überlassung der Mieträume und Beendigung des Mietvertrages neben der Kündigung zulässig (BGH NZM 2008, 886;

OLG Frankfurt MDR 2012, 637). Sie wirkt auf den Zeitpunkt des Vertragsschlusses zurück. Der Vermieter hat Anspruch auf Wertersatz gemäß § 818 Abs. 2 BGB in Höhe der ortsüblichen Miete. Die zur Geschäftsraummiete für den Fall einer arglistigen Täuschung ergangene Entscheidung BGH NZM 2008, 886 dürfte auch auf die Wohnraummiete und alle Anfechtungsfälle zu übertragen sein.

Besteht Unklarheit, ob der Anfechtungsgrund zugleich ein Kündigungsgrund ist, empfiehlt sich, die Anfechtung des Vertrages und hilfsweise die Kündigung zu erklären (→ Form. D.I.3). Der Mieter soll sich nicht auf § 574 BGB (Sozialklausel) berufen können, wenn er die Anfechtung erklärt hat, da er sich selbst des Schutzes eines wirksamen Mietvertrages begeben hat (*Kossmann/Meyer-Abich* Wohnraummiete-HdB BGB § 139 Rn. 14).

7. Der **Schadensersatzanspruch** folgt aus § 122 BGB und ist gerichtet auf den Ersatz des Vertrauensschadens (sog. negatives Interesse). Erfasst werden die Kosten, die der Anfechtende im Vertrauen auf die Gültigkeit des Rechtsgeschäfts erbracht hat. Hierunter kann auch Mietausfallschaden fallen, wenn der Geschädigte die Möglichkeit zu einer anderweitigen Vermietung hatte. Die Kosten des Mieters für Investitionen in die Mieträume können ersetzt verlangt werden (Bub/Treier/*Bub* MietR-HdB II 2202), nicht dagegen die Kosten des Mieters für die Suche nach einem neuen Objekt, da es sich hierbei um das positive Interesse handelt (LG Mannheim WuM 1971, 82). Der Schadensersatzanspruch ist gemäß § 122 Abs. 2 BGB ausgeschlossen, wenn der Geschädigte den Anfechtungsgrund kannte oder (auch einfach) fahrlässig nicht kannte.

Eine **unberechtigte Anfechtung** stellt regelmäßig als Erfüllungsverweigerung eine Pflichtverletzung dar, die Schadensersatzansprüche des Anfechtungsgegners nach sich ziehen kann (BGH NJW 1987, 432 stellt bei einem Rechtsirrtum über die Berechtigung zur Anfechtung darauf ab, ob dieser entschuldbar ist; Bub/Treier/*Bub* MietR-HdB II 2204).

8. Die **Gebühren** für die anwaltliche Tätigkeit richten sich nach § 2 Abs. 2 RVG iVm VV 2300. Es kann eine Geschäftsgebühr von 0,5 bis 2,5 anfallen. Eine Gebühr über 1,3 darf nach dem VV nur gefordert werden, wenn die Tätigkeit umfangreich oder schwierig war. Für das Anfechtungsschreiben gilt keine Begründungspflicht. Beschränkt sich daher die Tätigkeit des Anwalts auf ein Schreiben zur Anfechtung ohne weitere Begründung, kann gemäß VV 2301 eine Gebühr von 0,3 anfallen.

Der **Gegenstandswert** für die Anfechtung bestimmt sich bei einem Wohnraummietvertrag nach §§ 2 Abs. 1, 23 Abs. 1 RVG, 41 Abs. 1 GKG. Es gilt regelmäßig der Jahresmietwert bzw. der Mietwert für eine evtl. vereinbarte kürzere Mietzeit. Gemäß § 41 Abs. 1 S. 2 GKG umfasst die Miete neben dem Nettogrundentgelt Nebenkosten dann, wenn diese als Pauschale vereinbart sind und nicht gesondert abgerechnet werden.

2. Anfechtung des Mieters wegen Irrtums gemäß § 119 BGB

· · · · ·

(Mieter)

an

· · · · ·

(Vermieter)[1]

Zustellvermerk[2]

Sehr geehrte(r) . . . . .

Meine Erklärung zum Abschluss des vor zwei Wochen abgeschlossenen schriftlichen Mietvertrags vom . . . . . über die Lagerhalle . . . . . in . . . . . mit Ihnen fechte ich wegen Irrtums an.[3]

Bei Unterzeichnung des Mietvertrages bin ich davon ausgegangen, dass mir mietvertraglich ein Rücktrittsrecht für den Zeitraum von 4 Wochen eingeräumt worden ist, um die Möglichkeit einer Untervermietung abklären zu können. Bei dem der Unterzeichnung vorausgegangenen Gespräch mit Ihnen habe ich darauf hingewiesen, dass mir die Anmietung nur möglich ist, wenn ich eine Teilfläche untervermiete. Hiermit waren Sie einverstanden. Zugleich habe ich darauf hingewiesen, dass ich zur Abklärung der Untervermietung einen Zeitraum von 4 Wochen benötige und dass ich für diesen Zeitraum ein Rücktrittsrecht benötige. Ich war bei Unterzeichnung des Mietvertrages davon ausgegangen, dass Sie das Rücktrittsrecht in den schriftlichen Vertrag aufgenommen haben. Im Vertrauen hierauf habe ich den Vertrag nur flüchtig durchgelesen.[4] Bei einer gestrigen gründlichen Durchsicht fiel mir erstmals zu meiner Überraschung auf, dass Sie lediglich die Berechtigung zur Untervermietung, nicht aber das Rücktrittsrecht in den Vertrag aufgenommen haben.[5]

Zu einem neuerlichen Abschluss des Vertrages sehe ich mich zu meinem Bedauern nicht imstande, da meine Bemühungen um einen Untermieter erfolglos waren und ich auf Grund meiner gewonnenen Erfahrungen nicht davon ausgehe, dass ich noch einen Untermieter finden werde.[6] Den für den . . . . . vorgesehenen Termin zur Übergabe der Lagerhalle werde ich daher nicht wahrnehmen.

. . . . .

(Mieter)

Anmerkungen

1. § 119 BGB enthält die Anfechtungstatbestände des Inhalts-, Erklärungs- und Eigenschaftsirrtums. Zur Täuschung und Drohung → Form. D.I.1. Zur praktischen Bedeutung → Form. D.I.1 Anm. 1.

2. Zum praktischen Erfordernis der Nachweisbarkeit des Zugangs → Form. D.I.1 Anm. 2.

3. Zur Notwendigkeit der inhaltlichen Klarheit der Anfechtungserklärung, zur Formlosigkeit und zur Begründung → Form. D.I.1 Anm. 3.

4. In Betracht kommen gemäß § 119 BGB ein Irrtum über den Erklärungsinhalt (§ 119 Abs. 1 Alt. 1 BGB), ein Irrtum in der Erklärungshandlung (§ 119 Abs. 1 Alt. 2. BGB) und ein Irrtum über eine verkehrswesentliche Eigenschaft (§ 119 Abs. 2 BGB).

Irrtum ist das unbewusste Auseinanderfallen von Willen und Erklärung (BGH LM § 119 BGB Nr. 21). Daher ist nicht zur Anfechtung berechtigt, wer den Vertrag ungelesen unterschrieben hat (BGH NJW 1968, 2102). Das gilt auch, wenn der Unterzeichner sprachunkundig (OLG Frankfurt WPM 1984, 962; LG Hannover WuM 1985, 255) oder Analphabet ist (LG Köln WPM 1986, 821). Ausnahmsweise kommt ein Anfechtungsrecht in Betracht, wenn die Vorstellung des Unterzeichners vom tatsächlichen Inhalt des Mietvertrages abweicht (LG Köln WuM 1980, 235). Für § 119 BGB ist der Irrtum des Erklärenden, nicht der Irrtum des Erklärungsempfängers (ggf. aber Anfechtbarkeit einer Annahmeerklärung) maßgeblich (Palandt/*Ellenberger* BGB § 119 Rn. 8a).

Irrtum über den Erklärungsinhalt (§ 119 Abs. 1 Alt. 1. BGB) liegt dann vor, wenn der Erklärende zwar die Erklärung so abgeben will, sich jedoch über die Bedeutung oder die Tragweite der Erklärung irrt. Denkbar ist ein Irrtum über die Bezeichnung der Wohnung (zB falsche Wohnungsnummer) und über die Person des Vertragspartners. Als Inhaltsirrtum kommt der Irrtum über die Rechtsfolgen der Erklärung in Betracht, also wenn mit dem Rechtsgeschäft andere als die erstrebten Rechtsfolgen herbeigeführt werden (BGH NJW 2016, 2954 – es kann aber auch ein unbeachtlicher Motivirrtum vorliegen, s. u.).

Das Fehlen eines Erklärungsbewusstseins (dem Erklärenden ist nicht bewusst, eine Vertragserklärung abzugeben) wird ebenfalls als Inhaltsirrtum angesehen (Palandt/*Ellenberger* BGB § 119 Rn. 22; nach aA liegt schon keine wirksame Erklärung vor).

Abzugrenzen ist der Motivirrtum. Es handelt sich um einen Irrtum im Beweggrund. Da es für den Erklärungsempfänger regelmäßig nicht erkennbar ist, aus welchen Gründen eine Erklärung abgegeben wird, bleibt der Motivirrtum für die Anfechtung unbeachtlich (AG Essen WuM 1980, 194 für die Annahme des Vermieters, die Räume würden für eine kulturelle, nicht aber für eine politische Veranstaltung genutzt). Eine Ausnahme gilt dann, wenn ein gemeinschaftlicher Irrtum der Vertragsparteien über die Geschäftsgrundlage vorliegt. Zum Kalkulations-(Berechnungs-)Irrtum als Anwendungsfall des Motivirrtums → Form. D.I.3.

Irrtum in der Erklärungshandlung (§ 119 Abs. 1 Alt. 2. BGB) ist gegeben, wenn das Erklärte nicht dem Willen des Erklärenden entspricht, zB Versprechen oder Verschreiben. Dieser Fall liegt auch dann vor, wenn ein Blankovertrag abredewidrig ausgefüllt wird. In diesem Fall kann sich indes der Erklärende gegenüber gutgläubigen Dritten nach dem Rechtsgedanken des § 172 Abs. 2 BGB nicht auf die Anfechtung berufen (BGHZ 40, 65 und 297).

Irrtum über eine verkehrswesentliche Eigenschaft (§ 119 Abs. 2 BGB) kann sich auf die Person des Vertragspartners oder auf den Vertragsgegenstand beziehen. Eigenschaften sind neben der natürlichen Beschaffenheit auch tatsächliche oder rechtliche Verhältnisse und die Beziehung zur Umwelt, soweit sie nach der Verkehrsanschauung für die Wertschätzung oder Verwendbarkeit von Bedeutung sind und in der Sache oder Person selbst ihren Grund haben, von ihr ausgehen oder sie unmittelbar kennzeichnen (BGHZ 16, 54 (57): der Wert der Sache als solcher ist keine verkehrswesentliche Eigenschaft; BGHZ 34, 32 (41) für Kaufvertrag: als verkehrswesentliche Eigenschaften eines Grundstücks werden Grenze, Umfang, Lage, Bebaubarkeit, gewerbliche Verwendbarkeit anerkannt; Wohnungsgröße (LG Mannheim MDR 1974, 672); Kinderfreundlichkeit (LG Essen WuM 2005, 47); Abgabe der eidesstattlichen Versicherung durch den Mieter (AG Hagen WuM 1984, 296); Unzuverlässigkeit und Zahlungsunfähigkeit des Vermieters (LG Konstanz WuM 2017, 258); BGHZ 88, 240 (245); unerheblich ist ein Irrtum über die Glaubenszugehörigkeit des Mieters (LG Köln WuM 1986, 81) oder dass der Mieter unter rechtlicher Betreuung steht (LG Hannover BeckRS 2010, 19209). Für die Verkehrswesentlichkeit kommt es auf Sinn und Zweck des konkreten Rechtsgeschäfts an (BGH NJW 1984, 230). Es kommen Überschneidungen mit aufklärungspflichtigen Umständen in Betracht (§ 123 BGB, → Form. D.I.1 Anm. 5).

Zum Erfordernis der Ursächlichkeit des Anfechtungsgrundes für die Vertragserklärung → Form. D.I.1 Anm. 4.

Nach der Überlassung der Mieträume kommt lediglich eine Beendigung für die Zukunft in Betracht, → Form. D.I.1 Anm. 6, auch zum Vorrang des Mietgewährleistungsrechts.

Eine Eventualanfechtung für den Fall, dass eine in erster Linie vertretene Auffassung nicht zutrifft, ist statthaft (BGH NJW 1968, 2099 zu Ungewissheit über einen anhängigen Rechtsstreit). Zur Formulierung → Form. D.I.3.

Zum Schadensersatzanspruch gemäß § 122 BGB → Form. D.I.1 Anm. 7.

5. Die Anfechtung gemäß § 119 BGB ist gemäß § 121 BGB unverzüglich, dh ohne schuldhafte Verzögerung, auszusprechen. Die **Frist** beginnt ab positiver Kenntnis von dem Anfechtungsgrund bzw. ab dem Zeitpunkt, ab dem eine Anfechtung für möglich gehalten wird (für Eventualanfechtung: BGH NJW 1968, 2099). Dem Anfechtungsberechtigten ist eine Beratungs- und Überlegungsfrist zur sorgfältigen Prüfung der Rechtslage zuzubilligen, deren Länge sich nach den Umständen des Einzelfalls richtet. Schuldhaft und verspätet ist die Wahl eines unnötig langen Übermittlungsweges, etwa Anfechtung in einem an das Gericht gerichteten Schriftsatz, dessen Durchschriften erst vom Gericht an den Anfechtungsgegner übersandt werden.

6. Hinsichtlich der Gebühren und des Geschäftswertes → Form. D.I.1 Anm. 8.

3. Kalkulationsirrtum des Vermieters

. . . . .

(Vermieter)[1]

an

. . . . .

(Mieter)

Zustellvermerk[2]

Sehr geehrte(r) . . . . .

Ich nehme auf den vor 2 Wochen zwischen uns geschlossenen Mietvertrag über die Lagerräume in Y Bezug.

Irrtümlich habe ich dem schriftlichen Mietvertrag über eine monatlichen Miete von 500,– EUR zugestimmt. Diese Miete ist zu niedrig, was Ihnen auf Grund unserer Gespräche anlässlich der Besichtigung auch bewusst gewesen sein muss. Meine ursprüngliche Vorstellung für die Miete der großen Halle lag bei 550,– EUR. Während der Besichtigung haben Sie den Wunsch geäußert, die beiden Nebenräume mit anmieten zu wollen. Dem habe ich zugestimmt, Ihnen aber zugleich mitgeteilt, dass dann die Miete flächenanteilig erhöht werden müsste. Bei der abschließenden Besprechung und der Aufsetzung des Vertrages sind zwar die Nebenräume zum Mietgegenstand gemacht worden. Bei der Vereinbarung der Miete sind wir indes von meiner Ausgangsvorstellung iHv 550,– EUR ausgegangen und haben eine um 10 % niedrigere Miete vereinbart. Dabei habe ich es versäumt, die Nebenräume flächenanteilig in die Berechnung einzubeziehen.

Die Miete beträgt bezogen auf die große Halle bei 200 qm 2,50 EUR/qm. Die Nebenräume haben eine Grundfläche von 50 qm. Bei einer flächenanteiligen Berücksichtigung sind weitere 100,– EUR Miete, insgesamt also 600,– EUR, anzusetzen.[3]

Ich gehe davon aus, dass wir bei Unterzeichnung des Mietvertrages gemeinsam über den Betrag von 500,– EUR irrten und dass der Mietvertrag richtigerweise über eine Miete von 600,– EUR wirksam abgeschlossen ist. Für den Fall, dass sich meine Auffassung als unrichtig erweisen sollte, erkläre ich hilfsweise die Anfechtung meiner vertraglichen Willenserklärung und kündige ferner vorsorglich den Vertrag.[4] Das offenkundige Versehen ist mir erst heute bei der nochmaligen Durchsicht des Mietvertrages aufgefallen.[5]

Sollte davon auszugehen sein, dass der Mietvertrag als nicht zustande gekommen gilt, bin ich selbstverständlich gerne bereit, den Mietvertrag zu einer monatlichen Miete von 600,– EUR, im Übrigen gleich lautend, nochmals abzuschließen. Eine Berichtigung sollte jedenfalls zur Klarstellung erfolgen. Ich gehe davon aus, dass Sie hieran ebenfalls interessiert sind und bitte um eine kurze Mitteilung.[6]

. . . . .

(Vermieter)

Anmerkungen

1. Bei dem Kalkulations- oder Berechnungsirrtum ist einer Partei ein Irrtum bei der Preisgestaltung unterlaufen. Auch wenn diese Fälle dem Tatbestand des Irrtums zuzuordnen sind (Inhaltsirrtum), wird die Preisbildung dem Bereich der für eine Anfechtung unbeachtlichen Motive zugeordnet (→ Form. D.I.2 Anm. 4). Dennoch kann der Kalkulationsirrtum Rechtsfolgen nach sich ziehen.

2. Zum praktischen Erfordernis der Nachweisbarkeit des Zugangs → Form. D.I.1 Anm. 2.

3. Bei einem Berechnungs-(Kalkulations-)Irrtum, wenn also ein Vertragspartner sich bei Abgabe der vertraglichen Erklärung über die Berechnung der von ihm geschuldeten Leistung irrt, ist zu unterscheiden. Grundsätzlich ist die Kalkulation dem Beweggrund des Erklärenden zuzuordnen (an sich nicht beachtlicher Motivirrtum) und begründet daher nach hM (BGH NJW 2002, 2312 mwN) kein Anfechtungsrecht. Ist die Berechnung dem Vertragspartner nicht offen gelegt worden (**verdeckter Kalkulationsirrtum**), ist der Irrtum nicht rechtserheblich (BGH WPM 1987, 1432). Hat der Vertragspartner aber den Berechnungsirrtum erkannt, soll das Bestehen auf der Vertragsdurchführung dann rechtsmissbräuchlich sein, wenn die Vertragsdurchführung für den Erklärenden wegen wirtschaftlicher Schwierigkeiten schlechthin unzumutbar ist (BGHZ 139, 177 (185); Palandt/*Ellenberger* BGB § 119 Rn. 18). Bei einem sich aufdrängenden, schwerwiegenden Berechnungsirrtum soll eine Hinweis- und Prüfungspflicht des Empfängers anzunehmen sein, deren Verletzung einen Schadensersatzanspruch begründet (BGH NJW 2001, 284). Wohnflächenvereinbarungen sind für Mieterhöhungen maßgeblich, wenn die tatsächliche Wohnfläche weniger als 10 % abweicht (BGH NJW 2009, 2739).

Ist die fehlerhafte Berechnung Gegenstand der Vertragsverhandlungen geworden (**offener Kalkulationsirrtum**), ist zu differenzieren. Bestand Einvernehmen über die Preisbildung und liegt lediglich ein Additionsfehler vor, kann im Wege der Auslegung von dem Preis auszugehen sein, der sich bei richtiger Addition ergibt (OLG Frankfurt/M. WPM 2001, 565; LG Aachen NJW 1982, 1106 sind von der wirksamen Vereinbarung des Preises ausgegangen, der sich bei richtiger Addition ergibt – falsa demonstratio non nocet). Kommt für die eine Vertragspartei den Berechnungsgrundsätzen und für die andere Vertragspartei dem angegebenen Endbetrag Vorrang zu, kann ein Dissens zur geschuldeten Miete vorliegen mit der Folge, dass der Vertrag gemäß § 155 BGB unwirksam sein wird, da eine Preisvereinbarung für die Vertragsparteien wesentlich ist. Sofern der irrtümlich fehlerhaft berechnete Betrag vereinbart worden ist, wird bei einem gemeinsamen Irrtum der Parteien von einem Fall des Fehlens der Geschäftsgrundlage ausgegangen (Palandt/*Ellenberger* BGB § 119 Rn. 21a) mit der Folge der Vertragsanpassung oder – bei Unzumutbarkeit – der Vertragsauflösung (Palandt/*Grüneberg* BGB § 313 Rn. 40 ff.).

Die vorliegend ausgesprochene Eventualanfechtung (→ Form. D.I.2 Anm. 4) dürfte nach Vorstehendem zwar nicht erforderlich sein, sollte aber vorsorglich ausgesprochen werden, da die Behandlung des offenen Kalkulationsirrtums nicht unbestritten ist und auch vertreten wird, dass ein zur Anfechtung berechtigender Grund vorliegen kann (*Singer* JZ 1999, 342) und ein eventuell später mit dem Fall befasstes Gericht einen Anfechtungsgrund annehmen könnte.

4. Zur Notwendigkeit der inhaltlichen Klarheit der Anfechtungserklärung, zur Formlosigkeit und zur Begründung → Form. D.I.1 Anm. 3.

5. Die Anfechtung gemäß § 119 BGB ist gemäß § 121 BGB unverzüglich zu erklären, → Form. D.I.2 Anm. 5.

6. Hinsichtlich der Gebühren und des Gegenstandswertes → Form. D.I.1 Anm. 8. Zwar geht es in erster Linie um eine Vertragsanpassung und nicht um das Bestehen des Mietverhältnisses. Die Frage der Wirksamkeit des Vertrages ist indes – hilfsweise – Gegenstand der Erklärung.

4. Rücktritt des Mieters gemäß §§ 323 ff. BGB

. . . . .

(Mieter)[1]

an

. . . . .

(Vermieter)

Zustellvermerk[2]

Sehr geehrte(r) . . . . .

Hiermit erkläre ich den Rücktritt von dem zwischen uns abgeschlossenen Mietvertrag vom . . . . .[3] Der vertraglich vereinbarte Mietbeginn ist zwischenzeitlich verstrichen, ohne dass Sie mir die Wohnung übergeben konnten. Wie Sie mir mitgeteilt haben, habe der derzeitige Mieter Ihnen gegenüber unerwartet von einer ihm mietvertraglich eingeräumten Verlängerungsoption Gebrauch gemacht. Ein Auszug des Mieters komme jedenfalls derzeit nicht in Betracht. Da ich wegen der Aufnahme meiner Tätigkeit in Y-Stadt zum . . . . . dringend auf eine Wohnung angewiesen bin und da es mir gelungen ist, kurzfristig eine andere Wohnung anzumieten, mache ich von meinem gesetzlichen Rücktrittsrecht (§ 323 BGB) Gebrauch.[4] Ich behalte mir vor, Schadensersatz geltend zu machen, da ich in der angemieteten Wohnung eine höhere Miete als zwischen uns vereinbart entrichten muss und da mein Anfahrtsweg zu meiner neuen Arbeitsstelle wesentlich weiter ist.[5, 6]

. . . . .

(Mieter)

Anmerkungen

1. Der Rücktritt führt zur **Rückabwicklung des Schuldverhältnisses,** hier des Mietvertrages. Er kann auf Gesetz oder auf vertraglicher Vereinbarung (→ Form. D.I.6) beruhen. Da die Rückabwicklung des Mietvertrages zu Schwierigkeiten führen kann und die Beendigung mit Wirkung für die Zukunft den Interessen der Vertragsparteien oft besser gerecht wird, hat das vertragliche Rücktrittsrecht – soweit überhaupt zulässig – keine große praktische Bedeutung. Auch der gesetzliche Rücktritt ist praktisch nicht von Bedeutung (→ Form. D.I.4 Anm. 4).
Der Rücktritt vom gegenseitigen Vertrag ist in §§ 323, 324, 326 BGB geregelt.

2. Der Rücktritt ist eine **rechtsgestaltende Erklärung,** die mit Zugang beim Empfänger wirksam wird. Die Nachweisbarkeit des Zugangs der Erklärung sollte daher gesichert sein, → Form. D.I.1 Anm. 2; → Form. B.I.1 Anm. 1.

3. Gemäß § 349 BGB ist der Rücktritt eine **einseitige, empfangsbedürftige Willenserklärung.** Die Erklärung ist formfrei und kann daher auch durch schlüssiges Verhalten (konkludent) erfolgen. Da an die Rücktrittserklärung wesentliche Rechtsfolgen geknüpft sind, sollte diese für eine evtl. später erforderliche Beweisführung schriftlich erfolgen. Eine Begründung ist nicht notwendig, empfiehlt sich indes, um dem Vertragspartner über die Berechtigung des Rücktritts zu informieren. Als Gestaltungsrecht ist der Rücktritt grundsätzlich unwiderruflich und bedingungsfeindlich. Zur Umdeutung eines Rücktritts in eine Kündigung vgl. LG Itzehoe WuM 1999, 41.

4. Der praktische Anwendungsbereich des gesetzlichen Rücktrittsrechts im Mietrecht ist ebenfalls gering.

Erbringt der Schuldner eine fällige Leistung nicht oder nicht vertragsgemäß, kann der Gläubiger gemäß § 323 Abs. 1 BGB vom Vertrag zurücktreten (zB verspätete Besitzeinräumung oder die Räume werden in nicht vertragsgerechtem Zustand – Mängel – angeboten). Voraussetzung ist, dass der Gläubiger dem Schuldner eine angemessene Frist zur Leistung bzw. Nacherfüllung gesetzt hat und dass diese Frist fruchtlos abgelaufen ist. Die Fristsetzung ist gemäß § 323 Abs. 2 BGB entbehrlich, wenn entweder

1. der Schuldner die Leistung ernsthaft und endgültig verweigert, oder
2. der Schuldner nicht an einem vertraglich vereinbarten Termin oder innerhalb einer vertraglich vereinbarten Frist geleistet hat und der Gläubiger im Vertrag sein Leistungsinteresse an die Rechtzeitigkeit der Leistung gebunden hat, oder
3. besondere Umstände vorliegen, die unter Abwägung der beiderseitigen Interessen den sofortigen Rücktritt rechtfertigen.

Der Gläubiger kann schon **vor Fälligkeit** (zB vereinbarter Termin für die Wohnungsübergabe) gemäß § 323 Abs. 4 BGB zurücktreten, wenn offensichtlich ist, dass die Voraussetzungen des Rücktritts eintreten werden. Bei einer Teilleistung (zB der mitvermietete Pkw-Stellplatz wird nicht übergeben) hängt die Berechtigung zum Rücktritt davon ab, ob der Gläubiger an der Teilleistung kein Interesse hat. Bei der nicht vertragsgemäßen Leistung (zB Übergabe abredewidrig unrenoviert) kommt es auf die Erheblichkeit der Pflichtverletzung an (§ 323 Abs. 5 BGB). Das Rücktrittsrecht ist gemäß § 323 Abs. 6 BGB ausgeschlossen, wenn der Rücktrittsgrund allein oder weit überwiegend vom Gläubiger zu verantworten ist, oder wenn der Gläubiger im Annahmeverzug ist und den Schuldner an dem Umstand, der zum Rücktritt führt, kein Verschulden trifft.

Gemäß § 324 BGB berechtigt ein **Verstoß gegen eine Nebenpflicht** gemäß § 241 Abs. 2 BGB zum Rücktritt, wenn dem Gläubiger deshalb ein Festhalten an dem Vertrag nicht mehr zuzumuten ist (zB gewichtige Beleidigung).

Ein Rücktrittsrecht besteht ferner gemäß **§ 326 Abs. 5 BGB**, wenn der Schuldner gemäß § 275 Abs. 1–3 BGB von der Leistung befreit ist. Das ist der Fall, wenn die Leistung (die Besitzverschaffung an den Mieträumen) objektiv (dh jedermann) oder subjektiv (dh dem Schuldner) unmöglich ist (Fälle des § 275 Abs. 1 BGB, vgl. OLG Celle ZMR 2015, 228), oder einen unverhältnismäßigen Aufwand erfordert (§ 275 Abs. 2 BGB, nur auf Einrede, zB im Formularfall ist der Mieter, der den Besitz an der Wohnung hat, nur gegen eine völlig übersetzte Abstandszahlung bereit zu weichen), oder dem Schuldner bei persönlicher Leistungspflicht unzumutbar ist (§ 275 Abs. 3 BGB, nur auf Einrede, bei Mietverträgen nicht relevant). Einer Fristsetzung zur Nacherfüllung bedarf es in diesen Fällen nicht. Das Rücktrittsrecht richtet sich im Übrigen nach § 323 BGB.

Nach OLG Hamm (NZM 1998, 77) ist ein Rücktritt vom Mietvertrag wegen Unmöglichkeit (§ 325 BGB aF) berechtigt, wenn eine Lagerhalle vor Errichtung vermietet worden ist und diese statt der vereinbarten 1.000 qm Nutzfläche nur 870 qm aufweist. Zum Rücktritt von einer Hotelzimmerreservierung: OLG Frankfurt/M. NJW-RR 2001, 1498; OLG Köln NZM 1998, 514; OLG Frankfurt/M. OLGR Frankfurt 1998, 169; OLG München NJW-RR 1990, 698; AG Breisach NJW 1986, 2647.

Die **Wirkung des Rücktritts** ist gemäß § 346 Abs. 1 BGB die wechselseitige Rückgewähr der empfangenen Leistungen sowie die Herausgabe der gezogenen Nutzungen (Zug-um-

Zug-Erfüllung gemäß § 348 BGB). Vor der Überlassung der Mieträume wird die Rückabwicklung regelmäßig keine Probleme aufwerfen und sich auf die Herausgabe einzelner Vorleistungen (zB Kaution) beschränken. Sofern ein Rücktrittsrecht nach Überlassung der Mieträume besteht, sieht § 346 Abs. 2 S. 1 Nr. 1 BGB die Leistung von Wertersatz statt der Rückgewähr oder Herausgabe von Nutzungen vor, sofern diese nach der Natur des Erlangten ausgeschlossen ist. Damit kann die Nutzung durch den Mieter in Höhe des vereinbarten Mietzinses bemessen werden, da § 346 Abs. 2 S. 2 BGB vorsieht, dass für die Berechnung des Wertersatzes eine vertraglich vereinbarte Gegenleistung zugrunde zu legen ist. Verletzt der Schuldner die Pflicht zur Rückgewähr gemäß § 346 Abs. 1 BGB, kann der Gläubiger unter den Voraussetzungen von §§ 280–283 BGB Schadensersatz verlangen.

5. Gemäß § 325 BGB ist der Gläubiger beim gegenseitigen Vertrag neben dem Rücktritt berechtigt, Schadensersatz zu verlangen.

6. Gebühren und Gegenstandswert → Form. D.I.1 Anm. 8.

5. Fristsetzung gemäß § 323 Abs. 1 BGB

. . . . .

(Mieter)[1]

an

. . . . .

(Vermieter)

Zustellvermerk[2]

Sehr geehrte(r) . . . . .

Mit Vertrag vom . . . . . habe ich zum . . . . . das Einfamilienhaus X-Straße Nr. . . . . . von Ihnen angemietet. Wie Ihnen bekannt ist, waren bei dem Termin zur Übergabe das Hauses am . . . . . noch eine Vielzahl von Gegenständen im gesamten Kellerbereich (ua Autoreifen, eine alte Waschmaschine und Müll) sowie in 2 Zimmern des Obergeschosses (Schränke und angedübelte Regale im Schlafzimmer und im Kinderzimmer) vorhanden. Ich setze Ihnen hiermit eine Frist bis zum . . . . . zur endgültigen Räumung des Hauses und zur Übergabe in ordnungsgemäßen Zustand. Sollte diese Frist erfolglos verstreichen, behalte ich mir vor, von dem Mietvertrag zurück zu treten und Schadensersatz geltend zu machen.[3, 4]

. . . . .

(Mieter)

Anmerkungen

1. Zur Nachfristsetzung als Voraussetzung für den Rücktritt gemäß § 323 Abs. 1 BGB → Form. D.I.4 Anm. 4.

2. Die Nachfristsetzung wird mit Zugang wirksam. Die Nachweisbarkeit des Zugangs sollte daher gesichert sein, → Form. D.I.1 Anm. 2; → Form. B.I.1 Anm. 1.

3. Ebenso wie der Rücktritt ist die Nachfristsetzung **nicht formgebunden**. Die **Länge der Frist** hängt davon ab, in welchem Umfang der Schuldner noch tätig werden muss. Die Frist sollte indes nicht zu kurz bemessen werden, da anderenfalls das Rücktrittsrecht nicht entsteht. Der Postweg ist einzukalkulieren. Dem Schuldner ist möglichst genau anzugeben, welche Tätigkeit von ihm erwartet wird. Pauschale Angaben (zB: „die Mieträume waren bei Übergabe nicht in einem ordnungsgemäßen Zustand") genügen nicht. Eines Hinweises auf die Rechtsfolgen der Fristversäumung bedarf es nicht.

4. Gebühren und Gegenstandswert → Form. D.I.1 Anm. 8.

6. Rücktritt bei vereinbartem Rücktrittsrecht gemäß § 346 BGB

. . . . .

(Vermieter)[1]

an

. . . . .

(Mieter)

Zustellvermerk[2]

Sehr geehrte(r) . . . . .

Bei Abschluss des Mietvertrages vom . . . . . habe ich mir ausdrücklich in der Zusatzvereinbarung den Rücktritt vom Vertrag für den Fall vorbehalten, dass es mir nicht gelingen würde, Mieter für die von Ihnen nicht genutzten Räume des Gewerbeobjekts X in Y zu finden. Leider ist es mir trotz intensiver Bemühungen bislang nicht gelungen, Mietinteressenten zu finden und auch von Ihnen konnte kein Mietinteressent benannt werden. Da eine Vermietung der gesamten Gewerbeeinheit leichter möglich ist, wie ich Ihnen bei Abschluss des Mietvertrages erläutert habe, sehe ich mich leider gezwungen, hiermit von dem vertraglich eingeräumten Rücktrittsrecht Gebrauch zu machen.[3]

Ich bitte darum die Mieträume vollständig geräumt und besenrein am . . . . . um . . . . . Uhr zu übergeben. Für eine kurze Bestätigung wäre ich Ihnen verbunden.[4]

. . . . .

(Vermieter)

Anmerkungen

1. Zu Form und Inhalt des Rücktritts → Form. D.I.4 Anm. 3.

2. Der Rücktritt ist eine rechtsgestaltende Erklärung, die mit Zugang beim Empfänger wirksam wird. Die Nachweisbarkeit des Zugangs der Erklärung sollte gesichert sein.

3. Die Frage, ob ein vertraglich vereinbartes Rücktrittsrecht für die Zeit nach Überlassung der Mieträume im Hinblick auf die Rückabwicklungsschwierigkeiten als ein Recht zur Beendigung des Mietvertrages für die Zukunft auszulegen ist, hat durch die Neufassung von § 346 Abs. 2 BGB an Bedeutung verloren, da jedenfalls für die Miete eine praktikable Regelung besteht (→ Form. D.I.4 Anm. 4).

Ist für die Ausübung des vertraglichen Rücktrittsrechts eine Frist nicht vereinbart, kann dem Berechtigten zur Ausübung eine angemessene Frist gesetzt werden, nach deren Ablauf das Rücktrittsrecht erlischt (§ 350 BGB).

Ein vereinbartes Rücktrittsrecht des Vermieters für die Zeit nach der Überlassung der Mieträume ist nur für die Gewerbemiete zulässig. Gemäß § 572 Abs. 1 BGB kann sich der Vermieter von Wohnraum nach der Überlassung des Wohnraums nicht auf ein vertraglich vereinbartes Rücktrittsrecht berufen. Der Vermieter hat lediglich das Recht zur ordentlichen Kündigung, sofern einer der Kündigungstatbestände erfüllt ist.

Beim Altenheimvertrag ist der Mieter zum Rücktritt berechtigt, wenn Vertragsgrundlage eine noch einzurichtende Pflegestation ist, die sodann nach angemessener Zeit noch nicht vorhanden ist (LG Mannheim ZMR 1977, 330).

Eine auflösende Bedingung kann zwar vereinbart werden mit der Folge, dass das Mietverhältnis auf bestimmte Zeit eingegangen gilt, da der Eintritt der Bedingung nicht fest steht. Bei der Vermietung von Wohnraum kann sich der Vermieter aber gemäß § 572 Abs. 2 BGB auf die auflösende Bedingung nicht berufen, wenn diese zum Nachteil des Mieters ist. Dagegen endet das Mietverhältnis mit Eintritt einer dem Mieter vorteilhaften Bedingung (zB Bedingung ist die Aufnahme einer neuen beruflichen Tätigkeit des Mieters an einem anderen Ort).

4. Zu Gebühren und Gegenstandswert → Form. D.I.1 Anm. 8.

II. Beendigung durch Zeitablauf

1. Verlangen des Mieters auf Mitteilung zum Fortbestand des Befristungsgrundes gemäß § 575 Abs. 2 BGB

. . . . .

(Mieter)

an

. . . . .

(Vermieter)

Zustellvermerk[1, 2, 3]

Sehr geehrte(r) . . . . .

Der zwischen uns geschlossene Mietvertrag sieht eine Befristung vor, weil Sie beabsichtigt hatten, die Wohnung nach Ablauf der Mietzeit Ihrem Sohn zur Verfügung zu stellen.[4] Da die befristete Mietzeit in 4 Monaten, nämlich am . . . . . abläuft, bitte ich um Mitteilung, ob der Befristungsgrund noch besteht.[5] Ich beabsichtige die Wohnung weiter zu nutzen, wenn der Befristungsgrund nicht mehr besteht oder später eintritt.[6] Für eine kurzfristige Mitteilung wäre ich dankbar, um unnötige Dispositionen zu vermeiden. Ich weise darauf hin, dass die Mitteilung binnen eines Monats erfolgen muss, anderenfalls sich das Mietverhältnis um den Zeitraum der Verspätung verlängert.[7, 8]

. . . . .

(Mieter)

Anmerkungen

1. Ein Mietverhältnis, das auf bestimmte Zeit eingegangen ist, endet gemäß § 542 Abs. 2 BGB mit dem Zeitablauf, wenn es nicht in den gesetzlich zugelassenen Fällen außerordentlich gekündigt oder verlängert wird. Eine vorzeitige Beendigung ist möglich durch
- Aufhebungsvertrag (→ Form. D.VII),
- auflösende Bedingung (→ Form. D.I.6 Anm. 3),
- vorbehaltenen Rücktritt (→ Form. D.I.6),
- außerordentliche fristlose Kündigung (§§ 543, 569 BGB, → Form. D.VI),
- außerordentliche befristete Kündigung, → Form. D.V,
- Stellung eines geeigneten Nachmieters in besonderen Fällen (unten).

Der Zeitmietvertrag ist durch das Mietrechtsreformgesetz (Geltung für ab dem 1.9.2001 geschlossene Verträge) umgestaltet worden. Ein einfacher Zeitmietvertrag kann grundsätzlich nicht mehr vereinbart werden. Eine Ausnahme gilt für die Mietverhältnisse gemäß § 549 Abs. 2 und 3 BGB (→ Form. D.III.14 Anm. 3), da §§ 575, 575a BGB nicht gelten. Insoweit kann die Befristung frei vereinbart werden (*Gather* NZM 2001, 57 (58)). § 575 BGB soll nicht für Mietverträge gelten, die auf Lebenszeit des Mieters abgeschlossen sind (LG Freiburg ZMR 2014, 449). Ein befristeter Mietvertrag mit Verlängerungsoption soll unabhängig von § 575 Abs. 1 BGB zulässig sein (LG Hildesheim ZMR 2017, 45). Nach der

Rechtsprechung des BGH (WuM 2004, 157 (542, 543, 672)) ist ein Kündigungsausschluss im Rahmen eines Mietverhältnisses auf unbestimmte Zeit zulässig, so dass in den Rechtsfolgen eine Annäherung an ein befristetes Mietverhältnis ohne qualifizierten Befristungsgrund erreicht werden kann. Bei Unwirksamkeit der Befristungsvereinbarung kommt eine ergänzende Vertragsauslegung als beidseitiger Kündigungsausschluss in Betracht, BGH NZM 2013, 646; BGH NZM 2014, 235. Nach BGH WuM 2011, 35 ist ein formularmäßiger, beiderseitiger Kündigungsausschluss von mehr als 4 Jahren wegen Benachteiligung des Mieters unwirksam. Nach BGH NJW-RR 2018, 843 ist ein individueller Kündigungsausschluss bis zur Grenze der Sittenwidrigkeit wirksam. BGH WuM 2009, 47 zu ausgleichendem Vorteil des Mieters; BGH WuM 2006, 97 bei gleichzeitiger Staffelmietvereinbarung; kürzere Fristen bei Vermietung eines Studentenzimmers (BGH NJW 2009, 3506). Zur Frage der Lösung von einem vereinbarten Kündigungsausschluss: *Streyl* WuM 2005, 183. Zur Wirkung eines Kündigungsausschlusses durch Vorerben gegen Nacherben BGH NJW 2015, 2650. Der Verzicht des Vermieters auf die Eigenbedarfskündigung für mehr als 1 Jahr bedarf der Schriftform (BGH NJW 2007, 1742).

Jedenfalls endet nach Ablauf des Kündigungsausschlusses nicht wie bei einer einfachen Befristung das Mietverhältnis. Es bedarf vielmehr einer Kündigung.

Ausnahmsweise kann das befristete Mietverhältnis vorzeitig durch Stellung eines **Ersatzmieters** auch dann beendet werden, wenn der Vertrag keine Nachfolgeklausel (regelt die Voraussetzungen, unter denen ein Mieter gegen Stellung eines Nachmieters ausscheiden kann; vgl. hierzu AG Köln WuM 2000, 598) enthält. Es ist zunächst von dem Grundsatz auszugehen, dass Verträge einzuhalten sind. Nach der Rechtsprechung (OLG Karlsruhe WuM 1981, 173; OLG Hamm NJW-RR 1995, 1478; OLG Zweibrücken WuM 1998, 147; OLG Naumburg WuM 2002, 537; in BGH NZM 2012, 341 offen gelassen) soll ein Anspruch des Mieters auf Vertragsentlassung aber dann gegeben sein, wenn sein Interesse an der Vertragsauflösung das Bestandsinteresse des Vermieters „erheblich überragt".

Erforderlich ist zunächst ein schutzwürdiges Interesse des Mieters an der Vertragsentlassung, das in der Regel nicht gegeben ist, wenn der Mieter das Interesse an der Wohnung durch seine freie Entscheidung verloren hat. Das Interesse an der Vertragsentlassung kann in einer schweren Erkrankung (OLG Karlsruhe WuM 1981, 173), einer beruflichen Versetzung (LG Hamburg DWW 1988, 85), dem Umzug in ein Seniorenheim (AG Calw WuM 1999, 463) bzw. in eine altersgerechte Wohnung (LG Duisburg WuM 1999, 691) oder in einer erheblichen Vergrößerung oder Verkleinerung der Familie (AG Frankfurt/M. WuM 1999, 571; auch im Fall der Scheidung: OLG Karlsruhe WuM 1981, 173) gesehen werden. Dagegen soll der Wunsch, ein errichtetes Eigenheim zu beziehen, nicht ausreichen (OLG Karlsruhe WuM 1981, 173).

Ferner muss auf Seiten des Mieters eine Härte vorliegen, die in der Bindung an den Vertrag begründet sein muss. An einer Härte fehlt es bei einer nur noch kurzen Restlaufzeit des Vertrages (OLG Oldenburg WuM 1982, 124: 3 Monate).

Schließlich muss der Nachmieter für den Vermieter akzeptabel sein (vgl. BGH WuM 2003, 204). Das setzt zunächst voraus, dass der Nachmieter den Vertrag zu den bestehenden Bedingungen akzeptiert. Ferner dürfen in der Person des Nachmieters keine gewichtigen Gründe bestehen (OLG Hamm WuM 1983, 228). Hier kommt es auf das Einkommen des Nachmieters an. Eine größere Anzahl an Mietern (Familie statt Einzelperson) muss der Vermieter nicht hinnehmen (LG Hildesheim WuM 2005, 572). Die Wertungen des Allgemeinen Gleichbehandlungsgesetzes sind zu beachten. Die Eigenschaft als Ausländer stellt keinen gewichtigen Grund dar (LG Saarbrücken WuM 1995, 313; AG Wetzlar WuM 2006, 374; LG Bückeburg 6.11.2013 – 1 S 38/13: keine Vorgabe einer bestimmten Nationalität). Bei unverheirateten Paaren können moralische Vorbehalte des Vermieters dann beachtlich sein, wenn er in einem Haus mit den Mietern lebt (Bub/Treier/*Landwehr* MietR-HdB II 2582). Die Stellung nur eines akzeptablen Nachmieters genügt, mehrere Nachmieter müssen nicht zur Auswahl angeboten werden (LG Saarbrücken WuM 1995, 313).

Zieht der Mieter aus, ohne dass die Voraussetzungen der Nachmieterstellung vorliegen oder ohne einen angemessenen Nachmieter angeboten zu haben, bleibt er vertraglich verpflichtet und schuldet weiterhin die Miete. Da es sich um einen vertraglichen Anspruch handelt, kann der Mieter sich nicht auf ein Mitverschulden des Vermieters wegen unterlassener Weitervermietung (§ 254 BGB) berufen. Wird die Wohnung nach Auszug des Mieters an einen Dritten vermietet, kann der Mieter zur Entrichtung der Differenz zwischen der von ihm geschuldeten und der niedrigeren, von dem Dritten geschuldeten Miete verpflichtet sein (BGH BGHZ 122, 163).

2. Die gesetzlich vorgegebene Vorgehensweise zur Verlängerung des Mietverhältnisses sieht das Auskunftsverlangen des Mieters, die Mitteilung des Vermieters zum Fortbestand des Befristungsgrundes (→ Form. D.II.2) und ggf. das Verlängerungsverlangen des Mieters (→ Form. D.II.3) vor.

3. Der Zugangsnachweis (→ Form. D.I.1 Anm. 2, → Form. B.I.1 Anm. 1.) sollte in den Fällen gesichert werden, in denen das Auskunftsverlangen so kurzfristig gestellt wird, dass eine Verkürzung der Antwortfrist droht (→ Form. D.II.1 Anm. 5).

4. Zu den gemäß § 575 Abs. 1 BGB zulässigen Gründen für eine Befristung, → Form. A.II.3).
Grundsätzlich endet der Zeitmietvertrag gemäß § 542 Abs. 2 BGB mit dem Ablauf der vereinbarten Mietzeit. Ist die Befristung des Zeitmietvertrages allerdings nicht wirksam, gilt das Mietverhältnis gemäß § 575 Abs. 1 S. 2 BGB als auf unbestimmte Zeit geschlossen (*Feuerlein* WuM 2001, 371 (372); für eine Umdeutung „missglückter Zeitmietverträge" in einen befristeten Kündigungsausschluss: *Blank/Börstinghaus* BGB § 575 Rn. 31; BGH NJW 2013, 2820). Es bedarf dann nicht der Vorgehensweise gemäß § 575 BGB (Auskunft und Verlängerungsverlangen). Eine unwirksame Befristung kann vorliegen, wenn der Grund für die Befristung im Mietvertrag nicht konkret genug angegeben ist, oder wenn ein Grund für die Befristung fehlte und der angegebene Grund nur vorgeschoben war, um eine lange Bindung des Mieters an den Vertrag zu erreichen (vgl. *Feuerlein* WuM 2001, 371). Das gilt auch dann, wenn der Befristungsgrund – wider Erwarten – bei Vertragsende tatsächlich vorliegt. Ein Auswechseln der Befristungsgründe ist nicht zulässig (*Lützenkirchen* AnwHdB MietR § 575 Rn. 65).
Tritt der gesetzlich für den Abschluss des Zeitmietvertrages erforderliche Grund für die Befristung erst nach dem Ablauf der Mietzeit ein, kann der Mieter eine entsprechende Verlängerung des Mietvertrages verlangen. Entfällt der Grund für die Befristung, kann der Mieter die Verlängerung des Mietvertrages auf unbestimmte Zeit verlangen (§ 575 Abs. 3 BGB). Zur Klärung dieser Fragen für den Mieter dient der Anspruch auf Mitteilung gemäß § 575 Abs. 2 BGB.

5. Der Mieter kann vom Vermieter frühestens 4 Monate vor Ablauf der Mietzeit die Mitteilung verlangen. Ein früher gestelltes Auskunftsverlangen ist nicht unwirksam, vielmehr berechnet sich die Monatsfrist für die Antwort des Vermieters von dem zulässigen Zeitpunkt ab (vgl. *Lützenkirchen* AnwHdB MietR § 575 Rn. 96). Im Hinblick auf die Antwortfrist des Vermieters von einem Monat einerseits und die Beendigung des Mietverhältnisses mit Fristablauf andererseits, sollte das Auskunftsverlangen mindestens einen Monat vor Ablauf des Mietverhältnisses dem Vermieter zugegangen sein, da anderenfalls das Mietverhältnis vor Ablauf der Antwortfrist endet (hierzu *Blank/Börstinghaus* BGB § 575 Rn. 35).
Das Auskunftsverlangen ist nicht formgebunden. Im Hinblick auf die spätere Nachweisbarkeit empfiehlt sich indes die schriftliche Form.

6. Es dürfte zulässig sein, das Verlangen auf Verlängerung des Mietvertrages auf unbestimmte Zeit sowie auf den Zeitraum einer Verzögerung des Eintritts des Befristungsgrundes gemäß § 575 Abs. 3 S. 2 BGB schon vorsorglich in dem Mitteilungsverlangen zu stellen. Vorsorglich sollte nach der Mitteilung, dass der Befristungsgrund entfallen ist, nochmals ausdrücklich die Verlängerung des Mietvertrages auf unbestimmte Zeit nach Ablauf der Mietzeit verlangt werden.

7. Der Hinweis entspricht der Rechtslage gemäß § 575 Abs. 2 S. 2 BGB. Den Mieter trifft gegenüber dem Vermieter allerdings keine Belehrungspflicht. Der Hinweis ist also fakultativ.

8. Zur Gebührenhöhe → Form. D.I.1 Anm. 8. Beschränkt sich die Tätigkeit des Anwalts auf das Auskunftsverlangen, dürfte ein „einfaches" Schreiben im Sinne von VV 2302 vorliegen und nur diese Gebühr von 0,3 anzusetzen sein. Der Geschäftswert ist gemäß §§ 2 Abs. 1, 23 Abs. 1 RVG, 41 Abs. 1 GKG höchstens an dem Wert für eine streitige Fortsetzung des Mietverhältnisses auf unbestimmte Zeit auszurichten. Anzusetzen ist aber nicht der Jahresmietwert, sondern, da es sich um ein Auskunftsverlangen handelt, ein Bruchteil (vgl. Nachweise bei Zöller/*Herget* ZPO § 3 Rn. 16 „Auskunft": $^1/_{10}$–$^1/_4$).

2. Mitteilung des Vermieters zum Fortbestand des Befristungsgrundes gemäß § 575 Abs. 2 BGB

. . . . .

(Vermieter)

an

. . . . .

(Mieter)

Sehr geehrte(r) . . . . .

Auf Ihr Mitteilungsverlangen vom . . . . . teile ich Ihnen mit, dass der Grund für die Befristung des Mietverhältnisses fortbesteht.[1, 2] Mein Sohn wird in 2 Monaten sein Auslandsstudium planmäßig beendet haben und – wie vorgesehen – zum . . . . . seine Tätigkeit in meinem Unternehmen aufnehmen.[3]

Ich bitte Sie daher die Wohnung zum Ablauf der Mietzeit zu räumen und die mietvertraglich vereinbarten Renovierungsarbeiten auszuführen. Ich schlage vor, die Wohnungsübergabe am . . . . . um . . . . . Uhr vorzunehmen. Sollten Sie einen früheren Termin wünschen, bitte ich um telefonische Mitteilung.

. . . . .

(Vermieter)

Anmerkungen

1. Die Mitteilung ist **nur auf ausdrückliches Verlangen des Mieters erforderlich.** Anderenfalls endet der Mietvertrag nach der vereinbarten Vertragslaufzeit (§ 542 Abs. 2 BGB). Zum Mitteilungsverlangen → Form. D.II.1. Erfolgt die Mitteilung später als ein Monat nach Zugang des Mitteilungsverlangens, kann der Mieter eine Verlängerung des Mietverhältnisses um den Zeitraum der Verspätung verlangen. Das gilt auch, wenn die

Befristung bereits abgelaufen ist (*Blank/Börstinghaus* BGB § 575 Rn. 42). § 575 BGB ist zugunsten des Mieters vertraglich nicht abdingbar.

Die **Sozialklausel des § 574 BGB** findet bei der Beendigung des Mietverhältnisses durch Zeitablauf keine Anwendung, ebenso kommt die Gewährung einer Räumungsfrist gemäß § 721 ZPO – die Härteregelung des § 765a ZPO ist anwendbar – nicht in Betracht (*Blank/Börstinghaus* BGB § 575 Rn. 68).

2. Nach dem Gesetzeswortlaut genügt die formlose Mitteilung, „ob der Befristungs-grund noch fortbesteht". Vorsorglich sollte – insbesondere bei Änderungen gegenüber den Annahmen vor Mietbeginn, die den Befristungsgrund jedoch nicht berühren – inhaltlich auf den fortbestehenden Bedarf eingegangen werden. Hierdurch erhöht sich überdies die Akzeptanz auf der Mieterseite.

Ein **Wechsel** von dem vertraglichen Befristungsgrund zu einem anderen Befristungsgrund ist nicht zulässig, wohl aber eine **Änderung** innerhalb des Befristungsgrundes (zB Nutzungs-absicht durch Tochter statt durch Sohn, Palandt/*Weidenkaff* BGB § 575 Rn. 16, str.).

Beantwortet der Vermieter das Auskunftsverlangen des Mieters falsch, kann ein Verlängerungsverlangen nachgeholt werden. Ferner kommen Schadensersatzansprüche des Mieters gegen den Vermieter gemäß § 280 Abs. 1 BGB in Betracht.

3. Zu Gebühren und Gegenstandswert → Form. D.II.1 Anm. 8.

3. Verlängerungsschreiben des Mieters gemäß § 575 Abs. 3 BGB

. . . . .

(Mieter)

an

. . . . .

(Vermieter)

Zustellvermerk[1]

Sehr geehrte(r) . . . . .

Zwischenzeitlich hatte ich eine telefonische Unterredung mit Ihrem Sohn. Entgegen Ihrer Mitteilung verzögert sich nach Angaben Ihres Sohns die Aufnahme seiner Tätigkeit in Ihrem Unternehmen um 3 Monate, da ihm wegen noch ausstehender Abschlussarbeiten eine frühere Rückkehr nicht möglich ist. Daher beanspruche ich gemäß § 575 Abs. 3 S. 1 BGB eine Verlängerung des Mietverhältnisses um 3 Monate, also bis zum . . . . . Ich bitte um eine kurze Bestätigung.[2, 3]

. . . . .

(Mieter)

Anmerkungen

1. Die Verlängerung des Mietverhältnisses setzt den Zugang des Verlängerungsver-langens voraus. Deshalb sollte der Zugang **nachweisbar** sein (→ Form. B.I.1 Anm. 1).

2. Eine **Vertragsverlängerung** tritt nicht ohne weiteres Zutun ein, wenn der Befris-tungsgrund entfallen ist oder später eintritt. Ohne ein Verlängerungsverlangen läuft

der Mietvertrag mit der vereinbarten Laufzeit aus. Zur Sicherung des Verlängerungsanspruch dient das Mitteilungsverlangen des Mieters (→ Form. D.II.1) und die Mitteilung des Vermieters (→ Form. D.II.2). Ist die Mitteilung falsch, wird also der Befristungsgrund bestätigt, obwohl dieser entfallen ist und unterbleibt deshalb ein
Verlängerungsverlangen, dann kann dieses nachgeholt werden, sofern die Wohnung
noch zur Verfügung steht. Anderenfalls, insbesondere nach Auszug des Mieters und
anderweitiger Nutzung der Wohnung steht dem Mieter ein Schadensersatzanspruch
wegen Pflichtverletzung zu. Der Verlängerungsanspruch ist im Wege der Leistungsklage
durchzusetzbar (*Blank/Börstinghaus* BGB § 575 Rn. 65).

3. Gebühren und Gegenstandswert → Form. D.II.1 Anm. 8.

III. Ordentliche Kündigung

1. Kündigung wegen Pflichtverletzung, § 573 Abs. 2 Nr. 1 BGB – Verstoß gegen die Hausordnung

. . . . .

(Vermieter)[1]

an

. . . . .

(Mieter)

Zustellvermerk[2]

Sehr geehrte(r) . . . . .

Den zwischen uns abgeschlossenen Wohnungsmietvertrag vom . . . . . über die Wohnung . . . . . kündige ich hiermit unter Einhaltung der gesetzlichen Kündigungsfrist fristgerecht zum . . . . .[3]

Zur Begründung weise ich darauf hin, dass Sie fortlaufend und beharrlich gegen die Hausordnung verstoßen.[4] Gemäß § . . . . . der Hausordnung ist nach 22.00 Uhr im Interesse aller Hausbewohner die Nachtruhe einzuhalten. Gegen dieses Gebot verstoßen Sie trotz mehrfacher schriftlicher Abmahnungen.[5] Auf meine Schreiben vom . . . . . und vom . . . . . und die dort angeführten Vorfälle nehme ich Bezug. Trotz dieser Aufforderungen, haben Sie Ihr vertragswidriges Verhalten fortgesetzt. Am . . . . . haben Sie von 21.00 Uhr bis 02.30 Uhr laut Musik gehört. Am . . . . . von 22.00 Uhr bis 01.30 Uhr wurde fortdauernd in der Wohnung lautstark gestritten, Türen geschlagen und wiederum laut Musik gehört. Am . . . . . von 20.00 Uhr bis 0.30 Uhr und am . . . . . von 23.00 Uhr bis 01.30 Uhr haben Sie wieder laut Musik gehört. Am . . . . . und am . . . . . haben Sie zudem auf den Versuch des Hausmeisters, Herrn . . . . ., Sie persönlich und telefonisch aufzufordern den Lärm einzustellen, nicht reagiert. Es liegen mehrere Beschwerden von Mietern der angrenzenden Wohnungen vor. Keinem der Mieter der angrenzenden Wohnungen ist es zuzumuten, Ihr Verhalten hinzunehmen. Hinzu kommt, dass die Mieter X Kleinkinder haben, die durch das laute nächtliche Lärmen empfindlich in ihrem Schlaf gestört werden.[6]

Ich weise Sie darauf hin, dass Sie dieser Kündigung schriftlich bis zum . . . . . widersprechen können, wenn die Beendigung des Mietverhältnisses für Sie, Ihre Familie oder einen anderen Angehörigen Ihres Haushalts eine Härte bedeuten würde, die auch unter Würdigung meiner berechtigten Interessen nicht zu rechtfertigen ist. Sofern Sie Widerspruch erheben, bitte ich um Mitteilung Ihrer Gründe (§ 574b Abs. 1 S. 2 BGB).[7]

Einer stillschweigenden Verlängerung des Mietverhältnisses (§ 545 BGB) widerspreche ich bereits an dieser Stelle.[8]

Wegen der anstehenden Renovierung und des Übergabetermins werde ich mich später mit Ihnen in Verbindung setzen.[9]

. . . . .

(Vermieter)

Anmerkungen

1. Ein Mietverhältnis, das auf unbestimmte Zeit eingegangen ist, endet gemäß § 542 Abs. 1 BGB durch **Kündigung**. Bei den Kündigungen ist zu unterscheiden: Die außerordentliche fristlose Kündigung erlaubt insbesondere bei einem erheblichen vertraglichen Fehlverhalten einer Vertragspartei die sofortige Beendigung des Mietverhältnisses ($\rightarrow$ Form. D.VI) Die außerordentliche befristete Kündigung ermöglicht in besonderen Situationen (zB Tod des Mieters, § 564 BGB) die Lösung vom Mietverhältnis unter Einhaltung einer Frist ($\rightarrow$ Form. D.V). Die ordentliche fristgerechte Kündigung führt zur ordnungsgemäßen Beendigung eines Mietverhältnisses auf unbestimmte Zeit. Dem Interesse des Mieters an dem Bestand des Mietverhältnisses hat der Gesetzgeber durch mieterschützende Regelungen Rechnung getragen. Zunächst unterliegt die Kündigung formellen Anforderungen, die insbesondere dem Mieter eine Beurteilung der Erfolgsaussicht der Kündigung ermöglichen sollen. Sodann fordert das Gesetz eine materielle Berechtigung. Die Kündigung ist nur bei Vorliegen eines berechtigten Interesses statthaft. Sind die formellen oder materiellen Voraussetzungen nicht erfüllt, ist die Kündigung unwirksam.

Neben der Kündigung kann der Mietvertrag beendet oder unwirksam werden durch
- Zeitablauf bei einem befristeten Mietverhältnis ($\rightarrow$ Form. D.II),
- Anfechtung ($\rightarrow$ Form. D.I.1, $\rightarrow$ Form. D.I.2),
- Rücktritt ($\rightarrow$ Form. D.I.4-6),
- Auflösende Bedingung ($\rightarrow$ Form. D.I.6 Anm. 3),
- Aufhebungsvertrag ($\rightarrow$ Form. D.VII).

Der besondere gesetzliche Mieterschutz gilt nur für die Wohnraummiete und nicht für gewerbliche Mietverhältnisse. Schwierig kann die Beurteilung bei einem **Mischmietverhältnis** sein. Ein Mischmietverhältnis liegt vor, wenn in einem einheitlichen Vertrag sowohl Wohn- als auch Gewerberaum vermietet worden ist. Maßgeblich für die Beurteilung, ob ein Mischmietverhältnis vorliegt oder ob zwei getrennte Mietverhältnisse anzunehmen sind, ist der Parteiwille. Ist der Parteiwille auf einen einheitlichen Vertragsschluss gerichtet, liegt ein Mischmietverhältnis vor. Ein Mischmietverhältnis wird zu vermuten sein, wenn eine einheitliche Vertragsurkunde vorliegt. Dagegen sind getrennte Mietverhältnisse zu vermuten, wenn gesonderte Vertragsurkunden erstellt worden sind.

Bei einem Mischmietverhältnis findet eine **einheitliche rechtliche Beurteilung** statt. Ob Wohnraum- oder ob Gewerberaummietrecht anwendbar ist, entscheidet sich danach, welche der Nutzungsarten überwiegt (Übergewichtstheorie: BGH NJW 2014, 2864; OLG Schleswig NJW 1983, 49). Die Abgrenzung ist im Einzelfall unter Heranziehung des (wahren) Vertragszwecks vorzunehmen (LG Berlin WuM 1993, 396; LG Mainz ZMR 2018, 941). Dienen die überlassenen Gewerberäume der Erwirtschaftung des Lebensunterhalts des Mieters, kann der gewerbliche Vertragszweck im Vordergrund stehen (nach BGH NJW 2014, 2864 für sich alleine noch nicht ausreichend). Anders liegt es, wenn der Mieter in seiner Wohnung einem Nebenerwerb nachgehen möchte. Lässt sich ein vorrangiger Vertragszweck nicht ermitteln, kann zur Abgrenzung auf die jeweiligen Miet- oder Flächenanteile für das Gewerbe einerseits und den Wohnraum andererseits abgestellt werden (OLG Schleswig NJW 1983, 49). Nach LG Mannheim (ZMR 1977, 27) ist bei einem Mischmietverhältnis die Teilkündigung des Geschäftsraums möglich, wenn eine getrennte Herausgabe dem Mieter tatsächlich und wirtschaftlich möglich ist und die Räume nur formell oder zufällig in einem einheitlichen Mietvertrag zusammengefasst sind (aber fraglich, ob in diesem Fall ein Mischmietverhältnis vorliegt).

2. Da die Kündigung nur mit Zugang wirksam wird, sollte auf die Nachweisbarkeit des Zugangs geachtet werden. Es ist zu empfehlen, die Art des Zugangs (zB „Einschreiben/Rückschein" oder „per Bote") in das Schreiben aufzunehmen, um die Gegenseite von

einem unberechtigten Leugnen des Zugangs abzuhalten, → Form. D.I.1 Anm. 2;
→ Form. B.I.1 Anm. 1.

3. Das Kündigungsschreiben sollte zur Vermeidung von Missverständnissen klar zum
Ausdruck bringen, dass „gekündigt" wird. Allerdings ist die **Begriffswahl** nicht entscheidend, wenn hinreichend deutlich zum Ausdruck kommt, dass das Mietverhältnis beendet
werden soll. Zugleich sollte angegeben werden, ob fristgerecht oder fristlos gekündigt
wird. Gerade bei der Kündigung wegen Pflichtverletzungen des Mieters kann im Einzelfall sowohl eine fristgerechte als auch eine fristlose Kündigung in Betracht kommen. Bei
einer Unklarheit hierüber besteht die Gefahr, dass die Voraussetzungen für eine fristlose
Kündigung abgelehnt werden, eine fristgerechte Kündigung aber nicht als ausgesprochen
gewertet wird (vgl. LG Wiesbaden WuM 1998, 284). Allerdings soll nach BGH NJW
1981, 976 eine fristlose Kündigung in eine ordentliche Kündigung gemäß § 140 BGB
umgedeutet werden können, wenn sich aus dem Inhalt der Kündigung eindeutig ergibt,
dass das Mietverhältnis auf jeden Fall beendet werden soll (vgl. auch OLG Düsseldorf
BeckRS 2005, 07149; LG Bonn 20.8.2015 – 6 S 38/15). Zulässig ist es, in erster Linie die
außerordentliche Kündigung auszusprechen und hilfsweise, für den Fall, dass die außerordentliche Kündigung nicht wirksam ist, die ordentliche Kündigung.

Bei einer **Mehrheit von Mietern oder Vermietern** ist eine Kündigung durch alle Mieter
oder Vermieter erforderlich. Das Mietverhältnis ist als Einheit zu betrachten, da es auf
eine unteilbare Leistung gerichtet ist. Die Kündigung durch einen von mehreren Mietern
oder Vermietern stellt eine unzulässige Teilkündigung dar und beendet weder das Mietverhältnis insgesamt noch die vertraglichen Beziehungen des Kündigenden zu der Gegenseite (Bub/Treier/*Grapentin* MietR-HdB IV 10; aA LG Essen ZMR 2008, 295 bei
endgültig ausgezogener Ehefrau; *Finger* WuM 1993, 581 für den Fall der Beendigung
einer nichtehelichen Partnerschaft durch Auszug eines Partners; AG Charlottenburg GE
2015, 1537 für ausgezogenen Mieter, der keine neue Adresse hinterlassen hat). IE kann
von einer Fortsetzung des Mietvertrages durch den Vermieter und den verbleibenden
Mieter ausgegangen werden (BGH WuM 2005, 341). Demjenigen, der aus dem Mietverhältnis ausscheiden möchte, kann allerdings auf Grund der Beziehung zu seinen
Mitmietern oder Mitvermietern ein Anspruch auf Mitwirkung zur Kündigung zustehen
(LG Düsseldorf WuM 1996, 36 ablehnend für den Fall der Trennung von Eheleuten;
OLG Köln WuM 1999, 521 und WuM 2006, 511; LG München II WuM 1993, 611
bejahend für den Fall der Beendigung einer nichtehelichen Partnerschaft; LG Köln WuM
1993, 613 bejahend für den Fall der Auflösung einer Wohngemeinschaft). Die Kündigung muss nicht in einem einzigen einheitlichen Schreiben versandt werden (LG München
I WuM 1999, 218). Ob eine oder mehrere Personen Vertragspartei geworden sind,
beurteilt sich nach der vertraglichen Ausgestaltung. Je nach vertraglicher Gestaltung
kann etwa der Ehegatte des Mieters ebenfalls Mieter oder aber nur Mitbesitzer sein. Im
letzteren Fall bedarf es keiner Mitwirkung an der Kündigung.

Die Kündigung muss gegenüber allen Mietern oder Vermietern ausgesprochen werden
(vgl. Bub/Treier/*Grapentin* MietR-HdB IV 23). Eine formularvertragliche Erklärungs-
empfangsvollmacht für Mitmieter ist auch für den Fall der Kündigung statthaft (BGH
NJW 1997, 3437).

Gemäß § 568 Abs. 1 BGB bedarf die Kündigung der **Schriftform.** Das bedeutet gemäß
§ 126 Abs. 1, 4 BGB die Niederlegung der Kündigung in einem Schriftstück, das eigenhändig zu unterzeichnen ist (kein Namensstempel oder Unterschriftenautomat). Die Namensunterschrift muss den Text räumlich abschließen. Ein Zusatz ist nochmals zu unterschreiben (Schmidt-Futterer/*Blank* BGB § 568 Rn. 11). Wegen des Erfordernisses der
Eigenhändigkeit der Unterschrift genügt weder der Zugang einer Fotokopie der Original-
kündigung noch der Zugang eines Telefaxes (BGH NJW 1993, 1126). Möglich, aber
praktisch ohne Bedeutung ist die Unterzeichnung mittels notariell beglaubigten Hand-

zeichens oder die notarielle Beurkundung des Kündigungsschreibens. Gemäß §§ 126 Abs. 3, 126a BGB kann die schriftliche Form durch die elektronische Form ersetzt werden (E-Mail). Das ist regelmäßig auch der Fall, wenn die Schriftform mietvertraglich vereinbart ist, da gemäß § 127 Abs. 1 BGB § 126a BGB im Zweifel auch für die durch Rechtsgeschäft bestimmte Form gilt. In diesem Fall muss der Vermieter der Kündigungserklärung seinen Namen hinzufügen und das elektronische Dokument mit einer qualifizierten Signatur nach dem Signaturgesetz versehen (hierzu: *Roßnagel* NJW 2001, 1817; *Hänchen* NJW 2001, 2831). Zu beachten ist auch hier das Erfordernis eines Zugangsnachweises, → Form. D. III.1 Anm. 2. Eine Klausel in einem Formularvertrag, die die Kündigung durch eingeschriebenen Brief als Wirksamkeitsvoraussetzung vorsieht, kann unwirksam sein, wenn sie in dem Vertrag an einer unvermuteten Stelle steht (OLG Naumburg WuM 2000, 117). Der Vermieter kann treuwidrig handeln, wenn er sich auf die Formunwirksamkeit seines eigenen Kündigungsschreibens beruft (LG Nürnberg-Fürth WuM 2017, 475).

Der Ausspruch der Kündigung ist auch durch prozessualen Schriftsatz möglich (OLG Schleswig NZM 2008, 341). In diesem Fall vermittelt das Gericht den Zugang der Kündigungserklärung. Die für den Prozessgegner bestimmte Abschrift des Schriftsatzes soll eigenhändig unterzeichnet sein. Allerdings wird es von der Rechtsprechung als ausreichend angesehen, wenn ein Beglaubigungsvermerk vorhanden ist, der von dem Anwalt eigenhändig unterzeichnet worden ist (OLG Zweibrücken WuM 1981, 177; BayObLG WuM 1981, 200; OLG Hamm NJW 1982, 452). Der Anwalt muss für den Gegner eine Kündigungsvollmacht – soweit nicht schon vorgelegt – beifügen, da anderenfalls der Gegner gemäß § 174 BGB die Kündigung zurückweisen kann, mit der Folge, dass die Kündigung unwirksam ist. Die erteilte Prozessvollmacht in einem Räumungsrechtsstreit enthält die Bevollmächtigung zum Ausspruch einer – weiteren – Kündigung, auch wenn diese außerhalb des Rechtsstreits ausgesprochen wird (OLG München ZMR 1996, 557; *Kinne* ZMR 2001, 599 (605)). Ist bei Vertretung der Gegenseite durch einen Dritten (Anwalt) unklar, ob dieser zur Entgegennahme von Kündigungserklärungen bevollmächtigt ist, sollte von der Kündigung durch Schriftsatz Abstand genommen werden. Es empfiehlt sich für das Gericht ein ausdrücklicher Hinweis, dass der Schriftsatz eine Kündigung enthält, um Übermittlungsfehler zu vermeiden. Zugleich sollte vorsorglich eine Zustellung – bei anwaltlicher Vertretung der Gegenseite durch Empfangsbekenntnis – angeregt werden (Zugangsnachweis).

Die Angabe der **Kündigungsfrist** bzw. des Beendigungszeitpunkts ist an sich nicht erforderlich (Palandt/*Weidenkaff* BGB § 568 Rn. 4: bei Fehlen der Angabe wird die Kündigung zum nächsten zulässigen Termin wirksam). Im Hinblick auf die in § 568 Abs. 2 BGB vorgesehene Belehrung über das Widerspruchsrecht des Mieters (→ Form. D.III.1 Anm. 7), das wiederum die Belehrung über die von dem Kündigungszeitpunkt abhängige Widerspruchsfrist gemäß § 574b Abs. 2 BGB beinhaltet, muss sich der Vermieter ohnehin Klarheit über den Beendigungszeitpunkt verschaffen. Klarheit über den Beendigungszeitpunkt ist auch erforderlich für einen fristgerechten Fortsetzungswiderspruch gemäß § 545 BGB (→ Form. D.III.1 Anm. 8, → Form. D.III.16). Es sollte deshalb auch die Angabe des Beendigungszeitpunkts oder der Kündigungsfrist aufgenommen werden. Eine unbestimmt befristete Kündigung ist unwirksam (BGH WuM 2004, 271).

Die Kündigungsfrist für die Kündigung durch den Vermieter beträgt gemäß § 573c Abs. 1 BGB unterschiedslos für vor und nach dem 1.9.2001 begründete Mietverhältnisse 3 Monate. Sie verlängert sich nach 5 Jahren Mietdauer auf 6 Monate und nach 8 Jahren Mietdauer auf 9 Monate. Die Kündigungsfrist des Mieters beträgt 3 Monate. Die Kündigung kann bis zum 3. Werktag des ersten Monats der Kündigungsfrist ausgesprochen werden (Zugang ist maßgeblich). Nach BGH WuM 2005, 465 ist der Samstag grundsätzlich als Werktag anzusehen (offengeblieben für den Fall, dass der Samstag der letzte Tag der Frist ist, Urteilsanm. *Schreiber* WuM 2005, 564). Unter den Voraussetzungen des § 573c Abs. 2, 3 BGB (→ Form. D.III.14 Anm. 3) und des § 576 Abs. 1 Nr. 2 BGB (→ Form. D.III.10

Anm. 5) können ausnahmsweise kürzere Kündigungsfristen gelten. Nach BGH NZM 2008, 804 unterliegt ein Mietvertrag einer juristischen Person, der für Gewerbe sowie für Wohnraum des Geschäftsführers dient, den Fristen des § 580a BGB. § 573c BGB kann zum Nachteil des Mieters nicht abbedungen werden (§ 573c Abs. 4 BGB). Allerdings geht gemäß Art. 229 § 3 Abs. 10 EGBGB eine mietvertraglich vor dem 1.9.2001 vereinbarte längere Kündigungsfrist vor. Formularvertraglich vereinbarte Fristen stellen eine vertragliche Vereinbarung dar (BGH WuM 2003, 462 (505); BGH WuM 2004, 101 (273)). Nach BGH WuM 2006, 258 liegt in einer Formularklausel, die auf die „gesetzlichen Fristen" verweist und diese ggf. zitiert, keine hinreichende Vereinbarung. Gemäß Art. 229 § 3 Abs. 10 EGBGB gelten für nach dem 1.6.2005 zugegangene Kündigungen die durch AGB vereinbarten verlängerten Fristen nicht mehr. Insoweit geht § 573c Abs. 4 BGB vor (vgl. auch BGH WuM 2005, 583). Durch Art. 229 § 5 S. 2 EGBGB gelten im Zuge der Schuldrechtsreform (1.1.2003) keine kürzeren Kündigungsfristen (BGH WuM 2005, 342 (520)).

4. Für die **Begründung der Kündigung** sind gemäß § 573 Abs. 3 BGB die Gründe für das berechtigte Interesse des Vermieters in dem Kündigungsschreiben anzugeben (hierzu BVerfG WuM 2003, 435; BGH WuM 2006, 193). Andere Gründe finden keine Berücksichtigung, es sei denn, sie sind später entstanden (s. u.). Pauschale und inhaltsleere Begründungen genügen den gesetzlichen Anforderungen nicht. Die Begründung soll für den Mieter erkennen lassen, aus welchen konkreten Gründen ein berechtigtes Interesse besteht (BGH NZM 2011, 706). Dabei darf nicht die Vorstellung zugrunde gelegt werden, dass der Mieter am besten weiß, welche Verfehlungen ihm zur Last gelegt werden. Bei einer gerichtlichen Nachprüfung wird ein objektivierter Maßstab zugrunde gelegt, dh nicht nur für den Mieter mit seinem besonderen Wissen, sondern auch für Dritte aus Sicht des Mieters muss die Verfehlung hinreichend erkennbar sein. Die Kündigungsgründe dienen nämlich zugleich der Festlegung für eine evtl. gerichtliche Auseinandersetzung (BayObLG WuM 1981, 200). Auch wenn die Anforderungen an die Begründungspflicht nicht überspannt werden dürfen, ist zu berücksichtigen, dass die in der gerichtlichen Praxis aufgestellten Anforderungen nicht einheitlich sind. Tendenziell werden an die Begründungspflicht hohe Anforderungen gestellt (vgl. BVerfG WuM 1989, 483). Nach BayObLG WuM 1981, 200 sind an die formelle Begründung allerdings geringere Anforderungen zu stellen als an die prozessuale Anspruchsbegründung. Bezeichnet der Vermieter den Kündigungsgrund so, dass er identifiziert und von anderen Gründen unterschieden werden kann, soll dies genügen. Tatsachen, die zur Ergänzung, Einschränkung, Ausfüllung dienen, sollen in der prozessualen Anspruchsbegründung nachgeschoben werden können. Persönliche Daten des Vermieters, die für die Beurteilung des Mieters nicht maßgeblich sind, müssen nicht mitgeteilt werden (BVerfG NJW 1992, 1379). Vorsorglich sollte dennoch der jeweilige Sachverhalt möglichst genau beschrieben werden. In der mangelnden Begründung der ordentlichen Kündigung liegt in der Praxis eine häufige und für die Vergangenheit nicht mehr heilbare Fehlerquelle.

Gründe, die nicht im Kündigungsschreiben enthalten sind, können nur Berücksichtigung finden, wenn sie nachträglich entstanden sind (§ 573 Abs. 3 S. 2 BGB). War die Kündigung indes unwirksam, da keine ausreichenden Gründe vorgetragen waren, kann sie nicht durch nachträgliche, ausreichende Gründe geheilt werden (LG Düsseldorf WuM 1990, 505). In diesem Fall ist eine neue Kündigung erforderlich. Fallen die ursprünglich ausreichenden Gründe fort, kann sich der Vermieter nur dann auf die später entstandenen Gründe berufen, wenn diese zumindest zugleich mit dem Fortfall der alten Gründe, nicht aber, wenn sie nach Fortfall der alten Gründe entstanden sind (Schmidt-Futterer/ *Blank* BGB § 573 Rn. 265). Streitig ist die Zulässigkeit des Nachschiebens von Gründen, wenn diese zwar nicht nachträglich entstanden, jedoch dem Vermieter erst nach der Kündigung bekannt geworden sind (zum Meinungsstand: Schmidt-Futterer/*Blank* BGB § 573 Rn. 271). Ist der Vermieter ohnehin zur Durchsetzung der Kündigung entschlossen, sollte er den Grund nachschieben und zugleich vorsorglich erneut kündigen. Sollte das Nachschieben des Grundes im Rechtsstreit nicht berücksichtigt werden, kann sich der Vermieter auf die weitere Kündigung berufen.

Eine Bezugnahme auf mündliche Äußerungen im Kündigungsschreiben kommt wegen des Schriftformerfordernisses nicht in Betracht. Dagegen kann auf schriftliche Erklärungen, insbesondere Abmahnungen, Bezug genommen werden, wenn diese Erklärungen dem Mieter zugegangen sind und die Bezugnahme klar und konkret ist (BVerfG WuM 1993, 233; LG Hamburg WuM 1993, 48).

Zur Auswirkung des Vermieterwechsels auf die Kündigung → Form. D.III.4 Anm. 4.

Zur Begründung der Kündigung wegen **Pflichtverletzung** muss das Verhalten des Mieters möglichst genau beschrieben werden. Ist eine Abmahnung vorangegangen, ist die Beschreibung des weiteren Fehlverhaltens erforderlich (LG Bonn WuM 1992, 18). Auch bei häufigem Fehlverhalten (zB Lärm – unzureichend: „ständiger Lärm") ist eine möglichst genaue Angabe des Verhaltens (Tag, Uhrzeit, Dauer, Art des Lärms) notwendig. Hilfreich kann die Erstellung eines „Protokolls" der Pflichtverletzungen sein, das zum Gegenstand des Kündigungsschreibens gemacht wird.

Die Pflichtverletzung muss so erheblich sein, dass die Beendigung des Mietvertrages gerechtfertigt ist. Gegen eine Erheblichkeit kann sprechen, dass ein Vorfall ohne Folgen geblieben ist (vgl. LG Mannheim DWW 1977, 42), oder dass der Vermieter ein Fehlverhalten längere Zeit hingenommen hat.

Ferner muss die Pflichtverletzung auf einem Verschulden (Vorsatz oder Fahrlässigkeit) beruhen. Streitig ist, ob der Mieter sich das Verschulden eines Erfüllungsgehilfen (zB Familienangehörigen) gemäß § 278 BGB zurechnen lassen muss (verneinend: KG WuM 2000, 481; *Kinne* ZMR 2001, 511 (515); bejahend: Palandt/*Weidenkaff* BGB § 573 Rn. 13).

Fallgruppen einer zur fristgerechten Kündigung berechtigenden Pflichtverletzung des Mieters:

- Vertragswidriger Gebrauch des Mieters, sofern zwar der vertragswidrige Gebrauch erheblich ist, jedoch noch keine fristlose Kündigung rechtfertigt. Die gesetzlichen Maßnahmen gegen sog. Mietnomadentum betreffen vornehmlich prozessuale und vollstreckungsrechtliche Regelungen. Diese Fälle sind regelmäßig so gewichtig, dass eine fristlose Kündigung begründet ist. Fälle vertragswidrigen Gebrauchs: LG Berlin ZMR 1999, 28 für unerlaubte Tierhaltung trotz Abmahnung; LG Offenburg WuM 1998, 285 für Kampfhundehaltung; LG Köln ZMR 2017, 250 für Abstellen von Gegenständen im Treppenhaus trotz Abmahnung; LG Osnabrück 22.9.2017 – 1 S 226/17 – für Müll. Unbefugte Anbringung einer Satellitenantenne an Fassade rechtfertigt nicht stets die Kündigung (LG Berlin GE 2009, 1316); geschäftliche Tätigkeit, die nicht nach außen tritt, ist keine Pflichtverletzung (BGH NJW 2009, 3157), anders bei Angabe eines zu Wohnzwecken vermieteten Wohnhauses als Geschäftsadresse, BGH NZM 2013, 786. Ungenehmigte Entfernung einer Trennwand im Rahmen eines genehmigten Umbaus: LG Berlin WuM 2012, 624. Zu einer Verdachtskündigung: LG Berlin NZM 2014, 668.

- Zahlungsverzug, soweit noch nicht die Voraussetzungen der außerordentlichen Kündigung gemäß § 543 Abs. 2 Nr. 3 BGB erfüllt sind, aber doch ein spürbarer Zahlungsrückstand besteht Als spürbar gilt ein Rückstand mit mehr als einer Monatsmiete und einem Verzug von über einem Monat (BGH NJW 2013, 159). Ein Verschulden des Mieters (§ 276 BGB) ist erforderlich – nach KG DWW 2009, 26: nicht bei objektiv streitiger Prozesslage; LG Kassel WuM 2018, 435 bei psychischer Erkrankung; LG Hamburg ZInsO 2009, 445 für die Insolvenz des Mieters. Nach BGH NZM 2015, 196 trotz rechtzeitiger Beantragung von Sozialleistungen. Nach LG Berlin WuM 2017, 534 unerhebliche Pflichtverletzung bei Fehlüberweisung des Jobcenters. Anders als bei § 543 BGB kommt auch der Verzug mit Nachzahlungen aus der Betriebskostenabrechnung oder der Kaution in Betracht (LG Berlin GE 2016, 330; AG Neukölln GE 2008,

1431). Die Leistung des rückständigen Betrages (§ 569 Abs. 3 Nr. 2 BGB) heilt die Kündigung nicht. Nach BGH NZM 2018, 941; WuM 2005, 250 lässt die nachträgliche Zahlung nicht die hilfsweise ordentliche Kündigung entfallen, diese ist aber bei der Frage der nicht unerheblich schuldhaften Vertragsverletzung zu berücksichtigen (vgl. BGH WuM 2016, 682; LG Berlin ZMR 2017, 259; LG Bonn GE 2015, 383). Kann sich der Mieter aus dem Zahlungsverzug durch Aufrechnung befreien, so wird die Kündigung entsprechend § 543 Abs. 2 Nr. 3b S. 3 BGB unwirksam, wenn die Aufrechnung unverzüglich nach der Kündigung erklärt wird (Schmidt-Futterer/*Blank* BGB § 573 Rn. 36). Nichtzahlung titulierten Schadensersatzes wegen mietvertraglicher Pflichtverletzung BGH NZM 2016, 550.

- Unpünktliche Mietzahlungen, die noch nicht eine Kündigung wegen Zahlungsverzug begründen, jedoch wiederholt aus Absicht oder Nachlässigkeit vorgekommen sind (Palandt/*Weidenkaff* BGB § 573 Rn. 17). Hinsichtlich der Problematik formularvertraglicher Vorfälligkeitsklauseln → Form. D.III.2 Anm. 6. Grundlose Zahlung der Miete „unter Vorbehalt" ist pflichtwidrig (LG Hamburg ZMR 2010, 117).
- Unerlaubte Gebrauchsüberlassung an Dritte im Sinne von § 540 Abs. 1 BGB. Hier besteht gemäß § 543 Abs. 2 Nr. 2, 2. Alt. BGB ein Recht zur fristlosen Kündigung (BayObLG WuM 1995, 378). Etwas anderes kann gelten, wenn der Mieter einen Anspruch auf Aufnahme des Dritten hat und der Mieter rechtzeitig um Erlaubnis gefragt hat (BGH NZM 2011, 275). Nach LG Berlin ZMR 2017, 732 soll bei einem langjährigen Mietverhältnis die Aufnahme des Lebensgefährten auch ohne Bitte um Erlaubnis nicht zur Kündigung berechtigen. Die Betreuung eines Kindes oder Pflegekindes ist vom Wohnzweck umfasst (AG Stuttgart WuM 1988, 52; nicht aber die vollständige Überlassung der Wohnung, LG Berlin ZMR 2018, 608). LG Berlin WuM 2016, 559; ZMR 2017, 238 für Vermietung an Touristen; LG Berlin WuM 2018, 371: Abmahnung erforderlich; LG Amberg ZMR 2018, 317 für airbnb; LG München ZMR 2018, 770 für Untervermietung an Medizintouristen.
- Vernachlässigung der vermieteten Wohnung, Einrichtung, Grundstücks- und Gebäudeteile, soweit einerseits noch nicht die Anforderungen für die fristlose Kündigung gemäß § 543 Abs. 2 Nr. 2 Alt. 1 BGB erfüllt sind und andererseits die Vernachlässigung nicht bloß unerheblich ist (LG Hamburg ZMR 1984, 90 für die beharrliche Weigerung, erforderliche Schönheitsreparaturen durchzuführen; LG Berlin WuM 2016, 285 für mangelnde Kooperation bei Schadensbeseitigung; aA LG Berlin WuM 2017, 134 für langjähriges Mietverhältnis und Bagatellschäden. AG Tiergarten GE 1989, 103; LG Düsseldorf DWW 1988, 117 für den Fall der Verletzung der Pflicht zur Mängelanzeige durch den Mieter; AG Wiesbaden WuM 2000, 190 ablehnend für das Unterlassen der vertraglich übernommenen Treppenhausreinigungspflicht, aA AG Hamburg-Blankenese WuM 1998, 286 bei beharrlicher Weigerung. Ablehnend LG Berlin ZMR 2017, 310 bei fahrlässigem Wasserschaden). Nichtbeheizen über längeren Zeitraum: LG Hagen ZMR 2008, 972. Verweigerung des Betretungsrechts des Vermieters: LG Berlin GE 2016, 1215.
- Belästigung des Vermieters oder anderer Mieter (Palandt/*Weidenkaff* BGB § 573 Rn. 21; LG Hamburg NZM 1999, 304 für Beleidigung der Vermieterin, bei Provokation des Mieters BGH NJW 2014, 2566; AG Hamburg-Wandsbeck WuM 2006, 526 zum Recht des Mieters auf freie Meinungsäußerung; AG Hamburg ZMR 2016, 630 für Strafanzeige des Mieters gegen Vermieter; nicht aber erhebliche Störung durch im Hof spielendes Kind: LG Wuppertal WuM 2008, 583; Geruchsbelästigung durch Rauchen BGH NZM 2015, 302). Hier kommt auch die fristlose Kündigung gemäß § 543 Abs. 1 BGB in Betracht. Bei Belästigungen durch einen Mieter, dessen Schuldfähigkeit in Zweifel zu ziehen ist, kommt § 573 Abs. 2 Nr. 1 BGB nicht in Betracht, da eine schuldhafte Pflichtverletzung erforderlich ist. In diesen Fällen kann die Kündigung als fristlose Kündigung auf § 543 Abs. 1 BGB und als fristgemäße Kündigung auf § 573 Abs. 1 S. 1 BGB gestützt werden (vgl. LG Berlin WuM 2010, 755; aA LG Berlin GE

2018, 394). Nach BGH WuM 2009, 762 ist eine Abwägung der Belange des Mieters und der anderen Mieter geboten.

5. Eine Abmahnung ist in der Regel nicht Voraussetzung einer fristgerechten Kündigung (BGH NJW 2008, 508). Nach LG Berlin ZMR 2018, 44 soll eine Abmahnung als konkludenter Verzicht auf eine Kündigung zu verstehen sein.

6. Die Begründung in dem Formular ist als exemplarische Aufzählung erheblichen Fehlverhaltens zu verstehen. Für eine erhebliche Pflichtverletzung ist es nicht notwendig, dass diese Umstände zusammen kommen, oder gleichgewichtige Umstände vorliegen. Im vorliegenden Fall wäre auch eine außerordentliche fristlose Kündigung in Betracht zu ziehen.

7. Gemäß § 568 Abs. 2 BGB soll der Vermieter den Mieter auf die Möglichkeit, die Form und die Frist des Widerspruchs rechtzeitig hinweisen. Der Hinweis selbst ist formfrei (Palandt/*Weidenkaff* BGB § 568 Rn. 13). Er muss nicht in dem Kündigungsschreiben enthalten sein, jedoch muss ein zeitlicher Zusammenhang zwischen Kündigung und Hinweis bestehen, der nicht mehr gewahrt ist, wenn der Hinweis im Mietvertrag erteilt wurde (Schmidt-Futterer/*Blank* BGB § 568 Rn. 25). Angesichts der nachstehenden Folgen empfiehlt sich wie im Formular die Aufnahme des Hinweises in das Kündigungsschreiben, dessen Zugang wiederum nachweisbar sein sollte (→ Form. D.III.1 Anm. 3). Versäumt der Vermieter einen – rechtzeitigen – Hinweis, berührt das nicht die Wirksamkeit der Kündigung, der Mieter kann aber den Widerspruch noch bis zum ersten Termin eines Räumungsrechtsstreits erklären (§ 574b Abs. 2 S. 2 BGB). Die inhaltliche Belehrung darf sich nicht in einem Verweis auf die gesetzliche Bestimmung beschränken. Anerkannt für den gegenüber § 568 Abs. 2 BGB regelungsidentischen § 564a Abs. 2 BGB aF ist die inhaltliche Wiedergabe von §§ 574 Abs. 1 S. 1 (Zweck des Widerspruchs), 574b Abs. 1 S. 1 (Form), Abs. 2 S. 1 (Frist) BGB. Der Kündigungswiderspruch ist schriftlich bis spätestens 2 Monate vor Ablauf des Mietverhältnisses zu erklären (§ 574b Abs. 1, 2 S. 1 BGB). Der weitere Inhalt des Hinweises entspricht § 574 Abs. 1 BGB.
Zum Widerspruch des Mieters gemäß §§ 574 ff. BGB und den inhaltlichen Anforderungen → Form. D.IV.1.

8. Zu Zweck und Inhalt des Widerspruchs gegen die stillschweigende Fortsetzung des Mietverhältnisses gemäß § 545 BGB → Form. D.III.16. Die Aufnahme dieses Widerspruchs in das Kündigungsschreiben sollte vorsorglich erfolgen, da ein eigenständiger Widerspruch nach Beendigung der Mietdauer im Falle der fortdauernden Nutzung durch den Mieter innerhalb von 2 Wochen zu erklären ist und bei Versäumung dieser Frist die Kündigung hinfällig wird.

9. Gebühren und Gegenstandswert. Für die Fertigung des Kündigungsschreibens fällt für den Anwalt die Geschäftsgebühr gemäß § 2 Abs. 2 RVG, VV 2300 0,5–2,5-Gebühr) an. Die Anwendung des für einfache Schreiben geltenden VV 2302 (0,3-Gebühr) wird bei der ordentlichen Kündigung von Wohnraummietverhältnissen wegen des Begründungserfordernisses (§ 573 Abs. 3 BGB) regelmäßig ausscheiden. Die konkrete Höhe der Geschäftsgebühr bestimmt sich unter Berücksichtigung aller Umstände, des Umfangs und der Schwierigkeit der anwaltlichen Tätigkeit. Eine Gebühr über 1,3 kann nur gefordert werden, wenn die Tätigkeit umfangreich oder schwierig war (hierzu Gerold/Schmidt/*Mayer* RVG VV 2300 Rn. 33). Beschränkt sich die anwaltliche Tätigkeit auf eine Kündigung mit in rechtlicher Hinsicht einfach gelagertem Sachverhalt, ist eine 1,3 übersteigende Gebühr nicht begründet. Sind dagegen schwierige Rechtsfragen zu beurteilen oder ist der Sachverhalt zeitaufwändig zu klären, so ist ein Ansatz im oberen Bereich des Gebührenrahmens berechtigt.

Der **Gegenstandswert** für die Kündigung bemisst sich gemäß §§ 2 Abs. 1, 23 Abs. 1 RVG, 41 Abs. 2 GKG nach dem Jahresmietwert, sofern nicht eine kürzere Mietdauer im Streit steht.

Beispiel für eine Gebührenrechnung:
Die monatliche Miete beträgt 600,– EUR. Da das Mietverhältnis auf unbestimmte Zeit abgeschlossen ist, ist Gegenstandswert die Jahresmiete iHv 7.200,– EUR. Bei einem durchschnittlichen Schwierigkeitsgrad ist eine Gebühr von 1,3 anzusetzen. Es ergibt sich eine Gebühr iHv 592,80 EUR. Zuzüglich Postpauschale gemäß VV 7002 iHv 20,– EUR und Umsatzsteuer gemäß VV 7008 iHv 116,43 EUR ergibt sich ein Rechnungsbetrag iHv 729,23 EUR.

2. Kündigung wegen Pflichtverletzung, § 573 Abs. 2 Nr. 1 BGB, durch Mietverwalter – unpünktliche Mietzahlungen

. . . . .

(Verwalter)[1]

an

. . . . .

(Mieter)

Einschreiben/Rückschein[2]

Sehr geehrte(r) . . . . .

Wie Ihnen bekannt ist, nehme ich für den Vermieter der von Ihnen angemieteten Wohnung, Herrn X, die Mietverwaltung wahr. Meine Bevollmächtigung weise ich mit der anliegenden Vollmacht nach.[3]

Den Wohnungsmietvertrag vom . . . . . über die Wohnung . . . . . kündige ich namens Ihres Vermieters hiermit unter Einhaltung der gesetzlichen Kündigungsfrist fristgerecht zum . . . . .[4]

Zur Begründung weise ich darauf hin, dass Sie über einen Zeitraum von nunmehr 9 Monaten die Miete unpünktlich zahlen.[5] Gemäß § 556b Abs. 1 BGB und gemäß § . . . . . des Mietvertrages sind Sie verpflichtet, die Miete bis zum 3. Werktag eines jeden Monats zu zahlen.[6] Nachdem Sie über einen Zeitraum von 6 Monaten die Miete jeden Monat unpünktlich gezahlt haben, nämlich zwischen zwei und vier Wochen verspätet, habe ich Sie mit Schreiben vom . . . . . abgemahnt, zur pünktlichen Mietzahlung aufgefordert und darauf hingewiesen, dass eine Fortsetzung der unpünktlichen Zahlungen die Kündigung des Mietvertrages nach sich ziehen werde.[7] Leider haben Sie Ihr Zahlungsverhalten nicht geändert. Die Miete für den Monat . . . . . haben Sie nicht am . . . . ., sondern erst 7 Tage später gezahlt, die Miete für den Monat . . . . . haben Sie nicht am . . . . ., sondern erst 3 Tage später gezahlt und die Miete für den Monat . . . . . haben Sie nicht am . . . . ., sondern erst 2 Wochen später gezahlt.

Sie können dieser Kündigung schriftlich bis zum . . . . . widersprechen. Für diesen Fall bitte ich um Angabe der Gründe (§ 574b Abs. 1 S. 2 BGB). Ein Widerspruch ist nur begründet, wenn die Beendigung des Mietverhältnisses für Sie, Ihre Familie oder einen anderen Angehörigen Ihres Haushalts eine Härte bedeuten würde, die auch unter Würdigung meiner berechtigten Interessen nicht zu rechtfertigen ist.[8]

Einer stillschweigenden Verlängerung des Mietverhältnisses (§ 545 BGB) widerspreche ich hiermit.[9]

. . . . .

(Verwalter)

Anlage:

Vollmacht

Hiermit erteile ich, Herr . . . . . (Vermieter), Herrn . . . . . (Mietverwalter) Vollmacht, das Mietverhältnis zwischen Herrn . . . . . (Mieter) und mir – insbesondere durch Kündigung – zu beenden.[10]

Unterschrift (Vermieter)[11]

Anmerkungen

1. → Form. D.III.1 Anm. 4 (Fallgruppen Zahlungsverzug und unpünktliche Mietzahlung) zu den Anforderungen der ordentlichen Kündigung wegen Zahlungsverzugs.

2. Da die Kündigung nur mit Zugang wirksam wird, sollte auf die Nachweisbarkeit des Zugangs geachtet werden, → Form. D.I.1 Anm. 2, → Form. B.I.1 Anm. 1.

3. Wird die Kündigung nicht durch den Vermieter selbst, sondern durch einen Bevollmächtigten, beispielsweise einen Mietverwalter (zur Vereinbarkeit mit dem Rechtsberatungsgesetz: KG ZMR 2003, 206) oder einen Rechtsanwalt ausgesprochen, so ist zunächst klarzustellen, dass ein Vertreter des Vermieters handelt. Wird die **Stellvertretung** nicht verdeutlicht, gilt die Kündigungserklärung gemäß § 164 Abs. 2 BGB als eine Erklärung des Vertreters, sofern nicht der Ausnahmefall eines unternehmensbezogenen Geschäfts vorliegt (vgl. hierzu BGH NJW 2012, 3368). Da der Vertreter aber nicht zur Kündigung im eigenen Namen berechtigt ist, würde die Kündigung ins Leere gehen. Eine Ausnahme gilt, wenn der Vertretene der Kündigung des Vertreters im eigenen Namen vorher zugestimmt (eingewilligt) hat. Dagegen führt eine nachträgliche Zustimmung (Genehmigung) nicht zur Wirksamkeit der Kündigung (Bub/Treier/*Grapentin* MietR-HdB IV 5). Gemäß § 174 BGB ist eine Kündigung durch einen Bevollmächtigten dann unwirksam, wenn der Bevollmächtigte eine Vollmachtsurkunde nicht vorlegt und der Mieter aus diesem Grund die Kündigung unverzüglich zurückweist, es sei denn, der Vermieter hatte den Mieter bereits von der Vollmacht in Kenntnis gesetzt. Die Kündigung muss dann wiederholt werden. Der Mieter ist zur Einholung von Rechtsrat berechtigt (LG Hamburg WuM 1998, 725). Die Zurückweisung gemäß § 174 BGB kann rechtsmissbräuchlich sein, wenn der Bevollmächtigte den Vermieter schon in mehreren Mietprozessen vertreten hat, oder wenn die Kündigung im Anschluss an eine Korrespondenz erfolgt und der Bevollmächtigte während der Korrespondenz als Vertreter akzeptiert worden ist (OLG München ZMR 1996, 557). Vorsorglich sollte stets eine Kündigungsvollmacht (→ Form. D.III.2 Anm. 10) beigefügt werden. Dies ist auch bei einer (weiteren) Kündigung durch Schriftsatz in einem laufenden Rechtsstreit zu beachten (→ Form. D.III.1 Anm. 3).

4. Zur Formulierung des Kündigungsausspruchs auch bei einer Mehrheit von Vertragsparteien, zur Schriftform und zur Angabe des Beendigungszeitpunkts → Form. D. III.1 Anm. 3.

5. Zu den unbedingt zu beachtenden Anforderungen an die Begründung der Kündigung und zur Fallgruppe der unpünktlichen Mietzahlungen als Pflichtverletzung → Form. D.III.1 Anm. 4.

6. Gemäß § 556b Abs. 1 BGB ist die Miete zu Beginn, spätestens bis zum dritten Werktag der einzelnen Zeitabschnitte (bei Wohnraummiete: Monate) zu entrichten. Es reicht, dass der Zahlungsauftrag bis zum dritten Werktag erteilt ist; eine AGB-Klausel, die auf den Eingang auf das Konto abstellt, ist gemäß § 307 BGB unwirksam (BGH NJW 2017, 1596).

7. Zur Abmahnung → Form. D.III.1 Anm. 5.

8. Zur Belehrung über die Widerspruchsmöglichkeit des Mieters → Form. D.III.1 Anm. 7.

9. Zu Zweck und Inhalt des Widerspruchs gegen die stillschweigende Fortsetzung des Mietverhältnisses → Form. D.III.1 Anm. 8, → Form. D.III.16.

10. Zur Erforderlichkeit einer Vollmacht im Vertretungsfalle, → Anm. 3. Die Vollmacht ist eine einseitige, empfangsbedürftige Willenserklärung und bedarf daher keiner Annahme. Sie ist formfrei. Die Vollmacht sollte möglichst so konkret gefasst werden, dass die Bevollmächtigung zur Kündigung eines Mietverhältnisses ausdrücklich genannt ist. Die für den anwaltlichen Bereich erhältlichen Vollmachtsvordrucke enthalten diese Angabe regelmäßig. Unzureichend ist die Vorlage einer – auch beglaubigten – Abschrift oder eines Telefaxes (BGH NJW 1981, 1210; OLG Hamm NJW 1991, 1185; LG Berlin MM 1992, 67; LG Berlin MM 1993, 184).

11. Zu Gebühren und Gegenstandswert → Form. D.III.1 Anm. 9.

3. Kündigung wegen Eigenbedarfs für Familienangehörige, § 573 Abs. 2 Nr. 2 BGB durch Vermieter

. . . . .

(Vermieter)[1]

an

. . . . .

(Mieter)

Zustellvermerk[2]

Sehr geehrte(r) . . . . .

Mein Sohn . . . . . hat dieses Jahr seine schulische Ausbildung beendet. Er wird mit Beginn des Wintersemesters sein Studium hier in . . . . . aufnehmen und hat bereits einen Studienplatz zugeteilt erhalten. Aus diesem Anlass möchte mein Sohn, der derzeit nur ein 15 qm großes Zimmer in meinem Haus bewohnt, eine eigene Wohnung beziehen. Ich habe meinem Sohn den Bezug der von Ihnen bewohnten Wohnung zugesagt.

Die von Ihnen innegehaltene Wohnung liegt räumlich günstiger zu der Universität. Von meinem Haus beträgt die Entfernung zur Universität 30 km. Diese Strecke müsste mein Sohn täglich mit öffentlichen Verkehrsmitteln bewältigen, da er über keinen Pkw verfügt. Die Fahrtdauer beläuft sich bei einer Anreise mit der Bundesbahn und einem Umsteigen in den Bus mit Wartezeiten auf eine Stunde für die einfache Strecke. Hingegen könnte mein Sohn von Ihrer Wohnung aus die Universitätsgebäude zu Fuß in 10 Minuten erreichen.

Mein Sohn möchte zugleich mit seiner Lebensgefährtin zusammen ziehen. Hierfür bietet sich die von Ihnen angemietete Wohnung auf Grund ihres Zuschnitts mit 2 Zimmern, Küche, Diele, Bad und WC an. Die Lebensgefährtin meines Sohns wohnt ebenfalls noch bei ihren Eltern in einem ca. 20 qm großen Zimmer. Ein Einzug meines Sohnes bei seiner Lebensgefährtin kommt daher nicht in Betracht.[3]

Aus den vorgenannten Gründen kündige ich den zwischen uns abgeschlossenen Wohnungsmietvertrag vom . . . . . über die Wohnung . . . . . unter Einhaltung der gesetzlichen Kündigungsfrist zum . . . . .[4]

Sie können dieser Kündigung gemäß §§ 574 ff. BGB schriftlich bis zum . . . . . widersprechen. Ein Widerspruch hat indes nur Erfolg, wenn die Beendigung des Mietverhältnisses für Sie, Ihre Familie oder einen anderen Angehörigen Ihres Haushalts eine Härte bedeuten würde, die auch unter Würdigung meiner berechtigten Interessen nicht zu rechtfertigen ist. Für den Fall, dass Sie Widerspruch erheben, bitte ich Sie mir zugleich die Gründe für den Widerspruch mitzuteilen.[5]

Einer stillschweigenden Verlängerung des Mietverhältnisses (§ 545 BGB) widerspreche ich bereits an dieser Stelle.[6]

Ich bitte Sie, die Wohnung am . . . . . in vertragsgerechtem Zustand zurück zu geben.[7]

. . . . .

(Vermieter)

Anmerkungen

1. Die Eigenbedarfskündigung stellt einen in der Praxis häufigen Fall der ordentlichen Kündigung dar. Der Kündigungstatbestand liegt vor, wenn der Vermieter die Wohnung zu eigenen Wohnzwecken oder aber zu Wohnzwecken einer seiner Familienangehörigen oder einer sonstigen Bedarfsperson benötigt. Es genügt für die Kündigung die Angabe der Bedarfsperson und deren Interesse an der Wohnung (BGH WuM 2010, 301; NZM 2011, 706).

Allgemein zur ordentlichen Kündigung und zu gemischten Wohnraum- und Gewerbemietverhältnissen → Form. D.III.1 Anm. 1. Bei Mischmietverhältnissen mit überwiegender Wohnnutzung genügt es, wenn sich der Eigenbedarf nur auf die Wohnräume bezieht (BGH NJW 2015, 2727).

Neben der Eigenbedarfskündigung kommt auch eine ordentliche Kündigung gemäß § 573 Abs. 1 BGB in Betracht, beispielsweise nach BGH MDR 2013, 25 für den Eigennutzungswunsch einer Wohnung zur beruflichen Tätigkeit.

2. Da die Kündigung nur mit Zugang wirksam wird, sollte auf die Nachweisbarkeit des Zugangs geachtet werden, → Form. D.I.1 Anm. 2, → Form. B.I.1 Anm. 1.

3. Eigenbedarf setzt voraus:

Der Vermieter verlangt die Räume **als Wohnraum** heraus. Abzugrenzen ist ein gewerbliches Interesse (hier ggf. § 573 Abs. 1 BGB: LG Berlin GE 2015, 1163), wobei eine Mischnutzung für Eigenbedarf ausreichen kann (BGH WuM 2005, 779). Nach BGH NJW 2017, 2018; 2013, 225 kann für einen Vermieter, der in demselben Haus eine Wohnung bewohnt ein sonstiges berechtigtes Interesse an einer Kündigung zur Nutzung ausschließlich für gewerbliche Zwecke vorliegen. Erforderlich ist dann eine umfassende Einzelfallabwägung. Auch eine beabsichtigte Nutzung als Zweitwohnung (LG Regensburg WuM 1992, 192) steht nicht entgegen.

Der Eigenbedarf muss für eine **Bedarfsperson** geltend gemacht werden. Die Eigenbedarfskündigung kommt nur für den im Gesetz genannten Personenkreis in Betracht. Das sind der Vermieter selbst, seine Familienangehörigen und Angehörige seines Haushaltes. Bei einer Kündigung wegen eines Mitarbeiters soll auf § 573 Abs. 1 BGB abgestellt werden können (BGH NZM 2007, 639). Bei einer Mehrheit von Vermietern (zB Erbengemeinschaft, Ehegatten, Miteigentümer) genügt es, wenn der Eigenbedarf für einen der Vermieter besteht (BGH NJW 2017, 547; NZM 2017, 285; 2007, 671; BGH NJW 2009, 2738 für Gesellschafter einer GbR). In diesem Fall bleibt es aber dabei, dass die Kündigung wegen der Einheitlichkeit des Mietverhältnisses von allen Vermietern auszusprechen ist (→ Form. D.III.1 Anm. 3; Palandt/*Weidenkaff* BGB § 573 Rn. 26). Nach BGH NJW 2011, 993; BGH ZMR 2007, 767; LG Hamburg NJW 2009, 907 kann eine vermietende oHG oder KG keinen Eigenbedarf eines Gesellschafters anführen. Ein dem Eigenbedarf ähnliches Interesse gemäß § 573 Abs. 1 BGB kann einer juristische Person des öffentlichen Rechts zustehen, die die Wohnung zur Umsetzung des öffentlichen Interesses durch eine nahestehende juristische Person benötigt (BGH NJW 2012, 2342 für Dachverband von Kirchengemeinden als Vermieter und Diakonie e.V. als neuen Nutzer; abl. LG Stuttgart WuM 2018, 97 für Religionsgemeinschaft als eV zugunsten eines Priesters; AG Hamburg-Blankenese ZMR 2016, 208 für Umsetzung des Vereinszwecks – familienanaloges Wohnen).

Enge Familienangehörige sind ohne nähere Darlegung zu den familiären Bindungen Bedarfspersonen: Eltern (LG Aachen WuM 1989, 250), Kinder, Enkel (AG Köln WuM 1989, 250), Geschwister (BGH WuM 2003, 464; BayObLG MDR 1984, 316), aber auch der Ehegatte (LG Berlin WuM 1989, 301) und die Schwiegereltern (LG Köln WuM 1994, 541).

Im Übrigen kommt es darauf an, ob zu der Bedarfsperson über die Verwandtschaft hinaus ein besonderes familiäres Verhältnis besteht (familiäre Bindung). Hier ist der Einzelfall zu beurteilen. Beispiele: Eigenbedarf wurde bejaht für Schwager bei besonders engem Kontakt (BGH NZM 2009, 353), Cousine (LG Ravensburg WuM 1993, 51; LG Frankfurt a.M. WuM 2004, 209), Großcousine (LG Stuttgart WuM 1998, 598); Großnichte (LG Wiesbaden NJW-RR 1995, 782), Stiefsohn (LG Hamburg WuM 1997, 177) und Pflegekind (*Kinne* ZMR 2001, 517), leibliche Nichten, Neffen (BGH NJW 2010, 1290), Schwiegermutter (LG München ZMR 2017, 978); ablehnend: LG Wiesbaden NJW-RR 1995, 782 für Großnichte einer türkischen Großfamilie; Tochter der Schwiegertochter (LG Weiden WuM 2003, 210); Eltern der Lebensgefährtin (LG Lübeck WuM 1999, 336) und entfernter verwandtes Patenkind (AG Waiblingen WuM 1994, 542); Tochter des Lebensgefährten (AG Siegburg WuM 2019, 33).

Haushaltsangehörige sind alle Personen, die schon seit längerer Zeit und auf Dauer in den Haushalt des Vermieters aufgenommen worden sind und in enger Hausgemeinschaft mit ihm leben, z B Lebenspartner, Hausgehilfen, Pflegepersonen (BayObLG NJW 1982, 1159; LG Potsdam WuM 2006, 44), im Einzelfall Auszubildende und Arbeitnehmer (vgl. *Kinne* ZMR 2001, 511 (516)), Pflegeperson für Vermieter (AG Karlsruhe DWW 2010, 324) oder im Haus des Vermieters lebende Eltern (LG Koblenz WuM 2007, 637).

Der Vermieter muss die Wohnung **benötigen**. Dies ist der Fall, wenn er vernünftige und nachvollziehbare Gründe hat, warum er oder die Bedarfsperson die Wohnung nutzen möchte (BGH WuM 1988, 47). Die Entscheidung des Vermieters, die Wohnung für eigene Belange zu nutzen, ist grundsätzlich zu achten und nur eingeschränkt anhand objektiver Kriterien überprüfbar (BVerfG NJW 1994, 995). Allerdings ist Zweifeln an der Ernsthaftigkeit des Eigenbedarfs nachzugehen. Erhöhter Bestandsschutz bei vereinbarter Kündigungsbeschränkung: LG Berlin GE 2015, 1405.

In der Rechtsprechung wird ein ausreichender Grund gesehen in dem ernsthaften Wunsch des Vermieters, im eigenen Haus zu wohnen (BVerfG NJW 1994, 310; BVerfG WuM 1993, 729; BVerfG NJW 1990, 3259 für den Fall der Nutzung als Altersruhesitz oder zur Verwaltung des Miethauses nebst Wartung der Heizung; BGHZ 103, 91, 100), die Nutzung für eine begrenzte Zeit (BayObLG ZMR 1993, 327 für 1–2 Jahre wegen des Umbaus einer anderen Wohnung, wobei eine umfassende Abwägung der Interessen der Vertragsparteien erforderlich ist), die Absicht des Vermieters, der eine teurere oder ungünstiger zur Arbeitsstätte gelegene (LG Berlin ZMR 2008, 294) oder allgemein weniger geeignete Wohnung hat, Wohnung und Arbeitsstätte in einem Haus zusammenzulegen (BVerfG NJW 1994, 2605), der Wunsch, dem Arbeitsplatz näher zu sein (BVerfG WuM 1999, 449), persönliche Veränderungen wie Heirat, Arbeitsplatzwechsel, Ruhestand, Getrenntleben (LG Heidelberg NJW 2013, 547; LG Köln WuM 1997, 48), Zusammenzug mit Partner, Kinderwunsch (BVerfG NJW 1995, 1480), der nachvollziehbare Wunsch nach einer kleineren Wohnung (LG Braunschweig NJW-RR 1993, 400), der Wunsch einer größeren Wohnung (BVerfG WuM 1999, 381 und 449), bessere Lage und Zuschnitt der Wohnung (LG Landau NJW-RR 1993, 81), Raumbedarf wegen krankhaften Schnarchens (AG Sinzig WuM 1999, 461), Nutzung als Zweitwohnung für Besuche bei der Tochter (LG Berlin WuM 2013, 741); allgemein für die Nutzung als Zweit- oder Ferienwohnung BGH NZM 2018, 983; 2017, 846. Entsprechendes gilt für die Bedarfspersonen. Ferner genügt bei Bedarfspersonen der Auszug aus dem Elternhaus (BGHZ 103, 91 (100)), die Unterbringung von Kindern in getrennten Zimmern (LG Hamburg NJW-RR 1991, 1355), die Aufnahme eines Au-pair-Mädchens (BVerfG NJW 1994, 994) oder von Pflegepersonal (BayObLG NJW 1982, 1159; AG Münster WuM 2000, 190).

Benötigt wird die Wohnung dann **noch nicht**, wenn der Eigenbedarf des Vermieters noch nicht sicher ist (LG Mannheim WuM 1991, 693; LG Essen WuM 1991, 494). In der Praxis ist häufig schwer zu entscheiden, wann Eigenbedarf tatsächlich besteht und wann er nur vorgetäuscht wird. Indizien für einen vorgetäuschten Eigenbedarf sind fehlende Kenntnis der Bedarfsperson von der beabsichtigten Wohnungsüberlassung (AG Münster WuM 1991, 111), Kündigung nach Scheitern eines Versuchs zur Vertragsänderung durch den Vermieter (AG Wiesbaden WuM 1991, 490), vorangegangene Streitigkeiten oder erfolglose Versuche, die Miete zu erhöhen (LG Köln WuM 1995, 109; LG Osnabrück WuM 1990, 21); längeres Zuwarten mit einer Renovierung (BVerfG WuM 2002, 21).

Stehen dem Vermieter mehrere Wohnungen zur Verfügung, ist er bei der Kündigung nicht zu einer **Auswahl des Mieters nach sozialen Gesichtspunkten** verpflichtet (Bay-ObLG NJW 1982, 1159), er soll aber sein Auswahlermessen zu erläutern haben (AG Gelsenkirchen ZMR 2011, 478).

Die Wohnung muss sich **für den Eigenbedarf eignen**. Dies ist bei einer, gemessen an dem Wohnbedarf deutlich übergroßen Wohnung nicht der Fall (BVerfG NJW 1985, 2632. Ferner wird die Eignung zu verneinen sein, wenn eine Dachgeschosswohnung ohne Aufzug für eine stark gehbehinderte Person genutzt werden soll (OLG WuM 1983, 9) oder eine zu große räumliche Distanz zum Studienort besteht (AG Lobenstein WuM 1999, 337: über 100 km).

Zu den notwendigen Anforderungen an den Umfang der Begründung des Eigenbedarfs → Form. D.III.1 Anm. 4. Ergänzend für den Kündigungsgrund Eigenbedarf gilt: In der Kündigungserklärung ist grundsätzlich die Angabe der Bedarfsperson und die Darlegung des rechtlichen Interesses der Bedarfsperson an der Erlangung der Wohnung ausreichend (BGH NZM 2017, 286; 2014, 466). Beispiele der instanzgerichtlichen Rechtsprechung für erforderliche Angaben: Grad der Verwandtschaft (LG Bochum WuM 1993, 540), bei einem entfernten Verwandten sollen Angaben zu den konkreten familiären Bindungen erforderlich sein (vgl. AG Frankfurt a.M. NJW-E-MietR 1997, 52), die für das Nutzungsinteresse maßgebenden Tatsachen sind mitzuteilen (zB bisherige Wohnverhältnisse wie Zahl der Zimmer und Wohnflächenangabe, LG Bochum WuM 1993, 540; LG Mannheim WuM 1996, 767: Angabe „wesentlich kleinere Wohnung" unzureichend), die Angabe des Heiratswunsches für sich genommen soll nicht reichen, vielmehr soll angegeben werden, dass ein Zusammenleben in den bisherigen Wohnverhältnissen nicht möglich ist (LG Hamburg WuM 1993, 50).

Eine Eigenbedarfskündigung kann in den folgenden Fällen **unwirksam** sein:

- Der Vermieter verfügt über eine andere, freistehende Wohnung, in der **in gleicher Weise** der Eigenbedarf befriedigt werden kann (hierzu BVerfG WuM 1989, 114; LG Hamburg WuM 2001, 554; LG Mannheim MDR 1977, 231). Ob der Eigenbedarf in gleicher Weise befriedigt werden kann, hängt vom Einzelfall ab, so von einem Vergleich der Wohnungsgröße, der Lage, des Wohnungszuschnitts, des Mietwerts (BVerfG WuM 1991, 145: Macht ein Ehepaar Eigenbedarf an einer 74 qm großen 3-Zimmer-Wohnung geltend, muss es sich nicht auf eine 56 qm große 2-Zimmer-Wohnung verweisen lassen; BVerfG WuM 1989, 607: Vermieter muss sich nicht auf gewerblich genutzte Räume verweisen lassen). Stets ist zu berücksichtigen, ob der Vermieter vernünftige und nachvollziehbare Gründe dafür anführen kann, warum die Alternativwohnung nicht gleichwertig ist. Der Mieter muss sich konkret mit dem Vorbringen des Vermieters auseinander setzen (BVerfG NZM 2001, 706). War die Alternativwohnung vor Entstehung des Eigenbedarfs weitervermietet worden, kommt es für die Wirksamkeit der Kündigung darauf an, ob der Eigenbedarf zum Zeitpunkt der Weitervermietung vorhersehbar war.
- Bei Vertragsschluss war der Eigenbedarf schon konkret **absehbar** und der Vermieter war zur Ausübung des Eigenbedarfs entschlossen oder hat dies erwogen, ohne dass der Mieter hierauf hingewiesen worden ist (BGH NJW 2015, 1087). Kein Hinweis notwendig bei Novation des Mietvertrages (BGH NJW 2009, 1139), nicht schon bei Ehedifferenzen (LG Dessau-Roßlau NZM 2017, 326). Der Vermieter ist nicht von sich aus gehalten, Ermittlungen über einen möglichen künftigen Eigenbedarf anzustellen (Bedarfsvorschau) oder den Mieter ungefragt über mögliche oder vorhersehbare Eigenbedarfssituationen aufzuklären. Rechtsmissbrauch kann bejaht werden, wenn der Vermieter Fragen des Mieters nach Eigenbedarf bewusst unrichtig beantwortet (BGH NJW 2015, 1087) Eine Hinweispflicht entfällt, wenn der Mieter den vorhersehbaren Eigenbedarf kannte. Der Hinweis kann formlos erteilt werden. Es ist zu empfehlen, dass der Hinweis schriftlich in den Mietvertrag aufgenommen wird und konkret den voraussichtlichen Eigenbedarf bezeichnet.
- **Überhöhter Wohnbedarf.** Eine Kündigung kann auch dann unwirksam sein, wenn ein weit überhöhter Wohnbedarf geltend gemacht wird (BVerfG WuM 1989, 114). Dabei ist zu berücksichtigen, dass der vom Vermieter geltend gemachte Eigenbedarf bis zur Grenze des Rechtsmissbrauchs zu achten ist (BGH NJW 2015, 1590). Deshalb kann ein weit überhöhter Wohnbedarf nur angenommen werden, wenn ein grobes Missverhältnis zwischen Eigennutzungswunsch und dem objektiv erkennbaren Bedarf besteht, nach BGH NJW 2015, 1590 verneint bei Wohngemeinschaft von 2 Studenten in ca. 136 qm großer Wohnung. In der Vergangenheit bejaht: die Überlassung einer 133 qm großen Wohnung mit einem Mietwert von 2.030,– DM an eine Studentin (AG Bonn WuM 1992, 613), 100 qm große Wohnung für 18jährige/AG Köpenik WuM 2013, 678), oder die Nutzung einer 4-Zimmer-Wohnung für gelegentliche Übernachtungen (LG Berlin NJW-RR 1997, 74).
- **Vorratskündigung.** Eine Kündigung, die keinen gegenwärtigen Nutzungswunsch, sondern nur einen möglichen künftigen Nutzungswunsch betrifft, ist unzulässig (BGH NZM 2017, 23; 2015, 812). Nach BVerfG NJW 1990, 3259 muss der Nutzungswunsch ernsthaft verfolgt werden. Keine Vorratskündigung ist anzunehmen, wenn der Vermieter konkret beabsichtigt eine Familie zu gründen und Kinderwunsch hat (Schmidt-Futterer/*Blank* BGB § 573 Rn. 65).
- **Nur kurzfristiger Eigenbedarf.** Der Eigenbedarf muss für längere Zeit bestehen, was nicht der Fall ist, wenn eine nur kurzfristige Übergangslösung für ein Wohnungsproblem angestrebt ist (BayObLG ZMR 1993, 327: Kündigung ist zulässig bei beabsichtigter Nutzung für 1§–2 Jahre wegen des Umbaus einer anderen Wohnung; LG Landau ZMR 1992, 396 stellt auf die Nutzungsdauer von mindestens einem Jahr ab).

- **Wegfall des Eigenbedarfs.** Fällt der Eigenbedarf nach Ausspruch der Kündigung fort, bleibt zwar die Kündigung wirksam, die Verfolgung des Räumungsanspruchs ist indes rechtsmissbräuchlich (LG Berlin ZMR 2019, 340). Der Vermieter ist gehalten, den Mieter ohne Aufforderung zu informieren (LG Lübeck WuM 1999, 336) und dem Mieter ein Angebot auf Fortsetzung des gekündigten Mietvertrages zu unterbreiten (OLG Karlsruhe NJW 1982, 54). Verstößt der Vermieter gegen diese Pflicht und zieht der Mieter deshalb in eine andere Wohnung um, kommt ein Schadensersatzanspruch in Betracht. Nach Ablauf der Kündigungsfrist ist der Wegfall des Eigenbedarfs unbeachtlich (BGH WuM 2005, 782, bestätigt durch BVerfG WuM 2006, 300; BGH GuT 2012, 384), die Kündigung bleibt also wirksam. Fällt der Eigenbedarf nur teilweise weg (zB für Lebensgefährtin, nicht aber für Vermieter), kann der verbliebene Eigenbedarf (des Vermieters) für eine Kündigung unzureichend sein (BVerfG WuM 1993, 380). Nach LG Itzehoe ZMR 2014, 287; AG Tempelhof-Kreuzberg GE 2014, 1534 kann die Kündigung wirksam bleiben, wenn neuer Bedarf bei einer anderen Bedarfsperson eintritt.
- **Alternative Begründung,** wonach der Bedarf entweder für die eine oder für die andere Person besteht. In diesem Fall ist die Kündigung formell unwirksam (LG Berlin GE 2009, 1437; LG München I WuM 1991, 490).
- Kündigung wegen eines **Teilbedarfs** (→ Form. D.III.9 Anm. 3).
- Entgegenstehende **rechtliche Hindernisse,** zB die fehlende Genehmigung bei Belegungsrecht im öffentlich geförderten Wohnungsbau zugunsten des Vermieters (LG Essen WuM 1993, 676), die mangelnde bauordnungsrechtliche Zulässigkeit der Wohnraumnutzung durch den Vermieter (LG Hamburg WuM 1994, 432) oder die fehlende Zweckentfremdungsgenehmigung (OLG Hamburg NJW 1981, 2308).
- Ist Eigenbedarf nur **vorgetäuscht,** ist nicht nur die Kündigung unwirksam. Es liegt zugleich eine zum Schadensersatz verpflichtende Vertragsverletzung gemäß § 280 Abs. 1 BGB (regelmäßig auch eine unerlaubte Handlung) vor (zum Schadensersatz bei unberechtigter Kündigung → Form. D.VIII). Realisiert der Vermieter den Eigennutzungswunsch nach der Räumung nicht, liegt der Verdacht nahe, der Eigenbedarf sei nur vorgetäuscht gewesen, so dass die Darlegungslast des Vermieters zu der Behauptung, der Eigenbedarf sei erst nach dem Auszug des Mieters fortgefallen, steigt (BVerfG WuM 1997, 361). Eine schuldhafte Pflichtverletzung kann auch dann vorliegen, wenn der Vermieter kündigt, obwohl der Eigenbedarf noch nicht sicher ist (LG Mannheim WuM 1991, 693; LG Essen WuM 1991, 494). Ausnahmsweise soll auch Schadensersatz in Betracht kommen, wenn der Mieter in Kenntnis der Unwirksamkeit der Kündigung ausgezogen ist (BGH NJW 2009, 2059). Zum Umfang des Schadensersatzes vgl. AG Nürnberg WuM 1995, 180.
- Ist eine **Alternativwohnung** vorhanden, die zur Verwirklichung des Eigenbedarfs des Vermieters weniger geeignet ist, besteht eine nebenvertragliche **Anbietepflicht** des Vermieters (BGH NJW 2017, 547; WuM 2003, 300; OLG Karlsruhe WuM 1993, 105), deren Nichterfüllung nach früherer Rechtsprechung zu einer Unwirksamkeit der Kündigung wegen Rechtsmissbrauchs führen sollte (BGH NJW 2010, 3775). BGH NJW 2017, 547 geht nicht mehr von einer Unwirksamkeit der Kündigung aus. Dem Mieter steht nur ein Schadensersatzanspruch wegen Verletzung einer Nebenpflicht zu. Die Anbietepflicht besteht nur dann nicht, wenn dem Vermieter die Neubegründung des Mietverhältnisses mit dem Mieter nicht zumutbar ist (OLG Karlsruhe WuM 1993, 105), oder wenn die freigewordene Wohnung für den Mieter ungeeignet ist (einschränkend: LG Berlin NZM 2010, 277). Die Erfüllung der Anbietepflicht erfordert ein Angebot zu angemessenen Bedingungen. Da die Wohnung als solche feststeht, bedarf es in der Regel nur der Angabe der Miete. Ein Verstoß gegen die Anbietepflicht ist auch anzunehmen, wenn die Anbietung zu unangemessenen Bedingungen erfolgt, auch wenn ohne Anlass ein Einkommensnachweis verlangt wird und nur ein Zeitmietvertrag angeboten wird (LG Berlin GE 2014, 1006). Anders liegt es, wenn der Vermieter zumindest Verhandlungsbereitschaft erklärt. Zur Anbietung → Form. D.III.4.

4. Zum Kündigungsausspruch auch bei einer Mehrheit von Vertragsparteien, zur Schriftform, zur Angabe des Beendigungszeitpunktes sowie zu den Kündigungsfristen → Form. D.III.1 Anm. 3. Die Kündigungssperrfrist des § 577a BGB für den Fall der nachträglichen Umwandlung der Wohnung in Wohnungseigentum ist zu beachten (→ Form. D.III.4 Anm. 9).

5. Zur Möglichkeit, Form und Frist des **Kündigungswiderspruchs** → Form. D.III.1 Anm. 7, zum Widerspruch durch den Mieter → Form. D.IV.1.

6. Zum Widerspruch gegen die **stillschweigende Fortsetzung** des Mietverhältnisses → Form. D.III.1 Anm. 8, → Form. D.III.16.

7. Zu Gebühren und Gegenstandswert → Form. D.III.1 Anm. 9.

4. Kündigung wegen Eigenbedarfs, § 573 Abs. 2 Nr. 2 BGB (durch einen Rechtsanwalt) nach Eigentumserwerb

. . . . .

(Rechtsanwalt)[1]

an

. . . . .

(Mieter)

Zustellvermerk[2]

Sehr geehrte(r) . . . . .

Unter Bezugnahme auf die anliegende Vollmacht zeige ich an, dass mich Ihr neuer Vermieter, Herr X, mit der Wahrnehmung seiner Interessen beauftragt hat.[3]

Soweit Sie nicht bereits Ihr bisheriger Vermieter, Herr Y, informiert hat, teile ich Ihnen mit, dass Herr X die von Ihnen angemietete Eigentumswohnung erworben hat. Mit Übergang des Eigentums ist Herr X gesetzlich an die Stelle des bisherigen Vermieters in das Mietverhältnis eingetreten (§ 566 BGB). Der maßgebliche Zeitpunkt hierfür war der Tag des Eigentumsübergangs mit Eintragung der Übertragung in das Wohnungsgrundbuch am . . . . . Zu Ihrer Unterrichtung habe ich einen Auszug aus dem Wohnungsgrundbuch von . . . . . beigefügt.[4]

Herr X beabsichtigt, mit seiner Familie in die von Ihnen angemietete Wohnung einzuziehen. Aus diesem Grund kündige ich Ihnen auftragsgemäß namens meines Mandanten das Mietverhältnis wegen Eigenbedarfs fristgerecht zum . . . . .[5]

Zur Begründung weise ich darauf hin, dass Herr X die von Ihnen angemietete Wohnung bewusst zur Eigennutzung ausgesucht hat. Herr X wohnt mit seiner Familie derzeit zur Miete in einer 75 qm großen Wohnung im 2. Obergeschoss in der Z-Straße ohne Gartennutzung. Wie Ihnen möglicherweise bekannt ist, ist die Z-Straße eine Durchgangsstraße und die dortige Wohnung daher auch nachts erheblichen Lärmeinwirkungen ausgesetzt. Die A-Straße, in der Ihre Wohnung liegt, ist dagegen eine reine Anliegerstraße in einem überdies ruhigen Stadtviertel. Zudem ist die von Ihnen bewohnte Wohnung mit 100 qm nicht nur größer, sondern auch vom Grundriss günstiger zugeschnitten. Die derzeit von Herrn X genutzte Wohnung weist 3 Zimmer auf, von denen ein Zimmer ein gefangener Raum ist. Hingegen verfügt Ihre Wohnung über 4 Zimmer, die sämtliche von der Diele aus betreten werden können. Ferner würde sich der Weg zur Arbeitsstelle von Herrn X bei der Fa. B in C-Stadt deutlich verkürzen. Von der Y-Straße könnte Herr X über die D-Straße unmittelbar die Autobahn erreichen, während er von der Z-Straße eine um 10 Minuten längere Anfahrt bis zur Autobahn hat.[6]

Obwohl in dem Haus noch eine weitere Wohnung im Obergeschoss vorhanden ist, ist Herr X an der Nutzung der Erdgeschosswohnung interessiert. Herr X hat 2 Kinder im Alter von 6 und 4 Jahren und möchte daher den Garten für die Kinder, aber auch zur Entspannung für sich und seine Ehefrau nutzen. Der im Obergeschoss vorhandene Balkon ist nicht gleichwertig.[7]

Allerdings beabsichtigt der Mieter der Obergeschosswohnung zum . . . . ., also noch vor Ablauf der Kündigungsfrist, auszuziehen. Herr X bietet Ihnen diese Wohnung zum Bezug an. Die Miete soll 600,– EUR zzgl. 150,– EUR Nebenkostenvorauszahlungen monatlich betragen. Sofern Sie Interesse haben, teilen Sie mir dies bitte möglichst umgehend mit. Für diesen Fall schlage ich eine persönliche Unterredung vor, um die Vertragsmodalitäten besprechen zu können.[8]

Zu dem von Ihnen gegenüber meinem Mandanten mündlich erhobenen Einwand, es gelte in Ihrem Fall eine Kündigungssperrfrist, da die Aufteilung der in dem Haus befindlichen Wohnungen in Wohnungseigentum erst nach Ihrem Einzug erfolgt sei, verweise ich auf den beigefügten Grundbuchauszug. Daraus können Sie ersehen, dass bereits 1 Jahr vor der Anmietung der Wohnung durch Sie Wohnungseigentum gebildet worden ist. Ihre Annahme geht also fehl.[9]

Sie können dieser Kündigung schriftlich bis zum . . . . . widersprechen. Ich bitte Sie einen evtl. Widerspruch zu begründen. Ein Widerspruch hat jedoch nur Aussicht auf Erfolg, wenn die Beendigung des Mietverhältnisses für Sie, Ihre Familie oder einen anderen Angehörigen Ihres Haushalts eine Härte bedeuten würde, die auch unter Würdigung der berechtigten Interessen meines Mandanten nicht zu rechtfertigen ist.[10]

Einer stillschweigenden Verlängerung des Mietverhältnisses (§ 545 BGB) widerspreche ich bereits an dieser Stelle.[11]

Ich fordere Sie auf, die Wohnung am . . . . . in vertragsgerechten Zustand zurück zu geben, nämlich fachgerecht renoviert nach Maßgabe der Renovierungsverpflichtung in § 16 des Mietvertrages.[12]

. . . . .

(Rechtsanwalt)

Anlagen:

• Vollmacht
• Grundbuchauszug

Anmerkungen

1. → Form. D.III.1 Anm. 1 zur Kündigung und zur Beurteilung bei Mischmietverhältnissen.

2. Da die Kündigung nur mit Zugang wirksam wird, sollte auf die Nachweisbarkeit des Zugangs geachtet werden, → Form. D.I.1 Anm. 2, → Form. B.I.1 Anm. 1.

3. Zur Kündigung durch einen Bevollmächtigten → Form. D.III.2 Anm. 3. Zur Kündigung durch einen prozessualen Schriftsatz → Form. D.III.1 Anm. 3.

4. Gemäß § 566 BGB („Kauf bricht nicht Miete") tritt im Fall der Veräußerung der Wohnung der Erwerber in das Mietverhältnis ein. Für die Kündigung wegen Eigenbedarfs bedeutet das, dass nach Eintritt in das Mietverhältnis eine Kündigung des Erwerbers in eigenem Namen und aus eigenem Recht möglich ist. Maßgeblicher Zeitpunkt ist die Veräußerung. Hiermit ist der Eigentumsübergang gemeint, also die Auflassung und die Eintragung in das Grundbuch (LG Stuttgart WuM 2018, 99; AG Lüdinghausen WuM 2012, 57). Hat der Veräußerer bereits gekündigt, kann sich der Erwerber nicht ohne weiteres auf die Kündigung stützen. Bei Kündigungen, die ihren Grund in der jeweiligen Person des Vermieters haben, insbesondere bei Eigenbedarf und bei der Hinderung angemessener wirtschaftlicher Verwertung (anders etwa bei einer Kündigung wegen einer Pflichtverletzung des Mieters), wird die Kündigung als unwirksam angesehen, wenn der Vermieter die Wohnung veräußert (LG Frankenthal/Pfalz WuM 1991, 350; LG Aachen WuM 1990, 27. Hieraus folgt, dass der Erwerber nicht in die Eigenbedarfskündigung des Veräußerers „eintritt". Unerheblich ist, ob er seinerseits Eigenbedarf an der Wohnung hat. Er vermag seinen Eigenbedarf nicht auf die Eigenbedarfsgründe des Veräußerers zu stützen. Hieraus ist zugleich zu schließen, dass eine Eigenbedarfskündigung des Erwerbers vor Eintritt in das Mietverhältnis nicht möglich ist (vgl. AG Düsseldorf GE 2017, 665). Zwar hat BGH NJW 1998, 896 anerkannt, dass der Veräußerer den Erwerber schon vor dem Eigentumsübergang zur Kündigung gemäß § 185 Abs. 1 BGB ermächtigen kann. Die Ermächtigung kann aber nicht weiter gehen als die Rechtsmacht des Veräußerers. Daraus folgt, dass der Erwerber bei einer Kündigungsermächtigung sich nicht auf seinen Eigenbedarf stützen kann, da es sich gerade nicht um den Eigenbedarf des Veräußerers handelt. Die Übersendung eines Grundbuchauszuges ist für die Wirksamkeit der Kündigung nicht erforderlich, empfiehlt sich aber, wenn mit entsprechenden Einwänden des Mieters gerechnet wird.

5. Zum Kündigungsausspruch, zur Schriftform, zur Angabe des Beendigungszeitpunkts sowie zu den Kündigungsfristen → Form. D.III.1 Anm. 3. Ein Verstoß gegen die Anbietepflicht führt nach neuerer Rechtsprechung (BGH NJW 2017, 547) nicht mehr zur Unwirksamkeit der Kündigung.

6. Die nachstehenden Kündigungsgründe sind exemplarisch zu verstehen, müssen also nicht kumulativ vorliegen, sondern können auch einzeln die Kündigung rechtfertigen. Zu den Anforderungen an den Umfang der Begründung → Form. D.III.1 Anm. 4, → Form. D.III.3 Anm. 3. Zu dem Begriff des Eigenbedarfs → Form. D.III.3 Anm. 3.

7. Zur Frage, ob der Eigenbedarf entfällt, wenn eine Alternativwohnung verfügbar wird, → Form. D.III.3 Anm. 3. Da es sich um einen Einwand gegen den Eigenbedarf in der beanspruchten Wohnung handelt, muss der Vermieter im Rahmen der Kündigung hierzu keine Ausführungen machen (LG München I WuM 1996, 38; vgl. aber BVerfG WuM 1992, 178). Dem Einwand des Mieters kann also noch nachträglich begegnet werden. Dennoch kann sich die Aufnahme in das Kündigungsschreiben empfehlen, um vorhersehbare Einwände gegen die Berechtigung des Eigenbedarfs zu entkräften.

8. Zur Anbietepflicht, wenn eine Alternativwohnung frei wird, die der Vermieter nicht beziehen möchte, → Form. D.III.3 Anm. 3.

9. Die **Kündigungssperrfrist** gemäß § 577a BGB bei Umwandlung der Wohnung nach der Überlassung an den Mieter in Wohneigentum nach dem Wohnungseigentumsgesetz ist zu beachten. Die Eintragung in das Grundbuch ist maßgeblich (LG Wiesbaden WuM 2018, 165). § 577a BGB gilt nur für die Eigenbedarfs- und die Verwertungskündigung

(BGH NJW 2009, 1808). Eine vor Ablauf der Sperrfrist erklärte Kündigung ist unwirksam (LG Berlin GE 2014, 1139).

Gemäß § 577a BGB beträgt die einfache Sperrfirst 3 Jahre. Sind Mangelversorgungsgebiete im Verordnungswege durch die Landesregierung bestimmt, verlängert sich die Sperrfrist gemäß § 577a Abs. 2 BGB auf 10 Jahre. Eine Umgehungsmöglichkeit bot das sog. Münchener Modell, bei dem eine Gesellschaft ein Mehrparteienhaus erwarb. Diese Schutzlücke hat der Gesetzgeber nunmehr geschlossen. Gemäß § 577a Abs. 1a BGB gilt die Kündigungsbeschränkung entsprechend, wenn nach Überlassung des Wohnraums an den Mieter der Wohnraum an eine Personengesellschaft oder mehrere Mieter veräußert oder mit einem Recht belastet ist, das zur Entziehung des vertragsgemäßen Gebrauchs führt. Nach BGH NJW 2018, 2187 kommt es dann auf die (Absicht zur) Begründung von Wohnungseigentum nicht an.

Die Abfolge Umwandlung-Vermietung-Überlassung löst die Sperrfrist nicht aus. Die Abfolge Vermietung-Überlassung-Umwandlung löst stets Sperrfrist aus. Die Abfolge Vermietung-Umwandlung-Überlassung löst die Sperrfrist nicht aus. Die Abfolge Überlassung-Umwandlung-Vermietung soll die Sperrfrist auslösen (Schmidt-Futterer/*Blank* BGB § 577a Rn. 10, str.).

Ein Umgehungsgeschäft liegt vor, wenn zunächst Bruchteilseigentum gebildet wird, dem Miteigentümer eine bestimmte Wohnung zur ausschließlichen Nutzung zugewiesen ist unter grundbuchlicher Absicherung gemäß § 1010 BGB, nach dem Kaufvertrag binnen 3 Jahren Wohnungseigentum gemäß § 3 WEG gebildet werden soll, bei Abschluss des Kaufvertrages die Abgeschlossenheitsbescheinigung vorgelegen hat (OLG Karlsruhe RE WuM 1992, 519) und in diesem Stadium die Kündigung erklärt wird. Die Begründung von Wohnungseigentum gemäß § 3 WEG löst die Sperrfrist nicht aus (BGH WuM 1994, 452). Als Veräußerung ist auch die Übertragung von Wohnungseigentum in Erfüllung eines Vermächtnisses anzusehen (BayObLG WuM 2001, 390). Der Lauf der Kündigungssperrfrist nach Verkauf der in Wohnungseigentum umgewandelten Mietwohnung beginnt mit dem Tag der Eintragung des Ersterwerbers als Eigentümer der Eigentumswohnung (AG Stuttgart WuM 1999, 462). Anwendung nach BGH NJW 2008, 2257 auf Realteilung eines mit zu Wohnzwecken vermieteten Einfamilienhauses.

10. Zum Hinweis auf die Möglichkeit, Form und Frist des Kündigungswiderspruchs → Form. D.III.1 Anm. 7.

11. Zum **Widerspruch** gegen die stillschweigende Fortsetzung des Mietverhältnisses → Form. D.III.1 Anm. 8, → Form. D.III.16.

12. Zu Gebühren und Gegenstandswert → Form. D.III.1 Anm. 9.

5. Kündigung wegen Hinderung angemessener wirtschaftlicher Verwertung, § 573 Abs. 2 Nr. 3 BGB, bei Veräußerungsabsicht

. . . . .

(Vermieter)

an

. . . . .

(Mieter)[1]

Zustellvermerk[2]

Sehr geehrte(r) . . . . .

Hiermit spreche ich die ordentliche Kündigung des Mietverhältnisses . . . . . mit Wirkung zum . . . . . aus.[3]

Durch die Fortsetzung des Mietverhältnisses wäre ich an einer angemessenen wirtschaftlichen Verwertung meines Hausgrundstücks gehindert. Ich beabsichtige, mein Hausgrundstück einschließlich der von Ihnen bewohnten Wohnung an die Fa. X zu veräußern. Diese plant die Erweiterung des benachbarten Seniorenheims und ist aus diesem Grund an einer Fortsetzung des Mietverhältnisses nicht interessiert.

Eine anderweitige Veräußerung kommt nicht in Betracht. Bereits seit einem Jahr bemühe ich mich um die Veräußerung des Hausgrundstücks. Ich habe seit dem . . . . . einen Makler beauftragt sowie seit dem . . . . . wöchentlich fortlaufend Zeitungsanzeigen aufgegeben. Das nächstgünstigste Kaufangebot der Fa. Y lag 10 % unter dem von einem Sachverständigen ermittelten Verkehrswert. Hingegen beläuft sich das Kaufangebot der Fa. X auf einen Betrag von 10 % über dem Verkehrswert. Grund hierfür ist das besondere Ankaufinteresse der Fa. X im Hinblick auf den beabsichtigten Erweiterungsbau.

Auf den höheren Erlös bin ich zur Sicherstellung der Finanzierung eines Neubauvorhabens auf meinem Grundstück, Z-Straße 1, angewiesen. Das Angebot der Fa. Y würde nicht ausreichen, die Finanzierung sicher zu stellen. Über andere finanzielle Mittel zur Sicherstellung der Finanzierung verfüge ich nicht.

Fa. X ist nur bereit einen Kaufvertrag abzuschließen, wenn sämtliche Wohnungen geräumt sind. Die weiteren Wohnungen sind teilweise geräumt, die noch verbliebenen Mieter werden innerhalb der nächsten 5 Monate ausziehen.[4]

Aus den vorstehenden Gründen sehe ich mich zur Sicherstellung einer angemessenen Verwertung (§ 573 Abs. 2 Nr. 3 BGB) zu der Kündigung veranlasst. Einer stillschweigenden Verlängerung des Mietverhältnisses widerspreche ich.[5]

Dieser Kündigung können Sie gemäß §§ 574 ff. BGB schriftlich bis zum . . . . . widersprechen. Ein Widerspruch hat aber nur Aussicht auf Erfolg, wenn die Beendigung des Mietverhältnisses für Sie, Ihre Familie oder einen anderen Angehörigen Ihres Haushalts eine Härte bedeuten würde, die auch unter Würdigung meiner berechtigten Interessen nicht zu rechtfertigen ist. Für den Fall, dass Sie einen Widerspruch erheben, bitte ich schon jetzt um Mitteilung Ihrer Gründe (§ 574b Abs. 1 S. 2 BGB).[6]

Sollten Sie die Wohnung nicht fristgemäß übergeben, weise ich Sie schon jetzt darauf hin, dass ich gemäß § 574a Abs. 1 BGB für die Dauer der Vorenthaltung eine Entschädigung in Höhe der ortsüblichen Vergleichsmiete beanspruchen werde. Die ortsübliche Vergleichsmiete liegt deutlich über der von Ihnen geschuldeten Miete. Außerdem behalte ich mir einen weitergehenden Schadensersatzanspruch vor (§ 571 Abs. 1 BGB).[7, 8]

. . . . .

(Vermieter)

Anmerkungen

1. Dieser Kündigungstatbestand soll dem Vermieter eine Beendigung des Mietverhältnisses ermöglichen, wenn dieses für ihn unwirtschaftlich oder finanziell nachteilig ist.
Zur Kündigung und zur Beurteilung von Mischmietverhältnissen → Form. D.III.1 Anm. 1.

2. Da die Kündigung nur mit Zugang wirksam wird, sollte auf die Nachweisbarkeit des Zugangs geachtet werden, → Form. D.I.1 Anm. 2, → Form. B.I.1 Anm. 1.

3. Zum Kündigungsausspruch auch bei einer **Mehrheit von Vermietern oder Mietern** → Form. D.III.1 Anm. 3, zur Schriftform und zu den Kündigungsfristen ebenso. Die Kündigungssperrfrist für den Fall der Umwandlung der Wohnung in Wohnungseigentum nach Überlassung an den Mieter (§ 577a BGB) ist zu beachten (→ Form. D.III.4 Anm. 9).

4. Begründung der Kündigung. Die Kündigung wegen der Hinderung der angemessenen wirtschaftlichen Verwertung erweist sich in der Praxis als schwer zu begründen und durchzusetzen. Die formellen Anforderungen, die an das Kündigungsschreiben gestellt werden, sind hoch (aber BVerfG NZM 1998, 618: es darf keine übertriebene Substantiierung verlangt werden, was aber anzunehmen ist, wenn das Kündigungsschreiben so ausführlich sein soll, dass hierauf eine gerichtliche Feststellung des Kündigungsgrundes möglich ist). Es empfiehlt sich eine möglichst ausführliche, lückenlose und widerspruchsfreie Begründung. Zu den Anforderungen an die Begründung der ordentlichen Kündigung → Form. D.III.1 Anm. 4; vgl. BGH NZM 2011, 239 für den Fall eines geplanten Abrisses und Neubaus. Je nach Verwertungsabsicht sind die Angaben aufzunehmen, die für das berechtigte Interesse des Vermieters sprechen. Konkrete Interessenten, die wegen der Vermietung vom Kauf Abstand genommen haben, sollen benannt werden (LG Darmstadt WuM 1987, 320). Statt der Darlegung der Verkaufsbemühungen kann sich der Vermieter zur Darlegung, dass eine Hinderung der wirtschaftlichen Verwertung besteht, auf ein Sachverständigengutachten beziehen (BVerfG NZM 1998, 618). Das Gutachten sollte der Kündigung beigefügt werden. Anzugeben sind Umfang und Dauer der Verkaufsbemühungen, ferner die zu erwartenden Veräußerungsverluste sowie die dieser Angabe zugrunde liegenden Erkenntnisse (LG Freiburg WuM 1991, 592). Es kann erforderlich sein, die wirtschaftliche Kalkulation offen zu legen (LG Hamburg ZMR 2009, 366; LG Berlin WuM 2009, 466: vergleichende Ertragsberechnung für Sanierung sowie Abriss und Neubaukosten, Erträge vor und nach der Baumaßnahme; LG Berlin GE 2009, 1497: Darlegungs- und Beweislast, dass Ersatzbebauung verwirklicht wird). Angaben in der Kündigung zu den Nachteilen sind erforderlich. Bei der Darlegung steuerlicher Nachteile soll sich der Vermieter nicht auf Datenschutz berufen können (LG Berlin GE 1994, 107).

Der Kündigungstatbestand setzt voraus
- die Absicht anderweitiger Verwertung,
- deren Angemessenheit,
- die Hinderung der Verwertung,
- einen hierauf beruhenden erheblichen Nachteil des Vermieters,
- Abwägung mit dem Bestandsinteresse des Mieters.

Eine Absicht anderweitiger **Verwertung** kann in folgenden Fällen vorliegen: Bei Abriss und Neubau (LG Köln ZMR 2018, 674; LG Berlin NJW-RR 1997, 585) – nicht aber bei ersatzlosem Abriss (BGH WuM 2004, 277 mit Hinweis auf evtl. Kündigungsmöglichkeit gemäß § 573 Abs. 1 BGB) –, Verkauf (BVerfG NZM 1998, 618; LG Trier WuM 1991, 273; LG Mainz ZMR 1986, 14), der Nutzung durch Gebrauchsüberlassung (zB bei Vermietung als Gewerberaum – der Kündigungsausschluss bei der Absicht eine höhere Miete zu erzielen, muss aber beachtet werden; AG Uelzen WuM 1997, 374 für die Verpachtung an eine benachbarte Pflegestation), bei der Begründung dinglicher Rechte wie Erbbaurecht (Palandt/*Weidenkaff* BGB § 573 Rn. 35), bei der Zusammenlegung von 2 Wohnungen zu einer großen Wohnung (LG Berlin GE 1989, 311), bei der Aufteilung einer großen Wohnung in mehrere kleinere Wohnungen (LG Hamburg WuM 1989, 393) und bei Fortfall einer Wohnung im Zuge einer Altbausanierung (BayObLG NJW 1984, 372; LG Berlin GE 1986, 453). Zur Verwertungskündigung nach Restitution im Beitrittsgebiet: LG Potsdam WuM 2009, 521.

Die Verwertungsabsicht muss sich nicht auf das gesamte Grundstück beziehen (vgl. BVerfG NJW 1992, 105 für den Fall, dass ein Vermieter von einer größeren in eine kleinere Wohnung in seinem Haus wechseln möchte, weil er auf die Vermietung der größeren

Wohnung angewiesen ist, → Form. D.III.9 Anm. 3; AG Hamburg WuM 1979, 29 ablehnend zur Kündigung eines vermieteten Zimmers, um die restlichen leer stehenden Räume des Stockwerks nutzen zu können, aA LG Berlin GE 1982, 231). Bei Sanierungsabsicht genügt es nicht, dass die Sanierung erst nach einer Veräußerung durch den Erwerber durchgeführt wird, wenn die Kündigung durch den Veräußerer ausgesprochen wird (LG Aachen WuM 1991, 495; AG Hamburg-Harburg WuM 1979, 29; → Form. D. III.4 Anm. 4). Greift bei einer beabsichtigten Umwandlung in Gewerberaum ein Verbot der Zweckentfremdung von Wohnraum ein, muss die erforderliche Genehmigung schon zurzeit der Kündigung vorliegen und im Kündigungsschreiben erwähnt werden (OLG Hamburg NJW 1981, 2308). Dagegen muss eine erforderliche Bau- oder Abrissgenehmigung noch nicht im Zeitpunkt der Kündigung vorliegen (OLG Frankfurt a.M. WuM 1992, 421; BayObLG WuM 1993, 660). Allerdings muss nach dem Stand der Planungen erkennbar sein, dass das Vorhaben genehmigungsfähig ist (LG Berlin MM 2018, Nr. 7/8, 38).

Die Beurteilungen der einzelnen Kündigungsvoraussetzungen lassen sich nicht stets klar trennen. So überschneidet sich die Beurteilung der Angemessenheit mit der des erheblichen Nachteils.

Angemessen ist eine wirtschaftliche Verwertung, wenn sie von vernünftigen, nachvollziehbaren Erwägungen getragen wird (BGH ZMR 2009, 440; BGH NJW 2009, 1200). Eine angemessene Verwertung kann eine nicht über § 554 BGB durchsetzbare Sanierung sein (LG Frankfurt a.M.. NJW-RR 1996, 266), eine günstigere Neuaufteilung von Wohnungen (LG Hamburg WuM 1989, 393), die Erweiterung von Altbauwohnungen mit Bad, WC bei Wegfall einer Wohnung (BayObLG NJW 1984, 372), die Veräußerung mit dem Ziel, eine andere Eigentumswohnung für einen Familienangehörigen zu erwerben (LG München II NJW-RR 1987, 1165). Zu den Voraussetzungen einer Verwertungskündigung zum Zweck der Veräußerung einer im vermieteten Zustand unrentablen und nur unter erheblichem Preisabschlag verkäuflichen Immobilie BGH NZM 2011, 773. Beim Erwerb in der Zwangsversteigerung durch eine Bank ist eine Kündigung mit dem Ziel, ein mieterfreies Objekt zu erlangen, unwirksam (LG Düsseldorf WuM 1987, 321). Die Kündigung durch eine Hypothekenbank nach Ersteigerung eines besicherten Objekts, um eine höhere Einnahme zu erzielen, kann unwirksam sein (LG Hannover WuM 1991, 189; LG Wiesbaden WuM 1993, 54).

Bei der Veräußerungsabsicht reicht jeder vernünftige Grund des Vermieters für eine Veräußerung (LG Krefeld WuM 2010, 302: Erlös wird zur Kredittilgung und für den Lebensunterhalt benötigt; LG Mannheim ZMR 1995, 315: Verkauf zur Deckung von Verbindlichkeiten, wenn sich der Vermieter in wirtschaftlichen Schwierigkeiten befindet; LG Frankenthal WuM 1991, 181: Verkauf zur Finanzierung selbstgenutzten Wohnraums). Zweifelhaft ist, ob die Gerichte abgesehen von Missbrauchsfällen zur Überprüfung und Bewertung der Erlösverwendung bei einer Verwertung durch Veräußerung befugt sind (so aber LG Hamburg WuM 1989, 256: keine angemessene Erlösverwendung, wenn für den Sohn eine Eigentumswohnung angeschafft werden soll, da es genügen kann, dass eine Mietwohnung für den Sohn finanziert wird). Der Angemessenheit steht nicht entgegen, dass der Vermieter das Objekt in vermietetem Zustand erworben hat, es sei denn es liegt ein rechtsmissbräuchliches Verhalten vor (OLG Koblenz RE WuM 1989, 164, aA LG München I NJW-RR 1992, 520). Das kann der Fall sein, wenn der Vermieter das Objekt erworben hat und die Finanzierung des Ankaufspreises nicht aus den Einnahmen des Objekts bestritten werden kann (LG Wiesbaden WuM 1994, 215; LG Köln WuM 1992, 132; AG Neukölln MM 1992, 140). Eine Fehlkalkulation bei Erwerb des Objekts kann ebenfalls der Kündigung entgegen stehen (AG und LG Hamburg WuM 1991, 696). Sanierungsmaßnahmen sind in der Regel angemessen, wenn sie dazu dienen, allgemein übliche Wohnverhältnisse zu schaffen, nicht aber bei sog. Luxusmodernisierungen (Schmidt-Futterer/*Blank* BGB § 573 Rn. 164). Die langdauernde Verletzung der Instandhaltungspflicht durch den Vermieter kann der Angemessenheit entgegen stehen (LG Frankfurt a.M. WuM 1995, 441).

Hinderung der Verwertung ist anzunehmen, wenn die beabsichtigte angemessene Verwertung nicht oder nur unter unzumutbaren Bedingungen durchgesetzt werden könnte (LG Freiburg ZMR 1979, 144; AG Rendsburg WuM 1977, 228). Das Interesse einer Erbengemeinschaft sich auseinanderzusetzen und deshalb eine ererbte Wohnung zu veräußern, reicht für sich nicht aus (OLG Stuttgart WuM 2005, 658). Gelingt bis zum Ablauf der Kündigungsfrist die beabsichtigte Veräußerung, darf der Vermieter die Kündigung nicht weiter durchsetzen (BGH WuM 2003, 463 (464)). Anders liegt die Beurteilung, wenn die Veräußerung unter der Bedingung der Übergabe in geräumten Zustand steht (LG Frankenthal WuM 1991, 350). Zum Beleg der Hinderung der Verwertung soll der Vermieter gehalten sein, mehrere Verkaufsanzeigen zu schalten und einen Makler zu beauftragen (LG Frankfurt/M. WuM 1991, 182). Die erforderliche Kausalität zwischen der Vermietung und der Hinderung der wirtschaftlichen Verwertung wird nicht dadurch ausgeschlossen, dass ein anderes Mietverhältnis ein Hindernis für die Verwertung darstellt (Palandt/*Weidenkaff* BGB § 573 Rn. 37).

Erhebliche Nachteile des Vermieters sind anzunehmen, wenn das Grundstück über längere Zeit keine Nutzungen erbringt oder gar Kosten verursacht (LG Düsseldorf WuM 1981, 162; nach LG Hamburg NZM 2001, 1029 ist das nicht schon der Fall, wenn der Verkaufspreis hinter der allgemeinen Teuerung zurück bleibt). Der erhebliche Nachteil muss beim Vermieter bestehen, ein Nachteil bei einer persönlich und wirtschaftlich verbundenen Schwestergesellschaft reicht nicht (BGH NZM 2017, 756). Nach LG Krefeld WuM 2010, 302 werden Luxusobjekte regelmäßig für den Eigenbedarf erworben. Der Eigentümer hat indes keinen Anspruch auf den maximalen Gewinn (BVerfG NJW 1992, 361). Die Absicht, einen erheblichen Verlust zurück zu führen, genügt (LG München I WuM 1981, 234). Teilweise ist ein Erfahrungssatz angenommen worden, dass sich bestimmte Wohnungen im Zustand der Vermietung nur mit erheblichen Preisabschlägen veräußern lassen (LG Düsseldorf WuM 1991, 593 für kleinere Eigentumswohnungen). Ein erheblicher Nachteil liegt jedenfalls vor, wenn der Verkauf der vermieteten Wohnung wirtschaftlich sinnlos wäre (BVerfG WuM 1991, 46: 135.000,– DM Erlös unvermietet, 43.000,– DM Erlös vermietet). Auch ein wesentlich geringerer Kaufpreis im Vergleich zur Veräußerung im Leerzustand kann als erheblicher Nachteil gewertet werden (hierzu Brinkmann ZMR 1992, 520; nach BVerfG NJW 1992, 361 kein erheblicher Nachteil bei Wert der Wohnung bei Erwerb 120.000,– bis 130.000,– DM, Verkaufserlös vermietet 145.000,– DM, Verkaufserlös unvermietet 205.700,– DM; dagegen BVerfG NJW 1992, 2752 erheblicher Nachteil möglich bei Ankaufspreis 150.000,– DM, Verkaufserlös vermietet 150.000,– bis 155.000,– DM, Verkaufserlös unvermietet 240.000,– DM, sofern der Erlös zur Tilgung eines Darlehens und damit zur Rückführung weiterer Belastungen verwendet werden soll). Weitere Beispiele aus der Rechtsprechung: Mindererlös 6 % LG Karlsruhe ZMR 1987, 469; Mindererlös 15 % LG Berlin GE 1990, 199; Mindererlös 15–20 % LG Hamburg WuM 1991, 187; Mindererlös 20 % LG Stuttgart WuM 1991, 201; Mindererlös ca. 30 % bei wirtschaftlichen Schwierigkeiten des Vermieters LG Mannheim ZMR 1995, 315.

Weder ist die Gefahr einer Existenznot erforderlich (BVerfG NJW 1989, 972; BVerfG NJW 1991, 3270) noch muss der Verkauf als zwingend erscheinen (BVerfG NJW 1991, 3270). Ausreichend kann die Verwendung des Erlöses zur Ablösung eines infolge der Zinsentwicklung stark verteuerten Kredits für ein Eigenheim sein (LG Düsseldorf NJW-RR 1992, 522). Ferner soll die Kündigung mit dem Ziel, das Haus zu veräußern, weil der Erlös für den Umbau in ein anderes Haus als behindertengerecht benötigt wird, berechtigt sein (LG Trier NJW-RR 1991, 1414). LG Kiel (GE 2008, 1427) lehnt einen erheblichen Nachteil ab, wenn das Grundstück in Kenntnis der Unwirtschaftlichkeit erworben wird. LG Berlin 28.7.2015 – 63 D 217/14 – zur Fehlkalkulation des Vermieters.

Es ist eine Einzelfallabwägung zwischen dem Bestandsinteresse des Mieters und dem Verwertungsinteresse des Eigentümers vorzunehmen (BGH NJW 2009, 1200; WuM 2011, 690). Eine Kündigung auf „Vorrat" kann unwirksam sein (LG Berlin ZMR 2019, 21).

Kündigungsausschlüsse:

- Der Ausschluss der Kündigung zur Erzielung höherer Miete gemäß § 573 Abs. 2 Nr. 3 S. 2 Hs. 1. BGB. Dieser Ausschluss gilt nur bei einer Neuvermietung als Wohnraum, nicht als Gewerberaum.
- Die Absicht der Veräußerung im Zusammenhang mit der Begründung von Wohnungseigentum, sofern die Mieträume schon vor der Begründung von Wohnungseigentum an den Mieter überlassen waren (§ 573 Abs. 2 Nr. 3 S. 2 Hs. 2. BGB).
- Wie bei der Eigenbedarfskündigung ist auch hier die Kündigung ausgeschlossen, wenn die Vermietung erfolgte, als die anderweitige Verwertung schon absehbar war (BGH NZM 2016, 718; LG Mannheim ZMR 1995, 315 bei absehbarem Kapitalbedarf). Nach BVerfG (NZM 1998, 618) genügt für den Kündigungsausschluss nicht, dass dem Vermieter das wirtschaftliche Risiko bewusst war.

5. Zu Zweck und Inhalt des **Widerspruchs** gegen die stillschweigende Fortsetzung des Mietverhältnisses → Form. D.III.1 Anm. 8, → Form. D.III.16 Anm. 1.

6. Zum **Sozialwiderspruch** und die entsprechende Belehrungspflicht des Vermieters → Form. D.IV.1, Anm. 1 → Form. D.III.1 Anm. 7.

7. Der **Hinweis auf die weiteren Folgen einer nicht rechtzeitigen Räumung** kann für den Mieter einen Beweggrund darstellen, den Wohnraum herauszugeben. Da bei der Kündigung wegen Hinderung der angemessenen wirtschaftlichen Verwertung eine wirtschaftliche Betrachtungsweise Platz greifen sollte, kann dem Mieter in dem Kündigungsschreiben auch das Angebot unterbreitet werden, dass er einen bestimmten Geldbetrag erhält, wenn er bis zu einem bestimmten Zeitpunkt auszieht. Ein solches Angebot bietet sich an, wenn absehbar ist, dass der Mieter nicht freiwillig ausziehen wird, andererseits der Vermieter dringend auf den Wohnraum angewiesen ist. Angesichts der praktischen Schwierigkeiten der zeitnahen Rechtsdurchsetzung durch gerichtliche Inanspruchnahme kann ein aus Sicht des Mieters lukratives Angebot bei einem freiwilligen Auszug für den Vermieter trotz der Kosten im Ergebnis vorteilhaft sein.

8. Gebühren und Gegenstandswert. → Form. D.III.1 Anm. 9.

6. Kündigung wegen Hinderung angemessener wirtschaftlicher Verwertung, § 573 Abs. 2 Nr. 3 BGB, bei Umbauabsicht (durch einen Rechtsanwalt)

. . . . .

(Rechtsanwalt)

an

. . . . .

(Mieter)[1]

Zustellvermerk[2]

Sehr geehrte(r) . . . . .

In dieser Angelegenheit vertrete ich Ihren Vermieter, Herrn X. Auf die anliegende Bevollmächtigung nehme ich Bezug.[3]

Mein Mandant hat die Absicht, das Gebäude, in dem die von Ihnen angemietete Wohnung liegt, vollständig umzugestalten. So wird das Gebäude umfassend saniert. Betroffen sind die Innenraumaufteilung, Elektrik, Heizung und Sanitärbereich. Mein Mandant wird den Wohnwert durch Einbau besonders hochwertiger Materialien steigern, was insbesondere wegen der begehrten Wohnlage zu einer deutlich höheren Miete führen wird.

Für Ihre Wohnung hat mein Mandant eine Baugenehmigung und eine Nutzungsänderungsgenehmigung zur Errichtung eines Ladenlokals erhalten, in die Sie bei Bedarf Einsicht nehmen können. Mein Mandant hat bereits einen Vorvertrag mit der Handelskette Y geschlossen. Danach soll das Mietverhältnis auf 10 Jahre fest geschlossen werden bei einer mehr als 5-fach höheren Nettomiete als die von Ihnen derzeit geschuldete Miete.

Die Planung ist erforderlich, weil die Vermietung des Hauses im derzeitigen Zustand nicht kostendeckend ist. Angesichts des derzeitigen Zustands der Mieträume, insbesondere des für Wohnverhältnisse ungünstigen Zuschnitts der Mietfläche (zu kleine Räume, je Wohnung ein gefangener Raum), der erneuerungsbedürftigen Elektrik, der reparaturanfälligen Heizungsanlage sowie der veralteten und unmodernen Sanitäranlagen entspricht die von Ihnen geschuldete Nettomiete von 3,50,– EUR/qm der angemessenen und ortsüblichen Miete. Eine Anhebung der Miete durch Mieterhöhungen bietet daher keine Aussicht auf Erfolg. Bei einer Gesamtfläche von 320 qm ist jährlich ein Ertrag von 13.440,– EUR zu erzielen. Auf Grund der Mietstruktur werden tatsächlich nur 11.520,– EUR jährlich erzielt. In den letzten 3 Jahren sind jeweils hohe Reparaturbeträge angefallen, für laufende Reparaturarbeiten für Dach, Heizung, Elektrik, Fenster, Keller insgesamt 7.500,– EUR, für Fassade, Eingangsbereich, Elektrik, Heizung 8.000,– EUR und für Dach, Treppenhaus, Fenster, Heizung, Keller 7.900,– EUR. Damit verblieben an Erlös in den letzten 3 Jahren zwischen 1,05 und 0,92 EUR/qm mtl. Da mein Mandant allerdings gehalten ist, einen Kredit für die Ausbezahlung seiner Geschwister iHv 125.000,– EUR bei jährlicher Verzinsung von 5 % (6.250,– EUR) zu bedienen, fallen mtl. 1,63 EUR/qm allein an Verzinsung an, so dass mein Mandant einen Verlust erwirtschaftet.

Durch die Sanierung des Hauses erwartet mein Mandant eine mtl. Miete von 14,– EUR/qm. Hierzu liegt mir eine Berechnung eines Sachverständigen vor, in die Sie bei Bedarf gerne Einsicht nehmen können. Allein auf Ihre Wohnung wird ein Betrag von 20,– EUR/qm entfallen. Durch die Sanierungsarbeiten erwartet mein Mandant einen Gewinn zu erzielen. Die Arbeiten werden nach den vorliegenden Angeboten, in die Sie ebenfalls Einsicht nehmen können, 250.000,– EUR kosten. Hierfür fallen jährlich an Verzinsung und Tilgung 35.000,– EUR an. Auch in den Darlehensvertrag mit der Bank Z können Sie Einsicht nehmen. Daraus folgt eine mtl. Belastung je qm von 7,80 EUR. Zuzüglich der Belastung von 1,63 EUR für das vorgenannte Darlehen über 125.000,– EUR und zuzüglich – vorsorglich zu veranschlagender – Reparaturkosten iHv 0,5 EUR/qm ergibt sich ein Betrag von 9,93 EUR/qm mtl. Bei einer voraussichtlichen Miete von 14,– EUR/qm verbleibt ein Gewinn iHv 4,07 EUR/qm.[4]

Vor diesem Hintergrund sieht sich mein Mandant leider gehalten, Ihnen die ordentliche Kündigung mit Wirkung zum . . . . . auszusprechen.[5] Sie werden daher gebeten, die Wohnung bis zum . . . . . besenrein zu übergeben.

Einer stillschweigenden Fortsetzung des Mietverhältnisses nach der Beendigung widerspricht mein Mandant.[6]

Sie werden darauf hingewiesen, dass Ihnen gemäß §§ 574 ff. BGB aus sozialen Gründen das Recht zum schriftlichen Widerspruch zusteht. Der Widerspruch muss bis zum . . . . . hier oder bei meinem Mandanten eingegangen sein. Voraussetzung für einen Widerspruch ist eine Härte für Sie, Ihre Familie oder einen anderen Angehörigen Ihres Haushalts, die auch im Hinblick auf die berechtigten Interessen meines Mandanten nicht zu rechtfertigen ist.[7]

Sollten Sie die Wohnung nicht fristgemäß übergeben, weise ich Sie schon jetzt darauf hin, dass ich gemäß § 546a Abs. 1 BGB für die Dauer der Vorenthaltung eine Entschädigung in Höhe der ortsüblichen Vergleichsmiete beanspruchen werde. Die ortsübliche Vergleichsmiete liegt deutlich über der von Ihnen geschuldeten Miete. Außerdem behalte ich mir einen weitergehenden Schadensersatzanspruch vor (§ 571 Abs. 2 BGB).[8]

. . . . .

(Rechtsanwalt)

Anlage:

Originalvollmacht

Anmerkungen

1. Zur Kündigung wegen der Hinderung der angemessenen wirtschaftlichen Verwertung → Form. D.III.5. Die Begründung verdeutlicht die praktischen Schwierigkeiten, die mit der Kündigung verbunden sein können. Es bedarf einer schlüssigen Darlegung, dass einerseits der derzeitige Zustand für den Vermieter nicht mehr zumutbar ist und dass andererseits das Sanierungskonzept zu einer angemessenen wirtschaftlichen Verwertung führen wird. Es ist anzuraten, möglichst konkret die derzeitigen Verhältnisse sowie die Sanierungspläne darzulegen. Pauschale Betragsangaben, die nicht ersehen lassen, worauf sie beruhen, sollten vermieden werden.

2. Da die Kündigung nur mit **Zugang** wirksam wird, sollte auf die Nachweisbarkeit des Zugangs geachtet werden, → Form. D.I.1 Anm. 2, → Form. B.I.1 Anm. 1.

3. Zur Vertretung → Form. D.III.2 Anm. 3.

4. Zur **Begründung der Kündigung** allgemein → Form. D.III.1 Anm. 4 und zur Begründung der Kündigung wegen Hinderung der angemessenen wirtschaftlichen Verwertung sowie zu beachtenden Kündigungsausschlüssen → Form. D.III.5 Anm. 4.
Die **Verwertungsabsicht** liegt hier in der Sanierung zum Zwecke der Vermietung als Gewerberaum. Wann bei einer Modernisierung von der Hinderung der Verwertung auszugehen ist, bedarf der Beurteilung im Einzelfall. Es kommt auf das Ausmaß der Modernisierungsarbeiten an. Vorab ist zu prüfen und auch vom Vermieter darzulegen, dass die Modernisierungsmaßnahme nicht durch den Anspruch des Vermieters gemäß § 554 BGB auf Duldung von Erhaltungs- und Modernisierungsmaßnahmen durch den Mieter zu realisieren ist. In diesem Fall kommt eine Kündigung nicht in Betracht (LG Mannheim MDR 1977, 231; LG Köln WuM 1989, 255; LG Koblenz WuM 1990, 211; LG Frankenthal WuM 1991, 171). Scheidet ein Verbleib des Mieters in der Wohnung aus, etwa weil der Grundriss des Gebäudes völlig neu gestaltet wird (LG Berlin GE 1989, 934), oder ist eine vorübergehende anderweitige Unterbringung des Mieters insbesondere gemessen an den entstehenden Kosten zu aufwändig (vgl. LG Stuttgart WuM 1991, 178: mehrmonatige Hotelunterkunft), hindert das Mietverhältnis die Verwertung. Ist wegen des Alters und des schlechten baulichen Zustands eine Minimalsanierung für den Vermieter unzumutbar, kann er Vollsanierung oder Abriss durchsetzen (BGH NJW 2009, 1200).

Probleme können im Rahmen der Angemessenheit der Verwertung entstehen, da dem Schutz des Wohnungsmieters verfassungsrechtlicher Rang beikommt. Im Rahmen der Interessenabwägung muss der Vermieter damit rechnen, dass seinem Sanierungsinteresse kein uneingeschränkter Vorrang eingeräumt wird. Nach Schmidt-Futterer/*Blank* BGB § 573 Rn. 174 soll die Absicht zur gewerblichen Nutzung erhöhten Anforderungen unterliegen. Dies soll aus dem Umkehrschluss folgen, dass die Eigenbedarfskündigung nicht für gewerblichen Bedarf zugelassen ist. Ein Ausnahmefall dürfte vorliegen, wenn die gewerbliche Nutzung erforderlich ist, um die Hinderung der angemessenen wirtschaftlichen Verwertung zu beseitigen.

Zu beachten ist, dass eine evtl. Zweckentfremdungsgenehmigung bezogen auf die Umwandlung von Wohn- in Gewerberaum vor Kündigungsausspruch einzuholen ist (AG Köln ZMR 2018, 510; vgl. auch zur Baugenehmigung: → Form. D.III.5 Anm. 4).

5. Zur deutlichen Formulierung des Ausspruchs der Kündigung, zur Schriftform und zur Kündigungsfrist → Form. D.III.1 Anm. 3. Die Kündigungssperrfrist für den Fall der Umwandlung der Wohnung in Wohnungseigentum nach Überlassung an den Mieter (§ 577a BGB) ist zu beachten (→ Form. D.III.4 Anm. 9).

6. Zu Zweck und Inhalt des Widerspruchs gegen die stillschweigende Fortsetzung des Mietverhältnisses → Form. D.III.1 Anm. 8, → Form. D.III.16.

7. Zum Sozialwiderspruch und die entsprechende Belehrungspflicht des Vermieters → Form. D.III.1 Anm. 7, → Form. D.IV.1.

8. Zu Gebühren und Gegenstandswert. → Form. D.III.1 Anm. 9.

7. Kündigung wegen Überbelegung

. . . . .

(Vermieter)

an

. . . . .

(Mieter)[1]

Zustellvermerk[2]

Sehr geehrte(r) . . . . .

Wie ich zwischenzeitlich erfahren habe, hat sich Ihre Familie vergrößert. Seit Ihrem Einzug in die Wohnung mit Ihrer Ehegattin sind Ihnen 3 Kinder geboren worden. Für die Nutzung von 5 Personen ist das Appartement nicht vorgesehen und auch nicht geeignet. Das Appartement hat eine Größe von lediglich 30 qm einschließlich Badezimmer und Kochecke. Eine Nutzung durch 5 Personen, auch wenn es sich um 3 Kleinkinder handelt, führt zwangsläufig zu einer übermäßigen und nicht hinnehmbaren Abnutzung der Räume. Auch ist die Lärmentwicklung für die umliegenden Nachbarwohnungen nicht mehr hinnehmbar. Mir liegen hierzu bereits mehrere Beschwerden vor.[3]

Ich spreche hiermit die ordentliche Kündigung des Mietvertrages aus. Der Vertrag endet am . . . . .[4]

Einer stillschweigenden Fortsetzung des Mietverhältnisses über diesen Zeitpunkt hinaus widerspreche ich schon an dieser Stelle. Ich weise Sie darauf hin, dass Sie dieser Kündigung schriftlich bis zum . . . . . widersprechen können, wenn die Beendigung des Mietverhältnisses für Sie, Ihre Familie oder einen anderen Angehörigen Ihres Haushalts eine Härte bedeuten würde, die auch unter Würdigung meiner berechtigten Interessen nicht zu rechtfertigen ist. Für den Fall eines Widerspruchs bitte ich mir Ihre Gründe mitzuteilen.[5, 6]

. . . . .

(Vermieter)

Anmerkungen

1. Es handelt sich um einen Unterfall von § 573 Abs. 1 BGB. In diesen Fällen ist stets eine umfassende Einzelfallabwägung anzustellen (BGH NJW 2017, 547; NZM 2017, 559).

2. Da die Kündigung nur mit Zugang wirksam wird, sollte auf die Nachweisbarkeit des Zugangs geachtet werden, → Form. D.I.1 Anm. 2, → Form. B.I.1 Anm. 1.

3. Eine nicht schuldhaft herbeigeführte **Überbelegung** (bei Verschulden kommt eine Kündigung wegen Pflichtverletzung gemäß § 573 Abs. 2 Nr. 1 BGB in Betracht) kann die Kündigung des Mietverhältnisses aus berechtigtem Interesse des Vermieters begründen (OLG Hamm WuM 1982, 323: 59,64 qm bei Anmietung durch Eltern mit Kindern, wenn 3 weitere Kinder hinzukommen – BVerfG WuM 1994, 119; OLG Hamm WuM 1993, 30 und LG Köln WuM 1992, 299 zur fristlosen Kündigung wegen Überbelegung). Denkbar sind die Fälle der Vergrößerung der Familie durch Familienzuwachs sowie die Fälle, in denen der Mieter mit gesetzlichem Anspruch dritte Personen aufnimmt. Eine Kündigung ist nur dann möglich, wenn über die Überbelegung als solche hinaus weitere Beeinträchtigungen zu verzeichnen sind (zB verstärkte Abnutzung der Wohnung, Störungen der Mitbewohner, negative Außenwirkung; Feuchtigkeitserscheinungen und Schimmelbefall, LG Mönchengladbach ZMR 1991, 110). Wann eine Überbelegung anzunehmen ist (AG Nürnberg WuM 1991, 690: Faustregel mindestens 12 qm je Person), ist unter Berücksichtigung der jeweiligen Wohnungsmarktlage zu entscheiden (LG Mönchengladbach ZMR 1991, 110: Überbelegung bei 7 Personen in 49 qm großer Wohnung; AG Stuttgart WuM 2012, 150: Überbelegung bei 8 Personen in 64 qm großer Wohnung, wenn verstärkte Abnutzung vorliegt; AG Nürnberg WuM 1991: Keine Überbelegung bei 6 Personen in 52 qm großer Wohnung; AG Köln WuM 1990, 508: 3 Erwachsene und 2 Kinder bei 2 Zimmern und 30 qm noch hinzunehmen; AG Limburg WuM 1990, 509: 3 Erwachsene und 1 Kind bei 2 Zimmer, Küche, Bad und 64–69 qm an der Grenze zur Überbelegung; AG Charlottenburg WuM 1989, 626: Keine Überbelegung bei 2 Erwachsenen und 3 Kindern in ca. 40 qm großer Wohnung; LG Darmstadt WuM 1987, 393: Überbelegung bei 3 Erwachsenen und 1 Kind in 33 qm großer Wohnung). Eine nur vorübergehende Unterkunftsgewährung soll kein berechtigtes Interesse an der Kündigung begründen (AG Bochum WuM 1980, 235 für Aufnahme der Familie eines Abkömmlings des Mieters). Nimmt der Vermieter schon bei Einzug eine Überbelegung hin, soll die Vergrößerung der Familie um ein weiteres Kind nicht zur Kündigung berechtigen (LG Bonn WuM 1990, 345).

Zu den unbedingt zu beachtenden Anforderungen an die Begründung der Kündigung → Form. D.III.1 Anm. 4. Ergänzend ist zu den formellen Anforderungen an die Begründung anzumerken, dass die in der Wohnung anwesenden Personen identifizierbar angegeben werden. Ferner ist mitzuteilen, worin der dem Vermieter entstehende Nachteil gesehen wird. Ferner sind Angaben zur Wohnungsgröße erforderlich (LG Gießen WuM 1994, 684).

Streitig ist, ob der Fall einer **Unterbelegung** ein berechtigtes Interesse zur Kündigung geben kann. OLG Stuttgart RE WuM 1991, 379 = ZMR 1991, 297 hat dies bei einer gemeinnützigen Wohnungsbaugenossenschaft bejaht, die eine erheblich unterbelegte Genossenschaftswohnung (4-Zimmerwohnung für eine Person nach Auszug der Ehefrau und der gemeinsamen Kinder) für eine größere Familie zur Verfügung stellen wollte (ablehnend: OLG Karlsruhe NJW 1984, 2584; Bub/Treier/*Grapentin* MietR-HdB IV 188).

4. Zur Formulierung des Kündigungsausspruchs auch bei einer Mehrheit von Mietern oder Vermietern, zur Schriftform, zur Angabe des Beendigungszeitpunkts → Form. D.III.1 Anm. 3. Zu den Besonderheiten eines Mischmietverhältnisses → Form. D.III.1 Anm. 1.

5. Zum Fortsetzungswiderspruch gemäß § 545 BGB → Form. D.III.1 Anm. 8, → Form. D.III.16, zum Sozialwiderspruch → Form. D.III.1 Anm. 7, → Form. D.IV.

6. Zu Gebühren und Gegenstandswert → Form. D.III.1 Anm. 9.

8. Kündigung wegen Fehlbelegung

. . . . .

(Vermieter)

an

. . . . .

(Mieter)[1]

Zustellvermerk[2]

Sehr geehrte(r) . . . . .

Ich bin gehalten, das Mietverhältnis mit Ihnen zu kündigen, da Sie nicht zum berechtigten Nutzerkreis gehören.[3]

Wie Ihnen bekannt ist, ist die Wohnung mit öffentlichen Mitteln gefördert.[4] Aus diesem Grunde besteht eine Wohnungsbindung dergestalt, dass nur Mieter mit Wohnberechtigungsschein die Wohnung nutzen dürfen. Ich musste mich vor Bewilligung der Wohnungsförderung verpflichten, den Mietern, die keinen Wohnberechtigungsschein vorweisen können und die hierauf auch keinen Anspruch haben, zu kündigen und diese Kündigung durchzusetzen. Diese Umstände waren Ihnen bei Anmietung durch die Bestimmungen des Mietvertrags bekannt. Auf meinen Hinweis haben Sie mir mitgeteilt, Sie würden den Berechtigungsnachweis nachreichen. Mittlerweile haben Sie eingeräumt, nicht zum berechtigten Nutzerkreis zu gehören. Aus diesem Grunde bin ich von der Bewilligungsstelle unter Androhung einer teilweisen Aufkündigung der Förderungsmittel zur Durchsetzung der Kündigung aufgefordert worden.[5]

Das Mietverhältnis endet mit Wirkung zum . . . . . Einer stillschweigenden Fortsetzung des Mietverhältnisses über diesen Zeitpunkt hinaus widerspreche ich. Ich bitte die Wohnung geräumt und in vertragsgerechtem Zustand bereit zu halten.[6]

Ich weise Sie darauf hin, dass Sie dieser Kündigung gemäß §§ 574 ff. BGB schriftlich bis zum . . . . . widersprechen können, wenn die Beendigung des Mietverhältnisses für Sie, Ihre Familie oder einen anderen Angehörigen Ihres Haushalts eine Härte bedeuten würde, die auch unter Würdigung meiner berechtigten Interessen nicht zu rechtfertigen ist.

Sollten Sie Widerspruch einlegen, bitte ich Sie gemäß § 574b Abs. 1 S. 2 BGB, mir hierfür Ihre Gründe mitzuteilen.[7, 8]

· · · · ·

(Vermieter)

Anmerkungen

1. Die **Kündigung wegen Fehlbelegung** ist nicht eigenständig geregelt. Es handelt sich um einen anerkannten Fall der ordentlichen Kündigung wegen eines sonstigen berechtigten Interesses gemäß § 573 Abs. 1 BGB. § 573 Abs. 1 BGB kann bei Vereinbarung eines erhöhten Bestandsschutzes als Kündigungsgrund ausgeschlossen sein (BGH NZM 2013, 824).

2. Da die Kündigung nur mit Zugang wirksam wird, sollte auf die Nachweisbarkeit des Zugangs geachtet werden, → Form. D.I.1 Anm. 2, → Form. B.I.1 Anm. 1.

3. Der Kündigungsausspruch sollte deutlich erkennbar sein (→ Form. D.III.1 Anm. 3). Gemäß § 568 Abs. 1 BGB bedarf die Kündigung der Schriftform (→ Form. D.III.1 Anm. 3).

4. Zur Wohnungsförderung mit öffentlichen Mitteln und zu den entsprechenden Möglichkeiten und Vertragsgestaltungen → Form. A.IV.

5. Liegt eine **fehlbelegte Sozialwohnung** vor, gehört also der Mieter nicht zu dem vorgesehenen Nutzerkreis, kann der Vermieter ein berechtigtes Interesse an der Kündigung haben, wenn ihm Nachteile drohen. Ein berechtigtes Interesse soll aber nicht schon dann vorliegen, wenn eine Gemeinde sozial schwachen Familien kostengünstigen Wohnraum zur Verfügung stellen möchte (LG Gießen WuM 2004, 208). Der Kündigungsgrund hat einen öffentlich-rechtlichen Zweck, er soll nämlich die effektive Sozialbelegung von Sozialwohnungen sichern. Die bloße Fehlbelegung als solche begründet noch kein berechtigtes Interesse des Vermieters (LG Berlin GE 1991, 881; LG Osnabrück WuM 1988, 429; LG Münster WuM 1979, 246). Erforderlich ist, dass die zuständige Behörde von dem Vermieter die Beseitigung der Fehlbelegung verlangt. Gegen eine solche Kündigungsanordnung steht dem Mieter keine Klagebefugnis zu (BVerwG NVwZ 1995, 1199). Zieht die Behörde den Vermieter zu Geldleistungen wegen der Fehlbelegung heran, liegt ein berechtigtes Interesse vor (LG Köln WuM 1992, 487; AG Köln WuM 1985, 202). Es ist allerdings noch nicht notwendig, dass die Behörde konkrete Nachteile (vgl. hierzu §§ 25, 26 WoBindG; zum Verstoß gegen das WoBindG: BVerwG NJW-RR 1990, 14), etwa die Kündigung der bewilligten öffentlichen Mittel androht. Vielmehr reicht es aus, dass ein solcher Nachteil tatsächlich eintreten könnte (BayObLG WuM 1985, 283). Nach AG Leverkusen (WuM 1984, 154) soll der Vermieter vor einer Kündigung die Freistellung der Wohnung von der Sozialbindung betreiben müssen. Weder kommt es auf die Kenntnis des Vermieters von den mangelnden Voraussetzungen in der Person des Mieters an (BayObLG RE WuM 1985, 283) noch ist es für die Kündigung von Bedeutung, ob dem Mieter bewusst war, dass es sich um eine Sozialwohnung handelte (AG Schöneberg GE 1990, 319: mit der Folge einer Schadensersatzpflicht des Vermieters). Die Kündigungsmöglichkeit besteht allerdings dann nicht, wenn der Mieter anfangs die Voraussetzungen für das Belegungsrecht erfüllt und erst später die Voraussetzungen in seiner Person entfallen sind (AG Lüdenscheid WuM 1990, 553; nach LG München I WuM 1988, 213 ist aber die Kündigung der geschiedenen Ehefrau des aus der Wohnung ausgezogenen Berechtigten möglich; ebenso LG Koblenz WuM 1987, 201 für den Eintritt des Nichtberechtigten in das Mietverhältnis nach dem Tod des Berechtigten).

Für den Sonderfall einer Miete in einer Anlage für betreutes Wohnen: LG Neubrandenburg WuM 2012, 455. Kündigt der Vermieter, weil der Mieter den Betreuungsvertrag gekündigt hat, ist dies nur berechtigt, wenn eine ausdrückliche Koppelung der Verträge vereinbart ist. Für Kündigung zur Durchführung eines sozialen Wohngruppenprojekts durch Dritten BGH NZM 2017, 559.

Zu den Anforderungen an die Begründung der Kündigung gemäß § 573 Abs. 3 BGB → Form. D.III.1 Anm. 4. In der Kündigungserklärung muss angegeben werden, aus welchem Grund dem Vermieter bei Festhalten an dem Mietvertrag ein konkreter Nachteil droht oder ein Nachteil entstanden ist.

6. Zur Kündigungsfrist → Form. D.III.1 Anm. 3.

Zu Zweck und Inhalt des Widerspruchs gegen die stillschweigende Fortsetzung des Mietverhältnisses → Form. D.III.1 Anm. 8, → Form. D.III.16.

7. Zu Zweck und Inhalt der Belehrung über den **Sozialwiderspruch** → Form. D.III.1 Anm. 7, → Form. D.IV.

8. Zu **Gebühren und Gegenstandswert.** → Form. D.III.1 Anm. 9.

9. Teilkündigung gemäß § 573b BGB wegen Neuschaffung von Wohnraum

. . . . .

(Vermieter)

an

. . . . .

(Mieter)[1]

Zustellvermerk[2]

Sehr geehrte(r) . . . . .

Den mit Ihnen abgeschlossenen Mietvertrag kündige ich teilweise, soweit der Kellerraum vorne links sowie die Mitbenutzung von Waschküche und Fahrradkeller Mietgegenstand sind.[3]

Der Keller wird insgesamt in eine Souterrainwohnung ausgebaut, die anschließend vermietet werden soll. Das Bauvorhaben ist bereits genehmigt.[4]

Die Kündigung wird auf § 573b BGB gestützt und ist zum . . . . . wirksam.[5]

Einer stillschweigenden Fortsetzung des Mietverhältnisses über diesen Zeitpunkt hinaus widerspreche ich.[6]

Sie können dieser Kündigung gemäß § 574 BGB schriftlich bis zum . . . . . widersprechen, wenn Sie sich auf eine Härte für Sie, Ihre Familie oder einen anderen Angehörigen Ihres Haushalts berufen können, die auch unter Würdigung meiner berechtigten Interessen nicht zu rechtfertigen ist. In diesem Fall bitte ich um Angabe der Gründe für den Widerspruch.[7]

. . . . .

(Vermieter)

Anmerkungen

1. Grundsätzlich ist die Teilkündigung eines Mietverhältnisses, also die Kündigung wegen einzelner Räume oder einer Teilfläche ausgeschlossen. Vielmehr ist das Mietverhältnis einheitlich zu kündigen. Ausnahmsweise lässt § 573b BGB aber die Teilkündigung zu. Diese Regelung soll die Schaffung neuen Wohnraums und die Neuausstattung neuen oder vorhandenen Wohnraums begünstigen. Die Vorschrift ist zum Nachteil des Mieters nicht abdingbar (§ 573b Abs. 5 BGB).

2. Da die Kündigung nur mit **Zugang** wirksam wird, sollte auf die Nachweisbarkeit des Zugangs geachtet werden, → Form. D.I.1 Anm. 2, → Form. B.I.1 Anm. 1.

3. Nach dem **Regelungszweck** können nur Räume oder Grundstücksteile, die nicht zum Wohnen bestimmt sind, gekündigt werden, um entweder unmittelbar neuen Wohnraum zu schaffen, oder um zu neu zu schaffenden und vorhandenen Wohnraum mit Nebenräumen oder Grundstücksteilen auszustatten (nach AG München WuM 1995, 112 nicht zur Errichtung eines Fahrstuhlschachts zur leichteren Erschließung des Dachgeschosses, das als Wohnung ausgebaut werden soll).

Eine Teilkündigung kommt daher nur durch den Vermieter, nicht durch den Mieter in Betracht. Die Teilkündigung des Vermieters ist auch nur bei Wohnraum, nicht bei Gewerberaum, möglich (Palandt/*Weidenkaff* BGB § 573b Rn. 2). Das gemäß § 573 BGB an sich erforderliche berechtigte Interesse an einer ordentlichen Kündigung wird ersetzt durch die gesetzlichen Voraussetzungen der Teilkündigung als allgemein anerkanntes Interesse. Eine Teilkündigung als Unterfall der ordentlichen Kündigung kommt nach überwiegender Auffassung nur in Betracht, soweit eine ordentliche Kündigung nicht ausgeschlossen ist, also nicht bei einem Zeitmietvertrag (Schmidt-Futterer/*Blank* BGB § 573b Rn. 4; aA *Sternel* MietR aktuell X 97; LG Hamburg ZMR 2006, 696 zu Kündigungsverzicht).

Der Begriff „nicht zum Wohnen bestimmte Nebenräume" kann in Anlehnung an § 2 WohnflächenVO näher bestimmt werden. Folgende Zubehörräume werden danach nicht zur Wohnfläche gerechnet: Keller, Waschküche, Abstellräume außerhalb der Wohnung, Dachboden, Trockenräume, Schuppen, Garagen und ähnliche Räume. Die vertragswidrige Nutzung dieser Räume durch den Mieter zu Wohnzwecken führt nicht dazu, dass die Räume zur Wohnfläche gerechnet werden (AG Pankow-Weißensee MM 1994, 399).

Zu den Grundstücksteilen zählen mitvermietete Kfz-Abstellplätze, Gärten und Spielplätze (*Kinne* ZMR 2001, 599 (602)).

Der Ausbau muss bauordnungsrechtlich zulässig sein, wenngleich die Baugenehmigung zum Zeitpunkt der Kündigung noch nicht vorliegen muss (OLG Fankfurt a.M. NJW 1992, 2300; BayObLG MDR 1993, 1200; aA AG Pankow-Weißensee MM 1994, 399). Andererseits ist zur Wirksamkeit der Kündigung notwendig, dass mit der Erteilung der Baugenehmigung bis zum Ablauf der Kündigungsfrist gerechnet werden kann (hierzu: Schmidt-Futterer/*Blank* BGB § 573b Rn. 12).

Erforderlich ist im Fall des § 573b Abs. 1 Nr. 1 BGB, dass der neugeschaffene Wohnraum zur Vermietung bestimmt ist, also nicht etwa zur Schaffung von Eigentumswohnungen (LG Berlin NZM 1998, 328; AG Charlottenburg GE 1998, 1215). Daher ist eine Teilkündigung zur Vergrößerung der vom Vermieter selbst genutzten Wohnung ausgeschlossen. Dies gilt auch bei beabsichtigter kostenfreier Nutzung durch Angehörige. Anders liegt es bei der Vermietung an Angehörige. Streitig ist der Fall der beabsichtigten Selbstnutzung durch den Vermieter, wenn er in den neugeschaffenen Wohnraum einzieht und die alte Wohnung zum Zwecke der Vermietung zur Verfügung stellt (für die Wirksamkeit der Kündigung: LG Marburg ZMR 1992, 304; dagegen: LG Stuttgart WuM 1992, 24; das BVerfG (NJW 1992, 494 und NJW 1992, 1498) erachtet beide Auffassungen für verfassungsgemäß). Streitig ist ferner der Fall, wenn die neugeschaffenen

Räume zwar zu Wohnzwecken hergerichtet werden, aber als Ersatz für eine schon
vorhandene Wohnung, die als Geschäftsraum vermietet wird (für die Wirksamkeit der
Kündigung: Schmidt-Futterer/*Blank* BGB § 573b Rn. 14).

Weiterer Verwendungszweck ist gemäß § 573b Abs. 2 Nr. 1 BGB die Ausstattung neu zu
schaffenden oder vorhandenen Wohnraums mit Nebenräumen oder Grundstücksteilen.
Insbesondere ist etwa die Neuaufteilung vorhandenen Kellerraums statthaft, wenn das
Dachgeschoss aufgestockt oder das Souterrain ausgebaut wird. Die Baumaßnahmen müssen durch den Vermieter durchgeführt werden. Daher kann der Vermieter nicht zugunsten
eines künftigen Erwerbers kündigen, der bereits mit den Baumaßnahmen beginnen möchte
(AG Hamburg WuM 2004, 234; Schmidt-Futterer/*Blank* BGB § 573b Rn. 16).

Als Ausgleich kann der Mieter gemäß § 573b Abs. 4 BGB eine angemessene Senkung
der Miete verlangen. Die Mietanpassung tritt nicht ohne ein Verlangen des Mieters ein.
Daher muss eine Mietsenkung weder im Kündigungsschreiben angeboten werden noch
muss auf die Möglichkeit der Mietsenkung hingewiesen werden (Palandt/*Weidenkaff*
BGB § 573b Rn. 10). Für die Berechnung ist zunächst ein vertraglicher Mietwert (zB
Garagenmiete) maßgeblich. Im Regelfall ist eine gesonderte Miete nicht angegeben. Dann
ist eine Herabsetzung entsprechend der Nutzwertverminderung vorzunehmen (AG Wals-
rode WuM 1992, 616; *Johann* NJW 1991, 1100; Palandt/*Weidenkaff* BGB § 573b
Rn. 10: Übertragung der Grundsätze für die Mietminderung). Bei gering genutzten
Räumen (zB Keller) kommt ein geringerer Nutzwert als bei den eigentlich genutzten
Wohnräumen in Betracht. Dies wird der Regelfall sein, da Zubehörräume regelmäßig
einen geringeren Nutzwert haben als die zum Wohnen bestimmten Räume. Bei gleichem
Nutzwert oder wenn sich ein unterschiedlicher Nutzwert nicht feststellen lässt, kann die
Berechnung nach dem Teilverlust der Fläche erfolgen (zB Miete 1.000,– EUR, Gesamt-
fläche 100 qm, Teilfläche 20 qm, mtl. Mietsenkung: 200,– EUR). Streitig ist, ob das nach
der Wirkung der Teilkündigung eingehende Herabsetzungsverlangen des Mieters auf den
Zeitpunkt der Rückgabe der Nebenräume zurück wirkt (bejahend: *Sternel* MietR aktuell
X 102). Es ist auch eine Anpassung der Nebenkostenvorauszahlungen in Betracht zu
ziehen (*Johann* NJW 1991, 1100, Staudinger/*Rolfs* BGB § 573b Rn. 21).

Die gesetzlich zulässige Teilkündigung ist abzugrenzen von den übrigen Fällen der
Kündigung wegen eines Teilbedarfs, wenn also der Vermieter außerhalb des Tatbestands
von § 573b BGB nur einen Teil der Fläche benötigt aus den in § 573 BGB genannten
Gründen (insbesondere Eigenbedarf und Hinderung angemessener wirtschaftlicher Ver-
wertung). Eine Teilkündigung ist abgesehen von § 573b BGB grundsätzlich unzulässig.
Anders liegt es, wenn ein zB ein rechtlich selbständiger Garagenmietvertrag vorliegt
(BGH WuM 2013, 421). Auch kann wegen eines Teilbedarfs das Mietverhältnis nicht
insgesamt gekündigt werden (BVerfG NJW 1994, 308). Ein Kündigungsrecht besteht,
wenn der Teilbedarf an dem wesentlichen Mietgegenstand vorliegt (Beispiel: Bedarf an
Haus, nicht aber an Garage, vgl. Schmidt-Futterer/*Blank* BGB § 573b Rn. 23).

Eine Ausnahme zur Unzulässigkeit der Teilkündigung hat OLG Karlsruhe (WuM
1997, 202) zugelassen. Danach ist eine Teilkündigung statthaft, wenn die Belange des
Mieters nicht unzumutbar beeinträchtigt werden. Das soll der Fall sein, wenn sich etwa
infolge des Auszugs von Kindern der Wohnbedarf verringert hat und der gekündigte
Wohnungsteil sich von der übrigen Wohnung abtrennen lässt. Die Kündigung soll in
einem solchen Fall gemäß § 573 Abs. 1 BGB und nicht gemäß § 573 Abs. 2 BGB
berechtigt sein. Nach LG Duisburg (NJW-RR 1996, 718) ist die Kündigung einer
Teilfläche ausnahmsweise wegen Eigenbedarfs zulässig, wenn diese Fläche zu einem
Hausbau benötigt wird. Ablehnend für den Fall des Teilbedarfs am Erdgeschoss einer
Doppelhaushälfte LG Mainz (WuM 2001, 489) und für den Teilbedarf an einer Garage
LG Köln (WuM 1992, 264) und AG Menden (WuM 1999, 573).

4. Die Kündigungserklärung sollte inhaltlich unmissverständlich formuliert sein (→ Form. D.III.1 Anm. 3). Die Kündigung bedarf gemäß § 568 Abs. 1 BGB der Schriftform (→ Form. D.III.1 Anm. 3).

Zur Begründung: An sich bedarf es bezogen auf § 573 Abs. 3 BGB keiner Begründung (Palandt/*Weidenkaff* BGB § 573b Rn. 7; aA AG Frankfurt a.M. DWW 2005, 239; *Kinne* ZMR 2001, 599 (602)). Zumindest sind aber die Räume bzw. die Grundstücksteile, auf die sich die Kündigung bezieht, anzugeben (*Sonnenschein* WuM 2000, 387 (391)). Die Bezeichnung der Kündigungsvorschrift ist nicht erforderlich, dient aber der Transparenz auf Seiten des Mieters. Da ein berechtigtes Interesse des Vermieters gemäß § 573 Abs. 3 BGB nicht erforderlich ist, bedarf es auch nicht der Angabe von Gründen zur Vermeidung eines Ausschlusses mit Gründen bei der Interessenabwägung beim Sozialwiderspruch (§ 574 Abs. 3 BGB). Dennoch ist zu empfehlen, vorsorglich die für die Kündigung maßgeblichen Gründe anzuführen.

Die Kündigungsfrist beträgt gemäß § 573b Abs. 2 BGB unabhängig von der Dauer des Mietverhältnisses 3 Monate – bis zum 3. Werktag zum Ablauf des übernächsten Monats. Im Übrigen zur Kündigungsfrist → Form. D.III.1 Anm. 3. Bei Verzögerung des Beginns der Bauarbeiten kann der Mieter eine der Verzögerung entsprechende Verlängerung des Mietverhältnisses verlangen, § 573b Abs. 3 BGB. Eine Verlängerung tritt ohne ein Verlangen des Mieters nicht ein.

5. Zum Widerspruch gegen die stillschweigende Fortsetzung des Mietverhältnisses → Form. D.III.1 Anm. 8, → Form. D.III.16.

6. Zu Zweck und Inhalt des Sozialwiderspruchs → Form. D.III.1 Anm. 7, → Form. D. IV. Es kommt auf Seiten des Vermieters auf das Interesse an der Inanspruchnahme des Nebenraums oder des Grundstücksteils an, auf Seiten des Mieters auf das Interesse an der Fortnutzung des Nebenraums oder des Grundstücksteils.

7. Gebühren und Gegenstandswert. → Form. D.III.1 Anm. 9. Der Gegenstandswert ist gemäß §§ 2 Abs. 1, 23 Abs. 1 RVG, 41 Abs. 1, 2 GKG an dem Mietwert der gekündigten Teilfläche zu bemessen. Der Wert dürfte mit der angemessenen Senkung der Miete gemäß § 573b Abs. 4 BGB (→ Form. D.III.9 Anm. 3) korrespondieren.

10. Kündigung einer Werkmietwohnung gemäß § 576 BGB

. . . . .

(Vermieter)

an

. . . . .

(Mieter)[1]

Zustellvermerk[2]

Sehr geehrte(r) . . . . .

Durch Mietvertrag vom . . . . . ist Ihnen die Wohnung 2. Obergeschoss in der X-Straße Nr. . . . . . in Y überlassen worden. Die Überlassung der Wohnung erfolgte gemäß der Regelung in § 3 des Mietvertrages als Werkmietwohnung im Zuge der Aufnahme Ihrer Tätigkeit in unserem Unternehmen. Mit Wirkung zum . . . . . werden Sie Ihre Tätigkeit in unserem Unternehmen beenden.

Die Wohnung wird zur Neuvermietung an einen unserer Unternehmensangehörigen benötigt. Zum . . . . . wird Herr Z seine Tätigkeit im Unternehmen aufnehmen. Herr Z wohnt zurzeit noch in A-Stadt und benötigt daher spätestens ab Beginn seiner Tätigkeit eine neue Wohnung in dieser Stadt.[3]

Aus vorgenanntem Grunde spreche ich die ordentliche Kündigung der Wohnung mit Wirkung zum . . . . . aus.[4] Zur Begründung nehme ich auf § 576 Abs. 1 Nr. 1 BGB Bezug.[5] Ich bitte die Wohnung besenrein zu überlassen.

Einer stillschweigenden Fortsetzung des Mietverhältnisses über diesen Zeitpunkt hinaus widerspreche ich.[6] Da Sie den Arbeitsvertrag gekündigt haben, steht Ihnen ein mietvertragliches Recht zum Widerspruch aus sozialen Gründen gemäß §§ 574 ff. BGB nicht zu.[7]

Die Zustimmung des Betriebsrats zu dieser Kündigung füge ich in Anlage zu Ihrer Kenntnisnahme bei.[8, 9]

. . . . .

(Vermieter)

Anlage:

Zustimmung des Betriebsrats

Anmerkungen

1. Ist eine Wohnung durch einen Arbeitgeber oder durch Vermittlung eines Arbeitgebers **an einen Arbeitnehmer vermietet** worden, kann die Beendigung des Arbeitsverhältnisses einen Kündigungsgrund darstellen. Zu unterscheiden sind die Vermietung mit Rücksicht auf das Bestehen eines Arbeitsverhältnisses (ungebundene Werkmietwohnung), die Vermietung einer Werkmietwohnung, die in enger Nähe und Beziehung zur Arbeitsstätte steht (funktionsgebundene Werkmietwohnung) und die Überlassung einer Wohnung im Rahmen des Arbeitsverhältnisses ohne gesonderten Mietvertrag (Werkdienstwohnung). Lässt sich dem Mietvertrag kein Zusammenhang mit einem Dienstverhältnis entnehmen, muss der Vermieter nach allgemeinen Vorschriften kündigen (LG Berlin GE 2018, 764). Die Kündigung eines Mieters, der nicht Arbeitnehmer ist, zugunsten einer Bedarfsperson, die Arbeitnehmer ist, richtet sich nach § 573 Abs. 1 BGB (BGH NJW 2017, 521).
Die Regelungen sind nicht zum Nachteil des Mieters abdingbar (§§ 576 Abs. 2, 576a Abs. 3, 576b Abs. 2 BGB).

2. Da die Kündigung nur mit Zugang wirksam wird, sollte auf die Nachweisbarkeit des Zugangs geachtet werden, → Form. D.I.1 Anm. 2, → Form. B.I.1 Anm. 1.

3. §§ 576–576b BGB enthalten Sonderregelungen für sog. Werkmietwohnungen und Werkdienstwohnungen.
Eine **Werkmietwohnung** liegt vor, wenn „Wohnraum mit Rücksicht auf das Bestehen eines Dienstverhältnisses" vermietet worden ist (§ 576 Abs. 1 BGB). Neben dem Dienstvertrag besteht ein Mietvertrag. Ob eine Teilzeitbeschäftigung genügt, ist streitig (bejahend: LG Köln ZMR 1996, 666; LG Berlin WuM 1991, 697 für geringfügigen Arbeitsaufwand; LG Kiel WuM 1986, 218 für Mitarbeit in der Landwirtschaft nach Bedarf; verneinend LG Aachen MDR 1991, 542 für gelegentliche Aushilfe und nebenberufliche Tätigkeit; AG Schöneberg MM 1994, 247 und AG Regensburg WuM 1989, 381 für geringfügige Hausmeisterarbeiten – str. aA LG Berlin GE 2010, 1748). Maßgebend dürfte der Umfang der Teilzeitbeschäftigung sein. Eine **vertragliche Verknüpfung zwischen Dienst- und Mietvertrag** ist nicht erforderlich, in der Praxis aber häufig anzutref-

fen. **Vermieter** kann der Dienstberechtigte (Arbeitgeber) oder ein zu ihm in Beziehung stehender Dritter (zB Werkwohnungsgesellschaft) sein. Der Dritte kann durch einen wiederum eigenständigen Werkförderungsvertrag an den Dienstberechtigten gebunden sein (vgl. Palandt/*Weidenkaff* BGB Einf. § 535 Rn. 116). Durch den Werkförderungsvertrag räumt der Dritte (Vermieter) dem Dienstberechtigten in der Regel ein schuldrechtliches Belegungsrecht ein und verpflichtet sich, nur zu bestimmten Bedingungen Mietverträge abzuschließen. Im Gegenzug erhält der Dritte von dem Dienstberechtigten ein Entgelt. Für Dienstwohnungen von Beamten oder Mitarbeitern des öffentlichen Dienstes gelten die §§ 576 ff. BGB, sofern die Vermietung privatrechtlich erfolgt (Palandt/*Weidenkaff* BGB Vor § 576 Rn. 1). Auch Bergarbeiterwohnungen (Gesetz zur Förderung des Bergarbeiterwohnungsbaues im Kohlenbergbau idF vom 25.7.1997 – BGBl. I 1942) unterfallen § 576 BGB. Eine Kündigung setzt voraus, dass die Zugehörigkeit des Mieters zum Bergbau entfallen ist. Besteht zwischen den Mietvertragsparteien Streit über die **Einordnung als Wohnung oder Werkmietwohnung**, hat der Vermieter den Nachweis für die Voraussetzungen der Werkmietwohnung und die entsprechende Kenntnis des Mieters zu erbringen (AG Darmstadt WuM 1985, 153).

Eine **Werkdienstwohnung** (→ Form. D.III.11) ist anzunehmen, wenn „Wohnraum im Rahmen eines Dienstverhältnisses überlassen" worden ist (§ 576b Abs. 1 BGB; LG Mönchengladbach ZMR 1993, 571 für Personalwohnheim eines Lehrkrankenhauses; LArbG München BeckRS 2009, 68227 für Schulhausmeister). Bei der Werkmietwohnung wird also ein gesonderter Mietvertrag geschlossen, bei der Werkdienstwohnung erfolgt die Überlassung des Wohnraums im Rahmen des Dienstvertrages (typengemischter Vertrag; LArbG Hamm NZA-RR 1996, 480). Auf die Wortwahl im Vertrag kommt es nicht entscheidend an (LArbG Frankfurt a.M. EzBAT § 65 BAT Nr. 1 zur Behandlung einer „Werkmietwohnung" als Werkdienstwohnung; LArbG Köln 12.7.2018 – 9 Ta 102/18, ZMR 2008, 963). Die Überlassung des Wohnraums ist Teil der dienstvertraglichen Vergütung. Eine Wohnung wird nicht deshalb zu einer Werkdienstwohnung, weil ein langjähriger Mieter nachträglich eine Hausmeistertätigkeit aufnimmt und das Arbeitsentgelt der zu zahlenden Miete entspricht (AG Hamburg WuM 1985, 152). Eine arbeitsvertragliche Verpflichtung zum Bewohnen einer funktionsgebundenen Werkmietwohnung kann nicht selbstständig aufgekündigt werden, ggf. besteht aber ein Anspruch auf Befreiung (BAG WuM 1990, 284).

Für Werkmietwohnungen gelten neben den Mietvorschriften zusätzlich die Sondervorschriften der §§ 576, 576a BGB, für Werkdienstwohnungen gilt mietrechtlicher Schutz (und damit auch die §§ 576, 576a BGB) nur dann, wenn der Dienstverpflichtete den Wohnraum überwiegend selbst mit Einrichtungsgegenständen ausgestattet hat oder in dem Wohnraum mit seiner Familie oder Personen lebt, mit denen er einen auf Dauer angelegten gemeinsamen Haushalt führt (→ Form. D.III.11 Anm. 1).

Folge der Einordnung als Werkmietwohnung – oder als entsprechend zu behandelnde Werkdienstwohnung – ist die Möglichkeit, zusätzlich zu den sonstigen Kündigungstatbeständen nach Beendigung des Dienstverhältnisses mit kürzeren als den in § 573c BGB bestimmten Fristen die Kündigung aussprechen zu können (→ Form. D.III.10 Anm. 5). Daneben bleibt aber das Recht zur ordentlichen Kündigung gemäß § 573 BGB und – wie stets – zur fristlosen Kündigung bestehen. Zur vertraglichen Koppelung der Beendigung des Mietvertrags an die Beendigung des Dienstvertrages: LG Berlin GE 2004, 890.

Beide Kündigungsalternativen des § 576 Abs. 1 BGB setzen voraus, dass die Wohnung konkret für einen anderen Dienstverpflichteten benötigt wird (LG Köln WuM 2000, 358; AG Spandau MM 1988, Nr. 9, 41; LG Itzehoe WuM 1985, 152 für Werkdienstwohnung, auf die Mietrecht anwendbar ist). Das ist nicht der Fall, wenn eine andere, kleinere, weniger komfortable Wohnung verfügbar ist (LG Berlin MM 1988, Nr. 12, 30), sofern die Kleinwohnung für den neuen Dienstverpflichteten geeignet ist (LG Berlin GE 1990, 313 für Hausmeisterehepaar als Nachfolger eines alleinstehenden Hausmeisters). Nicht erforderlich ist, dass der andere Dienstverpflichtete dieselbe Funktion wie der bisherige Mieter übernimmt (so Schmidt-Futterer/*Blank* BGB § 576 Rn. 14). Ausreichend ist der konkrete Bedarf für einen aktiven Bediensteten (OLG Stuttgart WuM 1986, 132). Bei einem Nachfolgebediensteten ist erforderlich, dass ein Dienstvertrag schon abgeschlossen ist, der Nachmieter also feststeht (LG Köln WuM 2000, 358).

Wird die Wohnung an einen außenstehenden Dritten veräußert, kann sich dieser nicht auf § 576 BGB berufen (Schmidt-Futterer/*Blank* BGB Vor § 576 Rn. 9). Nach LG Heilbronn (BeckRS 2012, 20668) soll die den früheren Vormieter treffende Kündigungsbeschränkung bei schriftlicher Vereinbarung auch den neuen Eigentümer binden. Für den Fall des Betriebsbedarfs an einer Wohnung, die keine Werkswohnung ist vgl. OLG Stuttgart NJW-RR 1991, 1294.

Die Kündigung darf erst „nach Beendigung des Dienstverhältnisses" zugehen (§ 576 Abs. 1 BGB – LG Kiel ZMR 1978, 182). Bei früherem Zugang soll die Kündigung aber nicht unwirksam sein, sondern zu einer Beendigung nach den Fristen des § 573c BGB (→ Form. D.III.1 Anm. 3) führen (LG Köln ZMR 1996, 666). Die Kündigung setzt nicht voraus, dass sie alsbald nach Beendigung des Dienstverhältnisses ausgesprochen wird, da zu diesem Zeitpunkt ein konkreter Betriebsbedarf an der Wohnung für einen Dritten nicht notwendig bestehen muss, etwa weil noch kein dem Mieter nachfolgender Arbeitnehmer in Aussicht ist (LG Stuttgart DWW 1991, 112; aA LG Bochum WuM 1992, 438). Mehr als 1 Jahr nach Beendigung des Dienstverhältnisses soll die Kündigung nicht mehr mit der kurzen Frist gemäß § 576 Abs. 1 Nr. 2 BGB erfolgen können (LG Berlin MM 1990, 97).

Führt die Verzögerung der Räumung dazu, dass der neue Arbeitnehmer seine Tätigkeit nicht mehr aufnehmen möchte, soll das nicht zu Lasten des Vermieters gehen und die Kündigung wirksam bleiben (LG Berlin GE 1989, 1121; AG Schöneberg GE 1990, 1095; aA LG Berlin MM 1993, 73; LG Berlin MM 2005, 74; MM 1997, 191 für den Fall einer freiwerdenden Alternativwohnung). Nach AG Schöneberg (GE 1981, 967) kann eine Alternativwohnung nur berücksichtigt werden, wenn sie als Werkmietwohnung gewidmet ist, wobei die Widmung der Wohnung Sache des Vermieters ist.

4. Zum Kündigungsausspruch, auch bei einer Mehrheit von Mietern oder Vermietern sowie zur Schriftform → Form. D.III.1 Anm. 3.

Zu den Anforderungen an die Begründung → Form. D.III.1 Anm. 4. Anzugeben ist im Rahmen des § 576 BGB, dass das Dienst- oder Arbeitsverhältnis beendet ist sowie dass der Vermieter die konkrete Absicht zur Weitervermietung an einen anderen Dienstverpflichteten oder Arbeitnehmer hat (AG Spandau MM 1988, Nr. 9, 41). Die namentliche Benennung des anderen Arbeitnehmers ist nicht erforderlich (LG Köln ZMR 1996, 666; LG Berlin GE 1989, 510). Ferner ist die Zustimmung des Betriebsrats mitzuteilen, soweit dies erforderlich ist (→ Anm. 8).

5. Bei Überlassung des Wohnraums bis zu 10 Jahre (danach gilt § 573c BGB, → Form. D.III.1 Anm. 3) beträgt die **Frist 3 Monate** (ungebundene Werkmietwohnung, § 576 Abs. 1 Nr. 1 BGB). **Nur 1 Monat** beträgt die Kündigungsfrist, wenn das Dienstverhältnis seiner Art nach die Überlassung von Wohnraum erfordert, der in unmittelbarer Beziehung und Nähe zur Arbeitsstätte steht und der Wohnraum aus diesem Grund für einen anderen Dienstverpflichteten benötigt wird (funktionsgebundene Werkmietwohnung), § 576 Abs. 1 Nr. 2 BGB. Die enge Verknüpfung von Dienst- und Mietverhältnis ist entscheidend (LG Berlin GE 1990, 313). Beispiele: Hausmeister (LG Berlin GE 1994, 287), ferner Pförtner oder Pflegepersonal im Krankenhaus. Da zugleich die ordentliche Kündigung statthaft ist, sollte der Mieter erkennen können, dass sich der Vermieter auf die abgekürzte Frist beruft. Bei unzulässiger Fristabkürzung gelten die Fristen gemäß § 573c BGB (LG Aachen WuM 1985, 149).

6. Zum Zweck des **Widerspruchs** gegen die stillschweigende Fortsetzung des Mietverhältnisses → Form. D.III.1 Anm. 8, → Form. D.III.16.

7. Zu Zweck und Inhalt des **Sozialwiderspruchs** → Form. D.IV.1, → Form. D.III.1 Anm. 7. Die Regelung ist bei Werkmietwohnungen gemäß 576a BGB modifiziert. Zunächst sind gemäß § 576a Abs. 1 BGB auch die Belange des Dienstberechtigten zu berücksichtigen, auch wenn dieser nicht Vermieter ist. Eine isolierte mietrechtliche Betrachtung verbietet sich also. Der Sozialwiderspruch ist ausgeschlossen, wenn die Kündigung gemäß § 576 Abs. 1 Nr. 2 BGB (funktionsgebundene Werkmietwohnung) erfolgt ist. Ferner ist der Sozialwiderspruch ausgeschlossen, wenn der Mieter das Dienstverhältnis ohne gesetzlich begründeten Anlass kündigt.

8. Gemäß § 87 Abs. 1 Nr. 9 BetrVG besteht ein **Mitbestimmungsrecht des Betriebsrats** bei Kündigungen von Werkmietwohnungen. Die Zustimmung ist Wirksamkeitsvoraussetzung der Kündigung (Schmidt-Futterer/*Blank* BGB Vor § 576, Rn. 15). Wird die Zustimmung nicht in schriftlicher Form nachgewiesen, besteht die Möglichkeit, dass der Mieter die Kündigung zurückweist (§§ 182 Abs. 3, 111 S. 2 BGB), mit der Folge, dass sie unwirksam ist und wiederholt werden muss. Ab dem Zeitpunkt der Beendigung des Dienstverhältnisses besteht indes keine Zustimmungspflicht des Betriebsrats mehr (OLG Frankfurt a.M. WuM 1992, 525; LG Ulm WuM 1979, 244).

9. Gebühren und Gegenstandswert. → Form. D.III.1 Anm. 9, → Form. D.III.11 Anm. 2.

11. Kündigung einer Werkdienstwohnung gemäß § 576b BGB

. . . . .

(Vermieter)

an

. . . . .

(Mieter)

Sehr geehrte(r) . . . . .

Mit Wirkung zum . . . . . ist der Hausmeistervertrag betreffend die Tätigkeit im X-Werk beendet worden.[1] Damit ist zugleich das Nutzungsrecht an dem Ihnen überlassenen möblierten Appartement auf dem Werksgelände entfallen. Da der neue Hausmeister in das Appartement einziehen möchte, bitte ich um Räumung und Übergabe des Appartements bis zum . . . . . Einen Termin bitte ich mit mir abzustimmen.[2]

. . . . .

(Vermieter)

Anmerkungen

1. § 576b BGB betrifft die **Werkdienstwohnung** (vgl. zur Abgrenzung der Werkmietwohnung: → Form. D.III.10 Anm. 3). Erfolgt die Überlassung des Wohnraums nur im Rahmen des Arbeitsvertrages, so bedeutet das, dass die Wohnung mit Beendigung des Arbeitsverhältnisses zurückzugeben ist. Für diesen Fall gilt das Formular.

Eine Begründung ist in diesem Fall entbehrlich. Es genügt die Aufforderung zur Herausgabe der Wohnung. Ob mietvertraglicher Schutz besteht, ist dem Arbeitsvertrag zu entnehmen. Nimmt der Arbeitsvertrag auf die mietrechtlichen Vorschriften Bezug, gilt Mietrecht als vereinbart. Enthält der Arbeitsvertrag eigene Regelungen zur Überlassung des Wohnraums, sind diese maßgeblich (Grenze: Verstoß gegen § 242 BGB oder gegen §§ 305 ff. BGB, Schmidt-Futterer/*Blank* BGB § 576b Rn. 9). Fehlen Regelungen ganz oder teilweise, soll im Wege der ergänzenden Vertragsauslegung auf mietrechtliche Vorschriften zurückgegriffen werden können, sofern der arbeitsvertragliche Regelungszusammenhang das zulässt (Schmidt-Futterer/*Blank* BGB § 576b BGB Rn. 10).

Für Werkdienstwohnungen gilt **mietrechtlicher Schutz** (und damit auch die §§ 576, 576a BGB) auch ohne Vereinbarung **in folgenden Fällen:**
- Hat der Arbeitnehmer den Wohnraum überwiegend (mehr als die Hälfte bei funktionaler Betrachtungsweise) selbst mit Einrichtungsgegenständen ausgestattet, gilt Mietrecht. Nicht erforderlich ist, dass die Gegenstände dem Arbeitnehmer gehören.
- Lebt der Arbeitnehmer in dem Wohnraum mit seiner Familie oder Personen, mit denen er einen auf Dauer angelegten gemeinsamen Haushalt führt, gilt gleichfalls Mietrecht. Nicht nur die durch Ehe und Verwandtschaft verbundenen Personen (Familie), sondern auch Verlobte, Lebenspartner, Pflegekinder sind einzubeziehen.

Mietrechtliche Vorschriften einschließlich §§ 576, 576a BGB sind anwendbar. Es ist eine gesonderte Kündigung des Mietvertrages erforderlich.

Die Kündigung bei Werkdienstwohnungen unterliegt nicht dem **Mitbestimmungsrecht** des Betriebsrats gemäß § 87 Abs. 1 Nr. 9 BetrVG (BAG WuM 1993, 353). Bei nicht rechtzeitiger Rückgabe des Wohnraums schuldet der Arbeitnehmer gemäß § 546a Abs. 1 BGB die ortsübliche Vergleichsmiete.

2. Gebühren und Gegenstandswert. → Form. D.III.1 Anm. 9. Im Hinblick auf den fehlenden Begründungszwang ist VV 2302 zu beachten. Bei dem Gegenstandswert ist auf den **Nutzwert der Wohnung** abzustellen. Sofern dieser arbeitsvertraglich nicht bestimmt ist, ist er zu ermitteln, wobei zu berücksichtigen ist, dass der Arbeitgeber dem Arbeitnehmer günstigen Wohnraum verschafft hat, so dass nicht ohne Weiteres die marktübliche Miete zugrunde gelegt werden kann (vgl. hierzu LG Hamburg WuM 1991, 550).

12. Herausgabeverlangen des Hauptmieters gegenüber dem Untermieter gemäß § 546 Abs. 2 BGB

. . . . .

(Hauptvermieter)

an

. . . . .

(Untermieter)

Zustellvermerk[1]

Sehr geehrte(r) . . . . .

Ihr Vermieter, Herr X, hat von mir die von Ihnen genutzte Wohnung angemietet. Herr X war zur Untervermietung an Sie berechtigt. Den Mietvertrag zwischen Herrn X und mir habe ich durch Kündigung vom . . . . . mit Wirkung zum . . . . . beendet. Danach ist Herr X mir gegenüber zur Übergabe der geräumten Wohnung verpflichtet.[2]

Da Ihnen der Besitz an der Wohnung von Herrn X als Untermieter überlassen worden ist, sind auch Sie gemäß § 546 Abs. 2 BGB mir gegenüber unmittelbar zur Übergabe der geräumten Wohnung verpflichtet. Ich fordere Sie daher auf, bis spätestens am . . . . . die Wohnung geräumt an mich zu übergeben.[3, 4]

. . . . .

(Hauptvermieter)

Anmerkungen

1. Zum praktischen Erfordernis des **Zugangsnachweises** und zu den Möglichkeiten der Nachweisführung wird auf → Form. D.I.1 Anm. 2, → Form. B.I.1 Anm. 1 verwiesen.

2. Die **Rückgabepflicht** des Mieters gemäß § 546 Abs. 1 BGB trifft gegenüber dem Vermieter auch den **Untermieter.** Diese Regelung gewinnt insbesondere Bedeutung für den Vermieter, der nicht Eigentümer ist und sich somit nicht auf den Eigentümerherausgabeanspruch gemäß § 985 BGB berufen kann. Die Vorschrift setzt einen wirksam zustande gekommenen Hauptmietvertrag zwischen Vermieter und Mieter voraus (Palandt/*Weidenkaff* BGB § 546 Rn. 20). Ferner ist die Beendigung des Hauptmietvertrags erforderlich, wobei es auf die Herausgabepflicht ankommt (eine evtl. Räumungsfrist zugunsten des Mieters ist zu beachten). Sodann muss die Mietsache an einen Dritten für eine gewisse Dauer überlassen worden sein. Als Dritter kann auch der Ehegatte oder ein Partner der nichtehelichen Lebensgemeinschaft anzusehen sein (OLG Schleswig WuM 1992, 674 ff.), ferner das volljährige Kind (AG Wuppertal JurBüro 2011, 319).

3. Die Rückforderung erfolgt durch **einseitige, empfangsbedürftige Willenserklärung.** Schriftform ist nicht notwendig, im Hinblick auf die Nachweisbarkeit (→ Form. D.I.1 Anm. 1) indes anzuraten. Streitig ist, ob die Rückforderung schon vor der rechtlichen Beendigung des Hauptmietverhältnisses erfolgen kann (bej. Palandt/*Weidenkaff* BGB § 546 Rn. 20). Zur Vermeidung dieses Streits kann in der Praxis entweder vor Ablauf der Kündigungsfrist der Untermieter auf das zu erwartende Herausgabeverlangen hingewiesen werden und nach Ablauf der Kündigungsfrist des Hauptmietverhältnisses das Herausgabeverlangen gestellt werden. Oder das Herausgabeverlangen wird noch innerhalb der Kündigungsfrist gestellt und vorsorglich nach Ablauf der Kündigungsfrist des Hauptmietverhältnisses wiederholt. „**Kündigungsfristen**" sind nicht einzuhalten. Bejaht man die Statthaftigkeit des Herausgabeverlangens vor Beendigung des Hauptmietverhältnisses, entfaltet dieses mit dem Vertragsende seine Wirksamkeit. Nach Treu und Glauben kann es geboten sein, dem Dritten eine **Räumungsfrist** zu gewähren (Bub/Treier/*Scheuer*/ *Emmerich* MietR-HdB V. A 68). Zu beachten ist, dass im Einzelfall die konkludente Annahme eines Vertragsverhältnisses zwischen dem Vermieter und dem Dritten in Betracht kommen kann, wenn der Vermieter über einen längeren Zeitraum nach Beendigung des Hauptmietverhältnisses die Mietsache nicht zurückfordert und den Dritten wie einen Vertragspartner behandelt (Schmidt-Futterer/*Streyl* BGB § 546 Rn. 102). Die Regelung des § 545 BGB zur stillschweigenden Verlängerung des Mietverhältnisses gilt dagegen nicht, da zwischen Vermieter und Drittem gerade kein Mietverhältnis vorliegt (Schmidt-Futterer/*Blank* BGB § 545 Rn. 12 für Dritten als Untermieter). Im Einzelfall kann auch eine Verwirkung des Rückforderungsanspruches in Betracht kommen (Schmidt-Futterer/*Streyl* BGB § 546 Rn. 80). Ein längeres Zuwarten nach Beendigung des Hauptmietverhältnisses kann sich also im Einzelfall nachteilig auswirken.

Schaltet der Vermieter, etwa weil er zu alt ist, einen Bekannten als Vermieter ein, ist nicht von einem Fall der Untervermietung, sondern von einer besonderen Vertragsgestaltung auszugehen, so dass das Rückforderungsverlangen gegenüber dem Endmieter den Anforderungen an eine Kündigung genügen muss (BVerfG DWW 1991, 279). Sofern entgegen § 546 Abs. 2 BGB Mieterschutz im Verhältnis des Hauptvermieters zu dem

Untermieter zu gewähren ist, soll sich dieser in Anlehnung an die im Untermietvertrag getroffenen Vereinbarungen bestimmen (BGH DWW 1991, 211).

Wird der Untermieter gemäß § 546 Abs. 2 BGB auf Rückgabe in Anspruch genommen, obwohl das Untermietverhältnis noch besteht, kommen gemäß §§ 536 Abs. 2, 1, 536a BGB Minderung und Schadensersatz im Untermietverhältnis in Betracht.

Eine **Sonderregelung** beinhaltet § 565 BGB für den Fall der gewerblichen Zwischenvermietung (das Hauptmietverhältnis ist ein gewerbliches Mietverhältnis zum Zwecke der Weitervermietung von Wohnraum, das Untermietverhältnis ist ein Wohnraummietverhältnis, KG ZMR 2016, 860). Ist also der Untermieter ein Wohnraummieter, so tritt bei Beendigung des gewerblichen Zwischenmietverhältnisses zwischen dem Vermieter und dem Mieter der Vermieter an Stelle des Mieters in den Wohnraummietvertrag mit dem Untermieter ein. Zum Eintritt des Hauptvermieters in zwischen einer Genossenschaft und ihren Mitgliedern geschlossene Wohnungsmietverträge LG Berlin MDR 2014, 1383. Schließt der Vermieter einen weiteren gewerblichen Zwischenmietvertrag, so tritt der neue Mieter in den Wohnraummietvertrag mit dem Untermieter ein. Diese Regelung ist zum Nachteil des Untermieters nicht abdingbar (§ 565 Abs. 3 BGB). Gewinnerzielungsabsicht des Hauptmieters ist grundsätzlich erforderlich (BGH NZM 2016, 256). Nach BGH NZM 2018, 281 können aber auch andere Vorteile genügen (Bindung von Arbeitnehmern).

Streitig ist, inwieweit § 565 BGB analog auf **nicht gewerbliche Zwischenmietverhältnisse** (zB Anmietung von Wohnungen durch das Studentenwerk zur Weitervermietung an Studenten) anzuwenden ist (vgl. Palandt/*Weidenkaff* BGB § 565 Rn. 2). Fälle aus der Rechtsprechung hierzu: Mietet ein Unternehmen eine Wohnung zur Weitervermietung an Betriebsangehörige an, so soll der Betriebsangehörige hinsichtlich des mietrechtlichen Schutzes so gestellt werden, als habe er unmittelbar einen Vertrag mit dem Vermieter abgeschlossen (BayObLG NJW-RR 1996, 76 – Rückforderung nur unter Beachtung von § 573 BGB, sofern aus Sicht des Vermieters die Interessen bei Zwischen- und Endmieter gleich sind und der Vermieter nach dem Hauptmietvertrag auf die Gestaltung des Endmietvertrags und die Auswahl des Endmieters Einfluss nehmen kann). Ist dagegen Mieter ein gemeinnütziger Verein, der die Wohnung an eine betreuungsbedürftige Person weiter vermietet, so bleibt das Untermietverhältnis an den Bestand des Hauptmietverhältnisses gebunden (BGH NJW 1996, 2862), nach KG MDR 2014, 645 auch dann, wenn ein gemeinnütziger Verein unter Missachtung des Vereinszwecks gewerblich vermietet.

4. Gebühren und Gegenstandswert. → Form. D.III.1 Anm. 9. Betreibt der Anwalt zugleich die Kündigung und Räumung (OLG Frankfurt ZMR 2012, 204: ein Jahresentgelt) gegen den Mieter, kann hiermit das Herausgabeverlangen gegenüber den Untermieter eine einheitliche Angelegenheit gemäß § 15 Abs. 2 RVG darstellen, so dass in diesem Fall keine gesonderte Geschäftsgebühr entsteht. Abzustellen ist nicht auf den Untermietzins, sondern auf den Hauptmietzins (KG NZM 2013, 466).

13. Erleichterte Kündigung gemäß § 573a BGB – Zweifamilienhaus/Einliegerwohnung

. . . . .

(Vermieter)

an

. . . . .

(Mieter)

Zustellvermerk[1, 2]

Sehr geehrte(r) . . . . .

Den Mietvertrag über die von Ihnen in meinem Haus angemietete Einliegerwohnung kündige ich hiermit.[3]

Auf meine Berechtigung zur Kündigung ohne das Erfordernis eines berechtigten Interesses weise ich hin. Die Berechtigung folgt aus § 573a Abs. 1 BGB für den hier gegebenen Fall einer Einliegerwohnung in einem Zweifamilienhaus, in dem zugleich der Vermieter wohnt.[4] Da sich in diesem Fall die gesetzliche Kündigungsfrist um 3 Monate verlängert, endet das Mietverhältnis am . . . . .[5]

Ich bitte dafür zu sorgen, dass die Wohnung bis dahin geräumt und in vertragsgerechtem Zustand übergeben werden kann. Einer stillschweigenden Fortsetzung des Mietverhältnisses über diesen Zeitraum hinaus widerspreche ich ausdrücklich.[6]

Ich weise Sie darauf hin, dass Sie dieser Kündigung schriftlich bis zum . . . . . widersprechen können, wenn die Beendigung des Mietverhältnisses für Sie, Ihre Familie oder einen anderen Angehörigen Ihres Haushalts eine Härte bedeuten würde, die auch unter Würdigung meiner berechtigten Interessen nicht zu rechtfertigen ist. Sollten Sie Widerspruch erheben, bitte ich schon jetzt mir die hierfür maßgeblichen Gründe mitzuteilen.[7] Mein Interesse an der Kündigung folgt aus der beabsichtigten Aufnahme meiner inzwischen 78 Jahre alten und im Hinblick auf ihre Gebrechlichkeit zunehmend pflegebedürftigen Mutter in die von Ihnen genutzten Räume.[8, 9]

. . . . .

(Vermieter)

Anmerkungen

1. Die erleichterte Kündigung gemäß § 573a BGB trägt dem Umstand Rechnung, dass bei einem Zusammenleben des Vermieters und des Mieters in einem Haus leicht **Schwierigkeiten im persönlichen Umgang** entstehen können, denen der Vermieter einerseits nicht ausweichen kann, die andererseits aber noch kein berechtigtes Interesse zur Beendigung des Mietvertrages darstellen. Es handelt sich zugunsten des Mieters um eine nicht abdingbare Vorschrift (§ 573a Abs. 4 BGB). Allgemein zur Kündigung → Form. D.III.1 Anm. 1.

2. Da die Kündigung nur mit **Zugang** wirksam wird, sollte auf die Nachweisbarkeit des Zugangs geachtet werden, → Form. D.I.1 Anm. 2, → Form. B.I.1 Anm. 1.

3. Zum **Kündigungsausspruch,** auch bei einer Mehrheit von Mietern oder Vermietern sowie zur Schriftform → Form. D.III.1 Anm. 3.

4. § 573a BGB lässt eine erleichterte Kündigung des Vermieters zu, wenn eine Wohnung in einem vom Vermieter selbst bewohnten Gebäude mit insgesamt nicht mehr als 2 Wohnungen (typisch: **Einliegerwohnung**) betroffen ist (Abs. 1), oder wenn es sich um Wohnraum handelt, der Teil der vom Vermieter selbst bewohnten Wohnung ist (Abs. 2), ohne dass die besonderen Voraussetzungen von § 549 Abs. 2 Nr. 2 BGB vorliegen (dann § 549 Abs. 2 Nr. 2 BGB). Eine noch weiter gehende Befreiung vom Mieterschutz besteht unter den Voraussetzungen des § 549 BGB (→ Form. D.III.14).

Die Voraussetzungen von § 573a Abs. 2 BGB können vorliegen, wenn die Wohnung nicht (überwiegend) mit Einrichtungsgegenständen des Vermieters ausgestattet ist oder der Wohnraum dem Mieter zum dauernden Gebrauch mit seiner Familie oder einer Person seines auf Dauer angelegten Haushalts überlassen ist. Zu den Anforderungen an eine

Wohnung: AG Miesbach WuM 2003, 91. In dem Kündigungsschreiben ist ausdrücklich anzugeben, dass sich der Vermieter entweder auf § 573a Abs. 1 BGB (Einliegerwohnung) oder auf § 573a Abs. 2 BGB (Wohnraum in der Vermieterwohnung) beruft (§ 573a Abs. 3 BGB). Die Angabe kann nicht nachgeholt werden (Schmidt-Futterer/*Blank* BGB § 573a Rn. 34). Die Angabe muss gegenüber einem rechtsunkundigen Mieter so verständlich sein, dass sie aus sich heraus nachvollzogen werden kann. Das ist nicht der Fall, wenn nur auf die Gesetzesvorschrift hingewiesen wird (LG Osnabrück WuM 1990, 307).

Für § 573a BGB bedarf es keines **berechtigten Interesses des Vermieters** gemäß § 573 BGB. Die Kündigungsmöglichkeit des § 573a BGB gilt nur für unbefristete Mietverhältnisse, die durch ordentliche Kündigung beendet werden können, nicht aber für den Zeitmietvertrag. Die Kündigung zum Zwecke der Mieterhöhung ist gemäß § 573 Abs. 1 S. 2 BGB ausgeschlossen. § 573 Abs. 2 Nr. 3 BGB und nicht § 573a BGB soll gelten, wenn die Kündigung zum Zwecke des Abrisses des Mietobjekts und eines anschließenden Neubaus erklärt wird (LG Mannheim WuM 2004, 99), ebenso für den Fall der Veräußerung in unvermietetem Zustand (LG Stuttgart WuM 2007, 75; LG Duisburg NZM 2005, 216; AG Bergheim WuM 2015, 39).

Eine Wohnung des Mieters in einem vom Vermieter selbst genutzten Gebäude liegt bei völliger Trennung der Wohneinheiten (zB Doppelhaushälften AG Hamburg ZMR 2013, 812; AG Hassfurt WuM 1999, 119 für getrennte Gebäude, die mit einem Zwischentrakt verbunden sind; anders AG Hamburg WuM 1996, 547 für zwei ineinander verschachtelte getrennte Wohnungen in einem Haus mit jeweils eigenem Hauseingang mit gemeinsamen Kellerraum) nicht mehr vor. Nach BGH WuM 2015, 309; NZM 2008, 682 besteht das Sonderkündigungsrecht, wenn eine dritte Wohnung schon bei Mietvertragsabschluss gewerblich genutzt wurde. Eine die erleichterte Kündigung hindernde dritte Wohnung soll auch dann vorliegen, wenn diese noch im Ausbau befindlich ist (AG Marl WuM 1998, 221). Ferner liegt ein Dreifamilienhaus vor, wenn der Vermieter zwei baulich nicht dauerhaft verbundene Wohnungen bewohnt (BGH NZM 2011, 71; vgl. zu den baulichen Anforderungen auch LG Köln WuM 2003, 278). Es soll nicht erforderlich sein, dass die Wohnung allen baurechtlichen Vorgaben genügt (AG Nürtingen WuM 2017, 538).

Der Vermieter muss selbst – bei mehreren Vermietern zumindest einer – das Gebäude **bewohnen** und nicht etwa lediglich gewerblich nutzen (AG Hamburg WuM 2007, 710). Der Vermieter kann eine Kündigung gestützt auf berechtigte Interessen kombinieren mit einer erleichterten Kündigung, wenn er angibt, welche Kündigung vorrangig gelten soll und welche hilfsweise (OLG Hamburg NJW 1983, 182). Bei einer wirksamen Kündigung ist der Vermieter an die einmal getroffene Wahl gebunden.

5. Die **Angabe des Beendigungszeitpunktes** ist nicht zwingend, empfiehlt sich aber, damit sich der Mieter auf das Mietende einrichten kann. Als Ausgleich für die erleichterte Kündigungsmöglichkeit verlängert sich die gesetzliche Kündigungsfrist von 3 Monaten um weitere 3 Monate.

6. Zu Zweck und Inhalt des **Widerspruchs** gegen die stillschweigende Fortsetzung des Mietverhältnisses → Form. D.III.1 Anm. 8, → Form. D.III.16.

7. Zu Zweck und Inhalt des **Sozialwiderspruchs** → Form. D.IV, → Form. D.III.1 Anm. 7. Bei der Interessenabwägung im Zweifamilienhaus ist zu berücksichtigen, dass dem Vermieter regelmäßig eine Fortsetzung des Mietverhältnisses auf unbestimmte Zeit nicht zugemutet werden kann (LG Bonn ZMR 2000, 27 für den Fall einer schweren psychischen Erkrankung und damit verbundener Suizidgefahr).

8. Für § 573a BGB bedarf es keines berechtigten Interesses des Vermieters gemäß § 573 BGB. Dennoch ist zu empfehlen, die **Gründe** anzuführen, die für die Abwägung im Rahmen eines Sozialwiderspruchs gemäß § 574 BGB maßgeblich sind. So ist nicht geklärt, ob § 574 Abs. 3 BGB mit der Folge anwendbar ist, dass bei unterlassener Angabe von Gründen im Kündigungsschreiben der Vermieter bei der Interessenabwägung mit seinen Gründen ausgeschlossen ist (so *Kinne* ZMR 2001, 599 (601); vgl. Palandt/ *Weidenkaff* BGB § 573a Rn. 9).

9. Zu Gebühren und Gegenstandswert → Form. D.III.1 Anm. 9. Da die Kündigung nicht gemäß § 573 Abs. 3 BGB zu begründen ist, ist VV 2302 zu beachten.

14. Kündigung bei Mietverhältnissen gemäß § 549 BGB (verminderter Mieterschutz) – Studentenwohnheim

. . . . .

(Vermieter)

an

. . . . .

(Mieter)[1]

Zustellvermerk[2]

Sehr geehrte(r) . . . . .

Sie haben seit dem . . . . . das Zimmer Nr. . . . . . in dem Studentenwohnheim . . . . . angemietet. Ich kündige hiermit den Mietvertrag mit Wirkung zum . . . . .[3]

Einer stillschweigenden Verlängerung des Mietverhältnisses bei Fortnutzung über den Beendigungszeitpunkt hinaus widerspreche ich hiermit bereits ausdrücklich.[4]

Ich weise Sie darauf hin, dass Sie dieser Kündigung unter den Voraussetzungen von § 574 BGB widersprechen können, nämlich wenn die Beendigung des Mietverhältnisses für Sie eine Härte bedeuten würde, die auch bei Würdigung meiner berechtigten Belange nicht zu rechtfertigen wäre. Der Widerspruch ist schriftlich bis zum . . . . . zu erheben. Für den Fall, dass Sie Widerspruch einlegen, bitte ich um Mitteilung der Gründe.[5,6]

. . . . .

(Vermieter)

Anmerkungen

1. Die Regelung betrifft besondere Mietverhältnisse, die im Hinblick auf den Zweck der Nutzung die weitgehende Beschränkung des Mieterschutzes rechtfertigt.

2. Da die Kündigung nur mit **Zugang** wirksam wird, sollte auf die Nachweisbarkeit des Zugangs geachtet werden, → Form. D.I.1 Anm. 2, → Form. B.I.1 Anm. 1.

3. § 549 Abs. 2, 3 BGB nimmt folgende Mietverhältnisse weitgehend vom Mieterschutz ua bei Beendigung des Mietverhältnisses aus:
- **Wohnraum, der nur zu vorübergehendem Gebrauch vermietet worden ist** (§ 549 Abs. 2 Nr. 1 BGB). Ein vorübergehender Gebrauch kann gefolgert werden aus der Verknüpfung einer vereinbarungsgemäß kurzfristigen überschaubaren Vertragsdauer mit einem Vertragszweck, der sachlich eine Kurzfristigkeit der Gebrauchsüberlassung begründet und so

das Mietverhältnis in Übereinstimmung mit seiner kurzen Dauer nur als ein Durchgangsstadium erscheinen lässt (OLG Bremen WM 1981, 8: ablehnend bei Vermietung eines Appartements während der Studiendauer an einen Studenten). Beide Parteien müssen anfänglich darüber einig gewesen sein, dass das Mietverhältnis auf Grund besonderer Umstände nur kurze Zeit dauert. Beispiel: Miete einer Ferienwohnung für wenige Wochen (AG Hamburg ZMR 2017, 742), Anmietung für die Dauer einer Veranstaltung.

- **Wohnraum in der zum Teil vom Vermieter bewohnten Wohnung,** den der Vermieter überwiegend mit Einrichtungsgegenständen auszustatten hat, sofern nicht der Wohnraum dem Mieter zum dauernden Gebrauch mit seiner Familie oder seinem Lebenspartner bei gemeinsamer Haushaltsführung überlassen ist (§ 549 Abs. 2 Nr. 2 BGB). Mit Wohnung des Vermieters sind die Räume gemeint, die sich hinter der Eingangstür befinden. Bei separaten Räumen genügt die Mitbenutzung wesentlicher Räume der Vermieterwohnung wie Küche oder Bad (AG Königswinter WuM 1994, 689; LG Detmold NJW-RR 1991, 77 ablehnend für ein möbliertes Zimmer mit separatem Treppenhauszugang und zugestellter Verbindungstür zur Wohnung des Vermieters, sofern keine Mitbenutzung von Küche und Bad vorliegt). Die erleichterte Kündigung gilt auch, wenn der Vermieter seine Wohnung nur als Zweitwohnung nutzt (LG Berlin ZMR 1980, 144). Die überwiegende Ausstattung mit Einrichtungsgegenständen ist anzunehmen, wenn der Vermieter mehr als die Hälfte der Einrichtungsgegenstände (bezogen auf die Funktion, nicht auf den Wert) zu stellen hat.
- **Wohnraum, den eine juristische Person des öffentlichen Rechts oder ein anerkannter privater Träger der Wohlfahrtspflege angemietet hat,** um ihn Personen mit dringendem Wohnungsbedarf zu überlassen, wenn sie den Mieter bei Vertragsschluss auf die Zweckbestimmung des Wohnraums und die Ausnahme vom Mieterschutz hingewiesen hat (§ 549 Abs. 2 Nr. 3 BGB). Es wird auf juristische Personen des öffentlichen Rechts (zB Städte, Gemeinden, Kreise, Gemeindeverbände, Kirchen, Stiftungen des öffentlichen Rechts) und auch auf anerkannte private Träger der Wohlfahrtspflege abgestellt. Damit können auch zB eingetragene Vereine durch die Regelung begünstigt sein.
- **Wohnraum in einem Studenten- oder Jugendwohnheim** (§ 549 Abs. 3 BGB). Maßgeblich ist nicht die Vertragsgestaltung, sondern es kommt auf die objektiven Umstände an. Für die Einordnung als Studenten- oder Jugendwohnheim (zum Begriff vgl. AG München WuM 1992, 133) kommt es nicht nur auf die Widmung des Trägers sowie auf die Eignung nach baulicher Anlage und Ausstattung an, eine Vielzahl von Studenten mit preisgünstigem Wohnraum zu versorgen (LG Konstanz WuM 1995, 539; AG Frankfurt/M. NJW-RR 1997, 1503), sondern nach BGH NJW 2012, 2881 insbesondere, ob ein an studentischen Belangen ausgerichtetes Belegungskonzept (Rotationsprinzip) vorliegt.

Rechtsfolgen: Nicht erforderlich ist ein berechtigtes Interesse an der Kündigung (§§ 573, 573d Abs. 1 BGB), nicht anwendbar sind die weniger weit gehenden Vorschriften über die erleichterte Kündigung (§ 573a BGB), die Vorschriften zum qualifizierten Zeitmietvertrag (§§ 575, 575a Abs. 1 BGB – also ist in diesem Rahmen ein einfacher Zeitmietvertrag noch statthaft, → Form. D.II.1 Anm. 1), die Einschränkungen von Kündigungen bei der Bildung von Wohnungseigentum an vermieteten Wohnungen (§§ 577, 577a BGB). Da der Kündigungsschutz des Mieters gemäß § 573 Abs. 4 BGB zu seinem Nachteil nicht abdingbar ist, kann ein Mietverhältnis im Sinne von § 549 BGB nicht vereinbart werden, wenn die tatsächlichen Voraussetzungen hierfür nicht vorliegen.

Anwendbar bleiben die weitergehenden Vorschriften, zB Schriftform der Kündigung und die Kündigungsfristen (→ Form. D.III.1 Anm. 3). Ist bei Wohnraum, der nur zu vorübergehendem Gebrauch vermietet worden ist (§ 549 Abs. 2 Nr. 1 BGB), eine kürzere Kündigungsfrist als die gesetzliche vereinbart, gilt die vereinbarte Frist (§ 573c Abs. 2 BGB). Bei Wohnraum, der Teil der vom Vermieter bewohnten Wohnung ist (§ 549 Abs. 2 Nr. 3 BGB), ist die Kündigung bis zum 15. eines Monats zum Ablauf des Monats zulässig. Ein befristeter Kündigungsausschluss in AGB ist unwirksam (AG Hamburg

WuM 2006, 668 mAnm *Blank*). Abgesehen von dem Unterschied bei der Anwendbarkeit des Sozialwiderspruchs (→ Form. D.III.14 Anm. 7) sind die Rechtsfolgen in den Fällen von § 549 Abs. 2 BGB einerseits und § 549 Abs. 3 BGB andererseits gleich.

4. Zu Zweck und Inhalt des **Widerspruchs** gegen die stillschweigende Fortsetzung des Mietverhältnisses → Form. D.III.1 Anm. 7, → Form. D.III.16.

5. Zu Zweck und Inhalt des **Sozialwiderspruchs** → Form. D.IV.1,→ Form. D.III.1 Anm. 8. Zu beachten ist, dass der Sozialwiderspruch nicht für die Mietverhältnisse gemäß § 549 Abs. 2 BGB gilt (→ Form. D.III.14 Anm. 3). In diesen Fällen entfällt die im Formular aufgenommene Belehrung über das Widerspruchsrecht.

6. Zu **Gebühren** und **Gegenstandswert** → Form. D.III.1 Anm. 9. Da die Kündigung nicht gemäß § 573 Abs. 3 BGB zu begründen ist, ist VV 2302 zu beachten.

15. Kündigung des Mieters

. . . . .

(Mieter)[1]

an

. . . . .

(Vermieter)

Zustellungsvermerk[2]

Sehr geehrte(r) . . . . .

Den Mietvertrag über die von mir angemietete Wohnung . . . . . kündige ich hiermit zum . . . . .[3]

Die Wohnung steht ab dem . . . . . zur Übergabe bereit. Wegen eines Übergabetermins bitte ich um einen Vorschlag.[4]

. . . . .

(Mieter)

Anmerkungen

1. Die Kündigung durch den Mieter richtet sich nach § 568 Abs. 1 BGB.

2. Da die Kündigung nur mit **Zugang** wirksam wird, sollte auf die Nachweisbarkeit des Zugangs geachtet werden, → Form. D.I.1 Anm. 2, → Form. B.I.1 Anm. 1.

3. Auch die Kündigung des Mieters bedarf gemäß § 568 Abs. 1 BGB der schriftlichen Form (→ Form. D.III.1 Anm. 3, ferner LG Wuppertal WuM 2005, 585). Der Mieter muss mit der Kündigung deutlich zum Ausdruck bringen, dass das Mietverhältnis zu einem bestimmten Zeitpunkt beendet werden soll (→ Form. D.III.1 Anm. 3). Die Kündigungsfrist (→ Form. D.III.1 Anm. 3) beträgt bei der ordentlichen Kündigung durch den Mieter gemäß § 573c Abs. 1 BGB einheitlich 3 Monate (bis zum 3. Werktag des Kalendermonats zum Ablauf des übernächsten Monats). Es muss kein konkreter Zeitpunkt angegeben werden, die irrtümliche Angabe eines falschen Beendigungszeitpunkts berührt nicht die Wirksamkeit der Kündigung, es gilt vielmehr die gesetzliche Frist (LG Köln ZMR 1992, 343). Es genügt die Kündigung „zum nächstzulässigen Termin". Die Angabe von Kündigungsgründen ist nicht erforderlich.

4. Gebühren und Gegenstandswert. → Form. D.III.1 Anm. 9. VV 2302 ist zu beachten.

16. Widerspruch des Vermieters gegen eine stillschweigende Verlängerung des Mietverhältnisses gemäß § 545 BGB

. . . . .

(Vermieter)

an

. . . . .

(Mieter)[1]

Zustellvermerk

Sehr geehrte(r) . . . . .

Wie ich feststellen musste, war die Wohnung zum Zeitpunkt der Beendigung des Mietverhältnisses am . . . . . noch vollständig eingerichtet und genutzt.[2] Ich widerspreche ausdrücklich einer stillschweigenden Verlängerung des Mietverhältnisses.[3]

Ich weise Sie darauf hin, dass Sie gemäß § 546a Abs. 1 BGB für die Dauer der Vorenthaltung eine Entschädigung in Höhe der ortsüblichen Vergleichsmiete schulden. Die ortsübliche Vergleichsmiete beträgt . . . . . EUR und liegt damit deutlich über der von Ihnen geschuldeten Miete.[4] Außerdem behalte ich mir einen weitergehenden Schadensersatzanspruch vor (§ 571 Abs. 2 BGB), da die Wohnung zum . . . . . bereits wieder vermietet war und der Nachfolgemieter mir mitgeteilt hat, er sei nicht bereit, weiter auf den Einzug zu warten.[5]

. . . . .

(Vermieter)

Anmerkungen

1. → Form. D.III.1 Anm. 8.

2. Zum praktischen Erfordernis des Zugangsnachweises und zu den Nachweismöglichkeiten → Form. D.I.1 Anm. 2, → Form. B.I.1 Anm. 1. Der Nachweis ist wesentlich, da der Vermieter eine Verlängerung des Mietverhältnisses in Kauf nehmen muss, sofern er nicht in der Lage ist, den Zugang des Schreibens zu beweisen.

3. Gemäß § 545 BGB **verlängert sich das Mietverhältnis auf unbestimmte Zeit,** wenn nicht der entgegenstehende Wille innerhalb von 2 Wochen nach Ablauf der Mietzeit erklärt wird. Zweck der Vorschrift ist die Vermeidung eines vertragslosen Zustands. Die Folge tritt unabhängig von Vorstellung und Willen der Parteien ein, so dass eine Anfechtung nicht in Betracht kommt (Palandt/*Weidenkaff* BGB § 545 Rn. 10; bei Drohung und Arglist aber Einrede gemäß § 242 BGB). Die Vertragspartei, also sowohl Vermieter als auch Mieter, die die Rechtsfolge verhindern will, muss **Widerspruch** erheben. Bei mehreren Vermietern genügt der Widerspruch eines Vermieters (OLG Rostock WuM 2004, 470 in Anm. *Pütz* WuM 2004, 531). Der Widerspruch ist formlos und kann auch durch schlüssiges Verhalten erklärt werden (OLG Köln 14.11.2006 – 1 U 62/16). Es empfiehlt sich indes aus Gründen der Nachweisbarkeit ein schriftlicher Widerspruch mit Zustellnachweis (→ Form. D.III.16 Anm. 1). Die Vereinbarung zwingender Schriftform in einem Formularvertrag soll gegen § 307 Abs. 2 BGB verstoßen (Schmidt-Futterer/*Blank* BGB § 545 Rn. 33, aber streitig). **Vertretung** durch Dritte ist zulässig. In diesem Fall sollte wegen der Zurückweisungsmöglichkeit des Empfängers gemäß § 174 BGB eine Vollmacht beigefügt werden.

Die **Frist zum Widerspruch** beginnt für den Mieter mit der Fortsetzung des Gebrauchs, also nach Ablauf der Mietzeit, und für den Vermieter ab Kenntnis der Fortnutzung. Auf Seiten des Vermieters ist positive Kenntnis erforderlich, fahrlässige Unkenntnis lässt die Frist nicht anlaufen. Es besteht keine Erkundigungspflicht des Vermieters. Der Vermieter muss sich aber die Kenntnis seiner Vertreter (Hausverwalters, bei mehreren Vermietern des zuständigen Mitvermieters – grundsätzlich aber Kenntnis aller Vermieter erforderlich) zurechnen lassen (Schmidt-Futterer/*Blank* BGB § 545 BGB Rn. 24). Die Frist ist nach §§ 186 ff. BGB zu berechnen. Die Frist wird gewahrt durch eine vor Fristende eingereichte und „demnächst" gemäß § 167 ZPO zugestellte Räumungsklage (BGH NJW 2014, 2568).

Eine stillschweigende Fortsetzung des Mietverhältnisses nach Beendigung durch eine Kündigung kann **mietvertraglich ausgeschlossen** werden (BGH NJW 1991, 1751). Ist § 545 BGB vertraglich wirksam ausgeschlossen, bedarf es keines Widerspruchs. Formularvertraglich genügt nicht der bloße Ausschluss von § 545 BGB (aA LG Erfurt WuM 2008, 963), es ist vielmehr eine auf den Inhalt der Vorschrift eingehende Regelung erforderlich, die so deutlich formuliert sein muss, dass sie für einen Laien verständlich ist (OLG Rostock NJW 2006, 3217; OLG Schleswig WuM 1996, 85).

Die Aufnahme des Widerspruchs in das **Kündigungsschreiben** ist an sich nicht notwendig, aber ratsam, da ein eigenständiger Widerspruch nach Beendigung der Mietdauer im Falle der fortdauernden Nutzung durch den Mieter innerhalb von 2 Wochen zu erklären ist und bei Versäumung dieser Frist die Kündigung hinfällig wird. Nach BGH NJW 2010, 2124 bedarf es keines nahen zeitlichen Zusammenhangs zwischen dem Fortsetzungswiderspruch und dem Vertragsende.

Die Rechtsprechung geht nicht davon aus, dass bei einer fristlosen Kündigung der § 545 BGB ausschließende Beendigungswille ohne weiteres anzunehmen sei (BGH NZM 2018, 333; LG Hamburg WuM 1975, 57; LG Karlsruhe MDR 1981, 847). Unanwendbar ist § 545 BGB, wenn die Räumungsverpflichtung tituliert ist (Urteil) oder die Gebrauchsfortsetzung auf einer gerichtlichen, vom Vermieter gewährten, oder vereinbarten Räumungsfrist beruht (Schmidt-Futterer/*Blank* BGB § 545 Rn. 11). Die Anwendung von § 545 BGB setzt die Fortsetzung des Gebrauchs voraus, die nicht schon darin liegt, dass die Mietsache nicht herausgegeben wird (OLG Düsseldorf MDR 1990, 1115). Es genügt, wenn einer von mehreren Mietern den Gebrauch fortsetzt oder die Wohnung einem Dritten überlassen wird, der den Gebrauch fortsetzt (Schmidt-Futterer/*Blank* BGB § 545 Rn. 13, 14).

4. Nach LG Berlin (WuM 1993, 351) soll ein Anspruch auf die höhere ortsübliche **Nutzungsentschädigung** anstelle der vereinbarten Miete erst ab dem Zeitpunkt bestehen, ab dem der Vermieter die Nutzungsentschädigung geltend gemacht hat.

5. Gebühren und Gegenstandswert. Beschränkt sich die anwaltliche Tätigkeit auf den Fortsetzungswiderspruch, dürfte lediglich die Gebühr gemäß VV 2302 (0,3-Gebühr) für einfache Schreiben anfallen, 0,5–2,5-Gebühr, → Form. D.III.1 Anm. 9. Erfolgt der Widerspruch im Rahmen des Mandats zur Beendigung des Mietverhältnisses durch Kündigung, so wird diese Tätigkeit von der Geschäftsgebühr mit umfasst, § 15 Abs. 1 RVG. Der Gegenstandswert dürfte gemäß §§ 2 Abs. 1, 23 Abs. 1 RVG, 41 Abs. 1 GKG regelmäßig einen **Jahresmietwert** (→ Form. D.III.1 Anm. 9) betragen. Durch den Fortsetzungswiderspruch wird nämlich verhindert, dass ein Mietverhältnis auf unbestimmte Dauer entsteht.

IV. Sozialklausel

1. Widerspruch des Mieters gegen die Kündigung gemäß §§ 574 ff. BGB

. . . . .

(Mieter)

an

. . . . .

(Vermieter)[1]

Zustellungsvermerk[2]

Sehr geehrte(r) . . . . .

Der von Ihnen ausgesprochenen Kündigung wegen Eigenbedarfs widerspreche ich hiermit fristgerecht.[3]

Ich bin 82 Jahre alt und bewohne die Wohnung seit nunmehr 43 Jahren. Da ich mich noch gut versorgen kann, kommt der Umzug in ein Altenwohnheim für mich nicht in Frage. In meiner Wohnung und in dem Umfeld bin ich fest verwurzelt. Einen Umzug würde ich bei meinem altersbedingten Gesundheitszustand nicht verkraften. Ein Auszug ist mir daher nicht zuzumuten. Dabei ist zu berücksichtigen, dass Ihnen bei Ankauf des Hauses die in meiner Person begründeten Umstände bekannt waren.[4]

Aus den vorgenannten Gründen bitte ich um Ihre Zustimmung, das Mietverhältnis auf unbestimmte Zeit fortzusetzen.[5]

(Alternative:

Ein Umzug ist mir innerhalb der Kündigungsfrist nicht zumutbar. Für meine Familie mit 5 Kindern ist es schwierig, eine angemessene Wohnung innerhalb einer so kurzen Frist zu finden. Hinzu kommt, dass ich bei der Suche auf eine Wohnung in dem bisherigen Wohnumfeld angewiesen bin. Anderenfalls müssten meine Kinder die Schule wechseln, was unzumutbar ist. Ich gehe davon aus, dass es mir gelingt eine geeignete Wohnung zu finden, wenn mir für die Suche weitere 8 Monate zur Verfügung stehen. Für diesen Zeitraum bitte ich das Mietverhältnis fortzusetzen. Falls ich zu einem früheren Zeitpunkt eine geeignete Wohnung anmieten kann, bin ich selbstverständlich zu einem vorzeitigen Auszug bereit.[6]*)*

. . . . .

(Mieter)

Anmerkungen

1. Die sog. **Sozialklausel** trägt dem Bestandsinteresse des Mieters an der Wohnung als seinem Lebensmittelpunkt Rechnung. Nicht jedes schutzwürdige Interesse des Vermieters hat Vorrang vor dem Bestandsinteresse des Mieters. §§ 574 ff. BGB dienen der Ausgleichung der wechselseitigen Interessen. Je nach Interessenlage kann dem Herausgabeinteresse des Vermieters oder dem Bestandsinteresse des Mieters der Vorrang gebühren. Es kommt eine befristete oder in Ausnahmefällen eine unbefristete Fortsetzung des Mietverhältnis in Betracht, je nach Sachlage mit oder ohne eine Verbesserung der Vertragsbedingungen zugunsten des Vermieters.

§§ 574–574c BGB sind zum Nachteil des Mieters nicht vertraglich abdingbar (§§ 574 Abs. 4, 574a Abs. 3, 574b Abs. 3, 574c Abs. 3 BGB). Zur Belehrung über das Recht zum **Widerspruch** durch den Vermieter vgl. → Form. D.III.1 Anm. 7).

2. Da es sich um ein **fristgebundenes Recht des Mieters** handelt, sollte auf die Nachweisbarkeit des Zugangs geachtet werden, → Form. D.I.1 Anm. 2, → Form. B.I.1 Anm. 1.

3. § 574b BGB regelt **Form und Frist des Widerspruchs** (zugunsten des Mieters zwingend). Der Widerspruch ist durch den Mieter schriftlich zu erklären (zur Schriftform → Form. D.III.1 Anm. 3). Der Vermieter kann die Fortsetzung des Mietverhältnisses ablehnen (geltend zu machende Einrede, kein Ausschlusstatbestand), wenn der Mieter ihm den Widerspruch nicht spätestens 2 Monate vor der Beendigung des Mietverhältnisses erklärt hat. Maßgeblich für den Fristablauf ist nicht die Absendung, sondern der Zugang beim Vermieter. Hat aber der Vermieter seinerseits nicht rechtzeitig vor Ablauf der Widerspruchsfrist auf die Möglichkeit des Widerspruchs sowie auf dessen Form und Frist hingewiesen (→ Form. D.III.1 Anm. 7), kann der Mieter den Widerspruch noch bis zum ersten Termin eines Räumungsrechtsstreits erklären.

Auf Verlangen des Vermieters soll der Mieter unverzüglich (§ 121 Abs. 1 BGB: ohne schuldhaftes Zögern, → Form. D.I.2 Anm. 5) Auskunft über die Gründe erteilen. Hieraus folgt, dass eine Begründung durch den Mieter nicht Wirksamkeitsvoraussetzung ist, auch dann nicht, wenn der Vermieter eine Begründung verlangt. Kommt es aber zu einer Räumungsklage, muss der Mieter bei unterlassener oder verspäteter Begründung gemäß § 93b ZPO mit Kostennachteilen rechnen, wenn der Vermieter Räumungsklage erhebt, weil er die Berechtigung des Widerspruchs nicht beurteilen kann.

Zu Besonderheiten des Sozialwiderspruchs gemäß § 576a BGB bei Werkmietwohnungen → Form. D.III.10 Anm. 7.

4. § 574 BGB ist **anwendbar** bei einer Kündigung eines Wohnraummietverhältnisses durch den Vermieter, ausgenommen die außerordentliche fristlose Kündigung (§ 574 Abs. 1 S. 2 BGB, anders wenn fristlose Kündigung wegen Zahlungsverzugs durch Zahlung in der Schonfrist unwirksam wird für die hilfsweise ordentliche Kündigung, LG Berlin GE 2018, 763). Gemäß § 575a Abs. 2 BGB gilt die Sozialklausel auch für den Fall der außerordentlichen befristeten Kündigung eines Zeitmietvertrages. Nicht anwendbar ist § 574 BGB im Falle der Anfechtung. Nach AG Lörrach WuM 2012, 565 (mkritAnm *Blank*) soll das Widerrufsrecht bei einer schwerwiegenden Vertragsverletzung des Mieters ausgeschlossen sein.

„Härte" ist umfassend zu verstehen, gemeint sind zB wirtschaftliche, finanzielle, gesundheitliche, familiäre oder persönliche Nachteile. Es genügt, wenn der Härtegrund nur bei einem von mehreren Mietern vorliegt. Geschützt sind der Mieter, seine Familie sowie andere Angehörige seines Haushalts. Die Person muss mit dem Mieter in der Wohnung zusammenleben (Schmidt-Futterer/*Blank* BGB § 574 Rn. 22). Bei der Beurteilung fallen die kündigungstypischen Belastungen nicht ins Gewicht. In der Praxis ist eine zurückhaltende Anwendung der Sozialklausel zu beobachten.

Beispiele aus der Praxis für Härtefälle, wobei eine konkrete Bewertung im Einzelfall unerlässlich bleibt:

• **Fehlender Ersatzwohnraum** kann eine Härte begründen, wenn Ersatzwohnraum zu zumutbaren Bedingungen nicht beschafft werden kann. Der Härtegrund entfällt nicht schon deshalb, weil eine Räumungsfrist gemäß § 721 ZPO bewilligt werden kann

(OLG Oldenburg WuM 1970, 132; OLG Stuttgart NJW 1969, 240). Der Mieter muss allerdings zuvor alle erforderlichen und zumutbaren Maßnahmen ausgeschöpft haben. Zu berücksichtigen ist, wenn der Mieter in schlechten Vermögens- und Einkommensverhältnissen lebt, eine kinderreiche Familie vorhanden ist, ein berufstätiger Alleinerziehender zeitliche Schwierigkeiten hat. Nach LG Berlin NZM 2018, 514 sind Beweiserleichterungen zugunsten des Mieters zu erwägen, wenn die Wohnung im Gebiet einer Mietenbegrenzungsverordnung liegt.

- **Hohes Alter** kann eine Härte darstellen (BGH WuM 2019, 385; nach LG Berlin GE 2019, 494 auch als Grund für sich alleine). Das gilt insbesondere in Verbindung mit einer langen Wohndauer. Der Erwerber einer Mietwohnung muss sich dieses Risikos bewusst sein (LG Zwickau WuM 1998, 159). Eine Räumungsunfähigkeit kann angenommen werden, wenn sich durch den Umzug der Gesundheitszustand oder die Lebenssituation des Mieters erheblich verschlechtert. Dies wird bei Krankheiten, auf die sich der Umzug nachteilig auswirken würde, anzunehmen sein. Ist der Mieter dagegen trotz des hohen Alters noch rüstig und ist die Verwurzelung auf Grund der Mietdauer nicht so stark, dass seine Lebenssituation durch den Umzug erheblich beeinträchtigt würde, wäre der Härtegrund nicht anzunehmen. Beispiele aus der Rechtsprechung für erfolgreiche Sozialwidersprüche: LG Essen WuM 2000, 357 (ca. 90 Jahre, schwerbehindert, über 20 Jahre Mietdauer); LG Bochum ZMR 2007, 452 (hochbetagt, schwer krank, 40 Jahre Mietdauer); LG Koblenz WuM 1990, 20 (83 Jahre, 17 Jahre Mietdauer); LG Oldenburg WuM 1991, 346 (69 Jahre, Suizidgefahr, 15 Jahre Mietdauer); LG Stuttgart WuM 1993, 46 (83 Jahre, krank, 19 Jahre Mietdauer); AG Landau NJW 1993, 2249 (79 Jahre, schwer herzkrank, 35 Jahre Mietdauer); LG Hamburg WuM 1995, 439 (74 Jahre, 30 Jahre Mietdauer); LG Zwickau WuM 1998, 159 (84 Jahre, krank, 25 Jahre Mietdauer).
- **Krankheit oder Behinderung** können Härtegründe darstellen (BVerfG WuM 1993, 172; LG Aachen WuM 2006, 692; LG Frankfurt WuM 2018, 782; LG Lübeck WuM 2015, 97 zur Behinderung eines Angehörigen). Ist die Krankheit vorübergehend, kommt nur eine Fortsetzung des Mietverhältnisses auf bestimmte Zeit in Betracht. Zur optimalen Versorgung und Pflege des Mieters: AG Lübeck WuM 2003, 214. Auch eine ernsthafte Suizidgefahr ist zu beachten (LG Oldenburg WuM 1991, 346 AG Schöneberg GE 2014, 1278).
- **Schwangerschaft** kann zu einer befristeten Fortsetzung des Mietverhältnisses führen, wenn der Umzug zur Unzeit, etwa kurz vor der Niederkunft, stattfinden würde (LG Stuttgart WuM 1991, 347).
- **Inaussichtstellen einer langen Mietzeit.** Ist keine verbindliche Zusage hierüber getroffen worden, hat aber der Mieter auf die Ankündigung des Vermieters vertraut und durfte er hierauf vertrauen, kann eine Härte angenommen werden, wenn der Mieter in Erwartung der langen Mietdauer gewichtige Investitionen getätigt hat. Das bloße Vertrauen auf eine unwirksame Zusage wird dagegen nicht geschützt (OLG Karlsruhe WuM 1971, 96; OLG Frankfurt WuM 1971, 168).
- **Zwischenumzug,** der deshalb erforderlich wäre, weil zwar eine Ersatzwohnung zur Verfügung steht, diese aber erst kurz nach dem Zeitpunkt der Beendigung des Mietverhältnisses verfügbar ist. Ein zweifacher Umzug ist in der Regel nicht zumutbar (AG Dortmund WuM 2004, 210; LG Mannheim NJW 1964, 2307 bejahend, wenn 1 Jahr zwischen Mietende und Einzug in ein neues Haus liegt, der Umzug aber aus persönlichen, wirtschaftlichen oder örtlichen Gründen nicht zumutbar ist). In diesem Fall kann sogar eine besondere sittenwidrige Härte im Sinne von § 765a ZPO vorliegen.
- Der drohende **Verlust eines Kundenstamms** kann ein Härtegrund sein (OLG Köln WuM 1968, 179).
- Ggf. können auch berufliche oder schulische **Schwierigkeiten** berücksichtigt werden. Einzelheiten bei Schmidt-Futterer/*Blank* BGB § 574 Rn. 54.

Die vorgenannten Gründe sind im Wege einer Interessenabwägung an dem berechtigten Erlangungsinteresse des Vermieters zu messen (hierzu: LG Hamburg ZMR 2013, 635; LG München I NZM 2014, 638; LG Berlin GE 2015, 1165). Maßgebend ist, ob sich ein Übergewicht der Belange der Mieterseite feststellen lässt (BGH WuM 2019, 385). Existentiellen Belangen einer vierköpfigen Familie mit zwei Kindern kann Vorrang vor den Interessen eines erheblich erkrankten Mieters zukommen (BVerfG WuM 1993, 172; vgl. auch LG Frankfurt a.M. NJW 2011, 3526).

5. Gemäß § 574a BGB kann der Mieter verlangen, dass das Mietverhältnis so lange fortgesetzt wird, wie es die Umstände erfordern. Kommt eine zunächst anzustrebende Einigung nicht zustande, bedarf es einer gerichtlichen Entscheidung. §§ 574a BGB, 308a ZPO räumen einen weiten Gestaltungsspielraum ein (BGH NJW 2017, 1474). Zeitpunkt für die Beurteilung ist der Schluss der mündlichen Verhandlung (BGH MDR 2019, 925). In der Praxis wird der Kündigungswiderspruch regelmäßig im Rahmen einer Räumungsklage des Vermieters zu beurteilen sein. Hat der Vermieter Anlass zu der Annahme, dass der Mieter zu dem genannten Zeitpunkt nicht ausziehen wird, sollte er sich auf eine nur kurzfristige Fortsetzung des Mietverhältnisses nicht einlassen. Angesichts der Dauer einer Räumungsklage wird der Vermieter im Verlaufe des Rechtsstreits Gewissheit erlangen, ob die Befürchtung berechtigt ist (aber Kostennachteile gemäß § 93b ZPO können entstehen, wenn sich der Vermieter in seiner Annahme täuscht). Mit Ablauf einer durch Urteil bestimmten Frist endet der Mietvertrag (LG München NZM 2017, 802; LG Hamburg ZMR 2017, 563). Die Interessen des Mieters werden durch eine gerichtliche Inanspruchnahme regelmäßig nicht nachhaltig berührt. Allerdings ist auf Seiten des Vermieters eine Kostentragungspflicht in Kauf zu nehmen, sollte der Mieter sich zu Recht auf Härtegründe berufen haben und überdies zu dem genannten Zeitpunkt ausgezogen sein (§ 93b ZPO). Ist unklar, ob und wann die Umstände fortfallen, kann bestimmt werden, dass das Mietverhältnis auf unbestimmte Zeit fortgesetzt wird (§ 574a Abs. 2 S. 2 BGB – Ausnahmefall). Gemäß § 574c BGB kann eine weitere Fortsetzung des Mietverhältnisses bei unvorhergesehenen Umständen in Betracht kommen. Das kann der Fall sein, wenn erhebliche Umstände eintreten, die bei der ursprünglichen Beurteilung nicht bedacht worden waren, oder wenn erhebliche Umstände nicht eintreten, mit denen bei der ursprünglichen Beurteilung gerechnet worden ist.

Ist dem Vermieter bei einer Fortsetzung auf bestimmte Zeit die Fortsetzung zu den bisherigen Vertragsbedingungen nicht zumutbar, kann der Mieter nur eine Fortsetzung unter einer angemessenen Änderung der Bedingungen verlangen (→ Form. D.IV.2). In erster Linie gilt dies bei niedrigem Mietzins, aber beispielsweise auch hinsichtlich Betriebskostenumlage, Fälligkeitsregelung, Schönheitsreparaturen, Kaution, Hausreinigung. Stellt der Mieter klar, dass er eine Fortnutzung zu geänderten Bedingungen nicht wünscht, können diese nicht durch Urteil bestimmt werden, vielmehr ist der Widerspruch des Mieters nicht mehr zu berücksichtigen (Schmidt-Futterer/*Blank* BGB § 574a Rn. 18). Die Einigung oder die Bestimmung durch Urteil ist grundsätzlich bindend.

6. **Gebühren und Gegenstandswert** → Form. D.III.1 Anm. 9. Für die Anwendung von VV 2300 oder 2302 kann es darauf ankommen, ob eine Begründung im Hinblick auf ein Verlangen des Vermieters gemäß § 574b Abs. 1 S. 2 BGB angezeigt war. Wird die Kündigung einerseits bestritten und zusätzlich Widerspruch erhoben, gelten für die Wertfestsetzung §§ 2 Abs. 1, 23 Abs. 1 RVG, 41 Abs. 2 GKG. Erhebt der Mieter nur den Widerspruch, ist gemäß § 41 Abs. 1, 2 S. 1 GKG regelmäßig der Mietwert für die begehrte Fortdauer, höchstens der Jahresmietwert, maßgeblich.

2. Antwort des Vermieters auf den Widerspruch des Mieters

. . . . .

(Vermieter)

an

. . . . .

(Mieter)[1]

Sehr geehrte(r) . . . . .

Auf den von Ihnen erhobenen Widerspruch teile ich Ihnen mit, dass ich einer Fortsetzung des Mietverhältnisses wie von Ihnen erbeten bis zum . . . . . unter der nachfolgenden Voraussetzung zustimme.

Sie zahlen derzeit eine Nettomiete iHv 350,– EUR mtl. Dieser Betrag liegt deutlich unter der ortsüblichen Vergleichsmiete. Ich zahle in der von mir angemieteten, nach Größe, Lage und Ausstattung gleichwertigen Wohnung eine Nettomiete iHv 500,– EUR mtl. Eine Fortsetzung des Mietverhältnisses ist mir daher nur zuzumuten, wenn mir hierdurch kein Verlust entsteht. Ich bin daher bereit, der Fortsetzung des Mietverhältnisses zuzustimmen, wenn Sie mit einer Erhöhung der Nettomiete auf 500,– EUR mtl. mit Wirkung ab dem . . . . . einverstanden sind.

Ich bin bereit, Sie vorzeitig aus dem Mietverhältnis zu entlassen, wenn Sie früher Ersatzwohnraum gefunden haben. Wenn Sie mir den Auszug 2 Wochen vorher schriftlich ankündigen, kann das Mietverhältnis mit Ablauf des Monats, in dem der Auszug stattfindet, sein Ende finden.

Ich bitte Sie mir innerhalb von 2 Wochen mitzuteilen, ob Sie mit der Vertragsfortsetzung zu den vorgenannten Bedingungen einverstanden sind. Sollten Sie nicht einverstanden sein, bitte ich Sie um Mitteilung, ob Sie an dem Widerspruch festhalten.[2]

. . . . .

(Vermieter)

Anmerkungen

1. Zum Widerspruch des Mieters gegen die Kündigung → Form. D.IV.1.

Der Vermieter ist bei Vorliegen berechtigter Gründe auf Seiten des Mieters zu einer Fortsetzung des Vertragsverhältnisses **nur zu angemessenen Bedingungen verpflichtet,** → Form. D.IV.1 Anm. 5. Nach AG Berlin WuM 2016, 568 soll eine Erhöhung der Miete nicht in Betracht kommen, wenn diese über den Maximalwert nach dem Mietspiegel liegt. Die Vertragsfortsetzung führt nicht zu einem befristeten Mietverhältnis (vgl. Palandt/*Weidenkaff* BGB § 574a Rn. 2). Der Mieter kann daher vor Ablauf des Fortsetzungszeitraums kündigen.

Die Aufnahme einer Bestimmung zur vorzeitigen Beendigung des Mietverhältnisses ist für den Vermieter nur sinnvoll, wenn er den Wohnraum zu diesem Zeitpunkt nutzen kann. Ist der Vermieter zugleich Mieter, muss er berücksichtigen, dass er selbst an eine Kündigungsfrist gebunden ist. Strebt der Vermieter eine Vertragsanpassung an, sollte sein Antwortschreiben so vollständig gefasst werden, dass der Mieter lediglich zustimmen muss.

2. **Gebühren und Gegenstandswert.** → Form. D.III.1 Anm. 9, → Form. D.IV.1 Anm. 6.

Soweit eine anwaltliche Beauftragung bereits für die Kündigung vorlag, ist das Antwortschreiben auf den Widerspruch des Mieters eine **einheitliche Angelegenheit** (§ 15 Abs. 2 RVG) vor, so dass keine gesonderte Gebühr anfällt.

V. Außerordentliche Kündigung mit gesetzlicher Frist

1. Kündigung des Mieters bei Modernisierungs- und Verbesserungsmaßnahmen (§ 554 Abs. 3 S. 2 BGB)

. . . . .

(Mieter)

an

. . . . .

(Vermieter)

Sehr geehrte(r) . . . . .,

Ihre Modernisierungsankündigung vom . . . . . habe ich am . . . . . erhalten.[1]

Sie teilen mir darin mit, dass Sie voraussichtlich ab dem . . . . . mit . . . . . (kurze Zusammenfassung der vom Vermieter in seiner Mitteilung angekündigten Modernisierungsmaßnahmen) . . . . . beginnen werden. Die Arbeiten sollen nach Ihren Angaben wahrscheinlich über zwei Monate in Anspruch nehmen. Nach Abschluss der Baumaßnahmen wollen Sie meine monatliche Miete um . . . . . erhöhen.

Die mit den Bauarbeiten einhergehenden Unannehmlichkeiten und erheblichen Beeinträchtigungen sowie nachfolgende deutliche Mieterhöhung will ich nicht über mich ergehen lassen und

kündige[2]

daher gestützt auf § 555e BGB das zwischen uns bestehende Mietverhältnis gemäß Mietvertrag vom . . . . . über die Wohnung . . . . . zum . . . . . (Ablauf des übernächsten Monats).[3, 4, 5, 6]

. . . . .

(Mieter)

Anmerkungen

1. Unter diesem Begriff werden diejenigen Tatbestände zusammengefasst, welche gemeinhin als „**Sonderkündigungsrechte**" bekannt sind (ausdrücklich als Sonderkündigungsrecht sogar bezeichnet zB in der amtlichen Überschrift zu § 561 BGB). Diese Sonderkündigungsrechte bedürfen, soweit nicht zulässigerweise vertraglich vereinbart (vgl. BGH NJW 2001, 3480; NZM 2003, 62), jedenfalls bei der Vermieterkündigung von Wohnraum zwingend einer entsprechenden gesetzlichen Grundlage. Das Gesetz gewährt dabei diese außerordentliche Loslösungsmöglichkeit bei Leistungsstörungen oder wesentlichen Veränderungen in den Verhältnissen des einen oder anderen Vertragsteiles, die von keiner Seite zu vertreten sind, aber die zu Beginn des Mietverhältnisses gegebene Interessenlage grundlegend verändert haben (vgl. nur *Roquette MietR* § 564 Rn. 23). § 573d BGB trifft zwar einheitliche Regelungen für außerordentliche Kündigungen mit gesetzlicher Frist, gewährt selbst aber kein Sonderkündigungsrecht, sondern setzt dieses voraus.

Die verstreuten gesetzlichen Tatbestände, die ein Sonderkündigungsrecht gewähren, sind von der Zahl her ungefähr gleichmäßig auf Vermieter- und Mieterseite verteilt. Praktische Bedeutung erlangen diese Sonderkündigungsrechte allein dadurch, dass sie einmal als außerordentliche Kündigungsmöglichkeit **auch ein befristetes Mietverhältnis beenden** (vgl. § 542 Abs. 2 Nr. 1 BGB) und zum anderen **längere gesetzliche oder vertragliche Kündigungsfristen** (also in aller Regel des Vermieters – § 573c Abs. 1 S. 2 BGB) **abkürzen**. Eine darüber hinausgehende Erleichterung der Kündigungsmöglichkeiten kommt ihnen demgegenüber nicht zu. Dies bedeutet vor allem, dass auch die Sonderkündigung des **Vermieters** eines befristeten Wohnraummietverhältnisses, soweit nach § 575 BGB noch zulässig, eines **berechtigten Interesses** iSd §§ 573 und 573a BGB bedarf (mit Ausnahme der Kündigung gegenüber den Erben des Mieters gem. § 564 BGB; → Form. D.V.5) und auch die **Sozialklausel** der §§ 574 ff. BGB (allerdings maximal bis zum Ablauf der Vertragslaufzeit) gilt (§ 575a Abs. 1 und 2 BGB). Es bedeutet weiter, dass bei einem **Wohnraummietverhältnis auf unbestimmte Zeit** die Sonderkündigung des Vermieters ebenfalls nur dann rechtswirksam ist, wenn ihr ein berechtigtes Interesse zur Seite steht (§ 573d Abs. 1 BGB; ausgenommen wiederum die Kündigung gegenüber den Erben des Mieters gem. § 564 BGB; → Form. D.V.5), und dass sich der Mieter auch dann auf die §§ 574 bis 574c BGB berufen kann (abgeleitet aus der Streichung des Wortes „vertragsgemäß" in § 574 Abs. 1 S. 1 BGB gegenüber § 556a Abs. 1 S. 1 BGB aF: BT-Drs. 14/4553, 68 unter 1b zu § 574 Abs. 1; damit ist der Rechtsentscheid des BGH aus dem Jahre 1982 – NJW 1982, 1696 = WuM 1982, 178 – in Gesetzesform gegossen worden).

Nachdem § 573c Abs. 1 S. 1 BGB zwingend (§ 573c Abs. 4 BGB) für die Kündigung durch den **Mieter** grundsätzlich nur noch die kurze dreimonatige Frist bestimmt, wirken sich dessen Sonderkündigungsrechte abgesehen von einem zulässigen Zeitmietvertrag nach § 575 BGB nur noch in drei Fällen aus: Einmal bei **vor dem 1.9.2001 abgeschlossenen befristeten Wohnraummietverträgen** iSv § 564c Abs. 1 und 2 BGB aF, die nach wie vor ohne zeitliche Begrenzung fortgelten (Art. 229 § 3 Abs. 3 EGBGB). Zum Zweiten während eines zulässigen **vertraglichen Ausschlusses der ordentlichen Kündigung** für einen bestimmten Zeitraum (individuell vereinbart sogar dauerhaft wirksam bis zur Grenze des § 138 BGB, aber § 544 BGB beachten: BGH 8.5.2018 – VIII ZR 200/17, NJW-RR 2018, 843 oder auch vorformuliert für bis zu maximal 4 Jahren, gerechnet ab Vertragsschluss bis zu dem Zeitpunkt, zu dem der Mieter den Vertrag erstmals beenden kann: BGH 23.8.2016 – VIII ZR 23/16, NJW-RR 2017, 137; NJW 2005, 1574; ausführlich dazu MAH MietR/*Hannemann* § 29 Rn. 99 ff. mwN). Drittens schließlich bei **in vor dem 1.9.2001 abgeschlossenen Wohnraummietverträgen individuell vereinbarten längeren Kündigungsfristen** auch des Mieters, etwa in Anlehnung an § 565 Abs. 2 BGB aF. In diesen Fällen ist nämlich nach Art. 229 § 3 Abs. 10 S. 1 EGBGB der neue § 573c Abs. 4 BGB, der vorschreibt, dass eine zum Nachteil des Mieters von § 573c Abs. 1 BGB abweichende Vereinbarung unwirksam ist, dann nicht anzuwenden, „wenn die Kündigungsfristen vor dem 1.9.2001 durch Vertrag vereinbart worden sind".

Heftig umstritten war allerdings, wann eine **Kündigungsfrist** im Sinne dieser Vorschrift als **„vereinbart"** gelten konnte. Mehr zur Verwirrung denn zur Auflösung dieses Rätselwortes trug dabei die – für die Auslegung unverbindliche (vgl. *Larenz/Canaris*, Methodenlehre der Rechtswissenschaft II. Kap. 4 1.2. f., S. 334) – Auffassung des Rechtsausschusses (BT-Drs. 14/5663, 83) bei, wonach die bloße Wiederholung der alten gesetzlichen Kündigungsfristen im Mietvertrag keine „echte Vereinbarung" sei, sondern im Regelfall der „Gesetzeswortlaut lediglich der Vollständigkeit halber zur bloßen Information über die Rechtslage im Vertragstext wiedergegeben" werde. Darin lag eine Unschärfe und mangelnde juristische Eindeutigkeit (was ist der Unterschied zwischen einer „echten" und einer dann wohl „unechten" Vereinbarung?), welche in der Praxis der Gerichte fortwirkte, bis der Gesetzgeber in Reaktion auf die Entscheidung der Streitfrage durch den BGH (NJW 2003, 2739), dahin nachbesserte, dass jetzt in Art. 229 § 3 Abs. 10

S. 2 EGBGB – in mehr für Verwirrung, als für Klarheit sorgender Art und Weise (doppelte bzw. dreifache Verneinung) – bestimmt wird, dass die in S. 1 bestimmte Nichtanwendbarkeit des Unwirksamkeitsgebots des § 573c Abs. 4 BGB **nicht für ab dem 1.6.2005 zugehende Kündigungen** gelte, „wenn die Kündigungsfristen des § 565 Abs. 2 S. 1 und 2 des Bürgerlichen Gesetzbuchs in der bis zum 1. September 2001 geltenden Fassung durch Allgemeine Geschäftsbedingungen vereinbart worden sind".

Der allgemeine Verweis in § 573d Abs. 1 BGB, dass § 573 BGB entsprechend anzuwenden sei, erstreckt sich allerdings nicht auf die Ausübung des Sonderkündigungsrechts durch den **Mieter**. Ein berechtigtes Kündigungsinteresse muss dieser nicht etwa vorbringen. Er muss seine **Kündigung** auch **nicht begründen**. Für ihn bleibt es bei dem für einseitige Gestaltungsrechte geltenden Grundsatz, dass die Angabe von Gründen nicht notwendiger Inhalt und Wirksamkeitsvoraussetzung der Kündigungserklärung ist (BGH NJW 1987, 432 (433); Palandt/*Weidenkaff* BGB § 542 Rn. 14; aA *Sternel* MietR aktuell IV Rn. 29 ff., 35; *Roquette* MietR § 564 Rn. 17 für alle Fälle der außerordentlichen Kündigung).

Ungeachtet dessen scheidet allerdings eine **Umdeutung** einer unwirksamen – weil ohne das Vorliegen der vom Gesetz bestimmten Voraussetzungen ausgesprochenen – außerordentlichen Kündigung gemäß § 140 BGB **in eine ordentliche Kündigung** regelmäßig aus (BGH NJW 1981, 976 (977)). Es empfiehlt sich also für den Fall, dass sich der Kündigende des Vorliegens der Voraussetzungen eines Sonderkündigungsrechtes nicht sicher ist, gleichzeitig zu erklären, dass die Kündigung **hilfsweise als ordentliche Kündigung** gelten soll.

2. Mit § 555e BGB stellt das Gesetz der in § 555d Abs. 1 BGB bestimmten Duldungspflicht des Mieters ein **Sonderkündigungsrecht** zu seinen Gunsten gegenüber, welches vorrangig dem rechtspolitischen Anliegen der Systemgerechtigkeit dienen soll; die praktische Bedeutung der Norm ist gering.

3. Dem Vermieter wird durch § 555c Abs. 1 BGB gestattet, seine Erklärung dem Mieter gegenüber in der Textform des § 126b BGB abzugeben, dh auch fernschriftlich (Telefax, E-Mail usw, → Form. B.IV) Für die Kündigungserklärung des Mieters gilt diese Formerleichterung dagegen nicht. Sie muss das **Schriftformerfordernis** des § 568 Abs. 1 BGB beachten.

4. Bei den vom Vermieter angekündigten Maßnahmen muss es sich um solche handeln, die der Mieter gem. § 555d Abs. 1 BGB zu dulden hat, weil sie der Verbesserung der Mietsache, der Einsparung (jeder Art) von Energie oder Wasser oder der Schaffung neuen Wohnraums dienen (→ Form. B.IV). **Liegen die Voraussetzungen der Mitteilungspflicht des Vermieters bzw. der Duldungspflicht des Mieters nicht vor,** besteht dennoch dieses Kündigungsrecht des Mieters unabhängig davon, ob er zur Duldung der Modernisierungsmaßnahme verpflichtet ist (LG Berlin MM 1995, 187; Palandt/*Weidenkaff* BGB § 555e Rn. 2), also auch, wenn der Vermieter seiner Mitteilungspflicht überhaupt nicht nachgekommen ist (wobei dann die Frist für die Ausübung des Sonderkündigungsrechts mit Kenntnis der Arbeiten beginnt: LG Berlin GE 1999, 573). Es solle vermieden werden, dass der Mieter sich mit dem Vermieter auf einen Streit darüber einlassen müsse, ob die Voraussetzungen der Duldungspflicht gegeben sind oder nicht (MAH MietR/*Schönleber/Vielitz* § 28 Rn. 715). Nach *Sternel* (MietR aktuell II Rn. 336) löst nur eine wirksame Mitteilung des Vermieters das Sonderkündigungsrecht des Mieters aus, weil nichtige Rechtsakte keine Folgen zeitigen. Im Falle der unberechtigten Geltendmachung des Duldungsanspruchs von Seiten des Vermieters, könne der Mieter jedoch im Wege des Schadensersatzes verlangen, so gestellt zu werden, als sei er zur Kündigung berechtigt gewesen. In diese Richtung geht auch die Entscheidung LG Essen (WuM 1990, 513), die dem Vermieter seine Ansprüche gestützt auf die Allzweckwaffe des § 242 BGB versagt, da sie aus einer rechtswidrig erlangten Rechtsposition abgeleitet seien. Im Ergebnis kommt dem Meinungsstreit somit wohl nur theoretische Bedeutung zu.

Nach §§ 555e Abs. 2, § 555c Abs. 4 BGB besteht das Kündigungsrecht des Mieters nicht bei sog. **Bagatellmaßnahmen.** Dies sind Maßnahmen, die, wie zB die Anbringung

von Thermostatventilen, einer neuen Klingel- oder Gegensprechanlage, einer neuen Brief-
kastenanlage, der Anschluss an das Kabelnetz oder der Einbau eines Durchlauferhitzers,
nur mit einer unerheblichen Einwirkung auf die Mietsache verbunden sind und zudem
nur zu einer unerheblichen Mieterhöhung von maximal 5 % der (Netto-)Monatsmiete
(LG Berlin NJW-RR 1992, 144; *Sternel* MietR aktuell II Rn. 339) führen.

5. Wie oben bei → Anm. 3 bereits ausgeführt, muss die Sonderkündigung des Mieters
zwar die Schriftform beachten (§ 568 BGB: von allen Mietern an alle Vermieter; auf
Zugangsnachweis achten: Beweislast liegt beim Mieter; Stellvertretung möglich, aber § 174
BGB berücksichtigen, andernfalls kann die Sonderkündigung nicht mehr fristgerecht ausgesprochen sein). Sie bedarf aber **keiner Begründung.** Allerdings empfiehlt es sich für den
Mieter, klarzustellen, dass er nicht ordentlich kündigt, sondern sein Sonderkündigungsrecht in Anspruch nimmt, wofür wohl der zweifelsfreie Hinweis auf die hier in diesem Fall
(anders in der Regel gem. § 573d Abs. 2 BGB) kürzere Kündigungsfrist genügen dürfte.
Diese **Klarstellung** ist vor allem deshalb erforderlich, da der Vermieter nur bei Inanspruchnahme des Sonderkündigungsrechts gehindert ist, von geringfügigen **Vorbereitungsarbeiten**
abgesehen, wie etwa Besichtigen der Räume, Ausmessen, ggf. Abladen und nicht störendes
Lagern von Material, mit den vorgesehenen Modernisierungsmaßnahmen zu beginnen
(→ Form. D.V.1 Anm. 6). Hierzu ist der Vermieter im Übrigen, sofern die Ankündigungsfrist von mindestens drei Monaten eingehalten ist, auch im Falle der **stillschweigenden
Vertragsverlängerung** nach § 545 BGB bzw. im Fall der Vorenthaltung iSv § 546a BGB,
also der **Nichterfüllung der Rückgabepflicht** gem. § 546 BGB, berechtigt.

6. § 555e Abs. 1 S. 2 BGB gewährt dem Mieter eine **Überlegungsfrist** von höchstens **zwei
Monaten** ab Zugang der Modernisierungsmitteilung des Vermieters. Bis zum Ablauf des auf
den Zugang der Ankündigung folgenden Monats muss der Mieter dem Vermieter die
Kündigung erklärt haben. § 555e Abs. 1 S. 1 BGB legt in Abänderung der früheren Rechtslage fest, dass der Mieter mit Wirkung **zum Ablauf des übernächsten Monats** ab Zugang der
Modernisierungsankündigung kündigen darf. Ist dem Mieter die Modernisierungsankündigung zwischen dem ersten und dritten Werktag des Monats zugegangen, und die Kündigung
so noch rechtzeitig zum dritten Werktag des Monats möglich, ist (wie nach altem Recht)
gewährleistet, dass die Arbeiten erst nach Auszug des Mieters beginnen werden (vgl. § 555c
Abs. 1 BGB: „drei Monate vor ihrem Beginn . . . . .“). Geht die Modernisierungsankündigung dem Mieter jedoch erst Mitte des Monats zu und kündigt er daraufhin noch im selben
Monat, dann endete das Mietverhältnis zum Ende des übernächsten Monats.
Versäumt der Mieter die in § 555e Abs. 1 S. 2 BGB bestimmte gesetzliche Frist, so kann
er die nachfolgende Geltendmachung der Mieterhöhung seitens des Vermieters gem.
§ 559 BGB zum Anlass einer **Sonderkündigung nach § 561 Abs. 1 S. 1 BGB** nehmen
(→ Form. D.V.7).

2. Kündigung des Mieters bei Verweigerung der Gebrauchsüberlassung an Dritte (§ 540 Abs. 1 S. 2 BGB)

. . . . .

(Mieter)

an

. . . . .

(Vermieter)

Sehr geehrte(r) . . . . .

bei unserer Unterredung am . . . . . hatte ich um Ihre Erlaubnis zur Untervermietung der von mir bislang selbst bewohnten Räume . . . . . an . . . . . nachgesucht.[1, 2] Da unser Mietverhältnis bis zum . . . . . befristet ist und Sie mich aus diesem Mietverhältnis vorzeitig nicht entlassen wollen, ich aber schon zum . . . . . meine neue Arbeitsstelle in . . . . antreten werde, bin ich aus finanziellen Gründen zu einer Untervermietung meiner Wohnung gezwungen.[3] Ich hatte Sie ferner darauf hingewiesen, dass die Untervermietung nach dem Mietvertrag unzulässigerweise ausgeschlossen ist.[4]

Nachdem Sie mir auf meine Anfrage hin ohne Angabe von Gründen ausdrücklich jegliche Untervermietung untersagt haben,[5]

kündige

ich hiermit gemäß § 540 Abs. 1 S. 2 BGB das zwischen uns bestehende Mietverhältnis über die Wohnung . . . . . gem. Mietvertrag vom . . . . . zum . . . . . (Ablauf des übernächsten Monats).[6]

. . . . .

(Mieter)

Anmerkungen

1. Dieses Sonderkündigungsrecht (→ Form. D.V.1) steht dem Mieter grundsätzlich in allen Fällen verweigerter Untervermietungserlaubnis zu, außer in der Person des in Aussicht genommenen Untermieters läge ein **wichtiger Grund** vor (→ Form. D.V Anm. 7). Dieser Begriff ist weit zu fassen (Schmidt-Futterer/*Blank* BGB § 540 Rn. 77): es müssen nicht nur wichtige Gründe unmittelbar in der Person des potenziellen Untermieters begründet sein (zB befürchtete Störung des Hausfriedens oder Überbelegung), sondern es genügt auch jede Änderung des vertraglich vereinbarten Mietgebrauchs durch die Drittüberlassung (OLG Köln NJW-RR 1997, 204; LG Berlin GE 1994, 51; LG Nürnberg-Fürth WuM 1991, 344). Das Bestehen eines Anspruchs des Wohnraummieters auf Erteilung einer Untervermietungserlaubnis nach § 553 BGB ist dagegen nicht Voraussetzung, was häufig übersehen wird (LG Berlin GE 1997, 189; vgl. auch LG Berlin WuM 1996, 763; so offenbar auch vermieterseits im Fall BGH NJW-RR 2010, 306). § 553 BGB erweitert die Rechte des Mieters unter den dort bestimmten Voraussetzungen (Teilüberlassung) um einen Anspruch auf Erlaubniserteilung, ohne dass damit das unter anderen Voraussetzungen stehende (Versagung ohne wichtigen Grund) Sonderkündigungsrecht des Mieters nach § 540 Abs. 1 S. 2 BGB berührt wäre (Schmidt-Futterer/*Blank* BGB § 540 Rn. 77; Palandt/*Weidenkaff* BGB § 553 Rn. 3). Das Sonderkündigungsrecht nach § 540 Abs. 1 S. 2 BGB besteht folglich auch dann, wenn der Mieter dem Dritten die Wohnung unter eigener Besitzaufgabe vollständig zum Gebrauch überlassen will.

In der Praxis wird dieses Sonderkündigungsrecht von Mieterseite gerne dazu benutzt, sich aus unliebsam gewordenen Mietverhältnissen vorzeitig zu lösen (vgl. *Schönleber* NZM 1998, 948: „Geheimtipp" für Mieter, welche sich aus einem längerfristigen, insb. befristeten Mietverhältnis vorzeitig lösen wollen). Hierfür genügt aber nicht lediglich die Versagung der Untervermietungserlaubnis, außer sie würde von vornherein generell verweigert, was auch durch bloßes Schweigen des Vermieters geschehen kann (hierzu näher sogleich). Vielmehr muss der Mieter beim Vermieter ordnungsgemäß um Erteilung der Erlaubnis nachgesucht haben, was grundsätzlich die namentliche Benennung des potenziellen Untermieters und die Darlegung der Gründe für die vorgesehene Drittüberlassung erfordert (LG Berlin GE 1988, 33; AG Neuss WuM 1989, 373; AG Tempelhof-Kreuzberg GE 1994, 1267: Angabe von Name, Alter und Beruf).

Die Kündigung wirkt mit dreimonatiger Frist, § 573d Abs. 2 BGB. Die Kündigungserklärung muss so rechtzeitig abgegeben werden, dass sie dem Vermieter spätestens am dritten Werktag des Kalendermonats zugeht, welcher diesem übernächsten Monat vorangeht. Für die Kündigungserklärung gilt das **Schriftformerfordernis** des § 568 Abs. 1 BGB (von allen Mietern an alle Vermieter; auf Zugangsnachweis achten: Beweislast liegt beim Mieter; Stellvertretung möglich, aber § 174 BGB berücksichtigen). Sonderkündigungen durch den Mieter bedürfen keiner Angabe von Gründen (zur Begründung, zur Umdeutung in eine ordentliche Kündigung und zur hilfsweisen ordentlichen Kündigung → Form. D.V.1 Anm. 1). So auch die hM hier zu § 540 Abs. 1 S. 2 BGB, wonach die **Begründung** mit der Erlaubnisverweigerung ohne wichtigen Grund wie bei allen außerordentlichen Kündigungen (außer seit dem 1.9.2001 bei fristlosen Kündigungen im Wohnraummietrecht – vgl. § 569 Abs. 4 BGB) fakultativ ist (BGH NJW 1987, 432 (433); BGH NJW 1980, 777 (779); OLG Karlsruhe NJW 1982, 2004; OLG Zweibrücken WuM 1981, 177; vgl. auch *Sonnenschein* Kündigungsprobleme bei Rechtsnachfolge, PiG 37, 1992, 95 (98) mwN bei Fn. 5), nach **aA** allerdings konstitutiv sein soll (LG Mannheim WuM 1982, 27; LG Mannheim WuM 1975, 226 (227); *Sternel* MietR aktuell IV Rn. 30, 36, 362, 486). Unter Beachtung des gerade für Rechtsberater maßgeblichen „sichersten Weges" sollte daher vorsorglich eine entsprechende Begründung in das schriftliche Kündigungsschreiben mit aufgenommen werden.

2. In der Praxis bereiten sowohl die Anfrage des Mieters als auch die Antwort des Vermieters – hierbei wird für gewöhnlich anwaltlicher Rat nicht bemüht – zum Teil größere Probleme bei der späteren Rechtsanwendung. So ist zunächst umstritten, was für den Fall gelten soll, dass der Mieter **generell** und ohne Bezug auf einen bestimmten Untermieter um Erlaubnis **nachfragt**. In diesem Fall besteht kein Sonderkündigungsrecht (LG Mönchengladbach NZM 2000, 181; vgl. auch OLG Koblenz NJW 2001, 1949 auch zur Frage der Bedeutung des Schweigens des Vermieters als Willenserklärung). Vielmehr gilt, dass der Vermieter nicht verpflichtet ist, gewissermaßen abstrakt eine von der Person des potentiellen Untermieters unabhängige, generelle Untermieterlaubnis zu erteilen (KG NJW-RR 1992, 1229). Das Sonderkündigungsrecht steht dem Mieter allerdings in diesem Fall dennoch zu, wenn der **Vermieter** eine vom Mieter gesetzte, angemessene Frist verstreichen lässt (AG Hamburg-Wandsbek WuM 1986, 314) oder innerhalb von 10 (LG Nürnberg-Fürth WuM 1995, 587) bis maximal 14 Tagen (AG Köln WuM 1998, 346) **nicht antwortet** (vgl. § 108 Abs. 2 S. 2 aE BGB analog).

Ferner kann die Antwort des Vermieters unklar und zweifelhaft sein, wenn dieser mit ausweichenden Floskeln sich die Entscheidung vorbehalten will oder gar seine Erlaubnis mit Auflagen und Bedingungen verknüpft. Hier gilt, dass eine solche Erteilung einer **Erlaubnis unter Bedingungen und Auflagen** als Verweigerung anzusehen ist (AG Albstadt WuM 1998, 556 – § 150 Abs. 2 BGB analog). Die Erlaubnis kann wegen Bedenken gegen die Person des Untermieters abgelehnt, jedoch nicht etwa von der Darlegung eines berechtigten Interesses an der Untervermietung abhängig gemacht werden (BGH NJW 2011, 1065).

Allerdings ist der Vermieter nicht von sich aus, sondern nur auf Verlangen des Mieters, damit dieser die Erfolgsaussichten seiner Sonderkündigung prüfen kann, zur **Begründung** seiner **Erlaubnisverweigerung** verpflichtet (Schmidt-Futterer/*Blank* BGB § 540 Rn. 75). Verweigert der Vermieter aber die Erlaubnis zur Untervermietung, ggf. sogar trotz Bestehens eines Anspruchs des Mieters hierauf nach § 553 BGB, aus Gründen, die im Gesetz oder im Mietvertrag keine Grundlage haben, kann der Mieter von seinem Sonderkündigungsrecht Gebrauch machen (BGH NJW 1972, 1267) und sogar daneben (ggf. auch im Hilfsverhältnis) **fristlos** nach § 543 Abs. 2 Nr. 1 BGB **kündigen**, da in der unberechtigten Erlaubnisverweigerung zugleich eine Entziehung des vertragsgemäßen Gebrauchs zu sehen ist (BGH NJW 1984, 1031; OLG Düsseldorf WuM 1995, 585).

Darüber hinaus stehen dem Mieter in diesem Fall **Schadensersatzansprüche** nach § 280 Abs. 1 S. 1 ggf. iVm §§ 281, 282, 324 BGB (früher pVV) zu (LG Berlin MM 1991, 264).

3. Von der bislang relativ einhelligen Meinung, wonach der Vermieter berechtigt ist, die Erlaubnis zur Untervermietung zu verweigern, wenn das **Hauptmietverhältnis nur noch kurze Zeit** währt, ist das LG Mannheim (WuM 2001, 549; vgl. auch LG Landshut WuM 1996, 408) jedenfalls für den Fall abgerückt, dass der Vermieter die Erteilung der Erlaubnis generell und endgültig verweigere, ohne die Benennung des konkreten Untermieter abzuwarten. Nach Auffassung des LG Mannheim komme es in diesem Fall darauf an, ob dem Vermieter die Erteilung der Untervermietungserlaubnis zuzumuten sei. Dies könne der Vermieter allerdings nur prüfen, wenn ihm die Person des Untermieters und die Art der beabsichtigten Überlassung bekannt sein. Allein der Umstand, dass der Hauptmieter zur Überlassung der Wohnung nur noch kurze Zeit berechtigt sei, rechtfertige die generelle Verweigerung jedenfalls nicht, da es durchaus möglich sei, dass der Mieter einen seriösen Untermieter präsentiere, der die Wohnung auch nur für eine kurze Übergangszeit benötige. Bei Vermietern sollte damit auch bei kurzer Restmietdauer gegenüber dem um Erlaubnis nachfragenden Mieter auf die Benennung des Untermieters und die Erläuterung der beabsichtigten Überlassung nicht verzichtet werden.

Eine bloß **vorgeschobene Weiterüberlassungsabsicht**, bei der es tatsächlich an einem Nutzungsinteresse des Dritten fehlt, ist nach § 242 BGB unbeachtlich (BGH NJW-RR 2010, 306).

4. Zumindest der **formularmäßige Ausschluss** des Sonderkündigungsrechts des Mieters bei Versagung der Untermieterlaubnis in Wohnraummietverträgen ist nach hM **unzulässig** (vgl. LG Bonn NZM 2003, 397; LG Ellwangen WuM 1982, 297; LG Hamburg WuM 1992, 689 und WuM 1990, 115 (116); vgl. auch BGH NJW 1995, 2034) und nur **individualvertraglich** rechtswirksam (LG Berlin MM 1996, 453).

5. Der Mieter ist jedenfalls nicht von vornherein verpflichtet, dem Vermieter eine bestimmte Person als in Aussicht genommenen Untermieter vorzustellen. Fragt er beim **Vermieter** wegen einer generellen Erlaubnis zur Untervermietung nach und **lehnt** dieser daraufhin **generell**, also unter allen Umständen eine Untervermietung **ab,** so ist das Sonderkündigungsrecht für den Mieter eröffnet (LG Berlin NZM 1998, 372; LG Hamburg NJW-RR 1999, 664). Es wäre dann eine bloße Förmelei, auf der Benennung eines konkreten Untermieters zu bestehen (KG ZMR 1996, 648; LG Berlin MM 1996, 451; LG Hamburg NZM 1998, 1003; LG Köln WuM 1994, 468; AG Villingen-Schwenningen WuM 1995, 436; **aA** LG Gießen WuM 1997, 368).

6. Kann das Mietverhältnis außerordentlich mit der gesetzlichen Frist gekündigt werden, so ist die Kündigung spätestens am dritten Werktag eines Kalendermonats (Zugang der Erklärung beim Empfänger!) zum Ablauf des übernächsten Monats auszusprechen (§ 573d Abs. 3 BGB oder § 575a Abs. 3 BGB). Dabei muss die Sonderkündigung nicht zum nächsten möglichen Termin erfolgen, wohl aber alsbald nach einer angemessenen Überlegungsfrist, da sie ansonsten **verwirkt** sein kann (vgl. BGH NJW 1972, 1267).

Wie vorstehend unter → Anm. 1 bereits ausgeführt, steht dem Mieter kein Sonderkündigungsrecht zur Seite, wenn der Vermieter einen **wichtigen Grund** zur Verweigerung der Untervermietungserlaubnis hat. Wichtige Gründe iSd § 540 Abs. 1 S. 2 BGB sind namentlich persönliche Eigenschaften des Dritten, aufgrund derer eine Beeinträchtigung der Mitmieter oder des vertragsgemäßen Gebrauchs der Wohnräume droht, aber auch darüber hinaus alle wesentlichen Umstände, aufgrund derer dem Vermieter nach den Umständen des Einzelfalls mit Rücksicht auf die Person des Dritten die Überlassung des Gebrauchs der Sache an diesen Dritten nicht mehr zuzumuten ist. Die **fehlende Kreditwürdigkeit** des vom Mieter in Aussicht genommenen Untermieters stellt keinen Ablehnungsgrund dar (LG Berlin NZM 2002, 947; AG Hamburg-Harburg WuM 2000, 188;

vgl. für den Fall des § 563 Abs. 4 BGB bei gefährdet erscheinender Leistungsfähigkeit sogar des eintretenden Mieters: BGH 31.1.2018 – VIII ZR 105/17, NJW 2018, 2397; anders dagegen für das gewerbliche Mietrecht BGH NJW 2007, 288).

Mit der **Darlegung und dem Nachweis** dieser Gründe ist im Streitfall der Vermieter belastet (→ Form. B.II.1).

3. Kündigung bei Vertrag über mehr als dreißig Jahre (§ 544 S. 1 BGB)

. . . . .

(Vermieter)

an

. . . . .

(Mieter)

Sehr geehrte(r) . . . . .,

seit dem . . . . . bewohnen Sie mein Landhaus in . . . . . zur Miete. Wir haben damals unter anderem vereinbart, dass auf diesen Vertrag das deutsche Recht Anwendung findet und dass das Mietverhältnis frühestens nach dreißig Jahren zum dritten Werktag eines jeden Monats unter Einhaltung einer Kündigungsfrist von einem Jahr beiderseitig gekündigt werden kann.[1, 2]

Dies vorausgeschickt

kündige

ich hiermit gemäß § 544 S. 1 BGB dieses zwischen uns bestehende Mietverhältnis gem. Mietvertrag vom . . . . . zum . . . . . (Ablauf des übernächsten Monats).[3]

Zur Begründung dieser Kündigung ist festzuhalten: . . . . .[4]

. . . . .

(Vermieter)

Anmerkungen

1. Das von § 544 S. 1 BGB gewährte Sonderkündigungsrecht (→ Form. D.V.1) soll die Entstehung von **Erbmietverhältnissen verhindern**. Die Bestimmung spielt im Wohnraummietrecht praktisch keine Rolle, durchaus aber im Gewerberaummietrecht (→ Form. D.V.3). Sie dient sowohl dem Schutz beider Vertragsparteien vor übermäßiger Bindung als auch mittelbar der Absicherung des vorgegebenen Bestandes der Sachenrechte des BGB, indem einer Verewigung derjenigen schuldrechtlichen Verhältnisse entgegengewirkt wird, die nach den vom BGB anerkannten Vertragstypen (Miete, Pacht, Leihe) zwar zur Nutzung auf Dauer, nicht aber auf ewige Dauer berechtigen (vgl. näher *Großfeld/Gersch* JZ 1988, 937).

Bei unbefristeten Mietverhältnissen, die lediglich seit mehr als 30 Jahren andauern, gibt § 544 BGB kein Sonderkündigungsrecht. Die Bestimmung wendet sich nach ihrem Sinn und Zweck allein gegen den Bestand eines wie auch immer befristeten Mietverhältnisses, bei welchem die **Verpflichtung zu einer Bindung über mehr als 30 Jahre** mit Abschluss des Mietvertrages übernommen wurde. Der für mehr als 30 Jahre geschlossene Mietvertrag ist wirksam. Er wird lediglich nach Ablauf von 30 Jahren – unabhängig von einem etwa entgegenstehenden Willen der Parteien – kündbar. Gleiches gilt auch für einen dauerhaften, individualvertraglich vereinbarten Kündigungsausschluss (OLG Frankfurt NZM 1999, 419; vgl. auch BGH 8.5.2018 – VIII ZR 200/17, NZM 2018, 556).

Haben die Parteien einen **Mietvertrag auf Lebenszeit** des Vermieters oder des Mieters geschlossen, gewährt das Gesetz dagegen kein Sonderkündigungsrecht, § 544 S. 2 BGB. Ein solcher auf Lebenszeit abgeschlossener Mietvertrag endet regelmäßig erst mit dem Tod der entsprechenden Vertragspartei. Zu beachten ist, dass hierin ein Ausnahmetatbestand zu §§ 563, 564 BGB liegt. Für einen Eintritt der dort genannten Personen in das Mietverhältnis oder seine Fortsetzung mit den Erben nach diesen Bestimmungen ist damit kein Raum mehr, da das Mietverhältnis mit dem Tod des Vermieters/Mieters fortgefallen ist (vgl. *Sternel* MietR aktuell I Rn. 75, IV Rn. 536).

Da die Rechtsprechung derartige Lebenszeitverträge als befristete Mietverträge ansieht (BayObLG NJW-RR 1993, 1164), gelten für sie nach neuem Recht die engen Voraussetzungen des § 575 Abs. 1 S. 1 Nr. 1 bis 3 BGB. Damit hat § 544 S. 2 BGB keinen Anwendungsbereich mehr, sondern gilt nur noch für Lebenszeitverträge, die vor dem 1.9.2001 abgeschlossen wurden (vgl. Art. 229 § 3 Abs. 3 EGBGB). Denn § 575 BGB verlangt eine vom Vermieter beabsichtigte konkrete künftige Verwendung. Beim Lebenszeitvertrag ist aber lediglich der Eintritt des Fristendes gewiss, nicht jedoch dessen konkreter Zeitpunkt. Dies ist nach § 575 BGB kein zulässiger Befristungsgrund mehr mit der Folge, dass sich jedenfalls der Vermieter nicht auf die Vertragsdauer auf Lebenszeit berufen kann, sondern das Mietverhältnis als auf unbestimmte Zeit abgeschlossen gilt und daher in der Regel vom Mieter mit den Fristen des § 573c Abs. 1 BGB gekündigt werden kann.

2. Wegen des Gesetzeszwecks gilt § 544 BGB auch in Fällen wie dem vorliegenden – eine Abwandlung des Falles OLG Frankfurt NZM 1999, 419 – bei dem der Ausschluss des Kündigungsrechts für einen Zeitraum von mehr als dreißig Jahren zu der übermäßigen vertraglichen Bindung führt.

3. Die Kündigung wirkt mit dreimonatiger Frist (vgl. § 573d Abs. 2 BGB). Die Kündigungserklärung muss so rechtzeitig abgegeben werden, dass sie dem Vermieter spätestens am dritten Werktag des Kalendermonats zugeht, welcher dem übernächsten Monat vorangeht. Für die Kündigungserklärung gilt das **Schriftformerfordernis** des § 568 Abs. 1 BGB (von allen kündigenden Vertragsparteien an alle Vertragspartner; auf Zugangsnachweis achten: Beweislast liegt beim Kündigenden; Stellvertretung möglich, aber § 174 BGB berücksichtigen). Die Kündigung durch den Mieter bedarf keiner Angabe von Gründen (zur Begründung, zur Umdeutung in eine ordentliche Kündigung und zur hilfsweisen ordentlichen Kündigung → Form. D.V.1), wohl aber die Kündigung durch den Vermieter (→ Form. D.V.1 Anm. 4).

Nach Ablauf der 30-jährigen Bindung im vorliegenden Fall hätte der Vermieter, und Gleiches gilt selbstverständlich auch für den Mieter, mit den (längeren) Fristen des § 573c Abs. 1 BGB kündigen können, sofern man nicht von einer hiervon zulässigerweise abweichenden Vereinbarung im Mietvertrag selbst ausgeht (vgl. Art. 229 § 3 Abs. 10 EGBGB), die dann maßgeblich wäre (zu dieser Problematik eingehend → Form. D.V.1 Anm. 1). Hier hat sich der Vermieter aber für die alternativ mögliche außerordentliche Kündigung mit gesetzlicher Frist entschieden.

Diese Sonderkündigung kann erst – aber auch sofort – nach Ablauf von dreißig Jahren erklärt werden; eine vorfristige Kündigung, wenn auch mit Wirkung nach Ablauf von 30 Jahren, ist unwirksam (Schmidt-Futterer/*Lammel* BGB § 544 Rn. 15). Hier ergibt sich die gesetzliche Kündigungsfrist aus § 573d Abs. 2 BGB. Bei einem nach dem 1.9.2001 geschlossenen zulässigen Zeitmietvertrag wäre sie § 575a Abs. 3 BGB zu entnehmen.

4. Vom Erfordernis der **Darlegung eines berechtigten Interesses** ist der Vermieter nicht befreit. § 573d Abs. 1 BGB und § 575a Abs. 1 BGB erklären § 573 BGB ausdrücklich für entsprechend anwendbar. Auch die **Hinweispflicht** des § 568 Abs. 2 BGB ist zu beachten (zum berechtigten Interesse des Vermieters bei der ordentlichen Kündigung → Form. D. III. und zur Geltung der Mieterschutzbestimmungen – auch der Sozialklausel nach den §§ 574 ff. BGB – in den Fällen der außerordentlichen Kündigung mit gesetzlicher Frist eingehender → Form. D.V.1 Anm. 1).

4. Kündigung des Vermieters bei Tod des Mieters gegenüber dem Eintretenden (§ 563 Abs. 4 BGB)

. . . . .

(Vermieter)

an

. . . . .

(Eintretender)

Sehr geehrte(r) . . . . .,

auf meine Anfrage vom . . . . . hatten Sie mir mit Schreiben vom . . . . ., bei mir eingegangen am . . . . ., angezeigt, dass Sie die bislang von Ihrer am . . . . . verstorbenen Mutter und von Ihnen auf der Grundlage des zwischen ihrer Mutter und mir abgeschlossenen Mietvertrages vom . . . . . bewohnte Wohnung . . . . . fortan allein bewohnen wollen.[1, 2]

Nach reiflicher Überlegung bin ich zu dem Entschluss gekommen, das Mietverhältnis mit Ihnen nicht fortzusetzen.[3]

Daher

kündige

ich hiermit gemäß § 563 Abs. 4 BGB das zwischen uns bestehende Mietverhältnis über die Wohnung . . . . . nach Maßgabe des og Mietvertrages zum . . . . . (Ablauf des übernächsten Monats).[4]

Hierfür sind folgende Gründe maßgeblich: . . . . .[5]

. . . . .

(Vermieter)

Anmerkungen

1. Der Gesetzgeber hat mit der Neufassung in § 563 BGB den Kreis der Eintretenden in das Mietverhältnis auf Mieterseite nach dem Tode des Mieters erheblich erweitert. Ursprünglich gehörten hierzu der **Ehegatte** und **andere Familienangehörige**, welche mit dem Mieter einen gemeinsamen Hausstand in der Mietwohnung geführt haben (§ 569a Abs. 1 und 2 BGB aF; vgl. auch § 569b BGB aF), von der Rechtsprechung auch auf den **Partner einer (auf Dauer angelegten) nichtehelichen Lebensgemeinschaft** entsprechend erweitert (vgl. nur BGH NJW 1993, 999). Nunmehr gehört hierzu auch der **Lebenspartner nach**

dem Lebenspartnerschaftsgesetz, der dem Ehegatten gleichgestellt wird, und (neben den Kindern und sonstigen Familienangehörigen, welche mit dem Mieter einen gemeinsamen Haushalt führen) treten jetzt weiter beliebige **sonstige Personen** in das Mietverhältnis ein, **die mit dem Mieter einen auf Dauer angelegten gemeinsamen Haushalt führen** (§ 563 Abs. 2 S. 4 BGB, sehr kritisch hierzu *Emmerich* NZM 2001, 777 (783); vgl. dagegen *Grundmann* NJW 2001, 2497 (2502), aus dem Blickwinkel der Ministerialbürokratie).

§ 563 BGB steht an der Spitze der gesetzlichen Regelung zur Nachfolge in das Mietverhältnis beim Tode des Mieters. Danach ist zwischen **Eintretenden** (§ 563 BGB), **Mitmietern** (§ 563a BGB) und **Erben** (§ 564 BGB) zu unterscheiden. Die Übersicht bei der Anwendung dieser gesetzlichen Regelungen ist ein wenig dadurch erschwert, dass sämtliche vom Gesetz an die jeweilige Personengruppe anknüpfenden Voraussetzungen in ein und derselben Person zugleich vorliegen können. So ist es nicht außergewöhnlich, dass jemand, der mit dem verstorbenen Mieter einen gemeinsamen Haushalt geführt hat, zugleich überlebende Mietvertragspartei und aber auch Erbe des verstorbenen Mieters ist. Nicht weniger schwierig ist das Verhältnis der einzelnen Tatbestände untereinander, wenn es darauf ankommt, zu beurteilen, wer nun vor oder neben wem in das Mietverhältnis eintritt bzw. es fortsetzt. Ferner ist zu beachten, dass die Berechtigung von **Mitmietern, denen die von § 563 BGB verlangte Verbundenheit fehlt** (zB die frühere Lebensgefährtin des Verstorbenen), im Gesetz keine besondere Regelung erfahren hat, so dass sich deren Verhältnis zu den eintretenden Personen iSv § 563 BGB sowie den Erben nach den allgemeinen Regeln beurteilt.

Auszugehen ist davon, dass das **Mietverhältnis durch den Tod des Mieters nicht beendet** wird; theoretische Ausnahme: der Lebenszeitvertrag nach § 544 S. 2 BGB (→ Form. D.V.3 Anm. 1). Dass der Tod des Mieters kein Beendigungstatbestand für das Mietverhältnis ist, ergibt sich auch aus § 564 S. 1 BGB, der bestimmt, dass das Mietverhältnis beim Fehlen vorrangig Berechtigter mit dem Erben des Mieters im Wege der Universalsukzession fortgesetzt wird (§§ 1922, 1967 BGB). **Sonderregelungen zur Rechtsnachfolge** im Verhältnis zu den allgemeinen erbrechtlichen Bestimmungen treffen sowohl § 563 BGB für Personen, die mit dem Mieter einen gemeinsamen Haushalt führen, als auch § 563a BGB für Mitmieter des verstorbenen Mieters. Ergibt sich eine Rechtsnachfolge aus § 563 oder 563a BGB, so findet § 564 BGB keine Anwendung, wie sich bereits aus dessen S. 1 ergibt. Unklar ist allerdings das **Verhältnis der §§ 563, 563a BGB zueinander**. Nach der hM zum alten Recht fand § 569a Abs. 2 BGB aF (jetzt § 563 Abs. 2 BGB) auch bei einer **Mehrheit von Mietern** Anwendung, mit der Folge, dass beim Tode eines von mehreren Mietern, gleich wie wenn nur der bisherige Alleinmieter verstorben wäre, ein Eintritt der jetzt von § 563 Abs. 2 BGB bezeichneten Personen in das Mietverhältnis neben dem überlebenden Mitmieter des Verstorbenen grundsätzlich bejaht wurde (vgl. OLG Karlsruhe NJW 1990, 581; *Sternel* MietR aktuell I Rn. 76). Einzige Ausnahme hierzu war der in § 569b BGB aF geregelte Sonderfall eines Mietverhältnisses mit beiden Ehegatten. Hier schloss der Ehegatte, der zugleich überlebender Mitmieter des Verstorbenen war, andere Personen von einem Eintritt in das Mietverhältnis neben ihm aus (vgl. OLG Karlsruhe NJW 1990, 581; *Sternel* MietR aktuell I Rn. 77).

Auch die Vorschrift des § 569b BGB aF wurde – ebenso wie § 569a BGB aF, wie vorstehend schon angemerkt – durch das Mietrechtsreformgesetz 2001 dahingehend ausgeweitet, dass eine Fortsetzung des Mietverhältnisses nicht mehr nur mit dem Ehegatten, sondern auch mit sämtlichen, zu dem in § 563 BGB genannten Kreis gehörende Personen, welche mit dem Verstorbenen gemeinsam Mieter waren, bestimmt wird. Der Gesetzgeber hielt eine solche Ausweitung mit dem Ziel, den Vorrang des genannten Personenkreises vor dem oder den Erben durchzusetzen, nur für folgerichtig (BT-Drs. 14/4553, 62). Demnach könnte man jetzt davon ausgehen, dass ein Eintritt der in § 563 BGB genannten Personen, die nicht gemeinsam mit dem Verstorbenen Mieter sind, neben den das Mietverhältnis nach § 563a BGB fortsetzenden überlebenden Mitmietern ausgeschlossen sein soll (so Palandt/*Weidenkaff* BGB § 563a Rn. 3). Dies würde bedeuten, dass der Gesetzgeber die Rechtsstellung der in § 563 BGB genannten Personen, die nicht gemeinsam mit dem Verstorbenen Mieter sind, verschlechtert hätte (so zu Recht *Sonnenschein* WuM 2000, 387 (405); vgl. auch Palandt/*Weidenkaff* BGB § 563 Rn. 4 ff.). Ob diesen Personen damit der Eintritt versagt ist, sich also die vom OLG Karlsruhe (NJW 1990, 581) entschiedene Rechtsfrage so jetzt nicht mehr stellt, ist indessen mehr als zweifelhaft. Denn der Gesetzgeber hat dieses Problem offensichtlich gar nicht gesehen. Die Gesetzesbegründung lässt jedenfalls jegliche Auseinandersetzung hiermit vermissen. Es handelte sich für den Gesetzgeber – in einseitiger Betrachtung der abzuwägenden Interessen des in § 563 BGB genannten Personenkreises zu denen der Erben bzw. des Vermieters – bloß um eine „folgerichtige Ausdehnung" (BT-Drs. 14/4553, 62). Dieses Problem wird, soweit ersichtlich, auch im Schrifttum nicht weiter diskutiert.

Da der Gesetzgeber die ursprünglich sowohl durch § 569a BGB aF als auch durch § 569b BGB aF privilegierten Personen (Ehegatten) wiederum exakt gleichermaßen in § 563 BGB wie auch in § 563a BGB ausgedehnt hat, besteht kein Grund, die Ausführungen in der Entscheidung des OLG Karlsruhe (NJW 1990, 581) nicht auch auf diesen erweiterten Personenkreis entsprechend anzuwenden. Dies bedeutet, dass der oder die überlebenden Mitmieter, soweit sie im Verhältnis zu dem verstorbenen Mitmieter zu dem privilegierten Personenkreis des § 563 BGB gehören, etwaige eintrittsberechtigte Personen (die folglich ebenfalls demselben Personenkreis zuzurechnen sind) verdrängen und daher das Mietverhältnis mit ihnen allein fortgesetzt wird. Nur dann, wenn der oder die gemeinsamen Mieter eines Wohnraummietverhältnisses untereinander nicht über § 563 BGB verbunden sind, treten die eintrittsberechtigten Personen in Bezug auf den verstorbenen Mieter neben dem oder den überlebenden Mitmietern gleichrangig in das Mietverhältnis ein (sofern sie keine Erklärung iSv § 563 Abs. 3 BGB abgeben – hierzu näher sogleich). **Mitmieter, denen die von § 563 BGB verlangte Verbundenheit fehlt** (zB die frühere Lebensgefährtin des Verstorbenen), behalten neben eintretenden Personen iSv § 563 BGB ihr Mietrecht bzw. ihren Anteil an dem Mietverhältnis (vgl. Palandt/*Weidenkaff* BGB § 563 Rn. 6). Hier findet die soeben beschriebene Verdrängung des nach § 563 BGB Eintrittsberechtigten durch den nach § 563a BGB Fortsetzenden jedenfalls nicht statt. Sind keine Eintretenden iSv § 563 BGB vorhanden, so setzen die Erben des Verstorbenen das Mietverhältnis neben dem nicht iSv § 563 BGB verbundenen Mitmieter fort.

2. Das Gesetz gibt dem Eingetretenen das Recht, die Fortsetzung des Mietverhältnisses abzulehnen, § 563 Abs. 3 BGB. Bei diesem **Ablehnungsrecht** handelt es sich um eine einseitige formfreie Gestaltungserklärung, die nur innerhalb einer **Ausschlussfrist von einem Monat** – gerechnet ab Kenntnis des Eintretenden vom Tode des Mieters – erfolgen kann (so bereits das alte Recht: *Sternel* MietR aktuell I Rn. 84 ff.). Liegt schon vor Ablauf der Ausschlussfrist – unter Umständen nach vorheriger Aufforderung mit Fristsetzung hierzu durch den Vermieter – eine Erklärung des Eingetretenen vor, aus der sich ergibt, dass er das Mietverhältnis fortsetzt, so weiß der Vermieter schon zu diesem Zeitpunkt um die **Endgültigkeit des Eintritts.** **Innerhalb eines Monats,** nachdem der Vermieter so von dem endgültigen Eintritt in das Mietverhältnis Kenntnis erlangt hat, kann er das Mietverhältnis gemäß § 563 Abs. 4 BGB außerordentlich mit der gesetzlichen Frist kündigen.

3. Dieses Sonderkündigungsrecht (→ Form. D.V.1 Anm. 1) des Vermieters ist gegeben, wenn in der Person des Eingetretenen ein **wichtiger Grund** vorliegt, § 563 Abs. 4 BGB. Nach hM ist der Maßstab für das Vorliegen eines wichtigen Grundes derselbe wie bei der Ablehnung der Untervermietungserlaubnis nach § 540 Abs. 1 S. 2 (→ Form. B.II.1, → Form. D.V.2 Anm. 6). Als wichtiger Grund werden zB angesehen: objektive Zahlungsunfähigkeit, unsittlicher Lebenswandel und auch die persönliche Feindschaft zwischen Vermieter und Eingetretenem (vgl. nur *Lützenkirchen* WuM 1990, 413 mwN), nicht aber nur gefährdet erscheinende finanzielle Leistungsfähigkeit, außer es bestehen objektive Umstände für einen baldigen Zahlungsausfall (BGH 31.1.2018 – VIII ZR 105/17, NZM 2018, 325). Bei einer **Mehrheit von Eingetretenen** soll nach hM das Vorliegen eines wichtigen Grundes bei nur einem der Eingetretenen zur Kündigung gegenüber allen berechtigen (Palandt/*Weidenkaff* BGB § 563 Rn. 23; **aA** etwa *Sternel* MietR aktuell I Rn. 86).

Unklar war zum früheren Recht, ob neben dem Vorliegen eines wichtigen Grundes **zusätzlich ein berechtigtes Interesse des Vermieters** iSv § 573 BGB vorhanden sein müsse oder ob bei Vorliegen eines wichtigen Grundes zugleich ein solches berechtigtes Interesse iSv § 573 BGB gegeben sei. Hierzu ist festzuhalten, dass die Kündigung nach § 563 Abs. 4 BGB sich vorrangig an den Vorschriften des Mieterschutzes messen lassen muss. Dies ergibt sich jetzt ausdrücklich aus §§ 573d Abs. 1 iVm 573 BGB, wonach lediglich die Vermieterkündigung nach § 564 BGB (→ Form. D.V.5) vom Erfordernis des berechtigten Vermieterinteresses ausgenommen ist. Es ist also stets erforderlich, dass der Vermieter ein berechtigtes Interesse iSv § 573 BGB hat (OLG Karlsruhe WuM 1984, 43). Will er das Sonderkündigungsrecht des § 563 Abs. 4 BGB in Anspruch nehmen, so hat er zusätzlich einen wichtigen Grund im Sinne dieser Bestimmung darzulegen, wobei allerdings in der Regel – nicht aber immer oder automatisch – in dem wichtigen Grund auch ein berechtigtes Interesse liegen dürfte (vgl. allg. zur Begründung, zur Umdeutung in eine ordentliche Kündigung und zur hilfsweisen ordentlichen Kündigung → Form. D.V.1 Anm. 1).

4. Kann das Mietverhältnis außerordentlich mit der gesetzlichen Frist gekündigt werden, so ist die Kündigung spätestens am dritten Werktag eines Kalendermonats (Zugang der Erklärung beim Empfänger!) zum Ablauf des übernächsten Monats auszusprechen (§ 563 Abs. 4 BGB). Für die Kündigungserklärung des Vermieters gilt das **Schriftformerfordernis** des § 568 Abs. 1 BGB (von allen Vermietern an alle Eintretenden; auf Zugangsnachweis achten: Beweislast liegt beim Vermieter; Stellvertretung möglich, aber § 174 BGB berücksichtigen). Ist **gegenüber einer Mehrheit** von zur Erbschaft berufenen Personen zu **kündigen,** so ist zu beachten, dass eine derartige Kündigung nur Rechtswirkungen zeitigt, wenn sie gegenüber sämtlichen Miterben erfolgt. Die Kündigung stellt als Gestaltungsrecht eine Verfügung über „das Mietverhältnis" dar. Wegen der Einheitlichkeit des Mietverhältnisses hat die Kündigung grundsätzlich an alle in die Rechtsstellung des Mieters eintretenden Personen zu erfolgen (vgl. BGH NJW 2000, 3133) und ist andernfalls auch gegenüber denjenigen unwirksam, denen gegenüber die Kündigung ausgesprochen ist und zugeht.

5. Vom Erfordernis der **Darlegung eines berechtigten Interesses** ist der Vermieter – wie eben bereits dargelegt – nicht befreit. § 573d Abs. 1 BGB und § 57a Abs. 1 BGB erklären § 573 BGB ausdrücklich für entsprechend anwendbar. Auch die **Hinweispflicht** des § 568 Abs. 2 BGB ist zu beachten (vgl. zum berechtigten Interesse des Vermieters bei der ordentlichen Kündigung → Form. D.III. und zur Geltung der Mieterschutzbestimmungen – auch der Sozialklausel nach den §§ 574 ff. BGB – in den Fällen der außerordentlichen Kündigung mit gesetzlicher Frist eingehender → Form. D.V.1 Anm. 1). Das Erfordernis eines wichtigen Grundes iSd § 563 Abs. 4 BGB allein vermag den Mieterschutz nicht zu beseitigen (→ Form. D.V.1 Anm. 3).

5. Kündigung des Vermieters bei Tod des Mieters gegenüber dem Erben (§ 564 S. 2 BGB)

. . . . .

(Vermieter)

an

. . . . .

(Erbe)

Sehr geehrte(r) . . . . .,

mit Schreiben vom . . . . ., bei mir eingegangen am . . . . ., hatten Sie mir gegenüber angezeigt, dass Sie als alleinige Erbin Ihrer am . . . . . verstorbenen Mutter in die bis zu ihrem Tode von dieser allein bewohnte Wohnung . . . . . eingezogen sind, um die Räume fortan selbst zu bewohnen.[1, 2]

Nach reiflicher Überlegung bin ich zu dem Entschluss gekommen, das Mietverhältnis mit Ihnen nicht fortzusetzen. Daher

kündige

ich hiermit gemäß § 564 S. 2 BGB das zwischen uns bestehende Mietverhältnis über die Wohnung . . . . . gem. Mietvertrag vom . . . . . zum . . . . . (Ablauf des übernächsten Monats).[3]

Allein der guten Ordnung halber darf ich meine Erwägungen hierfür wie folgt festhalten: . . . . .[4]

. . . . .

(Vermieter)

Anmerkungen

1. Das Sonderkündigungsrecht (→ Form. D.V.1 Anm. 1) des § 564 S. 2 BGB ist Ausfluss der **Personenbezogenheit des Mietverhältnisses.** Der Tod des Mieters stellt einen einschneidenden Tatbestand innerhalb des Mietverhältnisses dar, welcher – trotz des Grundsatzes, dass der Tod einer Mietvertragspartei den Mietvertrag nicht beendet, dieser vielmehr mit dem oder den Erben fortgesetzt wird – ohne weiteres das Sonderkündigungsrecht des Vermieters entstehen lässt. Der Vermieter (wie im Übrigen auch die Erben des verstorbenen Mieters → Form. D.V.6) soll die Gelegenheit zur Neuorientierung nach dem Tode „seines" Mieters allerdings nur innerhalb der Frist, die ihm das Gesetz für seine Überlegung zubilligt, wahrnehmen können (zur eigenartigen Bestimmung des Beginns des Fristlaufes sogleich → Form. D.V.5 Anm. 2).

2. Das Gesetz gibt dem Vermieter zur Ausübung seines Sonderkündigungsrechtes **einen Monat** Zeit. Diese **Überlegungsfrist** beginnt nach § 564 S. 2 BGB zu laufen, sobald der Vermieter vom Tod des Mieters und davon Kenntnis erlangt hat, dass ein Eintritt in das Mietverhältnis von in § 563 BGB genannten Personen (Ehegatten, Kinder, Lebenspartner, andere Familienangehörige, die mit dem Mieter einen gemeinsamen Haushalt geführt haben sowie sonstige Personen, die mit dem Mieter einen auf Dauer angelegten gemeinsamen Haushalt geführt haben) oder dessen Fortsetzung durch in § 563a BGB genannte Personen (Mitmieter) nicht erfolgt ist.

Die Bezugnahme in § 564 BGB auf die §§ 563, 563a BGB und die dort getroffene Regelung für den Beginn des Fristlaufes kann in der Praxis zu Problemen führen: Eintretende können innerhalb der Frist des § 563 Abs. 3 BGB (ebenfalls ein Monat) eine Ablehnungserklärung abgeben. Der Eintritt in das Mietverhältnis gilt dann als nicht erfolgt. Wird vom Eintretenden eine solche Nichtfortsetzungserklärung – bspw. nach Aufforderung hierzu seitens des Vermieters – abgegeben, so weiß der Vermieter sicher, dass ein Eintritt nicht erfolgt. Er weiß auch sicher, dass eine Fortsetzung des Mietverhältnisses nicht erfolgt, wenn (sämtliche) überlebenden (Mit-)Mieter ihm gegenüber das Mietverhältnis innerhalb der Frist des § 563a Abs. 2 BGB (wiederum ein Monat) gekündigt haben, unabhängig davon, dass hierfür auch Voraussetzung ist, dass die überlebenden (Mit-)Mieter vom Tode des Mieters Kenntnis erlangt haben. Anders als die Ablehnungserklärung nach § 563 Abs. 3 S. 1 BGB wirkt die Kündigung des Fortsetzenden nach § 563 Abs. 2 BGB aber nicht zurück, sondern allein für die Zukunft. Hierdurch bedingt sind zeitliche Verschiebungen und **Unsicherheiten bei der Ermittlung des ersten zulässigen Kündigungstermins** denkbar, weshalb die Verweisung in § 564 BGB dem Regelungsproblem nicht gerecht wird.

Entscheidend für die Ermittlung des ersten zulässigen Kündigungstermins ist, ob und wann es dem Vermieter subjektiv möglich ist, nach § 564 S. 2 BGB zu kündigen. Einzuhalten hat der Vermieter **den Kündigungstermin, für den ihm bei Beobachtung der im Verkehr erforderlichen Sorgfalt die Kündigung zum ersten Mal möglich ist.** Daraus können sich Erkundigungspflichten hinsichtlich der näheren Umstände und der Person des Erben ergeben, sobald er vom Tod des Mieters erfahren hat (OLG Hamm WuM 1981, 263). Der Kündigungszeitpunkt ist damit nicht allein objektiv bzw. absolut zu bestimmen. Stehen die Erben trotz aller zumutbarer Bemühungen des Vermieters innerhalb eines angemessenen, nur im konkreten Einzelfall bestimmbaren Zeitraums immer noch nicht fest, kann der Vermieter auch gehalten sein, beim Nachlassgericht einen **Nachlasspfleger** (vgl. §§ 1960 ff. BGB) zu bestellen und diesem gegenüber zu kündigen, selbst bei fehlendem Nachlassvermögen (vgl. KG 2.8.2017 – 19 W 102/17, NZM 2017, 823).

3. Kann das Mietverhältnis außerordentlich mit der gesetzlichen Frist gekündigt werden, so ist die Kündigung spätestens am dritten Werktag eines Kalendermonats (Zugang der Erklärung beim Empfänger) zum Ablauf des übernächsten Monats auszusprechen (§ 573d Abs. 2 BGB bzw. § 575a Abs. 3 BGB). Für die Kündigungserklärung des Vermieters gilt das **Schriftformerfordernis** des § 568 Abs. 1 BGB (von allen Vermietern an alle Erben; auf Zugangsnachweis achten: Beweislast liegt beim Vermieter; Stellvertretung möglich, aber § 174 BGB berücksichtigen). Ist **gegenüber einer Mehrheit** von zur Erben zu **kündigen,** so ist zu beachten, dass eine derartige Kündigung nur Rechtswirkungen zeitigt, wenn sie gegenüber sämtlichen Miterben erfolgt. Die Kündigung stellt als Gestaltungsrecht eine Verfügung über „das Mietverhältnis" dar. Wegen der Einheitlichkeit des Mietverhältnisses hat die Kündigung grundsätzlich an alle in die Rechtsstellung des Mieters eintretenden Personen zu erfolgen (vgl. BGH NJW 2000, 3133) und ist andernfalls auch gegenüber denjenigen unwirksam, denen gegenüber die Kündigung ausgesprochen ist und zugeht.

4. Für die außerordentliche Kündigung des Vermieters gegenüber dem „nachrangigen" Erben, also demjenigen Erben, der nicht schon unter den Anwendungsbereich der Bestimmungen der §§ 563, 563a BGB fällt (→ Form. D.V.4 Anm. 1), bedurfte es nach herrschender Auffassung zum früheren Recht (vgl. BGH NJW 1997, 1695) eines berechtigten Interesses iSd § 564b Abs. 2 BGB aF. Der Gesetzgeber hat in §§ 573d Abs. 1, 575a Abs. 1 BGB klargestellt, dass ein solches **berechtigtes Vermieterinteresse nicht mehr erforderlich** ist.

Die **Vorschriften über Kündigungswiderspruch und Fortsetzungsverlangen** (§§ 574 bis 574c BGB, die sog. Sozialklausel) finden allerdings Anwendung (Palandt/*Weidenkaff* BGB § 564 Rn. 9). Um Rechtsnachteile zu vermeiden ist der Vermieter deshalb zur **Angabe der Gründe** im Kündigungsschreiben gemäß §§ 568 Abs. 2, 574 Abs. 3 BGB gehalten. Da der Erbe die Wohnung nicht zusammen mit dem Verstorbenen Mieter bewohnte, dürfte indes das Vorhandensein von Härtegründen iSv § 574 BGB die Ausnahme sein. Daher ist die Anwendung der §§ 574 ff. BGB trotz des Wegfalls des Bestandsschutzes in § 573 BGB nicht wirklich verständlich.

6. Kündigung der Erben bei Tod des Mieters (§ 564 S. 2 BGB)

. . . . .

(Erbengemeinschaft)

an

. . . . .

(Vermieter)

Sehr geehrte(r) . . . . .,

am . . . . . verstarb unser[2] Vater . . . . . (Namensangabe), mit dem Sie am . . . . . einen Wohnraummietvertrag geschlossen hatten. Wir kündigen hiermit in Ausübung des uns als Erben nach § 564 S. 2 BGB zustehenden Rechtes dieses Mietverhältnis über die Wohnung . . . . . zum nächstzulässigen Zeitpunkt.[1, 3] Das ist der . . . . . (Ablauf des übernächsten Monats).[4]

Wir werden die Wohnung demnächst räumen, so dass sie bis spätestens . . . . . (Zeitangabe) an Sie übergeben werden kann. Bitte setzen Sie sich wegen der Vereinbarung des genauen Übergabetermins mit . . . . . unter der Telefonnummer . . . . . in Verbindung.

Wir bemühen uns ferner um Nachmieter für die Wohnung unseres Vaters. Entsprechende Bewerber werden wir Ihnen demnächst benennen können. Dadurch sollte es möglich werden, dass Sie uns schon vorzeitig aus dem Mietverhältnis entlassen.[5]

. . . . .

(Erbengemeinschaft)

Anmerkungen

1. Das Sonderkündigungsrecht (→ Form. D.V.1 Anm. 1) nach § 564 S. 2 BGB besteht für Erben, die nach §§ 1922, 1967 BGB Rechtsnachfolger des Mieters geworden sind. Erben, die gemäß § 563 BGB in das Mietverhältnis (von Gesetz wegen) eintreten, haben das Recht, sich innerhalb eines Monats durch Abgabe einer Erklärung nach § 563 Abs. 3 S. 1 BGB von dem Mietverhältnis zu lösen. Der Eintritt gilt dann als nicht erfolgt. Sind die Erben Mitmieter iSd § 563a BGB, so billigt ihnen § 563a Abs. 2 BGB ein Sonderkündigungsrecht zu (→ Form. D.V.4 Anm. 1, dort auch eingehender zu den Rechtsverhältnissen nach dem Tode des Mieters).

2. Die **Erbfolge** bestimmt sich nach den Anordnungen letztwilliger Verfügungen des Erblassers oder nach dem Gesetz, §§ 1924 ff. BGB. Ist wie hier in diesem Muster eine **Mehrheit von Personen zur Erbschaft berufen**, so steht dieser Erbengemeinschaft (§ 2032 BGB) das Kündigungsrecht nur in ihrer Gesamtheit zu, weshalb das Kündigungsrecht von allen Erben gemeinschaftlich auszuüben ist. Die Kündigung stellt als Gestaltungsrecht eine Verfügung über das Mietverhältnis dar, so dass § 2040 Abs. 1 BGB gilt. Die Kündigung durch einen einzelnen Erben ist allerdings wirksam, wenn sie mit Zustimmung der übrigen erfolgt oder von diesen nachträglich genehmigt wird.

3. Das Gesetz gibt den Erben zur Ausübung ihres Sonderkündigungsrechtes **einen Monat** Zeit. Die **Überlegungsfrist** beginnt nach § 564 S. 2 BGB zu laufen, nachdem die Erben vom Tod des Mieters und ihrer Erbenstellung erfahren haben. Sie werden in der

Regel auch darüber in Kenntnis sein, dass ein Eintritt in das Mietverhältnis von in § 563 BGB genannten Personen (Ehegatten, Kinder, Lebenspartner, andere Familienangehörige, die mit dem Mieter einen gemeinsamen Haushalt geführt haben, sowie sonstige Personen, die mit dem Mieter einen auf Dauer angelegten gemeinsamen Haushalt geführt haben) oder dessen Fortsetzung durch in § 563a BGB genannte Personen (Mitmieter) nicht erfolgt.

Anders als im Falle der Nichtfortsetzungserklärung nach § 563 Abs. 3 S. 1 BGB bzw. dem Verstreichen der hierzu bestimmten Ausschlussfrist, womit ein fester Zeitpunkt markiert ist, liegt der Fall der Kündigung des Fortsetzenden nach § 563 Abs. 2 BGB. Die Kündigung wirkt nicht wie die Nichtfortsetzungserklärung zurück, sondern nur für die Zukunft. Hierdurch bedingt sind zeitliche Verschiebungen und **Unsicherheiten bei der Ermittlung des ersten zulässigen Kündigungstermins** denkbar, weshalb die Verweisung in § 564 BGB dem Regelungsproblem nicht gerecht wird.

Entscheidend für die Ermittlung des ersten zulässigen Kündigungstermins ist, ob und wann es dem Erben subjektiv möglich ist, nach § 564 S. 2 BGB zu kündigen. Einzuhalten hat der Erbe **den Termin, für den ihm bei Beobachtung der im Verkehr erforderlichen Sorgfalt die Kündigung zum ersten Mal möglich ist.** Daraus können sich Erkundigungspflichten hinsichtlich der näheren Umstände und seiner Erbenstellung ergeben, sobald er vom Tod des Mieters erfahren hat (OLG Hamm WuM 1981, 263). Der Kündigungszeitpunkt ist damit nicht allein objektiv bzw. absolut zu bestimmen.

4. Kann das Mietverhältnis außerordentlich mit der gesetzlichen Frist gekündigt werden, so ist die Kündigung spätestens am dritten Werktag eines Kalendermonats (Zugang der Erklärung beim Empfänger!) zum Ablauf des übernächsten Monats auszusprechen (§ 573d Abs. 2 BGB bzw. § 575a Abs. 3 BGB). Für die Kündigungserklärung der Erben gilt das **Schriftformerfordernis** des § 568 Abs. 1 BGB (von allen Erben an alle Vermieter; auf Zugangsnachweis achten, Beweislast liegt bei den Erben; Stellvertretung möglich, aber § 174 BGB berücksichtigen). Einer **Begründung** bedarf die Kündigung der Erben nicht (zur Begründung, zur Umdeutung in eine ordentliche Kündigung und zur hilfsweisen ordentlichen Kündigung → Form. D.V.1). Für Forderungen aus dem übergegangen Mietverhältnis haften die Erben jedenfalls im Falle der Kündigung nicht auch persönlich, sondern können ihre Haftung durch Erhebung der Dürftigkeitseinrede auf den Nachlass beschränken (BGH NJW 2013, 933). Allein das Unterlassen dieser Sonderkündigung stellt noch keine Verwaltungsmaßnahme dar, welche die nach Ablauf der Kündigungsfrist fällig werdenden Verbindlichkeiten aus dem Mietverhältnis zu Nachlasserbenschulden/Eigenverbindlichkeiten werden lässt, für die der Erbe persönlich haftet, wohl aber, wenn der Erbe nach wirksamer Beendigung des Mietverhältnisses seiner (fälligen) Pflicht zur Räumung und Herausgabe der Mietsache nicht nachkommt (sehr instruktiv: BGH 25.9.2019 – VIII ZR 122/18, NJW-RR 2020, 6; VIII ZR 138/18, NZFam 2019, 955).

5. Angesichts der restlichen Vertragslaufzeit von maximal drei Monaten besteht allerdings entgegen weitverbreiteter Meinung (vgl. nur *Thaler* NZM 1998, 994; s. aber auch Mustermietvertrag des BMJ aus dem Jahr 1976, dort § 6) auch aus Treu und Glauben kein Anspruch des Mieters auf vorzeitige Entlassung aus dem Mietvertrag gegen Stellung eines Ersatzmieters (OLG Oldenburg WuM 1982, 124 und WuM 1981, 125; vgl. auch OLG Karlsruhe NJW 1981, 1741; ausführlich statt vieler *Sternel* MietR aktuell I Rn. 109 ff.).

7. Kündigung des überlebenden Mieters bei Tod des Mitmieters (§ 563a BGB)

. . . . .

(Mieter)

an

. . . . .

(Vermieter)

Sehr geehrte(r) . . . . .,

am . . . . . verstarb[2] aufgrund eines tragischen Verkehrsunfalls mein Mitbewohner . . . . . (Namensangabe). Da es mir nicht möglich ist, die Miete für die von Ihnen mit Wohnraummietvertrag vom . . . . . gemeinsam angemietete Wohnung allein aufzubringen, kündige ich hiermit in Ausübung des mir nach § 563a Abs. 2 BGB zustehenden Rechtes das Mietverhältnis zum nächstzulässigen Zeitpunkt.[1, 3] Das ist der . . . . . (Ablauf des übernächsten Monats).[4]

. . . . .

(Mieter)

Anmerkungen

1. Nach § 563a Abs. 2 BGB steht dem vom Tode seines Mitmieters betroffenen Mieter, wegen der damit für gewöhnlich verbundenen, grundlegenden Veränderung der bei gemeinsamer Anmietung der Wohnung ausschlaggebend gewesenen Verhältnisse, ein Sonderkündigungsrecht zu (→ Form. D.V.1 Anm. 1 sowie eingehender zu den Rechtsverhältnissen nach dem Tode des Mieters → Form. D.V.4 Anm. 1). § 563a Abs. 2 BGB ist für Fälle gedacht, in denen der Mitmieter weder Eintretender nach § 563 BGB noch Erbe ist, und es ihm auch an einer besonderen Verbundenheit bzw. Nähe mit dem Verstorbenen iSv § 563 BGB fehlt; somit etwa für den Mitmieter einer Studenten- oder Alten-Wohngemeinschaft oder den bereits vor längerem ausgezogenen, andernorts lebenden, aber aus dem Mietvertrag womöglich nicht entlassenen Lebensgefährten.

2. Aus § 563a Abs. 2 BGB ergibt sich zunächst, dass der Tod des Mitmieters die Mieterstellung des Überlebenden rechtlich nicht beeinträchtigt.

3. Das Gesetz gibt dem überlebenden Mieter zur Ausübung seines Sonderkündigungsrechtes **einen Monat** Zeit. Die **Überlegungsfrist** beginnt zu laufen, nachdem er vom Tod des Mitmieters erfahren hat (§ 563a Abs. 2 BGB).

4. Kann das Mietverhältnis außerordentlich mit der gesetzlichen Frist gekündigt werden, so ist die Kündigung spätestens am dritten Werktag eines Kalendermonats (Zugang der Erklärung beim Empfänger!) zum Ablauf des übernächsten Monats auszusprechen (§ 573d Abs. 2 BGB bzw. § 575a Abs. 3 BGB). Für die Kündigungserklärung gilt das **Schriftformerfordernis** des § 568 Abs. 1 BGB (von allen an alle (Vermieter); auf Zugangsnachweis achten, Beweislast liegt beim Mieter; Stellvertretung möglich, aber § 174 BGB berücksichtigen). Einer Begründung bedarf die Kündigung des Mieters nicht (zur Begründung, zur Umdeutung in eine ordentliche Kündigung und zur hilfsweisen ordentlichen Kündigung → Form. D.V.1 Anm. 1).

8. Kündigung des Mieters im Falle der Mieterhöhung bei preisgebundenem Wohnraum (§ 11 WohnBindG)

. . . . .

(Mieter)

an

. . . . .

(Vermieter)

Sehr geehrte(r) . . . . .,

am . . . . . habe ich Ihr Schreiben vom . . . . . erhalten, mit welchem Sie die Erhöhung der Miete für meine geförderte Wohnung ab . . . . . geltend machen.[1]

Ich nehme Ihr Verlangen zum Anlass, das zwischen uns bestehende Mietverhältnis über die Wohnung . . . . . gem. Mietvertrag vom . . . . . zum . . . . . (Ablauf des nächsten Monats)[2] zu kündigen.[3]

. . . . .

(Mieter)

Anmerkungen

1. Das Sonderkündigungsrecht (→ Form. D.V.1 Anm. 1) des Mieters nach § 11 WohnBindG besteht, wenn der Vermieter eine Mieterhöhung nach § 10 WohnBindG verlangt. Die Rechtswirksamkeit der Erhöhungserklärung des Vermieters ist nicht Voraussetzung für das Kündigungsrecht des Mieters (AG Brakel WuM 1983, 349). Allein der Zugang der Erklärung des Vermieters löst das Sonderkündigungsrecht des Mieters aus, so dass es zB ausreichen würde, wenn diese Erklärung, unter Verstoß gegen die nach § 10 WohnBindG vorgesehene Schriftform, lediglich mündlich abgegeben wird, sofern ihr der Wille des Erklärenden zu entnehmen ist (§§ 133, 157 BGB), er wolle die Miete erhöhen (vgl. aber LG Gießen WuM 2000, 423 zu § 561 BGB: uU Einwand des Rechtsmissbrauchs gegenüber der Berufung auf das Kündigungsrecht). Ein **Hinweis im Mietvertrag**, dass die Kostenmiete sich erhöhen kann, schließt das Sonderkündigungsrecht nicht aus (LG Kassel WuM 1983, 348). Dasselbe gilt im Falle einer (formular-)vertraglichen **Vorfestlegung des Mietpreises** in Höhe der jeweils zulässigen Kostenmiete (LG Bremen WuM 1985, 394; LG Berlin WuM 1997, 117). Nach Auffassung des LG Lüneburg (WuM 1984, 160) soll dem Mieter dagegen kein Kündigungsrecht zustehen, wenn die Mieterhöhung mit dem planmäßigen Wegfall der Fördermittel begründet wird, und im Mietvertrag die entsprechende Degression hinreichend bestimmt und für den Mieter kalkulierbar festgelegt worden ist (vgl. aber LG Berlin WuM 1997, 117).

2. Die **Kündigungsfrist** nach § 11 Abs. 1 WohnBindG beträgt **zwei Monate** abzüglich der Karenzzeit von drei Werktagen (anders bei preisfreiem Wohnraum, → Form. D.V.7 Anm. 2). Vom Zugang des Mieterhöhungsverlangens des Vermieters hängt es ab, wie lang die Überlegungsfrist für den Mieter ist. Das Mieterhöhungsverlangen des Vermieters bewirkt jedenfalls, dass die erhöhte Miete vom Ersten des auf die Erklärung folgenden Monats an, geschuldet ist (§ 10 Abs. 2 S. 1 WohnBindG). Danach hat der Mieter **unter**

Umständen eine mehr als zweimonatige **Überlegungszeit** bis höchstens zum dritten Werktag des Kalendermonats, in dem sich die Miete erhöhen soll. Die Kündigung wirkt dann zum Ablauf des nächsten Monats.

3. Für die Kündigungserklärung des Mieters gilt das **Schriftformerfordernis** des § 568 Abs. 1 BGB (von allen Mietern an alle Vermieter; auf Zugangsnachweis achten; Beweislast beim Mieter; Stellvertretung möglich, aber § 174 BGB berücksichtigen), sonst kann die Kündigungsfrist (→ Form. D.V.8 Anm. 2) versäumt sein. Einer Begründung bedarf die Kündigung des Mieters nicht (zur Begründung, zur Umdeutung in eine ordentliche Kündigung und zur hilfsweisen ordentlichen Kündigung → Form. D.V.1 Anm. 1). Kündigt der Mieter, so hat er die verlangte höhere Miete nicht zu bezahlen, selbst wenn das Mieterhöhungsbegehren rechtswirksam war, § 10 Abs. 2 WohnBindG.

9. Vorzeitige Vertragsbeendigung bei berechtigtem Interesse gegen Ersatzmieterstellung

. . . . .

(Mieter)

an

. . . . .

(Vermieter)

Sehr geehrte(r) . . . . .,

wie Sie wissen, bin ich seit . . . . . arbeitslos, nachdem die XY AG, bei der ich bis dahin über 20 Jahre beschäftigt war, letztlich doch ihr Werk hier in . . . . . geschlossen hat, um die gesamte Produktion nach Transsylvanien zu verlagern. Nun habe ich überraschenderweise doch noch ein ernsthaftes Angebot auf Abschluss eines Arbeitsvertrages erhalten, das ich annehmen will und muss, und zwar von der Z KG in . . . . .

Da mein Mietvertrag mit Ihnen allerdings erst am . . . . . endet, ich aber meine neue Stelle schon am . . . . . antreten müsste, schlage ich Ihnen vor und bitte Sie, dass Sie mich bereits zum . . . . . aus dem Mietverhältnis entlassen und statt meiner künftig an Herrn . . . . . vermieten.[1, 2] Herr . . . . . ist bereit in den Mietvertrag zu den bisherigen Bedingungen für den Rest der Mietdauer und darüber hinaus einzutreten. Herr . . . . . ist zudem wirtschaftlich und persönlich zuverlässig, was sich unter anderem daraus ergibt, dass . . . . . (wird weiter ausgeführt).[3]

. . . . .

(Mieter)

Anmerkungen

1. Nach § 570 BGB aF waren Beamte und eine Reihe gleichstehender Personen „im Falle der Versetzung nach einem anderen Orte" zur außerordentlichen Kündigung ihres Mietvertrages unter Einhaltung der gesetzlichen Frist befugt. Die Bestimmung wurde eng ausgelegt, und insbesondere eine Ausdehnung auf nicht in Staatsdiensten stehende Arbeitnehmer von der Rspr. stets abgelehnt (vgl. etwa BayObLGZ 1985, 88 = WuM

1985, 140 (141)). Die ersatzlose Streichung des § 570 BGB aF im Zuge der Mietrechtsänderung 2001 begründete der moderne Gesetzgeber mit der Verkürzung der Frist der ordentlichen Mieterkündigung auf stets drei Monate (§ 573c Abs. 1 S. 1 BGB). Er wies zugleich darauf hin, dass der Mieter sich beim Zeitmietvertrag im Einzelfall auch künftig nach den von der Rechtsprechung entwickelten Grundsätzen unter bestimmten Voraussetzungen durch Stellung eines Nachmieters vorzeitig aus dem Mietverhältnis lösen könne (BT-Drs. 14/4553, 67). → Form. D.V.1 Anm. 1, in welchen (begrenzten) Fällen heute noch daran gedacht werden kann, ein Sonderkündigungsrecht auszuüben, oder aber den hier behandelten Anspruch auf vorzeitige Vertragsentlassung gegen Ersatzmieterstellung geltend zu machen.

2. Aus der Rechtsprechung, auf die sich die Gesetzesbegründung bezieht (siehe vorstehend → Anm. 1), ist zunächst der (mehr oder weniger theoretische) Fall der Ersatzmietervereinbarung bekannt, und, wenn und soweit es an einer solchen Vereinbarung fehlt, der aus **§ 242 BGB** hergeleitete Anspruch des Mieters auf vorzeitige Vertragsentlassung gegen Stellung eines Ersatzmieters; wegweisend insbesondere der Rechtsentscheid des OLG Karlsruhe vom 25.3.1981 (NJW 1981, 1741), dessen Leitsatz lautet: Der Vermieter ist nur dann verpflichtet, den Mieter, der ihm einen geeigneten Nachmieter stellt, vorzeitig aus dem auf bestimmte Zeit geschlossenen Wohnungsmietvertrag zu entlassen, wenn das berechtigte Interesse des Mieters an der Aufhebung dasjenige des Vermieters am Bestand des Vertrages ganz erheblich überragt. Diese Voraussetzungen sind in der Regel nicht gegeben, wenn der Mieter aufgrund einer auf die Veränderung seiner Wohnungssituation abzielenden freien Entscheidung das Interesse an der bisherigen Wohnung verloren hat (OLG Karlsruhe NJW 1981, 1741).

Voraussetzung ist danach ein überwiegendes **berechtigtes Interesse des Mieters** an der Vertragsaufhebung. Bei verhältnismäßig kurzer **Restvertragsdauer** ist es von vornherein zu verneinen (RE des OLG Oldenburg WuM 1982, 124 = ZMR 1982, 285). Ein Festhalten am Vertrag für die Dauer der gesetzlichen Frist von drei Monaten (für die ordentliche Mieterkündigung) ist in jedem Falle zumutbar (vgl. OLG Oldenburg WuM 1982, 124). Zu beachten ist weiter, dass sich ein berechtigtes Interesse nicht schon aus jedem in der Person des Mieters liegenden, ihn an der Ausübung des Mietgebrauchs hindernden Grund ergeben kann (gesetzliche Gefahrtragungsregel: § 537 Abs. 1 S. 1 BGB). Ein Anspruch auf vorzeitige Vertragsaufhebung wird dem Mieter folglich bei **frei bestimmtem Orts- und Arbeitsplatzwechsel** verwehrt (vgl. LG Berlin ZMR 1999, 399; OLG Karlsruhe NJW 1981, 1741), oder auch wenn dem Mieter das Hin-und-her-Reisen zwischen Wohnort und Arbeitsstelle zumutbar ist (LG Gießen WuM 1997, 327). Grundsätzlich in Betracht kommen dagegen Fälle unerwarteter (Arbeitsvertrags-)Kündigung oder sonstiger **unverschuldeter Arbeitslosigkeit** oder **überraschender Versetzung** innerhalb eines bestehenden Arbeitsverhältnisses (vgl. LG Baden-Baden NJW-RR 1997, 75; LG Berlin ZMR 1999, 399, OLG Karlsruhe NJW 1981, 1741; weitere Fälle bei *Thaler* NZM 1998, 994 (995), und *Kandelhard* NZM 2004, 846 (847)). Benennt der so unverschuldet in Bedrängnis geratene Mieter dem Vermieter dann einen (nicht drei, s. sogleich) zumutbaren (geeigneten) Nachmieter, so rechtfertigt sich die vorzeitige Vertragsentlassung, wobei allerdings der Mieter dem Vermieter erst gar keinen Nachmieter zu stellen und vorzustellen braucht, wenn der Vermieter, auf Anfrage hin, auf der Fortführung des Mietverhältnisses besteht und die Ersatzmieterstellung von vornherein ablehnt (vgl. LG Berlin ZMR 2000, 26).

3. Die nach Meinung mancher Juristen ins Reich der Märchen zu verweisende laienhafte Rechtsvorstellung, man müsse dem Vermieter **drei Ersatzmieter präsentieren**, um frei zu werden (vgl. die Regelung in Titel 21 §§ 376. 377 ALR), kann sich immerhin auf den Mustermietvertrag des BMJ aus dem Jahre 1976 berufen, wo es in § 6, unter der Überschrift ‚Ersatzmieter', heißt: „Der Mieter ist berechtigt, den Mietvertrag vorzeitig unter Einhaltung der gesetzlichen Frist – das ist am dritten Werktag eines Kalendermonats für den Ablauf des übernächsten Monats – zu kündigen, wenn er dem Vermieter mindestens drei wirtschaftlich und persönlich zuverlässige und, soweit erforderlich, zum Bezug der Wohnung berechtigte Ersatzmieter vorschlägt, die bereit sind, in den Mietvertrag für den Rest der Mietdauer einzutreten, und wenn der Vermieter sich weigert, einen der benannten Ersatzmieter in den Mietvertrag eintreten zu lassen." Es gäbe gute Gründe (s. *Kandelhard* NZM 2004, 846 (850)), wie jüngst erst § 7 nebst Fußnote (betreffend Schönheitsreparaturen), auch § 6 des Mustermietvertrags zu Richterrecht zu machen. Bemerkenswert bleibt jedenfalls (vgl. *Fischer* WuM 2004, 123 (124); *Kandelhard* NZM 2004, 846 (847)), dass der BGH (NJW 2003, 1246) die Wendung aus OLG Karlsruhe (NJW 1981, 1741) vom „berechtigten Interesse des Mieters, das dasjenige des Vermieters am Bestand des Vertrages ganz erheblich über-ragt" so nicht übernommen hat, sondern allein von einem „berechtigten Interesse" als Anspruchsvoraussetzung spricht.

10. Freigabeerklärung des Insolvenzverwalters nach § 109 Abs. 1 S. 2 InsO

. . . . .

(Insolvenzverwalter/Treuhänder)

an

. . . . .

(Vermieter)

Sehr geehrte(r) . . . . .,

durch Beschluss des AG . . . . . vom . . . . ., Az. . . . . ., bin ich zum Insolvenzverwalter/ Treuhänder über das Vermögen Ihres Mieters in der . . . . . straße, in . . . . ., Wohnung im Erdgeschoss links, Herrn . . . . ., bestellt worden. Ablichtung meiner Bestellungsurkunde anbei.

Als Insolvenzverwalter/Treuhänder teile ich Ihnen mit, dass die Insolvenzmasse für all ihre Ansprüche gegen Herrn . . . . . aus dem Mietvertrag vom . . . . . nur noch bis einschließlich . . . . . (Ablauf des übernächsten Monats) haftet, und danach dann nicht mehr.[1, 2]

Sie müssen Ihre Mietforderungen ab diesem Zeitpunkt wieder unmittelbar bei Herrn . . . . . geltend machen, der die Miete selbst aus seinem pfändungsfreien Einkommen bestreiten will. Sofern Herr . . . . . seinen Verpflichtungen insoweit nicht nachkommen sollte, bleibt Ihnen eine Zahlungsverzugskündigung unbenommen, wobei die Kündigung jedenfalls bis zum Ablauf der genannten Frist mir gegenüber auszusprechen ist.[3]

. . . . .

(Insolvenzverwalter/Treuhänder)

Anmerkungen

1. Das vorliegende Form. behandelt den Fall der Insolvenz des Mieters. Während der Vermieter durch § 112 InsO schon immer gehindert war, dem Mieter wegen eines in der

Zeit vor dem Eröffnungsantrag aufgelaufenen Mietrückstandes (§ 122 Nr. 1 InsO), oder überhaupt wegen der damit offenbar werdenden Verschlechterung der Vermögensverhältnisse des Mieters zu kündigen (§ 112 Nr. 2 InsO), konnte der etwa an der Erlangung der Mietsicherheit interessierte Insolvenzverwalter sowohl bei Wohnraum-, als auch Gewerberaummiete den Mietvertrag außerordentlich unter Einhaltung der gesetzlichen Frist des § 573d Abs. 2 BGB kündigen. Diese außerordentliche Kündigung des Mietverhältnisses durch den Insolvenzverwalter nach § 109 Abs. 1 S. 1 InsO wird für den Fall der Gewerberaummiete hier unter → Form. D.XII.9 behandelt. Da die Insolvenzverwalter regelmäßig auch bei Verbraucherinsolvenzen vom Sonderkündigungsrecht des § 109 Abs. 1 S. 1 InsO Gebrauch machten, befürchtete der Gesetzgeber zu Recht, dass das gerade erst geschaffene Verbraucherinsolvenzverfahren sein Ziel, nämlich dem ‚kleinen‘ Schuldner einen wirtschaftlichen Neuanfang zu ermöglichen, verfehlen würde, wenn dieser regelmäßig zuerst einmal auf die Straße gesetzt würde (BT-Drs. 14/5680, 27). Im Falle der Anmietung von Wohnraum wird dem Insolvenzverwalter/Treuhänder die außerordentliche Kündigung des nach § 108 Abs. 1 S. 1 InsO fortbestehenden Mietverhältnisses deshalb nun von § 109 Abs. 1 S. 2 InsO verwehrt, wenn es sich um die **Wohnung des Schuldners** handelt, um diesen vor Obdachlosigkeit zu bewahren. Der Insolvenzverwalter kann stattdessen (§ 109 Abs. 1 S. 2 InsO: „. . . . . tritt an die Stelle der Kündigung das Recht . . . . . zu erklären, dass . . . . .“) eine die Insolvenzmasse entlastende ‚Freigabe‘ nach § 109 Abs. 1 S. 2 InsO erklären, oder aber ordentlich kündigen (str.). Das vorliegende Form. behandelt also keinen Beendigungstatbestand in der Insolvenz.

2. § 109 Abs. 1 S. 2 InsO verweist wegen der Frist auf § 109 Abs. 1 S. 1 InsO, der wiederum auf die gesetzliche Frist des § 573d Abs. 2 BGB verweist. Die Erklärung ist danach spätestens am dritten Werktag eines Kalendermonats (Zugang der Erklärung beim Empfänger!) abzugeben, damit sie zum Ablauf des übernächsten Monats wirkt.

3. Mit der Erklärung des Insolvenzverwalters/Treuhänders auf ‚Freigabe‘ des Mietverhältnisses erhält der Mieter die Verfügungs- und Verwaltungsbefugnis über seine Wohnung zurück. Eine Kündigung des Vermieters ist ab diesem Zeitpunkt dem Mieter gegenüber auszusprechen (BGH 9.4.2014 – VIII ZR 107/13, NZM 2019, 429 im Anschluss 9.5.2012 – VIII ZR 327/11, NJW 2012, 2270, wonach eine Vermieterkündigung in der Zeit vor Fristablauf an den Insolvenzverwalter/Treuhänder zu adressieren ist). Nach dem Wirksamwerden der Enthaftungserklärung des Insolvenzverwalters/Treuhänders nach § 109 Abs. 1 Satz 2 InsO ist auch der Mieter wieder richtiger Adressat für eine Betriebskostenabrechnung; geht die Abrechnung (nur) dem Treuhänder zu, so wahrt dies die Abrechnungsfrist nicht (AG Köpenick WuM 2013, 306). Weiter wird durch die Freigabe der Anspruch des Schuldners auf Rückzahlung einer die gesetzlich zulässige Höhe nicht übersteigenden Mietkaution vom Insolvenzbeschlag frei und ebenso stehen alle mietvertraglichen Forderungen des Schuldners, die nach Wirksamwerden der Enthaftungserklärung entstehen, dem Schuldner zu (BGH 16.3.2017 – IX ZB 45/15, NZI 2017, 444).

11. Kündigung des Mieters bei Mieterhöhung über Wohnraum
(§ 561 BGB)

. . . . .

(Mieter)

an

. . . . .

(Vermieter)

Sehr geehrte(r) . . . . .

am . . . . . habe ich Ihr Schreiben vom . . . . . erhalten, in welchem Sie von mir die Zustimmung zu einer von Ihnen beabsichtigten Erhöhung der Miete verlangen.[2]

Ich nehme Ihr Verlangen zum Anlass, das zwischen uns bestehende Mietverhältnis über die Wohnung . . . . . gem. Mietvertrag vom . . . . . zum . . . . . (Ablauf des übernächsten Monats)[1, 3] zu

kündigen.[4]

. . . . .

(Mieter)

Anmerkungen

1. Das Sonderkündigungsrecht (→ Form. D.V.1 Anm. 1) des Mieters nach § 561 Abs. 1 S. 2 BGB besteht, wenn der Vermieter eine **Mieterhöhung nach §§ 558 oder 559 BGB** geltend macht. Eine Veränderung der Betriebskosten (§ 560 BGB) berechtigt dagegen nicht zur außerordentlichen Kündigung.

In der Praxis von Bedeutung ist die Vorschrift – nachdem § 573c Abs. 1 S. 1 BGB für die Kündigung durch den Mieter grundsätzlich nur noch die kurze dreimonatige Frist bestimmt –nur noch bei befristeten Mietverhältnissen bzw. vor allem bei Alt-Zeitmietverträgen, die vor dem 1.9.2001 – dem Zeitpunkt des Inkrafttretens des Mietrechtsreformgesetzes – wirksam eingegangen wurden (vgl. Art. 229 § 3 Abs. 3 EGBGB). Daneben kann dieses Sonderkündigungsrecht allenfalls noch bei Altverträgen relevant werden, für die gem. Art. 229 § 3 Abs. 10 EGBGB der neue § 573c Abs. 4 BGB, der vorschreibt, dass eine zum Nachteil des Mieters von § 573c Abs. 1 BGB abweichende Vereinbarung unwirksam ist, nicht anzuwenden ist, „wenn die Kündigungsfristen vor dem 1.9.2001 durch Vertrag vereinbart worden sind" (zu dieser Problematik ausführlich → Form. D.V.1 Anm. 1) oder bei Mietverträgen mit Kündigungsausschlussvereinbarungen (→ Form. D.V.1 Anm. 1).

Durch die Formulierung „geltend macht", wollte der Reformgesetzgeber (ausweislich der Gesetzesbegründung: BT-Drs. 14/4553, 59) klarstellen, dass die **Rechtswirksamkeit der Erhöhungserklärung des Vermieters** nicht Voraussetzung des Kündigungsrechts des Mieters ist. Allein der Zugang der Erklärung des Vermieters löst das Sonderkündigungsrecht des Mieters aus, so dass es folglich zB ausreichen würde, wenn diese Erklärung mündlich abgegeben wird und ihr der Wille des Erklärenden zu entnehmen ist (§§ 133, 157 BGB), er wolle die Miete erhöhen (so schon zum alten Recht: LG Berlin GE 1998,

43; LG Braunschweig WuM 1986, 323; AG Münsingen WuM 1997, 499; **aA** AG Andernach WuM 1994, 547; AG Brakel WuM 1983, 349).

2. Mit dem Zugang der Erklärung des Vermieters nach § 558 BGB beginnt für den Mieter die **Überlegungsfrist** zu laufen, ob er der begehrten Mietanpassung auf die ortsübliche Vergleichsmiete zustimmt oder nicht. Diese beträgt mindestens zwei volle Monate, eine Karenzzeit (etwa von drei Werktagen wie bei der Kündigung, § 573c Abs. 1 S. 1 BGB) gibt es nicht (§ 558b Abs. 2 S. 1 BGB). Bei § 559 BGB bedarf es demgegenüber bekanntlich keiner Zustimmungserklärung des Mieters, der bei Vorliegen sämtlicher vom Gesetz vorgegebener Voraussetzungen die erhöhte Miete grundsätzlich mit Beginn des dritten Monats nach Zugang des entsprechenden Erhöhungsverlangens schuldet (§ 559b Abs. 2 BGB).

3. Die **Kündigungsfrist** beginnt mit dem Zugang des Erhöhungsbegehrens sowohl nach § 558 BGB als auch nach § 559 BGB zu laufen (im zuerst genannten Fall parallel zur Überlegungsfrist des § 558b Abs. 2 S. 1 BGB → Form. D.V.11 Anm. 2). § 193 BGB gilt (Schmidt-Futterer/*Börstinghaus* BGB § 561 Rn. 40).

Da der vom Gesetz bestimmte Zeitpunkt für die Beendigung des Mietverhältnisses durch die Sonderkündigung des § 561 BGB bei einer Mieterhöhung nach § 558 BGB unmittelbar auf den Zeitpunkt des Ablaufes der zweimonatigen Überlegungsfrist bezogen ist, also nicht auf den Zugang der Kündigungserklärung beim Vermieter (so ausdrücklich BT-Drs. 14/4553, 60), endet das Mietverhältnis frühestens mit einer Frist von vier Monaten nach Zugang der Mieterhöhung. Dies gilt auch dann, wenn der Mieter sofort nach Zugang des Zustimmungsverlangens und nicht erst mit Ablauf der Überlegungsfrist kündigt (vgl. LG Bonn NJWE-MietR 1997, 221; **aA** zum alten Recht LG Wiesbaden WuM 1988, 265; AG Hannover WuM 1996, 154).

4. Für die Kündigungserklärung des Mieters gilt das **Schriftformerfordernis** des § 568 Abs. 1 BGB (von allen Mietern an alle Vermieter; auf Zugangsnachweis achten; Beweislast beim Mieter; Stellvertretung möglich, aber § 174 BGB berücksichtigen, sonst kann die Kündigungsfrist → Form. D.V.11 Anm. 3 versäumt sein). Einer Begründung bedarf die Kündigung des Mieters nicht (zur Begründung, zur Umdeutung in eine ordentliche Kündigung und zur hilfsweisen ordentlichen Kündigung → Form. D.V.1 Anm. 1). Kündigt der Mieter, so hat er die **verlangte höhere Miete nicht zu bezahlen**, selbst wenn das Mieterhöhungsbegehren rechtswirksam war, § 561 Abs. 1 S. 2 BGB.

12. Kündigung des Mieters bei Staffelmietvereinbarung
(§ 557a Abs. 3 BGB)

· · · · ·

(Mieter)

an

· · · · ·

(Vermieter)

Sehr geehrte(r) · · · · .,

in dem zwischen uns bestehenden Wohnraummietvertrag vom · · · · · hatten wir uns auf eine Mietdauer von mindestens · · · · · Jahren geeinigt, und außerdem eine sog. Staffelmiete[2] vereinbart. Nachdem Sie sich nun hinsichtlich dieser Staffelmietvereinbarung zu einer Abänderung unseres Vertrages nicht bereitfinden wollen, nehme ich mein Recht aus § 557a Abs. 3 BGB war und

kündige

hiermit das zwischen uns bestehende Mietverhältnis über die Wohnung . . . . . zum . . . . . (frühestens Ablauf des vierten Jahres nach Abschluss der Staffelmietvereinbarung).[1, 3]

. . . . .

(Mieter)

Anmerkungen

1. § 557 Abs. 3 S. 1 BGB gibt dem Mieter das Recht, sich von einem für einen längeren Zeitraum als vier Jahre geschlossenen Zeitmietvertrag (§ 575 BGB bzw. § 564c BGB aF iVm Art. 229, § 3 Abs. 3 EGBGB; LG Berlin GE 2000, 207) oder von einem Mietvertrag, in dem das ordentliche Kündigungsrecht jedenfalls des Mieters für mehr als vier Jahre rechtswirksam ausgeschlossen ist, zu lösen, indem er bestimmt, dass das (ordentliche) Kündigungsrecht des Mieters nur für höchstens vier Jahre seit Abschluss der, also auch erst nach Mietvertragsschluss vereinbarten Staffelmietvereinbarung ausgeschlossen werden kann. § 557a Abs. 3 BGB gibt deshalb kein Sonderkündigungsrecht (→ Form. D.V.1 Anm. 1) im eigentlichen Sinne, sondern beschränkt zugunsten des Mieters die Privatautonomie der Parteien im Hinblick auf den Abschluss von Staffelmietvereinbarungen in einem Wohnraummietvertrag, bei dem die Möglichkeit der Kündigung für einen längeren Zeitraum als vier Jahre ausgeschlossen sein soll. Dies bedeutet zugleich, dass allein die Vereinbarung einer auch befristeten Staffelmiete das Kündigungsrecht des Mieters (wie auch des Vermieters, der wegen eines dadurch zugunsten des Mieters gesetzten angeblichen Vertrauenstatbestandes aber ggf. erst nach einer gewissen Zeit kündigen dürfen soll – AG Hamburg-Bergedorf WuM 1993, 194) nicht ausschließt; es bleibt vielmehr in diesem Fall selbstverständlich bei einem Mietvertrag auf unbestimmte Zeit. § 557a Abs. 3 S. 1 BGB bietet aber keine Möglichkeit, sich allein von der Staffelmietvereinbarung unter Fortbestand des Wohnraummietvertrages im Übrigen zu lösen (Schmidt-Futterer/*Börstinghaus* BGB § 557a Rn. 68).

2. Die gesetzliche Definition der Staffelmiete findet sich in § 557a Abs. 1 BGB, → Form. C.II.

3. Der Mieter (nicht der Vermieter) kann die Kündigung **zum Ablauf des vierten Jahres nach Abschluss der Staffelmietvereinbarung** gegenüber dem Vermieter erklären, § 557a Abs. 3 S. 2 BGB. Sie kann also bereits zuvor (oder natürlich auch danach) unter Beachtung der gesetzlichen Kündigungsfrist des § 573d Abs. 2 BGB bzw. § 575a Abs. 3 BGB ausgesprochen werden, aber mit Wirkung nicht vor Ablauf der Vierjahresfrist (OLG Hamm NJW-RR 1989, 1288 = WuM 1989, 485). Für die Kündigungserklärung des Mieters gilt das **Schriftformerfordernis** des § 568 Abs. 1 BGB (von allen Mietern an alle Vermieter; auf Zugangsnachweis achten, Beweislast beim Mieter; Stellvertretung möglich, aber § 174 BGB berücksichtigen). Einer Begründung bedarf die Kündigung des Mieters nicht (zur Begründung, zur Umdeutung in eine ordentliche Kündigung und zur hilfsweisen ordentlichen Kündigung → Form. D.V.1 Anm. 1).

13. Kündigung des Eigentümers bei Erlöschen des Nießbrauchs (§ 1056 Abs. 2 S. 1 BGB)

. . . . .

(Eigentümer)

an

. . . . .

(Mieter)

Sehr geehrte(r) . . . . .

am . . . . . verstarb überraschend Ihr Vermieter . . . . . (Namensangabe).[1, 2] Dieser hatte seit . . . . . (Zeitangabe) ein Nießbrauchrecht an unserem Grundstück . . . . . einschließlich dem darauf stehenden Gebäude.

Nachdem wir nun wieder das unbeschränkte Eigentum an unserem Grundstück erlangt haben und kraft Gesetzes gem. §§ 1056 Abs. 1, 566 BGB in das mit Ihnen bestehende Mietverhältnis eingetreten sind, wollen wir unser Recht aus § 1056 Abs. 2 S. 1 BGB wahrnehmen und

kündigen

Ihnen hiermit das Mietverhältnis über die Wohnung . . . . . gem. Mietvertrag vom . . . . . zum nächstzulässigen Zeitpunkt. Das ist der . . . . . (Ablauf des übernächsten Monats).[3]

Zur Begründung unserer Kündigung führen wir aus: . . . . .[4]

. . . . .

(Eigentümer)

Anmerkungen

1. Dem Nießbraucher zu dessen Gunsten ein Nießbrauch an einem bebauten Grundstück, an dem Gebäude selbst oder bloß an einzelnen Räumen des Gebäudes bestellt ist, steht – obwohl er nicht Eigentümer ist – gemäß § 1030 Abs. 1 BGB das Recht zu, die seinem Nießbrauch unterliegenden Räume zu vermieten, sofern keine entgegenstehende Beschränkung gemäß § 1030 Abs. 2 BGB besteht. § 1056 BGB gilt, obwohl nur von Grundstücken die Rede ist und auf § 578 Abs. 1 BGB nicht verwiesen wird, auch bei der Vermietung einzelner Wohnräume und anderer Räume (BGH NZM 2012, 558 betr. Wohnraumkündigung).

Hat der Nießbraucher Wohnraum über die Dauer seines Nießbrauchs hinaus vermietet, so erlischt das Mietverhältnis mit Beendigung des Nießbrauchs nicht, weil § 1056 Abs. 1 BGB insbesondere § 566 BGB hier für entsprechend anwendbar erklärt. Dem **Eigentümer, der nach § 566 Abs. 1 BGB anstelle des Nießbrauchers in das Mietverhältnis eintritt,** gewährt das Gesetz in § 1056 Abs. 2 S. BGB allerdings ein Sonderkündigungsrecht (→ Form. D.V.1 Anm. 1).

Die Eigentümerkündigung nach § 1056 Abs. 2 S. BGB ist dagegen **ausgeschlossen, wenn** der Eigentümer persönlich an den Mietvertrag gebunden ist, beispielsweise, wenn er ihn vor der Bewilligung des Nießbrauchs noch **als Eigentümer selbst abgeschlossen** hatte, wenn er dem Mietvertrag beigetreten, oder wenn er **Alleinerbe des Vermieters** geworden ist (BGH NZM 2012, 558; BGH NJW 2011, 61; BGH NJW 1990, 443). In einem solchen Fall muss sich der Eigentümer an einer vereinbarten bestimmten Laufzeit des Mietvertrags oder einer sonstigen Erschwerung der ordentlichen Kündigung festhalten lassen. Denn der Eigentümer ist hier gemäß §§ 1922, 1967 BGB unmittelbarer Vertragspartner des Mieters geworden. Seine Rechtsstellung besteht also unabhängig vom Vertragseintritt nach § 1056 Abs. 1 BGB. Würde man dem Eigentümer etwa als Erben des Nießbrauchers ein außerordentliches Kündigungsrecht gemäß § 1056 Abs. 2 BGB zubilligen, so würde sich eine zugunsten des Mieters bestehende Schutzvorschrift zu dessen Lasten in ein durch nichts zu rechtfertigendes Haftungsprivileg des Erben umkehren (BGH NJW 1990, 443).

2. Mit dem Tod des Nießbrauchers erlischt der Nießbrauch, § 1061 S. 1 BGB.

3. Handelt es sich um ein Wohnraummietverhältnis und kann dieses außerordentlich mit der gesetzlichen Frist gekündigt werden, so ist die Kündigung spätestens am dritten Werktag eines Kalendermonats (Zugang der Erklärung beim Empfänger!) zum Ablauf des übernächsten Monats auszusprechen (§ 573d Abs. 2 BGB bzw. § 575a Abs. 3 BGB). Im Übrigen gilt für die Kündigungserklärung des Eigentümers das **Schriftformerfordernis** des § 568 Abs. 1 BGB (von allen Eigentümern an alle Mieter; auf Zugangsnachweis achten, Beweislast beim Eigentümer; Stellvertretung möglich, aber § 174 BGB berücksichtigen).

4. Vom Erfordernis der **Darlegung eines berechtigten Interesses** ist der Grundeigentümer **bei einem Wohnraummietverhältnis** nicht befreit (LG Münster WuM 1996, 37), § 573d Abs. 1 BGB und § 575a Abs. 1 BGB erklären § 573 BGB ausdrücklich für entsprechend anwendbar. Auch die **Hinweispflicht** des § 568 Abs. 2 BGB ist zu beachten (zum berechtigten Interesse des Vermieters bei der ordentlichen Kündigung → Form. D. III. und zur Geltung der Mieterschutzbestimmungen – auch der Sozialklausel nach den §§ 574 ff. BGB – in den Fällen der außerordentlichen Kündigung mit gesetzlicher Frist eingehender → Form. D.V.1 Anm. 1).

14. Kündigung des Eigentümers bei Erlöschen des Erbbaurechts (§ 30 Abs. 2 S. 1 ErbbauRVO)

. . . . .

(Eigentümer)

an

. . . . .

(Mieter)

Sehr geehrte(r) . . . . .,

das Grundstück . . . . ., in dessen darauf befindlichem Anwesen sich die an Sie mit Mietvertrag vom . . . . . mit . . . . . (Name des Vermieters) vermietete Wohnung befindet, steht in unserem Eigentum.[1] Ihr Vermieter war lediglich Erbbauberechtigter, wie sich aus dem hier in Ablichtung beigefügten aktuellen Grundbuchauszug ergibt. Wie daraus weiter ersichtlich, ist dieses Erbbaurecht mit Ablauf des . . . . . (Zeitangabe) erloschen.[2]

Damit haben wir das unbeschränkte Eigentum an dem Mietgrundstück zurückerlangt und sind weiter Eigentümer des darauf stehenden Wohnhauses geworden. Gleichzeitig sind wir kraft Gesetzes anstelle Ihres bisherigen Vermieters . . . . . (Erbbauberechtigten) in das mit Ihnen bestehende Wohnraummietverhältnis als neue Vermieter eingetreten.

Dies vorausgeschickt nehmen wir hiermit unser Recht aus § 30 Abs. 2 S. 1 ErbbauRG wahr und

kündigen

Ihnen hiermit das Mietverhältnis über die Wohnung . . . . . nach Maßgabe des vorgenannten Mietvertrages zum . . . . . (Ablauf des übernächsten Monats).[3]

Unser berechtigtes Interesse an dieser Kündigung ist folgendermaßen begründet: . . . . .[4]

. . . . .

(Mieter)

Anmerkungen

1. Das Erbbaurecht gewährt dem dadurch Berechtigten ein veräußerliches und vererbliches Recht, auf dem mit dem Erbbaurecht belasteten Grundstück ein Bauwerk zu haben (vgl. § 1 ErbbauRG), worunter ua auch die Errichtung eines Bauwerks fällt (vgl. § 2 Nr. 1 ErbbauRG). Der Erbbauberechtigte hat unmittelbaren Fremdbesitz am Grundstück inne. Das auf dem Grundstück errichtete Bauwerk gilt jedoch gem. § 12 ErbbauRG als wesentlicher Bestandteil des Erbbaurechts, weshalb der Erbbauberechtigte bezüglich des auf dem Grundstück errichteten Gebäudes, also hier des Wohnhauses, nicht Besitzmittler des Grundeigentümers ist, sondern **Eigenbesitz** ausübt (Palandt/*Wicke* ErbbauRG § 12 Rn. 3). Das **Eigentum an dem Gebäude** steht im Grundsatz allein dem Erbbauberechtigten zu. Der Grundeigentümer hat hieran grundsätzlich keinerlei Besitz, auch keinen mittelbaren (MüKoBGB/*Heinemann* ErbbauRG § 1 Rn. 26 ff.). Damit hat der Erbbauberechtigte auch die **Befugnis**, das Gebäude oder Räumlichkeiten innerhalb desselben beliebig zu nutzen, also auch **zu vermieten**. Die Berechtigung des Erbbauberechtigten hierzu wird von § 30 Abs. 1 ErbbauRG vorausgesetzt.

Dem Grundeigentümer, der gem. §§ 30 Abs. 1, 11 Abs. 1 S. 1 ErbbauRG, 566 ff. BGB bei Erlöschen des Erbbaurechts in die vom Erbbauberechtigten über die Dauer seines Erbbaurechts hinaus abgeschlossenen Mietverträge eintritt, steht gem. § 30 Abs. 2 S. 1 ErbbauRG ein Sonderkündigungsrecht (→ Form. D.V.1 Anm. 1) zu.

2. Das **Sonderkündigungsrecht entsteht** zum einen bei **Erlöschen des Erbbaurechts durch Zeitablauf**. Es ist üblich, das Erbbaurecht auf bestimmte Zeit zu befristen (zur umstrittenen Befristung mit einem ungewissen Endtermin vgl. MüKoBGB/*Heinemann* ErbbauRG § 1 Rn. 72; nach BGH NJW 1969, 2043 (2045) ergibt sich die Unzulässigkeit der Bestellung eines Erbbaurechts auf Lebenszeit aus einer analogen Anwendung des § 1 Abs. 4 S. 1 ErbbauRG). Erlischt das Erbbaurecht zum anderen vorzeitig, nämlich **durch Aufhebung**, so kann der Eigentümer das Kündigungsrecht erst zu dem Zeitpunkt ausüben, zu dem das Erbbaurecht durch Zeitablauf erlöschen würde (§ 30 Abs. 2 S. 3 ErbbauRG).

Die Kündigung im Falle des Erlöschens des Erbbaurechts durch Zeitablauf ist nur **zu einem der beiden ersten Termine** zulässig (§ 30 Abs. 2 S. 2 ErbbauRG). Das bedeutet, dass die Kündigung entweder spätestens am dritten Werktag des Kalendermonats, in dem das Erbbaurecht durch Zeitablauf erlischt, zum Ablauf des übernächsten Monats auszusprechen ist, oder dass die Kündigung – falls dieser Termin ungenutzt verstrichen ist – spätestens am dritten Werktag des darauf folgenden Kalendermonats zum Ablauf des übernächsten Monats zu erklären ist. Dabei soll es wie in den Fällen der §§ 563 ff. BGB (→ Form. D.V.4–6) bei der Ermittlung des ersten zulässigen Kündigungstermins entscheidend darauf ankommen, ob dem Grundeigentümer die Kündigung subjektiv möglich ist. Hierfür sei maßgebend, wann der Grundeigentümer von dem Bestehen des Kündigungsrechts und der Person des Mieters bei zumutbarem Bemühen Kenntnis erlangen konnte (so Bub/Treier/*Fleindl* MietR-HdB IV Rn. 466). Dagegen ist mit *Sternel*

Hannemann   755

MietR aktuell IV Rn. 441 davon auszugehen, dass das hier in Rede Sonderkündigungs-recht einer derartigen erweiternden Auslegung nicht zugänglich ist. Der Grundeigentümer kann gem. § 30 Abs. 2 S. 2 ErbbauRG für einen der beiden ersten Termine die Kündigung aussprechen. Im Falle des Erlöschens des Erbbaurechts durch Zeitablauf ist eine Unkennt-nis des Grundeigentümers bezüglich des maßgeblichen Zeitpunktes von Rechts wegen grundsätzlich ausgeschlossen, da der Grundeigentümer selbst bei der Vereinbarung dieses Termins im Zuge der Bestellung des Erbbaurechts mitgewirkt hat.

Entsprechendes gilt beim vorzeitigen Erlöschen des Erbbaurechts allerdings mit der bereits oben angemerkten Maßgabe, dass das Kündigungsrecht erst zu dem Zeitpunkt ausgeübt werden kann, zu dem das Erbbaurecht durch Zeitablauf erloschen wäre, § 30 Abs. 2 S. 3 ErbbauRG.

3. Handelt es sich um ein Wohnraummietverhältnis und kann dieses außerordentlich mit der gesetzlichen Frist gekündigt werden, so ist die Kündigung spätestens am dritten Werktag eines Kalendermonats (Zugang der Erklärung beim Empfänger!) zum Ablauf des übernäch-sten Monats auszusprechen (§ 573d Abs. 2 BGB bzw. § 575a Abs. 3 BGB). Im Übrigen gilt für die Kündigungserklärung des Grundeigentümers das **Schriftformerfordernis** des § 568 Abs. 1 BGB (von allen Eigentümern an alle Mieter; auf Zugangsnachweis achten, Beweislast beim Eigentümer; Stellvertretung möglich, aber § 174 BGB berücksichtigen).

4. Vom Erfordernis der **Darlegung eines berechtigten Interesses** ist der Grundeigentü-mer **bei einem Wohnraummietverhältnis** nicht befreit, § 573d Abs. 1 BGB und § 575a Abs. 1 BGB erklären § 573 BGB ausdrücklich für entsprechend anwendbar. Auch die **Hinweispflicht** des § 568 Abs. 2 BGB ist zu beachten (zum berechtigten Interesse des Vermieters bei der ordentlichen Kündigung → Form. D.III. und zur Geltung der Mieter-schutzbestimmungen – auch der Sozialklausel nach den §§ 574 ff. BGB – in den Fällen der außerordentlichen Kündigung mit gesetzlicher Frist eingehender → Form. D.V.1 Anm. 1).

15. Kündigung des Nacherben bei Eintritt der Nacherbfolge (§§ 2135, 1056 BGB)

. . . . .

(Nacherbe)

an

. . . . .

(Mieter)

Sehr geehrte(r) . . . . .,

am . . . . . verstarb überraschend meine Mutter, ... (Namensangabe),[2] deren alleiniger Erbe ich geworden bin. Meine Mutter hat Ihnen mit Mietvertrag vom . . . . . die Wohnung . . . . . vermietet.[1]

Durch den Erbfall bin ich nun anstelle meiner Mutter in das mit Ihnen begründete Mietverhältnis eingetreten. Ich nehme mein Recht aus §§ 2135, 1056 Abs. 2 S. 1 BGB wahr und

kündige

Ihnen hiermit das vorgenannte Wohnraummietverhältnis zum nächstzulässigen Zeit-punkt. Das ist der . . . . . (Ablauf des übernächsten Monats).[3]

Zur Begründung dieser Kündigung ist festzuhalten: . . . . .[4]

. . . . .

(Nacherbe)

Anmerkungen

1. Der Vorerbe, der nach der gesetzlichen Regelung in eine echte Erbenstellung einrückt (§ 2100 BGB), ist bis zum Eintritt des Nacherbfalles grundsätzlich berechtigt, das durch die Erbschaft erworbene Grundstück zu vermieten (§ 2112 BGB). § 2135 BGB betrifft die Vermietung jeglicher unbeweglicher Sachen und bestimmt die entsprechende Anwendung des § 1056 BGB. § 1056 BGB gilt, obwohl dort nur von Grundstücken die Rede ist und auf § 578 Abs. 1 BGB nicht verwiesen wird, auch bei der Vermietung einzelner Wohnräume und anderer Räume oder bei einem Nießbrauch an Wohnungseigentum (MüKoBGB/*Pohlmann* § 1056 Rn. 3).

In noch **vom Erblasser selbst abgeschlossene Mietverträge** tritt der Nacherbe im Wege der §§ 1922, 1967 BGB ein. Denn der Nacherbe ist Gesamtrechtsnachfolger des Erblassers, § 2139 BGB. Für den Fall des Todes des Vermieters sieht das Gesetz, anders als im Falle des Todes des Mieters (§§ 563 ff. BGB, → Form. D.V.4–6), ein Sonderkündigungsrecht für den in die Vermieterstellung einrückenden Erben grundsätzlich nicht vor. Bei der Vermietung eines zur Erbschaft gehörenden Grundstückes durch den Vorerben wird dem in die Vermieterstellung einrückenden Erben demgegenüber ein Sonderkündigungsrecht (→ Form. D.V.1 Anm. 1) gewährt. Hat der Vorerbe über den Eintritt des Nacherbfalles hinaus vermietet, so erlischt das Mietverhältnis nicht, weil durch die Verweisung in § 2135 BGB über § 1056 BGB die Regelung in § 566 BGB für entsprechend anwendbar erklärt wird. Dem Nacherben, der nach § 566 Abs. 1 BGB anstelle des Vorerben in das Mietverhältnis eintritt, gewährt das Gesetz „lediglich" das Sonderkündigungsrecht nach § 1056 Abs. 2 BGB. Diesem Sonderkündigungsrecht des Nacherben steht ein im Wohnraummietvertrag zwischen dem Vorerben und dem Mieter vereinbarter Ausschluss des Rechts des Vermieters zur ordentlichen Kündigung des Mietverhältnisses grundsätzlich nicht entgegen (BGH 1.7.2015 – VIII ZR 278/13, NJW 2015, 2650).

2. Ist ein Zeitpunkt für den Anfall der Nacherbschaft nicht bestimmt, so fällt sie dem Nacherben mit dem Tode des Vorerben an, § 2106 Abs. 1 BGB.

3. Handelt es sich um ein Wohnraummietverhältnis und kann dieses außerordentlich mit der gesetzlichen Frist gekündigt werden, so ist die Kündigung spätestens am dritten Werktag eines Kalendermonats (Zugang der Erklärung beim Empfänger!) zum Ablauf des übernächsten Monats auszusprechen (§ 573d Abs. 2 BGB bzw. § 575a Abs. 3 BGB). Im Übrigen gilt für die Kündigungserklärung des Nacherben das **Schriftformerfordernis** des § 568 Abs. 1 BGB (von allen Nacherben an alle Mieter; auf Zugangsnachweis achten, Beweislast beim Nacherben; Stellvertretung möglich, aber § 174 BGB berücksichtigen).

4. Vom Erfordernis der **Darlegung eines berechtigten Interesses** ist der Nacherbe **bei einem Wohnraummietverhältnis** nicht befreit, § 573d Abs. 1 BGB und § 575a Abs. 1 BGB erklären § 573 BGB ausdrücklich für entsprechend anwendbar (BGH 1.7.2015 – VIII ZR 278/13, NJW 2015, 2650). Dem Nacherben ist nach Treu und Glauben eine Kündigung nach §§ 2135, 1056 Abs. 2 BGB allerdings dann verwehrt, wenn er entweder unabhängig von §§ 2135, 1056 Abs. 1 BGB persönlich an den Mietvertrag gebunden ist oder er dem Abschluss des Mietvertrags durch den Vorerben zugestimmt hat oder der Abschluss eines für den Vermieter unkündbaren Mietvertrags über den Nacherbfall hinaus einer ordnungsgemäßen Verwaltung des Nachlasses entsprochen hat, so dass der Nacherbe gegenüber dem Vorerben verpflichtet gewesen wäre, dem Mietvertrag zuzustimmen (BGH 1.7.2015 –

VIII ZR 278/13, NJW 2015, 2650; Bestätigung und Fortführung des Senatsurteils vom 12.10.2011 – VIII ZR 50/11, NZM 2012, 558 Rn. 13 mwN). Schließlich ist auch noch die **Hinweispflicht** des § 568 Abs. 2 BGB ist zu beachten (zum berechtigten Interesse des Vermieters bei der ordentlichen Kündigung → Form. D.III und zur Geltung der Mieterschutzbestimmungen – auch der Sozialklausel nach den §§ 574 ff. BGB – in den Fällen der außerordentlichen Kündigung mit gesetzlicher Frist eingehender → Form. D.V.1 Anm. 1).

16. Kündigung des Erstehers im Fall der Zwangsversteigerung (§ 57a ZVG)

. . . . .

(Ersteher)[2]

an

. . . . .

(Mieter)

Sehr geehrte(r) . . . . .,

durch den hier in Ablichtung beigefügten Beschluss des Amtsgerichts . . . . . – Vollstreckungsgericht – vom . . . . . – Az. . . . . . – habe ich das Eigentum an dem Grundstück . . . . . erstanden, in dessen darauf befindlichem Anwesen sich die an Sie gem. Mietvertrag vom . . . . . vermietete Wohnung befindet.[1, 3]

Kraft Gesetzes bin ich damit anstelle Ihres früheren Vermieters in dieses mit Ihnen begründete Mietverhältnis eingetreten. Als neuer Eigentümer und Vermieter nehme ich mein Recht aus § 57a ZVG wahr und

kündige

Ihnen hiermit das og Mietverhältnis über die Wohnung . . . . . zum nächstzulässigen Zeitpunkt, dem . . . . . (Ablauf des übernächsten Monats).[4]

Zur Begründung meiner Kündigung führe ich an: . . . . .[5]

. . . . .

(Ersteher)

Anmerkungen

1. Mit dem Zuschlag in der Zwangsversteigerung ersteht der Meistbietende das Eigentum an dem zugeschlagenen Grundstück, § 90 Abs. 1 ZVG. Ihm steht dann gegen den oder die Besitzer des Grundstücks der Anspruch auf Herausgabe des Grundstücks zu, § 985 BGB. Der Zuschlagsbeschluss ist zugleich gem. § 93 ZVG Vollstreckungstitel auf Räumung und Herausgabe des Grundstücks. Hieraus kann die Räumung und Herausgabe des Grundstücks außer gegen den Eigentümer auch gegen Familienangehörige, Ehegatten des bisherigen Eigentümers, seine Lebensgefährten sowie seine minder- und volljährigen Kinder erzwungen werden (BVerfG NJW-RR 1991, 1101; OLG Karlsruhe WuM 1992, 493).

Ist das Grundstück bzw. die darauf befindliche Räumlichkeit allerdings vermietet, so tritt **mit dem Zeitpunkt des Zuschlags** der Ersteher auf Seiten des ehemaligen Eigentümers als Vermieter in das Mietverhältnis ein, §§ 57 ZVG, 566 Abs. 1 BGB. § 57a ZVG gewährt dem Ersteher jedoch ein Sonderkündigungsrecht (→ Form. D.V.1 Anm. 1). Er kann das Mietverhältnis unter Einhaltung der gesetzlichen Frist des § 573d Abs. 2 BGB bzw. § 575a Abs. 3 BGB kündigen.

Ausgeschlossen ist das Sonderkündigungsrecht allerdings dann, wenn das Kündigungsrecht durch die allgemeinen Versteigerungsbedingungen ausgeschlossen worden ist, wenn der Schuldner sein eigenes Grundstück ersteigert oder wenn es sich um eine Teilungsversteigerung nach §§ 180, 183 ZVG handelt (*Sternel* MietR aktuell IV Rn. 443).

2. Das Sonderkündigungsrecht steht zunächst dem Ersteher zu. Veräußert dieser das Grundstück weiter, so soll nach hM das Sonderkündigungsrecht auch in der Person des Erwerbers bestehen, soweit Kündigungsfrist und -termin von diesem noch eingehalten werden können (*Stöber* ZVG § 57a Rn. 2.6; aA*Sternel* MietR aktuell IV Rn. 442). **Wirken Ersteher und Vermieter in sittenwidriger Weise kollusiv zusammen,** wird also der Weg über die Zwangsversteigerung nur gewählt, um sich das Sonderkündigungsrecht – das durch rechtsgeschäftliche Eigentumsübertragung nicht entstehen würde, vgl. § 566 Abs. 1 BGB – zu verschaffen, so entfällt es allerdings gem. §§ 226, 242 BGB, was schwierig zu beweisen sein dürfte (vgl. BGH MDR 1979, 51; KG OLGZ 1973, 1).

3. Die Kündigung muss für den ersten Termin, für den sie zulässig ist, erfolgen. Maßgebend ist der **Zeitpunkt des Zuschlags** in der Zwangsversteigerung, nicht etwa der Zeitpunkt, zu dem der Zuschlagbeschluss rechtskräftig wird (vgl. MAH MietR/*Moersch* § 39 Rn. 87).

Versäumt der Ersteher den **ersten zulässigen Kündigungstermin,** weil der Zuschlag kurz vor dem oder am dritten Werktag des Kalendermonats erfolgte, so soll er auch zum darauf folgenden nächstmöglichen Zeitpunkt, also zum dritten Werktag des darauffolgenden Kalendermonats, kündigen können, wenn die **Kündigung von ihm unverschuldet unterlassen** wurde (RGZ 98, 273). Dafür, dass dem Ersteher die Einhaltung des ersten Kündigungstermins auch unter Beobachtung der erforderlichen Sorgfalt nicht möglich war, trägt er die Darlegungs- und Beweislast (*Sternel* MietR aktuell IV Rn. 444).

4. Handelt es sich um ein Wohnraummietverhältnis und kann dieses außerordentlich mit der gesetzlichen Frist gekündigt werden, so ist die Kündigung spätestens am dritten Werktag eines Kalendermonats (Zugang der Erklärung beim Empfänger!) zum Ablauf des übernächsten Monats auszusprechen (§ 573d Abs. 2 BGB bzw. § 575a Abs. 3 BGB). Im Übrigen gilt für die Kündigungserklärung des Erstehers das **Schriftformerfordernis** des § 568 Abs. 1 BGB (von allen Erstehern an alle Mieter; auf Zugangsnachweis achten, Beweislast beim Ersteher; Stellvertretung möglich, aber § 174 BGB berücksichtigen).

5. Vom Erfordernis der **Darlegung eines berechtigten Interesses** ist der Ersteher **bei einem Wohnraummietverhältnis** nicht befreit, § 573d Abs. 1 BGB und § 575a Abs. 1 BGB erklären § 573 BGB ausdrücklich für entsprechend anwendbar. Auch die **Hinweispflicht** des § 568 Abs. 2 BGB ist zu beachten (zum berechtigten Interesse des Vermieters bei der ordentlichen Kündigung → Form. D.III und zur Geltung der Mieterschutzbestimmungen – auch der Sozialklausel nach den §§ 574 ff. BGB – in den Fällen der außerordentlichen Kündigung mit gesetzlicher Frist eingehender → Form. D.V.1 Anm. 1).

17. Kündigung des Erwerbers nach Verkauf durch den Insolvenzverwalter (§ 111 InsO)

Es wird verwiesen auf → Form. E.V.

VI. Außerordentliche fristlose Kündigung

1. Kündigung des Mieters bei Nichtgewährung des vertragsgemäßen Gebrauchs gem. § 543 Abs. 2 Nr. 1 BGB

. . . . .

(Mieter)[1]

an

. . . . .

(Vermieter)[2]

Sehr geehrte(r) . . . . .[2]

ich[3] kündige hiermit das mit Ihnen durch Vertrag vom . . . . . geschlossene Mietverhältnis über die Wohnung . . . . . fristlos[4] gemäß § 543 Abs. 2 Nr. 1 BGB[5] wegen Nichtgewährung des vertragsgemäßen Gebrauchs.

Gründe:[6]

Die Wohnung ist für mich nicht mehr nutzbar.[7] Seit dem . . . . . ist meine Wohnung ohne Strom.[8] Sie ist zudem feucht.[9] An den Wänden in Kinderzimmer und Küche bilden sich Schimmelpilze. Nach meinen Kenntnissen hat die Baubehörde wegen der durch die Feuchtigkeit hervorgerufenen Holzfäule erhebliche Bedenken gegen die Nutzbarkeit der Wohnung.[10]

Der Gebrauch der Wohnung wird zudem dadurch erheblich beeinträchtigt, dass die tatsächliche Fläche meiner Wohnung mehr als 10 % kleiner ist als im Mietvertrag angegeben.[11]

Diese erheblichen[12] Mängel habe ich Ihnen mit Schreiben vom . . . . . mitgeteilt und Abhilfe bis zum . . . . . angemahnt.[13] Die Frist ist abgelaufen und der bisherige Zustand besteht unverändert fort.[14] Ich denke, dass die Aufforderung zur Mängelbeseitigung von Anfang an sinnlos war,[15] denn ich habe erfahren, dass die Wohnung schon immer feucht war. Dies war bei der Anmietung jedoch nicht erkennbar, da Sie die feuchten Flächen überstrichen hatten.[16]

Aus diesem Grund bleibt mir nunmehr nur die fristlose Kündigung.[17] Ich werde am . . . . . ausziehen[16] und kann dann die Wohnung geräumt zurückgeben. Die erforderlichen Schönheitsreparaturen lasse ich ausführen. Wegen des genauen Übergabetermins werde ich mich mit Ihnen telefonisch in Verbindung setzen.[18]

. . . . .

(Mieter)

Anmerkungen

1. Sachverhalt. Das Formular führt verschiedene Möglichkeiten der Nichtgewährung des vertragsgemäßen Gebrauchs auf, die jede für sich eine fristlose Kündigung gemäß § 543 Abs. 2 Nr. 1 BGB rechtfertigen können.

2. Die **Kündigung** muss **an alle Vermieter** gerichtet und zugestellt werden. Zu beachten ist dies vor allem, wenn Veränderungen auf der Vermieterseite etwa durch Veräußerung/

Erwerb anstehen (vgl. dazu *Flatow* WuM 2004, 316, 317). Da es sich bei der Kündigung um eine einseitige empfangsbedürftige Willenserklärung handelt, muss der Mieter den Nachweis erbringen, dass dem Vermieter die Kündigung zugegangen ist. Einen Beweis des ersten Anscheins gibt es nicht, auch nicht bei Einschreibesendungen. Es empfiehlt sich daher eine Zustellungsform zu wählen, die den Nachweis der Zustellung sicherstellt. Hierbei kommt ein Einschreiben mit Rückschein, die Zustellung durch den Gerichtsvollzieher oder durch einen Boten in Betracht. Bei einer Zustellung durch Boten ist anzuraten, dass dieser sich das genaue Datum und die Uhrzeit der Zustellung notiert. Zu bedenken ist außerdem, dass der Bote möglichst selbst gesehen hat, welches Schriftstück er überbringt, da im Streitfall häufig der Einwand erhoben wird, es handele sich bei dem zugestellten Schreiben nicht um das Kündigungsschreiben (hierzu auch AG Hamburg ZMR 2009, 930). Die Prozessvollmacht für eine Räumungsklage oder deren Abwendung schließt regelmäßig die Befugnis zum Empfang einer im Zusammenhang mit dem Rechtsstreit erklärten neuen Kündigung ein (BGH NJW-RR 2000, 745).

3. Die Kündigung muss **von allen Mietern** ausgehen. Zu berücksichtigen ist dies vor allem, wenn Mieter ausgezogen sind. Dann ist zu prüfen, inwieweit sie aus dem Mietvertrag entlassen wurden, etwa durch einen Aufhebungsvertrag. Wurde ein Mieter im Rahmen eines Gewaltschutzverfahrens ausgewiesen, bleibt er dennoch Mieter. Nach der Eröffnung des Insolvenzverfahrens des Mieters ist der Insolvenzverwalter passivlegitimiert. Zu beachten ist bei Ehepaaren die Vorschrift des § 1568a BGB, wonach bei einer Scheidung entweder durch eine Entscheidung des Familiengerichts oder durch Mitteilung der Ehepartner an den Vermieter einer der Ehepartner aus dem Mietverhältnis ausscheiden kann.

In der Regel muss die Kündigung von jedem Mieter eigenhändig unterschrieben werden. Unterschreibt nur einer von mehreren Mietern, muss sein Vertretungsverhältnis erkennbar sein. Der Vertreter muss eine ihn zur Kündigung berechtigende Vollmacht beifügen, da andernfalls der Kündigungsgegner die Kündigung gemäß § 174 BGB wegen fehlender Vollmacht zurückweisen könnte. Die Zurückweisung muss allerdings unverzüglich erfolgen, § 121 Abs. 1 BGB, und sie muss eindeutig ergeben, dass sie auf Grund der nicht vorliegenden Vollmacht erfolgt. Die Zustellung eines vom Prozessbevollmächtigten des Mieters/der Mieter beglaubigten Schriftsatzes reicht aus, sofern die Erklärung von dem Prozessbevollmächtigten als Vertreter selbst ausgeht. Andernfalls muss dem Vermieter eine von dem Mieter unterzeichnete Abschrift der Kündigung zugehen; eine beglaubigte Abschrift reicht auch von Anwalt zu Anwalt nicht (BGH NJW-RR 1987, 395). Eine Klausel, mit der sich die Mieter gegenseitig zur Abgabe einer Kündigungserklärung bevollmächtigen, ist unwirksam (KG BeckRS 2018, 4938).

Die Kündigung durch den Betreuer des Mieters bedarf gemäß § 1907 Abs. 1 BGB der Zustimmung des Betreuungsgerichts.

4. Die Kündigung hat **schriftlich** zu erfolgen, § 568 Abs. 1 BGB. Sie muss eindeutig die Erklärung enthalten, dass das Mietverhältnis fristlos beendet werden soll. Die Umdeutung einer unwirksamen ordentlichen Kündigung in eine fristlose Kündigung ist daher in der Regel nicht möglich, da der Wille zur sofortigen Beendigung nicht deutlich wird (vgl. dazu BGH WuM 2005, 584, 585 mit weiteren Nachweisen aus der Rechtsprechung). Sie umfasst das gesamte Mietverhältnis; eine Teilkündigung ist bis auf wenige und seltene Ausnahmefälle nicht möglich (dazu näher Staudinger/*Emmerich* § 543 Rn. 85 f. mwN). Wesentlich ist, ob die Mietsache von den Parteien als Einheit betrachtet wird, was beim Wohnraummietverhältnis in der Regel der Fall ist.

5. Der **Kündigungsgrund** des § 543 Abs. 2 Nr. 1 BGB nF entspricht dem früheren § 542 BGB. Die Vorschrift berechtigt nur den Mieter zur Kündigung (MAH MietR/ *Kleinrahm* § 28 Rn. 71). Die Kündigungsregelung kann zum Nachteil des Mieters weder ausgeschlossen noch erweitert werden, § 569 Abs. 5 BGB. Die Kündigungsmöglichkeit besteht neben der aus § 569 Abs. 1 BGB wegen Gesundheitsgefährdung und der aus § 569 Abs. 2 BGB wegen Störung des Hausfriedens.

6. Gem. § 569 Abs. 4 BGB muss auch der **Kündigungsgrund angegeben** werden. Dies bedeutet eine Neuerung gegenüber dem früheren Recht, das eine Begründung nicht als Wirksamkeitsvoraussetzung ansah. An die Begründung dürfen keine allzu strengen Anforderungen gestellt werden. Die der Kündigung zugrunde liegenden Tatsachen müssen nach Gegenstand, Zeit, Ort und Ausmaß (was, wann, wo) hinreichend deutlich beschrieben werden, so dass der Vermieter erkennen kann, welches Verhalten bzw. welchen Zustand der Mieter als Kündigungsgrund heranzieht, der der Kündigung zugrundeliegende Sachverhalt muss von anderen Sachverhalten unterschieden werden können (vgl. BGH NJW 2007, 2845). Dies gilt auch, wenn eine Vielzahl von Gründen vorliegt oder wenn bereits vor der Kündigung die wesentlichen Umstände mündlich oder schriftlich mitgeteilt wurden (vgl. LG Stuttgart WuM 2006, 523, 524). Bei wiederkehrenden Beeinträchtigungen hat der BGH für die Minderung ausgeführt, dass eine Beschreibung genügt, aus der sich ergibt, um welche Art von Beeinträchtigungen es sich handelt, zu welchen Tageszeiten, über welche Zeitdauer und in welcher Frequenz diese ungefähr auftreten; der Vorlage eines Protokolls bedürfe es nicht (BGH NJW 2012, 1647; bestätigt in BGH NJW-RR 2012, 977) Eine möglichst genaue Beschreibung ist aber dennoch empfehlenswert, um Darlegungs- und Beweisschwierigkeiten zu vermeiden. Der Vermieter muss die Möglichkeit haben zu überprüfen, ob die erhobenen Vorwürfe zutreffend sind. Es kommt dabei immer auf die Umstände des Einzelfalls an. Soweit eine Abmahnung vorausgegangen ist, muss in der Kündigung angeführt werden, dass der beanstandete Zustand fortbesteht (AG Bernau WUM 2009, 126; Schmidt-Futterer/*Blank* § 569 Rn. 79). Die bereits in einer Abmahnung angegebenen Gründe müssen nicht wiederholt werden, es reicht eine Bezugnahme, die auf das in Bezug genommene Schreiben zweifelsfrei hinweist (BGH NJW 2003, 1248; NJW 2011, 1065). Nicht erforderlich ist, dass der Mieter darlegt, warum ihm die Fortsetzung des Mietverhältnisses nicht zumutbar ist. Für die Wirksamkeit einer Kündigung genügt es vielmehr grundsätzlich, wenn einer der in § 543 Abs. 2 S. 1 Nr. 1 bis 3 BGB aufgeführten Tatbestände vorliegt, hierbei handelt es sich um gesetzlich typisierte Fälle der Unzumutbarkeit (BGH NJW 2009, 2297).

§ 569 Abs. 4 BGB schließt das **Nachschieben von Gründen,** die zum Zeitpunkt der Kündigung bereits vorlagen oder erst später entstanden sind, jedenfalls bei wirksamer Kündigung nicht aus. Da eine § 573 Abs. 3 S. 2 BGB entsprechende Regelung, wonach nachträglich entstandene Gründe berücksichtigt werden, in § 569 Abs. 4 BGB fehlt, muss entsprechend allgemeinen Grundsätzen allerdings erneut gekündigt werden (*Blank/Börstinghaus* § 569 Rn. 97; Palandt/*Weidenkaff* § 569 Rn. 25; aA *Haas* § 569 Rn. 5). Bei einer nicht ausreichend begründeten fristlosen Kündigung ist es jedoch nicht möglich, Gründe, die vor Ausspruch der Kündigung bestanden, nachzuschieben, um die Kündigung nachträglich wirksam zu machen (*Sternel* ZMR 2002, 1, 4).

7. Grund der Kündigung ist die **Nichtgewährung des vertragsgemäßen Gebrauchs.** Die Parteien können auch einen konkreten Zustand als vertragsgemäß vereinbaren. Voraussetzung ist jedoch bei Wohnräumen, dass diese zum dauerhaften Wohnen geeignet sind. Die fehlende Eignung der Mietsache für einen anderen als den vertraglich festgelegten Gebrauch rechtfertigt keine Kündigung, zB kann nicht gekündigt werden, wenn der Mieter die Räume teilgewerblich nutzen will, dies nicht möglich ist und nur eine Wohnraummiete vereinbart war. Ein Kündigungsrecht steht dem Mieter ebenfalls nicht zu, wenn er die Räume aus in seiner Person liegenden Gründen nicht nutzen kann oder will. Sind diese Gründe beseitigt und gewährt der Vermieter keinen Gebrauch, lebt das Kündigungsrecht aber wieder auf (vgl. dazu Bub/Treier/*Grapentin* IV Rn. 321).

Die Gebrauchsbeeinträchtigung muss zumindest nahe liegend sein (*Franke* ZMR 1999, 83, 84). Ein Verschulden des Vermieters ist nicht erforderlich, ebenso ist es ohne Bedeutung, ob der Mangel behoben werden kann (Schmidt-Futterer/*Blank* § 543 Rn. 14; *Blank*/ *Börstinghaus* § 543 Rn. 81).

Unerheblich ist, ob der Gebrauch nachträglich, dh im Laufe des Mietverhältnisses, entzogen oder von Beginn an nicht gewährt wird. Der vertragsgemäße Gebrauch wird nicht oder nicht rechtzeitig gewährt, wenn der Vermieter seiner Pflicht, die Mieträume dem Mieter zum Gebrauch zu überlassen, nicht oder nicht rechtzeitig nachkommt oder wenn er sie in einem Zustand übergibt, in dem der Mieter die Räume auf Grund von Rechts- oder Sachmängeln nicht oder nur eingeschränkt dem Vertragszweck entsprechend nutzen kann. Ferner liegt eine nicht vertragsgemäße Gebrauchsüberlassung vor, wenn der Vermieter dem Mieter die Wohnung nicht oder nicht gänzlich überlassen kann. Es genügt damit das Vorenthalten eines Teils der Wohnung oder ein teilweiser Gebrauchsentzug. Voraussetzung dabei ist allein, dass der Vermieter seine Pflicht zur Gebrauchsüberlassung nicht erfüllen kann oder will; wobei es auf ein Verschulden des Vermieters – wie ausgeführt – nicht ankommt. Eine Kündigung kann aus diesem Grund auch schon vor Mietbeginn gerechtfertigt sein. Es muss dann allerdings feststehen, dass der Mieter nicht rechtzeitig einziehen kann. Damit entfällt die Geschäftsgrundlage des Mietvertrages. Dies ist etwa der Fall, wenn die Nutzung wegen Instandsetzungs- oder Umbauarbeiten nicht absehbar ist, wobei es aber immer auf die Umstände des Einzelfalls ankommt (vgl. dazu BGH WuM 2013, 37; LG Berlin WuM 2006, 375). Die bloße Ungewissheit oder Zweifel an der Leistungsfähigkeit oder -bereitschaft des Vermieters reichen nicht aus, es sei denn, die Ungewissheit ist dem Mieter nicht zuzumuten (vgl. Schmidt-Futterer/*Blank* § 543 Rn. 10).

Bei **anfänglicher Unmöglichkeit** gilt § 311a BGB, § 543 Abs. 2 Nr. 1 BGB greift nicht ein. In dem Zeitraum zwischen Vertragsabschluss und Gebrauchsüberlassung hat der Mieter ein Wahlrecht zwischen seinen Rechten aus § 311a Abs. 2 BGB und dem Kündigungsrecht nach § 543 Abs. 2 Nr. 1 BGB.

Der Mieter muss bei Streit **darlegen und beweisen**, dass der Vermieter ihm den Gebrauch ganz oder teilweise entzogen hat, dass später Mängel aufgetreten und dass diese, soweit sie innerhalb der Wohnung aufgetreten sind, nicht von ihm zu vertreten sind. Der Vermieter muss darlegen und beweisen, dass er den Gebrauch der Mietsache rechtzeitig gewährt hat, § 543 Abs. 4 S. 2 BGB. Kommen als Kündigungsgrund Ursachen sowohl aus der Sphäre des Vermieters als auch aus der des Mieters in Betracht, trifft zunächst den Vermieter die Beweislast; erst wenn alle aus seinem Bereich stammenden Ursachen ausgeräumt sind, trifft den Mieter die Beweislast, dass er den Schadenseintritt nicht zu vertreten hat (BGH NZM 2005, 17; *Kossmann*/*Meyer-Abich* § 68 Rn. 12). Gegebenenfalls kann sich der Vermieter aber entlasten, wenn eine Vermutung für ein schuldhaftes Verhalten des Mieters besteht (BGH WuM 1998, 96 Brand in Mietwohnung, Beweislast Mieter, da Vermutung für schuldhaftes Verhalten).

8. **Entzogen wird der Gebrauch** durch Störungen des Gebrauchs zum einen auf Grund des Verhaltens oder durch Maßnahmen des Vermieters. Aus dem Verhalten des Vermieters begründet ist eine durch ihn veranlasste Abschaltung von Strom, Heizung oder Wasser. Die vertragswidrige Vorenthaltung der alleinigen Kellerbenutzung (AG Ahrensburg WuM 1984, 199) oder die vertragswidrige Verweigerung der Untermieterlaubnis (OLG Düsseldorf WuM 1995, 585; BGH NJW 1984, 1031) können ebenfalls die Kündigung rechtfertigen. Aber auch Erhaltungs- und Modernisierungsmaßnahmen gem. § 554 BGB können Grund einer fristlosen Kündigung sein (BGH WuM 2013, 37, so auch Schmidt-Futterer/ *Blank* § 543 Rn. 18 mwN; *Blank*/*Börstinghaus* § 543 Rn. 94; str. aA jedenfalls für den Fall der Duldungspflicht von Erhaltungs- und Modernisierungsmaßnahmen MüKoBGB/*Bieber* § 543 Rn. 24). Unerheblich ist, ob der Vermieter die Nichtgewährung des Gebrauchs zu vertreten hat (MüKoBGB/*Bieber* § 543 Rn. 20; Staudinger/*V Emmerich* § 543, Rn. 18).

Handlungen Dritter werden dem Kündigungsgegner nach §§ 278, 540 Abs. 2 BGB zugerechnet, wobei aber Voraussetzung ist, dass Dritte schuldhaft handeln. Häufig ist nach erfolgloser Abmahnung ein vorwerfbares Verhalten des Gekündigten darin zu sehen, dass er die Störung nicht beseitigt hat. Dem Vermieter ist das Verhalten seiner Hilfspersonen zuzurechnen (zB Hausverwalter), wobei dann aber die Störung in Ausübung und nicht nur bei Gelegenheit der Verrichtung begangen werden muss (OLG Karlsruhe ZMR 1988, 52).

9. Der Mieter kann zudem durch das Auftreten von nicht vom ihm zu vertretenden **Rechts- oder Sachmängeln** am vertragsgemäßen Gebrauch gehindert werden. Zu berücksichtigen ist dabei, welche technischen Anforderungen zugrunde zu legen sind. Diese können differieren je nach Errichtungszeitpunkt des Mietobjektes. So ist etwa für die Frage einer hinreichenden Schallisolierung der Zeitpunkt der Errichtung des Gebäudes maßgeblich (BGH NJW 2004, 3174; *Isenmann/Mersson* NZM 2005, 881, 882), so dass an einen Altbau regelmäßig nicht die gleichen Anforderungen zu stellen sind wie an einen Neubau und der Mieter ohne besondere Absprachen nur einen Mindeststandard erwarten kann (vgl. dazu etwa AG Bonn BeckRS 2010, 13351). Als Mängel in Betracht kommen die mangelhafte Beschaffenheit der Mieträume (Feuchtigkeit LG Mannheim ZMR 1977, 154; ungenügende Beheizung LG Landshut WuM 1989, 175; AG Dortmund WuM 2013, 750; Ungeziefer LG Freiburg WuM 1986, 246 – einschränkend LG Kiel WuM 1992, 122: wenn schnell behebbar kein Kündigungsrecht; umfangreiche Reparaturarbeiten, soweit nicht die Voraussetzungen der § 554 BGB vorliegen; das Fehlen zugesicherter Eigenschaften; das Fehlen eines funktionsfähigen Wärmemengenzähler und/oder eines Thermostatventile KG Berlin BeckRS 2017, 143250; störende Geräusche oder Gerüche LG Augsburg WuM 1986, 137 – Kläranlage; beeinträchtigte Wasserqualität infolge mangelhafter Zuleitungen LG Köln WuM 1987, 122; Schadstoffbelastung LG München I WuM 1991, 584 – Formaldehyd; LG Berlin IMR 2013, 2246: Keine Übergabefähigkeit der Wohnung bei nicht neutralem Farbanstrich mit kritischer Anm. *Schach* GE 2012, 656). Auch äußere Einwirkungen können einen Kündigungsgrund darstellen, zB Bordellbetrieb im Haus (LG Kassel WuM 1987, 122); Lärm von Mitbewohnern (LG Duisburg WuM 1988, 264), – Kinderlärm reicht in der Regel nicht (AG Frankfurt WuM 2005, 764; LG Bad Kreuznach WuM 2003, 328); Lärm von einer Großbaustelle (LG Hamburg WuM 1986, 313); Hochwasser (AG Döbeln NZM 2004, 299). Ein Kündigungsgrund ist ferner gegeben, wenn auf Grund eines defekten Schließzylinders der Mieter die Haustür ohne fremde Hilfe nicht von außen öffnen kann (LG Berlin NZM 2000, 710). Streitig ist, ob der Mieter fristlos kündigen kann, wenn er aufgrund einer Einbruchsserie in das Mietobjekt keinen Versicherungsschutz mehr erlangen kann (bejahend OLG Naumburg NJW-RR 1998, 944; aA Palandt/*Weidenkaff* BGB § 543 Rn. 18; Schmidt-Futterer/*Blank* § 543 Rn. 22).

10. Weiter können **öffentlich-rechtliche Beschränkungen** oder die **Rechte Dritter** den vertragsgemäßen Gebrauch vereiteln. Darunter fallen das Fehlen einer öffentlich-rechtlichen Genehmigung, Bauauflagen und Sicherheitsbestimmungen, die der Vermieter nicht erfüllt und auf Grund derer der Mieter mit Druck von Seiten der Behörden rechnen muss. Erforderlich ist dabei entweder eine Untersagungsverfügung der Behörde (BGH NJW 2017, 1104; BGH NJW-RR 2014, 264; ZMR 2008, 274) oder zumindest eine langwährende Ungewissheit des Mieters über die Zulässigkeit der Nutzung. Duldet die Behörde die Nutzung, besteht kein Grund zur fristlosen Kündigung (OLG Köln WuM 1998, 152 für Gewerbemietrecht; dies dürfte aber für Wohnraummietrecht entsprechend gelten, so *Lützenkirchen* WuM 2000, 65, 66). Dem Mieter steht allerdings kein Kündigungsrecht zu, wenn er die behördliche Genehmigung einholen sollte, aber noch nicht einmal einen Versuch unternommen hat, die Genehmigung zu erlangen. Lehnt die Behörde später die Nutzung ab, kann das Kündigungsrecht wieder aufleben.

Die Rechte Dritter – zB Nießbrauch oder Grunddienstbarkeiten – können einen Kündigungsgrund darstellen. Voraussetzung ist insoweit jedoch, dass der Dritte seine Rechte geltend macht oder zumindest die Geltendmachung androht (vgl. BGH NJW-RR 1995, 715; OLG Düsseldorf ZMR 2012, 436) Ähnlich ist bei der Miete durch einen Nichtberechtigten dieser erst zur fristlosen Kündigung berechtigt, wenn der Berechtigte die Herausgabe verlangt (OLG Düsseldorf DWW 1992, 15).

11. Der BGH hat entschieden, dass bei einer Abweichung der vertraglich vereinbarten Mietfläche dahingehend, dass die tatsächliche Fläche mehr als 10 % geringer ist, eine Minderung gerechtfertigt ist (so ua BGH NJW 2004, 1947, 1948). Dem Mieter steht dann wegen Nichtgewährung des vertragsgemäßen Gebrauchs grundsätzlich auch ein Recht zur fristlosen Kündigung zu (vgl. BGH NZM 2009, 431). Zu beachten ist jedoch, dass der Begriff der Wohnfläche keinen feststehenden Inhalt besitzt, sondern auslegungsbedürftig ist (BGH NJW 2010, 1064). Die Parteien sind grundsätzlich frei, sich auf einen bestimmten Modus der Berechnung zu verständigen (LG Saarbrücken BeckRS 2015, 07836). Im Zweifel ist die Wohnflächenverordnung anzuwenden (BGH NJW 2010, 1064; Staudinger/*Emmerich* BGB § 536 Rn. 74).

12. Die **Gebrauchsbeeinträchtigung muss erheblich sein.** Zwar führt § 543 Abs. 2 Nr. 1 dieses Kriterium entgegen § 542 Abs. 2 aF nicht mehr auf. Unter Berücksichtigung der Systematik der Regelungen der fristlosen Kündigung, insbesondere unter Beachtung der Generalklausel des § 543 Abs. 1, die eine umfassende Abwägung der beiderseitigen Interessen fordert, ist eine fristlose Kündigung in Bagatellfällen jedoch nicht möglich. Dies gilt umso mehr, als der Gesetzgeber keine sachliche Änderung durch die Neuregelung beabsichtigte (vgl. dazu *Kraemer* WM 2001, 163, 168; MAH MietR/*Kleinrahm* § 28 Rn. 87 ff.; *Blank/Börstinghaus* BGB § 543 Rn. 91). Die bisherige Rechtsprechung kann daher berücksichtigt werden.

Bei der Beurteilung der Frage, ob ein eine fristlose Kündigung rechtfertigender Grund vorliegt, handelt es sich um eine **Einzelfallentscheidung.** Anzulegen ist dabei ein objektiver, am Zweck des Vertrages ausgerichteter Maßstab. Zu berücksichtigen ist die Art der Benutzung, der sachliche und zeitliche Umfang der Beeinträchtigung sowie die Lage und Ausstattung der Wohnung.

Spürbare Störungen sind in der Regel erheblich. Auch drohende behördliche Verbote genügen. Es reicht aus, wenn der Ausschluss des vertragsgemäßen Gebrauchs sich auf einen Teil der Wohnung bezieht. Unerhebliche Gründe reichen bei besonderen – objektiv gerechtfertigten – Interessen des Mieters aus. Dies gilt insbesondere bei zugesicherten Eigenschaften, kann aber auch bei einer Häufung unerheblicher Mängel gegeben sein. Zu bedenken ist stets, dass ein Missbrauch des Kündigungsrechts verhindert werden soll.

Das Vorliegen von Mängeln reicht aus, wenn diese eine gewisse Erheblichkeit erreicht haben; marginale Mängel scheiden aus. Zu unterscheiden ist dabei zwischen Mängeln, die eine Minderung rechtfertigen, und Mängeln, die den Gebrauch ganz oder teilweise hindern. Diese können identisch sein. Zu beachten ist jedoch, dass die eine fristlose Kündigung rechtfertigenden Mängel von erheblichem Gewicht sein müssen. Mängel, die ohne größeren zeitlichen und finanziellen Aufwand behoben werden können, rechtfertigen in der Regel eine fristlose Kündigung nicht (vgl. dazu Staudinger/*Emmerich* BGB § 543 Rn. 26).

Zu berücksichtigen bei der Abwägung ist zudem, dass der Mieter nach der Mietrechtsreform innerhalb von 3 Monaten fristgemäß kündigen kann. Die Beeinträchtigung muss daher so erheblich sein, dass ein Abwarten dieser Frist nicht zumutbar ist, was den Kündigungstatbestand stark einschränken dürfte.

Der **Vermieter ist darlegungs- und beweispflichtig,** wenn zwischen den Parteien streitig ist, ob die Störung erheblich ist oder nicht (BGH NJW 1976, 796).

13. Voraussetzung einer Kündigung ist immer, dass der Mieter dem Vermieter eine **angemessene Frist zur Abhilfe** setzt und diese abgelaufen ist, ohne dass der Vermieter etwas zur Beseitigung der Nichtnutzbarkeit unternommen hat, **oder** eine **erfolglose Abmahnung** (§ 543 Abs. 3 S. 1 BGB). Fristsetzung und Abmahnung sind formlose empfangsbedürftige Willenserklärungen, dh sie bedürfen nicht der Schriftform. Jedoch ist aus Beweisgründen sowohl eine Schriftform als auch ein Zugangsnachweis sinnvoll, denn der Mieter muss im Streitfall die Fristsetzung und die Angemessenheit der Frist beweisen.

Die zu beseitigende Störung und die Frist sind **so genau wie möglich zu bezeichnen.** Nicht gerügte Mängel können später eine Kündigung nicht rechtfertigen (OLG Naumburg WM 2000, 246). Mängelanzeigen gemäß § 545 BGB reichen ebenso wenig wie die Drohung mit einer Mietzinsminderung (*Franke* ZMR 1999, 83, 85). Der Mieter muss zudem hinreichend deutlich machen, dass er die gerügte Störung missbilligt und beseitigt haben will. Die Androhung der Kündigung ist nicht zwingend (BGH NJW 2007, 2474; Schmidt-Futterer/*Blank* BGB § 543 Rn. 30), kann sich aber zur Verdeutlichung der Absichten des Kündigenden empfehlen.

Im Falle der Fristsetzung richtet sich die **Länge der Frist** nach den Umständen des Einzelfalls. Angemessen ist eine Frist, wenn sie dem Vermieter sowohl eine gewisse Prüfund Bedenkzeit einräumt als auch ihm die Zeit lässt, die notwendigen Arbeiten durchführen zu lassen (vgl. *Kossmann* § 68 Rn. 10). Kannte der Vermieter den Mangel bereits zuvor, kann dies zu einer Verkürzung der angemessenen Frist führen. Eine zu kurze Fristsetzung schadet nicht; es tritt dann die angemessene an Stelle der gesetzten Frist. Der Mieter muss mit der Fristsetzung nicht warten, bis die Störung oder Gebrauchsbeeinträchtigung eingetreten sind; er kann bereits tätig werden, wenn sich die Gebrauchsbeeinträchtigung konkret abzeichnet. Bei Widerruf der Fristsetzung ist die Kündigung gem. § 543 Abs. 2 Nr. 1 BGB ausgeschlossen.

Wird mit der Fristsetzung jedoch eine andere Maßnahme als eine Kündigung, etwa eine Minderung oder Ersatzvornahme angekündigt, muss eine erneute Frist gesetzt werden (so die überwiegende Meinung s. etwa Schmidt-Futterer/*Blank* BGB § 543 Rn. 30, offengelassen in BGH NZM 2007, 561 mwN aus Rechtsprechung und Literatur), es sei denn die Fristsetzung ist ausnahmsweise gemäß § 543 Abs. 3 S. 2 BGB entbehrlich (→ Form. D.VI.1 Anm. 15).

Nach § 543 Abs. 3 BGB genügt im Gegensatz zu der bisherigen Regelung in § 542 BGB aF eine **erfolglose Abmahnung** ebenfalls als Kündigungsvoraussetzung. Die Beeinträchtigung muss so genau bestimmt werden, dass erkennbar ist, was der Mieter beanstandet, denn auch im Falle der Abmahnung kann die Kündigung später nicht auf andere Gründe gestützt werden. Eine Fristsetzung ist nicht erforderlich, aber empfehlenswert, um späteren Streitigkeiten darüber, ob der Vermieter erwarten durfte, dass er zur Einstellung seines Verhaltens längere Zeit hatte, zu vermeiden. Wird keine Frist gesetzt, ist davon auszugehen, dass die Erfolgsigkeit erst anzunehmen ist, wenn eine angemessene Frist unter Berücksichtigung der beiderseitigen Interessen abgelaufen ist. Liegt keine Pflichtverletzung des Vermieters vor, wird die Abmahnung erforderlich, wenn trotz Mangelanzeige der Mangel fortbesteht.

Zur Formulierung eines **Anspruchschreibens des Mieters** → Form. B.I.1, → Form. B. I.2, → Form. B.I.4.

14. Die fristlose Kündigung ist nur zulässig, wenn die gesetzte **Frist ohne Erfolg abgelaufen** ist oder auf die Abmahnung innerhalb angemessener Zeit der **vertragswidrige Zustand nicht gänzlich beseitigt** worden ist. Dabei ist es unerheblich, ob den Vermieter am ergebnislosen Verstreichen der Frist ein Verschulden trifft oder nicht (Schmidt-Futterer/*Blank* § 543 Rn. 38). Der Vermieter muss, wenn eine endgültige Beseitigung des Mangels innerhalb angemessener Frist nicht möglich ist, innerhalb der Frist zumindest die erforderlichen Maßnahmen treffen (OLG Düsseldorf ZMR 1999, 26: Vermieter hätte zumindest vorläufige Maßnahmen zur Abdichtung des Daches treffen müssen). Der Vermieter muss die Mängelbeseitigung unverzüglich beginnen; streitig ist, ob es ausreicht, wenn er am letzten Tag der Frist mit der Mängelbeseitigung beginnt (dazu *Franke* ZMR 1999, 83, 85). Dies wird von den Umständen des Einzelfalls abhängen. Kurzfristig behebbare Beeinträchtigungen wie ein Rohrbruch oder das Hochfahren einer Heizung sind sofort zu erledigen; ebenso die Beseitigung von Mängeln, die die Nutzbarkeit der Wohnung nahezu aufheben (Stromzufuhr). Es reicht ebenfalls nicht, wenn der Vermieter am letzten Tag der Frist mit längerfristigen Instandsetzungsarbeiten beginnt (OLG Düsseldorf WM 1995, 393).

Gemäß § 543 Abs. 4 S. 2 BGB muss der Vermieter im Streitfall darlegen und beweisen, dass er die Abhilfe vor Fristablauf bewirkt hat.

15. Entbehrlich ist die Fristsetzung oder die Abmahnung gemäß § 543 Abs. 3 S. 2 BGB, wenn die Frist oder Abmahnung keinen Erfolg verspricht (1. Alt.) oder die sofortige Kündigung aus besonderen Gründen unter Abwägung der beiderseitigen Interessen gerechtfertigt ist (2. Alt.).

Die **1. Alternative** setzt voraus, dass offenkundig eine Änderung des beanstandeten Verhaltens unter keinen Umständen zu erwarten ist, der Vermieter die Leistung ernstlich und endgültig verweigert oder er tatsächlich oder rechtlich nicht in der Lage ist, Abhilfe zu schaffen (Lärm von Großbaustelle LG Hamburg WM 1986, 313; Abweichung von der vereinbarten Wohnfläche BGH NZM 2009, 431). Bei strikter Ablehnung der Abhilfe ist auch schon vor Fristablauf die Kündigung möglich.

Bei der **2. Alternative** sind die beiderseitigen Interessen abzuwägen; im Gegensatz zur früheren Rechtslage kommt es nicht mehr nur auf die Interessen des Mieters an. Eine Fristsetzung oder Abmahnung kann danach entbehrlich sein, wenn die Mangelbeseitigung unmöglich oder binnen angemessener Frist nicht möglich ist. Auch wenn das weitere Festhalten am Vertrag mit unzumutbaren Belastungen für den Mieter verbunden ist oder der Mieter den Einzugstermin ausdrücklich in Form eines Fixgeschäftes zum wesentlichen Vertragspunkt gemacht hat, kann die Ausnahmeregelung des § 543 Abs. 3 Nr. 2 BGB eingreifen. Es reicht aber in der Regel nicht, dass der Vermieter den Termin zur Mängelbeseitigung zweimal verschoben hat (OLG Naumburg WM 2000, 246). Mehrere vergebliche Abhilfeversuche können allerdings das Vertrauen des Mieters soweit beeinträchtigen, dass ein Interessenwegfall anzunehmen ist.

Im Streitfall obliegt dem Mieter die Darlegungs- und Beweislast für die Entbehrlichkeit der Fristsetzung.

16. Die **Kündigung ist ausgeschlossen,** wenn der Mieter die Nichtnutzbarkeit der Wohnung bei Vertragsabschluss kennt oder grob fahrlässig nicht kennt. (§ 543 Abs. 4 BGB iVm § 536b BGB). Etwas anderes gilt nur, wenn der Vermieter die Nichtnutzbarkeit arglistig verschwiegen hat, § 536b S. 2 BGB, oder der Mieter sich seine Rechte auf Minderung (§ 536 BGB) und Schadens- und Aufwendungsersatz (§ 536a BGB) bei Vertragsabschluss vorbehalten hat, § 536b S. 3 BGB. Hat der Vermieter einen Mangel bei Vertragsabschluss arglistig verschwiegen, kann er sich auf einen Ausschluss oder eine Beschränkung der Rechte des Mieters insoweit nicht berufen, § 543 Abs. 4 iVm § 536d BGB. Eine Verwirkung des Kündigungsrechts analog § 539 BGB aF (§ 536b BGB nF) für den Fall, dass der Mieter trotz eines nach Vertragsschluss erkannten Mangels die Miete über einen längeren Zeitraum hinweg vorbehaltlos zahlt, wurde nach der bisherigen Rechtsprechung anerkannt (BGH WM 2000, 416). Bei der Neufassung des Mietrechts hat der Gesetzgeber davon abgesehen, für diesen Fall eine ausdrückliche Regelung zu treffen, da er der Ansicht war, dieser Fall sei durch § 536c BGB ausreichend geregelt (amtliche Begründung, abgedruckt in NZM 2000, 812). In Rechtsprechung und Literatur ist die Frage umstritten. Während der BGH (WuM 2003, 440; NZM 2006, 929 und jetzt NZM 2009, 431) die analoge Anwendung des § 536b BGB ablehnt (ebenso *Kraemer* WuM 2001, 163, 168; *Börstinghaus* ZAP Fach 4, 811 ff. unter III.1.a) gg)) und nur unter den Voraussetzungen des Verzichts oder des § 242 BGB (so auch *Lützenkirchen*, MietRPraxis,

Rn. 852), insbesondere der Verwirkung, etwa eine Minderung annimmt, hat das OLG Naumburg (NJW 2002, 1132) die analoge Anwendung weiterhin für möglich gehalten. Für die fristlose Kündigung dürfte der Streit jedoch von geringer Bedeutung sein, da bei zu langen Abwarten das Kündigungsrecht verloren geht (→ Form. D.VI.1 Anm. 17).

Der Mieter kann zudem nicht fristlos kündigen, wenn er selbst den Kündigungsgrund überwiegend verursacht oder mitverursacht hat (BGH NZM 1998, 117; OLG Düsseldorf ZMR 1993, 552). Dies gilt ebenso, wenn er die Fertigstellung des Mietobjektes verzögert oder die Beseitigung des Mangels nicht duldet bzw. nicht im vertraglich geschuldeten Umfang mitwirkt, zB indem er den Zutritt zur Wohnung nicht gewährt (Bub/Treier/*Grapentin* IV Rn. 329). Bei behördlichen Maßnahmen ist es unschädlich, wenn diese erst durch eine Anzeige des Mieters ausgelöst wurden.

Beruft sich der Vermieter auf Kenntnis oder fahrlässige Unkenntnis des Mieters, muss er dies **darlegen und beweisen**.

Der Kündigungsgrund entfällt, wenn der Mieter von der Mietsache keinen Gebrauch machen will (OLG Hamm NZM 2011, 27; str. vgl. MüKoBGB/*Bieber* § 543 Rn. 24 mwN).

17. Nach Fristablauf müssen die **Kündigung** und auch der **Auszug zeitnah** erfolgen. Die Kündigung muss innerhalb angemessener Frist erklärt werden (KG KGR Berlin 2003, 186; OLG Düsseldorf ZMR 2003, 177). § 314 Abs. 3 BGB ist nicht anzuwenden (BGH NJW 2016, 3720). Maßgebend ist insoweit die Vollendung des Kündigungsgrundes (BGH NJW-RR 2007, 886). Nach Zugang ist sie unwiderruflich (AG Geldern ZMR 2004, 350). Zu beachten ist, dass der Mieter innerhalb einer Frist von 3 Monaten ordentlich kündigen kann. Wartet er daher zu lange, kann das Recht zur fristlosen Kündigung entfallen und er ist auf das Recht zur ordentlichen Kündigung zu verweisen (vgl. etwa LG Berlin GE 2005, 57). Andererseits kann eine Kündigung im Einzelfall rechtsmissbräuchlich werden, wenn der Grund entfällt.

Der Kündigungsgrund muss bei Zugang der Kündigung vorliegen (hM BGH WuM 2006, 193, 194; LG Freiburg (Breisgau), BeckRS 2015, 08125; Schmidt-Futterer/*Blank* § 543 Rn. 219; Palandt/*Weidenkaff* § 543 Rn. 52; Staudinger/*Emmerich* § 543 Rn. 48; str. aA LG Duisburg WuM 2006, 257; LG Köln WuM 2001, 195: bei Abgabe der Kündigungserklärung bei Zahlungsverzug). Das Kündigungsrecht geht nicht verloren, wenn der Vermieter nach Fristablauf, aber vor Kündigung Abhilfe schafft (OLG Düsseldorf MDR 1988, 866; *Sternel* X Rn. 79 ff: *Blank*/*Börstinghaus* § 543 Rn. 198, str.). Eine Abhilfe nach Zugang der Kündigung berührt die Wirksamkeit der Kündigung nicht.

18. Kosten und Gebühren. Anwalt. Gebühren nach §§ 13 ff. RVG Teil 2 VV-RVG berechnen sich gemäß § 23 Abs. 1 RVG iVm § 41 GKG. Der Streit, ob der Brutto- oder der Nettomietzins zugrunde zu legen ist, hat sich durch die Neuregelung des § 41 Abs. 1 S. 2 GKG erübrigt. Danach errechnet sich der Streitwert aus dem einjährigen Nettomietzins und nicht gesondert abzurechnenden Nebenkostenpauschalen. In der Regel ist der einjährige Nettomietzins maßgeblich, § 41 Abs. 1 und 2 GKG. Etwas anderes gilt nur, wenn die Beendigung nicht grundsätzlich streitig ist, sondern nur die Frage, ob die fristlose Kündigung greift. Dann ist der Zeitraum zwischen fristloser und ordentlicher Beendigung maßgeblich. Bei mehreren Kündigungen ist der Streitwert der Räumungsklage sowie auch einer Klage auf Feststellung der Unwirksamkeit der Kündigungen ebenfalls der einjährige Nettomietzins (KG NZM 2012, 535; OLG München NZM 2011, 175; LG Berlin WuM 2014, 154).

2. Kündigung des Vermieters wegen erheblicher Gefährdung der Mietsache infolge Vernachlässigung durch den Mieter, § 543 Abs. 2 Nr. 2 Alt. 1 BGB

. . . . .

(Vermieter)[1]

an

. . . . .

(Mieter)[2]

Sehr geehrte(r) . . . . .,[2]

ich[3] kündige hiermit den mit ihnen am . . . . . geschlossenen Mietvertrag über die Wohnung . . . . . fristlos[4] gemäß § 543 Abs. 2 Nr. 2 Alt. 1 BGB[5] wegen Vernachlässigung der Wohnung durch Sie.

Gründe:[6]

Sie vernachlässigen Ihre Sorgfaltspflichten, so dass die Wohnsubstanz gefährdet ist.

Sie haben erneut einen erheblichen Wasserschaden verursacht. Am . . . . . trat auf Grund eines Defektes Wasser in erheblichem Umfang aus Ihrer Waschmaschine aus, so dass es in den unter Ihrer Wohnung liegenden Wohnungen zu erheblichen Schäden kam. In der Wohnung direkt unter Ihnen lief das Wasser die Wände hinab und beschmutzte die Einrichtung. Auch in der darunter liegenden Wohnung traten noch große Wasserflecken an der Decke auf. Der Schaden beläuft sich auf ca. 5.000,– EUR.[7]

Dieser Vorfall ist umso schwerwiegender, als es erst vor vier Monaten auf Grund eines defekten Schlauchs der Waschmaschine zu einem Wasserschaden kam und sie bereits zuvor am . . . . . durch fahrlässigen Umgang mit einer Kerze einen Wohnungsbrand verursacht hatten.[8] Bei allen drei Vorfällen waren Sie zum Zeitpunkt des Schadensereignisses nicht anwesend.

Bereits nach dem 2. Vorfall habe ich Sie mit Schreiben vom . . . . . aufgefordert, achtsamer zu sein und falls Sie keine neue Waschmaschine haben, diese nur in Betrieb zu nehmen, wenn Sie anwesend sind.[9]

– und/oder –

Sie haben im Flur eine tragende Wand entfernt und diese trotz meiner Aufforderung vom . . . . . nicht wieder eingebaut.[10]

– und/oder –

Sie haben erneut nicht gemeldet, dass im Kinderzimmer Ihrer Wohnung Schimmel aufgetreten ist. Bereits . . . . . gab es Feuchtigkeitsprobleme in Ihrer Wohnung, die sie erst nach mehreren Monaten gemeldet haben, was dazu führte, dass die Holzverkleidung an der südlichen Außenwand erheblich angegriffen war.[11] Trotz meiner damaligen Aufforderung . . . . . haben Sie jetzt die Feuchtigkeit wieder erst verspätet mitgeteilt.[9]

Hinzu kommt, dass Ihre Tochter[12] bereits mehrfach die Handwerker, die den Feuchtigkeitsschaden beheben wollten, nicht in die Wohnung gelassen hat. Am . . . . . und am . . . . . mussten diese unverrichteter Dinge wieder fortfahren. Auch nachdem ich Sie mit

Schreiben vom . . . . . deshalb abgemahnt hatte und Sie aufgefordert hatte, nunmehr dafür zu sorgen, dass die Reparatur erfolgen kann, ist den Handwerkern trotz Terminabsprache mit Ihnen am . . . . . erneut der Zutritt verweigert worden.

– und/oder –

Sie halten in der Wohnung mindestens 15 Katzen. Dadurch wird die Wohnung erheblich mehr in Anspruch genommen als üblich. Insbesondere haben die Katzen bereits Putz von den Wänden gekratzt. Die Wohnung ist verdreckt. Sie lagern zudem Sperrmüll. Verschlimmert wird dieser Zustand dadurch, dass Sie auch Katzen in Pension nehmen. Die Mitmieter werden dadurch in erheblichem Maß belästigt.[13] Trotz meiner Abmahnung vom . . . . .[9] haben Sie keine Katze abgeschafft.

Da meine Rechte durch Ihr Verhalten in erheblichem Maße beeinträchtigt werden[14] und Sie Ihr Verhalten trotz meiner Aufforderung nicht ändern,[15] sehe ich mich trotz der Erkrankung Ihres Sohnes und des langjährigen Mietverhältnisses nunmehr gezwungen, Ihnen fristlos zu kündigen.[16]

Ich fordere Sie auf, die Mieträume binnen einer Woche bis zum . . . . . zu räumen[17] und in ordnungsgemäßen und vertragsgerechten Zustand (s. § . . . . . des Mietvertrages) zurückzugeben. Schönheitsreparaturen sind noch bis zur Rückgabe vorzunehmen; anderenfalls werde ich diese auf Ihre Kosten durch einen von mir beauftragten Unternehmer vornehmen lassen. Sämtliche Schlüssel sind an mich zurückzugeben.

Ich mache Sie darauf aufmerksam, dass die Mietrückstände noch zu zahlen sind und Sie verpflichtet sind, bis zur tatsächlichen Räumung mir eine Nutzungsentschädigung[18] zu zahlen.

Ich widerspreche bereits jetzt einer stillschweigenden Fortsetzung des Mietverhältnisses gemäß § 545 BGB.[19]

Sollten Sie die Wohnung nicht bis zu dem genannten Termin an mich herausgegeben haben, werde ich unverzüglich Räumungsklage erheben.[20]

. . . . .

(Vermieter)

Anmerkungen

1. Sachverhalt. Das Formular führt verschiedene Möglichkeiten der erheblichen Vernachlässigung der Mietsache auf, die jede für sich eine fristlose Kündigung gemäß § 543 Abs. 2 Nr. 2 Alt. 1 BGB rechtfertigen können.

2. Die Kündigung muss **an alle Mieter gerichtet und zugestellt** werden. Zu berücksichtigen ist dies vor allem, wenn Mieter ausgezogen sind. Dann ist zu prüfen, inwieweit sie aus dem Mietvertrag entlassen wurden, etwa durch einen Aufhebungsvertrag. Wurde ein Mieter im Rahmen eines Gewaltschutzverfahrens ausgewiesen, bleibt er dennoch Mieter. Zu beachten ist bei Ehepaaren die Vorschrift des § 1568a BGB, wonach bei einer Scheidung entweder durch eine Entscheidung des Familiengerichts oder durch Mitteilung der Ehepartner an den Vermieter einer der Ehepartner aus dem Mietverhältnis ausscheiden kann. Nach der Eröffnung des Insolvenzverfahrens des Mieters ist der Insolvenzverwalter passivlegitimiert. Anders liegt der Fall bei einer Freigabeerklärung des Treuhänders und dem Ablauf der in § 109 Abs. 1 S. 1 InsO bestimmten Frist. Dann ist die Kündigung gegenüber dem Mieter zu erklären (BGH NJW 2014, 1954). Bei einer Betreuung mit dem Aufgabenkreis Wohnungsangelegenheiten ist die Kündigung dem Betreuer zuzustellen. Da es sich bei der Kündigung um eine einseitige empfangsbedürftige Willenserklärung handelt, muss der Vermieter den Nachweis erbringen, dass dem Mieter die Kündigung zugegangen ist. Einen Beweis des ersten Anscheins gibt es nicht, auch nicht bei Einschreibesendungen. Es empfiehlt sich daher, eine Zustellungsform zu wählen, die den Nachweis der Zustellung sicherstellt. Hierbei kommt ein Einschreiben mit Rückschein, die Zustellung durch den Gerichtsvollzieher oder durch einen Boten in Betracht. Bei einer Zustellung durch Boten ist anzuraten, dass dieser sich das genaue Datum und die Uhrzeit der Zustellung notiert. Außerdem sollte er sich bei größeren Wohnhäusern genau notieren, in welchen Briefkasten er den Brief eingeworfen hat. Zu bedenken ist außerdem, dass der Bote möglichst selbst gesehen hat, welches Schriftstück er überbringt, da im Streitfall häufig der Einwand erhoben wird, es handele sich bei dem zugestellten Schreiben nicht um das Kündigungsschreiben (hierzu auch AG Hamburg ZMR 2009, 930).

Die Kündigung kann nur gegenüber allen Mietern **einheitlich** erklärt werden. Es ist nicht möglich, das Mietverhältnis nur mit Wirkung gegenüber einem Mieter aufzulösen, auch wenn er nicht mehr in der Wohnung lebt. Dies gilt auch, wenn gegenüber einem Mieter die Kündigung aus rechtlichen Gründen nicht möglich ist; die Kündigungsmöglichkeit entfällt insgesamt (LG Neubrandenburg WM 2001, 551, 552 im Falle des § 112 Nr. 1 InsO; anders für den Fall, dass einer der Mieter vertragswidrig handelt OLG Düsseldorf NJW-RR 1987, 1370). Die Kündigung ist gegenüber jedem Mieter abzugeben. Die Mieter können sich wirksam gegenseitig im Mietvertrag zur **Entgegennahme** von Kündigungen bevollmächtigen (BGH NJW 1997, 3437). Eine derartige Empfangsvollmacht kann auch formularmäßig wirksam vereinbart werden (BGH NJW 1997, 3437; aA LG München ZMR 2017, 56). Allerdings darf die Möglichkeit zum Widerruf einer derartigen Vollmacht nicht ausgeschlossen werden (Schmidt-Futterer/*Blank* § 542 Rn. 82). Der Widerruf kann auch darin gesehen werden, dass der Mieter dem Vermieter seinen Auszug und seine neue Anschrift mitteilt (BGH NZM 1998, 2). Die Prozessvollmacht für eine Räumungsklage oder deren Abwehr schließt regelmäßig die Befugnis zum Empfang einer im Zusammenhang mit dem Rechtsstreit erklärten neuen Kündigung ein (BGH NJW-RR 2000, 745).

3. Die Kündigung muss **von allen Vermietern** in der Regel eigenhändig unterschrieben werden. Unterschreibt nur einer von mehreren Vermietern, muss sein Vertretungsverhältnis erkennbar sein. Der Vertreter muss eine ihn zur Kündigung berechtigende Vollmacht beifügen, da andernfalls der Kündigungsgegner die Kündigung gemäß § 174 BGB wegen fehlender Vollmacht zurückweisen könnte. Die Zurückweisung muss allerdings unverzüglich erfolgen, § 121 Abs. 1 BGB, und sie muss eindeutig ergeben, dass sie auf Grund der nicht vorliegenden Vollmacht erfolgt. Die Zustellung eines vom Prozessbevollmächtigten des Vermieters/der Vermieter beglaubigten Schriftsatzes reicht aus, sofern die Erklärung von dem Prozessbevollmächtigten selbst ausgeht. Andernfalls muss dem Mieter eine von dem Vermieter unterzeichnete Abschrift der Kündigung zugehen; eine beglaubigte Abschrift reicht auch von Anwalt zu Anwalt nicht (BGH NJW-RR 1987, 395). Auch ein Hausverwalter muss die Vertretungsmacht hinreichend deutlich machen (vgl. dazu LG Berlin BeckRS 2014, 22920).

Nach einem Verkauf der Mietsache kann der neue Eigentümer vor seiner Eintragung im Grundbuch eine Kündigung aussprechen, wenn er im notariellen Kaufvertrag dazu gemäß § 185 Abs. 1 BGB ermächtigt wurde (vgl. KG ZMR 2008, 365; BGH NJW 1998, 896;).

Mit der Anordnung der Zwangsverwaltung gehen die Befugnisse des Vermieters auf den Zwangsverwalter über, dh der Vermieter selbst kann nicht mehr wirksam kündigen.

4. Die Kündigung hat **schriftlich** zu erfolgen, § 568 Abs. 1 BGB. Sie muss eindeutig die Erklärung enthalten, dass das Mietverhältnis fristlos beendet werden soll. Die Umdeutung einer unwirksamen ordentlichen Kündigung in eine fristlose Kündigung ist daher in der Regel nicht möglich, da der Wille zur sofortigen Beendigung nicht deutlich wird (vgl.

dazu BGH WuM 2005, 584, 585 mit weiteren Nachweisen aus der Rechtsprechung). Sie umfasst das gesamte Mietverhältnis; eine Teilkündigung ist bis auf wenige und seltene Ausnahmefälle nicht möglich (dazu näher Emmerich/Sonnenschein/*Emmerich* § 543 Rn. 55). Wesentlich ist, ob die Mietsache von den Parteien als Einheit betrachtet wird, was beim Wohnraummietverhältnis in der Regel der Fall ist.

5. **§ 543 Abs. 2 Nr. 2 Alt. 1 BGB** entspricht in Teilbereichen dem § 553 BGB aF. Entgegen der gesetzlichen Begründung (vgl. NZM 2001, 433) ergeben sich sachliche Änderungen; es liegt nicht nur eine sprachliche Verkürzung vor. Während § 553 BGB aF die Vernachlässigung der Mietsache nur als beispielhaften Tatbestand aufführte und jeden vertragswidrigen Gebrauch umfasste, der die Rechte des Vermieters in erheblichem Maß verletzte, ist der Geltungsbereich jetzt erheblich eingeschränkt auf die beiden gesetzlich genannten Tatbestände. Im Fall der Vernachlässigung der Mietsache bedeutet dies, dass eine erhebliche Rechtsverletzung nicht ausreicht, sondern es muss immer eine erhebliche Gefährdung der Mietsache gegeben sein (*Blank/Börstinghaus* BGB § 543 Rn. 105), im Einzelnen: → Form. D.VI.2 Anm. 7. Eine weitere Änderung gegenüber der bisherigen Gesetzeslage ergibt sich daraus, dass die Neuregelung nur noch den Fall einer Sachgefährdung durch den Mieter selbst erfasst, während § 553 aF auch ausdrücklich den Fall regelte, dass die Gefährdung durch einen Dritten, dem der Mieter die Sache zum Gebrauch überlassen hatte (Untermieter, Angehörige), verursacht wurde (vgl. dazu auch *Kraemer* WuM 2001, 168 f.; *Blank* NZM 2001, 9, 10), → Anm. 12.

6. Gem. § 569 Abs. 4 BGB muss auch der **Kündigungsgrund** angegeben werden. Dies bedeutet eine Neuerung gegenüber dem früheren Recht, das eine Begründung nicht als Wirksamkeitsvoraussetzung ansah. An die Begründung dürfen keine allzu strengen Anforderungen gestellt werden. Die der Kündigung zugrunde liegenden Tatsachen müssen nach Gegenstand, Zeit, Ort und Ausmaß (was, wann, wo) hinreichend deutlich beschrieben werden, so dass der Mieter erkennen kann, welches Verhalten bzw. welchen Zustand der Vermieter als Kündigungsgrund heranzieht, der der Kündigung zugrundeliegende Sachverhalt muss von anderen Sachverhalten unterschieden werden können (vgl. BGH NJW 2007, 2845). Dies gilt auch, wenn eine Vielzahl von Gründen vorliegen oder wenn bereits vor der Kündigung die wesentlichen Umstände mündlich oder schriftlich mitgeteilt wurden (vgl. LG Stuttgart WuM 2006, 523, 524). Bei wiederkehrenden Beeinträchtigungen hat der BGH für die Minderung ausgeführt, dass eine Beschreibung genügt, aus der sich ergibt, um welche Art von Beeinträchtigungen es sich handelt, zu welchen Tageszeiten, über welche Zeitdauer und in welcher Frequenz diese ungefähr auftreten; der Vorlage eines Protokolls bedürfe es nicht (BGH NJW 2012, 1647; bestätigt in BGH NJW-RR 2012, 977). Eine möglichst genaue Beschreibung ist aber dennoch empfehlenswert, um Darlegungs- und Beweisschwierigkeiten zu vermeiden. Der Mieter muss die Möglichkeit haben zu überprüfen, ob die erhobenen Vorwürfe zutreffend sind. Es kommt dabei immer auf die Umstände des Einzelfalls an. Soweit eine Abmahnung vorausgegangen ist, muss in der Kündigung angeführt werden, dass der beanstandete Zustand fortbesteht (LG Berlin Grundeigentum 2010, 548; Schmidt-Futterer/*Blank* BGB § 569 Rn. 79); im Übrigen kann dann eine Bezugnahme auf die Abmahnung ausreichen (BGH NJW 2011, 1065). Nicht erforderlich ist, dass der Vermieter darlegt, warum ihm die Fortsetzung des Mietverhältnisses nicht zumutbar ist. Für die Wirksamkeit einer Kündigung genügt es vielmehr grundsätzlich, wenn einer der in § 543 Abs. 2 S. 1 Nr. 1 bis 3 BGB aufgeführten Tatbestände vorliegt, hierbei handelt sich um gesetzlich typisierte Fälle der Unzumutbarkeit (BGH NJW 2009, 2297).

§ 569 Abs. 4 schließt das **Nachschieben von Gründen**, die zum Zeitpunkt der Kündigung bereits vorlagen oder erst später entstanden sind, nicht aus. Da eine § 573 Abs. 3 S. 2 BGB entsprechende Regelung, wonach nachträglich entstandene Gründe berücksichtigt werden, in § 569 Abs. 4 BGB fehlt, muss entsprechend allgemeinen Grundsätzen allerdings erneut gekündigt werden (*Blank/Börstinghaus* BGB § 569 Rn. 97; Palandt/ *Weidenkaff* BGB § 569 Rn. 25; aA *Haas* § 569 Rn. 5).

Auf das Begründungserfordernis kann der Mieter nicht durch **AGB** wirksam verzichten. Zwar nimmt § 569 Abs. 5 BGB, wonach zum Nachteil des Mieters abweichende Vereinbarungen unwirksam sind, nur Bezug auf § 569 Abs. 1–3 BGB, nicht aber auf das Begründungserfordernis des Abs. 4. Da § 569 Abs. 4 BGB im Gesetzgebungsverfahren erst nachträglich eingeführt wurde, dürfte es sich um ein Redaktionsversehen handeln, zumal Formvorschriften nach ihrer Rechtsnatur zwingendes Recht darstellen (vgl. auch *Blank/Börstinghaus* BGB § 569 Rn. 99; *Lützenkirchen* MDR 2001, 1385, 1392, der sich hinsichtlich des Problems nicht festlegt).

7. Der Mieter hat die **Sorgfaltspflicht**, die Sache pfleglich zu behandeln und Schäden von ihr abzuwenden (vgl. auch Schmidt-Futterer/*Blank* § 543 BGB Rn. 54). Diese Verpflichtung gilt gerade auch bei Abwesenheit des Mieters und bis zur Rückgabe der Mietsache. Ein Verschulden ist nicht erforderlich. Es reicht, wenn einem von mehreren Mietern die Vernachlässigung zur Last gelegt wird; den anderen Mietern ist das dann ebenfalls zuzurechnen. Durch die Verletzung dieser Pflicht muss es objektiv zu einer **Substanzverletzung oder -gefährdung** kommen, wobei ausreicht, dass der Schaden zumindest konkret droht und erheblich sein wird. Die Beweislast für die Voraussetzungen des Kündigungsrechts trägt der Vermieter.

Eine Berechtigung zur Kündigung ist angenommen worden im Falle des Verursachens mehrmaliger Wasserschäden (AG Wiesbaden NJW-RR 1992, 76); im Falle von Schäden auf Grund des Abstellens der Heizkörper bei Frost, des Verströmenlassens von Gas zur Herbeiführung einer Explosionsgefahr durch den Ehemann der Mieterin (AG Helmstedt WM 1989, 569) sowie bei der Verletzung vertraglich übernommener Erhaltungsarbeiten, insbesondere Schönheitsreparaturen, falls dadurch eine Verletzung der Substanz der Mietsache droht (LG Düsseldorf WM 1999, 333; *Sternel* II Rn. 108). Auch das Verursachen von Geruchsbelästigungen dadurch, dass der Mieter die Wohnung nicht hinreichend pflegt, reicht bei Substanzgefährdung aus (LG Hamburg WM 1988, 18; AG Münster WM 1988, 19) ebenso die Schimmelpilz- und Feuchtigkeitsbildung infolge ungenügenden Lüftungsverhaltens des Mieters (AG Hannover WuM 2005, 767). Gleiches gilt, wenn der Mieter durch unkontrolliertes Sammeln und Aufbewahren die Wohnungssubstanz in Mitleidenschaft zieht (dazu beispielhaft AG Hamburg-Harburg BeckRS 2011, 20753 mAnm *Emmert* jurisPR-MietR 6/2012 Anm. 4). Es genügt dabei die Gefährdung vom Mieter mitbenutzter Räume.

Ein vertragswidriger Gebrauch allein rechtfertigt demgegenüber eine fristlose Kündigung gem. § 543 Abs. 2 Nr. 2 Alt. 1 BGB nicht, die Kündigung kann allenfalls nach der Generalklausel des § 543 Abs. 1 BGB gerechtfertigt sein. Das Hantieren mit gefährlichen Flüssigkeiten reicht daher ebenso wenig wie kleinere Beschädigungen (zB der Gegensprechanlage AG Berlin-Tempelhof MM 1993, 252). Weitere Fälle, in denen ein Kündigungsrecht mangels Substanzgefährdung nicht zugestanden wurde, sind zB die bloße Nichtbenutzung der Wohnung (LG Berlin MDR 1987, 764), das hausordnungswidrige Nichtverschließen der Haus- und/oder Kellerinnentür (LG Trier WM 1993, 192), die Auslagerung von Einrichtungsgegenständen (LG Landau ZMR 1993, 569). Auch das Trocknen von Wäsche reicht ohne Gefährdung der Mietsache nicht (AG Naumburg WM 1992, 680).

8. Im Falle des **Verursachens von Bränden** ist zu differenzieren. In der Regel reicht das Verursachen eines Wohnungsbrandes nicht aus (LG Wuppertal WM 1992, 370), insbesondere wenn der Brand durch die unbeaufsichtigten Kinder des Mieters verursacht wurde (AG Siegen WM 1990, 503). Anderes gilt bei der wiederholten Verursachung von Brandgefahren durch vertragswidrigen Gebrauch (LG Duisburg DWW 1991, 342 für den Fall, dass der Mieter mehrfach sein Essen anbrennen lässt und dadurch Brandgefahren entstehen).

9. Voraussetzung ist sowohl nach altem als auch neuem Recht eine **Abmahnung,** nach der Neufassung alternativ auch eine Fristsetzung. Dies ist zwingend und nur unter den Voraussetzungen des § 543 Abs. 3 BGB entbehrlich. → Form. D.VI.1 Anm. 13, 15. Die dortigen Ausführungen gelten entsprechend. Ergibt sich die erhebliche Vernachlässigung erst auf Grund der Erfolglosigkeit einer vorhergehenden Abmahnung, ist nach dem Wortlaut des Gesetzes zwar eine erneute Abmahnung erforderlich, diese dürfte dann aber häufig gemäß § 543 Abs. 3 S. 2 Nr. 1 BGB wegen offensichtlicher Erfolglosigkeit entbehrlich sein (vgl. *Kraemer* WuM 2001, 163, 168). Zur Formulierung einer Abmahnung → Form. B.II.

10. Sorgfaltspflichten können auch bei **baulichen Veränderungen** gegeben sein. Zu unterscheiden ist dann, ob diese in die Substanz eingreifen oder nicht. Bei einer Substanzverletzung oder -gefährdung ist ein Kündigungsgrund in der Regel gegeben, nicht aber bei Veränderungen, bei denen der Vermieter nur den Rückbau verlangen kann. So rechtfertigt etwa der Einbau von Wasserleitungen (LG Gießen NJW-RR 1994, 1102), Vergrößerung des Türausschnitts der Eingangstür (AG Berlin-Mitte NJOZ 2014, 612) oder der eigenmächtige Ausbau des Dachbodens zu Wohnzwecken (LG Hamburg WM 1992, 190) eine fristlose Kündigung. Anders ist die Lage bei Einbauten (zB die Tragekonstruktion für ein Hochbett (AG Berlin-Schönefeld GE 1992, 1159) oder bei dem Einbau einer Holzwand in der Diele (LG Düsseldorf WM 1979, 214) oder der unberechtigten Entfernung einer derartigen Wand (LG Berlin MM 1987, Nr. 3 S. 27). Der Vermieter ist allerdings zur Duldung verpflichtet, wenn die Untersagung der baulichen Veränderung treuwidrig gewesen wäre (BGH NJW 1974, 1463).

11. Sorgfaltspflichten werden insbesondere auch verletzt, wenn der Mieter gegen seine **Pflicht zur Anzeige gemäß § 536c BGB** verstößt, also Mängel nicht mitteilt, nicht angibt, dass gewisse Vorkehrungen zum Schutz der Mietsache getroffen werden müssen oder das Dritte die Sache gefährden. Tritt dadurch eine Substanzgefährdung ein, ist die fristlose Kündigung jedenfalls bei wiederholten Verstößen gerechtfertigt. In der Regel reicht aber der einmalige Verstoß gegen Anzeigepflichten nicht.

12. Nach der Neufassung ergibt sich die Besonderheit, dass bei sorgfaltswidrigem Verhalten eines Dritten, dem der Mieter berechtigt die Sache zum Gebrauch oder Mitgebrauch überlassen hat, dessen Verhalten dem Mieter nur bei Verschulden des Dritten zuzurechnen ist (§§ 540 II, 278 BGB), während nach altem Recht der Dritte unmittelbar in den Anwendungsbereich fiel. Problematisch kann dies insbesondere bei schuldunfähigen Personen werden. Unternimmt der Mieter gegen das sorgfaltswidrige Verhalten des Dritten nichts, ist ihm eine Obhutspflichtverletzung in der Regel direkt zuzurechnen (so auch *Lützenkirchen* Rn. 862; MüKoBGB/*Bieber* § 543 Rn. 38).

13. Soweit das Verhalten des Mieters zu einer **übermäßigen Abnutzung** und damit einer Substanzverletzung führt, kann die fristlose Kündigung ebenfalls gerechtfertigt sein. Dies ist der Fall bei übermäßiger Tierhaltung (LG Aurich BeckRS 2010, 16147; LG Karlsruhe NZM 2001, 891; AG Menden WuM 2014, 713). Auch kann dann bei einer Ablagerung von Müll und Gerümpel bei konkreter Gefährdung der Bausubstanz eine fristlose Kündigung gegeben sein. Gleiches gilt, wenn Mitmieter durch Gerüche belästigt werden oder die Bausubstanz konkret gefährdet ist (LG Berlin, ZMR 2018, 416; AG München ZMR 2019, 40). Auch eine Überbelegung der Wohnung kann ein Kündigungsgrund sein, wenn die Wohnsubstanz erheblich gefährdet ist. Hier kommt es insbesondere auf den Zuschnitt der Wohnung an und die Zahl der dort wohnenden Personen (→ Form. D.III.7). Tritt keine Substanzgefährdung ein, kann gegebenenfalls eine Kündigung wegen Störung des Hausfriedens gemäß § 569 Abs. 2 BGB oder aus wichtigem Grund gemäß § 543 Abs. 1 BGB gerechtfertigt sein (so auch *Lützenkirchen* Rn. 858). Ebenso ist die Zweckentfremdung von Wohn- in Geschäftsraum jedenfalls dann vertragswidrig, wenn die Mieträume durch die gewerbliche Tätigkeit intensiver in Anspruch genommen werden (LG Hamburg WM 1992, 241 und WM 1993, 188; LG Berlin WM 1993, 39 – Tagesmutter). Bei dadurch bedingter Störung des Hausfriedens (zB Prostitution) greift § 569 Abs. 2 BGB ein (→ Form. D.VI.8).

14. Die Rechte des Vermieters müssen **in erheblichem Maße** verletzt sein. Während in der alten Regelung davon ausgegangen wurde, dass bereits das Vorliegen eines der beiden Beispielsfälle des § 553 BGB eine erhebliche Verletzung der Rechte des Vermieters darstellt (vgl. dazu Bub/Treier/*Grapentin* IV Rn. 359 mwN) setzt die Neuregelung zusätzlich voraus, dass durch die sorgfaltswidrige Substanzgefährdung die Rechte des Vermieters in erheblichem Maße beeinträchtigt werden. Zur Feststellung der Erheblichkeit sind die beiderseitigen Interessen einander gegenüber zu stellen. Dabei sind auf Seiten des Vermieters die Auswirkungen der Vertragsverletzung zu berücksichtigen, während auf Seiten des Mieters zu beachten ist, dass nach Auffassung des BVerfG (NJW 1994, 42) der Vermieter eine eigentumsähnliche Stellung hat, in die nur unter strengen Voraussetzungen eingegriffen werden kann. Zu berücksichtigen ist bei der Abwägung insbesondere auch, dass der Vermieter Unterlassungsklage nach § 541 BGB erheben kann. Dazu wird er in der Regel dann verpflichtet sein, wenn die Parteien über Art und Umfang des zulässigen Mietgebrauchs oder über wechselseitige Verpflichtungen streiten. Hält der Mieter aber trotz Verurteilung zur Unterlassung an seiner Obhutspflichtverletzung fest, kann eine fristlose Kündigung gerechtfertigt sein.

Bei der Vernachlässigung wird in der Regel eine erhebliche Verletzung der Rechte des Vermieters vorliegen, so dass sich insoweit bei dieser Alternative durch die Neuregelung keine Probleme ergeben.

15. Der Mieter muss die **Obhutspflichtverletzung trotz Abmahnung fortsetzen.** Stellt er sein Verhalten nach der Abmahnung ein, entfällt der Kündigungsgrund. Zwischen Abmahnung und Ausspruch der Kündigung muss ihm genug Zeit gelassen werden, um sein Verhalten auf die Abmahnung einzustellen. Behauptet der Mieter, er habe vor Zugang der Kündigung das sorgfaltswidrige Verhalten eingestellt, ist er insoweit darlegungs- und beweispflichtig.

16. Die Ausübung der Kündigung ist an **keine Frist** gebunden. Sie sollte aber in angemessener Frist erfolgen (KG KGR Berlin 2003, 186; OLG Düsseldorf ZMR 2003, 177). § 314 Abs. 3 BGB ist insoweit nicht anzuwenden (BGH NJW 2016, 3720). Maßgebend ist die Vollendung des Kündigungsgrundes (BGH NJW-RR 2007, 886). Die Dauer der Frist ist einzelfallabhängig, als angemessene Frist werden im Regelfall vier bis fünf Monate angesehen (vgl. BGH NJW-RR 2007, 886; LG Itzehoe ZMR 2010, 363). Andernfalls lassen sich für den Vermieter nachteilige Rückschlüsse auf die Erheblichkeit der Vertragsverletzung ziehen. Das Kündigungsrecht kann dann ausgeschlossen sein (LG Siegen WuM 2006, 158, 159). Jedoch kann auch bei längerem Zuwarten nach einer Abmahnung der Vermieter bei unveränderter Situation berechtigt sein, nach erneuter Abmahnung eine fristlose Kündigung auszusprechen. Es kommt dabei auf den Einzelfall an (vgl. KG BeckRS 2011, 04068). Andererseits kann eine Kündigung im Einzelfall rechtsmissbräuchlich werden, wenn der Grund entfällt. Nach Zugang ist sie unwiderruflich (AG Geldern ZMR 2004, 350). Der Kündigungsgrund muss bei Zugang der Kündigung vorliegen (hM BGH WuM 2006, 193, 194; Palandt/*Weidenkaff* BGB § 543 Rn. 52 str., aA LG Köln WuM 2001, 195: bei Abgabe der Kündigungserklärung bei Zahlungsverzug).

17. Der Vermieter kann dem Mieter auch bei einer fristlosen Kündigung eine **Räumungsfrist** setzen. Er muss hinsichtlich der Dauer aber abwägen, da bei einer längerfristigen Räumungsfrist nachteilige Rückschlüsse auf die Erheblichkeit der Vertragsverletzung gezogen werden können.

18. § 546a BGB, → Form.F.II.2.

19. Diese Erklärung kann bereits in dem Schreiben, das die fristlose Kündigung enthält, abgegeben werden (hM Palandt/*Weidenkaff* BGB § 545 Rn. 8 mwN). → Form.D.VI.4 Anm. 18.

20. Kosten und Gebühren. → Form. D.VI.1 Anm. 18, → Form. D.VI.4 Anm. 19.

3. Kündigung des Vermieters wegen unbefugter Gebrauchsüberlassung an Dritte durch den Mieter, § 543 Abs. 2 Nr. 2. Alt. 2 BGB

. . . . .

(Vermieter)[1]

an

. . . . .

(Mieter)[2]

Sehr geehrte(r) . . . . .,[2]

ich[3] kündige hiermit den mit ihnen am . . . . . geschlossenen Mietvertrag über die Wohnung . . . . . fristlos[4] gemäß § 543 Abs. 2 Nr. 2 Alt. 2 BGB[5] wegen unbefugter Gebrauchsüberlassung.

Gründe:[6]

Sie sind am . . . . . aus der Wohnung ausgezogen und haben diese Frau . . . . . zur Nutzung überlassen.[7] Miete wird seither nur gelegentlich von Frau . . . . . gezahlt.[8] Bereits mit Schreiben vom . . . . . habe ich Sie darauf aufmerksam gemacht, dass ich nicht bereit bin, die alleinige Nutzung der Wohnung durch Frau . . . . . zu dulden und Sie insoweit gebeten, diese Nutzung bis zum . . . . . abzustellen.[9] Dennoch haben Sie nicht reagiert. Die Wohnung wird weiterhin allein durch Frau . . . . . genutzt.[10]

Angesichts dessen kündige ich das Mietverhältnis nunmehr fristlos.[11]

Ich bitte Sie die Mieträume binnen einer Woche bis zum . . . . . zu räumen[12] und in ordnungsgemäßem und vertragsgerechtem Zustand (s. § . . . . . des Mietvertrages) zurückzugeben. Schönheitsreparaturen sind noch bis zur Rückgabe vorzunehmen; anderenfalls werde ich diese auf Ihre Kosten durch einen von mir beauftragten Unternehmer vornehmen lassen. Sämtliche Schlüssel sind an mich zurückzugeben.

Ich mache Sie darauf aufmerksam, dass die Mietrückstände noch zu zahlen sind und Sie verpflichtet sind, bis zur tatsächlichen Räumung mir eine Nutzungsentschädigung[13] zu zahlen.

Einer Fortsetzung des Mietverhältnisses widerspreche ich gemäß § 545 BGB bereits jetzt ausdrücklich.[14]

Nach erfolglosem Ablauf des Räumungstermins werde ich unverzüglich Klage erheben.[15]

. . . . .

(Vermieter)

Anmerkungen

1. Sachverhalt. Im vorliegenden Fall war der Mieter **ohne Kündigung ausgezogen** und hatte die Wohnung einer Freundin zur alleinigen Nutzung überlassen. Der Mieter hatte keine Zugriffsmöglichkeiten mehr auf die Wohnung, da er sämtliche Schlüssel der neuen Nutzerin überlassen hatte. Er zahlte auch keine Miete mehr. Verhandlungen mit dem Vermieter darüber, die neue Nutzerin als Mieterin zu übernehmen, scheiterten im Vorfeld, da der Vermieter Bedenken wegen der Zahlungsfähigkeit der neuen Nutzerin hatte. Die Bedenken waren berechtigt, denn diese zahlte tatsächlich nicht bzw. unregelmäßig.

2. Zur Kündigung gegenüber mehreren Mietern → Form. D.VI.2 Anm. 2.

3. Zur Kündigung von mehreren Vermietern → Form. D.VI.2 Anm. 3.

4. Die Kündigung hat **schriftlich** zu erfolgen, § 568 Abs. 1 BGB. Sie muss eindeutig die Erklärung enthalten, dass das Mietverhältnis fristlos beendet werden soll. Die Umdeutung einer unwirksamen ordentlichen Kündigung in eine fristlose Kündigung ist daher in der Regel nicht möglich, da der Wille zur sofortigen Beendigung nicht deutlich wird (vgl. dazu BGH WuM 2005, 584, 585 mit weiteren Nachweisen aus der Rechtsprechung). Sie umfasst das gesamte Mietverhältnis; eine Teilkündigung ist bis auf wenige und seltene Ausnahmefälle nicht möglich (dazu näher Emmerich/Sonnenschein/*Emmerich* § 543 Rn. 57). Wesentlich ist, ob die Mietsache von den Parteien als Einheit betrachtet wird, was beim Wohnraummietverhältnis in der Regel der Fall ist.

5. § 543 Abs. 2 Nr. 2 Alt. 2 BGB entspricht in Teilbereichen dem § 553 aF. Entgegen der gesetzlichen Begründung (vgl. BayObLG NZM 2001, 433) ergeben sich sachliche Änderungen; es liegt nicht nur eine sprachliche Verkürzung vor. Während § 553 BGB aF die unbefugte Gebrauchsüberlassung nur als beispielhaften Tatbestand aufführte, die Regelung aber jeden vertragswidrigen Verbrauch umfasste, der die Rechte des Vermieters in erheblichem Maß verletzte, ist der Geltungsbereich jetzt erheblich eingeschränkt auf die beiden gesetzlich genannten Tatbestände. Während nach bisherigem Recht in einer unbefugten Gebrauchsüberlassung ohne weiteres eine erhebliche Verletzung der Rechte des Vermieters gesehen wurde, ist nach neuem Recht streitig, ob zusätzlich die Prüfung erforderlich ist, ob „dadurch" die Rechte des Vermieters verletzt werden, im Einzelnen → Form D.VI.3 Anm. 8. Eine weitere Änderung gegenüber der bisherigen Gesetzeslage ergibt sich daraus, dass die Neuregelung nur noch den Fall einer unbefugten Gebrauchsüberlassung durch den Mieter selbst erfasst, während § 553 aF auch ausdrücklich den Fall regelte, dass die Gefährdung durch einen Dritten, dem der Mieter die Sache zum Gebrauch überlassen hatte (Untermieter, Angehörige), verursacht wurde (vgl. dazu auch *Kraemer* WuM 2001, 168 f.; *Blank* NZM 2001, 9, 10), → Form. D.VI.3 Anm. 7.

6. Gem. § 569 Abs. 4 BGB muss auch der **Kündigungsgrund** angegeben werden. Zu den Einzelheiten → Form. D.VI.2 Anm. 6.

7. Der **Fall einer unbefugten Gebrauchsüberlassung an Dritte** liegt vor, wenn der Mieter die Mietsache einem Untermieter oder sonst einem Dritten überlässt, ohne dass diesen nach dem Mietvertrag ein Gebrauchsrecht zusteht, oder wenn er einen vertragswidrigen Gebrauch durch solche Personen duldet (vgl. Bub/Treier/*Grapentin* IV, 356.1). Die Neuregelung stellt insoweit auf die **Gebrauchüberlassung** ab, während nach altem Recht eine Gebrauchsbelassung trotz Abmahnung Anknüpfungspunkt war.

Voraussetzung ist zunächst eine **Gebrauchsüberlassung.** Unerheblich ist dabei, ob der Gebrauch auf Grund eines Vertrages (Miete, Leihe, Abtretung) oder durch tatsächliches Tun oder Dulden erfolgt. Ebenso kommt es auch nicht darauf an, ob dem Dritten ein vertragliches Recht eingeräumt wird (Untervermietung) oder ob er lediglich zur Mitnutzung berechtigt sein soll (vgl. Schmidt-Futterer/*Blank* § 540 Rn. 2 mwN). **Unbefugt** ist die Gebrauchsüberlassung, wenn dem Dritten kein Gebrauchsrecht gegenüber dem Vermieter zusteht. Im Falle der Untermiete oder sonstigen vertraglichen Überlassung der Wohnung ist dies in der Regel der Fall, wenn von Seiten des Vermieters keine Erlaubnis vorliegt (LG Berlin WuM 2015, 31 und WuM 2015, 156 – Vermietung an Touristen). Bei Vorliegen einer Erlaubnis ist zu beachten, welche Nutzung erlaubt wird (nicht umfasst ist in der Regel die Erlaubnis zur kurzfristigen Vermietung an Touristen, BGH WuM 2014, 142, kritisch insoweit Eisenschmid jM 2014, 362). Bei der sonstigen Aufnahme Dritter ist zu differenzieren. Ehegatten und nahe Verwandte (Kinder, Eltern – dazu BayObLG GE 1997, 1463: es kommt auf die Umstände des Einzelfalls an), nichteheliche Lebenspartner sowie Haus- und Pflegepersonal können ohne Erlaubnis des Vermieters aufgenommen werden. Voraussetzung ist jedoch, dass der Mieter die Wohnung selbst noch nutzt; er darf sie den genanntem Personenkreis nicht zur alleinigen Nutzung überlassen (vgl. dazu LG Frankfurt WuM 2002, 92; LG Hamburg WuM 1999, 687 f., zu dem Problem Ehewohnung in der Trennungsphase BGH NZM 2013, 786). Auch hier kommt es immer auf die Umstände des Einzelfalls an. Grenze der Aufnahmeberechtigung ist die Überbelegung. Hier kommt es auf Größe und Zuschnitt der Wohnung an; allgemeingültige Kriterien sind nicht vorhanden (Faustregel: 12 qm pro erwachsene Person vgl. Schmidt-Futterer/*Blank* § 540 Rn. 28 mwN; → Form. D.III.7). Die Aufnahme sonstiger Verwandter bedarf grundsätzlich der Erlaubnis. Keine Angehörigen sind sonstige Lebensgefährten des Mieters (Staudinger/*Emmerich* BGB § 540, Rn. 5). Das LG Berlin (ZMR 2017, 732) hat jedenfalls bei einem langjährigen Mietverhältnis allerdings eine fristlose/fristgerechte Kündigung nicht als gerechtfertigt angesehen. Auch der berechtigt nutzende Untermieter darf seinen Ehepartner nicht ohne Erlaubnis aufnehmen (AG Neukölln BeckRS 2018, 25302).

Da es nach der Neuregelung nur auf die Gebrauchsüberlassung, nicht auch auf ein Verschulden des Mieters ankommt, kann der Vermieter sofort bei Vorliegen aller Voraussetzungen kündigen, ohne dass er dem Mieter solange Zeit lassen muss, bis dieser die vertragswidrige Untervermietung beenden kann (für die Altregelung streitig, die hM kam zum selben Ergebnis wie die Neuregelung; vgl. dazu Bub/Treier/*Grapentin* IV Rn. 357; → Form. D.VI.3 Anm. 9).

Der Mieter selbst muss dem Unbefugten den Gebrauch überlassen. Handelt ein Dritter, ist nach der Neufassung der Vorschrift dessen Verhalten dem Mieter nur bei Verschulden des Dritten zuzurechnen (§§ 540 II, 278 BGB). Problematisch kann dies insbesondere bei schuldunfähigen Personen werden. Unternimmt der Mieter gegen das sorgfaltswidrige Verhalten des Dritten nichts, ist ihm eine Obhutspflichtverletzung direkt zuzurechnen.

Die **Beweislast** für die Voraussetzungen des Kündigungsrechts trägt der Vermieter.

8. Im Gegensatz zu der Regelung des § 553 BGB aF, wonach es einer gesonderten Feststellung der Verletzung erheblicher Rechte des Vermieters nicht mehr bedurfte (vgl. Bub/Treier/*Grapentin* IV Rn. 356.1), ist nach der Neuregelung streitig, ob zusätzlich die Prüfung erforderlich ist, dass „dadurch" die Rechte des Vermieters verletzt werden (so Schmidt-Futterer/*Blank* § 543 Rn. 68, 70; MüKoBGB/*Bieber* § 543 Rn. 40 – die unbefugte Gebrauchüberlassung allein rechtfertigt die fristlose Kündigung, jedoch kann sich der Vermieter uU darauf nach § 162 BGB nicht berufen –, ausdrücklich offen gelassen BGH ZMR 2008, 359). Praktisch bedeutsam ist dies im Fall der formell unerlaubten Untervermietung oder bei Aufnahme eines Lebenspartners, wenn der Mieter einen Anspruch auf Erlaubniserteilung hat. Nach der Rechtsprechung des BGH (NJW 2011, 1065) verletzt der Mieter bei einer formell unerlaubten Untervermietung seine vertraglichen Pflichten auch dann, wenn er einen Anspruch auf Erlaubniserteilung hat. Jedoch ist die Kündigung dann häufig deshalb nicht möglich, weil es an einer erheblichen Rechtsverletzung fehlt (vgl. OLG Düsseldorf WuM 2002, 673; LG Berlin GE 2011, 1159; *Kraemer* WuM 2001, 169; *Blank/*

Börstinghaus § 543 Rn. 120). Bislang wurde der Fall dadurch gelöst, dass eine Kündigung wegen Verstoßes gegen Treu und Glauben (§ 242 BGB) ausgeschlossen wurde (*Kossmann/ Meyer-Abich* § 72 Rn. 10). Ob der Verstoß eine fristlose Kündigung rechtfertigt, ist jeweils aufgrund einer Einzelfallprüfung unter Abwägung der beiderseitigen Interessen zu entscheiden. Insbesondere bei bewusstem Hinwegsetzen über den Vermieterwillen (vgl. zB OLG Hamm WuM 1997, 364) kann eine erhebliche Vertragsverletzung vorliegen.

9. Voraussetzung ist sowohl nach altem als auch neuem Recht eine **Abmahnung**, nach der Neufassung alternativ auch eine Fristsetzung. Dies ist zwingend und nur unter den Voraussetzungen des § 543 Abs. 3 BGB entbehrlich. → Form. D.VI.1 Anm. 13, 15. Im Falle der Untervermietung kann eine Abmahnung gemäß § 543 Abs. 3 Nr. 1 BGB entbehrlich sein, wenn die Frist oder Abmahnung keinen Erfolg verspricht, weil anzunehmen ist, dass der Mieter den Dritten nicht innerhalb einer dem Vermieter zumutbaren Frist zum Auszug bewegen kann. Bestehen Zweifel, bleibt es jedoch beim Abmahnerfordernis. Die zu setzende Frist ist dabei nicht so zu bemessen, dass der Mieter das Untermietverhältnis fristgemäß kündigen kann (str. ebenso MAH MietR/*Zürn* § 28 Rn. 290; aA Schmidt-Futterer/*Blank* BGB § 543 Rn. 75). Dies gilt jedenfalls bei einer langfristigen Bindung des Mieters mit dem Untermieter.

10. Der Mieter muss die Gebrauchsüberlassung **trotz Abmahnung fortsetzen**. Stellt er sein Verhalten nach der Abmahnung ein, entfällt der Kündigungsgrund. Zwischen Abmahnung und Ausspruch der Kündigung muss ihm genug Zeit gelassen werden, um sein Verhalten auf die Abmahnung einzustellen. Behauptet der Mieter, er habe vor Zugang der Kündigung das sorgfaltswidrige Verhalten eingestellt, ist er insoweit darlegungs- und beweispflichtig.

11. Die Ausübung der Kündigung ist an **keine Frist** gebunden. Sie sollte aber in angemessener Frist erfolgen (KG KGR Berlin 2003, 186; OLG Düsseldorf ZMR 2003, 177). § 314 Abs. 3 BGB ist insoweit nicht anzuwenden (BGH NJW 2016, 3720). Maßgebend ist die Vollendung des Kündigungsgrundes (BGH NJW-RR 2007, 886). Die Dauer der Frist ist einzelfallabhängig, als angemessene Frist werden im Regelfall vier bis fünf Monate angesehen (vgl. BGH NJW-RR 2007, 886; LG Itzehoe ZMR 2010, 363). Das Kündigungsrecht kann ausgeschlossen sein, insbesondere dann, wenn der Vermieter den unbefugten Gebrauch über einen längeren Zeitraum geduldet hat. Jedoch kann auch bei längerem Zuwarten nach einer Abmahnung der Vermieter bei unveränderter Situation berechtigt sein, nach erneuter Abmahnung eine fristlose Kündigung auszusprechen. Es kommt dabei auf den Einzelfall an (vgl. KG BeckRS 2011, 04068). Andererseits kann eine Kündigung im Einzelfall rechtsmissbräuchlich werden, wenn der Grund entfällt. Nach Zugang ist sie unwiderruflich (AG Geldern ZMR 2004, 350). Der Kündigungsgrund muss bei Zugang der Kündigung vorliegen (hM BGH WuM 2006, 193, 194; Palandt/*Weidenkaff* BGB § 543 Rn. 52; str., aA LG Köln WuM 2001, 195: bei Abgabe der Kündigungserklärung bei Zahlungsverzug).

12. Der Vermieter kann dem Mieter auch bei einer fristlosen Kündigung eine **Räumungsfrist** setzen. Er muss hinsichtlich der Dauer aber abwägen, da bei einer längerfristigen Räumungsfrist nachteilige Rückschlüsse auf die Erheblichkeit der Vertragsverletzung gezogen werden können.

13. § 546a BGB → Form. F.II.2.

14. Diese Erklärung kann bereits in dem Schreiben, das die fristlose Kündigung enthält, abgegeben werden (hM, Palandt/*Weidenkaff* BGB § 545 Rn. 8 mwN). → Form. D.VI.4 Anm. 18.

15. Kosten und Gebühren. → Form. D.VI.1 Anm. 18, → Form. D.VI.4 Anm. 19.

4. Kündigung des Vermieters wegen Zahlungsverzugs des Mieters gemäß §§ 543 Abs. 2 Nr. 3, 569 Abs. 3 BGB

. . . . .

(Vermieter)[1]

an

. . . . .

(Mieter)[2]

Sehr geehrte(r) . . . . .,[2]

ich[3] kündige hiermit den mit Ihnen am . . . . . geschlossenen Mietvertrag über die Wohnung . . . . . fristlos[4] gemäß § 543 Abs. 2 Nr. 3, § 569 Abs. 3 Nr. 1 (bzw. Nr. 2 – s. u. alternative Begründung) BGB[5] wegen Zahlungsverzugs.

Gründe:[6]

(§ 543 Abs. 2 Nr. 3a, § 569 Abs. 3 Nr. 1 BGB):

Sie haben für die Monate . . . . . und . . . . . die Miete einschließlich Betriebskostenvorauszahlung[7] in Höhe von . . . . . bis heute nicht gezahlt, so dass an zwei aufeinander folgenden Terminen ein Rückstand von zwei Monatsmieten eingetreten ist.[8] Die Miete ist laut Mietvertrag bis zum 3. Werktag eines Monats zu zahlen, so dass sie spätestens am . . . . . fällig war.[9]

(§ 543 Abs. 2 Nr. 3b BGB):

Sie haben seit fünf Monaten nur die Hälfte der vereinbarten Miete[7] in Höhe von . . . . . gezahlt, so dass Sie nunmehr mit der Zahlung von mehr als zwei Monatsmieten in Rückstand sind.[10]

Gründe, auf Grund derer Sie die Miete einbehalten könnten, sind mir nicht bekannt.[11] Ein Zahlungseingang ist nicht zu verzeichnen, obwohl auch der letzte Fälligkeitstermin bereits zwei Wochen überschritten ist.[12] Auch die letzte Mieterhöhung liegt bereits 6 Monate zurück.[13] Angesichts des nunmehr bestehenden Rückstandes in Höhe von . . . . . kündige ich das Mietverhältnis fristlos. Da Sie bereits vor einem Jahr Zahlungsschwierigkeiten hatten und ich Sie damals ausdrücklich darauf hingewiesen habe, dass ich bei erneuter Nichtzahlung von meinem Kündigungsrecht Gebrauch machen werde, sehe ich auch keinen Grund, Ihnen eine erneute Schonfrist einzuräumen.[14]

(§ 569 Abs. 2a BGB):

Sie haben die Kaution nicht in voller Höhe gezahlt. Der Rückstand ist höher als die zweifache Nettomiete.[15, 14]

Ich bitte Sie die Mieträume binnen einer Woche bis zum . . . . . zu räumen[16] und in ordnungsgemäßem und vertragsgerechtem Zustand (s. § . . . . . des Mietvertrages) zurückzugeben. Schönheitsreparaturen sind noch bis zur Rückgabe vorzunehmen; anderenfalls werde ich diese auf Ihre Kosten durch einen von mir beauftragten Unternehmer vornehmen lassen. Sämtliche Schlüssel sind an mich zurückzugeben.

Ich mache Sie darauf aufmerksam, dass die Mietrückstände noch zu zahlen und Sie verpflichtet sind, mir bis zur tatsächlichen Räumung eine Nutzungsentschädigung[17] zu zahlen.

Einer Fortsetzung des Mietverhältnisses widerspreche ich gemäß § 545 BGB bereits jetzt ausdrücklich.[18]

Nach erfolglosem Ablauf des Räumungstermins werde ich unverzüglich Klage erheben.[19]

. . . . .

(Vermieter)

Anmerkungen

1. **Sachverhalt.** Die aufgeführten Alternativen entsprechen den Voraussetzungen des § 543 Abs. 2 Nr. 3a, b und § 569 Abs. 2a BGB. Es lag – in den beiden ersten Alternativen – ein langjähriger Mietvertrag vor; allerdings hat es bereits im Vorjahr Zahlungsprobleme gegeben.

2. Zur Kündigung gegenüber mehreren Mietern → Form. D.VI.2 Anm. 2.

3. Zur Kündigung von mehreren Vermietern → Form. D.VI.2 Anm. 3.

4. Die Kündigung hat **schriftlich** zu erfolgen, § 568 Abs. 1 BGB. Sie muss eindeutig die Erklärung enthalten, dass das Mietverhältnis fristlos beendet werden soll. Die Umdeutung einer unwirksamen ordentlichen Kündigung in eine fristlose Kündigung ist daher in der Regel nicht möglich, da der Wille zur sofortigen Beendigung nicht deutlich wird (vgl. dazu BGH WuM 2005, 584, 585 mit weiteren Nachweisen aus der Rechtsprechung). Sie umfasst das gesamte Mietverhältnis; eine Teilkündigung ist bis auf wenige und seltene Ausnahmefälle nicht möglich (dazu näher Emmerich/Sonnenschein/*Emmerich* BGB § 543 Rn. 57). Wesentlich ist, ob die Mietsache von den Parteien als Einheit betrachtet wird, was beim Wohnraummietverhältnis in der Regel der Fall ist.

5. § 543 Abs. 2 Nr. 3, § 569 Abs. 3 BGB entspricht der bisherigen Regelung des § 554 BGB mit der Ausnahme, dass die **Schonfrist** für die Beseitigung der Kündigungsfolge von einem auf zwei Monate **heraufgesetzt** wurde. § 569 Abs. 2a BGB ist durch das Mietrechtsänderungsgesetz 2013 eingefügt worden und regelt den bislang unter § 543 Abs. 1 BGB gefassten Fall des Verzugs des Mieters mit der Kautionsleistung.

6. Gemäß **§ 569 Abs. 4 BGB** muss auch der **Kündigungsgrund** angegeben werden. Zu den Einzelheiten → Form. D.VI.2 Anm. 6. Zu beachten ist vorliegend insbesondere, dass trotz der großzügigen Rechtsprechung des BGH in der Kündigung der aufgelaufene Zahlungsrückstand möglichst genau angegeben werden sollte (Welcher Betrag wurde in welchem Monat nicht gezahlt?).

Der BGH hat in den letzten Jahren mehrfach zu den Voraussetzungen der Begründung bei Zahlungsverzug Stellung genommen. Unter der Prämisse, dass keine hohen und übertrieben formalistischen Anforderungen gestellt werden dürfen, hat er zunächst für einfache und klare Fallgestaltungen einer auf Zahlungsverzug des Mieters gestützten Kündigung entschieden, dass das berechtigte Interesse des Mieters es nicht gebiete, dass der Vermieter zur Begründung der fristlosen Kündigung den genauen Zeitpunkt und den konkreten Mietrückstand für einzelne Monate oder sonstige Berechnungszeiträume angibt. Es genüge für die formelle Wirksamkeit einer Kündigung vielmehr, dass der Mieter anhand der Begründung des Kündigungsschreibens erkennen könne, von welchem Rückstand der Vermieter ausgehe, und dass der Vermieter diesen Rückstand als gesetzlichen Grund für die fristlose Kündigung wegen Zahlungsverzugs heranziehe. Es reiche die Angabe des Gesamtsaldos (aA LG München NZM 2003, 850; *Gellwitzki* WuM 2004, 191). Eine einfache Sachlage hat der BGH (WuM 2006, 193, 196) bejaht, wenn die Zahlungseingänge nicht im Streit waren, der Mieter die Überweisungen selbst vorgenommen hatte und ein überschaubarer Zeitraum vorlag. Nunmehr hat der BGH auch dazu Stellung genommen, wie weit die Begründungspflicht reicht, wenn sich der Rückstand erst durch umfangreiche Berechnungen aus einer Vielzahl unterschiedlicher Positionen ergibt (BGH NZM 2010, 548). Der BGH hat ausgeführt, es genüge zur formellen Wirksamkeit einer auf Mietzahlungsverzug gestützten Kündigung des Vermieters, dass der Mieter anhand der Begründung des Kündigungsschreibens erkennen könne, von welchem Mietrückstand der Vermieter ausgehe und dass er diesen Rückstand als gesetzlichen Grund für die fristlose Kündigung wegen Zahlungsverzugs heranziehe. Damit habe der Mieter zunächst eine ausreichende Grundlage für die Entscheidung, der Kündigung zu widersprechen oder sie hinzunehmen. Darüber hinausgehende Angaben seien nicht erforderlich. Tatsachen, die nur der näheren Erläuterung, Ergänzung, Ausfüllung sowie dem Beweis des geltend gemachten Kündigungsgrundes dienten, könnten auf Verlangen des Mieters grundsätzlich noch im Prozess nachgeschoben werden und müssten jedenfalls dann nicht in dem Kündigungsschreiben erwähnt werden, wenn sie dem Mieter bereits bekannt sind (vgl. zu dem Problem insgesamt auch juris PK-BGB/*Mössner/Tiedemann* § 569 Rn. 231; Schmidt-Futterer/*Blank* § 569 BGB Rn. 78 ff.; *Flatow* NZM 2004, 281, 287; jeweils mwN). Im vom BGH entschiedenen Fall hatte der Vermieter die aus seiner Sicht bestehenden Rückstände jeweils monatsbezogen aufgelistet, sowie daran anschließend die jeweils summenmäßig aufaddierten Gesamtrückstände. Dies hat der BGH als ausreichend angesehen, wobei er ausdrücklich darauf verwiesen hat, dass eine fehlerhafte Berechnung des Rückstandes auf die Wirksamkeit der Kündigung keinen Einfluss hat, wenn sich die darin enthaltene Rückstandsmitteilung nachträglich als falsch erweist, der angegebene Kündigungstatbestand bei richtiger Berechnung aber ebenfalls gegeben ist (so auch schon AG Dortmund WuM 2003, 273; *Flatow* NZM 2004, 281). Mit Urt. v. 9.1.2013 (BeckRS 2013, 02358) hat der BGH es ausreichen lassen, wenn der Vermieter angibt, dass er einen Mietrückstand in Höhe von . . . . . für den Zeitraum von . . . . . bis . . . . . geltend macht und welcher Mietzins geschuldet war. Es sei jedenfalls dann, wenn keine Teilforderung, sondern der gesamte Rückstand geltend gemacht werde, nicht erforderlich, dass der Vermieter den Rückstand für jeden einzelnen Monat aufschlüssele. Nunmehr hat der BGH insoweit ergänzend es auch ausreichen lassen, dass beim Fehlen einer näheren Aufschlüsselung des Klagebegehrens der Rückgriff auf die gesetzliche Anrechnungsreihenfolge des § 366 Abs. 2 BGB (gegebenenfalls in entsprechender Anwendung) in Betracht komme (BGH NZM 2018, 444, zuletzt bestätigt NZM 2019, 206).

Die Bezugnahme auf ein Mietkontoblatt dürfte nach dieser Rechtsprechung ausreichen (so BGH WuM 2004, 489 bei einfachem und klarem Sachverhalt LG Berlin WuM 2003, 628; ablehnend AG Dortmund WuM 2003, 297; LG Hamburg NZM 2003, 799; LG München NZM 2003, 850). Die Mietkontoübersicht sollte entweder fest mit dem Kündigungsschreiben verbunden sein oder auf sie sollte ausdrücklich in der Kündigung Bezug genommen werden (LG Mannheim WuM 2004, 204).

7. Miete im Sinne des § 543 Abs. 2 Nr. 3, § 569 Abs. 3 BGB (nicht im Sinne des § 569 Abs. 2a BGB; → Anm. 15) sind alle regelmäßig wiederkehrenden Zahlungen, also auch die Heiz- und Betriebskostenvorauszahlungen (BVerfG WM 1992, 668 f.; BGH NJW 2008, 3210 unter II 3a; OLG Naumburg WM 1999, 160). Dazu zählen auch die gemäß § 560 Abs. 4 BGB einseitig erhöhten Vorauszahlungen (BGH NZM 2012, 676). Nach Abrechnungsreife können Vorauszahlungen nicht mehr verlangt werden (BGH NZM 2010, 736; NZM 2011, 544). Streitig ist, ob sie danach noch in den Rückstand einzubeziehen sind (vgl. Schmidt-Futterer/*Blank* BGB § 543 Rn. 86b mwN). Zutreffend dürfte die Ansicht sein, dass der Rückstand weiterhin miteinzurechnen ist, da der Kündigungsgrund nur durch Zahlung beseitigt werden kann. Zu prüfen ist bei den Betriebskosten, ob die Höhe der Vorauszahlungen auf einer korrekten Abrechnung beruht, nur dann ist eine Anpassung der Vorauszahlungen möglich und kann insoweit ein Zahlungsrückstand entstehen (BGH GE 2012, 1554; BGH NJW 2012, 3089; BGH NJW 2012, 2186). Einmalige Leistungen wie Kaution, Mietvorauszahlungen, Nachforderungen von Nebenkosten (MAH MietR/*Zürn* § 28 Rn. 308) sind nicht zu berücksichtigen; ebenso wenig verjährte oder verwirkte Forderungen (Schmidt-Futterer/*Blank* BGB § 543 Rn. 84). Zu beachten ist bei Erwerb der Mietwohnung, das bereits zuvor entstandene Mietzinsansprüche beim Verkäufer verbleiben, der Erwerber muss sich die Ansprüche abtreten lassen (LG Berlin GE 2005, 487).

8. Voraussetzung für die fristlose Kündigung ist ein **Zahlungsrückstand**, der gemäß **§ 543 Abs. 2 Nr. 3a, § 569 Abs. 3 Nr. 1 BGB** zwei aufeinander folgende Monatsmieten oder einen nicht unerheblichen Teil davon betragen muss. Nicht unerheblich in diesem Sinne ist gemäß § 569 Abs. 3 Nr. 1 BGB ein Mietrückstand dann, wenn er **die Miete für einen Monat übersteigt**, also **Monatsmiete + 1 Cent**. Bei der Beurteilung des Zahlungsrückstandes ist von der vereinbarten Miete auszugehen, Mietminderungen – auch wenn sie berechtigt sind – haben außer Betracht zu bleiben (BGH NZM 2018, 28). Nach der herrschenden Meinung ist nicht erforderlich, dass der Rückstand bezogen auf jeden einzelnen Termin erheblich ist (vgl. Schmidt-Futterer/*Blank* BGB § 569 Rn. 34 unter Bezug auf BGH NJW-RR 1987, 903; aA *Sternel* WuM 2009, 699, 700). Eine Regelung, die zum Nachteil des Mieters die Kündigung von einem geringeren Rückstand abhängig macht, ist unwirksam, § 569 Abs. 5 BGB. Diese Regelung gilt nicht, wenn der Wohnraum nur zu vorübergehendem Gebrauch vermietet ist, § 569 Abs. 3 Nr. 1 S. 2 BGB.

Der Rückstand von mehr als einer Monatsmiete muss sich aus zwei aufeinanderfolgenden Monatsmieten ergeben (BGH NJW 2008, 3210). Bei einem über mehrere Monate aufgelaufenem Zahlungsrückstand kann der Vermieter dann, wenn der Mieter ausnahmsweise keine – auch nicht stillschweigende – Zahlungsbestimmung getroffen hat, eingehende Zahlungen gemäß § 366 Abs. 2 BGB auf die älteste Schuld verrechnen, mit der Folge, dass sich ein kündigungsrelevanter Zahlungsrückstand ergibt (vgl. dazu Schmidt-Futterer/*Blank* BGB § 543 Rn. 117).

Streitig ist, ob der Zahlungsrückstand im Zeitpunkt des Ausspruchs der Kündigung bestehen muss (so LG Flensburg BeckRS 2014, 09007; LG Duisburg WuM 2006, 257 mit Hinweis darauf, dass im Hinblick auf das Begründungserfordernis ein zwischen Abgabe und Zugang der Kündigung entstandener Zahlungsrückstand nicht zur Begründung der Kündigung herangeführt werden kann; LG Köln WM 1992, 123; ebenso *Sternel* WuM 2009, 699, 702, wobei er aber ausführt, dass der Rückstand im Zeitpunkt des Zugangs der Kündigung noch bestehen muss) oder ob der Zeitpunkt des Zugangs entscheidend ist (so BGH WuM 2006, 193, 194; LG Köln WM 1991, 26; AG Halle WuM 2009, 6513; Bub/Treier/*Fleindl* IV Rn. 376; *Kossmann/Meyer-Abich* § 73 Rn. 9; Schmidt-Futterer/*Blank* BGB § 543 Rn. 125). Erheblich wird der Streit, wenn der Mieter zwischen Ausspruch und Zugang der Kündigung vollständig gezahlt hat. Da es sich bei der Kündigung um eine einseitige empfangsbedürftige Willenserklärung handelt, verdient die zweite Meinung den Vorzug, denn erst mit Zugang wird die Kündigung wirksam, § 130 Abs. 1 BGB (so auch BGH WuM 2006, 193). Das Kündigungsrecht wird nach § 543 Abs. 2 Satz 2 BGB nur durch eine **vollständige** Zahlung des Rückstandes vor Zugang der Kündigung ausgeschlossen (BGH ZMR 2018, 17).

Eine Reduzierung des Mietrückstandes in der Folgezeit unter die Grenze von zwei Monatsmieten führt nicht zum Wegfall des Kündigungsrechts (BGH BB 1987, 2123). Nach einer Entscheidung des LG Köln (ZMR 2002, 428) gilt dies selbst dann, wenn die Tatbestandsvoraussetzungen des § 543 Abs. 2 Ziff. 3 BGB zum Zeitpunkt des Ausspruchs nicht mehr vorliegen, aber zuvor einmal entstanden sind. Die bloße Ankündigung der Nichtzahlung reicht nicht, um einen Zahlungsrückstand zu begründen (aA OLG Düsseldorf MDR 1991, 965 für das gewerbliche Mietrecht).

9. Maßgebend für die Frage, ob ein Zahlungsrückstand gegeben ist, sind die vertraglich vereinbarten **Fälligkeitstermine**. Sind vertraglich längere als monatliche Zahlungstermine vorgesehen, ist die Vorschrift ebenfalls anwendbar (BGH NZM 2009, 30; Emmerich/Sonnenschein/*Emmerich* BGB § 543 Rn. 32; Schmidt-Futterer/*Blank* BGB § 569 Rn. 36; *Blank/Börstinghaus* BGB § 569 Rn. 51; Bub/Treier/*Fleindl* IV Rn. 374). Bei kürzeren Zahlungsterminen ist die Regelung entsprechend anwendbar; jedoch ist zumindest der Rückstand mit einer Monatsmiete + 1 Cent erforderlich (Schmidt-Futterer/*Blank* BGB § 569 Rn. 36).

Probleme können bei **Verträgen** auftreten, die **vor dem** Inkrafttreten des Mietrechtsreformgesetzes am **1.9.2001 abgeschlossen wurden** und die sowohl eine Vorfälligkeitsklausel als auch einen Aufrechnungsausschluss enthalten. Gemäß Art. 2 § 3 Abs. 1 Nr. 7 des Gesetzes gilt für die Fälligkeit § 551 BGB aF fort. Danach ist der Mietzins erst am Ende der Mietzeit zu entrichten. In den meisten Verträgen war jedoch vereinbart, dass die Miete monatlich im Voraus bis spätestens zum dritten Werktag eines Monats zu zahlen war (Vorfälligkeitsklausel). Diese für sich gesehen wirksame Klausel wird nach der Rechtsprechung des BGH (NJW 1995, 254) unwirksam, wenn im Mietvertrag zugleich ein wirksamer oder unwirksamer Aufrechnungsausschluss mit der Folge vereinbart wurde, dass der Mieter mit einem Bereicherungsanspruch wegen überzahlter Miete nicht gegen den Mietzins des Folgemonats aufrechnen kann (im Einzelnen dazu *Blank* WM 1995, 567, 568 f.). Eine Klausel, wonach eine Aufrechnung einen Monat vor Fälligkeit der Miete anzuzeigen ist, ist allerdings wirksam (BGH NJW 2011, 2201; bestätigt NJW-RR 2012, 13). Bei Altverträgen führt eine unwirksame Klausel dazu, dass weiterhin die Fälligkeitsbestimmung des § 551 BGB gilt, dh die Miete wird erst mit Ablauf des Mietmonats fällig (vgl. BGH NZM 2009, 315; *Sternel* WuM 2009, 699).

Nach der Neufassung des Gesetzes ist die Miete zu Beginn, spätestens bis zum dritten Werktag des einzelnen Zeitabschnitts zu zahlen (§ 556b Abs. 1 BGB), so dass für nach dem 1.9.2001 abgeschlossene Mietverträge die oben erörterte Problematik nicht von Bedeutung ist. Bei der Berechnung der Zahlungsfrist ist zu berücksichtigen, dass der Samstag nicht als Werktag anzusehen ist (BGH BeckRS 2010, 17790 und BeckRS 2010, 18044, dies gilt sowohl für Verträge vor als auch nach dem Inkrafttreten des § 556b Abs. 1 BGB im Jahr 2006).

10. Gemäß § 543 Abs. 2 Nr. 3b BGB genügt für eine fristlose Kündigung auch ein Zahlungsrückstand in Höhe von zwei Monatsmieten, der **über einen längeren Zeitraum als zwei Termine hinweg** entstanden ist. Die Dauer dieses Zeitraums ist nicht begrenzt. Die Fälligkeitstermine, an denen der Mieter in Verzug kommt, müssen nicht aufeinander folgen. Es ist auch unerheblich, ob der Zahlungsrückstand in aufeinander folgenden Fälligkeitsterminen (zur Fälligkeit → Form. D.VI.4 Anm. 9) auftritt oder sich aus rückwirkend vereinbarten Mieterhöhungen ergibt. Hier ist nur § 569 Abs. 3 Nr. 3 BGB zu beachten (→ Form. D.VI.4 Anm. 13).

11. Die fristlose Kündigung ist nur gerechtfertigt, wenn der Mieter im **Verzug** ist. Gegenüber den sonstigen Möglichkeiten zur fristlosen Kündigung besteht hier die Besonderheit, dass ein **Verschulden des Mieters** erforderlich ist. Das Verschulden wird vermutet. Grundsätzlich hat der Mieter für seine Zahlungsfähigkeit einzustehen (BGH NZM 2015, 196–198). Akute Engpässe entlasten ihn nicht. Es reicht auch nicht, dass ein Mieter, der Sozialleistungen einer öffentlichen Stelle bezieht, alles ihm Obliegende und Zumutbare getan hat, um die öffentliche Stelle zur pünktlichen Zahlung der für seine Unterkunft geschuldeten Miete zu veranlassen (BGH NZM 2015, 196). Auch Rechtsirrtümer lassen ein Verschulden in der Regel nicht entfallen, zB bei anwaltlicher Beratung (BGHZ 89, 296 (303)). Zahlt der Mieter jedoch eine zu geringe Miete, weil er über die Höhe einer Minderungsquote irrt, kann das Verschulden entfallen. Der BGH legt hier einen strengen Maßstab an. Er hat ausgeführt, dass ein Rechtsirrtum nur dann entschuldigt ist, wenn der

Irrende bei Anwendung der im Verkehr erforderlichen Sorgfalt mit einer anderen Beurteilung durch die Gerichte nicht zu rechnen brauchte. Sobald der Mieter bei zweifelhaften Rechtsfragen eine von seiner eigenen rechtlichen Einschätzung abweichende rechtliche Beurteilung in Betracht ziehen müsse, sei ein fahrlässiges Verhalten zu bejahen (BGH NZM 2007, 35; bestätigt BGH NZM 2012, 637 und NZM 2014, 636; *Fischer* ZMR 1994, 309 ff.; teilweise abweichend Schmidt-Futterer/*Blank* § 543 BGB Rn. 103 ff.). Dem Mieter ist daher zu empfehlen, die Miete in Bezug auf etwaige Minderungen unter Vorbehalt zu zahlen, um dem Kündigungsrisiko zu entgehen (s. a. *Börstinghaus* jurisPR-BGHZivilR 18/2012 Anm. 4). Hier kommt es auf den Einzelfall an. Grundsätzlich trägt der Mieter das Risiko. Er muss insbesondere die Rechtslage durch Einholen rechtskundigen Rats prüfen und darf bei Anwendung der erforderlichen Sorgfalt nicht mit einem Unterliegen in einem Rechtsstreit rechnen müssen (BGH BeckRS 2012, 10276; LG Kassel ZMR 1996, 90, 91). Er muss bei Einholen des Rechtsrats den Sachverhalt umfassend und zutreffend schildern (LG Berlin GE 2005, 1353). Für ein Verschulden seiner Erfüllungsgehilfen muss der Mieter einstehen. Daher muss er sich auch eine falsche rechtliche Beratung zurechnen lassen (str. LG Köln ZMR 1998, 763, 765 f.; BGH NZM 2007, 35; *Fischer* ZMR 1994, 309, 311). Auf die Richtigkeit erstinstanzlicher Entscheidungen in einem anhängigen Verfahren darf er vertrauen (LG Wiesbaden WM 1989, 512). Weist das erstinstanzliche Gericht sein Minderungsbegehren zurück, läuft der Mieter allerdings Gefahr, dass eine erneute fristlose Kündigung durchgreifen kann, wenn er in der zweiten Instanz weiterhin mindert (AG Hamburg-Altona ZMR 2008, 297). Bei widersprüchlichen Betriebskostenabrechnungen kann ein Verschulden ebenfalls entfallen.

Eine besondere persönliche und wirtschaftliche Belastungssituation des Wohnraummieters führt im Regelfall auch nicht zur Unwirksamkeit der Kündigung (LG Berlin IMR 2016, 182 im Anschluss an BGH NJW 2015, 1296; das LG Hannover ZMR 2016, 957 hat in dem Fall, dass der Mieter im Koma lag, eine Ausnahme bejaht).

Ein Verschulden liegt in der Regel nicht vor, wenn der Mieter nach dem Tod des Vermieters keine Gewissheit erlangen kann, wer nunmehr Gläubiger der Mietforderungen ist (BGH WuM 2005, 769).

Der Vermieter muss sich nicht auf eine Einzugsermächtigung verweisen lassen, wenn bereits mehrfach Lastschriftversuche fehlgeschlagen sind (AG Hamburg 19.5.2006 – 49 C 37/06, BeckRS 2007, 285). Er verstößt aber gegen Treu und Glauben, wenn er in Kenntnis der Übernahme der Miete durch das Sozialamt Mietrückstände ohne Rücksprache auflaufen lässt (LG Saarbrücken ZMR 2006, 46, 47).

Steht dem Mieter ein **Zurückbehaltungsrecht** zu, kann ein Kündigungsrecht ebenfalls entfallen. Dabei ist zu beachten, dass bei der Anzeige von Mängeln ein Zurückbehaltungsrecht nur für die nach der Anzeige fällig werdenden Mieten geltend gemacht werden kann (BGH NJW-RR 2011, 407 40). Die Höhe des Zurückbehaltungsrechts ist dabei von den Umständen des Einzelfalls abhängig. Streitig ist, wie die Höhe des Betrages, die der Mieter zurückbehalten darf, zu berechnen ist. Teilweise wird vertreten, dass das Zurückbehaltungsrecht auf das 3–5 fache des Minderungsbetrages monatlich zu begrenzen ist (LG Lübeck 22.3.2012 – 14 S 158/11), teilweise wird zur Bemessung auf die Höhe der Mangelbeseitigungskosten abgestellt, wobei der einbehaltene Betrag das Doppelte bis Dreifache der Mangelbeseitigungskosten nicht übersteigen sollte (LG Berlin GE 2000, 1688, vgl. dazu mwN Bub/Treier/*Grapentin* IV, 370; *Fischer* ZMR 1994, 309, 312: das Doppelte der angemessenen Minderung; Schmid-Futterer/*Eisenschmid* BGB § 536 Rn. 394 ff.). Ergibt sich das Zurückbehaltungsrecht aus § 320 BGB, genügt es, dass das Recht besteht, der Mieter muss sich nicht darauf berufen. Zurückbehaltungsrechte, die nicht im Gegenseitigkeitsverhältnis stehen, müssen demgegenüber ausgeübt werden (zB Zurückbehaltungsrecht betreffend die Nebenkosten wegen nicht fristgemäßer Abrechnung – BGH WM 1984, 127 – oder wegen fehlender Auskunft über die Zusammensetzung der Miete bei preisgebundenem Wohnraum-AG Gelsenkirchen ZMR 1987, 183), ansonsten wird ein Verzug nicht ausgeschlossen. Ein Zurückbehaltungsrecht gemäß § 320 BGB steht dem Mieter insbesondere aus dem Gesichtspunkt der Einrede des nichterfüllten Vertrags zu, wenn die Mietsache mangelhaft ist und er einen Anspruch auf Herstellung des vertragsgemäßen Zustandes hat. Jedoch kann dieses Recht nach Treu und Glauben entfallen, wenn die Gegenleistung wegen einer Insolvenz des Mieters nicht erbracht werden kann (LG Essen WuM 2008, 688).

Das Kündigungsrecht kann ferner ausgeschlossen sein durch **§ 112 Nr. 1 InsO.** Danach kann ein Mietverhältnis, das der Insolvenzschuldner als Mieter eingegangen ist, vom Vermieter nach dem Antrag auf Eröffnung des Insolvenzverfahrens wegen Verzuges mit der Errichtung des Mietzinses, der in der Zeit vor dem Eröffnungsantrag eingetreten ist, nicht mehr gekündigt werden. Es sind nur noch die nach dem Eröffnungsantrag auftretenden Mietrückstände zu berücksichtigen. Auch nach Abschluss des Insolvenzverfahrens kann, wenn ein Restschuldbefreiungsverfahren eingeleitet wird, die Kündigung nicht auf den alten Zahlungsverzug vor dem Eröffnungsantrag gestützt werden (vgl. dazu auch LG Neubrandenburg WM 2001, 551 ff.).

Ruft der Insolvenzverwalter die per Lastschrift eingezogenen Mieten zurück, ist zu beachten, dass per Lastschrift eingezogene Mieten insolvenzfest sind, wenn sie mittels des SEPA-Lastschriftverfahrens bewirkt wurden oder wenn das Einzugsermächtigungslastschriftverfahren in den Allgemeinen Geschäftsbedingungen der Bank dem SEPA-Basis-Lastschriftverfahren nachgebildet ist (BGH NJW 2010, 3510). Bis zur Einführung des SEPA-Lastschriftverfahrens ist zu prüfen, ob die Buchung nicht bereits konkludent genehmigt ist, wovon bei Dauerschuldverhältnissen häufig auszugehen sein dürfte (BGH NJW 2010, 3510; Schmidt-Futterer/*Blank* BGB § 543 Rn. 154 f.). Zudem darf der Insolvenzverwalter die Lastschrift nicht widerrufen, wenn die Zahlung aus dem unpfändbaren Schonvermögen erfolgte (BGH NJW 2010, 3517). Kann der Insolvenzverwalter dennoch wirksam die Lastschrift widerrufen, ist jedenfalls dann, wenn der Mieter für eine ausreichende Deckung des Kontos gesorgt hatte, ein Verschulden des Mieters nicht zu bejahen. Der Mieter ist auch nicht verpflichtet, diese Miete nunmehr selbst nachzuzahlen, denn die darin liegende bevorzugte Befriedigung des Vermieters verstieße gegen das insolvenzrechtliche Gebot der Gläubigergleichbehandlung (vgl. LG Hamburg BeckRS 2010, 13316 mwN). Der Insolvenzverwalter ist weder gesetzlicher Vertreter noch Erfüllungsgehilfe des Schuldners im Sinne von § 278 BGB, denn er handelt in im eigenen Namen und aus eigenem Recht, wenngleich mit Wirkung für die Masse (BGH in st. Rspr., zuletzt ZInsO 2006, 260).

Da in der Regel für die Zahlung der Miete ein bestimmter **Kalendertag vereinbart** ist, tritt der **Verzug ohne Mahnung** ein. Schonfristen oder Karenzzeiten gibt es nicht. Etwas anderes kann nur gelten, wenn der Vermieter die Zahlungsunfähigkeit arglistig herbeiführt. Arglist liegt jedoch nicht vor, wenn der Vermieter bei einem Antrag des Mieters auf Wohngeld nicht mitwirkt, denn dem Vermieter obliegt keine Mitwirkungspflicht (LG Köln WuM 1995, 491 und WuM 1997, 491). Der Vermieter muss sich vor Beendigung des Mietverhältnisses nicht auf eine Kaution oder eine Mietausfallbürgschaft verweisen lassen, der Verzugseintritt wird dadurch nicht gehindert. Eine **Zahlung unter dem Vorbehalt der Rückforderung** nach Bereicherungsgrundsätzen gemäß § 812 BGB ist als Zahlung anzusehen (*Sternel* III Rn. 93, XII 155; Schmidt-Futterer/*Blank* BGB § 569 Rn. 37, 39). Wird jedoch nur unter der Bedingung gezahlt, dass die Forderung besteht (sog. qualifizierter Vorbehalt), tritt keine Erfüllungswirkung ein, da der Vermieter nach der Vorstellung des Mieters weiterhin den Beweis für das Bestehen der Schuld erbringen soll (*Blank* WuM 1995, 567, 570). Unerheblich ist, wenn der Vermieter eine unpünktliche Zahlungsweise über einen längeren Zeitraum **geduldet** hat. Jedoch kann der Anspruch auf rückständigen Mietzins verwirkt werden, wenn der Vermieter eine Minderung mehr als sechs Monate ohne Widerspruch oder Mahnung hinnimmt (AG/LG Gießen ZMR 2001, 801 mwN; *Lützenkirchen* WuM 2006, 63, 83).

Bei einer Stundungsvereinbarung lebt das Recht zur fristlosen Kündigung ohne Abmahnung wieder auf, wenn der Mieter der Vereinbarung zuwider handelt (OLG Düsseldorf ZMR 2011, 864).

Der Vermieter muss die Voraussetzungen des Verzugs **darlegen und beweisen**, während der Mieter beweisen muss, dass sein Verzug unverschuldet war oder dass die Kündigungsvoraussetzungen weggefallen sind (im Einzelnen dazu *Grams* ZMR 1994, 5, 6 f.).

12. Der Mieter hat auch für die **Rechtzeitigkeit** der Zahlung einzustehen, eine verspätete Zahlung entlastet ihn daher nicht. Nach der Rechtsprechung des BGH (NZM 2017, 120) genügt, dass der Mieter – bei ausreichend gedecktem Konto – seinem Zahlungsdienstleister den Zahlungsauftrag bis zum dritten Werktag des vereinbarten Zeitabschnitts erteilt hat. Es ist nicht erforderlich, dass die Miete bis zum dritten Werktag des vereinbarten Zeitabschnitts auf dem Konto des Vermieters eingegangen ist (ebenso Bub/Treier/*Fleindl* IV Rn. 368). Eine davon abweichende Vereinbarung ist unwirksam (BGH aaO). Eine andere Auffassung ist nach dieser Rechtsprechung auch nicht unter Berücksichtigung der Rechtsprechung des EuGH (NJW 2008, 1935) zur Zahlungsverzugsrichtlinie angezeigt (anders noch die Vorauflage).

Der Mieter muss die Überweisung korrekt ausführen; er muss auf das vom Vermieter angegebene Konto zahlen und dem Vermieter die Zuordnung der Zahlung durch Angabe der Zweckbestimmung ermöglichen, was insbesondere bei größeren Vermietungsgesellschaften von Bedeutung ist. Andernfalls liegt keine rechtzeitige Zahlung vor.

Für das **Verschulden seiner Erfüllungsgehilfen** hat der Mieter einzustehen. Zahlt das Sozialamt/Jobcenter die Miete, hat der BGH – entgegen der überwiegenden Ansicht der Instanzgerichte und der Literatur (vgl. LG München NJW-RR 2004, 83; LG Berlin NJW-RR 2002, 10; *Lützenkirchen* Rn. 871) – in seiner Entscheidung vom 21.10.2009 (NJW 2009, 3781) ausgeführt, dass ein Jobcenter nicht als Erfüllungsgehilfe des Mieters anzusehen sei. Das Jobcenter erbringe im Rahmen der Daseinsvorsorge staatliche Transferleistungen an einen Bürger und werde damit hoheitlich tätig. Der Bürger wende sich an die Behörde, um die Mittel für den eigenen Lebensunterhalt zu erhalten. Er schalte das Jobcenter damit nicht als Hilfsperson zur Erfüllung seiner eigenen Verpflichtung ein (so im Ergebnis auch LG Mainz WuM 2003, 629; LG Mönchengladbach WM 1989, 630; jurisPK-BGB/*Münch* § 543 Rn. 156; *Sternel* WuM 2009, 699, 700). Es kommt nicht darauf an, warum das Sozialamt/Jobcenter die Miete nicht zahlt oder ob der Mieter alles aus seiner Sicht Erforderliche getan hat (BGH NZM 2015, 196). Es ist jedoch bei der Entscheidung über die Berechtigung der Kündigung genau darauf zu achten, in welchem Zeitraum und in welchem Umfang der Mieter Leistungen einer staatlichen Behörde erhält. Zutreffend hat das AG Bernau (WuM 2010, 31) dazu ausgeführt, dass für den Fall, dass der Mieter Leistungen für die Unterkunft nach dem SGB II erst nach dem Zeitpunkt der Fälligkeit der Mietzinszahlung erhält, er jedenfalls mit dem nicht durch die Unterkunftsleistung gedeckten Teil des Mietzinses schuldhaft in Verzug gerät. Gleiches gilt auch für den Fall, dass er nur hinsichtlich eines Teils der Miete staatliche Unterstützung erhält.

Die Parteien können bezüglich des **Erfüllungsortes** von den Auslegungsregeln nach §§ 269, 270 BGB abweichende Vereinbarungen treffen. Die Rechtzeitigkeit der Zahlung richtet sich dann nach den Regeln im Mietvertrag. So können die Parteien eine Barzahlung vereinbaren mit der Folge, dass der Mieter dem Vermieter den Mietzins überbringen muss.

13. Das Kündigungsrecht ist ausgeschlossen, wenn der Mietrückstand darauf beruht, dass der Vermieter den Mieter erfolgreich wegen einer **Mieterhöhung** nach §§ 558 bis 560 BGB in Anspruch genommen hat. Der Vermieter darf wegen des hierdurch bedingten Rückstandes nicht vor Ablauf von zwei Monaten nach rechtskräftiger Verurteilung kündigen, § 569 Abs. 3 Nr. 3 BGB. Etwas anderes gilt nur, soweit wegen der bisher geschuldeten

Miete bereits ein Kündigungsgrund besteht. Die Vorschrift ist wegen des eindeutigen Wortlauts nicht auf vereinbarte Mieterhöhungen oder solche aus anderen Rechtsgründen anwendbar (Bub/Treier/*Fleindl* IV Rn. 384; für Prozessvergleich OLG München NZM 2003, 554; BGH NJW 2012, 2270 für Anpassungen der Kostenmiete bei preisgebundenem Wohnraum; str.). Zu beachten ist dabei, dass nach § 558 BGB der Vermieter keinen Zahlungsanspruch hat, sondern nur einen Anspruch auf Zustimmung zur Erhöhung der Miete. Der Vermieter kann aber bei entsprechendem Zahlungsrückstand sein Kündigungsrecht unmittelbar ausüben, er muss nicht zunächst eine Verurteilung zur Zahlung erstreiten (BGH NJW 2012, 3089 betr. der Erhöhung von Betriebskostenvorauszahlungen; str., wie der BGH *Sternel* WuM 2009, 699, 704; *Blank*/Börstinghaus BGB § 569 Rn. 84).

14. Der Vermieter kann **sofort kündigen.** Eine Abmahnung oder Fristsetzung ist gemäß § 543 Abs. 3 Nr. 3 BGB grundsätzlich nicht erforderlich (so jetzt ausdrücklich BGH NZM 2009, 314). Allenfalls in dem Fall, dass die Nichtzahlung auf einem Versehen beruht, oder bei langjährigen Mietverhältnissen, in denen der Vermieter annehmen muss, dass es sich bei der Nichtzahlung um ein Versehen handelt oder der Vermieter über einen längeren Zeitraum unpünktliche Zahlungen hingenommen hat, soll eine Abmahnung erforderlich sein (OLG Hamm BeckRS 2009, 12026 und WM 1998, 485). Dann muss in der Abmahnung deutlich zum Ausdruck gebracht werden, dass der Vermieter nicht gewillt ist, ein derartiges Verhalten in Zukunft zu tolerieren. Erforderlich ist eine Mahnung ferner, wenn der Mieter die Person des Vermieters nicht kennt (zB Erben BGH MDR 1973, 404). Es handelt sich dabei um seltene Ausnahmefälle. Es ist auch nicht erforderlich, dass der Vermieter zunächst die Zahlungsrückstände geltend macht. Eine Klausel, dass der Mieter vor der Kündigung zur Zahlung aufgefordert werden muss, ist aber wirksam (Schmidt-Futterer/*Blank* BGB § 543 Rn. 126).

Die Ausübung der Kündigung ist an **keine Frist** gebunden. Sie sollte aber in angemessener Frist erfolgen, da andernfalls das Kündigungsrecht auch ausgeschlossen sein kann, insbesondere dann, wenn der Vermieter den Zahlungsverzug über einen längeren Zeitraum geduldet hat. Jedoch ist immer zu bedenken, dass der Vermieter auch eine gewisse Zeit abwarten darf, ob die Zahlungsschwierigkeiten des Mieters von Dauer sind (vgl. dazu auch BGH NZM 2009, 314; Schmidt-Futterer/*Blank* BGB § 543 Rn. 127). § 314 Abs. 3 BGB ist insoweit nicht anzuwenden (BGH NJW 2016, 3720). Nach Zugang ist die fristlose Kündigung unwiderruflich (AG Geldern ZMR 2004, 350).

Der Kündigungsgrund muss bei Zugang der Kündigung vorliegen (hM BGH WuM 2006, 193, 194; Palandt/*Weidenkaff* BGB § 543 Rn. 52; str., aA LG Köln WuM 2001, 195; Anm. 8).

15. Durch den mit der Mietrechtsnovelle neu eingeführten § 569 Abs. 2a BGB wird dem Vermieter ein Recht zur fristlosen Kündigung ohne vorherige Abmahnung eingeräumt, wenn der Mieter mit einem Betrag der Sicherheitsleistung in Verzug kommt, der zwei Nettomieten erreicht. Bei der Höhe des Rückstandes bleiben entgegen der Regelung in § 543 Abs. 2 Nr. 3 und § 569 Abs. 3 BGB die als Vorauszahlungen oder Pauschale ausgewiesenen Betriebskosten außer Betracht. Es muss sich um eine Sicherheit im Sinne des § 551 BGB handeln. Diese muss fällig sein. Die erste Rate der Kaution wird nach § 551 Abs. 2 S. 2 BGB zu Beginn des Mietverhältnisses fällig; nach der Neuregelung in § 551 Abs. 2 S. 3 BGB werden die zweite und dritte Rate der Kaution zusammen mit den unmittelbar folgenden Mietzahlungen fällig. Die Kündigungsmöglichkeit besteht nicht, wenn der Mieter die Kaution nicht in bar zu leisten hat, sondern etwa durch Verpfändung oÄ oder wenn er sie mangels Fälligkeit nicht vollständig entrichten muss, weil ihm etwa ein Zurückbehaltungsrecht wegen nicht nachgewiesener gesetzeskonforme Anlage (§ 551 Abs. 3 S. 1 BGB) zusteht oder weil eine Kautionsvereinbarung nicht berücksichtigt, dass die Kaution nur in Teilbeträgen fällig ist. Im letzten Fall wird die Kaution – soweit eine Kaution von drei Monatsmieten vereinbart wurde – mit dem Ablauf des dritten

Werktages des zweiten Mietmonats vor (vgl. Schmidt-Futterer/*Blank* BGB § 569 Rn. 32b; Staudinger/*Emmerich* BGB § 569 Rn. 37c).

Zahlt der Mieter nur einen Teilbetrag der Kaution und liegt der noch offene Restbetrag unterhalb eines Betrages, der zwei Nettomieten erreicht, stellt sich weiterhin die Frage, ob der Vermieter gemäß § 543 Abs. 1 BGB wegen Unzumutbarkeit der Vertragsfortsetzung kündigen kann. → Form. D.VI.10 Anm. 8.

16. Der Vermieter kann dem Mieter auch bei einer fristlosen Kündigung eine **Räumungsfrist** setzen.

17. § 546a BGB → Form. F.II.2.

18. Diese Erklärung kann bereits in dem Schreiben, das die fristlose Kündigung enthält, abgegeben werden (hM, Palandt/*Weidenkaff* BGB § 545 Rn. 8 mwN). Eines zeitlichen Zusammenhangs mit der Vertragsbeendigung bedarf es dann nicht mehr (BGH NJW 2010, 2124; Schmidt-Futterer/*Blank* BGB § 545 Rn. 26).

19. Kosten und Gebühren. → Form. D.VI.1 Anm. 18. Nach der Rechtsprechung des BGH (WuM 2012, 262; NJW 2011, 296) ist in tatsächlich und rechtlich einfach gelagerten Fällen ein erfahrener Vermieter allerdings gehalten, selbst zu kündigen. Diese Voraussetzungen werden insbesondere bei Kündigungen wegen Zahlungsverzugs bei geschäftlich erfahreneren Vermietern zutreffen.

5. Aufrechnungserklärung des Mieters gemäß § 543 Abs. 2 S. 3; § 569 Abs. 2 Nr. 3 S. 1 Alt. 1 BGB

. . . . .

(Mieter)[1]

an

. . . . .

(Vermieter)[2]

Sehr geehrte(r) . . . . .,[2]

ich nehme Bezug auf die mir von Ihnen mit Schreiben vom . . . . . erklärte fristlose Kündigung wegen Zahlungsverzugs betreffend den Mietvertrag vom . . . . . über die Wohnung . . . . ., mir zugegangen am . . . . ., und erkläre hiermit gegenüber Ihren Zahlungsansprüchen in Höhe von 2.000.– EUR die Aufrechnung.[3]

Die Aufrechnung begründe ich wie folgt:[4]

- Aus der Nebenkostenabrechnung vom letzten Jahr stehen mir laut der von Ihnen gefertigten Abrechnung noch 500,– EUR zu.
- Wegen der von ihnen zu übernehmenden Reparatur des defekten Fensters in der Küche mache ich 400,– EUR geltend. Diesen Betrag habe ich für die von mir in Absprache mit Ihnen veranlasste Reparatur aufgewandt. Die Rechnung lege ich bei.
- In Höhe des Restbetrages von 1.100,– EUR rechne ich auf mit den Kosten für die Renovierung nach dem Wasserschaden aus der über mir liegenden Wohnung. Auf die Ihnen bereits vorliegende Rechnung nehme ich Bezug.

Damit ist der Zahlungsrückstand hinfällig[5] und die von Ihnen ausgesprochene Kündigung gemäß § 543 Abs. 2 S. 3, § 568 Abs. 3 Nr. 2 S. 1 Alt. 1 BGB unwirksam.[6] Meines Erachtens ist es insoweit unschädlich, dass Sie vor einem Jahr bereits einmal wegen Zahlungsrückstandes gekündigt hatten,[7] denn damals haben wir unverzüglich nach Erhalt der Kündigung mit einer von Ihnen auch akzeptierten Rechnung über den von uns geleisteten Ausbau des Daches aufgerechnet.[8]

Ich bitte um eine Bestätigung, dass die von Ihnen ausgesprochene Kündigung damit hinfällig ist.

. . . . .

(Mieter)

Anmerkungen

1. Sachverhalt. Der Vermieter hatte vorliegend wegen Zahlungsrückstand mit zwei aufeinander folgenden Monatsmieten für die Monate Oktober und November gekündigt und den Mieter zur Räumung aufgefordert. Das Mietverhältnis verlief zuvor weitgehend störungsfrei, allerdings hatte der Vermieter bereits ein Jahr zuvor wegen Zahlungsrückständen gekündigt. Damals hatten die Mieter in Höhe der Rückstände unmittelbar nach Erhalt des Kündigungsschreibens mit einer Reparaturrechnung aufgerechnet und der Vermieter hatte dann die Kündigung nicht weiter verfolgt.

2. Bei der Aufrechnungserklärung handelt es sich um eine einseitige empfangsbedürftige Willenserklärung. Sie muss gegenüber allen Vermietern erklärt werden. Insoweit gelten die Ausführungen → Form. D.VI.1 Anm. 2 entsprechend.

3. Gemäß § 569 Abs. 3 Nr. 2 S. 1 Alt. 1 BGB muss der Mieter die Aufrechnung **innerhalb von zwei Monaten nach Rechtshängigkeit des Räumungsanspruchs** erklären. Die Aufrechnung muss ausdrücklich erklärt werden, ihr Bestehen allein reicht nicht (BGH NJW-RR 1987, 903, 904). Die zur Aufrechnung gestellten Forderungen müssen so bestimmt bezeichnet sein, dass der Vermieter sie nachprüfen kann (Bub/Treier/*Fleindl* MietR-HdB IV Rn. 377).

Für Aufrechnungen, die vor Zugang oder unverzüglich nach Zugang der fristlosen Kündigung erklärt werden, gelten § 543 Abs. 2 S. 2 BGB. Danach ist die fristlose Kündigung wegen Zahlungsverzugs ausgeschlossen; auf die Schonfristregelung kommt es nicht mehr an. Voraussetzung ist aber auch hier eine vollständige Zahlung des Rückstandes; Teilzahlungen reichen nicht (BGH NZM 2016, 765). Unverzüglich im Sinne dieser Vorschrift heißt spätestens innerhalb von 2 Wochen (LG Berlin WM 2018, 369; Staudinger/*Emmerich* BGB § 543 Rn. 67 mwN).

Die **Schonfrist** beginnt mit Zugang der Kündigung und endet zwei Monate nach Eintritt der Rechtshängigkeit der Räumungsklage, also der Zustellung der Klage an den Mieter (KG WM 1984, 93). Ist die Klage etwa am 3. eines Monats rechtshängig geworden, endet die Frist damit am 3. des übernächsten Monats. Bei einer Mehrheit von Mietern ist entscheidender Zeitpunkt die Zustellung der Klage an den letzten. Durch das Mietrechtsreformgesetz ist die Schonfrist von einem auf zwei Monate verlängert worden. Eine Wiedereinsetzung wegen Versäumung der Frist kommt nicht in Betracht (LG München I WM 1983, 141). Allenfalls kann bei unverschuldeter kurzfristiger Fristversäumung eine Durchsetzung des Räumungsanspruchs treuwidrig sein, zB im Fall eines Krankenhausaufenthaltes.

Die Wirkungen des § 569 Abs. 3 Nr. 2 S. 1 BGB treten auch dann ein, wenn der Mieter bereits vor Rechtshängigkeit des Räumungsanspruchs den Vermieter befriedigt hat und es nicht zu einem Prozess gekommen ist (hM LG Detmold WuM 2006, 527; LG Hamburg ZMR 2005, 52).

Wird der Rückstand durch **Zahlung des Mieters** beglichen, gelten die vorgenannten Überlegungen entsprechend. Hier kommt es auf die rechtzeitige Zahlung an (→ Form. D. VI.4 Anm. 12) dies gilt auch bei Zahlung durch Dritte. Voraussetzung ist aber, dass der Dritte als Erfüllungsgehilfe des Mieters anzusehen ist, was nach der Rechtsprechung des BGH (NJW 2009, 3781) nicht für das Sozialamt/Jobcenter gilt (→ Form. D.VI.4. → Anm. 12). Eine Zahlung unter dem Vorbehalt der Rückforderung nach Bereicherungsgrundsätzen gemäß § 812 BGB ist als Zahlung anzusehen (*Sternel* MietR aktuell III 93; XII 155; IV 421). Wird jedoch nur unter der Bedingung gezahlt, dass die Forderung besteht (sog. qualifizierter Vorbehalt), tritt keine Erfüllungswirkung ein, da der Vermieter nach der Vorstellung des Mieters weiterhin den Beweis für das Bestehen der Schuld erbringen soll (*Blank* WuM 1995, 567 (570)). Der Dritte muss eine Erfüllungsabsicht durch eine entsprechende Tilgungsbestimmung zum Ausdruck bringt (LG Itzehoe ZMR 2016, 34; (Staudinger/*Bittner* BGB § 267 Rn. 23 m wN).

Die Schonfristregelung des § 569 Abs. 3 Nr. 2 S. 1 gilt entsprechend auch bei einer Kündigung wegen Verzugs mit der Mietkaution (§ 569 Abs. 2 S. 4 BGB).

4. Aufrechnen kann der Mieter mit allen Forderungen, soweit sie nicht im Zusammenhang mit der Beendigung des Mietverhältnisses stehen, wie zB die Rückzahlung der Kaution (*Sternel* WuM 2009, 699 (702); *Oske* WM 1984, 178 (179)). Ein Zusammenhang mit dem Mietverhältnis muss nicht bestehen; ebenso ist der Rechtsgrund unerheblich. Eine Aufrechnung ist möglich mit allen Ansprüchen, die bis zum Ende der Schonfrist entstanden sind, nicht nur mit Ansprüchen, die bis zum Zugang der Kündigung entstanden und fällig sind (Bub/Treier/*Fleindl* MietR-HdB IV Rn. 381). Der Mieter muss die Gegenforderung so bestimmt bezeichnen, dass der Vermieter sie prüfen kann (OLG Celle OLGR 2007, 349).

Wirksame **Aufrechnungsausschlüsse** können diese Möglichkeit des Mieters, die Kündigungswirkungen entfallen zu lassen, ausschließen. Grundsätzlich ist der Ausschluss der Aufrechnung zulässig. Jedoch müssen die Verbote gemäß § 309 Nr. 2 BGB (früher § 11 Nr. 2 AGBG, Verbot der Einschränkung oder des Ausschlusses von Leistungsverweigerungs- oder Zurückbehaltungsrechten), § 309 Nr. 3 BGB (früher § 11 Nr. 3 AGBG, Verbot des Aufrechnungsausschlusses mit unbestrittenen oder rechtskräftig festgestellten Forderungen) und § 307 Abs. 2 BGB (früher § 9 Abs. 2 AGBG, Verbot der unangemessenen Benachteiligung) beachtet werden (hierzu *Derleder* WuM 2007, 599). Außerdem ist ein Aufrechnungsausschluss gemäß § 556b Abs. 2 BGB unwirksam für Schadens- und Aufwendungsersatzansprüche des Mieters wegen eines Mangels (§ 536a BGB) sowie Ersatzansprüche sonstiger Art, Wegnahmerechte gemäß § 539 BGB und für Ansprüche aus ungerechtfertigter Bereicherung wegen zu viel gezahlter Miete (§ 536 BGB), wenn der Mieter seine Absicht dem Vermieter mindestens einen Monat vor Fälligkeit der Miete schriftlich angezeigt hat. Eine zum Nachteil des Mieters abweichende Vereinbarung ist unwirksam (vgl. auch *Oske* WuM 1984, 178 (179) zu § 552a BGB aF).

5. Durch die Aufrechnung muss der Rückstand **vollständig getilgt** werden (BGH NZM 2016, 765). Dazu gehören auch nicht mit der Kündigung geltend gemachte Rückstände (LG München I WM 1987, 153) der Miete (Zum Mietbegriff im Sinne des § 543 Abs. 2 Nr. 3, 569 Abs. BGB → Form. D.VI.4 Anm. 7) sowie die gemäß § 557 BGB bis zur Aufrechnung fällig gewordenen Nutzungsentschädigungsanprüche, nicht aber darüber hinausgehende Schadensersatzansprüche oder Verzugszinsen (LG Berlin ZMR 1989, 94). Auch verwirkte und verjährte Forderungen zählen nicht dazu, hier trägt aber der Mieter das Risiko; ein Rechtsirrtum geht zu seinen Lasten (*Scholz* WM 1987, 135 (136)). Im Einzelfall kann es gegen Treu und Glauben verstoßen, auf der Kündigung zu beharren, wenn nur noch ein geringfügiger Rest offen ist (*Scholz* WM 1987, 135, Schmidt/Futterer/ *Blank* BGB § 569 Rn. 40a; str., aA AG Berlin-Tempelhof, Grundeigentum 2007, 1323 bei einem Restbetrag von 0,25 EUR) oder der Vermieter Teilleistungen entgegen genommen hat und der Mieter aufgrund der Gesamtumstände annehmen durfte, dass der Vermieter nicht mehr kündigen wird. Grundsätzlich muss sich der Vermieter aber auf Teilzahlungen nicht einlassen. Der Vermieter kann aber verpflichtet sein, den Mieter auf noch offene Teilrückstände hinzuweisen, wenn der Mieter erkennbar der Ansicht ist, alles gezahlt zu haben (AG Trier WuM 2004, 30).

Der Vermieter darf bei der Zahlungsbestimmung „Miete" die Zahlungen daher auch nicht anderweitig verwenden, zB auf Verzugszinsen (Schmidt-Futterer/*Blank* BGB § 569 Rn. 40) oder im Insolvenzverfahren auf Rückstände aus der Zeit vor dem Eröffnungsantrag (LG Neubrandenburg WM 2001, 551 (552)). Es empfiehlt sich daher auf Seiten des Mieters bei der Zahlung genau anzugeben, auf welche Forderungen die Leistung erfolgen soll, um Streitigkeiten zu vermeiden. Weist der Vermieter Zahlungen, die zwar den maßgeblichen Mietzinsrückstand, nicht aber auch Zinsen und Kosten decken, gemäß § 367 Abs. 2 BGB zurück, wird die Kündigung dennoch unwirksam, da das Bestimmungsrecht nach § 367 Abs. 1 BGB allein der Mieter hat, der im Zweifel die noch offenen Mietforderungen tilgen will (str. jurisPK-BGB/*Mössner* § 569 Rn. 159; Schmidt-Futterer/*Blank* BGB § 569 Rn. 40 mwN).

Bei der Kündigung gemäß § 569 Abs. 2a BGB wegen Verzugs mit der Kaution sind die Ansprüche hinsichtlich der Mietkaution zu tilgen, nicht die Mietrückstände (vgl. *Zehelein* WuM 2013, 133 (135)).

Der Mieter muss darlegen und beweisen, dass er rechtzeitig den Rückstand getilgt hat, der Vermieter gegebenenfalls die nicht vollständige Erfüllung.

6. Erlischt der Zahlungsrückstand durch Aufrechnung oder sonstige Befriedigung, wird die **Kündigung unwirksam**; Die durch die wirksam erklärte fristlose Kündigung wegen Zahlungsverzugs bewirkte Beendigung des Mietverhältnisses gilt rückwirkend als nicht eingetreten (BGH NJW 2018, 3517 und NZM 2018, 1017). Unerheblich ist, ob der Vermieter schon vor Ablauf der Schonfrist einen Räumungstitel erwirkt hat. Die Klage wird dann unbegründet, es tritt Erledigung ein mit der Kostentragungspflicht des Mieters. Streitig ist, ob der Ablauf der Schonfrist abgewartet werden muss, ehe ein Versäumnisurteil ergeht. Ist dem Mieter nach § 276 ZPO Gelegenheit zur Stellungnahme gegeben worden und ist die Frist abgelaufen, ist Versäumnisurteil zu erlassen (hM LG Köln NJW-RR 2004, 87; LG Hamburg NZM 2003, 432; LG Kiel WM 2002, 149; jurisPK-BGB/*Mössner* § 569 Rn. 196; Schmidt-Futterer/*Blank* BGB § 569 Rn. 55; O'*Sullivan* ZMR 2002, 250 (253)) Zahlt der Mieter während des Rechtsstreits innerhalb der Schonfrist, tritt Erledigung ein mit der regelmäßigen Folge, dass der Mieter die Kosten zu tragen hat.

Tritt während der Schonfrist ein **erneuter Rückstand** auf, bleibt es dennoch bei der Unwirksamkeit der Kündigung (LG Berlin WM 1997, 216 und ZMR 2000, 296; MüKoBGB/*Häublein* § 569 Rn. 42). Das Kündigungsrecht lebt auch nicht wieder auf, wenn der Mieter in der Folgezeit erneut in Verzug gerät (Schmidt-Futterer/*Blank* BGB § 569 Rn. 54 mwN).

Fraglich ist, ob das Mietverhältnis stets weiterzuführen ist oder ob der Mieter trotz Zahlung innerhalb der Schonfrist die Kündigung gegen sich gelten lassen kann (so AG Berlin BeckRS 2014, 13093, offengelassen LG Berlin BeckRS 2014, 09590).

7. Die Kündigung bleibt wirksam, wenn ihr vor nicht länger als zwei Jahren eine nach dieser Regelung unwirksam gewordene Kündigung vorausgegangen ist, § 569 **Abs. 3 Nr. 2 S. 2 BGB**. Die Frist ist vom Zugang der ersten Kündigung bis zum Zugang der erneuten Kündigung zu berechnen (LG Berlin ZMR 1988, 180; KG WM 1984, 93 – nicht Zeitpunkt der Heilung; MüKoBGB/*Häublein* § 569 Rn. 43). Ging danach die erste Kündigung am 5.1.1998 zu, endet die Frist am 5.1.2000. Dabei ist es nicht treuwidrig, wenn der Vermieter kurz vor Ablauf der Zweijahresfrist erneut berechtigt kündigt (AG Höhenschönhausen ZMR 2000, 681). Im Streitfall muss der Vermieter die Voraussetzungen des § 569 Abs. 3 Nr. 2 S. 2 BGB beweisen. Der Mieter kann sich nicht darauf berufen, er habe keinen Schonfristverbrauch beabsichtigt (AG Hamburg-Blankenese ZMR 2004, 271; bestätigt durch LG Hamburg ZMR 2004, 271).

Diese Regelung bezieht sich nur auf die Befriedigung durch Zahlung oder Aufrechnung oder die Verpflichtungserklärung des Sozialamtes innerhalb der Schonfrist. Ist die Kündigung durch andere Gründe, etwa die sofortige Aufrechnung gemäß § 543 Abs. 2 S. 3 BGB unwirksam geworden, greift § 569 Abs. 3 Nr. 2 S. 2 BGB nicht ein. Voraussetzung der Unwirksamkeit der fristlosen Kündigung gemäß § 543 Abs. 2 S. 3 BGB ist zunächst, dass der Mieter sich von seiner Zahlungsverpflichtung durch Aufrechnung befreien konnte, die Vorschrift ist daher nur anwendbar auf aufrechenbare Forderungen, die bereits bei Zugang der Kündigung bestanden haben. Zudem ist die Aufrechnung unverzüglich, dh ohne schuldhafte Verzögerung, zu erklären (2 Wochen OLG Köln WuM 1998, 23). Da durch die unverzügliche Aufrechnung die Forderungen des Vermieters rückwirkend entfallen, fehlt es in diesem Fall an einem Rückstand zum Zeitpunkt der Kündigung (LG Mannheim WuM 1986, 250; WuM 1988, 363). Auf die Regelung des § 569 Abs. 3 Nr. 2 S. 2 BGB muss dann nicht zurückgegriffen werden. Es kann daher für den Mieter bei zum Kündigungszeitpunkt bereits bestehenden aufrechenbaren Forderungen durchaus zu überlegen sein, die Aufrechnung nach § 543 Abs. 2 S. 3 BGB zu erklären, um nicht Gefahr zu laufen, bei einem erneuten Zahlungsrückstand innerhalb von zwei Jahren von der Schonfristregelung des § 569 Abs. 3 Nr. 2 S. 2 BGB ausgeschlossen zu sein.

Wird das **Mietverhältnis trotz fristloser Kündigung fortgesetzt**, so ist zu unterscheiden. Wird das Mietverhältnis nach fristloser Kündigung und anschließender Zahlung fortgesetzt, weil der Räumungsanspruch nicht mehr durchzusetzen ist und erfolgt die Vertragsfortsetzung damit zwangsweise, gilt § 569 Abs. 3 Nr. 2 S. 1 BGB. Verzichtet der Vermieter stillschweigend oder ausdrücklich auf die Durchsetzung der Kündigung, obwohl er auf der Räumung hätte bestehen können, ist die Klausel nicht anwendbar, da der Vermieter den Eindruck erweckt hat, er wolle aus dem Kündigungstatbestand keine Rechte herleiten. Der Mieter kann sich in diesen Fällen bei einem weiteren Zahlungsverzug noch auf § 569 Abs. 3 Nr. 2 S. 2 BGB berufen (Staudinger/*Emmerich* BGB § 569 Rn. 50; Schmidt-Futterer/*Blank* BGB § 569 Rn. 52). Dies gilt insbesondere, wenn ein Räumungstitel erstritten war (LG Berlin WM 1992, 607) oder eine Nachzahlung nicht vorgenommen wurde (LG Frankfurt/M. WM 1991, 34). Ist nach Ablauf der Schonfrist gezahlt und das Mietverhältnis dann fortgesetzt worden, wird die Ansicht vertreten, das die Frist gemäß § 569 Abs. 3 Nr. 2 S. 2 BGB entsprechend anwendbar sei (so LG Stuttgart WuM 1995, 470; LG Bremen WM 1997, 265 für die verspätete Zahlung durch den Mieter; AG Darmstadt WM 1988, 159 für die nachträgliche Zahlung durch das Sozialamt). Da aber auch in diesem Fall der Vermieter auf der Kündigung hätte bestehen können, ist er aus den dargelegten Gründen nicht schutzwürdig (vgl. auch *Sternel* WuM 2009, 699 (704)).

Das Kündigungsrecht kann verwirkt werden, wenn der Mieter den Rückstand verspätet, dh nach Ablauf der Schonfrist zahlt und der Vermieter den Räumungsanspruch längere Zeit nicht weiter verfolgt.

Der Mieter kann nicht vorbeugend eine Klage auf Feststellung der Unwirksamkeit der Kündigung infolge Befriedigung des Vermieters innerhalb der Schonfrist erheben; diese Frage ist gegebenenfalls in einem späteren Rechtsstreit zu klären (LG Hamburg WuM 2005, 730; AG Münster WuM 2006, 456; AA LG Hamburg WuM 2006, 527).

8. Kosten und Gebühren. Anwalt. Gebühren nach 13 ff. RVG, Teil 2 VV-RVG §§ 2, 23 RVG, 39 GKG, 3 ZPO, berechnet nach dem Wert der zur Aufrechnung gestellten Forderungen. Zu beachten ist, dass für den Fall, dass die Kündigung gemäß § 569 Abs. 3 Nr. 2 S. 2 BGB unwirksam wird, dem Mieter keine Prozesskostenhilfe gewährt wird (LG Wiesbaden BeckRS 2012, 08011 mzustAnm *Emmert* WuM 0112, 368).

6. Übernahmeerklärung der Gemeinde, § 569 Abs. 3 Nr. 2 S. 1 Alt. 1 BGB

.....

(Sozialamt der Gemeinde)[1]

an

.....

(Vermieter)[2]

Mietverhältnis mit Herrn ..... über die Wohnung .....; Mietvertrag vom .....

Mietübernahmegarantie

Sehr geehrte(r) .....

bezugnehmend auf Ihre fristlose Kündigung vom ....., betreffend das og Mietverhältnis, erklären wir uns bereit, die in dem Kündigungsschreiben benannten Mietrückstände sowie die seither aufgelaufenen Rückstände[3] zu übernehmen.[4, 5]

.....

(Sozialamt)

Anmerkungen

1. Es muss die **Verpflichtung einer öffentlichen Stelle** vorliegen. In Betracht kommen alle juristischen Personen des öffentlichen Rechts (beispielsweise Sozialämter, Wohngeldbehörden ua) sowie öffentlich-rechtliche Religionsgemeinschaften. Strittig ist, ob karitative Verbände dazu zählen (bejahend Schmidt-Futterer/*Blank* BGB § 569 Rn. 44; verneinend Staudinger/*Emmerich* BGB § 569 Rn. 45). Keine Rolle spielt, ob die betreffende Stelle auch nach öffentlichem Recht zuständig ist, sofern nur die von ihr übernommene Verpflichtung wirksam ist (Staudinger/*Emmerich* BGB § 569 Rn. 45).

2. Dem Vermieter muss die **Verpflichtungserklärung innerhalb der Schonfrist** zugehen; die Abgabe beim Mieter oder bei dem für den Räumungsrechtsstreit zuständigen Gericht reicht nicht (BayObLG NJW 1995, 338). Der Zugang per Telefax reicht aus (LG Dortmund ZMR 1993, 16). Streitig ist, ob der Zugang bei dem Prozessbevollmächtigten des auf Räumung klagenden Vermieters reicht (bejahend LG Hamburg WM 1996, 340 = ZMR 1996, 331; Bub/Treier/*Grapentin* MietR-HdB IV Rn. 382; Erman/*Lützenkirchen* BGB § 569 BGB Rn. 22; Schmidt-Futterer/*Blank* BGB § 569 Rn. 46; verneinend LG Köln WM 1997, 215). Die Erklärung muss gegenüber allen Vermietern abgegeben werden. Im Streitfall muss der Mieter beweisen, dass die Verpflichtungserklärung rechtzeitig zugegangen ist. Der Vermieter darf die Übernahme nicht ablehnen.

Geht die Verpflichtungserklärung nicht innerhalb der Schonfrist dem Vermieter zu, ist streitig, inwieweit sich der Mieter dies zurechnen lassen muss. Der BGH hat – entgegen der überwiegenden Ansicht der Instanzgerichte – in seiner Entscheidung vom 21.10.2009 (NJW 2009, 3781) ausgeführt, dass ein Jobcenter nicht als Erfüllungsgehilfe des Mieters anzusehen sei mit der Folge, dass eine Zurechenbarkeit entfällt (ebenso LG Mainz WuM 2003, 629; jurisPK-BGB/*Münch* § 543 Rn. 121). Es reicht auch nicht, wenn ein Mieter die Übernahme seiner Wohnungskosten bei dem für ihn zuständigen Sozialhilfeträger rechtzeitig beantragt, dieser aber die Übernahme zunächst zu Unrecht verweigert hat (BGH NZM 2015, 196 ff.). Nach der Gegen- und bislang vorherrschenden – Auffassung handelt das Sozialamt als Erfüllungsgehilfe des Mieters gemäß § 278 BGB mit der Folge, dass dieser sich das Verschulden zurechnen lassen muss (LG München NJW-RR 2004, 83; LG Berlin NJW-RR 2002, 10).

3. Die Verpflichtungserklärung muss den **gesamten Rückstand** erfassen (BGH NZM 2016, 765). Dazu gehören auch nicht mit der Kündigung geltend gemachte Rückstände (LG München I WM 1987, 153) der Miete (Zum Mietbegriff im Sinne des § 543 Abs. 2 Nr. 3, 569 Abs. 3 BGB; → Form. D.VI.4 Anm. 7) sowie die gemäß § 557 BGB bis zur Abgabe der Verpflichtungserklärung zur Aufrechnung fällig gewordenen Nutzungsentschädigungsanprüche, nicht aber darüber hinausgehende Schadensersatzansprüche oder Verzugszinsen (LG Berlin ZMR 1989, 94). Auch verwirkte und verjährte Forderungen zählen nicht dazu, hier trägt aber der Mieter das Risiko; ein Rechtsirrtum geht zu seinen Lasten (*Scholz* WM 1987, 135 (136)). Im Einzelfall kann es gegen Treu und Glauben verstoßen, auf der Kündigung zu beharren, wenn nur noch ein geringfügiger Rest offen ist.

4. Die Erklärung muss **eindeutig** sein, auch hinsichtlich des Betrages und/oder des Zeitraums, für den die Behörde die Befriedigung übernehmen will. Es handelt sich um eine Erklärung zivilrechtlicher Natur. Wie diese rechtlich einzuordnen ist, ist streitig. Angenommen wird eine Erfüllungsübernahme, ein Garantievertrag, eine Bürgschaft, ein Schuldbeitritt oder eine befreiende Schuldübernahme (dazu LG Würzburg WM 1988, 226; LG Saarbrücken NJW-RR 1987, 1372). Letztlich kann die rechtliche Einordnung dahinstehen, wesentlich ist, dass die Verpflichtungserklärung dem Vermieter einen eigenen Anspruch auf vollständige Tilgung des Rückstandes verschafft. Bedingungen dürfen nicht gestellt werden (LG Essen ZMR 1996, 663). Ob diese Voraussetzung vorliegt, ist im Einzelfall zu prüfen. Es gibt zu dieser Frage eine umfangreiche Rechtsprechung. Für unzulässig ist erklärt worden, wenn der Vermieter zur Klagerücknahme aufgefordert wird (AG Mannheim DWW 1984, 290). Als nicht ausreichend angesehen wird teilweise eine Verpflichtungserklärung, wenn die Übernahme davon abhängig gemacht wird, dass der Vermieter das Mietverhältnis fortsetzt (LG München NJW-RR 2004, 83) oder der Rechtsstreit ergibt, dass die Kündigung nur wegen Zahlungsverzugs gerechtfertigt ist (LG Bielefeld WM 1994, 206). Dies ist strittig; teilweise wird eine derartige Formulierung als unschädlicher Hinweis darauf gesehen, dass die Erklärung nur abgeben werden soll, um den Mieter vor dem Verlust der Wohnung wegen Zahlungsschwierigkeiten zu bewahren; nicht aber aus anderen Gründen (dazu im einzelnen Schmidt-Futterer/*Blank* BGB § 569 Rn. 48 mwN). Wird die Übernahme von dem Bestehen eines Sozialhilfeanspruchs abhängig gemacht, ist streitig, ob dem Vermieter damit ein eigener Zahlungsanspruch gegen die Gemeinde zusteht (so LG Berlin WM 2001, 276; aA Schmidt-Futterer/*Blank* BGB § 569 Rn. 48 mwN). Problematisch ist in diesem Fall, dass der Vermieter aus der Verpflichtungserklärung nicht ersehen kann, ob der Rückstand nun tatsächlich übernommen wird, so dass die Ansicht, die diese Erklärung als nicht ausreichend ansieht, vorzuziehen ist. Insgesamt ist festzuhalten, dass immer, wenn die Erklärung der Behörde die Formulierung enthält, sie sei bereit „die bestehenden Mietschulden zu übernehmen, wenn . . . . .", Vorsicht angebracht ist.

5. Die Erklärung muss **unterschrieben** werden.

7. Kündigung des Mieters wegen Gesundheitsgefährdung gemäß § 569 Abs. 1 BGB

. . . . .

(Mieter)[1]

an

. . . . .

(Vermieter)[2]

Sehr geehrte(r) . . . . .,[2]

wir[3] kündigen hiermit das mit Ihnen durch Vertrag vom . . . . . geschlossene Mietverhältnis über die Wohnung . . . . . fristlos[4] gemäß § 569 Abs. 1 BGB,[5] da ein Aufenthalt in der Wohnung wegen akuter Gesundheitsgefahren[6] nicht mehr möglich ist.

Die Kündigung stützen wir auf folgende Gründe:[7]

Im Kinderzimmer ist eine erhebliche Schimmelbildung aufgetreten. Die linke Außenwand ist auf ca. 2,5 qm großflächig mit Schimmelpilzen bedeckt. Auch in der angrenzenden Küche tritt nunmehr Schimmel auf.[8] Diese Schimmelbildung ist auf das undichte Mauerwerk zurückzuführen und nicht, wie Sie bereits mehrfach behauptet haben, auf unser fehlerhaftes Heiz- und Lüftungsverhalten. Wir verweisen insoweit auf das Ihnen bereits vorliegende Gutachten des Sachverständigen . . . . .[9]

– und/oder –

Trotz mehrfacher Beseitigungsversuche, zuletzt im . . . . ., sind erneut Kakerlaken in großer Zahl in Küche und Wohnzimmer aufgetreten.[10]

– und/oder –

Die Wohnung ist nicht ausreichend beheizbar. Im Wohnzimmer und den Kinderzimmern wird bei niedrigen Temperaturen allenfalls eine Raumtemperatur von 16°C erreicht. Dies ist mit zwei Kleinkindern nicht hinnehmbar. Hinzu kommt, dass die Heizung in diesem Winter bereits zweimal ausgefallen ist.[11]

– und/oder –

Die Wohnung ist schadstoffbelastet. Der von Ihnen aufgebrachte Isolieranstrich hat zu einer erhöhten Kohlenwasserstoffbelastung in Kinderzimmer und Küche geführt.[12] Wir verweisen auf das anliegende Gutachten des Sachverständigen . . . . . vom . . . . . und die Ihnen bereits vorliegende Stellungnahme des Umweltschutzamtes der Stadt . . . . .

– und/oder –

Die Wohnung ist in einem baufälligen Zustand. Die Sanitäreinrichtungen sind dringend sanierungsbedürftig, insoweit verweisen wir nochmals auf die Ihnen bereits vorliegenden Fotos. Die Treppe, die zu unserer Wohnung führt, ist auf Grund des letztjährigen Hochwassers einsturzgefährdet.[13]

Diese Beeinträchtigungen lassen einen weiteren Aufenthalt in der Wohnung nicht mehr zu. Trotz unseres Schreibens vom . . . . ., mit dem wir Sie aufgefordert hatten, die Gesundheitsgefahren zu beseitigen,[14] haben sie nichts unternommen,[15] sondern nur darauf hingewiesen, dass die Miete für die Wohnung angesichts des uns schon seit Mietbeginn bekannten[16] Zustandes der Wohnung bewusst so niedrig angesetzt gewesen sei.[17]

– und/oder –

Der durch den Umbau der Straße und den Neubau der Straßenbahn verursachte Lärm, insbesondere auch durch Bauarbeiten während der Nachtzeit, ist unerträglich.[18] Nach Auskunft der Behörden dauern die Bauarbeiten noch mindestens ein Jahr an,[19] was wir nicht hinnehmen können,[20] zumal meine Frau seit nunmehr 2 Wochen wegen des Lärms auch arbeitsunfähig krankgeschrieben ist.

Aus diesem Grund bleibt uns nunmehr nur die fristlose Kündigung.[21]

Wir werden am . . . . . ausziehen und dann die Wohnung geräumt zurückgeben. Die erforderlichen Schönheitsreparaturen lassen wir ausführen. Wegen des genauen Übergabetermins werden wir mit Ihnen telefonisch in Verbindung setzen.[22]

. . . . .

(Mieter)

Anmerkungen

1. Sachverhalt. Mieter waren ein Ehepaar mit zwei Kleinkindern, die in einem Altbau eine Wohnung gemietet hatten. Das Formular führt Gesundheitsgefahren auf, die jede für sich eine fristlose Kündigung gemäß § 569 I BGB rechtfertigen können.

2. Zur Kündigung gegenüber mehreren Vermietern → Form. D.VI.1 Anm. 2.

3. Zur Kündigung von mehreren Mietern → Form. D.VI.1 Anm. 3.
Bei mehreren Mietern reicht es, wenn bei einem die Kündigungsgründe vorliegen (zB aufgrund seines Alters; *Blank/Börstinghaus* BGB § 569 Rn. 5; im Einzelnen dazu Rn. 6).
Der BGH (NJW 2004, 848) hat entschieden, dass auch dem Zwischenmieter gegenüber dem Hauptmieter grundsätzlich ein Recht zur fristlosen Kündigung wegen Gesundheitsgefährdung zusteht (ablehnend *Hinz* JR 2005, 76 f).

4. Die Kündigung hat **schriftlich** zu erfolgen, § 568 Abs. 1 BGB. Sie muss eindeutig die Erklärung enthalten, dass das Mietverhältnis fristlos beendet werden soll. Die Umdeutung einer unwirksamen ordentlichen Kündigung in eine fristlose Kündigung ist daher in der Regel nicht möglich, da der Wille zur sofortigen Beendigung nicht deutlich wird (vgl. dazu BGH WuM 2005, 584 (585) mwN aus der Rechtsprechung). Sie umfasst das gesamte Mietverhältnis; eine Teilkündigung ist bis auf wenige und seltene Ausnahmefälle nicht möglich (dazu näher Emmerich/Sonnenschein/*Emmerich* BGB § 543 Rn. 57). Wesentlich ist, ob die Mietsache von den Parteien als Einheit betrachtet wird, was beim Wohnraummietverhältnis in der Regel der Fall ist. Soweit die **bisherige Rechtsprechung** zum alten Mietrecht in besonders gelagerten Ausnahmefällen bei einer Gesundheitsgefährdung einen Auszug ohne schriftliche Kündigung ausreichen ließ (LG Mannheim DWW 1978, 72) dürfte dies angesichts des eindeutigen Wortlauts nicht mehr haltbar sein.

5. Der **Kündigungsgrund** des § 569 Abs. 1 BGB nF entspricht dem bisherigen § 544 BGB. Er besteht neben der Kündigungsmöglichkeit wegen Nichtgewährung des Gebrauchs aus § 543 Abs. 2 Nr. 1 BGB, ohne diese zu verdrängen. Kündigen kann nur der Mieter, nicht aber der Vermieter. § 569 Abs. 1 BGB ist zwingend und kann nicht durch Individualvereinbarungen abbedungen werden, § 569 Abs. 5 S. 1 BGB.

6. Voraussetzung ist, dass die Benutzung der Wohnräume mit einer **erheblichen Gefährdung der Gesundheit** verbunden ist. Schutzzweck der Vorschrift sind die öffentlichen gesundheitspolitischen Interessen. Die Frage, ob eine Gesundheitsgefährdung vorliegt, ist objektiv zum Zeitpunkt der Kündigung zu beurteilen. Maßgebend ist der gegenwärtige Stand der medizinischen Erkenntnisse, der Hygiene und Technik. Unerheblich ist, ob dieser Kenntnisstand schon bei Vertragsabschluss bestand. Die Gesundheitsgefahr muss für den Mieter und die sonstigen Benutzer oder einzelne Gruppen von ihnen (zB Kinder oder ältere Menschen) bestehen, besondere persönliche Anfälligkeiten, wie zB Allergien oder sonstige krankheitsbedingte Vorbelastungen, bleiben außer Betracht (LG Bochum ZMR 1986, 54; LG Berlin ZMR 1999, 27 f.). Die Gesundheitsgefahr muss unabhängig von der Person des Mieters und der konkreten Nutzung bestehen (Schmidt-Futterer/*Blank* BGB § 569 Rn. 9). Sie muss noch nicht eingetreten sein, aber konkret drohen und erheblich sein, dh nahe liegen, deutlich und nicht nur vorübergehend sein (vgl. etwa LG Berlin GE 2005, 57 zur Frage der konkreten Gefährdung bei Schimmelbildung; OLG Düsseldorf ZMR 2004, 259; KG ZMR 2004, 513; OLG Brandenburg BeckRS 2014, 04899; OLG Brandenburg NJW-RR 2013, 76 – es müssen Gesundheitsstörungen mit Krankheitscharakter konkret zu befürchten sein –; *Sternel* MietR aktuell VIII Rn. 373 f.; Bub/Treier/*Fleindl* MietR-HdB IV Rn. 339). Es ist allerdings nicht erforderlich, dass sie sich bereits in einer gesundheitlichen Beeinträchtigung des Mieters niederschlägt (LG Lübeck ZMR 2002, 431). Eine konkrete Gefährdung ist dann zu bejahen, wenn der Mieter vernünftigerweise von dem Bestehen einer erheblichen Gefahr ausgehen kann, dh es muss ein begründeter Verdacht vorliegend. Nach Ansicht des LG Lübeck (ZMR 2002, 431; ebenso Schmidt-Futterer/*Blank* BGB § 569 Rn. 11) bleibt die fristlose Kündigung auch dann wirksam, wenn sich der Verdacht später als unbegründet herausstellt. Die Gesundheitsgefahr muss erheblich sein, nur vorübergehende Störungen können die Kündigung nur rechtfertigen, wenn die Dauer für den Mieter unzumutbar ist. Die Gesundheitsgefahr muss sich aus der Beschaffenheit der Räume ergeben, Beeinträchtigungen, die auf Grund der Nutzer auftreten, reichen nicht (Schmidt-Futterer/*Blank* BGB § 569 Rn. 12 mwN). Übergriffe von Personen aus der Nachbarschaft sind daher nicht als gesundheitsgefährdende Mängel anzusehen (OLG Koblenz WM 1989, 509).

Vom Schutzbereich der Norm werden neben dem Mieter auch Angehörige erfasst.

Die **Darlegungs- und Beweislast** für die erhebliche Gesundheitsgefährdung trägt der Mieter (KG ZMR 2004, 513; LG Mannheim WM 1988, 360).

7. Gem. § 569 Abs. 4 BGB muss auch der **Kündigungsgrund** angegeben werden. Es reicht dabei aus, wenn der Mieter die Symptome der Gesundheitsbeeinträchtigungen beschreibt; zu den – ihm häufig nicht bekannten – Ursachen dieser Symptome muss er sich nicht äußern (BGH NJW 2012, 382). Zu den Einzelheiten → Form. D.VI.1 Anm. 6.

8. Häufig ergeben sich Gesundheitsgefahren aus dem **baulichen Zustand der Räume.** Dazu zählt insbesondere übermäßige Feuchtigkeit (LG Mannheim ZMR 1977, 154; LG Saarbrücken WM 1982, 187), Schimmelbildung (LG Düsseldorf WM 1989, 13) sowie Pilz- und Schwammbefall. Voraussetzung ist aber, dass die Wohnung insgesamt in ihrer Benutzbarkeit erheblich beeinträchtigt ist (OLG Brandenburg ZMR 2017, 387; *Franke* ZMR 1999, 83 (87 f.)). Das kann problematisch sein, wenn die Gesundheitsbeeinträchtigung nur von einem Teil der Mieträume, insbesondere Nebenräumen wie etwa Abstellkammern, ausgeht. Liegt jedoch bei einer Familie mit Kleinkindern im Kinderzimmer ein erheblicher Schimmelbefall vor, ist eine sich auf die Benutzbarkeit der gesamten Wohnung auswirkende Gesundheitsgefährdung anzunehmen. Wichtig ist immer, die auftretenden Gesundheitsgefahren sowie ihre Ursachen und das Ausmaß so präzise wie möglich zu beschreiben und soweit möglich zu dokumentieren.

Die **Beweislast** obliegt auch hier dem Mieter. Bei Feuchtigkeitsschäden allerdings muss zunächst der Vermieter darlegen und beweisen, dass die Mietsache frei von Baumängeln ist und der Zustand der Fenster, Türen sowie der Heizung keinen Einfluss auf die Kondensatbildung ausübt. Erst wenn der Vermieter die Möglichkeit einer in seinem Verantwortungsbereich liegenden Schadensursache ausgeräumt hat, muss sich der Mieter entlasten und darlegen, wie er geheizt und gelüftet hat und dass die Möblierung nicht ursächlich für die Feuchtigkeitsschäden ist (OLG Celle WM 1984, 267; BGH WM 1994, 466). Der BGH (NJW 2007, 2177) hat zudem verlangt, dass der Mieter dann auch darlegen muss, dass der vorgefundene Schimmelbefall nicht hätte beseitigt werden können und dass der Vermieter einem ggf. erneuten Schimmelpilzbefall nicht wirksam hätte vorbeugen können.

9. Ein **Verschulden des Mieters** an dem gesundheitsgefährdenden Zustand, etwa indem er infolge falschen Heiz- und Lüftungsverhaltens einen Schimmelpilzbefall herbeiführt, schließt die fristlose Kündigung aus (hM BGH NJW 2004, 848; LG Oldenburg ZMR 2000, 100; Schmidt-Futterer/*Blank* BGB § 569 Rn. 12; Bub/Treier/*Fleindl* MietR-HdB IV Rn. 341, str. aA Staudinger/*Emmerich* BGB § 569 Rn. 17, nach dieser Meinung ist nur der Schadensersatzanspruch des Mieters ausgeschlossen, da durch die Kündigungsvorschrift auch die Angehörigen geschützt werden sollen; für eine Abwägung im Einzelfall MüKoBGB/*Häublein* § 569 Rn. 14).

Der Vermieter muss ein Verschulden des Mieters beweisen (Bub/Treier/*Fleindl* MietR-HdB IV Rn. 345).

Es stellt sich die taktische Frage, ob der Mieter bereits in der Kündigung das Problem des Mitverschuldens anschneiden sollte. Dies ist allenfalls zu empfehlen, wenn zwischen den Parteien bereits zuvor ausdrücklich über diesen Punkt gestritten wurde. Ansonsten ist es Sache des Vermieters, Mitverschulden geltend zu machen.

10. Ungeziefer in Wohnräumen führt ebenfalls häufig zu einer fristlosen Kündigung wegen Gesundheitsgefahren. In Betracht kommt ein Ungezieferbefall mit Taubenzecken (LG Berlin GE 1997, 689); Silberfischen (AG Kiel WM 1980, 235; aA AG Lahnstein WM 1988, 55); Kakerlaken (LG Freiburg WM 1986, 246); Kellerasseln (LG Saarbrücken WM 1991, 91) oder Mäusen (AG Berlin-Tiergarten MM 1997, 243). Voraussetzung ist immer ein erheblicher Befall, der nicht einfach und sofort behebbar ist (LG Kiel WM 1992, 122). Es ist daher erforderlich, dass der Befall so genau wie möglich beschrieben und dokumentiert wird, die Behauptung, es gäbe „massenhaft" Kakerlaken reicht im Streitfall nicht aus, es muss schon präziser dargelegt werden, was unter „massenhaft" zu verstehen ist, etwa durch Angabe des Ortes und der ungefähren Anzahl.

11. Unzulängliche Heizungsmöglichkeiten (LG Mannheim WM 1977, 140 = ZMR 1977, 154) oder wiederholter Heizungsausfall (AG Waldbröl WM 1986, 337) können ebenfalls gesundheitsgefährdende Zustände hervorrufen. Dabei reicht die Nichtbeheizbarkeit eines Raumes aber häufig nicht aus, da damit nicht die Wohnung insgesamt in ihrer Benutzbarkeit erheblich beeinträchtigt ist (AG Leer DWW 1989, 223 für die fehlende Beheizbarkeit der Küche). Andererseits kann es für eine Gesundheitsgefährdung ausreichen, wenn die Wohnung im Winter über 3 Monate wegen Umbaus nicht beheizbar ist (AG Traunstein WM 1986, 93). Voraussetzung ist dann aber, dass andere Heizungsmöglichkeiten nicht bestehen, etwa mit transportablen Heizlüftern, und der Vermieter nicht kooperativ ist. Zum Nachweis der Beeinträchtigung empfiehlt es sich für den Mieter, Messprotokolle zur Darlegung der Innentemperaturen anzufertigen.

12. Beispielsfall. LG Lübeck ZMR 2001, 281 ff.: Die überhöhte Konzentration von **Schadstoffen** in der Wohnung kann zu einer Gesundheitsbeeinträchtigung führen. Hierbei handelt es sich um einen Bereich, der in der täglichen Praxis zunehmend an Bedeutung gewinnt. Voraussetzung einer fristlosen Kündigung ist dabei, dass die Schadstoffbelastung gesundheitsgefährdend ist oder zumindest die Gefahr einer Gesundheitsbeeinträchtigung besteht. Die bloße Angst vor eventuellen Gesundheitsgefahren kann eine fristlose Kündigung nicht begründen (dazu ausführlich für den Bereich des Elektrosmogs *Roth* NZM 2000, 521 ff.). Für die Beurteilung der Gesundheitsgefahr ist auf die aktuellen wissenschaftlichen Erkenntnisse abzustellen. Zwar ist Ausgangspunkt der Bewertung für die gesundheitliche Unbedenklichkeit einer Wohnung der bei Vertragsschluss geltende Standard.

Ergeben sich im Laufe des Mietverhältnisses neue Einsichten, so hat der Vermieter die Beschaffenheit der Mietsache herbeizuführen, die als Vorsorge gegen Gefahren für die Gesundheit der Bewohner nach aktuellem Standard erforderlich ist. Eine Fehlerhaftigkeit der Mietsache tritt ein, wenn der Vermieter auch nach Bekanntwerden der entsprechenden verschärften Standards die Ursachen der Gefährdung nicht beseitigt (BayObLG WM 1999, 568 (570), dazu auch *Kraemer* WuM 2000, 515 (519 f.)).

Zur **Feststellung der Gesundheitsgefahr** können zunächst die für den jeweiligen Schadstoff geltenden öffentlich-rechtlichen Grenzwerte herangezogen werden. Werden diese überschritten, kann eine gesundheitsbeeinträchtigende Belastung gegeben sein (LG Frankfurt/M. NZM 2001, 522). Die wissenschaftlichen Grenzwerte sind jedoch nicht absolut zu sehen, sondern es ist möglich, dass trotz Überschreitens eine Gesundheitsgefahr nicht vorliegt; andererseits schließt aber auch das Einhalten oder Unterschreiten der einschlägigen Grenz- und Vorsorgevorschriften eine Gesundheitsgefahr nicht aus (OLG Brandenburg ZMR 2017, 387; BayObLG WM 1999, 568 (570); AG Meiningen WM 1996, 336). Von Bedeutung ist dabei auch, ob der herangezogene Grenzwert für eine Nutzung festgelegt wurde, die der allgemein üblichen Nutzung von Wohnraum vergleichbar ist (LG Frankfurt NZM 2001, 522 Richtwerte für Kindertagesstätten sind nicht ohne weiteres auf Wohnraum übertragbar). Bei Fehlen eines Richtwertes kann der Mieter ein Gutachten einholen. Darin müssen die aktuellen Erkenntnisse in Medizin und Naturwissenschaften berücksichtigt werden, soweit sie hinreichend gesichert sind. Außerdem ist eine konkrete Gefährdungsprognose erforderlich, dh auch hier muss eine auf die Nutzung abgestellte Untersuchung vorgenommen werden. Insbesondere wenn Schadstoffe in Bauteilen und dergleichen vorhanden sind, ist für die Beurteilung einer Gesundheitsgefährdung entscheidend, inwieweit die Schadstoffe an die Umgebung abgegeben und vom menschlichen Körper aufgenommen werden (OLG Düsseldorf NJW-RR 2000, 610). Zur Berechtigung der fristlosen Kündigung reicht es allerdings, wenn die Belastung als solche feststeht und der Eintritt eines Schadens nach den aktuellen Erkenntnissen nicht außerhalb der Wahrscheinlichkeit liegt. So hat das LG Lübeck (ZMR 1998, 433) einer Familie mit Kleinkindern das Recht zur fristlosen Kündigung zuerkannt, obwohl eine Schadstoffbelastung in der Raumluft streitig war, aber unstreitig in Holzteilen PCP und Lindan festgestellt wurde. Zur Begründung hat es ausgeführt, dass die Schadstoffbelastung ausreiche, da in Wissenschaft, Lehre und Rechtsprechung streitig sei, ab welchem Wert eine Gesundheitsbeeinträchtigung eintrete (eine Minderung hat das LG allerdings verneint; dazu auch *Blank/Börstinghaus* BGB § 569 Rn. 6). Problematisch ist insoweit, dass bei einer Ausweitung derartiger Rechtsprechung die Grenze zwischen tatsächlicher Gesundheitsgefährdung und bloßer Angst verwischt wird. Ängste sind aber, wie bereits dargelegt, nicht dem Verantwortungsbereich des Vermieters zuzuordnen (so auch *Franke* ZMR 1999, 83 (89)).

Zu der Problematik der Gesundheitsbelastung durch die **überhöhte Konzentration von Giftstoffen** existiert eine umfangreiche Rechtsprechung. Insbesondere Belastungen durch Formaldehyd haben die Rechtsprechung immer wieder beschäftigt. Werden die empfohlenen Grenzwerte der Raumluft überschritten, ist eine fristlose Kündigung in der Regel gerechtfertigt (LG München NJW-RR 1991, 975). Die Rechtsprechung hat aber darüber hinaus Gesundheitsbelastungen auch anerkannt, wenn der Grenzwert unterschritten wurde (etwa OLG Nürnberg DWW 1992, 142: 0,05 bis 0,025 mg/cbm). Bei der Belastung mit Asbest ist entscheidend, dass der Schadstoff tatsächlich an die Umwelt abgegeben wird, was häufig problematisch sein wird. Es reicht dann aber aus, wenn der Mieter darlegen kann, dass etwa Nachtspeicheröfen gleicher Bauart Asbestfasern freisetzen. Bei Altlasten kommt es auf die Zusammensetzung und Konzentration der Schadstoffe an und wie sie sich im konkreten Fall auf den Mieter auswirken. Die Versorgung der Wohnung mit Wasser durch Bleirohre berechtigt, wenn der Grenzwert von (damals) 40 mg/l gemäß der Anlage 2 zu § 2 Abs. 1 Trinkwasser-VO überschritten ist, zur fristlosen Kündigung (OLG Köln ZMR 1992, 155; LG Frankfurt WM 1990, 384).

Demgegenüber ist bei Elektrosmog die Auswirkung auf den Menschen noch umstritten. Eine fristlose Kündigung kann allenfalls bei dem Überschreiten der Grenzwerte der Elektrosmog-Verordnung gerechtfertigt sein (zur Rechtsprechung betreffend Umweltgifte im Einzelnen auch: *Kraemer* WuM 2000, 515 (520 f.); *Schläger* ZMR 1996, 517 ff.; Schmidt-Futterer/*Eisenschmidt* BGB § 536 Rn. 169 -203).

In der Regel wird der Nachweis einer Gesundheitsgefahr nur durch ein **Sachverständigengutachten** erbracht werden können (BGH NJW 2007, 2177; OLG Düsseldorf BeckRS 2013, 16503). Aus diesem Sachverständigengutachten muss sich die konkrete Gesundheitsgefährdung lückenlos erschließen. In Bezug auf die Gefahr durch Schimmel etwa bedeutet dies, dass das Gutachten nicht nur das Vorhandensein des Schimmels belegen muss, sondern auch, dass der Schimmel konkret Sporen in die Raumluft absondert, die der Mieter aufnimmt und bei denen die nicht gänzlich fernliegende Möglichkeit besteht, dass der Mieter hierdurch gesundheitlich beeinträchtigt wird (OLG Brandenburg BeckRS 2014, 04899; KG ZMR 2004, 513). Es ist der Weg über ein Beweissicherungsverfahren zu empfehlen, da das eingeholte Gutachten dann gegebenenfalls in einem späteren Prozess verwertet und nicht als Privatgutachten abgelehnt werden kann.

13. Sonstige Mängel, die zur Unbenutzbarkeit der Wohnung führen, können wegen der damit verbundenen Gesundheitsgefahren eine fristlose Kündigung rechtfertigen. Dazu zählen Baufälligkeit und Einsturzgefahr, verkehrsunsichere Fußböden und Treppen, völlig unhygienische Wasch-, Toiletten- und Kläreinrichtungen (AG Köln WM 1997, 261), Legionellenbefall –wobei schon die ernstzunehmende Gefahr reicht – (LG Nürnberg-Fürth IMR 2017,232) oder die Unbewohnbarkeit nach Hochwasser (AG Köln WM 1997, 261). Insgesamt gilt auch hier, dass durch den Mangel eine erhebliche Gesundheitsgefährdung hervorgerufen sein muss, ein verfaultes Schlafzimmerfenster reicht nicht (AG Wuppertal DWW 1988, 89). Maßnahmen des Gesundheitsamtes, etwa Auflagen an den Vermieter zur Beseitigung einer Rattenplage, deuten jedoch auf eine konkrete Gefährdung hin. Baubehördliche Auflagen und Vorschriften, zB zur Raumhöhe (AG Köln WM 1988, 265) sind nicht maßgebend.

14. Eine **Abmahnung oder Fristsetzung** ist gemäß § 543 Abs. 3 S. 1 im Gegensatz zu der bisherigen Regelung in § 544 BGB aF in der Regel erforderlich; unter den Voraussetzungen des § 543 Abs. 3 S. 2 ist sie entbehrlich (hM BGH ZMR 2010, 545 und NJW 2007, 2177, bestätigt BGH NZM 2011, 33; LG *Stendal* ZMR 2005, 624; Palandt/*Weidenkaff* BGB § 569 Rn. 9; Schmidt-Futterer/*Blank* BGB § 569 Rn. 13; aA *Börstinghaus* ZAP Fach 4 R, 521 ff.; *Schumacher* WuM 2004, 311 (312) Abmahnung bzw. Fristsetzung ist nur erforderlich, wenn der beanstandete Zustand leicht behoben werden kann. Begründet wird dies mit den sozialpolitischen Absichten der Regelung, die der allgemeinen Volksgesundheit dienen soll). Einer Fristsetzung oder Abmahnung bedarf es nach § 543 Abs. 3 S. 2 BGB nicht, wenn – was im Falle einer Kündigung wegen Gesundheitsgefährdung alleine in Betracht kommt – eine Fristsetzung oder Abmahnung offensichtlich keinen Erfolg verspricht (§ 543 Abs. 3 S. 2 Nr. 1 BGB) oder die sofortige Kündigung aus besonderen Gründen unter Abwägung der beiderseitigen Interessen gerechtfertigt ist (§ 543 Abs. 3 S. 2 Nr. 2). Das LG Berlin (GE 2009, 845) hat dementsprechend eine Abmahnung als entbehrlich angesehen, wenn es der Schimmelpilzbefall zu einer lebensgefährlichen Erkrankung des Mieters geführt hat, weil die Gesundheitsgefahr so erheblich ist, dass dem Mieter ein weiterer Aufenthalt in der Wohnung nicht zuzumuten ist. Gleiches gilt etwa bei akuter Einsturzgefahr. Im Übrigen → Form. D.VI.1 Anm. 12, 14.

15. Die fristlose Kündigung ist nur zulässig, wenn die gesetzte **Frist ohne Erfolg abgelaufen** ist oder auf die Abmahnung innerhalb angemessener Zeit der vertragswidrige Zustand nicht gänzlich beseitigt worden ist. → Form. D.VI.1 Anm. 13.

16. Der Mieter kann auch kündigen, wenn ihm der Mangel der Wohnung bei Vertragsabschluss **bekannt oder grob fahrlässig nicht bekannt** war, er den Mangel später erfahren und er vorbehaltlos die Miete weiter gezahlt hat, § 569 Abs. 1 S. 2 BGB, oder er auf eine fristlose Kündigung bei Vertragsschluss verzichtet hat (vgl. auch OLG Brandenburg IMR 2017 Heft 5 193.

17. Die **Höhe des Mietzinses** ist für die Kündigungsmöglichkeit ohne Belang. Der Vermieter kann nicht darauf verweisen, die Miete sei wegen des Zustandes der Wohnung nur gering. Anderes kann nur gelten, wenn der Mieter eine Renovierungspflicht übernommen hat und noch keine Maßnahmen ergriffen hat (*Kossmann/Meyer-Abich* Wohnraummiete-HdB § 69 Rn. 7).

18. Auch **von außen einwirkende Verhältnisse** können zu einer Gesundheitsgefährdung führen. Dazu zählen übermäßige Lärmbelästigungen (AG Köln WM 1998, 21), insbesondere zur Nacht und über einen längeren Zeitraum, zB bei Großbaustellen. Lagebedingte Lärmbeeinträchtigungen, die der Mieter erkennen konnte, geben ihm keine Möglichkeit zur fristlosen Kündigung (LG Wiesbaden WM 1994, 430 betreffend Lärm durch Gewerbe und Gaststätten bei einer Wohnung in der Innenstadt). Nicht anzunehmen ist eine Gesundheitsgefährdung zudem bei nur vorübergehenden Beschränkungen, etwa kurzfristigen Baustellen oder vorübergehenden Beschränkungen der Lichtzufuhr (zB durch ein Baugerüst, LG Berlin ZMR 1986, 54). Für von außen einwirkende erhebliche und dauernde Gerüche (LG Mannheim WM 1969, 41) oder Rauchbelästigungen gelten dieselben Überlegungen. Zum Nachweis der Beeinträchtigung empfiehlt es sich für den Mieter, Messprotokolle zur Darlegung der Lärmbelästigung anzufertigen.

19. Auf ein **Verschulden** des Vermieters kommt es nicht an.

20. Eine **Abmahnung** ist in diesem Fall gemäß § 543 Abs. 3 S. 2 Nr. 1 BGB wegen offensichtlicher Erfolglosigkeit nicht erforderlich.

21. Ist die Gesundheitsgefährdung bekannt, müssen die Kündigung und auch der Auszug **zeitnah** erfolgen. Die Dauer der Frist ist einzelfallabhängig (BGH ZMR 2010, 545). Zu beachten ist aber, dass der Mieter innerhalb einer Frist von 3 Monaten ordentlich kündigen kann. Wartet er daher zu lange, kann das Recht zur fristlosen Kündigung entfallen und er ist auf das Recht zur ordentlichen Kündigung zu verweisen (vgl. etwa LG Berlin GE 2005, 57).
Der Kündigungsgrund muss bei Zugang der Kündigung vorliegen (hM BGH WuM 2006, 193 (194); Palandt/*Weidenkaff* BGB § 543 Rn. 52; str., aA LG Köln WuM 2001, 195).

22. Kosten und Gebühren. → Form. D.VI.1 Anm. 18.

8. Kündigung des Vermieters wegen nachhaltiger Störung des Hausfriedens, § 569 Abs. 2 BGB

. . . . .

(Vermieter)[1]

an

. . . . .

(Mieter)[2]

Sehr geehrte(r) . . . . .,[2]

ich[3] kündige hiermit den mit Ihnen am . . . . . geschlossenen Mietvertrag über die Wohnung . . . . . fristlos[4] gemäß § 569 Abs. 2 BGB,[5] da Sie den Hausfrieden nachhaltig stören.[6]

Die Kündigung stütze ich auf folgende Gründe:[7]

Sie beeinträchtigen den Hausfrieden erheblich, da Sie Ihre Mitmieter beleidigen und im Hausflur herumschreien und zwar wiederholt.[8] So haben Sie am . . . . . Frau . . . . . eine „Schlampe" genannt. Am . . . . . haben Sie die Kinder der Familie . . . . . als „Proleten- pack" bezeichnet und sie angeschrien, sie sollen unverzüglich den Hausflur verlassen, sonst „Gibt's ein paar hinter die Ohren". Am . . . . . haben Sie Frau . . . . . angebrüllt, sie solle aus dem Weg gehen, sie sei eine „blöde Kuh". Nachdem ich dieses Verhalten mit Schreiben vom . . . . . abgemahnt hatte,[9] haben Sie Ihr Verhalten nicht geändert,[10] sondern am . . . . . Herrn . . . . . als „Nazischwein" bezeichnet.

– und/oder –

Ihre Tochter[11] hat wiederholt erheblichen Lärm verursacht.[12] Am . . . . . sowie am . . . . . und am . . . . . war in der Zeit von Mitternacht bis gegen 3 Uhr morgens die Stereoanlage so laut aufgedreht, dass die übrigen Bewohner nicht schlafen konnten. Am . . . . . musste sogar die Polizei gerufen werden. Trotz Abmahnung[9] hat sich das Verhalten nicht gebessert.[10] Vielmehr musste am . . . . . von den Mitbewohnern wegen des erheblichen Lärms morgens um 2 Uhr erneut die Polizei gerufen werden, da auf Klingeln und Klopfen nicht reagiert wurde.

– und/oder –

Sie haben mehrfach den Anordnungen des Hauswarts entgegen gehandelt und den Hausfrieden dadurch gestört, dass Sie, Frau . . . . .,[13] die Wäscheleinen auf dem Trockenplatz entfernt haben. Dies geschah am . . . . . am . . . . . und am . . . . ., sowie erneut nach der letzten Abmahnung vom . . . . .[14]

– und/oder –

Sie haben wiederholt gegen die Hausordnung verstoßen.[15] Sie haben Ihre Katzen nicht aus der Wohnung entfernt, sondern lassen diese weiterhin frei herumlaufen. Im Küchen- fenster haben Sie ein Plakat mit der Inschrift „Herr . . . . . (Vermieter) ist ein Spekulant"." aufgehängt. Außerdem lagern Sie entgegen der ausdrücklichen Bestimmung in der Haus- ordnung Möbel, alte Teppiche und Müll auf dem Absatz vor Ihrer Wohnung. Auch nach meiner Abmahnung vom . . . . . haben Sie Ihr Verhalten nicht geändert. Nunmehr dringt auch noch ein penetranter Geruch aus Ihrer Wohnung, was befürchten lässt, dass Sie, wie im letzten Jahr, erneut verdorbene Lebensmittel einlagern.[16]

– und/oder –

Die 50 qm Wohnung ist mit 7 Personen deutlich überbelegt.[17] Dadurch kommt es zu einer Störung des Hausfriedens, da durch die Vielzahl der Personen eine erhebliche Unruhe herrscht und Ihre Kinder aus Platzgründen ständig im Flur spielen.

Da Sie trotz Aufforderung Ihr Verhalten nicht geändert haben, sehe ich mich trotz der Erkrankung Ihres Sohnes und des langjährigen Mietverhältnisses nunmehr auch zum Schutz der Mitmieter gezwungen,[18] Ihnen fristlos zu kündigen.[19]

Ich fordere Sie auf, die Mieträume binnen einer Woche bis zum . . . . . zu räumen[20] und in ordnungsgemäßem und vertragsgerechtem Zustand (s. § . . . . . des Mietvertrages) zurückzugeben. Schönheitsreparaturen sind noch bis zur Rückgabe vorzunehmen; anderenfalls werde ich diese auf Ihre Kosten durch einen von mir beauftragten Unternehmer vornehmen lassen. Sämtliche Schlüssel sind an mich zurückzugeben.

Ich mache Sie darauf aufmerksam, dass die Mietrückstände noch zu zahlen und Sie verpflichtet sind, bis zur tatsächlichen Räumung mir eine Nutzungsentschädigung[21] zu zahlen.

Ich widerspreche bereits jetzt einer stillschweigenden Fortsetzung des Mietverhältnisses gemäß § 545 BGB.[22]

Sollten Sie die Wohnung nicht bis zu dem genannten Termin an mich herausgegeben haben, werde ich unverzüglich Räumungsklage erheben.[23]

. . . . .

(Vermieter)

Anmerkungen

1. Sachverhalt. Das Formular führt verschiedene Möglichkeiten der Störung des Hausfriedens auf, die jede für sich eine fristlose Kündigung gemäß § 569 Abs. 2 BGB rechtfertigen können.

2. Zur Kündigung gegenüber mehreren Mietern → Form. D.VI.2 Anm. 2.

3. Zur Kündigung von mehreren Vermietern → Form. D.VI.2 Anm. 3.

4. Die Kündigung hat schriftlich zu erfolgen, § 568 Abs. 1 BGB. Sie muss eindeutig die Erklärung enthalten, dass das Mietverhältnis fristlos beendet werden soll. Die Umdeutung einer unwirksamen ordentlichen Kündigung in eine fristlose Kündigung ist daher in der Regel nicht möglich, da der Wille zur sofortigen Beendigung nicht deutlich wird (vgl. dazu BGH WuM 2005, 584 (585) mwN aus der Rechtsprechung). Sie umfasst das gesamte Mietverhältnis; eine Teilkündigung ist bis auf wenige und seltene Ausnahmefälle nicht möglich (dazu näher Emmerich/Sonnenschein/*Emmerich* BGB § 543 Rn. 57.). Wesentlich ist, ob die Mietsache von den Parteien als Einheit betrachtet wird, was beim Wohnraummietverhältnis in der Regel der Fall ist.

5. § 569 Abs. 2 BGB entspricht einem Teilbereich des § 554a BGB aF, der bislang die Störung des Hausfriedens nur als Unterfall einer schuldhaften Pflichtverletzung aufführte. Die Rechtsprechung hat häufig nicht differenziert, sondern nur allgemein einen Verstoß gegen § 554a BGB festgestellt.

6. Eine **Störung des Hausfriedens** ist gegeben, wenn eine Mietpartei die gemäß § 241 Abs. 2 BGB aus dem Gebot der gegenseitigen Rücksichtnahme folgende Pflicht, sich bei der Nutzung der Mietsache so zu verhalten, dass die anderen Mieter nicht mehr als unvermeidlich gestört werden, in schwerwiegender Weise verletzt (so BGH NZM 2015, 302–304; Staudinger/*Emmerich* BGB § 569 Rn. 24 mwN; Blank/Börstinghaus/*Blank* BGB § 569 Rn. 19), wobei die Einzelheiten durch die Vertragsgestaltung und die Verkehrssitte bestimmt werden.

Die Störung muss **nachhaltig** sein, dh es muss ein Dauerzustand gegeben sein. Dies ist bei regelmäßigen und häufigen Wiederholungen gegeben. Allerdings kann auch bereits eine Wiederholungsgefahr genügen (*Lützenkirchen* Wohnraummiete Rn. 284). Zu berücksichtigen ist, dass das bloße Anderssein oder die Ablehnung des Mieters durch die übrigen Hausbewohner kein Kündigungsgrund ist. Verhindert werden sollen künftige Störungen; die Kündigungsmöglichkeit ist keine Sanktion für zurückliegendes Fehlverhalten.

7. Gem. § 569 Abs. 4 BGB muss auch der Kündigungsgrund angegeben werden. Zu den Einzelheiten → Form. D.VI.2 Anm. 6. Empfehlenswert ist die genaue Darstellung der einzelnen Störungen.

8. Häufig wird eine Störung des Hausfriedens durch **Belästigungen** verursacht. Dazu zählen insbesondere schwere oder dauernde Beleidigungen anderer Mieter durch einen Mieter. Es kommt jedoch immer auf den Einzelfall und die konkrete Situation an (dazu gibt es umfangreiche Rechtsprechung Nachweise bei Staudinger/*Emmerich* BGB § 569 Rn 30 ff., Schmidt-Futterer/*Blank* BGB § 543 Rn. 187 ff.; *Hinz* DWW 2011, 322). So reichen einmalige Beleidigungen häufig aus. Die Beleidigungen müssen über bloße Unhöflichkeiten hinausgehen und ehrverletzenden Charakter haben (vgl. dazu AG München FD-MietR 2015, 368917 „Sie promovierter Arsch"). Andererseits können beleidigende SMS, soweit sie dem Mieter zugeordnet werden können, ausreichen (LG Berlin GE 2005, 675). Das Verhalten der anderen Mieter ist einzubeziehen (AG Dortmund DWW 1996, 282), so dass eine fristlose Kündigung bei wechselseitigen Beleidigungen in der Regel ausscheidet. Während einer gegenseitigen Auseinandersetzung erfolgte Beleidigungen rechtfertigen eine fristlose Kündigung häufig ebenso wenig wie situationsbedingte Entgleisungen (LG Hamburg ZMR 2005, 867). Beleidigungen, die gegen Dritte gerichtet sind, können eine fristlose Kündigung ebenfalls rechtfertigen, wenn der Dritte dem Bereich des Kündigungsgegners zuzuordnen ist (zB Verwalter LG Köln WM 1981, 233). Enge Grenzen gelten bei beleidigenden oder ehrenrührigen Äußerungen im Rahmen laufender gerichtlicher Verfahren, da es in derartigen Verfahren jeder Partei gestattet sein muss, alles vorzutragen, was sie für erforderlich hält, um ihren Rechtsstandpunkt zu wahren, solange sie nicht geradezu unredlich handelt (so genanntes Verfahrensprivileg, OLG München NJWE-MietR 1996, 270; LG Berlin WM 2013, 354; Staudinger/*Emmerich* BGB § 569 Rn. 30b). Bedrohungen (AG Bad Segeberg WM 2000, 601 mehrfache Bedrohung eines Mieters durch Mitmieter; in diesem Fall kann der Vermieter verpflichtet werden, dem störenden Mitmieter fristlos zu kündigen) oder auch sonstige Belästigungen sowohl der Mitmieter als auch des Vermieters durch den Mieter (LG München NZM 2012, 25 Einschüchterung von Mitmietern; AG Frankfurt/M. WM 2000, 547 – Fensterln eines Mieters gegen den Willen der Mitmieterin; LG Kaiserslautern WM 1983, 263 ständig falsche Vorwürfe gegen Mitmieter; AG Wedding BeckRS 2009, 88972 – längerfristiges bewusstes Blockieren der Toilettenspülung) können zu einer Störung des Hausfriedens führen. Dies gilt erst recht für Tätlichkeiten (vgl. zuletzt etwa AG München becklink 2000122), wobei bereits das Androhen von Gewalt gegen den Vermieter, von diesem beauftragten Dritten oder Mietmietern die fristlose Kündigung rechtfertigen kann (AG Wedding IMR 2015, 2696; LG Berlin LSK 2017, 123200 und LG Karlsruhe BeckRS 2014, 00061 – Hauswart). Weiter in Betracht kommen unberechtigte Strafanzeigen (s. dazu auch BVerfG NZM 2002, 61). Auch der Lebenswandel kann unter Umständen den Hausfrieden stören (zB Polizeieinsätze wegen kriminellen Verhaltens LG Hamburg WuM 2005, 768). Ebenso wurde die rechtswidrige Aufbewahrung einer Waffe nebst Munition als ausreichender Grund für eine fristlose Kündigung erachtet (LG Berlin, IMR 2018, 507). Bagatellverstöße reichen nicht.

Da von einer Störung des Hausfriedens nicht nur der Vertragspartner, sondern auch die anderen Mitbewohner des Hauses betroffen sind, kann der Vermieter in diesem Fall auch aus Gründen kündigen, die nicht unmittelbar ihn, sondern die gestörten Hausbewohner betreffen, weil er diesen gegenüber zur Aufrechterhaltung des Hausfriedens verpflichtet ist (AG Brandenburg BeckRS 2019, 16208). Der Kündigungsgrund greift dann allerdings nicht ein, wenn der Mieter das Gebäude allein gemietet hat oder die übrigen Bewohner sein Verhalten tolerieren (*Kraemer* WM 2001, 163 (169)).

Störungen anderer Personen, etwa Nachbarn, rechtfertigen eine fristlose Kündigung gemäß § 569 Abs. 2 BGB nicht (AG Lichtenberg MM 2009, 227; AG Merzig WuM 2005, 727; Schmidt-Futterer/*Blank* BGB § 569 Rn. 20).

Bei Streit zwischen mehreren Mietern muss der Vermieter zunächst ermitteln, wer den Streit schuldhaft verursacht hat, denn nur diesem gegenüber kann er gegebenenfalls fristlos kündigen (Schmidt-Futterer/*Blank* BGB § 569 Rn. 28). Erfüllen mehrere Mieter die Kündigungsvoraussetzungen, hat der Vermieter ein Auswahlrecht unabhängig davon, wer den Streit überwiegend verursacht hat.

Liegt keine Störung des Hausfriedens vor, kann der Vermieter aber gegebenenfalls noch gemäß § 543 Abs. 1 BGB kündigen. → Form. D.VI.10.

9. Grundsätzlich ist gemäß § 543 Abs. 3 BGB eine **Abmahnung** erforderlich, die nur unter den Voraussetzungen des § 543 Abs. 3 S. 2 BGB entbehrlich ist. → Form. D.VI.1 Anm. 13, 15. Besonders schwere Vertragsverletzungen können bereits bei einmaliger Begehung die Kündigung ohne Abmahnung rechtfertigen; → Form. D.VI.10 Anm. 9.

Die Erforderlichkeit der Abmahnung bedeutet gegenüber § 554a BGB aF eine Neuerung, da dort nur ausnahmsweise eine Abmahnung für erforderlich gehalten wurde. Ergibt sich die Unzumutbarkeit der Vertragsfortsetzung erst auf Grund der Erfolglosigkeit einer vorhergehenden Abmahnung, ist nach dem Wortlaut des Gesetzes zwar eine erneute Abmahnung erforderlich, diese dürfte dann aber häufig gemäß § 543 Abs. 3 S. 2 Nr. 1 BGB wegen offensichtlicher Erfolglosigkeit entbehrlich sein (vgl. *Kraemer* WM 2001, 163 (168)).

10. Der Mieter muss die **Störung trotz Abmahnung fortsetzen.** Ändert er sein Verhalten nach der Abmahnung, entfällt der Kündigungsgrund. Zwischen Abmahnung und Ausspruch der Kündigung muss ihm genug Zeit gelassen werden, um sein Verhalten auf die Abmahnung einzustellen. Behauptet der Mieter, er habe vor Zugang der Kündigung sein Verhalten geändert, ist er insoweit darlegungs- und beweispflichtig.

Je nach Schwere der Störung kann aber auch ein einmaliger Vorfall ausreichen, um die fristlose Kündigung zu rechtfertigen (LG München NJW-RR 2013, 14; AG München, WM 2018, 83).

11. Handlungen Dritter werden dem Kündigungsgegner nach § 278 BGB bzw. wenn er Untermieter ist nach § 540 Abs. 2 BGB zugerechnet, wobei aber Voraussetzung ist, dass Dritte schuldhaft handeln. Dies kann bei Kindern zweifelhaft sein. Häufig ist aber nach erfolgloser Abmahnung ein vorwerfbares Verhalten des Gekündigten darin zu sehen, dass er die Störung nicht beseitigt hat. Der Mieter muss für die Personen einstehen, die auf Dauer oder zumindest für längere Zeit bei ihm wohnen. Besucher gehören in der Regel nicht dazu (LG Berlin BeckRS 2013, 14539).

12. Erhebliche **Lärmbelästigungen,** insbesondere während der Nachtzeit (*Sternel* MietR aktuell XVII Rn. 93 ff.; *Horst* MDR 2012, 70) führen ebenfalls häufig zu einer Störung des Hausfriedens. Für die Frage der Erheblichkeit kommt es auf Häufigkeit und Lautstärke an. Es empfiehlt sich daher für den Kündigenden, ein Lärmprotokoll zu führen, um gegebenenfalls die Beeinträchtigungen nachweisen zu können. Zumindest ist eine Beschreibung erforderlich, aus der sich ergibt, um welche Art von Beeinträchtigungen es sich handelt, zu welchen Tageszeiten, über welche Zeitdauer und in welcher Frequenz diese ungefähr auftreten (BGH NJW 2012, 1647; bestätigt in BGH NJW-RR 2012, 977).

Kinderlärm ist grundsätzlich als sozialadäquat anzusehen (vgl. OLG Düsseldorf NJW 1997, 198). Jedoch schützen die Gerichte derartigen Lärm nicht grenzenlos, so sind Ruhezeiten einzuhalten, auch bestimmte Verhaltensweisen sind nicht hinzunehmen (etwa das Fahren mit Rollerskates in der Wohnung.

13. Stört bei einer **Mehrheit von Mietern** nur ein Mieter, muss dennoch gegenüber allen gekündigt werden, denn eine Teilkündigung ist aus Rechtsgründen ausgeschlossen. Etwas anderes kann allenfalls bei Wohngemeinschaften gelten, wenn neue Mitglieder auf

Grund eines Vertrages mit dem Vermieter eintreten, sie ihren Eintritt angezeigt haben, ohne dass der Vermieter auf eine Kündigungsabsicht hingewiesen hat oder wenn feststeht, dass der störende Mieter auszieht (im Einzelnen dazu Schmidt-Futterer/*Blank* BGB § 569 Rn. 21 mwN).

Bei einer sonstigen Mehrheit von Mietern kann ebenfalls eine Rolle spielen, wenn der störende Mieter nach der Kündigung auszieht oder sein Verhalten erheblich ändert. In seltenen Ausnahmefällen hat die Rechtsprechung dann von dem Grundsatz, dass das Verhalten nach der Kündigung die Wirksamkeit der Kündigung nicht berührt, eine Ausnahme gemacht und die Kündigung für treuwidrig erklärt (zB LG Frankfurt/M. WM 1987, 21 Auszug des störenden Ehepartners; AG Bochum WM 1990, 296 Auszug des Lebensgefährten nach einmaligem Vorfall; AG Wiesbaden WM 1995, 706 betr. pubertätsbedingte Störungen, die zurzeit der gerichtlichen Entscheidung nicht mehr vorlagen). Ähnlich dürfte in einem Fall zu entscheiden sein, wenn ein Mieter sich nach einer Therapie störungsfrei verhält (s. dazu auch *Sternel* MietR aktuell X 80 ff. mwN)

14. Das LG Göttingen (WM 1990, 18 f.) hat in diesem Fall die fristlose Kündigung wegen der beharrlichen Weigerung, mit der Hausverwaltung zusammen zu arbeiten, für begründet erachtet. Ein einzelner, einmaliger Verstoß würde eine fristlose Kündigung nicht rechtfertigen.

15. Verstöße gegen die Hausordnung sind ein wichtiger Anwendungsfall für fristlose Kündigungen wegen Störung des Hausfriedens, wobei aber nur schwere oder dauernde Verstöße eine fristlose Kündigung rechtfertigen können. Dazu zählen Verstöße gegen alle in der Hausordnung aufgeführten Pflichten, so insbesondere auch die Tierhaltung (AG Spandau GE 2002, 670 bzgl. des Haltens eines Kampfhundes; AG Steinfurt WuM 2009, 548 Hundekot; insoweit ist allerdings die unten aufgeführte Entscheidung des BGH vom 20.3.2013 zu berücksichtigen) oder ein Verstoß gegen Zeitbeschränkungen beim Musizieren oder bzgl. Putz- und Sauberhaltungspflichten. Hierunter fallen kann auch ein Verbot des Anbringens von Plakaten im Fenster oder an der Außenfassade. Bei der Abwägung ist dann aber immer die Meinungsfreiheit des Mieters zu berücksichtigen, zudem kommt es darauf an, wie groß das Plakat ist, wo es hängt und ob die Gefahr besteht, dass andere Mietparteien mit der Aussage identifiziert werden können (LG Aachen WM 1988, 53). Bei ehrverletzenden Plakaten dürfte in der Regel eine fristlose Kündigung gerechtfertigt sein (vgl. etwa LG Berlin GE 2004, 236).

Zu beachten ist, dass bei einem Verhalten, das durch eine Klausel im Mietvertrag untersagt wird, diese Klausel, soweit sie an §§ 305 ff BGB zu messen ist, wirksam sein muss. Der BGH (NJW 2013, 1526) hat eine Klausel, mit der allgemein eine Haltung von Haustieren untersagt wird, für unwirksam erachtet; es sei stets eine Abwägung im Einzelfall erforderlich.

Der Vermieter ist insoweit darlegungs- und beweisbelastet. Das AG Zerbst (NJW-RR 2003, 1595) hat in einem Fall, indem im Keller immer wieder heimlich uriniert wurde, sogar die Verwendung heimlicher Videoaufnahmen als Beweismittel zugelassen. Insoweit dürfte aber Vorsicht angebracht sein.

Soweit nicht eine Störung des Hausfriedens vorliegt, kann ein Verstoß gegebenenfalls eine fristlose Kündigung gemäß § 543 Abs. 1 BGB rechtfertigen.

16. Dauernde **Geruchsbelästigungen** können den Hausfrieden ebenfalls erheblich stören (LG Braunschweig ZMR 2007, 536; LG Hamburg WM 1988, 18; AG Bonn BeckRS 2014, 20088). Dies gilt vor allem dann, wenn die Intensität der Beeinträchtigungen ein unerträgliches und/oder gesundheitsgefährdendes Ausmaß erreicht (BGH NZM 2015, 302 betreffend das Rauchen in der Wohnung). Es kommt jeweils auf die Umstände des Einzelfalls an, ob die weitere Fortsetzung des Mietverhältnisses für den Vermieter unzumutbar ist. Festzustellen ist jeweils konkret, welche Mieter sich überhaupt und in welchem Umfang beeinträchtigt fühlen und/oder beschwert haben (BGH NZM 2015, 302). Es reicht nicht, wenn der Mieter in seiner Wohnung raucht (LG Düsseldorf NZM 2016, 793) oder wenn er in der Wohnung Müll und sonstige Gegenstände sammelt (AG München NZM 2003, 475). Die Geruchsbelästigung muss außerhalb der Wohnung feststellbar sein.

17. Eine **Überbelegung** kann zur Störung des Hausfriedens führen, wenn durch die Vielzahl der Personen die Mitmieter oder der Vermieter gestört werden, etwa durch vermehrten Lärm oder erhebliche Unruhe. Daneben kann die Kündigung aber auch nach § 543 Abs. 2 Nr. 2 Alt. 1 BGB begründet sein, wenn die Wohnsubstanz erheblich gefährdet ist, oder aus wichtigem Grund gemäß § 543 Abs. 1 BGB (so auch *Lützenkirchen* Wohnraummiete Rn. 858). Hier kommt es insbesondere auf den Zuschnitt der Wohnung an und die Zahl der dort wohnenden Personen. → Form. D.III.7.

18. Durch die Störung muss dem Kündigenden die **Fortsetzung des Mietverhältnisses** bis zum Ablauf der Kündigungsfrist oder der sonstigen Beendigung des Mietverhältnisses durch Zeitablauf nach umfassender Abwägung der beiderseitigen Interessen und aller Umstände des Einzelfalls, insbesondere des Verschuldens der Vertragsparteien, **nicht zumutbar** sein. Damit ist ein Verschulden des Kündigungsgegners nicht mehr wie nach altem Recht zwingende Voraussetzung, sondern nur noch ein – wenn auch wichtiges – Abwägungskriterium (dazu auch MAH MietR/*Kleinrahm* § 28 Rn. 162). Auf Seiten des Mieters ist dabei immer zu bedenken, dass die Kündigung der Wohnung regelmäßig einen schweren Eingriff in den persönlichen Lebensbereich darstellt. Im Übrigen sind bei der Abwägung neben den Folgen des Wohnungsverlustes das Ausmaß der Schuld und die Auswirkungen der Vertragsverletzungen sowie die persönlichen Verhältnisse von Bedeutung. Zu berücksichtigen ist auch, wenn es sich um einen einmaligen Vorfall handelt (vgl. AG Hamburg- Harburg ZMR 2011, 302). Maßstab ist das Empfinden eines mit den Besonderheiten des Mietverhältnisses vertrauten verständigen Durchschnittsmenschen (Schmidt-Futterer/*Blank* BGB § 569 Rn. 23). Zu beachten ist immer das allgemeine Gebot der gegenseitigen Rücksichtnahme (§ 241 Abs. 2 BGB).

Einzubeziehen in die Abwägung sind die persönlichen Verhältnisse der Parteien. So kann eine Rolle spielen, dass ein im Haus lebender Vermieter auf Grund seines Alters oder einer Krankheit für die Störung besonders anfällig ist. Andererseits kann bei einem Mieter, der schon seit langen Jahren die Wohnung angemietet hat und nunmehr auf Grund Altersgebrechlichkeit und gesundheitlicher Probleme Störungen verursacht, erhöhte Toleranz und Rücksichtnahme verlangt werden (BGH WuM 2006, 158 (160); LG Wiesbaden WuM 2001, 305 für den Fall einer 1906 geborenen und seit 1977 in der Wohnung lebenden Mieterin). Ferner sind abzuwägen die Schwere des Pflichtverstoßes und die Frage des Verschuldens. So kann es eine Rolle spielen, ob der Störende vorsätzlich oder nur fahrlässig gehandelt hat. Auch die Handlung als solche und ihre Folgen sind zu berücksichtigen. Eine Vielzahl von Vertragsverletzungen, die für sich genommen die Kündigung nicht rechtfertigen würden, kann bei einer Gesamtwürdigung eine fristlose Kündigung rechtfertigen. Bei wechselseitigen oder provozierten Vertragsverletzungen scheidet eine Kündigung in der Regel aus (BGH WuM 1986, 60). Wird der Hausfrieden wegen eines Streits zwischen mehreren Mietern gestört, muss der Vermieter zunächst ermitteln, wer den Streit verursacht hat. Ist dies nicht festzustellen, hat der Vermieter ein Auswahlrecht, bei dem er sich von Zweckmäßigkeitsgesichtspunkten leiten lassen kann. Er muss allerdings das Verhalten der anderen Mieter und die allgemeinen Verhältnisse im Haus mit berücksichtigen (LG Mannheim WuM 1981, 17; AG Bad Segeberg WuM 2000, 601 (603)).

Bei Störungen durch **schuldunfähige Personen** ist zu bedenken, dass gemäß § 573 Abs. 2 Nr. 1 BGB für den Fall der ordentlichen Kündigung bei Vertragsverletzungen durch den Mieter ein schuldhaftes Verhalten Voraussetzung ist. Um insoweit Wertungswidersprüche zu vermeiden, ist daher die fristlose Kündigung gegen einen schuldunfähigen Mieter nur im Ausnahmefall bei besonders erheblichen Verstößen möglich (ebenso BGH WuM 2005, 125; *Kraemer* WM 2001, 163 (171)). Dies dürfte dann regelmäßig der Fall sein, wenn der Vermieter oder weitere Mieter oder sonstige Erfüllungsgehilfen des Vermieters wie etwa Angestellte der Hausverwaltung oder der Hausmeister durch das Verhalten des schuldunfähigen oder eingeschränkt schuldfähigen Mieters in ihrer Gesundheit beeinträchtigt werden (so etwa bei Steinwürfen eines psychisch kranken Mieters, die das Kind eines Mitmieters verletzen vgl. AG Bernau WuM 2009, 735; Zertrümmern der Wohnungseingangstür eines Nachbarmieters mittels Holzhammer LG Kassel WM 2018, 202, Messerattacke auf den Hauswart LG Berlin MM 2010, 110, dauernde Lärmbelästigung LG Frankfurt a.M. NZM 2018, 904; AG Berlin-Tempelhof-Kreuzberg BeckRS 2015, 03461; s.a. Schmidt-Futterer/*Blank* BGB § 569 Rn. 23). Auch bedrohlich wirkende Verhaltensweisen des Mieters, die Anlass zur Sorge geben, können im Einzelfall eine fristlose Kündigung rechtfertigen (vgl. LG Heidelberg NZM 2011, 693; AG Lichtenberg GE 2011, 1239). Festzustellen ist, dass die Zahl der Entscheidungen, die auch bei schuldunfähigen Mietern eine fristlose Kündigung bejaht, zunimmt.

19. Die Ausübung der Kündigung ist an **keine Frist** gebunden. Sie sollte aber in angemessener Frist erfolgen (KG KGR Berlin 2003, 186; OLG Düsseldorf ZMR 2003, 177). § 314 Abs. 3 BGB ist insoweit nicht anzuwenden (BGH NJW 2016, 3720). Andernfalls lassen sich für den Vermieter nachteilige Rückschlüsse auf die Erheblichkeit der Vertragsverletzung ziehen. Jedoch kann der Vermieter eine gewisse Zeit zuwarten; dies hängt immer vom Einzelfall ab. Das Kündigungsrecht kann auch rechtsmissbräuchlich sein (→ Form. D.VI.8 Anm. 13). Der Kündigungsgrund muss bei Zugang der Kündigung vorliegen (hM BGH WuM 2006, 193 (194); Palandt/*Weidenkaff* BGB § 543 Rn. 52; str., aA LG Köln WuM 2001, 195).

20. Der Vermieter kann dem Mieter auch bei einer fristlosen Kündigung eine **Räumungsfrist** setzen. Er muss hinsichtlich der Dauer aber abwägen, da bei einer längerfristigen Räumungsfrist nachteilige Rückschlüsse auf die Erheblichkeit der Vertragsverletzung gezogen werden können.

21. § 546a BGB → Form. F.II.2.

22. Diese Erklärung kann bereits in dem Schreiben, das die fristlose Kündigung enthält abgegeben werden (hM, Palandt/*Weidenkaff* BGB § 545 Rn. 8 mwN). → Form. D.VI.4 Anm. 18.

23. Kosten und Gebühren. → Form. D.VI.1 Anm. 18, → Form. D.VI.4 Anm. 19.

9. Kündigung des Mieters wegen nachhaltiger Störung des Hausfriedens, § 569 Abs. 2 BGB

. . . . .

(Mieter)[1]

an

. . . . .

(Vermieter)[2]

Sehr geehrte(r) . . . . .,[2]

ich[3] kündige hiermit das mit Ihnen durch Vertrag vom . . . . . geschlossene Mietverhältnis über die Wohnung . . . . . fristlos[4] gemäß § 569 Abs. 2 BGB,[5] da Sie den Hausfrieden nachhaltig stören.[6]

Die Kündigung stütze ich auf folgende Gründe:[7]

Sie haben den Hausfrieden erheblich gestört, indem Sie am . . . . . ohne meine Genehmigung erneut während meiner Abwesenheit meine Wohnung betreten haben,[8] obwohl ich Ihnen dies mit Schreiben vom . . . . .[9] ausdrücklich untersagt hatte. Dabei haben Sie zudem die an mich gerichtete Post geöffnet und über den Inhalt des Briefes von meiner Versicherung meiner Nachbarin Frau . . . . . berichtet.[10] Seither wird im Haus über mich geredet; Gespräche verstummen bei meinem Erscheinen.

– und/oder –

Sie lassen das Haus verkommen.

- Ihr Hausverwalter[11] lässt die Wohnung im Erdgeschoss leer stehen und duldet dort Unbekannte, die mit offenem Feuer hantieren.[12]
- Die Wohnung im Erdgeschoss ist an Personen vermietet, die dort der Prostitution nachgehen. Wartende Freier halten sich im Hausflur oder im ebenerdigen Trockenraum auf.[12]

Auf diese unhaltbaren Zustände, die den Hausfrieden erheblich belasten, wurden Sie von Seiten der Mieter bereits aufmerksam gemacht. Ich habe zudem mit Schreiben vom . . . . . dieses Verhalten abgemahnt.[9] Sie haben jedoch erklärt, dass Sie vollstes Vertrauen in Ihren Hausverwalter und seine Art der Vermietung haben.

– und/oder –

Sie schikanieren uns Mieter, indem Sie alles und jeden kontrollieren. Ständig ermahnen Sie die Kinder, leise zu sein, auch wenn diese sich vorbildlich benehmen. Besucher fragen Sie, zu wem sie gehen, und ermahnen sie, keinen Lärm zu machen. Abends gegen 22 Uhr kontrollieren Sie, wer im Haus ist. Sind noch Besucher anwesend, schellen Sie und fordern die Mieter auf, dafür zu sorgen, dass diese das Haus verlassen, da Sie der Meinung sind, ab 22 Uhr herrsche Nachtruhe. Dies ist bei mir am . . . . ., am . . . . . und am . . . . . geschehen. Hinzu kommt, dass Sie die Reparaturen in Keller und Hausflur durch Bekannte ausführen lassen, die seit bereits fünf Wochen jedes Wochenende um 6.30 Uhr mit der Arbeit beginnen.[13] Nach der Abmahnung vom . . . . .[9] haben Sie mitgeteilt, dass sich die Reparaturarbeiten noch mehrere Monate andauern werden.

Da sich trotz der Abmahnung keine Änderung ergeben hat[14] und keine Gründe zu erkennen sind, die Ihr Verhalten rechtfertigen,[15] kündige ich das Mietverhältnis fristlos.[16]

Ich werde am . . . . . ausziehen[16] und kann dann die Wohnung geräumt zurückgeben. Die erforderlichen Schönheitsreparaturen lasse ich ausführen. Wegen des genauen Übergabetermins werde ich mich mit Ihnen telefonisch in Verbindung setzen.[17]

. . . . .

(Mieter)

Anmerkungen

1. Sachverhalt. Das Formular führt verschiedene Möglichkeiten der Störung des Hausfriedens auf, die jede für sich eine fristlose Kündigung gemäß § 569 Abs. 2 BGB rechtfertigen können. → Form. D.VI.8.

2. Zur Kündigung gegenüber mehreren Vermietern → Form. D.VI.1 Anm. 2.

3. Zur Kündigung von mehreren Mietern → Form. D.VI.1 Anm. 3.

4. Die Kündigung hat **schriftlich** zu erfolgen, § 568 Abs. 1 BGB. Sie muss eindeutig die Erklärung enthalten, dass das Mietverhältnis fristlos beendet werden soll. Die Umdeutung einer unwirksamen ordentlichen Kündigung in eine fristlose Kündigung ist daher in der Regel nicht möglich, da der Wille zur sofortigen Beendigung nicht deutlich wird (vgl. dazu BGH WuM 2005, 584 (585) mwN aus der Rspr.). Sie umfasst das gesamte Mietverhältnis; eine Teilkündigung ist bis auf wenige und seltene Ausnahmefälle nicht möglich (dazu näher Emmerich/Sonnenschein/*Emmerich* BGB § 543 Rn. 57). Wesentlich ist, ob die Mietsache von den Parteien als Einheit betrachtet wird, was beim Wohnraummietverhältnis in der Regel der Fall ist.

5. § 569 Abs. 2 BGB entspricht einem Teilbereich des § 554a BGB aF, der bislang die Störung des Hausfriedens nur als Unterfall einer schuldhaften Pflichtverletzung aufführte. Die Rechtsprechung hat häufig nicht differenziert, sondern nur allgemein einen Verstoß gegen § 554a BGB festgestellt.

6. Erforderlich ist eine Vertragsverletzung in Form einer **Störung des Hausfriedens** durch den Kündigungsgegner (*Kraemer* WM 2001, 163 (170)). Jede Mietpartei muss sich bei der Nutzung der Mietsache so verhalten, dass die anderen Mitbewohner nicht mehr als unvermeidlich beeinträchtigt werden, wobei die Einzelheiten durch die Vertragsgestaltung und die Verkehrssitte bestimmt werden. Auch der Vermieter kann den Hausfrieden stören. Die Störung muss **nachhaltig** sein, dh es muss ein Dauerzustand gegeben sein. Dies ist bei regelmäßigen und häufigen Wiederholungen gegeben. Allerdings kann auch bereits eine Wiederholungsgefahr genügen (*Lützenkirchen* Rn. 283). Das bloße Anderssein oder die Ablehnung eines Mieters durch die übrigen Hausbewohner sind keine Kündigungsgründe. Verhindert werden sollen künftige Störungen; die Kündigungsmöglichkeit ist keine Sanktion für zurückliegendes Fehlverhalten.

7. Gem. **§ 569 Abs. 4 BGB** muss auch der Kündigungsgrund angegeben werden. → Form. D.VI.1 Anm. 6. Empfehlenswert ist vor allem die genaue Darstellung der einzelnen Störungen.

8. Eine derartige nachhaltige Störung des Hausfriedens kann in dem unbefugten Betreten der Wohnung mit eigenem Schlüssel während der Abwesenheit des Mieters (LG Berlin WM 1999, 332) jedenfalls im Wiederholungsfall gesehen werden. Dabei kommt es jedoch auf den Einzelfall an. Handelt der Vermieter gegen den ausdrücklich erklärten Willen des Mieters, ist eine fristlose Kündigung gerechtfertigt. Das LG Lüneburg (WuM 2005, 586) hat eine Unzumutbarkeit allerdings verneint für den Fall, dass der Mieter die Wohnung bereits geräumt hatte und der Vermieter die Wohnung mit einem Mietinteressenten betrat. Zu beachten ist, dass der Vermieter grundsätzlich kein Recht hat, die Mietsache auch ohne besonderen Anlass in einem regelmäßigen zeitlichen Abstand von ein bis zwei Jahren zu besichtigen (BGH NJW 2014, 2566). Sollte eine Störung des Hausfriedens nicht vorliegen, kann die Kündigung gegebenenfalls gemäß § 543 Abs. 1 BGB gerechtfertigt sein, → Form. D.VI.11.

9. Grundsätzlich ist gemäß § 543 Abs. 3 BGB eine **Abmahnung** erforderlich, die nur unter den Voraussetzungen des § 543 Abs. 3 S. 2 BGB entbehrlich ist. → Form. D.VI.1 Anm. 12, 14. Dies bedeutet gegenüber § 554a BGB aF eine Neuerung, da dort nur ausnahmsweise eine Abmahnung für erforderlich gehalten wurde. Ergibt sich die Unzumutbarkeit der Vertragsfortsetzung erst auf Grund der Erfolglosigkeit einer vorhergehenden Abmahnung, ist nach dem Wortlaut des Gesetzes zwar eine erneute Abmahnung erforderlich, diese dürfte dann aber häufig gemäß § 543 Abs. 3 S. 2 Nr. 1 BGB wegen offensichtlicher Erfolglosigkeit entbehrlich sein (vgl. *Kraemer* WM 2001, 163 (168)). Besonders schwere Vertragsverletzungen können bereits bei einmaliger Begehung die Kündigung ohne Abmahnung rechtfertigen; → Form. D.VI.10 Anm. 9.

10. Das Öffnen von Post und die Weitergabe des Inhalts an Dritte (AG Rendsburg WM 1989, 178) rechtfertigt wegen des erheblichen Verstoßes gegen die Privatsphäre des Mieters eine fristlose Kündigung auch ohne Abmahnung. Ob eine Störung des Hausfriedens vorliegt, beurteilt sich nach den Umständen des Einzelfalls. Die Kündigung kann sonst auch wegen der schwerwiegenden Vertragsverletzung nach § 543 Abs. 1 BGB gerechtfertigt sein, → Form. D.VI.11.

11. **Handlungen Dritter** werden dem Kündigungsgegner nach § 278 BGB zugerechnet, wobei aber Voraussetzung ist, dass Dritte schuldhaft handeln. Häufig ist nach erfolgloser Abmahnung ein vorwerfbares Verhalten des Gekündigten darin zu sehen, dass er die Störung nicht beseitigt hat. Dem Vermieter ist das Verhalten seiner Hilfspersonen zuzurechnen (zB Hausverwalter), wobei dann aber die Störung in Ausübung und nicht nur bei Gelegenheit der Verrichtung begangen werden muss (OLG Karlsruhe ZMR 1988, 52).

12. Das Dulden Unbekannter in leer stehenden Wohnungen (LG Göttingen WM 1990, 75) oder die Duldung von gewerblicher Unzucht kann den Mieter zur fristlosen Kündigung berechtigen. Häufig wird in diesem Verhalten eine Störung des Hausfriedens zu sehen sein. Andernfalls ist zu prüfen, ob die Kündigung gemäß § 543 Abs. 1 BGB gerechtfertigt ist, → Form. D.VI.11.

13. Auf Seiten des Vermieters kommen für eine Störung des Hausfriedens außerdem Schikanen oder Reparaturen zur Unzeit in Betracht ebenso Tätlichkeiten und Beleidigungen.

14. Der Vermieter muss die Störung **trotz Abmahnung fortsetzen**. Ändert er sein Verhalten nach der Abmahnung, entfällt der Kündigungsgrund. Zwischen Abmahnung und Ausspruch der Kündigung muss ihm genug Zeit gelassen werden, um sein Verhalten auf die Abmahnung einzustellen. Behauptet der Vermieter, er habe vor Zugang der Kündigung sein störendes Verhalten eingestellt, ist er insoweit darlegungs- und beweispflichtig.

15. Durch die Störung muss dem Kündigenden die Fortsetzung des Mietverhältnisses bis zum Ablauf der Kündigungsfrist oder bis zur sonstigen Beendigung des Mietverhältnisses durch Zeitablauf bei befristeten Mietverträgen nach umfassender Abwägung der beiderseitigen Interessen und aller Umstände des Einzelfalls, insbesondere des Verschuldens der Vertragsparteien, nicht zumutbar sein. Insoweit gelten die Überlegungen unter → Form. D.VI.8 Anm. 18.

Im Falle der Kündigung durch den Mieter ist bei der Abwägung zudem zu berücksichtigen, dass nach der Neufassung des Mietrechts diesem immer die Möglichkeit offen steht, binnen drei Monaten das Mietverhältnis ordentlich zu kündigen.

16. Nach Ablauf der vom Mieter gesetzten Frist bzw. nach Abmahnung müssen die Kündigung und auch der Auszug zeitnah erfolgen. § 314 Abs. 3 BGB ist insoweit nicht anzuwenden (BGH NJW 2016, 3720). Die Dauer der Frist ist einzelfallabhängig. Zu beachten ist aber, dass der Mieter innerhalb einer Frist von 3 Monaten ordentlich kündigen kann. Wartet er daher zu lange, kann das Recht zur fristlosen Kündigung entfallen und er ist auf das Recht zur ordentlichen Kündigung zu verweisen.

Der Kündigungsgrund muss bei Zugang der Kündigung vorliegen (hM BGH WuM 2006, 193 (194); Palandt/*Weidenkaff* BGB § 543 Rn. 52; str., aA LG Köln WuM 2001, 195).

17. Kosten und Gebühren. → Form. D.VI.1 Anm. 18.

10. Kündigung des Vermieters wegen Unzumutbarkeit der Vertragsfortsetzung, § 543 Abs. 1 BGB

. . . . .

(Vermieter)[1]

an

. . . . .

(Mieter)[2]

Sehr geehrte(r) . . . . .,[2]

ich[3] kündige hiermit den mit Ihnen am . . . . . geschlossenen Mietvertrag über die Wohnung . . . . . fristlos[4] gemäß § 543 Abs. 1 BGB,[5] da mir eine Fortsetzung des Vertrages mit Ihnen nicht mehr zuzumuten ist.

Die Kündigung stütze ich auf folgende Gründe:[6]

Seit fünf Monaten zahlen Sie statt der vereinbarten Miete von 1.000 EUR nur 850 EUR. Gründe für die Reduzierung der Miete haben Sie nicht genannt. Dieser Zahlungsverzug ist für mich nicht hinnehmbar, zumal Sie bereits 2011 über mehrere Monate die Miete nur unregelmäßig gezahlt haben.[7]

Auch die Nachzahlung der Betriebskosten für das Jahr 2011 verweigern Sie ohne Angabe von Gründen.[8]

Auf mein Schreiben vom . . . . ., mit dem ich die Zahlung des vollständigen Betrages angemahnt habe, haben Sie nicht reagiert,[9] sondern auch im . . . . . erneut nur einen Teil des Mietzinses gezahlt.[10]

– und/oder –

Herr . . . . .,[11] Sie haben am . . . . . aus Verärgerung über Ihre Wohnungsnachbarin deren Wohnungseingangstür eingetreten.[12] Als ich Sie deswegen zur Rede gestellt habe, haben Sie mich als „Hure" und „Schlampe" bezeichnet und gedroht, ich solle mich im Dunkeln nicht mehr im Haus blicken lassen.[13]

– und/oder –

Sie haben beim Wohnungsamt eine Anzeige erstattet mit dem Inhalt, die Erdgeschosswohnung werde gewerblich vermietet, obwohl dies, wie Sie wissen, nicht zutrifft.[14]

– und/oder –

Sie weigern sich trotz meiner schriftlichen Aufforderung vom . . . . .[9] beharrlich,[10] dem Urteils des Amtsgerichts . . . . . vom . . . . . Folge zu leisten und die von Ihnen angebrachte Parabolantenne zu entfernen sowie die angekündigten Modernisierungsarbeiten durchführen zu lassen.[15]

– und/oder –

Ihren Dobermann haben Sie nicht aus der Wohnung entfernt,[16] obwohl ich Sie zuletzt mit Schreiben vom . . . . . aufgefordert habe, für das Tier eine andere Unterbringungsmöglichkeit zu suchen.[9, 10]

– und/oder –

Sie haben unbefugt aus der Stromleitung für die Beleuchtung des Hausflurs Strom für Ihre Wohnung abgezapft.[17]

– und/oder –

Sie haben wahrheitswidrig angegeben, dass Herr . . . . . sich nur besuchsweise für einen Monat in der Wohnung aufhält.[18] Tatsächlich besteht zwischen Ihnen und Herrn . . . . . aber ein Untermietvertrag seit über acht Monaten. Herr . . . . . ist trotz meiner Abmahnung vom . . . . .[9] immer noch nicht ausgezogen.[10]

– und/oder –

In der Wohnung wird Cannabis in erheblichen Mengen angebaut.[19] Sie haben trotz meiner Aufforderung mit Schreiben vom . . . . .[9] ihren Sohn[20] nicht veranlasst,[10] die Pflanzen zu entsorgen.

– und/oder –

Sie nutzen Ihre Wohnung gewerblich. Sie haben dort ein Büro mit einer Mitarbeiterin eingerichtet und empfangen täglich Kunden.[21]

Angesichts Ihres Verhaltens ist mir trotz des langjährigen Mietverhältnisses und der Krankheit Ihrer Ehefrau eine Fortsetzung des Mietverhältnisses nicht mehr zumutbar.[22] Mir bleibt nur die sofortige[23] fristlose Kündigung.

Ich fordere Sie auf, die Mieträume binnen einer Woche bis zum . . . . . zu räumen[24] und in ordnungsgemäßem und vertragsgerechtem Zustand (s. § . . . . . des Mietvertrages) zurückzugeben. Schönheitsreparaturen sind noch bis zur Rückgabe vorzunehmen; anderenfalls werde ich diese auf Ihre Kosten durch einen von mir beauftragten Unternehmer vornehmen lassen. Sämtliche Schlüssel sind an mich zurückzugeben.

Ich mache Sie darauf aufmerksam, dass die Mietrückstände noch zu zahlen und Sie verpflichtet sind, bis zur tatsächlichen Räumung mir eine Nutzungsentschädigung[25] zu zahlen.

Ich widerspreche bereits jetzt einer stillschweigenden Fortsetzung des Mietverhältnisses gemäß § 545 BGB.[26]

Sollten Sie die Wohnung nicht bis zu dem genannten Termin an mich herausgegeben haben, werde ich unverzüglich Räumungsklage erheben.[27]

. . . . .

(Vermieter)

Anmerkungen

1. Sachverhalt. Das Formular führt verschiedene Vertragsverletzungen auf, die eine fristlose Kündigung gemäß § 543 Abs. 1 BGB rechtfertigen können. Die einzelnen Gründe stellen jeder für sich eine erhebliche Vertragsverletzung dar.

2. Zur Kündigung gegenüber mehreren Mietern → Form. D.VI.2 Anm. 2.

3. Zur Kündigung von mehreren Vermietern → Form. D.VI.2 Anm. 3.

4. Die Kündigung hat schriftlich zu erfolgen, § 568 Abs. 1 BGB. Sie muss eindeutig die Erklärung enthalten, dass das Mietverhältnis fristlos beendet werden soll. Die Umdeutung einer unwirksamen ordentlichen Kündigung in eine fristlose Kündigung ist daher in der Regel nicht möglich, da der Wille zur sofortigen Beendigung nicht deutlich wird (vgl. dazu BGH WuM 2005, 584 (585) mwN aus der Rechtsprechung). Sie umfasst das gesamte Mietverhältnis; eine Teilkündigung ist bis auf wenige und seltene Ausnahmefälle nicht möglich (dazu näher Emmerich/Sonnenschein/*Emmerich* BGB § 543 Rn. 57). Wesentlich ist, ob die Mietsache von den Parteien als Einheit betrachtet wird, was beim Wohnraummietverhältnis in der Regel der Fall ist.

5. § 543 Abs. 1 BGB stellt die Generalklausel dar, nach der alle verbleibenden Fälle der fristlosen Kündigung gelöst werden müssen, auch die, die wegen der Verengung der §§ 553 und 554a BGB aF durch die Nachfolgevorschriften der § 543 Abs. 2 Nr. 2 und 569 Abs. 2 BGB von diesen nicht mehr umfasst werden. Jedoch sollen hierdurch keine neuen Kündigungsgründe geschaffen werden, die Gründe müssen ein ähnliches Gewicht haben wie die speziellen Kündigungsgründe (*Blank/Börstinghaus* BGB § 543 Rn. 5). Es wird häufig zu Abgrenzungsproblemen kommen, ob noch ein spezieller Kündigungstatbestand vorliegt oder ob auf die Generalklausel zurückgegriffen werden muss. Insoweit wird auf die Anmerkungen zu den einzelnen Formularen verwiesen.

6. Gem. **§ 569 Abs. 4 BGB** muss auch der Kündigungsgrund angegeben werden. → Form. D.VI.2 Anm. 6 und → Form. D.VI.4 Anm. 6.

7. Eine der häufig vorkommenden Pflichtverletzungen, die eine fristlose Kündigung rechtfertigen können, ist die **unpünktliche Mietzahlung** (*Sternel* MietR aktuell IV 511 Fn. 28). Kündigungsgrund ist in diesem Fall die Unzuverlässigkeit des Mieters und das dadurch beeinträchtigte schutzwürdige Dispositionsinteresse des Vermieters. Dieser Fall wird nicht durch § 543 Abs. 2 Nr. 3 BGB ausgeschlossen (BGH NJW 2011, 2570; BGH WuM 2006, 193 (194) und WuM 1988, 125 f.). Es gelten hier dieselben Erwägungen wie bei der Kündigung des Vermieters wegen Verzugs mit der Zahlung erheblicher Teile des Mietzinses gemäß §§ 543 Abs. 2 Nr. 3, 569 Abs. 3 BGB (→ Form. D.VI.4). Eine Vertragsverletzung ist gegeben, sobald der Mieter den vereinbarten Zahlungstermin überschritten hat. Zur Fälligkeit im Einzelnen → Form. D.VI.4 Anm. 9. Der Mieter muss mit der Zahlung in Verzug sein, wobei das Verschulden in der Regel vermutet wird. Zu beachten ist aber, dass ein Mietrückstand nur entsteht, wenn der Mieter zur Zahlung verpflichtet ist. Im Einzelnen dazu → Form. D.VI.4 Anm. 11 und zur Rechtzeitigkeit der Zahlung → Form. D. VI.4 Anm. 12 sowie zur Begründung des Zahlungsverzugs → Form. D.VI.4 Anm. 6.

Daraus, dass der Vermieter in der Vergangenheit die unpünktliche Zahlungsweise geduldet hat, kann im Regelfall **keine Billigung** hergeleitet werden (Schmidt-Futterer/*Blank* BGB § 543 Rn. 172). Im Einzelfall kann aber eine andere Beurteilung gerechtfertigt sein (vgl. dazu BGH NZM 2011, 579; LG Berlin GE 2014, 323). So kann der Anspruch auf rückständigen Mietzins verwirkt werden, wenn der Vermieter eine Minderung mehr als sechs Monate ohne Widerspruch oder Mahnung hinnimmt (AG/LG Gießen ZMR 2001, 801 mwN). Die Unpünktlichkeit muss **nachhaltig** sein, dh sie muss einen längeren Zeitraum umfassen (4 unpünktliche Zahlungen im Wiederholungsfall reichen, OLG Hamm NJW-RR 1993, 1163; LG Berlin GE 2005, 867 bzgl. 3 verspäteter Zahlungen nach Abmahnung trotz teilweiser Berechtigung von Minderung und Aufrechnung, 6 überschrittene Zahlungstermine LG Würzburg WuM 2014, 548). Einmalige oder nur kurzfristige Überschreitungen des Zahlungstermins reichen nicht immer aus (vgl. dazu auch *Börstinghaus* ZAP Fach 4, 811 – 842 (2003) unter II.1.d) cc) mwN aus der Rspr.). Abzuwägen sind die Dauer der vertragswidrigen Zahlungsweise und die Dauer des Verzugs.

Die Kündigung wird nicht wie im Falle des § 543 Abs. 2 Nr. 3, § 569 Abs. 3 BGB unwirksam durch eine **Zahlung vor Zugang der Kündigung,** eine Aufrechnung oder die sonstigen in § 543 Abs. 2 Nr. 3, 569 BGB aufgeführten Gründe (LG Berlin GE 2010, 2051). Dies gilt jedenfalls dann, wenn der Mieter nach Abmahnung sein unpünktliches Zahlungsverhalten fortsetzt (BGH WM 1988, 126, Schmidt-Futterer/*Blank* BGB § 543 Rn. 180; Emmerich/Sonnenschein/*Emmerich* BGB § 543 Rn. 44). Eine nachträgliche Zahlung schließt insbesondere dann die fristlose Kündigung nicht aus, wenn der Mieter zum wiederholten Male unpünktlich gezahlt hat. Es kommt jedoch immer auf den Einzelfall an (LG Düsseldorf BeckRS 2016, 110795; OLG Hamm NJW-RR 1993, 1163). Bei unregelmäßiger Zahlungsweise kann der Vermieter den Mieter, der kein Konto und kein regelmäßiges Einkommen hat, zudem auffordern, binnen einer bestimmten Frist mitzuteilen, wie er künftig zu zahlen gedenke; reagiert der Mieter darauf nicht, kann der Vermieter fristlos kündigen (LG Hamburg WM 2001, 281).

Bei der Abwägung kann auf Seiten des Vermieters insbesondere dessen Dispositions-interesse berücksichtigt werden, auf Seiten des Mieters insbesondere die Gründe der unpünktlichen Zahlung, zB, dass das Sozialamt laufend unpünktlich zahlt. Der BGH hat – entgegen der überwiegenden Ansicht der Instanzgerichte – in seiner Entscheidung vom 21.10.2009 (NJW 2009, 3781) ausgeführt, dass ein Jobcenter nicht als Erfüllungs-gehilfe des Mieters anzusehen sei. Das Jobcenter erbringe im Rahmen der Daseinsvor-sorge staatliche Transferleistungen an einen Bürger und werde damit hoheitlich tätig. Der Bürger wende sich an die Behörde um die Mittel für den eigenen Lebensunterhalt zu erhalten. Er schalte das Jobcenter damit nicht als Hilfsperson zur Erfüllung seiner eigenen Verpflichtung ein. Es reicht auch nicht, dass ein Mieter, der Sozialleistungen einer öffentlichen Stelle bezieht, alles ihm Obliegende und Zumutbare getan habe, um die öffentliche Stelle zur pünktlichen Zahlung der für seine Unterkunft geschuldeten Miete zu veranlassen (BGH NZM 2015, 196 – 198). Es ist jedoch bei der Entscheidung über die Berechtigung der Kündigung genau darauf zu achten, in welchem Zeitraum und in welchem Umfang der Mieter Leistungen einer staatlichen Behörde erhält. Zutreffend hat das AG Bernau (WuM 2010, 31) dazu ausgeführt, dass für den Fall, dass der Mieter Leistungen für die Unterkunft nach dem SGB II erst nach dem Zeitpunkt der Fälligkeit der Mietzinszahlung erhält, er jedenfalls mit dem nicht durch die Unterkunftsleistung gedeckten Teil des Mietzinses schuldhaft in Verzug gerät. Gleiches gilt auch für den Fall, dass er nur hinsichtlich eines Teils der Miete stattliche Unterstützung erhält.

Eine Kündigung ist ferner nicht gerechtfertigt, wenn der Mieter trotz vereinbarter Vorauszahlung immer erst zur Monatsmitte zahlt, weil er erst zu diesem Zeitpunkt sein Gehalt erhält und der Vermieter dies über einen längeren Zeitraum geduldet hat.

Der Vermieter muss in der Kündigungserklärung darlegen, welche Beträge der Mieter schuldet. Wegen der im Einzelnen an die Begründung zu stellenden Anforderungen → Form. D.VI.4 Anm. 6.

8. Die **Verletzung sonstiger Zahlungsverpflichtungen** kann ebenfalls eine schwerwie-gende Vertragsverletzung darstellen. Dazu zählt insbesondere die Nichtzahlung von Betriebskosten und Betriebskostenabrechnungen trotz zweifelsfrei bestehender Zahlungs-pflicht (OLG Koblenz WM 1984, 269). Abzuwägen sind dabei insbesondere die Höhe der Nachforderung und der Grund der Nichtzahlung. Gleiches gilt bei der Nichtzahlung von Schadensersatzbeträgen oder Prozesskosten. Hinsichtlich der Nichtzahlung von Prozesskosten hat der BGH entschieden, dass ein Vermieter einen Wohnraummietvertrag nicht deshalb kündigen kann, weil der Mieter die Prozesskosten eines früheren, auf Zahlungsverzug gestützten Räumungsprozesses nicht begleicht (BeckRS 2010, 18945). Es widerspreche der Regelung des § 569 Abs. 3 Nr. 2 BGB, wenn durch Zahlung inner-halb der Schonfrist zwar die außerordentliche Kündigung unwirksam werde, dem Ver-mieter aber die Möglichkeit verbleibe, das Mietverhältnis gleichwohl erneut zu kündigen, weil der Mieter wirtschaftlich nicht in der Lage sei, die Prozesskosten des erledigten Räumungsrechtsstreits zu begleichen. Eine erhebliche Erfüllungsverweigerung kann zudem gegeben sein, wenn der Mieter eine Mietzinsrate nicht zahlt und erklärt, er könne auch in Zukunft nicht zahlen (OLG Düsseldorf MDR 1991, 965, das insoweit § 554 annimmt; *Sternel* MietR aktuell XII Rn. 74; *Franke* ZMR 1992, 81).

Die Nichtzahlung der Kaution ist nunmehr in § 569 Abs. 2a BGB geregelt (→ Form. D. VI.4 Anm. 15). Eine fristlose Kündigung wegen Unzumutbarkeit der Vertragsfortsetzung kommt allenfalls noch in Betracht, wenn der Rückstand weniger als zwei Nettomieten beträgt. Der bisherige Streit in Rechtsprechung und Literatur, ob eine Kündigung im Wohnraummietrecht in diesem Fall möglich ist, bleibt daher relevant (Kündigungsmöglichkeit bejahend: LG Berlin GE 2011, 1684; verneinend: LG Kassel NJW-RR 1987; *Kossmann/Meyer-Abich* Wohnraummiete-HdB § 75 Rn. 7). Jedenfalls dann, wenn ein erhöhtes Sicherungsbedürfnis des Vermieters besteht, weil sich auch aus dem übrigen Verhalten des Mieters Hinweise auf seine mangelnde Zahlungsbereitschaft ergeben, kann die Nichtzahlung der Kaution ausnahmsweise ein Grund für eine fristlose Kündigung sein (OLG Celle ZMR 1998, 272 f. für Gewerberaum; OLG Düsseldorf WM 1995, 438; LG Bielefeld WM 1992, 125; *Lützenkirchen* WM 1997, 135 (139)).

Insbesondere dürfen die Voraussetzungen des § 543 Abs. Nr. 3 BGB (→ Form. D.VI.10 Anm. 9) nicht umgangen werden.

9. Eine **Abmahnung** ist gemäß § 543 Abs. 3 S. 1 BGB in der Regel erforderlich, wenn eine Pflicht aus dem Mietvertrag betroffen ist; unter den Voraussetzungen des § 543 Abs. 2 S. 2 BGB ist sie entbehrlich. Insoweit wird zunächst auf die Ausführungen → Form. D.VI.1 Anm. 13, 15 verwiesen. Ergibt sich die Unzumutbarkeit der Vertragsfortsetzung erst auf Grund der Erfolglosigkeit einer vorhergehenden Abmahnung, ist nach dem Wortlaut des Gesetzes zwar eine erneute Abmahnung erforderlich, diese dürfte dann aber häufig gemäß § 543 Abs. 3 S. 2 Nr. 1 BGB wegen offensichtlicher Erfolglosigkeit entbehrlich sein (vgl. *Kraemer* WM 2001, 163 (168)). Besonders schwere Vertragsverletzungen können bereits nach einmaliger Begehung die Kündigung rechtfertigen, zB Tätlichkeiten (→ Form. D.VI.10 Anm. 12), falsche Anschuldigungen (→ Form. D.VI.10 Anm. 14), Diebstahl (→ Form. D.VI.10 Anm. 17), die gewerbliche Vermietung an Touristen (LG Berlin NZM 2015, 248–249) oder sonstige Straftaten (so LG München WuM 2006, 524 bei Sachbeschädigung). Auch dabei ist immer auf den Einzelfall abzustellen. So hat das KG (WuM 2004, 721) im Falle der unbefugten Stromentnahme eine Abmahnung jedenfalls dann weiterhin für erforderlich gehalten, wenn ein kaum messbarer Stromverbrauch erfolgte.

Eine Abmahnung kann auch in einer unwirksamen Kündigung wegen ständig unpünktlicher Mietzahlungen gesehen werden (LG Berlin GE 2010, 1271).

10. Der Mieter muss sein **Verhalten trotz Abmahnung fortsetzen.** Ein einmaliger Zahlungsverzug zwischen Abmahnung und Zugang der Kündigung kann reichen (BGH NJW-RR 2012, 13; BGH WuM 2006, 193 (195)), da die Abmahnung dem Mieter nur eine letzte Chance zur Wiederherstellung des Vertrauens des Vermieters gibt. Stellt der Mieter sein Verhalten nach der Abmahnung ein, entfällt der Kündigungsgrund. Zwischen Abmahnung und Ausspruch der Kündigung muss ihm genug Zeit gelassen werden, um sich auf die Abmahnung einzustellen. Behauptet der Mieter, er habe vor Zugang der Kündigung das pflichtwidrige Verhalten eingestellt, ist er insoweit darlegungs- und beweispflichtig.

11. Stört bei einer **Mehrheit von Mietern** nur ein Mieter, muss dennoch gegenüber allen gekündigt werden, denn eine Teilkündigung ist aus Rechtsgründen ausgeschlossen. Etwas anderes kann allenfalls bei Wohngemeinschaften gelten, wenn neue Mitglieder auf Grund eines Vertrages mit dem Vermieter eintreten, sie ihren Eintritt angezeigt haben, ohne dass der Vermieter auf eine Kündigungsabsicht hingewiesen hat oder wenn feststeht, dass der störende Mieter auszieht (vgl. im Einzelnen dazu die entsprechend auch für § 543 Abs. 1 BGB anzuwendenden Ausführungen in Schmidt-Futterer/*Blank* BGB § 569 Rn. 21 mwN).

12. Vertragsverletzungen, die eine fristlose Kündigung rechtfertigen können, sind insbesondere **Tätlichkeiten**, wie das Eintreten der Wohnungstür eines Nachbarn. Gleiches gilt für das Werfen eines Gegenstandes nach einem Mitmieter, für Schläge oder auch mutwillige Zerstörung der Mietsache (LG Saarbrücken DWW 1993, 48 (203); AG Helmstedt ZMR 1988, 184 Nr. 14 – Versuch, das Haus mit Gas in die Luft zu sprengen). Auch das Anzünden eines vor dem Haus geparkten Pkws kann reichen (LG Köln IMR 2018, 52). Die Zerstörung muss aber von einigem Gewicht sein, was zum Beispiel bei der Beschädigung eines Gartentores nicht der Fall ist (AG Schöneberg ZMR 2000, 839).

13. Auch **Beleidigungen** können eine schwere Vertragsverletzung darstellen. Hierbei handelt es sich ebenso wie bei Verleumdungen um eine Einzelfallabwägung (dazu gibt es umfangreiche Rechtsprechung Nachweise bei Staudinger/*Emmerich* BGB § 569 Rn 30 ff.; Schmidt-Futterer/*Blank* BGB § 543 Rn. 187 ff). Einmaliges Duzen reicht zB ebenso wenig (AG Warendorf WM 2000, 436) wie Beleidigungen im Rahmen einer Auseinandersetzung. Beleidigungen, die gegen Dritte gerichtet sind, können eine fristlose Kündigung ebenfalls rechtfertigen, wenn der Dritte dem Bereich des Kündigungsgegners zuzuordnen ist (zB Verwalter LG Köln WM 1981, 233). Häufig wird es sich hierbei um Fälle der Störung des Hausfriedens handeln, → Form. D.VI.8 Anm. 8.

Bedrohungen rechtfertigen häufig auch eine fristlose Kündigung, zB wenn eine Schusswaffe gezogen wird, ohne dass eine Angriff erfolgt ist (AG Warendorf WM 1996, 412), der Vermieter mit einer Geiselnahme bedroht wird (LG Mannheim ZMR 1977, 180) oder, nachdem er zuvor das Mietverhältnis gekündigt hatte, die anonyme Übersendung eines Zeitungsausschnitts mit einem Bericht über eine Gasexplosion erfolgt (AG Köln WM 2000, 356). Auch die Bezichtigung des querulantenhaften und aufwieglerischen Verhaltens ohne Grund kann Anlass einer fristlosen Kündigung sein (AG Borken WM 2000, 189). Auch eine über die sozialen Medien erfolgte Bedrohung oder Beleidigung kann genügen (AG Düsseldorf IMR 2019 ,370).

In diesen Fällen kann auch immer eine Störung des Hausfriedens gemäß § 569 Abs. 2 BGB in Betracht kommen. → Form. D.VI.8.

14. Eine Vertragsverletzung kann auch dadurch begangen werden, dass der Mieter den Vermieter zu Unrecht beschuldigt oder in sonstiger Weise gegenüber Dritten herabsetzt. Dazu gehören insbesondere falsche Anzeigen gegen den Vermieter, die auf erfundenen Tatsachen beruhen oder ohne sachlichen Grund gemacht wurden. So hat das LG Frankfurt (WuM 1994, 15) die fristlose Kündigung des Vermieters für berechtigt erachtet, weil der Mieter den Vermieter gegenüber den zuständigen Behörden fälschlich der Zweckentfremdung von Wohnraum bezichtigt hatte. Die dagegen gerichtete Verfassungsbeschwerde des Mieters hat das BVerfG nicht zur Entscheidung angenommen (BVerfG WuM 1994, 15 (16)). Auch denunziatorisch gemeinte Anzeigen sind, selbst wenn der angezeigte Sachverhalt zutrifft, als schwerwiegende Vertragsverletzungen zu werten, wenn die Anzeige nur den Zweck hatte, dem Vermieter zu schaden (LG München BeckRS 2017, 115060; LG Düsseldorf BeckRS 2014, 21635). Ebenso berechtigen leichtfertig und unangemessen erfolgte Strafanzeigen zur fristlosen Kündigung (BVerfG NZM 2001, 61). Etwas anderes gilt dann, wenn der Mieter bei der Anzeige nach bestem Gewissen handelt, in sachlicher Form informiert und bei der Informationsbeschaffung nicht fahrlässig handelt (AG Köln WM 1995, 587). Der Mieter darf sich ferner nicht mit unredlichen Mitteln gegen eine Kündigung verteidigen, zB durch Zeugenbeeinflussung (BGH WM 1986, 60).

Er darf jedoch öffentlich-rechtliche Verstöße den Behörden mitteilen und sich auch gegen Maßnahmen des Vermieters wehren, zB gegen Sanierung, Verkauf etc. Er darf sich dazu mit Mitmietern zusammenschließen, sich an die Öffentlichkeit wenden (AG Solingen WM 1991, 97 für den Fall einer extrem hohen Miete, anders AG Wiesbaden (IBRRS 2014, 2781), für die Aufforderung an einen Privatsender zur Fernsehberichterstattung über einen Mietrechtsstreit), Transparente aufhängen (AG Stuttgart NJW-RR 1991, 780 „Wir bleiben hier"), Zettel auslegen bzw. aus dem Fenster werfen (Verfassungsgerichtshof des Landes Berlin ZMR 2008, 605 ua „Feindliche Übernahme durch M&W"), oder Kaufinteressenten auf Mängel hinweisen (OLG Celle NJW-RR 1991, 781). Er muss allerdings bei der Wahrheit bleiben und darf den Vermieter weder anprangern, diskriminieren noch beleidigen (LG Hannover WM 1995, 538: unsachliche Kritik: der Mieter hatte behauptet, der Verkäufer habe ein Gutachten gekauft; LG München I WuM 1983, 264, das die Kündigung bejaht hat bei wahrheitsgemäßem Plakat, dass 4 Wohnungen leer stehen). Auch hier kommt es immer auf den Einzelfall an. Zu berücksichtigen ist bei der Abwägung immer, ob eigene Interessen des Mieters auf dem Spiel stehen; dann ist unter Umständen eine fristlose Kündigung nicht gerechtfertigt (OLG Köln WuM 1983, 85 in einem Fall, in dem der Mieter den Vermieter als Wohnungshai bezeichnet hatte, weil er den Mieter nach der Modernisierung vor die Wahl stellte, die erheblich höhere Miete zu zahlen oder auszuziehen). Äußerungen in einem Rechtsstreit reichen in der Regel nicht zur Rechtfertigung einer fristlosen Kündigung, wobei immer die konkrete Prozesssituation zu berücksichtigen ist. Anders kann dies zu werten sein, wenn sich eine Partei im Prozess unredlicher oder unverhältnismäßiger Mittel bedient, etwa entgegen ihrer prozessualen Wahrheitspflicht handelt.

15. Die beharrliche Verweigerung der Erfüllung von Mieterpflichten kann die fristlose Kündigung ebenfalls rechtfertigen, zB wenn der Mieter seine Pflicht gemäß §§ 555a bis 555d BGB verletzt, eine Instandsetzung oder Modernisierung zu dulden, eine Parabolantenne nicht entfernt oder sie wieder anbringt (BVerfG NJW 1996, 1736), Beseitigungspflichten nicht nachkommt (AG München IMR 2018, 20 – Beseitigung eines Baumes –) oder dem Vermieter keinen Zutritt gestattet, wenn dieser die Wohnung veräußern will (BGH WuM 2011, 13). Nach der Rechtsprechung des BGH (NZM 2015, 536) kommt eine Kündigung des Vermieters wegen Verletzung vertraglicher Duldungspflichten durch den Mieter nicht erst dann in Betracht, wenn der Mieter einen Duldungstitel erstritten hat oder sein Verhalten "querulatorische Neigungen" zeigt. Vielmehr kann unter Berücksichtigung **aller** Umstände des Einzelfalls und unter Abwägung der beiderseitigen Interessen (s. u. Rn. 22) auch schon vor Erhebung einer Duldungsklage und Erwirkung eines Titels eine Kündigung möglich sein.

Hat der Vermieter einen Duldungstitel erstritten und befolgt der Mieter diesen nicht, kann darauf eine fristlose Kündigung gestützt werden.

16. Unter § 543 Abs. 1 BGB fallen zudem die Fälle des vertragswidrigen Gebrauchs, die nicht zu einer Vernachlässigung der Mietsache führen oder eine Störung des Hausfriedens darstellen. Dazu gehört insbesondere die unerlaubte Tierhaltung, die häufig weder zu einer Gefährdung der Substanz der Mietsache führt noch den Hausfrieden stört. Grundsätzlich sind Kleintiere erlaubnisfrei, soweit sie in Käfigen, Aquarien oder Terrarien gehalten werden können. Bei größeren Tieren, insbesondere Hunde und Katzen, ist immer eine Einzelfallprüfung vorzunehmen; ein generelles Verbot in AGB hat der BGH (NJW 2013, 1526) für unwirksam erklärt. Werden sie ohne Erlaubnis gehalten, kann dies eine schwere Vertragsverletzung darstellen (vgl. dazu auch LG Köln ZMR 2010, 533). Aber auch bei kleineren Tieren ist es anzuraten eine Erlaubnis des Vermieters einzuholen, wenn sie auf Vorbehalten in der Bevölkerung stoßen (etwa bei Ratten, Frettchen; vgl. dazu *Hartmann* jurisPR-MietR 24/2012 Anm. 4). Auch das Musizieren kann vertragswidrig sein, jedoch wird dies häufig über zeitliche Beschränkungen zu regeln sein.

17. Diebstähle jeder Art, auch der Diebstahl von Strom (LG Köln NJW-RR 1994, 909), stellen immer erhebliche Vertragsverletzungen dar. Einschränkend führt das LG Berlin (BeckRS 2015, 00408) aus, dass es auf die Umstände des Einzelfalles ankomme – insbesondere auf die sich in erster Linie aus der Menge des unberechtigt entnommenen Stroms ergebende Schwere der Pflichtverletzung. Generell ist festzuhalten, dass Straftaten eine fristlose Kündigung häufig rechtfertigen. Das LG Itzehoe (NJOZ 2019, 407) hat bereits den – dringenden – Verdacht eines strafbaren Verhaltens für ausreichend erachtet.

18. **Unredlichkeiten bei der Vertragsdurchführung** können eine fristlose Kündigung rechtfertigen. Dazu zählt die Verletzung von Aufklärungspflichten (OLG Hamburg ZMR 1992, 23) oder die Täuschung des Vermieters, wenn dadurch erhebliche Vermögensinteressen berührt werden (OLG Düsseldorf GE 2012, 204 für unwahre Angaben über die Ursache von Mängeln; LG Berlin ZMR 1998, 636 f. für unwahre Angaben über die Untervermietung; AG München betr. die unerlaubte Weitervermietung als Ferienwohnung LSK 2013, 070333; LG Berlin BeckRS 2015, 02269 bzgl. der Vermietung an Touristen über das Online-Portal „Airbnb"). Es reicht nicht jede Täuschung über die Vermögenslage, insbesondere nicht eine einmalige Täuschung über die Zahlungsfähigkeit bei langjährigem beanstandungsfreiem Mietverhältnis (OLG Hamburg WuM 1997, 216). Bewusst wahrheitswidrige Angaben über die Vermögensverhältnisse bei der Mieterselbstauskunft können allerdings eine fristlose Kündigung rechtfertigen (gefälschte oder „frei erfundene" Vorvermieterbescheinigung BGH NJW 2014, 1954; LG München NZM 2009, 782), es sei denn, der Mieter zahlt dann immer regelmäßig (über 2 Jahre LG Wuppertal WM 1999, 39, nach dem LG München NZM 2009, 782 ist es jedoch nicht erforderlich, dass sich das Mietzinsausfallrisiko bereits verwirklicht hat).

19. Ein weiterer Grund für Vertragsverletzungen kann in dem Verhalten des Mieters gegeben sein, wobei aber hier häufig eine Störung des Hausfriedens gemäß § 569 Abs. 2 BGB in Betracht kommt. Der unerlaubte Cannabis-Anbau, der die Gewinnung nicht unerheblicher Mengen von Betäubungsmitteln ermöglicht, stellt eine schwere Verletzung des Vertrauensverhältnisses dar. Da zudem die Gefahr besteht, dass die Mietsache „in Verruf" gerät, besteht ein Grund zur fristlosen Kündigung (AG Karlsruhe IMR 2017, 190; AG Hamburg-Altona BeckRS 2012, 15113; LG Frankfurt 9.5.2011 – 2/11 S 77/11; AG Köln WuM 2008, 525; LG Ravensburg WM 2001, 608 f.). Auch die Ausübung von Prostitution in der Wohnung (LG Lübeck NJW-RR 1993, 525) kann eine schwere Vertragsverletzung begründen, ebenso sonstige Belästigungen der Mitmieter (AG Steinfurt WM 1987, 260 unberechtigte Gartenbenutzung) oder des Vermieters (LG Bielefeld WM 2001, 55: „Bombardement" mit 174 Mängelrügeschreiben aller Art in 14 Wochen) ohne Störung des Hausfriedens. Auch Verstöße gegen ein Rauchverbot können die Kündigung rechtfertigen (dazu näher *Harsch* WuM 2009, 76).

20. **Handlungen Dritter** werden dem Kündigungsgegner nach § 278 BGB bzw. wenn er Untermieter ist, nach § 540 Abs. 2 BGB zugerechnet, wobei aber Voraussetzung ist, dass der Dritte schuldhaft handelt. Häufig ist nach erfolgloser Abmahnung ein vorwerfbares Verhalten des Gekündigten darin zu sehen, dass er die Störung nicht beseitigt hat (LG Limburg BeckRS 2018, 34552). Der Mieter muss für die Personen einstehen, die auf Dauer oder zumindest für längere Zeit bei ihm wohnen. Besucher gehören in der Regel nicht dazu.

21. Nutzt der Mieter die ihm überlassenen Wohnräume gewerblich kann dies ebenfalls eine fristlose Kündigung rechtfertigen. Voraussetzung ist aber, dass der Mieter mit einer geschäftlichen Tätigkeit nach außen in Erscheinung tritt, etwa indem er die Wohnung als seine Geschäftsadresse angibt, er in der Wohnung Kunden empfängt oder dort Mitarbeiter beschäftigt. Der Vermieter kann jedoch im Einzelfall nach Treu und Glauben verpflichtet sein, eine Erlaubnis zur teilgewerblichen Nutzung zu erteilen. Eine solche Verpflichtung wird jedoch nur dann in Betracht kommen, wenn von der beabsichtigten Tätigkeit keine weitergehenden Einwirkungen auf die Mietsache oder Mitmieter ausgehen als bei einer üblichen Wohnnutzung (BGH NJW 2013, 1806 und NZM 2013, 786). Dies kann etwa dann der Fall sein, wenn es sich nur um eine Tätigkeit ohne Mitarbeiter und ohne ins Gewicht fallenden Kundenverkehr handelt. Insoweit ist der Mieter darlegungs- und beweisbelastet (BGH NJW 2009, 3157).

22. Durch die Störung muss dem Kündigenden die Fortsetzung des Mietverhältnisses bis zum Ablauf der Kündigungsfrist oder der sonstigen Beendigung des Mietverhältnisses infolge Zeitablaufs bei befristeten Mietverhältnissen nach umfassender Abwägung der beiderseitigen Interessen und aller Umstände des Einzelfalls, insbesondere des Verschuldens der Vertragsparteien, **nicht zumutbar** sein. Damit ist ein Verschulden des Kündigungsgegners nicht mehr wie nach altem Recht zwingende Voraussetzung, sondern nur noch ein – wenn auch wichtiges – Abwägungskriterium (*Eisenschmid* WM 2001, 215 (219)). Ein Rückgriff auf § 242 BGB – wie nach bisherigem Recht – ist daher bei im Zustand der Schuldunfähigkeit begangenen Vertragsverletzungen nicht mehr erforderlich. Bei der Abwägung sind sämtliche Umstände des Einzelfalls nach objektiven Maßstäben zu prüfen. Einzubeziehen sind Art, Schwere und Nachhaltigkeit des Anlasses, das Ausmaß der Beeinträchtigung und die konkreten Beziehungen der Parteien zueinander. Daneben sind Alter, Krankheit, Beruf und Familie sowie das bisherige Verhalten und die Reaktion auf den Vorfall zu berücksichtigen (*Hirsch* WuM 2006, 418).

Es muss sich um ganz besonders **schwerwiegende Verstöße** handeln, die eine sofortige Trennung der Parteien unumgänglich machen (Emmerich/Sonnenschein/*Emmerich* BGB § 543 Rn. 4), in denen der Kündigende sich also mit einer Abmahnung oder einer Unterlassungsklage als mildere Maßnahmen nicht zu begnügen braucht. Dabei reichen einmalige Vorgänge oder scharfe Bemerkungen bei einer erregten Auseinandersetzung in der Regel nicht aus. Die Unzumutbarkeit der Vertragsfortsetzung muss auf jedem Fall dem Kündigungsgegner und seinem Einflussbereich zuzuordnen sein (*Hirsch* WuM 2006, 418 (423); Palandt/*Weidenkaff* BGB § 543 Rn. 32). Das bloße Anderssein oder die Ablehnung des Mieters durch die übrigen Hausbewohner sind keine Kündigungsgründe. Ausgeschlossen ist die Kündigung zudem, wenn dem Kündigenden ein überwiegendes Verschulden zuzurechnen ist (*Blank/Börstinghaus* BGB § 543 Rn. 7).

Die **Abwägung** muss neben den bereits bei den einzelnen Pflichtverletzungen aufgeführten Abwägungskriterien auch die persönlichen Verhältnisse der Parteien einbeziehen (BGH NZM 2017, 26). So kann eine Rolle spielen, dass ein im Haus lebender Vermieter auf Grund seines Alters oder einer Krankheit für die Störung besonders anfällig ist. Andererseits kann bei einem Mieter, der schon seit langen Jahren die Wohnung angemietet hat und nunmehr auf Grund Altersgebrechlichkeit und gesundheitlicher Probleme Störungen verursacht, erhöhte Toleranz und Rücksichtnahme verlangt werden. Ferner sind abzuwägen die Schwere des Pflichtverstoßes und die Frage des Verschuldens. Erheblich kann dabei sein, ob der Störende vorsätzlich oder nur fahrlässig gehandelt hat. Auch die Handlung als solche und ihre Folgen sind zu berücksichtigen. Eine Vielzahl von Vertragsverletzungen, die für sich genommen die Kündigung nicht rechtfertigen würden, können bei einer Gesamtwürdigung eine fristlose Kündigung rechtfertigen (OLG Frankfurt BeckRS 2012, 14829; LG Bielefeld WM 2001, 55). Bei wechselseitigen oder provozierten Vertragsverletzungen scheidet eine Kündigung häufig aus (BGH WM 1986, 60). Wird der Hausfrieden wegen eines Streits zwischen mehreren Mietern gestört, muss der Vermieter zunächst ermitteln, wer den Streit verursacht hat. Ist dies nicht festzustellen, hat der Vermieter ein Auswahlrecht, bei dem er sich von Zweckmäßigkeitsgesichtspunkten leiten lassen kann. Er muss allerdings das Verhalten der anderen Mieter und die allgemeinen Verhältnisse im Haus mit berücksichtigen (LG Mannheim WM 1981, 17; AG Bad Segeberg WM 2000, 601 (603)).

Hütte 821

Einbezogen werden kann der gesamte bisherige Verlauf des Mietverhältnisses, also auch bisherige nicht verfolgte oder nicht mehr verfolgbare Pflichtverletzungen (Bub/Treier/*Fleindl* MietR-HdB IV 390).

Bei Störungen durch schuldunfähige Personen ist zu bedenken, dass gemäß § 573 Abs. 2 Nr. 1 für den Fall der ordentlichen Kündigung bei Vertragsverletzungen durch den Mieter ein schuldhaftes Verhalten Voraussetzung ist. Um insoweit Wertungswidersprüche zu vermeiden, ist daher die fristlose Kündigung gegen einen schuldunfähigen Mieter nur im Ausnahmefall bei besonders erheblichen Verstößen möglich (ebenso *Kraemer* WM 2001, 163 (171)) → Form. D.VI.8 Anm. 18.

23. Zwischen dem Ablauf der gesetzten Frist oder der Abmahnung bzw. im Fall der Entbehrlichkeit der Abmahnung zwischen der Vertragsverletzung und dem Ausspruch der Kündigung darf kein erheblicher Zeitraum liegen, da andernfalls zweifelhaft ist, dass tatsächlich eine Unzumutbarkeit der Vertragsfortsetzung vorliegt (vier Monate nach einem Diebstahl ist die fristlose Kündigung nicht mehr rechtzeitig, LG Berlin ZMR 2000, 529). Jedoch kann der Vermieter eine gewisse Zeit zuwarten; dies hängt immer vom Einzelfall ab. § 314 Abs. 3 BGB ist insoweit allerdings nicht anzuwenden (BGH NJW 2016, 3720). Die Kündigung kann rechtsmissbräuchlich sein, wenn der Grund entfällt (etwa wenn ein störendes Kind auszieht oder der Mieter nach einer Therapie sein Verhalten ändert, vgl. auch *Sternel* MietR aktuell X Rn. 80 ff. mwN).

Der Kündigungsgrund muss bei Zugang der Kündigung vorliegen (hM BGH WuM 2006, 193 (194); Palandt/*Weidenkaff* BGB § 543 Rn. 52; str., aA LG Köln WuM 2001, 195).

24. Der Vermieter kann dem Mieter auch bei einer fristlosen Kündigung eine Räumungsfrist setzen. Er muss hinsichtlich der Dauer aber abwägen, da bei einer längerfristigen Räumungsfrist nachteilige Rückschlüsse auf die Erheblichkeit der Vertragsverletzung gezogen werden können.

25. § 546a BGB → Form. F.II.2.

26. Diese Erklärung kann bereits in dem Schreiben, das die fristlose Kündigung enthält abgegeben werden (hM Palandt/*Weidenkaff* BGB § 545 Rn. 8 mwN). → Form. D.VI.4 Anm. 18.

27. Kosten und Gebühren. → Form. VI.1 Anm. 18, → Form. D.VI.4 Anm. 19.

11. Kündigung des Mieters wegen Unzumutbarkeit der Vertragsfortsetzung, § 543 Abs. 1 BGB

. . . . .

(Mieter)[1]

an

. . . . .

(Vermieter)[2]

Sehr geehrte(r) . . . . .,[2]

ich[3] kündige hiermit das mit Ihnen durch Vertrag vom . . . . . geschlossene Mietverhältnis über die Wohnung . . . . . fristlos[4] gemäß § 543 Abs. 1 BGB,[5] da mir eine Fortsetzung des Vertrages mit Ihnen nicht mehr zuzumuten ist.

Die Kündigung stütze ich auf folgende Gründe:[6]

Sie weigern sich, die Heizungsanlage, die in diesem Winter bereits 3 Mal komplett ausgefallen ist, zu reparieren.[7] Trotz meiner Abmahnung vom . . . . .,[8] mit der ich Ihnen eine Frist zur Reparatur bis zum . . . . . gesetzt hatte, ist bislang nichts geschehen.[9]

– und/oder –

Ihr Verwalter[10] hat die Betriebskosten für dieses Jahr erneut falsch abgerechnet.[11] Trotz meiner Beanstandung im letzten Jahr hat er erneut die Kosten für den Garten geltend gemacht, obwohl dieser von mir gepflegt wird und Kosten insoweit nicht anfallen. Auf mein Schreiben vom . . . . .,[8] mit dem ich die Abrechnung für dieses Jahr beanstandet und eine korrekte Berechnung angemahnt habe, hat er mit einer erneuten Zahlungsaufforderung und einer Klageandrohung reagiert.

– und/oder –

Sie haben mir bereits zum 2. Mal unberechtigt wegen angeblicher Lärmbelästigungen fristlos gekündigt.[12]

– und/oder –

Entgegen Ihrer Versicherung ist die Erdgeschosswohnung immer noch an Prostituierte vermietet. Auf meine entsprechende schriftliche Abmahnung vom . . . . . haben Sie mir versichert, der Mietvertrag sei aufgelöst. Ohne mich zu informieren haben Sie aber erneut einen Vertrag mit einer Prostituierten abgeschlossen.[13]

– und/oder –

Sie lassen den Eingangsbereich und den von mir genutzten Garten durch eine Videoanlage überwachen, obwohl ich Sie mit Schreiben vom . . . . . zur Beseitigung aufgefordert habe.[14]

Angesichts dieses Verhaltens ist mir eine Fortsetzung des Mietverhältnisses auch bis zum Ablauf einer ordentlichen Kündigungsfrist nicht mehr zumutbar,[15] mir bleibt nur die fristlose Kündigung.[16]

Ich werde am . . . . . ausziehen[16] und kann dann die Wohnung geräumt zurückgeben. Die erforderlichen Schönheitsreparaturen lasse ich ausführen. Wegen des genauen Übergabetermins werde ich mich mit Ihnen telefonisch in Verbindung setzen.[17]

. . . . .

(Mieter)

Anmerkungen

1. Das Formular führt verschiedene Vertragsverletzungen auf, die eine fristlose Kündigung gemäß § 543 Abs. 1 BGB rechtfertigen können. Die einzelnen Gründe stellen jeder für sich eine erhebliche Vertragsverletzung dar.

2. Zur Kündigung gegenüber mehreren Vermietern → Form. D.VI.1 Anm. 2.

3. Zur Kündigung von mehreren Mietern → Form. D.VI.1 Anm. 3.

4. Die Kündigung hat schriftlich zu erfolgen, § 568 Abs. 1 BGB. Sie muss eindeutig die Erklärung enthalten, dass das Mietverhältnis fristlos beendet werden soll. Die Umdeutung einer unwirksamen ordentlichen Kündigung in eine fristlose Kündigung ist daher in der Regel nicht möglich, da der Wille zur sofortigen Beendigung nicht deutlich wird (vgl. dazu BGH WuM 2005, 584 (585) mwN aus der Rspr.). Sie umfasst das gesamte Mietverhältnis; eine Teilkündigung ist bis auf wenige und seltene Ausnahmefälle nicht möglich (dazu näher Emmerich/Sonnenschein/*Emmerich* BGB § 543 Rn. 57). Wesentlich ist, ob die Mietsache von den Parteien als Einheit betrachtet wird, was beim Wohnraummietverhältnis in der Regel der Fall ist.

5. § 543 Abs. 1 BGB stellt die Generalklausel dar, nach der alle verbleibenden Fälle der fristlosen Kündigung gelöst werden müssen, auch die, die wegen der Verengung der §§ 553 und 554a BGB aF durch die Nachfolgevorschriften der § 543 Abs. 2 Nr. 2 und 569 Abs. 2 BGB von diesen nicht mehr umfasst werden. Jedoch sollen hierdurch keine neuen Kündigungsgründe geschaffen werden, die Gründe müssen ein ähnliches Gewicht haben, wie die speziellen Kündigungsgründe (*Blank/Börstinghaus* BGB § 543 Rn. 5). Es wird häufig zu Abgrenzungsproblemen kommen, ob noch ein spezieller Kündigungstatbestand vorliegt oder ob auf die Generalklausel zurückgegriffen werden muss. Insoweit wird auf die Anmerkungen zu den einzelnen Formularen verwiesen.

6. Gem. **§ 569 Abs. 4 BGB** muss auch der Kündigungsgrund angegeben werden. Zu den Einzelheiten → Form. D.VI.1 Anm. 6.

7. Die **Weigerung des Vermieters zur Mängelbeseitigung,** wie zum Beispiel die Reparatur bei wiederholtem Ausfall der Heizungsanlage (AG Waldbröl WM 1986, 337), kann eine erhebliche Vertragsverletzung darstellen, die für den Mieter die Fortsetzung des Vertragsverhältnisses unzumutbar macht. Es muss sich dann aber entweder um einen erheblichen Mangel handeln oder dem Mieter muss ein weiteres Zuwarten nicht mehr zumutbar sein, weil der Vermieter trotz bereits mehrfacher Aufforderung eine Reparatur grundlos unterlässt. Auch eine Weigerung des Vermieters, ordnungsbehördliche Auflagen durchzusetzen (OLG Frankfurt WM 1980, 133), kann die fristlose Kündigung rechtfertigen. Häufig wird auch eine Kündigung gemäß § 543 Abs. 2 Nr. 1 BGB wegen Nichtgewährung des vertragsgemäßen Gebrauchs in Betracht kommen.

8. Eine **Abmahnung** ist gemäß § 543 Abs. 3 S. 1 in der Regel erforderlich, wenn eine Pflicht aus dem Mietvertrag betroffen ist; unter den Voraussetzungen des § 543 Abs. 2 S. 2 ist sie entbehrlich. Zu den Einzelheiten → Form. D.VI.1 Anm. 13, 15. Ergibt sich die Unzumutbarkeit der Vertragsfortsetzung erst auf Grund der Erfolglosigkeit einer vorhergehenden Abmahnung, ist nach dem Wortlaut des Gesetzes zwar eine erneute Abmahnung erforderlich, diese dürfte dann aber häufig gemäß § 543 Abs. 3 S. 2 Nr. 1 BGB wegen offensichtlicher Erfolglosigkeit entbehrlich sein (vgl. *Kraemer* WM 2001, 163 (168)). Besonders schwere Vertragsverletzungen können bereits nach einmaliger Begehung die Kündigung rechtfertigen.

9. Der Vermieter muss sein **Verhalten trotz Abmahnung fortsetzen.** Stellt er es nach der Abmahnung ein, entfällt der Kündigungsgrund. Zwischen Abmahnung und Ausspruch der Kündigung muss ihm genug Zeit gelassen werden, um sich auf die Abmahnung einzustellen. Behauptet der Vermieter, er habe vor Zugang der Kündigung das pflichtwidrige Verhalten eingestellt, ist er insoweit darlegungs- und beweispflichtig.

10. **Handlungen Dritter** werden dem Kündigungsgegner nach § 278 BGB bzw. wenn er Untermieter ist nach §§ 278, 540 Abs. 2 BGB zugerechnet, wobei aber Voraussetzung ist, dass der Dritte schuldhaft handelt. Häufig ist nach erfolgloser Abmahnung ein vorwerfbares Verhalten des Gekündigten zu darin zu sehen, dass er die Störung nicht beseitigt hat. Dem Vermieter ist das Verhalten seiner Hilfspersonen zuzurechnen (zB Hausverwalter), wobei dann aber die Störung in Ausübung und nicht nur bei Gelegenheit der Verrichtung begangen werden muss (OLG Karlsruhe ZMR 1988, 52).

11. Für den Mieter kann die Fortsetzung des Mietverhältnisses **unzumutbar** werden, wenn der Vermieter wiederholt den Mietzins oder die Nebenkosten falsch berechnet (LG Berlin GE 2003, 1081; OLG Düsseldorf DWW 1991, 78; LG Gießen WM 1996, 767) oder wenn er in strafbarer Weise überhöhten Mietzins verlangt (LG Darmstadt WM 1997, 442). Ist der Mietzins gemäß § 5 WiStrG überhöht, wird zwar nach allgemeiner Meinung nicht das Mietverhältnis hinfällig, sondern die Mietzinshöhe wird auf die angemessene Höhe zurückgeführt(LG Berlin MM 2005, 145) Streitig ist, ob dadurch das Kündigungsrecht nicht ausgeschlossen wird (So LG Berlin MM 2005, 145).

12. Die **unberechtigte fristlose Kündigung** gibt dem Kündigungsempfänger seinerseits das Recht zur fristlosen Kündigung, wenn wegen der entstandenen Unsicherheit ihm die Fortsetzung des Vertragsverhältnisses nicht mehr zugemutet werden kann (OLG Düsseldorf WuM 1997, 556 (557)).

13. Der Vermieter ist verpflichtet, den Mieter über alle für das Mietverhältnis bedeutsamen Umstände und Rechtsverhältnisse aufzuklären. Eine Verletzung dieser Pflicht kann ebenso wie eine bewusste Täuschungshandlung zur fristlosen Kündigung berechtigen (vgl. Schmidt-Futterer/*Blank* BGB § 543 Rn. 202 ff.). Das Amtsgericht Osnabrück (WuM 2008, 84) hat im Fall einer weiblichen Mieterin eine fristlose Kündigung wegen Ausübung der Prostitution in einer Nachbarwohnung ohne Abmahnung als gerechtfertigt erachtet (einschränkend BGH NZM 2013, 27 – zu der Frage, ob insoweit ein Mangel vorliegt –, im Übrigen ausführlich *Mieder* MM 2014, 23 Prostitution im Wohnhaus).

14. Die Überwachung mit einer Videoanlage (auch Attrappen) im privaten Bereich ist ohne Zustimmung der Mieter nach überwiegender Auffassung grundsätzlich unzulässig, für eine Zustimmungspflicht müssen erhebliche Gründe vorliegen (vgl. zu der Problematik BGH ZMR 2010, 619). Ob eine derartige Installation zur fristlosen Kündigung des Mietverhältnisses berechtigt, ist bislang in der Rechtsprechung nicht geklärt, aber wohl zu bejahen (vgl. dazu *Senkel/Niggeweg* WuM 2010, 72–76; bejahend AG München becklink 2013 350, im Fall einer Untervermietung- noch nicht rechtskräftig). Dies gilt insbesondere dann, wenn die Überwachung nicht vom Eigentümer, sondern von einem Mitmieter ausgeht. Voraussetzung der fristlosen Kündigung ist regelmäßig eine Abmahnung.

Im Übrigen gelten die Ausführungen zum Recht des Vermieters zu einer fristlosen Kündigung wegen Unzumutbarkeit der Vertragsfortsetzung zu Tätlichkeiten, Beleidigungen oder falschen Anschuldigungen → Form. D.VI.10 Anm. 12–14 auch bei der Kündigung des Mieters entsprechend.

15. Durch die Störung muss dem Kündigenden die Fortsetzung des Mietverhältnisses bis zum Ablauf der Kündigungsfrist oder der sonstigen Beendigung des Mietverhältnisses nach umfassender Abwägung der beiderseitigen Interessen und aller Umstände des Einzelfalls, insbesondere des Verschuldens der Vertragsparteien, nicht zumutbar sein. Zu den Anforderungen im Einzelnen → Form. D.VI.10 Anm. 22.

Bei der Abwägung ist auf Seiten des Mieters insbesondere zu berücksichtigen, dass ihm nach der Neufassung des Mietrechts immer die Möglichkeit offen steht, binnen drei Monaten das Mietverhältnis ordentlich zu kündigen.

16. Nach Ablauf der vom Mieter gesetzten Frist bzw. nach Abmahnung muss die Kündigung und auch der Auszug zeitnah erfolgen, da andernfalls zweifelhaft ist, dass tatsächlich eine Unzumutbarkeit der Vertragsfortsetzung vorliegt. § 314 Abs. 3 BGB ist insoweit aber nicht anzuwenden (BGH NJW 2016, 3720). Auf Seiten des Mieters ist jedoch zu berücksichtigen, dass er im Hinblick auf die Aufgabe der Wohnräume Dispositionen treffen muss, die einen gewissen Zeitraum in Anspruch nehmen (6 Wochen ist noch rechtzeitig: LG Berlin WuM 1999, 332). Die Kündigung kann rechtsmissbräuchlich sein, wenn der Grund entfällt. Der Kündigungsgrund muss bei Zugang der Kündigung vorliegen (hM BGH WuM 2006, 193 (194); Palandt/*Weidenkaff* BGB § 543 Rn. 52; str., aA LG Köln WuM 2001, 195).

17. Kosten und Gebühren. → Form. VI.1 Anm. 18.

VII. Aufhebungsvertrag

Mietaufhebungsvertrag[1]

zwischen

. . . . .

(Mieter)[1]

und

. . . . .

(Vermieter)[2]

§ 1 Beendigung des Mietverhältnisses

Das zwischen Herrn . . . . . als Mieter und Herrn . . . . . als Vermieter am . . . . .
geschlossene Mietverhältnis über die Wohnung . . . . . wird zum . . . . . beendet.[3]

§ 2 Räumung und Übergabe

Der Mieter wird die Wohnung bis zu diesem Zeitpunkt räumen und sämtliche Schlüssel
zurückgeben.[4]

§ 3 Schönheitsreparaturen

Küche, Bad und WC werden unrenoviert zurückgegeben; im Übrigen wird der Mieter die
vertraglich vereinbarten Schönheitsreparaturen (§ . . . . . des Mietvertrages) bis zum . . . . .
vornehmen.[5]

§ 4 Einrichtungsgegenstände

Der Mieter kann den von ihm eingebauten Schrank im Flur in der Wohnung belassen. Er
ist berechtigt, diesen an einen vom Vermieter auszusuchenden Nachmieter zu verkaufen.
Einen Anspruch auf den Verkauf hat er nicht.[5]

(Alternative:

*Der Mieter kann den von ihm eingebauten Schrank im Flur in der Wohnung belassen.
Der Vermieter zahlt dafür 250 EUR Zug um Zug gegen die Rückgabe der Wohnung.[5])*

§ 5 Betriebskosten

Auf die Abrechnung der Nebenkosten verzichten die Parteien.[5]

§ 6 Mietkaution

Die Kaution nebst Zinsen wird der Vermieter innerhalb eines Monats zurückzahlen,
soweit die gemäß Nr. 3 dieses Vertrages erforderlichen Schönheitsreparaturen ordnungsgemäß erbracht worden sind.[5]

§ 7 Abfindung des Mieters

Der Vermieter zahlt dem Mieter eine einmalige Abstands-[6] und Umzugskostenpauschale[7] in Höhe von 2.000 EUR, zahlbar Zug um Zug gegen die Rückgabe der Wohnung gemäß §§ 2 und 3 dieses Vertrages. Zieht der Mieter nicht fristgerecht bis zum . . . . . aus, verfällt diese Pauschale. Zieht der Mieter zwar fristgerecht aus, ohne aber die vereinbarten Schönheitsreparaturen durchzuführen, vermindert sich die Pauschale auf 1.000 EUR.[6]

Der Vermieter kann gegen diese Pauschale nicht mit anderen ihm zustehenden Forderungen aufrechnen.[7]

§ 8 Vorzeitige Räumung und Übergabe

Zieht der Mieter vor dem . . . . ., aber nach dem . . . . . aus und übergibt er die Wohnung ordnungsgemäß, muss er nur noch für den Monat des Auszugs Miete zahlen; die Miete für die darauf folgenden Monate entfällt.[8]

§ 9 Forderungsverzicht

Weitere Ansprüche bestehen zwischen den Parteien nicht mehr. Mit dieser Vereinbarung sind alle gegenseitigen Rechte und Pflichten der Parteien abgegolten.[9]

– gegebenenfalls –

Dies gilt für sämtliche wegen des geltend gemachten Eigenbedarfs jetzt oder später in Betracht kommenden Ansprüche.[10]

§ 10 Fortsetzung des Mietverhältnisses

Eine stillschweigende Fortsetzung des Mietvertrages gemäß § 545 BGB wird ausgeschlossen.[11]

§ 11 Fortsetzungswiderspruch

Der Mieter verzichtet auf die Erklärung des Fortsetzungswiderspruchs gemäß § 574 BGB.[12]

§ 12 Schriftform

Ergänzungen dieses Vertrages bedürfen der Schriftform.[13]

. . . . .

Datum

. . . . .

Datum

. . . . .

(Mieter)

. . . . .

(Vermieter)[14]

Hinweis auf Ihr Widerrufsrecht:[15]

Die Erklärungen des vorstehenden Mietaufhebungsvertrages können innerhalb von zwei Wochen schriftlich widerrufen werden. Es genügt die rechtzeitige Absendung des Widerrufs an den Vermieter . . . . .

. . . . .

(Datum)

. . . . .

(Mieter)[16]

Anmerkungen

1. Der Aufhebungsvertrag ist **formfrei**. Es ist aus Beweisgründen jedoch ratsam, den Vertrag schriftlich abzuschließen. Auch wenn die Parteien im Mietvertrag für Änderungen die Schriftform vereinbart haben, bedarf der Aufhebungsvertrag nicht der Schriftform, da die Parteien schlüssig von diesem Erfordernis absehen können (hM s. *Sternel* MietR aktuell Rn. 970 mwN).

In der Regel wird ein Aufhebungsvertrag ausdrücklich durch Angebot und Annahme vereinbart, wobei nur ernsthafte Äußerungen in Betracht zu ziehen sind. Im Zorn geäußerte Äußerungen reichen ohne das Hinzukommen weiterer Umstände nicht (so LG Köln WuM 2001, 601). In der Erklärung muss zum Ausdruck kommen, dass der Erklärende sich binden will. Streitig ist, ob die Formulierung, dass sich der Vermieter mit der Aufhebung des Mietverhältnisses einverstanden erklärt, wenn ein Nachmieter gefunden wird, ausreicht, um einen Bindungswillen anzunehmen. Die Rechtsprechung bejaht eher einen Bindungswillen (so etwa OLG München ZMR 1995, 156; OLG Düsseldorf ZMR 1999, 243; aA Schmidt-Futterer/*Blank* BGB nach § 542 Rn. 7). Es empfiehlt sich eine eindeutige Formulierung. Der Aufhebungsvertrag kann auch konkludent geschlossen werden. Dann sind die gesamten Umstände des Einzelfalls sowie die beiderseitige Interessenlage sorgfältig zu prüfen (dazu etwa LG Gießen WuM 2012, 604). Sind auf einer Seite mehrere Personen beteiligt, muss das schlüssige Verhalten jeder von ihnen zuzurechnen sein. Für die Annahme eines durch schlüssiges Verhalten zustande gekommenen Vertrages reicht jedoch nicht ohne weiteres der Auszug oder eine unwirksame Kündigung. Auch Schweigen gilt in der Regel nicht als Annahme. Die bloße Entgegennahme der Schlüssel rechtfertigt die Annahme des Zustandekommens eines Aufhebungsvertrages in der Regel nicht (KG NZM 2014, 912; ebenso AG Hamburg-Barmbek WuM 2006, 90 für den Fall, dass ein Übergabeprotokoll gefertigt und die Schlüssel durch den Hausmeister entgegen genommen wurden). Anders liegt der Fall aber dann, wenn der Vermieter das Wohnungstürschloss ausgewechselt und ohne Information oder gar Zustimmung des Mieters über mehrere Wochen umfangreiche Instandsetzungsarbeiten in der streitgegenständlichen Wohnung ausgeführt (LG Berlin 27.6.2013 – 67 S 600/12). Wenn Punkte offen bleiben, die die Parteien vernünftigerweise regeln würden, spricht dies häufig gegen die Annahme einer stillschweigenden Vertragsaufhebung, (zB Schönheitsreparaturen, Rückbaupflichten, Kaution, vgl. dazu OLG Brandenburg BeckRS 2008, 09639, Rn. 18; KG WuM 2006, 193) oder wenn eine Partei auf noch ungeklärte Fragen hinweist, Forderungen oder Widerspruch erhebt (*Kossmann* Wohnraummiete-HdB § 84 Rn. 5). Auch wenn der Vermieter die Wohnung nach Auszug des Mieters neu vermietet, liegt darin noch nicht zwingend ein stillschweigendes Angebot auf Aufhebung des Mietvertrages, da die Weitervermietung in der Regel zur Schadensbegrenzung erfolgt. Es ist eine Frage der Wertung im Einzelfall, ob ein Aufhebungsvertrag vorliegt (vgl. BGH NZM 2012, 341). Zu beachten ist, dass ein Aufhebungsvertrag auch dann vorliegen kann, wenn zwischen den Parteien noch nicht über alle rechtlich oder wirtschaftlich wesentlichen Aspekte eine Einigung erzielt wurde, sie sich aber im Übrigen darüber einig sind, dass ein Aufhebungsvertrag zustande kommen soll (BGH NZM 2014, 790–794). Jedoch bildet der stillschweigend abgeschlossene Mietaufhebungsvertrag die Ausnahme (BayObLG WM 1983, 107; MAH MietR/*Wölfle/Kleinrahm* § 29 Rn. 174). Eine Kündigung kann ohne Hinzutreten weiterer Umstände nicht als Angebot zum Abschluss eines Aufhebungsvertrages gedeutet werden (KG GE 2001, 1402; zu den damit verbundenen Fragen im Einzelnen auch MAH MietR/*Wölfle/Kleinrahm* § 29 Rn. 174). Verlangt wird von der Rechtsprechung, dass dem Kündigenden bewusst sein muss, dass die Kündigung unwirksam sein könnte und er (hilfsweise) der Zustimmung seines Vertragspartners bedürfe (BGH NJW 1983, 41; OLG Dresden BeckRS 2011, 24646;

BbgVerfG BeckRS 2015, 41475; Schmidt-Futterer/*Blank* BGB nach § 542 Rn. 9). Der Aufhebungsvertrag kann **jederzeit** geschlossen werden.

Eine **Verpflichtung zum Abschluss** eines Mietaufhebungsvertrages besteht nicht. In der Literatur und Rechtsprechung wird das Problem der Nachmietergestellung und der damit verbundenen Pflicht zum Abschluss eines Mietaufhebungsvertrags diskutiert. Der Mieter kann die Aufhebung entweder gemäß § 242 BGB nach Treu und Glauben oder aufgrund einer getroffenen Vereinbarung nur dann verlangen, wenn er einen objektiv geeigneten und zumutbaren Nachmieter stellt (BGH NZM 2015, 890; WuM 2003, 204). Kommt ein Aufhebungsanspruch gemäß § 242 BGB in Betracht, ist ungeklärt, ob ein berechtigtes Interesse des Mieters an der vorzeitigen Vertragsbeendigung ausreicht (so lässt es der BGH WuM 2003, 204 anklingen) oder ob das berechtigte Interesse des Mieters das Bestandsinteresse des Vermieters ganz erheblich übersteigen muss (so OLG Hamm WuM 1995, 577; OLG Karlsruhe ZMR 1981, 269). Berechtigte Interessen des Mieters bestehen etwa dann, wenn die Fortsetzung für den Mieter unzumutbar ist, etwa weil er unerwartet dauerhaft pflegebedürftig wird oder er sich beruflich verändern muss, oder die Wohnung zu klein wird durch Heirat und Geburt von Kindern, wobei das Interesse des Mieters umso schwerer wiegt, je länger die restliche Vertragszeit dauert. Der Vermieter darf den Abschluss des neuen Mietvertrages nicht durch überzogene Forderungen vereiteln (OLG München ZMR 1995, 156). So darf er den potentiellen Nachmieter nicht wegen dessen kultureller Herkunft ablehnen (so AG Wetzlar WuM 2006, 374 – türkisches Ehepaar –; anders LG Hildesheim WuM 2005, 572: Eine Familie mit 2 Kindern ist kein geeigneter Nachmieter, wenn vorher in der Wohnung der bisherige Mieter allein mit einem erwachsenen Kind gelebt hat und Vermieter in der darunter liegenden Wohnung wohnt.) Grundsätzlich muss er sich von sachlichen Erwägungen leiten lassen. Ein sachlicher Ablehnungsgrund etwa ist gegeben, wenn der Nachmieter nicht die Gewähr bietet, dass er die Miete zahlen kann.

Hat der Vermieter sich mit einem Nachmieter geeinigt, muss er sich daran festhalten lassen. Wird der Mietvertrag mit dem Nachmieter einverständlich aufgehoben, kann sich der Vermieter nicht wieder an den entlassenen Mieter halten; das Risiko des Gelingens des neuen Mietverhältnisses kann er nicht abwälzen (LG Saarbrücken NJW-RR 1997, 968; Staudinger/*Emmerich* BGB § 537 Rn. 30). Streitig ist, ob der bisherige Mietvertrag mit dem Abschluss des Folgemietvertrags erlischt (so LG Saarbrücken NJW-RR 1997, 968) oder erst mit Vollzug des Folgemietvertrags (LG Gießen WuM 1997, 370). Nach Meinung des BGH handelt es sich deshalb um eine Frage des Einzelfalles (BGH NZM 2012, 341).

Die Darlegungs- und Beweislast für das Zustandekommen eines Aufhebungsvertrags trifft die Partei, die hieraus Vorteile für sich herleiten will (Staudinger/*Rolfs* BGB § 542 Rn. 194).

2. Der Vertrag muss **von allen am Mietvertrag Beteiligten** geschlossen werden; sie sind im Vertrag namentlich zu benennen. Bevollmächtigung ist möglich; sie sollte schriftlich erteilt werden, um spätere Streitigkeiten zu vermeiden. Eine mietvertraglich vereinbarte Erklärungsvollmacht umfasst auf Seiten der Mieter nicht die Befugnis zum Abschluss eines Aufhebungsvertrages; jedenfalls dann, wenn der Kreis der in Frage kommenden Erklärungen nicht eingegrenzt ist (Schmidt-Futterer/*Blank* BGB nach § 542 Rn. 2). Auch bei Ehepaaren müssen beide zustimmen. Der Auszug eines von mehreren Mietern führt ebenfalls nicht ohne weiteres zum Ausscheiden aus dem Mietvertrag. Es muss deutlich werden, dass alle Beteiligten dem Ausscheiden zustimmen; insbesondere auch, dass der Vermieter auf die zusätzliche finanzielle Sicherheit verzichten will. Soll ein Mieter durch den Aufhebungsvertrag aus dem Mietverhältnis ausscheiden, müssen alle Mieter zustimmen; andernfalls bleibt es jedenfalls im Innenverhältnis der Mieter zueinander bei dem Mietvertrag (str. so auch BGH WuM 2005, 341 ohne dass es in der genannten Entscheidung auf diesen Aspekt ankam; LG Frankfurt ZMR 2009, 757). Allerdings kann die Vereinbarung dahingehend gedeutet werden, dass der Vermieter den ausscheidenden Mieter nicht mehr in Anspruch nehmen will (LG Berlin WM 1995, 105, Schmidt-Futterer/*Blank* BGB nach § 542 BGB Rn. 4). Kennt der verbleibende Mieter den Aufhebungsvertrag und ist er in seinen Interessen nicht beeinträchtigt, hat der ausscheidende Mieter unter Umständen einen Anspruch auf Zustimmung (LG Krefeld WuM 2003, 447). Auch wenn ein Untermietverhältnis besteht, können Vermieter und (Haupt-)Mieter einen Aufhebungsvertrag schließen. Dies gilt jedenfalls dann, wenn dem Hauptmieter gegen den Dritten ein Kündigungsrecht zusteht, mit dem er dessen Gebrauchsmöglichkeit zeitnah beenden kann, andernfalls kommt eine Sittenwidrigkeit des Aufhebungsvertrages in Betracht (BGH, NZM 2018, 601).

3. Notwendiger Inhalt ist, dass ein bestimmtes Mietverhältnis zu einem bestimmten Zeitpunkt aufgehoben werden soll. Ist kein bestimmtes Datum benannt, endet der Mietvertrag sofort. Ist der Mieter noch nicht in die Wohnung eingezogen, ist es eine Frage der Auslegung, ob die Parteien den Mietvertrag rückwirkend aufheben oder nur mit Wirkung für die Zukunft aufheben wollen. Es empfiehlt sich, genau zu bezeichnen, welche Rechtsfolge der Vertrag haben soll, entweder mit der Formulierung: „Das Mietverhältnis. . . . . **wird zum**. . . . .**aufgehoben**" für die Aufhebung in der Zukunft oder für die rückwirkende Aufhebung: „**Das Mietverhältnis**. . . . .**wird rückwirkend zum**. . . . .**aufgehoben**".

4. Notwendiger Inhalt des Aufhebungsvertrages ist auch die Erklärung, dass der Mieter die Wohnung **geräumt und mit Schlüsseln zurückgibt**. Die Vereinbarung sollte ein konkretes Datum nennen, um Streitigkeiten zu vermeiden. Wird kein Datum aufgeführt, ist zu dem Datum zu räumen, zu dem das Mietverhältnis beendet werden soll. Fehlt insoweit ein Datum, ist sofort zu räumen.

5. Über die **weiteren gegenseitigen Ansprüche** können die Parteien Vereinbarungen treffen. Soweit keine ausdrücklichen Regelungen getroffen werden, bleiben weitere Ansprüche unberührt. Dies gilt zum einen für bislang schon entstandene Ansprüche, aber auch für Schadensersatzansprüche wegen vertragswidrigen Verhaltens. Es gelten dann die Bestimmungen des Mietvertrages (Bub/Treier/*Fleindl* MietR-HdB IV Rn. 539, str.), soweit dieser keine Regelungen enthält, gelten die gesetzlichen Bestimmungen (Schmidt-Futterer/*Blank* BGB § 542 Rn. 29). Die Modalitäten können im Aufhebungsvertrag auch abweichend vom Mietvertrag geregelt werden. Die Parteien sind bei der Gestaltung frei. Die Vereinbarungen im Aufhebungsvertrag gehen den Vereinbarungen im Mietvertrag vor.

Regelungsbedürftig ist, ob und welche Instandsetzungsarbeiten oder Schönheitsreparaturen von wem durchgeführt werden müssen. Auch die Frage, ob und welche Einrichtungen und Gegenstände in der Wohnung verbleiben können oder sollen und wer wann wieviel dafür zu zahlen hat, sollte geklärt werden. Die Frage, ob, in welcher Höhe und wann eine Rückzahlung der Kaution zu erfolgen hat, ob, wann und wie Mietvorauszahlungen verrechnet werden, ist ebenso zu regeln wie die Rückzahlung überzahlter oder die Nachzahlung geminderter Miete sowie die Frage der Abrechnung der Betriebskosten.

6. Die Vereinbarung von **Ausgleichs-, Abfindungs-, Abstands- oder Aufwendungsersatzzahlungen** ist möglich. Bei der Vereinbarung derartiger Zahlungen sollte sich aus dem Vertrag ergeben, ob diese für den pünktlichen Auszug oder für die Vertragsaufhebung geschuldet werden. Von Bedeutung ist dies, wenn der Mieter die Sache verspätet zurückgibt, denn dann stellt sich die Frage, ob er noch Anspruch auf die Zahlung hat. Hierbei ist auf die Vorstellungen der Parteien bei Vertragsschluss abzustellen, die gegebenenfalls aus den Umständen des Vertragsschlusses abzuleiten sind. Wird der Vertrag geschlossen, weil der Vermieter keinen Kündigungsgrund hat oder das Vorliegen eines derartigen Grundes zweifelhaft ist, steht für den Vermieter im Vordergrund, dass er überhaupt einen Räumungstitel erhält, die zeitliche Komponente steht im Hintergrund. Dann aber entfällt die Zahlungsverpflichtung nicht (LG Mannheim WM 1988, 87). Soll die Zahlung erfolgen, um eine schnellere Rückgabe der Wohnung zu erreichen, etwa weil andernfalls dem Mieter eine längere Räumungsfrist zustünde, steht das Zeitelement im Vordergrund. Dann entfällt bei verspäteter Rückgabe der Anspruch, weil die Leistung des Mieters gemäß § 275 Abs. 1 BGB unmöglich geworden ist (LG Frankfurt/M. WuM 1990, 196) Soll die Zahlung sowohl für die Vertragsaufhebung an sich als auch für die vorzeitige Rückgabe erfolgen, kann die Vertragsauslegung ergeben, dass der Zahlungsanspruch vermindert wird (vgl. LG Nürnberg-Fürth WuM 1995, 181; insgesamt dazu auch Schmidt-Futterer/*Blank* BGB nach § 542 Rn. 31).

Soweit eine Abstandszahlung vereinbart wurde, ist zu beachten, dass in der Rechtsprechung zum Teil die Auffassung vertreten wird, dass in diesem Falle bei Fehlen besonderer Regelungen über die Renovierungspflichten mit der Abstandssumme die wechselseitigen Ansprüche abgegolten sind. Ein Schadensersatzanspruch wegen unterlassener Schönheitsreparaturen scheidet dann aus (LG Stuttgart WuM 1995, 392). Es empfiehlt sich daher eine umfassende Regelung. Bei Verschlechterungen des Zustandes zwischen Vertragsabschluss und Rückgabe ist uU eine Nachverhandlung über die Höhe der Abstandszahlung möglich, da grundsätzlich davon auszugehen ist, dass sich die Abstandszahlung am Zustand der Mietsache zum Zeitpunkt des Vertragsabschlusses orientiert und der Mieter zur Rückgabe der Mietsache in diesem Zustand verpflichtet ist (vgl. AG Hannover ZMR 2001, 200).

Eine Vereinbarung, durch die sich der Vermieter eine **Vertragsstrafe** versprechen lässt, ist unwirksam, § 555 BGB. Eine pauschale Abgeltung des erhöhten Aufwands des Vermieters ist dann möglich, wenn der vereinbarte Betrag nicht höher als eine Monatsnettomiete ist (OLG Hamburg ZMR 1990, 270; str.). Die Abgrenzung zwischen – zulässigen – Ausgleichs-, Abfindungs-, Abstands- oder Aufwendungsersatzzahlungen und – unzulässiger – Vertragsstrafe ist fließend. Entfällt (wie unter § 7 des hiesigen Formulars geregelt) die Zuwendung weil ein bestimmter Umstand, etwa die fristgerechte Räumung, nicht eingetreten ist, stellt dies keine Vertragsstrafe, sondern nur die Kehrseite des Anspruchs dar, mit der sichergestellt werden soll, dass die Zuwendung nur unter den geregelten Umständen zu zahlen ist. Anders liegt der Fall dann, wenn die Parteien für einen anderen als den Nichteintritt des im Aufhebungsvertrag geregelten Zuwendungsfalls vereinbarten Fall eine Rückzahlung der Zuwendung vereinbaren. Dann liegt eine unzulässige Vertragsstrafe dafür vor, dass sich der Begünstigte in anderer Weise vertragswidrig verhält (vgl. AG Hamburg-Blankenese ZMR 2008, 300).

Werden derartige Zahlungen nicht individualvertraglich vereinbart, sondern werden sie in einem Formularvertrag verwendet, sind sich die entsprechenden Klauseln häufig unwirksam. Das OLG Karlsruhe (NJW-RR 2000, 1538) hat eine derartige Klausel gemäß § 305c BGB für unwirksam gehalten, da sie für den Mieter bei Abschluss eines Mietvertrages überraschend sei. Zudem muss bei einer derartigen Klausel dem Mieter gemäß § 309 Nr. 5b BGB ausdrücklich der Nachweis gestattet werden, dass die Unkosten geringer sind als die vereinbarte Pauschale.

Der Mieter muss auch bei entgeltlicher Vertragsaufhebung seine Motive und Pläne nicht offenlegen (LG Berlin GE 2017, 831). Andererseits werden für den Vermieter Aufklärungspflichten bejaht (OLG München ZMR 2018, 314 für den Fall einer schon erfolgten Neuvermietung, s. auch Rn. 10 sowie D.VIII.3).

Eine Verpflichtung zu Ausgleichszahlungen für den Fall, dass der Vermieter bei einer Weitervermietung des Mietobjekts nur eine geringere als die vom Mieter geschuldete Miete erzielen kann, wird bei einer späteren Zwangsverwaltung des Grundstücks nicht gemäß § 1123 Abs. 1 BGB von der Beschlagnahme erfasst (BGH NJW-RR 2011, 371).

7. Die Umzugskostenvergütung hat den Zweck, dem Mieter den Umzug zu erleichtern oder überhaupt erst möglich zu machen. Zum Teil wird die Ansicht vertreten, der Vermieter könne daher nicht mit anderen Forderungen gegen diese Pauschale aufrechnen

(*Kossmann* Wohnraummiete-HdB § 84 Rn. 16). Da insoweit jedoch keine gefestigte Rechtsprechung vorliegt, empfiehlt es sich, eine derartige Klausel in den Vertrag aufzunehmen, um zu verhindern, dass die Auszahlung der Pauschale durch Aufrechnung hinfällig wird.

8. Eine derartige **Regelung für den vorzeitigen Auszug** empfiehlt sich, wenn es dem Vermieter darauf ankommt, dass der Mieter möglichst bald auszieht, um diesem die Sorge vor einer doppelten Mietzahlung zu nehmen. Dies kann insbesondere bei geltend gemachtem Eigenbedarf oder aber auch bei beabsichtigten Modernisierungen der Fall sein. Die zu Lasten des Mieters unabdingbaren Kündigungsschutzvorschriften schließen einen Mietaufhebungsvertrag nicht aus (*Schmid* MDR 2014, 189 (190) mwN).

9. Diese Formulierung umfasst nur die bereits **bei Vertragsabschluss bestehenden Ansprüche;** später entstehende Ansprüche, insbesondere Schadensersatzansprüche, gehören nicht dazu (LG Hamburg WuM 1995, 168; LG Düsseldorf ZMR 2000, 675; Schmidt-Futterer/*Blank* BGB § 573 Rn. 81 jeweils für den Räumungsvergleich). Relevant kann dies zB werden im Falle einer Aufhebung des Mietvertrages wegen Streits über den vom Vermieter geltend gemachten Eigenbedarf (→ Form. D.VII Anm. 10).

10. Bei **später entstehenden Ansprüchen** ist unter Berücksichtigung der jeweiligen Umstände des Einzelfalls nach der herrschenden Meinung darauf abzustellen, ob durch den Vertrag nur der Streit über die Schlüssigkeit und Beweisbarkeit des Eigenbedarfstatbestandes beigelegt werden sollte oder ob die Parteien zugleich auch den Streit darüber beilegen wollten, ob die vom Vermieter dargelegte Eigenbedarfslage besteht oder ob sie nur vorgetäuscht war (OLG Frankfurt ZMR 1995, 67; offen gelassen durch BGH NJW 2009, 2059; zum Streit darüber auch *Haase* ZMR 2000, 653 ff. mit weiteren Nachweisen zur herrschenden Meinung S. 656 Fn. 35). Im letzteren Fall stehen danach dem Mieter Schadensersatzansprüche nicht zu. Häufig entstehen in der Praxis jedoch Probleme dadurch, dass im Aufhebungsvertrag der fragliche Punkt nicht eindeutig geregelt ist. Der BGH (NJW 2009, 2059) hat nunmehr entschieden, dass in dem Fall, dass der Mieter die Eigenbedarfskündigung für berechtigt halten durfte und in der Vorstellung, zur Räumung des Mietobjektes verpflichtet zu sein, einen Aufhebungsvertrag schließt, ein Schadensersatzanspruch nicht ausgeschlossen wird. In der Literatur wird zum Teil die Kausalität verneint, wenn der Mieter vor Vergleichsabschluss den Eigenbedarf bestritten hat (OLG Celle MDR 1995, 252; LG Gießen WM 1995, 252) oder wenn bei Vergleichsabschluss die Frage des Eigenbedarfs völlig ungeklärt ist. Weiter wird von einer abschließenden Regelung mit Ausschluss späteren Schadensersatzes ausgegangen, wenn der Mieter eine nicht unerhebliche Abstandssumme erhält oder der Vermieter auf fällige Schönheitsreparaturen verzichtet (OLG Frankfurt ZMR 1995, 67). Praktisch empfiehlt sich daher, im Aufhebungsvertrag ausdrücklich zu regeln, ob mit dem Vertrag auch Schadensersatzansprüche wegen vorgetäuschten Eigenbedarfs ausgeschlossen werden.

11. Umstritten ist, ob bei **Fortsetzung des Gebrauchs** nach dem durch den Aufhebungsvertrag bestimmten Zeitpunkt die Regelung des § 545 BGB über die stillschweigende Verlängerung des Mietvertrages angewandt werden kann. Zum Teil wird die Regelung für unanwendbar gehalten, da sich die Vertragspartei, die sich darauf beruft, in Widerspruch zu ihrem eigenen Verhalten bei Abschluss des Aufhebungsvertrages setze. Zum Teil wird die Regelung für grundsätzlich anwendbar gehalten, wobei es als Frage des Einzelfalls anzusehen sei, ob die Parteien die Regelung ausschließen wollten (so Bub/Treier/*Grapentin* MietR-HdB IV Rn. 540). Es empfiehlt sich daher, ausdrücklich eine Regelung zu treffen. Dies ist rechtlich möglich, da auf die Regelung des § 545 BGB verzichtet werden kann.

12. Der Mieter kann auf den **Widerspruch wegen unzumutbarer Härte** verzichten. § 574 Abs. 4 BGB, der für den Widerspruch gegen die Kündigung eine zum Nachteil des

Mieters abweichende Vereinbarung für unwirksam erklärt, ist beim Aufhebungsvertrag nicht anwendbar (Palandt/*Weidenkaff* BGB § 574 Rn. 3). Durch den Vertrag dürfen aber die Kündigungsbeschränkungen der §§ 573, 573a, 577a BGB und die Sozialklausel nicht umgangen werden, etwa dadurch, dass der Mieter bereits im Mietvertrag ein Angebot auf Abschluss eines Aufhebungsvertrages abgibt, das der Vermieter jederzeit annehmen kann. Der Verzicht ist auch nicht wirksam, wenn der Mieter auf jeglichen Räumungs- und Vollstreckungsschutz ohne Gegenleistung des Vermieters verzichtet (LG Heidelberg WM 1993, 397). Dies gilt insbesondere im Hinblick auf den Vollstreckungsschutz aus § 765a ZPO. Der Mieter kann nicht im Voraus, damit auch nicht mit Abschluss eines Aufhebungsvertrages, auf sein Recht verzichten, beim Vollstreckungsgericht wegen besonderer Härte die Aufhebung, einstweilige Einstellung oder Untersagung einer Zwangsvollstreckungsmaßnahme zu beantragen (vgl. dazu auch MüKoZPO/*Heßler* § 765a Rn. 97).

13. Die **Schriftformklausel** dient der Beweissicherung. Es soll ausgeschlossen werden, dass mündliche Nebenabreden abgeschlossen werden. Sie ist einvernehmlich aufhebbar.

14. Der Vertrag sollte das **Datum der Unterzeichnung** aufnehmen. Er muss zu seiner Gültigkeit von allen Beteiligten unterschrieben → Form. D.VII Anm. 2.

15. Für den Mietaufhebungsvertrag gilt das **Widerrufsrecht bei Haustürgeschäften** gemäß § 312 BGB, früher Haustürwiderrufsgesetz (OLG Braunschweig NZM 1999, 306; LG Heidelberg WM 1993, 397; Schmidt-Futterer/*Blank* BGB Vor § 535 BGB Rn. 75 ff; aA AG Halle WuM 2009, 651; Staudinger/*Rolfs* BGB § 542 Rn. 187). Voraussetzung ist, dass der Vermieter geschäftsmäßig handelt; dies wird bei einem Vermieter, der nur zwei Wohnungen hat, zu verneinen sein (BayOLG WM 1993, 383). Ferner muss der Vertrag an einem der in § 312 BGB aufgeführten Orte abgeschlossen worden sein, wobei hier insbesondere die Privatwohnung des Mieters in Betracht kommt.

Liegen die Voraussetzungen vor, muss die Belehrung über das Widerrufsrecht klar und eindeutig sein. Die Widerrufsfrist beträgt gemäß § 355 BGB nach dem Schuldrechtsmodernisierungsgesetz zwei Wochen. Erst nach Ablauf dieser Frist wird der Vertrag dann wirksam. Der Mieter muss die Belehrung unterschreiben, dann erst beginnt die Frist zu laufen.

16. **Kosten und Gebühren. Anwalt.** Gebühren nach §§ 13 ff. RVG Teil 2 VV-RVG berechnen sich gemäß § 23 Abs. 1 RVG iVm § 41 GKG. Der Streit ob der Brutto- oder der Nettomietzins zugrunde zu legen ist, hat sich durch die Neuregelung des § 41 Abs. 1 S. 2 GKG erübrigt. Danach errechnet sich der Streitwert aus dem Nettomietzins und nicht gesondert abzurechnenden Nebenkostenpauschalen.

VIII. Schadensersatz bei Kündigung

1. Schadensersatzpflicht des Vermieters bei wirksamer fristloser Kündigung des Mieters

. . . . .

(Mieter)[1]

an

. . . . .

(Vermieter)[2]

Sehr geehrte(r) . . . . ,[2]

durch Schreiben vom . . . . . habe ich den zwischen Ihnen und mir bestehenden Mietvertrag vom . . . . . über die Wohnung . . . . . fristlos gekündigt, da auf Grund der
Schimmelpilzbildung und der Feuchtigkeit in der Wohnung eine erhebliche Gesundheitsgefährdung für mich und meine Familie bestand. Mittlerweile habe ich eine neue
Wohnung bezogen.

Sie sind mir gegenüber für die mir durch den Wohnungswechsel entstandenen Kosten
schadensersatzpflichtig,[3] da Sie die fristlose Kündigung[4] veranlasst[5] haben. Ich mache
daher nunmehr[6] Ihnen gegenüber meinen Schaden geltend, den ich wie folgt berechne:[7]

Maklerkosten in Höhe von . . . . . EUR,[8]
Kosten für die Inanspruchnahme des Rechtsanwalts Dr. . . . . . in Höhe von
. . . . . EUR;[9]
Umzugskosten in Höhe von . . . . . EUR;[10]
Kosten für die Ummeldung des Telefons in Höhe von . . . . . EUR;[11]
Verdienstausfall in Höhe von . . . . . EUR,[12] während des Umzugs konnte ich meiner
Tätigkeit als selbstständiger Lkw-Fahrer nicht nachgehen. Dadurch ist mir der Ver-
dienstausfall entstanden. Eine Bescheinigung des Fuhrunternehmers lege ich bei.
Kosten für den Umbau der Regalwand in Höhe von . . . . . EUR;[13]
Kosten für die Neuanschaffung von Gardinen in Höhe von . . . . . EUR. Unsere
bisherigen Gardinen konnten nicht mehr verwendet werden, da die Fenster unserer
neuen Wohnung im Gegensatz zu denen der von Ihnen angemieteten bodentief sind;[13]
Kosten für den Umbau des Bades für unsere behinderte Tochter (Umbau der Dusche)
in Höhe von . . . . . EUR.[14]
Finanzierungskosten in Höhe von . . . . . EUR für die oben genannten, notwendig
gewordenen Neuanschaffungen;[15]
Kosten in Höhe von . . . . . EUR für die Beseitigung der Feuchtigkeitsschäden an der
Vitrine (Reparaturrechnung anbei). Die Vitrine stand genau im Bereich des entstande-
nen Feuchtigkeitsschadens.[16]
Weiter mache ich geltend die höheren Kosten für die von mir nunmehr zu zahlende
Miete in Höhe von monatlich . . . . . EUR.[17]

Die Rechnungen liegen anbei.

Den Gesamtbetrag von . . . . . überweisen Sie bitte innerhalb von 14 Tagen auf mein Konto Nr. . . . . . bei der . . . . . Bank; Bankleitzahl . . . . . Den höheren Mietbetrag bitte ich jeweils zum Monatsbeginn zu überweisen.

Soweit Sie bereits im Vorfeld darauf hingewiesen haben, dass ich den Feuchtigkeitsschaden selbst verursacht habe, weise ich dies nochmals ausdrücklich zurück. Der Schaden ist einzig und allein durch das feuchte Mauerwerk entstanden.[18]

Sollte innerhalb der oben genannten Frist keine Zahlung erfolgen, werde ich unverzüglich Klage erheben.[19]

. . . . .

(Mieter)

Anmerkungen

1. **Sachverhalt.** Im vorliegenden Fall hatte der Mieter den Mietvertrag fristlos gemäß § 569 Abs. 1 BGB wegen Gesundheitsgefährdung gekündigt. In der Wohnung waren erhebliche Feuchtigkeitsschäden verbunden mit Schimmelbildung aufgetreten. Ursache war eine fehlerhafte Isolierung der Außenwände.

2. **Formvorschriften** bestehen nicht; es empfiehlt sich, den Anspruch schriftlich geltend zu machen. Der Anspruch ist gerichtet gegen alle Vermieter.

3. Dem Mieter steht grundsätzlich ein **Schadensersatzanspruch** gegen den Vermieter zu, wenn er sich auf Grund einer Vertragsverletzung des Vermieters zu einer fristlosen Kündigung veranlasst sieht (MüKoBGB/*Bieber* § 543 Rn. 77). Der Anspruch ergibt sich aus §§ 280, 314 Abs. 4 BGB (Emmerich/Sonnenschein/*Emmerich* BGB § 536 Rn. 1).

Voraussetzung des Anspruchs ist, dass dem Mieter die Wohnung bereits übergeben war. Andernfalls ergibt sich ein Anspruch aus Verschulden bei Vertragsschluss gemäß §§ 281 oder 283 BGB (BGH NJW 1997, 2813 ff.), wonach auch nutzlose Aufwendungen erstattet werden können.

Der Mieter muss beweisen, dass der Vermieter eine Vertragsverletzung begangen hat (Schmidt-Futterer/*Blank* BGB § 542 Rn. 114). Nur wenn feststeht, dass die Schadensursache im Herrschafts- und Einflussbereich des Vermieters gesetzt wurde, muss sich dieser hinsichtlich des Verschuldens entlasten (vgl. BGH NZM 2006, 258 mwN).

4. Voraussetzung für den Schadensersatzanspruch ist eine **fristlose Kündigung.** Ob auch eine formell unwirksame Kündigung eine Schadensersatzpflicht – ggf. nach § 536a BGB – auslöst, ist strittig (vgl. BGH NZM 2013, 675 – wenn sie von einem sachlichen Grund getragen ist – Bub/Treier/*Fleindl* MietR-HdB IV Rn. 225; *Breiholdt* jM 2014, 95). Das AG Schöneberg (BeckRS 2013, 11484) lässt bereits die Androhung einer Kündigung ausreichen. Fehlt jede Angabe von Gründen führt die formell unwirksame Kündigung nach Ansicht des BGH (NZM 2011, 119 str.) nicht zu einem Schadensersatzanspruch. Als Kündigungsgründe kommen die §§ 543, 569 BGB in Betracht (→ Form. D.VI).

5. Der Schadensersatzanspruch setzt in der Regel ein **Verschulden des Vermieters** voraus, selbst dann, wenn die Möglichkeit zur fristlosen Kündigung kein Verschulden des Vermieters verlangt. Etwas anderes kann dann gelten, wenn der Vermieter bei einer Kündigung wegen fehlerhafter Gebrauchsüberlassung wegen seiner Garantiehaftung auch bei Nichtverschulden haftet. Dann ist für den Ersatzanspruch ein Verschulden ebenfalls nicht Voraussetzung (Bub/Treier/*Fleindl* MietR-HdB Rn. 306). In diesem Fall wird der Schadensersatzanspruch zT aus § 538 begründet (OLG Karlsruhe ZMR 1988, 223 (225)). Für das Verschulden von Erfüllungsgehilfen gilt § 278 BGB. Der Vermieter muss sich hinsichtlich des Verschuldens und des Vertretenmüssens entlasten (Schmidt-Futterer/*Blank* BGB § 542 Rn. 114).

Ein Mitverschulden des Mieters an der Zerrüttung des Vertrauensverhältnisses ist nach § 254 BGB zu berücksichtigen (MüKoBGB/*Bieber* § 543 Rn. 77).

Haben beide Vertragsparteien auf Grund schuldhaften Verhaltens ein Kündigungsrecht, kündigt aber nur der Mieter, steht ihm ein Schadensersatzanspruch in diesem Fall nicht zu (BGHZ 44, 271 (277) für § 628 BGB; BGH NJW 1981, 1264; OLG München IMR 2019, 149; KG GE 2002, 258; OLG Frankfurt/M. ZMR 1993, 64).

6. Eine **Abmahnung** oder Androhung ist nicht Voraussetzung (BGH WM 1988, 52) ebenso wenig eine Nachfristsetzung (BGH NJW 1984, 2687), der Schadensersatzanspruch kann unmittelbar geltend gemacht werden. Der Anspruch verjährt nach § 195 BGB in der seit 1.1.2002 geltenden Fassung innerhalb von 3 Jahren, wobei die Frist ab dem Zeitpunkt zählt, ab dem der Mieter von dem Anspruch Kenntnis hatte oder hätte haben können (vgl. auch KG NJOZ 2015, 685).

7. Die **Höhe des Schadens** bemisst sich nach der Differenz zwischen der vorhandenen Vermögenslage und derjenigen, die bei weiterer ordnungsgemäßer Erfüllung eingetreten wäre, wobei nur Vermögensminderungen zu berücksichtigen sind, die durch die fristlose Kündigung verursacht worden sind. Der Anspruch auf Schadensersatz geht dementsprechend dahin, den Geschädigten vermögensmäßig so zu stellen, wie er bei ordnungsgemäßer Erfüllung des Vertrages gestanden hätte, nicht besser und nicht schlechter (BGH WuM 2000, 598 (600)). Zu erstatten ist der Schaden des Mieters sowie aller sonstigen in den Schutzbereich einbezogenen Personen (Schmidt-Futterer/*Eisenschmidt* BGB § 536a Rn. 76).

8. **Maklerkosten** in der ortsüblichen Höhe für die neu angemietete Wohnung sowie auch sonstige für die Beschaffung der neuen Wohnung aufgewandte Kosten (Anzeigenkosten, Telefonkosten, Kosten der Anmietung wie zB Kosten für eine Mietbürgschaft) sind in der Regel zu erstatten. Bei Maklerkosten ist zu prüfen, ob die Einschaltung eines Maklers erforderlich war. Das ist jedenfalls dann zu bejahen, wenn schnell eine Wohnung gefunden werden muss und dem Mieter eine Suche mittels Anzeigen selbst zeitlich nicht zumutbar ist (vgl. für Gewerberaummiete BGH WuM 2000, 598 (601)) oder wenn eine adäquate Wohnung nur über einen Makler angeboten wird.

Hat der Mieter im Vertrauen auf den Fortbestand des Mietverhältnisses Aufwendungen gehabt, sind ihm diese gemäß §§ 284, 311a Abs. 2 BGB zu ersetzen. Voraussetzung ist, dass er diese vergeblich gemacht hat und billigerweise machen durfte (Schmidt-Futterer/*Blank* BGB § 542 Rn. 115). Hätten die Aufwendungen allerdings auch bei Vertragserfüllung ihren Zweck nicht erreicht, besteht kein Anspruch. Nach herrschender Meinung ist § 284 BGB auch im Rahmen des § 536a BGB anwendbar (MüKoBGB/*Häublein* § 536a Rn. 17 mwN). Hierzu können auch Kosten für das Herrichten der Räume sowie Maklerkosten gehören (vgl. etwa LG Itzehoe BeckRS 2012, 15092 – quotale Erstattung ausgehend davon, dass eine Mietdauer von 30 Monaten veranschlagt wird; LG Köln NJW-RR 1993, 254). Der Anspruch entfällt allerdings, wenn der Mieter gleichartige Aufwendungen, etwa Gardinen, auch für die neue Wohnung geltend macht. Da diese uneingeschränkt zu ersetzen ist, ist der Anspruchsberechtigte damit so gestellt, als wenn er seine nutzlos gewordenen Investitionen weiter hätte nutzen können (s. BGH WuM 2000, 598 (600)). Zudem kann sich ein Bereicherungsanspruch dann ergeben, wenn der Vermieter früher als vereinbart in den Genuss von Verwendungen des Mieters kommt und dadurch Vorteile in Form höheren Mietzinses oÄ erwirtschaftet oder hätte erzielen können (BGH WuM 2000, 598 (601)).

9. **Kosten für die Inanspruchnahme eines Rechtsanwaltes** sind ebenfalls erstattungsfähig, soweit sie vertretbar sind. Insbesondere muss die Inanspruchnahme eines Rechtsanwaltes erforderlich sein. Dies ist dann der Fall, wenn der Mieter wegen der weiteren zu erwartenden Auseinandersetzungen Anlass hat, sich an einen Fachmann zu wenden (LG Köln NJW-RR 1993, 524 (525)). Auch weitere Kosten der Rechtsverfolgung, wie die

Kosten eingeholter Gutachten (LG Koblenz; BeckRS 2016, 2286) oder besonderer Beweisverfahren (LG Köln WuM 1990, 387) sind zu erstatten.

Zu den insoweit ersatzfähigen Kosten gehören auch Kosten eines Prozesses gegen Dritte, wenn der Mieter diesen zur Schadensabwehr führt und wenn für die Rechtsverfolgung ein rechtfertigender Anlass bestand oder wenn der Prozess durch das haftungsbegründende Verhalten des Vermieters herausgefordert wurde und eine nicht ungewöhnliche Reaktion darstellt. Dies ist etwa dann der Fall, wenn der Mieter vom Eigentümer auf Herausgabe der Wohnung verklagt wird und der Zwischenmieter die Kündigung verschuldet hat (vgl. dazu OLG Hamburg WuM 1995, 160). Die Kosten eines Räumungsvergleichs sind dann zu erstatten, wenn der Vergleich in vertretbarer Würdigung der Sach- und Rechtslage abgeschlossen wurde (OLG Hamburg WuM 1995, 160).

10. **Kosten des Umzugs** sind zu erstatten. Dabei dürfen allerdings nur die allgemein üblichen Kosten verlangt werden. Der Mieter hat darauf zu achten, dass er nicht überteuerte Preise akzeptiert. Soweit besondere Kosten anfallen (zB Klaviertransport) sind auch diese Kosten zu ersetzen. Problematisch kann es sein, die Kosten für einen Privatumzug darzulegen. Insoweit ist dem Mieter anzuraten, genau festzuhalten, wie viele Personen ihm geholfen haben und wie viel Stunden sie beschäftigt waren. Auch der eigene Arbeits- und Zeitaufwand des Mieters ist zu ersetzen, da die Arbeitskraft einen Marktwert hat und bei wertender Betrachtung vom Schadensersatz nicht auszugrenzen ist (dazu BGH NJW 1996, 921 (922); BGH NJW-RR 2001, 887; BGH BeckRS 2010, 03755). Kosten für die vorübergehende **Einlagerung von Möbeln** sind zu erstatten. Der Mieter muss dann darlegen, warum die Einlagerung erforderlich und nicht vermeidbar war.

11. Weitere durch den Umzug entstehende und mit ihm unmittelbar zusammenhängende Kosten sind ebenfalls zu erstatten. Dazu zählen neben den Kosten für die Ummeldung des Telefons auch Kosten für die Mitteilung der Adressenänderung.

12. **Verdienstausfall,** der durch den erzwungenen Umzug entstanden ist, ist zu erstatten ebenso wie Gewinnentgang, und – soweit sie einen Marktwert hat – die Vergütung der eigenen Arbeitskraft (AG Hamburg St. Georg WuM 2006, 302 (303); → Form. D.VIII.1 Anm. 10).

13. Kosten, die für die **Herrichtung der Ersatzräume zum vertragsgemäßen Gebrauch** aufgewandt werden, müssen ebenfalls ersetzt werden. Es empfiehlt sich, bei diesen Kosten eine genaue Begründung zu geben, damit der Vermieter seine Ersatzpflicht von vornherein nachprüfen kann (s. dazu auch LG Essen ZMR 1989, 372). Erstattungsfähig sind Kosten für neue Gardinen nebst Zubehör, für neue Lampen, für die Anschaffung von Spiegeln, Einbauschränken oder für die Neuanschaffung von Kücheneinrichtungsgegenständen, wenn die Neuanschaffung auf Grund des Umzugs erforderlich war (str. aA Schmidt-Futterer/*Blank* BGB § 542 Rn. 119, da der Mieter hierfür einen entsprechenden bleibenden Gegenwert erzielt). Jedenfalls dann, wenn frühere entsprechende Investitionen, zB Gardinen, aufgrund des erzwungenen Umzugs nutzlos werden, dürfte ein Ersatzanspruch zu bejahen sein (→ Form. D.VIII.1 Anm. 8). Zu ersetzen sind ferner die Kosten für den Umbau von Einrichtungsgegenständen, die wegen veränderter Maße an die neue Wohnung angepasst werden müssen. Renovierungskosten sowie die Kosten für neue Fußbodenbeläge können ebenfalls geltend gemacht werden.

Im Wege der **Vorteilsausgleichung** kann berücksichtigt werden, dass derartige Kosten in absehbarer Zeit ohnehin entstanden wären (*Wolf/Eckert/Günter* Gewerbl. Miet-/Pacht-/LeasingR-HdB Rn. 1174). Ferner ist in diesem Zusammenhang zu berücksichtigen, wenn der Mieter aus der ehemaligen Wohnung stammende Gegenstände anderweitig verwertet oder verwerten kann, etwa durch Verkauf an den Nachmieter. Die dadurch erzielten Erlöse muss er sich anrechnen lassen.

Kosten für die Ausstattung der bisherigen Wohnung können daneben nur geltend gemacht werden, wenn sie durch den Umzug nutzlos geworden sind (→ Form. D.VIII.1 Anm. 8).

14. Auch die Herrichtung des Bades für die behinderte Tochter gehört zu den erstattungsfähigen Kosten. Soweit dem Mieter auf Grund persönlicher Umstände erhöhte Kosten für die Herrichtung der Ersatzräume entstehen, z.B. auf Grund einer Behinderung, sind diese zu ersetzen, soweit diese Ausstattung bereits in der bisherigen Wohnung vorhanden war und vom Mieter eingebracht wurde (Schmidt-Futterer/*Eisenschmid* BGB § 536a Rn. 87; LG Hamburg WM 1987, 218).

15. Zu erstatten sind weiter die Kosten für **zusätzliche Finanzierungen,** die bei einem Verbleiben in der Wohnung nicht angefallen wären. Dazu zählen insbesondere die Kosten für die Finanzierung der neu anzuschaffenden Gegenstände, der Renovierungskosten und des Umzugs.

16. Kosten für **Schäden an vom Mieter eingebrachten Sachen,** so auch Beschädigung von Möbeln (OLG Celle NJW-RR 1996, 521 = ZMR 1996, 197; Schmidt-Futterer/*Eisenschmid* BGB § 536a Rn. 85) sind ebenfalls erstattungsfähig. Hierbei handelt es sich jedoch nicht um einen aus der fristlosen Kündigung entstehenden Schadensersatzanspruch, sondern um einen Anspruch wegen Mängeln der Mietsache, → Form. B.I.10. Die Ansprüche bestehen nebeneinander.

17. Soweit der Mieter für die neu angemieteten Räume eine **höhere Miete** zahlen muss, ist die Differenz Gegenstand des Schadensersatzanspruchs. Dies gilt aber nur dann, wenn die Wohnung in Ausstattung und Größe mit der früheren Wohnung vergleichbar ist. Nicht zu erstatten ist die Differenz auch dann, wenn die Miete der neuen Wohnung auf Grund der Lage erheblich höher ist. Mögliche Mieterhöhungen für die bisherige Wohnung sind zu berücksichtigen (LG Berlin MM 1994, 176). Insoweit kommt es immer auf den Einzelfall an; allgemein gültige Aussagen können nicht getroffen werden. Zu berücksichtigen ist stets, dass der Vermieter durch die Vorteilsausgleichung nicht unbillig entlastet werden soll und dass andererseits der Mieter nicht zwingend den höheren Wohnwert erstrebt hat. Daraus kann allerdings nicht gefolgert werden, dass der Mieter eine bessere und teurere Wohnung mieten und anschließend Schadensersatz verlangen kann. Er muss vielmehr nachweisen, dass er eine gleichwertige Wohnung nicht hat anmieten können. Der Mieter muss es sich allerdings nicht als Vorteil anrechnen lassen, wenn er in Zukunft einen niedrigeren Mietzins zahlt (OLG Hamburg WM 1995, 160 (163)).

Der Anspruch wird jeweils fällig zu den Zeitpunkten, an denen die durch die Kündigung ausgefallenen Mietzinsraten fällig geworden wären. Geschuldet wird die Differenz bis zu dem Zeitpunkt, an dem das Mietverhältnis hätte beendet werden können. Das ist bei befristeten Mietverhältnissen der Fristablauf (BGH NJW 1984, 2687), bei unbefristeten der Zeitpunkt, zu dem erstmals eine ordentliche Kündigung wirksam geworden wäre. Streitig ist, wie lange der Vermieter die Mietzinsdifferenzen zu zahlen hat, wenn ihm kein Kündigungsgrund zusteht. Zum Teil wird ein zeitlich unbegrenzter Anspruch bejaht (Schmidt-Futterer/*Blank* BGB § 542 Rn. 118), zum Teil wird der Anspruch zeitlich begrenzt (LG Köln WM 1992, 14 – 3 Jahre; LG Darmstadt WM 1995, 165 – 4 Jahre). Der BGH (NZM 2010, 273) hat diese Frage noch nicht ausdrücklich entscheiden, aber die Schadensschätzung der Vorinstanz (LG Hamburg BeckRS 2010, 03213), wonach der Ersatz der Mietdifferenz in Anlehnung an § 9 ZPO auf 3 1/2 Jahre zu begrenzen ist (ebenso *Sternel* MietR aktuell XI Rn. 193) nicht beanstandet. Der Vermieter kann aber jederzeit darlegen und beweisen, dass er einen anderen Kündigungsgrund hätte oder dass der Mieter hätte ausziehen müssen (etwa weil seine Familie sich vergrößert hat oder er in eine andere Stadt umgezogen ist). Der Anspruch entfällt dann ab dem Eintritt dieser Voraussetzungen.

18. Der Mieter muss sich anrechnen lassen, wenn er den Schaden mit verschuldet hat; dann kann sein Anspruch nach § 254 BGB gemindert oder ganz ausgeschlossen sein. Der Mieter muss sich vertragsgerecht verhalten; er hat bei auftretenden Mängeln eine Anzeigepflicht; er muss bei der Beseitigung mitwirken (zB muss er Handwerkern Zugang für die Mängelbeseitigung gewähren). Er muss den Eintritt weiteren Schadens vermindern, soweit ihm dies zumutbar ist, etwa indem er bei der Gefahr eines Wassereintritts wasserempfindliche Teile abdeckt (OLG Karlsruhe NJW-RR 1988, 528 = ZMR 1988, 52; AG Charlottenburg Grundeigentum 2009, 203 Schutz von im Keller eingelagerten Gegenständen vor Rattenbefall). Er ist ferner verpflichtet, im Rahmen seiner Schadensminderungspflicht gemäß § 254 Abs. 2 S. 1 BGB den Vermieter auf die Gefahr eines ungewöhnlich hohen Schadens hinzuweisen (BGH WM 1988, 52). Es kann ihm allerdings nicht zur Last gelegt werden, wenn er nicht unmittelbar fristlos kündigt, sondern zunächst noch abwartet, da dann der Vermieter auf Kosten des Mieters unangemessen begünstigt würde (vgl. Schmidt-Futterer/*Eisenschmidt* BGB § 536a Rn. 99).

Es ist eine taktische Frage, ob der Mieter bereits im Anspruchsschreiben das Problem des Mitverschuldens anschneiden sollte. Dies ist allenfalls zu empfehlen, wenn bereits vorher über diesen Punkt gestritten wurde. Ansonsten ist es Sache des Vermieters, ein Mitverschulden geltend zu machen.

19. Kosten und Gebühren. Anwalt. Gebühren nach 13 ff. RVG, Teil 2 VV-RVG §§ 2, 23 RVG, 39 GKG, 3 ZPO berechnet nach dem Wert der Schadensersatzforderungen.

2. Schadensersatzpflicht des Mieters bei wirksamer fristloser Kündigung des Vermieters

. . . . .

(Vermieter)[1]

an

. . . . .

(Mieter)[2]

Sehr geehrte(r) . . . . .,[2]

durch Schreiben vom . . . . . habe ich den zwischen Ihnen und mir bestehenden Mietvertrag vom . . . . . über die Wohnung . . . . . fristlos gekündigt, da Sie den Hausfrieden durch ständige Beleidigungen Ihrer Mitmieter und durch erheblichen Lärm gestört haben.

Sie sind mir gegenüber zum Schadensersatz verpflichtet,[3] da Sie die fristlose Kündigung[4] verschuldet haben.[5] Den mir entstandenen Schaden[6] berechne ich nunmehr[7] wie folgt:

Mietzinsausfall für die Monate . . . . . und . . . . . in Höhe von . . . . . EUR,[8] da die Wohnung mangels Nachmieter nicht unmittelbar vermietet werden konnte;
Mietzinsausfall in Höhe von . . . . . EUR für den Monat . . . . .,[9] da die Wohnung nur zu einem geringeren Mietzins vermietet werden konnte;[10]
Mietzinsausfall für die Monate . . . . . und . . . . . in Höhe von . . . . . EUR, da der Nachmieter zahlungsunfähig ist[11]
Anzeigenkosten in der . . . . . Zeitung am . . . . ., am . . . . . und am . . . . . in Höhe von . . . . . EUR; ein Nachmieter konnte erst auf Grund der dritten Anzeige gefunden werden;[12]

Kosten in Höhe von . . . . . EUR für den Umbau der Wohnung nach Ihrem Auszug. Das von Ihnen eingebrachte Hochbett musste ausgebaut werden, da der Nachmieter dieses nicht übernehmen wollte.[13]
Kosten für die Inanspruchnahme eines Rechtsanwaltes zur Durchsetzung der Kündigung in Höhe von . . . . . EUR;[14]
. . . . . EUR an Minderungen, die Ihre Mitmieter . . . . . und . . . . . für den Zeitraum . . . . . berechtigt wegen Ihres Verhaltens geltend gemacht haben.[15]

Rechnungen liegen anbei.

Den Gesamtbetrag von . . . . . EUR überweisen Sie bitte innerhalb von 14 Tagen auf mein Konto IBAN Nr. . . . .

Sollte innerhalb der oben genannten Frist keine Zahlung erfolgen, werde ich unverzüglich Klage erheben.[16]

. . . . .

(Vermieter)

Anmerkungen

1. Sachverhalt. Im vorliegenden Fall hatte der Vermieter dem Mieter wegen Störung des Hausfriedens gemäß § 569 Abs. 2 BGB gekündigt. Nach Auszug des Mieters hatte der Vermieter versucht, einen Nachmieter über Anzeigen zu finden, was ihm nach zwei Monaten gelang. Allerdings zahlte dieser eine geringere Miete.

2. Formvorschriften bestehen nicht; es empfiehlt sich den Anspruch schriftlich geltend zu machen. Der Anspruch richtet sich gegen alle am Vertrag beteiligten Mieter.

3. Dem Vermieter steht grundsätzlich ein **Schadensersatzanspruch** gegen den Mieter zu, wenn er sich auf Grund einer Vertragsverletzung des Mieters zu einer fristlosen Kündigung veranlasst sieht (MüKoBGB/*Bieber* § 543 Rn. 77). Der Anspruch ergibt sich aus §§ 280, 314 Abs. 4 BGB (Emmerich/Sonnenschein/*Emmerich* BGB § 536 Rn. 1; Schmidt-Futterer/*Blank* BGB § 542 Rn. 102).
Der Vermieter muss beweisen, dass der Mieter eine Vertragsverletzung begangen hat (Schmidt-Futterer/*Blank* BGB § 542 Rn. 103).

4. Voraussetzung für den Schadensersatzanspruch ist eine **fristlose Kündigung.** Ob auch eine formell unwirksame Kündigung eine Schadensersatzpflicht auslöst, ist strittig (vgl. Bub/Treier/*Fleindl* MietR-HdB IV Rn. 225, str. vgl. auch *Breiholdt* jM 2014, 95). Das AG Schöneberg (BeckRS 2013, 11484) lässt bereits die Androhung einer Kündigung ausreichen. Fehlt jede Angabe von Gründen führt die formell unwirksame Kündigung nach Ansicht des BGH (NZM 2011, 119, str.) nicht zu einem Schadensersatzanspruch. Als Kündigungsgründe kommen dabei die §§ 543, 569 BGB in Betracht (→ Form. D.VI) Ein Schadensersatzanspruch kommt aber auch in Betracht, wenn das Mietverhältnis nicht im Wege der Kündigung, sondern durch einen Aufhebungsvertrag beendet wurde (KG GE 1999, 44). Voraussetzung ist, dass eine Vertragsverletzung Anlass der Vertragsaufhebung war und dass der Vertrag keine Regelung bezüglich des Schadensersatzes trifft.

5. Der Schadensersatzanspruch setzt ein **Verschulden des Mieters** voraus. Er kann daher entfallen, wenn die fristlose Kündigung durch einen schuldunfähigen Mieter oder sonst ohne sein Verschulden veranlasst wurde. Für das Verschulden von Erfüllungsgehilfen gilt § 278 BGB. Der Mieter muss sich hinsichtlich des Verschuldens und des Vertretenmüssens entlasten (Schmidt-Futterer/*Blank* BGB § 542 Rn. 103).

Ein Mitverschulden des Vermieters an der Zerrüttung des Vertrauensverhältnisses ist nach § 254 BGB zu berücksichtigen (MüKoBGB/*Bieber* § 543 Rn. 77).

Haben beide Vertragsparteien auf Grund schuldhaften Verhaltens ein Kündigungsrecht, kündigt aber nur der Vermieter, steht ihm ein Schadensersatzanspruch in diesem Fall nicht zu (BGHZ 44, 271 (277) für § 628 BGB; BGH NJW 1981, 1264; OLG München IMR 2019, 149; KG GE 2002, 258; OLG Frankfurt/M. ZMR 1993, 64).

6. Die **Höhe des Schadens** bemisst sich nach der Differenz zwischen der vorhandenen Vermögenslage und derjenigen, die bei weiterer ordnungsgemäßer Erfüllung eingetreten wäre, wobei nur Vermögensminderungen zu berücksichtigen sind, die durch die fristlose Kündigung verursacht worden sind. Der Anspruch auf Schadensersatz geht dementsprechend dahin, den Geschädigten vermögensmäßig so zu stellen, wie er bei ordnungsgemäßer Erfüllung des Vertrages gestanden hätte, nicht besser und nicht schlechter (BGH WuM 2000, 598 (600)).

7. Eine **Abmahnung** oder Androhung ist nicht Voraussetzung (BGH WM 1988, 52) ebenso wenig eine Nachfristsetzung (BGH NJW 1984, 2687; LG Saarbrücken ZMR 2015, 32). Der Anspruch verjährt nach § 548 BGB innerhalb von sechs Monaten, beginnend ab Rückgabe der Mietsache (BGH NZM 2014, 242) und der Kenntnis des Vermieters von der Rückgabe (BGH NZM 2014, 128).

8. Der **Mietzinsausfall** ist der wichtigste Posten des Schadensersatzanspruchs des Vermieters. Der Vermieter ist so zu stellen, als wenn die Vertragsbeendigung nicht eingetreten wäre und das Mietverhältnis fortgeführt worden wäre (BGH WM 1979, 236), dies gilt auch im Falle einer Kündigung wegen Zahlungsverzugs (Bub/Treier/*Fleindl* MietR-HdB IV Rn. 307; aA LG Marburg ZMR 1995, 595). Wird der Untermieter verklagt, haftet er nur im Umfang der von ihm tatsächlich gezogenen Nutzungen (BGH NZM 2014, 582). Der Anspruch wird jeweils fällig zu den Zeitpunkten, an denen die durch die Kündigung ausgefallenen Mietzinsraten fällig geworden wären. Geschuldet wird die Differenz bis zu dem Zeitpunkt, an dem das Mietverhältnis hätte beendet werden können. Das ist bei befristeten Mietverhältnissen der Fristablauf (BGH NJW 1984, 2687), bei unbefristeten der Zeitpunkt, zu dem erstmals eine ordentliche Kündigung wirksam geworden wäre (BGH MDR 1998, 20 (22); LG Berlin WM 1999, 363), also gemäß § 573c BGB nach drei Monaten. Zu ersetzen ist der Nettomietzins. Außerdem kann der Vermieter auch die verbrauchsunabhängigen Betriebskosten als Kündigungsfolgeschaden ersetzt verlangen. Diese Kosten hätte der Mieter bei Fortbestand des Mietverhältnisses in jeden Fall zu zahlen gehabt, da ihr Entstehen von der tatsächlichen Nutzung unabhängig ist (vgl. auch OLG Frankfurt/M. WuM 1998, 24 (27)). Der Anspruch besteht auch, wenn der Mietausfall wegen einer erforderlichen Renovierung entstanden ist (Schmidt-Futterer/*Blank* BGB § 542 Rn. 106). Der Vermieter muss dann allerdings darlegen und beweisen, dass ihm bei ordnungsgemäßer Rückgabe eine sofortige Weitervermietung möglich gewesen wäre (OLG Frankfurt DWW 1992, 336).

9. Die **Vermietung an einen neuen Mieter** muss sich der Vermieter als **Vorteil** anrechnen lassen. Soweit nur eine Vermietung zu einem niedrigeren Mietzins möglich ist, schuldet der ersatzpflichtige Mieter die Differenz (OLG Frankfurt/M. WuM 1998, 24 (27)). Der Vermieter muss sich jedoch nicht die Vorteile anrechnen lassen, die er dadurch hat, dass er nach Ablauf des Zeitraums, für den er Mietzinsausfall geltend macht, die Wohnung für einen höheren Mietzins vermietet.

10. Im Rahmen seiner **Schadensminderungspflicht** muss sich der Vermieter um eine schnelle Weitervermietung bemühen. Er muss Maßnahmen ergreifen, die ein ordentlicher und verständiger Mensch zur Schadensabwendung oder Minderung ergreifen würde, etwa Anzeigen schalten oder einen Makler beauftragen. Mit zunehmender Zeitdauer erhöhen sich die Anforderungen an die Bemühungen zur Vermietung der Wohnung, der Vermieter muss seine Tätigkeiten intensivieren (LG Lüneburg WuM 2002, 267 – 6 Monate seit Auszug). Ihm ist zunächst eine Überlegungs- und Auswahlfrist zuzugestehen. Dabei muss er nicht „um jeden Preis" vermieten. Er muss sich hinsichtlich der Differenz nicht auf einen Anspruch gegen den Mieter verweisen lassen (OLG Frankfurt WM 1998, 24). Häufig wird es problematisch sein, ob ein Verstoß gegen die Schadensminderungspflicht vorliegt, wenn der Vermieter die Wohnung unter dem vorherigen Mietzins weitervermietet, oder ob ihm ein Verstoß vorzuhalten ist, wenn er die Weitervermietung zu einem niedrigeren Mietzins ablehnt. Hier kommt es immer auf die Umstände des Einzelfalls an. Eine Rolle spielt dabei zum einen die Höhe der Mietpreisdifferenz und die aktuelle Lage auf dem Wohnungsmarkt. Will der Vermieter eine moderate Erhöhung der Miete durchsetzen, kann ihm dies nicht zwingend als nachteilig im Rahmen des Mitverschuldens entgegengehalten werden (KG GE 2001, 1402). Die Voraussetzungen eines Verstoßes gegen die Schadensminderungspflicht muss der Mieter darlegen und beweisen. Er muss substantiiert darlegen, weshalb eine frühere Neuvermietung möglich gewesen wäre (LG Berlin WM 1999, 363). Der Vermieter muss aber an der Sachaufklärung mitwirken; er muss insbesondere darlegen, was im Einzelnen er zum Zwecke der Weitervermietung unternommen hat (OLG Schleswig WM 2000, 355; *Sternel* WuM 2009, 699 (706)).

Die zeitweilige unentgeltliche Überlassung der Mietsache an einen Dritten schließt den Schadensersatzanspruch nicht zwingend aus (OLG Düsseldorf ZMR 1985, 89). Das Problem der Weitervermietung ist für den Schadensersatzanspruch gegen den Mieter dadurch „entschärft" worden, dass der Mieter bei unbefristeten Mietverhältnissen nach § 573c BGB immer mit einer Frist von 3 Monaten ordentlich kündigen kann.

11. Wird der Nachmieter vertragsbrüchig oder zahlungsunfähig, muss der ursprüngliche Mieter bis zu dem Zeitpunkt, wo das Mietverhältnis hätte beendet werden können, für den Mietausfall einstehen (OLG Düsseldorf GuT 2002, 23). Streitig ist, ob der Vermieter sich unmittelbar an den früheren Mieter halten kann (so OLG Naumburg WuM 1998, 283; Schmidt-Futterer/*Blank* BGB § 542 Rn. 111) oder ob er erst den Nachmieter vergeblich in Anspruch genommen haben muss (KG GE 2002, 329).

12. Die **Kosten für die Suche nach einem Mietnachfolger** (Anzeigekosten, Maklerkosten, Kosten für Telefonate, Porto) sind vom Mieter zu erstatten, soweit sie erforderlich sind. Sie sollten möglichst genau belegt werden. Eine Schadensschätzung ist zB bei den Telefonkosten möglich. Dann aber müssen Anzahl, Dauer und Entfernung in etwa angegeben werden. Allgemeiner Aufwand wie Besichtigungstermine, Wohnungsabnahme etc sind demgegenüber nicht erstattungsfähig, da sie zum üblicherweise anfallenden Aufwand zählen (Schmidt-Futterer/*Blank* BGB § 542 Rn. 113).

13. Der Anspruch auf Ersatz von Kosten, die aufgewandt werden, um die **Wohnung** zur Neuvermietung **wieder herzurichten,** ist in der Regel ein noch aus dem Mietverhältnis herzuleitender Anspruch wegen der Nichtdurchführung von Schönheitsreparaturen oder Instandsetzungsarbeiten, → Form. F.II.4–9. Die Ansprüche ergänzen sich. Der Mieter ist verpflichtet, die Wohnung in einem Zustand zurück zu geben, die eine baldige Wiedervermietung ermöglicht, andernfalls ist er schadensersatzpflichtig (BGH NZM 2014, 72: Rückgabe in ausgefallenen farblichen Zustand). Verschlechterungen der Wohnung, die sich nicht mehr durch Schönheitsreparaturen beseitigen lassen, sondern darüber hinausgehende Instandsetzungsarbeiten erfordern, begründen ebenfalls einen Schadensersatzanspruch gemäß § 280 BGB (BGH NZM 2008, 318: exzessives Rauchen). Sonstige Kosten, die der Vermieter aufwendet, um eine Neuvermietung zu ermöglichen, etwa der Einbau eines Bades, können nur in absoluten Ausnahmefällen ersetzt verlangt werden. Ebenso sind Aufwendungen, die der Vermieter für die Verbesserung der Mieträume gemacht hat, durch die Kündigung nicht nutzlos geworden; sie begründen keinen

Schadensersatzanspruch (OLG Düsseldorf ZMR 1988, 94). Aufwendungen, die durch den Auszug des Mieters wegfallen, sind als Vorteile des Vermieters anzurechnen.

14. Kosten der Rechtsverfolgung sind, soweit erforderlich, zu erstatten, insbesondere Rechtsanwaltskosten. Erforderlich ist die Hinzuziehung eines Rechtsanwaltes insbesondere dann, wenn der Vermieter wegen der weiteren zu erwartenden Auseinandersetzungen Anlass hat, sich an einen Fachmann zu wenden, insbesondere bei schwierigen Sach- und Rechtslagen. Ein derartiges Vorgehen ist dann zur Schadensabwendung vernünftig und zweckmäßig (OLG Frankfurt/M. WM 1998, 24 (27)). Einem Vermieter, der über rechtskundiges Personal verfügt, oder der selbst geschäftserfahren ist, ist in der Regel zuzumuten, selbst zu kündigen (Schmidt-Futterer/*Blank* BGB § 542 Rn. 105), insbesondere bei einer fristlosen Kündigung wegen Zahlungsverzugs (BGH WuM 2012, 262; NJW 2011, 296). Auch weitere Kosten der Rechtsverfolgung, wie die Kosten eingeholter Gutachten oder besonderer Beweisverfahren (LG Köln WuM 1990, 387) sind zu erstatten, ebenso Prozesskosten gegen Dritte, wenn der Prozess wegen des Verhaltens des Mieters erforderlich und zur Schadensabwendung geboten war. Dies können etwa Kosten sein, die entstanden sind, weil der Vermieter auf Veranlassung des Mieters unberechtigt gegen Mitmieter geklagt hat (*Kossmann/Meyer-Abich* Wohnraummiete-HdB § 123 Rn. 17). Der Vermieter ist gemäß § 254 BGB verpflichtet, den Schaden zu mindern, dh er muss notwendige Schritte sorgfältig prüfen; insbesondere darf er sich nicht ohne weitere Nachforschungen auf Auskünfte Dritter verlassen und aussichtslose Prozesse anstrengen.

15. Weiter können Kosten geltend gemacht werden, die dadurch entstanden sind, dass Mitmieter auf Grund von Mietstörungen des gekündigten Mieters berechtigt Minderungen geltend gemacht haben (*Kossmann/Meyer-Abich* Wohnraummiete-HdB § 66 Rn. 3).

16. Kosten und Gebühren. Anwalt. Gebühren nach 13 ff. RVG, Teil 2 VV-RVG §§ 2, 23 RVG, 39 GKG, 3 ZPO berechnet nach dem Wert der Schadensersatzforderungen.

3. Schadensersatzpflicht des Vermieters bei unberechtigter Kündigung

. . . . .

(Mieter)[1]

an

. . . . .

(Vermieter)[2]

Sehr geehrte(r) . . . . .,[2]

hiermit fordere ich Sie auf, mir bis zum . . . . . EUR als Schadensersatz, dafür zu zahlen, dass ich auf Grund Ihrer unberechtigten Kündigung wegen Eigenbedarfs aus der von Ihnen mit Mietvertrag vom . . . . . gemieteten Wohnung im 1. Obergeschoss des Hauses . . . . . ausgezogen bin.[3]

Mit Schreiben vom . . . . . haben Sie den og zwischen uns bestehenden Mietvertrag zum . . . . . wegen Eigenbedarfs gekündigt.[4] Sie haben angegeben, dass Sie von Frankfurt nach Köln ziehen wollen und deshalb die Wohnung selbst benötigen. Tatsächlich sind Sie aber nicht nach Köln, sondern nach Hamburg verzogen. Bereits am . . . . . haben Sie dort ein neues Arbeitsverhältnis angetreten. Zum . . . . . haben Sie Herrn . . . . . als Makler den Auftrag erteilt, die von mir gemietete Wohnung zu verkaufen. Daraus kann ich nur schließen, dass Sie entweder nie vorhatten, die Wohnung zu beziehen,[5] oder dass sich Ihre Pläne geändert haben,[6] worauf Sie mich nicht hingewiesen haben.[7]

Nachdem ich unter dem Druck einer drohenden Räumungsklage eine neue Wohnung gefunden hatte, haben wir uns am . . . . . darauf geeinigt, dass ich die Wohnung zum . . . . . räume.[8]

Auf Grund dieser unberechtigten Kündigung sind Sie verpflichtet, den mir durch den Umzug entstandenen Schaden zu ersetzen. Die Höhe des Schadens[9] beziffere ich wie folgt:

> Maklerkosten in Höhe von . . . . . EUR,[10]
> Kosten für die Inanspruchnahme des Rechtsanwalts Dr. . . . . . . in Höhe von . . . . . EUR;[11]
> Detektivkosten in Höhe von . . . . . EUR;[12]
> Umzugskosten in Höhe von . . . . . EUR;[13]
> Kosten für die Ummeldung des Telefons in Höhe von . . . . . EUR;[14]
> Verdienstausfall in Höhe von . . . . . EUR,[15] während des Umzugs konnte ich meiner Tätigkeit als selbstständiger Lkw-Fahrer nicht nachgehen. Dadurch ist mir der Verdienstausfall entstanden. Eine Bescheinigung des Fuhrunternehmers lege ich bei.
> Kosten für den Umbau der Regalwand in Höhe von . . . . . EUR;[16]
> Kosten für die Neuanschaffung von Gardinen in Höhe von . . . . . EUR. Unsere bisherigen Gardinen konnten nicht mehr verwendet werden, da die Fenster unserer neuen Wohnung im Gegensatz zu denen der von Ihnen angemieteten bodentief sind;[16]
> Kosten für den Umbau des Bades für unsere behinderte Tochter (Umbau der Dusche) in Höhe von 2.000 EUR.[17]
> Finanzierungskosten in Höhe von . . . . . EUR für die oben aufgeführten, notwendig gewordene Neuanschaffungen;[18]
> Weiter mache ich geltend die höheren Kosten für die von mir nunmehr zu zahlende Miete in Höhe von monatlich . . . . . EUR.[19]

Den Gesamtbetrag von . . . . . überweisen Sie bitte innerhalb von 14 Tagen auf mein Konto IBAN Nr. . . . . . Den höheren Mietbetrag bitte ich jeweils zum Monatsbeginn zu überweisen.

Sollte innerhalb der oben genannten Frist keine Zahlung erfolgen, werde ich unverzüglich Klage erheben.[20]

. . . . .

(Mieter)

Anmerkungen

1. Sachverhalt. Im vorliegenden Fall hatte der Vermieter das Mietverhältnis wegen Eigenbedarfs gekündigt mit der Angabe, er wolle von Frankfurt nach Köln ziehen und benötige daher die Wohnung. Auf die schriftliche Kündigung hin zog der Mieter nach Vereinbarung mit dem Vermieter zum 1.2.2012 aus. Der Vermieter bezog die Wohnung nicht, sondern verkaufte sie anschließend. Er trat zum 1.2.2012 eine neue Arbeitsstelle in Hamburg an.

2. Formvorschriften bestehen nicht; es empfiehlt sich, den Anspruch schriftlich geltend zu machen. Der Anspruch ist gerichtet gegen alle Vermieter.

3. Ein Schadensersatz bei einer unberechtigten Kündigung wegen Eigenbedarfs ergibt sich in der Regel aus positiver Vertragsverletzung (§ 280 BGB nF). Es kann aber auch ein

Anspruch aus § 826 BGB wegen sittenwidrigen Verhaltens oder aus § 823 Abs. 2 BGB in Verbindung mit § 263 BGB wegen betrügerischen Verhaltens in Betracht kommen.

4. Zu den Voraussetzungen der Kündigung wegen Eigenbedarfs → Form. D.III.3, → Form. D.III.4.

5. Eine **Vertragsverletzung** ist immer gegeben, wenn der Eigenbedarf schon vor Ausspruch einer Kündigung fehlt, weil der Vermieter den Eigenbedarf nur vorgetäuscht hat (stRspr zuletzt BGH BeckRS 2012, 16127). Dies ist dann der Fall, wenn die tatsächlichen Angaben nicht zutreffend sind und der Vermieter einen missliebigen Mieter loswerden oder die Wohnung verkaufen möchte (AG Düsseldorf DWW 1997, 156). An einem ernsthaften Nutzungswunsch kann es bereits fehlen, wenn der Vermieter bei der Kündigung die Eigennutzung nur als eine von mehreren Nutzungsmöglichkeiten in Betracht zieht (BGH NJW 2010, 1068).

Unschädlich für den Anspruch ist, wenn der Vermieter zwar nicht kündigt, aber gegenüber dem Mieter hinreichend deutlich zum Ausdruck bringt, er könne – tatsächlich nicht bestehende – Eigenbedarfsgründe geltend machen (LG Saarbrücken ZMR 1998, 233). Dabei reicht eine allgemeine Nachfrage allerdings nicht aus.

Kündigt der Vermieter ohne Angaben von Gründen, reicht dies – trotz der Begründungspflicht – nicht aus, um einen Schadensersatzanspruch (etwa wegen Ersatz von Rechtsanwaltskosten) zu begründen (so BGH NJW 2011, 914; aA MüKoBGB/*Häublein* § 573 Rn. 104 mit einleuchtender Argumentation und *Sternel* NZM 2011, 688).

Die **Darlegungs- und Beweislast** für die Voraussetzungen des Schadensersatzanspruches trägt der Mieter. Jedoch können die Umstände zu einer Beweiserleichterung führen. Wird etwa die Wohnung nicht wie in der Kündigung angegeben genutzt, etwa indem sie an Fremde vermietet oder verkauft wird, spricht der Beweis des ersten Anscheins für den Mieter; der Vermieter muss sich entlasten; insbesondere darlegen, dass der Eigenbedarf erst nach dem Auszug des Mieters weggefallen ist (LG Hamburg ZMR 1993, 281; LG Köln WM 1993, 195, das eine Umkehr der Beweislast annimmt; LG Aachen WM 1995, 164; LG Gießen ZMR 1996, 327 (328) für den Verkauf der Wohnung). An die Darlegungslast des Vermieters sind im Hinblick auf Art. 14 GG hohe Anforderungen zu stellen (BVerfG NJW 1997, 2377). Kommt der Vermieter seiner sekundären Darlegungslast nach, obliegt dem Mieter der Beweis.

6. Entfällt der Eigenbedarf nach Ausspruch der Kündigung, ist der Vermieter verpflichtet, den Mieter darauf hinzuweisen, andernfalls begeht er eine Vertragsverletzung (stRspr zuletzt BGH BeckRS 2012, 16127). Die Verpflichtung zu einer entsprechenden Mitteilung für den Vermieter besteht allerdings grundsätzlich nur **bis zum Ablauf der Kündigungsfrist** (BGH NJW 2006, 220; bis zum Ablauf des vergleichsweise vereinbarten Räumungstermin AG Gießen NZM 2014, 789). Die vormals überwiegend vertretene Auffassung, wonach dies regelmäßig bis zum Auszug des Mieters bzw. der Räumung der Wohnung (OLG Karlsruhe NJW 1982, 54, so immer noch Schmidt-Futterer/*Blank* BGB § 573 Rn. 77) der Fall war und zwar unabhängig davon, ob zwischenzeitlich eine Aufhebungsvereinbarung geschlossen wurde oder die Kündigungsfrist verstrichen war, dürfte damit für die Praxis hinfällig sein. Es kommt dann nur ein Anspruch aus § 826 BGB oder § 823 Abs. 2 BGB iVm § 263 StGB in Betracht. Der Anspruch aus § 826 BGB ist gegeben, wenn die Unrichtigkeit dem Vermieter zum Zeitpunkt der Räumung bekannt war und besondere Umstände hinzukommen, die das Verhalten des Vermieters als sittenwidrig erscheinen lassen.

Der Vermieter ist verpflichtet, dem Mieter eine freiwerdende Alternativwohnung anzubieten; andernfalls liegt ebenfalls eine Vertragsverletzung vor. Der Vermieter muss auch darlegen und beweisen, dass er den Mieter vom Wegfall des Eigenbedarfs informiert hat oder ihm eine Alternativwohnung angeboten hat. Die Anbietpflicht besteht dabei ebenfalls grundsätzlich nur bis zum Ablauf der Kündigungsfrist (so).

7. Voraussetzung des Anspruchs aus positiver Vertragsverletzung ist in der Regel ein **Verschulden** des Vermieters, das immer dann gegeben ist, wenn er den Eigenbedarf vortäuscht oder wissentlich Umstände, die den Eigenbedarf entfallen lassen, verschweigt. Aber auch eine **fahrlässige** Fehleinschätzung des Vermieters, den mit der Kündigung geltend gemachten Eigenbedarf umsetzen zu können, reicht aus (*Sternel* MietR aktuell Rn. 1084; Schmidt-Futterer/*Blank* BGB § 573 Rn. 77). Der Vermieter ist, bevor er eine Wohnung wegen Eigenbedarfs kündigt, verpflichtet, eine hinreichend sichere Prognose darüber zu treffen, ob die geplante Eigenbedarfsnutzung tatsächlich realisiert werden kann (dazu auch BGH NZM 2010, 274). Ist er entweder entschlossen oder erwägt er zumindest, die Wohnung alsbald selbst in Gebrauch zu nehmen, muss er den Mieter bereits bei Abschluss des Mietvertrages darauf hinweisen (BGH NZM 2015, 296). Der Vermieter muss sich auch darüber informieren, ob die von ihm geltend gemachten Gründe eine Kündigung wegen Eigenbedarfs rechtfertigen, andernfalls liegt ein vermeidbarer Rechtsirrtum vor, so dass eine Vertragsverletzung zu bejahen ist (str. Bub/Treier/*Fleindl* MietR-HdB IV Rn. 42; Schmidt-Futterer/*Blank* § 573 Rn. 79 mwN). Ob auch eine formell unwirksame Kündigung eine Schadensersatzpflicht auslöst, ist strittig (vgl. Bub/Treier/*Fleindl* MietR-HdB IV Rn. 225, 307; *Breiholdt* jM 2014, 95). Das AG Schöneberg (BeckRS 2013, 11484) lässt bereits die Androhung einer Kündigung ausreichen. Fehlt jede Angabe von Gründen führt die formell unwirksame Kündigung nach Ansicht des BGH (NZM 2011, 119, str.) nicht zu einem Schadensersatzanspruch. Unterlässt es ein nicht geschäftserfahrener Vermieter beispielsweise, Rechtsrat einzuholen, ist in der Regel ein Verschulden zu bejahen.

8. Zwischen der schuldhaften Vertragsverletzung und dem Auszug des Mieters muss eine **Kausalität** bestehen. Der Mieter muss auf Grund der Kündigung wegen Eigenbedarfs ausziehen. Unerheblich ist dabei, ob der Mieter vor oder nach der Kündigung, vor oder nach Ablauf der Kündigungsfrist auszieht, ob die Parteien einen Mietaufhebungsvertrag schließen oder ob ein gerichtlicher Räumungsvergleich geschlossen wird. Der **Zurechnungszusammenhang fehlt,** wenn der Mieter bereits vor der Kündigung aus anderen Gründen ausgezogen ist oder von sich aus das Mietverhältnis gekündigt hat. Gleiches gilt, wenn der Vermieter zuvor bereits aus anderen Gründen wirksam gekündigt hat.

Im Fall des Räumungsvergleichs ist unter Berücksichtigung der jeweiligen Umstände des Einzelfalls nach der herrschenden Meinung darauf abzustellen, ob durch den Vergleich nur der Streit über die Schlüssigkeit und Beweisbarkeit des Eigenbedarfstatbestandes beigelegt werden sollte oder ob die Parteien zugleich auch den Streit darüber beilegen wollten, ob die vom Vermieter dargelegte Eigenbedarfslage besteht oder ob sie nur vorgetäuscht war (BGH WuM 2011, 634 = BeckRS 2011, 24838; OLG Frankfurt ZMR 1995, 67; zum Streit darüber auch *Haase* ZMR 2000, 653 ff.). Im letzteren Fall stehen danach dem Mieter Schadensersatzansprüche nicht zu. Häufig entstehen in der Praxis jedoch Probleme dadurch, dass im Räumungsvergleich der fragliche Punkt nicht eindeutig geregelt ist. Zum Teil wird die Kausalität verneint, wenn der Mieter vor Vergleichsabschluss den Eigenbedarf bestritten hat (OLG Celle MDR 1995, 252; LG Gießen MDR 1995, 253) oder wenn die Frage des Eigenbedarfs völlig ungeklärt ist. Weiter wird von einer abschließenden Regelung mit Ausschluss späteren Schadensersatzes ausgegangen, wenn der Mieter eine nicht unerhebliche Abstandssumme erhält oder der Vermieter auf fällige Schönheitsreparaturen verzichtet (OLG Frankfurt ZMR 1995, 67, das allerdings ausdrücklich betont, dass immer der Einzelfall entscheidend sei). Die vorgenannten Überlegungen gelten für den Aufhebungsvertrag entsprechend. Der BGH (NJW 2009, 2059) hat entschieden, dass in dem Fall, dass der Mieter die Eigenbedarfskündigung für berechtigt halten durfte und in der Vorstellung, zur Räumung des Mietobjektes verpflichtet zu sein, einen Aufhebungsvertrag schließt, ein Schadensersatzanspruch nicht ausgeschlossen wird (hierzu auch *Hinz* WuM 2009, 331). Praktisch empfiehlt sich bei vergleichsweisen Regelungen der ausdrückliche Hinweis, dass mit dem Vergleich nur der

Streit über das Vorliegen des Eigenbedarfs geregelt werden soll, weitergehende Ansprüche aber nicht ausgeschlossen werden sollen. Die Formulierung, dass „sämtliche Ansprüche der Parteien durch den Vergleich abgegolten sein sollen", umfasst nur die bereits bei Vergleichsabschluss bestehenden Ansprüche; Schadensersatzansprüche wegen vorgetäuschten Eigenbedarfs gehören nicht dazu (LG Düsseldorf ZMR 2000, 675; LG Hamburg WuM 1995, 168; Schmidt-Futterer/*Blank* BGB § 573 Rn. 81).

Der Mieter muss sich ein **Mitverschulden** anrechnen lassen. Dazu gehört insbesondere, wenn er auf eine nahe liegende Rechtsverteidigung verzichtet hat. So muss er sich gegen eine Kündigung verteidigen, wenn für ihn erkennbar die vorgetragenen Gründe nicht eine Eigenbedarfskündigung rechtfertigen oder ernsthafte Zweifel an dem vorgetragenen Nutzungs-/Überlassungswillen bestehen. Die Anforderungen an den Mieter sind aber nicht zu hoch anzusetzen, grundsätzlich darf er den Angaben des Vermieters vertrauen. Eigene Nachforschungen muss er nicht anstellen (OLG Karlsruhe NJW 1982, 54).

9. Die **Höhe des Schadens** bemisst sich nach der Differenz zwischen der vorhandenen Vermögenslage und derjenigen, die bei weiterer ordnungsgemäßer Erfüllung eingetreten wäre, wobei nur Vermögensminderungen zu berücksichtigen sind, die durch die unberechtigte Kündigung verursacht worden sind. Der Anspruch auf Schadensersatz geht dementsprechend dahin, den Geschädigten vermögensmäßig so zu stellen, wie er bei ordnungsgemäßer Erfüllung des Vertrages gestanden hätte, nicht besser und nicht schlechter (BGH WuM 2000, 598 (600)). Zu erstatten ist der Schaden des Mieters sowie aller sonstigen in den Schutzbereich einbezogenen Personen.

Der Schadensersatz ist nach §§ 249 ff. BGB zu berechnen und wird für die meisten Schadenspositionen in Geld zu entrichten sein. Jedoch kann der Mieter auch verlangen, dass der Vermieter ihm die Wohnung wieder zur Verfügung stellt. Der Vermieter muss dann darlegen und beweisen, dass ihm eine Wiedereinräumung des Besitzes unmöglich oder unzumutbar ist (BGH NJW 2010, 1068). Ist die Wohnung anderweitig vermietet, ist – soweit der neue Mieter zur Herausgabe verpflichtet oder bereit ist – der Aufwand für die Wiedereinräumung des Besitzes dem Aufwand für die Entschädigung des früheren Mieters gegenüberzustellen. Es kommt dabei immer auf den Einzelfall an.

10. **Maklerkosten** in der ortsüblichen Höhe für die neu angemietete Wohnung sowie auch sonstige für die Beschaffung der neuen Wohnung aufgewandte Kosten (Anzeigenkosten, Telefonkosten, Kosten der Anmietung wie zB Kosten für eine Mietbürgschaft) sind in der Regel zu erstatten. Bei Maklerkosten ist zu prüfen, ob die Einschaltung eines Maklers erforderlich war. Das ist jedenfalls dann zu bejahen, wenn schnell eine Wohnung gefunden werden muss und dem Mieter eine Suche mittels Anzeigen selbst zeitlich nicht zumutbar ist (vgl. für Gewerberaummiete BGH WuM 2000, 598 (601)) oder wenn eine adäquate Wohnung nur über einen Makler angeboten wird.

Hat der Mieter im Vertrauen auf den Fortbestand des Mietverhältnisses Aufwendungen gemacht, sind ihm dies gemäß § 284 BGB zu ersetzen. Nach herrschender Meinung ist § 284 BGB auch im Rahmen des § 536a BGB anwendbar (MüKoBGB/*Häublein* § 536a Rn. 17 mwN). Hierzu können auch Kosten für das Herrichten der Räume sowie Maklerkosten gehören (vgl. etwa LG Itzehoe BeckRS 2012, 15092 – quotale Erstattung ausgehend davon, dass eine Mietdauer von 30 Monaten veranschlagt wird – LG Köln NJW-RR 1993, 254). Der Anspruch entfällt allerdings, wenn der Mieter gleichartige Aufwendungen, etwa Gardinen, auch für die neue Wohnung geltend macht. Da diese uneingeschränkt zu ersetzen sind, ist der Anspruchsberechtigte damit so gestellt ist, als wenn er seine nutzlos gewordenen Investitionen weiter hätte nutzen können (s. BGH WuM 2000, 598 (600)). Zudem kann sich ein Bereicherungsanspruch dann ergeben, wenn der Vermieter früher als vereinbart in den Genuss von Verwendungen des Mieters kommt und dadurch Vorteile in Form höheren Mietzinses oÄ erwirtschaftet oder hätte erzielen können (BGH WuM 2000, 598 (601)).

Hütte

11. Kosten für die Inanspruchnahme eines Rechtsanwaltes sind ebenfalls erstattungs-fähig, soweit sie vertretbar sind. Insbesondere muss die Inanspruchnahme eines Rechts-anwaltes erforderlich sein. Dies ist dann der Fall, wenn der Mieter wegen der weiteren zu erwartenden Auseinandersetzungen Anlass hat, sich an einen Fachmann zu wenden (LG Köln NJW-RR 1993, 524 (525)). Auch weitere Kosten der Rechtsverfolgung, wie die Kosten eingeholter Gutachten (LG Koblenz; BeckRS 2016, 2286) oder besonderer Beweisverfahren (LG Köln WM 1990, 387) sind zu erstatten. Zu ersetzen sind ferner die Kosten eines vorangegangenen Räumungsrechtsstreits.

Zu den ersatzfähigen Kosten gehören auch Kosten eines Prozesses gegen Dritte, wenn der Mieter diesen zur Schadensabwehr führt und wenn für die Rechtsverfolgung ein rechtfertigender Anlass bestand oder wenn der Prozess durch das haftungsbegründende Verhalten des Vermieters herausgefordert wurde und eine nicht ungewöhnliche Reaktion darstellt. Die Kosten eines Räumungsvergleichs sind dann zu erstatten, wenn der Ver-gleich in vertretbarer Würdigung der Sach- und Rechtslage abgeschlossen wurde (LG Hamburg WuM 1995, 160.).

12. **Detektivkosten,** die der Mieter aufgewandt hat, um einen vorgetäuschten Eigen-bedarf nachzuweisen, sind ebenfalls zu erstatten (AG Hamburg WuM 1997, 220).

13. Kosten des Umzugs sind zu erstatten. Dabei dürfen allerdings nur die allgemein üblichen Kosten verlangt werden. Der Mieter hat darauf zu achten, dass er nicht überteuerte Preise akzeptiert. Soweit besondere Kosten anfallen (zB Klaviertransport) sind auch diese Kosten zu ersetzen. Problematisch kann es sein, die Kosten für einen Privatumzug darzulegen. Insoweit ist dem Mieter anzuraten, genau festzuhalten, wie viele Personen ihm geholfen haben und wie viel Stunden sie beschäftigt waren. Auch die eigene Arbeitskraft ist zu vergüten, soweit sie einen Marktwert hat (→ Form. D.VIII.1 Anm. 10).

Kosten für die vorübergehende Einlagerung von Möbeln sind zu erstatten. Der Mieter muss dann darlegen, warum die Einlagerung erforderlich und nicht vermeidbar war.

14. Weitere durch den Umzug entstehende und mit ihm unmittelbar zusammen-hängende Kosten sind ebenfalls zu erstatten. Dazu zählen neben den Kosten für die Ummeldung des Telefons auch Kosten für die Mitteilung der Adressenänderung.

15. Verdienstausfall, der durch den erzwungenen Umzug entstanden ist, ist zu erstatten ebenso wie Gewinnentgang, nicht aber eine Vergütung der eigenen Arbeitskraft, die keinen Marktwert hat (AG Hamburg St. Georg WuM 2006, 302 (303); → Form. D. VIII.1 Anm. 10).

16. Kosten, die für die **Herrichtung der Ersatzräume zum vertragsgemäßen Gebrauch** aufgewandt werden, müssen ebenfalls ersetzt werden. Es empfiehlt sich, bei diesen Kosten eine genaue Begründung zu geben, damit der Vermieter seine Ersatzpflicht von vorn-herein nachprüfen kann (s. dazu auch LG Essen ZMR 1989, 372). Erstattungsfähig sind Kosten für neue Gardinen nebst Zubehör, für neue Lampen, für die Anschaffung von Spiegeln, Einbauschränken oder für die Neuanschaffung von Kücheneinrichtungsgegen-ständen, wenn die Neuanschaffung auf Grund des Umzugs erforderlich war (str. aA Schmidt-Futterer/*Blank* BGB § 542 Rn. 119, da der Mieter hierfür einen entsprechen-den bleibenden Gegenwert erzielt). Jedenfalls dann, wenn frühere entsprechende Investi-tionen, zB Gardinen, aufgrund des erzwungenen Umzugs nutzlos werden, dürfte ein Ersatzanspruch zu bejahen sein (→ Form. D.VIII.3 Anm. 10). Zu ersetzen sind ferner die Kosten für den Umbau von Einrichtungsgegenständen, die wegen veränderter Maße an die neue Wohnung angepasst werden müssen. Renovierungskosten sowie die Kosten für neue Fußbodenbeläge können ebenfalls geltend gemacht werden.

Im Wege der Vorteilsausgleichung kann berücksichtigt werden, dass derartige Kosten in absehbarer Zeit ohnehin entstanden wären (*Wolf/Eckert/Günter* Gewerbl. Miet-/

Pacht-/LeasingR-HdB Rn. 1174). Ferner ist in diesem Zusammenhang zu berücksichtigen, wenn der Mieter aus der ehemaligen Wohnung stammende Gegenstände anderweitig verwertet oder verwerten kann, etwa durch Verkauf an den Nachmieter. Die dadurch erzielten Erlöse muss er sich anrechnen lassen.

Kosten für die Ausstattung der bisherigen Wohnung können daneben nur geltend gemacht werden, wenn sie durch den Umzug nutzlos geworden sind (dazu im Einzelnen → Form. D.VIII.3 Anm. 10).

17. Auch die Herrichtung des Bades für die behinderte Tochter gehört zu den erstattungsfähigen Kosten. Soweit dem Mieter auf Grund persönlicher Umstände erhöhte Kosten für die Herrichtung der Ersatzräume entstehen, zB auf Grund einer Behinderung, sind diese zu ersetzen, soweit diese Ausstattung bereits in der bisherigen Wohnung vorhanden war und vom Mieter eingebracht wurde (Schmidt-Futterer/*Eisenschmidt* BGB § 536a Rn. 87; LG Hamburg WM 1987, 218).

18. Zu erstatten sind weiter die Kosten für **zusätzliche Finanzierungen,** die bei einem Verbleiben in der Wohnung nicht angefallen wären. Dazu zählen insbesondere die Kosten für die Finanzierung der neu anzuschaffenden Gegenstände, der Renovierungskosten und des Umzugs.

19. Soweit der Mieter für die neu angemieteten Räume eine **höhere Miete** zahlen muss, ist die Differenz Gegenstand des Schadensersatzanspruchs. Dies gilt aber nur dann, wenn die Wohnung in Ausstattung und Größe mit der früheren Wohnung vergleichbar ist. Nicht zu erstatten ist die Differenz auch dann, wenn die Miete der neuen Wohnung auf Grund der Lage erheblich höher ist. Mögliche Mieterhöhungen für die bisherige Wohnung sind zu berücksichtigen (LG Berlin MM 1994, 176). Insoweit kommt es immer auf den Einzelfall an; allgemein gültige Aussagen können nicht getroffen werden. Zu berücksichtigen ist stets, dass der Vermieter durch die Vorteilsausgleichung nicht unbillig entlastet werden soll und dass andererseits der Mieter nicht zwingend den höheren Wohnwert erstrebt hat. Daraus kann allerdings nicht gefolgert werden, dass der Mieter eine bessere und teurere Wohnung mieten und anschließend Schadensersatz verlangen kann. Er muss vielmehr nachweisen, dass er eine gleichwertige Wohnung nicht hat anmieten können. Der Mieter muss es sich allerdings nicht als Vorteil anrechnen lassen, wenn er in Zukunft einen niedrigeren Mietzins zahlt (LG Hamburg WuM 1995, 160 (163)).

Der Anspruch wird jeweils fällig zu den Zeitpunkten, an denen die durch die Kündigung ausgefallenen Mietzinsraten fällig geworden wären. Geschuldet wird die Differenz bis zu dem Zeitpunkt, an dem das Mietverhältnis hätte beendet werden können. Das ist bei befristeten Mietverhältnissen der Fristablauf (BGH NJW 1984, 2687), bei unbefristeten der Zeitpunkt, zu dem erstmals eine ordentliche Kündigung wirksam geworden wäre. Streitig ist, wie lange der Vermieter die Mietzinsdifferenzen zu zahlen hat, wenn ihm kein Kündigungsgrund zusteht. Zum Teil wird ein zeitlich unbegrenzter Anspruch bejaht (Schmidt-Futterer/*Blank* BGB § 542 Rn. 118), zum Teil wird der Anspruch zeitlich begrenzt (LG Köln WM 1992, 14 – 3 Jahre; LG Darmstadt WM 1995, 165 – 4 Jahre). Der BGH (NZM 2010, 273) hat diese Frage noch nicht ausdrücklich entscheiden, aber die Schadensschätzung der Vorinstanz (LG Hamburg BeckRS 2010, 03213), wonach der Ersatz der Mietdifferenz in Anlehnung an § 9 ZPO auf 3 1/2 Jahre zu begrenzen ist (ebenso *Sternel* MietR aktuell XI Rn. 193) nicht beanstandet. Der Vermieter kann jederzeit darlegen und beweisen, dass er einen anderen Kündigungsgrund hätte oder dass der Mieter hätte ausziehen müssen (etwa weil seine Familie sich vergrößert hat oder er in eine andere Stadt umgezogen ist). Der Anspruch entfällt dann ab dem Eintritt dieser Voraussetzungen.

20. Kosten und Gebühren. Anwalt. Gebühren nach 13 ff. RVG, Teil 2 VV-RVG §§ 2, 23 RVG, 39 GKG, 3 ZPO berechnet nach dem Wert der Schadensersatzforderungen.

IX. Wiedereinweisung des zur Räumung Verpflichteten durch Verwaltungsakt

1. Widerspruch des Vermieters/Eigentümers gegen eine Einweisungsverfügung

. . . . .

(Vermieter)[1]

An den

Oberbürgermeister

der Stadt . . . . .

– Ordnungsamt –[2]

. . . . .

Einweisungsverfügung vom . . . . . betreffend die Wohnung . . . . . – AZ –[3]

Hier: Widerspruch[4]

Sehr geehrte Damen und Herren,

gegen die oben genannte, mir am . . . . . zugestellte Einweisungsverfügung, mit der Sie die Familie . . . . . in meine Wohnung wieder eingewiesen haben, erhebe ich hiermit fristgemäß[5] Widerspruch. Ich beantrage, die sofortige Vollziehbarkeit der Einweisungsverfügung auszusetzen.[6]

Ich mache folgende Gründe geltend:[7]

Die Einweisungsverfügung ist formal nicht korrekt und verfahrensfehlerhaft zustande gekommen. Die Verfügung enthält keine Begründung. Ich bin nicht zur Einweisung angehört worden.[8]

Der Einweisungsbescheid ist nicht korrekt. Er weist die Mieter nicht in die von ihnen bisher bewohnte Wohnung ein, sondern in die anderweitig vermietete Wohnung im 2. Obergeschoss links.[9]

Die Einweisung erfolgte zu Unrecht. Der Stadt stehen Obdachlosenunterkünfte in ausreichender Anzahl zur Verfügung. So ist in der Unterkunft in der . . . . . Straße noch eine 3-Zimmer-Wohnung frei.[10]

Hinzu kommt, dass meine Interessen nicht hinreichend berücksichtigt wurden. Angesichts der persönlichen Auseinandersetzungen, die ihren Höhepunkt in der körperlichen Bedrohung meiner Ehefrau fanden, und die dann zur Kündigung führten, kann mir eine weiteres Zusammenleben mit den Mietern nicht mehr zugemutet werden. Zudem ist die Wohnung mit 48 qm für eine 7-köpfige Familie zu klein. Auch die Dauer der Einweisung ist mit vier Monaten viel zu lang. Angesichts der derzeitigen Wohnungslage ist es viel schneller möglich, für die Mieter eine neue Wohnung zu finden.[11]

Die Interessen des Mieters sind meines Erachtens demgegenüber nachrangig. Dass seine Kinder in die nahegelegene Schule gehen und seine Ehefrau ihre in der Nähe lebenden Eltern versorgt, kann eine Einweisung nicht rechtfertigen.[12]

Ich verweise insoweit auch auf die Ausführungen im Räumungsurteil des Amtsgerichts – vom . . . . . – Aktenzeichen –, das Ihnen vorliegt.[13]

. . . . .

(Vermieter)[14]

Anmerkungen

1. **Sachverhalt.** Vorliegend ist der Widerspruchsführer Eigentümer und Vermieter eines Mehrfamilienhauses. Die von den eingewiesenen Mietern bewohnte Wohnung befindet sich im 1. Obergeschoss. Im 2. Obergeschoss befindet sich eine gleichartige, ebenfalls vermietete Wohnung. Der Vermieter hatte das Mietverhältnis gem. § 569 Abs. 2 BGB fristlos gekündigt. Grundlage der Kündigung war ein Vorfall zwischen dem Mieter und der Ehefrau des Widerspruchsführers. Die Ehefrau hatte den Mieter angesprochen, da sich die übrigen Mieter des Mehrfamilienhauses wegen Lärmbelästigung schon häufiger beschwert hatten. Der Mieter gab der Ehefrau des Vermieters während dieses Gesprächs aus Verärgerung eine Ohrfeige. Aufgrund dieses Vorfalls sprach der Vermieter die fristlose Kündigung aus und erhob erfolgreich Räumungsklage. Der Vermieter betrieb dann die Zwangsvollstreckung. Da die Mieter keinen neuen Wohnraum fanden, wollte die Stadt als zuständige Verwaltungsbehörde die Mieter für vier Monate wieder in ihre bisherige Wohnung einweisen, bezeichnete aber in der Einweisungsverfügung versehentlich die Wohnung im 2. Obergeschoss als die beschlagnahmte Wohnung.

2. Zu richten ist der Widerspruch an die gemäß § 70 VwGO zuständige Behörde. Dies ist die Behörde, die die Einweisungsverfügung erlassen hat, § 70 Abs. 1 S. 1 VwGO. Der Widerspruch kann aber auch bei der Behörde eingelegt werden, die für den Widerspruchsbescheid zuständig ist, § 70 Abs. 1 S. 2 VwGO.

3. Die Einweisungsverfügung ist ein **Verwaltungsakt,** durch den die Behörde auf Grund ihrer ordnungsrechtlichen Befugnisse in die Rechte des Vermieters eingreift. Grundlage des Eingriffs ist die polizeiliche Generalklausel (*Ewer/von Detten* NJW 1995, 353). Die Einweisung in die bisher schon genutzte Wohnung ist grundsätzlich zulässig (vgl. *Ewer/von Detten* NJW 1995, 353 ff.; aA *Schlink* NJW 1988, 1689 (1693)).

4. Gemäß § 70 Abs. 1 S. 1 VwGO ist der Widerspruch **schriftlich oder zur Niederschrift** bei der Behörde einzulegen. Er ist zulässig mit dem Ziel, die Einweisungsverfügung zu beseitigen. Geht es dem Vermieter allein um die Beseitigung der Folgen der Einweisung, muss er unmittelbar Leistungsklage erheben.
Der Widerspruch ist **persönlich,** bei mehreren Vermietern von allen einzulegen. Eine **Bevollmächtigung** ist möglich, jedoch sollte dann dem Widerspruch das Original oder eine beglaubigte Kopie der Vollmacht beigelegt werden.

5. Der Widerspruch ist gemäß § 70 Abs. 1 S. 1 VwGO innerhalb einer **Frist von einem Monat** einzulegen. Fristbeginn ist das Datum der Bekanntgabe, § 70 Abs. 1 S. 1 VwGO. Die Frist läuft ab an dem Tag, der dem Tag der Bekanntgabe entspricht, § 188 BGB (ist der Bescheid am 8.1. bekannt gegeben worden, ist Fristablauf am 8.2.). Bis zu diesem Datum muss der Widerspruch bei der Behörde eingegangen sein. Es empfiehlt sich daher, den Widerspruch mit Einschreiben und Rückschein oder persönlich gegen Quittung abzugeben, damit ein Nachweis über die Rechtzeitigkeit besteht.

6. Der Widerspruch hat gemäß § 80 Abs. 1 S. 1 VwGO **aufschiebende Wirkung** mit der Folge, dass die Einweisungsverfügung nicht vollzogen werden darf. In der Regel wird die Behörde jedoch wegen der drohenden Obdachlosigkeit der Mieter die sofortige Vollziehbarkeit der Einweisungsverfügung angeordnet haben, so dass im Widerspruchsverfahren auch die Beseitigung der sofortigen Vollziehung gemäß § 80 Abs. 4 VwGO zu beantragen ist.

7. Eine **Begründung** des Widerspruchs ist gesetzlich nicht vorgeschrieben. Sie empfiehlt sich aber, um die Widerspruchsbehörde auf die Problempunkte aufmerksam zu machen. Die Gründe sollten möglichst präzise und umfassend dargestellt werden.

8. Form- oder Verfahrensfehler machen die Einweisungsverfügung unwirksam. Ein Formfehler ist insbesondere gegeben, wenn die gemäß § 39 VwVfG erforderliche Begründung fehlt. Die Begründung kann aber gemäß § 45 Abs. 1 Nr. 2 VwVfG im Widerspruchsverfahren nachgeholt werden mit der Folge, dass der Formfehler geheilt ist. Zu den wesentlichen Verfahrensvorschriften gehört auch die Anhörung des Betroffenen. Im Falle der Einweisung eines Mieters wird oft aus Zeitgründen der Vermieter nicht vorher angehört werden können. Die Anhörung kann gemäß § 45 Abs. 1 Nr. 3 VwVfG jedoch nachgeholt werden. Dabei genügt es, wenn sich der Betroffene im Widerspruchsverfahren äußern kann. Der Verfahrensfehler ist dann ebenfalls gemäß § 45 Abs. 1 Nr. 3 VwVfG geheilt. Zu weiteren Formfehlern s. §§ 44, 45 VwVfG.

Zu berücksichtigen ist bei Form- und Verfahrensfehlern zudem, dass deshalb nicht die Aufhebung der Einweisungsverfügung geltend gemacht werden kann, wenn offensichtlich ist, dass die Verletzung die Entscheidung zur Sache nicht beeinflusst hat. Etwas anderes gilt nur, wenn gemäß § 44 VwVfG der Bescheid nichtig ist, etwa weil die unzuständige Behörde entschieden hat oder der Bescheid die erlassende Behörde nicht erkennen lässt oder ein ordnungswidriges Handeln verlangt wird.

9. Die **Einweisungsverfügung** muss **inhaltlich korrekt** sein. Sie muss sowohl die Wohnung, in die eingewiesen wird, als auch die Mieter sowie die von der Behörde Verpflichteten hinreichend bezeichnen. Bei offensichtlichen, dh unschwer erkennbaren Fehlern kann die Einweisungsverfügung jederzeit berichtigt werden, § 42 VwVfG. Die Offensichtlichkeit muss sich für alle Beteiligten aus den Umständen oder aus anderen Teilen des Verwaltungsaktes ergeben. Die Berichtigung erfolgt von Amts wegen oder auf Antrag.

10. Eine Einweisung ist nur möglich, wenn der Gemeinde selbst nicht hinreichend Ersatzwohnraum zur Verfügung steht. Die Gemeinde muss daher – spätestens im Widerspruchsbescheid – genau darlegen, welche Unterkünfte sie vorhält und aus welchen Gründen diese nicht zur Verfügung stehen. Sie muss genau darlegen, dass diese Unterkünfte etwa anderweitig belegt, zu klein oder zu groß oder aus anderen Gründen für die Mieter nicht nutzbar sind. Die Einweisung ist rechtswidrig, wenn kurzfristig eine obdachlosenrechtlichen Maßstäben genügende Unterkunft beschafft werden könnte (VG Saarlouis BeckRS 2014, 57218; VG Darmstadt BeckRS 2009, 39205; OVG Münster DWW 1990, 155; Bub/Treier/*v.Brunn*/*Schüller* MietR-HdB II. 1. Rn. 8). Die Wiedereinweisung ist ferner nicht möglich, wenn der Vermieter auf Grund eines neuen Mietvertrages verpflichtet ist, einem anderen die Wohnung zu überlassen (*Harke* WM 1987, 403 (411)).

11. Die Ordnungsbehörde muss bei der Einweisung **abwägen.** Die Rechtsprechung lässt eine Wiedereinweisung teilweise nur unter sehr engen Voraussetzungen zu. Sie ist ultima ratio (VG Augsburg BeckRS 2012, 57855; VG Oldenburg BeckRS 2012, 53330). Streitig wird die Frage diskutiert, ob ein vollstreckbarer Räumungstitel die Wiedereinweisung hindert. Das OVG Lüneburg (NJW 2010, 1094) hat ausgeführt, dass die Ordnungsbehörde nicht an das zivilrechtliche Urteil gebunden sei. Demgegenüber hat das VG München (BeckRS 2012, 56580) ausgeführt, dass die Wiedereinweisung nur für einen eng begrenzten Zeitraum von etwa zwei Monaten und nur in Fällen schwerster Notlagen, denen die Obdachlosenbehörde nicht auf andere Weise abhelfen kann, zulässig sei (ebenso VG Augsburg BeckRS 2014, 56511). Jedenfalls dürfte, so das VG Oldenburg (aaO) die Einheitlichkeit der Rechtsordnung es verbieten, für einen längeren Zeitraum oder gar dauerhaft die Wirksamkeit eines zivilgerichtlichen Räumungstitels zu unterlaufen. Festzuhalten ist, dass nach der derzeitigen Rechtsprechung die Gerichte nur sehr zurückhaltend eine Wiedereinweisung zulassen, so dass ein Rechtsmittel des Vermieters gegen den Einweisungsbescheid durchaus Erfolgsaussichten zuzugestehen sind.

Die Ordnungsbehörde hat bei ihrer Entscheidung über die Wiedereinweisung **Ermessen,** das sie auch ausüben muss, dh sie muss auch die Belange des Vermieters in ihre Erwägungen einbeziehen (*Kossmann/Meyer-Abich* Wohnraummiete-HdB § 111 Rn. 22). Sie darf nicht ohne weiteres den Mieter mangels anderer Unterbringungsmöglichkeit wieder in die alte Wohnung einweisen. Dies gilt besonders für den Fall, dass zwischen Mieter und Vermieter erhebliche persönliche Differenzen bestehen (so auch *Harke* WM 1987, 403 (412)). Auch bei Gefahren für die Wohnung (Überbelegung oder Vernachlässigung der Wohnung) kann eine Wiedereinweisung unzumutbar sein. Ebenso ist zu beachten, dass nur die notwendigen Maßnahmen getroffen werden dürfen. So darf etwa eine Einzelperson nicht in eine Vier-Zimmer-Wohnung eingewiesen werden (*Huttner* Rn. 205). Zu berücksichtigen ist auch, ob ein Vermieter schon mehrfach mit Einweisungen gegen seinen Willen belastet wurde. Soziale Wohnungsbauunternehmen können eher als private Vermieter in Anspruch genommen werden. Weitere Abwägungskriterien sind das Alter und der Gesundheitszustand der Unterzubringenden, die Wohnraumverhältnisse und die Zahl der sonstigen Obdachlosen (vgl. *Strempel* ZMR 1993, 555 (556)). Bei der Abwägung ist zu berücksichtigen, dass ein Obdachloser einen Einweisungsanspruch nur hat, soweit und solange er die Gefahr nicht selbst aus eigenen Kräften oder mit Hilfe der Sozialleistungsträger in zumutbarer Weise und Zeit beheben kann (h.Rspr. zuletzt etwa VG Neustadt a.d. Weinstraße, BeckRS 2017, 125620; VG Freiburg BeckRS 2017, 103433).

Ist nach der Abwägung eine **Einweisung unumgänglich,** ist die Dauer auf das erforderliche **Mindestmaß** zu beschränken. Auch hier hat wieder eine Abwägung aller beteiligten Interessen stattzufinden. Ferner sind die örtlichen Gegebenheiten zu berücksichtigen. Eine einheitliche Bewertung ist in der Rechtsprechung nicht zu finden; die für angemessen gehaltene Einweisungsdauer schwankt zwischen zwei und acht Monaten (vgl. *Ewer/von Detten* NJW 1995, 353 (356) mwN). Zum Teil gibt es auch ausdrückliche gesetzliche Regelungen (etwa § 33 Abs. 4 S. 2 BW PolG: Höchstdauer 6 Monate).

12. Auf der anderen Seite muss die Behörde auch die **Belange der Mieter** berücksichtigen, wenn angemessener anderer Wohnraum nicht zur Verfügung steht. Dabei sind besondere persönliche Umstände wie besondere Belastungen durch Erkrankung oÄ bei der Abwägung mit einzubeziehen.

13. Der **Tatbestand des Räumungsurteils** ist zur Prüfung der Zumutbarkeit ebenfalls heranzuziehen.

14. Kosten und Gebühren. Bei erfolglosem Widerspruch hat der Vermieter die notwendigen Auslagen der Behörde (Zustellungskosten etc) zu tragen, § 80 Abs. 1 S. 3 VwVfG. Dies gilt nicht, wenn der Widerspruch nur deshalb keinen Erfolg hat, weil die Verletzung von Form- oder Verfahrensvorschriften nach § 45 VwVfG unbeachtlich ist (§ 80 Abs. 1 S. 2 VwVfG).

Ist der Widerspruch erfolgreich, sind dem Vermieter die ihm entstanden notwendigen Auslagen zu erstatten, § 80 Abs. 1 S. 1 VwVfG. Dazu zählen auch die Gebühren eines Rechtsanwaltes, wenn die Hinzuziehung notwendig war, § 80 Abs. 2 VwVfG. Dies ist dann gegeben wenn im Hinblick auf die Bedeutung und die sachliche und rechtliche

Schwierigkeit der Sache ein verständiger Vermieter die Hinzuziehung eines Rechtsanwaltes für notwendig halten durfte. Dies dürfte in der Regel der Fall sein.

Die **Gebühr des Rechtsanwaltes** (§§ 13 ff RVG, 23 RVG) richtet bei Streitigkeiten im Obdachlosenrecht, die das Nutzungsrecht an einer Unterkunft als solches im Hauptsacheverfahren zum Gegenstand haben, nach Nr. 35.3 des Streitwertkatalogs 2013 für die Verwaltungsgerichtsbarkeit, der für die Obdachloseneinweisung unabhängig von der Zahl der betroffenen Personen die Festsetzung des Auffangwertes (= 5.000,00 EUR, bei einstweiligem Rechtsschutz die Hälfte) empfiehlt (hM vgl. etwa VGH Mannheim 13.5.2014 – 1 S 761/14 –, NVwZ-RR 2014, 703 f.).

2. Abmahnung des Vermieters gegenüber der Behörde und dem Eingewiesenem wegen Störungen im Mietobjekt

. . . . .

(Vermieter)

An den

Oberbürgermeister

der Stadt . . . . .

– Ordnungsamt –[2]

. . . . .

Einweisungsverfügung vom . . . . . betreffend die Wohnung . . . . . – AZ –

hier: Abmahnung wegen Störung des Hausfriedens durch den Eingewiesenen, Herrn . . . . .[1, 3]

Sehr geehrte Damen und Herren,

ich[4] bitte, Herrn . . . . . zu veranlassen, sein Verhalten in Zukunft zu ändern. Herr . . . . . belästigt die Mitmieter durch ständige Beschimpfungen. Am . . . . . hat er Frau . . . . . eine „Schlampe" genannt. Am . . . . . hat er Frau . . . . . angebrüllt, sie solle aus dem Weg gehen, sie sei eine „blöde Kuh", und am . . . . . Herrn . . . . . als „Nazischwein" bezeichnet. Außerdem ist er am . . . . ., am . . . . . und am . . . . . gegen Mitternacht laut singend nach Hause gekommen und hat anschließend bis morgens gegen 3 Uhr seine Stereoanlage so laut gedreht, dass die übrigen Mieter nicht schlafen konnten. Am . . . . . wurde auch die Polizei gerufen.[5]

Ich bitte um Überprüfung, ob die Einweisungsverfügung gemäß § 49 VwVfG vorzeitig aufgehoben werden kann,[6] andernfalls werde ich einen Antrag gemäß § 51 VwVfG auf Wiederaufgreifen des Verfahrens stellen.[7] Die übrigen Mieter des Hauses haben wegen des Verhaltens von Herrn . . . . . bereits Mietminderungen angedroht.[8]

Herr . . . . . erhält eine Durchschrift dieses Schreibens.[9, 10]

. . . . .

(Vermieter)

Anmerkungen

1. Sachverhalt. Der Vermieter ist Eigentümer eines Mehrfamilienhauses. Nach einer fristlosen Kündigung wegen Störung des Hausfriedens hat die Gemeinde den Mieter wegen drohender Obdachlosigkeit für vier Monate wieder in die Wohnung eingewiesen. Der Mieter hat sein Verhalten wie vor der Kündigung fortgesetzt.

2. Die Rechtsbeziehungen zwischen Vermieter und Einweisungsbehörde richten sich nach **öffentlichem Recht**.

3. Die **Abmahnung** ist hier als Aufforderungsschreiben an die Gemeinde zu verstehen, aus dem Verhalten des Eingewiesenen Konsequenzen zu ziehen. Sie ist nicht formgebunden, sollte aber zur Beweissicherung schriftlich verfasst und der Behörde nachweislich zur Kenntnis gebracht werden, da der Vermieter im Streitfall darlegen und beweisen muss, dass er der Behörde Kenntnis verschafft hat. Es ist daher eine Zustellungsart zu wählen, die diesen Nachweis sicherstellt. Hierbei kommt ein Einschreiben mit Rückschein, die Zustellung durch den Gerichtsvollzieher oder durch einen Boten in Betracht. Bei einer Zustellung durch Boten ist anzuraten, dass dieser sich in der Behörde die Abgabe des Schriftstücks quittieren lässt. Zu bedenken ist außerdem, dass der Bote möglichst selbst gesehen haben sollte, welches Schriftstück er überbringt, da im Streitfall häufig der Einwand erhoben wird, es handele sich bei dem zugestellten Schreiben nicht um das Widerspruchsschreiben.

4. Die Abmahnung muss erkennen lassen, dass sie vom Vermieter kommt, insbesondere muss sie von ihm unterschrieben sein, bei einer Mehrheit von Vermietern von allen. Eine Bevollmächtigung ist möglich, jedoch sollte der Abmahnung eine ausdrückliche Vollmacht, die sich auch auf die Abmahnung bezieht, beigelegt sein.

5. Die Abmahnung muss **inhaltlich so konkret** sein, dass die Behörde genau erkennen kann, welches Verhalten der Vermieter beanstandet und abgestellt haben will. Nur dann kann sie adäquat reagieren.

6. Sinn einer Abmahnung ist es, die **Behörde** zu veranlassen, auf den Mieter einzuwirken, das beanstandete Verhalten zu beenden. Da der Vermieter jedoch nicht die Möglichkeit einer ordentlichen oder fristlosen Kündigung hat, kann er über die Abmahnung versuchen, die Behörde dazu zu bewegen, gemäß § 49 Abs. 2 Nr. 3 VwVfG eine rechtmäßige unanfechtbare Einweisungsverfügung wegen veränderter Umstände aufzuheben. Die Behörde kann nach dieser Vorschrift auch einen belastenden Verwaltungsakt aufheben, wenn auf Grund nachträglich eingetretener Tatsachen bei erneuter Ermessensausübung die Maßnahme nicht erfolgt wäre. Die Behörde muss erneut und umfänglich abwägen; andernfalls kann der Vermieter gegebenenfalls später gemäß § 839 BGB Schadensersatz wegen Amtspflichtverletzung beantragen. Zu den Abwägungskriterien → Form. D.IX.1 Anm. 11.

7. Der Vermieter kann jedoch auch gemäß § 51 VwVfG einen **Antrag auf Wiederaufgreifen des Verfahrens** stellen, wenn sich die Sachlage nachträglich zu seinen Gunsten geändert hat. Voraussetzung ist, dass dieser Antrag binnen 3 Monaten ab Kenntnis des Vermieters von dem Wiederaufnahmegrund bei der nach § 3 VwVfG zuständigen Behörde gestellt wird. Der Antrag ist schriftlich und von allen Vermietern zu stellen; insofern gelten die unter → Form. D.IX.2 Anm. 4 gemachten Ausführungen entsprechend. Eine Abmahnung sieht das verwaltungsrechtliche Verfahren nicht vor. Jedoch kann bei der Interessenabwägung von Bedeutung sein, dass entsprechend den Voraussetzungen bei fristlosen Kündigungen, dem Mieter zunächst die Gelegenheit gegeben werden muss, sein beanstandetes Verhalten abzustellen. Hier kommt es immer auf den Einzelfall an.

Angesichts dessen, dass die Einweisungszeit begrenzt ist, ist dieser Verfahrensgang aber nur selten. Nach Ablauf der Einweisungszeit kann ein Anspruch aus § 51 VwVfG nicht mehr geltend gemacht werden, dann kommt nur ein allgemeiner Folgenbeseitigungsanspruch in Betracht, → Form. D.IX.3, → Form. D.IX.4.

8. Eine Abmahnung kann sich unter dem Gesichtspunkt empfehlen, für einen gegebenenfalls später geltend zu machenden Schadensersatzanspruch den Einwand der Behörde auszuschließen, sie habe den Schadenseintritt nicht verhindern können, der Vermieter sei seiner Schadensminderungspflicht nicht nachgekommen.

9. Eine **Abmahnung des eingewiesenen Mieters selbst** hat keine unmittelbaren Rechtswirkungen, da zwischen ihm und dem ehemaligen Vermieter keine vertraglichen Rechtsbeziehungen mehr bestehen (Schmidt-Futterer/*Blank* BGB Vor § 535 Rn. 167). Es reicht daher, wenn dieser Kenntnis von der Beanstandung erhält, um bei eventuell späteren Streitigkeiten um Schadensersatzansprüche den Nachweis erbringen zu können, dass er Kenntnis von dem Vorgehen des Vermieters und von der Missbilligung seines Verhaltens hat. Da ein Mieter, wenn er eingewiesen wird, in der Regel mittellos ist, dürfte die Verwirklichung derartiger Ansprüche allerdings die Ausnahme sein.

10. Die Gebühr des Rechtsanwaltes (§§ 13 ff RVG, 23 RVG) richtet bei Streitigkeiten im Obdachlosenrecht, die das Nutzungsrecht an einer Unterkunft als solches im Hauptsacheverfahren zum Gegenstand haben, nach Nr. 35.3 des Streitwertkatalogs 2013 für die Verwaltungsgerichtsbarkeit, der für die Obdachloseneinweisung unabhängig von der Zahl der betroffenen Personen die Festsetzung des Auffangwertes (= 5.000,00 EUR, bei einstweiligem Rechtsschutz die Hälfte) empfiehlt (hM vgl. etwa VGH Mannheim 13.5.2014 – 1 S 761/14 –, NVwZ-RR 2014, 703 f.).

3. Schadensersatzanspruch gegen die einweisende Gebietskörperschaft

. . . . .

(Vermieter)

An den

Oberbürgermeister

der Stadt . . . . .

– Ordnungsamt –[1, 2]

. . . . .

Einweisungsverfügung vom . . . . . betreffend die Wohnung . . . . . – AZ –

hier: Schadensersatz

Sehr geehrte Damen und Herren,

ich beantrage hiermit, mir den durch die oben genannte Einweisungsverfügung entstandenen Schaden in Höhe von . . . . . EUR zu ersetzen.[3]

Mit der Einweisungsverfügung vom . . . . . haben Sie die Mieterin wegen drohender Obdachlosigkeit in die von mir gekündigte Wohnung befristet bis zum . . . . . wieder eingewiesen. Nachdem die Mieterin zu diesem Termin nicht auszog, habe ich am . . . . . den Gerichtsvollzieher mit der Räumung beauftragt.[4] Am . . . . . wurde die Räumung vollzogen.[5]

Meinen Schaden berechne ich wie folgt:

Mietzinsausfall für die Zeit vom . . . . . bis . . . . . in Höhe von . . . . . EUR;[6]
Mietnebenkosten für die Zeit vom . . . . . bis . . . . . in Höhe von . . . . . EUR;[7]
Stromkosten für die Zeit vom . . . . . bis . . . . . in Höhe von . . . . . EUR;[8]
Kosten der Räumung in Höhe von . . . . . EUR;[9]
Kosten der Reinigung der Wohnung in Höhe von . . . . . EUR.[9]
Die Wohnung wurde beschädigt zurückgegeben,[10] insbesondere waren das Schloss der Wohnungstür aufgesprengt, die Lichtschalter zerbrochen. Der Teppichboden war fleckig und die Tapeten waren beschmiert. Hierfür sind Kosten in Höhe von . . . . . EUR für die Reparatur der Wohnungstür . . . . . EUR für die Reparatur der Elektroinstallation und . . . . . EUR für Maler- und Teppichverlegerarbeiten angefallen. Diese Schäden lagen bei Beginn des Mietverhältnisses noch nicht vor. Insoweit verweise ich auf das anliegende Übergabeprotokoll, das von mir und der Mieterin zu Mietbeginn erstellt wurde.[11]

Den Gesamtbetrag von . . . . . EUR überweisen Sie bitte innerhalb von 14 Tagen auf mein IBAN Nr. . . . . .

Sollte innerhalb der oben genannten Frist keine Zahlung erfolgen, werde ich unverzüglich Klage erheben.[12]

. . . . .

(Vermieter)

Anmerkungen

1. Sachverhalt. Der Vermieter hatte der Mieterin wegen Zahlungsverzug gekündigt und einen Räumungstitel erwirkt. Er beauftragte einen Gerichtsvollzieher mit der Räumung, der den 19.10.2009 als Räumungstermin festsetzte. Wegen drohender Obdachlosigkeit wies die Ordnungsbehörde die Mieterin jedoch zu diesem Termin unter Anordnung der sofortigen Vollziehbarkeit wieder in die Wohnung ein. Die Einweisungsverfügung war befristet bis zum 15.2.2010; ab diesem Zeitpunkt sollte nach Angaben der Behörde eine andere Unterkunft zur Verfügung stehen. Als die Mieterin zu diesem Termin nicht auszog, ließ der Vermieter die Wohnung zum 20.3.2010 durch den Gerichtsvollzieher räumen.

2. Formvorschriften bestehen nicht; es empfiehlt sich, den Anspruch schriftlich geltend zu machen.

3. Dem Vermieter steht wegen der Folgen der Einweisung ein **öffentlich-rechtlicher Schadensersatzanspruch** zu, der sich entweder auf die Inanspruchnahme des Vermieters als Nichtstörer gründet oder als Folge einer Amtspflichtverletzung geltend gemacht werden kann. Von diesem zivilrechtlich geltend zu machenden Anspruch ist der nach dem Ablauf der Einweisungszeit vor den Verwaltungsgerichten geltend zu machende Folgenbeseitigungsanspruch zu unterscheiden (→ Form. D.IX.4). Dieser ist nicht auf Ersatz des Schadens, sondern auf die tatsächliche Beseitigung der Folgen der Einweisung (Räumung, Schadensbeseitigung) gerichtet.

4. Der Vermieter muss sich ein **Mitverschulden** anrechnen lassen, wenn er nicht unmittelbar nach Ablauf der Einweisungszeit Vollstreckungsmaßnahmen einleitet. Ein Mitverschulden kann ferner in Betracht kommen, wenn er bei einer rechtswidrigen Einweisung keinen Widerspruch eingelegt hat (BGH NJW 1996, 315).

5. Der **Räumungstitel** ist, wenn vor der Einweisung die Räumung noch nicht erfolgt ist, noch nicht verbraucht; die Beschlagnahme der Wohnung steht zivilrechtlich der einstweiligen Einstellung der Zwangsvollstreckung gleich. Der Vermieter kann daher nach Ablauf der Einweisungsfrist die vor der Beschlagnahme begonnene Zwangsvollstreckung fortsetzen (hM LG Bonn ZMR 1990, 346, Schmidt-Futterer/*Blank* BGB Vor § 535 Rn. 166; *Schoenenbroich* NJW 1993, 97 (98 ff.) dazu auch *Peppersack* ZMR 2005, 497).

6. Der Vermieter kann als **Nutzungsentschädigung** den bisher vom Mieter gezahlten Mietzins geltend machen. Allerdings ist insoweit § 546a BGB nicht anwendbar, sondern es liegt ein öffentlich-rechtlicher Anspruch vor (OLG Hamm ZMR 1995, 25). Ersatz kann der Vermieter danach für alle unmittelbar auf die Einweisung zurück zu führenden Schäden verlangen. Dieser unmittelbare Zusammenhang ist auch zu bejahen, soweit der Vermieter für die Zeit nach Ablauf der Einweisungszeit eine Nutzungsentschädigung verlangt. Dass der Mieter nach Ablauf der Einweisungszeit nicht auszieht, liegt nicht außerhalb der Lebenserfahrung (BGH NJW 1995, 2918; *Strempel* ZMR 1993, 555 (557)). In diesem Fall verlängert sich, jedenfalls wenn die Behörde den Eingewiesenen nicht zur Räumung auffordert, konkludent das öffentlich-rechtliche Nutzungsverhältnis (OLG Celle BeckRS 2004, 00994).

7. Die Behörde muss auch für die **Betriebskosten** aufkommen. Der Anspruch richtet sich nach öffentlichem Recht und begründet sich aus der Inanspruchnahme als Nichtstörer (zB §§ 39, 40 OBG NW). Der Anspruch besteht auch für die Zeit nach Ablauf der Einweisungszeit, auch insoweit besteht ein unmittelbarer Zusammenhang zwischen Schadenseintritt und der Einweisung (→ Form. D.IX.3 Anm. 6).

8. Die Behörde muss ferner alle **Aufwendungen** ersetzen, die der Inanspruchgenommene zur Verhinderung und Beseitigung eines infolge der Inanspruchnahme drohenden oder durch sie herbeigeführten Schadens macht. Dies gilt nach den Vorschriften des Ordnungsrechts jedenfalls, soweit die Aufwendungen in einem verständigen Verhältnis zum Schaden stehen. Der Vermieter kann daher zB auch die Stromkosten ersetzt verlangen, wenn er diese für den Eingewiesenen zahlt, um drohende Gefahren für die Wohnung etwa durch Kerzen abzuwenden (BGH MDR 76, 1003; Anspruch aus § 41 OBG NW).

9. Dem Vermieter sind die **durch die Räumung entstandenen Kosten** sowie die **Reinigungskosten** gemäß § 839 BGB iVm Art. 34 GG zu ersetzen. Die Wohnung ist nach Ablauf der Einweisungszeit geräumt und gesäubert an den Vermieter herauszugeben (BGH NJW 1995, 2918 (2919 f.); so auch Bub/Treier/*v.Brunn/Schüller* MietR-HdB II. 1. Rn. 8; Schmidt-Futterer/*Blank* BGB Vor § 535 Rn. 163; aA OLG Köln NJW 1994, 1012). Dies gilt insbesondere auch, wenn die Behörde die Räume bewohnt übernommen hat; denn Gegenstand der Inanspruchnahme ist nicht eine bewohnte, sondern eine freiwerdende, verfügbare Wohnung (BGH aaO). Die Behörde muss den Eingewiesenen anderweitig unterbringen. Diese Verpflichtung besteht auch, wenn die Beschlagnahme aufgehoben wird oder ihre Rechtswirkung entfällt. Die Bediensteten handeln auch schuldhaft, wenn sie die anderweitige Unterbringung nicht veranlassen (BGH NJW 1995, 2918 (2920)).

Der Anspruch ist nicht gemäß **§ 839 Abs. 3 BGB** ausgeschlossen. Nach dieser Vorschrift tritt die Ersatzpflicht nicht ein, wenn der Vermieter es vorsätzlich oder fahrlässig unterlässt, den Schaden durch den Gebrauch eines Rechtsmittels abzuwenden. Der BGH hat entschieden, dass der Vermieter den Weg über den Vollzug des Räumungstitels wählen kann, er muss sich nicht auf die verwaltungsgerichtlichen Rechtsbehelfe verweisen lassen. Zwar kann er eine Freimachungsklage (in Form einer Leistungs- oder Verpflichtungsklage) erheben und auch gemäß § 123 VwGO einstweiligen Rechtsschutz beantragen. Da in der Regel jedoch nicht sicher vorauszusagen ist, innerhalb welchen Zeitraums dieser Anspruch durchzusetzen und zu vollstrecken ist, kann der Vermieter auf diesen Weg nicht zwingend verwiesen werden (BGH NJW 1995, 2918 (2920 f.)). Dies gilt umso mehr, als andernfalls der Vermieter damit rechnen müsste, dass ihm der Vorwurf gemacht wird, er habe gegen seine Schadensminderungspflicht verstoßen. Es kommt aber immer auf den Einzelfall an.

Der Vermieter kann andererseits aber auch, selbst wenn er den ihm zustehenden Räumungstitel noch nicht verbraucht hat und er daher auch die Vollstreckung weiter betreiben kann, den Folgenbeseitigungsanspruch geltend machen.

10. Die Behörde muss für etwaige vom Mieter während der Einweisungszeit verursachte **Schäden** einstehen (BGH NJW 1996, 315 f. = JR 1998, 107 ff. mAnm *März* JR 1998, 111). Ein Schadensersatzanspruch ergibt sich nach den Vorschriften des Ordnungsrechts wegen Inanspruchnahme als Nichtstörer. Voraussetzung dafür ist in der Regel, dass der Schaden unmittelbare Folge der Einweisung ist. Unmittelbarkeit in diesem Sinne ist gegeben, wenn sich eine Gefahr, die in der hoheitlichen Maßnahme bereits angelegt ist, verwirklicht. Der BGH hat dies bejaht für den Fall, dass das Mietverhältnis wegen Zahlungsverzugs gekündigt worden war und später vom Eingewiesenen verursachte Schäden bei diesem nicht realisiert werden konnten (BGH NJW 1996, 315 (316)). Der BGH hat die Unmittelbarkeit dabei mit der Begründung bejaht, dass nach einem Räumungsurteil und Wiedereinweisung erhebliche Spannungen im Verhältnis Vermieter/Mieter bestünden, so dass die Gefahr eines unsachgemäßen Gebrauchs bestehe. In einem weiteren Urteil hat er (WuM 2006, 164) ausgeführt, dass, wenn diese Unmittelbarkeit rechtsfehlerfrei verneint werde, jedenfalls keine Rechtsbeziehung zwischen Einweisungsbehörde und Vermieter dahingehend bestehe, dass die Behörde das Verschulden des Eingewiesenen als Erfüllungsgehilfen zu vertreten habe, wenn dieser durch unsachgemäßen Gebrauch oder mutwillig Schäden anrichte. Die Beseitigung von Schäden, die während der Mietzeit entstanden sind, kann der Vermieter nur vom Mieter selbst verlangen. Ein Beseitigungsverlangen kann rechtsmissbräuchlich sein, wenn die Behörde die ursprünglich beschädigten Räumlichkeiten vor der Beschlagnahme instandgesetzt hatte (Schmidt-Futterer/*Blank* BGB Vor § 535 Rn. 164). Der Vermieter kann nur das verlangen, was er ohne die Beschlagnahme hätte.

11. Der Vermieter muss **darlegen und beweisen**, dass die Mietsache bei Mietbeginn unbeschädigt und nach dem Ende der Einweisungszeit beschädigt war; die Behörde muss darlegen und beweisen, dass die Schäden zum Zeitpunkt der Wiedereinweisung vorhanden waren (BGH NJW 1996, 315 ff.; Schmidt-Futterer/*Blank* BGB Vor § 535 Rn. 164). Die Einweisungsbehörde ist daher – ähnlich wie ein Vermieter bei Mietbeginn – gehalten, den Zustand der Wohnung bei Beginn der Einweisung festzuhalten und ein entsprechendes Protokoll vom Mieter unterzeichnen zu lassen.

12. Kosten und Gebühren. Anwalt. Gebühren berechnet nach dem Wert der Schadensersatzforderungen (§ 13 ff. RVG, Teil 2 VV RVG, 2, 23 RVG, 39 GKG, 3 ZPO).

4. Folgenbeseitigungsanspruch gegen die einweisende Gebietskörperschaft

. . . . .

(Vermieter)

An den

Oberbürgermeister

der Stadt . . . . .

– Ordnungsamt –[2]

. . . . .

Einweisungsverfügung vom . . . . . betreffend die Wohnung . . . . . – AZ –

hier: Folgenbeseitigung[1]

Sehr geehrte Damen und Herren,

hiermit beantrage ich, den mit der oben genannten Verfügung in meine Wohnung . . . . .
eingewiesenen Mieter . . . . . anderweitig unterzubringen und die Wohnung geräumt und
gesäubert an mich zurückzugeben[3] und die entstandenen Schäden zu beseitigen.[4]

Mit der Einweisungsverfügung vom . . . . . haben Sie den Mieter wegen drohender
Obdachlosigkeit in die von mir gekündigte Wohnung befristet bis zum . . . . . wieder
eingewiesen. Der Mieter ist zu diesem Termin nicht ausgezogen, er befindet sich immer
noch in der Wohnung. Trotz meiner telefonischen Aufforderung vom . . . . . hat auch von
Ihrer Behörde noch niemand irgendwelche Maßnahmen ergriffen.

Hinsichtlich der Schadensbeseitigung weise ich darauf hin, dass vorbehaltlich der genauen Besichtigung der Wohnung jedenfalls eine Scheibe in der Wohnungseingangstür
zerbrochen ist.

Sollte die Räumung nicht innerhalb von 3 Tagen erfolgen, werde ich eine Freimachungsklage beim Verwaltungsgericht . . . . . erheben und einen Antrag auf vorläufigen Rechtsschutz stellen.[5, 6]

. . . . .

(Vermieter)

Anmerkungen

1. Sachverhalt. Der Vermieter hatte dem Mieter **wegen Zahlungsverzug gekündigt.**
Wegen drohender Obdachlosigkeit wies die Ordnungsbehörde die Mieterin jedoch unter
Anordnung der sofortigen Vollziehbarkeit wieder in die Wohnung ein. Die Einweisungs-
verfügung war befristet bis zum 15.2.2010; ab diesem Zeitpunkt sollte nach Angaben der
Behörde eine andere Unterkunft zur Verfügung stehen. Der Mieter zog zu diesem Termin
nicht aus.

2. Der Anspruch kann zunächst vorgerichtlich **formlos** geltend gemacht werden, sollte
aber zur Beweissicherung schriftlich verfasst und der Behörde nachweislich zur Kenntnis
gebracht werden, da der Vermieter im Streitfall darlegen und beweisen muss, dass er der
Behörde Kenntnis verschafft hat. → Form. D.IX.2 Anm. 3.

3. Der Vermieter hat **nach Ablauf der Einweisungszeit** einen **Folgenbeseitigungsanspruch** (zur rechtlichen Einordnung des Anspruchs s. *Schoenenbroich* MDR 1993,
97 f.) gegen die Behörde darauf, dass die Wohnung an ihn geräumt und gesäubert
herausgegeben wird (BGH NJW 1995, 2918 (2919 f.); OVG Münster NVwZ 1991,
905; OVG Berlin NVWZ 1992, 501; VG Saarlouis BeckRS 2010, 50984; so auch Bub/
Treier/v.Brunn/Schüller MietR-HdB II. 1. Rn. 8; Schmidt-Futterer/*Blank* BGB Vor § 535
Rn. 163, aA OLG Köln NJW 1994, 1012). Die Behörde ist verpflichtet, den ihr zurechenbaren nunmehr rechtswidrigen Zustand durch Wiederherstellung des ursprünglichen
Zustandes zu beseitigen. Dies gilt insbesondere auch, wenn die Behörde die Räume
bewohnt übernommen hat; denn Gegenstand der Inanspruchnahme ist nicht eine bewohnte, sondern eine freiwerdende, verfügbare Wohnung (BGH NJW 1995, 2918). Die
Behörde muss den Eingewiesenen anderweitig unterbringen. Diese Verpflichtung besteht
auch, wenn die Beschlagnahme aufgehoben wird oder ihre Rechtswirkung entfällt. Der
Anspruch auf Folgenbeseitigung kann aber ausgeschlossen sein, soweit den Betroffenen in

analoger Anwendung des § 254 BGB ein Mitverschulden trifft (BVerwG NJW 1989, 2484 ff.; VG Mainz BeckRS 2017, 148598 – etwa wenn der Vermieter den Eingewiesenen längerfristig duldet).

4. Der Folgenbeseitigungsanspruch ist auf die Wiederherstellung des ursprünglichen Zustandes gerichtet, etwa in der Einweisungszeit entstandene Schäden sind von der Behörde zu beseitigen. Zur Darlegungs- und Beweislast → Form. D.IX.3 Anm. 11.

5. Der Vermieter kann beim **Verwaltungsgericht** Klage auf Freimachung der Wohnung erheben und zugleich einstweiligen Rechtsschutz beantragen. Er muss sich nicht zunächst formlos an die Behörde wenden. Der verwaltungsrechtliche Weg des Folgenbeseitigungsanspruchs dürfte von den Vermietern nicht so häufig gewählt werden, da die Dauer dieses Verfahrens nicht sicher vorauszusagen ist und dem Vermieter, soweit er einen vollstreckbaren Räumungstitel hat und die Räumung vor der Einweisung noch nicht beendet war, der in der Regel schnellere Weg über eine Fortsetzung der Zwangsvollstreckung offensteht (s. BGH NJW 1995, 2918 (2920 f.)). Die öffentlich-rechtliche Pflicht zur Folgenbeseitigung trifft die Einweisungsbehörde aber unabhängig davon, ob der Wohnungseigentümer einen zivilrechtlichen Räumungstitel besitzt (VG Saarlouis BeckRS 2010, 3221).

6. Kosten und Gebühren. §§ 13 ff. RVG, Teil 2 VV-RVG, 2, 23 RVG, 39 GKG, 3 ZPO, abhängig von den zu schätzenden Kosten für die Beseitigung der Folgen der Einweisung, also Räumungs-, Reinigungs- und Schadensbeseitigungskosten.

5. Anspruchsschreiben des Eingewiesenen auf die Beseitigung von Mängeln

. . . . .

(Eingewiesener)

An den

Oberbürgermeister

der Stadt . . . . .

– Ordnungsamt –[1, 2]

. . . . .

Einweisungsverfügung vom . . . . . betreffend die Wohnung . . . . . – AZ –

Hier: Mitteilung von Mängeln der Wohnung[3]

Sehr geehrte Damen und Herren,

mit der oben genannten Einweisungsverfügung haben Sie mich in die Wohnung . . . . . eingewiesen.

Die Wohnung ist mangelhaft. Strom und Wasser funktionieren nur zeitweise. Die Versorgung war am . . . . . von . . . . . bis . . . . ., am . . . . . von . . . . . bis . . . . . und am . . . . . von . . . . . bis . . . . . unterbrochen. Außerdem schließen die Fenster nicht dicht. Bei stärkerem Regen dringt Wasser ein. Dadurch hat sich im Bereich der Außenwände im Schlaf- und Kinderzimmer bereits Schimmel gebildet.[4]

Hütte 861

Dieser Zustand ist auch bei einer Einweisung nicht hinnehmbar. Ich bitte Sie daher, zu veranlassen, dass diese Mängel beseitigt werden.[5, 6]

. . . . .

(Eingewiesener)

Anmerkungen

1. **Sachverhalt.** Der eingewiesene Mieter war wegen drohender Obdachlosigkeit von der Behörde in seine frühere Wohnung wieder eingewiesen worden. Es traten während der Einweisungszeit erhebliche Mängel auf, die zum Teil bereits früher im Ansatz bestanden hatten.

2. **Formvorschriften** gelten nicht. Es empfiehlt sich aus Beweissicherungsgründen, den Anspruch schriftlich geltend zu machen.

3. Der Eingewiesene kann sich mangels vertraglicher Beziehungen zum ehemaligen Vermieter mit Ansprüchen wegen Wohnungsmängeln, wegen der Art oder des Umfangs der Wohnungsnutzung oder ähnlichem nur an die **Einweisungsbehörde** halten.

4. Die **auftretenden Mängel** sollten so präzise wie möglich beschrieben werden (Umfang, Ausmaß, gegebenenfalls Zeit und Dauer), damit die Behörde die Berechtigung des Anspruchs möglichst sofort und umfassend nachprüfen kann.

5. Der Anspruch des Eingewiesenen wegen Mängelbeseitigung kann sich aus der **allgemeinen Fürsorgepflicht** ergeben. Zu bedenken ist dabei aber, dass die Beseitigung von Obdachlosigkeit durch die Ordnungsbehörden eine Maßnahme der Gefahrenabwehr ist. Die Einweisung in eine Obdachlosenunterkunft ist von vornherein vorübergehender Natur (so OVG LSA BeckRS 2012, 50416; so zuletzt auch das VG Saarlouis, BeckRS 2019, 2837). Vorrang hat die Verschaffung einer angemessenen Wohnung, in erster Linie durch den Eingewiesenen selbst oder nachrangig durch die Kommune im Rahmen der Daseinsvorsorge. Dabei, so das OVG Schleswig, geht es im Rahmen der Gefahrenabwehr nur darum, dem Obdachlosen „ein Dach über den Kopf" zu verschaffen. Besondere Ansprüche an die zu verschaffende Wohnung kann der Obdachlose nicht stellen. Zur Gefahrenabwehr reicht es aus, wenn ihm eine Unterkunft zur Verfügung gestellt wird, in der er leben kann, ohne dass er in seiner Menschenwürde beeinträchtigt wird (vgl. zu den an eine Obdachlosenunterbringung zu stellenden Anforderungen im Einzelnen VGH Kassel BeckRS 2005, 23175; *Ruder* NVwZ 2012, 1283 (1296)). Zu bedenken ist insoweit auch, dass die Unterbringung nachrangig ist und damit kein Anspruch auf ein Dauerwohnrecht begründet werden kann (vgl. VG Berlin, BeckRS 2017, 141047).

Obdachlose Personen müssen daher eine weitgehende Einschränkung ihrer Wohnansprüche hinnehmen. Allenfalls bei erheblichen, die Menschenwürde beeinträchtigenden Mängeln kann die Behörde daher zum Handeln gezwungen sein. Dies gilt insbesondere bei Mängeln, die die Gesundheit des Eingewiesenen beeinträchtigen können oder wenn baurechtliche Verstöße zu ahnden sind. Treten schwerwiegende Mängel auf, die die Wohnung unter Umständen unbenutzbar machen, kann die Gemeinde gegebenenfalls eine Verfügung wegen einer öffentlich-rechtlichen Störung gegen den Eigentümer erlassen mit dem Ziel, die gerügten Mängel zu beseitigen. Dies kann insbesondere in Betracht kommen, wenn dem Eingewiesenen das Wasser abgedreht wird (*Huttner* Rn. 249). Gleiches gilt etwa bei Fehlen von Heizung und Strom. Unerheblich ist, ob die Mängel bereits vor der Einweisung bestanden.

Grundsätzlich vorrangig vor einem Sanierungsanspruch ist aber immer ein Anspruch auf Verschaffung anderweitigen angemessenen Wohnraums mit der Folge, dass ein

Sanierungsanspruch nur im Ausnahmefall einzuklagen sein dürfte. Die Einweisungs-behörde kann daher nach pflichtgemäßem Ermessen den Eingewiesenen auch in eine andere Unterkunft umzusetzen.

Der Eingewiesene ist darüber hinaus verpflichtet, auftretende Mängel der Behörde zu melden, um sich nicht schadensersatzpflichtig zu machen, da die Behörde nur bei Kennt-nis auf Mängel reagieren kann und sie Kenntnis in der Regel nur vom Eingewiesenen erlangen kann.

6. Kosten und Gebühren. Die Gebühren des Rechtsanwalts richten sich nach der Höhe der Mängelbeseitigungskosten, §§ 13 ff. RVG, Teil 2 VV-RVG, 2, 23 RVG, 39 GKG, 3 ZPO.

6. Ansprüche der Gebietskörperschaft gegen den Eingewiesenen auf Nutzungsentschädigung

. . . . .

(Stadt bzw. Gemeinde)[1]

An

Herrn . . . . .

(Eingewiesenen)

Einweisungsverfügung vom . . . . . betreffend die Wohnung . . . . . – AZ –

Sehr geehrter Herr . . . . .

hiermit wird gegen Sie eine Gebühr in Höhe von . . . . . monatlich für die Nutzung der Wohnung . . . . . festgesetzt.[2]

Sollten Sie diesen Betrag nicht bis zum . . . . . zahlen, ist ein weiterer Verbleib in der Wohnung nicht mehr möglich.[3]

oder

Sie haben die Ihnen zugewiesene Wohnung nicht zum Ablauf der Einweisungsfrist zum . . . . . geräumt. Sie haben daher ein monatliches Entgelt in Höhe von . . . . . für die Nutzung der Wohnung zu zahlen.[4]

Anmerkungen

1. Sachverhalt. Dem Eingewiesenen wurde von der Stadt mit der Einweisungsver-fügung eine Wohnung zur Verfügung gestellt. Die Stadt hat eine Satzung in Bezug auf Nutzungsgebühren von Obdachlosenunterkünften nicht erlassen.

Nach Ablauf der Einweisungszeit nutzte der Obdachlose die Wohnung weiter (Alt. 2).

2. Die Gemeinde kann durch Satzung für die Nutzung einer zugewiesenen Unterkunft Gebühren festlegen. Nach den Kommunalabgabengesetzen der Länder sind dabei der Schuldner, der die Abgabe begründenden Tatbestand, der Maßstab, der Satz der Abgabe sowie die Entstehung und die Fälligkeit der Abgabeschuld festzulegen (zu den Anforde-rungen im Einzelnen vgl. etwa BayVGH BayVBl 2012, 19; OVG Münster 19.6.1997 – 9 A 4113/96, BeckRS 1997, 126488). Bei der Kalkulation der verbrauchsabhängigen Kostenfaktoren kann dabei im Rahmen einer einheitlichen Benutzungsgebühr typisierend von einem Einrichtungsbenutzer mit durchschnittlichem Verbrauchsverhalten in einer durchschnittlich ausgestatteten Unterkunft ausgegangen werden (BayVGH BayVBl 2012, 19). Alternativ kann die Gemeinde bezogen auf die jeweilige Unterkunft spezielle nebenkostenbezogene Gebührentatbestände berechnen und ausweisen (*Huttner* S. 131). Fehlt es an einer Satzung kommt ein Kostenersatzanspruch nicht in Betracht (Bay VGH BayVBl 2012, 19; VG Gelsenkirchen BeckRS 2011, 53357). Da es sich um ein öffentlich-rechtliches Nutzungsverhältnis handelt, scheidet die Anwendung privatrechtlicher Vorschriften etwa zur Miete aus. Da der Obdachlose auch keinen öffentlich-rechtlichen Vertrag abgeschlossen hat, scheidet auch ein öffentlich-rechtlicher Erstattungsanspruch aus (BayVGH BayVBl 2012, 19).

3. Die Gemeinde kann die Nutzung der zugewiesenen Unterkunft nicht davon abhängig machen, ob der Obdachlose die Nutzungsgebühr zahlt (VG Osnabrück BeckRS 2012, 53665). Dies ist mit der Aufgabe der Gefahrenabwehr, wonach die Gemeinde die unfreiwillige Obdachlosigkeit in ihrem Gebiet nach pflichtgemäßem Ermessen und unter Wahrung des Verhältnismäßigkeitsgrundsatzes zu beseitigen hat, nicht zu vereinbaren. Die Gemeinde ist zur Durchsetzung ihrer Forderungen auf die Verwaltungsvollstreckung verwiesen. Jedoch kann die Gemeinde den Obdachlosen in eine billigere Wohnung einweisen, um den Gebührenausfall zu verringern (BayVGH BeckRS 2011, 31817).

4. Ein zivilrechtlicher Anspruch scheidet aus, es sei denn, der Eingewiesene hat einen ihm von der Gemeinde vorgelegten Mietvertrag unterschrieben. Nutzt der Obdachlose die Wohnung nach Ablauf der Einweisungszeit weiter, verlängert sich – jedenfalls dann, wenn die Gemeinde nach Ablauf der Einweisungszeit nichts unternimmt – das Nutzungsverhältnis konkludent. Der Verbleib des Obdachlosen in der Wohnung führt nicht zum Zustandekommen eines zusätzlichen faktischen privatrechtlichen Nutzungsverhältnisses, vielmehr bleibt der öffentlich-rechtliche Charakter des Nutzungsverhältnisses erhalten. Es kann nicht durch eine einfache Erklärung der Gemeinde in ein privatrechtliches Verhältnis umgewandelt werden (vgl. OLG Celle OLGR 2004, 139). Soweit die Gemeinde keine Satzung hat, kann sie daher auch nach Ablauf der Einweisungsfrist keine Nutzungsentschädigung verlangen.

X. Beendigung durch Zeitablauf

1. Widerspruch des Vermieters gegen stillschweigende Fortsetzung des Mietverhältnisses gemäß § 545 BGB

. . . . .

(Vermieter)

an

. . . . .

(Mieter)[1]

– Einschreiben mit Rückschein –[2]

Betr.: Mietverhältnis über . . . . .

Bezug: Meine fristlose Kündigung vom . . . . .

hier: Widerspruch gegen stillschweigende Fortsetzung des Mietverhältnisses

Sehr geehrte(r) . . . . .,

da Sie die von Ihnen gemieteten Geschäftsräume trotz Kündigung nicht pünktlich geräumt haben, muss ich Ihnen – vorsichtshalber – der Ordnung wegen gem. § 545 BGB[3] mitteilen, dass ich[4] mit einer Verlängerung des Mietverhältnisses nicht einverstanden bin.[5]

Sollten Sie die Geschäftsräume nicht bis zum . . . . . geräumt haben, werde ich unverzüglich Räumungsklage gegen Sie erheben.[6]

Selbstverständlich sind Sie bis zu Ihrem Auszug zur Zahlung einer Nutzungsentschädigung in Höhe der bisherigen Miete verpflichtet.

(Alternative:

Selbstverständlich sind Sie bis zu Ihrem Auszug zur Zahlung einer Nutzungsentschädigung verpflichtet. Diese beläuft sich auf . . . . . (in Worten: . . . . .) EUR pro Monat, da . . . . .[7])

Die Geltendmachung eines eventuellen weiteren Schadens behalte ich mir ausdrücklich vor.[8]

. . . . .

(Vermieter)

Anmerkungen

1. → Form. D.XI Anm. 1.

2. → Form. D.XI Anm. 2.

3. Selbst die Rechtsprechung hat schon zur Vorgängerbestimmung (§ 568 BGB aF) konstatiert, dass sie „weitgehend unbekannt" sei (OLG Hamm NJW 1983, 826). *Eckert* (DWW 2001, 151) bezeichnet die Regelung als „üble Falle, von der Vermieter und Mieter in gleicher Weise betroffen sind", und die häufig überflüssige Prozesse auslöse.

4. Auch bei einer Personenmehrheit auf Vermieterseite reicht nach Ansicht des OLG Rostock (NZM 2004, 423) der Widerspruch nur eines Vermieters aus, um die stillschweigende Vertragsverlängerung zu verhindern. „Dem steht nicht der Grundsatz entgegen, dass bei einer Personenmehrheit auf einer Vertragsseite die mehreren Vermieter oder Mieter alle rechtserheblichen Erklärungen gemeinsam abgeben müssen. Endet das Vertragsverhältnis mit dem vertraglichen Ablauftermin und wollen die mehreren Vermieter diese Folge abwenden, so müssen sie gemeinsam handeln, dh gemeinsam die Fortsetzung des Mietgebrauchs durch den Mieter widerspruchslos hinnehmen. Daran fehlt es, wenn ein Vermieter seinen entgegenstehenden Willen äußert."

5. Sachverhalt, Grundsätzliches. Es kommt häufig vor, dass der Vermieter wirksam gekündigt hat, der Mieter aber nicht auszieht. Der umgekehrte Fall ist seltener, dh, dass der Mieter gekündigt hat, dann aber den Auszugstermin überzieht, zB weil seine neuen Räumlichkeiten noch nicht bezugsfertig sind. Es entsteht ein Zustand der Rechtsunsicherheit., den § 545 BGB mit einer fristgebundenen „Widerspruchslösung" zugunsten einer ansonsten eintretenden Fortsetzung des Mietverhältnisses entscheidet.

Dazu bestimmt § 545 BGB, dass sich das Mietverhältnis auf unbestimmte Zeit verlängert, wenn der Mieter nach Ablauf der Mietzeit den Gebrauch der Mietsache fortsetzt, sofern nicht eine Vertragspartei ihren entgegenstehenden Willen innerhalb von zwei Wochen dem anderen Teil erklärt. Die Frist beginnt für den Mieter mit der Fortsetzung des Gebrauchs, für den Vermieter mit dem Zeitpunkt, in dem er von der Fortsetzung Kenntnis erhält. Die konkrete Fristberechnung erfolgt nach §§ 187, 188, 193 BGB.

Wichtig ist also hier für den Vermieter: Wenn er schweigt, lebt das Mietverhältnis trotz der von ihm ausgesprochenen Kündigung wieder auf, und zwar zu den unveränderten Bestimmungen des gekündigten Vertrags. Eine Ausnahme gilt allerdings für im gewerblichen Mietvertrag vereinbarte Verlängerungsoptionen. Werden diese nicht bis zum Ablauf des Mietvertrags ausgeübt, erlöschen sie, da § 545 BGB (nur) zu einer Verlängerung des Mietvertrags auf unbestimmte Zeit führt (OLG Köln ZMR 1996, 433).

Da der Mietervertrag wieder in Kraft gesetzt wird, bedarf es zur Beendigung des Mietverhältnisses nach Verstreichen der Widerspruchsfrist einer erneuten Kündigung. Durch § 545 BGB findet allerdings kein Verbrauch der Kündigungsgründe statt, so dass die neue Kündigung auf dieselben (unveränderten) Kündigungsgründe gestützt werden kann wie die vorangegangene.

Daher sollte der Vermieter vorsichtshalber widersprechen, wenn der Mieter zum Auszugstermin die Räumlichkeiten nicht räumt.

Der Widerspruch kann sich auch aus den Umständen ergeben (OLG Rostock NZM 2004, 423). Wenn zB der Vermieter innerhalb der Frist des § 545 BGB den Mieter zur Räumung auffordert oder dem Mieter sogar schon die Räumungsklage des Vermieters zugeht, liegt darin auch gleichzeitig der Widerspruch des Vermieters gegen die stillschweigende Verlängerung des Mietverhältnisses. „Eindeutiger als durch die Einreichung einer Räumungsklage kann der Vermieter seinen Widerspruch gegen die Verlängerung des Mietverhältnisses nach § 545 BGB nicht zum Ausdruck bringen" (BGH NZM 2014, 580). Im Übrigen ist hier § 167 ZPO anwendbar, so dass ein rechtzeitiger Widerspruch gegen die Verlängerung des Mietverhältnisses auch dadurch erfolgen kann, dass innerhalb der Widerspruchsfrist eine Räumungsklage eingereicht wird, deren Zustellung „demnächst" iSd § 167 ZPO erfolgt (BGH NZM 2014, 580).

Der Widerspruch nach § 545 BGB ist auch schon **vor** Beendigung des Mietverhältnisses und damit auch **vor** der ggf. späteren unbefugten Gebrauchsfortsetzung möglich. So kann der Vermieter bereits **im Kündigungsschreiben** darauf hinweisen, dass er einer stillschweigenden Fortsetzung des Mietverhältnisses gem. § 545 BGB widerspricht (BGH NJW 2010, 2124 = NZM 2010, 510; OLG Hamburg NJW 1981, 2258). Abhängig von den konkreten Umständen des Einzelfalls, insbesondere den vom Vermieter im Kündigungsschreiben abgegebenen Erklärungen, kann die Widerspruchserklärung im Hinblick auf § 545 BGB auch schlüssig im Kündigungsschreiben enthalten sein (BGH NJW-RR 1988, 76), wenn zB dem Kündigungsschreiben unmissverständlich entnommen werden kann, dass der Räumungsanspruch notfalls gerichtlich durchgesetzt werde (LG Heilbronn ZMR 1991, 388 (389)). Es kommt entscheidend darauf an, ob nach den Gesamtumständen für den Mieter aus der früheren Erklärung des Vermieters dessen eindeutiger Wille erkennbar wird, das Mietverhältnis nach dem Ablauf der Mietzeit nicht fortsetzen zu wollen (BGH NJW 2010, 2124).

Daher ist jedenfalls dann, wenn der Widerspruch zusammen mit der Kündigung erklärt wird, ein zeitlicher Zusammenhang zwischen Widerspruch und Zeitpunkt der Vertragsbeendigung nicht erforderlich (BGH NJW 2010, 2124; dort betrug die Kündigungsfrist 9 Monate; aA LG Ansbach NJW-RR 1996, 1479). Ob in anderen Fällen eines vor Vertragsbeendigung erklärten Fortsetzungswiderspruchs ein enger zeitlicher Zusammenhang zu fordern ist und wann dieser nicht mehr angenommen werden kann, ist bislang vom BGH nicht entschieden. Im Zweifel sollte daher bei längerem Zeitablauf ggf. vorsorglich eine Wiederholung des Fortsetzungswiderspruchs erfolgen.

Nach BGH WPM 1969, 298, kann bei einem Geschäftsraummietverhältnis, das zum Zweck der Mieterhöhung gekündigt worden ist, das Festhalten des Vermieters an der höheren Mietforderung nach Vertragsbeendigung einen Widerspruch gegen die stillschweigende Vertragsfortsetzung zu den bisherigen Konditionen beinhalten: „Hat der Mieter bereits vor Beginn der Zwei-Wochen-Frist des § 568 BGB klar zu erkennen gegeben, dass er den Gebrauch der Räume nach Ablauf des Mietvertrags fortsetzen werde, so braucht der Vermieter seine daraufhin abgegebene Erklärung, dass er hiermit bei Weiterzahlung des derzeitigen Mietzinses nicht einverstanden sei, nicht binnen der genannten Frist nochmals zu wiederholen."

§ 545 BGB ist **vertraglich abdingbar,** auch in Formularverträgen (BGH NJW 1991, 1750 (1751); OLG Hamm NJW 1983, 826). Vermieter und Mieter können also vereinbaren, dass sich beide Parteien nach Ablauf des Mietverhältnisses nicht auf § 545 BGB berufen können. Streitig ist, ob diese vom Gesetz abweichende Folge einer Gebrauchsfortsetzung wegen des Transparenzgebots des § 307 Abs. 1 S. 2 BGB aus einer entsprechenden AGB-Bestimmung erkennbar sein muss; dem würde etwa eine Klausel „Wird nach Ablauf der Mietzeit der Gebrauch der Sache vom Mieter fortgesetzt, so findet § 545 BGB keine Anwendung" nicht genügen (OLG Schleswig NJW 1995, 2858; *Schumacher* WuM 2007, 664). Nach aA (LG Erfurt WuM 2008, 283 mit zust. Anm. *Lammel* WuM 2008, 659; OLG Rostock NJW 2006, 3217) kann eine Klausel, die sich auf einen für jedermann einsehbaren Gesetzestext bezieht, nicht gegen das Transparenzgebot verstoßen; ein Blick in das Gesetz sei auch dem Laien zuzumuten und zudem seien auch im Rahmen der AGB-Kontrolle von dem Grundsatz, dass der Bürger das Gesetz kennen muss, keine Abstriche zu machen.

In der Praxis jedenfalls sollte die Klausel angesichts des dargestellten Streits wie folgt formuliert werden:

> Die Anwendung des § 545 BGB – stillschweigende Verlängerung des Mietverhältnisses durch Gebrauchsfortsetzung nach Ablauf der Mietzeit – wird ausgeschlossen.

§ 545 BGB gilt für **jede Art der Beendigung eines Mietverhältnisses,** insbesondere auch für außerordentliche Kündigungen (BGH NJW 1980, 1577; LG Heilbronn ZMR 1991, 388 (389)). Streitig ist, ob § 545 BGB auch auf einen Mietaufhebungsvertrag (grundsätzlich bejahend Schmidt/Futterer/*Blank* BGB § 545 Rn. 8–10) oder einen Räumungsvergleich anwendbar ist (in beiden Fällen verneinend: Palandt/*Weidenkaff* BGB § 545 Rn. 2).

Nach zutreffender Ansicht kommt es für die Frage eines Ausschlusses des § 545 BGB auf eine Auslegung der jeweiligen Vereinbarung an (MüKoBGB/*Bieber* § 545 Rn. 11).

Maßgeblich für § 545 BGB ist, dass der Gebrauch der Mietsache in der gleichen Weise fortgesetzt wird wie zum Zeitpunkt der Beendigung des Mietverhältnisses (BGH NJW-RR 1988, 76; OLG Hamm ZMR 1995, 206). Nach Ansicht des OLG Düsseldorf (MDR 1990, 1115, für einen Fall des Finanzierungsleasings) soll dafür aber das bloße Behalten, die Nichtrückgabe der Mietsache nicht ausreichen, sondern eine Weiternutzung erforderlich sein.

6. Im **Prozess** muss der Vermieter den Zugang der Widerspruchserklärung beweisen, der Mieter die Fortsetzung des Gebrauchs über den Zeitpunkt der Beendigung des Mietverhältnisses hinaus und ggf. die Verspätung des Widerspruchs wegen Nichteinhaltung der Zweiwochenfrist durch den Vermieter.

7. Gibt der Mieter die Mietsache nach Beendigung des Mietverhältnisses nicht zurück, kann der Vermieter gem. § 546a **Abs. 1** BGB für die Dauer der Vorenthaltung nach seiner Wahl als **Entschädigung** entweder die vereinbarte Miete oder die Miete verlangen, die für vergleichbare Sachen ortsüblich ist. Bei gewerblichen Mietverhältnissen ist der Entschädigungsanspruch steuerlich wie die Miete zu beurteilen und unterliegt daher der Umsatzsteuer (BGHZ 104, 285).

8. § 546a **Abs. 2** BGB. Beim „echten" **Schadensersatz** kann der Geschädigte den Ersatz der Mehrwertsteuer nicht verlangen, weil er diese mangels eines Leistungsaustauschs nicht abzuführen hat (BGH ZMR 2008, 867).

2. Widerspruch des Mieters gegen stillschweigende Fortsetzung des Mietverhältnisses gemäß § 545 BGB

. . . . .

(Mieter)[1]

an

. . . . .

(Vermieter)

– Einschreiben mit Rückschein –[2]

Betr.: Mietverhältnis über . . . . .

Bezug: Meine Kündigung vom . . . . .

hier: Widerspruch gegen stillschweigende Fortsetzung des Mietverhältnisses

Sehr geehrte(r) . . . . .,

obwohl ich – wegen der Bauverzögerung meines eigenen Geschäftshauses[3] – die in Ihrem Haus gemieteten Räume bislang trotz eigener Kündigung nicht pünktlich geräumt habe, muss ich Ihnen – vorsichtshalber – der Ordnung wegen gem. § 545 BGB mitteilen,[4] dass ich[5] mit einer Verlängerung des Mietverhältnisses auf unbestimmte Zeit nicht einverstanden bin.[6]

. . . . .

(Mieter)

Anmerkungen

1. → Form. D.XI Anm. 1.

2. → Form. D.XI Anm. 2.

3. § 545 BGB hat durchaus auch **Bedeutung für den Mieter.** Wenn der Mieter seinen eigenen Kündigungstermin überzieht, weil etwa sein eigenes Bauvorhaben sich verzögert, muss auch er der Fortsetzung des Mietverhältnisses nach § 545 BGB widersprechen. Versäumt er dies, lebt das Mietverhältnis wieder auf, und er muss neu kündigen. Dann muss er während des Laufs der neuen Kündigungsfrist ggf. Miete für Geschäftsräume bezahlen, die er gar nicht mehr nutzt, und dies ggf. zudem in der kapitalintensiven „Startphase" seiner neuen Geschäftsadresse. Da § 545 BGB eine – vor allem bei Mietern – weitgehend unbekannte Bestimmung ist, wird die Norm hier leicht zum Verhängnis für den Mieter (Fischer-Dieskau/Pergande/Schwender/*Franke* BGB § 545 Anm. 3).

4. Besonders der Mieter, der seinen durch eigene Kündigung selbstgesetzten Räumungstermin überzieht, muss darauf achten, dass er nicht auch die Zweiwochenfrist des § 545 S. 1 BGB übersieht, die für ihn gem. § 545 S. 2 Nr. 1 BGB mit Fortsetzung des Gebrauchs beginnt.

5. → Form. D.X.1 Anm. 4.

6. → Form. D.X.1 Anm. 5.

XI. Ordentliche fristgemäße Kündigung des Mieters

. . . . .

(Mieter)[1]

an

. . . . .

(Vermieter)

– Einschreiben mit Rückschein –[2]

Betr.: Mietverhältnis über eine Bäckerei, Immobilienstr. 15 in 44444 Dortmund

hier: Kündigung

Sehr geehrte(r) . . . . .,

hiermit kündige ich[3] das zwischen uns bestehende Mietverhältnis mit der vertraglich vereinbarten Kündigungsfrist von . . . . . Monaten[4]

(Alternative:

mit gesetzlicher Kündigungsfrist[5]

zum . . . . .[6, 7]

Gleichzeitig teile ich Ihnen mit, dass ich an einer vorzeitigen Beendigung des Mietverhältnisses zum . . . . . interessiert bin.[8]

Vorsorglich widerspreche ich bereits jetzt einer stillschweigenden Verlängerung des Mietverhältnisses gem. § 545 BGB.[9])

. . . . .

(Mieter)

Anmerkungen

1. Ordentliche fristgemäße Kündigungen durch den Mieter sind auch bei Gewerberaummietverträgen häufiger als solche durch den Vermieter; daher befasst sich auch der Mustertext mit einer Kündigung des Mieters.

2. § 568 Abs. 1 BGB schreibt nur für Wohnraummietverhältnisse die Schriftform der Kündigungserklärung vor. Allerdings wird bei gewerblichen Mietverhältnissen die Schriftform der Kündigungserklärung meist vertraglich vereinbart. Im Übrigen ist die Einhaltung der Schriftform auf jeden Fall aus Beweisgründen zu empfehlen.

Es ist ratsam, Kündigungen **per Einschreiben mit Rückschein** zu senden, damit der Zugang des Schreibens notfalls auch bewiesen werden kann. Die Versendung per Einschreiben allein beweist nur die Absendung, nicht aber den gem. § 130 Abs. 1 BGB allein maßgebenden Zugang des Schreibens. Auch ein Einschreiben mit Rückschein bietet keine uneingeschränkte Gewähr für den Zugang des Schreibens. Wenn der Empfänger vom Postboten nicht angetroffen wird, bleibt der Einschreibebrief auf der Post 7 Tage liegen. Wenn der Empfänger ihn während dieser Zeit nicht dort abholt, geht er unzugestellt an den Absender zurück, einschließlich des in diesem Fall gerade nicht vom Empfänger unterschriebenen Rückscheins. Möglicherweise gilt in einem solchen Fall die „Fiktion" des Zugangs, wenn der Empfänger im konkreten Fall mit dem Schreiben rechnen musste (BGH NJW 1977, 194) und etwa den Zugang verhindert oder bei einer vom Absender fristgebunden abzugebenden Erklärung verzögert (BGH NJW 1952, 1169) hat. Dies in einem Prozess darzulegen und zu beweisen, fällt aber regelmäßig schwer. Auch eine Zustellung durch den Gerichtsvollzieher ist möglich. Eine weitere Möglichkeit besteht in der Zustellung durch einen Boten, der dann notfalls bezeugen kann, dass er den Brief beim Mieter oder Vermieter abgegeben oder in den Briefkasten geworfen hat. Der Bote sollte in diesem Fall den Brief unverschlossen überbringen, den Brief vorher gelesen haben und auf einer an den Absender zurückzugebenden Kopie mit seiner Unterschrift bestätigen, dass er „das Original dieses Briefes am . . . . . in den Briefkasten des . . . . . eingeworfen" hat. Falls in einem Rechtsstreit der Empfänger den Zugang bestreitet, kann der Bote ggf. als Zeuge benannt werden.

Zur Kündigung per Telefax bei Urlaubsabwesenheit des Empfängers und zur **Vereinbarung einer bestimmten Übersendungsform** der Kündigungserklärung vgl. BGH NZM 2004, 258 (Einschreiben mit Rückschein). Nach Ansicht des BGH ist in diesem Fall „nur die Schriftform als Wirksamkeitserfordernis für die Kündigungserklärung vereinbart, dagegen kann ihr Zugang auch in anderer Weise als durch einen Einschreibebrief wirksam erfolgen."

Wird die **Kündigung in einem prozessualen Schriftsatz** erklärt, ist der Zugang einer vom Erklärenden unterzeichneten Abschrift des Schriftsatzes beim Gegner erforderlich. Hat der Prozessbevollmächtigte des (Ver)mieters die Kündigung ausgesprochen, wird dem Formerfordernis im Allgemeinen auch dann entsprochen, wenn der Prozessbevollmächtigte den **Beglaubigungsvermerk** auf der Abschrift des Schriftsatzes unterschrieben hat (BGH NJW-RR 1987, 395). Zwar bezeugt die Unterschrift auf dem Beglaubigungsvermerk regelmäßig nur ihre Übereinstimmung mit der Urschrift, allerdings übernimmt der Prozessbevollmächtigte bei einem von ihm selbst unterschriebenen Beglaubigungsvermerk im Allgemeinen zugleich die Verantwortung auch für den Inhalt der Urkunde. Anders verhält es sich bei der Übersendung einer Kopie eines Schriftsatzes. der mittels **EGVP** bei Gericht eingereicht wurde, da die Beglaubigung durch die Geschäftsstelle eben keinen vom (Ver)mieter oder seinem Bevollmächtigten unterschriebenen Beglaubigungsvermerk darstellt (AG Wiesbaden NZM 2013, 424).

3. Wird im Beispielsfall die Kündigungserklärung durch einen vom (Ver)mieter beauftragten Rechtsanwalt (oder sonstigen Bevollmächtigten) abgegeben, muss der Kündigungserklärung eine **Vollmacht** beigefügt sein, da der Empfänger die Kündigungserklärung sonst unverzüglich (§ 121 Abs. 1 BGB) gem. § 174 BGB zurückweisen kann; es sei denn, der Vollmachtgeber hatte den Empfänger von der Bevollmächtigung in Kenntnis gesetzt. Das gilt aber auch für die Zurückweisung: bedient sich der Empfänger hierfür eines Bevollmächtigten, muss auch der Zurückweisung eine Vollmacht beigefügt sein. Die Zurückweisung muss wegen der fehlenden Vorlage der Vollmachtsurkunde erfolgen. Die fehlende Vollmachtsurkunde braucht zwar nicht ausdrücklich beanstandet zu werden. Es reicht vielmehr aus, wenn sich der Grund der Zurückweisung aus den Umständen eindeutig ergibt und für den Vertragspartner erkennbar ist. Auf keinen Fall darf sich der Kündigungsempfänger daher in der Zurückweisung nur mit der Kündigung in der Sache auseinandersetzen (BAG NJW 1981, 2374; OLG Hamburg WuM 1978, 120).

4. Bei der Gewerberaummiete kann die **Kündigungsfrist** vertraglich frei vereinbart werden.

5. Falls die Mietvertragsparteien keine anderweitige Vereinbarung getroffen haben, ist gem. § 580a Abs. 2 BGB bei einem Mietverhältnis über Geschäftsräume die ordentliche

Kündigung spätestens am dritten Werktag eines Kalendervierteljahres zum Ablauf des nächsten Kalendervierteljahres zulässig. Die gesetzliche Kündigungsfrist beträgt also (fast) sechs Monate. Die Kündigung muss bis zum dritten Werktag eines Quartals erfolgen (dh zugegangen sein, § 130 Abs. 1 BGB), wobei nach dem Wortlaut des § 580a Abs. 2 BGB jedenfalls Sonntage und Feiertage nicht mitzuzählen sind. Der Samstag ist als Werktag zu zählen, gleichgültig ob er der erste oder zweite Tag der dreitägigen Karenzzeit ist (BGH NZM 2005, 532 = NJW 2005, 2154). Der BGH hat aber offen gelassen, ob die Karenzzeit sich nach § 193 BGB verlängert, wenn der letzte (dritte) Tag der Karenzfrist auf einen Sonnabend fällt; vgl. aber auch BGH NZM 2005, 391 = NJW 2005, 1354 –nicht-mietrechtliche Entscheidung). Die Kündigung kann nur zum 31.3., 30.6., 30.9. oder 31.12. erfolgen.

Die Kündigungsfrist des § 580a Abs. 2 BGB für „Geschäftsräume" gilt für alle Räumlichkeiten, die zu geschäftlichen, auf Erwerb gerichteten Zwecken vermietet sind; also nicht nur für Ladenlokale und zugehörige Nebenräume, sondern zB auch für Büros und Praxisräume von Freiberuflern (Schmidt/Futterer/*Blank* BGB § 580a Rn. 14), auch bei Anmietung zu beruflich unselbstständiger Tätigkeit (Palandt/*Weidenkaff* BGB § 580a Rn. 14).

6. Neben der Möglichkeit, die Kündigungsfrist frei zu vereinbaren, können bei der Gewerberaummiete auch die Termine, zu denen (ausschließlich) mit der vereinbarten Frist gekündigt werden kann, vertraglich festgelegt werden; zB Kündigung nur zum Jahresende.

7. Eine **verspätete Kündigungserklärung** ist nicht insgesamt unwirksam, sondern wirkt als Kündigung zum nächstmöglichen Termin (MüKoBGB/*Häublein* § 573c Rn. 14). Das gilt auch, wenn in einer Kündigungserklärung ein unzutreffender vorzeitiger Zeitpunkt für die Beendigung des Mietverhältnisses angegeben wird (OLG Hamm MDR 1994, 56). Dies rechtfertigt sich daraus, dass die ordentliche Kündigung überhaupt keine Angabe des Zeitpunktes der Beendigung des Vertragsverhältnisses erfordert und selbst eine Kündigung ganz ohne diese Angabe zum nächsten zulässigen Termin wirksam wird (OLG Hamm MDR 1994, 56).

8. Dies ist ein gleichzeitig mit der Kündigung erklärtes **Angebot des Mieters auf Abschluss eines Mietaufhebungsvertrags** zu dem genannten Zeitpunkt. Falls der Mieter an einer vorzeitigen Beendigung des Mietverhältnisses interessiert ist, sollte er das dem Vermieter sogleich im Kündigungsschreiben mitteilen. Das versetzt den Vermieter schnellstmöglich in die Lage, seine Weitervermietungsbemühungen ggf. auf diesen früheren Termin einzurichten. Dies wird er vor allem dann begrüßen, wenn er die Chance der Erzielung einer höheren Miete sieht. Im umgekehrten Fall, in dem der Vermieter eher mit einer niedrigeren Miete oder gar mit Mietausfall rechnen muss, wird sein Interesse eher dahin gehen, einen (zahlungskräftigen) Mieter so lange wie möglich an das Mietverhältnis zu binden. In diesem Fall sollte der Mieter bereits im Kündigungsschreiben darauf hinweisen, dass er sich zu dem früheren, von ihm gewünschten Termin der Vertragsbeendigung selber um einen Nachmieter bemühen wird.

Rechtlich ist auch die Stellung eines Nachmieters das Angebot des Mieters zum Abschluss eines Mietaufhebungsvertrags. Der Vermieter muss dieses Angebot nicht annehmen, er **kann** es. Ein Zwang zur Annahme des Nachmieters besteht nur in seltenen Fällen. Dabei muss es sich auf Seiten des Mieters um eine echte Notlage, eine unzumutbare Härte handeln. Das ist immer Frage des Einzelfalls. Stärker ist die Rechtsposition des Mieters, wenn ihm bereits im Mietvertrag (dazu BGH NZM 2005, 340) oder später, ggf. nach der Kündigung des Mieters, durch den Vermieter das Recht zur Entlassung aus dem Mietvertrag bei Stellung eines geeigneten Nachmieters ausdrücklich zugestanden worden ist. Dann kann der Vermieter nicht mehr jeden Nachmieter ablehnen, sondern muss einen geeigneten (zumutbaren) Nachmieter akzeptieren. Daraus folgt aber auch, dass der Vermieter **nicht automatisch jeden** Nachmieter nehmen muss. Über die Geeignetheit des Nachmieters entscheidet nicht der Mieter, sondern der Vermieter. Dabei kann der Vermieter durchaus andere Kriterien zugrunde legen als der Mieter auf den ersten Blick für wesentlich hält. Allgemein gilt: Wenn in der Person des vom Mieter gestellten Nachmieters ein wichtiger Grund für eine Ablehnung liegt, dann muss der Vermieter den Nachmieter nicht akzeptieren. Der wichtigste Grund ist die mangelnde Zahlungsfähigkeit (OLG Düsseldorf DWW 2004, 87: Nachmieter müssen einer Bonitätsprüfung standhalten; auf einen Nachmieter, der bereits eine eidesstattliche Versicherung abgeben musste, braucht sich ein Vermieter in keinem Fall einzulassen.). Wenn der Vermieter gleichzeitig einen selbstgesuchten „Nach"mieter für die Geschäftsräume hat, dann steht es dem Vermieter frei, mit diesem den neuen Mietvertrag abzuschließen. Der Mieter kann ihm in diesem Fall nicht seinen eigenen Nachmieter aufzwingen.

9. Der Mieter sollte bereits in seinem Kündigungsschreiben aus Gründen der Vorsicht ausdrücklich einer Verlängerung des Mietverhältnisses gem. § 545 BGB widersprechen, → Form. D.X.1, → Form. D.X.2.

XII. Außerordentliche befristete Kündigung

1. Kündigung des Mieters bei Modernisierungs- und Verbesserungsmaßnahmen des Vermieters gemäß § 554 Abs. 3 S. 2 BGB

. . . . .

(Mieter)

an

. . . . .

(Vermieter)[1]

– Einschreiben mit Rückschein –[2]

Betr.: Mietverhältnis über . . . . .

Bezug: Ihre Modernisierungsankündigung vom . . . . .[3]

hier: Kündigung[4]

Sehr geehrte(r) . . . . .,

mit den von Ihnen angekündigten Modernisierungsmaßnahmen bin ich nicht einverstanden. Insbesondere wegen des beabsichtigten Austausches der bisherigen Fensterfront befürchte ich einen Umsatzrückgang bis unter die Rentabilitätsgrenze. Es ist zwar richtig, dass die neuen großflächigen Isolierglasscheiben in wärmegedämmten Rahmen eine Einsparung von Heizenergie bewirken werden. Speziell für mein Geschäft würde sich das aber nachteilig auswirken, da ich meine Ware, überwiegend hochwertige Weine und Spirituosen alter Jahrgänge im Verbund mit den gegenwärtigen kleinflächigen Fenstern in braunen Holzrahmen („Butzenscheiben") werblich erheblich besser präsentieren kann. Auch die gesamte Innenausstattung der Geschäftsräume ist auf diesen „nostalgischen" Charakter des Geschäfts abgestimmt, der bei den Kunden in der Vergangenheit stets gut angekommen ist.[5]

Daher sehe ich[6] mich leider veranlasst, das Mietverhältnis gem. § 555e Abs. 1 BGB zum . . . . . zu kündigen.[7]

Vorsorglich widerspreche ich bereits jetzt einer stillschweigenden Verlängerung des Mietverhältnisses gem. § 545 BGB.[8]

. . . . .

(Mieter)

Anmerkungen

1. → Form. D.XI Anm. 1.

2. → Form. D.XI Anm. 2.

3. Zum Wohnraummietverhältnis → Form. D.V.1. Bei Modernisierungsmaßnahmen (Legaldefinition (abschließende Aufzählung) in § 555b BGB, im Beispielsfall energetische Modernisierung nach § 555b Ziff. 1. BGB) hat der Vermieter gem. § 555c Abs. 1 BGB dem

Mieter spätestens drei Monate vor Beginn der Maßnahme deren Art und voraussichtlichen Umfang in wesentlichen Zügen, den voraussichtlichen Beginn und die voraussichtliche Dauer sowie den Betrag der zu erwartenden Mieterhöhung nach § 559 BGB und die voraussichtlichen künftigen Betriebskosten in Textform (§ 126b BGB) anzukündigen. Die Ankündigung soll gem. § 555c Abs. 2 BGB einen Hinweis auf Form und Frist des Härteeinwands nach § 555d Abs. 3 S. 1 BGB enthalten, was bei Fehlen dieses Hinweises in § 555d Abs. 5 BGB sanktioniert wird. Diese Regelungen gelten wegen der Verweisung in § 578 Abs. 2 BGB auch für Gewerberaummietverhältnisse. Allerdings sind hier zu Lasten des Mieters abweichende Vereinbarungen möglich; § 578 Abs. 2 BGB verweist **nicht** auch auf § 555c Abs. 5 BGB und § 555d Abs. 7 BGB, wonach (nur bei) Wohnraummietverhältnissen zum Nachteil des Mieters abweichende Vereinbarungen unwirksam sind. Da § 578 Abs. 2 BGB auch nicht auf § 555e Abs. 3 BGB verweist, kann auch das in § 555e BGB geregelte Sonderkündigungsrecht des Mieters bei gewerblichen Mietverhältnissen ausgeschlossen werden.

4. Bevor der Mieter von der Kündigungsmöglichkeit des § 555e Abs. 1 BGB Gebrauch macht, sollte er prüfen, ob er überhaupt zur Duldung der angekündigten Maßnahme verpflichtet ist (§ 555d BGB). Auf der anderen Seite besteht das Kündigungsrecht auch dann, wenn der Mieter zur Duldung nicht verpflichtet ist. Nach dem Wortlaut des § 555e Abs. 1 S. 1 BGB löst allein der Zugang der Modernisierungsankündigung beim Mieter bereits das Kündigungsrecht aus.

5. Die Wirksamkeit der Kündigung des Mieters hängt nicht von der Abgabe einer inhaltlichen Begründung ab (→ Form. D.XII.1 Anm. 4), wie es hier geschehen ist. Solche Ausführungen bieten sich aber an, wenn der Mieter einerseits mit der Kündigung zeigen will, dass es ihm „ernst" ist, andererseits aber einen letzten Versuch unternehmen will, den Vermieter zum Einlenken (Unterlassen der angekündigten Maßnahmen) zu bewegen. Vermieter und Mieter müssen sich dann allerdings wegen der vom Mieter ausgesprochenen Kündigung wieder darüber einigen, dass das Mietverhältnis fortgesetzt werden soll.

6. → Form. D.XI Anm. 3.

7. Gem. § 555e Abs. 1 BGB ist der Mieter berechtigt, das Mietverhältnis bis zum Ablauf des Monats, der auf den Zugang der Modernisierungsankündigung folgt, außerordentlich zum Ablauf des übernächsten Monats zu kündigen (zur Abdingbarkeit → Form. D.XII.1 Anm. 3). Nach §§ 555e Abs. 2, 555c Abs. 4 BGB gilt dies allerdings nicht für Maßnahmen, die nur mit einer unerheblichen Einwirkung auf die Mietsache verbunden sind und nur zu einer unerheblichen Mieterhöhung führen.

8. Der Mieter sollte bereits in seinem Kündigungsschreiben aus Gründen der Vorsicht ausdrücklich einer Verlängerung des Mietverhältnisses gem. § 545 BGB widersprechen, → Form. D.X.1, → Form. D.X.2.

2. Kündigung des Mieters bei Verweigerung der Erlaubnis zur Untervermietung gemäß § 540 Abs. 1 S. 2 BGB

. . . . .

(Mieter)

an

. . . . .

(Vermieter)[1]

– Einschreiben mit Rückschein –[2]

Betr.: Mietverhältnis über . . . . .

Bezug: Ihr Schreiben vom . . . . ./Untervermietung

hier: Kündigung

Sehr geehrte(r) . . . . .,

mit Bedauern habe ich zur Kenntnis genommen, dass bzgl. der von mir beabsichtigten Untervermietung keine Einigung zu erzielen ist.[3] Mit dem im Bezug genannten Schreiben[4] haben Sie meine Bitte, mir eine entsprechende Erlaubnis zu erteilen, leider abgelehnt.[5]

Daher sehe ich[6] mich leider veranlasst, das Mietverhältnis gem. § 540 Abs. 1 S. 2 BGB zum . . . . . zu kündigen.[7]

Vorsorglich widerspreche ich bereits jetzt einer stillschweigenden Verlängerung des Mietverhältnisses gem. § 545 BGB.[8]

. . . . .

(Mieter)

Anmerkungen

1. → Form. D.XI Anm. 1.

2. → Form. D.XI Anm. 2.

3. Zum Wohnraummietverhältnis → Form. D.V.2. Die Vorschrift des § 553 Abs. 2 BGB, wonach der Vermieter seine Zustimmung zur Untervermietung ggf. von einer „angemessenen Erhöhung der Miete" (Untermietzuschlag) abhängig machen kann, ist zwar auf die Geschäftsraummiete nicht anwendbar. Trotzdem steht es den Parteien – auch – des gewerblichen Mietverhältnisses frei, eine vertragliche Regelung über die Untermiete herbeizuführen, die sich an dem – nahe liegenden – Gedanken des § 553 Abs. 2 BGB (Erlaubnis des Vermieters gegen Vereinbarung eines Untermietzuschlags) orientiert.

4. Die Verweigerung der Erlaubnis muss ausdrücklich erklärt werden. Bloßes Schweigen des Vermieters genügt nicht, es sei denn, der Mieter hat für die Antwort eine angemessene Frist gesetzt (LG Berlin NZM 1999, 405; LG Nürnberg-Fürth WuM 1995, 587). Eine Verweigerung der Erlaubnis liegt auch vor, wenn die Erlaubnis unter Einschränkungen oder Auflagen erteilt wird, die der Mietvertrag nicht vorsieht (BGH BGHZ 59, 3).

5. Nach § 540 Abs. 1 BGB ist der Mieter ohne die Erlaubnis des Vermieters nicht berechtigt, den Gebrauch der Mietsache einem Dritten zu überlassen, insbesondere sie weiter zu vermieten. Dazu gehört nicht nur die Weitervermietung insgesamt, sondern ggf. auch eine sich nur auf einen Teil der Mietsache erstreckende Untermiete. Wie sich aus der Stellung des § 540 Abs. 1 BGB im Gesetz („I. Allgemeine Vorschriften über Mietverhältnisse") ergibt, kommt dem Grundsatz, dass der Vermieter – und nicht der Mieter – die Mieter seiner Mietsachen aussucht, überragende Bedeutung zu. Eine dem § 553 Abs. 1 BGB entsprechende Regelung, wonach der Vermieter von Wohnraum – allerdings auch nur unter den in § 553 Abs. 1 S. 1 und 2 BGB genannten engen Voraussetzungen – einer Untervermietung zustimmen **muss**, gibt es bei der Gewerberaummiete nicht. § 578 BGB, Mietverhältnisse über Grundstücke und Räume, verweist nicht auf § 553 BGB. Damit kommt eine Verpflichtung des Vermieters von Gewerberäumen zur Zustimmung zur Untervermietung nur im Rahmen des § 242 BGB und der allgemeinen Vertragsförderungspflicht in Betracht, mithin nur in Ausnahmefällen.

6. → Form. D.XI Anm. 3.

7. Gem. § 540 Abs. 1 S. 2 BGB ist der Mieter für den Fall, dass der Vermieter die Erlaubnis zur Untervermietung verweigert, berechtigt, das Mietverhältnis außerordentlich mit der gesetzlichen Frist (§ 580a Abs. 2 BGB) zu kündigen, sofern nicht in der Person des Untermieters ein wichtiger Grund vorliegt.

Streitig ist, ob der Ausschluss der Untervermietung bei Geschäftsräumen (formularmäßig) erfolgen kann (offen gelassen, aber mit umfassenden Nachweisen zum Streitstand bei BGH NJW 1995, 2034). Ist die Untervermietung selber in den AGB nicht ausgeschlossen, kann der Vermieter aber die erforderliche Erlaubnis nach Belieben verweigern, dann kann das Sonderkündigungsrecht des § 540 Abs. 1 S. 2 BGB nicht ausgeschlossen werden (BGH NJW 1995, 2034). Nach Ansicht des LG Bonn (NZM 2003, 397) verstößt jedenfalls bei langfristiger Geschäftsraummiete das formularmäßige Verbot der Untervermietung und der damit verbundene Ausschluss des Sonderkündigungsrechts gegen § 307 Abs. 2 Nr. 1 BGB.

Das Kündigungsrecht besteht nicht, wenn in der Person des Dritten (Untermieters) ein wichtiger Grund vorliegt, § 540 Abs. 2 S. 2 Hs. 2 BGB. Der sonst allgemein im (Miet) vertragsrecht wichtigste Grund, die mangelnde Zahlungsfähigkeit, ist an dieser Stelle allerdings von eher untergeordneter Bedeutung, da der Mieter, nicht dessen Untermieter, dem Vermieter auf Grund des Mietvertrags die Miete schuldet. Bedeutung erlangt die Bonität des Untermieters aber zB in dem Fall, in dem ein gewerblicher Mieter das gemietete Ladenlokal komplett untervermieten will, um aus diesen Mieteinnahmen seinerseits die von ihm gegenüber dem Vermieter geschuldete Miete bezahlen zu können. Auch wenn der Hauptmieter eine Betriebspflicht übernommen hat, besteht selbst bei guter Bonität des Hauptmieters ein Interesse des Vermieters dahin, dass der Betreiber des Mietobjekts nicht allzu häufig wechselt und das Objekt nicht leer steht, weil dadurch die Wertschätzung der gesamten Anlage leiden und die Vermietbarkeit insgesamt beeinträchtigt würde (BGH NZM 2007, 127, dort auch zu einer entsprechenden Auskunftspflicht des Hauptmieters über die wirtschaftlichen Verhältnisse des ins Auge gefassten Untermieters).

In die Abwägung, ob ein wichtiger, zur Versagung der Erlaubnis der Untervermietung führender Grund in der Person des Untermieters vorliegt, dürfen im Übrigen neben den berechtigten Interessen des Vermieters auch die Interessen der übrigen Mieter mit eingestellt werden; zB wenn der Untermieter in den Räumen ein Gewerbe betreiben möchte, das mit dem Gewerbe anderer Mieter konkurriert (OLG Nürnberg NZM 2007, 567).

Das Gesetz stellt für den wichtigen Grund zur Verweigerung der Untervermietung auf die Person des Dritten ab. Das könnte dazu führen, dass der Vermieter seinem gewerblichen Mieter selbst dann eine Untervermietungserlaubnis erteilen müsste, wenn dieser an einen anderen -bonitätsstarken- gewerblichen Mieter des Vermieters untervermieten will, also dem Vermieter einen anderen Mieter mit preisgünstigeren Konditionen „abjagt". Bei der gewerblichen Miete wird deshalb häufig versucht, dies im Vertrag durch entsprechende Klauseln zu verhindern, was das OLG Düsseldorf (DWW 2005, 106) als zulässig angesehen hat (Die dortige Klausel lautete: „Ohne Zustimmung der Vermieterin darf die Mieterin die Mietsache weder ganz oder teilweise untervermieten oder ihren Gebrauch Dritten in anderer Weise überlassen. Insbesondere darf die Mietsache nicht zu einem Zweck benutzt werden, der den Interessen der Vermieterin entgegensteht.")

Die den wichtigen Grund in der Person des Untermieters ausmachenden Tatsachen muss der Vermieter beweisen.

Das Kündigungsrecht besteht ferner nicht, wenn gleichzeitig mit der Untervermietung eine Nutzungsänderung beabsichtigt war (OLG Köln ZMR 1997, 298: Kleintier- statt Zahnarztpraxis; OLG Koblenz NJW-RR 1986, 1343: Wohn- statt Gewerberaum).

Schließlich ist im Einzelfall zu prüfen, ob das Kündigungsrecht des Mieters nach § 540 Abs. 1 S. 2 BGB ggf. gem. § 242 BGB ausgeschlossen ist, weil es durch eine vom Mieter provozierte Erlaubnisverweigerung herbeigeführt worden ist (vgl. dazu *Schönleber* NZM 1998, 948); oder weil dem kündigenden Hauptmieter bekannt ist, dass in Wahrheit gar kein Mietinteresse des von ihm benannten Untermieters besteht (BGH NZM 2010, 120).

§ 242 BGB kommt als Korrektiv ggf. auch im umgekehrten Fall zum Tragen: So begeht ein Mieter, der nach dem Mietvertrag einen Anspruch auf Erteilung der Erlaubnis zur Untervermietung und diese vom Vermieter auch rechtzeitig erbeten hat, zwar einen Vertragsverstoß, wenn er ohne diese Erlaubnis oder bei Vorliegen einer (vertragswidrigen) Verweigerung der Erlaubnis dennoch untervermietet. Angesichts seines eigenen vertragswidrigen Verhaltens ist es in diesem Fall aber dem Vermieter unter dem Gesichtspunkt des Rechtsmissbrauchs verwehrt, dem Mieter deswegen zu kündigen (BGH NZM 2011, 275).

8. Der Mieter sollte bereits in seinem Kündigungsschreiben aus Gründen der Vorsicht ausdrücklich einer Verlängerung des Mietverhältnisses gem. § 545 BGB widersprechen, → Form. D.X.1, → Form. D.X.2.

3. Kündigung bei Mietverträgen mit mehr als 30 Jahren vereinbarter Dauer gemäß § 544 BGB

. . . . .

(Mieter)

an

. . . . .

(Vermieter)[1]

– Einschreiben mit Rückschein –[2]

Betr.: Mietverhältnis über . . . . .

hier: Kündigung

Sehr geehrte(r) . . . . .,

nachdem unser für 40 Jahre abgeschlossenes[3] Mietverhältnis nun seit über 35 Jahren[4] bestanden hat, möchte ich mich aus dem Geschäftsleben zurückziehen. Daher kündige ich[5] das Mietverhältnis gem. § 544 BGB[6] zum . . . . .[7]

Vorsorglich widerspreche ich bereits jetzt einer stillschweigenden Verlängerung des Mietverhältnisses gem. § 545 BGB.[8]

. . . . .

(Mieter)

Anmerkungen

1. → Form. D.XI Anm. 1.

2. → Form. D.XI Anm. 2.

3. Zum Wohnraummietverhältnis → Form. D.V.3. Aus § 544 BGB folgt im Umkehrschluss, dass Mietverträge mit einer Laufzeit von mehr als 30 Jahren grundsätzlich zulässig sind. Auch nach 30 Jahren bleibt der Vertrag noch wirksam, da § 544 BGB nicht langfristige Verträge verhindern will, sondern nur eine unlösbare Bindung über 30 Jahre hinaus (Schmidt-Futterer/*Lammel* BGB § 544 Rn. 9). Wirksam ist auch der Ausschluss der Kündigung für 30 Jahre. (Erst) darüber hinaus ist ein Kündigungsausschluss unwirksam, also nur für die 30 Jahre übersteigende Zeit.

§ 544 BGB ist eine zwingende Vorschrift, so dass eine entgegenstehende vertragliche Vereinbarung unwirksam ist (OLG Hamm NZM 1999, 753). Nach aA (Schmidt-Futterer/*Lammel* BGB § 544 Rn. 5 u. 6) ist die Norm nur in ihrem ersten Teil zwingend (Verbot des Ausschlusses des Kündigungsrechts nach 30 Jahren), wogegen bei Lebenszeitverträgen nach § 544 S. 2 BGB, die keine Wohnraummietverträge sind, eine Vereinbarung über eine Kündigung nach Ablauf von 30 Jahren getroffen werden könne, da dieser Teil der Norm nur privaten Interessen diene und daher disponibel sei.

Eine Vertragslaufzeit von mehr als 30 Jahren kann als feste Laufzeit von 35, 40 Jahren usw. vereinbart werden; durch Bezeichnung eines Datums für das Ende des Mietvertrags; aber zB auch dadurch, dass der Vertrag mit Eintritt eines bestimmten Ereignisses enden soll, dieses Ereignis aber später als 30 Jahre nach Vertragsschluss eintreten soll (BGH BGHZ 117, 236); bzw. wenn die Kündigung nur bei Eintritt eines Ereignisses möglich ist, das auch erst nach mehr als 30 Jahren eintreten kann (OLG Hamburg ZMR 1998, 28). Wird bei einem formal unbefristeten Mietverhältnis die Kündigung für mehr als 30 Jahre ausgeschlossen oder wird sie unzumutbar erschwert, kommt § 544 BGB ebenfalls zur Anwendung (OLG Hamm NZM 1999, 753). Bei Anschlussvermietungen zwischen denselben Vertragspartnern hängt die Anwendbarkeit des § 544 BGB davon ab, ob ein Zwang zum Abschluss des Anschlussvertrags bestand (RGZ 165, 1, 21): wenn ja, werden die Laufzeiten der Verträge addiert und es gilt § 544 BGB; wenn nein, kommt es auf den Zeitpunkt des Abschlusses des Anschlussvertrags an, dh darauf, ob im Anschlussvertrag eine Laufzeit von mehr als 30 Jahren vereinbart ist (BGH NJW 1996, 2028). Die Laufzeit des vorangegangenen Vertrags wird dann nicht dazugerechnet. Zu Verlängerungsoptionen vgl. OLG Düsseldorf ZMR 2002, 189; LG Hamburg MDR 1988, 967.

4. Die Kündigung nach Ablauf der 30 Jahre muss nicht sofort ausgeübt werden, das Gesetz formuliert nur: „nach Ablauf von dreißig Jahren . . . . .“; also **irgendwann** danach.

5. → Form. D.XI Anm. 3.

6. a) § 544 S. 1 BGB gibt beiden Vertragsparteien ein außerordentliches Kündigungsrecht, wenn ein Mietvertrag für eine längere Zeit als 30 Jahre abgeschlossen worden ist. In diesem Fall kann jede Vertragspartei nach Ablauf von 30 Jahren nach Überlassung der Mietsache (nicht: nach Vertragsschluss) das Mietverhältnis mit der gesetzlichen Frist (bei der Geschäftsraummiete § 580a Abs. 2 BGB) kündigen. Die Bestimmung ist von geringer praktischer Bedeutung. Sie kommt nur zum Tragen, wenn der Gewerberaummietvertrag auf eine Laufzeit von mehr als 30 Jahren unter Ausschluss des Kündigungsrechts abgeschlossen worden ist. Besteht ein vertragliches Kündigungsrecht, hat § 544 BGB nicht die Bedeutung, dass bei einem Vertrag mit einer Laufzeit von mehr als 30 Jahren nur nach § 544 BGB gekündigt werden dürfte. Vielmehr darf daneben, auch schon vor Ablauf der 30 Jahre, das vertragliche Kündigungsrecht ausgeübt werden. Besteht das Mietverhältnis bei einem unbefristeten Mietvertrag **faktisch** bereits mehr als 30 Jahre, kommt § 544 BGB ebenfalls nicht zur Anwendung, weil § 544 BGB nur für **vereinbarte** Laufzeiten von mehr als 30 Jahren gilt.

b) Nach § 544 S. 2 BGB ist die Kündigung unzulässig, wenn der Vertrag für die Lebenszeit des Vermieters oder des Mieters geschlossen ist. Bei Personenmehrheit auf Vermieter- oder Mieterseite kommt es, solange eine anderweitige vertragliche Vereinbarung fehlt, für die Vertragsdauer auf die Lebenszeit des Längstlebenden an (Schmidt-Futterer/*Lammel* BGB § 544 Rn. 19). Zur Abdingbarkeit des § 544 S. 2 BGB → Anm. 3. § 544 S. 2 BGB gilt nach seinem eindeutigen Wortlaut („Lebenszeit") nur für natürliche Personen als Mieter oder Vermieter.

7. Die Kündigung kann nach der gesetzlichen Formulierung erst „nach" Ablauf von 30 Jahren nach Überlassung erfolgen, nicht „zum" Ablauf.

8. Der Mieter sollte bereits in seinem Kündigungsschreiben aus Gründen der Vorsicht ausdrücklich einer Verlängerung des Mietverhältnisses gem. § 545 BGB widersprechen, → Form. D.X.1 und → Form. D.X.2.

4. Kündigung bei Tod des Mieters gemäß § 580 BGB

. . . . .

(Erbe)

an

. . . . .

(Vermieter)[1]

– Einschreiben mit Rückschein –[2]

Betr.: Mietverhältnis des Herrn . . . . . über . . . . .

hier: Kündigung

Sehr geehrte(r) . . . . .,

mit Mietvertrag vom . . . . . haben Sie an Herrn . . . . . Räumlichkeiten zum Betrieb . . . . . vermietet. Am . . . . . ist Herr . . . . . verstorben.[3] Ich bin der einzige Sohn des . . . . . und alleiniger[4] gesetzlicher Erbe.[5] Die Ehefrau des Herrn . . . . . ist bereits vorverstorben.[6]

Hiermit kündige ich[7, 8] das Mietverhältnis zum . . . . .[9]

Ich werde das Mietobjekt bis dahin freiziehen. Zur Absprache eines Termins für die Übergabe der Räumlichkeiten und der Schlüssel werde ich mich noch mit Ihnen in Verbindung setzen. Sollten Sie an der Übernahme von Einrichtungen usw. interessiert sein, bitte ich um eine kurze Nachricht, damit wir dann weitere Einzelheiten besprechen können.[10]

Vorsorglich widerspreche ich bereits jetzt einer stillschweigenden Verlängerung des Mietverhältnisses gem. § 545 BGB.[11]

. . . . .

(Erbe)

Anmerkungen

1. → Form. D.XI Anm. 1.

2. → Form. D.XI Anm. 2.

3. Zum Wohnraummietverhältnis → Form. D.V.6. Bei einem weit entfernt wohnenden Vermieter, oder wenn aus sonstigen Gründen Rückfragen zu erwarten sind, sollte eine Kopie des Totenscheins beigefügt werden.

4. Bei einer **Mehrheit von Erben** können die Erben ein Mietverhältnis über eine zum Nachlass gehörende Sache wirksam mit Stimmenmehrheit kündigen, wenn sich die Kündigung als Maßnahme ordnungsgemäßer Nachlassverwaltung darstellt (§§ 2038, 74 BGB; BGH NJW 2010, 765 = NZM 2010, 161). Die Kündigung betrifft immer das Mietverhältnis insgesamt. Einzelne von mehreren Erben können sich nicht durch ihre jeweilige Kündigungserklärung aus dem Geschäftsraummietverhältnis lösen.

5. § 1924 Abs. 1 BGB.

6. Dieser Hinweis ist im Hinblick auf das Erbrecht des Ehegatten gem. § 1931 BGB empfehlenswert. Ob und welche weiteren **Ausführungen zur Erbenstellung** erforderlich sind, hängt von den Umständen des jeweiligen Falles ab. Sollte zB ein dem Vermieter bis dahin gänzlich unbekannter testamentarischer Erbe die Kündigung aussprechen, sollte vorsorglich gleich ein Erbschein beigefügt werden.

7. Im Vergleich zu der komplizierten, dem allgemeinen Erbrecht vorgehenden Regelung der §§ 563 bis 564 BGB bei der Wohnraummiete ist die Regelung beim Tod eines Gewerberaummieters einfach. Der gewerbliche Mietvertrag geht gem. § 1922 BGB auf den oder die Erben über. Es findet also kraft Gesetzes ein Wechsel des Mieters statt.

8. → Form. D.XI Anm. 3.

9. § 580 BGB gibt für den Todesfall des Mieters sowohl dem Erben als auch dem Vermieter das Recht, das Mietverhältnis innerhalb eines Monats, nachdem sie vom Tod des Mieters Kenntnis erlangt haben, außerordentlich mit der gesetzlichen Frist (§ 580a Abs. 2 BGB) zu kündigen. Für die Fristberechnung kommt es auf Kenntnis von Tod **und Erbfolge** an (OLG Düsseldorf ZMR 1994, 114). Ob bereits im Kündigungsschreiben Ausführungen zum Zeitpunkt der Kenntniserlangung gebracht werden sollten oder erst auf entsprechende Rückfrage, hängt vom Einzelfall ab. Auch wenn die Wirksamkeit des Kündigungsschreibens vom Fehlen dieser Angabe nicht berührt wird, empfiehlt es sich jedenfalls bei einer zeitlich erheblich nach dem Tod des Mieters erfolgenden Kündigung Angaben über den Zeitpunkt der Kenntniserlangung und der Fristwahrung in das Kündigungsschreiben aufzunehmen.
Die Kündigung nach § 580 BGB ist unabhängig von dem rechtlichen Schicksal des in den Räumlichkeiten betriebenen Gewerbes. Ihr kann insbesondere nicht entgegengehalten werden, dass der Erbe die Firma (an anderer Stelle und dort ggf. zu günstigeren Mietvertragskonditionen) weiterführen will (RGZ 130, 52).
§ 580 BGB kann vertraglich abgeändert oder ganz ausgeschlossen werden, auch zugunsten des Vermieters (BVerfG NJW 1997, 2746). Streitig ist, ob dies auch formularmäßig erfolgen kann (bejahend und vertiefend zum Streitstand Schmidt/Futterer/*Streyl* BGB § 580 Rn. 13–15).
Nach dem klaren Wortlaut des § 580 BGB gilt die Bestimmung nur für den Tod des Mieters, so dass auch keine entsprechende Anwendung auf den Tod des Vermieters möglich ist. Auch die Formulierung „Tod" ist eindeutig, sie kann nur auf natürliche Personen zutreffen. Eine entsprechende Anwendung auf juristische Personen ist nicht möglich (MüKoBGB/*Artz* § 580 Rn. 2).

10. Nach § 539 Abs. 2 BGB ist der Mieter berechtigt, Einrichtungen wegzunehmen, mit denen er die Mietsache versehen hat. Im hier vorliegenden Fall der Kündigung eines Erben, der den Betrieb nicht fortführen will, dürfte dieses Recht zur Wegnahme sich de facto in ein Entsorgungsproblem verwandeln, zumal der Vermieter nach § 546 Abs. 1 BGB Rückgabe der vollständig geräumten und in den Ursprungszustand zurückversetzten

Mieträume verlangen kann. Ein entsprechendes frühzeitiges Übernahmeangebot des Erben an den Vermieter bietet sich daher an, wenn der Erbe an den Einrichtungen kein Interesse hat und – etwa wegen großer räumlicher Entfernung – auch wenig Möglichkeiten sieht, einen anderweitigen Abnehmer zu finden. Für den Vermieter kann die Übernahme der Einrichtungen ggf. einen Vorteil bei der Weitervermietung bedeuten.

11. Der Mieter sollte bereits in seinem Kündigungsschreiben aus Gründen der Vorsicht ausdrücklich einer Verlängerung des Mietverhältnisses gem. § 545 BGB widersprechen, → Form. D.X.1, → Form. D.X.2.

5. Kündigung bei Erlöschen des Nießbrauchs gemäß § 1056 Abs. 2 S. 1 BGB

. . . . .

(Eigentümer)

an

. . . . .

(Mieter)[1]

– Einschreiben mit Rückschein –[2]

Betr.: Mietverhältnis über . . . . .

hier: Kündigung

Sehr geehrte(r) . . . . .,

Sie haben als Mieter mit Herrn . . . . . einen Mietvertrag über Räumlichkeiten zum Betrieb . . . . . auf dem im Betreff genannten Grundstück abgeschlossen. Dieses Grundstück steht in meinem Eigentum, wobei Herr . . . . . ein Nießbrauchrecht an dem Grundstück hatte. Wie Ihnen bekannt sein dürfte, endete dieses Nießbrauchrecht . . . . . am . . . . .[3] Seitdem bin ich gem. § 1056 Abs. 1 BGB Ihr Vermieter.[4]

Zu meinem Bedauern muss ich[5] Ihr Mietverhältnis mit der gesetzlichen Frist zum . . . . .[6,] [7] kündigen.[8]

Vorsorglich widerspreche ich bereits jetzt einer stillschweigenden Verlängerung des Mietverhältnisses gem. § 545 BGB.[9]

. . . . .

(Vermieter)

Anmerkungen

1. → Form. D.XI Anm. 1.

2. → Form. D.XI Anm. 2.

3. § 1056 BGB betrifft den Fall, dass der Nießbraucher als Vermieter (oder Verpächter) ein Grundstück über die Dauer des Nießbrauchs hinaus vermietet (oder verpachtet) hat; → Form. D.V.13 zum Wohnraummietverhältnis.

4. Über die Verweisung des § 1056 Abs. 1 BGB findet gem. § 566 Abs. 1 BGB kraft Gesetzes ein Vermieterwechsel statt. Neuer Vermieter ist jetzt der Eigentümer des Grundstücks.

5. → Form. D.XI Anm. 3.

6. Für den Fall der Beendigung des Nießbrauchs ist der Eigentümer gem. § 1056 Abs. 2 BGB berechtigt, das Miet- oder Pachtverhältnis unter Einhaltung der gesetzlichen Frist (§ 580a Abs. 2 BGB) zu kündigen. Dies gilt allerdings nicht, wenn der Eigentümer selbst aus dem Mietvertrag verpflichtet ist (etwa durch Vertragsbeitritt, oder wenn der Mietvertrag schon von ihm selbst vor Bestellung des Nießbrauchs abgeschlossen worden und der Nießbraucher für die Dauer seines Rechts in den Mietvertrag eingetreten war). § 1056 Abs. 2 BGB hat nicht den Sinn, dem Eigentümer die Möglichkeit zu geben, sich aus seinen eigenen Verträgen zu lösen; in diesem Fall ist § 1056 Abs. 2 BGB daher nicht anwendbar (BGH NZM 2012, 589; BGH NZM 2015, 658 und BGHZ 109, 111; OLG Koblenz NZM 2002, 293). Ebenfalls unanwendbar ist § 1056 Abs. 2 BGB zugunsten des Grundstückserwerbers. § 1056 Abs. 2 S. 1 BGB handelt zwar ohne nähere Eingrenzung von einem Sonderkündigungsrecht des „Eigentümers", gemeint ist damit aber nicht ein Eigentümer, der sein Eigentum erst durch rechtsgeschäftlichen Erwerb **nach** der Beendigung des Nießbrauchs erlangt hat. Auch geht das Kündigungsrecht des bei Beendigung des Nießbrauchs bestehenden Eigentümers ohne besondere Vereinbarung nicht auf den Erwerber über (BGH MDR 2010, 260).

Die Kündigung ist jederzeit nach Beendigung des Nießbrauchs zulässig, also – anders etwa als die außerordentliche Kündigungsmöglichkeit beim Tod des Mieters nach § 580 BGB – nicht auf einen bestimmten Zeitraum oder auf bestimmte Termine nach dem Ende des Nießbrauchs beschränkt.

Eine Ausnahme besteht nach § 1056 Abs. 2 S. 2 BGB für den Fall, dass der Nießbrauch durch einen Verzicht des Nießbrauchers auf den Nießbrauch endet. Daraus soll der Mieter keinen Schaden haben, so dass in diesem Fall die Kündigung erst von der Zeit an zulässig ist, zu welcher der Nießbrauch ohne den Verzicht erloschen wäre.

7. Mit dem Erlöschen des Nießbrauchs besteht für den Mieter eine erhebliche Rechtsunsicherheit. Insbesondere der gewerbliche Mieter, der seine Investitionen langfristig planen muss, kann an einer schnellen Klarheit über die Fortführung seines Mietverhältnisses interessiert sein. Daher bestimmt § 1056 Abs. 3 BGB, dass der Mieter berechtigt ist, den Eigentümer unter Bestimmung einer angemessenen Frist zur Erklärung darüber aufzufordern, ob er von dem Kündigungsrecht Gebrauch macht. Die Kündigung kann dann nur bis zum Ablauf der Frist erfolgen.

8. Die Kündigung bedarf keiner Begründung. Falls trotzdem eine Begründung abgegeben wird – zB Eigenbedarf des Vermieters – kann dies die Kündigung für den Mieter ggf. inhaltlich akzeptabler erscheinen lassen als der bloße Hinweis auf das Ende des Nießbrauchs. Das kann einerseits zur Streitvermeidung dienen. Auf der anderen Seite besteht dann die Gefahr, dass der Mieter mit entsprechenden Gegengründen antwortet und ein inhaltlicher Streit erst entsteht, auf den es nach dem Gesetz nicht ankommt.

9. Der Eigentümer (Vermieter) sollte bereits in seinem Kündigungsschreiben aus Gründen der Vorsicht ausdrücklich einer Verlängerung des Mietverhältnisses gem. § 545 BGB widersprechen, → Form. D.X.1 → Form. D.X.2.

6. Kündigung bei Eintritt der Nacherbfolge gemäß § 2135 BGB

. . . . .

(Nacherbe)

an

. . . . .

(Mieter)[1]

– Einschreiben mit Rückschein –[2]

Betr.: Mietverhältnis über . . . . .

hier: Kündigung

Sehr geehrte(r) . . . . .,

Sie haben als Mieter mit Frau . . . . . einen Mietvertrag über Räumlichkeiten zum Betrieb . . . . . auf dem im Betreff genannten Grundstück abgeschlossen. Das Grundstück stand ursprünglich im Eigentum des am . . . . . verstorbenen Herrn . . . . ., der Frau . . . . . zur Vorerbin und mich als Nacherben eingesetzt hatte.[3] Der Nacherbfall ist mit dem Tod[4] der Frau . . . . . am . . . . . eingetreten.[5] Damit ist Ihr Mietverhältnis auf Vermieterseite von Frau . . . . . auf mich übergegangen.[6]

Hiermit kündige ich[7] Ihr Mietverhältnis gem. § 2135 BGB mit der gesetzlichen Frist zum . . . . .[8]

Vorsorglich widerspreche ich bereits jetzt einer stillschweigenden Verlängerung des Mietverhältnisses gem. § 545 BGB.[9]

. . . . .

(Nacherbe)

Anmerkungen

1. → Form. D.XI Anm. 1.

2. → Form. D.XI Anm. 2.

3. Zum Wohnraummietverhältnis → Form. D.V.15. § 2135 BGB betrifft den Fall, dass (erst) **der Vorerbe** ein zur Erbschaft gehörendes Grundstück (oder eingetragenes Schiff) vermietet oder verpachtet hat und das Miet- oder Pachtverhältnis bei Eintritt der Nacherbfolge noch besteht. Ist der Mietvertrag jedoch schon **vom Erblasser** mit dem Mieter abgeschlossen worden, tritt der Nacherbe über §§ 2139, 1922 BGB zwar als neuer Vermieter in den Mietvertrag ein, jedoch besteht das Kündigungsrecht aus §§ 2135, 1056 Abs. 2 BGB nach dem eindeutigen Wortlaut des § 2135 BGB nicht.

4. § 2106 Abs. 1 BGB; der Erblasser kann aber auch eine andere Bestimmung über den Zeitpunkt oder das Ereignis treffen, mit dem die Nacherbfolge eintreten soll.

5. Eine Erläuterung bzgl. der Bedingungen, unter denen der Nacherbfall eintreten sollte bzw. warum er jetzt eingetreten ist, ist ebenso wie die Darstellung der Rechtslage keine Voraussetzung für die Wirksamkeit der Kündigung. Entsprechende Ausführungen können die Kündigung dem Mieter jedoch verständlicher machen und damit ggf. eine Akzeptanz der Kündigung herbeiführen.

6. §§ 2135, 1056 Abs. 1, 566 Abs. 1 BGB.

7. → Form. D.XI Anm. 3.

8. § 2135 BGB ist eine Verweisungsnorm, die die Vorschriften des § 1056 BGB für entsprechend anwendbar erklärt, → Form. D.XII.5. Hinzuweisen ist darauf, dass durch die vollständige Verweisung auf § 1056 BGB der Mieter auch gegenüber dem Nacherben die Möglichkeit hat, den Nacherben unter angemessener Fristbestimmung zur Erklärung über die Ausübung des Kündigungsrechts aufzufordern; und dass die Kündigung dann nur bis zum Ablauf der Frist erfolgen kann (§ 1056 Abs. 3 BGB).

Ähnlich wie bei § 1056 BGB → Form. D.XII.5, auf den § 2135 BGB verweist, kann auch die Kündigung des Nacherben im Einzelfall nach § 242 BGB ausgeschlossen sein (vgl. dazu BGH NZM 2015, 658).

9. Der Nacherbe (Vermieter) sollte bereits in seinem Kündigungsschreiben aus Gründen der Vorsicht ausdrücklich einer Verlängerung des Mietverhältnisses gem. § 545 BGB widersprechen, → Form. D.X.1, → Form. D.X.2.

7. Kündigung des Eigentümers bei Erlöschen des Erbbaurechts gemäß § 30 Abs. 2 ErbbRVO

. . . . .

(Eigentümer)

an

. . . . .

(Mieter)[1]

– Einschreiben mit Rückschein –[2]

Betr.: Mietverhältnis über . . . . .

hier: Kündigung

Sehr geehrte(r) . . . . .,

Sie haben als Mieter mit Herrn . . . . . einen Mietvertrag über Räumlichkeiten zum Betrieb . . . . . auf dem im Betreff genannten Grundstück abgeschlossen. Dieses Grundstück steht in meinem Eigentum. Wie Ihnen bekannt sein dürfte, endete das Erbbaurecht des Herrn . . . . . am . . . . .[3] Seitdem bin ich gem. § 30 Abs. 1 ErbbauRG Ihr Vermieter.[4]

Zu meinem Bedauern muss ich[5] Ihr Mietverhältnis mit der gesetzlichen Frist zum . . . . .,[6,7] kündigen.[8,9]

Vorsorglich widerspreche ich bereits jetzt einer stillschweigenden Verlängerung des Mietverhältnisses gem. § 545 BGB.[10]

. . . . .

(Eigentümer)

Anmerkungen

1. → Form. D.XI Anm. 1.

2. → Form. D.XI Anm. 2.

3. Zum Wohnraummietverhältnis → Form. D.V.14. § 30 ErbbauRG korrespondiert mit § 1056 BGB. § 30 ErbbauRG betrifft den Fall, dass der Erbbauberechtigte als Vermieter (oder Verpächter) ein Grundstück über die Dauer des Erbbaurechts hinaus vermietet (oder verpachtet) hat.

4. Über die Verweisung des § 30 Abs. 1 ErbbauRG findet gem. § 566 Abs. 1 BGB bei Erlöschen des Erbbaurechts kraft Gesetzes ein Vermieterwechsel statt. Neuer Vermieter ist jetzt der Eigentümer des Grundstücks.

5. → Form. D.XI Anm. 3.

6. Für den Fall des Erlöschens des Erbbaurechts (gem. § 26 ErbbauRG durch Aufhebung oder gem. § 27 ErbbauRG durch Zeitablauf) ist der Eigentümer berechtigt, das Miet- oder Pachtverhältnis unter Einhaltung der gesetzlichen Frist (§ 580a Abs. 2 BGB) zu kündigen.
Die Kündigung kann gem. § 30 Abs. 2 S. 2 ErbbauRG nur für einen der beiden ersten Termine erfolgen, für die sie zulässig ist.
Eine weitere Beschränkung des Kündigungsrechts folgt aus § 30 Abs. 2 S. 3 ErbbauRG, wonach bei vorzeitigem Erlöschen des Erbbaurechts der Grundstückseigentümer das Kündigungsrecht erst ausüben kann, wenn das Erbbaurecht nach den Bestimmungen des Erbbaurechtsvertrags durch Zeitablauf erlöschen würde. Zu diesem Zeitpunkt kann die Kündigung bereits vorher erklärt werden (*Ingenstau/Hustedt* § 30 Rn. 7).
Nicht anwendbar ist § 30 ErbbauRG auf den Fall, dass der Mietvertrag bereits mit dem Eigentümer abgeschlossen worden war, erst danach das Erbbaurecht bestellt wurde, und dann bei Erlöschen des Erbbaurechts derselbe Eigentümer wieder gem. § 30 Abs. 1 ErbbauRG, § 566 BGB Vermieter wird. In diesem Fall hat § 30 Abs. 2 ErbbauRG nicht den Sinn, dem Vermieter die Möglichkeit zu geben, sich aus seinem eigenen Vertrag zu lösen (so auch *Ingenstau/Hustedt* § 30 Rn. 10).

7. Mit dem Erlöschen des Erbbaurechts besteht für den Mieter eine erhebliche Rechtsunsicherheit. Insbesondere der gewerbliche Mieter, der seine Investitionen langfristig planen muss, kann an einer schnellen Klarheit über die Fortführung seines Mietverhältnisses interessiert sein. Daher bestimmt § 30 Abs. 3 ErbbauRG, dass der Mieter berechtigt ist, den Eigentümer unter Bestimmung einer angemessenen Frist zur Erklärung darüber aufzufordern, ob er von dem Kündigungsrecht Gebrauch macht. Die Kündigung kann dann nur bis zum Ablauf der Frist erfolgen.

8. Zur Frage, ob auch eine – vom Gesetz nicht geforderte – inhaltliche Begründung der Kündigung erfolgen sollte, → Form. D.XII.5 Anm. 8.

9. Führt die Kündigung zu einer vorzeitigen Vertragsbeendigung, kann dem gewerblichen Mieter dadurch ein ggf. erheblicher Schaden entstehen, für den er sich nach den vertraglichen Bestimmungen und §§ 536 Abs. 3, 536a Abs. 1 BGB gegenüber dem Erbbauberechtigten (nicht gegenüber dem Grundstückseigentümer) schadlos halten kann.

10. Der Eigentümer (Vermieter) sollte bereits in seinem Kündigungsschreiben aus Gründen der Vorsicht ausdrücklich einer Verlängerung des Mietverhältnisses gem. § 545 BGB widersprechen, → Form. D.X.1, → Form. D.X.2.

8. Kündigung des Erstehers bei Erwerb in der Zwangsversteigerung gemäß § 57a ZVG

. . . . .

(Ersteher)

an

. . . . .

(Mieter)[1]

– Einschreiben mit Rückschein –[2]

Betr.: Mietverhältnis über . . . . .

hier: Kündigung

Sehr geehrte(r) . . . . .,

Sie haben in dem im Betreff genannten Haus Räumlichkeiten zum Betrieb . . . . . gemietet. Am . . . . . habe ich dieses Haus im Zwangsversteigerungstermin beim Amtsgericht . . . . . ersteigert. Als Ersteher bin ich als neuer Vermieter in Ihr Mietverhältnis eingetreten[3] und habe gem. § 57a ZVG[4] das Recht,[5] ein bestehendes Mietverhältnis unter Einhaltung der gesetzlichen Frist zum ersten Termin, für den eine Kündigung zulässig ist, zu kündigen.[6, 7]

Von diesem Sonderkündigungsrecht mache ich vorliegend Gebrauch.[8] Daher kündige ich[9, 10] das bestehende Mietverhältnis zum . . . . .[11]

Vorsorglich widerspreche ich bereits jetzt einer stillschweigenden Verlängerung des Mietverhältnisses gem. § 545 BGB.[12]

. . . . .

(Ersteher)

Anmerkungen

1. → Form. D.XI Anm. 1.

2. → Form. D.XI Anm. 2.

3. § 57 ZVG iVm § 566 Abs. 1 BGB.

4. Zum Wohnraummietverhältnis → Form. D.V.16. § 57a ZVG gilt für die Vollstreckungsversteigerung, nicht für die Teilungsversteigerung, vgl. § 183 ZVG (*Stöber* ZVG § 57a Rn. 1.1).

5. Das Sonderkündigungsrecht besteht nicht, wenn der Ersteher (Ersteigerer) gleichzeitig Vollstreckungsschuldner ist, da er dann sein eigenes Grundstück ersteigert und konsequenterweise an seine eigenen Mietverträge weiterhin gebunden bleibt (so auch *Stöber* ZVG § 57a Rn. 2 Anm. 2.6). Zur Frage, unter welchen Voraussetzungen die vom Ersteher nach § 57a ZVG erklärte Kündigung des Mietvertrags eine unzulässige Rechtsausübung darstellen kann, vgl. BGH MDR 1979, 51).

6. Nach § 57a ZVG ist der Ersteher berechtigt, ein Miet- (oder Pacht-)verhältnis unter Einhaltung der gesetzlichen Frist (§ 580a Abs. 2 ZPO) zu kündigen. Die Kündigung ist ausgeschlossen, wenn sie nicht für den ersten Termin erfolgt, für den sie zulässig ist. Da der Ersteher in den Mietvertrag eingetreten ist, hat er daneben auch ggf. vereinbarte vertragliche Kündigungsrechte und sein gesetzliches Kündigungsrecht nach § 580a Abs. 2 BGB, soweit dieses nicht durch Vertrag ausgeschlossen worden ist. Unerheblich ist dagegen eine vertragliche Vereinbarung, nach der das Sonderkündigungsrecht nach § 57a ZVG ausgeschlossen ist. Zwar tritt der Ersteher in den bestehenden Mietvertrag insgesamt ein, jedoch ist der vertragliche Ausschluss des Sonderkündigungsrechts nach § 57a ZVG in dem bestehenden Mietvertrag unwirksam, da es sich bei § 57a ZVG um eine zwingende gesetzliche Vorschrift handelt, die einzig in § 59 ZVG eine mögliche Einschränkung erfährt (→ Form. D.XII.8 Anm. 8).

7. Ob die gesetzliche Bestimmung wie oben im Musterschreiben dem Mieter im Einzelnen erklärt wird, ist letztlich Geschmackssache. Erforderlich sind solche Rechtsausführungen für die Wirksamkeit der Kündigung nicht, der zweite und dritte Satz des Musterschreibens könnten also auch weggelassen werden. Gerade allerdings bei weniger bekannten Sonderkündigungsrechten sollten solche Erläuterungen erfolgen, da sie helfen können, die Akzeptanz der – gerade bei einem gut gehenden Gewerbebetrieb des Mieters ungeliebten – Kündigung zu erhöhen.

Nach *Stöber* (ZVG § 57a Rn. 4 Anm. 4.4) soll es allerdings erforderlich sein, dass der Ersteher ausdrücklich im Kündigungsschreiben darauf hinweist, ob er eine ordentliche, insbesondere vertragliche Kündigung ausspricht oder ob eine außerordentliche Kündigung nach § 57a ZVG unter Einhaltung der gesetzlichen Frist erfolgt.

8. Die Ausübung des Sonderkündigungsrechts ist eine vom Ersteher zu treffende wirtschaftliche Entscheidung. Der Gesetzgeber hat diese Möglichkeit geschaffen, da bestehende Mietverhältnisse ein Hindernis bei der Erzielung eines angemessenen Versteigerungserlöses sein können. Gerade bei der Geschäftsraummiete kann jedoch der Bestand eines – ggf. langjährigen – Mietverhältnisses mit einem florierenden Geschäftsbetrieb **der** Grund für die Erzielung eines angemessenen Versteigerungserlöses sein. In einem solchen Fall hat allerdings auch der Mieter regelmäßig ein großes Interesse an der Fortführung seines gut gehenden Geschäftsbetriebs. § 57a ZVG gibt dann dem Vermieter die Möglichkeit, über eine Änderungskündigung (Kündigung des bestehenden und – bei mieterseitigem Einverständnis – Abschluss eines neuen Mietvertrags) für ihn bessere Konditionen, in der Regel eine höhere Miete, durchzusetzen. Ob auch dieses Ergebnis des § 57a ZVG vom Gesetzgeber so gewollt war, erscheint fraglich.

Der vorgenannte Einsatz des § 57a ZVG als Vehikel einer Mieterhöhung erscheint besonders dann unbillig, wenn der Mieter im Vertrauen auf seinen langfristig abgeschlossenen Mietvertrag Investitionen getätigt und damit gleichsam durch **eigene** Leistungen den Mietwert erhöht hat. Allerdings setzt sich in diesem Fall der Ersteher bei Ausübung des Sonderkündigungsrechts nach § 57a ZVG möglicherweise einem Bereicherungsanspruch des Mieters aus. Denn der Ersteher erhält aufgrund seiner Kündigung die Mietsache früher zurück als nach dem Mietvertrag vorgesehen. Wenn er deshalb das Objekt zu einer höheren Miete als bisher vermieten kann, ist er bereichert. Da der Umfang der Bereicherung nicht in der Höhe der Aufwendung des Mieters und nicht im Zeitwert der Investitionen oder der Verkehrswertsteigerung des Mietobjektes bei Rückgabe zu sehen ist, sondern allein in der Erhöhung des Ertragswertes, den der Vermieter früher als vertraglich vorgesehen durch anderweitige Vermietung zu einer höheren Miete realisieren kann, kann sich der Bereicherungsanspruch des Mieters nur gegen die Person richten, die das Mietobjekt vorzeitig zurückerhält; das ist der Ersteher und nicht der ursprüngliche Vermieter (BGH ZMR 2010, 104; BGH NZM 2009, 514 und 783; BGH NZM 2006, 15).

Die Ausübung des Sonderkündigungsrechts kann als abweichende Versteigerungsbedingung nach § 59 ZVG ausgeschlossen sein. Einen entsprechenden Antrag kann auch der Mieter stellen. Daran ist der Ersteher gebunden, wenn er das Grundstück zu diesen Bedingungen ersteigert hat. Das ist nicht zwingend, denn bei entsprechenden abweichenden

Versteigerungsbedingungen erfolgt in der Regel nach § 59 Abs. 2 ZVG ein Doppelausgebot, also einmal mit den gesetzlichen Bedingungen (die das Sonderkündigungsrecht nach § 57a ZVG beinhalten) und zu den abweichenden Bedingungen (die das Sonderkündigungsrecht ausschließen). Im Termin können dann die Interessenten auf beide Varianten bieten. Der Zuschlag erfolgt immer auf das Meistgebot, unabhängig davon, für welche der beiden Varianten er erfolgt ist (vgl. dazu auch *Stöber* ZVG § 57a Rn. 8 Anm. 8.1, 8.2).

9. Fraglich ist, wer die Kündigung auszusprechen hat, wenn neben der Zwangsversteigerung auch noch eine Zwangsverwaltung besteht, die erst nach Zuschlagsrechtskraft aufgehoben wird. Nach dem Wortlaut des Gesetzes wäre ein Sonderkündigungsrecht nach § 57a ZVG jedenfalls in der dort genannten Frist (zum ersten Termin, für den eine Kündigung zulässig ist) de facto nicht möglich. Der Ersteher könnte nicht kündigen, weil der Zwangsverwalter noch allein verwaltungsberechtigt ist; der Zwangsverwalter könnte nicht kündigen, weil er nicht der Ersteher ist. Da dies vom Gesetzgeber „offensichtlich" nicht beabsichtigt war, ist auch in einem solchen Fall eine vom Ersteher gem. § 57a ZVG gegenüber dem Mieter erklärte Kündigung als wirksam anzusehen (so auch *Stöber* ZVG § 57a Rn. 2 Anm. 2.8).

10. → Form. D.XI Anm. 3.

11. Die Kündigung muss gem. § 57a ZVG mit gesetzlicher Frist für den ersten Termin erfolgen, für den sie zulässig ist. Sonst ist sie ausgeschlossen. Allerdings dürfen hier die Anforderungen auch nicht überspannt werden. Dem Ersteher muss eine gewisse Zeit für die Prüfung der Sach- und Rechtslage zugebilligt werden (OLG Frankfurt Rpfleger 2017, 355), insbesondere für die Entscheidung, ob er das Mietverhältnis aufrechterhalten oder durch Ausübung des Sonderkündigungsrechts beenden will. Hierfür muss er ggf. noch weitere Umstände prüfen, zB die Bonität des Mieters, die bisherige Dauer des Mietverhältnisses, ob es ein bislang einvernehmliches oder ein eher problembelastetes Mietverhältnis war usw. Dies wäre dem Ersteher nicht möglich, wenn der Zuschlag unmittelbar vor oder bei Beginn der gesetzlichen Frist erfolgen würde und er demgemäß – überstürzt – sofort kündigen müsste (OLG Düsseldorf Rpfleger 1987, 513: „. . . . . Zeit von einem Tag auf den anderen zu kurz."). Auch dem Mieter wäre mit unüberlegten, letztlich aus Sorge vor einem möglichen Rechtsverlust ausgesprochenen voreiligen Kündigungen nicht gedient. Erster Termin ist daher derjenige, zu dem die Kündigung dem Ersteher ohne Verschulden möglich ist (RGZ 98, 273 (275); RGZ 103, 271 (274); LG Braunschweig MDR 1961, 417). Die Kündigung kann daher auch noch zu dem späteren zulässigen Termin erfolgen, wenn auch bei Beachtung der erforderlichen Sorgfalt die Kündigung zu dem früheren, theoretisch zulässigen Zeitpunkt nicht möglich war (OLG Düsseldorf Rpfleger 1987, 513).

Berechnet wird der erste zulässige Termin ab Verkündung des Zuschlagsbeschlusses (OLG Frankfurt Rpfleger 2017, 355), nicht erst ab Rechtskraft des Zuschlags (RGZ 151, 259 (261)). Etwas anderes gilt, wenn der Ersteher erst später Kenntnis von dem Bestehen des Mietvertrags erlangt (OLG Frankfurt Rpfleger 2017, 355; *Stöber* ZVG § 57a Rn. 53) Allerdings ist der Ersteher verpflichtet, sich in der gebotenen Weise hinsichtlich eventuell bestehender Mietverträge zu erkundigen (vgl. dazu *Bull* ZMR 1953, 234).

Der Zeitpunkt der Verkündung des Zuschlags ist für die Bestimmung des ersten zulässigen Kündigungstermins im Sinne des § 57a ZVG auch dann maßgeblich, wenn neben der Zwangsversteigerung die Zwangsverwaltung angeordnet ist (OLG Frankfurt Rpfleger 2017, 355).

Die Angabe des Räumungstermins ist nicht erforderlich (BGH NJW-RR 1996, 144). Es gilt der nächstmögliche Termin. Daher ist auch die Angabe eines zu frühen Termins unschädlich, auch dann gilt der nächstmögliche (BGH NJW-RR 1996, 144).

12. Der Ersteher (Vermieter) sollte bereits in seinem Kündigungsschreiben aus Gründen der Vorsicht ausdrücklich einer Verlängerung des Mietverhältnisses gem. § 545 BGB widersprechen, → Form. D.X.1, → Form. D.X.2.

XIII. Außerordentliche fristlose Kündigung

1. Kündigung des Mieters wegen Nichtgewährung des vertragsgemäßen Gebrauchs gemäß § 543 Abs. 2 Nr. 1 BGB

. . . . .

(Mieter)

an

. . . . .

(Vermieter)[1]

– Einschreiben mit Rückschein –[2]

Betr.: Mietverhältnis über . . . . .

hier: Kündigung

Sehr geehrte(r) . . . . .,

mit Mietvertrag vom . . . . . habe ich in Ihrem im Betreff genannten Haus Räumlichkeiten zum Betrieb . . . . . gemietet. Das Mietverhältnis sollte am . . . . . beginnen. Seitdem sind sechs Wochen vergangen.[3] Der Vormieter hat das Objekt bis heute nicht geräumt,[4] so dass Sie die Räumlichkeiten immer noch nicht an mich übergeben haben.[5] Diese Verzögerung ist nicht von mir zu vertreten,[6] und war auch bei Vertragsschluss für mich nicht absehbar.[7]

Mit Schreiben vom . . . . . hatte ich Ihnen zur Übergabe der Räumlichkeiten eine Nachfrist bis zum . . . . .[8] gesetzt.[9] Auch diese Frist ist mittlerweile verstrichen.[10]

Ich kann meinen Geschäftsbetrieb, der nach einer geplanten Einrichtungszeit von vier Wochen bereits vor zwei Wochen, also am . . . . . hätte beginnen sollen, bis heute nicht aufnehmen.[11, 12]

Daher kündige ich[13] das Mietverhältnis gem. § 543 Abs. 2 Nr. 1 BGB[14] mit sofortiger Wirkung.[15]

Die Geltendmachung von Schadensersatz behalte ich mir vor.[16]

. . . . .

(Mieter)

Anmerkungen

1. → Form. D.XI Anm. 1.

2. → Form. D.XI Anm. 2.

3. Zum Wohnraummietverhältnis → Form. D.VI.1. Dies ist bereits eine lange Zeit. § 543 Abs. 2 Nr. 1 BGB verlangt nur, dass dem Mieter der vertragsgemäße Gebrauch „nicht rechtzeitig" gewährt wurde. „Rechtzeitig" ist aber, wenn keine anderweitigen Vereinbarungen bzgl. der Übergabe des Objekts getroffen sind, der nach dem Mietvertrag vorgesehene Beginn des Mietverhältnisses. „Nicht rechtzeitig" ist also bereits, wenn dem Mieter die Räumlichkeiten an diesem Tag nicht übergeben werden können. Vgl. aber zur Notwendigkeit oder Entbehrlichkeit einer Nachfristsetzung → Form. D.XIII.1 Anm. 9.

Der Mieter darf mit seiner Kündigung nach Kenntnis vom Kündigungsgrund oder nach Verstreichen der von ihm gesetzten Frist (→ Form. D.XIII.1 Anm. 9) nicht zu lange warten, da die Kündigung sonst eine unzulässige Rechtsausübung darstellen bzw. das Kündigungsrecht verwirkt sein könnte (OLG München ZMR 2001, 535; LG Saarbrücken MDR 1999, 86; OLG Celle ZMR 1995, 298; BGH WPM 1983, 660).

4. Die zögerliche Räumung durch den Vormieter gehört zu den Risiken des Vermieters. Zur Problematik des Beschaffens bzw. Fehlens **behördlicher Genehmigungen**, insb. bei geplanten Nutzungsänderungen durch den Mieter, vgl. BGH NZM 2014, 165.

5. Ist streitig, ob der Vermieter dem Mieter den Gebrauch der Mietsache rechtzeitig gewährt oder Abhilfe vor Ablauf einer hierzu vom Mieter bestimmten Frist (→ Form. D.XIII.1 Anm. 9) bewirkt hat, trifft die Beweislast nach § 543 Abs. 4 S. 2 BGB den Vermieter.

6. Das Kündigungsrecht des Mieters nach § 543 Abs. 1 Nr. 2 BGB ist ausgeschlossen, wenn den Mieter an der Störung oder dem Entzug des Mietgebrauchs ein Eigenverschulden (auch Mitverschulden) trifft, zB wenn der Mieter die Fertigstellung der Mietsache verzögert (OLG Düsseldorf ZMR 1993, 522) oder wenn er für einen Brand (BGH NJW 1998, 594) oder einen Wasserschaden (BGH NZM 2005, 17 = ZMR 2005, 20; WuM 2005, 54) verantwortlich ist. Ist die Schadensursache zwischen den Parteien streitig, trägt der Vermieter die Beweislast dafür, dass sie dem Obhutsbereich des Mieters entstammt; eine in seinen Verantwortungsbereich fallende Schadensursache muss der Vermieter ausräumen. Hat der Vermieter sodann jede denkbare aus seinem Verantwortungsbereich stammende Schadensursache ausgeschlossen, muss der Mieter beweisen, dass die Schadensursache nicht aus seinem Verantwortungsbereich stammt (BGH NZM 2005, 17 = ZMR 2005, 20 = WuM 2005, 54).

7. § 543 Abs. 4 S. 1 BGB verweist für das dem Mieter nach § 543 Abs. 2 Nr. 1 BGB zustehende Kündigungsrecht ua auf § 536b BGB (Kenntnis des Mieters vom Mangel bei Vertragsschluss oder Annahme).

8. Welche Frist angemessen ist, richtet sich nach den konkreten Umständen des Einzelfalls. Die Bezugnahme auf eine behördliche Verfügung genügt, die eine Frist zur Mängelbeseitigung setzt (BGH WuM 1983, 660); nach RGZ 75, 354 soll sogar das Verlangen unverzüglicher Abhilfe genügen. Letzteres erscheint aber bedenklich, da der Termin, bis zu dem der Kündigende die Abhilfe erwartet, dann gerade nicht feststeht, und dies dem Sinn einer Fristsetzung widerspricht.

9. Gem. § 543 Abs. 3 BGB ist die Kündigung aus wichtigem Grund, wenn dieser in der Verletzung einer Pflicht aus dem Mietvertrag besteht, erst nach erfolglosem Ablauf einer zur Abhilfe bestimmten angemessenen Frist oder nach erfolgloser Abmahnung zulässig. Das gilt nicht, wenn
1. eine Frist oder Abmahnung offensichtlich keinen Erfolg verspricht oder
2. die sofortige Kündigung aus besonderen Gründen unter Abwägung der beiderseitigen Interessen gerechtfertigt ist.

Danach ist eine Fristsetzung entbehrlich zB, wenn eine Mängelbeseitigung unverhältnismäßige Zeit in Anspruch nehmen würde (OLG Düsseldorf ZMR 1991, 299), oder wenn die Mängelbeseitigung binnen angemessener Frist (OLG Karlsruhe ZMR 1988, 223) oder überhaupt (BGH NZM 2009, 431) unmöglich erscheint. Auch bei ernsthafter und endgültiger Erfüllungsverweigerung durch den Vermieter bedarf es keiner Fristsetzung mehr (BGH NJW 1976, 796). Auch bei der sog. „Zerrüttungskündigung" wegen

Zerstörung der das Schuldverhältnis tragenden Vertrauensgrundlage ist eine vorherige Abmahnung ausnahmsweise entbehrlich, weil die Vertrauensgrundlage auch durch eine Abmahnung nicht wiederhergestellt werden könnte (BGH NZM 2010, 901).

Nach Ansicht des OLG Hamm (NJW-RR 1991, 1035; unter Bezugnahme auf dieses Urteil ausdrücklich offen gelassen in BGH NZM 2007, 561) schafft ein Mieter, der den Vermieter unter Fristsetzung zur Mängelbeseitigung auffordert und andernfalls (explizit) eine andere Maßnahme (dort eine Ersatzvornahme) androht, beim Vermieter einen Vertrauenstatbestand, dass er, der Mieter, dann auch **nur so** vorgehen werde. Daher soll in einem solchen Fall eine fristlose Kündigung nach § 543 BGB ausgeschlossen sein; der Mieter müsse dem Vermieter vielmehr eine erneute Frist zur Mängelbeseitigung setzen.

Neben der Fristsetzung bzw. in der Abmahnung ist die Androhung der Kündigung nicht erforderlich (BGH NZM 2007, 561), aber ggf. sinnvoll, → Form. D.XIII.3 Anm. 5.

10. → Form. D.XIII.1 Anm. 3, 9.
Ist die Nichtgewährung oder Entziehung des vertragsgemäßen Gebrauchs durch Mängel der Mietsache begründet, ist das Kündigungsrecht des § 543 Abs. 2 Nr. 1 BGB nicht dadurch ausgeschlossen, dass am Tage des Fristablaufs die Instandsetzungsarbeiten beginnen, wenn der Vermieter ihm vom Mieter gesetzte Fristen zur Herstellung des vertragsgemäßen Zustands zuvor wiederholt ungenutzt hat verstreichen lassen (OLG Düsseldorf NJW-RR 1995, 1353, ZMR 1995, 351). Streitig ist, ob eine Kündigung wirksam ist, wenn zwischen Fristablauf und Zugang die Instandsetzungsarbeiten erfolgreich abgeschlossen wurden (Kündigung möglich: Emmerich/Sonnenschein/*Emmerich* BGB § 543 Rn. 50, Kündigung nicht mehr möglich: *Sternel* MietR aktuell IV Rn. 467). Nach Ansicht des LG Duisburg (NJW-RR 1986, 1345) ist eine vom **Vermieter** gem. § 543 BGB ausgesprochene außerordentliche Kündigung unwirksam, wenn der Mieter den vertragswidrigen Gebrauch zwar erst nach Abmahnung, aber noch vor Zugang der Kündigung einstellt.

11. Die fehlende Möglichkeit, den Geschäftsbetrieb überhaupt aufzunehmen, stellt einen Grund zur außerordentlichen fristlosen Kündigung nach § 543 Abs. 2 Nr. 1 BGB dar. Anders liegt der Fall, wenn der Mieter seinen Geschäftsbetrieb aufnimmt, dieser sich aber nicht wie erwartet entwickelt (OLG Düsseldorf BB 1991, 159). Der „vertragsgemäße Gebrauch" beinhaltet bei gewerblicher Vermietung die Möglichkeit zum Geldverdienen, nicht einen bestimmten – hohen – Ertrag.

Eine fristlose Kündigung nach § 543 Abs. 2 S. 1 Nr. 1 BGB erfordert **nicht**, dass der Mieter darlegt, warum ihm die Fortsetzung des Mietverhältnisses im Sinne des § 543 Abs. 1 BGB nicht zumutbar ist. Die in § 543 Abs. 2 S. 1 Nr. 1 bis 3 BGB aufgeführten Kündigungsgründe sind gesetzlich typisierte Fälle der Unzumutbarkeit. Soweit deren tatbestandliche Voraussetzungen erfüllt sind, ist grundsätzlich auch ein wichtiger Grund im Sinne von § 543 Abs. 1 BGB zur fristlosen Kündigung gegeben (BGH NZM 2009, 431). Die in § 543 Abs. 1 BGB genannten Voraussetzungen, wie etwa die Unzumutbarkeit der Vertragsfortsetzung, müssen in diesem Fall noch nicht einmal zusätzlich vorliegen (BGH NZM 2006, 929).

12. Nur bei Wohnraummietverhältnissen schreibt § 569 Abs. 4 BGB vor, dass der zur außerordentlichen fristlosen Kündigung führende wichtige Grund im Kündigungsschreiben anzugeben ist. Obwohl § 578 Abs. 2 BGB für die Geschäftsraummiete nicht auf § 569 Abs. 4 BGB verweist, sollten auch hier die Kündigungsgründe so genau und so umfassend wie möglich dargelegt werden, da eine Kündigung ohne Begründung beim (Ver)mieter kaum auf Akzeptanz stoßen und ein Rechtsstreit so wahrscheinlich wird. Aus dem fehlenden Erfordernis, überhaupt Gründe mitzuteilen, folgt, dass der Vermieter, der im Kündigungsschreiben Kündigungsgründe unvollständig mitgeteilt hat, sich im Räumungsprozess auch auf die Gründe stützen kann, die zum Zeitpunkt der Kündigungserklärung zwar zusätzlich vorgelegen haben, von ihm aber nicht mitgeteilt worden sind; es sei denn, die Gesamtumstände lassen den Schluss zu, dass der Vermieter seine Kündigung ausschließlich auf die mitgeteilten Gründe beschränken wollte (Schmidt-Futterer/*Blank* BGB § 543 Rn. 219). Der Vermieter kann zur Begründung der Kündigung auf die in einem früheren, dem Mieter zugegangenen Schreiben dargelegten Kündigungsgründe Bezug nehmen; erst recht, wenn er dieses vorherige Schreiben dem jetzigen Kündigungsschreiben nochmals beifügt (BGH NZM 2011, 275).

13. → Form. D.XI Anm. 3.

14. Gem. § 543 Abs. 1 S. 1 BGB kann jede Vertragspartei das Mietverhältnis aus wichtigem Grund außerordentlich fristlos kündigen. Ein wichtiger Grund liegt gem. § 543 Abs. 2 Nr. 1 BGB insbesondere vor, wenn dem Mieter der vertragsgemäße Gebrauch der Mietsache ganz oder zum Teil nicht rechtzeitig gewährt oder wieder entzogen wird.

Das Kündigungsrecht nach § 543 Abs. 2 Nr. 1 BGB kann bei der Geschäftsraummiete vertraglich abbedungen werden. Das folgt aus der Stellung der Bestimmung im Gesetz bzw. daraus, dass für Geschäftsraummietverhältnisse eine dem § 569 Abs. 5 S. 1 BGB entsprechende Regelung (Unwirksamkeit von Vereinbarungen, die bei der Wohnraummiete zum Nachteil des Mieters von § 543 BGB abweichen) fehlt; → Anm. 4. Auf der anderen Seite verweist § 543 Abs. 4 BGB für das Kündigungsrecht des Mieters nach § 543 Abs. 2 Nr. 1 BGB auf § 536d BGB, wonach sich der Vermieter auf eine Vereinbarung, durch die die Rechte des Mieters wegen eines Mangels der Mietsache ausgeschlossen oder beschränkt werden, nicht berufen kann, wenn er den Mangel arglistig verschwiegen hat.

15. Das Wort „fristlose Kündigung" ist nicht erforderlich. Es muss lediglich der Wille des Kündigenden erkennbar sein, das Vertragsverhältnis fristlos zu beenden.

16. Der Vermieter kann sich dann seinerseits bei dem Vormieter, der zögerlich geräumt hat, schadlos halten (falls dort noch etwas zu holen ist).

2. Kündigung des Mieters wegen Gesundheitsgefährdung gemäß §§ 578 Abs. 1 S. 2, 569 Abs. 1 BGB

. . . . .

(Mieter)[1]

an

. . . . .

(Vermieter)

– Einschreiben mit Rückschein –[2]

Betr.: Mietverhältnis über . . . . .

Bezug: Mein Schreiben vom . . . . .

hier: Kündigung

Sehr geehrte(r) . . . . .,

mit Mietvertrag vom . . . . . habe ich[3] in Ihrem im Betreff genannten Haus ein Ladenlokal . . . . . gemietet. Unter einer Vielzahl von Angeboten hatte ich mich gerade für das von Ihnen angebotene Ladenlokal entschieden, weil sein Erscheinungsbild (Holzfußböden, hölzerne Streben zum Abstützen der ebenfalls hölzernen, mit markanten hölzernen

Unterzügen versehenen Decke) besonders gut zu meinem Geschäftsbetrieb eine auf hochwertige Qualitätsweine spezialisierte Weinhandlung passte.

Wie ich Ihnen bereits mit dem im Bezug genannten Schreiben mitgeteilt habe, traten bereits kurz nach Aufnahme des Geschäftsbetriebs bei meinen Angestellten Kopfschmerzen, Übelkeit und Hautreizungen auf. Auch Kunden beschwerten sich über solche Symptome.[4] Wie nun das Gesundheitsamt nach entsprechenden Messungen und Untersuchungen festgestellt hat, sind bei Anstrich der Hölzer offenbar in höchstem Maße Farben zur Verwendung gelangt, die auf lange Zeit gesundheitsschädliche Ausgasungen verbreiten (ua PCB und Lindan).[5, 6] Noch zulässige Grenzwerte sind um das Achtfache überschritten. Nachdem dies gestern auch noch in der örtlichen Presse behandelt wurde, betritt wegen der Gesundheitsgefahr kein einziger Kunde mehr meinen Laden.

In der – auf absehbare Zeit auch nicht behebbaren – erheblichen Gesundheitsgefahr,[7] die vorliegend zudem zu einem vollständigen Einnahmeverlust führt,[8] liegt ein wichtiger Grund zu einer außerordentlichen fristlosen Kündigung gem. §§ 578 Abs. 2 S. 2, 569 Abs. 1, 543 Abs. 1 BGB,[9] die ich[10] hiermit ausübe.[11]

Ich werde das Ladenlokal noch am heutigen Tag räumen.

. . . . .

(Mieter)

Anmerkungen

1. → Form. D.XI Anm. 1. Zum Wohnraummietverhältnis → Form. D.VI.7

2. → Form. D.XI Anm. 2.

3. Im Beispielsfall kündigt der Gewerbemieter selbst. Zur Kündigung des gewerblichen Zwischenmieters wegen gesundheitsgefährdender Beschaffenheit der gemieteten Räume vgl. BGH NZM 2004, 222 = ZMR 2004, 338 = WuM 2004, 206 = NJW 2004, 848; *Blank* NZM 2004, 249; *Hinz* JR 2005, 76; *Drasdo* NJW-Spezial 2005, 49.

4. Im Beispielsfall hat der Mieter erst dadurch von einer Gesundheitsgefahr erfahren. Bei einer erheblichen Gefährdung der Gesundheit wäre es aber gem. §§ 578 Abs. 1 S. 2, 569 Abs. 1 S. 2 BGB sogar unschädlich gewesen, wenn der Mieter die Gefahr bringende Beschaffenheit bei Vertragsschluss gekannt oder darauf verzichtet hat, die ihm wegen dieser Beschaffenheit zustehenden Rechte geltend zu machen. Eine fristlose Kündigung wegen erheblicher Gesundheitsgefährdung ist allerdings nicht möglich, wenn der Mieter den gesundheitsgefährdenden Zustand selbst herbeigeführt hat (BGH NZM 2004, 222).

5. Zu Holzschutzmittelbelastungen: LG Lübeck ZMR 1998, 433 mAnm *Schläger;* LG Tübingen ZMR 1997, 189; AG Mainz DWW 1996, 216; LG Kiel WuM 1996, 674. Ein weiterer häufiger Grund für Kündigungen wegen erheblicher Gesundheitsgefährdung sind Feuchtigkeits- und Schimmelerscheinungen in den gemieteten Räumen, vgl. dazu KG ZMR 2004, 413; *Isenmann/Mersson.* Auch bei Überhitzung von Geschäftsräumen (OLG Brandenburg NZM 2013, 151; OLG Naumburg NZM 2004, 343; OLG Düsseldorf ZMR 1998, 622), verkehrsunsicheren Fußböden und Treppen (KG ZMR 2004, 259), bei Einsturzgefahr (OLG Koblenz NJW-RR 1992, 1228) oder nicht funktionierender Brandschutzeinrichtung (KG ZMR 2004, 259) kann eine Kündigung wegen erheblicher Gesundheitsgefährdung in Betracht kommen. Vgl. zur „Gesundheitsgefährdung durch Gifte, Chemikalien und umweltgefährdende Stoffe" auch Fischer-Dieskau/Pergande/Schwendner/*Franke* BGB § 569 Anm. 4.3.

6. Die Gesundheitsgefährdung muss erheblich sein. Sie muss auf einer dauernden Eigenschaft der Räume beruhen (OLG Koblenz ZMR 1989, 376 und NJW-RR 1992, 1228). Sie muss im Hinblick auf eine Vielzahl von Menschen bestehen, nicht nur bezogen auf besondere Anfälligkeiten in der Person des Mieters (LG Berlin NZM 1999, 614).

Voreilige Schlüsse sind zu vermeiden. So hat der BGH (NZM 2007, 439) etwa zu Schimmelerscheinungen ausgeführt: „Die Frage, ob Schimmelpilz . . . . . die Gesundheit der Bewohner gefährdet, lässt sich nicht allgemein beantworten und kann in vielen Fällen nur durch ein medizinisches Sachverständigengutachten geklärt werden." Nimmt der Mieter aufgrund schuldhafter (dazu gehört auch lediglich fahrlässiger) Fehleinschätzung über die (tatsächlich von ihm selbst gesetzten) Ursachen einer Schimmelbildung eine unbegründete Mietminderung vor, kann der Vermieter bei Erreichen eines Fehlbetrags von zwei Monatsmieten gem. § 543 Abs. 2 S. 1 Nr. 3b) BGB fristlos kündigen (BGH NZM 2012, 637 = NJW 2012, 2882).

Ausführlich u. mwN zu den Anforderungen der Rechtsprechung für einen Nachweis bzw. Beweis der Kausalität zwischen Schimmel und erheblicher Gesundheitsgefährdung *Isenmann/Mersson* Teil II. 3.2 Rn. 88. Nicht erforderlich ist, dass beim Mieter schon eine Erkrankung eingetreten ist; auf der anderen Seite reicht eine reine Anscheinsgefahr für eine gesundheitliche Beeinträchtigung, die bloße Befürchtung des Mieters, ein stellenweiser Befall mit Schimmel könne ggf. Allergien auslösen, zur Annahme einer erheblichen Gesundheitsgefährdung nicht aus (LG Mainz DWW 1999, 295).

Auch Gefährdungen von Angestellten eines Ladenlokals durch wiederholte widerrechtliche Übergriffe und Ausschreitungen von Kunden und Bewohnern aus der Nachbarschaft geben kein außerordentliches Kündigungsrecht wegen erheblicher Gesundheitsgefährdung (OLG Koblenz ZMR 1989, 376).

7. § 569 Abs. 1 BGB bestimmt für die Wohnraummiete, dass ein wichtiger, zur außerordentlichen fristlosen Kündigung berechtigender Grund im Sinne des § 543 Abs. 1 BGB für den Mieter auch dann vorliegt, wenn der gemietete Wohnraum so beschaffen ist, dass seine Benutzung mit einer erheblichen Gefährdung der Gesundheit verbunden ist. § 578 Abs. 2 S. 2 BGB erklärt § 569 Abs. 1 BGB auf Räume, die zum Aufenthalt von Menschen bestimmt sind, also auch auf Geschäftsräume, für entsprechend anwendbar.

Die erhebliche Gesundheitsgefährdung ist nach dem Wortlaut des § 569 Abs. 1 BGB ein Unterfall des wichtigen Grundes für eine fristlose Kündigung gem. § 543 Abs. 1 BGB. Ist der Tatbestand der **erheblichen** Gesundheitsgefährdung gegeben, ist allein deshalb schon die fristlose Kündigung berechtigt, ohne dass es der in § 543 Abs. 1 BGB vorgesehenen Darlegung der Unzumutbarkeit der Vertragsfortsetzung bis zum Ablauf der Kündigung oder bis zur sonstigen Beendigung des Mietverhältnisses bedarf (dies folgt aus BGH NZM 2009, 431 und BGH NZM 2006, 929, → D.XIII.1 Anm. 11). Liegt dagegen eine nur geringe oder einfache Gesundheitsgefährdung vor, kann diese aber ggf. in der Summierung mit weiteren, ggf. ebenfalls für sich allein betrachtet nicht schwerwiegenden Gründen eine Kündigung nach § 543 Abs. 1 BGB rechtfertigen. Erforderlich ist **dann** aber die in § 543 Abs. 1 S. 2 BGB vorgesehene Interessenabwägung, wonach ein wichtiger Grund nur vorliegt, wenn dem Kündigenden unter Berücksichtigung aller Umstände des Einzelfalls, insbesondere eines Verschuldens der Vertragsparteien, und unter Abwägung der beiderseitigen Interessen die Fortsetzung des Mietverhältnisses bis zum Ablauf der Kündigungsfrist oder bis zur sonstigen Beendigung des Mietverhältnisses nicht zugemutet werden kann.

8. Im Beispielsfall dürfte die Gesundheitsgefährdung so schwerwiegend, also iSd § 569 Abs. 1 BGB „erheblich" sein, dass die fristlose Kündigung ohne weitere Darlegungen zur Unzumutbarkeit der Vertragsfortsetzung durchgreift (→ Form. D.XIII.2 Anm. 7). Falls daneben noch weitere Gründe bestehen, sollten diese -vorsichtshalber- ebenfalls vorgetragen werden. Daher findet im vorliegenden Fall der vollständige Einnahmeausfall als Folge der Gesundheitsgefährdung besondere Erwähnung; wobei gerade ein Einnahmeausfall bei der Geschäftsraummiete von erheblichem Gewicht sein dürfte.

9. Zu den weiteren Voraussetzungen des § 543 BGB → Form. D.XIII.6, → Form. D. XIII.7. Insbesondere ein Abhilfeverlangen mit Fristsetzung nach § 543 Abs. 3 S. 1 BGB (das grundsätzlich auch bei einer fristlosen Kündigung nach § 569 Abs. 1 BGB erforderlich ist, BGH NZM 2007, 439) dürfte im vorliegenden Fall dann nach § 543 Abs. 3 S. 2 Nr. 2 BGB entbehrlich sein, wenn durch die Ausgasungen das Ladenlokal überhaupt nicht mehr für das Betreten durch Menschen geeignet ist und womöglich die aufwändige und langwierige Sanierung tragender hölzerner Deckenunterzüge ansteht.

10. → Form. D.XI Anm. 3.

11. → Form. D.XIII.1 Anm. 12.

3. Kündigung wegen Sorgfaltspflichtverletzung des Mieters trotz Abmahnung gemäß § 543 Abs. 2 Nr. 2 BGB

. . . . .

(Vermieter)

an

. . . . .

(Mieter)[1]

– Einschreiben mit Rückschein –[2]

Betr.: Mietverhältnis über . . . . .

Bezug: Meine Schreiben (Abmahnungen) vom . . . . .

hier: fristlose Kündigung

Sehr geehrte(r) . . . . .,

Sie haben in meinem im Betreff genannten Haus Räumlichkeiten zum Betrieb . . . . . gemietet; wobei auch der Hinterhof des Hauses zu den mitvermieteten Flächen gehört. Seit dem . . . . . lagern Sie in der südwestlichen Ecke des Hofes auf einer Fläche von ca. 6 qm in stetig wachsendem Umfang Fleisch- und Knochenabfälle. Es stinkt bestialisch, Ratten bevölkern den Hof und dringen mittlerweile auch in die Keller der übrigen Mieter sowie in den Hausflur ein. Außerdem haben Sie im Mietvertrag die Instandhaltung der Fenster und Fassade des von Ihnen zum Geschäftsbetrieb komplett angemieteten Erdgeschosses übernommen, wobei insbesondere ein frischer Anstrich im Turnus von zwei Jahren vereinbart worden ist. Seit dem . . . . ., also seit über drei Jahren sind Sie dieser Verpflichtung nicht mehr nachgekommen. Die Isolierglasscheiben drohen aus den blätternden und faulenden Holzrahmen zu fallen; die Fassadenflächen heben sich verwaschen von dem übrigen Zustand des Hauses ab.

Ich habe Sie[3] bzgl. der Fleisch- und Knochenabfälle mit Schreiben vom . . . . . und vom . . . . . sowie wegen des Zustands der Fassadenfläche mit Schreiben vom . . . . . und vom . . . . . abgemahnt.[4] Zuletzt habe ich Sie wegen beider vorgenannten Punkte mit Schreiben vom . . . . . unter Fristsetzung zum . . . . . ein letztes Mal abgemahnt, verbunden mit dem

Hinweis, dass ich bei Nichtabhilfe das Mietverhältnis fristlos kündigen werde.[5] Leider sind alle vorgenannten Schreiben, insbesondere das letzte, fruchtlos geblieben.[6]

Daher kündige ich[7] Ihnen das Mietverhältnis fristlos gem. § 543 BGB[8] mit sofortiger Wirkung.[9]

Ich fordere Sie auf, die von Ihnen gemieteten Räume und Flächen binnen drei Tagen, also bis zum . . . . . zu räumen und die Schlüssel herauszugeben. Andernfalls werde ich gerichtliche Hilfe in Anspruch nehmen, wodurch weitere Kosten auf Sie zukämen.[10]

Vorsorglich widerspreche ich bereits jetzt einer stillschweigenden Verlängerung des Mietverhältnisses gem. § 545 BGB.[11]

. . . . .

(Vermieter)

Anmerkungen

1. → Form. D.XI Anm. 1.

2. → Form. D.XI Anm. 2.

3. Abmahnungen (→ Form. D.XIII.3 Anm. 4) müssen immer an den Mieter gerichtet sein; und zwar auch dann, wenn der Mieter, gleichgültig ob berechtigt oder unberechtigt, untervermietet hat.

4. § 543 Abs. 3 BGB erfordert grundsätzlich eine der Kündigung vorausgehende Abmahnung. Zur Entbehrlichkeit → Form. D.XIII.1 Anm. 9. Die Abmahnung muss sich auf bestimmte, genau bezeichnete Gebrauchs- bzw. Vertragsverletzungen richten (OLG Naumburg ZMR 2000, 381). Mehrere Abmahnungen sind zu empfehlen, da sie die Darlegung der Hartnäckigkeit der Vertragsverletzung in einem späteren Räumungsprozess erleichtern helfen.

5. Die Kündigung **braucht** in der Abmahnung **nicht** angedroht zu werden (BGH NZM 2007, 561, → Form. D.XIII.1 Anm. 9), **sollte** es **aber** ggf. (sog. „qualifizierte" Abmahnung), damit dem Mieter die Folgen mangelnden Einlenkens zweifelsfrei vor Augen geführt werden. Gerade für den Fall, dass der Kündigung (grundsätzlich zu empfehlende, → Form. D.XIII.3 Anm. 4) mehrfache Abmahnungen vorausgegangen sind, sollte die letzte auch eine Kündigungsandrohung enthalten, damit der Mieter sich nicht darauf berufen kann, er habe darauf vertraut, dass „nur" immer Abmahnungen erfolgen würden.

6. → Form. D.XIII.1 Anm. 12.

7. → Form. D.XI Anm. 3.

8. § 543 Abs. 2 Nr. 2 BGB gibt dem Vermieter ein Recht zur außerordentlichen, fristlosen Kündigung, wenn der Mieter die Rechte des Vermieters dadurch in erheblichem Maße verletzt, dass er die Mietsache durch Vernachlässigung der ihm obliegenden Sorgfalt erheblich gefährdet oder sie unbefugt einem Dritten überlässt. Erfasst sind hier also zwei ganz unterschiedliche Fälle eines wichtigen Grundes im Sinne des § 543 Abs. 1 BGB.
Eine Vernachlässigung der dem Mieter obliegenden Sorgfalt, von der das vorliegende Beispiel ausgeht, kann insbesondere in der Nichterfüllung vertraglich übernommener Instandhaltungspflichten, daneben zB auch in der Verletzung von Obhuts- und Anzeigepflichten begründet sein (Palandt/*Weidenkaff* BGB § 543 Rn. 21). Zu beachten ist allerdings, dass diese Sorgfaltspflichtverletzungen ein erhebliches Gewicht erreichen müssen –

im Gesetz kommt das gleich doppelt zum Ausdruck („. . . . . der Mieter die Rechte des Vermieters dadurch **in erheblichem Maße** verletzt, dass er . . . . . **erheblich gefährdet.** . . . .") –, damit sie eine fristlose Kündigung zu rechtfertigen vermögen.

Ob die Ablagerung von Abfällen als Sorgfaltspflichtverletzung unter § 543 Abs. 2 Nr. 2 BGB zu subsumieren ist oder ob sie dem allgemeiner gehaltenen § 543 Abs. 1 BGB unterfällt, ist für das Ergebnis ohne Belang. Die Anführung auch dieses Sachverhalts als weitere Begründung (neben der Nichteinhaltung der Instandhaltungspflicht) für die Kündigung ist jedenfalls ratsam. Im Beispielsfall könnte ein Gericht zB zu dem Ergebnis gelangen, dass die Nichteinhaltung der Instandhaltungspflicht im konkreten Fall noch keine nach § 543 Abs. 2 Nr. 2 BGB „erhebliche" Verletzung der Rechte des Vermieters begründet. Dann kann aber die „einfache" Verletzung der Instandhaltungspflicht im Verbund mit dem vertragswidrigen Ablagern von Abfällen immer noch einen Grund zur fristlosen Kündigung aus § 543 Abs. 2 Nr. 2 BGB oder – je nach Subsumtion, so – auf Grund der nach § 543 Abs. 1 BGB vorzunehmenden Interessenabwägung sein (→ Form. D.XIII. 2 Anm. 7).

9. → Form. D.XIII.4 Anm. 8.

10. Bei einer fristlosen Kündigung kann der Vermieter **sofortige** Räumung verlangen. Es empfiehlt sich jedoch, zur Kostenvermeidung im Kündigungsschreiben eine kurze Räumungsfrist zu gewähren, wenn auch nur irgendwie die Hoffnung besteht, dass der Mieter in dieser Zeit die Mietsache freiwillig räumt und zurückgibt.

11. Der Vermieter sollte bereits in seinem Kündigungsschreiben aus Gründen der Vorsicht ausdrücklich einer Verlängerung des Mietverhältnisses gem. § 545 BGB widersprechen, → Form. D.X.1, → Form. D.X.2.

4. Kündigung wegen Zahlungsverzugs gemäß § 543 Abs. 2 Nr. 1 BGB

. . . . .

(Vermieter)

an

. . . . .

(Mieter)[1]

– Einschreiben mit Rückschein –[2]

Betr.: Mietverhältnis über . . . . .

Bezug: Mein Schreiben (Mahnung) vom . . . . .

hier: Kündigung

Sehr geehrte(r) . . . . .,

Sie sind – trotz Mahnung(en)[3] – mit insgesamt[4] . . . . . Mieten, und zwar für die Monate . . . . . im Rückstand.

Der Mietrückstand beträgt EUR . . . . .[5]

Daher kündige ich[6] Ihnen das Mietverhältnis fristlos gem. § 543 Abs. 2 S. 1 Nr. 3 a) BGB[7] mit sofortiger Wirkung.[8]

Ich fordere Sie auf, die von Ihnen gemieteten Räumlichkeiten binnen drei Tagen, also bis zum . . . . . zu räumen und die Schlüssel herauszugeben. Andernfalls werde ich gerichtliche Hilfe in Anspruch nehmen, wodurch weitere Kosten auf Sie zukämen.[9]

Vorsorglich widerspreche ich bereits jetzt einer stillschweigenden Verlängerung des Mietverhältnisses gem. § 545 BGB.[10]

. . . . .

(Vermieter)

Anmerkungen

1. → Form. D.XI Anm. 1. Zum Wohnraummietverhältnis → Form. D.VI.4.

2. → Form. D.XI Anm. 2.

3. (Ab-)mahnungen sind keine Wirksamkeitsvoraussetzung der Kündigung wegen Zahlungsverzugs; § 543 Abs. 3 S. 2 Nr. 3 BGB. Allerdings kann in Ausnahmefällen auch die Kündigung wegen Zahlungsverzugs von einer den Zahlungsrückstand darstellenden Abmahnung abhängig sein, so z B wenn sich für den Vermieter der Schluss aufdrängen muss, dass die Nichtzahlung nicht auf Zahlungsunfähigkeit oder -unwilligkeit des Mieters, sondern auf ein Versehen oder auf sonstige von ihm nicht zu vertretende Umstände zurückzuführen ist (OLG Düsseldorf NZM 2004, 786; OLG Düsseldorf ZMR 2004, 570; DWW 2004, 190; OLG Hamm ZMR 1998, 493). Gegen diese Ansicht spricht, dass es die Aufgabe **des Mieters** ist, für pünktliche Mietzahlungen zu sorgen und zudem kaum rechtlich hinreichend definierbar ist, wann sich dem Vermieter ein "Versehen" des Mieters "aufdrängen" muss. Ohnehin wird in der Praxis jeder gewissenhaft wirtschaftende Vermieter den Mieter schon innerhalb des – immerhin – einen Monats nach dem Ausbleiben der ersten Miete mahnen und nicht erst abwarten, ob auch noch die zweite Miete nicht eingeht.

Auch wenn ein Vermieter mehr als ein Jahr lang bzgl. des Ausbleibens jeglicher Mietzahlungen nichts unternommen hat, sei er gehalten, durch eine Abmahnung deutlich zu machen, dass er bei fortbestehendem Zahlungsrückstand zu einer Vertragsfortsetzung nicht länger bereit sei (OLG Hamm ZMR 1998, 493); aA BGH NZM 2009, 314: „Gemäß § 543 Abs. 3 S. 2 Nr. 3 BGB bedarf es bei einer auf Zahlungsverzug des Mieters gestützten Kündigung nach § 543 Abs. 2 S. 1 Nr. 3 BGB keiner vorherigen Fristsetzung oder Abmahnung. Dass der Vermieter einen sich aufbauenden Mietrückstand nicht sofort zum Anlass einer fristlosen Kündigung nimmt, ändert daran nichts und lässt eine ohne Abmahnung erfolgte Kündigung noch nicht treuwidrig erscheinen."

Befindet sich der Mieter in Verzug, können die Kosten für ein vorprozessuales Mahnschreiben nach Ansicht des AG Brandenburg (NZM 2008, 41, mit umfangreichen Rechtsprechungsnachweisen) pauschal mit maximal 2,50 EUR berechnet werden. Ein höherer Betrag könne nur verlangt werden, wenn der Vermieter die Mahnkosten konkret und nachvollziehbar darlegt und dabei auch nicht gegen seine Schadensminderungspflicht verstößt. Dagegen sollen die Kosten für die Einschaltung eines Rechtsanwalts gegenüber dem in Verzug befindlichen Mieter in voller Höhe erstattungsfähig sein (AG Kassel NZM 2011, 856).

Im Einzelfall ist darüber hinaus zu prüfen, ob vorgerichtliche Anwaltskosten **überhaupt** nach §§ 280 Abs. 1 und 2, 286 Abs. 1 und 2 Nr. 1 BGB geltend gemacht werden können. Denn der Vermieter kann nur solche Aufwendungen ersetzt verlangen, die zur Wahrung und Durchsetzung seiner Rechte erforderlich und zweckmäßig waren; ansonsten verstößt er gegen seine Schadensminderungspflicht aus § 254 Abs. 2 BGB. Bei einem gewerblichen Großvermieter bedarf es keiner anwaltlichen Hilfe bei der Abfassung eines auf Zahlungsverzug gestützten Kündigungsschreibens, da dieses ohne weiteres durch das kaufmännische Personal eines gewerblichen Großvermieters gefertigt werden kann (BGH NZM 2011, 34 –„unzweifelhafter Verzug" des Mieters mit zwei Monatsmieten). Differenzierend im Fall einer „Formularkündigung mit Räumungsverlangen" LG Gießen (NZM 2010, 361), wonach „es für die Ersatzfähigkeit der außergerichtlichen Anwaltskosten nicht darauf ankommt, wie viele Wohnungen ein gewerblicher oder privater Vermieter vermietet. Maßgeblich ist . . . . . ., ob der Vermieter anwaltlicher Hilfe bedarf oder ob er aufgrund seiner – nicht auf juristischer Berufsausbildung beruhender – Kenntnisse, insbesondere aufgrund bereits früher ausgesprochener Kündigungen und Räumungsverlangen infolge Zahlungsverzugs, anwaltlicher Hilfe bedarf. Dies ist bei einer gewerblichen Großvermieterin . . . . . ., die früher bereits zahlreiche gleichförmige Kündigungsschreiben und Räumungsverlangen bei Zahlungsverzug erstellt hat bzw. von ihren Rechtsanwälten hat erstellen lassen, auch bei einer typisierenden Betrachtungsweise (im Gegensatz zu einem privaten Vermieter weniger Wohnungen, der nur selten Kündigungen auszusprechen hat) nicht der Fall."

4. „Insgesamt" für den Fall eines Mietrückstandes über mehrere Termine, → Form. D. XIII.4 Anm. 7.

5. → Form. D.XIII.1 Anm. 12.

6. → Form. D.XI Anm. 3.

7. Der „wichtigste wichtige Grund" für eine außerordentliche fristlose Kündigung dürfte aus Sicht des Vermieters die Nichtzahlung der Miete sein. Hierzu bestimmt § 543 Abs. 2 S. 1 Nr. 3 BGB, unter welchen Voraussetzungen der Mietrückstand so schwerwiegend ist, dass er den Vermieter zu einer fristlosen Kündigung berechtigt. Dazu sind zwei Alternativen denkbar:
- Der Mieter muss entweder für zwei aufeinander folgende Termine mit der Entrichtung der Miete oder eines nicht unerheblichen Teils der Miete in Verzug sein, wobei ergänzend gem. § 569 Abs. 3 Nr. 1 BGB bei Wohnraum (der nicht lediglich nur zu vorübergehendem Gebrauch vermietet ist) der rückständige Teil der Miete nur dann „nicht unerheblich" ist, wenn er die Miete für einen Monat übersteigt. Das besagt gleichzeitig, dass diese Definition für den Mietrückstand bei zwei aufeinander folgenden Terminen (nicht unerheblich = mehr als eine Monatsmiete) erst recht auch für Geschäftsraummietverhältnisse mit vereinbarter monatlicher Mietzahlung herangezogen werden kann (BGH NZM 2008, 770; BGH ZMR 1987, 289 (292)). Das gilt allerdings nur, wenn die Miete monatlich zu zahlen ist, wobei es auf die vertragliche Vereinbarung ankommt. Ist danach die Miete jährlich zu entrichten, ist der zweite Fälligkeitstermin erst nach einem Jahr erreicht (BGH NZM 2009, 30; BVerfG WuM 1992, 668). Es kommt auf den Gesamtrückstand aus der Addition der Rückstände der beiden aufeinander folgenden Termine an, nicht darauf, dass jeder Rückstand für jeden der beiden aufeinander folgenden Termine für sich betrachtet als nicht unerheblich anzusehen wäre, BGH ZMR 1987, 289 (sonst wäre § 543 Abs. 2 Nr. 2 BGB zB nicht anwendbar, wenn der Rückstand im ersten Monat 95 %, im zweiten Monat 8 % betragen würde).
- Der Mieter muss in einem Zeitraum, der sich über mehr als zwei Termine erstreckt, mit der Entrichtung der Miete in Höhe eines Betrags in Verzug sein, der die Miete für zwei Monate erreicht.

Mit „Miete" ist hier die Miete inkl. Betriebskostenvorauszahlung oder -pauschale gemeint (BGH NZM 2018, 28; BGH NZM 2008, 770; BVerfG WuM 1992, 668; OLG Naumburg WuM 1999, 160; OLG Frankfurt a.M. NJW-RR 1989, 973).

Liegen die Voraussetzungen des § 543 Abs. 2 S. 1 Nr. 3 BGB vor, ist der Vermieter zur Kündigung **berechtigt**, er ist **aber nicht sogleich** dazu **verpflichtet** (BGH NZM 2009, 314). Ansonsten würde ein für den Mieter gerade günstiges Zuwarten des Vermieters ggf.

unterbleiben und der Vermieter wäre gehalten, zur Vermeidung eigener Nachteile frühestmöglich eine fristlose Kündigung auszusprechen. Auch § 314 Abs. 3 BGB ist in diesem Fall (im Wohnraummietrecht) nicht anwendbar (BGH NZM 2016, 791; obwohl die Entscheidung zum Wohnraummietrecht ergangen ist, lässt sich die Kernaussage zwanglos auf das Gewerberaummietrecht übertragen. Zu § 314 Abs. 3 BGB bei der Gewerberaummiete → Form. D.XIII.7 Anm. 11.

Das Landgericht Düsseldorf (NJW-RR 1991, 1353) ließ es bei einem Mietvertrag über ein Gewerbegrundstück ausreichen, wenn neben dem Rückstand mit (erst nur) einer Miete der Mieter erklärt, er könne nicht mehr zahlen. Auch der BGH (NZM 2005, 538) hat entschieden, dass der Hauptvermieter schon vor Erreichen eines Zahlungsrückstands im Sinne des § 543 Abs. 2 S. 1 Nr. 3 BGB zur Kündigung gegenüber dem gewerblichen Zwischenmieters befugt sei, wenn der Insolvenzverwalter über das Vermögen des Zwischenmieters erklärt, er werde die von den Endmietern eingezogenen Mieten nicht an den Hauptvermieter weiterleiten. Die Begründung des BGH geht dabei weit über den entschiedenen Fall hinaus: „Erklärt der Mieter . . . . . . von vornherein, er sei zur Zahlung der Miete künftig und auf unbestimmte Zeit nicht bereit, so verweigert er für die Zukunft die Erfüllung seiner primären Leistungspflicht die Zahlung des vereinbarten Entgelts für die Nutzung des gemieteten Gegenstandes. Unter diesen Umständen ist dem Vermieter die Fortsetzung des Vertragsverhältnisses, wenn auch nur bis zum Auflaufen eines für eine Kündigung nach § 543 Abs. 2 S. 1 Nr. 3 BGB ausreichenden Betrags, nicht zumutbar."

Der Mieter kommt auch ohne Mahnung des Vermieters bei Überschreiten des Fälligkeitstermins für die Mietzahlung in Verzug, da die Fälligkeit der Miete dem Datum nach bestimmt ist, § 286 Abs. 2 Nr. 1 BGB (BGH NZM 2012, 637 = NJW 2012, 2882). Gem. § 556b Abs. 1 BGB ist die Miete spätestens bis zum dritten Werktag der einzelnen Zeitabschnitte zu entrichten, nach denen sie bemessen ist. Die Formulierung „bis zum dritten Werktag" ist in Mietverträgen auch allgemein gebräuchlich. Dabei ist der Samstag nicht als Werktag anzusehen, da sonst dem Mieter, dem die dreitägige Karenzzeit nach dem Schutzzweck der Norm ungeschmälert zur Verfügung stehen soll, bei der heute üblichen bargeldlosen Mietzahlung ein Bankarbeitstag verloren geht (BGH NZM 2010, 661 = NJW 2010, 2879). Das gilt auch für vor Inkrafttreten des § 556b Abs. 1 BGB (1.9.2001) und diesem entsprechenden mietvertraglichen Vereinbarungen (BGH NZM 2010, 644). Für die Rechtzeitigkeit der Mietzahlung im Überweisungsverkehr kommt es nicht darauf an, dass die Miete bis zum dritten Werktag des vereinbarten Zeitabschnitts auf dem Konto des Vermieters eingegangen ist. Es genügt, dass der Mieter – bei ausreichend gedecktem Konto – seinem Zahlungsdienstleister den Zahlungsauftrag bis zum dritten Werktag des vereinbarten Zeitabschnitts erteilt (BGH NZM 2017, 120 – Wohnraummiete- (mAnm *Mehle/Schüller*)). Dem kann durch eine „Rechtzeitigkeitsklausel" im Mietvertrag vorgebeugt werden, die dazu führt, dass der Mieter die üblichen Banklaufzeiten einrechnen muss und es auf den Eingang auf dem Konto des Vermieters ankommt. Jedenfalls im Gewerberaummietvertrag ist eine solche Klausel, auch als AGB-Bestimmung, nach hier vertretener Auffassung wirksam (aA für den Wohnraummietvertrag BGH NZM 2017, 120; zu einem an dieser Entscheidung orientierten Rechtzeitigkeitsklauselvorschlag *Mehle/Schüller* NZM 2017, 124).

„In Verzug" erfordert allerdings nach § 286 Abs. 4 BGB Verschulden. Das wird vor allem in Fällen problematisch, in denen sich der Mieter zu einer Mietminderung gem. § 536 BGB berechtigt glaubt und deshalb nicht zahlt. Wenn dann der Vermieter nach Erreichen der im Gesetz genannten Rückstandshöhe kündigt und sich im Räumungsprozess herausstellt, dass die Mietminderung tatsächlich überhöht war, kommt die Frage zum Tragen, ob dies auf einem Verschulden des Mieters beruhte. Das ist immer Frage des Einzelfalls. Je komplizierter die Beurteilung der „richtigen" Höhe der Mietminderung, oder je geringer die Überhöhung der Mietminderung gegenüber der tatsächlich zutreffenden Mietminderung, desto eher liegt kein Verschulden vor (LG Hannover NJW-RR

1995, 331). Anders herum können zB hoffnungslos überzogene Mietminderungen, die auf einer völlig unsinnigen Bewertung eines in Wahrheit viel geringeren Mangels beruhen, schuldhaft sein. In diesem Zusammenhang hat der BGH (NZM 2012, 637 = NJW 2012, 2882 – Schimmelpilzbildung in einer Wohnung) klargestellt, dass es bei der Beurteilung der Berechtigung und Höhe einer Mietminderung durch den Mieter keinen (milderen) Sonderverschuldensmaßstab gibt, denn das würde im Ergebnis bedeuten, dass der Mieter entgegen § 276 BGB bei Fehleinschätzungen nur Vorsatz und grobe Fahrlässigkeit zu vertreten hätte. Der eine fristlose Kündigung begründende Zahlungsverzug entfällt deshalb nicht wegen fehlenden Verschuldens des Mieters, wenn dieser bei Anwendung verkehrsüblicher Sorgfalt hätte erkennen können, dass die **tatsächlichen Voraussetzungen** (im entschiedenen Fall die Ursachen der Schimmelpilzbildung) des von ihm in Anspruch genommenen Minderungsrechts nicht bestehen. Auch an das Vorliegen eines unverschuldeten **Rechtsirrtums** sind strenge Anforderungen zu stellen; es besteht kein Grund, im Rahmen des § 543 Abs. 3 BGB zugunsten des Mieters einen milderen Sorgfaltsmaßstab anzulegen (BGH NZM 2007, 35 (Wohnraummiete); BGH WuM 2012, 323 (Gewerberaummiete): „Ein Mieter, der mit Mietzahlungen in Rückstand geraten ist, muss . . . . . . darlegen und . . . . . . beweisen, dass er ohne Verschulden an der Entrichtung der Miete gehindert war, um das Kündigungsrecht des § 543 Abs. 2 S. 1 Nr. 3b BGB auszuschließen. Der Schuldner muss die Rechtslage sorgfältig prüfen, soweit erforderlich Rechtsrat einholen und die höchstrichterliche Rechtsprechung sorgfältig beachten . . . . . . Entschuldigt ist ein Rechtsirrtum nur dann, wenn der Irrende bei Anwendung der im Verkehr erforderlichen Sorgfalt mit einer anderen Beurteilung durch die Gerichte nicht zu rechnen brauchte."

Ein Mieter gerät mit der Mietzahlung auch dann in Verzug, wenn er auf Grund eines Ratschlags eines Rechtsberaters eine unzulässige Aufrechnung oder Mietminderung vornimmt, da der Rechtsberater insoweit als sein Erfüllungsgehilfe iSd § 278 BGB anzusehen ist (BGH NZM 2007, 35; OLG Köln ZMR 1998, 763). Zum Problem der Mietzahlung unter Vorbehalt vgl. BGH NZM 2012, 637 = NJW 2012, 2882; *Nies* NZM 1998, 398 (399).

Die Kündigung nach § 543 Abs. 2 S. 1 Nr. 3 BGB ist gem. § 543 Abs. 2 S. 2 BGB ausgeschlossen, wenn der Vermieter vorher (also vor der Kündigung) befriedigt wird. Die Befriedigung muss vollständig eintreten, Teilleistungen reichen nicht aus (BGH ZMR 1971, 27; OLG Naumburg WuM 1999, 160). Die Kündigung wird gem. § 543 Abs. 2 S. 3 BGB nachträglich unwirksam, wenn sich der Mieter von seiner Schuld durch Aufrechnung befreien konnte und die Aufrechnung unverzüglich nach der Kündigung erklärt (→ Form. D.XIII.5).

Bei wörtlicher Anwendung des § 543 Abs. 2 S. 1 Nr. 3 BGB bräuchte der Mieter seine Miete niemals pünktlich zu zahlen und hätte immer einen Kredit einen Cent unterhalb des „nicht unerheblichen Teils" der Miete. Deshalb ist allgemein anerkannt, dass eine fortschreitend schleppende Mietzahlung ebenfalls ein wichtiger Grund für eine fristlose Kündigung gem. § 543 Abs. 1 BGB ist (BGH NZM 2012, 22; BGH NZM 2011, 152; BGH NZM 2006, 338; OLG Düsseldorf DWW 2009, 30; OLG Karlsruhe NJW 2003, 2759; LG Berlin NZM 2007, 564). Da sich die **fristlose** Kündigung wegen ständig schleppender Mietzahlungen gerade nicht auf die eine fristlose Kündigung wegen Zahlungsverzugs regelnden § 543 Abs. 2 S. 1 Nr. 3a BGB iVm § 569 Abs. 3 Nr. 1 BGB oder § 543 Abs. 2 S. 1 Nr. 3b BGB stützen kann, weil die dort genannten Voraussetzungen nicht vorliegen, kommt hier als Rechtsgrundlage der fristlosen Kündigung nur eine außerordentliche fristlose Kündigung aus wichtigem Grund nach § 543 Abs. 1 BGB in Betracht (BGH NZM 2006, 338). Da es sich bei der unpünktlichen Mietzahlung um die Verletzung einer Pflicht aus dem Mietvertrag im Sinne des § 543 Abs. 3 S. 1 BGB handelt, ist die Kündigung erst nach erfolglosem Ablauf einer zur Abhilfe gesetzten Frist oder nach erfolgloser **Abmahnung** zulässig (BGH NZM 2008, 121). Die schleppende Zahlungsweise muss sich über mehrere Fälligkeitstermine hingezogen haben. Wenn der Mieter dann auch die nächste Miete nach Erhalt der Abmahnung unpünktlich zahlt, kann der Vermieter kündigen; **nach** der Abmahnung müssen nicht erneut mehrere Fälligkeitstermine schleppend bedient worden sein (BGH NZM 2006, 338; vgl. auch OLG Hamm ZMR 1994, 560: „Der Vermieter, der über längere Zeit unpünktliche Mietzahlungen seines Mieters stillschweigend hingenommen hat, handelt nach vorheriger Abmahnung des Mieters mit dem deutlichen Hinweis darauf, dass er in Zukunft pünktliche Zahlungen erwarte, nicht treuwidrig, wenn er wegen erneuten Zahlungsverzugs fristlos kündigt."). Etwas anderes kann dann gelten, wenn der Mieter jahre- oder gar jahrzehntelang seine Miete unpünktlich gezahlt und der Vermieter das bis zur ersten Abmahnung hingenommen hat. Zahlt der Mieter dann die erste auf die Abmahnung folgende Miete nur wenige (im entschiedenen Fall: sechs) Tage verspätet, ist vor einer fristlosen Kündigung eine erneute Abmahnung erforderlich (BGH NZM 2011, 579). Findet ein Vermieterwechsel statt, kann der Mieter auch bei vom bisherigen Vermieter jahrelang hingenommener unpünktlicher Mietzahlung nicht darauf vertrauen, dass auch der neue Vermieter dieses Verhalten sanktionslos dulden wird (BGH NZM 2012, 22).

8. Die Formulierung „fristlos mit sofortiger Wirkung" ist häufiger in Kündigungsschreiben zu lesen, obwohl sie die gewollte Rechtsfolge doppelt bezeichnet. Die Formulierung ist aber unschädlich; sie bringt sogar besonders deutlich zum Ausdruck, dass das Mietverhältnis sofort beendet werden soll.

9. → Form. D.XIII.3 Anm. 10.

10. Der Vermieter sollte bereits in seinem Kündigungsschreiben aus Gründen der Vorsicht ausdrücklich einer Verlängerung des Mietverhältnisses gem. § 545 BGB widersprechen, → Form. D.X.1, → → Form. D.X.2.

5. Aufrechnungserklärung des Mieters
(unverzüglich nach Zugang der Kündigung)

. . . . .

(Mieter)

an

. . . . .

(Vermieter)[1]

– Einschreiben mit Rückschein –[2]

Betr.: Mietverhältnis über . . . . .

Bezug: Ihr Schreiben (Kündigung) vom . . . . .

hier: Aufrechnung

Sehr geehrte(r) . . . . .,

mit Schreiben vom . . . . . haben Sie das Mietverhältnis gem. § 543 Abs. 2 S. 1 Nr. 3a) BGB fristlos gekündigt, da ich für zwei aufeinander folgende Termine mit einem nicht unerheblichen Teil der Miete in Verzug sei.[3]

In der Tat schulde ich Ihnen noch Miete in Höhe von . . . . . EUR.

Allerdings habe ich Ihnen vor fünf Monaten aus meiner Bäckerei für Ihre Silvesterfeier Brot und Backwaren geliefert. Meine betreffende Rechnung vom . . . . . über . . . . . EUR haben Sie bis heute nicht bezahlt. Mit diesem Betrag, der den Mietrückstand sogar noch um . . . . . EUR übersteigt,[4] erkläre ich die Aufrechnung.[5]

Die Kündigung ist daher gem. § 543 Abs. 2 S. 3 BGB unwirksam.

. . . . .

(Mieter)

Anmerkungen

1. → Form. D.XI Anm. 1. Zum Wohnraummietverhältnis → Form. D.VI.5.

2. → Form. D.XI Anm. 2.

3. → Form. D.XIII.4.

4. Die Aufrechnung muss eine **vollständige** Befreiung von der Schuld bewirken, → Form. D.XIII.4 Anm. 7. Dies ist zB nicht der Fall, wenn eine Aufrechnung mit der zur Aufrechnung gestellten Forderung vertraglich ausgeschlossen ist. So sind Formularklauseln, wonach eine Aufrechnung nur mit unbestrittenen oder rechtskräftig festgestellten Forderungen möglich ist, jedenfalls im Gewerberaummietvertrag zulässig (BGH NZM 2011, 153). Auch mit einer noch nicht zur Rückzahlung fälligen Mietkaution kann nicht aufgerechnet werden (LG Berlin ZMR 1998, 231).

5. Die Aufrechnung muss **unverzüglich** nach der Kündigung erklärt werden, § 543 Abs. 2 S. 3 BGB. Eine Aufrechnungserklärung ist regelmäßig nicht mehr unverzüglich, wenn sie erst 2 Wochen nach der Kündigung erklärt wird (OLG Köln ZMR 1998, 763).

6. Kündigung wegen erheblicher schuldhafter Vertragsverletzung gemäß § 543 Abs. 1 BGB

. . . . .

(Vermieter)

an

. . . . .

(Mieter)[1]

– Einschreiben mit Rückschein –[2]

Betr.: Mietverhältnis über . . . . .

hier: fristlose Kündigung

Sehr geehrte(r) . . . . .,

hiermit kündige ich[3] das zwischen uns bestehende Mietverhältnis fristlos[4] mit sofortiger Wirkung.[5]

Ohne meine Zustimmung, zu deren Einholung Sie auf Grund § . . . . . des Mietvertrags verpflichtet gewesen wären, sogar ohne mich überhaupt auch nur in Kenntnis zu setzen, haben Sie aus ihrem Spielwarenladen eine „Spielhölle" gemacht. Abgesehen von der Änderung in der Sache hat sich der Geschäftsbetrieb von tagsüber dadurch in die Abend- und Nachtstunden verlagert. Auch das Publikum hat sich verändert. Zudem belegen die Gäste der Spielhalle nun abends die Stellplätze der übrigen Mieter des Hauses, wenn diese von der Arbeit kommen. Der Lärm der Automaten und der Gäste ist beträchtlich. Da Ihre Gewerbeeinheit zudem die einzige im Haus ist, die anderen Einheiten sämtlich Mietwohnungen darstellen, ist die Beeinträchtigung der Mieter drastisch gestiegen. Dies wirkt sich, wie ich bei einer gestern vorgenommenen Neuvermietung einer Wohnung feststellen musste, auch auf die von mir für die Wohnungen erzielbare Miete aus.[6, 7]

Mit Abmahnung[8] vom . . . . . habe ich Sie aufgefordert, den vertragswidrigen Gebrauch zu unterlassen und Ihnen Gelegenheit gegeben, das Geschäft bis zum . . . . . wieder in einen Spielwarenladen zurückzuverwandeln.[9] Gleichzeitig hatte ich Ihnen für den Fall des fruchtlosen Fristablaufs die fristlose Kündigung des Mietverhältnisses angedroht.[10] Leider haben Sie auf mein Schreiben nicht reagiert und setzen den Betrieb der Spielhalle unverändert fort.[11, 12]

Gestützt auf die fristlose Kündigung fordere ich Sie auf, die Geschäftsräume binnen drei Tagen, also bis zum . . . . . zu räumen und mir die Schlüssel zurückzugeben. Andernfalls werde ich ohne weitere Nachricht gerichtliche Hilfe in Anspruch nehmen, wodurch Sie mit weiteren Kosten belastet würden.[13]

Vorsorglich widerspreche ich bereits jetzt einer stillschweigenden Verlängerung des Mietverhältnisses gem. § 545 BGB.[14]

. . . . .

(Vermieter)

Anmerkungen

1. → Form. D.XI Anm. 1. Zum Wohnraummietverhältnis → Form. D.VI.10.

2. → Form. D.XI Anm. 2.

3. → Form. D.XI Anm. 3.

4. Zur außerordentlichen fristlosen Kündigung aus wichtigem Grund gem. § 543 Abs. 1 BGB → Form. D.XIII.7.

5. → Form. D.XIII.4 Anm. 8.

6. Dies alles sind Gründe, die in die gem. § 543 Abs. 1 BGB vorzunehmende Interessenabwägung (→ Form. D.XIII.7 Anm. 5) zugunsten des hier kündigenden Vermieters einfließen können. Dabei hat der Vermieter vorliegend eine starke Position, da es sich um eine **schuldhafte** Vertragsverletzung des Mieters handelt. Zu weiteren Beispielen für schuldhafte Vertragsverstöße → Form. D.XIII.7 Anm. 6.

7. Im Prozess trägt der Vermieter für die erhebliche Vertragsverletzung die Beweislast.

8. § 543 Abs. 3 BGB, → Form. D.XIII.1 Anm. 9.

9. Wenn der Mieter den vertragswidrigen Gebrauch trotz Abmahnung fortsetzt, kann der Vermieter auch gem. § 541 BGB auf Unterlassung klagen. Die Unterlassungsklage ist das mildere Mittel gegenüber einer Kündigung wegen der Vertragsverletzung, und das einzige Mittel, wenn eine Kündigung wegen der Vertragsverletzung nicht möglich ist (zB bei nur geringfügigen Vertragsverletzungen). Ein Vergleich von § 541 BGB (Unterlassungsklage) und § 543 Abs. 1 BGB (fristlose Kündigung) ergibt, dass die Voraussetzungen für eine Unterlassungsklage wegen vertragswidrigen Gebrauchs schwächer sind als für eine fristlose Kündigung wegen vertragswidrigen Gebrauchs. Da die Kündigung das schwerere Geschütz ist, hat der Gesetzgeber hier die Anforderungen höher gestellt. Die Unterlassungsklage sollte der Vermieter demgemäß wählen, wenn es sich um nicht allzu schwerwiegende Vertragsverstöße handelt; bzw. wenn der Vermieter auch bei schwerwiegenden Vertragsverstößen sich den – zahlungskräftigen – Mieter erhalten möchte.

10. Zur Frage, ob in einer Abmahnung die Kündigung angedroht werden muss, → Form. D.XIII.3 Anm. 5.

11. Ist dagegen die abgemahnte Vertragswidrigkeit beseitigt, ist eine Kündigung nicht mehr möglich (LG Duisburg NJW-RR 1986, 1345). Zur Problematik der Beendigung des abgemahnten Verhaltens nach Abmahnung bzw. zwischen Ablauf einer ggf. in der Abmahnung gesetzten Frist und Zugang der Kündigungserklärung → Form. D.XIII.1 Anm. 10. Eine Kündigung kann nicht erfolgen, wenn anstelle der abgemahnten, beseitigten Vertragsverstöße neue Vertragsverstöße vorliegen, da diese gem. § 543 Abs. 3 BGB erst noch abgemahnt werden müssen; es sei denn, diese neuen Vertragsverstöße sind so schwerwiegend, dass eine Abmahnung aus besonderen Gründen unter Abwägung der beiderseitigen Interessen nach § 543 Abs. 3 S. 2 Nr. 2 BGB entbehrlich ist.

12. → Form. D.XIII.1 Anm. 12.

13. → Form. D.XIII.3 Anm. 10.

14. Der Vermieter sollte bereits in seinem Kündigungsschreiben aus Gründen der Vorsicht ausdrücklich einer Verlängerung des Mietverhältnisses gem. § 545 BGB widersprechen, → Form. D.X.1, → Form. D.X.2.

7. Kündigung des Vermieters wegen erheblicher schuldloser Vertragsverletzung gemäß § 543 Abs. 1 BGB

. . . . .

(Vermieter)

an

. . . . .

(Mieter)[1, 2]

– Einschreiben mit Rückschein –[3]

Betr.: Mietverhältnis über . . . . .

hier: fristlose Kündigung

Sehr geehrte(r) . . . . .,

am gestrigen Tage sprach ich nach Terminankündigung zusammen mit den Mieterinnen . . . . ., die im Haus über Ihren Geschäftsräumen wohnen, kurz nach Ladenschluss bei Ihnen vor. Ziel war es, in einem sachlichen Gespräch den in letzter Zeit durch Ihre bis spät in die Nacht reichenden, lautstarken Reparatur- oder Aufräumarbeiten im Haus aufgekommenen

Unfrieden einvernehmlich beizulegen. Sofort nach dem Betreten des Verkaufsraums haben Sie mir ohne Vorwarnung mit der Faust ins Gesicht geschlagen. Als ich daraufhin zu Boden fiel und Frau . . . . . mir zu Hilfe kommen wollte, haben Sie sie in den Unterleib getreten. Dazu haben Sie die beiden Damen wie von Sinnen ua als „Ziegen" beschimpft und mir gewünscht, dass ich „verrecken" möge. Anschließend haben Sie gedroht, das ganze Haus anzuzünden und versucht, mit einem Feuerzeug ihre Regale in Brand zu setzen, bevor Sie von der zwischenzeitlich erschienenen Polizei überwältigt werden konnten.[4]

Wie ich mittlerweile erfahren habe, sind Sie seit längerer Zeit geisteskrank, wobei es auch nach längerer Zeit der Ruhe zu krankheitsbedingten Auswirkungen der vorliegenden Art kommen kann. Ich bedaure Ihre Erkrankung, bitte aber andererseits um Verständnis dafür, dass ich unter den genannten Umständen, insbesondere angesichts Ihres – wenn auch unverschuldet[5] – gewalttätigen Auftretens[6] und der Gefahr möglicher Wiederholungen das Mietverhältnis nicht länger fortsetzen kann. Diese Entscheidung treffe ich auch im Interesse der anderen Mieter des Hauses.[7]

Daher kündige ich Ihnen[8] das zwischen uns bestehende Mietverhältnis fristlos[9] mit sofortiger Wirkung.[10, 11]

Ich fordere Sie auf, die von Ihnen gemieteten Räumlichkeiten binnen . . . . . Tagen, also bis zum . . . . . zu räumen und die Schlüssel herauszugeben. Andernfalls werde ich gerichtliche Hilfe in Anspruch nehmen, wodurch weitere Kosten auf Sie zukämen.[12]

Vorsorglich widerspreche ich bereits jetzt einer stillschweigenden Verlängerung des Mietverhältnisses gem. § 545 BGB.[13]

. . . . .

(Vermieter)

Anmerkungen

1. → Form. D.XI Anm. 1.

2. Zum „richtigen" Adressaten → Form. D.XIII.7 Anm. 6.

3. → Form. D.XI Anm. 2.

4. § 543 Abs. 1 BGB ermöglicht eine fristlose Kündigung sowohl bei schuldhaftem als auch bei schuldlosem Verhalten.

5. Das Verschulden spielt dann allerdings gem. § 543 Abs. 1 S. 2 BGB bei der **Gewichtung des Vertragsverstoßes** ein Rolle („. . . . . . insb. eines Verschuldens der Vertragsparteien . . . . . ."); eine fristlose Kündigung wegen schuldhafter Vertragsverletzungen ist leichter möglich als wegen schuldloser (BT-Drs. 14/5663, 76). Ein Verschulden kann auch bei der Frage berücksichtigt werden, ob die sofortige Kündigung – **ohne Abmahnung** (wie im Beispielsfall) – gem. § 543 Abs. 3 S. 2 Ziff. 2. BGB aus besonderen Gründen unter Abwägung der beiderseitigen Interessen gerechtfertigt ist.

6. **Beispiele für schuldhafte Vertragsverstöße**, die zu einer fristlosen Kündigung berechtigen können: Nichtbetreiben eines Gewerbes trotz entsprechender vertraglicher Verpflichtung (OLG Düsseldorf ZMR 1997, 296), fortdauernde Geruchsbelästigung (LG Berlin NJW-RR 1997, 395), Nichtzahlung der Kaution (OLG Celle NZM 1998, 265), Zerrüttung, endgültige Zerstörung des Vertrauensverhältnisses zwischen den Vertragsparteien (BGH NJW 1969, 1845; BGH NZM 2002, 524; BGH NZM 2010, 901 – diffamierende Äußerungen über den Geschäftsbetrieb des Mieters). Bei einer Zerrüttungskündigung wird häufig auch eine Mischung aus verschuldeten und unverschuldeten Gründen vorliegen.

Beispiele für unverschuldete Vertragsverstöße, die zur fristlosen Kündigung berechtigen können: krankheitsbedingte Handlungen des Mieters (jeweils Wohnraummiete) LG Heidelberg NZM 2011, 693; LG Hamburg NJW-RR 1996, 139; LG Dresden WuM 1994, 377; LG Bielefeld ZMR 1968, 325 und LG Köln MDR 1974, 232, aber auch OLG Karlsruhe MDR 2000, 578, wonach harmlose Störungen eines geistig verwirrten Mitbewohners hinzunehmen sind. Nach BGH WuM 2009, 762 und BGH NZM 2005, 300 obliegt es bei der Frage der Berechtigung einer fristlosen Kündigung wegen nachhaltiger Störung des Hausfriedens durch einen psychisch kranken Mieter dem Tatrichter, die Belange des Vermieters, des Mieters und der anderen Mieter unter Berücksichtigung der Wertentscheidungen des Grundgesetzes gegeneinander abzuwägen.

Ein **Beispiel für eine umfassende Abwägung** im Rahmen des § 543 Abs. 1 BGB findet sich bei BGH NZM 2017, 26 – schwere Beleidigungen durch den Betreuer der demenzkranken Mieterin.

7. → Form. D.XIII.1 Anm. 12.

8. Ein Problem könnte im Beispielsfall allerdings daraus entstehen, dass ein permanent Geisteskranker nach § 104 Nr. 2 BGB geschäftsunfähig ist, so dass eine ihm gegenüber abgegebene Willenserklärung nach § 131 Abs. 1 BGB nicht wirksam wird, bevor sie dem gesetzlichen Vertreter zugeht. Die Kündigung sollte daher auch gegenüber einem (ggf. vom Vormundschaftsgericht bestellten) gesetzlichen Vertreter des Mieters erfolgen (vgl. auch § 1902 BGB); im Räumungsprozess ist darüber hinaus auch an die Möglichkeit der Bestellung eines Prozesspflegers nach § 57 ZPO zu denken.

9. Zur außerordentlichen fristlosen Kündigung aus wichtigem Grund gem. § 543 Abs. 1 BGB → Form. D.XIII.6.

10. → Form. D.XIII.4 Anm. 8.

11. Zu beachten ist auch hier, dass die Reaktion (also die fristlose Kündigung) auf den von einem Vertragsteil gesetzten wichtigen Grund möglichst zeitnah erfolgt. Zwar darf ein gewisses Zuwarten, das letztlich den Belangen des anderen Vertragspartners entgegen kommt, dem zur fristlosen Kündigung Berechtigten nicht zum Nachteil gereichen (BGH NZM 2007, 400 = NJW-RR 2007, 886). Durch eine verspätete Reaktion bringt der fristlos Kündigende aber letztlich zum Ausdruck, dass er selber den „wichtigen" Grund als in Wahrheit gar nicht so wichtig ansieht, was die späte Kündigung nach § 242 BGB treuwidrig erscheinen lassen könnte. Außerdem bestimmt § 314 Abs. 3 BGB, dass der Berechtigte nur innerhalb einer angemessenen Frist kündigen kann, nachdem er vom Kündigungsgrund Kenntnis erlangt hat (dazu BGH NZM 2007, 400 = NJW-RR 2007, 886 (für die Kündigung des Vermieters wegen Nichtzahlung der Kaution durch den Gewerbemieter), OLG Hamm NZM 2011, 277 (für die Kündigung eines gewerblichen Mieters sechs Monate nach Auftreten eines Mangels); vgl. auch OLG Braunschweig NZM 2016, 197 –„zwischen Abhilfeverlangen und Erklärung der außerordentlichen Kündigung lag eine unangemessen lange Zeit." – in entschiedenem Fall knapp ein Jahr.

Für die Wohnraummiete hat der BGH (NZM 2016, 791) die Anwendbarkeit des § 314 Abs. 3 BGB mittlerweile mit durchaus auch auf gewerbliche Mietverhältnisse übertragbarer Begründung verneint; vgl. dazu → Form. D.XIII.4 Anm. 7.

12. → Form. D.XIII.3 Anm. 10.

13. Der Vermieter sollte bereits in seinem Kündigungsschreiben aus Gründen der Vorsicht ausdrücklich einer Verlängerung des Mietverhältnisses gem. § 545 BGB widersprechen, → Form. D.X.1, → Form. D.X.2.

8. Kündigung des Mieters gemäß vereinbartem Kündigungsgrund

. . . . .

(Mieter)

an

. . . . .

(Vermieter)[1]

– Einschreiben mit Rückschein –[2]

Betr.: Mietverhältnis über . . . . .

hier: fristlose Kündigung

Sehr geehrte(r) . . . . .,

Sie haben mir in dem von Ihnen betriebenen Einkaufszentrum Geschäftsräume zum Betrieb einer Bäckerei vermietet. Im Mietvertrag ist vereinbart, dass ich zur fristlosen Kündigung berechtigt bin, wenn Sie in dem Einkaufszentrum selbst einen Betrieb mit dem gleichen Geschäftsgegenstand (Bäckerei) eröffnen oder Räumlichkeiten an einen anderen Mieter vermieten, der den gleichen Geschäftsgegenstand (Bäckerei) betreibt.[3]

Zu meinem Erstaunen musste ich feststellen, dass in der Ladenpassage unmittelbar gegenüber meinen Verkaufsräumen ein anderer Bäcker sein Geschäft eröffnet hat.[4, 5]

Gestützt auf die eingangs genannte vertragliche Vereinbarung kündige ich daher das zwischen uns bestehende Mietverhältnis fristlos.[6]

Die Geltendmachung eines Schadensersatzanspruchs behalte ich mir vor.

Vorsorglich widerspreche ich bereits jetzt einer stillschweigenden Verlängerung des Mietverhältnisses gem. § 545 BGB.[7]

. . . . .

(Mieter)

Anmerkungen

1. → Form. D.XI Anm. 1.

2. → Form. D.XI Anm. 2.

3. § 569 Abs. 5 BGB erklärt Vereinbarungen für unwirksam, nach denen der Vermieter von Wohnraum berechtigt sein soll, aus anderen als den im Gesetz zugelassenen Gründen außerordentlich fristlos zu kündigen. Daraus folgt im Umkehrschluss,
* dass bei der Geschäftsraummiete die Vereinbarung von Kündigungsgründen zulässig ist, auch von solchen für eine fristlose Kündigung und
* dass bei der Geschäftsraummiete die Vereinbarung von Kündigungsgründen sowohl zugunsten des Mieters als auch zugunsten des Vermieters möglich ist.
Werden solche Vereinbarungen im Vertrag getroffen, empfiehlt sich ein klarstellender Hinweis darauf, dass die genannten vereinbarten Kündigungsgründe nicht ausschließlich sind, also die Kündigung aus anderen wichtigen Gründen ebenfalls möglich bleiben soll.

Die Vereinbarung einer Möglichkeit zur fristlosen Kündigung ist **eine** Form des Konkurrenzschutzes bei Gewerberaummietverhältnissen. Daneben kann zB auch an eine Vertragsstrafenregelung gedacht werden.

Die vertragswidrige Vermietung an einen Konkurrenzbetrieb durch den Vermieter kann ggf. auch ein „wichtiger Grund" sein, der bei der nach § 543 Abs. 1 BGB vorzunehmenden Interessenabwägung auch zur Bejahung eines Rechts zur außerordentlichen fristlosen Kündigung nach § 543 Abs. 1 BGB führen kann. Der Sinn vereinbarter Kündigungsgründe ist aber gerade, für diese vereinbarten Gründe die Voraussetzungen des § 543 Abs. 1 BGB nicht zur Anwendung kommen zu lassen. Das heißt, bei Vorliegen des vereinbarten Kündigungsgrunds braucht die in § 543 Abs. 1 BGB vorgesehene Interessenabwägung gerade nicht stattzufinden. Es muss sich noch nicht einmal um einen objektiv wichtigen Grund handeln, sondern nur um einen solchen, dem die Parteien bei Vertragsschluss subjektiv eine solche Wichtigkeit beigemessen haben, dass sie ihn als Grund für eine fristlose Kündigung vereinbart (definiert) haben. So könnte zB wirksam vereinbart werden, dass der Vermieter zur außerordentlichen fristlosen Kündigung berechtigt ist, wenn der Mieter die Tür zu seinen Geschäftsräumen rosa streicht. Hier würde dann ein bei objektiver Betrachtung eher belangloser Vertragsverstoß zu einer Kündigung, sogar zu einer fristlosen Kündigung des Mietverhältnisses berechtigen.

4. Im Beispielsfall ist der Vertragsverstoß einfach darzulegen, da der Geschäftsgegenstand identisch ist. Aber würde auch ein bloßer Verkaufsstand für einige Kuchenteilchen und belegte Brötchen schon ein Recht zur fristlosen Kündigung geben? Das heißt, die Vertragsparteien müssen auf die Abfassung von Konkurrenzschutzklauseln im Mietvertrag eine ganz besondere Sorgfalt verwenden, um den Umfang verbotener Konkurrenztätigkeit so genau wie möglich festzulegen.

5. → Form. D.XIII.1 Anm. 12.

6. Auch bei Vorliegen eines vereinbarten Kündigungsgrunds ist die Verletzung einer Pflicht aus dem Mietvertrag gegeben, so dass gem. § 543 Abs. 3 S. 1 BGB grundsätzlich vor dem Ausspruch der Kündigung eine Abhilfefristsetzung oder Abmahnung erforderlich ist. Vorliegend erscheint dies aber gem. § 543 Abs. 3 S. 2 Ziff. 2 BGB entbehrlich; → Form. D.XIII.1 Anm. 8, 9.

7. Der Mieter sollte bereits in seinem Kündigungsschreiben aus Gründen der Vorsicht ausdrücklich einer Verlängerung des Mietverhältnisses gem. § 545 BGB widersprechen, → Form. D.X.1, → Form. D.X.2.

E. Insolvenzrechtliche Besonderheiten

I. Erklärungen des Insolvenzverwalters bei Mieterinsolvenz

1. Hinweis auf Sicherungsanordnung nach § 21 Abs. 2 S. 1 Nr. 5 InsO

. . . . .

(vorläufiger Insolvenzverwalter)

an

. . . . .

(Vermieter)

Sehr geehrte(r) . . . . .,

zwischen der Schuldnerin und Ihnen bestand ein Mietvertrag vom . . . . . über Geschäfts-räume[1] in dem Mietobjekt . . . . . (genaue Bezeichnung von Straße und Ort). Mit Schreiben vom . . . . . haben Sie die Kündigung[2] des Mietverhältnisses zum . . . . . erklärt und Herausgabe des Mietobjekts gefordert.

Gemäß anliegendem Beschluss des Amtsgerichts – Insolvenzgerichts – . . . . . vom . . . . . wurde der Schuldnerin . . . . . ein allgemeines Verfügungsverbot[3] auferlegt (*alternativ*: angeordnet, dass Verfügungen des Schuldners nur mit Zustimmung des vorläufigen Insolvenzverwalters wirksam sind) und ich zum vorläufigen Insolvenzverwalter gem. §§ 21 Abs. 1 S. 1, 22 Abs. 1 (Abs. 2) InsO bestellt.

Gleichermaßen hat das Gericht angeordnet, dass Ihre vermietete Immobilie nicht von Ihnen eingezogen oder verwertet werden darf, weil diese für die Betriebsfortführung des schuldnerischen Unternehmens von erheblicher Bedeutung[4] ist. Daher weise ich darauf hin, dass Ihrer Herausgabeforderung bis voraussichtlich zum . . . . .[5] nicht entsprochen werden kann. Zudem ist für die Dauer von maximal drei Monaten nach dem Zeitpunkt der Anordnung kein dem § 546a Abs. 1 BGB entsprechendes Nutzungsentgelt[6] zu zahlen, sondern lediglich ein tatsächlicher Wertverlust[7] infolge der Nutzung zu kompensieren, den ich mit . . . . . EUR beziffere. Den Betrag habe ich auf das von Ihnen genannte Bankkonto . . . . . (Bankverbindung) überwiesen.

. . . . .

(vorläufiger Insolvenzverwalter)

Anmerkungen

1. Eine Anordnung nach § 21 Abs. 2 S. 1 Nr. 5 InsO setzt voraus, dass die Gegen-stände für die Betriebsfortführung des Schuldnerunternehmens von **erheblicher Bedeu-tung** sind (im Einzelnen → Anm. 4). Daher kann eine solche Anordnung regelmäßig nur **gewerblich** genutzte Objekte erfassen, denn dass die fortgesetzte Nutzung eines Wohn-raummietverhältnisses besondere Bedeutung für eine Unternehmensfortführung haben kann, ist kaum vorstellbar (vgl. Kübler/Prütting/Bork/*Blankenburg* InsO § 21 Rn. 150). Eine solche Anordnung kann daher die Vollstreckung eines Herausgabe- und Räumungsanspruch in eine Wohnung des Schuldners nicht untersagen (vgl. VG Düsseldorf BeckRS 2015, 43901; AG Offenburg DGVZ 2005, 14; AG Mainz ZInsO 2001, 574). Dies ist auch zweckmäßig, denn die Gläubigergesamtheit erfährt insbesondere keinen Vorteil dadurch, dass der Schuldner in seiner Privatwohnung weiterhin wohnen bleiben kann (Kübler/Prütting/Bork/*Blankenburg* InsO § 21 Rn. 150).

2. Damit die Anordnung nach § 21 Abs. 2 S. 1 Nr. 5 InsO überhaupt Wirkung entfalten kann, muss dem betroffenen Gläubiger ein **Absonderungs-** bzw. **Aussonderungsrecht** im Sinne der §§ 47 ff. InsO zustehen (Uhlenbruck/*Vallender* InsO § 21 Rn. 38i). Ein Aussonderungsrecht des Vermieters besteht insbesondere dann, wenn er das Mietverhältnis gekündigt und Herausgabe des Mietobjekts ua gem. § 985 BGB verlangen kann. Auch wenn der Vermieter infolge der Anordnung für die Dauer des Eröffnungsverfahrens an einer Herausgabe oder Räumung des Mietobjekts gehindert ist, ist zu berücksichtigen, dass die vor Verfahrenseröffnung ausgesprochene Kündigung wirksam bleibt und die Immobilie nach Verfahrenseröffnung im Wege der Aussonderung an den Vermieter zurückgegeben werden muss. Dies gilt allerdings nur dann, wenn die Kündigung nicht gegen § 112 InsO verstößt (→ Form. E.I.4).

Der Ansicht, die Nichtzahlung der Miete auf Grundlage eines Beschlusses nach § 21 Abs. 2 S. 1 Nr. 5 InsO begründe mangels Verschuldens keinen Zahlungsverzug, sodass für den Vermieter eine hierauf gestützte außerordentliche Kündigung nicht möglich sei (Schmidt/*Hölzle* InsO § 21 Rn. 77; *Hölzle* ZIP 2014, 1155), kann nicht zugestimmt werden. § 21 Abs. 2 S. 1 Nr. 5 InsO dient insbesondere dazu, Eingriffe aussonderungsberechtigter Gläubiger im Eröffnungsverfahren zu verhindern, um so die bei Insolvenzantragstellung vorhandene Ist-Masse zu schützen und Sanierungschancen zu sichern. Einer vorzeitigen Zerschlagung des Schuldnervermögens soll hierdurch vorgebeugt werden (Uhlenbruck/*Vallender* InsO § 21 Rn. 1). Die Anordnung bezweckt jedoch nicht, der Masse die Option einzuräumen, möglichst kostenschonend das betreffende Mietobjekt weiter nutzen zu können. Insofern kann schon mangels Schutzzweckzusammenhangs eine solche Anordnung dem Zahlungsverzug nicht seine Pflichtwidrigkeit nehmen. Dem Insolvenzverwalter bleibt nur die Möglichkeit, im Eröffnungsverfahren nicht mit mindestens zwei aufeinanderfolgenden Mieten in Zahlungsrückstand zu geraten, wenn er das Objekt nach Verfahrenseröffnung weiternutzen möchte bzw. nach bereits erfolgter Vermieterkündigung und Verfahrenseröffnung in erneute Vertragsverhandlungen mit dem Vermieter einzutreten.

3. Mit Bestellung eines **vorläufigen Insolvenzverwalters** kann dem Schuldner ein **allgemeines Verfügungsverbot** nach § 21 Abs. 2 S. 1 Nr. 2 1. Alt. InsO auferlegt werden. Die Verwaltungs- und Verfügungsbefugnis über das Schuldnervermögen, betreffend die Insolvenzmasse, gehen auf den vorläufigen Insolvenzverwalter über, § 22 Abs. 1 InsO. Man spricht dann von einem **„starken" vorläufigen Insolvenzverwalter.** Ihm kommt grundsätzlich dieselbe Stellung zu wie einem Verwalter im eröffneten Verfahren (MüKoInsO/*Haarmeyer/Schildt* § 22 Rn. 23). Ohne jegliche Mitwirkung des Schuldners ist er in der Lage, alle insolvenzspezifischen Rechtsgeschäfte vorzunehmen. Lediglich im Innenverhältnis ist er durch den Sicherungszweck des Eröffnungsverfahrens beschränkt (MüKoInsO/Haarmeyer/*Schildt* § 22 Rn. 22; Jaeger/*Gerhardt* InsO § 22 Rn. 23). Im Unterschied zum „starken" vorläufigen Insolvenzverwalter verbleibt beim **„schwachen" vorläufigen Insolvenzverwalter** die Verwaltungs- und Verfügungsbefugnis über das schuldnerische Vermögen beim Schuldner selbst. Das Gericht ordnet lediglich an, dass Verfügungen des Schuldners nur noch mit Zustimmung des vorläufigen Insolvenzverwalters wirksam sind (§ 21 Abs. 2 S. 1 Nr. 2 Alt. 2 InsO). Nur auf Grund des Erlasses eines allgemeinen Verfügungsverbots kann der vorläufige Insolvenzverwalter umfassend für den Schuldner handeln, während er bei Anordnung eines bloßen Zustimmungsvorbehalts rechtlich nicht in der Lage ist, den Schuldner gegen dessen Willen zu bestimmten Handlungen anzuhalten, insbesondere kann er ihn ohne ergänzende gerichtliche Anordnung nicht an der tatsächlichen Nutzung gemieteter Räume hindern (BGH NZI 2002, 543). Etwas anderes gilt dann, wenn der vorläufige „schwache" Insolvenzverwalter sich vom Insolvenzgericht hat ermächtigen lassen, einzelne, im Voraus genau festgelegte Verpflichtungen zu Lasten der späteren Masse einzugehen (sog. Einzelermächtigungen) (BGH NZI 2002, 543; aA Jaeger/*Gerhardt* InsO § 22 Rn. 131). Ist eine Einzelermächtigung erteilt, entstehen die von ihr erfassten Verbindlichkeiten analog § 55 Abs. 2 InsO als Masseverbindlichkeiten.

Eine Anordnung gem. § 21 Abs. 2 S. 1 Nr. 5 InsO setzt davon abgesehen nicht zwangsläufig voraus, dass das Insolvenzgericht zeitgleich auch einen vorläufigen Insolvenzverwalter bestellt (Uhlenbruck/*Vallender* InsO § 21 Rn. 38). Allerdings dürfte ohne Bestellung eines vorläufigen Insolvenzverwalters die Umsetzung der gerichtlichen Maßnahme kaum möglich sein, weshalb von einer zeitgleichen Anordnung vorläufiger Insolvenzverwaltung regelmäßig auszugehen ist.

4. Die Nutzungsbefugnis setzt voraus, dass die Gegenstände für die Fortführung des Schuldnerunternehmens von **erheblicher Bedeutung** sind. Darlegungspflichtig ist der vorläufige Verwalter. Es werden an dieses Kriterium jedoch keine zu strengen Anforderungen gestellt. So reicht es aus, wenn der Verwalter darlegt, dass ohne die Nutzungsmöglichkeit der Betriebsablauf zumindest mehr als geringfügig gestört wäre (HK-InsO/*Rüntz/Laroche* § 21 Rn. 40 mwN). Da eine Maßnahme nach § 21 Abs. 2 S. 1 Nr. 5 InsO den Aussonderungsberechtigten maßgeblich in seinen Eigentumsrechten einschränkt (die Vereinbarkeit mit Art. 14 Abs. 1 GG wohl bejahend: BGH NZI 2010, 95 (97) Rn. 43), muss eine Anordnung aber **individualisiert** ergehen; **pauschale Anordnungen** sind unzulässig (BGH NZI 2012, 369; NZI 2010, 95; dazu *Dahl* NJW-Spezial 2010, 725). Zudem bedarf es einer **andauernden Überprüfung** der **Erforderlichkeit** bzw. Verhältnismäßigkeit der Anordnung, denn sie soll nur solange Geltung beanspruchen, wie die Interessen der Gläubigergesamtheit an ihrer Aufrechterhaltung überwiegen (AG Charlottenburg ZInsO 2017, 1327).

5. Die Anordnung gilt grundsätzlich bis zur Eröffnung des Verfahrens fort, sofern das Insolvenzgericht nicht zwischenzeitlich die Anordnung wieder aufhebt (→ Anm. 4).

6. Der vorläufige Insolvenzverwalter hat für die **Nutzung** eine **Entschädigung** an den betroffenen Gläubiger bzw. den Vermieter zu zahlen. Bei Absonderungsgütern kann der Gläubiger in diesem Rahmen nach Maßgabe des § 169 S. 2 und 3 InsO die Zahlung der laufend geschuldeten Zinsen verlangen. Selbiges gilt auch für Aussonderungsgüter (BGH NZI 2010, 95). Die **Höhe der Entschädigung** richtet sich grundsätzlich nach dem vertraglich vereinbarten Entgelt. Allerdings ist für das Bestehen des Anspruchs dem Grunde nach zu beachten, dass die Pflicht zur Zahlung von Zinsen bzw. Nutzungsentgelt gemäß § 169 S. 2 InsO erst drei Monate nach Erlass der Anordnung nach § 21 Abs. 2 S. 1 Nr. 5 InsO entsteht (BGH NZI 2010, 95 dazu *Dahl* NJW-Spezial 2010, 725). Da das Eröffnungsverfahren bei einer Betriebsfortführung regelmäßig – insbesondere wegen des auf drei Monate beschränkten Insolvenzgeldanspruchs – nicht länger als drei Monate andauert, wird ein Aus- oder Absonderungsberechtigter (Vermieter) praktisch selten über § 169 S. 2 InsO einen Nutzungsausgleich erhalten. Das Bundesverfassungsgericht hält diese Auslegung und Anwendung des § 21 Abs. 2 S. 1 Nr. 5 InsO iVm § 169 S. 2 InsO im Hinblick auf Nutzungsausgleich ab Anordnung des Verwertungs- und Einziehungsstopps für mit der Verfassung vereinbar (BVerfG NZI 2012, 617 (618)).

7. Die Nutzungsausfallentschädigung (→ Anm. 6) ist allerdings streng von einem Anspruch auf Ausgleich für **Wertverlust** aufgrund Nutzung des Gegenstands für die Insolvenzmasse zu unterscheiden (vgl. BGH NZI 2016, 946). Dieser Anspruch besteht uneingeschränkt ab Anordnung Verwertungs- und Einziehungsstopps, ist jedoch weniger werthaltig als ein Nutzungsausgleichsanspruch (im Einzelnen s. u.). Nach dem Wortlaut des § 21 Abs. 2 S. 1 Nr. 5 InsO steht ein Wertersatzanspruch nur dem Absonderungsgläubiger zu; jedoch gilt dieser nach höchstrichterlicher Rechtsprechung auch für den Aussonderungsberechtigten (BGH NZI 2012, 369). Mag das Bestehen eines solchen Ausgleichanspruchs unstreitig sein, ist jedenfalls dessen Berechnungsgrundlage in Bezug auf Mietverhältnisse noch nicht abschließend geklärt. Für Kaufverträge hat der BGH (NZI 2016, 946) entschieden, dass Inhalt und Umfang des Wertverzehrs im Sinne von §§ 21 Abs. 2 S. 1 Nr. 5, 169 S. 2 InsO anhand der Kauf- und Rückkaufpreise sowie der nach der durchschnittlichen Laufleistung ermittelten Gesamtlebensdauer des Gegenstands geschätzt werden oder durch entsprechende Gutachten auch konkret die Differenz des Wertes der betroffenen Gegenstände bei Beginn und Ende der Nutzung dargelegt werden können. Entsprechende Schätzgrundlage gem. § 287 ZPO könnte für Immobilien die steuerlich in § 7 EStG anerkannten Abschreibungssätze (AfA-Sätze) für Immobilien sein (BGH NZI 2016, 946; Uhlenbruck/*Brinkmann* InsO § 172 Rn. 10 mwN; *Hölzle* ZIP 2014, 1155 (1157)). Der Absetzung-für-Abnutzung-Wert (AfA) beträgt je nach Baujahr der Immobilie zwischen 2 und 3 % p.a.; bei einer dreimonatigen Nutzungsdauer wäre somit ein durchschnittlicher Wertverlust von ca. 0,5 % des Zeitwerts der Immobilie zu ersetzen, begrenzt auf die Höhe der Mietzinsforderung. Erfasst dürften ferner solche vom Mieter zu vertretenden Schäden sein, die der Mieter auch nach den Bestimmungen des Miet- oder Pachtvertrages dem Vermieter hätte ersetzen müssen (*Hölzle* ZIP 2014, 1155 (1157)). **Ausgeschlossen** ist hingegen, dass der **Miet- oder Pachtzins** als wertersatzfähig einzustufen wäre, denn dieser spiegelt gerade nicht den tatsächlichen Wertverlust wieder und ist nur im Rahmen eines Nutzungsausgleichs nach Ablauf von drei Monaten seit Anordnung des Verwertungs- und Einziehungsstopps geltend zu machen (→ Anm. 6).

2. Kündigung des Mietverhältnisses durch den Insolvenzverwalter nach § 109 Abs. 1 Satz 1 InsO

. . . . .

(Insolvenzverwalter)

an

. . . . .

(Vermieter)

Sehr geehrte(r) . . . . .,

hiermit kündige[1] ich das zwischen der Schuldnerin und Ihnen bestehende Mietverhältnis zum . . . . ..

Mit anliegendem Beschluss des Amtsgerichts – Insolvenzgerichts – . . . . . vom . . . . . ist das Insolvenzverfahren[2] über das Vermögen der . . . . . eröffnet[3] und der Unterzeichner zum Insolvenzverwalter[4] bestellt worden.

Zwischen der Schuldnerin[5] als Mieterin und Ihnen besteht ein Mietvertrag[6] über Geschäftsräume[7] in dem Mietobjekt . . . . . vom . . . . .. Nach § 109 Abs. 1 S. 1 InsO bin ich berechtigt, das Mietverhältnis ohne Rücksicht auf die vereinbarte Vertragsdauer[8] mit einer Frist von drei Monaten zum Monatsende zu kündigen.

Vorsorglich widerspreche ich bereits jetzt einer stillschweigenden Verlängerung des Mietverhältnisses nach § 545 BGB.[9]

. . . . .

(Insolvenzverwalter)

Anmerkungen

1. Die gemäß § 119 InsO unabdingbare Vorschrift des § 109 Abs. 1 S. 1 InsO gewährt dem Insolvenzverwalter ein **Sonderkündigungsrecht**. Danach kann der Insolvenzverwalter ein Miet- oder Pachtverhältnis über einen unbeweglichen Gegenstand oder über Räume, das der Schuldner als Mieter oder Pächter eingegangen war, ohne Rücksicht auf die vereinbarte Vertragsdauer oder einen vereinbarten Ausschluss des Rechts zur ordentlichen Kündigung kündigen. Eine zwischen den Parteien vereinbarte längere Kündigungsfrist ist ebenso unbeachtlich wie eine die ordentliche Kündigung ausschließende Befristung des Mietverhältnisses (MüKoInsO/*Huber* § 119 Rn. 16, 70). Bei wirksamer Vereinbarung einer kürzeren als der gesetzlichen Kündigungsfrist ist diese maßgeblich, denn das Kündigungsrecht aus § 109 Abs. 1 S. 1 InsO soll keine Verlängerung der Kündigungsfrist bewirken, § 109 Abs. 1 S. 1 Hs. 2 InsO (Uhlenbruck/*Wegener* InsO § 109 Rn. 7; Runkel/*Dahl* § 8 Rn. 203; Nerlich/Römermann/*Balthasar* InsO § 109 Rn. 3). Allerdings bleibt es dem Insolvenzverwalter unbenommen, auch mit einer längeren als der vertraglich vereinbarten oder gesetzlich bestimmten Frist zu kündigen, falls er die Immobilie über die verkürzte Kündigungsfrist hinaus nutzen möchte (Uhlenbruck/*Wegener* InsO § 109 Rn. 7; MüKoInsO/ *Eckert/J. F. Hoffmann* § 109 Rn. 23; Kübler/Prütting/Bork/*Tintelnot* InsO § 109 Rn. 28). Da zahlreiche Insolvenzverfahren insbesondere in Fällen der Betriebsfortführung und der regelmäßig damit einhergehenden Insolvenzgeldvorfinanzierung zum Stichtag eines Monatsersten eröffnet werden, ist die Ausübung des Kündigungsrechts vielfach faktisch erst zum Ablauf des vierten Monats nach Eröffnung des Insolvenzverfahrens möglich. Anders als nach den mietvertraglichen Vorschriften des BGB (zB § 580a BGB) ist es dem Insolvenzverwalter verwehrt, die Kündigung bis zum Ablauf des dritten Werktags eines Kalendermonats auszusprechen (Kübler/Prütting/Bork/*Tintelnot* InsO § 109 Rn. 34).

Unberührt bleiben die Vorschriften zur **fristlosen Kündigung**, im Mietrecht also beispielsweise die §§ 543, 569 BGB.

Grundsätzlich ist die Kündigung **formfrei** möglich. Formzwänge können sich aber einerseits aufgrund vertraglicher Regelungen ergeben, denen auch der Insolvenzverwalter unterworfen ist (OLG Naumburg ZMR 1999, 708; Andres/Leithaus/*Andres* InsO § 109 Rn. 5; krit. MüKoInsO/*Eckert/J. F. Hoffmann* § 109 Rn. 20), andererseits auch aus den allgemeinen Vorschriften , so etwa bei der Land- oder Kleingartenpacht (§§ 594 f. BGB, 7 BundeskleingartenG). Im Übrigen ist die Schriftform schon aus Beweiszwecken naheliegend und empfehlenswert.

2. Die wegen § 119 InsO unabdingbaren §§ 108 bis 112 InsO enthalten Sonderbestimmungen betreffend die Behandlung von **Dauerschuldverhältnissen** in der Insolvenz. § 108 InsO ordnet generell das **Fortbestehen** einiger bestimmter Dauerschuldverhältnisse (Miet- und Pachtverhältnisse von Immobilien und Räumen, Dienstverhältnisse und Leasing) mit Wirkung für die Insolvenzmasse an und entzieht diese damit als lex specialis dem aus § 103 InsO resultierenden Wahlrecht des Insolvenzverwalters. § 109 InsO enthält Regelungen für den Fall, dass der Schuldner ein Miet- oder Pachtverhältnis über einen unbeweglichen Gegenstand oder über Räume als Mieter oder Pächter eingegangen war. Das insbesondere dem Insolvenzverwalter in dieser Norm eingeräumte vorzeitige **Kündigungsrecht** soll im Interesse der Gläubiger die Masse davor schützen, mit Miet- und Pachtzinsansprüchen belastet zu werden, obgleich eine wirtschaftlich angemessene Nutzung des Mietobjekts in Anbetracht der Insolvenz nicht mehr möglich ist. Die §§ 110, 111 InsO behandeln demgegenüber die Rechtslage bei Insolvenz des Vermieters. § 110 InsO steht im Zusammenhang mit dem – ua auch in § 91 InsO zum Ausdruck kommenden – Zweck, der Masse die Erträge aus der Vermietung und Verpachtung von massezugehörigen Immobilien und Räumen zu sichern, wenn der Gegenstand vom Vertragspartner weiter genutzt werden darf. § 111 InsO zielt darauf ab, dem Insolvenzverwalter eine **Veräußerung** unbeweglicher Miet- und Pachtobjekte aus der Insolvenzmasse zu erleichtern, indem die Beendigung bestehender Vertragsverhältnisse dadurch vereinfacht wird, dass der Bestandsschutz des Miet- und Pachtverhältnisses auf die gesetzliche Kündigungsfrist beschränkt wird. In § 112 InsO finden sich schließlich Aussagen über die **Kündigungssperre** bei bestehenden Miet- und Pachtverhältnissen des Schuldners. Um die wirtschaftliche Einheit im Besitz des Schuldners nicht zur Unzeit auseinanderzureißen, soll es dem Insolvenzverwalter ermöglicht werden, das Unternehmen so lange fortzuführen, bis eine Entscheidung über das Verfahrensziel getroffen werden kann.

Mietverträge, die der Insolvenzverwalter nach Verfahrenseröffnung abschließt, fallen ebenso wenig in den **Anwendungsbereich** der §§ 108 ff. InsO wie Verträge, die der **vorläufige Insolvenzverwalter** mit Verwaltungs- und Verfügungsbefugnis (§§ 21 Abs. 2 S. 1 Nr. 2 Alt. 1, 22 Abs. 1 S. 1 InsO) im Eröffnungsverfahren abschließt. Im Unterschied dazu ist ein Mietverhältnis, das der Schuldner nach Beantragung des Insolvenzverfahrens mit Zustimmung des sogenannten schwachen vorläufigen Insolvenzverwalters ohne Verwaltungs- und Verfügungsbefugnis eingeht, ausschließlich der Handlungssphäre des Schuldners zuzuordnen und wird von den §§ 108 ff. InsO erfasst (Uhlenbruck/*Wegener* InsO § 108 Rn. 8). Vor Verfahrenseröffnung beendete Miet- und Pachtverhältnisse werden von den §§ 108 ff. InsO nicht erfasst. Maßgeblich ist insofern der Termin, zu dem das Mietverhältnis durch Zeitablauf endet oder zu dem eine Kündigung wirksam wird.

Fraglich war, wie nach der **Freigabeerklärung** gem. § 35 Abs. 2 S. 1 InsO Forderungen aus von dem Schuldner vor Insolvenzeröffnung begründeten und im Rahmen seiner **selbstständigen Tätigkeit** fortgesetzten Dauerschuldverhältnissen behandelt werden. Erklärt der Insolvenzverwalter bei einem selbstständig tätigen Schuldner die Freigabe, gehört das Vermögen aus der selbstständigen Tätigkeit des Schuldners nicht zur Insolvenzmasse und Ansprüche aus dieser Tätigkeit können nicht im Insolvenzverfahren geltend gemacht werden. Der BGH (NZI 2012, 409) hat entschieden, dass infolge der Freigabeerklärung das rechtliche Band zwischen der Insolvenzmasse und der durch den Schuldner ausgeübten selbstständigen Tätigkeit zerschnitten wird und die der selbstständigen Tätigkeit dienenden Vertragsverhältnisse von der Masse auf die Person des Schuldners übergeleitet werden. Dies gilt demgemäß auch für dem Zweck der freigegebenen selbständigen Tätigkeit dienenden Mietverträge.

3. Gemäß § 108 Abs. 1 S. 1 InsO bestehen Miet- und Pachtverhältnisse des Schuldners über unbewegliche Gegenstände oder Räume mit Wirkung für die Insolvenzmasse fort (ausführlich dazu: *Franken/Dahl*). Die nach der Eröffnung des Insolvenzverfahrens über das Vermögen des Mieters entstehenden Mietzinsansprüche müssen demgemäß durch den Insolvenzverwalter erfüllt werden. Haben Vermieter und Mieter vor der Insolvenzeröffnung wegen der finanziellen Schwierigkeiten des Mieters eine Stundungsabrede getroffen, kann sich hierauf nach der Insolvenzeröffnung auch der Insolvenzverwalter berufen (OLG Düsseldorf BeckRS 2011, 21945).

§ 108 Abs. 1 S. 1 InsO betrifft Miet- und Pachtverhältnisse schlechthin, also ohne nach Vermieter- oder Mieterinsolvenz zu unterscheiden (BGH NZI 2015, 331). Entgegen der bislang ganz hM in der Literatur soll nach der Rechtsprechung § 108 InsO im Falle der Vermieterinsolvenz nur einschlägig sein, wenn dem Mieter die Mietsache **bereits überlassen** war (BGH NZI 2007, 713 mkritAnm *Dahl/J. Schmitz*; krit. MüKoInsO/*J. F. Hoff*-

mann § 108 Rn. 64 ff.; aA FK-InsO/*Wegener* § 108 Rn. 8 mwN). Nach einer neueren Entscheidung des BGH besteht das Mietverhältnis auch dann nicht mit Wirkung für die Insolvenzmasse fort, wenn es zwar in Vollzug gesetzt war, der Mieter aber den **Besitz** an der Wohnung bei Insolvenzeröffnung **wieder aufgegeben** hatte (BGH NZI 2015, 123 mAnm *Dahl/Linnenbrink*). Wurde die Mietsache dem Mieter noch nicht überlassen oder der Besitz wieder aufgegeben, steht dem Insolvenzverwalter also das Wahlrecht aus § 103 InsO zu.

Unbewegliche Gegenstände sind nach der Legaldefinition des § 49 InsO alle Gegenstände, die den Vorschriften über die Zwangsvollstreckung in das unbewegliche Vermögen unterliegen. Hierunter fallen sowohl Grundstücke als auch Schiffe und Flugzeuge (§§ 864 Abs. 1, 870a ZPO, 47, 99 LuftfzG). Der Begriff der Räume ist entsprechend der mietrechtlichen Vorschriften des BGB zu bestimmen. Gemeint sind sowohl Wohn- und Geschäftsräume als auch sonstige Räume. Auch nur zu einem vorübergehenden Zweck errichtete Baulichkeiten sind unabhängig von ihrer Bauweise hierunter zu fassen, solange nur der Wille des Errichtenden auf die vorübergehende Nutzung geht (FK-InsO/*Wegener* § 108 Rn. 19; Braun/*Kroth* InsO § 108 Rn. 10; Runkel/*Dahl* § 8 Rn. 182). Unerheblich ist, ob es sich bei dem Miet- oder Pachtvertrag um einen Haupt- oder Untermietvertrag handelt, da es auf die eigene Nutzung nicht ankommt und § 108 Abs. 1 S. 1 InsO nach Wortlaut und Sinn alle Miet- und Pachtverhältnisse erfasst (vgl. Kübler/Prütting/Bork/*Tintelnot* InsO § 108 Rn. 39; Runkel/*Dahl* § 8 Rn. 183). Bei **Mischverträgen**, die sowohl Mobilien als auch Immobilien zum Gegenstand haben oder aber miet- oder pachtfremde Leistungen enthalten, ist maßgeblich, welche Leistung dem Vertrag sein typisches Gepräge gibt (Schmidt/*Ringstmeier* InsO § 108 Rn. 12; Nerlich/Römermann/*Balthasar* InsO § 108 Rn. 8; MüKoInsO/*J. F. Hoffmann* § 108 Rn. 50 ff.; Nerlich/Kreplin/*Christiani* § 36 Rn. 97). Im Hinblick auf vorrangige dienst- oder werkvertragliche Elemente sind insbesondere der Heimpflegevertrag, der Internatsvertrag und der Tankstellenvertrag als zwischen Mineralölunternehmen und Betreiber geschlossener Stationärvertrag nicht als Miet- oder Pachtverhältnis zu behandeln. Ferner werden **Lizenzverträge** nicht von § 108 Abs. 1 S. 1 InsO (analog) erfasst (BGH NZI 2006, 229; ausführlich HK-InsO/*Marotzke* § 108 Rn. 8).

§ 108 Abs. 3 InsO bestimmt, dass der Vertragspartner des Schuldners Ansprüche für die Zeit vor der Eröffnung des Insolvenzverfahrens nur als Insolvenzgläubiger geltend machen kann. Diese Vorschrift hat lediglich **klarstellende Funktion**, denn bereits aus den §§ 38 und § 55 Abs. 1 Nr. 2 Alt. 2 InsO folgt, dass die erwähnten Ansprüche („Ansprüche für die Zeit vor der Eröffnung des Insolvenzverfahrens") nur Insolvenzforderungen darstellen. Insbesondere ist § 108 Abs. 3 InsO nicht geeignet, die Wirkungen von vorläufigen Sicherungsmaßnahmen, die das Insolvenzgericht im Laufe des Eröffnungsverfahrens angeordnet hat, zu beschränken (BGH NZI 2002, 543; aA ArbG Bielefeld ZIP 1999, 1493; *Wiester* ZInsO 1998, 99 (103 f.) mwN). Wurde also im Eröffnungsverfahren ein vorläufiger Insolvenzverwalter mit Verwaltungs- und Verfügungsbefugnis bestellt, kann dieser auch vor Eröffnung des Insolvenzverfahrens Masseverbindlichkeiten durch den Abschluss von Mietverträgen generieren. **§ 55 Abs. 2 S. 2 InsO** ist insofern **lex specialis** zu § 108 Abs. 3 InsO (Uhlenbruck/*Wegener* InsO § 108 Rn. 45). Auf den vorläufigen Verwalter ohne Verwaltungs- und Verfügungsbefugnis ist trotz Anordnung eines Zustimmungsvorbehalts § 55 Abs. 2 InsO nicht entsprechend anwendbar (BGH NZI 2009, 475; NJW 2008, 1442; NZI 2002, 543).

Ansprüche aus Miet- und Pachtverhältnissen, die nach Verfahrenseröffnung entstehen, werden dagegen immer zu **Masseverbindlichkeiten** (BGH NZI 2015, 1109; NZI 2013, 158; zur Aufteilung der Miete in Insolvenzforderung und Masseverbindlichkeit bei Insolvenzeröffnung im Laufe eines Bemessungszeitraums ausf. AG Lichtenfels ZInsO 2014, 1351). § 55 Abs. 1 Nr. 2 InsO ordnet insoweit ausdrücklich an, dass Masseverbindlichkeiten insbesondere auch die Verbindlichkeiten aus gegenseitigen Verträgen sind, deren

Erfüllung für die Zeit nach Eröffnung des Insolvenzverfahrens erfolgen muss. Ist hingegen in der Insolvenz des Mieters das Mietverhältnis bereits vor Eröffnung des Insolvenzverfahrens aufgelöst, kommt dem Anspruch des Vermieters auf Nutzungsentschädigung für die Zeit ab Insolvenzeröffnung grundsätzlich nicht der Rang einer Masseverbindlichkeit zu (BGH NZI 2007, 287). Für **Nebenkosten** kommt es nicht auf die nachinsolvenzliche Erstellung der Abrechnung an (BGH NZI 2011, 404; OLG Düsseldorf BeckRS 2014, 02763 = ZInsO 2014, 502). Nebenkostennachforderungen sind daher Insolvenzforderungen und nicht Masseverbindlichkeiten, wenn die Nebenkosten im vorinsolvenzlichen Zeitraum angefallen sind. Dies ist interessengerecht, denn sonst könnte der Vermieter willkürlich durch Wahl des Abrechnungszeitpunktes entscheiden, ob seine Forderungen Masseverbindlichkeiten werden sollen (vgl. *zur Nieden* NZI 2018, 465 (467)).

4. Das Sonderkündigungsrecht des § 109 Abs. 1 S. 1 InsO steht nur dem endgültigen Insolvenzverwalter, nicht aber dem vorläufigen Insolvenzverwalter zu (zum Begriff des vorläufigen Verwalters ua → Form. E.I.1). Dies ergibt sich schon aus der Stellung der Norm im Dritten Teil, der auf Wirkungen der Eröffnung des Insolvenzverfahrens Bezug nimmt. Auch der sog. „starke" vorläufige Insolvenzverwalter, der gerichtlich mit einer allgemeinen Verwaltungs- und Verfügungsbefugnis ausgestattet wurde, kann das Sonderkündigungsrecht des § 109 Abs. 1 S. 1 InsO nicht ausüben, da erst mit Eröffnung des Insolvenzverfahrens Dauerschuldverhältnisse der Modifikation gem. §§ 103 ff. InsO unterliegen und nach diesem Zeitpunkt eine Entscheidung über Weiterführung oder Abwicklung dieser Vertragsverhältnisse getroffen wird (FK-InsO/*Wegener* § 109 Rn. 13; Andres/Leithaus/*Andres* InsO § 109 Rn. 3; aA *Eckert* ZIP 1996, 897 (899 f.)).

5. Sind an dem Mietverhältnis neben dem Schuldner noch **weitere Personen** als Mieter beteiligt, stellt sich zum einen die Frage, ob der Insolvenzverwalter sein Kündigungsrecht nach § 109 Abs. 1 S. 1 InsO auch **ohne Mitwirkung** der übrigen Mitmieter ausüben kann. Bejahendenfalls zum anderen, ob eine solche Kündigung **Gesamtwirkung** entfaltet, das Mietverhältnis also auch mit Wirkung für und gegen die übrigen Mieter beendet. Zunächst muss übereinstimmend mit dem BGH (NZI 2013, 414) eine Befugnis des Verwalters angenommen werden, sich **eigenständig** von dem Vertrag **lösen** zu können, ohne sich auf die Mitwirkung der übrigen Mitmieter verweisen lassen zu müssen (in Wohnraummietverhältnissen muss vorrangig die Enthaftung gem. § 109 Abs. 1 S. 2 InsO erklärt werden → Form. E.I.3). Das Interesse der übrigen Mitmieter an der Vertragsfortführung hat hinter dem Schutz der Masse zurückzutreten. Ohne eine Kündigungsmöglichkeit würde die Masse durch die laufenden Mietzinsforderungen aus der Zeit nach Verfahrenseröffnung erheblich belastet werden, denn diese Mietzinsforderungen würden gem. §§ 108 Abs. 1 S. 1, 55 Abs. 1 Nr. 2 Alt. 2 InsO Masseverbindlichkeiten darstellen. In Bezug auf die **Wirkungen** einer solchen Kündigung ist nach einer Ansicht danach zu unterscheiden, ob der oder die anderen Mieter oder Pächter nur sicherungshalber mitverpflichtet wurden oder ein gleichrangiges Nutzungsrecht erhalten sollten. Im ersten Fall soll Gesamtwirkung, im zweiten hingegen lediglich Einzelwirkung gegeben sein (Andres/Leithaus/*Andres* InsO § 109 Rn. 6; Kübler/Prütting/Bork/*Tintelnot* InsO § 109 Rn. 46; ähnl. diff. MüKoInsO/*Eckert/J. F. Hoffmann* § 109 Rn. 36, 39). Demgegenüber muss richtiger Ansicht nach angenommen werden, dass eine entsprechende Verwalterkündigung auch Wirkung für und gegen alle übrigen Mitmieter entfaltet und daher das **Mietverhältnis insgesamt beendet** (BGH NZI 2013, 414 (415) Rn. 16). Dies folgt maßgeblich aus der Einheitlichkeit des Mietverhältnisses und der Unteilbarkeit der Verpflichtung des Vermieters zur Gebrauchsüberlassung. Würde eine sog. Teilkündigung zugelassen werden, hätte dies mitunter eine negative Umgestaltung des Vertragsverhältnisses für Vermieter und die übrigen Mitmieter zur Folge. Sind die anderen Mieter nämlich wirtschaftlich nicht mehr in der Lage, die Mietzahlungen allein aufzubringen, oder hat der Vermieter den Mietvertrag ursprünglich gerade im Hinblick auf die erwartete wirtschaftliche Leistungsfähigkeit des jetzt insolvent gewordenen Mieters abgeschlossen, kann auch ein Interesse der übrigen Vertragsparteien bestehen, dass das Mietverhältnis durch die Kündigung des Insolvenzverwalters insgesamt beendet wird (BGH NZI 2013, 414 (416) Rn. 20). Im Übrigen können sich sowohl die Mitmieter des Schuldners als auch der Vermieter gegen diese Rechtsfolge durch eine mietvertragliche Vereinbarung schützen, die vorsieht, dass im Falle einer Kündigung durch den Insolvenzverwalter das Vertragsverhältnis mit den übrigen Mietern fortgesetzt wird (BGH NZI 2013, 414 (416) Rn. 20; so bereits OLG Celle NJW 1974, 2012). Des Weiteren bleibt es den Parteien freilich unbenommen, in neue Vertragsverhandlungen einzutreten.

6. Auf einen Pachtvertrag sind gemäß § 581 Abs. 2 BGB die Vorschriften über den Mietvertrag grundsätzlich entsprechend anzuwenden. Beachtlich ist dabei § 584 Abs. 1 BGB, der für Pachtverhältnisse eine von § 580a BGB abweichende Kündigungsfrist enthält.

7. Bei einem Mietvertrag über Wohnräume findet die Sonderregelung des § 109 Abs. 1 S. 2 InsO Anwendung (→ Form. E.I.3).

8. Im Gegensatz zu § 111 InsO ist das Kündigungsrecht des Insolvenzverwalters nicht auf den ersten zulässigen Kündigungstermin beschränkt, sondern kann vom Verwalter jederzeit – ohne dass er sich treuwidrig verhielte – wenn es ihm sachdienlich erscheint (Andres/Leithaus/*Leithaus* InsO § 109 Rn. 3; Kübler/Prütting/Bork/*Tintelnot* InsO § 109 Rn. 28; *Minuth*/*Wolf* NZM 1999, 289 (291)) während des Insolvenzverfahrens unter Einhaltung der gesetzlichen Kündigungsfristen ausgeübt werden (Jaeger/*Jacoby* InsO § 109 Rn. 21; MüKoInsO/*Eckert*/*J. F. Hoffmann* § 109 Rn. 25 f.; Nerlich/Römermann/*Balthasar* InsO § 109 Rn. 4; Kübler/Prütting/Bork/*Tintelnot* InsO § 109 Rn. 28; Gottwald/*Huber* § 37 Rn. 34). Der Verwalter unterliegt dann weiterhin nur der gesetzlichen in § 109 Abs. 1 S. 1 InsO genannten Kündigungsfrist von drei Monaten zum Monatsende, nicht aber eventuellen vertraglichen Kündigungsfristen (MüKoInsO/*Eckert*/*J. F. Hoffmann* § 109 Rn. 25 f.; Nerlich/Römermann/*Balthasar* InsO § 109 Rn. 4; Gottwald/*Huber* § 37 Rn. 35), die er nutzen kann, aber nicht muss (Andres/Leithaus/*Andres* InsO § 109 Rn. 4). Wurde das Mietverhältnis allerdings schon vor der Eröffnung des Insolvenzverfahrens gekündigt, so ist eine (weitere) Kündigung durch den Verwalter nach § 109 InsO nur möglich, wenn diese zuerst wirksam wird (Kübler/Prütting/Bork/*Tintelnot* InsO § 109 Rn. 10). Das Sonderkündigungsrecht besteht auch dann, wenn die Miet- oder Pachtsache noch nicht überlassen wurde, ist aber so lange suspendiert, als das Rücktrittsrecht nach § 109 Abs. 2 InsO besteht (*Ganter* ZIP 2019, 97 (99) mwN).

9. Der Vermieter sollte bereits in seinem Kündigungsschreiben aus Gründen der Vorsicht ausdrücklich einer Verlängerung des Mietverhältnisses gemäß § 545 BGB widersprechen (vgl. zur Zulässigkeit BGH NJW-RR 2004, 558 (559)), → Form. D.X.1, → Form. D.X.2.

3. Enthaftungserklärung des Insolvenzverwalter bei Wohnraummiete nach § 109 Abs. 1 S. 2 InsO

. . . . .

(Insolvenzverwalter)

an

. . . . .

(Vermieter)

Sehr geehrte(r) . . . . .,

ich erkläre[1] hiermit, dass nach dem . . . . . fällig werdende Ansprüche aus dem nachfolgend genannten Wohnraummietverhältnis nicht im Insolvenzverfahren geltend gemacht werden können.

Mit anliegendem Beschluss des Amtsgerichts – Insolvenzgerichts – . . . . . vom . . . . . ist das Insolvenzverfahren[2] über das Vermögen der . . . . . eröffnet[3] und der Unterzeichner zum Insolvenzverwalter bestellt worden.

Zwischen der Schuldnerin und Ihnen besteht ein Mietvertrag vom . . . . . über Wohnräume[4] in dem Mietobjekt . . . . . (genaue Bezeichnung von Straße und Ort). Nach § 109 Abs. 1 S. 1 InsO bin ich grundsätzlich berechtigt, Mietverhältnisse ohne Rücksicht auf die vereinbarte Vertragsdauer mit einer Frist von drei Monaten zum Monatsende (in Altfällen: unter Einhaltung der gesetzlichen Frist)[5] zu kündigen.

Eine Ausnahme gilt jedoch für Wohnraummietverhältnisse des Schuldners, die nicht gekündigt werden können. Gleichwohl bin ich nach § 109 Abs. 1 S. 2 InsO stattdessen berechtigt zu erklären, dass Ansprüche, die nach Ablauf der ordentlichen Kündigungsfrist – hier also nach dem . . . . . – fällig werden, nicht im Insolvenzverfahren geltend gemacht werden können.[6] Ansprüche auf Mietzinszahlung richten sich danach also nur noch gegen den Schuldner persönlich; gleichsam kann der Schuldner ggfs. Kautionsrückzahlung an sich fordern.[7]

. . . . .

(Insolvenzverwalter)

Anmerkungen

1. An die Stelle der Kündigungsmöglichkeit nach § 109 Abs. 1 S. 1 InsO tritt im Falle der Wohnraummiete das Recht des Insolvenzverwalters nach § 109 Abs. 1 S. 2 InsO zu erklären, dass Ansprüche, die nach Ablauf der gesetzlichen Kündigungsfrist fällig werden, nicht im Insolvenzverfahren geltend gemacht werden können. Die Erklärung schützt den Mieter vor dem Verlust seiner Wohnung und die Insolvenzmasse vor einer Haftung für die Miete (Andres/Leithaus/*Andres* InsO § 109 Rn. 10). Damit wird einerseits die Massezugehörigkeit des Wohnraummietverhältnisses klargestellt, andererseits eine beschränkte Freigabe – da Schadensersatzansprüche gemäß § 109 Abs. 1 S. 3 InsO infolge der Enthaftung möglich bleiben – des Mietverhältnisses ohne Zustimmung des Vermieters anerkannt (Kübler/Prütting/Bork/*Tintelnot* InsO § 109 Rn. 12; Runkel/*Dahl* § 8 Rn. 219). Wie die Kündigung nach § 109 Abs. 1 S. 1 InsO kann auch die Erklärung nach § 109 Abs. 1 S. 2 InsO **während des gesamten Verfahrens** abgegeben werden (Andres/Leithaus/*Andres* InsO § 109 Rn. 12). Die Erklärung des Verwalters, die als einseitige empfangsbedürftige Willenserklärung an den Vermieter zu richten ist, unterliegt **nicht dem Erfordernis der Schriftform** im Sinne des § 568 Abs. 1 BGB (Uhlenbruck/*Wegener* InsO § 109 Rn. 21; Schmidt/*Ringstmeier* InsO § 109 Rn. 22; MüKoInsO/*Eckert/J. F. Hoffmann* § 109 Rn. 50; aA Braun/*Kroth* InsO § 109 Rn. 19). Die Enthaftung hat lediglich in Bezug auf die Insolvenzmasse eine ähnliche Wirkung wie die Kündigung, nicht jedoch im Verhältnis zwischen Mieter und Vermieter. Der Mieter bleibt mietvertraglich weiter gebunden und haftet fortan für Mietverbindlichkeiten persönlich. Daher unterscheidet sich die Enthaftungserklärung ausgehend von ihren Wirkungen erheblich von denen einer Kündigung. Der durch das Schriftformerfordernis maßgeblich zu schützende Mieter (MüKoBGB/*Häublein* § 568 Rn. 1 mwN) ist in dieser Konstellation aber auch gar nicht schutzbedürftig. Sinn und Zweck des § 568 Abs. 1 BGB liegen nämlich im Schutz und der

Warnung vor übereilter Kündigung durch die Vertragsparteien (MüKoBGB/*Häublein* § 568 Rn. 1). Dieser Gedanke ist nicht auf die Konstellation bei Abgabe einer Enthaftungserklärung übertragbar. Darüber hinaus dient § 109 Abs. 1 S. 2 InsO auch dem Interesse der Insolvenzmasse (keine weitere Belastung mit Mietzinsverbindlichkeiten), weshalb die Annahme eines Formerfordernisses den Schutzzweck der Norm gefährden würde. Unter Beweissicherungsgesichtspunkten ist es aber dennoch sinnvoll, eine entsprechende Erklärung verschriftlicht abzugeben (vgl. MüKoInsO/*Eckert* § 109 Rn. 50).

2. → Form. E.I.2 Anm. 1.

3. → Form. E.I.2 Anm. 2.

4. Bei dem Mietgegenstand muss es sich um eine vom Schuldner – ggf. mit seiner Familie – **selbst genutzte Immobilie** handeln. Der Begriff des Wohnraums bezeichnet jeden zum Wohnen bestimmten Raum, insbesondere solche zum Schlafen, Essen und Kochen, darüber hinaus aber auch Nebenräume. Die Wohnung muss als **Lebensmittelpunkt** des Schuldners dienen, sodass eine Zweit- oder Ferienwohnung ebenso aus dem Anwendungsbereich des § 109 Abs. 1 S. 2 InsO fällt, wie die vom Schuldner (nicht selbst bewohnte) untervermietete Wohnung (Uhlenbruck/*Wegener* InsO § 109 Rn. 19; Kübler/Prütting/Bork/*Tintelnot* InsO § 109 Rn. 14; ferner Rn. 15 zum Sonderproblem der Zweitwohnung getrennt lebender Ehepartner). Der Wohnraum muss nicht zwingend wesentlicher Bestandteil des Grundstücks sein. Erfasst werden auch transportable Baracken (Palandt/*Weidenkaff* Einf. v. § 535 Rn. 89; aA MüKoBGB/*Bieber* § 549 Rn. 3 soweit diese nicht fest mit Grund und Boden verbunden sind), nicht aber bewegliche Räume wie beispielsweise Wohnwagen. Überwiegt die Wohnnutzung gegenüber der gewerblichen, so findet § 109 Abs. 1 S. 2 InsO Anwendung (Uhlenbruck/*Wegener* InsO § 109 Rn. 19; Andres/Leithaus/*Andres* InsO § 109 Rn. 11; krit. und wohl aA Kübler/Prütting/Bork/*Tintelnot* InsO § 109 Rn. 16). Die Untermiete von Wohnraum ist daher Wohnraummietverhältnis, die Zwischenmiete (also Vermietung zum Zweck der gewerblichen Weitervermietung) von Wohnraum ist hingegen nur im (End-) Mietverhältnis mit dem zu Wohnzwecken nutzenden Mieter ein Wohnraummietverhältnis (BGH NJW 1981, 1377 (1378); HK-InsO/*Marotzke* § 109 Rn. 7; Palandt/*Weidenkaff* § 549 Rn. 5).

5. Zur gesetzlichen Frist → Form. E.I.2 Anm. 1.

6. Durch die Erklärung des Insolvenzverwalters nach § 109 Abs. 1 S. 2 InsO wird das Wohnraummietverhältnis von dem Insolvenzverfahren separiert und mit dem Schuldner fortgesetzt (BGH NZI 2017, 444; NZI 2014, 614 (615); Andres/Leithaus/*Andres* InsO § 109 Rn. 14). Somit behält der Schuldner sein Nutzungsrecht, ist aber auch (persönlicher) Schuldner der Mietansprüche. Die Masse ist hiervon befreit. Demzufolge steht ab Fristablauf auch das Kündigungsrecht grundsätzlich allein dem Schuldner und nicht mehr dem Insolvenzverwalter zu. Bei einer durch die Enthaftungserklärung herbeigeführten vorzeitigen Beendigung kann dem Vermieter ein **Ausfallschaden** entstehen, den er dann nach § 109 Abs. 1 S. 3 InsO nur als **Insolvenzgläubiger** zur Tabelle anmelden kann (Uhlenbruck/*Wegener* InsO § 109 Rn. 31 mwN). Zu den Grenzen des Schadensersatzanspruches dem Grunde nach → Form. E.II.2 Anm. 5.

7. Mit Urteil vom 16.3.2017 hat der BGH (NZI 2017, 444 (445); zuvor bereits ähnlich BGH NZI 2014, 614; NZI 2014, 452 (453)) fortsetzend entschieden, wessen Vermögen etwaige **Rückzahlungsansprüche aus einer Sicherheitsleistung (insb. Kaution)** des Schuldners zuzuordnen sind, nachdem der Insolvenzverwalter eine Enthaftungserklärung nach Abs. 1 S. 2 InsO abgegeben hat. Sinn und Zweck der Kaution und des Anspruchs auf Rückzahlung gebieten es danach, den Kautionsrückgewähranspruch bei der **Fortsetzung des Mietverhältnisses** anzusiedeln. Ab dem Wirksamwerden der Enthaftungserklärung gegenüber dem Vermieter ist der Kautionsrückgewähranspruch dem insolvenzfreien Vermögen des Mieters zugeordnet (vgl. auch *Heicke/Strüder* VIA 2017, 17; *Ganter*, ZIP 2019, 97 (100)). Nach der Rechtsprechung des BGH ist die Zuweisung des Anspruchs zum insolvenzfreien Vermögen des Schuldners allerdings auf die gesetzlich zulässige Kautionshöhe aus § 551 Abs. 1, Abs. 3 S. 4 BGB beschränkt (BGH NZI 2017, 444 (445)). **Erstattungen aus Nebenkostenguthaben** fallen dann nicht mehr in die Masse, soweit das Guthaben aus der Zeit nach Wirksamwerden der Enthaftungserklärung resultiert (BGH NZI 2014, 614; Uhlenbruck/*Wegener* InsO § 109 Rn. 28).

Nach älterer Literaturansicht soll der Vermieter zur Kündigung wegen rückständiger Mieten nur insoweit berechtigt sein, als dass sich der Rückstand auf Mietzinsforderungen für die Zeit nach Ablauf der Erklärungsfrist des § 109 Abs. 1 S. 1, 2 InsO bezieht (Uhlenbruck/*Wegener* InsO § 109 Rn. 24b, 14. Aufl. 2015; Jaeger/*Jacoby* InsO § 109 Rn. 65; HamburgKomm InsO/*Pohlmann-Weide* § 109 Rn. 32). Nach neuerer Ansicht des VIII. Zivilsenats des BGH (NZI 2015, 809 (811)) soll der Vermieter auch wegen Mietrückständigen, die vor Verfahrenseröffnung entstanden sind und somit grundsätzlich der Kündigungssperre des § 112 InsO unterfallen würden, nach Wirksamwerden einer Enthaftungserklärung kündigen können. Die Norm verfolge lediglich insolvenzrechtliche Ziele, sodass eine Massebefangenheit unumgänglich sei. Zudem sei die Kündigungssperre keine Vorschrift des sozialen Mieterschutzes. Zu beachten gilt freilich, dass eine einmal unter geltender Kündigungssperre ausgesprochene Kündigung unwirksam bleibt (Uhlenbruck/*Wegener* InsO § 112 Rn. 8) und nicht durch Freigabe des Wohnraummietverhältnisses rückwirkend geheilt werden kann. Es muss erneut die Kündigung erklärt werden. Kündigt der Vermieter ein nach § 109 Abs. 1 S. 2 InsO freigegebenes Mietverhältnis, so richtet sich sein Herausgabeanspruch (§§ 985, 546 BGB) grundsätzlich allein gegen den Mieter; Herausgabeansprüche gegen den Verwalter bestehen nur, wenn dieser die Mietwohnung in Besitz genommen hat (BGH NZI 2008, 554 (555)).

Bewohnt der Schuldner ein zur Insolvenzmasse gehörendes Haus selbst, so hat er an die Masse eine Nutzungsentschädigung zu leisten. Seine Angehörigen trifft diese Pflicht nur, wenn sie unterhaltspflichtig sind oder eine Leistung gesondert vereinbart ist (OLG Nürnberg NZI 2006, 44).

Hinsichtlich der Reichweite der Erklärung nach § 109 Abs. 1 S. 2 InsO hat der BGH (NZI 2012, 406) entschieden, dass bei einer Weiterveräußerung des vom Mieter genutzten Grundstücks die Erklärung des Insolvenzverwalters/Treuhänders, für Ansprüche aus dem Wohnraummietverhältnis des Schuldners nach Ablauf der dreimonatigen gesetzlichen Kündigungsfrist nicht mehr mit der Insolvenzmasse aufzukommen, analog §§ 412, 407 Abs. 1 BGB auch gegenüber dem Erwerber wirkt, wenn sie in Unkenntnis des Eigentumsübergangs gegenüber dem alten Eigentümer abgegeben wurde.

Ist der Insolvenzschuldner Mitglied einer **Wohnungsgenossenschaft**, wird er durch § 109 Abs. 1 S. 2 InsO nicht ausreichend geschützt. Die Vorschrift bietet zwar dahingehend Gewähr, dass der Insolvenzverwalter den Mietvertrag mit der Genossenschaft nicht kündigen kann. Er kann aber die Mitgliedschaft in der Wohnungsgenossenschaft gem. § 66 Abs. 1 GenG kündigen, um das Auseinandersetzungsguthaben zur Masse zu ziehen. § 109 Abs. 1 S. 2 InsO findet nach Ansicht des BGH (NZI 2009, 374 mAnm *Dahl*) auf die Kündigung der Mitgliedschaft keine Anwendung. Infolge des Verlusts der Mitgliedschaft durch die Kündigungserklärung des Insolvenzverwalters kann die Genossenschaft den Mietvertrag ordentlich kündigen. Mit dem Gesetz zur Verkürzung des Restschuldbefreiungsverfahrens und zur Stärkung der Gläubigerrechte ist daher das GenG ergänzt worden (vgl. hierzu *Hinz* NZM 2014, 137 (143)). Zunächst wird in § 66a GenG das Kündigungsrecht des Insolvenzverwalters konstatiert. Ergänzend schließt § 67c GenG die Kündigung aus, wenn die Mitgliedschaft in der Genossenschaft Voraussetzung für die Nutzung der Wohnung ist und das Geschäftsguthaben des insolventen Mitglieds eine Obergrenze von vier Nettokaltmieten oder den absoluten Betrag von EUR 2.000 nicht übersteigt (zur einschränkenden Herabsetzungskündigungsmöglichkeit gem. § 67c

Abs. 2 GenG AG Hamburg NZG 2015, 318). Das Gesetz ist am 17.5.2013 verabschiedet worden (BT-Drs. 17/13535) und die Änderungen im GenG sind mit der Verkündung am 19.7.2013 in Kraft getreten (vgl. zu den Hintergründen den Regierungsentwurf vom 12.7.2012, BT-Drs. 17/11268, 11, 38, 46, 50). Mit der Novellierung im GenG hat sich der Gesetzgeber bewusst gegen die vom Bundesrat favorisierte Ergänzung des Kündigungsverbots des § 109 Abs. 1 InsO entschlossen (vgl. Stellungnahme des Bundesrates zum Gesetzesentwurf in BT-Drs. 161/416, 54 f.). Die gesetzliche Neuregelung in § 67c GenG rechtfertigt es indes nicht, auf eine vor ihrem Inkrafttreten vom Insolvenzverwalter ausgesprochene Kündigung der Mitgliedschaft des Schuldners in einer Wohnungsgenossenschaft entgegen der bisherigen Rechtsprechung das insolvenzrechtliche Kündigungsverbot für gemieteten Wohnraum entsprechend anzuwenden (BGH NZI 2014, 953).

4. Hinweis auf Kündigungssperre nach § 112 InsO an Vermieter

. . . . .

(Insolvenzverwalter)

an

. . . . .

(Vermieter)

Sehr geehrte(r) . . . . .,

hiermit weise ich darauf hin, dass die von Ihnen am . . . . . ausgesprochene und am . . . . . bei der Schuldnerin eingegangene Kündigung des nachfolgend genannten Vertrags unwirksam ist und daher das betroffene Mietverhältnis bis auf weiteres fortbesteht.

Mit anliegendem Beschluss des Amtsgerichts – Insolvenzgerichts – . . . . . vom . . . . . ist das Insolvenzverfahren[1] über das Vermögen der . . . . . eröffnet[2] und der Unterzeichner zum Insolvenzverwalter bestellt worden. Der gerichtlichen Insolvenzakte zu AZ . . . . . ist zu entnehmen, dass der Antrag der Schuldnerin auf Eröffnung des Insolvenzverfahrens über ihr Vermögen vom . . . . . am . . . . . bei Gericht eingegangen ist.

Zwischen der Schuldnerin und Ihnen besteht ein Mietvertrag[3] über Wohn[4] bzw. Geschäftsräume vom . . . . ., den Sie am . . . . . und damit nach Insolvenzantragstellung wegen Verzugs[5] des Schuldners mit der Entrichtung der Miete gekündigt haben. Hierbei beziehen Sie sich ausdrücklich auf die Miete für den Zeitraum vor Insolvenzantragstellung.

Ein Miet- oder Pachtverhältnis, das der Schuldner als Mieter oder Pächter eingegangen war, kann jedoch nach dem Antrag auf Eröffnung des Insolvenzverfahrens nicht mehr wegen eines Verzugs mit der Entrichtung der Miete oder Pacht, der in der Zeit vor dem Eröffnungsantrag eingetreten ist, gekündigt werden, § 112 Nr. 1 InsO.

. . . . .

(Insolvenzverwalter)

Anmerkungen

1. → Form. E.I.2 Anm. 1.

2. → Form. E.I.2 Anm. 2.

3. Ein Miet- oder Pachtverhältnis, das der Schuldner als Mieter oder Pächter eingegangen war, kann der andere Teil nach § 112 InsO nach dem Antrag auf Eröffnung des Insolvenzverfahrens nicht wegen eines Verzugs mit der Entrichtung der Miete oder Pacht, der in der Zeit vor dem Eröffnungsantrag eingetreten ist, oder wegen einer Verschlechterung der Vermögensverhältnisse des Schuldners kündigen. Die wegen § 119 InsO unabdingbare Vorschrift des § 112 InsO bezweckt, die wirtschaftliche Einheit im Besitz des Schuldners nicht zur Unzeit auseinanderzureißen und dem Insolvenzverwalter die Möglichkeit zu geben, ein Unternehmen durch Nutzung der wesentlichen Betriebsmittel so lange fortzuführen, bis in der Gläubigerversammlung eine Entscheidung über das Verfahrensziel getroffen werden kann (vgl. Begr. zu § 125 RegE, BT-Drs. 12/2443, 148). Die Norm korrespondiert dabei insbesondere mit der Vorschrift des § 107 Abs. 2 InsO, die den Insolvenzverwalter berechtigt, sein ihm nach § 103 InsO zustehendes Wahlrecht auch bei Lieferung von Eigentumsvorbehaltsware und bestehendem Aussonderungsrecht des Lieferanten nach dem Berichtstermin auszuüben. In ähnlicher Weise verhindert § 112 InsO, dass dem schuldnerischen Unternehmen durch dessen Vermieter oder Verpächter betriebsnotwendige Pacht- oder Mietgegenstände entzogen werden.

Der Anwendungsbereich der Norm erstreckt sich nicht nur auf Immobilien (für das Wohnraummietverhältnis des Schuldners AG Köln NZI 2010, 306; AG Hamburg-Wandsbeck NZI 2010, 311 ff.), sondern auch auf bewegliche Gegenstände. Umstritten ist, ob die insolvenzrechtliche Kündigungssperre des § 112 InsO auf Leasingverträge anwendbar ist. Das OLG Braunschweig (NZI 2009, 388 mkritAnm *Brosette*) hat das in einem Kfz-Händler- und Servicepartnervertrag dem Hersteller eingeräumte Recht zur außerordentlichen Kündigung, für den Fall, dass ein Antrag auf Eröffnung des Insolvenzverfahrens über das Vermögen des Vertragshändlers gestellt wird, als wirksam anerkannt. Es stünde nicht in Widerspruch zu § 112 InsO, denn es handle sich nicht um einen Miet- oder Pachtvertrag iSd § 112 InsO. Das OLG Düsseldorf hat sich hingegen in zwei Entscheidungen für eine Anwendung des § 112 InsO ausgesprochen (OLG Düsseldorf WM 2008, 2310 und BeckRS 2009, 05983), ebenso das OLG Rostock (BeckRS 2015, 10744, Rn. 49).

Bei Verträgen mit gemischtem Inhalt ist das den Vertragsinhalt prägende Leistungselement neben der Frage entscheidend, ob ihrem Sinn und Zweck nach die Anwendung auf das fragliche Dauerschuldverhältnis geboten ist (MüKoInsO/*Eckert*, 3. Aufl. 2013, § 112 Rn. 5 ff.; nunmehr aA und nur noch auf ein Nutzungselement des Vertrags abstellend MüKoInsO/*J. F. Hoffmann* § 112 Rn. 16; Runkel/*Dahl* § 8 Rn. 252). Dies trifft wohl jedenfalls auf Lizenzverträge zu, die die Nutzung und wirtschaftliche Verwertung der geistigen, technischen oder künstlerischen Schöpfung eines Dritten beinhalten (HK-InsO/*Marotzke* § 112 Rn. 24; FK-InsO/*Wegener* § 112 Rn. 5; so auch MüKoInsO/*J. F. Hoffmann* § 112 Rn. 5, allerdings diff. nach Nutzungs- und Erwerbs-option; Gottwald/*Huber* § 37 Rn. 4). Gleiches gilt für Know-how-Verträge (BGH NJW 1981, 2684) und Softwarenutzungsverträge (BGH NJW 1988, 406).

Streitig ist, ob § 112 InsO auch dann anwendbar ist, wenn die Miet- oder Pachtsache dem Schuldner noch nicht überlassen war. Unter Hinzuziehung des Gesetzeszwecks – Erhaltung der wirtschaftlichen Einheit im Besitz des Schuldners – kann angenommen werden, dass das entsprechende Vertragsverhältnis in Vollzug gesetzt worden sein muss (HK-InsO/*Marotzke* § 112 Rn. 5 f. mwN; Kübler/Prütting/Bork/*Tintelnot* InsO § 112 Rn. 4; aA Braun/*Kroth* InsO § 112 Rn. 5 mwN). Die praktischen Auswirkungen des Streits sind aber eher gering, denn sehr selten dürften die Tatbestandsmerkmale des § 112 InsO schon vor Überlassung des Mietgegenstands vorliegen (Uhlenbruck/*Wegener* InsO § 112 Rn. 5). Im Übrigen kann der Vermieter auch unter Berufung auf § 320 BGB die Übergabe bei Zahlungsverzug oder nach § 321 BGB wegen Vermögensverschlechterung verweigern (Kübler/Prütting/Bork/*Tintelnot* InsO § 112 Rn. 4; HamburgKomm InsO/*Pohlmann-Weide* § 112 Rn. 14; Uhlenbruck/*Wegener* InsO § 112 Rn. 5).

4. Eine Kündigung des Vermieters oder Verpächters, die entgegen dem gesetzlichen Kündigungsverbot des § 112 InsO nach Antragstellung erfolgt, ist rechtsunwirksam (hierzu kritisch *Pape* NZM 2004, 401 (402 f.)). Eine vor Antragstellung zugegangene begründete Kündigung des Mietverhältnisses bleibt demgegenüber wirksam, auch wenn der vorläufige Verwalter umgehend für den Ausgleich des Zahlungsrückstandes sorgt (*Franken/Dahl* § 3 Rn. 52 ff.).

Abweichend gilt bei der **Wohnraummiete** die Vorschrift des § 569 Abs. 3 BGB, wonach die fristlose Kündigung durch nachträgliche Tilgung des Rückstandes hinfällig wird. Außerdem soll nach der Ansicht des VIII. Zivilsenats des BGH (NZI 2015, 809 (811)) die **Kündigungssperre dann nicht greifen**, sobald der Insolvenzverwalter die **Freigabe des Wohnraummietverhältnisses** gem. § 109 Abs. 1 S. 2 InsO erklärt hat (so auch FK-InsO/ *Wegener* § 112 Rn. 7; MüKoInsO/*Eckert/J. F. Hoffmann* § 109 Rn. 59; *Trams* NJW-Spezial 2017, 597 (598)). Zur Begründung vgl. → Form. E.I.3 Anm. 7.

5. § 112 InsO ist nicht erst dann anzuwenden, wenn die Voraussetzung des § 286 BGB („Verzug") eingetreten ist, sondern auch bei sonstigen Fällen eines – insbesondere vertraglich definierten – Zahlungsrückstands (für eine analoge Anwendung HK-InsO/ *Marotzke* § 112 Rn. 17 f.). § 112 InsO ist somit **auf jede auf Miet- oder Pachtrückstand gestützte fristlose Kündigung** im Sinne der §§ 543 Abs. 2 Nr. 3, 581 Abs. 2, 569 Abs. 3 BGB **anwendbar** (Gottwald/*Huber* § 37 Rn. 16; *Eckert* ZIP 1996, 897 (898); *Schwörer* Rn. 470). Mit Blick auf den Kündigungsgrund der Verschlechterung der Vermögensverhältnisse knüpft § 112 InsO unmittelbar an die aus § 119 InsO zu entnehmende Unwirksamkeit vertraglicher Lösungsklauseln an und erfasst jegliches individuell ausgehandelte (vgl. dazu: LG Stendal ZInsO 2001, 524 = DZWIR 2001, 166; allg. zur Unwirksamkeit von vertraglichen Lösungsklauseln BGH NZI 2014, 25 (26); NZI 2013, 178; *Raeschke-Kessler/Christopeit* WM 2013, 274; *Dahl* NJW-Spezial 2008, 373 f.) oder in vorformulierten Vertragsklauseln (vgl. dazu: OLG Rostock DZWIR 1999, 294) enthaltene Kündigungsrecht bei Anzeichen eines Vermögensverfalls (Uhlenbruck/*Wegener* InsO § 112 Rn. 13; Kübler/Prütting/Bork/*Tintelnot* InsO § 112 Rn. 6; wohl aA und diff. im Einzelfall MüKoInsO/*J. F. Hoffmann* § 112 Rn 3 ff.). Dies gilt unabhängig von der gewählten Bezeichnung als Kündigung oder Rücktritt. Entscheidend ist, ob einem Vertragspartner das Recht zur einseitigen Vertragsaufhebung gewährt wird (Uhlenbruck/ *Wegener* InsO § 112 Rn. 13 mwN). Ferner ist unerheblich, ob der Vermieter von der Insolvenzantragstellung Kenntnis hat (Andres/Leithaus/*Leithaus* InsO § 112 Rn. 6). Um Umgehungsmöglichkeiten auszuschließen, ist die Regelung des § 112 Nr. 2 InsO weit auszulegen (Uhlenbruck/*Wegener* InsO § 112 Rn. 13; Nerlich/Römermann/*Balthasar* InsO § 112 Rn. 14).

Besonderheiten im Hinblick auf § 112 InsO ergaben sich, wenn die Miete im Wege des Lastschriftverfahrens gezahlt und die Lastschrift widerrufen wurde (ausf. hierzu BGH NZI 2010, 723; NZI 2012, 841; HamburgKomm InsO/*Kuleisa*, 6. Aufl. 2017 § 82 Rn. 21d mwN). Nunmehr ist dabei zu beachten, dass das Lastschriftverfahren auf dem Weg zum einheitlichen Euro-Zahlungsverkehrsraum (SEPA) durch Umsetzung der Richtlinie 2007/ 64/EG über Zahlungsdienste im Binnenmarkt (Zahlungsdiensterichtlinie) vom 13.11.2007 in den §§ 675c bis 676c BGB grundlegend umgestaltet wurde. Bis zum 31.1.2014 fand daneben das durch Änderung der AGB-Banken zum 9.7.2012 modifizierte Einzugsermächtigungsverfahren Anwendung. Den beiden neuen Verfahren ist gemeinsam, dass die Einzugsermächtigung nun eine Weisung des Zahlungspflichtigen gegenüber der Zahlstelle enthält, die vom Zahlungsempfänger auf das Konto des Zahlungspflichtigen gezogenen Lastschriften einzulösen (Nr. 2.1.1 Abs. 3 AGB-Banken, § 675f Abs. 3 S. 2 BGB). Anders als bisher liegt damit ein Zahlungsauftrag des Zahlungspflichtigen vor. In der Folge wird die Möglichkeit des Lastschriftwiderrufs wegen der vorab erteilten Weisung durch einen Erstattungsanspruch abgelöst. Da SEPA-Lastschriften von Anfang an autorisierte Zahlungsvorgänge sind, sind diese insolvenzfest. Die auf diese Weise bewirkte Zahlung hat deshalb auch dann Bestand, wenn nach der Belastungsbuchung über das Vermögen des Zahlungspflichtigen (Mieter) das Insolvenzverfahren eröffnet wird oder in einem Insolvenzeröffnungsverfahren Sicherungsmaßnahmen angeordnet werden. Für den Insolvenzverwalter verbleibt ggfs. die Möglichkeit, die Zahlung durch Lastschrift nach den §§ 129 ff. InsO anzufechten (HamburgKomm InsO/*Kuleisa* § 82 Rn. 21).

Der Vermieter darf eine Kündigung auf einen Verzug mit der Entrichtung der Miete oder Pacht begründen, der in der Zeit des Eröffnungsverfahrens zwischen Eröffnungsantrag und Verfahrenseröffnung eingetreten ist (BGH NZI 2002, 543; Nerlich/Römermann/*Balthasar* InsO § 112 Rn. 13). Die nach dem Eröffnungsantrag fällig werdenden Raten müssen nämlich aus dem Schuldnervermögen wieder vertragsgemäß gezahlt werden, wenn die Nutzungsmöglichkeit für die Insolvenzmasse erhalten bleiben soll. Sind von der Aufrechterhaltung des Miet- und Pachtverhältnisses mehr Vor- als Nachteile für die Insolvenzmasse zu erwarten, so ist auch ein vorläufiger Insolvenzverwalter ohne begleitendes Verfügungsverbot berechtigt, die dazu nötigen Ausgaben zu leisten (BGH NZI 2002, 543 (547)). Ein Verzug des vorläufigen Insolvenzverwalters wird hierbei insbesondere nicht dadurch ausgeschlossen, dass regelmäßig erst der für das eröffnete Verfahren bestellte endgültige Insolvenzverwalter nach den §§ 103 ff. InsO über das rechtliche Schicksal von Verträgen in der Insolvenz entscheidet (Schmidt/*Ringstmeier* InsO § 112 Rn. 15; Runkel/*Dahl* § 8 Rn. 263; aA Kübler/Prütting/Bork/*Tintelnot* InsO § 112 Rn. 12). Der vorläufige Insolvenzverwalter hat mit Bezug auf die Dauerschuldverhältnisse im Eröffnungsverfahren lediglich zu entscheiden, ob er sich die Option für eine Fortdauer des Vertragsverhältnisses für ein zu eröffnendes Verfahren offen hält, indem er das laufende Entgelt zahlt (BGH NZI 2002, 543 (547)). Ist ein vorläufiger starker Insolvenzverwalter mit entsprechender Verwaltungs- und Verfügungsbefugnis bestellt worden, so unterfallen Forderungen aus der weiteren Nutzung des Miet- und Pachtgegenstandes im Übrigen ohnehin § 25 Abs. 2 S. 2 InsO und nach Verfahrenseröffnung § 55 Abs. 2 S. 2 InsO, sodass der Vermieter oder Verpächter regelmäßig einen werthaltigen Masseanspruch für die durch § 112 InsO bedingte Überlassung des Miet- oder Pachtgegenstandes erhält. Wird hingegen kein vorläufiger Verwalter bestellt oder nutzt dieser den Miet- oder Pachtgegenstand nicht, so ist der Miet- oder Pachtzins bis zur Verfahrenseröffnung gemäß § 108 Abs. 3 InsO bloße Insolvenzforderung. Gleiches gilt grundsätzlich für Räumungskosten, die bis zur Eröffnung des Insolvenzverfahrens entstanden sind (→ Form. E.II.2 Anm. 5). Gesetzlich geschützt bleiben Vermieter oder Verpächter im Hinblick auf ihren Forderungsausfall durch das **Vermieter- oder Verpächterpfandrecht** gemäß §§ 562, 578 BGB, das nach § 50 InsO auch im Insolvenzfall erhalten bleibt. **Ein Absonderungsrecht** nach § 50 InsO entsteht für vorinsolvenzliche Zahlungsrückstände allerdings auch nur mit Einbringung der Mietergegenstände **vor Insolvenzverfahrenseröffnung** (RGZ 71, 76; MüKoInsO/*Ganter* § 50 Rn. 86b; HambKomm InsO/*Büchler/Scholz* § 50 Rn. 33a, 33b; zu verschiedenen Einzelfällen Nerlich/Römermann/*Andres* InsO § 50 Rn. 18 ff.). An Gegenständen, die nach Verfahrenseröffnung durch den Schuldner eingebracht werden, kann wegen der Wirkung des § 91 InsO kein Pfandrecht für die Insolvenzforderungen des Vermieters begründet werden. Ein solches kann dann nur noch für die Masseverbindlichkeiten aus dem fortbestehenden Mietverhältnis durch Einbringungen des Insolvenzverwalters entstehen (MüKoInsO/*Ganter* § 50 Rn. 86b). Sofern Gegenstände, die dem Vermieterpfandrecht unterliegen, verwertet werden, ist der Insolvenzverwalter nicht berechtigt bei der Auskehr des Verwertungserlöses nach § 166 Abs. 1 InsO zu bestimmen, dass zunächst die Mietzinsforderungen des Vermieters getilgt werden sollen, die als Masseverbindlichkeiten zu berichtigen sind und sodann erst offene Mietzinsinsolvenzforderungen (BGH NZI 2014, 1044 mAnm *Lütcke* NZI 2014, 1035; aA OLG Dresden NZI 2011, 995).

Zur Insolvenzfestigkeit des Kautionsrückzahlungsanspruchs → Form. E.IV Anm. 3.

5. Hinweise auf Anzeige der Masseunzulänglichkeit, Kündigung und Freigabe an Vermieter

. . . . .

(Insolvenzverwalter)

an

. . . . .

(Vermieter)

Sehr geehrte Damen und Herren,

in meiner Eigenschaft als Insolvenzverwalter über das Vermögen der . . . . . (Schuldnerin) habe ich dem Insolvenzgericht mit anliegendem Schreiben vom . . . . . die Masseunzulänglichkeit angezeigt.[1] Das zwischen Ihnen und der Schuldnerin bestehende Mietverhältnis über die Räume . . . . . (Adresse) kündige ich zum . . . . .[2]

Ferner erkläre ich, dass ich aus dem Mietverhältnis keine weiteren Rechte geltend mache und insbesondere das Mietobjekt nicht weiter nutzen werde. Vor dem Hintergrund der angezeigten Masseunzulänglichkeit und der daraufhin von mir ausgesprochenen Kündigung des zwischen Ihnen und der Schuldnerin bestehenden Mietverhältnisses stelle ich Sie gleichzeitig ausdrücklich von Ihrer Überlassungspflicht als Vermieter frei und biete Ihnen überdies die Rückgewähr des unmittelbaren Besitzes an dem von Ihnen vermieteten Objekt an.[3]

Ich weise ausdrücklich darauf hin, dass an verschiedenen Vermögensgegenständen der Schuldnerin, die sich auf dem von Ihnen vermieteten Objekt befinden, Sicherungsrechte zugunsten Dritter bestehen. Gleichzeitig teile ich mit, dass ich die Vermögensgegenstände aus der Insolvenzmasse an die Schuldnerin, vertreten durch deren organschaftlichen Vertreter, freigegeben habe.[4]

. . . . .

(Insolvenzverwalter)

Anmerkungen

1. Wenn zwar die Kosten des Insolvenzverfahrens gedeckt sind, die Masse aber nicht zur Befriedigung der fälligen sonstigen Masseverbindlichkeiten ausreicht, hat der Insolvenzverwalter nach § 208 Abs. 1 InsO dem Insolvenzgericht Masseunzulänglichkeit anzuzeigen. Gleiches gilt, falls der Insolvenzverwalter absehen kann, dass die Masse voraussichtlich nicht ausreichen wird, um die bestehenden Masseverbindlichkeiten im Zeitpunkt ihrer Fälligkeit zu erfüllen, sog. drohende Masseunzulänglichkeit (Uhlenbruck/ *Ries* InsO § 208 Rn. 12 ff.; Schmidt/*Jungmann* InsO § 208 Rn. 13 ff.; HamburgKomm InsO/*Weitzmann* § 208 Rn. 9). Die Masseunzulänglichkeit wird gemeinhin auch als „Insolvenz in der Insolvenz" bezeichnet (BGH WM 2010, 2321; Uhlenbruck/*Ries* InsO § 208 Rn. 1).

Die Anzeige der Masseunzulänglichkeit nach § 208 InsO erfolgt durch den Insolvenzverwalter gegenüber dem Gericht. Das Gericht hat nach § 208 Abs. 2 InsO die Anzeige der Masseunzulänglichkeit öffentlich bekanntzumachen und den Massegläubigern gesondert zuzustellen. Der Eingang der Masseunzulänglichkeitsanzeige beim Insolvenzgericht stellt eine Zäsur dar und ist der maßgebliche Zeitpunkt in Hinblick auf die Unterscheidung von Alt- und Neumasseverbindlichkeiten (OLG Zweibrücken ZInsO 2019, 1073 (1075); MüKoInsO/*Hefermehl* § 209 Rn. 3; Schmidt/*Jungmann* InsO § 209 Rn. 12; *Gundlach/Frenzel/Schmidt* InVo 2004, 169 (170); *Pape* NZM 2004, 401 (408)). Als Neumasseverbindlichkeiten gelten gem. § 209 Abs. 1 Nr. 2 InsO die Masseverbindlichkeiten, die nach Anzeige der Masseunzulänglichkeit begründet worden sind, ohne zu den Kosten des Verfahrens zu gehören. Die übrigen Masseverbindlichkeiten sind Altmasseverbindlichkeiten, § 209 Abs. 1 Nr. 3 InsO. Ausnahmsweise sind auch diejenigen Masseverbindlichkeiten, die nach Anzeige der Masseunzulänglichkeit entstanden sind, nur Altmasseverbindlichkeiten, wenn der Insolvenzverwalter nach der Anzeige sofort die Kündigung des Vertragsverhältnisses erklärt, §§ 209 Abs. 1 S. 3, 209 Abs. 2 Nr. 2 InsO (OLG Zweibrücken ZInsO 2019, 1073 (1075); Einzelheiten s. u.). Die – anteilige – Befriedigung der Massegläubiger ist nach Maßgabe der in § 209 Abs. 1 InsO angeordneten Rangfolge vorzunehmen, dh zunächst werden die Kosten des Verfahrens (§ 54 InsO), des Weiteren die Neumasseverbindlichkeiten und schließlich die Altmasseverbindlichkeiten berichtigt. Wegen Altmasseverbindlichkeiten kann nach Anzeige der Masseunzulänglichkeit nicht mehr in die Insolvenzmasse vollstreckt werden, § 210 InsO. Für Forderungen aus Mietverhältnissen gilt danach: Zeigt der Insolvenzverwalter einer. § 208 InsO die Masseunzulänglichkeit an, so sind die im Zeitraum zwischen Eröffnung des Insolvenzverfahrens und Anzeige der Masseunzulänglichkeit entstandenen und nicht beglichenen Mieten und andere laufende Forderungen aus dem Mietvertrag aus diesem Zeitraum Altmasseverbindlichkeiten, die (anteilig) gem. § 209 InsO erst nach Begleichung der Verfahrenskosten und der Neumasseverbindlichkeiten – gegebenenfalls quotal – befriedigt werden. Die nach Anzeige der Masseunzulänglichkeit entstehenden Mieten und sonstigen Forderungen sind vorbehaltlich der Regelungen in § 209 Abs. 2 Nr. 2 und 3 InsO als Neumasseverbindlichkeiten einzuordnen, die gem. § 209 Abs. 1 Nr. 2 InsO vorrangig und vollständig zu bedienen sind.

Die mit der Anzeige verbundenen Folgen treten unabhängig davon ein, ob die Voraussetzungen einer solchen Anzeige nach § 208 InsO tatsächlich vorgelegen haben (Hamburg-Komm InsO/*Weitzmann* § 208 Rn. 7, 12). Eine Prüfung der Richtigkeit der Anzeige durch das Insolvenzgericht oder andere Verfahrensbeteiligte sieht das Gesetz nicht vor (s. dazu Kübler/Prütting/Bork/*Pape* InsO § 208 Rn. 5d; Schmidt/*Jungmann* InsO § 208 Rn. 19 f., 27 f.). Gläubigern steht insofern kein Rechtsmittel zur Verfügung. Sie haben aber die Möglichkeit, zum Ausgleich von Schäden wegen einer fehlerhaften – zu frühen oder zu späten – Anzeige, einen individuellen Haftungsprozess gem. §§ 60, 61 InsO gegen den Insolvenzverwalter einzuleiten (BGH NZI 2017, 753 (755); Uhlenbruck/*Ries* InsO § 208 Rn. 16).

Die Vorschrift des § 208 InsO erfasst nicht nur den Fall, dass sich die Masseunzulänglichkeit erst im Laufe des Verfahrens herausstellt. Vielfach wird schon bei Verfahrenseröffnung klar sein, dass außer den für die Eröffnung eines Insolvenzverfahrens notwendigen, aber auch hinreichenden Kosten des Insolvenzverfahrens (§§ 26 Abs. 1, 54 InsO) nicht alle sonstigen Masseverbindlichkeiten gedeckt werden können. In diesem Fall wird es eine der ersten Amtshandlungen des Verwalters sein, dem Gericht die Masseunzulänglichkeit anzuzeigen. Er kann damit erreichen, dass die Ansprüche aus fortbestehenden Dauerschuldverhältnissen für die Zeit nach dieser Anzeige bis zur Wirksamkeit einer sofort ausgesprochenen Kündigung nur anteilig als „Altmasseverbindlichkeiten" im Sinne der §§ 209 Abs. 1 Nr. 3, 209 Abs. 2 Nr. 2 InsO zu befriedigen sind (HK-InsO/*Landfermann* § 208 Rn. 13; Andres/*Leithaus* InsO § 209 Rn. 7; MüKoInsO/*Hefermehl* § 209 Rn. 31 ff.; Uhlenbruck/*Ries* InsO § 209 Rn. 22 f.). Zu Einzelheiten der Kündigung siehe unten → Anm. 2.

2. Die **Anzeige der Masseunzulänglichkeit** wirkt auf die Behandlung von Mietverträgen ähnlich wie die Insolvenzverfahrenseröffnung („Insolvenz in der Insolvenz"). Der Insolvenzverwalter ist daher im Fall der Masselosigkeit – wie auch bei Insolvenzeröffnung – nicht an die gesetzlichen oder vertraglichen Kündigungsmöglichkeiten gebunden. Vielmehr steht ihm auch nach Anzeige der Masseunzulänglichkeit die **insolvenzrechtliche Kündigungsmöglichkeit** des § 109 InsO weiterhin zu (MüKoInsO/*Hefermehl* § 209 Rn. 31; Uhlenbruck/*Wegener* InsO § 109 Rn. 8; *Dahl* NZM 2008, 585 (593)). Er ist indes nicht zur fristlosen Kündigung berechtigt (MüKoInsO/*Hefermehl* § 209 Rn. 31). Der Insolvenzverwalter ist gehalten, den Mietvertrag nach der Anzeige der Masseunzulänglichkeit zum frühestmöglichen Zeitpunkt zu kündigen. Versäumt er dies, stellen die Ansprüche des Vertragspartners für die Zeit nach dem ersten Termin, zu dem der Verwalter nach der Anzeige der Masseunzulänglichkeit hätte kündigen können, nach §§ 209 Abs. 1 Nr. 2, 209 Abs. 2 Nr. 2 InsO vorrangig zu bedienende „Neumasseverbindlichkeiten" unabhängig davon dar, ob der Verwalter die Gegenleistung in Anspruch nimmt oder nicht (OLG Düsseldorf BeckRS 2014, 02763 = ZInsO 2014, 502; MüKoInsO/*Hefermehl* § 209 Rn. 32a; Uhlenbruck/*Ries* InsO § 209 Rn. 23). An welchen Zeitpunkt dieser frühestmögliche Termin anknüpft, wird unterschiedlich beurteilt. Teilweise wird in Abgrenzung zu § 209 Abs. 2 Nr. 3 InsO und unter Hinzuziehung des Telos der Norm (Massemehrung) der Anknüpfungszeitpunkt in dem Moment gesehen, in dem der Verwalter die Gegenleistung aus dem konkreten Dauerschuldverhältnis künftig nicht mehr beansprucht und dieses faktisch aus der Insolvenzmasse herauslöst, zB die Schlüssel des Mietobjekts an den Vermieter zurückgibt (Uhlenbruck/*Ries* InsO § 209 Rn. 23). Andere stellen wohl auf den ersten rechtlich absolut möglichen Kündigungstermin ab (Andres/Leithaus/*Andres* InsO § 209 Rn. 7; Schmidt/*Jungmann* InsO § 209 Rn. 24 f.; nicht differenzierend und damit wohl letzterer Ansicht anschließend OLG Zweibrücken ZInsO 2019, 1073 (1075)).

Erfasst werden neben den Mietverhältnissen, die der Schuldner abgeschlossen hat, auch solche Dauerschuldverhältnisse, **die der Verwalter** erst nach Verfahrenseröffnung **begründet** hat. Hier soll zwar kein Sonderkündigungsrecht bestehen, weil die Anzeige der Masseunzulänglichkeit nicht zur Begründung eines neuen außerordentlichen Kündigungsrechts führt (Kübler/Prütting/Bork/*Pape* InsO § 209 Rn. 15; Nerlich/Römermann/*Westphal* InsO § 209 Rn. 8). Der Verwalter muss aber gleichwohl mit der vertraglichen oder gesetzlichen Kündigungsfrist kündigen, will er die Begründung von Neumasseverbindlichkeiten vermeiden (Uhlenbruck/*Ries* InsO § 209 Rn. 23f; Kübler/Prütting/Bork/*Pape* InsO § 209 Rn. 15). Unterlässt der Verwalter eine solche Kündigung, obwohl er das Vertragsverhältnis für die Masse nicht mehr benötigt, kann er sich schadensersatzpflichtig machen (vgl. BGH NZI 2012, 409; FK-InsO/*Kießner* § 209 Rn. 37).

3. Unbeschadet einer Kündigung zum ersten möglichen Termin entstehen nach § 209 Abs. 1 Nr. 2 Abs. 2 Nr. 3 InsO vorrangig zu bedienende **Neumasseverbindlichkeiten** auch, wenn der Insolvenzverwalter nach Anzeige der Masseunzulänglichkeit die aus einem Dauerschuldverhältnis geschuldete Gegenleistung des Vertragspartners für die Insolvenzmasse **weiter in Anspruch nimmt** (BGH NZI 2004, 209; MüKoInsO/*Hefermehl* § 209 Rn. 33; Andres/Leithaus/*Andres* InsO § 209 Rn. 8; Kübler/Prütting/Bork/*Pape* InsO § 209 Rn. 17). Der Insolvenzverwalter nimmt die Gegenleistung aus einem Dauerschuldverhältnis dann in Anspruch, wenn er die angebotene Leistung nutzt, obwohl er das pflichtgemäß hätte verhindern können (BGH NZI 2003, 369; BGH NJW 2007, 1594). Die bloße Zahlung des im Voraus fälligen Mietzinses kann aber nicht schon als Nutzung für den gesamten Vorauszahlungszeitraum angesehen werden. Der Insolvenzverwalter hat daher den Vermieter von seiner Leistungspflicht freizustellen und seine eigene Verfügungsmacht über den Mietgegenstand aufzugeben, um das Entstehen von Neumasseverbindlichkeiten zu vermeiden (BGH BeckRS 2008, 14248; Ahrens/Gehrlein/Ringstmeier/*Henning* InsO § 209 Rn. 17).

4. Übt der Schuldner als natürliche Person eine selbstständige Tätigkeit aus oder beabsichtigt er, demnächst eine solche Tätigkeit auszuüben, hat der Insolvenzverwalter ihm gegenüber gem. § 35 Abs. 2 S. 1 InsO zu erklären, ob Vermögen aus der selbstständigen Tätigkeit des Schuldners zur Insolvenzmasse gehört und ob Ansprüche aus dieser Tätigkeit im Insolvenzverfahren geltend gemacht werden können, sog. **Freigabe- oder Negativerklärung** (*Dahl* NJW-Spezial 2007, 485; *Dahl/Schindler* VIA 2011, 1). Dem Schuldner soll ermöglicht werden, sich eine wirtschaftliche Existenz auch nach Eröffnung eines Insolvenzverfahrens dadurch zu sichern oder zu schaffen, dass er eine bereits vorher ausgeübte selbständige Tätigkeit fortsetzt oder eine neue selbständige Tätigkeit aufnimmt (Uhlenbruck/*Hirte/Praß* InsO § 35 Rn. 90). Nach dem Willen des Gesetzgebers sollen also selbständige Erwerbstätigkeiten von Insolvenzschuldnern gefördert und dabei eine Gefährdung der Masse verhindert werden kann (BT-Drs. 16/3227, S. 11), zumal die Fortführung einer selbständigen Tätigkeit des Schuldners gerade auch im Interesse der Gläubiger liegen kann (Uhlenbruck/*Hirte/Praß* InsO § 35 Rn. 90). Durch die Freigabeerklärung werden die zu bezeichnenden Gegenstände wieder der Verwaltungs- und Verfügungsbefugnis des Schuldners unterstellt (MüKoInsO/*Peters* § 35 Rn. 99). Die Freigabeerklärung ist gegenüber dem Schuldner abzugeben, hat aber für den Vermieter als Gläubiger insoweit Bedeutung, als freigegebene Gegenstände nun wieder der Einzelvollstreckung unterliegen und insbesondere der Vermieter die Verwertung seinem Pfandrecht unterliegender Gegenstände betreiben kann.

6. Hinweis auf Anspruch der Nutzungsüberlassung
nach § 135 Abs. 3 InsO

. . . . .

(Insolvenzverwalter)

an

. . . . .

(Gesellschafter)

Sehr geehrte(r) . . . . .,

zwischen der Schuldnerin und Ihnen bestand ein Mietvertrag vom . . . . . über Geschäftsräume[1] in dem Mietobjekt . . . . . (genaue Bezeichnung von Straße und Ort). Mit Schreiben vom . . . . . haben Sie die Kündigung[2] des Mietverhältnisses zum . . . . . erklärt und Herausgabe des Mietobjekts gefordert.

Gemäß anliegendem Beschluss des Amtsgerichts – Insolvenzgerichts – . . . . . vom . . . . . wurde das Insolvenzverfahren[3] über das Vermögen der Schuldnerin . . . . . eröffnet[4] und ich zum Insolvenzverwalter bestellt.

Nach meiner vorläufigen betriebswirtschaftlichen Auswertung stelle ich fest, dass das betreffende Mietobjekt für die einstweilige Fortführung des schuldnerischen Unternehmens von erheblicher Bedeutung[5] ist. . . . . .

Demgemäß teile ich mit, dass Ihrem Anspruch auf Herausgabe des Mietobjekts vorerst gemäß § 135 Abs. 3 InsO[6] nicht entsprochen werden kann. Für die fortwährende[7] Nutzung der Immobilie gebührt Ihnen ein Nutzungsausgleich,[8] welcher in der Höhe dem Durchschnitt des im letzten Jahr (bei kürzerem Zeitraum dieser) vor Verfahrenseröffnung tatsächlich geleisteten Mietzinses entspricht. Dieser ist mit . . . . . EUR monatlich zu beziffern und wird auf das von Ihnen benannte Bankkonto . . . . . (Bankverbindung) überwiesen.

. . . . .

(Insolvenzverwalter)

Anmerkungen

1. → Form. E.I.1 Anm. 1.

2. → Form. E.I.1 Anm. 2.

3. → Form. E.I.2 Anm. 2.

4. → Form. E.1.2 Anm. 3.

5. Zum Begriff der erheblichen Bedeutung vgl. → Form. E.I.1 Anm. 1.

6. Änderungen hat die eigenkapitalersetzende Nutzungsüberlassung erfahren. Infolge des MoMiG (Gesetz zur Modernisierung des GmbH-Rechts und zur Bekämpfung von Missbräuchen v. 23.10.2008, BGBl. I 2026) gibt es keine im herkömmlichen Sinne eigenkapitalersetzenden Darlehen mehr. Damit entfällt auch die Figur der eigenkapitalersetzenden Nutzungsüberlassung. Nunmehr findet sich allerdings eine Regelung über die insolvenzrechtliche Behandlung der Gebrauchsüberlassung durch einen Gesellschafter in **§ 135 Abs. 3 InsO** (zur Entstehungsgeschichte HK-InsO/*Kleindiek* § 135 Rn. 5 ff., 46 ff.). Danach kann der Gesellschafter seinen **Aussonderungsanspruch** während der Dauer des Insolvenzverfahrens, höchstens aber für eine Zeit **von einem Jahr ab Insolvenzeröffnung**, nicht geltend machen, wenn der zum Gebrauch überlassene Gegenstand für die Fortführung des schuldnerischen Unternehmens von **erheblicher Bedeutung** ist; dies setzt naturgemäß voraus, dass der Insolvenzverwalter das Unternehmen auch fortführen will, ansonsten bleibt für die Anwendung des § 135 Abs. 3 InsO kein Raum (vgl. *Dahl/ Kortleben* NJW-Spezial 2017, 21; *Gehrlein* BB 2011, 3 (9); *Römermann* NZI 2008, 641 (645)). Für die Nutzungsüberlassung gebührt dem Gesellschafter ein Ausgleich, dessen Höhe sich nach der im letzten Jahr vor Verfahrenseröffnung geleisteten Vergütung richtet, wobei die tatsächlich geleistete Vergütung entscheidend ist (so ausdrücklich BT-Drs. 16/9737, 107; HamburgKomm InsO/*Schröder* § 135 Rn. 81 f.).

7. Der Aussonderungsanspruch eines Gesellschafters kann im Hinblick auf einen dem Schuldner zum Gebrauch oder zur Ausübung überlassenen Gegenstand **bis zu einem Jahr** während des Insolvenzverfahrens nicht geltend gemacht werden (Andres/Leithaus/*Leithaus* InsO § 135 Rn. 13). Soweit eine **Nutzungsvereinbarung** mit dem Insolvenzverwalter getroffen ist, hat diese Vorrang vor Abs. 3 (Schmidt/*K. Schmidt* InsO § 135 Rn. 37).

8. Für die Nutzungsüberlassung gebührt dem Gesellschafter ein Ausgleich, dessen Höhe sich nach der im letzten Jahr vor Verfahrenseröffnung geleisteten Vergütung richtet, wobei die **tatsächlich geleistete** Vergütung entscheidend ist (BT-Drs. 16/ 9737, 107). Hat der Gesellschafter in dem relevanten Zeitraum seinen Anspruch selbst nicht durchgesetzt, wird ihm zugemutet, ihn auch während des Insolvenzverfahrens nicht geltend machen zu können (Uhlenbruck/*Hirte* InsO § 135 Rn. 23; BT-Drs. 16/9737, 59). Der Ausgleichsanspruch hat den Rang einer **Masseverbindlichkeit** (Uhlenbruck/*Hirte* InsO § 135 Rn. 23).

Die vorinsolvenzliche Zahlung von Nutzungsentgelt kann jedoch der **Insolvenzanfechtung** nach den §§ 129 ff. InsO unterliegen. **Anfechtbare Mietzinszahlungen sind für die**

Festlegung der Vergütungshöhe nicht zu berücksichtigen (BGH 29.1.2015 – IX ZR 279/13, NZI 2015, 331 mAnm *J. Schmidt*; zuvor *Dahl/Schmitz* NZG 2009, 325 (330)). Ist die tatsächliche Vergütung überhöht gewesen, kann eine Anfechtung sowohl der ihr zugrundeliegenden Vereinbarung als auch der Zahlung in Betracht kommen (*Koutsós* ZInsO 2011, 1626 (1629 f.); Uhlenbruck/*Hirte* InsO § 135 Rn. 23). Auch die Anfechtung einer Gesellschafterkündigung ist denkbar (*Gehrlein* NZI 2016, 561 (565 f.); *Spliedt* ZIP 2009, 149 (158 f.); *Marotzke* ZInsO 2008, 1281 (1285)). Die Anfechtbarkeit des Mietzinsanspruchs kann der Insolvenzverwalter dem Gesellschafter auch einredeweise entgegenhalten, wenn er diesen geltend macht (*Dahl/Schmitz* NZG 2009, 325 (330)).

II. Erklärungen des Vermieter(-vertreters) bei Mieterinsolvenz

1. Erklärung des Rücktritts gegenüber Insolvenzverwalter nach § 109 Abs. 2 InsO

. . . . .

(Gläubigervertreter)

an

. . . . .

(Insolvenzverwalter)

Sehr geehrte(r) . . . . .,

ich zeige an, dass mich . . . . . mit der Wahrnehmung seiner rechtlichen Interessen beauftragt hat. Eine auf mich lautende Originalvollmacht liegt anbei.

Meine Mandantin tritt hiermit vom nachfolgend näher bezeichneten Vertrag zurück.[1]

Zwischen der Schuldnerin und meiner Mandantin besteht seit dem . . . . . der ebenfalls anliegende Mietvertrag über die Geschäftsräume in der . . . . . (genaue Bezeichnung von Straße und Ort). Die Räume sollen der Schuldnerin am . . . . . von meiner Mandantin übergeben werden.[2] Zwischenzeitlich wurde aber am . . . . . das Insolvenzverfahren[3] über das Vermögen der Schuldnerin eröffnet.[4] Meiner Mandantin steht daher gemäß § 109 Abs. 2 InsO ein Rücktrittsrecht in Bezug auf den mit Ihnen geschlossenen Mietvertrag zu.[5]

. . . . .

(Gläubigervertreter)

Anmerkungen

1. Nach § 109 Abs. 2 S. 1 InsO sind sowohl der Insolvenzverwalter als auch der Vermieter berechtigt, vom Vertrag **zurückzutreten**, wenn dem Schuldner die Räume bei Verfahrenseröffnung noch **nicht überlassen** waren (→ Anm. 2). Nach § 109 Abs. 2 S. 3 InsO kann jede Seite den Vertragspartner zur Ausübung des Rücktrittsrechts auffordern. Gleichwohl existiert eine Pflicht zur Ausübung des Rücktrittsrechts innerhalb einer bestimmten Frist nach Verfahrenseröffnung weder für den Insolvenzverwalter noch für den Vermieter. Erfolgt jedoch die **Aufforderung zur Erklärung** über das Rücktrittsrecht, ist der jeweils andere Teil gehalten, sich innerhalb von **zwei Wochen** zu erklären, wenn er seines Rechts nicht verlustig gehen will. Wird die Frist versäumt, folgt daraus die Invollzugsetzung des Vertrages mit der Wirkung des § 108 Abs. 1 S. 1 InsO. Freilich bleibt es dem Insolvenzverwalter unbenommen, sich durch Kündigung nach § 109 Abs. 1 InsO unter Einhaltung der gesetzlichen Kündigungsfrist von dem Vertragsverhältnis zu lösen (Runkel/*Dahl* § 8 Rn. 227 mwN).

Das **Rücktrittsrecht des Vermieters besteht nicht,** wenn ihm neben dem Insolvenzschuldner **noch weitere Mitmieter** gesamtschuldnerisch für die Zahlung des Mietzinses zur Verfügung stehen (Uhlenbruck/*Wegener* InsO § 109 Rn. 36; MüKoInsO/*Eckert/ J. F. Hoffmann* § 109 Rn. 72; Nerlich/Römermann/*Balthasar* InsO § 109 Rn. 16; aA FK-InsO/*Wegener* § 109 Rn. 33 sofern keine Anhaltspunkte dafür vorliegen, dass trotz der schuldnerischen Leistungsunfähigkeit der Mietvertrag fortbestehen soll; differenzierend Kübler/Prütting/Bork/*Tintelnot* InsO § 109 Rn. 57, der ein allseits wirkendes Rücktrittsrecht dann anerkennt, wenn eine ausschließlich gemeinsame Nutzung vereinbart war). Macht im umgekehrten Fall der Insolvenzverwalter sein Rücktrittrecht gegenüber dem Vermieter geltend, so hat er – wie bereits bezüglich der Kündigung erläutert (→ Form. E.I.2 Anm. 5) – die Befugnis, sich mit Wirkung für weitere Mitmieter von dem Vertrag zu lösen (Uhlenbruck/*Wegener* InsO § 109 Rn. 36; Runkel/*Dahl* § 8 Rn. 212 f.; im Ergebnis ebenso: BGH NZI 2013, 414; OLG Hamburg NZI 2012, 673; OLG Celle NJW 1977, 2012).

Gänzlich ausgeschlossen ist das Rücktrittsrecht des Vermieters dann, wenn er die gesetzliche Voraussetzung, dass das Miet- oder Pachtobjekt zur Zeit der Verfahrenseröffnung noch nicht überlassen war, in einer den Tatbestand des Verzuges begründenden Weise selbst herbeigeführt hat. Das Rücktrittsrecht auszuüben erscheint in diesem Fall rechtsmissbräuchlich und ist daher unzulässig (MüKoInsO/*Eckert/J. F. Hoffmann* § 109 Rn. 69; Runkel/*Dahl* § 8 Rn. 225; aA Uhlenbruck/*Wegener* InsO § 109 Rn. 35).

2. Das Rücktrittrecht besteht nur, wenn das Mietobjekt bei Verfahrenseröffnung noch nicht **übergeben**, dem Schuldner also noch nicht **einvernehmlich** der **unmittelbare Besitz** an der Mietsache verschafft wurde (Uhlenbruck/Wegener InsO § 109 Rn. 34). Bei Mieträumen genügt regelmäßig die **Schlüsselübergabe** (FK-InsO/*Wegener* § 109 Rn. 31 mwN). Hat sich der Mieter den Besitz an dem Mietobjekt gegen den Willen des Vermieters selbst verschafft, ist die Mietsache **nicht überlassen** worden im Sinne der Norm (Uhlenbruck/*Wegener* InsO § 109 Rn. 34; FK-InsO/*Wegener* § 109 Rn. 26; Jaeger/ *Jacoby* InsO § 109 Rn. 79). Hat er dem Vermieter das Mietobjekt vor Vertragsende dagegen zurückgegeben oder den Besitz durch Räumung aufgegeben, ändert dies nichts daran, dass die Sache bereits überlassen war (Uhlenbruck/*Wegener* InsO § 109 Rn. 34; Jaeger/Jacoby InsO § 109 Rn. 81). Erfolgt die **Überlassung nach Verfahrenseröffnung** besteht – anders als der Wortlaut von § 109 Abs. 2 InsO vermuten lässt – **kein Rücktrittrecht** (HK-InsO/*Marotzke* § 109 Rn. 21; Uhlenbruck/*Wegener* InsO § 109 Rn. 33; Jaeger/*Jacoby* InsO § 109 Rn. 81). Durch die Überlassung nach Verfahrenseröffnung wird das Mietverhältnis in Vollzug gesetzt und es bleibt bei dem Kündigungsrecht des Verwalters nach Abs. 1 S. 1.

3. → Form. E.I.2 Anm. 2.

4. → Form. E.I.2 Anm. 2.

5. Auf den Rücktritt finden die Vorschriften der §§ 346 ff. BGB mit der Maßgabe Anwendung, dass der Vermieter für im voraus entrichtete Miete analog § 547 Abs. 1 S. 2 BGB nur nach Bereicherungsrecht haftet (Uhlenbruck/*Wegener* InsO § 109 Rn. 37; Kübler/ Prütting/Bork/*Tintelnot* § 109 Rn. 55; Nerlich/Römermann/*Balthasar* § 109 Rn. 15; Jaeger/ *Jacoby* InsO § 109 Rn. 93). Die Ausübung des Rücktrittsrechts hat gem. § 349 BGB durch eine eindeutige, unwiderrufliche Erklärung zu erfolgen (Runkel/*Dahl* § 8 Rn. 222; Nerlich/ Römermann/*Balthasar* InsO § 109 Rn. 15; Schmidt/*Ringstmeier* InsO § 109 Rn. 30). Die Rücktrittserklärung kann nicht bedingt abgegeben werden (Nerlich/Römermann/*Balthasar* InsO § 109 Rn. 15). Sie wird gemäß § 130 BGB mit Zugang wirksam.

Das Rücktrittsrecht gilt auch im Bereich der **Wohnraummiete**. Wurde dem Schuldner eine angemietete Wohnung noch nicht überlassen, befindet er sich nicht in der von § 109 Abs. 1 S. 2 InsO als besonders schützenswert einzustufenden Situation. Diese entsteht erst nach der Überlassung des Wohnraums. Jedoch kann im Einzelfall ein Ausschluss des Rücktrittsrechts bereits vor Überlassung der Wohnung geboten sein, um unbillige und mit

Abs. 1 S. 2 nicht in Einklang zu bringende Härten zu vermeiden, zB wenn ein Umzug in eine neu angemietete Wohnung noch bevorsteht und die Altwohnung auch bereits gekündigt wurde. Im Falle des Rücktritts durch den Verwalter bestände dann die alsbaldige Gefahr der schuldnerischen Obdachlosigkeit (vgl. Schmidt/*Ringstmeier* InsO § 109 Rn. 32).

2. Inanspruchnahmeschreiben wegen Schadensersatzes gem. § 109 Abs. 2 S. 2 InsO

. . . . .

(Rechtsanwalt)

an

. . . . .

(Insolvenzverwalter)

Sehr geehrte(r) . . . . .,

zwischen der Schuldnerin[1] und meiner Mandantin besteht der anliegende Mietvertrag über die Geschäftsräume in der . . . . . (genaue Bezeichnung von Straße und Ort). Danach sollen die Räume der Schuldnerin am . . . . . von meiner Mandantin übergeben werden. Zwischenzeitlich wurde aber am . . . . . das Insolvenzverfahren[2] über das Vermögen der Schuldnerin eröffnet.[3] Mit Schreiben vom . . . . . sind Sie[4] gem. § 109 Abs. 2 S. 1 InsO von dem Mietverhältnis zurückgetreten.

In Hinblick auf die durch diese vorzeitige Beendigung des Vertragsverhältnisses entstandenen Schäden in Höhe von EUR . . . . .[5] nehme ich die Insolvenzmasse[6] daher gem. § 109 Abs. 2 S. 2 InsO in Anspruch und melde die Forderung zur Insolvenztabelle an.

. . . . .

(Rechtsanwalt)

Anmerkungen

1. Zur Beteiligung mehrerer Personen als Mieter neben dem Schuldner → Form. E.I.2 Anm. 5.

2. → Form. E.I.2 Anm. 2.

3. → Form. E.I.2 Anm. 2.

4. Ein Schadensersatzanspruch kommt nur dann in Betracht, wenn der Rücktritt gem. § 109 Abs. 2 S. 2 InsO seitens des Insolvenzverwalters erklärt wurde. Andernfalls steht weder dem Vermieter noch der Masse ein Schadensersatzanspruch zu (Runkel/*Dahl* § 8 Rn. 226; MüKoInsO/*Eckert/J. F. Hoffmann* § 109 Rn. 66, 71). Der Rücktritt des Verwalters befreit aber nicht den (solventen) Mitmieter des Schuldners. Ob dieser dem Vermieter für den durch die Insolvenz eingetretenen Schaden haftet, hängt davon ab, ob im konkreten Einzelfall eine materiell-rechtliche Grundlage für einen solchen Ersatzanspruch besteht (an dem regelmäßigen Vorliegen eines solchen Anspruchs zweifelnd MüKoInsO/ *Eckert/Hoffmann* § 1 og Rn. 67, 41).

5. In der Höhe entspricht der Schadensersatzanspruch zunächst dem Mietausfall, der im Zeitraum ab Rücktrittserklärung des Insolvenzverwalters bis zum frühesten Wirksamwerden einer möglichen Kündigung des Mieters (BGH ZMR 1955, 105) oder einer vorgenommenen Kündigung des Vermieters entstanden wäre (MüKoInsO/*Eckert/J. F. Hoffmann* § 109 Rn. 29; Kübler/Prütting/Bork/*Tintelnot* InsO § 109 Rn. 49). Der Vermieter ist so zu stellen, als wäre das Mietverhältnis durch den Insolvenzschuldner nach dessen Kündigung zum erstmöglichen Zeitpunkt nach Eröffnung des Insolvenzverfahrens beendet worden (Andres/Leithaus/*Andres* InsO § 109 Rn. 7; Nerlich/Römermann/*Balthasar* InsO § 109 Rn. 12). Ferner sind Folgeschäden ersatzfähig, beispielsweise der ohne Anlage der erhofften Miete entstandene Gewinnausfall (Uhlenbruck/*Wegener* InsO § 109 Rn. 11; aA Kübler/Prütting/Bork/*Tintelnot* InsO § 109 Rn. 49; unentschieden MüKoInsO/*Eckert/J. F Hoffmann* § 109 Rn. 29), wobei die Verletzung der Schadensminderungspflicht durch den Vermieter beachtlich sein kann (vgl. BGH NJW 1968, 985; Andres/Leithaus/*Andres* InsO § 109 Rn. 7). Ersparte Aufwendungen (zB Nebenkosten) sind indes anzurechnen, vgl. § 537 Abs. 1 S. 2 BGB (OLG Frankfurt a. M. DB 1979, 2125 (2126)). Eine Vertragsstrafe wegen der vorzeitigen Vertragskündigung ist nicht ersatzfähig, denn sie steht im Widerspruch zu § 119 InsO (Nerlich/Römermann/*Balthasar* InsO § 109 Rn. 13).
Soweit der Insolvenzmasse noch ein Auszahlungsanspruch aus Guthaben der Nebenkostenabrechnung zusteht, ist für eine Aufrechnung des Vermieters hiermit nicht mehr der Abschluss des Mietvertrages die maßgebliche Rechtshandlung im Sinne der §§ 95, 96 Abs. 1 Nr. 3 InsO (so aber noch BGH NZI 2005, 164 f.). Diese Rechtsprechung hat der BGH mit Urteil vom 17.9.2009 (NZI 2010, 58) ausdrücklich aufgegeben. Danach entstehen Mietforderungen nicht aufschiebend bedingt bereits mit Vertragsschluss, sondern erst in dem Zeitraum, in dem das Mietobjekt genutzt wird, regelmäßig also jeweils zum Monatsanfang.

6. Ansprüche, die aufgrund der vorzeitigen Beendigung des Mietverhältnisses wegen Insolvenz des Mieters entstehen, stellen nicht schon aufgrund ihres Zusammenhangs mit der Insolvenz einen Masseanspruch dar, sondern sind bereits nach dem Wortlaut des § 109 Abs. 1 S. 3 InsO Insolvenzforderungen (Andres/Leithaus/*Andres* InsO § 109 Rn. 7). Allerdings ist zwischen Schadensersatzansprüchen wegen der vorzeitigen Beendigung und solchen aus dem Abwicklungsverhältnis zu differenzieren:
(a) **Schadensersatzansprüche wegen vorzeitiger Vertragsbeendigung** stellen lediglich Insolvenzforderungen dar. Eine Einordnung der Schadensersatzansprüche wegen des Rücktritts des Verwalters in den Rang des § 38 InsO ergibt sich bereits unmittelbar aus dem Wortlaut des § 109 Abs. 2 S. 2 InsO (HK-InsO/*Marotzke* § 109 Rn. 28).
(b) **Ansprüche aus dem Abwicklungsverhältnis:** Neben dem Schadensersatzanspruch aus § 109 Abs. 1 S. 3 InsO bestehen im Falle der vorzeitigen insolvenzbedingten Beendigung des Mietverhältnisses weitere Ansprüche des Vermieters aus dem Abwicklungsverhältnis.
Der aus § 985 BGB sowie § 546 BGB folgende, durch die Insolvenzeröffnung inhaltlich unbeeinflusste Herausgabeanspruch des Vermieters begründet ohne Rücksicht darauf, ob das Mietverhältnis vor oder nach Insolvenzeröffnung beendet wurde, ein Aussonderungsrecht nach § 47 InsO gegenüber der Masse (BGH NZI 2008, 554). Dieses besteht allerdings nur, wenn der auszusondernde Gegenstand infolge der Wahrnehmung des Verwaltungsbesitzes durch den Insolvenzverwalter massebezogen ist; anderenfalls kann der Vermieter nur den Schuldner persönlich in Anspruch nehmen (BGH NZI 2008, 554). Der Räumungsanspruch ist bloße Insolvenzforderung (BGH NJW 2001, 2966). Gleiches gilt für den Anspruch auf Erfüllung etwaiger Rückbauverpflichtungen (BGH BeckRS 2008, 08450). Dies gilt zum einen, wenn das Mietverhältnis bereits vor Insolvenzeröffnung beendet wurde, zum anderen, wenn dieses erst nach Eröffnung durch Kündigung beendet wird, aber die nachteiligen Veränderungen bereits vor

Insolvenzeröffnung durch den Schuldner selbst verursacht wurden (BGH BeckRS 2008, 08450; BGH NJW-RR 2002, 1198). Auch dem Anspruch des Vermieters auf Nutzungsentschädigung für die Zeit ab Insolvenzeröffnung kommt grundsätzlich nicht der Rang einer Masseverbindlichkeit zu (BGH NZI 2007, 287; NZI 2007, 335). Ein betagter Anspruch auf Nutzungsentschädigung (hierzu BGH NZI 2001, 531; *Pape* NZM 2004, 401 (406)) aus einem bereits beendeten Mietverhältnis wird auch nicht dadurch zur Masseverbindlichkeit, dass der nicht besitzende Insolvenzverwalter auf das Herausgabeverlangen des Vermieters nicht eingeht (BGH NZI 2007, 287; OLG Koblenz BeckRS 2013, 13118 = ZInsO 2013, 1746: Der Entschädigungsanspruch des Vermieters wegen verspäteter Rückgabe führt auch nicht zu einem Aussonderungsrecht).

Anders liegt der Fall jedoch, wenn eine Nutzung der Mietsache durch den Insolvenzverwalter vorliegt, weil dann eine Insolvenzverwalterhandlung die Qualifikation als Masseforderung (§ 55 Abs. 1 Nr. 1 oder Nr. 2 InsO) rechtfertigt (BGH NZI 2007, 335). Dies ist der Fall, wenn der Insolvenzverwalter einen Gegenstand nutzt, obwohl er dies pflichtgemäß verhindern konnte (Kübler/Prütting/Bork/*Pape* InsO § 209 Rn. 17a; *Pape* NZI 2004, 410; *Eckert* NZM 2003, 42 (47 ff.)), insbesondere wenn er nicht zum frühestmöglichen Zeitpunkt (§ 109 Abs. 1 S. 1 InsO) das Mietverhältnis kündigt (OLG Stuttgart ZIP 2007, 1616). Auch die (fortgesetzte) Lagerung von Rohstoffen/Halbfertigprodukten bedeutet Nutzung (BGH NZI 2001, 531 f.). Dementsprechend schuldet der Insolvenzverwalter dem Vermieter auch dann eine Nutzungsentschädigung, wenn er bei Mietvertragsende das Mietobjekt nicht räumt, sondern es als Lager für an Gegenständen des Schuldners interessierte Dritte benutzt (OLG Düsseldorf InVo 2006, 429). Hat der Insolvenzverwalter den Gegenstand noch nach Verfahreseröffnung weiter genutzt und sind durch die schuldnerische Mieterin Schönheitsreparaturen durchzuführen, so ist der Anspruch zeitanteilig Insolvenz- bzw. Masseforderung (*Kübler* ZIP 1981, 755 (756); MüKoInsO/*Hefermehl* § 55 Rn. 157, 158; für Fälle nur kurzfristiger Nutzung durch den Insolvenzverwalter vgl. aber BGH NJW 1994, 1858; KG ZIP 1981, 753).

Entsprechend werden vorzunehmende Rückbauverpflichtungen behandelt. Soweit Veränderungen während des Insolvenzverfahrens durch den Insolvenzverwalter vorgenommen werden, stellt der Anspruch auf Wiederherstellung des vertraglichen Zustands eine Masseforderung dar (MüKoInsO/*Hefermehl* § 55 Rn. 159; OLG Celle ZMR 2007, 956). In diesem Zusammenhang hat das KG Berlin (NZI 2019, 379 mkritAnm *Primozic*, Entfernung einer Leichtbaumetallhalle ohne Fundamente) entschieden, dass bei Ausübung des mieterseitigen Wegnahmerechts gem. § 539 BGB durch den Insolvenzverwalter des Mieters, der Vermieteranspruch auf Wiederherstellung des ursprünglichen Zustands der Mietsache Masseverbindlichkeit sei. Nach der bisherigen höchstrichterlichen Rechtsprechung ist für das Vorliegen einer Masseschuld allerdings erforderlich, dass der Insolvenzverwalter den vertragswidrigen Zustand der Mietsache durch eine ihm selbst zuzurechnende Handlung herbeigeführt haben muss, vgl. § 55 Abs. 1 Nr. 1 InsO (BGH NZI 2001, 531 (532); Uhlenbruck/*Wegener* InsO § 108 Rn. 36). Die maßgebliche Handlung kann dabei zwar auch in einem pflichtwidrigen Unterlassen bestehen (BGH NZI 2002, 425). Hat jedoch allein der Schuldner zuvor den vertragswidrigen Zustand herbeigeführt (hier das Gießen des Fundaments) und waren damit die nachteiligen Veränderungen der Mietsache schon bei Verfahreseröffnung vorhanden, ist der Räumungsanspruch lediglich Insolvenzforderung (BGH NZI 2001, 531; Uhlenbruck/*Wegener* InsO § 108 Rn. 36). Der BGH (NZI 2019, 536 (539)) hat jüngst noch einmal klargestellt, dass bei Beendigung des Mietvertrags nach Insolvenzverfahreseröffnung die Abgrenzung, ob der Räumungsanspruchs des Vermieters eine Masseverbindlichkeit oder eine Insolvenzforderung darstellt grundsätzlich danach zu erfolgen hat, wann das Räumungsgut auf das Mietgrundstück verbracht worden ist. Soweit die zu räumenden Gegenstände und

Einrichtungen bereits vor Eröffnung des Insolvenzverfahrens auf dem Mietgrundstück vorhanden waren, begründet der Räumungsanspruch lediglich eine Insolvenzforderung. Durch eine spätere Wegnahmehandlung des Insolvenzverwalters erfüllt dieser also zumindest teilweise die mietvertragliche Pflicht zur Wiederherstellung des ursprünglichen Zustands, stellt also nicht eigenständig einen vertragswidrigen Zustand im Sinne des § 55 Abs. 1 Nr. 1 InsO her.

Im Fall eines Masseanspruchs nach § 55 InsO kann sich der Insolvenzverwalter auch nicht durch die Freigabe von einem titulierten Räumungsanspruch als Masseverpflichtung lösen (BGH NZI 2006, 293, hierzu *Henkel* EWiR 2006, 311 f.; aA OLG Stuttgart DZWIR 2005, 345 f.). Die Freigabe kann sich nämlich nur auf Aktiva beziehen, nicht aber eine Befreiung von Verpflichtungen/Passiva bewirken (*Henkel* ZInsO 2005, 1311 (1313)). Auch wenn der Verwalter durch die Freigabe die Verfügungsmacht über die zu räumenden Gegenstände verliert, bleibt er doch Schuldner des Räumungsanspruchs aus dem Mietverhältnis (BGH NZI 2001, 531; früher schon BGH NJW 1994, 3232). Erklärt der Insolvenzverwalter hingegen bei einem selbständig tätigen Schuldner gem. § 35 Abs. 2 S. 1 InsO die Freigabe des Geschäftsbetriebs, gehört das Vermögen aus der selbstständigen Tätigkeit des Schuldners nicht zur Insolvenzmasse und Ansprüche aus dieser Tätigkeit können nicht im Insolvenzverfahren geltend gemacht werden. Der BGH (NZI 2012, 409; NZI 2014, 614 (616) mAnm *Cymutta*) hat nun entschieden, dass infolge der Freigabeerklärung des Insolvenzverwalters Ansprüche aus Dauerschuldverhältnissen nur noch gegen den Schuldner und nicht mehr gegen die Masse durchgesetzt werden können. Dies gilt demgemäß auch für Mietverträge (vgl. auch LG Krefeld NZI 2010, 485).

(c) **Vermietet der Insolvenzverwalter** – unter Verletzung der mietvertraglichen Pflicht, vor einer Untervermietung die Zustimmung des Vermieters einzuholen – eine vom Schuldner angemietete Immobilie **an einen unzuverlässigen Untermieter** und gefährdet er dadurch den Rückgabeanspruch des aussonderungsberechtigten Vermieters, kann dies seine persönliche Haftung begründen (BGH NZI 2007, 286).

3. Geltendmachung von Ansprüchen aus dem Abwicklungsverhältnis

. . . . .

(Vermieter)

an

. . . . .

(Insolvenzverwalter)

Sehr geehrte(r) . . . . .,

in der Anlage . . . . . übersende ich Ihnen eine Auflistung der Räumungskosten für das nachfolgend bezeichnete Mietverhältnis und bitte zur Regulierung des Anspruchs um Überweisung auf unten genanntes Konto.

Zwischen der Schuldnerin als Mieterin und uns bestand ein Mietverhältnis über Geschäftsräume in der . . . . . (genaue Bezeichnung von Straße und Ort). Am . . . . . wurde das Insolvenzverfahren[1] über das Vermögen der . . . . . eröffnet[2] und Sie zum Insolvenzverwalter bestellt. Da weiterhin[3] keine Mietzahlungen geleistet wurden, habe ich das Mietverhältnis mit Schreiben vom . . . . . zum . . . . . gekündigt. Gemäß § 546 Abs. 1 BGB sind sie zur Herausgabe der Räumlichkeiten und deren Räumung[4] verpflichtet. Letzterer Pflicht sind Sie indes nicht nachgekommen.

Es sind Räumungskosten in Höhe von . . . . . EUR angefallen. Da das Objekt auch nach Verfahrenseröffnung noch von Ihnen genutzt wurde, richtet sich der Schadensersatzanspruch gegen die Insolvenzmasse.[5] Ich bitte daher zur Regulierung des Anspruchs um Überweisung auf mein Konto IBAN . . . ., und habe mir dazu den . . . . . notiert.

. . . . .

(Vermieter)

Anmerkungen

1. → Form. E.I.2 Anm. 2.

2. → Form. E.I.2 Anm. 2.

3. Das Kündigungsrecht steht dem Vermieter nur in Hinblick auf einen Verzug mit der Entrichtung der Miete oder Pacht zu, der in der Zeit nach dem Eröffnungsantrag eingetreten ist zu, vgl. § 112 Nr. 1 InsO.

4. Wie die Räumung sind auch andere Ansprüche aus dem Abwicklungsverhältnis zu behandeln, nämlich insbesondere Schönheitsreparaturen durch den Mieter, Rückbauverpflichtungen und Verschlechterungen der Mietsache, die vor Verfahrenseröffnung eingetreten sind (Gottwald/*Huber* § 37 Rn. 37).

5. → Form. E.II.2 Anm. 6. Einen Sonderfall stellt die **Zwischenvermietung** dar. Gemeint ist damit, dass der künftige Schuldner Räumlichkeiten anmietet und dann an einen Dritten untervermietet (hierzu ausführlich *Marotzke* ZInsO 2007, 1 ff.). Nach § 108 Abs. 1 S. 1 InsO bestehen Haupt- und Untermietverhältnis zunächst fort. Nach einer Entscheidung des VIII. Senats des BGH (NZI 2005, 450) soll der (vorläufige) Insolvenzverwalter der Zwischenmieterin verpflichtet sein, die von dem Endmieter eingezogene Miete an den Hauptvermieter weiterzuleiten. Erklärt er dennoch, er werde die Miete nicht weiterleiten, so ist der Hauptvermieter zur fristlosen Kündigung des Zwischenmietverhältnisses berechtigt, auch wenn ein Zahlungsrückstand in der Höhe von zwei Monatsmieten iSd § 543 Abs. 2 Nr. 3 BGB noch nicht entstanden ist (BGH NZI 2005, 450). Der für das Insolvenzrecht zuständige IX. Senat (NZI 2008, 295 mAnm *Drasdo*) hat jedoch zu Recht entschieden, dass ein **vorläufiger schwacher Insolvenzverwalter** mit Zustimmungsvorbehalt insolvenzrechtlich **nicht verpflichtet** ist, der **Weiterleitung der Mietzahlungen**, die der Schuldner als Zwischenvermieter erhält, an den Hauptvermieter **zuzustimmen**. Freilich ist der (vorläufige) Insolvenzverwalter dann zur Weiterleitung der vom Untermieter eingezogenen Mieten berechtigt, wenn durch die Aufrechterhaltung des Mietverhältnisses mehr Vor- als Nachteile für die Insolvenzmasse zu erwarten sind und zur Vermeidung einer Kündigung durch den Vermieter die nach dem Eröffnungsantrag fällig werdenden Raten deshalb wieder vertragsgerecht bezahlt werden. Auch hält der IX. Senat richtigerweise an seiner ständigen Rechtsprechung fest, wonach die Vorschrift des § 55 Abs. 2 S. 2 InsO auf Rechtshandlungen eines vorläufigen „schwachen" Insolvenzverwalters ohne begleitendes allgemeines Verfügungsverbot weder unmittelbar noch entsprechend anzuwenden ist. Leitet der vorläufige Insolvenzverwalter des Zwischenmieters also die Mieten schlicht nicht an den Hauptvermieter weiter, ohne sich hierzu ausdrücklich zu erklären, besteht weder eine Masseverbindlichkeit noch ein Schadensersatzanspruch gegen ihn persönlich. Entsteht in diesem Fall während des Insolvenzeröffnungsverfahrens ein Mietrückstand in der Höhe von zwei Monatsmieten, ist der Vermieter freilich berechtigt, das Mietverhältnis nach § 543 Abs. 2 Nr. 3 BGB zu kündigen. Erklärt der Verwalter dagegen ausdrücklich, die Miete nicht zahlen zu wollen, bejaht allerdings der IX. Senat ebenso wie der VIII. Senat die Verletzung einer mietvertraglichen Pflicht, die den Hauptvermieter zur fristlosen Kündigung berechtigt, ohne dass die Voraussetzungen des § 543 Abs. 2 Nr. 3 BGB vorliegen müssen (BGH NZI 2008, 295 mAnm *Drasdo*). **Dem Insolvenzverwalter des Zwischenmieters steht als Vermieter gegenüber dem Untermieter kein Sonderkündigungsrecht zu**; das Hauptmietverhältnis kann er jedoch nach § 109 InsO kündigen und muss dies gegebenenfalls im Interesse der Insolvenzmasse sogar. Umgekehrt kann der Hauptvermieter das Hauptmietverhältnis kündigen soweit nicht § 112 InsO entgegensteht. Der Anspruch des Untermieters gegen den Schuldner auf Überlassung des Mietobjektes kann in diesen Fällen durch letzteren bzw. dessen Insolvenzverwalter nicht mehr erfüllt werden.

Bei einer vereinbarten, gewerblichen Weitervermietung zu Wohnzwecken ergibt sich die Rechtsfolge unmittelbar aus § 565 BGB: Der Hauptvermieter tritt in das Untermietverhältnis ein, ohne dass ein Schaden des Untermieters entsteht (Mohrbutter/Ringstmeier/*Ringstmeier* § 40 Rn. 16; Jaeger/*Jacoby* InsO § 108 Rn. 88). Die Regelung ist indes nicht auf nicht Wohnzwecken dienende oder gewerbliche Untervermietungen anwendbar (Palandt/*Weidenkaff* BGB § 565 Rn. 2, 4).

In der Folge ist umstritten, ob der sich daraus ergebende Schadensersatzanspruch des Untermieters gegen seinen insolventen (Unter-)Vermieter, eine **Masseverbindlichkeit** ist oder eine schlichte **Insolvenzforderung** darstellt (ausführlich Jaeger/*Jacoby* InsO § 108 Rn. 91 ff.). RG und BGH haben den Schadensersatzanspruch des Untermieters unter der Geltung der Konkursordnung als einfache Konkursforderung eingeordnet (RGZ 67, 372; BGH NJW 1955, 948); als mittelbare Folge der Konkurseröffnung, so die Begründung, falle er unter § 26 S. 2 KO. Danach konnte eine Forderung wegen der Aufhebung eines Rechtsverhältnisses von dem davon Betroffenen Gläubiger nur als Konkursforderung geltend gemacht werden. Dem hat sich das konkursrechtliche Schrifttum – soweit ersichtlich – allgemein angeschlossen (Jaeger/*Henckel* KO § 21 Rn. 5; *Kilger/Schmidt* KO § 21 Rn. 1b; *Kuhn/Uhlenbruck* KO § 21 Rn. 3). Ob der vorgenannten Auffassung auch noch unter dem Geltungsbereich der Insolvenzordnung gefolgt werden kann, ist in der Literatur umstritten, Rechtsprechung zu der Frage existiert – soweit ersichtlich – nicht. Ein Teil der Literatur hält die zu § 26 S. 2 KO entwickelte Rechtsprechung für nicht auf die Insolvenzordnung übertragbar und betrachtet den Schadensersatzanspruch als Masseverbindlichkeit (*Wolf/Eckert/Ball* Rn. 1655; FK-InsO/*Wegener* § 111 Rn. 12; Uhlenbruck/*Wegener* InsO § 108 Rn. 26). Zur Begründung führt sie an, dass der Ersatzanspruch auf einer Verwaltungsmaßnahme des Insolvenzverwalters im Sinne des § 55 Abs. 1 Nr. 1 InsO beruhe. Das Untermietverhältnis, das der Schuldner als Vermieter eingegangen sei, könne der Verwalter nicht auflösen. Durch die Verwaltungsmaßnahme – Kündigung des Hauptmietverhältnisses bzw. Herbeiführung der Kündigung durch den Hauptvermieter wegen unterlassener Entrichtung des Mietzinses – werde es nicht betroffen, da es unabhängig von dessen Bestand fortdauere. Eine dem § 26 S. 2 KO entsprechende Vorschrift fehle in der InsO, § 108 Abs. 3 InsO greife nicht ein, da der Rechtsmangel im Untermietverhältnis erst nach der Verfahrenseröffnung entstehe (*Wolf/Eckert/Ball* Rn. 1655). Anderer Auffassung nach ist der **Schadensersatzanspruch** auch im Anwendungsbereich der Insolvenzordnung nur als **einfache Insolvenzforderung** anzusehen (Kübler/Prütting/Bork/*Tintelnot* InsO § 108 Rn. 16b; HK-InsO/*Marotzke* InsO § 108 Rn. 41). Wenn der Eigentümer den Mietgegenstand herausverlange, realisiere sich nur ein im Vorfeld der Insolvenz eingegangenen Risikos des Vertragspartners (= Untermieter) (Kübler/Prütting/Bork/*Tintelnot* InsO § 108 Rn. 16b). Wie der Verwalter des Eigentümer-Vermieters das Mietverhältnis durch freihändige Veräußerung des Mietgrundstücks mit der Folge einer bloßen Insolvenzforderung zu Ende bringen kann, da die infolge einer Kündigung des Erwerbers nach § 111 InsO entstehenden Ersatzansprüche des Mieters ganz herrschender Auffassung nach lediglich Insolvenzforderungen darstellen (HK-InsO/*Marotzke* § 108 Rn. 41; FK-InsO/*Wegener* § 111 Rn. 13;

Kübler/Prütting/Bork/*Tintelnot* InsO § 111 Rn. 14; Nerlich/Römermann/*Balthasar* InsO § 111 Rn. 15; krit. Mohrbutter/Ringstmeier/*Ringstmeier* § 40 Rn. 17), müsse dem Insolvenzverwalter des Zwischenvermieters durch Kündigung gegenüber dem Hauptvermieter nach § 109 Abs. 1 InsO dieselbe Möglichkeit offen stehen (Kübler/Prütting/Bork/*Tintelnot* InsO § 108 Rn. 16b). Zudem sei die restriktive Auslegung des § 21 KO, die dessen Anwendung nur auf Fälle der Zugehörigkeit der Mietsache zur Konkursmasse beschränke, auf die Insolvenzordnung zu übertragen. Auch die Anwendung des § 108 Abs. 1 InsO sei daher auf den Fall zu beschränken, dass die vom Schuldner vermietete Sache zur Insolvenzmasse gehört (HK-InsO/*Marotzke* § 108 Rn. 41 f.). Der **letztgenannten Ansicht** ist zu folgen, die §§ 21 KO und 108 InsO entsprechen einander dem Inhalt nach, eine Auslegung des § 108 InsO nach den Kriterien, die bereits bei § 21 KO angewendet wurden, ist sinnvoll (so auch *Marotzke* ZinsO 2007, 1 (7) der überdies die nunmehr geltende Kündigungsfrist des § 109 Abs. 1 S. 1 InsO analog gegenüber dem Untermieter anwenden möchte). Zudem ist nicht einzusehen, warum – wie die Gegenansicht anführt – der zu § 26 KO entwickelten Rechtsprechung nicht mehr gefolgt werden dürfe. Bereits im Geltungsbereich der KO verhinderte die restriktive Auslegung des § 21 KO dessen Anwendung für den Fall, dass das Mietobjekt nicht der Insolvenzmasse zuzurechnen war.

4. Geltendmachung von Absonderungsansprüchen nach InsO wegen Vermieterpfandrechts

. . . . .

(Vermieter)

an

. . . . .

(Insolvenzverwalter)

Sehr geehrte(r) . . . . .,

am . . . . . wurde das Insolvenzverfahren[1] über das Vermögen der . . . . . eröffnet.[2] In diesem Verfahren wurden Sie zum/zur Insolvenzverwalterin bestellt.

Zwischen der Schuldnerin und mir besteht seit dem . . . . . ein Mietverhältnis über die Geschäftsräume . . . . . (Anschrift). Der daraus begründeten Mietzahlungspflicht ist die Schuldnerin seit einschließlich dem . . . . . (Monat, Jahr)[3] nicht nachgekommen.

Mit beigefügtem Schreiben vom . . . . . habe ich daher von dem mir gem. §§ 562 ff. BGB zustehenden Vermieterpfandrecht[4] Gebrauch gemacht. Dabei habe ich es ferner der Schuldnerin untersagt, dem Vermieterpfandrecht unterliegende Gegenstände[5] von dem Grundstück zu entfernen. Die Schuldnerin hat dem entsprochen.[6]

Ich mache daher das Pfandrecht an . . . . .[7] geltend. Mein Anspruch setzt sich wie folgt zusammen:[8]

Hauptforderung:	. . . . . EUR
Zinsen:	. . . . . EUR
Kosten:	. . . . . EUR

. . . . .

(Vermieter)

Anmerkungen

1. → Form. E.I.2 Anm. 2.

2. → Form. E.II.2 Anm. 2.

3. Der Vermieter kann schließlich sein ihm zustehendes Vermieterpfandrecht gemäß §§ 578, 562 BGB, § 50 Abs. 2 S. 1 InsO wegen rückständiger Mietzinsen für das letzte Jahr vor Insolvenzverfahrenseröffnung ausüben. Das Absonderungsrecht besteht daher auch für den im Zeitraum zwischen Antragstellung und Verfahrenseröffnung fällig gewordenen Mietzins. Das Vermieterpfandrecht umfasst hingegen nicht die Entschädigung, die infolge einer Kündigung des Insolvenzverwalters zu zahlen ist (*Gottwald* § 42 Rn. 54). Hiervon ausgenommen ist das Pfandrecht des Verpächters eines landwirtschaftlichen Grundstücks, § 50 Abs. 2 S. 2 InsO. Zum Haftungsumfang im Einzelnen → Anm. 7.

Macht der Vermieter gegenüber einem Pfändungspfandgläubiger sein gesetzliches Pfandrecht im Rahmen des § 562d BGB geltend, so beschränkt ein späteres Insolvenzverfahren des Mieters nicht die Rechte des Vermieters, wenn dessen Befriedigung die Insolvenzmasse nicht beeinträchtigt (BGH NJW 1959, 2251; *Gottwald* § 42 Rn. 54). Die zeitliche Begrenzung in § 50 Abs. 2 S. 1 InsO hat also nicht absolute Wirkung, sondern ist nach ihrem inneren Zweck auf das Interesse der Insolvenzmasse beschränkt. Daher gilt sie nicht im Falle eines Rechtsstreits mehrerer Absonderungsberechtigter, wenn die Insolvenzmasse unabhängig vom Verfahrensausgang nicht geschmälert würde (BGH NJW 1959, 2251).

4. Das Pfandrecht des Vermieters bzw. Verpächters entsteht kraft Gesetzes (§§ 562 Abs. 1 S. 1, 578 BGB). Es gewährt ihm in der Insolvenz des Mieters ein Absonderungsrecht (§ 50 InsO) für seine vorinsolvenzlichen Mietrückstände, wenn das Pfandrecht bereits vor Insolvenzeröffnung entstanden ist (RGZ 71, 76; MüKoInsO/*Ganter* § 50 Rn. 86b). Das gesetzliche Vermieterpfandrecht an eingebrachten pfändbaren Sachen des Mieters entsteht mit der Einbringung, auch soweit es erst künftig entstehende Forderungen aus dem Mietverhältnis sichert (BGH ZIP 2007, 191 ff.; siehe dazu *Mitlehner* ZIP 2007, 804 und *Neuenhahn* NZI 2007, 160). Hierbei kann das der Sicherung des Mietzinsanspruchs dienende Vermieterpfandrecht insolvenzrechtlich nicht in weiterem Umfang der Insolvenzanfechtung nach den § 129 ff. InsO unterliegen als die Mietzahlung selbst. Dem Vermieter steht deshalb in der Insolvenz des Mieters ein anfechtungsfreies Absonderungsrecht zu, soweit die von dem Pfandrecht erfassten Gegenständen bereits vor der Krise des Schuldners eingebracht wurden (BGH ZIP 2007, 191 ff.). Zu beachten ist, dass an Gegenständen, die der Mieter oder Insolvenzverwalter nach Insolvenzeröffnung in die Mieträume einbringt, kein Vermieterpfandrecht für vorinsolvenzliche Mietforderungen entsteht, §§ 81, 91 InsO (BGH NZI 2018, 174; MüKoInsO/*Breuer//Flöther* § 91 Rn. 22; *Dahl* NJW-Spezial 2009, 549; *Lütcke* NZI 2012, 262). Bei der Fortsetzung des Mietverhältnisses nach Eröffnung des Insolvenzverfahrens gemäß § 108 Abs. 1 InsO wird der Vermieter allerdings nach § 55 Abs. 1 Nr. 2 InsO Massegläubiger. Für seine „neuen" Mietzinsforderungen gegenüber der Masse erwirbt er demgemäß auch ein „neues" Vermieterpfandrecht an den erst nach Verfahrenseröffnung eingebrachten Sachen (MüKoInsO/*Breuer/Flöther* § 91 Rn. 22). Da das Einbringen verfügungsähnlichen Charakter im Sinne des § 81 Abs. 1 S. 1 InsO hat, muss der Gegenstand mit Zustimmung des Verwalters oder von diesem selbst eingebracht worden sein (MüKoInsO/*Breuer/Flöther* § 91 Rn. 22).

5. Dem Pfandrecht unterliegen nur körperliche Gegenstände. Umfasst sind auch Geld, Inhaber- und indossable Papiere (MüKoInsO/*Ganter* § 50 Rn. 87). Hingegen stellen Namenspapiere und bloße Legitimationspapiere nicht verpfändbare Vermögensgegenstände dar (Uhlenbruck/*Brinkmann* InsO § 50 Rn. 21; MüKoInsO/*Ganter* § 50 Rn. 87; MüKoBGB/*Artz* § 562 Rn. 11). Es kann nur das dahinter stehende Recht selbst verpfändet werden. Zins-, Renten- und Dividendenscheine unterliegen dem Vermieterpfandrecht nur, wenn sie selbst eingebracht sind (MüKoInsO/*Ganter* § 50 Rn. 87).

Stets ist erforderlich, dass der fragliche Gegenstand im Eigentum des Mieters steht. Ferner ist gerade mit Blick auf die Insolvenzsituation zu beachten, dass die in § 811 ZPO genannten unpfändbaren Gegenstände ausgenommen sind (BGH NZM 2009, 660). Gleiches gilt nach herrschender Auffassung auch für den Hausrat gem. § 812 ZPO (Uhlenbruck/*Brinkmann* InsO § 50 Rn. 23; Nerlich/Römermann/*Andres* InsO § 50 Rn. 21). Gehören die Sachen aufgrund wirksam vereinbarten Eigentumsvorbehalts noch dem Lieferanten, so kann dieser die Sachen im Wege der Aussonderung herausverlangen, ohne dass Rechte des Vermieters dem entgegenstünden oder er am Erlös zu beteiligen wäre (*Franken/Dahl* S. 106). Hat der Mieter an der eingebrachten Sache ein Anwartschaftsrecht, zum Beispiel als Vorbehaltskäufer, so erstreckt sich das Pfandrecht hierauf (MüKoInsO/*Ganter* § 50 Rn. 89). Der Vermieter hat etwa die Möglichkeit, das bisherige Anwartschaftsrecht des Mieters durch Herbeiführung des Bedingungseintritts zum Vollrecht erstarken zu lassen, indem er den Restkaufpreis zahlt. Mit dem Eintritt der Bedingung unterliegt die Sache dann dem Pfandrecht (MüKoInsO/*Ganter* § 50 Rn. 89; Jaeger/*Henckel* InsO § 50 Rn. 40; *Franken/Dahl* S. 106). Kein Vermieterpfandrecht besteht an Sachen, die vor Einbringung zur Sicherheit übereignet wurden (MüKoInsO/*Ganter* § 50 Rn. 89a; *Gottwald* § 42 Rn. 54). Eine nach dem Einbringen vorgenommene Sicherungsübereignung lässt das Pfandrecht unberührt, da ein Sicherungsnehmer regelmäßig als bösgläubig auszusehen sein wird (MüKoInsO/*Ganter* § 50 Rn. 89a). Selbiges gilt auch im Falle einer Veräußerung des Mietobjekts, wenn die Sicherungsübereignung der dem Vermieterpfandrecht unterliegenden Gegenstände im Zeitraum nach ihrer Einbringung in die Mieträume und vor einem veräußerungsbedingten Vermieterwechsel vorgenommen wird. Die bereits zuvor eingebrachten Sachen werden dann auch vom Vermieterpfandrecht des Erwerbers erfasst (BGH NJW 2014, 3775 = NZI 2015, 63 mAnm *Ganter*). Wird ein in gemietete Räume eingebrachtes Warenlager mit wechselndem Bestand sicherungsübereignet, so gilt in Bezug auf Waren, die erst nach der Sicherungsübereignung dem Warenlager zugeführt werden, dass dem Vermieterpfandrecht der Vorrang zuzubilligen ist (BGH NJW 1992, 1156; MüKoInsO/*Ganter* § 50 Rn. 89b). Nach dem Grundsatz der zeitlichen Priorität entstehen Vermieterpfandrecht und Sicherungseigentum zwar gleichzeitig und mit gleichem Rang; allerdings soll die Sachgesamtheit rechtlich einheitlich behandelt und eine wirtschaftliche Aushöhlung des Vermieterpfandrechts verhindert werden (BGH NJW 1992, 1156).

6. Vor **Insolvenzeröffnung** gilt, dass durch Entfernung von Pfandrechtsgegenständen vom Grundstück das Pfandrecht dann nicht erlischt, wenn der Vermieter der Entfernung bereits im Voraus gem. § 562a S. 1 Alt. 2 BGB **widersprochen** hat (Uhlenbruck/*Brinkmann* § 50 Rn. 30) und innerhalb eines Monats nach Kenntnis **Herausgabeklage** erhebt, § 562b Abs. 2 BGB (HamburgKomm InsO/*Scholz* § 50 Rn. 39 mwN). Wie der BGH jüngst entschieden hat, erlischt das Pfandrecht an einem Fahrzeug mit **jeder Entfernung** vom Mietgrundstück und entsteht mit dessen Rückführung immer wieder neu (BGH NZI 2018, 174). Insofern kann bspw. ein Reparaturbetrieb ein Werkunternehmerpfandrecht gem. § 647 BGB unbelastet vom Vermieterpfandrecht erwerben (vgl. Uhlenbruck/*Brinkmann* InsO § 50 Rn. 30). **Nach Insolvenzeröffnung** ist der Insolvenzverwalter des Mieters regelmäßig gem. § 166 Abs. 1 InsO berechtigt, die in seinem Besitz befindlichen Sachen freihändig zu verwerten. Der Vermieter kann einer Verwertung nicht mehr widersprechen (Uhlenbruck/*Brinkmann* InsO § 50 Rn. 32; HK-InsO/*Lohmann* § 50 Rn. 30; MüKoInsO/*Ganter* § 50 Rn. 100). In diesem Fall setzt sich das Pfandrecht des Vermieters an dem Erlös fort (BGH NZI 2001, 548; Uhlenbruck/*Brinkmann* InsO§ 50 Rn. 32; Nerlich/Römermann/*Andres* InsO § 50 Rn. 24). Der BGH hat überdies entschieden, dass der Insolvenzverwalter nicht berechtigt ist, den Erlös aus der Verwertung dem Vermieterpfandrecht unterliegender Gegenstände mit der Tilgungsbestimmung an den Vermieter auszukehren, die Zahlung vorrangig auf die nach Verfahrenseröffnung als Masseverbindlichkeiten begründeten Mietforderungen und erst sodann auf die vor Verfahrenseröffnung als Insolvenzforderungen entstandenen Mietforderungen anzurechnen, wenn ein Gewerbemietverhältnis mit dem Schuldner als Mieter nach Insolvenzeröffnung fortdauert (BGH NJW 2015, 162 = NZI 2014, 1044 mAnm *Lütcke* NZI 2014, 1035). Ist der Erlös aus der Verwertung der Sachen vom Verwalter zur Masse gezogen worden und nicht mehr unterscheidbar vorhanden, so tritt an die Stelle des Absonderungsrechts eine Masseverbindlichkeit nach § 55 Abs. 1 Nr. 3 InsO (vgl. BGH NZI 2001, 548; Uhlenbruck/*Brinkmann* InsO § 50 Rn. 32).

Freilich ist der Verwalter nach von ihm durchgeführter Verwertung berechtigt, vor Auskehrung des Erlöses hieraus die Kostenbeiträge des § 171 Abs. 1 InsO (= 4 % Feststellungskostenpauschale) und § 171 Abs. 2 InsO (= 5 % Verwertungskostenpauschale) sowie die hierauf entfallende Umsatzsteuer für die Insolvenzmasse zu entnehmen.

7. Der Vermieter kann von dem Insolvenzverwalter Auskunft über das Pfandrecht verlangen (BGH NZI 2004, 209; OLG Dresden NZI 2011, 995; FK-InsO/*Imberger* § 50 Rn. 67). Nach Auffassung des BGH ist der Auskunftsanspruch im Sinne einer „Pfandrechtsermittlung" als Nebenrecht des Absonderungsrechts gemäß § 50 InsO anzusehen (BGH NZI 2004, 209; MüKoInsO/*Ganter* Vor §§ 49 bis 52 Rn. 130). Auf der anderen Seite ist der Vermieter in dem Eröffnungsbeschluss des Insolvenzgerichts gem. § 28 Abs. 2 InsO aufzufordern, den Insolvenzverwalter unverzüglich über seine Sicherungsrechte zu informieren (ausf. *Hahn* ZInsO 2018, 911 (916); vgl. zur mangelnden Kenntnis vom Sicherungsrecht LG Mannheim ZIP 2003, 2374). Bei schuldhafter Verletzung der Mitteilungspflicht, kann ein Schadensersatzanspruch entstehen, § 28 Abs. 2 S. 3 InsO.

8. Nach § 50 Abs. 2 InsO umfasst die Haftung des Pfandrechts alle Miet- und Pachtforderungen aus den letzten zwölf Monaten vor Verfahrenseröffnung, für die das Pfandrecht besteht. Das sind **alle Forderungen aus einem Mietverhältnis**, also nicht nur der Mietzins, sondern auch Nebenkosten, Schadensersatzansprüche etc (MüKoBGB/*Artz* § 562 Rn. 7; FK-InsO/*Imberger* § 50 Rn. 64; Uhlenbruck/*Brinkmann* InsO § 50 Rn. 27). Nach §§ 1210, 1257 BGB erstreckt sich das Pfandrecht auch auf Zinsen und Vertragstrafen. Das Absonderungsrecht besteht auch für den im Zeitraum zwischen Antragstellung und Verfahrenseröffnung fällig gewordenen Mietzins. Das Vermieterpfandrecht umfasst hingegen nicht die Entschädigung, die infolge einer Kündigung des Insolvenzverwalters zu zahlen ist, § 50 Abs. 2 S. 1 InsO (Uhlenbruck/*Brinkmann* InsO § 50 Rn. 28; *Gottwald* § 42 Rn. 54 mwN).

Haftet der Schuldner dem Pfandrechtsgläubiger auch persönlich, ist dieser befugt, die zugrunde liegende Forderung in voller Höhe zur Tabelle anzumelden. Die Gefahr einer doppelten Befriedigung wird erst bei der Verteilung durch das in § 52 S. 2 InsO normierte Ausfallprinzip reguliert. Die Forderung des Pfandgläubigers wird in voller Höhe geprüft und bei Nichtbestreiten als „Forderung für den Ausfall" festgestellt. Liegt – wie dies regelmäßig der Fall sein dürfte – das Verwertungsrecht an den eingebrachten Sachen des Mieters in der Hand des Insolvenzverwalters (§ 166 InsO), ist es dessen Aufgabe, den Umfang der Berücksichtigung festzustellen (Graf-Schlicker/*Castrup* InsO § 190 Rn. 1). Soweit die Gegenstände bis zur Schlussverteilung nicht verwertet worden sind, hat der Insolvenzverwalter den Ausfall für die Abschlagsverteilung zu schätzen. Tatsächlich kommt eine Teilnahme des Pfandrechtsgläubigers an der Verteilung nur in Betracht, wenn die Höhe des Ausfalls bezifferbar ist.

Der Vermieter ist nur dann zur Verwertung befugt, wenn er – ausnahmsweise – die eingebrachten Sachen des Mieters **in seinem Besitz hat.** Kann er durch die Verwertung keine vollständige Befriedigung seiner gesicherten Forderungen erreichen, hat er den Ausfall gegenüber dem Insolvenzverwalter nachzuweisen, § 190 Abs. 1 InsO. Für die Erbringung des Nachweises besteht eine Ausschlussfrist von zwei Wochen nach öffentlicher Bekanntmachung der zur Verteilung verfügbaren Masse, § 189 Abs. 1 InsO. Wird der Nachweis nicht bis zu der für die Schlussverteilung laufenden Ausschlussfrist erbracht, wird der zurückbehaltene Betrag für die Schlussverteilung gem. § 190 Abs. 1 S. 2 InsO frei. Bei einer Abschlagsverteilung genügt die Glaubhaftmachung des mutmaßlichen Ausfalls, § 190 Abs. 2 S. 1 InsO.

5. Abrechnung über Mietkaution und Aufrechnung

. . . . .

(Vermieter)

an

. . . . .

(Insolvenzverwalter)

Sehr geehrte(r) . . . . .,

nach Beendigung des zwischen mir und . . . . . (Schuldner) bis zum . . . . . (Mietende) bestehenden Mietverhältnisses . . . . . (genauere Bezeichnung) rechne[1] ich über die von der Schuldnerin bei Vertragsschluss als Mietsicherheit bereitgestellte Geldsumme wie folgt ab:

erhaltener Betrag	. . . . . EUR
zzgl. Zinsen iHv . . . . . % p.a. auf diesen Betrag	
für den Zeitraum von . . . . . bis	. . . . . EUR
Gesamtbetrag Mietsicherheit	. . . . . EUR

Aus dem Mietverhältnis stehen mir noch folgende bislang nicht erfüllte Forderungen zu:

Miete aus dem Zeitraum vor Insolvenzeröffnung	
Monate von . . . . . bis	. . . . . EUR
Miete aus der Zeit nach Insolvenzeröffnung	
Monate von . . . . . bis	. . . . . EUR

Mit diesen Forderungen rechne ich hiermit gegen die Mietsicherheit auf.[2]

Danach ergibt sich zu Ihren Gunsten noch ein

Guthaben von	. . . . . EUR

das ich heute auf das von Ihnen genannte Bankkonto . . . . . (Bankverbindung) überwiesen habe.

. . . . .

(Vermieter)

Anmerkungen

1. Zur Abrechnung des Vermieters über die Barkaution → Form. F.V.1.

2. Zu der Natur des Kautionsrückzahlungsanspruch → Form. E.IV Anm. 2.

In einem Prozess des Mieters auf Rückzahlung der entrichteten Kaution verliert dieser mit Eröffnung des Insolvenzverfahrens gem. § 80 Abs. 1 InsO seine **Prozessführungsbefugnis**. Diese geht auf den Insolvenzverwalter über. Bei einer **Mietergesamtheit** sind bei der Rückforderung der gemeinschaftlich geleisteten Kaution die §§ 432, 705 ff. BGB zu beachten. Mehreren Mietern steht die Prozessführungsbefugnis nur gemeinschaftlich zu. Wird nun über das Vermögen eines Mieters das Insolvenzverfahren eröffnet, ist der andere (solvente) Mieter ebenfalls nicht mehr prozessführungsbefugt (vgl. AG Brandenburg BeckRS 2012, 09367). Praktisch relevant wird im Falle der Mieterinsolvenz häufig die Frage, ob der Vermieter berechtigt ist, seine Insolvenzforderungen durch **Aufrechnung** zu befriedigen, wenn der Insolvenzmasse etwa ein Auszahlungsanspruch aus Guthaben der Nebenkostenabrechnung oder auf Rückzahlung der Kaution zusteht. Die Mietkaution wird dem Vermieter gerade als Sicherheit für die Insolvenz des Mieters hingegeben. Insofern ist es das elementare Bedürfnis des Vermieters, im Insolvenzfall seine offen stehenden Forderungen gegen den Kautionsrückzahlungsanspruch des Schuldners aufrechnen zu können. Der Vermieter kann nur solche Forderungen mit der Kaution verrechnen, die aus dem jeweiligen Mietverhältnis stammen, die Aufrechnung mit anderen (mietfremden) Forderungen gegen den Mieter ist ihm verwehrt. Nach der höchstrichterlichen Rechtsprechung ist dem Treuhandcharakter der Mietkaution ein stillschweigendes Aufrechnungsverbot für Forderungen zu entnehmen, die nicht durch das Mietverhältnis begründet werden (BGH NZM 2012, 678 mwN).

Besteht das Mietverhältnis bei Verfahrenseröffnung noch, so schützen den Vermieter zunächst bereits die Regelungen der §§ 108 Abs. 1 S. 1, 55 Abs. 1 Nr. 2 InsO, wonach die nach Verfahrenseröffnung geschuldeten Mieten keine Insolvenzforderungen, sondern Masseverbindlichkeiten darstellen. Aber auch Ansprüche des Vermieters aus dem Abwicklungsverhältnis – die – sofern sie nicht auf die Inanspruchnahme des Mietobjekts durch den Verwalter zurückzuführen sind – lediglich Insolvenzforderungen darstellen, sind insoweit geschützt als der Vermieter regelmäßig mit ihnen gegen den Kautionsrückzahlungsanspruch aufrechnen kann. Dies ergibt sich aus § 95 Abs. 1 S. 1 und S. 3 InsO: Ist der Anspruch der Insolvenzmasse bei Verfahrenseröffnung noch nicht fällig, so kann der Gläubiger aufrechnen, wenn sein Anspruch zwar erst nach Eröffnung, aber vor dem Masseanspruch fällig wird (→ Form. E.III.1 Anm. 8). Der **Kautionsrückzahlungsanspruch** wird erst nach Ablauf einer **Überlegungs- und Abrechnungsfrist** – regelmäßig sechs Monate – für den Vermieter **fällig**, wenn dem Vermieter sonst **keine offenen Forderungen aus dem Mietverhältnis** mehr zustehen, wegen derer er sich aus der Sicherheit befriedigen darf (BGH NZM 2016, 762 mAnm *Ludley*). Der BGH (NJW 1987, 2372) hält zivilrechtlich auch eine Aufrechnung des Vermieters mit bereits verjährten Ansprüchen sogar dann für zulässig, wenn er diese nicht innerhalb von sechs Monaten nach dem Ende des Mietverhältnisses abgerechnet hat. Dies gilt jedoch nicht für Ansprüche des Vermieters gerichtet auf wiederkehrende Leistungen iSd § 216 Abs. 3 BGB, wie insbesondere **Betriebskostennachforderungen**. Dem Vermieter ist es daher verwehrt, sich wegen bereits verjährter Betriebskostennachforderungen aus der Mietsicherheit zu befriedigen (BGH NZM 2016, 762) In der Insolvenz kann sich in einer entsprechenden Situation freilich die Problematik ergeben, dass der Kautionsrückzahlungsanspruch vor dem Anspruch des Vermieters fällig wird, sodass § 95 Abs. 1 S. 3 InsO einer Aufrechnung entgegensteht.

Ausgeschlossen ist eine **Aufrechnung** gegen den Kautionsrückzahlungsanspruch des Mieters auch dann, wenn der Vermieter die Möglichkeit der Aufrechnung – sprich: die eigene Forderung – durch eine anfechtbare Rechtshandlung erlangt hat (§ 96 Abs. 1 Nr. 3 InsO). Die Rechtsprechung, wonach der gemäß § 96 Abs. 1 Nr. 3 InsO maßgebliche Zeitpunkt für die Entstehung einer Mietforderung bereits der Abschluss des Mietvertrags sein sollte (BGH NZI 2005, 164), hat der BGH mit Urteil vom 17.9.2009 ausdrücklich aufgegeben (NZI 2010, 58). Danach entstehen Mietforderungen nicht aufschiebend bedingt bereits mit Vertragsschluss, sondern erst in dem Zeitraum, in dem das Mietobjekt genutzt wird, regelmäßig also jeweils zum Monatsanfang. Dies hat zur Folge, dass eine Aufrechnung mit Mietforderungen, die in den letzten drei Monaten vor der Antragstellung oder während des Eröffnungsverfahrens (s. § 130 Abs. 1 Nr. 1 und 2 InsO) angefallen sind, regelmäßig ausscheiden wird. Gleiches dürfte für etwaige Betriebskostennachforderungen gelten, die sich auf Monate im anfechtungsrechtlich relevanten Zeitraum beziehen.

III. Erklärungen des Insolvenzverwalters bei Vermieterinsolvenz

1. Hinweis an Abtretungsempfänger auf beschränkte Wirksamkeit einer Vorausverfügung gem. § 110 Abs. 1 InsO

. . . . .

(Insolvenzverwalter)

an

. . . . .

(Abtretungsempfänger)

Sehr geehrte(r) . . . . .,

mit anliegendem Beschluss des Amtsgerichts – Insolvenzgerichts – . . . . . vom . . . . . ist das Insolvenzverfahren[1] über das Vermögen der . . . . . eröffnet[2] und der Unterzeichner zum Insolvenzverwalter bestellt worden.

Zwischen der Schuldnerin und der Mieterin . . . . . besteht ein Mietverhältnis[3] über das Objekt . . . . . (Adresse). Die zu Gunsten der Schuldnerin bestehenden Mietforderungen[4] wurden durch diese[5] mit Vereinbarung vom . . . . . an Sie abgetreten.[6] Gem. § 110 Abs. 1 InsO ist die Abtretung nur bis einschließlich der Miete für den Monat . . . . . (Eröffnungsmonat) wirksam.[7] Ich weise ausdrücklich darauf hin, dass die danach fällige Miete uneingeschränkt der Insolvenzmasse zusteht und von mir zur Masse gezogen wird.[8]

. . . . .

(Insolvenzverwalter)

Anmerkungen

1. → Form. E.I.2 Anm. 2.

2. → Form. E.I.2 Anm. 2.

3. Hatte der Schuldner als Vermieter oder Verpächter eines unbeweglichen Gegenstands oder von Räumen vor der Eröffnung des Insolvenzverfahrens über die Miet- oder Pachtforderung für die spätere Zeit verfügt, so bestimmt § 110 Abs. 1 InsO, dass diese Verfügung nur wirksam ist, soweit sie sich auf die Miete oder Pacht für den zur Zeit der Eröffnung des Verfahrens laufenden Kalendermonat bezieht. Ist die Eröffnung nach dem fünfzehnten Tag des Monats erfolgt, so ist die Verfügung auch für den folgenden Kalendermonat wirksam. Freilich bleibt hierbei die Möglichkeit der Insolvenzanfechtung der Vorausverfügung ebenso unberührt wie deren Unwirksamkeit nach § 138 BGB (HK-InsO/*Marotzke* § 110 Rn. 5; Andres/Leithaus/*Andres* InsO § 110 Rn. 4). Die wegen § 119 InsO **unabdingbare Vorschrift** des § 110 InsO steht im Zusammenhang mit dem – ua auch in § 91 InsO zum Ausdruck kommenden – **Schutz der Masse** vor Nachteilen, die entstehen würden, wenn bei Vorausverfügungen des Schuldners über die Miet- und Pachtforderung der unbewegliche Gegenstand vom Vertragspartner genutzt werden dürfte, ohne dass der Masse eine entsprechende Gegenleistung zufließen würde (vgl. BT-Drs. 12/2443, 147;

Braun/*Kroth* InsO § 110 Rn. 2; FK/*Wegener* InsO § 110 Rn. 1; Nerlich/Römermann/*Balthasar* InsO § 110 Rn. 2; MüKoInsO/*Eckert/J. F. Hoffmann* § 110 Rn. 2). Mit Blick auf die Rechtsprechung des BGH (NZI 2013, 586 mkritAnm *Dahl*) ist allerdings anzumerken, dass § 110 Abs. 1 InsO **keine eigene Unwirksamkeitsanordnung** enthalten soll, sondern eine Unwirksamkeit regelmäßig bereits aus § 91 Abs. 1 InsO folge. In seinem Anwendungsbereich verdränge somit § 110 InsO die Regelung des § 91 Abs. 1 InsO und erhalte einer an sich unwirksamen Vorausverfügung für einen gewissen Zeitraum ihre **Wirksamkeit** (BGH NZI 2013, 586; NZI 2006, 457). Im Ergebnis diene nach dieser Ansicht die Norm also ganz wesentlich dem **Schutz des vorauszahlenden Mieters** (Uhlenbruck/*Wegener* InsO § 110 Rn. 2, 13; Schmidt/*Ringstmeier* InsO § 110 Rn. 1 mwN).

Die Rechtsprechung, wonach § 108 InsO nur bei bereits **überlassenen** Miet- oder Pachtobjekten Anwendung findet (BGH NZI 2015, 123 mAnm *Dahl/Linnenbrink*; BGH NZI 2007, 713 mkritAnm *Dahl/J. Schmitz*), führt konsequenterweise dazu, dass es auch für die Anwendbarkeit des § 110 InsO auf die Frage der Überlassung ankommt (Runkel/*Dahl* § 8 Rn. 230). Vor Überlassung des Miet- oder Pachtobjekts gelangt § 108 InsO nicht zur Anwendung, sondern § 103 InsO (BGH NZI 2015, 123). Für § 103 InsO unterfallende Verträge gilt § 110 InsO jedoch nicht (Uhlenbruck/*Wegener* InsO § 110 Rn. 5; Jaeger/*Jacoby* InsO § 110 Rn. 20). Aus dem unveränderten Fortbestand des Miet- oder Pachtverhältnisses folgt, dass der Insolvenzverwalter die Vermieter- oder Verpächterleistungen so zu erbringen hat, wie sie vom Schuldner zu erbringen gewesen wären. Folgerichtig begründet auch der Anspruch des Mieters auf Herstellung eines zum vertragsgemäßen Gebrauch geeigneten Zustands der Mietsache bei fortdauerndem Mietverhältnis unabhängig davon eine Masseschuld, ob der mangelhafte Zustand vor oder nach Eröffnung des Verfahrens entstanden ist (BGH ZIP 2003, 854). Die Möglichkeit des Verwalters sich durch einseitige Erklärung von Freigabe des Mietverhältnisses vom Vertrag zu lösen, kommt außerhalb des Anwendungsbereichs des § 109 Abs. 1 S. 2 InsO und des § 35 InsO (→ Form. E.I.5 Anm. 4) grundsätzlich nicht in Betracht (Uhlenbruck/*Wegener* InsO § 108 Rn. 19; Kübler/Prütting/Bork/*Tintelnot* InsO § 108 Rn. 16c, FK-InsO/*Wegener* § 108 Rn. 39). Als Folge des Verfügungsverbots ist der Mieter oder Pächter gehalten, die Gegenleistung für die in der betroffenen Zeitspanne erfolgte Nutzung des Objekts noch einmal zur Masse zu erbringen. Gleichwohl steht ihm für den an einen Dritten oder den Schuldner vorgeleisteten Betrag ein Bereicherungsanspruch zu, der bei Entrichtung an den späteren Schuldner als Insolvenzforderung geltend zu machen und zur Insolvenztabelle anzumelden ist (Andres/Leithaus/*Andres* InsO § 110 Rn. 4; Runkel/*Dahl* § 8 Rn. 234). Mit diesem Anspruch kann er auch nicht aufrechnen, denn sonst wäre die Regelung des § 110 Abs. 1 InsO im Ergebnis wirkungslos (Uhlenbruck/*Wegener* InsO § 110 Rn. 17).

§ 110 Abs. 1 InsO bezieht sich seinem Wortlaut nach auf Mietverhältnisse über unbewegliche Gegenstände und Räume. Gleichermaßen werden aber auch Pacht und Leasing (von Immobilien) insolvenzrechtlich als Miete behandelt (Kübler/Prütting/Bork/*Tintelnot* InsO § 110 Rn. 8; weiterführend HK-InsO/*Marotzke* InsO § 110 Rn. 8 zur Erbpacht; zum Sale-and-lease-back-Vertrag BGH NZI 2013, 586 mAnm *Dahl*).

4. Neben dem Hauptfall periodischer Leistungen des Miet- bzw. Pachtzinses unterliegen auch **einmalige Zahlungen** der Unwirksamkeit der Verfügung. In beiden Fällen ist allein entscheidend, dass der Anspruch eine Gegenleistung für die Gebrauchsgewährung darstellt (MüKoInsO/*Eckert/J. F. Hoffmann* § 110 Rn. 15). Zu diesen Ansprüchen wegen Gebrauchsgewährung zählt auch die vom Mieter übernommene Schönheitsreparatur, wenn der Vermieter hierauf verzichtet (BGHZ 77, 301 = BGH NJW 1980, 2347; BGHZ 105, 71, 79 = BGH NJW 1988, 2790, 2793; Nerlich/Römermann/*Balthasar* InsO § 110 Rn. 7; aA Uhlenbruck/*Wegener* InsO § 110 Rn. 7). Die Zahlung einer Kaution ist hingegen keine Gegenleistung für die Gebrauchsgewährung. Sie ist somit keine Vorauszahlung des Mietzinses und stellt daher keine Vorausverfügung im Sinne des § 110 InsO dar. Eine diesbezügliche Verfügung wirkt insofern gegen die Masse (MüKoInsO/*Eckert/J. F. Hoffmann* § 110 Rn. 15).

5. § 110 Abs. 1 InsO erfasst nur **Verfügungen des Schuldners,** nicht dagegen Verfügungen des Insolvenzverwalters oder des verwaltungs- und verfügungsbefugten vorläufigen „starken" Insolvenzverwalters. Sie sind nicht der Handlungssphäre des Schuldners zuzurechnen (MoKoInsO/*Eckert/J. F. Hoffmann* § 110 Rn. 21). Anderenfalls wären Mieter wohl auch kaum bereit, der Masse durch Mietvorauszahlungen Kredit zu gewähren. Vorausverfügungen des Schuldners mit Zustimmung des nicht verwaltungs- und verfügungsbefugten vorläufigen „schwachen" Insolvenzverwalters unterfallen hingegen der Regelung des § 110 Abs. 1 InsO (MüKoInsO/*Eckert/J. F. Hoffmann* § 110 Rn. 21).

6. Vorausverfügungen im Sinne des § 110 InsO sind all diejenigen Rechtsgeschäfte, durch die der Anspruch des Schuldners auf Miet- oder Pachtzins vor Verfahrenseröffnung und mit Wirkung nach Verfahrenseröffnung **aufgehoben, übertragen, belastet** oder **verändert** wird (HK-InsO/*Marotzke* § 110 Rn. 11; Andres/Leithaus/*Andres* InsO § 110 Rn. 3; Schmidt/*Ringstmeier* InsO § 110 Rn. 7).

Vom Begriff der Vorausverfügung werden daher erfasst:
- Abtretung (BGH NZI 2013, 586 mAnm *Dahl*), bei Mietzinsforderungen gilt dies auch für die Abtretung an Grundpfandgläubiger (OLG Brandenburg DZWIR 2012, 486);
- Nießbrauchbestellung;
- Verpfändung;
- Erlass (Jaeger/*Jacoby* InsO § 110 Rn. 37; Schmidt/*Ringstmeier* InsO § 110 Rn. 7);
- Stundung (Jaeger/*Jacoby* InsO § 110 Rn. 37; Schmidt/*Ringstmeier* InsO § 110 Rn. 7) oder sonstige Zahlungserleichterung, soweit sie sich auf den Miet- oder Pachtzins für einen späteren Zeitraum als den Eröffnungsmonat oder den Folgemonat beziehen (Nerlich/Römermann/*Balthasar* InsO § 110 Rn. 8; Uhlenbruck/*Wegener* InsO § 110 Rn. 8);
- Einziehung der Miete oder Pacht sowie Miet- und Pachtvorauszahlungen (§ 110 Abs. 2 S. 1 InsO); der Vertragspartner trägt das Risiko dafür, dass er sich zu einer Kreditierung des Schuldners bereitgefunden hat. Nur dann, wenn ausnahmsweise der Miet- oder Pachtzins nicht nach wiederkehrenden Zeitabschnitten bemessen, sondern vertragsgemäß als Einmalbetrag zu zahlen war, wird die Vorauszahlung in Anlehnung an § 566 BGB unbeschränkt anerkannt (BGH NJW 1998, 595; OLG Frankfurt a.M. BeckRS 2018, 38394 Rn. 54);
- Zwangsvollstreckungsmaßnahmen in künftige Miet- oder Pachtforderungen (§ 110 Abs. 2 S. 2 InsO), wobei sämtliche in den §§ 704–795 ZPO geregelten Maßnahmen, also auch Arreste und einstweilige Verfügungen, erfasst werden (Uhlenbruck/*Wegener* InsO § 110 Rn. 11).

Der BGH hat klargestellt, dass ein Grundpfandgläubiger nach Eröffnung des Insolvenzverfahrens nur dann einen Zugriff auf die im hypothekarischen Haftungsverband stehenden Mieten und Pachten hat, wenn er den in § 49 InsO vorgesehenen Weg der Zwangsverwaltung wählt (BGH NZI 2006, 577; so bereits LG Stendal ZIP 2005, 1800 f.; AG Hamburg ZIP 2005, 1801 ff.; AG Hamburg ZInsO 2005, 1058; aA LG Münster ZIP 2005, 2331; ausführlich dazu: HK-InsO/*Marotzke* § 110 Rn. 13; Uhlenbruck/*Wegener* InsO § 110 Rn. 11 f.). Ansonsten stehen die Einnahmen der Insolvenzmasse zu, die – wie der BGH ausführt – durch die öffentlichen Lasten des Grundeigentums und die laufenden Kosten der Gebäudeinstandhaltung als Masseverbindlichkeiten zu berichtigen sind.

Keine Verfügungen über Miet- oder Pachtzinsforderungen liegen insbesondere vor:
- wenn die **Laufzeit** oder die **Miethöhe** für einen nach Verfahrenseröffnung liegenden Zeitraum abgeändert oder die dingliche Rechtslage am Grundstück verändert wird; können diese Verfügungen nicht nach den §§ 129 ff. InsO angefochten werden, dann ist die daraus resultierende Kürzung der Miet- und Pachtzinsforderung auch in der

Insolvenz bindend (Nerlich/Römermann/*Balthasar* InsO § 110 Rn. 8; ähnlich Kübler/ Prütting/Bork/*Tintelnot* InsO § 110 Rn. 29);

- bei **Hinterlegung der Mietkaution**, die keine Vorauszahlung des Mietzinses und daher keine Vorausverfügung im Sinne des § 110 InsO darstellt (FK-InsO/*Wegener* § 110 Rn. 10). Die Kaution ist hingegen keine Gegenleistung für die Gebrauchsgewährung, eine diesbezügliche Verfügung wirkt daher gegen die Masse (MüKoInsO/*Eckert/J. F. Hoffmann* § 110 Rn. 15).

Bei **Baukostenzuschüssen** ist zu differenzieren: Älterer Auffassung des BGH zufolge war ein solcher Zuschuss stets wirksam, da er der Konkursmasse einen **werthaltigen Zufluss** gewährte (BGH NJW 1952, 867). Die Privilegierung war zum damaligen Zeitpunkt gerechtfertigt, weil die Eigentümer wegen großen Sanierungsbedarfs und gleichzeitiger Wohnungsknappheit in der Nachkriegszeit auf Mieterkredite angewiesen waren (*Dötsch* NZM 2012, 296 ff.). **Nach einer neueren BGH-Entscheidung** (NZM 2012, 301) ist für eine Privilegierung (= damit insolvenzrechtlich § 110 InsO nicht zur Anwendung käme) erforderlich, dass

1.) der Zuschuss des Mieters zum Auf- bzw. Ausbau oder Instandsetzung des Mietobjekts verwendet worden ist,

2.) der Zuschuss aus dem Vermögen des Mieters stammt und

3.) dieser wenigstens mittelbar zu einer Werterhöhung beigetragen hat.

Dagegen hat das AG Dortmund (ZInsO 2018, 2416; NZI 2017, 897 (898) mAnm *Berberich*; ähnlich jedenfalls im gewerblichen Bereich OLG Schleswig ZInsO 2001, 239) bereits wiederholt entschieden, dass § 110 InsO insbesondere nach Streichung des § 57c ZVG, welcher das Sonderkündigungsrecht des Erstehers nach § 57a ZVG bei geleistetem Baukostenzuschuss einschränkte und auf welchen in § 111 S. 3 InsO aF verwiesen wurde, auf oben beschriebene, sog. „abwohnbare" Baukostenzuschüsse Anwendung finden soll. Eine Besserstellung des Mieters zulasten anderer Gläubiger sei bei einem Baukostenzuschuss, der im Wesentlichen eine Mietvorauszahlung darstellt, nicht mehr gerechtfertigt (Kübler/Prütting/Bork/*Tintelnot* InsO § 110 Rn. 34; Nerlich/Römermann/*Balthasar* InsO § 110 Rn. 9; *Dötsch* NZI 2012, 296 (300)). Dem ist zuzugeben, dass der Grund für die Mieterprivilegierung in seinen weitesten Zügen weggefallen ist. Der Grund basierte seinerseits auf einer richterlichen Rechtsfortbildung und hat mit der Streichung des § 57 c ZVG einen gesetzgeberischen Gegenimpuls erfahren. Die Tragung des Insolvenzrisikos ist typisches Risiko jeder Vorauszahlung. Dass gerade die Zuschussmittel spezifisch verwendet wurden (und nicht etwa einen bloßen Hypothekenkredit darstellen) und die Wertsteigerung auch tatsächlich dem Zuschuss entspricht, bleibt außerdem regelmäßig zweifelhaft (Kübler/Prütting/Bork/*Tintelnot* InsO § 110 Rn. 34). Allerdings ist nicht zu erwarten, dass der BGH von seiner aktuellen Rechtsprechung in diesem Sinne abweichen wird. Zuletzt bestätigte auch das OLG Frankfurt a. M. (BeckRS 2018, 38394 Rn. 59–61) abermals die Rechtsauffassung des BGH.

§ 110 InsO findet auch dann **keine Anwendung**, wenn ein **Dritter** an Stelle des Schuldners zur Gebrauchsüberlassung verpflichtet ist. Eine solche Vorausverfügung führt nicht zur Beeinträchtigung des Regelungszwecks des § 110 InsO (OLG Hamburg BeckRS 2010, 02875 = ZIP 2010, 744). Der Masse kommt also weiterhin der ungeschmälerte Mietzins der Vorausverfügungen als berechtigter Ausgleich zu, sofern gemäß § 108 InsO eine Pflicht zur Gebrauchsüberlassung besteht. Ein Insolvenzverwalter kann den Mieter dann aber nicht auf Räumung oder Zahlung in Anspruch nehmen, wenn zumindest der mittelbare Besitz an einem vermieteten Grundstück vor Insolvenzeröffnung auf einen Dritten übertragen wurde. Der Dritte hat unabhängig von der Abtretung etwaiger Mietzinsansprüche das Recht zur Fruchtziehung gem. § 99 BGB (OLG Hamburg BeckRS 2010, 02875 = ZIP 2010, 744).

Gegenüber den Vorschriften über die **Insolvenzanfechtung** ist § 110 InsO insoweit eine Spezialvorschrift, als dort die Wirksamkeit einer Vorausabtretung geregelt ist. Damit greifen die Bestimmungen über die Insolvenzanfechtung nur insoweit ein, als sie nicht auf den in § 110 InsO geregelten Besonderheiten beruhen (KG NZI 2008, 440). Nach der Auffassung des BGH liegt bereits eine für alle insolvenzrechtlichen Anfechtungstatbestände notwendige Gläubigerbenachteiligung nicht vor, wenn der Grundschuldgläubiger, dem der Schuldner die Mietzinsforderungen abgetreten hat, bis zur Insolvenzeröffnung eingehende Mietzahlungen mit einer Forderung gegen den Schuldner verrechnet, und der Grundschuldgläubiger das Absonderungsrecht zuvor unanfechtbar erworben hat (BGH NZI 2007, 98; Uhlenbruck/*Borries/Hirte* InsO § 129 Rn. 211; aA vorhergehend OLG Hamm ZIP 2006, 433, das zur Beseitigung der Gläubigerbenachteiligung eine Vereinbarung über den Einzug und die Verrechnung der Mieten – „kalte Zwangsverwaltung" – verlangt). Die Entscheidung sieht sich dahingehend Kritik ausgesetzt, dass die Hypothekenhaftung nur aufschiebend bedingt ab dem Zeitpunkt der Beschlagnahme wirke und die relevanten Forderungen vor diesem Zeitpunkt zur Befriedigung allen Gläubigern bestimmt sei (*Mitlehner* ZIP 2007, 804 (806)).

7. Bei Insolvenzeröffnung **nach dem 15.** eines Monats tritt die Unwirksamkeit der Vorausverfügung erst am Ende des **Folgemonats** ein, § 110 Abs. 1 S. 2 InsO. § 110 InsO verdrängt in seinem Anwendungsbereich § 91 InsO (BGH NZI 2013, 586).

8. Der Mieter oder der Pächter kann nach § 110 Abs. 3 S. 1 InsO gegen die Miet- oder Pachtforderung für den in § 110 Abs. 1 InsO bezeichneten Zeitraum eine Forderung aufrechnen, die ihm gegen den Schuldner zusteht. Unberührt hiervon bleiben die §§ 95 und 96 Nr. 2 bis 4 InsO (Kübler/Prütting/Bork/*Tintelnot* InsO § 110 Rn. 49; zur Aufrechnung im Einzelnen → Form. E.II.5 Anm. 2). Die Vorschrift beschränkt nicht die Möglichkeit der Aufrechnung nach § 95 InsO, sondern schließt lediglich die Unzulässigkeit der Aufrechnung nach § 96 Abs. 1 Nr. 1 InsO für den in § 110 Abs. 1 InsO bezeichneten Zeitraum aus. Sie erweitert damit die Aufrechnungsmöglichkeiten des solventen Mieters. Allerdings ist nach § 95 Abs. 1 S. 3 InsO die Aufrechnung wiederrum ausgeschlossen, wenn die Forderung, gegen die aufgerechnet werden soll, unbedingt und fällig wird, bevor die Aufrechnung erfolgen kann. Somit ist der Mieter auch im Anwendungsbereich des § 110 Abs. 3 S. 1 InsO **gehindert**, gegen den – regelmäßig am 3. eines Monats fällig werdenden – Mietzinsanspruch der Masse mit einem **später fällig werdenden Anspruch** – etwa auf **Rückerstattung einer Mietkaution**– aufzurechnen (vgl. BGH NZI 2013, 158).

2. Aufforderung an Mieter, den fälligen Mietzins gem. § 110 Abs. 1 InsO an die Masse zu leisten

. . . . .

(Insolvenzverwalter)

an

. . . . .

(Mieter)

Sehr geehrte(r) . . . . .,

mit anliegendem Beschluss des Amtsgerichts – Insolvenzgerichts – . . . . . vom . . . . . ist das Insolvenzverfahren[1] über das Vermögen der . . . . . eröffnet[2] und der Unterzeichner zum Insolvenzverwalter bestellt worden.

Zwischen der Schuldnerin und Ihnen besteht ein Mietverhältnis[3] über das Objekt . . . . . (Adresse). Die zu Gunsten der Schuldnerin bestehenden Mietforderungen[4] wurden durch diese[5] mit Vereinbarung vom . . . . . an . . . . . abgetreten.[6] Gem. § 110 Abs. 1 InsO ist die Abtretung nur bis einschließlich der Miete für den Monat . . . . . (Eröffnungsmonat) wirksam.[7] Ich weise ausdrücklich darauf hin, dass die danach fällige Miete uneingeschränkt der Insolvenzmasse zusteht und von mir zur Masse gezogen wird.[8]

Die danach fällig werdende Miete in Höhe von monatlich . . . . . EUR wollen Sie bitte fristgerecht auf das von mir eingerichtete Insolvenzverwalteranderkonto Nr. . . . . . bei der . . . . . Bank (BLZ . . . . .) zahlen.

. . . . .

(Insolvenzverwalter)

Anmerkungen

1. → Form. E.I.2 Anm. 2.

2. → Form. E.I.2 Anm. 2.

3. → Form. E.III.1 Anm. 3.

4. → Form. E.III.1 Anm. 4.

5. → Form. E.III.1 Anm. 5.

6. → Form. E.III.1 Anm. 6.

7. → Form. E.III.1 Anm. 7.

8. → Form. E.III.1 Anm. 8.

IV. Aufforderungsschreiben des Mieters an Insolvenzverwalter des Vermieters zur Kautionsrückzahlung

. . . . .

(Mieter)

an

. . . . .

(Insolvenzverwalter)

Sehr geehrte(r) . . . . .

nach Beendigung des zwischen mir und . . . . . (Schuldner) bis zum . . . . . (Mietende) bestehenden Mietverhältnisses . . . . . (genauere Bezeichnung) fordere ich Sie hiermit auf, die von mir als Mietsicherheit gewährte Kaution von . . . . . EUR nebst aufgelaufener Zinsen [. . .] nebst aufgelaufenen Zinsen in Höhe von . . . . . Prozentpunkten über dem jeweiligen Basiszinssatz, somit insgesamt . . . . . EUR an mich zurückzuzahlen.[1]

Sämtliche Ansprüche der Insolvenzschuldnerin aus dem Mietverhältnis sind erfüllt.[2]

Ich weise ausdrücklich darauf hin, dass die gemäß § 551 Abs. 3 S. 3 BGB getrennt vom Vermögen der Schuldnerin angelegte Mietkaution keine Insolvenzforderung darstellt, sondern von mir aufgrund eines Aussonderungsrechts (§ 47 InsO) herausverlangt werden kann.[3]

. . . . .

(Mieter)

Anmerkungen

1. Zum Anspruch auf Rückgabe von Mietsicherheiten nach dem Ende des Mietverhältnisses im Allgemeinen → Form. F.V, insb. → Form. F.V.1 Anm. 1.

2. Mit Bezahlung der Kaution an den Vermieter erhält der Mieter einen aufschiebend bedingten **Kautionsrückzahlungsanspruch** (BGHZ 84, 345 (349); 141, 160 (162)). Dieser wird fällig und besteht auch nur insoweit als feststeht, dass dem Vermieter keine Ansprüche mehr zustehen, für die die Kaution haftet (BGHZ 141, 160 (162); zu den dem Vermieter insoweit zugestandenen Abrechnungsfristen etwa Schmidt-Futterer/*Blank* BGB § 551 Rn. 99 f.).

3. Mit Urteil vom 20.12.2007 hat der BGH im Einklang mit der ganz herrschenden Meinung im Schrifttum entschieden, dass dem Mieter in der Insolvenz des Vermieters nur dann ein **Aussonderungsrecht** gemäß § 47 InsO an der von ihm geleisteten Kaution zusteht, wenn der Vermieter diese entsprechend § 551 Abs. 3 S. 3 BGB angelegt hat (BGH NZI 2008, 235; Kübler/Prütting/Bork/*Tintelnot* InsO § 108 Rn. 31; MüKoInsO/ *J. F. Hoffmann* § 108 Rn. 87; Palandt/*Weidenkaff* BGB § 551 Rn. 12; Schmidt-Futterer/ *Blank* BGB § 551 Rn. 116; aA *Derleder* NZM 2004, 568 (577 f.), der dem Mieter über § 108 Abs. 1 InsO auch nach Insolvenzeröffnung einen Anspruch auf getrennte und damit aussonderungsfähige Anlage einräumen will). Infolge der **getrennten Anlage** wird zwischen dem Vermieter und Mieter ein **Treuhandverhältnis** begründet, das die notwendige dingliche Komponente eines Aussonderungsrechts darstellt (*Dahl* in: FS Görg, S. 119, 120).

Bei der **Wohnraummiete** ist der Vermieter zu der getrennten Anlage nach § 551 Abs. 3 S. 3 BGB gesetzlich verpflichtet. Verletzt der Vermieter seine Pflicht nach § 551 Abs. 3 S. 3 BGB, liegt eine schadensersatzpflichtige **Nebenpflichtverletzung** vor, welche mittels **Zurückbehaltungsrecht** gegenüber dem Vermieter durchgesetzt werden kann (BGH NZI 2013, 158). Allerdings besteht nach Verfahrenseröffnung ein solcher Anspruch weder gegen den Insolvenzverwalter noch begründet dieser ein weiteres Zurückbehaltungsrecht gegenüber der Insolvenzmasse (MüKoInsO/*Ganter* § 47 Rn. 380, im Einzelnen s. u.). Bei **Gewerberaummietverhältnissen** besteht eine entsprechende Pflicht nur, wenn die Parteien dies ausdrücklich vereinbaren. Hat der Vermieter – pflichtwidrig oder nicht – die erhaltene Kaution mit dem eigenen Vermögen vermengt, so besteht keine Aussonderungsbefugnis für den Mieter. Sein Rückgewährsanspruch ist lediglich eine ungesicherte Insolvenzforderung. Hins. Kautionsrückzahlungsforderung nach Abgabe einer Enthaftungserklärung gem. § 109 Abs. 1 S. 2 InsO → Form. E.I.3 Anm. 6.

Es fragt sich, welche Voraussetzungen für eine „getrennte Anlage" der Mietkaution und damit für ein Aussonderungsrecht des Mieters gegeben sein müssen. Auf dem üblichen Geschäftskonto des Vermieters darf die Kaution naturgemäß nicht angelegt worden sein. Vielmehr ist erforderlich, dass eine Anlage auf einem als solchem erkennbaren Treuhandkonto erfolgt (Uhlenbruck/*Brinkmann* InsO § 47 Rn. 94; *Cymutta* WuM 2008, 441; MüKoInsO/*Ganter* § 47 Rn. 380). Dient ein Konto der Anlage der Kautionen mehrerer Mieter, so können sämtliche Kautionen auf einem einzigen Treuhandkonto gesammelt werden (MüKoInsO/*Ganter* § 47 Rn. 380). Demgemäß genügt auch hier, dass das Konto keinen anderen Zwecken als der Kautionsanlage dient (*Gundlach/Frenzel/Strandmann* DZWIR 2008, 189 (191); HK-InsO/*Lohmann* InsO § 47 Rn. 24). Dies ist dann nicht mehr gegeben, wenn durch Eigennutzung des Treuhänders Forderungen auf das treuhänderische Konto eingezogen werden (BGH NZI 2003, 549). Denkbar ist daneben auch die Anlage der Kaution auf einem auf den Namen des Mieters laufenden Konto mit Sperrvermerk zugunsten des Vermieters; erforderlich ist aber auch in diesem Fall, dass das Konto als Treuhandkonto gekennzeichnet ist (*Erckens/Tetzlaff* ZfIR 2003, 981 (983 f.)). Bei Hingabe einer Bürgschaft als Mietsicherheit stellt sich das Problem der getrennten Anlage nicht, weil es sich nicht um eine vertretbare Sache handelt, die mit dem Vermögen des Vermieters vermischt werden könnte (*Cymutta* WuM 2008, 441). Weil das Treuhandverhältnis nicht nur schuldrechtliche Beziehungen aufweisen darf, sondern eine vollzogene dingliche Komponente besitzen muss (BGH NZI 2008, 235), ist für sein Bestehen erforderlich, dass das Treugut unmittelbar aus dem Vermögen des Treugebers stammt. Das Erfordernis der Unmittelbarkeit ist nicht gewahrt, wenn – wie in der Praxis nach wie vor häufig – die Mietkaution dem Vermieter in bar übergeben oder auf ein allgemeines Konto des Vermieters gezahlt und erst später dem Treuhandkonto zugeführt wird (BayObLG NJW 1988, 1796; OLG Schleswig ZIP 1989, 252). Allerdings wird mit Recht angenommen, dass die strikte Befolgung des Unmittelbarkeitsgrundsatzes bei Wohnraummietverhältnissen dem Sinn und Zweck des § 551 Abs. 3 BGB zuwiderläuft (MüKoInsO/*Eckert*, 3. Aufl. 2013, § 108 Rn. 110; *Eckert* EWiR 2008, 209 (210)). Die Vorschrift geht gerade von einer Anlage durch den Vermieter aus und gibt dem Mieter einen hierauf gerichteten einklagbaren Anspruch; insoweit muss die beabsichtigte Sicherungswirkung auch nachträglich erreicht werden können (MüKoInsO/*Eckert*, 3. Aufl. 2013, § 108 Rn. 111; *Gundlach/Frenzel/Strandmann* DZWIR 2008, 189 (191)). Höhere Anforderungen an die Anlage eines aussonderungsfähigen Treuhandvermögens sind bei der Gewerberaummiete nicht notwendig. Liegt also eine entsprechend lautende Vereinbarung vor, muss in konsequenter Umsetzung der neueren Rechtsprechung (vgl. BGH NZI 2013, 158) eine nachträgliche Sicherungswirkung auch bei der Gewerberaummietkaution anerkannt werden (so auch BayObLG NJW 1988, 1796;

MüKoInsO/*Ganter* § 47 Rn. 380; Jaeger/*Henckel* InsO § 47 Rn. 60; aA wohl Hamburg-Komm InsO/*Scholz* InsO § 47 Rn. 48). Wird die Kaution allerdings bis zu drei Monaten vor oder sogar erst nach Insolvenzantragstellung des Vermieters von diesem aus seinem Vermögen auf das Treuhandkonto überwiesen oder eingezahlt, so besteht für den Mieter das Risiko einer **Anfechtung** gemäß § 129 ff. InsO (MüKoInsO/*Eckert* § 108 Rn. 113; allgemein auf das Risiko einer Anfechtung der Anlage durch den Vermieter als masseverkürzende Handlung verweisend *Gundlach/Frenzel/Strandmann* DZWIR 2008, 189 (190) mwN). Durch die spätere insolvenzfeste Anlage werden die Gläubiger benachteiligt, weil der Vermieter durch diese Handlung aus der ursprünglichen Insolvenzforderung einen Aussonderungsanspruch generiert, welcher dem Gläubigerzugriff entzogen wird.

Der Anspruch des Mieters auf insolvenzfeste Anlage der Mietkaution begründet kein Zurückbehaltungsrecht gem. § 320 BGB, sondern nur ein Recht nach § 273 BGB (BGH NZI 2013, 158). Dementsprechend steht dem Mieter in der Insolvenz des Vermieters kein Zurückbehaltungsrecht gegen vor Insolvenzeröffnung fällig gewordene Mieten zu. Es handelt sich bei dem Recht auf insolvenzfeste Anlage lediglich um eine einfache Insolvenzforderung nach § 38 InsO, die in keinem Gegenseitigkeitsverhältnis zum Anspruch auf Zahlung rückständiger Mieten steht.

Hingegen kann der Mieter den Vermieter zu einer getrennten Anlage der Mietkaution anhalten, indem er die Zahlung der Kaution von der Benennung eines insolvenzfesten Kontos abhängig macht. Verweigert der Mieter die Zahlung der Kaution, da der Vermieter seinem Verlangen nach der Benennung eines insolvenzfesten Kontos nicht Folge leistet, ist eine darauf vom Vermieter ausgesprochene Kündigung unwirksam (BGH NZI 2010, 1006).

Der Erwerber des Mietraums kann vom Mieter die Zahlung der Kaution verlangen, soweit diese noch nicht an den Voreigentümer geleistet wurde (BGH NJW 2012, 3032; LG Kiel NZM 2013, 231 mwN). Vor einer doppelten Inanspruchnahme wird der Mieter durch die Einrede gem. § 362 BGB geschützt. Zur allgemeinen Haftung des Erwerbers gem. § 566a BGB → Form. F.V.3 Anm. 1. In einer Erwerbskette haftet der letzte Erwerber dem Mieter nach § 566a BGB, unabhängig davon, ob die Kaution in der Kette der vorangegangen Vermieter an ihn weitergeleitet worden ist; eine ununterbrochene Kautionskette ist nicht notwendig (BGH NZM 2012, 81). Nach der Rechtsprechung haftet der Erwerber dem Mieter für die entrichtete Kaution auch dann, wenn der insolvent gewordene Voreigentümer die Kaution nicht getrennt von seinem sonstigen Vermögen angelegt hatte (BGH NZI 2012, 383). Hiergegen wird in der Literatur eine teleologische Reduktion des § 566a BGB in solchen Fällen befürwortet, um eine umfangreiche Erwerberhaftung für vor Insolvenzeröffnung begründete Verbindlichkeiten und damit eine erschwerte Verwertung der Insolvenzmasse zu vermeiden (so auch Vorinstanz LG Braunschweig NJW-RR 2010, 1593; ausführlich *Dahl* in: FS Görg, S. 119, 126 ff.; *Lachmann* Rn. 1777; kritisch MüKoBGB/*Häublein* § 566a Rn. 13).

V. Kündigungsschreiben des Erwerbers nach § 111 InsO

. . . . .

(Erwerber)

an

. . . . .

(Mieter)

Sehr geehrte Damen und Herren,

hiermit kündige ich das zwischen der Schulderin als vormalige Vermieterin und Ihnen bestehende Mietverhältnis vom . . . . . über Wohn-/Geschäftsraum in dem Mietobjekt . . . . . zum . . . . ..

Im Zuge des über das Vermögen der . . . . . am . . . . . eröffneten[1] Insolvenzverfahrens[2] habe ich das von Ihnen gemietete Objekt . . . . .[3] vom Insolvenzverwalter erworben. Gem. § 111 InsO in Verbindung mit § 566 Abs. 1 BGB bin ich daher in das bislang zwischen Ihnen und der Insolvenzschuldnerin bestehende Mietverhältnis eingetreten.[4]

Ich mache insofern von dem mir gem. § 111 InsO zustehenden Kündigungsrecht[5] Gebrauch. Schadensersatzansprüche[6] wollen Sie bitte gegenüber der Insolvenzmasse beim Insolvenzverwalter geltend machen.

Vorsorglich widerspreche ich bereits jetzt einer stillschweigenden Verlängerung des Mietverhältnisses nach § 545 BGB.[7]

. . . . .

(Erwerber)

Anmerkungen

1. → Form. E.I.2 Anm. 2.

2. → Form. E.I.2 Anm. 1.

3. Der Insolvenzverwalter kann eine Immobilie entweder dadurch **verwerten**, dass er gemäß §§ 172 ff. ZVG, 165 InsO die **Zwangsversteigerung** beantragt oder aber das Grundstück – mit Zustimmung der Gläubigerversammlung (§ 160 Abs. 1, Abs. 2 Nr. 1 InsO) – **freihändig veräußert**. Eine ohne diese Zustimmung vorgenommene Rechtshandlung des Insolvenzverwalters ist gleichwohl wirksam (§ 164 InsO). Bei der Zwangsversteigerung können die an dem Grundstück haftenden Miet- und Pachtverhältnisse nach § 57a ZVG mit gesetzlicher Frist gekündigt werden; → Form. D.V.16. Diese Regelung schafft einen Anreiz für potenzielle Erwerber, entsprechend hohe Gebote abzugeben. Um eine möglichst günstige freihändige Verwertung von Immobilien durch den Insolvenzverwalter zu ermöglichen, übernimmt die wegen § 119 InsO unabdingbare Regelung des § 111 InsO die Vorschrift des § 57a ZVG für den freihändigen Verkauf im Insolvenzverfahren.

Erfasst werden nur Miet- und Pachtverhältnisse, die der Schuldner als Alleineigentümer eingegangen war. War der Schuldner Miteigentümer und veräußert der Insolvenzverwalter den Gegenstand mit Zustimmung der weiteren Eigentümer, steht dem Erwerber ebenso wie bei der Zwangsvollstreckung nach § 183 ZVG ein Sonderkündigungsrecht nicht zu (FK-InsO/*Wegener* § 111 Rn. 3; Kübler/Prütting/Bork/*Tintelnot* InsO § 111 Rn. 7; Uhlenbruck/*Wegener* InsO § 111 Rn. 4; Andres/Leithaus/*Andres* InsO § 111 Rn. 2; Runkel/*Dahl* § 8 Rn. 239).

Erforderlich ist die genaue Bezeichnung des Mietobjekts. § 111 InsO setzt die Veräußerung eines unbeweglichen Miet- oder Pachtobjekts durch den Insolvenzverwalter sowie den Eintritt des Erwerbers in das Mietverhältnis anstelle des Schuldners voraus. Der Gleichstellung des Leasings mit der Miete entsprechend fällt auch das Immobilienleasing in der Insolvenz des Leasinggebers in den Anwendungsbereich des § 111 InsO (Nerlich/Römermann/*Balthasar* InsO § 111 Rn. 3). Nachdem sich in der Insolvenz des Leasinggebers die Interessenlage nicht wesentlich von der eines „normalen" Vermieters unterscheidet, kommt auch in diesem Fall § 111 InsO zur Anwendung (*Sinz*, Kölner Schrift zur InsO, Kap. 14 Rn. 50, 90; ausführlich zum Immobilienleasing *Kalkschmid*, Immobilienleasing in der Insolvenz). Da für gewerbliche Objekte, insbesondere in den beim Immobilienleasing typischen Größenordnungen, nicht ohne Weiteres ein adäquater Ersatz beschafft werden kann, bietet das Fortbestehen des Vertrages gemäß § 108 Abs. 1 S. 1 InsO für den Leasingnehmer den Vorteil, dass er die Sache zumindest einstweilig, dh bis zur Wirksamkeit einer Kündigung durch den Erwerber des Objekts, weiter nutzen kann.

Streitig ist, **wann die Überlassung** des Miet- oder Pachtobjekts an den Mieter oder Pächter erfolgt sein muss. Die Vorschrift des § 111 InsO verlangt ihrem Wortlaut nach nicht, dass das Objekt dem Mieter oder Pächter schon bei Verfahrenseröffnung überlassen war (Kübler/Prütting/Bork/*Tintelnot* InsO § 111 Rn. 9; Uhlenbruck/*Wegener* InsO § 111 Rn. 7). Unabhängig von der Rechtsprechung des BGH (NZI 2007, 713) ist aber im Rahmen von § 111 InsO **auf jeden Fall erforderlich**, dass die Miet- und Pachtsache im Zeitpunkt der Veräußerung dem Mieter oder Pächter **überlassen** war und der **Besitz** auch **nicht wieder aufgegeben wurde** (vgl. BGH NZI 2015, 123 mAnm *Dahl/Linnenbrink*), da die Rechtsfolge des § 566 BGB sonst nicht gegeben ist (Jaeger/*Jacoby* InsO § 111 Rn. 11; Braun/*Kroth* InsO § 111 Rn. 8). Dieser verlangt ausdrücklich für den Eintritt des Erwerbers in das Mietverhältnis die Veräußerung des vermieteten Objekts „**nach der Überlassung**" an den Mieter.

4. Das **Mietverhältnis** muss zwischen dem **Mieter** und dem **Insolvenzschuldner** selbst **bestanden** haben. Hat indes der Insolvenzverwalter das Mietverhältnis geschlossen, so steht dem Erwerber das Kündigungsrecht des § 111 InsO nicht zu (Andres/Leithaus/ *Andres* InsO § 111 Rn. 3; Kübler/Prütting/Bork/*Tintelnot* InsO § 111 Rn. 6). Vielmehr bleibt es dann bei der Anwendung der allgemeinen Vorschriften. Der Insolvenzverwalter muss sich daher bewusst sein, dass sein Bestreben, die Masse durch Neuverträge und entsprechende Mieteinnahmen anzureichern, möglicherweise Verwertungshindernisse begründet. Der Eintritt des Erwerbers in das Mietverhältnis erfolgt kraft Gesetzes wie in § 566 BGB vorgesehen. Eine Veräußerung liegt daher entsprechend § 566 BGB nicht schon mit Abschluss des schuldrechtlichen Verpflichtungsgeschäfts, sondern erst mit Vollendung des Eigentumserwerbs durch Auflassung und Grundbucheintragung vor (Nerlich/Römermann/*Balthasar* InsO § 111 Rn. 4; Runkel/*Dahl* § 8 Rn. 241).

Umstritten ist, ob der Erwerber einer Immobilie aus der Insolvenzmasse gem. § 566a BGB – welcher wegen § 578 Abs. 1 BGB auch für gewerbliche Mietverhältnisse gilt – auf Rückgewähr der an den Schuldner geleisteten Mietkaution haftet, wenn dieser nicht insolvenzfest angelegt war. Die wohl hM bejaht dies und kann sich dabei auf den insoweit uneingeschränkten Gesetzeswortlaut berufen (BGH NZM 2012, 81; MüKoInsO/*Eckert*, 3. Aufl. 2013, § 111 Rn. 11; MüKoBGB/*Häublein* § 566a Rn. 13; *Derleder* NZM 2004, 568 (578)). Hingegen wird in der Literatur eine teleologische Reduktion des § 566a BGB befürwortet, um eine umfangreiche Erwerberhaftung für vor Insolvenzeröffnung begründete Verbindlichkeiten und damit eine erschwerte Verwertung der Insol venzmasse zu vermeiden (*Noltin* NZI 2007, 149; *Cymutta* WuM 2008, 441; so auch Vorinstanz LG Braunschweig NJW-RR 2010, 1593; ausführlich *Dahl* in FS Görg, S. 119, 126 ff., im Ergebnis ebenso MüKoInsO/*Eckert/J. F. Hoffmann* § 111 Rn. 10. Eine umfangreiche Erwerberhaftung für vor Insolvenzeröffnung begründete Verbindlichkeiten würde nämlich etwa die Möglichkeit des Verkaufs eines Handelsgeschäfts oder Betriebs aus der Insolvenzmasse stark erschweren bzw. zumindest den Kaufpreis erheblich mindern. Deshalb seien Parallelen zur Haftung des Erwerbers eines Handelsgeschäfts nach § 25 Abs. 1 HGB bzw. eines Betriebsübernehmers nach § 613a BGB geboten. In diesen Fällen ist eine teleologische Reduktion anerkannt, um eine Massemehrung zwecks gemeinschaftlicher Befriedigung aller Gläubiger zu erreichen. Eine Anwendung des § 566a BGB würde darüber hinaus die Mieter unberechtigterweise privilegieren. So erwächst der Kautionsrückzahlungsanspruch, der bei nicht getrennter Anlage durch den Vermieter in dessen Insolvenz lediglich eine Insolvenzforderung darstellt, durch den Verkauf der Immobilie wieder zu einer vollwertigen Forderung gegen den (solventen) Erwerber. Zu dem Kautionsrückzahlungsanspruch in der Insolvenz des Vermieters →Form. E.IV und des Mieters → Form. E.II.5.

Vorausverfügungen des Verwalters unterliegen den Regelungen der §§ 578, 566b, 566c BGB; der Erwerber muss sie in bestimmten zeitlichen Grenzen – für den laufenden Kalendermonat und ab dem 15. eines Monats auch für den Folgemonat – gegen sich gelten lassen. Dies gilt aufgrund der Wirkungen des § 110 Abs. 1 InsO auch für Vorausverfügungen des Schuldners. Vereinzelt wird unter Berufung auf mangelnden Schutzzweckzusammenhang § 110 InsO nicht für anwendbar gehalten, weil dieser nur dem Masseschutz diene (MüKoInsO/*Eckert*, 3. Aufl. 2013, § 111 Rn. 12 mwN). Dem ist nicht zuzustimmen, als diese Meinung verkennt, dass im Einklang mit der nunmehr ganz hM § 110 Abs. 1 InsO insbesondere den Mieter vor einer Doppelleistung schützen soll (BGH NZI 2013, 586; Uhlenbruck/*Wegener* InsO § 110 Rn. 2; Schmidt/*Ringstmeier* InsO § 110 Rn. 1 mwN). § 110 Abs. 1 InsO erklärt eine nach § 91 Abs. 1 InsO ohnehin unwirksame Vorausverfügung in bestimmten zeitlichen Grenzen für wirksam. Daneben greift § 566b BGB im Verhältnis zwischen Erwerber und Schuldner nicht ein, weil der Schuldner das Mietobjekt nicht veräußert und der Verwalter es zwar veräußert, aber nicht über die Miete verfügt hat (MüKoInsO/*Eckert*, 3. Aufl. 2013, § 111 Rn. 12; aA MüKoInsO/*Eckert/J. F. Hoffmann* § 111 Rn. 12; Kübler/Prütting/Bork/*Tintelnot* InsO § 111 Rn. 18; Jaeger/*Jacoby* InsO § 111 Rn. 16).

Ist – wie im Falle einer gewerblichen Vermietung möglich – der **Übergang des Mietverhältnisses wirksam abbedungen**, also regelmäßig unter Zustimmung des Mieters erfolgt (MüKoBGB/*Häublein* § 566 Rn. 47; Schmidt-Futterer/*Streyl* BGB § 566 Rn. 151), besteht das Mietverhältnis zwischen dem Mieter und der Masse fort, sodass der Erwerber dem Mieter gegenüber nicht zur Gebrauchsüberlassung verpflichtet ist. Die Masse haftet für diesen Rechtsmangel auch dann, wenn der Verwalter gem. § 55 Abs. 1 S. 1 InsO den Vertragsübergang wirksam abbedungen haben sollte, denn der Ausschluss des Vertragsübergangs ist nicht auch als Rechtsmängelverzicht des Mieters zu verstehen (MüKoInsO/*Eckert/J. F. Hoffmann* § 111 Rn. 29 f.; aA FK-InsO/*Wegener* § 111 Rn. 14).

5. Nach § 111 S. 1 InsO ist der Erwerber berechtigt, das Miet- oder Pachtverhältnis unter **Einhaltung der gesetzlichen Frist** zu **kündigen**. Dem Mieter oder Pächter ist es daher verwehrt, sich auf die vertragsmäßig ausbedungene verlängerte Kündigungsfrist oder eine die ordentliche Kündigung ausschließende Vertragsbefristung zu berufen. War in dem mit dem Schuldner abgeschlossenen Vertrag hingegen wirksam eine kürzere als die gesetzlich vorgeschriebene Kündigungsfrist vereinbart, so gilt diese auch für den Erwerber. Das Kündigungsrecht steht dem Erwerber nicht zu, wenn der Mietgegenstand dem Mieter noch nicht im Zeitpunkt seines Erwerbs überlassen war, denn mangels Vertragsübergangs kann der Erwerber auch nicht kündigen (→ Anm. 3). In diesem Fall kommt dem Erwerber allerdings das Wahlrecht aus § 567a BGB zu – welches auch für die Gewerberaummiete gilt, § 578 Abs. 1 BGB –, sodass er auch vor Überlassung des Mietobjekts an den Mieter die Rechtsfolge des § 566 Abs. 1 BGB herbeiführen kann, wenn er sich gegenüber dem Vermieter hierzu verpflichtet (Kübler/Prütting/Bork/*Tintelnot* InsO § 111 Rn. 8). Im Unterschied zur Kündigungsmöglichkeit durch den Insolvenzverwalter ist die Kündigungsmöglichkeit des Erwerbers ausdrücklich durch § 111 S. 2 InsO auf den **ersten möglichen Kündigungstermin** beschränkt (einschränkend Andres/Leithaus/*Andres* InsO § 111 Rn. 7, der eine angemessene Zeit zur Prüfung der Sach- und Rechtslage zubilligen will). Dies ist insofern problematisch, als der Erwerber erst zur Kündigung berechtigt ist, wenn das Eigentum übertragen, also etwa der Eigentumsübergang in das Grundbuch eingetragen wurde. **Der Erwerber sollte daher darum bemüht sein, die ihm möglichen und zumutbaren Anstrengungen zu unternehmen, um unmittelbar über die Grundbucheintragung informiert zu werden.** Andernfalls läuft er Gefahr, seine Kündigungsmöglichkeit zu verlieren (zur Bestimmung des „ersten Termins" Sd § 111 S. 2 InsO siehe im Einzelnen *Neumann* NZI 2018, 471 (473)).

§ 111 S. 3 InsO ist durch Art. 13 des 2. Gesetzes zur Modernisierung der Justiz (vom 22.12.2006, BGBl. I 3416, 3423) weggefallen. Dieser schützte mit der entsprechenden Anwendung des ebenfalls entfallenen § 57c ZVG den Mieter, der sich an der Schaffung und Instandsetzung des Mietobjekts finanziell beteiligt hatte, mit der Folge, dass das Sonderkündigungsrecht ausgeschlossen war (MüKoInsO/*Eckert*, 3. Aufl. 2013, § 111 Rn. 19; Jaeger/*Jacoby* InsO § 111 Rn. 37). Nach Aufhebung der Normen hindert ein Baukostenzuschuss (hierzu → Form. E.III.1 Anm. 6) oder ein anderweitiger Finanzierungsbeitrag des Mieters den Erwerber zwar nicht mehr an der Kündigung des Vertragsverhältnisses. Der Erwerber hat aber faktisch zu berücksichtigen, dass dem Mieter aus der Kündigung ein Ausgleichsanspruch gegen ihn erwachsen kann. Der BGH bejaht nämlich in ständiger Rechtsprechung einen aus §§ 812 Abs. 1 S. 1 Alt. 2, 818 Abs. 2 BGB resultierenden Bereicherungsanspruch des Mieters gegen den Erwerber/Ersteigerer bei vorzeitiger Beendigung eines auf längere Zeit fest abgeschlossenen Mietvertrags, aufgrund dessen der Mieter entschädigungslos Leistungen für das Mietobjekt erbracht hat (BGH NJW-RR 2010, 86; NJW-RR 2006, 294; NJW-RR 2001, 727; Jaeger/*Jacoby* InsO § 111 Rn. 35; *Wedekind* ZfIR 2009, 841).

Für Wohnraummietverträge bleiben die aus den allgemeinen Bestimmungen der §§ 573 bis 575a BGB resultierenden Kündigungsbeschränkungen anwendbar (BT-Drs. 12/2443, 147; Uhlenbruck/*Wegener* InsO § 111 Rn. 11; HK-InsO/*Marotzke* § 111 Rn. 11). Tritt eine Kündigungsvoraussetzung des § 573 Abs. 2 BGB – beispielsweise Eigenbedarf – erst nach Erwerb ein, so würde nach dem Wortlaut des § 111 InsO der spätere Wegfall der Kündigungsbeschränkung für den ersten Kündigungstermin maßgeblich sein. Der Erwerber konnte sich aber bereits vor Eigentumserwerb auf die Kündigungsvoraussetzungen und seine Nutzungsmöglichkeiten einstellen. Es wird daher als interessengerecht angesehen, nicht auf den Eintritt der Kündigungsvoraussetzungen, sondern auf den Erwerbsvorgang abzustellen (MüKoInsO/*Eckert/J. F. Hoffmann* § 111 Rn. 21; Jaeger/*Jacoby* InsO § 111 Rn. 31; *Neumann* NZI 2018, 471 (472)).

Als weitere den Erwerber bindende Kündigungsschutzvorschriften sind die Sonderregelungen für die Wohnungsumwandlung gem. § 577a BGB, für öffentlich geförderte Wohnungen (die Befreiung des § 17 WoBindG bei Zwangsversteigerung gilt nicht bei freihändigem Verkauf durch den Insolvenzverwalter) sowie für landwirtschaftlich genutzte Grundstücke nach §§ 585, 595 BGB zu nennen.

6. Macht der Erwerber von dem ihm in § 111 InsO eingeräumten Sonderkündigungsrecht Gebrauch, so kann der Mieter oder Pächter in entsprechender Anwendung des § 109 Abs. 1 S. 3 InsO wegen der vorzeitigen Vertragsbeendigung **Schadensersatzansprüche** geltend machen, die als **einfache Insolvenzforderung** zur Insolvenztabelle anzumelden sind (MüKoInsO/*Eckert/J. F. Hoffmann* § 111 Rn. 27; HK-InsO/*Marotzke* § 111 Rn. 9; HamburgKomm InsO/*Pohlmann-Weide* § 111 Rn. 6; Uhlenbruck/*Berscheid*, 12. Aufl. 2003, InsO § 111 Rn. 9; Kübler/Prütting/Bork/*Tintelnot* InsO § 111 Rn. 14; Nerlich/Römermann/*Balthasar* InsO § 111 Rn. 15). Die **Gegenansicht** sieht den Schadensersatzanspruch des Mieters als Masseverbindlichkeit nach § 55 Abs. 1 Nr. 1 InsO an, da er infolge der Verwertungshandlung nach Insolvenzeröffnung entstehe und an die Stelle des aufgrund der Veräußerung unmöglich gewordenen Anspruchs auf Gebrauchsgewährung trete (MüKoInsO/*Eckert*, 3. Aufl. 2013, § 111 Rn. 29 ff.; FK-InsO/*Wegener* § 111 Rn. 12; Uhlenbruck/*Wegener* InsO § 111 Rn. 13). Richtigerweise entspricht es aber dem in §§ 109 Abs. 1 S. 3, Abs. 2 S. 2, 103 Abs. 2 S. 1 InsO enthaltenen Wertungssystem, dass die insolvenzbedingte vorzeitige Kündigung bzw. Nichterfüllung eines gegenseitigen Vertrags nur eine Insolvenzforderung begründet. Die Veräußerung ist zwar eine Handlung des Insolvenzverwalters, aber der Schaden entsteht dem Mieter erst durch die Kündigung des Erwerbers (HamburgKomm InsO/*Pohlmann-Weide* § 111 Rn. 6). Folgerichtig muss deshalb auch der Mieter im Falle der Erwerberkündigung nach § 111 S. 1 InsO auf die Geltendmachung eines Ersatzanspruchs als Insolvenzforderung beschränkt sein. Alles andere widerspräche zudem dem von § 111 InsO verfolgten Zweck einer massegünstigen Verwertung, würde doch der Verwertungserlös durch die Masseforderung des Mieters ggf. sogar aufgezehrt.

Inhaltlich ist der Anspruch entsprechend § 109 Abs. 1 S. 3 InsO auf den bloßen **Differenzschaden**, also den Unterschied zwischen dem vertraglich geschuldeten Mietzins und dem Marktwert der Mietsache beschränkt, was regelmäßig dem Mehraufwand für ein anderes gleichwertiges Objekt entspricht. **Folgeschäden**, wie insbesondere Umzugskosten, sind dagegen nicht zu ersetzen, da auch sonstige Insolvenzgläubiger keine Folgeschäden verlangen können (Kübler/Prütting/Bork/*Tintelnot* InsO § 111 Rn. 15; Nerlich/Römermann/*Balthasar* InsO § 111 Rn. 15; Uhlenbruck/*Berscheid*, 12. Aufl. 2003, InsO § 111 Rn. 10; nunmehr unentschieden MüKoInsO/*Eckert/J. F. Hoffmann* § 111 Rn. 26).

Ein Ersatzanspruch, der sich demgegenüber gem. § 566 Abs. 2 S. 1 BGB darauf stützt, dass der in das Miet- und Pachtverhältnis eingetretene Erwerber seine vertraglichen Verpflichtungen nicht erfüllt hat, ist ein Masseanspruch im Sinne von § 55 Abs. 1 Nr. 1 InsO, da er in einem Geschäft des Insolvenzverwalters seinen Grund hat (Kübler/Prütting/Bork/*Tintelnot* InsO § 111 Rn. 16 mwN). Diese Haftung ist aber auf den Zeitraum bis zur ersten Kündigungsmöglichkeit durch den Mieter beschränkt, wenn der Vermieter den Mieter auf den Eigentumsübergang hingewiesen hat, § 566 Abs. 2 S. 2 BGB (MüKoInsO/*Eckert*, 3. Aufl. 2013, § 111 Rn. 9; Palandt/*Weidenkaff* BGB § 566 Rn. 24 f.).

7. Der Vermieter sollte bereits in seinem Kündigungsschreiben aus Gründen der Vorsicht ausdrücklich einer Verlängerung des Mietverhältnisses gemäß § 545 BGB widersprechen → Form. D.X.1, → Form. D.X.2.

F. Abwicklung des Mietverhältnisses

I. Herausgabe der Mietsache und Abnahme

1. Aufforderung zur Herausgabe der Mietsache

. . . . .

(Vermieter)

an

. . . . .

(Mieter)

Sehr geehrte(r) . . . . .,

nach ihrem Auszug musste ich bei der Besichtigung der Räumlichkeiten feststellen, dass sich in der Wohnung noch eine Vielzahl von Gegenständen befinden: Die von Ihnen zu Mietbeginn eingebrachte Einbauküche ist noch nicht entfernt worden. Zudem ist noch Mobiliar in der Wohnung verblieben (Esstisch mit 7 Stühlen, Couchtisch mit Sessel im Wohnzimmer). Auch der abgenutzte Teppichboden im Kinder- und Elternschlafzimmer, der von Ihnen zu Beginn des Mietverhältnisses verlegt worden ist, ist noch nicht entfernt worden. Ich fordere Sie auf, die vorgenannten Gegenstände bis zum . . . . . aus der Wohnung zu entfernen. Nach Ablauf der Frist gehe ich davon aus, dass Sie an den Sachen kein Interesse mehr haben. Ich werde dann die Entsorgung der Sachen veranlassen.[1]

Ich lehne wegen nicht ordnungsgemäßer Räumung eine Rücknahme der Mietwohnung daher ab. Im Übrigen wurden mir bislang lediglich drei der ursprünglich vier übergebenen Haustür- und Wohnungsschlüssel übergeben. Den fehlenden Schlüssel bitte ich mir umgehend, spätestens bis zum . . . . . zu überlassen, da ich ansonsten gezwungen sein werde, auf Ihre Kosten die Schlösser auszuwechseln.[2]

Leider wurden die vertraglich geschuldeten Schönheitsreparaturen bei Vertragsende auch nicht durchgeführt.[3]

Eine Bezifferung meiner Ansprüche auf Zahlung von Nutzungsentschädigung wegen Vorenthaltung der Mietsache und etwaigem sonstigen Schadensersatz werde ich gesondert geltend machen.

Ich mache aber darauf aufmerksam, dass auch Sie, sehr geehrter Herr . . . . . zur Zahlung verpflichtet sind, da Sie aus dem Mietverhältnis nicht wirksam entlassen worden sind.[4] Darüber hinaus fordere ich Sie auf, den von Ihnen bewohnten Teil der Wohnung bis zum . . . . . geräumt an mich herauszugeben einschließlich der Ihnen überlassenen Wohnungsschlüssel. Nach fruchtlosem Ablauf der Frist werde ich Räumungsklage einreichen.[5]

. . . . .

(Vermieter)

Anmerkungen

1. Rückgabe gemäß § 546 BGB bedeutet, dass der Vermieter den **unmittelbaren Besitz** an der Mietsache erhält. Der Vermieter muss in die Lage versetzt werden, die Räume ohne Schwierigkeiten zu betreten und über sie ungestört und frei verfügen zu können (OLG Hamburg ZMR 1995, 18). Es ist nicht erforderlich, dass sich die Mietsache bei Mietende in demselben Zustand wie bei Mietbeginn befindet (OLG Brandenburg ZMR 1997, 584 (585)). Auf den Zustand der Räumlichkeiten kommt es grundsätzlich nicht an, da dem Vermieter in diesem Fall Schadensersatzansprüche zustehen. Verweigert der Vermieter wegen des schlechten Zustandes die Rücknahme, gerät er in Annahmeverzug. Lässt der Mieter nach seinem Auszug aus der Wohnung noch eine erhebliche Anzahl ihm gehöriger Gegenstände (zB Einbauküche und Teppichboden) zurück, liegt keine ordnungsgemäße Rückgabe vor (LG Köln NJW-RR 1996, 1480). Das Zurücklassen einzelner transportabler Gegenstände ist unschädlich (BGH NJW 1988, 2666). Entscheidend ist, ob und in welchem Umfang die zurückgelassenen Gegenstände eine Weitervermietung behindern. Der BGH hat dies einprägsam in BGHZ 86, 204 (210), wie folgt formuliert: „So wie es keine Rückgabe ist, wenn der Mieter zwar seine Sachen aus den Räumen entfernt, aber die Schlüssel behält, ist es auch keine Rückgabe, wenn er dem Vermieter die Schlüssel zwar aushändigt, seine Einrichtung in den Mieträumen aber zurücklässt." Eine Rückgabe liegt nach OLG Hamm ZMR 1996, 372 (374), z B dann nicht vor, wenn für den Abtransport der zurückgelassenen Gegenstände ein Container erforderlich ist. Häufig stellt sich dem Vermieter bei unvollständiger Räumung die Frage, wie mit den zurückgelassenen Gegenständen zu verfahren ist. Eine Entsorgung der Sachen ist nicht zulässig, vielmehr trifft den Vermieter eine Obhutspflicht die Sachen vor Verlust und Beschädigung zu bewahren. Es empfiehlt sich, den Mieter unter Androhung der Entsorgung mit Fristsetzung zur Abholung aufzufordern. Lässt der Mieter die Frist ungenutzt verstreichen, kann der Vermieter von einer Besitzaufgabe ausgehen und die Sache entsorgen, ohne sich schadensersatzpflichtig zu machen (so auch MAH MietR/*Slomian* § 31 Rn. 18). Auch hier sollte der Vermieter aber unbedingt darauf achten, dass für das Aufforderungsschreiben ein Zugangsnachweis vorliegt (Einschreiben/Rückschein oder Zugang durch Boten).

2. Eine ordnungsgemäße Rückgabe liegt grundsätzlich nur bei **Überlassung sämtlicher Schlüssel** an den Vermieter vor. (BGH NJW 2011, 143; Schmid-Futterer/*Streyl* BGB § 546 Rn. 28) Ausnahmsweise liegt eine Rückgabe des Mietobjektes auch dann vor, wenn der Mieter nicht alle Schlüssel an den Vermieter übergibt (Schmid-Futterer/*Streyl* BGB § 546 Rn. 28 mit weiteren Rechtsprechungsnachweisen). Maßgeblich ist in diesen Fällen, ob der Mieter – bei wertender Betrachtung – den Besitz am Mietobjekt aufgegeben, diesen also dem Vermieter wieder verschafft hat. Dies ist regelmäßig dann der Fall, wenn sich aus der Schlüsselrückgabe der Wille des Mieters ergibt, dass er den Besitz an der Mietsache aufgeben will (OLG Brandenburg NZM 2000, 463 bei mehreren einander gleichenden Schlüsselexemplaren; OLG Hamburg ZMR 1995, 18; aA OLG Düsseldorf NJW-RR 1996, 209). Auch bei Fehlen von Schlüsseln (bspw. bei Verlust durch den Mieter) ist der Vermieter in der Regel nicht gehindert, die Sache wieder in Besitz zu nehmen (sa Schmid-Futterer/*Streyl* BGB § 546 Rn. 28; aA AG Hamburg ZMR 2001, 979: die Mietsache ist erst dann zurückzugeben, wenn der Mieter alle Schlüssel an den Vermieter herausgegeben hat).

Bei der Rückgabe der Schlüssel ist sicherzustellen, dass diese den Vermieter erreichen. Das Einwerfen des Schlüssels in den Briefkasten des Vermieters oder das Zurücklassen der Schlüssel in den Räumen genügt nicht (LG Köln DWW 1987, 236). Hingegen reicht die Übergabe an den Nachmieter oder den Hausmeister, wenn der Vermieter hiermit einverstanden ist (LG Berlin ZMR 1988, 340).

Bei nicht vollständiger Schlüsselrückgabe (zB wegen Schlüsselverlust) kann der Vermieter auf Kosten des Mieters die Schlösser auswechseln lassen (wenn ein Missbrauch praktisch ausgeschlossen ist, soll der Anspruch nach verbreiteter Auffassung auf Ersatz der Kosten des Ersatzschlüssels beschränkt sein (vgl. LG Mannheim WuM 1977, 121 für den Schlüsselverlust bei einer Bootsfahrt). Ein Anspruch auf Kostenersatz besteht jedoch m E jedenfalls bei einer Schließanlage, da hier sowohl die Interessen der anderen Mieter als auch die Sicherheitsinteressen des Vermieters vorrangig sind.

Formularklauseln, wonach der Mieter ohne Verschulden für den Schlüsselverlust haftet, sind unzulässig.

3. Die Notwendigkeit der **Durchführung von Schönheitsreparaturen** hindert die ordnungsgemäße Rückgabe der Mietsache durch den Mieter nicht. Verweigert der Vermieter aus diesem Grund die Annahme, gerät er in Annahmeverzug. Häufig wird jedoch der Einwand der nicht ordnungsgemäßen Rückgabe mit der Notwendigkeit noch erforderlicher Schönheitsreparaturen verbunden werden können.

4. Der Herausgabeanspruch richtet sich gegen alle Mieter. Bei einer Personenmehrheit auf Vermieterseite hat die Herausgabe an alle Vermieter zu erfolgen. Häufig zieht während des Mietverhältnisses ein Mieter aus der Wohnung aus, ohne dass eine wirksame Entlassung aus dem Mietverhältnis erfolgt. Der vertragliche Herausgabe- und Räumungsanspruch ist auch gegenüber dem ausgezogenen Mieter begründet (LG Hannover ZMR 1999, 407); einer etwaigen Klage fehlt insbesondere das Rechtsschutzinteresse nicht.

Der ausgezogene Mieter haftet somit dem Vermieter gegenüber in vollem Umfang. Dem Vermieter ist zu raten im Falle eines vorzeitigen Auszuges die neue Anschrift des ausgezogenen Mieters in Erfahrung zu bringen, um spätere Schriftstücke ordnungsgemäß zustellen zu können.

5. Nach dem zum 1.5.2013 in Kraft getretenen **Gesetz über die energetische Modernisierung von vermieteten Wohnraum und über die vereinfachte Durchsetzung von Räumungstitel – Mietrechtsänderungsgesetz –** sind die Möglichkeiten für den Vermieter, die Räumung von Wohnraum durchzusetzen und Mietzahlungen zu sichern, verbessert worden. Durch den neu eingefügten § 885a ZPO ist die vom BGH (WuM 2006, 580) anerkannte „Berliner Räumung" gesetzlich normiert worden. Der Gerichtsvollzieher hat den Räumungsschuldner dann nur aus dem Besitz zu setzen und den Gläubiger in den Besitz zu setzen. Als rechtlich problematisch erweist sich die Regelung in § 885a Abs. 3 ZPO, wonach bewegliche Sachen, an deren Aufbewahrung offensichtlich kein Interesse besteht, vom Gerichtsvollzieher zu vernichten sind (kritisch hierzu *Zehelein* WuM 2012, 418 (423)). Auch die Zwangsräumung gegen mitbesitzende Dritte sowie den Mieter selbst durch eine einstweilige Verfügung ist nunmehr in § 940a Abs. 2, 3 ZPO geregelt. Danach darf die Räumung von Wohnraum durch eine einstweilige Verfügung auch gegen einen Dritten angeordnet werden, der im Besitz der Mietsache ist, wenn gegen den Mieter ein vollstreckbarer Räumungstitel vorliegt und der Vermieter vom Besitzerwerb des Dritten erst nach dem Schluss der mündlichen Verhandlung Kenntnis erlangt hat. Auch gegen den Mieter kann eine einstweilige Verfügung auf Räumung von Wohnraum angeordnet werden, wenn der Mieter einer **Sicherungsanordnung** gemäß § 283a ZPO im Hauptsacheverfahren nicht Folge leistet (hierzu Schmidt-Futterer/*Streyl* ZPO § 940a Rn. 33). Die Sicherungsanordnung sichert die Mietforderungen des Vermieters während des mietausfallbedingten Zahlungs- und Räumungsverfahrens. Der Mieter hat für Mietforderungen, die nach Rechtshängigkeit der Räumungs- und Zahlungsklage fällig werden Sicherheit zu leisten, wenn die Klage auf diese Forderung hohe Aussicht auf Erfolg hat und die Anordnung nach Abwägung der beiderseitigen Interessen zur Abwendung besonderer Nachteile für den Vermieter gerechtfertigt ist.

Gebühren: Rechtsanwalt 0,5 bis 2,5 Geschäftsgebühr gemäß VV 2400 RVG, §§ 13, 14 RVG

2. Abnahmeprotokoll

Name des Vermieters:[1] . . . . .

Name des Mieters: . . . . .

Ort und Datum der Wohnungsabnahme: . . . . .

Anwesende Personen: . . . . .

Folgende Schlüssel wurden dem Vermieter ausgehändigt: . . . . .

Der Vermieter bestätigt mit seiner Unterschrift den Erhalt der Schlüssel: . . . . .

Feststellung des Wohnungszustandes: Zutreffendes bitte ankreuzen

	Mieter	Vermieter	Anm.
1. Wohnungseingangstür			
Anstrich: im unteren Bereich zerkratzt, zahlreiche Stoßstellen	X		
Spion: in Ordnung (i. O.)			
Beschlag und Schloss: i. O.			
2. Diele			
Glas: ./.			
Wände: nicht deckend gestrichen, wolkig			
Putzschäden nicht beseitigt	X		
Decke: nicht deckend gestrichen, wolkig	X		
Oberboden: verschlissen, abgewohnt		X ca. 10 Jahre alt	
Fußleisten: zahlreiche Stoßstellen	X		
Einbauschränke: ./.			
Elektro: Lichtschalter mit Farbe beschmiert	X		
Klingelanlage: i. O.			
Sprechanlage: i. O.			
Heizkörper: verschmutzt	X		
3. Küche			
Wände sind deckend gestrichen, Streifen	X		
Decke: Anstrich vergilbt und verschmutzt	X		
Fußboden: schmutzig, im Arbeitsbereich Fettablagerung	X		
Fußleisten: verschiedene Stoßstellen und Kratzer	X		
Hängeschränke: nach Demontage zahlreiche Dübellöcher	X		
Unterschränke: verschmutzt, Fettspritzer	X		
Arbeitsplatte: Brandflecken ca. 5 cm Durchmesser	X		
Spüle: zerkratzt und abgenutzt		X 5 Jahre alt	
Heißwassergerät: i. O.			
Armatur: Kalkablagerungen	X		
Wandplattierung: verschmutzt, Fettspritzer	X		
Fenster: verdreckt	X		
Fensterbank: Kaffee-/Wasserflecken	X		
Tür: Anstrich vergilbt, zerkratzt	X		

	Mieter	Vermieter	Anm.
Elektroanschlüsse: i. O.			
Fußleisten: abgenutzt, Stoßstellen	X		
E-/Gas-Herd: eingebrannte Speisereste	X		
Heizkörper: verschmutzt	X		
4. Bad/Gäste-WC:			
Wände: Anstrich alt und vergraut	X		
Decke: Feuchtigkeitsflecken im Bereich Fenster u. mittig		X gerügter Mangel	
Plattierung: Klebereste von Haken	X		
Tür: i. O.			
Wanne: verkalkt, an einigen Stellen Emailleabplatzungen	X		
Dusche: verdreckt, braune Ablagerungen, Wasserflecken	X		
Fußboden: i. O.			
Armaturen Wanne/Dusche: Dusche Kalkreste	X		
WC-Topf: verschmutzt	X		
WC-Sitz: abgenutzt	X		
Drückspüler/Spülkasten: i. O.			
Waschtisch: Wasserflecken, Seifenreste	X		
Armatur Waschtisch: Kalkablagerungen	X		
Entlüftungsanlage: Lamellen verstaubt	X		
Spiegel/Ablage: i. O.			
Fenster/Fensterbank: Wasserflecken	X		
Heizkörper: verschmutzt	X		
5. Wohnzimmer:			
Wände: nicht deckend gestrichen, z. T. streifig	X		
Decke: vergilbt, abgewohnt	X		
Fußboden: verschmutzt, im Balkonbereich einige Rotweinflecken	X		
Fußleisten: abgenutzt, Stoßstellen	X		
Fenster: Rahmen verdreckt	X		
Fensterbänke: i. O.			
Türen: Zargen verkratzt, Türecke abgesplittert	X		
Heizkörper: Lackabplatzungen	X		
6. Schlafzimmer:			
Wände: Tapete im Fensterbereich beschädigt, sonst i. O.	X		
Decke: i. O.			
Fußboden: verschlissen, im Bereich Schrank tiefe Druckstellen	X		
Fußleisten: i. O.			
Fenster: verschmutzt	X		
Fensterbänke: Wasserflecken	X		
Türen: Anstrich verkratzt im unteren Bereich	X		
Heizkörper: verdreckt	X		
7. Kinderzimmer:			
Wände: Anstrich nicht deckend, im Türbereich eingerissen	X		
Decke: nicht deckend, Streifen	X		
Fußboden: Flecken in der Mitte und im Fensterbereich	X		
Fußleisten: Stoßstellen	X		

	Mieter	Vermieter	Anm.
Fenster: i. O.			
Fensterbänke: zerkratzt		X	
Türen: mit Farbe verschmiert		X	
Heizkörper: mit Farbe bemalt		X	
8. Terrasse: verschmutzt, Pflanzen nicht entfernt		X	
9. Keller: mit Möbeln vollgestellt		X	
10. Sonstiges:.²/.			

Der frühere Mieter erkennt den vorstehend beschriebenen Zustand an und verpflichtet sich, die Schönheitsreparaturen auszuführen und/oder die des Weiteren festgestellten Schäden bis zum . . . . . zu beseitigen.

Der frühere Mieter erkennt den vorstehend beschriebenen Zustand an, verweigert jedoch ausdrücklich Schönheitsreparaturen oder sonstige Arbeiten auszuführen oder ausführen zu lassen mit folgender Begründung: . . . . .

• Es kommt zu keiner Einigung.

. . . . . den . . . . .

. . . . .	. . . . .	. . . . .
(Vermieter)	(Mieter)	(früherer Mieter)

Anmerkungen

1. Die **gemeinsame Erstellung eines Abnahmeprotokolls** im Rahmen des Übergabetermins ist zu empfehlen. Sinn und Zweck des Abnahmeprotokolls ist es, späteren Streit über das Vorhandensein von Schäden am Mietobjekt zu vermeiden (BGH NJW 1983, 446; NJW 2009, 580; kritisch hierzu *Schneider* NZM 2014, 743). Ein Anspruch hierauf besteht allerdings nicht. Das Übergabeprotokoll sollte im Wesentlichen folgende Angaben enthalten: Namen der erschienenen Personen; Datum und Uhrzeit der Begehung; eine möglichst genaue, nach Räumen getrennte Beschreibung des Zustandes der Mietsache; Klärung der Frage, welche Arbeiten durch den Vermieter und welche Arbeiten durch den Mieter geschuldet werden; Unterschriften von Vermieter und Mieter.

Der Mieter kann nach seiner Unterschrift unter das Protokoll nicht mehr den wiedergegebenen Zustand der Wohnung bei Rückgabe bestreiten. Die Unterzeichnung des Protokolls führt aber nicht dazu, dass die Schäden zu seinen Lasten gehen. Dies kann nur dann angenommen werden, wenn sich aus dem Protokoll ergibt, dass der Mieter für diese Schäden einsteht (Langenberg Schönheitsreparaturen/*Langenberg* Teil 1 Abschn. G Rn. 513 ff.).

2. Das Abnahmeprotokoll sollte zumindest als **deklaratorisches Schulanerkenntnis** ausgestaltet bzw. vorformuliert sein (Schmidt-Futterer/*Streyl* BGB § 546 Rn. 57; *Schneider* NZM 2014, 743, *Hinz* NZM 2016, 624). Dies ist dann gegeben, wenn mit dem Anerkenntnis ein zuvor bestandener Streit oder eine subjektive Ungewissheit über das Bestehen der Schuld oder einiger rechtserheblicher Punkte beseitigt werden soll (Palandt/*Thomas* BGB § 781 Rn. 2). Bereits der Wortlaut legt die Auslegung als deklaratorisches Anerkenntnis nahe, wenn der Mieter den beschriebenen Zustand und die Verpflichtung zur Ausführung von Schönheitsreparaturen anerkennt und sich darüber hinaus zur Herstellung eines vertragsgemäßen Zustandes verpflichtet. Das Anerkenntnis des Mieters im Abnahmeprotokoll kann zu einer eigenständigen Verpflichtung zur Durchführung von Schönheitsreparaturen führen unabhängig davon, ob die mietvertraglich vereinbarte Renovierungsklausel unwirksam ist oder nicht (BGH NZM 2009, 233 für ein Übergabeprotokoll bei Mietbeginn; kritisch hierzu *Derleder* NZM 2009, 227 u. *Kappus* NJW 2009, 1076). Hat der Vermieter im Rückgabeprotokoll vermerkt, dass die Wohnung in einem vertragsgemäßen bzw. mangelfreien Zustand zurückgegeben worden ist, wird in der Regel ein negatives Schuldanerkenntnis gemäß § 397 Abs. 2 BGB vorliegen (*Schneider* NZM 2014, 743). In diesem Fall muss der Vermieter den Gegenbeweis erbringen, dass entgegen den Angaben im Protokoll tatsächlich Schäden vorliegen (BGH NJW 2009, 580).

3. Aufforderungsschreiben des Vermieters nach Wohnungsrückgabe

. . . . .

(Vermieter)

an

. . . . .

(Mieter)

Mietverhältnis über die Wohnung . . . . .

Sehr geehrte(r) . . . . .,

auf Ihr Schreiben vom . . . . . nehme ich Bezug. Ihre Weigerung, die Kosten für die Beseitigung der Wandschäden in der Diele zu übernehmen, kann ich nicht nachvollziehen. Bei der Rückgabe der Wohnung ist von uns ein Abnahmeprotokoll erstellt worden, welches von Ihnen und mir unterschrieben worden ist.[1] In diesem Protokoll wurde im Einzelnen der Zustand der Wohnung sowie die von Ihnen durchzuführenden Reparatur- und sonstigen Arbeiten aufgeführt. Sie können sich jetzt nicht mehr darauf berufen, dass die Schäden in der Diele bei der Rückgabe nicht vorhanden waren.

Auch die Beseitigung der Stoßstellen an den Fußleisten im Schlafzimmer einschließlich der Erneuerung der gebrochenen Fußleiste im Kinderzimmer wird von Ihnen geschuldet. Sie können sich nicht darauf berufen, dass die Schäden schon bei der Anmietung vorhanden gewesen sein sollen. Dies ist unzutreffend. Bei Mietbeginn waren die Fußleisten in Ordnung.

Ein anders lautender Eintrag ist in dem von uns bei Mietbeginn erstellten und unterschriebenen Wohnungsübergabeprotokoll auch nicht vorgenommen worden.

Sie sind ebenfalls zu der Durchführung der in dem Übergabeprotokoll festgehaltenen Schönheitsreparaturen verpflichtet. Eine Abschrift des von uns beiden unterzeichneten Abnahmeprotokolls füge ich diesem Schreiben nochmals bei. Das Protokoll wird von mir diesem Schreiben beigeheftet.[2] Ihr Hinweis, wonach diese Arbeiten nicht erforderlich seien, ist angesichts Ihrer Unterschrift nicht von Bedeutung und im Übrigen auch unzutreffend.[3]

Ich habe Sie daher letztmalig aufzufordern, die Sie betreffenden und im Protokoll festgehaltenen Arbeiten bis zum . . . . . auszuführen, damit die Weitervermietung ab dem . . . . . nicht gefährdet ist.[4] Nach dem Ablauf der Frist werde ich die Arbeiten selbst erledigen lassen und Sie auf Schadensersatz in Anspruch nehmen.[5, 6]

. . . . .

(Vermieter)

Anmerkungen

1. → Form. F.I.1.

2. Wird das Protokoll beigefügt, reicht die **Bezugnahme** aus (KG GE 1995, 1011; LG Berlin ZMR 1998, 703). Der Zustand der Räumlichkeiten muss nicht mehr im Einzelnen dargelegt werden. Das Protokoll muss natürlich die Mängel substantiiert aufführen. Wenn das Protokoll zu ungenau ist, genügt die Bezugnahme auf das Protokoll nicht dem Erfordernis einer genauen Aufforderung (vgl. LG Hamburg WuM 1986, 242). Es empfiehlt sich eine feste Verbindung zwischen Protokoll und Aufforderungsschreiben herzustellen, damit der Mieter später nicht einwenden kann, dass das Protokoll nicht beigefügt war und das Aufforderungsschreiben mangels Bestimmtheit unwirksam sei.

3. Der Mieter kann nach seiner Unterschrift die in dem Protokoll aufgenommenen tatsächlichen Feststellungen nicht mehr bestreiten. Er ist mit Einwendungen gegen die Feststellungen im Protokoll ausgeschlossen (BGH NJW 1983, 446; LG Berlin ZMR 1992, 25). Das Schuldanerkenntnis wirkt aber im Allgemeinen nicht konstitutiv, so dass die Verjährung nicht unterbrochen wird. Für den Mieter hat das Protokoll die Wirkung des § 397 Abs. 2 BGB (BGH NJW 1983, 446 ff.), dh es wirkt wie ein **negatives Schuldanerkenntnis des Vermieters** (str. vgl. zum Meinungsstand Langenberg Schönheitsreparaturen/*Zehelein* Teil 1 Abschn. G Rn. 600). Der Mieter kann dann nicht mehr für nicht im Protokoll aufgeführte Schäden in Anspruch genommen werden (AG Lörrach WuM 1997, 218; LG München I NZM 2003, 714). Denn der Sinn und Zweck eines Rückgabeprotokolls besteht darin, dass der Zustand der Mietsache abschließend und beweissicher festgehalten und so ein weiterer Streit über das Vorhandensein von Schäden am Mietobjekt vermieden wird. Dies gilt auch für solche Mängel, die nur durch einen Fachmann erkennbar gewesen sind. Es ist Sache des Vermieters, eine fachkundige Person (zB einen Sachverständigen) hinzuzuziehen. Eine Ausschlusswirkung ist aber dann nicht gegeben, wenn der Mieter die Mängel kaschiert oder arglistig handelt.

Auch im Hinblick auf die Durchführung von Schönheitsreparaturen haben die Angaben in dem Übergabeprotokoll Bindungswirkung. Wenn der Mieter – beispielsweise auch bei einem kurzfristigen Mietverhältnis – die Notwendigkeit von Schönheitsreparaturen anerkannt hat, kann er sich im Nachhinein nicht mehr darauf berufen, dass diese nicht erforderlich waren. (LG Berlin ZMR 1999, 638). Voraussetzung ist allerdings, dass die Renovierungsverpflichtung im Protokoll individualvertraglich ausgestaltet ist (BGH NZM 2009, 233 für eine Renovierungsverpflichtung im Übergabeprotokoll bei Mietbeginn).

4. Dem Mieter ist die **Gelegenheit der Schadensbeseitigung** einzuräumen. Es ist strittig, ob das Übergabeprotokoll eine vorformulierte Klausel enthalten darf, nach der der Vermieter von dem Mieter ermächtigt wird, die festgestellten Schäden auf seine Kosten beseitigen zu lassen.

5. Im Gegensatz zum alten Recht (§ 326 BGB) ist die **Ablehnungsandrohung** nicht erforderlich. Es genügt die Fristsetzung nach Fälligkeit (§ 280 Abs. 1, 3 iVm 281 BGB). Nach Ablauf der angemessenen Frist kann der Vermieter Schadensersatz statt der Leistung verlangen.

6. Kosten und Gebühren. Rechtsanwalt: 0,5 bis 2,5 Geschäftsgebühr gemäß VV 2400 RVG, §§ 13, 14 RVG nach dem Wert der Arbeiten.

II. Ansprüche des Vermieters gegen den Mieter

1. Wiederherstellungspflicht des Mieters – Anspruchsschreiben des Vermieters

. . . . .

(Vermieter)

an

. . . . .

(Mieter)

Mietverhältnis über die Wohnung . . . . .

Sehr geehrte(r) . . . . .,

im Rahmen des Besichtigungstermins am . . . . . haben wir im Einzelnen besprochen, welche Restarbeiten von Ihnen bis Mietende noch durchzuführen sind.[1] Ich erlaube mir unser Gespräch wie folgt zusammenzufassen:

Der von Ihnen zu Mietbeginn im elterlichen Schlafzimmer und im Kinderzimmer eingebrachte Teppichboden ist zu entfernen. In der Diele sind noch die Löcher, die bei der Anbringung Ihrer Garderobe entstanden sind, zu verschließen.

Die angebohrten Kacheln im Badezimmer unterhalb des Spiegels sind zu ersetzen. Insgesamt habe ich 15 angebohrte Fliesen gezählt, so dass der bei Mietbeginn vorhandene Zustand nur durch einen vollständigen Ersatz der beschädigten Fliesen wiederhergestellt werden kann.[2]

Ich bin damit einverstanden, dass das Außenschild (Verkauf von Baby-Moden) noch bis zum . . . . . bestehen bleibt und mit Ihrer neuen Adresse versehen bzw. beklebt wird.[3]

Die Fenster im Kinderzimmer können so bleiben, da ich Ihren Hinweis auf die beschädigten Fenster bei Mietbeginn nicht mehr widerlegen kann.[4] Die von Ihnen angebrachten Tapeten können ebenfalls bleiben.[5]

Allerdings bitte ich noch die Holzdecke im Wohnzimmer zu entfernen. Diese stammt zwar von dem Vormieter, jedoch hatte ich zu Mietbeginn darauf hingewiesen, dass ich mir die Entfernung bei Mietende vorbehalte. Dies wurde bekanntlich in dem Mietvertrag auch schriftlich festgehalten.[6]

Die Restarbeiten bitte ich bis zum Vertragsende, dh bis zum . . . . . noch auszuführen.[7]

. . . . .

(Vermieter)[8]

Anmerkungen

1. Generell sollte vor Mietende eine **gemeinsame Begehung von Mieter und Vermieter** durchgeführt werden. Hierbei kann im Einzelnen besprochen werden, in welchem Zustand die gemieteten Räume zurückzugeben sind. Gerade bei längeren Mietverhältnissen besteht eine Unsicherheit, welche Restarbeiten – über die Schönheitsreparaturen hinaus – notwendig sind, um der Wiederherstellungspflicht nachzukommen. Schwierigkeiten bestehen vor allem dann, wenn der Mieter bauliche Veränderungen vorgenommen hat entweder in der Annahme, der Vermieter werde nicht auf der Entfernung bestehen oder um die Räumlichkeiten in einen besseren Zustand zu versetzen. Meistens fehlen konkrete Absprachen zu Vertragsbeginn. Das Problem verschärft sich bei Fehlen eines Übergabeprotokolls. Es besteht allerdings kein Anspruch auf Durchführung eines gemeinsamen Besichtigungstermins.

2. Der Mieter ist grundsätzlich verpflichtet, nach Beendigung des Mietverhältnisses Einbauten und Einrichtungen, mit denen er die Wohnung ausgestattet hat, zu entfernen und Gebrauchsspuren, die über die vertragliche Abnutzung hinausgehen, zu beseitigen. Der Mieter muss den **ursprünglichen Zustand wiederherstellen** (Schmidt-Futterer/*Streyl* BGB § 546 Rn. 36; BGH NJW 1986, 309). Die Beseitigung von Schäden und Spuren vertragswidrigen Gebrauchs umfasst das Entfernen von Haken und Schrauben sowie das Verschließen von Dübellöchern. Auch Teppichböden, soweit vom Mieter eingebracht, sind zu entfernen. Strittig ist, ob angebohrte Wandfliesen noch vertragsgemäßen Gebrauch darstellen. Soweit die gebohrten Löcher auffällig und in Mengen vorhanden sind und durch einen Verschluss eine Beseitigung der Löcher nicht ordnungsgemäß erfolgen kann, wird im Allgemeinen eine Ersatzpflicht des Mieters bejaht, sofern die Löcher nicht für die Installation üblicher Geräte gebohrt wurden (LG Göttingen ZMR 1990, 145). Da der Vermieter nicht verpflichtet ist, Ersatzfliesen bereit zu halten, kann die Ersatzpflicht des Mieters unter Umständen auf vollständigen Ersatz der Fliesen gerichtet sein. Gegebenenfalls ist ein **Abzug neu für alt** vorzunehmen. Eine Klausel im Formularvertrag „angebohrte Kacheln sind durch neue zu ersetzen" ist unwirksam (OLG Frankfurt NJW-RR 1992, 396 (399)). Die Rückbauverpflichtung gilt **auch in gewerblichen Mietverhältnissen.**

3. Firmen- und Reklameschilder dürfen noch für eine Übergangszeit hängen bleiben, wobei der Zeitraum nicht starr festgelegt werden kann. Ein halbes Jahr ist aber als ausreichend anzusehen. Das Schild darf auch einen Hinweis auf die neue Adresse enthalten.

4. Die Entfernungs- und Beseitigungspflicht des Mieters unterliegt **Ausnahmen:** Wenn der Mieter bei Mietbeginn Maßnahmen ergriffen hat, um den vertragsgemäßen Gebrauch der Mietsache erst wiederherzustellen (zB Fenstereinbau), muss der Mieter diese Maßnahmen bei Mietende nicht mehr rückgängig machen. Dies gilt auch dann, wenn der Mieter sich gegenüber dem Vermieter zur Durchführung der Maßnahmen verpflichtet hat und der Vermieter im Gegenzug einen (teil-)weisen Mietverzicht für die Dauer der Arbeiten erklärt hat. Im Einzelfall ist zu prüfen, ob ein Beseitigungsanspruch gegeben ist. Die Zustimmung des Vermieters zu baulichen Veränderungen bedeutet grundsätzlich keinen Verzicht auf den Beseitigungsanspruch bei Mietende. Wenn die Arbeiten aber der Herstellung des normalen Gebrauchszwecks dienen (also nicht besonderen Mieterwünschen), ist eine Beseitigungspflicht bei Mietende nicht anzunehmen. Es empfiehlt sich, grundsätzlich vor Beginn größerer baulicher Maßnahmen eine verbindliche Absprache zu treffen.

Das Verlangen des Vermieters auf Rückbau kann auch **rechtsmissbräuchlich** sein, zB wenn ein Umbau der Räume beabsichtigt ist und deshalb die Wiederherstellungsarbeiten des Mieters alsbald wieder zunichte gemacht werden müssten (Langenberg Schönheitsreparaturen/*Zehelein* Teil 3 Abschn. C Rn. 41). Nach dem BGH NJW 1986, 309, steht dem Vermieter anders als bei Schönheitsreparaturen in diesem Falle kein Ausgleichsanspruch in Geld zu, weil die Rückgabepflicht des Mieters im Verhältnis zu der Gebrauchsüberlassung des Vermieters nicht Teil der zu erbringenden Gegenleistung ist.

5. Die mietvertraglich häufig verwandte Klausel („der Mieter hat die von ihm angebrachten oder vom Vormieter übernommenen Tapeten bei seinem Auszug zu beseitigen") ist unwirksam (BGH NZM 2006, 621). Nach dem Wortlaut der Klausel wäre die

Beseitigung der Tapeten unabhängig vom Zeitpunkt der letzten Schönheitsreparaturen geschuldet, sodass der Mieter mit Renovierungspflichten belastet ist, die über den tatsächlichen Renovierungsbedarf hinausgehen. Dies verstößt gegen § 307 BGB.

Auch wenn die Schönheitsreparaturklausel zB wegen unzulässigen starren Fristen unwirksam ist, kann die Entfernung der Tapeten nicht verlangt werden. Es ist dem Vermieter als Verwender der Klauseln untersagt, sich zu seinen Gunsten auf die Unwirksamkeit einer der Klauseln zu berufen, da die §§ 306 ff. BGB nur den Gegner des Verwenders schützen.

6. Der Mieter ist verpflichtet, nach Beendigung des Mietverhältnisses auch die **Einbauten und Einrichtungen zu entfernen**, die er von dem Vormieter übernommen hat (Schmidt-Futterer/*Streyl* BGB § 546 Rn. 39; OLG Düsseldorf DWW 2009, 308; OLG Hamburg ZMR 1990, 341 für Gewerberaum). Erforderlich ist eine **Vereinbarung** zwischen dem Vormieter und dem Mieter, wonach der Mieter die Einbauten und Einrichtungen bei Mietbeginn vom Vormieter übernommen hat. Selbstverständlich muss der Vormieter selbst zu der Entfernung verpflichtet gewesen sein. Wenn keine nahtlose Weitervermietung erfolgt, läuft der Vermieter Gefahr, dass der Mieter einwendet, die Einbauten unmittelbar von dem Vermieter erhalten zu haben. Der Vermieter habe dann auf die Beseitigung der Einbauten bzw. Einrichtungen durch den Vormieter konkludent verzichtet, so dass der Mieter keine Beseitigung mehr schuldet. Es empfiehlt sich daher, einen entsprechenden Vorbehalt in den Mietvertrag aufzunehmen.

7. Das **Rückbauverlangen** sollte insbesondere bei Kenntnis der vorgenommenen Umbauten **rechtzeitig vor Vertragsende** ausgesprochen werden, um den Anspruch auf Nutzungsentschädigung nicht zu gefährden. Sind die Arbeiten bei Beendigung des Mietverhältnisses noch nicht erledigt bzw. oder wird der Zustand erst dann festgestellt (weil zB ein gemeinsamer Termin nicht stattgefunden hat), ist Folgendes zu beachten: Sind die Rückbauarbeiten mit einem erheblichen Kosten- und Arbeitsaufwand verbunden, setzt der Schadensersatzanspruch des Vermieters voraus, dass der Mieter unter angemessener Fristsetzung zur Durchführung der Arbeiten aufgefordert worden ist, § 281 Abs. 1 BGB (vgl. für umfangreiche Fliesenarbeiten LG Berlin GE 1997, 1471; BGH WuM 1997, 217).

Verjährung: § 548 BGB: 6 Monate, nachdem der Vermieter die Mietsache zurückerhalten hat. Auf das rechtliche Ende des Mietverhältnisses kommt es nicht an. Auch auf die Kenntnis des Vermieters vom Zurückbleiben der Einrichtungen soll es nicht ankommen (OLG Düsseldorf DWW 1993, 138).

8. Gebühren. Rechtsanwalt 0,5 bis 2,5 Geschäftsgebühr gemäß VV 2400 RVG, §§ 13, 14 RVG nach den Kosten der Wiederherstellung.

2. Geltendmachung von Nutzungsentschädigung bei verspäteter Räumung

. . . . .

(Vermieter)

an

. . . . .

(Mieter)

Mietverhältnis über die Wohnung . . . . .

Sehr geehrte(r) . . . . .,

in dem Schreiben vom . . . . . haben wir der Fortsetzung des Mietverhältnisses über den . . . . . (Beendigungsdatum) hinaus widersprochen, nachdem Sie trotz der Kündigung nicht fristgerecht zum . . . . . aus der Wohnung ausgezogen waren.[1]

Am . . . . . wurden von Ihnen die Schlüssel zurückgegeben. Die verbliebenen Sachen und Gegenstände aus der Wohnung sind von Ihnen am . . . . . herausgeholt worden. Es handelt sich hierbei um Bretter, Regale, Tische, Werkzeuge, Matratzen, zwei Kleiderschränke sowie um Gerümpel, welches im Keller noch vorhanden war.[2]

Wir verlangen zunächst Nutzungsentschädigung bis zum . . . . .[3]

Gemäß dem maßgeblichen Mietspiegel beträgt die ortsübliche Vergleichsmiete 550,00 EUR. Die Wohnung ist 1980 errichtet worden und ca. 80 m² groß. Sie ist mit Heizung sowie Bad und WC ausgestattet. Die Wohnung liegt in Nähe des Erholungsparks Stadtgarten; die Geschäfte für die Erledigung der Dinge des täglichen Bedarfs sind fußläufig erreichbar. Die Wohnung liegt demnach in dem Gebiet „mittlere Wohnlage" und ist demnach jedenfalls in Gruppe 4 des Mietspiegels einzuordnen.[4] Sie sind daher verpflichtet 1.000,– EUR als Nutzungsentschädigung zzgl. der bisherigen Nebenkostenvorauszahlung in Höhe von monatlich 50,– EUR zu bezahlen.[5] Der Betrag berücksichtigt die von Ihnen in der Vergangenheit vorgenommene Mietkürzung um 50,– EUR.[6]

Zusätzlich schulden Sie Schadensersatz, da das Mietobjekt trotz intensiver Bemühungen erst wieder zum . . . . . zu einem Mietzins in Höhe von 600,– EUR vermietet werden konnte. Eine Kopie des Mietvertrages ist beigefügt.[7] Andere Mietinteressenten wollten das Objekt bereits unmittelbar im Anschluss an das Mietende anmieten, wie Sie der beigefügten Erklärung entnehmen wollen.[8]

Die Mängel der Wohnung wurden vor Neuvermietung beseitigt, sodass die Miete ungekürzt entrichtet wird. Es wird somit Mietausfallschaden in Höhe von 900,– EUR für März und die erste Aprilhälfte verlangt. Den Gesamtbetrag in Höhe von 2.000,– EUR bitten wir bis zum . . . . . auf das unten angegebene Konto zu überweisen.[9]

. . . . .

(Vermieter)

Anmerkungen

1. Um eine Verlängerung des Mietverhältnisses auf unbestimmte Zeit zu vermeiden, ist der **Verlängerung des Mietgebrauchs binnen zwei Wochen ab Kenntnis der Gebrauchsfortsetzung zu widersprechen.** Zulässigerweise kann der Widerspruch bereits in das Kündigungsschreiben mit aufgenommen werden. § 545 BGB gilt auch bei Mietaufhebungsverträgen und außergerichtlichen sowie gerichtlichen Räumungsvergleichen. Ein Aufhebungsvertrag enthält nicht den konkludenten Ausschluss von § 545 BGB (Schmidt-Futterer/*Blank* BGB § 545 Rn. 9). Bei einem Räumungsvergleich wird allgemein auch eine Einigung über BGB § 545 BGB erzielt, so dass die Wiederholung des Widerspruchs eine reine Förmelei darstellt (Schmidt-Futterer/*Blank* BGB § 545 Rn. 10).

2. Gibt der Mieter die Sache nach Beendigung des Mietverhältnisses nicht zurück, kann der Vermieter für die Zeit der Vorenthaltung **Nutzungsentschädigung** verlangen (§ 546a Abs. 1 BGB). Der Anspruch auf Nutzungsentschädigung setzt somit voraus: beendetes Mietverhältnis; weiterer Besitz des Mieters; Rücknahmewillen des Vermieters. Es handelt sich um keinen Schadensersatzanspruch, sondern um einen vertraglichen

Anspruch eigener Art (BGH NJW 1984, 1527; Schmidt-Futterer/*Streyl* BGB § 546a Rn. 19) Der Mieter muss noch – unmittelbaren oder mittelbaren Besitz – an der Mietsache haben. Eine Nutzung ist nicht erforderlich. Die fehlende Rückgabe von Schlüsseln stellt ein gewichtiges Indiz dar, führt jedoch nicht zwangsläufig zu der Annahme eines Anspruchs auf Nutzungsentschädigung (Beispielsweise kann wegen Verlustes ein Schlüssel nicht zurückgegeben werden, so dass gleichwohl der Mieter den Willen zum Besitz aufgegeben hat). Ein Vorenthalten der Mietsache liegt nicht vor, wenn die Wohnung in vertragswidrigem Zustand zurückgegeben worden ist (zB wenn Schönheitsreparaturen nicht durchgeführt wurden). Ein Vorenthalten ist auch dann nicht gegeben, wenn der Vermieter dem Mieter Schlüssel zu der Wohnung überlässt, um dort Schönheitsreparaturen durchzuführen. Der dadurch weiterhin dem Mieter eingeräumte Mitbesitz entsprach dem Willen des Vermieters, sodass dem Vermieter kein Anspruch auf Nutzungsentschädigung zusteht. Schadenersatzansprüche aus anderen Gründen bleiben unberührt. Strittig ist, ob die unterlassene Entfernung von Einrichtungsgegenständen einen Anspruch auf Nutzungsentschädigung begründet. Bei Zurücklassung geringwertiger Sachen ist dies nicht anzunehmen (Schmidt-Futterer/*Streyl* BGB § 546a Rn. 40; anders jedoch, wenn eine Vielzahl von Gegenständen in dem Objekt verbleiben OLG Hamm ZMR 1996, 372). Es sollte daher in dem Schreiben genau angegeben werden, welche Gegenstände zurückgeblieben sind, um den Anspruch auf Nutzungsentschädigung schlüssig zu begründen. Auch bei einer **Teilrückgabe** soll der Anspruch auf Nutzungsentschädigung für die gesamte Mietsache bestehen, da der Mieter zu Teilleistungen nicht berechtigt ist (Schmidt-Futterer/*Streyl* BGB § 546a Rn. 64).

Nach der Rechtsprechung (OLG Dresden NZM 2000, 827) ist der Vermieter zu einer Rücknahme auch vor dem Ende der Mietzeit verpflichtet, sofern der Zeitraum überschaubar ist. Über den Rückerlangungswillen hinaus, muss ein weitergehender Nutzungswillen des Vermieters nicht gegeben sein (OLG München ZMR 1993, 466).

3. Sofern die Rückgabe der Mietsache an einem Tag innerhalb des Monats erfolgte, war früher umstritten, ob Nutzungsentschädigung nach § 546a Abs. 1 BGB nur bis zum Übergabetag oder bis zum Ablauf des Monats geschuldet wird.

Der BGH hat diese Frage nunmehr im erstgenannten Sinn entschieden (NZM 2006, 52). Durch die Vorschrift des § 546a Abs. 1 BGB soll Druck auf den Mieter ausgeübt werden, die geschuldete Rückgabe der Mietsache zu vollziehen. Es liegt am Mieter, die Rechtsfolgen des § 546a BGB durch Rückgabe zu vermeiden. Nur für die Dauer der Vorenthaltung, also bis zum Tag der Rückgabe kann der Vermieter den vereinbarten oder den ortsüblichen Mietzins verlangen. Für die Zeit danach hat der Vermieter gemäß § 546a BGB die Möglichkeit einen Schadensersatzanspruch geltend zu machen, wobei substantiiert die Vermietungsgelegenheit für den geltend gemachten Zeitraum dargelegt werden muss.

4. Der Anspruch des Vermieters auf Zahlung von Nutzungsentschädigung entsteht automatisch, so dass es **keiner zusätzlichen Willenserklärung** bedarf (BGH NJW 1999, 2808). Der Vermieter kann gemäß § 546a BGB für die Dauer der Vorenthaltung als Entschädigung die vereinbarte Miete oder die ortsübliche Miete verlangen. Ist die ortsübliche Miete höher als die vereinbarte Miete, so kann der Vermieter auch die ortsübliche Miete als Nutzungsentschädigung verlangen. Mit der Rechtsprechung des Bundesgerichtshofes kann der Vermieter daher auch die Marktmiete verlangen (BGH NZM 2017, 186) Eine höhere ortsübliche Miete hat der Vermieter zu beweisen (Schmidt-Futterer/*Streyl* BGB § 546a Rn. 106). Allerdings muss nicht das Erhöhungsverfahren gemäß §§ 558 ff. BGB eingehalten werden, vielmehr kann der Vermieter die höhere Miete durch einseitige Gestaltungserklärung verlangen (Schmidt-Futterer/*Streyl* BGB § 546a Rn. 58). Dies gilt auch im Gewerberaummietvertrag und bei Mietverträgen über Grundstücke und bewegliche Sachen (Bub/Treier MietR-HdB/*Scheuer* Kap. V. Rn. 137).

5. Zahlt der Mieter die vereinbarte Miete weiter und ist die **ortsübliche Miete höher**, so kann der Vermieter die **Differenz** verlangen, da nur eine Teilerfüllung durch die Zahlung eintritt.

6. Eine vor der Vertragsbeendigung eingetretene **Minderung** bleibt solange bestehen, wie der Mangel vorhanden ist (LG Berlin ZMR 1992, 591). Verschlechterungen nach dem Ende des Mietverhältnisses sind nicht zu berücksichtigen (OLG Düsseldorf DWW 1992, 52). Nebenkostenvorauszahlungen bleiben wie bisher geschuldet. Es besteht auch für diesen Zeitraum eine Abrechnungspflicht. Der Anspruch auf Nutzungsentschädigung unterliegt der Umsatzsteuer (BGH NJW 1988, 2665).

7. Gemäß §§ 546a Abs. 2, 571 BGB ist **die Geltendmachung eines weiteren Schadens** nicht ausgeschlossen. Es handelt sich hierbei nicht um eine eigenständige Anspruchsgrundlage, vielmehr richtet sich der Anspruch des Vermieters nach den allgemeinen Vorschriften. Andere Beispiele für Schadensersatz neben Mietausfall: Mehrkosten wegen Handwerkerterminen, die wegen des unterlassenen Auszuges abgesagt werden mussten, Haftung des Vermieters gegenüber neuen Mietern in Form von Hotel und/oder Speditionskosten. Es ist stets zu beachten, dass ein Verschulden des Mieters vorliegen muss.

8. Der Schaden ist **konkret nachzuweisen.** Nur wenn eine Weitervermietung unmittelbar nach Mietende erfolgt wäre und dem Mietinteressenten wegen des unterlassenen Auszuges abgesagt werden musste, ist ein Schadensersatzanspruch gegeben (BGH NJW-RR 1998, 803 (806)). Der Vermieter sollte sich immer Name und Anschrift des potentiellen Mieters notieren, um später den Nachweis gegebenenfalls führen zu können.

Weiterer Schadensersatz kann bei **Wohnraummiete** nur unter den Voraussetzungen des § 571 BGB verlangt werden. Die unterbliebene Rückgabe muss insbesondere von dem Mieter zu vertreten sein. Im Rahmen der Billigkeit sind alle Umstände zu berücksichtigen wie zB Höhe des Schadens, Einkommens – und sonstige Vermögensverhältnisse der Parteien, wobei § 571 kaum noch praktische Bedeutung zukommt, weil nach § 546a Abs. 1 BGB nach Billigkeit nur selten mehr als die ortsübliche Miete zuzusprechen ist (Palandt/*Weidenkaff* BGB § 571 Rn. 3).

Verjährung: §§ 195, 199 BGB: 3 Jahre

9. Gebühren. Rechtsanwalt: 0,5 bis 2,5 Geschäftsgebühr gemäß VV 2400 RVG, §§ 13, 14 RVG nach dem Wert der Nutzungsentschädigung und des Schadensersatzes.

3. Fristsetzung zur Durchführung von Schönheitsreparaturen

. . . . .

(Rechtsanwalt)

an

. . . . .

(Mieter)

Mietverhältnis über die Wohnung . . . . .

Sehr geehrte(r) . . . . .,

wir vertreten bekanntlich die Interessen ihrer Vermieter, ...

Das Mietverhältnis wurde fristgerecht zum . . . . . gekündigt. Obwohl am . . . . . im Rahmen der Vorbesichtigung im Einzelnen besprochen worden war, welche Schönheitsreparaturen bis zum Mietende durchzuführen sind, mussten unsere Mandanten nach der Räumung der Wohnung am . . . . . feststellen, dass die Schönheitsreparaturen nicht ausgeführt worden sind.[1]

Sie haben die Wohnung sieben Jahre lang bewohnt. Gemäß § . . . . . des Mietvertrages[2] sind die Renovierungsarbeiten in Küche, Bad und WC in der Regel alle 5 und hinsichtlich der übrigen Wohnräume in der Regel alle 8 Jahre auszuführen. Obwohl hinsichtlich der von Ihnen bewohnten Räume die Regelfristen noch nicht abgelaufen sind, machen unsere Mandanten gemäß der in der Vorbesichtigung getroffenen Vereinbarung von der vertraglich vereinbarten Quotenabgeltungsklausel keinen Gebrauch.[3] Die maßgebliche Vorschrift des Mietvertrages lautet wie folgt:

„Endet das Mietverhältnis vor Eintritt der Verpflichtung zur Durchführung von Schönheitsreparaturen, so ist der Mieter verpflichtet die anteiligen Kosten für die im Allgemeinen erforderlichen Schönheitsreparaturen anhand eines Kostenvoranschlages eines vom Vermieter auszuwählenden Malerfachbetriebes an den Vermieter zu zahlen.

Der prozentuale Anteil richtet sich nach dem Zustand der jeweiligen Teile des Wohnraums bei Beendigung des Mietverhältnisses im Verhältnis zur Nutzungsdauer durch den Mieter seit dem Zeitpunkt der letzten Schönheitsreparaturen. Als Basis für die Ermittlung der Renovierungsquote dienen die in § . . . . . genannten Fristen."

Stattdessen haben Sie zugesagt, aufgrund der übermäßigen Abnutzung zumindest das Wohnzimmer in der Farbe Weiß zu streichen. Für das Schlafzimmer und das Kinderzimmer entfällt dagegen die Renovierungspflicht.

Von der Renovierungsbedürftigkeit der Küche, des Bades und des WC haben wir uns im Rahmen der Vorbesichtigung ebenfalls überzeugen können.

Im Einzelnen sind folgende Arbeiten auszuführen:[4]

1. Küche
   Die Decken und Wänden in der Küche sind mit Dispersionsfarbe deckend zu überstreichen. Hier ist seit Mietbeginn nicht renoviert worden, obwohl die Wohnung seinerzeit vollständig renoviert an sie übergeben worden ist.[5] Die Dübellöcher in der Küche, die nach der Demontage der Hängeschränke verblieben sind, sind bündig zu verschließen. Die Kalkablagerungen auf der Armatur und der Spüle sind zu beseitigen. Die Zarge der Küchentür weist im unteren Bereich Kratzer, Stoßstellen und vereinzelt Lackabplatzungen auf und ist daher neu zu lackieren.[6] Die Fliesen in der Küche sind schmutzig und fleckig und sind gründlich zu reinigen.[7] Auch der Heizkörper in der Küche ist verdreckt und muss gereinigt, ggf. sogar lackiert werden.[8]
2. Badezimmer
   Die Decke im Badezimmer ist deckend zu überstreichen. Unsere Mandanten haben zwischenzeitlich die bisherige Raufasertapete entfernt und die Schimmelbildung an der Decke im Bereich des Fensters auf eigene Kosten beseitigt und die Decke mit einer neuen Raufasertapete überklebt.[9] Hinsichtlich der Dusch- und Waschtischarmatur gelten die Ausführungen zu der Küche entsprechend, dh die Kalkablagerungen sind zu beseitigen.
3. Gäste-WC
   Auch hier ist der Kalk von der Armatur zu entfernen.
4. Flur
   Des Weiteren wird ein Neuanstrich des Flurs verlangt. Im Rahmen der Vorbesichtigung waren Sie mit unseren Mandanten darin überein gekommen, wegen der übermäßigen malermäßigen Abnutzung einen Neuanstrich vorzunehmen, obwohl die üblichen Renovierungsfristen noch nicht abgelaufen sind.[10] Der Anstrich ist nicht deckend erfolgt. Im Übrigen sind vereinzelt an den Wänden Pinselhaare zurückgeblieben.[11]

Namens und im Auftrag unserer Mandanten haben wir Sie aufzufordern, die vorstehend aufgeführten Arbeiten bis zum . . . . . auszuführen oder durch geeignete Fachkräfte ausführen zu lassen.[12]

Die Schlüssel können werktags zwischen 8.00 und 10.00 Uhr bei unseren Mandanten abgeholt werden.

Wir weisen darauf hin, dass nach Ablauf der Frist Schadensersatz verlangt werden wird.[13]

Dieses Schreiben geht Ihnen durch Boten zu.[14, 15]

. . . . .

(Rechtsanwalt)[16]

Anmerkungen

1. Ist der Mieter aufgrund der mietvertraglichen Vereinbarung bei Mietende verpflichtet, die Wohnung zu renovieren, ist eine gemeinsame Vorbesichtigung und ggf. die Erstellung eines „**Vorabnahmeprotokolls**" zu empfehlen. Vermieter und Mieter können in dem Termin gemeinsam Art und Umfang der auszuführenden Arbeiten abstimmen, so dass Auseinandersetzungen nach der Räumung (und der Schlüsselrückgabe!) vermieden werden können. Allerdings ist zu beachten, dass aufgrund der Vorbesichtigung die Nachfrist nicht vorgezogen werden kann. Die Arbeiten müssen zunächst fällig sein, was bei einer wirksamen Renovierungsverpflichtung bei Mietende erst bei Vertragsende der Fall ist. Endet das Mietverhältnis aufgrund einer Befristung, eines Aufhebungsvertrages oder Kündigung, ist zudem Verzug mit dem Tag der Beendigung des Mietverhältnisses gegeben. Besonderes Augenmerk ist auf die Fälle zu legen, in denen die Wohnung bereits vor dem vereinbarten Mietende zurückgegeben wird (zB Mietende 31.10., tatsächliche Rückgabe 20.9.). Die Verjährung der Ersatzansprüche beginnt nach § 548 Abs. 1, § 200 S. 1 BGB mit dem Zeitpunkt, in dem der Vermieter die Sache zurückerhält, wobei dies auch dann gilt, wenn der Vertrag erst später endet (BGH NZM 2006, 503). Im obigen Beispiel beginnen die Fristen also schon ab dem 20.9. zu laufen, wobei die Nachfrist – sofern kein Ausnahmefall, wie zB die ernsthafte endgültige Erfüllungsverweigerung vorliegt – erst nach Mietende gesetzt werden kann (zu der damit verbundenen Problematik der Verjährung einschließlich der Lösungsmöglichkeiten → Form. A.III.1).

2. Es ist stets besonders sorgfältig zu prüfen, ob eine wirksame Renovierungspflicht bei Mietende vereinbart worden ist. Die hierzu ergangene Rechtsprechung ist mittlerweile nahezu unüberschaubar. Die Rechtsprechung zu den starren Renovierungsfristen ist besonders zu beachten. Wenn der Mieter mietvertraglich verpflichtet wird, nach Ablauf festgelegter Zeiträume zu renovieren, liegt eine starre Fälligkeitsregelung vor, weil der Mieter auch verpflichtet wird zu renovieren, wenn die gemieteten Räume nach ihrem tatsächlichen Erscheinungsbild noch nicht renovierungsbedürftig sind. Die Klausel „Schönheitsreparaturen sind durchzuführen, wenn erforderlich mindestens aber" nach dem aufgeführten Fristenplan ist daher unwirksam (BGH NZM 2004, 653 = NJW 2004, 2586). Die Unwirksamkeit des Fristenplans ergibt sich aus § 307 Abs. 1 BGB und § 307 Abs. 2 Nr. 1 BGB (*Heinrichs* ZMR 2005, 202). Starre Fristenregelungen sind auch dann unwirksam, wenn der Mieter konkret nicht benachteiligt wird (so zB wenn die Wohnung vom Abnutzungsgrad her eine Renovierung bei Ablauf der Fristen erforderlich machen würde). Die Klausel ist nämlich generalisierend auszulegen. Eine geltungserhaltende Reduktion oder ergänzende Vertragsauslegung wird abgelehnt (BGH NZM 2004, 653; *Börstinghaus* NZM 2005, 771).

Starr sind Fristen auch, wenn

- die Verpflichtung zur Durchführung der Schönheitsreparaturen als solche und die zur Erfüllung maßgeblichen Fristen zwar in zwei verschiedenen Klauseln enthalten sind, die Klauseln aber aus Sicht eines verständigen Mieters zusammengehören und deshalb als einheitliche Regelung anzusehen sind (BGH NZM 2004, 901);
- die Klausel zwar die Möglichkeit der Verkürzung der Fristen, jedoch nicht die Möglichkeit der Verlängerung der Fristen vorsieht („soweit nicht nach dem Grad der Abnutzung eine frühere Ausführung erforderlich ist");
- wenn die Fristen allein durch die Angabe eines nach Jahren bemessenen Zeitraums ohne jeden Zusatz bezeichnet sind (BGH NJW 2006, 1728 „die Schönheitsreparaturen sind in Küche, Bad und WC alle 3 Jahre, in den übrigen Räumen alle 5 Jahre durchzuführen, wobei die Fristen in jedem Fall mit Beginn des Mietverhältnisses zu laufen beginnen");

Eine weiche Renovierungsfrist liegt vor, wenn bei einem entsprechenden Zustand der Wohnung eine Abweichung von den vereinbarten Fristen möglich ist. Wirksam ist insbesondere die ebenfalls oftmals verwandte Klausel: „Die Schönheitsreparaturen sind spätestens nach Ablauf folgender Zeiträume auszuführen: In Küche, Bad und Duschen alle 3 Jahre; in Wohn- und Schlafräumen, Fluren, Dielen und Toiletten alle 5 Jahre; in anderen Nebenräumen alle 7 Jahre. Lässt in besonderen Ausnahmefällen der Zustand der Wohnung eine Verlängerung der vereinbarten Fristen zu oder erfordert der Grad der Abnutzung eine Verkürzung, so ist der Vermieter verpflichtet, in anderen Fällen aber berechtigt, nach billigem Ermessen die Fristen des Plans bezüglich der Durchführung einzelner Schönheitsreparaturen zu verlängern oder zu verkürzen." Durch die Verlängerungsmöglichkeit kann sich der Mieter der Renovierungsverpflichtung entziehen, sodass keine starre Regelung vorliegt" (BGH NZM 2005, 58 ff.). Bei fehlendem Renovierungsbedarf hat der Mieter einen Anspruch auf Verlängerung der Fristen (BGH NZM 2005, 299; *Börstinghaus* NZM 2005, 771). Auch die Klausel „die Schönheitsreparaturen sind in der Regel in Küche, Bad und Toilette spätestens nach 3 Jahren, in Wohn- und Schlafräumen und Dielen spätestens nach 5 Jahren und in sonstigen Räumlichkeiten spätestens nach 7 Jahren" hat der BGH als weiche Fristen anerkannt (BGH NZM 2005, 860; *Heinrichs* NZM 2005, 203). Zulässig ist auch die Formularklausel, wonach der Mieter je nach dem Grad der Abnutzung oder Beschädigung erforderliche Arbeiten unverzüglich auszuführen hat und die Schönheitsreparaturen im Allgemeinen nach Ablauf von 3, 5 oder 7 Jahren" je nach Art des Raumes erforderlich werden. Die Klausel bedeutet nicht, dass der Mieter gegebenenfalls aufgrund einer vorvertraglichen Abnutzung unter Umständen bereits zu Beginn des Mietverhältnisses zu einer Renovierung verpflichtet wäre, vielmehr beginnen die Fristen erst mit Beginn des Mietverhältnisses zu laufen. Die Klausel „im Allgemeinen" ist nicht starr, sodass die Regelung insgesamt wirksam ist (BGH NZM 2005, 376).

Oftmals ist ein Fristenplan zwischen den Mietparteien vereinbart, der folgende Renovierungsfristen vorsieht: Alle 3 Jahre für Küche, Bad und Dusche; alle 5 Jahre für Wohnzimmer, Schlafzimmer, Flur, Diele und Toilette; alle 7 Jahre für sonstige Nebenräume. Diese Fristen basieren allerdings immer noch auf dem **Mustervertrag aus dem Jahr 1976** (Fn. zu § 7 MMV 1976), und werden daher nicht mehr als angemessene Erfahrungswerte herangezogen. Vielmehr sollen diese bisherigen Fristen zu kurz bemessen sein mit der Folge, dass sie den Mieter unangemessen belasten (vgl. → Form. B. VIII.4). Auch der BGH hat diese Fristen ausdrücklich nur für die in der Vergangenheit abgeschlossenen Mietverträge als wirksam angesehen, also für Mietverträge vor dem Urteil vom 26.9.2007 (BGH NZM 2007, 879). Für „Neuverträge" wird daher die Auffassung vertreten, dass die bisherigen Regelfristen gemäß dem Mustermietvertrag aus dem Jahre 1976 unwirksam sind (Langenberg Schönheitsreparaturen/*Zehelein* Teil 1 Abschn. C. Rn. 181; *Eisenschmid* WuM 2010, 459). Empfohlen werden daher Fristen von 5 **Jahren** für Küchen, Bädern, WC und Duschen, 8 **Jahren** für Wohn- und Schlafräume sowie Fluren und Dielen und 10 **Jahren** für alle Nebenräume.

Bei der Überprüfung der Renovierungsklausel ist immer zu prüfen, ob die Klausel für den Mieter erkennbar so flexibel vereinbart ist, dass im Einzelfall nach dem Inhalt der Formulierung eine Anpassung der Renovierungsintervalle an den tatsächlichen Renovierungsbedarf möglich ist. Formulierungen wie „in der Regel" oder „im Allgemeinen" oder ähnliche Klauseln genügen den Anforderungen der Rechtsprechung.

Folgende oftmals verwandten weiteren **Formularklauseln,** die eine Renovierungspflicht bei Mietende vorsehen, sind **unwirksam:**

- Der Mieter wird zur Endrenovierung verpflichtet unabhängig vom Zeitpunkt der letzten Renovierung (BGH NZM 2004, 497). Derartige Klauseln benachteiligen den Mieter unangemessen, da sie eine Renovierungsverpflichtung konstituieren unabhängig von einem tatsächlichen Renovierungsbedarf. Aus den gleichen Gründen sind auch Endrenovierungsklauseln im **Gewerberaum,** die den Mieter unabhängig vom Bedarf bzw. vom Zeitpunkt der letztmaligen Durchführung der Arbeiten zur Renovierung verpflichten, wie zB „Bei Beendigung des Mietverhältnisses ist das Mietobjekt in renoviertem Zustand zurückzugeben" unwirksam (BGH NZM 2005, 504).
- Nach einem Fristenplan, der dem Mieter nach Ablauf der üblichen Fristen zur Renovierung verpflichtet, wird zusätzlich eine Renovierungspflicht bei Vertragsende festgelegt. Die Gesamtnichtigkeit ergibt sich aus einer Gesamtbetrachtung der verwandten Klauseln (BGH NZM 2003, 594; sog. Summierungseffekt). Eine Übertragung der Schönheitsreparaturen auf den Mieter in einem Formularmietvertrag ist auch bei Mietverträgen über **Gewerberäume** unwirksam, wenn der Mieter unabhängig von dem Erhaltungszustand der Räume zur Renovierung nach Ablauf starrer Fristen verpflichtet werden soll (BGH NZM 2008, 890).

Ist ein **Fristenplan** wirksam vereinbart, sind jedoch die Fristen bei Vertragsende für alle oder für einen Teil der Räume noch nicht abgelaufen, besteht keine oder nur eine beschränkte Renovierungspflicht (BGH WuM 1987, 306). Oftmals wird eine uneingeschränkte Endrenovierungspflicht auch individuell vereinbart („sonstige Vereinbarung"). Derartige Abreden unterfallen als Individualabrede nicht den §§ 305 ff. BGB und sind daher – von Ausnahmefällen abgesehen, die über § 242 BGB zu lösen sind – beispielsweise bei einer extrem kurzen Mietzeit – wirksam, wobei die Vertragsbestimmung zwischen den Parteien stets „im Einzelnen ausgehandelt" sein muss (§ 305 Abs. 1 S. 3 BGB). Hieran dürften zwar häufig Zweifel bestehen, da dem Mieter bei der Abfassung der Vertragsbestimmung die Möglichkeit der Einflussnahme gewährt werden muss (BGH NJW-RR 1987, 145). Allerdings wird durch eine hand- oder maschinenschriftliche Aufnahme der Bestimmung in den Vertrag der Anschein bzw. die Vermutung für eine Individualabrede begründet. Den Anscheinsbeweis muss der Mieter entkräften, was nur selten gelingen dürfte (vgl. aber AG Gießen ZMR 2001, 807).

Unzulässig sind auch Formularklauseln, die dem Mieter eine **Farbvorgabe** machen, wonach Fenster und Türen „nur weiß" zu streichen sind (BGH NZM 2010, 236; 2009, 903). Nach der Rechtsprechung des BGH benachteiligt eine **Farbwahlklausel** den Mieter nur dann nicht unangemessen, wenn sie ausschließlich für den Zeitpunkt der Rückgabe Geltung beansprucht und dem Mieter noch einen gewissen Spielraum lässt (BGH NZM 2012, 338). Eine formularvertragliche Klausel, die den Mieter dazu verpflichtet, die auf ihn abgewälzten Schönheitsreparaturen in „neutralen, hellen, deckenden Farben und Tapeten auszuführen", ist wegen unangemessener Benachteiligung des Mieters ebenfalls unwirksam, wenn sie nicht auf den Zustand der Wohnung im Zeitpunkt der Rückgabe der Mietsache beschränkt ist, sondern auch für Schönheitsreparaturen gilt, die der Mieter im Laufe des Mietverhältnisses vorzunehmen hat (BGH NZM 2008, 605; bestätigt durch BGH NZM 2012, 338).

Eine Formularklausel, wonach es dem Mieter obliegt, die Schönheitsreparaturen „ausführen zu lassen" ist ebenfalls unwirksam, da sie als Fachhandwerkerklausel verstanden werden kann (BGH NZM 2010, 615). Die Klausel „Bei Auszug müssen Decken, Fenster, Türen weiß gestrichen sein" ist ebenfalls unwirksam, weil sie den Mieter in unangemessener Weise in seiner malerischen Gestaltungsweise auch schon während des Mietverhältnisses einschränkt (BGH NZM 2011, 150).

Ist die Renovierungsklausel dagegen unwirksam, ist der Vermieter nicht berechtigt, den Mieter zur Renovierung aufzufordern. Anderenfalls macht er sich schadensersatzpflichtig (BGH NZM 2009, 541; *Blank* NZM 2010, 97). Der Vermieter ist vielmehr verpflichtet, den Mieter bei Beendigung des Mietverhältnisses auf die Unwirksamkeit der Klausel hinzuweisen (*Paschke* GE 2010, 30 (33)). Im Übrigen schuldet der Vermieter dem Mieter Wertersatz nach § 818 Abs. 2 BGB, wenn der Mieter aufgrund einer unerkannt unwirksamen Endrenovierungsklausel Schönheitsreparaturen in der Wohnung durchführt (BGH NZM 2009, 541; *Paschke* GE 2010, 30 (32)). Dieser Wertersatz bemisst sich üblicherweise nur nach dem, was der Mieter billigerweise neben einem Einsatz an freier Zeit als Kosten für das notwendige Material sowie als Vergütung für die Arbeitsleistung seiner Helfer aus dem Verwandten- und Bekanntenkreis aufgewendet hat oder hätte aufwenden müssen.

Dieser Ersatzanspruch des Mieters unterliegt der kurzen Verjährung gemäß § 548 Abs. 2 BGB, da es sich bei Schönheitsreparaturen um „Aufwendungen" im Sinne des § 548 Abs. 2 BGB handelt (BGH NZM 2011, 452; *Roth* NZM 2011, 62). Der Ersatzanspruch verjährt mithin binnen sechs Monaten ab Beendigung des Mietverhältnisses (BGH NZM 2012, 557).

3. Nach dem Rechtsentscheid des BGH vom 6.7.1988 (NJW 1988, 2790) konnte der Vermieter eine **Kostenbeteiligung des Mieters** für den Fall des Auszuges des Mieters vor dem **Ablauf der Renovierungsfristen** vereinbaren. Der Vertrag war somit stets dahingehend zu prüfen, ob eine Kostenbeteiligung des Mieters bei Vertragsende vereinbart war und ob die verwandte Klausel wirksam ist. Fehlte eine entsprechende Vereinbarung, hatte der Vermieter keinen Anspruch. Grundsätzlich setzte die Wirksamkeit einer Quotenabgeltungsklausel voraus, dass

- der vom Vermieter eingeholte Kostenvoranschlag nicht für verbindlich erklärt wird,
- die Fristen und Prozentsätze sich an den üblichen Renovierungsfristen ausrichten,
- dem Mieter nicht untersagt ist, die Arbeiten vor dem Ende des Mietverhältnisses selbst auszuführen,
- die für die Durchführung der Schönheitsreparaturen maßgeblichen Renovierungsfristen nicht vor dem Beginn des Mietverhältnisses zu laufen beginnen.

Darüber hinaus musste die Quotenabgeltungsklausel dem **Transparenzgebot** gemäß § 307 Abs. 1 S. 2 BGB genügen (BGH NZM 2007, 879; LG Frankfurt a. M. NZM 2011, 582). Für den Mieter musste erkennbar sein, aus welchem Renovierungszustand welche Quote folgt. Dies setzte voraus, dass sich aus der Klausel die Berechnungsmethode zweifelsfrei ergibt, mit der die Abgeltungsquote festgestellt wird. Darüber hinaus musste die Klausel dem Mieter den Einwand ermöglichen, das Mietobjekt sei nur unterdurchschnittlich genutzt worden (Langenberg Schönheitsreparaturen/*Zehelein* Teil 1 Abschn. C Rn. 284). Eine Quotenabgeltungsklausel war danach transparent, wenn sie eine Berücksichtigung des tatsächlichen Erhaltungszustandes der Wohnung in der Weise ermöglicht, dass für die Berechnung der Quote das Verhältnis zwischen der Mietdauer seit Durchführung der letzten Schönheitsreparaturen und dem Zeitraum nach Durchführung der letzten Schönheitsreparaturen maßgeblich ist, nach dem bei einer hypothetischen Fortsetzung des Mietverhältnisses auf Grund des Wohnverhaltens des Mieters voraussichtlich Renovierungsbedarf bestünde (BGH NZM 2007, 879; LG Frankfurt a. M. NZM 2011, 582).

Im Hinblick auf diese Voraussetzungen gab es in der Literatur berechtigte Zweifel, dass es überhaupt möglich ist, eine praxistaugliche Quotenabgeltungsklausel zu verwenden, die diesen Anforderungen gerecht wird (*Börstinghaus* NZM 2011, 101 (110); *Heinrichs* NZM 2005, 201 (205); *Schmidt* NZM 2011, 561 (568)). *Langenberg* und *Beyer* haben unter Berücksichtigung der strengen Anforderungen der Rechtsprechung an eine transparente Quotenabgeltungsklausel eigene Formulierungsvorschläge entworfen, auf die an dieser Stelle verwiesen wird (Langenberg Schönheitsreparaturen/*Zehelein* Anhang Muster, Rn. 3 ff; *Beyer* NZM 2008, 465 (468); kritisch hierzu *Schmidt* NZM 2011, 561 (568)).

Der BGH hatte dann erstmals in seinem Beschl. v. 22.1.2014 (BeckRS 2014, 02862) diese Bedenken aufgegriffen und eine entsprechende Rechtsprechungsänderung angekündigt. Der BGH äußerte Zweifel daran, ob eine Quotenabgeltungsklausel bei Übergabe einer unrenovierten oder renovierungsbedürftigen Wohnung einer Prüfung nach § 307 Abs. 1 BGB standhalte. Er hatte die Entscheidung dann allerdings noch offengelassen. Mittlerweile hat der BGH allerdings seine **Rechtsprechung zur Wirksamkeit von Quotenabgeltungsklauseln aufgegeben**. In seinem Urteil vom 18.3.2015 (NZM 2015, 424) hat der BGH ausdrücklich entschieden, dass eine zur Unwirksamkeit der Quotenabgeltungsklausel nach § 307 Abs. 1 S. 1, 2 BGB führende unangemessene Benachteiligung des Mieters darin liege, dass der auf den Mieter entfallende Kostenanteil nicht verlässlich ermittelt werden könne. Zudem sei für den Mieter bei Abschluss des Mietvertrages nicht klar und verständlich, welche Belastung gegebenenfalls auf ihn zukomme. Dies gelte unabhängig davon, ob die Wohnung dem Mieter zu Beginn des Mietverhältnisses renoviert oder unrenoviert überlassen worden ist (hierzu auch *Kappus* in NZM-info Heft 10/15, S. V).

4. In dem Aufforderungsschreiben sind **Art und Umfang der Renovierungsarbeiten** genau zu bezeichnen. Jede Ungenauigkeit geht zu Lasten des Vermieters mit der Folge, dass die Aufforderung unwirksam ist. Man muss sich somit zunächst ein möglichst genaues Bild von dem Wohnungszustand machen. In der anwaltlichen Vertretung ist es sinnvoll, wenn der Mandant anhand von Fotos den Zustand näher beschreiben kann. In jedem Fall muss bei der Beratung und Vertretung auf einer genauen Schilderung bestanden werden.

Die Leistungsaufforderung muss eine **Zustandsbeschreibung** enthalten. Denn nur eine exakte Beschreibung der Dekorationsmängel versetzt den Mieter in die Lage, prüfen zu können, ob das Begehren tatsächlich oder rechtlich berechtigt ist (Langenberg Schönheitsreparaturen/*Zehelein* Teil 1 Abschn. G Rn. 493 ff.; OLG Hamburg WuM 1992, 70). Allerdings sind die Anforderungen an eine konkrete Zustandsbeschreibung nicht zu überspannen (so aber Langenberg Schönheitsreparaturen/*Zehelein* Teil 1 Abschn. G Rn. 496 ff.) Man darf grundsätzlich davon ausgehen können, dass dem Mieter der Zustand der von ihm bewohnten oder genutzten Räumlichkeiten nicht verborgen geblieben ist. Dem Einwand mangelnder Substantiierung kann notfalls auch durch die Überlassung zusätzlicher Fotos entgegnet werden (vgl. zB KG GE 1995, 1011, wo die Formulierung „Die Renovierung der Räume einschließlich Fenster, Türen und Boden und Anstrich der Heizkörper und Rohre" als ausreichend angesehen worden war, da der Vermieter 25 Fotografien mit übersandt hatte).

Die Leistungsaufforderung braucht **keine Angaben** darüber zu enthalten, **auf welche Weise** und mit **welchen Materialien** renoviert werden soll. Der Mieter ist an die Vorgaben nicht gebunden.

Gleichzeitig muss die Leistungsaufforderung die durch den Mieter **durchzuführenden Arbeiten** konkret benennen. Fehlen derartige Angaben oder beschränkt sich der Vermieter nur auf pauschale Arbeiten wie „Die Räume sind vertragsgemäß zu renovieren" oder „Es sind die notwendigen Malerarbeiten durchzuführen", sind die Voraussetzungen des § 281 Abs. 1 BGB nicht erfüllt. Liegt ein unterzeichnetes **Abnahmeprotokoll** vor, kann dieses beigefügt und wegen der Einzelheiten hierauf verwiesen werden.

5. → Form. B.VIII.5. Eine Formularklausel mit einem weichen Fristenplan, wonach der Mieter die Wohnung auf Basis der Regelfristen zu renovieren hat, ist nur dann wirksam, wenn die Wohnung bei Mietbeginn vollständig renoviert übergeben worden ist. Dies hat der BGH mit seinem Urteil vom 18.3.2015 (NZM 2015, 374; hierzu bereits der Hinweisbeschluss BGH BeckRS 2014, 02862; *Langenberg* NZM 2014, 299 (301); *Lehmann-Richter* NZM 2014, 818 (820)) nunmehr ausdrücklich entschieden. Insofern hält die formularvertragliche Überwälzung der Verpflichtung zur Vornahme laufender Schönheitsreparaturen einer dem Mieter unrenoviert oder renovierungsbedürftig überlassenen Wohnung einer Inhaltskontrolle am Maßstab des § 307 Abs. 1 S. 1, Abs. 2 Nr. 1 BGB nicht stand, sofern der Vermieter dem Mieter keinen angemessenen Ausgleich gewährt hat. Im konkreten Fall hatte der Vermieter dem Mieter bei Mietbeginn einen Nachlass einer halben Monatsmiete gewährt. Dies stellt nach Ansicht des BGH keinen angemessenen Ausgleich dar. Beruft sich der Mieter in diesem Fall auf die Unwirksamkeit der Renovierungsklausel, hat er darzulegen und zu beweisen, dass die Wohnung bei Mietbeginn unrenoviert oder renovierungsbedürftig gewesen ist.

6. Zu dem Umfang der Schönheitsreparaturen → Form. B.VIII.1. Zu den Schönheitsreparaturen gehört auch die Beseitigung solcher **Mängel**, die durch den vertragsgemäßen Gebrauch der Mietsache herbeigeführt werden (BGH NJW-RR 1995, 123 und 715). Hierunter fallen kleinere Kratzer in Türen oder die Beseitigung von Dübellöchern, Haken und Schrauben. Strittig ist, inwieweit auch andere Gebrauchsbeeinträchtigungen unter die Renovierungsverpflichtung fallen (vgl. OLG Köln WuM 1995, 582, verneinend zu Wasser- und Kaffeeflecken auf Fensterbänken und Emailleabplatzungen an der Badewanne; AG Steinfurt 1995, 652 bejahend zu Kratzspuren eines Hundes auf der Lackierung). Zur Entfernung der Tapeten → Form. F.II.1 Anm. 5).

7. Da heutzutage Fußböden nicht mehr gestrichen werden, ist an diese Stelle das Reinigen des mitvermieteten Teppichbodens getreten (*Langenberg* Schönheitsreparaturen/*Zehelein* Teil 1 Abschn. A Rn. 4). Die Reinigung der Fliesen ist dagegen noch unter die geschuldete „besenreine" Rückgabe der Wohnung zu subsumieren.

8. Das Streichen der **Heizkörper** ist nur geschuldet, wenn die Abnutzungen nicht anders beseitigt werden können (sa LG Köln WuM 1999, 36).

9. Der Vermieter ist **vorleistungspflichtig,** wenn bauseits bedingte Mängel vorhanden sind. Der Vermieter muss zunächst diese Mängel auf eigene Kosten beseitigen, bevor er die Durchführung der Schönheitsreparaturen verlangen kann (KG GE 2004, 297; Langenberg Schönheitsreparaturen/*Zehelein* Teil 1 Abschn. F Rn. 410; Teil 1 Abschn. G Rn. 466).

10. Sind die allgemeinen Renovierungsfristen noch nicht abgelaufen, hat der Mieter grundsätzliche keine Renovierungsarbeiten durchzuführen. Eine Ausnahme gilt allerdings dann, wenn das Mietobjekt übermäßig abgenutzt ist, etwa weil der Mieter starker Raucher ist (Langenberg Schönheitsreparaturen/*Zehelein* Teil 1 Abschn. E Rn. 371). Der Mieter schuldet auch in diesem Fall die Renovierungsverpflichtung, wobei der Vermieter darlegungs- und beweispflichtig ist.

11. Hierbei handelt es sich um relativ häufig vorkommende Mängel, die bei der Renovierungsarbeit entstehen (schlecht durchgeführten Schönheitsreparaturen → Form. F.II.6).

12. Die **Nachfrist** kann nach § 281 Abs. 1 BGB erst nach der Fälligkeit gesetzt werden. Der Verzug des Mieters ist keine Voraussetzung mehr für das Verfahren nach § 281 Abs. 1 BGB. Praktisch relevant ist die Abweichung zu dem früheren § 326 BGB nicht, da bei ordentlicher Beendigung des Mietverhältnisses Fälligkeit und Verzug mit dem Tag der Beendigung zusammenfallen.

Im Übrigen konnten früher schon die verzugsbegründete Mahnung und die Leistungsaufforderung miteinander verbunden werden.

Die früher gemäß § 326 BGB notwendige Ablehnungsandrohung ist nicht mehr erforderlich. Es obliegt der Entscheidung des Mieters, ob er die Arbeiten selbst ausführt oder anderweitig vergibt, wobei die Arbeiten in jedem Fall handwerklich einwandfrei ausgeführt werden müssen.

13. Der **Leistungsanspruch entfällt** erst, wenn der Gläubiger statt der Leistung Schadensersatz verlangt hat (§ 281 Abs. 4 BGB). Dies gilt wohl auch, wenn der Gläubiger in dem Aufforderungsschreiben bereits erklärt hat, er werde Schadensersatz verlangen. Da der Vermieter nach Ablauf der Nachfrist kein Interesse mehr an den Renovierungsarbeiten des ausgezogenen Mieters haben wird, kann der Schadensersatz bereits in dem Aufforderungsschreiben angekündigt werden. Früher war der Anspruch auf Erfüllung nach Ablauf der Nachfrist ausgeschlossen.

14. Der **Zugang des Schreibens** sollte sichergestellt werden, wobei die Zustellung durch Boten effektiv und am preiswertesten ist. Der Bote kann dann in einem späteren Prozess als Zeuge für den Zugang benannt werden (→ Form. B.I.1 Anm. 1).

15. **Verjährung:** Die Verjährung beträgt 6 Monate gemäß § 548 BGB. Die Verjährung beginnt mit dem Zeitpunkt, indem der Vermieter die Sache zurückerhält. Dies gilt auch dann, wenn die Ansprüche erst zu einem späteren Zeitpunkt entstehen (so nun klarstellend BGH NZM 2005, 176). Die frühere Streitfrage, ob die Verjährung mit Rückgabe der Mietsache oder erst mit Ablauf der Nachfrist beginnt, ist damit entschieden. Zutreffend weist der BGH daraufhin, dass § 548 BGB eine von § 200 S. 1 BGB abweichende Bestimmung trifft, sodass es nicht auf die Entstehung des Anspruchs, sondern auf den Tag der Rückgabe der Mietsache ankommt. Wichtig ist, dass dies auch gilt, wenn die Rückgabe vor dem Ende des Mietverhältnisses erfolgt (→ Form. I.II.3 Anm. 1).

16. **Gebühren:** Rechtsanwalt: 0,5 bis 2,5 Geschäftsgebühr gemäß VV 2400 RVG, §§ 13, 14 RVG nach der Höhe der Renovierungskosten.

4. Schadensersatz nach Ablauf der Nachfrist wegen nicht durchgeführten Schönheitsreparaturen

. . . . .

(Rechtsanwalt)

an

. . . . .

(Mieter)

Mietverhältnis über die Wohnung . . . . .

Sehr geehrte(r) . . . . .,

wir nehmen Bezug auf unser Schreiben vom . . . . . Die gesetzte Nachfrist ist zwischenzeitlich abgelaufen, ohne dass Sie die geforderten Schönheitsreparaturen durchgeführt haben. Es wird nunmehr Schadensersatz verlangt.[1] Die erforderlichen Kosten sind durch einen Kostenvoranschlag ermittelt worden. Diesen fügen wir in der Anlage bei. Der Kostenvoranschlag gibt im Einzelnen die Arbeiten wieder, die in unserem Schreiben vom . . . . . aufgeführt worden sind.[2] Die Kosten belaufen sich auf insgesamt 7.600,– EUR netto.[3] Für die Bezahlung auf das Ihnen bekannte Konto setzen wir Ihnen eine Frist bis zum . . . . .

Soweit Sie eingewandt haben, die Wohnung sei zwischenzeitlich durch den Nachmieter auf dessen Kosten renoviert worden, ist dies für den Anspruch unerheblich.[4]

Zusätzlich schulden Sie den Ersatz von Mietausfall für zwei Monate. Ein Nachmieter, der unmittelbar im Anschluss an das Mietverhältnis eine Anmietung vorgenommen hätte, war vorhanden. Eine entsprechende Bescheinigung fügen wir bei.[5] Der Mietausfall in Höhe der Kaltmiete beläuft sich auf 1.000,– EUR.[6] Die Zahlung des Betrages erwarten wir innerhalb der obigen Frist. Andernfalls werden wir nach Ablauf der Frist den Anspruch gerichtlich geltend machen.[7]

. . . . .

(Rechtsanwalt)

Anmerkungen

1. Gemäß § 281 Abs. 3 BGB ist der Anspruch auf die Leistung (Durchführung der Schönheitsreparaturen) ausgeschlossen, sobald der Gläubiger **statt der Leistung Schadensersatz** verlangt.

2. Der Vermieter hat Anspruch auf das **positive Interesse**, wobei der Schaden konkret oder abstrakt berechnet werden kann (BGHZ 2, 313 Wahlrecht des Vermieters). Die Kosten können durch Vorlage einer Rechnung, eines Gutachtens oder eines Kostenvoranschlages belegt werden. Es dürfen nur die objektiv notwendigen Arbeiten in Ansatz gebracht werden. Insbesondere ein Kostenvoranschlag ist unter diesem Aspekt kritisch zu untersuchen, da oftmals nicht die geschuldeten Ausbesserungsarbeiten, sondern komplette Renovierungsleistungen berechnet werden (zB Neutapezierung, wohingegen eine Ausbesserung durch Neuverklebung genügen würde).

Der Kostenvoranschlag – oder die Rechnung – müssen die Kosten für die Herstellung eines ordnungsgemäßen Zustandes hinreichend ausweisen, so dass Angaben zu Aufmaß bzw. Massen enthalten sein sollten (Langenberg Schönheitsreparaturen/*Zehelein* Teil 1 Abschn. G Rn. 547).

Wenn die Schadensaufstellung komplex ist, empfiehlt sich die Einholung eines Gutachtens, wobei grundsätzlich eine Erstattungspflicht des Mieters hinsichtlich der Gutachterkosten gemäß § 280 BGB besteht, wenn sie aus der Sicht des Geschädigten zur Wahrnehmung seiner Rechte erforderlich und zweckmäßig waren. Der Vermieter muss sich zur Rechtsdurchsetzung grundsätzlich nicht aus Kostengründen auf andere, im konkreten Fall ggf. weniger geeignete Beweismittel, etwa Zeugen mit nicht zu prognostizierendem Erinnerungsvermögen oder die Vorlage von Lichtbildern verweisen lassen (BGH NZM 2004, 615). Allerdings hat der Vermieter seine Schadensminderungspflicht aus § 254 Abs. 2 BGB zu beachten. Sind die Schäden offensichtlich, ist die Beauftragung eines Sachverständigen nicht erforderlich. Zeugen und Fotos sind dann ausreichend. Die Kosten für die Beauftragung sind daher nur erstattungsfähig, wenn dieser kostenintensive Weg auch aus der Sicht eines vernünftigen Vermieters erforderlich und zweckmäßig war (Langenberg Schönheitsreparaturen/*Zehelein* Teil 1 Abschn. G Rn. 550).

Der Vermieter ist nicht verpflichtet, den Geldbetrag auch tatsächlich für die Renovierung zu verwenden (OLG Köln ZMR 1987, 375), da der Anspruch auf Ersatz des erforderlichen Geldbetrages gerichtet ist (§ 249 S. 2 BGB). Es ist darauf zu achten, dass die Belege nur die Beträge wiedergeben, die tatsächlich erstattet verlangt werden können. Sind verschiedene Abnutzungen von dem Vermieter hinzunehmen oder Schönheitsreparaturen noch nicht fällig (zB mangels Fristablauf), so sind diese Beträge gegebenenfalls herauszurechnen. Für den Umfang der Verpflichtung ist der Inhalt des Mietvertrages maßgeblich. Der Zustand darf nach der Renovierung nicht besser sein, als bei Übergabe der Mietsache zu Vertragsbeginn (zB Qualität der Tapete, vgl. *Sternel* Rn. 450). Da der Vermieter auch für die Höhe des Schadensersatzanspruchs voll umfänglich darlegungs- und beweispflichtig ist, ist der Zustand bei Mietende bestmöglich festzuhalten (Fotos, Abnahmeprotokoll, gegebenenfalls Zeugenberichte).

3. Die Mehrwertsteuer ist vom Mieter nur dann zu erstatten, wenn diese zur Schadens- beseitigung tatsächlich angefallen ist, dh der Vermieter die Zahlung belegen kann. Die Regelung des § 249 Abs. 2 S. 2 BGB gilt für alle Schadensfälle ab dem 1.8.2002. Es bleibt allerdings bei der Zahlung des Nettobetrages, wenn der Vermieter zum Vorsteuerabzug berechtigt ist.

4. Nach der Rechtsprechung des BGH (BGHZ 49, 56 (61 f.); OLG Hamburg DWW 1984, 167) bleibt der Schadensersatzanspruch des Vermieters auch dann bestehen, wenn der Nachmieter die unterlassenen Schönheitsreparaturen nachholt. Nach dem Grundsatz der Vorteilsausgleichung wäre der ausgezogene Mieter ansonsten ungerechtfertigt be- günstigt, zumal der Vermieter nach den Grundsätzen der abstrakten Schadensberechnung den **objektiv erforderlichen** Geldbetrag verlangen kann (Langenberg Schönheitsreparatu- ren/*Zehelein* Teil 1 Abschn. G Rn. 563). Soweit Vor- und Nachmieter die Renovierung durch den Nachmieter vereinbaren, erbringt der Vormieter die Renovierung durch einen Dritten gemäß § 267 BGB. Da es sich bei dieser Vereinbarung zwischen Vormieter und Nachmieter um eine Schuldübernahme handelt, ist nach § 415 BGB die Genehmigung des Vermieters erforderlich (BGH NJW 2018, 3302) Ist die Renovierungsleistung des Nach- mieters ordnungsgemäß erfolgt, hat der Vormieter seine Verpflichtung erfüllt. Ist die Renovierung dagegen mangelhaft, scheidet Erfüllung aus (LG Berlin ZMR 1997, 243).

5. Der Vermieter kann einen **Mietausfallschaden** verlangen, wenn ein Nachmieter zum Mietvertragsschluss im unmittelbaren Anschluss an die Beendigung des Mietverhältnisses bereit gewesen wäre, sofern eine ordnungsgemäße Rückgabe der Mietsache durch den Vormieter erfolgt wäre (vgl. OLG Hamburg NJW 1990, 77). Voraussetzung hierfür ist jedoch, dass sich der Mieter mit der Erfüllung seiner Renovierungspflicht gem. §§ 280 Abs. 2, 286 BGB **in Verzug** befand und die Nichtrenovierung des Mieters kausal für die Nichtvermietung und damit den entgangenen Mietzins war. Der Vermieter kann daher Mietausfall wegen nicht oder unsachgemäß durchgeführter Schönheitsreparaturen nur verlangen, wenn er darlegt und beweist, dass er die vermieteten Räume bei ordnungs- gemäßer Ausführung der Schönheitsreparaturen direkt an einen bereits vorhandenen Mietinteressenten hätte weitervermieten können (MAH MietR/*Over* § 19 Rn. 211). Demgegenüber vertritt das Landgericht Frankfurt a. M. die Ansicht, dass auch ohne konkreten Nachweis der Weitervermietungsmöglichkeit ein Mietausfall in Höhe der ortsüblichen Marktmiete gefordert werden kann, und dies nicht nur in Gebieten mit Woh- nungsknappheit (LG Frankfurt a. M. NZM 2000, 1177). Dieser verzögerungsbedingte Mietausfallschaden ist der Höhe nach beschränkt auf den Zeitraum, der für eine zügig durchgeführte Renovierung benötigt wird. Dies ist in aller Regel ein Zeitraum von 2 Monaten. Die unterlassene Renovierung des Mieters muss für die Nichtvermietung ursächlich gewesen sein. Der Vermieter hat eine Schadensminderungspflicht, dh er ist verpflichtet die Arbeiten unverzüglich durchzuführen und sich nachhaltig um eine An- schlussvermietung zu bemühen (BGH WuM 1982, 296 (297); Langenberg Schönheits- reparaturen/*Zehelein* Teil 1 Abschn. G Rn. 585 ff.).

6. Für die gesamte Dauer können Betriebskostenvorauszahlungen geltend gemacht werden, über die später abzurechnen ist.
Verjährung: § 548 BGB: 6 Monate ab Rückgabe (→ Form. E.II.3).

7. Gebühren. Rechtsanwalt 0,5 bis 2,5 Geschäftsgebühr gemäß VV 2400 RVG, §§ 13, 14 RVG nach der Höhe des Schadensersatzes.

5. Schadensersatz wegen Erfüllungsverweigerung

. . . . .

(Vermieter)

an

. . . . .

(Mieter)

Mietverhältnis über die Wohnung . . . . .

Sehr geehrte(r) . . . . .,

Sie sind am . . . . . aus dem Mietobjekt ausgezogen, ohne die vertraglich geschuldeten Schönheitsreparaturen durchzuführen. Wir machen nunmehr Ihnen gegenüber Schadensersatzansprüche geltend.[1] Sie sind bei Vertragsende an obige Adresse verzogen, ohne diese uns mitzuteilen.[2] Sie haben in dem Mietobjekt über 7 Jahre gewohnt, ohne in dieser Zeit Schönheitsreparaturen auszuführen. Auf die vereinbarte Pflicht zur Durchführung von Schönheitsreparaturen bei Auszug weisen wir hin. Auch in dem Kündigungsschreiben wurden Sie ausdrücklich auf § . . . . . des Mietvertrages und die darin vereinbarte Erforderlichkeit der Durchführung von Schönheitsreparaturen hingewiesen. Gleichwohl sind Sie aus dem Objekt ausgezogen, ohne Anstalten für die Vorbereitung oder Ausführung von Renovierungsarbeiten getroffen zu haben. Schließlich haben Sie uns kommentarlos die Haus- und Wohnungsschlüssel übersandt.[3] Sie haben sich zudem ohne Begründung geweigert das Abnahmeprotokoll, welches im Einzelnen die ausführenden Arbeiten aufweist, zu unterzeichnen und zudem erklärt keine Arbeiten ausführen zu wollen.[4]

Sie haben somit bei Mietende die Durchführung der Arbeiten verweigert. Diese sind zwischenzeitlich ausgeführt worden. Wir fügen die Rechnung über die notwendigen Renovierungskosten in der Anlage bei. In Höhe der Renovierungskosten sind Sie zum Schadensersatz verpflichtet. Die Rechnungsbeträge geben im Einzelnen die Arbeiten wieder, die von Ihnen geschuldet gewesen sind. Hinsichtlich der Malerarbeiten weisen wir auf die gesonderte Ausweisung der einzelnen Positionen, getrennt nach den jeweiligen Räumen, hin.

Wir haben Sie aufzufordern, den vorgenannten Geldbetrag bis zum . . . . . an uns zu überweisen, um eine gerichtliche Auseinandersetzung zu vermeiden.[5]

. . . . .

(Vermieter)

Anmerkungen

1. Die **Nachfrist ist entbehrlich,** wenn der Mieter die Erfüllung bestimmt, ernstlich und endgültig verweigert. Die Verweigerung muss eindeutig sein und das Beharren auf einer Nachfrist darf nur als reine Förmelei anzusehen sein (BGH NJW 1986, 661). Mit der Annahme einer endgültigen Erfüllungsverweigerung ist Vorsicht geboten. Die Rechtsprechung stellt hieran strenge Anforderungen. Stets sind die Umstände des Einzelfalls zu prüfen. Die Fristsetzung ist entbehrlich gemäß § 281 Abs. 2 BGB, wenn der Schuldner die Leistung ernsthaft und endgültig verweigert oder wenn besondere Umstände vorliegen, die unter Abwägung der beiderseitigen Interessen die sofortige Geltendmachung des Schadensersatzanspruchs rechtfertigen. Es gilt wie bisher, dass die Notwendigkeit der Nachfristsetzung nur in Ausnahmefällen nicht gegeben ist (vgl. zu weiteren Einzelfällen Langenberg Schönheitsreparaturen/*Zehelein* Teil 1 Abschn. G Rn. 531 ff.).

2. Der bloße Auszug des Mieters ohne Vornahme der bei Beendigung des Mietvertrages geschuldeten Schönheitsreparaturen reicht für die Annahme einer endgültigen Erfüllungsverweigerung nicht aus (BGH NJW 2012, 3714; KG NZM 2007, 356; Schmidt-Futterer/*Lehmann-Richter* BGB § 538 Rn. 148; aA Palandt/*Grüneberg* BGB § 281 Rn. 14). Zwar ist in der Rechtsprechung eine deutliche Tendenz dahingehend zu erkennen, im Auszug des Mieters ohne Durchführung der Schönheitsreparaturen grundsätzlich eine ernstliche und endgültige Erfüllungsverweigerung zu sehen (BGH NJW 1998, 1303; NJW 1991, 2417). Gleichwohl ist erforderlich, dass zu dem Auszug weitere Umstände im Verhalten des Mieters treten, die die Erfüllungsverweigerung als ernstlich und endgültig begründen. Voraussetzung hierfür ist, dass der Vermieter dem Mieter zuvor konkret mitteilt, welche genauen Arbeiten er durchzuführen hat (KG NZM 2007, 356). Bestreitet daraufhin der Mieter den Renovierungsanspruch dem Grunde und der Höhe nach, obwohl die Wohnung offensichtlich einen Renovierungsbedarf aufweist, ist eine Erfüllungsverweigerung anzunehmen (Langenberg Schönheitsreparaturen/*Zehelein* Teil 1 Abschn. G Rn. 534). Dies gilt – jedenfalls im Regelfall – auch, wenn der Mieter auszieht, ohne eine neue Anschrift zu hinterlassen (LG Itzehoe WuM 1989, 508). Der Auszug aus der Wohnung stellt selbst dann keine Erfüllungsverweigerung dar, wenn der Mieter seine neue Anschrift nicht hinterlässt, da es dem Vermieter zuzumuten ist, sich nach der neuen Anschrift des Mieters zu erkundigen, ggf. auch durch eine Postanfrage oder eine Anfrage an das Einwohnermeldeamt (OLG Hamburg WuM 1992, 70; LG Wiesbaden WuM 1986, 113; LG Itzehoe WuM 1989, 508).

3. Der teilweise vertretenen Ansicht, in der **Zusendung der Schlüssel** nach Auszug ohne weitere Erklärung des Mieters sei eine Erfüllungsverweigerung zu sehen (LG Berlin GE 1991, 777), kann nicht gefolgt werden. Mit der Übersendung der Schlüssel nach Auszug bringt der Mieter lediglich zum Ausdruck, dass er seiner Rückgabepflicht nach Beendigung des Mietverhältnisses nachkommt, nicht aber, dass er eine Endrenovierungsverpflichtung verweigert (LG Landau WuM 1988, 119). Letzterer Erklärungswillen des Mieters bedingt nämlich, dass dem Mieter auf Grund der bestehenden Vereinbarungen mit dem Vermieter und auf Grund des renovierungsbedürftigen Zustandes der Mieträume die Erforderlichkeit der Endrenovierung bewusst ist. Dies kann jedoch nicht ohne Darlegung weiterer Umstände unterstellt werden.

4. Die **Weigerung der Unterschrift unter das Abnahmeprotokoll** dürfte alleine nicht ausreichen, um eine endgültige und ernsthafte Erfüllungsverweigerung anzunehmen (vgl. LG Wuppertal NJWE – MietR 1997, 53). Oftmals wird der Mieter aber zusätzlich noch seine Verpflichtung zur Durchführung von Schönheitsreparaturen abstreiten, so dass dann die Voraussetzungen der endgültigen Verweigerung anzunehmen sind (vgl. OLG Köln WuM 1988, 22).

Weitere Fälle **ernsthafter Erfüllungsverweigerung:**
- Mieter verzichtet auf Nachfrist.
- Mieter kündigt seine Arbeiten für einen Zeitpunkt an, der nach einer an sich zu setzenden Nachfrist liegt (OLG Frankfurt NJWE – MietR 1997, 273). Stets muss dem Mieter eine angemessene Frist zur Durchführung der Schönheitsreparaturen gesetzt worden sein. Geringe durch den Mieter angekündigte und begründete Fristüberschreitungen reichen für die Annahme der Entbehrlichkeit der Nachfristsetzung nicht aus.
- Der Mieter bestreitet dem Grund und der Höhe nach das Ergebnis des Sachverständigengutachtens (BGH NJW-RR 1992, 1226).

- Mieter hinterlässt die Wohnung in einem katastrophalen Zustand (OLG München DWW 1986, 117, wobei es sich hier um einen besonderen Einzelfall gehandelt hat!).
Keine ernsthafte **Erfüllungsverweigerung** wurde angenommen:
- Bloße Schlüsselrückgabe (insbesondere wenn der Vermieter die neue Anschrift kennt vgl. LG Landau WuM 1988, 119).
- Die Renovierungsarbeiten des Mieters sind unzureichend (LG Aachen ZMR 1988, 16 mAnm *Sauren*).
- Mieter äußert lediglich rechtliche Zweifel (LG Berlin NZM 2000, 1178).
- Ablehnende Erklärungen des Mieters gegenüber dem Nachbarn oder Dritten.
- Der Mieter wird insgesamt von Schadensersatzansprüchen frei, wenn der Vermieter die Arbeiten durch den Mieter unterbindet (AG Köln WuM 1977, 226).
Verjährung: § 548 BGB: 6 Monate ab Rückgabe.

5. Gebühren: Rechtsanwalt: 0,5 bis 2,5 Geschäftsgebühr gemäß VV 2400 RVG, §§ 13, 14 RVG nach der Höhe des Schadensersatzes.

6. Schadensersatz wegen schlecht durchgeführter Schönheitsreparaturen (bei zusätzlich fehlender rechtlicher Verpflichtung)

. . . . .

(Vermieter)

an

. . . . .

(Mieter)

Mietverhältnis über die Wohnung . . . . .

Sehr geehrte(r) . . . . .,

nach ihrem Auszug hatten wir am . . . . . festgestellt, dass sie zwar renoviert haben. Die Arbeiten sind jedoch nicht ordnungsgemäß durchgeführt worden, sodass wir nunmehr Schadensersatzansprüche geltend machen.[1]

Dies betrifft zunächst die Arbeiten in der Küche. An der vom Küchenfenster aus rechts gelegenen Wand sind die Tapeten überlappend geklebt worden; an der gegenüberliegenden Wand wurden die Bahnen nicht auf Stoß verklebt. Sie haben die ursprünglich weiß gestrichene Innenseite der Küchentür schwarz lackiert.[2] Laut dem beigefügten Kostenvoranschlag kostet die Neutapezierung der Wände in der Küche einschl. Zusatzarbeiten (Entfernung und Entsorgung der alten Tapete) sowie einem deckendem Anstrich 710,– EUR. Die Innenseite der Küchentüre muss abgebeizt und sodann neu lackiert werden. Gemäß dem ebenfalls beigefügten Kostenvoranschlag werden hierfür 250,– EUR veranschlagt.

Sie haben zusätzlich noch unfachmännisch in dem Wohn- und Schlafzimmer renoviert, obwohl bei Auszug keine Renovierung dieser Räume geschuldet gewesen ist. Sie haben die Wohnung nur 3,5 Jahre bewohnt. Die Durchführung von Schönheitsreparaturen in dem Wohn- und Schlafraum war frühestens nach 5 Jahren geschuldet.[3] Leider haben Sie die Arbeiten nicht ordnungsgemäß ausgeführt. Im Einzelnen sind folgende Arbeiten mangelhaft ausgeführt worden:

Der Anstrich im Wohnzimmer ist zu beanstanden. Die Wände sind nicht deckend gestrichen worden; an der Decke sind deutliche Streifen durch zu starkes Auftragen von Farbe zu erkennen. Der Anstrich ist daher erneut vorzunehmen. Hierfür ist nach dem Kostenvoranschlag des Malermeisters . . . . . ein Betrag in Höhe von 250,– EUR erforderlich. Hiervon werden 30 % als Schadensersatz, somit 75,– EUR verlangt.[4]

Der Teppichboden im Schlafzimmer wurde zwar gereinigt. Jedoch ist dieser nunmehr an einigen Stellen wellig. Außerdem ist der Teppich im Eingangsbereich und im Bereich zur Terrassentür deutlich aufgehellt. Der Farbunterschied ist so stark, dass der Teppich insgesamt unansehnlich geworden ist. Eine Reinigung ist nicht mehr möglich.

Laut beigefügter Rechnung haben wir einschließlich Entsorgung des alten Teppichbodens für den neuen Teppichboden, der von vergleichbarer Qualität ist, einschließlich Verlegearbeiten einen Betrag in Höhe von 800,– EUR aufgewandt. Wir weisen darauf hin, dass der Teppich bereits zu Mietbeginn 3 Jahre alt war. Ausgehend von einer Lebenshaltungsdauer von 10 Jahren lassen wir uns daher einen Betrag in Höhe von 65 % anrechnen. Insgesamt ist daher von Ihnen ein Betrag in Höhe von 280,– EUR zu zahlen.[5]

Bei der Lackierung der Heizkörper im Wohnzimmer ist offensichtlich wegen mangelhafter Abdeckung Lackfarbe auf den Teppich getropft. Der Teppich ist daher erneut zu reinigen.

Die Kosten für die erforderliche Reinigung des Teppichbodens belaufen sich auf 110,– EUR.

Wir fordern Sie auf den Gesamtbetrag bis zum . . . . . auf unser Konto zu überweisen, um eine gerichtliche Auseinandersetzung zu vermeiden.[6]

. . . . .

(Vermieter)

Anmerkungen

1. Führt der Mieter geschuldete **Renovierungsarbeiten** nicht ordnungsgemäß aus, haftet er auf Schadensersatz (Langenberg Schönheitsreparaturen/*Zehelein* Teil 1 Abschn. E Rn. 371): Der Mieter ist verpflichtet, die Arbeiten fachgerecht auszuführen. Eigenleistungen sind nur dann fachgerecht, wenn die Räumlichkeiten sich nach Durchführung der Arbeiten in einem für die Weitervermietung geeigneten Zustand befinden. Wenn der Mieter diese Pflicht verletzt (sog. „**Verschlimmbesserung**"), haftet er auf Schadensersatz, allerdings nur unter den Voraussetzungen des § 281 BGB (Schmidt-Futterer/*Lehmann-Richter* BGB § 538 Rn. 137). Der Vermieter muss den Mieter unter Fristsetzung zur Beseitigung des Schadens auffordern. Eine Verschlimmbesserung liegt beispielsweise vor, wenn der Mieter durch seine nicht fachgerechte Endrenovierung einen schlechteren Zustand herbeiführt, als aufgrund der nur zweijährigen Mietzeit vor diesen Arbeiten vorhanden war (Langenberg Schönheitsreparaturen/*Zehelein* Teil 1 Abschn. E Rn. 370).

Insbesondere, wenn der Mieter die Renovierungsarbeiten nicht vollständig erbracht hat (zB wurde die Tapete in einem der Zimmer nicht gestrichen) ist zu überlegen, ob der Vermieter weiterhin auf seinem Erfüllungsanspruch besteht oder den Schadensersatz verlangt. Im Zweifel wird es sinnvoll sein, bei ordnungsgemäß, aber unvollständig durchgeführten Renovierungsarbeiten den Mieter nochmals aufzufordern, die Restarbeiten zu erledigen, da der Mieter grundsätzlich verlangen kann, die fehlenden Arbeiten nachzuholen, sofern keine gewichtigen Gründe auf Seiten des Vermieters entgegenstehen (Palandt/*Grüneberg* BGB § 281 Rn. 11).

2. Typische Fälle der Schlechtausführung. Bei Mietende muss der Mieter übliche Farbtöne verwenden. Ebenfalls ist wasch- und wischfeste Farbe einzusetzen (AG Freiburg WuM 1986, 242). Eine Verschlimmbesserung soll auch vorliegen, wenn Lackteile mit Bindefarbe oder Raufasertapete mit nicht geeigneter, stark abkreidender Farbe gestrichen werden (Langenberg Schönheitsreparaturen/*Zehelein* Teil 1 Abschn. E Rn. 371).

3. Der Fall einer fehlenden oder **irrtümlich angenommenen Renovierungsverpflichtung** ist nicht selten. Der Fall ist dann gegeben, wenn eine unwirksame Renovierungsklausel vereinbart wurde oder bei einem Fristenplan die Fristen tatsächlich noch nicht abgelaufen sind und auch keine Renovierungsbedürftigkeit wegen übermäßiger Abnutzung vorliegt, jedoch gleichwohl renoviert wurde. Der Mieter haftet dem Vermieter aber nur dann auf Schadensersatz, wenn die üblichen Renovierungsfristen noch nicht abgelaufen sind und der Mieter trotzdem renoviert. Führt der Mieter dagegen (mangelhafte) Renovierungsarbeiten aufgrund einer unwirksamen Schönheitsreparaturklausel aus, ist er dem Vermieter dagegen nicht zum Ersatz des Schadens verpflichtet. Dies folgt jedenfalls aus § 254 BGB. Das Mitverschulden des geschädigten Vermieters liegt darin begründet, dass er eine unwirksame Klausel verwendet hat und damit erst die Ursache für die spätere (mangelhafte) Renovierung durch den Mieter gesetzt hat.
Im Übrigen schuldet der Vermieter dem Mieter Wertersatz nach § 818 Abs. 2 BGB, wenn der Mieter aufgrund einer unerkannt unwirksamen Endrenovierungsklausel Schönheitsreparaturen in der Wohnung durchführt (BGH NZM 2009, 541; *Paschke* GE 2010, 30 (32)). Dieser Wertersatz bemisst sich üblicherweise nur nach dem, was der Mieter billigerweise neben einem Einsatz an freier Zeit als Kosten für das notwendige Material sowie als Vergütung für die Arbeitsleistung seiner Helfer aus dem Verwandten- und Bekanntenkreis aufgewendet hat oder hätte aufwenden müssen.

4. Der **Umfang der Schadensersatzpflicht** richtet sich danach, ob dem Vermieter durch die fehlerhaften Arbeiten ein zusätzlicher Aufwand entstanden ist oder nicht. Soweit die fehlerhaften Arbeiten des Mieters zu einer **Verschlechterung** der Mietsache geführt haben, ist im Rahmen des Schadensersatzanspruches eine Differenzberechnung darzulegen, mit der der Vermieter die zusätzlichen Kosten auflistet, die durch die vom Mieter zu vertretende Verschlechterung der Mietsache entstanden sind, und zwar unter Berücksichtigung der Kosten, die er ohnehin durch seine Renovierungsleistung hätte aufwenden müssen. Der Vermieter muss die zusätzlichen Kosten ermitteln, die durch die Schlechtleistung des Mieters entstanden sind, wobei der Betrag abzuziehen ist, der für die Renovierung sowieso angefallen wäre (BGH NZM 2014, 72; NZM 2010, 156).
Oftmals werden hier in der Praxis Probleme bestehen, den Schaden schlüssig darzulegen. Bei der Höhe des Schadensersatzanspruches des Vermieters ist jedoch der Gesichtspunkt der Vorteilsausgleichung zu berücksichtigen. Da die erneute Renovierung des Vermieters zu einem besseren Zustand führt, als er vor den fehlerhaften Arbeiten des Mieters bestand, ist ein Abzug neu für alt vorzunehmen. Dieser richtet sich nach dem Verhältnis eines angemessenen Renovierungsturnus zur Mietzeit des Mieters.
Sofern dem Vermieter durch die fehlerhaften Arbeiten kein zusätzlicher Aufwand entsteht, ist auch ein Schaden zu verneinen.
Führt der Mieter bei Mietende fachgerecht Schönheitsreparaturen durch, ohne hierzu verpflichtet zu sein, steht ihm ein Bereicherungsanspruch gemäß §§ 812, 818 Abs. 2 BGB zu (BGH NZM 2009, 541; *Paschke* GE 2010, 30 (32)).

5. Führt die Reinigung des Teppichbodens zu einer **irreparablen Beschädigung,** ist eine Schadensersatzpflicht gegeben. Da der Vermieter dies beweisen muss, empfiehlt es sich unbedingt den Zustand festzuhalten und sofern möglich, den beschädigten und ausgewechselten Teppichboden aufzubewahren. Wird eine Schadensersatzpflicht bejaht, bedarf es einer Nachfrist nicht mehr. Die Vorteilsausgleichung ist durch einen Abzug neu für alt wie gewohnt vorzunehmen.

Weitere Beispiele für eine **Beschädigung:**

- Lackieren von Naturholzteilen: Gegebenenfalls Ersatz der Kosten für die Aufarbeitung durch einen Tischler oder Kosten für die Erneuerung des beschädigten Teils (*Heller* WuM 1986, 369).
- Kacheln werden infolge von Lackierarbeiten beschmiert.

Verjährung: 6 Monate gemäß § 548 BGB nach Rückgabe der Mietsache.

6. Gebühren. Rechtsanwalt 0,5 und 2,5 Geschäftsgebühr gemäß VV 2400 RVG, §§ 13, 14 RVG nach der Höhe des Schadensersatzes.

7. Schadensersatz wegen Beschädigung der Mietsache

. . . . .

(Vermieter)

an

. . . . .

(Mieter)

Mietverhältnis über die Wohnung . . . . .

Sehr geehrte(r) . . . . .,

nach Ihrem Auszug haben wir die von Ihnen angemieteten Räumlichkeiten besichtigt und hierbei umfangreiche Beschädigungen feststellen müssen, die auf einen vertragswidrigen Gebrauch der Mietsache zurückzuführen sind.[1] Wir machen daher Schadensersatzansprüche wegen Beschädigung der Mietsache geltend.[2] Im Einzelnen setzt sich der Schadensersatzanspruch wie folgt zusammen:

1. Der Teppichboden im Wohnzimmer weist fünf Rotweinflecken mit einem Durchmesser von 1 bis ca. 3 cm auf. Der Teppichboden ist zusätzlich durch mehrere Brandlöcher im Bereich der Balkontür beschädigt. Die Flecken und Löcher lassen sich nicht durch eine Reinigung beseitigen oder ausbessern. Zudem befinden sich gelbe Nikotinablagerungen an der Tapete im Wohnzimmer.[3] Ein vergleichbarer Teppichboden kostet 700,– EUR. Bei Mietende war der Teppichboden fünf Jahre alt, so dass ein Abzug „Neu für Alt" in Höhe von 50 % berücksichtigt wird. Für die Erneuerung des Teppichbodens schulden sie somit einen Betrag in Höhe von 350,– EUR.[4]
2. Die Emaille der Badewannenbeschichtung ist abgeplatzt. Die schadhaften Stellen können ausgebessert werden, wobei gemäß dem beigefügten Kostenvoranschlag hierfür ein Betrag in Höhe von 150,– EUR aufzuwenden ist.[5]
3. Die Tapete im Schlafzimmer ist mit einer unansehnlichen türkisähnlichen Farbe bemalt.[6] Die Tapete muss entfernt werden. Sodann ist das Zimmer mit einer vergleichbaren Tapete neu zu tapezieren. Die Kosten belaufen sich hierfür auf 370,– EUR.
4. Die Fensterbank im Wohnzimmer ist zerkratzt. Während Ihrer Mietzeit wurden mit einem spitzen Gegenstand – möglicherweise einem Schraubenzieher – Strichmännchen und andere Motive eingekratzt. Die Fensterbank muss erneuert werden. Die Kosten hierfür belaufen sich auf 350,– EUR.[7]
5. Die Tapete im Kinderzimmer rechts neben der Tür in Höhe von ca. 1 Meter ist mit bunten Filzstiften bemalt. Die Tapete ist zudem an einigen Stellen eingerissen (rechts

neben der Tür; unterhalb der Fensterbank) und durch einen spitzen Gegenstand auf der rechten Seite ebenfalls in der Höhe von ca. 1 Meter beschädigt worden. Die Ausbesserungsarbeiten einschließlich eines einmaligen deckenden Anstrichs der Tapete kosten 110,– EUR. Der gesamte Schadensersatzanspruch beläuft sich somit auf 1.330,– EUR.

Zur Vermeidung einer gerichtlichen Auseinandersetzung haben wir Sie aufzufordern diesen Betrag bis zum . . . . . auf das unten angegebene Konto zu überweisen.[8]

. . . . .

(Vermieter)

Anmerkungen

1. Da der Mieter gemäß § 538 BGB Veränderungen oder Verschlechterungen der Mietsache, die durch den vertragsgemäßen Gebrauch herbeigeführt werden, nicht zu vertreten hat, ist eine Schadensersatzpflicht gemäß § 280 Abs. 1 BGB (früher nach positiver Vertragsverletzung) erst dann gegeben, wenn ein **vertragswidriger Gebrauch** vorliegt und der **Mieter dies zu vertreten hat.** Die Abgrenzung ist letztlich immer eine Frage des Einzelfalls. Hierbei ist die Ursache des Schadens unter Berücksichtigung des Vertragszwecks und die Art des Schadens zu berücksichtigen. Es ist beispielsweise zu prüfen, ob Tierhaltung erlaubt ist oder ob an eine Einzelperson oder eine Familie mit Kindern vermietet worden ist. Nach Ansicht von *Langenberg* (NZM 2000, 1125) ist für den Schadensersatz wegen Beschädigung der Mietsache nur wenig Raum, da der Mieter eine einheitliche Instandhaltungspflicht trifft, die inhaltlich auf die Durchführung von Malerarbeiten zur Herstellung eines ordnungsgemäßen Zustandes gerichtet ist. Nur Substanzschäden, die nicht malermäßig bearbeitet werden können, sondern repariert werden müssen, führen hier noch zu einem unmittelbaren Schadensersatzanspruch gem. § 280 Abs. 1 BGB. Dogmatisch ist entscheidend, ob eine Verletzung von Hauptpflichten (der Schadensersatzanspruch richtet sich dann nach § 281 Abs. 1 BGB, sodass der Vermieter zunächst erfolglos dem Mieter zur Durchführung der Arbeiten auffordern muss) oder eine Nebenpflichtverletzung vorliegt (der Anspruch ergibt sich dann unmittelbar aus § 280 Abs. 1 BGB; BGH NZM 2018, 717; Schmidt-Futterer/*Lehmann-Richter* BGB § 538 Rn. 39 ff.)

2. In der **außergerichtlichen Vertretung** ist mit der unmittelbaren Anwendung des § 280 Abs. 1 BGB Vorsicht geboten. Die Abgrenzung zwischen Beschädigung der Mietsache infolge vertragswidrigen Gebrauches auf der einen und der Pflicht zur Durchführung von Schönheitsreparaturen auf der anderen Seite ist fließend.

Schadensersatz statt der Durchführung von Schönheitsreparaturen kann bekanntlich nur unter den weiteren Voraussetzungen des § 280 Abs. 3, 281 Abs. 1, also nach Fristsetzung verlangt werden. Es ist zudem die Rechtsprechung des Bundesgerichtshofes zu beachten, wonach eine **Nachfrist** gesetzt werden muss, wenn zur Wiederherstellung des ursprünglichen Zustandes erhebliche Kosten aufzuwenden sind (vgl. BGH WuM 1997, 217; *Lützenkirchen* WuM 1998, 132), da in diesem Fall von einer mietvertraglichen Hauptpflicht auszugehen ist. Es ist nicht abschließend geklärt, ab wann erhebliche Kosten anzunehmen sind (als Richtschnur werden drei Monatsmieten oder 8 % der letzten Jahreskaltmiete genannt), sodass in Zweifelsfällen ein Risiko besteht, ohne Leistungsaufforderung unmittelbar Schadensersatz zu fordern.

Im Zweifel empfiehlt es sich daher, vor der Geltendmachung von Schadensersatzansprüchen eine Nachfrist zu setzen, zumal häufig die Ansprüche des Vermieters nicht auf die reine Beschädigung der Mietsache beschränkt bleiben, sondern zudem noch

Ansprüche wegen unterlassener oder nicht ordnungsgemäßer Durchführung von Schönheitsreparaturen gegeben sein dürften. Der Schadensersatzanspruch wegen Beschädigung der Mietsache ist jedoch vor allem in den Fällen wichtig, in denen es entweder an einer wirksamen Renovierungsverpflichtung fehlt oder – was in der Praxis häufig vorkommt – der Vermieter bereits Arbeiten durchgeführt hat, ohne dem Mieter die notwendige Nachfrist gesetzt zu haben. Im letzteren Fall können dann natürlich nur die Positionen geltend gemacht werden, die eine Beschädigung der Mietsache darstellen.

3. Das **Rauchen** – auch intensives Rauchen – stellt nach streitiger Ansicht keine vertragswidrige Nutzung dar. Mit dem überwiegenden Teil der Rechtsprechung ist dem Mieter im Rahmen seiner freien Lebensgestaltung zu gestatten, innerhalb der Wohnung zu rauchen, was zwangsläufig zu einer Ablagerung von Schadstoffen auf Tapeten, Decken, Gardinen etc führt (BGH NZM 2006, 691; LG Köln NZM 1999, 456; LG Saarbrücken WuM 1998, 689; LG Hamburg WuM 2001, 469; AG Nordhorn NZM 2001, 892; Schmidt-Futterer/*Eisenschmid* BGB § 535 Rn. 461). Ein Mieter, der während der Mietdauer in der Wohnung raucht, verhält sich daher grundsätzlich nicht vertragswidrig (BGH NZM 2006, 691; Schmidt-Futterer/*Eisenschmid* BGB § 535 Rn. 461). Eine vertragswidrige Nutzung kann nur dann angenommen werden, wenn ein exzessiver Tabakgenuss derart starke Nikotinablagerungen hinterlässt, dass sie einer Substanzverletzung der Mietsache gleichkommen (LG Paderborn NZM 2001, 710; AG Magdeburg NZM 2000, 657; offen gelassen BGH NZM 2006, 691). In seiner Entscheidung vom 5.3.2008 (BGH NZM 2008, 318) hat der BGH seine bisherige Rechtsprechung bestätigt und dahingehend konkretisiert, dass Rauchen in einer Wohnung nur dann über den vertragsgemäßen Gebrauch hinaus geht und einen Schaden begründet, wenn durch das Rauchen Verschlechterungen der Wohnung verursacht werden, die sich nicht mehr durch Schönheitsreparaturen beseitigen lassen, sondern darüber hinausgehende Instandsetzungsarbeiten erfordern.

4. Gemäß § 249 BGB ist der Vermieter so zu stellen, als ob der zum Ersatz verpflichtende Umstand nicht eingetreten wäre. Bei der Bezifferung des Schadensersatzanspruches ist je nach Alter und Qualität der beschädigten Sache ein **Abzug „Neu für Alt"** vorzunehmen. Dieser Abzug ist gegebenenfalls nach § 287 ZPO zu schätzen. Hierbei ist die Lebensdauer – bei einem Teppich ca. 10 Jahre – bzw. die übliche Nutzungszeit zu berücksichtigen.

5. Str., vgl. AG Köln WuM 1986, 85: bejahend, da eine Emailleabplatzung nur durch eine schlagartige Einwirkung eines harten Gegenstandes und damit nur durch eine unsachgemäße Behandlung entstehen kann; andere Auffassung LG Köln WuM 1985, 258: verneinend, da derartige Abplatzungen normale Verschleißerscheinungen darstellen.

6. Wände und Decken, die mit **außergewöhnlichen, unansehnlichen Farben** gestrichen worden sind, stellen einen vertragswidrigen Gebrauch dar, wenn sie diesen Zustand bei Rückgabe aufweisen (BGH NZM 2008, 605). Nach dem Urteil des BGH vom 6.11.2013 – VIII ZR 416/12, NZM 2014, 72 ist der Mieter dem Vermieter daher zum Schadenersatz gem. §§ 241 Abs. 2, 280 Abs. 1 BGB verpflichtet, wenn er eine in neutraler Dekoration übernommene Wohnung mit einem farbigen Anstrich zurückgibt. Dabei hat sich der Vermieter allerdings einen Abzug „neu für alt" anrechnen zu lassen, wenn er, etwa mangels wirksamer Abrede oder wegen fehlender Fälligkeit von Schönheitsreparaturen, außer dem auf Beseitigung der farblichen Verunstaltung gerichteten Anspruch keine weitergehenden Dekorationsansprüche gegen den weichenden Mieter hat (BGH NZM 2010, 157).

Demzufolge ist ein Anstrich in weißer oder grauer Farbe nicht zu beanstanden (LG Aachen WuM 1998, 596). Gleiches gilt für hellblaue Pastellfarbe (KG NZM 2005, 663). Wandanstriche in kräftigen Farbtönen wie rot, blau (moos)grün, türkis, lila oder schwarz (KG NZM 2005, 663; LG Berlin, GE 1995, 249) sowie blau lackierte Fensterrahmen (LG

Berlin GE 1995, 115) braucht der Vermieter dagegen nicht als ordnungsgemäße Schönheitsreparaturen hinzunehmen, da sie außerhalb der derzeit allgemeinen anerkannten Geschmacksgrenzen liegen. Ebenso hat der Mieter bei der Materialauswahl auf den allgemeinen Geschmack Rücksicht zu nehmen (Staudinger/*Emmerich* BGB § 535 Rn. 117). Dies schließt eine eigenwillige und ausgefallene Dekoration, zB durch Anbringung von Farbtapeten oder Aufbringung eines Raupputzes bzw. eines Putzes in Spachteltechnik aus, da die Endrenovierung dem Vermieter die Möglichkeit eröffnen muss, die Wohnung in einem durchschnittlichen Geschmack entsprechendem Zustand einem Nachmieter zu übergeben. Zulässig soll hierbei neben Raufaser- und Strukturtapete auch Tapete mit einem floralem Muster sein, wenn diese farblich unaufdringlich und vom Muster her zurückhaltend gestaltet ist (LG Berlin NZM 2007, 801). Gleiches soll für eine Harry Potter-Bordüre in einem Kinderzimmer gelten, da diese Art der Gestaltung derzeit dem Geschmack von Teilen der Gesellschaft entspricht (LG Berlin NZM 2007, 801; sehr zweifelhaft). Eine altrosafarbene intensiv gestaltete Mustertapete mit unterschiedlich glänzender Oberfläche entspricht dagegen keiner zurückhaltenden Gestaltung mehr.

7. Bei **Gegenständen mit nahezu unbegrenzter Haltbarkeit** ist es gerechtfertigt keinen Abzug vorzunehmen. Gegebenenfalls ist dieser gemäß § 287 ZPO zu schätzen.
Verjährung: § 548 BGB: 6 Monate ab Rückgabe.

8. **Gebühren.** Rechtsanwalt 0,5 bis 2,5 Geschäftsgebühr gemäß VV 2400 RVG, §§ 13, 14 BGB nach dem Wert des Schadensersatzes.

8. Umbau der Mietsache – anwaltliches Aufforderungsschreiben zur Kostenübernahme durch den Mieter

. . . . .

(Rechtsanwalt)

an

. . . . .

(Mieter)

Mietverhältnis über die Wohnung . . . . .

Sehr geehrte(r) . . . . .,

auf den Rückgabetermin vom . . . . . nehmen wir Bezug. Namens unserer Mandanten machen wir Ihnen gegenüber einen finanziellen Ausgleichsanspruch geltend, der unseren Mandanten infolge des nach Ihrem Umzug anstehenden teilweisen Umbaus der früheren Mietwohnung zusteht.[1]

Unsere Mandanten hatten Ihnen bereits Anfang des Jahres schriftlich mitgeteilt, dass das Bad einschließlich Gäste-WC und die Küche saniert und der Wohnraum ebenfalls umfassend umgestaltet werden soll.[2] Die Schlafräume (Eltern- und Kinderschlafzimmer) sind von den Umbaumaßnahmen nicht berührt. Insoweit sind Sie gemäß den Regelungen des Mietvertrages zur Ausführung der Schönheitsreparaturen verpflichtet (→ Form. F. II.3).[3] Im Falle der Durchführung von Schönheitsreparaturen im Wohnbereich und im Flur wären Sie verpflichtet gewesen, die Raufasertapete deckend mit Dispersionsfarbe zu überstreichen. Außerdem wäre der Teppichboden zu reinigen gewesen. In der Küche hätte die alte Tapete entfernt und neue Tapete geklebt und mit einem Neuanstrich versehen werden müssen. Wegen des vergilbten Zustandes der Tapete und der unzähligen Fettflecken im Wandbereich wäre ein Neuanstrich nicht mehr ausreichend gewesen. Der Fußboden in der Küche hätte gereinigt werden müssen. Ebenfalls wäre eine intensive Reinigung des Bades erforderlich gewesen, wobei vor allem die Verkalkungen an den Armaturen hätten beseitigt werden müssen.[4]

Für die erforderlichen Anstrich- und Tapezierarbeiten in den zur Sanierung anstehenden Räumen haben unsere Mandanten einen Kostenvoranschlag eingeholt,[6] den wir beifügen. Hieraus sind die Materialkosten sowie die anfallenden Stunden für die Arbeiten ersichtlich. Als Arbeitszeit gibt der Malermeister . . . . . Stunden an. Wir gehen davon aus, dass mindestens 5 Stunden hinzukommen, wenn die Arbeiten in Eigenleistung ausgeführt werden, weil Fachkräfte die Arbeiten erfahrungsgemäß mit einem geringeren Zeitaufwand erledigen. Für die Reinigungsarbeiten kommen schätzungsweise . . . . . Stunden hinzu. Wir legen einen Stundenlohn in Höhe von . . . . . zugrunde. Dieser Betrag müsste von Ihnen aufgewandt werden, wenn die Arbeiten durch Freunde oder Verwandte erbracht würden.[5] Es ergibt sich ein Gesamtbetrag in Höhe von . . . . .

Wir haben Sie aufzufordern, diesen Betrag zur Vermeidung einer gerichtlichen Auseinandersetzung bis zum . . . . . auf das Ihnen bekannte Konto unserer Mandanten zu überweisen.[7]

. . . . .

(Rechtsanwalt)

Anmerkungen

1. Der **Ausgleichsanspruch in Geld**, der **kein Schadensersatzanspruch** ist, steht dem Vermieter zu, wenn die Schönheitsreparaturen des Mieters sinnlos sind, weil der Vermieter nach Vertragsende das Mietobjekt **umbauen** will und die Arbeiten des Mieters dadurch wieder zerstört würden. Der Anspruch ergibt sich aus einer ergänzenden Vertragsauslegung der vertraglich übernommenen Pflicht des Mieters zur Durchführung der Schönheitsreparaturen (BGH NJW 1985, 480; OLG Schleswig NJW 1983, 1333; Langenberg Schönheitsreparaturen/*Zehelein* Teil 1 Abschn. G Rn. 565). Die Ausführung der Schönheitsreparaturen bildet einen Teil des Mietentgelts, weil die Abwälzung der Schönheitsreparaturen auf den Mieter bei der Kalkulation der Miethöhe berücksichtigt wird. Der Mieter begleicht somit wirtschaftlich gesehen durch die Ausführung der Schönheitsreparaturen den Teil des Mietzinses, den der Vermieter ansonsten ohne die vertragliche Vereinbarung verlangen könnte, weil er selbst die Renovierungsarbeiten durchführen würde. Der Mieter würde daher einen ungerechtfertigten Vorteil erlangen, wenn er im Falle von Umbauarbeiten des Vermieters keine Arbeiten ausführen müsste und keinen finanziellen Ausgleich in Geld schulden würde. Strittig ist, ob der Ausgleichsanspruch auch besteht, wenn kein Umbau, sondern der **Abriss** des Mietobjekts erfolgen soll (Nachweise bei Langenberg Schönheitsreparaturen/*Zehelein* Teil 1 Abschn. G Rn. 566; *Eckert* Anm. zu LG Berlin ZMR 1998, 428; verneinend: LG Berlin ZMR 1998, 428).

2. Der **Ausgleichsanspruch** entfällt unter anderem, wenn der Mieter renoviert hat. Sofern die Arbeiten durch den Umbau wieder zerstört werden, ist dies dann dem Vermieter anzurechnen. Es empfiehlt sich daher den Mieter vor Mietende auf den anstehenden Umbau hinzuweisen. In diesem Fall kann der Mieter nicht einwenden, dass er glaubte zur Durchführung von Schönheitsreparaturen verpflichtet zu sein.

3. Der Ausgleichsanspruch bezieht sich nur auf die **von dem Umbau betroffenen Räume.** Wenn hinsichtlich der übrigen Räume die Ausführung der Schönheitsreparaturen möglich und sinnvoll ist, bleibt der Mieter insoweit verpflichtet (LG Hannover WuM 1994, 428 (429)). Er ist dann wie üblich zur Durchführung der Arbeiten aufzufordern. Wenn die Voraussetzungen des Schadensersatzanspruchs vorliegen (zB Ablauf der Nachfrist oder Erfüllungsverweigerung) und der Vermieter sich erst später zum Umbau entschließt, bleibt es bei dem Schadensersatzanspruch; der Rückgriff auf den Ausgleichsanspruch ist nicht mehr erforderlich.

4. Der Vermieter ist auch bei dem Ausgleichsanspruch **darlegungs- und beweispflichtig.** Es ist daher zu den Arbeiten vorzutragen, die ohne den Umbau erforderlich gewesen wären. Es empfiehlt sich daher über den Zustand der Räume Fotos anzufertigen oder anderweitig sicherzustellen, dass in einem möglichen späteren Prozess über den Zustand der Räume noch verbindliche Aussagen getroffen werden können.

5. Die **Höhe des Anspruchs** richtet sich danach, ob der Mieter bereit gewesen wäre, die Schönheitsreparaturen auszuführen oder nicht. Liegt keine Erfüllungsverweigerung des Mieters vor, braucht der Mieter neben den Materialkosten nur den Betrag zu erstatten, den er an Verwandte oder Bekannte hätte aufwenden müssen (BGH ZMR 2005, 109 (112)). Kann der Mieter darlegen, dass die Arbeiten von ihm ausschließlich in Eigenleistung erbracht worden wären bzw. die Arbeiten von Freunden und Verwandten kostenlos erbracht worden wären, reduziert sich der Anspruch des Mieters auf Erstattung der Materialkosten.

Steht dagegen fest, dass der Mieter die Ausführung von Schönheitsreparaturen ablehnt, kann der Vermieter den Betrag verlangen, den er zur Ersatzvornahme der Schönheitsreparaturen hätte aufwenden müssen (BGH NZM 2005, 109 (112); LG Dortmund WuM 1985, 226).

Der Mieter kann sich in diesen Fällen nicht mehr auf die Möglichkeit der Eigenleistung berufen.

6. Da die Darlegungs- und Beweislast beim Vermieter liegt, sollten die Kosten mittels eines Kostenvoranschlages belegt werden, wobei die Anzahl der Stunden gemäß § 287 ZPO geschätzt werden können. Die Schätzung gemäß § 287 ZPO kommt auch in Betracht, wenn der Umfang der Eigenleistungen (wenn der Mieter einwendet, die Arbeiten seien kostenlos erbracht worden, so trifft ihn für diese Behauptung die Beweislast) nicht mehr genau festgestellt werden kann.

Verjährung: 6 Monate gemäß § 548 BGB.

7. Gebühren: Rechtsanwalt 0,5 bis 2,5 Geschäftsgebühr gemäß VV 2400 RVG, §§ 13, 14 RVG nach dem Wert der Forderung.

III. Ansprüche gegen Untermieter

1. Räumung und Herausgabe

. . . . .

(Vermieter)[2]

an

. . . . .

(Untermieter)[2]

Sehr geehrte(r) . . . . .

am . . . . . endet das zwischen mir und Ihrem Vermieter, ... (Name des Mieters),[2] bestehende Mietverhältnis über die . . . . . (Bezeichnung der Wohn-/Gewerberäume),[3] welches ich am . . . . . form- und fristgerecht gekündigt habe. Das Kündigungsschreiben habe ich zu Ihrer Kenntnisnahme in Ablichtung beigefügt.[4]

Unabhängig davon, ob Ihr Mietverhältnis mit . . . . . (Mieter)[2] zum selben Zeitpunkt endet, fordere ich Sie hiermit auf, die Ihnen von . . . . . (Mieter)[2] überlassenen Räume zum . . . . . (frühestens Tag der Beendigung des Hauptmietverhältnisses)[5] zu räumen.[1, 6] Dabei weise ich der guten Ordnung halber darauf hin, dass für das Bestehen dieser Verpflichtung Bestand und Inhalt Ihres Untermietvertrages keine Rolle spielen.[7]

Ich mache Sie vorsorglich darauf aufmerksam, dass Sie mir für jeglichen Schaden haften, der mir durch eine Verzögerung der Herausgabe der Räume entsteht.[8] Ich gehe aber davon aus, dass Sie die Räume rechtzeitig und vollständig räumen und herausgeben werden.

. . . . .

(Vermieter)

Anmerkungen

1. Ist der Vermieter Grundstücks- oder Wohnungseigentümer der Mieträume, folgt sein **Herausgabeanspruch** aus § 985 BGB. Daneben hat er den vertraglichen **Rückgabe-** bzw. **Räumungsanspruch** aus § 546 BGB. Beide Ansprüche stehen nach hM in freier Anspruchskonkurrenz, dh der eine soll nicht hinter den anderen zurücktreten müssen (BGHZ 34, 499 = NJW 1961, 499 unter Verweis auf BGHZ 9, 22 = NJW 1953, 663). Aufgrund ihrer unterschiedlichen Rechtsnatur haben beide Ansprüche unterschiedliche Reichweiten (vgl. BGH NJW 2001, 2966). Der Herausgabepflicht nach § 985 BGB kann der Schuldner sich durch Besitzaufgabe entziehen. Die Rückgabepflicht nach § 546 BGB ist dagegen echte, schuldrechtliche **Verschaffungspflicht** (st. Rspr. des BGH seit BGHZ 56, 308 = NJW 1971, 2065). Geschuldeter Erfolg ist: dem Gläubiger (unmittelbaren) Besitz an den Räumen zu verschaffen. Dazu muss der Schuldner die Räume erst einmal selbst noch an der Hand haben und sodann bedarf es gem. § 854 Abs. 2 BGB der Einigung mit dem Gläubiger über den Besitzübergang, welcher schließlich die uneingeschränkte, ungestörte Sachherrschaft über die Räume erlangen muss, idR durch Schlüsselübergabe (OLG Dresden NZM 2000, 827; aA OLG Düsseldorf NZM 2000, 92 und NJW-RR 1987, 911, wonach das bloße Einwerfen der Schlüssel genügen soll). Bei dem Verlangen nach Herausgabe von Grundstücken und Räumen ist häufig ohne weiteres von „Räumung" die Rede. Dabei muss man sich aber darüber im Klaren sein, dass der Gläubiger aus § 985 BGB zwar die Herausgabe des Grundstücks oder des Raumes verlangen kann, nicht aber dessen Räumung! Der Begriff der Räumung ist nämlich für die weitergehenden schuldrechtlichen Rückgabepflichten – zB aus § 546 BGB – reserviert, so dass ein auf Räumung gerichteter Klagantrag, dem aber kein besonderer schuldrechtlicher Räumungsanspruch zur Seite steht, gegebenenfalls vom Gericht umzudeuten ist (LG Köln WuM 1962, 166).

Räumung iSv § 546 BGB bedeutet neben Besitzverschaffung an den Räumen regelmäßig auch Wegschaffung der dort eingebrachten beweglichen Sachen (BGHZ 104, 285 = NJW 1988, 2665, 2666, siehe eingehender → Form. E.I.1, → Form. E.II.1), bis hin zur Wiederherstellung eines vertragsgemäßen Zustandes der Räume (BGHZ 86, 204 = NJW 83, 1094; BGHZ 104, 285 = NJW 1988, 2665; BGH NJW-RR 1994, 847; NJW 2001, 2966). § 546 Abs. 2 BGB erstreckt den schuldrechtlichen Rückgabeanspruch des Vermieters – dieser kann, muss aber nicht zugleich Eigentümer der Mieträume sein – gegen den Mieter kraft Gesetzes auf jeden Dritten, dem vom Mieter der Gebrauch der Mieträume überlassen wurde. Die Bestimmung ist als **gesetzlicher Schuldbeitritt** des Dritten zur vertraglichen Rückgabepflicht des Mieters anzusehen.

Ob die Rückgabepflicht des Dritten nach § 546 Abs. 2 BGB **inhaltsgleich mit der Rückgabepflicht des Mieters** nach § 546 Abs. 1 BGB ist, ist umstritten, jedoch mit dem BGH zu bejahen (BGHZ 131, 176 = NJW 1996, 515; BGH NJW 2001, 1355; OLG München MDR 1997, 833). Während der BGH auch im Falle des § 546 Abs. 2 BGB von einer echten Verschaffungspflicht ausgeht, wird im Schrifttum teilweise die Auffassung vertreten, dass der Anspruch aus § 546 Abs. 2 BGB sich nur gegen den besitzenden Dritten richten könne.

Den häufigsten Fall einer Gebrauchsüberlassung an Dritte stellt die von § 540 Abs. 1 S. 1 BGB besonders genannte (erlaubnispflichtige) Weitervermietung durch den Mieter dar, gemeinhin als Untervermietung bezeichnet. Der vom Gesetz nicht verwendete Begriff „Untermiete" – ein Rechtsbegriff, der seine Herkunft aus der mittelalterlichen deutschen Rechtswelt nicht verleugnen kann – setzt das „Untermietverhältnis" in anschaulicher Weise in Beziehung zu dem „Obermietverhältnis" des (Haupt-)Mieters mit dem Vermieter. Das BGB vermeidet dagegen – in seiner bekannten Zurückhaltung gegenüber der Regelung von Dreiecksverhältnissen – jede Über- und Unterordnung, sondern lässt die jeweiligen Mietverhältnisse als mehr oder wenig unabhängig nebeneinander stehend erscheinen.

Zwischen (Haupt-)Vermieter und Untermieter besteht keinerlei unmittelbare vertragliche Beziehung (BGH NJW 2001, 1355). Der Bestand des Untermietverhältnisses ist dennoch im Hinblick auf das Gebrauchs- und Besitzrecht des Untermieters (ausnahmsweise) vom Bestand des Hauptmietverhältnisses abhängig gemacht. Dem Vermieter steht nach Mietende im Hauptmietverhältnis ohne weiteres der Rückgabeanspruch zu, und der Untermieter muss nach § 546 Abs. 2 BGB die Räume an ihn, den Vermieter, oder den Mieter (entsprechend § 986 Abs. 1 S. 2 BGB) zurückgeben. Dabei genügt der Untermieter seiner Rückgabepflicht mit Rückgabe an einen von beiden (§ 428 BGB).

2. Zur besseren Übersichtlichkeit werden der Hauptvermieter als „Vermieter", der Hauptmieter und Untervermieter als „Mieter" und der Untermieter als solcher bezeichnet.

3. Voraussetzung für den Rückgabeanspruch ist die **Beendigung des Hauptmietverhältnisses.** Maßgeblich ist dabei die rechtliche, nicht die tatsächliche Beendigung des Hauptmietverhältnisses.

Nach der überwiegenden Meinung im Schrifttum soll der Anspruch des Vermieters gegen den Untermieter ferner erst dann entstehen, wenn er, der Vermieter, von dem Mieter die

Räumung verlangen kann. Ist etwa vom Vermieter dem **Mieter eine Räumungsfrist gewährt** und damit dieser Herausgabeanspruch gestundet worden, so soll es an einer Voraussetzung des Herausgabeanspruchs gegen den Untermieter mangeln (OLG Hamm WuM 1981, 40; AG Aachen WuM 1990, 150; Schmidt-Futterer/*Streyl* BGB § 546 Rn. 91). Dagegen ist davon auszugehen, dass es auf die Entstehung des Herausgabeanspruchs gegen den Untermieter ohne Einfluss ist, ob der Mieter über die Beendigung des Hauptmietverhältnisses hinaus, zB aufgrund einer Räumungsfristgewährung, zum Besitz an den Mieträumen berechtigt ist (ebenso LG Mönchengladbach WuM 1964, 39; *Roquette* BGB § 556 Rn. 19). Stattdessen ist zwischen der Anspruchsentstehung und der Fälligkeit dieses Anspruchs – also der Frage des Zeitpunktes, zu dem der Schuldner den Anspruch zu erfüllen hat – genau zu unterscheiden. Die Fälligkeit, als das Recht des Gläubigers, den ihm zustehenden Anspruch einfordern zu können, ist nicht Tatbestandsmerkmal eines Anspruchs iSv § 194 Abs. 1 BGB (vgl. nur Staudinger/*Peters* BGB § 194 Rn. 9).

Für den Fall, dass der Vermieter von dem Untermieter die Herausgabe verlangen sollte, obwohl er dem Mieter eine Räumungsfrist gewährt hat, müsste er sich allerdings den Einwand der unzulässigen Rechtsausübung entgegenhalten lassen (§ 242 BGB).

4. Selbstverständlich sind auch alle anderen Beendigungsgründe für das Hauptmietverhältnis ebenso denkbar: Zeitablauf (§ 542 Abs. 2 BGB), auflösende Bedingung (vgl. § 572 Abs. 2 BGB) oder Aufhebungsvertrag.

5. Nach der sich zu Unrecht auf BGH NJW 1989, 451, 452 berufenden hM soll die **Fälligkeit der Rückgabepflicht** des Mieters am letzten Tag der Mietzeit eintreten (Staudinger/*Rolfs* BGB § 546 Rn. 31; aA etwa *Sternel* IV Rn. 572). Dem steht der eindeutige Wortlaut des § 546 Abs. 1 BGB entgegen, wonach der Mieter erst „nach" Beendigung des Mietverhältnisses zur Rückgabe verpflichtet ist (differenzierend Schmidt-Futterer/*Streyl* BGB § 546 Rn. 74). Dass der Mieter spätestens am Tage des Mietendes wegen der Beseitigung etwaiger Schäden tatsächlich tätig werden muss, dürfte sich von selbst verstehen, betrifft jedoch im Verhältnis zur Rückgabeverpflichtung eine Nebensächlichkeit. Allein um solche Nebenpflichten ging es in BGH NJW 1989, 451. Die hM behauptet für sich außerdem ein „praktisches Bedürfnis", und zwar allein das des Vermieters an einer nahtlosen Anschlussvermietung (*Mutter* ZMR 1991, 329, 331). § 193 BGB gilt in beiden Fällen (vgl. nur Schmidt-Futterer/*Streyl* BGB § 546 Rn. 75). Dieser Streitpunkt kann dadurch vermieden werden, dass im Mietvertrag die Rückgabepflicht des Mieters auf den letzten Tag der Mietzeit (nicht früher – Verstoß gegen § 307 BGB: LG München I WuM 1997, 612 und 1994, 370) festgelegt wird, was auch im Wohnraummietrecht formularmäßig zulässig ist (Bub/Treier/*Bub* II Rn. 1728).

6. Umstritten ist ferner, ob die **Aufforderung zur Räumung** Voraussetzung für die Entstehung des Anspruchs des Vermieters gegen den Untermieter auf Rückgabe der Mieträume ist. Die hM geht davon aus (zurückgehend auf RGZ 156, 150; *Roquette* § 556 BGB Rn. 19; *Sternel* IV Rn. 581; Palandt/*Weidenkaff* BGB § 546 Rn. 20). Sie stützt sich dafür auf den Wortlaut des § 546 Abs. 2 BGB. Danach kann der Vermieter die Räumung erst nach der Beendigung des Hauptmietverhältnisses, frühestens also am ersten Tag danach, zurückfordern". Dieses Rückforderungsrecht ist keine Kündigung (Bub/Treier/*Emmerich* Rn. 66). Der Vermieter müsse demnach, was sich aus einem Vergleich der beiden Absätze des § 546 BGB ergeben soll, den Untermieter zur Räumung auffordern, damit sein Rückgabeanspruch gegen diesen fällig werde. Hierdurch soll zugleich der Zeitpunkt der Anspruchsentstehung bezeichnet sein (vgl. *Sternel* IV Rn. 581 und Fn. 57). Die Aufforderung soll zudem nach hM – so wie hier im Formular geschehen – schon vor Beendigung des Hauptmietverhältnisses erfolgen können (Palandt/*Weidenkaff* § 546 Rn. 20, aA *Sternel* IV Rn. 581 und Fn. 58: der Grundsatz, dass eine Erklärung, wie zB die Kündigung, schon vor der für sie bestimmten Frist mit Wirkung ab oder gar auf diese Frist abgegeben werden kann, greife hier nicht ein;

eine Aufforderung vor Beendigung des Hauptmietverhältnisses würde voraussetzen, dass der geltend gemachte Anspruch rechtlich bereits entstanden sei).

Der Streit um die Voraussetzungen des Herausgabeanspruchs bzw. um den Zeitpunkt seiner Entstehung und seine Fälligkeit spielt vor allem bei den mit ihm in Zusammenhang stehenden Folgeansprüchen (zB Schadensersatz, Nutzungsentschädigung) eine Rolle, ist also nicht lediglich theoretischer Natur. Die unterschiedlichen Auffassungen wirken sich insbesondere bei der Prüfung der Voraussetzungen derartiger Folgeansprüche des Vermieters aus. Die Folgeansprüche des Vermieters werden zwar erst unter → Form. E.III.2, → Form. E.III.3 näher behandelt. Bereits an dieser Stelle ist aber festzuhalten, dass entgegen der hM die Aufforderung zur Räumung **keine Voraussetzung für die Entstehung des Anspruchs** des Vermieters gegen den Untermieter auf Herausgabe der Mieträume sein kann. Der Räumungsanspruch gelangt kraft Gesetzes zur Entstehung und wird fällig in dem Zeitpunkt, in dem das Mietverhältnis sein rechtliches Ende findet (wie hier Emmerich/Sonnenschein/*Rolfs* BGB § 546 Rn. 29). Die Formulierung in § 546 Abs. 2 BGB „kann . . . . . zurückfordern", ist nicht so zu verstehen, dass der Vermieter erst durch eine Aufforderung an den Untermieter seinen Anspruch gegen diesen zur Entstehung bringt. Einer solchen Gesetzesauslegung konnte sich der BGH (NJW 1999, 2802) in seiner Rechtsprechung zum insoweit gleichgelagerten Fall des § 557 BGB aF (jetzt § 546a BGB) jedenfalls nicht anschließen. Auch hier argumentierte die bis dahin hM mit dem Wortlaut der Bestimmung („kann . . . . . verlangen"). Der BGH erkannte, dass es für die Entstehung des Anspruchs aus § 557 BGB aF (jetzt § 546a BGB) nicht erst einer rechtsgestaltenden Willenserklärung bedarf (BGH 18.1.2017 – VIII ZR 17/16, NJW 2017, 1022). Nichts anderes kann auch im Falle des § 546 Abs. 2 BGB gelten. Die Aufforderung ist auf dieser Grundlage nicht als Tatbestandsmerkmal des Herausgabeanspruchs, sondern **bei der Frage, wann der Untermieter mit seiner Herausgabeverpflichtung in Verzug gerät, von Bedeutung**; also im Rahmen der Folgeansprüche des Vermieters (Emmerich/Sonnenschein/*Rolfs* BGB § 546 Rn. 30, → Form. E.III.2, → Form. E.III.3).

An eine besondere **Form** ist die Aufforderung nicht gebunden, sie kann auch mündlich erklärt werden; wie immer sollte aber die Erklärung aus Beweisgründen schriftlich erfolgen. Die Aufforderung durch den Vermieter ist – wie schon dargelegt (siehe soeben) – keine Kündigung. Eine Frist ist nicht zu beachten. Im Einzelfall kann die Nichterhebung des Anspruchs jedoch als Indiz für den konkludenten Abschluss eines Mietvertrages zwischen dem (ehemaligen) Vermieter und dem (ehemaligen) Untermieter herangezogen werden oder den Räumungsanspruch des Hauptvermieters verwirken lassen (vgl. Bub/Treier/*Emmerich* Rn. 69 f.).

Die **Aufforderung durch den Vermieter, der nicht zugleich Eigentümer der Mieträume ist,** stellt sich nach der hier vertretenen Auffassung vielmehr als **Mahnung** iSv § 286 BGB dar. Die dem Untermieter hierdurch verschaffte Kenntnis von seiner konkreten Herausgabepflicht gegenüber dem Vermieter ist erforderlich, aber auch hinreichend für den Eintritt des Verzuges (vgl. Emmerich/Sonnenschein/*Rolfs* BGB § 546 Rn. 30). Da aber eine Mahnung **vor Entstehung des Anspruchs wirkungslos** ist (vgl. BGH NJW 1992, 1056), muss der Vermieter/Nichteigentümer hier erst noch wirksam mahnen, wenn er den Mieter in Verzug setzen will, um gegen diesen Folgeansprüche, insb. auf Verzugsschadensersatz, geltend machen zu können. Zulässig ist es aber, wenn der Vermieter/Nichteigentümer im Zeitpunkt der Beendigung des (Haupt-)Mietverhältnisses, also zugleich mit der Entstehung des Anspruchs auffordert.

7. Ist das Mietverhältnis zwischen Mieter und Untermieter noch nicht beendet worden, so hat der Untermieter (lediglich) Ansprüche auf Schadensersatz statt der Leistung gegen den Mieter. Auf den mietrechtlichen Kündigungsschutz kann sich der Untermieter nur im **Sonderfall der gewerblichen Zwischenvermietung** berufen (§ 565 BGB, vgl. hierzu *Sonnenschein* NZM 2002, 1, 6 zur Lücke im Kündigungsschutz bei der schlichten nicht gewerbsmäßigen Zwischenvermietung).

8. Die **Nichterfüllung der Herausgabeverpflichtung durch den Untermieter** beurteilt sich nach den Vorschriften über den Verzug im einseitigen Schuldverhältnis (§§ 280 Abs. 2, 268, 281 BGB). Daneben hat der Vermieter einen Anspruch aus ungerechtfertigter Bereicherung (§§ 812, 818 Abs. 2 BGB) und, wenn er zugleich Eigentümer ist, aus Eigentümer-Besitzer-Verhältnis (§§ 987 ff. BGB). Einen Anspruch auf Entschädigung bei verspäteter Rückgabe nach § 546a BGB kann der Vermieter gegenüber dem Untermieter allerdings nicht geltend machen, da § 546a BGB als vertraglicher Anspruch zwischen Vermieter und Untermieter, mangels Vertragsverhältnisses, keine Anwendung findet (OLG Hamburg NZM 1999, 1052; LG Köln NJW-RR 1990, 1231; **aA** OLG Köln NJW 1961, 30). Die Geltendmachung von Ansprüchen infolge der Verletzung dieser Herausgabeverpflichtung wird im Folgenden in → Form. E.III.2, → Form. E.III.3 behandelt. Im Hinblick auf diese Ansprüche und den durch sie bewirkten Druck empfiehlt es sich für den Vermieter, neben der Aufforderung zur Herausgabe den Untermieter zugleich auf die Folgen der Verletzung seiner Pflicht hinzuweisen. Zwingend ist dies selbstverständlich nicht.

2. Miete bzw. Nutzungsentgelt

. . . . .

(Vermieter/Eigentümer)

an

. . . . .

(Untermieter)

Sehr geehrte(r) . . . . .

nachdem Sie meiner Aufforderung vom . . . . . zur Herausgabe der Räume . . . . . bis zum . . . . . nicht nachgekommen sind, nehme ich Sie nunmehr auf Zahlung einer Nutzungsentschädigung in Höhe von . . . . . EUR für den Monat . . . . . in Anspruch.[1, 2] Diesen Betrag haben Sie auf die aus diesem Schreiben ersichtliche Bankverbindung bis spätestens . . . . . zu überweisen.

Allein vorsorglich weise ich darauf hin, dass in der Entgegennahme dieser Zahlung nicht mein stillschweigendes Einverständnis zur Begründung eines Mietverhältnisses mit Ihnen liegt.[3]

Für jeden weiteren Monat, den Sie in den von Ihnen herauszugebenden Räumen verbleiben, werde ich von Ihnen weitere Zahlungen verlangen. Ich gehe aber davon aus, dass Sie nunmehr unverzüglich räumen werden.

. . . . .

(Vermieter)

Anmerkungen

1. Besondere mietrechtliche Folgeansprüche des Vermieters bei Nichterfüllung der Herausgabeverpflichtung durch den Mieter finden sich gesetzlich geregelt in § 546a BGB, der aber für den Fall der verspäteten Rückgabe der Mieträume durch den Untermieter keine – auch keine analoge – Anwendung findet (Palandt/*Weidenkaff* BGB § 546a Rn. 5 str.). Die Nichterfüllung der Herausgabeverpflichtung durch den Untermieter beurteilt sich daher zunächst nach den Vorschriften über den **Verzug im einseitigen Schuldverhältnis** (Palandt/*Weidenkaff* BGB § 546a Rn. 16). Das sind die §§ 280 Abs. 2, 286 BGB und auch § 281 BGB. Anderer Auffassung und gegen eine Zuerkennung von Schadensersatz aus Verzug ist *Sternel* (IV Rn. 585, da ein gesetzliches Schuldverhältnis im weiteren Sinne nicht bestehe, IV Rn. 578). Indes ist nicht einzusehen, warum das Gesetz dem Untermieter eine Pflicht auferlegen sollte, die im Falle ihrer Verletzung durch eine vom Untermieter zu vertretende Verzögerung ohne Sanktion bliebe. Der unmittelbare Rückgabeanspruch des Vermieters gegen den Untermieter nach § 546 Abs. 2 BGB wurde geschaffen, um den Vermieter, der nicht zugleich Eigentümer der Mieträume ist, mit diesem gleichzustellen. Die Verzögerung der Herausgabepflicht aus § 985 BGB kann aber sehr wohl Verzugsschadensersatzansprüche nach sich ziehen (Palandt/*Herrler* BGB § 985 Rn. 13 f.; BGH NJW 1964, 2414; in den Einzelheiten umstr.). Mit der hM ist daher – wegen der vom Gesetz bezweckten Gleichstellung des Vermieters/Eigentümers mit dem Vermieter/Nichteigentümer – davon auszugehen, dass es für die Anwendbarkeit des § 280 Abs. 2 BGB ausreicht, dass durch § 546 Abs. 2 BGB ein gesetzlicher Schuldbeitritt zu der vertraglichen Rückgabepflicht des Mieters begründet wird (BGH NJW 1981, 865).

Fällig wird der Herausgabeanspruch des Vermieters nach der hier vertretenen Meinung (→ Form. E.III.1 Anm. 4) ohne weiteres regelmäßig **mit Beendigung des Hauptmietverhältnisses** (zum Ausnahmefall der Gewährung einer Räumungsfrist und damit dem Hinausschieben des Fälligkeitszeitpunktes über den der Beendigung hinaus → Form. E.III.1 Anm. 2). **Nach hM** wird **dagegen** der Herausgabeanspruch des Vermieters **nicht ohne ein Räumungsverlangen** des Vermieters fällig (Palandt/*Weidenkaff* BGB § 546 Rn. 20), welches nach der hier vertretenen Auffassung lediglich für die Frage des Verzugsbeginns (bzw. der Kenntnis vom fehlenden Besitzrecht) von Bedeutung ist.

Der Untermieter schuldet daneben dem Vermieter, sofern dieser zugleich Eigentümer der Mieträume ist, ab Kenntnis von der Beendigung des Hauptmietverhältnisses und seiner Herausgabeverpflichtung, eine **Nutzungsentschädigung nach §§ 987, 990 Abs. 1 BGB** (BGH NJW-RR 2005, 1542; vgl. auch BGH NZM 2014, 582).

Das Form. behandelt den Fall der Geltendmachung von Ansprüchen seitens des Vermieters/Eigentümers. Macht ein Vermieter Ansprüche geltend, der nicht zugleich Eigentümer der Mieträume ist, so hat er zu beachten, dass er sich hierfür lediglich auf den Rechtsgrund des Verzugs im einseitigen Schuldverhältnis stützen kann. → Form. F.III.2 Anm. 2.

2. Hat der **Vermieter/Eigentümer** den Untermieter in der in → Form. E.III.1 dargestellten Art und Weise über die Beendigung des Hauptmietverhältnisses in Kenntnis gesetzt, so weiß dieser um den Wegfall seines Besitzrechts jenem gegenüber. Rechtsfolge ist, dass der Untermieter ab diesem Zeitpunkt gem. §§ 987, 990 Abs. 1 BGB Nutzungsherausgabe schuldet. Die Nutzung, die hier im Vorteil des Gebrauchs der Mieträume liegt, ist nach deren objektivem Wert herauszugeben. Bei vermieteten Sachen entspricht dieser dem **objektiven Mietwert** (vgl. BGH NZM 1999, 1052, 1053).

Der **Vermieter/Nichteigentümer** kann Nutzungsentschädigung/Verzugsschadensersatz nicht ohne weiteres verlangen. Voraussetzung für seinen Anspruch ist, dass sich der Untermieter mit der Herausgabeverpflichtung in Verzug befindet. Da eine verzugsbegründende taggenaue Fälligkeit nur im Hauptmietverhältnis eintritt, scheidet die Heranziehung von § 286 Abs. 2 Nr. 1 BGB (kalendermäßige Bestimmung) aus. Dies gilt ebenfalls für § 286 Abs. 2 Nr. 2 BGB, der zwar die Bevorzugung der Kündigung im alten Schuldrecht (vgl. § 284 Abs. 2 S. 2 BGB aF) beseitigt hat, allerdings nach wie vor bestimmt, dass sich das verzugsbegründende „Ereignis" aus einer vertraglichen (!) Bestimmung ergeben muss. Da es an einer vertraglichen Beziehung zwischen Vermieter und Untermieter aber gerade fehlt, bedarf es für den Verzug des Untermieters stets einer entsprechenden Mahnung des Vermieters/Nichteigentümers. Die **Aufforderung nach § 546 Abs. 2 BGB** stellt zwar grundsätzlich eine Mahnung dar. Die dem Untermieter **hierdurch verschaffte Kenntnis** von seiner konkreten Herausgabepflicht gegenüber dem Vermieter ist **erforderlich, aber auch hinreichend für den Eintritt des Verzuges** (vgl. Emmerich/Sonnenschein/ *Rolfs* BGB § 546 Rn. 30). Da aber eine Mahnung vor Entstehung des Anspruchs wirkungslos ist (vgl. BGH NJW 1992, 1056), muss der Vermieter/Nichteigentümer hier – im Beispielsfall nach → Form. E.III.1 – erst noch wirksam mahnen, weil im dortigen Form. vor Beendigung des Mietverhältnisses zur Räumung aufgefordert wurde, also vor Entstehung des Herausgabeanspruchs. Deshalb ist dort der Untermieter nicht in Verzug geraten. Zulässig ist es allerdings, wenn der Vermieter/Nichteigentümer den Untermieter im Zeitpunkt der Beendigung des (Haupt-)Mietverhältnisses, also zugleich mit der Entstehung des Anspruchs, zur Herausgabe auffordert.

Will der **Vermieter/Eigentümer** seine Ansprüche anstatt aus Eigentümer-Besitzer-Verhältnis aus dem Rechtsgrund des Verzuges geltend machen, so gilt auch für ihn, dass er nach Entstehung des Herausgabeanspruchs eine Mahnung aussprechen muss.

Als **Verzugsschaden** kann der Vermieter den Betrag verlangen, der ihm wegen der Unterlassung der Räumung durch den Untermieter an Miete entgeht, und zusätzlich über die mit diesem Form. behandelte Nutzungsentschädigung hinaus auch Ersatz jedes weiteren, ihm dadurch entstandenen bzw. entstehenden Schadens beanspruchen (Näheres sogleich in → Form. E.III.3).

Der Untermieter schuldet keinen Schadensersatz, wenn er den **Verzug nicht zu vertreten** hat, was allerdings von ihm darzulegen und zu beweisen ist, § 286 Abs. 4 BGB. Zu vertreten hat der Untermieter jede vorsätzliche oder fahrlässige Verzögerung der Herausgabe der Mieträume und jeden vermeidbaren Rechtsirrtum. Am Vertretenmüssen fehlt es daher zum einen, wenn sich der Untermieter in einem unvermeidbaren **Rechtsirrtum über seine Räumungspflicht** befindet. An die Unvermeidbarkeit eines solchen Rechtsirrtums werden aber hohe Anforderungen gestellt (BGH NJW 1984, 1028, 1030; *Sternel* IV Rn. 678; vgl. zB den Fall LG Berlin NZM 1998, 573: erteilt eine Mietervereinigung oder städtische Rechtsberatungsstelle einem über seine Zahlungspflicht Rechtsrat suchenden Mieter falschen Rat, so entschuldigt dies nicht den vorliegenden Zahlungsverzug des Mieters. Dieser muss sich vielmehr das Verschulden der rechtsberatenen Stellen – wie auch seine Anwalts – gem. § 278 BGB zurechnen lassen; s. a. BGH NJW 2007, 428). Praktischer werden kann die Frage des mangelnden Verschuldens, **wenn der räumungspflichtige Untermieter** trotz Entfaltung aller ihm bei der Suche nach neuen Räumen zuzumutenden Anstrengungen **nicht rechtzeitig Ersatzraum findet**. In diesem Fall kann es am Verschulden des Untermieters fehlen (OLG Braunschweig NJW 1963, 1108, 1110). Dabei kann die Rechtsprechung zum Härtegrund des fehlenden angemessenen Ersatzwohnraums im Rahmen der Sozialklausel gem. § 574 Abs. 2 BGB herangezogen werden.

Insoweit hat nach der allgemeinen Regel des § 286 Abs. 4 BGB kein anderer Maßstab zu gelten, als er bei Anwendung der besonderen wohnraummietrechtlichen Bestimmung des § 571 Abs. 1 S. 1 BGB zur Begrenzung von Schadensersatzansprüchen des Vermieters gelten würde. Diese Bestimmung findet zwar auf den Fall der verspäteten Rückgabe der Mieträume durch den Untermieter keine – auch keine analoge – Anwendung. Sie ist im Grunde genommen aber auch, was das Vertretenmüssen des Mieters angeht, bedeutungslos und – trotz des etwas abweichenden Wortlauts – eine bloße Wiederholung der Bestimmung des § 286 Abs. 4 BGB, aus dem bereits folgt, dass der Schuldner nicht in Verzug kommt, solange die Leistung infolge eines Umstandes unterbleibt, den er nicht zu vertreten hat. Generell ist zu sagen, dass der Mieter die verspätete Rückgabe der Wohnung nicht zu vertreten hat, wenn sich der Auszug **aus nachvollziehbaren Gründen** verzögert, **die auch eine (weitere) gerichtliche Räumungsfrist gerechtfertigt hätten** (LG Hamburg WuM 1996, 341).

3. Um zu vermeiden, dass die Annahme der Geldleistung des Untermieters als Indiz für die Begründung eines neuen Mietverhältnisses mit dem (ehemaligen) Untermieter herangezogen wird, empfiehlt es sich, dass der Vermieter vor bzw. bei der Annahme der Nutzungsentschädigung einen entsprechenden **Vorbehalt** macht (vgl. hierzu *Sternel* IV Rn. 586).

3. Schadensersatz

. . . . .

(Vermieter/Eigentümer)

an

. . . . .

(Untermieter)

Sehr geehrte(r) . . . . .

nachdem Sie meiner Aufforderung vom . . . . . (Zeitangabe) zur Herausgabe der Räume . . . . . bis zum . . . . . (Tag des Fristablaufs) nicht rechtzeitig nachgekommen sind, nehme ich Sie über die von Ihnen mir geschuldete Nutzungsentschädigung hinaus auf Schadensersatz in Anspruch.[1, 2]

Der neue Mieter, der für einen Monat . . . . . (zB im Hotel übernachtet hat; seinen Hausrat bzw. seine Waren für diesen Zeitraum einlagern musste) . . . . . hat mir die ihm hierdurch entstandenen Kosten – Belege finden Sie in Ablichtung beigefügt – in Rechnung gestellt.[3] Im Einzelnen:

. . . . . (nachvollziehbare, substantiierte Auflistung der Kosten).

Der Gesamtschaden beläuft sich mithin auf eine Summe von insgesamt . . . . . EUR.

Ich fordere Sie auf, diesen Betrag auf die aus diesem Schreiben ersichtliche Bankverbindung bis spätestens . . . . . zu überweisen.

. . . . .

(Vermieter/Eigentümer)

Anmerkungen

1. Die besondere mietrechtliche Regelung der Folgeansprüche des Vermieters bei Nichterfüllung der Herausgabeverpflichtung durch den Mieter in § 546a BGB findet auf den Fall der verspäteten Rückgabe der Mieträume durch den Untermieter keine – auch keine analoge – Anwendung (Palandt/*Weidenkaff* BGB § 546a Rn. 5, str.; → Form. E.III.2 Anm. 1). In § 546a BGB ist im Übrigen für den Schadensersatzanspruch des Vermieters gegen den Mieter nichts Besonderes bestimmt, außer dass die Geltendmachung weiterer Schäden nicht ausgeschlossen ist (§ 546a Abs. 2 BGB; ergänzt im Wohnraummietrecht um § 571 BGB, s. nachstehend). Die Vorschrift ist keine Anspruchsnorm; der Schadensersatzanspruch des Vermieters richtet sich vielmehr nach den allgemeinen Vorschriften (*Sternel* IV Rn. 678).
Anspruchsgrundlagen sind somit die §§ 989, 990 Abs. 1 BGB sowie §§ 280 Abs. 2, 286 BGB und auch § 281 BGB. Die Voraussetzungen sind daher zunächst dieselben wie im Falle der Nutzungsentschädigung (→ Form. E.III.2 Anm. 1, 2). Der Schadensersatzanspruch ist geeignet **denjenigen Schaden** abzudecken, **der dem Vermieter über die bloße Vorenthaltung der Mietsache hinaus entsteht,** geht also über dasjenige hinaus, was sein Anspruch auf Nutzungsentschädigung ausgleicht.

Als zusätzliche Voraussetzung ist ein **Verschulden des Untermieters** bei der Verzögerung der Herausgabe der Mieträume erforderlich (§§ 989, 286 Abs. 4 BGB). Wird der Schadensersatzanspruch auf § 280 BGB gestützt, so hat der räumungspflichtige Untermieter darzulegen und zu beweisen, dass ihn kein Verschuldensvorwurf trifft. Wird der Schadensersatzanspruch auf §§ 990 Abs. 1, 989 BGB gestützt, so muss demgegenüber der Vermieter dem Untermieter das Verschulden nachweisen. Jede vorsätzliche oder fahrlässige Verzögerung der Herausgabe der Mieträume und jeder vermeidbare Rechtsirrtum gereicht dem Untermieter dabei zum Verschulden. Am Verschulden fehlt es daher zum einen, wenn sich der Untermieter in einem unvermeidbaren **Rechtsirrtum über seine Räumungspflicht** befindet. An die Unvermeidbarkeit eines solchen Rechtsirrtums werden aber hohe Anforderungen gestellt (BGH NJW 1984, 1028, 1030; *Sternel* IV Rn. 678; vgl. zB den Fall LG Berlin NZM 1998, 573: erteilt eine Mietervereinigung oder städtische Rechtsberatungsstelle einem über seine Zahlungspflicht Rechtsrat suchenden Mieter falschen Rat, so entschuldigt dies nicht den vorliegenden Zahlungsverzug des Mieters. Dieser muss sich das Verschulden der rechtsberatenen Stellen – wie auch seines Anwalts – über § 278 BGB zurechnen lassen; s. a. BGH NJW 2007, 428). Praktischer werden kann die Frage des mangelnden Verschuldens, **wenn der räumungspflichtige Untermieter** trotz Entfaltung der ihm bei der Suche nach neuen Räumen zuzumutenden Anstrengungen **nicht rechtzeitig Ersatzraum findet.** In diesem Fall kann es am Verschulden des Untermieters fehlen (OLG Braunschweig NJW 1963, 1108, 1110; *Sternel* IV Rn. 678). Dabei kann die Rechtsprechung zum Härtegrund des fehlenden angemessenen Ersatzwohnraums im Rahmen der Sozialklausel gem. § 574 Abs. 2 BGB herangezogen werden.

Nach der allgemeinen Regel des § 286 Abs. 4 BGB kann insoweit kein anderer Maßstab gelten, als er bei Anwendung der besonderen wohnraummietrechtlichen Bestimmung des § 571 Abs. 1 S. 1 BGB zur Begrenzung von Schadensersatzansprüchen des Vermieters gelten würde. Diese Bestimmung findet zwar auf den Fall der verspäteten Rückgabe der Mieträume durch den Untermieter keine – auch keine analoge – Anwendung. Sie ist im Grunde genommen aber auch, was das Vertretenmüssen des Mieters angeht, bedeutungslos und – trotz des etwas abweichenden Wortlauts – eine bloße Wiederholung der Bestimmung des § 286 Abs. 4 BGB, aus dem bereits folgt, dass der Schuldner nicht in Verzug kommt, solange die Leistung infolge eines Umstandes unterbleibt, den er nicht zu vertreten hat. Generell ist zu sagen, dass der Mieter die verspätete Rückgabe der Wohnung nicht zu vertreten hat, wenn sich der Auszug **aus nachvollziehbaren Gründen** verzögert, **die auch eine (weitere) gerichtliche Räumungsfrist gerechtfertigt hätten** (LG Hamburg WuM 1996, 341).

Wie bei der Nutzungsentschädigung folgt auch hier der Fall des Schadensersatz verlangenden **Vermieters/Eigentümers** anderen Regeln als der des Schadensersatz verlangenden **Vermieters/Nichteigentümers**, insbesondere was die Entstehung und die Fälligkeit des Anspruchs betrifft, da dem Schadensersatz verlangenden Vermieter/Nichteigentümer die Anspruchsgrundlagen aus dem Eigentümer-Besitzer-Verhältnis nicht zur Seite stehen (über den bloßen Herausgabeanspruch hinausgehende Ansprüche des Vermieters/Nichteigentümers zu Unrecht gänzlich verneinend *Sternel* IV Rn. 585).

Das Form. behandelt den Fall der Geltendmachung von Ansprüchen seitens des **Vermieters/Eigentümers.** Macht ein Vermieter Ansprüche geltend, der nicht zugleich Eigentümer der Mieträume ist, so hat er zu beachten, dass er sich hierfür lediglich auf den Rechtsgrund des Verzugs im einseitigen Schuldverhältnis stützen kann (→ Form. F.III.3 Anm. 2).

2. Hat der Vermieter/Eigentümer den Untermieter in der in → Form. E.III.1 dargestellten Art und Weise über die Beendigung des Hauptmietverhältnisses in Kenntnis gesetzt, so weiß dieser um den Wegfall seines Besitzrechts. Rechtsfolge ist, dass der Untermieter ab diesem Zeitpunkt gem. §§ 989, 990 Abs. 1 BGB Schadensersatz schuldet.

Der **Vermieter/Nichteigentümer** kann demgegenüber Schadensersatz nicht ohne weiteres verlangen. Voraussetzung für seinen Anspruch ist vielmehr, dass sich der Untermieter in Verzug mit seiner Herausgabeverpflichtung befindet. Da eine verzugsbegründende taggenaue Fälligkeit nur im Hauptmietverhältnis eintritt, scheidet die Heranziehung von § 286 Abs. 2 Nr. 1 BGB (kalendermäßige Bestimmung) aus. Dies gilt ebenfalls für § 286 Abs. 2 Nr. 2 BGB, der zwar die Bevorzugung der Kündigung im alten Recht (vgl. § 284 Abs. 2 S. 2 BGB aF) beseitigt, allerdings nach wie vor postuliert, dass sich das verzugsbegründende „Ereignis" aus einer vertraglichen (!) Bestimmung ergeben muss. Da es an einer vertraglichen Beziehung zwischen Vermieter und Untermieter aber gerade fehlt, bedarf es für den Verzug des Untermieters stets einer entsprechenden Mahnung des Vermieters/Nichteigentümers. Die **Aufforderung nach § 546 Abs. 2 BGB stellt zwar grundsätzlich eine Mahnung dar.** Die dem Untermieter **hierdurch verschaffte Kenntnis** von seiner konkreten Herausgabepflicht gegenüber dem Vermieter ist **erforderlich, aber auch hinreichend für den Eintritt des Verzuges** (vgl. Emmerich/Sonnenschein/*Rolfs* BGB § 546 Rn. 30). Da aber eine Mahnung vor Entstehung des Anspruchs wirkungslos ist (vgl. BGH NJW 1992, 1056), muss der Vermieter/Nichteigentümer hier – im Beispielsfall nach → Form. E.III.1 – erst noch wirksam mahnen, weil im dortigen Form. vor Beendigung des Mietverhältnisses zur Räumung aufgefordert wurde, also vor Entstehung des Herausgabeanspruchs. Deshalb ist dort der Untermieter nicht in Verzug geraten. Zulässig ist es allerdings, wenn der Vermieter/Nichteigentümer im Zeitpunkt der Beendigung des (Haupt-)Mietverhältnisses, also zugleich mit der Entstehung des Anspruchs, auffordert.

Will der **Vermieter/Eigentümer** seine Ansprüche anstatt aus Eigentümer-Besitzer-Verhältnis aus dem Rechtsgrund des Verzuges geltend machen, so gilt auch für ihn, dass er nach Entstehung des Herausgabeanspruchs eine Mahnung aussprechen muss.

3. Im vorliegenden Fall macht der Vermieter den Schaden geltend, der ihm dadurch entstanden ist, dass er von dem neuen Mieter der vom Untermieter nicht rechtzeitig herausgegebenen Räume wegen dessen Schaden in Anspruch genommen wurde. Ein **Vermieterschaden** kann des Weiteren darin liegen, dass vorgesehene Ausbauarbeiten erst später und mit dann höheren Kosten durchgeführt werden konnten (vgl. BGH NJW 1978, 2148). Der Vermieter kann auch geschädigt dadurch sein, dass ihm zwischenzeitlich ein Mietinteressent abgesprungen ist, der bereit war, eine höhere Miete für die Räume zu bezahlen. Hierfür bedarf es allerdings der verbindlichen Zusage einer höheren Mietzahlung durch einen bestimmten Mietinteressenten, die der Vermieter darzulegen und nachzuweisen hat (LG Mannheim WuM 1976, 13).

IV. Wegnahmerecht des Mieters

1. Verlangen des Vermieters nach Entfernung von Einrichtungen

. . . . .

(Vermieter)

an

. . . . .

(Mieter)

Sehr geehrte(r) . . . . .

hiermit nehme ich Bezug auf meine Kündigung vom . . . . ., nach der das zwischen uns bestehende Mietverhältnis zum . . . . . endet.

Um Missverständnissen vorzubeugen, fordere ich Sie in diesem Zusammenhang auf, die . . . . . (Bezeichnung der Einrichtungen),[1, 2] mit welchen Sie die Mieträume versehen haben, so rechtzeitig zu entfernen, dass Sie Ihrer Verpflichtung zur Rückgabe der Mieträume in vertragsgemäßem Zustand in vollem Umfang genügen werden. Das bedeutet, dass Sie die vorgenannten Einrichtungen bis spätestens . . . . . (Räumungszeitpunkt)[3] vollständig abzubauen und die Mieträume auf Ihre Kosten in einen vertragsgemäßen Zustand zu versetzen haben. Hierzu sind Sie mir schon aus dem zwischen uns am . . . . . geschlossenen Mietvertrag verpflichtet.

. . . . .

(Vermieter)

Anmerkungen

1. Die gesetzliche Regelung des Schicksals von Einrichtungen (zum Begriff der „Einrichtung" → Form. F.IV.1 Anm. 2), mit denen der Mieter die Mieträume versehen hat, findet sich in § 539 Abs. 2 BGB sowie in § 552 BGB. § 539 Abs. 2 BGB ist als allgemeine Vorschrift für alle Mietverhältnisse ohne weiteres sowohl auf Wohn- als auch Gewerberaummietverhältnisse anwendbar. Der nach seiner systematischen Stellung zunächst nur für die Wohnraummiete geltende § 552 BGB findet aufgrund der Verweisung in § 578 Abs. 2 S. 1 BGB in seinem Abs. 1 auch auf Gewerberaummietverhältnisse Anwendung. Der einzige Unterschied liegt somit darin, dass wegen der Nichtinbezugnahme von § 552 Abs. 2 BGB durch § 578 Abs. 2 S. 1 BGB bei Gewerberaummietverhältnissen das Wegnahmerecht des Mieters auch ohne angemessene Entschädigung rechtswirksam ausgeschlossen werden kann.

Die §§ 539 Abs. 2, 552 BGB treffen allerdings keine Aussage über eine Wegnahme- und Wiederherstellungspflicht des Mieters. Die **Wegnahmepflicht,** bzw. der Anspruch des Vermieters auf Entfernung einer Einrichtung, mit der der Mieter die Mieträume versehen hat, beurteilt sich vielmehr nach den Vorschriften über die Rückgabe der Mietsache; Anspruchsgrundlage ist § 546 Abs. 1 BGB (BGH BGHZ 81, 146 = NJW 1981, 2564, 2565; Palandt/*Weidenkaff* BGB § 546 Rn. 6 str.). Nach § 546 BGB geschuldeter Erfolg ist zunächst die **Pflicht zur Besitzverschaffung.** Die Besitzverschaffung wird in einschlägigen Entscheidungen des BGH wiederholt als „die Rückgabe selbst" angesprochen (vgl. etwa BGHZ 104, 285 = NJW 1988, 2665), die regelmäßig auch dann als erfüllt gilt, wenn der Mieter Gerümpel oder zu beseitigende Einrichtungen in den Räumen zurücklässt, oder diese in sonst wie verwahrlostem Zustand zurückgibt (vgl. BGHZ 86, 204 = NJW 1983, 1094; BGH NJW 1988, 2665). Neben der Besitzverschaffung schuldet der Mieter zugleich aber auch „**Räumung**", was Fortschaffung seines Mobiliars und Hausrats und Beseitigung der von ihm eingebrachten Einrichtungen sowie Rückbau von ihm vorgenommener baulicher Veränderungen bedeutet (→ Form. E.I.1, → Form. E.II.1).

Die **Wiederherstellungspflicht,** also die Verpflichtung des Mieters zur Beseitigung der von ihm eingebrachten Einrichtungen und zum Rückbau von ihm vorgenommener baulicher Veränderungen, ist somit nach der Rspr. „Ausfluss der in § 556 BGB [jetzt § 546 BGB] geregelten Rückgabepflicht" (BGH WuM 1997, 217, 218; LG Münster WuM 1999, 515), wobei die Rspr. die Frage, ob die Wiederherstellung zur Hauptleistung gehört, oder bloße Nebenpflicht ist – ob also eine wegen Nichtwiederherstellung unzulässige Teilleistung der Hauptleistungspflicht im engeren Sinne, dh der Rückgabe selbst' anzunehmen ist –, von der Höhe der Wiederherstellungskosten abhängig macht (BGH WuM 1997, 217, 218; BGH NJW 2002, 3234). In der Literatur wird diese Abgrenzung, wie die Annahme einer aus § 546 BGB folgenden allgemeinen Wiederherstellungspflicht überhaupt, teilweise abgelehnt (*Eisenhardt* WuM 1998, 447, 448).

Einigkeit besteht allerdings darüber, dass der Mieter die Mieträume bei Mietende in vertragsgemäßem Zustand zurückzugeben hat, was nach § 538 BGB bedeutet, dass er **durch vertragsgemäßen Gebrauch zwangsläufig eingetretene Veränderungen oder Verschlechterungen** nicht zu beseitigen braucht (BGH NJW 2002, 3235; OLG Düsseldorf NZM 2004, 584 und NJW-RR 1993, 712; *Eisenhardt* WuM 1998, 447, 448). Der Rückgabeanspruch des Vermieters nach Beendigung des Mietverhältnisses umfasst bei Mietgrundstücken neben der Besitzverschaffung die Entfernung der vom Mieter eingebrachten oder vom Vormieter übernommenen Gegenstände und Einrichtungen, über deren Verbleib keine abweichende Vereinbarung getroffen worden ist. Die Beseitigung von Verschlechterungen oder Veränderungen der Mietsache gehört nicht dazu (BGH 11.4.2019 – IX ZR 79/18; Anschluss an BGH 28.2.2018 – VIII ZR 157/17; NZM 2018, 320; 27.6.2018 – XII ZR 79/17, NZM 2018, 717). Beispielsweise im Anbohren von Fliesen und Zurücklassen von Dübellöchern in den Maßen des Verkehrsüblichen liegt keine Überschreitung des vertragsgemäßen Gebrauchs (BGH NJW 1993, 1061 (1063)). Seit der Schuldrechtsreform ist hinsichtlich der Geltendmachung von Schadensersatzansprüchen die Unterscheidung von Haupt- und Nebenleistungspflichten für die Rechtsfolgen unerheblich geworden, da die Voraussetzungen eines Schadensersatzanspruchs des Vermieters bei Schlechterfüllung der Rückgabeverpflichtung jetzt in beiden Fällen die gleichen sind (vgl. nur Palandt/*Weidenkaff* BGB § 546 Rn. 7). Auf die Frage der „richtigen" Anspruchsgrundlage kommt es daher nicht mehr an. Gerät der Mieter mit der Rückgabe der Mieträume in Verzug, so ist über § 546a Abs. 2 BGB der Weg zur Anwendung des allgemeinen Leistungsstörungsrechts eröffnet. Der Vermieter kann zunächst seine Rechte aus §§ 280 Abs. 1 und 2, 286 BGB geltend machen und wie bisher den Ersatz seines reinen Verzögerungsschadens verlangen. Daneben kann er **Schadensersatz statt der Leistung** beanspruchen, **§§ 280 Abs. 1 und 3, 281 BGB.** Hierfür muss er dem Mieter „**lediglich" eine angemessene Frist zur Rückgabe der Mieträume setzen** und dem Mieter darf der Entlastungsbeweis im Hinblick auf ein fehlendes Verschulden nicht gelingen (§ 280 Abs. 1 S. 2 BGB).

Nach Ablauf der Frist könnte der Vermieter im Übrigen die Entgegennahme der Mieträume verweigern und dafür Schadensersatz in Geld verlangen, also Bezahlung des Verkehrswertes der Mieträume Zug-um-Zug gegen deren Übereignung; eine Art **Zwangskauf** (vgl. *Emmerich* NZM 2002, 362 (367); *Gruber* WuM 2002, 252 (253)). Ein **objektives Interesse an der Ablehnung der Rückgabe** und für den Übergang zum Schadensersatzanspruch **wird vom Gesetz nicht mehr verlangt** (vgl. dagg. § 286 Abs. 2 BGB aF). Der Gesetzgeber hat dieses Problem des „Zwangskaufs" zwar gesehen, war aber der Auffassung, dass solche theoretischen (?) Fallgestaltungen in Kauf genommen werden müssten und in Missbrauchsfällen mit § 242 BGB abzuhelfen sei (BT-Drs. 14/6040, 139). Bei der Rückgabe von Wohnraum soll dem „Anspruch auf Zwangskauf" jedenfalls die von § 571 Abs. 1 S. 2 BGB geforderte Billigkeit fehlen *(so Gruber* WuM 2002, 252 (253)).

2. § 539 Abs. 2 BGB regelt das rechtliche Schicksal von Einrichtungen, mit denen der Mieter die Mieträume versehen hat. Unter den **Begriff der Einrichtung** fallen dabei bewegliche Sachen, die mit der Mietsache fest verbunden werden und dazu bestimmt sind, dem wirtschaftlichen Zwecke der Mietsache zu dienen (BGH NJW 1987, 2861). Unverbundene bewegliche Sachen, Sachen, die in die Mietsache eingefügt werden, um diese überhaupt erst in einen zum vertragsgemäßen Gebrauch geeigneten Zustand zu versetzen (OLG Naumburg 22.1.2018 – 1 U 108/17, BeckRS 2018, 22531), sowie Sachen, durch die die Mietsache verändert wird, sind dagegen keine Einrichtungen in diesem Sinne.

Unerheblich sind **Art und Intensität der Verbindung,** wenn nur die zugefügte Sache wieder ohne ihre Zerstörung weggenommen werden kann. Dabei ist etwa eine bloße Verschraubung von Mobiliar an Boden, Decken oder Wänden ausreichend. Kann die Sache jedoch nicht ohne ihre völlige Zerstörung wieder von der Mietsache getrennt werden, wie zB Fliesen von der Wand, so handelt es sich nicht um eine Einrichtung, sondern um bauliche Veränderung. Die Eigenschaft einer Sache als Einrichtung kann sich während der Dauer ihrer Verbindung mit der Mietsache verändern. So können zB Bäume und Sträucher solange Einrichtungen sein, solange sie problemlos umgepflanzt werden können (OLG Köln WuM 1995, 268). Zu Einrichtungen sind lediglich beispielhaft zu zählen: zusätzlich angebrachte Sicherheitsschlösser an der Wohnungstür (LG Karlsruhe WuM 1998, 22), Einbauschränke und Raumteiler, eine Heizungsanlage (BGH NJW 1969, 40), Küchen- und Badeinrichtungen.

Die Rückbaupflicht besteht auch dann, wenn der **Vermieter** seine **Zustimmung** zu den Ände-rungen gegeben hat. Mit einer solchen Zustimmung ist auch ohne besonderen Vorbehalt grundsätzlich nicht das Einverständnis verbunden, eine Änderung auf Dauer, nämlich über das Vertragsende hinaus, hinzunehmen (LG Bochum, 22.2.2019 – 10 S 26/18, ZEU 2019, 528; AG Paderborn 8.1.2019 – 51a C 78/17, BeckRS 2019, 4989; bei einverständlicher Übernahme von Einbauten des Rechtsvorgängers des Mieters vgl. KG 23.10.2017 – 8 U 91/17, BeckRS 2017, 135323 in Abgrenzung zu KG 10.12.2018 – 8 U 55/18, BeckRS 2018, 34289). Etwas anderes kann in Betracht kommen bei auf Dauer angelegten, rechtmäßigen, nicht auf die speziellen Bedürfnisse bzw. den Geschmack des Mieters abgestellten Baumaßnahmen, die nur mit erheblichem Kostenaufwand beseitigt werden können und deren Entfernung das Mietobjekt in einen schlechteren Zustand zurückversetzen würde. Hier kann erwartet werden, dass der Vermieter bei Erteilung der Erlaubnis einen Entfernungsvorbehalt macht, so dass in der Zustimmung ausnahmsweise auch ein Verzicht auf den Rückbau zu sehen ist (LG Bochum 22.2.2019 – 10 S 26/18, ZEU 2019, 528). Anders auch, bei Veränderungen der Mietsache, die nicht allein auf Veranlassung des Mieters vorgenommen werden, sondern die nach dem gemeinsamen Parteiwillen erst der Herstellung des vertragsgemäßen Zustands dienen sollen. (AG Paderborn 8.1.2019 – 51a C 78/17, BeckRS 2019, 4989). Ein Schadensersatzanspruch wegen unterlassenen Rückbaus ist auch neben der titulierten Nutzungsentschädigung gem. § 546a Abs. 2 BGB grundsätzlich zulässig (LG Bochum 22.2.2019 – 10 S 26/18, BeckRS 2019, 2771).

Die **Eigentumsverhältnisse** an der Einrichtung können unterschiedlich zu beurteilen sein. Mit der Mietsache verbundene Sachen bleiben zunächst im Eigentum des Mieters, wenn sie nur zu einem vorübergehenden Zweck angebracht wurden, § 95 Abs. 2 BGB. Für die Frage, ob eine Sache von dem Mieter bloß **zu einem vorübergehenden Zweck mit der Mietsache**

verbunden wurde, kommt es entscheidend auf die Willensrichtung des Mieters im Zeitpunkt der Verbindung an, wobei aber davon auszugehen sein soll, dass objektiv unter den Einrichtungsbegriff fallende Sachen vom Mieter regelmäßig bloß zu einem vorübergehenden Zweck, nämlich für die Mietzeit, mit der Mietsache verbunden werden, mit der Folge, dass sie im Eigentum des Mieters verbleiben (BGH NJW 1959, 1487).

Um eine Einrichtung kann es sich aber auch in dem Fall handeln, dass die vom Mieter eingebrachte Sache zum **wesentlichen Bestandteil der Mietsache** wird und damit in das Eigentum des Vermieters übergeht, §§ 946, 947, 94 BGB (BGH NJW 81, 2564 (2565)). In diesen Fällen darf also der Mieter im Zeitpunkt der Verbindung nicht den Willen gehabt haben, dass die Verbindung nur vorübergehenden Zwecken dienen soll, da ansonsten § 95 Abs. 2 BGB eingreifen würde. Sieht man somit das Merkmal des vorübergehenden Zweckes als entbehrlich für den Begriff der Einrichtung an, so bereitet die genaue **Abgrenzung der Einrichtungen zu den Aufwendungen** auf die Mietsache Schwierigkeiten. Kennzeichnend ist, dass Einrichtungen des Mieters vornehmlich seinem persönlichen Interesse zu dienen bestimmt sind. Sie machen dem Mieter den Gebrauch der Mietsache, nach seinen Vorstellungen, für den Zeitraum seines Gebrauchsrechts bequemer. Im Gegensatz zu Aufwendungen, die eine Verbesserung der Mietsache selbst – auch für weitere potentielle Mieter – bezwecken. Diese Schwierigkeiten vermeiden die daher vorzugswürdige Auffassung *Roquettes*, nach der zum Begriff der Einrichtung gehört, dass der Mieter von vornherein eine spätere Wegnahme der Einrichtung beabsichtigen muss. Andernfalls ist die Verbindung nicht mehr zu einem bloß vorübergehenden Zweck erfolgt, so dass schon begrifflich keine Einrichtung vorliegt (*Roquette* BGB § 547a Rn. 6 u. 7). Dem ist zuzustimmen.

3. Nach der sich zu Unrecht auf BGH NJW 1989, 451, 452 berufenden hM soll die **Fälligkeit der Rückgabepflicht** des Mieters am letzten Tag der Mietzeit eintreten (Staudinger/*Rolfs* BGB § 546 Rn. 31; aA etwa *Sternel* IV Rn. 572). Dem steht der eindeutige Wortlaut des § 546 Abs. 1 BGB entgegen, wonach der Mieter erst „nach" Beendigung des Mietverhältnisses zur Rückgabe verpflichtet ist (differenzierend Schmidt-Futterer/*Streyl* BGB § 546 Rn. 74). Dass der Mieter spätestens am Tage des Mietendes wegen der Beseitigung etwaiger Schäden tatsächlich tätig werden muss, dürfte sich von selbst verstehen, betrifft jedoch im Verhältnis zur Rückgabeverpflichtung eine Nebensächlichkeit. Allein um solche Nebenpflichten ging es in BGH NJW 1989, 451. Die hM behauptet für sich außerdem ein „praktisches Bedürfnis", und zwar allein das des Vermieters an einer nahtlosen Anschlussvermietung (*Mutter* ZMR 1991, 329 (331)). § 193 BGB gilt in beiden Fällen (vgl. nur Palandt/*Weidenkaff* BGB § 546 Rn. 10). Dieser Streitpunkt kann dadurch vermieden werden, dass im Mietvertrag die Rückgabepflicht des Mieters auf den letzten Tag der Mietzeit (nicht früher – Verstoß gegen § 307 BGB: LG München I WuM 1997, 612 und 1994, 370) festgelegt wird, was auch im Wohnraummietrecht formularmäßig zulässig ist (Bub/Treier/*Bub* II Rn. 1728).

2. Geltendmachung des Wegnahmerechts durch den Mieter

. . . . .

(Mieter)

an

. . . . .

(Besitzer)[2]

Sehr geehrte(r) . . . . .

wie Sie wissen, habe ich meine in den von mir bis zum . . . . . (Zeitangabe) genutzten Räumen . . . . . (Bezeichnung der Wohn- oder Geschäftsräume) eingebauten . . . . . (Bezeichnung der Einrichtungen) dort lediglich vorläufig zurückgelassen.[1, 3]

Wie angekündigt mache ich von dem mir nach § 539 Abs. 2 BGB zustehenden Wegnahmerecht Gebrauch und fordere Sie hiermit auf, mir einen Termin innerhalb der nächsten zehn Tage zu nennen, zu welchem ich meine . . . . . (die vorgenannten Einrichtungen) abbauen und abtransportieren kann. Hierfür benötige ich schätzungsweise acht Stunden Zeit, wobei ich mit den Arbeiten um 8 Uhr früh beginnen will. Ich bitte Sie, dafür Sorge zu tragen, dass zu dem bestimmten Termin die Räume für mich offen stehen und meine Arbeiten nicht behindert werden.[4]

. . . . .

(Mieter)

Anmerkungen

1. § 539 Abs. 2 BGB gibt dem Mieter das Recht, eine Einrichtung wegzunehmen, mit der er die Mietsache versehen hat. Diesem Wegnahmerecht des Mieters unterliegen die von ihm eingebrachten Einrichtungen, unabhängig davon, ob diese nun in seinem Eigentum verblieben oder durch Verbindung Eigentum des Vermieters geworden sind. Die Eigentumslage ist für den Anspruch des Mieters vielmehr unerheblich (der Vollständigkeit halber → Form. E.IV.1 Anm. 2 dargestellte, von der hM abweichende Ansicht, nach der zum Begriff der Einrichtung der vorübergehende Zweck gehört, infolgedessen gem. § 95 Abs. 2 BGB das Eigentum immer beim Mieter verbleibt. Dies macht allerdings nur in der Begründung, nicht aber im Ergebnis einen Unterschied).

2. Bei dem Wegnahmeanspruch aus § 539 Abs. 2 BGB handelt es sich nach hM um einen **dinglichen Anspruch** (BGH NJW 1991, 3031; NJW 1987, 2861; NJW 1981, 2564 (2565); aA noch BGH ZMR 1969, 172; BB 1960, 997). Demzufolge kommt es auf schuldrechtliche Beziehungen nicht an, und der Anspruch richtet sich – unabhängig vom Eigentum an der Mietsache – **gegen den aktuellen Besitzer der Mietsache**. Als Anspruchsverpflichteter kommt damit entweder der Vermieter oder der Nachmieter des Wegnahmeberechtigten in Frage.

3. Räumt der Mieter die Mieträume unter vorläufiger Zurücklassung in seinem Eigentum verbliebener Einrichtungen, so sind der Vermieter bzw. der Nachmieter ihm gegenüber solange zum Besitz an den Einrichtungen berechtigt, bis die Wegnahme verlangt wird (BGH NJW 1981, 2564). Für diesen Zeitraum schuldet der zum Besitz Berechtigte keinesfalls eine Nutzungsentschädigung (BGH NJW 1981, 2564). Die **Verjährung** des Wegnahmeanspruchs gem. § 548 BGB (BGH NJW 1987, 2861), also sechs Monate nach Beendigung des Mietverhältnisses (unabhängig von seiner Rückgabe, also Vorsicht bei Streitigkeiten über die Wirksamkeit einer Kündigung; ggf. **hilfsweise** zur Verjährungshemmung nach § 204 BGB **Widerklage erheben**), führt zu einem dauerhaften Recht zum Besitz (BGH NJW 1981, 2564).

4. Nach Auszug des Mieters hat der Vermieter die **Wegnahme der Einrichtung durch den Mieter lediglich zu dulden**, § 258 S. 2 Hs. 1 BGB. Mitwirkungshandlungen schuldet er nicht. Verlangt der Mieter solche Mitwirkungshandlungen, so macht er der Sache nach einen Herausgabeanspruch geltend. Dem Anspruch des Mieters auf Herausgabe seines Eigentums nach § 985 BGB gegenüber kann sich der zur Duldung gewillte Vermieter bzw. Nachmieter (anspruchsbeschränkend!) auf den Wegnahmeanspruch des Mieters aus

§ 539 Abs. 2 BGB berufen. Für eine Klage auf Herausgabe der Einrichtung würde dem Mieter das Rechtsschutzinteresse fehlen. Dieser kann lediglich die Gestattung der Wegnahme verlangen (OLG Düsseldorf NZM 1999, 668).

Nimmt der Mieter die Einrichtung weg, so trifft ihn nach § 258 S. 1 BGB die **Verpflichtung, die Mietsache auf seine Kosten in den vorigen Stand zurückzuversetzen.** Erweist sich dies als unmöglich oder unzumutbar, so hat er dem Vermieter Schadensersatz zu leisten (OLG Frankfurt ZMR 1986, 358 (359); Bub/Treier/*Emmerich* V. Rn. 340).

3. Abwendungsbefugnis des Vermieters

. . . . .

(Vermieter)

an

. . . . .

(Mieter)

Sehr geehrte(r) . . . . .

bei meinem letzten Besuch bei Ihnen anlässlich des bevorstehenden Endes unseres Mietverhältnisses war mir die schöne . . . . . (Benennung der begehrten Einrichtung) in Ihrem Arbeitszimmer aufgefallen.[1, 2]

Nachdem Sie auf meine Anregung hin, die . . . . . (vorgenannte Einrichtung) gegen Zahlung eines noch auszuhandelnden Geldbetrages dort zu belassen, leider nur ausweichend reagiert haben, will ich heute die Initiative ergreifen und biete Ihnen – nicht zuletzt, um die Ausübung des von Ihnen erwähnten Wegnahmerechts abzuwenden – rechtsverbindlich als Entschädigung für einen endgültigen Verbleib dieser Einrichtung bei mir eine Entschädigungszahlung in Höhe von . . . . . EUR an.[3]

Da diese Summe mehr als angemessen ist,[4] gehe ich davon aus, dass Sie auf mein Angebot eingehen werden. Nur der guten Ordnung halber darf ich Sie aber noch um eine kurze schriftliche Bestätigung der Annahme meines Angebotes bitten, wobei ich vorsorglich darauf hinweise, dass meine Befugnis, Ihr Wegnahmerecht abzuwenden, auch ohne Ihre Mitwirkung unmittelbar kraft Gesetzes besteht.

. . . . .

(Vermieter)

Anmerkungen

1. § 552 Abs. 1 BGB, der auf Räume aller Art Anwendung findet (→ Form. E.IV.1 Anm. 1), gibt dem Vermieter die Befugnis, die Ausübung des Wegnahmerechts gem. § 539 Abs. 2 BGB von Seiten des Mieters (→ Form. E.IV.2), durch Zahlung einer angemessenen Entschädigung abzuwenden. Die gesetzliche Regelung will die Zerstörung wirtschaftlicher Werte verhindern und in diesem Zusammenhang für einen gerechten Interessenausgleich zwischen den Parteien sorgen. Das Gesetz geht davon aus, dass Mietereinrichtungen typischerweise den Wert der Mietsache erhöhen. Eine Annahme, die jedenfalls im Bereich der Gewerberaummiete regelmäßig zutreffen wird.

2. Die Abwendungsbefugnis ist das **Gegenrecht des Vermieters zum Wegnahmerecht des Mieters** (→ Form. E.IV.2). Dieses Gegenrecht besteht daher solange, wie die Einrichtung mit der Mietsache verbunden ist, d. h. es **erlischt mit der Wegnahme der Einrichtung** durch den Mieter (Palandt/*Weidenkaff* BGB § 552 Rn. 2). Die Abwendungsbefugnis besteht daher bereits dann nicht mehr, wenn der Mieter die Einrichtung abgebaut hat, aber noch in den Mieträumen lagert (*Sternel* IV Rn. 621).

Korrespondierend mit dem Recht des Mieters, sein Wegnahmerecht während des laufenden Mietverhältnisses, bei dessen Beendigung oder nach Rückgabe der Mietsache geltend machen zu können, ist der Vermieter nach hM befugt, ungeachtet der Schwierigkeit, von einer wertvollen Einrichtung bzw. deren beabsichtigter Wegnahme Kenntnis zu erlangen, zu den jeweiligen Zeiten – also auch während des laufenden Mietverhältnisses – von seiner Abwendungsbefugnis Gebrauch zu machen; auch aus dem Gesetzeswortlaut ergeben sich keinerlei Einschränkungen (Bub/Treier/*Emmerich* V. Rn. 348). In diesem Zusammenhang verdient allerdings die → Form. E.IV.1 Anm. 2 erwähnte, von der hM abweichende Ansicht Beachtung, nach der zum Begriff der Einrichtung der vorübergehende Zweck gehört, infolgedessen gem. § 95 Abs. 2 BGB das Eigentum immer beim Mieter verbleibt. Nach dieser vor allem von *Roquette* (BGB § 547a Rn. 6 ff.) vertretenen Auffassung ist das Wegnahmerecht des Mieters während der Mietzeit Ausfluss seines ihm verbleibenden Eigentums. Ein besonderes Wegnahmerecht benötigt er deshalb daneben nicht. Das mit Einbringung der Einrichtung entstehende Wegnahmerecht nach § 539 Abs. 2 iVm § 258 BGB wird erst nach Aufgabe des Besitzes an der Mietsache fällig und bedeutungsvoll, und zwar in → Form. E.IV.2 Anm. 4 dargestellten, eigenartigen anspruchsbeschränkenden Art und Weise. Der Mieter kann daher von dem Vermieter nicht die Herausgabe der Einrichtung, sondern nur noch die Gestattung ihrer Wegnahme verlangen.

Die Aufnahme einer **Anzeigepflicht** des die Wegnahme beabsichtigenden Mieters in das Gesetz war bei den Beratungen des 2. MietRÄndG vom 14.7.1964 (BGBl. 1964 I 457), mit dem § 547a BGB aF in das BGB eingefügt wurde, erwogen, aber abgelehnt worden. Aus der Abwendungsbefugnis folgt sie nicht. Eine Anzeigepflicht kann sich allenfalls bei besonderen Umständen aus Treu und Glauben ergeben (Bub/Treier/*Emmerich* V. Rn. 336).

3. Nach dem Wortlaut des § 552 Abs. 1 BGB wird die Abwendungsbefugnis durch Zahlung einer angemessenen Entschädigung ausgeübt. Aus dem Sinn und Zweck der Bestimmung (→ Anm. 1) folgt nach der hM jedoch, dass eine **verbindliche Zahlungszusage** des (solventen) Vermieters zur Abwendung des Wegnahmerechts des Mieters ausreicht (AG Aachen WuM 1987, 123; Bub/Treier/*Emmerich* V. Rn. 351). Der Vermieter kann auch mit Forderungen gegen den Mieter aufrechnen. Ein Aufrechnungsverbot folgt aus dem Wortlaut des Gesetzes („durch Zahlung . . . . .") nicht (*Sternel* IV Rn. 622).

Die **Ausübung des Abwendungsrechtes** durch den Vermieter bewirkt, dass der **Mieter gehindert** ist, **von seinem Wegnahmerecht** auf rechtmäßige Art und Weise **Gebrauch zu machen** (Bub/Treier/*Emmerich* V. Rn. 351). Will er das Recht des Vermieters zu Fall bringen, so muss er seinerseits erst ein berechtigtes Interesse an der Wegnahme begründen (→ Form. E.IV.4).

4. Nach welchen Kriterien sich die **Angemessenheit der Entschädigung** bemisst, ist umstritten. Ausgangspunkt ist der Verkehrswert der Einrichtung (LG und AG Köln WuM 1998, 345; LG Hamburg WuM 1977, 141), nicht der Zeitwert, den heranzuziehen der Rechtsausschuss des Bundestags seinerzeit ausdrücklich abgelehnt hat (BT-Drs. IV/2195, 3). Nach wohl noch hM soll von diesem Ausgangswert der Betrag, der für die (vom Mieter ansonsten geschuldete → Form. E.IV.1, → Form. E.IV.2.) Herstellung des früheren Zustands aufgewandt werden müsste, abzuziehen sein, also die „vom Mieter ersparten" Kosten des Ausbaus und den damit typischerweise verbundenen Wertverlust (Palandt/*Weidenkaff* BGB § 552 Rn. 3). Nach anderer Ansicht ist allein auf den Wert abzustellen, den der Vermieter erhält (*Sternel* IV Rn. 623; *Eisenschmid* WuM 1987, 243 (247)). Der

Kritik an der hM ist insoweit zuzustimmen, als es hier nicht in Anlehnung an § 258 BGB um die Beseitigung der Folgen einer Wegnahme geht, die sich der Mieter erspart, so dass gewissermaßen nur diese Ersparnis ausgeglichen werden müsste unter Saldierung der vom Mieter dann nicht mehr zu erbringenden Aufwendungen. Ebenso wenig kann es auf den (Zeit- oder Verkehrs-)Wert der Einrichtung im ausgebauten Zustand ankommen, der im Regelfall „gegen 0 tendieren" dürfte (Schrottwert – OLG Hamburg WuM 1997, 333). Da der Vermieter durch seine Berufung auf die Abwendungsbefugnis gem. § 552 Abs. 1 BGB sein Interesse an der Einrichtung dokumentiert, deren Entfernung durch den Mieter er somit gerade verhindern will, ist – vermittelnd – auf den Wert abzustellen, den die Einrichtung für den Vermieter hat, abzüglich der bisherigen Abnutzung durch den Mietgebrauch des Mieters (so auch *Scholl* WuM 1998, 327 (328)). Dies wird bestätigt, wenn man sich vor Augen führt, dass in der Ausübung der Abwendungsbefugnis durch den Vermieter eine Genehmigung der Aufwendungen des Mieters gem. § 684 S. 2 BGB liegen dürfte mit der Folge, dass der Vermieter dem Mieter sogar Aufwendungsersatz gem. §§ 683 S. 1, 670 BGB schuldet (so zutreffend Herrlein/Kandelhard/*Kandelhard* BGB § 552 Rn. 4).

4. Geltendmachung berechtigten Interesses an der Wegnahme durch den Mieter

. . . . .

(Mieter)

an

. . . . .

Vermieter)

Sehr geehrte(r) . . . . .

hiermit möchte ich Bezug nehmen auf Ihr gut gemeintes Angebot vom . . . . . Wie ich Ihnen jedoch bereits anlässlich Ihres Besuches bei mir erklärt habe, werde ich die . . . . . (Benennung der vom Vermieter begehrten Einrichtung) abbauen und mitnehmen. Das Recht hierzu können Sie mir mit Ihrem Angebot nicht nehmen. Mein berechtigtes Interesse an der Mitnahme der . . . . . (die in Rede stehende Einrichtung) ergibt sich aus Folgendem:[1]

Wie Sie sicherlich mit Kennerblick erkannt haben, handelt es sich bei der . . . . . (die Einrichtung) um eine Sonderanfertigung der Firma . . . . . aus den frühen sechziger Jahren. Es ist zwar ein Gebrauchsgegenstand, der aber heute unter anderem in Museen für moderne Kunst in Paris und New York zu bewundern und auf dem Markt längst nicht mehr erhältlich ist. Da ich auch in meinen zukünftigen Räumen auf den Genuss dieser . . . . . (die Einrichtung) nicht verzichten will, werden Sie sicherlich Verständnis dafür haben, dass ich Ihr freundliches Angebot ablehnen muss. Dabei kann ich mir im Übrigen nicht vorstellen, dass es eine gesetzliche Regelung gibt, die mich zum Zwangsverkauf verpflichtet, mich also insoweit regelrecht enteignen würde.[2]

. . . . .

(Mieter)

Anmerkungen

1. Begehrt der Vermieter eine vom Mieter in den Mieträumen eingebrachte Einrichtung und übt er hierzu sein Recht aus § 552 Abs. 1 BGB, Abwendungsbefugnis, aus (→ Form. E.IV.3), so kann der Mieter – unabhängig von der Frage der Eigentumsverhältnisse an der Einrichtung (→ Form. E.IV.1 Anm. 2, → Form. E.IV.2 Anm. 4) – diese nicht mehr rechtmäßig wegnehmen. Er kann aber das Recht des Vermieters dadurch zu Fall bringen, dass er ein **berechtigtes Interesse** an der Wegnahme der Einrichtung geltend macht, § 552 Abs. 1 letzter Hs. BGB.

2. Ein solches Interesse liegt vor, wenn der Mieter **sachliche und nachvollziehbare Gründe** geltend macht. Dies können, müssen aber nicht wirtschaftliche Gründe sein. Auch das reine Liebhaberinteresse ist als berechtigtes Interesse anzuerkennen (vgl. Bub/Treier/*Emmerich* V. Rn. 354). Das Interesse des Mieters am Behalten einer Einrichtung, die zB mittlerweile zu einem wertvollen Sammlerstück geworden und auf dem Markt nicht mehr erhältlich ist – so wie in dem im Form. gebildeten Fall – hat daher Vorrang vor dem Interesse des Vermieters am Verbleib dieser Einrichtung in den Mieträumen. Daneben ist ein berechtigtes Interesse des Mieters etwa auch dann anzunehmen, wenn die Kosten der Wegnahme gering, die Kosten einer Neuanschaffung für den Mieter jedoch erheblich sind (Emmerich/Sonnenschein/*Emmerich* BGB § 552 Rn. 4).

V. Rückgabe von Sicherheiten

1. Abrechnung über die Barkaution

. . . . .

(Vermieter)

an

. . . . .

(Mieter)

Sehr geehrte(r) . . . . .

nach Beendigung unseres Mietverhältnisses am . . . . . rechne ich über die von Ihnen bei Vertragsschluss als Mietsicherheit bereitgestellte Geldsumme[1, 2] wie folgt ab:

erhaltener Betrag	. . . . . EUR
zuzügl. Zinsen iHv . . . . . % p. a. auf diesen Betrag[3]	
für den Zeitraum von . . . . . bis	. . . . . EUR
Gesamtbetrag Mietsicherheit	. . . . . EUR

Die noch ausstehende Betriebskostenabrechnung für das Jahr . . . . . ergibt voraussichtlich einen Nachzahlungsbetrag zu Ihren Lasten in Höhe von EUR . . . . . Hierfür behalte ich von der Mietsicherheit vorläufig einen Betrag in dieser Höhe ein.[4] Somit ergibt sich

Zwischensumme Rückforderung	. . . . . EUR

Aus dem Mietverhältnis stehen mir weiter noch folgende nicht erfüllte Forderungen gegen Sie zu:

Kosten für Malerarbeiten gemäß beigefügter Rechnung der Fa. . . . . . vom	. . . . . EUR
Miete für den Monat	. . . . . EUR
Nachzahlungsbetrag aus der Betriebskostenabrechnung vom	. . . . . EUR
Gesamtbetrag Gegenforderungen	. . . . . EUR

Mit diesen Forderungen rechne ich hiermit gegen die Mietsicherheit auf.[5] Danach ergibt sich zu Ihren Gunsten noch ein

Guthabenbetrag	. . . . . EUR

Ihr Guthaben habe ich unter Beachtung der mir von Ihnen genannten Bankverbindung – IBAN Nr. . . . . . – bereits überwiesen.

Über die Betriebskostenvorauszahlungen für das Jahr . . . . . (bezieht sich auf die ausstehende Betriebskostenabrechnung) werde ich Ihnen voraussichtlich bis zum . . . . . Abrechnung erteilen können.

. . . . .

(Vermieter)

Anmerkungen

1. Der Mieter, der zu Beginn des Mietverhältnisses Mietsicherheit leistet, erlangt mit der Hingabe der Sicherheitsleistung einen Rückgabeanspruch, welcher **durch das Ende des Mietverhältnisses aufschiebend bedingt** ist (so schon BGH NJW 1982, 2186 (2187)). Der Anspruch entsteht mithin bereits bei Vertragsschluss. Daraus, dass dieser Anspruch durch das Ende des Mietverhältnisses aufschiebend bedingt ist, folgt aber nicht, dass er sofort mit Vertragsende fällig wird.

Der Rückgabeanspruch wird erst **nach Ablauf** einer dem Vermieter nach Vertragsende zu gewährenden und, soweit keine Abrechnungsfrist vertraglich vereinbart ist, **angemessenen, nicht allgemein bestimmbaren Prüfungs- und Überlegungsfrist fällig**, sofern dem Vermieter weiter keine Forderungen aus dem Mietverhältnis mehr zustehen, wegen derer er sich aus der Sicherheit befriedigen darf (BGH 24.7.2019 – VIII ZR 141/17, NZM 2019, 754; 20.7.2016 – VIII ZR 263/14, NZM 2016, 762; zugleich Bestätigung und Fortführung von BGH 24.3.1999 – XII ZR 124/97 sowie BGH 18.1.2006 – VIII ZR 71/05, NZM 2006, 343; BGH NJW 1987, 2372). Innerhalb dieser Frist kann der Vermieter überlegen, ob er sich durch Aufrechnung wegen ihm zustehender Gegenforderungen aus der Mietkaution befriedigen will. Während dieser Zeit – wie auch zuvor während der Dauer des Mietverhältnisses (→ Form. A.III.20) – ist eine **Aufrechnung des Mieters** mit der Mietsicherheit gegen Ansprüche des Vermieters ausgeschlossen (BGH NJW 1972, 721). Der Vermieter muss es deshalb nicht hinnehmen, wenn der Mieter meint, er könne zB vor Vertragsende seine Mietzahlungen einstellen und den Vermieter auf die Mietsicherheit verweisen.

Höchst unterschiedlich wird die Frage beantwortet, was als angemessene Prüfungs- und Überlegungsfrist gelten könne. Die Instanzrechtsprechung gewährte Vermietern Fristen von drei bis zu sechs Monaten. Nach der soeben zitierten BGH-Rechtsprechung kann die Frist im Einzelfall aber auch mehr als sechs Monate betragen. Die Heranziehung der Verjährungsfrist des § 548 Abs. 1 BGB als **Maßstab der Angemessenheit** lehnt der BGH ab (NJW 1987, 2372 (2373); **aA** OLG Celle NJW 1985, 1715). Das hat zur Folge, dass der Vermieter, dessen Schadensersatzanspruch gem. § 548 Abs. 1 BGB verjährt ist, unter Umständen mit diesem **verjährten Schadensersatzanspruch gegen den Rückgabeanspruch des Mieters aufrechnen** kann, sofern sich beide Ansprüche in unverjährter Zeit gegenüber gestanden haben – § 215 BGB (so bereits BGH NJW 1987, 2372 (2373); NJW 1998, 981; **aA** OLG Celle NJW 1985, 1715 (1716): aus der Sicherungsabrede ergebe sich ein Ausschluss der Aufrechnungsmöglichkeit, s. näher sogleich).

2. Zur **Barkaution** → Form. A.III.20. Der Zugriff des Vermieters auf die Barkaution ist wegen deren Sicherungs- und gerade nicht Befriedigungsfunktion während des Mietverhältnisses nur mit unstreitigen oder rechtskräftig festgestellten Ansprüchen zulässig (BGH 7.5.2014 – VIII ZR 234/13, NZM 2014, 551). Dabei wurde gerade auch von der Vorsitzenden des (VIII.) Wohnraummietsenats des BGH wiederholt festgehalten, dass dies selbstverständlich auch für die Zeit nach Vertragsende gelte mit der Folge, dass die Instanzrechtsprechung auch dann ein Aufrechnungsverbot bei nicht unstreitigen oder rechtskräftig festgestellten Vermieterforderungen angenommen hat, so dass auch § 215 BGB nicht gegolten hätte (AG Dortmund 13.3.2018 – 425 C 5350/17, BeckRS 2018, 2876; vgl. auch LG Krefeld 27.12.2018 – 2 T 31/18, BeckRS 2018, 34805; ebenso für den Fall des verpfändeten Kautionsguthabens: AG Dortmund 19.6.2018 – 425 C 376/18, BeckRS 2018, 12352). Der Vermieter hätte also ungeachtet einer etwa zur Verfügung stehenden Kaution schon zur Verjährungshemmung in jedem Fall aktiv gerichtliche Hilfe in Anspruch nehmen müssen. Überraschenderweise hat der BGH nun aber nach Vertragsende eine Abrechnung/Aufrechnung des Vermieters auch mit streitigen Forderungen für zulässig erachtet und mit dem Zugang einer derartigen Abrechnung ohne Vorbehalt weiterer

Forderungen die Fälligkeit des Kautionsrückzahlungsanspruchs angenommen (BGH 24.7.2019 – VIII ZR 141/17, NZM 2019, 754; unverständlicherweise im Fall einer Mietkautionsversicherung aA LG Berlin 1.10.2019 – 67 T 107/19, BeckRS 2019, 23429).

3. Der dem Vermieter als Mietsicherheit überlassene Geldbetrag ist auch bei Gewerberaummietverhältnissen vom Zeitpunkt des Empfangs an zu dem für Spareinlagen mit dreimonatiger Kündigungsfrist üblichen Zinssatz zu verzinsen, was sich für den Bereich der Wohnraummiete aus § 551 Abs. 3 S. 1 BGB ergibt (anders bei vor dem 1.1.1983 abgeschlossenen Wohnraummietverträgen und dort noch zulässigerweise ausgeschlossener Verzinsungspflicht: BGH 21.8.2018 – VIII ZR 92/17, NZM 2019, 212). Die **Verzinsungspflicht** ergibt sich, falls zwischen den Parteien keinerlei Regelung diesbezüglich getroffen wurde, aus ergänzender Auslegung des Mietvertrages (BGH NJW 1994, 3287).

4. Der Vermieter ist berechtigt, einen angemessenen Teil – orientiert an den Abrechnungen der Vorjahre und ggf. zuzüglich eines Aufschlags für eventuelle Kostensteigerungen von ca. 10 % (str.) – der Mietsicherheit für noch abzurechnende Betriebskosten einzubehalten (OLG Hamburg NJW-RR 1988, 651).

5. Auch nach Ablauf von sechs Monaten seit Beendigung des Mietverhältnisses kann der Vermieter, dessen Schadensersatzansprüche gem. § 548 Abs. 1 BGB verjährt sind, mit diesen **verjährten Schadensersatzansprüchen gegen den Rückzahlungsanspruch des Mieters aufrechnen,** wenn die Schadensersatzansprüche in dem Zeitpunkt noch nicht verjährt waren, in dem erstmals aufgerechnet werden konnte, § 215 BGB (→ Form. F.V.1 Anm. 1). Bei einer verpfändeten Sicherheit, bei der eine Aufrechnung mangels Gleichartigkeit ausscheidet, gilt § 216 BGB, nach dessen Abs. 1 auch mit verjährten Forderungen auf ein Pfandrecht zugegriffen werden kann mit Ausnahme von Zinsen und wiederkehrenden Leistungen, zu denen nach BGH auch Nachzahlungsbeträge aus Betriebskostenabrechnungen gehören (BGH 20.7.2016 – VIII ZR 263/14, NZM 2016, 762). Dies gilt allerdings nicht für eine als Mietsicherheit geleistete Bürgschaft, bei der dem Bürgen sämtliche Einreden auch des Hauptschuldners zur Seite stehen, also auch die Einrede der Verjährung der Hauptschuld (BGH NZM 1998, 224); insoweit ist zusätzlich noch die mögliche Verjährung der Bürgschaftsschuld zu beachten. → Form. F.V.2
Der Vermieter kann sich nicht nur durch Aufrechnung für seine Ansprüche befriedigen, er soll es auch müssen. Er kann die Mietsicherheit **nicht zu dem Zwecke zurückbehalten, um Erfüllungsansprüche durchzusetzen** (vgl. LG Mannheim WuM 1988, 362: Mit dem Geldcharakter der Mietkaution sei es nicht zu vereinbaren, dass der Vermieter gegenüber dem Rückgewähranspruch des Mieters ein Zurückbehaltungsrecht mit der Begründung geltend mache, dass er gegen den Mieter einen Anspruch auf Wiederherstellung des früheren Zustandes der Mietsache habe).

2. Bürgschaftsrückgabe

. . . . .

(Vermieter)

an

. . . . .

(Bürge)

Sehr geehrte(r) . . . . .

am . . . . . endete das zwischen mir und . . . . . (Mieter) bestehende Mietverhältnis über . . . . . gemäß Mietvertrag vom . . . . .

Sie hatten mit schriftlicher Erklärung vom . . . . . zum Zwecke der Sicherung meiner Ansprüche aus diesem, Ihnen bekannten Mietvertrag eine Bürgschaftsverpflichtung übernommen.[1] Da ich aus dem genannten Mietverhältnis keinerlei Ansprüche mehr erhebe, entlasse ich Sie hiermit ausdrücklich aus Ihrer Verpflichtung und gebe Ihnen anbei unter Verzicht auf meine Rechte[2] aus dem Bürgschaftsvertrag die Urkunde über Ihre Bürgschaftserklärung vom . . . . . im Original zurück.[3]

. . . . .

(Vermieter)

Anmerkungen

1. Auch die als Mietsicherheit beigebrachte Bürgschaft endet regelmäßig mit Erlöschen der gesicherten Hauptschuld (vgl. MüKoBGB/*Habersack* § 765 Rn. 48; zu den besonderen Formen der Mietbürgschaft → Form. A.III.22). Erhebt der Vermieter gegen den Mieter keinerlei aus dem Mietverhältnis folgenden Ansprüche nach dessen Beendigung oder hat er sich für diese aus der Mitsicherheit Befriedigung verschafft, so erlischt damit auch die Mietbürgschaft. Dies folgt aus dem **akzessorischen Verhältnis zwischen Bürgschaft und Hauptschuld**, wie es der gesetzlichen Regelung zu entnehmen ist, §§ 767, 768 BGB. Die Parteien können zulässigerweise hiervon abweichende, andere Regelungen treffen.

Gegebenenfalls ist der Bürge gehalten, den Vermieter, der sich nicht über die Verwendung der Mietsicherheit erklärt, aber auch die Mietbürgschaft nicht „zurückgibt", unter Verweis auf die nicht unbegrenzte Prüfungs- und Abrechnungsfrist (→ Form. E.V.1 Anm. 1) **zu einer Entschließung über die Verwendung der Mietsicherheit aufzufordern**, um auf diese Weise das Erlöschen der Bürgschaftsschuld herbeizuführen bzw. sich über die Absichten des Vermieters klar zu werden.

2. Wegen der Akzessorietät der Bürgschaft hat der im vorstehenden Form. vom Vermieter ausgesprochene Verzicht auf seine Rechte aus dem Bürgschaftsvertrag rein deklaratorischen Wert. Bestünde die Hauptschuld noch und wäre die Bürgschaft damit noch nicht entfallen, so könnte der Vermieter den Bürgschaftsvertrag auch nicht bloß durch seine einseitige Erklärung aufheben. Hierzu bedürfte es vielmehr des Abschlusses eines Erlassvertrages gem. § 397 Abs. 1 BGB (OLG Hamburg NJW 1986, 1691; MüKoBGB/*Habersack* § 765 Rn. 59).

3. Da die Bürgschaft ein besitzloses Sicherungsmittel ist, kann sie nicht im eigentlichen Sinne zurückgegeben werden. Der Bürge hat lediglich aus § 371 S. 1 BGB **Anspruch auf Rückgabe der Bürgschaftsurkunde** (LG München NJW-RR 1998, 992). Behauptet der Vermieter, zur Rückgabe außerstande zu sein, so kann der Bürge das öffentlich beglaubigte Anerkenntnis des Vermieters verlangen, dass die Bürgschaft erloschen sei, § 371 S. 2 BGB.

Die **Rückgabe der Bürgschaftsurkunde allein** vermag die Bürgschaft nicht zum Erlöschen zu bringen (→ Form. D.V.2 Anm. 2), auch wenn dies immer wieder in den entsprechenden Formulartexten geschrieben steht. Für das Zustandekommen des Bürgschaftsvertrages ist zwar gem. § 766 S. 1 BGB die schriftliche Erteilung des Bürgschaftsversprechens erforderlich, mithin die Hingabe der Bürgschaftsurkunde an den Gläubiger. Auf den Fortbestand des wirksam geschlossenen Bürgschaftsvertrages hat die Rückgabe der Urkunde jedoch keine unmittelbare Auswirkung (OLG Hamburg NJW 1986, 1691). Die wortlose Rückgabe mag im Einzelfall aber Indiz für einen Antrag auf Abschluss eines Erlassvertrages sein, den der Bürge nur noch (konkludent – vgl. § 151 BGB) anzunehmen braucht.

3. Geltendmachung bei Eigentumswechsel gegenüber dem Erwerber

. . . . .

(Mieter)

an

. . . . .

(Erwerber)

Sehr geehrte(r) . . . . .

nach Beendigung des zwischen uns bestehenden Mietverhältnisses am . . . . . fordere ich Sie hiermit auf, über die von mir am . . . . . meinem damaligen Vermieter, dem Eigentümer des Anwesens . . . . . (Ortsangabe), ... (Name), zum Zwecke der Mietsicherheit bereitgestellte Geldsumme in Höhe von EUR . . . . . Abrechnung zu erteilen und mir den entsprechenden Guthabenbetrag unter freundlicher Beachtung folgender Bankverbindung . . . . . auszuzahlen.[1, 2] Ihre sämtlichen Ansprüche aus dem Mietverhältnis sind bereits erfüllt.

Ich trete an Sie heran, da mir der Aufenthaltsort von . . . . . (Name des Veräußerers) nicht bekannt ist. Mein Rückgewähranspruch Ihnen gegenüber ergibt sich dabei aus dem Gesetz, § 566a S. 1 BGB.

. . . . .

(Mieter)

Anmerkungen

1. Nach § 566a S. 1 BGB tritt der Erwerber der Miträume ausdrücklich ohne weitere Voraussetzungen in die Pflicht des Veräußerers zur Rückgewähr der Mietsicherheit ein. Damit wird bestimmt, dass der Mieter die an den vormaligen Vermieter geleistete Mietsicherheit bei Ende des Mietverhältnisses von dem Erwerber verlangen kann, auch wenn dieser sie vom Veräußerer nicht erhalten hat. Der Gesetzgeber der Mietrechts-reform 2001 wollte damit die Schwierigkeiten aus dem Weg räumen, die der Mieter bei der Zurückerlangung gegen den Veräußerer haben kann, etwa wenn der Eigentums-wechsel bereits lange Zeit zurückliegt und dem Mieter der Aufenthaltsort des Veräuße-rers unbekannt ist (vgl. BT-Drs. 14/5663, 81). Mit dem Erwerber steht der Mieter dagegen für gewöhnlich in Kontakt und weiß, wie er ihn erreichen kann. Der Gesetzgeber sieht hierin keine unzumutbare Belastung des Erwerbers. Dieser sorge schon aus eigenem Interesse für den Übergang der Mietsicherheit (oder zB für eine Verrechnung mit dem Kaufpreis). Der Mieter ist dabei grundsätzlich gehalten, **zunächst den Erwerber als gegenwärtigen Sicherungsnehmer und Mietvertragspartner** in Anspruch zu nehmen, solange dies nicht aussichtslos erscheint (BGH NZM 2013, 230).

Nach früherem Recht (§ 572 S. 2 BGB aF) war dagegen der Erwerber zur Rückgewähr der Mietsicherheit nur verpflichtet, wenn sie ihm ausgehändigt worden war, oder wenn er dem Veräußerer gegenüber die Verpflichtung zur Rückgewähr an den Mieter übernom-men hatte. Nachdem es der Gesetzgeber unterlassen hatte, insoweit eine besondere

Übergangsregelung zu schaffen, war zunächst zweifelhaft, ob in Fällen eines **Eigentums-wechsels vor dem 1.9.2001** die Regelung des alten § 572 BGB weiter anzuwenden war (dagegen zB *Franke* ZMR 2001, 951 (952)), was vom BGH in diesem Sinne entschieden wurde (BGH NJW 2005, 3494; BGH NJW-RR 2005, 962). Im Falle **mehrfacher Eigentumswechsel vor und nach dem 1.9.2001** gilt allerdings § 566a BGB. Erwerber nach dem 1.9.2001 können nicht geltend machen, dass ein früherer Veräußerer, der selbst noch unter der Geltung des alten § 572 BGB erworben hat, der Haftung des § 566a BGB nicht unterlag (BGH NZM 2012, 81).

Die Bestimmung des § 566a BGB findet auch im **Gewerberaummietrecht** Anwendung, § 578 Abs. 1 BGB.

2. Das Form. behandelt den Fall des Verlangens nach Rückgewähr einer sog. Barkaution. Ist Mietsicherheit durch andere **besitzgebundene Sicherheiten** – zB die Verpfändung von Wertpapieren, wie auch die Verpfändung eines Sparguthabens, in der Regel durch Übergabe der Sparurkunde an den Sicherungsnehmer – geleistet worden, so ist der Vermieter nach Wegfall des Sicherungszweckes zur Rückgewähr dieser Verkörperungen der Mietsicherheit aufzufordern, also etwa zur Herausgabe des Sparbuchs oder der Wertpapiere.

In diesem Zusammenhang ist auch **§ 566a S. 2 BGB** zu beachten. → Form. F.V.4

Die Rückgewähr einer Mietbürgschaft (ein **besitzloses Sicherungsmittel**) stellt sich als unproblematisch dar. Die Bürgschaft geht gem. § 401 Abs. 1 BGB automatisch mit dem Eigentum auf den Erwerber über. Hier entgeht der Erwerber der Gefahr, etwas herausgeben zu müssen, was er vom Veräußerer gar nicht erlangt hat (→ Form. F.V.3 Anm. 1). Ist der Sicherungszweck entfallen oder hat sich der Vermieter für seine Ansprüche aus der Mietbürgschaft vollständige Befriedigung verschafft, so erlischt damit wegen ihrer Akzessorietät regelmäßig auch die Mietbürgschaft (→ Form. E.V.2 Anm. 1).

Der Bürge hat dann aus § 371 S. 1 BGB einen **Anspruch auf Rückgabe der Bürgschafts-urkunde** (LG München NJW-RR 1998, 992). Behauptet der Erwerber, zur Rückgabe der Bürgschaftsurkunde außerstande zu sein, etwa weil er sie von dem Veräußerer nie erhalten hat und auch nicht mehr erlangen kann, so kann der Bürge das öffentlich beglaubigte Anerkenntnis des Erwerbers verlangen, dass die Bürgschaft erloschen sei, § 371 S. 2 BGB (→ Form. E.V.2).

4. Geltendmachung bei Eigentumswechsel gegenüber dem Veräußerer

. . . . .

(Mieter)

an

. . . . .

(Veräußerer)

Sehr geehrte(r) . . . . .

nach Beendigung des zwischen mir und Ihrem Rechtsnachfolger, ... (Name des Erwerbers), an den Sie seinerzeit das Anwesen, in dem sich die von mir angemietete Mietsache befand, verkauft haben, bestehenden Mietverhältnisses am . . . . . ist es mir nicht gelungen, die Ihnen damals zum Zwecke der Mietsicherheit zur Verfügung gestellte Geldsumme in Höhe von EUR . . . . . wiederzuerlangen, da . . . . . (der Erwerber) – wie nunmehr leider feststeht – bereits seit langem zahlungsunfähig ist.[1, 2]

Ich fordere daher Sie auf, mir über meine Mietkaution vom . . . . . Abrechnung zu erteilen und mir den entsprechenden Guthabenbetrag auszuzahlen. Sämtliche Ansprüche des . . . . . (der Erwerber) aus dem Mietverhältnis sind – ebenso wie seinerzeit die Ihrigen – bereits erfüllt. Meine Bankverbindung lautet: . . . . .

Mein Rückgewähranspruch Ihnen gegenüber ergibt sich dabei aus dem Gesetz, § 566a S. 2 BGB.

. . . . .

(Mieter)

Anmerkungen

1. Gemäß § 566a S. 2 BGB haftet der Veräußerer dem Mieter neben dem Erwerber, und zwar gegenständlich und zeitlich unbeschränkt, auf Rückgewähr der Mietsicherheit. Hierdurch wird dem Veräußerer das Risiko auferlegt, die Mietsicherheit an Stelle des ggf. zahlungsunfähig gewordenen Erwerbers zurückgewähren zu müssen, obwohl er sie dem Erwerber beim Eigentumswechsel übergeben hat. Diese Rechtsfolge war bis zu einer Entscheidung des BGH im Jahre 1999 (NJW 1999, 1857) heftig umstritten. Der BGH trug mit seiner Rechtsprechung dem Umstand Rechnung, dass nicht der Mieter sich den Erwerber als Vertragspartner ausgesucht hat, wohl aber der Veräußerer, dem damit auch das Risiko der Insolvenz des Erwerbers zufallen muss. Der Mieter ist dabei allerdings grundsätzlich gehalten, **zunächst den Erwerber als gegenwärtigen Sicherungsnehmer und Mietvertragspartner** in Anspruch zu nehmen, solange dies nicht aussichtslos erscheint (BGH NZM 2013, 230 unter Verweis auf BGH NJW 1999, 1857). Der Mietrechtsreformgesetzgeber 2001 übernahm die Rechtsprechung des BGH aus dem Jahr 1999 in das Gesetz. Die Frage, was für Mietverhältnisse vor dem 1.9.2001 zu gelten habe (→ Form. E.V.3 Anm. 1), stellte sich in diesem Fall nicht.

Auf diese Weiterhaftung des Veräußerers kann nur individualvertraglich verzichtet werden (vgl. dazu auch BGH 23.1.2013 – VIII ZR 143/12, NZM 2013, 230). Der im Schrifttum manchmal vertretene Ratschlag, der Veräußerer möge vor der Veräußerung die Kaution nebst Zinsen (mangels Gegenansprüchen) dem Mieter zurück gewähren, entbindet ihn sicherlich von der Weiterhaftung gemäß § 566a S. 2 BGB, führt aber dazu, dass der Erwerber keinen Anspruch auf eine Mietsicherheit mehr hat; der Erwerber ist an die Rückgewähr gebunden (vgl. nur AG Hamburg-Altona 12.2.2019 – 316 C 279/18, IBRRS 2019, 2270) und der im Mietvertrag vereinbarte Anspruch auf Gewährung einer Mietsicherheit bleibt durch Erfüllung erloschen (§ 362 BGB). Anders dann, wenn die Übertragung der Mietsicherheit auf den Erwerber, etwa im Fall einer Verpfändung, der Mitwirkung des Mieters bedarf, die dieser pflichtwidrig verweigert (BGH NZM 2012, 303).

Die Bestimmung findet auch im **Gewerberaummietrecht** Anwendung, § 578 Abs. 1 BGB.

2. Das Form. behandelt den Fall des Verlangens nach Rückgewähr einer Barkaution. Zum Rückgabeverlangen bezüglich anderer Sicherungsmittel → Form. E.V.3 Anm. 2.

5. Sonstige Sicherheiten (zB Naturalsicherheiten, Hinterlegung, Sicherungsabtretung)

. . . . .

(Sicherungsgeber)[1, 2]

an

. . . . .

(Vermieter)

Sehr geehrte(r) . . . . .

nach Beendigung des . . . . . (zwischen uns bestehenden/zwischen Ihnen und . . . . . bestehenden) . . . . . Mietverhältnisses am . . . . . fordere ich Sie hiermit zur Rückgewähr folgender von mir gestellter Mietsicherheit auf.[3] Ihre sämtlichen Ansprüche aus dem Mietverhältnis sind bereits erfüllt, mit der Folge, dass . . . . .

das Pfandrecht an meiner Fettecke erloschen ist. Sie wollen daher bitte vereinbarungsgemäß die Fettecke vollständig entfernen und entsorgen, sowie mir Fett gleicher Art und Güte wie das von mir damals aufgebrachte, mithin ein fünf Kilogramm schweres Stück deutscher Markenbutter, bis spätestens . . . . . hierher in mein neues Atelier zurückgeben (Anmerkung: der Künstler Joseph B. hatte in den Räumen des Vermieters als Mietsicherheit eine Fettecke angebracht).[4]

ich nunmehr zum Empfang der mit Verfügung vom . . . . . bei dem Amtsgericht . . . . . (Bezeichnung der Hinterlegungsstelle) unter dem Aktenzeichen . . . . . zur Hinterlegung angenommen Wertpapiere berechtigt bin. Sie wollen somit bitte die Herausgabe der hinterlegten Wertpapiere bis spätestens . . . . . schriftlich hierher an meine neue Anschrift bewilligen (Anmerkung: der Mieter oder für diesen ein Dritter hatte für den Vermieter als Mietsicherheit Wertpapiere hinterlegt).[5]

ich nach unserer Sicherungsabrede vom . . . . . von Ihnen die Rückabtretung der Ihnen damals zur Sicherheit abgetretenen Forderung gegen . . . . . (Schuldner des Sicherungsgebers) verlangen kann. Sie wollen deshalb bitte bis spätestens . . . . . eine schriftliche Erklärung hierher an meine neue Anschrift übermitteln, wonach Sie mir den Abschluss eines Abtretungsvertrages über die genannte Forderung antragen und zugleich auf eine Annahmeerklärung meinerseits verzichten (Anmerkung: der Mieter oder für diesen ein Dritter hat dem Vermieter als Mietsicherheit eine Forderung abgetreten).[6]

ich nach unserer Sicherungsabrede vom . . . . . von Ihnen die Rückübereignung des Lkw's . . . . . (Hersteller, Typ, Fahrgestell- und Motor-Nr., amtl. Kennzeichen) verlangen kann. Sie wollen mir deshalb bitte bis spätestens . . . . . eine schriftliche Erklärung hierher an meine neue Anschrift zugehen lassen, wonach Sie mir die Übereignung des genannten Lkw's antragen und zugleich auf eine Annahmeerklärung meinerseits verzichten (Anmerkung: der Mieter oder für diesen ein Dritter hat dem Vermieter als Mietsicherheit einen Lkw sicherungsübereignet).[7]

. . . . .

(Sicherungsgeber)

Anmerkungen

1. Die in diesem Form. behandelten Sicherheiten sind zwar denkbar, haben tatsächlich aber keine praktische Bedeutung (vgl. Schmidt-Futterer/*Blank* BGB § 551 Rn. 49). Aus diesem Grunde werden sie hier in aller gebotener Kürze abgehandelt, wobei das Form. insoweit aus sich selbst heraus verständlich ist.

2. Der **Sicherungsgeber** muss **nicht in jedem Fall zugleich der Mieter** sein. Bei der Bürgschaft (→ Form. E.V.2) kann der Sicherungsgeber sogar nie der Mieter sein, da der Bürge sich immer für die Erfüllung der Verbindlichkeit eines Dritten einzustehen verpflichtet, § 765 Abs. 1 BGB. Die Mietsicherheit ist somit nicht in erster Linie dem Mieter, sondern dem Sicherungsgeber zurück zu gewähren. Dieser ist Gläubiger des Rückgewähranspruchs. Der Rückgewähranspruch des Sicherungsgebers ergibt ist je nach der Art des Sicherungsmittels aus Gesetz oder Vertrag (der Sicherungsabrede).

3. Zur Bestellung der Mietsicherheit → Form. A.III.20 → Form. A.III.23.

4. Der Mieter hat dem Vermieter eine **bewegliche Sache**, nämlich die von ihm geschaffene Plastik, **zur Sicherheit übergeben.** Dieses im Form. aus deutscher Markenbutter bestehende Kunstwerk ist in den Räumen des Vermieters unmittelbar und ohne weitere Verbindungsstücke auf den Putz aufgebracht worden. Es ist dadurch nicht wesentlicher Bestandteil des Gebäudes geworden, da die Anbringung lediglich **zu dem vorübergehenden Zweck der Sicherheitsleistung** erfolgte, § 95 Abs. 2 BGB. Im vorliegenden Fall haben die Parteien bei Bestellung des Pfandrechts vereinbart, dass der Vermieter dem Mieter Fett gleicher Art und Güte wie das von ihm damals hingegebene zurückgeben soll. Es handelt sich deshalb um ein **unregelmäßiges Pfandrecht,** auf das die §§ 1204 ff. BGB aber entsprechend anwendbar sind (vgl. Palandt/*Wicke* BGB Vor § 1204 Rn. 5). In diesem Fall ist der Vermieter für die Dauer seiner Pfandgläubigerschaft Eigentümer der Pfandsache geworden.

Das Pfandrecht erlischt mit der Forderung, für die es besteht, § 1252 BGB. Rechtsfolge ist die **Rückgewährverpflichtung** des Vermieters nach § 1223 BGB, wobei beim unregelmäßigen Pfand die Bestimmung dahingehend entsprechend anzuwenden ist, dass der Vermieter **nach Erlöschen des Pfandrechts** nicht „das Pfand", sondern ähnlich dem Sachdarlehen gem. § 607 BGB eine bewegliche Sache gleicher Art, Güte und Menge hinzugeben hat.

Hat der Vermieter Ansprüche gegen den Mieter, für den das Pfand haftet, und will er deshalb das **Pfand verwerten,** so ist er berechtigt, sich **durch Verkauf** der Pfandsache **im Wege öffentlicher Versteigerung** für seine Ansprüche Befriedigung zu verschaffen, § 1228 Abs. 1 BGB. Er kann aber auch versuchen, mit dem Mieter eine **Vereinbarung** zu treffen, nach der ihm das **Eigentum an der Pfandsache selbst übertragen** wird. Vor Eintritt der Verkaufsberechtigung kann eine solche Vereinbarung jedoch nicht getroffen werden, § 1229 BGB (Verbot des Verfallpfandes). Im Falle des unregelmäßigen Pfandrechts ist zu beachten, dass der Vermieter bereits Eigentümer der Pfandsache geworden ist, und lediglich schuldrechtlich in seiner Verfügungsfreiheit beschränkt ist. Der Vermieter müsste demnach mit dem Mieter eine Vereinbarung treffen, wonach der Mieter dem Vermieter die Rückgewährschuld erlässt, § 397 Abs. 1 BGB.

Praktisch werden – wenn überhaupt – kann die Verpfändung beweglicher Sachen zum Zwecke der Mietsicherheit, wenn zB der Mieter, der nicht über ausreichendes Geldvermögen verfügt, statt dessen Sachen zur Sicherheit anbieten kann, die für den Markt keinen, wohl aber für den Vermieter einen – subjektiven! – Wert haben. Dann mag der Vermieter bereit sein, sie statt eines Geldbetrages hinzunehmen. Diese **subjektive Wertvorstellung** kennzeichnet die Fälle der Liebhaberei. Sie kann sich auf Kunstwerke, könnte sich aber auch auf teuere alte Weine, seltene Möbelstücke, antiquarische Bücher oÄ beziehen.

5. Im Falle einer **Hinterlegung** nach §§ 232 Abs. 1, 233 BGB bestimmt sich die Herausgabe zur Mietsicherheit hinterlegten Geldes oder – wie im vorliegenden Form. – hinterlegter Wertpapiere seit 1.12.2010 nach den jeweiligen Hinterlegungsgesetzen bzw. Hinterlegungsordnungen der Bundesländer, die im Wesentlichen auf übereinstimmenden Grundsätzen beruhen. Die Herausgabe wird auf Antrag des Herausgabeberechtigten von der Hinterlegungsstelle verfügt, wenn der Empfänger seine **Herausgabeberechtigung nachweist**. Den Nachweis führt er ua, indem er ein Schriftstück vorlegt, in welchem der Vermieter die Herausgabe der hinterlegten Wertpapiere an den Hinterleger bewilligt bzw. dessen Empfangsberechtigung in gleicher Weise anerkennt.

6. Im Falle der **Sicherungsabtretung** ergibt sich die Rückgewährpflicht aus der Sicherungsabrede; jedenfalls aber aus § 812 BGB. Die Rückgewähr der Sicherheit erfolgt – wie schon die Hingabe – durch Abtretung gem. § 398 BGB.

7. Im Falle der **Sicherungsübereignung** ergibt sich die Rückgewährpflicht ebenfalls aus der Sicherungsabrede; jedenfalls aber aus § 812 BGB. Die Rückgewähr der Sicherheit erfolgt durch Übereignung gem. § 929 S. 2 BGB.

VI. Ausübung des Vermieterpfandrechts

1. Geltendmachung des Vermieterpfandrechts

. . . . .

(Vermieter)

an

. . . . .

(Mieter)

Sehr geehrte(r) . . . . .

wie Ihnen aus meinem Schreiben vom . . . . . bekannt ist, stehen mir Ihnen gegenüber noch verschiedene Forderungen zu,[2] die innerhalb der dort genannten Frist nicht ausgeglichen wurden.

Sie schulden mir somit . . . . . (kurze Auflistung der Ansprüche des Vermieters).[1]

Wegen dieser Forderungen mache ich hiermit ausdrücklich von dem mir gemäß § 562 Abs. 1 BGB zustehenden Vermieterpfandrecht Gebrauch, und zwar an allen in die Mieträume eingebrachten Sachen,[3] soweit sie der Pfändung unterworfen sind.[4] Mein Pfandrecht erstreckt sich dabei insbesondere auf:

. . . . . (Auflistung der dem Vermieter bekannten, wertvollen Pfandsachen)

Ich weise Sie darauf hin, dass weder Sie noch Dritte berechtigt sind, die vorstehend genannten Pfandsachen aus den Mieträumen zu entfernen.[5] Einer Entfernung widerspreche ich daher hiermit ausdrücklich. Ich weise ferner darauf hin, dass ich auch ohne Gerichtsbeschluss berechtigt bin, im Wege der Selbsthilfe die Entfernung dieser Pfandsachen zu verhindern und sie in diesem Fall selbst in Besitz zu nehmen. Dessen ungeachtet müssen Sie im Falle der Zuwiderhandlung auch mit einer gerichtlichen einstweiligen Verfügung rechnen und ich würde die Angelegenheit strafrechtlich überprüfen lassen.

. . . . .

(Vermieter)

Anmerkungen

1. Das Vermieterpfandrecht des § 562 BGB hat als Sicherungsmittel **in der Praxis** (vor allem bei der Wohnraummiete) **kaum Bedeutung**; gewissermaßen umgekehrt, als die Zahl der gesetzlichen Normen, die auch nach der Mietrechtsreform beibehalten wurde, vermuten lässt: §§ 562 bis 562d BGB. Das Vermieterpfandrecht ist in seiner Realisierung umständlich. Zudem ist die mit der Ausübung des Vermieterpfandrechts verbundene Gefahr für den Vermieter – insbesondere bei der Durchsetzung des Pfandrechts im Wege der von § 562b Abs. 1 BGB erlaubten Selbsthilfe – rechtsfehlerhaft zu handeln, nicht gering. Zahlungsunfähige Mieter haben für gewöhnlich auch nur eine wertlose Einrichtung in den Mieträumen; wertvollere Einrichtungsgegenstände gehören ihnen typischerweise noch nicht oder nicht mehr oder sind – etwa weil für den Gewerbebetrieb des

Mieters, sofern noch aufrechterhalten, unabdingbar – unpfändbar (vgl. § 811 ZPO → Form. F.VI.1 Anm. 4). Mit der Erstreckung des Vermieterpfandrechts auf Anwartschaften des Mieters ist dem Vermieter meistens wenig geholfen. Deshalb hat die vertraglich vereinbarte Mietkaution die Rolle des Vermieterpfandrechts als Sicherungsmittel des Vermieters weitgehend übernommen.

Das Vermieterpfandrecht **entsteht kraft Gesetzes.** Daher sind gem. § 1257 BGB die Vorschriften der §§ 1204 ff. BGB für ein durch Rechtsgeschäft bestelltes Pfandrecht entsprechend anwendbar, mit Ausnahme derjenigen, die den Besitz des Pfandgläubigers an der Pfandsache voraussetzen. Das Vermieterpfandrecht ist vom Gesetz als **besitzloses Pfandrecht** ausgestaltet.

Die **Verwertung** der Pfandsache geschieht **durch Verkauf im Wege öffentlicher Versteigerung,** §§ 1233 ff. BGB. Will der Vermieter die Pfandsache verwerten, so muss er notfalls sein Herausgaberecht aus § 1231 BGB gerichtlich geltend machen.

2. Der Vermieter hat ein Pfandrecht nur **für Forderungen aus dem Mietverhältnis.** Das sind diejenigen Ansprüche, die sich aus dem Wesen der entgeltlichen Gebrauchsüberlassung der Mieträume ergeben (BGH NJW 1973, 238). Als solche sind vor allem zu nennen Ansprüche auf Zahlung von Miete und Nebenkosten, sämtliche Ersatzansprüche des Vermieters wegen Beschädigung der Mieträume, Ansprüche auf Nutzungsentschädigung (BGH NJW 1972, 721), Ansprüche auf Durchführung von Schönheitsreparaturen, soweit diese bereits in eine Geldforderung übergegangen sind. Auch für die Kosten der Rechtsverfolgung und eines Räumungsprozesses haftet das Pfand, § 1210 Abs. 2 BGB. **Nicht** dazu zählen **selbstständige, neben dem Mietvertrag begründete Ansprüche,** auch wenn sie wirtschaftlich betrachtet im Zusammenhang mit dem Mietvertrag stehen. Das sind zB der Rückzahlungsanspruch des Vermieters für ein dem Mieter gewährtes Umbaudarlehen (BGH NJW 1973, 238) oder die aus einem Bierlieferungsvertrag folgenden Ansprüche (Palandt/*Weidenkaff* BGB § 562 Rn. 12).

Das Pfandrecht sichert dabei **Forderungen aus der Vergangenheit** unbeschränkt. Diese müssen zum Zeitpunkt der ersten Geltendmachung des Pfandrechts bereits nach Grund und Höhe entstanden sein (OLG Hamm NJW-RR 1994, 655). Der Vermieter kann dabei grundsätzlich auch für **bereits verjährte Forderungen** aus der Pfandsache Befriedigung suchen, § 216 Abs. 1 BGB. Ausgenommen von dieser Fortwirkung des Pfandrechts sind aber nach § 216 Abs. 3 BGB grundsätzlich (Ausn. § 562 Abs. 2 BGB) Ansprüche auf **rückständige Miete,** als wiederkehrende Leistung iSd Bestimmung.

Für **künftige Entschädigungsforderungen** haftet das Pfand grundsätzlich nicht, auch wenn diese zumindest dem Grunde nach schon feststehen (*Sternel* III Rn. 262). Diese **Beschränkung** des Pfandrechts **auf bereits nach Grund und Höhe entstandene Ansprüche** ist für Forderungen auf rückständige Miete vom Gesetz allerdings wieder gelockert. Das Pfand haftet ausnahmsweise für die **Miete für eine spätere Zeit als das laufende und das folgende Mietjahr** (nicht Kalenderjahr!) – § 562 Abs. 2 BGB.

3. Das Vermieterpfandrecht entsteht allein an **Sachen** des Mieters (auch zB Fahrzeuge, die regelmäßig auf dem Mietgrundstück abgestellt werden: BGH 6.12.2017 – XII ZR 95/16, NJW 2018, 1083). Das sind nur einzelne körperliche Gegenstände, § 90 BGB. Forderungen des Mieters unterliegen in keinem Fall dem Vermieterpfandrecht. Somit ist **bei Wertpapieren** (im weiteren Sinne) **zu prüfen, ob es sich um Inhaber- und indossable Papiere handelt** oder nur um Legitimationspapiere iSv §§ 808, 952 BGB. Bei letzteren – zu nennen sind hier auf Namen lautende Hypothekenbriefe, Lebensversicherungspolicen und vor allem Sparbücher – ist das Entstehen eines Vermieterpfandrechts ausgeschlossen. Bei Inhaber- und indossablen Papieren folgt , das Recht am Papier demjenigen aus dem Papier, weshalb diese Wertpapiere taugliche Pfandsachen darstellen, §§ 1292, 1293 BGB. **Geldzeichen** sind Sachen und werden deshalb ebenfalls vom Pfandrecht umfasst. Zu denken ist hier insbesondere an Kassenbestände in Geschäftslokalen.

Der Mieter muss diese Sachen in die Mieträume eingebracht haben. Die **Einbringung** stellt sich als das gewollte Hineinschaffen der Sache in die Mieträume durch den Mieter während der Dauer des Mietverhältnisses dar (RGZ 132, 116). Gelangen Sachen des Mieters ohne oder gegen dessen Willen in die Mieträume, so liegt keine Einbringung vor. Der Mieter muss also die Sache zum Zwecke der Ausübung seines Gebrauchsrechts in die Mieträume geschafft haben. Auf die Entstehung des Vermieterpfandrechts muss sich die Vorstellung des Mieters dabei nicht beziehen. Das Pfandrecht entsteht ohne oder auch gegen dessen Willen allein kraft Gesetzes. Willensmängel bezüglich der Einbringung kann der Mieter keinesfalls geltend machen, da die Einbringung nicht Rechtsgeschäft sondern **Realakt** ist. Der Begriff des Einbringens ist von der Rspr. dahingehend erweitert, dass auch **in den Mieträumen bzw. auf dem Mietgrundstück erst erzeugte Sachen,** wie zB Ziegelsteine, grundsätzlich als pfandrechtsfähige Sachen angesehen werden (RGZ 132, 116).

Umstritten ist, ob bei **nur vorübergehender Einbringung** das Vermieterpfandrecht nicht entsteht (so zB Palandt/*Weidenkaff* BGB § 562 Rn. 6). Das überzeugt nicht (ebenso *Sternel* III Rn. 263). Die Ausgestaltung des Vermieterpfandrechts als besitzloses Pfandrecht stellt eine Ausnahme innerhalb des BGB dar. Diese Ausnahme lässt das Gesetz nur zu, weil die gewöhnlich vom Besitz vermittelte sachenrechtliche Publizität hier durch das Abstellen auf den Machtbereich des Mieters gewährleistet ist. Allein anhand dieses Merkmals der Einbringung in die Mieträume (bzw. auf das Mietgrundstück) kann der Rechtsverkehr die Frage beurteilen, welche Sachen damit dem Vermieter zur Sicherheit für seine Forderungen haften. Nicht hinreichend zuverlässig ließe sich aber beurteilen, ob eine Sache vom Mieter nur zu vorübergehenden Zwecken in die Mieträume verbracht wurde. Aus Gründen der Rechtssicherheit ist daher der „vorübergehende Zweck" gewissermaßen als negatives Tatbestandsmerkmal, der das Entstehen des Vermieterpfandrechts verhindert, abzulehnen.

An Gegenständen, die erst **nach Beendigung des Mietverhältnisses eingebracht** wurden, entsteht kein Pfandrecht (*Sternel* III Rn. 263).

4. Nicht vom Vermieterpfandrecht erfasst werden zunächst **der Pfändung nach § 811 ZPO nicht unterliegende Sachen,** § 562 Abs. 1 S. 2 BGB. Ob auch die von § 812 ZPO genannten Gegenstände – also gewöhnlicher Hausrat des Mieters, bei dem ohne weiteres ersichtlich ist, dass der durch Verwertung zu erzielende Erlös zu dem Wert außer Verhältnis steht – der Pfändung iSv § 562 Abs. 1 S. 2 BGB nicht unterliegen, ist umstritten, vom mieterschützenden Zweck der Bestimmung ausgehend aber zu bejahen (*Sternel* III Rn. 261). Gibt der Mieter vor Entfernung der dem Pfandrecht unterworfenen Sachen sein Geschäft auf, besteht kein Pfändungsschutz nach § 811 Abs. 1 Nr. 5 ZPO mehr (KG 8.1.2018 – 8 U 21/17, BeckRS 2018, 1185).

Der Vermieter, der irrtümlich einen Gegenstand verwertet, der in Wahrheit nicht vom Vermieterpfandrecht erfasst wurde, begeht eine unerlaubte Handlung iSv § 823 BGB sowie eine Vertragsverletzung gem. § 280 Abs. 1 BGB, weshalb er dem Mieter zum Schadensersatz verpflichtet ist (OLG Frankfurt a.M. WuM 1979, 191).

Das Vermieterpfandrecht entsteht nur an Sachen des Mieters. Das sind zunächst **Sachen, die im Eigentum des Mieters** stehen. Steht dem Mieter lediglich ein **Anwartschaftsrecht** etwa an einer unter Eigentumsvorbehalt eines Dritten stehenden Sache zu, so bezieht sich das Pfandrecht des Vermieters auf diese Anwartschaft. Erstarkt die Anwartschaft zum Volleigentum, so hat der Vermieter ein Pfandrecht an der Sache selbst (BGH NJW 1965, 1475). Der Vermieter kann die Erstarkung zum Vollrecht durch Zahlung des Restkaufpreises gegenüber dem Vorbehaltsverkäufer herbeiführen, § 267 Abs. 1 BGB. Er kann aber nicht verhindern, dass der Mieter etwa durch einverständliche Aufhebung des Kaufvertrages das Pfandrecht hinfällig werden lässt. Dem Vermieter kommt zur Verteidigung seines Vermieterpfandrechts gegenüber Dritten die für seinen Mieter nach § 1006 BGB streitende Eigentumsvermutung zugute (BGH 3.3.2017 – V ZR 268/15, NJW-RR 2017, 1097).

Sachen, die vor dem Zeitpunkt der Einbringung bereits im Sicherungseigentum eines Dritten stehen, sind keine Sachen des Mieters und werden daher vom Pfandrecht des Vermieters nicht erfasst. Gleiches gilt wiederum, für den Fall, dass dem Mieter lediglich ein Anwartschaftsrecht zusteht. In diesem Fall einer vorhergehenden Sicherungsübereignung erwirbt der Sicherungsnehmer unbelastetes Volleigentum. Da die Sache zu keinem Zeitpunkt Sache des Mieters ist, kann ein Vermieterpfandrecht nicht entstehen (*Nicolai* JZ 1996, 219 (220)).

An **Sachen des Mieters, die dieser nach Einbringung** (ohne nochmalige Ortsveränderung) **einem Dritten sicherungsübereignet,** besteht ein dem Sicherungseigentum des Dritten gegenüber vorrangiges Pfandrecht des Vermieters. Gleiches gilt, wenn dem Mieter lediglich ein Anwartschaftsrecht zusteht. Dieses ist im Falle einer nachträglichen Sicherungsübereignung mit dem vorrangigen Pfandrecht des Vermieters belastet.

Nach hM entsteht im Falle einer **Raumsicherungsübereignung** das Pfandrecht des Vermieters mit Vorrang vor dem Sicherungseigentum des Sicherungseigentümers (BGH NJW 1992, 1156; aA etwa *Gnamm* NJW 1992, 2806 (2807)). Das (Raum-)Sicherungseigentum entsteht, wenn der Mieter die vorweg zur Sicherheit übereigneten Sachen in die besicherten Mieträume einbringt, also im selben Zeitpunkt, in dem das Vermieterpfandrecht kraft Gesetzes begründet wird. Der **Sicherungseigentümer erlangt** aber immer nur **belastetes Eigentum.** An diesem Vorrang des Vermieterpfandrechts ließe sich zweifeln, da beide Rechte konstruktiv gleichzeitig zur Entstehung gelangen. Indes muss die Entscheidung zugunsten des Vermieters und gegen den Raumsicherungseigentümer ausfallen. Die Lösung des Kollisionsfalles lässt sich dem Gesetz dabei nicht unmittelbar entnehmen (vgl. *Nicolai* JZ 1996, 219 (221)). Der Fall konnte vom Gesetzgeber auch schon deshalb nicht berücksichtigt werden, weil die Sicherungsübereignung erst nach Inkrafttreten des BGB in den Kreis der anerkannten Rechtsgeschäftstypen aufgenommen wurde. Angesichts der bestehenden und ausfüllungsbedürftigen Regelungslücke hat sich der BGH (NJW 1992, 1156) zu Recht für den Vorrang des Vermieterpfandrechts entschieden. Maßgebend ist die im Gesetz – insbesondere in § 562 Abs. 1 S. 1 BGB selbst – zum Ausdruck gekommene Wertung des Gesetzgebers. Allein der Bezug auf bestimmte Räumlichkeiten macht im Hinblick auf den sachenrechtlichen Bestimmtheitsgrundsatz die Raumsicherungsübereignung erst zu einem rechtsgültigen Geschäft. Handelt es sich hierbei aber um Mieträume, so muss sich die Wertung des Gesetzes, das dem Vermieter an eingebrachten Sachen des Mieters ein anderer Gläubiger gegenüber vorrangiges Pfandrecht gewährt, gegenüber den Interessen des Sicherungsnehmers durchsetzen. Dieser hat es in der Hand, im Wege der Einzelsicherungsübereignung lastenfreies Sicherungseigentum zu begründen.

Das Vermieterpfandrecht geht dem **Wegnahmerecht des Mieters** nach § 539 Abs. 2 BGB vor (BGH NJW 1987, 2861). Ist der **Mieter nur Miteigentümer** der eingebrachten Sache, so entsteht das Pfandrecht nur an seinem Miteigentumsanteil, § 1258 Abs. 1 BGB. Dem Vermieterpfandrecht sind **Sachen sonstiger Mitbewohner, die nicht Partei des Mietvertrages sind** – also unter Umständen auch die Ehefrau und regelmäßig die Kinder des Mieters –, nicht unterworfen.

5. Die Entfernung der Pfandsache aus den Mieträumen bzw. vom Mietgrundstück führt zum Erlöschen des Vermieterpfandrechts (→ Form. F.VI.2).

2. Widerspruch gegen die Entfernung von Pfandsachen und Rückschaffungsverlangen

. . . . .

(Vermieter)

an

. . . . .

(Mieter)

Sehr geehrte(r) . . . . .

soeben habe ich erfahren, dass Sie damit begonnen haben, die . . . . . (Bezeichnung der Pfandsachen) vom Mietgrundstück fortzuschaffen.[1, 2]

Ich widerspreche hiermit sowohl der Wegschaffung der . . . . . (Bezeichnung der Pfandsachen) sowie aller übrigen von meinem gesetzlichen Pfandrecht als Vermieter erfassten Sachen.[3]

Weder Sie noch Dritte sind berechtigt, diese meinem Pfandrecht unterliegenden Sachen vom Mietgrundstück zu entfernen.

Ich verlange daher von Ihnen, dass Sie die . . . . . (Bezeichnung der Pfandsachen) wieder auf das Mietgrundstück zurückschaffen bzw. mir zum Zwecke der Zurückschaffung herausgeben. Sollten Sie meinem Verlangen nicht freiwillig Folge leisten, wäre ich gezwungen, ohne nochmalige Ankündigung Klage zu erheben oder den Erlass einer einstweiligen Verfügung zu beantragen.

. . . . .

(Vermieter)

Anmerkungen

1. Das Vermieterpfandrecht als gesetzliches Pfandrecht (→ Form. E.VI.1 Anm. 1) erlischt ua mit der Forderung, für die es besteht (§ 1252 BGB), durch rechtsgeschäftliche Aufhebung (§ 1255 BGB) sowie im Falle des Zusammentreffens von Pfandrecht und Eigentum (§ 1256 BGB). Häufigster Grund für das Erlöschen des Vermieterpfandrechts ist allerdings die **Entfernung der Pfandsache aus den Mieträumen bzw. vom Mietgrundstück.** So einfach, und damit vorteilhaft für den Vermieter, das Vermieterpfandrecht zur Entstehung gelangt – es genügt die Einbringung der Sache in die Mieträume oder Verbringung auf das Mietgrundstück (→ Form. E.VI.1 Anm. 3) – so leicht kann es der Mieter wieder zum Erlöschen bringen. Gemäß § 562a S. 1 BGB genügt hierzu die bloße Entfernung der Pfandsache vom Mietgrundstück. Die Annahme, eine **bloß vorübergehende Entfernung** lasse das Pfandrecht nicht erlöschen (so LG Neuruppin NZM 2000, 962 (963); aA OLG Karlsruhe NJW 1971, 624 (625); *Sternel* III Rn. 265; *Kohl* NJW 1971, 1733 (1734)), ist ebenso und aus denselben Gründen abzulehnen, wie die Annahme, eine Einbringung der Sache zu einem bloß vorübergehenden Zweck lasse das Pfandrecht nicht zur Entstehung gelangen (→ Form. E.VI.1 Anm. 3). Wiederum ist schon aus Gründen der Rechtssicherheit das Merkmal des „vorübergehenden Zwecks" abzulehnen (so zu Recht *Sternel* III Rn. 263 u. 265).

Demnach ist der Fall, dass der Mieter mit seinem bis dahin mit dem Vermieterpfandrecht belasteten Fahrzeug vom Mietgrundstück fort zur Bank fährt, um es dieser sicherungszuübereignen, danach aufzulösen, dass die Bank unbelastetes Eigentum an dem Kraftfahrzeug erlangt. Das Vermieterpfandrecht erlischt mit jeder Ausfahrt. Es kann bei der Einfahrt auf das Grundstück dann nicht wieder neu entstehen, da das Kraftfahrzeug zu diesem Zeitpunkt dem Mieter nicht mehr gehört (so OLG Karlsruhe NJW 1971, 624: der Gesetzgeber habe bewusst ein Pfandrecht geschaffen, welches nur geringen praktischen Wert besitze; aA LG Neuruppin NZM 2000, 962: vorübergehende Entfernung führe nicht zu Enthaftung).

Das Vermieterpfandrecht erlischt ferner mit **Wegnahme der Sache durch einen Gerichtsvollzieher,** der der Vermieter nach § 805 Abs. 1 S. 1 ZPO nicht widersprechen kann. Mit der Wegnahme erlischt grundsätzlich das Vermieterpfandrecht, das unter § 289 StGB fällt. „Wegnehmen" im Sinne dieser Vorschrift bedeutet, eine Sache dem tatsächlichen Herrschafts- und Gewaltverhältnis des Vermieters über sein Grundstück und seinem Selbsthilferecht (§ 561 BGB) und damit seinem Machtbereich zu entziehen, also nicht nur bei Bruch fremden Gewahrsams (KG 8.1.2018 – 8 U 21/172).

2. Das Vermieterpfandrecht erlischt nicht, wenn die Entfernung ohne (positives) Wissen des Vermieters oder unter dessen Widerspruch erfolgt, § 562a S. 1 BGB. Weiß der Vermieter von der Entfernung, so ist er gehalten zu widersprechen, will er sein Pfandrecht nicht verlieren. Er muss **anlässlich der Entfernung** den **Widerspruch** erklären. Der Widerspruch kann **nicht allgemein,** gewissermaßen vorbeugend **im Voraus,** erklärt werden (Palandt/*Weidenkaff* BGB § 562a Rn. 6).

Der Widerspruch wirkt dem Erlöschen des Pfandrechts aber nur entgegen, wenn der Vermieter nicht **zur Duldung der Entfernung** gem. § 562a Abs. 2 BGB **verpflichtet** ist. Bei bestehender Duldungspflicht erlischt das Pfandrecht auch in den Fällen, in denen der Vermieter von der Entfernung nichts weiß (Palandt/*Weidenkaff* BGB § 562a Rn. 7). Hier kann er nicht widersprechen, weil er von der Entfernung nichts weiß, und wüsste er von ihr, wäre sein Widerspruch wirkungslos. Duldungspflichten des Vermieters bestehen in folgenden Fällen: Die **Entfernung entspricht den gewöhnlichen Lebensverhältnissen,** § 562a S. 2 BGB. Dies ist insbesondere der Fall bei der bestimmungsgemäßen Benutzung eines Kraftfahrzeuges, der Fortschaffung einer reparaturbedürftigen Sache in eine Werkstatt, bei der Mitnahme von Sachen als Reiseutensilien. Für den Bereich der Gewerberaummiete steht gleichbedeutend dazu die Entfernung **im regelmäßigen Betriebe des Geschäfts des Mieters.** Hierzu gehört zB die tägliche Entfernung der Kasseneinnahme, nicht dagegen die Veranstaltung eines Totalausverkaufes, bei dem der Warenbestand verschleudert werden soll (BGH NJW 1963, 147).

Ferner hat der Vermieter die **Wegnahme** der Sache **durch einen Gerichtsvollzieher** zu dulden (→ Form. F.VI.2 Anm. 1 aE).

Der Widerspruch ist schließlich auch dann ausgeschlossen, **wenn die zurückbleibenden Sachen zur Sicherung des Vermieters offenbar ausreichen** (§ 562a S. 2 aE BGB). Der Verwendung des Wortes „offenbar" ist zu entnehmen, dass hier eine überschlägige Wertermittlung durch den Mieter ausreicht, um den Vermieter auf die zurückbleibende ausreichende Sicherheit verweisen zu können. Eine sorgfältige Bilanzierung kann der Vermieter nicht verlangen.

3. Wird die **Sache trotz und unter Widerspruch des Vermieters entfernt,** so kann dieser die **Herausgabe** zum Zwecke der Zurückschaffung auf das Mietgrundstück verlangen, oder, wenn der Mieter schon ausgezogen ist, die **Überlassung des Besitzes** an der entfernten Sache, § 562a Abs. 2 S. 1 BGB. Gibt der Mieter sie nicht freiwillig heraus, so muss der Vermieter innerhalb eines Monats ab Kenntniserlangung (gemeint ist positive Kenntnis) von der Entfernung gegen den Mieter **Klage erheben,** will er nicht sein Pfandrecht verlieren. Dies scheitert in der Praxis meist daran, dass dem Vermieter die weggeschafften Sachen nicht so genau bekannt sind, dass er in der Lage wäre, einen vollstreckungsfähigen Klagantrag zu stellen.

Daneben gibt das Gesetz dem Vermieter auch nach der Mietrechtsreform ein **Selbst-hilferecht** zum Zwecke der Verhinderung der Entfernung, § 562b Abs. 1 BGB. Der Vermieter kann die Entfernung gewaltsam verhindern, wenn er berechtigt ist, der Entfernung zu widersprechen. Um nicht in verbotener Eigenmacht zu handeln muss der Vermieter aber eine umfangreiche rechtliche Prüfung vornehmen. Der **Gefahr, dem Mieter wegen verbotener Eigenmacht haftbar zu werden,** kann der Vermieter letztendlich nur dadurch entgehen, dass er bei Gericht den Erlass einer **einstweiligen Verfügung** erwirkt.

VII. Rückgabe sonstiger Mieterleistungen

1. Im Voraus entrichtete Miete

. . . . .

(Mieter)

an

. . . . .

(Vermieter)

Sehr geehrte(r) . . . . .

nach Beendigung des zwischen uns bestehenden Mietverhältnisses am . . . . . fordere ich Sie hiermit auf, die an Sie im Voraus bis zum . . . . . Zeitangabe) bezahlte Miete zu einem Betrag in Höhe von EUR . . . . ., an mich rückzuerstatten.[1] Dieser Betrag entspricht dem Anteil am Gesamtbetrag meiner Vorauszahlung, den ich durch die nunmehr erfolgte vorzeitige Beendigung unseres Mietverhältnisses nicht mehr abwohnen kann.[2]

Mein Rückerstattungsanspruch ergibt sich gem. § 547 Abs. 1 S. 1 BGB aus dem Mietvertrag. Meine Bankverbindung ist Ihnen bekannt.

. . . . .

(Mieter)

Anmerkungen

1. Die Rückzahlungspflicht des Vermieters nach § 547 BGB ist eine **zur Vertragspflicht ausgestaltete Rückgewähr** einer Zahlung, für die die Gegenleistung weggefallen ist (so BGH NJW 1955, 302). Der Mieter ist demnach hier nicht auf Ansprüche aus Bereicherungsrecht beschränkt. Die Verweisung auf das Bereicherungsrecht in § 547 Abs. 1 S. 2 BGB ist Rechtsfolgenverweisung, betrifft also nicht den Grund, sondern lediglich den Umfang des Bereicherungsanspruchs (vgl. Palandt/*Weidenkaff* BGB § 547 Rn. 6). Der Vermieter kann dem Mieter also keinesfalls entgegenhalten, er habe bei der Vorausleistung gewusst, dass er zur Leistung nicht verpflichtet war, § 814 BGB (zum Entreicherungseinwand iSv § 818 Abs. 3 BGB → Form. F.VII.1 Anm. 2).

§ 547 BGB gilt als allgemeine Vorschrift für Wohnraum– wie Gewerberaummietverhältnisse. Bei Mietverhältnissen über Wohnraum ist die Vorschrift zwingend, § 547 Abs. 2 BGB.

Nach § 556b Abs. 1 BGB – die Miete ist zu Beginn, spätestens bis zum dritten Werktag der einzelnen Zeitabschnitte zu entrichten – ist der Tatbestand **im Voraus entrichteter Miete** stets erfüllt (anders noch der aber zwar meist abbedungene § 551 BGB aF, der ansonsten aber gem. Art. 229 § 3 Abs. 1 Nr. 7 EGBGB auf am 1.9.2001 bereits bestandene Mietverhältnisse nach wie vor anzuwenden wäre). So liegt es etwa auch, wenn die Miete für die gesamte Mietzeit auf einmal im Voraus entrichtet wird (BGH NJW 1998, 595). Unter im Voraus entrichteter Miete ist neben der regelmäßigen Mietvorauszahlung **ferner jede Leistung** des Mieters zu verstehen, **die sich als Gegenleistung für die Überlas-**

sung des Gebrauchs der Mieträume darstellt. Derartige Leistungen können ua sein: **über die Miete rückzahlbare Mieterdarlehen** (BGH NJW 1970, 93; → Form. E.VII.2), **abwohnbare Baukostenzuschüsse** (BGH NJW 1971, 1658; → Form. E.VII.3), **Aufwendungsersatzansprüche**, wenn diese vereinbarungsgemäß **auf die Miete angerechnet** werden (BGH NJW 1970, 2289) oder ein **verrechneter Kaufpreisnachlass beim sale-and-lease-back** eines Grundstücks (BGH NJW 2000, 2987).

Nicht hierunter zählt der sog. **verlorene Baukostenzuschuss** (→ Form. E.VII.4).

2. Der Anspruch entsteht mit **Beendigung des Mietverhältnisses** und wird sofort fällig (*Sternel* III Rn. 174, str.). Der Grund der Beendigung ist für die Anspruchsentstehung gleichgültig. Hat der Vermieter einen Anspruch gegen den Mieter auf Nutzungsentschädigung nach § 546a BGB, so steht ihm ein Zurückbehaltungsrecht zu (Staudinger/*Rolfs* BGB § 547 Rn. 23). Eine Abrechnungsfrist steht dem Vermieter – anders als etwa bei der Abrechnung über die Mietkaution (→ Form. E.V.1) – nicht zu (Bub/Treier/*Emmerich* V. Rn. 434).

Nach der Fassung des § 547 Abs. 1 S. 1 BGB hat der Vermieter regelmäßig die Pflicht zur **Rückerstattung des Erlangten in voller Höhe**, ohne die Möglichkeit des Einwandes, er sei nicht mehr bereichert (§ 818 Abs. 3 BGB). Außerdem hat er die vom Mieter **nicht „abgewohnte" Mietvorauszahlung** für die Zeit **vom Empfang an** bis zur Rückerstattung **zu verzinsen** (§§ 246 BGB, 352 HGB). Die insbesondere wegen des Entreicherungseinwandes **mildere Haftung nach Bereicherungsrecht** kommt dem Vermieter ausnahmsweise dann zugute, wenn er die **Beendigung des Mietverhältnisses nicht zu vertreten** hat, § 547 Abs. 1 S. 2 BGB. In diesem Fall tritt eine Verzinsungspflicht erst mit Verzug bzw. über §§ 819, 818 Abs. 4 BGB ein.

Das **Vertretenmüssen** iSv § 547 BGB setzt – wohl unstreitig – kein Verschulden iSv § 276 BGB. Daher wird von der hM lediglich gefragt, wem die Beendigung des Mietverhältnisses zuzurechnen sei (*Sternel* III Rn. 169), wobei aber letztlich nicht ersichtlich ist, welcher Unterschied zwischen Verschulden und Zurechenbarkeit hier von der hM gemacht wird, wenn zB im Fall der vorzeitigen Beendigung des Mietverhältnisses durch einverständlichen Aufhebungsvertrag zu klären sein soll, wem die Umstände zuzurechnen sind, die zum Abschluss des Mietaufhebungsvertrags geführt haben. Richtigerweise hat sich die Entscheidung der Frage, nach welchem Maßstab der Vermieter haftet, nach dem Vertretenmüssen bzw. in den Fällen, in denen das Gesetz nicht nach einem Vertretenmüssen fragt, nach der gesetzlichen Risikoverteilung zu richten. Es sind daher zunächst die verschuldensabhängigen von den verschuldensunabhängigen Tatbeständen zu scheiden. Setzt der Beendigungstatbestand das **Verschulden des Mieters** voraus – etwa bei der Kündigung wegen Nichtzahlung der Miete gem. § 543 Abs. 2 Nr. 3 BGB – so richtet sich sein Rückerstattungsanspruch nach den §§ 547 Abs. 1 S. 2, 818 (Abs. 3) BGB. Liegt dem Beendigungstatbestand ein **Verschulden des Vermieters** zugrunde – zB bei der Kündigung wegen schuldhafter Nichtgewährung des Gebrauchs nach § 543 Abs. 2 Nr. 1 BGB – so richtet sich der Rückerstattungsanspruch des Mieters nach den § 547 Abs. 1 S. 1 BGB. Handelt es sich um einen **vom Verschulden unabhängigen Beendigungstatbestand** – etwa die Ausübung des Sonderkündigungsrechtes des Mieters bei Modernisierungsmaßnahmen gem. § 554 Abs. 3 S. 2 BGB, im Falle verweigerter Erlaubnis zur Untervermietung gem. § 540 Abs. 1 S. 2 BGB oder auch bei der ordentlichen Kündigung des Mieters – so richtet sich, nach dem gesetzlichen Regel-Ausnahme-Verhältnis in § 547 Abs. 1 BGB, die Rückerstattungspflicht immer nach § 547 Abs. 1 S. 1 BGB (wie hier Herrlein/Kandelhard/*Kandelhard* § 547 Rn. 7 ff.; *Sternel* III Rn. 169 u. 172; aA Bub/Treier/*Emmerich* V. Rn. 441).

2. Mieterdarlehen

. . . . .

(Mieter)

an

. . . . .

(Vermieter)

Sehr geehrte(r) . . . . .

nach Beendigung des zwischen uns bestehenden Mietverhältnisses am . . . . . fordere ich Sie hiermit auf, das Ihnen von mir mit der Bestimmung zur Verrechnung mit Ihren Mietforderungen am . . . . . gewährte Darlehen zu einem Betrag in Höhe von EUR . . . . . an mich zurückzuerstatten. Dieser Betrag entspricht dem Anteil am Gesamtbetrag des Darlehensbetrages, den ich durch die nunmehr erfolgte vorzeitige Beendigung unseres Mietverhältnisses nicht mehr abwohnen kann.

Mein Rückerstattungsanspruch ergibt sich gem. § 547 Abs. 1 S. 1 BGB aus dem Mietvertrag. Meine Bankverbindung ist Ihnen bekannt.

. . . . .

(Mieter)

Anmerkungen

Ein vom Mieter dem Vermieter gewährtes Darlehen ist als Mietvorauszahlung iSv § 547 BGB zu bewerten, wenn die Darlehensrückzahlung vereinbarungsgemäß durch Aufrechnung gegen die Mietforderung bzw. die einzelnen Mietforderungen erfolgen soll (vgl. BGH NJW 1970, 93). Hierfür genügt die Verrechnung der Miete mit nur einer Rückzahlungsrate, so dass § 547 BGB nur dann keine Anwendung findet, wenn das dem Vermieter vom Mieter gewährte Darlehen beziehungslos zum Mietverhältnis steht, wenn sich also die Rückzahlungsmodalitäten allein nach den dortigen vertraglichen Absprachen richten (BGH NJW 1970, 1124). Bei Beendigung des Mietverhältnisses ist der nach Maßgabe der getroffenen Vereinbarungen noch nicht abgewohnte bzw. verrechnete Darlehensrest zurückzuerstatten und ab Empfang mit dem gesetzlichen Zinssatz von 4 % pa des § 246 BGB – bzw. bei Handelsgeschäften mit 5 % pa gem. § 352 HGB – (BGH NJW 1963, 709) zu verzinsen (BGH NJW 1970, 93 und 1124; 1971, 1658). Fehlt es insoweit an eindeutigen vertraglichen Absprachen, erscheint es denkbar, Art. VI § 2 des Gesetzes zur Änderung des II. Wohnungsbaugesetzes ua (→ Form. E.VII.4) entsprechend heranzuziehen, wonach ein Betrag in Höhe einer Jahresmiete durch eine Mietdauer von vier Jahren als getilgt bzw. abgewohnt anzusehen ist.

Die Formulierung in § 547 Abs. 1 S. 1 BGB ersetzt den früheren Verweis in § 557a Abs. 1 BGB aF auf § 347 BGB aF und den Weiterverweis auf das Eigentümer-Besitzer-Verhältnis, §§ 987, 989 BGB mit der Folge, dass sich der Vermieter nach wie vor nicht auf einen Wegfall der Bereicherung berufen kann (BT-Drs. 14/4553, 45). Anders bei der Herausgabepflicht nach Bereicherungsrecht gem. § 547 Abs. 1 S. 2 BGB, wobei die Bereicherung des Vermieters selbst bei untergegangenem Mietobjekt wegen der vom Vermieter insoweit ersparten eigenen Aufwendungen so gut wie immer erhalten bleiben dürfte.

Zu Entstehung, Fälligkeit und Umfang des Rückerstattungsanspruches → Form. E.VII.1 Anm. 2.

3. Abwohnbarer Baukostenzuschuss

. . . . .

(Mieter)

an

. . . . .

(Vermieter)[1]

Sehr geehrte(r) . . . . .

nach Beendigung des zwischen uns bestehenden Mietverhältnisses am . . . . . fordere ich Sie hiermit auf, den Ihnen von mir mit der Bestimmung zur Verrechnung mit der Miete am . . . . . gezahlten Baukostenzuschuss zu einem Betrag in Höhe von EUR . . . . ., an mich zurückzuerstatten. Dieser Betrag entspricht dem Anteil am Gesamtbetrag des Baukostenzuschusses, den ich durch die nunmehr erfolgte vorzeitige Beendigung unseres Mietverhältnisses nicht mehr abwohnen kann.[2]

Mein Rückerstattungsanspruch[3] ergibt sich gem. § 547 Abs. 1 S. 1 BGB aus dem Mietvertrag. Meine Bankverbindung ist Ihnen bekannt.

. . . . .

(Mieter)

Anmerkungen

1. Eine vom Mieter dem Vermieter zum Zwecke des Neu-, Aus- oder Wiederaufbaus bzw. zur Erweiterung, Wiederherstellung und Instandsetzung des Mietobjektes gewährte Geldleistung – denkbar sind auch Sachleistungen anderer Art – ist **als Mietvorauszahlung iSv § 547 BGB zu bewerten**, wenn die Rückzahlung vereinbarungsgemäß durch Aufrechnung gegen die Mietforderung bzw. die einzelnen Mietforderungen erfolgen soll (Bub/Treier/*Emmerich* V. Rn. 429 und eingehend BGH NZM 2012, 301; BGH NJW 1967, 555). Die Vereinbarung eines Baukostenzuschusses ist bei öffentlich gefördertem Wohnraum nach Maßgabe des § 9 WoBindG in der Regel unzulässig. Bei Beendigung des Mietverhältnisses ist der nach den vertraglichen Absprachen noch nicht abgewohnte bzw. verrechnete Anteil rückzuerstatten und ab Empfang mit dem gesetzlichen Zinssatz von 4 % pa des § 246 BGB – bzw. bei Handelsgeschäften mit 5 % pa gem. § 352 HGB – (BGH NJW 1963, 709) zu verzinsen (BGH NJW 1971, 1658). Fehlt es insoweit an eindeutigen vertraglichen Absprachen, erscheint es denkbar, Art. VI § 2 des Gesetzes zur Änderung des II. Wohnungsbaugesetzes ua (→ Form. E.VII.4) entsprechend heranzuziehen, wonach ein Betrag in Höhe einer Jahresmiete durch eine Mietdauer von vier Jahren als getilgt bzw. abgewohnt anzusehen ist.

2. Die Formulierung in § 547 Abs. 1 S. 1 BGB ersetzt den früheren Verweis in § 557a Abs. 1 BGB aF auf § 347 BGB aF und den Weiterverweis auf das Eigentümer-Besitzer-Verhältnis, §§ 987, 989 BGB mit der Folge, dass sich der Vermieter nach wie vor nicht auf einen Wegfall der Bereicherung berufen kann (BT-Drs. 14/4553, 45). Anders bei der Herausgabepflicht nach Bereicherungsrecht gem. § 547 Abs. 1 S. 2 BGB, wobei die Bereicherung des Vermieters selbst bei untergegangenem Mietobjekt wegen der vom Vermieter insoweit ersparten eigenen Aufwendungen so gut wie immer erhalten bleiben dürfte.

3. Zu Entstehung, Fälligkeit und Umfang des Rückerstattungsanspruches → Form. E.VII.1 Anm. 2.

4. Verlorener Baukostenzuschuss

. . . . .

(Mieter)

an

. . . . .

(Vermieter)[1]

Sehr geehrte(r) . . . . .

nach Beendigung des zwischen uns bestehenden Mietverhältnisses am . . . . . fordere ich Sie hiermit auf, den Ihnen von mir am . . . . . gezahlten Baukostenzuschuss zu einem Betrag in Höhe von . . . . . EUR, an mich zurückzuerstatten. Dieser Betrag entspricht dem Nutzen, den Sie nun – durch gewinnbringende anderweitige Vermietung – aus der vorzeitigen Fertigstellung der Mieträume ziehen können.

Mein Rückerstattungsanspruch ergibt sich aus § 812 Abs. 1 S. 2 BGB.[2] Meine Bankverbindung ist Ihnen bekannt.

. . . . .

(Mieter)

Anmerkungen

1. Eine vom Mieter dem Vermieter zum Zwecke des Neu-, Aus- oder Wiederaufbaus bzw. zur Erweiterung, Wiederherstellung und Instandsetzung des Mietobjektes (unabhängig davon, ob im Rahmen eines Wohn- oder Gewerberaummietverhältnisses) gewährte Geldleistung – denkbar sind auch Sachleistungen anderer Art – **wird nicht als Mietvorauszahlung iSv § 547 behandelt,** wenn sie erbracht wird, ohne dass der Vermieter zur vollen oder teilweisen Rückerstattung verpflichtet sein soll. Ob ein solcher sog. verlorener Baukostenzuschuss gegeben ist oder nicht etwa doch ein abwohnbarer Baukostenzuschuss (→ Form. E.VII.3), ist Auslegungsfrage (vgl. OLG Düsseldorf NZM 2001, 1093). Die Vereinbarung eines solchen Baukostenzuschusses ist bei öffentlich gefördertem Wohnraum nach Maßgabe des § 9 WoBindG in der Regel unzulässig.

2. Bei preisfreiem Wohnraum ergibt sich der **Rückerstattungsanspruch des Mieters im Falle einer zulässigen Vereinbarung** über einen derartigen Baukostenzuschuss aus Art. VI des Gesetzes zur Änderung des II. Wohnungsbaugesetzes; bei fehlender Vereinbarung oder bei Gewerberaum kann ein Anspruch nach § 812 Abs. 1 S. 2 BGB gegeben sein, wobei sich die Höhe des Rückerstattungsanspruch dann nicht nach den vom Mieter aufgewandten Kosten, sondern nach dem Vorteil des Vermieters aus der vorzeitigen Nutzungsmöglichkeit bemisst (BGH NJW-RR 2010, 86; 2001, 727; BGH NJW 1985, 313, 315 mwN). Eine etwaige Bereicherung des Vermieters bestimmt sich daher danach, inwieweit es ihm gelingt, die Räume anderweitig zu einer höheren Miete zu vermieten bzw. sonst gewinnbringend zu nutzen (BGH NJW 1967, 2255 (2256)).
Art. VI des Gesetzes zur Änderung des II. Wohnungsbaugesetzes, anderer wohnungsrechtlicher Vorschriften und über die Rückerstattung von Baukostenzuschüssen vom 21.7.1961 (BGBl. I 1041), idF vom 24.8.1965 (BGBl. I 969) in Kraft getreten am 22.7.1961, lautet:

§ 1. Hat ein Mieter oder für ihn ein Dritter dem Vermieter mit Rücksicht auf die Vermietung einer Wohnung auf Grund vertraglicher Verpflichtung einen verlorenen Zuschuss, insbesondere einen verlorenen Baukostenzuschuss, geleistet und wird das Mietverhältnis nach dem 31.10.1965 beendigt, so hat der Vermieter die Leistung, soweit sie nicht durch die Dauer des Mietverhältnisses als getilgt anzusehen ist, nach Maßgabe des § 347 BGB (Anm.: aF) zurückzuerstatten. Erfolgt die Beendigung des Mietverhältnisses wegen eines Umstandes, den der Vermieter nicht zu vertreten hat, so hat er die Leistung nach den Vorschriften über die Herausgabe einer ungerechtfertigten Bereicherung zurückzuerstatten.

§ 2. Beruht der Zuschuss auf einer nach dem Inkrafttreten dieses Gesetzes getroffenen Vereinbarung, so gilt ein Betrag in Höhe einer Jahresmiete durch eine Mietdauer von vier Jahren von der Leistung an als getilgt. Dabei ist die ortsübliche Miete für Wohnungen gleicher Art, Finanzierungsweise, Lage und Ausstattung zur Zeit der Leistung maßgebend. Leistungen, die den Betrag einer Vierteljahresmiete nicht erreichen, bleiben außer Betracht.

§ 3. Beruht der Zuschuss auf einer vor dem Inkrafttreten dieses Gesetzes getroffenen Vereinbarung, so gilt er als für eine Mietdauer gewährt, die unter Berücksichtigung aller Umstände, insbesondere der Höhe des Zuschusses und der laufenden Miete, der Billigkeit entspricht.

§ 4. Der Anspruch auf Rückerstattung verjährt nach Ablauf eines Jahres von der Beendigung des Mietverhältnisses an.

§ 5. Eine von den Vorschriften der §§ 1 bis 4 zum Nachteil des Mieters abweichende Vereinbarung ist unwirksam.

§ 6. Die §§ 1 bis 5 gelten nicht für verlorene Zuschüsse, die wegen ihrer Unzulässigkeit nach anderen Vorschriften zurückzuerstatten sind.

§ 7. (Übergangsvorschrift, durch Zeitablauf gegenstandslos)

Besonders hinzuweisen ist auf die zwingende Regelung in § 2, wonach ein Zuschuss in Höhe einer Jahresmiete in vier Jahren als abgewohnt gilt, und die **kurze Verjährungsfrist** in § 4.

Die ersatzlose Streichung der §§ 57c und 57d ZVG hat entgegen weitverbreiteter Meinung übrigens nicht dazu geführt, dass Rückerstattung von Baukostenzuschüssen nicht weiterhin nach Bereicherungsrecht geltend gemacht werden könnte (vgl. *Wedekind* ZfIR 2009, 841).

5. Aufwendungsersatzanspruch des Mieters

· · · · ·

(Mieter)

an

· · · · ·

(Vermieter)

Sehr geehrte (r) · · · · ·,

ihr Aufforderungsschreiben vom · · · · · wegen der unbezahlt gebliebenen Miete für die letzten beiden Monate vor Mietende am · · · · · habe ich erhalten.

Nachdem ich jedoch jetzt von meinem Nachmieter, Herrn · · · · ·, erfahren habe, dass Sie die von mir auf meine Kosten erst vor drei Jahren mit einer modernen Gas-Etagenheizung

ausgerüstete, und dadurch erst vollständig beheizbar gemachte Wohnung an Herrn . . . . .
zum doppelten an Grundmiete vermietet haben, und weil mir Herr . . . . . außerdem
schriftlich gegeben hat, dass Sie diesen Mietpreis gerade auch mit dem besonderen
Komfort gerechtfertigt haben, welchen die von „Ihnen" neu eingebaute Heizung und
Warmwasserbereitung sowohl im Winter, als auch im Sommer mit sich bringe,[1,2] erkläre
ich hiermit gegenüber Ihrer Mietforderung die

Aufrechnung[3]

mit meinem Ihre Restmietforderung bei weitem übersteigenden Ersatzanspruch. Ich verweise dafür insbesondere auf § 539 Abs. 1 iVm §§ 677 ff. sowie 684 S. 1, 951, 812 ff. BGB.
. . . . .

(Mieter)

Anmerkungen

1. Aufwendungen des Mieters auf die Mieträume sind ihm auf Verlangen vom Vermieter nach § 536a Abs. 2 BGB zu ersetzen, wenn er, der Vermieter, mit der **Beseitigung eines Mangels** oder auch der **erstmaligen Herstellung vertraglich geschuldeter Zustände in Verzug** war (Abs. 2 Nr. 1), oder es sich um **Notmaßnahmen** des Mieters handelte (Abs. 2 Nr. 2); sogenannte **notwendige Aufwendungen** (vgl. zum alten Recht *Emmerich* NZM 1998, 49 (50)). **Sonstige Aufwendungen** (vgl. amtliche Überschrift der gesetzlichen Bestimmung), „die ihm der Vermieter nicht schon nach § 536a Abs. 2 zu ersetzen hat", die also außerhalb des Anwendungsbereichs mietrechtlicher Gewährleistung liegen, kann der Mieter gemäß § 539 Abs. 1 BGB unter den Voraussetzungen der **Geschäftsführung ohne Auftrag** (§§ 677 ff. BGB) ersetzt verlangen. Das Verhältnis der §§ 536a Abs. 2 BGB, 539 Abs. 1 BGB zueinander war nicht unumstritten (vgl. *Dauner-Lieb/Dötsch* NZM 2004, 641 (646): Eingreifen des § 539 Abs. 1 BGB allein bei berechtigter GoA; gesperrt sein müsse aber jeder Rückgriff auf §§ 684 S. 1, 812 ff. BGB; krit. zur gesetzlichen Regelung auch *Eckert* NZM 2001, 409, 412: kritiklose Übernahme des streitträchtigen § 547 Abs. 1 BGB aF) und ist vom BGH (NJW 2008, 1216) für den Bereich der mietrechtlichen Gewährleistung dahingehend geklärt worden, dass der Mieter Aufwendungen zur Mangelbeseitigung weder nach § 539 Abs. 1 BGB, noch als Schadensersatz nach § 536a Abs. 1 BGB vom Vermieter ersetzt verlangen kann, wenn er den Mangel eigenmächtig beseitigt hat, obwohl weder Verzug noch Notfall vorlagen. Neben Aufwendungen zur Mangelbeseitigung, dh als „sonstige" iS der Überschrift von § 539 BGB kommen in Betracht: sog. nützliche Aufwendungen oder **Luxusaufwendungen** (die berühmten vergoldeten Wasserhähne). Einen Fall **nützlicher Aufwendungen,** die der Mieter nämlich nicht zur Herstellung bzw. Wiederherstellung, sondern zur zweckmäßigen **Verbesserung des vertragsgemäßen „Minderstandards"** der Mieträume gemacht hatte, betraf die Entscheidung BGH NJW-RR 1993, 522 (524) (Instandsetzung und erst Wohnlichmachen eines „renovierungsbedürftig" vermieteten Hauses). Der Anspruch auf Ersatz solcher Aufwendungen setzt weder eine vorherige Anzeige nach § 536c BGB voraus, noch – der verbesserungswürdige Zustand ist der vertraglich geschuldete! – eine Mahnung mit Fristsetzung wie nach § 536a Abs. 2 Nr. 1 BGB (MüKoBGB/*Bieber* § 539 Rn. 9; vgl. auch BGH NJW-RR 1993, 522; dagg. wohl *Dauner-Lieb/Dötsch* NZM 2004, 641).

Die vertraglichen Aufwendungsersatzansprüche, und ebenso welche aus Geschäftsführung ohne Auftrag oder aus Bereicherung (BGH NJW 1974, 743), **verjähren** gemäß § 548 Abs. 2 BGB binnen **sechs Monaten nach Vertragsende.** Die Verjährungsfrist beginnt also, anders als bei den Vermieteransprüchen, nicht erst (oder schon) mit Rückgabe der Mieträume zu laufen. Das wird gerne übersehen.

Nach **Ablauf der Mietzeit** oder während der Dauer eines (unerkannt) **unwirksamen** „Mietvertrags", aber vor Herausgabe der Mieträume gemachte Aufwendungen, sind gegebenenfalls **im Eigentümer-Besitzer-Verhältnis nach §§ 994 ff. BGB** zu ersetzen, soweit der Mieter wegen Vertragsablaufs sein Recht zum Besitz verloren hat oder ein solches mangels wirksamen Vertrags nie gehabt hat (vgl. BGH NJW 1967, 2255; umstr., teilweise aA etwa *Emmerich* NZM 1998, 49 (50)). Solche Aufwendungsersatzansprüche **erlöschen mit Ablauf von sechs Monaten nach Herausgabe,** wenn nicht vorher die gerichtliche Geltendmachung erfolgt oder der Eigentümer die Verwendungen genehmigt, § 1002 Abs. 1 BGB. Die kurze Verjährung der Mieteransprüche nach § 548 Abs. 2 BGB ist in diesem Falle auch nicht entsprechend heranzuziehen, da dort die Ansprüche tatbestandlich vor dem Ende (!) eines Mietvertrags (!) entstanden sein müssen (vgl. Emmerich/Sonnenschein/*Emmerich* § 548 Rn. 11 mwN aus der Rspr. von RG und BGH; vgl. auch BGH NJW 1974, 743). Der Anspruch verjährt vielmehr nach den allgemeinen Regeln der §§ 195, 199 Abs. 1 u. 4 BGB (Palandt/*Herrler* BGB § 1002 Rn. 1). Stets in Betracht kommt eine **Verwirkung** des Aufwendungsersatzanspruchs, gleich ob auf Vertrag, Geschäftsführung ohne Auftrag, Bereicherung oder Eigentümer-Besitzer-Verhältnis beruhend, und zwar bemerkenswerterweise noch während der Zeit der Überlassung der Mieträume und überhaupt vor Beginn der Verjährungs- oder Ausschlussfristen nach §§ 548, 1002 BGB (BGH NJW 1959, 1629).

2. Beansprucht der Mieter Ersatz sonstiger Aufwendungen nach den Regeln der Geschäftsführung ohne Auftrag, muss er zunächst mit **Fremdgeschäftsführungswillen** gehandelt haben, das heißt, er muss zumindest auch für den Vermieter und um der (Miet-) Sache willen tätig geworden sein, und die Baumaßnahmen müssen darüber hinaus dem **Willen des Vermieters entsprochen** haben **oder von ihm nachträglich genehmigt** worden sein (vgl. BGH NZM 1999, 19 (20)). Um § 536a Abs. 2 BGB und die dortigen Voraussetzungen mietrechtlicher Gewährleistung (Vermieterverzug oder Notstand) nicht zu unterlaufen, stellt die hM an das Vorliegen der vorerwähnten Voraussetzungen einer GoA strenge Anforderungen (BGH NJW-RR 1993, 522 (524) unter Hinweis ua auf *Sternel* II Rn. 614). Die Duldung und/oder Genehmigung der Umbauten durch den Vermieter genügt jedenfalls bei weitem nicht (BGH NZM 1999, 19 (20)), weshalb Ersatzansprüche wegen sonstiger Aufwendungen nach § 539 Abs. 1 iVm §§ 677 ff. BGB von den Gerichten praktisch so gut wie nie bejaht werden.

Liegen die Voraussetzungen einer Geschäftsführung ohne Auftrag nicht vor, kommt ein Anspruch des Mieters aus **ungerechtfertigter Bereicherung** in Betracht (§§ 684 S. 1, 812 ff. BGB; BGH NJW-RR 1993, 522 (524); **aA** wohl zum neuen Recht: *Dauner-Lieb/Dötsch* NZM 2004, 641 (646)). Die Bereicherung bemisst sich dabei nicht nach den Kosten der Aufwendungen oder dem erhöhten Sachwert der Mieträume, sondern der **Ertragssteigerung,** die der Vermieter deswegen erzielen kann oder erzielen könnte (BGH NZM 1999, 19 (20) mwN).

Ein anderer, nicht hierher gehörender Fall ist der der vorzeitigen Vertragsbeendigung, bei dem der Mieter die Aufwendungen nicht erwartungsgemäß abwohnen kann (vgl. BGH NJW 1985, 2527 (2528) aE mwN; OLG Karlsruhe NJW-RR 1986, 1395; *Sternel* II Rn. 617).

3. Wird mit einem vertraglichen Aufwendungsersatzanspruch, oder einem aus Geschäftsführung ohne Auftrag, oder aus Bereicherung die **Aufrechnung** erklärt, ist diese **gemäß § 215 BGB auch nach Ablauf der Verjährungsfrist** des § 548 Abs. 2 BGB (→ Form. F.VII.5 Anm. 1) nicht ausgeschlossen, wenn und soweit der Anspruch noch nicht verjährt war, als erstmals aufgerechnet werden konnte.

Der Aufwendungsersatzanspruch aus Eigentümer-Besitzer-Verhältnis folgt eigenen Regeln (→ Form. F.VII.5 Anm. 1). Auf die Ausschlussfrist des § 1002 Abs. 1 BGB ist § 215 BGB jedenfalls nicht, auch nicht entsprechend anwendbar (vgl. § 1002 Abs. 2 BGB; Palandt/*Ellenberger* BGB § 215 Rn. 1).

VIII. Versicherungen

1. Schreiben des Vermieters eines leerstehenden Gebäudes an den Gebäudeversicherer wegen nachträglicher Gefahrerhöhung

. . . . .

(Vermieter)[1]

an

. . . . .

(Versicherungsgesellschaft)

Sehr geehrte(r) . . . . . . ,

Der og Wohngebäudeversicherungsvertrag bezieht sich auf das Gebäude . . . . . ., in dem sich 5 Wohnungen befinden.[2] Bei Vertragsschluss[3] waren sämtliche Wohnungen an Gastarbeiterfamilien vermietet, die mit den einfachen Wohnverhältnissen zufrieden waren und insbesondere die geringen Miete zu schätzen wussten.

Infolge wirtschaftlicher Schwierigkeiten konnten in jüngster Zeit die Wohnungen nicht mehr vermietet werden; seit dem . . . . . steht das Gebäude leer.[4] Ein Brandschaden, Zerstörungen oder das Eindringen unbefugter Dritter soll unter allen Umständen verhindert werden. Demgemäß habe ich Sanierungsarbeiten in Auftrag gegeben, um dem Gebäude ein gepflegtes Äußeres zu geben.[5] Der Vorplatz einschließlich der Einstellplätze wird täglich gepflegt, die Fenster werden regelmäßig geputzt und das Haustürschloss ist verstärkt worden. Auf diese Weise hoffe ich, den Versicherungsschutz zu unveränderten Bedingungen erhalten zu können.[6]

. . . . .

(Vermieter)

Anmerkungen

1. Sachverhalt. Der Vermieter eines Wohnungsobjektes wendet sich in seiner Eigenschaft als Versicherungsnehmer an seinen Versicherer. Der VN hatte eine Wohngebäudeversicherung abgeschlossen, die auf §§ 142 ff. VVG beruht, im Übrigen auf den Allgemeinen Wohngebäude-Versicherungsbedingungen (VGB 88). Bei älteren Objekten können noch die VGB 62 vereinbart sein. Bei neueren Objekten können die Allgemeinen Wohngebäude-Versicherungsbedingungen (VGB 2010) vereinbart werden. Im Übrigen ist auf die Allgemeinen Wohngebäude Versicherungsbedingungen (VGB 2016 – Wohnflächenmodell) zu verweisen.

2. Versicherungsgegenstand. Versichert ist das in dem Versicherungsvertrag bezeichnete Gebäude. Zubehör, das der Instandhaltung eines versicherten oder dessen Nutzung zu Wohnzwecken dient, ist mitversichert, soweit es sich in dem Gebäude befindet oder außen an dem Gebäude angebracht ist, § 1 Abs. 2 VGB 88. Weiteres Zubehör sowie sonstige Grundstücksbestandteile auf dem im Versicherungsvertrag bezeichneten Grundstück (Versicherungsgrundstück) sind nur auf Grund besonderer Vereinbarung versichert; dies ist aber möglich, regelmäßig gegen Zahlung einer höheren Prämie. Neben den Gebäudebestandteilen sind Gebäudezubehör versichert und Terrassen auf dem Versicherungsgrundstück, die unmittelbar an das Gebäude anschließen (vgl. A 6 VGB 2016).

Versicherte Gebäudebestandteile sind
- Heizungsanlagen
- Anlagen der Warmwasserversorgung; dies gilt auch für Ableitungsrohre der Wasserversorgung, die unterhalb des Kellerbodens zwischen den Fundamenten verlaufen.
- Elektroinstallation
- Einbaumöbel, wenn sie mit dem Gebäude fest verbunden sind und eine wesentliche Wertsteigerung des Objektes darstellen,
- sanitäre Einrichtungen
- Schwimmbad und Sauna
- mit dem Gebäude fest verbundene Bodenbeläge (Parkett, Fließen und Teppichböden), soweit sie fest verlegt sind,
- Anstrich und Tapeten
- Balkone
- Antennen (vgl. MAH MietR/*Belser* § 37 Rn. 4).
- Als Grundstückseinfriedung im Sinne der Wohngebäudeversicherung zählen nur Grenzeinrichtungen, die an oder auf der Grundstücksgrenze stehen und dazu bestimmt sind, das Grundstück gegen störende Einwirkungen abzuschirmen. Eine Trockenmauer, die ausschließlich Stützfunktion hat, ist hiervon nicht erfasst (OLG Dresden MDR 2018, 672).

3. **Versicherte Gefahren und Schäden, § 4 VGB 88,**
Entschädigt werden versicherte Sachen, die durch
- Brand, Blitzschlag, Explosion, Anprall oder Absturz eines bemannten Flugkörpers, seiner Teile oder seiner Ladung,
- Leitungswasser oder Sturm oder Hagel zerstört oder beschädigt werden oder infolge eines solchen Ereignisses abhanden kommen.

Die Definitionen von Brand, Blitzschlag und Explosion finden sich in § 5 VGB 88, von Leitungswasserschaden in § 6 VGB 88, von Rohrbruch/Frost in § 7 VGB 88 und Sturm/Hagel in § 8 VGB 88, und in § 2 Z. 1 bis 3 VGB 2010. Zusätzlich wird auf A 1 bis A 5.5.5. VGB 2016 verwiesen.

Dem Vermieter ist anzuraten, das Verfahren nach § 16 Abs. 3 VGB 88 (Abschluss einer gleitenden Neuwertversicherung) einzuhalten, um dem Versicherer die Möglichkeit zu nehmen, sich auf eine eventuelle Unterversicherung berufen zu können; in der Gleitenden Neuwertversicherung gilt die Versicherungssumme als richtig ermittelt, wenn
- sie auf Grund einer vom Versicherer anerkannten Schätzung eines Bausachverständigen festgesetzt wird;
- der Versicherungsnehmer im Antrag den Neuwert in Preisen eines anderen Jahres als 1914 zutreffend angibt und der Versicherer diesen Betrag auf seine Verantwortung umrechnet;
- der Versicherungsnehmer Antragsfragen nach Größe, Ausbau und Ausstattung des Gebäudes zutreffend beantwortet und der Versicherer hiernach die Versicherungssumme 1914 auf seine Verantwortung berechnet.

Nach § 13 VGB 88 ist Grundlage der Gleitenden Neuwertversicherung der Versicherungswert 1914. Versicherungswert 1914 ist der ortsübliche Neubauwert des Gebäudes entsprechend seiner Größe und Ausstattung sowie seines Ausbaues nach Preisen des Jahres 1914. Hierzu gehören auch Architektengebühren sowie sonstige Konstruktions- und Planungskosten, § 13 Abs. 2 VGB 88. Abweichend davon kann der Neuwert, Zeitwert oder gemeine Wert als Versicherungswert vereinbart werden, § 14 Abs. 1 VGB 88.

Versichert sind die infolge eines Versicherungsfalls notwendigen Kosten für das Aufräumen und den Abbruch von Sachen, die durch den Versicherungsvertrag versichert sind, für das Abfahren von Schutt und sonstigen Resten dieser Sachen zum nächsten Ablagerungsplatz und für das Ablagern oder Vernichten (Aufräumungs- und Abbruchkosten); darüber hinaus sind versichert die Kosten, die dadurch entstehen, dass zum Zweck der Wiederherstellung oder Wiederbeschaffung von Sachen, die durch den Versicherungsvertrag versichert sind, andere Sachen bewegt, verändert oder geschützt werden müssen (Bewegungs- und Schutzkosten), § 2 Abs. 1b VGB 88; ferner sind Kosten versichert für Maßnahmen, auch erfolglose, die der Versicherungsnehmer zur Abwendung oder Minderung des Schadens für geboten halten durfte (Schadensabwendungs- oder Schadensminderungskosten), § 2 Abs. 1c VGB 88.

Nach § 3 Abs. 1 VGB 88 ersetzt der Versicherer den **Mietausfall** einschließlich etwaiger fortlaufender Mietnebenkosten, wenn Mieter von Wohnräumen infolge eines Versicherungsfalles berechtigt sind, die Zahlung von Miete ganz oder teilweise zu verweigern; der Versicherer ersetzt den ortsüblichen Mietwert von Wohnräumen, die der Versicherungsnehmer selbst bewohnt oder die infolge eines Versicherungsfalles unbenutzbar geworden sind, falls dem Versicherungsnehmer die Beschränkung auf einen etwa benutzbar gebliebenen Teil seiner Wohnung nicht zugemutet werden kann.

Diese Regelung gilt nicht für gewerbliche Objekte; insoweit bedarf es besonderer Vereinbarungen, § 3 Abs. 2 VGB 88. Mietausfall und Mietwert werden bis zu dem Zeitpunkt ersetzt, in dem die Wohnung wieder benutzbar ist, höchstens jedoch für 12 Monate seit dem Eintritt des Versicherungsfalles. Entschädigung wird nur geleistet, soweit der Versicherungsnehmer die Möglichkeit der Wiederbenutzung nicht schuldhaft verzögert.

Grundlage für die Entschädigungsberechnung sind die ortsüblichen Wiederherstellungskosten einschließlich der Architektengebühren sowie sonstiger Konstruktions- und Planungskosten (MAH MietR/*Belser* § 37 Rn. 10). Bei Abschluss des Versicherungsvertrages sollte die Berechnung des Versicherungswertes vom Versicherungsmakler oder Ausschließlichkeitsvertreter vorgenommen werden, die für unzutreffende Berechnungen einstehen müssen. Darüber hinaus sollte das Wohnflächenmodell zugrunde gelegt werden (vgl. MAH MietR/*Belser* § 37 Rn. 10).

4. Bei leerstehenden Wohngebäuden liegt eine **Gefahrerhöhung für das Feuerrisiko** vor, falls nach den Umständen des Einzelfalles die Wahrscheinlichkeit vorsätzlicher oder fahrlässiger Brandstiftungen durch Dritte quantitativ erheblich gestiegen ist. Bei der Prüfung der Frage, ob eine Gefahrerhöhung vorliegt, ist nicht auf einzelne Gefahrumstände, sondern auf die Gesamtentwicklung des Risikos abzustellen; soweit sich gefahrerhöhende und gefahrvermindernde Umstände gegenüberstehen, sind sie gegeneinander abzuwägen (BGH NJW 1981, 926). Falls zwei Gebäude durch einen Durchgang im Keller miteinander verbunden sind, kann bereits das Leerstehen des Nachbarhauses eine Gefahrerhöhung für das versicherte und noch bewohnte Gebäude begründen (OLG Hamm VersR 1985, 378). Anders als bei **Einfamilienhäusern** kann bei **Mehrfamilienhäusern** die Gefahr unter besonders erschwerenden Umständen schon dann erhöht sein, wenn sie auch nur teilweise leer stehen, mögen auch einzelne – evtl. verwahrloste – Wohnungen noch bewohnt sein. Für sich allein reicht eine Reduzierung der Anzahl der Bewohner regelmäßig nicht aus, insbesondere dann nicht, wenn die örtlichen Gegebenheiten für Eindringlinge eher ungünstig sind, zB bei dichter Bebauung, in einer Ortsmitte oder in ländlich strukturiertem Gebiet (vgl. OLG Hamm VersR 1987, 397). Im Rahmen der Wohngebäudeversicherung setzt eine Gefahrerhöhung im Sinne des § 10 Ziff. 3b VGB 88 voraus, dass sich die Gefahrenlage gegenüber der Situation bei Vertragsschluss **nachträglich verschlechtert** hat (vgl. BGH NJW 1981, 926 (927)). Nicht genutzte Gebäude stellen in besonderem Maße Anziehungspunkt für Obdachlose, Einbrecher und Randalierer dar. Ferner begründen sie eine erhöhte Feuergefahr durch Brandstifter und erhöhte Gefahren für Leitungswasserschäden durch Frost. Leerstehenlassen eines Gebäudes begründet für sich allein noch keine Erhöhung der Brandgefahr, wenn nicht weitere Umstände hinzukommen. Eine Gefahrerhöhung kann zu bejahen sein, wenn durch Verwahrlosung des Gebäudes das Leerstehen offenbart wird (OLG Koblenz BeckRS 2005, 01867). Wird in einem Gebäude einer bisherigen Kfz-Werkstatt ein (kleines) Bordell betrieben, so kann dies wegen der besonderen hiermit verbundenen Risiken eine Gefahrerhöhung im Rahmen der Gebäudeversicherung darstellen. Dies gilt auch, wenn das Gebäude von außen nicht als eines mit Bordellbetrieb erkennbar ist und Mietverträge bereits gekündigt sind (OLG Hamm MDR 2015, 463).

Allein die Tatsache, dass eine an Alzheimer-Erkrankung leidende und bettlägerige Versicherungsnehmerin in den Haushalt ihrer Tochter aufgenommen wird, ohne dass sie ihre bisherige Wohnung mit Hausrat aufgibt, reicht nicht aus, um von einer Verlagerung des Lebensmittelpunktes in eine neue Wohnung auszugehen und den Versicherungsschutz für den Hausrat der bisherigen Wohnung zu entziehen. Erforderlich ist, dass die Verlagerung des Lebensmittelpunktes bewusst und gewollt erfolgt. Maßgebend ist dabei, dass der Versicherungsnehmer auch nach außen deutlich macht, dass er seinen Lebensmittelpunkt auf unabsehbare Zeit in eine andere Wohnung verlegen möchte. Solange die Versicherungsnehmerin die Absicht hatte – auch möglicherweise in Verkennung ihres Gesundheitszustandes – wieder in ihre Wohnung zurückzukehren, hat sie nach außen die Absicht gerade nicht bekundet, ihren bisherigen Lebensmittelpunkt zu verlegen. Diese Situation ist einem Krankenhausaufenthalt vergleichbar (vgl. OLG Koblenz BeckRS 2005, 01867). Anders kann sich allerdings die Situation darstellen, wenn sich eine ältere Person in ein Alters- oder Pflegeheim begibt und dadurch bereits nach außen hin manifestiert, dass eine Verlagerung des Lebensmittelpunktes erfolgt.

§ 17 VGB 2010 regelt besonders gefahrerhöhende Umstände. Eine anzeigenpflichtige Gefahrerhöhung kann insbesondere vorliegen, wenn sich ein Umstand ändert, nach dem der Versicherer vor Vertragsschluss gefragt hat, ein Gebäude oder der überwiegende Teil eines Gebäudes nicht genutzt wird, Baumaßnahmen durchgeführt werden, in deren Verlauf das Dach ganz oder teilweise entfernt wird oder die das Gebäude überwiegend unbenutzbar machen, in das versicherte Gebäude ein Gewerbebetrieb aufgenommen oder verändert wird oder das Gebäude nach Vertragsschluss unter Denkmalschutz gestellt wird.

5. Die Gefahrerhöhung kann durch **kompensierende Maßnahmen des Versicherungsnehmers** ausgeglichen werden. Nach BGH VersR 1982, 466 soll als derartiger kompensierender Umstand bereits der Wegfall der mit dem Wohnen von Menschen verbundenen Gefahren in Betracht kommen. Vergleichbarkeit der gefahrerhöhenden und gefahrmindernden Umstände wird nicht verlangt (BGH VersR 1975, 845). Als kompensierende Gegenmaßnahmen kommen in Betracht: Erhaltung eines tadellosen Zustands von Türen und Fenstern, sorgfältiges Verschließen aller Gebäude- und Gartentore, regelmäßig gemähter Rasen, gepflegter Vorplatz, geputzte Fenster, ein sehr gepflegter Gesamteindruck.

6. Eine Gefahrerhöhung ist **dem Versicherer unverzüglich schriftlich anzuzeigen.** Es gilt die Legaldefinition des § 121 Abs. 1 S. 1 BGB; entsprechendes ist in § 23 Abs. 2 VVG geregelt. Bei einer Gefahrerhöhung kann der Versicherer nach §§ 23 bis 30 VVG zur Kündigung berechtigt oder leistungsfrei sein. Die Verpflichtung des Versicherers zur Leistung bleibt nach § 26 Abs. 2 VVG bestehen, wenn der Versicherungsnehmer nicht vorsätzlich gehandelt hat. Handelt der Versicherungsnehmer fahrlässig, wird die Leistung des Versicherers entsprechend reduziert.

Die §§ 23 bis 26 VVG sind nicht anzuwenden, wenn nur eine unerhebliche Erhöhung der Gefahr vorliegt oder wenn nach den Umständen als vereinbart anzusehen ist, dass die Gefahrerhöhung mitversichert sein soll, § 27 VVG.

2. Schadensanzeige des Vermieters bei einem Leitungswasserschaden

. . . . .

(Vermieter)[1]

an

. . . . .

(Versicherungsgesellschaft)

Sehr geehrte(r) . . . . . . ,

Hiermit zeige ich einen Leitungswasserschaden an, den mir mein Mieter heute morgen gemeldet hat.[1,2]

Im dritten Obergeschoss des Mehrfamilienhauses befindet sich die Wohnung des Mieters . . . . . . Heute morgen entdeckte der Mieter . . . . . . , der die darunter liegende Wohnung angemietet hat, dass die Decke seiner Küche total durchnässt war und Wasser an der Wand zur . . . . . .-Straße herunterlief. Decke und Wand sind total durchnässt; die Rauhfasertapete hat sich bereits von der Wand gelöst.

Als Schadensursache wurde ein Wasserrohrbruch – Zuleitung zur Wasserversorgung in der Küche – in der Wohnung des Mieters festgestellt. Der Wasseraustritt muss bereits im Laufe der Nacht erfolgt sein. Sobald der Schaden entdeckt war, sind Sicherungsmaßnahmen eingeleitet worden. Nach Austrocknung der Wände und der Decke werden Reparaturarbeiten in Form von Anstreicherarbeiten notwendig werden. Der Installateur für die Beseitigung der unmittelbaren Schadensursache ist bereits verständigt und hat seine Arbeiten zur Sanierung des Wasser-Zuleitungsrohres für morgen angekündigt. Für weitere Auskünfte stehe ich gern zur Verfügung.[3]

Den Mieter . . . . . . dürfte an dem Schadensfall ein Verschulden nicht treffen.[4]

Umstände, die eine Gefahrerhöhung rechtfertigen könnten, sind nicht gegeben.[5]

. . . . .

(Vermieter)[1]

Anmerkungen

1. Der **Vermieter** in seiner Eigenschaft **als Versicherungsnehmer** wendet sich an den Versicherer der Wohngebäudeversicherung und zeigt einen Schadensfall an, der sich in einem Mehrfamilienhaus ereignet hat und auf einem Wasserrohrbruch beruht. Der Versicherungsnehmer hat, sobald er von dem Eintritt des Versicherungsfalles Kenntnis erlangt hat, dem Versicherer **unverzüglich** Anzeige zu machen, § 30 Abs. 1 VVG; es gilt die Legaldefinition des § 121 Abs. 1 S. 1 BGB. Kennenmüssen reicht nicht aus (BGH NJW 1970, 1045). Die Anzeige ist von dem Versicherungsnehmer zu erstatten; bei mehreren Versicherungsnehmern genügt die von einem erstattete Meldung.

Für die Eintrittspflicht des Versicherers ist erforderlich, dass Leitungswasser zu einem Schaden geführt hat. Unter Leitungswasser wird Wasser verstanden, dass aus Rohren und Anlagen bestimmungswidrig ausgetreten ist, wobei Wasserdampf dem Leitungswasser gleichgestellt wird. Nicht vom Leitungswasser werden Überschwemmungen, Ausuferung oberirdischer Gewässer und Witterungsniederschläger erfasst, die in einer zusätzlichen Elementarversicherung abgedeckt werden müssen (MAH VersicherungsR/*W. Schneider*

§ 6 Rn. 24.). Ergänzend wird auf A.4.2 VGB 2016 – Wohnflächenmodell verwiesen. Wird durch das Eindringen von Sauerstoff eine Solar – Anlage beschädigt, nachdem sich ein Schlauch gelöst hat, ist dieser Schaden weder als Leitungswasserschaden noch als Rohrbruch vom Versicherungsschutz erfasst (OLG Hamm NJW-RR 2016, 1313).

2. Der **Inhalt der Schadensanzeige** ergibt sich aus dem Zweck, den Versicherer von einem prima facie seine Leistungspflicht begründenden Ereignis in Kenntnis zu setzen (Prölss/ Martin/*Armbrüster* VVG § 30 Rn. 5). Der Sachverhalt muss so substantiiert mitgeteilt werden, dass der Versicherer auf Grund der Angaben in Schadensermittlungen eintreten kann. Demgemäß ist die Anzeige gegenüber dem Versicherer selbst zu machen; eine Anzeige gegenüber dem Agenten ist nicht empfehlenswert (Langheid/Rixecker/*Rixecker* VVG § 30 Rn. 9).

3. Der Versicherer kann nach dem Eintritt des Versicherungsfalles verlangen, dass der Versicherungsnehmer jede Auskunft erteilt, die zur Feststellung des Versicherungsfalles oder des Umfangs der Leistungspflicht des Versicherers erforderlich ist. Der Versicherer kann Belege insoweit fordern, als die Beschaffung dem Versicherungsnehmer billigerweise zugemutet werden kann. Bei der Auskunftspflicht handelt es sich um eine Obliegenheit im Sinne des § 28 VVG. Bei Verletzung dieser Obliegenheit durch den Versicherungsnehmer kann gegebenenfalls für den Versicherer Leistungsfreiheit eintreten. Die Auskunft ist dem Versicherer gegenüber zu erteilen, eventuell aber auch einer vom Versicherer beauftragten Person, etwa einem Sachverständigen.

Der Inhalt der Auskunftspflicht ergibt sich aus dem Zweck, den Versicherer in die Lage zu versetzen, sachgemäße Entschließungen über die Behandlung des Versicherungsfalles zu treffen (BGH VersR 2006, 258). Besitzt der Versicherungsnehmer die Kenntnis der unter die Auskunftspflicht fallenden Umstände nicht, so muss er sich die entsprechenden Informationen beschaffen. Der Versicherer ist nicht auf das unbedingt Notwendige beschränkt; der Versicherer kann vielmehr die Auskünfte verlangen, die er für notwendig hält. Er kann ua nach Versicherungsverträgen mit anderen Gesellschaften fragen, insbesondere aber auch nach Vorschäden.

Im Falle einer Verletzung der Auskunftspflicht ist regelmäßig Leistungsfreiheit vereinbart, was jedoch grundsätzlich davon abhängt, dass die Obliegenheitsverletzung Einfluss auf den Eintritt des Versicherungsfalles oder den Umfang der Leistungspflicht des Versicherers hat, § 28 Abs. 3 VVG. Dem Versicherungsnehmer ist hier äußerste Sorgfalt zu empfehlen.

4. Gemäß § 2 Ziff. 13 BetrKV (früher Ziff. 13 der Anlage 3 zu § 27 der 2. BVO) kann der Vermieter die Kosten der Versicherung des Gebäudes gegen Feuer-, Sturm- und Wasser – sowie sonstige Elementarschäden, der Glasversicherung, der Haftpflichtversicherung für das Gebäude, den Öltank und den Aufzug auf die Mieter umlegen. Grundsätzlich ist dem Mieter anzuraten, sich vertraglich zu verpflichten, diese Betriebskosten anteilmäßig zu zahlen. Darin lag nach früherer Auffassung nämlich eine stillschweigende Beschränkung der Haftung für die Verursachung dieser Schäden auf Vorsatz und grobe Fahrlässigkeit (vgl. BGH NJW 2001, 1353; MAH MietR/*Gies* § 24 Rn. 134). Hätte der Mieter selbst eine entsprechende Versicherung abgeschlossen, haftet er nach § 61 VVG lediglich für Vorsatz und grobe Fahrlässigkeit; genauso ist zu entscheiden, hat der Vermieter die Versicherung abgeschlossen für das Gebäude und der Mieter trägt im Innenverhältnis über die umlagefähigen Betriebskosten die entsprechende Prämie.

Allerdings ist zu beachten, dass ein privathaftpflichtversicherter Gewerberaummieter, der wegen Verletzung der ihm übertragenen Verkehrssicherungspflicht einem Dritten schadensersatzpflichtig ist, auch dann keinen Regressanspruch gegen den Vermieter hat, wenn er vereinbarungsgemäß die anteilige Prämie für die Gebäudehaftpflichtversicherung zahlt (OLG Hamm NZM 2006, 195). Die mit der Übernahme der Verkehrssicherungspflicht begründete deliktische Einstandspflicht des Mieters besteht nicht nur gegenüber Dritten (Passanten,

Besuchern und anderen Mietern), sondern auch gegenüber dem Vermieter. Für die Haftungs-regelung im Innenverhältnis zwischen Mieter und Vermieter gilt, hat der Mieter seine von ihm übernommene Verkehrssicherungspflicht verletzt, kann er sich gegenüber seinem Ver-mieter nicht darauf berufen, dieser habe ihn nicht hinreichend überwacht und kontrolliert.

Eine Ausgleichspflicht des Vermieters lässt sich heute auch dann nicht mehr daraus herleiten, dass der Mieter im Innenverhältnis die Prämie für die Versicherung im Wege der Betriebskosten gezahlt hat. Die Gegenleistung für die Abwälzung der Versicherungs-prämie auf den Mieter besteht mangels besonderer Abreden nach heutiger Auffassung nicht darin, dass die Haftung des Mieters gegenüber dem Vermieter stillschweigend auf Vorsatz und grobe Fahrlässigkeit beschränkt ist. Diese auf einen Lösungsansatz des Reichsgerichts (RGZ 122, 292 (294)) gegründete für den Mieterregress des Sachver-sicherers vertretene mietvertraglich oder haftungsrechtliche Lösung ist abgelöst worden von der sog. **versicherungsrechtlichen Lösung**, die im Wege einer ergänzenden Vertrags-auslegung in der Sachversicherung einen konkludenten Regressverzicht des Sachversiche-rers für die Fälle annimmt, in denen der Mieter den Schaden durch einfache Fahrlässig-keit verursacht hat (vgl. die Nachweise bei OLG Hamm NZM 2006, 195 (196)). Auch der VIII. Senat des Bundesgerichtshofs hat den haftungsrechtlichen Ansatz aufgegeben (vgl. BGH NZM 2005, 100). Auch aus § 59 Abs. 2 aF VVG lässt sich in diesen Fällen ein Ausgleichsanspruch gegen den Versicherungsnehmer nicht ableiten. Zunächst setzt die vorbezeichnete Vorschrift eine Doppelversicherung voraus, die allenfalls zu einem Aus-gleichsanspruch der Versicherer untereinander führen kann, nicht aber zu einem Aus-gleichsanspruch gegen den Versicherungsnehmer. Grundsätzlich kann dem Gebäudever-sicherer nach den Grundsätzen zum Regressverzicht ein Rückgriff auf den Mieter verwehrt sein, wobei es nicht darauf ankommt, ob dieser haftpflichtversichert ist und abweichend von § 4 I Nr. b6 Buchstabe a AHB Deckungsschutz auch für Haftpflicht-ansprüche wegen Schäden an der gemieteten Sache hat. Die Rechtsprechung nimmt im Rahmen der von ihr vertretenen versicherungsrechtlichen Lösung stets eine ergänzende Vertragsauslegung des Gebäudeversicherungsvertrages vor, dass dieser einen konkludenten Regressverzicht des Versicherers beinhaltet, wenn das Schadensereignis lediglich auf ein einfach fahrlässiges Verhalten des Mieters zurückzuführen ist (BGH NJW 2015, 699; 2006, 3707; OLG Rostock NJW 2018, 2058). Zum Ausgleich gesteht die Rechtspre-chung dafür dem Gebäudeversicherer gegen den Haftpflichtversicherer nach den Grund-sätzen der Doppelversicherung, § 78 Abs. 2 S. 1 VVG einen Ausgleichsanspruch zu (BGH NJW 2006, 3707; NJW-RR 2010, 691; OLG Rostock NJW 2018, 2058 (2059)).

5. In der Leitungswasserversicherung ist durchaus eine Kürzung der Versicherungs-leistung auf Null angesichts § 81 Abs. 2 VVG möglich, wenn etwa der Versicherungs-nehmer eine Heizungsanlage in einem leerstehenden Haus über einen längeren Zeitraum im Winter vollständig stilllegt und trotzdem die wasserführenden Leitungen weder absperrt noch entleert (OLG Hamm MDR 2012, 1343).

Ein Leistungsausschluss, demzufolge sich der Versicherungsschutz gegen Leitungswas-ser ohne Rücksicht auf mitwirkende Ursachen nicht auf Schäden „durch Schwamm" erstreckt, gilt für alle Arten von Hausfäulepilzen und erfasst gerade auch den Schwamm-befall als Folge eines versicherten Leitungswasseraustritts (BGH NJW 2012, 3238 (3240)). Hausschwamm wird demgemäß auch als Folgeschaden eines Leitungswasser-austritts nicht vom Versicherungsschutz erfasst (BGH NJW 2012, 3238 mwN).

3. Anspruchsschreiben des Geschädigten nach Ablösen von Teilen des Gebäudes (Gebäudehaftpflichtversicherung)

. . . . .

(Geschädigter)[1]

an

. . . . .

(Eigenbesitzer)[2]

Betr.: Schadensfall vom . . . . . .

Sehr geehrte(r) . . . . . . ,

Am Morgen des . . . . . . ist mein PKW durch einen vom Dach Ihres Hauses in der Straße . . . . . . stürzenden Ziegel beschädigt worden. Die Kühlerhaube meines Fahrzeugs der Marke . . . . . . , Baujahr . . . . . . mit dem amtlichen Kennzeichen . . . . . . ist so schwer eingedellt, dass ein völliger Ersatz dieses Fahrzeugteils einschließlich einer Neulackierung erforderlich ist.

Wie sich aus dem beiliegenden Angebot der Firma ergibt, beläuft sich der Schaden auf insgesamt 1.500,– EUR.

Die Ursache für das Ablösen des Dachziegels ist mir nicht bekannt, kann jedoch nur auf mangelhafte Unterhaltung des Gebäudedaches zurückgeführt werden.

Ich habe in der Person meines Mitfahrers einen Zeugen dafür, dass der Dachziegel von Ihrem Haus heruntergefallen ist.[3]

Bitte überweisen Sie den Schadensbetrag auf mein Konto IBAN . . . . . . , oder geben Sie dieses Schreiben an Ihren Gebäudehaftpflichtversicherer weiter.[4]

. . . . .

(Vermieter)

Anmerkungen

1. **Sachverhalt:** Der Absender macht einen Schadensersatzanspruch gemäß §§ 836 bis 838 BGB geltend. Der Schadensfall war eingetreten durch das Herabstürzen eines Dachziegels. In der Gebäudehaftpflichtversicherung wird die gesetzliche Haftung als Eigentümer oder Besitzer des im Versicherungsschein beschriebenen Hauses oder Grundstücks nach den vorbezeichneten Vorschriften und bei schuldhafter Verletzung einer Verkehrssicherungspflicht versichert (vgl. MAH MietR/*Belser* § 37 Rn. 14). Typischer Haftungsfall ist das Herabfallen oder Ablösen von Gebäudeteilen wie Steinen, Dachziegeln, Verkleidung etc; die Gebäudehaftpflichtversicherung umfasst auch den Fall, dass eine Person durch Einbrechen eines nicht ausreichend gesicherten Fußbodens zu Schaden kommt (Palandt/*Sprau* BGB § 836 Rn. 11; MAH MietR/Belser § 37 Rn. 14).

2. Ersatzpflichtig ist nach § 836 BGB nicht der Eigentümer, sondern der gegenwärtige oder frühere **Eigenbesitzer des Grundstücks.** Anspruchsverpflichtet kann auch der Mieter sein, der auf dem fraglichen Grundstück ein Massivhaus errichtet hat, das nach dem Ende des Mietverhältnisses wieder beseitigt werden soll. Gleichgültig ist der Umstand, ob es sich um einen mittelbaren oder unmittelbaren Besitz des Gebäudes handelt (vgl. Palandt/ *Sprau* BGB § 836 Rn. 12).

3. Nachdem der Geschädigte die anspruchsbegründenden Tatsachen geschildert hat, dürfte ein schlüssig vorgetragener Haftungsfall gegeben sein: In der Gebäudehaftpflichtversicherung wird die gesetzliche Haftung als Eigentümer oder Besitzer des im Versicherungsvertrag bezeichneten Hauses oder Grundstücks nach §§ 836 bis 838 BGB und bei schuldhafter Verletzung einer Verkehrssicherungspflicht versichert (vgl. MAH MietR/*Belser* § 37 Rn. 14). Der Sache nach handelt es sich um einen einzelnen Zweig der Allgemeinen Haftpflichtversicherung. Wird durch den Einsturz eines Gebäudes oder eines anderen mit einem Grundstück verbundenen Werkes oder durch die Ablösung von Teilen des Gebäudes oder des Werkes ein Mensch getötet, der Körper oder die Gesundheit eines Menschen verletzt oder eine Sache beschädigt, ist der Besitzer des Grundstücks, sofern der Einsturz oder die Ablösung eine Folge fehlerhafter Errichtung oder mangelhafter Unterhaltung ist, verpflichtet, dem Verletzten den daraus entstehenden Schaden zu ersetzen. Der gegenwärtige und frühere Besitzer müssen nachweisen, alle Maßnahmen getroffen zu haben, die aus technischer Sicht geboten und geeignet sind, die Gefahr einer Ablösung von Teilen, sei es auch nur bei starkem Sturm, nach Möglichkeit rechtzeitig zu erkennen und ihr zu begegnen; im Falle BGH NJW 1999, 2593 musste der Anspruchsgegner und Versicherungsnehmer beweisen, dass vor dem Unfall eindeutig und für etwaige Gerüstbenutzer eindeutig zum Ausdruck gebracht worden war, dass das Gerüst im Falle des Sturms nicht betreten werden sollte.

Gefahren, die sich unabhängig von der Verletzung aus dem Eigentum an einem Gebäude folgender Verkehrssicherungspflichten verwirklichen und daher nur in einem zufälligen Zusammenhang mit dem Haus- oder Grundbesitz stehen, fallen nicht unter die Haus- und Grundhaftpflichtversicherung, sondern in die Privathaftpflichtversicherung (vgl. OLG Hamm MDR 2012, 712). Verletzt zB ein Gebäudeeigentümer bei Abschlagen von Fliesen durch Unachtsamkeit einen Dritten, verstößt er damit nicht gegen Sorgfaltspflichten, die ihn gerade als Eigentümer eines Gebäudes treffen.

Im Rahmen der allgemeinen Verkehrssicherungspflicht kann ein Hauseigentümer nur dann aus einem Unterlassen in Anspruch genommen werden, wenn er eine Rechtspflicht hatte, Vorkehrungen zu treffen, um einen durch Schneesturz (**Dachlawine**) entstehenden Schaden abzuwenden. Grundsätzlich sind Passanten oder Fahrzeugeigentümer im gebotenen eigenen Interesse selbst verpflichtet, sich bzw. ihr Fahrzeug vor der Gefahr einer Verletzung oder Beschädigung durch herabfallenden Schnee zu schützen (OLG Jena MDR 2012, 913). Nur bei besonderen Umständen muss der Hauseigentümer Schutzmaßnahmen gegen die durch herabfallenden Schnee von seinem Hausdach verursachte Gefahr treffen. Sind derartige Umstände nicht gegeben, haftet er nicht für Schäden, die durch eine herabstürzende Dachlawine an fremden Fahrzeugen, die vor oder auf seinem Grundstück parken, entstehen.

An die **Substantiierungs- und Beweispflicht** des Haftpflichtverpflichteten sind hohe Anforderungen zu stellen (BGH NJW 1993, 1782 zum Verwalter einer Wohnungseigentumsanlage). Allerdings ist nach allgemeinen Regeln der Geschädigte darlegungs- und beweispflichtig dafür, dass das Gebäude fehlerhaft errichtet oder mangelhaft unterhalten worden ist und dadurch der Einsturz oder die Ablösung verursacht worden ist (BGH NJW 1999, 2593). Auch im Hinblick auf die Ortsüblichkeit für eine Anbringung von Schneegittern ist der Geschädigte darlegungs- und beweispflichtig (OLG Jena MDR 2012, 913).

Grundsätzlich ist der Gebäudeeigentümer und Vermieter aus dem Mietvertrag heraus verpflichtet, im Zuge des **Winterdienstes** im Rahmen des Zumutbaren dem Mieter gefahrfreien Zugang bzw. Zutritt zur Mietwohnung zu verschaffen (vgl. dazu *Hitpaß/ Kappus* NJW 2013, 565 mit zahlreichen Nachweisen aus der Rechtsprechung). Durch Individualvertrag aber auch durch AGB kann die Verpflichtung zum Winterdienst auf den Mieter übertragen werden. Auch durch eine wirksam einbezogene Hausordnung kann die Delegation dieser Verpflichtung auf den Mieter geregelt werden.

Dem Grundstückseigentümer bzw. Vermieter ist der Abschluss einer Gebäudehaftpflichtversicherung zu empfehlen, wobei je nach Lage des Einzelfalles geprüft werden muss, ob Zusatzvereinbarungen unter dem Gebot der Wirtschaftlichkeit abgeschlossen und deren Prämien auf die Mieter umgelegt werden können; dabei handelt es sich um eine Glasversicherung, die Versicherung für einen evtl. vorhandenen Öltank und den Aufzug.

4. Zwischen dem Geschädigten und der Haftpflichtversicherung bestehen keine Bindungen. Der Anspruchsteller muss sich allein an den Eigenbesitzer des Grundstücks halten. Demgemäß verweist der Anspruchsteller von vornherein darauf, das Anspruchsschreiben an den Versicherer weiterzugeben.

4. Anspruchsschreiben des Eigentümers an den Gebäudehaftpflichtversicherer

. . . . .

(Versicherungsnehmer)

an

. . . . .

(Versicherungsgesellschaft)

Betr.: Gebäudehaftpflichtversicherungsvertrag[1]

Sehr geehrte(r) . . . . . . ,

In der Anlage überreiche ich das Anspruchsschreiben des Kraftfahrers vom . . . . . .

Danach soll am Morgen des . . . . . . ein Ziegel vom Dach meines Hauses in . . . . . . auf den PKW des Anspruchstellers gefallen sein; ein Schaden von insgesamt 1.500,– EUR wird geltend gemacht.[2] Ich halte diesen Anspruch für unbegründet, da auf dem Dach des Hauses kein Dachziegel fehlt und auch kein Umstand ersichtlich ist, dass sich sonstige Teile des Hauses abgelöst und den PKW des Anspruchstellers beschädigt haben könnten.[3]

. . . . .

(Vermieter)

Anmerkungen

1. Sachverhalt: Der Eigentümer teilt seiner Haftpflichtversicherung mit, dass ein Schadensersatzanspruch durch einen Dritten gegen ihn geltend gemacht worden ist. Der Dritte berühmt sich eines Anspruchs auf Schadensersatz aus dem Gesichtspunkt der Gebäudehaftung wegen eines Sachschadens. Nach § 104 Abs. 1 VVG hat der Versicherungsnehmer dem Versicherer innerhalb einer Woche die Tatsachen anzuzeigen, die seine Verantwortlichkeit gegenüber einem Dritten zur Folge haben könnten. Macht der Dritte seinen Anspruch gegenüber dem Versicherungsnehmer geltend, ist der Versicherungsnehmer zur Anzeige innerhalb einer Woche nach der Geltendmachung verpflichtet, § 104 Abs. 1 S. 2 VVG. Nach § 106 VVG ist der Versicherer verpflichtet, dem Versicherungsnehmer die Leistung zu ersetzen, die dieser auf Grund seiner Verantwortlichkeit für eine während der Versicherungszeit eintretende Tatsache an einen Dritten zu bewirken hat. Die Leistungspflicht des Versicherers umfasst die Prüfung der Haftpflichtfrage, den Ersatz der Entschädigung, die der Versicherungsnehmer auf Grund eines von dem Versicherer abgegebenen Anerkenntnisses, eines von ihm geschlossenen oder genehmigten Vergleichs oder einer richterlichen Entscheidung zu zahlen hat, sowie die Abwehr unberechtigter Ansprüche, § 3 Abs. 2 Nr. 1 AHB.

Entgegen § 4 Abs. 1 Nr. 6a AHB ist die gesetzliche Haftpflicht eingeschlossen aus der Beschädigung von Wohnräumen und sonstigen zu privaten Zwecken gemieteten Räumen in Gebäuden. **Ausgeschlossen** sind Haftpflichtansprüche wegen Abnützung, Verschleißen und übermäßiger Beanspruchung, Schäden an Heizungs-, Maschinen-, Kessel- und Warmwasserbereitungsanlagen sowie an Elektro- und Gasgeräten, Glasschäden, soweit sich der Versicherungsnehmer hiergegen besonders versichern kann.

Eingeschlossen sind ferner abweichend von § 4 Abs. 1 Nr. 5 AHB Haftpflichtansprüche wegen Sachschäden durch häusliche Abwässer und durch Abwässer aus dem Rückstau des Straßenkanals.

In der Privathaftpflichtversicherung ist nach Nr. 4 (Mustertarif 2000) ist die gesetzliche Haftpflicht aus der Beschädigung von Wohnräumen und sonstigen zu privaten Zwecken gemieteten Räumen in Gebäuden eingeschlossen.

2. Der **Befreiungsanspruch** hat zum Gegenstand, dass der Versicherer den Versicherungsnehmer von Schadensersatzansprüchen Dritter befreit, nicht nur von begründeten, sondern auch von unbegründeten (Bub/Treier/*Dallmayr*/*Paul* X Rn. 229 und 253). Ist der Anspruch des Geschädigten noch nicht erfüllt, muss der Versicherer nicht an den Versicherungsnehmer leisten; der Befreiungsanspruch des Versicherungsnehmers wandelt sich erst dann in einen Zahlungsanspruch um, wenn der Versicherungsnehmer den Geschädigten mit Zustimmung des Versicherers befriedigt hat oder wenn der Versicherer mit seiner Berufung auf das Anerkenntnis- und Befriedigungsverbot gegen Treu und Glauben verstoßen würde. Der Versicherungsnehmer kann regelmäßig allein auf Feststellung klagen, dass der Versicherer Versicherungsschutz zu gewähren hat (vgl. Bub/Treier/*Dallmayr*/*Paul* X 258). Der Dritte hat keinen direkten Anspruch gegen den Versicherer anders als in der Kraftfahrzeughaftpflichtversicherung; er muss sich also allein an den Versicherungsnehmer halten.

3. Der **Versicherungsfall** im Sinne von § 5 Nr. 1 AHB ist dann gegeben, wenn ein Schadensereignis vorliegt, das Haftpflichtansprüche gegen den Versicherungsnehmer zur Folge haben könnte. Jeder Versicherungsfall ist dem Versicherer **unverzüglich**, spätestens innerhalb einer Woche, **anzuzeigen**, § 5 Nr. 2 AHB, § 104 VVG. Macht der Geschädigte seinen Anspruch gegenüber dem Versicherungsnehmer geltend, so ist dieser zur Anzeige innerhalb einer Woche nach Erhebung des Anspruchs verpflichtet, § 104 Abs. 1 S. 2 VVG. Gleiches gilt, wenn gegenüber dem Versicherungsnehmer ein Anspruch gerichtlich geltend gemacht wird, Prozesskostenhilfe beantragt oder ihm gerichtlich der Streit verkündet wird, § 104 Abs. 2 VVG. Entsprechendes gilt für den Fall eines Arrestes, einer einstweiligen Verfügung oder der Einleitung eines selbstständigen Beweisverfahrens.

Kommt es zu einem **Rechtsstreit über den Haftpflichtanspruch**, so hat der Versicherungsnehmer dem Versicherer die Prozessführung zu überlassen, dem vom Versicherer bezeichneten Rechtsanwalt Vollmacht zu erteilen und alle von diesem oder dem Versicherer für notwendig erachtete Aufklärung zu geben. Gegen Mahnbescheide oder Verfügungen von Verwaltungsbehörden auf Schadensersatz hat der Versicherungsnehmer, ohne die Weisung des Versicherers abzuwarten, fristgemäß Widerspruch zu erheben oder die erforderlichen Rechtsbehelfe zu ergreifen, § 5 Nr. 4 AHB. Der Versicherungsnehmer ist nicht berechtigt, ohne vorherige Zustimmung des Versicherers einen Haftpflichtanspruch ganz oder zum Teil oder vergleichsweise anzuerkennen oder zu befriedigen. Der Sache nach handelt es sich um eine **Obliegenheit**; bei Zuwiderhandlungen ist der Versicherer nach § 5 Nr. 5 S. 2 AHB von der Leistungspflicht frei, es sei denn, dass der

Versicherungsnehmer nach den Umständen die Befriedigung oder Anerkennung nicht ohne offenbare Unbilligkeit verweigern konnte.

Geht ein **Haftpflichtprozess** einem nachfolgenden **Deckungsprozess** voraus, entfaltet die rechtskräftige Entscheidung des Haftpflichtprozesses Bindungswirkung für den Deckungsprozess (vgl. Bub/Treier/*Dallmayr*/*Paul* X 259 ff. unter Hinweis auf die ständige Rechtsprechung des BGH, zB BGHZ 119, 276). Dies gilt selbst für den Fall, dass der Versicherer im Haftpflichtprozess nicht mitgewirkt hat oder ein Vollstreckungsbescheid oder ein Versäumnisurteil ergangen ist. § 5 Nr. 2 und Nr. 5 AHB bleiben unberührt.

Ist allerdings im Haftpflichtprozess eine für den Deckungsprozess wesentliche Frage, zB im Hinblick auf eine Obliegenheitsverletzung, nicht geprüft worden, ist dies selbstständig im Deckungsprozess zu entscheiden. Der vorausgegangene Deckungsprozess ist indessen für den eventuell nachfolgenden Haftpflichtprozess nicht bindend.

5. Schadensmeldung an den Versicherer nach Wohnungseinbruch

. . . . .

(Mieter/Versicherungsnehmer)

an

. . . . .

(Versicherungsgesellschaft)

Betr.: Hausratversicherungsvertrag[1]

Sehr geehrte(r) . . . . . .,

Am . . . . . . ist in meine Wohnung während einer kurzfristigen Abwesenheit meiner Familie ein Einbruch verübt worden.[2] Unbekannte Täter haben die fest verschlossene Wohnungseingangstür in der Zeit zwischen . . . . . . und . . . . . . aufgehebelt, was deutliche Spuren im Holzwerk hinterlassen hat, und sich auf diese Weise Zutritt zur Wohnung verschafft.

In der Wohnung herrscht derzeit großes Durcheinander, nachdem sämtliche Schränke, Schreibtische und sonstigen Behältnisse durchwühlt worden sind.

Fest steht, dass folgende Gegenstände entwendet worden sind:

1 Fernsehgerät, Marke . . . . . ., Neupreis 500,– EUR, gekauft am . . . . . .

1 Rasierapparat, Marke . . . . . ., Neupreis 50,– EUR, gekauft am . . . . . .

12 Gabeln, 12 Messer, 12 Löffel, aus Edelstahl, ohne Verzierung, Neupreis 360,– EUR, gekauft am . . . . . .[3]

Die Täter haben darüber hinaus auch zwei Esszimmerstühle und den Wohnzimmertisch beschädigt, indem sie sämtliche Stuhlbeine und Tischbeine abgebrochen haben.[4]

Die Möbel sind im . . . . . . angeschafft worden, befanden sich in gutem Zustand und wiesen die üblichen Gebrauchsspuren auf; der Neupreis belief sich auf 500,– EUR.

Belege über den Ankauf dieser Stücke sind dieser Schadensanzeige beigefügt.

Im Übrigen weise ich darauf hin, dass ich der Kriminalpolizei in K mit gleicher Post Mitteilung über den Einbruch gemacht habe einschließlich einer Anzeige sämtlicher gestohlenen und beschädigten Gegenstände.[5]

Für weitere Auskünfte stehe ich gern zur Verfügung.[6]

. . . . .

(Mieter/Versicherungsnehmer)

Anmerkungen

1. Allgemeine Hausratsversicherungsbedingungen liegen in der Fassung von 1942, 1966, 1974, 1984, 1992, 2000 und 2010 vor. Die **Anzeige des Versicherungsfalles** hat nach § 21 Nr. 1a VHB 92, § 26 VHB 2000 und § 8 Nr. 2a Abschn. B VHB 2008 **unverzüglich** zu erfolgen. Es gilt die Fristbestimmung des § 121 Abs. 1 BGB. Eine Schadensanzeige eine Woche nach dem Schadensereignis ist nicht mehr unverzüglich in diesem Sinne (LG Ravensburg VersR 1965, 278).

2. Folgende **Gefahren** sind durch die **Hausratsversicherung** gedeckt:
- Brand, § 3 Nr. 1 VHB 92 in Verbindung mit § 4 Nr. 1 VHB 92, § 3 VHB 2000 und § 2 Abschn. A, VHB 2008,
- Blitzschlag, § 3 Nr. 1 iVm § 4 Nr. 2 VHB 92, § 3 VHB 2000 und § 2, Abschn. A VHB 2008,
- Explosion § 3 Nr. 1 iVm § 4 Nr. 3 VHB 92, § 3 VHB 2000 und § 2 Abschn. A VHB 2008,
- Anprall oder Absturz eines Luftfahrzeugs, seiner Teile oder seiner Ladung,
- § 3 Nr. 1 VHB 92, § 3 VHB 2000 und § 2 Abschn. A VHB 2008,
- Einbruchsdiebstahl, § 3 Nr. 2 iVm § 5 Nr. 1 VHB 92, § 3 VHB 2000 und § 3 Abschn. A VHB 2008,
- Vandalismus nach einem Einbruch, § 3 Nr. 3 iVm § 6 VHB 92, § 6 VHB 2000 und § 3 Nr. 3 Abschn. A VHB 2008,
- Leitungswasser, § 3 Nr. 4 iVm § 7 VHB 92, § 7 VHB 2000 und § 4 Abschn. A VHB 2008,
- Sturm, Hagel, § 3 Nr. 5 iVm § 8 VHB 92, § 8 VHB 2000 und § 5 Abschn. A VHB 2008,
- Frostschäden, § 7 Nr. 2 VHB 92.

Was unter Einbruchsdiebstahl zu verstehen ist, regeln § 5 Nr. 1 VHB 92, § 5 VHB 2000 und § 3 Nr. 2 VHB 2008; für Raub gelten § 5 Nr. 2 VHB 92, § 5 VHB 2000 und § 3 Nr. 4 VHB 2008. Erfasst werden die Alternativen des §§ 243 ff. StGB und §§ 249 StGB.

3. Versichert ist nach § 1 VHB 92, § 1 VHB 2000 und § 6 Abschnitt A VHB 2008 der **gesamte Hausrat.** Dazu gehören alle Sachen, die einem Haushalt zur Einrichtung oder zum Gebrauch oder zum Verbrauch dienen, außerdem Bargeld. Für Wertsachen einschließlich Bargeld gelten Wertgrenzen, § 19 VHB 92, § 28 VHB 2000 und § 13 Abschnitt A VHB 2008. Dies gilt auch für Urkunden einschließlich Sparbücher und sonstige Wertpapiere, Schmucksachen, Pelze und Kunstgegenstände (MAH MietR/*Belser* § 37 Rn. 18).

Vermietete Sachen, die Eigentum des Versicherungsnehmers oder einer mit ihm in häuslicher Gemeinschaft lebenden Person sind oder die deren Gebrauch dienen, sind weltweit auch versichert, solange sie sich vorübergehend außerhalb der Wohnung befinden, § 12 VHB 92, § 7 Nr. 1 Abschn. A VHB 2008. Zeiträume von mehr als 3 Monaten gelten nicht als vorübergehend. Hält sich der Versicherungsnehmer oder eine mit ihm in häuslicher Gemeinschaft lebende Person zur Ausbildung, zur Erfüllung von Wehrpflichten oder Zivildienst außerhalb der Wohnung auf, so gilt dies solange als vorübergehend, wie sie nicht dort einen eigenen Haushalt gegründet haben, § 7 Nr. 2 Abschnitt A VHB 2008.

Für **Sturm- und Hagelschäden** besteht Außenversicherungsschutz nur, wenn sich die Sachen in Gebäuden befinden, § 7 Nr. 5 Abschn. A VHB 2008.

Gemäß § 21 Nr. 1c VHB 92, § 26 Nr. 1c VHB 2000, § 8 Nr. 2a ff VHB 2008 hat der Versicherungsnehmer bei Eintritt des Versicherungsfalles dem Versicherer ein von ihm unterschriebenes **Verzeichnis** der abhanden gekommenen, zerstörten oder beschädigten

Sachen vorzulegen. Der Versicherungswert der Sachen oder der Anschaffungspreis und das Anschaffungsjahr sind dabei anzugeben. Verletzt der Versicherungsnehmer oder sein Repräsentant diese Obliegenheit, so ist der Versicherer nach Maßgabe des § 28 Abs. 2 VVG nur zu einer eingeschränkten Leistung verpflichtet oder im Falle vorsätzlichen Verhaltens des Versicherungsnehmers leistungsfrei.

4. Auch **Vandalismusschäden** sind nach § 6 VHB 92, § 6 VHB 2000 und § 3 Nr. 3 Abschn. A VHB 2008 vom Versicherungsschutz erfasst. Vandalismus liegt vor, wenn der Täter auf eine in § 5 Nr. 1a oder f bezeichneten Weise in die Wohnung eindringt und versicherte Sachen vorsätzlich zerstört oder beschädigt.

Neben der Sachversicherungsleistung sind auch **Kosten** zu ersetzen, § 2 VHB 92, insbesondere Aufräumkosten, Bewegungs- und Schutzkosten, Transport- und Lagerkosten, Schadensabwendungs- und Schadensminderungskosten, Schlossänderungskosten, Reparaturkosten für Gebäudebeschädigungen, Reparaturkosten für gemietete Wohnungen (für Reparaturen in gemieteten Wohnungen, um Leistungswasserschäden an Bodenbelägen, Innenanstrichen oder Tapeten der Wohnung zu beseitigen, § 10 VHB 92) sowie Hotelkosten, § 6 Abschnitt A VHB 2008.

Nicht versicherte Schäden:

Vorsätzliche oder grob fahrlässige Herbeiführung des Versicherungsfalles durch den Versicherungsnehmer oder seinen Repräsentanten; bei grober Fahrlässigkeit kann eine Quotelung nach dem Grad des Verschuldens vorgenommen werden.

Kriegsereignisse, innere Unruhen oder durch Kernenergie entstandene Schäden.

Bei Brand, Blitzschlag oder Explosion besteht kein Versicherungsschutz für Sengschäden, die nicht durch einen Brand entstanden sind.

Bei Leitungswasser besteht kein Versicherungsschutz auf Schäden durch Plantsch- oder Reinigungswasser und durch Grundwasser, stehende oder fließendes Gewässer, Hochwasser oder Witterungsniederschläge oder ein durch diese Ursachen hervorgerufenen Rückstau, Erdsenkung oder Erdrutsch und Schwamm.

Kein Versicherungsschutz bei Schäden durch Erdbeben, Schneedruck, Lawinen oder Vulkanausbruch (vgl. MAH MietR/*Belser* § 37 Rn. 24).

5. Bei Eintritt des Versicherungsfalles hat der Versicherungsnehmer unverzüglich der zuständigen **Polizeidienststelle** ein Verzeichnis der abhanden gekommenen Sachen einzureichen, § 21 Nr. 1c VHB 92, § 26 Nr. 1c VHB 2000 und § 8 Nr. 2a ff. VHB 2008 (→ Form. F.VIII.6). Darüber hinaus hat der Versicherungsnehmer abhanden gekommene Sparbücher und andere sperrfähige Urkunden sperren zu lassen sowie für abhanden gekommene Wertpapiere ein Aufgebotsverfahren einzuleiten.

Verletzt der Versicherungsnehmer oder sein Repräsentant eine dieser **Obliegenheiten**, ist der Versicherer nach § 28 Abs. 2 VVG grundsätzlich leistungsfrei. **Nach § 8 Nr. 3a Abschn. B VHB 2008** beschränkt sich die Leistungsfreiheit des Versicherers auf den Fall einer vorsätzlichen Verletzung von Obliegenheiten durch den Versicherungsnehmer. Bei grob fahrlässiger Verletzung der Obliegenheit ist der Versicherer berechtigt, seine Leistung in dem Verhältnis zu kürzen, das der Schwere des Verschuldens des Versicherungsnehmers entspricht. Das Nichtvorliegen einer groben Fahrlässigkeit hat der Versicherungsnehmer zu beweisen (vgl. § 28 VVG).

Außer im Falle einer arglistigen Obliegenheitsverletzung ist der Versicherer zur Leistung verpflichtet, soweit der Versicherungsnehmer nachweist, dass die Verletzung der Obliegenheit weder für den Eintritt oder die Feststellung des Versicherungsfalles noch für die Feststellung oder den Umfang der Leistungspflicht des Versicherers ursächlich ist, § 8 Nr. 3b Abschn. B VHB 2008.

Wird eine Obliegenheit im Sinne des § 26 Nr. 1 VHB 2000 verletzt, verliert der Versicherungsnehmer seinen Versicherungsschutz, es sei denn, diese wurde weder vorsätzlich noch grob fahrlässig verletzt, § 26 Nr. 2 VHB 2000. Bei grob fahrlässiger Verletzung behält der Versicherungsnehmer insoweit seinen Versicherungsschutz, als die Verletzung weder Einfluss auf die Feststellung des Versicherungsfalles noch auf die Bemessung der Leistung gehabt hat. Hatte eine vorsätzliche Verletzung weder auf die Feststellung des Versicherungsfalles noch auf die Feststellung der Entschädigung bzw. deren Umfang Einfluss, so bleibt der Versicherer zur Leistung verpflichtet, wenn die Verletzung nicht geeignet war, die Interessen des Versicherers ernsthaft zu beeinträchtigen oder wenn den Versicherungsnehmer kein erhebliches Verschulden trifft, § 26 Nr. 2b VHB 2000.

Sind abhanden gekommene Sachen der Polizeidienststelle nicht oder nicht unverzüglich angezeigt worden, so kann der Versicherer nur für diese Sachen von der Entschädigungspflicht frei sein, § 21 Nr. 3 VHB 92, § 26 Nr. 2b VHB 2000.

6. Der Versicherungsnehmer hat den Schaden nach Möglichkeit **abzuwenden** oder zu **mindern** und dabei die **Weisungen des Versicherers** zu befolgen, die der Versicherungsnehmer, soweit die Umstände dies gestatten, einholen muss; der Versicherungsnehmer hat dem Versicherer jede zumutbare Untersuchung über Ursache und Höhe des Schadens und über den Umfang der Entschädigungspflicht zu gestatten, jede hierzu dienliche Auskunft – auf Verlangen schriftlich – zu erteilen und Belege beizubringen, § 21 Nr. 2 VHB 92, § 26 Nr. 1a VHB 2000 und § 8 Nr. 2a cc Abschn. B VHB 2008.

6. Schadensmeldung an die Polizeidienststelle nach Wohnungseinbruch

(Mieter/Versicherungsnehmer)

. . . . .

an

. . . . .

(Polizeipräsidium)

Betr. Einbruchsdiebstahl in meine Wohnung

Sehr geehrte(r) . . . . . .,

Am . . . . . . ist in meine Wohnung während einer kurzfristigen Abwesenheit meiner Familie in der Zeit zwischen . . . . . . und . . . . . . Uhr ein Einbruch verübt worden.[1] Unbekannte Täter haben die fest verschlossene Wohnungseingangstür aufgehebelt, was deutliche Spuren im Holzwerk hinterlassen hat, und sich auf diese Weise Zutritt zur Wohnung verschafft.

Folgende Gegenstände sind entwendet worden:

1 Fernsehgerät, Marke . . . . . ., Neupreis 500,– EUR, gekauft . . . . . .

1 Rasierapparat, Marke . . . . . ., Neupreis 50,– EUR, gekauft . . . . . .

12 Gabeln, 12 Messer, 12 Löffel, Neupreis 360,– EUR, aus Edelstahl, ohne Verzierung. Die Diebe haben in meiner Wohnung ein großes Durcheinander verursacht. Die Prüfung, ob noch weitere Gegenstände entwendet worden sind, ist noch nicht abgeschlossen. Falls noch weitere Gegenstände gestohlen worden sind, wird dies unverzüglich schriftlich angezeigt.[2]

Fotografien der entwendeten Gegenstände sind beigefügt.

Aus allen in Betracht kommenden Gesichtspunkten wird Strafantrag gestellt.[3]

· · · · ·

(Mieter/Versicherungsnehmer)

Anmerkungen

1. Bei Eintritt des Versicherungsfalls hat der Versicherungsnehmer unverzüglich nicht nur dem Versicherer den Schaden anzuzeigen, § 21 Nr. 1a VHB 92, sondern auch der **zuständigen Polizeidienststelle** in Fällen von Brand, Explosion, Einbruchdiebstahl, Vandalismus oder Raub; ein Verzeichnis der abhanden gekommenen Sachen ist einzureichen, § 21 Abs. 1b VHB 92; es handelt sich um eine Obliegenheit, deren Verletzung nach § 21 Abs. 3 VHB 92 zur Leistungsfreiheit des Versicherers führen kann. Die Anzeige bei der Polizei (vgl. Abschnitt B § 8 Nr. 2a ff. VHB 2010) wie auch die Einreichung einer Liste der entwendeten Gegenstände soll die Fahndungsmaßnahmen der Polizei unterstützen. Die Liste sollte wegen dieses Zweckes möglichst detailliert sein. Namentlich gilt dies, wenn individuelle Stücke entwendet worden sind, zB einzeln angefertigte Schmuckstücke oder auffallende Rauchwaren. Für den Fall von entwendeten Massengütern können die Anforderungen nicht so hoch gestellt werden.

Entsprechende Obliegenheiten ergeben sich aus § 26 Nr. 1b VHB 2000, ferner § 8 Nr. 2a ff. Abschn. B VHB 2008.

2. Durch den **Vandalismus** ist ein Überblick nicht immer sofort zu schaffen. Um aber wegen Obliegenheitsverletzung den Versicherungsschutz nicht zu beeinträchtigen, sollte von vornherein auf diese Problematik aufmerksam gemacht werden. Einerseits soll die Liste möglichst zeitnah nach dem Schadensereignis erstellt und der Polizei überlassen werden; andererseits soll sie vollständig und detailliert sein, was größere Sorgfalt auf die Erstellung der Liste erfordert, auch entsprechenden zeitlichen Aufwand. Sinnvoll ist die Beifügung **fotografischer Aufnahmen**, wenn es sich um individuelle Stücke handelt, die entwendet worden sind.

Wird der Verbleib der abhanden gekommenen Sachen ermittelt, so hat dies der Versicherungsnehmer dem Versicherer unverzüglich anzuzeigen. Hat der Versicherungsnehmer den Besitz einer abhanden gekommenen Sache zurück erlangt, nachdem er für diese Sache eine Entschädigung erhalten hatte, so muss er entweder an den Versicherer die Entschädigung zurückzahlen oder die Sache selbst dem Versicherer zur Verfügung stellen. Der Versicherungsnehmer hat dieses Wahlrecht innerhalb eines Monats nach Empfang einer schriftlichen Aufforderung des Versicherers auszuüben. Nach fruchtlosem Ablauf der Frist geht das Wahlrecht auf den Versicherer über, § 25 VHB 92.

Entsprechende Obliegenheiten ergeben sich aus § 30 Nr. 1 ff. VHB 2000, ferner § 18 Nr. 1 ff. Abschn. A VHB 2008.

3. Der **Strafantrag** bezieht sich allein auf die Strafverfolgung von Delikten, die nur auf rechtzeitig gestellten Strafantrag hin verfolgt werden. Der Einbruchsdiebstahl selbst ist sog. Offizialdelikt, dh er wird verfolgt unabhängig von einem Strafantrag des Geschädigten. Hausfriedensbruch, § 123 StGB, oder Sachbeschädigung, § 303 StGB, werden grundsätzlich nur nach Strafantrag verfolgt. Eine Tat, die nur auf Antrag verfolgbar ist, führt dann nicht zu Ermittlungen, wenn der Antragsberechtigte es unterlässt, den Antrag bis zum Ablauf einer Frist von 3 Monaten zu stellen. Die Frist beginnt mit dem Ablauf des Tages, an dem der Berechtigte von der Tat und der Person des Täters Kenntnis erlangt, § 77b Abs. 2 StGB. **Antragsberechtigt** ist grundsätzlich nur der Verletzte und Geschädigte, § 77 Abs. 1 StGB.

Führen die Ermittlungen der Polizei zu keinem greifbaren Fahndungserfolg, erhält der Geschädigte einen formalisierten schriftlichen Hinweis der Staatsanwaltschaft, dass der

oder die Täter nicht ermittelt werden konnten und daraufhin das Verfahren vorläufig
eingestellt worden ist.

7. Deckungsanfrage an die Rechtsschutzversicherung
(Klage des Vermieters auf Zustimmung zur Mieterhöhung)

. . . . .

(Mieter/Versicherungsnehmer)

an

. . . . .

(Versicherungsgesellschaft)

Betr.: Vers.–Nr . . . . . .

Sehr geehrte(r) . . . . . . ,

Hiermit bitte ich um Versicherungsschutz zur Durchführung eines Klageverfahrens auf
Zustimmung des Mieters zu einer Mieterhöhung nach § 558 BGB und Benennung eines
geeigneten Rechtsanwalts für dieses Verfahren. Meiner Bitte liegt folgender Sachverhalt
zugrunde:[1]

Meine Eigentumswohnung in . . . . . . , 1. Obergeschoss, 60 Quadratmeter groß, habe ich
seit dem . . . . . . an den Mieter vermietet.[2] Der Nettomietzins beläuft sich auf 300,– EUR
pro Monat; hinzutreten an Vorauszahlungen auf die Betriebskosten 70,– EUR, insgesamt
also 370,– EUR. Die Miete ist seit Vertragsbeginn, mithin seit 2 Jahren, unverändert. Das
Mietobjekt befindet sich in mittlerer Wohnlage, ist 1988 bezugsfertig geworden und ist
mit Heizung sowie Bad/WC ausgestattet.

Der Mietspiegel sieht eine ortsübliche Vergleichsmiete zwischen 6,70 EUR und 7,50 EUR
als Nettokaltmiete vor. Ich beabsichtige, die Miete um 10 % heraufzusetzen, mithin von
5,– EUR auf 5,50 EUR pro Quadratmeter; diese Miete liegt noch unterhalb des Mittelwertes des Mietspiegels, der für . . . . . . gilt.

Ich habe den Mieter vor einem Monat mit Schreiben vom gebeten, der Mieterhöhung
zuzustimmen. Mündlich hat er mir daraufhin erklärt, er wolle sich noch überlegen, ob er
der Mieterhöhung zustimmen wolle. Nunmehr hat er mir heute telefonisch mitgeteilt, er
wolle mit Rücksicht auf zahlreiche angebliche Mängel der Mieterhöhung seine Zustimmung verweigern.[3] Ich bin daher der Auffassung, dass Klage erhoben werden muss, um
an das Ziel einer Mieterhöhung zu gelangen.[4]

Im Übrigen bitte ich um Benennung eines geeigneten Rechtsanwalts, der sich auf die
Durchsetzung von Mieterhöhungen versteht.[5]

. . . . .

(Mieter/Versicherungsnehmer)

Anmerkungen

1. **Sachverhalt:** Zwischen den Parteien des Versicherungsvertrages besteht ein Vertragsverhältnis nach den Allgemeinen Bedingungen für die Rechtsschutzversicherung
(**ARB 75**), jetzt ARB 94, ARB 2000, ARB 2008 und ARB 2012. Dabei trägt der

Versicherer die gesetzliche Vergütung eines für den Versicherungsnehmer tätigen Rechtsanwalts; ferner übernimmt der Rechtsschutzversicherer Gerichtskosten und Auslagen, was gerade im Hinblick auf Mieterhöhungsverfahren und den mit der Einholung von Sachverständigengutachten verbundenen Kosten von großer Bedeutung ist.

Die **Mietrechtsschutzversicherung** bietet gemäß § 29 ARB Versicherungsschutz, soweit der Versicherungsnehmer in seiner im Versicherungsschein bezeichneten Eigenschaft als Eigentümer, Vermieter, Verpächter, Mieter, Pächter oder Nutzungsberechtigter von Grundstücken, Gebäuden oder Gebäudeteilen auf Grund eines im versicherten Zeitraum eintretenden Rechtsschutzfalles gerichtlich oder außergerichtlich Ansprüche verfolgt oder abwehrt.

§ 4 ARB 2002 hält nach Ansicht des Amtsgerichts Kerpen einer Inhaltskontrolle nach § 307 Abs. 1 S. 2 BGB nicht stand (AG Kerpen NZM 2006, 37 (38)). Zur Begründung wird ausgeführt, die Klausel sei derartig intransparent, dass ein durchschnittlich verständiger Versicherungsnehmer ihren Inhalt nicht verstehen könne; die fehlende Transparenz ergebe sich aus zumindest missverständlichen Formulierungen, dem äußerst komplexen Aufbau von § 4 ARB 2002 und dem danach von einem normalen Versicherungsnehmer nicht mehr zu durchschauenden System von ausgeschlossenen bzw. versicherten Risiken. Der BGH hat mit Urteil vom 4.7.2018 (NJW 2018, 2710) entschieden, dass die so genannte Vollstreckungsklausel des § 4 Abs. 3 lit. a ARB 2008 intransparent ist, so dass sich die Versicherer darauf nicht mehr berufen können (vgl. MAH MietR/*Belser* § 2 Rn. 27).

2. Der **Versicherungsschutz** setzt voraus, dass ein bestimmtes Grundstück, ein bestimmtes Objekt im Versicherungsvertrag bezeichnet ist. Versicherungsschutz besteht für Auseinandersetzungen aus schuldrechtlichen Nutzungsverhältnissen, hier namentlich §§ 535 ff. BGB. Vorvertragliche Streitigkeiten aus der Anbahnung eines noch nicht zustande gekommenen Vertrages sind ausgeschlossen. Für Rechtsstreitigkeiten, die ihre Grundlage im Mietvertrag haben, ist der Versicherungsschutz lückenlos; er bezieht sich auch auf Mieterhöhungen, Vertragsverletzungen, Betriebskosten, Kaution, Kündigung wegen Eigenbedarfs, Schönheitsreparaturen. Versicherungsschutz, der sich auf dingliche Rechte bezieht, besteht für das Verfolgen und Abwehren solcher Ansprüche, die aus dem dinglichen Recht entstehen können (BGH NJW 1992, 1511).

Risikoausschlüsse ergeben sich aus § 3 Abs. 1 ARB (Bergschäden an Grundstücken und Gebäuden), § 3 Abs. 1d ARB (Erwerb oder Veräußerung eines zu Bauzwecken bestimmten Grundstücks; Planung oder Errichtung eines Gebäudes oder Gebäudeteiles, das sich im Eigentum oder Besitz des Versicherungsnehmers befindet oder das dieser zu erwerben oder in Besitz zu nehmen beabsichtigt; genehmigungspflichtige bauliche Veränderung eines Grundstücks, Gebäudes oder Gebäudeteiles, das sich im Eigentum oder Besitz des Versicherungsnehmers befindet oder das dieser zu erwerben oder in Besitz zu nehmen beabsichtigt; Finanzierung eines der vorgenannten Vorhaben), § 3 Abs. 2a ARB (Abwehr von Schadensersatzansprüchen, es sei denn dass diese auf einer Vertragsverletzung beruhen), § 3 Abs. 2i ARB (wegen der steuerlichen Bewertung von Grundstücken, Gebäuden oder Gebäudeteilen sowie wegen Erschließungs- und sonstiger Anliegerabgaben, es sei denn, dass es sich um laufend erhobene Gebühren für die Grundstücksversorgung handelt), ferner § 3 Abs. 3d ARB (in Enteignungs-, Planfeststellungs-, Flurbereinigungs- und im Baugesetzbuch geregelten Angelegenheiten).

3. Verstoß im Sinne von § 4 Abs. 1c ARB 94, ARB 2008 ist ein Verhalten, das von einer gesetzlichen oder vertraglichen Rechtspflicht zu einem bestimmten Tun oder Unterlassen objektiv abweicht, sei es, dass die Pflicht überhaupt nicht, sei es, dass sie nur unzureichend oder unrichtig erfüllt wird. Auch im Bestreiten oder der Nichtanerkennung der Rechtsposition eines anderen kann ein Verstoß liegen (vgl. MAH MietR/*Belser* § 2 Rn. 22). Nachdem hier der Mieter endgültig die Zustimmung zur Mieterhöhung verweigert hatte, liegen die Voraussetzungen für den Eintritt des Versicherungsfalles vor.

4. Nach § 18 Abs. 1 ARB kann der Versicherer den Rechtsschutz verweigern, wenn die Wahrnehmung rechtlicher Interessen keine Aussicht auf Erfolg hat oder aber der durch die Wahrnehmung der rechtlichen Interessen voraussichtlich entstehende Kostenaufwand unter Berücksichtigung der berechtigten Belange der Versichertengemeinschaft in einem groben Missverhältnis zum angestrebten Erfolg steht. Die Rechtsverfolgung oder Rechtsverteidigung muss demgemäß **eine gewisse Erfolgsaussicht** bieten. Dieses Kriterium kann nicht so eng gefasst werden wie etwa die Erfolgsaussicht bei der Bewilligung von Prozesskostenhilfe, § 114 ZPO. Immerhin hat der Versicherungsnehmer zuvor entsprechende Prämien gezahlt. Ausreichend ist eine nicht ganz entfernte Möglichkeit des Erfolgs (OLG Köln VersR 1983, 1025; MAH MietR/*Belser* § 2 Rn. 48 ff.).

5. Auf Grund der in § 1 ARB 94 erwähnten „Sorge" kann sich der Versicherungsnehmer an den Versicherer wenden mit der Bitte, ihm einen Rechtsanwalt zu benennen. Nach § 17 Abs. 1 ARB 94 wählt der Versicherer einen Rechtsanwalt aus, wenn der Versicherungsnehmer dies verlangt oder wenn der Versicherungsnehmer keinen Rechtsanwalt benennt oder dem Versicherer die alsbaldige Beauftragung eines Rechtsanwalts notwendig erscheint. Wenn der Versicherungsnehmer den Rechtsanwalt nicht bereits selbst beauftragt hat, wird dieser vom Versicherer im Namen des Versicherungsnehmers beauftragt; der Anwalt schuldet seine Dienste lediglich dem Versicherungsnehmer und hat einen Vergütungsanspruch ausschließlich gegen diesen (vgl. *Harbauer* § 16 ARB Rn. 5; MAH MietR/*Belser* § 2 Rn. 9).

Entsprechendes gilt über § 17 Abs. 1 und 2 ARB 2008.

Das OLG Bamberg hat eine Klausel in Allgemeinen Rechtschutzversicherungsbedingungen, die die Wahl eines vom Versicherer empfohlenen Anwalts damit belohnt, im Versicherungsfall nicht in eine ungünstigere Schadensfreiheitsklasse zurückgestuft zu werden, als Verstoß gegen §§ 127, 129 VVG angesehen und damit als unwirksam bewertet, § 307 I 1, Abs. 2 Nr. 1 BGB (NJW 2012, 2282 mit zustimmender Anm. von *Lensing*). Der freien Anwaltswahl komme ein hoher Wert zu; demgemäß sei eine mittelbare Beeinflussung des Versicherungsnehmers mit den Vorschriften der §§ 127 ff. VVG nicht vereinbar. Dem ist der BGH (NJW 2014, 630) nicht gefolgt: Die durch §§ 127, 129 VVG, § 3 BRAO gewährleistete freie Anwaltswahl steht finanziellen Anreizen eines Versicherers auf eine Anwaltsempfehlung (hier Schadensfreiheitssystem mit variabler Selbstbeteiligung) nicht entgegen, wenn die Entscheidung über die Auswahl des Rechtsanwalts beim Versicherungsnehmer liegt und die Grenze unzulässigen psychischen Drucks nicht überschritten wird.

Allerdings ist möglich, dass der **Rechtsanwalt in Regress** genommen werden kann bei Verletzung des Anwaltsvertrages für schuldhaft fehlerhafte Prozessführung (vgl. OLG Köln NJW-RR 1994, 27 (28)). Kündigt ein Rechtsanwalt namens und im Auftrag des Vermieters den Mietvertrag über eine Wohnung und ist die auf § 564b BGB aF gestützte Kündigung wegen Mängeln der Kündigungserklärung erkennbar unwirksam, so ist der Rechtsanwalt, der gleichwohl einen Räumungsprozess beginnt, bezüglich der vom Vermieter zu tragenden Prozesskosten schadensersatzpflichtig. Die von vornherein offenkundige Aussichtslosigkeit der auf der unzulänglichen Kündigungserklärung gestützten Räumungsklage hätte bei Aufbietung der zu fordernden Sorgfalt erkannt werden müssen. Diese Vertragsverletzung im Mandantenverhältnis ist für den Schaden, nämlich die Kosten, kausal.

Im Fall einer Mieterhöhung auf das Niveau der ortsüblichen Vergleichsmiete dürften Hinderungsgründe für einen Rechtsschutz nicht bestehen. Die Deckungszusage müsste demgemäß erteilt werden. Der Rechtsschutzversicherer kann aus positiver Vertragsverletzung gemäß § 280 BGB grundsätzlich auch für den Schaden haften, den der Versicherungsnehmer dadurch erleidet, dass er infolge einer vertragswidrigen Verweigerung der Deckungszusage einen beabsichtigten Rechtsstreit nicht führen kann (BGH MDR 2006, 1226; vgl. auch *Neuhaus/Kloth* MDR 2007, 571 (575)).

8. Schadensanzeige in der Glasversicherung

. . . . .

(Vermieter/Versicherungsnehmer)

an

. . . . .

(Versicherungsgesellschaft)

Betr.: Glasversicherung

Sehr geehrte Damen und Herren!

Heute morgen wurde die Glasscheibe des Wohnzimmers meiner Mietwohnung in . . . . . . durch einen Steinwurf zerstört.[1,2] In der Scheibe befindet sich ein faustgroßes Loch, das durch unbekannte Dritte verursacht worden ist. Der Mieter war kurzfristig abwesend, so dass bisher nähere Hinweise auf den oder die Täter nicht gegeben werden können.

Die Glasscheibe ist 1,50 m × 1,20 m groß. Es handelt sich um eine Mehrscheibenisolierverglasung, wie dies im Versicherungsvertrag im Einzelnen bezeichnet worden ist. Da nunmehr Feuchtigkeit in die Wohnung eindringen kann, bitte ich um umgehende Nachricht, wie der Schaden behoben werden kann.[3] Eine Glaserei könnte auch von hier beauftragt werden. Der Schaden beläuft sich auf 350,– EUR.

. . . . .

(Vermieter/Versicherungsnehmer)

Anmerkungen

1. Im Zusammenhang mit § 215 Abs. 1 VVG hat der BGH (NJW 2017, 393) den Versicherungsfall definiert. Ein solcher liegt vor, wenn gegen Entgelt für den Fall eines ungewissen Ereignisses bestimmte Leistungen übernommen werden, wobei das übernommene Risiko auf eine Vielzahl durch gleiche Gefahr bedrohte Personen verteilt wird und der Risikoübernahme eine auf dem Gesetz der großen Zahl beruhende Kalkulation zu Grunde liegt.

In der **Hausratversicherung** war Glasbruch nach den VHB 74 geltend ab Vertragsabschluss mitversichert, in den VHB 84 und 92 nicht. Die **gesonderte Glasversicherung** nach den AGlB 2010 bezieht sich auf die im Versicherungsvertrag bezeichneten, fertig eingesetzten und montierten Scheiben, Platten und Spiegeln aus Glas, Platten aus Glaskeramik, Glasbausteine und Profilbaugläser, Lichtkuppeln aus Glas oder Kunststoff, § 3 AGlB. Nach § 2 Nr. 10 VHB 74 waren nicht versichert Dachverglasungen, Mehrscheiben-Isolierverglasungen, Sicherheitsgläser jeder Art, Blei-, Messing- und Elektrolytverglasungen, alle künstlerisch bearbeiteten Gläser, optische Gläser, Aquarien, Hohlgläser, Beleuchtungskörper und Handspiegel. Eine Glasversicherung empfiehlt sich insbesondere für **Wintergärten**, deren Glasfläche 3 Quadratmeter – wie regelmäßig – übersteigt. Heute sind Wintergärten uneingeschränkt über die AGlB versicherbar. Die AGlB 94 sind durch die AGlB 2008 abgelöst worden, diese wiederum von den AGlB 2010.

Nach § 3 AGlB 2008 und 2010 sind **versichert** die im Versicherungsschein bezeichneten fertig eingesetzten oder montierten Scheiben, Platten und Spiegel aus Glas, künstlerisch bearbeitete Glasscheiben, -platten und -spiegel. Die Entschädigung ist je Versicherungsfall auf den vereinbarten Betrag begrenzt.

Gesondert versicherbar sind Scheiben und Platten aus Kunststoff, Platten aus Glaskeramik, Glasbausteine und Profilbaugläser, Lichtkuppeln aus Glas oder Kunststoff, Scheiben von Sonnenkollektoren einschließlich deren Rahmen, sowie sonstige Sachen, die im Versicherungsschein ausdrücklich benannt sind, § 3 Nr. 2 AGlB 2008 und 2010.

Nicht versichert sind optische Gläser, Hohlgläser, Geschirr, Beleuchtungskörper und Handspiegel, Photovoltaikanlagen, Sachen, die bereits bei Antragstellung beschädigt sind, Scheiben und Platten aus Kunststoff, die Bestandteil elektronischer Daten-, Ton-, Bildwiedergabe- und Kommunikationsgeräte sind (zB Bildschirme von Fernsehgeräten, Computer-Displays, § 3 Nr. 3 AGlB 2008 und 2010).

2. Die AGlB enthalten keine Regelung darüber, wessen Interesse in der Glasversicherung versichert ist. Schließt der **Eigentümer** die Glasversicherung ab und vermietet oder verpachtet er zu einem späteren Zeitpunkt, bleibt der Vertrag mit Einschluss des Mieterinteresses bestehen. Das **Mieterinteresse** ist auch eingeschlossen, wenn die Räume von vornherein vermietet sind und das Risiko nicht dadurch erhöht wird; die Prämie bleibt in diesen Fällen gleich. Für diese Auslegung spricht die in Formularverträgen zumeist vereinbarte Zufallshaftung des Mieters. Zahlt der Mieter die Versicherungsprämie über die Betriebskosten, hier Nr. 13 der Anlage 3 zu § 27 der 2. BVO, haftet er wegen Schäden an versicherten Sachen dem Vermieter auf Grund stillschweigend vereinbarter Haftungsbeschränkung nur für Vorsatz und grobe Fahrlässigkeit (BGH NJW-RR 1990, 1175 zum Rückgriff des Feuerversicherers gegen den Pächter).

Schließt nicht der Eigentümer, sondern der Mieter die Glasversicherung ab, versichert er sein Sachersatzinteresse aus seiner Verschuldens- und eventuell übernommenen Zufallshaftung.

3. Versicherungsschutz. Grundsätzlich ersetzt werden nach § 11 Abs. 1 AGlB 94 zerstörte und beschädigte Sachen durch Liefern und Montieren von Sachen gleicher Art und Güte (Naturalersatz). Der Reparaturauftrag erfolgt grundsätzlich durch den Versicherer, während Notverglasungen oder Notverschalungen vom Versicherungsnehmer in Auftrag gegeben werden können. Der Versicherer hat also ein Wahlrecht, Naturalersatz oder Barzahlung zu leisten. Die Interessenlage des Versicherers wird dadurch gekennzeichnet, durch eine Vielzahl von Aufträgen an Glaserfirmen günstige Preise am Markt erwirtschaften zu können. Kommt der Versicherungsnehmer der Wahl des Versicherers zuvor, geht er seines Versicherungsschutzes verlustig, § 265 S. 2 BGB.

Nach § 3 AGlB 94 ersetzt der Versicherer Aufwendungen, auch erfolglose, die der Versicherungsnehmer zur Abwendung oder Minderung des Schadens für geboten halten durfte, Aufwendungen für das vorläufige Verschließen von Öffnungen (Notverschalungen, Notverglasungen), Aufwendungen für das Abfahren von Glas- und sonstigen Resten zum nächsten Ablagerungsplatz und für das Ablagern oder Vernichten (Entsorgungskosten), § 3 Abs. 1 AGlB 94. Soweit dies vereinbart ist, ersetzt der Versicherer nach Maßgabe des § 11 Nr. 3 bis 6 AGlB 94 auch die infolge eines Versicherungsfalls notwendigen Aufwendungen für zusätzliche Leistungen, um die sich das Liefern und Montieren von versicherten Sachen durch deren Lage verteuert (zB Kran- und Gerüstkosten), ferner die notwendigen Aufwendungen zur Erneuerung von Anstrich, Malereien, Schriften, Verzierungen, Lichtfilterlacken und Folien auf den in § 2 Abs. 1 AGlB genannten versicherten Sachen, darüber hinaus die notwendigen Aufwendungen für das Beseitigen und Wiederanbringen von Sachen, die das Einsetzen behindern (zB Schutzgitter, Schutzstangen, Markisen) und notwendige Aufwendungen für die Beseitigung von Schäden an Umrahmungen, Beschlägen, Mauerwerk, Schutz- und Alarmeinrichtungen.

Gemäß § 4 AGlB 2008 sind die infolge eines Versicherungsfalles notwendigen Kosten für das vorläufige Verschließen von Öffnungen (Notverschalungen, Notverglasungen) versichert, und das Abfahren von versicherten Sachen zum nächsten Ablagerungsplatz und für die Entsorgung (Entsorgungskosten). Soweit dies vereinbart ist, ersetzt der Versicherer bis zum jeweils vereinbarten Betrag die infolge eines Versicherungsfalles notwendigen Kosten für zusätzliche Leistungen, um die sich das Liefern und Montieren von versicherten Sachen durch deren Lage verteuert (zB Kran- oder Gerüstkosten), die Erneuerung von Anstrich, Malereien, Schriften, Verzierungen, Lichtfilterlacken und Folien auf den unter versicherten Sachen im Sinne des § 3 AGlB 2008, das Beseitigen und Wiederanbringen von Sachen, die das Einsetzen von Ersatzscheiben behindern (zB Schutzgitter, Schutzstangen oder Markisen) und die Beseitigung von Schäden an Umrahmungen, Beschlägen, Mauerwerk, Schutz- und Alarmeinrichtungen, § 4 Nr. 2a bis d AGlB 2008 und 2010.

9. Schadensanzeige in der Feuerversicherung

. . . . .

(Vermieter/Versicherungsnehmer)

an

. . . . .

(Versicherungsgesellschaft)

Betr.: Feuerversicherung

Sehr geehrte Damen und Herren!

Hiermit teile ich mit, dass gestern[1,2] in der Nacht mein Wohn- und Geschäftshaus in vollkommen abgebrannt ist. Die Feuerwehr hat sich über mehrere Stunden vergeblich bemüht, ein Abbrennen bis auf die Grundmauern zu verhindern. Brandsachverständige der Kriminalpolizei haben ihre Ermittlungen zur Schadensursache aufgenommen. Aus ersten Befragungen ergibt sich, dass als mögliche Ursache ein Kurzschluss im elektrischen System nicht ausgeschlossen werden kann.[3]

Ich teile Ihnen heute schon mit, dass ein Wiederaufbau des Gebäudes beabsichtigt ist.[4] Die Wohnungsmieter sind derzeit in nahe liegenden Hotels untergebracht.[5]

. . . . .

(Vermieter/Versicherungsnehmer)

Anmerkungen

1. Maßgeblich für die **Feuerversicherung** sind die §§ 142 bis 149 VVG, die AFB von 1930 und die AFB von 1987, ferner die AFB 2008 und die AFB 2010: Der Versicherer leistet Entschädigung für versicherte Sachen, die durch Brand, Blitzschlag, Explosion, Anprall oder Absturz eines bemannten Flugkörpers, seiner Teile oder seiner Ladung, Löschen, Niederreißen oder Ausräumen infolge eines dieser Ereignisse zerstört oder beschädigt werden oder abhanden kommen, § 1 AFB 87, § 1 AFB 2010. Brand ist ein Feuer, das ohne bestimmungsgemäßen Herd entstanden ist oder ihn verlassen hat und das sich aus eigener Kraft auszubreiten vermag, § 1 Nr. 2 AFB 87, § 1 Nr. 2 AFB 2010. Betriebsschäden, Sengschäden, soweit diese nicht Brandfolgen sind, werden durch Nr. 5a und Nr. 5b AFB 87 vom Versicherungsschutz ausgenommen.

Versichert sind die im Versicherungsvertrag bezeichneten Gebäude und sonstigen Grundstücksbestandteile sowie bewegliche Sachen, § 2 Nr. 1 AFB 87, § 3 Abschnitt A AFB 2008. **Gebäude** sind mit ihren Bestandteilen, aber ohne Zubehör versichert, soweit nicht etwas anderes vereinbart ist, § 2 Nr. 2 AFB 87, § 3 Nr. 2 Abschn. A AFB 2008. Bewegliche Sachen sind nur versichert, soweit der Versicherungsnehmer Eigentümer ist, sie unter Eigentumsvorbehalt erworben hat oder sie sicherungshalber übereignet hat und soweit für sie gemäß § 71 Abs. 1 S. 2 VVG aF dem Erwerber ein Entschädigungsanspruch nicht zusteht, § 2 Nr. 3 AFB 87. § 2 Nr. 1a AFB stellt bei Gebäuden nicht auf das Eigentum des Versicherungsnehmers ab (BGH MDR 2012, 405); mit dem Gebäudeversicherungsvertrag ist das Interesse an der Erhaltung der Sachsubstanz des Versicherungsobjekts und seiner Bestandteile versichert. Dieses Sacherhaltungsinteresse ist vom Eigentum unabhängig.

Die Versicherung kann sich auch auf eine Betriebseinrichtung beziehen, § 2 Nr. 6 AFB 87.

Grundsätzlich wird die Feuerversicherung zum Neuwert abgeschlossen (BGH MDR 2008, 858 (85g)). Versicherungsbedingungen können allerdings eine Entwertungsgrenze festlegen. Eine Klausel in der Neuwertversicherung, wonach Versicherungswert der Zeitwert der versicherten Sache ist, wenn dieser weniger als 40 Prozent des Neuwerts beträgt, ist wirksam (BGH MDR 2010. 28).

Bei zerstörten Sachen wird grundsätzlich der Versicherungswert unmittelbar vor Eintritt des Versicherungsfalles ersetzt (BGH MDR 2008, 858 (85g)). Dieser Neuwert wird als ortsüblicher Neubauwert definiert einschließlich Architektengebühren sowie sonstiger Konstruktions- und Planungskosten. Der ortsübliche Neubauwert umfasst die Kosten, die erforderlich sind, um ein Gebäude gleicher Art, Güte und Zweckbestimmung im neuwertigen Zustand wieder herzustellen. Ist eine Wiederherstellung aus tatsächlichen, rechtlichen oder wirtschaftlichen Gründen nicht mehr in gleicher, sondern nur noch in besserer Art und Güte möglich, so ist die nächst bessere und realisierbare Art und Güte zugrunde zu legen (BGH VersR 1990, 488). Der zu ersetzende Neuwert umfasst auch unvermeidliche Mehrkosten infolge behördlicher Wiederherstellungsbeschränkungen (BGH MDR 2008, 858 (859)). Eine Versicherungsbedingung, derzufolge „behördliche Wiederherstellungsbeschränkungen unberücksichtigt bleiben", ist wegen Verstoßes gegen § 307 Abs. 1 S. 2 BGB unangemessen und daher unwirksam (BGH MDR 2008, 858).

2. Gemäß § 30 Abs. 1 VVG hat der Versicherungsnehmer bei Eintritt des Versicherungsfalls den Schaden dem Versicherer **unverzüglich anzuzeigen,** sobald er von dem Versicherungsfall Kenntnis erlangt hat. § 92 Abs. 1 VVG aF ist entfallen, nach dem die Anzeige binnen 3 Tagen nach Eintritt des Versicherungsfalles zu erfolgen hatte. Der Rechtsgedanke dieser Norm kann allerdings zur Auslegung des Begriffs „unverzüglich" herangezogen werden.

Der Versicherungsnehmer soll ferner das **Schadensbild möglichst unverändert erhalten,** bis der Versicherer ermittelt hat und den eventuellen Veränderungen sodann zustimmt, § 8 Nr. 2a gg Abschnitt B AFB 2008. Soweit eine derartige Verfahrensweise zu wirtschaftlichen Einbußen führt, können Kosten entstehen, die als Rettungskosten entschädigungspflichtig sind. Obliegenheitsverletzungen haben in diesem Zusammenhang grundsätzlich Leistungsfreiheit des Versicherers zur Folge, was indessen nicht gilt, wenn allein die Anzeige in fernmündlicher, fernschriftlicher oder telegrafischer Form unterblieben ist, § 13 Z. 2 AFB 87.

Nach § 8 Nr. 2b Abschnitt B AFB 2008 gilt: Verletzt der Versicherungsnehmer eine Obliegenheit nach § 8 Ziffer 1 oder 2 AFB Abschnitt B AFB 2008 vorsätzlich, so ist der Versicherer von der Verpflichtung zur Leistung frei. Bei grob fahrlässiger Verletzung der Obliegenheit ist der Versicherer berechtigt, seine Leistung in dem Verhältnis zu kürzen, das der Schwere des Verschuldens des Versicherungsnehmers entspricht. Das Nichtvorliegen einer groben Fahrlässigkeit hat der Versicherungsnehmer zu beweisen. Außer im Falle einer arglistigen Obliegenheitsverletzung ist der Versicherer jedoch zur Leistung verpflichtet, soweit der Versicherungsnehmer nachweist, dass die Verletzung der Obliegenheit weder für den Eintritt oder die Feststellung des Versicherungsfalles noch für die Feststellung oder den Umfang der Leistungspflicht des Versicherers ursächlich ist.

Verletzt der Versicherungsnehmer eine nach Eintritt des Versicherungsfalles bestehende Auskunfts- oder Aufklärungsobliegenheit, ist der Versicherer nur dann vollständig oder teilweise leistungsfrei, wenn er den Versicherungsnehmer durch gesonderte Mitteilung in Textform auf diese Rechtsfolge hingewiesen hat.

Eine Eigenbrandstiftung ist auch bei vorsätzlicher Brandstiftung noch nicht festgestellt, wenn sich das Eindringen Dritter in das Gebäude nicht ausschließen lässt; dabei trifft den Versicherungsnehmer im Rechtsstreit keine sekundäre Darlegungslast hinsichtlich solcher Umstände, nach denen der Versicherer vor seiner Deckungsablehnung nicht gefragt hatte (OLG Dresden VersR 2017, 1198).

3. Versicherungsschutz: Gemäß § 83 Abs. 1 VVG aF hatte der Versicherer im Falle eines Brandes den durch die Zerstörung oder die Beschädigung der versicherten Sachen entstehenden Schaden zu ersetzen, soweit die Zerstörung oder Beschädigung auf der Einwirkung des Feuers beruht oder die unvermeidliche Folge des Brandereignisses ist. Der Versicherer hat auch den Schaden zu ersetzen, der bei dem Brand durch Löschen, Niederreißen oder Ausräumen verursacht wird; das gleiche gilt für einen Schaden, der dadurch entsteht, dass versicherte Sachen bei einem Brand abhanden kommen. Beispiele für adäquat verursachte Folgeschäden sind Sachschäden durch Löschwasser, Witterungseinflüsse an dem durch Brand betroffenen Gebäude oder an dem Inventar, Schäden durch nicht mehr gewährleistete Standsicherheit, Verderb von Rohstoffen oder Kühlgut nach brandbedingter Zerstörung der Kühlanlage (vgl. MAH VersicherungsR/*Johannsen* § 5 Rn. 170 ff.).

Durch die versicherte Gefahr muss das Versicherungsobjekt einen Schaden erlitten haben. Besonderes Merkmal einer Beschädigung oder einer Zerstörung ist die Wertminderung der Veränderung ihrer Sachsubstanz. Die Unterscheidung zwischen Zerstörung und Beschädigung erfolgt nach wirtschaftlichen Gesichtspunkten.

Nach § 1 Nr. 1e AFB 87, § 5 Nr. 2 Abschnitt A AFB 2008 umfasst der Versicherungsschutz auch Folgeschäden durch Löschen, Niederreißen oder Ausräumen, die infolge einer der versicherten Gefahren verursacht werden. Der Schaden an einer versicherten Sache muss sich als unvermeidliche Folge der versicherten Gefahr darstellen; dieser Fall ist dann gegeben, wenn er durch die versicherte Gefahr adäquat kausal verursacht worden ist. In die AFB 2008 sind nach Wegfall des § 83 VVG aF Löschen, Niederreißen oder Ausräumen nicht in den Bereich der versicherten Gefahren aufgenommen worden. Der Sache nach ist aber regelmäßig über § 83 VVG Aufwendungsersatz zu leisten. Im Übrigen können über § 5 AFB 2010 diese Positionen in der Versicherungsschutz aufgenommen werden.

Der Versicherer ist nicht zur Leistung verpflichtet, wenn der Versicherungsnehmer den Versicherungsfall vorsätzlich herbeigeführt hat, § 81 Abs. 1 VVG. Führt der Versicherungsnehmer den Versicherungsfall grob fahrlässig herbei, ist der Versicherer berechtigt, seine Leistung in einem der Schwere des Verschuldens des Versicherungsnehmers entsprechenden Verhältnis zu kürzen, § 81 Abs. 2 VVG. Wer in seinem Wohnhaus Feuerwerkskörper entzündet und sie in den Keller wirft, um eine dort eingedrungene Katze zu vertreiben, obwohl er weiß, dass im Bereich der Kellertreppe und eines Holzschranks leicht brennbare Kleidungsstücke lagern, handelt grob fahrlässig und erhält keine Leistungen der Feuerversicherung, wenn das Haus vollständig abbrennt (OLG Naumburg MDR 2011, 1038). Im Gegensatz dazu steht ein „Augenblicksversagen", dh der Versicherungsnehmer hat eine kurze Zeit die im Verkehr erforderliche Sorgfalt außer Acht gelassen (BGH MDR 2011, 848).

4. Gemäß § 11 Nr. 5 AFB 87, § 9 Nr. 1 AFB 2008 kann der Versicherungsnehmer die Zahlung von Entschädigung erst verlangen, wenn die **bestimmungsmäßige Verwendung** des Geldes gesichert ist, falls sich im Versicherungsvertrag die Vereinbarung findet, dass der Versicherer nur verpflichtet ist, die Entschädigungssumme zur Wiederherstellung des versicherten Gebäudes zu zahlen. Sog. **einfache Wiederherstellungsklauseln** setzen die

Entstehung des Anspruchs voraus und regeln entweder dessen Fälligkeit oder die Empfangszuständigkeit des Versicherungsnehmers mit Wirkung auch für die Realgläubiger. Die sog. **strenge Wiederherstellungsklausel** dient der Begrenzung des subjektiven Risikos, das entstünde, wenn der Versicherungsnehmer die Entschädigungssumme für frei bestimmbare Zwecke verwenden könnte (BGH NJW 2016, 2959). Demgemäß kann der Versicherungsnehmer keine Entschädigung verlangen, wenn er anstelle des zerstörten Gebäudes ein völlig andersartiges oder völlig anderen Zwecken dienendes neues Gebäude errichten lässt. Eine Wiederherstellungsklausel steht indessen einer Anpassung an den technischen Fortschritt nicht entgegen; insbesondere kann sich der Versicherungsnehmer moderner Techniken und Baumethoden bedienen, ohne den Versicherungsschutz zu gefährden.

Die Wiederherstellung des versicherten Gebäudes muss verbindlich sichergestellt sein. Wird eine Wiederherstellung erst zu einem Zeitpunkt sichergestellt, in dem das Grundstückseigentum auf einen Dritten übergegangen ist, kann ein Anspruch gegen den Versicherer nur in dessen Person entstehen (*Langheid/Müller-Frank* NJW 2017, 364 (365)).

5. In § 3 VGB 88 ist niedergelegt, dass der Versicherer den **Mietausfall** einschließlich etwaiger fortlaufender Mietnebenkosten ersetzt, wenn Mieter von Wohnräumen infolge eines Versicherungsfalls berechtigt sind, die Zahlung der Miete ganz oder teilweise zu verweigern. Der Versicherer ersetzt ferner den ortsüblichen Mietwert von Wohnräumen, die der Versicherungsnehmer selbst bewohnt und die infolge eines Versicherungsfalls unbenutzbar geworden sind, falls dem Versicherungsnehmer die Beschränkung auf einen etwa benutzbaren Teil der Wohnung nicht zugemutet werden kann. Mietausfall oder Mietwert werden bis zu dem Zeitpunkt ersetzt, in dem die Wohnung wieder benutzbar ist, höchstens jedoch für 12 Monate seit dem Eintritt des Versicherungsfalls, § 3 Nr. 3 VGB 88. Entschädigung wird nur geleistet, soweit der Versicherungsnehmer die Möglichkeit der Wiederbenutzung nicht schuldhaft verzögert. Die Versicherung des Mietausfalls oder des ortsüblichen Mietwertes für **gewerblich genutzte Räume** bedarf besonderer Vereinbarung, § 3 Nr. 2 VGB 88.

Versichert ist grundsätzlich allein das Interesse des Versicherungsnehmers, nicht auch das des Mieters. Soweit der Mieter den Versicherungsfall schuldhaft verursacht hat, ist er zur Zahlung des Mietzinses weiterhin verpflichtet, so dass der Versicherer nicht eintrittspflichtig ist. Bei Schäden an der eigenen Wohnung werden nicht die Kosten der Anmietung gleichwertigen Ersatzwohnraums, sondern wird der ortsübliche Mietwert der beschädigten Wohnung ersetzt.

Für eine fahrlässige Brandstiftung seines Mieters hat der Eigentümer und Vermieter Dritten gegenüber grundsätzlich nicht einzustehen. Der nachbarrechtliche Ausgleichsanspruch nach § 906 Abs. 2 S. 2 BGB setzte voraus, dass der Anspruchsgegner als Störer zu qualifizieren ist. Der Anspruch entsprechend § 906 Abs. 2 S. 2 BGB ist Ausdruck des nachbarschaftlichen Gemeinschaftsverhältnisses, das eine Zurechnung des Verschuldens von Hilfspersonen im Sinne des § 278 BGB nicht zulässt (vgl. BGH NJW 1965, 389; NZM 2006, 273). Vor dem Hintergrund dieser Wertung kann der Eigentümer für Störungshandlungen seines Mieters nach § 1004 BGB nur verantwortlich gemacht werden, wenn er dem Mieter den Gebrauch seiner Sache mit der Erlaubnis zu den störenden Handlungen überlassen hat oder wenn er es unterlässt, den Mieter von dem nach dem Mietvertrag unerlaubten, fremdes Eigentum beeinträchtigenden Gebrauch der Mietsache abzuhalten (BGH NZM 2006, 273).

Einzelne Versicherer bieten heute als Zusatz zu den VGB 88 sowie den VHB 84 eine **Hotelkostenversicherung** an. Insoweit dürften jedoch nur notwendige Hotelkosten zu ersetzen sein, die bis zu einem möglichen Abschluss eines neuen Mietvertrages für eine gleichwertige Nachfolgewohnung entstanden sind.

G. Übergangsvorschriften

1. Schreiben des Mieters zur Fortsetzung eines befristeten Mietverhältnisses

Art. 229 § 3 Abs. 3 EGBGB

. . . . .

(Mieter)[1,2]

an

. . . . .

(Vermieter)[3]

Sehr geehrte(r)

Gemäß § 2 unseres Mietvertrages vom endet das Mietverhältnis zum Hiermit verlange ich die Fortsetzung des Mietvertrages auf unbestimmte Zeit.[4]

. . . . .

(Mieter)

Anmerkungen

1. Rechtliche Grundlagen: Das Mietrechtsreformgesetz modernisiert die vom Gesetzgeber für veraltet gehaltenen mietrechtlichen Regelungen. Ziel der Übergangsvorschriften ist eine möglichst sofortige Wirkung der neuen Vorschriften, um die gesetzgeberischen Vorstellungen angesichts der für veränderungswürdig erachteten Situation zu realisieren. Zu berücksichtigen war, dass im Mietrecht die einzelnen Rechtsverhältnisse – insbesondere bei der Wohnungsmiete – auf Dauer angelegt sind und sich damit als Dauerschuldverhältnisse darstellen. Mieter und Vermieter haben sich auf die bislang geltende Rechtssituation eingestellt und ihre vertraglichen Regelungen dieser Rechtslage angepasst. Aus Gründen des Vertrauensschutzes sind daher Übergangsregelungen notwendig.

Auf ein am 1.9.2001 bestehendes Mietverhältnis auf bestimmte Zeit sind § 564c in Verbindung mit § 564b, §§ 556a bis 556c, 565a Abs. 1 und 570 BGB aF anzuwenden; Bestand und Ende dieser Zeitmietverträge, auch der einfachen, richtet sich nach altem Recht (vgl. Palandt/*Weidenkaff* BGB § 575 Rn. 1). Nach neuem Recht ist der einfache Zeitmietvertrag gemäß § 564c Abs. 1 BGB aF mit Verlängerungsoption und Geltung der Sozialklausel entfallen, wenn sich auch ähnliche Wirkungen durch den Abschluss eines unbefristeten Mietvertrages ergeben, soweit ein befristeter Ausschluss des Rechts zur ordentlichen Kündigung durch den Vermieter vereinbart worden ist.

2. Alle Mieter müssen das Fortsetzungsverlangen stellen. Vertretung ist möglich. Sind auf Mieterseite mehrere Mieter, müssen alle Mieter das Fortsetzungsverlangen ausbringen. Im Vertretungsfall muss § 174 BGB beachtet werden, um Rechtsnachteile zu vermeiden. Legt der Mieter keine Vollmachtsurkunde vor, kann der Vermieter das Fortsetzungsverlangen unverzüglich zurückweisen. Eine Vollmachtsurkunde ist dringend erforderlich; dies gilt entsprechend im Falle anwaltlicher Vertretung. Auch die Zurückweisung des Fortsetzungsverlangens ist als einseitige Willenserklärung aufzufassen. Im Vertretungsfall ist auch hier die Vorlage einer Vollmachtsurkunde unerlässlich.

3. Das Fortsetzungsverlangen muss an den Vermieter, gegebenenfalls alle Vermieter gerichtet werden.

4. Der Mieter muss spätestens zwei Monate vor Beendigung des Mietverhältnisses durch schriftliche Erklärung gegenüber dem Vermieter die Fortsetzung des Mietverhältnisses auf unbestimmte Zeit verlangen. Wird diese Frist der 2 Monate versäumt, hat der Mieter seine Rechte aus § 564c Abs. 1 BGB aF verloren.

Stimmt der Vermieter dem zulässigen und rechtzeitigen Fortsetzungsverlangen nicht zu, bleibt für den Mieter nur die Möglichkeit, das Fortsetzungsverlangen gerichtlich geltend zu, machen. Hat der Vermieter seinen Widerspruch schriftlich formuliert, ist § 564c Abs. 1 S. 2 BGB aF zu beachten: Hat sich der Vermieter auf ein berechtigtes Interesse etwa in Form eines Eigenbedarfs berufen, ist dies durchzuprüfen wie im Falle einer Eigenbedarfskündigung (*Palandt/Weidenkaff* BGB § 575 Rn. 22).

2. Antwortschreiben des Vermieters an Mieter nach Fortsetzungsverlangen

. . . . .   Datum

(Vermieter)[1]

an

. . . . .

(Mieter)[2]

Sehr geehrte(r)

Auf Ihr Schreiben vom nehme ich Bezug. Sie haben rechtzeitig ein Fortsetzungsverlangen gestellt. Diesem Fortsetzungsverlangen widerspreche ich hiermit.[3]

Ich mache für meine Tochter Isabel (vollständiger Name) Eigenbedarf geltend, mit dem es folgende Bewandtnis hat:[4]

Meine Tochter lebt nach Abschluss ihrer Ausbildung zur Physiotherapeutin noch in einem 18 Quadratmeter großen Appartement. Die bisherige Wohnung befindet sich am Ausbildungsort in (. . . . . .). Nach dem Ende der Ausbildung ist ein Wohnungswechsel nach (. . . . . .) vorgesehen. Meine Tochter hat einen Arbeitsplatz in der Physiotherapiepraxis in (. . . . . .) erhalten; diese Arbeitsstelle wird sie am (. . . . . .) antreten. Hinzutritt der Umstand, dass meine Tochter am (. . . . . .) ihren Verlobten heiraten wird. Ein gemeinsamer Hausstand soll begründet werden.

Da Ihr Mietverhältnis am (. . . . . .) endet, möchte meine Tochter nebst Ehemann in Ihre Wohnung einziehen. Ihre 3-Zimmer-Wohnung wird genau den Vorstellungen gerecht, die meine Tochter über ihre neue Wohnung hat. Ihren neuen Arbeitsplatz kann meine Tochter von Ihrer Wohnung leicht erreichen; er befindet sich in nur 500 Meter Entfernung von ihrem neuen Arbeitsplatz.

Angesichts dieser Sachlage bitte ich Sie um Verständnis, dass ich Ihrem Fortsetzungsverlangen widersprechen muss. Das Mietverhältnis endet demgemäß aus diesen Gründen zum vorgesehenen Zeitpunkt, mithin zum (. . . . . .).

Sie können als Mieter diesem Eigenbedarfswunsch widersprechen und eine Fortsetzung des Mietverhältnisses verlangen, wenn die vertragsgemäße Beendigung des Mietverhältnisses für Sie oder Ihre Familie eine Härte bedeuten würde, die auch unter Würdigung meiner Interessen als Vermieter nicht zu rechtfertigen ist.[5]

. . . . .

(Vermieter)

Anmerkungen

1. Alle Vermieter müssen dem Fortsetzungsverlangen widersprechen; Vertretung ist möglich.

2. Der Widerspruch muss **allen Mietern** zugehen; Vertretung ist insoweit möglich. Empfangsvollmachten zwischen Mitmietern können formularmäßig im Mietvertrag begründet werden (BGH NJW 1997, 3437).

Klauselvorschlag:
Erklärungen, deren Wirkung die Mieter berührt, müssen von oder gegenüber allen Mietern abgegeben werden. Die Mieter bevollmächtigen sich jedoch gegenseitig zur Entgegennahme solcher Erklärungen. Diese Vollmacht gilt auch für die Entgegennahme von Kündigungen, jedoch nicht für Mietaufhebungsverträge.
Zum Nachweis eines Zugangs des Antwortschreibens reicht ein Einschreiben mit Rückschein nicht aus, weil in diesem Fall dem Mieter der – möglicherweise wahrheitswidrige – Einwand offen bleibt, zwar sei ein bestimmtes Schreiben zugegangen, habe aber keine Antwort des Vermieters auf das Fortsetzungsverlangen des Mieters zum Gegenstand gehabt. Um Unsicherheiten zu vermeiden, sollte die Übergabe der Erklärung im Beisein eines Zeugen erfolgen, der zuvor die Erklärung gelesen hat, oder der Zeuge sollte mit der Einlage der Erklärung in den Briefumschlag betraut werden und dem nachfolgenden Einwurf in den Briefkasten des oder der Empfänger. Entsprechendes gilt für eine Übersendung der Antwort per Einschreiben mit Rückschein.

3. Der Widerspruch sollte **ausdrücklich und eindeutig** formuliert werden. Ergänzend ist auf § 545 BGB zu verweisen (§ 568 BGB aF). Setzt der Mieter den Gebrauch der Mietsache fort nach Ablauf der Mietzeit, so kann sich das Mietverhältnis auf unbestimmte Zeit verlängern, sofern nicht der Vermieter seinen entgegenstehenden Willen innerhalb von 2 Wochen erklärt. Die Frist beginnt für den Mieter mit der Fortsetzung des Gebrauchs und für den Vermieter mit dem Zeitpunkt, in dem er von der Fortsetzung Kenntnis erhält.

4. Der geschilderte Sachverhalt entspricht einer **Eigenbedarfskündigung.** Der Vermieter macht ein berechtigtes Interesse an der angemieteten Wohnung für eine gemäß § 564b Abs. 2 BGB aF Begünstigte geltend.

5. Da das Schreiben, in dem die berechtigten Interessen des Vermieters dargelegt wurden, wie eine Eigenbedarfskündigung behandelt werden muss, ist auch auf das Widerspruchsrecht des § 556b BGB aF hinzuweisen. Im Übrigen gilt § 556a BGB aF sinngemäß. Hat der Mieter ein Fortsetzungsverlangen gestellt, kann der Vermieter nunmehr **Räumungsklage** erheben. Dem Mieter verbleibt die Möglichkeit, im Rahmen einer Widerklage seinen Fortsetzungsanspruch zu verfolgen.
Auch für den sog. qualifizierten Zeitmietvertrag des § 564c Abs. 2 BGB aF gilt das alte Recht weiter, falls dieser qualifizierte Zeitmietvertrag bereits am 1.9.2001 bestand (Palandt/*Weidenkaff* BGB § 575 Rn. 1). Der neue § 575 BGB ist im Wesentlichen an § 564c Abs. 2 BGB aF orientiert (vgl. Palandt/*Weidenkaff* BGB § 575 Rn. 1).

3. Schreiben des Vermieters an Mieter, dass die qualifizierten Gründe nach § 564c BGB aF noch weiterbestehen

. . . . .

(Vermieter)[1, 2, 3]

an

. . . . .

(Mieter)[4]

Sehr geehrte(r)

Gemäß Mietvertrag vom (. . . . . .) wurde eine Befristung bis zum (. . . . . .) vereinbart mit der im Mietvertrag schriftlich festgehaltenen Begründung, dass nach Ablauf der Mietzeit das Gebäude abgerissen und durch ein neues Gebäude, in dem sich Wohn- und Gewerbeeinheiten befinden, ersetzt werden soll.[5] Sie haben sich bei Vertragsabschluss ausdrücklich mit dieser Befristung und der damit verbundenen Beendigung des Mietverhältnisses einverstanden erklärt. Ihre Wohnung wird daher in Wegfall geraten. Eine Abrissgenehmigung liegt zwischenzeitlich vor, ebenso eine Baugenehmigung für das geplante Objekt. Kopien sind beigefügt.

Bitte haben Sie Verständnis, dass ich aus vorgenannten Gründen an der vereinbarten Beendigung des Mietverhältnisses festhalte.

Abschließend weise ich Sie darauf hin, dass das vorliegende Schreiben bewirkt, dass Ihnen für den Fall einer Räumungsklage gemäß § 721 Abs. 7 ZPO keine Räumungsfrist gewährt werden wird.[6]

Jedoch wird davon ausgegangen, dass Sie sich vertragsgemäß verhalten und die Wohnung am geräumt an mich zurückgeben werden. Hilfreich wäre, wenn telefonisch zuvor ein Übergabetermin abgestimmt werden könnte.

. . . . .

(Vermieter)

4. Schreiben des Vermieters bezüglich Verzögerung

. . . . .

(Vermieter)

an

. . . . .

(Mieter)[2, 4]

Sehr geehrter

Im Mietvertrag vom (. . . . . .) war eine Befristung[1, 3] bis zum (. . . . . .) vereinbart, weil das Gebäude, in dem sich Ihre Wohnung befindet, abgerissen werden soll. Der Beginn der

Abrissarbeiten verzögert sich jedoch um 3 Monate, weil eine Grippeepidemie[5] die gesamte Belegschaft der Abrissfirma erfasst hat. Wegen fester Nachfolgetermine der Firma können die Abrissarbeiten in meiner Sache erst im (. . . . . .) beginnen.[6]

. . . . .

(Vermieter)

Anmerkungen

1. Auch für den sog. **qualifizierten Zeitmietvertrag** des § 564c Abs. 2 BGB aF gilt das alte Recht weiter, falls dieser qualifizierte Zeitmietvertrag bereits am 1.9.2001 bestand (Palandt/*Weidenkaff* BGB § 575 Rn. 1). Der neue § 575 BGB ist im Wesentlichen an § 564c Abs. 2 BGB aF orientiert.

2. Alle Vermieter müssen die Erklärung nach § 564c Abs. 2 BGB aF abgeben; Vertretung ist möglich.

3. Das **Datum** des Schreibens ist im Hinblick auf § 564c Abs. 2 S. 2 BGB aF von Bedeutung; verzögert sich die vom Vermieter beabsichtigte Verwendung der Räume oder etwa der Abriss ohne sein Verschulden oder teilt der Vermieter dem Mieter nicht 3 Monate vor Ablauf der Mietzeit schriftlich mit, dass seine Verwendungsabsicht noch besteht, so kann der Mieter eine Verlängerung des Mietverhältnisses um einen entsprechenden Zeitraum verlangen.

4. Das Schreiben muss **an alle Mieter** gerichtet werden. Empfangsvollmachten können formularmäßig im Mietvertrag begründet werden (BGH NJW 1997, 3437), → Form. F.2 Anm. 2.

5. Der Vermieter muss den qualifizierten Grund bei Vertragsschluss schriftlich mitteilen; am Besten ist eine vertragliche Abrede, die sich – festgehalten im schriftlichen Mietvertrag – über die Absicht des Vermieters verhält. Die Erklärung des Vermieters zielt darauf ab, dem Mieter eine Mitteilung zukommen zu lassen, dass die qualifizierten Gründe fortbestehen. Dies sollte in substantiierter Form geschehen, wobei empfehlenswert ist, etwa eine Abrissgenehmigung oder die Baugenehmigung in Kopie beizufügen. Sollen lediglich Umbauarbeiten vorgenommen werden, ist deutlich zu machen, dass gerade das Mietverhältnis der baulichen Maßnahme entgegensteht.

6. Der Hinweis auf § 721 Abs. 7 ZPO macht deutlich, dass im Falle einer Räumungsklage eine Räumungsfrist nicht gewährt werden kann. Entsprechendes gilt für den Räumungsvergleich gemäß § 794a Abs. 5 ZPO. Durch diesen Hinweis kann der Druck auf den Mieter erhöht werden, sich vertragsgemäß zu verhalten und die Wohnung zum vereinbarten Ende des Mietverhältnisses zurückzugeben.

Sachverzeichnis

Die fett gesetzen Großbuchstaben, römischen und arabischen Zahlen beziehen sich auf die Systematik; die nachfolgenden mageren Zahlen kennzeichnen die betreffende Anmerkung.

Sachverzeichnis

Sachverzeichnis

Sachverzeichnis

Sachverzeichnis